中华人民共和国审计署主办
《中国审计年鉴》编委会编

2021
中国审计年鉴

中国时代经济出版社

图书在版编目(CIP)数据

中国审计年鉴. 2021 / 《中国审计年鉴》编委会编
. —北京 : 中国时代经济出版社, 2022.12
ISBN 978-7-5119-3218-1

Ⅰ. ①中… Ⅱ. ①中… Ⅲ. ①审计-中国-2021-年鉴 Ⅳ. ①F239.22-54

中国版本图书馆CIP数据核字(2022)第223186号

书　　名: 中国审计年鉴2021
Zhongguo Shenji Nianjian 2021
作　　者: 《中国审计年鉴》编委会

出版发行: 中国时代经济出版社
社　　址: 北京市丰台区玉林里25号楼
邮政编码: 100069
发行热线: (010) 63508271 63508273
传　　真: (010) 63508274
网　　址: www.icnao.cn
电子邮箱: shenjinianjian@163.com
经　　销: 各地新华书店
印　　刷: 北京汇林印务有限公司
开　　本: 787mm×1092mm 1/16
字　　数: 1865千字
印　　张: 正文66.25印张 彩插2印张
版　　次: 2022年12月第1版
印　　次: 2022年12月第1次印刷
书　　号: ISBN 978-7-5119-3218-1
定　　价: 330.00元

ISBN 978-7-5119-3218-1
9 787511 932181 >

2020年8月17日，审计署集中整训期间，审计署党组书记、审计长侯凯为全署党员干部讲授“强化政治机关意识，努力建设让党中央放心、让人民群众满意的模范机关”专题党课

2020年12月23日，受国务院委托，审计署审计长侯凯在第十三届全国人民代表大会常务委员会第二十四次会议上作《国务院关于2019年度中央预算执行和其他财政收支审计查出问题整改情况的报告》

会议回放

2020年1月2日，全国审计工作会议暨全国审计机关先进集体和先进工作者表彰大会在北京召开

2020年2月14日，审计署召开加强疫情防控资金专项审计监督和推进地方部门预算执行审计全覆盖工作视频会议

2020年6月12日，中国共产党审计署机关第十次代表大会在北京召开

2020年9月23日至24日，全国审计科研协作暨省级审计学会、审计署驻地方特派员办事处理论研究会秘书长会议在安徽省合肥市召开

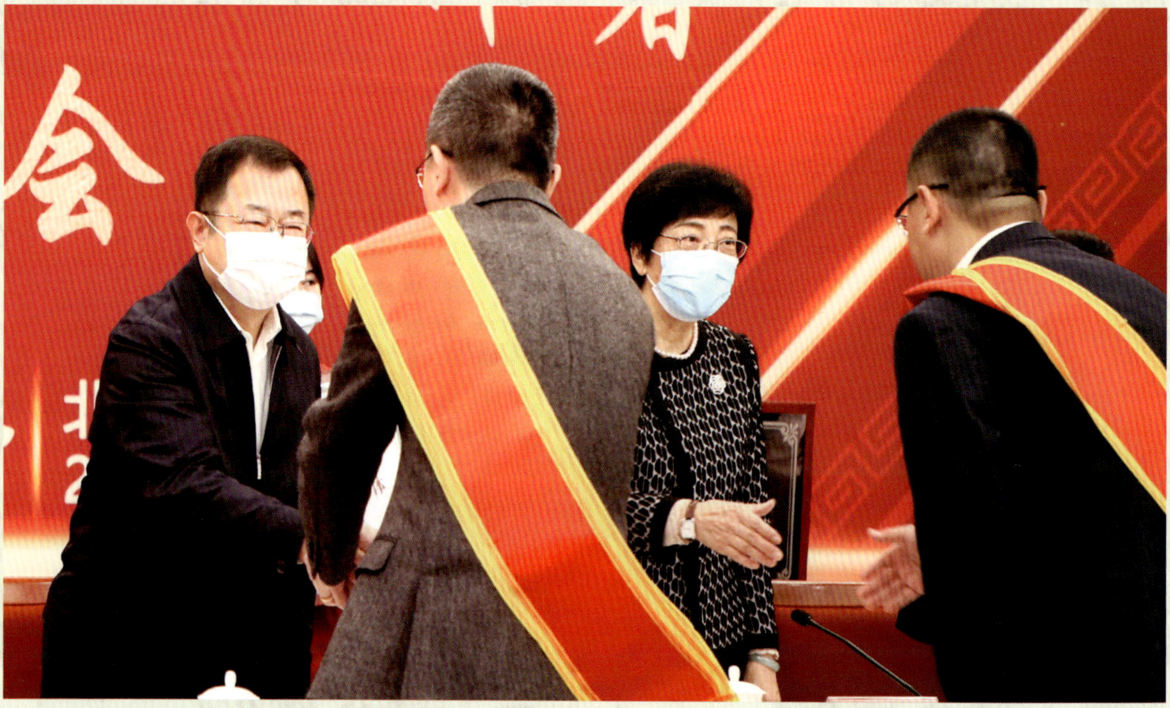

2020年11月26日，中国内部审计协会在北京召开2017年至2019年全国内部审计先进集体和先进工作者表彰大会。审计署党组成员、中央经济责任审计工作部际联席会议办公室主任郝书辰（左一）到会致辞，并为获奖代表颁奖

2020年1月13日，海南省审计厅召开全省审计工作会议

2020年1月16日，福建省审计厅召开审计工作视频部署会

2020年6月30日，云南省审计厅召开庆祝中国共产党成立99周年暨表彰大会

2020年8月12日，山东省政府召开全省审计查出问题整改工作电视会议

2020年9月8日，河南省经济责任审计工作联席会议召开第一次全体会议

2020年1月16日，审计署党组书记、审计长胡泽君（前排右二），北京市委副书记、市长陈吉宁（前排右一）等领导到北京市审计局调研审计工作，并看望慰问一线审计干部

2020年7月16日，审计署党组成员、副审计长王文斌（右四）赴审计署驻郑州特派员办事处经济责任审计现场调研指导

2020年9月6日至8日，审计署党组成员、总审计师章轲（中）到内蒙古自治区鄂尔多斯市和伊金霍洛旗审计机关调研

2020年10月10日，审计署党组成员、副审计长陈健（前排中）到中国审计博物馆调研

2020年10月28日，审计署副审计长秦博勇（前排中）到内蒙古自治区乌海市审计局调研

2020年11月4日，审计署党组书记、审计长侯凯（左四）到贵州省丹寨县调研

2020年12月16日至17日，中央纪委国家监委驻审计署纪检监察组组长、审计署党组成员宋依佳（右二）赴审计署驻沈阳特派员办事处调研

2020年12月18日，审计署党组成员、副审计长王陆进（左）到江西省会昌县庄埠乡中心小学走访慰问

2020年1月6日，甘肃省委书记、省人大常委会主任、省委审计委员会主任林铎（前排左）到甘肃省审计厅调研

2020年1月15日，山东省委常委、济南市委书记王忠林(右三）到审计署驻济南特派员办事处调研

2020年4月8日，广东省委副书记、省长马兴瑞（左二）到审计署驻广州特派员办事处调研

2020年4月14日，天津市委常委、常务副市长、市政府党组副书记马顺清（左二）到审计署京津冀特派员办事处调研

2020年4月21日，四川省委常委、常务副省长罗文（右三）到审计署驻成都特派员办事处调研

2020年5月15日，河南省委副书记、省长尹弘（右三）到审计署驻郑州特派员办事处调研

2020年6月15日，海南省委副书记、省长沈晓明（左三），省委常委、常务副省长毛超峰（左四）一行到审计署驻深圳特派员办事处调研

2020年12月4日，广西壮族自治区党委副书记，自治区人民政府副主席、代主席、党组书记，自治区政协主席蓝天立（左二）到自治区审计厅调研

2020年7月21日，中国审计署审计长侯凯（左）在线会晤联合国秘书长古特雷斯并接任联合国审计委员会委员，总审计师章轲（右）列席会议

2020年7月27日，亚洲审计组织理事会第55次会议在线召开，中国审计署审计长侯凯（中）主持会议，副审计长秦博勇（右）列席会议

2020年11月10日，广西壮族自治区审计厅与南京审计大学在北海市正式签署战略合作框架协议，在科学研究、人才培养和社会服务方面开展全方位合作

2020年11月18日，山东省审计厅举办全省大数据审计重点攻关选题交流研讨班

2020年3月，审计署驻太原特派员办事处审计人员在新冠肺炎疫情期间走访某防护服生产企业调查了解疫情防控专项再贷款资金投放和保障情况

2020年3月，审计署驻沈阳特派员办事处审计人员在审计中借助无人机对高标准农田项目的地块面积、工程设施数量等进行巡航测量、航拍清点

2020年3月，审计署驻西安特派员办事处扶贫审计组在佛坪县岳坝镇查看香菇种植棚，了解疫情防控期间集体经济发展情况

2020年4月，审计署驻武汉特派员办事处审计人员在武汉市慈善总会开展疫情防控资金和捐赠款物专项审计

2020年4月，审计署驻兰州特派员办事处社保审计人员为村民讲解社保政策

2020年6月，审计署驻哈尔滨特派员办事处扶贫审计人员在审计中实地查看贫困群众饮用水质量情况

2020年10月，审计署企业审计六局审计人员在燕山石化审计现场

2020年10月，审计署驻长沙特派员办事处审计人员在审计中紧盯企业安全生产机制建立健全及责任落实情况

2020年11月，审计署派出审计组赴美国纽约对联合国总部实施现场审计

2020年2月，湖北省审计厅机关干部下沉社区，全力构筑群防群治严密防线

2020年2月，浙江省余姚市审计局审计人员投身基层防疫战，坚守护目镜装配车间，支援防疫物资生产

2020年2月，湖南省审计厅干部职工为支持新冠肺炎疫情防控工作捐款

2020年4月，湖北省武汉市审计局审计人员深入江汉七桥施工现场,了解企业全面复工复产中存在的困难

2020年7月，江苏省扬州市审计局审计人员对连淮扬镇铁路扬州东站建设项目开展全过程跟踪审计

2020年8月，吉林省审计厅审计人员开展辽河水污染治理项目审计调查，实地查看四平市污水处理厂建设和运行情况

2020年11月，甘肃省审计厅审计人员在开展黄河流域甘肃段生态保护和高质量发展专项审计调查中实地查看黄河干流防洪治理工程建设情况

《中国审计年鉴2021》编辑委员会

员）

马　刚（审计署民政社保审计局局长）
丁　雁（审计署资源环境审计局局长）
彭　琦（审计署交通运输审计局局长）
郑博奎（审计署农业水利审计局局长）
常　利（审计署贸易审计局局长）
张宣波（审计署卫生体育审计局局长）
孙秀春（审计署社会管理审计局局长）
杨健奎（审计署经济执法审计局局长）
胡力勇（审计署广电通讯审计局局长）
蔡　峰（审计署发展统计审计局局长）
马晓方（审计署群团文化审计局局长）
王晓东（审计署金融审计一局局长）
姚洪敏（审计署金融审计二局副局长）
罗　键（审计署金融审计三局局长）
洪承旭（审计署企业审计一局局长）
曲建坤（审计署企业审计二局局长）
王建雄（审计署企业审计三局局长）
吴兆军（审计署企业审计四局局长）
刘　珊（审计署企业审计五局局长）
张　方（审计署企业审计六局局长）
李迎珠（审计署企业审计七局局长）
方　超（审计署企业审计八局局长）
胥连碧（审计署京津冀特派员办事处特派员）
杨卫东（审计署驻太原特派员办事处特派员）
马文辉（审计署驻沈阳特派员办事处特派员）
尹树伟（审计署驻哈尔滨特派员办事处特派员）
彭华彰（审计署驻上海特派员办事处特派员）
周敦祥（审计署驻南京特派员办事处特派

夏循福（审计署驻武汉特派员办事处特派员）
庄　军（审计署驻广州特派员办事处特派员）
王彦斌（审计署驻郑州特派员办事处特派员）
许永利（审计署驻济南特派员办事处特派员）
郭　西（审计署驻西安特派员办事处特派员）
钱夫中（审计署驻兰州特派员办事处特派员）
周应良（审计署驻昆明特派员办事处特派员）
武晓晨（审计署驻成都特派员办事处特派员）
程　光（审计署驻长沙特派员办事处特派员）
段大波（审计署驻深圳特派员办事处特派员）
赵　萍（审计署驻长春特派员办事处特派员）
崔振龙（审计署驻重庆特派员办事处特派员）
李　伟（审计署机关服务局局长）
杨　莉（审计署计算机技术中心主任）
姜江华（审计署审计科研所所长、中国审计学会常务副会长兼秘书长）
刘　瑛（审计署国外贷援款项目审计服务中心主任）
张　俊（中共审计署党校常务副校长、审计署审计干部教育学院院长）

《中国审计年鉴 2021》编辑部

《中国审计年鉴2021》特邀编辑

北　京　刘东旭
天　津　张锦琳（组长）　崔　瀚
河　北　尹　卿
山　西　秦　旭
内蒙古　狄智蔡
辽　宁　高经纬
吉　林　张连鹏
黑龙江　尹硕宇（组长）　孙洪波　黄　洋
上　海　周阿江
江　苏　朱晓进（组长）　袁　媛　马仕贵
浙　江　琚　峰
安　徽　程　敏
福　建　王康力
江　西　陈义平（组长）　黄　云　曹　锐
山　东　张新宇（组长）　冉　瑾　艾　妍
河　南　吴晓春（组长）　刘家明　余秋梅
湖　北　刘彩霞（组长）　谢明林
湖　南　廖湖波（组长）　邹湘木　赵文曙
广　东　符闳弢
广　西　苏海棠（组长）　睦国华　玉志强
海　南　寇永磊
重　庆　陈　驰
四　川　沈　健（组长）　李晓强　青林林
贵　州　李　凌（组长）　许海峰　肖宁舟
云　南　王洪斌（组长）　仲崇峰　田海洋　李玥帆
西　藏　曲　鹏
陕　西　杨　春（组长）　闫万章　高　航
甘　肃　张卫东（组长）　申增寿　高飞贤
青　海　安志宙
宁　夏　金　荣
新　疆　李　喜
新疆生产建设兵团　丁　博

编辑说明

一、《中国审计年鉴 2021》是由中华人民共和国审计署主办并组织编纂的第二十五部年鉴，具有较强的权威性、资料性、实用性、前瞻性和馆藏价值。

二、本卷年鉴全面、系统、集中地反映了我国 2020 年审计工作发展的总体情况，起讫时间为 2020 年 1 月 1 日至 2020 年 12 月 31 日。

三、本卷年鉴基本保持以往的编纂体例和风格，文字部分由“特载”“审计署工作概况”“地方审计机关”“科研、培训、出版、学术团体”“审计理论与科研”“重要财经审计法规文件”“审计结果公告”“大事记”“审计工作统计”“附录”共十部分组成，图片部分包括“特载”“会议回放”“领导调研”“国际交往”“基础建设”“一线风采”等六部分。

本卷年鉴没有收录解放军审计署的内容。

四、本卷年鉴采用栏目、条目、统计表等体例分类排列，栏目下设类目和条目。各类目和条目在字号、字体及编排上有所区别，以便读者阅读。

五、本卷年鉴采用的稿件均由审计系统和相关部门提供。在编辑过程中得到各级审计机关的大力支持和协助，在此深表谢意。

由于编辑人员水平有限，缺点和遗漏在所难免，敬请广大读者批评指正。

《中国审计年鉴》编辑部

2021 年 12 月

目　录

特　载

审计署工作概况

地方审计机关

科研、培训、出版、学术团体

审计理论与科研

重要财经审计法规文件

审计结果公告

Table of Contents

Special Issues

Overview on the Work of CNAO

Local Audit Institutions

Scientific Research, Training, Publication and Academic Institutions

Audit Theories and Researches

Major Laws and Regulations for Finance, Economics and Audit

Audit Findings Announcements

Chronicle of Events

Audit Statistics

Appendix

特　　载

国务院关于2019年度中央预算执行和其他财政收支的审计工作报告

——在第十三届全国人民代表大会常务委员会第十九次会议上

审计署审计长　胡泽君

（2020年6月18日）

委员长、各位副委员长、秘书长，各位委员：

我受国务院委托，报告2019年度中央预算执行和其他财政收支的审计情况，请予审议。

根据党中央、国务院部署，审计署依法审计了2019年度中央预算执行和其他财政收支情况。结果表明，2019年，面对国内外风险挑战明显上升的复杂局面，各地区各部门以习近平新时代中国特色社会主义思想为指导，增强“四个意识”、坚定“四个自信”、做到“两个维护”，贯彻落实党中央、国务院决策部署，认真执行十三届全国人大二次会议有关决议，中央预算执行和其他财政收支情况总体较好，全年经济社会发展主要目标任务较好完成，为全面建成小康社会打下决定性基础。

——积极的财政政策加力提效，财政运行总体平稳。全年减税降费2.36万亿元，新增地方政府专项债券2.15万亿元。中央一般公共预算收入增长4.5%、支出增长6.9%，对地方转移支付增长7.4%，着力增强基层财政保障能力。

——支出结构不断优化，民生等重点领域保障有力。中央财政专项扶贫资金增长18.9%、污染防治支出3906亿元，有效防范化解财政金融风险，三大攻坚战取得关键进展。中央本级社保和就业支出、教育支出、科技支出分别增长5.6%、6%、12.5%。

——财税改革取得积极进展，审计查出问题整改效果较好。推进分领域中央与地方财政事权和支出责任划分改革，深化税制改革，全面实施预算绩效管理。认真整改审计查出的问题，健全相关规章制度1538项。

一、中央财政管理审计情况

主要审计了财政部具体组织中央预算执行和编制中央决算草案、发展改革委组织分配中央财政投资情况。中央决算草案反映，2019年，中央一般公共预算收入总量92503.47亿元、支出总量110803.47亿元，赤字18300亿元；中央政府性基金预算收入4039.78亿元、支出4178.84亿元；中央国有资本经营预算收入1635.96亿元、支出1108.8亿元；中央社会保险基金预算收入696.94亿元、支出663.31亿元，基本养老保险中央调剂基金收入6280亿元、支出6273.8亿元。审计结果表明，在财政收支压力较大的情况下，财政部、发展改革委等部门加强统筹管理，强化政策与预算衔接，注重结构调整和预算绩效。对审计指出的中央决算草案个别事项编报不完整等问题，财政部在编制决算时已作了调整。但财政管理的制度机制还不够完善，有些基础性工作不够扎实，资金使用绩效也需进一步提高。

（一）财政支出效率还不够高。

1. 预算编制不够细化和精准。一般公共预算中，中央本级支出有 1689.36 亿元（占 4.8%）年初未落实到单位，至年底仅下达 42.5%；还有 74.55 亿元专项转移支付年初未分配到具体地区。国有资本经营预算中，有 821.88 亿元（占 72.6%）年初未落实到具体项目。批复部门预算时，8 个部门年初累计结转 16.96 亿元的 16 个项目，2019 年又安排 24.88 亿元，至年底结转 33.72 亿元。

2. 资金分配使用中存在滞拨闲置等问题。主要表现：一是预算下达晚。财政部 12 月向 10 个部门拨付项目预算 3.17 亿元，有 84.1%至年底未用；9 月底向 16 个城市拨付 134 亿元用于住房租赁市场发展试点，有 84.5%至年底未用。二是资金使用效率低。抽查安排 13 省*的公共卫生专项资金中，因分配方案滞后等，中央补助有 40.01 亿元滞拨或闲置。抽查 13 个知识产权运营服务体系建设重点城市，中央补助有 10.57 亿元（占 54.2%）未使用。抽查 142 个电子商务进农村示范县，中央补助有 10.96 亿元（占 50.2%）未使用。三是项目准备不充分。抽查 19 省实施中央投资专项支持的项目发现，有 68 个项目至年底未开工，涉及中央补助 11.7 亿元；有 141 个项目资金支付进度滞后，涉及 19.51 亿元。抽查的 124 个重大水利工程项目（涉及投资 3241 亿元）中，有 52 个项目未按期开工或进度滞后。

3. 资金下达拨付耗时较长。中央财政层面，有 105.75 亿元一般性转移支付预算和 35.85 亿元投资计划，未在规定时间内下达。抽查 3848.76 亿元中央投资专项，从发展改革委下达计划到财政部下达预算，平均用时 65 天。地方财政层面，19 省收到 23997.33 亿元中央转移支付后，各级财政分解下达平均用时 125 天，至年底结存 337.59 亿元。具体到项目实施，抽查中央投资专项 54.58 亿元支持的 320 个项目，地方立项后至开工前各项审批平均耗时 486 天，影响资金使用效率。

（二）有些财政基础性工作还不够扎实。

1. 基本支出定员定额管理有待完善。基本支出定员定额改革从 2001 年开始试点，至 2019 年仅有 5335 家中央预算单位（占 35%）纳入定员定额管理范围。抽查还发现，由于基本支出和项目支出界限不够清晰，有 2 个部门和 2 家所属单位年初在项目预算中编报运维等基本支出 1148.69 万元。

2. 预算绩效管理精细化程度还需提高。主要体现在目标设定、绩效评价、信息公开等方面。抽查中央部门的 248 个项目中，有的关键指标设定低于规划要求，有的量化指标与项目内容无关，有的未按要求自评或未完工即自评满分。国有资本经营预算中，国资委未将 50 亿元预算的绩效目标分解下达，部分已下达的也未开展自评。财政部开展绩效评价的 35 个项目，仅 7 个公开了评价报告；部门预决算公开列示的一级项目中，公开绩效目标和自评结果的分别仅占 4.8%、14%。

3. 国有资本经营预算具体使用不够规范。3 户央企未按要求将 3.15 亿元增加实收资本（股本）或变更产权，国有权益体现不充分。

（三）转移支付改革还未完全到位。

1. 归类标准不一。一般性转移支付中，共同财政事权转移支付 31845.69 亿元（占 51.9%）有指定用途，具有明显的专项转移支付特征。应列入一般性转移支付的 11 项财力性补助中，有 2 项（涉及 200 亿元，占 6.6%）列入了专项转移支付。

2. 分配管理不够规范。有 3 项专项转移支付和 3 个投资专项未制定管理办法或分配标准需完善等，涉及 524.5 亿元。13 省未按规定将 27 项专项转移支付中的 22.39 亿元纳入国库集中支付管理，而是直接转入 122 个财政专户或实有资金账户。

3. 预算安排存在重复。15 项专项转移支付与 15 个中央投资专项的支持领域相同或类似，

* 本报告对省级行政区统称为省，地市级行政区统称为市，县区级行政区统称为县。

如1个老旧小区改造项目先后从投资专项和专项转移支付获得补助300万元、1212万元，而实际造价仅711.51万元。

二、中央部门预算执行审计情况

今年继续对中央一级预算单位实行审计全覆盖，并延伸审计290家所属单位。结果表明，2019年，各部门加强预算执行，注重预算绩效，预算管理情况总体较好，财政拨款预算执行率87.2%。对2019年底部门结转结余资金1271.12亿元，财政部已纳入2020年预算统筹安排。但一些部门执行财经制度还不够严格，预算执行质量有待提高。

（一）落实过"紧日子"要求还不够到位。发现政府采购无预算或超预算、"三公"经费支出超范围或超标准、虚列支出和多申领预算等问题金额40.48亿元，涉及63个部门和200家所属单位。如19个部门和41家所属单位虚列或超范围支出等2.23亿元；2个部门的4个因公出国（境）团组超员超期；3个部门和14家所属单位公务用车超编制或使用不合规等，涉及公务用车93辆。还有2个部门和8家所属单位违规收费、违规理财、账外核算等7.97亿元。

（二）项目支出"花旧补新"或往来账款长期未清理。16个部门和19家所属单位有50个项目连年结转、连年申领预算，使用时循环"花旧补新"，结转规模近3年未明显减少，有的甚至增加，至2019年底结转14.11亿元。25个部门和31家所属单位有18.07亿元往来账款长期未清理，影响收支的真实性和准确性。还有11个部门和11家所属单位的40个项目未及时办理竣工决算等，结存3.52亿元未能盘活使用。

（三）资产管理仍存在薄弱环节。主要是资产底数不清、违规处置或划转不及时等。包括：28个部门和18家所属单位存在固定资产账实不符或账账不符等问题，涉及16.86亿元；5个部门和50家所属单位违规出租（借）办公用房、资产处置不当及闲置等，涉及4.59亿元，其中2.09亿元出租处置收入未按规定上缴财政。

（四）部门信息系统建设绩效有待提高。涉及24个部门的240个系统。其中：2个部门的信息系统建设存在统筹规划不够或整合共享不充分等问题；2个部门的6个信息系统应用频率较低，有的全年未使用；23个部门的234个信息系统管理还不到位。

三、重点民生资金和项目审计情况

（一）基本养老保险基金审计情况。至2019年底，审计的13省参保人数达4.69亿，基金累计结余3.46万亿元，养老金发放标准逐年提高。从审计情况看，实施降低城镇职工基本养老保险单位缴费比例、加大基金中央调剂力度等政策，减轻了企业缴费压力，均衡了地区间基金负担，但基金省级统收统支在有些地方推进不畅，有8省的企业职工基本养老保险仍实行市县统筹，还有10.72万人未参保。基金管理使用也不够严格，13省向不符合条件的1526人发放养老金4709.3万元；10省未按规定及时办理66.89万人的个人账户资金转移、清退，涉及19.52亿元。

（二）医疗保险基金审计情况。审计了30省的198个市县，并延伸调查1304家医疗机构和药店。结果表明，有关部门和地方注重加强医保管理，建立健全医保目录动态调整机制，稳步推进药品集中带量采购扩围工作，保障水平不断提升。但参保考核管理还不完善，未充分考虑人员跨地域流动参保等情况，有些市县为补齐人员流出缺口等，编造人员身份和缴费记录，或重复计算人数。抽查的5省由此多报参保832万人次，多获中央财政补助23.64亿元。欺诈骗保等问题仍然存在，发现62家医疗机构及药店、530名个人，通过虚假就医、分解住院等骗取套取基金6712万元；还有医疗机构通过重复或超标准收费等，导致基金多支出1.01亿元。

（三）保障性安居工程审计情况。审计的760个市县2019年共筹集保障性安居工程资金6496.61亿元，任务总体完成较好，但税费优惠和住房保障等政策在一些地方落实还不到位。一是税费优惠方面。67个市县对167个项目未按规定减免城市基础设施配套费、城镇土地使用税等3.5亿元；25家金融机构和融资平台公司对142个项目违规收取咨询服务费、管理费等3.87亿元。二是保障落实方面。由于审核把关不严等，206个市县的1.64万户不符合条件家庭享受了公租房或补贴等待遇，15个市县将22个项目的4551套不符合棚改条件的房屋纳入了棚改。从项目建设看，68个市县有8.28万套安置住房长期未建成，支付逾期过渡安置费7.04亿元；27个市县的3.25万套安置住房建成后，超过1年无法入住。三是资金使用方面。由于项目推进慢等，有158.44亿元财政资金和297.53亿元融资滞留或闲置，其中441.16亿元闲置超过1年。

（四）住房公积金审计情况。住房公积金制度建立以来，在满足职工基本住房需求、促进城镇住房制度改革等方面发挥了积极作用。但一些地方住房公积金管理运营较为粗放，此次审计17省共发现套取挪用、违规发放公积金贷款等涉及399亿元，政策落实中还存在一些偏差。一是公积金提取及贷款发放条件要求不一。13省将提取范围扩展至子女教育等领域，或放宽首付比例、缴存时间等贷款条件，涉及公积金和贷款305.79亿元；12省的21个市有2000多人为满足提取和贷款条件，通过77家中介机构，使用虚假购房资料和劳动合同等，提取公积金及办理贷款5.09亿元。二是有些行业和单位未实现统筹。17省的92个石油、铁路等行业和省直单位未实现属地统一管理，出现城市公积金管理中心资金不足与其辖区内行业公积金管理分中心资金闲置并存的现象。

四、三大攻坚战相关资金审计情况

（一）扶贫审计情况。按照党中央关于打赢脱贫攻坚战的总体部署，2016年以来，审计署组织全国审计机关对832个国家级贫困县实行审计全覆盖。从审计情况看，各地区各部门围绕精准扶贫精准脱贫，聚焦重点任务，加大扶贫投入，脱贫攻坚取得决定性成就。至2019年底，全国建档立卡贫困人口减至551万人，贫困发生率降至0.6%，“两不愁”质量水平明显提升，“三保障”突出问题总体解决。审计中，推动整改问题6.7万多个，追回或盘活资金950多亿元，制定完善或落实相关政策措施2.06万项，向纪检监察、司法机关等移送问题线索2700多件。扶贫资金管理逐年规范，审计查出问题金额占抽查资金比例由2016年的25.8%降至1.5%，其中违纪违规问题占比降至0.19%。

此次审计135个贫困县（含全部52个未摘帽县）发现，6个县的2200多名贫困群众未纳入基本医疗保险，5个县的8个易地扶贫搬迁安置项目产业、就业等后续扶持措施未及时跟上，5个县的590名贫困学生因复学意愿不足等未在校就读；由于监管不严等，有1591.95万元扶贫资金被虚报冒领或骗取侵占，1.22亿元形成损失浪费。对这些问题，有关部门和地方在脱贫攻坚剩余任务推进中正加快解决。

（二）污染防治审计情况。从审计239.3亿元中央财政生态环保资金管理使用情况看，有关部门和地方持续加大投入，有力推进污染防治与生态修复相关工作，但部分资金分配还不够科学，有些治理与修复项目未达预期效果。一是多头分配。抽查10省的水污染防治相关资金，由生态环境、住房城乡建设、发展改革等部门分别安排，有的支持同一领域或重复支持同一项目。二是项目管理不够衔接，有的未达预期目标。抽查的生态环保资金中，有10.2亿元切块下达省级后，当年没有落实到具体项目。还有100个项目因前期准备不充分等未按期开（完）工，22个已建成项目未发挥预期效益。三是资金管理不够严格。8省未及时下达拨付资金共计11.89亿元，其中1.95亿元结存在市县财政超过1年；还有5家项目单位通过虚报冒领等多得1.49亿元，5家单位将1090万元专项资金用于发放奖金、日常开支等。

（三）防范化解重大风险审计情况。审计重点关注了地方政府债务管理、基层财政运转和金融风险防范化解情况。结果表明，有关方面积极化解存量债务，努力提高基层财政保障能力，信贷管理和风险管控不断加强，风险总体可控。一是地方政府债务管理方面。审计18省及所辖36个市县发现，由于项目安排不合理或停止实施等，有503.67亿元新增专项债券资金未使用，其中132.3亿元闲置超过1年；还有10个地区违规举债或担保83.99亿元，审计指出后已整改40.97亿元。二是基层财政运转方面。抽查24个县保基本民生、保工资、保运转情况发现，2019年有5个县相关支出未达当地标准，今年一季度末增至11个县，其中一些基层国库保支付能力也不足。三是金融风险防范化解方面。审计的10家中央金融机构2019年拨备后利润比上年增长6.87%，今年一季度末平均不良率1.43%，但未按期偿还贷款余额较去年同期增长8.26%；抽查的43家地方中小银行平均账面不良率2.48%，其中16家实际不良率超过账面值2倍。

五、重大政策措施落实跟踪审计情况

全年共抽查1.3万多个单位、9900多个项目，按季度公告了审计结果。近期，围绕做好“六稳”工作、落实“六保”任务，重点审计了以下方面：

（一）就业优先政策落实方面。从审计20省就业补助、职业教育资金和失业保险基金情况看，相关地方坚持就业优先，加强资金统筹优化，为城镇新增就业、就业困难和失业人员再就业提供了有力保障。但执行中存在相关工作对接不到位、具体措施衔接不够、信息不共享等问题，影响政策效果充分发挥。一是预算分配与工作任务对接不够精准。3省在高职百万扩招中，未相应安排78所院校的扩招生源生均经费、学生资助等预算3.1亿元；2省分配16.23亿元职业教育经费时，未按要求向先进制造业等亟需特需专业或贫困地区倾斜。二是有些资金发放使用不合规。17省有2.17亿元就业补助资金、创业担保贷款和职业教育资金等，发放给不符合条件的单位和个人，或用于发放津补贴、平衡预算等；还有1079.92万元被骗取套取。三是部分计划任务未按期推进。有39个职业教育、产教融合等项目未按期开（完）工，涉及9.14亿元；有60.42亿元职业教育质量提升、就业补助等资金未按时拨付或使用，最长超过2年。

（二）减税降费政策落实方面。更大规模减税降费效果明显，所有行业税负均不同程度下降，涉企收费有效规范，进一步优化了营商环境，激发了市场主体活力，但具体执行中还存在一些问题。一是有些优惠政策未完全落实。1.88万户企业未享受到研发费用加计扣除等税收优惠4683.21万元；8927户生活服务等企业未享受疫情防控期间收入免征增值税1657.7万元。二是有的部门和地方税费征管还不够规范。有278户企业被提前或多征税费51.4亿元；5省的7家单位违规收取行政事业性收费或开展中介服务收费等1.23亿元；3省的3家单位违规要求企业承担应由财政保障的费用5703.38万元。

（三）清理拖欠民营和中小企业账款方面。有关部门开展专项监督检查，推动完善台账，建立登记投诉平台，强化清欠约束机制，完成了至2019年底清偿一半以上的目标任务，但个别地方和单位清欠还不彻底。审计发现，有2省的7个地区未按规定逐笔制定清偿计划，涉及欠款33亿元；9省的20家单位和3户央企少报或多报欠款4.65亿元；4省的5家单位未完成清偿任务937.33万元；2省的11家单位虚报清偿额5438.81万元。企业上缴的农民工工资保证金退还也不够及时，抽查的3省有119个已完工项目的保证金6701.72万元未退还，有的项目竣工验收已超过6年。

（四）科技相关政策落实方面。科技体制改革近年取得重大进展，科技投入不断加大，科研经费和项目管理不断优化，但科技资金使用效益未充分发挥，科研配套保障有待加强。一是科技资源配置不够合理。抽查国家科技成果转化引导基金发现，至2019年底有30.04亿元（占预算安排总额的34.8%）结转结余，其中21支子基金从受理到批复平均耗时16个月、最长超过2年。二是科技成果转化效率偏低。抽查46.41万件高校和科研院所的有效发明专利中，仅3.88万件（约占8.4%）发生过转让或许可；抽查的20个大学科技园中，有2个10多年来科技成果转化为零。三是科研设备开放共享不充分。抽查的5所高校有930台（套）科研仪器设备（总价值12.84亿元），未按规定纳入国家共享平台；已纳入的有些也未充分开放共享。

（五）乡村振兴相关政策落实方面。从审计15省的55个县高标准农田建设等4项重点任务实施情况看，这些地区2019年投入财政资金254.97亿元，积极推进各项任务，取得阶段性成效。审计发现的问题：一是高标准农田建设方面。主要是项目推进慢、建设质量不高、后续管护不到位，有的被违规占用，共涉及高标准农田506.66万亩、财政投入54.97亿元。二是粮食和生猪生产政策落实方面。有52个粮食生产保障项目未按期建成，4.17亿元补助发放不到位；有的地方在落实恢复生猪生产政策中，额外要求养殖户拆除设施并作出不在原址养殖等承诺，影响养殖户的积极性。三是农村人居环境整治方面。因规划统筹不够、管护不到位等，有14.17万个农村厕所和污水垃圾处理设施、250条农村道路未如期建成或无法使用，涉及财政投入1.63亿元。四是乡村公共文化设施方面。14个县部分文化书屋、电子阅览室、音乐体育器材等设施设备使用率低，有的被改作他用。

（六）政府投资基金相关政策落实方面。从审计情况看，政府投资基金的设立和运作，对支持创新创业、中小企业发展、产业转型升级等发挥了积极作用，但一些基金在设立阶段统筹不够、项目储备不足，难以及时落地形成有效投资。抽查8省47支政府投资基金实际到位的1272.74亿元中，有411.74亿元（占32.4%）未开展投资，其中21只基金的110.74亿元超过2年未实际投出，35只基金的管理公司仍按筹资全额计提管理费20.95亿元。抽查18个城市及开发区设立的中小企业创业投资基金发现，有54.6亿元（占40.1%）长期未使用；支持的1925家企业中，有489家（占25.4%）不属于中小企业。

六、金融和企业审计情况

重点关注了金融服务实体经济政策落实、国有企业“处僵治困”任务推进等情况。结果表明，相关金融机构加强普惠金融服务，着力缓解企业融资难融资贵问题；有关部门组织开展“僵尸企业”摸底调查和处置，工作进展总体符合预期。但审计发现，有51家银行2019年通过存贷挂钩、违规收费等，增加企业融资成本17.71亿元；16家地方银行未完成2019年小微贷款相关任务；部分“僵尸企业”处置质量还不够高，存在虚报处置进度、处置范围不完整等问题。

七、审计移送的违纪违法问题线索情况

上述审计共发现并移送违纪违法问题线索243起，涉及公职人员810多人。主要情形：

（一）公共资源管理领域的利益输送问题。审计发现此类问题线索134起。主要是利用财政资金分配、公共资源交易、信贷发放、国有资产处置、重大设备采购等权力，或设租寻租、关联交易，或靠企吃企、利益输送，或内幕交易、套利牟利。如青岛国际机场集团原董事长焦永泉利用职权，在机场建设中违规操作，帮助企业中标，并涉嫌收受贿赂。

（二）基层民生领域的以权谋私问题。审计发现此类问题线索63起，主要发生在扶贫、养老、医疗、保障房、住房公积金等方面。有的基层单位和个人借工作便利，优亲厚友、吃拿卡要；有的与不法中介串通，篡改数据、买卖证书；有的利用制度漏洞内外勾结，虚报冒领、骗取套取、贪污侵占民生资金。如一家职业技能鉴定中心4名公职人员与9家社会培训机构串通，违规为2.4万人办理职业资格证书，从中收受钱款。

（三）涉众涉税领域的扰乱市场秩序问题。审计发现此类问题线索26起。有的以互联网金融、高科技新业态等名义虚假包装，涉嫌非法集资；有的虚构业务、虚开发票等，涉嫌偷逃税款；有的开设数百个银行账户短期流入流出巨额资金，涉嫌经营地下钱庄。如3个团伙在金融机构开立900多个账户，汇集全国上万个企业或个人转入的巨额资金后，进行跨境转移，涉嫌为网络赌博、偷逃税款等提供通道。

八、审计建议

以上问题，有些是经济社会发展中新出现的，有些是反复发生的，其主要原因是制度机制不完善、支出标准不健全、预算缺乏硬约束等，需进一步深化相关领域改革、优化管理、提高绩效，推动源头治理。为此建议：

（一）加快推进财税金融体制改革。优化政府间事权和财权划分，减少并规范中央和地方共同事权，相应规范转移支付的归类标准、功能定位和规模结构，健全地方税体系，完善政府举债融资机制，形成稳定的事权、支出责任和财力相适应的制度。深化金融供给侧结构性改革，强化金融服务功能，创新服务实体经济方式；健全部门间和央地间金融监管协调机制，强化综合监管，形成监管合力。

（二）加大力度实施积极的财政政策。进一步落实落细减税降费政策，巩固和拓展减税降费成效，限期清偿拖欠民营和中小企业账款，着力稳企业保就业。创新财政支持方式和科技经费管理机制，健全政策落实评估和动态调整机制，推动政府投资基金更有效地投向重点领域和薄弱环节，发挥好财政资金的杠杆作用。加强预算与规划、项目的对接，做实做细项目储备，重点做好新增专项债券项目的统筹衔接，督促尽早形成实物工作量。尽快建立健全特殊转移支付机制，完善监管体系，充分发挥在保居民就业、保基本民生、保市场主体等方面的作用。

（三）加快健全预算支出标准体系。积极推进中央本级基本支出定员定额改革，切实严控一般性支出。全面实施预算绩效管理，健全项目支出标准和绩效评价制度，为优化预算编制、改进项目管理、完善支出政策、落实支出责任提供依据，着力减少资源配置中的闲置浪费。压减无效低效开支，优化财政支出结构，将政府过“紧日子”要求落实落地，切实提高财政支出绩效。

（四）加强民生资金和项目管理。聚焦就业、住房、医疗、教育、社保等领域工程和资金管理使用情况，进一步压实项目和资金管理责任，严肃查处违法违规行为。着力增强惠民政策的持续性和协调性，持续推进全面脱贫与乡村振兴有效衔接，巩固脱贫成果，推动社会事业改革发展。加强公共卫生领域基础建设，健全公共卫生应急管理体系，加快落实分级诊疗等政策措施，提高应急管理能力。

委员长、各位副委员长、秘书长，各位委员：

新冠肺炎疫情发生后，党中央将疫情防控作为头等大事来抓，习近平总书记亲自指挥、亲自部署，坚持把人民生命安全和身体健康放在第一位。各地区各部门和社会各界紧急动员，调集各类资源资金，抓好重点防控物资供应保障和调度，组织重点企业复工复产，疫情防控取得重大战略成果。审计署迅速组织2万多人，对疫情防控资金和捐赠款物进行了专项审计，坚持大数据审计与现场重点核查相结合，及时发现问题，及时推动整改，全力支持和配合疫情防控工作。至2020年3月底，各级财政共安排疫情防控资金1371.86亿元；审计的40家银行共向5995家重点保障企业发放疫情防控专项贷款2314.73亿元；审计的8445个慈善组织和相关部门共接收社会捐赠资金378.24亿元、物资16.65亿件，已分配使用320.65亿元、15.1亿件。

从审计情况看，各地区各部门认真贯彻习近平总书记关于疫情防控工作的重要指示精神和党中央、国务院重大决策部署，及时出台完善相关规章制度，调整优化财政支出结构，建立健全专项贷款投放机制，款物管理、分配和使用总体比较规范，为疫情防控提供了有力保障，有效维护了人民生命安全和身体健康，但疫情防控中也反映出一些短板和弱项。对审计发现的资金滞拨、物资积压等问题，有关方面及时整改，加快分配下拨资金76.51亿元、物资9994万余件，建立健全制度1584项。审计还发现骗取套取资金、倒卖侵占物资等问题线索110多件，如7家熔喷布经销企业抬高供货价17倍以上扰乱市场秩序等，均已移送有关部门处理。

本报告反映的是中央预算执行和其他财政收支审计发现的主要问题，有关具体情况以附件形式印发会议，并依法向社会公告。审计指出问题后，有关地方、部门和单位正在积极整改。下一步，审计署将认真督促整改，国务院将在年底前向全国人大常委会报告全面整改情况。

委员长、各位副委员长、秘书长，各位委员：

我们将更加紧密地团结在以习近平同志为核心的党中央周围，以习近平新时代中国特色社会主义思想为指导，全面贯彻落实党的十九大和十九届二中、三中、四中全会精神，依法全面履行审计监督职责，自觉接受全国人大监督，为推进国家治理体系和治理能力现代化作出新的更大贡献！

国务院关于2019年度中央预算执行和其他财政收支审计查出问题整改情况的报告

——在第十三届全国人民代表大会常务委员会第二十四次会议上

审计署审计长　侯　凯

（2020年12月23日）

委员长、各位副委员长、秘书长，各位委员：

受国务院委托，我向全国人大常委会报告2019年度中央预算执行和其他财政收支审计查出问题的整改情况，请予审议。

党中央、国务院高度重视审计查出问题的整改工作。习近平总书记多次作出重要指示批示，强调要加强审计发现问题整改的跟踪推进，以有力有效的审计整改促进完善制度、提高制度执行力。李克强总理主持召开国务院常务会议专题研究部署整改工作，要求对照查出的问题逐项整改，并完善制度机制。按照党中央、国务院的部署要求，审计署向186个中央部门、单位和省*级人民政府印发整改通知和问题清单，结合审计项目实施，对整改情况进行跟踪督促检查。

一、整改工作的部署推进情况

各地区各部门坚持以习近平新时代中国特色社会主义思想为指导，深入贯彻落实党中央、国务院决策部署，把扎实抓好审计查出问题整改作为践行"两个维护"的实际行动，认真执行十三届全国人大常委会第十九次会议有关审议意见，全面落实全国人大财经委审查意见，推动整改工作取得明显成效。

（一）认真落实整改责任。有关部门单位和地方将整改作为重大政治任务抓紧抓好，主要负责同志切实承担第一责任人的责任，及时传达学习习近平总书记重要指示批示精神和国务院常务会议要求，研究部署整改工作。很多地方和部门成立领导小组、召开专门会议、制订整改方案、建立整改台账，逐项分解整改任务，层层压实整改责任。有关主管部门认真履行行业监管责任，指导开展本领域整改工作，部署行业性专项整治，并完善部门间整改协调机制，形成合力。如住房城乡建设部、发展改革委、财政部、人民银行等部门组成联合调研组，赴各地督导保障性安居工程问题的整改工作；自然科学基金委召集30多家单位召开座谈会，在大量数据分析和调查研究的基础上制订专项整改方案。

（二）采取有效措施提升整改效果。国务院将审计查出问题整改情况作为第七次大督查的重要内容，14个督查组对14个省350个典型问题的整改情况进行实地督查。很多部门单位和地方也将整改纳入督查督办范围，形成政府督查机构、审计机关、主管部门等协同推进整改的工作格局。一些部门和地方把整改工作与巩固拓展"不忘初心、牢记使命"主题教育成果、创建"让党中央放心、让人民群众满意的模范机关"等重要工作一体推进，主动创新整改方式，提升

* 本报告对省级行政区统称为省，地市级行政区统称为市，县区级行政区统称为县。

整改效果，通过对账销号、整改“回头看”、制发提示提醒清单等，将整改任务逐项落实到具体单位；有的将整改结果纳入部门绩效考核，形成倒逼整改机制；有的设立整改联席会议办公室，每月向有关单位通报整改动态。

（三）着力构建相关长效机制。有关部门单位和地方坚持“治已病、防未病”，将具体问题整改与完善制度相结合，努力做到标本兼治、从源头上强化治理。如5个省结合整改工作，出台或完善深化行政审批制度改革、加强公共租赁住房管理、加快预算资金支出等方面的制度；自然资源部针对近年审计等指出的问题，印发关于坚持问题导向强化财会监督的通知。有的地方还制定了审计整改责任追究办法、提升整改结果运用的意见等制度，并将审计与巡视巡察、纪检监察、组织人事等监督贯通起来，切实提高整改结果利用的制度化、规范化水平，健全完善审计查出问题整改工作机制。

二、审计查出问题的整改情况

截至2020年10月底，对《国务院关于2019年度中央预算执行和其他财政收支的审计工作报告》反映的问题，有关部门单位和地方采取上缴国库、退还税费、统筹使用或加快拨付进度、调整投资计划和账目等方式，整改问题金额2118.08亿元；制定完善相关规章制度2350项，追责问责705人。

（一）中央财政管理审计查出问题的整改情况。财政部、发展改革委等部门通过清理收回结转结余资金、加快资金使用进度等整改438.09亿元，完善政府投资基金、专项资金管理办法等制度56项。

1.关于财政支出效率还不够高的问题。

一是预算编制不够细化和精准问题。对中央本级支出预算年初未落实到单位问题，财政部将2020年中央本级代编预算规模同比压减37.3%，动用代编预算事项均按程序报批，具备条件的及时办理拨付。对专项转移支付预算年初未分配到具体地区问题，已将涉及的服务业发展专项2020年部分预算预计数明确到具体地区。对国有资本经营预算年初未落实到具体项目问题，财政部督促预算编制部门每年9月底前完成预算编报，除据实结算、按要求预留和向政府投资基金注资等支出外，2020年预算全部细化到企业。对向中央部门有结转资金的项目继续安排预算问题，财政部调减了相关项目预算，收回部分项目的结转结余资金，进一步加强对部门预算执行情况的跟踪监督。

二是资金分配使用中存在滞拨闲置等问题。对预算下达晚问题，财政部在批复2020年部门预算时明确，执行中一般不再追加，确需调剂的，要求部门限期提出申请并确保项目可实施。对未用的住房租赁市场补助，住房城乡建设部建立试点城市月报制度，会同财政部进行专项督导，加快资金拨付；各地通过奖补、注资等，将补助资金落实到具体项目，至10月底已安排使用84.98亿元。对资金使用效率低问题，有关地方加快预算执行、招标采购等进度，已统筹使用38.87亿元；7个知识产权运营服务体系建设重点城市通过加快项目申报、建设实施等，已使用中央补助3.88亿元；11个省有关部门督促加快电子商务进农村示范县项目建设进度，已使用中央补助5.59亿元。对项目准备不充分问题，未及时开工的68个项目中，有67个已开工、1个调整投资计划；资金支付进度滞后的141个项目中，16.14亿元（占已完成中央财政投资额的71.5%）已支付给施工方等；52个进度滞后的重大水利工程项目中，有18个通过加快项目审批、积极筹措资金、推进项目建设等整改，其中部分项目已具备灌溉、防洪等功能。

三是资金下达拨付耗时较长问题。对预算未在规定时间内下达问题，财政部研究将转移支付下达不及时问题纳入其内控考核，并督促有关部门尽早提出资金分配建议，至10月底2020年转移支付预算和投资计划已分别下达97.1%、98%。对发展改革委下达投资计划到财政部下达预算用时较长问题，两部门加强沟通衔接，做好项目库储备和前期工作，优化代编预算等下达流程，加快预算下达文件办理进度。对省级财政分解下达用时长问题，17个省通过将转移支付下达时间作为考核预算执行进度指标等，规范资金分解下达工作。对项目从立项获批到施工许可耗时长问题，各省对审批时间过长项目进行梳理，着力提升审批效率。如山东省将工程项目全流程审批时间压缩到100个工作日、简易低风险项目不超过20个工作日。

2. 关于有些财政基础性工作还不够扎实的问题。

一是基本支出定员定额管理有待完善问题。对纳入定员定额管理范围比例较低问题，财政部进一步完善定额标准，2020年将海关系统等纳入管理范围。对在项目预算中编报基本支出问题，已按程序办理预算调剂。

二是预算绩效管理精细化程度还需提高问题。对绩效指标设定问题，有关部门进一步明确了编制要求，提高绩效目标的规范性和科学性，完善绩效评价管理体系，严把自评标准、提高自评质量。对国有资本经营预算绩效目标问题，国资委印发自评工作通知，完善相关绩效指标体系，有关中央企业10月底前按要求报送了2018、2019年度绩效自评报告和自评表。对信息公开不够问题，财政部2020年将25个重点项目绩效评价报告提交全国人大常委会参阅，其中10个随部门决算向社会公开，比上年增长42.9%；组织中央部门公开了109个一级项目的绩效目标和351个项目的绩效自评结果，分别比上年增长211%、49.3%。

三是国有资本经营预算具体分配使用不够规范问题。3户中央企业已将3.15亿元转增实收资本。

3. 关于转移支付改革还未完全到位的问题。

一是归类标准不一问题。财政部拟将共同财政事权转移支付从一般性转移支付中剥离，单独列为一类管理；进一步规范和加强2项区域性财力性补助的预算管理。

二是分配管理不够规范问题。财政部会同有关部门制定出台2项专项转移支付的管理办法，另1项正在修订。发展改革委已提出完善2个投资专项切块标准的初步方案，将结合相关规划等修订完善管理办法；废止了另1个投资专项的管理办法，将按照相关规定安排投资补助。对国库集中支付管理不到位问题，10个省的财政部门强化对市县转移支付资金使用的跟踪督促和监管，9.84亿元已收回国库或按进度支出。

三是预算安排存在重复问题。财政部、发展改革委等部门加强沟通衔接和项目审核，进一步加强专项资金与投资计划的统筹，督促地方强化资金和项目管理，避免重复申请财政资金。向1个老旧小区改造项目重复安排的财政资金已被调剂用于其他改造项目。

（二）中央部门预算执行审计查出问题的整改情况。有关中央部门和所属单位已整改88.13亿元，制定或完善制度97项，处理处分23人。

1. 关于落实过“紧日子”要求不够到位的问题。有关部门和单位已整改39.7亿元（占98.1%）。其中：对虚列或超范围支出、会议开支不规范等问题，7个部门和14家所属单位已上缴国库、归还原渠道等5331.1万元，进一步完善相关管理制度，加强支出审核，严格执行因公出国（境）规定；对公务用车超编制或使用不合规等问题，1个部门和10家所属单位修订完善制度3项，建立公务用车管理台账，严格使用审批，退回车辆2辆。对违规收费、违规理财、账外核算等问题，1个部门取消违规收费，2个部门和7家所属单位收回理财资金或调整账目6.25亿元。

2. 关于项目支出“花旧补新”或往来账款长期未清理的问题。对项目连年结转、连年申请预算问题，有关部门和单位进一步提高预算编制的科学性和准确性，加强预算执行进度管理、控制结转规模，4个部门共上缴结余结转资金3363.93万元。对往来账款长期未清理问题，有关部门和单位认真梳理核实相关款项、制订清理计划，22个部门和26家所属单位已收回欠款、调整账目或归还原渠道等7.67亿元，另有6005.98万元待财政部批准清查结果后予以核销。对未及时办理竣工决算等问题，有关部门和单位将进一步加强项目前期论证、提高预算编制的准确性，加大力度推进项目建设，6个部门和7家所属单位已统筹使用或上缴财政1.2亿元。

3. 关于资产管理仍存在薄弱环节的问题。对资产底数不清问题，有关部门和单位积极组织资产清查，18个部门和11家所属单位确认资产或调整账实差异等15.1亿元，8个部门和4家所属单位已按规定计提折旧等。对违规出租、资产处置等问题，2个部门和44家所属单位进一步完善资产出租出借程序、补办报批等手续，2个部门和3家所属单位已收回违规出租资产或盘活使用闲置资产等，1个部门和5家所属单位将出租、处置收入1341.61万元上缴财政。

4. 关于部门信息系统建设绩效有待加强的问题。对统筹规划不够或整合共享不充分等问题，2个部门加强建设统筹、推进系统共享，建立网络安全信息通报机制、印发信息化三年重点工作规划等，定期开展网络安全检查，整合现有部本级预算管理业务系统。对应用频率较低问题，2个部门加强需求调研、强化顶层设计、优化系统功能，6个信息系统均已完成整改。对信息系统管理不到位问题，相关部门通过停用、整合等方式加强信息系统管理。

（三）重点民生资金和项目审计查出问题的整改情况。

1. 关于基本养老保险基金审计方面的问题。有关地方已整改6.04亿元，完善制度16项。对8个省仍实行市县统筹问题，人力资源社会保障部推动各地提高统筹层次，强化监管力度，6个省已实现省级统筹，另2个省将于2020年底前完成。对部分人员未参保问题，人力资源社会保障部、财政部、卫生健康委、扶贫办等主管部门加强沟通协作，推动各地做好医护人员、低保和特困人员、公益性岗位安置的就业困难人员以及被征地农民等的参保登记工作，12个省排查10.72万人参保情况，并督促完成参保。对向不符合条件的人员发放养老金问题，13个省加强数据共享、建立信息比对机制，已收回清退、排查停发养老金4709.3万元、涉及1526人。对未及时办理个人账户资金转移、清退问题，10个省经办机构加强信息化建设和提醒提示服务，已为8.18万人办理个人账户转移、清退或信息清理工作，涉及5.57亿元。

2. 关于医疗保险基金审计方面的问题。有关地方和部门已整改23.96亿元，完善制度27项。对参保考核管理还不完善的问题，医保局等3部门出台《关于加强和改进基本医疗保险参保工作的指导意见》（医保发〔2020〕33号），对提高参保质量、优化参保缴费服务、提升信息化管理水平等方面作出明确规定。对多报参保人数和多获补助问题，中央财政已通过扣减有关省份补助等整改22.82亿元、处理处分72人，其中四川省开展了为期2个月的排查整治，建成重复参保核查系统，完善参保管理措施。对欺诈骗保等问题，各地已追回或扣缴基金1.14亿元、问责处理81人，并加强制度建设。

3. 关于保障性安居工程审计方面的问题。住房城乡建设部、财政部、发展改革委等部门建立联合工作机制，加强实地督导，各地已整改386.78亿元，完善政策58项。一是税费优惠方面的问题。62个市县退还150个项目的城市基础设施配套费、城镇土地使用税等3.21亿元，另17个项目已制定退还方案，正按程序办理；23家金融机构和融资平台公司退还、抵减咨询服务费、管理费等2.41亿元，有关地方进一步规范了辖区内金融机构对保障性住房融资的收费行为。二是保障落实方面的问题。205个市县取消了1.18万户不符合条件家庭的住房保障待遇或调整保障标准，清退住房6430套、追回补贴561.75万元；15个市县完善棚户区改造相关政策，剔除不符合棚改条件的项目和住房。47个市县长期未建成的安置住房有3.03万套已基本建成；25个市县加快办理竣工验收、出台分配方案等，1.72万套住房已可投用，还有1.05万套已分配到户。三是资金使用方面的问题。有关地区加快项目建设进度，及时拨付使用或上缴结余资金，已统筹盘活381.1亿元。

4. 关于住房公积金审计方面的问题。有关地方和部门已整改306.13亿元，健全制度规范241项。一是公积金提取及贷款发放条件要求不一的问题。13个省根据《住房公积金管理条例》，调整了当地的提取和贷款政策，并逐步规范大病医疗、特困救助等提取业务，涉及公积金和贷款305.79亿元；12个省的21个市通过规范业务管理、将违规缴存人列入黑名单、提请司法机关协助等，追回公积金或结清贷款3338.16万元，涉及144人。二是有些行业和单位未实现统筹的问题。17个省相关行业和省直单位通过调整政策、整合数据等，推进属地统一管理。

（四）三大攻坚战相关资金审计查出问题的整改情况。

1. 关于扶贫审计方面的问题。有关地方和部门已整改全部问题金额1.39亿元，完善政策制度12项，追责问责104人。对贫困群众未纳入基本医疗保险问题，6个县加大政策宣传力度，逐户逐人摸排，落实参保财政补助，2200多名贫困群众已全部纳入基本医疗保险。对后续扶持措施未及时跟上问题，5个县通过开发公益性岗位、发展产业支持贫困群众在当地就业、转移就业和自主创业，已实现每户至少1个劳动力稳定就业。对极少数贫困学生未在校就读问题，教育部会同有关部门出台《关于进一步加强控辍保学工作健全义务教育有保障长效机制的若干意见》（教基〔2020〕5号），着力解决因学习困难、外出打工等辍学问题；5个县加强全过程帮扶，辍学学生已经复学或完成学业补偿。对扶贫资金被虚报冒领或骗取侵占问题，有关地方逐一核查，涉及的1591.95万元已通过追回资金、处以罚金等全部整改，处理处分95人；还通过调整置换项目资金、重新制订实施计划等整改损失浪费问题1.22亿元。

2. 关于污染防治审计方面的问题。10个省已整改20.33亿元，完善制度10项，追责问责9人。一是多头分配问题。2个省通过重新分配、收回资金等，整改重复支持同一项目的资金1.14亿元。二是项目管理不够衔接等问题。有关地方已将8.62亿元中央生态环保资金落实到具体项目；未按期开（完）工的100个项目中，有54个实现开工或完工；未发挥预期效益的22个已建成项目中，有13个已发挥预期效益。三是资金管理不够严格问题。8个省已拨付或统筹使用10.35亿元；追回5家项目单位多得的1227.87万元；5家单位挪用的1090万元已全部追回。

3. 关于防范化解重大风险审计方面的问题。

一是地方政府债务管理问题。对新增专项债券资金未使用问题，有关地方抓实项目遴选储备，建立资金使用情况报告制度，加快债券资金支出和项目建设进度，及时调整资金用途，18个省及所辖36个市县已安排使用或收回闲置资金242.85亿元，并完善制度3项，约谈8人。对违规举债或担保问题，9个地区通过安排预算、直接偿还等化解隐性债务60.22亿元，2个地区对违规举债单位追责问责。

二是基层财政运转问题。财政部出台做好基层“三保”工作等多份文件，严格按照县级为主、省级兜底的原则，阶段性提高县级财政资金留用比例；完善县级基本财力保障机制奖补资金、均衡性转移支付资金等分配办法，健全激励约束机制；强化地方库款运行监测督导，加大财政支出结构调整力度，大力压减一般性支出，兜牢“三保”底线。

三是金融风险防范化解问题。对10家中央金融机构未按期偿还贷款余额增长问题，银保监会等主管部门强化监管指标监测，加强信用风险审慎监管，组织开展压力测试，指导有关金融机构充分计提拨备、准确风险分类、加快不良处置；有关金融机构分类施策，缓解因疫情受困企业还本付息压力，有效识别客户实质风险。对地方中小银行实际不良率较高问题，银保监会持续推进不良贷款真实入账，推动地方运用专项债券补充中小银行资本；有关地方和金融机构加快不良贷款清收、处置。

（五）重大政策措施落实跟踪审计查出问题的整改情况。

1. 关于就业优先政策落实方面的问题。有关地方和部门已整改73.38亿元，完善制度24项。一是预算分配与工作任务对接不够精准问题。3个省通过提高经费预算、追加预算或提前拨付等，安排78所院校高职扩招生源生均经费等3.1亿元；2个省研究制订现代职业教育质量提升计划资金分配方案或管理办法，将贫困地区作为参考指标，并向先进制造业等亟需特需专业倾斜。二是有些资金发放使用不合规问题。对将资金发放给不符合条件的单位和个人、挪用等问题，17个省通过收回、清退、停发资金等整改2.17亿元；被骗取套取的1079.92万元已全部收回。三是部分计划任务未按期推进问题。对未按期开（完）工的39个职业教育、产教融合项目，有13个已投用、12个已完工、6个已开工，涉及7.58亿元；对未按时拨付或使用的资金，通过改进清算方式、完善项目申报评审流程、制定资金管理办法等整改60.42亿元。

2. 关于减税降费政策落实方面的问题。一是有些优惠政策未完全落实问题。对企业未享受到免征教育费附加、研发费用加计扣除等税收优惠问题，有关税务部门已整改到位，办理退库或税费抵减4511.2万元。对生活服务等企业未享受疫情防控期间收入免征增值税问题，有关税务部门已整改到位，办理退库或税收抵减874.1万元。二是有的部门和地方税费征管还不够规范问题。对企业被提前或多征税费问题，有关税务部门已整改到位，办理退库或税收抵减 50.4 亿元；对违规收费或要求企业承担费用等问题，有关地方已退还企业 1.08 亿元。

3. 关于清理拖欠民营和中小企业账款方面的问题。对未逐笔制订清偿计划、少报或多报欠款、虚报清偿额等问题，工业和信息化部积极推动全面落实《保障中小企业款项支付条例》，将审计发现问题分解到有关地区和部门，避免产生新的拖欠；发展改革委对因拖欠账款被人民法院纳入失信被执行人名单的政府部门和国有企业依法依规实施失信惩戒，将各地拖欠工作治理成效与城市信用状况月度评价、信用示范城市创新等工作挂钩，及时监测市县政府可能存在的拖欠风险。2 个省的 7 个地区按要求逐笔制订欠款清偿计划，11 个省的 31 家单位和 2 户中央企业清偿欠款 3.1 亿元；5 个省的 5 家单位和 1 户中央企业将多报、少报或虚偿的 2.13 亿元欠款调整了台账。对农民工工资保证金退还不够及时问题，人力资源社会保障部责成涉及的 3 个省立即纠正，6701.76 万元工资保证金已全部退还。

4. 关于科技相关政策落实方面的问题。有关部门和高校收回或盘活资金 31.37 亿元，完善相关制度 6 项。一是科技资源配置不够合理问题。对国家科技成果转化引导基金结转结余较多、子基金审批耗时较长等问题，至 2019 年底的结转结余中，有 12.34 亿元上缴财政，13.56 亿元安排用于子基金出资，4.14 亿元调剂用于新冠病毒疫苗研发等科研任务；科技部、财政部等部门健全基金运行全周期管理制度，压减符合条件子基金的设立周期。二是科技成果转化率偏低问题。教育部、知识产权局、科技部印发《关于提升高等学校专利质量促进转化运用的若干意见》（教科技〔2020〕1 号）等文件，组织开展知识产权试点示范高校建设工作，完善知识产权运营服务体系；1 所高校成立了科技成果转移转化领导小组，另 1 所高校出台了促进科技成果转化管理办法，并已成功转化 5 项科技成果。三是科研设备开放共享不充分问题。5 所高校系统梳理科研设备，已有 539 台（套）设备纳入国家共享平台，并建立了校级、院级大型仪器共享机制。

5. 关于乡村振兴相关政策落实方面的问题。有关部门和地方已整改 10.26 亿元，促进政策落实或完善规章制度 117 项，追责问责 40 人。一是高标准农田建设方面问题。农业农村部、财政部等部门加强沟通协调，研究完善建设标准，并将审计指出问题整改情况与高标准农田建设补助资金分配挂钩；有关地方加快项目建设、加大土壤改良投入、健全管护机制等，涉及高标准农田 104.2 万亩、财政资金 1.98 亿元。二是粮食和生猪生产政策落实方面问题。粮食和储备局建立粮食生产保障项目月度督办机制，农业农村部暂停了动物防疫条件审查中关于选址距离标准的要求；有关地方加快施工进度、完善养殖政策，52 个粮食生产保障项目中，有 31 个已完成整改，各地共盘活或拨付到位资金 1.84 亿元。三是农村人居环境整治方面问题。农业农村部逐月通报农村改厕进展情况，加强技术指导服务，健全问题反馈和督促整改机制；财政部印发推进农村人居环境整治工作的通知，指导地方落实“建管并重”要求；交通运输部推进农村公路管理养护体制改革，提升建设质量；有关地方加快项目建设、验收、移交，明确管护责任，增加运维投入，已整改农村厕所和污水垃圾处理设施 10 万余个、农村道路 219 条。四是乡村公共文化设施方面问题。文化和旅游部督促地方将文化站纳入县级文化馆、图书馆统筹建设，增加服务内容；14 个县全面摸排公共文化设施使用情况，腾退、维修被占用或损坏的设施设备，建立管护制度。

6. 关于政府投资基金相关政策落实方面的问题。8 个省有关政府投资基金已投出 218.33 亿元，收回 36.08 亿元；财政部出台制度，要求严格控制基金管理费支出，5 个省市明确了管理费计提标准。对中小企业创业投资基金问题，7 个市及 2 个开发区已投出或收回资金 10.47 亿元，4 个市及 1 个开发区制定完善基金管理办法，规范投向管理，加快支出进度。

（六）金融和企业审计查出问题的整改情况。

对 51 家银行增加企业融资成本问题，银保监会等 6 部门出台《关于进一步规范信贷融资收费降低企业融资综合成本的通知》（银保监发〔2020〕18 号），规范银行收费行为；51 家银行制定针对性措施，退还违规收费、结清问题贷款、释放与贷款挂钩的存款，着力降低企业融资成本。对地方银行未完成2019年小微贷款相关任务问题，银保监会2020年推动小微企业信贷增量扩面；有关银行进一步提高小微贷款不良容忍度，完善小微企业金融服务机制，通过与考核挂钩等方式加大服务力度。对部分“僵尸企业”处置质量不够高等问题，有关部门印发通知，要求进一步夯实“处僵治困”工作质量，并建立工作台账，确保相关企业全部纳入处置范围，加快推进处置工作。

（七）审计移送的违纪违法问题线索查处情况。

对审计移送的违纪违法问题线索，有关部门正在组织调查或已立案查处，有的还组织开展行业治理，努力构建长效机制。

1. 关于公共资源管理领域的利益输送问题。发展改革委持续深化公共资源交易平台整合共享，出台全国公共资源交易目录指引和公共资源交易领域基层政务公开标准指引，在全国开展工程领域招投标营商环境专项整治。银保监会印发《银行保险机构涉刑案件管理办法（试行）》（银保监办发〔2020〕20号），严厉打击银行保险机构非法关联交易等行为。证监会持续打击内幕交易，完善疑点排查等机制。国资委印发方案，专项整治靠企吃企、关联交易、设租寻租、利益输送等问题。青岛国际机场集团汲取焦永泉案件教训，明确56项整改措施，研究完善相关规章制度。

2. 关于基层民生领域的以权谋私问题。扶贫办、发展改革委、交通运输部、水利部等持续开展相关扶贫领域腐败和作风问题治理，并与纪检监察机关形成合力。民政部整治社会救助领域侵害群众利益问题，加快制定全国统一的老年人能力综合评估标准，为地方发放相关补贴提供依据。人力资源社会保障部加强职工基本养老保险基金管理，加大财务检查力度。北京市强化定点医疗机构管理，建立行政、刑事衔接制度和医保执法联动机制。对一家职业技能鉴定中心与社会培训机构串通，违规办理职业资格证书并收受钱款的问题，已将问题线索移送当地纪检监察机关，目前正在查处中。

3. 关于涉众涉税领域的扰乱市场秩序问题。有关部门强化风险监测，保持对涉众领域问题的高压态势。人民银行牵头持续开展互联网金融风险专项整治。银保监会会同有关部门积极化解网络借贷领域存量风险，推动处置非法集资工作向法治化、常态化、全链条治理转变，加快国家大数据监测预警平台建设。证监会推进清理整顿各类交易场所，打击非法证券活动。税务总局制发重要稽查案件办理办法，明确重大涉税案件的办理流程、工作要求等。对3个团伙开设900多个账户涉嫌为网络赌博、偷逃税款等提供通道的问题，已被公安机关全部成功侦破，目前已进入司法起诉程序。

（八）审计建议落实情况。

财政部等主管部门认真研究审计建议，按照党中央、国务院关于深化财税金融体制改革等部署，推动完善相关领域制度机制。

1. 关于加快推进财税金融体制机制改革的建议。一是优化政府间事权和财权划分。财政部会同相关部门稳步推进中央与地方财政事权和支出责任划分改革，推动出台生态环境、自然资源、公共文化、应急救援等领域改革方案，进一步完善转移支付制度；财政部、税务总局积极落实《实施更大规模减税降费后调整中央与地方收入划分改革推进方案》（国发〔2019〕21号）。二是推进地方税体系改革。财政部等部门推动完成耕地占用税、资源税、城市维护建设税、契税等地方税种立法，适当扩大地方税收管理权限。三是完善政府举债融资机制。财政部等部门加强地方政府专项债券管理、加快发行使用，推进地方政府债务信息公开，健全常态化监测机制，稳妥化解存量隐性债务。四是深化金融供给侧结构性改革。人民银行、银保监会、证监会等部门推动落实11条对外开放措施和11条金融改革措施，统筹推进中小银行深化改革和高风险机构风险化解，放大金融服务实体经济功能；加大国务院金融稳定发展委员会议定事项的督促落实力度，在各省和深圳市建立金融稳定发展委员会办公室地方协调机制；增强政策协同，加强重大监管政策发布前的沟通，维护金融市场稳定运行。

2. 关于加大力度实施积极财政政策的建议。一是巩固和拓展减税降费成效。财政部会同人力资源社会保障部、税务总局等部门出台16项阶段性、针对性减税降费政策，着力减轻疫情防控重点物资生产企业、困难行业企业以及个体工商户、小微企业负担，将6月底到期的部分政策延长到2020年底，健全政策落实情况反馈、风险应对等机制，继续推进清理拖欠民营和中小企业账款相关工作。二是加大对科技创新等支持力度。财政部、科技部等部门创新财政支持方式和科技经费管理机制，试点科技经费“包干制”，激发科技创新创造活力。财政部规范政府投资基金管理，提高运作效率，支持地方政府推进基金布局适度集中，聚焦关键性、创新型行业领域。三是建立健全财政资金直达机制。财政部完善特殊转移支付制度，明确直达资金分配、使用、拨付、监管等要求；建立直达资金监控系统，实行从源头到末端的全链条、全过程动态跟踪，确保预算下达和资金监管同步。四是加大财政支出力度。财政部通过适当提高赤字率、增加地方政府专项债券、发行抗疫特别国债等，对冲疫情造成的减收增支影响，支持地方兜牢“三保”底线，统筹财政资源用于重大项目建设。

3. 关于加快健全预算支出标准体系的建议。一是积极推进中央本级基本支出定员定额改革。2021年起行政机关和参公管理事业单位原则上都将纳入定额管理，完善定员定额标准，保障部门履职合理需要。二是健全项目支出标准和绩效评价制度。财政部进一步做好中央本级项目支出标准体系建设，推动制定职业资格考试考务费等多项通用项目支出标准，出台并实施项目支出绩效评价管理办法，深入推进全面预算绩效管理。三是落实政府过“紧日子”要求。中央各部门严控一般性支出，2020年中央本级支出安排负增长，其中非急需非刚性支出压减50%以上；财政部印发进一步严格财政支出管理的通知，对中央部门和地方提出具体要求，将过“紧日子”作为预算安排方针，使其制度化、长期化。

4. 关于加强民生资金和项目管理的建议。一是严肃查处违法违规行为。就业、住房、医疗、教育、社保等主管部门结合审计指出问题和自身职责，对本领域存在的突出问题进行整治；加强绩效管理，指导地方提高资金使用水平。二是增强惠民政策的持续性和协调性。坚持以人民为中心的发展思想，有关部门做好普惠性、基础性、兜底性民生建设，强化扶贫、义务教育、基本养老、基本医疗、城乡低保等民生支出保障；进一步明确各项民生保障政策功能定位，注重政策之间的统筹协调，加大困难群体托底保障力度，确保工作不留死角、对象全面覆盖。三是加强公共卫生领域基础建设。卫生健康委组织开展“公立医疗机构经济管理年”活动，规范中央对地方转移支付卫生健康项目预算绩效管理，强化绩效考核结果运用，确保项目效果达到预期。

委员长、各位副委员长、秘书长，各位委员：

关于新冠肺炎疫情防控资金和捐赠款物专项审计方面的问题，各地区各部门坚持边审边改，审计指出的问题已基本整改。对资金滞拨、物资积压等问题，已分配下拨、使用财政和捐赠资金等106.35亿元、物资1.74亿件，建立健全制度1681项。对熔喷布经销企业扰乱市场秩序问题，市场监管总局印发《关于新型冠状病毒感染肺炎疫情防控期间查处哄抬价格违法行为的指导意见》（国市监竞争〔2020〕21号）等，开展熔喷布价格专项调查，联合公安部印发《关于新冠肺炎疫情防控期间加强价格行政执法与刑事司法衔接工作的通知》（国市监竞争〔2020〕13号），加强协同联动，切实维护市场秩序。

三、尚未完全整改到位的问题及后续工作安排

从整改情况看，少部分问题尚未得到彻底纠正。对此，审计机关严格落实“三个区分开来”重要要求，认真全面听取有关部门单位和地方的意见，实事求是分析了原因。主要是：

（一）有些属于涉及改革中长期目标的体制机制问题，需要在深化改革进程中逐步解决。如审计连续多年指出预算编制不够细化、转移支付归类标准不一、预算绩效管理不到位等问题，财政部、发展改革委等部门逐年健全完善管理制度，但此类问题的彻底解决，根本上还需要不断推进中央与地方财政事权和支出责任划分改革，建立健全预算支出标准体系，完善转移支付制度，强化预算约束和绩效管理。

（二）有些属于相关制度措施不完善或修订不及时的问题，需要在先行先试和探索试验过程中予以规范。如科技资金使用绩效不高、部分专项资金超范围支出、项目进度慢等问题，主要是对科技研发规律把握还不够精准，预算编制、拨付进度与之缺乏有效衔接，或市场环境、政策依据、地质气候等发生变化，或受国际形势、疫情防控等影响，而资金使用、项目实施等相关规定未及时因时因势调整。又如审计多次指出的违规享受住房保障、骗取套取医保基金等问题，根源在于部门间政策措施不完善不协调、信息共享不充分，但整改时涉及摸底核实、人员安置、系统切换、统筹规划等多个环节，以及住房城乡建设、医保、公安、税务、市场监管金融监管等多个部门，建立部门间协调、审查等机制需要一定时间。

（三）有些属于受客观因素和外部环境影响较大的问题，需要统筹考虑多方因素稳步推进整改。如财政存量资金清理等问题，由于相关项目立项时间长、历史遗留问题多，加之资产处置等工作量大、环节众多、手续复杂等，需要逐步排查、稳步推进；一些资产处置、资金收回等问题还涉及外部单位或诉讼，履行必要的行政或司法程序也需要较长时间。

（四）有些问题已难以回溯，整改难度较大，需要根据实际情况采取针对性的措施。如水污染防治相关资金重复支持同一项目等问题，由于相关县级财政较为困难，很难再拿出资金归还原渠道；对向不符合条件人员发放养老金和惠民补贴等问题，由于单一问题案值较小，达不到司法立案标准，一旦有关社会人员拒绝返还，行政追回成本高昂。

对以上问题，有关部门单位和地方对后续整改作出了安排：一是区分情况明确整改措施。系统梳理未整改到位问题，分类制订整改计划，明确近期和远期整改目标，确保每个整改事项有安排、有举措。二是采取有力措施推进整改落实。及时掌握整改进度，强化责任担当，尽快拿出真招实招，统筹推动解决整改中的困难，加强督促指导，强化监督问责。三是举一反三推动改革创新。对各项工作中出现的新情况、新问题，加强部门间沟通协作，深入研究分析产生原因、发展趋势，积极主动探索创新，不断改革完善体制机制。

下一步，审计署将严格落实党中央、国务院部署要求，按照全国人大常委会办公厅《关于进一步加强各级人大常委会对审计查出突出问题整改情况监督的意见》，持续加强对问题整改的跟踪检查，督促有关部门单位和地方压实整改主体责任，推动其结合问题研究制定有关堵塞漏洞、加强管理、健全制度的具体举措；对一些伴随改革实行新政策、新制度、新机制而产生的新情况新问题，以及一些“屡改屡犯”的老问题，更加注重分析问题产生的历史背景、决策过程、性质结果等深层次因素，坚持从体制机制制度层面提出审计建议，以钉钉子精神推动整改落实，认真研究建立健全审计查出问题整改工作的长效机制，切实推动源头治理。

委员长、各位副委员长、秘书长，各位委员：

我们将更加紧密地团结在以习近平同志为核心的党中央周围，坚持以习近平新时代中国特色社会主义思想为指导，全面贯彻落实党的十九大和十九届二中、三中、四中、五中全会精神，依法全面履行审计监督职责，为全面建设社会主义现代化国家开好局、起好步作出积极贡献！

贯彻新发展理念　围绕高质量发展要求 稳步推进国外贷援款项目审计工作

——在2020年度国外贷援款项目审计视频培训班上的讲话

审计署副审计长、民建中央副主席　秦博勇

（2020年1月15日）

同志们，上午好！

2020年是全面建成小康社会和“十三五”规划收官之年，要实现第一个百年奋斗目标，为“十四五”发展和实现第二个百年奋斗目标打好基础。因此，做好2020年的国外贷援款项目审计工作十分重要。这次举办国外贷援款项目审计视频培训班，主要任务是以习近平新时代中国特色社会主义思想为指导，深入贯彻落实中央经济工作会议和全国审计工作会议精神，坚持稳中求进工作总基调，坚持新发展理念，按照高质量发展要求，推动做好2020年度国外贷援款项目审计监督和对外出具审计报告工作。围绕这一任务，我主要讲3个方面的内容。

一、2019年国外贷援款项目审计全面履职、成效明显

2019年，国外贷援款项目审计坚持以习近平新时代中国特色社会主义思想为指导，坚持稳中求进工作总基调，依法全面履行审计监督职责，按时保质对外出具审计报告，取得明显成效。审计署统一组织31个省级审计机关和外资中心，共对255个国外贷援款项目实施了审计，审计发现问题983个，涉及金额81.51亿元人民币，提出审计建议904条。

（一）进一步加强审计组织管理。

涉外审计司按照署党组要求，将过去授权审计改为统一组织实施审计。2019年度审计工作方案明确要求，各单位加强审计项目的统筹融合和相互衔接，积极探索“嵌入式”“融合式”“1+N”等审计组织方式，努力实现“一审多项”“一审多果”“一果多用”。各省级审计机关和外资中心按照工作方案统一要求，积极探索创新，取得较好成效。涉外审计司在“不忘初心、牢记使命”主题教育中，完成了对北京市、山西省、广东省审计厅（局）等省级审计机关的调研活动，全面了解机构改革后国外贷援款项目审计基本情况，梳理存在的问题，认真整改落实，持续优化审计组织管理，取得较好效果。

（二）进一步加大审计监督力度。

各省级审计机关和外资中心坚持问题导向，突出审计重点，加大对骗取项目资金、会计核算不规范等问题的审计力度，如实披露审计发现问题，严肃处理处罚，引起有关部门和单位的高度重视，促进项目提高管理水平。

（三）进一步提高审计成果综合利用水平。

涉外审计司汇总完成主权外债项目债务管理情况审计调查报告，反映了部分主权外债项目存在还款责任单位对内拖欠债务等问题，分析了产生问题的原因，提出了审计调查建议，对于推动财政部门进一步加强主权外债管理、防范化解债务风险发挥了积极作用。各省级审计机关成果意识进一步增强，注重对审计发现问题的综合分析与研究，取得较好效果。

（四）进一步加强审计质量控制。

各省级审计机关和外资中心严格执行《中华

人民共和国国家审计准则》，参照《世界银行亚洲开发银行贷款项目审计指南》等相关规范操作，加大审核把关力度，保证审计质量，防范审计风险。结合国外贷援款项目审计工作实际，积极利用大数据审计方法，开展相关数据的采集、计算和分析等工作，提高了审计质量和效率。

总体上，2019 年的国外贷援款项目审计工作组织得比较好，各方面都取得了较好的效果。但是，在工作中还存在一些不足和差距：一是国外贷援款项目审计与其他审计项目统筹力度还需进一步加大。二是梳理研究国外贷援款项目共性问题和深度分析还不够，揭示体制机制制度方面的问题还比较少。在今后的工作中，我们要正视存在的不足和差距，更好发挥审计建设性作用。

二、紧紧围绕党中央、国务院的重大决策部署，稳步推进国外贷援款项目审计工作

当前，国内外形势严峻复杂，我国经济发展面临较大下行压力。但是，我国经济稳中向好、长期向好的基本趋势没有改变。我们一定要以习近平新时代中国特色社会主义思想为指导，深入学习贯彻党的十九大和十九届二中、三中、四中全会，以及中央经济工作会议精神，认真贯彻落实习近平总书记关于审计工作的重要指示批示精神和李克强总理的有关要求，更加有效发挥审计监督的职能作用。同时，要正确认识、准确把握国外贷援款项目面临的形势和任务，坚持稳字当头，突出审计重点，加大审计力度，持续核查项目财务收支和执行情况，及时揭示国外贷援款项目执行中存在的重大违法违规问题，着力促进项目资金正确使用和取得实效。

做好今后的国外贷援款项目审计工作，需要把握好以下两个方面的要求：

（一）深刻认识国外贷援款面临的新情况。

党的十九大报告提出要建设合作共赢的新型国际关系、构建人类命运共同体、共商共建共享的全球治理观等重要论断。习近平总书记指出，站在新的历史起点，中国开放的大门只会越开越大。这些重要论断，对未来我国加强与包括世界银行（以下简称世行）、亚洲开发银行（以下简称亚行）在内的国际金融组织合作指明了方向。我国将继续通过资金与知识合作，深化在环境保护、减贫发展、保障民生等重点领域内的合作。

一是在贷款规模上，保持相对稳定。世行在 2025 年前每年仍会向我国提供低息贷款。亚行向我国提供贷款的规模，也将继续保持较长时间相对稳定。

二是在贷款重点上，突出服务国家重大政策。世行、亚行贷款重点方向与我国规划重点领域近年来都是高度契合。

三是在贷款模式上，创新性和示范性逐步增强。贷款模式多样化，使用结果导向型贷款工具的世行、亚行贷款项目逐渐增多。

四是在贷款机构上，新兴国际金融组织贷款开始运营。新开发银行和亚洲基础设施投资银行等新兴金融机构，已经陆续在中国开展业务。

（二）准确把握国外贷援款项目审计的新要求。

1 月 2 日召开的全国审计工作会议上，对全国审计机关先进集体和先进工作者进行了表彰，习近平总书记专门作出重要指示，李克强总理、赵乐际书记等中央领导同志亲切会见“双先”代表。这对我们来说是极大的鼓舞，唯有不懈努力工作，才能不辜负中央领导同志的殷切期望和重托。我们要深入学习领会习近平总书记的重要指示精神，坚决贯彻落实到位。

为了更好发挥国外贷援款项目审计监督和公证职能作用，应重点做好以下 4 个方面的工作：

一是规范审计操作。各级审计机关要加大统筹力度，将国外贷援款项目审计融合同级预算执行审计等项目一并实施。首先，规范审计过程，按照同一被审计单位统筹审计项目后，应集中统一实施。其次，规范审计结果，国外贷援款项目审计发现的问题，可同时纳入多份审计报告，努力做到“一审多果”“一果多用”；国外贷援款项目审计报告应如实披露审计发现问题，审计报告内容要准确、规范、易懂。

二是突出公证职能。国外贷援款项目年年审，每年都要按时保质对外出具审计报告，并对项目财务报表发表审计师意见，财务报表审计需要实施的符合性测试、实质性程序等必要的步骤要执行到位，经审计的财务信息要充分可靠，审计师意见要准确适当。国外贷援款项目审计报告质量关系到中国审计机关的信誉，要高度重视审计报告的质量。因此，国外贷援款项目审计要突出公证职能，首要任务是完成公证审计任务。

三是明确审计重点。每年审计都要根据实际情况突出一些重点项目。审计内容要突出对项目财务收支和执行情况的审计，兼顾对绩效情况和其他相关事项的审计。审计建议要重点从宏观和大局上考虑问题，从体制机制制度层面分析问题产生的原因，促使有关部门完善规章制度。

四是提高工作水平。审计质量是国外贷援款项目审计的“生命线”，事关中国审计机关国际信誉，要采取切实有效措施，严格落实“两统筹”要求，确保审计过程和审计结果的质量都必须过硬，经得起时间和历史的检验。要提高审计效率，在按照“两统筹”要求确保人员投入、创新方式方法、缩短现场时间等方面下功夫。要提高能力素质，建设高素质专业化的涉外审计干部队伍。

三、坚持稳中求进工作总基调，认真做好2020年国外贷援款项目审计工作

2020年全国审计工作会议强调，各级审计机关要认真落实习近平总书记关于审计工作的重要指示批示精神，按照中央经济工作会议部署，紧扣全面建成小康社会目标任务，坚持稳中求进工作总基调，坚持新发展理念，坚持以供给侧结构性改革为主线，坚持以改革开放为动力，依法全面履行审计监督职责，做好常态化“经济体检”工作，推动稳增长、促改革、调结构、惠民生、防风险、保稳定各项工作，充分发挥审计在推进国家治理体系和治理能力现代化中的职能作用，为全面建成小康社会作出积极贡献。为贯彻落实全国审计工作会议精神，下面我就做好2020年国外贷援款项目审计工作，提几点具体意见：

（一）加强统筹协调，增强审计效能。

有关省级审计机关、署派出局和业务司派出的审计组，都要按照国外贷援款项目审计工作方案要求，结合实际情况，认真编制审计实施方案，严格落实“两统筹”具体工作要求，创新性地组织和实施审计，切实做好与本级审计机关预算执行审计、政策跟踪审计、经济责任审计等项目的统筹融合，加强对有关参审人员的实务指导，注重培养国外贷援款项目审计人才，切实保障审计抽查覆盖面，为对外出具审计报告、发表审计师意见提供合理保证。坚持科技强审，充分利用大数据审计技术，不断提高审计质量和效率，有效缩短现场审计时间。有关单位要加强与涉外审计司的沟通联系，及时报告审计工作重要情况和遇到的困难问题，涉外审计司要加强业务和培训指导，通过上下联动，发挥审计合力，提高整体效能。

（二）紧盯重点项目，推动政策落实。

2020年，国外贷援款项目审计要重点关注就业、扶贫、养老、医疗等民生项目，加大审计力度，聚焦项目预期目标和建设内容，及时发现苗头性、倾向性问题，并提出有针对性的对策建议，着力促进有关惠民政策落地生根，着力促进职业教育发展、脱贫攻坚、养老服务体系建设、医疗卫生改革等重大政策措施贯彻落实。

（三）聚焦重点问题，促进制度完善。

党的十九届四中全会明确提出，到我们党成立一百年时，在各方面制度更加成熟更加定型上取得明显成效。国外贷援款项目审计要通过聚焦重点问题，加强研究分析，更好发挥在促进完善国外贷援款管理制度、提高项目管理水平方面的作用。一是重点关注项目进度缓慢问题。近年来国外贷援款项目审计报告揭示和反映项目进度缓慢问题越来越多，需要引起我们高度重视，进行深入研究并提出对策建议。二是重点关注项目资金收支违法违规问题。国外贷援款项目资金纳入预算管理，资金性质属财政性资金，我们要对项目资金收支情况加大审计力度，确保资金合法合规使用。

（四）强化审计管理，严格审计纪律。

各审计实施单位要严格按照国家审计准则，参照《世界银行亚洲开发银行贷款项目审计指南》开展工作，提高审计程序的规范性。统筹实施审计项目，要各方联动，加强沟通联络，及时研究解决审计中遇到的困难和问题。进一步加强审计质量控制，确保不出差错。严格执行中央八项规定及其实施细则精神，严格依法审计、文明审计，严格遵守审计“四严禁”工作要求和审计“八不准”工作纪律以及各项廉政规定，严格遵守有关保密规定和宣传纪律。

同志们，国外贷援款项目审计责任重大、专业性强，各审计实施单位要高度重视此项工作，保障人力资源，加强统筹协调和协作配合，努力提高审计质量和效率。希望大家保持奋发有为的精神状态，以高度的政治责任感和历史使命感，贯彻新发展理念，围绕高质量发展要求，稳步推进国外贷援款项目审计工作，在新的一年有新的突破，为全面建成小康社会作出新的贡献。

新春佳节就要到了，借此机会给大家拜个早年，祝大家工作顺利、身体健康、万事如意！

谢谢大家。

推进党的建设与审计业务深度融合 不断提高审计署机关党建工作质量和水平

——在审计署2020年度党务干部综合培训班上的辅导报告

审计署党组成员、副审计长　王文斌

(2020年11月16日)

同志们：

报请侯凯同志同意，从今天开始，我们举办为期5天的审计署党务干部综合培训班。按照培训安排，先由我来与大家交流3个方面内容。

一、新一届机关党委工作实现良好开局

2020年是学习贯彻习近平总书记在中央和国家机关党的建设工作会议上重要讲话精神全面展开之年，是机关党建“狠抓落实年”。一年来，在署党组领导和直接推动下，署机关党委认真履职，重点抓了几件大事。

一是机关党委工作机构调整优化。为加强机关党委对机关纪委工作的领导，理顺关系、提高效能，在中央纪委、中央编办、中央和国家机关工委指导和支持下，署党组决定机关党委与人事教育司分设，机关党委加挂“巡视工作办公室”牌子，负责全署党群、纪检、巡视工作。2020年3月新机构正式成立以来，党委、纪委、巡视3个职能得到充分统筹，形成党群、纪检和内部巡视工作有机衔接、同向发力的协同机制。各特派办机关党建工作机构也作了相应调整。

二是顺利召开第十次党员代表大会。在中央和国家机关工委、审计署党组领导下，各基层党组织周密组织，广大党员积极参与，经过精心筹备，第十次党员代表大会胜利召开，选举产生了新一届“两委”班子，机关党委设立常委会，议事决策效率明显提高。大会将党中央有关决策部署、习近平总书记关于机关党建的重要讲话精神，以及中央和国家机关工委一系列工作要求，及时准确体现在“两委”工作报告中，为做好今后一个时期审计署机关党建工作提供了重要遵循。

三是集中开展党建综合调研。由署机关“两委”部分常委、委员带队，组成9个调研组，深入署内30家单位112个基层党组织进行调研，参与调研的全体同志高度重视新“两委”的首次亮相，调研过程中认真落实工作要求，严格遵守纪律规定，力戒形式主义、官僚主义，切实做到调研周期短、内容全、效率高、效果好，得到基层党组织和党员干部普遍好评。侯凯同志在调研报告上批示“今后要多搞一些这样的调研，掌握一些真实情况。对反映出的问题要全面分析研究，积极推动解决。解决问题要务实，防止形式主义”。

四是积极推动信息化手段应用。依托中国审计数字在线网，举办大规模线上专题培训，面向全署80个单位2000多名司处级干部，举办了为期24天的“深入学习贯彻党的十九届四中全会精神网络培训班”，基本实现培训全覆盖。开发部署了“巡视督查系统”，实时跟踪各单位巡视整改进度，利用信息化手段改进巡视整改日常监督机制，构建线上线下联动监督体系，确保巡视整改工作落地见效。

五是认真做好配合中央巡视相关工作。配合中央巡视工作由署机关党委牵头，秘书局、办公厅、政研室、法规司、人教司、服务局、计算中心，以及驻审计署纪检监察组等多家单位紧密协作，周密部署、积极稳妥做好迎接巡视的前期准备工作，配合中央巡视组做好巡视进驻、动员大会、资料提供、个别谈话、下沉调研等一系列保障工作，确保巡视工作进展顺利。

六是坚持不懈改进工作作风。坚决反对形式主义、官僚主义，落实为基层减负要求，能整合的工作，统一部署、集中推进。党建综合调研做到“1 拖 N”，将文明单位考察、干部思想状况调查、重点工作督查、意见建议征集等多项工作统筹结合，打包进行，一次多项多果。将中央和国家机关工委部署的 3 项重点任务以一个通知“打包”下发、同步推进。牵头统筹党代会期间的工作，将署党组中心组学习、审计学会换届、优秀审计项目表彰、省级审计机关秘书处长座谈会、公务员面试考官培训、“两委”换届等 6 项大型活动安排在一周内有序进行，有效减轻了基层负担。

七是切实加强党建工作宣传和交流。对署专网“新时代党建”专栏进行改版升级，设理论武装、党内规章、基层风采、警钟长鸣、群团园地等板块，及时传达中央声音，刊载各单位做法经验。加大信息报送力度，我署党建信息在中央和国家机关工委《简报》刊登 6 篇，在《机关党建研究》、《旗帜》、人民网、旗帜网等刊登 21 篇，充分展示了审计机关党建工作风采。认真总结推广基层党建工作经验，相关案例在中央和国家机关工委交流展示。

八是不断强化机关党委自身建设。健全完善了机关党委全委会、常委会、书记办公会以及机关纪委全委会等 4 项议事规则，规范了议事内容和决策程序。制定机关党委落实全面从严治党责任清单、机关党委（巡视办）工作规则和进一步加强机关党委自身建设的具体措施，进一步明确职责任务，优化工作流程，做到明责、履责、尽责、可问责。着力提高党务干部素质能力，努力把机关党委建成审计署党员之家、职工之家、妇女之家、青年之家，建好“小家”，服务“大家”。

在集中精力做好重点工作的同时，全力保日常、保基本、保落实，推进机关党建工作全面提质增效。

在党的政治建设上，积极开展政治机关意识教育，侯凯同志带头讲“强化政治机关意识，努力建设让党中央放心、让人民群众满意的模范机关”专题党课，全署司局级单位主要负责同志全部讲了专题党课；全力以赴打好疫情防控阻击战，下拨专项党费 56 万元，4229 名党员干部自愿捐款 51.8 万元，组织滞留湖北未返岗党员干部下沉社区协助开展疫情防控；落实定点扶贫和对口支援政治责任，为帮扶县引进资金 2 亿多元，购买贫困地区农产品 250 余万元，培训基层干部 500 余名、技术人员 200 余名，提前完成全年指标。

在宣传思想工作上，署党组带头落实理论学习中心组学习制度，带动全署党员干部学习，成立 220 多个青年理论学习小组，组织青年干部学理论，开展百名审计青年诵读《习近平谈治国理政》第三卷线上研读活动，审计数字在线网“应知应会”栏目使用量屡创新高，自觉主动学、及时跟进学、联系实际学成为常态；印发文明单位建设、模范机关创建指导意见和实施方案，3 个特派办、1 个直属单位获“全国文明单位”称号，30 家单位获“审计署文明单位”称号。

在基层组织建设上，集中开展“灯下黑”问题专项整治、积极推进党支部标准化规范化建设。下发加强直属事业单位党的建设的意见并先行试点，加强和改进直属事业单位党的领导。基层党建述职评议考核逐步优化，将党建述职评议考核与领导班子及成员考核有机衔接，重实绩、看实效，考核评价更加全面、客观。组织开展“不忘初心、弘扬优良家风”主题党日，召开“厉行勤俭节约、反对餐饮浪费”专题组织生活会。

在纪律作风建设上，贯彻《中央和国家机关党员工作时间之外政治言行若干规定（试行）》，对八小时之外严守政治纪律和政治规矩提出明确要求；加强廉政教育提醒，及时转发中央纪委国家监委和纪检监察工委通报的典型案例，对署内违纪违规问题点名道姓通报；每季度召开纪检监察工作部门会商会议，纪检机构监督合力增强；将制止餐饮浪费行为的有关要求纳入有关工作规定，落实到执行中央八项规定及其实施细则精神以及各项考核评价工作中；依纪依规严格执纪审查。

在内部巡视上，准确把握党中央对巡视工作

的要求，修订署党组巡视工作规定，完善巡视工作领导小组、巡视办、巡视组等3项工作规则；持续推动巡视整改落实，对驻审计署纪检监察组专项督查指出的问题，会同26家单位提出83条整改措施，形成整改情况专项报告；建立76家单位落实中央、署党组巡视和专项督查的整改台账126册；督促9家被巡视单位公开整改情况，保证了整改任务件件落实。

在群团工作上，共青团审计署机关第八次代表大会顺利召开，选举出新一届机关团委，署机关工会换届正在积极筹备；在工会经费中设立疫情防控专项资金，购买口罩、消毒液等物资配发职工，对防疫一线职工和家属，以及家有残疾重病子女的职工进行慰问；做好扶贫挂职、援藏援疆援青、生病住院干部关怀；开展“巾帼心向党、奋进新时代”“根在基层”等活动，增强干部职工政治责任感、历史使命感、职业荣誉感。

二、推动机关党建和审计业务深度融合

近年来，署党组和各单位一直在研究并努力推动机关党建与审计业务深度融合的路径和方法，比如我们一直坚持的，在专项审计项目组、审计现场、脱产学习班、出国培训团组等同步设立临时党支部，指定审计组负责人担任临时党支部书记，强化审计项目主审、审计小组长、廉政监督员的责任，在促进党的工作向最基层延伸上发挥了作用。应该说，审计署在破解党建与业务“两张皮”问题方面做了不少工作，取得了积极成效，但如何推动机关党建与审计业务深度融合、高质量抓好机关党的建设，更好地发挥党建“围绕中心、建设队伍、服务群众”的作用，无论在思想认识上、工作方法上，都还有很多不适应的地方，这既是摆在我们面前的一项重要任务，也检验着我们党务干部的履职能力。那么，如何做到深度融合，至少要把握好6个方面。

（一）牢固树立融合发展的理念。机关党建与审计业务深度融合，就是融为一体、合二为一，仅停留在“你中有我、我中有你”的层次是不够的，要努力达到“你就是我、我就是你”的境界。我们的领导干部带领一支队伍出去搞审计，把党中央重大决策部署贯彻到审计工作中，做到“两个维护”，就是在抓党建；带领大家认真学习与审计工作相关的习近平总书记重要指示要求、党中央决策部署，就是在抓党建；做好审计组统一思想、凝心聚力工作，提振干部精气神，就是在抓党建；调动大家积极性，发挥审计组的整体作用，发挥业务骨干的作用，就是在抓党建；加强廉政风险防控、提升干部业务素质、提出作风要求等等，都是在抓党建。不抓这些，不但党建责任没有履行好，业务工作肯定也抓不好。我们绝不能放松党建这根弦而不自觉，也不能已经抓了党建却不自知，更不能因为自己是搞业务出身就不自信。要深刻认识党建与业务融合的必要性、必然性，始终坚持“围绕中心、建设队伍、服务群众”的职责定位，围绕中心抓党建、抓好党建促业务，做到业务工作需要什么、党建工作就保障什么，业务工作推进到哪里、党建工作就引领在哪里，统筹安排、一体推进。

（二）把讲政治的要求落实到审计业务工作中。习近平总书记在党的十九大报告中指出，保证全党服从中央，坚持党中央权威和集中统一领导，是党的政治建设的首要任务。我们要把“两个维护”贯穿于审计工作的方方面面、渗透进审计人员日常行为的时时处处，既要防止重业务轻政治，又要防止游离于业务之外搞空头政治。要深刻理解审计机关首先是政治机关，必须强化政治机关意识，在实施重大审计任务和推动各项工作中始终坚持正确的政治方向。一是谋划工作要体现政治思维。坚决贯彻落实党中央要求，坚持党对审计工作的集中统一领导，在各项工作的提出和确定上，始终围绕习近平总书记关于审计工作的重要指示批示，始终关注党中央作出的重大部署，及时对标对表，确保审计工作有的放矢、符合政治方向。二是实施审计要把握政治要求。坚持由表及里、见微知著，用政治的眼光观察问题、分析问题，对具体问题查证，既有专业视角、专业功底，也有政治勇气、政治智慧，深入揭示和反映问题背后的政策性问题、不作为乱作为问题。三是提出建议要突出政治考量。注重做好审计的后半篇文章，在推动问题整改的同时，把重点事项置于经济社会运行的大背景下进行分析，把审计发现的具体问题放在改革发展大局下进行审视，分析审计事项和审计发现问题的规律性、倾向性和趋势性，提出解决问题的办法，服务党中央决策。

（三）把“学”和“用”紧密结合起来。学，是党建；用了，就与业务融合了，要坚持融入日常，切实抓在经常，推动学用结合、学以致用。一是要坚持以上率下“学”。在这方面署党组作出了表率，各单位领导干部也要带头学，党务干部更要带头学，特派办分党组、直属单位党委要发挥好理论学习中心组领学促学作用，各单位都要及时传达和学习贯彻习近平总书记重要讲话、重要指示批示精神，特别是业务部门、审计组要学懂弄通习近平总书记相关领域重要讲话精神和党中央决策部署，指导审计工作。二是要坚持联系实际“用”。坚决防止为学而学、学用脱节现象，要通过学习提高理论素养，进而筑牢信仰之基、补足精神之钙、把稳思想之舵。要把理论学习与业务研讨结合起来，把学习成果转化为开展工作的思路和举措。检验学习效果，不能简单以学习次数、笔记篇数等来衡量，要看是否联系实际，是否促进了工作。

（四）发挥党支部在推动审计业务中的战斗堡垒作用。牢固树立党的一切工作到支部的鲜明导向，紧贴职责任务推进党支部工作。一是要聚焦主责主业，让政治意识“浓”起来。发挥基层党组织政治功能，以建设政治功能强、支部班子强、党员队伍强、作用发挥强的“四强”党支部为目标，全面推进党支部标准化规范化建设，不断探索机关党建和审计工作同向同行、同频共振的方法路径。要严肃党内政治生活，切实提高民主生活会、组织生活会质量。二是要服务中心大局，让基层组织“强”起来。把抓中心工作完成、重大任务落实作为检验党支部组织力的试金石，建强基层党组织，做到一个支部就是一座战斗堡垒、一个党员就是一面旗帜。在完成审计等重点任务中，充分发挥党支部凝心聚力、攻坚克难、教育监督、激励关怀等方面的作用，引导党员干部在审计一线建功立业。坚持以党建带群建，突出政治性、先进性、群众性，加强和改进群团工作。三是要推动基层创新，让一线党建“活”起来。激发党员主体活力，充分调动党员积极性，鼓励普通党员讲党课、谈体会，为创新党内经常性教育献计献策。创新党建工作载体，用好微博、微信、移动客户端等开展学习教育和党建活动。加强典型经验总结，注重“支部工作法”总结提炼和典型案例运用推广，推动党建工作方式方法创新。

（五）把思想政治工作贯穿到审计工作全过程。习近平总书记指出，党务干部要做“政治上的明白人、党建工作的内行人、干部职工的贴心人”。做干部职工的贴心人，很重要的一条就是要及时了解掌握、分析研判党员干部思想动态和工作表现，有针对性地给予鼓励鞭策、提醒帮助。作为党务干部，无论是专职还是兼职，工作中坚持客观、公道和正派，我们的工作基础扎实了、务实了，群众的认可度就会高，才会信赖组织。党组织负责人、领导班子成员要经常、主动同党员干部特别是年轻党员干部谈心谈话，尤其要把握好岗位变动、组织处理、发生家庭变故、发现苗头性问题等重要节点开展谈心谈话，坦诚相见、交流思想，既严格要求又关心关爱，把解决思想问题与解决实际困难结合起来，做到思想上解惑、精神上解忧、心理上解压、生活上解难，充分调动党员干部做好审计工作的积极性。

（六）让廉政建设成为审计质量的“保障线”。要时刻绷紧廉政这根弦，不断健全廉政风险防控机制，教育引导党员干部严格自律和依法依规行使审计权力。一是要增强工作主动性。加强对所管理的干部特别是关键岗位干部的监督。各单位领导班子成员之间要用好批评和自我批评武器，增强主动监督、相互监督的自觉。纪检干部要积极发挥作用，加强对党员干部特别是审计一线党员干部的日常监督，主动开展谈心谈话，加强纪律教育，使党员干部知红线、明底线。二是要增强工作针对性。坚持问题导向、有的放矢，有什么问题就解决什么问题，什么问题最突出就先解决什么问题，避免出现部署工作照抄照搬、日常监督浮于表面、执行规定简单机械、执纪问责不切实际等情况。三是要增强工作规范性。运用好监督执纪“四种形态”，特别是第一种形态和第二种形态，也包括落实好“三个区分开来”的重要要求，本着对组织负责、对干部负责的态度，慎之又慎，让监督执纪工作经得起实践和历史的检验。

三、努力做一名合格的党务干部

如果说党组织是党执政大厦的基础，党务干部就是基础中的钢筋。要筑牢基础，钢筋必须坚韧有力，不能软、不能脆、不能偏。要让党组织在工作中唱主角，党务干部特别是党组织书记首先要当好领唱，才能演好机关党建的大合唱。新时代机关党建工作要展现新气象、开创新局面，党务干部要有新担当新作为。在这里，对全体党务干部特别是党组织书记提几点要求。

（一）政治站位要高。对党务干部来说，政

治素质是第一位的素质，旗帜鲜明讲政治是第一位的要求。审计机关首先是政治机关，是践行“两个维护”的第一方阵，党务干部是第一方阵的排头兵，既要当好指挥员，又要当好战斗员。要提高站位，自觉站在党和国家工作全局的高度、审计事业发展大局的高度来谋划和推进党建工作，始终坚持把党的政治建设摆在首位，强化政治机关意识，严格政治纪律政治规矩，时刻关注党中央和习近平总书记强调什么、要求什么，自觉对标对表习近平总书记重要讲话精神，增强“四个意识”、坚定“四个自信”、做到“两个维护”，当好“三个表率”，始终同以习近平同志为核心的党中央保持高度一致。要加强政治理论学习，带动党员干部学习。要认真履行直接教育管理监督党员的政治责任，使所在党组织党员发挥好先锋模范作用。要善于通过抓党建推动审计工作完成，通过抓党建来推进干部队伍建设，把党组织抓好了，就能出生产力、出战斗力、出凝聚力，就能形成团结一致、无坚不摧、推动审计事业发展的强大力量。

（二）推进力度要大。要勇于担当作为，破解机关党建新老难题，着力提高党建工作质量。新形势下，党的建设中存在很多长期未能根本解决的老大难问题，也出现了许多新情况新问题。习近平总书记在中央和国家机关党的建设工作会议的重要讲话中，对“灯下黑”“两张皮”等长期困扰机关党建工作的新老难题提出了破解之策，是我们攻坚克难、抓好党建工作的金钥匙。我们要敢于迎难而上，紧盯党建工作的薄弱环节、突出问题，善于从习近平总书记重要讲话中寻找破解难题、改进工作的思路举措，推动党建工作提质增效。要积极探索创新，无论是破解老问题还是解决新问题，都不能吃老本，凭老办法、老经验、老套路办事。要加强调查研究，注重试点探路、经验开路、典型引路，创造性地开展党建工作。当然创新也要继承优良传统、总结运用好的经验做法，做到务实创新，不能为创新而创新。

（三）工作作风要实。要真抓实干，以钉钉子精神狠抓落实，力戒党建工作中的形式主义。2020 年是中央和国家机关提出的党的建设“狠抓落实年”，中央和国家机关工委党的工作会议对机关党建工作作出具体部署，随后连续下发多个重要文件；署党组 2020 年党的建设工作要点也确定了很多任务、明确了很多要求，这些工作都需要各单位党组织具体承担和落实，需要在座的各位领导同志和具体工作人员积极推动。现在马上就要到年底了，各单位要认真梳理、查漏补缺，坚持求真务实，工作实打实，狠下“绣花”功夫，把党建工作往深里抓、往细里抓、往实里抓，真正抓出成效、抓出质量，不能蜻蜓点水、大而化之。

（四）履职能力要强。党员领导干部既要政治过硬，也要本领高强，党务干部要带头钻研党建业务，真正做机关党建的行家里手。习近平总书记在机关党建工作会议上总结了 6 条经验，强调要处理好共性和个性、党建和业务、目标引领和问题导向、建章立制和落地见效、继承和创新等方面的关系，这些既是实践总结，也是理论升华，是提高新时代机关党的建设质量的重要遵循。党务干部要坚持好运用好这些宝贵经验，准确把握机关党建特点和规律，带头深入学习习近平新时代中国特色社会主义思想，特别是关于加强党的建设、推进全面从严治党的重要论述，学习党的基本知识，学习党章党规党纪，努力成为党建工作的政策通、活字典，不能当“门外汉”，要像钻研审计业务一样钻研党建，做业务工作的骨干、党建工作的行家。

（五）责任落实要严。要落实好全面从严治党主体责任，把抓党建工作的责任扛起来。党组织书记作为抓党建工作的第一责任人，要牢记党内职务是第一身份，认真履行第一责任人的职责，做到想抓、会抓、真抓，坚决扛起主责、当好主角、抓好主业，守好“主阵地”，不要把自家“责任田”撂荒了，甚至弄丢了。领导班子其他成员要坚持“一岗双责”，配合主要负责人，抓好分管领域党的建设和业务工作，责任层层明确、压力层层传导，对党员干部思想政治工作要上心，对出现违纪违规苗头问题要及时提醒。机关党委要发挥专责机构的职能作用，协助上一级党组织抓好统筹谋划、工作指导和监督检查，党委书记要聚精会神抓党建，专职副书记要专心致志抓落实。机关纪委要敢于担当作为，真正强起来、硬起来。全体党务干部要下真功夫、舍得真投入，做到守土有责、守土尽责。还要切实发挥好党小组作用，夯实党小组这个基础。总之，全署广大党务干部要以身作则、以上率下，凝聚形成抓党的建设的强大合力。

在 2020 年度财政审计培训班上的讲话

审计署党组成员、副审计长　王陆进

（2020 年 12 月 9 日）

同志们：

根据年度工作安排，今天我们举办 2020 年度财政审计培训班。主要任务是，学习贯彻党的十九届五中全会精神，部署开展 2020 年度财政审计工作。

一、深入学习党的十九届五中全会精神

党的十九届五中全会是在全面建成小康社会胜利在望、全面建设社会主义现代化国家新征程即将开启的重要历史时刻召开的一次十分重要的会议，具有里程碑意义。习近平总书记所作的工作报告、说明和重要讲话，总揽全局、把握大局，立足现实、着眼长远，科学回答了一系列重大理论和实践问题，具有很强的政治性、思想性、理论性、指导性，为全面建设社会主义现代化国家指明了前进方向、提供了行动指南。全会审议通过的《中共中央关于制定国民经济和社会发展第十四个五年规划和二〇三五年远景目标的建议》（以下简称《建议》），深刻指明了今后 5 年乃至更长时期我国经济社会发展的指导方针、主要目标、重点任务、重大举措，对于动员和激励全党全国人民继续抓住用好重要战略机遇期，战胜前进道路上各种风险挑战，确保全面建设社会主义现代化国家开好局、起好步，推进中华民族伟大复兴历史进程，具有重大而深远的意义。

通过近期学习，我感到全会提出的一系列新的重要思想、重要论断、重大战略、重大举措非常“亮眼”，尤其是以下 4 个方面对做好审计工作十分重要。一是进入新发展阶段。“十四五”恰处在“两个一百年”的历史交汇期，是开启全面建设社会主义现代化国家新征程、向第二个百年奋斗目标进军的第一个五年。改革开放以来，我们党团结带领全国各族人民用 40 多年的时间实现第一个百年奋斗目标，接下来要用近 30 年的时间去实现第二个百年奋斗目标。“十四五”规划是新发展阶段的第一个五年规划。在新发展阶段，审计工作面临的环境条件发生了深刻变化，需要我们准确把握新特征新要求，有效应对新矛盾新挑战。二是构建新发展格局。构建新发展格局是我国积极应对国内外形势变化的主动抉择，是应对错综复杂国际环境变化、塑造我国国际经济合作和竞争新优势的战略抉择。“十四五”规划就是构建新发展格局的五年规划。审计工作要主动担负新使命新任务，全力服务构建新发展格局。三是推进新阶段改革开放。构建新发展格局是发展问题，但本质上是改革问题。构建新发展格局的一系列任务，既有战略性改革，也有战略战役性改革，是在新发展阶段的改革开放再出发、再深化。进入新发展阶段，改革又到了一个新的关头，推进改革的复杂程度、敏感程度、艰巨程度不亚于 40 多年前。审计工作要发挥自身优势，服务推动改革和发展深度融合、高效联动。四是确保安全发展。全会提出，要把安全发展贯穿国家发展各领域和全过程。审计部门要坚持底线思维，提升风险意识，积极做好常态化“经济体检”工作，防范化解潜在的风险，推动塑造有利于发展的安全环境。

关于全会精神的学习，中央提出了要求，署党组作出了部署，机关党委也有具体安排，请大家贯彻落实好。我认为，学习中要注重做到两点。一是原原本本学、全面系统学、及时跟进学。要原汁原味学习习近平总书记所作的工作报告、说明和重要讲话，学习《建议》和公报以及两本辅导读本。要同重温《习近平谈治国理政》第一、二、三卷结合起来，及时跟进全会召开后中央作出的一系列重大部署和提出的一系列重要举措，特别是要及时跟进学习习近平总书记发表的重要讲话和即将召开的中央经济工作会议精神，通过学习进一步加深对全会精神的理解。二是联系实际学、结合职责学、深入思考学。要同学习习近平总书记关于审计工作的重要讲话和重要指示批示精神结合起来，紧密联系审计工作实际、结合自身工作职责学习。比如财政司要重点学习财政改革发展内容，包括财政部刘昆部长关于建立现代财税体制的相关文章，派出局的同志要结合派驻单位的职能对相关内容进行学习，特派办的同志要结合派驻地区实际进行学习。要边学习边思考，将学习成果转化为实实在在的工作成效。

关于贯彻落实全会精神，我认为，总的是要发挥审计监督的职能作用，服务构建新发展格局、推动高质量发展。要按照“四个促进”的要求，发挥审计的独特优势，助力“发展、改革、安全”。围绕发展，要紧紧盯住构建新发展格局的关键领域和重点环节，揭示不适应构建新发展格局的问题，促进高质量发展。围绕改革，要针对体制机制制度中不适应、不协调、不配套的问题，分析原因，提出改进完善的建议，推动全面深化改革。围绕安全，要发挥审计感知敏锐、触角广泛的独特优势，揭示风险隐患，维护国家安全。

财政是国家治理的基础和重要支柱。《建议》提出建立现代财税体制，包括财力保障、预算管理、财政支出、央地关系、税制完善、债务管理等6方面内容，还从支持企业基础研究、完善宏观经济治理、巩固拓展脱贫攻坚成果、推动区域协调发展、推进新型城镇化、提高人民收入水平等方面提出了相关财税支持政策。我感到，财政审计要围绕“建立现代财税体制”开展工作，推动实现财政制度科学、实施规范、运行高效、总体安全、保障有力，促进更好发挥财政作为国家治理的基础和重要支柱作用。“制度科学”，就是要建立适应构建新发展格局的科学财税制度，不适应的要完善；推进财政支出标准化，更好发挥标准在预算管理中的基础性作用；推动完善财税政策体系，更好服务构建新发展格局。“实施规范”，就是要纠正执行随意性、强化预算约束、加强财经法纪、提高财政透明度。“运行高效”，一是效率，要加强财政资金直达机制建设，做到财政资金快速便捷分配拨付使用。二是效益，资金使用必须满足绩效的要求。比如，推进预算和绩效管理一体化、促进财政资金提质增效等都是效益的体现。三是效果，看财政资金的使用能否切实达到政策预期目标，是否能够惠及民生。“总体安全”，是总体国家安全观在财税领域的具体体现。总体安全强调安全的全面性、系统性和可持续性。要提高财政安全性，增强风险防范意识，对财政收支虚假风险、地方政府债务风险等要高度关注，做好风险防范化解工作，守住不发生系统性风险的底线。“保障有力”，就是要加强财政资源统筹，增强国家重大战略任务财力保障，增强基层公共服务保障能力，增强民生兜底保障力度。“十四五”期间，财政审计要围绕上述目标持续发力，通过几年的努力，为建立现代财税体制作出审计部门应有的贡献。

二、扎实有效做好2020年度财政审计工作

关于2020年度财政审计具体工作，财政司等相关业务司给大家进行讲解，我从思路、方法和要求3个方面谈些想法。

（一）思路上要做到“五个注重”。

一是注重突出重点。就是要在常态化工作基础上，每年有所侧重。主要体现在3个方面：第一，财政管理上每年盯住1至2个重点；第二，对财政专项，包括专项资金、专项补贴、专项收入等每年选取几个进行重点审计；第三，体现年度特点，抓住每年的重点。具体到今年，财政管理要重点关注财政资金的真实性、完整性和安全性，把财政底数弄清。围绕真实性要揭示虚假财政收入的问题，推动提高收入质量。比如，关注“税减费增”、非税收入过快增长、虚收空转等问题。围绕完整性要揭示未纳入预算的问题，推动所有收入按规定全面纳入预算管理。围绕安全性要揭示财政运行、政府债务等方面的风险问题，

推动守住不发生系统性风险的底线。对于财政专项，财政司要抓紧协调完善具体方案。今年的特色重点，包括2万亿元新增财政直达资金、减税降费、过“紧日子”、年终突击花钱等方面内容。

二是注重适当扩围。就是要在深入分析的基础上，适当扩大审计覆盖范围。中央部门预算执行审计要适当扩大覆盖面。除一级预算单位外，每年选取部分二、三级预算单位进行审计。中央部门派出局要对2018年机构改革以来没有审过的单位进行梳理，还要提出对京外单位的延伸审计计划，这是推进审计全覆盖深化的要求。特派办要适当增加延伸点，审计的地市、区县要有一定数量，确保审计成果的代表性、典型性。

三是注重贯通衔接。要优化“一体两翼”的组织模式，以对财政部和发展改革委的中央预算执行审计为引领，以中央部门预算执行审计和地方财政收支审计为基础，注重横向配合和纵向联动。要抓住重要专项，坚持全流程审计、全链条对接，充分掌握收入和资金的取得、分配、管理、使用等各个环节的整体情况。

四是注重查深查透。审计不能浅尝辄止，必须查深查透。首先要盯资金，把资金跟到底，关注资金的最终使用结果。同时，要盯资金背后的政策，把资金和政策关联起来进行深入系统分析。

五是注重提高质量。主要体现在3个方面：第一，问题要有分量。10个鸡毛蒜皮的问题，不如1个有分量的问题。第二，建议要有价值。要深入分析，凝练观点，多从体制机制制度层面提出建议，要有高度、有深度、有精度，发挥好“四个促进”作用。第三，工作要有时效。现场审计时间紧、任务重，前期准备很重要，希望大家现在就要抓起来，扎实细致地做好现场审计前的相关工作，确保按时高质量完成任务。

（二）方法上要做到“五个加强”。

一是加强统筹协调。办公厅、财政司在方案制订过程中做了不少统筹工作。下一步，财政审计工作领导小组办公室要切实发挥作用，在方案实施过程中加强协调。今年重庆、太原两个特派办到贵州和青海进行异地审计，特别是太原特派办的同志上高原，非常不容易。各审计组尤其是特派办要做好工作统筹，特别是近期开展项目较多，做好统筹很重要。要做到同时进点、同步开展工作，还要加强与地方审计机关工作的统筹协调。总的原则是不要给一线审计人员增加不必要的负担，不要给被审计单位增加不必要的负担。署机关要为一线审计服务，创造有利于一线审计工作开展的便利条件，促进提升审计工作效能。

二是加强分析研究。这是提高审计质量的重要措施。今年，财政司从8月份就开始研究，充分听取相关方面包括全国人大财经委、全国人大常委会预工委和财政部等意见。要把分析研究贯穿审计工作始终。审计开始前，要做好分析工作，科学制订方案。各审计组要用好大数据技术，做好审前调查和实施方案制订工作。要善于从本年度先前审计查出的问题中分析研判，提出需要进一步加强审计的事项。审计过程中，要对发现的问题、案例和重大违纪违法问题线索及时深入进行分析和归纳，不断改进完善工作。对重要问题要有针对性地深入挖掘、系统研究。审计结束后，要抓住涉及体制机制制度的问题进行深入研究，力争做成“精品”。政研室要提前介入、全程跟踪，从研究制订方案时就参与进来，并及时研究典型案例、形成观点，也可提出工作建议。

三是加强现场管理。审计组组长要切实担负起审计现场第一责任人的责任，盯好审计现场，统筹做好业务推进、人员管理等各项工作。可考虑成立一个小班子，对审计现场进行全程管理控制，持续改进工作。要抓好临时党支部建设，保证党组织生活的正常开展，包括政治理论和审计业务学习，特别是要把党建工作和审计业务深度融合、一体推进，发挥好党建引领作用，使临时党支部成为审计攻坚克难的强有力保障。

四是加强跟踪推进。财政审计工作领导小组办公室和各业务司要全程跟踪，听取意见建议，每半个月会商协调一次，研究解决问题，更好推进工作，必要时我出面协调。春节前后是关键时间节点，要开展一次中期评估，梳理任务、评估效果、发现问题，有针对性地完善下一步工作。

五是加强年度接续。虽然是2020年度的财政审计，但工作中要做到“瞻前顾后”，既要考虑2020年的环境形势，又要注重把握好2021年的部署要求，既要考虑“十三五”规划全面收官的目标任务，又要考虑“十四五”发展谋篇开局的战略安排，切实做好衔接工作，确保2020年度财政审计紧跟“时”和“势”的发展变化，更富渐次推进的特点和新发展阶段的气息。

（三）要求上要做到“五个坚持”。

一要坚持依法审计防风险。要把依法审计贯穿财政审计全过程，严格落实各项审计法规和制度规定，做到审计程序合法、审计问题定性实事求是、审计结果客观公正，坚决避免审计的随意性，切实提高审计质量，防范审计风险。

二要坚持文明审计树形象。工作中要友善处事，避免口大气粗，充分尊重被审计单位，充分听取他们的意见，多从被审计单位意见中深化我们的工作。要善于沟通，以理服人，充分考虑被审计单位的实际情况，使被审计单位心悦诚服地接受审计。侯凯审计长提出审计干部要“能说”，正是做到文明审计的重要能力。

三要坚持廉洁审计守底线。始终把全面从严治党要求落实到财政审计的全过程，严格执行中央八项规定及其实施细则精神，严格落实审计“四严禁”工作要求和审计“八不准”工作纪律，严格遵守保密纪律和审计现场管理的相关要求。

四要坚持疫情防控不松劲。财政审计期间正处于流行病多发易发时节，大家要从对审计事业、对自己负责的高度重视疫情防控工作，切不可松懈大意，一旦疫情方面出问题，审计组就可能要停摆。集中办公地点要严格落实疫情防控的各项要求，切实把佩戴口罩、消毒等常态化防控措施落到实处。近段时间，全国范围时有疫情“冒泡”现象，审计干部确有需要外出的，要严格落实请销假手续和外出防控措施。

五要坚持人文关怀聚合力。在严格要求的同时，要关心爱护干部，及时了解审计干部思想动态，有针对性地做好思想政治工作。要在政策允许的范围内，尽可能为干部工作上减压、生活上排忧，让他们时刻体会到组织的温暖，始终保持良好的工作状态和昂扬向上的精神风貌。

这次财政审计是进入“十四五”的第一战，今天的培训就是战前动员。我们一定要以习近平新时代中国特色社会主义思想为指引，深入学习贯彻习近平总书记关于审计工作的重要讲话和重要指示批示精神，按照署党组的决策部署，扎实做好2020年度财政审计工作，为推进审计事业高质量发展多作贡献。

牢固树立自觉践行正确政绩观

——在审计署新任司处级干部集体谈话会上的讲话

审计署党组成员、副审计长　陈　健

（2020年11月17日）

同志们：

受侯凯同志委托，我代表署党组与大家进行集体任职谈话。

对每位同志来讲，职务提升意味着组织对我们过去的认可，更赋予了我们未来更重的责任。在新的起点上，我们要切实做到履职尽责，前提是树立正确的政绩观。最近中央组织部印发了《关于改进推动高质量发展的政绩考核的通知》，目的就在于通过改进政绩考核工作，提高广大干部贯彻新发展理念、构建新发展格局、推动高质量发展的能力和水平。今天，我就审计干部“牢固树立正确政绩观”，谈一点学习体会。

一、认真学习贯彻习近平总书记重要论述，深刻领会正确政绩观的内涵

政绩，顾名思义就是为政的成绩、为政的结果。人们常说的“政声人去后，民意闲谈中”，也就是习近平总书记讲的“金杯银杯，不如老百姓的口碑”。古往今来，任何一个有责任心、有理想追求的从政者，都很在意政绩二字，“立德、立功、立言”是王阳明等古代开明官员追求的三重政绩境界。所谓政绩观，是指从政者对于政绩的根本看法，它要回答为谁建立政绩，追求什么样的政绩，以及怎样去建立政绩的问题。

党的十八大以来，习近平总书记曾多次提到中国共产党人的政绩观，强调“把抓好党建作为最大的政绩”，“把为民办事、为民造福作为最重要的政绩”，“要牢固树立正确政绩观，既要做让老百姓看得见、摸得着、得实惠的实事，也要做为后人作铺垫、打基础、利长远的好事”。习近平总书记要求，既要有“功成不必在我”的境界，也要有“功成必定有我”的担当。我理解，“功成不必在我”是要求不为功名，“功成必定有我”是要求我们为党和国家、为人民的幸福建功立业。对于习近平总书记的一系列重要论述，可以从三个维度去领会。

（一）正确政绩观是党性和人民性的统一。对党员领导干部来讲，政绩观问题的本质是党性问题，根源则是世界观、人生观、价值观问题。能否树立正确的政绩观，归根结底在于世界观、人生观、价值观这个“总开关”问题解决得对不对，党性修养纯不纯、高不高。中国共产党始终把实现好、维护好和发展好最广大人民的根本利益作为党全部工作的出发点和落脚点。毛泽东同志指出：“共产党是为民族、为人民谋利益的政党，它本身决无私利可图”。习近平总书记始终强调为人民谋利益，提出“人民对美好生活的向往，就是我们的奋斗目标”，更是作出了“我将无我，不负人民”的庄严承诺。这是习近平总书记对自己执政理念最简洁的诠释，也是对我们党奋斗目标最有力的申明。

平时有同志问，党建和业务“两张皮”问题究竟该如何解决？我认为，这个问题的关键在于认识，必须先从解决认识问题入手，认识到位了，党建和业务就能有机融合起来。如果能深刻认识“中国共产党是工人阶级的先锋队，同时是中国人民和中华民族的先锋队”，那就会明白，我们共产党和人民群众是一体的，加强党的建设目的是为了加强党的领导，就是领导和组织人民，为人民的利益而奋斗。我们的组织生活需要与审计工作紧密结合起来。首先是学习好，就是把党的领导，特别是把党的指导思想、党中央的决策部署跟大家讲明白；其次是谋划好，就是把党的领导贯穿到我们的审计规划、计划中；最后是落实好，就是把推动党中央决策部署贯彻落实融入审计工作方案当中去。通过审计工作发现问题并推动问题解决，党的领导也就落实了，我们的宗旨，为人民谋利益，也就达成了。完成一个审计项目，随即认真总结、提高，形成理性的认识，然后指导后面的实践，这样我们的组织生活就会更有成效。

（二）正确政绩观是理想与现实的统一。审计工作中，经常提到政治与业务的关系。政治是方向，业务则是实现理想信念的现实路径。政治与业务的结合，既是党性与人民性的统一，也是理想与现实的统一。侯凯同志在讲党课的时候很明确地指出，审计机关首先是政治机关，审计机关没有脱离业务的政治，也没有脱离政治的业务。政治机关干的工作，大事小事都有政治。我们共产党的干部，每一句话、每一个行动、每一项政策都要体现到政治上。我们要树立正确的政绩观，就是要做到政治与业务融合、理想与现实统一。

（三）正确政绩观是思想与行动的统一。我们常讲观念指导行动，思想引领变革。树立什么样的政绩观，对干部履职尽责、干事创业具有重要的导向作用，而创造政绩还要靠实实在在的奋斗。现在各方面对审计结果都很重视，意味着我们的责任更加重大。我们在给别人做“经济体检”的时候，实际上也是在接受别人的检验。所以，作为新任职的同志，务必戒除急功近利、心浮气躁，要时常静心反思，我们究竟要树立什么样的政绩观。习近平总书记多次提到山西省右玉县历任县委书记久久为功、艰苦创业的事迹，赞扬他们一张蓝图绘到底、一任接着一任干，就是引导广大干部知行合一、实干苦干，为实现人民对美好生活的向往而努力奋斗。类似事迹还有不少，建议大家经常温故而知新。

二、坚决贯彻新发展理念，牢固树立正确政绩观

新发展理念是习近平新时代中国特色社会主义经济思想的重要内容，是经济工作的根本指导思想，也必然是履行经济监督职责的审计机关的指导思想。

（一）处理好稳和进的关系，在精准服务中树立正确政绩观。稳中求进的工作总基调是党中央审时度势、科学把握国际国内形势和经济社会发展规律提出的。“稳”和“进”体现在政绩观上，就是要脚踏实地、循序渐进，按照客观规律办事，而不是急躁冒进、贪多求快、主观主义。

大家都知道，我们的财政政策、货币政策，在确定政策总基调的同时，还有一个叫“相机抉择”，例如最近两年提出来的“逆周期调节”。搞金融的同志都知道，过去要么就是扩张的政策，要么就是稳健的货币政策，现在还有“短期借贷便利”等工具，就是相机灵活调整，避免一紧一松、两个方向导致经济的大起大落。我们做审计工作，必须要根据经济的长周期来看问题的产生、发展、变化，只有这样才能够把握好审计力度。

关于“稳”，我理解，审计把握政策的时候，一定要注意不能过头，要坚持保护和鼓励干部干事创业的积极性。党的十九届五中全会提出，“十四五”时期经济发展要以推动高质量发展为主题。审计干部必须明确服务高质量发展这个主题，只有深刻理解“稳中求进”的含义才能达成我们的职责目标。

（二）处理好立和破的关系，在自我革新中树立正确政绩观。我国经济社会发展已经进入了新的发展阶段，审计工作也将面临新形势新任务新要求。审计干部要把握好立和破的关系，要能够主动适应形势，把握新发展阶段的特点，勇于自我革新。当前我们首先要“立”的，就是要推进审计法治体系建设，特别是审计法的修订工作，要把习近平总书记关于审计工作的重要论述，把党中央关于审计工作的部署要求，把审计管理体制改革成果和审计实践中成熟的经验，通过法定程序上升为国家的法律。“破”是要破除影响审计发展的体制机制障碍，如审计机关的机构设置及职责划分还需完善，审计工作还需要进一步聚焦主责主业，审计现场管理还应加强等，这些问题都要通过处理好立和破的关系加以解决。

（三）处理好虚和实的关系，在真抓实干中树立正确政绩观。审计是与数字打交道的。用数字说话、以事实为依据，是审计工作的重要特点，是审计干部一项最基本的基本功，也是审计能够树立权威、赢得声望的原因之一。各位司处级领导干部，是审计事业的“排头兵”，署党组部署的每一项任务都需要大家去组织、去落实，要带头保持求真务实的作风，坚决克服形式主义和官僚主义，扑下身子开展调研、查找问题，坚持用数字和事实说话，打造好审计的“核心竞争力”。

（四）处理好标和本的关系，在促进深化改革中树立正确政绩观。审计经常会发现一些具体问题。对于经济社会运行的主要矛盾而言，这些具体的问题可能是真相，也可能不是。这就要求我们对审计中发现的这些具体问题进行系统研究，也就是我们经常说的要“精准画像”。什么叫“精准画像”？就是抓住主要特征。“画像”对我们审计人员是一个更高层次的本领，就是要能够透过现象看本质，透过具体的问题找到根源。只有这样，我们才能够通过具体问题，找准背后的体制性障碍、机制性缺陷和制度性漏洞，从而真正发挥审计的“经济体检”功能，为服务改革发展稳定发挥应有的作用。

（五）处理好近和远的关系，在发扬奉献精神中树立正确政绩观。把握好近和远的关系，实际上是通常讲的显绩和潜绩的关系。比如我们刚开始搞城市化，就是刷刷墙、装装灯、栽栽树、种种草等，很快城市面貌就发生变化。但城市的功能及其完善是有规律的，城市化的规划必须能管长远管根本。审计也是一样。我们是追求每年考核得高分，还是追求审计事业的高质量发展，这两个不是绝对有矛盾的，但处理不好了就是矛盾。只有把这两项统一起来，才会形成良好的政绩。

把握好近和远的关系，关键是把握好规律，使我们当前做的事情和未来的发展尽可能地衔接。《共产党宣言》讲“在当前的运动中同时代表运动的未来”，我们要牢牢把握发展规律，牢牢把握人民对美好生活的向往。把根本的东西把握好了，审计工作就能够在更大的空间上去发挥作用。

三、扎实履行审计监督职责，自觉践行正确政绩观

贯彻新发展理念，构建新发展格局，审计工作被赋予了新使命、新任务、新职责。大家都学习了党的十九届五中全会的文件。审计事业要实现高质量发展，要求我们不仅要想明白，更要起而行之，积极去履行、践行正确的政绩观。

（一）要坚持科学审计，维护政令统一。审计工作的政治性、政策性和实践性都很强，必须遵循规律、科学审计。坚持科学审计，一要坚持立场科学。审计干部要用习近平新时代中国特色社会主义思想武装头脑，深入学习贯彻习近平总书记关于审计工作的重要论述，自觉站稳人民立场。想问题、作决策，首先要把立场站稳，只有立场站稳了才能站得久。二要坚持观点科学。要在实践中深化对审计工作的认识，及时改革创新审计组织方式和现场管理，更好地在党和国家事业大局当中把握重点，在发现的审计重点问题上把握力度，在提出的审计建议中把握时效。三要坚持方法科学。审计工作要坚持解放思想、实事求是，加强新理念、新方法、新技术的运用，按照“科技强审”的要求，不断加强审计信息化建设，提升精准查出问题、解决问题的能力，使审计结论更加突出政治性、体现时代性、把握规律性、富于创造性。

（二）要坚持依法审计，维护制度权威。干事业、出成绩是每个人的心愿，但是不能随心所欲。依法审计是审计工作的基本原则，也是依法治国在审计领域的重要体现。依的这个“法”是有丰富内涵并且与时俱进的。首先要依据党的路线方针政策和党中央决策部署。这是新时代党中央赋予审计机关的政治属性，在审计工作中最根本最具体最需要把握的就是这一条。讲政治不是空的，提高政治站位也不是说说而已，就体现在把党的路线方针政策和党中央的决策部署作为审计的依据。我们确定工作内容、判断工作成效，首先要看这一条。我们依法审计是有良好传统的，怎样在原有基础上牢牢把握这一条，就是要把党的路线方针政策作为审计工作第一位的依据。第二是依照法律法规和有关的制度。第三是依照审计的职责权限和程序。依法审计之所以是正确政绩观的重要内容，是因为其目的就是维护制度权威，维护制度权威就是维护党的意志、维护人民的利益，因为法就是党和人民的意志的集中体现。讲依法审计，审计干部必须要做尊法、学法、守法、用法的模范。自己不守法，怎么去监督别人？在尊法、学法、守法、用法当中，首要的是遵守政治纪律和政治规矩，必须坚决反对“七个有之”，牢记“五个必须”。“七个有之”和“五个必须”都是很具体很明确的，包括中央和国家机关工委发的政治言行“20 条不准”纪律要求，也是很具体很明确。人们常说“身教胜于言传”，我们依法审计、维护制度权威的行为本身就在诠释着制度，就是在做示范，只有“其身正”才能做到“不令而行”。

（三）要坚持文明审计，维护公平正义。我们的权力是宪法和法律赋予的，法律的本质就是公平正义。所以，我们在跟被审计单位工作人员打交道的时候，要知道大家都是为人民服务的，工作上可能有缺点，但在人格上是平等的。我们在涉及各类市场主体利益矛盾的时候，要能够平等对待各类市场主体。要通过我们的文明审计，把公平正义的法治核心价值理念体现出来。文明审计不仅是“你好”“谢谢”“对不起”，比这些文明用语更重要、更深层的是政治文明。文明审计要靠审计人员的基本功、能力和文化修养体现出来。要实事求是地对待发现的问题，要区分两类不同性质的矛盾，为公或为私，这就是两类不同性质的矛盾。要落实“三个区分开来”重要要求，但要提醒大家，落实“三个区分开来”必须按程序办理，任何人都不能擅自决定。这不是水平高低的问题，而是涉及公平正义的原则问题。同样的问题要在面上拿出来看，区分必须统一标准，绝不能各行其是，人为制造不公平。

（四）要坚持廉洁审计，维护人民利益。我们的权力来自人民，任何不廉洁的行为都会使权力受到污染，就是在侵害群众利益。审计工作中，一方面要持续加大民生领域重点项目和资金的审计力度，更加关注党中央富民惠民政策的落实，更加关注困难群体的基本生活保障；另一方面，我们要严格要求自己，要坚决做到维护群众利益而不做任何损害群众利益的事情。我想这一点也是我们审计这块“金字招牌”最起码的要求。

讲科学审计、依法审计、文明审计、廉洁审计，既是从政府官员、审计干部角度提的要求，更是我们审计这个行业、这项职能所要坚持的政绩观。一个行业的政绩观是需要我们每个同志，尤其是党员领导干部身体力行的。

审计事业的发展，需要一件接着一件办、一年接着一年干。各位新提任的司处级干部，既是审计队伍新生的领导力量，也是高素质专业化审计干部队伍中的优秀代表，希望大家牢固树立正确政绩观，在新的岗位上做出无愧于时代、无愧于人民的新的成绩。

我就讲这些，不合适的地方，请大家批评指正。

新任职司处级干部集体廉政谈话

中央纪委国家监委驻审计署纪检监察组组长、
审计署党组成员　宋依佳

（2020 年 11 月 17 日）

同志们：

大家好！首先，对大家在工作上取得的新进步表示衷心的祝贺！职务的晋升，离不开个人努力，更离不开组织的培养、领导的关怀和群众的支持。在大家上任之初，举行宪法宣誓仪式、进行廉政谈话，既是一项重要的制度安排，也充分体现署党组对大家政治上的一种关心，目的就是让大家进一步牢记初心使命、强化责任担当，督促大家在事业上走得更好、更稳、更远。刚才，侯凯书记参加了宪法宣誓仪式，陈健同志与大家进行了集体任职谈话，大家要认真学习领会，抓好贯彻落实。在这里，我主要从党风廉政建设角度，讲几点意见：

一、讲政治、铸忠诚，不断增强“两个维护”的政治自觉

旗帜鲜明讲政治，是我们党作为马克思主义政党的根本要求，是我们党补钙壮骨、强身健体的根本保证，也是合格党员领导干部的首要标准。审计机关的政治属性和承担的重要职责，决定了我们必须把讲政治放在第一位。习近平总书记指出，党内所有政治问题，归根到底就是对党是否忠诚。忠诚是每个共产党人必须具备的品格，同时作为国家财产的“看门人”、经济安全的“守护者”，我们就不能只讲一般的、有条件的忠诚，而是要做到对党绝对忠诚、绝对负责，最核心的就是树牢“四个意识”，坚定“四个自信”，真正把“两个维护”落实到具体行动上。

（一）强化理论武装，在真学真懂真用党的创新理论中筑牢“两个维护”的思想根基。我们党的先进性，根本在于指导思想先进；我们党有力量，首先在于思想上有力量。习近平新时代中国特色社会主义思想，是以习近平总书记为主创立、经过扭转乾坤稳固江山、严峻复杂斗争检验的成功的客观真理，是当代中国马克思主义、21 世纪马克思主义。2020 年新冠肺炎疫情以来，以习近平同志为核心的党中央统揽全局、果断决策，习近平总书记亲自指挥、亲自部署，以非常之举应对非常之事，迅速打响疫情防控的人民战争、总体战、阻击战，经过艰苦努力，夺取了全国抗疫斗争重大战略成果，在此基础上，统筹推进疫情防控和经济社会发展取得显著成效，我国成为疫情发生以来第一个恢复增长的主要经济体，根本就在于我们有坚强英明的核心，有科学正确把握客观规律的习近平新时代中国特色社会主义思想指引，有以人民为中心的崇高理念。实践一再证明，什么时候我们做到了对习近平新时代中国特色社会主义思想真学真信真用，就能找准方向、看清大局，就能砥砺奋进、攻坚克难；反之，如果理论武装跟不上，思想根基不牢固，工作就容易出偏差。作为党员领导干部，学习是一种责任、一种工作，更是一种追求、一种自觉，大家要不断提高理论武装的主动性和自觉性。要从“怎么学”入手，在真学真懂真信真用上下功夫，静下心来读原著、学原文、悟原理，常学常新，用“文火慢炖”功夫提升学习动力和品位；要在“学什么”上着眼，努力掌握习近平新时代中国特色社会主义思想中贯穿的马克思主义立场、观点和方法，深入领会、系统把握习近平总书记关于审计工作的重要讲话和重要指示批示精神；要在“学出什么”上落脚，把理论武装成效体现在坚定理想信念、做好“两个维护”上，自觉地具体地同以习近平同志为核心的党中央保持高度一致。

（二）提高政治站位，在贯彻落实党中央决策部署中把握“两个维护”的目标方向。习近平总书记强调，各级领导干部要自觉站在党和国家大局上想问题、办事情，把党中央大政方针不折不扣落实到位。中央和国家机关离党中央最近，服务党中央最直接，是践行“两个维护”的第一方阵，是贯彻落实党中央决策部署的“最初一公里”。审计是党和国家监督体系的重要组成部分，在推进国家治理体系和治理能力现代化的进程中具有十分重要的作用。作为司处级领导干部，是推进审计工作高质量发展的中坚力量，必须不断提高政治站位，在工作中要自觉同习近平总书记重要指示批示精神对标对表，自觉同党中央重大决策部署对标对表，把准“两个维护”的目标方向。最近召开的党的十九届五中全会，是在我国决胜全面建成小康社会取得决定性成就、“两个一百年”奋斗目标进入历史交汇点、全面建设社会主义现代化国家新征程即将开启、向第二个百年奋斗目标进军的历史性时刻，召开的一次十分重要的会议，全会通过的《中共中央关于制定国民经济和社会发展第十四个五年规划和二〇三五年远景目标的建议》，明确提出“十四五”时期发展的重大方针、重大战略、重大举措，系统擘画 2035 年基本实现社会主义现代化的宏伟蓝图，是今后 5 年乃至更长时期我国经济社会发展的纲领性文件，也是我们做好各方面工作的基本遵循。学习贯彻党的十九届五中全会精神，是当前和今后一个时期全党全国的重要政治任务。今天下午，署党组中心组将举行专题研讨，学习贯彻党的十九届五中全会精神，谋划审计工作“十四五”规划，推动今后五年审计工作深入发展。接下来，大家要按照署党组统一部署安排，带头深入学习领会党的十九届五中全会重大意义和精神实质，准确把握党的十九届五中全会对新时代审计工作的新要求，把审计事业长远发展置于大局大势下思考谋划，推动审计工作高质量发展，以有力有效审计监督保障推动党的十九届五中全会决策部署落实落地。

（三）增强政治能力，在践行初心使命中彰显“两个维护”的实际效果。习近平总书记在中央党校（国家行政学院）中青年干部培训班开班式上讲话强调，在干部干好工作所需的各种能力中，政治能力是第一位的。增强政治能力，很重要的一条就是要善于从政治上分析问题、解决问题。作为党员领导干部，要不断提高把握方向、把握大势、把握全局的能力，辨别政治是非、保持政治定力、驾驭政治局面、防范政治风险的能力。要突出政治标准、加强政治历练，聚焦审计干部队伍高素质专业化要求，加强实践锻炼、专业训练，强化战略思维、底线思维，增强忧患意识、风险意识，坚持实事求是，坚持调查研究，把对党忠诚、为党分忧、为党尽职、为民造福作为根本政治担当，依法履行审计监督职责，发挥审计“经济体检”功能，不仅“查病”，更要“治已病、防未病”，推动更好发挥审计监督在党和国家监督体系中的作用。要始终保持头脑清醒，紧绷政治纪律和政治规矩这根弦，常常检视自身言行，及时发现和纠正政治偏差，严防“七个有之”。要严格执行请示报告制度，工作中重大问题和个人有关事项必须按规定按程序向组织请示报告，该请示的请示，该报告的报告。

二、勇担当、强本领，坚决扛起管党治党政治责任

习近平总书记强调，干部要有担当，有多大担当才能干多大事业，尽多大责任才会有多大成就。领导干部落实管党治党主体责任不是选择题，而是必答题，必须坚持“一岗双责”，把管党治党政治责任放在心上、扛在肩上、抓在手上，推动形成风清气正的良好政治生态。

（一）要深刻认识全面从严治党的形势和任务。全面从严治党，是党的十八大以来以习近平同志为核心的党中央管党治党的鲜明主题。党的十八大以来，以习近平同志为核心的党中央清醒认识党面临的重大风险考验和党内存在的突出问题，把全面从严治党纳入“四个全面”战略布局，与党内存在的不正之风和消极腐败现象作坚决斗争，经过全党上下共同努力，在刹住一些长期未刹住的歪风邪气、解决许多长期没有解决的顽瘴痼疾方面，取得了举世公认的巨大成效。党的十九大以来，以习近平同志为核心的党中央不松劲、不停步、再出发，带领全党接续奋斗，党的集中统一领导更加坚强有力，党的建设新的伟大工程全方位加强，全面从严治党实效性不断提高，党内政治生态进一步改善，党在新时代新征程中焕发出更加强大的生机活力。同时，习近平总书记也强调，反腐败斗争已经取得压倒性胜利，但对形势的严峻性和复杂性一点也不能低估，必须始终保持永远在路上的冷静清醒。那么审计机关全面从严治党形势如何？总体看，近年来，在审计署党组领导下，我们高度重视全面从严治党、党风廉政建设，认真落实管党治党政治责任，坚持以政治建设为统领，持之以恒正风肃纪，深入推进全面从严治党、党风廉政建设和反腐败工作，为新时代审计事业发展提供了坚强保证。但是，我们也应该清醒地认识到，在推进全面从严治党工作中也存在一些问题和不足：有些党组织和领导干部理论学习不够深入，思想认识跟不上形势发展和工作要求；有些领导干部片面认为只分管审计业务，从严治党是"一把手"、分管党建领导和纪检干部的事，"一岗双责"没有落实到位；有些领导干部自身能够做到廉洁自律，但对本单位本处室的廉政建设重视程度不够，有些纪检组长、纪检委员监督意识还不强、经验不足；少数审计干部违纪违法问题仍有发生。所以我们说，审计机关全面从严治党、党风廉政建设永远在路上。

（二）要准确把握领导干部肩负的管党治党责任。落实管党治党政治责任是新时代领导干部最根本的政治担当。习近平总书记说过："'领导'一词，顾名思义，就是要既'领'又'导'。衡量一个领导干部称不称职，优不优秀，不仅要看他'领'得怎么样，而且要看他'导'得怎么样。"所谓"导"就包含着管理和监督。管理和监督是领导的重要内容，没有管理监督，领导就会落空；而离开了监督，也就谈不上管理。主体责任落实得好不好，不是光看开了多少会、学了多少文件、写了多少心得体会，关键是提高党组织的凝聚力、战斗力、领导干部和职工的执行力，按照署党组安排部署，完成好党中央交给的任务，营造风清气正的政治生态和工作环境，这才是真正党建好的体现。2020年7月，为贯彻落实《党委（党组）落实全面从严治党主体责任规定》，署党组修订印发了《中共审计署党组全面从严治党主体责任清单》，署机关党委制定印发了《审计署（特派办）机关党委落实全面从严治党责任清单》和《审计署党支部落实全面从严治党责任清单》，大家一定要认真对标对表，重点抓好政治建设、思想建设、组织建设、作风建设、纪律建设等工作，努力做到明责、履责、尽责。

（三）要不断提升履行管党治党责任的能力素质。有效履行管党治党责任，关键是要把个人摆进去、把工作摆进去，不断提高管党治党的能力和水平。怎么把个人摆进去？就是要深入学习领会党中央、署党组关于全面从严治党的部署要求，准确把握全面从严治党的规律性认识，以自己所思所想所悟，来教育大家、指导工作，如果自己都没有入脑入心，讲出来的话就一定不接地气，安排的工作也一定不切实际，怎么能指望下属听得进去、落到实处。怎么把工作摆进去？就是要把管党治党同本单位实际情况结合起来，与业务工作结合起来，坚持同谋划、同部署、同推进、同考核，抓住关键少数和重点环节，梳理关键环节及风险点，扎牢制度笼子，规范审计权力运行流程和本单位行政管理流程；各级领导干部都要扛起监督的责任，对自己管辖范围内的干部严格管理，把监督寓于日常工作中，从苗头性、倾向性问题抓起，见人见事见细节，常咬耳朵、常扯袖子，抓早抓小、防微杜渐，这既考验大家的担当精神，又考验大家的履职能力。总之，各级领导干部都要做好监督管理工作，共同推进本单位全面从严治党工作。

三、严律己、作表率，牢牢守住纪律规矩政治红线

审计是监督别人的，自己首先要过得硬，这也是审计监督权威性和公信力的重要保障。2020年8月集中整训期间，驻审计署纪检监察组会同署党组召开警示教育大会，通报了丁伏圣严重违纪违法案件，侯凯书记要求各级党组织和党员领导干部要从丁伏圣等违纪违法案件中深刻吸取教训，切实抓好审计机关党风廉政建设。对大家来说，担任新的领导岗位，既是组织的信任更是考验。升迁之后，如何管好权、用好权是个考验，如何避免被“围猎”也是个考验。因此，职位越高，越要慎独慎微、严于律己，作出表率。

（一）要树立正确的权力观。习近平总书记指出，共产党员和领导干部要树立马克思主义权力观，即权为民所赋，权为民所用。作为党的干部，就是要讲公私分明、先公后私、公而忘私、大公无私，只有一心为公、事事出于公心，才能坦荡做人、谨慎用权，才能光明正大、堂堂正正。“公私分明”，就是要恪守本分、不越底线，这是最基本的境界；“先公后私”，就是克己奉公、先忧后乐，这是第二重境界；“公而忘私”，就是毫不利己、专门利人；“大公无私”，就是要鞠躬尽瘁、死而后已，这是最高的境界，也就是习近平总书记所说的“我将无我，不负人民”。作为审计机关的领导干部，就是要始终以国家和人民的利益为重，秉公用权，不谋私利，真正用好党和人民赋予的权力。

（二）要遵守制度、执行纪律。党的纪律和规矩是不可逾越的底线、红线，是不可触碰的带电高压线，任何人都没有超越纪律的特权。从中央纪委国家监委查处的违纪违法案件看，一些党员领导干部尽管在业务上是能人，但纪律意识却十分淡薄，对党的纪律和规矩置若罔闻，以至于胆大妄为、无所顾忌。大家一定要始终绷紧纪律和规矩这根弦，不能有一丝一毫的侥幸心理，要以更高标准严格要求自己，依法依规依纪工作，坚持在 8 小时工作内外表里如一，强化“严管就是厚爱”和“越往后要求越高、执纪越严”的思想意识，严格遵守党的各项纪律，严格执行审计“八不准”工作纪律和审计“四严禁”工作要求。要管好身边人，特别是配偶、子女，要谨慎交友，自觉净化“朋友圈”，严防商品交换侵入政治生活和公务活动。要自觉接受监督，习惯在受监督和约束的环境中工作生活，做到廉洁自律，清白做人，干净做事。

（三）要以身作则当好表率。“人不率则不从，身不先则不信”。领导机关和领导干部带头冲在前、干在先，是我们党走向成功的关键。习近平总书记强调，各级领导干部要带头转变作风，身体力行，以上率下，形成“头雁效应”。各位同志到了更高的岗位，同时也会受到更高的关注，无论是工作中还是生活里，一言一行都有重要示范作用，在政治、作风、守纪、修身等各方面为其他同志特别是自己的下属作出表率，凡是要求下属做到的，自己首先做到；凡是要求下属不做的，自己首先不做，带头建立健康的党内同志关系和工作关系。一个干部只有综合素质不断提高，才能行稳致远。

最后，祝大家在新的工作岗位上取得更大成绩！

在2020年度扶贫与乡村振兴审计视频培训班上的讲话

审计署党组成员、中央经济责任审计工作
部际联席会议办公室主任　郝书辰
（2020年7月20日）

同志们：

2020年是全面建成小康社会的决胜之年，是全面打赢脱贫攻坚战收官之年。习近平总书记多次强调，脱贫摘帽不是终点，而是新生活、新奋斗的起点，要巩固提升脱贫成果，保持现有政策总体稳定，推进全面脱贫与乡村振兴战略有效衔接。3月6日，习近平总书记在决战决胜脱贫攻坚座谈会上，明确要求坚决夺取脱贫攻坚战全面胜利，同时要立足当前、着眼长远，推进减贫战略和工作体系平稳转型，统筹纳入乡村振兴战略。习近平总书记还在其他重要会议和在陕西、山西、宁夏考察等多个场合，反复强调要确保如期完成脱贫攻坚目标任务，夯实农业农村基础，加大粮食生产政策支持力度，深入推进农业供给侧结构性改革，落实“六稳”“六保”任务。

根据审计署年度培训计划，结合疫情防控要求，这次扶贫与乡村振兴审计培训班，由线下培训调整为“视频培训＋线上课程”的方式。今天我们安排一天的时间进行视频培训，主要任务是深入学习贯彻习近平总书记关于决战决胜脱贫攻坚和实施乡村振兴战略的重要指示精神，邀请农业农村部、国务院发展研究中心的专家和特派办相关同志，就加强和改进乡村治理、脱贫攻坚、大数据审计等进行专题授课。下面我就统筹做好扶贫和乡村振兴审计工作提三点要求。

一、聚焦完成剩余脱贫攻坚任务，扎实推进决战决胜阶段扶贫审计工作

习近平总书记3月6日在决战决胜脱贫攻坚座谈会上指出，剩余脱贫攻坚任务艰巨，经过几年的持续攻坚，全国还有52个贫困县未摘帽、2707个贫困村未出列、建档立卡贫困人口未全部脱贫，这些都是贫中之贫、困中之困，是最难啃的硬骨头。各级审计机关要聚焦重点任务，坚定不移地推动党中央相关决策部署落地生效。

一是要关注“三保障”和饮水安全查漏补缺工作进展情况。目前各地“三保障”和饮水安全问题已总体解决，个别地方还存在零星的问题影响脱贫质量和成色。要督促各地各部门进一步落实落细“三保障”和饮水安全查漏补缺工作，聚焦突出问题和薄弱环节，加快补齐短板，促进巩固提升“三保障”和饮水安全成果。

二是要关注特殊贫困人口的兜底保障落实情况。关注各地各部门坚持应保尽保、应兜尽兜原则情况，关注低保、医保、养老保险、特困人员救助供养、临时救助等综合社会保障政策落实情况，关注各省在财政紧张的情况下是否做到保障资金充足、发放足额及时。

三是要关注易地扶贫搬迁后续帮扶落实情况。做好后续扶持最关键的是要解决好搬迁群众的就业，要关注各地区是否把搬迁群众作为就业帮扶的重点和优先保障对象，各类企业、产业园、扶贫车间等经营主体是否真正发挥吸纳就业作用，要关注集中搬迁安置区的学校、医院等配套设施建设和社区治理服务情况，促进搬迁群众更好融入新生活。

四是要把防止返贫摆在更加突出位置。要关注各地关于防止返贫监测和帮扶机制实施办法的落实情况和监测机制运行情况，关注受疫情影响的无业贫困劳动力、产品滞销的特色种养户、易地扶贫搬迁户及缺乏劳动能力的兜底保障户等群体的返贫致贫风险，关注各地区是否根据返贫致贫原因采取有针对性的帮扶措施。

五是要促进巩固提升产业扶贫成果。持续关注产业扶贫各项扶持措施落实情况，关注信贷、保险等金融服务支持扶贫产业恢复发展情况，关注扶贫产业产销对接和消费扶贫中存在的各类风险，推进产业扶贫与乡村产业振兴有机衔接。

六是要集中力量确保全面完成脱贫攻坚任务。坚决按照习近平总书记一鼓作气、尽锐出战的要求，确保支持力度、工作力量与决战决胜要求相匹配，要保持经过实践历练、善打硬仗的基层一线扶贫审计干部队伍稳定。同时，各级审计机关要组织做好党的十八大以来扶贫审计工作的总结和宣传工作，弘扬正能量，讲好扶贫审计故事。

二、聚焦补上“三农”领域突出短板，扎实做好乡村振兴审计工作

实施乡村振兴战略是党的十九大作出的重大决策部署，是新时代做好“三农”工作的总抓手。在乡村振兴战略实施中加强审计监督是审计机关的重要职责，署党组高度重视，印发了《审计署关于在乡村振兴战略实施中加强审计监督的意见》（以下简称《意见》），对乡村振兴审计工作提出要求。

近年来，很多地方审计机关在加强乡村振兴审计方面，作了积极探索，取得了很好的经验和成效。初步统计，2017 年以来，有 20 多个审计厅（局）组织开展各类乡村振兴相关专项审计项目 70 余个。有的围绕人居环境整治等农村基础设施方面，有的围绕现代农业园区等农业高质量发展方面；有的是结合第一季度审计署统一组织的乡村振兴审计项目，第二、三、四季度又扩面继续组织开展审计；有的是围绕当地党委政府关于实施乡村振兴战略的工作部署，自行确定审计重点开展审计或审计调查。但我们也看到，乡村振兴审计开展还不够均衡，个别地方没有组织实施过相关的审计项目，有的审计深度还不够，质量还不高。下一步，各级审计机关要按照《意见》要求，将“中央统筹、省负总责、市县抓落实”的工作机制落实到乡村振兴相关审计工作中，持续稳步推进乡村振兴审计。

一是做好脱贫攻坚与乡村振兴审计任务的统筹衔接。围绕本地农业农村工作特点和实施乡村振兴战略安排部署，科学制订审计计划，针对主要矛盾的变化，厘清工作思路，确定审计重点，推动脱贫攻坚与乡村振兴有机结合、相互促进。各省级审计机关要立足长远、统筹谋划，对乡村振兴审计负总责。市县审计机关要认真落实上级审计机关项目计划，围绕本地农业农村工作特点，有计划、有重点地加强对强农惠农政策和资金的审计监督，及时、如实向上级审计机关报告审计发现的重大违纪违法问题线索。

二是推动相关政策措施落地见效。聚焦“三农”领域突出短板，加大对农民群众最关心最直接最现实的利益问题的审计监督力度。近日，经国务院同意，中央农办等 7 部门联合印发了《关于扩大农业农村有效投资加快补上“三农”领域突出短板的意见》，提出了 11 项“三农”重点领域补短板重大工程项目建设和相关的支持措施。各级审计机关要在乡村振兴审计中，加强对这些项目和政策措施落地情况的审计，关注重大项目库建设、资金筹集分配管理使用情况等，揭示高标准农田、农村基础设施等领域政府债务风险，推动相关目标任务完成和政策措施落地见效。

三是着力监督检查乡村振兴资金安全和绩效情况。各级审计机关要加大对基层小微权力腐败揭示力度，严肃惩处惠农补贴、集体资产管理、土地征收等领域侵害农民利益的不正之风和腐败问题。持续加强各类涉农资金的审计监督，揭示资金分配管理使用中存在的骗取套取、侵占挪用等问题。关注乡村振兴相关资金使用和项目安排公告公示制度落实情况，推动完善乡村财务政务公开透明和阳光化管理。加大对乡村振兴资金支出经济性、效率性和效果性的审计，关注全面预算绩效管理制度建立落实情况，从行业、区域、时间等多维度对资金绩效情况开展审计和评价。

三、聚焦推动“治已病”“防未病”，扎实做好督促扶贫和乡村振兴审计查出问题整改工作

习近平总书记高度重视审计查出问题整改工作，强调审计不仅是为了“查病”，更是为了“治已病”“防未病”。署党组书记、审计长侯凯同志在前不久召开的全国新增财政资金直达市县基层直接惠企利民情况专项审计工作视频培训上，专门就加大督促审计查出问题整改工作力度作出安排。他强调，各级审计机关要建立督促整改台账，实行“对账销号”；在实施的重大政策措施落实情况跟踪审计等各项审计项目中，要将审计查出问题整改情况作为监督检查的重要内容，列入相关审计工作方案和审计实施方案，审计报告要专门反映审计查出问题整改情况，并加强与纪检监察等相关部门沟通协作，促进形成督促整改合力。

各级审计机关在组织实施扶贫和乡村振兴审计中要认真落实侯凯审计长上述要求，推动被审计单位及时整改扶贫和乡村振兴审计查出的各类问题，并建立长效机制。在落实审计机关督促整改责任方面，我们要做到如下三点：一是要按照“谁审计、谁负责督促整改”的原则，建立督促整改工作台账，明确督促整改的责任。二是各级审计机关要按照“审计取证”的标准和要求，做好督促审计整改的取证工作，坚决防止审计整改中的形式主义、官僚主义，严防审计整改弄虚作假。三是要推动相关部门和地方在审计整改中举一反三、建立长效机制，尤其是对屡审屡犯的问题，要推动相关部门和单位在审计整改中分析原因、查找管理漏洞、完善体制机制。

同志们，让我们更加紧密地团结在以习近平同志为核心的党中央周围，认真贯彻落实决战决胜阶段各项决策部署，为坚决夺取脱贫攻坚战全面胜利，为如期全面建成小康社会贡献审计力量！

以习近平法治思想为指导 依法履行审计监督职责

——在地方审计机关视频培训班上的讲话

审计署党组成员、总审计师　章　轲

（2020 年 12 月 28 日）

同志们：

大家上午好！今天，我们以视频转播的形式，组织各省（自治区、直辖市）、计划单列市、新疆生产建设兵团以及省会（首府）城市审计机关有关同志开展培训，主要是学习贯彻习近平法治思想，依法履行审计监督职责，加强审计项目质量控制，不断提升审计项目质量水平。下面，我谈三点意见。

一、充分认识习近平法治思想的重大意义

今年 11 月 16 日至 17 日，中央全面依法治国工作会议在北京召开。这次会议的一个重要成果，就是明确了习近平法治思想在全面依法治国工作中的指导地位。这是继习近平强军思想、习近平新时代中国特色社会主义经济思想、习近平生态文明思想、习近平外交思想之后明确宣示的又一重要思想，是我国社会主义法治建设进程中具有重大现实意义和深远历史意义的大事。

习近平总书记在会议上的重要讲话，全面总结了党的十八大以来法治建设取得的成就，深刻阐明了深入推进新时代全面依法治国的重大意义，系统阐述了新时代中国特色社会主义法治思想，深刻回答了新时代为什么实行全面依法治国、怎样实行全面依法治国等一系列重大问题，对当前和今后一个时期全面依法治国工作作出了战略部署。习近平法治思想是顺应实现中华民族伟大复兴时代要求应运而生的重大理论创新成果，是马克思主义法治理论中国化最新成果，是习近平新时代中国特色社会主义思想的重要组成部分，是全面依法治国的根本遵循和行动指南。

二、学深悟透习近平法治思想的核心要义

习近平总书记对当前和今后一个时期推进全面依法治国要重点抓好的工作提出了 11 个方面的要求。

第一，坚持党对全面依法治国的领导。全面依法治国绝不是要削弱党的领导，而是要加强和改善党的领导，健全党领导全面依法治国的制度和工作机制，推进党的领导制度化、法治化，通过法治保障党的路线方针政策有效实施。

第二，坚持以人民为中心。全面依法治国最广泛、最深厚的基础是人民，必须坚持为了人民、依靠人民。要把体现人民利益、反映人民愿望、维护人民权益、增进人民福祉落实到全面依法治国各领域全过程。

第三，坚持中国特色社会主义法治道路。中国特色社会主义法治道路本质上是中国特色社会主义道路在法治领域的具体体现。既要立足当前，运用法治思维和法治方式解决经济社会发展面临的深层次问题；又要着眼长远，筑法治之基、行法治之力、积法治之势，促进各方面制度更加成熟更加定型，为党和国家事业发展提供长期性的制度保障。

第四，坚持依宪治国、依宪执政。坚持依宪治国、依宪执政，就包括坚持宪法确定的中国共产党领导地位不动摇，坚持宪法确定的人民民主专政的国体和人民代表大会制度的政体不动摇。

第五，坚持在法治轨道上推进国家治理体系和治理能力现代化。法治是国家治理体系和治理能力的重要依托。在统筹推进伟大斗争、伟大工程、伟大事业、伟大梦想的实践中，在全面建设社会主义现代化国家新征程上，我们要更加重视法治、厉行法治，更好发挥法治固根本、稳预期、利长远的重要作用，坚持依法应对重大挑战、抵御重大风险、克服重大阻力、解决重大矛盾。

第六，坚持建设中国特色社会主义法治体系。要加快形成完备的法律规范体系、高效的法治实施体系、严密的法治监督体系、有力的法治保障体系，形成完善的党内法规体系。要坚持依法治国和以德治国相结合，实现法治和德治相辅相成、相得益彰。

第七，坚持依法治国、依法执政、依法行政共同推进，法治国家、法治政府、法治社会一体建设。全面依法治国是一个系统工程，要整体谋划，更加注重系统性、整体性、协同性。法治政府建设是重点任务和主体工程，要率先突破，用法治给行政权力定规矩、划界限，规范行政决策程序，加快转变政府职能。要推进严格规范公正文明执法，提高司法公信力。

第八，坚持全面推进科学立法、严格执法、公正司法、全民守法。要继续推进法治领域改革，解决好立法、执法、司法、守法等领域的突出矛盾和问题。要深化司法责任制综合配套改革，加强司法制约监督，健全社会公平正义法治保障制度，努力让人民群众在每一个司法案件中感受到公平正义。要加快构建规范高效的制约监督体系，推动扫黑除恶常态化，让城乡更安宁、群众更安乐。

第九，坚持统筹推进国内法治和涉外法治。要加快涉外法治工作战略布局，协调推进国内治理和国际治理，更好维护国家主权、安全、发展利益。要推动全球治理变革，推动构建人类命运共同体。

第十，坚持建设德才兼备的高素质法治工作队伍。要加强理想信念教育，深入开展社会主义核心价值观和社会主义法治理念教育，让尊法学法守法用法成为领导干部自觉行为和必备素质。

第十一，坚持抓住领导干部这个“关键少数”。各级领导干部要坚决贯彻落实党中央关于全面依法治国的重大决策部署，带头尊崇法治、敬畏法律，了解法律、掌握法律，做尊法学法守法用法的模范。

上述习近平总书记强调的“11 个坚持”，既是重大工作部署，又是重大战略思想。我们要全面系统深入学习，准确掌握习近平法治思想的精髓要义，全力推进新时代审计法治建设，确保依法履行审计监督职责，更好发挥审计在党和国家监督体系中的重要作用。

三、坚持依法履行审计监督职责

《中华人民共和国宪法》第九十一条指出，“国务院设立审计机关”“审计机关在国务院总理领导下，依照法律规定独立行使审计监督权，不受其他行政机关、社会团体和个人的干涉”；第一百零九条指出，“地方各级审计机关依照法律规定独立行使审计监督权，对本级人民政府和上一级审计机关负责”。各级审计机关在依照法律规定独立行使审计监督权时，要特别注意做到以下四点：

（一）法无授权不可为。

对于公权力的行使，我们常说“法无授权不可为”。中共中央办公厅、国务院办公厅 2015 年印发的《关于完善审计制度若干重大问题的框架意见》明确提出，“审计机关不得超越职责权限、超越自身能力、违反法定程序开展审计，不参与各类与审计法定职责无关的、可能影响依法独立进行审计监督的议事协调机构或工作”。审计署党组书记、审计长侯凯同志反复强调，“审计的权力是宪法和审计法赋予的，依法审计是审计工作者的基本遵循”“权力是有边界的，不能随意扩张”。

一是不能做超越职责权限的事。全国人大常委会法工委明确要求对地方性法规中直接规定以审计结果作为竣工结算的依据和规定应当在招标文件中载明或者在合同中约定以审计结果作为竣工结算依据的条款，应当予以清理纠正。要始终坚持依法审计这一主线，严格按照《中华人民共和国审计法》《中华人民共和国合同法》《政府投资条例》《优化营商环境条例》等法律法规要求和党中央、国务院决策部署，准确把握审计职责权限，严格在法定职责、权限、范围、程序内开展投资审计工作。

各级审计机关不仅要坚决查处违反中央政

策、破坏营商环境、损害企业利益的行为，而且要确保审计机关的行为要坚决依法依规依程序。今天参会的还有各单位负责项目计划工作的同志，审计项目计划是“龙头”，在编制计划的时候就要从源头确保审计工作合法合规，不能超越职责权限。

二是不能做超越自身能力的事。审计机关要在法定职责权限范围内开展审计工作，不得参与工程项目建设决策和审批、征地拆迁、工程招标、物资采购、质量评价、工程结算等管理活动。

各级审计机关一定要站在讲政治的高度，规范投资审计，提高政治敏锐性。该审的审，不该审的不审；能审的审，不能审的就不要列入计划；已经列入计划的，必须加快进度完成审结，确保工程款及时结算，确保农民工在春节前及时拿到工资。决不允许拿审计机关没完成审价工作作为拖欠农民工工资的“挡箭牌”。

三是要退出议事协调机构。各级审计机关一定要始终对宪法、法律心存敬畏，牢固树立法定权限不能突破、法律底线不能逾越的法治观念，严格依法恪守审计权力边界，除合同双方有约定外，不介入平等市场主体的民事权利，不参与各类与审计法定职责无关的、可能影响依法独立进行审计监督的议事协调机构，以及可能影响审计独立性的招商、协税、护税、创收等活动或事项，要坚决守住法律底线，在法律规定的职责权限范围内履职尽责。基层审计机关遇到具体困难的，要及时向上级审计机关请示汇报。

（二）法定职责必须为。

审计法及其实施条例等法律法规对审计机关的职责作出了明确规定。审计机关要依照法律规定的职权和程序，进行审计监督。

有些审计机关履行审计职责还存在不全面、不到位的情况。如中共中央办公厅、国务院办公厅印发的《党政主要领导干部和国有企事业单位主要领导人员经济责任审计规定》《领导干部自然资源资产离任审计规定（试行）》分别对领导干部经济责任审计、领导干部自然资源资产离任（任中）审计的主要内容作出了明确规定，但有些审计机关贯彻落实不到位，没有充分聚焦领导干部经济责任开展审计。

（三）审计必须依法按程序实施。

对于审计工作而言，合法合规的审计程序与准确恰当的审计结论同样重要，只有依照法定程序实施的审计，才能形成准确恰当的审计结论。

审计法及其实施条例、国家审计准则等审计法律法规和相关业务管理制度，对审计程序作出了具体的规定和要求，各级审计机关一定要严格执行，教育引导审计人员在法定职责权限范围内开展工作，切实规范审计取证行为，确保获取审计证据的合法性，审计结果文书要告知救济途径和期限等。

各级审计机关要进一步完善审计业务会议制度，重大审计事项须经审计业务会议集体研究决策并做好记录，会后要加强跟踪督办，确保会议要求得到有效落实。负责法规审理的同志在审理工作中也要着力关注审计程序、实施范围、审计取证、资料获取等行为的合法性，助力审计工作高质量发展。

（四）审计机关必须依法履职尽责。

依法审计是审计工作的基本原则，要在法治轨道上推进审计工作。这里要特别强调两项工作：

一是重大事项必须及时向上级审计机关请示报告。《关于完善审计制度若干重大问题的框架意见》明确提出，“健全重大事项报告制度，审计机关的重大事项和审计结果必须向上级审计机关报告，同时抄报同级党委和政府”。省级审计机关应就重要工作、重大情况和紧急突发事件及处置情况等重大事项及时书面报告审计署，对发生重大事项隐瞒不报、谎报或报告不及时的，视情节轻重给予责任单位和相关责任人通报批评。

二是上级审计机关要加强对下级审计机关的审计监督。《中华人民共和国审计法实施条例》第四十三条明确规定，“上级审计机关应当对下级审计机关的审计业务依法进行监督”。《关于完善审计制度若干重大问题的框架意见》也要求要“强化上级审计机关对下级审计机关的领导”。

同志们，习近平法治思想为审计机关依法履行审计监督职责提供了根本遵循，各级审计机关要始终坚持审计职责权限法定、审计程序法定、审计方式法定、审计标准法定和审计保障法定的原则，依法履行审计监督职责，不断提高审计工作成效，充分发挥审计职能作用，为夺取全面建设社会主义现代化国家新胜利积极贡献审计力量！

审计署工作概况

审计署党组成员·署领导

审计署党组书记：胡泽君（—6月）
侯　凯（6月—）
审计署党组成员：王文斌
王陆进（7月—）
袁　野（—6月）
陈　健
宋依佳
郝书辰
章　轲

审计署审计长：胡泽君（—6月）
侯　凯（6月—）
审计署副审计长：秦博勇
王文斌
王陆进（8月—）
袁　野（—6月）
陈　健
审计署总审计师：章　轲
中央纪委国家监委驻审计署纪检监察组组长：
宋依佳
中央经济责任审计工作部际联席会议办公室
主任：郝书辰

审计署机关

【审计工作概况】　2020年，全国审计机关坚持以习近平新时代中国特色社会主义思想为指导，深入学习贯彻习近平总书记关于审计工作的重要讲话和重要指示批示精神，增强“四个意识”、坚定“四个自信”、做到“两个维护”，依法全面履行审计监督职责，做好常态化“经济体检”工作，较好发挥了审计在党和国家监督体系中的重要作用。

坚决贯彻落实党对审计工作集中统一领导的各项要求。牢固树立政治机关意识，把不折不扣贯彻落实习近平总书记的重要指示批示精神作为重大政治责任和首要政治任务。严格执行重大事项请示报告制度。

开展政策跟踪审计，推动做好“六稳”工作、落实“六保”任务。密切关注就业优先、减税降费、金融服务实体经济、清理拖欠民营企业中小企业账款、创新创业等重大政策措施的落实情况，推动资金清理收回、加快拨付或清偿欠款、退还税费等，健全完善保就业、科技创新等方面的制度。组织开展中央财政2万亿元直达资金专项审计，促进资金分配更加科学合理、资金使用更加严格规范。

开展财政审计，推动提高资金绩效和落实过“紧日子”要求。组织实施预算执行和决算草案审计。开展部分省份财政收支审计。针对审计指出的问题，各地区各部门已清理收回、加快拨付部分资金，完善相关规章制度。

开展三大攻坚战相关审计，推动如期完成目标任务。完成对全国贫困县的审计全覆盖，推动追回、盘活和发放资金；向各级纪检监察、司法机关和主管部门移送问题线索及典型问题，推动督促追责问责。组织实施领导干部自然资源资产离任（任中）审计和中央生态环保科目资金等专项审计，推动加快资金拨付使用和环保项目建设进度。审计部分省份及所辖部分市县政府债务管理情况，推动严格规范举债行为，加快新增专项债券资金投入使用；审计部分地方金融机构资产质量情况，督促将不良贷款真实入账，并加快清收、处置。

开展疫情防控资金和捐赠款物专项审计，保障资金和物资及时拨付、安全管理。

开展重点民生资金和项目审计，推动兜牢民生底线。组织开展基本养老保险基金、医疗保险基金、保障性安居工程、住房公积金等重大民生资金和项目审计。针对审计指出的问题，有关部门和地区采取收回、清退、补发、拨付资金等方式进行整改，并完善相关制度。

开展领导干部经济责任审计，促进权力规范运行。

不断加强审计机关自身建设。认真落实习近平总书记关于"以审计精神立身、以创新规范立业、以自身建设立信"的总要求，印发《审计署关于努力建设高素质专业化审计干部队伍的意见》。坚持从严管理队伍，开展警示教育。落实中央八项规定精神和过"紧日子"要求，力戒形式主义、官僚主义。

审计机关全面忠实履行宪法和审计法赋予的职责，坚持从财政财务收支的真实合法效益入手，揭示问题，推动规范管理，深入分析一些问题反复发生的根源，提出改进工作的意见建议。深入揭示重大违纪违法、扰乱经济秩序，以及发生在群众身边的"微腐败""小官巨贪"等问题。坚持把审计发现的问题放在改革发展大局下审视，从体制机制制度层面分析原因、提出建议，推动建立健全规章制度。落实习近平总书记关于整改工作的重要指示批示精神和李克强总理提出的明确要求，对审计查出问题的整改情况进行跟踪督促检查。（撰稿人：霍　宇）

【中央审计委员会办公室秘书局】 2020年，中央审计委员会办公室秘书局（以下简称秘书局）实有9人。设有一处、二处、三处。

领导成员

局　　长：尚　锐

副 局 长：张耀鼎

工作综述 2020年，在中央审计委员会办公室的坚强领导下，秘书局主动适应新形势新部署新要求，围绕保障中央审计委员会办公室高效运转、更好服务审计中心工作，以高能高效为目标，认真履职尽责，较好地完成各项工作任务。

贯彻落实习近平总书记关于审计工作的重要讲话和重要指示批示精神 健全重要指示台账，提出贯彻措施或方案的建议，完善督查督办机制，及时上报贯彻落实情况报告。完善中央审计委员会会议精神传达学习机制，研究贯彻落实的具体措施，配合做好传达学习工作。

严格执行重大事项请示报告制度 完善向中央审计委员会报送重要文稿制度，规范中央审计委员会会议筹备流程，进一步健全重大事项请示报告制度。规范报送中央审计委员会重要文稿办文流程，加强审核把关，组织及时报备党内规范性文件，确保重大事项首先向中央审计委员会报告。

服务保障中央审计委员会第三次会议 发挥牵头协调作用，研究提出会议议题建议，拟订筹备分工方案，督促有关单位有序推进工作。认真准备会议材料，负责2个会议议题的准备工作。

加强对审计领域重大问题研究 开展7个专题研究，已完成5个。推动出台2项制度，对重大政策措施落实情况跟踪审计开展的专项研究，向署党组提交研究报告和政策建议。会同政策研究室研究起草2021年重点研究事项实施方案，确定研究重点、分工和要求，聚力聚焦加强重大问题研究。

总结梳理固化改革成果 总结改革实践，研究制定中央审计委员会办公室会议制度、中央审计委员会成员单位工作协调推进机制。牵头组织党的十八届三中全会以来审计署全面深化改革任务落实情况总结评估工作，上报总结评估报告和典型案例。研究起草相关改革经验材料。

重要文稿服务工作 负责准备署党组理论学习中心组有关材料。参与"十四五"审计工作发展规划编制，牵头或参与相关课题研究。做好署内外各类文件征求意见工作，及时办理政协提案。

相关工作 深入学习贯彻习近平新时代中国特色社会主义思想，举办20期"三立课堂"。开展强化政治机关意识教育，制订教育活动计划，开展专题学习、主题党日等活动，召开支部专题组织生活会找差距、定措施、明方向，支部书记专题党课被评为优秀。健全党建工作责任体系，重点事项纳入局内督办，压实党建工作责任。严格落实“三会一课”等组织生活制度，扎实推进党建3项重点工作，在补短板、强弱项上持续用力。

完善局内工作制度，建立重点任务督办机制，促进形成尽责担当、勤勉高效的工作作风。做实与业务司局、地方审计机关常态化联系机制，深入基层、服务一线。组织集体学习履职尽责相关的党内法规和纪律要求，增强纪律规矩意识。坚持廉政教育常态化，紧盯关键节点做好廉政提醒，及时通报典型案例特别是系统内违纪违法的事例，引导党员干部绷紧纪法之弦。坚持和完善交心谈心制度，把思想政治工作抓在日常，做到关键时、关键处。

建设学习型机关，不断丰富载体、拓展方式，形成浓厚学习研究氛围。对干部政治上关怀、工作上关注、生活上关心，营造融洽友爱的和谐氛围。发挥工青妇组织作用，组织丰富多彩的文体活动，营造开放阳光、生动活泼的机关氛围。推动干部严守社会公德、职业道德、家庭美德，营造良好道德氛围。围绕重大任务攻坚、重要文稿撰写等，推动处室加强协作、干部加强沟通，塑造想干事、能干事、干成事的团队精神，获评“2018—2020年度审计署文明单位”荣誉称号。

（撰稿人：王　颖）

【办公厅】　2020年，办公厅实有62人。设有办公室、审计长办公室、督查处、计划统计处、财务一处、财务二处、秘书处、保密处、新闻宣传处、档案处、信访处、电子政务（政务公开）处、资产管理处。

领导成员

主　　任：魏　强（—1月）
　　　　　胡大华（2月—）

副 主 任：孙玉花　罗　泉　郝敬苏

一级巡视员：杨蕴毅　李　伟（9月—）
　　　　　　许荣荣

二级巡视员：赵素琴　赵　梅

工作综述　2020年，办公厅在审计署党组的正确领导下，坚持以习近平新时代中国特色社会主义思想为指导，深入学习贯彻党的十九大和十九届二中、三中、四中、五中全会精神，认真学习贯彻习近平总书记关于审计工作的重要讲话和重要指示批示精神，认真贯彻落实署党组决策部署，聚焦主责主业，认真履职尽责，当好署党组的“坚强前哨”和“巩固后院”，以扎实高效的实际行动全面提升“三个服务”能力和水平。

荣获2018—2020年度“审计署创建模范机关先进单位”荣誉称号，荣获“2018—2020年度审计署文明单位”荣誉称号。

聚焦主责主业，不断加强审计业务管理　围绕实际问题，组织开展调查研究。会同秘书局分别赴审计署驻昆明、郑州、南京特派员办事处，就加强和改进政策跟踪审计开展调研，并配合秘书局提出优化政策跟踪审计的意见建议。会同秘书局、政策研究室、人事教育司分别赴北京、内蒙古等地方审计机关，围绕审计全覆盖、全国审计工作“一盘棋”、审计计划管理、强化上级审计机关对下级审计机关的领导等开展调研。根据署领导批示要求，组织对审计机关聚焦主责主业情况开展专题研究。围绕中心工作，加强计划统计管理。修订完善2020审计年度审计署统一组织审计项目计划，经审定后印发全国审计机关执行，扎实做好2021审计年度审计署统一组织审计项目计划编制工作，推动建立政策跟踪审计项目库，定期通报审计项目计划执行情况。完善统计制度及报表指标体系，定期检查通报，积极推进审计计划统计直报系统开发应用。

重点任务　加强重点工作督查督办。督促落实习近平总书记批示事项6件、李克强总理批示事项10件、国务院常务会议议定事项23件。督办重要事项共647项，督查落实署党组议定事项91项、署领导批示任务280项。

精准做好疫情防控工作。认真落实中央有关部署以及署党组有关安排，起草印发有关通知13份。建立落实每日报告制度，编发《疫情防控工作每日报告》114期，积极协调保障重点会议、活动103人（次）的核酸检测任务。

持续推进整治形式主义。认真贯彻落实中央关于持续解决困扰基层的形式主义问题部署要求，确保印发规范性文件、通报和议事协调类文件数量只减不增，会议数量由上年的5个压减为

3个。按规定办理依申请政府信息公开42件、门户网站公众咨询285件。

稳步推进电子政务工作。完成国家电子政务内网视频会商系统建设。组织完成建议提案办理工作。组织承办人大代表四川2组和山西2组分组讨论网络视频收看，整理意见建议57份，分别转送32个部门单位。组织署内13个司局开展28件建议提案的办理，均按时限要求及时答复。

重大会议和署领导活动保障工作 组织承办或配合完成中央领导同志会见全国审计机关先进集体代表和全国审计机关先进工作者、全国审计工作会议、省级审计机关主要负责同志向署党组现场述职等重大会议活动的服务保障工作。组织承办署党组会议、审计长会议、审计业务会议。严格政务值班制度，确保24小时值守，协调处理紧急公务、重大事项和突发事件。

财务和资产管理工作 严格贯彻落实党中央、国务院过"紧日子"要求，压减非刚性、非重点项目支出，从严控制"三公"经费支出。组织做好预决算编制、政府财务报告编制试点、预决算公开、预算绩效管理等工作。认真做好署本级财务预算管理和服务保障工作，升级优化工资查询系统，稳步推进网上报销系统建设。扎实做好审计署资产管理和政府采购管理工作，完成资产配置和处置管理、扶贫采购组织协调、资产管理和政府采购管理年度报告编报等工作。

公文文秘工作 做好各类文件、信息材料的流转工作，处理文件、信函等4.3万件，其中制发正式文件2200多件、网上加载各类电子文件1.7万件，接收、登记和处理各类机要文件资料1.8万余件。规范向国务院报送审计情况报告体例格式。制定署机关电报格式。制定双休日及节假日期间收信办理规则。每季度对公文处理和简报办理情况、每半年对署机关各单位起草文件中出现的差错进行汇总通报。推动全署金审工程三期建设中行政办公管理子系统建设，推进署机关文件交换与跟踪系统升级改造，组织开展署外来文电子扫描入库和加盖电子印章归档试点工作。

保密密码工作 组织开展定密事项报备、解密、保密自查自评和普通密码工作人员岗位资格审查等工作。每季度开展全署计算机保密联网抽查，累计抽查各类计算机3285台（次）。组织对30个派出局进行计算机保密安全专项检查。为因私出国（境）人员和离岗离职人员提供保密审批意见和出具相关证明材料。推动涉密人员、涉密信息输出等保密管理信息化，对尚在脱密期的68名离岗离职涉密人员开展从业情况排查。

审计宣传工作 联合开展"决战脱贫攻坚，决胜全面小康"主题宣传，推出"小康路上的审计坚守"系列报道，策划开设"战'疫'有我""向光前行"等专题专栏。稳妥做好审计长向人大常委会作工作报告、审计整改报告等重大活动宣传报道。组织开展全国审计机关"五个十"审计宣传正能量精品展播活动。加强署管媒体质量管理，组织开展倡导"三讲"、抵制"三俗"报纸专题审读和出版社图书质量检查，指导报社、出版社建立完善报纸审读、图书阅评制度，扎实开展出版社"买卖书号"问题专项检查等工作。

档案管理工作 审核接收署机关、派出局审计档案3092卷、文书档案6777件、基建档案99卷、国务院文件341件。完成署机关、派出局2018年审计和文书纸质档案7144卷（件）扫描工作。提供档案借阅利用492人次，借阅文书档案2085件，审计档案1195卷，基建档案432件，中央、国务院文件35件。向署外单位提供档案6次共93卷，复印965页；向巡视组提供档案205件；为优秀项目评选工作提供档案177卷（件）；为解密工作提供档案177卷（件）。数字档案室被评为"全国示范数字档案室"。

信访工作 共接收处理群众信访事项4631件，其中来信1954件（其中署领导信件1401件），来访118批次，网上信访2559件（含审计长邮箱）。改造审计署信访接待场所，配备防疫物资。每季度与驻审计署纪检监察组等单位联合召开会议，通报信访工作情况和会商重点事项。信访举报线索及时转送业务部门在审计项目实施中给予重点关注，助力发挥审计监督作用。

（撰稿人：胡冠军）

【政策研究室】 2020年，政策研究室（以下简称政研室）实有13人。设有一处、二处、三处、四处。

领导成员

主　任：郭彩云（—10月）

副 主 任：籍吉生（3月—） 胡治海

工作综述 2020年，政研室加强谋划和统筹协调，组织完成“四个报告”、整改报告及相关工作，起草全国审计工作会议、署党组工作总结等综合文稿。聚焦主责主业，按照控量提质要求改进业务文稿编审工作，严格核发审计要情、重要信息要目、审计报告、审计结果公告等。以政治建设为统领，全面加强干部队伍建设，继续保持“审计署文明单位”称号。

加强支部政治建设 认真学习贯彻习近平新时代中国特色社会主义思想。坚持集中教育和经常性教育相结合，组织培训和个人自学相结合，组织干部深入学习党的十九大和十九届二中、三中、四中、五中全会，以及中央经济工作会议精神，深入学习习近平总书记关于审计工作的重要讲话和重要指示批示精神、《习近平谈治国理政》第三卷、民法典、公职人员政务处分法等。利用署专网创建政策研究室党支部“吾日三省”线上学习平台。

强化政治机关意识。认真落实3项党建重点工作，查找的问题均已整改。学习署党组书记“强化政治机关意识，努力建设让党中央放心让人民群众满意的模范机关”党课，深刻领会精神，不断巩固深化“不忘初心、牢记使命”主题教育成果，把学习成果转化为提升政研工作的思路和举措。

严肃党内政治生活。落实支部工作条例（试行），严格执行“三会一课”制度。开展主题党日，进一步强化党员意识和党性观念。按要求召开组织生活会，支委之间、支委和党员之间开展谈心谈话。

提升“四个报告”、整改报告的层次和水平 深化政策学习研究和成果汇总提炼，提高“四个报告”起草工作质量。重点反映党中央、国务院重大决策部署贯彻落实情况，坚持审慎客观反映问题，突出绩效理念，推进规范管理、深化改革。报告以全署上年度审计报告、审计信息、移送处理书等为基础，根据国内外形势发展变化，力求定性精准、内容翔实、结构严谨。精心组织审计查出问题的整改工作，完善报告机制。会同有关业务司，分别按年度审计报告和审计工作报告口径，形成整改台账，向相关部门、单位和地方印发整改通知，并将地方存在的问题抄送中央主管部门。将按上述2个口径形成的整改报告，分别呈报中央审计委员会和国务院、全国人大常委会。强化沟通联系，配合做好督查等相关工作。研究起草落实全国人大常委会对2019年度审计工作报告、2018年度审计查出问题整改情况报告审议意见的报告。主动配合全国人大财政经济委员会等单位对突出问题的专题调研，组织做好全国人大常委会对审计查出问题整改情况的专题询问。配合国务院第七次大督查，向国务院呈报落实情况报告。

加强审计成果统筹整合和开发利用 完善信息工作制度。针对审计信息工作存在的问题，印发进一步加强和改进审计信息工作的通知等文件，全流程规范审计信息工作。严格落实7个工作日内办结制度，高标准、严要求、高效率做好审核把关工作。

强化审计成果统筹。认真编发审计要情、重要信息要目等审计信息，扎实核改审计报告，有效发挥审计“治已病、防未病”的作用。工作中，注重加强与业务司沟通协调，整合多项目成果，多角度看问题、多层次分析问题，提高信息和报告质量。

加强培训交流。多次派员宣讲审计信息工作新要求，并听取意见建议。参加国务院办公厅秘书局举办的全国政务信息培训班，学习国务院办公厅和兄弟单位信息工作经验。

提高服务决策和发展的能力 认真谋划审计工作思路。坚持深思考、高站位，通过相关综合文稿为署党组决策部署提供参考，认真起草或核改全国审计工作会议、中国审计学会换届等材料。立足党中央、国务院重要决策部署和署党组工作安排，扎实完成年度审计工作要点、落实《政府工作报告》任务分工等材料。深入开展“十四五”国家审计工作发展规划研究起草工作。

系统总结工作成效。在学深吃透中央有关精神的基础上，梳理总结审计机关贯彻落实情况，客观反映审计工作思路、举措和成效，起草署党组工作总结、“十三五”规划实施情况等总结和有关涉外材料。配合中央第十三巡视组对署党组的巡视工作，做好起草、审核相关汇报材料等工作。

参与法治政府建设。深入学习习近平法治思想，参加署相关法治培训，将法治理念贯穿到各项政研工作中去。会同有关司局做好审计法律法规制定修订工作，促进依法审计能力建设。

加强调查研究及经验推广 为做好“十四五”国家审计工作发展规划编制和全国审计工作会议等准备工作，邀请部分省市的有关同志，到署机关参加专题座谈研讨，听取地方审计机关的意见建议，向署领导提交调研报告，并进一步修改完善规划稿。

配合中共中央纪律检查委员会做好相关调研工作。应中央纪委办公厅要求，开展调研，向其报送《关于审计工作有关情况的调研报告》。

总结推广经验做法。创新《审计工作通讯》组织方式、栏目设置，推广先进经验做法，审核内部审计相关审计工作通讯。

审计结果公告及宣传解读相关工作 核改审计结果公告。审核中央部门预算执行审计、专项资金审计等结果公告。汇总各业务司 2019 年 6 月以来新办结的移送案件线索的办理情况，随审计工作报告一并向社会公告。

配合做好宣传引导等工作。审核重要宣传稿件，在审计工作报告、整改情况报告等重要时间节点，起草相关配套材料和解读宣传文稿。

作风和制度建设 教育引导全室同志树立团结和谐、奋进向上、严谨细致、务实肯干的作风，大力建设“讲政治、顾大局，钻业务、求精品，肯吃苦、甘奉献”的政研文化和良好氛围。坚持用时间求质量、用意志求创新、用奉献求担当，发扬连续作战精神，持续保持工作活力。

进一步修订完善政研室工作制度，形成党建工作手册、综合管理制度、业务工作制度 3 大板块，加强规范管理。完善文书、督查、档案等工作流程，做好文件收办、档案归集、室内督查等工作。严格执行常态化疫情防控政策。

室领导、支部书记逢会必讲廉政、保密。严守纪律规矩，做好关键岗位、关键时点廉政提醒。严格落实中央八项规定及其实施细则精神，认真执行审计“四严禁”工作要求和审计“八不准”工作纪律，未发生违纪违法问题。持续加强保密管理，提升网络安全意识和防护能力。

加强群团工作，发挥好桥梁纽带作用。通过工、青、妇等平台，增强团队凝聚力、向心力、战斗力。强化精神文明建设，获评“2018—2020 年度审计署文明单位”称号。向北京市政协提交规范管理老年代步车等提案，促进提高首都城市建设水平。

（撰稿人：霍　宇）

【法规司】 2020 年，法规司实有 12 人。设有检查指导处、法规准则处、法律事务处。

领导成员

司　　长：彭新林

副 司 长：张新芳

一级巡视员：季怀银

工作综述 2020 年，法规司在署党组和分管署领导的正确领导下，以习近平新时代中国特色社会主义思想为指导，全面贯彻党的十九大和十九届二中、三中、四中、五中全会精神，深入学习贯彻习近平法治思想，认真贯彻落实习近平总书记对审计工作的重要指示批示精神，认真落实全面从严治党主体责任，严格落实常态化疫情防控要求，紧紧围绕审计中心工作，扎实推进审计法治建设，顺利完成全年各项任务，取得较好成效。

审计法律规范体系建设 大力推进审计法修订工作，积极主动加强与司法部、全国人大财经委、常委会预算工委和法工委的沟通汇报工作，加快推动修订进程，审计法修订工作取得重要阶段性成果。动态清理审计规章，对 8 件规章按程序予以废止并报送备案。完成《企业审计指南》《商业银行审计指南》和《公共工程项目跟踪审计指南》3 个审计指南的修订制定任务。完成社会保障资金审计、资源环境审计、教科文卫审计等 8 个审计业务领域法规向导的修订编写任务。

审计机关法治政府建设 制订《审计署 2020 年度审计法治工作计划》，对年度法治工作作出统筹安排。严格落实法治政府建设情况报告制度，按时向党中央、国务院报送《审计署办公厅关于报送法治政府建设实施纲要（2015—2020 年）贯彻落实情况的函》《审计署关于 2019 年度法治政府建设情况的报告》。加快编制审计署权责基础清单，按时报送中央机构编制委员会办公室进行初步审核，明确审计权责边界。开展民法典涉及行政法规、规章和行政规范性文件清理工作，以及关于中央层面设定的行政许可事项清单梳理工作，并向国务院办公厅提交报告。与审理司联合举办2020年度依法行政能力培训班暨复核审理能力提高班，推动审计机关履行法治政府建设主体职责，切实提高审计工作法治化水平。派员配合审理司赴山东、贵州开展地方审计机关审计业务质量检查工作。稳步推进法律顾问和公职律师制度，对外部法律顾问年度工作开展评估，配合人教司组织开展审计署2019年度公职律师考核和年检工作，按要求向司法部报送考核材料。在行政复议、行政诉讼、规范性文件制定、政府信息公开答复、信访办理、对外合同签署等方面，充分征求外部法律顾问意见，全年共组织外部法律顾问提供逾220次专业法律意见。

行政复议和应诉 全年依法办理行政复议案件51起；妥善应对行政诉讼20起，法院审结18起，审结案件均胜诉。

普法依法治理 严格落实“谁执法谁普法”普法责任制，坚持突出重点，增强普法实效。全面及时深入宣传习近平法治思想，印发《审计署关于深入学习贯彻习近平法治思想的通知》，努力推动习近平法治思想在审计机关落地生根，并及时做好阶段性总结，报送中央全面依法治国办。按照《全国普法办公室关于做好“七五”普法总结验收工作的通知》要求，印发全国审计机关总结验收工作方案，认真开展“七五”普法总结验收工作，向全国普法办公室报送审计署“七五”普法总结材料。协助机关党委，将观看法庭庭审录像纳入署党组理论学习中心组学习内容。协调各部门宣传相关法律法规，形成普法合力，利用《中国审计报》、署门户网站、政务微信公众号等署管媒体，通过开设专栏、微视频征集展播、线上知识竞答等方式，组织开展“宪法宣传周”、民法典宣传、疫情防控等专项法治宣传活动。

合法性审核 按照《审计署规范性文件合法性审核办法（试行）》对55项规范性文件进行合法性审核，按照《审计署合同合法性审核办法》对86份合同进行合法性审核。

其他工作 全年主办或者协助办理立法协调事项100余件、署内外文件征求意见事项55件，办理信访举报、咨询事项、政府信息公开申请答复审核82件，办理世界审计组织（以下简称世审组织）国际审计准则征求意见事项3件、调查问卷1份，完成政协提案答复1件。

（撰稿人：杜　泱）

【审理司】 2020年，审理司实有23人。设有一处、二处、三处、四处、五处、六处。

领导成员

司　　长：胡家俊

副 司 长：谢　俊（挂职，7月—）

　　　　　王　芳　欧　山

二级巡视员：李光辉

工作综述 2020年，审理司在署党组和分管署领导的正确领导下，坚持以习近平新时代中国特色社会主义思想为指导，深入学习党的十九大和十九届二中、三中、四中、五中全会精神，认真贯彻习近平总书记关于审计工作的重要讲话和重要指示批示精神，坚决落实署党组决策部署，依法全面履行审理工作职责，较好完成各项工作任务。

制度建设 加强业务管理制度标准建设，发挥源头治理作用。针对新冠肺炎疫情制约现场审计实施的情况，及时制定特殊审计环境下审计项目质量控制相关意见，为一线审计人员提供指引。结合全国审计机关优秀审计项目评选工作实际，按照更加注重质量、更加注重基层、更加注重整改、更加注重均衡的原则，进一步修订完善评选办法和评分标准。根据审计移送工作新要求，修订完善审计事项移送处理书模板，进一步规范审计移送事项办理。

审理工作 坚持依法审理、客观求实，认真把好政治关、政策关、法律法规关、事实证据关，确保审计发现问题事实清、证据实、定性准。以提升审理质量和效率为目标，深化研究式审理，探索审理组织方式创新，将日常审理和集中审理相结合，统筹司内和署派出机构审理资源，采取“统一组织、上下联动、交叉分组、集中攻关”的模式，集中力量完成各项重点工作，有效破解批量审理任务与人员短缺矛盾。全年完成247件审计报告和审计信息的审理，有效助力规范审计权力运行、提升审计质量、防范审计风险。认真做好审理发现实质性质量问题季度通报，促进对照检查、提升质量。加强与中央纪委国家监委等部门贯通协作，会商重大问题线索，向中央纪委国家监委调研组报告审计监督及与纪检监察等机关贯通协作情况。

优秀审计项目评选 坚持质量成果并重，客观公正评选，充分发挥优秀审计项目示范和引导作用。紧扣“四个促进”作用发挥，严格按照质量第一、成果导向、依法依规、公平公正、科学严谨的原则，在上半年组织完成 2019 年全国审计机关优秀审计项目评选工作，并以审计工作通讯形式推广获奖审计项目经验材料。在下半年按照修订后的评选办法和评分标准，完善评选流程、创新管理方式，组织完成 2020 年全国审计机关优秀审计项目评选工作，获奖项目类型和覆盖面进一步拓宽，评选结果更具代表性和针对性。

审计质量 坚持点面结合、突出重点，不断深化审计业务质量检查。采取重点抽查、报送资料的方式对部分特派办实施的 2019 年第三季度政策跟踪审计项目业务质量进行检查，将检查结果在全署范围内书面通报，组织召开通报会现场通报相关情况并提出审计质量管理工作要求。坚持点线面结合，组织对河北等 6 个省审计厅及所属部分市县审计局开展审计业务质量检查，形成地方审计机关审计业务质量情况相关材料，为署领导提供参考，并点对点通报检查结果，促进加强整改、举一反三。

业务指导培训 梳理集中审理发现的共性问题和审计业务质量检查发现的重大问题，以现场或视频会议形式向业务司、派出局和特派办专门通报。加大培训力度，针对复核审理队伍现状和工作实际，举办面向省级审计机关和署业务司、派出机构的审理能力提高班，举办面向地方审计机关的视频培训班，进一步提升培训效果。派员赴地方审计机关、相关单位授课，做好业务指导和送教服务。加强调研和沟通，通过实地调研、座谈交流、问卷调查等形式，深入了解基层和一线审计质量管理情况和需求，广泛听取进一步做好审理工作的意见建议并抓好落实。加强与特派员办事处、省级审计机关审理机构日常工作联系，了解掌握队伍状况，及时回应工作需求。

研究式审理 贯彻署党组书记、审计长侯凯提出的研究式审计理念，运用研究的思维和方法开展审理，推动审理工作高质量发展。注重结合工作实践总结提炼，初步形成审理工作三项原则、八大理念，具体审计事项审理八项要素和审计报告审理需把握的 10 个方面内容，规范审理操作流程的审理工作手册，以及优秀审计项目评选工作操作指引，进一步指导和规范审理与审计质量评价工作。全面梳理建署以来审计质量控制发展脉络，会同科研所做好新时代审计质量控制研究课题，系统研究审计质量控制理念、制度和方法创新，形成高质量课题研究成果。开展政府财务报告审计、审计整改存在问题及对策研究，及时梳理中央部门预算执行审计等项目审理典型案例，建立健全审理资料库。

队伍建设 坚持“政治统领、服务大局，依法审理、求真务实，团结进取、创新发展”的工作理念，努力实践“服务审计事业发展大局，严守审计质量控制防线，打造高素质专业化审理队伍”的工作目标，制定措施和要求，凝聚团队共识。加强司领导班子建设，坚持民主集中制，做到重大事项集体研究决策，发挥关键少数作用，勇于担当负责，落实重大事项请示报告制度，推进重点工作部署落实。坚持思想淬炼，加强文化建设。司领导经常与司内干部谈心谈话，及时把握思想动态，结合司内交流干部多的实际，严暖结合做好思想政治工作，切实解难题、办实事。二处被评为中央和国家机关三八红旗集体。按照全司“一盘棋”和全员发展一个也不能少的目标，结合干部特点，着力搭建全方位培养平台，做到分层推进、全员培养，携手共进，全方位培养历练、“传帮带”结合，全面提升干部能力作风。派员参加联合国审计和中巴审计质量控制与保证双边研讨会，展示大国审计机关良好形象。

相关工作 健全内部管理规章制度，紧抓重点环节，强作风、严纪律，严谨细致做好各项工作。实施月计划和周报制度，提前统计掌握业务司审理需求，加强督查督办，注重节点把控。定期开展全覆盖保密、安全检查，坚持保密自查常态化。定期汇总分析署内单位审计事项移送处理书办理情况，形成报告供署领导参考。配合人教司做好综合考核中业务司和派出机构业务工作定量考核评分，真实客观反映各单位审计成果和质量。 （撰稿人：池久建）

【内部审计指导监督司】 2020 年，内部审计指导监督司（以下简称内审司）实有 11 人。设有一处、二处、三处。

领导成员

司　　长：李凤雏

副 司 长：黄　涛（2月—）　屠红梅

　　　　　刘　贝（—2月）

工作综述　2020 年，内审司积极履行内部审计指导监督工作职责，把实现内部审计在新时代高质量发展，充分发挥内部审计在我国审计监督体系中的重要作用，推进国家治理体系和治理能力现代化作为首要政治任务，注重通过建章立制、调查研究、培训研讨、理论研究等方式引领和推动全国内部审计事业发展。

制度建设　制定完善内部审计统计调查制度，在总结近年来内部审计工作成果的基础上，立足原《审计统计调查制度》“审统 07 表”，按照《审计署关于内部审计工作的规定》的有关规定，设计形成《内部审计统计调查制度》。11 月 23 日，《内部审计统计调查制度》通过国家统计局审批。12 月 4 日，《审计署办公厅关于印发内部审计统计调查制度的通知》（审办内审发〔2020〕104 号）正式印发全国审计机关遵照执行。

政策理论研究　在认真梳理内部审计工作发展进程，特别是总结党的十八大以来内部审计事业发展成果基础上，组织研究撰写题为《深入贯彻落实党的十九届四中全会精神　实现内部审计在新时代高质量发展》的专题报告。专题报告从把握新形势、聚焦新目标、明确新要义、落实新部署等 4 个方面，全面阐释“在新时代推动内部审计高质量发展”的工作目标与精神内涵。专题报告提出应当健全和完善内部审计体制机制和制度，依法履行内部审计监督职责，打造高素质专业化的内部审计队伍、运用信息化手段推进内部审计全覆盖等 4 个方面的对策，对于审计机关加强对内部审计工作的指导监督，促进实现新时代内部审计高质量发展具有很强的指导意义。继续组织好内部审计工作论文评选工作。围绕“审计机关指导和监督内部审计工作路径研究”“国家审计与内部审计关系研究”“坚持和加强党对内部审计工作的领导模式研究”“新时代内部审计职能定位研究”4 个研究专题，面向内部审计监督对象广泛征集到 468 篇研究论文，在完成初审后，继续组织内部审计机构以及理论界和实务界的 16 位专家进行复审和专家评审，评选出优秀论文 140 篇，表彰论文 70 篇。

内部审计质量检查工作　坚持“问题导向、目标导向、结果导向”，探索开展水利部、冶金地质总局、中国农业银行的内部审计质量检查工作。重点关注内部审计体制机制建设、审计质量、购买社会审计服务等方面情况，分析内部审计工作开展过程中存在的主要问题，查出各类问题 25 个，提出改进内部审计工作的建议 9 条，促进各单位进一步加强内部审计工作、健全内部审计机制、完善内部审计制度。

推动地方审计机关开展内部审计指导监督工作　围绕“深化内部审计管理体制改革情况”“内部审计监督和其他内部监督力量的贯通情况”“国家审计、内部审计和社会审计形成合力情况”3 个专题，以书面形式对江苏、上海、浙江、重庆、广东、广西、河北、黑龙江和四川等 9 个省、自治区、直辖市内部审计工作进行调研，形成《推进内部监督力量有机贯通》调研报告。及时通报重要规章制度的出台情况，将《关于深化审计专业人员职称制度改革的指导意见》《内部审计统计调查制度》等制度的出台情况和有关解读通过理论文章的方式及时通报给各省级审计机关内部审计指导监督部门，提高信息的时效性。宣传推广江苏省审计厅与行业主管部门建立合作框架、江西省审计厅推动重点单位成立审计委员会等重要经验做法，供各地审计机关参考借鉴。

履行审计署内部审计监督职责　组织实施审计署驻上海、太原、重庆、兰州等特派员办事处，和审计干部教育学院、培训中心（宣传中心）、审计博物馆、机关服务局共 8 家单位主要负责人经济责任审计，围绕领导干部权力运行和责任落实，摸清财务和业务“家底”，向署党组提交“责任报告、交底报告、发展报告”，并对 8 家单位未来的发展提出建议。完成审计署 2019 年度预算执行及其他财政收支情况审计和 2019 年度财政存量资金情况审计。根据疫情防控要求，采取非现场审计方式，参考数据分析结果，确定需重点核查的审计内容，通过查阅电子账、电话问询、项目资料和电子数据送达等方式，对 2019 年度审计署预算执行及其他财政收支情况进行审计核实，对署本级项目支出结转和结余金额等进行核验。通过揭示问题、剖析原因、提出建议，向署党组提交工作情况报告，推动各单位进一步提升预算和财务管理工作水平。

加强内部控制工作的组织领导 建立健全署内相关部门参与的协调机制，推动成立审计署内部控制工作领导小组，领导小组组长和副组长由署领导担任，成员单位包括办公厅、内审司、电子数据审计司、机关党委（巡视办）、机关服务局等。同时，成立审计署内部控制工作小组（含风险评估工作小组），主要职责是在内部控制领导小组的领导下，协调并组织开展内部控制建设、执行、评估、评价、监督等工作。按照《财政部关于开展2019年度行政事业单位内部控制报告编报工作的通知》要求和署领导批示，在及时提交报告的基础上，提出进一步做好内部控制工作的建议，履行好审计署内部控制工作领导小组成员单位的职责。

组织研讨培训 组织2020年度内部审计工作研讨班，科学设置研讨主题，组织研究讨论，梳理汇总成果，来自中央和国家机关、中央企业、中央金融机构、地方审计机关、中国内部审计协会等单位近300名代表参与研讨交流。通过回顾总结近年来内部审计工作取得的成效，分析新时代内部审计工作面临的形势和任务，对下一步推动内部审计高质量发展进行动员部署。教育部等10家单位分别介绍了内部审计项目组织、成果运用、信息化建设、指导监督工作等经验做法。通过分组讨论，分享交流内部审计工作开展情况和经验做法，提出工作中遇到的困难和疑惑。

内部审计工作宣传 联合中国审计报社在《中国审计报（内审专刊）》开设5期“总审计师谈”、6期“厅局长谈内审”和4期“内审新方位”专栏，邀请央企主要负责人、总审计师、内部审计协会主要负责人、省级审计机关主要负责人和专家学者进行专访，结合新形势新要求，分析相关企业和地方内部审计在促进经济社会发展和实现审计全覆盖中发挥的作用，总结总审计师制度在中央企业取得的成效和经验，探索如何更好地推进内部审计工作高质量发展。围绕疫情防控下内部审计工作、地方审计机关内部审计指导监督、开展经济责任审计、建立总审计师制度等主题，编发9期《审计工作通讯（内部审计专刊）》，供内部审计机构和内部审计人员借鉴参考。

加强对行业自律组织业务指导 与中国内部审计协会建立加强工作联系与协作配合的工作机制，明确各类工作日常协作配合的内容和方式，共同推动内部审计事业发展。统筹协调参加中国内部审计协会各项工作与交流活动。安排4名同志担任中国内部审计协会各专业委员会委员，将业务指导充分融入对内部审计自律组织的日常指导监督。

（撰稿人：郭永顺）

【电子数据审计司】 2020年，电子数据审计司（以下简称数据司）实有24人。设有一处、二处、三处、四处、五处、六处、七处。

领导成员

司　　长：邵永春

副 司 长：王　忠　石　磊

工作综述 2020年，数据司认真贯彻落实“科技强审”理念，依法履行审计监督职责。在新冠肺炎疫情常态化防控的背景下，紧扣支撑全署审计工作等中心任务，进一步完善培训体系，加大经验交流和专业能力提升力度，深化大数据审计人才队伍建设；金审工程三期建设有序推进，署本级系统全部开放上线；持续强化服务支撑，夯实数据基础，提升大项目数据分析水平和支撑能力；完成网络安全和信息化审计等项目，围绕党中央决策部署和重大方针政策开展数据综合分析利用，编发审计信息41篇；履行世界审计组织大数据工作组职责，开展国际审计信息化标准化活动，各项国际交流顺利开展。

参与实施的财政部具体组织2017年度中央预算执行和编制中央决算草案情况审计项目被审计署评为2019年度全国审计机关优秀审计项目一等奖。

信息化建设 深入践行科技强审理念，坚持创新驱动发展，不断夯实审计信息化基础，广泛开展调查研究，提升一线审计人员获得感满足感。强化审计署网络安全和信息化领导小组办公室职责，厘清各成员单位职责分工，强化信息化资金、资产监督管理，组织全国审计机关开展网络安全宣传周等活动，不断提升网络安全意识和防护水平，切实维护网络安全。扎实推进金审工程三期建设，署本级应用系统已全部建成上线运行并持续优化，有力保障审计工作；推进地方审计机关部署，印发技术标准和指南60余项，通过现场调研、视频或现场会商，指导地方审计机关开展实施方案编制、项目建设等工作。稳步推进新技术研究和应用，紧跟前沿信息技术发展，搭建专业数据分析环境，提供技术和人员支持，助力审计项目高效实施。加强创新技术应用，深入开展科普研究，二处荣获“全国科普工作先进集体”表彰。

数据管理　强化服务支撑，夯实数据基础，提升大数据审计效能。根据审计工作实践，充分听取各方意见建议，修订《审计署审计业务电子数据管理规定（试行）》等制度，为科学高效开展数据管理和应用提供指引，更好服务一线审计人员。不断扩展数据源，提高数据更新频率，强化非现场审计支撑能力。持续推进数据标准化，优化数据标准表，采用智能化工具提取关键字段；升级完善数据查询功能，扩大网络联通范围，提升数据应用支撑能力。

审计业务　立足主责主业，强化审计监督，发挥优势服务审计事业，扎实开展审计工作。围绕党中央重大决策部署和署党组有关要求，制订审计实施方案和指引，组织有关业务司、派出局，对52个中央部门开展信息化建设专项资金审计、网络安全建设和绩效审计，及时揭示信息化重点工程建设、资金使用管理、网络安全责任落实、重大风险隐患等方面问题，向中央有关部门报送审计情况，积极推动整改。将政策理论研究同电子数据审计工作紧密结合，强化选题统筹，围绕疫情防控新情况、新问题和新趋势以及“六稳”工作、“六保”任务，制订电子数据分析审计实施方案，发挥跨领域数据优势，形成高质量审计成果，为有关工作提供决策参考。

国际交流　统筹开展国际审计信息化标准化活动，会同有关单位成功举办国际标准化组织“审计数据服务”技术委员会（TC 295）成立大会暨第一次全体会议。克服疫情影响，认真履行世界审计组织大数据工作组职责，通过视频会议、电子邮件等方式组织多个国家成立《大数据审计指南》课题组，与国际合作司（港澳台办公室）协作组织召开工作组第四次会议。

党建工作　狠抓支部党的建设，对照“四强”党支部标准，营造比学习、比业务、比贡献的良好氛围，努力提升支部凝聚力、组织力和党员战斗力。强化政治理论学习，牢固树立政治机关意识。组织引导全体党员开展经常性学习教育，深入学习习近平新时代中国特色社会主义思想，深刻领会习近平总书记重要讲话和重要指示批示精神，提升党员干部理论水平和思想觉悟，建设让党中央放心让人民群众满意的模范机关。严格党支部日常管理，推进规范化建设。落实“三会一课”等组织生活制度，重点围绕组织设置、支委会建设、组织生活、功能作用、党员队伍建设和制度保障6方面，切实提高党支部的建设质量。针对司内年轻同志多的特点，注重谈心谈话，充分发挥青年理论学习小组等组织作用，提升青年干部理论水平和综合素质。司领导班子以身作则，加强党风廉政建设。坚持警示教育常态化，对党员干部严管理、严教育、严监督，把党风廉政建设工作与业务工作同部署、同落实、同检查，不断强化全体同志廉洁自律意识。

队伍建设　举办审计数据分析能力提高班，推动各级审计机关审计人员强化大数据理念和思维，提升网络安全意识，拓宽审计视野，提高大数据审计能力。配合审计干部教育学院推动计算机审计中级培训课程改革，组织完成教材撰写，派出骨干力量现场授课，完善人才梯队培养机制，不断充实大数据审计人才队伍。拓展大数据审计经验交流组织方式，通过编发审计工作通讯、现场调研、案例宣讲等方式，畅通沟通渠道，加强宣传推广，提高各级审计机关运用信息化技术核查问题、评价判断的能力。通过自然科学基金委立项课题，不断提升研究水平。聚焦党和国家工作大局，建立习近平总书记重要讲话、国务院常务会议精神日跟踪等制度，促进政治理论水平与审计业务能力同步提升。定期与高端智库、金融机构、大数据企业和审计系统的专家学者沟通交流，多维度完善知识结构，不断提高专业能力。强化督查督办，实现精细化管理，充分发挥文稿审核小组、大文稿起草小组、“职工代表委员会”等自治组织作用，锻炼青年干部综合能力，打造纪律严明、作风扎实的干部队伍。

（撰稿人：欧阳菁菁）

【财政审计司】 2020年，财政审计司（以下简称财政司）实有35人。设有一处、二处、三处、四处、五处、六处、七处。

领导成员

司　　长：魏　强（1月—）

副 司 长：陈　磊（—7月）

张　琦（9月—）

孙亚男　周　岩

审计成果 2020年，财政司共组织和实施国家重大政策措施落实情况跟踪审计、财政部具体组织年度中央预算执行情况和编制决算草案情况审计、发展改革委组织分配年度中央财政投资等情况审计、中央部门年度预算执行和其他财政收支情况以及决算草案审计、地方财政收支审计、24名省级地方党政主要领导干部和7名中央部门主要领导干部经济责任审计（以下简称经责审计）等7类审计项目；持续组织开展减税降费、地方政府债务、清理政府部门和国有大型企业拖欠民营企业中小企业账款（以下简称清欠）、2万亿元新增财政资金直达市县基层直接惠企利民（以下简称直达资金）、参加应对疫情防控资金和捐赠款物等专项审计任务。向党中央和国务院报送综合报告和专题报告16篇，编发审计要情5篇、重要信息要目32篇，办理信息转送函5份、办理移送32件，向社会发布中央部门预算执行审计结果公告1篇、国家重大政策措施落实情况跟踪审计结果公告4篇。

牵头实施的财政部具体组织2017年度中央预算执行和编制中央决算草案情况审计项目被审计署评为2019年度全国审计机关优秀审计项目一等奖；牵头实施的发展改革委2017年度组织分配中央财政投资等情况审计项目被审计署评为2019年度全国审计机关优秀审计项目三等奖。财政司荣获“中央和国家机关创建模范机关先进单位”称号。

政策落实情况跟踪审计 组织全国各级审计机关对31个省（自治区、直辖市）、新疆生产建设兵团和35个中央部门、15家中央金融机构、部分中央企业开展审计。其中，组织审计署派出审计组抽审单位4000余个，涉及资金1.1万亿余元。集中反映在做好“六稳”工作、落实“六保”任务、疫情防控、减税降费、清欠、直达资金、财政资金提质增效、脱贫攻坚、创新创业等重大政策措施落实方面的突出问题。

围绕党中央重大决策部署，明确审计重点。全年共制定政策落实跟踪审计指导性文件7份，明确各阶段审计要点。2月，制定下发《审计署关于做好新型冠状病毒感染肺炎疫情防控财政资金和捐赠款物审计监督工作的通知》，并在一季度指导意见中明确，要重点关注财政、复工复产、就业、金融、脱贫攻坚等疫情防控相关政策落实情况。3月，制定下发年度指导意见。按照署党组关于加强和改进政策跟踪审计试点工作要求，进一步聚焦审计重点，在第四季度工作方案中，明确创新直达货币政策工具、城乡义务教育补助经费管理使用等审计内容。

完善政策跟踪审计组织实施，突出职能定位。规范项目管理，注重加强审计组织方式的研究研讨，配合做好政策落实跟踪审计相关调研，全面总结工作情况，探索完善措施。审计中，深入挖掘发现的自贸区建设、农民工工资保障等方面的突出问题，严格审核、精心提炼，形成信息成果，获得中央领导同志批示，推动相关部门和地区进一步完善制度、规范管理。承担2020年署重点课题《深化政策措施落实情况跟踪审计的模式及实现路径研究》，强化理论总结和指导。

财政审计 组织开展中央和中央部门预算执行和决算草案审计，推动深化财税体制改革和建立现代财政制度，切实履行审计署财政审计工作领导小组办公室职责。优化组织方式，对同一个被审计单位同时开展部门预算执行审计和政策跟踪审计的，印发1份审计通知书，形成1篇审计报告，统筹审计资源，推动内容整合。

深化中央预算执行审计。组织开展财政部具体组织2019年度中央预算执行和编制中央决算草案情况审计、发展改革委2019年度组织分配中央财政投资情况审计。以“资金、项目、政策和重大改革任务推进情况”为抓手，重点反映财政支出效率不够高、预算编制不完整不细化、中央与地方财政事权和支出责任划分不清晰、专项转移支付清理整合不到位，以及中央财政投资在预算管理、资金分配、投资审批、项目绩效等方面的问题。审计信息及时反映中央转移支付资金下达执行机制、地方政府债务管理、医疗物资储备机制、餐厨废弃物管理、低保和特困群众用电优惠等涉及三大攻坚战和重点民生保障领域存在的突出问题。

扎实开展中央部门预算执行审计。组织完成124家中央部门2019年度预算执行等情况审计，通过集中开展数据分析形成疑点问题线索，分发给各现场审计组进行核查，加强对中央部门预算总体结构和趋势的分析，并延伸审计290家所属单位。同时对124份中央部门预算执行审计报告、整改建议函、审计决定书进行复核、汇总，并向社会公布99家中央部门预算执行情况审计结果。审计指出的问题有力促进部门和单位强化预算绩效观念，推动提高资金绩效和落实过“紧日子”要求，规范预算和财务管理，完善相关制度建设。起草报送中央财政存量资金情况报告得到中央领导同志的重要批示。

推动规范地方预算管理。组织完成18个省级地区2019年度地方财政收支审计。重点关注地方预算管理规范性、财政收支真实完整性、国库库款安全绩效及基层财政运转等方面问题。针对新冠肺炎疫情发生以来地方财政收入困难加剧等问题，组织对24个县开展县级财政“三保”等3个专项审计，反映地方财力在“三保”方面存在薄弱环节等情况，相关内容编发信息并纳入“四个报告”反映。

定期抽审地方政府债务管理情况。一季度组织18个特派办、二季度组织承担地方经济责任审计的15个特派办对部分地区地方政府债务和隐性债务管理情况进行审计，揭示和反映部分地区债券资金长期结存在财政部门、专项债券用于经常性支出或未用于指定项目，部分隐性债务未能按计划实际化解，部分地区违规举借隐性债务，地方债务风险评定为红色的抽查地区未按规定比例压减一般性支出、“三公”经费等问题。

经济责任审计 贯彻落实新修订的经济责任审计规定，组织15个特派办、16个派出局，完成15个地区24位地方党政主要领导干部和7位中央部门主要领导干部经济责任审计，是涉及领导干部人数最多的一年。审计中坚持严格按照法定权限和程序履行职责、行使审计权力，及时完善《省级地方党委政府主要领导干部经济责任审计操作办法（2020年版）》和《中央部门主要领导干部经济责任审计操作办法（2020年版）》，首次界定党委书记承担责任的问题类型以及自然资源资产离任审计发现问题写入经济责任审计报告的原则，指导特派办和派出局审计组有序开展好各项工作，为提高当年经济责任审计报告质量、下年反馈审计意见和落实问题整改提前打下坚实基础。

新增财政直达资金专项审计 按照党中央、国务院要求，7月至12月，财政司承担署新增财政直达资金专项审计办公室职责，统一组织全国审计机关开展专项审计。围绕“及时、直达、精准、安全、绩效”目标要求，按照“统一组织、分级负责，全面覆盖、集中分析，精准核查、边审边改”的总体思路，实现数据分析和现场审计两个全覆盖。共审计37个省（自治区、直辖市、计划单列市和新疆生产建设兵团）、342个地市、2854个县区。通过审计，揭示部分地区资金分配不精准、下达支付不及时、资金管理使用不合规、虚列直达资金支出等问题，提出审计建议，把推动问题整改贯穿专项审计全过程，有效促进新增财政资金直达市县基层直接惠企利民政策落实到位。

探索开展政府综合财务报告试审 按照党中央、国务院工作部署，参考其他国家权责发生制政府综合财务报告制度和审计制度实践，赴山西省了解政府财务报告编制试点的情况，在征求署相关单位和署外会计、审计领域专家学者意见的基础上，研究制定《政府财务报告审计办法（试行）》，于9月底印发全国审计机关施行，首次在我国建立政府财务报告审计制度。同年9月至10月中旬，抽调地方审计机关和特派办人员对山西省编制政府财务报告的情况进行试审，探索审计思路和方法，完成办法解读和3个操作指引初稿，“办法＋指引＋问答”的政府财报审计的制度体系初具雏形，为指导各级审计机关开展审计打下坚实基础。

科技强审 结合金审工程三期着手建设具有财政审计业务特征的数据分析应用（软件），预计2021年进入系统开发阶段。根据财政体制改革和政府会计制度改革等任务的推进，结合审计对象业务信息系统的相应调整，有序推进财政预算管理软件数据接口国家标准建设、优化地方财政审计数据标准表和校验规则；加强对中央部门预算总体结构和趋势的数据分析，为中央部门预算执行等情况审计提供支撑。

依法审计 牢固树立法治观念，恪守审计权力边界，严格按照法定职责、法定程序、法定方式履行审计监督职责，适应新时代工作要求，推进审计法治化建设。研究编制《财政部门具体组织预算执行（编制决算草案）情况审计和政府债务审计常用定性表述及适用法规向导》《中央部门预算执行审计常用定性表述及适用法规向导》，明确审计发现问题表述、定性和处理处罚依据等关键内容，印发到审计一线供审计组参考，对指导基层审计机关开展工作，促进形成审计全国“一盘棋”发挥一定的作用。

审计查出问题整改 为落实党中央、国务院关于审计查出问题整改工作的重要部署，按照署统一要求，对审计查出问题及建议逐条逐项分解细化，对照中央审计委员会办公室审计报告、审计工作报告、政策落实跟踪审计报告口径，分别形成3套整改台账，按照“谁审计，谁负责检查整改”的原则，积极与主管部门沟通联系，组织相关单位针对台账所列问题，督促做好相关领域整改工作及反馈，及时将整改情况汇总报送中央审计委员会、国务院，四个季度政策落实跟踪审计报告均得到中央领导同志的重要批示，成效较为突出。

队伍建设 持之以恒抓好领导班子和干部队伍建设，在统筹疫情防控和经济社会发展的实践中，司领导班子和党支部强化领导，从加强党对审计工作集中统一领导的高度谋划党建和业务工作，着力推动深度融合，团结奋进，正风肃纪，激发凝聚干事创业的内生动力，带领党员干部完成多项重要工作任务。加强制度建设，修订实施《财政审计司工作规则》《财政审计司党支部组织活动制度》，完善《财政司规章制度汇编》，规范内部工作运行机制。深入调查研究，改进工作作风，全年累计40余人次逾80天在国务院大督查地区、地方审计机关、派出机构、被审计单位等8个省30余个单位（地方）开展调研，深入基层与干部群众访谈，了解一线实情，广泛听取各方意见建议，科学谋划财政审计工作。深入贯彻落实习近平总书记在中央和国家机关党的建设工作会议上的重要讲话精神，按照署党组工作部署，努力建设政治坚定、守正创新、典型示范、业务一流、突出实干的模范机关，推动党中央决策部署落地见效。财政司被评为审计署创建模范机关先进单位，2012年以来持续保持“审计署精神文明单位”称号，司分工会荣获中央和国家机关“模范职工小家”称号。（撰稿人：王艳青）

【税收征管审计司】 2020年，税收征管审计司（以下简称税收司）设有一处、二处、三处、四处、五处。

领导成员

司　长：王爱梅

副司长：籍吉生（—3月）

吴正恩　沈　葳

审计成果 2020年，税收司组织实施税收和非税收入征管审计、国家税务总局和海关总署国家重大政策落实情况跟踪审计及预算执行审计等5个审计项目，形成审计报告、审计信息和移送事项20余篇，推动税务部门完善相关政策措施，堵塞征管系统漏洞，为企业办理退、抵税费数十亿元，促进相关部门建立完善信息共享和征管协作机制，建立健全制度规范10余项，追责问责500余人。

独立实施的税务总局2018年国家重大政策措施落实情况跟踪审计项目被审计署评为2019年度全国审计机关优秀审计项目三等奖。

政策落实情况跟踪审计 围绕疫情防控、就业优先、鼓励创新等减税降费重大政策措施，聚焦政策落实的堵点难点和实体经济运行的痛点，剖析背后的体制障碍、机制缺陷、制度漏洞，充分揭示税费优惠政策未全面落实等问题。如36个地区1.19万户企业未享受税费政策优惠108.16亿元，97户未及时享受优惠10.04亿元；12个省41家单位违规收取已取消的行政事业性收费、依托行政资源转嫁费用1.87亿元；13个省和24户央企向中小企业等多收电费、少减免房租8635.78万元。

财政审计 预算执行审计。具体实施国家税务总局和海关总署预算执行审计，围绕政府过“紧日子”等要求，进一步加大对财政资金使用绩效情况的审计力度，揭示资产闲置、超标准装修和采购办公用品以及预算编制不科学，存量资金大、未及时清理并上缴财政等影响财政资金使用效益的突出问题，被“四个报告”汇总采纳，推动提高部门预算管理水平。

税收和非税收入征管审计。组织各特派员办事处、地方审计机关对税务部门税收收入、非税收入等征管情况开展审计，共审计国家税务总局和17个省级税务局，持续关注税务部门税收风险管理、税款征收管理等征管权力关键环节。揭示违规返还税款造成财政收入流失问题，15个省以财政奖励等名义返还税款238.73亿元，返还比例大多为地方分成收入的90%以上。揭示违规征收过头税费增加企业负担问题，20个地区在应税事项未发生、缴税时限未到期等情况下，向111户企业多征预征税费29.9亿元；21个地区通过直接出台政策、作为工程款支付前置条件等方式，向1081户施工企业预征税款9.38亿元。提示多发生在汽车销售、农产品采购、高收入群体个税缴纳等领域的涉税涉票问题，共发现偷逃税款等问题线索9件，涉及金额18亿多元。

相关工作 始终坚持把学习贯彻落实习近平新时代中国特色社会主义思想和政策研究、业务学习、实施审计贯通起来一体推进。坚持每周结合审计工作，持续深入学习《习近平谈治国理政》第三卷，习近平总书记对审计工作、税收工作和海关工作的重要指示批示等内容，联系实际深入思考撰写心得体会。通过学习成果转化表格化、路径化，以政治理论学习引领提升政策研究站位，并通过政策跟踪审计落实落地落细，有效保障减税降费等党中央重大政策跟踪审计重点抓得准，切实推动税收审计工作上层次上水平。

按照税收审计全覆盖要求，科学制订税收审计工作方案，统筹审计署和地方审计机关审计资源，推进税务部门政策跟踪、税收征管和预算执行审计任务，实现全国税收审计“一盘棋”。在深入研究税收政策的基础上，将减税降费政策跟踪审计和税收征管审计内容细化为审计指引，力求提高审计指引的精准度和可操作性。组织18个特派办和各省级地方审计机关（含计划单列市）开展税收审计审前培训班，从目标任务、工作思路、政策解读、案例解析和质量控制等不同维度精心设计培训课程，加大经验交流力度，有效提升审计人员实践能力。

广泛应用“政策+数据”的分析方法，将国内环节和进口环节税收贯通起来一体分析，不断更新数据分析模型和指标体系，拓展分析范围，对政策跟踪、税收征管和预算执行审计开展常态化分析，实现数据分析和现场核实循环促进，地域上横向到边，时间上纵向到底，全面反映政策实施效果、税收征管质量和财政资金绩效，精准揭示暴力虚开增值税发票等重大违法犯罪线索，推动税务部门健全机制，堵塞漏洞。

提升“能查、能说、能写”三种能力，加强税收审计干部队伍建设。坚持除文书岗位外，全员参加审计，在审计实践“第一跑道”历练干部。在抓好日常业务培训的基础上，司领导加强“传帮带”，利用审计业务会、材料汇总、与被审计单位交换意见等手把手教，传授审计经验方法。疫情期间，完成同步实施的5个审计项目，在2天内完成各省报告的汇总工作，下发《审计处理原则》，复核审计报告、审计决定等近30篇，出具审核意见150多条。（撰稿人：高寿鹏）

【教科文卫审计司】 2020年，教科文卫审计司（以下简称教科司）实有26人。设有一处、二处、三处、四处、五处。

领导成员

司　　长：崔振龙（—1月）

　　　　　金　莹（1月—）

副 司 长：崔　明　赵旭东　张丽红

二级巡视员：乔曼丽

审计成果 2020年，教科司共组织完成审计项目9个，其中审计9个。查出主要问题金额344.08亿元，其中违规金额158.26万元、管理不规范金额97.97亿元；审计发现非金额计量问题12个；出具审计报告9篇。审计处理处罚金额323.45万元，其中应归还原渠道资金7.78万元、应调账处理金额315.67万元；移送司法机关、纪检监察机关和有关部门处理事项1件，移送处理人员1人，移送处理金额192万元。审计促进整改落实有关问题资金270.94亿元；审计促进拨付资金到位96.38亿元。审计提出建议133条，被采纳133条；推动被审计单位制定整改措施 147 项；促进被审计单位建立健全规章制度 155 项；提交审计信息 17 篇，被批示、采用 13 篇次。

政策落实情况跟踪审计 紧跟国务院有关部署，组织开展高职百万扩招政策落实审计和职业教育科目资金审计，从政策落实、资金分配使用、学生就业等方面，对国家职业教育改革发展情况进行全面梳理调查。2 次审计共有 34 个问题汇入“四个报告”，涉及问题金额 69.32 亿元，部分问题分别汇入审计署 4 月、6 月 2019 年 4 季度和 2020 年 1 季度政策跟踪审计报告，并被中国新闻网等多家中央媒体重点关注和报道。

财政审计 完成 2 项财政审计任务，跨年度组织 1 项审计任务。开展自然科学基金委预算执行审计，紧盯自然科学基金分配这一核心职能，围绕科技资金分配使用，结合数据分析线索，重点关注项目审批、资金分配等环节存在的问题，涉及金额 46.25 亿元，共有 12 个问题汇入审计署“四个报告”。其中，科研项目结题时结余资金占资助资金比例过高的问题引起高度关注。审计推动国家自然科学基金委员会制定整改措施 16 项，促进建立健全规章制度 10 项，审计提出建议 6 条，全部被采纳。开展卫生健康科目资金审计，共查出主要问题金额 40.01 亿元。审计推动被审计单位制定整改措施 26 项，促进建立健全规章制度 5 项，审计提出建议 26 条，全部被采纳。组织开展跨年度的国家科技重大专项审计，围绕科技资源配置和科技计划管理，对国家科技重大专项民口专项开展深入调研，了解专项资金分配管理使用，项目立项、评审、验收及科研绩效等情况，形成分析报告和审计工作方案。12 月初，对 5 家参审单位开展审前培训。

经济责任审计 完成 2019 年组织实施的高校经济责任审计项目 5 个，跨年度组织实施 2020 年高校经济责任审计项目 4 个，已完成 2019 年度审计项目出具审计报告 5 篇、审计结果报告 5 篇，下达审计决定 4 份。共反映领导干部应承担经济责任的问题 141 个，查出问题金额 233.15 亿元。审计促进被审计单位积极整改，通过调整财务账目等方式纠正问题 163.60 亿元，出台完善制度 126 项，规范工作流程等 122 项，追责、问责 79 人；审计提出建议 16 条，全部被采纳。针对跨年度的 2020 年度 4 所被审计高校的特点，提早安排、厘清思路、明确方向，同步开展数据分析，司领导和处室人员多次赴审计现场调研指导审计工作，及时下发高校经济责任审计模板等文件。

（撰稿人：郭　东）

【农业农村审计司】 2020 年，农业农村审计司（以下简称农业司）实有 21 人。设有一处、二处、三处、四处、五处。

领导成员

司　　长：和　杰

副 司 长：左东明　高　宇　曹　湜

一级巡视员：李　伟（3—9 月）

二级巡视员：徐学军

审计成果 2020 年，农业司共完成审计项目 6 个。通过审计整改，追回、盘活或促进涉农资金发放到位 51.84 亿元，追责问责 439 人次，促进被审计单位建立健全规章制度 698 项。审核办理特派办报送的审计移送处理线索 43 件，完成对全国 832 个贫困县的扶贫审计全覆盖。

农业司三处先后被党中央、国务院和国务院扶贫开发领导小组授予“全国脱贫攻坚先进集体”和“全国脱贫攻坚奖组织创新奖”荣誉称号。

扶贫审计 牵头组织全国审计机关对 179 个贫困县开展扶贫审计。累计投入审计人员 1869 人次，抽查各类扶贫资金 919.47 亿元，涉及 3500 多个单位、1800 多个乡镇、4600 多个行政村，抽查扶贫项目 1.58 万个，实地入户走访 1.18 万个贫困家庭。其中，1 季度组织完成对 20 个省的 135 个贫困县的扶贫专项审计，并对 9 个东部省份东西部扶贫协作开展情况进行审计调查。组织各级审计机关对 2016 年以来各级审计机关扶贫审计查出问题的整改情况进行全面“回头看”，共涉及审计项目 7084 个、具体问题 7 万多个。“十三五”期间，全国扶贫审计查出问题整改率超过 95%，整改问题资金 2045.7 亿元，其中追回或挽回损失金额 105.14 亿元，督促有关地方为 690.59 万贫困群众及时发放各类补贴 54.64 亿元，促进完善制度规定或落实政策措施 1.37 万项。随着监管力度加大，扶贫资金管理逐年规范，审计查出问题金额占抽查资金比例逐步下降，由 2013 年的 36.3% 下降至 2020 年的

1.5%，其中严重违纪违法问题占比持续下降至0.19%。

乡村振兴审计 1月至4月，牵头组织对15个省乡村振兴相关政策和资金进行审计，重点抽查55个县（市、区），围绕粮食安全和全面小康“三农”领域突出短板，将高标准农田建设、重要农产品生产保障等5个方面作为审计重点内容，在组织项目试审，印发审计思路方法指引、政策法规与典型案例汇编的基础上，先后下发重点事项审计提示、主要共性问题统一处理原则等，引导审计组聚焦方案内容和重点，保障审计深度和审计质量。审计抽查相关涉农资金227.67亿元，涉及484个乡镇、1869个行政村、608个单位和3049个项目，走访调查4194户农户。持续组织开展乡村振兴跟踪审计，起草下发审计要点，指导特派办通过跟踪审计平台持续关注乡村振兴政策和资金，按时完成季度跟踪审计中乡村振兴审计内容的审核汇总和公告相关工作。持续抓实抓好审计整改督促工作。及时整理下发审计问题清单，建立督促整改台账，压实审计组整改跟踪检查责任，分别于8月底、10月底两次调度汇总专项审计整改情况和上年度审计整改情况“回头看”，明确督促整改工作细节和具体要求，扎实做好审计整改取证和审核。加强与农业农村部等主管部门沟通协作，形成指导和督促审计整改合力，均按规定的时间节点，顺利完成年初乡村振兴专项审计和季度跟踪审计发现问题整改情况的跟踪督促、审核汇总工作，按照要求上报整改情况报告，并配合做好国务院办公厅督查室关于审计问题整改情况专项督查的相关工作。为巩固“一卡通”惠农补贴专项审计和专项治理成果，11月，经国务院同意，财政部会同审计署等7部委印发《关于进一步加强惠民惠农财政补贴资金“一卡通”管理的指导意见》，推动完善惠民惠农补贴“一卡通”发放管理制度。

国务院扶贫办和中国扶贫基金会专项审计 在国务院扶贫办2019年度预算执行及其他财务收支等情况审计和重大政策措施落实情况跟踪审计中，重点关注国务院扶贫办推动落实党中央、国务院脱贫攻坚决策部署情况。审计发现国务院扶贫办“构树扶贫工程”存在摊大饼、凑规模、侵占基本农田等问题，未能发挥带贫作用。揭示会议费超预算等问题，完成审计报告1篇、审计决定书1篇、审计结果公告1篇。按照审计署统一安排，完成中国扶贫基金会疫情防控捐赠款物专项审计，重点审计2.21亿元捐赠资金和物资，查出未合理分配援助物资等问题。

信息化建设 完成7个部门39个信息系统数据的采集、更新，累计达1.5TB左右。与数据司合作，全程参与设计研发纳入金审工程三期开发规划的“审计数据规划自动编目系统”，实现已采集数据资源的自动编码、自动清洗和标准表智能创建等功能。牵头组织审计署驻郑州特派员办事处综合运用Python网络爬虫等技术，形成“农业互联网信息智能分析模型”工具，可精准、高效查找政策法规、典型案例等信息。

交办任务 形成全国扶贫审计工作总结报告国务院扶贫开发领导小组，起草《审计署2020年度扶贫审计工作情况的报告》上报党中央、国务院。先后13次组织到农业农村部、中央农村工作领导小组办公室秘书局和浙江、福建、云南、陕西、内蒙古、广西等地实施调研，根据实时掌握的第一手资料及时调整完善扶贫和乡村振兴审计工作。开展扶贫审计宣传，编写《审计署扶贫日活动方案》，实施系列宣传活动，并形成总结材料报送扶贫办。向全国各级审计机关征集脱贫攻坚素材近300份，对其中较为典型的素材和案例及时向署管媒体推送，联合国务院扶贫办主管的《中国扶贫》杂志对部分优秀素材进行深入的采访挖掘，9月初以《书写脱贫攻坚的审计答卷》为题，在《中国审计》《中国扶贫》上同时刊登封面专题系列报道。

党建工作 认真贯彻落实党中央、国务院关于打赢脱贫攻坚战和实施乡村振兴战略决策部署，持续巩固和深化“不忘初心、牢记使命”主题教育成果，组织开展专题集中学习，扎实做好调查研究，切实把强化政治机关意识落到实处。坚持“两学一做”学习教育常态化、制度化，严格执行“三会一课”制度、组织生活会制度、民主评议党员制度、谈心谈话制度等，组织开展民主生活会、专题组织生活会、主题党日等，建立《“灯下黑”问题专项整治工作台账》并推动完成整改，全年共召开党员大会6次、支委会10次、党小组会（青年理论学习会）50次、司领导和青年干部讲党课8次。持续组织全体党员干部认真学习审计"四严禁"工作要求和"八不准"工作纪律，用身边人身边事开展警示教育，强化日常监督管理，在重要节假日做到节前有纪律提醒、节后有"四风"问题自查自纠，推动党的纪律建设抓好、抓实、抓细、抓常。做好党员发展和积极分子培养工作。

队伍建设 编写完成《审计常用定性表述及适用法规向导——乡村振兴相关政策和资金审计(试行)》。组织完成《扶贫审计方法指引》《扶贫和涉农大数据审计案例汇编》的修订，各印刷3000余册供全国各级审计机关参考使用，保障审计评价标准的统一性和规范性，促进提升审计质量和效率。组织完成2020年扶贫和乡村振兴审计网络培训，邀请农业农村部相关司局同志来署机关开展乡村治理等专题讲座，同时组织审计业务骨干录制扶贫和乡村振兴审计线上培训课程供全国各级审计机关在线学习。年内，司领导、处室负责人和业务骨干多次应邀到地方审计机关、审计干部教育学院、南京审计大学等单位授课，向一线审计干部介绍扶贫和乡村振兴审计思路、方法和重点内容。开展国际交流，为蒙古审计官员在线研修班介绍中国农业大数据审计的先进经验和做法。推荐3名优秀干部去外单位交流，不断提升干部的综合素质，优化司内干部队伍结构。1名副司长被选派参加中央党校马克思经典著作导读研讨班，2人被选派参加联合国审计工作，青年业务骨干先后参加扶贫与乡村振兴审计视频培训、联合国审计培训、计算机审计中级培训等，通过多途径的学习、培养及锻炼，干部的业务素质和综合水平得到不断提升。2人参与署计算机中级教材的撰写工作，编写约3.7万字的新农业大数据审计讲义。完成涉农统筹整合资金绩效审计方法理论研究（审计署2019年重点课题），持续推进《基于地理空间信息技术开展扶贫和农业农村审计方法研究》等课题的理论研究工作，参与《国家审计在决战脱贫攻坚中的作用研究》（国家社科基金2020年资助课题）等课题研究。

（撰稿人：夏　斌）

【固定资产投资审计司】 2020年，固定资产投资审计司（以下简称投资司）实有23人。设有一处、二处、三处、四处、五处、六处。

领导成员

司　　长：许　亚

副 司 长：吴旭东　宋　晖　郭　宁

一级巡视员：卢华胜　郝云松

二级巡视员：张天维

审计成果 2020年，投资司共完成审计项目4个，其中审计3个、专项审计调查1个。编发审计信息16篇。

北京2022年冬奥会和冬残奥会跟踪审计 组织北京市审计局、河北省审计厅和审计署京津冀特派员办事处、审计署驻南京特派员办事处，围绕北京冬奥组委财务收支、场馆和配套基础设施建设、北京冬奥会促进京津冀协同发展重大政策措施落实情况实施审计。共发现问题195个，截至12月底完成整改135个，整改率69.23%，促进被审计单位建立健全规章制度11项，处理处罚责任人2名；审计情况报告得到习近平总书记等中央领导同志的批示。11月，召开北京冬奥会审计整改专题推进会。

金沙江下游水电站移民资金和白鹤滩水电站建设项目审计 6月至7月，组织审计署驻武汉、昆明、成都、重庆4个特派员办事处对金沙江下游水电站移民资金和白鹤滩水电站工程建设项目实施审计。重点揭示和反映水电站移民安置和资金管理、白鹤滩水电站工程建设管理、生态环境保护措施落实、落实重大政策措施和中央八项规定及其实施细则精神等4个方面239个问题。编发审计要情1篇，重要信息要目2篇，办理审计事项移送4件。

国家铁路局2019年度预算执行等情况审计 1月至3月，对国家铁路局2019年度预算执行等情况实施审计。审计发现的资金未纳入预算管理且长期闲置等问题纳入审计署"四个报告"。

国家"十三五"规划165项重大工程项目推进情况审计调查 2019年11月至2020年1月，组织8个派出审计局对国家"十三五"规划的165项重大工程（国家发展改革委分解细化为770个具体任务）项目实施情况实施审计调查。抽审49项重大工程中的89个具体任务。审计发现因规划前期工作不够规范、政策保障措施不到位和实施机制不健全等因素，所抽审任务中29个进展缓慢，13个未实施，其中一些具体任务与创新驱动、高质量发展、打好污染防治攻坚战等战略部署密切相关，亟待在“十三五”规划收尾和即将开展的“十四五”规划编制工作中被高度重视。相关审计成果汇入审计署“四个报告”。

对口援疆援藏审计的业务指导工作 上半年，起草《2019年全国对口援疆审计工作情况汇总报告》上报署领导；12月中旬，复函中央西藏工作协调小组明确对口援藏审计职责分工等事项，组织召开对口援藏审计工作座谈会。

召开审计署川藏铁路审计监督工作座谈会 12月，组织召开川藏铁路审计监督工作座谈会，审计署川藏铁路审计监督工作正式启动。

推进地方投资审计转型发展 起草修订印发《重大公共工程跟踪审计指南》《审计常用定性表述及适用法规向导——固定资产投资审计（试行）》《投资审计数据规划》等各类规划、指南近10个。编写《“两新一重”资料汇编》《新基建政策制度汇编》供学习研究使用。推动《建设项目审计处理暂行规定》等已落后失效文件的废止修订工作。撰写《公共投资审计法治化建设的重要举措——深刻认识五部门联合印发〈关于废止建设项目审计处理暂行规定的决定〉的法治意义》，刊发于《中国审计报》和审计署公众号。新增山东等5个地方审计机关和18个特派办为大数据融合试点单位，建立与各省、特派办的联络员制度，搭建相互交流的微信平台。编制完善《投资项目数字化审计操作指引》，组织研发公共工程审计数据采集分析工具、公共工程造价审计软件等。

起草《关于投资审计工作专项清理检查情况的报告》在署党组会上专题汇报。截至6月底，全国各级审计机关共清理“以审代结”项目36278个，占全部应清理项目的97.9%。9月，审计长侯凯在署党组理论学习中心组2020年第四次专题学习研讨中将规范投资审计工作作为坚持依法审计的典型事例。

9月，确定浙江省杭州市审计局等6个有条件、有基础、有意愿的单位作为投资审计转型发展第一批试点单位。举办全国投资审计转型发展研讨培训班2期。《中国审计》2020年第20期将第一期全国投资审计转型发展研讨班作为封面专题进行报道。编写《地方审计机关规范和完善投资审计资料选编》供全国审计机关学习。应邀为中直管理局等单位授课19次，与国外审计同行交流授课2次。

党建工作 司长自觉扛起第一责任人的责任，领导班子成员和其他党员领导干部认真履行“一岗双责”。正确认识和处理党建与业务的关系，把党建工作和审计业务工作一起谋划、一起部署、一起落实、一起检查，推动政治工作与业务工作深度融合、相互促进。严守党的政治纪律和政治规矩，严格执行请示报告制度，严格执行党的组织生活制度等制度。8月，召开投资司党支部党员大会，进行党支部委员会换届选举。全年召开支部大会和支委会17次，党小组会66次，投资司领导讲党课2人次，组织青年理论学习小组学习活动10次，开展“不忘初心、牢记使命”主题教育等主题党日2次。

相关工作 推荐选拔2名正处级干部、2名副处级干部。全年接收文件2000余件，办理发文300余件，起草汇编文稿约50万字。组织保密检查4次，按要求解密文件79件，清退中央文件、涉密文件161件。

（撰稿人：姚　睿　李秀秀）

【社会保障审计司】 2020年，社会保障审计司（以下简称社保司）实有19人。设有一处、二处、三处、四处、五处。

领导成员

司　　长：文华宜

副 司 长：华海峰　吴　星

审计成果 2020年，社保司具体组织全国各级审计机关，2月至5月实施疫情防控资金和捐赠款物专项审计，1月至4月实施基本医疗保险基金审计、保障性安居工程资金投入和使用绩效审计。1月至4月，组织各特派员办事处完成13个省基本养老保险基金审计和17个省稳就业政策落实情况跟踪审计，并对17个省住房公积金和住宅专项维修资金审计结果进行汇总。9月至10月，组织在云南省开展社会保险基金试点审计。通过署办公厅移送重大违纪违法案件线索2件，审核办理特派办移送事项25件。

2020年度，社保司考核结果为优秀等次，保持“审计署文明单位”荣誉称号。

疫情防控资金和捐赠款物专项审计 新冠肺炎疫情发生后，审计署迅速成立应对新冠肺炎疫情防控资金和捐赠款物专项审计工作领导小组，组织全国各级审计机关2万多人，对疫情防控资金和捐赠款物进行专项审计，领导小组办公室设在社保司。专项审计坚持大数据审计与现场重点核查相结合，及时发现问题，及时推动整改，全力支持和配合疫情防控工作。从审计情况看，各地区各部门及时出台完善相关规章制度，调整优化财政支出结构，建立健全专项贷款投放机制，款物管理、分配和使用总体比较规范，为疫情防控提供有力保障，有效维护了人民生命安全和身体健康。截至10月底，对审计发现的资金滞拨、物资积压等问题，有关方面及时整改，加快分配下拨、使用财政和捐赠资金等106.35亿元、物资1.74亿件，建立健全制度1681项。审计还发现骗取套取资金、倒卖侵占物资等问题线索110多件，如7家熔喷布经销企业抬高供货价17倍以上扰乱市场秩序等，均移送有关部门处理。

基本养老保险基金审计 至年底，审计的13个省参保人数达4.69亿，基金累计结余3.46万亿元，养老金发放标准逐年提高。从审计情况看，实施降低城镇职工基本养老保险单位缴费比例、加大基金中央调剂力度等政策，减轻企业缴费压力，均衡地区间基金负担，但基金省级统收统支在有些地方推进不畅，有8个省的企业职工基本养老保险仍实行市县统筹，还有10.72万人未参保。基金管理使用也不够严格，13个省向不符合条件的1526人发放养老金4709.3万元；10个省未按规定及时办理66.89万人的个人账户资金转移、清退，涉及19.52亿元。截至10月底，有关地方已整改6.04亿元，完善制度16项。人力资源社会保障部推动各地提高统筹层次，强化监管力度，6个省已实现省级统筹；人力资源社会保障部、财政部、卫生健康委、扶贫办等主管部门加强沟通协作，推动各地做好医护人员、低保和特困人员、公益性岗位安置的就业困难人员以及被征地农民等的参保登记工作，12个省排查10.72万人参保情况，并督促完成参保；13个省加强数据共享、建立信息比对机制，已收回清退、排查停发养老金4709.3万元，涉及1526人；10个省经办机构加强信息化建设和提醒提示服务，已为8.18万人办理个人账户转移、清退或信息清理工作，涉及5.57亿元。

医疗保险基金审计 审计30个省的198个市县，延伸调查1304家医疗机构和药店。结果表明，有关部门和地方注重加强医保管理，建立健全医保目录动态调整机制，稳步推进药品集中带量采购扩围工作，保障水平不断提升。但参保考核管理还不完善，未充分考虑人员跨地域流动参保等情况，有些市县为补齐人员流出缺口等，编造人员身份和缴费记录，或重复计算人数，抽查的5个省由此多报参保832万人次，多获中央财政补助23.64亿元；欺诈骗保等问题仍然存在，发现62家医疗机构及药店、530名个人，通过虚假就医、分解住院等骗取套取基金6712万元；医疗机构通过重复或超标准收费等，导致基金多支出1.01亿元。截至10月底，有关地方和部门已整改23.96亿元，完善制度27项。国家医保局等3部门出台《关于加强和改进基本医疗保险参保工作的指导意见》，对提高参保质量、优化参保缴费服务、提升信息化管理水平等方面作出明确规定。对多报参保人数和多获补助问题，中央财政通过扣减有关省份补助等整改22.82亿元、处理处分72人。对欺诈骗保等问题，各地已追回或扣缴基金1.14亿元、问责处理81人，并加强制度建设。

保障性安居工程审计 审计的760个市县2019年共筹集保障性安居工程资金6496.61亿元，任务总体完成较好，但税费优惠和住房保障等政策在一些地方落实还不到位。税费优惠方面，67个市县对167个项目未按规定减免城市基础设施配套费、城镇土地使用税等3.5亿元；25家金融机构和融资平台公司对142个项目违规收取咨询服务费、管理费等3.87亿元。保障落实方面，由于审核把关不严等，206个市县的1.64万户不符合条件家庭享受了公租房或补贴等待遇，15个市县将22个项目的4551套不符合棚改条件的房屋纳入棚改；从项目建设看，68个市县有8.28万套安置住房长期未建成，支付逾期过渡安置费7.04亿元；27个市县的3.25万套安置住房建成后，超过1年无法入住。资金使用方面，由于项目推进慢等原因，有158.44亿元财政资金和297.53亿元融资滞留或闲置，其中441.16亿元闲置超过1年。截至10月底，各地已整改386.78亿元，完善政策58项。62个市县退还150个项目的城市基础设施配套费、城镇土地使用税等3.21亿元，另17个项目已制订退还方案；23家金融机构和融资平台公司退还、抵减咨询服务费、管理费等2.41亿元，有关地方进一步规范辖区内金融机构对保障性住房融资的收费行为；205个市县取消1.18万户不符合条件家庭的住房保障待遇或调整保障标准，清退住房6430套、追回补贴561.75万元；15个市县完善棚户区改造相关政策，剔除不符合棚改条件的项目和住房；47个市县长期未建成的安置住房有3.03万套已基本建成；25个市县加快办理竣工验收、出台分配方案等，1.72万套住房已可投用，还有1.05万套已分配到户。有关地区加快项目建设进度，及时拨付使用或上缴结余资金，已统筹盘活381.1亿元。

住房公积金审计 此次审计17个省，共发现套取挪用、违规发放公积金贷款等涉及399亿元，政策落实中还存在一些偏差。公积金提取及贷款发放条件要求不一，13个省将提取范围扩展至子女教育等领域，或放宽首付比例、缴存时间等贷款条件，涉及公积金和贷款305.79亿元；12个省的21个市有2000多人为满足提取和贷款条件，通过77家中介机构，使用虚假购房资料和劳动合同等，提取公积金及办理贷款5.09亿元。有些行业和单位未实现统筹，17个省的92个石油、铁路等行业和省直单位未实现属地统一管理，出现城市公积金管理中心资金不足与其辖区内行业公积金管理分中心资金闲置并存的现象。截至10月底，有关地方和部门已整改306.13亿元，健全制度规范241项。13个省根据《住房公积金管理条例》，调整当地的提取和贷款政策，并逐步规范大病医疗、特困救助等提取业务，涉及公积金和贷款305.79亿元；12个省的21个市通过规范业务管理、将违规缴存人列入黑名单、提请司法机关协助等，追回公积金或结清贷款3338.16万元，涉及144人。17个省相关行业和省直单位通过调整政策、整合数据等，推进属地统一管理。

相关工作 系统梳理、深入学习习近平总书记关于民生保障工作重要论述。深入审计一线开展提升社保审计效能专题调研，紧密联系审计业务实际开展党建专题学习。从严从实开展“灯下黑”问题专项整治。适应疫情防控常态化要求，创新“三会一课”组织生活方式，开展参观抗美援朝出国作战70周年主题展览等主题党日，召开组织生活会，扎实做好民主评议党员工作，培养和发展入党积极分子。经常性开展谈心谈话，帮助干部职工解决实际困难。

牵头编制《财经信息技术——养老保险基金审计数据接口》的国家标准，研究设计审计数据标准表，制订完善数据采集方案，部署对全国1039个社会保险信息系统数据进行全面采集，夯实社保大数据审计基础。围绕骗取、套取医保基金等重大违法违规和跨区域、跨险种参保享受待遇等体制机制方面开展专题分析，相关审计思路和问题线索分发给审计组，提高审计核查的针对性。编纂出版养老保险、医疗保险、住房公积金、保障性安居工程等社保大数据审计丛书，完成“大数据环境下社保审计组织方式创新”课题研究，并用于指导社会保险基金审计组织实施工作实践，为提高社保审计效能提供理论和技术支撑。

面向全国各省级审计机关和特派办280名社保审计干部，举办社保审计专题研讨和技能提升培训班，通过专题讲解和案例交流，系统学习领会习近平总书记关于民生保障和审计工作的重要论述，研讨交流社保大数据审计先进做法和成功经验，重点培训社保大数据审计技术方法及典型案例，提高基层审计人员社保大数据审计实战能力。举办全国社会保险基金审计项目审前培训班，讲解审计工作方案及审计操作指引。

（撰稿人：庄作钦）

【自然资源和生态环境审计司】 2020年，自然资源和生态环境审计司（以下简称资环司）实有17人。设有1个综合处和4个业务处。

领导成员

司　　长：李　锋

副 司 长：邓伟强（挂职，7月—）

　　　　　高永宁

二级巡视员：丁世平　崔　研

审计成果 2020年，资环司共完成审计项目3个。查出主要问题金额23.68亿元。审计促进有关地区拨付、追回、统筹调剂使用资金等20.33亿元，追责问责9人。形成审计汇总报告和出具审计意见共17篇；促进被审计单位完善规章制度10项；提交审计信息11篇。

领导干部自然资源资产离任审计 组织对15个省市、1个部委共25位省部级领导干部开展自然资源资产离任（任中）审计，派员参加水利部现场审计。审计过程中，紧紧围绕中央有关生态文明建设要求，重点关注领导干部贯彻中央生态文明建设方针政策、遵守资源生态环境法律法规和相关重大决策、完成计划和约束性目标、履行监督责任等方面情况，揭示相关地区、部门存在的问题430多个，按照党的十九届五中全会提出的“构建国土空间开发保护新格局”“全面提高资源利用效率”等要求，谋划起草高质量的综合情况报告，实现揭示问题、规范管理、促进改革的目标，有效推动各级领导干部切实增强“绿水青山就是金山银山”的意识。起草完成《领导干部自然资源资产离任审计评价指标体系（试用版）》，并由15个特派办和8个省级审计机关在审计项目中探索试用。资环司与国家自然资源总督察办公室共同起草《自然资源督察执法与领导干部自然资源资产离任审计工作协作机制》，明确在联络对接、工作配合、信息共享、成果运用等方面加强协作配合，促进审计监督与自然资源督察执法监督的有机贯通，形成有效监督合力。

生态环保资金审计 结合污染防治攻坚战和“十三五”规划收官年改革任务，组织10个特派办对10个省开展生态环保科目资金审计，从11月开始，组织18个特派办对18个省区市继续开展生态环保资金审计。

污染防治领域重大政策措施落实情况跟踪审计 紧扣资源环境领域重要目标任务完成和重大政策落实情况，重点关注和揭露部分地区医疗废物处理存在风险隐患，外来物种入侵防控不够严格，部分地区和部门生态环境重要目标任务推进不力，土壤污染治理等工作存在短板，违规占用破坏耕地尤其是永久基本农田搞人工景观的“非农化”“非粮化”等突出问题。

党建工作 坚持以党的政治建设为统领，领导班子认真履行“一岗双责”，严格落实全面从严治党主体责任。严格落实好“三会一课”，司党支部共召开支部党员大会、支委会19次，党小组专题理论学习会议30次。安排部署学习贯彻十九届五中全会精神，组织召开“厉行勤俭节约、反对餐饮浪费”专题组织生活会。疫情期间利用审计署腾讯通视频功能建立“党建云课堂”，提高党支部线上凝聚力；按月开展主题党日，其中联合办公厅党总支第一党支部开展的“春回大地　诗颂英雄”战疫诗歌朗诵网络视频展示活动、视频连线5个现场审计特派办资环处党支部开展的“不忘初心、弘扬优良家风”主题党日，被中央和国家机关工委“旗帜”网和杂志报道。党支部工作法入选《中央和国家机关党建创新案例选100例》，并作为审计署代表，参加中央和国家机关“四强”党支部建设论坛，被评选为10个典型案例拍摄成宣传片予以展示宣传。抓住重要节假日等关键时点，通过召开会议、群发短信和微信等方式加强廉政提醒；组织观看廉政警示教育影片，教育警醒全司党员干部廉洁从审、秉公用权、警钟长鸣；坚持用发生在身边的违法违纪案例教育身边人，引导党员干部知敬畏、存戒惧、守底线。坚持落实谈心谈话制度，与干部面对面、推心置腹谈心谈话，深入了解干部思想动态。

大数据审计 在领导干部自然资源资产离任（任中）审计和重大政策措施落实情况跟踪审计中，聚焦相关地区资源禀赋、重要目标任务完成等情况，发现约束性指标或规划任务未完成、永久基本农田划定质量不高、国考断面水质未达标等问题线索，为现场审计奠定基础。汇编全国各级审计机关资源环境审计大数据应用代表性案例，为全国资源环境审计的大数据运用搭建互动学习平台。有效利用自然资源、生态环境等相关部门的自然资源资产基础信息数据，推动加快建立自然资源资产数据共享平台。

国际交流 主动应对新冠肺炎疫情对国际交流的影响，谋划疫情环境下亚洲环境审计国际交流，充分体现秘书处的领导力。筹备亚洲审计组织环境审计研讨会，以视频方式召开亚洲审计组织环境审计工作组（以下简称亚审环境组）第七次工作会议；开展第九次环境审计问卷调查，编制亚审环境组2020年至2022年工作规划，利用线上工作会议审议通过；为表彰和鼓励亚审环境组范围内各成员更好发挥环境审计作用，促进联合国可持续发展目标实现，设立“绿色愿景奖”，得到世审组织的赞许；明确以可持续交通为题展开第二次环境合作审计，以应对气候变化为题开展第二次合作科研项目。同时，为提高各成员环境审计能力，开展“线上线下混合式”专项环境审计培训，组织以“固体废弃物审计”为题的第一次线上培训；组织9个亚审环境组成员参与世审组织环境审计工作组3个研究项目。向世审组织环境审计工作组时事通讯《绿色在线》供稿，分享亚审环境组工作进展和成果。

审计查出问题整改 组织2019年度7省市领导干部自然资源资产离任审计的整改落实工作，为审计署与中共中央组织部联合开展整改督查提供基础支撑。持续关注2017年开展长江经济带生态环境保护专项审计的整改情况，报送《长江经济带审计助力长江大保护 群众获得感与发展新动能持续增强》专稿。

相关工作 全年司领导班子成员带队开展调研28次。深入审计现场与审计人员沟通交流，解决一线审计人员的实际问题，融调研于指导和服务，提高调研工作的质量和实效。举办1期领导干部自然资源资产离任审计骨干培训班，各省有关市县审计机关资源环境审计业务骨干、各特派办审计业务骨干以及相关派出局、科研所有关人员，共150人参加培训。修订完善并发布资源环境审计常用定性表述及适用法规向导，为资源环境审计人员依法审计提供参考和借鉴。全年办理涉及业务范围的政府信息公开和信访事项10余件，依法回应政府信息公开申请者的合理诉求，切实维护信访者的合法权益。

（撰稿人：白　愈）

【金融审计司】 2020年，金融审计司（以下简称金融司）实有23人。设有一处、二处、三处、四处、五处、六处。

领导成员

司　　长：王志成

副 司 长：王晓东　赵圣伟

审计成果 2020年，金融司组织实施审计项目30个，包括对光大集团、农业银行、人保集团、国寿集团、太平保险集团主要领导人员经济责任审计；对渤海银行、浙商银行资产负债损益审计等。上报专题报告、审计要情、重要信息要目等重要审计成果逾50篇次。

牵头实施的某金融机构原法定代表人任职期间经济责任履行情况审计项目、牵头实施的某公司原法定代表人任职期间经济责任履行情况审计项目被审计署评为2019年度全国审计机关优秀审计项目二等奖；参与实施的财政部具体组织2017年度中央预算执行和编制中央决算草案情况审计项目被审计署评为2019年度全国审计机关优秀审计项目一等奖。

完善金融审计工作格局 立足业务司职责定位，通过抓好年度金融审计计划编制、金融审计项目方案制订、金融审计项目内部以及金融审计项目与其他审计项目之间的协调联动、金融审计成果的前期布局和后期深度提炼整合等工作，确保金融审计重点突出、紧扣主题主线并融入审计署工作大局，金融审计对象有序覆盖，金融审计资源合理统筹，金融审计成果质量层次和决策价值不断提升。全年金融审计工作重点始终聚焦到维护国家金融安全、促进金融服务实体经济特别是服务“六稳”“六保”和统筹推进疫情防控与经济社会发展等重要议题，金融风险防控等重点事项通过项目安排持续跟进，金融领域经济责任审计对象在十九大以来已覆盖73%。优化金融审计项目组织方式，进一步压实审计组和派出机构工作责任，在进度把控、数据运用、成果提炼等方面发挥业务司优势，做好统筹协调和具体指导，切实把审计组和派出机构的工作转化为高质量审计成果。加强对地方金融审计工作的指导，推动地方审计机关压实责任，围绕地方审计机关常规项目开展审计经验专题交流，在成果利用、项目组织方面加强协作，推动上下联动的机制进一步完善。

助力防范化解各类风险隐患 紧扣三大攻坚战收官之年的关键节点，密切跟踪风险隐患在国际形势复杂、疫情冲击等多重因素影响下的变化情况，推动各类风险早识别、早处置、早化解，坚决守住不发生系统性金融风险的底线。针对金融机构，揭示其公司治理和风险管控的弱项和短板，促进有关机构及时完善制度，提高风险防范能力；重点聚焦地方中小金融机构在经营发展中面临的困难和问题，为下一步系统性施策提供审计建议。针对金融市场，深入分析各市场运行情况，对风险突显的重点机构、领域以及引发的叠加效应，及时作出风险预警。针对外部输入性风险，实时跟踪国际金融市场动态，深入分析中美贸易摩擦等严峻外部环境对国内金融领域运行的影响，为主管部门准确识别、快速处置风险提供重要参考。

推动落实中央重大决策部署 在金融服务实体经济方面，揭示反映有关政策支持力度不足、落地困难、结构失衡等问题，促进提高政策针对性和执行力，提升企业特别是中小微企业、民营企业融资末端的获得感。在金融支持保障民生方面，关注粮油储备政策、金融支持生猪养殖业发展等情况，促进金融机构和有关部门完善配套政策和管理制度，切实发挥金融对民生领域的支持作用。在金融支持投资和外贸方面，深入分析疫情发生以来基建投资、对外贸易等领域的变化情况，揭示影响经济恢复正常运行的堵点痛点问题，促进有关部门出台措施予以解决。

疫情防控资金和捐赠款物专项审计 在疫情防控过程中，发挥金融审计的职能作用，利用金融审计数据分析优势，以非现场审计为主，对3000亿元重点保障企业专项贷款逐笔、逐项核查。紧扣疫情形势变化，前期聚焦“下达快”，中期聚焦“落点准”，后期聚焦“用得好”，揭示相关问题线索百余件，收回问题贷款数十亿元，推动主管部门和金融机构采取完善企业名单管理制度、优化补贴发放和授信管理等措施。

揭示各类金融乱象和重大违法违规问题线索 揭示和纠正金融机构违规经营行为，尤其关注金融机构以创新之名规避监管违规开展业务的问题，促进有关部门加强监管，推动金融机构规范经营。坚决打击金融市场乱象，围绕非法集资整治仍待深化、上市公司财务造假等专题深挖问题线索，形成专题审计成果，部分成果得到中央领导同志批示。查出的问题线索及时移送地方政府和有关部门查处，助力维护金融市场安全稳定运行的良好环境。持续发挥金融反腐作用，聚焦资金密集、权力集中领域，关注业务管理和内部控制的薄弱环节，深入揭示一批以权谋私、设租寻租、利益输送等问题线索，促进金融领域惩腐治乱。

大数据审计 推进数据治理基础工作，开发的商业银行数据2.0标准，申请成为“国标”相关工作推进顺利并向地方银行扩展，至年底已在多个城市商业银行和农信社开展地方银行审计数据标准化试点工作。深挖新技术新方法潜力，推动前沿技术方法从实验室阶段进入实践工具箱，多个模型实现自动化和初步智能化。不断提高大数据分析的成果转化率，探索形成对商业银行运行情况的综合分析报告，在防疫资金专项审计等多项任务中展现出大数据分析在精确制导、精准打击方面的明显优势。

教育培训和理论研究 巩固完善金融审计培训体系，连续第四年组织金融审计高级研讨班，连续第五年组织对地方审计机关的“以审代训”，有针对性地开展经济责任审计审前培训。扩展培训载体，多项培训通过网上“鹿鸣讲堂”面向金融审计全条线直播。全国社科基金课题和署重点科研课题推进顺利，完成《商业银行审计指南》修订和印发工作，在《中国审计》等期刊发表多篇文章，理论研究在支撑实践、培养干部方面的作用不断显现。

宣传交流 配合审计署相关部门发挥宣传工作凝心聚力、展示形象、引导舆论、传播审计正能量等重要作用，疫情防控期间组织金融审计条线的同志通过网络互动录制《金审战“疫”》短视频，凝聚起坚决打赢疫情防控阻击战的强大正能量。继续深化金融审计国际交流，多名同志先后参加联合国审计、世审组织金融工作组年度会议、世审组织青年领军人物培训计划等，并通过发表专题演讲等形式，展示相关工作的最新进展和我国审计干部的职业素养，对提高我国金融审计国际话语权、在国际舞台上讲好中国审计故事起到积极作用。

（撰稿人：周　颖）

【企业审计司】 2020年，企业审计司（以下简称企业司）实有28人。设有一处、二处、三处、四处、五处、六处、七处。

领导成员

司　　长：郑新举

副 司 长：赵喜林　梁璐璐　李　健

审计成果　2020年，企业司组织对国资委和部分中央企业开展重大政策措施跟踪审计，对11户中央企业开展经济责任审计，参与组织实施疫情防控专项审计，参加全国减轻企业负担和促进中小企业发展专项督查、国资委预算执行审计、联合国审计等。全年组织起草报送专题报告等3篇，组织编发上报的审计要情、重要信息要目得到领导同志重要批示10余篇，被重大政策措施落实情况跟踪审计综合报告采用案例60个。

参与实施的国资委2019年国家重大政策措施落实情况跟踪审计项目被审计署评为2019年度全国审计机关优秀审计项目一等奖；参与实施的某公司原法定代表人任职期间经济责任履行情况审计项目被审计署评为2019年度全国审计机关优秀审计项目三等奖。

国资委及央企政策跟踪审计　牵头组织相关企业局和特派办开展国资委和央企重大政策措施跟踪审计，组织审计国资委，延伸审计部分央企，并以政策跟踪审计为平台，通过久其报表分析线索和现场核查相结合，组织开展清欠账款、“僵尸企业”处置等情况的专项审计。针对审计发现的问题，组织上报专题报告、重要信息要目，向有关部门转送有关情况。有关部门落实审计建议，采取措施完善体制机制、健全规章制度、堵塞管理漏洞，促进有关企业及时开展整改工作，大部分问题边审边改得到妥善解决。其中，针对清欠账款专项审计发现的问题，推进依法依规清欠4.62亿元。

中央企业经济责任审计　组织企业局、特派办开展对11户中央企业经济责任审计，并抽调地方审计机关业务骨干参加。组织派出机构部分业务骨干集中开展数据分析，形成数据分析报告和问题情况汇总表。通过审计，揭示反映一些企业存在的突出问题和风险隐患，促进企业领导人员履职尽责、担当作为。

疫情防控资金和捐赠款物专项审计　组织企业局、特派办对重点防控物资保障央企进行审计，并指导地方审计机关对驻地分支机构开展延伸审计。坚持横向协作、上下联动，加强与有关业务司的协调联系，组织审计组对65户央企进行审计；坚持统分结合、突出重点，系统梳理统筹推进疫情防控和经济社会发展系列政策文件，统一制定下发工作安排、审计要点。针对审计发现的突出问题组织编发上报审计信息和移送问题线索，促进重要物资保障供应、专项贷款资金安全高效管理使用。

审计查出问题整改　按照“谁审计、谁负责督促整改”原则，做好审计“后半篇文章”，督促抓好审计发现问题的整改落实。对审计发现的问题分类细化，分解后下发相关企业局、特派办，并共同研究确定整改完成标准，逐项明确审计督促整改工作目标，指定专人负责跟踪督促，建立问题整改情况按月定期报送机制，动态掌握被审计单位整改工作推进情况。对已完成整改的问题，组织相关单位逐项梳理核实，对关键证据安排专人进行审核，确保整改结果真实完整，汇总形成整改报告，共促进追回资金4.2亿元，调整账务80多亿元，建立健全相关制度600多项，处理处罚责任人800多人次，促进相关领域深化改革、资金提质增效。

大数据审计　坚持“数据先行、上下联动”的大数据工作机制，在审计项目开始前即搭建集中分析平台，结合财务、工商、税务、电力等数据以及对应企业特点开展关联针对性分析，同时在审计现场由各审计组搭建数据分析平台实时联动，形成总分互动的大数据审计模式。健全《企业年度工作报告》报送长效机制，进一步规范数据标准化要求，构建《企业年度工作报告》标准化体系。健全企业审计数据分析技术方法创新应用机制，建立以检查资金为主线的企业审计常态化“经济体检”机制。

对地方审计机关的业务指导　通过“以审代训”方式抽调50多名地方审计机关业务骨干参加央企经济责任审计项目，疫情防控审计中委托21个地方审计厅（局）进行延伸审计，带动提升地方审计机关企业审计能力和水平。收集整理各省级审计机关年度企业审计工作开展情况，及时掌握了解各地工作进展，推广成熟经验做法，并向有关地方介绍央企审计做法成效、监事会职责划转等情况，指导地方审计机关做好企业审计工作。

企业审计规范化建设　组织完成《企业审计指南》编写，通过国家审计指南专家委员会会议审议并正式印发。组织修改完善《企业审计法规向导》，用以指导审计人员更好理解、掌握和准确运用企业审计相关的法规。进一步规范对口联系制度，对京外驻地央企集团及京内新重组、划转的企业集团发送支持配合和接受审计监督的函，明确有关派出机构日常联系、列席会议及企业支持配合审计监督工作等内容。

（撰稿人：张世鹏）

【涉外审计司】 2020年，涉外审计司（以下简称涉外司）实有16人。设有一处、二处、三处、四处。联合国审计委员会委员工作领导小组办公室（以下简称联审办）设在涉外司。

领导成员

司　　长：陈达时

副 司 长：梁　晶

一级巡视员：胡学文

工作综述 2021年，涉外审计司组织实施联合国秘书处、维和行动、基金方案和其他机构三大类28个联合国审计项目；组织全国省级审计机关和外资中心完成国外贷援款审计项目239个，并结合审计项目，组织开展国外贷援款项目信息管理情况的审计调查；结合中央企业和金融机构领导人员经济责任审计，开展境外投资和境外国有资产专项审计调查工作；参与“一带一路”建设工作领导小组等相关议事协调机构工作。

涉外审计制度建设 制定修订《联合国审计委员会委员工作领导小组办公室工作规则》《联合国审计操作规程和质量控制办法》等制度规定6项，涉及联合国审计组织管理、操作规程、质量控制、纪律要求等各方面；会同法规司修订《审计常用定性表述及适用法规向导——国外贷援款项目审计》，正式印发至全国审计机关。

联合国审计 会同人教司开展联合国审计人员遴选，将近200名审计人员纳入联合国审计人才库管理。向联合国总部派驻工作人员3名，加强与审计委员会、联合国总部有关机构的协调联系。组织筹备联合国审计委员会第74次例会和第50次特别会议。积极探索创新远程审计和赴境外现场审计相结合的方式，对联合国秘书处、维和行动、基金方案三大类28个项目实施审计，最终形成并向联合国有关机构提交管理意见书23份。

境外国有资产审计 做好2019年境外投资和境外国有资产审计调查总结工作，梳理审计成果，报送审计信息1篇并被审计署采用。协同企业司、金融司做好2020年度境外投资和境外国有资产审计调查工作。派员参与涉外领域相关议事协调机构工作，包括推进“一带一路”建设工作领导小组应对美国“长臂管辖”、海外资产统计与监督，国务院“走出去”工作部际联席会议境外国有资产收益问题等专项工作，以及中央反腐败协调小组国有企业境外腐败治理工作协调机制的有关工作。

国外贷援款项目审计 统一组织31个省级审计机关和审计署国外贷援款项目审计服务中心，对239个国外贷援款项目实施审计。对外出具审计报告238篇，审计发现问题共计792个，涉及金额98亿元人民币，提出审计建议756条。各省级审计机关向当地党委、政府报送审计专报和信息9篇，其中5篇得到省级领导批示；移送个人违法犯罪案件线索7件。组织开展国外贷援款项目信息管理情况的审计调查，对国外贷援款项目信息管理总体情况进行客观评价，揭示贷援款方要求提供的资源能源信息、地理信息、行业信息等内容超出合理范围等问题，提出健全信息安全审查机制等审计建议。

亚洲审计组织秘书处审计 根据《亚洲审计组织章程》等规定，组织实施亚洲审计组织秘书处2019年度财务收支情况审计，形成中英文审计报告和管理意见书。

中国经济改革促进与能力加强项目的子项目实施工作 协调组织审计署国外贷援款项目审计服务中心、审计署审计科研所、中国时代经济出版社等相关单位，有序推进中国经济改革促进与能力加强项目的子项目实施工作。按照项目管理规定，成功组织评选国内权威研究机构作为项目任务执行单位，推动项目执行单位按照项目管理要求，做好子任务研究方案制订工作。推进涉外审计资讯平台、《境外国有资产审计研究》课题等子任务按期完成相应计划。

业务培训 举办全国审计机关2020年度国外贷援款项目审计视频培训班，推动做好2020

年度国外贷援款项目审计监督和对外出具审计报告工作。根据疫情防控需要，采取网络视频和集中面授等方式，先后组织联合国审计基础知识、审计业务、工作交接、审前培训等系列联合国审计培训。

相关工作 注重加强领导班子建设，努力建设团结和谐、坚强有力的领导班子；领导班子成员坚持以身作则，发挥“头雁效应”，带头加强学习，带头严守纪律规矩，带头发扬民主集中制。注重对司里干部的培养锻炼，选派1名干部参加国际组织人才库遴选并成功入选，选派8人次参加国家机关工委、审计署举办的脱产培训班，选派年轻干部担任审计项目主审等。在2020年的处级干部选拔任用中，4名同志晋升职务职级。坚持对干部严暖结合、严管厚爱，通过开展经常性的谈心谈话，了解干部职工思想动态；对有困难的同志，在政策允许和力所能及的范围内，积极提供帮助。（撰稿人：李　娜）

【经济责任审计司】 2020年，经济责任审计司实有17人。设有一处、二处、三处、四处。

领导成员

司　　长：胡利民

副 司 长：李珊珊　赵　萍　王晓生

一级巡视员：庞淑芬

工作综述 2020年，经济责任审计司履行中央经济责任审计工作部际联席会议（以下简称联席会议）办公室各项职责，发挥署经济责任审计工作领导小组办公室职能作用，做好署经济责任审计归口管理，推动经济责任审计工作深化发展。

审计情况反馈和审计查出问题整改 配合中央组织部做好审计情况反馈、推动整改落实等工作。推动建立常态化联合反馈审计结果机制，推进审计整改落实。参与开展中管干部审计情况反馈，完成联系协调、文稿起草和汇集等具体工作，组织协调署有关同志与中央组织部相关局同志组成联合工作组，分赴被审计单位召开审计情况反馈会，反馈审计结果。推动建立常态化联合整改督查机制相关工作。配合中央组织部做细做实被审计单位整改落实情况督查工作，拟定复核原则和文书格式，会同相关业务司分类分析中管干部经济责任审计整改情况，形成整改情况报告并按程序报出；会同相关业务司审核中管干部经济责任审计和自然资源资产离任审计整改情况报告，与中央组织部会商研判后反馈审核意见，推动审计问题整改落实到位。

党建工作 不断加强政治建设，扎实开展党建3项重点工作，积极支持配合中央巡视工作。一年来，共组织召开党支部党员大会4次、支部委员会12次、党小组会50次，司领导讲党课5次，开展参观香山双清别墅爱国主义教育基地、纪念中国人民志愿军抗美援朝出国作战70周年展览等主题党日6次。树牢政治机关意识，认真组织学习侯凯审计长整训期间专题党课精神，在党支部开展关于强化政治机关意识、坚持党对审计工作领导的学习讨论，制订党支部强化政治机关意识教育等党建相关工作方案，提升司党支部标准化规范化建设水平。强化党风廉政建设，压实管党治党政治责任，始终做到业务工作与党风廉政建设同谋划、同部署、同落实、同检查，推动党建与业务深度融合、相互促进，切实做到司长、分管司领导、处长分级负责，强调依法文明廉洁审计，在节假日等重要节点，对全司党员干部进行纪律教育。建好“党建之窗”宣传栏和“经济责任书屋”，结合党建工作需求定期更新内容，注重发挥临时党小组战斗堡垒作用，组织省级审计机关主要负责人经济责任审计项目临时党小组积极开展理论学习研讨，组织参观林则徐纪念馆、东北烈士纪念馆等主题教育活动5次，增强临时党小组的战斗力、凝聚力。

经济责任审计归口管理 按程序办理部际联席会议召集人、成员及办公室组成人员调整事宜；完成组织召开联席会议第九次全体会议具体工作；会同有关司局研究提出2020年经济责任审计项目计划初步建议，商请中央组织部、国资委、银保监会等单位提供审计对象情况。研究起草《2020审计年度经济责任审计工作指导意见》，以中央审计委员会办公室名义印发；通过当面座谈、书面交流、培训研讨、电话沟通等多种方式，加强对下级联席会议和部门单位内部管理领导干部经济责任审计工作的指导；梳理总结地方及中央部门和单位贯彻落实《党政主要领导干部和国有企事业单位主要领导人员经济责任审计规定》（以下简称两办《规定》）情况及其经验做法，编发《经济责任审计工作通讯》4 期。组织开展培训研讨。举办第四届经济责任审计高级研讨班和第一届基础培训班，邀请中央纪委国家监委机关和中央组织部相关同志、审计系统有关专家进行授课，积极搭建工作交流平台，努力推动全国经济责任审计工作均衡发展。

经济责任审计制度建设 贯彻落实两办《规定》要求，进一步明确细化联席会议及其办公室职责，修订印发《中央经济责任审计工作部际联席会议议事规则》《中央经济责任审计工作部际联席会议办公室工作规则》；进一步优化工作流程，细化规范程序，修订《关于经济责任审计报告和自然资源资产离任审计意见审核报送流程等事项的意见》《经济责任审计结果文书等材料报送办法》等文件。在编写出版两办《规定》释义的基础上，与相关单位合作编写《领导干部经济责任审计 100 问》等；通过培训研讨、编发工作通讯等方式宣传经济责任审计制度及各地经验做法，推动贯彻落实两办《规定》。

经济责任审计项目 按照工作安排，协助做好经济责任审计对象审前告知相关工作；参与 2020 年经济责任审计工作方案等审计文书审核，统一规范通知书、报告模板等，参与各类经济责任审计报告专题业务会，提出复核意见。组织实施 2 名省级法院检察院主要领导干部经济责任审计项目，具体实施 7 名省级审计机关主要负责人经济责任审计项目，统一制订审计工作方案，汇编常见问题、法律法规和审计发现问题处理原则等，强化审计质量控制。更新完善经济责任审计对象库和成果库，及时掌握地方（部门、单位）信息化建设经验做法，探索建设经济责任审计管理平台，进一步完善平台建设方案。

队伍建设 围绕党中央重大决策部署、重要会议精神、当前宏观经济形势、相关法律法规以及经济责任界定案例研究等主题，结合司内工作实际，经常性开展学习研讨，组织开展 8 期青年干部理论学习交流活动，1 人参与审计署重点课题研究，3 人编写经济责任审计案例，1 人理论文章发表在《审计观察》等。20 余人次参加党建工作、审计业务、计算机中级等培训，1 人借调参加中央巡视工作，1 人参加 2020 年全国审计机关优秀审计项目评选工作，3 人参与联合国审计工作，代表审计署做好世审组织反腐败反洗钱工作组等相关工作。

（撰稿人：张小丽）

【国际合作司（港澳台办公室）】 2020 年，国际合作司（港澳台办公室）（以下简称国际司）实有 16 人。设有一处、二处、三处、四处。

领导成员

司　　长：姜海鹰

副 司 长：邢剑锋

二级巡视员：赵　兵　郭　静

工作综述 2020 年，受新冠肺炎疫情影响，国际形势复杂动荡，对审计外事工作产生较大影响。国际司以习近平外交思想为全部工作的根本遵循和行动指南，在署党组坚强领导下，在乱局中保持定力，在变局中抓住机遇，坚持“服务国家外交、服务审计事业”，表现出良好的纪律性和主动作为意识，克服困难，创新对外交往方式，确保审计领域国际合作交流不间断，各项工作有序开展，较好完成全年计划任务。

应对疫情影响，合理调整年度外事工作安排 2020 年新冠肺炎疫情对审计领域国际交流合作带来巨大影响和严峻挑战，国际司根据新形势新任务新要求，及时调整工作安排，创新对外交往方式，积极开展审计领域国际交流与合作。配合国家疫情防控政策，在署党组指导下，取消所有非必要出国（境）团组和国外来访团组安排；探索采用通信技术，开展线上外事活动；开展审计领域疫情应对情况信息和技术国际交流，利用国际会议、对外援助、互联网和国际性杂志等平台与各国最高审计机关和国际审计组织分享经验，互学互鉴。

服务外交大局，以“云外事”为主要形式推动重要外事活动顺利开展 为确保疫情形势下审计对外交流不间断，国际司积极探索“云外事”工作形式，推动审计领域重要外事工作顺利开展。审计长侯凯在线会见联合国秘书长古特雷斯，按期接任联合国审计委员会委员职务，并先后出席联合国审计委员会第 74 次例会和联合国审计委员会第 50 次特别会议，总审计师章轲陪同出席。审计长侯凯出席金砖国家最高审计机关负责人视频会议，不断深化金砖国家审计合作，其会议宣言作为附件，纳入金砖国家领导人第十二次会晤成果。审计长侯凯、副审计长秦博勇出席亚洲审计组织（以下简称亚审组织）第 55 次理事会、中国—巴基斯坦审计研讨会。审计长侯凯、副审计长王文斌出席世审组织大数据工作组会议。副审计长秦博勇出席中国—印尼审计研讨会。副审计长王文斌出席国际标准化组织“审计数据服务”技术委员会成立大会。此外，审计长侯凯还同美国审计长通电话，就共同做好世审组织大数据工作组工作和推进双边审计交流达成共识。

积极履职尽责，持续推进审计领域国际交流 多措并举，保持同世审组织、亚审组织和相关国家最高审计机关密切联系，及时向国际审计界通报中国审计长履新情况，推动审计对外交流正常开展。按照相互尊重、合作共赢的指导理念，保持与包括美、俄在内的各国审计机关双边交往顺畅稳定。派员参加世审组织、亚审组织所有相关的线上会议，积极发挥作用，协助推动国际审计合作事项顺利开展。参加世审组织环境审计工作组会议，举办亚审组织理事会第 55 次会议，主持世审组织大数据工作组会议，参加世审组织理事会第 74 次会议；分别与俄罗斯、巴基斯坦、印尼举办联合审计研讨会；分别面向泰国审计署 32 名司局级官员和蒙古审计署 68 名官员以在线培训的形式开展对外援助，并与自然资源和生态环境审计司合作举办亚审组织首次环境审计线上培训班，共计 150 多人参加。组织署内专家为“中国政府审计奖学金项目”留学生录制审计实务课程。全年共组织和参加各类线上会议 70 余次。

开展抗疫审计交流，展示负责任大国形象 面对疫情期间复杂的国际环境，国际司紧紧围绕国家外交重点，通过多种形式开展国际审计领域抗疫审计交流。审计长侯凯为世审组织数字大学录制视频讲话，副审计长秦博勇为世审组织环境审计工作组录制视频讲话；审计署英文网站发表《中国审计署应对新冠肺炎疫情举措》文章，介绍中国在疫情期间防控措施和开展审计工作的情况；向亚审组织杂志投稿，介绍中国审计署开展应对新冠肺炎疫情防控资金和捐赠款物专项审计情况；应有关国家审计机关要求，就抗疫相关审计主体开展双边技术交流；同时，编译国外资料，做好中国政府审计奖学金留学生安置和总结等工作。

保持与港澳台审计联系 履行港澳台事务办公室职能，稳步开展对港审计交流工作；与审计署计算机技术中心、澳门审计署共同完成现场审计实施系统（澳门版）的开发应用和培训；海峡两岸审计领域保持民间渠道交流。

综合管理 严格遵守党和国家疫情防控不同情况、不同阶段、不同地域的要求，做到严把关、严报告、严管理。协助排查出入中高风险地区人员，按时领取发放防疫物资，保持与国外和疫区无法回京人员及长期病假人员联系，关心其生活情况。配合“云外事”，提升软硬件保障能力，做好技术支持。护照签证、保密、文书档案等工作继续保持高质量，协助联合国审计办公室办理出国团组 5 个，签证 28 份，全年未发生护照管理遗失、拒签缓签情况。坚持做好保密工作，加强特殊时期出国（境）纪律教育，未发生泄密事件，未发生社会治安综合治理事件。

（撰稿人：陶　玮）

【人事教育司】 2020 年，人事教育司（以下简称人教司）实有 38 人（其中交流干部 4 人）。设有办公室、干部一处、干部二处、干部三处、干部四处、工资调配处、教育处、监督处。

领导成员

司　　长：胡大华（—2 月）
　　　　　茅东萍（2 月—）
副 司 长：苏　丹　许　君（—2 月）
　　　　　刘　铮

工作综述 2020 年，在署党组的正确领导下，人教司坚持以习近平新时代中国特色社会主义思想为指导，深刻理解和把握“审计机关首先是政治机关”的职责定位，旗帜鲜明讲政治，不断增强“四个意识”、坚定“四个自信”、做到“两个维护”。践行新时代党的组织路线，坚决落实署党组决策部署，切实履行全面从严治党主体责任，紧紧围绕建设高素质专业化审计干部队伍目标，推进制度化规范化建设，统筹疫情防控和各项工作，较好完成全年工作任务。

加强政治统领 落实全面从严治党主体责任，不断强化理论武装。围绕贯彻新时代党的组织路线，认真组织学习习近平总书记系列重要讲话，召开支委扩大会议传达学习中央审计委员会第三次会议精神，组织全体同志学习党的十九届五中全会精神，自觉把思想和行动统一到习近平总书记重要讲话精神和党中央决策部署上来，紧紧围绕“十三五”规划目标任务，聚焦审计主责主业。深入开展“灯下黑”问题专项整治，明确整改目标和具体措施。

完善组织体系建设 适应机关党建和干部人事工作的形势要求，优化机关党委与干部人事部门机构设置，3月经中央编办批准，分设机关党委工作机构与干部人事部门，并将机关纪委和加挂的巡视工作办公室牌子划入机关党委，相应调整特派办的机构设置。

加强党支部建设 改选人教司党支部委员会，新设1名支部副书记，设立3个党小组。制定党支部工作规则，严格落实“三会一课”。丰富支部活动方式，组织开展“绽放战疫青春，坚定制度自信”主题活动，组织全司党员干部赴京西第一党支部、航天五院等开展主题联学、主题党日，到军事博物馆参观抗美援朝70周年主题展览。

配合完成中央巡视和选人用人专项检查工作 按照中央巡视组和选人用人专项检查组的要求，及时、全面、准确地提供各项资料和档案，组织开展个别谈话，较为高效地完成中央巡视和专项检查配合工作。针对反映的问题，立行立改、举一反三，对照习近平总书记对审计工作的要求，对照新发展阶段审计工作高质量发展要求，对照建设高素质专业化审计干部队伍要求，认真研究提出切实可行的整改措施。

强化领导班子和干部队伍建设 充实各单位领导班子力量，提拔使用司局级正职领导干部和援疆干部，对部分司局级正职领导干部进行平级调整。按照中央组织部要求，接收西部地区、民族地区干部到署挂职，接收地方干部到署交流任职，推荐干部交流至地方审计机关任职。对24个省级审计机关班子成员职务任免出具答复意见。增强处级干部中坚力量，组织署机关、派出局并指导特派办开展处级领导干部选拔和晋升一级至四级调研员工作，处级干部队伍的年龄、专业结构得到优化，职级的正向激励作用得到发挥。落实习近平总书记关于“年轻干部要走基层”的重要批示精神，加强署机关、派出机构、地方审计机关之间的双向交流；选派干部到中央部门机构、地方政府借调、挂职，参加援疆工作，推荐干部参加中央巡视、国务院大督查和复工复产专项调研，安排新录用选调生到审计署定点扶贫和对口支援县及贫困村锻炼，开展青年审计教师实践计划，接收9名优秀教师在特派办参加实践锻炼，推荐13名优秀干部到中纪委、国资委、中编办等单位任职。切实发挥干部交流在培养锻炼干部、拓宽选人用人渠道方面的突出作用。为在外挂职干部及其家属和署内交流干部发放春节慰问信，疫情期间持续关注解挂职干部身体状况和返岗情况，着力增强干部的职业荣誉感、归属感、获得感。深入一线了解援派干部工作情况，走进援派干部宿舍了解心声，传递组织温暖。会同办公厅、服务局等相关部门编制交流干部工作生活指南，对特派办和地方审计机关领导班子双重管理、特派办有关处室职能情况开展专题调研。加大干部选拔任用工作监督力度，总结审计署2019年度选人用人工作情况，依托署专网对特派办和直属单位开展选拔任用工作“一报告两评议”。组织开展2019年度领导干部个人有关事项报告工作，完成集中填报、汇总综合、随机抽查、重点查核等，完成个人有关事项报告专项整治。加强政治引领和理论武装，通过“17号组工课堂”、微信推送、网络培训、现场交流研讨、参观学习、主题联学，知识测试等多种方式，扎实开展理论学习。开展“我身边的五四之星”事迹展示，邀请挂职干部、老组工干部作经验交流，选派干部参加联合国审计、计算机中级培训、审计理论骨干培训以及重点专项工作等，组织开展审计署高素质专业化审计干部队伍课题研究工作，开展审计署驻地方特派员办事处领导班子统计分析课题研究，研究报告获中组部统计分析选题三等奖。

教育培训 把政治学习和政治能力建设摆在教育培训工作最突出位置，选调司处级及以上干部43人次参加中央党校（国家行政学院）等脱产培训研修，组织1970名司处级干部开展党的十九届四中全会精神专题网络培训，625名新任职司处级干部开展任职培训，133名新录用公务员开展初任培训。创新教育培训方式，组织开发计算机审计、会计知识基础等网络课程，通过远程授课、课件上网、预培训与实训相结合等方式，完成培训14期，累计培训1524人次。加强审计硕士培养工作，出台《审计署办公厅关于加强审计机关与审计硕士培养单位联系合作的通知》，搭建全国审计专业学位研究生教育指导委员会交流平台。加强国际审计人才培养，会同涉外司在全国审计机关遴选189人进入联合国审计人才储备库；选派3人参加国（境）外奖学金或国家留学基金委奖学金项目学习。组织开发“审计知识管理分系统”，储备审计法规、经验方法、典型案例等6类8大业务类型，5万余篇审计知识。

落实全国审计机关先进工作者待遇 首次由审计署统一向受表彰的地方审计机关先进工作者发放一次性奖金。联合中国审计报社开展“全国审计机关双先风采展”。开展审计署第九批援疆干部宣传报道。首次为事业单位年度考核嘉奖人员颁发奖励证书。增加考核优秀单位的公务员考核优秀等次名额。对纪检组长进行单独考核。组织修订各单位年度综合考核办法，引导各单位更加聚焦主责主业，树立正确业绩导向。

制度建设 研究制定《审计实务导师制实施办法》，会同人力资源社会保障部印发《关于深化审计专业人员职称制度改革的指导意见》，印发《审计署关于贯彻落实中央第七次西藏工作座谈会精神的意见》。编制《组织人事重要专项工作实施手册》；归集选拔任用、考核奖励、公务员管理等干部人事工作常用制度文件，制作政策问答汇编，编写《特派办人事工作手册》，提升依法依规办事能力和对下属单位人事工作的指导能力。梳理司务会研究事项清单，确定全司统筹研究事项任务清单及职责分工。印发《审计署交流借调干部管理办法（试行）》，研究起草《领导干部个人有关事项报告查核处理操作办法》《人事教育司信访举报线索处置工作细则》，修订审计署各单位年度综合考核办法，印发《审计署办公厅关于进一步加强考勤管理的通知》。坚持民主集中制，严格按照干部任用条例、职务职级并行规定等制度开展干部选拔任用和职级晋升工作。

加强组工部门自身建设 根据疫情防控要求，改进考核、招录等方式，减少举办会议和人员聚集。采用分散发票、集中收回、网上测评等方式开展年度考核相关测评工作，通过远程视频、电话方式开展干部试用期满考核和挂职干部个别谈话。紧紧围绕审计中心工作需要，科学编制公务员招录计划，扩充选调生招录数量。稳妥审慎做好公务员招录工作，将统一集中面试改为分散面试，将专业加试由笔试改为面试，针对疫情高、中风险地区考生提前做好视频面试安排和应急准备。指导直属单位顺利完成公开招聘工作。

人事管理信息化 4月，金审工程三期人事信息系统实现上线并与国家审计指挥平台对接。6月起，因私出国（境）审批业务逐步实现线上办理。制定发布《党建人事综合管理系统管理办法》，加强系统安全管理。组织开展对派出单位、直属单位人事干部的系统模块实操培训。持续做好系统完善和日常数据维护。建立人事数据定期统计分析报告制度，深入挖掘人事信息和统计报表价值，探索发挥人事信息“以数资政”作用。首次利用金审工程三期人事信息系统完成年度公务员信息采集和统计报送工作。组织开展全署干部人事档案信息化排查工作。做好机构分设后的人教司专网改版更新工作，制定《人事教育司专网网页管理办法》，做好网页日常维护。 （撰稿人：焦广耀）

【机关党委（巡视工作办公室）】 2020年，机关党委（巡视工作办公室）实有30人，其中交流干部7人。设有办公室、组织处、宣传处、群团工作处、纪律审查室、巡视督查室。

领导成员

机关党委常务副书记、巡视工作办公室主任：吕劲松（1月—）

机关党委副书记、机关纪委书记：刘　贝（2月—）

机关党委副书记：许　君（2月—）

机关纪委副书记、一级巡视员：刘森标

工作综述 2020年是学习贯彻习近平总书记在中央和国家机关党的建设工作会议上重要讲话精神全面展开之年，是机关党建“狠抓落实年”，也是新成立的机关党委（巡视工作办公室）工作元年。在中央和国家机关工委、审计署党组的正确领导下，机关党委（巡视工作办公室）坚持以习近平新时代中国特色社会主义思想为指导，增强“四个意识”、坚定“四个自信”、做到“两个维护”，以党的政治建设为统领，统筹推进机关党的各项建设，加强分类指导，夯实工作基础，全署基层党组织的战斗堡垒作用和共产党员的先锋模范作用有效发挥，各项工作取得新进步。

牢固树立政治机关意识，深入开展强化政治机关意识教育，审计署党组书记、审计长侯凯带头讲“强化政治机关意识，努力建设让党中央放心、让人民群众满意的模范机关”专题党课。贯彻《党委（党组）落实全面从严治党主体责任规定》，修订审计署党组全面从严治党主体责任清单，制定机关党委、党支部全面从严治党责任清单，压实机关党建主体责任。

2020年，审计署党组接受十九届中央第六轮巡视，作为牵头配合中央巡视工作联络组成员单位，配合中央巡视组做好巡视进驻、动员大会、资料提供、个别谈话、下沉调研等一系列保障工作，配合巡视工作专项检查组做好对审计署内部巡视工作情况的专项检查，确保巡视工作进展顺利。贯彻落实中共中央办公厅《关于中央部委、中央国家机关部门党委（党组）开展巡视工作的指导意见（试行）》精神，修订《中共审计署党组巡视工作规定》，完善署党组巡视工作领导小组、巡视办、巡视组3项规则。

助力打好疫情防控阻击战，动员各基层党组织和党员干部把做好应对疫情防控资金和捐赠款物专项审计作为重大政治责任，成立专项审计工作领导小组办公室临时党支部，及时下拨专项党费56万元，组织4229名党员干部自愿捐款51.8万元。落实定点扶贫和对口支援政治责任，帮助河北顺平、贵州丹寨、江西会昌克服新冠肺炎疫情影响，为帮扶县引进资金2亿多元，在中央农村工作领导小组关于2020年中央单位定点扶贫工作成效评价中被评为“好”。

做好署党组理论学习中心组学习服务，全年协助举办专题学习研讨5次，党组会传达学习9次。成立220多个青年理论学习小组，开展百名审计青年诵读《习近平谈治国理政》第三卷线上研读活动。举办深入学习贯彻党的十九届四中全会精神网络培训班和审计署学习贯彻五中全会精神集中教育培训。参与全国党建研究会、中央和国家机关党建研究会的课题研究，承担的《发挥审计监督作用，推动机关党建工作责任制落实》课题报告被全国机关党建研究会机关专委会评为二等奖，承担的《构建多维分类、因类指导模式，提升基层党建质量》获中央和国家机关工委机关党建研究杂志社2020年度课题研究报告二等奖。修订《中共审计署党组意识形态工作责任制实施细则》《审计署思想理论建设工作规定》，完成2020年意识形态相关工作情况的报告。修订《审计署精神文明建设工作规定》，起草印发《2020年全国审计机关精神文明建设指导意见》并推动落实。年内，审计署有9个单位荣获或保持“全国文明单位”称号，30个单位荣获或保持“审计署文明单位”称号，评选出创建模范机关先进单位11个。加强党建工作宣传交流，创刊《审计署党建信息专报》，党建信息在《中央和国家机关工委简报》《机关党建研究》及人民网、旗帜网等刊载29篇，充分展示审计署党建工作风采。

调整优化机关党委工作机构，在中央纪委、中央编办、中央和国家机关工委指导和支持下，署党组决定机关党委与人事教育司分设，机关党委加挂“巡视工作办公室”牌子，负责全署党群、纪检、巡视工作，各特派办党建工作机构相应进行调整。顺利召开中共审计署机关第十次代表大会，选举产生新一届“两委”班子，机关党委设立常委会。认真履行机关党建专责机构职责，召开机关党委全委会4次、常委会2次、书记办公会12次。统筹推进强化政治机关意识教育、“灯下黑”问题专项整治、党支部标准化规范化建设等党建3项重点工作，汇编12个基层党组织先进工作经验，推荐1个党支部入选中央和国家机关党建创新做法案例。规范发展党员工作，接收预备党员47名。组织全面督导各单位领导班子民主生活会，部署开展基层党组织组织生活会和民主评议工作，组织开展“不忘初心、弘扬优良家风”主题党日及“厉行勤俭节约、反对餐饮浪费”专题组织生活会。起草印发《中共审计署党组关于加强直属事业单位党的建设的意见》，推动2家直属单位开展党委领导下的行政领导人负责制试点。加强对临时党组织建设的规范指导，编撰《审计署基层党组织实务工作手册》，专章强调临时党组织建设与管理的基本政策、常用知识和操作实务。坚持党建带群建，召开共青团审计署机关第八次代表大会，选举产生新一届机关团委。开展“巾帼心向党　奋进新时代”“绽放战役青春　坚定制度自信”“根在基层”等调研实践活动。组织走访慰问，做好生病住院、家庭困难、扶贫挂职、援藏援疆援青等干部职工的帮扶关怀。

纪律作风建设　开展廉政教育提醒监督，及时转发中央纪委国家监委和纪检监察工委通报的违反中央八项规定精神问题典型案例，召开丁某某严重违纪违法问题通报会，组织参加中央和国家机关警示教育视频会议，引导党员干部深刻吸取教训，绷紧纪法之弦。完善纪检机构沟通协调机制，召开机关纪委全委会5次，与驻审计署纪检监察组等每季度召开会商会。修订《中共审计署党组关于进一步完善落实全面从严治党责任强化党内监督议事协调机制的实施意见》，制定《纪检监察部门与署党组派驻纪检组长党支部（总支）纪检委员工作联系办法（试行）》。组织2019年度派驻纪检组长向署党组书面述职。依纪依规严格执纪审查，召开4次监督执纪专题会议，研究复杂问题线索的处置方式。2020年，机关纪委共受理信访举报52件，处置问题线索41件，立案3件，处理处分5人，公开通报署内5起违纪违规问题。

创新党建工作方式方法　落实为基层减负要求，坚持将能整合的工作，统一部署、集中推进。集中开展党建综合调研，将文明单位考察、干部思想状况调查、重点工作督查、意见建议征集等多项工作统筹结合，组成9个调研组，深入署内30家单位112个基层党组织开展调研，切实做到调研周期短、内容全、效率高、效果好。将中央和国家机关工委部署的3项重点任务以一个通知“打包”下发、同步推进。改进培训组织方式，将基层党组织书记、党务干部、纪检干部、群团干部培训“四班合一”，培训对象600余人，采用矩阵式教学体系，为学员全方位系统性梳理岗位知识、答疑解惑。

自身建设　健全完善机关党委全委会、常委会、书记办公会以及机关纪委全委会等4项议事规则，规范议事内容和决策程序。制定机关党委（巡视工作办公室）工作规则和进一步加强机关党委自身建设的具体措施，明确职责任务，优化工作流程，做到明责、履责、尽责、可问责。着力提高委办干部素质能力，努力把机关党委建成审计署党员之家、职工之家、妇女之家、青年之家。

（撰稿人：梁学光）

【离退休干部办公室】　2020年，离退休干部办公室（以下简称离退休办）实有15人。设有综合处、服务一处、服务二处、服务三处。

领导成员

主任、一级巡视员：王雅静（1月—）

一级巡视员：宫雁军

二级巡视员：李远征

工作综述　2020年，离退休办坚持以习近平新时代中国特色社会主义思想为指导，深入学习贯彻党的十九大和十九届二中、三中、四中、五中全会精神，坚决贯彻落实习近平总书记关于老干部工作重要指示批示精神，按照全国离退休干部“双先”表彰大会和全国老干部局长会议精神，坚持和完善离退休干部制度机制，进一步发挥老干部工作制度优势，在服务大局中提升站位、在求真务实中提质增效、在开拓进取中激发活力，与时俱进推动理念思路、举措方法、制度机制创新，坚持“以人为本、服务为先”理念，用心用情做好离退休干部服务管理工作，推动离退休干部工作更好地融入和服务于审计工作大局。

党建及思想政治工作　组织党员干部认真学习有关文件资料，党支部书记以“强化政治机关意识　走好第一方阵”为题讲党课。在“七一”前夕，开展“弘扬革命传统　不忘初心使命”主题党日；针对转业干部多的特点，“八一”建军节之际，开展“忆军旅岁月　叙军人情怀”主题党日。组织离退休干部和工作人员学习党的十九届五中全会精神。为离退休干部订购五中全会文件汇编、组织收看网上专题报告，在“情暖桑榆”手机App平台，加载关于五中全会的学习资料，在《离退休干部园地》刊物和“情暖桑榆”手机App平台开辟专栏，登载离退休干部的学习心得、感言体会。坚持一切工作到支部的工作导向，认真贯彻落实《中国共产党支部工作条例(试行)》《中国共产党党和国家机关基层组织工作条例》等规定，加强党支部标准化规范化建设。组织支部书记、委员和司局级干部、处室负责人、青年干部学习《党委（党组）落实全面从严治党主体责任规定》，制定离退休办全面从严治党主体责任清单。着力抓好《离退休干部党支部工作制度》全面落实。举办离退休干部党务干部培训学习。

党风廉政建设 落实全面从严治党主体责任，强化日常管理和监督。党总支负责人认真践行责任承诺，各党支部层层压实责任、传导压力，推动全面从严治党向纵深发展。严格执行新形势下党内政治生活若干准则，营造风清气正的政治生态。落实好意识形态工作责任制。持续纠正“四风”，力戒形式主义、官僚主义，严格落实中央八项规定精神。组织学习《中央和国家机关党员工作时间之外政治言行若干规定（试行)》，党小组召开组织生活会，强化对干部的日常教育和监督，引导干部始终正确对待权力，自觉接受监督，时刻绷紧廉政建设这根弦。树牢保密意识，确保各项措施落实。配合署保密办保密安全专项检查；组织保密教育培训，通报相关情况，落实各项制度，做好自查检查工作。坚持节前廉政、保密、安全教育，引导党员干部时刻保持清醒头脑，严守纪律底线，增强遵规守纪意识。

打赢疫情防控阻击战 面对突如其来的疫情，离退休办领导迅速召开室务会研究防控工作，严格落实署党组工作部署和指示。要求老同志注意疫情变化，加强自我防护，主动配合、服从社区和单位防控工作和全面排查。离退休干部党支部严格落实疫情防控责任，与支部每位老同志保持联系，随时向离退休办反映情况。离退休干部坚决执行疫情防控要求，严格遵守各项纪律，配合社区防控工作，及时如实报告个人情况。老同志积极为抗疫捐款，参加社区测量体温、查验出入证、清洁环境卫生等防控工作，老年大学开设网上学堂，确保老同志“停课不停学”。广大老同志坚持居家学习，创作抗疫诗词、文章、绘画、书法、摄影等作品40余篇，讴歌抗疫精神，部分作品在“学习强国”审计署官方强国号中推出。341位党员共捐款223600元，其中参加审计署捐款108350元，个人向社会捐款115250元。离退休办把疫情防控作为重要政治任务，把老同志身体健康放在首要位置，创新思维、多措并举，用心用情做好离退休干部服务工作。疫情初期，在物资紧张的情况下，想方设法为每位离退休干部购买医用外科口罩，以解大家燃眉之急。疫情期间，通过电话、微信、走访等多种方式，加强对离休、高龄、独居、患病、空巢等困难老同志的关注，帮助他们解决实际困难。协助家属做好8位老同志丧葬相关事宜。代老同志办理医药费报销。疫情防控工作转为常态化后，将署机关的电话问诊、预约取药、预约理发服务等事项及时通知老同志。考虑到老同志是易感人群，乘坐公共交通存在一定风险，推出为老同志代为取药，快递到家的服务，受到老同志的欢迎。

离退休干部服务管理工作 首次将原各司局承担的春节走访慰问离退休干部工作，改由离退休办承担。为落实好走访慰问工作，对慰问品选购、走访安排进行精心组织，将署党组的关心关爱送到每一位老同志手中。春节前夕，署领导带队走访慰问署老领导、离休干部27人；室领导与各党支部上门走访困难党员、困难老同志24人；各党支部联系人通过团拜会、上门慰问、电话慰问在外地居住的老同志等方式走访慰问退休干部320人。由室领导带队，每季度对离休干部上门走访慰问，了解身体状况和存在困难，送去组织的关心和温暖。陪同署领导走访慰问7位抗战老战士老同志及抗战烈士遗属，看望2位参加抗美援朝战争的老同志，向他们致以崇高敬意和诚挚问候。按照署机关统一安排，组织300余位老同志进行健康体检。帮助老同志在网上逐一预约报名。团检期间，工作人员每天到岗服务，耐心细致地做好整个体检流程的引导和服务工作，尽力为老同志提供更多便利。

队伍建设 离退休办领导班子团结一致，发扬民主，以身作则，率先垂范。业务工作、人事安排、经费开支等工作都坚持室领导班子集体研究决策，严守纪律按章办事。深入学习习近平新时代中国特色社会主义思想，党支部坚持每周四学习日制度，组织学习习近平总书记系列讲话和党的十九届四中、五中全会精神。在疫情期间，司局级干部和正副处长讲党课，青年理论学习小组精选理论学习文章、书目，通过微信群推送给大家，为党员干部学习提供有力支持。经常性开展谈心谈话，注重人文关怀，充分发挥分工会等群团组织作用，切实增强干部的组织归属感，为增强凝聚力和向心力发挥作用。

（撰稿人：戈　咏）

【机关服务局】　2020年，审计署机关服务局实有70人。设有办公室、人事处、基建办公室、保卫处、机关事务管理处、房产管理处、固定资产管理处、事业单位财务处、医疗保健处、服务一部、服务二部、文印室、怀柔机构管理处。

领导成员

审计署总经济师、机关服务局局长：

张　力（—9月）

局　　长：李　伟（9月—）

副 局 长：熊国威　谢　金

工作综述　2020年，机关服务局以习近平新时代中国特色社会主义思想为指导，全面贯彻党的十九大和十九届二中、三中、四中、五中全会精神，落实全面从严治党主体责任，紧紧围绕审计中心工作，着力提升服务水平，忠实履职尽责，统筹审计服务保障与疫情防控工作，将疫情防控贯穿审计服务保障工作全过程，扎实工作，锐意进取，较好地完成全年工作任务。

全力抓好疫情防控工作，保障干部职工健康安全　面对突如其来的新冠肺炎疫情，机关服务局认真学习贯彻习近平总书记关于疫情防控工作的重要讲话和重要指示批示精神，落实审计署党组应对新冠肺炎疫情工作领导小组部署要求，制订防疫物资保障方案和疫情防控应急处置预案，认真打好疫情防控阻击战、保卫战。疫情防控应急阶段，机关服务局多方筹集口罩、医用酒精、消毒液等防疫物资并及时配发给干部职工，尽全力做好个人防护物资保障；审计署机关食堂实行分时错峰就餐和指定专人领取盒餐制，加强对楼道、电梯、会议室等公共场所的清洁消杀，对进入办公区人员做好体温检测和信息登记管理；配合属地疫情防控要求，做好进（返）京人员隔离保障，加强对物业人员的健康监测，强化重点群体封闭式居住管理。疫情常态化防控阶段，密切关注疫情发展情况，严格执行属地疫情防控规定，落实重大事项报告制度，引导干部职工增强防控意识，坚持科学精准防控，落实落细各项防控措施，确保审计署机关安全运行和干部职工健康安全。审计署怀柔基地认真做好联合国审计服务保障工作，圆满完成作为东城区入境进京人员集中隔离观察点防疫保障任务，全年接待会议、培训活动24批次，累计接待12000余人次。

加强内部管理，建立健全规章制度　修订《审计署制度》中的《审计署机关事务管理规定》和《审计署基本建设管理规定》，梳理现有的21件人事、内部管理、政府采购、资产管理、住房管理等规范性文件和27件工作流程或操作手册，制定《审计署机关服务局政府采购管理办法（试行）》，印发局内各处室遵照执行，提高制度执行力，做到用制度管人、管事、管物、管财。

创建平安单位　加强社会治安综合治理，落实中央各项社会治安综合治理要求，强化内部安全防范和隐患排查整治。利用审计专网、电子屏幕、宣传展板等平台做好国家安全宣传教育，组织开展“国家安全日”“全国防灾减灾日”系列宣传活动。重大节日和重要活动前均组织对审计署机关办公楼、双榆树事业单位综合楼、亚林西周转房、怀柔基地以及自管宿舍等进行安全检查，消除安全隐患，着力提高社会治安综合治理工作精细化水平。加强公务用车日常管理保障工作，建立交通安全例会通报制度，强化驾驶员管理教育，全年安全运行零事故。加强涉密网络、涉密载体和人员管理，定期组织保密检查，确保不发生失泄密问题。

推进节约型机关建设　深入学习贯彻习近平总书记关于厉行节约、反对浪费特别是制止餐饮浪费行为的一系列重要指示批示精神，落实《关于贯彻落实习近平总书记重要指示精神坚决制止餐饮浪费行为实施方案》，细化明确落实举措，加强食堂供餐管理，提高饭菜质量，倡导按需取餐、文明就餐，杜绝“舌尖上的浪费”。加强生活垃圾管理，配备生活垃圾分类专用桶，张贴生活垃圾分类标识，开展垃圾分类活动，营造绿色清洁的工作生活环境。加强能源资源消耗分析，提高能源资源使用效率，降低机关运行成本，组织开展节能宣传周活动，增强干部职工节能意识。落实过“紧日子”要求，制订印发《审计署节约型机关创建行动方案》，组织召开审计署节约型机关创建推进会，全面推进审计署节约型机关创建。审计署驻沈阳特派员办事处获得“2019—2020 年公共机构能效领跑者”称号，审计署驻郑州特派员办事处被评为 2019—2020 年节约型公共机构示范单位，审计署获得“北京市节水型单位”荣誉称号。

住房管理和资产管理 做好资产报表上报和年度资产管理绩效评价工作，2020 年度资产管理绩效评价工作受到国管局通报表扬。依法依规做好维修改造、签订服务合同、购置资产等工作，续签审计署机关 2020—2021 年度物业、餐饮和驾驶员派遣服务合同。

重点建设工作 完成审计署已售公有住宅八里庄北里 22 号楼综合整治的住户调查摸底、编报项目建议书、立项批复、编制设计单位招标文件，开展现场探查、施工图设计、项目初步设计及投资概算报批等工作，推动整治项目有序推进。完成审计署机关办公区油烟净化节能和空调节能降耗改造项目论证方案，报国管局审核，积极推进后续工作开展。现场审核审计署京津冀特派办办公用房综合维修改造项目建设审批、工程管理、竣工验收等工作，协助指导审计署驻地方特派办基本建设项目管理。

日常服务 做好审计署机关办公用房联动调整和借用工作，保障审计业务和专项工作需要。完成双榆树事业单位综合楼院区围栏改造、车辆识别系统升级、电梯机房防水维修、屋面风机改造等工作。优化审计署机关办公楼地下车库行车路线，合理调整审计署机关办公楼电梯运行模式，完成审计署机关办公楼通信信号终端设备升级改造，彻底解决审计署机关办公楼手机信号弱的问题。完成审计署机关健身房、瑜伽室、乒乓球室和羽毛球场的维护改造工作，启用健身运动更衣室等设施，满足干部职工健康工作需求。完成审计署机关院区植株布局优化方案，加大环境整治力度，营造舒适优美的办公环境。

中央巡视组巡视审计署党组服务保障工作 组织专人与驻地联络组工作人员通力配合，落实防疫防控措施，为巡视组提供医疗防疫用品和办公用品、开通举报信访电话、接送谈话人员、印制巡视材料、运送巡视材料、配合巡视组人员开箱取信，高质量完成巡视服务保障工作，受到好评。

自身建设 牢固树立审计机关首先是政治机关的意识，落实管党治党责任，机关服务局党总支书记认真履行全面从严治党第一责任人责任，各分管领导认真履行“一岗双责”，全局干部职工严守政治纪律和政治规矩，始终把纪律挺在前面，以更高的政治责任和政治担当，认真履行职责使命，创新服务理念，不断提升服务效能，扎实推进服务保障新作为，为审计机关高效运转，提高审计监督水平提供有力保障。

组织干部职工采取个人自学、局领导领读、集中学习、聆听专家辅导、专题研讨等方式持续抓好新时代中国特色社会主义理论学习，在学懂、弄通、做实上下功夫，深刻领会精神实质和丰富内涵，增强贯彻落实的自觉性和坚定性，不断提高运用党的创新理论指导实践、推动工作的能力。按照审计署机关委员会要求，狠抓强化政治机关意识教育、持续开展“灯下黑”问题专项整治和党支部标准化规范化建设等重点工作。组织召开“厉行勤俭节约、反对餐饮浪费”专题组织生活会。组织干部职工参观抗美援朝出国作战 70 周年主题展览，切实增强干部职工的使命感、责任感。组织青年干部开展线上读书交流活动，做好党员发展工作，发展 2 名中共预备党员，2 名预备党员按期转正。

认真贯彻落实中央八项规定及其实施细则精神，驰而不息纠正“四风”。注重抓早、抓小、抓日常，督促党员干部认真落实《中央和国家机关党员工作时间之外的政治言行若干规定（试行）》，规范干部言行。在元旦春节、五一端午、国庆中秋等节假日前，组织对全局处以上干部进行集中廉政谈话，筑牢防腐拒变思想防线。注重对重点处室、重点岗位、重点项目的全程监督，严格预算执行，规范政府采购、维修改造审批程序，定期开展财务自查自纠，加强资产管理。

9月，机关服务局主要负责人调整。坚持民主集中制，加强干部选聘工作，2020年选聘9名中层管理干部，新招录7名社会工作人员和1名应届高校毕业生，1名工勤人员转为管理岗位人员，3名管理人员岗位晋升，1名工勤人员职务晋升。选送51人次参加业务培训学习，选送4名干部到署机关交流，推荐2名干部到中央巡视组交流，安排1名青年干部轮岗交流，拓宽多岗位锻炼渠道。

（撰稿人：马　楠）

审计署派出审计局

【审计署中央机关审计局】 2020年，审计署中央机关审计局实有15人。设有一处、二处、三处。

领导成员

局　　长：茅东萍（—2月）

　　　　　王　刚（2月—）

副 局 长：肖振东　陈全民

一级巡视员：马晓利

审计成果 2020年，审计署中央机关审计局完成审计项目3个，其中中央部门预算执行等情况审计项目2个、部长经济责任审计项目1个。集中核实审计署下发的7个一级预算单位数据分析疑点，出具审计报告、整改建议函等审计文书11篇，提交重要审计情况3篇、审计信息材料1篇，参与编写的审计信息被审计要目采用4篇，被审计要情采用1篇。

财政审计 承担对中央直属机关事务管理局和国家机关事务管理局的预算执行等情况审计，以及中央纪委国家监委机关等7个一级预算单位的数据分析疑点核实工作。中央机关审计局重点围绕公共资金使用绩效开展审计，审查部门预算压减、财政存量资金盘活、非税收入上缴、厉行节约等重点，从推动事业发展的角度，研究被审计单位的业务特点和发展规律，揭示重要问题背后的制度障碍和管理漏洞，并深入分析原因，提出建议，上报审计信息材料1篇。

经济责任审计 参与由审计署群团文化审计局牵头实施的共青团中央书记处第一书记经济责任审计项目。中央机关审计局配合支持，积极主动作为，紧紧围绕落实中央政策部署、重大经济决策等方面开展审计，为高质量完成审计报告做了大量工作，上报重要审计情况3篇。

信息化建设 完成数据分析室环境搭建，形成专网、内网和数据分析网三网并行的数据分析架构，为非现场审计发挥重要补充作用。注重培养信息化审计人才，派员参加各类信息化审计培训，1人通过审计署计算机中级考试。

相关工作 坚持以习近平新时代中国特色社会主义思想为指导，深入贯彻党的十九大和十九届二中、三中、四中、五中全会精神，以政治建设统领党的建设、队伍建设和业务建设。深刻认识“审计机关是政治机关”“派出审计监督党和国家重要领导机关”这两个定位赋予的重要使命，认真学习习近平新时代中国特色社会主义思想、党的十九届五中全会和中央审计委员会第三次会议精神，切实强化理论武装。始终把党支部建设放在突出位置，把支部工作与审计业务一同部署、一同推进，努力打造有政治高度、情感温度、学习热度和工作力度的党支部。注重增强局党支部的教育功能、管理功能和监督功能，不断提升组织力。组织党员集中学习《习近平谈治国理政》第三卷、《习近平新时代中国特色社会主义思想学习纲要》等15次，开展习近平总书记重要讲话精神等线上知识竞答7期，审计微课堂编辑推送10期共98条学习内容，与被审计单位开展主题联学2次。2019年度预算执行审计期间，安排9名处级及以下干部担任主审，派出8人参加复核、审理和报告汇总，选派3名青年骨干参加联合国审计、中央巡视、署内交流。在非审计项目实施期间搭建“每周一讲”学习平台，全年26人次讲授预算执行审计和经济责任审计工作中的心得体会、审计思路与方法等，派出10人次参加审计署、财政部组织的业务培训。完善管党治党责任落实体系和工作制度规范体系，把责任落实融入日常制度建设之中同步推进。局领导班子切实扛起全面从严治党政治责任，主要负责人切实担负起第一责任人职责，分管领导和处级领导干部落实好“一岗双责”，强化纪律作风，严格遵守审计“四严禁”工作要求和“八不准”工作纪律。健全完善并严格执行符合局特点的制度规范体系，注重在经常性工作中提炼制度性要求，新增和完善数据分析室使用和管理办法等2项制度。重点抓研究分析，坚持把功夫下在日常，建立常态化信息收集制度，加强对被审计单位事业发展方向、最新政策的学习研究。预算执行项目开始前，对全国人大常委会办公厅、国务院办公厅等8个部门及所属的46家单位开展深入的审前调研，初步确定审计思路和重点。狠抓审计现场管理，优化统筹审计现场时间管理、人员配备，围绕中央重大决策部署，结合被审计单位主要特点和业务规律，聚焦重大问题，提高审计工作质量和效率。（撰稿人：周晓波）

【审计署宣传审计局】 2020年，审计署宣传审计局实有15人。设有一处、二处、三处。

领导成员

局　长：姜跃山

副 局 长：习为国

二级巡视员：张玉亭（—12月）　汪照全

审计成果 2020年，审计署宣传审计局共完成预算执行、部长经济责任等审计项目10个，反映问题81个，涉及金额约70亿元；参与形成重要信息要目7篇，移送案件线索1件，出具信息转送函2篇，向社会公告审计结果3篇。审计促进整改落实有关问题资金31.66亿元，促进被审计单位建立健全规章制度5项，较好地发挥审计监督职能作用。

财政审计 完成中央宣传部、国家保密局2019年度预算执行等情况审计；完成对人民日报社等7家单位数据分析疑点线索的现场核查。反映部门项目经费沉淀闲置未发挥资金效益、机构调整涉及部分资产长期未划转、部分财政专项资金分配使用不够合理、超编制配备公务用车、部分采购未履行政府采购程序等问题，促进提高财政资金配置效率和财政资金安全规范使用；配合署社保司开展互联网域名数据分析，移送案件线索1件；加强对审计发现问题整改的督促检查，发挥“治已病、防未病”功能。

经济责任审计 参与完成对水利部部长任期经济责任审计和自然资源资产离任（任中）审计。审计中，聚焦水利部贯彻落实习近平总书记“节水优先、空间均衡、系统治理、两手发力”治水思路，着力检查在贯彻执行中央重大经济方针政策和决策部署、履行推动本部门重要发展职责、履行重大经济决策职责、履行财政财务管理职责、落实党风廉政建设责任和遵守廉洁从政规定以及审计发现问题整改等方面存在的突出问题，准确界定责任，促进领导干部履职尽责、担当作为，保障党中央政令畅通、令行禁止。

党建工作 加强政治机关意识教育，坚持把加强党的政治建设作为推进机关党建的首要任务，组织全局干部深入研读领会《论坚持党对一切工作的领导》等文件的精神实质和具体要求，教育引导党员干部理解领会“中央和国家机关首先是政治机关”的深刻内涵，切实把“两个维护”落实到审计工作全过程各环节。组织学习领会党的十九届五中全会精神，深入把握今后5年乃至更长时期我国经济社会发展的指导方针、主要目标、重点任务、重大举措，明确下一步审计工作方向和重点。对标习近平总书记在中央审计委员会会议上的重要讲话精神，结合署党组书记、审计长侯凯专题党课要求，深入查找差距4条，制定改进措施4项。深入开展“灯下黑”问题专项整治，对照专项整治方案认真查找问题，针对4个短板弱项，制定12项整改措施。

坚持围绕中心抓党建、抓好党建促业务，强化支委会建设，落实“一岗双责”，着力提升组织生活质量，全年召开“三会”50余次，讲党课4次，推进党建与业务同部署、同落实、同检查、同考核，立足审计监督职能打造坚强战斗堡垒。

强化党风廉政建设，发挥党员领导干部“头雁效应”，紧盯“节假期”和“项目期”两个关键环节，开展经常性教育提醒和以案释纪警示活动。开展审计组纪律作风回访，严肃审计“四严禁”工作要求和审计“八不准”工作纪律。开展对党员“8小时”外言行专项监督；推进整治形式主义和官僚主义，弘扬“查真相、说真话、报实情”的工作作风；召开反对餐饮浪费专题组织生活会，弘扬勤俭节约、艰苦奋斗的生活作风。

相关工作 组织深入学习领会习近平法治思想，学习《中华人民共和国民法典》《中华人民共和国公务人员政务处分法》等法律法规，牢固树立法治理念和法治思维，严格依法行使审计监督权；探索研究型审计，组织对9家被审计单位进行调研摸底并专题研究，明确下一步审计思路和重点；持续抓实审计实务导师制，加强“传帮带”；创造实践平台，着力培养干部特别是年轻干部的政治能力和审计专业素养，选派4人参加中央巡视、党校进修或到业务司交流，派出5人次参加财政部、联合国等项目审计，输送5人次参加复核审理、报告汇总等工作，全局脱产参训覆盖率超过90%，1人被中央巡视办通报表扬，1人被国办督查室评为优秀督查员。通过思想淬炼、实践锻炼、专业训练，弘扬务实作风，促进党员干部在政治上提高站位、在实践中增长才干、在工作中取得进步。（撰稿人：王大鹏）

【审计署统战审计局】 2020年，审计署统战审计局实有17人。设有一处、二处、三处、四处。

领导成员

局　　长：鲍洪湘（—1月）

　　　　　方　超（1月—）

副 局 长：郭文光　孔鹏程（7月—）

二级巡视员：熊　伟

审计成果 2020年，审计署统战审计局共完成审计项目18个，其中审计18个。查出主要问题涉及金额2.44亿元，其中违规金额511万元、管理不规范金额2.39亿元；审计发现非金额计量问题41个；出具审计报告1篇。审计整改建议函15篇，提交专项审计信息1篇。审计提出建议40条，被采纳40条。向社会公告审计结果5篇。

政策落实情况跟踪审计 完成国家民委2020年度政策跟踪审计工作。系统研究国家民委政策跟踪审计重点，围绕统筹推动疫情防控和经济社会发展、助力“六稳”政策落实、助力民族地区决战决胜脱贫攻坚、网络安全建设和信息系统绩效、过“紧日子”等内容开展政策跟踪审计，反映社会团体违规调整会费标准、违规开展职业资格认定工作、未及时清理拖欠民营企业中小企业保证金等问题。同时，查出某协会私设“小金库”且资金去向不明的问题，提交审计简报1篇并移送纪检监察部门进一步查处。

财政审计 承担国家民委1个单位预算执行审计及信息化建设资金专项审计，并完成中央统战部、全国政协办公厅等单位数据分析疑点线索核查。借助大数据审计，创新审计模式，多线并行核查、被审计单位自查、远程在线审计核查、锁定重点现场取证，多管齐下完成京内16家单位的433个疑点核查，核实疑点61个，核实率14.1%。通过预算执行审计揭示被审计单位预算编制不够合理、固定资产管理不够规范、绩效管理尚不到位等问题79个，涉及财政资金3.01亿元。

疫情防控资金和捐赠款物专项审计 2月至4月，根据审计署统一安排，组成审计小组，对中国华侨公益基金会、中国华文教育基金会、中华思源工程扶贫基金会和中国光彩事业基金会等4家基金会接收疫情捐款捐物情况开展审计。重点审计捐赠资金50037.50万元，捐赠物资折价40135.09万元，揭示违规在非民政部门指定平台上开展网络公开募捐、未按规定管理和统一核算募得款物、捐赠物资分配使用不及时、与企业签订协议确认的捐赠物资未到位等问题，1篇专项审计信息被审计署采用。

经济责任审计 参加教育部部长经济责任审计，完成教育部民族教育司等所属6家单位现场审计工作，完成25个问题取证，揭示反映专项资金管理使用不规范、预算绩效评价管理不规范、大额项目支出未作资产核算等问题。

信息化建设 成立数据采集分析组，通过完善数据采集分析应用工作方案，进一步明确职责、细化流程、严格管理，持续提升大数据审计能力。与审计署数据司开展联学交流，学习未来大数据审计的发展趋势、金审工程三期建设情况等。在审计署数据司、财政司的指导下，多次组织局数据分析团队在审计署数据分析室开展上机演练，了解模型脚本编制原理，掌握操作流程。不定期组织数据采集分析组成员开展数据分析模型和SQL（结构化查询语言）的学习交流活动，在实践中提升数据分析专业技能水平。

交办任务 3人入选联合国审计人员人才库，根据联合国审计工作安排，共派出2人分别参加联合国维持和平行动及基金方案的审计工作。

相关工作 深化理论武装，制订全年理论学习计划，并结合重点学习教育活动；制订强化政治机关意识教育、学习贯彻十九届五中全会精神等专项实施计划，每月动态调整学习计划，对当月未完成的学习内容，接续滚动安排，让理论学习切实落到实处，取得实效。抓实抓牢党支部标准化建设，及时补选支部书记和支部委员，健全组织。严格落实“三会一课”、主题党日等组织生活制度，分别与审计署教育审计局、国家民委财务司联合开展主题党日，与审计署数据司开展财务知识培训等联学活动。创新党小组活动形式以应对疫情特殊防控要求，借助腾讯通推送每月重点学习内容和视频，利用手机终端组织开展参观纪念中国人民志愿军抗美援朝出国作战 70 周年主题展览。制定《统战审计局党支部加强思想政治工作的措施》，抓好党员干部思想建设工作，局领导和处室负责人、党员、干部经常性地开展谈心谈话。扎实有序完成“灯下黑”问题专项整治工作，组织开展强化政治机关意识主题教育，结合实际工作，综合分析、评估党支部建设情况，制定整治台账，做到措施精准、责任到人、时限明确。持续加强作风和纪律建设，严格遵守审计“四严禁”工作要求和“八不准”工作纪律，教育干部依法依规履行审计监督职责。

打造新时代高素质专业化审计队伍，细化干部培养路径，搭建干部培养平台，组织青年干部学习讨论习近平总书记关于青年干部要提高解决实际问题能力的讲话，增强“想干事、能干事、干成事”的意识和能力。安排干部参加审计案例征集活动并入选审计案例教学师资库；派员参加审计署财政司组织的审计结果汇总、审理司组织的部长经济责任审计审理等工作；选派 1 人到中国审计报社交流锻炼，丰富其基层工作经历。

严格落实有关疫情防控要求，认真执行关于疫情防控延长休假、轮流值班、居家办公、离京报备等工作事项。进一步丰富干部职工的业余文化生活，组织开展健步走、参观民族文化宫等活动。结合工作实际，制定《统战审计局党支部全面从严治党责任清单》，修订《统战审计局考勤暂行管理规定》，持续加强规范化管理，强化审计项目质量管控。（撰稿人：薛　卓）

【审计署外交审计局】 2020 年，审计署外交审计局实有 14 人。设有一处、二处、三处。

领导成员

局　　长：涂　莹

副 局 长：陈晓飞　谭志武（挂职于广西）

审计成果 2020 年，审计署外交审计局承担外交部 2020 年度政策跟踪审计、外交部和中联部 2019 年度预算执行审计、中国人民对外友好协会有关事项现场核查，并参与中国民航局和厦门大学主要领导人经济责任审计、联合国审计共 10 个审计项目。查出主要问题金额 6625.26 万元；审计发现非金额计量问题 3 个；出具审计报告 6 篇。提出审计建议 11 条。向社会公告审计结果 2 篇。

继续保持“审计署文明单位”称号。年度考核被评为优秀等次，并名列前茅。1 人荣获“中央和国家机关三八红旗手”称号并荣立三等功，2 人分别被评为审计署巾帼建功先进个人和“五好文明家庭”。

审计业务 紧紧围绕外交部重大资金和项目推进情况，及时反映存在的有关问题。新冠肺炎疫情暴发后，就物资捐赠等事项迅速持续跟踪审计，提出的多条审计建议被部门采用。

加大对驻外机构业务和财务等数据的收集分析力度，形成的数据分析报告，得到署领导批示肯定。在对 3 个部门的年度预算执行审计和现场核查中，取得防疫和审计“两不误”的好成绩。加大督促被审计单位整改力度，全年 3 个部门共出台整改措施 25 项，新增和修订多项规章制度。

配合做好“两统筹”工作，派员参加多个审计项目。在对中国民航局空中交通管理局审计中，发现涉及改革发展等方面问题。在对联合国审计中，参与起草相关专题报告，被审计署审计要情采用并得到中央领导同志阅示。

党建工作 全年支部召开支委会 12 次、党员大会 17 次、党小组会 36 次、党课 4 次，开展主题党日 17 次。深入开展强化政治机关意识教育、“灯下黑”问题专项整治和支部标准化规范化建设工作。全面排查支部存在的突出问题，建立整改台账，召开专题组织生活会进行整改。将理想信念教育与外交审计业务调研有机结合，分别与外交部有关司局党支部联合开展主题党日。在审计现场开展系列党建活动，激励干部在审计工作岗位上建功立业。深入学习党风廉政建设各项规定，开展系列警示教育，以案明纪。坚持日常廉政提醒、出差行前廉政谈话和中期电话提醒制度。定期分析干部思想动态，开展经常性谈心谈话。召开反“四风”专题警示教育大会、反对餐饮浪费专题组织生活会，深入开展批评和自我批评。

队伍建设 全年开展局内业务培训12次，派出16人次参加署审计干部教育学院等组织的各类培训，1人参加署党校处级干部进修班。坚持“以审代训”，以主审岗位为平台，锻炼青年干部业务能力。对处室职责优化调整，进一步修订完善局规章制度。按照审计署机关和驻在部门防疫要求，严格落实各项防疫措施。深入做好法治宣传，继续举办国家宪法日宣誓活动。局领导带队登门看望慰问长期出差干部的家属、家庭困难和因病住院同志。开展给家属一封信活动，融廉政提醒于关心关爱之中。局工会组织羽毛球赛等活动，为职工推送生日祝福，充分发挥工会关爱职工、凝聚力量、温暖人心的作用。

（撰稿人：坎　坷）

【审计署政法审计局】 2020年，审计署政法审计局实有16人。设有一处、二处、三处、四处。

领导成员

局　　长：张振良

副 局 长：汪春贵（1月—）

一级巡视员：赵京琳

二级巡视员：王世成

审计成果 2020年，审计署政法审计局共完成审计项目9个，其中公安部、中央档案馆（国家档案局）等预算执行审计项目8个，公安部政策跟踪审计项目1个。查出主要问题金额234115万元，其中违规金额248万元、管理不规范金额233867万元；审计发现非金额计量问题13个；出具审计报告和专项审计调查报告3篇。审计处理处罚金额274万元，其中应上缴财政248万元、应调账处理金额26万元。审计提出建议9条，被采纳9条；推动被审计单位制定整改措施10项。

政策落实情况跟踪审计 按照审计署统一安排，完成公安部2020年度贯彻落实国家重大政策措施情况跟踪审计，围绕减税降费、清理拖欠民营企业中小企业账款、政府过“紧日子”、深化“放管服”改革政策以及与公安部履职有关的党中央、国务院文件的贯彻落实情况等开展审计，发现公安部存在的有关问题，促进被审计单位整改，保证党中央、国务院相关政策落实。

财政审计 完成公安部、中央档案馆（国家档案局）2019年度预算执行审计2个项目，对最高人民法院、最高人民检察院、司法部、中国法学会、国家移民管理局、公安部特勤局预算执行情况进行数据分析和重点核查，实现所辖被审计单位年度预算执行审计全覆盖。审计重点关注各部门预决算收支完整性、“三公”经费和会议费管理使用情况、国库集中支付制度执行情况以及资产和政府采购情况等内容，发现存在预算编报不完整、违规扩大开支范围、未按规定清理上报结余资金、未按合同进度支付款项、固定资产账实不符、未经报批开展评选活动等问题，促进被审计单位提高预算资金绩效。

经济责任审计 根据审计署经济责任审计工作安排，配合有关单位完成教育部部长的经济责任审计。

相关工作 持续深入学习习近平新时代中国特色社会主义思想，深刻领会习近平总书记在党的十九届四中、五中全会上的重要讲话精神，通过青年干部领读领学、局处级领导重点点评等方式，集中进行系统学习。深入开展党建三项重点工作，强化政治机关意识教育，党支部书记讲主题党课，对局党支部如何走好“第一方阵”提出明确要求；专项整治“灯下黑”问题，全面排查、评估支部党建工作状况，形成问题清单，建立台账；推进支部标准化规范化建设。做好常态化“经济体检”工作，不仅要“查病”，更要“治已病、防未病”，全流程紧盯审计发现问题整改，着力做好“后半篇”文章。深入开展审计调研，把调查研究作为头等大事来抓，选出8个专题开展政策研究、业务剖析、疑点梳理、分步核查、阶段小结，锻炼提升审计人员的政策分析能力、“经济体检”能力、数据处理能力和文字表达能力。打造政治过硬、本领高强、作风优良的高素质专业化审计干部队伍。2020年共选派42

人次参加上级党组织和审计署举办的各类专题培训。强化局内业务经验交流，安排局内业务骨干就准确把握“经济体检”内涵、发挥审计建设性作用、预算执行审计项目实施关键环节等进行交流。强化党员干部大局意识和“砖头”观念，先后派出6人次参加中央巡视、优秀审计项目评审、预算执行审计项目审理、预算执行审计项目复核汇总、专项人事工作等。（撰稿人：张　赫）

【审计署教育审计局】　2020年，审计署教育审计局实有18人。设有一处、二处、三处、四处。

领导成员

局　　长：张广春

副 局 长：孙继宇　周国栋

一级巡视员：王　勇

审计成果　2020年，审计署教育审计局完成审计项目6个。查出各类违法违规和管理不规范问题涉及金额4.65亿元。出具审计报告4篇，提出整改建议函2篇。独立提交的2篇和参与编报的9篇审计信息被审计署采用。移送案件线索1件。提出完善体制机制和加强管理的审计建议13条。

政策落实情况跟踪审计　坚持改进方法、提高效率，按照署党组推进“两统筹”工作要求，加强政策跟踪审计、预算执行审计和经济责任审计等项目的统筹整合和相互衔接，坚持一次审计审全、审深、审透，达到“一审多果”，根据问题类型，纳入相关审计报告。持续关注被审计单位事业发展的难点、政策执行的痛点和急需解决问题的核心点，揭示问题，提出解决问题的办法，促进被审计单位及时整改问题，取得很好审计成效。反映的青少年校园足球问题，教育部会同中央六部门专门研究并联合发布《全国青少年校园足球八大体系建设行动计划》，完善相关机制，推动校园足球的发展。在疫情防控中提出关于复课复学后学校面临的防护物资和医务人员配备的问题，教育部会同国家卫健委出台学校学生疫情防控指南。

财政审计　在教育部、中央党校（国家行政学院）、中国作协和中国文联4个单位的预算执行审计中，通过远程对被审计单位的数据进行采集、整理和分析，形成问题线索，有针对性地组织核查，减少现场审计时间，保证在人员少、任务重、现场审计时间短的情况下，如期完成审计任务。

经济责任审计　与政法审计局、统战审计局和教科司共同实施的教育部部长经济责任审计，坚持实行每周线上审计业务会议制度，结合疫情防控需要和现场审计人员分散的特点，每周一上午召开在线审计业务会议，共同研究下一步的工作重点，提升审计工作效率。落实审计业务公开制度，实现廉政监督与审计工作的一体化融合，提高审计质量和效率，实现现场审计全过程的阳光透明。

相关工作　修订《教育审计局关于健全全面从严治党领导小组的决定》，将局全面从严治党领导小组下设小组调整为党建领导小组、业务管理领导小组、局务管理领导小组和人才培养领导小组，进一步完善各小组和人员职责分工。将政治理论思想教育与业务实际有机结合，从政治站位高度认识和把握审计职责，发挥审计宏观管理和“经济体检”职能。全体党员深入学习侯凯审计长的党课，局领导班子讲党课4次。开展线上主题党日、赴铁军纪念馆等主题联学活动。2020年，教育审计局被授予“2018—2020年度审计署文明单位”“2018—2020年度审计署创建模范机关先进单位”等荣誉称号；1人被评为全国审计机关先进工作者。　（撰稿人：秦　雪）

【审计署科学技术审计局】　2020年，审计署科学技术审计局实有20人。设有一处、二处、三处、四处。

领导成员

局　　长：丁仁立

副 局 长：江显华　成佳富　张保国

二级巡视员：李晓南　赵石柱

审计成果　2020年，审计署科学技术审计局完成审计项目7个。查出主要问题金额54.71亿元，其中违规金额3.57亿元、管理不规范金额51.14亿元；审计发现非金额计量问题25个；出具审计报告和整改建议函9篇。审计处理处罚金额38762.73万元，其中应上缴财政13878.67万元、应减少财政拨款或补贴371.08万元、应归还原渠道资金2000万元、应调账处理金额22512.98万元。审计促进整改落实有关问题资金47.93亿元。审计提出建议17条，被采纳15条；推动被审计单位制定整改措施22项；促进被审计单位建立健全规章制度5项。向社会公告审计结果5篇。

独立实施的科技部2018年度预算执行等情况审计项目被审计署评为2019年度全国审计机关优秀审计项目二等奖。

政策落实情况跟踪审计 对科技部2020年贯彻落实国家重大政策措施贯彻落实情况进行跟踪审计。重点审计科研应急攻关项目、国家重点实验室体系重组、国家重大科研仪器与设施、促进优化营商环境、“放管服”改革、清理拖欠民营企业中小企业账款、国家技术创新中心建设、企业联合基金税收政策等政策措施落实情况。共出具审计报告2篇，反映新型冠状病毒现场快速检测产品研发应急项目管理流程烦琐，与应对疫情要求不相适应；国家技术创新中心建设整体进展较为缓慢等方面的问题6个。针对审计发现的问题，提出审计建议。科技部高度重视审计建议并积极整改，强化考核评价，将仪器纳入国家平台的完整性、预约服务的时效性作为考核评价的核心内容，及时完成相关项目验收工作，办理结余资金的收缴手续。

财政审计 对科技部、中国科学院、中国社会科学院、中国工程院和中国科学技术协会2019年预算执行等情况进行审计。重点审计科技部本级、中科院文献情报中心、中科院电工研究所、中科院青藏高原研究所、中科院工程热物理研究所、中科院计算机网络信息中心、中科院生物物理研究所、中国社会科学院、中国工程院和中国科学技术协会等单位，并对有关事项进行延伸审计。主要发现科技部本级和所属3家二级单位编制项目预算时未充分统筹上年结转资金；5个项目年底形成结转结余资金；中科院本级4个三类会议未按规定进行管理和审批，3个二级项目预算绩效目标未按规定进行设置；中科院本级和所属5家二级单位账龄超过3年及以上的往来款长期挂账未清理；中国社会科学院本级账龄在3年及以上的其他应收款433.65万元长期挂账未清理，未区别管理学术交流合作经费和非学术交流合作因公出国（境）经费；中国工程院院本级164.03万元往来款未及时清理，56.02万元利息收入未纳入预算管理，2个项目未按要求设置预算指标；中国科学技术协会本级2个国际一类会议未按规定编制预算，未按规定制定本单位国际会议财务预算管理细则等问题。

经济责任审计 牵头对国家邮政局局长开展任期经济责任审计。

审计科研 成功申报审计署2020—2021年度重点科研课题《政策跟踪审计服务国家创新驱动发展战略研究》。截至年底，顺利完成课题中期研究任务。 （撰稿人：焦广耀）

【审计署工信建设审计局】 2020年，审计署工信建设审计局实有20人。设有一处、二处、三处、四处。

领导成员

局　　长：樊　华

副 局 长：苏慧娟　吴一亮

二级巡视员：石绍懿　李晓军　罗继东

审计成果 2020年，审计署工信建设审计局共完成审计项目5个。查出主要问题金额73556.75万元，其中违规金额2482.96万元、管理不规范金额71073.79万元；审计发现非金额计量问题24个；损益（收支）不实金额12547.59万元；出具审计报告5篇。审计处理处罚金额46018.67万元，其中应上缴财政32275.29万元、应调账处理金额13743.38万元。审计促进整改落实有关问题资金66929.29万元。审计提出建议20条，被采纳20条；推动被审计单位制定整改措施79项；促进被审计单位建立健全规章制度23项；提交审计信息4篇，被批示、采用4篇次。向社会公告审计结果2篇。

政策落实情况跟踪审计 组织实施对工业和信息化部、住房和城乡建设部2020年第三季度国家重大政策措施落实情况跟踪审计。在审计过程中紧紧围绕“放管服”改革和国务院关于优化营商环境更好服务市场主体的政策要求，重点关注行政事业单位完成行业协会商会脱钩任务及其收费情况、部门清理拖欠民营企业中小企业账款和落实《保障中小企业款项支付条例》等情况，发现领导干部在协会及相关单位兼职、协会行政职能分离不到位、协会违规举办论坛并收费、协会利用行政资源开展的有偿服务、协会违规举办评比表彰活动、所属单位拖欠民营企业账款、所属单位组织培训不合规等多个问题。其中，协会利用行政资源开展有偿服务、协会违规举办评比表彰活动等3个案例被审计公告采用。

财政审计 组织实施对工业和信息化部、住房和城乡建设部、国家国防科技工业局2019年度预算执行等情况审计。发现部门及所属单位在计划外召开会议、在非定点场所召开会议、在计划外召开培训并收费、大量结余资金未上交、未及时出台政府购买服务指导性目录、未履行政府采购程序、将业务委托给不具备资格的主体、未经批准出借办公用房、资产账实不符、超标准采购、违规支付跨年支出、国库集中支付不合规、绩效指标设置不细化等多个问题，提交审计信息4篇，均被批示、采用。

相关工作 把政治建设摆在首位，紧抓思想教育，全年共召开支委会9次、党员大会11次，开展参观辽沈战役纪念馆等主题党日4次。十九届五中全会召开后，开展全员集中学习全会精神6次，领导干部宣讲4次。坚持从严管理干部，把遵守廉政纪律作为做好审计工作的第一步，日常通过局微信群等多种方式对审计人员执纪进行提醒和监督、节假日前重点教育，杜绝“四风”问题的发生。组织全局人员学习《公职人员政务处分法》，学习贯彻《中央和国家机关党员工作时间之外政治言行若干规定（试行）》，把对干部八小时之外的管理也纳入局人员管理重点，确保从严管理不留死角。2020年共开展以案释纪、庭审观摩、学习讨论、纪检委员讲党课等各种党风廉政建设教育5次。

按照“信念坚定、业务精通、作风务实、清正廉洁”的要求加强审计干部队伍建设，着重锻炼干部能查、能说、能写的能力。全局预算执行和政策跟踪审计等项目的主审均安排年轻同志担任。1人参与国务院第七次大督查，被评为优秀督查队员；4人获得数据分析技术方法在审计工作中的创新应用优秀案例三等奖；1人选调参加为期一年的中央巡视工作。派出5人次参加地方主要领导和高校领导经济责任审计项目，1人次参加社保审计调研，1人次参加联合国审计项目并任主审。配合完成干部职务职级晋升工作，提任1名处长、1名副处长、3名四级调研员，1人晋升。

（撰稿人：董佳丽）

【审计署民政社保审计局】 2020年，审计署民政社保审计局实有18人。设有一处、二处、三处、四处。

领导成员

局　　长：孙　波（—10月）
　　　　　马　刚（10月—）
副 局 长：方炳兴　秦　洁（—7月）
　　　　　张新竹

审计成果 2020年，审计署民政社保审计局完成审计项目8个，其中组织实施人力资源社会保障部、民政部等部门预算执行审计项目4个，组织实施人力资源社会保障部和民政部国家重大政策措施贯彻落实情况跟踪审计项目2个，组织实施民政部疫情防控资金和捐赠款物专项审计项目1个，配合其他派出局完成经济责任审计项目1个。查出管理不规范金额10194万元；审计发现非金额计量问题36个；出具审计报告9篇。审计后应上缴财政金额441万元。提出审计建议10条，被采纳10条。

政策落实情况跟踪审计 围绕深化“放管服”改革，在人力资源社会保障部和民政部政策跟踪审计中，揭示政策执行中行业协会脱钩任务进展缓慢、利用行业影响力乱收费、违规开展评比达标表彰等方面问题。加强与业务司、特派办的沟通联系和上下联动，依托政策跟踪审计项目，深入开展就业、社保、救助、慈善捐赠等领域的政策研究和数据分析，参与编写职业技能提升行动、全国社保信息系统建设、困难群众和困难地区防疫安全和生活保障等方面审计重要信息要目6篇，推动部门解决政策执行过程中存在的问题。

财政审计 围绕部门预算执行审计要点，坚持以资金为主线，深入分析预算、资金、项目和政策之间的相关联系，扎实做好人力资源社会保障部、民政部、国家医疗保障局和中国福利彩票发行管理中心4家单位的2019年度预算执行等情况审计工作。通过审计，揭示预算执行相关的项目预算编制、绩效管理、存量资金、资产管理等方面问题，涉及问题金额共计 9917 万元，其中部门资产管理、全面预算绩效管理等方面问题被署财政司 2 篇重要信息要目采用，为从体制机制层面提高预算管理的科学性提供支撑。对 4 家单位 2019 年度预算执行审计发现问题的整改措施、落实情况、相关账证和文件资料等进行认真核实，对限期内未整改到位的问题，深入分析原因，督促推动解决。

疫情防控资金和捐赠款物专项审计　按照审计署的统一安排，对民政部疫情防控资金和捐赠款物开展专项审计，审计延伸慈善组织 6 家。专项审计共涉及捐赠资金 5.97 亿元，揭示抗疫捐赠项目资金管理、物资采购和接收、互联网募捐等方面存在的 4 类 10 个问题，出具专项审计报告 1 篇，参与编写互联网募捐信息平台管理、慈善组织捐赠资金管理等方面审计专报信息和重要信息要目 3 篇。审计中推动被审计单位立行立改，加快捐赠资金拨付效率，规范疫情防控资金管理和物资供应，为确保疫情防控资金和捐赠款物及时安全拨付提供有力保障。在做好疫情防控的同时，始终坚守审计一线，及时跟踪了解慈善组织接收国内外捐款捐物，以及慈善款物和项目资金拨付使用等情况，并汇总相关数据报送审计署，为疫情专项审计摸实情、定方向提供有力支撑。

经济责任审计　按照审计署统一部署，配合有关单位开展经济责任审计，揭示有偿新闻、评比表彰、资产管理、论坛管理等方面问题。

相关工作　选派 5 人参加中央巡视、联合国审计、财政司审计报告问题汇总、审理司报告审理和优秀审计项目评选等工作。研究落实署党组的决策部署，围绕审计工作重点，着力提升工作成效；审计工作中坚持深入一线，研究方案、讨论重点，厘清思路、把握进度，及时协调解决审计中遇到的困难和问题。开展业务调研和学习交流，深入被审计单位了解情况，听取工作意见和建议，与部分先进派出局开展座谈交流，取长补短，学习借鉴先进经验。重视对青年干部的培养，做实做细审计实务导师制、青年理论学习小组和处室“传、帮、带”等工作，安排年轻干部担任项目主审。　　（撰稿人：赵　伟）

【审计署资源环境审计局】　2020 年，审计署资源环境审计局实有 17 人。设有一处、二处、三处、四处。

领导成员

局　　长：金　莹（—1 月）

　　　　　丁　雁（1 月—）

副 局 长：景贵亮　魏东平　安志蓉

一级巡视员：黄树平

审计成果　2020 年，审计署资源环境审计局实施完成政策跟踪、预算执行等审计项目 6 个，协助参与领导干部经济责任和自然资源资产离任审计项目 1 个。查出主要问题金额 60281 万元，其中违规金额 1577 万元、管理不规范金额 58703 万元；审计发现非金额计量问题 29 个；出具审计报告 6 篇。审计处理处罚金额 2611 万元，其中应上缴财政 1577 万元、应调账处理金额 1033 万元。审计促进整改落实有关问题资金 2746 万元。审计提出建议 18 条，被采纳 18 条；促进被审计单位建立健全规章制度 17 项；撰写或参与撰写的审计信息被审计署采用 8 篇。

政策落实情况跟踪审计　开展自然资源部、生态环境部国家重大政策措施落实情况跟踪审计。紧密围绕审计署财政办下发的审计要点，聚焦部门资金、项目、政策、规划执行和重大改革任务推进等情况，围绕相关业务司局的职能定位、政策制定、规划落实、资金项目执行等内容提出审计思路。审计重点关注跟踪自然资源部、生态环境部贯彻落实党中央决策部署“最初一公里”的进展情况，揭示政策执行不到位、违规收费、清理拖欠民营企业中小企业账款不到位、行政审批事项不规范等问题；审计中发现的部分行业协会未经审批开展评比表彰活动等 5 个问题作为典型案例被国务院专题报告采用。

财政审计　组织开展自然资源部、生态环境部 2019 年度预算执行审计项目，现场查核取证，充分利用数据分析手段，实现对 5 家一级财政预算单位的审计全覆盖。各审计组跟进预算执行审计要点，结合被审计单位工作职责和业务特点，注重对部门预算总体结构和趋势的分析，明确财政存量资金管理使用、预算绩效管理、转移支付资金分配管理、落实党和国家机构改革任务等审计重点。注重加强与财政部审计组的横向联动，研究梳理财政管理中普遍性、倾向性问题，以财政整体审计的思路和观念为指引，关注体制机制性问题，审计过程中揭示的问题被审计署采用。

相关工作 局领导班子和党支部严格执行“三会一课”制度，组织党员干部认真学习习近平总书记在党和国家机关党的建设工作会议上的重要讲话精神，开展党建三项重点工作，局党支部通过党员集体学习、班子成员领学、小组定期学习、干部个人自学、青年理论学习小组研讨等多层面开展理论学习。开展“不忘初心、弘扬优良家风”主题党日等活动。

局党支部以审计现场廉政风险管理为重点，建立健全廉政提醒报告、廉政监督员等制度。加强审计现场管理，严守审计“四严禁”工作要求和“八不准”工作纪律，向被审计单位明确告知并自觉接受监督。

从提高政治站位、加强作风建设、夯实履职基础、提升审计水平等方面入手，开展“2020 基础夯实年”活动，持续强化干部队伍建设。开展调查研究，梳理部门职能，汇编审计案例，举办“每月一讲”，增强政策研究能力，提高审计业务水平。全年有 7 名青年干部先后担任审计项目主审和副主审。2020 年，资源环境审计局 2018—2020 年度继续保持“审计署文明单位”荣誉称号，1 人荣立三等功，4 人获嘉奖，1 人被国务院办公厅督查室评为“优秀督查队员”。

（撰稿人：王中杰）

【审计署交通运输审计局】 2020 年，审计署交通运输审计局实有 17 人。设有一处、二处、三处、四处。

领导成员

局　　长：彭　琦

副 局 长：邢伟彬

一级巡视员：赵文彪

审计成果 2020 年，审计署交通运输审计局独立完成交通运输部和民航局 2019 年度预算执行审计、网络安全专项审计、2019 年第四季度和 2020 年度政策跟踪审计，与审计署外交审计局、京津冀特派办共同完成 1 个经济责任审计项目。全年出具审计报告 8 篇，其中：经济责任审计报告正文反映问题 13 个，涉及金额 2.40 亿元；预算执行审计报告反映问题 14 个，涉及金额 120.27 亿元；政策跟踪审计报告反映问题和案例 20 个，涉及金额 3.15 亿元；网络安全专题审计报告反映问题 18 个，涉及金额 1.94 亿元。提交审计信息 1 篇，参与撰写的相关信息被审计署采用 7 篇。配合审计署应对新型冠状病毒肺炎疫情防控资金和捐赠款物专项审计领导小组办公室，跟踪了解 3 篇专报信息反映问题整改情况。

大数据审计 选配各处室业务骨干组成数据分析小组，改善设备硬件条件，制订有针对性的数据分析方案，有效提高审计效率与覆盖面。对交通行业综合统计信息管理平台中的数据进行深入分析，相关案例在数据分析技术方法在审计工作中的创新应用专题调研中获得三等奖。

相关工作 深入学习习近平新时代中国特色社会主义思想、《习近平谈治国理政》第三卷、习近平总书记在中央和国家机关党的建设工作会议上的重要讲话以及关于审计工作的重要讲话和重要指示批示精神。支部书记围绕“强化政治机关意识、走好第一方阵”带头讲党课，发动党员充分利用“学习强国”“支部工作”App 和审计署党建“应知应会”系统等网络平台做好自学。组织全员参加审计署党章党规党纪和支部举办的十九届五中全会知识竞赛；开展“不忘初心、弘扬优良家风”主题党日；举办“五四”青年节读书活动，参加审计署机关团委组织的百名审计青年诵读《习近平谈治国理政》第三卷线上活动，小组成员撰写学习心得 11 篇。

开展“灯下黑”问题专项整治和支部标准化规范化建设工作。结合巡视发现的问题以及巩固深化“不忘初心、牢记使命”主题教育成果要求，梳理支部存在的问题，建立整改台账，狠抓整改到位。加强支委会建设，强化党小组设置，建立党员活动场所。严格执行“三会一课”制度，将每月第一个周五确定为支部主题党日。

按照《交通运输局党支部落实全面从严治党责任清单》，明确廉政责任。紧盯年节假期等关键节点，利用局内会议、局微信群等提醒全局党员严守各项纪律，按要求向驻署纪检监察组报送情况。纠治形式主义、官僚主义，坚持少开会、开短会、开管用的会，探索使用视频会议等方式提高沟通效率。

利用局务会、审计业务会等，将现代财税体制改革作为重点，与交通运输行业投融资、道路运输价格、通用航空业发展等重点改革政策结合起来，深入学习研讨；提升信息化审计能力，将大数据审计能力培训纳入局集中整训，邀请特派办同志介绍大数据审计经验。

选派骨干和青年干部参加署党校处级干部进修班和计算机审计中级培训班，配合选派骨干参与国务院第七次大督查工作和中央巡视工作。审计项目均安排青年干部担任主审，1 人到农业司交流，5 人次参加署复核审理工作，选派多人分别参加审计数据能力提高班、经济责任审计高级研讨班等 7 个培训班。（撰稿人：冯　辉）

【审计署农业水利审计局】 2020 年，审计署农业水利审计局实有 20 人。设有一处、二处、三处、四处。

领导成员

局　　长：郑博奎

副 局 长：孙庆红　王　华　郭文艺

一级巡视员：乔红兵

审计成果 2020 年，审计署农业水利审计局完成审计项目 6 个。查出违规、损失浪费和管理不规范等问题金额 2.12 亿元；出具审计报告 6 篇。审计处理处罚金额 3432 万元。审计提出建议 8 条，被采纳 8 条；推动被审计单位制定整改措施 25 项；促进被审计单位建立健全规章制度 24 项。报告中反映的部分问题被署专题报告和综合报告采纳。多项审计成果被署采用，得到有关领导的批示。

2020 年，被审计署授予“2018—2020 年度审计署文明单位”荣誉称号。

政策落实情况跟踪审计 在开展的农业农村部和水利部重大政策措施落实情况跟踪审计中，全面梳理 2020 年重大任务情况，关注扶贫、重大水利工程、“放管服”改革和部门重点工作任务等重大决策部署贯彻落实情况，查出履职不到位问题，出具审计报告 2 篇，反映重大问题 22 个。

财政审计 组织实施对农业农村部和水利部 2019 年度预算执行等情况审计。聚焦深化供给侧结构性改革、打赢三大攻坚战、乡村振兴战略等重点工作，紧紧围绕“发展、改革、安全、绩效、反腐”，通过揭示问题、剖析原因、提出建议，推动全面实施预算绩效管理。在开展预算执行情况数据分析的基础上，对 2019 年度预算执行、其他财政收支和决算草案以及参与分配的专项转移支付资金等情况开展现场审计。审计涉及 2019 年度部门财政拨款预算资金 232.95 亿元。

经济责任审计 6 月，对某部领导干部开展经济责任审计和自然资源资产离任（任中）审计，持续督促审计发现问题的整改落实工作。

交办任务 配合审计署有关业务司和特派办等单位共同开展审计事项近 20 次。抽调派出 11 人次参加中央巡视，国务院第七次大督查和有关业务司组织的汇总、复核、审理、评审等工作。

（撰稿人：顾振纬）

【审计署贸易审计局】 2020 年，审计署贸易审计局实有 17 人。设有一处、二处、三处、四处。

领导成员

局　　长：赵保林

副 局 长：刘晓越（—11 月）　李光林

一级巡视员：王淑敏

审计成果 2020 年，审计署贸易审计局组织实施商务部、国际发展合作署、中国贸促会、供销合作总社 2019 年度预算执行等情况审计，以及商务部、供销合作总社 2020 年度国家重大政策措施落实情况跟踪审计，参与国家邮政局局长、党组书记马军胜经济责任审计等。查出主要问题金额 196223 万元，其中违规金额 21984 万元、管理不规范金额 174239 万元；审计发现非金额计量问题 30 个；损益（收支）不实金额 8077 万元；出具审计报告和专项审计调查报告 7 篇。审计处理处罚金额 67413 万元，其中应上缴财政 21984 万元、应调账处理金额 45429 万元。审计促进整改落实有关问题资金 66808 万元。审计提出建议 25 条，被采纳 25 条；推动被审计单位制定整改措施 25 项；促进被审计单位建立健全规章制度 34 项；提交审计信息 16 篇，被审计署重要信息要目等采用 13 篇。

2020 年度派出局考核为优秀，2018—2020 年度继续保持“审计署文明单位”荣誉称号。牵头实施的商务部 2018 年度国家重大政策措施落实情况跟踪审计项目被审计署评为2019年度全国审计机关优秀审计项目一等奖。

政策落实情况跟踪审计 商务部一、三季度政策跟踪审计报告共计反映问题10个，其中4个案例被审计署综合报告采用，促进商务部多项制度更新。紧密结合商务部、供销合作总社职责特点，梳理重大政策措施，动态更新政策清单，做好各季度审计的“项目储备”。聚焦供销合作总社在助力决战决胜脱贫攻坚、促进优化营商环境等方面政策措施落实情况，制定并更新审计任务清单。对商务部突出稳外贸、稳外资、促消费、内贸流通政策措施及相关专项资金和项目落实落地情况开展审计，同时梳理时政热点和审计空白点，加强相关政策措施落实情况审计。对供销合作总社突出围绕党中央国务院关于推进供销合作社综合改革的决定、乡村振兴战略、为农服务措施、再生资源政策的贯彻落实，以及“新网工程”专项资金项目落地情况，进一步深化审计监督。

财政审计 疫情期间创新审计方式方法，确保审计深度和广度。统筹做好疫情防控和审计工作，通过现场审计与非现场审计相结合，加强数据分析、报送审计、专网审计、专网审核、视频和电话讨论沟通等非接触式审计，实现对商务部等4个一级预算单位的审计全覆盖。探索预算执行审计与财务报告审计相结合，商务部2019年度预算执行等情况审计报告反映问题26个，进一步扩大审计覆盖面；通过报送审计，查出国际发展合作署预算执行中存在的3个问题，提出审计整改建议函；在中国贸促会严格疫情防控情况下，完成审计方案“规定动作”和自选重点事项审计，出具审计报告、审计决定、专题报告各1篇，2个审计案例被署汇总报告采用。对商务部2019年度预算执行等情况审计是施行政府新会计制度后的第一次审计，审计中进一步突出“四重一险”，即重点单位、重点资金、重点项目、重点政策、重大风险隐患和薄弱环节，反映部分事业单位在往来款中核算收入导致决算不实等新会计制度执行不到位问题，从审计角度指导督促新制度有效实施。统筹预算执行审计和信息化建设专项审计，促进网络和信息系统安全。

经济责任审计 组织学习新《两办》规定，准确把握审计方向和重点。6月，配合科学技术审计局实施国家邮政局经济责任审计项目，安排12人参与，全面覆盖国家邮政局在京9家直属单位。根据审计内容特点和审计人员特长，组成3个审计小组，注重与牵头局的纵向配合、小组间的横向联动。分主审与牵头局沟通，对重大事项统一组织摸底、督导实施，每周开展工作交流，对发现问题集中研究，形成审计合力。

（撰稿人：米春云）

【审计署卫生体育审计局】 2020年，审计署卫生体育审计局实有19人。设有一处、二处、三处、四处。

领导成员

局　　长：张宣波

副 局 长：崔一贺　张京奕

二级巡视员：刘亚明　孙　刚

审计成果 2020年，审计署卫生体育审计局完成卫生健康委、体育总局2019年度预算执行情况及重大政策落实情况跟踪审计，国家体育总局体育彩票管理中心、中国老龄协会、中国计划生育协会的2019年度预算执行情况全覆盖审计等审计项目。审计发现问题84个，涉及金额8.12亿元，促进上缴财政结余资金8000余万元，4个问题被作为案例汇总采用，报送相关信息及资料被审计署重要信息要目采用10篇、《应对疫情专项审计专报信息》采用3篇、信息转送函采用2篇。

政策落实情况跟踪审计 开展卫生健康委、体育总局2019年度预算执行情况及重大政策落实情况跟踪审计，把握卫生和体育领域重大政策和改革任务，加深对公立医院改革、药品保障、健康扶贫、健康中国、奥运冬奥备战保障等方面政策理解，对重点关注事项加大审计力度。卫生健康委重大政策措施落实情况跟踪审计主要发现部分学会强制、重复收取会费，未按规定设置会费档次，拖欠工程结算款，开展全国性评比表彰活动未按规定报主管部门审查，修改会员类型和会费标准未按规定报经会员（代表）大会表决通过等方面的问题。体育总局重大政策措施落实情况跟踪审计主要发现经济活动产生的收入未纳入单位统一核算、清理民营中小企业有关欠款不及时、行业协会脱钩改革工作总体推进较为缓慢、在国家规定的职业资格目录外变相开展职业资格认定并收取费用、未按规定向社会公示收费信息等方面的问题。

财政审计 按照署统一计划安排，组织开展体彩中心、老龄协会、计生协的2019年度预算执行情况全覆盖审计，参加发展改革委部门预算执行及组织分配中央财政投资情况、复旦大学领导干部经济责任审计等审计项目。发现超范围支出会议、培训费，会议人数和费用超标，涉及11项会议参会人数超标830人，1项会议费用超标3.33万元；超标准支出培训费6.18万元；扩大项目开支范围14701.91万元；未按规定执行政府采购程序，涉及金额2376万元；结余资金未及时清理上报并按规定处理，涉及金额1232.14万元；基建项目未及时办理竣工决算，涉及金额10500万元；部分单位公务用车管理台账登记不全，公务用车信息登记不全；项目绩效管理不完善，存在未按规定设置绩效指标；绩效目标不够细化，与预算资金不匹配；绩效自评结果不实，缺乏客观依据等问题。

相关工作 开展强化政治机关意识教育、"灯下黑"问题专项整治和推进党支部标准化规范化建设的总体部署和安排，通过自查自评查摆出4个方面的问题，提出14条具体整改措施，并建立专项整治工作台账认真抓实整改。组织召开党员学习大会13次，讲专题党课4次、微党课7次，强化党员干部谈心谈话，组织开展"不忘初心、弘扬优良家风"主题党日，开展党建知识答题及解析和警示教育，参观纪念中国人民志愿军抗美援朝出国作战70周年主题展览等活动。主动加强与业务司局、特派办的沟通联系，派员参加"两统筹"审计项目。结合推行党建日常工作轮值制和党支部标准化规范化建设，加强和规范党内政治生活，全年召开党员干部大会27次，支委会16次，党小组会63次，各党小组分别召开"厉行勤俭节约、反对餐饮浪费"专题组织生活会共5次（含赴外地参加审计小组）。卫生体育审计局获评署2020年度考核"优秀"等次单位。

按照程序补选2名支部委员充实党支部委员会，领导班子充分发挥表率作用和"关键少数"示范作用，带头学习交流、一线指导督促、带队深入调研。坚持德才兼备、以德为先的用人导向，推荐选拔敢于负责、勇于担当、善于作为、实绩突出的干部，配合完成相关人员的职务职级选拔晋升和发展新党员工作。全年选派32人次参加审计署专题培训班等学习培训，10人次参加审计署业务司、中纪委、中央巡视和高校经济责任审计等工作。

落实保密工作责任，按规定组织签订保密承诺书，及时传达署保密要求，切实加强日常教育管理，开展保密专项检查自查。宣传贯彻相关法律法规，促进被审计单位牢固树立法治思维和法治观念，营造依法审计、文明审计的良好氛围。抓好社会治安综合治理工作，及时通报安全事故警示案例，开展经常性社会治安综合治理、防谍防恐、交通安全等学习宣传教育工作，不断增强全局干部安全责任意识。 （撰稿人：俞　扬）

【审计署社会管理审计局】 2020年，审计署社会管理审计局实有18人。设有一处、二处、三处、四处。

领导成员

局　　长：李志民（—10月）

副 局 长：杨健奎　孔秋敏

　　　　　邢胜强（—1月）

二级巡视员：龙济川　宣宝平　孟丽瑷

审计成果 2020年，审计署社会管理审计局完成审计项目16个，其中组织实施审计项目13个，参与实施审计项目3个。查出主要问题涉及金额103862.84万元，审计发现非金额计量问题13个。

政策落实情况跟踪审计 完成对应急管理部第一季度、第三季度重大政策跟踪审计，其中第一季度与预算执行审计统筹实施。共发现违规开展与行政审批相关的收费业务、未按要求清理和公布"要求企业接受第三方服务的事项"等制度性问题2个，涉及资金37.5万元。

财政审计 完成对应急管理部2019年度预算执行等情况审计，查出所属事业单位化学品登记中心往来款120.8万元长期挂账未清理；所属事业单位紧急救援促进中心接受捐赠380万元未按规定确认收入；所属机关服务中心等4家二级单位2019年工会经费未按要求实行独立核算，支出金额合计544.92万元；所属档案馆未将2019年上半年资产出租收入105.7万元、物业费支出96.32万元纳入财务核算；应急管理部2019年预算安排的部分项目论证不充分，前期准备不够，项目不能及时实施，截至2019年底，共计结转资金10583.13万元，导致财政资金不能及时发挥效益；应急管理部个别项目绩效评价形同虚设，在项目一直未开工的情况下，2016—2019年连续安排预算共计685万元，截至2019年底，累计结转资金641.23万元；应急管理部与财政部未及时联合出台专项转移支付资金（中央自然灾害救灾资金）相应的资金管理办法等问题。

完成对中国气象局2019年度预算执行等情况审计，查出气象局部分项目未结合以前年度结转情况编制当年预算，涉及预算金额1880.65万元；气象局本级编制预算时未按规定将2018年末公房出售收入余额的20%安排用于发放购房补贴；个别项目未结合以前年度结转情况和绩效自评结果调整预算规模；部分项目绩效目标未设定相关联的绩效指标；部分项目绩效指标设定不正确；气象局本级往来款761.58万元长期挂账未清理；部分基建项目未及时办理竣工财务决算等问题。

完成对退役军人事务部2019年度预算执行等情况审计，查出项目前期论证和准备工作不充分，结转资金3114.76万元，财政资金不能及时发挥效益等问题。

完成对中国地震局2019年度预算执行等情况审计，查出贵州省地震局从零余额账户向实有资金账户划转资金9.87万元；新疆维吾尔自治区地震局、地震局第二监测中心向工会账户划转项目资金34.5万元用于工会活动经费等问题。

完成对国务院参事室2019年度预算执行等情况审计，查出社会建言征集与研究项目支出预算编制不准确，涉及财政拨款82万元等问题。

完成对国家信访局2019年度预算执行等情况审计，查出项目前期准备工作不充分，结转资金218.69万元，财政资金不能及时发挥效益等问题。

完成对国家矿山安全监察局2019年度预算执行等情况审计，查出个别服务类项目未列入2019年政府采购预算和政府购买服务预算，涉及资金120万元；国家矿山安全监察局机关未按要求设立工会经费银行账户等问题。

完成对消防救援局2019年度预算执行等情况审计，查出2019年未考虑项目进度和以前年度结转资金，安排项目资金8000万元；长期挂账未清理，长期垫付军、师职干部和平村住房等5笔资金共计18700万元，收取师职干部和平村购房款、军职干部清房款等16笔资金共计14400万元，账龄均在3年以上等问题。

完成对森林消防局2019年度预算执行等情况审计，查出吉林省森林消防总队收支挂往来账核算，少记收支涉及68.19万元等问题。

经济责任审计 派员参加重庆市市长经济责任审计和自然资源资产离任审计，发现无预算购置公务用车、挪用财政资金用于办理定期存款、中央补助资金未按资金管理办法使用等问题7个，涉及资金34054万元。派员参加厦门大学党委书记和校长经济责任审计，发现落实有关党风廉政建设责任不力、学校科研项目结余资金超期使用、违规申请财政捐赠配比资金等问题27个，涉及资金9909万元；推进制度建设2项，与教科司形成“哲学社会科学繁荣计划”事项专题联动。

网络安全审计 完成对应急管理部2019年网络安全审计，查出应急管理部所属2家单位未按要求建立和落实网络安全责任制，部分所属单位未按要求开展等级保护测评，应急管理部本级及所属单位共有26个信息系统未按要求及时进行等级保护定级，应急管理部森林防火预警监测信息中心等8个所属单位网络安全防护措施不到位等问题。

完成对中国气象局2019年网络安全审计，查出气象局计算机替代工程存在替代完后长期闲置现象；气象局计算机替代工程部分设备采购程序不合规，采购产品数量、内容与计划不符等问题。

信息化建设 加大信息化环境下大数据审计探索，在部门预算执行审计中，审计组积极运用数字化审计方式，审前开展大数据分析，发现疑点，确定重点，提升现场核查效率；配合署数据司、计算机中心，在派驻地搭建数据分析室，至2020年底已具备数据分析硬件环境。

交办任务 派出1人次参加为期一年的中央巡视组巡视，派出7人次参加财政司和审理司等组织的中央部门预算执行审计和领导干部经济责任审计等报告的审理、地方审计机关优秀审计项目评审工作，派出1人次参加国务院第七次大督查工作。10月至12月，派出2人参加2020年联合国审计。 （撰稿人：余志远）

【审计署经济执法审计局】 2020年，审计署经济执法审计局实有14人。设有一处、二处、三处、四处。

领导成员

局　　长：贺秉国

副 局 长：崔　鹏

审计成果 2020年，审计署经济执法审计局共完成市场监管总局和药监局2019年度预算执行等情况审计、市场监管总局和药监局贯彻落实国家重大政策措施情况跟踪审计及某部委主要领导干部经济责任审计等审计项目5个。查出主要问题金额58624万元，其中违规金额417万元、管理不规范金额58207万元；审计发现非金额计量问题5个；出具审计报告4篇、审计决定1份。审计处理处罚金额3055万元，其中应上缴财政资金44万元、应归还原渠道资金373万元、应调账处理金额2638万元。审计促进整改落实有关问题，涉及金额5856万元。审计提出建议21条；推动被审计单位制定整改措施9项；综合报告采用案例1个。向社会公告审计结果2篇。

政策落实情况跟踪审计 按照政策跟踪审计工作指导意见和阶段性审计要点，围绕做好“六稳”工作、落实“六保”任务，支持常态化疫情防控和经济社会发展，持续跟踪“放管服”改革、优化营商环境，聚焦行业商会协会脱钩和收费情况，对国家市场监督管理总局（以下简称市场监管总局）、国家药品监督管理局（以下简称药监局）开展政策跟踪审计2次，审计查出问题23个，1个案例被审计署上报国务院综合报告采用。

财政审计 完成市场监管总局、药监局2019年度预算执行和其他财政收支、决算草案、网络安全与信息化建设等情况审计，对国家知识产权局开展数据审计核查。审计查出问题28个，涉及问题金额4.30亿元。积极推动审计问题整改，其中推动市场监管总局将结余资金及时上缴中央财政，盘活部门存量资金；推动部门建立完善规章制度8项，针对因公出国存在的问题，市场监管总局修订《国家市场监督管理总局专业技术人才开发中心出国（境）管理办法》，针对会议管理方面的问题，国家知识产权局制定《国家知识产权局商标局经费支出管理办法》《财务支出事项审批及报销流程》等制度。

经济责任审计 参加某部委主要领导干部经济责任审计项目。审计紧扣经济责任，聚焦权力运行和责任落实，促进领导干部依法用权和担当作为，审计查出问题9个。

相关工作 统筹疫情防控和党建工作，充分利用网络平台研究支部工作，推进支部标准化规范化建设，自查并整改5个问题，确保党建工作落地见效。加强纪检监督体系建设，支部书记扛起第一责任，纪检委员履行监督责任，审计现场设廉政监督员，共同开展纪律监督工作。组织排查廉政风险，严格执行审计署审计“四严禁”工作要求和“八不准”工作纪律。坚持倡导以“了解、包容、和睦、团结”为核心的局文化，领导干部带头做到“两个维护”，做好“三个表率”。注重在审计实践中考察和识别干部，7人职务职级得到晋升。 （撰稿人：张志伟）

【审计署广电通讯审计局】 2020年，审计署广电通讯审计局实有16人。设有一处、二处、三处、四处。

领导成员

局　　长：胡力勇

副 局 长：周志杰（—4月）　俞　立

一级巡视员：周建军

二级巡视员：王蕴智

审计成果 2020年，审计署广电通讯审计局完成审计项目7个。查出主要问题金额154551万元，其中违规金额7568万元、损失浪费金额2158万元、管理不规范金额144824万元；审计发现非金额计量问题27个；损益（收支）不实金额11508万元；出具审计报告和专项审计调查报告8篇。审计处理处罚金额11453万元，其中应归还原渠道资金740万元、应调账处理金额

10713万元。审计促进整改落实有关问题资金27915万元；审计后挽回（避免）损失25526万元。审计提出建议10条，被采纳10条；推动被审计单位制定整改措施10项；促进被审计单位建立健全规章制度1项。向社会公告审计结果5篇。

政策落实情况跟踪审计 围绕党的路线方针政策和重大决策部署，梳理被审计单位“十三五”规划执行情况，结合新闻宣传领域的实际特点，坚持问题导向、目标导向、结果导向，重点关注习近平新时代中国特色社会主义思想宣传工作，广播电视领域意识形态安全，广播电视行业供给侧结构性改革，“放管服”改革，减税降费，5G建设、网络整合等方面，注重在新时代大背景下综合分析判断审计发现问题，确保重大政策落实情况跟踪审计不断取得新成效、实现新突破。审计发现部分“十三五”规划项目进展缓慢、部分协会未经批准开展评比表彰等方面问题。

财政审计 在关注中央部门预算真实完整的基础上，重点突出预算编制、调整、分配、执行全过程合规与绩效；关注财政资金使用效率不高、资金结转结余沉淀等方面情况，全面、系统地反映预算执行中存在的普遍性、倾向性问题，揭示财政管理中存在的深层次矛盾，盯紧财政资金全链条，深入分析问题产生的原因，提出对策与建议。审计揭示预算编制不完整、预算编制未充分考虑上年结转资金、项目绩效指标设置不合理、未按规定实行财政直接支付、资产管理不规范、政府采购不合规、收支决算不实等方面问题。

经济责任审计 紧紧围绕两办《规定》，紧扣媒体单位特点，重点关注贯彻执行中央重大经济方针政策和决策部署、履行推动本部门重要发展职责等5个方面，在国际传播能力建设、媒体融合发展和采编经营“两分开”等重要改革领域发力，揭示出改革不到位和管理环节薄弱、部分项目未按期实现预期目标、执行“两分开”要求不彻底、未按规定履行集体审议程序等方面问题，加大对管理不规范、可能存在的经营风险的提醒力度。

相关工作 做好新冠肺炎疫情防控工作，自觉服从联防联控、群防群治工作安排，把防疫责任明确到审计组、审计点，细化审计现场各项防护措施，确保疫情防控与审计工作“两不误”。严格遵守党规党纪，认真落实中央八项规定及实施细则精神，认真落实署党组决策部署，严格遵守审计“四严禁”工作要求、审计“八不准”工作纪律，做到警钟长鸣，持之以恒正风肃纪。建立学习型组织，探索研究型审计，加强新闻宣传意识形态领域研究，加强对行业业态的研究，不断提高审计工作质量。 （撰稿人：夏赞勋）

【审计署发展统计审计局】 2020年，审计署发展统计审计局实有18人。设有一处、二处、三处和四处。

领导成员

局　　长：蔡　峰

副 局 长：杨亦工　李纯琳　徐新宇

审计成果 2020年，审计署发展统计审计局完成审计项目13个，其中参与审计项目2个。查出主要问题金额896977万元，其中违规金额17041万元、管理不规范金额879936万元；审计发现非金额计量问题33个；损益（收支）不实金额224439万元；出具审计报告和专项审计调查报告10篇。审计处理处罚金额182239万元，其中应上缴财政17041万元、应归还原渠道资金648万元、应调账处理金额164550万元。审计促进整改落实有关问题资金54758万元。审计提出建议16条，被采纳14条；推动被审计单位制定整改措施47项；促进被审计单位建立健全规章制度4项；提交审计信息11篇，被批示、采用9篇次。向社会公告审计结果6篇。

参与实施的发展改革委2017年度组织分配中央财政投资等情况审计项目被审计署评为2019年度全国审计机关优秀审计项目三等奖。继续保持“审计署文明单位”荣誉称号。

政策落实情况跟踪审计 完成国家能源局、国家统计局2020年度贯彻落实中央政策措施情况跟踪审计项目，共出具审计报告4篇，2个审计案例被署向国务院综合报告采用，3篇参与编发的审计信息被审计署审计要目采用。

财政审计 完成国家能源局、国家统计局、国家粮食和物资储备局2019年度预算执行等情况审计项目，共出具审计报告3篇、审计决定3份；完成国务院发展研究中心、国家信息中心2019年度预算执行审计项目，出具审计整改建议函2篇，查出问题3个。配合署财政司参与国家发展改革委预算执行审计。

经济责任审计 牵头实施国家统计局局长经济责任审计，共出具审计报告及审计结果报告各1篇，查出18类问题，14个案例被审计署向中央审计委员会经济责任审计专题报告采用。

联合国审计 配合审计署涉外司参与2020年联合国秘书处审计项目。（撰稿人：刘宪萌）

【审计署群团文化审计局】 2020年，审计署群团文化审计局实有15人。设有一处、二处、三处。

领导成员

局　　长：刘晓梅（—3月）
　　　　　马晓方（3月—）
党支部书记：郑云龙（—10月）
　　　　　　马晓方（3月—）
副 局 长：邬彦如　崔云凯

审计成果 2020年，审计署群团文化审计局共完成审计项目14个，其中审计14个。查出主要问题金额21038万元，其中违规金额831万元、管理不规范金额20207万元；审计发现非金额计量问题54个；收支不实金额17901万元；出具审计报告和整改建议函14篇。审计处理处罚金额18731万元，其中应上缴财政27万元、应减少财政拨款或补贴483万元、应归还原渠道资金226万元、应缴纳其他资金94万元、应调账处理金额17901万元。审计促进整改落实有关问题资金149万元。审计提出建议10条，被采纳10条；推动被审计单位制定整改措施26项。向社会公告审计结果9篇。

政策落实情况跟踪审计 围绕审计署下发的指引和要点，聚焦部门行业特点和管理职责，在政策落实的“最先一公里”上精准发力，重点关注“放管服”改革、清理拖欠民营企业中小企业账款等内容，揭示文化和旅游部个别改革事项未按要求落实、下属单位未及时退还民营企业质量保证金等问题，均被审计署第三季度政策跟踪综合报告采用。

疫情防控资金和捐赠款物专项审计 聚焦党中央关于疫情防控相关政策和决策部署的落实情况，对中国红十字会总会、共青团中央、中华全国妇女联合会开展专项审计，促进疫情防控资金物资规范管理、高效使用和信息公开。

财政审计 组织完成文化和旅游部、国家邮政局2019年度预算执行等情况审计，完成中国残疾人联合会等7家单位的全覆盖审计。关注部门预算执行的合法合规性，揭示相关单位收入预算编制不完整、超预算或无预算列支会议费、自行调剂科目指标等问题；关注财政预算绩效管理情况，揭示相关单位项目绩效指标设置不完整不细化、指标设定与项目内容关联度不高、绩效评价结果未有效运用等问题；关注存量资金盘活利用情况，揭示相关单位未及时上缴横向拨款结余资金等问题；关注会计信息的真实准确性，揭示相关单位部分工程项目长期未办理竣工结算、未按规定进行固定资产折旧和无形资产摊销等问题。通过审计，有效促进被审计单位强化财政预算管理，建立健全内控制度，提高资金使用效率。

经济责任审计 在共青团中央第一书记经济责任审计中，紧紧围绕领导干部权力运行，聚焦经济责任，重点检查审计对象任职期间贯彻落实《共青团中央改革方案》等重大改革任务、履行重大经济决策和财政财务管理职责等情况，共发现17个承担领导责任的问题和11个其他方面的问题，其中15个问题被财政司汇总报告采用。

相关工作 自觉把打赢疫情防控阻击战作为重大政治任务，积极主动履职，推动疫情防控和审计项目两不误。调整领导班子，新老班子成员紧紧围绕中央和国家机关工委、审计署机关党委部署的重点工作，切实履行管党治党的政治责任，各项党建工作有序衔接、顺利过渡。领导班子带头加强理论学习，推动建设学习型组织，不断提高干部“三种”能力和综合素质。加大培训力度，加强相关领域知识学习和审计对象业务政策研究，加强干部交流锻炼。4人完成职务职级晋升。组织全局同志到国家博物馆调研学习，与国家文物局文物保护与考古司开展座谈；邀请文化和旅游部政策法规司领导来局里举办专题讲座。（撰稿人：周建春）

【审计署金融审计一局】 2020 年，审计署金融审计一局实有 20 人。设有一处、二处、三处、四处、五处。

领导成员

局　　长：娄　仲

副 局 长：刘　春

一级巡视员：班东启

二级巡视员：管　涛

审计成果 2020 年，审计署金融审计一局共完成审计项目 4 个，其中牵头审计项目 2 个，参与审计项目 2 个。全年提交审计信息 28 篇。

参与实施的某公司原法定代表人任职期间经济责任履行情况审计项目被审计署评为 2019 年度全国审计机关优秀审计项目二等奖。

政策落实情况跟踪审计 完成中国人民银行、国家外汇管理局 2020 年政策跟踪审计，围绕服务实体经济、防范金融风险、促进金融改革三项任务，围绕“六稳”“六保”要求，聚焦国务院《政府工作报告》重点内容和分工，审计发现人民银行上报的金融数据不真实、外汇管理检查项目存在执法不严等问题。

财政审计 完成中国人民银行、国家外汇管理局 2019 年度财务收支审计，揭示结余资金未按规定收回、政府采购不规范等问题 19 个。

疫情防控资金和捐赠款物专项审计 在中国人民银行疫情防控专项再贷款跟踪审计过程中，关注保障企业名单、发放贴息贷款的 9 家全国性和 30 家地方金融机构，以及列入名单使用贴息贷款的重点保障企业信贷资金到位情况，确保专项再贷款发放及时，使用合规。通过审计发现部分不合格企业纳入企业名单并获得贷款、银行为抢占优质客户为部分企业超额授信贷款利率过低、个别企业贷款改变资金用途违反优惠贷款规定等问题。

经济责任审计 在中国人寿保险（集团）公司主要负责人经济责任审计中负责资产管理公司项目板块，紧紧围绕“问题、任期、后果、责任”这条主线，严格执行审计方案，客观审慎作出审计评价。发现违法违规问题线索 1 件，及时查核并上报处理。

审计科研 加强对被审计单位的研究，深化研究型、学习型派出局建设。推动以人民银行审计业务为核心的审计研究，完成《人民银行资产负债表审计探讨》课题。

相关工作 始终坚持党对审计工作的集中统一领导，加强干部党性修养，牢固树立纪律意识和规矩意识，倡导清廉、务实作风。认真贯彻落实全面从严治党责任制，严格落实民主集中制，重大工作重要事项一律集体讨论决定。

以“三立”为核心，加强干部培养。为年轻干部搭建平台，各审计项目选派年轻干部担当主审，项目上实行导师制，审计方案、审计报告、季度工作重点等一律通过全局业务会开展讨论，全员全流程参与，培养“能查、能说、能写”的审计干部。加强对党员干部的教育培养，1 名预备党员按期转正，对 1 名入党积极分子开展培养，定期开展谈心谈话。

严格按照制度管人、管物、管事。开展保密、廉政等教育工作。开展法制宣传教育工作。打造特色团队，营造团结和谐工作氛围。

（撰稿人：张　雪）

【审计署金融审计二局】 2020 年，审计署金融审计二局实有 19 人。设有一处、二处、三处、四处、五处。

领导成员

局　　长：马学斌

副 局 长：李　丹　张秋雷

二级巡视员：杨保钢（—10 月）

审计成果 2020 年，审计署金融审计二局共完成审计项目 5 个。查出主要问题金额 3971.08 亿元，其中违规金额 3970.93 亿元、管理不规范金额 1497 万元；审计发现非金额计量问题 29 个；损益（收支）不实金额 304 万元；出具审计报告 3 篇。审计处理处罚金额 1402 万元，其中应归还原渠道资金 9 万元、应调账处理金额 1393 万元。审计促进整改落实有关问题资金 1369 万元。审计提出建议 7 条，被采纳 7 条；推动被审计单位制定整改措施 3 项。

参与实施的某金融机构原法定代表人任职期间经济责任履行情况审计项目被审计署评为 2019 年度全国审计机关优秀审计项目二等奖。

政策落实情况跟踪审计 开展国家重大政策

措施落实情况跟踪审计，密切关注银保监会在金融服务实体经济、防范化解重大金融风险和金融改革特别是金融监管“放管服”改革等方面情况，主动适应金融行业专业性强，金融监管政策更新快等特点，注重运用大数据分析方法，揭示监管短板。在“放管服”改革方面，推动银保监会规范、清理和取消金融机构高管任职资格考试等一批不符合国务院要求的行政许可事项。在防风险和涉企收费方面，反映的银保监会对养老保险公司和养老金管理公司发展定位不清晰，个人养老保障管理业务缺乏养老属性存在风险隐患等问题；反映的银保监会对保险资管公司非保险资金运用监管不到位，部分公司为银行同业资金进行监管套利和空转套利提供通道问题，得到审计长侯凯专门批示。

财政审计 开展银保监会2019年度预算执行等情况审计，做好常态化“经济体检”。重点关注银保监会落实过“紧日子”要求和预算绩效管理等方面的问题。运用大数据审计方法扩大审计覆盖面。审计报告指出问题18个，下达审计决定9项，反映银保监会超发人员工资造成预算资金被挤占挪用，原银监会设立某“高层指导委员会”、违规向银行收费并在账外存放核算，变相用公款为职工购买超范围保险等问题。审计督促银保监会及时清退违规资金，整改相关问题。

金融审计 参加农业银行主要负责人经济责任审计项目。在审计过程中，全面审计农业银行在服务“三农”、脱贫攻坚、普惠金融、科技与业务创新等方面情况。配合牵头单位各项工作安排，积极与分行组联动，下发各类问题核查线索和数据。充分发挥金融派出局优势，与银保监会政策跟踪审计组、北京分行审计组双向联动，探索穿透式审计，充分运用大数据分析工具。查实农业银行虚增涉农贷款等6项指标2211.66亿元等问题。

相关工作 坚持把强化干部政治机关意识作为首要工作任务，不断创新方式方法，开展经常性学习教育。落实支部书记全面从严治党主体责任，班子成员积极履行“一岗双责”。对照“灯下黑”问题具体表现，认真查找党支部在政治意识淡化、党的领导弱化、党建工作虚化、责任落实软化等方面的具体问题和表现，逐一制定整改目标、具体整改措施、责任人以及完成时限。严格执行民主集中制，落实民主议事决策程序。规范开展“三会一课”、主题党日，全年共召开党员大会18次、支委会12次、党小组会55次。

局领导班子坚持深入审计一线，与审计干部一起研究工作方法、工作重点，推动解决问题、破解难点。组织干部参加各类培训活动。选派干部到审计署机关、特派办、中央巡视组等工作。通过多种形式坚持不懈地做好干部职工的思想政治工作，开展经常性的谈心谈话，了解干部工作、生活状况。（撰稿人：高国强）

【审计署金融审计三局】 2020年，审计署金融审计三局实有21人。设有一处、二处、三处、四处、五处。

领导成员

局　　长：罗　键

副 局 长：邢胜强（1月—）

一级巡视员：赵宏越

二级巡视员：唐中宁

审计成果 2020年，审计署金融审计三局完成审计项目3个，出具审计报告4篇，参与编写重要信息要目和两办约稿16篇、专报2篇、转送函8份，督促被审计单位向中央财政上缴资金15亿元，推进监管部门完善各项规章制度12项。

牵头实施的中国证券监督管理委员会（以下简称证监会）2018年度预算执行等情况审计项目被审计署评为2019年度全国审计机关优秀审计项目三等奖。

政策落实情况跟踪审计 在证监会贯彻落实国家重大政策措施情况跟踪审计中，聚焦重大风险，促进经济高质量发展。反映金融基础设施部分交易系统存在的风险隐患，推动完善证券期货市场信息系统风险防范机制；反映基金行业税收优惠政策落实效果不佳等问题，推动减税降费，优化营商环境。围绕新证券法的贯彻实施，揭示金融监管部门修订和更新相关配套制度滞后，加快推进新证券法配套规则的立改废释工作，抓实抓细新证券法贯彻实施；围绕简政放权，反映金融监管部门行政审批和备案事项清理不到位、行业自律组织增加市场主体负担等问题，推动加快转变政府职能；围绕高水平对外开放，反映熊猫债券的相关制度不健全等问题，促进交易所债券市场对外开放；围绕提高金融直接融资比重，推动金融监管部门完善制度，促进资本市场枢纽功能发挥。

财政审计 在证监会2019年度预算执行和其他财政支出情况审计中，贯彻实施“总体分析、系统研究、发现疑点、分散核实、精确定位”的数字化审计方式，设立数据分析组，采集整理全系统财务数据，开展数据挖掘分析，上下联动、分散核实，实现证监会本级和38个二级预算单位的全覆盖。通过编制30余个分析模型，发现10多个方面的问题线索，经核实后有7个问题纳入审计报告。督促某单位将挂账10余年的应缴未缴中央财政资金15亿元顺利上缴国库，助力财政增收。

金融审计 在光大集团负责人经济责任审计项目中，聚焦权力运行和责任落实，反映涉及中央重大经济金融政策和决策部署、发展战略规划和重大经济事项、公司治理和内部管控、业务经营合规和绩效、风险防控等方面问题35个，其中23个界定负有领导责任，部分问题被审计单位已整改。揭示金融领域涉嫌贪污受贿等重大违法违规案件线索。派出10人参加金融司组织的金融机构跟踪审计。

相关工作 党的建设方面，深入开展习近平新时代中国特色社会主义思想、《习近平谈治国理政》第三卷、十九届五中全会和中央经济工作会议精神的学习，强化理论武装。深化党史、新中国史、改革开放史、社会主义发展史学习教育，持续开展观看“纪念中国人民志愿军抗美援朝出国作战70周年主题展览”、参观双清别墅、聆听老一辈革命家家教家风故事等主题党日。开展“党建＋业务学习”“党建＋扶贫攻坚”“党建＋疫情防控”以及“弘扬抗疫精神 记录特殊春天”随手拍摄影作品征集评选等系列活动。落实“一岗双责”，将党员领导干部和支部委员全面从严治党政治责任落实、落小、落细，形成长效机制。规范执行“三会一课”、民主生活会、组织生活会等制度，召开党员大会10次、支委会14次、专题组织生活会2次、民主评议党员1次，开展主题党日12次、党课教育5次，向机关党委、驻署纪检组提交情况报告等材料12份，撰写刊发工作动态6份，2名预备党员转为正式党员。加强队伍建设，共安排6名年轻干部在不同审计项目中分别担任主审，派出近20人次参加署党校、计算机中级等各种脱产培训班；建强青年理论学习小组，开展“人人讲党课”等系列学习活动；派员参加中央巡视组、联合国审计、优秀审计项目评选、审计报告审理等工作。

（撰稿人：朱 钊）

【审计署企业审计一局】 2020年，审计署企业审计一局人实有20人。设有一处、二处、三处、四处、五处。

领导成员

局　　长：朱登云

副 局 长：周正良　孙建萍　钱　缨

审计成果 2020年，审计署企业审计一局共实施或参与6个审计项目。其中，独立完成国务院国有资产监督管理委员会（以下简称国资委）2019年度预算执行审计、国资委和中央电力企业2020年度重大政策措施落实情况跟踪和清欠专项审计，配合审计署驻上海特派员办事处开展对中国远洋海运集团董事长的经济责任审计，抽调人员参加联合国审计。共查出管理不规范金额10.77亿元；发现非金额计量问题28个。出具审计报告、整改建议函和专项审计调查报告7篇。促进整改落实有关问题资金4.24亿元，其中增收节支4160万元（其中已归还原渠道资金4160万元）。提出审计建议11条；促进被审计单位建立健全规章制度13项。全年累计提交重要审计信息要目16篇，其中独立要目1篇；办理审计移送1件。

牵头实施的国资委2019年国家重大政策措施落实情况跟踪审计项目被审计署评为2019年度全国审计机关优秀审计项目一等奖。

政策落实情况跟踪审计 落实过“紧日子”要求，认真做好国资委2019年度预算执行审计，推动国资委严格预算管理，盘活闲置资金，提高资金使用绩效。落实“六稳”“六保”和国企国资改革要求，找准审计切入点，密切关注重大投资项目落地、“放管服”改革举措落实、供给侧结构性改革推进、创新驱动发展战略实施等重大政策措施在国资委和中央电力企业的贯彻落实情况。

经济责任审计 选派14人参与中国远洋海运集团董事长、党组书记许立荣经济责任审计项目。

审计查出问题整改 通过召开审计整改推进会等多种形式，督促有关单位认真贯彻落实习近平总书记关于加强审计整改工作的指示要求，增强主动意识，推动整改落实，健全长效机制。根据审计查出的问题及审计建议，有关单位制定、修改或废止有关制度9项，开展专项整改行动4项。其中，机构改革形成的1.73亿元财政资金闲置近20年的问题引起财政部的高度重视，目前相关资金已上缴财政，问题得到彻底解决。

相关工作 把抓党建作为首要任务，以党建统领全局各项工作，促进党建和业务深度融合，被评为2018—2020年度审计署创建模范机关先进单位。按月制订学习计划，集中开展理论学习18次，充分运用“学习强国”“支部工作”“Fit365”等学习平台，推动全局党员干部深入学习《习近平谈治国理政》《习近平新时代中国特色社会主义思想学习纲要》等。贯彻落实党支部工作条例和机关基层党组织工作条例，层层压实责任，形成齐抓共管党建工作的良好局面。开展主题党日，组织全局党员干部赴北京西山无名英雄纪念广场参观，接受爱国主义教育和理想信念洗礼。

牢固树立正确的选人用人导向，注重严暖结合，加强对干部的教育引导和管理监督。关心干部群众的工作生活和思想动态，加强思想引导，帮助解疑释惑，解决实际困难。每季出刊学习园地，记录展示大家成长进步，动态反映局里大事好事，构建和谐大家庭。

贯彻落实中央八项规定及其实施细则精神，驰而不息反“四风”树“新风”，力戒形式主义和官僚主义。组织全局党员干部签订《全面从严治党和党风廉政建设责任书》。落实审计项目廉政报告制度，确保严格执行审计“四严禁”工作要求和“八不准”工作纪律。全年开展集中廉政提醒7次，教育引导党员干部以案明纪，筑牢思想防线，保持清正廉洁政治本色。组织制定《企业审计一局公文处理办法》《企业审计一局党风廉政建设工作规定》《企业审计一局审计项目廉政报告制度》《企业审计一局廉政监督检查办法》等制度。严格落实月度目标管理，坚守安全保密红线，严格落实保密责任和保密工作要求，按季度开展保密风险排查。开展文明单位创建工作，被授予“2018—2020年度审计署文明单位”荣誉称号。

（撰稿人：彭　彬）

【审计署企业审计二局】 2020年，审计署企业审计二局实有23人。设有一处、二处、三处、四处、五处。

领导成员

局　　长：曲建坤

副 局 长：史英利　廖国华　杨文生

一级巡视员：余其汉

二级巡视员：卢　松

审计成果 2020年，审计署企业审计二局共完成审计项目3个，其中组织实施审计项目2个，参与实施审计项目1个。查出主要问题金额55.30亿元；审计发现非金额计量问题34个；出具审计报告和专项审计调查报告6篇。审计提出建议15条；提交审计信息50余篇，被批示、采用15篇次。

牵头实施的某公司2019年国家重大政策措施落实情况跟踪审计项目被审计署评为2019年度全国审计机关优秀审计项目二等奖；参与实施的某公司原法定代表人任职期间经济责任履行情况审计项目被审计署评为2019年度全国审计机关优秀审计项目三等奖。

政策落实情况跟踪审计 以推动政策落实促进中央政令畅通为目标，围绕做好“六稳”工作、落实“六保”任务，支持常态化疫情防控和经济社会发展。在审计中重点关注减税政策落实等情况，促进财政资金提质增效，促进优化营商环境，揭示和反映政策执行中存在的突出问题。重点核查清理拖欠民营企业账款、“放管服”改革、财政资金使用和“僵尸企业”处置等方面情况。出具审计报告2篇，重点反映对民营企业逾期账款未按时清偿且未上报、财政资金长期闲置、违规收取财务顾问费和“僵尸”企业处置等问题。其中“清欠”问题被审计署专题报告作为案例采用。专题研究核查原油价格暴跌对我国石油石化企业产生的重大影响，针对有关问题牵头编写重要信息要目1篇。

疫情防控资金和捐赠款物专项审计 按照审计署统一部署，开展对所联系6户企业的疫情专项审计。利用电话访谈、大数据核查等手段，针对石油化工企业在防疫物资生产、重点项目建设和能源安全保障等方面的业务特点开展深入核查，共向审计署专项审计办公室和企业司报送各类信息材料 36 份，出具疫情审计报告 1 篇。主要反映重点防疫物资生产保障、援企稳岗政策落实、专项贷款获取等方面存在的问题，其中 2 个问题被审计署综合报告采用。报送反映进口液化天然气因接卸原因面临巨额赔偿风险情况的企业疫情审计专报信息，参与编发反映落实降气价政策存在问题的重要信息要目 1 篇。

其他审计项目　参加某集团公司经济责任审计工作，提前梳理某集团公司在生产经营、政策落实、财务收支、重大项目推进等方面存在的困难和问题，整理有关衔接资料提交给牵头特派办。在审计项目实施过程中，独立承担重大政策落实、内控和法人治理、中央八项规定和以前年度审计整改情况的核查等四个小组的工作，同时参与财务收支、金融和大数据等审计小组工作。全面落实审计方案要求，按照分工全面了解情况，深挖问题线索，扎实核查取证，发现一批有价值的问题线索。

信息化建设　配合完成金审工程三期数据分析网配置工作，建立数据分析室。推进金审工程三期各系统的培训和应用，全面推广线上办公。加强保密管理，分别针对计算机安全情况、保密管理落实情况和密码设备管理等开展专项保密检查，报送设备核定信息和专项保密自查情况等材料。选派 1 人参加审计署计算机中级培训，并通过中级考试。

相关工作　推进学习型党支部建设，通过强化理论学习，进一步强化政治机关意识。主要负责同志带头抓理论学习和支部建设，班子成员认真履行“一岗双责”，抓好分管处室的管党治党工作。在局微信群开展“学习夜话”系列线上学习活动。开展“不忘初心、弘扬优良家风”主题党日活动。坚持问题导向，对照“灯下黑”专项整治重点和党支部标准化规范化建设要求，查找出政治意识淡化等 4 个方面存在的 8 个问题，建立问题台账，制定 30 项整改措施。针对审计业务和综合管理需要，制定《政策跟踪审计规范化标准化》等制度 4 项，修订《公文处理办法》等制度 7 项，对业务管理、公文运转、档案管理等工作进一步规范。强化制度执行，严格按程序办事，提高工作的程序性和规范性。

（撰稿人：赵琳琳）

【审计署企业审计三局】　2020 年，审计署企业审计三局实有 20 人。设有一处、二处、三处、四处、五处。

领导成员

局　　长：王建雄

副 局 长：张　静

一级巡视员：张　进　王登平

二级巡视员：祝旭霞　宗　玲　黄景华

审计成果　2020 年，审计署企业审计三局共参与完成审计项目 4 个，其中中央企业领导人员经济责任审计项目 1 个、新冠肺炎疫情防控资金和捐赠款物专项审计项目 1 个、国家重大政策措施落实情况跟踪审计 1 个、专项审计项目 1 个。查出管理不规范问题金额 56.83 万元；出具审计报告和专项审计调查报告 6 篇。审计促进整改落实有关问题资金 55.21 万元。提交审计信息 1 篇。

疫情防控资金和捐赠款物专项审计　聚焦保障物资供应，聚焦财政资金和社会捐赠资金为重点保障企业扩大产能、购置防疫物资等急需事项提供资金支持，聚焦款物使用管理的规范高效透明，及时反映所联系 12 户中央企业在疫情防控和捐赠款物存在的困难和问题，共报送各类信息材料 12 份、审计快报 2 期、阶段性审计情况报告 1 份、专项审计综合报告 1 份。

经济责任审计　配合哈尔滨特派办对中国冶金地质总局原主要负责人卢进进行经济责任审计，统筹调配力量，前期选派业务骨干到企业司参加集中数据分析，始终按照“一个团队、一个任务、一个目标”的工作理念，坚持重大问题不放过、重大风险不放过、重大违规违纪不放过，探索建立局办合作的高效模式。

政策落实情况跟踪审计　在第一、二、四季度对中国五矿集团有限公司、中国煤炭地质总局、中国冶金地质总局等中央企业开展政策跟踪审计，围绕国有资本经营预算、清理拖欠民营企业账款、国有企业改革等方面开展审计，共汇总向审计署办公厅报送政策跟踪审计情况函3份，向企业发送征求意见函17份、整改建议函14份。就促进财政资金提质增效、促进优化营商环境、中央企业境外“一带一路”项目情况、中央企业境内外上市企业情况、制造业高质量发展、中央企业重组中土地划拨处置、铁矿石高效利用等方面专题在所联系企业开展审计调查。

相关工作　深入学习《习近平谈治国理政》第三卷；落实审计长侯凯专题党课提出的“政治上要忠诚、理论上要清醒、纪律规矩要严格、党内政治生活要严肃、认真履行一岗双责”的要求；认真开展党建3项重点工作，强化政治机关意识，开展“灯下黑”问题专项整治，推进党支部标准化规范化建设。

聚焦主责主业，深入学习领会习近平总书记关于国有企业改革发展的重要思想和党中央关于国企改革的重大决策部署，学习研究《国企改革三年行动方案（2020—2022年）》，邀请中央企业有关负责同志介绍中央关于国企改革政策在企业的贯彻落实情况，在审计工作中予以关注并落实，实现党建与业务相互融合、相互促进。

认真执行《关于新形势下党内政治生活的若干准则》《中国共产党支部工作条例（试行）》等规定，严肃党内政治生活，严格“三会一课”制度。持续加强党性党规党纪教育，严格执行请示报告制度，坚决贯彻落实中央八项规定及其实施细则精神。认真开展民主生活会和组织生活会，查摆问题，交流思想，深入开展批评与自我批评。

（撰稿人：王志宏）

【审计署企业审计四局】　2020年，审计署企业审计四局实有23人。设有一处、二处、三处、四处、五处。

领导成员

局　　长：禾　云

副 局 长：张世雯　刘丽杰

一级巡视员：周子祥　胡　华

二级巡视员：张锦梅

审计成果　2020年，审计署企业审计四局完成审计项目5个，其中政策跟踪审计1个、专项审计调查4个。查出问题金额5.86亿元，其中违规金额4.98亿元、管理不规范金额0.88亿元。发现减税降费和清理拖欠民营企业中小企业账款问题87个，涉及资金2亿元。参与完成重要审计信息要目13篇。

参与实施的某公司原法定代表人任职期间经济责任履行情况审计项目被审计署评为2019年度全国审计机关优秀审计项目三等奖。

政策落实情况跟踪审计　主要完成中国国家铁路集团有限公司、中国移动通信集团公司、中国航空集团有限公司、中国电信集团有限公司、中国邮政集团有限公司、中国铁路通信信号集团有限公司等企业的政策跟踪审计项目，出具审计报告1篇、专项审计报告3篇。涉及国有资本金经营预算、促进财政资金提质增效以及促进优化营商环境、清理拖欠民营企业中小企业欠款等专项。

疫情防控资金和捐赠款物专项审计　围绕疫情期间防疫措施落实、财政专项资金使用、重点物资保障以及复工复产情况等方面开展审计，出具审计报告1篇、专题审计材料7篇。揭示企业申请贴息贷款未落实到账、疫情对生产经营冲击明显、境外投资项目面临重大风险等问题，进一步推动中央关于统筹推进疫情防控和经济社会发展等重大决策部署在企业的贯彻落实。

相关工作　深入学习贯彻习近平总书记在中央和国家机关党的建设工作会议上的重要讲话精神，研究制定《企业四局党支部“灯下黑”问题专项整治工作台账》。对标对表，排查政治意识淡化、党的领导弱化、党建工作虚化、责任落实软化等方面的具体问题和表现，落实整改台账，从严从实开展专项整治工作；严格执行“三会一课”制度，严肃党内政治生活，全年共召开党员大会3次、支委会6次、党小组会40次，组织专题组织生活会1次、专题党课1次、主题党日1次；围绕“不忘初心、弘扬优良家风”主题党日，组织开展党建知识学习测试，与被审计单位联合开展主题党日。严格执行中央八项规定精神，严防“四风”问题，严格执行重大审计事项报告制度、审计“四严禁”工作要求和审计“八不准”工作纪律。领导班子主动作为，在政治上、业务上、作风建设上作表率，带头发挥“头雁”效应，强调党支部、党小组要发挥战斗堡垒作用。参加年度集中整训，14人次参加审计干部教育学院等各类培训班，组织参加审计大讲堂、网络专题培训班、研讨班和专题报告。

（撰稿人：孟庆才）

【审计署企业审计五局】 2020年，审计署企业审计五局实有24人。设有一处、二处、三处、四处、五处。

领导成员

局　　长：刘　珊

副 局 长：张素荣

一级巡视员：孔繁杰　郭小伟　彭碧莲

审计成果 2020年，审计署企业审计五局共完成审计项目6个，包括中央企业领导人员经济责任审计项目1个、专项审计项目3个，以及第一季度、第四季度政策跟踪审计。查出主要问题金额167035.02万元，其中违规金额18448.48万元、损失浪费金额29493.46万元、管理不规范金额119093.08万元；审计发现非金额计量问题34个；损益（收支）不实金额16915.47万元；出具审计报告和专项审计调查报告5篇。审计应调账处理金额16915.47万元；移送司法机关、纪检监察机关和有关部门处理事项7件，移送处理人员17人，移送处理金额24419.1万元。审计促进整改落实有关问题资金124593万元。审计提出建议58条；推动被审计单位制定整改措施50项；提交审计信息4篇，被批示、采用1篇次。

牵头实施的某公司法定代表人任职期间经济责任履行情况审计项目被审计署评为2019年度全国审计机关优秀审计项目三等奖。

政策落实情况跟踪审计 一季度，组织实施中国诚通控股集团有限公司和新兴际华集团有限公司2户中央企业的国家重大政策措施跟踪审计，重点关注中央企业减税降费政策的落实与受益情况，特别是疫情期间国家出台的企业社保、医保、公积金等阶段性支持政策落实情况；企业国有资本经营预算收益上交、支出申请以及资金管理使用的情况；清理拖欠民营企业和中小企业账款，企业落实清欠工作的措施及成效。四季度，对中国普天信息产业集团有限公司、中国机械工业集团有限公司等6户中央企业实施政策跟踪审计，重点关注中央企业处置“僵尸企业”质量不高、因历史负担化解困难未完成“僵尸企业”处置等情况。揭示企业在上述方面存在的问题，提出切实可行的审计建议。

疫情防控资金和捐赠款物专项审计 2月至3月，对6家疫情防控重点保障企业贴息贷款申请与管理使用等情况、12家中央企业复工复产尤其是疫情防控物资生产情况开展专项审计。反映专项贷款资金申请、审贷方面的不足，以及部分专项资金被套取、挪用、闲置等问题，揭示部分重点保障企业生产过程中的困难及安全隐患。在审计过程中注重督促及时整改，帮助中央企业解决复工复产中的各类难题，消除生产隐患，促进银行收回使用不当资金8000余万元。

经济责任审计 与济南特派办、太原特派办共同实施中国海洋石油集团有限公司原领导人员经济责任审计项目。主要负责中国海油二级上市公司中海油能源发展股份有限公司的审计。揭示出减值计提不当、违规开展非主业投资、重大项目长期闲置、采购管理存在漏洞、资产处置程序不合规等10余个问题及线索，移送线索7件，提交审计信息3篇。

清欠专项审计 以资金情况为抓手，覆盖职责范围内全部中央企业。通过审计，揭示部分中央企业漏报拖欠民营企业账款、通过调节欠款分类拖延清偿等问题，并积极督促整改。推动解决中央企业清欠工作存在的困难，如政府部门拖欠工程款形成三角债、股权多元化国企清偿民营企业欠款政策不明晰等情况，推动相关具体规定出台。

国外贷援款专项审计 与审计署国外贷援款项目审计服务中心协同开展亚洲开发银行贷款京津冀区域大气污染防治中投保投融资促进项目审计和亚洲开发银行贷款京津冀大气污染防治中节能区域减排及污染防治基金项目审计。揭示项目实施中的问题，保障相关资金有效利用。

相关工作 组织全体党员深入学习十九届五中全会精神；针对2020年疫情防控的特殊形势，组织学习习近平总书记关于统筹推进新冠肺炎疫情防控和经济社会发展工作的重要讲话、重要指示批示精神，为做好疫情期间及全年各项工作起到凝心聚力的效果。将政治机关意识教育贯彻全年党建工作，开展“灯下黑”问题专项整治，推进支部标准化规范化建设。认真落实“三会一课”、主题党日制度，共召开支部大会12次、支委会12次、党小组会24次，讲党课8次。组织参观宋庆龄故居、抗美援朝70周年展等主题党日。落实巡视整改工作，进一步细化整改台账中需要持续整改的问题，制定年度内整改进度时间表，司局级干部牵头负责，推动整改工作制度化、长效化、常态化。领导班子认真落实署党组的各项工作要求，就加强党建、疫情防控、队伍建设、审计业务等事项民主决策，召开局领导办公会12次。把青年干部培养摆在突出位置，全年共12人次参加培训与研讨，5次重点审计项目中，现场组长、主审、小组负责人均由青年干部担任，全年完成8名青年干部职务职级晋升工作。对《考勤、离京及请（休）假管理规定》《保密工作规定》《非驻在企业业务用房使用管理规定》《涉密文件传阅规定》等制度作出修订。

（撰稿人：姚　琰）

【审计署企业审计六局】　2020年，审计署企业审计六局实有24人。设有一处、二处、三处、四处、五处。

领导成员

局　　长：张　方

副 局 长：朱　琳（—9月）　齐　影

一级巡视员：周树大

二级巡视员：厉从斌　张建生

审计成果　2020年，审计署企业审计六局开展各类审计项目7个，完成专项审计调研16个。累计揭示问题184个，涉及金额197.4亿元；移送司法机关、纪检监察机关和有关部门处理事项2件。牵头或参与撰写审计信息24篇。

参与实施的某公司原法定代表人任职期间经济责任履行情况审计项目被审计署评为2019年度全国审计机关优秀审计项目三等奖。

政策落实情况跟踪审计　第一、二季度，开展对2户企业的政策执行情况进行跟踪审计，揭示违规收取和未及时清退保证金、财政资金项目进展缓慢、未按规定开展资金绩效评价等方面的问题47个，涉及资金28.38亿元。

疫情防控资金和捐赠款物专项审计　2月至3月，对中国航天科技集团有限公司等10户企业新冠肺炎疫情防控资金和捐赠款物开展专项审计。收集分析所属62户疫情防控重点保障企业的相关数据，重点审计12.46亿元专项贷款申请和使用情况，延伸审计京外9户子企业，与江西、浙江、安徽、江苏4省审计厅和有关单位协同配合，形成审计项目快报4份，审计报告1篇，共反映问题6个，推动提前收回长期闲置专项贷款4.33亿元。

财政审计　派出业务骨干参与财政司组织的2019年中央预算执行情况和编制中央决算草案情况审计。发现并反映横向拨款结余资金未及时收回、少计非税收入、结余资金未及时清理、向部分非预算单位安排预算等问题，形成审计取证单12份。

企业审计　9月至12月，组织16人参加中国石油化工集团（以下简称中国石化）公司经济责任审计工作，全面负责中国石化所属燕山石化、国勘公司、百川公司等在京公司的审计任务，以及中国石化重大经济决策组相关工作。发现环保治理项目推进缓慢、会计信息不实、涉嫌偷逃税款、未按规定进行公开招标投标等问题43个，涉及金额136.82亿元。其中，33个问题拟纳入各类审计报告及附表，2个重大违纪违法问题拟作移送处理，形成审计信息2篇和专题报告1篇。

专项资金审计　7月，对中国核工业集团有限公司等10户企业清理拖欠民营企业账款情况实施专项审计调查。共反映企业以开具商业承兑汇票形式清理拖欠、少报拖欠、将无分歧欠款调整为有分歧欠款等方面的问题36个，涉及金额27.87亿元，形成专项材料2份，汇总报表7张。

信息化建设　完成数据分析网和远程会议系统的搭建工作，协调非驻在单位常设技术业务用房，配备必要的网络、计算机设备，定期导入财务和业务数据，便于开展日常审计监督。截至年底，各中央企业的技术业务用房已配备完毕。

交办任务　按照企业司的统筹部署，对中国航天科技集团有限公司等10户企业开展16个专项审计调研，包括疫情防控物资产能、军品复工复产、企业财务软件、会计信息质量、融资性贸易、中央企业控股上市公司等方面的情况。上报军工企业制造业高质量发展情况、税金实缴大于应缴原因分析、财务快报分析等方面的调研材料或报告近20篇。

相关工作 紧扣党中央全面从严治党部署要求，始终将政治建设放在第一位，局领导带领全体党员学习党章党规党纪，支部书记张方以“强化政治机关意识、走好第一方阵”为主题讲授的党课，被机关党委评为优秀党课。以“不忘初心、弘扬优良家风”为主题，集体学习习近平总书记关于家庭家教家风建设的重要论述，教育引导党员干部把对党忠诚教育纳入家庭家教家风建设。组织全体党员赴香山革命纪念馆参观，缅怀老一辈革命家。7人完成职务职级晋升，推行岗位轮换，完成4个处室处长轮岗工作。1人借调中央巡视组参加巡视工作、1人在职攻读博士学位、1人赴日本攻读硕士研究生学位。深入开展“灯下黑”问题专项整治工作，查找短板弱项，制定问题清单，积极整改问题。班子成员认真履行“一岗双责”。狠抓审计现场作风管理，严格遵守驻在企业和被审计单位的制度规定，主动配合被审计企业的防疫工作。（撰稿人：白子骞）

【审计署企业审计七局】 2020年，审计署企业审计七局实有22人。设有一处、二处、三处、四处、五处。

领导成员

局　长：李迎珠

副 局 长：朱文山　杨雅君

一级巡视员：吴荣奎　刘　洁

审计成果 2020年，审计署企业审计七局参与审计项目3个。查出主要问题金额26475.18万元，其中管理不规范金额26475.18万元；审计发现非金额计量问题1个；出具审计整改建议函8篇。审计促进整改落实有关问题资金25651.46万元。提交的审计信息被批示、采用16篇次。

政策落实情况跟踪审计 重点开展清理拖欠民营企业中小企业账款、“僵尸企业”处置、财政资金提质增效、减税降费等方面的专项审计工作。聚焦企业落实供给侧结构性改革、三大攻坚战、“六稳”工作、“六保”任务和国资国企改革相关政策情况，揭示影响人民群众利益和国家经济安全的重大问题及风险隐患，反映企业在清欠过程中的虚假完成、隐性拖欠问题、在“僵尸企业”处置过程中低质量完成处置问题以及财政资金沉淀等问题50多个，督促企业采取有效措施切实整改，促进相关政策落地生效。

疫情防控资金和捐赠款物专项审计 准确把握审计职责定位，牵头组织18个特派办和21个省的地方审计机关对所联系的6户中央企业下属357户疫情防控重点保障企业财政专项资金、贴息贷款的管理和使用情况进行审计。注重数据分析先行，对照企业贴息贷款管理台账，综合分析采购、销售等相关数据，深入核查并及时揭示企业疫情防控工作中存在的贴息贷款使用不规范等3个方面16项典型问题。

经济责任审计 审计过程中，加强协同配合，取长补短，梳理审计查出问题台账，实施销号管理，督促被审计单位整改，促进中央企业加强管理、完善制度、防范风险。

相关工作 认真学习党的十九届五中全会精神，深刻领会习近平新时代中国特色社会主义思想，自觉将习近平总书记关于审计工作的重要讲话和重要指示批示精神落实到审计工作全过程、各方面、各环节。修订党支部工作规则，科学划定党支部委员的党建工作责任；健全责任传导机制，层层压实党建责任；制订党支部工作计划。开展“灯下黑”问题专项整治，对照习近平总书记关于制止餐饮浪费行为指示批示精神，召开专题组织生活会进行检查，召开领导班子民主生活会，开展严肃的批评和自我批评，不断提高“三会一课”质量。加强思想政治教育和日常廉政提醒，强化审计现场管理，严格执行审计“四严禁”工作要求和审计“八不准”工作纪律。

领导班子严守政治纪律和政治规矩，严格执行民主集中制和请示报告制度，坚持党建与业务实现深度融合。全年选派21人次参加各类培训，青年理论学习小组每季度安排2至3名青年干部分享学习收获和体会；安排青年干部轮流担任主审和审计小组长。强化全局同志的日常监督管理，树立正确的选人用人导向；关心关爱干部，定期看望并慰问因病休养的同志。

严格遵守疫情防控要求，加大非现场数据分析力度，确保审计工作质量。坚持用制度管人、按制度办事，制定《数据分析室及数据分析网管理办法》，开展保密教育、公文写作等培训，提升基础管理水平。及时总结审计现场管理和审计业务实践经验，形成统一要求、统一标准、统一流程、统一定性的“四统一”标准化作业模式，有效指导审计业务实践。认真履行宪法和法律赋予的职责，恪守审计权力边界，严格依照法定职责、权限和程序开展审计工作。

（撰稿人：刘　麒）

【审计署企业审计八局】　2020年，审计署企业审计八局实有21人。设有一处、二处、三处、四处和五处。

领导成员

局　　长：李玉萍

副 局 长：薛梅梅　汪春贵（—1月）

张庆跃（—4月）

二级巡视员：廖　辉（—11月）

贾红雨（—11月）

审计成果　2020年，审计署企业审计八局完成审计项目5个。查出主要问题金额408万元，其中违规金额363万元、管理不规范金额44万元；审计发现非金额计量问题4个；出具政策跟踪审计报告3篇。审计处理处罚金额363万元，均为应归还原渠道资金。审计提出建议15条，被采纳15条。

政策落实情况跟踪审计　围绕中央建筑企业落实“三促进”（促进财政资金提质增效、促进优化营商环境、促进就业优先）工作情况、清理拖欠民营企业中小企业账款、处置“僵尸企业”和降费降成本等重点事项，对中国建筑集团有限公司等12户企业实施审计。查实相关建筑企业2018年和2019年中央国有资本经营预算支出未按期完成，国有资本经营预算资金未发挥效益；清欠审计中查实4户企业无分歧欠款和5户企业有分歧账款未纳入清欠台账、4户企业有分歧账款清欠推进乏力，以及连环拖欠形成“逾期三角债”、未签署合同形成隐形拖欠等方面问题。完成中国电力建设集团有限公司等3户企业26套房产转让情况、中国保利集团有限公司等2户企业从事铁矿石产业情况等专题事项的核查。

疫情防控资金和捐赠款物专项审计　按照审计署党组统一工作部署，组织开展重点防疫物资保障企业保供情况、中央建筑企业“一带一路”重点项目受疫情影响情况、中央企业所属医院参与疫情防控情况等专项审计调查，关注相关企业复工复产中亟待解决的突出困难和障碍，报送专项审计情况材料21份。

企业审计　在中国建设科技有限公司原法定代表人经济责任审计项目中，配合特派办参与集团总部政策分析、财务分析和境外投资等审计小组，并牵头做好2户境内子企业延伸审计。查出设计咨询项目违规转包、企业账务信息不实、境外子企业管控不到位、协会乱收费、以报销办公用品名义套取资金和违反中央八项规定精神等方面的问题33个，其中被审计报告采用19个，审计期间提交审计有关情况报告6篇。

相关工作　以党建三项重点工作为抓手，落实好强化政治机关意识教育、“灯下黑”问题专项整治和全面推进党支部标准化规范化建设等工作要求。组织全体党员干部采取指定内容自学、班子成员讲党课、在线答题、参观展览等多种形式开展主题党日。围绕署党组书记、审计长侯凯专题党课组织开展学习讨论，研究推动审计工作高质量发展和加强干部队伍建设的措施。严格落实“三会一课”制度，全年召开支部党员大会14次、支委会10次、专题民主生活会1次、专题组织生活会1次，支部5个党小组合计开展党小组活动37次（含联合党小组活动），经济责任审计期间参加临时党支部活动3次。1名预备党员经考察培养后转正，1名发展对象接收为预备党员。以做实做细日常监督为切入点，筑牢廉洁防线；严格执行中央八项规定及其实施细则精神、现场审计2人以上同行工作纪律；组织学习《中央和国家机关党员工作时间之外政治言行若干规定（试行）》。配合署人教司开展6人职级晋升。推荐3人分别赴中央巡视组、中纪委和署机关交流，接收1名地方审计机关交流干部，2人通过联合国审计人才库遴选并完成相关审计任务。累计参加署机关各类培训18人次、218天，建立图书角；1人完成博士项目脱产学习并通过综合考试，1人考取审计署计算机中级证书，1人参加会计培训并通过考核，1人自费参加学历教育。

（撰稿人：朱海燕）

审计署驻地方特派员办事处

【审计署京津冀特派员办事处】 2020年，审计署京津冀特派员办事处（以下简称京津冀特派办）实有163人。设有办公室、法规处、财政审计一处、财政审计二处、行政事业审计处、资源环保审计处、固定资产投资审计处、金融审计一处、金融审计二处、企业审计一处、企业审计二处、社会保障审计处、外资运用审计处、计算机审计处、人事教育处、机关党委。

领导成员

分党组书记、特派员：胥连碧

分党组成员、副特派员：吕建伟　陈　峰　许朝阳　刘　焱　李正辰

分党组成员、纪检组长：赵　勇

一级巡视员：孙雅琴

审计成果 2020年，京津冀特派办完成审计署下达的16个审计项目。出具审计报告16篇。编发审计信息22篇，被审计署采用153篇次。审计查出各类问题金额1497.93亿元，向有关单位和部门移交案件线索5件。审计促进整改落实有关问题金额281.37亿元。促进被审计单位建立规章制度和制定整改措施377项。

独立实施的河北省2018年国家重大政策措施落实情况跟踪审计项目被审计署评为2019年度全国审计机关优秀审计项目一等奖；牵头实施的某公司原法定代表人任职期间经济责任履行情况审计项目被审计署评为2019年度全国审计机关优秀审计项目三等奖；参与实施的财政部具体组织2017年度中央预算执行和编制中央决算草案情况审计项目被审计署评为2019年度全国审计机关优秀审计项目一等奖；参与实施的某公司原法定代表人任职期间经济责任履行情况审计项目被审计署评为2019年度全国审计机关优秀审计项目二等奖；参与实施的发展改革委2017年度组织分配中央财政投资等情况审计项目被审计署评为2019年度全国审计机关优秀审计项目三等奖。

政策落实情况跟踪审计 聚焦促进京津冀协同发展大局，聚焦破除三地体制梗阻、减税降费等党中央重大政策措施落实情况，形成特色审计成果，推动完善制度形成制度优势，进一步转化为国家治理效能。2020年政策落实情况跟踪审计揭示北京、天津两市在重大政策贯彻落实中存在的突出问题120个，典型案例被审计署结果公告采用46个，推动“放管服”改革整改事项32个，促进加快实施项目10个，清退违规费用6675.91万元；河北省第一季度政策跟踪审计项目（降费和放管服板块），审计报告反映问题8个，涉及金额7.62亿元。

财政审计 发挥审计“治已病、防未病”的作用，突出财税审计的宏观性、前瞻性、建设性，促进国家治理体系和治理能力现代化。以财政收支真实性完整性为基础，以财政资金安全绩效为重点，关注资源开发、公共资源交易、公共财政资金支持等领域是否存在重大违法违规问题，发挥财政资金最大效益；以政府债务和隐性债务防范化解为重点，防范和化解地方财政风险、金融风险；围绕统筹疫情防控和经济社会发展要求，对减税降费政策措施贯彻落实情况、收入征管和部门预算执行等情况加强审计监督，实现数据审计全覆盖，更好地发挥审计在党和国家监督体系中的重要作用。审计揭示不法分子涉嫌利用虚开的高档汽车销售发票作为计税依据偷逃车购税问题的审计信息被重要信息要目采用，涉案线索移送公安机关核查，该案例审计思路方法被审计署作为典型经验推广。

三大攻坚战审计 牢固树立总体国家安全观，充分发挥审计“经济体检”功能，切实维护经济安全。防范化解重大风险方面，在深入揭示财政金融风险基础上，加强宏观研究，提出可操作性建议，促进守住不发生系统性区域性金融风险底线；在污染防治方面，坚持创新审计方式方法，推动各级领导干部牢固树立绿水青山就是金山银山的意识，促进加快生态文明建设，推动实现经济发展和环境保护双赢；精准脱贫方面，围绕“两不愁三保障”，重点关注扶贫主体责任落实、扶贫资金和项目绩效等问题，推动追责问责，使全面建成小康社会得到人民认可、经得起历史检验。

疫情防控资金和捐赠款物专项审计 紧扣疫

情防控资金物资的分配、管理、使用主线，围绕资金链、物资链和业务链，做好现场审计和非现场审计的结合，强化大数据审计，既做到应审尽审，揭示截留、挤占、挪用疫情防控资金和捐赠款物等问题，反映不作为、慢作为、假作为等形式主义问题，又坚持客观求实原则，按照“三个区分开来”重要要求，鼓励疫情防控资金使用担当创新。聚焦疫情防控管理工作，形成疫情防控个人信息采集和后续管理需关注、医务人员临时性工作补助相关政策亟待明确、疫情防控重点保障企业名单管理有待规范等信息，被审计署重要信息要目采用。

民生审计 聚焦社保基金的经济效益和社会效益，关注重点人群参保情况，从维护人民群众的根本利益出发，充分发挥社会保障审计的职责，保障每一分钱的社保基金都真正能用在切实维护广大人民群众的利益上。积极推进社保专业研究，结合历年来社保审计经验和项目实况，从医保基金骗保、住房公积金和住宅专项维修资金等违纪违法问题的政策背景、特征发现、证据归集、查证技巧等多方面进行思路方法总结和探索创新，并最终形成可借鉴的审计套路。

经济责任审计 深入落实署党组聚焦资金和项目主责主业的要求，围绕规范权力运行、促进责任落实，组织实施企业、金融和司法机关领导人员经济责任审计。突出高质量发展导向，重点关注贯彻落实新发展理念、营造法治化国际化营商环境等内容，关注“三重一大”决策情况，揭示违规决策行为，促进被审计领导干部规范用权。深入研究重大事项经济责任界定的特点和规律，如天津市原市长经济责任审计报告揭示的直接责任事项，得到各审核审议环节的肯定。

固定资产投资审计 深入研究冬奥会筹办工作特点和相关政策，形成“以保障冬奥会成功举办为目标，以冬奥会筹办工作任务为主线，以关键项目进展、重大采购招标、资金管理使用为主要抓手”的审计思路，围绕冬奥会跟踪审计目标，坚持把习近平总书记提出的“绿色、共享、开放、廉洁”办奥理念贯穿审计工作全过程，不断地聚焦审计重点。

金融审计 围绕“六稳”“六保”目标任务，关注各项金融政策措施执行和效果情况，揭示金融支持实体经济恢复和保障民生等方面的突出问题；密切关注重大金融风险，维护经济金融安全稳定，持续揭示和反映金融机构、金融市场以及宏观经济层面的各类风险隐患，推动早识别、早处置、早化解，坚决守住不发生系统性金融风险的底线。揭示的国际大宗商品期货价格波动加剧背景下“原油宝”类投资的风险防控被重要信息要目采用，国务院领导同志作出重要批示，有力推动防范化解风险。

企业审计 紧密结合所审计企业行业特色、业务特点、管理方式，以国有企业财务资料、资金收支、项目建设为切入点开展审计，用财务报表分析、账表证核对、资金流向追查、业务合同分析等企业审计的方法开展审计，着力揭示与国有资产损失、利益输送、违规决策等有关的重大违法违纪问题线索。在中国石化经济责任审计中，通过对企业租赁合同及租赁费用支出的分析、对企业产品出入库核算数据的分析，发现下属某单位涉嫌以虚假租赁方式偷逃巨额消费税的问题。

大数据审计 坚持数据先行理念，通过总体分析、发现疑点、分散核查、系统研究的方式，有效提高审计的精度和效率，推动现场审计和非现场审计的有机融合。印发《审计署京津冀特派办2020年大数据审计重点工作及推进意见》，规划大数据审计发展的行动思路、指导原则、主要目标、重点行动和措施要求。推行“数据＋政策”研究模式，组织数据分析团队成员研究各专业领域相关政策，挖掘问题，形成35篇次信息素材。

审计质量 持续深化“审计程序不越权、审计成果不闯关”的依法审计理念，在健全一表四清单、三级复核、两个会议、一次讲评审计质量控制体系的基础上，从源头抓审计程序管理，构建起以审计资料交接清单为起点，贯穿审计取证、审计工作底稿、审计报告征求意见、审计报告和审计决定全链条的闭环业务管理体系，不断规范审计业务会议、规范审核审理，加强跟踪审理和集中审理，优化审理复核通报，严格控制延伸审计、查询信函使用，规范数据查询审批，确保恪守审计权力边界，努力打造经得起实践和历史检验的审计成果。（撰稿人：马　琳）

【审计署驻太原特派员办事处】 2020 年，审计署驻太原特派员办事处（以下简称太原特派办）实有 144 人。设有办公室、法规处、财政审计处、行政事业审计处、农业审计处、资源环保审计处、投资审计处、金融审计处、企业审计处、社保审计处、外资审计处、计算机审计处、人事教育处和机关党委。

领导成员

分党组书记、特派员：庄　军（—1 月）

杨卫东（1 月—）

分党组成员、副特派员：王景东

分党组成员、纪检组长：丛　娜

一级巡视员：刘文杰　张晓霞

二级巡视员：乔元明　荣忠光

审计成果 2020 年，太原特派办完成审计项目 19 个。查出主要问题金额 55678186 万元，其中违规金额 7374 万元、管理不规范金额 55670812 万元；审计发现非金额计量问题 437 个；损益（收支）不实金额 30078587 万元；审计发现侵害人民群众利益 89889 万元；出具审计报告和专项审计调查报告 17 篇。审计处理处罚金额 11111 万元，全部为应归还原渠道资金；移送司法机关、纪检监察机关和有关部门处理事项 11 件，移送处理人员 95 人，移送处理金额 1815.58 万元。审计促进整改落实有关问题资金 3160512 万元；审计促进拨付资金到位 96906 万元；移送处理落实事项 6 件。审计提出建议 88 条，被采纳 88 条；推动被审计单位制定整改措施 312 项；促进被审计单位建立健全规章制度 43 项；提交审计信息 113 篇，被批示、采用 79 篇次。

参与实施的发展改革委 2017 年度组织分配中央财政投资等情况审计项目被审计署评为 2019 年度全国审计机关优秀审计项目三等奖。

政策落实情况跟踪审计 开展三省区贯彻落实国家重大政策措施情况跟踪审计，持续跟踪关注财税金融、营商环境、民营经济、扩大内需、生态保护、乡村振兴等重点领域政策措施落实落地情况，审计报告反映的 138 个典型问题被审计署向国务院报送的报告采用。连续两个季度开展山西和内蒙古两省区新增财政资金直达市县基层直接惠企利民情况专项审计，紧盯资金流向，揭示将抗疫特别国债资金投向商业化运作产业项目、将直达资金违规转入财政专户和预算单位实有资金账户等典型问题，督促地方政府和部门及时下达预算指标和资金，收回违规使用资金。

财政审计 开展山西、内蒙古两省区地方财政收支审计，围绕落实“六稳”“六保”要求、促进财政资金提质增效，揭示编制财政预算、组织财政收入、执行过“紧日子”支出政策、分配使用中央财政实行特殊转移支付机制资金等方面存在的问题，促进积极的财政政策更加积极有为。深化税收审计，联合地方审计机关对内蒙古自治区 56 个税务部门政策落实、收入征管和预算执行情况进行全面审计，揭示税收优惠政策落实不到位、执行中央八项规定精神不严格等 8 个方面问题，上报的信息被审计署重要信息要目采用 2 篇。

三大攻坚战审计 筑牢风险防控“红线”。深化对财政、政府债务等风险变化趋势和问题症结的认识研判，揭示专项债券资金未用于指定项目、新增政府隐性债务、政府还贷高速公路存量债务未严格按市场化原则化解等问题，被审计署重要信息要目采用；强化地方中小金融机构风险防控，聚焦掩盖资产质量、违法违规经营等问题，揭示山西省数十家地方中小法人金融机构风险防控意识淡漠、违规经营导致数百亿元大额融资风险等问题，被审计署重要信息要目采用，对山西省防范区域性金融风险、推动中小金融机构重组整合起到积极作用。扛实生态环保“底线”。查处的山水林田湖草生态保护修复试点项目推进力度不够等 9 个案例被审计署“四个报告”采用；在审计署资环司组织的生态环保资金审计培训会上，太原特派办作为经验交流代表，介绍紧扣省情、聚焦重点、紧盯资金、注重绩效等先进经验做法。聚焦影响如期脱贫的突出问题和薄弱环节，揭示部分贫困人口未按规定享受健康扶贫等政策、就业扶贫政策落实不到位、扶贫产业项目未实现预期收益等问题，被审计署重要信息要目采用 6 篇，切实助力脱贫攻坚决战完胜、圆满收官。

疫情防控资金和捐赠款物专项审计 把做好疫情防控资金和捐赠款物专项审计作为重大政治责任，助力打好疫情防控“总体战”“阻击战”。

紧紧围绕专项贷款“精准、及时、规范、安全”，重点揭示重点保障企业名单管理不够精准、贷款发放不够及时，贷款资金闲置未用、贷款资金挪用于非疫情防控领域等问题，被审计署重要信息要目、疫情专报等采用10篇，促进地方政府堵塞防控漏洞，统筹推进疫情防控和经济社会发展。开展民营企业、中小企业复工复产情况调查等10余项专题调研，推动相关企业走出困境、正常运营。

民生审计　开展就业、医疗、住房、养老、困难群体帮扶等民生资金和民生项目审计。关注困难群众的基本生活保障，民生政策的普惠性、基础性和兜底性，揭示失业保险稳岗返还政策落实不到位、住房保障政策全面覆盖亟须关注三类重点困难群体等典型问题，被审计署重要信息要目采用10篇。密切关注就业优先，围绕减负、稳岗、扩就业政策的落实情况，揭示部分地区落实失业保险稳岗返还政策不到位、未发放一次性求职创业补贴、高校毕业生网上招聘活动实施效果不佳、就业数据不实等问题，推进就业促进政策落实落地。

经济责任审计　开展山西省党政领导经济责任审计和自然资源资产离任审计，聚焦权力运行和责任落实，重点关注贯彻执行党和国家经济方针政策、推进本地区经济社会发展规划和重大经济事项落实、保障和改善民生、防范经济风险等方面的履职情况，促进领导干部履职尽责、担当作为。

企业审计　开展2户国有企业领导人员经济责任审计，以经济责任履行情况为主线，重点关注贯彻落实执行中央重大经济方针政策和决策部署、企业财务真实性合法性效益性、公司治理和内部管控、境外投资和国有资产管理等情况，促进领导干部履职尽责，推动不断提升国有经济竞争力、创新力、影响力和抗风险能力。

金融审计　开展1户国有商业银行领导人员经济责任审计，围绕任职期间履行经济责任情况，重点关注贯彻执行党和国家经济方针政策、重大经济事项决策和效果、业务经营和风险管控等情况，促进领导干部履职尽责，推动国有商业银行落实国家经济金融政策、防控金融风险、深化金融改革，增强竞争力和可持续发展能力。

审计查出问题整改　跟踪督促审计查出问题整改，推动建立健全整改长效机制。切实加大对审计查出问题整改的跟踪督促力度，健全审计整改专项跟踪督查和指导制度，出台《关于加强督促审计发现问题整改的通知》，细化督促整改职责分工、范围方式、判定原则等内容；规范审计发现问题的整改标准，明确整改必须取得原始证据和资料；建立审计报告问题整改台账和督办台账，健全台账填报流程，逐一追踪逐项落实。截至12月底，对2019年三季度以来15个审计项目发现的224个问题的整改情况进行台账管理，并跟踪2013年至2019年127个审计移送事项办理情况，整改率和移送事项办结率均在75%以上，充分发挥审计监督“治已病、防未病”作用。

信息化建设　研究探索大数据分析模式，组建“全办性＋审计项目组”双层级数据分析团队，推行“业务思路＋大数据分析”“政策研究＋大数据分析”“先进技术＋大数据分析”工作模式，全年向相关审计组推送数据分析线索17批，为现场审计提供高效有力支撑。强化大数据审计先进技术的推广应用，推送“大数据技术小课堂”7期、“网络安全微课堂”71期，举办“技术沙龙”，2篇技术案例被采用，其中1篇获审计署“数据分析技术方法在审计工作中的创新应用优秀案例”三等奖、1篇被审计署审计科研所《审计研究报告》采用。

审计科研　大力推行研究式学习、研究式审计，建立法规处牵头、业务处全员参与的政策研究机制，召开政策分析研究会4次，编发政策法规、审计思路与方法参阅等14期。与中国审计学会合作形成的课题成果“基于构建特派办审计干部能力素质模型的高素质专业化审计干部队伍建设研究”，入选中国审计学会专题研讨会论文集。推动全办各类理论研究深入开展，机关党委围绕党风廉政建设和反腐败工作的关键环节和重点问题，完成《审计机关纪律监督中发现的主要问题及防控措施》《特派办如何加强党风廉政教育》2项课题。

相关工作　太原特派办分党组深入贯彻落实党中央关于加强党的政治建设、加强和改进中央和国家机关党的建设等部署要求，以推动全面从严治党为主线，以创建“让党中央放心、让人民群众满意的模范机关”为重点，以强化政治机关意识为中心，制定党建工作要点，贯彻落实党对审计工作集中统一领导。研究制订《审计署太原特派办关于全面推进党支部标准化规范化建设的实施方案》，开展党支部建设状况调研寻策问道，结合“灯下黑”问题专项整治自查自纠，全面对标标准规范真改实改，将制定年度党风廉政教育和文化建设工作安排作为一项长效工作机制，打造具有特派办审计特点的党内政治文化品牌。深入开展“能力提升年”系列活动，召开思想分析会，找准能力短板，提出改进措施；创新运用处室讲坛、经验交流、案例研讨等形式，锻炼干部能查、能说、能写的能力；举办“如何当好审计小组长”“如何当好主审”主题研讨以及大数据审计经验交流会，搭建“晒底稿、比能力”“公文写作兴趣小组”等岗位练兵平台，开展审计工作底稿等业务文书和综合文稿起草的交流研讨活动。深入学习贯彻宪法、党内法规、民法典，深刻领会习近平法治思想，严格依法审计；全面推进节约型机关、平安和谐机关创建，抓紧抓实抓细疫情常态化防控；做好定点对口帮扶工作，驻村帮扶工作和选派的第一书记荣获山西省相关部门表彰。

（撰稿人：李　妍）

【审计署驻沈阳特派员办事处】 2020 年，审计署驻沈阳特派员办事处（以下简称沈阳特派办）实有 143 人。设有办公室、法规处、财政审计处、行政事业审计处、农业审计处、资源环保审计处、固定资产投资审计处、金融审计处、企业审计处、社会保障审计处、外资运用审计处、计算机审计处、人事教育处、机关党委。

领导成员

分党组书记、特派员：马文辉

分党组成员、副特派员：李伟光

贺建荣（在新疆挂职）

关　李

分党组成员、纪检组长：张　峰

一级巡视员：李志民（10 月—）　宋　民

二级巡视员：郑广民

审计成果 2020 年，沈阳特派办共完成审计项目 15 个。查出主要问题金额 2352.09 亿元，其中违规金额 3.71 亿元、损失浪费金额 836 万元、管理不规范金额 2348.29 亿元；发现非金额计量问题 467 个；损益（收支）不实金额 3.59 亿元；出具审计报告和专项审计调查报告 15 篇。审计处理处罚金额 90.01 亿元，其中应上缴财政 12.41 亿元、应归还原渠道资金 25.47 亿元、应缴纳其他资金 3.93 亿元、应调账处理金额 48.21 亿元；移送司法机关、纪检监察机关和有关部门处理事项 29 件。审计信息被审计署采用 96 篇；317 个案例被审计署结果报告和专题报告采用。

独立实施的辽宁省 2018 年国家重大政策措施落实情况跟踪审计项目被审计署评为 2019 年度全国审计机关优秀审计项目二等奖；参与实施的财政部具体组织 2017 年度中央预算执行和编制中央决算草案情况审计项目被审计署评为 2019 年度全国审计机关优秀审计项目一等奖；参与实施的发展改革委 2017 年度组织分配中央财政投资等情况审计项目被审计署评为 2019 年度全国审计机关优秀审计项目三等奖。

政策落实情况跟踪审计 围绕深化供给侧结构性改革等工作，加大政策措施跟踪审计力度。全年出具审计报告 4 篇，反映减税降费、清理拖欠民营企业账款、“放管服”改革、精准脱贫、污染防治、“六稳”“六保”政策落实等 10 余个方面问题 366 个、典型经验做法 16 个、审计整改事例 87 个，被审计署报告案例采用 171 个。推动某市住房和城乡建设部门返还建设工程劳动保险费 2 亿余元，某县 12 个农村饮水安全工程通电投入使用，多家省属国有企业减免承租国有资产类经营住房的 500 余户中小企业租金 1000 余万元。

财政审计 围绕深化财政体制改革，加大财政资金审计力度。在财政收支审计中，查出预算编制不细化、税收和非税收入征缴不够规范、未及时下达中央转移支付资金和省对下转移支付资金等问题。同时，关注财政收入支出真实合规、财政资金安全绩效以及地方政府债务和隐性债务风险管控情况，提交转移支付有指定用途资金额下达执行机制不完善、政府债务管理中需关注的问题等审计信息，推动财政制度体系高质量发展。

三大攻坚战审计 围绕防范化解重大风险，揭示央企并购中对赌式操作风险、地方金融机构存款准备金不达标等问题，为守住不发生区域性系统性风险的底线发挥积极作用。围绕精准脱贫，揭示个别县农村改厕任务未完成或效果不佳、个别县部分高标准农田项目未按期完工、建成后未发挥效益等问题。围绕污染防治，聚焦控源截污、排水许可制度执行、地下水压采、地下管网等方面存在的问题，揭示某市部分流域水环境治理精准性有待提高、违规免征水资源费和污水处理费等问题。

疫情防控资金和捐赠款物专项审计 在疫情防控资金和捐赠款物专项审计中，揭示捐赠资金分配使用不及时、捐赠信息统计不及时不准确等8个方面32个问题，并及时推动整改。促进及时退还企业增值税增量留抵税额1000余万元；推动及时拨付捐赠资金2000余万元，调拨医用口罩6万余只，分配隔离服200套；推进天然气价格下调工作，为已结算用户节省燃气费300余万元；推动相关地区和单位出台捐赠资金管理办法等制度。

民生审计 开展医疗保险、养老保险、保障性安居工程等专项审计，揭示个别地区违规为部分灵活就业人员追补缴费6亿元、某公立医院违规开设营利性药店、保障性住房未按期建成等问题，并推动整改。推动某市追回医疗保险基金10余万元，向20余户征收对象发放货币补偿款600余万元。针对民生领域的腐败，移送个别医院涉嫌骗取医保基金等问题线索。

经济责任审计 在某市市委书记、市长经济责任审计中，聚焦领导干部经济责任、领导干部任期、市本级和现场审计结束时点，反映执行中央重大经济方针政策和决策部署、民生保障和改善、财政管理等7个方面36个问题；该市成立以市委市政府主要领导任组长的整改工作领导小组，先后召开37次调度会研究部署审计整改工作，建立督查检查、登记销号等制度，出台相关制度规定23项，废止文件2个。推进某高校经济责任审计整改，促进完善工作机制69项，制定或修订制度19项，相关工作得到中共中央组织部认可。

农业农村审计 在乡村振兴、扶贫审计中，揭示150余名建档立卡贫困人口未能享受一次性求职创业补贴资金10余万元、某县级市未及时发放森林生态效益补偿资金2200余万元和病死猪无害化处理补贴资金70余万元、某县级市19个农村环境保护项目逾期2年未完工等问题。针对涉农领域“微腐败”问题，移送公务人员涉嫌利用职权违规从事营利性活动等问题线索。

资源环保审计 在生态环保资金等审计中，揭示某省虚报套取和超范围分配中央专项资金数亿元、大量中央专项资金未及时下拨导致“钱等项目”和“项目等钱”并存等问题，并推动整改。推动某县城镇生活垃圾收运系统工程部分垃圾中转站通电运行，推动某县向20余个项目实施单位拨付应拨未拨工程款4300余万元。

金融审计 在某金融机构领导人员经济责任审计中，查出涉嫌滥用职权、违规设立“小金库”等问题和线索，涉及金额500余亿元。发现某金融机构掩盖不良贷款等问题线索，银保监局对7名责任人追责。揭示某商业银行违规将不良资产虚假出表，相关经办人员获取巨额不当利益的问题线索被审计要情采用。

企业审计 牵头开展某央企领导人员经济责任审计，围绕贯彻执行中央决策部署、财务收支、履行境内重大经济决策职责和管理职责、境外投资和国有资产管理使用等方面查核问题100余个，提交某央企二级单位违反中央八项规定精神建别墅并低价出售给领导干部涉嫌私分国有资产等审计信息和问题线索。在某央企政策跟踪审计中，揭示逾期票据面临损失风险、部分“僵尸企业”处置质量不高等问题。

信息化建设 做好与辽宁省审计厅的数据共享，接入辽宁省政务数据资源共享平台，与中国联通辽宁分公司合作建设数据查询平台，已经通过初步测试。完成数据分析网实名制工作；将分析终端机从9个扩充到15个，帮助相关处室购置、优化审计现场移动工作站；通过更换主板、硬盘以及重组等方式做好维修维护，解决金审工程三期的网络、设备、软件故障等问题；通过购置内存、固态硬盘等配件，升级现有服务器设备，提升数据分析硬件环境。

审计科研 印发2020年理论研究工作要点；编发审计宣传231篇，被审计署网站、署微信平台、《中国审计报》和《中国审计》等署管媒体采用158篇次。1人当选审计署办公厅舆情引导员，1名正能量榜样和2篇作品入围全国审计机关“五个十”审计宣传正能量精品展播活动。组织季度理论成果评选活动，39人次审计干部在评选中获奖；申报中国审计学会2020年合作开展课题并按时结题。

相关工作 通过发放学习资料674册、开展全员网上测试22次，编制导读手册，制作宣传展板，运用学习强国、支部工作等App和微信工作群等举措，学习《论坚持党对一切工作的领导》等制度文件。围绕传承和发扬“忠诚、团结、创新、拼搏、向上”的“沈办精神”，开展“沈办精神”大讨论等活动，改版历史荣誉陈列室并组织参观，提升全办干部的荣誉感。异地大型审计项目均成立临时党组织，每三周回办集中学习，拓展“互联网+党建”模式，开展“珍爱美丽地球 守护绿色家园”等活动。在疫情防控期间，组织全员政治理论和审计业务学习，开展“战‘疫’有我，党员先行”等活动，做到疫情防控、业务工作两不误。

纪委书记列席办分党组会议，纪检组长和机关纪委对财务预决算等重点项目及各重要环节全程监督，对11个审计项目的党建、廉政、依法文明审计、安全、保密等情况进行检查，对疫情防控工作进行提醒提示。组织参观沈阳市正风肃纪大数据监督警示教育展示馆，在重要节点发送廉政提醒信息6次，推送党风廉政文章70余篇，在开展以案释纪警示教育的同时组织学习先进人物事迹；落实中央八项规定及其实施细则精神，严格执行重大事项请示报告制度，紧盯“四风”问题，开展“灯下黑”问题专项整治。

严格执行民主集中制，全年共召开办分党组会议及特派员会议32次；开展办分党组中心组学习和专题学习9次。邀请3位外部专家授课，推荐办内12名干部走上讲台分享经验。开展审计成果等3项年度岗位练兵活动、“树典型 学先进 争一流”等4项季度评选活动，选派80余人次参加审计署各类培训，选送4名审计干部到署机关交流，12名干部办内轮岗。完成17名科级及以下干部职级晋升、1名干部调转工作。加强人文关怀，提供“24小时热线”“送病号饭”等服务128人次，组织全办职工体检。在常态化疫情防控期间，制定《审计署沈阳特派办疫情防控工作方案》等制度，做好疫情防控教育培训、外来人员和车辆登记测温、定时消毒等工作。

（撰稿人：芮星海）

【审计署驻哈尔滨特派员办事处】 2020年，审计署驻哈尔滨特派员办事处（以下简称哈尔滨特派办）实有139人。设有办公室、法规处、财政审计处、行政事业审计处、农业审计处、资源环保审计处、固定资产投资审计处、金融审计处、企业审计处、社会保障审计处、外资运用审计处、计算机审计处、人事教育处和机关党委。

领导成员

分党组书记、特派员：尹树伟

分党组成员、副特派员：董耀文 姚洪敏
张 琦 刘世新

分党组成员、纪检组长：王雷鸣

审计成果 2020年，哈尔滨特派办共组织完成审计项目11个。查出各类问题金额1534.89亿元；督促整改落实，推动各级政府和相关单位建立健全规章制度90余项。反映的问题被审计要情采用2篇，被重要信息要目采用102篇；向有关部门移送违纪违法问题线索28件；229个典型案例被审计署结果报告、综合报告和专题报告采用。

独立实施的黑龙江省2018年国家重大政策措施落实情况跟踪审计项目被审计署评为2019年度全国审计机关优秀审计项目一等奖；牵头实施的某公司原法定代表人任职期间经济责任履行情况审计项目被审计署评为2019年度全国审计机关优秀审计项目三等奖；参与实施的财政部具体组织2017年度中央预算执行和编制中央决算草案情况审计项目被审计署评为2019年度全国审计机关优秀审计项目一等奖；参与实施的某公司原法定代表人任职期间经济责任履行情况审计项目被审计署评为2019年度全国审计机关优秀审计项目二等奖；参与实施的发展改革委2017年度组织分配中央财政投资等情况审计项目被审计署评为2019年度全国审计机关优秀审计项目三等奖。

政策落实情况跟踪审计 围绕推动做好“六稳”工作、落实“六保”任务，重点关注减税降费、清欠民营和中小企业账款、金融服务实体经济等重大政策措施落实情况，注重揭示典型问题，反映2市长期占用专项转移支付资金用于“三保”等问题358个，被审计署综合报告采用典型案例86个。推动下达和落实财政资金等12.04亿元，加快重大项目审批建设和重点任务推进35项，健全完善制度28项。开展中央财政直达资金专项审计，揭示3个市县虚列新增财政资金支出等问题20余个，涉及资金16.4亿元。督促有关地市和部门细化分配方案、及时拨付资金、收回调整指标，涉及资金14.38亿元，促进资金直达基层、惠企利民。

三大攻坚战审计 紧盯扶贫和乡村振兴政策落实，跟进项目实施和资金管理使用情况，组织揭示政策落实不到位、资金管理不规范、产业项目绩效不佳等典型问题226个，被审计署综合报告采用典型案例143个，其中第二季度反映的50个典型案例被纳入审计署重大政策落实情况跟踪审计报告。有关政府部门高度重视，组织开展审计发现问题“点对点”整改排查专项行动，对类似问题举一反三进行排查。

疫情防控资金和捐赠款物专项审计 开展疫情防控资金和捐赠款物专项审计，共揭示使用财政资金采购不合格防护物资、重点保障企业未及时获得专项再贷款等问题17个，其中预拨医护人员补助资金在30家省直医疗卫生单位结存问题，被纳入国务院大督查事项。反映的违规哄抬熔喷布价格问题被重要信息要目采用后，公安部等有关部门迅速开展专项行动，打击扰乱市场秩序行为。在充分揭示问题的基础上，推动被审计单位边审边改、边审边建，共促进被审计单位立行立改问题11个，完善相关制度5项，为打赢疫情防控阻击战提供有力保障。

民生审计 组织开展基本养老、医疗保险审计，揭示基金筹集、使用、运行等方面问题39个，金额20余亿元。反映的违规向已死亡人员发放养老保险待遇问题，相关政府部门迅速整改，举一反三、由点及面，开展专项整治百日攻坚行动，对领取待遇人员进行排查，防范违规行为，维护基金安全。注重揭示发生在民生领域的“微腐败”，向有关部门移送基层党员干部骗取套取扶贫资金等问题线索18件。

资源环保审计 组织实施领导干部自然资源资产任中审计、生态环保资金审计等项目，揭示某地草原面积减少与林地重叠、重点河流违规用水问题突出、某省中央专项资金分配不合理、生态修复资金用于“形象工程”建设等问题60余个，推动地方政府加强资金使用管理和环保建设，助力生态文明建设。

经济责任审计 在某自治区主要领导干部经济责任审计中，共反映自治区在贯彻执行中央重大经济方针政策和决策部署等7方面40余个问题，1件重大问题线索被审计要情采用。在某保险集团经济责任审计中，聚焦领导干部权力运行和经济责任落实，共反映虚列费用套取手续费等问题80余个。在某央企经济责任审计中，揭示未经评估违规收购股权、会计信息不真实等问题近60个，推动被审计单位和领导干部加强管理、完善制度，促进权力规范运行。

信息化建设 结合审计工作需要持续采集财政、税收、社保等数据，并坚持以用为本，运用多维关联分析和网络爬虫等方法，加大数据分析比对力度，有效提升工作效率。强化数据分析运用，全年通过数据分析发现的问题线索，有100多个在审计报告中反映，1个重大问题被审计要情采用，20余个典型案例被重要信息要目采用。

审计质量 提前介入、跟踪审理，有效防控审计现场风险。落实责任、任务、问题和成果“四个清单”制度，实现审计质量“全过程”控制，集体讨论、科学决策，确保审计报告质量。实行审计报告征求意见稿“预上会”和上报稿正式上会“两次会议”制度，认真落实“三个区分开来”重要要求，确保审计报告质量过硬。定期总结、及时通报，促进质量提升。组织系统梳理近年来审理复核中发现的典型问题，形成负面清单。坚持每季度通报审计质量检查情况，对审理发现的新问题、新情况和风险点进行提示，有效防控质量风险。

相关工作 深入学习贯彻党的十九届五中全会精神，持续抓好中央重大决策部署的学习教育，扎实推进“两学一做”学习教育常态化制度化，坚持每月“集中学习日”制度，组织各党支部、青年理论学习小组开展专题研讨，促进学用结合。加强审计一线党员动态管理，扎实开展党建三项重点工作，巩固深化主题教育成果，大力推进党支部标准化规范化建设。在2020年度审计署党务干部综合培训班上就支部建设相关做法进行专题交流发言。开展常态化廉政教育，创新监督机制，持续整治“四风”，严格纪律约束，组织制作审计现场廉政纪律要求“口袋书”，制定“审计现场管理十项要求”，对重点项目开展驻点式廉政巡查，强化干部廉洁从审意识。

持续加强学习，全年开展分党组集中学习14次，有效发挥示范作用；班子成员带头尽责担当，深入一线带领审计组开展工作。加强专业培训，全年安排54名干部参加审计署培训，持续办好“以恒学堂”，邀请专家学者讲课，开展审计信息等培训以及数据审计案例展评；依托审计项目发挥4个团队作用，坚持“四会”制度，实行“双主审”制，落实“实务导师”组，加强干部交流锻炼。开展“无借口月”活动，加大督办力度，简化工作汇报方式；倡导新时代“工匠精神”，狠抓公文质量和审计基础工作，加大考勤力度，促进干部爱岗敬业、真抓实干。突出实绩开展公务员量化考核，结合干部职业发展意愿和思想状况等开展问卷调查，在政策范围内帮助解决干部实际困难，提升队伍凝聚力；1人被评为全国审计机关先进工作者，并被推荐为中央和国家机关“三八红旗手”候选对象，1人当选中央和国家机关青联第一届委员会委员。

切实落实疫情防控要求，制定周密保障措施，全力抗击新冠肺炎疫情，推动工作保持不断，取得实效。加强法治政府建设，以宪法为核心开展普法宣传，开展民法典每周一学活动，组织在线观看庭审视频，加强审计延伸、取证等重点环节管理。强化国家安全意识，把握重点环节，加强保密管理，有效落实责任，筑牢国家安全人民防线。持续加强安全教育和技能培训，组织火灾应急演练，做好安全巡查，及时处置突发情况，确保机关平稳有序安全运转。强化制度执行，认真落实过“紧日子”要求，严格预算支出，开展资产清查和内部审计。突出正向引导，加大审计宣传力度，全年在署媒体发表宣传稿件110篇次，特别是在疫情期间，精心策划40余篇宣传稿件在审计署媒体发表。（撰稿人：连明霄）

【审计署驻上海特派员办事处】 2020年，审计署驻上海特派员办事处（以下简称上海特派办）实有144人。设有办公室、法规处、财政审计处、行政事业审计处、资源环保审计处、固定资产投资审计处、金融审计一处、金融审计二处、企业审计处、社会保障审计处、外资运用审计处、计算机审计处、人事教育处和机关党委。

领导成员

分党组书记、特派员：彭华彰（1月—）

分党组成员、副特派员：张冬霁（3月—）
孙　俭

机关党委书记：徐　勇（—9月）
张冬霁（9月—）

一级巡视员：倪志伟　徐　勇（9月—）
王小霞　夏明东

二级巡视员：毕　兰

审计成果 2020年，上海特派办共完成审计项目17个。查出主要问题金额1891198万元，其中违规金额15735万元、管理不规范金额1875462万元；审计发现非金额计量问题231个；损益（收支）不实金额159521万元；审计发现侵害人民群众利益30795万元；审计期间整改金额353732万元；出具审计报告和专项审计调查报告19篇。审计处理处罚金额666848万元，其中应上缴财政134961万元、应归还原渠道资金367522万元、应缴纳其他资金674万元、应调账处理金额163690万元；移送司法机关、纪检监察机关和有关部门处理事项8件，移送处理人员8人，移送处理金额417471万元。审计促进整改落实有关问题资金176791万元；审计促进拨付资金到位914万元；移送处理落实事项8件。审计提出建议47条，被采纳32条；推动被审计单位制定整改措施188项；促进被审计单位建立健全规章制度32项；提交审计信息85篇，被批示、采用130篇次。

独立实施的浙江省2018年国家重大政策措施落实情况跟踪审计项目被审计署评为2019年度全国审计机关优秀审计项目二等奖；独立实施的上海市2018年国家重大政策措施落实情况跟踪审计项目被审计署评为2019年度全国审计机关优秀审计项目三等奖；参与实施的财政部具体组织2017年度中央预算执行和编制中央决算草

案情况审计项目被审计署评为2019年度全国审计机关优秀审计项目一等奖；参与实施的某公司原法定代表人任职期间经济责任履行情况审计项目被审计署评为2019年度全国审计机关优秀审计项目二等奖；参与实施的发展改革委2017年度组织分配中央财政投资等情况审计项目、证监会2018年度预算执行等情况审计项目、某公司原法定代表人任职期间经济责任履行情况审计项目被审计署评为2019年度全国审计机关优秀审计项目三等奖。

政策落实情况跟踪审计 始终坚持把推动党中央、国务院重大决策部署落实作为首要政治任务，将政策落实情况作为各审计项目的重点内容，在上海市、浙江省政策跟踪审计等项目中揭示深化“放管服”改革、清理拖欠民营企业中小企业账款、促进就业优先等方面184个问题，其中上海市和浙江省部分国有企业在转供电环节加价收费等30个案例被审计结果公告采用，促进党和国家重大政策措施落地见效。组织对上海市、浙江省新增财政资金直达市县基层直接惠企利民情况专项审计，关注资金管理使用效益，反映资金拨付、分配、管理、使用、效益方面问题75个，并及时推动整改。

财政审计 在税收审计中，重点关注减税降费政策落实情况，反映疫情防控减税降费政策落实缓慢导致多征收纳税人滞纳金等问题，推动减税降费政策有效落地。

三大攻坚战审计 在政府性债务专项审计中，揭示部分地方融资平台通过地方交易所发债融资的问题，切实防范金融风险与财政风险交互影响。紧盯金融风险易发高发领域，探索股票、债券、票据、期货、银行卡等多个金融市场的整体改革推进和风险防范，反映部分金融机构过度签发和承兑票据易引发风险等问题，为防范全国性市场的金融风险起到积极作用。在政策跟踪和央企审计中关注如期完成脱贫攻坚任务和对口扶贫情况，反映困难群众未参加基本医保、扶贫项目资金管理制度不完善等问题，推动完善制度，助力脱贫攻坚。

疫情防控资金和捐赠款物专项审计 坚持一手抓疫情防控，一手抓审计业务，揭示专项资金分配拨付不及时、违规使用捐赠资金和物资、挤占挪用专项贷款等违规问题，反映核酸检测试剂盒注册审批管理机制待改进、重点保障企业贷款难贷款贵等体制机制问题，促进财政资金和捐赠款物在疫情防控中及时高效发挥作用。

民生审计 在政策跟踪、医疗、社保、经济责任审计等各项审计中贯彻落实“对困难人群要落实政策、加大投入、有效保障”的审计思路，关注民生政策的普惠性、基础性和兜底性，反映养老和医疗保险省级统筹等与群众利益息息相关的问题，助推中央惠民富民政策措施落到实处。

经济责任审计 独立开展某省党政主要领导干部经济责任审计，牵头开展1家中央企业、1家中央金融机构主要领导人员经济责任审计，参与某高校主要领导人员经济责任审计。在项目实施过程中，注重责任与权力并重、成绩与问题结合，强调整体站位、突出工作重点、力争准确画像，促进领导干部守纪、守法、守规、尽责。

资源环保审计 紧紧围绕党中央、国务院关于坚决打好污染防治攻坚战的决策部署，以党政主要领导干部自然资源资产离任审计和生态环保科目资金审计为主要平台，发现重点流域治污工作落实不到位等一批典型问题，从长三角一体化发展的视角，就加强上下游省际污染防治区域协作等提出一系列审计建议，有力助推区域生态文明建设。

金融审计 在中央金融机构经济责任审计中，揭示贯彻落实中央重大经济金融政策和决策部署不及时、公司治理不健全、风险防控不到位等问题，推进贯彻宏观政策，完善公司治理，防范化解风险。关注沪浙两地信贷、股市、债市、汇市等领域的最新发展变化，深入揭示影子银行、不良贷款、表外业务等各类问题，促进金融真正服务实体经济和小微企业。围绕票据市场和期货市场等开展研究型审计，就发现的体制机制问题建言献策，促进加强监管。

企业审计 在中央企业经济责任审计中，聚焦权力运行和责任落实，反映中央企业存在的深化改革不到位、内控制度不健全、财务管理不规范等问题，促进国有企业领导人员依法、秉公、廉洁用权，深化国企改革，完善企业治理。

信息化建设 坚持科技强审理念，推动大数据创新运用。数据分析团队坚持在各审计项目中总结提炼数据分析思路和方法，提高审计效率。建设高素质、专业化的创新型审计队伍，开展面向实战的计算机培训，新建 Python 等大数据学习兴趣小组，提高大数据分析运用能力。启动“智慧上海特派办”建设，提升全办基于网络平台的信息化管理水平。

审计科研 贯彻“研究型审计”理念，紧密结合审计项目开展针对性的审计理论研究和宏观政策分析，围绕审计中心工作确定办科研课题，发挥理论研究对审计实践的指导和推动作用。注重案例分析和理论研究有机结合，实现理论研究和审计工作相互促进。

相关工作 围绕署党组各项工作部署，制定“一年强基础，两年上台阶，三年争一流”的奋斗目标，明确“政治建办，建设合格政治机关”“业务兴办，打造特色审计品牌”“制度治办，全面优化内部管理”“人才强办，锤炼一流战斗集体”“创新立办，凝聚团队创造潜能”五大治办理念，着力打造内部管理、培训、选人用人、审计业务、新时代党建工作、理论研究、后勤服务七大领域特色品牌。围绕规范工作、理顺流程、改进服务、提高效率，制定修订制度 32 项，强化制度执行，优化内部管理。加强质量控制，建立“四个一”复核审理工作机制，打好审计现场预审理、质量检查和法规辅导“组合拳”。创新组织方式，创建全办“审计人力资源大整合”工作模式并制定实施办法，实现人员优势互补、资源合理配置。创新服务理念，着力建设“暖心工程”，提升餐饮、宿舍管理等后勤专项服务水平。创新宣传工作，抓好新闻宣传和舆论引导，在意识形态高地讲好上海特派办故事，全年宣传稿件被署管媒体采用 70 余篇次。

健全办分党组中心组带头学、党支部跟进学、理论小组研讨学、学习平台辅助学的学习机制，推动学习习近平新时代中国特色社会主义思想往深里走、往心里走、往实里走。牢牢把握“审计机关首先是政治机关”的职责定位，提高政治站位，坚定政治信仰。制定建设模范机关责任清单，推进党支部标准化规范化建设和“四强”党支部建设。制定临时党支部建设办法，规范党员发展、积极分子培养、党务干部培训等工作。以“四史”教育为重点，开展“初心薪火相传　使命勇担在肩”纪念建党系列活动，鼓励干部“每月精读一本书”。

查找党风廉政建设方面存在的工作短板，提出改进措施 22 条。办领导逢会必讲廉政纪律，关键节点进行廉政提醒，强化日常教育。扎牢制度笼子，抓住“八小时之外”和审计现场两个重点，修订审计组廉政管理办法等 3 项廉政制度，制定审计干部工作时间之外 30 条风险提示清单。创新监督形式，疫情防控期间采取电话、网络等形式进行“在线监督”，举办“我想对你说”家庭助廉等活动，营造干事创业、风清气正的良好氛围。

办处两级领导班子以身作则，打造强有力领导集体，当好事业上的领路人、青年干部的贴心人。弘扬崇尚法治、廉洁守纪，勇于争先、善于创新，团结奋进、敬业奉献，务实担当、动真碰硬，朝气蓬勃、严谨细致，文明大气、全球视野“十二种精神”。开展“提振精神、创新发展”大讨论系列活动，查找不足、制定措施、统一思想，提振精气神。开展处级领导干部选拔任用和干部职级晋升工作，坚持程序公正、业绩导向、着眼事业、体现公平的原则，确保将优秀干部充实到各重要岗位。统筹做好干部职级晋升、公务员招录、干部交流抽调等工作，保障干部队伍健康发展。

持续打造特色培训、专项培训、综合培训与实战培训“四位一体”培训体系。开设“能力课堂”，开展读书经验交流、审计案例交流会等特色培训，针对不同群体精准开展主审培训、党务工作培训等专项培训，邀请专家解读党的十九届五中全会精神、开展加强和改进审计信息工作培训，完善审计实务导师制，安排年轻干部担任主审或主审助理，在审计实践中培养干部能查、能说、能写的能力。

紧扣上海地区经济社会发展特点，围绕加强党的政治建设、思想教育、道德实践、机关文化建设、内外部管理、践行社会责任和创新发展等方面，广泛深入开展各项精神文明创建活动。结合市、区、街道重点工作，开展双结对、扶贫帮困和志愿服务等共建联学活动，不断深化与驻地的共建联建工作。（撰稿人：史吉乾）

【审计署驻南京特派员办事处】 2020 年，

审计署驻南京特派员办事处（以下简称南京特派办）实有138人。设有办公室、法规处、财政审计处、行政事业审计处、农业审计处、资源环保审计处、固定资产投资审计处、金融审计处、企业审计处、社会保障审计处、外资运用审计处、计算机审计处、人事教育处、机关党委。

领导成员

分党组书记、特派员：周敦祥

分党组成员、副特派员：钱夫中（—9月）

范厚胜　刘步龙

审计成果　2020年，南京特派办共完成审计项目12个。查出主要问题金额14041578万元，其中违规金额55442万元、管理不规范金额13986136万元；审计发现非金额计量问题230个；出具审计报告15篇。审计处理处罚金额708276万元，其中应上缴财政171万元、应归还原渠道资金205万元、应缴纳其他资金707900万元；移送司法机关、纪检监察机关和有关部门处理事项5件，移送处理人员5人，移送处理金额55581万元。审计促进整改落实有关问题资金9431012万元；审计促进拨付资金到位702133万元。审计提出建议40条，被采纳36条；推动被审计单位制定整改措施300项；促进被审计单位建立健全规章制度84项；提交审计信息71篇，被批示、采用115篇次。

独立实施的江苏省2018年国家重大政策措施落实情况跟踪审计项目被审计署评为2019年度全国审计机关优秀审计项目三等奖；参与实施的财政部具体组织2017年度中央预算执行和编制中央决算草案情况审计项目被审计署评为2019年度全国审计机关优秀审计项目一等奖；参与实施的某金融机构原法定代表人任职期间经济责任履行情况审计项目被审计署评为2019年度全国审计机关优秀审计项目二等奖；参与实施的发展改革委2017年度组织分配中央财政投资等情况审计项目被审计署评为2019年度全国审计机关优秀审计项目三等奖。

政策落实情况跟踪审计　围绕党中央和国务院重大决策部署，以资金保障、项目落地和任务推进为抓手，聚焦疫情防控、减税降费、各级政府过“紧日子”、清理拖欠民营企业中小企业账款、“六稳”政策措施落实等方面，组织实施两省2020年国家重大政策措施落实情况跟踪审计。审计重点关注政策不落实、项目不落地以及政策措施不适应、不衔接、不配套等，发现部分参保对象划型不准确、某县将扶贫公益性岗位分配给难以有效履行职责的重度残疾人、高标准基本农田建设项目多报建成面积等问题。在清理拖欠民营企业中小企业账款专项审计中，关注清欠任务部署和台账建立、清偿计划和解决方案制订落实、新增拖欠账款等情况，揭示出某省两市9户企业少报拖欠账款1.6亿元的问题，被审计署典型案例采用。组织实施两省新增财政资金直达市县基层直接惠企利民审计，充分利用大数据审计，根据分析挖掘出的疑点线索实地核查，由点及面揭示问题。通过数据分析发现某市抗疫特别国债资金支出进度仅3.7%，由点及面对全市所有县区的台账数据进行分析，发现7个县区资金支出进度较慢。

财政审计　组织实施某省2019年地方财政收支审计、税收和非税收入征管审计，坚持问题导向，紧紧围绕经济社会热点，密切关注财政、税收领域的趋势性、苗头性问题，查找共性原因，挖掘体制机制性障碍。在税收和非税收入征管审计中，以减税降费政策落实、深化“放管服”改革、收入征管及其体制改革等情况为主线，按政策、税种、征管方式归集梳理数据分析方法，建立完善税收大数据审计方法体系机制。如将重点群体就业创业数据与企业纳税申报数据相关联，快速分析出某市部分符合条件企业未及时享受支持和促进重点群体创业就业有关税收优惠政策；将环保处罚数据与税收优惠数据相关联，精准锁定某省近200户受到环保部门处罚企业，违规申报享受资源综合利用产品和劳务增值税以及新型墙体材料增值税即征即退政策退税数亿元的问题。

三大攻坚战审计　组织实施某省4个县扶贫审计、某省领导干部自然资源资产离任审计，及时反映并推动解决扶贫脱贫领域、生态环境领域的新情况新问题，助力打好三大攻坚战。在某省领导干部自然资源资产离任审计项目中，聚焦省情特点，积极创新审计思路，运用GIS系统开展数据分析，揭示某省违规占用耕地、基本农田不实、林业面积有水分等多个全省性问题，通过大数据分析，全面、客观评价某省基本农田保有量与质量、土地整治项目完成情况及全省林木覆盖率真实性等方面，利用数据实现事项的“全覆盖”。扶贫审计紧扣“精准、安全、绩效”，对某省4个县“两不愁三保障”重点任务完成情况、精准扶贫政策措施落实情况、扶贫资金效益等方面进行深入分析，延伸单位75个、乡镇47个、行政村428个，入户调查170户，发现问题89个。审计推动健全完善地方稳定脱贫长效机制，促进整改落实，推动“治已病、防未病”，上报的材料被审计署采用并编发重要信息要目5篇，汇总采用作为典型案例50多个，向某省有关部门移送案件线索3件。

疫情防控资金和捐赠款物专项审计 组织实施某省应对新冠肺炎疫情防控资金和捐赠款物专项审计，工作中坚持政治引领、提高政治站位，坚决克服疫情影响和困难，用数据和事实揭示某省一线医护人员补助政策未落实到位，以及34.11万件捐赠物资接收、分配使用中存在的问题。

民生审计 围绕“注重民生、保障民生、改善民生”工作目标，组织实施某省基本养老保险基金审计、医疗保险基金审计、某市保障性安居工程项目审计，持续聚焦社保领域体制机制问题。其中揭示某市部分医院违规开展诊疗项目以及困难群众未参保、超范围报销等问题，为国家挽回医疗保险基金损失4200余万元。某市保障性安居工程项目审计发现中央及省级财政专项资金滞留或闲置、棚改专项债券资金被挪用、安置房项目未批先建、已建成的安置房长期闲置等问题。

经济责任审计 组织实施某省委书记和省长经济责任审计、某省人民检察院检察长经济责任审计，聚焦经济责任履行情况，紧扣领导干部权力运行，紧盯公共资金、国有资产和国有资源分配管理使用的关键环节，凸显地域特点和行业特色，准确界定责任，审慎作出评价，促进领导干部依法用权、秉公用权、廉洁用权。如某省委书记和省长经济责任审计中围绕中央重大经济方针政策推进情况，揭示某省沿江化工企业问题；围绕地区经济发展情况，揭示某省战略性新兴产业推进中产生的问题；围绕民生保障职责履行，揭示教育资源、公共卫生体系建设方面的问题；围绕财政管理职责履行，揭示某省预算执行和国库资金管理方面的问题。

固定资产投资审计 牵头实施冬奥会相关工程项目跟踪审计，重点关注项目推进、建设管理及其绩效情况，促进投资发挥效益，其中有3个案例被审计署北京冬奥会跟踪审计报告采用。

金融审计 组织实施2020年度金融机构主要领导人经济责任审计，聚焦主责主业，发挥金融审计常态化“经济体检”作用。对疫情防控重点保障企业贴息贷款情况开展审计，关注重点保障企业名单制定及更新的制度缺陷、抗疫专项贷款资金发放和使用的违规情况等，助力打好疫情防控阻击战。围绕中央重大经济方针政策及决策部署，揭示地方金融风险，关注金融支持小微企业的效果和体制机制问题。如揭示某地方金融机构自营投资存在重大风险，部分高风险农商行存在金融风险向财政风险转移等问题。积极发挥审计促进权力规范运行作用，深挖利益输送，发挥金融审计利剑作用，先后发现多件违法违纪线索并上报审计署金融司。

企业审计 牵头实施某企业原主要领导人员经济责任审计及政策跟踪审计，关注影响企业经营、发展、运行效率等方面的突出问题，从政策研究、宏观分析和研判的角度揭示体制机制存在的缺陷，提出防范化解风险的审计建议。其中揭示国有企业在贯彻落实“走出去”战略和推进“一带一路”建设、实施国际化经营过程中，存在违规决策造成投资效益低下、违规开展业务造成重大损失浪费等问题。深入分析问题背后的体制障碍、机制缺陷、制度漏洞，推动完善制度机制，深化国有企业改革，激发市场主体活力，增强国有经济竞争力。

信息化建设 创新大数据审计技术方法运用。充分利用历年审计积累的“政策库、项目库、资金库、成果库”信息进行宏观政策梳理，明确方向；通过财政、工商、环保、税务等数据的纵横关联，精选疑点；通过完善零散数据标准化机制，固化常用查询模块，优化大数据审计平台。配合完成金审工程三期项目部署工作，完成32台审计内网终端办公软件安装、三员密码修改、BIOS密码修改等。

审计科研 紧密结合审计实务开展研究，针对体制机制问题深入分析，推动形成有价值有深度的理论研究成果。相关经验做法在全国审计科研协作暨省级审计学会、审计署特派办理论研究会秘书长会议上作交流发言。参与中国审计学会牵头的“审计项目审计组织方式‘两统筹’长效机制研究”等课题研究；研究课题在审计署办公厅“数据分析技术方法在审计工作中的创新应用专题”中获一等奖，1人撰写的案例获二等奖。

相关工作 以政治建设为统领，扎实深化理论学习、机关党建、纪检监督。全年组织中心组学习会4次、专题学习会4次，办领导讲党课9次，邀请专家讲授“不忘初心、弘扬优良家风”主题党课。坚持支部党建工作季度检查通报制度，全年共编发73期《党建工作动态》，交流做法。推广“审计组＋临时党支部”模式，结合审计项目开展现场调研、主题联学和主题党日。开展新招录公务员、新任处级干部廉政教育，抓住关键控制点。

以队伍建设为根本，坚实抓好干部培训、人才培养、制度完善。将青年干部培养工作作为一项基础性、战略性工程，采取各类措施全面加大培养力度，严格落实《审计署南京特派办青年干部培养实施办法》，修订《审计署南京特派办关于一级主任科员及以下职级公务员晋升暂行办法》。全面落实实务导师制，完成2019—2020年度审计实务导师和指导对象双向考评工作。开展青年审计论坛、理论学习小组交流活动，以“学思践悟话成长”为主题鼓励青年审计人上讲台“唱主角”。

以“四个促进”为抓手，务实推进综合管理、整改落实、成果共享。建立审计项目统筹计划台账、审计项目人员管理台账等，围绕审计事项、时间、人员，对审计项目进行全方位持续跟踪管理，提高审计资源配置效率。建立审计查出问题整改台账制度，形成新增问题及时补充、完成整改及时销号的动态管理模式，持续关注揭示不整改、假整改等问题。优化与苏皖两省地方审计机关的工作协调机制，运用融合式、嵌入式、“1＋N”等组织方式，加强区域内审计工作统筹，扩大数据资源共用、审计成果共享。

（撰稿人：李璐瑶）

【审计署驻武汉特派员办事处】 2020年，审计署驻武汉特派员办事处（以下简称武汉特派办）实有142人。设有办公室、法规处、财政审计处、行政事业审计处、农业审计处、资源环保审计处、固定资产投资审计处、金融审计处、企业审计处、社会保障审计处、外资运用审计处、计算机审计处、人事教育处、机关党委。

领导成员

分党组书记、特派员：夏循福

分党组成员、副特派员：李雪斌（—9月）
张海燕　吴　昊

分党组成员、纪检组长：罗日丽

一级巡视员：余远华　郝云松（—3月）

二级巡视员：李炳生（—9月）　吴陵涌
彭建平　杨立农　杨国庆
桂珍若

审计成果 2020年，武汉特派办共组织实施审计项目（含跨年度项目）24个。发现问题金额240多亿元，促进增收节支和挽回损失20多亿元，移送违纪违法问题线索5件。

独立实施的江西省2018年国家重大政策措施落实情况跟踪审计项目被审计署评为2019年度全国审计机关优秀审计项目二等奖；参与实施的财政部具体组织2017年度中央预算执行和编制中央决算草案情况审计项目被审计署评为2019年度全国审计机关优秀审计项目一等奖；参与实施的发展改革委2017年度组织分配中央财政投资等情况审计项目被审计署评为2019年度全国审计机关优秀审计项目三等奖。

政策落实情况跟踪审计 在工作中聚焦热点、紧盯重点，着力促进党和国家重大政策措施在湖北、江西两省落地见效。围绕统筹推进常态化疫情防控和经济社会发展，重点关注深化“放管服”改革、财政资金提质增效等方面的政策措施落实情况，揭示就业扶持措施、柴油货车污染治理、政策性银行改革等方面存在的问题。

三大攻坚战审计 分批次、有重点、有深度地对湖北和江西两省保康和遂川等县的扶贫资金开展审计工作，聚焦“两不愁三保障”重点任务，反映产业扶贫项目未与贫困户建立利益联结机制、以工代赈项目向贫困劳动力发放劳务报酬

未达到国家规定标准、健康扶贫系列政策未落实等问题，推动精准扶贫精准脱贫方略得到落实。注意做好扶贫审计和乡村振兴的衔接，多次赴湖北、江西两省农业、扶贫部门开展调研，研究湖北、江西两省农业产业特点，突出反映阻碍湖北、江西两省粮食安全、渔业发展、农机推广等方面的深层次问题。

疫情防控资金和捐赠款物专项审计 参加审计署组织的应对新冠肺炎疫情防控资金和捐赠款物专项审计工作，紧盯疫情防控和经济社会发展“两重点”。紧扣疫情对经济社会发展的影响这条主线，适时调整审计重点，及时反映疫情防控中最突出的问题、最需解决的矛盾、最应关注的事项，在武汉疫情防控形势最严峻的阶段连续反映重症医疗病区急需的重要医疗设备仍存在缺口、武汉市及区属定点医疗机构面临重大物资和资金困境等问题；在湖北疫情渐趋平稳后，反映化肥医药等行业复工复产难、捐赠设备后续使用难、部分捐赠物资存在安全隐患等问题；在湖北疫情进入低位运行后，更多关注资金拨付和捐赠款物的分配使用，及时跟踪款物去向。报送的相关情况被审计署《应对疫情防控资金和捐赠款物专项审计专报信息》采用 17 篇。

经济责任审计 在招商局集团有限公司领导人员任职期间经济责任履行情况审计、中国人民保险集团股份有限公司原法定代表人经济责任审计中，认真执行两办《规定》，聚焦权力运行和责任落实，重点核实企业落实国家宏观政策情况。中国人民保险集团股份有限公司原法定代表人经济责任审计中，聚焦主责主业，从财务入手核实会计信息的真实性，通过数据分析结合资金流核实业务的真实性，揭示保险公司虚列支出违规向客户返现的行业问题。参与实施招商局集团有限公司领导人员任职期间经济责任履行情况审计，在审计中坚持问题导向，对相关重大决策事项逐项排查，紧盯证券公司员工职业道德高风险区域，关注经纪、投行、托管等重点业务板块，及时转变思路，反向思维深挖内部问题，揭示行业潜规则。

固定资产投资审计 在金沙江下游水电站移民资金和白鹤滩水电站建设项目审计中，克服疫情防控、交通不便和盛夏酷暑等困难，查实白鹤滩水电站项目概算编制与执行、工程建设招标投标、项目建设管理、征地用地、生态环境保护、工程建设成本及财务会计核算等方面的问题，反映金沙江下游水电工程配建翻坝转运设施等交通建设滞后影响库区和地区经济社会发展、库区生态环境保护责任不清措施落实不到位等涉及多部门的问题。

资源环保审计 在湖北省 2020 年生态环保资金审计中，结合前期调查和生态环保资金特点，揭示部分地方支出责任承担不到位、资金分解下达不及时、财政资金使用不合规以及部分工程项目推进缓慢、项目资金闲置、执行建设程序不规范、存在环境风险隐患等问题。

金融审计 在浙商银行 2019 年度资产负债损益审计中，聚焦地方商业银行业务特点，详细了解零售、存款等业务的发展现状和历史变革，搭建数据模型，结合浙商银行负债业务开展情况、报表分析情况，列出疑点问题清单，确定审计关注重点，发现浙商银行贷款管理系统不完善，贷前审查、贷后管理不审慎，信用卡审核不严等问题。

企业审计 在 2 户中央企业贯彻落实国家重大政策措施情况跟踪审计中，加大对 2 户中央企业的研究力度，发现重组推进融合不够、关键核心器件对外依存度高、国有资本经营预算对 5G 研发项目支持力度较低等问题，形成 2 份制造业专题报告。此外，还根据新能源发展战略，从新能源汽车的动力蓄电池退役回收和充电桩基础设施建设切入，通过到多个相关单位调研，发现新能源汽车动力蓄电池回收利用相关政策尚不完善、回收渠道不健全、回收缺乏监管，部分地区充电桩建设协同推进机制落实难、老旧小区充电桩建设难等制约充电基础设施发展的问题。

审计查出问题整改 根据 2018 年以来审计项目的审计报告及其整改情况建立涉及问题资金 940.93 亿元的 46 个督促整改台账，根据 2013 年以来的审计移送问题清单建立涉及 50 项未了结事项的督促落实台账，坚持“谁审计、谁负责督促整改”和边审计边整改，明确财政审计处等 10 个督促整改责任单位，促进形成督促整改合力，扎实推进督促审计查出问题整改工作。

信息化建设 以政策跟踪审计为平台，根据湖北省政务和数据集中现状，确定主要部门个性化数据采集需求，不断丰富数据来源。定期梳理可用数据资源，建立可用数据清单，不断夯实大数据审计的硬件和数据基础。挑选业务处室兼具业务和数据能力的骨干人员组成大数据审计核心组，定期召开例会分享大数据审计思路，推动形成浓厚的数据分析氛围。加大大数据审计人才培养力度，坚持因人施策、以考促学的大数据人才培养办法，有针对性地组织大数据分析能力测试，巩固青年干部SQL脚本编写、数据库操作等基础能力。加大新技术、新方法学习和应用力度，组织技术骨干集中加强Python和网络爬虫技术学习，通过新技术有效解决涉众类、虚拟化审计环境中手动审计繁复性的问题，提高工作效率。报送的《数据分析技术方法在审计工作中的创新应用优秀调研报告》被审计署评选为优秀调研报告，《Neo4j图形数据库在财政审计领域的探索和应用》被评为优秀案例一等奖；3人撰写的大数据审计案例入选2020年度审计教学案例征集。

相关工作 2020年，面对前所未有的新冠肺炎疫情，武汉特派办克难奋进、锐意进取，在战“疫”大考中担当作为，涌现出全国三八红旗集体、抗击新冠肺炎疫情全国三八红旗手、武汉市抗击新冠肺炎疫情先进个人等先进集体和个人；荣获全国文明单位、审计署司局级文明单位等荣誉，继续保持湖北省省级文明单位和机关档案目标管理省特级单位的荣誉。

始终把党的政治建设摆在首位，牢牢把握审计机关首先是政治机关的属性和定位，坚持以高质量党建统领各项工作，持续深入推进全面从严治党，增强基层党组织政治功能，引导党员干部不断增强“四个意识”、坚定“四个自信”、做到“两个维护”，努力建设让党中央放心、让人民群众满意的模范机关。

办分党组高度重视并认真落实党风廉政建设责任制，全力支持署党组派驻纪检组长严格落实党风廉政建设监督责任，加强对领导班子议事决策、干部选拔任用等的全面监督；严格执行重大事项报告制度，将婚丧嫁娶、廉洁意见、个人自查等信息全面纳入廉政档案，让党员干部习惯在受监督和约束的环境中工作生活。依托“我们的旗帜”微信群发布党章党规等每日学习内容，通过“铭纪讲坛”开展日常警示教育和纪律提醒，引导党员干部明法纪、知敬畏、存戒惧、守底线，营造风清气正政治生态。加大廉政检查力度，紧盯审计项目实施的重点人、重点事、关键环节，通过现场检查、廉政回访和函访等，引导党员干部参与监督，织密监督“一张网”。2020年对13个审计项目进行纪律检查，包括36次现场检查、17次审后回访、15次电话随访，未发现违法违纪问题。

坚持党管干部原则，落实新时代好干部标准，自觉按照信念坚定、业务精通、作风务实、清正廉洁的要求加强审计干部队伍建设。办分党组切实发挥把方向、管大局、保落实重要作用，积极发挥“头雁效应”，认真执行民主集中制，严格遵循党组议事规则和决策机制，落实意识形态工作责任制，落实双重组织生活制度。着重抓好干部队伍建设，持续开展能力素质提升活动，培养审计干部“能查、能说、能写”的能力，扎实做好公务员招录和军转干部安置工作，招录8名公务员、接收1名军转干部，为干部队伍注入新鲜血液；持续做好干部教育培训，依托审计署“审计大讲堂”、办内专题经验交流等平台，全年组织112人次参加31个审计署组织的网络或现场培训班。

（撰稿人：熊　莹）

【审计署驻广州特派员办事处】 2020年，审计署驻广州特派员办事处（以下简称广州特派办）实有144人。设有办公室、法规处、财政审计处、行政事业审计处、农业审计处、资源环保审计处、投资审计处、金融审计处、企业审计处、社会保障审计处、外资运用审计处、计算机审计处、人事教育处和机关党委。

领导成员

分党组书记、特派员：庄　军（1月—）

分党组成员、纪检组长：纪　兵

分党组成员、副特派员：刘　宇（10月—）

张冬霁（—3月）

陈丽华（3月—）

何学军

一级巡视员：朱惠红　李钢锋（—6月）

刘　丹（—12月）　漆江梅

二级巡视员：代　斌

审计成果　2020年，广州特派办完成审计项目12个。查出主要问题金额4861.56亿元，其中违规金额649万元、损失浪费金额2.35亿元、管理不规范金额4859.14亿元；审计发现非金额计量问题315个；损益（收支）不实金额73.91亿元；审计发现侵害人民群众利益1.77亿元；出具审计报告和专项审计调查报告14篇。审计处理处罚金额8.89亿元，均为应归还原渠道资金；移送司法机关、纪检监察机关和有关部门处理事项6件，移送处理人员11人，移送处理金额513万元。审计促进整改落实有关问题资金199.76亿元；审计促进拨付资金到位17.92亿元；审计后挽回（避免）损失378万元。审计提出建议82条，被采纳81条；推动被审计单位制定整改措施100项；促进被审计单位建立健全规章制度7项；提交审计信息114篇，被批示、采用164篇次。

广州特派办荣获“审计署2020年度优秀特派办”称号。独立实施的广东省2018年国家重大政策措施落实情况跟踪审计项目被审计署评为2019年度全国审计机关优秀审计项目二等奖；独立实施的广东省2018年养老保险基金审计项目被审计署评为2019年度全国审计机关优秀审计项目三等奖；参与实施的某公司法定代表人任职期间经济责任履行情况审计项目、参与实施的发展改革委2017年度组织分配中央财政投资等情况审计项目被审计署评为2019年度全国审计机关优秀审计项目三等奖。广州特派办驻广东湛江流沙村扶贫工作队荣获“全国脱贫攻坚先进集体”称号。

政策落实情况跟踪审计　在政策跟踪审计中，坚持以人民为中心的发展思想，反映影响经济社会发展的趋势性、苗头性、倾向性问题，揭示某省小微企业享受创业担保贷款占比低、多个地市职业技能提升行动专项资金未支出、多个地市落实阶段性减免企业社会保险费政策不到位、某市中央土壤污染防治专项资金错过农时下达无法发挥效益等问题，有针对性地提出审计建议，推动整改落实各类问题资金149.95亿元，其中4个典型案例被审计署报全国人大的审计工作报告单独采用。

财政审计　在财政收支审计中，紧扣工作重点，揭示某省多家单位多个实有账户资金未纳入预算管理、资金沉淀多年未使用，某市无预算支出“三公”经费和会议费、虚增一般公共预算收入等问题，促进财政资金安全高效规范使用，推动落实过“紧日子”要求。在税收和非税收入征管审计中，采用全省集中分析的模式，对近年来实施的减税降费政策逐条进行大数据建模，揭示重点群体创业就业税收支持政策实施效果不佳等问题，推动税务部门退回多征税款，切实保障企业利益。

三大攻坚战审计　在扶贫审计中，深入基层深入群众深入田间地头查核问题线索，揭示某村委会主任侵占私分村集体扶贫资产等多起农村基层“微腐败”问题。在领导干部自然资源资产离任审计中，聚焦中央生态文明建设决策部署、重要资源环境目标任务、资金管理使用和项目建设运行等重点领域，系统揭示存在的生态环境保护问题。在防范化解重大风险方面审计中，认真落实中央关于防范化解重大风险的各项部署要求，揭示某地区聚集多家高风险农合机构存在区域性金融风险隐患的问题，以及某农信社大量贷款资金被空壳企业套取、资产质量持续恶化等重大风险事项，以审计实效推动地方打赢三大攻坚战。

疫情防控资金和捐赠款物专项审计　立足服务疫情防控大局，坚持及时发现问题、及时反映情况、及时督促整改的原则，先后4次向某省政府制发问题通报函、向省领导当面通报，揭示某省部分重点保障企业名单不精准、专项贷款集中投放少数企业“垒大户”情况严重、部分企业违规套取或挪用专项贷款、大量捐赠资金滞留省慈善总会等问题，相关内容被纳入审计署报全国人大的审计整改报告。推动省市县有关机构及时分配下拨和统筹使用财政资金、社会捐赠资金，建立健全社会捐赠款物使用方面的规章制度等。

民生审计　关注就业政策落实情况，揭示失业人员、退役军人专项培训等政策落实不到位等问题；关注保障性安居工程，揭示某省老旧小区改造项目规划不衔接，部分住房困难群众未获住房保障等问题；关注基本养老保险基金，揭示企业职工养老保险过渡性养老金计发办法不合理影响退休人员待遇等问题，推动各项惠民政策落到实处。

经济责任审计 认真学习领会新两办《规定》中直接责任和领导责任的变化，对审计发现问题谨慎定责。紧紧围绕党中央、国务院对地方发展的指示批示，认真梳理地方贯彻落实中央重大经济决策部署、本地区经济社会发展规划等相关工作，在把握被审计地区总体情况的基础上，聚焦责任和任期，凸显地域特点和行业特色，紧扣领导干部权力运行轨迹，揭示跨境冷链物流发展受限、省本级中央转移支付资金未及时下达、大额专项债券资金未发挥效益、多个重点项目未按计划开工或投产等问题，推动职能部门依法行政、领导干部履职尽责。

农业农村审计 以审计项目为依托，研究梳理“三农”领域涉及的生产要素、农产品、农业资金和农业项目，形成包含政策改革方向和着力点、业务要点、审计关注点和审计方法的“三农”审计作战图，揭示部分县市高标准农田建设面积不实、存在“非粮化”“非农化”现象、拖欠养殖户扑杀生猪赔偿金、增设不合理条件影响恢复生猪生产、森林防火政策落实不到位等问题，推动问题整改。

资源环保审计 在资源环保审计中，落实落细生态环保资金投入范围、使用绩效和项目建设情况，结合污染防治、生态文明体制改革等重点内容，揭示某省在山水林田湖草生态保护修复试点工程中存在项目打包拼凑，“分散化”“碎片化”治理情况突出，部分项目偏离政策初衷等问题，推动当地生态文明建设。

金融审计 重点关注地方金融稳定、金融服务实体经济、金融促进民生发展等内容，加大对金融领域重大问题线索的核查力度，揭示某保险公司高管利用保险信用违规放贷、某信托公司员工违规汇集资金投资信托产品不当牟利等问题线索。关注金融领域改革创新效果，开展林权抵押贷款配套措施不完善和碳交易市场机制不健全等专题调研，揭示政策落实过程中存在的难点堵点问题，促进区域金融健康发展。

企业审计 坚持提高政治站位，聚焦主责主业，促进党中央的决策部署落到实处，揭示有关企业减税降费政策落实不力、长期拖欠民营企业账款、重大改革措施未执行到位等问题。密切关注人民群众利益，核查电网企业执行疫情期间降电价政策情况，督促电网企业把惠民措施落到实处。在央企领导人的经济责任审计中，对任期内“三重一大”经济事项进行全面核查，加大对资产的抽审比例，揭示某企业存在重大会计信息问题和多项违规决策问题，推动企业规范管理。

信息化建设 坚持科技强审理念，持续深化“宏观视角聚焦政策研究、中观视角把握产业动向、微观视角发现违法主体”的数据思维，推动审计业务和数据技术方法的深度融合，探索“思路引领、技术支撑、精准突破、质量管控、拓展推广”的流水线作业模式，充分发挥大数据审计优势。在做好结构化数据分析研究的基础上，开展对非结构化数据分析的探索和尝试，拓宽数据分析空间。通过购置数据存储分析设备、更换审计内网终端等持续优化数据使用环境及内网运行环境。

审计科研 高度重视理论研究工作，在办内搭建交流审计经验方法的平台，各支部成立青年理论学习小组，鼓励干部加强政策研究和理论学习。办领导和处级领导带头参与理论研究，撰写的《“五个着力”做好疫情防控的审计答卷》《深入学习贯彻中办国办规定　扎实推进经济责任审计工作》《加快建立新时代国家审计质量管理体系推动国家审计高质量发展》等多篇文章被《中国审计》《中国审计报》等杂志报纸收录刊登。参与审计署重点课题研究，撰写的《数据分析技术方法在审计工作中的创新应用》被审计署评为数据审计优秀调研报告。

相关工作 把党的政治建设摆在首位，强化干部思想理论武装。坚持旗帜鲜明讲政治，强化政治机关意识教育，将政治理论学习作为办分党组会议第一议题，通过中心组学习研讨、办领导和支部书记讲专题党课、党支部集中学、青年理论学习小组等多种方式，开展对象分层次、内容有侧重、人员全覆盖的政治理论教育。把党中央关注点与审计工作切入点有机结合，以实际行动体现政治担当。将机关党建纳入工作全局统筹谋划，构建齐抓共管的责任落实体系。坚持大抓基层、大抓基础的导向，不断深化基层党建工作。持续推进纪律作风建设。健全干部廉政档案管理与运用制度，加强对干部选拔任用的全过程监督，构建长效监督机制。加强审计项目廉政检查，对全部项目审计组进行现场或线上廉政回访。围绕机关日常管理重点环节和关键部位，创新开展对职能部门的综合检查，促进综合部门履职尽责。

坚持民主集中制原则，不断提升班子合力，发挥“头雁”效应。选优配强处室班子，发挥处级干部的中坚骨干作用。树立正确选人用人导向，积极稳妥开展干部选拔任用和职级晋升工作。强化干部教育培训和岗位交流。重视青年干部培养，建立动态管理的导师库。选派多名干部到署机关、地方政府部门交流挂职，推荐多名干部参加中纪委专案组、国务院督查组、联合国审计等实践锻炼。坚持严暖结合，增强人文关怀。选树先进典型，推动办内形成“比学赶帮超”的浓厚氛围。建立困难干部信息台账，抓好为干部职工承诺解决的年度 10 件实事，切实增强干部队伍凝聚力和归属感。

制定或修订制度 18 项，建立“一机制五清单”工作机制，形成人力资源调配“一盘棋”；制定“13710”的督办工作机制，为后续跟踪办件提供抓手；建立综合部门工作情况常态化通报机制，促进机关高效运转。完善审理工作机制，成立审计署广州特派办审理委员会，制定审理工作实施办法、审计质量考核办法等配套制度，对审计报告、审计信息的质量控制情况及审理工作质量进行考核。（撰稿人：贺　柳）

【审计署驻郑州特派员办事处】 2020 年，审计署驻郑州特派员办事处（以下简称郑州特派办）实有 142 人。设有办公室、法规处、财政审计处、行政事业审计处、农业审计处、资源环保审计处、固定资产投资审计处、金融审计处、企业审计处、社会保障审计处、外资运用审计处、计算机审计处、人事教育处、机关党委。

领导成员

分党组书记、特派员：王彦斌

分党组成员、副特派员：郭　西　孙　剑

一级巡视员：李　伟（—6 月）

薛　亮（代行纪检组长职责）

康俊廷

二级巡视员：李炳生（9 月—）

审计成果 2020 年，郑州特派办共实施审计项目 15 个。查出主要问题金额 7014214 万元，其中违规金额 111799 万元、损失浪费金额 1398 万元、管理不规范金额 6901016 万元；审计发现非金额计量问题 403 个；损益（收支）不实金额 29700 万元；侵害人民群众利益 41091 万元；审计期间整改金额 1502687 万元。审计处理处罚金额 382277 万元，其中应上缴财政 63321 万元、应归还原渠道资金 45469 万元、应缴纳其他资金 614 万元、应调账处理金额 272871 万元；移送司法机关、纪检监察机关和有关部门处理事项 4 件，移送处理人员 7 人，移送处理金额 12817 万元。审计促进整改落实有关问题资金 2370886 万元；促进拨付资金到位 1783827 万元。提出建议 70 条；推动被审计单位制定整改措施 70 项；促进被审计单位建立健全规章制度 25 项。上报的审计信息被审计署采用 97 篇。

参与实施的财政部具体组织 2017 年度中央预算执行和编制中央决算草案情况审计项目被审计署评为 2019 年度全国审计机关优秀审计项目一等奖；参与实施的发展改革委 2017 年度组织分配中央财政投资等情况审计项目、参与实施的某公司原法定代表人任职期间经济责任履行情况审计项目被审计署评为 2019 年度全国审计机关优秀审计项目三等奖。

政策落实情况跟踪审计 紧扣“六稳”“六保”任务落实，扎实做好河南、青海、河北等地的政策跟踪审计，将政策跟踪审计与直达资金等专项审计有效融合，聚焦减税降费、清理拖欠民营企业中小企业账款、深化“放管服”改革、政府过“紧日子”、基层“三保”、财政专项资金管理使用等重要性程度高、资金量大、涉及面广、落实难度大的政策措施，揭示部分地区新增拖欠或未按计划还款，直达资金投向不合规等问题，促进 17.02 亿元新增财政资金及时拨付、规范使用。

财政审计 在地方财政收支审计中，围绕财政收入真实性、地方政府债务风险防范化解等情况，紧盯预算分配、资金拨付、专户管理等领域，揭示相关地区虚增财政收入、未统筹盘活财政资金等问题，促进财政资金提质增效。在税务部门预算执行审计中，运用大数据分析技术，重点关注增值税改革、小微企业普惠性减税等政策落实情况，揭示税务机关落实“放管服”要求不到位、部分小微企业应享未享税收优惠政策等问题，提出完善征管制度、流程的相关建议，推动税务部门健全机制、堵塞漏洞。

疫情防控资金和捐赠款物专项审计 按照“围绕政策、结合实际、阶段推进、多点突破”的审计思路，前期聚焦保障物资供应，中期聚焦款物使用管理的规范高效透明，后期聚焦复工复产，实现款物全流程追踪和资金全覆盖监督。上报审计专报26篇，揭示熔喷无纺布供应商趁势涨价、专项再贷款“垒大户”等问题，促使100多家疫情防控重点保障企业纳入政策支持名单，推动援鄂一线医务人员工作补助政策落地落实，作为先进典型在全署视频会上交流经验。

民生审计 聚焦脱贫攻坚和“三农”领域突出问题，开展扶贫与乡村振兴审计，创新审计方式，开发基于Python和百度搜索引擎的农业审计网络资讯智能分析挖掘平台，揭示发生在群众身边的“微腐败”；发现个别村干部通过提供虚假申报材料违规取得退耕还林补贴，个别乡镇干部履职不到位致使农机深松整地作业补助资金形成损失等问题，向纪检监察部门移送；揭示易地扶贫搬迁后续产业与就业帮扶未跟上、农村饮水安全工程不达标等问题，推动脱贫攻坚与乡村振兴有效衔接。

经济责任审计 灵活采用“1+N”扁平化管理等现场组织模式，实施地方党政、金融机构、高校及中央企业4个主要领导人经济责任审计项目。在地方党政主要领导干部经济责任审计中，紧扣习近平总书记对该地区的重要指示批示精神，将国家战略规划推进落实等作为审计重点，分析审计发现问题，确保揭示问题准确、报告画像精准、评价审慎客观。金融机构经济责任审计中，针对其规模大、基层网点多、机构管理半径大、内部控制薄弱的特点，利用大数据分析平台，快速锁定问题线索。高校经济责任审计中，紧扣办学特色，加大对外合作办学、采购活动等重点事项的查处力度，4个案例被审计结果报告等采用，发现的高校领导人涉嫌利用职务影响为亲属谋利线索被审计要情单独采用；配合牵头办开展中央企业经济责任审计，提出防范化解重大经营风险等意见建议，推动国资国企改革。

资源环保审计 实施领导干部自然资源资产离任（任中）审计，围绕被审计省份功能定位，以主要自然资源资产实物量、生态环境质量变化情况为着力点，重点关注党中央决策部署落实、生态文明改革任务推进情况，揭示“十三五”规划确定的部分大气污染防治年度目标未完成等问题，提出有针对性的意见建议。实施生态环保资金审计，按照“紧盯资金、聚焦重点、点面结合、注重绩效”的工作思路，结合被审计地区地处京津冀大气污染传输通道等特点，以资金效益为主线，紧抓预算安排、分配拨付、管理使用等环节，揭示某市使用重点生态修复治理资金建设“景观工程”等问题线索30多个，上报的审计思路和方法被资环司作为典型经验做法推广学习。

金融审计 聚焦中小银行信用风险，对2家地方银行进行审计。从理财业务开展、不良资产转让核销、拨备计提等方面入手，反映在开展理财业务时存在的各类问题及风险，以及风险抵御和消化能力，提出针对性建议促进其进一步规范理财业务，提升管理水平和风险防控能力；对违纪违法问题线索扭住不放、一追到底，移送有关部门处理，促进权力规范运行，促进反腐倡廉。

信息化建设 组织开展大数据审计实例评比活动，采取集中讲解演示、现场评比打分、表彰优秀案例的方式，交流新思路、推广新方法。定期采集报送河南、青海两省数据，建立分析模型，实行“N+1”联动作业机制，审计现场数据分析和办内分析始终对接配合、协同作战，精准发现疑点线索，减少和缩短现场核查时间。全年通过数据分析发现并形成的审计成果，被审计署采用20余篇，3篇数据分析技术方法被审计署评为优秀案例，应审计署审计干部教育学院邀请，录制《Python技术在审计中的应用》课件，供全国审计机关学习使用。

审计研究 每季度组织召开业务推进和政策研究会，结合审计项目分析审计方向和思路，加强对所审领域体制机制、政策法规、主要业务及运行方式的系统梳理，找准审计切入点和着力点。与中国审计学会合作课题《特派办青年审计干部队伍现状问题及解决路径研究》，在成果汇报交流专题研讨会中受到肯定；撰写的《国家审计、政府治理与地方银行风险》等 14 篇理论文章被《审计研究》等期刊采用；3 篇数据分析技术方法被审计署评为优秀案例，2 篇审计实务入选审计教学案例，参与多个审计指南编写工作。

相关工作 打造多元学习平台，强化政治机关意识，分党组书记带领办处领导班子成员讲授专题党课 30 余次。压实管党治党任务，分级签订全面从严治党责任承诺书，锻造坚强有力的战斗堡垒，持续推进党支部标准化规范化建设。疫情期间，177 名党员主动捐款，90 多名党员坚守岗位，60 多名党员下沉社区参加防疫志愿服务。强化党建与业务融合，深入实践“五个一线”党建工作法，通过聆听思政课、现场参观等形式，引导审计人员忠诚干净担当。用好监督执纪“四种形态”，严格“八小时之外”报告管理，组织开展“廉洁审计感言”等主题活动。严格执行中央八项规定及其实施细则精神，精打细算过“紧日子”。

以“创新规范年”活动为抓手，选拔 11 名处级领导干部、晋升 16 名调研员，轮岗 66 人，通过青年干部座谈、问卷调查等方式了解干部思想动态和愿望诉求，开展集中培训、专题讲座、知识竞赛等活动，帮助补齐知识短板。继承发扬“对党忠诚、坚守高原、依法审计、艰苦奋斗、无私奉献”的青海审计精神，选树先进典型，加强人文关怀，设立办史室。1 人获得“中央和国家机关脱贫攻坚优秀个人”荣誉称号，2 人被评为河南省“省直好人”，2 名党员被评为疫情防控工作优秀共产党员及党员志愿者。

开展“我为创新献一策”活动，形成创新事项 36 项。对程序过于烦琐、内容交叉重复的问题进行集中整治，推进制度“废改立”工作。组织试行审计取证单编号管理和审计业务流程再造，规范审计取证行为，从源头控制和防范审计风险。完善审计整改工作机制，坚持边审边促、边审边改、边审边建，探索试行“一清单两台账”管理。巩固深化省级文明单位标兵创建成果，表彰先进集体和个人，打造文化长廊，拍摄精神文明纪录片，举办 3 期道德讲堂，组织开展无偿献血等志愿服务 10 余次。署管媒体宣传报道各项工作 166 篇次，7 个作品入围全国审计机关“五个十”正能量宣传作品展播活动。顺利通过河南省平安建设工作检查，成功创建节约型公共机构示范单位、省级卫生先进单位和无烟党政机关。

（撰稿人：敬苗苗）

【审计署驻济南特派员办事处】 2020 年，审计署驻济南特派员办事处（以下简称济南特派办）实有 144 人。设有办公室、法规处、财政审计处、行政事业审计处、农业审计处、资源环保审计处、固定资产投资审计处、金融审计处、企业审计处、社会保障审计处、外资运用审计处、计算机审计处、人事教育处、机关党委。

领导成员

分党组书记、特派员：许永利

分党组成员、副特派员：王　成　山军辉　高　勇

分党组成员、纪检组长：于　滨

审计成果 2020 年，济南特派办完成审计项目 8 个。查出主要问题金额 640.94 亿元，其中违规金额 13.30 亿元、损失浪费金额 1.24 亿元、管理不规范金额 626.40 亿元；审计发现非金额计量问题 239 个；损益（收支）不实金额 4.41 亿元；审计发现侵害人民群众利益 1798.27 万元；出具审计报告和专项审计调查报告 8 篇。审计处理处罚金额 13.29 亿元，其中应上缴财政 552.97 万元、应归还原渠道资金 7.33 亿元、应缴纳其他资金 5.91 亿元；移送司法机关、纪检监察机关和有关部门处理事项 13 件，移送处理人员 15 人，移送处理金额 2.58 亿元。审计促进整改落实有关问题资金 41.15 亿元；审计促进拨付资金到位 6.29 亿元。审计提出建议 65 条，被采纳 65 条；推动被审计单位制定整改措施 76 项。

独立实施的山东省 2018 年国家重大政策措施落实情况跟踪审计项目被审计署评为 2019 年度全国审计机关优秀审计项目一等奖；参与实施的财政部具体组织 2017 年度中央预算执行和编制中央决算草案情况审计项目被审计署评为 2019 年度全国审计机关优秀审计项目一等奖；参与实施的某公司原法定代表人任职期间经济责任履行情况审计项目、参与实施的某公司 2019 年国家重大政策措施落实情况跟踪审计项目被审计署评为 2019 年度全国审计机关优秀审计项目二等奖；

参与实施的发展改革委 2017 年度组织分配中央财政投资等情况审计项目、参与实施的某公司原法定代表人任职期间经济责任履行情况审计项目被审计署评为 2019 年度全国审计机关优秀审计项目三等奖。

政策落实情况跟踪审计 完成某省 2020 年第一、二季度和某市 2020 年第四季度国家重大政策措施落实情况跟踪审计。重点关注“六稳”“六保”、减税降费、优化营商环境、污染防治、城乡义务教育补助经费管理使用等，揭示政策不落实、项目不落地、目标未达预期，以及政策措施不适应、不衔接、不配套等问题。共抽查 201 个单位和 298 个项目，反映问题 199 个（类），涉及资金 224.15 亿元，促进问题完成整改 77 个，推动党和国家重大政策措施落地见效。揭示个别单位利用行政权力或垄断地位收费和转嫁费用、落实小微企业减税降费政策不到位等问题，促进营商环境优化。

财政审计 完成某省 2019 年财政收支情况审计、2020 年新增财政资金直达市县基层直接惠企利民情况专项审计、国家税务总局某省税务局税收和非税收入征管等情况审计 3 个审计项目。发现财政收入不够真实完整、财政支出不够规范、资金拨付不及时、预算执行率低等问题；揭示部分市县资金未及时足额支付、部分项目未按计划时限开工及直达资金监控系统数据不够真实准确等问题；反映部分企业未能享受免征增值税或增值税留抵退税等优惠政策、少缴消费税和违规税收返还等情况。自 12 月起，开展某市 2020 年财政收支情况审计；自 12 月中旬起，开展国家税务总局某市税务局 2020 年度税收和非税收入征管及部门预算执行等情况审计。

三大攻坚战审计 完成某省党委政府 2 名主要领导干部自然资源资产离任（任中）审计、生态环保科目资金审计，全年密切跟踪某省扶贫政策资金落实情况。揭示某蓄滞洪区建设等国家重大战略落实、污染防治目标任务完成、资源开发利用保护中的薄弱环节，反映水资源税制定及实际执行中存在的障碍；查出部分市山水林田湖草生态保护修复专项资金和项目不匹配，部分专项资金闲置，多个人工湿地项目建设存在违法占地、进展缓慢等问题；揭示部分县落实“两不愁三保障”等政策不到位、部分扶贫项目运行管理不善，部分贫困人口危房改造任务未完成、饮水安全未得到有效解决等问题，推动建立健全防止返贫长效机制。

疫情防控资金和捐赠款物专项审计 完成某省疫情防控资金和捐赠款物专项审计。重点反映对医疗机构和医护人员、重点物资生产企业和重点项目人员复工保障不到位等问题，揭露个别企业倒卖熔喷布非法获利、骗取疫情防控专项贷款等案件线索，推动某省建立健康码跨省互认机制，及时发放医务人员工作补助，规范捐赠资金拨付、管理和使用。

民生审计 以保障人民群众安居乐业为重点，全面揭示就业补助资金使用、社会保险基金管理等方面存在的问题。重点关注被征地农民、农民工、去产能企业职工、特困人员等重点人群参保缴费情况，确保“小康路上一个也不能掉队”；加大对职工基本养老保险基金等社保基金运行重大风险的揭示力度，切实保障基金收支平衡和可持续；紧盯公共资金使用和权力运行关键环节，查出基层工作人员在福利保障名额分配、资金管理中优亲厚友、贪污截留等“微腐败”问题。自 12 月起，开展某省社会保险基金审计。

经济责任审计 完成某省党委政府 2 名主要领导干部经济责任审计。紧扣权力运行和责任落实，客观评价领导干部在贯彻落实中央重大决策部署、推动地方经济发展等方面所做工作，突出反映八大发展战略、“十强”现代优势产业集群发展中面临的政策“瓶颈”和现实难题，推动新旧动能加速转换、重点项目加速建设、重大规划措施有序推进。

农业农村审计 完成某省乡村振兴相关政策落实和资金管理使用情况审计。聚焦高标准农田、人居环境、产业发展等，揭示部分县高标准农田“非农化”“非粮化”，“上图入库”质量不高、管护不到位等问题；查出生猪养殖流动资金贷款贴息政策落实不到位等问题；反映农村公路建设重建设轻养护等情况。促使相关部门及时采取措施整改，有效维护涉农资金安全绩效。自 12 月起，开展某市 2020 年乡村振兴相关政策及资金情况审计。

金融审计 牵头完成 1 户金融机构法定代表

人经济责任审计项目。反映业务偏离保险保障功能、境外投资业务损失风险高等突出问题，查出以养老社区不动产名义变相开发建设房地产、保单质押贷款业务缺乏监管存在投机套利、会计信息不实等问题，揭示利用第三方服务商套取数十亿元服务费并转移至体外支付等体制机制问题。

企业审计 牵头完成1户国有企业主要领导人员经济责任审计项目。围绕国家能源安全，深入剖析勘探开发、石油炼化、海洋工程装备等主业板块，揭示油气勘探工作量指标低于要求，循环销售原油及成品油虚增营业收入上千亿元，违规决策并对集团外企业提供融资担保造成风险敞口十多亿元等问题。以审计要情反映某高管涉嫌收取供应商资金的重大问题线索。

专项资金审计 自12月起，开展某市2020年信息化建设专项资金情况审计。主要关注信息化项目建设管理、网络安全防护体系建设等。

信息化建设 探索实行大数据审计任务清单制，精准发挥数据分析作用。围绕专业审计特点和当前政策热点，确立23项大数据审计任务，以相关任务责任人为基础组建大数据分析团队，运用信息化技术手段，加大数据综合比对和关联分析，从数据中查找线索并有针对性地组织现场核查，充分发挥数据分析在剖析案件线索中的引领作用。在预算执行审计中，从信息化采购入手，结合工商、税务发票等外围数据，发现存在未按规定招标、围标和串标等疑点，查出某领导干部涉嫌收受供应商贿赂数百万元的案件线索。

审计科研 分别与中国审计学会和审计署审计科研所合作开展有关审计队伍建设和人力资源整合提升的课题研究；参与国家社会科学基金项目，与解放军审计署合作开展新时代军地联合审计研究。报送的论文被审计科研所、《中国审计》杂志等采用13篇。

相关工作 组织理论学习中心组学习和专题学习11次，学习习近平新时代中国特色社会主义思想、习近平总书记关于审计工作的重要讲话精神和《论坚持党对一切工作的领导》、《习近平谈治国理政》第三卷等论述专著，巩固扩大“不忘初心、牢记使命”主题教育成果；学习贯彻党的十九届五中全会精神，制订周密计划，以领导干部领读领学、专题研讨等方式调动全办干部学思践悟积极性。扎实开展强化政治机关意识教育，深入学习领悟审计署党组书记在2020年度集中整训时的专题党课精神，把握审计机关是政治机关的定位，增强主责主业意识和职责法定意识；制订建设“让党中央放心、让人民群众满意的模范机关”实施方案，把加强党的政治建设贯穿创建模范机关全过程。认真落实全面从严治党主体责任，制定办分党组、机关党委和党支部主体责任清单，坚持党风廉政建设与审计工作同部署、同落实、同监督、同考核。坚持夯实基层党支部建设，制定印发关于全面推进党支部标准化规范化建设的意见，明确5项措施和22条标准，促进党建质量提升；开展“灯下黑”问题专项整治，促进党建和业务紧密结合。

常态化推送党规党纪及解读文章，集中组织观看警示教育片，及时传达通报案例等，将日常教育、案例警示、重点提醒相结合，引导审计干部筑牢廉洁自律思想防线；强化审计现场廉政监督检查，实行审计项目监督检查全覆盖，盯牢审计权力运行关键环节，将廉政风险防控措施与审计业务管理措施高度融合，加强薄弱点的风险防控，教育提醒审计人员坚持依法、廉洁审计。加大机关人财物管理中重点事项的监督力度，对工程建设、物资采购涉及的竞争性谈判、招标投标等环节实施临场监督，切实防范化解廉政风险隐患；重视专兼职纪检干部队伍建设，定期组织各党支部纪检委员集训，通过学习法规、传授经验、座谈交流等，提升纪检干部履职能力。有关加强审计现场管理、防控廉政风险的做法在署党务干部综合培训班上作经验介绍。

强化班子建设，践行“一线工作法”，带头钻研业务，协调推动工作，在政治过硬、本领高强、作风优良方面有效发挥示范引领作用；注重青年干部培育，修订完善年轻干部培养档案和培养记录表，配齐配强青年干部审计实务导师，派员参加审计署各类培训，定期举办案例培训和专题讲座等，着力培养能查、能说、能写的青年骨干人才。树立正确的用人导向，坚持好干部标准，选拔任用处级领导干部9名，晋升二级调研员2名、四级调研员6名。邀请山东省抗疫先进事迹巡回报告团作报告。2020年，济南特派办行政事业审计处被中共山东省委、省政府授予“攻坚克难奖”先进集体荣誉称号。

建立完善“三清单两会议一督办”管理模式，推行审计任务清单、审计责任清单、审计发现问题线索清单制，分解任务、明确职责、把控进度，提升审计现场管控力；定期召开审计项目中期调度会和审计信息成果调度会，解决问题、提升成效，增强审计工作的计划性和针对性；建立审计业务重要事项督办制度，明确督办内容，突出工作重点，列明责任人和办理时限，推动审计重点事项落实落细。（撰稿人：郑秀芹）

【审计署驻西安特派员办事处】 2020年，审计署驻西安特派员办事处（以下简称西安特派办）实有144人。设有办公室、法规处、财政审计处、行政事业审计处、农业审计处、资源环保审计处、固定资产投资审计处、金融审计处、企业审计处、社会保障审计处、外资运用审计处、计算机审计处、人事教育处、机关党委。

领导成员

分党组书记、特派员：洪承旭

分党组成员、副特派员：刘占波　王　磊　雷　达

一级巡视员：张晓青（履行纪检组长职责）　罗湘萍（—7月）

二级巡视员：李建宁　于海玉　程昭荣

审计成果 2020年，西安特派办共完成审计项目12个。查出主要问题金额19149528万元，其中违规金额197752万元、损失浪费金额2196万元、管理不规范金额18949578万元；审计发现非金额计量问题288个；损益（收支）不实金额14133万元；审计发现侵害人民群众利益25577万元；出具审计报告和专项审计调查报告14篇。审计处理处罚金额206760万元，其中应上缴财政64108万元、应归还原渠道资金115947万元、应缴纳其他资金26704万元；移送司法机关、纪检监察机关和有关部门处理事项4件，移送处理人员12人，移送处理金额681万元。审计促进整改落实有关问题资金4192276万元；审计促进拨付资金到位3500524万元。审计提出建议37条，被采纳37条；推动被审计单位制定整改措施396项；促进被审计单位建立健全规章制度29项；提交审计信息76篇，被批示、采用193篇次。

独立实施的陕西省2018年国家重大政策措施落实情况跟踪审计项目被审计署评为2019年度全国审计机关优秀审计项目二等奖；独立实施的陕西省2018年医疗保障基金审计项目被审计署评为2019年度全国审计机关优秀审计项目三等奖；参与实施的财政部具体组织2017年度中央预算执行和编制中央决算草案情况审计项目被审计署评为2019年度全国审计机关优秀审计项目一等奖；参与实施的某金融机构原法定代表人任职期间经济责任履行情况审计项目、参与实施的某公司2019年国家重大政策措施落实情况跟踪审计项目被审计署评为2019年度全国审计机关优秀审计项目二等奖；参与实施的发展改革委2017年度组织分配中央财政投资等情况审计项目被审计署评为2019年度全国审计机关优秀审计项目三等奖。

政策落实情况跟踪审计 陕西、宁夏政策跟踪审计中，审计组围绕“六稳”“六保”任务，将审计重点放在减税降费、营商环境、清理拖欠民营企业账款等党中央高度重视、人民群众高度关切的事项上；同时加强分析研究，将政策研究贯穿审计工作始终，注重政策的系统性和落地的实效性，力求全面深入反映问题，在审计发现问题类型全面的基础上，注重发掘典型案例。审计反映国际货运班列运营质量亟待提升、大量中央财政转移支付资金未在规定时间内分解下达、小额贷款公司整体不良贷款攀升等问题。开展新增财政资金直达市县基层直接惠企利民情况专项审计，以提高资金效益为目标，坚持边审边改，采用发送整改意见函、建立问题督促整改台账、跟踪检查整改结果等方式推动整改。审计揭示在专项资金分配、管理、使用中的一系列问题，被汇总问题采用19个、典型事例采用2个，其中某市违规使用抗疫特别国债资金的问题，被审计署以独立要目方式上报。

财政审计 深入挖掘财政、税务等相关数据库，聚焦数据异常点，深入核查分析，促进财政资金提质增效，推动深化预算管理制度改革、完善现代税收制度。地方财政收支审计中，在准确把握审计署方案要求和分析地方实际的基础上，反映代编预算比例高等问题，被署重要信息要目

采用8篇。税务部门2019年预算执行和税收征管审计中，依托本地数据分析平台和收入征管等方面进行数据分析，现场审计采用组建联合审计小组、地市切块等方式组织开展，反映水资源税改革试点不到位等问题。

三大攻坚战审计 扶贫审计中，反映产业扶贫项目运行效益不佳、套取骗取财政补贴、扶贫贷款“户贷企用”等问题，追回盘活资金4000多万元，促进补贴发放320万元。党政主要领导干部自然资源资产离任（任中）审计中，紧扣被审计领导干部的履职尽责和省级层面资源环境工作的部署推进及短板弱项，反映环境保护和大气污染防治决策部署不全面等问题。中央生态环保科目资金专项审计中，以资金预算安排、分配拨付、管理使用情况为主线，重点揭示大气、水、土壤污染防治和生态保护修复相关资金分配、管理、使用中存在的问题。在金融审计中，追踪分析不法金融活动的新趋势和新手法，发现某私募股权基金非法集资的案件线索，有效维护金融市场秩序。

疫情防控资金和捐赠款物专项审计 面对突如其来的新冠肺炎疫情，西安特派办分党组从讲政治的高度，把做好应对疫情防控资金和捐赠款物专项审计作为一项重大政治任务抓好实施，专项审计紧密围绕“疫情防控”“复工复产”两条主线，创新审计方式方法，加强非现场大数据审计应用，精准定位、靶向发力，有效开展工作，反映医疗物资保障机制不健全、疫情防控应急扶持政策需要完善、贫困地区防疫安全及生活保障亟待统筹推进等问题，被审计署重要信息要目采用2篇、专报信息采用12篇。

民生审计 紧紧围绕在发展中保障和改善民生的要求，以稳就业和保基本民生为重点，实施保障性安居工程建设资金、养老和医保基金和就业补助资金审计项目。保障性安居工程资金审计中，重点揭示安居工程进展缓慢，影响群众长期无法回迁等问题；社保基金审计中，重点反映社保基金“跑冒滴漏”等违规支出，影响基金安全等问题；就业补助资金审计项目中，重点关注技能提升专项资金的管理使用情况，揭示专项资金闲置的问题；在政策跟踪审计中，反映社保费减免和稳岗返还政策执行较慢等问题。

经济责任审计 党政主要领导干部经济责任审计中，扎实做好前期准备，对2018年至今开展的政策跟踪等多个审计项目的成果进行深入研究和归纳，重点关注具有普遍性的重大问题和重要事项，紧扣领导干部经济责任履职情况，聚焦领导干部直接决策、直接审批的经济事项，发现执行中央重大经济方针政策和决策部署不到位、地区经济社会发展规划不完善、放管服政策落实不到位等37个问题。

金融审计 在某金融机构主要领导人员经济责任审计中，负责其下属控股银行的审计。审计结合银行业务特点全面梳理分析被审计单位业务和财务数据，重点关注银行贯彻执行国家经济金融政策和决策部署情况，发现内部控制不完善、虚增存贷款等问题。在金融审计中，查处金融机构重大违法违规案件，着力打击利益输送、受贿等职务犯罪行为，发现某商业银行内部人员利用职务便利违规操作、某政策性银行高管任职期间违规审批等案件线索。

企业审计 中央企业主要领导人员经济责任审计中，梳理企业业务条线，针对企业特点开展审计，加大前期数据分析力度和深度，动态统筹调配审计资源，提高审计工作效率；加强审计现场管理，确保审计报告质量的同时，在重大违规问题线索上下功夫、求突破。审计揭示企业下属单位负责人违反廉洁从业规定、下属公司境外涉诉案件存在风险等问题。

信息化建设 主动适应审计全覆盖对信息化工作的要求，落实科技强审理念，开展大数据审计。通过派出学习、专家讲课、内部交流、实战锻炼等多种方式，打造高素质专业化数据分析团队。在财政、扶贫、资环、金融、社保等审计项目中，有效运用审计署大数据中心、特派办数据分析平台和审计现场数据分析平台，归集整理行业大数据审计方法经验模型，切实发挥数据分析团队引导作用。选送的《多源数据融合分析发掘地下钱庄犯罪线索》案例被评为审计署创新应用优秀案例一等奖。（撰稿人：侯青杨）

【审计署驻兰州特派员办事处】 2020年，审计署驻兰州特派员办事处（以下简称兰州特派办）实有141人。设有办公室、法规处、财政审计处、行政事业审计处、农业审计处、资源环保审计处、固定资产投资审计处、金融审计处、企业审计处、社会保障审计处、外资运用审计处、计算机审计处、人事教育处、机关党委。

领导成员

分党组书记、特派员：马晓方（—3月）
钱夫中（9月—）

分党组成员、副特派员：李冬波
强　军（9月—）
万宗霖

机关委员会书记：张燕飞（—9月）
强　军（9月—）

一级巡视员：张新勇（—10月）
邓海仪（—2月）　张燕飞
罗湘萍（7月—9月）

二级巡视员：郭永贵　谢积强

审计成果　2020年，兰州特派办完成审计项目14个。查出主要问题金额1057.94亿元；出具审计报告和专项审计报告10篇。移送司法部门及相关单位处理事项5件。审计促进整改落实有关问题金额290.26亿元，推动建立健全制度39项。

独立实施的甘肃省2018年国家重大政策措施落实情况跟踪审计项目被审计署评为2019年度全国审计机关优秀审计项目二等奖；独立实施的新疆维吾尔自治区2018年国家重大政策措施落实情况跟踪审计项目审计署评为2019年度全国审计机关优秀审计项目三等奖；参与实施的财政部具体组织2017年度中央预算执行和编制中央决算草案情况审计项目被审计署评为2019年度全国审计机关优秀审计项目一等奖；参与实施的某金融机构原法定代表人任职期间经济责任履行情况审计项目被审计署评为2019年度全国审计机关优秀审计项目二等奖。

政策落实情况跟踪审计　紧紧围绕习近平总书记关于甘肃、新疆、新疆生产建设兵团发展的重要指示批示精神和地方经济社会发展大局，关注重大投资项目落地、减税降费、“放管服”改革举措落实、供给侧结构性改革推进等情况，融合开展“三促进”、直达资金惠企利民等专项审计，共反映问题217个。同时加大对审计发现问题的宏观分析，着力推动补齐工作短板、堵塞制度漏洞，充分发挥审计在促进深化改革、推动经济高质量发展中的建设性作用。

三大攻坚战审计　围绕如期完成脱贫攻坚任务，统筹做好脱贫攻坚和乡村振兴的有效衔接，重点关注“三区三州”5个深度贫困县脱贫攻坚推进、已脱贫地区的成果巩固、乡村振兴战略实施以及政策过渡期新情况和新问题等，上报的30个典型案例被审计署综合报告采用。围绕精准治污、科学治污、依法治污要求，紧密结合甘肃、新疆自然资源禀赋特点，重点关注重大生态修护保护项目、主要环境污染问题以及环保责任落实等，结合领导干部自然资源资产离任审计，推动地方加快形成绿色发展模式。围绕防范化解重大风险，重点关注财政“保工资、保运转、保基本民生”、地方政府债务、金融等方面薄弱环节和风险隐患，查出的多个问题得到中央相关部门和地方政府高度重视。

民生审计　集中力量开展应对新冠肺炎疫情防控资金和捐赠款物专项审计，紧盯资金款物管理分配、金融服务实体经济、企业专项贷款使用、医护人员待遇、复工复产政策落实等情况，为打赢疫情防控阻击战提供审计监督保障。围绕民生大事、难事、急事，开展社会保险、就业补贴、公共卫生等民生资金和项目审计，关注民生政策普惠性、基础性和兜底性效果，同时深入分析问题背后的制度缺陷和管理漏洞，提出加强社会保障信息系统建设的统筹整合及风险防控等建议，推动完善顶层设计。

经济责任审计　围绕权力运行和责任落实，扎实开展经济责任审计，聚焦财政资金分配、国有资产处置、公共资源交易等重要领域和关键环节，找准审计重点，准确界定责任，客观反映问题，审慎作出评价，促进权力规范运行和反腐倡廉。在某党政领导干部经济责任审计中，按照“把握总体、点面结合、重点在面”的原则，揭示和反映深化改革、财政管理、重大项目等7个方面27个问题；在某金融机构法定代表人经济责任审计中，提出从财务变化看业务趋势、分析经济责任履行的审计思路，提交高质量的审计报告。

审计查出问题整改　把发现问题与改进工作、规范提高、完善制度和健全机制有机结合起来，把推动整改贯穿审计全过程，坚持边审边促、边审边改、边审边建，增强审计监督效能，在政策跟踪审计中推动审计发现问题即查即改 57 个。建立整改台账，持续跟踪整改情况，审核整改的真实性，对已整改的问题及时销号，确保应改尽改、按时整改，发挥好审计“治已病、防未病”的重要作用。

信息化建设 不断扩展丰富数据资源，拓宽数据采集类型和渠道，新增定期采集数据 12 类，并持续加大数据更新频次，部分数据采集频次由半年提高到 1 个月，联通甘肃省政务外网，增强数据采集便捷度。贯通国库集中支付、税收、环保等数据资源，在把握总体的基础上精准发力，多维度对比关联分析，进一步增强运用审计信息化技术查核问题、评价判断、宏观分析的能力。

审计业务管理 加大审计现场精细化管理力度，每周动态更新人员分布情况，根据项目进度适时整合人力资源。坚持依法文明审计，加强审计质量控制，严格执行审计组组长负责制，进一步明确“两单一会”要求，强化过程管控。建立审计事项沟通意见会议制度，充分听取并合理采纳审计对象反馈意见，坚持集体研究决策，实行留痕管理，防范审计风险。加强对审计发现问题线索的宏观性、专业性分析，认真落实“三个区分开来”重要要求，确保审计发现问题事实清楚、证据充分、客观公正，全面提升审计工作质量和水平。

相关工作 学习习近平总书记关于审计工作的重要指示批示精神，通过汇编《党建学习辅导》、组织“我眼中的‘新思想’”主题交流会、开展青年理论学习小组读书分享等，推动机关党建与审计业务相融互促。开展强化政治机关意识教育、“灯下黑”问题专项整治和全面推进党支部标准化规范化建设等党建 3 项重点工作。自主研发审计现场廉政管理软件，解决“小、散、远”等延伸审计小组难以监督的问题，实现审计现场实时监督“全覆盖”，联合地方审计机关纪检部门开展审计项目督查检查，发挥监督合力。

加强顶层设计，以强化班子建设、提升处级领导干部综合素质、加速青年干部培养为主线，统筹谋划年度细化措施和长远规划，针对每名干部专业背景、工作经历、能力素质等要素量身打造阶段性培养措施和职业规划，有效提升队伍建设的系统性、持续性和针对性。加大干部培训力度，有针对性地组织开展财政、大数据审计、质量控制等专题培训，组织网络培训 500 余人次，5 人通过计算机中级考试，8 人通过审计师中、高级考试。选派 2 人参加国务院大督查及中央纪委国家监委专项工作，3 人开展驻村帮扶。

全面梳理现行制度和议事机构，及时修订审计现场管理、财务管理、购买社会服务等制度，促进制度管理体系更好更快地适应形势变化和工作需要。与甘肃省委网信办等相关部门建立通报机制，提高网络安全工作的预警、防范和应急水平，委托专业人员开展网络安全测试，优化系统网络安全配置策略，强化网络系统安全。参与推进平安甘肃建设，做好常态化疫情防控工作，主动为社区防疫人员提供爱心服务，被授予“优秀志愿服务团队”荣誉称号。（撰稿人：李　佳）

【审计署驻昆明特派员办事处】 2020 年，审计署驻昆明特派员办事处（以下简称昆明特派办）实有 134 人。设有办公室、法规处、财政审计处、行政事业审计处、农业审计处、资源环保审计处、固定资产投资审计处、金融审计处、企业审计处、社会保障审计处、外资运用审计处、计算机审计处、人事教育处、机关党委。

领导成员

分党组书记、特派员：周应良

分党组成员、副特派员：杨恒田　文卫国　王云峰

分党组成员、派驻纪检组长：林　清

一级巡视员：哈耀卿

审计成果 2020 年，昆明特派办共完成审计项目 20 个。查出主要问题金额 1394.72 亿元，其中违规金额 1.95 亿元、损失浪费金额 0.03 亿元、管理不规范金额 1392.73 亿元；审计发现非金额计量问题 334 个；损益（收支）不实金额 1.69 亿元；出具审计报告 12 篇。审计处理处罚金额 1.95 亿元，其中应上缴财政 0.29 亿元、应归还原渠道资金 1.66 亿元；移送司法机关、纪检监察机关和有关部门处理事项 4 件，移送处理人员 8 人，移送处理金额 0.3 亿元。审计促进整改落实有关问题资金 83.39 亿元；审计促进拨付

资金到位221.71亿元；审计后挽回（避免）损失0.08亿元；移送处理落实事项1件。审计提出建议37条，被采纳33条；推动被审计单位制定整改措施67项；促进被审计单位建立健全规章制度25项；审计信息被批示、采用105篇次。

参与实施的财政部具体组织2017年度中央预算执行和编制中央决算草案情况审计项目被审计署评为2019年度全国审计机关优秀审计项目一等奖；参与实施的某公司2019年国家重大政策措施落实情况跟踪审计项目被审计署评为2019年度全国审计机关优秀审计项目二等奖。2人获得云南省和贵州省省级脱贫攻坚先进表彰。

政策落实情况跟踪审计　完成云南、贵州两省5个贯彻落实国家重大政策措施情况审计，出具政策跟踪审计季度报告4篇。揭示2家行业协会违规收取评审费和培训费48.38万元、2家国有企业落实减免租金不到位、部分地区（单位）未落实阶段性降低天然气价格、部分地区清理拖欠小微企业和民营企业账款工作推进不力、3家符合政策条件的企业未享受增值税留抵退税13.19亿元、部分税务机关违规征收“过头税”7881.73万元、部分税务机关重复征税7000多万元、某县未及时清退施工企业质量保证金2165.14万元、39家空壳企业利用虚假合同骗取中央中小企业发展专项资金1319万元等问题。实施云南、贵州两省省级和部分市县新增财政资金直达市县基层直接惠企利民情况专项审计，向两省出具整改意见函和审计报告6篇，发现资金闲置、国库集中支付改革不到位、分配资金不规范等问题52个。

财政审计　实施某省税务局2019年度预算执行等情况审计，揭示部分税务机关预算编制不完整不科学、未按规定将6287.5万元结余资金上缴财政，部分公职人员违规经商办企业，20家单位近6万平方米房产及27辆公务用车长期闲置，某机关单位国有资产长期交由民营企业无偿使用等问题。

疫情防控资金和捐赠款物专项审计　开展云南省应对新冠肺炎疫情防控资金和捐赠款物专项审计。揭示疫情防控采购资金使用缓慢、部分地区违规对复工复产设置审批程序、某单位以疫情防控标本运输车名义超标准购置公务用车、某银行超过企业实际用款需求向某公司发放的疫情专项贷款5000万元闲置两月仍未使用等问题。审计中及时上报云南援鄂医疗队到达湖北后不能及时收治病人的审计信息，助力疫情防控顺畅推进。

民生审计　开展云南省社会保险基金试点审计和贵州省社会保险基金审计。揭示某商业银行股份有限公司少缴医保费2650.53万元、某省1932名特困人员等重点人群未参加基本医疗保险、1127人在某市重复参加城镇职工基本医疗保险和城乡居民基本医疗保险、某医院中药饮片加价率超过规定比例等问题。

固定资产投资审计　实施金沙江下游水电站（云南省境内）移民资金审计。揭示某县人民政府违规决策长期占用移民后期扶持资金4681.85万元用于发放工资，某县新县城安置点C片区地质灾害影响长期未有效解决、一些公职人员在补偿款物认定过程中弄虚作假，某县19813.98万元库区移民后期扶持项目资金闲置未用，某县26405名移民的10485.85万元房屋搬迁补偿资金未补偿到位、1288名移民未得到妥善安置，某县移民安置点民房建设中因虚报材料单价和偷工减料造成3000余户移民多付建房款6000多万元，某县6个移民公路工程项目逾期1年未完工造成4000余名移民和库区群众出行不便等问题。

农业农村审计　完成3个季度云南、贵州两省省本级和6个贫困县扶贫和乡村振兴审计。发现问题122个，涉及问题金额41.89亿元。揭示某省建档立卡贫困学生应享受未享受教育扶贫资助392.36万元、某县1662名贫困人口应享受未享受医疗救助295.17万元、某市62个行政村9个易地扶贫搬迁安置点21所中小学饮用水水质不达标、某市主管部门审核把关不严导致项目实施单位虚报种植数量骗取产业扶贫资金170.84万元及虚报工程量骗取以工代赈资金63.8万元、管护不当等形成损失浪费176.19万元、3个县（市、区）280户搬迁户未按时完成复垦复绿、9个州（市）农村无害化卫生户厕及7个州（市）生活垃圾收运处置体系覆盖率和10个州（市）生活污水处理设施覆盖率未完成年度任务等问题。

资源环保审计　实施某省2018年至2020年

生态环保资金审计。揭示人为调整退耕还林规模导致部分任务无法落地实施资金闲置、退耕还林还草任务36.45万亩未按时完成或造林成活率不达标、应兑未兑新一轮退耕还林现金补助14.36亿元、违规将中央专项资金3480万元分配至应由企业负担部分、部分土壤污染治理项目套取或多结算资金、某市违规占用耕地建设人工湿地、部分国家重点生态功能区县域未按规定制定产业准入负面清单等问题。

金融审计 参与实施中国农业银行股份有限公司主要领导人员经济责任审计（广州农行）等6个金融审计项目。揭示重点建设基金闲置数千亿元资金未发挥效益，某企业实际控制人涉嫌背信损害上市公司利益，某商业银行落实延期还本付息政策不到位、违规发放贷款增加地方政府债务风险、“存贷挂钩”增加企业成本、支持“三农”和小微企业贷款不到位等问题。反映多起金融机构高管人员利用金融资源分配权力设租、寻租的问题，如某政策性银行下属投资公司高管人员利用职务便利收受贿赂数百万元，导致国有权益损失；银行内部员工与民企内外勾结，通过相关业务向其输送巨额利益收取好处费数百万元；某支行副行长利用职务便利收受贷款客户贿赂数百万元等案件线索。

企业审计 参与实施中国石油天然气集团有限公司原董事长经济责任审计等3个企业审计项目。揭示相关单位随意调整会计政策、部分领导干部“靠油吃油”、某油田分公司未按规定清理上缴超过2年的财政结余资金、某油田分公司在自然保护区和饮用水水源地等环境敏感区建设83口天然气井等生产设施、某油田炼厂污染场地在关停16年后仍未得到修复治理等问题。

信息化建设 在审计项目中，搭建现场数据分析网，研究设计标准表结构，规划和采集财务数据和关键业务数据，通过深度数据分析，提供多件问题线索。开展数据采集技术和图数据库应用培训，推广新技术审计经验。图数据库审计应用平台、审计成果共享平台通过验收投入使用，做到以学促审、学以致用。以建立“三张清单”（即政策清单、数据清单、算法清单）模型库为抓手，征集70余项审计案例，选取优秀模型进行全办交流。继续做好地方电子数据标准化和定期报送工作，完成财政、税收、社保、工商、民政等3.5TB数据采集、报送工作，对960GB审计项目数据进行盘点和整理。

审计科研 开展宏观政策研究岗位大练兵活动，收集审计信息类和理论研究类稿件进行评选，营造理论研究良好氛围。编发2期《审计·探索》，刊载理论研究文章42篇。参与中国审计学会秘书处论文征集，2篇关于“高素质专业化审计队伍建设”和“优化审计项目审计组织方式”方面的论文入选优秀论文集。办好昆办论坛，围绕“审计服务国家治理体系和治理能力现代化建设”征集论文并评选出6篇优秀论文。

相关工作 通过分党组书记讲党课、中心组集中学习研讨、领导小组专题会议、各支部专题学习研讨等方式，组织开展“强化政治机关意识”教育；制定建设模范机关实施意见，聚焦创建“八个方面模范”的目标，把加强党的领导贯穿到审计工作全过程各环节；扎实推进党支部标准化规范化建设。开展新任处级干部任职前集体廉政谈话；组织全办干部集中观看违纪违法警示教育片；组织处以上干部赴昆明市纪律教育基地开展党风廉政警示教育，及时传达中央纪委国家监委、审计署机关党委（巡视办）等通报的典型案例；印发《审计署昆明特派办关于进一步规范权力运行重申有关纪律要求的通知》，重申有关纪律要求；对21个审计组及37个审计小组开展党的建设、执行廉政纪律、遵守审计“四严禁”工作要求和审计“八不准”工作纪律情况、依法履职尽责和文明审计等方面的情况进行现场检查和廉政回访。文明创建方面，通过全国文明单位复查，连续三届保持该项荣誉；制定《2020—2022年精神文明建设实施意见》，培育和践行社会主义核心价值观，深化“四德”教育；评选文明处室3个、文明审计人员24名、文明家庭27户。常态化开展“每季度读一本好书”和“青年读书分享会”活动；丰富年中集中整训内容，举办“处长讲审计”3期、“青年谈审计”2期，开展大数据分析案例培训、数据采集技术和图数据库应用培训以及审计质量控制培训；选任处长3人、副处长7人，晋升一至四级调研员13人。常态化抓好疫情防控，抓实抓细各项防控措施；组织开展“宪法宣传周”等形式多样的法治宣传活动；落实国家安全和社会治安综合治理等责任，全年未发生安全责任事故；办公室被评为2020年云南省档案系统先进集体。

（撰稿人：李　丹）

【审计署驻成都特派员办事处】　2020年，审计署驻成都特派员办事处（以下简称成都特派办）实有142人。设有办公室、法规处、财政审计处、行政事业审计处、农业审计处、资源环保审计处、固定资产投资审计处、金融审计处、企业审计处、社会保障审计处、外资运用审计处、计算机审计处、人事教育处、机关党委。

领导成员

分党组书记、特派员：武晓晨

分党组成员、副特派员：刘　峰

分党组成员、纪检组长：李衡峰

一级巡视员：陈顺华（7月—9月）

王端述　景东华　程一平

二级巡视员：李　琦

审计成果　2020年，成都特派办共完成审计项目10个。查出主要问题金额3362911万元，其中违规金额95297万元、损失浪费金额822万元、管理不规范金额3266791万元；审计发现非金额计量问题698个；审计发现侵害人民群众利益11952万元；出具审计报告和专项审计调查报告9篇。审计处理处罚金额7645万元；移送司法机关、纪检监察机关和有关部门处理事项5件，移送处理人员14人，移送处理金额31847万元。审计期间整改金额50168万元；审计促进整改落实有关问题资金292510万元；审计促进拨付资金到位1367万元；审计后挽回（避免）损失30010万元。审计提出建议20条，被采纳13条；推动被审计单位制定整改措施42项；促进被审计单位建立健全规章制度9项；提交审计信息124篇，被批示、采用181篇。

成都特派办2020年度考核被审计署评为优秀等次。独立实施的四川省2018年国家重大政策措施落实情况跟踪审计项目被审计署评为2019年度全国审计机关优秀审计项目一等奖；参与实施的财政部具体组织2017年度中央预算执行和编制中央决算草案情况审计项目被审计署评为2019年度全国审计机关优秀审计项目一等奖；参与实施的某金融机构原法定代表人任职期间经济责任履行情况审计项目被审计署评为2019年度全国审计机关优秀审计项目二等奖；参与实施的发展改革委2017年度组织分配中央财政投资等情况审计项目被审计署评为2019年度全国审计机关优秀审计项目三等奖。

政策落实情况跟踪审计　完成四川省2020年国家重大政策措施贯彻落实情况跟踪审计。审计发现疫情防控相关政策措施落实不到位；清理拖欠民营企业中小企业账款不到位，清欠台账不准确、清偿质量不高；城乡义务教育补助经费分配管理使用不到位，未及时分配补助资金、违规扩大资金使用范围；创新直达货币政策工具落实不到位，以不符合条件的贷款申请两项创新直达货币政策工具支持；降费降成本政策落实不到位，转供电主体执行国家降低电价政策不到位、国有单位落实支持中小企业生产经营政策不到位；"六稳"政策措施落实不到位；脱贫攻坚和乡村振兴政策落实不到位；部分财政资金管理不到位等问题。

完成西藏自治区2020年国家重大政策措施贯彻落实情况跟踪审计。审计发现在减税降费政策措施落实方面，存在违规收取评审费、超比例收取保证金、向企业转嫁成本费用等问题；在"六稳""六保"政策措施落实方面，存在稳就业政策落实不到位、创业担保贷款工作开展不规范等问题；在深化"放管服"改革方面，存在行业协会商会脱钩改革不彻底等问题；在脱贫攻坚和乡村振兴方面，存在产业扶贫项目未按期完工、非洲猪瘟强制扑杀补助资金发放不及时等问题。

完成四川省新增财政资金直达市县基层直接惠企利民专项审计。审计发现部分项目建设进度缓慢；部分地区直达资金拨付管理不规范，未按照项目建设进度或实际工作需要拨付资金；违规扩大直达资金支出范围；直达资金监控系统数据不够真实准确等问题。

财政审计　完成四川省2018年度财政收支审计。审计发现财政收入方面，存在多计财政收入、非税收入未按规定及时缴库等问题；财政支出方面，存在虚列财政支出问题；地方政府性债务管理方面，存在少计政府性债务、部分融资担保行为整改不到位等问题；财政资金管理方面，存在国库集中支付制度执行不规范、财政专户管理不到位等问题；财政预算管理方面，存在预算编制不准确、预算编制不细化、预算绩效管理不到位等问题。完成四川省税务局 2019 年度预算执行等情况审计。发现政策措施落实、收入征管、体制改革、预算执行和财务管理等方面问题 45 个，查出主要问题金额 45.44 亿元。

三大攻坚战审计 完成四川省布拖县、金阳县、北川县、广元市朝天区和西藏自治区林芝市巴宜区、八宿县扶贫审计。审计主要发现脱贫攻坚各项政策措施落实、资金项目管理等方面存在问题。

疫情防控资金和捐赠款物专项审计 审计发现部分财政专项资金分配、拨付和使用不及时，部分捐赠资金分配、使用不及时，部分捐赠物资因无检验合格报告等原因无法使用，部分企业捐赠行为不规范，个别慈善机构公开募捐活动不规范，部分慈善机构捐赠信息统计不准确，部分慈善机构信息公开不准确、不及时等问题。

经济责任审计 完成西藏自治区党政主要领导同志经济责任审计。审计发现部分“十三五”规划任务和重大项目建设推进落实不到位；个别改革举措落实不到位，个别工程建设不合规；民生保障和改善还存在短板；经济风险防范和生态文明建设还有待加强；部分预算编制不完整、分配不细化，部分财政资金效益不高等问题。

固定资产投资审计 完成金沙江下游水电站移民资金和白鹤滩水电站项目建设审计。审计发现移民投资管理控制不严格；移民安置资金管理使用不规范；移民安置工程建设管理不到位，存在质量隐患；金沙江水电基金项目管理和资金使用不规范；有违反中央八项规定及实施细则精神的相关事项等问题。

农业农村审计 完成四川省布拖县、金阳县、广元市朝天区乡村振兴相关政策和资金审计。审计主要发现惠民惠农财政补贴资金、高标准农田建设、乡村产业发展、农村人居环境整治等方面存在问题。

资源环保审计 完成西藏自治区党委、政府主要领导同志自然资源资产离任（任中）审计。审计发现生态安全屏障保护与建设存在薄弱环节，相关工作亟待加强；部分自然资源底数不清，开发利用和保护修复存在短板；环境保护监管不够到位，污染防治相关工作仍需加大力度；部分资源环境项目和资金管理不够规范，资金项目绩效亟待提升等问题。

金融审计 参与完成中国太平保险集团有限责任公司原董事长、党委书记经济责任审计。审计发现贯彻执行中央重大经济金融政策和决策不到位，个别“三重一大”制度执行不到位，公司治理和内控制度不够健全，部分业务经营、财务管理不够规范，风险资产化解缓慢，遵守廉洁从业规定不够到位等问题。

企业审计 完成招商局集团有限公司原董事长、党委书记经济责任审计，审计发现在贯彻执行中央重大经济方针政策及决策部署，企业财务的真实、合法、效益，履行境内重大经济决策职责和管理职责，境外投资和国有资产管理使用，落实党风廉政建设责任制和遵守廉洁自律等方面存在问题。完成中央企业政策跟踪审计，审计发现在企业复工复产、清理拖欠民营企业中小企业账款和落实疫情期间租金减免等方面存在问题。

信息化建设 完成四川省、西藏自治区 4 次专项数据采集上报工作。推出“数据灯塔”服务品牌，提升信息化软硬件服务水平。出台《信息安全组织及岗位职责管理规定》等 4 项网络信息安全制度，开展全员执行网络和数据安全管理规定检查，确保网络信息安全。制订《信息资产采购三年滚动计划（2021—2023）》，完成金审工程三期部分软硬件设备更新替换。

审计科研 与中国审计学会合作开展课题研究，形成《审计机关优化审计项目审计组织方式管理长效机制研究》等成果。列入国家档案局科技计划项目的《基于全过程控制的审计档案管理模式研究及应用》顺利结题。被《审计研究》《中国审计》等杂志采用理论文章 7 篇。

内部审计 对办本级、机关后勤服务中心和机关工会 3 个核算单位 2019 年度预算执行及财务收支情况进行内部审计。

相关工作 开展强化政治机关意识教育、“灯下黑”问题专项整治、党支部标准化规范化建设“三项重点工作”，创新推行疫情期间线上线下相结合的“晨夕”例会党建工作模式，组织开展“不忘初心、弘扬优良家风”等主题党日，举办劳动竞赛等党员示范活动，政治机关意识日益深入。开展“深刻汲取案例教训，切实强化纪律约束”专题讨论活动等廉政警示教育，制定出台《党员干部工作时间之外行为规范（试行）》等系列制度规定。加强日常监督检查，对13个审计项目28个审计（小）组进行廉政检查，未发现违反廉政纪律的情况。按照审计署统一部署，完成机关党委、人事教育处分设，机关党委统一负责机关党的建设和党风廉政建设工作。新成立党支部2个、换届改选党支部6个，发展党员1人、预备党员转正1人，评选先进党支部4个、优秀共产党员11人、优秀党务工作者5人。

构建全员全流程审计质量控制体系，出台《进一步加强审计信息工作提高审计质量意见的通知》《关于严格审计质量控制十项要求的通知》《进一步加强档案管理提高审计档案质量的通知》等文件，探索实行《审计组审计质量自查清单》《审理发现问题清单》“两清单”模式，建立兼职审理人员制度，加大现场审理力度，推动质量控制责任落实。加强法治政府建设，制订《学习宣传民法典实施方案》《规范性文件合法性审核办法（试行）》《合同合法性审核办法（试行）》，开展普法宣传活动。

坚持完善“135＋”跟踪培养体系，组建青年理论学习小组，举办“兴办大家谈”、风采展示等交流活动，选派14名青年骨干担任重大项目审计（小）组主审，分层分类培训干部411余人次，切实提升干部“能查、能说、能写”能力。定期集中分析干部思想动态，开展经常性的谈心谈话，积极帮助解决干部职工家庭生活困难，扎实做好干部思想政治工作。树立鲜明的用人导向，干部政治素质考核案例被审计署作为唯一案例选送中央组织部，提拔处级领导干部6人，晋升调研员10人、主任科员30人，向地方推荐担任正处级领导干部1人。继续保持全国文明单位荣誉，被审计署精神文明建设领导小组授予“2018—2020年度审计署文明单位”称号。

（撰稿人：刘　杨）

【审计署驻长沙特派员办事处】　2020年，审计署驻长沙特派员办事处（以下简称长沙特派办）实有138人。设有办公室、法规处、财政审计处、行政事业审计处、农业审计处、资源环保审计处、固定资产投资审计处、金融审计处、企业审计处、社会保障审计处、外资运用审计处、计算机审计处、人事教育处、机关党委。

领导成员

分党组书记、特派员：程　光

分党组成员、一级巡视员兼副特派员：车列武

分党组成员、副特派员：辛　风

一级巡视员：谢岳山　黄建宇　余宁琪

二级巡视员：李厚琼　田　芳

审计成果　2020年，长沙特派办共组织实施审计项目14个。查出问题金额976.41亿元；审计发现非金额计量问题340个；出具审计报告15篇。审计促进整改落实有关问题资金338.83亿元；促进拨付资金到位123.30亿元；审计后挽回（避免）损失1.72亿元；上报问题线索移送15件。审计提出建议39条；推动被审计单位制定整改措施228项；促进被审计单位建立健全规章制度23项；全年被审计署采用信息100篇次，被审计署公告采用案例170余个。

独立实施的广西壮族自治区2018年国家重大政策措施落实情况跟踪审计项目被审计署评为2019年度全国审计机关优秀审计项目一等奖；独立实施的湖南省2018年国家重大政策措施落实情况跟踪审计项目被审计署评为2019年度全国审计机关优秀审计项目二等奖；参与实施的财政部具体组织2017年度中央预算执行和编制中央决算草案情况审计项目被审计署评为2019年度全国审计机关优秀审计项目一等奖；参与实施的发展改革委2017年度组织分配中央财政投资等情况审计项目被审计署评为2019年度全国审计机关优秀审计项目三等奖。

政策落实情况跟踪审计　围绕党中央对国内外经济发展形势趋势的分析判断和经济社会发展工作的决策部署，准确把握新发展阶段特征和构建新发展格局要求，聚焦主责主业，将促进党中央决策部署和国家重大政策措施贯彻落实作为首要政治任务和工作主题主线，完成湖南省和广西壮族自治区2020年重大政策措施情况跟踪审计，推动中央重大决策部署和政策措施落地生根、发挥实效。审计中，从维护国家粮食安全高度起草

农业种质资源开发保护要目信息，国务院办公厅专门出台相关规范发展意见。

财政审计 在地方财政收支审计中，坚持“财政资金运用到哪里，审计监督就跟进到哪里”的原则，紧盯资金最终流向。揭示部分预算单位一般性支出压减不到位、实体资金账户清理不到位等问题，提高财政资金使用效益。在税收审计中，通过数据分析查处部分企业虚开成品油发票、偷逃消费税的案件线索，揭示成品油发票管理系统存在的漏洞。

三大攻坚战审计 在扶贫审计中，围绕“精准、安全、绩效”的审计目标，把握资金和项目两大主线，持续聚焦扶贫领域的腐败和作风问题，揭示扶贫资金管理使用不规范、生猪养殖场贷款贴息政策落实不到位、乡镇干部为应付检查弄虚作假等问题。借助扶贫审计平台深入调研疫情期间脱贫工作的开展情况，跟踪落实新冠肺炎疫情对贫困人口复工、返工的影响，深入研究贫困地区受疫情影响遇到的突出问题。在生态环保科目资金审计和地方党政主要领导干部自然资源资产离任审计中，紧扣习近平总书记关于湖南省“守护好一江碧水”重要指示，紧扣湖南“一湖三山四水”的省情，揭示危险废物处置整改不实、洞庭湖区河湖水域岸线管理保护不到位等重点问题。被审计单位对指出的问题即审即改。长沙特派办在相关培训班上就湖南省生态环保科目资金审计项目的经验做法作典型发言。

疫情防控资金和捐赠款物专项审计 深入疫情防控一线，为湖南省统筹推进疫情防控和社会发展提供有力审计监督保障。重点揭示湖南省发放医护人员临时性补助工作不到位、财政专项资金拨付和使用不及时、社会捐赠款物分配使用不规范、重点保障企业贴息贷款政策不到位等问题，在专项审计阶段性工作交流视频会上作经验介绍，提交的6篇信息被重要信息要目或专报采用。

民生审计 在湖南省就业和失业保险基金科目资金审计中，揭示就业相关资金归集管理使用中存在的突出问题和风险隐患，推动就业政策健全完善，提交的职业技能培训提升政策措施亟待完善等多篇信息被重要信息要目采用。在养老保险和医疗保险科目资金审计中，揭示重点群体社会保障不到位、部分地区挤占挪用医疗保险基金等问题，提交的部分援鄂医护人员未参加养老医疗等基本社会保障、公立医院因新冠肺炎疫情影响导致资金周转困难亟须政策扶持等信息被审计署重要信息要目采用。在保障性住房审计中，揭示的某市老旧小区改造套取中央财政资金问题，被审计署年度审计工作及结果报告作为独立案例采用。

经济责任审计 在地方党政主要领导干部经济责任审计中，采取“审计小组形成审计取证＋听取有关厅局意见”“法规审理＋审计组集体讨论”“定期召开碰头会＋听取省政府意见”的“三步走”方式，实现对审计进度的有效控制、对审计质量的严格把关和对审计问题的充分沟通。“早准备，多沟通，快整改”项目管理经验，得到署领导批示肯定；审计报告反映问题数量较多、层次较高、表述精练准确，获得被审计单位的充分肯定，推动湖南省有关工作的改进和体制机制的完善。

企业审计 在某企业领导人经济责任审计中，坚持问题导向，促进国有企业规范发展，查出问题80多个；围绕机票营销、物资采购、合营合作等重点领域和关键环节，揭示免折票管理、机供品与营销品采购、对合资合营企业管理薄弱等问题。审计中，从助推落实“一带一路”倡议高度出发，聚焦某央企海外业务提交重要审计情况。

专项资金审计 围绕“及时、直达、精准、安全、绩效”的政策目标，做到项目逐个延伸核查，资金逐笔跟踪核实，发现违规分配抗疫特别国债资金、缓解房屋租金压力的惠企利民政策落实不到位等问题，揭示地方政府在政策落实、资金管理使用等方面的问题和漏洞。

审计查出问题整改 坚持审计“治已病、防未病”，在审计中推动被审计单位建立边审计边整改的机制，健全完善审计发现问题台账登记、整改核实、监督执行、对账销号等全流程制度规范；充分借助审计交换意见会等重要节点，落实审计整改主体责任，推动被审计单位举一反三，认真排查，完善规章制度，有效防范风险。在地方党政主要领导干部经济责任审计中，针对审计发现的危险废物处理存在的问题，要求从全省层面解决同类问题，湖南省迅速召开危险废物处置专项动员部署会，在全省开展为期3个月的大调查大排查工作，时任省长亲临现场督促整改。审计揭示的某县学生营养餐资金被学校教职工侵占问题，6名公职人员受到处理，并推动其他市县开展专项整治，有效维护广大学生的切身利益。

审计科研 将理论研究作为培养审计干部“能查、能说、能写”能力的重要平台，鼓励审计人员结合审计实务深入开展理论研究。稳步推进1项审计署重点科研课题和1项审计学会合作课题，在《中国审计》《审计观察》等刊物发表审计理论文章16篇，2篇论文入选“国家审计研究论坛2020”优秀论文。同时，开展办内优秀论文评选，刊发《政策参考和理论研究》，打造长沙特派办理论研究品牌。切实发挥数据分析的优势和引领支撑作用，举办网络爬虫技术等多期培训，编发《审计大数据攻略》实务指南，4个案例在2020年审计署数据分析技术方法创新应用优秀案例评选中获一、二、三等奖，参与研究的“大数据环境下面向服务的智能软件开发方法及应用”项目获评2020年湖南省科技进步二等奖。长沙特派办在2020年全国审计机关审计科研工作会上作先进经验交流发言。

相关工作 牢牢把握审计机关首先是政治机关定位，充分发挥办分党组理论学习中心组领学促学示范带动作用，“强化政治机关意识，走好第一方阵”专题党课被审计署机关党委评为优秀党课课件。不断改进党建工作机制，创新党建工作形式，组织开展援鄂医疗队先进事迹报告会等系列活动，大力弘扬抗疫精神，厚植审计干部家国情怀。完善信访举报重点事项风险防控措施，以执行《审计任务及发现问题清单》台账管理、独立性申报等规定为抓手，深化对审计权力运行的监督。抓实抓细常态化监督提醒，创新推出《纪律规矩小贴士》，针对日常工作易发风险，通过案例分析、党规党纪解读，明确注意事项，此做法被中央和国家机关工委网站刊登，并获人民日报新媒体平台转载。长沙特派办被审计署评为2018—2020年度创建模范机关先进单位，社会保障审计处荣获“湖南省抗击新冠肺炎疫情先进集体”，继续保持“湖南省文明标兵单位”等荣誉称号，工会成功创建省级“模范职工之家”。全面深化审计队伍建设，干部素质能力持续提升。制定长沙特派办高素质专业化审计干部队伍建设实施意见，推行一系列有针对性的干部培养建设举措，实行分阶段跟踪和分类型评估实施效果，先后选派4名处长及多名业务骨干参加中央党校、审计署党校脱产培训，赴地方政府、署机关挂职交流，到外单位跟班学习或驻村扶贫，安排新录用公务员到企业实习锻炼。

（撰稿人：罗先鄂）

【审计署驻深圳特派员办事处】 2020年，审计署驻深圳特派员办事处（以下简称深圳特派办）实有104人。设有办公室、法规处、财政审计处、固定资产投资审计处、金融审计处、企业审计处、社会保障审计处、外资运用审计处、境外审计处、计算机审计处、人事教育处、机关党委。

领导成员

分党组书记、特派员：段大波

分党组成员、副特派员：李　菁　胡尊锴

一级巡视员：郝士坤　曹　山

审计成果 2020年，深圳特派办组织实施审计项目29个。查出的违规或管理不规范金额200多亿元，促进整改落实金额近90亿元。移送重大违法违纪问题线索4件。提交审计信息8篇，被审计署审计要情采用1篇次，重要信息要目采用79篇次（包括专报信息），信息转送函采用5篇。

参与实施的财政部具体组织2017年度中央预算执行和编制中央决算草案情况审计项目被审计署评为2019年度全国审计机关优秀审计项目一等奖；参与实施的证监会2018年度预算执行等情况审计项目被审计署评为2019年度全国审计机关优秀审计项目三等奖。

政策落实情况跟踪审计 坚持围绕海南、深圳的战略定位和党中央的重大决策部署开展审计工作，推动政策落地见效。海南省委副书记、省长到深圳特派办调研指导工作，对深圳特派办紧扣国家战略定位和海南、深圳地域特点，从宏观层面发现问题、分析原因、提出建议予以充分肯定。在国家重大政策跟踪审计中，揭示反映制约深圳高新技术产业高质量发展的几个突出问题、海南南繁科研育种基地和天然橡胶产业发展存在管理体制机制不顺等问题，充分发挥审计的建设性作用。

财政审计 在深圳市税收和非税收入征管审计中，紧紧围绕政策落地、权力运行、区域特色和关键节点，充分利用数据分析平台，按照“政策研究—模型构建—数据画像—疑点查证—逆向还原”的数字化审计流程，开展数据分析工作，发现问题 52 个。

疫情防控资金和捐赠款物专项审计 围绕财政专项资金、社会捐赠款物和重点保障企业专项再贷款三项重点内容开展专项审计工作，发现疫情防控人员工作补助政策落实不到位、重点保障企业名单管理部门间缺乏协调机制等问题，上报审计动态 3 期、审计信息 42 篇，其中 30 篇被署专项审计办公室或业务司采用。

固定资产投资审计 在金沙江下游水电站移民资金审计中，坚持以资金、项目和政策为抓手，坚持问题导向、目标导向和结果导向，紧紧围绕国家移民政策的贯彻落实和移民资金的使用和管理，重点反映水电移民投资增长巨大、大量争议事项长期未得到解决的问题及深层次原因，发现移民资金和项目建设管理不规范、损害移民利益、环境保护等问题，查出事项被审计要情采用，移送案件线索 2 件。

资源环保审计 在福建省生态环保资金审计中，以污染防治攻坚战政策目标实现为中心，反映福建土壤污染防治资金分配不合理和“海绵城市”建设资金使用不规范等问题，促进生态文明建设目标实现。

金融审计 在中国农业银行上海分行等 4 家金融机构经济责任审计中，发现银行间互持债券自我循环影响服务实体经济效果、积聚风险隐患、企业涉嫌虚构贸易背景骗取银行承兑汇票非法套利等问题。

企业审计 在华润集团经济责任审计中，坚持实事求是，严格落实“三个区分开来”的重要要求，组织制定《华润集团经济责任审计现场管理手册》，共发现华润集团在贯彻落实重大政策措施、重大经济事项决策、内部管控等 7 方面约 50 个问题，涉及问题金额 800 余亿元，其中 4 个问题为直接责任。

信息化建设 认真贯彻落实习近平总书记“科技强审”的重要指示精神，创新研发审计大数据审计研究和应用平台，将各专业领域的审计数据资源进行整合，实现跨数据库、跨平台智能化查询分析功能，有效提高运用信息化技术核查问题、评价判断、宏观分析的能力。在深圳市税收和非税收入征管审计、疫情防控资金和捐赠款物专项审计中，审计大数据平台都发挥出很好的作用。

审计查出问题整改 进一步加大审计整改督促力度，推动建立审计整改长效机制。2014 年至今，海南、深圳政策跟踪审计报告和审计整改建议函反映的已达到整改期限的问题 734 个，其中已经整改的问题 662 个，问题整改率超过 90%；在疫情防控资金和捐赠款物专项审计中，审计提出问题整改率达到 100%；在深圳市税收和非税收入征管审计中，促进国家税务总局深圳市税务局修订制度 8 项，清算征缴土地增值税 64.06 亿元；在华润集团经济责任审计中推动企业边审边改，审计推动整改落实金额约 2 亿元。

相关工作 坚持把办分党组中心组学习作为统一思想的重要阵地，及时传达学习党的理论路线方针政策和党中央重大决策部署，强化政治机关意识，锤炼过硬政治能力。制订《关于建设“让党中央放心、让人民群众满意的模范机关”实施方案》，明确 3 大类 11 项重点任务，推动全面从严治党主体责任落实落细。推进党支部规范化标准化建设，制定《党支部工作操作指南》和《发展党员工作操作指南》，为支部工作提供具体指导。坚持把握正确的政治方向，推动机关党建与审计业务的深度融合，自觉把审计工作放到党和国家工作的大局中思考、谋划、部署和开展，结合审计项目特点开展政治理论学习，真正把“两个维护”落实到审计工作中。在金融机构经济责任审计等项目中成立临时党支部 5 个，结合审计项目和地域特点开展主题党日 5 次。树立先进典型，弘扬正能量，坚持打造宣传精品，在署管媒体发表文章 34 篇。在“五四”青年节、“七一”党的生日等重要节点开展演讲比赛、党章党规知识竞赛、歌咏比赛等系列活动。

全年开展两轮较大规模的警示教育，结合审计署下发案件的通报讲授专题警示教育党课。召开党风廉政建设专题组织生活会，剖析案例、吸取教训，进一步筑牢拒腐防变防线。集中通报一批发生在广东省尤其是深圳市的违法违纪案件，组织收看廉政警示教育片，赴广东省廉政教育基地参观。加强审计工作关键环节管理，严格审计流程，规范审计取证、重大问题线索移送和审计发现问题整改跟踪督促等行为。在审计项目实施过程中，严格履行审计实施方案编制及调整审批手续。坚持审计业务会议制度，集体研究审计发现的重大问题和审计对象反馈意见。加强审计项目廉政检查，督促、规范审计现场管理和各项纪律执行，防止公权力用于个人拉关系、谋好处。全年对7个审计项目开展现场廉政检查，发挥监督的“探头”作用。制定《关于加强政治监督的实施意见》，明确4种主要监督方式和4项组织保障措施。出台《党员干部八小时以外行为规范》和《退休干部党风廉政建设行为规范》。进一步健全完善涵盖述职述廉、个人有关事项查核等情况的处级干部廉政档案，严把“党风廉洁意见回复”关。严格落实中央八项规定及其实施细则精神，加强对干部选拔任用、公务员招录、考核评优评先、办公用房维修改造、物资采购、资产报废等机关内部管理的监督。运用“四种形态”，特别是运用好第一种形态，加强日常监督，全年与新晋升干部、党支部书记和委员、审计业务干部和交流干部等开展廉政谈话76人次。

创建干部队伍建设研究小组、新时期国家审计监督规范性研究小组、国家重大政策审计实践研究小组、审计大数据技术应用研究小组等4个审计研究小组。制定《处级领导干部选拔任用办法（试行）》和《公务员职级晋升管理办法（试行）》，明确选拔任用标准，规范选人用人流程，发挥好选人用人导向作用。修订办内处室和个人考核办法，调整考核量化指标，加强考核激励作用。出台《进一步规范审计项目总结工作的意见》，总结审计项目经验成果。选拔任用处级领导干部9名，晋升四级及以上调研员8人。以主分会场形式开展集中整训，7名科级干部在青春风采讲堂分享大数据审计分析经验，9名处级干部展示理论小组研究成果，全员走进数据分析室学习应用数据分析技术，各处室以自评、互评、点评方式进一步加强审计项目总结，因地制宜开展自主培训。（撰稿人：戴小六）

【审计署驻长春特派员办事处】 2020年，审计署驻长春特派员办事处（以下简称长春特派办）实有104人。设有办公室、法规处、财政审计处、行政事业与资源环保审计处、固定资产投资审计处、金融审计处、企业审计处、社会保障审计处、外资运用审计处、计算机审计处、人事教育处、机关党委。

领导成员

分党组书记、特派员：常　利

分党组成员、副特派员：李秀才（—9月）
刘险峰　霍　旋

分党组成员、纪检组长：许　斌

一级巡视员：王　波　周　矫

二级巡视员：王玉芳　申丽芬　曲铁胜

审计成果 2020年，长春特派办共完成审计项目8个。查出主要问题金额7871344万元，其中违规金额25505万元、损失浪费金额9114万元、管理不规范金额7836724万元；审计发现非金额计量问题253个；损益（收支）不实金额330万元；审计发现侵害人民群众利益43196万元；出具审计报告和专项审计调查报告7篇。审计处理处罚金额151177万元，其中应上缴财政489万元、应归还原渠道资金29346万元、应缴纳其他资金8013万元、应调账处理金额113328万元；移送司法机关、纪检监察机关和有关部门处理事项3件，移送处理人员5人，移送处理金额395.67万元。审计促进整改落实有关问题资金368058万元；审计促进拨付资金到位1245万元。审计提出建议21条，被采纳18条；推动被审计单位制定整改措施29项；促进被审计单位建立健全规章制度2项；提交审计信息85篇，被批示、采用186篇次。

独立实施的吉林省2018年国家重大政策措施落实情况跟踪审计项目被审计署评为2019年度全国审计机关优秀审计项目一等奖；参与实施的财政部具体组织2017年度中央预算执行和编制中央决算草案情况审计项目被审计署评为2019年度全国审计机关优秀审计项目一等奖；参与实施的发展改革委2017年度组织分配中央财政投资等情况审计项目被审计署评为2019年度全国审计机关优秀审计项目三等奖。

政策落实情况跟踪审计 在吉林省2020年

国家重大政策措施落实情况跟踪审计中，聚焦重点领域和重点任务，持续重点关注“六稳”、“六保”、减税降费、优化营商环境等重大政策落实情况，发现住建、交通等部门违规向企业转嫁审批相关费用增加企业负担，财政、水利等部门未及时盘活财政存量资金，部分专项债券资金使用效益不高等典型问题，有力推动国家重大政策落实落地。在扶贫审计中，紧扣产业扶贫、返贫监测及消费扶贫等政策落实，提升扶贫质量与成效，完成3个省级贫困县审计任务；在乡村振兴审计中，聚焦人居环境整治效果和高标准农田建设进度等，推动地方乡村振兴任务完成。同时，持续关注审计发现问题整改情况，建立督促整改工作台账，逐项明确整改责任单位和整改要求，并通过收集整改证据、与被审计单位座谈、多层把关复核等程序对整改质量进行严格把关，促进相关政策落实落地。在新增财政资金直达市县基层直接惠企利民情况专项审计中，全流程实时跟踪省级、市级及县级直达资金使用情况，对直达资金使用中存在的新情况、新问题，与财政部门及时沟通探讨，揭示存在风险及与政策意图不符的情况，发挥审计为经济社会发展保驾护航的职能作用，促进吉林省更好使用直达资金。

财政审计 在吉林省2019年度税收和非税收入征管审计项目中，重点关注税务部门重大政策措施落实和职责履行等方面内容，发现以缓税名义人为调节税收收入58.5亿元、延缓征收税款16.24亿元、虚增财政收入4829.48万元等问题。

三大攻坚战审计 地方党政主要领导干部自然资源资产离任审计中，围绕领导干部本人在落实中央重大战略部署、完善生态文明体制建设、推动形成绿色发展方式等方面履职尽责情况开展工作。审计发现生态保护红线划定不准确、公共管理与公共服务用地未按规定进行土壤污染状况调查、近岸海域水质改善效果不明显等问题20余个，11个问题被审计署综合报告采用。

疫情防控资金和捐赠款物专项审计 在应对新冠肺炎疫情防控资金和捐赠款物专项审计中，成立专项审计工作领导小组，统筹推进疫情防控专项审计。统一下发需求清单，运用大数据分析发现问题疑点，减轻被审计单位负担；召开吉林审计“两统筹”领导小组协调会，针对审计范围、工作重点、时间安排等逐项协商，切实加强合作。审计发现部分防控物资采购时已过期、部分社会捐赠药品过期或即将过期等问题，推动相关部门及时整改；发现的长春市9家蔬菜、水果种植合作社128吨已成熟应季蔬菜水果滞销问题，及时向相关部门反映情况，提出审计建议，切实保护农民利益。

民生审计 在吉林省住房公积金和住宅专项维修资金审计中，紧扣方案，突出重点，审计发现问题40个，涉及问题金额30余亿元，6篇信息被审计署采用，1个问题被审计署审计结果报告案例采用，推动中央和地方出台改革制度10余项。

经济责任审计 在地方党政主要领导干部经济责任审计中，紧紧围绕领导干部任期内履职尽责情况确定重点审计事项，发现5个县（市、区）虚增收入630余亿元等问题。在高校主要领导干部经济责任审计中，全面梳理领导人员应履行的经济责任事项，确定科研、合作办学等方面的审计重点，发现个别校地合作机构无资质办培训班、个别院系自定政策和标准向教职工发放酬金以及部分科研项目成果不实等问题，引起被审计单位高度重视，推动被审计单位加强管理、完善制度。

资源环保审计 在吉林省生态环保资金审计中，重点审计中央转移支付的大气污染防治资金、水污染防治资金等7项重点资金，延伸审计8个市13个县80余亿元资金的管理使用情况，以及66个项目的建设运营、绩效情况。审计发现个别市县违规占用永久基本农田造林、新一轮退耕还林任务完成效果不佳，中央专项资金逾千万元未发挥效益等问题。被审计单位高度重视，立即整改。

金融审计 参与实施渤海银行股份有限公司2019年资产负债损益审计和2户金融机构主要领导干部经济责任审计，聚焦金融服务实体经济、防范化解重大风险、业务经营合规和绩效等情况，揭示商业银行虚假结构性存款、信贷资金进入股市楼市以及违规放贷等重大问题线索，查出违规金额2083.86亿元。

企业审计 在参与实施的2户中央企业主要

领导干部经济责任审计中，对照企业经济责任审计重点内容，揭示反映贯彻执行中央政策不到位、企业财务核算不合规、未完成科技收入考核指标、超比例使用劳务派遣人员等问题。

信息化建设 强化制度建设，调整网络安全和信息化领导小组人员，明确成员责任，结合金审工程三期要求修订计算机运维手册并在工作中强化执行。按要求加强安全防护，累计采集8个行业、17项数据，及时完成数据报送。组织开展大数据分析方法分享、编程语言应用专题培训，提升数据分析团队整体能力。坚持探索创新，切实发挥大数据的技术支撑、重点引领和风隐揭示作用，在吉林省税收和非税收入审计中，探索完善的留抵退税计算机审计方法得到署领导认可；在应对疫情防控资金和捐赠款物专项审计中，运用数据分析发现的原材料短缺影响疫情防控供应链稳定等情况，促进抗疫用药相关产业链复产复工；在高校主要领导干部经济责任审计中，利用数据分析技术批量解析国家自然科学基金结题报告，发现相关课题组违规列入项目科研成果等问题，引起被审计单位高度重视。

相关工作 开展政治机关意识教育，深入学习贯彻党的十九届五中全会精神，通过主题党课、小组交流、线上党建知识测试等形式强化理论武装。坚持党建工作与审计业务工作同谋划、同部署、同落实、同检查，研究制定年度党建工作要点，组织开展专题讲座、经验交流、评优表彰等，全面提升党建工作水平。强化基层组织建设，以“灯下黑”问题专项整治等党建3项重点工作为抓手，扎实推进支部标准化规范化建设。持续推进文化建设，邀请援鄂医疗队专家到办开展抗疫事迹宣讲，开展“不忘初心、弘扬优良家风”主题活动。筑牢廉政监督防线，采用“廉政微传单”等形式抓好日常提醒，开展廉政教育系列活动、任前廉政谈话和知识测试，持续推进监督检查全覆盖。

严格落实分党组工作规则，班子成员坚持在一线学政策钻业务，解决审计现场难题，确保审计署党组确定的重点任务不折不扣贯彻落实。严格选人用人程序，扎实做好处级干部选拔任用，处级中坚力量进一步壮大。通过开展“博约讲堂”、组织集中整训、开展理论研究成果评选等活动，持续推进专业能力建设。开展迎新春联谊、“书香长春办”阅读活动、“童心抗疫”亲子活动，组织差异化体检、中医义诊和心理健康讲座，倡导劳逸结合，营造良好氛围。

抓好常态化疫情防控，制定防控工作细则，严格做好公共区域消毒通风，加强用餐安全管理，积极筹措并及时发放防控物资，做好人员流动统计报备，对重点城市返长人员开展全员集中核酸检测，确保审计人员健康安全。严格落实过“紧日子”要求，通过严格预算约束、严格财务管理、严格节俭办事，进一步树牢绩效意识，系统抓好财务报销、督查督办、计划统计等综合管理工作，切实提高机关管理科学化规范化水平。严格落实国家安全相关工作部署要求，组织开展保密和网络安全教育自查，全程参加公安部专项演习，审计内网信息系统顺利通过分级保护测评，在省保密局组织的保密安全检查中被评为优秀等次。 （撰稿人：纪　楠）

【审计署驻重庆特派员办事处】 2020年，审计署驻重庆特派员办事处（以下简称重庆特派办）实有104人。设有办公室、法规处、财政审计处、行政事业与资源环保审计处、固定资产投资审计处、金融审计处、企业审计处、社会保障审计处、外资运用审计处、计算机审计处、人事教育处、机关党委。

领导成员

分党组书记、特派员：吕劲松（—1月）
崔振龙（1月—）

分党组成员、副特派员：王　斌　戴华虎
余　林

分党组成员、纪检组长：马敏周

一级巡视员：赵田录

二级巡视员：彭德兴

审计成果 2020年，重庆特派办共完成审计项目9个。查出主要问题金额53218098万元，其中违规金额10996万元、损失浪费金额43252万元、管理不规范金额53163849万元；审计发现非金额计量问题417个；审计发现侵害人民群众利益7388万元；出具审计报告和专项审计调查报告9篇。审计处理处罚金额11654万元；移送司法机关、纪检监察机关和有关部门处理事项

5 件，移送处理人员 9 人，移送处理金额 62688 万元。审计促进整改落实有关问题资金 822284 万元；审计促进拨付资金到位 291900 万元；移送处理落实事项 2 件。审计提出建议 26 条，被采纳 12 条；推动被审计单位制定整改措施 6 项；提交审计信息 89 篇，被批示、采用 105 篇次。

独立实施的重庆市 2018 年国家重大政策措施落实情况跟踪审计项目被审计署评为 2019 年度全国审计机关优秀审计项目一等奖；牵头实施的某公司原法定代表人任职期间经济责任履行情况审计项目被审计署评为 2019 年度全国审计机关优秀审计项目三等奖；参与实施的财政部具体组织 2017 年度中央预算执行和编制中央决算草案情况审计项目被审计署评为 2019 年度全国审计机关优秀审计项目一等奖；参与实施的发展改革委 2017 年度组织分配中央财政投资等情况审计项目被审计署评为 2019 年度全国审计机关优秀审计项目三等奖。报送的数据分析技术方法在审计工作中的创新应用调研报告获评优秀，提交的 3 个典型案例分获二等奖、三等奖。

政策落实情况跟踪审计 紧扣做好“六稳”工作、落实“六保”要求，报送的部分纾困扶持政策仍有阻滞、汽车产业政策有待完善等信息被审计署重要信息要目采用，推动央企按规定及时退还拖欠的 300 余户中小企业保证金并落实免除小微企业房租政策要求，政策跟踪审计反映案例被国务院综合报告采用 47 个。扎实做好新增财政资金专项审计，反映资金分配未充分体现政策导向、安排使用不合规、监控系统数据不准确等问题，并建立问题整改台账，加大督促整改力度，促进提升资金使用效益。

财政审计 围绕推动政府实施全面预算绩效管理和严格落实过“紧日子”要求，开展地方财政收支审计，揭示财政收支的真实性规范性、财政支出结构和绩效、地方政府债务管控等方面问题。聚焦税收政策落实、税收征管和预算执行，实施税收审计，查处虚假申报缴纳税款等问题，推动税务部门履职尽责。

三大攻坚战审计 揭示互联网金融领域信贷风险管理薄弱、城投类企业债务风险突出、央企境外项目受疫情影响存在违约风险等问题。深入摸清扶贫开发工作总体情况，报送的野生动物养殖相关扶贫产业发展问题等信息被审计署重要信息要目采用，推进全面脱贫与乡村振兴战略有效衔接。开展某市市长自然资源资产离任（任中）审计和生态环保资金审计，反映柴油货车污染治理、长江禁渔等领域突出问题，促进领导干部认真履行自然资源资产管理和生态环境保护责任，推动生态文明建设。

疫情防控资金和捐赠款物专项审计 开展疫情防控专项审计，组织召开线上审计组工作调度会议，依托非现场审计与现场审计相结合方式，及时揭示捐赠款物管理不规范、专项贷款资金闲置、重点保障企业名单不精准、医疗废物集中处置存在短板等问题，被审计署重要信息要目等采用。

民生审计 实施就业、保障性安居工程、养老保险、医疗保险等民生相关审计项目，揭示就业资金闲置、困难群众保障性住房未能应保尽保、养老丧葬补助金和抚恤金管理不到位、公立医院受疫情影响亟待政策扶持等问题，促进兜牢民生保障底线。审计指出问题后，相关主管部门高度重视，已分别采取暂停政策执行、加快资金拨付、及时追缴清理等措施进行整改，切实维护人民群众利益。

经济责任审计 开展某市市长、某市高级人民法院院长和某集团及 3 家金融机构领导人员经济责任审计，精准揭示、如实反映重大交通项目建设进度缓慢影响国家战略规划落实、已建成高标准农田项目用途“非粮化”现象突出、诉讼费和执行案款等资金管理不合规、国有资产低价转让等问题，推动政策落实、令行禁止，有力促进领导干部依法用权、秉公用权、廉洁用权，切实践行新发展理念。

金融审计 开展疫情防控专项再贷款审计，反映揭示专项贷款发放与企业资金需求不匹配造成贷款资金闲置、疫情防控专项贷款投向市政服务领域等问题。注重研究疫情防控专项再贷款有关配套政策和协调机制，反映地方重点保障企业名单不精准、19 户入围企业不符合政策要求、专项贷款后续政策不完善等体制机制问题。

信息化建设 完成财政、金融等 6TB 电子数据采集报送工作，新增采集市级机关 24 个信息系统数据，建立图斑影像数据对口查询机制，发布《数据资源目录一览表》。自主开发一站式电子数据查询平台、考勤报账及合并 Excel 表格等应用程序。结合不同项目特点，精准运用关联比对分析、Echarts 数据可视化工具、桑基图、ArcGIS、网络爬虫技术等，加大数据分析和综合研判力度。坚持宣传教育、管理管控、监督检查、保障支撑“四个强化”，扎实推进审计信息化。组织开展网络安全宣传周活动，引导全办干部切实增强网络安全意识。协调网络运行服务商推动办内网络带宽提速升级，做好金审工程三期上线试运行工作，加强日常巡检响应，完善运行保障和技术支撑。

相关工作　深入推进法治政府建设，广泛宣传贯彻民法典等法律法规，开展“宪法宣传周”活动，组织全办干部在线观看庭审视频，开展“宪法进社区”主题活动。做好合同合法性审查，切实防范法律风险。通过前置审理时间节点、组建复合审理团队、开展季度检查通报、印发工作指导提示等多项举措，进一步优化审理模式，整合审理力量，持续加强审计质量控制，防范审计质量风险。建立移送事项办理进度台账，加强全过程跟踪管理。

开展党建知识学习测试和主题党日等，强化政治机关意识教育。开展“灯下黑”问题专项整治，推进党支部标准化规范化建设，开展基层党建述职评议，严格做好支部届中增补选和党员发展管理工作。督促全办干部严格落实中央八项规定及其实施细则精神，严格执行审计“四严禁”工作要求和审计“八不准”工作纪律。重点课题《构建多维分类、因类指导模式提升基层党建质量》荣获 2020 年度中央和国家机关工委全国机关党建优秀研究成果二等奖，代表审计署在课题中期研讨会上作重点发言。

坚持以立身立业立信为标尺，切实把握信念坚定、业务精通、作风务实、清正廉洁要求，建设高素质专业化干部队伍。严格执行党员领导干部述职述廉、报告个人事项制度和保密工作责任制，切实履行“一岗双责”。做好公务员招录、处级领导干部选拔任用、主任科员职级晋升工作，统筹开展干部交流轮岗工作，制定办管巡视员考核办法。组织干部参加署内各类线上线下培训，推送“掌上微课堂”第四季，搭建“处室培训动态”分享平台，持续打造原创培训精品。做好领导干部个人有关事项报告专项工作，提升人事服务工作数字化水平，持续做好职工社保维护工作，加强职工待遇规范化管理。

全力抗击新冠肺炎疫情，严格办公楼区域安全和人员出入管理，抓紧抓实抓细防控工作，保障全办平稳有序运转。制定实施机关餐厅“保质量、降成本”若干举措，坚持精文简会。举办审计学术沙龙，联合署科研所开展“聚焦主责主业　推动审计高质量发展”专题座谈，推进审计署重点科研课题《审计项目审计组织方式“两统筹”长效机制研究》。撰写的理论文章《切实履行审计监督职责　服务经济高质量发展》被《中国审计》封面专题栏目采用，参与全国审计机关“五个十”审计宣传正能量精品展播活动，编报稿件被署管媒体采用 44 篇次，创作《“重庆言子”摆审计》等新媒体作品收获好评。推动国家安全人民防线建设，深入贯彻总体国家安全观，开展反奸防谍等国家安全宣传教育，扎实做好疫情期间、“两会”、暑期、国庆等重点活动和敏感期安全保卫工作。（撰稿人：罗　安）

地方审计机关

北京市

【北京市审计局】 2020年，北京市审计局设有办公室（宣传处）、综合处、研究室、法规处（审理处）、内部审计指导监督处、电子数据审计处、财政审计处、教科文卫审计处、农业与资源环境审计处、固定资产投资审计处、社会保障审计处、企业审计处（涉外审计处）、城市运行管理审计处、经济责任审计处、人事处、机关党委、机关纪委、工会、离退休干部处等内设机构，另设第一派出局、第二派出局、第三派出局、第四派出局、第五派出局、第六派出局、第七派出局、第八派出局、第九派出局、第十派出局、第十一派出局、第十二派出局、第十三派出局、第十四派出局、第十五派出局、第十六派出局、第十七派出局、第十八派出局、第十九派出局、第二十派出局等派出局，以及9个业务分局和5个事业单位。

领导成员

局　　长：马兰霞

副 局 长：徐　涓　郭　彤

　　　　　王　涛（—3月）

　　　　　王　炜　曾晓冬

　　　　　陈　新（12月—）

纪检监察组组长：徐纪铭（—10月）

　　　　　　　　孙志亭（10月—）

总审计师：张永红

二级巡视员：匡贡献

审计成果 2020年，北京市审计局本级审计或专项审计调查项目147个，共审计单位351个。查出主要问题金额1282.81亿元；审计发现非金额计量问题1547个；出具审计报告和专项审计调查报告419篇。审计处理处罚金额30.41亿元；移送司法机关、纪检监察机关和有关部门处理事项31件，移送处理人员15人。审计提出建议1311条；推动被审计单位制定整改措施3246项；促进建立健全规章制度774项。向市委市政府提交审计信息81篇，被采用48篇次、批示41篇次。

北京市审计局实施的北京某公司党委书记、董事长任职期间经济责任履行情况审计项目被审计署评为2019年度全国省级审计机关优秀审计项目三等奖。

审计委员会办公室工作 牢固树立政治机关意识，不折不扣贯彻习近平总书记对北京工作和审计工作的重要讲话、重要指示批示精神。坚决贯彻落实党对审计工作集中统一领导的各项要求，认真落实审计委员会的决策部署。严格执行请示报告制度，全年向中央审计委员会办公室报送重大事项3件，向市委审计委员会报送重要情况和重大事项46件，其中审计结果报告类37篇。市委主要领导对审计结果报告批示12篇次。

政策落实情况跟踪审计 着力促进重大政策措施落实，围绕中央重大战略决策和市委市政府重要部署，持续开展重大政策措施落实情况跟踪审计。重点关注供给侧结构性改革、京津冀协同发展、“疏整促”专项行动、创新创业等重大政策落实情况。组织开展新增财政资金直达基层直接惠企利民情况专项审计，促进纾困和激发市场活力规模性政策精准落地，提交审计发现问题整改意见函3份。加强与天津、河北及内蒙古等省市审计机关的协同合作，共同开展京津冀交通一体化审计调查、扶贫协作审计项目，推动构建区域审计协同发展格局。

财政审计 着力促进首都经济高质量发展，围绕促进财政资金提质增效、优化营商环境、就业优先开展专项审计，持续深化“四本预算”审计，重点关注资金绩效、减税降费、金融服务实体经济、清理拖欠民营企业中小企业账款等政策措施的落实情况。严格落实厉行节约、过“紧日子”要求，扎实开展预算执行和决算草案审计，首次实现市区两级税收征管、非税收入和社会保险费审计全覆盖。通过审计，全年促进增收节支48.51亿元。

三大攻坚战审计 围绕决战决胜脱贫攻坚，开展扶贫协作和乡村振兴专项审计，重点关注消费扶贫、教育扶贫、医疗扶贫等重点领域政策措施落实情况，以及对口支援新疆和田地区项目计划完成和资金管理使用情况，推进脱贫攻坚与乡村振兴战略有效衔接。围绕绿色发展和污染防治，对3个区和2个市级部门的8名区（局）级领导干部开展自然资源资产离任审计，助力打好蓝天、碧水、净土保卫战。围绕防范化解重大风险，开展政府债务、金融风险等专项审计，重点关注全口径债务规模结构、风险防范化解及债务资金绩效管理等情况，坚决守住不发生系统性风险底线。

疫情防控资金和捐赠款物专项审计 按照审计署的统一部署，抽调232名审计干部组成72个审计组，对疫情防控资金和捐赠款物开展专项审计，重点关注党中央决策部署落实、税费减免、财政贴息、贷款优惠等政策精准到位情况，中央和北京市疫情防控资金和捐赠款物的总体情况及管理使用情况。延伸审计545个部门单位，涉及资金近40亿元，促进疫情防控资金、物资规范高效使用。

民生审计 开展基本医疗保险基金审计，促进中央及北京市医保政策精准落地，推动完善医保制度，促进提高民生水平，保障群众病有所医。开展养老和救助等重点民生保障资金绩效审计，促进养老和救助服务体系更加健全，管理体制机制更加高效运转，更好地保障群众老有所养、弱有所扶。开展保障性安居工程资金投入和使用绩效审计，推动加快建立多主体供给、多渠道保障、租购并举的住房制度，更好地保障群众住有所居。开展民政系统财务收支审计，促进民政、福利、残疾人救助等重点民生部门健全管理制度，推动北京市养老救助等公益事业健康可持续发展。对便民网点建设、文化惠民、基层治理等资金开展绩效审计，组织开展回天地区公共服务和基础设施优化提升、城市公园建设等专项审计，促进各项惠民政策落到实处。

经济责任审计 着力促进权力规范运行，贯彻落实两办《规定》、《北京市领导干部经济责任审计和自然资源资产离任审计工作规划（2018—2022年）》要求。组织实施地方党委和政府主要领导干部、党政工作部门等主要领导干部、国有企业主要领导人员等经济责任审计项目67个，涉及领导干部和领导人员65人。重点关注贯彻执行党和国家经济方针政策及决策部署情况、重大经济事项的决策执行情况、财政财务管理和经济风险防范情况、生态文明建设项目和资金管理使用情况，以及遵守廉洁从政（从业）规定情况等内容。统筹实施区党政主要领导干部经济责任审计项目和自然资源资产离任（任中）审计项目，将区内其他市管干部及区审计局领导干部经济责任审计项目整体打包，探索在“一组”“双同”前提下，对“1托N”“1＋N”等不同形式的审计项目集合，采用融合式、嵌入式、共享式等组织方式，实现审计项目统筹实施的重点突破。发挥经济责任审计工作联席会议制度优势，加大业务指导力度，制定《北京市2020年经济责任审计工作指导意见》。推动联席会议成员单位积极主动作为，协调纪检监察机关、巡视巡察机构和组织部门征集相关情况线索，助力审计组突出审计重点，促进监督机制贯通融合。

固定资产投资审计 加大对北京2022年冬奥会和冬残奥会建设、北京城市副中心建设的跟踪审计力度，开展大兴国际机场建设重点工作任务落实情况跟踪审计，开展市级基本建设资金预算执行审计。共涉及重点政策120余项、重点任务和重点工程784个。

农业农村审计 在审计署统一组织下，对昌平、怀柔两区实施乡村振兴相关政策和资金管理使用情况专项审计，围绕市委市政府乡村振兴战略规划重点任务，重点关注高标准农田建设、粮食和生猪等重要农产品生产保障、农村基础设施提档升级、乡村公共文化服务改善，以及疫情防控期间春耕备耕保障工作等方面情况。

资源环保审计 完成永定河综合治理与生态

修复专项审计调查、城市公园建设和管理跟踪审计等两项对生态环境保护利用情况的综合型审计。首次对市级部门主要领导干部实施自然资源资产离任审计，重点关注森林资源保护利用和节能减排等职责履行情况，全年完成领导干部自然资源资产离任审计5项。

金融审计 完成北京农商银行董事长任职期间经济责任审计，以及市属3家银行政策落实、信贷资金投放和风险防控等情况跟踪审计，揭示风险类问题24个。开展疫情防控专项再贷款审计及后续跟踪检查、临时性延期还本付息等审计工作。编制《商业银行审计指引（2020版）》，搭建市属银行标准化审计数据库平台，完成市属银行的审计数据标准化建设。

外资运用审计 完成对世界银行贷款北京太阳能光伏发电规模化项目、全球环境基金(GEF)赠款中国城市建筑节能和可再生能源应用项目、全球环境基金赠款中国可持续城市综合治理试点项目等国外贷援款项目审计。完成北京市国外贷援款项目有关信息管理情况的专项审计调查。

企业审计 全年完成对9家市属国有企业领导人员经济责任审计，完成市属国有企业国有资产管理情况专项审计，提交市人大审议工作。持续完善市属国有企业财务账数据库平台建设，新增采集9户企业三级以上单位财务账1900余套，构建清欠民营企业账款等分析模型30多个。编写的《企业财务账集中采集技术》案例，获得2020年审计署优秀案例二等奖。完成编制《特殊功能类企业审计方法》《离任经济事项交接清册（企业类）模板》等。组织召开市属国有企业领导人员座谈会，完成市属国有企业混合所有制改革试审调研、京外投资情况审计调查等6个专项审计调查项目的论证。

信息化建设 围绕科技强审总要求，统筹推进信息化工程项目建设，融合推进北京金审工程三期项目落地和京OA（审计管理系统）的优化。积极协调推进加快项目审批，推动项目尽快落地，北京金审工程三期可研方案已通过市主管部门技术专家评审。成立业务需求专班，梳理、研究和论证审计业务需求，推进政策库、成果库、项目储备库、对象名录库的论证。举办全市审计机关大数据审计研讨班，开展大数据审计案例交流。

审计全覆盖 印发《关于深入推进审计全覆盖的实施意见》。坚持全市审计工作“一盘棋”，强化市、区审计机关联动和审计项目统筹整合。坚持科技强审，加强非现场大数据审计应用，在对市一级预算单位审计全覆盖的基础上，区级审计机关首次实现对区一级预算单位数据审计全覆盖。认真落实领导干部经济责任审计和自然资源资产离任审计五年规划，确保对党政领导干部和企业领导人员的监督没有盲区。开展对市属国企国有资产管理情况专项审计，推动企业审计全覆盖。

审计查出问题整改 贯彻中央、市委为基层减负的工作要求，研究制订服务被审计单位、服务基层工作方案，制定出台《关于落实“三个区分开来”要求的指导意见（试行）》。建立与市纪委监委、国资、统计、科委等部门的会商、监督协同办法，实现与巡视巡察、组织人事、财政等部门审计结果共享共用。运用经济责任审计联席会议和整改工作联席会议平台，配合人大监督工作，跟踪督促审计查出问题整改。着眼“治已病、防未病”，创新审计提示提醒机制。在上一年向1700余个市属各级预算单位发送部门预算执行审计问题提示清单的基础上，2020年向61家市属企业、16个区委区政府、159个部门单位发送国有企业审计发现问题和经济责任审计发现问题提示清单4000余册，涵盖问题127类。促进相关单位未病先防、未审先改。各区、各部门单位及时对照检查，制定整改措施660项，整改问题325个，建立完善相关制度152项。“三清单”提示提醒机制被国务院第七次大督查写入对北京市督查反馈意见中。开展审计整改“回头看”和“再回头看”，跟踪督促审计查出问题整改，审计建议采纳率95%，促进揭示问题与推动解决问题相统一。

内部审计 全面推动落实《北京市内部审计规定》，发布年度内部审计指导意见和指导监督工作要点。组织内部审计机构开展自查自纠，指导5个市属部门对所属62个基层单位开展预算执行内部审计，指导10个市属国有企业对下属30个二级单位开展专项内部审计，提出整改措施

302 项，建立完善制度 45 项，整改问题 393 个。举办北京市内部审计机构负责人研修班，覆盖内部审计人员 1300 余人。

党建工作 切实履行全面从严治党主体责任。完善党组工作规则，制定并落实“三个清单”，全年共召开党组会 26 次，研究讨论全面从严治党相关工作议题 60 多项，充分发挥局党组把方向、管大局、保落实的作用。加强和规范党内政治生活，局领导带头落实组织生活制度，积极营造风清气正的政治生态。着力增强政治功能、提升组织力，强化支部规范化建设，深入推进党建与业务深度融合，打造“审计一线党旗红”等一批党建品牌。2 人获得“北京市先进工作者”荣誉称号。坚持严管厚爱结合，激励约束并重，突出抓住“关键少数”，注重管住“绝大多数”，组织处级以上领导干部重温宪法誓词，组织观看警示教育片，开展廉政教育和警示教育，引导党员干部知敬畏、存戒惧、守底线。坚持关口前移，严格落实审计组廉政责任和廉政监督员制度，梳理制定审计工作全过程廉政风险点清单，严格执行审计“四严禁”工作要求和审计“八不准”工作纪律，促进依法审计、文明审计、廉洁审计。

队伍建设 持续优化干部结构，调动干部干事创业的积极性，创新“线上+线下”培训模式，着重提高审计干部政治素质和专业能力。管好用好数据分析团队、青年突击队、政策研究团队 3 支队伍，研究制定审计实务导师制实施办法，加快培养业务骨干。注重在专项工作和重大活动中锻炼干部，市审计局全年抽调选派干部 20 多人次参加市委巡视、冬奥组委等工作。注重发挥“党员之家”“干部之家”“职工之家”作用，激发组织生机活力和干部工作动力。把疫情防控作为重大政治任务，严格落实党中央和市委市政府各项防疫部署要求，局疫情防控工作领导小组全年召开会议 12 次，组织动员机关党组织和党员干部在战“疫”中当先锋，先后选派 4 批 48 名机关干部下沉社区参与疫情防控，党员主动参加社区防疫 1600 多人次。统筹推进疫情防控和审计工作，实现“零感染”目标。

（撰稿人：刘东旭）

【东城区审计局】 2020 年，东城区审计局实有 68 人。局长佟立华，副局长刘立新、田熙娟、于永兵、赵鹏（8 月—）。设有办公室、人事科、党群工作办公室、综合科、法规审理科、电子数据审计科、内部审计指导监督科、固定资产投资审计科、企业审计科、教科文体审计科、财政审计科、街道财政审计科、社会保障审计科、经济责任审计科、城市运行管理审计科；下设审计事务中心。

审计成果 2020 年，东城区审计局共完成审计项目 36 个，其中审计 32 个、专项审计调查 4 个。查出主要问题金额 13221 万元；审计发现非金额计量问题 123 个；出具审计报告和专项审计调查报告 61 篇。审计处理处罚金额 44 万元，其中应上缴财政 44 万元。审计提出建议 77 条，被采纳 66 条；推动被审计单位制定整改措施 121 项；提交审计信息 156 篇，被批示、采用 44 篇次。向社会公告审计结果 11 篇。

政策落实情况跟踪审计 重点关注“六保”“六稳”，围绕优化营商环境充分发挥审计职能，为政府决策提供有力支撑。

财政审计 以政策引领、突出绩效为原则，对全区 68 个一级预算单位开展数据审计，对区城管委等 6 个部门开展重点审计，共查出 14 类 100 个问题，实现预算执行审计全覆盖。

三大攻坚战审计 出台《东城区领导干部自然资源资产离任审计工作方案》，建立自然资源资产责任台账制度，明确审计对象、内容及评价标准；开展 3 项领导干部自然资源资产离任（任中）审计；开展东城区城市森林（休闲）公园建设及管理情况审计调查。

疫情防控资金和捐赠款物专项审计 持续对疫情防控资金和捐赠款物使用情况等进行跟踪审计；制订《开展新型冠状病毒感染的肺炎防控工作审计监督方案》；下发《关于做好特殊时期应急资金管理和物资保障工作的通知》《关于特殊时期应急款物接受捐赠和使用工作的注意事项》。

经济责任审计 加强党政领导干部和区属国有企业领导人员经济责任审计，持续加大任中审计力度，完成 9 名领导干部的经济责任审计。与区纪委监委联合出台《纪检监察机关与审计加强协作配合的实施办法》。

民生审计 提高民生资金使用效益，保障民生政策落到实处。围绕老有所养、住有所居、自然资源资产、文物保护开展专项审计，审计结果得到区政府高度肯定。

固定资产投资审计 围绕老旧小区综合整治、疏解整治促提升等重点工作，对重点项目涉及的113.65亿元财政资金进行审计，对项目中存在资金滞留、使用效益不高、建设程序履行不完整等问题提出整改意见。

企业审计 首次开展企业国有资产管理情况专项审计，摸清国有企业底数、产业布局、经营状况，揭示国资管理体制机制中存在的问题，审计结果得到区委区政府高度重视。

信息化建设 首次通过大数据手段实现一级预算单位审计全覆盖和全区一级预算单位疑点审计核查全覆盖；完成全区财政财务数据采集分析工作，建立并完善数据目录清单；紧抓大数据团队建设，着力打造新审计环境下素质全面、技术过硬、能打硬仗的审计生力军。

内部审计 制发《东城区2020年度内部审计工作指导意见》，进一步推进内部审计工作规范化。开展区智慧平安小区建设项目开展情况内部审计。 （撰稿人：吴　兰）

【西城区审计局】 2020年，西城区审计局实有65人。局长涂云国，副局长耿兵、周春青、褚海燕（1月—）、朱岩，总审计师姜宏杰（—11月），二级调研员赵敬书。设有办公室、综合科、法制审理科、内部审计指导监督科、电子数据审计科、财政金融审计科、教科文体审计科、固定资产投资审计科；下设计算机中心。

审计成果 2020年，西城区审计局共完成审计项目25个，其中审计24个、专项审计调查1个。查出主要问题金额143128万元，其中违规金额26172万元、管理不规范金额116956万元；审计发现非金额计量问题189个；出具审计报告和专项审计调查报告25篇，被批示、采用20篇次。审计处理处罚金额26297万元；审计促进整改落实有关问题资金26006万元。审计提出建议86条，被采纳86条；推动被审计单位制定整改措施86项；促进被审计单位建立健全规章制度19项；提交审计信息51篇，被批示、采用20篇次。向社会公告审计结果7篇。

政策落实情况跟踪审计 聚焦三大攻坚战、“六稳”工作、“六保”任务，关注过“紧日子”、减税降费、优化营商环境、就业扶持、“疏解整治促提升”专项行动等方面政策措施和重大项目落实情况。做好重大项目和援企纾困政策落实情况审计，确保新增财政资金直达基层直接惠企利民。配合开展市区联动审计工作，关注上级政策在西城区贯彻执行情况。

财政审计 继续推进对区属一级预算单位预算执行审计全覆盖。加强对财政支出预算、政策以及绩效管理的审计力度，通过监督推动压缩行政运行成本，加大结余资金收回力度，完善预算管理。针对商务、科信、城管执法等部门开展部门预算执行审计，重点关注收支预算与部门职能及年度工作内容匹配、国有资产管理及配置、重大项目支出绩效评价结果与预算安排及政策调整衔接、政府购买服务等事项。深化“1＋N＋L”预算执行大数据审计组织方式，疑点转化率达52.09%，数据分析审计模式进一步完善。

三大攻坚战审计 开展区城市管理委员会领导干部自然资源资产离任审计，围绕城市水环境变化和水体污染治理情况，完善与核心区经济社会发展水平相适应的水资源治理保障机制，提高海绵城市建设水平。

疫情防控资金和捐赠款物专项审计 52名干部先后到社区、新国展“国门”等疫情防控一线危急岗位参与防控工作。开展抗击新冠肺炎疫情防控资金和捐赠款物专项审计，关注疫情防控政策落实、防控资金及捐赠款物分配使用情况。

民生审计 紧扣“七有”目标和“五性”需求，开展养老救助民生保障资金和综合养老服务中心建设情况审计，推动养老服务体系和养老服务设施品质提升。开展对区属学前教育机构运行管理资金绩效情况审计，反映学前教育相关资金在筹集、管理、分配、使用中存在的突出问题，首次开展行政事业单位国有资产和全区信息化项目专项审计，为持续探索审计监督新路径积累经验。开展基层治理预算资金投入和使用绩效审计，客观评价财政资金效益。

经济责任审计 对12名处级主要领导干部开展经济责任审计。制定经济责任审计和自然资源资产离任审计规划，按照部门职责性质、核算方式、财政性资金规模实行“123”分类监管。加大同区委组织部、区纪委监委在计划编制上的沟通力度，推动经济责任审计关口前移，任中审计率达到77%。启动新一轮街道党政主要领导干部经济责任同步审计，聚焦垃圾分类、停车管理、景观提升、基础设施升级等凸显领导干部履行经济责任情况的重点领域，提升审计报告的深度。首次向全区通报经济责任审计结果。

固定资产投资审计 推进旧城保护定向安置房及市政配套工程竣工决算审计工作，推动保障和改善群众居住条件。完成槐柏树后街道路工程及自新路24号装修改造工程竣工决算审计项目，共核减投资额5192万元。参与各类联席会议和工作专班平台，针对道路工程房屋征收、老旧小区综合整治等事关财政资金规范使用和百姓切身利益的问题建言献策。

企业审计 关注国有资本经营预算收支整体情况，反映总体规模及变动趋势，围绕收入利润、资本性和费用性支出等关键指标，结合西城区产业结构特点进行分析，揭示全区国有经济高质量发展过程中存在的风险隐患。开展华方投资有限责任公司董事长经济责任审计项目，围绕贯彻重大经济方针政策和决策部署、完善法人治理和管控体系、落实自身战略发展任务和绩效目标等内容，促进国有资本市场化经营机制改革稳步推进和国有资产保值增值。助力9家区属国有集团企业下属单位有序开展转企改制，为国有企业进一步集中资源力量参与市场竞争提供审计支持。

内部审计 出台西城区内部审计指导意见，将《北京市内部审计规定》列入区政府常务会学习专题。开展内部审计单位购买服务专项指导，支持内部审计机构依法开展工作，组织5家区属一级预算单位开展预算执行和决算草案内部审计。到区属国有企业开展现场调研，分析探讨加强国有企业内部审计工作经验，研究具有推广价值的规范性做法。走进党校，通过典型案例以案说法，提高审计宣传力度。（撰稿人：赵　曦）

【朝阳区审计局】 2020年，朝阳区审计局实有85人。局长战春燕，党组书记杨兆生，副局长文晓辉、付秀莲、王颖、石磊，三级调研员韩淑文、尹建华，四级调研员夏梅。设有办公室、综合科、研究室、法规科（审理科）、内部审计指导监督科、电子数据审计科、财政审计科、教科文卫审计科、资源环境审计科、固定资产投资审计科、社会保障审计科、企业审计科、城市运行管理审计科、经济责任审计科、街乡审计科、绩效审计科；下设审计指导中心、审计监督检查中心。

审计成果 2020年，朝阳区审计局共完成审计项目63个，其中审计54个、专项审计调查9个。查出主要问题金额290919万元，其中违规金额3308万元、管理不规范金额287610万元；审计发现非金额计量问题469个；出具审计报告和专项审计调查报告71篇。审计处理处罚金额2878万元，其中应上缴财政2643万元、应归还原渠道资金235万元；移送司法机关、纪检监察机关和有关部门处理事项2件，移送处理金额2万元。审计促进整改落实有关问题资金33058万元；核减投资额32822万元。审计提出建议292条，被采纳252条；推动被审计单位制定整改措施265项；促进被审计单位建立健全规章制度129项。

政策落实情况跟踪审计 围绕减税降费、“三保”资金、援企稳岗等重点，结合朝阳工作实际，完成对区减免中小企业房租、政府物资储备管理情况、公共卫生应急管理体系建设等跟踪审计。

财政审计 完成对区财政局2019年度组织本级预算执行和决算草案的审计，首次对一级预算单位部门预算执行实现数据全覆盖，首次对体育、文旅、水务3个行业15个二级预算单位开展现场全面审计。

三大攻坚战审计 完成2020年东西部扶贫协作与对口支援资金专项审计调查，对河北阳原县、康保县，内蒙古卓资县，新疆墨玉县和47团开展现场审计；完成2019年度“疏解整治促提升”专项行动落实情况跟踪审计；完成2019年绿化美化资金专项调查。

疫情防控资金和捐赠款物专项审计 完成应对新冠肺炎疫情防控资金和捐赠款物专项审计。

民生审计 完成养老和救助等重点资金保障绩效审计，揭露养老驿站、助残机构运行管理方面的问题，移送纪委问题线索 2 件；完成区公共文化服务体系建设专项审计调查，促进完善区级制度 1 项、行业主管部门制度 5 项；完成区第三期学前教育行动计划落实情况专项审计调查。

经济责任审计 完成 24 名领导干部经济责任审计和 8 名领导干部自然资源资产离任（任中）审计。拟定《离任经济事项交接工作制度》《2021—2025 年党政主要领导干部和国有企事业单位主要领导人员经济责任和自然资源资产离任（任中）审计工作规划》。

固定资产投资审计 完成黑臭水体治理、老旧消防中队改造、街乡环境整治、温榆河公园等 15 个工程审计项目。

企业审计 完成 3 家区属国有企业 5 名企业领导人员经济责任审计；开展 1 家区属国有企业资产负债损益审计。

专项资金审计 完成 CBD 西北区交通综合治理、政府购买服务、行政事业单位国有资产管理情况、部门信息化系统平台建设、基层治理等专项审计调查。出台《朝阳区国有企业房屋出租管理暂行办法》《朝阳区高新技术产业发展引导资金管理办法》《关于加强和改进行政事业单位国有资产管理的通知》等多项区级层面制度。

信息化建设 首次实现部门预算执行数据分析全覆盖，对 76 家部门单位分层、分类开展审计。采集 145.9GB 数据，生成 1952 条疑点数据，形成由点到线、由线到面的问题链，核查出预算编制不细化、固定资产超标等 9 类共性问题，涉及金额 13.6 亿元，疑点转化率为 48%。

内部审计 指导 10 个区级一级预算单位开展部门预算执行和决算草案审计自查自纠工作。组织全区内部审计人员 942 人参加市审计局和市内部审计协会主办的线上直播内部审计业务培训，组织 336 名内部审计人员参加《北京市内部审计规定》知识问答活动。

交办任务 落实全市审计工作“一盘棋”布局，派遣审计干部 40 人次，累计投入工作量 1100 余日，完成“疏解整治促提升”专项行动落实等 7 个市区联动审计项目。派遣 2 名干部参与新国展、区外办对境外人员入境排查工作，5 名干部参与街乡楼宇防控工作，历时 5 个月派遣 1245 人次负责机关所在地 12 个社区疫情防控工作。

（撰稿人：崔月明）

【丰台区审计局】 2020 年，丰台区审计局实有 58 人。局长刘月梅，副局长刘海梅、徐艳、侯越，四级调研员田胜民、郭凤芝。设有办公室、组织人事科、综合科、法规审理科、教科文卫审计科、财政审计科、固定资产投资审计科、经济责任审计科、内部审计指导监督科、企业社保审计科、农业与资源环境审计科、电子数据审计科；下设园区审计所。

审计成果 2020 年，丰台区审计局共完成审计项目 42 个，其中审计 40 个、专项审计调查 2 个。查出主要问题金额 786128 万元，其中违规金额 11143 万元、管理不规范金额 764984 万元；审计发现非金额计量问题 119 个；出具审计报告和专项审计调查报告 126 篇，被批示、采用 8 篇次。审计处理处罚金额 11416 万元，其中应上缴财政 11082 万元、应调账处理金额 334 万元；移送司法机关、纪检监察机关等有关部门处理事项 8 件，移送处理金额 5277 万元。审计促进整改落实有关问题资金 74454 万元。审计提出建议 226 条，被采纳 226 条；推动被审计单位制定整改措施 102 项；促进被审计单位建立健全规章制度 8 项；提交审计信息 170 篇，被采用 167 篇次。向社会公告审计结果 9 篇。

财政审计 聚焦财政预算绩效管理改革，组织对丰台区 2019 年度本级预算执行及其他财政收支情况审计，对 88 家一级预算单位预算执行和决算草案开展数据分析审计，对区民政局、城管委 2 家重点部门及 4 家基层单位开展现场审计。

疫情防控资金和捐赠款物专项审计 抽调 12 名审计干部组成 3 个审计组，对疫情防控资金和捐赠款物开展专项审计。重点关注专项资金和捐赠款物的分配、管理和使用等情况，促进疫情防控资金物资规范管理、高效使用，延伸审计部门单位 13 个，涉及资金近 4 亿元。

民生审计 开展养老和救助等重点民生保障资金绩效审计、中小学课外活动经费管理及使用情况绩效审计、区级基层治理预算资金投入和使用绩效情况审计。

经济责任审计 组织开展对12名领导干部的经济责任审计。出台区领导干部经济责任审计和自然资源资产离任（任中）审计五年规划，编制经济责任审计常见问题提示提醒清单印发全区。

固定资产投资审计 围绕区委区政府中心工作，重点关注区域重要项目推进情况，开展丰台医院提质改建、丰台火车站配套市政工程、政务服务中心及图书馆改造等跟踪审计。

企业审计 全面梳理全区国有企业底数，实施区国有企业国有资产管理情况审计。对丰台区综投集团、国资中心及中关村科技园区丰台园5户企业开展财务收支审计。

内部审计 对区园林绿化局所属二级单位组织开展内部审计。组织各内部审计单位参加内部审计规定知识竞赛答题、线上直播培训及后续教育平台等活动，累计覆盖90多个单位。

审计查出问题整改 通过加大培训力度、强化部门联动、深化结果运用狠抓审计整改工作，推动审计整改有效落实，提高审计整改质量。2020年度，审计查出问题整改事项整改率提高至98%，通过上缴财政、调整账目方式整改问题涉及金额5.83亿元。（撰稿人：李　冉）

【石景山区审计局】 2020年，石景山区审计局实有50人。局长王亚兰，副局长庞晨潮（—8月）、马岩、张凯、黄何（8月—）、王铁铮（8月—）。设有办公室（主体责任办）、综合法规审理科、内部审计指导监督科、电子数据审计科、财政审计科、固定资产投资审计科、经济责任审计科、行政事业审计科、企业审计科；下设经济责任审计中心。

审计成果 2020年，石景山区审计局完成审计项目32个，其中审计27个、专项审计调查5个。查出主要问题金额28015.17万元，其中违规金额81.53万元、损失浪费金额0.8万元、管理不规范金额27932.84万元；审计发现非金额计量问题199个；损益（收支）不实金额4554.81元；出具审计报告和审计调查报告32篇，被批示36篇次。审计处理处罚金额9793.27万元，其中应上缴财政1169.04万元、应归还原渠道3865.01万元、应调账处理4759.22万元；移送有关部门处理事项1件，移送金额295.52万元。审计促进整改落实有关问题资金10590.56万元；审计后挽回（避免）损失1945.03万元。审计提出建议175条，被采纳136条；推动被审计单位制定整改措施52项；促进被审计单位建立健全规章制度28项；提交审计信息248篇，被采用129篇次。向社会公告审计结果15篇。

政策落实情况跟踪审计 重点关注减税降费、减免社会保险、落实过“紧日子”要求、清理民营企业中小企业欠款等政策执行情况。

财政审计 利用大数据审计对58个一级预算单位预算执行和决算草案情况进行全覆盖审计，现场审计12个重点部门，代区政府向区人大常委会汇报2020年审计工作报告及相关整改情况。

三大攻坚战审计 根据脱贫攻坚战三年行动计划要求，对扶贫协作专项资金使用绩效情况开展专项审计调查。对区园林绿化局主要领导开展自然资源资产审计。

疫情防控资金和捐赠款物专项审计 按照署、市统一要求，快速部署疫情防控资金审计，现场检查15个单位，上报审计快报3期、阶段性审计报告1篇。

民生审计 对区机关行政处集中核算单位内部控制制度管理及执行绩效、“三促进”资金、区级基层治理资金、养老和救助重点资金等情况开展专项审计调查。

经济责任审计 开展鲁谷街道、区国资委等共5个单位8名处级领导干部经济责任审计，其中包括7名党政领导干部和1名国有企业领导干部。

固定资产投资审计 对老旧小区综合整治、广宁棚户区改造等90个政府投资项目开展监督检查。

企业审计 对1户区属国有企业财务收支情况开展审计。落实区委要求，代政府向区人大常委会汇报区属国有企业国有资产管理使用情况。

内部审计 向全区下发内部审计指导意见，学习宣传《北京市内部审计规定》，充分利用内部审计平台加大培训力度，组织开展全区内部审计工作质量检查，对区集体资产监管办、区教委等4家单位进行现场检查。

（撰稿人：黄　铮　吉香伊）

【海淀区审计局】　2020年，海淀区审计局实有53人。局长王彩霞，副局长薛为民、蔡文、苏立杨。设有办公室、财政金融审计科、行政事业审计科、企业审计科、固定资产投资审计一科、固定资产投资审计二科、经济责任审计科、审计项目复核科、人事科（党建工作科）、行政科、内部审计指导监督科；下设审计信息中心。

审计成果　2020年，海淀区审计局组织开展审计项目34个。查出主要问题金额736352万元；发现非金额计量问题95个；出具审计报告和专项审计调查报告56篇。审计处理处罚金额4666万元。审计促进整改落实有关问题资金136041万元。提出审计建议113条；提交审计信息74篇。

“大数据环境下的预算执行审计思考与实践”调研项目荣获北京市审计机关优秀审计项目二等奖。海淀区审计局对北京市海淀区工业公司2016年度资产负债损益情况审计、2017年度海淀区本级预算执行及其他财政收支情况审计获全市审计机关2019年度优秀审计项目三等奖。

政策落实情况跟踪审计　聚焦“疏解整治促提升”专项行动情况、新冠肺炎免费治疗政策落实、减免社会保险费政策落实、促进就业优先情况、清理拖欠民营企业中小企业账款等内容，开展重大政策措施跟踪审计。

财政审计　区本级预算执行审计坚持“四本预算”全覆盖，运用大数据技术对65家一级预算单位预算执行情况进行全覆盖监督。聚焦疫情防控财政专项资金和社会捐赠款物总体规模、拨付及分配管理使用情况等方面，对疫情防控款物进行全程跟踪监督。开展行政事业单位国有资产管理情况专项审计，覆盖全区一级预算行政事业单位及其下属单位共274家。完成扶贫协作和支援合作资金审计及全区29个街镇基层治理预算资金投入和使用绩效审计。

经济责任审计　推动区委审计委员会出台《海淀区领导干部经济责任审计和自然资源离任审计工作规划（2020—2024年）》，实施被审计领导干部的动态管理，并对审计对象进行分类，确保审计全覆盖。完成13家单位的21名主要领导的经济责任审计，同步开展海淀镇主要领导自然资源资产经济责任审计。

固定资产投资审计　探索建立“海淀模式”的政府投资审计，积极消化存量项目。组织完成政府投资建设项目审计49个，核减节约财政资金3.15亿元。完成对海淀区循环经济产业园再生能源发电厂废水处理扩建项目跟踪审计。

相关工作　局党组认真履行全面从严治党主体责任，以全面从严治党统领全局工作，切实发挥领导核心作用。全年组织参与理论学习中心组、党支部、党小组集中学习及扩大学习43次，主持完成2个创新项目。落实民主生活会、组织生活会等制度，开展各项活动31次。新冠肺炎疫情暴发以来，局党组把做好疫情防控作为重大政治责任，在严格机关防控部署的同时，组织干部下沉社区参加疫情防控值勤897人次。

（撰稿人：尹广景）

【门头沟区审计局】　2020年，门头沟区审计局实有41人。局长王培训，副局长邢世悦、张胜、王青、田宝华。设有8个内设机构，下设1个事业单位。

审计成果　2020年，门头沟区审计局共完成审计项目23个。查出主要问题金额524544万元，其中违规金额55172万元、管理不规范金额469372万元；审计发现非金额计量问题198个；出具审计报告和专项审计调查报告23篇，被批示、采用5篇次。审计处理处罚金额55172万元，其中应上缴财政55172万元；移送司法机关、纪检监察机关和有关部门处理事项2件，移送处理人员1人。审计促进整改落实审计工作报告有关问题资金84996.09万元。审计提出建议150条，被采纳150条；促进被审计单位建立健全规章制度5项；提交审计信息121篇，被批示、采用115篇次。向社会公告审计结果10篇。

财政审计　深化审计全覆盖，加强数据采集工作，以纳入财政管理系统的数据为基础，实现对全区一级预算单位2019年度预算执行和决算草案数据的审计全覆盖，新建数据分析模型18个，疑点转化率42%。

三大攻坚战审计　完成军庄镇领导干部自然

资源审计项目，重点关注自然资源评价考核指标完成情况、生态系统治理情况和自然资源资产开发利用情况，促进领导干部履行落实生态环境保护责任。

疫情防控资金和捐赠款物专项审计　围绕疫情防控资金和物资的分配、管理、使用开展审计，涉及财政资金 2117.73 万元、捐赠资金 37.85 万元；延伸审计区卫健委等 12 家单位，促进疫情防控工作规范高效开展。

民生审计　在预算执行审计中，重点关注美丽乡村建设、公厕提升改造、森林防火等民生领域专项资金情况，关注低收入发展、农村垃圾分类等为民办实事项目绩效情况。

经济责任审计　全年安排任中审计比例占 75%，促进发挥任中审计预警作用。制定《门头沟区领导干部经济责任审计和自然资源资产离任审计工作规划》《领导干部经济责任审计操作指南》，坚持党政同审，加强与预算执行审计、自然资源资产离任审计相统筹。

固定资产投资审计　重点审查 2016 年至 2018 年目标管理任务书重点工程任务完成情况，分析未完成重点工程任务原因，揭示工程管理问题，提出审计建议，并专题报告区政府。

资源环保审计　在 2019 年造林工程专项审计中利用造林图层和地理信息系统，关注新一轮百万亩造林实施情况、绿地养护资金使用绩效情况，揭示民生资金在分配、使用和绩效管理方面存在的问题。

企业审计　做好国有企业国有资产专项审计，重点核查门头沟区企业国有资产实际情况和企业自主经营情况，关注国有企业资产质量、国有资产运营情况、管理状况等，推动国有企业资产提质增效。

内部审计　制定门头沟区内部审计工作操作指南，组织相关单位开展内部审计项目，年底对各单位内部审计工作情况组织综合考评，有效提高全区一级预算单位对内部审计工作的重视程度，促进内部审计工作制度化、规范化。

相关工作　深入推进全面从严治党，制定全年党建工作目标任务书、年度深化落实全面从严治党主体责任清单；强化理论学习，夯实思想根基。持续巩固和深化“不忘初心、牢记使命”主题教育成果，严格落实党组理论学习中心组学习制度。强化作风建设，坚持警示教育，通过旁听案件庭审、通报典型案例等多种形式筑牢廉政防线。

（撰稿人：李　瑾）

【房山区审计局】　2020 年，房山区审计局实有 57 人。局长舒展，党组成员陈建民（—8 月），副局长李亮（—1 月）、刘志勇、隗永强（—9 月）、许春成、石海静（9 月—）。设有办公室、综合科、人事教育科、行政财政审计科、农业与资源环境审计科、政府投资审计科、企业审计科、经济责任审计科；下设内部审计指导中心、数据审计分析中心。

审计成果　2020 年，房山区审计局共完成审计项目 112 个。查出主要问题金额 275161 万元，其中违规金额 169 万元、管理不规范金额 274992 万元；出具审计报告 160 篇。审计处理处罚金额 6837 万元，其中应上缴财政 171 万元、应归还原渠道资金 2116 万元、应调账处理金额 96 万元。审计核减投资 13566 万元。提出审计建议 211 条；提交审计信息 24 篇。向社会公告审计结果 68 篇。

财政审计　推进审计全覆盖，采取数据审计与现场审计结合的方法完成 66 家单位的部门预算审计工作。审计查出问题 80 个，涉及违规和管理不规范金额 17.99 亿元，提出审计建议 76 条；审计期间完成问题整改 18 个，涉及金额 9952.05 万元。

经济责任审计　完成经济责任审计项目 9 个，涉及 12 名处级领导干部。已完结项目 8 个，报告复核阶段 1 个，共出具审计报告 12 篇、审计结果报告 10 篇、自然资源审计意见书 2 份、审计决定 2 份。审计资金量 13.82 亿元，共查出违规金额 152.35 万元、管理不规范金额 25202 万元，应上缴财政 1058.7 万元。向被审计单位提出审计建议 18 条。

固定资产投资审计　开展政府投资审计项目 50 个，完成 21 个，审计资金量 84.23 亿元，核减工程款金额 1.12 亿元，查出管理不规范金额 5557.23 万元、违规金额 8.5 万元，审计后应归还原渠道金额 2036.04 万元，提出审计建议 58 条。

企业审计 完成企业审计项目2个，其中国有企业审计1个、专项审计调查1个。查出主要问题金额4656.7万元，其中管理不规范金额4656.7万元；出具审计报告和专项审计调查报告2篇，被批示、采用2篇次。审计处理处罚金额4656.7万元，其中应调账处理金额96.7万元、其他金额4560万元。出具审计决定书1份。审计促进整改落实有关问题资金96.7万元。审计提出建议10条，被采纳10条；促进被审计单位健全规章制度1项；提交审计信息1篇，被采用1篇次。

农业农村审计 对2018和2019年度美丽乡村建设专项资金管理和使用情况进行绩效审计。重点审计项目的前期手续履行、内控制度建立及执行、项目招标投标、项目资金、项目效益情况等，审计资金量20.18亿元，提出审计建议5条，进一步规范项目管理，促进政策有效落实。

专项审计 对区财政局、区红十字会、区卫健委等52家单位进行疫情防控财政专项资金和社会捐赠款物专项审计，提出审计建议14条，发出审计提示单6份。

内部审计 印发《房山区审计局关于全面贯彻落实〈北京市内部审计规定〉的意见》，组织学习《北京市内部审计规定》要求，进一步促进被审计单位建立健全内部审计制度。

相关工作 印发《2021—2025年区管党政主要领导干部和国有企事业单位主要领导人员经济责任审计和自然资源资产离任审计工作规划》《区审计局进一步推进“两统筹”工作实施方案》。

（撰稿人：魏　炜）

【通州区审计局】 2020年，通州区审计局实有53人。局长周东振，副局长黄海青、梁萍、唐荣光，三级调研员唐传军，四级调研员姜东升。设有办公室、人事教育科、综合科、内部审计指导科、投资审计科、财政审计科、经济责任审计科、民生保障审计科；下设专项审计工作中心。

审计成果 2020年，通州区审计局共开展审计项目26个、子项目88个，其中独立实施的审计项目17个、子项目88个，审计署、市审计局统一组织实施的审计项目9个。

政策落实情况跟踪审计 牵头负责通州区2020年各季度重大政策措施落实情况跟踪审计（含北京市新增财政资金直达基层直接惠企利民情况专项审计）。撰写并向区政府提交《北京市通州区审计局关于北京市通州区2018年度预算执行及其他财政收支审计工作报告审议意见办理情况的报告》。

财政审计 向区政府提交《通州区关于清理拖欠民营企业中小企业账款跟踪审计报告中涉及问题的整改情况汇报》；制订《北京市通州区2019年度区级预算执行和决算草案情况审计工作方案》、编制审计实施方案并完成财政审计工作。开展并完成区属国有企业国有资产管理情况审计。完成北京市通州区2019年度区级预算执行和决算草案情况审计的整改工作。向区人大提交《关于北京市通州区2019年区属国有企业国有资产管理情况的审计报告》。审计结果采用审计报告和审计问题清单相结合的方式，发现审计问题42个，提出审计意见42条、审计建议4条。

民生审计 开展应对新冠肺炎疫情防控资金和捐赠款物专项审计，民生专项资金绩效审计，2019年度大运河森林公园、东郊森林公园和西海子公园专项资金绩效审计，在区发展改革委领导任期经济责任审计中，负责园林、社保局单位预算执行和决算草案审计的大数据审计。

经济责任审计 强化计划管理，加强沟通协调，任中比例从2015年的23%提高到2020年的78%。探索审计两统筹，2020年对1个乡镇同期开展经济责任审计和自然资源资产审计，有序推进国企领导人员经济责任审计。完成北京市通州区永顺镇人民政府党委书记、镇长任职期间经济责任审计。

固定资产投资审计 完成对东方化工厂（即城市绿心）周边棚户区改造项目前期投入资金的专项审计。完成对富华水乡项目1#、2#、3#楼工程项目成本和北京轻铁京东经济发展中心资产负债及损益情况等区委区政府交办事项的相关审计。对于家务回族乡定向安置房、杨庄一级开发等区委、区政府交办事项的成果报告进行日常抽查复核、阶段性复核和最终报告复核。对杨庄小学建设工程、永顺城市公园建设工程（一期）等项目组织开展审计，以及对100多项区委、区政府交办项目的工程进度、资金管理使用情况及审计发现的问题等进行综合分析。

内部审计 贯彻落实《北京市内部审计规定》，印发2020年度通州区内部审计工作指导意见。统筹安排内部审计项目监督检查工作，组织召开通州区内部审计工作分组交流座谈会，指导帮助区教委、台湖镇、园林局、水务局等单位完善内部审计管理制度。撰写内部审计工作信息6篇，其中被采用5篇。 （撰稿人：田佳宁）

【顺义区审计局】 2020年，顺义区审计局实有60人。局长王民（12月—），党组书记曾中坚，副局长绳桂华、侯健，二级调研员王惠芳（—12月），四级调研员田学光、肖建民。设有办公室、综合法规审理科、教科文卫审计科、财政审计科、农业与资源环境审计科、经济责任审计科、企业审计科、固定资产投资审计科；下设内部审计指导所。

审计成果 2020年，顺义区审计局共完成审计项目67个。查出主要问题金额8717万元；审计发现非金额计量问题194个；出具审计报告和专项审计调查报告181篇，被批示、采用28篇次。审计处理处罚金额650万元；移送司法机关、纪检监察机关和有关部门处理事项4件。审计促进整改落实有关问题资金7672万元。审计提出建议158条，被采纳51条；推动被审计单位制定整改措施25项；促进被审计单位建立健全规章制度8项。向社会公告审计结果22篇。

财政审计 完成2019年度区本级预算执行和其他财政收支情况审计、部门预算执行审计以及大数据审计。在区本级预算执行审计中对“四本预算”进行全覆盖，运用大数据审计的方式，对84家一级预算单位进行全覆盖，并选取19家单位进行现场审计，首次开展6个镇级预算执行审计项目。共查出违规金额3449万元、管理不规范金额1876万元，发现非金额计量问题81个。

三大攻坚战审计 围绕打好三大攻坚战，推动绿色低碳发展，促进生态文明建设，开展自然资源资产离任（任中）审计项目7个，重点关注生态文明建设政策措施落实情况、遵守资源环境法律法规情况、资源环境重大决策情况、相关目标任务完成情况、相关监督职责履行情况等，查出违规金额48万元，发现非金额计量问题31个。同时，在区本级预算执行审计中关注政府债务情况。

疫情防控资金和捐赠款物专项审计 完成顺义区应对新冠肺炎疫情防控资金和捐赠款物专项审计，重点关注专项资金分配拨付、管理、使用及社会捐赠款物接受、分配使用、管理和信息公开情况，审计发现非金额计量问题2个。

经济责任审计 推进权力规范运行，促进领导干部履职尽责，完成处级领导干部的经济责任审计项目21个。重点关注领导干部贯彻执行党和国家、市委市政府、区委区政府重大经济方针政策及决策部署、遵守有关法律法规、重大改革任务推进、有关目标责任制完成、预算执行和财务管理等情况，查出违规金额1385万元、管理不规范金额1927万元，发现非金额计量问题58个。

固定资产投资审计 推动区级重大项目落实，提高政府投资效益，完成杨镇棚户区改造专项审计、农村污水治理工程项目投资建设和管理情况审计，查出违规金额2.02万元，发现非金额计量问题5个。

专项审计 聚焦民生保障、政策落实、国有资产和重点资金，完成2019年度疏解整治促提升专项行动落实情况审计、顺义区国有资本经营管理中心经营情况专项审计调查、顺义区区级基层治理预算资金投入和使用绩效情况审计、养老和救助等重点民生保障资金绩效审计。

（撰稿人：穆鑫然　王一康　陈宝江）

【昌平区审计局】 2020年，昌平区审计局实有57人。局长秦建柱，副局长张建强、王文、蔚津花、刘会春（—7月）。设有办公室、综合科、经济责任审计科、财政审计科、教科文卫审计科、企业审计科、固定资产投资审计科、法规审理科、电子数据审计科；下设重点工程审计中心和内部审计指导所。

审计成果 2020年，昌平区审计局完成审计项目46个。查出问题金额74862万元，发现问题388个，提出审计建议197条，出具审计报告和专项审计调查报告46篇，出具移送处理书5份；移送区纪委、区监委案件线索11件。提交审计信息111篇，被采用审计信息63篇。向社会公告审计结果18篇。印发《昌平区审计发现问题提示提醒清单》，提示20个方面143个风险点。

政策落实情况跟踪审计 按照署、市要求，开展“疏整促”、回天地区、重点民生保障资金、税收和非税收入等相关审计，完成乡村振兴相关审计整改。

财政审计 对昌平区56个一级预算单位开展数据分析审计，筛出疑点及线索1256件。开展区级预算执行和决算草案审计，提出审计建议6条。对区住建委、区城管委、区教委及其所属11个基层预算单位开展部门预算执行及决算草案现场审计，提出审计建议53条。审计发现问题及整改情况报经区人大常委会审议通过。

三大攻坚战审计 完成阳坊镇党委书记、镇长自然资源任中审计，发现问题2个，提出审计建议2条。统筹开展百善镇、小汤山镇党委书记、镇长自然资源离任审计。

疫情防控资金和捐赠款物专项审计 组成3个审计组对24个镇街及政府职能部门、5户企业开展疫情防控财政资金和捐赠款物审计，发现问题1个，提出建议2条。

经济责任审计 修订完善经济责任联席会相关议事规则和工作规则，修订经济责任审计模板、完善报告报送制度。完成经济责任审计项目11个，其中部门8个、镇街1个、国企2个，审计发现问题148个，提出建议68条。

民生审计 聚焦民生重点领域，开展社区公益性就业服务补贴资金审计，发现问题9个，提出审计建议7条。

固定资产投资审计 对2019年农村地区“减煤换煤、清洁空气”行动项目、三合庄村集体土地房屋自主腾退等5个工程项目开展审计，发现问题26个，提出审计建议15个。清理完成历年结存工程结算审计2个，核减工程额1.05亿元。以专题报告向区政府汇报非宅腾退审计中发现的共性问题，推动相关单位完善制度规定。

企业审计 对2户国有企业开展财务收支审计。开展昌平区小微企业“双创”专项资金审计，发现问题6个，提出审计建议3条。开展国有企业国有资产管理情况专项审计，发现问题36个，提出审计建议24条。

审计查出问题整改 制定《审计发现问题整改检查制度》，落实整改责任，明确整改时间，完善整改台账，建立未整改问题跟踪督促机制；召开整改工作联席会，审议整改方案，听取审计查出问题整改情况，研究推动未整改到位问题方案。

（撰稿人：张　靓）

【大兴区审计局】 2020年，大兴区审计局实有62人。局长瞿春生，副局长张强、沈建宙、唐胜明（—4月）、庄琪（4月—），一级调研员梁萍，四级调研员王亚男。设有财政金融审计科、行政事业审计科、企业经济审计科、经济责任审计科、投资审计科、内部审计指导科、电子数据审计科、审计综合科、办公室、人事教育科；下设内部审计指导所、审计事务管理中心、审计项目服务中心。

审计成果 2020年，大兴区审计局共完成审计项目51个，其中审计50个、专项审计调查1个。查出主要问题金额891194万元，其中违规金额7152万元、管理不规范金额884042万元；审计发现非金额计量问题133个；出具审计报告和专项审计调查报告62篇，被批示、采用1篇。审计处理处罚金额391376万元，其中应上缴财政7105万元、应归还原渠道资金1万元、应调账处理金额384270万元；移送有关部门处理事项1件，移送处理金额78万元。审计促进整改落实有关问题资金101731万元。审计提出建议166条，被采纳166条；提交审计信息265篇，被采用159篇次。向社会公告审计结果17篇。

政策落实情况跟踪审计 重点对新冠肺炎疫情防控相关政策措施和决策部署的落实情况、三大攻坚战重点任务推进等情况、“三促进”专项审计、扶贫协作和支援合作资金审计、税收和非税收入征管审计等内容开展审计监督，按季度将跟踪审计报告主送区政府，抄送市审计局。

财政审计 对区级预算执行和决算草案情况、4个区级一级预算单位和10个基层预算单位预算执行和决算草案情况、“蓝天保卫战”专项资金绩效审计调查及“智慧城市”专项资金审计，并对未纳入重点审计的57个区级一级预算部门采用大数据审计方式进行审计。

经济责任审计 共完成经济责任项目19个（含8个2019年经济责任项目）和亦庄镇领导干部自然资源资产审计，共查出违规金额3373万元、管理不规范金额405037万元，出具审计移送处理书1份，行政处罚1件。

固定资产投资审计 完成审计项目3个，发现非金额问题8个，提出审计建议6条。

专项资金审计 开展大兴区国庆70周年庆祝活动资金专项审计，发现非金额计量问题1个，提出审计建议1条。开展北京新机场项目2018—2019年10月管控奖励资金和管理费使用情况审计、北京大兴区行政事业单位国有资产管理情况专项审计调查，查出管理不规范金额53863万元。开展区级基层治理预算资金投入和使用绩效情况审计、本市养老和救助等重点民生保障资金绩效审计和应对新冠肺炎疫情防控资金和捐赠款物专项审计，共查出违规金额1.21万元、管理不规范金额643.31万元。

企业审计 完成5个项目（含2019年3个项目），其中区属国有企业资产管理和使用情况专项审计查出管理不规范金额234615万元。

（撰稿人：王 硕）

【怀柔区审计局】 2020年，怀柔区审计局实有63人。局长周榕立，党组成员张艳苹、张久利（12月—），副局长张文龙、李建华（—12月）、张红艳，二级调研员陈志林、杨封伟。设有办公室、综合科、财政审计科、农业与资源环境审计科、固定资产投资审计科、社会保障审计科、政工科、企业审计中心、经济责任审计中心、法规审理中心、内部审计指导监督所、电子数据审计中心、镇乡审计中心、区财政局监督检查所。

审计成果 2020年，怀柔区审计局完成审计项目87个，其中经济责任、部门预算执行、专项等审计项目68个，专项审计调查1个，固定资产投资审计18个。查出主要问题金额117745万元；审计发现非金额计量问题245个；审计期间整改金额2449万元；损益（收支）不实金额10576万元；出具审计报告和专项审计调查报告142篇。审计处理处罚金额1975万元；移送处理事项2件，移送处理金额153万元。审计促进整改落实有关问题资金13041万元，促进拨付资金到位5811万元；核减投资额36.17万元。审计提出建议256条；推动被审计单位制定整改措施8项；促进被审计单位建立健全规章制度28项；提交审计信息29篇。向社会公告审计结果4篇。

财政审计 完成区本级部门预算执行及其他财政收支审计、47个部门及14个镇乡的预算执行及决算草案审计。查出主要问题金额89416万元；审计促进整改落实金额5131万元，审计促进拨付资金到位金额5533万元。提出审计建议143条，促进被审计单位建立健全规章制度25项。

三大攻坚战审计 完成怀柔区怀北镇、怀柔区喇叭沟门满族乡4名领导干部自然资源资产离任审计，重点关注水资源资产增减变动、管理和开发利用过程中贯彻执行中央、市委市政府和区委区政府重大决策部署等情况。完成怀柔区园林绿化局1名领导干部自然资源资产离任审计，重点关注领导干部履行自然资源资产管理和生态环境保护责任情况、林业资源资产保护和管理情况、履行监督责任等情况。

疫情防控资金和捐赠款物专项审计 重点对区红十字会、区民政局慈善协会、区卫健委、区商务局和区市场监管局疫情防控捐赠款物情况进行审计，发现在捐赠款物的管理监督以及信息公开等方面的问题。

经济责任审计 完成领导干部经济责任审计项目32个。查出主要问题金额19316万元，审计促进整改落实金额2848万元。

固定资产投资审计 开展怀柔区定点医院隔离病区建设项目审计、怀柔区公共安全视频监控建设联网应用项目竣工（结）决算审计等107个政府委托重点建设项目跟踪审计。

企业审计 完成怀柔国有资产经营公司经理经济责任审计、区属国有企业国有资产管理情况专项审计和怀柔新华书店财务收支审计，查出主要问题金额1691万元，提出审计建议13条。

专项资金审计 完成农业专项资金管理使用情况审计、区级基层治理预算资金投入和使用绩效情况审计等专项审计项目2个。

内部审计 推动区政府印发《怀柔区关于进一步加强内部审计工作的实施意见》，全区67个一级预算单位均建立健全内部审计制度。

（撰稿人：石　磊）

【平谷区审计局】　2020年，平谷区审计局实有63人。局长曹玉敏，副局长于长松、王海顺、梁景文。设有7个行政科室；下设4个事业单位。

审计成果　2020年，平谷区审计局共完成审计项目38个，其中审计33个、专项审计调查5个。查出主要问题金额1208279万元；审计发现非金额计量问题249个；出具审计报告和专项审计调查报告57篇。审计促进整改落实有关问题资金29715万元。审计提出建议414条，被采纳314条；推动被审计单位制定整改措施251项；促进被审计单位建立健全规章制度12项；提交审计信息26篇，被批示、采用9篇次。向社会公告审计结果13篇。

政策落实情况跟踪审计　从积极财政政策、稳就业、保民生等11个方面，进行重大政策跟踪审计，共涉及12个单位。

财政审计　完成对2019年度区级预算执行审计和4个重点部门、行业预算执行审计，实现一级预算单位数据审计全覆盖；向区政府、区人大提交《关于平谷区2019年区级预算执行和其他财政收支的审计工作报告》，针对审计发现问题进行分析并提出工作建议。

三大攻坚战审计　完成对新疆洛浦县、内蒙古商都县、湖北郧西县、河北望都县2019年至2020年扶贫协作和支援合作专项资金使用情况审计，其中重点延伸并实地审计平谷区对口帮扶新疆洛浦县相关工作开展情况。完成对4个单位的6名党政主要领导干部自然资源资产离任（任中）审计。

疫情防控资金和捐赠款物专项审计　对平谷区疫情防控资金和捐赠款物开展专项审计，延伸审计平谷区卫健委、商务委等3个政府机构和单位，向审计署提交专项审计综合报告，在报告中针对审计问题作出审计评价和审计建议。

民生审计　完成平谷区养老和救助重点民生保障资金绩效专项审计。调查2家养老服务驿站、2家残疾人体育健身示范点、3家温馨家园，向区政府提交专项审计报告，对审计查出的重点问题提出审计建议。为贯彻落实乡村振兴战略，规范农村住房建设标准，对平谷区抗震节能农宅建设项目进行跟踪审计，重点审计抗震节能农宅建设项目政策制定及执行情况、项目管理及分工情况等，向区政府提交跟踪审计报告，并针对发现问题提出审计建议5条。

经济责任审计　对6名党政主要领导干部开展任中经济责任审计，对4名企业的领导人实施任中经济责任审计和相应的企业财务收支审计。

固定资产投资审计　完成2017—2019年度重点政府投资项目招标投标及合同管理专项审计、世界休闲大会主会场交通枢纽建设和主场馆建设工程项目管理审计。

专项资金审计　完成2018—2019年度文化资金专项审计，对9个项目收支情况进行专项资金审计。完成区级基层治理预算资金投入和使用绩效情况审计，重点审计2个街道办事处自主经费等情况，并就部分重要事项开展延伸审计，向区政府提交审计报告，作出审计评价，提出审计建议5条。

内部审计　完善和巩固下沉内部审计指导员工作制度，在18个乡镇街道各派1名内部审计指导员基础上，增派13名内部审计指导员对一级预算单位内部审计进行指导。

（撰稿人：李立娟）

【密云区审计局】　2020年，密云区审计局实有62人。局长孙绍志，副局长王明如、任双喜、谢卫东、孙长立，党组成员王立新。设有党建科（办公室）、综合法规审理科、经济责任审计科、财政金融审计科、教科文卫审计科、固定资产投资审计科、电子数据审计科、内部审计指导监督科；下设经济责任审计中心、政府投资审计中心和综合服务中心。

审计成果　2020年，密云区审计局共完成审计项目53个，其中审计52个、专项审计调查1个。查出主要问题金额100689万元；审计发现非金额计量问题121个；出具审计报告和专项审计调查报告59篇。审计处理处罚金额3148万元；移送司法机关、纪检监察机关和有关部门处理事项4件。审计促进整改落实有关问题资金17012万元。审计提出建议50条，被采纳43条；

提交审计信息 243 篇，被批示、采用 215 篇次。向社会公告审计结果 3 篇。

财政审计　对区财政局组织 2019 年度区本级财政预算执行、区水务局等 5 个一级预算单位和区水务局所属 16 个基层单位预算执行和决算草案情况进行现场审计，对 58 个一级预算单位进行数据审计，实现一级预算单位审计全覆盖。

三大攻坚战审计　开展自然资源资产离任审计项目 7 个，审计领导干部 14 人，涉及 2 个区直部门，5 个镇。重点关注领导干部履行自然资源资产管理和环境保护责任，贯彻落实各级重大决策部署、遵守法律法规、目标任务完成等情况。

民生审计　对养老、社会救助、助残、殡葬等重点民生保障政策制度落实和资金筹集使用绩效情况进行审计。对区级基层治理预算资金投入和使用绩效情况进行审计。

固定资产投资审计　出台《关于审计项目服务机构工作规范的暂行规定（试行）》，进一步规范投资审计行为。对“基本无违法建设区、镇街（地区）”创建工作资金使用、京沈客专等 28 个重点政府投资项目开展审计和跟踪审计。

企业审计　对密云区国有企业国有资产 2019 年度管理情况进行专项审计。重点关注国有企业资产负债总量，国有资本投向、布局和风险控制，国有企业改革，国有资产监管，国有资产处置，企业高管薪酬等情况。

专项资金审计　对原密云县粮食局政企分开资产情况进行审计调查，发现存在工程招标投标虚假、综合楼所有权登记到粮油公司的依据不充分问题。对密云区 11 座集中供水厂水资源税（费）缴纳管理情况进行专项审计。

内部审计　组织内部审计人员对 136 个基层单位开展预算执行审计，实现基层预算单位审计全覆盖。组织全区 160 人参加内部审计人员培训班，聘请署、市专家讲授经济责任审计和自然资源资产离任审计等相关知识。将 8 名内部审计人员编入审计组“以干代训”。

审计查出问题整改　推动出台《关于进一步深化审计整改工作的方案》，与区委反腐倡廉建设领导小组办公室联合开展审计发现问题整改“动态检查”。召开 2 期由区财政局、区国资委等部门参加的整改联席会议，对 271 个普遍性、倾向性以及涉及体制机制的问题进行深入研讨，寻找解决对策。实行“三联单一台账”制度，严格落实整改销号制度。持续对问题跟踪检查，开展审计整改“回头看”。　（撰稿人：*石婷婷*）

【延庆区审计局】　2020 年，延庆区审计局实有 60 人。局长张利忠，副局长丁继玲、吕艳云，二级调研员马海林，四级调研员张平利、杨喜元、张延革（12 月—）。设有办公室（宣传科）、审计业务管理科、企业审计科、行政事业审计科、财政金融审计科、经济责任审计科、固定资产投资审计科；下设信息中心、内部审计指导中心、委托审计管理中心、审计服务中心和审计监督检查所。

审计成果　2020 年，延庆区审计局完成审计项目 118 个。审计查出主要问题金额 65269 万元；发现非金额计量问题 430 个；审计期间整改金额 5363 万元；出具审计报告 148 篇，被批示 11 篇。审计处理处罚金额 4864 万元。促进增收节支 34321 万元。提出审计建议 348 条，被采纳 229 条；促进被审计单位建立健全规章制度 25 项。向社会公告审计结果 14 篇。

政策落实情况跟踪审计　重点检查贯彻落实过“紧日子”要求、促进优化营商环境、减税降费和清理拖欠民营中小企业账款等政策措施落实以及新增财政资金直达基层直接惠企利民情况，对相关政策措施落实提出改进措施和审计建议。

财政审计　重点对区财政局、区卫生健康委、区生态环境局等 10 个一级预算单位进行审计。首次实现全区一级部门预算执行审计全覆盖，采取“数据分析先行、现场核查跟进”的模式，对全区 61 个单位预算编制、预算执行等事项进行数据核查，筛查数据记录 3142 条，核实问题疑点 734 个，最终确定问题 89 个。

三大攻坚战审计　对区水务局和延庆、永宁、沈家营、旧县、刘斌堡 5 个乡镇水资源资产管理和生态环境保护责任履行情况进行审计，提出完善河长制相关制度规定，加强村级河长管理，落实项目建设主体责任，加强项目前后期管理的审计建议和意见。首次对延庆区拨付内蒙古自治区兴和县、河北省张家口市宣化区和怀来县扶贫协作和支援合作资金管理使用情况进行审计，提出加快项目实施和资金使用进度，规范帮扶协作资产管理等审计建议和意见。

经济责任审计 对区财政局、区农业农村局等13个单位18名党政领导干部开展经济责任审计。提出严格执行重大经济事项决策制度，完善会议记录内容，进一步规范项目管理等审计建议和意见。

固定资产投资审计 对41个冬奥项目区级专项资金管理使用情况实施专项审计。对世界园艺博览会交通市政配套工程定向安置房项目、城西再生水配套管网工程等11项投资项目实施跟踪审计或竣工决算审计。对32个智慧城市建设项目和区教委30个建设项目成本管控情况开展专项审计调查，督促相关问题整改到位。

企业审计 对区饮食服务总公司、区物资总公司、北京八达岭国际会展中心2017年1月至2019年12月资产负债损益和2019年度国有资产管理情况实施专项审计。提出强化现金管理使用的监督审核，加强房屋租赁管理等审计建议和意见。

专项资金审计 开展应对新冠肺炎疫情防控资金和捐赠款物专项审计、区级基层治理预算资金投入和使用绩效情况审计、养老和救助等重点民生保障资金绩效审计。对个别单位扩大范围使用社区公益事业补助经费、部分特殊困难群体救助保障不到位等问题，提出审计整改建议和意见。

交办事项 按照区政府工作要求，对永宁镇解决供暖遗留问题所需资金情况、新冠肺炎疫情防控政策落实情况及赠款物管理使用情况、香营乡一号文化基础设施用房等工程、松山塘子浴城建技术培训有限公司主楼加固改造工程和夏都水利公司2018年至2019年承接政府投资项目实施审计。

其他审计项目 配合市审计局开展2022年冬奥会和冬残奥会延庆赛区跟踪审计、政府债务和隐性债务审计、永定河综合治理与生态修复专项审计调查。

内部审计 制定下发内部审计工作指导意见，开展《北京市内部审计规定》落实情况专项检查，组织召开国有企业监督工作联席会议和区属国有企业内部审计工作座谈交流，向全区各部门单位发送《中国审计报》等报刊284份，与北京市内部审计协会共同搭建内部审计信息化平台，为内部审计人员在线学习提供服务。

（撰稿人：刘宝生）

【燕山审计分局】 2020年，燕山审计分局设有财政金融审计科、行政事业审计科、经济贸易审计科、综合法制指导科（经济责任审计科）、办公室和经济责任审计所、行政事业经贸审计所。12月机构改革后，设有综合办公室、审计业务科和经济责任审计所、行政事业经贸审计所。局长葛干，副局长王冬卉（—12月）、王丽丽、江爽（12月—）。

审计成果 2020年，燕山审计分局共完成审计项目16个，其中预算执行审计1个、领导干部经济责任审计5个、政府投资建设审计6个、财务收支2个、专项调查2个。查出问题金额4484万元；发现非金额计量问题11个。审计促进整改落实有关问题资金2171万元。审计提出建议32条，提交审计信息98篇。

财政审计 做好疫情防控和审计项目两统筹，通过整合审计力量，优化组织分工，运用数据筛查，拓展审计广度，优化工作流程，提高审计效能，顺利完成2019年度财政预算执行审计项目。以预算执行审计为基础，梳理整合其他审计项目，开展嵌入式审计，避免交叉重复，提升审计统筹成果。

疫情防控资金和捐赠款物专项审计 根据审计署及市审计局关于应对新冠肺炎疫情防控资金和捐赠款物专项审计的工作要求，燕山审计分局统筹安排审计力量开展专项审计工作。

民生审计 根据市审计局统一的审计计划，对地区养老、社会救助、助残、殡葬等民生保障方面的总体情况进行调查，对重点民生保障政策制定和落实情况进行审计，对资金筹集、管理及使用的真实、合法、效益性进行重点关注。

经济责任审计 以领导干部履行经济责任有关的重大任务推进、重要政策措施落实和重点项目进展情况为抓手，推动各项政策落地生根；围绕被审计领导干部履职尽责情况，客观评价业绩，促进反腐倡廉和权力规范运行。

固定资产投资审计 通过统筹调整项目审计安排，调整现有审计方式，创新审计方法，加大项目数据分析力度，加强现场审计人员管理等方法，多措并举，稳步推进政府投资工程审计工作。

内部审计 开展内部审计线上培训，建立内部审计工作交流群，和地区成员单位及时沟通内部审计工作情况。开展走访调研，有针对性地开展内部审计指导工作，将内部审计工作纳入领导干部经济责任审计范围和燕山办事处年度绩效考核体系。

相关工作 开展“知民情、解民意、暖民心”专题调研活动，畅通审计机关与地区单位的沟通渠道；组织“青年讲堂”4次。

（撰稿人：许　安）

2020 年北京市本级及所辖区级审计工作统计表

审计机关	完成审计项目/个	审计查出主要问题金额/万元	审计发现非金额计量问题/个	审计期间整改金额/万元	出具审计报告和审计调查报告/篇	审计处理情况		审计促进整改落实有关问题资金/万元	审计提出建议/条	提交审计信息/篇
						审计处理处罚金额/万元	移送处理事项/件			
北京市本级	147	12828112	1547	70614	419	304089	31	4041550	1311	81
东城区审计局	36	13221	123		61	44			77	156
西城区审计局	25	143128	189	2091	25	26297		26006	86	51
朝阳区审计局	63	290919	469	645	71	2878	2	33058	292	100
丰台区审计局	42	786128	119	29434	126	11416	8	74454	226	170
石景山区审计局	32	28015	199	358	32	9793	1	10591	175	248
海淀区审计局	34	736352	95	36118	56	4666		136041	113	74
门头沟区审计局	23	524544	198	19309	23	55172	2	84996	150	121
房山区审计局	112	275161	35	1230	160	6837		36516	211	24
通州区审计局	26	200903	280	40295	66	13733		62876	193	32
顺义区审计局	67	8717	194	7461	181	650	4	7672	158	4
昌平区审计局	46	74862	302	1527	46	86	5	38994	197	111
大兴区审计局	51	891194	133	93956	62	391376	1	101731	166	265
怀柔区审计局	87	117745	245	2449	142	1975	2	13041	256	29
平谷区审计局	38	1208279	249	82	57	1		29715	414	26
密云区审计局	53	100689	121	95	59	3148	4	17012	50	243
延庆区审计局	118	65269	430	5363	148	4864	1	111450	348	10
燕山审计分局	16	4484	11	2171	16			2171	32	98

天津市

【天津市审计局】 2020 年，天津市审计局实有 382 人。设有市委审计委员会办公室秘书处、办公室、财务保障处、法规处、审理处（整改检查处）、内部审计指导监督处、综合业务处、电子数据审计处、政策跟踪审计处、财政审计一处、财政审计二处、行政事业审计一处、行政事业审计二处、行政事业审计三处、行政事业审计四处、农业农村审计处、固定资产投资审计一处、固定资产投资审计二处、固定资产投资审计三处、固定资产投资审计四处、社会保障审计一处、社会保障审计二处、自然资源和生态环境审计一处、自然资源和生态环境审计二处、金融审计一处、金融审计二处、企业审计一处、企业审计二处、企业审计三处、企业审计四处、企业审计五处、经济责任审计处、信息化处、人事教育处、机关党委办公室、离退休干部处；下设审计科研所。

领导成员

局　　长：马珊珊（6月—）

副 局 长：谢津秋　王维章　孙建国

　　　　　童仕欢

纪检组长：赵　红

市经济责任审计工作联席会议办公室主任：

　　　　　郑国强（5月—）

总审计师：刘金龙（5月—）

审计成果　2020年，天津市审计机关共实施审计项目449个。查出各类问题金额45亿元，促进增收节支17亿元，提出审计建议1094条，推动建立健全规章制度22项，向纪检监察机关、有关部门等移送违纪违法问题线索106件。通过开展联网实时审计，纠正243个单位的违规行为。

政策落实情况跟踪审计　研究制发《天津市审计局关于进一步加强重大政策措施贯彻落实情况跟踪审计工作的实施意见（试行）》，优化政策跟踪审计工作模式，实现全局协同开展、审计资源优化、审计成果提升的政策跟踪审计工作局面。重点审计全民健身设施建设、老年助餐服务、减税降费、清理拖欠民营企业中小企业账款等情况。发现市不动产登记事务中心等4个单位违规收费265万元；泰达控股等5个单位拖欠民营企业账款3890万元未登记台账；除河东区外的15个区全民健身设施采购未按规定签订三方协议，和平区等5个区部分全民健身设施未安装；北辰区等6个区助餐补贴发放不及时，西青区两家供餐机构与签订协议公司不一致，东丽区两个社区未与助餐机构签订服务协议；东丽区等13个区中央大气污染防治专项资金8333万元滞留相关单位，未发挥资金效益。按照审计署统一部署，对16个区新增财政资金直达市县基层直接惠企利民情况开展跟踪审计，发现武清区等10个区抗疫特别国债资金4.5亿元，用于以前年度已完工项目，难以形成实物工作量；蓟州区未及时分配或拨付新增财政资金6.5亿元；宝坻区等14个区违规扩大新增财政资金支出范围，涉及金额1.7亿元；宁河区等7个区直达资金监控系统与国库支付系统数据不一致；东丽区安排抗疫特别国债资金317万元，替换疫情期间已支付的费用。审计期间，各区积极组织整改，所有问题已全部整改完毕。

财政审计　重点审计市财政局组织实施预算执行和编报决算草案情况。发现市级转移支付资金71.1亿元未按规定时间下达，另有8.3亿元未按规定直接下达各区，而是通过市交通运输委拨付；市发展改革委等5个部门对服务业转型升级专项资金审核、监管不到位，涉及22个项目4822万元，其中734万元存在损失风险；市规划资源局未对造林绿化补助资金进行绩效管理，2809万元沉淀在区级财政，未发挥资金效益；市财政局收回的2212万元专项资金未及时安排使用。

对131家市级预算单位开展数据分析，重点审计70个存在疑点的单位；对市农业农村委等7个市级部门开展经济责任审计。发现市水产研究所等5个单位结余资金8.2亿元未上缴财政；市公积金管理中心等11个单位上年结余结转资金2.6亿元未纳入预算；静海区法院等19个单位超发津贴补贴268万元；市农科院等12个单位无预算或超预算列支“三公”经费、会议费等89万元；市体育局等11个单位涉及90亿元的已完工项目未转增固定资产，市档案馆等8个单位312万元资产未入账；滨海教育矫治所等15个单位往来款5913万元长期未清理；市女子监狱等24个单位未按规定管理使用生育津贴825万元；武清区法院等4个单位长期租车但未经公车管理部门审批。

三大攻坚战审计　对与甘肃、河北承德对口支援和扶贫协作项目资金开展审计。对援甘项目资金审计发现庆城县、宁县部分“折股量化”资金未记账核算，涉及金额1602万元；宁县标准化村级卫生室未计入固定资产，涉及金额160万元；庆城县帮扶资金855万元未实行国库集中支付，直接拨付项目使用单位或受益人；灵台县7个帮扶项目未在扶贫项目库中，涉及金额300万元；合水县园区基地共建、重修水毁路等10个项目资金拨付迟缓，涉及金额133万元。对援承项目资金审计发现围场县标准化村级卫生室未计入固定资产，涉及金额453万元；围场县卫生院项目和马铃薯储藏窖项目未进行竣工财务决算，涉及金额425万元；平泉市垃圾焚烧站的环保设施配套项目未验收，涉及金额350万元。

对西青区和津南区党政主要领导干部履行自然资源资产管理和生态环境保护责任情况进行任中审计。发现部分耕地、基本农田、生态保护区等被违规占用，其中西青区243处132.3公顷、津南区340处376公顷；部分河道水质考核不达标，西青区独流减河出境断面在34个有效监测月份中有30个月水质为劣V类，津南区大沽河、海河部分断面化学需氧量（COD）浓度高于V类标准；大气污染防治工作落实不到位，市生态环境局通报西青区问题61个、津南区问题11个；西青区2项重点水利工程未按批复文件实行代建制管理，建设管理费超标45万元。

疫情防控资金和捐赠款物专项审计 按照审计署统一部署，对8.8亿元疫情防控资金和社会捐赠物资开展专项审计。坚持“边审边防、边审边改、边审边建”，促进841万元资金及时使用，促使4个机构完善捐赠信息公开工作，推动25家单位建立健全资金和物资管理制度29项。

民生审计 对天津市公租房管理使用情况及滨海新区、东丽区、静海区、蓟州区保障性安居工程资金进行审计。发现市住房城乡建设委、市财政局未及时将发展住房租赁市场中央专项补助资金10亿元分解下拨；东丽区将棚改专项资金8.9亿元用于还贷和出借；下达滨海新区、蓟州区的中央专项资金7755万元未及时使用；东丽区等3个区老旧小区改造项目中存在未批先建、未实行政府采购、未履行变更手续、投标人串通投标；大寺新家园B、G地块公租房空置率偏高，分别为51.1%和81.3%；蓟州区、东丽区老旧小区改造项目未及时支付工程款3016万元；蓟州区保障性安居工程未按建设任务安排预算，资金缺口756万元，2020年度绩效管理指标未完成；市住房保障服务中心重复发放公租房补贴和市场租赁补贴9万元等问题。

按照审计署统一部署，对基本养老和基本医疗保险基金进行审计。发现市地方政策与国家政策不一致，将冬季取暖补贴等统筹外项目纳入基本养老保险基金支付范围，2018年至2020年累计发放35.6亿元；依据地方规定调低企业职工基本养老保险的缴费下限；女性灵活就业人员退休年龄界定不符合国家政策；违规减免78家不符合条件单位社会保险费1849万元，未减免6家符合条件单位社会保险费66万元；102人跨省重复享受养老保险待遇；市医保中心塘沽分中心等14个医保经办机构重复报销异地就医票据38万元；蓟州区中医医院等139家定点医疗机构存在违规重复收费等问题，造成医保基金多支付856万元；宝坻区人民医院等2家公立医院违规线下采购药品9243万元；静海区2家中介机构为1329名灵活就业人员虚构劳动关系，使其违规获得医疗保险个人账户注资等问题。

经济责任审计 对西青区等6个区开展经济责任审计，发现津南区、红桥区当年预算编制不完整，结余结转资金75.4亿元未纳入预算；南开区等6个区未及时收回超过2年的项目结余结转资金和当年执行率不足30%的项目资金7.7亿元；南开区2018年至2019年项目支出挂账2.7亿元；西青区等4个区向区属单位出借财政资金逾期未收回86.8亿元，用于土地整理、拆迁补偿、困难企业发放工资等；和平区挪用市财政专项资金3亿元，用于化解企业债务；红桥区等3个区所属单位非税收入4598万元未执行“收支两条线”；西青区等3个区对企业投资381.2亿元未记股权投资，河东区等5个区涉及84亿元的1141处土地、房产等未纳入资产管理；津南区、南开区所属单位出租国有资产应收未收租金3617万元等问题。

固定资产投资审计 充分运用京津冀三地审计机关协同审计工作机制，组织开展京津冀交通一体化政策落实情况审计。发现京津冀交通一体化统筹协调小组联席会和执法联络会召开频次未达到规定要求；京滨、京唐高铁各有3个征拆难点堵点影响建设进度，滨玉公路受河北省“飞地”征拆影响未实现津冀贯通；天津港已建成的

23套岸电设施中有11套闲置，使用岸电设施的船舶仅占11.3%；数据资源交换平台更新和共享不及时。

农业农村审计 对武清区、宁河区2个区开展2018年至2019年乡村振兴相关政策和资金管理使用情况审计。发现宁河区生猪调出大县奖励资金滞留闲置，涉及资金973万元；宁河区2018年支持家庭农场项目任务目标未完成，项目资金闲置1年以上，涉及资金40万元；武清区在公厕项目尚未验收的情况下将资金拨付施工单位，涉及资金40万元。

金融审计 对7家地方金融机构资产质量和经营风险进行审计调查。发现天津银行向2家不符合条件的企业发放贷款1141万元；天津银行将5.1亿元贷款的抵押品评估费转嫁给借款人；天津农商行发放给个人的8笔1740万元贷款未按合同约定用途使用。

外资运用审计 完成对亚洲开发银行贷款海河河口地区污染控制与生态恢复项目、世界银行贷款天津城市交通改善项目及全球环境基金赠款中国可持续城市综合治理试点项目审计。

企业审计 按照中央和天津市部署要求，进一步加大国有企业审计力度，围绕防控国有企业风险、推进国有企业改革、保障国有资产安全，重点开展国有企业经济责任审计、地方金融机构资产质量和经营风险审计调查、文化企业国有资产使用（运营）管理情况审计。国有企业经济责任审计方面，对能源集团等7户市属国有企业开展经济责任审计。发现中环集团所属公司为完成考核指标虚列研发费用3638万元；泰达控股等5户企业对投资企业失控失管、股权投资失败，形成损失及损失风险7672万元；中环集团等5户企业违规使用资金、违规担保等，涉及金额201.2亿元；能源集团改燃工程已投入使用但长期未决算，涉及金额70亿元；泰达集团未对停产停业的11家子公司进行清算，违规将援外项目转包给子公司。文化企业审计方面，对北方演艺集团、出版传媒集团国有资产使用（运营）管理情况开展审计。发现北方演艺集团及所属分公司收支不实，涉及金额8011万元；2户企业未严格执行“三重一大”相关制度，涉及金额6234万元；2户企业对财务管理、资产处置和领导人薪酬管理等内部控制制度建立和执行不到位，涉及金额256万元；2户企业执行财经法规等政策规定不到位，存在未按规定核销清产核资损失、违反中央八项规定精神等问题，涉及金额8889万元；北方演艺集团及所属分公司554万元经济行为未缴纳相关税金。

专项资金审计 按照审计署统一部署，对市工业和信息化局等22个单位开展信息系统审计，发现市规划资源局等10个单位21个信息系统未启动等级保护；出版传媒集团等6个单位未建立应急预案、保密承诺等网络安全制度；北方演艺集团等2个单位未按规定确定网络安全负责人，未落实网络安全保护责任；泰达国际集团等2个单位3个信息系统未定期进行等级保护测评；能源集团等2个单位5个信息系统未与用户签署保密协议；市农业农村委2个关键信息基础设施系统未进行风险测评。

信息化建设 全面启动金审工程三期项目建设，成立市审计局金审工程三期项目领导小组，出台《天津市审计局金审工程三期项目建设管理规定》《天津市审计局金审工程三期项目外聘人员管理规定（初稿）》《天津市审计局加快推进金审工程三期项目建设的措施（初稿）》，建立逐月报送转发计划及落实情况和项目意见建议反馈的工作机制。按照金审工程三期的各项建设要求和技术标准，同时结合国产化工作的相应要求，对项目初步设计进行调整变更，经专家评审、论证后，提交审计署、市委网信办等有关部门，完成变更申报书批复及再次变更申报书备案。金审工程三期软硬件建设项目合同在征求项目招标采购审核组、律师事务所、监理意见后履行合同签订程序。按照审计署下发的网络、安全、支撑环境建设和应用系统部署等指南的要求，做好机房规划。在16个区审计局的IPv6测试测通的基础上，完善审计专网和建设审计数据分析网方案，确定应用系统支撑环境，配置网络、安全及服务器设备选型，确保审计机关之间网络互联互通。

审计科研 完成2019年审计署重点课题“大数据背景下智慧型审计的构建与实施”结题评审，课题报告入选审计署优秀重点课题文集。组织各区审计局及市审计局各处室、内部审计单位分别完成中国审计学会、中国内部审计协会合作课题和局级课题 11 个，征集审计案例 39 个、各类主题征文 40 多篇，编辑出版《国家审计与内部审计优秀课题论文集》。

审计查出问题整改 完成审理文书次数达到 730 余次，包括 198 份审计报告的 2 次审理和 29 份审计决定、81 份审计事项移送处理书、191 份协查通知、34 份直达资金文书及相关专报等的一次审理工作。完成《关于进一步加强审计整改工作的意见》起草审核等工作，11 月，以市委审计委员会的名义印发全市执行。与市纪委、市监委研究印发《关于进一步加强市纪委监委与市审计局协作配合的意见》，切实打通审计执法“最后一公里”。与市纪委研究印发《关于进一步规范纪检监察机关接收办理审计机关移送问题线索工作的意见》，从 4 个方面明确 10 项线索接收和查处的具体内容。与市纪委监委启动会商机制 44 次，移送纪委监委线索 46 件，配合专案组调取项目资料和了解审计项目情况 4 次，协助 2 个轮次巡视组工作，提供 36 个单位审计报告和整改报告，并协调审计组随时介绍项目情况。参加市委政法委组织专题会议，对加强政法、审计机关协作配合，规范线索移送工作进行研究，形成《政法审计机关强化协作配合规范线索移送工作专题会会议纪要》。

内部审计 按照审计署和天津市内部审计相关规定要求，做好内部审计资料备案工作，组织市级行政事业单位、市属国有企业报送年度内部审计计划、内部审计基本情况以及上一年度内部审计工作总结和内部审计成果。修订完善《天津市审计局关于深入贯彻落实有关内部审计工作规定和意见的通知》。举办 2020 年全市内部审计培训班，全市市级行政事业单位、市属国有企业、医院、高校及区级审计机关 140 家单位 153 名内部审计机构负责同志和业务骨干参加培训。

相关工作 制订年度中心组学习安排、党员干部政治理论学习计划。围绕 12 个专题组织集中学习研讨 11 次，举办中心组、支部书记读书班 3 个。撰写中心组理论征文、体会文章、典型经验、自荐材料 4 篇和半年、全年学习情况报告。组织各支部给党员过“政治生日”，成立青年理论学习小组，举办第二期青年党员理论培训班，进行理想信念教育。制订党的十九届五中全会精神宣传工作方案，安排党组书记和京津冀特派办、市委党校、南开大学专家教授作辅导，为各支部订阅党报党刊和学习用书。编辑《党员应知应会 100 题》，在党组会、各类培训班上以考促学。管好用好局域网“机关党建”“审计风采”2 个栏目，党务工作者 2 个微信群，定期更换宣传展板。督促各党支部书记密切关注党员干部思想动态，落实好谈心谈话制度。制定落实《党委（党组）意识形态工作责任制实施办法》和工作规范的措施，撰写局党组、机关党委半年、全年意识形态工作报告。

新冠肺炎疫情发生以来，第一时间制发《致各党支部及全体党员的一封信》；两次连夜组织各支部报名下沉社区、推动复工复产，先后有 126 名党员干部下沉社区、下派企业；全局在职、离退休党员在 1 天时间里捐款 12.8 万元；综合部门 95 名党员在单位驻地社区轮流值守 105 天，各党支部、临时党支部坚决有力推动疫情防控责任落实，充分发挥出党组织的战斗堡垒作用；2 篇经验材料在《天津支部生活》《机关党建》杂志刊载。2 人被评为市级机关优秀共产党员。3 人被授予天津市五一劳动奖章。1 人被授予天津市三八红旗手，1 人被授予“市级机关最美女性”称号，1 人被授予“天津市巾帼建功标兵”，金融一处被列入“全国巾帼文明岗”公示。天津市审计局被授予 2019 年度河西区青年文明号，1 人被授予“天津青年创新能手”。

研究制定建设高素质专业化审计干部队伍的实施意见，修订《市审计局干部交流轮岗办法》《市审计局福利费管理办法》《市审计局平时考核办法》。完成 16 名副处长选任和晋升职级 134 名（其中 4 名二级巡视员、11 名四级调研员、119 名一级主任科员以下人员）。修订干部交流轮岗办法，对 29 名干部进行交流轮岗。推荐 5 名优秀年轻干部入选审计署援外审计人才库，4 名干部参加联合国审计，得到审计署的好评。选派 12 名业务骨干到审计署、市纪委、市委巡视组等部门帮助工作。以审计署大讲堂为依托，先后 2 次聘请市有关单位领导和专家来局授课，自主开展为期 1 周的集中整训。选送局、处级领导干部和优秀业务骨干 20 多人次，赴国家行政学院、审计署审计干部教育学院、市委党校等单位培训；

组织500多人次参加线上培训，组织43名符合条件人员参加政治理论任职资格考试。先后组织遴选公务员6名，筛选、接收4名优秀军队转业干部，进一步优化干部队伍年龄、知识和专业结构。

制定和修订行政规范性文件《天津市审计局关于深入贯彻落实有关内部审计工作规定和意见的通知》，以及党内规范性文件《中共天津市审计局党组关于印发"三重一大"事项决策工作实施办法的通知》《中共天津市审计局党组关于废止部分内部规章制度的通知》。组织民法典专题讲座，组织部门干部参加网上学法用法学习考试，在宪法宣传周活动中，组织支部党员学习宪法、观看第十七届全国法治动漫微视频优秀作品展播。（撰稿人：崔　瀚）

【和平区审计局】　2020年，和平区审计局人员编制42人。局长马洪新，副局长陈青松、吴飚、李娜。设有办公室、人事教育科、法制科（中共天津市和平区委审计委员会办公室）、经济责任审计科、财政审计科、行政事业审计科、企业审计科、固定资产投资审计科、内部审计指导科和电子数据审计科。

审计成果　2020年，和平区审计局完成审计项目31个。查出主要问题金额31694.76万元，其中违规金额14.84万元、管理不规范金额31679.93万元；出具审计报告20篇，下达审计决定书5份，移送处理书4份。编发各类审计信息132期，被市审计局采用110篇次，被和平区委和区政府采用28篇次；报送宣传稿件被《中国审计报》采用1篇次。

审计委员会办公室工作　5月、8月、12月，分别组织召开区委审计委员会第三次、第四次、第五次全体会议，学习传达习近平总书记对审计工作的重要指示精神和市委审计委员会的重要精神，经区委审计委员会审议，制订全年审计项目计划，制定《关于落实〈天津市关于深入推进审计全覆盖的实施意见〉的措施》《和平区经济责任审计工作规划（2020—2024年）》以及天津市和平区经济责任审计工作联席会议议事规则和办公室工作规则等。

政策落实情况跟踪审计　按照天津市审计局统一部署，和平区审计局对和平区2019年全民健身设施建设情况开展专项审计调查，重点对项目组织与管理、器材采购与安装、资金拨付与使用、项目验收与调拨、设施使用与维护等情况进行审计调查，并对17个健身园的全部健身设施器材进行现场审核。对和平区2019年9月至2020年8月老年人助餐服务情况进行专项审计调查，对老年人助餐工作组织情况、老人家食堂开设情况、助餐补贴申请及发放情况、助餐服务信息化平台建设及使用情况及助餐服务评估及监管情况进行深入调查。

财政审计　按照天津市审计局统一部署，完成和平区政府债审计调查。对和平区2019年本级预算执行和其他财政收支情况进行审计，审计结果表明，2019年本级预算执行和其他财政收支总体平稳，基本完成和平区第十七届人民代表大会第五次会议和和平区第十七届人大常委会第二十五次会议确定的目标任务，实现全年预算收支平衡。受和平区人民政府委托，将《关于2019年本级预算执行和其他财政收支审计查出问题整改情况的报告》向和平区第十七届人大常委会第三十三次会议进行汇报，并接受审议。

经济责任审计　受区纪检委、区委组织部的委托，对和平区9个单位10名党政领导干部的任期经济责任情况进行审计，下达审计决定9份，提出审计处理意见29条，审计建议18条，移送线索1件。坚持审计结果会商，召开经济责任审计会商会5次，根据会商结果落实提醒谈话。

固定资产投资审计　完成政府投资审计项目8个，涉审投资金额4.80亿元，核减财政资金38.43万元。审计发现问题17个，移送问题线索2件，提出审计相关建议15条，撰写调研参考1份，召开投资审计会商会3次。在房屋应急解危资金专项审计调查中，坚持以问题为导向，挖掘群众对房屋应急资金真实需求，发现和平区房屋应急解危资金使用存在问题，撰写《关于和平区房屋应急解危专项资金高效便捷使用的对策建议》调研简讯。

联网实时审计　持续开展部门预算执行及其他财政收支全覆盖审计工作，将全区一级预算单位一次性纳入审计范围，强化模型设计，提高模型批量处理分析功能及模块精准度，明确8个重点审计事项，覆盖预算执行、重点项目资金使用、“三公”经费管理、资产管理等方面，同时提升大数据分析及疑点筛查的精准度和灵活度。建立联网实时审计与立项审计的互通机制，将联网实时审计与本级预算执行审计、经济责任审计、重大政策措施落实审计项目有效融合。

内部审计 履行“服务、管理、宣传、交流”职能，全方位抓好内部审计指导工作。配合市内部审计协会开展内部审计先进集体和先进工作者评选工作，并结合当前内部审计工作新形势、新要求及相关内部审计业务指导向全区各单位发布内部审计工作指要，量化全区内部审计工作成果，全面总结内部审计工作成效，注重对全区内部审计工作的指导和服务，答疑解惑。

相关工作 加强党组织体系建设，严把基层党建工作职责，推进党支部标准化、规范化建设，健全党支部工作制度和运行机制实现100%，党支部制定并落实党务公开目录清单实现100%。筑牢思想引领，严明党的纪律，利用“三会一课”和主题党日，开展对《习近平谈治国理政》第三卷，党史、新中国史、改革开放史、社会主义发展史等各项学习，处级党员干部等带头主讲党课4次，开展廉政教育12次。深化作风建设，严把选人用人关，按照制度程序提拔副科长3名，晋升一级主任科员1名、三级主任科员4名、四级主任科员2名，全部通过区委组织部的审查和备案。推进疫情防控和审计监督“双战双赢”，局领导带头，组织全局70%的党员干部参加新兴街、小白楼街社区疫情防控工作，先后选派7人参加香槟小镇等4处医学观察隔离点工作、11人参加经联大厦等3处商务楼宇防控职守和复工复产，按时做好9家“双万双服”企业定期联系和入户走访。深入社区开展“和平夜话”活动，虚心听取群众意见，重要节日走访慰问包保社区困难群众。结合创文创卫，定期开展对困难道德模范和蓟州山区小学的慰问帮扶，参加卫生清整和“文明交通　安全出行”活动。

（撰稿人：李　晓）

【河东区审计局】 2020年，河东区审计局人员编制42人。中共天津市河东区委审计委办公室主任、党组书记侯起，局长张大勇，一级调研员吴海龙，副局长彭承荣、何云翔，河东区审计局经济责任审计办公室主任彭承荣（兼）。设有办公室、组织人事科、财务科、法制科、内部审计指导科、社会保障审计科、财政审计科、行政事业审计科、经济责任审计科、固定资产投资审计科、联网审计科。

审计成果 2020年，河东区审计局共完成审计项目23个。查出主要问题金额27945.53万元，其中管理不规范金额27945.53万元；审计发现非金额计量问题9个；出具审计报告和专项审计调查报告14篇，上报市审计局报告5篇，检查报告1篇。审计处理处罚金额9.44万元，其中应上缴财政9.44万元。审计期间整改金额303万元；审计促进整改落实有关问题资金24263.77万元；审计促进拨付资金到位2159万元。审计提出建议13条；提交审计信息49篇，被批示、采用30篇次。

2018年河东区部门预算执行和其他财政收支情况的审计项目被评为天津市优秀审计项目。

政策落实情况跟踪审计 对全民健身设施建设、社区老年人就餐服务和中央直达资金管理使用等情况开展跟踪审计。通过审计，发现国家政策执行过程中存在的问题，提出审计意见和建议，督促及时整改，促进各相关单位完善制度措施，推进政策落实，提升政策的执行效果。

财政审计 开展区本级预算执行及其他财政资金审计、区级部门预算执行及其他财政资金全覆盖审计，参与河东区“小金库”的自查检查工作和全市“小金库”大检查项目。

疫情防控资金和捐赠款物专项审计 及时摸清2020年新冠肺炎疫情财政资金、捐赠资金及物资的总体情况，重点对资金和物资的筹集、分配、拨付、管理和使用等情况开展跟踪审计，延伸审计红十字会、慈善协会、河东区财政局、河东区民政局、河东区卫健委、部分街道办事处、河东区疾病控制中心和发热门诊等17个政府机构和单位，涉及资金近4000万元，促进财政资金、捐赠资金及物资安全高效使用，保障政策落实到位。

经济责任审计 经区委审计委员会研究同意，制定下发《河东区经济责任审计工作联席会议议事规则》《河东区经济责任审计工作联席会议办公室工作规则》《河东区经济责任审计对象分类管理办法》等文件，制订《河东区审计局2020年区管部门主要领导干部任期经济责任审计工作方案》，进一步加大任中审计力度，探索开展党政同审，提升经济责任审计质量和效能。受河东区组织部委托，共对14名处级领导干部实施经济责任审计。

固定资产投资审计 围绕全区中心工作，开展“摸家底”审计，开展棚户区改造项目专项调查。按照天津市河东区领导要求，抽调力量对天津市河东区2017年至2019年棚户区改造项目投资情况进行摸底调查，重点关注5家投资平台所涉及的项目投融资情况和债务情况，共涉及棚户区48片，面积27.73万平方米，11694户，改造成本2040906万元。在棚户区改造工程和老旧小区改造工程专项审计调查工作中，探索借助社会审计力量和招聘专业人员参与审计，加强国家审计与社会审计的协调配合。

企业审计 对河东区属国有企业存量情况进行审计调查，调查范围为国资部门监管的和政府机关、事业单位出资成立并监管的国有及国有控股公司，重点关注国有经济布局情况、政企分开执行情况、是否存在脱离监管企业和“僵尸企业”等情况。区审计局以调查结果为基础，完善审计对象数据信息，进一步研究新形势下国有企业审计的思路和措施，为河东区委、区政府推进国企改革提供有力的审计支撑。

专项资金审计 11月5日至11月20日，对2019年至2020年9月底河东区社区党群服务中心达标建设专项经费进行审计调查，重点关注收入支出结余情况，履行“三重一大”情况。

联网实时审计 利用大数据资源，结合区级部门预算执行和其他财政收支情况的审计，对部门预算执行、重大政策措施落实、贯彻执行中央八项规定精神等情况进行联网大数据审计，共下发疑点数据1083条，涉及核查单位39家，核查资金8122.06万元。

内部审计 制定下发《河东区预算单位及下属基层单位开展内部定期审计工作的办法》，进一步发挥内部审计的预警作用。研究制定《河东区2020年内部审计工作安排意见》，从内部定期审计、工作调研、通联宣传、业务培训等方面，对河东区内部审计工作进行安排部署。

相关工作 学习贯彻习近平新时代中国特色社会主义思想，聚焦“不忘初心、牢记使命”，以党员领导干部为重点，一体推进“学习教育、调查研究、检视问题、整改落实”，认真落实“六个一”学习部署要求，采取多种形式开展革命传统、形势政策、先进典型、廉政警示、党史、新中国史教育，亮明党员身份、设立示范岗，组织党员干部深入开展“敢担当、勇作为”“四比一创”等“十个一”系列活动，推动党员到居住地和属地社区党组织双报到，开展慰问困难党员、“审计行·爱传递志愿服务”活动、创文创卫、“智能手机课堂”、“向群众汇报”等志愿服务主题党日，进一步巩固“红旗党支部”的创建成果。

（撰稿人：苏　阳）

【河西区审计局】 2020年，河西区审计局实有36人。局长支学昆，副局长赵艳、张钟、丰珊，四级调研员郎玲。设有办公室、组织人事科、法规科、财政审计科、行政事业及社会保障审计科、经济责任审计科、固定资产投资审计科、政策跟踪及资源环保审计科、企业审计科、联网审计科、内部审计指导科；下设河西区审计事务服务中心。

审计成果 2020年，河西区审计局共完成审计项目29个，其中审计24个、专项审计调查5个。查出主要问题金额237029.72万元，其中违规金额125.93万元、管理不规范金额236903.79万元；审计发现非金额计量问题12个；出具审计报告和专项审计调查报告29篇。审计处理处罚金额125.93万元，其中应上缴财政125.93万元；移送司法机关、纪检监察机关和有关部门处理事项2件。审计促进整改落实有关问题资金177.40万元。审计提出建议42条；提交审计信息153篇，被批示、采用114篇次。向社会公告审计结果1篇。

河西区审计局被授予天津市审计机关先进集体。

政策落实情况跟踪审计 关注减税降费、清理拖欠民营企业中小企业账款政策落实，全民健身设施建设、老年人助餐服务、提升教育发展品质和学前教育、河沿路菜市场托管期间垫付资金等各类专项审计。开展新增财政资金直达市县基层直接惠企利民情况专项审计，涉及 237 个项目。

财政审计 对全区 175 个一、二级预算单位和 388 个预算项目进行审计，发现本级财政预算管理存在部分预算单位专项资金执行率不高、财政部门委托第三方实施绩效评价未制定相关制度、财政总预算往来款长期挂账未及时清理等问题；部门预算执行审计发现执行"三重一大"集体决策程序不规范等 6 类问题。

疫情防控资金和捐赠款物专项审计 成立防疫物资资金审计小组，延伸审计政府机构和事业单位 27 家，对疫情防控资金拨付管理、社会捐赠款物的分配和使用，开展全过程跟踪审计。

经济责任审计 制定《河西区经济责任审计工作联席会议议事规则》《河西区经济责任审计工作联席会议办公室工作规则》和《河西区经济责任审计工作规划（2020—2024 年）》，对 15 个单位部门 40 名处级领导开展经济责任审计。

固定资产投资审计 对改造古海道、双水道地区"海绵城市"试点建设项目实施竣工决算审计。加强对区城建系统重点单位的监督力度。开展政府投资项目全过程审计。

企业审计 加强对区属国有企业土地收购成本和融资成本的控制，与区财政局、区国资委对区属国有企业资金管理情况进行联合专项检查。

专项资金审计 完成"小金库"专项治理等各类专项检查工作，累计派出 37 人次参加全市土地出让情况专项审计、东西部扶贫审计，以及市区各级巡视、巡察等工作。结合经济责任审计项目，同步实施信息系统审计。对全区 14 个街道"两委"重点培养人考察对象、社区党组织委员候选人初步人选和提名候选人进行审查，出具审查情况报告。

内部审计 利用微信群加大线上培训指导力度；推进区属企业建立现代内部审计模式；撰写的《新时代基层审计机关指导监督内部审计路径优化研究》论文，获得审计署内部审计研究课题论文评选表彰。

相关工作 提高审计机关政治属性，推动在职党员开展"双报到"和"双万双服"活动，开展关爱帮扶社区困难家庭和贫困群众活动。建立区审计局党员志愿服务队。全年共完成 12 名干部的职务调整及职级晋升和 2 名审计事务中心干部的续聘工作；安排 1 名新招录选调生到社区任职。

（撰稿人：冯　珵）

【南开区审计局】 2020 年，南开区审计局实有 42 人。局长张金刚，副局长魏丽娟、秦剑宇，副处级调研员武桂敏。设有办公室、组织人事科、法制科、内部审计指导科、行政事业审计科、财政审计科、企业审计科、固定资产投资审计科、经济责任审计科、联网审计科。

审计成果 2020 年，南开区审计局共完成审计项目 32 个，其中审计 26 个、专项审计调查 6 个。查出主要问题金额 107605 万元，其中管理不规范金额 107605 万元；审计发现非金额计量问题 30 个；出具审计报告和专项审计调查报告 23 篇。审计处理处罚金额 4 万元，其中应调账处理金额 4 万元；移送司法机关、纪检监察机关和有关部门处理事项 2 件，移送处理金额 18 万元。审计促进整改落实有关问题资金 3 万元；核减投资额 165 万元。审计提出建议 23 条；提交审计信息 83 篇，被批示、采用 59 篇次。

政策落实情况跟踪审计 围绕推动经济高质量发展，持续将减税降费、清理拖欠民营企业中小企业账款等融入审计项目。关注降低企业创办成本和综合融资成本、放宽市场准入情况；关注清理拖欠民营企业中小企业账款，促进政策落地生效。

财政审计 开展区 2019 年度预算执行和决算草案审计，对 58 个部门预算执行和其他财政收支情况进行审计调查。关注财政管理、民计民生、债务风险，关注财政预算绩效评价各环节，促进绩效评价管理体系建设，提高财政资金使用效益。代区政府向区人大常委会作 2019 年度本级预算执行和其他财政收支审计工作报告，以"报告＋问题清单"形式全面反映审计情况。在区政府门户网站公告 2019 年度本级预算执行和其他财政收支审计工作报告，接受社会监督。

三大攻坚战审计 审计东西部扶贫对口支援资金使用情况，涉及甘肃省庆城县、环县、夏河县 21 个部门单位，延伸扶贫企业、扶贫车间、合作社、医院等相关部门单位及乡镇、行政村 25 个，走访农户 12 户。

疫情防控资金和捐赠款物专项审计 开展应对新冠肺炎疫情防控资金和捐赠款物情况审计，重点审计社会捐赠款物的接受、分配使用、管理和信息公开情况等。

民生审计 开展区全民健身设施建设情况专项审计调查，重点关注器材采购与安装、资金拨付与使用、项目验收及调拨、设施使用及维护情况。开展老年人助餐服务情况专项审计调查，重点关注食堂开设与运营、助餐补贴申请与发放、信息平台建设与管理、助餐服务评估与监管等情况。审计区义务教育和学前教育经费保障机制情况，重点关注教育资金安排拨付情况、公用经费拨款情况、转移支付资金管理使用情况等。

经济责任审计 贯彻落实两办《规定》和中央审计委员会办公室年度经济责任审计工作指导意见，修订完善区经济责任审计工作联席会议议事规则及其办公室工作规则。制定《南开区经济责任审计工作规划（2020—2024）》。强化审计整改，加强与组织部门、督查部门、纪检监察共享联动机制，规范财经纪律和经济秩序。完成经济责任审计项目 10 个，移送案件线索 2 件。

固定资产投资审计 对五马路小学扩建工程竣工决算情况开展审计。关注项目资金收支情况、实际资金拨付和支出情况、建设程序审查情况、工程结算审核情况、工程决算审核情况等方面存在的问题，提出处理意见。揭示项目建设存在管理漏洞和风险隐患，送审金额 6843 万余元，审减额 165 万余元。

企业审计 对南开城市建设投资有限公司 2013 年 7 月至 2016 年 2 月期间领导干部经济责任履行情况进行审计。发现工程完工未决算、履行基本建设程序不严格擅自开工建设、工程未全面验收合格已投入使用、资产负债率超过 70%等问题，提出审计建议。

专项资金审计 对广开街道办事处、鼓楼街道办事处、兴南街道办事处、水上公园街道办事处社区服务群众专项经费使用情况进行审计，发现固定资产未入账、程序执行不规范等问题。参加区“小金库”专项治理，与区财政局联合对 34 家整改单位 61 个问题进行检查复核，检查复查面 100%。

信息化建设 按照金审工程三期建设要求，配备硬件和软件。

内部审计 推动全区建立健全内部审计工作机制，完善内部审计组织和工作模式。创新方式方法，推动内部审计主动融入单位日常管理过程。发挥内部审计机构在实现一级预算单位审计的全覆盖作用，推进内部审计指导监督与重点审计项目融合开展。

相关工作 开展“不忘初心、牢记使命”教育实践活动及“作风建设年”活动。参加疫情防控和助推企业复工复产“双战”任务。围绕内部审计工作、信息系统审计、领导干部经济责任审计等 6 个专题，组织区属单位相关人员培训达 340 余人次。（撰稿人：马少波）

【河北区审计局】 2020 年，河北区审计局实有 37 人。局长王凌，副局长张趁祥（3 月—）、程凤香、刘金贵（—12 月）、王文英（12 月—）。设有办公室、人事教育科、综合业务科、法制审理科、经济责任审计科、内部审计指导监督科、电子数据审计科、财政审计科、社会保障审计科、行政事业审计科、固定资产投资审计科、企业审计科。

审计成果 2020 年，河北区审计局完成审计项目 28 个。查出主要问题金额 119891.94 万元，其中违规金额 766.16 万元、管理不规范金额 119125.78 万元；审计发现非金额计量问题 50 个；损益（收支）不实金额 459.03 万元；出具审计报告、专项审计调查报告、审计结果报告等 38 篇。审计处理处罚金额 110079.19 万元，其中应上缴财政 140.7 万元、应归还原渠道资金 450.46 万元、应调账处理金额 109488.03 万元。审计促进整改落实有关问题金额 109713.44 万元；促进拨付资金到位 1809.31 万元。审计提出建议 133 条，被采纳 133 条；促进 2 家被审计单位制定、完善规章制度；提交审计信息 67 篇，被批示、采用 74 篇次。向社会公告审计结果 1 篇。

政策落实情况跟踪审计 开展清理拖欠民营企业和中小企业账款审计、高新技术企业认定执行和企业研发投入后补助政策执行审计、河北区新增财政资金直达市县基层直接惠企利民情况专项审计等项目。

财政审计 开展预算执行和其他财政收支情况审计、部门预算执行全覆盖审计，严格预算约束和财经纪律，促进财政资金提质增效。

三大攻坚战审计 对2020年及以前年度政府债券预算管理及信息公开情况、资金管理和使用情况、政府隐性债务化解情况进行监督。参与市审计局统一组织的东西部扶贫协作政策落实和资金管理使用情况专项审计。

疫情防控资金和捐赠款物专项审计 开展疫情防控资金和捐赠款物专项审计，先后对河北区12个政府机构、单位进行审计，涉及财政资金1811余万元、捐赠资金315余万元，共发现问题14个。积极推动整改，促进2个单位建立健全相关制度。

民生审计 开展老年人助餐服务专项审计调查、全民健身设施开展情况专项审计调查、义务教育和学前教育经费保障情况专项审计等项目，推动惠民政策落实落地，提升人民群众获得感、幸福感。

经济责任审计 开展领导干部经济责任审计项目10个，审计领导干部14人，其中党政同审项目4个。

信息化建设 成立局网络安全和信息化办公室，完成年度“一张网”系统等级保护测评工作，及时将区财政和区级预算单位财务数据上传“一张网”后台。

内部审计 指导辖区单位内部审计工作，在市内部审计协会2017年至2019年内部先进集体和先进工作者评选工作中，获得1个先进集体、2个先进个人荣誉。

交办任务 按照区委区政府部署要求，完成清理违规公款支付应由个人担负费用情况专项检查、清理“小金库”专项检查、清理违规发放津补贴专项检查、区行政事业单位及国有企业资产核查、区属企业改制中资产清查情况专项审计等审计任务，有效发挥审计监督保障职能。按市审计局统一安排，参加全市“小金库”问题专项治理交叉互查；参加全市土地出让专项审计调查。

相关工作 召开河北区委审计委员会第三次、第四次和第五次全体会议，推进完善疫情防控措施、强化审计监督、加强审计整改、做好审计先进典型宣传等相关工作。充分发挥党建引领作用，认真落实全面从严治党主体责任，教育引导党员知责明责，履职尽责，勇于担当。

（撰稿人：李仲渊）

【红桥区审计局】 2020年，红桥区审计局实有32人。党组书记、局长李萍，副局长于滨、张红砚、卢敢、陈岚。设有办公室、组织人事科、法规审理科、内部审计指导科、电子数据审计科、行政事业审计科、企业审计科、财政审计科、固定资产投资审计科、经济责任审计科。

审计成果 2020年，红桥区审计局共完成审计项目26个，其中审计24个、专项审计调查2个。查出主要问题金额6413.31万元，其中违规金额1477.58万元、管理不规范金额4935.73万元；审计发现非金额计量问题69个；出具审计报告和专项审计调查报告35篇，被批示、采用18篇次。审计处理处罚金额3550.78万元，其中应上缴财政1283.36万元、应调账处理金额2267.22万元；移送司法机关、纪检监察机关和有关部门处理事项5件，移送处理人员33人，移送处理金额122.81万元。审计促进整改落实有关问题资金559.55万元；移送处理落实事项4件。审计提出建议14条，被采纳8条；提交审计信息172篇，被批示、采用116篇次。向社会公告审计结果1篇。

天津市红桥区市容园林委员会领导干部经济责任审计项目被评为天津市审计局表彰审计项目。

财政审计 开展区级预算执行和部门预算执行审计，对财政资金使用绩效、区级财政管理和部门预算执行、重大政策措施落实、公共和民生等专项资金管理使用情况进行审计，审计工作报告得到区人大常委会充分肯定。利用大数据对全区180家一级、二级预算单位开展全覆盖审计，通过审计揭示“三公”经费管理使用不规范、未及时上缴应缴财政款、项目预算执行率偏低等问题，及时向区纪委监委移送公职人员经商办企业疑点线索。

三大攻坚战审计 持续跟踪区政府性债务变动情况，加大监督力度，推动防控债务风险。完成对2019年红桥区东西部扶贫专项经费管理使用情况的专项审计调查。选派2名干部与市审计局、区纪委监委等部门联合对甘肃合水县开展东西部扶贫协作和支援合作监督检查，促进援助资金规范使用。选派1名干部赴甘肃碌曲县审计局挂职，加强津甘两地审计业务交流。开展生态环境局及3个街道办事处党政领导干部自然资源资产管理和生态环境保护责任履行情况审计，推动实现经济发展和环境保护双战双赢。落实党中央提出的“六保”“六稳”工作要求，持续开展红桥区中央新增财政资金直达基层惠企利民专项审计。

疫情防控资金和捐赠款物专项审计 组织开展红桥区新冠肺炎疫情防控资金和捐赠款物专项审计，对区财政局、区卫健委、区发展改革委及区红十字会等9个疫情防控单位进行核查。延伸3个街道办事处，对疫情期间困难群众兜底保障情况进行专项审计。

民生审计 组织开展红桥区2019年老旧小区及远年住房改造工程项目专项审计，紧盯施工质量，真正把“民心工程”监督好，让百姓满意。根据天津市审计局统一安排，对保障性安居工程、全民健身设施建设、老年人助餐服务情况开展审计，助力民心工程达标。7月，审计署副审计长陈健来天津市调研民生审计情况，红桥区审计局被选为代表作汇报发言。

经济责任审计 组织开展区民政局、区生态局、铃铛阁街道办事处等10个单位13名领导干部经济责任审计。出台具体举措，进一步加强与区纪委监委、区委组织部、区委巡察办协同联动，形成有效贯通，增强监督合力。

内部审计 指导区国资委、区城管委建立内部审计工作机制，推动加强对内部单位监管。做好审计后半篇文章，召开42个单位参加的审计整改工作部署推动会，持续跟踪2016年以来审计查出问题整改情况，通过开展“回头看”，进一步督促审计查出问题整改落实，确保见底到位。

交办任务 按照区委区政府要求，发挥审计专业优势，助力区属国有企事业单位改革，完成铃铛阁地块征地拆迁、区供热系统4个单位、潞河环境公司及相关单位专项审计，为区委区政府决策提供服务。组织开展红桥区“小金库”问题专项治理，抽调4人指导开展三轮“小金库”区内自查，向区纪委移送“小金库”问题线索1件；选派5人参加天津市“小金库”问题专项治理对其他区的重点检查。抽调5人参加天津市审计局统一组织开展的土地出让情况专项审计，1人参加市委巡视，2人协助市纪委办案。

（撰稿人：陈柏羽）

【东丽区审计局】 2020年，东丽区审计局实有34人。局长柴梅，副局长朱德勇、张祺睿、孙金柱。设有办公室、法制科、联网审计科、财政审计科、行政事业审计科、内部审计指导科、经济责任审计科、固定资产投资审计科、国有企业审计科。

审计成果 2020年，东丽区审计局开展10个方面41个审计项目，延伸审计110个单位。查出违规金额1.76亿元、管理不规范金额85.58亿元。上缴财政资金2760.53万元；向区纪委监委移送拆迁资金问题线索1件，移送“小金库”问题线索50件；提出审计建议32条；向相关部门提交审计信息80余篇。

政策落实情况跟踪审计 开展东丽区2019年和2020年政府债务跟踪审计、2019年度天津市全民设施建设情况专项审计、老年人助餐专项审计、清理拖欠民营企业中小企业账款跟踪审计、减税降费跟踪审计等政策跟踪审计项目5个，延伸审计单位20个，提出审计建议8条。审计核实东丽区2020年度清理民营账款29笔共计7606.35万元，核实2020年新增减税降费149323.79万元，其中减税51400万元、降费97923.79万元。

财政审计 关注非税收入、专项资金使用、资产管理、结余结转资金。对53家区级一级预算单位2019年度预算执行情况进行大数据全覆盖审计，审计发现部分单位采购超出标准等问题，查出违规金额2754.51万元、管理不规范金额341129.33万元，上缴国库金额2754.51万元。开展2019年区级财政预算执行及决算全覆盖审计，通过大数据分析审计区财政6个其他财政专户并延伸区水务局等单位8家，发现预算编制不精准、预算执行缺乏硬约束、部分项目执行率偏低等问题，提出审计建议 3 条。

三大攻坚战审计 组织开展万新街道党政主要领导干部自然资源资产离任审计。揭示部署落实不力、工作机制不健全、有关部门和单位不作为慢作为假作为以及在资金管理使用中的突出问题，促进区域自然资源资产节约集约利用和生态环境保护。

疫情防控资金和捐赠款物专项审计 审计涉及财政资金 5524 万元、捐赠资金 1115 万元，延伸审计单位 20 个，提出审计建议 2 条。促进各单位高效使用和规范管理捐赠款物，帮助 21 个单位建立健全防疫资金、物资管理方面的规章制度 23 项。

民生审计 配合市审计局对区中央直达资金开展全过程跟踪审计。涉及 4 类资金 118 个项目，预算指标 7.32 亿元，全年拨付项目 68 个，拨付 6.71 亿元，支付率 91.6%。审计发现违规金额 4079.82 万元，均已整改完毕，相关资金退回原渠道。

经济责任审计 全年完成 21 个单位 32 名领导干部的经济责任审计，延伸审计单位 19 个，发现“三重一大”事项未履行民主决策程序等问题，查出违规金额 6.56 万元、管理不规范金额 34285.08 万元，上缴财政 6.02 万元，提出审计建议 27 条。

固定资产投资审计 完成原服务滨海委工程项目资金管理使用情况专项审计，发现未履行招标投标手续、违规转包、套取拆迁资金等问题，查出管理不规范金额 5.93 亿元、违规金额 1.08 亿元，提出审计建议 5 条。固化 2019 年度东丽区军粮城街拆迁安置情况专项审计调查问题证据，于 7 月移送区纪委监委。

企业审计 完成滨海创意投资发展有限公司等 7 家国有企业审计。发现账务处理不规范、内控制度执行不到位、“三重一大”程序未履行等问题，查出管理不规范金额 42.11 亿元，提出审计建议 22 条。

内部审计 全区所有 72 个一级预算单位以及有财务审批权的区委办、区政府办所属部门均成立内部审计领导小组，实现东丽区内部审计机构全覆盖。全年开展内部审计项目 91 个，其中财务收支审计 24 个、内部控制和风险管理审计 10 个、经济责任审计 13 个、其他审计 10 个，委托外包项目 34 个。

交办任务 开展“小金库”问题专项治理工作，牵头对全区 519 个单位进行全覆盖检查，对自查发现的 50 个“小金库”按相关规定及时处理，对 20 个专项治理问题督促整改落实到位，3 个“小金库”问题线索移送纪检监察机关后已立案。开展区政府相关审计项目整改落实工作。完成京津冀特派办关于 2019 年第四季度重大政策审计、天津市 2019 年财政收支及 2020 年第一季度政策跟踪审计及市审计局关于 2018 年部分社会救助资金专项审计调查、2018 年度市级预算执行和其他财政收支审计等项目审计发现问题的整改落实。开展 2020 年上半年政府债务审计调查。先后选派 3 人参加区巡视巡察工作，1 人参加市巡视巡察工作，1 人赴甘肃开展扶贫资金审计，5 人参加天津市土地领域巡查审计，3 人参加审计署税收审计，3 人次干部参加纪委监委专项调查，3 人参加集中留观点执勤。 （撰稿人：宋柯娜）

【西青区审计局】 2020 年，西青区审计局实有 32 人。局长高志，副局长魏奎成、魏津元、李鑫，二级调研员张建伟，四级调研员陈艳（10 月—）、王洪梅（10 月—）。设有办公室、综合科（审理科）、内部审计指导监督科、电子数据审计科、财政金融审计科、行政事业审计科、固定资产投资审计科、经济责任审计科；下设天津市西青区审计指导服务中心。

审计成果 2020 年，西青区审计局完成计划审计项目 29 个，完成委托交办审计项目 5 个。查出主要问题金额 52.84 亿元；审计发现非金额计量问题 103 个；审计促进整改落实有关问题资金 17.38 亿元。向西青区纪委监委等部门出具《审计移送处理书》22 件，提供线索 22 条。撰写审计信息被上级部门采用 138 篇次。

2020 年，西青区审计局被评为天津市审计机关先进集体。

疫情防控资金和捐赠款物专项审计 组成 14 个小组，按照天津市审计局统一安排，准确掌握全区疫情防控物资的筹集、分配和管理使用等情况，揭示突出问题，促进规范管理、高效使用和信息公开，为坚决打赢疫情防控阻击战提供有力保障。

财政审计　制订《关于2020年区级财政预算执行和其他财政财务收支审计的工作方案》，以财政预算执行审计统领项目联动。以财政收支真实性、合法性为基础，聚焦三大攻坚战、过“紧日子”和民计民生等重大决策部署，关注政策措施落实、项目绩效目标完成等关键内容，查出问题16个，提出审计建议15条。

三大攻坚战审计　密切关注新增财政直达资金和政府债务等方面突出矛盾和问题，盘活存量资金12439.82万元，收回借款23278.8万元，有效防范和化解风险。派出3人到甘肃、河北现场开展东西部对口帮扶专项审计，促进政策措施落实到位。对西青区农业农村委等4个单位开展领导干部自然资源资产离任审计，促进区域自然资源资产节约集约利用和生态环境保护。

经济责任审计　认真贯彻落实两办《规定》，制定《2020年西青区经济责任审计工作指导意见》。对全区12个单位30名处级领导干部开展经济责任审计，揭示建设工程审批程序不合规等问题，移送问题线索3件，促进领导干部履职尽责。

固定资产投资审计　运用大数据审计方法，以工程造价真实性为重点，对西青区中北科技园一期四号楼装修工程进行审计，查出项目建设手续后补、部分工程未进行结算审核等问题。

大数据审计　建立和完善审计模型23个，推送审计疑点1535条，发现预算执行率低、违规收费等问题，促进及时整改。利用大数据进行农籍居民医疗保险补助审计调查，发现重复缴纳医疗保险、已死亡人员参保等问题，提出审计意见建议，促进每年节约财政资金近6000万元。

交办任务　开展有关单位委托的李家园村涉恶线索专项审计、梨园头村审计项目、违建别墅专项审计和30个村级财政财务收支情况审计，及时回应群众关心的重点问题，有效维护社会稳定，审计成果得到区领导和群众高度肯定。

（撰稿人：邢　佳）

【津南区审计局】　2020年，津南区审计局实有35人。党组书记孟祥凯，局长王玉爱，副局长吴春艳、王凤海。设有办公室、法规科、内部审计指导监督科、联网实时审计科、行政事业审计科、财政金融审计科、经济责任审计科、固定资产投资审计科（工业商业审计科）。

审计成果　2020年，津南区审计局完成审计项目和任务26个，其中审计14个、专项审计调查6个、审计任务6个。查出主要问题金额412830.05万元，其中违规金额1726.86万元、损失浪费金额8.31万元、管理不规范金额411094.88万元；审计发现非金额计量问题46个；出具审计报告和专项审计调查报告31篇，被批示、采用17篇次。审计处理处罚金额6621.89万元，其中应上缴财政1147.74万元、应归还原渠道资金205.63万元、应调账处理金额5268.51万元。审计促进整改落实有关问题金额3783.16万元。审计提出建议65条；促进被审计单位建立健全规章制度3项；提交审计信息92篇，被批示、采用70篇次。向社会公告审计结果1篇。

政策落实情况跟踪审计　将减税降费、清理拖欠民营企业中小企业账款等情况纳入各类审计项目，并按照天津市审计局统一部署完成全民健身设施建设情况专项审计调查、老年人助餐服务开展情况专项审计调查，推动重大政策措施和决策部署贯彻落实，促进经济高质量发展，确保政令畅通。按照市审计局和区委区政府部署要求，开展“小金库”问题专项治理检查、政府债务跟踪审计，参与新增财政资金直达市县基层直接惠企利民情况专项审计、东西部扶贫和对口支援审计、全市土地出让情况专项审计等任务，为促进精准扶贫精准脱贫政策措施落实、促进提高土地资源管理水平和资金使用绩效发挥积极作用。

财政审计　完成区级财政预算执行、决算草案及其他财政收支情况审计，全区56个一级预算单位的部门预算执行等9个重点事项全覆盖审计，全区8个镇级财政的预算管理等7个重点事项全覆盖审计，区市场监督管理局2019年度财政财务收支情况审计，进一步规范预算管理行为，促进财政政策落实和财政资金提质增效。

三大攻坚战审计　完成津南区新一轮结对帮扶困难村产业发展财政补助资金管理使用情况专项审计调查、葛沽镇主要负责人自然资源资产管理和生态环境保护责任履行情况审计，助推农村经济发展，促进领导干部更好履行自然资源资产管理和生态环境保护责任，助力津南绿色高质量发展。

疫情防控资金和捐赠款物专项审计 按照审计署和天津市的统一部署，开展应对新冠肺炎疫情防控资金和捐赠款物专项审计，促进疫情防控资金物资规范管理、高效使用。

经济责任审计 完成区教育局、区水务局、区开发区、区科协、葛沽镇、区供销社等6个单位9名党政主要领导干部和事业单位主要领导人员经济责任审计。发挥经济责任审计的平台作用，与不同类型审计项目统筹融合，提升审计工作效率，促进领导干部依法履职、廉洁用权、守法守纪守规尽责。

固定资产投资审计 完成津南区2018—2019年度立项的政府投资500万元以上建设项目的建设审批、招标投标、工程进展、项目资金收支等情况专项审计调查，促进政府投资项目建设管理、规范项目建设程序、发挥政府资金效益。

企业审计 完成天津富凯集团、津南区粮食购销有限公司2家区属国有企业主要领导人员经济责任审计，促进企业健全完善内部监管制度和国有资产安全运行。

内部审计 强化全区内部审计工作指导监督，对相关单位开展内部审计工作专项检查和报表检查，以视频方式对全区各单位内部审计主管领导和内部审计人员开展业务培训，促进各单位内部审计工作和内部审计人员更好发挥职能作用。

相关工作 坚持以习近平新时代中国特色社会主义思想为指导，全面加强审计机关政治建设、思想建设、组织建设、作风建设、纪律建设，增强“四个意识”、坚定“四个自信”、做到“两个维护”。加强班子建设，发挥中心组学习旗舰作用，强化民主集中制，做到科学决策、民主决策、依法决策。加强作风建设，常态化对干部职工进行廉政教育。加强制度建设，修订完善内部管理制度，切实做到用制度管人、管事、管权。加强队伍建设，组织开展自学、互学、选派年轻同志参加交叉外出审计，进一步提升审计人员的业务技能和专业素质。 （撰稿人：解 锦）

【北辰区审计局】 2020年，北辰区审计局实有29人。局长张柏林，副局长李军、刘术莲、龚宝环、蔺文博（甘肃省华池市挂职）、赵红英（四级调研员）。设有办公室、法规综合科、行政事业审计科、财政审计科、固定资产投资审计科、经济责任审计科、企业审计科、内部审计指导科、电子数据审计科。

审计成果 2020年，北辰区审计局完成审计项目28个。查出问题金额1298815.66万元，其中违规金额52.82万元、管理不规范金额1298698.24万元、损失浪费金额64.59万元。出具审计报告、审计信息等177篇，其中区领导批示14篇次，市审计局和有关部门采用、批示115篇次，《中国审计报》采用4篇。

北辰区审计局电子数据审计科获“天津市审计机关先进集体”荣誉称号，1人获“天津市审计机关先进工作者”荣誉称号。

政策落实情况跟踪审计 完成包括减税降费、清理拖欠民营企业中小企业账款、全民健身设施建设情况、老年人助餐服务开展情况专项审计调查、新增财政资金直达市县基层直接惠企利民情况专项审计项目。

财政审计 完成区级财政2019年度预算执行、决算草案和其他财政收支情况审计，2019年区级一级部门预算执行和其他财政收支审计调查，2019年度镇级财政决算及其他财政收支联网审计和工商联2015年至2019年财务情况专项审计等审计项目4个。受区政府委托向区人大报告2019年“同级审”工作报告和审计查出问题整改报告。

三大攻坚战审计 完成东西部扶贫和对口支援审计（甘肃省、河北省承德市）、政府债务跟踪审计、土地出让情况专项审计、双口镇党政主要领导干部自然资源资产任中审计等审计项目4个。

疫情防控资金和捐赠款物专项审计 开展应对新冠肺炎疫情防控资金和捐赠款物专项审计。

经济责任审计 完成8个单位共计12名领导干部经济责任审计。与组织部门联合完成对26家单位共计29名领导干部离任交接的监督工作。

固定资产投资审计 完成2017年至2019年京津城际地区综合改革试点项目审计、北辰区2017年至2019年清洁取暖工程项目和对区城管委2018年结算的桥下空间提升改造项目审计等审计项目3个。

企业审计 完成天津正德建设投资有限公司2018年至2019年资产负债损益审计。

内部审计 加强对内部审计的指导和监督。采用线上线下相结合的方式开展内部审计培训，提高内部审计工作质量。组织开展2017年至2019年内部审计“双先”评选，3家单位和1名个人获评天津市内部审计先进集体和先进个人。

审计查出问题整改 加大审计发现问题整改监督力度。公开《2019年度区级预算执行和其他财政收支审计查出问题整改情况的报告》，按照《北辰区审计局审计整改检查工作管理办法（试行）》，不断完善基础性工作，进一步细化审计查出问题及整改情况台账。

交办任务 牵头完成区领导经济责任审计和自然资源资产审计整改报告2份；组织社会审计完成公安北辰分局办公大楼审计；抽调多名干部参加“小金库”专项治理检查工作，参与对西青区的交叉检查工作；疫情期间协助区红十字会做好捐款捐物账务处理等。

相关工作 全年围绕“双创”、“双万双服”、“万名党员联万户”帮扶等主题开展志愿活动。按照组织发展程序发展预备党员3名，预备党员转为正式党员1名。分别于7月和11月先后两次组织推动召开区委审计委员会会议，传达学习中央审计委员会及市委审计委员会会议精神，研究部署全区审计工作。审议并通过《北辰区2020年审计项目计划》《北辰区2020年度区级预算执行和其他财政收支的审计工作报告》《2019年度区级预算执行和其他财政收支审计查出问题整改情况的报告》。审议、印发《北辰区关于深入推进审计全覆盖的实施方案》和《天津市北辰区经济责任审计工作规划（2020—2024年）》，对全区审计工作作出安排部署。 （撰稿人：李　娜）

【武清区审计局】 2020年，武清区审计局设有办公室、法规与审理科、综合科、数据与信息化科、行政事业审计科、财政金融审计科、资源环境与农业农村审计科、固定资产投资审计科、经济责任审计科、企业审计科。局长沈书奎（—9月）、李长春（9月—），副局长顾韵洁、杨红艳、尤建敏（10月—），一级调研员沈书奎（9月—），四级调研员高勇。

审计成果 2020年，武清区审计局完成审计项目25个。查出违规金额5963万元；出具审计报告34篇。上缴财政金额910万元。

政策落实情况跟踪审计 完成武清区2019年度全民健身体育设施建设情况专项审计调查、武清区2019年老年人助餐服务情况专项审计调查等国家重大政策措施贯彻落实情况跟踪审计项目。

财政审计 完成武清区2019年财政预算执行和决算审计，发现问题8个，涉及金额336013.15万元。自觉接受人大监督，完成《武清区2019年区级财政预算执行和其他财政财务收支情况的审计工作报告》，通过区人大常委会审议。按照天津市审计局统一安排，完成2次地方政府债务和地方政府隐性债务抽查工作，重点关注武清区政府债券资金使用情况和地方政府隐性债务规模底数、结构变化及化解情况。

经济责任审计 组织实施经济责任审计项目12个，发现主要问题19个，查出问题金额9355.74万元；发现其他问题3个，涉及金额5838.53万元；发现其他需要关注的情况9个。编制《领导干部履行经济责任风险防范清单》，收到《领导干部离任经济事项交接书》38份。

企业审计 完成京津产业新城项目建设情况审计、天红菜市场项目建设情况审计、雍鑫集团领导干部经济责任审计等审计项目3个，查出违规金额7248.55万元；出具审计报告3篇。

资源环保审计 制订审计工作方案1个，开展关于大黄堡湿地自然保护区整改及修复项目专项审计，发现问题5个，提出审计建议5条。

联网实时审计 开展全区一级部门预算单位全覆盖联网审计，共完成73家一、二级部门预算单位全覆盖审计，发现疑点涉及50家单位100项，出具《联网实时审计发现问题确认函》15份、《联网实时审计监督整改通知》15份、《审计事项移送处理书》1份。

审计查出问题整改 配合审计署和天津市审计机关整改督查4次，督促整改问题20个。编制《武清区审计局审计项目管理与质量控制指南》。

（撰稿人：杨　浩）

【宝坻区审计局】 2020年，宝坻区审计局实有44人。局长刘广安，副局长王洗强、付建军、张继伟，四级调研员李建营。设有办公室、法治综合科、财政金融审计科、行政事业审计科、农业与资源环保审计科、企业审计科、经济责任审计科、固定资产投资审计科、电子数据审计科、内部审计指导监督科。

审计成果 2020年，宝坻区审计局共完成审计项目30个，其中审计26个、专项审计调查4个。查出主要问题金额22348.76万元，其中违规金额1318万元、管理不规范金额21030.76万元；审计发现非金额计量问题71个；出具审计报告和专项审计调查报告41篇，被批示、采用41篇次。审计处理处罚金额6823万元，其中应上缴财政1003万元、应归还原渠道资金391万元、应调账处理金额5429万元；移送司法机关、纪检监察机关和有关部门处理事项3件，移送处理人员1人，移送处理金额308万元。审计促进整改落实有关问题资金22128.45万元。审计提出建议19条，被采纳19条；提交审计信息35篇，被批示、采用27篇次。向社会公告审计结果1篇。

政策落实情况跟踪审计 由天津市审计局统一组织实施，重点开展减税降费情况专项审计、清理拖欠民营企业中小企业账款专项审计、新增财政资金直达市县基层直接惠企利民情况专项审计、全民健身设施建设情况专项审计调查、老年人助餐服务开展情况专项审计调查。

财政审计 开展宝坻区2019年度财政预算执行和其他财政收支审计、宝坻区2019年部门预算执行和其他财政收支审计调查，对全区65个区级预算单位288个基层预算单位进行联网全覆盖审计，查出预算编制不完整、执行不严格等问题，涉及金额4146.2万元。

三大攻坚战审计 由市审计局统一组织实施政府债务跟踪审计。对2个街镇4名领导干部开展自然资源资产审计，查出违法占地、部分企业取水未审批、未缴纳地下水资源税、河道管护目标未完成等问题13个。

疫情防控资金和捐赠款物专项审计 开展应对新冠肺炎疫情防控资金和捐赠款物专项审计，查出疫情防控捐赠资金680.81万元分配和使用不及时、区慈善协会缺少捐赠物资出入库环节登记手续、部分街镇上报财政资金投入数据不准确等问题3个。

经济责任审计 对12个单位19名领导干部开展经济责任审计，其中离任审计4人、任中审计15人，查出涉嫌挪用公款、未按规定使用专项资金、应缴未缴财政资金、公款为个人购买商业保险、土地承包费和房屋租金应收未收等违法违规问题47个，涉及金额12022.46万元，向区纪委监委移送案件线索2件，向区委区政府出具审计结果报告27篇。

固定资产投资审计 开展城区市政基础设施项目跟踪审计、中关村市政基础设施项目跟踪审计、水利工程项目建设管理和资金使用情况专项审计、京津新城一中项目跟踪审计、美丽村庄项目专项审计调查，查出未按设计图纸施工、工程结算不实、工程监理履职尽责不到位等问题16个。

企业审计 对3个国企6名领导干部开展经济责任审计，查出内控制度不健全、公司对外借款未经集体决策、固定资产管理使用不规范等问题9个，涉及金额5281万元。开展天津市泉州水务有限公司国企混改专项审计，查出部分满足收入条件的预收账款未确认收入等问题5个，涉及金额1531.98万元。

专项资金审计 按照天津市审计局和区委、区政府部署要求，会同区纪委监委、区财政局组织开展“小金库”问题专项治理工作。

内部审计 开展内部审计“双先”评选表彰工作，对全区建立专（兼）职内部审计机构、配备专（兼）职审计人员情况进行摸排统计，向全区各单位、各街镇内部审计小组下发关于落实《宝坻区进一步加强内部审计工作方案》的通知。经统计，宝坻区95个单位共建立内部审计小组79个（剩余16个单位与其他单位联合执行内部审计工作），配备专（兼）职内部审计工作人员451人。

相关工作 认真学习宣传贯彻习近平新时代中国特色社会主义思想和党的十九大以及十九届二中、三中、四中、五中全会精神，局党组理论学习中心组共集中学习17次，学习内容67项，以上率下带动机关全体干部跟进学习习近平新时代中国特色社会主义思想。运用“第一种形态”进行谈话提醒2次、诫勉谈话1次、批评教育6次，涉及党员干部共17人，着力加强党员干部监督管理工作。（撰稿人：贾春雅）

【滨海新区审计局】 2020年，滨海新区审计局实有60人。局长李向前，副局长沐伟、张武。设有办公室、党建工作室、财政审计室、投资审计室、行政事业审计室、企业审计室、资源环境审计室、经济责任审计室、区委审计委员会办公室秘书室。

审计成果 2020年，滨海新区审计局共审计单位28个，完成审计项目28个。查出主要问题金额200.06亿元，其中违规金额7166万元、管理不规范金额199.34亿元；审计发现非金额计量问题66个；出具审计报告和专项审计调查报告39篇，被批示、采用6篇次。审计处理处罚金额17.39亿元，其中应上缴财政7037万元、应归还原渠道资金13.22亿元、应调账处理金额3.47亿元；移送司法机关、纪检监察机关和有关部门处理事项11件。审计促进整改落实有关问题金额38.31亿元，核减投资额726万元。审计提出建议23条，被采纳6条；提交审计信息42篇，被批示、采用27篇次。

财政审计 对区本级预算执行情况进行审计，密切关注财政资金、政府债务等方面突出矛盾和问题，促进提高财政资金绩效，及时清理政策执行到期、绩效低下的政策和项目资金，防范和化解风险。关注科技资金的使用效益情况，发现4家研究院自成立以来获得的多项授权专利和软件著作权等科技成果转化效果不明显、部分专项资金使用效益不高等问题，形成专题审计调查报告。

疫情防控资金和捐赠款物专项审计 对疫情防控专项资金开展审计，延伸审计红十字会、疾病控制中心等多家单位，对审计中发现的问题及时进行督促整改，提出针对性建议。对新冠肺炎密接者留观点改造工程实施审计，为打赢疫情防控阻击战提供审计保障。

经济责任审计 关注领导干部经济决策、政策执行、经济管理和资金使用等权利的行使情况，审计发现财政财务收支、政府采购、“三重一大”、信息系统等多类问题，包括预算外资产未纳入预算管理、银行账户及现金管理不规范、未及时清理往来账款投资款、应缴未缴财政资金、违规开具票据等问题。1名涉嫌职务违法的人员移送纪检处理。

固定资产投资审计 组织实施路灯照明工程、义务教育现代化达标提升改造工程等重点项目审计，不断提升新区建设管理水平，直接节约财政资金1.97亿元，平均审减率15.45%，发现多报工程投资、超付工程款、建设程序不规范、未按设计施工等各类问题232个；发现2个项目中的部分工程未按设计文件要求施工和监理，使用存在安全隐患，问题线索已移送相关部门处理。

企业审计 以摸清家底、防范风险、揭示问题，促进企业规范管理为目标，对天津滨海融资担保有限公司进行审计，发现问题16个，提出强化风险管控，加大追偿力度，提升追偿效果，注重抵押、质押物质量等建议，促进公司加强经营管理。

相关工作 制订《滨海新区审计局关于深入推进审计全覆盖的工作方案》，完成《滨海新区审计局关于深化各开发区审计监督管理工作的实施意见》和《新区审计局对各开发区审计工作管理暂行办法》的初稿及征求意见。利用大数据审计实现对全区69家一级预算单位的审计全覆盖，通过“总体分析、发现疑点、分散核实、系统研究”大数据分析技术，将审计监督重点向支出预算和政策落实拓展，揭示项目执行率低、长期挂账、专项支出不合规等问题，加快构建集中统一、全面覆盖、权威高效的审计监督体系。

（撰稿人：宋泽昊）

【宁河区审计局】 2020年，宁河区审计局实有31人。党组书记、局长吴凤友（—3月）、张国仲（3月—），调研员王治轩、周春芬，副局长陈景路、张维众、刘西柱、胡兆新。设有办公室、综合法制审理科、电子数据审计科、财政审计科、行政事业审计科（政策跟踪审计科）、固定资产投资审计科、农业农村和自然资源审计科、经济责任审计科（内部审计指导科）。

审计成果 2020年，宁河区审计局共完成审计项目30个，其中审计25个、审计调查5个。查出主要问题金额441307万元，其中违规金额138万元、管理不规范金额441168万元；审计发现非金额计量问题85个；损益（收支）不实金额1122万元；出具审计报告、专项审计调查报告和审计意见35篇。审计处理处罚金额28256万元，其中应上缴财政138万元、应调账处理金额28118万元；移送纪检监察机关处理事项9件，移送处理金额9万元。审计提出建议6条；提交审计信息46篇，被批示、采用32篇次。

宁河区审计局在宁河区2019年度绩效考评工作中被评为“优秀”等次；被评为天津市审计机关先进集体；被授予宁河区五一劳动奖状。

政策落实情况跟踪审计 完成减税降费情况专项审计、清理拖欠民营企业中小企业账款专项审计、全民健身设施建设情况专项审计调查、老年人助餐服务开展情况专项审计调查。根据审计署工作部署，开展新增财政资金直达市县基层直接惠企利民情况专项审计，查出管理不规范金额1122万元；审计发现非金额计量问题10个。

财政审计 对2019年度区级预算执行、决算草案和其他财政收支情况进行审计，对区级预算单位2019年度预算执行和其他财务收支情况开展专项审计调查；对宁河区政府政务服务办公室、宁河区文化和旅游局2个单位2019年度部门预算执行和其他财务收支情况进行审计；对丰台镇政府、宁河镇政府、七里海镇政府2019年度财政决算和其他财务收支情况进行审计。查出主要问题金额401719万元，其中违规金额1万元、管理不规范金额401718万元；发现非金额计量问题14个，审计处理处罚金额28112万元。

三大攻坚战审计 完成区林业局、造甲城镇领导干部自然资源资产离任（任中）审计，发现非金额计量问题6个。开展宁河区地方政府债务和政府隐性债务抽查核实工作，抽调人员参与全市土地出让情况专项审计。抽调人员参与天津市审计局统一组织的乡村振兴相关政策和资金审计。2人分别赴甘肃榆中县、西藏贡觉县，参加东西部扶贫协作和对口支援帮扶资金管理使用情况的实地检查工作。

疫情防控资金和捐赠款物专项审计 开展疫情防控资金和捐赠款物专项审计，查出管理不规范金额195万元，发现非金额计量问题1个。

经济责任审计 对宁河区丰台镇、宁河镇、七里海镇、原芦台镇、区政务服务办公室、区文化和旅游局、区畜牧水产发展服务中心、区农业机械发展服务中心、区医院、区中医医院、区现代产业区管理委员会、区残疾人联合会、原区城市管理综合执法局、区供销合作社共14个单位20名党政领导干部经济责任履行情况进行审计。查出主要问题金额22764万元，其中违规金额137万元、管理不规范金额22627万元，发现非金额计量问题19个，移送处理事项2件。

固定资产投资审计 完成宁河区2020年政府投资项目审计调查；对消防二级指挥中心暨森林路消防站项目进行审计。审计发现非金额计量问题13个。

企业审计 对宁河原种猪场厂和区现代产业区开发建设有限公司2个单位2名区管国有企业领导干部经济责任履行情况进行审计，查出主要问题金额15507万元，发现非金额计量问题4个。

交办任务 配合区纪委监委、区财政局完成“小金库”问题专项治理工作。完成现代农业产业园区管委会筹备组开办经费使用情况专项审计调查、全区村级党群服务中心项目建设资金使用情况专项审计调查，审计发现非金额计量问题18个。完成区主要领导交办的原芦台镇电大门口楼牌建造拆除情况审计，区东棘坨镇前大安、史家庄人居环境整治示范村建设项目情况审计，区蓟运河桥北新区段景观工程项目，桥北新区生态绿廊项目建设情况审计，区一中片区定向安置经济适用房项目情况审计。抽调1人参与天津市对口支援西藏贡觉县“十三五”规划项目情况检查。

信息化建设 完成部署移动办公系统，做好系统维护工作。完成2020年春节和天津市“两会”期间区审计局网络安全防护自查工作，对互联网邮箱风险隐患情况进行安全排查。完成2020年网络安全自查工作以及网络攻防实战演习活动。完成区级信息资源目录数据上传工作。完成宁河区审计监督“一张网”系统等级保护测评工作，并针对测评报告问题进行整改。“宁河审计”微信公众号发布资讯119条。

相关工作 区委审计委员会办公室组织召开区委审计委员会第三、第四次会议，研究出台《宁河区经济责任审计工作规划（2020—2024年）》等文件，审议通过《宁河区2020年度审计项目计划》《关于2019年度区级预算执行、决算草案和其他财政收支情况审计工作报告》等内容。区审计局落实全面从严治党主体责任，完成任务清单145条。规范组织生活，严格落实“三会一课”制度，组织召开党员大会5次，支部委员会13次，党员集中学习12次，领导干部讲党课7次。2020年，区审计局对全区88家单位进行审计整改绩效考核。（撰稿人：苏　盛）

【静海区审计局】 2020年，静海区审计局实有38人。局长靳秀江，副局长刘树发（—8月）、王立俊、刘秀华、吕跃臣（11月—）。设有综合办公室、政策法规科、内部审计指导科（整改检查科）、农业和资源环保审计科、行政事业审计科（政策跟踪审计科）、经济责任审计科、财政金融审计科、联网审计科、固定资产投资科、企业审计科；下设天津市静海区审计事务中心。

审计成果 2020年，静海区审计局完成审计项目38个。查出主要问题金额224319万元；审计发现非金额计量问题83个；出具审计报告和专项审计调查报告68篇。审计处理处罚金额64万元；移送有关部门处理事项1件。审计促进整改落实有关问题资金64万元。提出审计建议62条，被采纳62条；提交审计信息96篇，被采用151篇次。

静海区新一轮困难村帮扶政策与资金管理情况专项审计调查项目被评为天津市审计局表彰项目。

政策落实情况跟踪审计 组织开展老年人助餐服务情况等4个专项审计调查项目；开展新增财政资金直达市县直接惠企利民情况审计，促进中央直达资金规范使用、管理。

财政审计 完成2019年度区本级预算执行、决算草案和其他财政收支审计及机关事务服务中心审计，对54个区直一级预算单位、103个二级预算单位及18个乡镇开展联网实时审计，查出主要问题金额212441万元，发现非金额计量问题24个，移送问题线索1件，提出审计建议19条。

三大攻坚战审计 聚焦防范化解重大风险，实施政府债务审计。聚焦精准脱贫，联合区财政局赴甘肃镇原县、西藏卡若区检查扶贫协作资金管理使用情况，参加市审计局东西部扶贫审计，助力脱贫摘帽，巩固脱贫成果。开展新一轮结对帮扶困难村专项审计调查，推动完善产业帮扶项目长效管理办法。聚焦污染防治，对王口镇领导干部开展自然资源资产审计，促进正确履行环境保护职责。

疫情防控资金和捐赠款物专项审计 组织开展疫情防控资金和捐赠款物专项审计，紧盯决策落实、采购分配等关键环节，推动制定《关于新型冠状病毒感染的肺炎防控接受社会捐赠物资价值确认办法》，促进抗疫资金物资安全高效使用。

经济责任审计 对21个单位29名领导干部开展经济责任审计，查出管理不规范金额13352.64万元，提出审计建议29条。组织召开经济责任审计工作联席会议，修订并审议通过《天津市静海区经济责任审计工作联席会议议事规则》和《天津市静海区经济责任审计工作联席会议办公室工作规则》，推动经济责任审计制度化、规范化。

固定资产投资审计 对区第六中学迁建工程和交通局等4部门建设工程项目开展专项审计，揭示项目建设未依规履行审批手续、多计工程量（款）等问题，提高投资绩效。

信息化建设 采购配套金审工程三期相关国产化终端共44台，为有效开展日常办公和审计业务工作提供可靠的硬件支撑。全区一、二级预算单位157家，已全部纳入联网审计监督范围。关于区属国有企业，协助区国资委创建智慧国资监管平台。修订《天津市静海区审计局信息安全制度汇编》，进一步规范信息安全管理工作，促进本单位信息化工作健康发展。

内部审计 组织相关部门对内部审计业务工作开展培训。在21个经济责任审计项目中，将内部审计工作开展情况作为必审内容进行审查。组织开展静海区2017年至2019年内部审计先进集体和先进工作者评选表彰。

交办任务 围绕区委区政府中心工作，完成团泊示范镇专项资金审计等 30 个交办配合事项，做好“小金库”问题专项治理工作。

相关工作 持续深化“不忘初心、牢记使命”主题教育，充分发挥理论学习中心组促学示范作用，把学习习近平新时代中国特色社会主义思想作为重中之重，读原著、学原文、悟原理，以扎实的学习自觉促进形成高度的政治自觉。坚决扛起巡察整改主体责任。聚焦巡察反馈的问题，制订整改方案和整改台账，推动所有问题在规定时限内清仓见底。

（撰稿人：王利秾 苗建壮）

【蓟州区审计局】 2020 年，蓟州区审计局实有 34 人。局长夏景泽（—12 月）、张金健（12 月—），副局长张维东、金宝泉，二级调研员张士海（—8 月），四级调研员苏昌春。设有办公室（党建办公室）、法制综合科（内部审计指导科，9 月加挂区委审计委员会办公室秘书室牌子）、行政事业审计科、财政金融审计科、农业资金审计科、基建审计科、经济责任审计科、企业审计科、联网审计科。

审计成果 2020 年，蓟州区审计局完成审计项目 37 个，其中审计 36 个、专项审计调查 1 个。查出主要问题金额 548252 万元，其中违规金额 21722 万元、管理不规范金额 526530 万元；审计发现非金额计量问题 35 个；损益（收支）不实金额 17121 万元；审计发现侵害人民群众利益 154 万元；出具审计报告和专项审计调查报告 43 篇。审计处理处罚金额 23991 万元，其中应上缴财政 21722 万元、应归还原渠道资金 1021 万元、应调账处理金额 1247 万元；移送司法机关、纪检监察机关和有关部门处理事项 3 件，移送处理人员 1 人，移送处理金额 72 万元。审计促进整改落实有关问题资金 1925 万元；审计促进拨付资金到位 84357 万元。审计提出建议 89 条；提交审计信息 2 篇，被批示、采用 1 篇次。向社会公告审计结果 9 篇。

政策落实情况跟踪审计 按照市审计局的统一安排部署，完成减税降费情况专项审计、清理拖欠民营企业中小企业账款专项审计、全民健身设施建设情况专项审计调查、老年人助餐服务专项审计调查等政策跟踪审计任务。配合市审计局开展新增财政资金直达区县直接惠企利民专项审计、税收和非税收入征管及部门预算执行审计。完成蓟州区机构改革涉及事业单位清产核资审计、蓟州新城建设投资有限公司出借资金情况专项审计、区属 13 个旅游行业部门单位资产负债损益情况审计以及区委政法委交办的“雪亮工程”审计等重点工作任务。

财政审计 完成蓟州区 2019 年度财政预算执行和其他财政收支情况审计；完成 4 个行政事业单位财务收支审计；完成 4 个镇乡财政收支审计。

三大攻坚战审计 按照市审计局的统一安排，完成蓟州区政府债务跟踪审计、东西部扶贫审计、全市土地出让情况专项审计等审计项目；完成 1 个镇乡 1 名领导干部自然资源资产离任审计。

疫情防控资金和捐赠款物专项审计 完成蓟州区防控新冠肺炎疫情专项资金和捐赠款物审计。

经济责任审计 完成 10 个单位 11 名党政领导干部经济责任审计。

固定资产投资审计 完成喜邦公路二线工程建设项目审计。

企业审计 完成企业审计 3 个，为重点企业持续发展壮大服务；完成国有及国有控股 2 个企业 2 名领导人经济责任审计。

专项审计调查 完成蓟州区新一轮结对帮扶困难村产业发展资金管理使用情况跟踪审计调查。

内部审计 2020 年，全区共有内部审计机构 101 个，内部审计人员 825 人，其中专职 25 人。开展内部审计项目 230 个，审计发现问题 361 个，修订完善制度和优化业务流程等 243 个。组织内部审计人员参与理论研讨活动，其中 1 篇论文获全国内部审计理论研讨三等奖，3 篇获天津市内部审计理论研讨二等奖。

交办任务 与区财政局组成联合检查组，对全区 112 家单位开展“小金库”问题专项治理检查；抽调 7 人赴宝坻区开展全市“小金库”问题专项治理交叉检查工作。抽调 9 人次配合区纪委案件查办。

相关工作 4 月 30 日，召开中共天津市蓟州区委审计委员会第二次会议。7 月 29 日，召开中共天津市蓟州区委审计委员会第三次会议。全年组织党组理论学习中心组学习研讨 17 次，“党员政治学习日”学习 13 次，讲党课 5 次，召开党风廉政建设专题会议 4 次，开好年度民主生活会和组织生活会。排查岗位廉政风险，加强外出审计组廉政监督检查，加强党风廉政建设。建立完善审计干部考取相关资格证书、信息考核等内部激励机制，2 人考取审计专业技术资格中级职称，审计干部人均培训 88 学时。（撰稿人：李　莉）

2020 年天津市所辖区级审计工作统计表

审计机关	完成审计项目/个	审计查出主要问题金额/万元	审计发现非金额计量问题/个	审计期间整改金额/万元	出具审计报告和审计调查报告/篇	审计处理情况		审计促进整改落实有关问题资金/万元	审计提出建议/条	提交审计信息/篇
						审计处理处罚金额/万元	移送处理事项/件			
和平区审计局	31	31695	26	841	20	341	7	341	24	132
河东区审计局	23	27946	9	303	14	9		24264	13	49
河西区审计局	29	237030	12		29	126	2	177	42	153
南开区审计局	32	107605	30	22	23	4	2	3	23	83
河北区审计局	28	119892	50		38	110079		109713	133	67
红桥区审计局	26	6413	69	642	35	3551	5	560	14	172
东丽区审计局	41	17600	11	2931	56		2		51	80
西青区审计局	29	528357	103	880	55		22	173815	134	254
津南区审计局	26	412830	46	7730	31	6621		3783	65	92
北辰区审计局	28	1298816	93	311807	35			176630	144	142
武清区审计局	25	367544	36		34	22582	1	14496	66	64
宝坻区审计局	30	22349	71	6112	41	6823	3	22128	19	35
滨海新区审计局	28	2000573	66	22089	39	173947	11	383069	23	42
宁河区审计局	30	441307	85	220	35	28256	9	52897	6	46
静海区审计局	38	224319	83		68	64	1	64	62	96
蓟州区审计局	37	548252	35	363	43	23991	3	1925	89	2

河北省

【河北省审计厅】 2020 年，河北省审计厅实有 313 人。设有省委审计委员会办公室秘书处、办公室、政策研究室、法规审理处、内部审计指导监督处、财政审计一处、财政审计二处、教科文卫审计一处、教科文卫审计二处、农业农村审计处、固定资产投资审计处、社会保障审计处、自然资源和生态环境审计处、金融审计处、企业审计局、涉外审计处、经济责任审计一处、经济责任审计二处、经济责任审计三处、行政事业审计一处、行政事业审计二处、重点建设项目审计处、审计整改监督处、人事教育处、机关党委、离退休干部处、派出审计一处、派出审计二处、派出审计三处、派出审计四处、派出审计五处、派出审计六处、派出审计七处、派出审计八处和派出审计九处；下设河北省审计厅计算机信息审计中心、河北省电子数据审计中心、河北省财政审计中心、河北省公共投资审计服务中心等事业单位。

领导成员

厅　　长：杨晓和（—10月）

副 厅 长：张明利（10月后主持工作）

段　宁　赵建护　韩　龙

刘西春

总审计师：郝　婷（5月—）

纪委监委驻厅纪检组组长：梁宝卿

二级巡视员：李永新　刘西田

审计成果　2020年，河北省审计厅共完成审计项目85个，其中审计64个、专项审计调查21个。查出主要问题金额13228504万元，其中违规金额52356万元、损失浪费金额2616万元、管理不规范金额13173531万元；审计发现非金额计量问题741个；损益（收支）不实金额11515878万元；审计发现侵害人民群众利益333万元；出具审计报告和专项审计调查报告125篇，被批示、采用10篇次。审计处理处罚金额551505万元，其中应上缴财政49664万元、应归还原渠道资金2万元、应调账处理金额501839万元；移送司法机关、纪检监察机关和有关部门处理事项27件，移送处理人员2人，移送处理金额16452万元。审计促进整改落实有关问题资金1384544万元；审计促进拨付资金到位1963万元；审计后挽回（避免）损失495万元；移送处理落实事项13件。审计提出建议337条，被采纳337条；推动被审计单位制定整改措施671项；促进被审计单位建立健全规章制度303项；提交审计信息139篇，被批示、采用51篇次。向社会公告审计结果2篇。

河北省审计厅实施的廊坊市人民政府2016年和2017年财政收支决算审计项目被审计署评为2019年度全国省级审计机关优秀审计项目三等奖；邯郸市审计局实施的张家口市宣化区人民政府2015年至2017年扶贫工作审计项目被审计署评为2019年度全国市级审计机关优秀审计项目一等奖；元氏县审计局实施的元氏县2015年至2017年扶贫资金和扶贫政策落实情况专项审计调查项目被审计署评为2019年度全国县级审计机关优秀审计项目一等奖。

政策落实情况跟踪审计　始终将重大政策措施落实情况跟踪审计作为首要政治任务、重要内容，贯穿到审计工作全过程，重点关注精准扶贫、减税降费、清理拖欠民营企业中小企业账款、新增财政资金、优化营商环境等重大政策措施的落实情况，全省各级审计机关共抽查项目3318个，涉及资金1419.44亿元，查出问题946个，涉及问题金额46.57亿元，推动建立健全规章制度45项。

财政审计　聚焦财政资金提质增效开展审计，推动落实过“紧日子”要求。组织实施预算执行和决算草案审计，重点揭示预算执行进度、资金绩效、“三公”经费、资产处置等方面存在的突出问题，全省财政审计共完成项目1495个，查出主要问题金额2265.1亿元。开展存量资金审计，推动省直部分单位盘活财政资金、统筹非财政拨款结余资金1.1亿元，市县财政盘活存量资金43.67亿元。2019年度省本级预算执行及其他财政收支情况的审计工作报告、整改工作报告，省人大常委会和与会委员给予充分肯定，整改满意度达100%。

三大攻坚战审计　围绕打赢三大攻坚战开展审计，推动实现“三个圆满收官”。脱贫攻坚方面，对2016年至2020年各级投入的738.5亿元财政扶贫资金分配使用、项目管理和政策落实情况进行全面审计，查出问题并已全部督促整改到位；提出审计建议2500余条，已全部被采纳；累计统筹盘活、追回或挽回损失金额48.54亿元；推动出台或修订规章制度和推进重大政策、项目落实1691项；向纪委监委和有关部门移交违法违规问题线索303件，2296人受到追责问责。

疫情防控资金和捐赠款物专项审计　2月至4月，按照审计署统一部署，组织全省审计机关对新冠肺炎疫情防控资金和捐赠款物及时开展专项审计，促进防疫物资及时下拨，规范资金使用，堵塞漏洞，防范风险。

民生审计 持续开展保障性安居工程审计，发现计划落实和资金分配管理、保障效果、政策落实三大方面问题124个，有效促进保障性安居工程的规范运行。开展部分市、县（市、区）医疗保险基金审计，查出各类违纪违规问题33个，已全部整改到位。稳就业政策落实及专项资金管理使用情况审计，发现资金管理不规范等问题63个。贯彻落实高职百万扩招政策情况专项审计调查，查出补助资金支出进度慢等问题，督促相关单位进行整改，推动相关民生政策精准落实，维护人民群众切身利益。

经济责任审计 全省共对912个单位和1052名领导干部进行经济责任审计。对省党政主要领导干部开展经济责任和自然资源资产审计，坚持党政同责、同责同审，改进和规范省本级经济责任审计和自然资源资产审计方式方法，进一步深化“三个清单式”审计，准确把握审计重点和评价标准，落实“三个区分开来”要求，鼓励领导干部干事创业。

固定资产投资审计 聚焦办好“三件大事”开展审计，推进重大国家战略和国家大事实施。京津冀交通一体化政策落实专项审计调查，对24个单位和部门涉及的49个项目进行审计调查，发现机制体制问题27个，提出审计建议，并向省政府报送审计专报，促进互联互通政策落实。雄安新区45个政府性投资项目跟踪审计，提出审计建议22条，督促相关单位建立健全管理制度。对北京冬奥会张家口赛区场馆及配套基础设施进行跟踪审计，跟踪审计成效明显。

农业农村审计 组织完成对全省40个国定贫困县、17个省定贫困县，以及部分扶贫资金投入较大的非贫困县2019年扶贫政策落实情况的审计。对照国家脱贫攻坚成效考核标准，对五年来各级财政扶贫资金投入、使用、绩效数据进行审核对账，全面回顾、督促整改、查漏补缺，健全稳定脱贫长效机制，根据历次扶贫审计掌握的情况，对部分贫困县扶贫资产资本管理运行情况进行调研。

资源环保审计 污染防治方面，组织开展领导干部自然资源资产离任（任中）审计，对16个省直部门2018年至2019年履行自然资源资产管理和生态环境保护责任情况开展审计调查，及时督促被审计单位整改落实，推动各级政府和相关部门依法尽责。

金融审计 统一组织开展河北省地方城市商业银行2019年度法人治理结构和贷款投向的专项审计调查，揭示城商行经营风险，提出合理建议。

外资运用审计 组织开展8个国外贷援款项目审计，推动省发展改革委、省财政厅印发《河北省政府外债项目管理办法》，提高利用外资绩效。

企业审计 推动国有资产保值增值。坚决落实省委有关要求，在对2019年省属国有企业审计发现问题系统分析和风险评估的基础上，创新制定《河北省省属国有企业年度审计制度》，坚持由审计厅每年对省国资委监管企业全面审计一遍。2020年，厅本级对省国资委监管的18户企业本部、195户二级子公司及所属子公司进行资产负债损益审计，发现政策落实、资产负债损益和经营风险等方面问题，提出审计建议91条，与省国资委共同研究无效低效资产处置办法，推动一些长期想解决而难以解决的遗留问题加快解决。探索建立国有企业审计分析平台，挖掘大数据资源，提高审计效率和精准度。

专项资金审计 按照省人防系统腐败问题全面调查整顿工作领导小组的工作部署，组织全省审计机关对全省人防工程项目的专项审计进行“回头看”，涉及45个市、县（市、区）的3640个“结建”项目，及时督促问题整改，有效防范廉政风险。

信息化建设 依托电子政务外网，建设完善审计专网，实现署、省、市、县四级审计机关的互联互通和信息共享。建设完善审计大数据中心、审计综合作业平台、审计数字化管理平台、审计综合研究系统、综合服务支撑系统，以及相关的应用支撑系统。建设审计大数据平台，依托已有资源，完善财政、企业、社保等审计业务数据库，以及审计质量管理、审计知识、地理信息等审计基础数据库。建设电子认证、数据备份、信息安全等安全保障系统以及相应支撑保障配套环境。建设较为完善的运维服务体系。编制《河北省金审工程三期项目实施部署方案》，并经审计署评审通过，金审工程三期履行招标投标手续。

审计科研 印发《河北省审计科研课题管理办法》，对课题发布与申报立项、课题管理、课题结项和成果利用、课题经费管理使用等方面作出规范要求。组织开展审计科研课题，33个课题组承担2020年度审计科研课题，予以立项，其中含5个重点课题和28个一般课题。6月，对2019年立项23个重点课题组织结项评审，并将研究报告质量较高、具有创新性和应用性的5项课题评为2019年优秀重点科研课题。将结项的河北省审计厅重点科研课题研究报告编辑成册，发放给全省审计机关，推动课题研究成果的宣传、推广与转化利用工作。

内部审计 加强对内部审计工作的指导监督，推进基层内部审计示范县（市、区）建设工作，总结推广邯郸市的“两延伸一覆盖”做法。编写《内部审计专题与案例》工具书，组织由地矿局等10家省直部门单位内部审计机构开展对本单位2019年度预算执行、决算草案及其他财政财务收支重点事项进行核查的审计。

相关工作 落实全面从严治党要求，加强审计干部队伍建设。坚持“以审计精神立身、以创新规范立业、以自身建设立信”的总要求，厅党组认真履行管党治党主体责任，组织全省审计机关不断巩固拓展“不忘初心、牢记使命”主题教育成果，深入开展纠正“四风”和作风纪律专项整治，深化实施《强化干部教育培养、激励干部担当作为的实施意见》，充分运用审计专网、“互联网+”开展培训，鼓励干部立足本职、干事创业、担当作为。加强党组理论学习中心组学习和政治性警示教育，广泛开展“争做人民满意公务员、争创人民满意公务员集体”活动，选树“双十佳”典型。 （撰稿人：尹　卿）

【石家庄市审计局】 2020年，石家庄市审计局实有177人。党组书记、局长、一级调研员裴晓青，党组成员、副局长、三级调研员李强平（6月—），党组成员、副局长、二级调研员钱国伟（—7月），党组成员、副局长、一级调研员尹建明，党组成员、总审计师刘建新（—6月），党组成员、三级调研员高力（1月—）。设有办公室、政策法规处、内部审计指导处、财政审计处、重大政策跟踪审计处、行政事业审计处、企业审计处、农业农村审计处、自然资源和生态环境审计处、社会保障审计处、固定资产投资审计处、重点建设项目审计处、审计整改监督处、园区审计一处、园区审计二处、园区审计三处、机构编制审计处、经济责任审计一处、经济责任审计二处、经济责任审计三处、经济责任审计四处、人事教育处和6个派出审计处、机关党委（机关纪委）；下设培训中心、计算机信息中心。中共石家庄市委审计委员会办公室设在市审计局，设中共石家庄市委审计委员会办公室秘书处。

审计成果 2020年，石家庄市审计机关共完成审计项目231个，经济责任审计97人。查出主要问题金额185.58亿元；审计期间整改11.79亿元，促进拨付到位13.9亿元，促进增收节支3.77亿元，核减投资额318万元；移送处理事项53件，涉及金额1.1亿元。提出并被采纳审计建议696条；促进被审计单位制定整改措施和建立健全规章制度109项，审计报告获得市领导批示50余次。

元氏县审计局实施的元氏县2015年至2017年扶贫资金和扶贫政策落实情况专项审计调查项目被审计署评为2019年度全国县级审计机关优秀审计项目一等奖；市审计局2个项目获得全省审计成果突出项目。石家庄市审计局获得全省审计系统十佳“人民满意的公务员集体”，全省审计系统计算机审计先进集体，审计署、省审计厅审计信息宣传和通联宣传先进单位，省级文明单位，市级文明单位，全省脱贫扶贫先进驻村工作队，全省审计系统“提质提效、文明执法”竞赛优胜单位，全市依法行政工作先进单位，全市法治宣传教育先进单位，机关党建研究工作先进单位，志愿服务工作先进集体等荣誉。

审计委员会办公室工作 3月30日、8月6日，市委审计委员会分别召开第三、第四次会议，传达学习贯彻习近平总书记对审计工作的重要指示精神，审议关于进一步加强审计整改的实施意见等。市委审计委员会办公室强化各单位协作，制定职责清单，落实审计管理体制改革任务及县级审计机关主要负责人向市审计局党组述职的制度，推进机关事业单位内部审计职能配备工作。

政策落实情况跟踪审计 统筹实施政策跟踪审计，首次完成对县级政策跟踪的直接审计。全市共抽审单位638个，抽审金额96.4亿元，抽查项目529个，涉及资金27.9亿元，发现132个问题。组织新增财政资金直达市县基层直接惠企利民情况审计，协调市县两级审计力量，组织成立24个审计组，对涉及该项资金的县（市、区）实施全面审计，审计发现的51个问题全部整改。

财政审计 组织预算执行和决算草案审计，采取“1＋N＋N＋N”审计思路，采集分析全市99家一级预算部门数据，全面审计22个一级预算部门及53家二级预算单位，审计核实33个市直部门和单位。市本级财政管理和决算草案审计发现3类问题，部门预算执行审计发现4类问题。8月26日，石家庄市第十四届人大常委会第二十八次会议听取并审议市审计局局长裴晓青代市政府所作的《石家庄市人民政府关于2019年度市本级预算执行和其他财政收支情况的审计工作报告》，给予审计工作报告高度评价。

三大攻坚战审计 组织对3个国定贫困县和12个非贫困县开展扶贫政策落实和资金管理审计，抽查资金5.56亿元、项目245个、乡镇118个、行政村448个，入户调查947户。

疫情防控资金和捐赠款物专项审计 开展应对新冠肺炎疫情防控资金和捐赠款物专项审计，派出27个审计组、107名审计人员，核查不同领域财政资金和捐款捐物等情况，审计涵盖3大类部门和机构。

民生审计 开展农村地区冬季安全清洁取暖政策措施落实审计，涉及13个县14.51万户，重点抽查审计2.7万户。

经济责任审计 实施43个单位50名领导干部的经济责任审计，开展领导干部自然资源资产离任审计暨生态环境保护和污染防治审计。

固定资产投资审计 实施中央商务区和滹沱河生态修复、轨道交通、信工学院、儿童医院等重点建设项目跟踪审计。

企业审计 开展19家市属国有企业经营管理风险审计调查，发现问题50个，提出建议45条。实施石家庄某公司资产负债损益审计，移送重大案件线索9件。

审计查出问题整改 以市委审计委员会名义出台关于进一步加强审计整改实施意见，建立审计整改监督检查、结果公开、约谈、统一协调和结果运用5项长效机制，实行审计整改监督工作办法，完善市督查室总牵头、人大询问、多部门协调配合的督查机制。运用审计整改监督管理平台，建立“问题清单”“整改清单”，全过程跟踪审计整改情况，实现审计整改信息化、动态化、精准化。

信息化建设 实施金审工程三期和安可替代工程建设，组织研发国企、社保、投资、整改4个软件系统，整合15个系统以及硬件“虚拟化”改造。采取“现场指导、逐县解决”方式，完成市县财政一级预算单位数据采集、分析等工作。

内部审计 对全市21个县（市、区）259个乡镇和街道内部审计管理机构及人员设置状况进行全面摸底，协调市编办出台关于调整市直部门及部分事业单位内部审计机构和职责制度，促进市本级92个党政群机关和事业单位部门调整、增设内部审计职能，建立内部审计机构，市属国有企业设置内部审计机构执行“一事一议”制度；各县（市、区）及其乡镇、街道办事处参照增加内部审计监督职能。 （撰稿人：刘曼曼）

【唐山市审计局】 2020年，唐山市审计局实有113人。局长王洪江，副局长卢翠娟、葛庆学、易敏、李富，总审计师方文亮，四级调研员李建华、邢瑶，市纪委监委驻局纪检组组长张玉军。设有办公室、市委审计委员会办公室秘书处、机关党委、人事教育处、法规审理处、财政审计一处、财政审计二处、农业农村审计处、自然资源和生态环境审计处、社会保障审计处、企业审计处、经济责任审计一处、经济责任审计二处、行政事业审计处、内部审计指导监督处、固定资产投资审计处；下辖唐山市审计局高新技术产业开发区分局、唐山市审计局海港开发区分局；下设教育培训中心、政府投资审计中心、计算机审计中心等事业单位。

审计成果 2020年，唐山市审计机关共完成审计项目418个，其中审计399个、专项审计调查19个。查出主要问题金额3645414万元，其中违规金额46745万元、损失浪费金额413万元、管理不规范金额3598257万元；审计发现非金额计量问题 761 个；损益（收支）不实金额 1471485 万元；出具审计报告和专项审计调查报告 559 篇，被批示、采用 11 篇次。审计处理处罚金额 211474 万元，其中应上缴财政 46759 万元、应减少财政拨款或补贴 1.5 万元、应归还原渠道资金 0.44 万元、应调账处理金额 164712 万元；移送司法机关、纪检监察机关和有关部门处理事项 11 件，移送处理金额 4132 万元。审计促进整改落实有关问题资金 201252 万元；审计促进拨付资金到位 1718 万元；审计后挽回（避免）损失 57784 万元；核减投资额 57842 万元；移送处理落实事项 3 件。审计提出建议 1066 条，被采纳 1066 条；推动被审计单位制定整改措施 1 项；提交审计信息 107 篇，被批示、采用 86 篇次。向社会公告审计结果 2 篇。

唐山市审计局连续三届荣获“全国文明单位”；被评为全省审计系统十佳“人民满意的公务员集体”；连续第十年荣获全市依法行政先进单位，连续九年被评为市级机关党建考核优秀单位。

政策落实情况跟踪审计 围绕生态唐山建设、“一港双城”建设、产业转型升级、优化营商环境、20 项民心工程等市委市政府中心工作，组织实施全市 4 个季度重大政策落实跟踪审计、路南区优化营商环境审计调查，为做好“六稳”工作、落实“六保”任务提供保障服务。开展全市各县（市、区）中央新增财政资金直达基层惠企利民情况专项审计。

财政审计 全市审计机关对 112 个预算执行单位进行重点审计，查出主要问题金额 1849661.77 万元；对 46 个单位开展财政决算审计，查出主要问题金额 1180988.65 万元。市审计局对 29 个预算执行单位进行重点审计，查出主要问题金额 366119.35 万元；对 6 个单位开展财政决算审计，查出主要问题金额 1150591.82 万元，促进财政资金规范管理和高效使用。以加快推进法院系统诉讼费、执行款的科学化管理，优化营商环境，维护市场主体正当权益和人民群众利益为目标，全市共开展行政事业审计项目 82 个，延伸审计单位 53 家，查出主要问题金额 269860.9 万元。市审计局开展行政事业审计项目 13 个，延伸审计单位 53 家，查出主要问题金额 256516.17 万元。

疫情防控资金和捐赠款物专项审计 市审计局对全市疫情防控资金拨付使用、物资采购管理，以及定点收治医院改扩建工程、社会捐赠款物进行跟踪审计，做到“及时跟踪、实时监督、限时整改”，确保疫情防控资金专款专用、物资专项专用、工程项目按时保质完成。经验做法得到省审计厅和市政府主要领导批示肯定，并在全省审计机关推广借鉴。

民生审计 完成 12 个县（市、区）2019 年度保障性安居工程资金投入和使用绩效审计。组织开展 2019 年度和 2020 年全市扶贫专项审计调查及“回头看”，完成张家口市涿鹿县和南山区扶贫审计。

经济责任审计 聚焦规范权力运行和责任落实，以任中审计为主，坚持党政同责、同责同审，运用“两统筹”方式组织实施全市 139 名党政领导干部经济责任审计，查出主要问题金额 1583846.88 万元。市审计局对 20 名党政领导干部开展经济责任审计，查出主要问题金额 1544521.16 万元，促进各级领导干部履职尽责、担当作为。

固定资产投资审计 全市完成 102 个重点建设项目审计，延伸审计单位 756 个，查出主要问题金额 146015.21 万元，核减工程款 57842.01 万元。市审计局共审计完成重点建设项目 54 个，查出主要问题金额 138401.29 万元，核减工程款 54478.95 万元，政府投资审计工作得到市委市政府领导肯定。

资源环保审计 组织开展全市“双代”改造任务跟踪审计、冬季洁净煤取暖落实情况跟踪审计、丰南区城市管网及黑臭水体治理情况专项审计调查，以及迁安市、遵化市等 4 名领导干部自然资源资产离任（任中）审计。“双代”跟踪审计成效突出，市审计局荣获农村“双代”建设工作竞赛先进单位。

企业金融审计 全市组织开展企业金融审计项目 4 个，查出主要问题金额 164152.74 万元。市审计局组织开展企业金融审计项目 1 个，查出主要问题金额 164095.49 万元，促进企业管理体系不断完善。

专项资金审计 组织开展专项资金审计项目

共71个，审计专项资金总额6005830.15万元，查出主要问题金额34014.28万元。市审计局共完成专项资金审计项目24个，审计专项资金总额5483317.26万元，查出主要问题金额14201.78万元，其中国际旅游岛资产负债损益专项审计调查得到市政府主要领导的高度评价。配合省审计厅完成河北银行及邢台银行专项审计调查。高新、海港2个分局围绕管委会中心工作加强审计监督，得到管委会领导的肯定。

信息化建设 全力推进大数据审计应用、数据分析室建设、审计专网应用平台建设、无纸化办公系统应用等重点工作上水平，机关软硬件建设进一步夯实、业务流程进一步理顺、办公环境进一步优化、工作质效进一步提升。全年共完成数据采集、转换账套1668套，有力促进审计项目优质高效完成。

内部审计 按照“试点先行、总结完善、全面推广”的总体思路，上半年强力推进迁安、迁西、丰润3个县（市、区）改革试点并取得明显成效，下半年在全市各县（市、区）全面推开。内部审计改革工作得到省审计厅主要领导的批示肯定，经验做法被省审计厅《审计工作通讯》专版刊发推广。（撰稿人：赵路得）

【秦皇岛市审计局】 2020年，秦皇岛市审计局实有81人。局长刘忠全，副局长印洪（—5月）、唐继华（—5月）、殷建兵、刘勇（8月—）、王义民（8月—），总审计师顾玮琦（9月—），纪委驻局纪检组长周贤发，二级调研员印洪（5月—）、唐继华（5月—），三级调研员张伟（5月—），四级调研员张伟（—5月）。设有办公室（人教科、内部审计指导监督科）、业务综合审理科、财政审计科、政策落实跟踪审计科、投资审计科（重大项目稽察科）、社会保障审计科、农业农村审计科、行政事业审计科、企业审计监事工作办公室、经济责任审计办公室、自然资源和生态环境审计科、市委审计委员会办公室秘书科；下设秦皇岛市基本建设审计中心。

审计成果 2020年，秦皇岛市审计局共完成审计项目47个，其中审计46个、专项审计调查1个。查出主要问题金额323513.11万元，其中违规金额1058.38万元、管理不规范金额276882.59万元；发现非金额计量问题155个；出具审计报告和专项审计调查报告64篇。审计促进整改落实有关问题资金20089.52万元；移送司法机关、纪检监察机关和有关部门处理事项11件。提出审计建议116条；促进制定完善相关制度9项。

秦皇岛市审计局被省审计厅评为2020年度审计信息宣传工作先进单位、“提质提效、文明执法”竞赛先进组织单位。

政策落实情况跟踪审计 对卢龙县、海港区等7个县（市、区）新增财政资金直达县区基层直接惠企利民情况进行审计，共抽查173家单位，涉及23.61亿元中央直达资金。开展促进就业优先政策落实专项审计，关注就业资金的分配、拨付、支出使用情况以及促进就业优先相关政策措施贯彻落实情况，促进就业优先政策落地落实。

财政审计 推进预算执行审计全覆盖，组织市县（市、区）两级审计机关对大数据审计分析发现的疑点进行审核，对市政府办、市委政法委等11家预算单位和开发区管委、北戴河新区管委所属9家预算单位开展重点延展审计，涉及问题资金217132.16万元。对市本级及两县财政存量资金开展专项审计调查工作，重点延伸28家预算单位，市财政局根据审计结果及审计建议，向市直各预算单位下发《关于清理实有资金账户结余结转资金的通知》，进一步优化财政资源配置，提高资金使用绩效。统筹实施山海关区财政决算审计，查出应缴未缴农民工工资保证金、虚增财政收入、应缴未缴非税收入等问题，涉及金额71700.54万元，促进落实政府带头过“紧日子”要求。

三大攻坚战审计 完成青龙满族自治县、昌黎县2019年和全市2020年扶贫政策落实及扶贫资金管理使用情况审计，并对2017年以来历次扶贫审计发现问题的整改情况进行检查梳理、查漏补缺，推动巩固脱贫攻坚成果，为脱贫攻坚战圆满收官提供审计保障。统筹经济责任、财政决算和水污染防治资金审计，对山海关区、北戴河区主要领导干部开展自然资源资产离任（任中）审计，查出问题金额13728.78万元，揭示非金额计量问题30个，提出审计建议7条。组织市县两级审计机关，采用交叉审计方式，对2017年至2019年全市污染防治资金使用及项目建设情况开展专项审计调查，涉及大气污染防治、水污染防治、土壤污染防治及农村环境综合治理等专项资金14.97亿元的分配使用及污染防治政策落实情况，查出管理不规范金额3.24亿元，揭示各类问题126个。

疫情防控资金和捐赠款物专项审计 对1.8亿元财政防控资金和社会捐赠资金进行跟踪审计，对1000万元专项再贷款进行逐项核查，审计覆盖11家红十字会和慈善组织、139个政府机构和38户企业，揭示并纠正个别县（市、区）存在的捐赠资金分配使用不及时等问题，确保全市新冠肺炎疫情防控工作顺利开展。

民生审计 对抚宁区、卢龙县等5个县（市、区）2019年保障性安居工程资金投入和使用绩效进行审计，推动加快建立多主体供给、多渠道保障、租购并举的住房制度，更好保障人民群众住有所居。

经济责任审计 对山海关区和市水务局、市民宗局、市残联、秦皇岛日报社等8个单位的12名党政主要领导干部和主要负责同志开展经济责任审计工作，发现重大经济决策执行不规范、“三公”经费和培训费超预算支出、财政财务管理存在风险隐患等问题，查出问题金额8941.16万元，移送处理事项3件。

固定资产投资审计 对111个市本级人防系统“结建”项目进行审计，对国道102线秦皇岛市区段改建工程进行跟踪审计，重点关注投融资运作方式、资金筹集利用、财务风险等方面情况，揭示费用支付未经评审确认、临时占地补偿协议要约不完整等问题，进一步规范财务管理、合同管理和工程监理，促进建设资金安全高效使用。

企业审计 对万通、建恒、建投等3户企业经营成果、财务状况的真实性、合法性、效益性开展审计，查出问题金额74670.68万元，移送有关部门问题线索5件。

专项资金审计 对昌黎县、青龙满族自治县、北戴河新区3个县（市、区）法院诉讼费、执行款进行专项审计，查出应缴未缴财政收入、未在规定时限内退还诉讼费等违规问题，涉及金额3712.3万元，移送相关部门处理事项2件，进一步优化营商环境，激发市场主体活力，维护人民群众切身利益。

信息化建设 加快实施金审工程三期建设，投入307万元用于硬件采购和软件升级，不断提升审计信息化水平。运用大数据审计技术，对136个一级预算单位电子数据中的非税收入、存量资金收缴、“三公”经费管理使用、预算调整率和执行率、公务卡使用等财务数据开展专项分析、重点核查，对“执行率低问题”进行深入核实剖析。

内部审计 对全市重点部门、有关县（市、区）内部审计机构和人员建设情况进行督导检查，与相关部门和县（市、区）领导进行面对面座谈交流，探索邯郸“两延伸一覆盖”模式在秦皇岛市的实现途径，推进市县两级建立健全内部审计机构，促进全市内部审计工作迈上新台阶。结合市情实际，选择青龙、昌黎作为内部审计改革试点县（市、区），以点带面，稳中求进；研究出台《内部审计工作业务指导制度》，对全市党政群、市委管理领导企业等62个部门和单位实施对口指导联系，有力有序推进内部审计工作开展。

相关工作 召开两次市委审计委员会会议，出台《关于着力加强内部审计工作的若干措施》《关于加强审计整改的规定》《审计整改监督工作实施办法》《重大事项督查督办制度》等规章制度，进一步强化党对审计工作的集中统一领导。在全市审计机关开展以“讲政治、勇担当、抓落实、促发展”为主题的教育实践活动，引导党员干部找问题、补差距、强责任、抓落实。以增强党组织政治功能和组织力为目标，开展“争当政治‘领头雁’，愿做经济‘啄木鸟’”党建品牌活动，全面推进全局党建工作上档升级。召开全市审计机关党风廉政建设工作视频会，以更有力的措施整治审计工作中的形式主义和官僚主义，一体推进不敢腐、不能腐、不想腐，营造风清气正政治生态，推动全面从严治党工作取得新成效。健全完善经济责任审计、自然资源资产审计协调联动机制，组织召开市委审计委员会经济责任审计工作联席会议，出台《经济责任审计工作联席会议议事规则》和《联席会议办公室工作规则》，着力促进全市经济责任审计工作跃升新台阶、开创新局面。成立秦皇岛市领导干部自然资源资产离任审计工作领导小组，加强对自然资源资产和生态环境保护监督合力，持续推动经济社会绿色可持续发展。组织全体党员干部到6个社区开展新冠肺炎疫情联防联控工作，为帮扶村抗疫工作捐款9500元。

（撰稿人：李　卓）

【邯郸市审计局】 2020年，邯郸市审计局实有92人。局长刘斌，副局长李文灿、刘九思、戴笑丛，总审计师谭顺祥，经济责任审计办公室主任张大鹏（—7月）、张善宁（7月—），四级调研员高云山、范旭东，二级调研员王自林、张亚宁。设有办公室、人事教育处、法规审理处、财政审计处、农业农村审计处、固定资产投资审计处、重点建设项目审计处、社会保障审计处、金融审计处、企业审计一处、企业审计二处、自然资源和生态环境审计处、行政事业审计处、政策跟踪整改审计处、经济责任审计一处、经济责任审计二处、计算信息机审计处；另设市委审计委员会秘书处、机关党委和4个派出审计处；下设邯郸市政府投资项目审计中心、邯郸市内部审计指导中心等事业单位。

审计成果 2020年，邯郸市审计局共完成审计项目66个，查出主要问题金额1066832万元，促进增收节支2966万元。

邯郸市审计局实施的张家口市宣化区人民政府2015年至2017年扶贫工作审计项目被审计署评为2019年度全国市级审计机关优秀审计项目一等奖。

政策落实情况跟踪审计 关注稳就业、预算内投资项目、财政资金直达、冬季安全清洁取暖、市体育中心等政策落实和项目进展情况，揭示问题54个，促进完善制度3项。

财政审计 率先在全省对市本级二级预算单位实施审计全覆盖，揭示问题36类，查出问题金额765692万元，督促返还建筑业企业社保费和农民工工资保证金11000万元。

三大攻坚战审计 对全市20个县（市、区）开展第三轮全覆盖扶贫审计，盘活或追回资金1507万元。对5个县区主要领导干部自然资源资产审计，融合开展大气、水和“三去一降一补”等审计。对18户企业破产改制情况和2户企业资产负债损益审计。

疫情防控资金和捐赠款物专项审计 审计23家红十字会、慈善组织，214个疾病控制中心等机构和单位，揭示4类25个问题，涉及问题金额942万元。

民生审计 开展人居环境整治工作审计调查和农村公路建设与养护专项资金审计，推动乡村振兴政策落地见效。

经济责任审计 对16名领导干部进行经济责任审计，促进领导干部依法用权、廉洁用权。

信息化建设 建成大数据审计分析中心，并投入使用。实现市级一级预算单位数据审计全覆盖。

内部审计 出台《关于加强内部审计工作的意见》，推广“两延伸一覆盖”模式。各县（市、区）乡镇（街道）、行政事业和企业建立内部审计机构723家，占比82%；专兼职内部审计人员2338人。

相关工作 制定《推进全面从严治党，打造审计铁军实施意见》，对35个审计组、180多人次进行审前廉政教育。以市委巡察为契机，边巡边察边改。选派20多名干部到上级审计机关“以审代培”，64名干部参加各级巡视巡察。

（撰稿人：王　坤）

【邢台市审计局】 2020年，邢台市审计局实有64人。党组书记、局长关峰（—6月）、张万双（7月—），党组副书记、副局长杨正学，党组成员、副局长颜住山、王伟（9月—），党组成员、总审计师赵春敏，党组成员、四级调研员刘志忠（9月—），党组成员、纪检组长张珍（12月—）、刘兴泉（—12月，5月免党组成员），二级调研员刘益民、刘金锋、宋万达，正处级张立峰，三级调研员刘彦兵、常红，四级调研员李永泽、董瑞强。设有办公室、法规审理科、财政审计科、农业农村审计科、固定资产投资审计科、社会保障审计科、自然资源和生态环境审计科、金融和涉外审计科、企业审计科、经济责任审计一科、经济责任审计二科、行政审计科、事业审计科、审计整改监督科、市委审计委员会办公室秘书科、机关党委、人事教育科、开发区特派员办事处。

审计成果 2020年，邢台市审计局审计项目77个，涉及单位77个。查出主要问题金额2151178万元，收支不实金额132882万元，促进增收节支8438万元；移送处理并予以责任追究事项2件。提出审计建议被审计单位采纳238条。

市属国有企业2018年度资产负债所有者权益审计调查项目，在全省审计质量考核及优秀审计项目评选中获得全省第三名。

财政审计 首次通过市县联动和“纵向到底”提升审计效益，首次采取“统一分析、筛查疑点、分散核查”开展大数据分析，首次实现对市本级财政一级预算部门预算执行审计全覆盖。推行审计项目、审计方式、审计资源、审计保障“四结合”工作模式，省审计厅主要领导给予肯定性批示，并以《审计工作通讯》转发全省审计机关借鉴学习。

疫情防控资金和捐赠款物专项审计 按照“数据多传输、人员少见面，审计多服务、部门少添乱”的“两多两少”工作思路，延伸审计27家红十字会和慈善组织，322个部门单位、企业及金融机构，及时发现问题，指出问题，督促整改，以审计监督实效助力疫情防控工作高效顺畅开展。

信息化建设 在领导干部经济责任审计、自然资源资产审计、重大政策措施跟踪审计以及其他各类专项审计中，树立大数据思维，以大数据审计为引领，在全市范围内统筹审计项目、审计力量，扎实推进审计移动云视频管理系统和审计疑点传输系统，强化审计现场管理，审计质量明显提高。

内部审计 全市内部审计机构开展项目1532个，查出问题金额1468.84万元。县（市、区）内部审计机构纠正问题金额1434.14万元，配合国家审计461人次，查出并纠正问题金额835.5万元。按照《中共邢台市委审计委员会关于进一步加强内部审计工作的实施意见》，将内部审计工作作为健全审计监督体系，实现审计全覆盖的主要抓手，强化机构建设，加强业务培训，引导内部审计机构开展工作，初步形成国家审计与内部审计相结合的工作机制。在巨鹿县探索推行“四级联动、网格管理”模式，为全市内部审计发展提供可复制推广的有益经验，该经验做法被《中国审计报》刊登推广。

审计查出问题整改 2020年审计查出的89个问题全部整改到位，整改涉及资金29.17亿元，6人受到党纪政纪处分。对审计中发现的问题，力促相关单位制订整改方案，明确整改时限，建立整改台账，做到即知即改、立行立改、彻底整改；对涉嫌违法违纪的，以“零容忍”态度一查到底；对需要多部门推动解决的“老大难”等问题，形成联合整改协作机制；对整改不力、拖延整改或屡审屡犯的单位和个人，严肃追责问责。注重长效建机制，坚持点面结合、举一反三，从完善法规政策、制度机制的角度提出治本之策，促进审计整改工作规范提升；坚持把审计整改监督与政府督查、纪检监察等监督贯通起来，把审计整改、结果运用、追责问责串联起来，促进领导干部遵规守纪、担当作为、干净干事。

相关工作 坚持党建引领，多措并举抓好机关建设。贯彻落实党组工作条例，严格执行党组议事规则，坚决做到“三重一大”事项集体决策和“一把手”末位表态。研究制定《2020年机关党建要点》《关于带头践行“三个表率”建设模范机关的实施方案》《“党支部质量提升工程”实施方案》等14份有关党建和廉政方面的方案措施，出台党建工作评比考核细则，为扎实有效开展党建工作提供具体抓手和量化指标。组织“周一夜学”活动，市直工委在学习通报中多次给予表扬肯定。进一步深化“不忘初心、牢记使命”主题教育成果，开展“三级书记上党课”活动和党员教育培训活动，各党支部严格执行“三会一课”、民主评议党员、领导干部双重组织生活等制度，开展“2＋4＋6”主题党日，引导干部职工在普及文明风尚、整治公共环境和维护社会秩序等活动中转作风、走在前、做表率。坚持把精神文明建设摆上党组议事日程，领导亲自挂帅，全局广泛动员，指定专责人员全面统筹抓好周三“洗城”、联建联创、志愿服务等各项工作落实。

（撰稿人：吴　优）

【保定市审计局】 2020年，保定市审计局实有66人。党组书记、局长李习谦，党组成员、副局长范国庆（—9月）、陈仕强（—6月）、安清林（—9月），党组成员、市纪委驻局纪检组组长王敏，市经济责任审计办公室主任刘栓乔，一级调研员李习谦（6月—），二级调研员范国庆（9月—11月）、安清林（9月—），三级调研员范国庆（6月—9月）、安清林（6月—9月）、张建波（6月—）、苏海彬（6月—）、刘栓乔（6月—），四级调研员张建波（—6月）、苏海彬（—6月）、赵卫军。设有办公室、法规审理处、内部审计指导监督处、财政审计一处、财政审计二处、农业农村审计处、固定资产投资审计处、社会保障审计处、自然资源和生态环境审计处、金融审计处、企业审计处、外资运用审计处、经济责任审计一处、经济责任审计二处、行政事业审计处、审计整改监督处、重点建设项目审计处、计算机审计处、人事教育处、3个派出审计处，另设市委审计委员会办公室秘书处、机关党委、妇委会、工会；下设保定市经济责任审计办公室、保定市基建审计中心等事业单位。

审计成果 2020年，保定市审计局共审计项目77个。查出主要问题金额603534万元，其中违规金额4433万元、管理不规范金额599101万元；审计发现非金额计量问题277个；损益（收支）不实金额6477万元；出具审计报告和专项审计调查报告107篇。审计处理处罚金额5860万元，其中应上缴财政4382万元、应归还原渠道资金45万元、应调账处理金额1432万元；移送司法机关、纪检监察机关和有关部门处理事项9件，移送处理金额517万元。审计促进整改落实有关问题金额1022万元。审计提出审计建议188条，被采纳188条。

政策落实情况跟踪审计 对保定市本级、20个县（市、区）及保定高新区、白沟新城2019年度和2020年第一季度就业相关资金（基金）筹集使用情况和稳就业相关政策落实情况进行审计，揭示就业相关资金、失业保险基金使用管理及稳就业政策落实等方面存在的问题，在推动就业相关政策落地，促进就业补助资金科学、规范管理使用上发挥积极作用。对20个县（市、区）中央新增财政资金直达市县基层直接惠企利民情况进行专项审计，涉及资金750000万元，有效推动中央和省、市各项惠企利民政策落地落实。

财政审计 对市财政组织的市本级和市民政局、市水利局等11个市直部门2019年度预算执行、决算草案和其他财政收支情况进行全面审计。深入开展存量资金专项审计，共抽审231个单位（其中市本级109个部门和单位，县级122个部门和单位），查出应盘活存量资金共44366.25万元。梳理分析审计结果，向保定市政府上报《关于我市财政存量资金管理存在的问题及建议》，为全市更好地化解存量资金提供参考。

三大攻坚战审计 聚焦精准脱贫圆满收官，市审计局直接对易县、涞源县2019年度扶贫工作进行审计，共审计资金125227.48万元；组织指导曲阳、阜平、涞水、博野4个贫困县和非贫困县审计机关对本地区扶贫工作进行审计；配合其他地市审计局对唐县、顺平县扶贫工作进行审计，实现全市扶贫审计工作全覆盖。聚焦打赢污染防治攻坚战，对涿州市等4个县（市、区）党政主要领导干部自然资源资产管理和生态环境保护责任履行情况进行审计，推动领导干部更好地履行自然资源资产管理和生态环境保护责任。聚焦防范化解重大风险，按照省审计厅统一安排部署，开展保定银行法人治理结构和贷款投向专项审计，在推动地方城商行优化法人治理结构，增强抗风险能力，提升金融服务实体经济的水平等方面发挥作用。

疫情防控资金和捐赠款物专项审计 保定市审计局主动作为，对全市应对新冠肺炎疫情防控资金和捐赠款物进行专项审计，共审计资金54382.94万元，促进疫情防控资金物资规范管理、高效使用。

民生审计 紧紧围绕事关群众切身利益的民生问题，组织指导全市17个县（市、区）审计机关开展保障性安居工程跟踪审计，重点关注安居工程资金分配、保障群众需求、相关政策落实等情况，在促进全市改善困难群众居住条件、推进新型城镇化建设中发挥积极作用。

经济责任审计 创新审计方式方法，主动与市委组织部沟通，2020年安排的领导干部经济责任审计中，任中审计比例达到70%，实现以离任审计为主向任中审计为主的重大转变。共审计领导干部30人，查出主要问题金额355729万元，提出并被采纳审计建议75条，为进一步规范权力运行作出应有贡献。

固定资产投资审计 对保定市廉政教育中心项目进行跟踪审计；对保定市关汉卿大剧院和博物馆项目概算执行情况、大世界商业城片区改造提升项目法人投资情况进行审计；对保定市城市管理综合执法局2017年以来市政道路建设项目进行全面审计，向保定市委市政府提交审计报告，推动项目加快实施，为市领导决策提供参考。

农业农村审计 开展乡村振兴审计试点，结合扶贫审计，对易县乡村振兴政策落实和资金管理使用情况进行审计，推动精准脱贫和乡村振兴有效衔接，为下一步全面开展乡村振兴审计奠定基础。

资源环保审计 组织全市17个县（市、区）审计机关完成2019年度农村地区冬季清洁取暖政策措施落实跟踪审计；对2018年至2019年计划完成的107个白洋淀上游流域污染治理项目进行专项审计调查。

专项资金审计 对高阳县、涿州市、莲池区2017—2019年度诉讼费、执行款使用和管理情况进行专项审计，促进更好地维护当事人合法权益。

信息化建设 坚持科技强审，在预算执行审计中，加强对信息化审计手段的运用，利用大数据采集平台和分析平台，采集市、县（市、区）两级880个一级预算单位的财务数据，并对采集的数据进行比对分析、筛查疑点，进一步强化对财政资金使用情况的监督，首次实现对保定市一级预算单位的审计全覆盖。

内部审计 选取阜平县、顺平县、竞秀区等3个县区作为内部审计试点先行推进，推动3个试点县区出台关于加强内部审计试点工作的实施意见；组织召开内部审计工作培训会，进一步强化各单位做好内部审计工作的责任感和紧迫感，全市内部审计工作稳步推进。

相关工作 保定市审计局党组始终以党建为统领，落实全面从严治党主体责任，坚持抓班子、带队伍，机关建设得到全面提升。召开年轻干部锻炼成长经验交流会暨新进工作人员座谈会。进一步强化党风廉政建设，加强对党员干部的日常教育管理监督，全局审计干部进一步强化底线意识、红线意识，在审计过程中坚持做到依法审计、文明审计、廉洁审计，树立和维护审计机关清正廉洁的良好形象。 （撰稿人：郭新正）

【张家口市审计局】 2020年，张家口市审计局实有54人。局长刘全文，副局长李家富、孟贤君（—3月）、马晓文、赵乃竽（6月—），总审计师米田虎（6月—），纪检组长高继彬。设有市委审计委员会办公室秘书科、办公室、法规审理科、内部和社会审计监督核查科、财政审计科、农业农村审计科、建设项目和固定资产投资审计科、社会保障审计科、自然资源和生态环境审计科、企业审计科、金融审计科、经济责任审计一科、经济责任审计二科、行政事业审计科、机关党委（干部人事科）；下设张家口市财政审计服务中心、张家口市公共投资项目审计服务中心、张家口市电子数据审计分析中心。

审计成果 2020年，张家口市审计机关共完成审计项目196个，其中审计174个、专项审计调查22个。查出主要问题金额941095万元，其中违规金额1万元、损失浪费金额26万元、管理不规范金额941068万元；审计发现非金额计量问题323个；损益（收支）不实金额117749万元；出具审计报告和专项审计调查报告231篇，被批示、采用4篇次。审计处理处罚金额10790万元，其中应归还原渠道资金66万元、应调账处理金额10724万元；移送司法机关、纪检监察机关和有关部门处理事项1件，移送处理金额157万元。审计促进整改落实有关问题资金178692万元；审计促进拨付资金到位84万元；审计后挽回（避免）损失186万元；核减投资额6187万元；移送处理落实事项1件。审计提出建议506条，被采纳387条；提交审计信息830篇，被批示、采用136篇次。向社会公告审计结果1篇。

怀安县党政主要领导经济责任和自然资源资产审计项目被评为全省优秀审计项目；农业农村审计科被评为河北省审计系统“人民满意的公务员集体”，2人被评为“全省审计系统先进工作者”，1人被评为“全省扶贫脱贫优秀驻村第一书记”。

政策落实情况跟踪审计 按照河北省审计厅

统一安排，把国家重大政策措施落实作为重要内容纳入所有审计项目，开展扶贫资金审计、防疫资金审计、冬奥跟踪审计及其他重点建设项目审计，有力推动国家重大政策措施的贯彻落实。

财政审计 完成张家口市本级预算执行及其他财政收支情况审计及6个市直单位预算执行情况审计。组织实施赤城县2017—2018年度财政收支决算审计。完成预算执行审计工作报告，在张家口市人大常委会审议时得到广泛好评。完成张家口市本级财政存量资金专项审计。对有关企业纳税情况实施审计调查，财税审计成果引起市领导高度关注。

三大攻坚战审计 完成赤城等8个县区的扶贫审计和20个县区的财政扶贫资金审计调查，指导7个非贫困县区完成扶贫资金审计；对全市光伏扶贫电站的收益分配情况实施审计调查。完成经开区、涿鹿县领导干部自然资源资产离任审计。

疫情防控资金和捐赠款物专项审计 对张家口市本级和19个县区的防控资金、捐赠物资收支使用情况和专项再贷款发放情况实施审计。

民生审计 完成医保局2019年度医疗保险基金审计。

经济责任审计 完成张家口新闻传媒集团、河北北方学院党政主要领导干部经济责任审计。

固定资产投资审计 完成20个冬奥建设项目跟踪审计。对京新高速项目、京蔚高速项目进行跟踪审计。对宁远机场改扩建工程等19个项目开展“回头看”。成立预算评审工作专班，对2021年国际雪联自由式滑雪和单板滑雪世界锦标赛及6个世界杯系列赛财务收支情况开展跟踪审计。

农业农村审计 完成财政资金直达县区基层惠企利民情况专项审计。

资源环保审计 对全市2019年至2020年造林绿化情况实施审计。完成张北县可再生能源利用专项审计调查。

企业审计 完成兴垣集团、建发集团、金控集团等国有企业资产负债所有者权益专项审计调查。

专项资金审计 组织开展市本级和19个县（市、区）稳就业政策落实情况审计。对张家口市中医院疫情防控改扩建项目进行跟踪审计，为疫情期间专项资金、款物的安全管理和高效使用提供有力审计保障。

审计科研 持续开展“审计论坛”活动，由科室负责人和业务骨干担任主讲，围绕投资、财政、社保、金融、企业等审计内容，举办三期15次讲座。申报省级课题1项、市级课题3项。

内部审计 扎实推进内部审计全覆盖，按照试点先行、经验共享、全面推广的工作步骤，推动全市各级各部门成立内部审计机构，建立健全内部审计机制，促进内部审计职能充分发挥。截至年底，张家口市市直部门及市属国有企业80家单位全部成立内部审计机构或配备专职内部审计人员，各县（市、区）成立独立内部审计机构及合署办公机构625家，全市共配备内部审计人员1658名。

交办任务 根据市委市政府领导要求，参加帝达帝广工作专班，推动问题的解决。

相关工作 创新探索基层党建工作方法，把“抓党建促业务强落实”理念贯穿审计工作全程。打造信念坚定、业务精通、作风务实、清正廉洁的高素质专业化审计干部队伍。2020年，张家口市审计局被省委省政府评为“省级文明单位”；生态文明建设审计工作入围审计署“五个十”精品展播；以四年扶贫审计和造林绿化审计为题材，拍摄制作的《答卷人》《扶贫审计的一天》《不负青山》等微视频，先后在审计署官方网站、长城网、学习强国平台播发。

（撰稿人：胡　纲　叶庆红）

【承德市审计局】 2020年，承德市审计局实有85人。党组书记、局长王允昌，党组成员、副局长柳海东、刘国峰、魏景林，党组成员朱延丽，党组成员、总审计师付德忠（11月—），二级调研员谷锦川（6月—），三级调研员沈泽琪（6月—）。设有办公室、市委审计委员会办公室秘书科、法规审理科、审计整改监督科、内部审计指导监督科、财政审计一科、财政审计二科、农业农村审计科、固定资产投资审计科、社会保障审计科、自然资源和生态环境审计科、金融与外资审计科、企业审计科、经济责任审计一科、经济责任审计二科、行政事业审计科、承德市审计局高新技术产业开发区分局、人事教育科、机关党委、离退休干部科；下设承德市计算机审计中心、承德市政府投资项目审计中心等事业单位。

审计成果 2020年，承德市审计机关共完成审计项目215个，其中审计202个、专项审计调查13个。查出主要问题金额226.24亿元，其中违规金额0.76亿元、管理不规范金额225.48亿元；审计发现非金额计量问题591个；损益（收支）不实金额7.69亿元；出具审计报告和专项审计调查报告305篇，被批示50篇次。审计处理处罚金额2.11亿元，其中应上缴财政7285万元、应归还原渠道资金290万元、应缴纳其他资金14万元、应调账处理金额1.36亿元；移送纪检监察机关和有关部门处理事项46件，移送处理人员3人，移送处理金额8708万元。审计提出建议541条，被采纳541条；推动被审计单位制定整改措施25项；促进被审计单位建立健全规章制度1项；被批示、采用审计信息78篇次。

全年在省级以上媒体刊发稿件196篇，内宣工作位列河北省第四名，被中国时代经济出版社、中国审计报社评为全国通联宣传工作先进单位，被河北省审计厅评为全省审计信息宣传、通联宣传工作先进单位，并在全省审计宣传工作会议上作交流发言。承德市审计局被河北省审计厅评为“全省审计系统人民满意的公务员集体”，被河北省文明办、河北省审计厅评为“提质提效、文明执法”竞赛优胜单位。

审计委员会办公室工作 召开市委审计委员会第三次会议，审议通过《承德市审计机关2020年度工作要点》《承德市2020年度审计项目工作计划》。召开市委审计委员会第四次会议，会议审议《2019年度市本级预算执行和其他财政收支情况审计结果报告》，审议通过《中共承德市委审计委员会办公室联络员制度》和《中共承德市委审计委员会重大事项督查督办制度》。市委书记周仲明在市委审计委员会第三次、第四次会议上对全市审计工作给予高度评价。

政策落实情况跟踪审计 开展新增财政资金直达市县基层直接惠企利民专项审计，印发《承德市新增财政资金直达市区县基层直接惠企利民情况专项审计工作方案》，重点对新增财政资金分配情况、新增财政资金拨付下达情况、新增财政资金管理使用情况和新增财政资金监控系统运行情况等重点内容和重点资金进行全覆盖审计，共抽审107家单位、109个项目，涉及新增财政资金203817.59万元。开展2019年度冬季洁净煤取暖政策落实情况专项审计，发现短板和漏洞，提出审计建议，促进资金到位，政策生效。

财政审计 开展市本级和高新区管委会、御道口管委会等19个市直部门2019年度预算执行情况审计，严肃查处违反财经纪律等行为，切实提高预算管理绩效。坚持“全面审计与重点事项核查相结合”原则，应用大数据手段，推进全市财政一级预算单位审计全覆盖。重点关注财政存量资金使用效益，推动盘活部门沉淀资金，挖掘潜在国有资源（资产）使用效益，通过与财政部门沟通协调、促进部门深度整改等有效措施增加财政收入1.96亿元。

三大攻坚战审计 开展隆化县、平泉市等6个县市及张家口市怀安县2019年度扶贫政策落实和资金管理使用情况审计，共抽审扶贫资金12.81亿元、项目281个，发现9大类101个问题，移送案件线索1件，盘活、追回资金141.78万元。开展平泉市、双滦区党政主要领导干部自然资源资产审计，共发现问题195个，促进被审计单位出台相关制度措施11项。根据工作实践总结的《扛起生态责任、护航绿色发展，推进自然资源资产审计》经验做法得到省审计厅领导批示，并在全省推广，《守护一泓清水——承德河长制政策落实情况专项审计调查工作纪实》在《中国审计》刊发。

疫情防控资金和捐赠款物专项审计 开展应对新冠肺炎疫情防控资金和捐赠款物专项审计，共抽审资金42998.96万元，重点关注财政专项资金、捐赠款物、重点保障企业贴息贷款分配管理使用情况，针对财政专项资金拨付不及时、捐赠款物管理不规范、捐赠信息不公开透明等问题提出审计建议。

民生审计 开展承德市本级2019年至2020年第一季度就业相关资金（基金）筹集使用情况和稳就业相关政策落实情况审计工作，针对政策落实不到位、资金管理使用不规范等问题提出审计建议。组织开展承德市本级城乡居民基本医疗保险基金收支结余专项审计调查，促进惠民政策落到实处。

经济责任审计 认真落实两办《规定》及河北省贯彻落实措施，以领导干部守法、守纪、守规、尽责情况为重点，紧盯公共资金使用和权力运行的关键环节，根据承德市委组织部建议名单，对市委老干部局等15个单位的主要领导干部和平泉市、隆化县党政主要领导干部开展经济责任审计。

固定资产投资审计 开展2019年度省级预算内基本建设投资情况专项审计调查，审计调查项目19个、资金11647.21万元，发现2类8个问题。开展承德民用机场竣工决算审计，审计资金16.22亿元，发现建设履行程序、建设资金筹集使用和管理、工程招标投标等6大类17个问题，发现多计工程价款1144.57万元。开展承秦高速（承德段）建设项目审计，审计资金95.27亿元，发现项目资本金未按计划到位2.8亿元、超概算投资1.73亿元等11个问题，提出审计建议6条。开展承德民族团结清文化展览馆暨承德市博物馆、新建市儿童医院、迁建市妇幼保健院等项目建设情况跟踪审计，揭示项目建设中存在的管理漏洞和风险隐患，促进规范管理，推动项目建设。

资源环保审计 开展双桥区人民政府城市管网及黑臭水体治理专项审计调查，反映和揭示辖区河道管理不规范、河长制经费使用不规范、污水管网改造工程等方面体制性障碍、制度性缺陷，提出审计建议，推动经济建设与环境保护协调发展。

专项资金审计 开展平泉市、承德县和宽城满族自治县人民法院2017—2019年度诉讼费、执行款使用和管理情况专项审计，提出加强内部控制制度建设、加强诉讼费管理和执行款物管理的审计建议。

审计查出问题整改 进一步整合人员力量，成立审计整改监督科，全面负责审计项目整改督查工作。实行审计整改对账销号机制、审计整改督导检查机制、审计整改联动机制等，将审计发现问题建立台账、归类管理，整改结果向市委审计委员会、市人大常委会和市政府报告，促使各部门各单位全面抓好整改，确保应改尽改。

内部审计 出台《承德市内部审计工作实施办法（试行）》《结合审计项目加强内部审计工作指导和监督的办法（试行）》《承德市审计局内部审计工作评价办法（试行）》，建立健全内部审计指导监督工作制度。加强工作创新，通过“以审代培”方式加强对内部审计工作的业务指导，有计划地安排市直部门共13名内部审计人员参与到审计项目中，提升内部审计人员专业素质和能力。

相关工作 全体党员干部在做好自身防护的同时，深入社区开展值班值守，得到社区和当地居民的好评。开展“携手同心　守望相助”募捐活动、“抗击疫情党旗红　无偿献血我先行”公益活动。继续对口帮扶丰宁满族自治县苏家店乡苏家店村和小庙子村。驻村工作队深入宣传扶贫政策，组织开展疫情防控工作，多方协调帮扶资金，帮扶发展肉牛养殖等产业，带动贫困户脱贫。全体帮扶责任人在春播、传统节日等重要节点，深入开展走访慰问活动，帮助解决实际困难，被河北省委省政府评为2020年“河北省脱贫攻坚奖先进集体奖”。（撰稿人：李冬梅）

【沧州市审计局】 2020年，沧州市审计局实有110人。局长梁治国，二级调研员郑瑞强，驻局纪检监察组组长戴文，副局长刘根常、赵向东、代联群，总审计师张全栋，市经济责任审计联席会议办公室主任温力超。设有办公室、法规审理科、财政审计科、行政事业审计科、金融和企业审计科、社会保障和涉外审计科、农业农村和自然资源资产审计科、经济责任审计科、整改监督和内部审计管理科、固定资产投资和重点建设项目审计科、人事科，另设机关党委、市委审计委员会办公室秘书科和渤海新区分局、经济开发区分局和高新技术产业开发区分局等派出机构；下设沧州市审计局计算机信息审计中心、沧州市审计局政府投资审计中心等事业单位。

审计成果 2020年，沧州市审计局共完成审计项目83个，其中审计64个、专项审计调查19个。查出主要问题金额9265389万元，其中违规金额149309万元、损失浪费金额3865万元、管理不规范金额9112214万元；审计发现非金额计量问题631个；损益（收支）不实金额2644498

万元；出具审计报告和专项审计调查报告100篇。审计处理处罚金额348953万元，其中应上缴财政74343万元、应减少财政拨款或补贴31567万元、应归还原渠道资金6441万元、应缴纳其他资金16万元、应调账处理金额236583万元；移送司法机关、纪检监察机关和有关部门处理事项45件，移送处理金额115533万元。审计促进整改落实有关问题资金277662万元；审计促进拨付资金到位196420万元；核减投资额36652万元；移送处理落实事项56件。审计提出建议256条，被采纳232条；推动被审计单位制定整改措施1项；促进被审计单位建立健全规章制度55项；提交审计信息95篇，被批示、采用66篇次。

沧州市审计局获评“全国审计机关先进集体”、沧州市“争创人民满意的公务员集体”十佳集体、省级“文明单位”。审计领域改革工作连续2年位居全省第一，“一核两翼三支撑”的政府投资审计模式、审计工作体制创新等2项经验做法在全国总结推广，“五个一遍”审计思路、“党建强审、科技强审、改革强审”的经验做法、审计发现问题定性及处理平台等7项工作成果在全省总结推广。

政策落实情况跟踪审计 落实审计“两统筹”工作要求，结合年度审计项目计划，统筹安排审计项目和跟踪审计重点，着重关注新增财政资金直达市县基层直接惠企利民等方面的问题。累计参与审计人数543人次，累计抽审被审计单位个数1243个，抽查资金总量303.07亿元，其中中央财政资金31.29亿元；累计抽查项目243个，抽查项目总投资额59.27亿元，其中涉及中央财政投资额13.73亿元。查出问题金额1410.59万元，且截至12月31日，已全部整改到位。实施新增财政资金直达市县基层直接惠企利民情况专项审计，审计总金额达52.9亿元，共发现资金结存、支出进度慢、未及时拨付等问题21个，审计整改问题涉及资金5.12亿元。

财政审计 组织实施市财政局、市公安局等9个市直部门，渤海新区等6个市属开发区（产业园区）预算执行审计工作，采用大数据分析与现场核实相结合的方式，首次对市本级一级预算单位实现审计全覆盖，审计发现22大类642个细项问题。共计入库预算收入2.57亿元，减少政府支出5.9亿元，共出台、修改规范性文件或废止与上级政策不符的自定政策等147个。

三大攻坚战审计 开展脱贫攻坚审计，以资金和项目为主线，聚焦“两不愁三保障”，组织全市审计机关审查92个乡镇，619个村，调查户数1833户，抽审扶贫资金125304.47万元，抽审项目442个。查出涉及扶贫政策贯彻落实、扶贫资金管理使用、扶贫项目建设管理等方面共计问题30个，追回或盘活扶贫资金190.56万元，有效促进资金安全管理使用和扶贫项目规范运作，确保扶贫政策落实到位。连续3年对全市洁净煤取暖政策落实情况进行跟踪审计，推动冬季洁净煤政策落地见效。统筹开展南皮县、孟村县等6个县（市、区）领导干部自然资源资产审计，审计领导干部在落实生态文明政策、履行自然资源资产管理职责方面的问题，加快环保资金拨付使用，推动环保政策落实。组织对市本级、6个开发区（产业园区）和15个县（市、区）2020年新增政府债券进行跟踪审计，涉及资金147.26亿元，查出违规支出债券资金、债券资金结存等4大类37个问题，已完成整改22个，促进债券资金高效合理使用。

疫情防控资金和捐赠款物专项审计 全市派出17个审计组、108名审计人员，重点审计2.16亿元财政资金、0.76亿元捐赠资金，对1.66亿元专项再贷款资金逐笔逐项进行核查，有效促进疫情防控专项资金及时使用、下拨，促进捐赠款物的规范、合理、高效利用。

民生审计 结合全市预算执行审计和经济责任审计，将公共卫生、教育、公共交通等民生资金和项目列为重点审计内容，对城镇小区配套幼儿园等多项民生专项资金进行审计。对公交集团免费乘车政府补贴资金情况进行审计，助力“免费公交”尽快落地，惠及民生。贯彻落实省委省政府、市委市政府关于地下水超采综合治理工作的决策部署，全面推进《沧州市农村江水村村通工程实施方案》的任务落实，对11个县（市、区），28个建设项目进行跟踪审计，加快推动农村饮水安全“最后一公里”。

经济责任审计 对市国资委、财政局、商务局、水务局、应急管理局、红十字会6个市直部门和黄骅市、青县、沧县、南皮县、吴桥县、孟村县6个县（市、区）开展党政主要领导干部经济责任审计。坚持党政同责、同责同审，对领导干部贯彻执行党和国家经济方针政策，推动经济和社会事业发展，管理公共资金、国有资产、国有资源，防控重大经济风险等经济活动履职情况进行审计，促进被审计领导干部履职尽责、廉洁从政。

固定资产投资审计　坚持“科技强审、以用为本”，创新工作方法，不断完善自主研发部署的沧州市工程建设项目审计平台。全年审计竣工决算项目17个，结算项目151个，报审项目资金53.42亿元，审减6.67亿元，审减率12.49%。

企业审计　在完成市属5家重点国有企业审计基础上，将市国资委监管的98家国有企业列为重点审计对象，摸清国有企业资产负债情况、改革推进情况，审计汇总全市国有企业在监管机制、经营管理、经营风险等方面问题3类12项，提出分类分批加快改革，推进市属国有企业集中统一管理等审计建议。

信息化建设　以大数据助推审计工作转型，用数据说话、用数据决策、用数据管理，实现“五个系统、九个平台”（审计人才管理系统、审计计划管理系统、审计项目管理系统、电子数据管理系统、移动视频会议系统，数据分析平台、协同办公平台、综合信息上报平台、扶贫领域数据管理平台、党建工作信息平台、审计现场管理平台、审计发现问题定性及处理应用平台、企业联网审计平台、工程建设项目审计平台）为核心的信息化建设总体布局。自主研发企业联网审计平台，推动市县两级信息互通、资源共享。9月，在审计署2020年投资审计转型发展研讨班上，沧州市审计局作交流发言，副审计长秦博勇对“一核两翼三支撑”的投资审计模式予以高度肯定。8月，《中国改革报》刊登文章，对沧州市审计信息化建设经验进行详细报道。升级综合数据审计分析平台，采集市本级98个一级预算部门财务数据，将大数据分析技术与审计思维相结合，建设开发100余个审计模型，实现全面分析数据、自动生成疑点线索，为审计全覆盖打下坚实技术基础。

内部审计　与市委编委办联合印发《关于内部审计机构设置有关事宜的通知》，明确资金量大、下属单位多的35家市直部门（单位）设置独立内部审计机构。选取泊头市、运河区、盐山县、东光县作为试点，在现有机构编制架构的基础上内部调剂，设立独立内部审计机构并配备专门审计人员。按照省委审计委员会办公室要求，除试点县外的其他12个县（市、区）吸收试点县（市、区）工作经验，协调编制部门，推进县级以下单位内部审计机构完成挂牌工作。

相关工作　以学习积累为保障，利用“学习强国”App、局机关“一廊一室一屋”党建主阵地、“理论日推”应用程序等丰富形式，增强理论学习吸引力，持续开展以“自主选书·相互荐书·丰富图书”为主题的常态化读书活动，打造学习型审计机关。2020年，6个机关党支部全部获评全市“百强党支部”。9月，市审计局作为全省人民满意公务员集体代表在河北省“争做争创”和“双十佳”典型选树座谈会上作发言。省委组织部副部长到市审计局机关调研，对“党建强审”和队伍建设工作予以高度肯定。局机关先后获评党员志愿服务先进单位、“学习强国”学习平台推广使用先进单位；政府投资审计岗位获评“严细深实快”党员模范岗，1人获评“严细深实快”模范共产党员。　　（撰稿人：刘思齐）

【廊坊市审计局】　2020年，廊坊市审计局实有92人。局长曹希恩（—3月），局长许伯（3月—），副局长薛冬（—9月）、万茂才、赵志生、常静明，总审计师施文河，纪检组长崔伟（驻市财政局办公），监事会主席陈锡柱、赵国清、韩会才，四级调研员李多强、李玉艾。设有办公室、法规审理科、财政审计科、固定资产投资审计科、经济责任审计科等22个科室；下设审计信息中心。

审计成果　2020年，廊坊市审计机关共完成审计项目204个，其中审计4个、专项审计调查200个。查出主要问题金额522033万元，其中违规金额1639万元、损失浪费金额582万元、管理不规范金额519812万元；审计发现非金额计量问题476个；损益（收支）不实金额89942万元；出具审计报告和专项审计调查报告239篇，被批示、采用18篇次。审计处理处罚金额1694

万元，其中应上缴财政1639万元、应调账处理金额55万元；移送司法机关、纪检监察机关和有关部门处理事项7件，移送处理金额10万元。审计促进整改落实有关问题资金445万元；核减投资额26040万元；移送处理落实事项2件。审计提出建议560条，被采纳511条；推动被审计单位制定整改措施21项；促进被审计单位建立健全规章制度3项；提交审计信息124篇，被批示、采用38篇次。

政策落实情况跟踪审计 廊坊市审计局持续跟踪重大政策措施贯彻落实情况，围绕做好“六稳”工作，落实“六保”任务，密切关注就业优先、财政资金提质增效、优化营商环境、中央财政直达资金分配使用等情况，抽查单位684个，抽审项目140个，抽审资金总额182.72亿元，发现问题13类。

财政审计 组织实施市财政局、原市建设局等7个单位预算执行审计项目，揭示和反映预算执行进度、资金绩效等方面存在问题，给出相应审计建议。按照河北省审计厅统一安排，组织开展大城县2018—2019年度财政收支审计、财政存量资金审计调查等项目。大城县财政收支审计方面，查出重大政策措施落实、财政收支、国有资产管理利用等方面问题45个，涉及问题金额7.6亿元，提出审计建议6条。开展廊坊市市本级及三河市、固安县、文安县存量资金情况专项审计调查，摸清财政存量资金的规模、结构和盘活使用情况底数，有力推动财政资金提质增效。

三大攻坚战审计 开展大城县、大厂县党政主要领导干部经济责任审计同时，同步组织开展2个县党政主要领导干部自然资源资产任中审计工作。审计揭示2个县传统产业转型升级、扬尘治理等方面问题43个，查处违规占地1665亩，提出审计建议8条，促进领导干部履行自然资源资产管理和生态环境保护责任。完成大厂县水污染防治、霸州市土壤污染防治的专项审计调查。组织实施保定市顺平县和廊坊市固安县扶贫政策措施落实和扶贫资金分配管理使用情况审计；组织全市审计机关开展扶贫政策跟踪审计、财政扶贫资金审计调查和扶贫审计“回头看”，切实推动巩固脱贫攻坚成果。

疫情防控资金和捐赠款物专项审计 组织全市审计机关开展疫情防控资金和捐赠款物专项审计。全市派出25个审计组、91名审计人员，审计1.99亿元财政资金、0.92亿元捐赠资金、6.74亿元专项再贷款资金，延伸审计98家红十字会、慈善组织等机构。审计发现问题42个，涉及资金7574.16万元，提出审计建议39条，促进有关部门单位健全完善内控制度28项。

民生审计 开展对广阳区、安次区、开发区人民法院诉讼费、执行款使用和管理专项审计。揭示未按标准收取、收缴不及时、应缴未缴等方面存在的27个问题，涉及问题金额21373万元，提出整改建议12条。

经济责任审计 受组织部门委托，开展市直9名领导干部和大城县、大厂回族自治县4名党政主要领导干部经济责任审计工作，累计发现问题141个，涉及金额6.88亿元，提出意见建议62条。审计中，紧扣经济责任，聚焦权力运行和责任落实，把揭示问题和保护领导干部干事创业积极性结合起来，认真落实“三个区分开来”要求，客观反映领导干部任职期间经济责任履行情况。

固定资产投资审计 落实审计署投资审计大数据融合式研究试点任务，开展北京新机场廊坊回迁安置区二区及学校项目跟踪审计，首次运用BIM技术进行作业，开辟智能化审计新途径。跟踪审计过程中，梳理分析碰撞冲突点21535处，通报图纸缺陷问题117个，消除多处质量安全隐患，有效避免损失浪费200万元。统筹全市投资审计力量，重点开展8个县级投资审计项目。其中京雄城际铁路及其配套工程审计，促进挽回资金损失1.86亿元；三河市潮白河大桥工程竣工决算审计，发现项目质量监督、招标投标等方面6大类24项违规问题。

资源环保审计 组织全市审计机关开展农村地区冬季清洁取暖工作情况跟踪审计，重点关注财政资金的筹集、拨付情况。通过审计，促进财政资金及时补贴到户，规范资金使用，推动冬季清洁取暖工作顺利开展。

企业审计 开展廊坊市公共交通运输集团有限公司经营管理及运营情况审计，加大绩效审计力度，找出制约公交行业发展的根本性问题，理顺政府与企业的关系，建立长效的财政补贴机制，最大限度地发挥财政资金的使用效益；督促企业积极发挥主观能动性、创造性，在增收节支挖潜上下大力气，走出管理与运营的困境，保证企业正常运营。

信息化建设 组织召开大数据审计工作推进会议，明确全年大数据审计工作的基本思路，并重点在数据采集、管理、运用上全面发力。数据采集上，完成全市552家一级预算单位财政数据、104家国有企业的财务数据和市本级社保数据的采集，为进一步推进大数据审计奠定坚实基础。数据管理上，出台《审计业务电子数据管理办法》，实现电子数据的全过程管理，为提高电子数据的安全性提供制度保障。对收集的市级财政数据及相关业务数据进行标准化处理，建立84个财政数据标准表、12个一级预算单位财务数据标准表、28个相关业务数据标准表，编写95个审计分析模型。通过核查数据，分析疑点线索，将一级预算单位全部纳入审计监督范围。

审计科研 廊坊市审计局联合廊坊市审计学会，组织召开“政策措施落实情况跟踪审计研究”学术交流研讨会。招标课题组负责人介绍调研课题整体情况，参会人员给予有针对性的指导意见。

内部审计 加大市直单位内部审计机制建立督导力度，按照“以点带面”原则，优先选取26家基础条件较好单位作为重点推进对象，其中8家单位成立独立内部审计机构，18家单位明确审计职责。推进内部审计“试点县”工作，探索实施“两延伸一覆盖”新模式，选定大厂县作为基层内部审计工作改革试点县，大厂县46家纳入组建范围的单位全部成立内部审计工作领导小组，5个乡镇借机构改革之机在“三定方案”中明确内部审计职能，组建内部审计办公室。

交办任务 累计选派19人，参与配合河北省委巡视办、廊坊市委巡察办、河北省审计厅等单位工作。

相关工作 扎实推进党建工作，把党建工作与审计工作同部署、同推进，坚持以党的政治建设为统领，全面加强党的思想建设、组织建设、党风廉政建设，推动党建工作与审计业务工作深度融合；狠抓审计队伍建设，调整班子成员分工，安排科级干部轮岗，对部分科室进行力量重组，实现“最优组合”。加强审计培训，采取“请进来”“走出去”“网络视频教学”相结合形式，为审计干部能力提升提供多重选择，营造良好培训环境；深入开展精神文明创建工作。动员审计人员参与全国文明城市创建、全国文明单位创建、全省审计系统“提质提效、文明创建”竞赛等精神文明活动，有效增强审计队伍凝聚力，营造团结奋进、积极向上工作氛围。

（撰稿人：孟　楷）

【衡水市审计局】 2020年，衡水市审计局实有60人。局长葛殿朋，副局长赵春峰、宛玉广、骆卫华、潘振兴、刘毓韬。设有市委审计委员会办公室秘书科、办公室、法规审理科、财政审计一科、财政审计二科、企业审计与内部审计指导监督科、行政事业审计科、农业外资与资源环保审计科、投资审计监督科、经济责任审计一科、经济责任审计二科、社会保障与金融审计科、机关党委；下设基建审计中心、计算机辅助审计中心、重点项目建设审计监督中心等事业单位。

审计成果 2020年，衡水市审计局共完成审计项目51个。查出管理不规范金额555677万元、违规金额4610万元；发现非金额计量问题419个。督促审计期间整改25193万元，促进整改落实有关问题资金31320万元；向有关部门移送处理事项7件，涉及金额7747万元。审计提出建议194条，被采纳189条。

衡水市审计局2人被评为全省审计系统“提质增效、文明执法”竞赛先进个人。

政策落实情况跟踪审计 采取线上与线下相结合的方式，开展应对新冠肺炎疫情防控资金和捐赠款物情况专项审计。围绕财政资金提质增效，促进各部门厉行节约过“紧日子”，督促财政部门盘活存量资金，清理往来款项，提升财政资金管理绩效。关注就业优先政策的落实情况，针对超期限领取公益性岗位津贴、社会保险补贴，挪用创业担保贷款用于购买理财产品，创业担保贷款程序未优化等问题提出5条建议，至年底已追回超期限领取补贴资金337万元，追回挪用的创业担保贷款7万元。将市人民代表大会票决的20件民生实事，特别是雨污分流项目作为跟踪重点，通过现场查勘，及时揭示质量隐患的问题，督促主管部门监督整改并进行全面排查。

财政审计 运用大数据分析技术，采取“两横四纵”方式（即对6个市直部门进行全面审计，对74家一级预算单位的6项指标实行全覆盖筛查，对数据分析形成的所有问题线索全部进行核查，对4项专项资金进行市县联动审计）结合大数据分析技术，实现预算执行审计监督全覆盖，揭示7个方面128个问题，发现问题涉及资金81848万元。通过督促整改，调账处理12615万元，清理往来款项3105万元，盘活财政存量资金2561万元，收缴国库613万元。125个问题已整改到位，3个已明确整改期限。

三大攻坚战审计 完成4个贫困县和5个非贫困县扶贫政策落实和扶贫资金分配管理使用情况的审计，完成全市2020年1至10月财政专项扶贫资金和涉农资金中统筹整合用于脱贫攻坚专项资金审计调查，并对2017年以来历次扶贫审计发现问题整改情况进行检查。审计发现的7类88个问题已全部整改到位，促进政策落实和完善有关规章制度18项，盘活、规范扶贫资金使用2215万元，规范扶贫资产资本管理使用29785万元，追回扶贫资金12.98万元。

经济责任审计 调整经济责任审计局际联席会议成员，制定联席会议议事规则，召开局际联席会议，加强沟通交流，促进成果共享。全年完成12名市管领导干部的经济责任审计，发现问题金额277784万元。向有关部门移送处理事项3件，4人被诫勉谈话，1人被给予党内警告处分，1名国企负责人被免职。

固定资产投资审计 对奥林匹克体育中心项目、主城区水系生态修复工程项目、吴公渠生态修复整治工程建设等项目进行跟踪审计，对部分项目存在的进度缓慢、建设手续不齐全等问题，提出整改建议。全年完成竣工决算审计项目4个，核减投资额353万元。

资源环保审计 完成3个县的自然资源资产审计，揭示在土地开发利用、编制土地储备计划、制定森林防火规划、农业水价综合改革等方面7大类37个问题。

企业审计 完成老白干集团资产负债损益审计，揭示其内控制度不健全、专项资金闲置、未制定“三重一大”集体决策制度、漏缴税金、未设立工会会计账簿等问题，并督促其建立健全内部审计制度。

信息化建设 建设完成政府投资项目审计监督平台，平台采用“一拖N”模式，按照等保二级建设要求建设，逐步在11个县市区局推开使用。实现对全市建设投资项目建设进度、资金拨付等各个关键环节信息的归集和追踪，对政府重点投资建设项目在实施过程的合法、合规性进行常态化审计监督，规范审计人员、中介机构参与人员在跟踪审计过程中的工作流程，规避审计风险。

内部审计 在桃城区进行县级内部审计和审计整改2项试点改革，指导其建章立制抓整改，建立七大整改长效机制。并在8个乡镇及街道办设立审计办公室，6个重点单位设立独立审计科，11个单位设立合署办公审计科，35个单位设立内部审计员，推进内部审计工作的开展。

（撰稿人：赵占英）

【定州市审计局】 2020年，定州市审计局实有24人。党组书记、局长刘亚飞，党组成员、副局长曲晓宁，副局长李娟，党组成员、副局长赵晨光，党组成员、副主任科员刘素娟、胡会敏。设有办公室、法规审理科、财政审计科、社会保障审计科、固定资产投资审计科、农业农村审计科、自然资源与生态环境审计科、经济责任审计科、行政事业审计科、审计整改监督科；下设定州市计算机审计服务中心。

审计成果 2020年，定州市审计局完成审计项目24个，其中审计23个、专项审计调查1个。查出主要问题金额4187万元；审计发现非金额计量问题84个；损益（收支）不实金额1909万元；出具审计报告和专项审计调查报告31篇。审计提出建议70条，被采纳66条。

定州市2013年至2017年民政专项资金管理使用情况审计项目被评为全省县区审计成果突出项目；定州市审计局被中国审计报社表彰为“2020年度全国审计通联宣传工作先进单位”。撰写的《“如意算盘”终落空》《政府投资项目设计阶段BIM技术审计应用实例分析》文章在《中国审计》发表；《定州实现一级预算部门审计全覆盖》一文在《河北日报》发表。

政策落实情况跟踪审计 开展定州市稳就业政策措施落实情况审计；2019年度农村地区冬季清洁取暖政策措施跟踪审计；对乡村振兴资金使用和相关政策落实情况审计。

财政审计 完成定州市经济开发区管委会、西关东街小学、西关南街小学的2019年度财务收支审计；完成财政局、退役军人事务局、应急管理局和卫健局部门预算执行、决算草案及其他财政收支情况审计；完成李亲顾镇和高蓬镇2个乡镇2019年度财政决算审计。

三大攻坚战审计 开展2019年度脱贫攻坚政策贯彻落实、扶贫资金分配管理使用和扶贫项目建设管理情况审计。实施清风店镇党委书记、镇长自然资源资产任中审计。

民生审计 组织开展对定州市2018年至2020年老旧小区改造跟踪审计和定州市8所中小学、幼儿园改扩建工程跟踪审计；开展2020年度营商环境专项审计调查。

经济责任审计 组织开展市委办、人大、巡察办、团市委、妇联、市日报社和市电视台7名领导干部的经济责任审计。

交办任务 组织开展审计整改、内部审计工作、定州市经济开发区跟踪审计监督、科技强审、人才兴审和领导干部自然资源资产离任审计等6项改革工作，推进审计体制改革创新。

相关工作 充分运用信息化技术，统合党建资源，建成开放式审计党建云平台。结合审计纪律“四严禁”和“八不准”，持续推进党风廉政建设，不断加强审计自我监督，组织审计干部廉政宣言，领导干部带头签订《党风廉政建设责任承诺书》，记录“廉政日志”，做“廉政回访”。关爱党员、干部身心健康，对退休老党员开展“走访慰问”和“谈心交心”活动；做好党员发展工作，新发展党员3名，转正党员1名。依托新媒体宣传形式，广泛宣传审计人员的新时代新形象新精神。在抗击新冠肺炎疫情期间，推出抗“疫”专栏《战“疫”中最闪亮的星》《社区战“疫”纪实》。组织拍摄3部审计专题片《阳光总在风雨后》《春暖花开　扬帆启航》《定州审计2020》展现定州审计人在抗击新冠肺炎疫情背景下，依法履行审计职责、服务全市经济社会发展的时代担当和审计风采。（撰稿人：魏灵莎）

【辛集市审计局】 2020年，辛集市审计局实有24人。局长苏建立，副局长魏铁旺、赵燕。设有办公室、法规审理科、财政审计科、行政事业与社会保障审计科、固定资产投资审计科、农业与资源生态审计科；下设辛集市计算机审计中心。

审计成果 2020年，辛集市审计机关共审计项目20个，其中审计18个、专项审计调查2个。查出管理不规范金额5978万元。审计促进增收节支942.58万元，整改落实有关问题资金896万元；核减投资额8147.6万元。审计提出建议32条，被采纳25条；推动被审计单位制定整改措施18项；促进被审计单位建立健全规章制度24项；提交审计信息21篇，被批示、采用15篇次。

政策落实情况跟踪审计 对辛集市扶贫政策落实和资金、资产管理使用情况进行审计，推动巩固脱贫攻坚成果；对辛集市2019年、2020年冬季清洁取暖政策措施落实情况进行跟踪审计；对辛集市2019年就业资金（基金）的分配、拨付、管理、使用情况以及援企稳岗、创业带动就业、重点群体就业援助等稳就业相关政策措施落实情况进行审计。

财政审计 对辛集市本级2019年度预算执行和决算草案编制情况进行审计。对辛集市教育局、辛集市检察院、辛集市城市管理综合行政执法局2019年度预算执行、决算草案和其他财政收支情况进行全面审计。对和睦井乡政府、新垒头镇政府2018年度和2019年度预算执行、决算草案和其他财政收支情况进行审计。

疫情防控资金和捐赠款物专项审计 成立防控跟踪审计领导小组，组成审计组，制订跟踪审计方案，第一时间对疫情防控资金筹集拨付和防控物资采购、分配、管理等情况实施实时监督，确保疫情防控资金专款专用、物资专项专用。

经济责任审计 受市委组织部委托，对辛集市交通运输局局长、辛集市发展和改革局局长、辛集市天宫营乡党委书记进行任中审计。对原辛集市旧城镇党委书记开展领导干部自然资源资产离任审计暨生态环境保护和污染防治情况审计。

固定资产投资审计 完成人防工程“结建”项目审计，涉及应建人防面积 26304.7 平方米，涉及应建人防工程 1395.3 平方米，应缴未缴易地建设费 209.2 万元。对辛集镇第二中学综合楼项目、辛集市第三中学综合楼等政府投资建设项目的竣工结算审计。对辛集市教育路上跨石德铁路立交桥项目、河北雄安绿博园辛集林辛集园建设项目、赵望云艺术馆等项目进行跟踪审计。

信息化建设 更新老旧办公设备，购进大数据处理器，改造升级审计网络系统。通过开展数据分析核查，采集 2019 年度辛集市本级和部门财务预算执行数据，实现一级预算单位审计全覆盖，采集转换 41 个单位（部门）2019 年度财务数据，运用数字化审计，全部通过校验。

内部审计 制定《关于进一步加强内部审计工作的实施意见》。全市单独设立内部审计机构的单位 20 个，配备兼职或专职内部审计人员 42 人。选择 10 个政府部门、5 个乡镇、5 个事业单位进行内部审计试点。辛集市交通局、辛集市教育局等单位的内部审计机构对本系统经济责任事项和基建项目进行审计，收到较好效果。

（撰稿人：陈玉茂）

2020 年河北省所辖县(市、区)级审计工作统计表

审计机关	完成审计项目/个	审计查出主要问题金额/万元	审计发现非金额计量问题/个	审计期间整改金额/万元	出具审计报告和审计调查报告/篇	审计处理情况		审计促进整改落实有关问题资金/万元	审计提出建议/条	提交审计信息/篇
						审计处理处罚金额/万元	移送处理事项/件			
石家庄市										
石家庄市本级	87	1247448	562	73403	140	147373	41	18125	331	
长安区审计局	4	18859	2		7				10	
桥西区审计局	4	352	2		7				6	
新华区审计局	8	26997	23						24	
井陉矿区审计局	6	20458	8		8				14	
裕华区审计局	5	11735	3		8				18	
藁城区审计局	10	2125	2	1500	12	613		613	13	
鹿泉区审计局	5	73803	7		7	678		678	19	
栾城区审计局	6	84146	6	98	8	75750	3	75750	11	
晋州市审计局	6	102403	4	1	8	7989		7989	21	
新乐市审计局	12	37275	33		17		1		54	
井陉县审计局	6	9148	6	1	7				10	
正定县审计局	6	157140	2	22514	8				14	
行唐县审计局	11	22847	10	14716	12		1		20	
灵寿县审计局	6	11395	16	206	8	999			19	
高邑县审计局	7	6765	3	684	8				11	
深泽县审计局	7		1		8				8	
赞皇县审计局	9	4644	8	10	13	3819	1	4784	20	
无极县审计局	6	6071	3	2	7		3		14	
平山县审计局	6	11437	17	4617	7		3		24	
元氏县审计局	8	735	13	95	11	1		1	22	

（续表）

审计机关	完成审计项目/个	审计查出主要问题金额/万元	审计发现非金额计量问题/个	审计期间整改金额/万元	出具审计报告和审计调查报告/篇	审计处理情况		审计促进整改落实有关问题资金/万元	审计提出建议/条	提交审计信息/篇
						审计处理处罚金额/万元	移送处理事项/件			
赵县审计局	6	26	6	26	8				13	
唐山市										
唐山市本级	127	2089926	498	18284	147	14333	10	4333	305	30
路南区审计局	19	27485	22		29	140		140	35	
路北区审计局	19	283590	23		25				46	
古冶区审计局	14	42406	20		22	222			42	4
开平区审计局	19	154392	6		24				115	
丰南区审计局	23	120538	11	28400	36				47	
丰润区审计局	17	161775	16		24	2		2	36	
曹妃甸区审计局	27	68683	19	44	27	592		592	33	10
遵化市审计局	11	129049	5	2840	12				42	
迁安市审计局	47	119305	34	770	79	15		15	85	
滦州市审计局	13	29590	6		17	27051		27050	36	46
滦南县审计局	23	441	32	1	31				58	
乐亭县审计局	19	169149	4		29	169120		169120	76	
迁西县审计局	15	111421	22	8622	19		1		37	14
玉田县审计局	25	137665	43	10003	38				73	3
秦皇岛市										
秦皇岛市本级	47	323513	155	12103	64	939	11	20090	116	220
海港区审计局	7	8600	14		13				18	
山海关区审计局	8	700			8				6	12
北戴河区审计局	7	81229	2		7			3226	8	
抚宁区审计局	17	26430	15	40	30	1075		14	34	19
青龙满族自治县审计局	15	16666	10		15	151	2	2	21	8
昌黎县审计局	8	22712	17		13	22291		22712	27	35
卢龙县审计局	9	97225	20	97225	10			97225	17	4
开发区审计局	2	3931	3	3724	2			97	3	
北戴河新区审计局	3	103	5	88	3				6	
邯郸市										
邯郸市本级	66	1066832	205	8443	82	7827	1	7827	196	
邯山区审计局	26	6055	47	10	50				81	
丛台区审计局	12	5018	12	4462	17				22	

（续表）

审计机关	完成审计项目/个	审计查出主要问题金额/万元	审计发现非金额计量问题/个	审计期间整改金额/万元	出具审计报告和审计调查报告/篇	审计处理情况		审计促进整改落实有关问题资金/万元	审计提出建议/条	提交审计信息/篇
						审计处理处罚金额/万元	移送处理事项/件			
复兴区审计局	14	81455	18	40	24	1531		1531	47	
峰峰矿区审计局	23	102747	14	80	33				83	1
肥乡区审计局	16	74915	25	34	21	1		1	21	
永年区审计局	40	13734	35		72	43		43	70	
武安市审计局	10	166727	12		15	1	1	1	18	
临漳县审计局	18	24043	80	41	28	160			40	2
成安县审计局	6	676	2	676	6				9	
大名县审计局	13	796	2	781	18				22	
涉县审计局	34	56773	29	241	53		2		73	
磁县审计局	9	67554	10		12	17		17	36	
邱县审计局	22	538	55		35				46	
鸡泽县审计局	13	5737	17		16	1		1	30	
广平县审计局	6	7742	2		8	5		5	7	
馆陶县审计局	18	79264	24	8986	25		1		51	
魏县审计局	5	74	1		5				3	
曲周县审计局	12	34758	5	5281	12				25	
邢台市										
邢台市本级	77	2151178	364	19871	105	8438	2	8438	240	
襄都区审计局	12	4489	6		12			4489	28	2
信都区审计局	59	11806	11	2180	59	12	3	8560	116	302
任泽区审计局	15	7165	27	599	17	5		5	37	5
南和区审计局	19	43104	38	1005	28				25	56
南宫市审计局	28	2100	14		46	81		81	60	
沙河市审计局	20	8929	8		26	6633		6633	59	2
临城县审计局	8	14128	3		8				13	
内丘县审计局	15	43033	46	1742	15		3	43033	88	2
柏乡县审计局	13	60820	36	1	18				48	
隆尧县审计局	16	30999	18	502	16			2909	45	6
宁晋县审计局	12	66789	30	15	12				33	
巨鹿县审计局	13	66273	19	635	13	16		4897	43	
新河县审计局	12	1							13	18

（续表）

审计机关	完成审计项目/个	审计查出主要问题金额/万元	审计发现非金额计量问题/个	审计期间整改金额/万元	出具审计报告和审计调查报告/篇	审计处理情况		审计促进整改落实有关问题资金/万元	审计提出建议/条	提交审计信息/篇
						审计处理处罚金额/万元	移送处理事项/件			
广宗县审计局	15	11335			21	138		144	41	58
平乡县审计局	19	67496	48		24			21689	45	22
威县审计局	21	51732	3	51732	21	12	2	1	52	20
清河县审计局	17	24869	12		20	8		8	33	25
临西县审计局	33	6693	106	81	31	25		6693	122	
保定市										
保定市本级	77	603534	277	5215	107	5860	9	1022	188	
竞秀区审计局	19	8091	9	4	20	3	7		23	
莲池区审计局	16	124761	3	119	22	14		14	46	
满城区审计局	24	74517	30	32	36	27	3	27	34	
清苑区审计局	7	8852	10	91	8	409	3		17	
徐水区审计局	28	587	15		46				28	
涿州市审计局	10	46507	21	11378	10	47		47	31	
安国市审计局	16	13952	24	700	23	53		53	31	
高碑店市审计局	17	23914	13	1874	25		8		26	
涞水县审计局	14	8107	30	9	18				45	
阜平县审计局	16	12906	33		23	50		50	27	
定兴县审计局	22	10516	30	2885	32	13			51	
唐县审计局	20	6123	46		25	4		4	56	
高阳县审计局	8	17378	14		11	136		136	21	
涞源县审计局	11	8216	10		11	28		26	24	
望都县审计局	20	4573	31	3351	32	986		986	27	
易县审计局	9	4271	15		10				22	
曲阳县审计局	20	826	18		35				39	
蠡县审计局	10	2464	9		10	4		4	22	
顺平县审计局	11	13801	27		15	23			37	
博野县审计局	10	116780	24		10	68			33	
张家口市										
张家口市本级	38	63935	181		43	8353		8353	106	52
桥东区审计局	7	4120	19		8				26	142
桥西区审计局	7	216133	3		9				20	3
宣化区审计局	8	107547	15	168	8				25	109

（续表）

审计机关	完成审计项目/个	审计查出主要问题金额/万元	审计发现非金额计量问题/个	审计期间整改金额/万元	出具审计报告和审计调查报告/篇	审计处理情况		审计促进整改落实有关问题资金/万元	审计提出建议/条	提交审计信息/篇
						审计处理处罚金额/万元	移送处理事项/件			
下花园区审计局	10	187	3		11	1		1	38	48
万全区审计局	5	3321	1		5	45			10	2
崇礼区审计局	7	2377	12	1739	7				20	8
张北县审计局	10	128163	13	925	12	1		1	22	27
康保县审计局	9	278	1	140	10				19	16
沽源县审计局	9	113045	7	169	12				16	20
尚义县审计局	7	670	2	3	8				17	31
蔚县审计局	14	6804	22		23	2079		2072	42	91
阳原县审计局	10	54578	19	5094	12	311	1	311	22	23
怀安县审计局	3	55180	6	199	3				6	50
怀来县审计局	7	3776	2		7				5	10
涿鹿县审计局	7	167954			8			167954	28	37
赤城县审计局	10	11689			12				27	127
经济开发区审计局	9	1334	5		10				23	6
察北区审计局	9	4	12		10				24	25
塞北区审计局	10				13				10	3
承德市										
承德市本级	79	1265587	492	4718	104	17103	46	1695	248	84
双桥区审计局	9	378500	9		13				41	12
双滦区审计局	18	54938	3	4	24				54	77
鹰手营子矿区审计局	19	507	1		33				6	23
平泉市审计局	14	137438	6		23				24	69
承德县审计局	11	533	11	24	14				13	
兴隆县审计局	8	2530	1		11				14	8
滦平县审计局	19	24547	10	21722	26	2618		2618	24	20
隆化县审计局	7	43413	3	113	8				22	2
丰宁满族自治县审计局	9	230417	4	1731	14	1467		1467	22	50
宽城满族自治县审计局	13		30		21				43	38
围场满族蒙古族自治县审计局	9	124047	21		14	1			30	3
沧州市										
沧州市本级	83	9265389	631	68122	100	348953	45	277662	256	95

（续表）

审计机关	完成审计项目/个	审计查出主要问题金额/万元	审计发现非金额计量问题/个	审计期间整改金额/万元	出具审计报告和审计调查报告/篇	审计处理情况		审计促进整改落实有关问题资金/万元	审计提出建议/条	提交审计信息/篇
						审计处理处罚金额/万元	移送处理事项/件			
新华区审计局	8	20780	23	5378	12	40	6		22	
运河区审计局	19	51785	42		27	155		155	86	
泊头市审计局	25	74788	77	4040	36	10513	16	8559	97	113
任丘市审计局	30	70671	9	1025	46	3170	31	3170	23	48
黄骅市审计局	10	68228	11	58	12	36311	5	5930	46	90
河间市审计局	8	21054	10		9	236	6	194	20	5
沧县审计局	9	79679	22	1004	13		3		22	1
青县审计局	19	75723	65	638	25	3488	14	3454	75	105
东光县审计局	15	82686	18		19	2179		2179	44	
海兴县审计局	8	48331	16	2	9	11649	4	11649	22	169
盐山县审计局	27	282750	66	51973	32	23135	33	23033	172	65
肃宁县审计局	10	55979	25		13	439			40	1
南皮县审计局	19	80270	37	4047	29	268	20	236	160	58
吴桥县审计局	15	14008	4	39	24	766		766	23	
献县审计局	16	17983	9	17	19	17393		17393	35	56
孟村回族自治县审计局	9	29444	7	152	13		1		48	
廊坊市										
廊坊市本级	58	181075	319	1642	72	1639	4	445	192	4
安次区审计局	15	77618			21				29	1
广阳区审计局	12	3142	4	1312	12				70	2
霸州市审计局	27	53385	27	941	33		1		55	23
三河市审计局	17	17122	61		18				52	19
固安县审计局	20	3567	18		24		2		51	
永清县审计局	12	3061	14	992	12				44	
香河县审计局	8	174709	9		8				28	73
大城县审计局	11	235	16		14	55			4	
文安县审计局	13	1243	6		12				13	
大厂回族自治县审计局	11	6873	2		13				22	2
衡水市										
衡水市本级	51	560288	419	25193	63	35611	7	31320	194	44
桃城区审计局	29	16141	29	8	42	2580		1	120	15
冀州区审计局	20	17058	43	2099	23	124		64	49	11

（续表）

审计机关	完成审计项目/个	审计查出主要问题金额/万元	审计发现非金额计量问题/个	审计期间整改金额/万元	出具审计报告和审计调查报告/篇	审计处理情况		审计促进整改落实有关问题资金/万元	审计提出建议/条	提交审计信息/篇
						审计处理处罚金额/万元	移送处理事项/件			
深州市审计局	18	165	57	1	22				53	18
枣强县审计局	21	39275	36		27	814			51	9
武邑县审计局	14	1010	21		16	108		17	41	6
武强县审计局	19	45994	46	1633	21	3771			69	9
饶阳县审计局	16	199	30	12	19				29	
安平县审计局	22	7571	37		26	4964		4132	48	7
故城县审计局	33	13001	100	583	43	1893	4	28	123	13
景县审计局	26	35383	21		34	968			63	13
阜城县审计局	18	1638	14		19	350		349	39	6
省直管										
定州市审计局	24	4187	84	103	31				70	
辛集市审计局	20	5978	17	942	20			896	32	21

山西省

【山西省审计厅】 2020 年，山西省审计厅实有 336 人。设有省委审计委员会办公室秘书处、办公室、政策研究室、法规处、审理处、内部审计指导监督处、电子数据审计处、财政审计处、税收征管审计处、教科文卫审计处、农业农村审计处、固定资产投资审计处、社会保障审计处、自然资源和生态环境审计处、金融审计处、企业审计处、涉外审计处、经济责任审计处、计划督查处、人事教育处、机关党委、离退休人员工作处，另设省委机关审计处、政法审计处、教育审计处、科技审计处、工信建设审计处、民政社保审计处、资源环境审计处、交通运输审计处、农业水利审计处、贸易审计处、卫生体育审计处、社会管理审计处、经济执法审计处、广电通讯审计处、发展统计审计处、群团文化审计处、金融审计一处、金融审计二处、企业审计一处、企业审计二处、企业审计三处、企业审计四处；下设审计专业技术服务中心、审计科学研究所、山西内部审计服务中心等事业单位。

领导成员

厅　　长：王　亚（—6 月）
　　　　　陈　磊（7 月—）
副 厅 长：宋世华　姚安政（—5 月）
　　　　　南春林　李建国
　　　　　孙　翔（5 月—）
总审计师：王银燕
驻厅纪检监察组组长：芮辰文
副厅级干部：王克建
一级巡视员：张　铁（—1 月）
　　　　　　姚安政（6 月—）
二级巡视员：孙　翔（—5 月）
　　　　　　檀吉忠（—9 月）

审计成果 2020 年，山西省审计厅共完成 10 大类 161 项审计任务，查出违规违纪金额 356141 万元、损失浪费金额 74614 万元；发现非金额计量问题 425 个。促进增收节支 71880 万元，促进资金拨付到位 12039 万元，挽回损失 1125 万元；移送处理事项 91 件、2.48 万人，涉及金额49.06亿元。

山西省地质勘查局局长任职期间经济责任履行情况审计项目被审计署评为2019年度全国省级审计机关优秀审计项目一等奖。

政策落实情况跟踪审计 持续开展对企业复工复产、脱贫攻坚、就业优先、营商环境优化及转型项目建设等政策措施落实情况跟踪审计，促进建立健全规章制度87项、财政资金统筹使用6.12亿元、清理拖欠民营企业账款1.67亿元。扎实开展新增财政资金专项审计，促进细化分配资金2.85亿元、加快资金拨付2239.04万元，调整资金分配方向5368.56万元。

财政审计 对省本级94个一级预算单位预算执行情况进行全覆盖审计，其中现场审计部门单位23个，延伸审计165个，促进资金拨付到位189.33亿元。受省政府委托，依法向省人大常委会报告预算执行情况和整改情况，接受人大监督。

三大攻坚战审计 统筹全省力量对省本级和29个贫困县扶贫政策措施落实和扶贫资金分配管理使用情况进行审计，省委书记在审计报告上作出重要批示，并转发各市市委书记、市长督促抓好落实。截至12月底，扶贫审计发现的2631个问题，已整改98.6%。

疫情防控资金和捐赠款物专项审计 组织全省审计机关700余人组成130个审计组，迅速开展应对新冠肺炎疫情防控资金和捐赠款物使用管理情况审计，促进及时分配拨付使用资金7915.26万元、物资74.91万件。

民生审计 对大同、晋中、运城市医疗保险基金进行审计，促进补缴企业职工医疗保险费2754万元、追回220.16万元。对长治、晋城、阳泉市保障性安居工程项目进行审计，延伸调查120个相关单位和2307户家庭，追回违规享受公租房租赁补贴10.86万元、配租的公租房77套。

经济责任审计 召开省经济责任审计工作联席会议，对98名省管（含3名中管）领导干部开展经责审计，任中占63.6%，查出负直接责任问题金额1.45亿元。

固定资产投资审计 加大对重点建设项目的审计力度，对第二届全国青年运动会（以下简称二青会）场馆、对口援疆、晋蒙高速公路、山西大学新校区等8个政府重大投资项目进行审计，核减投资2.86亿元。

资源环保审计 开展汾河流域水环境保护和污染防治专项审计、33名省管领导干部自然资源资产离任审计，促进汾河流域综合治理和生态文明建设。

金融审计 开展对省地方金融监管局预算执行审计，山西金控集团、晋商银行、省融资再担保集团有限公司等单位资产负债损益审计，审计范围覆盖地方金融监管部门、地方金融控股集团及具有行业代表性的专业子公司、银行等，揭示金融领域风险隐患，服务全省经济发展。

外资运用审计 开展世界银行贷款山西煤层气综合利用项目、亚洲开发银行贷款山西城乡水资源保护和环境改善示范项目等4个国外贷援款项目审计，重点关注项目计划管理、招标投标管理、财务管理、内控制度、土地使用管理以及以前年度问题未整改情况等6个主要方面，发现问题金额4.66亿元。

企业审计 对交控集团、同煤集团、文旅集团等5户企业资产负债损益情况开展审计，组织对全省11市、117个县和15个经济开发区属国有企业经营情况进行全面调查摸底，深入揭示突出问题和潜在风险，提交的综合报告得到省领导批示。

信息化建设 推动金审工程三期项目建设，完成省级部分建设立项、可行性研究、初步设计、资金筹集等工作，制定完善项目建设管理制度和相关服务方案，落实建设资金、方案和承建单位。出台《推广运用数据化审计模式的意见》，完善数据采集和定期报送机制，初步实现一级预算单位财务数据全部入库。建立数据分析室，在全省一级预算单位预算执行情况大数据分析和全省养老和医保基金审计数据总体分析大数据分析中，创建数据模型73个。

审计科研 组织开展以“新时代内部经济责任审计的思路与方法”为主题的理论研讨活动，征集论文44篇，选送5篇参加中国内部审计协会论文评选，其中4篇内部审计理论研讨论文分获三等奖2个、提名奖2个。组织召开学术论文评审会，对全省2019年度在全国审计理论研讨活动中获奖单位和个人进行表彰。组织承担山西省软科学3个重点科研课题和1个一般科研课题研究的研讨、调研、上报等事项，课题圆满结题。

内部审计 印发《山西省审计厅2020年内部审计工作要点》《合力督导全面推进内部审计工作指导意见》，明确全省内部审计工作指导思想、工作重点、工作要求、措施和保障，全面指导全省内部审计工作。组织开展“行政事业单位内部控制及信息化运用”“企业内部控制”视频培训，省市县各级行政机关、事业单位、国企、高校、医院共196个部门单位，2000余人参加培训。组织举办2期“内部审计大讲堂”，开展内部审计科研课题论文交流研讨等活动，推动内部审计工作经验交流。

审计查出问题整改 建立审计整改工作台账，及时跟踪督促整改，完成省政府“13710”督办事项14件。按照省政府要求，扎实开展审计发现问题专项整治，已整改6843个，整改率90.63%。针对未整改到位问题，送达被审计单位专项整治通知书145份，涉及11个市、61个县区（含58个贫困县）、73个有关部门。

相关工作 坚持把学习贯彻习近平总书记视察山西重要讲话精神作为首要政治任务，跟进学习习近平总书记对审计工作的重要论述，重温“三篇光辉文献”，厅党组集中学习研讨22次、专题辅导讲座7次、先进典型交流4次，研究提出贯彻落实措施21条。严肃党内政治生活，召开高质量民主生活会，班子成员带头过双重组织生活，经常性咬耳扯袖、红脸出汗。贯彻执行党组全面从严治党主体责任清单、中央八项规定精神实施细则，坚持班子成员、支部书记向党组述职报告制度，研究部署21次。

一体推进党风廉政建设，制定全面从严治党主体责任“三个清单”，修订《党风廉政建设考核办法》，完善领导班子成员党风廉政建设主体责任落实情况向驻厅纪检监察组报告、审计廉政风险防控、廉政承诺等制度，梳理风险点35个，现场检查审计项目121个，为157名处级以上干部建立廉政档案。制定《审计机关党员、干部违纪违法案件常态化监控、分析、警示、整改制度》，落实落细对干部的日常管理监督。制定《党组履行政治监督主体责任清单》，开展政治生态调研和政治监督工作自查，全面履行36项责任，推动政治监督具体化、常态化。开展警示教育，认真整改巡视反馈问题，建立“三个清单”，细化整改事项31个，采取具体措施70项，制定修订制度10项，开展专项治理3次，诫勉谈话约谈和党纪处分15人，已全部完成整改。

全面推进依法治审建设，制定《加强审计发现问题线索处置管理实施办法》，完善审计移送工作。建立《重大问题疑点线索库管理办法》《审计业务会议制度》等14项，不断提升依法治审水平。修订《优秀审计项目评比办法》《审核复核审理办法》，提出实质性审理意见538条。配合省纪委监委制定《纪检监察机关与审计机关加强协作配合的意见》，推动审计监督与纪检监察贯通融合。

（撰稿人：秦　旭）

【太原市审计局】 2020年，太原市审计局实有119人。局长闫晓红，副局长李振忠、邢丽琳、李东山，总审计师张喜玲，纪检组长彭新贵。设有市委审计委员会办公室、秘书科、办公室、计划督查科等28个科室；下设后勤服务中心、计算机技术中心等事业单位。

审计成果 2020年，太原市审计局共完成审计项目44个，其中审计41个、专项审计调查3个。查出主要问题金额2571700万元，其中违规金额84297万元、损失浪费金额82万元、管理不规范金额2487321万元；审计发现非金额计量问题429个；损益（收支）不实金额472218万元；出具审计报告和专项审计调查报告62篇。审计处理处罚金额573528万元，其中应上缴财政34529万元、应减少财政拨款或补贴805万元、应归还原渠道资金11498万元、应缴纳其他资金53788万元、应调账处理金额472908万元；移送司法机关、纪检监察机关和有关部门处理事项36件，移送处理人员49人，移送处理金额13695.72万元。审计促进整改落实有关问题资金55681万元。审计提出建议205条，被采纳19条；推动被审计单位制定整改措施79项；提交审计信息56篇。

政策落实情况跟踪审计 开展市本级及县（市、区）2020年度贯彻落实国家重大政策措施情况跟踪审计。抽查326个部门、557个项目，涉及财政资金1505100万元，查出违规及管理不规范等主要问题金额497700万元，促进财政资金统筹使用和加快拨付267300万元，促进清理拖欠民营企业账款或清退违规收费22700万元，推进项目实施67个，完善配套政策、建立健全制度13项，整改问题61个、涉及资金302700万元。完成娄烦县、小店区、尖草坪区新增财政资金直达市县基层直接惠企利民情况专项审计。

财政审计 开展预算执行审计项目8个、财务收支审计项目1个、财政决算项目3个，共查出违规及管理不规范等主要问题金额1339500万元，移送相关部门处理事项9件，提出审计建议35条。

三大攻坚战审计 开展扶贫资金审计项目2个，查出违规及管理不规范等主要问题金额94600万元，发现非金额计量问题62个，提出审计建议8条，审计促进整改落实有关问题资金66300万元。开展领导干部自然资源资产离任（任中）审计4项，查出违规及管理不规范等主要问题金额58700万元，发现非金额计量问题53个，移送相关部门处理事项1件，提出审计建议9条。

疫情防控资金和捐赠款物专项审计 开展疫情防控资金和捐赠款物专项审计项目，审计财政资金21500万元、捐赠资金5251.76万元，查出违规及管理不规范等主要问题金额13200万元，发现非金额计量问题6个。

经济责任审计 开展领导干部经济责任审计项目17个，查出违规及管理不规范等主要问题金额227700万元，发现非金额计量问题111个，提出审计建议38条。

固定资产投资审计 开展二青会场馆建设项目审计，出具审计报告9篇，查出违规及管理不规范等主要问题金额83200万元，发现非金额计量问题36个，移送相关部门处理事项7件，提出审计建议18条，审计促进整改落实有关问题资金49900万元。

资源环保审计 开展市本级及10县（市、区）2017年至2019年清洁采暖专项资金管理使用情况审计，查出违规及管理不规范等主要问题金额228100万元，发现非金额计量问题103个，提出审计建议36条。

企业审计 开展供水集团资产负债损益审计，查出违规及管理不规范等主要问题金额28900万元，发现非金额计量问题4个，移送相关部门处理事项3件，提出审计建议3条。开展国有企业改革基本情况审计调查，发现非金额计量问题4个，提出审计建议3条。

专项资金审计 开展8个市直工（党）委及3个县（市、区）党费管理使用情况审计调查，查出违规及管理不规范等主要问题金额132.1万元，提出审计建议6条。完成5个开发区建设项目效益情况审计调查。

信息化建设 完成网络安全设备的采购；对协同办公平台系统进行等级保护备案；对全局服务器及终端设备的安全性进行排查；完成对信息技术应用创新（以下简称信创）设备的试用以及第一批信创产品的采购、使用。实施“建立一个大数据审计平台、建立完善一个审计管理系统、形成一套数据共建共享机制、建设一支信息化审计队伍”的“四个一”工程，推行“总体分析、发现疑点、分散核实、系统研究”的“智慧审计”模式；建设完成联网审计系统平台，建成以数据采集、数据分析、审计作业一体化的智慧审计平台。

内部审计 开展内部审计机构和人员信息采集工作，创建内部审计工作人员信息库，完成《太原市2020年内部审计工作开展情况的报告》，对市教育局等16个部门内部审计工作进行调研，开展内部审计培训工作。截至年底，全市共设立内部审计机构118个，其中独立机构29个，与其他部门合署办公的89个。

相关工作 牢固树立审计机关是政治机关的意识，坚持用政治理论武装班子和全体党员干部，认真落实中心组学习制度和党组会“第一议题”学习制度，组织中心组政治理论学习20次。对标习近平总书记视察山西重要讲话重要指示，深入贯彻“四为四高两同步”总体思路和要求，围绕做好“六稳”工作、落实“六保”任务、聚焦“六新”突破开展审计工作，把脱贫攻坚、减税降费、防范风险、生态环境保护等重大决策部署嵌入各专项审计中。严格执行党的组织生活制度；出台《太原市审计局机关党支部党建工作责任制度（试行）》等制度 11 项。开展“三重温、学四史”学习教育和三级书记讲党课活动，组织主题党日 8 次、参观学习 4 次、道德讲堂 6 次。开展共绘“同心圆”活动，16 名干部递交入党申请。在异地审计现场建立临时党支部和党小组，把党建工作延伸到中心工作中。

高度重视党风廉政建设和“三不”一体推进工作，制定党组全面从严治党责任主体清单；深入查找思想教育、内部监督、制度落实、纪律约束上的不足，严肃认真开展专题民主生活会和组织生活会。开展“六个一”廉政教育月活动，定期进行警示教育和案例教育。践行“四种形态”要求，抓早抓小，为 63 名副科级以上干部建立廉政档案，对领导干部违规入股企业问题进行自查。健全完善审计廉政风险防控、审计承诺、明察暗访、审计回访等制度，审计中全程跟踪督查廉政纪律和“四严禁”“八不准”执行情况。

采取局内培训、视频培训等方法开展计算机审计培训、大数据审计培训、法律法规、政治理论学习等内部专题培训 13 次。选派 8 名优秀年轻干部参加省审计厅组织的计算机审计初级培训。利用网络资源开展在线学习及利用党支部、党小组、科室等阵地开展小范围自主学习交流。组织干部参加太原市百万职工聚焦“六新”助力转型职业技能竞赛数据分析师比赛，6 人参赛，全部进入决赛，5 人获奖，其中一、二等奖各 1 人，三等奖 2 人，优秀奖 1 人。

（撰稿人：王　莉）

【大同市审计局】　2020 年，大同市审计局实有 95 人。党组书记、局长、二级巡视员于雅丽（7 月—），党组成员、二级调研员李毓智（12 月—）、李江涛（12 月—）、刘向东（12 月—），党组成员、副局长徐利民、蒙继伟（挂职），党组成员、总审计师孟建春，党组成员、二级调研员张晓民，二级调研员曹锦（—4 月）、白铎，三级调研员尉进恒，四级调研员白建生。设有审计委员会办公室秘书科、机关党委办、办公室、政策法规科、离退休人员工作科、内部审计指导监督科、电子数据审计科、财政审计科、教科文卫审计科、农业农村审计科、投资审计科、社会保障审计科、自然资源和生态环境审计科、金融审计科、企业审计科、涉外审计科、经济责任审计科、计划督查科、编制人事教育科、市委机关和群团审计科、政法和经济执法审计科、教育科技和卫生体育审计科、资源环境和农业水利审计科、能源和文旅外事审计科、企业和交通运输审计科、民政社保和社会管理审计科、城市建设管理和发展贸易审计科；下设大同市审计局数据审计指导中心。

审计成果　2020 年，大同市审计局共开展审计项目 106 个。查出各类问题 636 个，涉及金额 35.55 亿元；向有关部门出具审计移送处理书 31 份，党政纪处分 23 人；出具审计决定书 7 份；提出审计建议 245 条；推进被审计单位完善规章制度 8 项。28 篇信息、简报被市级以上刊物采纳。省、市领导对审计报告、信息给予肯定，先后批示 31 次。

1 个项目被评为山西省优秀审计项目。局机关党组办被省人社厅、省妇联授予“巾帼文明岗”称号。局党组推荐的云州区审计局 1 人获得“全国审计机关先进工作者”荣誉称号。

政策落实情况跟踪审计　第一、第二季度，市、县（市、区）两级审计机关围绕优化营商环境、转型项目建设、新冠肺炎疫情防控、就业政策落实、推动积极的财政政策等 5 个方面进行审计，共查出问题 14 个，涉及资金 438.45 万元。第四季度审计共查出问题 8 个，涉及金额 27868.41 万元。

财政审计　安排市本级预算执行现场审计重点单位及项目 12 个，共查出问题 80 个，涉及金额 55197.94 万元。首次实现全市所有一级预算单位大数据审计全覆盖，派出 16 个小组对省审计厅下发的问题疑点进行核查。安排财政决算审计项目 3 个，共查出问题 70 个，涉及金额 33454.44 万元。安排财务收支审计项目 3 个，共查出问题 22 个，涉及金额 176.33 万元。

三大攻坚战审计　持续以三大攻坚战审计为重点，聚焦脱贫攻坚、污染防治和风险防控开展审计，加大对政策、资金、项目的监督落实力度和风险隐患的揭示力度。共开展审计项目 13 个，查出问题 75 个，涉及金额 2.34 亿元。为巩固脱贫成果、促进领导干部践行新发展理念、坚守底线思维、防范和化解重大风险发挥作用。安排扶贫审计项目9个，共查出问题44个，涉及金额23341.66万元，连续4年实现扶贫审计全覆盖。安排资源环境审计项目4个，共查出问题31个，涉及金额55.92万元。

民生审计 开展社保基金审计项目2个，重点关注中央医保政策精准落地、推动完善医保制度、维护基金安全等情况，共查出问题17个，涉及金额30092.28万元，有效推动全市医保基金稳健运行和可持续发展。

经济责任审计 开展领导干部经济责任审计项目38个，共查出问题273个，涉及金额151883.2万元。审计中，落实两办《规定》，依法依规确定审计内容，注重发现以权谋私、失职渎职造成重大经济损失等违法违纪案件线索，揭示和反映履职中的风险隐患和管理体制机制缺陷等问题。坚持实事求是、客观反映问题，准确界定责任，审慎作出评价。

固定资产投资审计 开展固定资产投资审计项目3个，共查出问题35个，涉及金额26657.97万元。审计中，以强化政府投资项目管理，提高政府投资效益为目标，突出竣工财务决算草案审计，加强对重大政府投资项目在实施过程的合法性、真实性、规范性进行跟踪审计监督。通过审计，客观评价工程项目建设实施情况，揭示和反映项目审批、拆迁安置、环境保护、投资控制、资金使用、工程招标投标、物资采购、工程质量等工程建设管理过程中存在的突出问题，加大对重大违法违纪、重大失职渎职、重大损失浪费、重大工程质量等有关问题的查处和揭露，从体制机制层面提出改进意见和建议，规范项目建设管理，提高政府投资绩效。

企业审计 对大同市交通建设国有资产经营有限责任公司2018年、2019年资产管理及经营情况进行审计，共查出问题7个，涉及金额7384.47万元。审计中，通过关注国有企业出资人履行职责情况、国有资产管理情况、监管营运国有资本，规范国有资产、资本管理，促进国有资产资本保值增值，实现国有资产、资本收益最大化。重点关注执行国家进一步完善国有企业改革措施落实情况、国有资产监督管理情况、国有资本营运情况，关注资产、资本管理中存在的问题，以及应采取的措施。

专项审计 以各项专项审计为基础，聚焦疫情防控、科研经费以及人防工程建设管理等开展审计，围绕“六稳”要求、落实“六保”任务、实现“六新”突破，紧盯关键人、关键事、关键环节，开展审计项目23个，查出问题92个，涉及金额8.22亿元，移送有关部门处理事项30件。实施专项审计调查项目3个，共查出问题8个，涉及金额2641.54万元。开展人防系统专项审计项目12个，共查出问题93个，涉及金额25291.58万元，向纪检监察机关移送问题线索8件。完成第五届成龙国际动作电影周项目专项审计。

信息化建设 在预算执行审计中，与省审计厅业务部门沟通衔接，统筹调配全局大数据分析骨干，对全市806家一级预算单位财务数据进行采集和标准化处理，实现一级预算单位审计全覆盖。在投资项目审计、自然资源资产离任审计等项目审计中，创新使用谷歌地球、无人机和ArcGIS结合的新技术、新方法，积累地理信息技术辅助审计的经验，提高审计效率和质量。

内部审计 注重发挥内部审计的作用，形成审计监督整体合力。对内部审计机构开展的4个审计项目进行监督指导，提出改进意见建议。指导内部审计机构人员完成2个经济责任审计项目。组织内部审计人员参与审计项目，在实战中提升他们的能力。在预算执行和经济责任审计中，抽调内部审计人员参与审计工作，使内部审计人员在审计中得到锻炼。组织人员参加省审计厅组织的内部审计工作会议和专题培训，于11月27日召开全市内部审计研讨会，8个单位的内部审计人员进行交流发言。12月3日，组织全市60多家单位近100名内部审计人员进行内部审计培训，特邀省审计厅内部审计处处长、省公安厅审计处处长、省林草局核算中心副主任进行现场授课。

交办任务 按照市政府安排，对浑源县露天矿山开采生态环境修复治理情况跟踪审计相关情况作2次书面报告。开展驻村帮扶工作，采取措施巩固脱贫成果，确保贫困户搬得出、稳得住、脱真贫。先后派出50多人次积极配合省委巡视组，省、市纪委监委，市委组织部、市委巡察办等完成专项检查、审查、巡视巡察等工作。

相关工作 以强化理论武装为基础，开展中心组学习18次，党组成员带头宣讲中央精神、带头讲党课28次，做到以上率下、学深悟透。加强对意识形态和网络意识形态的分析研判，充分发挥党组带头作用、机关党委枢纽作用、党支部战斗堡垒作用和党员先锋模范作用，在疫情防控、机构整合、人员调整、职级晋升等重大事项中考验党员的党性党悟。严格落实全面从严治党主体责任，健全完善规章制度20余项，持续推进审前讲廉、审中查廉、审后访廉工作落实，常态化开展廉政提醒教育，加大对审计现场执行“四严禁”“八不准”规定及考勤、保密、安全等多项工作的跟踪检查和管理，进一步筑牢廉政防线。认真落实民主集中制要求，对“三重一大”等重点事项，坚持领导班子集体研究决定，按规定公开并及时向纪检监察组报备。不断加强和完善党风廉政建设责任体系，落实主体责任和“一岗双责”，明确责任分工，确保党风廉政建设多手抓、多层管、人人落实。

结合实际情况，注重选拔年轻干部，12名同志走上领导岗位，通过选调、遴选和公开招录等方式新选进公务员15名。通过专题讲座、“以审代训”、以老带新、以考促学、“走出去”、“请进来”等多种途径，提升审计干部的政治素养和业务水平。组织相关人员参加审计署、省审计厅组织的审计项目，提升能力。参加审计署组织的“审计大讲堂”和省审计厅开展的各项专题培训。鼓励年轻干部参加审计师职称考试，以考促学，提升年轻干部的专业能力。全年自办培训19期。

（撰稿人：李东星）

【阳泉市审计局】 2020年，阳泉市审计局实有63人。局长巨建军，副局长郭海天、李军（10月—）、陈锋（—10月），总审计师李军（—10月）、董海庆（11月—），调研员张东明、李燕飞、彭乃良、陈锋（11月—）、王锦平、张凤莲（12月—），副县级干部路毅、杨建康。设有办公室（党组办公室、市委审计委员会办公室秘书科）、人事教育科、计划督查科、法制审理科、电子数据审计科、财政审计科、金融审计科、行政事业审计科、农业农村审计科、固定资产投资审计科、自然资源和生态环境审计科、企业审计科、社会保障审计科、经济责任审计科、内部审计指导科（政策研究室）；下设阳泉市电子数据审计服务中心。

审计成果 2020年，阳泉市审计局共完成审计项目74个，其中审计60个、专项审计调查14个。查出主要问题金额474116万元；审计发现非金额计量问题473个；出具审计报告和专项审计调查报告74篇，被批示、采纳7篇次。审计处理处罚金额209924万元。审计提出建议132条；推动被审计单位建立健全规章制度51项；提交审计信息46篇，被批示、采用12篇次。

阳泉市审计局荣获“全国文明单位”称号，闫波涛参与完成的《全省养老保险审计中数据分析技术方法的应用》案例获审计署办公厅优秀案例三等奖。

政策落实情况跟踪审计 对97个单位新冠肺炎疫情防控等9项政策措施落实情况进行审计，抽查项目47个，促进下拨资金32949.8万元。

财政审计 对59个单位（部门）开展预算执行、财政决算审计，延伸单位413个，查出违规金额150230万元。

三大攻坚战审计 在全市扶贫审计中运用大数据审计模型，查出违纪违规问题金额9895万元。

疫情防控资金和捐赠款物专项审计 对专项审计发现的30个问题，强化督促整改，及时分配拨付572.57万元，促进使用244.40万元。

民生审计 在保障性安居工程资金使用绩效审计中，发现3个保障性安居工程项目财政补助资金闲置1798.49万元。

经济责任审计 组织实施13名市管领导干部经济责任审计，查出违规和管理不规范问题金额37.33亿元。

信息化建设 建立数据模型52个，创建标准表570张，标准化数据4420万条，实现市级财政一级预算单位审计全覆盖。

内部审计 市直25家内部审计机构完成审计项目52个，审计总金额41234万元，增收节支330万元。

（撰稿人：张大鹏）

【长治市审计局】 2020年，长治市审计局实有114人。局长贾文革，副局长张国庆、李卫东、张硼乾（4月—），总审计师李秋生，二级调研员吕双河、车建科，四级调研员宋宏斌、段建斌。设有18个科室，下设长治市审计发展中心、长治市内部审计业务指导中心等事业单位。

审计成果 2020年，长治市审计局共完成审计项目70个，其中审计69个、专项审计调查1个。查出主要问题金额1088068万元；审计期间整改金额7230万元；审计发现非金额计量问题389个；移送各类案件线索65件（其中移送纪检监察机关13件），依法追究刑事责任1人，给予党内严重警告1人、政务处分8人。提出审计建议165条。

娄烦县人民政府2018年度扶贫情况审计被山西省审计厅表彰为优秀审计项目。

政策落实情况跟踪审计 采取由省审计厅统一组织、市审计局统筹、各县区审计局共同参与的方式，以“三促进”专项审计为重点内容，全市共抽查单位355个，涉及项目119个，涉及财政资金264955.65万元。

财政审计 由长治市审计局统一组织，对92个一级预算单位2019年度预算执行开展大数据审计分析，并对2个重点单位进行现场直接审计。对黎城县、沁县和高新技术产业开发区管委会2018年、2019年财政决算进行审计。由省审计厅统一组织实施，对太原市规划和自然资源局及所属事业单位2018年、2019年财务收支进行审计。

三大攻坚战审计 聚焦精准扶贫、精准脱贫，组织县区审计机关实施平顺县、沁源县、潞城区等10个县区扶贫审计，抽审扶贫资金60609.35万元，抽审扶贫项目536个。与经济责任审计统筹实施，对1名领导干部开展自然资源资产离任审计。

疫情防控资金和捐赠款物专项审计 组织12个县区实施应对新冠肺炎疫情防控资金和捐赠款物专项审计，对审计发现的资金管理不及时不规范等5大类问题，坚持具体情况具体分析，及时发现问题、反映情况、督促整改。

民生审计 采取“同级审”的组织方式，组织对市本级和12个县区2019年保障性安居工程资金投入和使用绩效情况进行审计，揭示出7个方面28个违规问题。

经济责任审计 以促进经济高质量发展、全面深化改革、权力规范运行、反腐倡廉为目标，全年安排对27名领导干部开展经济责任审计。

固定资产投资审计 以强化政府投资项目建设管理，提高投资效益和资金使用效益为目标，对长治市圣鑫苑保障性住房小区建设情况进行专项审计调查，对长治市公安局城区分局业务、技侦用房竣工决算开展审计。

企业审计 以促进深化国有企业改革、推动国有资本做强做优做大、促进国有资产保值增值、提高竞争力、提升经营能力为目标，对长治市建筑工程总公司2018年、2019年资产负债情况进行审计。

专项审计调查 由省审计厅统一组织，对全省开发区建设项目效益情况实施审计调查。

内部审计 以推动内部审计制度落实和强化内部审计指导相结合，促进全市内部审计工作有效推进，全年组织相关培训2次，170人次。

相关工作 坚持党的领导，完善重大事项及时请示报告、审计工作完成情况季度报送工作制度，切实发挥市委审计委员会办公室作用。严格落实全面从严治党主体责任，强化理论武装，抓牢党风廉政建设工作，改善干部队伍年龄和知识结构，采取“以审代训”、挂职锻炼等方式，提升审计干部业务能力。连续15年蝉联“全国文明单位”称号。（撰稿人：杨菲菲）

【晋城市审计局】 2020年，晋城市审计局实有70人。局长杜平，副局长曹和生、郭义光、王国斌、吕丽芳、张向阳，二级调研员王瑞祥（—6月）、王国斌（6月—），三级调研员鲁正义（3月—），四级调研员郭宏。设有办公室、市委审计委员会办公室秘书组、人事教育科、政策法规审理科、自然资源和生态环境审计科、农业农村审计科、企业审计科、固定资产投资审计科、重大项目稽查科、经济技术开发区审计科、内部审计指导监督科、金融外资审计科、财政审计科、计划督查科、经济责任审计科、大数据审计科、社会保障审计科、行政事业审计科；下设晋城市审计服务中心、晋城市审计专业技术服务中心等事业单位。

审计成果 2020年，晋城市审计局共完成审计项目64个。查出主要问题金额127.96亿元，其中违规金额33.63亿元、管理不规范金额94.3

亿元；审计发现非金额计量问题 387 个；出具审计报告和专项审计调查报告 64 篇。审计处理处罚金额 34.29 亿元；促进上缴财政 33.46 亿元；移送司法机关、纪检监察机关和有关部门处理事项 10 件。审计促进整改落实有关问题资金 21.37 亿元。审计提出建议 126 条。

政策落实情况跟踪审计 按照审计署统一部署，开展每季度一次的重大政策措施落实情况跟踪审计，同时针对以前季度跟踪审计反映问题的整改情况进行督促。

财政审计 利用大数据审计技术，首次实现对全市 592 家一级预算单位预算执行情况全覆盖审计。对所属 3 个县（市、区）、开发区 2018—2019 年度财政决算进行审计。

三大攻坚战审计 根据省审计厅授权，开展陵川县人民政府“十三五”期间扶贫政策措施落实和扶贫资金分配管理使用情况审计。实施 1 个自然资源资产管理及生态环境保护责任履行情况离任审计。

疫情防控资金和捐赠款物专项审计 根据省审计厅统一安排，开展晋城市疫情防控资金和捐赠款物专项审计。审计发现问题金额 5493.41 万元，涉及疫情防控物资 777.46 万个（件、套）。

民生审计 按照省审计厅统一部署，开展晋城市 2019 年保障性安居工程资金投入和使用绩效情况审计。

经济责任审计 全年开展经济责任审计项目 21 个。

固定资产投资审计 开展全市 50 个政府投资项目的审计稽查工作。推动《晋城市市级政府投资项目管理办法》《晋城市市级政府基本建设项目资金拨付管理办法》等两项制度办法出台。

企业审计 开展 4 户企业 2016—2018 年度资产负债损益情况审计和审计调查，为市委深化国企国资改革提供决策参考。（撰稿人：赵　斌）

【朔州市审计局】 2020 年，朔州市审计局实有 72 人。局长刘彪，副局长谷如发、雷占虎，总审计师韩杰，纪检组长田翔鹰，副处级调研员高志勇、谭国栋、赵保明。设有办公室、市委审计委员会办公室秘书科、财政审计科、金融审计科、企业审计科、教科文卫审计科、农业农村与涉外审计科、固定资产投资审计科、法规科、社会保障审计科、自然资源和生态环境审计科、计划督查科、经济责任审计科、电子数据审计科；下设听证中心、信息中心和市建设项目审计中心等事业单位。

审计成果 2020 年，朔州市审计机关共完成审计项目 96 个，审计单位 132 个。查出管理不规范金额 103050.4 万元、违规金额 38750.03 万元，审核核减工程投资 8790.15 万元，督促整改问题 170 多个。全年抽调 10 余人次配合纪检监察、巡视等部门开展工作，移送政府有关部门问题线索 40 件，移送纪检监察机关线索 14 件，配合市委组织部对 278 名干部的经济责任情况进行审查。全年共向市委请示工作 17 次，市委市政府主要领导对 13 篇审计报告作出批示。

政策落实情况跟踪审计 全年政策措施落实情况跟踪审计共查出问题 66 个，促进整改 42 个，审计期间促进整改 3 项，市领导先后 3 次对专题审计报告作出批示。

财政审计 由“问财”向“问政”转变，关注中央八项规定精神贯彻落实、部门预决算管理、部门预算绩效管理、部门单位资产管理等情况，推动各级各部门依法行政、依法理财，保障公共资金安全高效使用。《2019 年度市本级预算执行和其他财政收支的审计工作报告》全文向社会公开，共查出违规金额 38750.03 万元、管理不规范金额 103050.4 万元，督查整改 170 余项。

疫情防控资金和捐赠款物专项审计 成立防疫领导小组，制订《应对新型冠状病毒肺炎疫情的实施方案》和应急预案，并派出 14 名党员干部深入 5 个社区开展联防联控。派出审计组及时跟进开展疫情防控资金和物资跟踪审计，做到疫情防控有作为，审计监督不缺位。

民生审计 加大对“三农”、就业医疗、乡村振兴等重大民生资金项目审计力度，及时跟进资金申请、分配、拨付、使用等关键环节，严肃查处虚报冒领、骗取套取、截留侵占资金等行为，推动各项民生政策落实落地，增强人民群众幸福感、获得感。

经济责任审计 认真落实两办《规定》，有效促进领导干部依法用权、秉公用权、廉洁用权。全年开展领导干部经济责任审计和自然资源资产审计项目45个，查出领导干部负有直接责任的问题金额938万元，负有领导责任的问题金额8400万元，揭示体制机制性问题8个。

内部审计 加强内部审计建设，督促全市党政事业单位健全内部审计机构，开展内部审计工作，完善相关制度。组织各单位内部审计人员和分管领导开展专题培训，推动全市内部审计工作的进一步发展。发挥审计建设性作用，全年提出审计意见建议300余条，促进被审计单位健全制度、规范用权。

相关工作 落实党的十九届二中、三中、四中和五中全会精神，完善《朔州市审计局行政执法公示制度》《朔州市审计局执法全过程记录制度》《朔州市审计局重大执法决定法制审核制度》。对2017年至2019年审计查出问题整改情况开展“回头看”，及时向市委市政府主要领导汇报，督促24个部门落实整改责任，推动78个问题得到整改。全年共组织开展理论学习17次，学习习近平总书记最新讲话精神102次，开展研讨交流2次，专题辅导授课3次。推动县区政府解决审计力量不足的问题，利用机构改革机会，每个县（市、区）增加1个股站级事业单位机构，共增加事业编制104人。加强职业化教育，通过以岗代训、举办专题培训班等形式，对全市审计系统干部职工分层次进行教育培训，局机关共有36人通过中级审计考试，6人通过高级审计考试。

（撰稿人：高　莉）

【晋中市审计局】 2020年，晋中市审计局实有78人。党组书记、局长赵宏，党组成员、副局长张海涛、常青，党组成员、总审计师孙振华。设有办公室、政策法规科（审理科）、人事教育科（离退休人员工作科）、内部审计指导监督科、信息科、财政审计科（税收征管审计科）、行政事业审计科、农业农村审计科、固定资产投资审计科、社会保障审计科、自然资源和生态环境审计科、金融外资审计科、经贸审计科、经济责任审计科、计划督查科、机关党委，另设派出机构晋中市审计局开发区分局；下设晋中市审计事务服务中心、晋中市金审中心等事业单位。

审计成果 2020年，晋中市审计机关共审计项目712个，查出主要问题金额3471166.15万元；发现非金额计量问题4018个；审计期间整改金额32081.38万元；出具审计报告和审计调查报告452篇。审计处理处罚金额1528107.69万元；移送司法机关、纪检监察机关和有关部门处理事项47件。审计促进整改落实有关问题资金230864.26万元。审计提出建议1120条；提交审计信息144篇。

政策落实情况跟踪审计 以推进深化供给侧结构性改革为主线，以资金、项目、政策和重大改革任务推进情况为抓手，按季度开展重大政策措施落实情况跟踪审计。完成全市上级财政转移支付资金审计及新增财政资金直达市县基层直接惠企利民情况专项审计。

财政审计 实现市、县（市、区）两级2019年度财政预算执行情况的大数据审计全覆盖。完成市本级13个部门2019年度预算执行审计和专项资金现场审计。完成平遥县等6县（市、区）2018、2019年度财政决算情况审计。

三大攻坚战审计 完成全市有扶贫任务的9个县扶贫审计、贷资入企5000万元以上项目和使用扶贫资金数额大的农民合作社审计。完成太谷县原县长自然资源资产离任审计。

疫情防控资金和捐赠款物专项审计 完成应对新冠肺炎疫情防控资金和捐赠款物专项审计。

民生审计 完成市本级及榆次区、灵石县、和顺县医疗保险基金情况审计，全市2017年至2019年养老服务业发展资金投入和使用绩效情况审计调查，榆次区乡村振兴审计调查。

经济责任审计 完成太谷县原县长、市体育局原局长等19名领导干部任职期间经济责任履行情况审计，其中离任审计7人、任中审计12人。

固定资产投资审计 完成晋中市迎宾北路广场地下空间利用项目竣工决算审计、晋中市公安局介西分局技侦业务用房建设项目竣工决算审计，龙城高速公路龙湖互通立交工程项目竣工决算草案审计。

企业审计 完成山西轻工机械厂破产管理人财务收支情况审计、山西晋华纺织一厂破产管理人财务收支情况审计、山西锦纶集团有限责任公司破产管理人财务收支情况审计、晋中市土地整治有限公司资产负债损益审计、晋中市公用基础设施投资控股（集团）有限公司资产负债损益审计、晋中开发区开发建设集团有限公司资产负债损益审计。

专项资金审计 完成全市公立医院医改政策落实及财务收支审计、晋中广播电视台2016年10月至2019年9月财务收支审计、左权国际民歌汇2020年资金管理使用情况审计、运城市自然资源系统单位财务收支审计。

信息化建设 把积极推进大数据审计全覆盖作为年度审计工作的重中之重，通过对市本级208个预算单位2019年度预算执行情况的大数据审计，查出问题疑点7100余条，经核实揭示市级财政和188个市直单位11个方面49个种类的管理不规范和违规问题。

内部审计 坚持以构建审计工作“一盘棋”格局为目标，扎实推进内部审计工作，在87个重点单位，设立专职机构，确立专职人员，研究出台《晋中市内部审计工作指南（试行)》，建立《晋中市审计局内部审计工作联系制度（试行)》。

复审项目 完成2019年度审计项目跟踪复审。

相关工作 制定出台《关于进一步完善审计整改问责机制的实施意见》，实行督办制度、约谈制度、移送制度，切实做好审计后半篇文章。牢固树立发展意识，把“促进经济高质量发展”放在第一位，对“三个区分开来”和容错机制真落实、敢落实。落实全面从严治党工作，探索“6＋N”的做法，即：在机关6个党支部的基础上，在外出审计项目中设立N个临时党支部，做到审计工作开展到哪里，党风廉政建设就跟进到哪里。2020年，晋中市审计局先后获得省级文明单位、全省五一劳动奖状等表彰奖励。

（撰稿人：刘　娟）

【运城市审计局】 2020年，运城市审计局实有109人。局长王继宏，副局长马丽娟、张卫宏，一级调研员牛永贵，四级调研员姚向国、王志刚。设有办公室、人事教育科、计划督查科、法规审理科、财政审计科等18个科室；下设固定资产投资审计中心、自然资源资产审计中心、经济责任审计中心等事业单位。

审计成果 2020年，运城审计机关共完成审计项目466个，其中审计439个、专项审计调查27个。查出主要问题金额1305632万元，其中违规金额131880万元、损失浪费金额292万元、管理不规范金额1173459万元；审计发现非金额计量问题1115个；损益（收支）不实金额98399万元；审计发现侵害人民群众利益75万元；出具审计报告和专项审计调查报告544篇，被批示、采用61篇次。审计处理处罚金额277504万元，其中应上缴财政32166万元、应减少财政拨款或补贴4159万元、应归还原渠道资金162166万元、应缴纳其他资金8292万元、应调账处理金额70733万元；移送司法机关、纪检监察机关和有关部门处理事项100件，移送处理人员150人，移送处理金额4205万元。审计促进整改落实有关问题资金71516万元；审计促进拨付资金到位6329万元；审计后挽回（避免）损失2131万元；核减投资额44658万元；移送处理落实事项24件。审计提出建议1092条，被采纳600条；推动被审计单位制定整改措施6项；促进被审计单位建立健全规章制度21项；提交审计信息383篇，被批示、采用163篇次。向社会公告审计结果1篇。

政策落实情况跟踪审计 凝聚政治认同、细化任务措施，把中央政策跟踪审计作为第一要务，围绕市委市政府中心工作，组织实施医保基金、脱贫攻坚、疫情防控、乡村振兴、黄河流域（运城段）高质量发展、政府投资绩效等关系民生福祉和全市发展大局的审计项目，发挥审计监督职能和建设性作用。向运城市委审计委员会上报11篇审计专报，其中被运城市委市政府领导批示10篇，《晋政专报》刊登1篇，并得到山西省副省长的批示。

财政审计 全年对85个市本级一级预算单位审计疑点进行分散核查，首次实现对一级预算单位审计全覆盖。审计提出的预算刚性约束有待加强、项目绩效还需提高、国库集中支付制度执行不够严格、财务管理工作仍需加强等建议，引起运城市委审计委员会、市政府、市纪委高度关注，市委常委、纪委书记对督促整改落实情况提出意见。

疫情防控资金和捐赠款物专项审计 审计重

点关注疫情防控的财政专项资金、捐赠款物和疫情防控重点保障企业贴息贷款的规模、分配和管理使用等情况，促进疫情防控重要医用物资和生活必需品的供应，保障财政贴息及时足额到位，保障企业正常运营，为坚决打赢疫情防控阻击战提供有力的审计监督保障。

民生审计 对市政府实施的城市道路提升改造工程实施全程跟踪，发现问题，及时纠正，主动向社会发布审计结果，受到各方关注和好评，被市委常委会评价是主动作为的典范。全市医保基金审计共追回医保基金4478万元。

经济责任审计 全年完成18名市管领导干部经济责任审计，基本实现审计对象范围的全覆盖。审计共发现问题262个，涉及违规金额约23.06亿元，提出审计建议50余条。

大数据审计 举办大数据审计培训班，提升全市审计人员的大数据审计思维，强化大数据分析能力。整合审计与计算机骨干力量，成立数据分析团队，充分发挥团队效能，对全市86家一级预算单位的电子数据和全市医保基金数据进行集中分析。通过购买专业化服务或利用地方高校优质资源，不断提高数据分析水平。

审计改革 坚持党委对审计工作的领导，修订完善《市委审计委员会办公室工作细则》，提请3月5日召开的市委审计委员会第二次会议审议通过《中共运城市委审计委员会2020年度工作要点》《2020年度全市统一组织审计项目计划》和《关于加强审计查出问题整改工作的意见》等。对照审计机关是政治机关的要求，市审计局重构工作流程，树立科学审计理念，把“增强‘四个意识’、坚定‘四个自信’，做到‘两个维护’”落实到具体审计项目中，实现从业务机关向政治机关的跃升。

审计质量 统筹推动审计管理集约化，统筹制订审计项目计划、统筹实施项目、统筹全市资源，同步实施的审计项目增加审计覆盖面，实现成果共享。修订完善10个审计业务管理办法，复制推广审计现场精细化管控模式，项目实施实现统一组织、统一实施、统一报告模板、统一问题定性、统一审理、统一审定、统一送达法律文书。在审计项目中期组织研讨交流，总结经验，及时纠偏。标准化审计作业初步形成。

审计查出问题整改 强化审计整改，切实提升审计效能。拟定《关于加强审计查出问题整改工作的意见》并提请市委审计委员会第二次会议审议通过。在新增财政资金直达市县基层直接惠企利民审计中，先后细化安排直达资金417万元，收回或调整资金方向用途1543.46万元，加快直达资金拨付使用7457.84万元，完善监控系统数据更新148.34万元。

内部审计 探索成立内部联合审计组开展交叉审计，举办内部审计工作交流研讨座谈会，增强全市内部审计工作人员互动交流。从市直机关、医院、院校等单位选派9名内部审计人员参加领导干部经济责任审计项目。通过“以审代训、审训结合”的方式，内部审计人员的业务能力和工作水平得到显著提升。

相关工作 公开招考选聘4名具备工程和计算机专业知识的大学生，17名干部晋升职级，严格按照各项管理制度，坚持“以审代训”、集中整训和作风整顿，提高审计人员各项技能，重实绩重实干的用人导向进一步激发全体审计干部的工作积极性和主动性。确定2020年为“贯彻落实年”，将《审计业务制度汇编》等各项制度修订完善汇编成册，对制度落实情况不间断督导，把管理各环节和审计全过程纳入制度化轨道。严格落实党风廉政各项职责，坚守“廉洁从审”红线。持续强化主体责任，并形成岗位责任链，确保“一岗双责”落到实处。强化监督，做好审前教育、审中督导、审后回访工作，对审计组的廉政风险点做到全面监督，凡会必讲廉政，观看廉政警示教育片，组织全体人员参观廉政教育基地。

（撰稿人：*石之坚*）

【忻州市审计局】 2020年，忻州市审计局实有71人。局长韩计才，副局长李月文、陈建忠，二级调研员顾连宽、韩建柱，三级调研员曹建斌，四级调研员张文利、焦雪茜、韩建荣。设有13个内设科室和4个派驻机构；下设忻州市审计业务服务中心、忻州市审计专业技术服务中心等事业单位。

审计成果 2020年，忻州市审计机关共完成审计和审计调查项目94个。查出主要问题金额727852万元，其中违规金额138524万元、管理不规范金额 589328 万元；审计发现非金额计量问题 245 个；出具审计报告和专项审计调查报告 94 篇。审计处理处罚金额 358041 万元，其中应上缴财政 136635 万元、应减少财政拨款或补贴 998 万元、应归还原渠道资金 191183 万元、应缴纳其他资金 14143 万元、应调账处理金额 15081 万元；移送有关部门问题线索 17 件，处理处分相关人员 11 人，其中给予党内警告处分 7 人，党内严重警告处分 2 人，政务处分 2 人。审计促进整改落实有关问题资金 54771 万元；审计促进拨付资金到位 6090 万元。审计提出建议 199 条，被采纳 118 条；提交审计信息 64 篇，被批示、采用 31 篇次。

岚县扶贫审计项目被省审计厅评为山西省优秀审计项目。

政策落实情况跟踪审计 抽查部门单位 575 个，抽查项目 227 个，涉及财政资金 757100 万元。审计发现问题 21 类（个），已督促整改到位 15 个，促进各项政策落实 16 项。

财政审计 完成对 15 个市直部门单位预算执行情况的重点抽查和 3 个县（市、区）财政决算审计，深入揭示预算收入、支出、管理、执行等各个方面存在的突出问题。

三大攻坚战审计 对全市 14 个县（市、区）和五台山风景名胜区开展扶贫审计，审计发现政策措施落实、扶贫资金管理、扶贫项目绩效等方面问题 152 个。组织开展 3 个县级政府主要领导干部自然资源资产离任（任期）审计，发现矿山环境恢复治理进展缓慢、地表水考核断面水质不达标和企业欠缴水资源费等问题。

疫情防控资金和捐赠款物专项审计 组织市县两级审计机关派出 15 个审计组对全市疫情防控资金和捐赠款物开展专项审计。通过审计并跟踪督促整改，促进闲置资金上缴财政 126.72 万元，疫情防控资金及时使用 2961.42 万元，社会捐赠资金分配使用 1036.45 万元，捐赠物资分配使用 13.43 万件，推动有关单位建立健全相关制度 18 项。

经济责任审计 全年完成经济责任审计项目 43 个，发现资产核算不规范、未严格执行定点采购等问题 261 个，已督促整改 207 个，促进整改落实有关问题资金 4352.71 万元。

固定资产投资审计 开展政府投资审计监督项目 24 个，报送跟踪审计简报 13 篇，市委市政府主要领导全部进行批示，城区基础设施建设总指挥部根据审计简报作出处罚 4 次，处罚金额 15.3 万元。

专项资金审计 对全市 14 个县（市、区）及五台山风景名胜区近 3 年来护林防火资金进行专项审计，查出违规和管理不规范金额 2120.68 万元。

（撰稿人：康　晓）

【临汾市审计局】 2020 年，临汾市审计局实有 75 人。党组书记、局长陈焕成，党组成员、副局长毛志中、焦宗宁、张临萍，党组成员、总审计师孙成选，副县级干部陈云波、贺广愈。设有秘书科、办公室、人事教育科、计划督查科、法规审理科、财政审计科、经济责任审计科、自然资源和生态环境审计科、金融和外资审计科、固定资产投资审计科、工商企业审计科、社会保障审计科、农业农村审计科、教科文卫审计科、重大项目审计科；下设经济责任和政府投资项目审计服务中心、审计服务中心等事业单位。

审计成果 2020 年，临汾市审计局完成审计项目 75 个，其中审计 74 个、专项审计调查 1 个。查出主要问题金额 1079747 万元，其中违规金额 3442 万元、损失浪费金额 2 万元、管理不规范金额 1076302 万元；审计发现非金额计量问题 983 个；损益（收支）不实金额 19701 万元；出具审计报告和专项审计调查报告 75 篇。审计处理处罚金额 27980 万元，其中应上缴财政 16882 万元、应归还原渠道资金 2672 万元、应缴纳其他资金 22 万元、应调账处理金额 8403 万元；移送司法机关、纪检监察机关和有关部门处理事项 88 件，移送处理人员 18 人，移送处理金额 13184 万元。审计促进整改落实有关问题资金 25483 万元；核减投资额 17059 万元；移送处理落实事项 48 件。审计提出建议 185 条，被采纳 171 条；促进被审计单位建立健全规章制度 15 项；提交审计信息 138 篇，被批示、采用 33 篇次。向社会公告审计结果 4 篇。

政策落实情况跟踪审计 组织开展 4 次重大政策措施落实情况跟踪审计，抽查部门单位 819 个、项目 411 个，查出重大政策落实方面问题 106 个，促进建立健全制度 15 项。开展 12 个县

（市、区）的新增财政资金审计，促进加快资金分配5752.93万元，调整资金分配方向1.43亿元，督促加快资金拨付3610.7万元，加快项目建设18个。

财政审计 对市财政局、发展改革委、市场监督管理局、行政审批服务管理局等14个部门上年预算执行情况进行审计，对市扶贫办等7个重点单位2018年度财务收支情况进行审计，延伸审计单位42个，发现违纪违规问题66个，督促有关单位上缴国库资金1.1亿元，移送处理事项8件。开展尧都、霍州、安泽、翼城4个县（市、区）的财政决算审计，发现违规问题58个。

三大攻坚战审计 组织开展永和、吉县、大宁、乡宁、安泽5个县的扶贫审计，抽查资金12.37亿元，抽查乡镇35个、行政村129个，走访贫困户438户，查出违纪违规和管理不规范金额7.59亿元，督促整改以前年度审计所查问题18件。审计期间立行立改71件，移送处理事项27件，其中移送纪检机关5件、移送主管部门22件。与省审计厅联合开展翼城县原县长的自然资源资产离任审计。

疫情防控资金和捐赠款物专项审计 开展全市新冠肺炎疫情专项资金、捐赠款物分配管理使用情况专项审计，查出专项资金支出进度缓慢、款物募捐和捐赠行为不规范等5个方面问题，促进专项资金及时分配下拨367.54万元，规范物资分配管理2.62万件，督促5个县健全物资调配机制、4个县设立资金专户、5个单位加强会计核算管理。

经济责任审计 完成17名市直单位领导干部和4名县（市、区）长的经济责任审计，查出政策执行不到位、挤占项目经费、采购程序不规范等问题93个。

固定资产投资审计 组织完成向阳西路城市主排水及道路改造工程、市景观绿化提升一期工程、汾河文化生态景区治理、市奥体中心职工体育馆、市文物中心库等13个项目竣工决算审计，核减工程管理不规范金额1.51亿元。

企业审计 组织开展市自来水公司2016—2018年度政策性亏损情况审计，核减补贴资金1931万元，深入分析用水成本倒挂、供水收入结构不合理等公司长期亏损的原因，提出健全机制制度、完善企业管理的针对性建议，进一步规范企业管理。

信息化建设 按照金审工程三期实施方案，投资246万元，加快推进金审工程三期建设。成立数据分析团队，强化大数据审计方法运用。审计中，结合实际建立数据分析模块，运用地理信息技术、词频分析工具等强化实战运用。

内部审计 组织召开内部审计工作专题会议，强化内部审计工作指导，总结工作经验，安排部署工作任务。5月和8月分别对行政事业单位、国有企业内部审计人员进行集中视频培训，进一步提升内部审计人员综合素质。抽调内部审计业务骨干参与市审计局开展的审计项目，着力提升内部审计实战能力。

相关工作 认真组织开展“三会一课”、组织生活会、民主生活会等，强化干部职工思想政治建设。开展廉政约谈，党组成员之间、党组成员与分管科室负责人谈话60多次，抓早抓小，推进全面从严治党向纵深发展。紧抓“不忘初心、牢记使命”常态化、制度化学习教育，进一步坚定广大干部职工的理想信念，着力增强党员干部担当作为的主动性、自觉性，促进审计工作的顺利开展。 （撰稿人：郭迎建　杨瑞华）

【吕梁市审计局】 2020年，吕梁市审计局实有68人。党组书记、局长高博，党组成员、副局长赵晓岗、王建福，总审计师刘建平。设有办公室、人事科、内部审计指导科、财政科、教科文卫科、农业农村科、固定资产投资科、金融涉外科、企业科、法规审理科、社保科、自然资源和生态环境科、经责科、计划督查科、电子数据科、税收征管科；下设审计专业服务中心、审计技术保障中心。

审计成果 2020年，吕梁市审计机关共完成审计项目420个，其中审计413个、专项审计调查7个。查出主要问题金额256亿元，其中违规金额36.19亿元、损失浪费金额0.06亿元、管理不规范金额219.75亿元；审计发现非金额计量问题881个；损益（收支）不实金额5.71亿元；出具审计报告和专项审计调查报告429篇，被批示、采用1篇次。审计处理处罚金额38.93亿元，其中应上缴财政26.9亿元、应减少财政拨款或补贴 2283 万元、应归还原渠道资金 2.04 亿元、应缴纳其他资金 1.2 亿元、应调账处理金额 8.56 亿元；移送司法机关、纪检监察机关和有关部门处理事项 75 件，移送处理人员 5 人，移送处理金额 2.39 亿元。审计促进整改落实有关问题资金 2.17 亿元；审计促进拨付资金到位 47 万元；审计后挽回（避免）损失 185 万元；核减投资额 6776 万元；移送处理落实事项 1 件。审计提出建议 892 条，被采纳 282 条；推动被审计单位制定整改措施 60 项；促进被审计单位建立健全规章制度 3 项；提交审计信息 16 篇，被批示、采用 10 篇次。

政策落实情况跟踪审计　累计抽查单位 654 个（次），查出问题 251 个，整改资金 23.5 亿元，包括资金拨付、盘活、配套到位、收回、调整用途等，落实简政放权、就业、完善项目手续等方面政策 114 项。

财政审计　对 142 个单位 2020 年预算执行、8 个财政决算进行审计，共查出主要问题金额 227.76 亿元。

三大攻坚战审计　开展 2019 年扶贫资金审计、领导干部自然资源资产离任（任中）审计、防范化解重大风险审计等，其中对运城市浮山县的扶贫资金审计荣获山西省优秀审计项目二等奖。

疫情防控资金和捐赠款物专项审计　对全市财政资金分配拨付、使用管理情况，捐赠款物接受、分配使用、管理和信息公开情况开展专项审计，延伸审计单位 9 个，查出主要问题金额 5684.13 万元。

民生审计　对保障性安居工程、养老保险基金等开展审计。

经济责任审计　对 109 名领导干部进行经济责任审计，查出主要问题金额 3.5 亿元，其中违规金额 3508 万元。

固定资产投资审计　完成政府投资建设项目审计 68 个，项目投资额 2.86 亿元，完成投资额 6.11 亿元，核减工程建设资金 0.64 亿元。

企业审计　对 21 户企业进行审计，查出问题金额 1.27 亿元，其中违规经营金额 979 万元。

专项资金审计　完成专项资金审计项目 34 个，审计专项资金总额 114.34 亿元，查出问题金额 14.47 亿元。

信息化建设　完成审计机关高清视频会议系统升级改造，市县两级审计机关可直接参加审计署和省审计厅发起的视频会商和有关视频培训。

内部审计　对单位内控制度建设和相关内容进行自查。针对领导风险意识不强、重视不够，内控制度过时更新不及时和财务管理工作等方面存在的问题和缺陷，提出合理化建议。

相关工作　2020 年度吕梁市审计局被省文明办评为省级精神文明单位，被吕梁市委市政府评为目标责任制考核优秀单位，党支部被市直工委评为基层先进党组织。成立党风廉政建设工作领导组；举办 1 次民法典讲座、2 次“道德讲堂”，进行警示教育 9 次、纪律教育 8 次；层层签订党风廉政责任书，新入职科级干部述职述廉 5 人；新制定涉及党风廉政建设工作制度 3 项；推行外出审计组党风廉政建设组长负责制，加强外出审计人员廉政教育。完成公务员招聘 5 人，事业编制招聘 2 人。市管干部外调充实 1 人、审计局内部提拔 1 人。科级干部提拔 7 人，职级晋升 5 人。全年组织各类培训 26 次，共培训 178 人次。

（撰稿人：白一君）

2020年山西省所辖县(市、区)级审计工作统计表

审计机关	完成审计项目/个	审计查出主要问题金额/万元	审计发现非金额计量问题/个	审计期间整改金额/万元	出具审计报告和审计调查报告/篇	审计处理情况		审计促进整改落实有关问题资金/万元	审计提出建议/条	提交审计信息/篇
						审计处理处罚金额/万元	移送处理事项/件			
太原市										
太原市本级	44	2571700	429	140686	62	573528	36	55681	205	56
小店区审计局	18	63772	3	4	16	3486		3486	26	
迎泽区审计局	19	63611	43	734	25	1692	3	60740	64	43
杏花岭区审计局	7	32040	68		7		2	93	42	46
尖草坪区审计局	5	3062	8	2954	5	3062		2954	11	
万柏林区审计局	58	177036	51	291	58	18847	1	18847	332	90
晋源区审计局	14	302846	62	385	14	38	6	83989	52	17
古交市审计局	24	134563	24	170	19	2		3684	71	32
清徐县审计局	25	19246	37		25	14882	1	8800	48	23
阳曲县审计局	18	82546	19		12			24642	26	
娄烦县审计局	15	95832	13		15			95832	19	
大同市										
大同市本级	106	364769	407	19949	78	1822	31	125892	245	50
新荣区审计局	10				10				7	10
平城区审计局	21	7282	29	173	21	173		173	47	12
云冈区审计局	26	21085	11		26		14	21085	54	11
云州区审计局	12	4896	6		12	1367		263	15	11
阳高县审计局	16	1372	1	2	16	1117				12
天镇县审计局	2	410	2	39	2			410	5	12
广灵县审计局	26	33873	21	2594	26			33873	33	12
灵丘县审计局	27	1553	13	55	27			1498	35	14
浑源县审计局	18	1086	18	34	18	63		143	21	12
左云县审计局	24	6763	14	118	24			1164	28	12
阳泉市										
阳泉市本级	74	474116	473	2335	74	209924	27	7435	132	46
城区审计局	10	80	26		10	32		30	16	10
矿区审计局	34	61221	90		34	15042	12	12884	97	13
郊区审计局	45	64363	54	65	45	4961	13	4818	51	
平定县审计局	27	6748	57	57	26					
盂县审计局	58	212005	29		58	210307		67869	144	

（续表）

审计机关	完成审计项目/个	审计查出主要问题金额/万元	审计发现非金额计量问题/个	审计期间整改金额/万元	出具审计报告和审计调查报告/篇	审计处理情况		审计促进整改落实有关问题资金/万元	审计提出建议/条	提交审计信息/篇
						审计处理处罚金额/万元	移送处理事项/件			
长治市										
长治市本级	70	1088068	389	7230	70	144389	65	258	165	
潞州区审计局	23	87533			23		11		61	
上党区审计局	31	87110	142		31		6			
屯留区审计局	25	24083	84	900	25				60	
潞城区审计局	44	86662		1	44	13039	8	191	102	
襄垣县审计局	48	169354		474503	48	112746				
平顺县审计局	25	15888	42		25		1		67	
黎城县审计局	23	6310	53		23		5		41	
壶关县审计局	24	40482	36	1	24	7049	1	7049	56	
长子县审计局	30	218869	57	6	30	130901	4	101868	92	
武乡县审计局	25	51122	53	235	25				62	
沁县审计局	19	40992	39	13	19	58			43	
沁源县审计局	33	127665	50	6508	33	72721	6	3707	74	
晋城市										
晋城市本级	64	1279635	387	3034	64	342882	10	213726	126	6
城区审计局	43	212900	34	215	43			52	79	
高平市审计局	28	260175	91		28		6	95695	85	4
沁水县审计局	70	31086	82	251	70	18201	9	30474	150	77
阳城县审计局	26	133207	82		26				71	
陵川县审计局	37	33987	12	122	37	2832			48	23
泽州县审计局	80	51222	397		80	20411		5354	217	
朔州市										
朔州市本级	96	567875	62	2782	79	12	54	122	237	69
朔城区审计局	111	70114	14		111	6	1	39015	164	108
平鲁区审计局	43	14400	5		43			2100	55	42
怀仁市审计局	69	92994	40		69	57			167	1
山阴县审计局	43	40237	26		43	4		16210	112	3
应县审计局	46	7807			46	8	1	7588	70	13
右玉县审计局	58	18870	47	7	73	42	11		171	
晋中市										
晋中市本级	208	2595261	3125	12236	64	1271293	17	2371	168	1
榆次区审计局	151	85536	43	174	29	68		103	65	

（续表）

审计机关	完成审计项目/个	审计查出主要问题金额/万元	审计发现非金额计量问题/个	审计期间整改金额/万元	出具审计报告和审计调查报告/篇	审计处理情况		审计促进整改落实有关问题资金/万元	审计提出建议/条	提交审计信息/篇
						审计处理处罚金额/万元	移送处理事项/件			
太谷区审计局	27	86508	97	8390	27	8	16	8	100	22
介休市审计局	32	75610	111		32	28491		75609	84	11
榆社县审计局	30	23512	77		38	1925	1	9718	63	2
左权县审计局	55	30010	137	60	55	6	3	16347	143	23
和顺县审计局	46	90060	76	8670	46		1		114	36
昔阳县审计局	33	74310	55	603	34	66514	3	66514	105	25
寿阳县审计局	42	34384	32	11	42	1		5138	64	18
祁县审计局	23	134188	39	1905	23	120563	3	28074	52	
平遥县审计局	35	116232	111		35	13284	2	1028	79	
灵石县审计局	30	125555	115	33	27	25955	1	25955	83	6
运城市										
运城市本级	74	592087	560	9260	95	50256	37	34904	180	30
盐湖区审计局	49	52122	9	15	64	1259		12	57	47
永济市审计局	28	115827	87	9	28	2456	6	2016	55	22
河津市审计局	33	102643	46	91	41	10	4	10	104	33
临猗县审计局	27	23263	71	46	33	21071	5	21071	75	31
万荣县审计局	26	82391	77	7246	37	8232	4	2182	65	25
闻喜县审计局	29	174253	17	256	29	174199			39	22
稷山县审计局	15	10158	43		15				35	20
新绛县审计局	11	18793		4408	11		1		28	21
绛县审计局	35	4217	18		35			1479	78	20
垣曲县审计局	49	65888	12	2	51	862	18	637	125	25
夏县审计局	19	21044	32	551	26	8466	7		52	20
平陆县审计局	27	28672	63	2	26	2853	10	2850	98	23
芮城县审计局	44	14269	80	46	53	7840	8	6355	101	44
忻州市										
忻州市本级	94	727852	245	5336	94	358041	17	54771	199	64
忻府区审计局	62	5289	27	285	62			542	89	9
原平市审计局	53	16504	24	1419	53			14365	66	16
定襄县审计局	34	18995	41		34	1		1	70	12
五台县审计局	31	9086		3562	31	7			75	6
代县审计局	11	519		422	11			1	15	3
繁峙县审计局	38	3545	62	13	38	3427		3427	41	5
宁武县审计局	59	18983	32	1212	59	15333		5711	30	6

（续表）

审计机关	完成审计项目/个	审计查出主要问题金额/万元	审计发现非金额计量问题/个	审计期间整改金额/万元	出具审计报告和审计调查报告/篇	审计处理情况		审计促进整改落实有关问题资金/万元	审计提出建议/条	提交审计信息/篇
						审计处理处罚金额/万元	移送处理事项/件			
静乐县审计局	29	2581	11	1961	29	4		1251	48	
神池县审计局	6	4842	13	71	6	191275		299	11	27
五寨县审计局	30	324		324	30	324		323	35	2
岢岚县审计局	20	12572	13	229	20			229	39	184
河曲县审计局	30	33407	41	58	30	117		117	30	5
保德县审计局	36	7340	9	7340	36	7340		7340	85	
偏关县审计局	5	92298		8403	5	92295			13	
临汾市										
临汾市本级	75	1079747	983	17922	75	27980	88	25483	185	138
尧都区审计局	51	6788	83	5	51	6307	4	930	45	78
侯马市审计局	29	7536	19	840	29	850	7	850	54	38
霍州市审计局	49	34509	51	80	49	534	3	187	83	47
曲沃县审计局	29	5486	16	3124	31	6	9	6	68	55
翼城县审计局	72	47000	46		72	513	3	513	139	103
襄汾县审计局	26	75277	8		26		4	43	49	
洪洞县审计局	41	223918	99	16372	33	1	16	16372	89	8
古县审计局	23	88011	23	2041	38	40205		2041	66	29
安泽县审计局	22	38737	4	628	22	1165		662	72	46
浮山县审计局	92	42143	39	3775	92	8252	1	8252	56	42
吉县审计局	51	5286	34	147	51	1193	7	1194	136	70
乡宁县审计局	68	80928	40		67				102	39
大宁县审计局	20	1385	1	351	20	653		653	50	35
隰县审计局	34	5335	18	7	34		15	15	68	60
永和县审计局	15	3464	29	4	15	2337	2	2	34	
蒲县审计局	20	188283	32	1430	20				39	60
汾西县审计局	16	20379	8		14	7600		20379	32	14
吕梁市										
吕梁市本级	74	1572935	472	76389	80	379376	62	7702	123	2
离石区审计局	25	65756	41	54	25				87	
孝义市审计局	22	279215		5575	22				54	
汾阳市审计局	20	42570	51	187	21	7174		8568	47	
文水县审计局	42	170654	44	3922	42	24	1	3922	96	
交城县审计局	18	71752	29	161	20	17	7	775	57	
兴县审计局	5	21904	9	6450	5				9	4
临县审计局	16	119919	14		16	4	1		28	10

（续表）

审计机关	完成审计项目/个	审计查出主要问题金额/万元	审计发现非金额计量问题/个	审计期间整改金额/万元	出具审计报告和审计调查报告/篇	审计处理情况		审计促进整改落实有关问题资金/万元	审计提出建议/条	提交审计信息/篇
						审计处理处罚金额/万元	移送处理事项/件			
柳林县审计局	33	10410		1	33				64	
石楼县审计局	26	78586	18		26	4		4	49	
岚县审计局	63	52504	92	19	63	178	4	3	139	
方山县审计局	44	39217	45	2001	44	2290		563	93	
中阳县审计局	8	17880	17	10014	8	170		170	16	
交口县审计局	24	16679	49	72	24	74		3	30	

内蒙古自治区

【内蒙古自治区审计厅】 2020年，内蒙古自治区审计厅实有231人。内蒙古自治区党委审计委员会办公室设在自治区审计厅，设有内蒙古自治区党委审计委员会办公室秘书处。自治区审计厅设有办公室、综合督查处、人事处、机关党委（机关纪委）、法规处、行政政法审计处、金融审计处、财政审计处、税收征管审计处、农业农村审计处、企业审计一处、企业审计二处、固定资产投资审计处、政府投资审计处、社会保障审计处、社会民生审计处、经济责任审计局、涉外审计处、教科文卫审计处、自然资源和生态环境审计处、电子数据审计处、审理处、离退休人员工作处和党委机关审计处、政府机构审计处、企事业单位审计处、金融企业审计处等派出（区直机关）审计处，以及驻海拉尔审计处、驻赤峰审计处、驻乌海审计处等派驻（盟市）审计处；下设自治区审计厅综合保障中心、自治区审计科研所、自治区内部审计发展中心等事业单位；主管内蒙古自治区审计学会、内蒙古内部审计协会等社团组织。

领导成员

党组书记、厅长：靳素平

一级巡视员：吕靖原（—11月）

一级巡视员、机关党委书记：郭少华（—8月）

党组成员、副厅长：刘文磊　冯　茂

徐　旺（6月—）

党组成员：乔　燕　张　良（—7月）

党组成员、总审计师：王佳平（6月—）

自治区经济责任审计工作联席会议办公室专职副主任：武志杰

二级巡视员：赵国君（3月—7月）

审计成果 2020年，内蒙古自治区审计机关共完成审计（调查）项目2122个。促进增收节支和挽回损失112.2亿元，促进被审计单位建章立制95项。出具审计报告和专项审计调查报告2128篇，向社会公告审计结果48篇；向被审计单位或有关单位提出审计建议4309条，被采纳3233条；提交审计信息4357篇，被批示、采用1702篇次。

内蒙古自治区审计厅机关、包头市审计局被中央文明办表彰为第六届全国文明单位。内蒙古自治区审计厅实施的乌兰浩特市主要领导干部自然资源资产责任审计项目被审计署评为2019年度全国省级审计机关优秀审计项目三等奖；通辽市审计局实施的通辽市2017年至2018年6月末城乡居民基本医疗保险基金审计项目被审计署评为2019年度全国市级审计机关优秀审计项目一等奖。

审计委员会办公室工作 认真履行自治区党委审计委员会办公室职责，严格执行重大事项请示报告制度，按照自治区党委审计委员会工作部署，向自治区党委、政府和审计署上报审计工作计划、总结、报告等重大事项 142 件。坚持问题导向，全面落实 2019 年自治区党委第九巡视组对自治区审计厅党组巡视反馈意见要求，对指出的问题立行立改、举一反三，已健全完善相关制度 12 项。

政策落实情况跟踪审计 按照做好“六稳”工作、落实“六保”任务要求，科学统筹力量，严密组织实施，开展专项再贷款政策落实跟踪审计，促进 9 家银行内蒙古省级分行向自治区内 36 户全国疫情防控重点保障企业发放贷款 20.3 亿元。开展稳就业和保居民就业政策落实跟踪审计，提高就业补助资金使用绩效，促进自治区就业优先战略贯彻落实。开展融资担保政策落实跟踪审计，查出问题金额 16.2 亿元，为防范重大金融风险发挥有效作用。开展优化营商环境审计，查出减税降费、放管服改革和办理建筑许可以及清理拖欠民营企业中小企业账款不到位等突出问题。开展全自治区新增财政资金直达市县基层直接惠企利民情况专项审计，整改问题金额达 41.9 亿元。

财政审计 自治区审计厅采取现场审计与大数据审计相结合的方式，完成自治区本级 101 个一级预算单位预算执行审计；按照审计署的统一安排，组织对国家税务总局内蒙古自治区税务局 2019 年度预算执行情况进行审计；完成亚洲开发银行贷款内蒙古公路发展项目和呼和浩特市低碳供热项目审计。针对审计查出预算编制不合理、专项资金分配不规范、中央和自治区专项资金分配下达不及时、资金管理制度不健全等问题，督促被审计单位不断强化预算管理、盘活存量资金，及时分配拨付专项资金，促进财政资金规范使用，进一步提升自治区财政资金使用绩效。7 月，受自治区政府委托，向自治区人大常委会作上年度自治区本级预算执行和其他财政收支审计工作报告。

三大攻坚战审计 在脱贫攻坚方面，完成全自治区 57 个贫困旗县扶贫资金管理使用情况第四轮审计全覆盖；完成 12 个非贫困旗县扶贫和乡村振兴审计；对 31 个国贫旗县 2016 年以来扶贫审计整改落实情况开展“回头看”，对审计发现问题的整改情况进行督促检查，各旗县依据审计意见和建议制定相关制度、办法等 142 项。在污染防治方面，完成全自治区 12 个盟市和满洲里市、二连浩特市审计局对其辖区内 1 个旗县（市、区）或主管部门领导干部实施自然资源资产离任（任中）审计，推动领导干部依法有序管理自然资源资产，促进生态优先、绿色发展理念落地扎根。在防范化解重大风险方面，组织自治区审计机关对自治区本级和 12 个盟市、满洲里市、二连浩特市化解政府债务（以下简称化债）情况进行审计调查，全面掌握各地政府债务化解情况，及时指出和纠正存在的突出问题，推动各地完善政府债务管理制度，严格规范化债行为，加快化债奖励资金拨付下达，促进地方各级政府化解防范财政风险。

疫情防控资金和捐赠款物专项审计 自治区审计厅组织开展应对新冠肺炎疫情防控资金和捐赠款物审计，延伸审计 154 家红十字会和慈善组织、2274 个疾病控制中心等政府机构、单位以及 91 户企业和 28 家金融机构。

民生审计 坚持以人民为中心，促进人民群众不断增强获得感、幸福感、安全感，回应社会关切的热点、焦点和难点，切实解决民生问题。完成 2019 年度保障性安居工程资金投入和使用绩效审计、医疗保险基金审计等。对 12 个盟市、35 个旗县区 2018 年度棚户区改造和公共租赁住房进行审计。

经济责任审计 自治区审计机关组织对 766 名领导干部履行经济责任情况开展审计监督，查出负有直接责任问题金额近 5.5 亿元，促进增收节支 1.56 亿元。开展人防系统专项审计，查出问题金额 64.02 亿元。连续 2 年组织对自治区人民政府主要领导同志履行经济责任情况开展自查工作。抽调 100 多名审计人员，配合自治区纪委监委查办案件、参加巡视和煤炭资源领域违规违法问题专项整治等任务。在强化对权力运行监督制约的同时，严格落实“三个区分开来”要求，鼓励探索创新，支持担当作为，保护领导干部干事创业的积极性、主动性和创造性。

审计查出问题整改 认真贯彻执行《中共内蒙古自治区委员会审计委员会关于贯彻落实习近平总书记重要讲话重要批示进一步加强审计整改工作的意见》，加大与自治区党委、人大、政府、纪检监察、组织部门和有关主管部门的沟通协作力度，健全完善问题整改制度机制，督促被审计单位认真履行整改主体责任，不断加强审计整改工作，增强监督合力，整改实效得到进一步提升。3月，受自治区政府委托，向自治区人大常委会报告自治区本级预算执行和其他财政收支上年度审计查出问题整改情况，自治区人大常委会首次进行满意度测评，满意度达到84%。

信息化建设 按照等保四级建设标准，规划建设审计数据分析网，实现核心机房到数据分析室，以及核心机房与业务处审计送审室的网络规划和安全建设。新建数据分析网在自治区审计厅预算执行全覆盖大数据分析中投入使用。对《审计管理系统》《审计大数据中心》《审计综合作业平台》《财政资金全覆盖审计分析系统》4套系统开展保护测评工作。有针对性对网络系统进行整改完善和系统升级，全面提高各系统网络安全防护能力，确保4套业务系统达到网络安全等保三级建设要求。完善计算机审计人才培训规划。持续推进计算机审计中级培训工作，组织全自治区67名审计人员赴南京参加审计署计算机审计中级考试，34人取得审计署计算机培训中级证书。

审计科研 推动自治区审计厅启动以处室为单位的经常性研究制度，25个处室签订21项课题研究协议。改革课题组织方式，由以往定向委托盟市审计学会开展课题研究的方式改为自选课题的方式灵活开展研究。联合高校专家，开展与中国审计学会合作课题的研究，完成题为“人工智能背景下内蒙古审计人才队伍建设策略研究”的课题研究任务。聚焦习近平总书记关于审计工作重要论述，研究完稿《习近平总书记关于审计工作的重要论述摘编》2020版。组织召开自治区审计厅2020年度课题调度推进会，落实经常性研究制度，推动16项课题落地。在全自治区开展“高素质专业化审计队伍建设”和“审计项目审计组织方式‘两统筹’长效机制”征文活动。加强对审计理论研究成果、审计工作成果的宣传力度，促进审计科研成果转化。编印出版《领导干部自然资源资离任（任中）大数据审计研究》，成为年度重点书籍在全国推广。编印《审计参考资料》8期，编发《内蒙古审计》6期。指导督促盟市审计学会提交课题论文41篇。结合党的十九届五中全会精神，为盟市审计机关作“基于新发展阶段的审计研究”专题讲座，指导基层审计机关如何更好地开展审计理论研究，调动从事审计研究的积极性。

内部审计 组织开展主题为“新时代内部经济责任审计的思路与方法”理论研讨优秀论文评选活动。共收到各单位内部审计机构推荐的论文127篇。评出一等奖论文5篇、二等奖论文26篇、三等奖论文41篇、优秀论文提名奖12篇；评定2家单位获得论文组织奖。将其中评审分数高的前5篇论文推荐到中国内部审计协会参加全国论文评选。

相关工作 坚持以党的政治建设为统领，深入抓好党的十九届五中全会精神的学习贯彻，认真落实全面从严治党要求，扎实推进“两学一做”学习教育常态化制度化，不断巩固拓展“不忘初心、牢记使命”主题教育成果。采取“互联网+”等方式，加大培训力度，全年组织各类培训3000余人次。坚持从严管理队伍，落实自治区和审计署党风廉政建设工作会议精神，适时开展警示教育，综合运用教育引导、制度约束、考核评价、监督检查等手段，促进审计干部严守党章党纪党规。支持驻人大机关纪检监察组履行职责，加大巡视反馈问题整改落实力度，认真开展形式主义、官僚主义和“四官”问题专项整治行动。铸牢中华民族共同体意识，开展民族工作宣传教育，充分发挥审计在推动加强和改进民族工作中的重要作用。牢固树立过“紧日子”的思想，全年共压减会议67%，压减公文29%，压减“三公”经费25万元，压减一般性支出预算81万元。

（撰稿人：狄智荟）

【呼和浩特市审计局】 2020年，呼和浩特市审计局实有97人。局长张俊江，副局长王丽萍、郭厚成、陈振华，总审计师王晓燕，纪检组长赖继礼。设有办公室、人事科、法规科、督查执行科、固定资产投资审计科等22个职能科室；下设审计信息中心、机关事务服务中心、内部审计管理中心、经济责任审计办公室等事业单位。

审计成果 2020年，呼和浩特市审计机关共完成审计项目150个。查出主要问题金额233亿元。出具审计报告和审计调查报告180篇。提出审计建议222条，被采纳141条；提交审计信息

189 篇，被批示、采用 43 篇。

和林格尔县党政主要领导干部自然资源资产离任（任中）审计项目获得内蒙古自治区优秀审计项目三等奖。

政策落实情况跟踪审计 第一季度重点完成对呼和浩特市第一中学、呼和浩特市第十四中学、呼和浩特市青少年活动中心附属艺术幼儿园和呼和浩特市实验幼儿园等 12 个单位贯彻落实减税降费政策措施情况的跟踪审计。第二季度重点完成对呼和浩特市应对新冠肺炎疫情防控资金和捐赠款物专项审计。第三季度重点完成对内蒙古金诚融资担保有限公司和呼和浩特市中小企业融资担保有限公司贯彻落实国家政策措施情况的审计。第四季度重点实施对呼和浩特市贯彻落实稳就业和保居民就业政策措施情况的跟踪审计。组织市县两级审计机关实施全市新增财政资金直达市县基层直接惠企利民情况专项审计工作。

财政审计 采取现场审计与大数据审计相结合的方式，完成市本级 89 个财政一级预算单位审计全覆盖和 9 个旗县区预算执行审计全覆盖相关工作；组织实施市财政局、市教育局、市科技局、市机关事务管理局等 10 个部门以及和林格尔新区的预算执行审计；组织实施全市 2019 年 10 月至 2020 年 9 月化债专项审计调查工作。4 月 28 日，代市政府向市十五届人大常委会第二十次会议报告 2018 年度市本级预算执行和其他财政收支审计查出问题整改工作情况。8 月 27 日，代市政府向市人大作上年度预算执行和其他财政收支的审计工作报告。

民生审计 完成审计署统一安排的 2019 年呼和浩特市医疗保险基金审计。完成自治区审计厅统一组织的武川县扶贫、京蒙帮扶资金的审计和武川县扶贫审计发现问题整改落实情况“回头看”等审计工作。配合全市完成对市政府投资项目、市属国有企业投资项目拖欠农民工工资的核查工作。

经济责任审计 全市审计机关完成 62 名科级以上领导干部的经济责任审计，其中任中审计 27 人，离任审计 35 人；出具审计报告和审计结果报告 83 篇，提出审计建议 91 条，被采纳 44 条。市本级共组织实施新城区、玉泉区、托克托县等 3 个旗县区，市委巡察办、市机关事务管理局等 8 个部门的领导干部经济责任审计。

固定资产投资审计 成立新机场建设项目跟踪审计组，对新机场建设项目进行跟踪审计监督。完成第 11 届全国少数民族传统运动会呼和浩特市分赛场资金审计。开展全市政府投资项目工程结算审计调查。

资源环保审计 对玉泉区党政主要领导干部自然资源资产离任（任中）进行审计。委托土默特左旗审计局对赛罕区农牧水利局主要领导干部水资源资产履职情况进行审计；委托赛罕区审计局对土默特左旗林草局党政主要领导干部森林资源资产管理履职情况进行审计。

企业审计 组织实施对内蒙古金融投资集团有限公司 2018 年经营管理情况的专项审计。

专项资金审计 完成对呼和浩特市“四好”农村公路建设养护费用专项资金审计。配合完成 2017 年至 2019 年园林绿化专项审计、“平安首府”项目审计调查、呼和浩特市仲裁委员会换届审计。

交办任务 组织开展人防系统专项审计、煤炭资源领域整治专项审计、国有企业“十乱”专项审计、开发区资源整合专项审计。完成市政府主要领导 2019 年度经济责任自查和驻京办、驻烟台办审计。完成呼和浩特市 2011 年至 2019 年新改扩建幼儿园项目审计调查，2019 年全市路灯工程审计调查。

相关工作 深入贯彻落实习近平总书记关于全面从严治党的重要论述，坚持把做到把“两个维护”作为最重要的政治纪律和政治规矩，认真抓好中央巡视组、自治区党委优化营商环境专项巡视组指出问题整改和十二届市委前八轮巡察共性问题整改工作。深入贯彻落实国家、自治区和呼和浩特市廉政工作会议精神，全面落实党风廉政建设责任制，将党风廉政建设与审计工作同研究、同部署、同落实、同检查。深刻汲取呼和浩特市纪委监委通报违纪违法问题教训和审计系统身边人身边事典型案例教训，参加和组织开展廉政教育和警示教育。切实加强对全市落实中央八项规定精神情况和自治区及呼和浩特市配套规定的审计监督，坚决纠正“四风”。深入学习贯彻习近平总书记关于审计工作的重要指示批示精神，扎实巩固“不忘初心、牢记使命”主题教育成果，结合审计实践需要，参加审计署、自治区审计厅“审计大讲堂”和市委组织部组织的网络在线学习，灵活运用好“学习强国”，努力建设学习型审计机关。（撰稿人：陈　超）

【包头市审计局】　2020年，包头市审计局实有126人。党组书记、局长李平，党组成员、副调研员任长武，党组成员、副局长白有明、史晓红、梁守礼，纪委监委驻市审计局派驻纪检监察组负责人田海波，四级调研员白建新。设有科室23个，其中业务科室16个，行政科室7个；下设政府投资审计中心（审计培训中心）、计算机审计管理中心、内部审计管理中心（绩效审计中心）等事业单位。

审计成果　2020年，包头市审计机关共完成审计项目234个。查出主要问题金额82.14亿元；促进增收节支和挽回损失10.44亿元。

包头市审计局荣获“全国文明单位”“全国审计机关先进集体”等荣誉称号。

审计委员会办公室工作　3月16日，包头市党委审计委员会召开第二次会议。审议通过《2020年度审计项目计划》。市委审计委员会办公室认真履行工作职责，印发审计委员会联络员工作制度，建立各成员单位的工作协调机制。制定审计委员会办公室会议制度、公文运行工作规定。

政策落实情况跟踪审计　完成融资担保机构贯彻落实国家重大政策措施情况跟踪审计，抽查项目21个、资金1.02亿元。完成稳就业和保居民就业国家重大政策措施落实情况跟踪审计，督促及时发放高校毕业生求职创业补贴136.35万元。研究制定《关于充分发挥审计监督职能助力营商环境持续优化的若干意见》，按季度实施优化营商环境专项审计，抽查单位30家，涉及资金7.33亿元。完成全市新增财政资金直达市县基层直接惠企利民专项审计，抽查项目28个、资金41.37亿元。

财政审计　完成市本级预算执行和其他财政收支情况的审计。采集各预算单位财务数据，全面开展大数据审计，首次实现对市本级79家一级预算单位的审计全覆盖。完成九原区、石拐区的财政决算审计。4月，代市政府向市人大常委会作整改工作报告。8月，代市政府向市人大常委会作审计工作报告。

三大攻坚战审计　围绕防范化解重大风险，实施化解地方政府债务专项审计调查。围绕精准脱贫，完成九原区乡村振兴及固阳县、石拐区脱贫成效巩固和乡村振兴审计，抽查单位24家、项目66个、资金2.97亿元，督促农业资金拨付到位764.83万元，促进完成农业项目17个，规范21个农民专业合作社补贴资金管理568万元，查处违规领取低保金、报销医疗费等问题。对2016年以来扶贫审计发现的问题进行“回头看”检查，审计发现的79个问题已全部整改落实。完成石拐区主要领导干部任职期间森林、水资源资产责任审计。

疫情防控资金和捐赠款物专项审计　开展新冠肺炎疫情防控资金和捐赠款物专项审计，深入红十字会等14家慈善组织、321个政府机构及单位，审查财政及捐赠资金1.98亿元，现场检查各项捐赠款物，推动市疫情防控指挥部制定《疫情捐赠款物使用管理暂行办法》。

民生审计　完成土默特右旗、石拐区2019年保障性安居工程审计，审查2个旗县区680套保障性住房建设任务完成情况，督促公租房租金45.87万元及时上缴国库。实施基本养老保险基金和基本医疗保险基金审计，全面摸清基金收入、支出、结余规模，揭示基金筹集、使用、管理中存在的突出问题和风险隐患，促进社保基金高效运行。

经济责任审计　对2个地区、16个部门和单位的22名县级主要领导干部进行经济责任审计，其中任中审计21人，比例达95%。审计抽查资金40.52亿元，揭示在预算编制、财务核算、资金使用等7个方面存在的12类问题。完成市政府主要领导干部2019年经济责任履行情况自查工作，汇总市本级29个部门、单位的自查结果，形成自查报告。完成人防系统专项审计，发现问题17个，促进修订完善规章制度6项。按照全市统一部署和要求，完成煤炭资源领域、矿产资源领域突出问题专项整治工作。

固定资产投资审计　完成对北梁棚改项目的跟踪审计，重点关注完善整体财务核算、推进工程结算进度及促进项目市场化运营等情况，促进提升项目投资效益、提高项目管理水平。

信息化建设 完成信息化综合改造三期工程西附楼改造建设项目，加快建设大数据审计中心，全面推广应用大数据审计。

审计科研 市审计局各科室结合工作实际，确定研究课题，共撰写论文18篇。截至11月底，包头市审计学会收到会员单位选送研究论文19篇，并上报内蒙古自治区审计学会。2017—2018年度，包头市审计学会获得优秀组织奖，《跨入新时代关于投资审计的几点思考》获得一等奖；《市县审计机关发展研究——以内蒙古包头市审计局工作为例》《浅谈领导干部自然资源资产离任审计风险及应对措施》《加强保障性安居工程跟踪审计的思考》获得三等奖；《浅析新常态下税务机关督审工作的新要求与新定位》《基于管理视角的高等学校内部审计工作再思考》获得优秀奖。

内部审计 包头市内部审计协会38个会员单位中，开展内部审计业务的单位32个，完成审计项目1137个，主要有基建审计项目730个、控制度评审120个、经济责任审计95个、财务收支审计48个、效益审计44个、其他项目100个；通过审计，促进增收节支6548.60万元，被采纳审计建议1234条。

相关工作 开展"最强党支部"创建活动，争创"讲政治、守纪律、懂规矩、善作为"的模范机关。扎实做好意识形态工作，牢牢掌握工作的领导权和主动权。扎实做好精准扶贫工作，累计为固阳县昔连脑包村帮扶、争取项目资金600余万元，兴办好事实事20件，连续4年被评为全市扶贫工作优秀单位，昔连脑包村被评为自治区级文明村。坚持派驻纪检监察组与机关纪委联席会议制度，坚持"书、卡、单"制度、审计回访制度，充分发挥"一组三员"监督体系作用。首次参加向市民述职、听市民意见、请市民评议活动，主动向社会公开述职，自觉接受市民评议。研究制定《重大行政处罚备案制度》《行政执法人员持证上岗制度》《行政执法人员资格管理制度》等，保持"零行政复议" "零行政诉讼"。修订完善《审计项目现场评分办法》《审理委员会会议规程》。深入学习习近平总书记关于民族工作和推广普及国家通用语言文字的重要论述等内容，加强守望相助理念和"三个离不开""五个认同"思想教育，引导审计干部铸牢中华民族共同体意识。实施第二个干部教育培训五年规划，组织参加各级各类培训5000余人次，抽调36名干部参加挂职、调训和外派审计，连续3年选派干部到审计署挂职锻炼。加强对年轻干部的培育、选拔、使用和管理，年轻干部选用工作在全市党政领导班子和干部队伍建设工作推进会上作典型发言。

（撰稿人：王蒙超）

【乌海市审计局】 2020年，乌海市审计局实有66人。局长薛峰，副局长刘军甫、白永耀。设有办公室、综合督查科、法规审理科、财税金融税收审计科、农业农村审计科、固定资产投资审计科、政府投资审计科、社会保障审计科、企业审计科、行政政法审计科、自然资源和生态环境审计科、经济责任审计科；下设乌海市内部审计发展中心、乌海市审计事务中心等事业单位。

审计成果 2020年，乌海市审计机关共完成审计项目45个、市有关领导和相关部门委托交办审计项目16个。查出违规金额2.7亿元；出具审计报告和专项审计调查报告53篇；提出审计建议80条，被采纳65条。

乌海市审计局获得2019年度自治区审计机关先进集体、2019年度考核优秀领导班子、2020年度基层党建示范群体、2020年度乌海市直机关党建工作流动杯、2020年度乌海市网络宣传先进单位和2020年度《内蒙古审计》优秀组稿单位等荣誉表彰。

政策落实情况跟踪审计 开展2019年第四季度减税降费跟踪审计，乌海市2020年度第三、第四季度优化营商环境跟踪审计，2020年乌海市融资担保机构贯彻落实国家重大政策措施落实情况跟踪审计，共计查出问题金额4.5亿元。开展2020年全市新增财政资金直达市县基层直接惠企利民专项审计，自2020年7月开始对乌海市新增财政资金分配、拨付下达、管理使用及发挥绩效情况进行全程跟踪审计，截至年底，上级下达资金指标10.3亿元，实际到位9.37亿元，已支出8.75亿元，抽审金额8亿元，发现以拨代支工程款、违规扩大支出范围、未对项目进行绩效评价等问题24个。

财政审计 开展2019年乌海市本级预算执行和其他财政收支审计和乌海市委政法委、乌海市红十字会等5家单位部门预算执行情况审计。采取大数据审计方式，对乌海市本级62家一级预算单位财务数据疑点进行延伸核实。

三大攻坚战审计 围绕防范化解重大风险，开展乌达区2019年10月至2020年9月化解地方政府债务专项审计调查，查出问题金额11.55亿元。围绕精准脱贫，开展海南区2020年度扶贫和乡村振兴审计，查出问题金额1151.26万元。围绕污染防治，开展市自然资源局局长、书记自然资源资产责任审计，发现非金额问题9个。

疫情防控资金和捐赠款物专项审计 开展乌海市新冠肺炎疫情捐赠资金及物资使用专项审计。查出管理不规范金额153.9万元，发现非金额计量问题11个。促进专项资金及时分配下拨180.12万元，促进捐赠资金高效使用500万元，促进捐赠物资及时分配，物资发放率由期初的44.8%提高至84.9%，促进捐赠款物规范管理、信息公开。

民生审计 开展2019年海南区、乌达区保障性安居工程资金使用及绩效审计，查出管理不规范金额3.24亿元，发现非金额计量问题13个。

经济责任审计 开展市司法局局长、市统计局局长等8名党政部门主要负责人经济责任审计。

固定资产投资审计 开展乌达区至五虎山至乌达三矿道路工程等21个政府投资审计项目，报审投资金额6.12亿元，核减金额0.87亿元，核减比例14.2%。

金融审计 开展乌海银行2019年资产负债损益情况的专项审计调查，采取“现场审计+数据分析核查”的审计方式，发现信贷管理、存款管理、资管业务等方面的7类34个问题。

内部审计 乌海市已建立内部审计单位共计30家，拟建立内部审计机构单位2家，各机构每年向乌海市审计局提交内部审计工作计划、内部审计工作总结及审计成果，用以审计工作备案。

相关工作 在廉政建设方面，以审计“四严禁”工作要求和“八不准”工作纪律为基准，落实主体责任和“一岗双责”的要求，开好民主生活会。在意识形态建设方面，成立信息公开保密审查领导小组，严格执行网络信息发布三审制度。在党建工作方面，结合中共乌海市委直属机关工委2020年工作要点将支部党建工作细化为27项具体工作推进，规范执行党的组织生活“1+5”制度，对党支部实施线上线下双重监督，实现党建延伸到审计一线。（撰稿人：皮　晨）

【赤峰市审计局】 2020年，赤峰市审计局实有63人。局长杨树友，副局长高忠泽、曹立新、吕俊杰，总审计师焦冰，调研员寇国安。设有办公室、法规科、审理科、财政审计科、行政事业审计科、农牧审计科、固定资产投资审计科、社会保障审计科、社会民生审计科、自然资源和生态环境审计科、金融涉外审计科、企业审计科、经济责任审计一科、经济责任审计二科；下设赤峰市计算机审计管理中心等事业单位。

审计成果 2020年，赤峰市审计机关共完成审计项目300个，其中审计287个、专项审计调查13个。查出主要问题金额643866万元；出具审计报告和专项审计调查报告323篇，被批示、采用48篇次。审计促进整改落实有关问题资金32392万元；审计后挽回（避免）损失4187万元。审计提出建议513条，被采纳475条；提交审计信息391篇，被批示、采用64篇次。

赤峰市审计局财政审计科、红山区审计局、克什克腾旗审计局被评为自治区审计机关先进集体。红山区审计局组织实施的原红山区妇幼保健中心财务收支审计项目荣获自治区审计机关一等奖和全国审计机关（县级审计机关优秀审计项目）三等奖。

政策落实情况跟踪审计 开展重大政策落实情况审计3项，抽查被审计单位24家，涉及项目99个，发现15个方面39个具体问题，涉及金额16.9亿元；移送问题线索1件，审计提出建议9条。

财政审计 完成元宝山区、红山区、巴林左旗3个旗县区财政决算审计，发现4个方面36个具体问题。

三大攻坚战审计 对赤峰市8个旗县区地方政府债券管理使用情况进行专项审计调查，完成11个旗县区（除林西县）扶贫资金和乡村振兴资金审计，审计共发现问题 166 个，涉及金额 1.59 亿元，上缴财政资金 479 万元，促进政策落实 11 项，依法移送有关部门核查问题 11 个。

疫情防控资金和捐赠款物专项审计 市县两级审计机关坚决把做好应对疫情防控资金和捐赠款物专项审计作为一项政治任务，重点对财政专项资金 2.92 亿元、捐赠资金 0.35 亿元、专项再贷款 0.72 亿元的管理和使用情况进行审计。

民生审计 完成 2019 年保障性安居工程资金投入和使用绩效情况、全市社会保险基金筹集管理使用情况等民生审计项目 9 个，审计发现问题 23 个，涉及问题金额 1.36 亿元。

经济责任审计 按照自治区、赤峰市两级审计委员会的安排，完成对 14 名处级和 166 名科级领导干部履行经济责任情况审计，收缴财政资金 5300 余万元，挽回损失 6900 余万元，移送案件线索 16 件。

资源环保审计 组织开展对红山区主要领导任职期间土地、森林资源资产管理和生态环境保护责任履行情况的审计。针对审计发现的 5 个方面 14 个具体问题，提出切实可行的审计建议，有效促进对土地和森林资源的保护和管理。

专项资金审计 完成赤峰学院附属中学原址不动产相关问题、中国契丹博物馆建设项目预算执行情况、新增财政资金直达市县基层直接惠企利民情况等专项审计项目 16 个。

（撰稿人：边　疆）

【通辽市审计局】 2020 年，通辽市审计局实有 110 人。局长史厚纯，副局长王志刚、马砚春、刘庆林、郑大伟，调研员关文涛、王化明、包志敏，市纪委监委派驻纪检组长张慧。设有党政办公室、法制审理科、金融外资审计科、农业农村审计科、经济责任审计科、开发区审计分局、大数据审计科、社会保障审计科、企业审计科、行政事业审计科、固定资产投资审计科、财政税务审计科、资源环境审计科、政府投资审计科、综合督查科、内部审计管理科、人事科、市委审计委员会办公室秘书科；下设审计事务服务中心、审计技术服务中心等事业单位。

审计成果 2020 年，通辽市审计机关共实施审计项目 299 个。查出主要问题金额 46.46 亿元；出具审计报告 293 篇。促进整改落实有关问题金额 15.23 亿元。审计提出建议 483 条，被采纳 475 条；提交审计信息 329 篇，被批示、采用 309 篇次。

通辽市审计局被中共通辽市委宣传部、中共通辽市委统战部、通辽市民族事务委员会评为通辽市民族团结进步示范集体。通辽市审计局实施的通辽市 2017 年至 2018 年 6 月末城乡居民基本医疗保险基金审计项目被审计署评为 2019 年度全国市级审计机关优秀审计项目一等奖，同时获得自治区优秀审计项目特等奖；对奈曼旗党政主要领导开展的自然资源资产任中审计项目被评为内蒙古自治区审计机关优秀审计项目二等奖。

政策落实情况跟踪审计 开展融资担保机构贯彻落实国家重大政策措施情况跟踪审计，发现通辽市汇鑫投资担保有限责任公司、通辽市天信中小企业融资担保有限公司两家公司在注册资本结构、担保业务开展等方面问题 21 个，涉及金额 4002 万元，提出针对性审计建议 21 条，均被采纳。撰写的《注入资本蚕食殆尽　融资担保进退维谷——通辽市审计局对融资担保企业政策落实跟踪审计专报》，被市委市政府主要领导批示。对市人力资源和社会保障局、奈曼旗、科尔沁左翼中旗开展审计，查出在就业优先战略中存在的体制机制、制度落地等方面的问题，并于 12 月底前向自治区审计厅出具审计报告。对 2019 年第四季度稳就业政策措施落实情况跟踪审计查出问题整改；对 2020 年第二季度融资担保机构贯彻落实国家重大政策措施情况跟踪审计查出问题整改，推动建立健全融资担保项目评审制度等方面的业务规范以及风险管理等内部控制制度。

财政审计 通辽市审计局在年初自治区预算执行审计视频会议上被指定就大数据审计作典型发言。审计查出在财政预算管理、财政支出效率、部门预算管理、资金绩效、政策措施落实跟踪审计、农业保险政策落实、财政运行审计等方面的问题。撰写的《财政窘境缘何持续——财政运行状况审计调查报告》，被市委书记批示。提交预算执行审计报告 2 篇、财政运行情况审计调查报告 10 篇、化解债务审计调查报告 6 篇、审计专报信息 8 篇，均被市委市政府主要领导批示。《通辽市本级财政预算执行审计工作报告》

中揭示的问题，受到市政府和市人大的高度重视与关注。

三大攻坚战审计 在科尔沁左翼后旗扶贫项目资金审计中发现问题29个，审计期间立行立改10个，其他问题已全部整改完毕。对库伦旗扶贫项目资金进行全面梳理排查。对奈曼旗、科尔沁左翼中旗扶贫审计整改开展“回头看”审计，发现的问题在审计现场实施阶段全部整改。对扎鲁特旗、开鲁县开展脱贫成效巩固和乡村振兴相关政策落实情况审计，撰写的《托管不能演变为脱管——托管式产业扶贫运行中存在的问题及建议》《“后扶贫”时代加强扶贫资产管理的建议》得到市委市政府主要领导的批示。对扎鲁特旗党政主要领导开展自然资源资产责任审计，查出草原和国家级公益林重叠面积468.2万亩等问题，提出审计建议5条，督促该旗制定符合实际现状的政策和措施。

疫情防控资金和捐赠款物专项审计 对通辽市疫情防控资金和捐赠款物开展专项审计，重点审计财政资金7699万元、捐赠资金2614万元，延伸审计13家红十字会、慈善组织，116个疾病控制中心等政府机构和单位，26户企业和金融机构，被审计单位对审计发现的问题立行立改。

民生审计 对科尔沁区、通辽市经济技术开发区2019年度保障性安居工程的投资、建设、分配、使用绩效等情况进行审计。在项目落实、资金使用和分配管理方面查出问题金额3119万元，提出审计建议3条，撰写的《公租房缘何难以惠及民生》审计专报，得到市委书记批示。完成农村牧区互助养老幸福院审计调查，涉及项目总投资1.1亿元，审计发现项目在运营管理建设、资金使用绩效等方面存在10个问题，移交问题线索1件，针对存在的问题提出审计建议4条，撰写的《互助养老未互助 幸福院中寻幸福——农村牧区互助养老幸福院建设管理使用情况的审计专报》得到市委主要领导批示。

经济责任审计 实施经济责任审计项目16个，其中任中审计11个、离任审计5个。发现贯彻落实经济政策不到位、国有资产未发挥效益等方面的问题60个，查出违规金额3239万元，审计结果报告得到市委市政府主要领导批示8件，1件审计发现的问题移送相关部门进一步查处，提出整改建议30条，督促被审计单位建立健全规章制度5项。

专项资金审计 开展通辽市第三季度优化营商环境情况审计，重点关注减税降费、方便企业开办和注销、方便企业办理水气暖、提升政务服务大厅“一站式”功能等方面的情况，抽查市住建局、市商务局和市发展改革委3个单位5类事项，提出审计建议2条。

信息化建设 全市审计监督全覆盖系统建设完成并通过初步验收，系统数据涵盖综合监测、基建程序、项目变更、工程进度、资金管理5个系统分析模块、17个监测分析模型，设有在线监测预警系统，涵盖全市400个项目单位1035个政府投资项目，涉及概算总投资586亿元。向市委审计委员会办公室和市政府提交《全市政府投资项目在线监测报告》，发现在监测项目建设管理方面的问题9个，提出审计建议4条，市领导对报告进行签批。自治区审计厅对全覆盖系统运行及投资审计监督创新做法给予高度评价，并得到审计署固定资产投资审计司的关注。

相关工作 落实党组意识形态安全主体责任，党组研究意识形态工作3次，党组中心组开展网络意识形态学习2次。加强对门户网站、通辽审计微信公众号等网络平台阵地管理。召开党组中心组学习21次，班子成员撰写调研文章10篇，组织审计青年论坛1次，评选优秀论文30篇，参加“审计大讲堂”3次，开展知识测试，测试面达100%。明确新闻发言人1名、兼职舆情信息员2名；参与行风评议1次，在线解读审计相关政策，回应群众关切。组织志愿服务活动10余次，在机关办公楼走廊、LED屏、公开公示栏等醒目处悬挂以审计核心价值观为主题的宣传挂画和廉政宣传展板。围绕庆祝建党99周年，开展系列文体活动。 （撰稿人：张　朋）

【鄂尔多斯市审计局】 2020年，鄂尔多斯市审计局实有88人。局长王苏和（—8月），总审计师董政华，派驻纪检监察组长陈丽娟，副局长杨敏、杨培峰，二级调研员武占才（—4月），四级调研员麻平一。设有办公室、法规科、审理科、财政税收审计科、行政事业审计科、农业农村审计科、固定资产投资审计科、社会保障和民生审计科、自然资源和生态环境审计科、金融外资审计科、企业审计科、经济责任审计办公室、综合督查科、电子数据审计科、国有企业经济责任审计科、市审计委员会办公室秘书科和机关党委；下设政府投资项目审计中心、大数据审计技术服务中心、审计干部教育培训中心等事业单位。

审计成果 2020年，鄂尔多斯市审计局共完成审计项目46个，其中审计45个、专项审计调查1个。查出主要问题金额1445388万元；出具审计报告和专项审计调查报告33篇，被批示、采用1篇次。审计促进整改落实有关问题资金286684万元；审计后挽回（避免）损失10186万元。审计提出建议103条，被采纳59条；推动被审计单位制定整改措施7项；促进被审计单位建立健全规章制度15项；提交审计信息3篇。

组织实施的鄂托克旗2015—2017年度财政决算及其他财政收支情况的审计项目获得自治区盟市审计机关审计项目二等奖。鄂尔多斯市审计局财政税收审计科被评为自治区审计机关先进集体，1人被评为自治区审计机关先进工作者。

政策落实情况跟踪审计 重点对减税降费、促进优化营商环境、融资担保机构贯彻落实国家重大政策措施情况、新增财政资金直达市县基层直接惠企利民情况等进行审计，推动国家的重大政策措施进一步落实。

财政审计 对2019年度市本级32个部门预算执行情况进行现场审计，对其他48个一级预算部门探索实施计算机数据分析审计，首次实现市本级一级预算单位审计全覆盖；对东胜区、鄂托克前旗2018—2019年度财政决算及其他财政收支进行审计；对4个园区管委会2018—2019年度财政财务收支情况进行审计。按照审计署的安排，派出审计组对呼和浩特市土默特左旗税务局2019年预算执行等情况进行审计。

三大攻坚战审计 组织市旗（区）两级审计机关，采取“上审下”“同级审”的审计方式，对全市2019年8月至2020年6月末扶贫与2018年至2019年乡村振兴工作进行审计和审计调查，审计共发现2大类41项89个问题，移送相关部门处理24件。市委市政府领导对扶贫与乡村振兴审计工作给予充分肯定和高度认可，市长对扶贫审计工作作出重要批示。制订《鄂尔多斯市审计机关2020年领导干部自然资源资产离任（任中）审计工作方案》，对鄂托克前旗主要领导任职期间土地、煤炭资源资产责任履行情况进行审计；指导旗区审计局对辖区内乡镇或主管部门领导干部自然资源资产开展审计。

疫情防控资金和捐赠款物专项审计 全市共派出39个审计组、184名审计人员，组织对全市疫情防控资金和捐赠款物开展专项审计，重点审计财政资金20299.39万元、捐赠资金17134.8万元、捐赠物资5096874件（套）、专项再贷款资金3600万元，延伸审计红十字会、慈善组织共12家，疾病控制中心等政府机构和单位206个，企业6家。共发现8大类31个问题，涉及金额6093.23万元。

民生审计 完成2019年鄂托克旗保障性安居工程资金投入和使用绩效审计，审计发现问题3个，涉及金额6379.91万元。组织实施全市2020年社会保险基金审计。

经济责任审计 完成鄂尔多斯市人民政府主要领导2019年度经济责任履行情况自查核查工作，对市地震局、市妇女联合会等6个市直部门的7名主要领导和鄂托克前旗党委书记、政府旗长开展任期经济责任审计，查出违法违规金额451812.95万元。

固定资产投资审计 完成沿黄一级公路、机场高速公路、市城投业务楼、市交通局农村公路（康巴什新区至准格尔召段）工程等6个项目竣工决算审计，送审金额163.66亿元，为政府节约投资资金1.85亿元。

资源环保审计 组织全市审计机关对2018年6月至2019年全市环境保护专项资金的筹集、管理、使用、效益和工程管护情况进行审计。

企业审计 对鄂尔多斯市城市建设投资集团有限公司董事长、总经理进行任期经济责任审计。

专项资金审计 聚焦人防系统性问题，开展鄂尔多斯市本级2013年以来人防系统专项审计。聚焦科技创新，开展全市科技创新资金专项审计，查出问题14个，涉及金额3795.57亿元，提出审计建议2条。对准格尔旗等7个旗区2019年10月至2020年9月地方政府性债务化解情况开展专项审计调查。

信息化建设 成立党组书记、局长任组长的预算执行审计全覆盖领导小组，编制《2020年市本级一级预算单位预算执行审计全覆盖数据分析工作方案》，创新运用信息化手段和大数据审计方法，采集数据，自主创建审计数据分析模型，深入分析财政资金的收入、分配、管理、使用等情况，首次实现全市一级预算单位审计全覆盖。设计数据标准表20张，建立数据分析模型20个，并将数据分析模型转发各旗区审计局参考使用。举办2020年度审计全覆盖标准表提取与数据建模分析培训班，指导旗区进行数据采集和标准化工作。

交办任务 配合市国资委完成涉煤转制企业财务核查工作，配合市委组织部完成2012年至2020年8月党费的收缴、使用、管理检查工作。深入开展疫情防控、扫黑除恶、煤矿入股整治等工作。

相关工作 坚持以党的政治建设为统领，认真落实全面从严治党要求，不断巩固拓展“不忘初心、牢记使命”主题教育成果，促进广大审计干部队伍始终坚持“以审计精神立身、以创新规范立业、以自身建设立信”。加强审计干部人才队伍建设，坚持以审以巡以督代训，派出和选调党员干部参加各级组织的审计、巡视巡察、督导检查工作120多人次，参加各类培训270多人次。坚持从严管理队伍，经常开展警示教育，综合运用教育引导、制度约束、考核评价、监督检查等手段，促进审计干部严守党章党纪党规。支持驻纪检监察组履行职责，开展形式主义、官僚主义和“四官”问题专项整治行动，作风建设得到进一步加强。深入开展扶贫点工作，协调投入近300万元，为脱贫攻坚作出应有贡献，为乡村振兴打下坚实的基础。开展民族工作宣传教育，充分发挥审计在推动加强和改进民族工作中的重要作用。

（撰稿人：王栓忠）

【呼伦贝尔市审计局】 2020年，呼伦贝尔市审计局实有66人。局长包宝龙，副局长秦远飞（—3月）、王建国、常雅君、安斯琴、康壮志（9月—），总审计师王企，四级调研员桑玉萍、赵银辉、吕国彬。设有审计委员会办公室秘书科、办公室、人事科、法制科、审理室、财税审计科、行政事业审计科、农业农村审计科、固定资产投资审计科、政府投资审计科、金融外资审计科、企业审计科、社会保障审计科、自然资源和生态环境审计科、经济责任审计一科、经济责任审计二科、电子数据审计科；下设审计局综合保障中心等事业单位。

审计成果 2020年，呼伦贝尔市审计机关共完成审计项目345个，其中审计332个、专项审计调查13个。查出主要问题金额908469万元；出具审计报告和专项审计调查报告327篇，被批示、采用2篇次。审计促进整改落实有关问题资金143091万元。审计提出建议470条，被采纳234条；提交审计信息491篇，被批示、采用13篇次。向社会公告审计结果1篇。

政策落实情况跟踪审计 督促上一年度国家重大政策措施落实情况审计查出问题整改，开展融资担保、稳就业和保居民就业、促进优化营商环境及新增财政资金直达市县国家重大政策措施落实情况跟踪审计，审计313个部门、资金55.9亿元，查出问题87个，涉及金额4.2亿元。

财政审计 投入资金建设审计数据采集和分析平台，整合资源组建数据审计分析团队，编写数据分析模型49个，采用现场审计与运用大数据审计相结合的方式，对全市709个（市本级71个、旗市区638个）一级预算单位开展审计，审计财政标准数据1296.9万条，实现一级预算单位预算执行审计全覆盖。受政府委托向人大常委会报告本级预算执行审计和审计查出问题整改情况。

疫情防控资金和捐赠款物专项审计 完成新冠肺炎疫情防控资金和捐赠款物审计，审计疫情防控资金1.8亿元，抽查捐赠物资43.8万件，揭示管理使用方面存在的问题14个，涉及金额254.66万元。

民生审计 开展鄂伦春旗2019年城镇保障性安居工程审计，审计工程资金1.16亿元，查出问题5个，涉及金额0.5亿元。促进下达棚户区改造开工任务300户、下达享受租赁补贴700户，保障国家惠民政策的落实。

经济责任审计 对115名领导干部履行经济责任情况进行审计，发现问题458个，涉及金额

9.5亿元。完成自治区主席经济责任自查问题整改和市政府主要领导经济责任自查工作。

固定资产投资审计 持续加大政府投资项目的审计监督力度，重点揭示投资领域落实国家政策、项目建设程序、工程造价、项目管理等方面存在的问题。全年完成政府投资审计项目162个，发现问题114个，涉及金额3.5亿元。全市开展规范投资审计质量检查，投资审计完成从单一工程造价向全面投资审计转变。

农业农村审计 完成莫力达瓦达斡尔族自治旗2019年扶贫审计查出问题整改情况“回头看”跟踪审计及京蒙扶贫协作专项审计，开展鄂温克族自治旗、新巴尔虎左旗、阿荣旗、根河市、扎兰屯市脱贫成效巩固和乡村振兴政策落实情况审计及额尔古纳市乡村振兴审计，发现扶贫领域问题6个、乡村振兴政策落实方面问题49个，涉及金额3.88亿元。对全市2016年以来扶贫审计查出问题整改情况开展回头看，对275个问题整改情况进行督促检查，已全部整改到位。

资源环保审计 旗市区自然资源资产责任审计工作全面推开，全市审计机关统一开展对全市水资源及水生态环境保护情况审计工作，查出水源地保护不到位、河流污染源管理监督不到位等方面问题73个，涉及金额310万元。对陈巴尔虎旗党政领导干部自然资源资产任中审计，查出贯彻落实中央生态文明政策不到位、履行自然资源资产和生态环境监督责任不到位等方面问题51个，涉及金额1.55亿元。

交办任务 开展煤炭资源领域违规违法问题集中整治和人防系统腐败问题专项治理审计工作。对全市2000年以来涉煤审计工作进行全面排查梳理，梳理涉煤审计项目48个，查出涉煤整改问题90个，督促被审计单位进行整改，已整改完成88个；同时核查企业矿业权转让和矿业权采矿权变更过程中国有资产转让情况。人防系统腐败问题专项治理审计中，查出人防工程未经审批擅自开工项目126个，应缴未缴、违规减免缓缴欠缴易地建设费等10类问题，涉及金额5.9亿元。

相关工作 认真履行党风廉政建设主体责任，落实领导干部“一岗双责”责任，层层传导责任压力。审计人员严格遵守审计“四严禁”工作要求和“八不准”工作纪律，认真落实审计过程中各项制度，自觉接受各方面监督。派驻纪检监察组认真发挥廉政监督职能，开展廉政谈话和明察暗访。深入开展“深化以案促改、净化政治生态”专项工作，认真落实民主集中制和“三重一大”集体决策制度。参加审计署、自治区审计厅组织开展的各类培训和“以审代培”，举办各类审计业务培训。全市审计机关共抽调165人次，配合自治区纪委监委和市纪委监委查办案件、参加巡视巡察等工作。市本级先后组织各类培训，共培训600余人次。规范审计机关和审计人员执行审计业务行为，市审计局对阿荣旗等6个旗市审计局审计业务质量进行检查指导，有效提升审计质量，防范审计风险。

（撰稿人：于　菲）

【巴彦淖尔市审计局】 2020年，巴彦淖尔市审计局核定编制87人。党组书记、局长杜振荣，党组成员、副局长王秉章、王来平、余静，党组成员、总审计师聂玉梅，二级调研员常泉亮。设有办公室、法规审理科、财政审计科、金融贸易审计科、行政事业审计科、社会保障审计科、农牧业审计科、资源环境审计科、固定资产投资审计科、政府投资审计科、经济责任审计分局、企业审计科、综合稽查科；下设计算机审计中心、财政审计服务中心、内部审计管理中心等事业单位。

审计成果 2020年，巴彦淖尔市审计机关共完成审计项目225个，其中审计223个、专项审计调查2个。查出主要问题金额43.91亿元；出具审计报告和专项审计调查报告225篇。审计促进整改落实有关问题资金8156万元。审计提出建议501条，被采纳494条；推动被审计单位制定整改措施46项；促进被审计单位建立健全规章制度1项；提交审计信息666篇，被批示、采用361篇次。

临河区妇幼保健院原院长任职期间经济责任履行情况的审计项目获得自治区审计机关优秀审计项目一等奖，2016年至2019年6月杭锦后旗党政主要领导干部自然资源资产（土地资源）责任审计项目获自治区审计机关优秀审计项目一等奖。

政策落实情况跟踪审计 开展优化营商环

境、融资担保、稳就业和保居民就业等重大政策措施落实情况跟踪审计，共抽查单位105家、项目45个，查出问题33个，涉及资金4.1亿元，促进被审计单位建章立制4项。完成新增财政资金直达市县基层惠企利民情况审计调查，查出问题12个。

财政审计 推广运用大数据审计模式，实现对市本级和开发区93个一级预算单位审计全覆盖，核实确定问题16类，查出问题金额3.35亿元。开展2个旗县财政决算审计，加快资金下达7.55亿元，盘活存量资金2197.84万元。受市政府委托作《关于2019年度市本级预算执行和其他财政收支的审计工作报告》，得到市人大常委会充分肯定。完成全市2020年度公务支出和公款消费审计，查出问题24个。完成截至2019年第四季度中央财政对地方转移支付安排、支出和拨付情况的审核工作，整理填报数据1011条。

三大攻坚战审计 助推有效防范化解重大风险，完成5个旗县化解地方政府债务审计调查，查出问题20个，及时纠正化债中存在的突出问题。助推精准脱贫，完成7个旗县区扶贫及乡村振兴资金政策的审计，查出问题81个，移送处理事项2件，督促整改以往年度审计发现的问题448个。完成临河区党政主要领导任职期间自然资源资产（土地和水资源）管理责任履行情况审计，查出问题39个，移送处理事项10件。开展工程跟踪审计，助力乌梁素海流域全要素综合治理工程实现“六个好”（工程质量好、工程进度好、资金配套好、财务审计好、廉政建设好、产业发展好）目标。

疫情防控资金和捐赠款物专项审计 开展疫情防控资金和捐赠款物专项审计，查出问题24个，促进地方政府出台关于疫情防控方面的制度2项。

民生审计 完成5个旗县区2019年保障性安居工程跟踪审计，查出问题9个。开展2020年度市本级基本养老保险基金和基本医疗保险基金审计。

经济责任审计 完成89名主要领导干部经济责任审计，查出问题金额2.97亿元；收集整理34个市直部门工作情况，协助完成市长2019年度经济责任履行情况自查工作。

固定资产投资审计 聚焦投资审计转型，完成政府重点工程投资项目审计76个，核减工程价款2.31亿元；开展人防系统腐败专项治理审计，查出问题24个，移送市纪委监委案件线索5件。

专项资金审计 按照上级部门和领导要求，开展矿产资源突出问题专项整治工作和煤炭资源领域违法问题专项整治工作，同时清查梳理2000年以来所有审计项目中涉及煤炭资源领域审计移交的违规违法线索和审计报告反映的涉煤违规问题。完成农村牧区基层基础保障经费及党费使用管理情况和市管党费使用管理情况审计。

信息化建设 强化大数据审计，把财政审计、经济责任审计和民生审计等项目与全市计算机攻关组活动有机结合，购买数据采集工具和数据分析参考书，组织计算机审计业务骨干赴信息化建设走在前列的盟市审计机关学习交流。围绕被监督对象基本情况、历年来审计的情况和下一年度的审计计划，要求各业务科室尽快建立并维护好审计项目库。围绕审计业务基础知识、数据库应用实例等内容，开展全市审计系统技能大赛。通过审计署计算机审计中级考试31人。

相关工作 牢固树立政治机关意识，把党中央决策部署和习近平总书记重要指示精神落到实处，增强“四个意识”、坚定“四个自信”、做到“两个维护”。充实和完善党组创建“三强”班子、“四型”机关、“五好”审计干部活动；完善审计业务“四抓”，抓住发现问题这个审计难点、抓住整改规范这个审计重点、抓住大数据审计这个主要手段、抓住争创“三优”；完善群众性精神文明创建“三好”活动，把审计人员培养成社会好公民、单位好职工、家庭好成员；完善审计队伍建设“三个五”。引进专业人才15人，改善队伍专业知识结构和年龄结构。做好审计干部培养，坚持以考促学，形成会前5人提问测试、会后5人谈收获感想的学考模式；制订鼓励年轻干部学历教育和职称考取计划，完善新进人员岗前培训制度，建立新老传帮带机制，开展对口业务交流会，把遵章守纪、工作突出、年轻敢担当的人员放到重要岗位上历练。 （撰稿人：贯伟强）

【乌兰察布市审计局】 2020年，乌兰察布市审计局实有 121 人。局长安军，副局长吕君亮、宋利民、林永清、周济生，总审计师严立新，二级调研员董鹏飞，三级调研员兰志军，四级调研员郭志强、韩志刚。设有市委审计委员会办公室秘书科、办公室、法规科、固定资产投资审计科、财政税收审计科、行政事业审计科、社会保障审计科、经贸审计科、农业审计科、经济责任审计科、资源环保审计科、综合审计科、电子数据审计科、审理科、社会民生审计科、金融外资审计科；下设审计综合服务中心、建设项目审计辅助服务中心、审计信息服务中心、自然资源审计辅助中心、国有资产审计辅助中心及重大项目审计辅助服务中心等事业单位。

审计成果 2020 年，乌兰察布市审计机关共完成审计单位 77 个。查出主要问题金额 6.24 亿元；审计促进整改落实有关问题资金 2745 万元；审计后挽回（避免）损失 36 万元。审计提出建议 60 条，提交审计信息 27 篇，被批示、采用 17 篇次。

政策落实情况跟踪审计 第二季度开展融资担保机构贯彻落实国家重大政策措施情况跟踪审计。第三季度以“同级审”的方式，由各旗县市区审计部门对本级人民政府促进优化营商环境开展情况进行专项审计。

财政审计 对市财政局、市农牧局、市水利局等 10 个一级预算单位及其所属的二级单位 2019 年度预算执行及其他财政收支情况进行现场审计，运用大数据对市本级 81 个一级预算单位进行非现场审计。开展自治区审计厅下达的对全市新增财政直达资金管理使用情况审计。

三大攻坚战审计 对全市 2019 年 10 月至 12 月和 2020 年 1 月至 5 月地方政府债务及债券管理使用情况进行专项审计调查。完成自治区审计厅下达的全市 2019 年 10 月至 2020 年 9 月化债专项审计调查。完成全市 9 个旗县市区 2019 年 6 月至 2020 年 4 月末扶贫资金的分配管理使用效益情况及财政专项扶贫资金、涉农涉牧整合资金、金融扶贫、京蒙帮扶和社会帮扶资金、“一卡通”补助资金以及乡村振兴与脱贫有关的补助性资金审计。完成察哈尔右翼后旗、丰镇市、凉城县扶贫及乡村振兴审计。8 月，配合审计署对本市扶贫发现问题整改落实情况进行检查。完成对全市 11 个旗县市区环保专项资金拨付使用情况审计。完成对卓资县党政主要领导任职期间履行自然资源资产管理和生态环境保护责任情况审计。

疫情防控资金和捐赠款物专项审计 完成应对新冠肺炎疫情防控资金和捐赠款物专项审计。

民生审计 完成对市本级和 11 个旗县市区 2019 年医疗保险（含城镇职工基本医疗保险、城镇居民基本医疗保险、城乡大病保险）政策制度落实情况、改革措施推进情况、基金筹集管理使用情况审计。完成全市 2018 年至 2020 年住房公积金管理使用情况审计。

经济责任审计 完成察哈尔右翼前旗、卓资县党政主要负责人任中经济责任审计，原市城市管理综合执法局、原市医疗保险管理局等 9 个市直单位负责人离任经济责任审计，11 个旗县市区 23 个公检法负责人离任经济责任审计。

固定资产投资审计 对市政府批示的 18 个政府投资的建设项目实施审计。委托事务所审计的项目，安排 2 至 3 人全程参与、监督，协调事务所的审计工作，同时安排专人从工程造价的角度对事务所的审核结果进行复核并出具审核意见书。

专项资金审计 完成全市 2017 年至 2019 年人防系统易地建设专项资金审计。配合市纪委对全市矿产资源（含煤炭资源）领域突出问题进行专项整治。

信息化建设 着力提升审计机关信息化建设，结合金审工程三期建设标准，部署预算执行审计子模块，并初步开展此项工作。着力优化大数据审计模式，采集市本级 2019 年财政一体化系统数据库和全市一级预算单位 2019 年财务数据；并对采集到的财务数据与财政数据进行整理、清洗、转换和分析，对发现的疑点进行进一步延伸核实。

相关工作 扎实推进“两学一做”学习教育常态化，认真落实“三会一课”制度，开展各类主题党日。推进“五强”党支部建设、加强重点领域发展党员工作。选树学习北疆百年先锋，创新推进“融合党建”的基础项目和实施机关党建“灯下黑”专项整治行动的创新项目。推进包联社区党组织融合共建行动、包扶村党组织核心引领行动。制定《乌兰察布市审计局临时党小组管理办法》，采取“审计组＋临时党小组”的模式深化教育管理。多次传达学习党风廉政重要会议精神和法规、制度及规定，及时分析研究和解决工作中的重点、难点问题。坚持每年对旗县市区审计局局长落实党风廉政建设主体责任的情况进行“述职述廉”，将评议结果与领导干部任用、评先评优挂钩，推动结果运用刚性化。党组书记切实履行党风廉政建设第一责任人责任；班子成员认真履行“一岗双责”责任。逐级签订《乌兰察布市审计局2020年党风廉政建设工作责任书》，层层压实工作责任。完善领导重大事项报告机制，从严规范领导干部个人有关事项报告工作；对科级以上的领导干部进行干部廉政档案登记。认真贯彻民主集中制，严格执行“三重一大”决策制度。建立和完善风险防控机制，建立科学的监督检查和防控体系。（撰稿人：张　宏）

【兴安盟审计局】　2020年，兴安盟审计局实有65人。党组书记、局长孙兴宇，党组成员、总审计师包书明，副局长于景友，党组成员、副局长马德强，党组成员、经济责任审计局办公室主任朱永林（—6月）、王海峰（6月—），二级调研员梁喜发、朱永林（1—10月），四级调研员石俊强，党组成员、办公室主任、四级调研员王甫俊。设有办公室、法制科、财政税务审计科、金融审计科、农业农村审计科、固定资产投资审计科、企业审计科、行政政法审计科、社会保障审计科、经济责任和资源环境审计科、审理科、电子数据审计科、教科文卫审计科；另设盟委审计委员会办公室秘书科和机关党建人事科；下设兴安盟内部审计管理中心（兴安盟审计信息中心）等事业单位。

审计成果　2020年，兴安盟审计机关共完成审计项目113个。查出主要问题金额940273万元；出具审计报告和专项审计调查报告156篇，被批示、采用4篇次。审计促进整改落实有关问题资金1359万元；审计后挽回（避免）损失4902万元。审计提出建议361条，被采纳249条；推动被审计单位制定整改措施8项；提交审计信息519篇，被批示、采用190篇次。向社会公告审计结果2篇。

兴安盟审计局实施的兴安盟2016年1月至2019年6月医疗保险基金审计项目被自治区审计厅评为盟市审计机关审计项目二等奖；乌兰浩特市审计局实施的2018年度本级预算执行情况和其他财政收支情况审计项目被自治区审计厅评为旗县审计机关审计项目三等奖。

政策落实情况跟踪审计　第二季度组织开展全盟融资担保机构贯彻落实国家重大政策措施情况审计。第四季度组织开展对贯彻落实稳就业和保居民就业国家重大政策措施情况跟踪审计。对审计署太原特派办关于内蒙古自治区2019年第四季度贯彻落实国家重大政策措施情况审计发现的问题，以及2019年第四季度兴安盟稳就业政策措施落实情况跟踪审计发现的问题整改进行督促跟进。按照审计署统一部署，7月至12月，组织盟旗两级审计机关开展全盟2020年新增财政资金直达市县基层直接惠企利民情况专项审计。

财政审计　采取“现场审计＋大数据审计”的方式，对盟本级75个一级预算单位中的11个单位实施现场审计，对其余64个单位开展大数据审计。指导6个旗（县、市）开展预算执行和其他财政收支大数据审计，两级审计机关共采集分析预算单位1446家、2000个账套，实现对全盟一、二、三级预算单位审计全覆盖。完成兴安盟接待办、兴安日报社、兴安职业技术学院、兴安盟广播电视大学财政财务收支审计，推动相关部门健全制度、完善管理、防范风险。

三大攻坚战审计　组织对科尔沁右翼中旗开展扶贫审计。组织开展上年度摘帽退出的贫困旗县（突泉县、科尔沁右翼前旗）审计发现问题整改情况“回头看”跟踪审计；组织盟旗两级审计机关对以前年度摘帽退出的贫困旗县（乌兰浩特市、阿尔山市、扎赉特旗）开展扶贫审计及脱贫攻坚成效巩固和乡村振兴相关政策落实情况审计。组织盟旗两级审计机关开展全盟扶贫资金审计检查，覆盖6个旗（县、市），延伸到56个苏木乡镇及2个国有种畜场，共检查主管部门和用款单位95个、建设项目161个，延伸调查农牧户791户。结合领导干部经济责任审计，完成阿尔山市党政主要领导2018年至2020年6月末矿产资源、森林资源资产离任（任中）审计。

疫情防控资金和捐赠款物专项审计　组织盟旗两级审计机关对全盟疫情防控资金、捐赠款物分配和管理使用等情况进行审计监督，共发现疫情防控捐赠资金分配和使用不及时、未及时记账、未及时公开捐赠信息等3个方面10类问题。

民生审计 组织开展科尔沁右翼前旗2019年保障性安居工程资金投入和使用绩效审计，审计共发现棚户区改造基建配套工程项目进展缓慢、白条列支棚改服务费等3个方面7类问题，审计发现问题已按有关规定和程序处理。组织开展全盟2019年至2020年6月末医疗保险基金审计，审计共发现医疗保险基金未实现最大化增值、医疗保险基金未按照国家优惠利率计息等5个方面24类问题，医疗保险基金支出户和财政专户少计利息已收回。对2016年至2018年全盟医保基金审计发现问题整改落实情况进行跟踪督促。

经济责任审计 完成2019年盟行署主要领导干部履行经济责任情况自查。完成阿尔山市党政主要领导、盟公共资源交易中心主任、盟地震局局长、盟统计局局长、盟工会主席、盟红十字会秘书长、盟行署驻长春办事处副主任、盟行署驻北京联络处主任、盟疾控中心原主任、乌兰浩特市公安局局长、科尔沁右翼前旗公安局局长任期经济责任审计。

固定资产投资审计 完成乌兰浩特第一中学新校址建设工程结算审计，报审金额26303万元，核减金额1981万元。完成归流河（西岸）生态治理和景观工程结算审计，报审金额97373.67万元，核减金额18079.03万元。完成兴安盟留置管理服务中心业务技术用房扩建维修工程结算审计，报审金额498.68万元，核减金额54.39万元。

农业农村审计 组织盟旗两级审计机关开展全盟6个旗（县、市）2018年至2019年农牧业专项资金和乡村振兴相关政策落实情况专项审计，共审计主管部门和用款单位92个、建设项目120个，延伸调查农牧户337户。

专项资金审计 由兴安盟审计局统一组织，抽调旗县市26人，组成7个审计组，对全盟2013年至2019年人防工程建设、管理和使用情况进行审计。组织完成全盟煤炭资源领域违规违法问题专项审计调查和矿产资源领域突出问题专项审计调查，并清查梳理以前年度审计发现的问题，持续跟踪督促整改落实。6月，兴安盟审计局组织盟旗两级审计机关对2019年优化营商环境专项审计调查发现问题整改进行跟踪督促，形成并上报《2019年全盟优化营商环境专项审计调查发现问题整改情况的报告》。9月，组织盟旗两级审计机关开展2020年全盟优化营商环境专项审计。审计抽查101个单位，走访37户企业和40余户个体工商户并发放调查问卷，电话询访10余户农畜产品生产企业。

审计查出问题整改 按照“谁审计、谁负责”的要求，审计组负责跟踪指导审计整改，逐级明确督促责任、审核把关责任、实地实物实证察看责任、定期联系责任。实施审计整改台账式、清单式管理，督促被审计单位履行主体责任，提高审计整改的及时性、真实性、完整性、规范性。制定《兴安盟审计机关审计发现问题督促整改办法》，加强向盟人大工委、盟纪委监委、盟委督查室、行署督查室的汇报、对接和沟通，形成合力，促进审计发现问题整改。全面梳理2016年至2019年中央、自治区审计机关及本级各类审计发现的问题，持续跟踪、督促整改。

信息化建设 建成与盟人大工委、本级财政部门联网系统，做到实时互联互通，实现预算联网监督。加强大数据审计，统一组织对全盟1446家预算单位进行数据采集分析。加强专业技术人才引进和审计人员的培训、培养，增强大数据审计能力。

相关工作 对照《党委（党组）落实全面从严治党规定》，制订实施方案及党建联系点工作方案，细化34项具体工作任务，确定各旗县市审计局党支部、定点帮扶村、帮联共建社区党支部作为党员处级干部党建工作联系点，按要求指导党建工作。落实意识形态工作基层网格化部署要求，组建网格员队伍，形成常态长效抓意识形态的工作机制。实行科室初审、分管复审、主管严审、保密终审的“四级联审”审核机制，强化审核把关、监管引导，把好宣传舆论阵地。开展“最强党支部”建设，推动机关党支部全面进步。组织在职党员进社区活动，开展“五个一”规定活动83次，形成工作在单位、服务在社区的奉献双岗位的党员管理机制。成立5支志愿队、7个工作组，全员参与包联社区疫情防控工作，先后组织2次爱心捐款共1.7万元，帮助有关街道办事处、社区、帮扶村解决防疫物资短缺问题。开展节前廉政教育 6 次，教育提醒谈话 4 次，审前谈话 46 次，坚持审前廉政提醒、审中监督检查、审后廉政回访制度，审计组设立廉政监督员，构建保证廉洁审计、廉洁用权的防控机制。

（撰稿人：马彩云）

【锡林郭勒盟审计局】 2020 年，锡林郭勒盟审计局实有 45 人。局长朝鲁（1 月—）、包海山（—1 月），副局长刘兴友、陈金旺、白凤云，总审计师李姝芳，盟经济责任审计联席会议办公室主任乌兰其其格，正处级待遇钱文会，助理调研员彭淑兰。设有办公室、人事科、法规和审理科、电子数据审计科、财政税收审计科、行政事业审计科、农业农村审计科、固定资产投资审计科、社保民生审计科、自然资源和生态环境审计科、金融涉外审计科、企业审计科、经济责任审计科、盟委审计委员会办公室秘书科。

审计成果 2020 年，锡林郭勒盟审计机关共完成审计项目 185 个。查出违规金额 21.15 亿元；促进增收节支 8.77 亿元。提出审计建议 279 条，被采纳 134 条。

政策落实情况跟踪审计 第二季度对锡林郭勒盟融资担保机构金盛融资担保有限公司和正蓝旗上都融资性担保有限责任公司贯彻重大政策措施落实情况进行跟踪审计。第四季度组织开展的稳就业和保居民就业国家重大政策措施落实情况跟踪审计，锡林郭勒盟审计局对苏尼特右旗、乌拉盖管理区实施“上审下”。组织实施全盟新增财政资金筹集分配、拨付下达、管理使用、监控系统运行和绩效情况审计，查出挪用专项资金化债、化债措施不实、闲置滞留新增债券资金、滞留化债奖励资金等问题，审计机关已及时督促整改。

财政审计 利用大数据分析首次尝试开展一级预算单位现场和非现场审计全覆盖工作，延伸审计单位 87 个。盟委、行署主要领导对审计结果予以充分肯定，对审计查出的问题高度重视，盟委书记作出重要批示；盟人大工作委员会十三届十次会议各位委员给予充分肯定。完成正蓝旗、乌拉盖管理区财政决算审计和全盟公务支出和公款消费审计。

三大攻坚战审计 对多伦县、镶黄旗、阿巴嘎旗、苏尼特左旗、西乌珠穆沁旗扶贫和乡村振兴资金管理使用情况进行审计。查出挪用和滞留专项资金、项目实施缓慢未完工等问题。完成苏尼特右旗扶贫审计发现问题整改落实、乡村相关政策落实及资金使用绩效情况审计。对本盟 2019 年摘帽退出的国贫旗县正镶白旗审计发现问题整改落实情况“回头看”和京蒙协作资金进行审计和审计调查。完成全盟 12 个旗县市（区）2016 年至 2019 年全盟“减羊增牛”补贴资金审计调查。完成多伦县党政主要领导任职期间水、森林资源资产管理和生态环境保护责任履行情况审计。组织全盟 12 个旗县市（区）审计局开展自然资源资产审计，其中 9 个旗各选择 1 个苏木（镇）开展草原、水、森林等资源资产审计，3 个旗选择对旗直林草局、生态局、水利局等自然资源资产主管部门开展审计。对正蓝旗、东乌珠穆沁旗、太仆寺旗进行审前现场指导。

疫情防控资金和捐赠款物专项审计 成立由主要领导任组长的专项审计工作领导小组，对全盟疫情防控审计工作的统筹领导，制订《全盟应对新冠肺炎疫情防控资金和捐赠款物专项审计工作方案》。盟旗两级审计机关共派出 20 个审计组、57 名审计人员，组织对全盟疫情防控资金和捐赠款物开展专项审计，重点审计财政资金 7295.46 万元、捐赠资金 3862.3 万元，延伸审计 14 家红十字会、慈善组织，296 个疾病控制中心等政府机构和单位和 1 户企业，对重要事项进行必要的延伸和追溯。

民生审计 对盟本级、东乌珠穆沁旗、西乌珠穆沁旗、镶黄旗、正镶白旗、太仆寺旗、乌拉盖管理区 2019 年保障性安居工程资金投入和使用绩效进行审计。查出资金闲置、计划未落实等问题，涉及问题金额 2.5 亿元。

经济责任审计 全盟对任中科级以上领导干部 45 人、离任科级以上领导干部 40 人开展经济责任审计。查出违规金额 6.74 亿元，其中应负领导责任的问题金额 3.02 亿元。完成盟教育局、人社局、扶贫办等 19 个盟直行政事业单位和锡林浩特市委市政府、西乌珠穆沁旗委、多伦县委县政府、正蓝旗委、乌拉盖管理区委主要领导任期或离任经济责任审计，严格落实“三个区分开来”要求，促进领导干部担当作为、履职尽责。

专项资金审计 完成盟本级及12个旗（县、市、区）2020年促进优化营商环境情况专项审计，审计抽查68个单位、96个项目，涉及资金1.2亿元，查出个别地区、部门未按照规定精简审批前置条件、压缩项目环评审批时间等问题。完成2019年度全盟人防系统腐败问题专项治理审计，对正蓝旗、东乌珠穆沁旗人防办实施“上审下”，查出批而不建5919平方米、应缴未缴易地建设费20697.89万元、应建未建人防地下室63969.79平方米等问题。开展矿产资源（含煤炭资源）领域突出问题专项整治工作，组织全盟审计机关查阅2000年至2019年6552个审计项目、8306个审计案卷，梳理查出煤炭资源领域10个问题，涉及金额191899.95万元。开展锡林郭勒盟兴富投资有限责任公司煤炭资源领域探矿权、股权经营情况专项审计调查。按照自治区党委组织部要求和盟委组织部的委托，全盟审计机关先后两次对盟委组织部、旗县市（区）党委组织部和盟旗机关工委管理党费账户及重点单位党费使用情况进行审计检查。开展跨年度全盟社会保险基金审计。

相关工作 坚持以政治建设为统领，全面落实新时代管党治党新要求，层层落实管党治党政治责任。召开专题民主生活会，切实严肃党内政治生活。制定全面从严治党责任主体清单，构建主责清晰、履职到位、追责严格的落实体系。扎实推进党风廉政建设，组织观看反腐倡廉警示教育等专题片，加强廉政风险防控，以审计一线为重点，全程跟踪督查廉政纪律和审计“八不准”工作纪律、“四严禁”工作要求执行情况，有效运用监督执纪“四种形态”，深入被审计单位开展廉政回访和廉政谈话。配合巡视巡察、盟纪委监委司法审计组工作，先后派出5人参加自治区巡视组和盟委巡察工作；向中央第八巡视组、自治区第四巡视组和盟委巡察办及时提供相关材料。加强党建工作组织领导，落实意识形态工作责任，严格党的组织生活制度，积极推进“党小组建在审计点”。扎实推进结对帮扶工作，节前慰问包扶多伦县北村18户贫困户。改进工作作风，转变文风会风，精简会议文件，有效控制会议次数规模。严格办公用房使用、公务接待和公车管理，随机开展“回头看”，坚决防止“四风”反弹。贯彻落实盟委、行署关于加强社区新冠肺炎疫情防控的部署要求，制定群防群控各项措施，深入结对共建帮扶包联社区，落实联防联控责任。组织干部职工开展“抗疫情·献爱心”募捐活动。 （撰稿人：刘国宾）

【阿拉善盟审计局】 2020年，阿拉善盟审计局实有39人。局长李东亮，副局长杨信华、巴根那，总审计师韩燕，经济责任审计联席会议办公室主任王贤惠，二级调研员王继平。设有审计委员会办公室秘书科、办公室、法制审理科、财政税务审计科、行政事业审计科、企业审计科、社会保障审计科、固定资产投资审计科、农牧业审计科、金融外资审计科、经济责任审计科、电子数据审计科、自然资源和生态环境审计科；下设审计信息化科研中心等事业单位。

审计成果 2020年，阿拉善盟审计机关共完成审计项目76个。查出主要问题金额256126万元。审计提出建议190条；提交审计专题、综合性报告和审计信息214篇，被采用24篇次。

政策落实情况跟踪审计 完成第二季度融资担保机构贯彻落实国家重大政策措施情况审计和第四季度贯彻落实稳就业和保居民就业国家重大政策措施情况审计项目。组织盟旗两级审计机关同步开展新增财政资金直达市县基层直接惠企利民情况专项审计工作。

财政审计 完成盟本级预算执行情况审计，并对盟委编办、盟水务局、盟卫健委、盟金融办、日报社、铁航中心、盟一中等7个预算单位开展部门预算执行情况审计。完成对阿拉善右旗2018—2019年度财政决算情况审计工作任务。

三大攻坚战审计 组织对阿拉善右旗委书记、旗长履行自然资源资产（草原资源）责任实施审计。

疫情防控资金和捐赠款物专项审计 组织全盟审计机关完成新冠肺炎疫情防控资金和捐赠款物专项审计。

民生审计 开展对阿拉善左旗、阿拉善右旗和腾格里经济开发区扶贫与乡村振兴审计项目。组织开展2016年至2019年全盟扶贫审计发现问题整改落实督查工作，全面梳理2016—2019年度全盟各级审计机关对扶贫审计查出的71个问题的整改情况。组织完成全盟2019年度城镇保障性安居工程跟踪审计工作（跨年度项目）。

经济责任审计 完成领导干部任期经济责任审计项目9个，涉及领导干部10人。

固定资产投资审计 开展对2016年至2017年巴彦浩特市政道路改造街景提升工程及配套附属工程项目预算执行情况审计和审计调查。

专项资金审计 开展减税降费政策落实情况、“放管服”改革措施落实情况、推进清理拖欠民营企业中小企业账款情况、疫情防控重点保障企业享受信贷支持等政策落实情况、中小微企业享受扶持政策措施情况等专项审计。

信息化建设 以牢固树立科技强审理念，坚持向信息化要资源，向大数据要效率，加快推进金审工程三期建设和运用。年内，抽调全盟计算机审计业务骨干，利用2个月的时间进行大数据审计骨干人才培训。

内部审计 阿拉善盟内部审计协会组织全盟各内部审计单位参加自治区内部审计协会组织开展的《新时代内部经济责任审计的思路和方法》理论研讨，阿拉善盟内部审计协会推荐5篇论文参加；推荐内部审计“双先”评选表彰工作。

交办任务 按照盟委、行署及自治区审计厅统一部署，组织全盟审计机关开展矿产资源领域突出问题专项整治及2000年以来煤炭资源领域违规违法问题专项整治。根据自治区审计厅的统一安排，开展全盟人防系统专项审计。

相关工作 加强对党建和党风廉政建设工作的领导。局党组严格落实主体责任，定期听取汇报，推动业务与党建、党风廉政建设工作两促进两提高。召开全盟审计系统2020年党建及党风廉政建设工作视频会议，对党的建设、党风廉政建设工作进行安排部署。进一步明确党组书记和领导班子其他成员全面从严治党主体责任，制定2020年党建工作要点、党风廉政建设和反腐败工作要点、党组全面从严治党政治责任清单、党建工作重点任务清单、党风廉政建设“责任清单”和“负面清单”，明晰责任，传导压力，推动落实。加强审计干部业务能力教育培训，通过“走出去、请进来”、“以审代训”和网络在线培训等多种形式，累计培训525人次。在审计项目安排审计人员时，形成以“审计经验＋计算机技术”的“新老”结合式审计队伍。（撰稿人：胡　杰）

【满洲里市审计局】 2020年，满洲里市审计局实有18人。局长李爱泉，副局长陈文春、李惠忠、周晓玲，党组成员李艳。设有办公室、法制审理科、行政事业审计科、财税金融审计科、农业与社会保障审计科、经济责任审计科、企业审计科、政府投资审计科、资源环境审计科；下设政府投资项目审计中心（计算机信息中心）等事业单位。

审计成果 2020年，满洲里市审计机关共完成审计项目16个。查出违规和管理不规范金额39351.40万元；出具审计报告、审计结果报告16篇。提出审计建议70条。

政策落实情况跟踪审计 按照自治区审计厅的统一安排，重点关注融资性担保机构执行服务实体经济、防控金融风险政策落实情况，优化营商环境和国家就业政策落实情况。对满洲里市中小企业融资担保公司和相关部门进行专项审计。延伸审计金融办、财政局、工信科技局、人力资源和社会保障局等单位。开展满洲里市新增财政资金直达市县基层直接惠企利民情况专项审计。

财政审计 通过现场审计和全市预算单位大数据分析的方式，开展一级预算单位预算执行审计全覆盖，共采集全市69家一级预算单位财务、业务数据进行分析比对，现场审计延伸至7家单位同步开展。按时向满洲里市人大常委会报告本级预算执行审计情况及上年度发现问题整改情况。

疫情防控资金和捐赠款物专项审计 按照自治区审计厅统一部署对满洲里市疫情防控资金管理、使用单位以及接受捐赠的物资开展审计，延伸审计至街道办事处、社区等基层单位，定期向审计厅报送阶段性报告。

经济责任审计 完成对满洲里市残疾人联合会原理事长等6个党政部门及人民团体领导干部任期经济责任履行情况的审计，共查出主要问题金额2444.27万元，全部为管理不规范金额。出具审计报告6篇，并提出审计建议17条。

固定资产投资审计 开展满洲里市新开河防洪工程和满洲里市城市供水改造工程PPP项目审计工作。进一步加强政府投资项目的日常监督检查，对中央预算内投资项目和债券资金项目开展专项审计调查。

专项资金审计 按照满洲里市委和市政府要求，重点审计2012年至2019年扶贫专项资金管理使用情况。督促被审计单位对审计查出问题进行整改。对满洲里市2013年以来人防系统工作开展情况进行专项审计，进一步规范人防工程的管理，审计查出问题线索移送市纪委监委。

审计查出问题整改 加大与纪委监委、组织部门和巡察部门等有关单位的沟通协作力度，健全完善问题整改制度机制，督促被审计单位认真履行整改主体责任，不断加强审计整改工作，增强监督合力，整改实效得到进一步提升。

交办任务 抽调12人次参与自治区、呼伦贝尔市、本市交办的临时审计任务、各类巡视巡察和查办案件等工作。

相关工作 根据上级党组织的要求，加强全面从严治党工作，做好党建部署工作。党组书记认真履行党建第一责任人职责，开展“最强党支部”建设工作，紧密联系支部。班子成员认真履行“一岗双责”，积极推进责任落实。通过制定领导班子、主要负责人和班子成员政治责任清单，推进全面从严治党工作落到实处。组建党员突击队和志愿者队伍，自发通过多种渠道捐款捐物，助力疫情防控。开展“我是党员我承诺”主题党日，担当防控疫情斗争第一线的党旗“护旗手”。深入开展“不忘初心、牢记使命”主题教育。制订中心组理论学习计划和支部学习计划。强化利用学习强国、法宣在线等平台的学习成效，提高理论知识素养。积极落实意识形态责任制，铸牢中华民族共同体意识。结合污染防治专项巡察的反馈意见，严格做好整改落实，按照党务公开原则和巡察工作有关要求，及时做好巡察整改情况的公布。年初分别制订“三会一课”和主题党日计划，严格落实“三会一课”制度，有条不紊地开展党内组织生活。（撰稿人：王　刚）

【二连浩特市审计局】 2020年，二连浩特市审计局人员编制24人。党组书记、局长裴智汇，党组成员、副局长张全刚、赵振哲，三级调研员白耀武。设有综合督查科、财政税收审计科、经济责任审计科、行政事业审计科、法规和审理科；下设审计内部审计管理中心、资源环境审计中心、重大项目稽查办公室等事业单位。

审计成果 2020年，二连浩特市审计机关共完成审计项目26个。查出主要问题金额18903万元；出具审计报告和专项审计调查报告17篇。审计促进整改落实有关问题资金2427万元。提交审计信息27篇。

1人被自治区审计厅评为自治区审计机关先进工作者。

政策落实情况跟踪审计 完成第二季度融资担保机构贯彻落实国家重大政策措施情况跟踪审计。完成第四季度自治区贯彻落实稳就业和保居民就业国家重大政策措施情况跟踪审计。完成第二、三、四季度优化营商环境专项审计；完成人防系统腐败问题专项治理审计。完成新增财政资金直达市县基层惠企利民情况专项审计。

财政审计 对二连浩特市财政局2019年度具体组织的本级预算执行情况进行审计，并依据大数据对发现的疑点开展延伸审计。审计查出动用预备费未报本级政府批准3000万元，未按规定的方式履行政府采购程序77万元等问题。受市政府委托，向市十五届人大常委会第十九次会议作《关于2019年审计查出突出问题整改情况的报告》《关于二连浩特市2019年度本级预算执行和其他财政收支的审计工作报告》。市人大常委会对审计工作给予充分肯定，并提出加大对审计查出问题后续整改情况的意见。

三大攻坚战审计 完成二连浩特市环境卫生管理局领导干部自然资源资产任中审计。

疫情防控资金和捐赠款物专项审计 完成新型冠状病毒感染肺炎疫情防控捐赠物资专项审计。

民生审计 对二连浩特市社会保险基金进行审计，包括二连浩特市2020年养老保险基金审计、医疗保险基金审计。

经济责任审计 完成二连浩特市人力资源和社会保障局、边境经济合作区管理委员会、发展和改革委员会3个单位财政预算执行审计和主要领导干部任中经济责任审计。开展二连浩特市环境卫生管理局、第一中学主要领导干部任中（离任）经济责任审计。查出应缴未缴财政收入290.45万元、“三公”经费超预算支出1.84万元、无预算政府采购48.82万元等问题。

交办任务 完成嘎查和8个社区“两委”换届前离任审计。根据市纪委印发的《关于开展污染防治专项资金整治行动实施方案》要求，协助完成对2018年1月至2020年9月二连浩特市污染防治中央、本级专项资金自查及审计，共抽调3人配合市纪委查办案件等工作。

相关工作 严格落实“三会一课”制度，开展党组织和党员“双报到”活动，开展党支部换届工作，落实党组主体责任和书记第一责任人责任，加强党风廉政建设和反腐败工作；严格执行“三重一大”制度，主要领导末位表态。开展矿产资源领域突出问题专项整治工作，如实上报个人有关事项报告表和汇总报告。开展“清风干部”和“清风干部标兵”评选活动。把牢意识形态工作政治定位，全面加强网络安全和保密工作。全年参加各类培训班211人次。在新冠肺炎疫情防控中值班值守、开展捐款活动；在贯彻落实国家统编教材相关工作中，组织对包联的班级开展宣传动员；开展包联街路、包联小区环境卫生集中清理、宣传栏定期更换和宣传教育工作；定期组织开展责任区灭鼠工作；开展工会、法治政府建设、工青妇、统战、民族宗教等工作；参加全市第九届“工会杯”职工乒乓球比赛和职工趣味运动会。

（撰稿人：王玉双）

2020年内蒙古自治区所辖县(市、区)级审计工作统计表

审计机关	完成审计项目/个	审计查出主要问题金额/万元	审计发现非金额计量问题/个	审计期间整改金额/万元	出具审计报告和审计调查报告/篇	审计处理情况		审计促进整改落实有关问题资金/万元	审计提出建议/条	提交审计信息/篇
						审计处理处罚金额/万元	移送处理事项/件			
呼和浩特市										
呼和浩特市本级	27	1615621	865	8932	28	974693	11	960900	65	45
新城区审计局	7	37172	1		12	10		10	3	29
回民区审计局	15	449057	11		15	3		3	26	4
玉泉区审计局	15	3912	26	3783	28	3896		3912	49	5
赛罕区审计局	8	16059	20	21	9	30		21	20	49
土默特左旗审计局	28	6080	3	20	33	9038	1	531	1	
托克托县审计局	14	5719			14	341		341	15	37
和林格尔县审计局	10	134731	3		15				27	
清水河县审计局	18	3849		12	18	3467		2891	3	18
武川县审计局	8	60267	1		8	615		580	13	2
包头市										
包头市本级	38	457466	120	108973	38	212970	18	208716	41	362
东河区审计局	16	183349	3	182	16	23128	5	183164	25	73
昆都仑区审计局	14	7292	8	4	14	7275	2	7275	76	16
青山区审计局	12	444	9	405	12	22	3	22	16	52
石拐区审计局	9	66	8	45	9	20	2	20	23	4
白云鄂博矿区审计局	21	2262	19	72	21	35		34	46	13
九原区审计局	22	1166	7		22	1166	1	1156	27	15

（续表）

审计机关	完成审计项目/个	审计查出主要问题金额/万元	审计发现非金额计量问题/个	审计期间整改金额/万元	出具审计报告和审计调查报告/篇	审计处理情况		审计促进整改落实有关问题资金/万元	审计提出建议/条	提交审计信息/篇
						审计处理处罚金额/万元	移送处理事项/件			
土默特右旗审计局	17	11734	5		17	8027	9	5300	28	17
固阳县审计局	17	18272	60		17	18049	2	17018	37	62
达尔罕茂明安联合旗审计局	16	28249	23	3248	16	3283	15	3248	70	41
稀土高新区审计局	6	111098	18	1439	6	109659	5	108906	19	72
乌海市										
乌海市本级	28	252068	78	13253	32	99960	14	136877	73	242
海勃湾区审计局	8	1652	4	1532	8	1269	1	1244	7	48
海南区审计局	4	1384		8	4	1384		1377		13
乌达区审计局	5	14094		4513	9					35
赤峰市										
赤峰市本级	50	569619	1	1041	62	569141	13	16413		99
红山区审计局	20	36801		1497	20	36382	1	2747	83	98
元宝山区审计局	13	46	35		19	42			19	1
松山区审计局	33	481		481	33	481		481	2	
阿鲁科尔沁旗审计局	29	2956	1	79	28	2956		2050	130	14
巴林左旗审计局	41	2243		59	38	216		110	96	40
巴林右旗审计局	18	1232		220	17	1232		1232	18	
林西县审计局	11	417	6		11	417		417	25	
克什克腾旗审计局	24	14932		89	34	6983		7670	24	30
翁牛特旗审计局	9	1047	10	1025	9	1047		1047	16	
喀喇沁旗审计局	16	1379		51	16	1379		1359	11	4
宁城县审计局	18	738		706	18	450		738	39	61
敖汉旗审计局	17	11967	55	5304	17	11967		11829	50	44
通辽市										
通辽市本级	73	29300	23	9900	73			2200	124	102
科尔沁区审计局	22	150492	11	7784	22		5	84011	14	
霍林郭勒市审计局	18	14493	6	337	18		2	345	16	12
科尔沁左翼中旗审计局	37	175400	15	831	37		21	831	57	74
科尔沁左翼后旗审计局	47	77678	9	135	47	6672	11	35878	73	69
开鲁县审计局	27	238	4		27	236	3	15	42	2
库伦旗审计局	27	3376	7	1200	27	350	2	3120	48	66

（续表）

审计机关	完成审计项目/个	审计查出主要问题金额/万元	审计发现非金额计量问题/个	审计期间整改金额/万元	出具审计报告和审计调查报告/篇	审计处理情况		审计促进整改落实有关问题资金/万元	审计提出建议/条	提交审计信息/篇
						审计处理处罚金额/万元	移送处理事项/件			
奈曼旗审计局	23	6101	34	133	23	802	1	2988	43	1
扎鲁特旗审计局	25	7541	40	1380	19		21	22903	66	3
鄂尔多斯市										
鄂尔多斯市本级	46	1445388	362	25907	33	954687	43	286684	103	3
东胜区审计局	33	203471	35	7	38	139	8	7	68	9
康巴什区审计局	31	315027	24	4028	27	133755	17	22858	72	27
达拉特旗审计局	15	44485	11	1384	15	44966	6	37834	45	1
准格尔旗审计局	64	70323	74		64	70323	13	2400108	129	56
鄂托克前旗审计局	35	13490	37	6665	38	1309	17	1309	65	159
鄂托克旗审计局	21	68523	29		38	66216	4	65831	26	23
杭锦旗审计局	25	205547	8		17	2860	15	8766	48	45
乌审旗审计局	56	69572	187	77	41	69572	46	69572	218	10
伊金霍洛旗审计局	36	181840	286	11298	36	77117	60	4333	124	38
呼伦贝尔市										
呼伦贝尔市本级	48	169165	29		48	35	27	163	115	147
海拉尔区审计局	16	207742	17	587	16	1819	7	214		45
扎赉诺尔区审计局	8	5528	12		8		1	673		
牙克石市审计局	40	13674	66	2	40	7869	1	724	60	76
扎兰屯市审计局	39	209770	37	404	17	705	29	519	33	9
额尔古纳市审计局	21	2517	11	1665	19	1989	1	1989	11	13
根河市审计局	29	2831	53		29	10	21	8	24	24
阿荣旗审计局	28	4583	2		28	213	4	29	5	22
莫力达瓦达斡尔族自治旗审计局	8	358	3		9	120		148		49
鄂伦春自治旗审计局	26	4416	13	1590	27	340	14	1557	33	17
鄂温克族自治旗审计局	23	106669	67	7	26	41	25	32079	75	28
陈巴尔虎旗审计局	17	94953	32	187	17		3	51265	40	
新巴尔虎左旗审计局	24	6166	41		22	71	3	7	45	7
新巴尔虎右旗审计局	18	80097	1	9	21	29	6	53716	29	54
巴彦淖尔市										
巴彦淖尔市本级	76	313867	214	2144	76	180241	23	1605	183	162
临河区审计局	18	29984	9	51	18	1146	8	166	47	47
五原县审计局	27	31880	9		27	84	10	84	51	82

（续表）

审计机关	完成审计项目/个	审计查出主要问题金额/万元	审计发现非金额计量问题/个	审计期间整改金额/万元	出具审计报告和审计调查报告/篇	审计处理情况		审计促进整改落实有关问题资金/万元	审计提出建议/条	提交审计信息/篇
						审计处理处罚金额/万元	移送处理事项/件			
磴口县审计局	14	3114			14	20			24	113
乌拉特前旗审计局	6	26688	18	4428	6	3061		3061	14	70
乌拉特中旗审计局	22	13225	16	3	22	3205	6	3205	22	45
乌拉特后旗审计局	16	6887	27		16		3		42	78
杭锦后旗审计局	46	13420	35	6	46	38	3	33	118	69
乌兰察布市										
乌兰察布市本级	19	64731	3	2418	19	16131		62462	2	136
集宁区审计局	18	39593	2	546	22			71	45	52
丰镇市审计局	38	405			38	286		144	74	
卓资县审计局	26	72		280	26			280	26	65
化德县审计局	23	3354			48		4		21	61
商都县审计局	28	188	25	188	28			188	56	2
兴和县审计局	10	8151	2	371	41			1098	87	
凉城县审计局	45	641	15	150	28	22	5	640	2	20
察哈尔右翼前旗审计局	13	649	22	557	13			91	8	
察哈尔右翼中旗审计局	23	6855	2	4	22	6834	16	6128	59	145
察哈尔右翼后旗审计局	20	6794	1	5950	20		2	6519	22	15
兴安盟										
兴安盟本级	39	317133	282	15795	62	56144	41		173	205
乌兰浩特市审计局	14	179523	21	12511	14	16493	15	15	43	59
阿尔山市审计局	22	28206	42		27	1062	2	1062	65	81
科尔沁右翼前旗审计局	6	123386	5	37182	15	87517			18	68
科尔沁右翼中旗审计局	9	183615	2	16117	9	457			17	38
扎赉特旗审计局	19	48051			25	283		281	35	50
突泉县审计局	4	60356	3	4	4	56675			10	18
锡林郭勒盟										
锡林郭勒盟本级	37	477748	178	3420	41	49677	15	8679	96	92
锡林浩特市审计局	15	614397	22	1	21	263406	1	424	22	
阿巴嘎旗审计局	11	88397	2	30	11	19844		64	14	36
苏尼特左旗审计局	3	2			3	2	1	2	6	6
苏尼特右旗审计局	37	13727		13727	36	13727	1	13727		

（续表）

审计机关	完成审计项目/个	审计查出主要问题金额/万元	审计发现非金额计量问题/个	审计期间整改金额/万元	出具审计报告和审计调查报告/篇	审计处理情况		审计促进整改落实有关问题资金/万元	审计提出建议/条	提交审计信息/篇
						审计处理处罚金额/万元	移送处理事项/件			
东乌珠穆沁旗审计局	15	141503			15	141503	4		47	122
西乌珠穆沁旗审计局	11	14286		3183	11	14286	1	7842	34	127
太仆寺旗审计局	6	14102	1	14102	6	14102		67		
镶黄旗审计局	7	484		336	7		2	50		
正镶白旗审计局	8	67031	62	543	5	30446		1145		
正蓝旗审计局	12	140129	8	152	12	182		4824	26	28
多伦县审计局	11	29941			10	29941				
乌拉盖管理区审计局	12	3775		35	12	3341		3369	30	68
阿拉善盟										
阿拉善盟本级	22	83800	46		30	59321	8	42796	59	166
阿拉善左旗审计局	13	12748	3	6014	17	6742	2	5873	45	2
阿拉善右旗审计局	6	8315	10		6	7800	9		21	
额济纳旗审计局	9	102354		170	9	170	2		16	46
阿拉善高新技术开发区审计局	26	48909	37	2	26	776	11	4	49	
省直管										
满洲里市本级	16	39351	38	327	16	28032	3	20717	70	13
二连浩特市本级	26	18903	19	1291	17		1	2427	42	27

辽宁省

【辽宁省审计厅】 2020年，辽宁省审计厅实有244人。设有省委审计委员会办公室秘书处（办公室）、法规计划处、审理处、内部审计指导监督处、电子数据审计处、财政审计处、行政政法审计处、教科文卫审计处、农业农村审计处、自然资源和生态环境审计处、固定资产与涉外投资审计处、社会保障审计处、企业与金融审计处、经济责任审计处、机关党委办公室（人事处），以及19个派出审计处；下设辽宁省审计服务中心，管理辽宁省审计学会。

领导成员

党组书记：陈　勇

厅　　长：陈　勇（—10月）

郭彩云（10月—）

党组成员、副厅长：刘建亭　张　勇

郑希超　张兴民

黄翠竹（10月—）

党组成员、驻厅纪检监察组长：那家强

总审计师：李冠华

一级巡视员：张连义（—10月）

厅领导干部：刘建君

二级巡视员：刘景浦（—10月）

审计成果 2020年，辽宁省审计厅共完成审计项目161个。查出违规金额69.67亿元；发现非金额计量问题1220个；出具审计报告和专项审计调查报告177篇；移送司法机关、纪检监察机关和有关部门处理事项32件，移送处理人员18人。通过审计发现问题的整改，促进增收节支

49.99亿元，促进拨付资金到位28.69亿元。审计提出建议454条，被采纳415条；促进被审计单位建立健全规章制度114项。

审计委员会办公室工作 省委审计委员会办公室（以下简称省委审计办）全面落实中央审计委员会和省委审计委员会（以下简称省委审计委）部署要求，严格执行重大事项请示报告制度，全年向省委审计委汇报重大事项和重要审计情况16次，上报审计专报16期，请示重要事项12次。进一步健全省委审计办工作运行机制，制定办公室会议制度、成员单位工作协调推进机制。加强统筹协调和督办落实，筹备省委审计委第7次、第8次会议，提报年度工作计划、重要审计结果、中央审计委员会第三次会议精神的落实建议等8个议题上会审议；督促落实省委审计委年度工作要点和各项部署，推动全省各地区各单位在省委审计委领导下，全面做好全年审计工作。总结提炼省委审计办服务省委审计委会议高效运转、推动工作高质量落实的典型经验，在审计署有关会议上作交流发言。

政策落实情况跟踪审计 围绕2020年省政府工作报告重点任务，聚焦“六稳”“六保”工作落实情况开展政策跟踪审计，密切关注就业优先政策落实、财政资金提质增效、优化营商环境等有关情况及三大攻坚战重点任务推进、创新驱动发展、区域协调发展等重大战略推进实施情况，每季度出具政策跟踪审计报告，把整改情况作为跟踪审计的必审事项，实现跟踪审计和督促整改同步实施。组织开展保障性安居工程、援疆、辽西北供水工程及突破辽西北重大专项审计，持续督促各地重点任务和重大工程项目开工建设，推动做好稳投资工作。组织开展各地落实疫情期间就业优先政策情况审计和全省职业教育促进就业情况审计调查，推动稳就业和保居民就业。组织开展医保基金、省属医院财务收支和全省养老服务体系建设管理情况审计，推动保基本民生。组织开展新增财政资金惠企利民、压减非急需非刚性支出专项审计和城乡义务教育补助经费专项调查，促进各级政府及部门过“紧日子”，推动保基层运转。持续开展“放管服”改革、优化营商环境、减税降费、清理拖欠民营企业中小企业账款、“飞地经济”等政策落实情况审计，提出加强企业管理等建议，推动保市场主体。

财政审计 对省本级38个部门开展现场预算执行审计，突出关注财政管理体制改革、预算编制执行及决算草案编制、预算绩效管理、非税收支管理等情况，对258个预算单位开展延伸审计，首次实现全省一级预算单位审计全覆盖。创新实现审计全覆盖的方式方法，采取“用好一中心（省级审计大数据中心）、推进两融合（业务与数据融合、上下级审计力量融合）、编制三清单（法规适用清单、审计重点清单、问题要点清单）、形成四报告（数据分析报告、疑点核查反馈报告、部门审计报告、审计工作报告）、实现五统一（统一工作方案、数据分析、处理标准、报告格式、成果运用）”工作方式，形成“整体推进＋三级联动＋全员作战”工作模式，全面提升预算执行审计工作层次和水平。在审计署组织召开的视频会议上，省审计厅作交流发言。

疫情防控资金和捐赠款物专项审计 组织开展全省疫情防控资金、捐赠款物和复工复产专项审计，重点关注财政专项资金、捐赠款物、重点保障企业贴息贷款的分配管理使用等情况，加强与审计署驻沈阳特派办工作衔接，与财政、发展改革、卫生健康、民政、医疗保障、工业信息等部门沟通协调，以情况月报、旬报制度，调度各市审计机关联动工作。专项审计发现的重要情况及时向省委省政府和审计署报告，共向省主要领导同志呈报审计专报8期，有关事项得到时任省委书记、省长重要批示，常务副省长组织相关部门召开专题会议研究，推动审计涉及的60多户企业复工复产。

三大攻坚战审计 围绕防范风险，持续关注基层“三保”支出、地方政府债务、存量资金、非税收入、企业经营风险等情况，促进及时完善相关措施。围绕脱贫攻坚，开展12个县乡村振兴政策落实审计，揭示部分县区滞留乡村振兴专项资金、高标准农田建设项目推进缓慢、部分项目未按计划实施等问题，会同省政府督查室、省农业农村厅共同督办审计查出问题整改工作，促进涉农资金盘活和拨付2.5亿多元；开展全省14个市扶贫审计查出问题整改情况核查，服务脱贫攻坚任务如期全面完成。围绕污染防治，开展对铁岭、营口党政领导干部自然资源资产离任（任中）审计，重点关注领导干部在自然资源资产管理和开发利用过程中，贯彻执行中央重大决策部署、落实省委省政府重点任务、遵守法律法规、完成目标任务、污染防治等情况，客观评价领导干部履行自然资源资产管理和环境保护责任；开展全省矿山地质环境治理情况审计调查，促进矿山地质环境治理和生态环境保护。

经济责任审计　完成地方、省直部门、高校、企业及市级审计机关26名领导干部经济责任审计，关注重大改革事项推进、重大经济决策落实、"三重一大"制度执行、领导干部个人遵守党风廉政建设有关规定等情况，促进领导干部强化法治精神，尊重法律权威，依法行政、履职尽责。对71名领导干部开展任前经济责任告知或离任经济事项交接，联合其他部门开展经济责任审计结果反馈。履行好省经济责任审计工作联席会议办公室职责，召开全省经济责任审计工作联席会议第一次全体会议，审议通过《辽宁省经济责任审计工作联席会议议事规则》《辽宁省经济责任审计工作联席会议办公室工作规则》，进一步规范和完善联席会议运行机制。加强对下级联席会议办公室的工作指导，推动各地建立健全联席会议制度，完善相关制度。

企业审计　组织开展20户省属企业资产及内控管理情况审计调查，揭示企业财务真实、合法、效益等方面存在的问题，分析产生问题的原因，提出意见建议，推动省属企业加强管理、完善制度、提高效益。先后对辽渔集团、省工程咨询集团等单位实施领导干部经济责任审计，聚焦企业重大经济决策、"三重一大"制度落实及内控管理等情况，关注在克服生产经营困难、促进国企提质增效、激发市场主体活力等方面取得的实效，揭示相关问题。注重发现重大风险隐患，华晨集团领导人员经济责任审计结果提交省委审计委会议审议。

审计查出问题整改　印发《辽宁省审计厅办公室关于专项督促被审计单位落实审计查出问题整改工作的通知》，梳理2018年以来全部审计项目查出问题的整改情况，健全整改问题台账，明确目标、细化举措，压实整改责任。厅领导分别带队，到被审计单位现场督促整改，组织各处室采取文件督促、现场督促、电话督促和召开审计整改工作会议等形式，对未完成整改的审计项目全部进行督促。探索运用信息化技术推动审计整改的有效方式方法，开发运行审计发现问题整改系统，实时追踪每个项目、每个问题的整改进度，及时、全面地获取整改信息。建立健全审计与其他监督的贯通协调机制，加强与人大、纪检监察、组织人事、巡视巡察等机关单位的协作配合，形成督促审计整改监督合力。

信息化建设　贯彻落实科技强审要求，注重统筹创新，强化指导服务，全面实现对全省各级财政预算单位预算执行的大数据审计全覆盖，工作中形成大数据审计对下服务机制，即对数据审计力量薄弱的县区由市审计局协助，市审计局有困难的由省审计厅"兜底"。建设省审计大数据中心，采集和标准化处理全省各级预算单位财务账1.3万套；丰富43个省直部门资源目录、41类行业数据和省政府服务事项。印发《数据审计指南》，组织全省120名计算机审计骨干开展集中数据分析，整理、创新审计分析模型8大类300余个，筛查涵盖省本级及全部市县的问题疑点12大类近10万条，经核实确认的问题2.9万条，总体核实确认问题率近30%。向全国审计系统分享数据采集模板1套、数据分析模型15个。加强信息化人才培养，举办计算机审计中级培训、全省预算执行审计数据分析培训，为大数据审计夯实人才基础。大数据审计工作经验做法，在"学习强国"平台报道。

审计质量　将审计质量作为审计工作"生命线"，健全审计质量控制体系，切实防范审计风险，提高审计质效。整理并制发《辽宁省审计厅审计业务全链条管理操作手册》，抓实审计组组长审核、业务部门复核、审理部门审理、业务会议审定等环节，压实质量控制责任，筑牢层次明晰、职责明确、相互制约的全链条管理体系。开展审前学习培训，业务骨干讲解审计方法思路、审计典型案例等，加深审计人员对审计项目重点和内容的把握，为高质量完成审计项目奠定良好基础。召开审计项目质量观摩会和案卷检查讲评会，加强审计质量检查考核，多措并举，实事求是推动解决实际问题。开展优秀审计项目评选，印发《全省审计机关优秀审计项目评选办法（试行）》，组织"审计讲堂"业务学习，由厅领导详细讲解优秀项目评选相关要求，提升审计人员精品意识，争创优秀审计项目。

相关工作 落实习近平总书记关于“以审计精神立身、以创新规范立业、以自身建设立信”的总要求，贯彻新时代党的组织路线，开展建设“让党中央放心、让人民群众满意的模范机关”活动，努力做到“三个表率，一个模范”。注重业务能力提升，通过领导干部带头上讲台、案例交流、岗位练兵、“以审代训”、提倡报考注册类执业资格和专业类职业技术资格等方式，增强审计干部职业素养。树立肯干实干能干导向，注重在援疆、驻村扶贫、疫情防控中培养考察干部，对表现突出的同志给予三等功，1名驻村干部被授予辽宁五一劳动奖章。突出年轻干部培养使用，坚持德才兼备、以德为先的用人导向，新提拔使用12名副处长，40岁以下占比91%。制订公务员平时考核工作方案，强化日常考核、分类考核和近距离考核。开展“我为党旗添光彩、履职尽责当先锋”演讲比赛等系列活动，激励广大审计人员提升觉悟、奉献担当。注重培育审计干部斗争精神、提高斗争本领，落实审计“四严禁”工作要求和审计“八不准”工作纪律，加强审计现场纪律检查，执行审计回访制度。

（撰稿人：高经纬）

【沈阳市审计局】 2020年，沈阳市审计局实有178人。党组成员、局长刘莹光，党组成员、副局长刘宝石（—4月）、周成铀、石静华（—9月）、于跃（9月—）、尹孝凡（11月—），党组成员、总审计师康健，一级巡视员李军，市国有企业监事会工作办公室专职监事会主席马达、石晓峰（—3月）、张国宾，二级巡视员刘宝石（4月—）、石静华（9月—）。设有市委审计委员会办公室秘书处、办公室、法规计划处、审理处、内部审计指导监督处、电子数据审计处、财政审计处、行政政法审计处、教科文卫审计处、农业农村审计处、自然资源和生态环境审计处、固定资产与涉外投资审计处、社会保障审计处、企业与金融审计处、经济责任审计处、机关党委办公室（人事处），以及10个派出审计处。

审计成果 2020年，沈阳市审计局共完成审计项目129个。查出主要问题金额112.04亿元；出具审计报告和专项审计调查报告119篇。审计处理处罚金额23460万元；向纪委监委等部门移送问题线索10件。审计促进整改落实有关问题金额5.22亿元。审计报告、要情等被市领导批示59篇次；相关工作被各新闻媒体报道161篇次。

政策落实情况跟踪审计 深入开展沈阳市文旅产业、历史建筑保护及修缮情况审计调查，市政府专门召开会议研究，市纪委成立专案组进行调查。开展沈阳市科技创新工作情况专项审计调查，促进科技创新政策落实。开展2020年亿元以上政府投资建设项目在线跟踪审计，助力提高项目建设质量。开展全市优化营商环境85条政策措施落实情况、清理拖欠民营企业中小企业账款情况等专项审计调查，促进全市营商环境优化。

财政审计 组织实施2019年度市本级预算执行和其他财政收支情况审计，对市本级69个财政一级预算单位进行审计，揭示五大方面576个问题。在连续4年实现部门预算执行审计全覆盖的基础上，助力县（市、区）审计机关开展数据分析，实现全市两级1100个财政一级预算单位审计全覆盖。

三大攻坚战审计 围绕如期完成脱贫攻坚任务，重点开展脱贫攻坚及乡村振兴审计。围绕促进生态文明建设，开展沈阳市运河水系环境综合提升改造、退耕还林资金和项目等审计调查。在2020年度农村人居环境整治工作情况跟踪审计中，重点关注村内道路硬化、亮化工程和生活垃圾治理等方面，采取“进行时动态纠偏”审计模式，提高财政资金使用效益和人居环境整治工作质量。

民生审计 开展沈阳市2019—2020年度教育费附加中公用经费及相关政策落实情况专项审计调查，组织对全市2019年度老旧小区改造提质工程进行专项审计。提出引入政府、社会和居民共同出资的资金筹措机制等意见和建议，提报的审计要情得到市领导的批示，促进老旧小区改造提质增效。

经济责任审计 组织对全市11家单位的13名领导干部开展经济责任审计，同步推进领导干部自然资源资产离任审计。落实新修订的两办

《规定》，建立全市经济责任审计工作联席会议机制，以“任前告知、任中审计、离任交接、结果运用”四环节把控，实现全市领导干部任职期间经济责任“全链条”管理。

企业与金融审计 对市金融发展局有关金融专项资金政策执行情况、商务局重点专项资金及相关政策落实情况开展审计调查，及时反映专项资金和政策的执行情况，揭示商贸流通领域多项惠企政策落实不到位等问题。在沈鼓集团董事长、总经理任职期间经济责任履行情况审计中，以行权为主线、以管理为重点，采取穿行测试的审计方法，对企业从采购到销售进行“穿透”测试，收到较好的效果。（撰稿人：由庆华）

【大连市审计局】 2020 年，大连市审计局实有 145 人。党组书记、局长张威，副局长刘文辉，党组成员、副局长于雷、谭军、范静（7 月—），局领导（国有企业监事会主席副局级）李元鹏、满富丽、吴志加，二级巡视员刘文辉（兼，7 月—）、宋盛英（—4 月）、一级调研员顾迎良。设有办公室、法制规划处、审理处、电子数据审计处、财政审计一处、财政审计二处、行政政法审计处、教科文卫审计处、农业农村审计处、自然资源和生态环境审计处、固定资产投资审计一处、固定资产投资审计二处、企业审计处、社会保障审计处、金融与涉外审计处、经济责任审计一处、经济责任审计二处、内部审计指导监督处、机关党委办公室（人事处）。

审计成果 2020 年，大连市审计局共完成审计项目 71 个。查出主要问题金额 187.91 亿元；出具审计（调查）报告 76 篇。审计处理处罚金额 64917 万元；移送处理事项 7 件。提出审计建议 558 条。

大连市建设委员会主任、党委书记任职期间经济责任履行情况审计项目获得辽宁省优秀审计项目三等奖。

审计委员会办公室工作 召开中共大连市委审计委员会会议 3 次，出台《关于加强审计监督与其他监督贯通协同的意见》，提升监督合力。研究提出进一步加强群团组织资金资产管理、加强市属国有企业监事会建设、加强政务信息系统建设等建议。重要请示、报告、审计要情等被市领导批示 28 件（次）。

政策落实情况跟踪审计 开展普兰店乡村振兴政策审计、2019 年全市基本医疗保险基金审计，完成全市促就业政策落实情况、养老服务体系建设管理情况两项审计调查。

财政审计 首次对市政府全部 37 个组成部门及 10 家市委市政府所属事业单位实施现场审计。实现政府组成部门和部分重点单位预算执行审计全覆盖，推动提高财政管理绩效。

疫情防控资金和捐赠款物专项审计 代市委市政府草拟《关于切实做好新型冠状病毒感染的肺炎疫情防控经费管理和物资保障工作的通知》。开展应对新冠肺炎疫情防控资金和捐赠款物专项审计。组建 82 人组成的志愿者服务队，奔赴一线参与防控。

经济责任审计 对 17 名党政主要领导干部和国有企业领导人员开展经济责任审计；出台《大连市领导干部任期经济责任告知手册》《大连市经济责任审计容错纠错暂行办法》等制度；编制《领导干部履行经济责任相关内部控制制度指引清单》等。将领导干部履行经济责任相关内容纳入 2020 年市管干部任职培训班和市管干部进修班培训课程。

固定资产投资审计 开展政府性投资项目分配管理及建设情况审计调查。开展渤海大道一期工程、地铁五号线、大连至旅顺中部通道建设跟踪审计。

资源环保审计 组织 10 个县（市、区）开展领导干部自然资源资产离任审计。开展矿山地质环境恢复治理和国有土地收储和使用两项审计调查。

审计查出问题整改 出台《常见审计查出问题整改标准清单》，对审计整改中历史遗留问题进行专项调研督办，开展审计整改情况专项审计调查，促进有关地区和部门采取切实措施，完善制度办法。

相关工作 召开年轻干部座谈会，制定《加强年轻干部培养使用管理工作暂行办法》；组织干部参加上级审计机关重大项目和省市委巡视巡察 40 余人次。修订《工作实绩考核暂行办法》等。1 人被评为全国审计机关先进工作者，2 人被评为全省审计机关先进工作者，1 人被评为大

连市担当作为好干部。（撰稿人：汪津宜）

【鞍山市审计局】 2020年，鞍山市审计局实有108人。党组书记、局长阚小阳，党组成员、副局长李久韬、郑晓曦、邵伟、胡筱（3月—），党组成员、总审计师王立辉。设有办公室、综合督考计划科、审理法规科、财政审计一科、财政审计二科、内部审计指导监督科、电子数据审计科、行政政法审计科、教科文卫审计科、农业农村审计科、自然资源和生态环境审计科、固定资产与涉外投资审计科、社会保障审计科、企业金融审计科、重大政策项目审计一科、重大政策项目审计二科、经济责任审计一科、经济责任审计二科、经济案件审计一科、经济案件审计二科、机关党委办公室（人事科）、派出县区审计一科、派出县区审计二科、市委审计委员会办公室秘书科。

审计成果 2020年，鞍山市审计局共完成审计项目83个。出具审计报告和专项审计调查报告93篇。审计处理处罚金额580382万元；移送司法机关、纪检监察机关和有关部门处理事项16件。审计提出建议140条，被采纳126条。

鞍山市国有闲置资源专项审计调查项目被评为辽宁省优秀审计项目。

政策落实情况跟踪审计 重点对资金落实、项目落地以及国家取消、下放、调整的行政审批事项落实情况进行跟踪审计，揭示资金效益发挥不及时、专项资金闲置、项目建设进展缓慢等问题，有效促进国家重大政策措施落实。开展新增财政资金直达市县直接惠企利民专项审计，推动新增财政资金直达市县基层，全面摸清23.61亿元直达资金，14.28亿元参照直达资金分解、下达、使用和资金绩效情况，共发现审计问题9个，下达整改意见函4份，出具专题报告1篇。

财政审计 开展市本级和部门财政预算执行审计，安排现场审计一级预算单位211个，其中市本级50个、县（市、区）161个。

疫情防控资金和捐赠款物专项审计 成立专项审计工作领导小组，派出8个审计组、48名审计人员，开展全市应对新冠肺炎疫情防控财政资金和捐赠款物专项审计。共发现两方面5个问题，提出审计建议4条。

经济责任审计 开展11名领导干部经济责任审计。根据辽宁省党政主要领导干部和国有企业领导人员离任经济事项交接、告知办法，结合鞍山审计工作实际，完善制度规范，组织实施告知8户，离任领导交接10户，梳理归纳2019年度经济责任审计普遍性问题147个。

民生审计 开展2019年度鞍山市医疗保险基金审计，查出5个问题并全部整改完成。开展2020年度社会保险基金审计，2019年政府投入医疗资金使用及鞍山市肿瘤医院、妇儿医院等部分医院的经营管理情况专项审计调查，住宅专项维修资金专项审计调查等项目。开展鞍山市养老服务体系建设和管理情况审计调查和鞍山市养老机构服务情况审计调查。（撰稿人：程　玲）

【抚顺市审计局】 2020年，抚顺市审计局实有95人。党组书记胡乃涛（—5月）、孟宪智（5月—），局长胡乃涛（—6月）、周连霞（6月—），副局长周连霞（—6月）、杨玉利（—5月）、王骥（5月—）、胡恩刚、孔祥禄、柏翀（9月—），总审计师杨一凡（—3月）、张文华（3月—）。设有办公室、综合科、机关党委办公室（人事科）、法规计划科、审理科、内部审计指导监督科、电子数据审计科、经济责任审计一科、经济责任审计二科、财政审计科、审计整改督察科、行政政法审计科、教科文卫审计科、企业审计科、农业农村审计科、自然资源和生态环境审计科、社会保障审计科、固定资产投资审计一科、固定资产投资审计二科、金融审计科。

审计成果 2020年，抚顺市审计局共完成审计项目71个。出具审计报告和专项审计调查报告86篇。得到市领导批示的审计专报、审计要情、审计报告共25篇。审计处理处罚金额30756万元。审计提出建议205条，被采纳187条。向社会公告审计结果2篇。

政策落实情况跟踪审计 开展“重实干、强执行、抓落实”专项行动跟踪审计，对市政府308项相关重点工作任务中的273项进行跟踪审计，向市委市政府报送审计专报等11篇。对全市重点推进的招商引资项目开展审计调查，报送的审计调查报告被市政府主要领导两次批示，要求形成问题清单速传各县区。

财政审计 对28个政府组成部门，抚顺县、顺城区检察院法院系统预算执行及决算草案编制等情况实施审计，对全市税收及非税收入征管情况开展审计调查，审计资金总量275.89亿元，查出违规违纪和管理不规范金额14.71亿元。

民生审计 开展全市医疗保险基金、体彩公益金支出、清原满族自治县扶贫和乡村振兴、扶持壮大村级集体经济资金、城市公立医院改革专项资金、养老服务体系建设和管理情况、早期棚改小区维修改造工程，以及丹东市保障性安居工程等审计或审计调查，对涉嫌违规违纪问题依法移送处理。

经济责任审计 对12个部门单位领导干部开展经济责任审计，重点关注领导干部履职尽责担当作为，以及遵守廉洁从政规定等情况，促进领导干部依法、秉公、廉洁用权。受辽宁省审计厅委托，对沈阳市铁西区委书记、区长经济责任和自然资源资产情况进行离任审计，查出重大经济决策部署、生态环境保护等方面问题，移送案件线索3件。

资源环保审计 开展全市矿山地质环境治理政策落实和资金使用、大气污染防治情况审计调查，发现全市仍有29台燃煤锅炉需淘汰或提标改造、40家挥发性有机物重点排污企业未纳入监督名录等问题。开展抚顺市望花区、新抚区自然资源资产管理情况审计调查，实现2018年至2020年全市自然资源资产管理和环境保护情况审计全覆盖目标。

企业审计 联合市委巡察办，探索审巡结合的新路径、新方法，审计抚顺市9家国有企业的资产、负债和损益情况。审计组与巡察组互通信息、印证疑点、锁定问题，发挥审计监督和巡察监督的叠加效应，查出的200多个问题被写入巡察报告的有41个，形成8个问题线索移送纪检监察部门。

审计查出问题整改 强化审计整改全过程闭环管理，全年审计揭示问题677个，完成整改问题556个，其余问题报市委审计委员会审议后处理。通过落实审计整改，促进追缴各类资金1.32亿元，拨付资金1.99亿元，盘活各类资金4684万元，推动完善各项规章制度45项。

（撰稿人：唐东宏）

【本溪市审计局】 2020年，本溪市审计局实有75人。党组书记、局长崔保民，党组成员、副局长邹新鹏、丁吉忠、赵雪梅，副局长田伟。设有办公室、法规计划科、审理科、内部审计指导监督科、电子数据审计科、财政审计科、行政事业审计科、农业农村审计科、自然资源和生态环境审计科、固定资产与涉外投资审计科、社会保障审计科、企业与金融审计科、经济责任审计科、政策跟踪审计科、机关党委办公室（人事科），另设市委审计委员会办公室秘书科科长1名，机关党委专职副书记1名。

审计成果 2020年，本溪市审计局共完成审计项目76个。查出主要问题金额16.28亿元；出具审计报告和专项审计调查报告103篇。移送司法机关、纪检监察机关和有关部门处理事项8件。审计促进整改落实有关问题资金1.48亿元。审计提出建议117条，被采纳100条。

组织实施的岫岩满族自治县脱贫攻坚跟踪审计项目被评为辽宁省审计厅优秀审计项目。本溪市审计局荣获“辽宁省内部审计队伍建设优秀单位”称号。

政策落实情况跟踪审计 围绕重大项目建设、就业优先、减税降费、清理拖欠民营企业中小企业账款等重大政策措施落实情况开展跟踪审计，全年查出6大类19个问题，提出审计建议11条。开展压减非急需非刚性支出专项审计和新增财政资金直达市县惠企利民专项审计，促进拨付资金到位1500多万元。

财政审计 全面落实审计全覆盖要求，对全市69家一级预算单位电子数据审计100％覆盖；对29个政府组成部门现场审计100％覆盖。重点揭示预决算编报、非税收入、专项资金、资产管理、账户管理等6个方面23个问题。通过审计整改，清理收回结转结余资金5.2亿元，盘活存量资产1.6亿元。

三大攻坚战审计 围绕推进乡村振兴战略实施，对桓仁满族自治县开展乡村振兴审计，促进增收节支1000多万元，促进修订完善制度6项。围绕生态立市战略，统筹开展领导干部经济责任审计和自然资源资产离任审计，对全市矿山生态环境治理政策落实和资金管理使用情况开展审计调查。围绕防范化解财政支付风险，开展全市债务情况审计调查，指出政府债务偿债压力较大和国库保障支付能力不足的问题，督促使用债务资金及时拨付工程款 5145 万元，发挥债务资金的经济效益和社会效益。

经济责任审计 全年安排经济责任审计项目 34 个，出具审计报告、审计意见等 67 篇。完善经济责任审计工作体系，召开经济责任审计工作联席会议，实施经济责任审计情况通报制度。对照两办《规定》新要求，对经济责任审计内容、组织方式、报告模板等进行修改、规范和统一，形成全市经济责任审计工作“一盘棋”。

审计查出问题整改 将审计署、省审计厅各类审计查出的，涉及本溪市的问题，与市本级审计查出的问题一并纳入整改督促检查的范围，同部署、同检查、同落实，不留整改死角和盲区。在市委市政府推动下，将各县区整改工作纳入市政府绩效考核内容，将各部门审计监督结果纳入全市清廉指数评价考核。严格落实记账销账制度，对查出的问题，逐项逐条列出清单，详细说明问题表现、性质、法规依据、整改要求和整改时限，进一步明确各方整改责任。

审计科研 在辽宁省审计厅 2020 年度重点科研课题及论文评比中，获得 1 等奖 2 个，2 等奖 2 个，优秀奖 1 个。其中，获奖课题《国家审计在突发公共事件中的作用研究》入围《2020 年国家审计研究论坛》，主笔人应邀参加国家审计研究论坛理论研讨会。此外，在辽宁省内部审计理论研讨评比中，获得三等奖 2 个。

（撰稿人：任建威）

【丹东市审计局】 2020 年，丹东市审计局实有 66 人。党组书记、局长马文艳，党组成员、副局长吕亚军、李殿卉、邵春平、王志强，党组成员、总审计师肖培国，党组成员李世勇。设有秘书科、办公室、法规计划科、审理科、内部审计指导科、电子数据审计科、财政审计科、行政事业审计科、农业农村审计科、自然资源和生态环境审计科、固定资产投资审计科、社会保障审计科、企业和金融审计科、经济责任审计科、机关党委办公室（人事科）。

审计成果 2020 年，丹东市审计局实施审计项目 55 个。查出违规问题 421 个，涉及金额 264.32 亿元；出具审计报告 66 篇，下达审计决定书 4 份。向有关部门移送问题线索 29 件。审计提出建议 161 条；提交审计信息、专报、动态等 137 篇。

丹东市 2018 年度低保资金管理和使用情况审计项目被评为省审计厅优秀审计项目。

政策落实情况跟踪审计 密切关注就业优先、减税降费、清理拖欠民营企业中小企业账款等重大政策措施的落实情况，纠正政策不落实和落实不到位等问题，促进政令畅通，推动将制度优势更好地转化为治理效能。开展新增财政资金直达市县基层直接惠企利民情况专项审计，促进资金分配更加科学、资金使用更加严格规范。

财政审计 开展预算执行和其他财政收支情况审计，对 26 个市政府工作部门、3 个公检法机关进行现场审计，对 153 个一、二级预算单位实施穿透式审计，实现预算执行审计全覆盖，发现财政资金管理过程中存在的问题，督促被审计单位落实整改，促进财政资金规范管理，提高财政资金使用绩效。

民生审计 牢固树立以人民为中心的发展思想，组织开展社会养老服务体系、医疗保险基金、就业资金等重点民生工程审计，关注政策落实和资金管理使用中存在的问题，促进医保基金规范支出，助力养老服务体系完善，增进民生福祉。

固定资产投资审计 以重点项目为发力点，组织开展保障性安居工程、义务教育全面改薄工程、市中心医院建设等项目审计，严把审计监督关，规范项目建设程序，提高资金使用绩效。针对审计指出的问题，有关部门和地区采取收回、清退、补发、拨付等方式，整改问题金额 14987.29 万元。

经济责任审计 对 11 名领导干部实施经济责任审计，对 2 名领导干部开展自然资源资产离任审计，促进领导干部依法行使权力，认真履行自然资源资产管理和生态环境监管职责。对 28 名领导干部开展任前经济责任告知，完成 24 名领导干部办理离任经济事项交接，明确前后任经济责任，形成“任前告知”“离任交接”的领导干部经济责任闭环管理体系。

信息化建设 自主开发预算执行审计疑点分析模型，运用大数据技术开展社会养老体系建设和管理情况审计调查，筛查疑点1607个，经核实均为问题，准确率达100%。

内部审计 认真执行《审计署关于内部审计工作的规定》，对各单位内部审计业务工作定期检查，及时发现和纠正内部审计工作中存在的问题，引导内部审计工作在促进单位管理上发挥作用。指导成立丹东市内部审计协会，加强行业自我管理、自我教育、自我提高，推进内部审计工作健康发展。（撰稿人：张胜伟）

【锦州市审计局】 2020年，锦州市审计局实有95人。党组书记、局长韩宁，党组副书记、副局长李犁（—1月），党组成员、副局长李春利、丁立（—4月）、于涛（4月—）张忠文（1月—）、张光勇（11月—），副局长牛继强（—8月），党组成员、总审计师王新，党组成员、调研员吕家广。设有办公室（审计办秘书科）、法制审理科、综合计划科、内部审计指导监督科、电子数据审计科、财政审计科、行政政法审计科、教科文卫审计科、农业农村审计科、自然资源和生态环境审计科、固定资产与涉外投资审计科、社会保障审计科、企业与金融审计科、经济责任审计科、审计督察科、机关党组织办公室（人事科）。

审计成果 2020年，锦州市审计局完成审计项目92个，促进盘活存量资金1.04亿元，向有关单位移交审计事项3个，移交案件线索3件，审计要情专报和审计报告被市领导批示15人次，促进健全完善内部管理制度53项。

锦州市审计局被中央审计委员会办公室、人力资源和社会保障部、审计署评为“全国审计机关先进集体”。锦州市审计局实施的锦州市中心城市排水与污水处理情况专项审计调查项目被审计署评为2019年度全国市级审计机关优秀审计项目三等奖；黑山县审计局实施的胡家镇原党委书记任职期间经济责任履行情况审计项目被审计署评为2019年度全国县级审计机关优秀审计项目三等奖。

政策落实情况跟踪审计 加强全市贯彻落实国家重大政策措施情况、疫情防控资金和捐赠款物、复工复产、新增财政资金直达市县等跟踪审计，促进中央、省市重大决策部署落地生根。在“三促进”和减税降费审计中，促进偿还拖欠民营企业、中小企业账款585万元。

财政审计 开展财政预算执行审计，实现对全地区684个一级预算单位大数据分析全覆盖，对全地区194个政府组成部门立项全覆盖审计。市政府召开全市预算执行审计全覆盖总结暨财经法规培训视频大会，省审计厅副厅长莅临会议，给予充分肯定。市审计局结合审计案例，在会上作财经法规辅导。

三大攻坚战审计 重点开展4个县（市、区）脱贫攻坚全覆盖审计，统筹审计署、省审计厅发现问题的整改工作，促进政策落实84项，出台相关制度性规范文件或办法52项，市长在“重实干、强执行、抓落实”简报上做出批示，对审计局工作给予充分肯定。常态化开展地方债务和专项债务跟踪审计，及时提出合理化建议，促进防范化解债务风险。重点关注环境保护和污染防治项目审计，结合自然资源资产离任审计、矿山地质环境治理情况审计调查、推动水源地保护专项审计整改工作，促进压实环境保护和污染防治责任。

经济责任审计 健全经济责任审计工作联席会议制度，制定经济责任审计和自然资源资产离任审计操作规程。采取经济责任审计与部门预算执行、自然资源资产审计相结合方式，实现“一审多项”“一审多果”“一果多用”目标。全地区共完成92名领导干部经济责任审计，移交案件线索3件，有8人受到党纪政纪处理，促进领导干部权力规范运行。

固定资产投资审计 开展锦州市女儿河水生态综合治理工程等16个项目的跟踪审计，促进工程规范管理、提高资金投资效益。在辽宁新冠肺炎区域集中救治锦州中心项目跟踪审计中，提出合同修改意见52条。

企业审计 完成9户企业（集团）资产负债损益审计，包括3名企业领导人员经济责任审计。向市政府报送《市属国有企业内部控制体系建设亟须完善》等5份审计要情专报，得到市政府主要领导批示，促进完善相关制度。同时，完成19户企业（集团）的资产清查核实工作。

信息化建设 组建大数据分析团队，完成财政、财务及其他业务数据采集上报工作。开展数据分析，为预算执行审计提供疑点线索。完成计算机审计案例33篇，上报省审计厅27篇。

内部审计 切实履行指导和监督职能，探索内部审计自查的工作思路方法。市政府召开常务会议专题研究内部审计自查工作。结合预算执行审计全覆盖，组织对全地区490个未立项审计的一级预算单位进行内部审计自查，促进各单位规范管理，落实过“紧日子”要求。

（撰稿人：马苓泉）

【营口市审计局】 2020年，营口市审计局实有49人。党组书记武显东（6月—），局长刘庆文（7月—），党组成员、副局长王世强、许林、田海英、刘金媛（5月—），党组成员、总审计师李戈（5月—）。设有机关党总支办公室、政策法规科、审理科、内部审计指导监督科、电子数据审计科、财政审计科、行政政法审计科、教科文卫审计科、农业农村审计科、自然资源和生态环境审计科、固定资产投资审计科、社会保障审计科、企业与金融审计科、经济责任审计科。

审计成果 2020年，营口市审计局共完成审计项目67个。查出主要问题金额69.49亿元；审计发现非金额计量问题418个；出具审计报告和专项审计调查报告79篇，被批示、采用18篇次。审计处理处罚金额24601万元；移送处理事项3件。审计促进整改落实有关问题资金16621万元。审计提出建议146条，被采纳75条；提交审计信息76篇。向社会公告审计结果4篇。

政策落实情况跟踪审计 对营口市应对新冠肺炎疫情防控重大政策措施落实情况、“重实干、强执行、抓落实”重点工作任务和重大项目推进情况、稳增长政策落实、促进财政资金提质增效、促进优化营商环境、促进就业优先、脱贫攻坚等方面进行跟踪审计，共抽查150家单位、26个项目，涉及省以上财政资金23.57亿元左右，通过审计揭示问题、查摆病因、督促整改，推动政策落实、项目落地、资金到位。

财政审计 开展市本级财政预算执行和决算草案审计，市直139家一、二级预算单位预算执行数据综合分析全覆盖审计，34家部门预算执行现场重点审计和县区财政决算审计，重点关注预算编制、执行和决算草案编制、国库资金管理、地方政府债务、项目绩效管理等情况，客观、准确地反映预算执行和财政收支中存在的问题和不足，审计提出建议，探索解决对策，对规范预算管理、提高资金使用效率起到积极作用，审计报告得到市人大的充分肯定。

经济责任审计 对8名领导干部开展经济责任审计，对2名领导干部开展自然资源资产离任审计。召开经济责任联席会议2次，出台《营口市经济责任审计工作联席会议议事规则》及《营口市经济责任审计工作联席会议办公室工作规则》，规范联席会议及办公室日常运转的工作制度，促进经济责任审计工作开展。

民生审计 开展脱贫攻坚、乡村振兴、医疗保险、新农合、养老服务体系、农村义务教育薄弱学校改造、老旧小区改造等民生专项审计，助力全面建成小康社会，其中在养老服务体系审计中，审计机关向业务主管部门移送处理事项1件，涉及养老机构33个，涉及187人，问题金额总计50.83万元。（撰稿人：刘　煜）

【阜新市审计局】 2020年，阜新市审计局实有60人。局长于国忠，副局长李志宇、金长起、张皓（8月—）、谭玉民（—11月），总审计师马丽娟。设有机关党委办公室（办公室、人事科）、审计委办秘书科（综合法规科）、审理监督科、固定资产与涉外投资审计一科、固定资产与涉外投资审计二科、行政政法审计科、教科文卫审计科、企业审计科（内部审计指导监督科）、电子数据科、社会保障审计科、农业农村审计科、财政金融审计科、自然资源和生态环境审计科、经济责任审计科。

审计成果 2020年，阜新市审计局完成审计项目74个。查出主要问题金额266021万元；出具审计报告和专项审计调查报告76篇，审计报告、审计要情被市政府领导批示13篇。审计处理处罚金额47528万元；移送司法机关、纪检监察机关和有关部门处理事项29件。审计促进整改落实有关问题资金52999万元。审计提出建议163条。

1个项目被评为省优秀审计项目；社会保障

审计科被评为全省审计机关先进集体；1人被授予“新时代新担当新作为”重大专项工作先进个人；1人被授予全省审计机关先进个人。

财政审计 围绕促进财政资金提质增效，在对全市一级、二级预算单位财务数据分析全覆盖的基础上，首次实现对本级财政一级预算单位的审计全覆盖。推动各级各部门强化预算约束，切实把有限的财政资金用在“刀刃”上。

民生审计 围绕保障和改善民生，对养老服务体系建设、全市医疗保险基金、社会保险基金、辽阳市保障性安居工程资金投入及使用绩效审计等民生领域资金和项目进行审计，查处骗取套取、跑冒滴漏和侵害群众利益问题，促进各项惠民政策落到实处。

固定资产投资审计 组织实施京沈客专（阜新段）征地拆迁资金审计、锦阜高铁路扩能改造工程征地拆迁资金收支与管理审计等审计项目5个，揭示重大违纪违法问题线索，促进依法行政和廉政建设，切实发挥审计尖兵和利剑作用。

资源环保审计 围绕促进阜新全面绿色转型，结合阜新生态功能定位，统筹推进领导干部自然资源资产离任审计、全市矿山环境治理政策落实和资金管理使用情况审计调查、彰武草原生态恢复示范区建设资金管理使用情况审计调查，助力打好绿水蓝天净土保卫战。

相关工作 强化审计项目质量检查，组织开展优秀审计项目评选活动，首次实现全地区审计质量检查全覆盖。探索信息化审计技术应用，运用Python语言、谷歌地图等信息化手段实现常规手段无法实现的目标。（撰稿人：杨力剑）

【辽阳市审计局】 2020年，辽阳市审计局实有62人。党组书记杨挺（—12月）、方有志（12月—），局长张迎胜，党组成员、副局长王东（—3月）、边克吉、姜铁男（6月—）、杨勇（12月—），总审计师姜铁男（—6月），党组成员、总审计师陈立生（11月—）。设有秘书科、办公室、机关党务办公室（人事教育科）、法规审理科、内部审计指导与综合计划科、财政审计科、党政机关经责审计科、事业单位经责审计科、企业经责审计科、农业农村审计科、重大项目跟踪审计科、社会保障审计科、自然资源和生态环境审计科、电子数据审计科、经济贸易审计科、政策落实与金融审计科、行政政法科、教科文卫审计科、政府投资绩效审计科。

审计成果 2020年，辽阳市审计局完成审计项目68个。查出问题金额40.06亿元；出具审计（调查）报告73篇，被批示、采用6篇次。审计处理处罚金额2.47亿元，移送行业主管部门事项1件。审计提出建议113条，被采纳89条。向社会公告审计结果1篇。

辽阳市审计局分别被省审计厅、市政府评为审计通联先进工作单位、招商引资先进单位。

审计委员会办公室工作 召开市委审计委员会议2次，提请会议审议议题5项，落实议定事项4件；制定《市委审计委员会办公室会议制度》《市委审计委员会成员单位工作协调推进机制》。

政策落实情况跟踪审计 开展疫情防控专项审计，关注“三促进”情况，抽查184家单位，涉及资金43.15亿元，揭示项目审批不规范等9方面问题，推动政令畅通、令行禁止。

财政审计 完成预算执行审计项目40个，首次实现29个政府组成部门现场审计全覆盖。聚焦过“紧日子”，揭示存量资金上缴不及时等7方面27类问题，涉及金额4695万元。

民生审计 开展医保基金审计和养老服务体系建设审计调查，发现问题14个，涉及金额3438.46万元。完成全市农村垃圾运营经费专项审计，促进拨付资金2409万元，市长对审计报告作出重要批示。

经济责任审计 完成审计项目10个，揭示履行经济责任不规范等4方面80个问题，涉及金额8140.88万元。召开联席会议，完善工作规则和议事规则。以“一封信”形式提示领导干部关注审计重点事项。

固定资产投资审计 完成全省统一组织的援疆审计和抚顺市保障房审计，促成资金拨付到位1.94亿元，节约财政资金276.41万元。开展投资审计项目5个，依托其他审计项目批量开展投资审计27个，规范投资项目管理。

内部审计 召开座谈会，组织78名内部审计人员参加新《政府会计制度》培训，结合年度审计项目开展常态化指导和监督。

审计质量 探索“三会三讲三评”，开展公开审理，实行审计项目进度上墙，强化业务全链条管理。落实审计整改“四项机制”，整改率稳步提升。

相关工作 通过“微课堂”、集中培训等方式增加干部知识储备。实行目标管理和量化考核，制定完善制度15项，推荐提拔使用干部6人。各类审计成果50份被市委巡察办等单位利用。

（撰稿人：曲姝繁 黄淑娣）

【盘锦市审计局】 2020年，盘锦市审计局实有30人。党组书记、局长郭克敏，党组成员、副局长王竹宝（援疆）、郭铧震、纪永胜、庞东方。设有办公室（党办、人事科）、法规综合科（市委审计委员会办公室秘书科、对辽东湾工作科）、经济责任审计科、财政和金融审计科、行政事业审计科、农业外资和企业审计科、经建与社保审计科、固定资产投资审计科、电子数据审计科。

审计成果 2020年，盘锦市审计局共完成审计项目61个。查出主要问题金额176321万元；审计发现非金额计量问题138个；出具审计报告和专项审计调查报告58篇。审计处理处罚金额11063万元；移送司法机关、纪检监察机关和有关部门处理事项8件。审计促进整改落实有关问题资金7877万元。审计提出建议130条，提交审计信息15篇。

政策落实情况跟踪审计 开展全市疫情防控财政资金和捐赠款物审计、鞍山市所属一县两区税务系统税收征管审计等。在盘山县乡村振兴相关政策和资金管理使用情况审计中，发现问题13个，查出问题金额1.14亿元，向纪委监委机关移送问题线索2件。

财政审计 全市审计机关对134个一级预算单位的预算执行和决算草案编制情况进行现场审计，同时开展数据全覆盖分析，对未开展现场审计的148个预算单位进行数据核查，首次实现全市审计机关对一级预算单位审计全覆盖。发现违规问题8类335个，查出问题金额3.36亿元。审计提出建议322条，促进规范财政财务管理水平。

民生审计 在全市2019年医疗保险基金审计中，揭示在基金筹集、管理、使用及政策落实方面存在的问题，促进堵塞管理漏洞，保障医保基金更加安全有效运行。在全市养老服务体系建设和管理情况专项审计调查中，全市审计机关共移送处理事项9件，涉及养老机构9个，问题金额43.17万元，促进养老服务体系进一步完善。

经济责任审计 全市审计机关共完成24名领导干部的经济责任审计和5名领导干部自然资源资产离任（任中）审计。建立盘锦市经济责任审计工作联席会议制度，制定《盘锦市经济责任审计工作联席会议议事规则》《盘锦市经济责任审计工作联席会议办公室工作规则》，组织召开1次联席会议。在县区审计机关全面开展领导干部自然资源资产离任审计。

固定资产投资审计 在相关投资项目审计中，发现监理履职不到位、施工单位未按图施工等问题。针对发现的问题，强化案件线索移送，同时将审计结果以送阅件和审计专报形式报市委市政府主要领导阅示，提出完善规章制度、规范中介机构管理的建议。

企业审计 对盘锦市中小企业信用担保中心2018—2019年度政策执行及经营管理情况进行审计，促进各项政策措施落实到位。对市国投集团和市农业发展集团2018—2019年度资产负债损益情况进行审计，促进国有企业科学发展。对市公共交通有限公司辽东湾区域运营情况进行审计，审减亏损971.58万元，提出建议3条。

交办任务 对全市农村改厕情况开展动态跟踪审计调查，揭示“厕所革命”宣传不到位、工程手续不完善、瓮体清渣口和出粪口盖体存在安全隐患等问题19个，提出审计建议，促进立行立改。向市委市政府报送3期审计专报，3次获得市政府主要领导批示。

审计查出问题整改 成立审计问题整改工作领导小组，定期通报整改情况，建立审计整改台账，实行问题编号、跟踪督促、情况反馈、整改销号的闭环工作机制。2020年市审计局审计查出问题269个，已经整改到位231个，整改到位率85.87%。

（撰稿人：焦百惠）

【铁岭市审计局】 2020年，铁岭市审计局实有54人。局长张波，副局长杨占荣、李化山、邵荣、赵国东，总审计师张杰。设有办公室、计划审理科、内部审计指导监督科、电子数据审计科、财政审计科、行政政法审计科、教科文卫审计科、农业农村审计科、自然资源和生态环境审计科、固定资产与涉外投资审计科、社会保障审计科、企业审计科、金融审计科、经济责任审计一科、经济责任审计二科、机关党总支办公室（人事教育科）。

审计成果　2020年，铁岭市审计局完成审计项目60个。查出主要问题金额56156万元；审计发现非金额计量问题154个；出具审计报告和专项审计调查报告74篇。审计处理处罚金额13669万元；移送司法机关、纪检监察机关和有关部门处理事项2件。审计促进整改落实有关问题资金11621万元。审计提出建议166条；提交审计信息31篇。向社会公告审计结果2篇。

政策落实情况跟踪审计　研究制订工作方案，把政策跟踪落实和审计项目进行有机结合，组织实施“三促进”、应对新冠肺炎疫情防控资金和捐赠款物情况、新增财政资金直达市县基层、全市矿山地质环境治理政策落实和资金管理使用情况等审计或审计调查项目，促进政策落地生根、发挥实效。

财政审计　市县两级审计机关对本级预算执行和政府组成部门预算执行及决算草案编制情况全部实行现场审计，对其余一级预算单位实行数据分析全覆盖，对资金量大、涉及面广的二、三级预算单位实行穿透式审计，实现预算执行全覆盖审计工作目标。

民生审计　围绕补齐民生领域短板，组织实施脱贫攻坚、乡村振兴、医疗保险基金、养老服务体系、社会保险基金、职业教育资金等多项审计或审计调查项目，指出并纠正多项问题，提出具有针对性意见和建议，促进民生政策落实。

经济责任审计　认真贯彻落实两办《规定》，共组织实施经济责任审计项目15个。建立经济责任审计工作联席会议制度。配合铁岭市委组织部开展领导干部离任经济事项交接工作，保障工作连续性。

信息化建设　市县两级审计机关共落实和实行重点计算机审计项目44个，实行出具审计报告和数据分析报告“双报告”制度。

审计质量　修订完善全链条管理实施意见，加强监督检查，指出问题，分析原因，提出改进措施。制定印发《规范经济责任审计行为操作指引》，持续规范经济责任审计实务工作。

审计查出问题整改　多次召开党组会和局务会研究审计整改督办工作，对照《审计整改工作实施办法》，通过建立审计整改台账、下发审计整改督办通知书等措施，确保审计整改落实到位。

（撰稿人：王　辉）

【朝阳市审计局】　2020年，朝阳市审计局实有47人。党组书记、局长王福辉，党组副书记、副局长马春良，党组成员、副局长鲁秀静、马亚东，副局长王素枝，党组成员、总审计师赵锋，党组成员、副县级领导干部王建华，二级调研员佟宝钧、周军昌。设有办公室、法规审理与内部审计监督指导科、电子数据审计科、财政审计科、行政事业审计科、农业农村审计科、自然资源和生态环境审计科、固定资产投资审计科、社会保障审计科、营商环境监督审计科（经贸审计科）、经济责任审计科、机关党总支办公室（人事教育科）；归口管理事业单位朝阳市固定资产投资审计中心。

审计成果　2020年，朝阳市审计局共完成审计项目82个。查出主要问题金额598016万元；出具审计报告和专项审计调查报告82篇。审计处理处罚金额121655万元；移送司法机关、纪检监察机关和有关部门处理事项16件。审计促进整改落实有关问题资金72803万元。审计提出建议320条，被采纳320条；提交审计信息345篇。

政策落实情况跟踪审计　重点关注应对新冠肺炎疫情防控、清理民营企业中小企业欠款、盘活存量资产资源、财政资金提质增效、“六稳”“六保”政策落实等20余个方面100余项政策，累计投入143人次、抽查189家单位、涉及资金44.7亿元，出具各类审计报告30余篇，促进重大政策措施落实。

财政审计　对本级55个一级预算单位实施审计全覆盖，将4个重大事项报送市委市政府，2个涉嫌违纪疑点移送市纪委监委处理，促进出台《朝阳市本级增收节支工作方案》《朝阳市人大常委会关于市本级财政预算报备管理办法》等制度方案 4 项。

三大攻坚战审计 对 7 个县（市、区）2019 年度结转结余资金情况进行专项审计调查，审计发现挪用结转结余资金 51.21 亿元；审计报告被市委市政府主要领导批示，精准服务领导决策。完成全市脱贫攻坚、产业扶贫相关审计，坚持立审立改、边审边改，助推脱贫攻坚各项政策措施落实。开展矿山生态环境治理政策落实和资金管理专项审计调查，发现违规和管理不规范金额 8.65 亿元，助力全市生态文明建设。

民生审计 全市医保审计揭示 4 个县（市、区）信息不共享造成 3487 人重复参保、3 个县区欠拨定点医疗机构结算款 780 万元等 6 类 22 个问题，促进规范定点医药机构管理、民营医院药品管理等民生实事。疫情防控专项审计监督，促进全市防疫资金和物资充分发挥效益，审计发现的 3 类 8 个方面问题均已整改完毕。

审计查出问题整改 建立并推进党委追责问效、人大调查督改、政府主管主办、部门协同联动的"四轮驱动"工作机制，审计整改工作实现闭环管理。在预算执行审计中，各整改责任主体采取上缴国库、统筹使用结余结转资金、积极推进项目建设等方式，整改问题金额 9.8 亿元，整改率达到 99.79%。

（撰稿人：张立军）

【葫芦岛市审计局】 2020 年，葫芦岛市审计局实有 50 人。党组书记、局长梁成栋，党组成员、副局长谭玉敏、蒋晓东，党组成员、总审计师王丽君，副局长赵兰新。设有办公室、机关党委办公室、法规计划科、经济责任审计科、财政审计科、行政政法审计科、社会保障审计科、农业农村审计科、自然资源和生态环境审计科、固定资产审计科、教科文卫审计科、审理科、内部审计指导监督科、电子数据审计科、企业与金融审计科。审计服务中心 6 月划归审计局，审计服务中心编制 23 人，现有 22 人，设有综合办公室、工程审计服务科、财务审计服务科、计算机审计服务科。

审计成果 2020 年，葫芦岛市审计局共完成审计项目 60 个，查出主要问题金额 39.79 亿元；出具审计报告和审计调查报告 77 篇。审计提出建议 248 条；提交审计信息 6 篇。

政策落实情况跟踪审计 从 5 月份开始，利用 2 个月时间，安排 7 个审计组，开展全市重大政策措施落实情况跟踪审计，完成省审计厅和市政府交办的重大政策措施贯彻落实跟踪审计任务。

财政审计 加强审计项目组织方式管理，完成预算执行审计全覆盖任务。市审计局先后 3 次向省审计厅有关部门请示沟通计划编制情况，局领导分别到各县区调研，进行面对面指导。

固定资产投资审计 突出政府投资重点项目审计，对青山水库工程和南票区棚户区改造工程进行跟踪审计，提高政府投资效益。

专项审计 完成全市 2019 年度医保基金审计、应对新冠肺炎疫情防控资金和捐赠款物审计、阜新税收和非税收入征管审计等专项审计任务。完成扶贫审计等审计专题 3 个。

交办任务 按照市政府的要求，完成 6 户市属国有企业集团资产负债损益现场审计，摸清市属国有企业集团资产负债损益情况、企业经营状况、金融类负债情况。完成省审计厅安排的盘锦 2020 年保障性安居工程资金投入和使用绩效审计、市政府安排的 2 户供暖企业资产调查审计等 3 项任务。

（撰稿人：李卫东）

2020 年辽宁省所辖县(市、区)级审计工作统计表

审计机关	完成审计项目/个	审计查出主要问题金额/万元	审计发现非金额计量问题/个	审计期间整改金额/万元	出具审计报告和审计调查报告/篇	审计处理情况		审计促进整改落实有关问题资金/万元	审计提出建议/条	提交审计信息/篇
						审计处理处罚金额/万元	移送处理事项/件			
沈阳市										
沈阳市本级	129	1120358	2275	3699	119	23460	10	52233	294	45
和平区审计局	46	16358	135	842	58	26		251	11	4
沈河区审计局	35	113681	75	47	41	3827		3714	99	50
大东区审计局	37	431883	81	1	43	3		1	90	
皇姑区审计局	36	61025	73		44				71	8
铁西区审计局	30	984	38		33	23			43	3
苏家屯区审计局	61	625	116	16	84	608	1	607	121	37
浑南区审计局	45	59668	230	176	43	1107		44757	6	78
沈北新区审计局	37	675	139		36	169			90	45
于洪区审计局	46	41676	54	10045	45	41330	1	122	88	64
辽中区审计局	44	2270	88		42	2270	2	77		
新民市审计局	49	265328	41	137	54	33		8	45	3
康平县审计局	44	3559	181	764	42	762		762	123	
法库县审计局	67	249922	255		103	639		20985	206	
(铁西)开发区审计局	4	534	1		4				5	
大连市										
大连市本级	71	1879098	265	20477	76	64917	7	77774	558	10
中山区审计局	8	6319	16		38	12		12	22	
西岗区审计局	6	4029	43	3	31	661	1		31	7
沙河口区审计局	16	56116	121		34		1		85	9
甘井子区审计局	20	405328	35		58				138	
旅顺口区审计局	13	46879	32	2	13	1249			29	
金州新区审计局	48	58095	56	1516	58	46061		47195	132	
普兰店区审计局	11	7373	21	37	12	37		37	17	4
瓦房店市审计局	49	195952			73				134	
庄河市审计局	28	23686	7		28	228		228	12	
长海县审计局	35	2732	35		46	2002		2111	40	1
鞍山市										
鞍山市本级	83	7985266	286	651258	93	580382	16	510276	140	1
铁东区审计局	3	8100	6		5				11	4
铁西区审计局	8	37121	6	1	8				3	

（续表）

审计机关	完成审计项目/个	审计查出主要问题金额/万元	审计发现非金额计量问题/个	审计期间整改金额/万元	出具审计报告和审计调查报告/篇	审计处理情况		审计促进整改落实有关问题资金/万元	审计提出建议/条	提交审计信息/篇
						审计处理处罚金额/万元	移送处理事项/件			
立山区审计局	46	3499	4		68				29	
千山区审计局	41	3206	8		70		1	1	70	
海城市审计局	35	271288	69		50	225003	8	72889	98	2
台安县审计局	18	41708	22	103	18				31	
岫岩满族自治县审计局	52	38628	108		70	446		100	97	
抚顺市										
抚顺市本级	71	896931	481	6322	86	30756	6	4512	205	13
新抚区审计局	33	20840	15	45	37	29		29	32	
东洲区审计局	27	193441	24		35	13967	1	8808	79	
望花区审计局	34	4531	136		38	1173	4	1174	83	
顺城区审计局	33	304		68	37	224		47	17	
抚顺县审计局	33	6564	2	216	38	540		448	62	
新宾满族自治县审计局	31	93281	18		35	1102	1	69	51	
清原满族自治县审计局	33	67448	48	20	35	35546		3027	99	
抚顺经济开发区审计局										
本溪市										
本溪市本级	76	162843	225	8174	103	9604	8	14760	117	59
平山区审计局	48	133	17		49				2	
溪湖区审计局	31	3244	25	1308	31	2157		828	73	
明山区审计局	27	912	20	7	36	2		2	17	
南芬区审计局	33	230			33	145			98	
本溪满族自治县审计局	40	26654			34				102	
桓仁满族自治县审计局	61	24357	4	1949	45	17622			71	
丹东市										
丹东市本级	55	2643246	176	147152	66	105175	29	276282	161	137
元宝区审计局	29	3393	134	86	28	986		986	47	20
振兴区审计局	31	9795	13		35			9795	55	6
振安区审计局	36	36992	11	6100	39	4560		6100	50	4
东港市审计局	58	12839	43	975	60	11196	3	11397	93	41

（续表）

审计机关	完成审计项目/个	审计查出主要问题金额/万元	审计发现非金额计量问题/个	审计期间整改金额/万元	出具审计报告和审计调查报告/篇	审计处理情况		审计促进整改落实有关问题资金/万元	审计提出建议/条	提交审计信息/篇
						审计处理处罚金额/万元	移送处理事项/件			
凤城市审计局	49	18740	54	2861	66	3489	5	3294	103	72
宽甸满族自治县审计局	38	73317	24	133	38		1	10372	39	21
锦州市										
锦州市本级	92	439370	267	4157	92	151843	6	49993	126	47
古塔区审计局	43	8605	115		39	72	1		123	32
凌河区审计局	34	36263			34	29			45	
太和区审计局	32	2592	2		34	821	1	676	54	
凌海市审计局	54	5021	101	5	54	3072		1938	111	
北镇市审计局	34	48024	63	95	41	673			101	
黑山县审计局	41	133160	4	50	48	845		27	86	
义县审计局	50	11312		161	71	230		224	61	36
营口市										
营口市本级	67	694933	418	85687	79	24601	3	16621	146	76
站前区审计局	25	7762		14	30	8		5443	38	
西市区审计局	27		71		27				71	
鲅鱼圈区审计局	41	20483	166		52			10	179	
老边区审计局	32	98851	7		39			3497	125	
盖州市审计局	46	32370			53	9		2709	69	
大石桥市审计局	33	25290	18		39				102	
阜新市										
阜新市本级	74	266021	267	2351	76	47528	29	52999	163	1
海州区审计局	22	27910	44		25	27910		6816	48	24
新邱区审计局	23	34589	53		23	1		3806	123	
太平区审计局	21	12822	2	5	21				43	
清河门区审计局	29	65538	37		55	25		4	71	20
细河区审计局	25	38601	20		25		3	1	40	
阜新蒙古族自治县审计局	82	78830	231		95	1573	4	1573	365	
彰武县审计局	53	19829			53	1391	1	162	176	
辽阳市										
辽阳市本级	68	400600	123	3919	73	24686	1	23530	113	18

（续表）

审计机关	完成审计项目/个	审计查出主要问题金额/万元	审计发现非金额计量问题/个	审计期间整改金额/万元	出具审计报告和审计调查报告/篇	审计处理情况		审计促进整改落实有关问题资金/万元	审计提出建议/条	提交审计信息/篇
						审计处理处罚金额/万元	移送处理事项/件			
白塔区审计局	29	2739			29	88		88	23	
文圣区审计局	26	12980	12		28				29	
宏伟区审计局	34	12654	8	639	34	5226		5004	117	
弓长岭区审计局	29	8809		1084	33				36	38
太子河区审计局	32	72827	28	392	36	546		18	65	
灯塔市审计局	44	69216			58				14	
辽阳县审计局	43	157475	46		43				78	
盘锦市										
盘锦市本级	61	176321	138	228	58	11063	8	7877	130	15
双台子区审计局	57	56		3	24		1	53	19	2
兴隆台区审计局	39	23343	75		39		3	23342	210	
大洼区审计局	43	6679	27	1245	43		2	5434	75	41
盘山县审计局	40	6944	31		40	6	2	6944	37	
铁岭市										
铁岭市本级	60	56156	154	4566	74	13669	2	11621	166	31
银州区审计局	23	23607	15	819	24				32	4
清河区审计局	35	15620	15	18	35	169			85	7
调兵山市审计局	49	29399	35	2	63	2388		2177	76	2
开原市审计局	32	63520	12	20	32	58945		455	64	1
铁岭县审计局	53	141232	24	64	86	4006		4006	22	1
西丰县审计局	36	232368	51		36	1735	4	4984	215	13
昌图县审计局	53	224937	19	5	68	222513		1054	110	7
朝阳市										
朝阳市本级	82	598016	426	25477	82	121655	16	72803	320	345
双塔区审计局	31	1155	2		31	168		621.4	8	4
龙城区审计局	42	3839	68		42	2894		712	115	50
北票市审计局	78	206339	37	1123	70	206339		2489	131	37
凌源市审计局	60	38471	27	13025	68	8697	2	51506	176	135
朝阳县审计局	54	196323	73	812	58	34038		20728	126	29
建平县审计局	40	9525	10	389	40	7998	2	3621	57	2
喀喇沁左翼蒙古族自治县审计局	52	162176	30	70	44	2421		2421	124	105
葫芦岛市										
葫芦岛市本级	60	397931	160	166	77	16963	3	8819	248	6

（续表）

审计机关	完成审计项目/个	审计查出主要问题金额/万元	审计发现非金额计量问题/个	审计期间整改金额/万元	出具审计报告和审计调查报告/篇	审计处理情况		审计促进整改落实有关问题资金/万元	审计提出建议/条	提交审计信息/篇
						审计处理处罚金额/万元	移送处理事项/件			
连山区审计局	43	70791	22	206	46	70790	6	982	59	
龙港区审计局	36	307495	30		44	1671	1	1671	52	
南票区审计局	33	25649	57		33	17		25649	99	
兴城市审计局	85	10489	84	16	85	7274	1		126	
绥中县审计局	80	3420	12	19	84	587	15	568	82	13
建县县审计局	52	172729		64	54	172660	1	13732	173	

吉林省

【吉林省审计厅】 2020年，吉林省审计厅实有152人。设有中共吉林省委审计委员会办公室秘书处、机关党委、办公室、政策研究室、审理处、内部审计指导监督处、电子数据审计处、财政审计处、税收征管审计处、教科文卫审计处、农业农村审计处、固定资产投资审计处、社会保障审计处、自然资源和生态环境审计处、金融审计处、企业审计处、涉外审计处、经济责任审计处、人事处，另设派出审计一处、派出审计二处、派出审计三处、派出审计四处、派出审计五处、派出审计六处、派出审计七处、派出审计八处、派出审计九处、派出审计十处；下设经济责任审计中心、重大项目审计中心、审计研究和计算机技术中心、机关服务中心等事业单位。

领导成员

厅　　长：赵振民

副 厅 长：李茹宝　高玉红

韩万志（4月—）

韩会田（9月—）

总审计师：金顺爱（—2月）

纪检组长：程体义（9月—）

省经济责任审计工作联席会议办公室主任：

宋敬革

审计成果 2020年，吉林省审计厅共完成审计项目131个，其中审计118个、专项审计调查13个。查出主要问题金额2451777万元，其中违规金额87064万元、损失浪费金额330286万元、管理不规范金额2034426万元；审计发现非金额计量问题538个；出具审计报告和专项审计调查报告149篇。审计处理处罚金额659685万元，其中应上缴财政37492万元、应归还原渠道资金503878万元、应缴纳其他资金2709万元、应调账处理金额115604万元；移送司法机关、纪检监察机关和有关部门处理事项4件，移送处理金额301247万元。审计促进整改落实有关问题资金408413万元；促进拨付资金到位77174万元；审计后挽回（避免）损失37610万元。审计提出建议265条，被采纳180条；提交审计信息354篇，被批示、采用320篇次。向社会公告审计结果5篇。

政策落实情况跟踪审计 组织对白山市、白城市2个地区“三促进”政策措施落实情况进行审计。重点关注职业技能提升、支持企业稳定发展、创新创业带动就业、重点群体就业援助等积极就业政策落实、政策效果和资金使用绩效等情况。通过审计，查出部分市县存在社会保险补贴未及时发放、创业促就业专项补助资金闲置等问题。

组织对通化市等4个市社会救助政策措施落实及资金使用绩效情况进行审计。重点关注社会救助分类施策、分类救助政策落实、社会救助标准落实、临时救助政策落实、社会救助资金管理使用绩效等方面情况。通过审计，揭示不符合条件人员享受最低生活保障待遇、已死亡人员停保不及时多发救助补助金、未按规定制定临时救助备用金管理办法等问题。

组织全省审计机关开展新增财政资金专项审计，重点关注新增财政资金筹集分配、拨付下达、管理使用和新增财政资金监控系统运行情况。查出部分资金未及时足额支付到位、部分特殊转移支付资金安排的项目进度缓慢等问题。

财政审计 对2019年度省本级预算执行情况和预算内基本建设投资情况开展审计。重点关注省级和省级部门预算收支、决算草案的真实性和完整性，预算分配的合理性和规范性，压减一般性支出，存量资金盘活使用，隐性债务风险管控等方面情况。通过审计，查出部分项目预算编制不够科学、预算执行不够规范、部分预算管理工作推进不够到位等问题。

对省发展改革委、省卫健委等13个省直部门预算执行和其他财政收支情况进行审计。重点关注贯彻落实中央八项规定及其实施细则精神，"三公"经费、会议费和培训费管理使用等情况。通过审计，查出部分省直部门存在预算编报不够完整、预算执行不够到位、财务管理不够规范等问题。连续两年利用大数据并结合现场审计对102家省一级预算单位及所属二级单位实行审计全覆盖。

对吉林广播电视大学等7所高校2019年度财务收支情况进行审计。重点关注贯彻执行党和国家经济方针政策、重大决策部署，本单位发展规划和政策措施制定、执行及效果，重大经济事项决策、执行及效果，财政财务管理和经济风险防范等方面。通过审计，查出部分高校助学政策落实不到位、财务管理不规范、收费管理不严格等问题。

对省妇幼保健医院等3家医院2019年度财政收支进行审计。通过审计，查出部分单位存在未及时清理上报财政存量资金、应计未计支出、应计未计长期借款、科研项目未按时结题等问题。

三大攻坚战审计 组织对安图县等6个市县扶贫资金分配管理使用情况进行审计。重点关注解决"两不愁三保障"问题中的薄弱环节，贫困地区和贫困群众存在的返贫风险，扶贫审计发现问题整改落实等情况。通过审计，查出项目资金未及时缴回财政、项目进度缓慢、扶贫援助岗位使用不合规等问题。

组织全省审计机关对124名领导干部开展自然资源资产离任（任中）审计，推动领导干部任期内切实履行自然资源资产管理和生态环境保护责任。全面梳理2019年度离任（任中）审计发现问题情况，列出问题清单分送相关部门，并跟踪督促整改。

组织对长春农商银行等3家农商银行落实国家政策和防控金融风险情况进行审计调查，重点揭示在政策落实和金融风险防控方面的问题。通过调查，发现部分行社社团贷款投向不符合政策、未全面完成普惠型小微企业"两增两控"指标等问题。

疫情防控资金和捐赠款物专项审计 组织全省审计机关跟进开展疫情防控资金和捐赠款物审计工作。全省共派出104个审计组、382名审计人员，审计财政资金16.09亿元、捐赠资金2.12亿元，推动14个市县建立健全24项规章制度，促进6909.71万元专项资金和捐赠款物及时分配、拨付和使用。

民生审计 组织对白山市、白城市2个市保障性安居工程资金投入和使用绩效情况进行审计。重点关注保障性安居工程政策落实、目标任务完成、资金筹集管理使用、工程建设管理、住房分配使用等方面的情况。通过审计，查出部分地区存在财政资金支持不到位、棚户区改造项目开工超3年以上逾期未安置、额外支付逾期过渡安置费等问题。

组织对白山市等4个市医疗保险政策措施落实和基金筹集管理使用情况进行审计。重点关注基金支出和各项医保政策的贯彻落实情况等。通过审计，查出应配套未配套居民医保财政补助资金、医保经办机构拖欠定点机构医疗费用、城镇职工医疗保险参保人员信息不准确等问题。

组织对辽源市等4个市养老保险政策措施落实和基金筹集管理使用绩效情况进行审计。重点关注养老保险费征缴、发放，机关事业养老保险并轨，社会保险津贴补贴政策执行等情况。通过审计，查出应收未收养老保险费滞纳金、部分被征地农民未能参加养老保险、未及时拨付养老保险补助资金等问题。

组织对扶余市等6个市（县）基本公共卫生政策措施落实及专项资金管理使用情况进行审计。重点关注基本公共卫生服务政策落实，基本公共卫生服务补助资金的经费保障、拨付监督管理等方面情况。通过审计，查出重点人群管理不达标、基本公共卫生信息管理系统建设缓慢、人员队伍建设有待加强等问题。

经济责任审计 按年度计划安排及受省委组织部委托，共对74名党政主要领导干部和国有企事业单位主要领导人员任期内履行经济责任情况开展审计。重点关注领导干部贯彻执行党和国家经济方针政策、重大决策部署，本地区经济社会发展规划和政策措施制定、执行及效果，落实有关党风廉政建设责任和遵守廉洁从政规定等方面情况。通过审计客观评价领导干部应负的领导及直接责任。

与省委巡视办共同出台《关于省委巡视机构与省审计厅建立协调配合机制的意见》，与省纪委研究起草《关于加强工作协调配合的暂行办法》，建立健全沟通联系与会商协作机制。

固定资产投资审计 对双辽至洮南公路建设项目、大安灌区应急退水工程项目、吉林援疆项目和资金等进行跟踪审计。重点关注项目建设、管理和推进、资金管理和使用、政府投资绩效等。通过审计，查出多结已付工程价款、招标控制价超概算、部分发展建设项目未实施、未完工等问题。

农业农村审计 对长岭市等5个市（县）乡村振兴资金分配管理使用情况进行审计。重点关注高标准农田、农村环境整治、改善乡村公共文化服务政策落实及资金使用绩效等情况。通过审计，查出部分高标准农田项目推进缓慢、农村厕所改造政策未落实、涉农专项资金滞留闲置等问题。

资源环保审计 组织对四平市等7个市（县）辽河流域水污染治理情况进行审计调查。重点关注水、大气等资源环境的重点领域水污染治理情况。通过审计发现部分市县河湖长制贯彻落实不到位，大气、水、土壤污染防治任务未完成，生态环境保护项目推进缓慢等问题。

外资运用审计 对亚洲开发银行贷款吉林省城市发展、全球环境基金中国东北地区景观方法野生动物保护等4个国外贷援款项目进行审计。重点关注项目执行和管理、资金管理和使用、债务和风险防范、项目效益方面等情况。通过审计，查出部分项目存在建设进度缓慢、配套资金未及时足额到位、招标采购管理不规范、项目资产未办理移交手续等问题。

企业审计 对吉林日报社、吉林省水务投资集团、吉林省煤业集团等12家省属国有企业对外投资和经营风险情况审计调查。重点关注省属国企对外投资重要事项的决策、执行和效益情况，重大投资项目进展以及存在的重大风险和面临的困难问题情况等。通过审计，发现部分企业资产资源闲置、部分投资存在潜在风险等问题。

信息化建设 稳步推进金审工程三期建设，与省政务服务和数字化建设管理局沟通，确定“审计云”与“地方政务云”结合的建设模式。坚持以用为本、突出实战，扎实推进大数据审计应用，全年审计厅近半数以上审计项目运用大数据技术实施审计，审计监督效能极大提升。建立财政电子数据采集报送机制和数据分析问题疑点核实机制，构建财政和预算执行审计电子数据标准化体系，指导市县审计机关完成全省4850家财政一级预算单位财务电子数据采集工作，首次实现全省各级财政一级预算单位财务电子数据采集全覆盖。在审计署开展的“数据分析技术方法在审计工作中的创新应用优秀调研报告及优秀案例”评选中，2个案例获得表彰。

内部审计 推动内部审计与国家审计的协同发展，为各类指导监督对象单位提供政策解答和指导服务。组织省直有关部门、相关社会团体、省属国有企业和省属高等院校内部审计机构和人员进行内部审计业务培训。省审计厅内部审计指导监督处会同内部审计协会开展优秀内部审计项目、内部审计理论研讨和全省内部审计工作先进集体及先进工作者评选活动。在全国2020年内部审计理论研讨成果表彰中，吉林省4个单位、5名个人获得表彰奖励。

相关工作 按照《新时代吉林基层党组织建设标准体系》要求，持续加强党支部组织能力建设。研究制订《机关党建工作实施方案》，将党建工作重点任务细化实化具体化，实施“清单式”管理。紧盯“三会一课”、党员日常教育管理等组织生活制度落实，着力提升党支部工作效能。全年机关各党支部累计开展支部活动700余次，党员参加“三会一课”、主题党日等教育活动的出勤率一直保持在90％以上，厅机关33个党支部全部被省直机关工委评定“五星”级基层党组织。围绕高素质、专业化要求，不断加大干部教育培训力度，全年累计参加省委组织部、审计署培训42期。根据基层审计干部教育培训需要，开展自主培训4期。依托网络学院组织全厅177名干部开展线上学习。运用挂职锻炼、实践历练等方式，为干部成长成才提供多种渠道和宽广平台。在省审计厅机关启动推行实务导师制，23名指导导师与38名指导对象签订结对责任书，不断拓展青年干部成长成才渠道。结合省委开展的“解放思想再深入、全面振兴新突破”教育实践活动，在全省审计机关深入开展“更新审计理念、提升监督质效”专题活动，查摆问题508个，建立完善制度63项，党员干部思想观念、能力素质、工作作风实现较大提升。

（撰稿人：张连鹏）

【长春市审计局】 2020年，长春市审计局实有102人。局长李志刚，副局长赵力彦（—3月）、李贵军、孙忠林、于明军，总审计师常志德。设有办公室、机关党委、审理处、电子数据处、干部人事处、财政金融审计处、教科文卫审计处、农业农村处、固定资产投资审计处、企业审计处、社会保障审计处、自然资源和生态环境审计处、经济责任审计处、派出审计一处、派出审计二处、派出审计三处、派出审计四处；下设长春市审计学会和长春市审计局机关服务中心等事业单位。

审计成果 2020年，长春市审计局组织对100个项目开展审计及审计调查。查出主要问题金额2366657万元，其中违规金额20579万元、损失浪费金额1329万元、管理不规范金额2344748万元；审计发现非金额计量问题305个；损益（收支）不实金额645789万元；审计发现侵害人民群众利益146万元；出具审计报告和专项审计调查报告103篇。审计处理处罚金额291051万元，其中应上缴财政4024万元、应归还原渠道资金43356万元、应缴纳其他资金19030万元、应调账处理金额224639万元；向纪委监委、司法机关和有关部门移送案件线索和处理事项20件，移送处理金额4789万元。审计促进整改落实有关问题资金183706万元；审计后挽回（避免）损失352万元。审计提出建议269条，被采纳222条；提交审计信息86篇，被批示、采用130篇次。向社会公告审计结果1篇。

政策落实情况跟踪审计 组织开展“三促进”专项审计。采取嵌入式，将“三促进”内容纳入各审计项目中，作为审计重点统筹组织实施。对完成的审计项目，每季度进行归纳整理，形成专项审计报告，作为季度政策跟踪审计的重要内容。按照省审计厅“上审下”的要求，第二季度安排对农安县营商环境开展专项审计。通过审计，揭露预算编制不科学、财政存量资金未按规定上缴、项目进展缓慢、未拨付专项资金、拖欠民营企业中小企业账款等问题。

财政审计 按照中央关于勤俭节约、精打细算过“紧日子”的要求，在预算执行审计中，重点关注一般性支出压减、“三公”经费使用、存量资金和闲置资产盘活，以及遵守中央八项规定精神和厉行节约反对浪费有关规定等情况，发现问题金额101.57亿元，通过纠正不合理不合规支出，促进树牢过“紧日子”思想。严格落实上级审计机关要求，利用大数据技术实现一级预算单位审计全覆盖。

三大攻坚战审计 组织6个审计组对市本级和3个城区、5个开发区、30家单位2015年以来政府性债务的新增、管理、使用和归还等情况开展审计调查，基本摸清市本级债务情况，为市领导宏观决策提供参考依据。在市属国有企业运行情况的专项审计调查中，指出7户城市保障类企业未按时限要求落实市委市政府决策、企业运行存在风险隐患、城市保障功能不完善、企业管理存在问题等情况。

组织开展扶贫和乡村振兴审计，在德惠市、榆树市乡村振兴审计中，重点抽查涉农专项资金17.7亿元，发现在高标准农田建设、农村人居环境整治、农村道路建设管护、涉农资金使用管理等方面存在48个问题。此外，安排6个审计组

40名审计人员对榆树市、德惠市、农安县、双阳区、绿园区、宽城区开展扶贫政策措施落实情况审计，发现5个方面46个问题。

继续开展领导干部自然资源资产审计，将自然资源资产审计融入专项审计、领导干部经济责任审计等涉及自然资源资产内容的其他项目审计中，完成对市规划和自然资源局、生态环境局2个部门主要领导干部的自然资源资产离任审计，对其履行自然资源资产管理和生态保护责任情况作出客观评价；在伊通河综合治理工程项目跟踪审计中，将自然资源资产审计内容融入其中，关注东新开河流域和串湖流域招标投标管理、合同管理等方面内容，摸清水环境、水安全、水生态资金及项目管理使用情况，推动实现“治理一条河，改变一座城”的美好愿景。

疫情防控资金和捐赠款物专项审计 组织市县两级审计机关，派出30个审计组、86名审计人员，对长春地区疫情防控资金和捐赠款物开展专项审计，重点审计6.82亿元财政资金和5170万元捐赠资金，延伸审计20家红十字会、慈善组织，238个疾病控制中心等政府机构和单位，促进5家单位建立健全疫情防控物资管理规章制度6项。

民生审计 在旧城改造跟踪审计中，采取分区、分标段抽审方式，关注宽城区、二道区、经开区旧改资金使用管理、项目建设等情况，同时跟踪以往审计查出问题的整改情况以及各区自查情况，发现在履行基本建设程序、工程价款结算、合同签订等方面存在问题25个。在伊通河综合治理工程跟踪审计中，重点关注以往审计发现问题的整改及伊通河流域水资源、水安全、水环境、水生态问题，发现在项目招标投标、合同管理等方面存在问题7个。在“一小时经济圈”公路建设项目跟踪审计中，重点关注九台至双阳段PPP项目一期工程建设情况，发现在资金管理使用、基本建设程序履行、项目合同管理等方面存在问题13个。在轨道交通集团建设项目跟踪审计中，重点关注6条在建线路工程，发现在工程管理和合同签订等方面存在问题16个。组织对市供热计量装置资金收取使用及管理情况开展专项审计调查，揭示供热计量收费定价程序、资金收取使用以及供热计量装置使用效益方面存在的突出问题，并提出改进建议。完成对九台区、双阳区城镇居民基本医疗基金及新型农村合作医疗基金的专项审计调查，摸清收支及资产负债情况，为整合城乡居民基本医疗保险制度提供服务。

经济责任审计 5月，组织召开长春市经济责任审计工作联席会议，审议通过联席会议工作规则和联席会议办公室工作细则等。根据组织部门委托及工作需要，全年共对60名领导干部实施经济责任审计，查出领导干部应负领导责任问题金额40亿元。

交办任务 在完成年度审计项目计划的同时，注重协调配合，完成市委市政府交办的审计事项，配合市委、纪检等部门做好巡察和反腐败工作，做到审计信息共享、成果相互利用。全年派出业务骨干16人次参加市委巡察、市纪委党风政风监督检查。在抗击新冠肺炎的疫情防控阻击战中，按照市委组织部要求，选派2人参与全市疫情防控阻击战，先后组织120余人次党员干部“下社区、上一线”帮助做好疫情防控工作。

审计查出问题整改 根据省委审计委员会下发的《关于进一步加强审计整改工作的意见》，结合审计工作实际，出台《长春市审计局推动审计整改跟踪督导检查制度》，切实督促整改落实。实行问题整改督办台账（清单）制，坚持“谁审计、谁负责”和“谁分管、谁负责”的原则，建立整改台账，下发问题清单，推动审计发现问题整改到位，2020年审计发现问题整改落实率达93.11%。推进审计署、省审计厅审计发现问题督查整改，实行“对账销号”“动态管理”，调度整改责任单位40余家，汇总整改149个问题，通过加强与相关部门和整改责任单位的沟通、协调、配合，确保整改件件有着落。

相关工作 认真贯彻落实习近平总书记“三立”总要求，按照《审计署关于努力建设高素质专业化审计干部队伍的意见》，聚焦审计干部能力建设，持续打造高素质专业化审计干部队伍。全市审计机关根据自身工作特点，有计划、分层次开展各级各类培训，审计干部政治能力、专业能力、宏观政策研究能力和审计信息化能力得到明显提升。全年举办各类培训班5期，培训审计干部312人次。深入开展“更新审计理念、提升监督质效”专题活动，查摆问题 34 个，建立完善制度 9 项，审计理念和审计效能得到进一步提升。1 个项目被审计署评为全国三等奖，2 个项目分别被省审计厅评为全省一、二等奖。扎实开展党风廉政建设和警示教育，层层传导责任压力，审计干部廉洁自律意识不断增强。严格落实中央八项规定精神和过“紧日子”要求，力戒形式主义、官僚主义，“三公”经费预算同比压缩 1.5%，发文数量同比减少 42%。

（撰稿人：华伟男）

【吉林市审计局】 2020 年，吉林市审计局实有 83 人。局长姜亚男，副局长孙江旭、尹永全，总审计师肖博文。设有办公室、人事处、机关党委、审理处、政策研究室、社会保障审计处、电子数据审计处、内部审计指导监督处、农业农村审计处、企业审计处、派出审计处、财政审计处、税收征管审计处、科教文卫审计处、固定资产投资审计处、金融审计处、经济责任审计处、自然资源和生态环境审计处；下设吉林市审计中心事业单位。

审计成果 2020 年，吉林市审计局共完成审计项目 91 个，其中审计 87 个、专项审计调查 4 个。查出主要问题金额 109284.81 万元，其中违规金额 6330.18 万元、管理不规范金额 102954.63 万元；审计发现非金额计量问题 86 个；出具审计报告和专项审计调查报告 67 篇，被批示、采用 4 篇次。审计处理处罚金额 40820.24 万元，其中应上缴财政 21138.22 万元、应归还原渠道资金 11564.5 万元、应缴纳其他资金 10.17 万元、应调账处理金额 18670.46 万元；移送司法机关、纪检监察机关和有关部门处理事项 20 件。审计促进整改落实有关问题资金 40880.78 万元；审计后挽回（避免）损失 40880.78 万元；移送处理落实事项 17 件。审计提出建议 132 条，被采纳 132 条；推动被审计单位制定整改措施 104 项；促进被审计单位建立、建全规章制度 36 项；提交审计信息 323 篇，被批示、采用 120 篇次。向社会公开审计结果 2 篇。

关于 2019 年蛟河市党政主要领导干部任职期间履行自然资源资产管理和生态环境保护责任情况审计项目获全省审计系统优秀审计项目评比一等奖；舒兰市稳就业政策措施落实及资金管理使用绩效情况的专项审计调查项目获全省审计系统优秀审计项目评比三等奖。

政策落实情况跟踪审计 完成对吉林市本级 2020 年第一季度“放管服”政策措施落实情况跟踪审计、舒兰市 2020 年第二季度优化营商环境政策措施落实情况跟踪审计、吉林市本级 2020 年第三季度优化市场环境政策措施落实情况跟踪审计。审计发现在重大政策措施落实、制度落实、市场主体保护、提高政策落实效率等方面存在问题 10 个。组织开展“三促进”专项审计，有效地促进就业和营商环境政策的落实情况，提升政策效果和资金使用绩效。完成吉林市本级新增财政资金直达市县直接惠企利民情况审计，揭示涉及民生民利项目资金效益发挥不佳、未按要求规范使用资金等问题 20 个。

财政审计 完成吉林市本级及一级预算单位预算执行审计项目 12 个、二级预算单位财务收支项目 34 个。共发现 7 个方面 43 个问题，涉及金额 5831.87 万元，为财政增收 14102.69 万元。组织开展吉林市本级 2020 年地方财政专项债券管理使用情况审计，揭示债券资金闲置等方面的问题 15 个。

三大攻坚战审计 完成对永吉县乡村振兴政策措施落实情况和相关资金分配管理使用情况审计，发现高标准农田建设项目质量不高、部分乡镇自行组织建设的道路项目未经相关部门验收等方面的问题 8 个。组织开展吉林市本级及所属 7 个县（市、区）2019 年度扶贫政策措施落实和资金分配管理使用情况审计，发现发票管理混乱、项目运行管理不到位、扶贫项目效益低等方面的问题。组织开展蛟河市天岗石材产业园区管委会原主任自然资源资产离任审计，发现规划审批滞后、环境保护缺位、缺乏有效监督，不能有效保护水资源等方面的问题。

疫情防控资金和捐赠款物专项审计 组织对吉林市疫情防控资金和捐赠款物进行审计，吉林市疫情防控工作领导小组办公室根据审计建议出台《吉林市新冠肺炎疫情防控捐赠款物管理工作制度》。

民生审计 完成对磐石市 2019 年度社会救助和养老保险政策措施落实和基金筹集管理使用

情况审计，发现未及时拨付养老保险补助资金、重复领取养老保险待遇、违规支付低保金代发手续费等方面问题7个，涉及金额6681.71万元。

经济责任审计 完成对吉林市33名市管领导干部的经济责任审计。审计发现贯彻重大经济政策和决策部署情况、重大经济事项的决策执行效果情况、预算执行和财务收支的真实、合法效益情况、内部管理情况、在经济活动中落实党风廉政建设及廉洁从政情况等六大方面89个问题，涉及金额20457.23万元。

企业审计 完成对吉林市交通投资建设有限责任公司、吉林市医疗健康投资发展有限公司、吉林市中小企业信用担保集团有限公司的资产、负债和损益情况的审计。审计发现国有企业存在法治意识淡薄、监督管理缺位、财务管理基础薄弱、内控制度落实不严格、担保业务支小支农占比较低等方面的问题。

信息化建设 对吉林市87家一级预算单位2019年度预算执行情况进行全覆盖审计，通过全面分析，逐条比对，发现7个方面28类483个问题疑点。

内部审计 制定内部审计工作要点，完善内部审计规章制度，汇总形成《吉林市内部审计法规汇编》。参加省审计厅组织的各类业务培训，开展内部审计理论研讨和调研，搭建吉林市内部审计业务交流平台。

交办任务 派出8人次参与审计署长春特派办大项目审计751天；派出1人次参与省委巡视组巡视工作164天；派出2人次参与省纪委监委工作82天；派出4人次参与省审计厅项目审计91天；参与市委巡察办巡察工作，派出7人次历时4个月；派出4人次参与市纪委监委案件调查427天；派出2人次参与市防疫转运组工作135天；派出1人次参与旅游宾馆补偿款专项核查20天；派出1人次参与市纪委“小金库”检查90天；派出4人次配合参与市国资委项目复核工作112天。

相关工作 参加全市疫情防控工作，按照市疫情防控领导小组分工，进行值勤守卡。推进“解放思想再深入、全面振兴新突破”教育实践活动，巩固深化“不忘初心、牢记使命”主题教育成果，开展模范机关创建活动，开展全省审计机关组织的“更新审计理念、提升监督质效”专项活动，通过各项活动的开展，全面提高机关建设水平。

（撰稿人：卜　伟）

【四平市审计局】 2020年，四平市审计局实有57人。局长李晨光（11月—），副局长董柏成、马冀、吴琳，总审计师于秋野。设有办公室、人事科、审理科、行政政法审计科、财政审计科、经济责任与自然资源审计科、企业审计科、社会保障审计科、农业生态环境审计科、固定资产投资及重大项目审计科、科教文卫审计科、电子数据审计和内部审计指导监督科，另设有机关党委；下设四平市审计中心、四平市投资审计服务中心。

审计成果 2020年，四平市审计局共完成审计项目47个。查出主要问题金额120782万元，其中违规金额2611万元、损失浪费金额3万元、管理不规范金额118168万元；出具审计报告和专项审计调查报告47篇，被批示、采用47篇次。审计处理处罚金额84491万元，其中应上缴财政1136万元、应归还原渠道资金17653万元、应缴纳其他资金934万元、应调账处理金额64768万元；移送司法机关、纪检监察机关和有关部门处理事项8件，移送处理人员12人。审计促进拨付资金到位8972万元。审计后挽回（避免）损失3728万元；审计提出建议84条，被采纳84条；推动被审计单位制定整改措施18项；促进被审计单位建立健全规章制度8项；提交审计信息13篇，被批示、采用13篇次。

财政审计 组织对3个县（市、区）政府新增财政资金直达市县基层直接惠企利民情况专项审计，涉及资金16亿元。对专项债券管理使用情况进行审计，涉及资金1.2亿元，查出应计未计固定资产、应缴未缴财政存量资金、应缴未缴税费和超预算支出等问题。完成直达资金监控平台与国库集中支付系统未自动挂接、抗疫特别国债项目资金8972万元未及时支付到位、将11018.99万元新增抗疫特别国债资金直接转至预算单位实有资金账户3个方面问题整改，保障专项财政资金和债券的直达直惠。

疫情防控资金和捐赠款物专项审计 开展2020年新冠肺炎疫情防控资金和捐赠款物管理使

用专项审计。发现防控一线城乡社区工作者工作补助未按要求及时发放、部分防疫物资采购手续不完备、白条入账等问题。通过审计监督，促进使用疫情专项资金 137 万元，18 个乡镇街道及时进行账务处理涉及资金 220 万元；推动 8 个单位建立健全防疫物资管理、物资使用公开、发放等方面规章制度 8 项。专题汇报在市政府常委会八届 66 次会议上得到肯定。

民生审计 组织对 4 个县（市、区）2019 年度扶贫政策措施落实和资金管理使用情况进行审计。组织开展保障性安居工程、失业保险基金等审计或者审计调查项目，通过审计发现问题 12 个。开展养老保险基金社会救助资金审计，查处违规问题 11 个，有效促进各项政策措施落实和资金使用效益。

经济责任审计 对 17 名领导干部实施经济责任审计，查出违规金额 6195 万元（其中应负领导责任金额 274 万元）、管理不规范金额 5880 万元（其中应负直接责任金额 127 万元、应负领导责任金额 5753 万元）。

资源环保审计 以主要负责人任职期间经济责任审计为项目支撑，探索深化林业改革、落实中央和省环保案件整改、加强湿地和野生动物保护等方面情况，助推生态文明建设。

交办任务 按照市政府部署，四平市审计局牵头整改上级审计机关审计发现问题 18 个，整改完成 15 个，还在落实 3 个，起到整改一个问题、促进一片规范的良好效应。

（撰稿人：邹玉秀）

【辽源市审计局】 2020 年，辽源市审计局实有 25 人。局长贺诗俊，纪检组长周君，副局长王彦明、孙欣、武国臣。设有办公室、法制科、财政审计科、金融审计科、农业农村审计科、行政事业审计科、自然资源和生态环境审计科、内部审计指导科、经济责任审计科、电子数据审计科、机关党委和中共辽源市委审计委员会办公室秘书科；下设审计中心、政府投资审计中心。

审计成果 2020 年，辽源市审计机关共完成审计项目 250 个，其中审计 233 个、专项审计调查 17 个。查出主要问题金额 15696 万元，其中违规金额 1733 万元、管理不规范金额 13962 万元；审计发现非金额计量问题 35 个；出具审计报告和专项审计调查报告 331 篇。审计处理处罚金额 13497 万元，其中应上缴财政 125 万元、应归还原渠道资金 7639 万元、应缴纳其他资金 215 万元、应调账处理金额 5516 万元。审计促进整改落实有关问题资金 7423 万元；审计促进拨付资金到位 3638 万元；审计后挽回（避免）损失 3064 万元。审计提出建议 73 条，被采纳 73 条；被各级媒体采用审计信息 45 篇次，其中国家级 1 篇、省级 33 篇、市级 11 篇；向市政府上报《审计要情》4 期，均得到市领导签批或批转。

全市 2018 年度扶贫政策措施落实和扶贫资金分配使用管理情况审计项目被省审计厅评为优秀审计项目。

政策落实情况跟踪审计 组织对市本级 2019 年度优化营商环境政策措施落实情况开展专项审计，重点关注降费政策落实情况和“放管服”改革推进情况，进一步规范收费行为，统一审批流程、精简审批环节，压缩项目报建审批时间。对东丰县 2019 年度优化营商环境政策措施落实情况开展专项审计，采取“专题式”与“融合式”相结合，通过“上审下”方式，重点关注市场主体保护、优化市场环境、提升政务服务效能和市场主体监管执法等政策措施落实情况，进一步优化营商环境，激发市场主体活力，促进辽源经济高质量发展。组织对东丰县、龙山区、西安区 2019 年度扶贫政策措施落实情况和扶贫资金管理使用情况进行审计，查处脱贫攻坚政策措施落实和扶贫资金分配管理使用中存在的重大违法乱纪、损失浪费以及风险隐患等问题，确保扶贫政策和资金落到实处。

财政审计 以促进财政增收节支、盘活存量、优化结构、提高绩效、防范风险为目标，重点关注预算编制细化完整程度、公共财政预算和政府性基金预算的收支合规性，推动建立全面规范、公开透明的政府预算体系。完成市财政局、市住建局和市委编办等 13 个部门的预算执行情况审计。完成市农发办、市财政投资管理局、市物业和住房维修资金管理中心等 46 个部门的财政财务收支情况审计。

民生审计 组织对全市 2017 年至 2019 年物

业专项维修资金收取、管理和使用情况开展审计调查，揭示资金归集、管理、使用过程中存在的问题。组织对东丰县2018年和2019年乡村振兴相关政策措施和资金分配管理使用情况进行审计，发现问题5个，审计提出建议2条。组织对东丰县2019年养老保险政策措施落实和基金筹集管理使用情况进行专项审计，提高基金使用效率，保障民生和维护公平。组织对东丰县2019年社会救助政策措施落实和资金管理使用绩效情况进行专项审计，重点关注当地最低生活保障、特困人员救助供养、临时救助等社会救助制度落实情况及资金管理使用情况。组织对市教育系统2017—2019年度收费情况进行审计调查，重点审查行政事业型收费和代收费情况。组织对市教育局及所属29家单位2019年末债务情况进行审计调查，重点关注基本建设等债务、单位个人欠款及医保、社保和公积金等。

经济责任审计　组织对市农发办、市财政局和市住建局等42个部门开展经济责任审计。通过审计，促进权利的规范运行，确保中央、省和市委市政府重大决策部署的有效落实。

企业审计　组织对辽源市供销合作社资产经营管理有限公司、辽源市吉春路农贸市场服务有限公司2017—2019年度、市水务集团和市热力集团2019年度资产负债损益进行审计，重点审查固定资产及流动资产质量及资产负债管理与营运过程中所发生的财务收支和损益等内容。

资源环保审计　组织对中共龙山区常委、寿山镇党委书记任期自然资源资产管理和生态环境保护责任履行情况进行审计，共发现问题1个，审计提出建议1条。

信息化建设　组织开展惠农补贴“一卡通”数据采集工作，与辽源市财政局、辽源市林业局、辽源市民政局、辽源市社保局等部门沟通协调，系统整理采集信息，确保数据及时、全面、准确。组织开展网络安全自查工作，提高网络与信息安全的保障能力和防护水平，摸清网络安全保护状况，排查网络安全风险，堵塞网络安全漏洞，落实网络安全责任，进一步加强机关信息基础设施网络安全工作。

相关工作　成立新一届中共辽源市审计局机关纪律检查委员会，选优配强机关纪律检查委员会书记、副书记和委员，加大监督力度，防止出现“灯下黑”。通过支部主题党日、干部集中学习、理论学习中心组学习等形式，开展习近平新时代中国特色社会主义思想、《党章》、监察法等内容的学习。配合上级党委对机关党委及机关党支部开展星级评定工作，3个机关党支部均被评为五星党支部。开展“强堡垒、当标杆、促发展”创先争优活动，引导广大机关党员干部立足岗位作贡献、争当先锋做表率，形成凝心聚力干事创业的良好氛围，审计局被评为市直机关先进基层党组织单位。始终以“人人参与精神文明创建，人人都是精神文明创建岗位，人人都为精神文明创建作贡献，人人都在精神文明创建中展风采”的实际行动，引领新时代审计风尚，努力锻造新时代审计铁军，在精神文明创建上取得丰硕成果，审计局被文明委评为第六届全国文明单位。

（撰稿人：姚宜佟）

【通化市审计局】　2020年，通化市审计局实有52人。局长徐德富，副局长朱犁强、蒋辉，总审计师孙海英（4—），纪检组长梁秀。设有办公室、法规审理科、人事教育科、财政审计科、固定资产投资审计科、行政事业审计科、企业金融审计科、社会保障审计科、农业农村和自然资源生态环境审计科、经济责任审计科；另设机关党委（机关纪委）；下设通化市审计中心、通化市审计信息中心等事业单位。

审计成果　2020年，通化市审计局共完成审计项目59个。查出主要问题金额75639万元；出具审计报告63篇。审计提出建议56条；促进被审计单位建立健全规章制度5项；提交审计信息11篇。

政策落实情况跟踪审计　按季度开展市本级及所属县（市、区）新冠肺炎疫情防控资金和捐赠款物、财政存量资金统筹盘活、促进财政资金提质增效等7项重大政策跟踪审计，推动32个部门建立完善相关制度。

财政审计　组织对市本级财政及7个市直部门和单位开展预算执行及其他财政（财务）收支情况审计，利用大数据实现对73家市直一级预算单位数据审计全覆盖，守好政府“钱袋子”。

三大攻坚战审计　围绕防范化解重大风险，

完成对4个县（市、区）地方政府专项债券管理使用情况审计。围绕脱贫攻坚，对市本级及6个县（市、区）扶贫资金及集安市2018年和2019年乡村振兴相关政策措施落实和项目资金管理使用情况进行专项审计。围绕打好污染防治攻坚战，对市生态环境局党政主要领导干部进行自然资源资产离任（任中）审计，推动资源环保政策落实到位。

疫情防控资金和捐赠款物专项审计　审计共涉及财政资金11211.8万元、捐赠资金1507.67万元、捐赠物资322.14万件（折价8337.63万元），延伸审计机构和单位150多家，向省审计厅和市领导报送快报9篇。

民生审计　对通化市老旧小区改造工程、辉南县养老保险政策措施落实和基金筹集管理使用情况、辉南县社会救助政策措施落实及资金管理使用绩效情况进行审计，切实维护群众利益。

经济责任审计　组织对26名领导干部开展经济责任审计，着力检查领导干部守纪守规守法尽责情况，促进各级领导干部主动作为、有效作为。

固定资产投资审计　对杨靖宇干部学院建设项目、市纪委监委询问留置中心建设项目进行跟踪审计，有效提高公共资金投资使用效益。

企业审计　完成3户市属国有企业移交专项审计，摸清市属国有企业资产负债损益真实情况。

相关工作　结合通化审计工作实际，创新提出“团结、担当、严谨、高效”的新时代通化审计精神，不断引导审计干部解放思想、团结拼搏。认真落实党风廉政建设“主体责任”，组织召开党风廉政建设工作会议、廉政警示教育大会、廉政警示教育活动等。组织召开全市首届一级预算单位数据采集转换专题培训会，切实提高审计人员运用大数据能力。　（撰稿人：张文茹）

【白山市审计局】　2020年，白山市审计局实有32人。局长张建波，副局长田成鹏、胡长顺、李倩，总审计师邓志鹏，纪检组长卫雪鹏。设有办公室（市委审计委员会办公室秘书科）、人事教育科、法制科（审计整改科）、固定资产投资审计科（重大项目稽查科）、财政审计科（监督检查科）、行政事业审计科、文教审计科、农业环保审计科、政法审计科、外资金融经贸审计科（内部审计科、企业监事会）；下设白山市审计中心、白山市审计信息中心等事业单位。

审计成果　2020年，白山市审计局共完成审计项目107个，其中审计100个、专项审计调查7个。查出主要问题金额13677万元，其中违规金额1505万元、管理不规范金额12172万元；审计发现非金额计量问题67个；出具审计报告和专项审计调查报告108篇，被批示、采用5篇次。审计处理处罚金额11151万元，其中应上缴财政40万元、应归还原渠道资金10942万元、应缴纳其他资金4万元、应调账处理金额164万元；移送司法机关、纪检监察机关和有关部门处理事项2件，移送处理人员1人，移送处理金额2303万元。审计促进整改落实有关问题资金11151万元；移送处理落实事项1件。审计提出审计意见建议82条，被采纳77条；提交审计信息243篇，被批示、采用68篇次。

抚松县审计局实施的抚松县本级2017年度预算执行及其他财政收支情况审计项目被审计署评为2019年度全国县级审计机关优秀审计项目三等奖。

审计委员会工作　市本级及各县（市、区）党委均成立审计委员会，党对审计工作的集中统一领导得到进一步加强。第二次审计委员会议明确领导干部经济责任审计按计划管理，无特殊情况不再追加，有效解决组织部门委托审计任务与审计力量不匹配、与审计全覆盖不协调的问题。第三次审计委员会议进一步加强审计整改工作的组织领导、责任追究和处理处罚力度，推动2017年至2019年审计发现问题整改落实工作，三年的审计问题整改率分别达到99.76%、98.73%和100%。第三次市委审计委员会议明确被审计的各级各部门主要负责人是审计整改工作的第一责任人，把审计结果及整改情况作为考核、任免、奖惩领导干部的重要依据，将审计查出的问题和整改情况纳入被审计单位绩效考核内容，对整改措施不力、责任落实不到位进行严肃处理。

政策落实情况跟踪审计　完成应对新冠肺炎疫情防控资金和捐赠款物专项审计、全市“三促进”和“一主六双”推进情况审计、抚松县优化营商环境政策措施落实情况审计、2019年保障性安居工程资金投入和使用绩效情况审计等审计项目。

财政审计 完成对市本级对76个一级预算单位预算执行情况全覆盖数据审计。开展23个单位的预算执行现场审计。

经济责任审计 审计领导干部53人，查出应负领导责任问题18个。

交办任务 完成对市妇幼保健院改扩建工程评审结果的审计调查。（撰稿人：董立夫）

【松原市审计局】 2020年，松原市审计局实有43人。局长王凤文（—5月）、吕龙（5月—），副局长张伟，总审计师宋国范。设有办公室（市委审计委员会办公室秘书科）、法规科、财政金融税收审计科、农业资源环境审计科、经济责任审计科、社会保障审计科、行政事业与政策跟踪审计科、企业审计科、内部审计指导监督科；下设审计中心。

审计成果 2020年，松原市审计局经市委审计委员会批准，2020年度审计计划为88项。共查出管理不规范金额43.46亿元，其中损失浪费资金10亿元，通过审计挽回损失5.8亿元。促进拨付资金到位784万元；促进整改落实有关问题资金674万元。审计提出建议175条，被采纳90条；移交纪委案件线索14件，涉及10人。向市委审计委员上报2期审计要情和7份重点工作报告。

政策落实情况跟踪审计 组织开展优化营商环境政策跟踪审计，发现市场主体保护、优化市场环境、提升政务服务效能、市场主体监管执法等方面的多个问题，大部分已经整改到位。组织对长岭县促进就业优先政策落实情况进行审计，促进提升就业政策实施效果，提高资金管理工作和资金使用绩效。组织开展乡村振兴审计，扶余市共发现5个方面17个问题，查出违规金额7557万元，其中11个问题纳入审计署2019年度中央预算执行审计报告，10个问题整改完毕。

财政审计 开展“同级审”的同时，嵌入3个开发区财政审计，利用大数据技术实现一级预算单位审计全覆盖。两个开发区审计情况同步提供给纪委办案组和市委巡察组，真正实现“一审多项”“一审多果”“一果多用”。

三大攻坚战审计 扶贫审计方面，主要查找2019年“两不愁三保障”等方面的短板，审计查出的问题基本在审计过程中就得到纠正。在污染防治方面，对全市21个污水处理厂建设和运行情况进行专项审计，审计报告被市委审计委员会主要领导给予肯定性批示。

疫情防控资金和捐赠款物专项审计 组织开展全市疫情防控政策落实和资金物资管理使用情况跟踪审计。审计财政资金16906万元、捐赠资金1398万元，对11家红十字会、慈善组织，92家疾控中心等政府机构和单位，3户企业和1家金融机构进行延伸审计。

经济责任审计 对48名领导干部进行经济责任审计，查出违规金额14.9亿元。同步开展6名领导干部自然资源资产离任审计，通过离任审计与经济责任审计、财政审计等融合方式，使自然资源审计得到深化，促进各级领导干部增强自然资源资产管理和生态环境保护的责任意识。

民生审计 组织开展养老保险和社会救助审计，发现6个方面9个问题。开展保障性安居工程审计，查出管理不规范金额60368.61万元，发现的部分违规享受住房保障待遇领取的租赁补贴等问题已收回处理。

资源环保审计 受市人大委托，对全市大规模国土绿化任务完成情况进行审计，抽查绿化面积5.8万亩，从资金使用、绿化质量、抚育和管护方面提出具体问题51个，得到市人大常委会高度评价。连续两年开展查干湖生态保护专项审计，落实习近平总书记“保护生态和发展生态旅游相得益彰”的重要指示，助力查干湖生态环境保护和改善。

固定资产投资审计 推动投资审计转型工作，经市政府批准对《松原市政府投资项目审计监督实施办法》进行废止，扭转多年以来以审计结论作为结算依据的局面。

企业审计 组织对松发集团、松旅集团等市属国有企业进行全覆盖审计。审计中发现的重大事项第一时间向省审计厅党组和市委审计委员会进行汇报，及时叫停多项违规决策，向有关企业发出风险预警，提出有效的解决方案。向纪委监委移交案件线索 14 件，涉及 10 人，会同相关部门挽回损失 5.8 亿元。市委召开两次专题会议研究部署审计整改工作，成立专门整改工作组。企业整顿期间，市政府指定审计部门派出 2 名中层干部进驻企业，担任监事长履行监督职责。（撰稿人：杨宇思）

【白城市审计局】 2020 年，白城市审计局实有 41 人。局长沈雪松，副局长陈桂侠、于长水、刘志新，总审计师郑国华。设有办公室、机关党总支、法规审理科、固定资产投资审计科、财政审计科、行政事业审计科、社会保障审计科、农业农村审计科、企业审计科、经济责任审计科；下设白城市审计中心。

审计成果 2020 年，白城市审计局完成审计项目 73 个，其中审计 63 个、专项审计调查 10 个。查出主要问题金额 67346 万元，其中违规金额 18906 万元、损失浪费金额 20 万元、管理不规范金额 48419 万元；审计发现非金额计量问题 42 个；出具审计报告和专项审计调查报告 68 篇。审计处理处罚金额 39099 万元，其中应上缴财政 2897 万元、应归还原渠道资金 6911 万元、应缴纳其他资金 16028 万元、应调账处理金额 13262 万元；移送司法机关、纪检监察机关和有关部门处理事项 3 件，移送处理人员 14 人，移送处理金额 746 万元。审计促进整改落实有关问题资金 19960 万元；审计促进拨付资金到位 871 万元；审计后挽回（避免）损失 890 万元。审计提出建议 53 条，被采纳 19 条；推动被审计单位整改措施 3 项；提交审计信息 24 篇。11 篇审计报告、审计要情专报得到省、市政府主要领导批示。

通榆县人民法院院长领导干部任期经济责任审计项目被省审计厅评为优秀审计项目二等奖。

政策落实情况跟踪审计 组织白城地区审计机关开展国家和省、市重大政策措施落实情况跟踪审计、“三促进”审计、乡村振兴审计、扶贫审计和全市优化营商环境政策措施落实情况跟踪审计。以资金、项目、政策和重大改革任务推进情况为抓手，跟踪国家重大政策措施贯彻落实情况，促进国家重大政策措施落地生根、发挥实效，促进白城经济稳定健康发展。

财政审计 对 6 个单位的预算执行、8 个单位的财务收支及 1 个县的财政收支情况开展审计。深入揭示资金拨付、管理、支出中存在的突出问题，注重从体制机制层面分析问题、从完善政策制度方面提出建议，努力发挥审计建设性作用。受市政府委托，向白城市人大常委会作的 2019 年度市本级预算执行和其他财政收支的审计工作报告，得到充分肯定和高度评价。上报的《审计要情专报》，市政府领导给予高度评价，并责成财政部门牵头整改审计发现问题。

经济责任审计 研究制定《白城市审计局经济责任审计相关制度及文书模板（试行）》，完成经济责任审计项目 37 个，查出违规金额 1689 万元，审计提出的建议被采纳 15 条，促进被审计单位完善制度 7 项。

民生审计 围绕市政府工作报告中提出的办好“十个方面工作”任务，着重关注资金管理、分配、使用以及项目建设进展情况，开展保障性安居工程资金投入和使用绩效情况审计、养老保险政策措施落实和基金筹集管理使用情况审计、社会救助政策措施落实及资金管理使用绩效情况审计、扶贫资产投入运营和监管情况审计调查、疫情防控资金和捐赠款物专项审计和全市住房公积金归集管理使用情况审计调查，通过揭示问题、督促整改，促进资金及时高效使用。移交案件线索 3 件，促进及时补缴养老保险费 1.6 亿元。

信息化建设 在白城市本级预算执行审计、扶贫政策措施落实审计、社保基金审计和住房公积金归集管理使用情况审计调查中，通过运用大数据比对分析，节省人力物力，确保审计的精准高效。

相关工作 围绕重点工作任务，以市委审计委员会办公室名义开展省委巡视反馈整改工作。组织开展“制度建设年”活动，修改完善一批能够有效促进审计监督质量提升的制度规定。开展“更新审计理念、提升监督质效”专项活动，促进审计理念适时更新。加强党风廉政建设，签订责任书，出台《白城市审计局党风廉政建设“主体责任”监督检查办法》，实行《审计回访卡》措施，对审计干部廉洁自律和党风廉政建设责任制落实情况进行监督检查。开展“解放思想再深入、全面振兴新突破”教育实践活动，通过全面系统学习，引导广大党员干部从内因入手、从思想破题，准确把握新时代审计监督努力方向。扎实推进全面建设，深入联系点开展调研，全面掌握当前基层审计机关工作情况，有效解决基层审计机关面对新形势新任务存在的困难问题。（撰稿人：于祎淼）

【延边朝鲜族自治州审计局】 2020年，延边朝鲜族自治州（以下简称延边州）审计局实有40人。局长朴建龙，副局长朴红花、曲立军、赵卫民，总审计师吴石林。设有办公室、法规处、财政金融审计处、行政事业审计处、农业资源与环境保护审计处、固定资产投资审计处、社会保障审计处，经济责任审计处，另设机关党委；下设延边州审计中心。

审计成果 2020年，延边州审计局共完成审计项目78个，其中审计53个、专项审计调查25个。查出主要问题金额18693万元，其中违规金额2914万元、管理不规范金额15779万元；审计发现非金额计量问题126个；出具审计报告和专项审计调查报告78篇，被批示、采用6篇次。审计处理处罚金额4924万元，其中应上缴财政2799万元、应归还原渠道资金124万元、应缴纳其他资金137万元、应调账处理金额1864万元；移送司法机关、纪检监察机关和有关部门处理事项1件。审计促进整改落实有关问题资金12687万元；审计促进拨付资金到位1192万元。审计提出建议90条，被采纳83条；提交审计信息6篇，被批示、采用5篇次。

政策落实情况跟踪审计 开展“三促进”专项审计、教育资金管理和使用情况审计、乡村振兴审计、养老保险政策落实和基金筹集管理使用情况审计等项目，推动相关部门做好“六稳”工作，落实“六保”任务。开展新增财政资金直达市县基层直接惠企利民情况专项审计等项目。

财政审计 持续关注财政资金分配、拨付以及使用情况，开展2019年度预算执行和其他财政收支情况审计、全州促进财政资金提质增效政策落实专项审计。

三大攻坚战审计 开展扶贫政策落实和扶贫资金管理使用情况审计，以及2017年至2019年东西部扶贫协作对口援建资金绩效审计，全面整理2016年以来扶贫审计发现的问题，对未整改到位的问题下发督促整改函。组织开展延边州农业农村局原局长自然资源资产离任审计。

疫情防控资金和捐赠款物专项审计 对全州疫情防控资金和捐赠款物的筹集、分配、使用情况开展专项审计，重点审计14618万元财政资金和价值7282万元捐赠款物筹集和使用情况，涉及18家社会慈善组织、135个政府机构和单位，先后6次以审计快报形式上报省审计厅及州委州政府。

民生审计 开展保障性安居工程资金投入和使用绩效审计、社会救助政策落实及资金管理使用绩效情况审计等项目，对各类专项资金在管理使用上取得的经济效益及社会效益进行调查分析。

经济责任审计 完成新提拔的2名副厅级领导干部经济责任审计项目，并对16名州管领导干部开展经济责任审计。

固定资产投资审计 对全州公办幼儿园建设及管理情况进行专项审计调查，为州政府主要领导全面掌握公办幼儿园建设情况提供重要参考。

信息化建设 对州本级和8个市（县）财政数据、1552个预算单位财务数据进行采集、校验及标准化工作，利用SQL数据库技术，编写疑点分析模型，对财政数据进行大数据审计。

审计科研 开展处长讲坛等业务交流活动，促进机关内部相互交流工作经验和工作心得。

内部审计 组织全州内部审计人员学习内部审计法律法规与业务知识，参与审计署、省审计厅组织的内部审计学习研讨活动。

交办任务 按照州委州政府领导安排，对3个单位开展改制资产审计，对机构撤并、历史遗留问题处理等方面进行深入调查和详细报告。

相关工作 狠抓思想政治教育，有效防控审计风险，充分发挥党员先锋模范作用，实现政治建设与业务水平建设的有机结合。推荐机关干部参加各类业务培训，组织全州审计系统干部50余人赴宁波开展综合素质能力提升培训。

（撰稿人：胡　彬）

【长白山管委会审计局】 2020年，长白山管委会审计局实有18人。局长姜万生（—8月），副局长孙立胜（8月—，主持工作）。设有综合科、法制审理科、财政审计科、资源环境审计科、经济责任审计科、稳增长审计科、企业审计科；下设长白山保护开发区政府投资项目评估审计中心。

审计成果 2020年，长白山管委会审计局共完成审计项目55个，其中审计53个、专项审计调查2个。查出主要问题金额39048万元，其中违规金额5968万元、损失浪费金额302万元、管理不规范金额32778万元；审计发现非金额计量问题222个；损益（收支）不实金额15986万元。审计处理处罚金额38004万元，其中应上缴财政3813万元、应归还原渠道资金14211万元、应缴纳其他资金7万元、应调账处理金额19973万元。审计促进整改落实有关问题资金16314万元；核减投资额3762万元。审计提出建议190条，被采纳173条。

政策落实情况跟踪审计 对长白山管委会促进就业优先、乡村振兴、新增财政资金直达市县基层直接惠企利民等4项重大政策措施落实情况开展审计。

财政审计 对管委会本级、长白山公安局、东北师范大学长白山实验中学等14个单位的预算执行及其他财政（财务）收支开展审计，查出主要问题金额36175万元。

三大攻坚战审计 对长白山管委会扶贫政策措施落实及资金使用情况、长白山自然保护管理中心党委书记兼主任履行自然资源资产和生态环境保护情况、长白山管委会2020年度第一阶段地方政府专项债券管理使用情况开展审计，持续助推打赢三大攻坚战。

疫情防控资金和捐赠款物专项审计 对长白山管委会新冠肺炎疫情防控开展审计。发现参加疫情防控的其他医务人员和防疫工作人员补助未落实、接受的部分捐赠物资未折价等问题。

民生审计 对长白山管委会保障性安居工程、医疗保险政策措施落实、池北区供热供水公司、池北区管委会拖欠长白山保护开发区佳居房地产开发有限公司工程款等项目进行审计。保障性安居工程政策措施落实情况审计报告得到长白山管委会主要领导批示。

经济责任审计 会同组织部门共同研究制订2020年经济责任审计项目计划，力求做到应审尽审。完成13名领导干部的审计任务，查出主要问题金额5061万元。

固定资产投资审计 对二道白河体育公园建设项目竣工财务决算、二道白河镇长白山大街（美人松路—杜香路）路面维修改造工程项目、常青路道路改造工程、美人松路改造及延伸工程（一标段）等11项工程投资项目开展审计，核减投资额3762万元。

资源环保审计 开展长白山保护开发区山水林田湖草生态保护修复工程专项资金使用情况的跟踪审计。

企业审计 对长白山开发建设（集团）有限责任公司2018年度资产、负债和损益情况，长白山旅游股份有限公司2018—2019年度资产、负债和损益情况，天池酒店等4个企业开展审计，查出主要问题金额2875万元。

（撰稿人：孙玉超）

【梅河口市审计局】 2020年，梅河口市审计局实有28人。局长刘成业，副局长王宝昌（9月—）、何玉江。设有办公室、机关党委、法制科、财政与经贸审计科、固定资产投资审计科、农业资源与环保审计科、行政事业审计科、社会保障审计科和经济责任审计科。

审计成果 2020年，梅河口市审计局共完成审计项目66个，其中重大政策落实情况跟踪审计5个、同级财政预算执行审计7个、经济责任审计32个、自然资源资产离任（任中）审计4个、财政收支审计14个、专项审计调查4个。查出主要问题金额468万元；出具审计报告和专项审计调查报告76篇。审计提出建议29条；提交审计信息31篇。

政策落实情况跟踪审计 组织开展民营企业中小企业账款清欠政策落实情况跟踪审计、促进就业优先政策落实情况跟踪审计、环境保护污水防治政策落实情况跟踪审计、优化营商环境政策落实情况跟踪审计。

财政审计 除审计市本级财政预算，将市发展改革局、市教育局、市林业局等 6 个市直预算执行单位纳入审计范围。代表市政府在市人大常委会所作的《关于 2019 年度梅河口市预算执行和其他财政收支的审计工作报告》和《关于 2018 年审计项目整改情况的专题汇报》，得到高度评价。

三大攻坚战审计 对曙光镇、黑山头、红梅镇、湾龙镇 4 个乡镇开展领导干部自然资源资产离任（任中）审计。

疫情防控资金和捐赠款物专项审计 派出 5 个审计组、15 名审计人员，抽查红十字会、慈善总会、疾病控制中心和乡镇街道，以及 2 户企业和 2 家金融机构，向市政府提交专项审计报告。

民生审计 开展扶贫政策资金、百村示范、医保政策资金、基本公共政策资金等民生专项审计项目 4 个。

经济责任审计 完成 32 个单位的经济责任审计，其中省审计厅委托审计副处级干部 5 个，市委组织部委托审计 27 个。

内部审计 开展评先选优活动，向省审计厅和省内部审计协会推荐 2 个内部审计先进集体和 5 名先进个人，并受到表彰。

交办任务 助力企业复工复产，参与“服务企业周”和“精准包保帮扶、多措暖企惠企”专项行动，走访 5 户企业，梳理企业提出的冬季供暖、贷款融资等方面问题，及时向有关部门反映。在全市“最美春天·活力梅河”等 25 个促销活动中，负责审计监督工作。

相关工作 根据机构改革“三定”方案和支部换届要求，成立机关党委。在抗疫一线设立临时党支部，退休老干部党支部召开换届选举会议，开展主题党日 8 次，实现党建工作制度化、常态化。

（撰稿人：马宏飞）

2020 年吉林省所辖县(市、区)级审计工作统计表

审计机关	完成审计项目/个	审计查出主要问题金额/万元	审计发现非金额计量问题/个	审计期间整改金额/万元	出具审计报告和审计调查报告/篇	审计处理情况		审计促进整改落实有关问题资金/万元	审计提出建议/条	提交审计信息/篇
						审计处理处罚金额/万元	移送处理事项/件			
长春市										
长春市本级	100	2366657	305	657840	103	291051	20	183706	269	86
南关区审计局	23	5248	5		23	2743		2763	18	1
宽城区审计局	32	533	40	533	32	533		533	48	
朝阳区审计局	19	2762	7		19			2715	24	
二道区审计局	17	13767	10	1	17			12306	22	57
绿园区审计局	29	55314	63	132	29	232		55181	80	11
双阳区审计局	12	4335	16		12	2071		2071	12	5
九台区审计局	25	8385	5	22	25	8383	1	235	18	
榆树市审计局	46	5910	6	2660	54	5910		5882	36	11
德惠市审计局	21	13571	24	2	21	677		677	22	
公主岭市审计局	55	7349	9	603	97	7349	4	7298	98	
农安县审计局	49	3582	44	2221	6	2352	4	3413	11	

（续表）

审计机关	完成审计项目/个	审计查出主要问题金额/万元	审计发现非金额计量问题/个	审计期间整改金额/万元	出具审计报告和审计调查报告/篇	审计处理情况		审计促进整改落实有关问题资金/万元	审计提出建议/条	提交审计信息/篇
						审计处理处罚金额/万元	移送处理事项/件			
吉林市										
吉林市本级	91	109285	86	30235	67	40820	20	40881	132	323
昌邑区审计局	27	5377	4		27			5377	22	1
龙潭区审计局	20	32339	4	4	20			523		
船营区审计局	17	6958	18		17		2	6958	33	1
丰满区审计局	24	3371	3		26			3371	8	
蛟河市审计局	21	66475	12	51	27			50696	44	113
桦甸市审计局	29	40643	67	4571	29	4898		36072	35	28
舒兰市审计局	56	238426	24	101	52			8	40	
磐石市审计局	26	65874	37	65874	34				77	
永吉县审计局	24	1771	27		24			1771	23	3
四平市										
四平市本级	47	120782	10	19990	47	84491	8	137	84	13
铁西区审计局	24	1864	1	1864	24				17	2
铁东区审计局	11	46854	2		11				31	
双辽市审计局	58	107846	11	97709	58	13795	1	97916	30	9
梨树县审计局	30	9381	12		30				27	
伊通满族自治县审计局	39	33889			39			33889	8	
辽源市										
辽源市本级	104	11490	26	3967	142	9438		4331	37	45
龙山区审计局	28	112			48				10	1
西安区审计局	18	18	9		18	17			5	
东丰县审计局	83	3064		3064	107	3039		3040	17	6
东辽县审计局	17	1010		60	16	1002		50	4	1
通化市										
通化市本级	59	75639	42	3788	63	9322		13087	56	11
东昌区审计局	16	10250	6		16	2964		2964	14	25
二道江区审计局	16	24302	2		16					
集安市审计局	48	14002		13842	50	217		14002	9	
通化县审计局	40	57150	7	1207	40	57150		3738	44	1
辉南县审计局	22	444	12	444	22			7	12	23
柳河县审计局	37	8780	6	207	37			8330	82	11

（续表）

审计机关	完成审计项目/个	审计查出主要问题金额/万元	审计发现非金额计量问题/个	审计期间整改金额/万元	出具审计报告和审计调查报告/篇	审计处理情况		审计促进整改落实有关问题资金/万元	审计提出建议/条	提交审计信息/篇
						审计处理处罚金额/万元	移送处理事项/件			
白山市										
白山市本级	107	13677	67	1627	108	11151	2	11151	82	243
浑江区审计局	31	27032	19	47	31	27031		14533	78	51
江源区审计局	38	66709	3	26	41	66709		19980	21	319
临江市审计局	40	156338	3	81543	40	30		81580	58	26
抚松县审计局	23	110284	21	3	27			36091	42	10
靖宇县审计局	60	4451	101	4993	60	4993	1	4393	130	
长白朝鲜族自治县审计局	14	9489	17		14	9344		3876	24	11
松原市										
松原市本级	88	1105351	110	2234	139		14	674	13	
宁江区审计局	31	706	6		29	706		662	6	50
扶余市审计局	55	26711		371	73	224		51	68	
前郭尔罗斯蒙古族自治县审计局	45	2249	9		45	37	2	42	19	
长岭县审计局	42	1622029		1106	36	876		3132	61	
乾安县审计局	95	47257	7	47257	101	3	1	47257	26	5
白城市										
白城市本级	73	67346	42	6434	68	39099	3	19960	53	24
洮北区审计局	45	1164	16	1001	51	370		198	39	
洮南市审计局	25	93919	1		8	71764			59	
大安市审计局	29	24943		11205	35	2548		2548	38	
镇赉县审计局	39	180006	19	1101	36	179477		1101	37	
通榆县审计局	37	62	6		55	10			26	
延边朝鲜族自治州										
延边朝鲜族自治州本级	78	18693	126	2441	78	4924	1	12687	90	6
延吉市审计局	16	31394	20	3403	23	17670		14116	11	5
图们市审计局	20	368	14	87	20	378		155	26	53
敦化市审计局	27	5240	18	5055	39	5240		5208	15	
珲春市审计局	34	182005	7	73086	35		1	72189	34	3
龙井市审计局	17	286	3	63	25	20		278	1	54
和龙市审计局	17	2737	6	100	17			2737	27	34
汪清县审计局	27	729	4	222	27	507		507	37	15

（续表）

审计机关	完成审计项目/个	审计查出主要问题金额/万元	审计发现非金额计量问题/个	审计期间整改金额/万元	出具审计报告和审计调查报告/篇	审计处理情况		审计促进整改落实有关问题资金/万元	审计提出建议/条	提交审计信息/篇
						审计处理处罚金额/万元	移送处理事项/件			
安图县审计局	15	13063	5	5	20	11715		8208	6	12
省直管										
长白山管委会审计局	55	39048	222	234	55	38004		16314	190	
梅河口市审计局	66	468						76	29	31

黑龙江省

【黑龙江省审计厅】 2020年，黑龙江省审计厅实有243人。设有办公室、省委审计委员会办公室秘书处、法规与审理处、综合计划处、审计督察指导处、电子数据审计处、财政税收审计处、政策落实审计处、教科文卫审计处、农业农村审计处、固定资产投资审计处、大项目跟踪审计处、社会保障审计处、自然资源和生态环境审计处、金融审计处、企业审计处、涉外审计处、经济责任审计处、人事教育处、机关党委、纪检监察组、离退休干部处、派出省委机关审计处、派出政法审计处、派出教育审计处、派出科技文化审计处、派出经济管理审计处、派出民政社保审计处、派出自然环境资源审计处、派出工业交通审计处、派出农业水利审计处、派出卫生体育审计处、派出行政社会管理审计处、派出经济执法审计处、派出企业审计一处、派出企业审计二处、派出市地审计一处、派出市地审计二处、派出市地审计三处、派出市地审计四处；下设省政府投资审计中心、数据审计保障中心、机关服务中心等事业单位。

领导成员

党组书记：李广智（—10月）

陈军生（10月—）

厅　　长：李广智

副厅长、一级巡视员：王学文

党组成员、副厅长：舒沫南　吴艳龙（7月—）

孙　钢

党组成员、总审计师：吴艳龙（—7月）

党组成员、省纪委监委驻省审计厅纪检监察组组长：徐　卫

审计成果 2020年，黑龙江省审计机关共审计单位16627个。查出违规金额276.68亿元、损失浪费金额12.35亿元；促进增收节支和挽回损失289.67亿元；向纪检等有关部门移送事项3612件。省领导对审计报告、信息作出批示371件，省人大常委会对审计工作及督促推动审计查出问题整改工作都给予充分肯定。

黑龙江省审计厅实施的黑龙江省2008年至2017年现代农机合作社建设财政补助资金管理使用情况审计调查项目被审计署评为2019年度全国省级审计机关优秀审计项目三等奖；大庆市审计局实施的大庆某公司2010年至2017年6月财务收支情况审计项目被审计署评为2019年度全国市级审计机关优秀审计项目三等奖。黑龙江省审计厅组织实施的黑龙江龙煤集团原董事长经济责任审计和黑龙江出版集团董事长经济责任审计项目分别被评为黑龙江省2019年度省级优秀审计项目一等奖和二等奖。

政策落实情况跟踪审计 组织13个市（地）审计机关开展全省2020年前三个季度政策跟踪审计，共抽查单位4484家、项目1560个，涉及财政资金587.95亿元，汇总并出具审计报告3篇，共发现问题660个，向省级有关部门提出审计建议37条，得到省政府领导重要批示8次，并要求责任部门督促整改。

财政审计 全年审计预算执行类审计项目

357个、财政收支类审计项目122个，查出违规金额12.48亿元、损失浪费金额200万元、管理不规范金额664.24亿元，通过审计为国家增收节支23.28亿元，向被审计单位或有关单位提出审计建议994条，通过信息化技术手段首次实现全省各级财政一级预算单位审计全覆盖。厅本级共审计预算执行类审计项目23个、财政收支类审计项目23个，查出违规金额7.67亿元、损失浪费金额200万元、管理不规范金额458.84亿元，通过审计为国家增收节支4.16亿元，审计提出建议113条。

三大攻坚战审计 全省审计机关开展领导干部自然资源资产离任审计项目107个，审计领导干部114人，提交审计意见106篇。

疫情防控资金和捐赠款物专项审计 组织全省审计机关对13个市（地）及所辖县（区、市）开展应对新冠肺炎疫情防控资金和捐赠款物专项审计，重点审计财政资金19.06亿元和捐赠资金2.26亿元，延伸审计160家红十字会、慈善组织和2244个疾病控制中心等政府机构和单位，以及16户企业和24家金融机构。主要发现部分市县财政专项资金使用管理不规范、部分市县疫情物资购买行为不规范及部分市县社会组织的捐赠资金和物资使用管理不规范等问题353个；审计提出建议239条，被采纳223条；促进鸡西市等5个市、明水县等28个县（市、区）疫情防控指挥部、红十字会、慈善总会等单位建立健全财务管理、防疫物资发放方面规章制度共81项。

民生审计 组织地方各级审计机关派出13个审计组79名审计人员，对本省2个市11县（市、区）2019年度棚改和公共租赁住房的投资、建设、分配、使用和后续管理等情况进行审计。发现2个县未完成2019年棚改开工及基本建成任务708套，财政资金430.45万元闲置超过1年，未及时给拆迁户发放房租补贴964.39万元，175户欠缴公租房租金17.88万元及回迁安置货币补偿款未支付184.56万元等问题。组织开展4个市（地）及所辖的8个县（市、区）基本医疗保险基金审计。发现困难人群未实现应保尽保2371人，不同险种制度间未实现有效整合或保障水平未达到政策标准；2个县医保改革措施推进不到位，医药耗材违规加价4.79万元；4个市、8个县少收多支、审核把关不严导致骗保543.85万元等问题。组织开展6个市（地）及所辖的22个县（市、区）企业职工养老保险基金审计。发现政策落实不到位造成基金欠收8970.85万元，人社及社保部门审核把关不严导致违规领取待遇1259.1万元，养老保险基金管理不规范挤占基金或未纳入专户管理76.01万元等问题。

经济责任审计 开展齐齐哈尔市委书记、市长任期经济责任同步审计和财政收支审计，审计发现党政主要领导干部应负领导责任的事项34项，财政收支审计中共查出违反预算法及其他财经法规问题涉及金额3.73亿元。开展佳木斯市市长任期经济责任审计和财政收支审计，客观反映地方政府在贯彻落实省委省政府经济方针政策和决策部署、民生保障和改善、财政收支方面等6大类30余个问题，涉及金额131亿元。与绥化市审计局联合成立审计组，同步开展安达市委书记、市长任期经济责任审计和财政收支审计，移送问题线索1件。

农业农村审计 按照审计署统一部署和省审计厅工作安排，对7个县（市、区）乡村振兴情况实施审计。审计抽查乡村振兴专项资金815901.7万元，涉及项目476个；抽查165个单位、81个乡镇、467个行政村，入户调查农户3119户。审计发现高标准农田建设规划编制不到位、休耕轮作等目标任务未完成、涉农项目未实现预期效果以及建设管理程序不合规等问题240个，查出违纪违规金额30397.94万元，移送违纪违法问题线索3件。

外资运用审计 统一组织部分市县审计机关，对全省执行的6个国外贷援款项目2019年度财务收支和项目执行情况进行审计，涉及世界银行贷款项目1个、亚洲开发银行贷款项目2个、全球环境基金赠款项目2个和法国开发署贷款项目1个。项目投资总额人民币93.28亿元，其中利用外资人民币45.76亿元。截至6月末，按时完成审计，出具中英文无保留意见审计报告6篇。审计发现6个国外贷援款项目查出配套资金未到位、未取得发票、未预留工程质量保证金等问题金额37071万元，发现项目进展缓慢、财务核算不规范、未按期完工等非金额问题7个。审计提出建议12条，被审计单位全部采纳。国外贷援款项目审计发现问题整改情况于 11 月 6 日发布审计结果公告。

企业审计 全年共组织开展审计项目 5 个，发现并披露问题 248 个，涉及金额 120.17 亿元；出具移送处理书 17 份，涉及问题线索 33 件。

信息化建设 按照审计署的统一部署，坚持“统一规划、两级部署、以用为本”的原则，制定黑龙江省金审工程三期总体规划，完成《黑龙江省金审工程三期建设方案》和《黑龙江省金审工程三期项目部署实施方案》，加快推进各项建设内容。制订市县级金审工程三期应用系统部署方案，指导各地市县区完成金审工程三期应用系统在本地的部署工作。

审计科研 中标中国审计学会国家级项目合作课题，“财政资金绩效审计研究”项目入选中国审计学会 2019 年典型合作课题案例印发全国审计机关。首次与省社会科学界联合会合作，两个审计科研课题入选全省社会科学重大研究项目。推动审计科研成果转化，6 篇学术论文被审计专业类期刊收录。探索“审计机关＋高等院校”科研合作模式，解决审计机关科研力量不足的难题。

内部审计 邀请 25 个省直部门单位、企业内部审计机构及内部审计协会负责人，参加全省审计工作会议，座谈交流内部审计工作。贯彻落实《审计署内部审计统计调查制度》，完成 2020 年度全省 15886 个部门、单位的内部审计基础数据及内部审计工作开展情况的统计调查。配合审计署开展内部审计工作的专项调研，完成省本级、哈尔滨市、延寿县三个层级 2.2 万字的调研报告。组织举办内部审计理论与实务高级研修班和内部审计培训班 3 期，培训 642 人次。开展 2017 年至 2019 年全省内部审计先进集体和先进工作者评选，4 个单位被评为全国内部审计工作先进集体，5 人被评为全国内部审计工作先进个人；同时评选表彰省级先进集体 23 个、先进个人 39 名，充分发挥先进典型的引领示范作用。

相关工作 围绕中心服务大局，组织开展疫情防控各项工作。坚持把学习贯彻习近平新时代中国特色社会主义思想引向深入，教育引导广大审计干部把学习贯彻党的创新理论作为重大政治任务。重点抓好全面落实全面从严治党主体责任体系；持续深入开展机关作风整顿优化营商环境活动；扎实落实“五细”重要要求；强化廉政提醒和警示教育；积极履行机关纪委职责。围绕厅党组中心工作开展群团工作和精神文明单位创建，坚持扩大干部职工关心关爱工作的广度和深度，不断提升组织温度。　（撰稿人：黄　洋）

【哈尔滨市审计局】 2020 年，哈尔滨市审计局实有 165 人。局长马有伟，副局长王思、贾洪涛、吴延林、周可（11 月—），二级巡视员金瑞生（9 月—），一级调研员柳春英。设有办公室、法规与审理处、综合计划处、电子数据审计处、财政审计处、政策落实审计处、教科文卫审计处、行政政法审计处、农业农村审计处、固定资产投资审计处、社会保障审计处、自然资源资产审计处、金融审计处、企业审计处、涉外审计处、经济责任审计处、组织人事处、机关党委。

审计成果 2020 年，哈尔滨市审计机关共完成审计项目 450 个。查出主要问题金额 866972 万元，其中违规金额 3744 万元、损失浪费金额 1520 万元、管理不规范金额 861706 万元；审计发现非金额计量问题 1380 个；损益（收支）不实金额 3437 万元；审计发现侵害人民群众利益 7245 万元；出具审计报告和专项审计调查报告 671 篇。审计处理处罚金额 136405 万元，其中应上缴财政 2249 万元、应减少财政拨款或补贴 2294 万元、应归还原渠道资金 120785 万元、应缴纳其他资金 221 万元、应调账处理金额 10854 万元；移送司法机关、纪检监察机关和有关部门处理事项 20 件，移送处理人员 3 人，移送处理金额 2447 万元。审计促进整改落实有关问题金额 95888 万元；审计后挽回（避免）损失 2997 万元；核减投资额 2998 万元。审计提出建议 792 条，被采纳 769 条。

哈尔滨市审计局全年完成审计项目 46 个，派出人员 61 人次配合相关单位开展临时性工作。审计查出主要问题金额 335769 万元，其中违规金额 701 万元、管理不规范金额 335067 万元；审计发现非金额计量问题 419 个；损益（收支）不实金额 1083 万元；审计发现侵害人民群众利益 7205 万元；出具审计报告和专项审计调查报告 59 篇。审计处理处罚金额 57175 万元，其中应上缴财政 444 万元、应归还原渠道资金 56721 万元、应调账处理金额 9 万元；移送司法机关、纪检监察机关和有关部门处理事项 3 件，移送处理 1 人，涉及处理金额 1896 万元；审计促进整改落实有关问题金额 25242 万元；审计后挽回（避免）损失 611 万元；核减投资额 611 万元。审计提出建议 84 条，被采纳 82 条。

哈尔滨市 2018 年度本级预算执行及其他财政收支情况审计、哈尔滨物业供热集团有限责任公司 2018 年度资产负债损益审计、双城区 2017 年至 2019 年 6 月乡村振兴政策和资金管理使用情况审计、木兰县自然资源局 2017 年至 2018 年度部门预算执行及其他财政收支审计、宾县 2017 年新农合基金管理和使用情况审计调查 5 个项目，被省审计厅评为 2019 年优秀审计项目一等奖。尚志市 2019 年医疗保险基金审计、市哈西客运综合交通枢纽工程建设项目审计、双城区 2019 年医疗保险基金审计、南岗区 2018 年度本级预算执行及其他财政收支情况审计 4 个项目，被省审计厅评为 2019 年优秀审计项目二等奖。哈尔滨好民居建设投资发展有限公司棚改项目审计、松北（高新）区 2018 年度本级预算执行及其他财政收支情况审计、方正县农业农村局 2018 年度财政收支审计、通河县 2018 年度本级预算执行及决算草案编制情况审计 4 个项目，被省审计厅评为 2019 年优秀审计项目三等奖。

政策落实情况跟踪审计 开展 5 个市直部门 2019 年重大政策措施落实情况、哈尔滨市优化营商环境政策落实情况、方正县乡村振兴相关政策落实情况等审计工作，揭示中小微企业稳岗补贴发放不及时、部分政府采购项目预算执行率较低、部分乡村振兴工作任务未完成等问题，推动各项重大政策有效落实，促进政令畅通。

财政审计 开展市本级预算执行审计、部门预算执行审计、新增财政资金直达市县基层直接惠企利民情况等审计工作，揭示预算分配管理不够规范、预算编报不够科学、抗疫特别国债资金未及时足额支付到位等问题，促进公共资金安全高效使用。

疫情防控资金和捐赠款物专项审计 开展全市疫情防控资金和捐赠款物专项审计，对市本级和所辖 18 个区、县（市、区）政府及所属疫情防控指挥部物资保障机构和相关部门进行督导，揭示专项资金分配拨付不及时、支出进度缓慢，疫情防控物资库存管理不规范，捐赠款物信息公开不及时、不完整等问题，促进各项疫情防控资金物资规范高效使用。

民生审计 开展市本级失业保险金、公共租赁住房补贴、基本公共卫生补助资金、救灾资金物资审计，五常、宾县、方正、通河、延寿 5 县（市、区）医疗保险基金审计，大顶子山航电枢纽工程淹没区补偿资金审计等项目，揭示出企业欠缴失业保险费、违规收取诊疗项目费用、超政策范围发放公共租赁住房补贴、部分公共卫生服务项目未开展、救灾物资储备库规模不达标、补偿款核算不实等问题，促进各项惠民政策得到有效落实。

经济责任和自然资源资产离任（任中）审计 开展五常市市长、依兰县县长经济责任审计，南岗区党政领导经济责任审计，哈尔滨市城管局、哈尔滨市教育局等 10 个市直部门领导干部经济责任审计和依兰县县长、哈尔滨市林业和草原局局长自然资源资产离任（任中）审计。审计重点聚焦政策落实、重大项目和资金流向等方面，查出领导干部应负领导责任的问题金额 12046 万元。

固定资产投资审计 开展老城区既有节能宜居改造、综合保税区部分建设项目竣工决算、“百大项目”推进落实等审计和审计调查项目，揭示施工质量存在缺陷、竣工验收不及时、概算编制偏高、部分“百大项目”推进缓慢等问题，促进加强项目管理，提高政府投资效益。

企业审计 开展物业供热集团经营情况专项审计调查和太阳岛集团、住房开发集团、建设发展集团 2019 年度财务收支审计，揭示企业债务负担重、经营损失、土地储备不足等问题，促进完善企业管理，推动国企改革。

信息化建设 将连接互联网的计算机与连接政务网的计算机进行物理隔离，严禁混连或交替使用网络；强化上网行为管理，加固防火墙，提升网络安全防护能力。使用 Oracle 数据库、SQL 数据库、现场审计实施系统等软件，跨平台进行数据采集、转换、分析、筛查，按照“集中分析、分散核查”的工作思路，实现一级财政预算单位审计全覆盖。

内部审计 哈尔滨市现有内部审计机构 247 个，内部审计人员 1149 人，全年完成各类审计项目 1440 个，查出问题金额 131697.29 万元，发现非金额计量问题 1213 个，审计促进整改落实有关问题金额 39838.24 万元，完善优化制度、业务流程等 1049 项。

相关工作 认真落实新时代党的建设总要求，把基层党的建设和审计业务工作同谋划、同部署、同落实。突出党的政治建设，扎实推进全面从严治党和党风廉政建设。拓宽培训渠道，加大培训力度，通过组织全体干部参加审计系统、省干部教育培训平台等线上业务培训，邀请专家及高校教授进行专题授课，选送干部参加审计署、省审计厅举行的各类培训班，开展审计干部“以老带新”活动等各种形式，培养优秀年轻干部，打造高素质专业化干部队伍。

（撰稿人：秦玉容）

【齐齐哈尔市审计局】 2020 年，齐齐哈尔市审计局实有 78 人。党组书记、局长赵树学，党组成员、副局长段芃、刘强、闫晓光（8 月—），党组成员、二级调研员张蕊，党组成员、四级调研员郝胜哲，三级调研员明阳、左玉东，四级调研员赵焕成、闫晓光（—7 月）、田凯。设有机关党委、办公室、财政税收审计处、固定资产投资与大项目跟踪审计处、经济责任审计处、人事教育科、审计管理指导处、法规与审理科、社会保障审计科、综合审计科、农业农村审计科、自然资源和生态环境审计科、企业审计科、金融外资审计科、政策落实审计科、电子数据审计科、市委审计委员会办公室秘书科、审计整改督查综合科；下设审计服务中心。

审计成果 2020 年，齐齐哈尔市审计局完成审计项目 93 个，其中审计 84 个、专项审计调查 9 个。查出主要问题金额 215817 万元，其中违规金额 15644 万元、管理不规范金额 200173 万元；审计发现非金额计量问题 1372 个；损益（收支）不实金额 12778 万元；出具审计报告和专项审计调查报告 150 篇。审计处理处罚金额 5011 万元，其中应上缴财政 2236 万元、应归还原渠道资金 874 万元、应缴纳其他资金 753 万元、应调账处理金额 1147 万元；移送有关部门处理事项 100 件，移送处理金额 18481 万元。审计促进整改落实有关问题金额 1024 万元；审计促进资金拨付到位 15 万元。审计提出建议 120 条，被采纳 36 条；提交审计信息 52 篇，被批示、采用 41 篇。

克东县 2017 年至 2019 年 6 月乡村振兴政策和资金管理使用情况审计等 6 个项目被评为省审计厅优秀审计项目。

政策落实情况跟踪审计 完成政府采购政策执行及效率效果情况审计、促进企业复工复产政策落实审计、清理拖欠民营企业中小企业账款审计等项目，开展现代服务产业等 12 个重点产业跟踪审计项目，实施全市重点产业政策落实等 3 个审计调查项目。完成新增财政资金直接惠企利民情况专项审计。

财政审计 完成市本级预算执行及决算草案审计，对市直 27 个部门预算执行情况进行延伸审计。

三大攻坚战审计 完成 5 个县（市、区）扶贫情况跟踪审计、4 项自然资源资产任中（离任）审计，实施 5 县 3 区生态环境建设专项审计，开展市农业信贷担保公司审计。

疫情防控资金和捐赠款物专项审计 完成防疫资金和捐赠款物专项审计。

经济责任审计 完成经济责任审计项目 54 个。

民生审计 开展市本级医疗保险基金审计、龙江等 9 县（市、区）企业职工养老保险基金审计、讷河市基本公共卫生服务补助资金专项审计

固定资产投资审计 实施老旧小区改造等 3 项政府投资项目跟踪审计，开展荣军养老康复中心项目审计调查。完成 43 个政府投资项目的审核工作，核减率达到 12.8%。

农业农村审计 开展讷河市乡村振兴政策及资金审计。

企业审计 完成市政集团等 4 家国企集团组建、经营情况审计调查，完成市公路客运总站资产负债损益情况审计。（撰稿人：张伟达）

【鸡西市审计局】 2020 年，鸡西市审计局实有 48 人。局长董玉玲，调研员孙永宏，副局长肖卫东、李俊峰，总审计师徐承君，经济责任审计办公室主任凌宗凤，副调研员刘巍、杨丽萍。设有办公室、法制与审理科、督察指导科、

财政税收审计科、行政事业审计科、政策落实审计科、农业农村审计科、自然资源和生态环境审计科、固定资产投资审计科、企业与金融外资运用审计科、社会保障审计科、电子数据审计科、市经济责任审计工作办公室、市委审计委员会办公室秘书科、机关党委；下设审计服务中心。

审计成果 2020年，鸡西市审计局完成审计项目45个，其中审计42个、专项审计调查3个。查出主要问题金额208687万元，其中违规金额9754万元、管理不规范金额198933万元；审计发现非金额计量问题412个；损益（收支）不实金额1656万元；出具审计报告和专项审计调查报告72篇，被批示、采用20篇次。审计处理处罚金额12798万元，其中应上缴财政9754万元、应归还原渠道资金50万元、应缴纳其他资金18万元、应调账处理金额2976万元；移送司法机关、纪检监察机关和有关部门处理事项4件，移送处理人员10人，移送处理金额21万元。审计促进整改落实有关问题金额11663万元；审计后挽回（避免）损失345万元；核减投资额718万元。审计提出建议127条，被采纳127条；推动被审计单位制定整改措施18项；促进被审计单位建立健全规章制度3项；提交审计信息56篇，被批示、采用20篇次。向社会公告审计结果1篇。

政策落实情况跟踪审计 对分区分级精准复工复产、减税降费、金融服务实体经济、“三促进”（促进财政资金提质增效、促进优化营商环境、促进就业优先）、清理拖欠民营企业中小企业账款等方面情况开展跟踪审计。开展2020年市级新增财政资金直达市县基层直接惠企利民专项审计。

财政审计 对2019年度市本级预算执行和决算草案进行审计。代市政府向市人大常委会作《关于2019年度市级预算执行和其他财政收支的审计工作报告》。完成全市2019年第四季度中央专项转移支付资金的审核、汇总上报工作。

三大攻坚战审计 对鸡东县2019年至2020年9月末精准扶贫脱贫政策落实及扶贫资金和项目、2018年至2020年9月末乡村振兴相关政策及资金项目开展审计。对5名领导干部开展自然资源离任（任中）审计。

疫情防控资金和捐赠款物专项审计 对财政防疫资金和市红十字会、市慈善总会接收的捐赠款物进行跟踪审计。派出4个督导组对鸡冠区、恒山区、滴道区、梨树区、城子河区、麻山区、密山市、虎林市疫情防控资金和捐赠款物审计情况进行现场督导。

民生审计 开展全市农村改厕资金专项审计调查、城镇低保资金审计、密山市基本公共卫生补助资金审计、鸡东县2017年至2019年医疗保险基金审计。组织开展全市污水处理厂建设经营管理情况审计调查。

经济责任审计 组织学习培训两办《规定》。对24名领导干部开展经济责任审计，查出主要问题金额23719万元。

固定资产投资审计 对市政府2020年“百大项目”建设情况进行审计调查。开展鸡西市人民医院新建门诊、医技和病房综合楼和全科医生临床培养基地竣工决算审计，审减工程价款653万元。

企业审计 开展鸡西市建筑设计院2017年至2019年资产负债损益审计、鸡西市市政建设公司2017年至2019年资产负债损益审计。

信息化建设 完善机房保密制度，完备机房设备。对全局IP进行重新规划。开展全市财务软件调查。开展全市财政一级预算单位财务数据采集。

交办任务 参加穆棱市2018年和2019年乡村振兴相关政策和资金项目审计。参加省纪委监委组织的鹤岗市专案调查和市纪委监委组织的对省农村商业银行鸡西分行行长专案调查工作。

相关工作 深入开展机关党建与业务融合发展工作。局党组理论学习中心组组织11次专题学习研讨。局机关党委组织党员开展9次理论学习。实行“审计组＋临时党支部”模式，在6个驻外审计组成立临时党支部，在审计现场悬挂党旗，党员佩戴党徽开展工作。加强审计法治建设，理论学习中心组开展4次会前学法活动，组织全局开展《中华人民共和国保密法》答题、《中华人民共和国民法典》宣传活动。修订《关于进一步加强审计工作精细管理的规定》《审计项目审理复核办法》。组织县（市、区）区审计局开展审计质量提升座谈会。举办征文和摄影大赛，开展“环保有我、健康同行”“我是党员我光荣——重温入党誓词”活动。组织开展“2020 年扶贫日”系列活动。 （撰稿人：王国斌）

【鹤岗市审计局】 2020 年，鹤岗市审计局实有 54 人。局长司成斌，副局长武春荣、高永强、杨晓光，总审计师马江涛，四级调研员郭伟、谭朝霞。设有办公室、法规与审理科、审计督察指导科、电子数据审计科、财政税收金融审计科、教科文卫审计科、农业与自然资源审计科、固定资产投资审计科、大项目跟踪审计科、行政事业与社会保障审计科、企业和涉外审计科、经济责任审计办公室、人事教育科；下设鹤岗市政府投资审计中心。

审计成果 2020 年，鹤岗市审计局完成审计项目 58 个。查出主要问题金额 409836 万元，其中违规金额 2933 万元、损失浪费金额 569 万元、管理不规范金额 406333 万元。审计处理处罚金额 71118 万元。审计促进整改落实有关问题金额 68114 万元，其中促进资金拨付到位资金 62514 万元，整改率 95.8%。移送案件线索 1 件。

在全省 2020 年审计机关项目等级评定中，2 个审计项目分别荣获全省二等奖、三等奖。2020 年，鹤岗市审计局获得“‘七五’普法全市基层民主法治单位”荣誉称号。11 月，通过中央文明办复核，继续保留“全国文明单位”荣誉称号。

政策落实情况跟踪审计 对市本级和萝北县、绥滨县落实上级政策情况，绥滨县和大庆市肇州县乡村振兴等项目进行审计。在绥滨县乡村振兴相关政策及资金审计中，发现耕地轮作休耕任务未完成、阶段性占用乡村振兴专项资金、农村公路建设项目县级配套资金未到位等问题 15 个，涉及金额 3219.12 万元。开展新增财政资金直达市县基层直接惠企利民情况专项审计。

财政审计 重点对市本级预算执行、市本级政府采购政策执行及效率效果进行审计。在市本级预算执行审计项目中，延伸审计重点单位的同时，对 78 个市级预算单位进行核查。审计查出问题金额 32.9 亿元，促进拨付到位资金 62514 万元，发现预备费安排不足、上级专项资金指标分解下达不及时、挤占专项资金、一般预算支出在往来挂账、职业年金未做实等问题。在市本级政府采购政策执行及效率效果情况审计项目中，审计发现未制定政府采购预算编制实施意见、未组织编制政府采购预算、集中采购项目违规批为分散采购等问题。

疫情防控资金和捐赠款物专项审计 审计发现超范围列支财政防疫资金、未按规定制订募捐方案、未按规定签订捐赠协议出具票据、接受捐赠物资款未按规定入账等问题。经审计督促，已全部整改。

民生审计 实施市本级 2019 年保障性安居工程跟踪情况审计，重点审计 2 个棚户区改造项目和 2.17 万户住房困难家庭纳入保障待遇情况，审计资金额 10.1 亿元。审计发现回迁安置货币补偿款未支付、未及时办理建设工程竣工验收备案手续、购买存量商品房闲置超过一年以上等 6 个问题。按照省审计厅统一部署，开展伊春市企业职工养老保险基金、社会保险基金审计。

经济责任审计 坚持任中与离任审计相结合，完成领导干部经济责任审计项目 38 个。查出主要问题金额 36884 万元，其中违规金额 1519 万元、损失浪费金额 140 万元、管理不规范金额 35225 万元。组织开展市水务局领导干部自然资源资产任中审计，查出自来水漏损总量超出国家标准、河湖“清四乱”工作不彻底等问题。

企业审计 重点对市开源城市投资开发公司、市第八粮库、鹤鸣云山矿业开发有限公司资产负债损益等项目进行审计。在市开源城市投资开发有限公司审计中，揭示未及时收回本金、未经评估出租出卖国有土地、项目未实施造成利息损失等 7 方面问题，查出问题金额 3.3 亿元，帮助企业调整与财政局、棚改办、热力公司等单位多年不一致的往来账目 154 笔，避免形成潜在风险。在市第八粮库审计中，查处少缴企业养老保险费、未经评估出租国有资产、国有资产盘亏、少缴企业所得税等问题。在鹤鸣云山矿业开发有限公司审计中，重点对 2016 年以来企业资产负债损益、企业经营管理及探采矿权等重大经济决策制定执行情况进行审计，涉及资金总额 9.8 亿元。 （撰稿人：孙跃明）

【双鸭山市审计局】 2020 年，双鸭山市审计局实有 52 人。局长孟钰（—8 月），副局长赵四海（8月—，主持工作）、汝兴华、宋宇宝，副调研员梁望秋，总审计师赵亚莉，经济责任办公室主任杨瑞红。设有办公室、法规与审理科、审计督察指导科、电子数据审计科、政策落实和财政税收审计科、教科文卫审计科、农业农村和资源环境审计科、固定资产投资审计科、社会保障审计科、企业和金融外资运用审计科、经济责任审计科；下设经济责任审计服务中心和固定资产投资审计中心等事业单位。

审计成果 2020年，双鸭山市审计局完成审计项目37个。查出主要问题金额273465.11万元，其中违规金额29051.72万元、损失浪费金额0.48万元、管理不规范金额244412.91万元。促进整改落实有关问题金额24784.49万元；促进拨付资金到位351.85万元。审计提出建议126条；促进被审计单位建立健全规章制度30项；向市委市政府主要领导报送《审计专报》7期。

双鸭山市审计局实施的饶河县人民政府原县长任中经济责任审计项目在省审计厅审计项目评比中获得第一等次。

政策落实情况跟踪审计 重点审计市本级推动财政政策有效落实、分区分级精准复工复产、全面强化稳就业、金融支持政策、促进财政资金提质增效、促进“六稳”政策落实、促进优化营商环境、推动如期完成脱贫攻坚及乡村振兴任务、防范化解重大风险等国家重大政策措施落实情况，共抽查73家单位、55个项目，涉及财政资金14409.01万元。开展2020年市本级新增财政资金直达市县基层直接惠企利民情况专项审计，揭示抗疫特别国债重点企业贷款贴息资金分配依据不充分、抗疫特别国债基础设施建设支出进度缓慢等5方面问题。通过审计及时发现问题、督促整改，促进资金及时拨付、精准使用、安全高效，促进资金直达市县基层，直接惠企利民。

财政审计 开展市本级财政预算执行和决算草案审计，以及部门预算执行审计，揭示部门预算编制不够细化、跨级次入库政府性基金、利息收入未及时缴存国库等9方面问题。对市生态环境局、市公安局交警支队、市委政法委、市公共资源交易中心4个部门2019年度预算执行情况开展审计，揭示部门预算管理不严格、财务收支事项处理不规范等问题。完成2020年市本级政府采购政策执行及效率效果情况审计工作，揭示采购部门未按要求编制项目采购预算、政府采购合同未在指定媒体公告等3方面问题，审计提出建议3条。

三大攻坚战审计 组织开展市生态环境局原局长自然资源资产离任审计，发现5方面14个问题，审计提出建议6条。完成宝清县县长任职期间自然资源资产审计，发现4方面16个问题，审计提出建议4条。

疫情防控资金和捐赠款物专项审计 抽调21名审计人员组成5个审计组对疫情防控资金和捐赠款物开展专项审计。重点审计财政资金7158万元、捐赠资金1800万元，延伸审计红十字会、慈善组织以及疾病控制中心等68个政府机构和单位，对重要事项进行必要的延伸和追溯。深入揭示疫情防控资金物资在筹集分配使用中存在的物资采购、管理不规范等突出问题，促进疫情防控资金物资规范管理、高效使用和信息公开，为坚决打赢疫情防控阻击战提供审计监督保障。

民生审计 统筹实施友谊县精准扶贫精准脱贫政策落实情况和乡村振兴相关政策和资金审计，开展宝清县基本公共卫生补助资金审计，审计金额3600万元，发现政策目标未完全落实、资金管理不到位等4方面31个问题，提出审计建议4条。开展2019年市本级医疗保险基金审计，延伸调查15个定点医疗机构、6家药店、1家大病保险公司，审计发现问题10个，查出违规金额6653.58万元。完成市政府交办的城市民生保障资金和惠民项目审计整改情况汇总上报工作。

经济责任审计 全年完成经济责任审计项目18个，查出主要问题金额256891.11万元。出具审计报告和审计结果报告36篇。审计提出建议62条。移送处理事项10件。

固定资产投资审计 开展2017年市政工程决算审计项目，发现问题6个，审计提出建议3条，节约财政资金10.96万元。开展双鸭山市第五中学教学楼及风雨操场项目审计，发现问题13个，审计提出建议5条，节约资金29.21万元。

金融审计 对宝清县鑫源担保公司资产负债损益进行审计，发现问题15个，查出违规金额

2566.42 万元，审计提出建议 3 条。审计期间促进问题整改金额 556.42 万元，移送宝清县委问题 2 个，涉及资金 15401.83 万元。

企业审计 开展双房公共设施维修管理中心资产负债损益审计，发现会计凭证登记不规范、未按规定计提坏账准备、企业工程项目管理不规范等问题 16 个，查出主要问题金额 1696.1 万元。开展双鸭山市鸿程机动车检测有限公司资产负债损益情况审计，发现未调减实收资本、应提未提职工教育经费等问题 11 个，查出问题金额 893.4 万元，审计提出建议 8 条。

外资运用审计 配合省审计厅开展亚洲银行贷款黑龙江煤炭资源枯竭型城市转型发展促进项目审计。

（撰稿人：田杨勇）

【大庆市审计局】 2020 年，大庆市审计局实有 65 人。局长徐丽艳，副局长王文忠、范广斌，总审计师王文忠（兼），二级调研员彭连怀（9 月—），三级调研员于化春（11 月—）、李甲宝（11 月—）、陶秀杰（11 月—）、孙继春（11 月—）。设有办公室（综合计划科）、机关党总支、法规与审理科、审计督察指导科、电子数据审计科、教科文卫审计科、财政税收审计科（政策落实科）、农业农村审计科、社会保障审计科、自然资源和生态环境审计科、金融与企业审计科、经济责任审计科、投资科（大项目跟踪科）、派出党群审计科、派出企业审计科；下设大庆市审计事业发展中心。

审计成果 2020 年，大庆市审计局完成审计项目 73 个。查出主要问题金额 237709 万元，其中违规金额 7104 万元、管理不规范金额 230605 万元；审计发现非金额计量问题 553 个；损益（收支）不实金额 12 万元；审计发现侵害人民群众利益 630 万元；出具审计报告和专项审计调查报告 109 篇，被批示、采用 1 篇次。审计处理处罚金额 87991 万元，其中应上缴财政 4935 万元、应减少财政拨款或补贴 2148 万元、应归还原渠道资金 157 万元、应调账处理金额 80749 万元；移送司法机关、纪检监察机关和有关部门处理事项 12 件，移送处理人员 2 人，移送处理金额 110 万元。审计促进整改落实有关问题金额 87925 万元；促进拨付资金到位 22 万元；审计后挽回（避免）损失 2185 万元；核减投资额 2148 万元。审计提出建议 225 条，被采纳 218 条；提交审计信息 90 篇，被批示、采用 59 篇次。

2020 年度，大庆市某公司 2010 年至 2017 年 6 月财务收支情况审计项目被审计署评为 2019 年度全国市级审计机关优秀审计项目三等奖。《数据分析技术方法在财政教育资金和教育资源配置情况专项审计调查中的应用案例》被审计署评为全国优秀审计案例。在黑龙江省审计机关审计项目等级评定中，9 个审计项目获奖，其中 5 个获评一等奖。

政策落实情况跟踪审计 按季度组织实施“援企稳岗”扶持政策及资金审计、养老机构补助资金使用情况审计等项目，揭示企业覆盖率低、未按程序审批补贴申请等问题 30 个。将清理拖欠民营企业中小企业账款、“三促进”（促进财政资金提质增效、促进优化营商环境、促进就业优先）等情况作为年度审计项目的重点审计事项予以密切关注，推动相关政策措施落地生效。开展新增财政资金直达市县基层直接惠企利民情况专项审计，推动直达资金拨付到位、发挥效用。

财政审计 完成市本级、高新区、经开区及部门预算执行审计项目 16 个，揭示专项资金滞拨等问题，涉及金额 10.63 亿元。

三大攻坚战审计 组织完成 1 家市属国有企业的 2 个审计项目，揭示公司治理不规范、对子公司监管不到位等问题 34 个，涉及金额 1.49 亿元，促进国有企业规范管理行为、提升经营绩效。组织完成泰来县、大同区、肇源县精准扶贫精准脱贫政策落实情况审计，涉及审计资金 1.12 亿元、项目 44 个，揭示扶贫资金项目管理不规范等问题 19 个，涉及金额 1087 万元。组织完成肇源县乡村振兴相关政策和资金审计，审计资金 2.96 亿元、项目 34 个，揭示政策落实不到位等问题 19 个，涉及金额 2727 万元。组织完成肇源县县长和市自然资源局局长自然资源资产任中审计 2 个项目，揭示工作目标任务未完成、相关资金使用不规范等 5 个方面 45 个问题，促进自然资源资产集约节约利用和生态环境持续改善。

疫情防控资金和捐赠款物专项审计 在组织跟进疫情防控大宗物资采购、款物捐赠接收及物资发放的基础上，组织38名审计人员对全市应对新冠肺炎疫情防控资金、物资及捐赠款物进行全面审计，延伸审计红十字会、慈善组织19家，疾控中心、总工会、街道等部门单位248家，金融机构2家，揭示防控资金分配不科学、防疫物资采购不合规等问题，提出有针对性的审计建议，促进完善疫情防控工作机制。

民生审计 组织实施牡丹江市2020年社保基金、杜尔伯特县2020年社保基金、养老机构财政补助资金、让胡路区基本公共卫生资金等民生审计项目9个，揭示资金管理不规范、政策落实不到位、任务未按标准完成等方面的问题。

经济责任审计 深入落实两办《规定》，完成27名市管干部和3名县区审计局局长任期（离任）经济责任审计，查出主要问题金额16.09亿元。加强与市委审计委员会各成员单位的协调联动，推动经济责任审计成果转化运用，将经济责任审计结果及整改情况纳入班子落实党风廉政建设责任制检查内容，2013年以来经济责任审计报告录入领导干部廉洁档案管理系统，经济责任审计结果及整改情况作为年度考核、任职考核的重要依据，切实推动经济责任审计新规定落到实处。梳理近年来审计发现的各级领导干部在履行经济责任过程中存在的普遍性、典型性问题以及可能存在的履职问题，编印《领导干部履行经济责任风险警示清单》，发至市、县两级审计机关所辖经济责任审计对象。扎实履行审计委员会办公室职能，筹备召开市委审计委员会第2次会议。

固定资产投资审计 完成竣工决算审计项目6个，审计资金额3.01亿元，发现不实工程价款2148万元。加大重点项目跟踪审计力度，深入调查“百大项目”建设情况，涉及投资额212亿元，揭示工程计量不真实、合同违规、固定资产管理不善等问题，促进建设项目规范管理。

内部审计 组织对市本级及所属县区依法属于审计机关审计监督对象的单位内部审计机构设置和工作开展情况进行统计，全市45家单位设立内部审计机构。

相关工作 研究制定《关于加快推进大庆市审计机关系统化建设的实施意见》并以市委审计委员会文件印发实施，明确推进全市审计机关系统化建设的总体思路、改革路径和工作举措，为做好“十四五”乃至更长时期全市审计工作提供重要依据。组织对工作职责和任务要求进行全面梳理，精准确定9个方面190项具体任务，完善流程对接和制度配套，构建权责清晰、运行顺畅、活力高效的工作体系。助力打赢疫情防控阻击战，组织审计干部6轮70人次下沉社区参与疫情防控工作，收到奖状、感谢信25件。通过选调、人才引进、公务员招考等方式引进26名审计人员，优化干部队伍年龄结构。抽调16人次参与各级巡视巡察、案件查办、上级审计机关重大项目审计。在市直机关党建工作交流会上，市审计局作典型发言。局机关党总支和第一党支部被市直机关工委授予“三基”建设示范党组织。

（撰稿人：孙新远）

【伊春市审计局】 2020年，伊春市审计局实有46人。局长岳宏伟（—4月）、林福祥（7月—），副局长李庆涛、崔卓军（—11月）、乔明云（11月—），总审计师董洪峰，国有企业监事会办公室常务副主任赵瑞林。设有办公室、法规与审理科、综合科、审计督察指导科、电子数据审计科、财政税收金融审计科、教科文卫审计科、农业农村审计科、固定资产投资审计科、大项目跟踪审计科、社会保障审计科、自然资源和生态环境审计科、企业审计科、经济责任审计科、国有企业监督一科、国有企业监督二科、人事教育科、机关党委；下设伊春市固定资产投资评审中心。

审计成果 2020年，伊春市审计局完成审计（调查）项目58个。查出主要问题金额548167万元，发现非金额计量问题621个，移送处理事项5件。

政策落实情况跟踪审计 将“三促进”要求融入各项审计中，促进统筹疫情防控和经济社会发展各项重大政策措施落地生根，推动复工复产，助力“六稳”“六保”任务落实。

财政审计 开展市本级2019年预算执行和决策草案编制审计、政府采购政策执行及效率效果情况审计，市教育局、市科技局等部门2019年预算执行审计以及新增财政资金直达市县基层直接惠企利民情况专项审计，监督预决算管理和财经纪律执行情况，促进规范财政资金管理使用。

疫情防控资金和捐赠款物专项审计 开展疫情防控资金和捐赠款物专项审计，助力全市疫情防控。

民生审计 开展市本级高标准农田建设项目专项审计、铁力市乡村振兴审计，助推乡村振兴战略实施和美丽乡村建设。按照省审计厅统一安排，派出审计组赴克山县开展扶贫审计，赴黑河市开展企业养老保险基金和社会保险基金审计，开展铁力市、嘉荫县企业养老保险基金审计。配合省审计厅开展市本级保障性安居工程审计，开展汤旺县保障性安居工程审计。

经济责任审计 扩大任期审计比重、探索审计对象分类管理、试行领导干部自查报告制度，完成领导干部经济责任审计项目 33 个。开展领导干部自然资源资产离任审计 1 个，促进认真履行自然资源资产管理和环境保护责任。开展全市湿地资源资产现状审计调查 1 项，促进职能部门严格保护湿地资源。

固定资产投资审计 开展育林大桥、市妇幼保健院以及铁力市、桃山林业局呼兰河治理工程等竣工决算审计项目 6 个，审减率 7.14%。对伊春市纳入全省"百大项目"的工程项目和山水林田湖草项目进行持续跟踪审计。

企业审计 开展伊林集团、伊旅集团和桃山、朗乡等单位领导干部经济责任审计和资产负债损益审计等项目，促进国有资产保值增值，推动企业规范管理、行稳致远。

内部审计 加强内部审计指导监督，建立审计人才库，统筹整合全市审计力量，缓解人力不足矛盾；督促部门（单位）和国有企业建立健全内部审计监督机构。

审计查出问题整改 严格执行审计质量管理制度，加强审理把关和监督检查，增强审计穿透性和建设性作用。出台《伊春市关于加强审计整改工作的意见》，促进审计整改制度化、规范化。加强与纪委监委和组织等部门衔接，提升审计整改成效。

信息化建设 运用大数据审计方法，提升审计效能，建立《审计业务数据归集使用管理办法》，加强电子数据收集使用。完成汤旺、丰林、大箐山、南岔等县新设远程视频系统建设前期工作。

相关工作 深入推进"不忘初心、牢记使命"主题教育常态化、制度化，以习近平总书记"三立"标准为标尺，采取内请教师、外派培训、"以审代训"等形式提高业务能力，加强基层党组织建设，不断提升党建工作规范化水平，强化党风廉政建设，着力打造高素质专业化审计干部队伍。 （撰稿人：崔国龙）

【佳木斯市审计局】 2020 年，佳木斯市审计局实有 53 人。局长李纲，副局长蒋红军（—10 月）、张鑫裕，二级调研员蒋红军（10 月—）、丛培鑫（10 月—），固定资产投资专业审计局局长丛培鑫（—10 月），总审计师于凤阳（7 月—），纪检组长裴新，三级调研员周哲（7 月—）。设有办公室、法规和审理科、审计督察和内部审计指导科、信息系统和电子数据审计科、预算执行审计科、财政绩效和政策落实审计科、教科文卫审计科、农业农村审计科、固定资产投资审计局、社会保障审计科、自然资源资产和生态环境审计科、金融审计科、企业审计科、涉外审计科、经济责任审计局、人事教育科；下设佳木斯市固定资产投资专业审计局。

审计成果 2020 年，佳木斯市审计局共完成审计项目 34 个，其中审计 33 个、专项审计调查 1 个。查出主要问题金额 130968 万元，其中违规金额 1828 万元、管理不规范金额 129139 万元；审计发现非金额计量问题 242 个；审计发现侵害人民群众利益 82 万元；出具审计报告和专项审计调查报告 48 篇。审计处理处罚金额 3011 万元，其中应上缴财政 2845 万元、应归还原渠道资金 64 万元、应缴纳其他资金 65 万元、应调账处理金额 35 万元；移送纪检监察机关处理事项 2 件，移送处理金额 26 万元。审计促进整改落实有关问题金额 103 万元。审计提出建议 92 条，被采纳 80 条。

佳木斯市国土资源局 2018 年度预算执行情况审计项目被评为省审计厅优秀审计项目一等奖，佳木斯市住房保障局 2018 年度预算执行情况审计项目被评为省审计厅优秀审计项目三等奖。

政策落实情况跟踪审计 组织全市各级审计

机关围绕“百大项目”、三大攻坚战、“放管服”改革、“六稳”工作、减税降费等重大措施落实情况开展跟踪审计，揭示突出问题38个，涉及金额1.78亿元。

财政审计　对市本级及司法局、教育局等10家单位开展预算执行审计，发现问题23个，涉及金额531.63万元。同步对全市85家一级预算单位财务数据进行全覆盖数据分析核查，确认35家单位存在11类572条问题，涉及金额6589万元，实现一级预算单位审计全覆盖。

疫情防控资金和捐赠款物专项审计　组织对佳木斯市本级及所辖县（市、区）区疫情防控资金和捐赠款物专项审计，审计涉及财政防疫资金1.93亿元、捐赠资金1678.56万元，延伸审计红十字会、慈善组织、疾病控制中心等单位70家，移送纪检监察机关处理事项1件。

民生审计　按照省审计厅统一部署，对齐齐哈尔市医疗保险基金进行审计，查出问题金额1.62亿元，揭示问题27个。

经济责任审计　完成经济责任审计项目15个。制定《佳木斯市部门主要领导干部经济责任审计作业流程和工作指引》，针对审计准备、实施、查证、总结等不同环节，统一文书格式10种，为规范化审计提供遵循。

固定资产投资审计　完成佳木斯妇幼保健院住院部、市政道路通江街及通园巷公铁立交工程等工程造价审计项目50个，送审金额10.11亿元，审定金额8.38亿元，审减1.73亿元。

（撰稿人：董则序）

【七台河市审计局】　2020年，七台河市审计局实有34人。局长崔玉平，副局长张玉星、迟宗祥、刘庆浦，总审计师高英。设有办公室、法制科、财政审计科、行政事业审计科、企业审计科、固定资产投资审计科、农业与资源环保审计科、经济责任审计科、社会保障审计科；下设国家建设项目审计中心。

审计成果　2020年，七台河市审计机关完成审计项目24个。查出主要问题金额67932万元，核减投资额1840万元，审计提出建议60余条。

政策落实情况跟踪审计　重点审计全市财政资金提质增效情况、促进“六稳”政策落实情况、防范化解重大风险等情况，抽查132家单位、59个项目，审计资金32.8亿元。揭示债券资金执行进度慢、未及时拨付到位、筹措不及时等问题，提出加大盘活资金监管力度、促进财政资金提质增效等建议。

开展促进优化营商环境专项审计。重点审计市政府“黄金十条”相关政策落实情况，通过检查政策措施的具体部署、执行进度以及实际效果，揭示企业贷款周转金未达到设定规模、企业使用周转金额度高于企业当期应归还银行贷款额度80%的规定、逾期周转金应收未收违约金等问题，提出积极筹措资金、进一步缓解中小企业的还贷压力，严把贷款周转金申请、发放各环节的审核关，降低周转金运营风险等审计建议。

财政审计　开展市本级预算执行和决算草案审计。重点审计市本级及市直部门预算收支的完整性、财政财务收支的真实合法绩效性、财政存量资金管理使用、决算草案编制情况，财政政策贯彻落实情况、预算管理情况、专项资金整合和统筹安排使用情况。

开展政府采购政策执行及效率效果情况审计。发现项目公告内容不完整、履约保证金专户管理不规范、完成政府采购项目超过时限要求等问题，提出提高采购效率、缩短采购周期、加强对履约保证金专户的管理等审计建议。

疫情防控资金和捐赠款物专项审计　开展新冠肺炎疫情防控资金和捐赠款物专项审计。重点关注财政专项资金、疫情防控物资、社会捐赠款物使用等情况，揭示未及时支出防疫资金、捐赠物资质量不合格等问题，提出建立健全防疫专项资金使用制度、接收捐赠物资时严格把关等审计建议。

民生审计　开展住房公积金审计。重点审计住房公积金的征收、管理和使用三个环节，客观反映和分析资金使用效益，关注住房公积金制度和政策、资金管理、使用效果等方面，揭示住房公积金管委会人员构成不符合规定、增值收益上缴财政部门时限较长、预算执行不严格等问题。

开展失业保险基金审计。关注失业保险基金的征缴、支出和管理等环节运行状况的真实合法效益性等情况，重点审计失业保险基金的筹集、使用、管理及内控制度是否健全有效，了解和掌握失业保险基金“收支两条线”管理、预算管理，是否有挤占挪用、损失浪费等行为，提高基金使用效率和管理效率，确保基金使用安全。

开展教育专项资金审计。对教育专项资金归集、使用和结余等情况进行审计，发现未按规定使用教育资金、专项资金闲置、财务核算不规范等问题，提出建立健全内控管理制度、加强教育专项资金使用监督检查、提高专项资金使用效益等建议。

开展勃利县企业养老保险基金审计。重点关注政策落实、基金征缴、基金管理及基金发放等问题。

开展福彩体彩资金审计。全面了解福利彩票资金发行、管理、分配、使用和结余情况，揭示资金募集、管理、使用中存在的突出问题，促进福彩机构和主管部门合理使用资金，加强和改进资金管理。

固定资产投资审计 完成清园文贸夜市工程竣工决算审计、集中供热老旧管网改造工程竣工决算审计和仙洞山道路改建工程竣工决算审计等审计项目。审计揭示项目多计工程价款、招标限价编制不科学等问题，提出工程建设应进行准确复核、提高项目时间管理、加强工程造价管理等审计建议。

经济责任审计 重点关注被审计领导干部贯彻执行经济法律法规情况、党和国家关于经济工作的方针政策和决策部署情况，贯彻落实中央八项规定、厉行节约反对浪费、“约法三章”相关要求情况，以及遵守廉洁从政有关规定情况等。审计揭示财务监管不到位、现金管理政策执行不严格、固定资产未入账等问题，提出严格执行财务管理制度、加强固定资产管理等审计建议。

相关工作 对党支部进行改选，突出抓好“三会一课”、主题党日、民主评议党员等制度落实，在疫情的特殊时期，创新“三会一课”形式。利用微信公众号、局微信群等及时宣传中央、省、市关于疫情防控的要求；利用局微信群组织召开线上党员大会，研究部署疫情防控期间支部党建重点工作；分别开展“疫情防控，党员干部到一线”、“爱国卫生运动和环境整治”、“公筷行动”文明实践、“珍爱绿色、珍爱我们共同的生活家园”义务植树等系列主题党日，充分发挥党员的先锋模范作用。

贯彻中央、省、市委廉政会议精神和省审计厅关于作风建设要求，坚持正面教育与反面警示同时发力，持续开展干部作风“五整治”、作风整顿优化营商环境问题专项整治和形式主义、官僚主义专项整治，巩固“不忘初心、牢记使命”主题教育专项整治成果，督促引导干部履职尽责、奋发有为。

通过参加审计署集中整训、以老带新、“以审代训”等方式，提高审计干部工作能力和水平，加强干部选拔、培养、管理和使用，提拔重用想干事、能干事、敢担当、善作为的审计干部，营造风清气正的选人、用人环境。

召开会议对党风廉政建设进行安排部署，保证党风廉政建设工作规范有序、扎实有效地开展；开展警示教育，做到警钟长鸣，防微杜渐；强化从严治审，加强对审前、审中的监督检查，严格执行审计“四严禁”工作要求和审计“八不准”工作纪律，并对审后组织廉政回访，使制度监督贯穿审计全过程。（撰稿人：徐云冬）

【牡丹江市审计局】 2020 年，牡丹江市审计局实有 72 人。局长谢北寒（—7 月），副局长刘佳祥、田方、姜涛，副处级干部尹明霞，二级调研员杨国安（—2 月）。设有办公室、法规与审理科、综合计划科、审计督查指导科、电子数据审计科、财政税收审计科、政策落实审计科、教科文审计科、农业农村审计科、固定资产投资审计科、大项目跟踪审计科、社会保障审计科、自然资源和生态环境审计科、金融审计科、企业审计科、涉外审计科、经济责任审计办公室、人事科、机关党委、卫生医疗审计科、公检法司审计科、交通水利林业审计科、市委审计委员会办公室秘书科；下设牡丹江市政府投资审计中心。

审计成果 2020 年，牡丹江市审计局共完成审计项目 92 个。查出主要问题金额 335522 万元，其中违规金额 2787 万元、管理不规范金额 332734 万元；审计发现非金额计量问题 671 个；出具审计报告和专项审计调查报告 161 篇，被批示、采用 2 篇次。审计处理处罚金额 51655 万元，其中应上缴财政 1821 万元、应减少财政拨款或补贴 680 万元、应归还原渠道资金 2228 万元、应缴纳其他资金418万元、应调账处理金额46505万元；移送司法机关、纪检监察机关和有关部门处理事项21件，移送处理人员3人，移送处理金额4246万元。审计促进整改落实有关问题金额74976万元；审计后挽回（避免）损失680万元；核减投资额1620万元。审计提出建议271条，被采271条；提交审计信息151篇，被批示、采用81篇次。

牡丹江心血管病医院医疗综合楼建设项目竣工决算审计、穆棱市2016年1月至2018年12月基本医疗保险基金审计、牡丹江市鑫汇融资担保有限公司2017年至2019年6月资产负债损益审计、牡丹江市卫生学校校长任期经济责任审计等项目被评为黑龙江省审计厅表彰审计项目。

政策落实情况跟踪审计 按季度开展贯彻落实国家重大政策措施情况跟踪审计，重点审计减税降费情况，减免返还社保费和缓征住房公积金情况，保工资、保运转、保民生情况，分区分级精准稳妥推进复工复产情况，重大项目推进情况，援企稳岗情况，促进重点人群就业创业情况，失业人员权益保障情况，促进财政资金提质增效情况并推动开展清理拖欠民营企业中小企业账款工作，对审计中发现的各类问题以及国务院大督查、减轻企业负担专项督查中发现的问题，积极推动整改，切实减轻企业负担，促进优化营商环境。

财政审计 开展市本级预算执行情况审计，揭示出预算编制与执行、财政资金绩效、政府采购、公务卡结算等11个方面的36个问题，2019年度财政预算执行和其他财政收支情况审计报告得到市人大常委会充分肯定。开展2019年度部门预算执行情况审计，揭示预算编制及执行、资金使用效率、资产管理、公务用车等方面40余个问题。开展政府采购政策执行及效率效果情况审计，揭示5大类30余个问题，并将相关线索进行移送处理。

三大攻坚战审计 开展宁安市扶贫审计，实现所属县（市、区）扶贫审计全覆盖。共审计扶贫资金5223.79万元，涉及项目38个，揭示扶贫政策落实不到位、资金拨付不及时、项目建设管理不严格等问题18个，涉及资金62万元，力促审计整改，在整改期限内全部问题完成整改。开展宁安市乡村振兴审计，重点抽查涉农专项资金131584万元，涉及28个项目、9个单位、12个乡镇、112个村，入户调查641户农户，5个新型农业经营主体，查出违法违规及管理不规范问题19个，涉及金额6044.1万元。

疫情防控资金和捐赠款物专项审计 开展并指导所属县（市、区）审计机关疫情防控资金和捐赠款物的专项审计工作。重点审计财政资金15749.1万元、捐赠资金1256.66万元，延伸审计红十字会8家，政府机构和单位219个。审计中发现专项资金使用管理不规范、物资采购不规范、捐赠款物管理不规范等问题，提出针对性的审计建议。

民生审计 开展海林市基本公共卫生补助资金审计，重点关注基本公共卫生补助资金政策落实，资金管理、使用及信息化建设等情况。揭示专项资金拨付缓慢，未及时使用、基层公共卫生服务机构检测人员缺失、健康档案信息系统存在漏洞、检测设备超期使用等问题。开展全市老年人乘公交补贴资金专项审计，核减不合理消费次数6.67万次，核减补贴资金4.78万元。

经济责任审计 对73名领导干部开展经济责任审计，重点配合省审计厅对海林市、宁安市、林口县主要领导进行审计，抽调精干力量完成阳明区、西安区、爱民区主要领导的经济责任审计。揭示民生项目建设、环境保护、优化营商环境、招商引资、廉洁用权等方面存在的普遍性问题。

固定资产投资审计 完成市纪委监委留置业务用房建设项目、神经精神病医院新建病房楼项目、市公安局警犬基地地面建设项目、海浪机场迁建项目等政府投资项目审计，审计资金总额5.38亿元，审计发现问题21个，涉及资金2529万元，其中核减工程价款1621万元。对《牡丹江市政府投资建设项目审计办法》进行修订，为审计机关依法履职提供制度支撑。

资源环保审计 全年组织实施市林业局和宁安市主要领导干部自然资源资产任中审计。以地理信息数据为依托，整合环保、水利、国土等领域的数据，采取实地核查的手段确认情况，揭示土地闲置、森林资源管理不到位、未严格履行环评手续等问题，提出意见建议，推动相关部门加强对自然资源资产管理工作的重视。

企业审计 开展恒丰纸业集团、公路桥梁排水总公司资产负债损益情况审计，完成恒丰纸业集团领导人员经济责任审计。审计资产总额43.5亿元，揭示重大投资论证不充分，程序不规范，企业经营成果不实，资产、负债、收入等确认不准确，资产管理不规范等问题。

相关工作 与纪检监察机关联合开展保障高质量如期完成脱贫攻坚目标任务专项监督检查工作，对8个县（市、区）开展六大方面的专项监督检查，推动全面脱贫与乡村振兴战略有效衔接。参与全市疫情防控值守工作，深入社区、街道、高速、机场，全局干部参与率达95%。推进召开市委审计委员会第二次会议及全市审计工作会议。（撰稿人：高　蕾）

【黑河市审计局】 2020年，黑河市审计局实有42人。局长倪雪松（—9月）、尹树新（9月—），二级调研员仲建彬、刘伟宏（10月—）、姚富利，副局长、三级调研员朱国民（10月—），四级调研员马丽芳，市经济责任审计联席会议办公室主任胡铁军。设有经济责任审计科、财政与金融审计科、企业审计科、农业农村与自然资源审计科、固定资产投资审计科、政策落实审计科、社会保障审计科、行政政法审计科、电子数据审计科、法规与审理科、教科文卫审计科、办公室；下设黑河市固定资产投资审计局和中心边境经济合作区分局、五大连池风景名胜区自然保护区分局。

审计成果 2020年，黑河市审计局共完成审计和审计调查项目41个。查出主要问题金额104180万元，其中违规金额870万元、管理不规范金额103309万元；移送问题线索12件。审计提出建议79条；报送审计信息27篇，被各级媒体采用。

政策落实情况跟踪审计 开展疫情防控政策落实情况跟踪审计，为打赢疫情防控阻击战，提供审计监督保障。开展省级“百大项目”建设情况跟踪审计，加强对项目建设各个环节的审计监督，保障项目建设优质高效。开展市区棚户区改造情况跟踪审计，切实维护市区棚户区改造群众住房保障权益，保障重大民生工程资金使用安全。开展孙吴县乡村振兴相关政策及资金审计，促进农业农村高质量发展，提高涉农资金使用绩效，维护农民利益。抽查政府部门（单位）120余个、项目110余个，共发现问题45个，提出政策建议10余条。

财政审计 开展市直、风景区、合作区及4个部门2019年预算执行及决算草案审计。开展政府采购政策执行及效率效果情况审计。完成审计署财政直达资金跟踪审计、国务院关于黑河市预算执行审计发现问题督导整改、省审计厅下发的全市财政一级预算单位财政数据疑点核实等多项临时交办的工作任务。

三大攻坚战审计 组织开展黑河市林业局原局长鲁铭自然资源资产离任审计。审计中，首次使用地理测绘信息和卫星遥感影像数据，使用相关专业软件，比对发现疑点并结合现场勘查发现农民“拱地头”开垦林地、私建猪舍、林辅沼泽地被建筑使用等方面存在的问题，实现“天上看、网上管、地上查”的自然资源动态监管。

民生审计 统筹全市审计人员对嫩江市、北安市、五大连池市、逊克县、孙吴县、五大连池市风景区2017年1月至2020年6月的企业职工养老保险基金筹集、管理和使用情况进行审计，揭示和反映企业养老保险制度运行、政策执行、资金筹集管理使用和业务管理中存在的突出问题，移送问题线索12件。对七台河市本级职工养老保险基金开展审计，移送问题线索2件。开展北安市公共卫生资金审计。

经济责任审计 深入贯彻新修订的两办《规定》，共完成领导干部经济责任审计项目10个，其中任中4人、离任6人。查出主要问题金额8642万元。

固定资产投资审计 转变以往竣工决算审计为主的工作理念，转向项目跟踪审计与竣工决算审计并重的新工作模式。编制从项目程序控制阶段、工程项目实施零星检查阶段、项目验收结算阶段的“三阶段控制”跟踪审计实施方案，合理确定跟踪审计重点，切实提高跟踪审计质量和效率。审计发现问题22个，涉及多计多结工程价款金额35.28万元。

企业审计 实施象山水电厂和自来水有限责任公司2019年度资产负债损益审计，在推动企业重大政策措施落实、提质增效、防控化解风险、重大改革任务、优化营商环境等方面发挥积极作用。

（撰稿人：安　佶）

【绥化市审计局】 2020年，绥化市审计局实有44人。局长吴云峰（—9月）、李德政（9月—），二级调研员李永志、张立君（11月—），纪检组长赵达洲，总审计师刘平录，副局长周则朴（8月—）、刘宇菲、王大鹏（10月—），四级调研员贾广灵、蒲成全。设有办公室、综合计划与法规审理科、审计督察指导科、电子数据审计科、财政税收审计科、政策落实审计科、行政事业审计科、农业农村审计科、固定资产投资审计科、社会保障审计科、自然资源和生态环境审计科、金融审计科、经贸审计科、经济责任审计科、人事教育科、开发区分局、派出卫生体育审计科、派出教育审计科、审委办秘书科、党总支。

审计成果 2020年，绥化市审计机关共完成审计项目256个，其中审计250个、专项审计调查6个。查出主要问题金额517855万元，其中违规金额1813万元、管理不规范金额516041万元；审计发现非金额计量问题387个；审计发现侵害人民群众利益263万元；出具审计报告和专项审计调查报告293篇，被批示、采用4篇次。审计处理处罚金额128680万元，其中应上缴财政50万元、应归还原渠道资金2351万元、应缴纳其他资金9069万元、应调账处理金额117208万元；移送纪检监察机关和有关部门处理事项14件，移送处理人员21人，移送处理金额6164万元。审计促进整改落实有关问题金额3627万元；审计促进拨付资金到位36233万元；审计后挽回（避免）损失302万元；核减投资额167万元；移送处理落实事项3件。审计提出建议322条，被采纳308条；推动被审计单位制定整改措施11项；促进被审计单位建立健全规章制度22项；提交审计信息10篇，被批示、采用3篇次。市本级共完成审计项目95个，查出主要问题金额412070万元；审计发现非金额计量问题215个；审计期间整改金额765万元；出具审计报告和专项审计调查报告115篇。审计处理处罚金额119915万元；移送处理事项11件。审计促进整改落实有关问题金额720万元。审计提出建议110条；提交审计信息10篇。

财政审计 市本级财政管理和决算草案审计中查出问题3个，涉及金额8983万元。预算执行审计全覆盖部门59个，查出问题160个，涉及金额18671万元。

三大攻坚战审计 对所辖2个县扶贫和乡村振兴政策执行及资金分配管理使用情况实施审计，查出问题18个，涉及金额5968万元。开展自然资源资产审计，查出问题53个，涉及金额57368万元。

疫情防控资金和捐赠款物专项审计 查出问题15个，涉及财政资金722万元、社会捐赠资金89万元。

民生审计 开展全市保障性安居工程跟踪审计，查出问题10个，涉及棚户区改造资金713万元。对所辖5个县（市、区）的基本医疗保险和1个市的基本公共卫生服务补助资金开展审计，查出问题101个，涉及金额11895万元。

经济责任审计 对21名领导干部任中、离任开展经济责任审计，查出问题154个，涉及金额307661万元。

固定资产投资审计 对26个政府投资工程项目开展结算审核，核减工程造价924万元。

相关工作 以“审计铁军团队建设”为载体，继续推进重大审计项目“三组模式”。开展纪念“五四运动”101周年网络知识竞赛、“尊崇劳动、赞美家乡”主题征文、“热血抗疫生命加油”无偿献血等党建活动。深化与南京审计大学和审计署教育学院“校政校”合作。继续开展年轻干部考职称活动，举办“做审计能手、服务都城地”技能大赛。开通“绥化审计”微信公众号，加强廉政警示教育，推进全面从严治党，为审计事业实现新发展新作为提供坚强保障。

（撰稿人：朱恒心）

【大兴安岭地区行政公署审计局】 2020年，大兴安岭地区行政公署审计局实有38人。党组书记、局长、一级调研员边爱萍，副局长戴新竹，二级调研员朱立成（—4月）、郭银杉，三级调研员刘守岭、王玉红（4月—），一级调研员王忠奎，四级调研员马树声，纪检组长孟宪臣。设有办公室（电子数据审计科）、法规与审理科、审计督察指导科、财政和政策落实审计科、经济责任审计一科、经济责任审计二科、农业农村和自然资源审计科、固定资产投资审计科、社会保障审计科、教科文卫审计科、企业金融和涉外审计科、重点项目督察科、派出审计一科、派出审计二科；下设大兴安岭地区投资审计中心。大兴安岭地委审计委员会办公室设在地区审计局。

审计成果 2020年，大兴安岭地区行政公署审计局共完成审计项目36个，其中审计35个、专项审计调查1个。查出主要问题金额86083万元，其中违规金额648万元、损失浪费金额397万元、管理不规范金额85037万元；审计发现非金额计量问题122个；出具审计报告和专项审计调查报告50篇。审计处理处罚金额706万元，其中应上缴财政131万元、应归还原渠道资金333万元、应缴纳其他资金2万元、应调账处理金额238万元；移送司法机关、纪检监察机关和有关部门处理事项20件，移送处理人员2人，移送处理金额933万元。审计促进整改落实有关问题金额314万元；核减投资额382万元。审计提出建议112条，被采纳108条；提交审计信息24篇，被批示、采用3篇次。

大兴安岭地区行政公署2018年度本级预算执行和其他财政收支情况审计项目，大兴安岭地区行政公署文化广电新闻出版局党组书记、局长王闯任职期间经济责任审计项目被评为黑龙江省审计厅优秀审计项目二等奖。

政策落实情况跟踪审计 开展2020年一至四季度重大政策措施的落实情况审计，重点针对政府采购、就业优先、城乡义务教育补助经费、服务业发展资金等方面资金的使用效果及效益情况进行审计，查出主要问题金额1144万元，发现未按规定编制采购预算、预算编制不完整、超采购预算采购等非金额计量问题10个。

财政审计 以推动提高资金绩效和落实过“紧日子”要求，组织实施2019年度地本级预决算执行。开展3个地直部门预算执行和财政收支审计。

三大攻坚战审计 完成对加格达奇区精准扶贫精准脱贫和乡村振兴的审计，共查出主要问题金额1404万元。完成对呼玛县县长自然资源资产任中审计和地区畜牧总站原站长自然资源资产离任审计，发现未按规定编制畜牧业发展规划等问题。

疫情防控资金和捐赠款物专项审计 审计发现物资核算管理不规范、采购的物资没有及时分配调拨、支出进度缓慢等问题，查出问题金额145万元。社会捐赠审计发现捐赠款物的接收、分配和使用管理制度不完善、信息公开不及时等问题。

民生审计 组织开展地本级医疗保险基金、漠河市、塔河县、呼玛县企业养老保险基金审计，发现政策落实不到位、基金账户管理不规范、企业少报缴费基数等问题。

经济责任审计 完成15个经济责任审计项目（任期审计2个、离任审计13个），查出主要问题金额74060万元。

固定资产投资审计 完成对呼中区呼玛河治理审计项目，发现施工图设计未经审查擅自使用、合同签订不规范、未按规定单独建账等问题。

企业审计 开展对岭南粮库有限责任公司地级储备小麦轮换产生价差有关情况调查和2017年至2019年资产负债损益审计，审计发现库存商品去向不明、财务核算混乱等问题。

（撰稿人：胡　柳）

2020年黑龙江省所辖县(市、区)级审计工作统计表

审计机关	完成审计项目/个	审计查出主要问题金额/万元	审计发现非金额计量问题/个	审计期间整改金额/万元	出具审计报告和审计调查报告/篇	审计处理情况		审计促进整改落实有关问题资金/万元	审计提出建议/条	提交审计信息/篇
						审计处理处罚金额/万元	移送处理事项/件			
哈尔滨市										
哈尔滨市本级	46	335769	419	3627	59	57175	3	25242	84	7
道里区审计局	38	16947	64		62				39	6
南岗区审计局	13	78540	31		20	69668		64192	10	3
道外区审计局	13	8106	31		21	21		21	11	1
平房区审计局	10	7128	14		13			2	24	
松北区审计局	14	21336	111		17			0	13	
香坊区审计局	17	39603	70	39	30		3	12	49	
呼兰区审计局	36	16676	10	151	57	427		427	99	
阿城区审计局	28	162065	43	2154	46	70	2	70	8	
双城区审计局	18	8997	37		25	282		266	39	
尚志市审计局	10	14269	47		15	1110		1111	37	
五常市审计局	19	20603	26		31	568		1943	6	
依兰县审计局	22	1767	45	489	34	6		15	23	
方正县审计局	29	10251	86		46				80	
宾县审计局	38	17872	81		56	4399	4	252	78	
巴彦县审计局	33	62803	36		43	1786		1786	61	
木兰县审计局	11	4571	35		13				32	
通河县审计局	35	11995	141	34	58	816	7	466	42	
延寿县审计局	20	27664	53		25	70	1	75	57	
齐齐哈尔市										
齐齐哈尔市本级	93	215817	1372	6279	150	5011	100	1024	120	52
龙沙区审计局	15	3967	6		29				36	
建华区审计局	4	110	4		8				6	
铁锋区审计局	11	323	5	15	17	92		92		17
昂昂溪区审计局	6	6235	10		11					
富拉尔基区审计局	16	1850	14	1	26	642		452	37	
碾子山区审计局	25	51	4		48	11		11	27	
梅里斯达斡尔族区审计局	32	2883	183	79	52	1388		1387	77	
讷河市审计局	57	161406	203	143	106	39381		4128	121	

（续表）

审计机关	完成审计项目/个	审计查出主要问题金额/万元	审计发现非金额计量问题/个	审计期间整改金额/万元	出具审计报告和审计调查报告/篇	审计处理情况		审计促进整改落实有关问题资金/万元	审计提出建议/条	提交审计信息/篇
						审计处理处罚金额/万元	移送处理事项/件			
龙江县审计局	32	16145	92		59	10373	4	10363	47	
依安县审计局	10	843	4	258	18	441		441	3	20
泰来县审计局	34	15016	35	181	45	674		537		
甘南县审计局	32	13140	134	34	55	3059		3059		
富裕县审计局	34	985	108	50	68	851		671	36	
克山县审计局	32	634	78		53	9	2		130	
克东县审计局	31	7524	30	644	55	802	1	800	50	
拜泉县审计局	49	57874	3	1	86	1580		1580	23	
鸡西市										
鸡西市本级	45	208687	412	6220	72	12798	4	11663	127	56
鸡冠区审计局	11	4202	12	111	17	2786		1516	40	19
恒山区审计局	8	10606	9		14	826		28	24	
滴道区审计局	12	5268	3	20	12				30	2
梨树区审计局	6	1922	30	15	9			120	42	
城子河区审计局	7	6874	11	1	11	60		60	8	
麻山区审计局	11	3044	15	25	18	614		671	25	
虎林市审计局	14	12546	49		20			1333	23	25
密山市审计局	22	39797	36	2748	35	256	1	64	55	
鸡东县审计局	27	12199	78		43			7	62	1
鹤岗市										
鹤岗市本级	58	409836	283	4577	98	71118	1	68114	120	20
向阳区审计局	4	224	2	191	4			191	6	6
工农区审计局	8	4291	2	42	8			42	21	
南山区审计局	7		21		7				17	7
兴安区审计局	4				4			67	6	
东山区审计局	5	5138	5	66	5			3506	11	
兴山区审计局	6	2420	6		6			300	11	
萝北县审计局	7	3669	9		12	37			18	36
绥滨县审计局	28	75814	89		28			2673	59	12
双鸭山市										
双鸭山市本级	37	273465	385	14232	55	29051	10	24784	126	17
尖山区审计局	7	232	13	232	7			232	32	7
岭东区审计局	5	815	4		7			5	11	5

（续表）

审计机关	完成审计项目/个	审计查出主要问题金额/万元	审计发现非金额计量问题/个	审计期间整改金额/万元	出具审计报告和审计调查报告/篇	审计处理情况		审计促进整改落实有关问题资金/万元	审计提出建议/条	提交审计信息/篇
						审计处理处罚金额/万元	移送处理事项/件			
四方台区审计局	4	10	6	10	4			10	11	4
宝山区审计局	6	1741	9		10				25	
集贤县审计局	28	14921	26		44	433		352	55	
友谊县审计局	15	5153	21		15			2877	70	
宝清县审计局	30	55700	37	466	49				104	30
饶河县审计局	11	8308	30	7	11			137	20	5
大庆市										
大庆市本级	73	237709	553	3359	109	87991	12	87925	225	90
萨尔图区审计局	23	1469	82	440	31	1029	1	1469	56	7
龙凤区审计局	24	6874	15		23	1699		2011	36	4
让胡路区审计局	20	205	64		27	102		102	48	
红岗区审计局	19	1283	27	50	28	903		887	41	12
大同区审计局	12	996	20		14	155		155	26	
肇州县审计局	51	4305	56		81	2816	35	2478	60	12
肇源县审计局	53	13902	187		61	3290		696	130	
林甸县审计局	52	20366	68	119	86	18978		2638	112	12
杜尔伯特蒙古族自治县审计局	47	4175	99	4	69	1732	2	1732	44	
伊春市										
伊春市本级	58	548167	621	59344	94	171171	5	171171	130	21
伊美区审计局	13	3957	5		24				8	8
乌翠区审计局	7	3677		61	7				32	7
友好区审计局	11	1483	12		11				36	
铁力市审计局	29	69444	42	39792	29			56846	106	38
嘉荫县审计局	26	19620	43		45		1	5628	34	
汤旺县审计局	27	1		1	27				50	
丰林县审计局	8	2215	2		8			2215	11	
大箐山县审计局	7	4	19		7		1	1	19	
南岔县审计局	15	1022	71	744	15	1	1	831	46	
金林区审计局	14	156	11	156	14				24	
佳木斯市										
佳木斯市本级	34	130968	242	2729	48	3011	2	103	92	
向阳区审计局	8	145	18	145	15	145		145	25	

（续表）

审计机关	完成审计项目/个	审计查出主要问题金额/万元	审计发现非金额计量问题/个	审计期间整改金额/万元	出具审计报告和审计调查报告/篇	审计处理情况		审计促进整改落实有关问题资金/万元	审计提出建议/条	提交审计信息/篇
						审计处理处罚金额/万元	移送处理事项/件			
前进区审计局	4	284				235		7	11	
东风区审计局	17	124	5		17	118		4	19	18
郊区审计局	18	11347	32		18	20		1763	73	2
同江市审计局	24	5333	33		24	40	4	23	32	15
富锦市审计局	94	29850	24		84				50	
抚远市审计局	24	18426	43		24	480			82	
桦南县审计局	55	10450			55			784	220	
桦川县审计局	35	3594	64		38			1174	48	16
汤原县审计局	28	3908	27	611	28	3623		611	18	
七台河市										
七台河市本级	24	67932	135	100	26		2	2201	62	23
新兴区审计局	6	995	7		6			797	31	
桃山区审计局	19	12893	4		19				26	
茄子河区审计局	4	6200	5	6200	16				17	
勃利县审计局	19	29525	26		29	4200		303	9	4
牡丹江市										
牡丹江市本级	92	335522	671	934	161	51655	21	74976	271	151
东安区审计局	3	734	5		7	2			10	
阳明区审计局	3	540	8		4	47		1239	12	
爱民区审计局	12	2531	22		21	199		10	65	
西安区审计局	4		8		5				12	
绥芬河市审计局	19	4198	48	299	29	3566		3584	56	
海林市审计局	14	4459	11		25	1135		11	66	
宁安市审计局	19	4191	33	5	34	353	3	101724	45	
穆棱市审计局	14	273	22		24	1		15	52	
东宁市审计局	35	8890	29		52	5132	10	3632	48	
林口县审计局	47	2543	97	35	82	481		330	87	
黑河市										
黑河市本级	41	104180	133	427	41	65226	12	1752	79	27
爱辉区审计局	11	522	24		14	16		16	25	16
北安市审计局	15	12752	25		21	232		218	26	
五大连池市审计局	21	10807	49		30			10807	44	12
嫩江市审计局	9	1250	11	8	13	1250		1250	9	
逊克县审计局	19	2676	18		19				36	6

（续表）

审计机关	完成审计项目/个	审计查出主要问题金额/万元	审计发现非金额计量问题/个	审计期间整改金额/万元	出具审计报告和审计调查报告/篇	审计处理情况		审计促进整改落实有关问题资金/万元	审计提出建议/条	提交审计信息/篇
						审计处理处罚金额/万元	移送处理事项/件			
孙吴县审计局	25	6736	43	5256	27			2015	55	
绥化市										
绥化市本级	95	412070	215	765	115	119915	11	720	110	10
北林区审计局	8	6242	8		7	6224			13	
安达市审计局	28	7735	53		33	2		2	2	
肇东市审计局	11	606	17	12	13				11	
海伦市审计局	26	37264	45	2	36	1310	3	1310	59	
望奎县审计局	7	1273	6		7	4		372	14	
兰西县审计局	13	2197	10		17	1224		1221	24	
青冈县审计局	19	1805	9		19				35	
庆安县审计局	29	2170	12	2	30	1		1	40	
明水县审计局	6	50250	10		6				7	
绥棱县审计局	10	588	1		9				7	
大兴安岭地区行政公署										
大兴安岭地区行政公署本级	36	86083	122	10071	50	706	20	314	112	24
加格达奇区审计局	16	253	49		22	9	2	3	118	
松岭区审计局	9		37		16				29	
呼中区审计局	8		15		6				16	
新林区审计局	13	2258	22		13				30	10
漠河市审计局	31	1158	51	1	31	1152	2	1149	37	4
呼玛县审计局	56	2981	86	1786	79	318	3	98	101	
塔河县审计局	28	3887	53	1	48	933		920	55	2

上海市

【上海市审计局】 2020年，上海市审计局实有367人。设有20个内设机构，并按有关规定设置机关党委；下设上海市审计科学研究所、上海市审计培训中心、上海市审计信息中心等事业单位。12月25日，上海市审计培训中心整建制并入上海市审计科学研究所。

领导成员

局　　长：王建平（—10月）
　　　　　刘向民（10月—）

副局长、一级巡视员：于万云　孙　琪

副 局 长：徐　伟　吴晓玲

市纪委监委驻市财政局纪检监察组组长：
　　　　　刘　平

总审计师：杜　娟

正局长级干部：王建平（10月—）
　　　　　　　江小民

审计成果 2020年，上海市审计局完成审计项目60个。查出主要问题金额5318842万元；审计发现非金额计量问题2174个；审计期间整改金额188346万元；出具审计报告和审计调查报告70篇。审计处理处罚金额1694443万元；移送处理事项12件。审计整改落实有关问题资金2443985万元。审计提出建议535条；提交审计信息79篇。

政策落实情况跟踪审计 紧扣中央和本市重大政策和决策部署，加大跟踪审计力度，畅通政策落地"最后一公里"。按照审计署统一部署，围绕新增财政资金直达市县基层直接惠企利民、乡村振兴相关政策落实、对口支援和东西部扶贫协作等开展专项审计，推动"六稳""六保"要求落实。聚焦优化营商环境，重点关注中小企业扶持政策落实、放管服改革推进等情况，推动减轻企业负担，激发市场活力。

财政审计 深入开展"四本预算"、部门预算执行及决算草案审计，加大对一般性支出压减、预算绩效目标完成等情况的审计力度，加强对文化等专项资金使用情况的审计，推动严明财经纪律，严格预算约束。

疫情防控资金和捐赠款物专项审计 根据审计署统一安排，开展疫情防控资金和捐赠款物专项审计，促进及时拨付使用财政专项资金和采购物资，制定支持企业共抗疫情相关政策和社会捐赠款物管理等制度30多项。

民生审计 重点围绕"人民城市人民建，人民城市为人民"，聚焦养老、医疗、住房等重大民生政策，以及郊野公园、轨道交通建设等重大工程，开展审计调查，推动各项民生政策落实到位，促进优化城市布局和人居环境。

经济责任审计 深入贯彻落实中央两办经济责任审计规定和市委市政府办公厅印发的《关于贯彻落实〈党政主要领导干部和国有企事业单位主要领导人员经济责任审计规定〉的意见》，完善本市经济责任审计的体制机制。聚焦权力运行和责任落实，进一步提高经济责任审计计划安排的科学性，对部分领导干部（人员）组织开展经济责任审计，做到"轮审有覆盖，年度有重点，成果有聚焦"。继续推进自然资源资产离任审计工作。

固定资产投资审计 修订并形成《上海市市级政府投资项目审计监督办法》，经市政府办公厅转发，促进投资审计"从数量规模向质量效益、从单一工程造价审计向全面投资审计、从传统投资审计向现代投资审计"的转型。

相关工作 深入贯彻落实习近平总书记关于审计机关自身建设"立身立业立信"的重要要求，努力建设信念坚定、业务精通、作风务实、清正廉洁的高素质专业化审计干部队伍。深入开展"四史"学习教育，推动"一支部一品牌"建设，组织开展全市审计机关"四史"学习教育案例提炼、展示、评选活动，召开全市审计机关党建暨思想政治工作研究会第33次年会，举办青年理论学习小组理论学习教育交流会，切实提高政治站位和政治能力。强化作风建设，组织开展第34次全市审计机关职业道德检查月活动，严抓审计纪律监督检查。 （撰稿人：周阿江）

【黄浦区审计局】 2020年，黄浦区审计局实有51人。局长徐建荣，党组副书记邓雨生，副局长虞海琴、李娜、于腾、钱蕊。设有办公室、综合法规科、财政审计科、行政事业审计科、固定资产投资审计科、经济责任审计科、企业审计科、资源环境审计科、电子数据审计科、内部审计指导科。

审计成果 2020年，黄浦区审计局共完成审计项目36个。查出主要问题金额105198万元；审计发现非金额计量问题97个；审计期间整改金额4770万元；出具审计报告和专项审计调查报告60篇。审计处理处罚金额61542万元。审计促进整改落实有关问题资金88015万元。审计提出建议187条；提交审计信息48篇。

财政审计 开展预算执行及财政财务收支审计，全面推进财政一级预算单位审计全覆盖。结合政府会计准则制度的有关要求，在预算执行审计的基础上，有序推进对部门决算编制审计。

经济责任审计 坚持以任中审计与离任审计相结合，围绕权力运行和责任落实两个重点，以领导干部任职期间公共资金、国有资产、国有资源的管理、分配和使用为基础，加大对重大政策措施贯彻落实情况，对经济社会运行中各类风险隐患、对重点民生资金和项目等方面的审计力度。

固定资产投资审计 以促进重点建设资金落实到位和合理有效使用、促进建设单位严格遵守基建程序、强化项目管理为目标，对政府投资建设项目开展竣工决算审计和跟踪审计，促进提高政府投资建设项目管理水平和投资绩效，推动城区精细化管理。

资源环保审计 将财政审计、部门（单位）预算执行审计、党政领导干部和企业领导人员任期经济责任审计和政府性投资项目审计与资源环境审计有效结合，促进资源环境保护政策措施落实到位，机制不断完善，资金使用进一步规范，推动城市生态文明建设可持续发展。

专项资金审计 围绕促进就业、社区文化活动中心运行管理等民生资金和项目开展专项审计调查，促进国家相关政策措施落地生效，加强资源整合，完善管理机制，提升服务效能，提高资金使用管理和绩效水平，促进基础民生和质量民生双提高。

内部审计 继续推进《黄浦区关于加强内部审计工作的指导意见》《黄浦区单位内管干部管理的领导干部（人员）任期经济责任审计实施办法》贯彻落实，促进部门单位进一步建立健全内管干部经济责任工作机制，实现内部审计工作在审计理念、职能、方式等方面转型。通过组织调研和召开内管领导干部经济责任审计座谈会，指导帮助解决审计问题，交流经济责任审计工作经验，推动内管干部经济责任审计工作规范化、常态化。

审计查出问题整改 强化审计整改工作，健全审计整改工作制度，制定《黄浦区审计整改工作管理办法》。采取分类指导、“清单式”管理等措施，督促被审计单位认真整改审计查出问题，强化审计整改责任落实，切实提高整改质量和效果。 （撰稿人：钱　岚）

【徐汇区审计局】 2020 年，徐汇区审计局实有 32 人。局长沈洁，副局长王海燕、李松波，二级调研员魏敏。设有办公室、法规科（电子数据审计科）、财政审计科、经济责任审计科（内部审计指导科）、资源环境审计科、固定资产投资审计科、企业审计科。

审计成果 2020 年，徐汇区审计局完成审计项目 30 个。查出主要问题金额 138031 万元；审计发现非金额计量问题 67 个；审计期间整改金额 169 万元；出具审计报告和专项审计调查报告等 41 篇。审计处理处罚金额 2716 万元。审计整改落实有关问题资金 12430 万元。审计提出建议 35 条，提交审计信息 96 篇。

政策落实情况跟踪审计 配合上级审计机关开展疫情防控资金和捐赠款物专项审计，并结合区相关部门预算执行审计等项目重点关注捐赠款物的管理使用情况。对区新增财政资金直达基层直接惠企利民的情况开展跟踪审计，督促措施落地生效。

财政审计 组织对部分预算单位 2019 年度预算执行及其他财政财务收支情况和决算草案开展审计，并对部分预算单位 2019 年度项目经费执行情况开展延伸审计调查，促进财政预算执行绩效和预算管理水平双提升。组织对部分单位信息化系统开发和使用情况开展专项审计调查，促进“一网通办”“一网统管”更优建设。

经济责任审计 组织召开区经济责任审计工作联席会议，制发《徐汇区经济责任审计工作联席会议议事规则》，增强成员单位监督合力。落实《徐汇区单位内部管理的领导干部（人员）经济责任审计实施办法》，有序指导和推进内管干部经济责任审计工作开展。

固定资产投资审计 对总投资 3000 万元以上的政府投资项目实施竣工决算审计，同时对总投资 3000 万元以下的政府投资项目进行重点抽审，促进民生建设项目的规范化管理。

资源环保审计 制定形成资源环境审计工作指南和项目计划安排，通过“独立型＋结合型”模式统筹推进资源环境审计。首次组织开展领导干部自然资源资产审计，促进生态文明建设和自然资源资产节约集约利用、生态环境安全。

信息化建设 建立预算编制调整、预算执行、存量资金使用和“三公”经费使用等 11 个数据分析模型，探索大数据运用方法，提升数据分析成效，进一步提高审计监督效能。

内部审计指导 主动对接推进 7 家主管部门先行开展内管干部经济责任审计，有序拓展内部审计监督覆盖面。集中开展两办《规定》解读和以提升审计项目质量为主题的全区内部审计专题培训。撰写的论文《基层审计机关对内部审计指导监督的探索》获得审计署优秀论文表彰。

审计查出问题整改 对32家单位的审计整改情况进行回访检查，指导单位建立健全管理机制。

审计结果运用 编写审计发现的部分典型问题及案例，从资产资源管理、财政资金使用、服务项目购买、政府投资管理、国有企业管理以及内控制度执行等方面提炼共性问题，切实帮助被审计单位举一反三、整章建制。

（撰稿人：施　砚）

【长宁区审计局】 2020年，长宁区审计局实有31人。局长徐姗姗，副局长张健华、任卫红（—11月）、周静。设有办公室、综合计划科（秘书科）、法规科（内部审计指导监督科）、财政审计科、经济责任审计科、企业审计科、固定资产投资审计科、电子数据审计科。

审计成果 2020年，上海市长宁区审计局共完成审计项目25个。查出主要问题金额87362万元；审计发现非金额计量问题150个；审计期间整改金额149万元；出具审计报告和专项审计调查报告36篇。审计处理处罚金额1272万元。审计促进整改落实有关问题资金1278万元。审计提出建议148条；提交审计信息109篇。

政策落实情况跟踪审计 围绕助力区疫情防控、新增财政资金直达基层、节能减排政策、精品小区建设情况，完成政策措施贯彻落实跟踪审计4个，推进重大政策落实。

财政审计 完成对本级财政及6个部门预算执行及决算草案审计，以及对区一般公共预算、政府性基金预算、国有资本经营预算审计，对区预算单位2019年财政数据加强分析，推进对本级政府及一级预算单位数据分析审计“全覆盖”。

经济责任审计 完成12个部门18名区管领导干部经济责任审计。落实《长宁区区管领导干部（人员）任期经济责任审计分类管理办法》，首次将3个单位5名区管事业单位领导人员纳入国家审计计划范围。

固定资产投资审计 加大对重点区域、重大项目、重点资金的审计力度。以促进提高投资项目管理水平、工程质量和投资效益为目标，完成4个项目竣工决算审计。

审计查出问题整改 修订《长宁区审计局审计整改管理制度》。严格实行督促审计发现问题整改“对账销号”，坚持五级复核制度，做到整改一项、验收一项、“销号”一项；坚持审计发现问题整改落实情况“回头看”，形成“边审边改、督查整改、公开促改”工作格局。

信息化建设 完善局审计综合信息管理系统。在疫情防控期间，加大非现场审计力度。在各类审计中，探索运用测绘遥感、自动监测、图斑叠加多维分析、企业关联分析等技术手段。

内部审计 对区内部审计工作开展专题培训1次，近130人次内部审计干部参加。区属65家内部审计机构、123名内部审计人员共完成审计项目697个，审计发现绩效和合规类问题金额1624.47万元，审计发现问题整改金额1517.84万元，提出意见建议478条，在促进各部门单位完善内部治理、提升发展质量方面发挥积极作用。推荐上报春秋航空股份有限公司审计部连续第三次获评“全国内部审计先进集体”称号。

（撰稿人：高洁楠）

【静安区审计局】 2020年，静安区审计局实有35人。局长陈士林，副局长张雪云、刘靖。设有办公室、人事科、综合计划科、审理法规科、财政监督审计科、经济责任审计科、国资国企审计科、资源环境审计科、固定资产投资审计科、绩效审计科。

审计成果 2020年，静安区审计局共完成审计项目51个。查出主要问题金额342608万元；审计发现非金额计量问题248个；审计期间整改金额9531万元；出具审计报告和审计调查报告76篇。审计处理处罚金额42491万元。审计促进整改落实有关问题资金7384万元。提出审计建议211条；提交审计信息1篇。

财政审计 将资金、资产和资源全部纳入审计范围，持续加大对财政体制机制、重大政策执行、财政资金存量等方面的审查力度，着力实现数据采集全覆盖、一级预算单位审计全覆盖目标。

经济责任审计 围绕领导干部履职主线，开展区管领导干部（人员）经济责任审计，突出领导干部权力运行和责任落实两个重点，客观全面地反映和评价领导干部履职行为及其所产生的结果。

固定资产投资审计 开展政府投资建设项目竣工决算审计，促进提高公共投资绩效；对旧改项目开展审计，推动相关部门加强旧改项目征收补偿管理和监督，严格落实征收补偿方案，控制征收成本。

民生审计 对民生项目开展跟踪审计调查，有针对性提出细化区级规范要求等建议，促进发展成果更好惠及广大人民群众。

资源环保审计 开展领导干部自然资源资产离任（任中）审计，重点关注与自然资源资产有关的重大决策、政策执行、项目效果、制度建设等方面的情况，发挥审计在推进生态文明建设、打好污染防治攻坚战中的重要作用。

企业审计 围绕促进国有企业加强管理、防范经营风险、提高经济效益、保障国有资产保值增值，抓住权力运行和责任落实两个重点，关注国有企业的损益状况、突出矛盾和重大风险，维护国有企业和国家经济安全，推动国有企业提升核心竞争力。

专项资金审计 对部分专项资金使用情况开展绩效审计，协助被审计单位建立完善相关规章制度。

（撰稿人：卢成韵）

【普陀区审计局】 2020年，普陀区审计局实有30人。党组书记潘轶，局长薛飒飒，副局长余济荣、赵珞颖。设有办公室、综合法规科、财政审计科、企业审计科、经济责任审计科（资源环境审计科）、固定资产投资审计科、电子数据审计科和内部审计指导监督科（审计整改督查科）。

审计成果 2020年，普陀区审计局共完成审计项目38个。查出管理不规范金额4050万元；审计发现非金额计量问题111个；审计期间整改金额2578万元；出具审计报告和专项审计调查报告70篇。移送处理事项2件。审计促进整改落实有关问题金额3319万元。审计提出建议132条；提交审计信息11篇。

政策落实情况跟踪审计 参与东西部扶贫协作审计，助力打赢脱贫攻坚战。对各街道生活垃圾分类投放点建设情况专项核查，核减项目建设成本，促进各街道完善相关资料、加强项目管理。配合开展普陀区新增财政资金情况专项审计，促进中央财政直达资金分配更合理、使用更规范，推动“六稳”“六保”要求落实。

财政审计 深入开展2019年区本级财政和部分部门（单位）预算执行和决算草案审计，着重关注预算执行进度、存量资金使用管理、一般性支出压减等情况，严明财经纪律。

经济责任审计 贯彻落实经济责任审计规定，对部分部门党政领导干部以及区管企业、区管事业单位领导人员开展经济责任审计，促进领导干部（人员）依法履职、干事创业。

固定资产投资审计 认真落实普陀区政府投资建设项目审计监督办法，积极转变政府投资审计理念，开展9个竣工决算审计项目，促进政府投资建设项目管理更加规范。

专项资金审计 对普陀区2017年至2018年机构养老政策落实情况开展专项审计调查，促进保障和改善民生。参与开展疫情防控资金和捐赠款物专项审计，促进相关资金和物资安全高效使用。

审计查出问题整改 落实普陀区委审计委员会关于加强审计整改的工作要求，印发《中共上海市普陀区委审计委员会关于加强审计整改工作的管理办法（试行）》，制定《关于审计整改检查和督查办法（试行）》。

交办任务 根据普陀区人大《进一步加强审计查出突出问题整改情况的监督办法》要求，首次将重点问题的单项整改情况，作为向普陀区人大常委会汇报的审计整改情况报告的附件，加强与普陀区人大的审计整改监督工作协同。

（撰稿人：方　圆）

【虹口区审计局】 2020年，虹口区审计局实有28人。局长陈健，副局长景峥嵘（—4月）、裘晓俊、张岚、钱洁明（9月—）。设有办公室、综合法规科、财政金融审计科、政策执行审计科、资源环境审计科、国资国企审计科、经济责任审计科、固定资产投资审计科、内部审计指导科（审计整改督查科）。

审计成果 2020年，虹口区审计局共完成审计项目 29 个。查出主要问题金额 54229 万元；审计发现非金额计量问题 95 个；审计期间整改金额 6959 万元；出具审计报告和专项审计调查报告 37 篇。审计处理处罚金额 650 万元。审计促进整改落实有关问题资金 1713 万元。审计提出建议 167 条；提交审计信息 22 篇。

政策落实情况跟踪审计 参与审计署统一组织的税收和非税收入征管审计项目；配合市审计局完成本区 8 个街道办事处应对新冠肺炎疫情防控资金和捐赠款物专项审计；完成本区 8 个街道办事处 2018 年至 2019 年政府购买服务专项审计调查；完成新增财政资金专项审计阶段性工作。

财政审计 完成年度区本级预算执行和其他财政收支审计，完成部分区级预算单位的预算执行和其他财政收支审计。

经济责任审计 完成区级机关工作党委、区财政局、区规划资源局等 7 家单位经济责任审计。

资源环保审计 与经济责任审计同步完成区规划资源局领导干部自然资源资产离任（任中）审计。

信息化建设 通过加强非现场审计与现场审计的资源配置和协调衔接，探索运用“数据集中采集—数据综合分析—筛选排查疑点—现场查证核实”新模式。

内部审计 印发《关于加强街道内部审计工作的实施意见（试行）》。

相关工作 党建工作与业务工作同频共振，同向发力，推行“审计组＋临时党小组”党建模式。

（撰稿人：林子捷）

【杨浦区审计局】 2020 年，杨浦区审计局实有 33 人。党组书记、局长周兰萍，副局长贺东明、金迪、赵瑜，党组成员贺东明、周自余。设有办公室、法规科、财政审计科、经济责任审计科、投资审计科、企业审计科、行政事业审计科、内部审计指导监督科（审计整改督查科）。

审计成果 2020 年，杨浦区审计局完成审计项目 30 个。查出主要问题金额 7544 万元；审计发现非金额计量问题 132 个；审计期间整改金额 55 万元；出具审计报告和专项审计调查报告 42 篇。审计处理处罚金额 4980 万元。审计促进整改落实有关问题资金 4107 万元。提出审计建议 161 条；提交审计信息 20 篇。

财政审计 完成 2019 年度区本级预算执行和其他财政收支情况及 9 个单位预算执行和其他财政收支情况审计。

经济责任审计 对部分领导干部任职期间经济责任的履行情况开展审计。

固定资产投资审计 聚焦民生以及重大工程等建设项目，以区域建设重点工程为中心，政府投资审计项目涵盖新建扩建、园林绿化、信息化建设以及市政道路各领域，投资审计从建筑工程逐步向公共基础设施等领域拓展。

专项资金审计 进一步加大对重点民生资金和项目审计的力度，围绕民生热点开展审计。重点对中小锅炉提标改造和为老服务政策进行审计调查，对制度性建设、业务流程的封闭式管理以及业务的全过程监管模式提出建议，进一步夯实杨浦区的社会治理基础。

内部审计 组织开展内部审计优秀项目评比，开展内部审计机构计算机审计，进一步提高内部审计人员的实际操作能力，更好地发挥内部审计工作的监督职能作用。 （撰稿人：付 强）

【闵行区审计局】 2020 年，闵行区审计局实有 36 人。局长周国强，副局长周明、任筱华、徐红、邹旭华，四级调研员张志龙。设有办公室、综合法规科、财政审计科、行政事业审计科、资源环境审计科、企业审计科、经济责任审计科、固定资产投资审计科、整改督查科；下设闵行区审计中心。

审计成果 2020 年，闵行区审计局完成审计项目 39 个。查出主要问题金额 434066 万元；审计发现非金额计量问题 201 个；审计期间整改金额 236 万元；出具审计报告和审计调查报告 73 篇。审计处理处罚金额 4682 万元；移送处理事项 4 件。审计促进整改落实有关问题资金 3822 万元。审计提出建议 110 条；提交审计信息 7 篇。

政策落实情况跟踪审计 围绕市审计局、区委区政府工作部署，关注促进就业、精准治污、生态文明、民生改善，开展促进就业优先政策、大气污染防治政策、林业生态建设政策等专项审计调查。根据审计署、市审计局统一部署，组织开展疫情防控跟踪审计和新增直达资金专项审计工作，有效促进资金的及时拨付、精准使用、安全高效。

财政审计 以促进完善财政全口径预算管理为目标，开展2019年度本级预算执行和其他财政收支情况的审计、2019年度区本级财政决算（草案）审计项目，同时按照年度重点项目计划，完成相应单位的预算执行审计。

固定资产投资审计 开展上海进出口博览会（以下简称“进博会”）周边道路架空线入地前期配套工程等政府投资建设项目竣工决算审计重点项目。

审计查出问题整改 开展整改跟踪检查，推动形成审计整改监督管理闭环。注重发挥部门协同，与人大预算工委、检察院、巡察等部门加强协调配合，形成联动机制。开发“审计整改数字化管理平台”，实现审计全链条、全过程、全生命周期信息化管理。（撰稿人：张　清）

【宝山区审计局】 2020年，宝山区审计局实有32人。局长张晓宁，副局长邱大德、张海雁、张明华。设有办公室、综合法规科、财政审计科、经济责任审计科、企业审计科、政府投资审计科、资源环境审计科、内部审计指导监督科；下设宝山区审计管理与信息中心。

审计成果 2020年，宝山区审计局共完成审计项目28个。查出主要问题金额62253万元；审计发现非金额计量问题148个；审计整改期间金额1754万元；出具审计报告和专项审计调查报告52篇。审计处理处罚金额15662万元；移送有关部门处理事项3件。审计促进整改落实有关问题金额29563万元。审计提出建议108条，提交审计信息39篇。

政策落实情况跟踪审计 主动服务疫情防控工作，对全区25个重点单位防疫资金和物资跟踪检查，对本区新增财政资金的分配和管理使用情况跟踪审计，坚持边审边改、督促指导、规范管理，以审计监督实效助力疫情防控工作高效顺畅开展。围绕文化创意产业、镇管学校大中修工程等重点领域，组织开展专项审计调查，在完善政策措施、健全机制制度、堵塞管理漏洞等方面提出对策建议。

财政审计 加大对一般性支出压减、预算绩效目标完成等情况的审计力度，促进强化预算约束、严肃财经纪律、盘活存量资金、用好增量资金，促进加强“增收节支堵漏”工作。

经济责任审计 对部分党政领导干部开展经济责任审计，实现街镇换届前本轮经济责任审计全覆盖，促进领导干部更好履职尽责。

资源环保审计 对资源较丰富的1个镇开展独立型的领导干部自然资源离任审计，其余镇结合经济责任审计同步实施，推动领导干部切实履行自然资源资产管理和生态环境保护职责。

（撰稿人：张秀敏）

【嘉定区审计局】 2020年，嘉定区审计局实有47人。局长陆俊敏，党组书记韩忠顺（—10月）、陆俊敏（10月—），副局长徐青（—12月）、陆琴（12月—）、刘东、管月霞。设有办公室、人事科、综合法规科（审理科）、财政审计科、企业审计科、经济责任审计科、资源环境审计科（农业农村审计科）、固定资产投资审计一科、固定资产投资审计二科、社会保障审计科、电子数据审计科、内部审计指导监督科（审计整改督查科）；下设嘉定区审计信息中心。

审计成果 2020年，嘉定区审计局共完成审计项目21个。查出主要问题金额295163万元；审计发现非金额计量问题289个；审计期间整改金额13857万元；出具审计报告和审计调查报告29篇。审计处理处罚金额73812万元；移送处理事项5件。审计促进整改落实有关问题资金18651万元。审计提出建议46条；提交审计信息100篇。

财政审计 开展预算执行审计，重点关注项目进展、资金保障、风险防范、预算绩效目标完成及评价结果的应用等情况，着力反映预算编制执行、资金、资产管理等问题，促进厉行节约和规范管理。

经济责任审计 开展区管领导干部（人员）经济责任审计。通过审计揭示问题、客观作出评价，发挥经济责任审计在廉政建设中的作用。制定《2020年嘉定区经济责任审计工作要点》，撰写2019年度经济责任审计情况综合分析报告，完善协作配合沟通机制，强化结果运用，优化领导干部经济责任审计评价指标，促进领导干部履职尽责、担当作为。

固定资产投资审计 开展政府投资建设项目竣工决算审计，重点对项目建设程序等情况进行审计监督。对社会审计机构出具的相关审计报告开展核查。

资源环保审计 结合经济责任审计开展党政主要领导干部自然资源资产离任审计工作，推动领导干部认真履行自然资源资产管理和生态环境保护责任，促进自然资源资产节约集约利用和生态环境安全。

专项资金审计 开展专项资金管理使用情况审计调查，督促被审计单位抓好整改落实，标本兼治，重在源头治理、系统治理。

内部审计 内部审计机构共完成财务收支审计、经济效益审计、经济责任审计、内部控制评审项目、信息系统审计等各类审计项目3899个。

相关工作 制定《嘉定区关于实行审计全覆盖的实施意见》《嘉定区审计局谈心谈话制度》《嘉定区审计局财务管理制度》等10项制度。在浙江大学举办2020年审计干部履职能力提升专题培训班。嘉定审计精品文化阵地——“嘉定审计展示馆”建设完成。 （撰稿人：张伟康）

【浦东新区审计局】 2020年，浦东新区审计局实有58人。局长康晴华，副局长吕军、龚建伟、殷芹。设有办公室（组织人事处、电子数据审计处）、综合法规处（审计整改督查处）、财政审计处（行政事业审计处）、经济责任审计处（内部审计工作指导处）、综合经济审计处、投资建设审计处、资源环境审计处（绩效审计处）；下设浦东新区审计管理与信息中心。

审计成果 2020年，浦东新区审计局共完成审计项目49个。查出主要问题金额1682837万元；审计发现非金额计量问题476个；审计期间整改金额34910万元；出具审计报告和专项审计调查报告66篇。审计处理处罚金额71803万元，移送处理事项8件。审计促进整改落实有关问题资金2860358万元。审计提出建议129条；提交审计信息47篇。

财政审计 开展预算执行及财政财务收支审计，实施对63家一级预算单位全覆盖审计，将一般公共预算、政府性基金预算、国有资本投资经营预算全部纳入审计范围，重点关注减税降费和疫情防控背景下公用经费预算压减情况、预算绩效目标完成及评价结果的应用情况。

经济责任审计 围绕公共权力规范运行，开展区管领导干部经济责任审计和自然资源资产责任审计，促进领导干部守法守纪守规尽责，促进市委巡视整改要求得到有效落实。推进经济责任审计分类管理，实现对区管五级事业单位领导干部的审计全覆盖，促进干部依法行政和规范用权。

固定资产投资审计 落实投资审计转型要求，推进全链条、全流程监督，开展历年政府投资建设项目清算、委托审计质量抽审及新区招标投标运行情况调查，推动提高政府投资建设项目（资金）绩效。

企业审计 开展行政事业单位受托监管企业资产负债损益审计和行政事业单位受托监管企业经营管理情况审计调查，促进区属企业规范经营和防范风险。

专项资金审计 聚焦新区改革发展、社会治理、环境保护及民生项目等重点领域，开展财政资金专项审计和专项审计调查，有力推动重大政策措施落地生效，强化风险预警功能。

内部审计 指导浦东新区第四届内部审计协会理事会扎实开展服务管理工作，完善年度内部审计计划报备及内部审计工作考核制度，拓展“双月培训”“以审代训”等范围，不断增强基层内部审计审核把关和防范风险的能力。

相关工作 扎实推进“巡审一体化”工作，与区委巡察办公室加强计划对接、同步巡审、整改联动及信息资源共享。加强审计整改“1＋1＋X”制度体系建设，完善规范整改落实、检查、评估、公开、问责等机制。 （撰稿人：姜学诗）

【金山区审计局】 2020年，金山区审计局实有29人。局长李永革，副局长胡炎培、朱萃新、陈建鲁。设有办公室、法规审理科、财政审计科、行政事业审计科、经济责任审计科、固定资产投资审计科、企业审计科、内部审计指导监督科、资源环境审计科、审计整改督查科；下设金山区审计中心。

审计成果 2020年，金山区审计局共完成审计项目49个。查出主要问题金额109365万元；审计发现非金额计量问题73个；审计期间整改金额1万元；出具审计报告和专项审计调查报告63篇。审计处理处罚金额16603万元。审计促进整改落实有关问题资金10793万元。审计提出建议11条；提交审计信息96篇。

政策落实情况跟踪审计 开展应对新冠肺炎疫情防控资金和捐赠款物使用管理、税务部门2019年度预算执行、财政管理、新增财政资金直达市县基层直接惠企利民情况等审计，提出审计建议。

财政审计 完成2019年度区财政局具体组织本级预算执行及其他财政收支情况审计和部分区本级预算部门2019年度预算执行情况的审计。

经济责任审计 受区委组织部委托，开展部分领导干部经济责任审计和领导干部自然资源资产离任（任中）审计。

内部审计 全区镇级、部门内部审计共完成审计项目1914个，查出损失浪费和促进增收节支金额2655万元；审计提出意见被采纳403条。

（撰稿人：何玉凤）

【松江区审计局】 2020年，松江区审计局实有33人。党组书记金飞龙，局长吴玲，副局长张皓（—6月）、袁洪斌、徐斐丰、吴英（6月—）。设有办公室、综合业务科（审理科）、财政审计科、行政事业审计科、环境资源审计科、经济责任审计科、国资国企审计科、固定资产投资审计科、电子数据审计科、内部审计指导监督科（审计整改督查科）；下设松江区审计中心。

审计成果 2020年，松江区审计局共完成审计项目15个。查出主要问题金额43533万元；审计发现非金额计量问题119个；审计期间整改金额312万元；出具审计报告和专项审计调查报告16篇。审计促进整改落实有关问题资金44505万元。审计提出建议39条；提交审计信息3篇。

财政审计 开展预算执行及财政财务收支审计，深度推进融合式审计，以财政审计为龙头，统筹其他各类型项目重点事项的确定及进度，同步系统推进，保证审计的广度和深度。

经济责任审计 开展区管领导干部（人员）经济责任审计，重点推动经济责任审计整改。在加强指导和沟通的基础上，建立经责审计整改结果上会机制倒逼问题整改到位。

固定资产投资审计 强化投资审计监督的时效性，对重大政府投资项目持续跟踪，及时发现建设及结算过程中的问题；加强对项目建成运营后管理情况的关注，促进落实建设项目的资金效益和社会效益。

专项资金审计 立足防范和及时化解重大风险隐患及难题，对区中小企业融资担保业务风险情况开展专项审计调查。

审计科研 完成《新时代基层审计机关深化审计整改的思考》科研课题，从基层审计整改工作现状切入分析存在的问题并分析原因，提出审计整改“治标”“治本”两个衡量维度以及完善审计整改工作机制的建议。 （撰稿人：车懿栋）

【青浦区审计局】 2020年，青浦区审计局实有33人。局长朱民，副局长赖伟春、章福生、汪畅、金海疆（7月—）。设有办公室、组织人事科、综合法规科、财政审计科、资源环境审计科、企业审计科、经济责任审计科、固定资产投资审计科、固定资产投资稽察科、内部审计指导监督科等。

审计成果 2020年，青浦区审计局共完成审计项目49个。查出主要问题金额1256299万元；审计发现非金额计量问题177个；出具审计报告和专项审计调查报告60篇。审计处理处罚金额151712万元；移送处理事项5件。审计促进整改落实有关问题资金232184万元。审计提出建议97条；提交审计信息7篇。

政策落实情况跟踪审计 围绕“进博会”和长三角一体化发展示范区两大国家战略，重点关注党中央、市委、区委重大政策的贯彻落实，组织对12个政府性投资的“进博会”配套项目开展稽查；组织开展新增财政资金直达市县基层直接惠企利民情况专项审计。

财政审计 开展预算执行审计，运用大数据技术对预算单位重要事项实施全覆盖审计，提升审计全覆盖成效，促进各单位提高财政预算管理水平。

经济责任审计 调整成立区经济责任审计工作联席会议。围绕干部履职主线，突出权力运行和责任落实，开展区管领导干部（人员）经济责任审计。坚持推进“审前公示、联合进点、联合反馈、联合督查整改”，向联席会议成员单位及区委巡察办等部门进行审前意见征询。

固定资产投资审计 组织开展跟踪审计和区重大项目竣工决算审计。聚焦政府投资项目重要领域和关键环节，加强过程控制，促进完善投资项目管理体系。

资源环保审计 制订《2019—2021年资源环境审计工作发展计划》，明确审计目标、任务、措施。开展资源环境和民生领域等绩效情况专项审计调查，从绩效审计角度推动惠民政策优化。结合领导干部经济责任审计开展自然资源资产离任（任中）审计，促进领导干部树立绿色发展理念，自觉履行自然资源管理和环境保护责任。

信息化建设 推进“集中分析＋分散核查”模式，制订预算单位全覆盖审计方案；推进审计数据资源库建设和数据共享，加大跨部门、跨行业的数据分析力度；推进数据审计方法体系建设，试点村级财务数据大数据审计，完善数据审计方法体系。

内部审计 注重内部审计标准化建设，印发《青浦区内部审计工作指导手册》；落实《青浦区审计局内部审计工作挂钩联系制度》，加强分类指导；组织开展部门预算、经济责任、政府投资等审计风险提示培训，落实内部审计人员挂职参与审计项目，提升内部审计综合能力。

审计查出问题整改 推动与相关职能部门形成整改联动机制，由组织部、区财政局、区发展改革委根据审计发现问题清单，分别对经济责任审计、预算执行审计、投资审计结果进行研判，提出分类处置建议，持续推进审计闭环管理机制。

（撰稿人：薛纯映）

【奉贤区审计局】 2020年，奉贤区审计局实有24人。局长徐秋官，副局长王斌、宋亮、曹小薇。设有办公室、法规科、固定资产投资审计科、财政审计科、经济责任审计科、行政事业审计科、企业审计科、资源环境审计科、电子数据审计科；下设奉贤区审计中心。

审计成果 2020年，奉贤区审计局共完成审计项目44个。查出主要问题金额112167万元；审计发现非金额计量问题133个；审计期间整改金额1831万元；出具审计报告和专项审计调查报告60篇。审计处理处罚金额75560万元；移送处理事项1件。审计促进整改落实问题资金73382万元。审计提出建议25条；提交审计信息234篇。

政策落实情况跟踪审计 围绕深化改革、改善民生、乡村振兴、社会治理等区委和区政府重点工作，开展2020年稳增长等政策措施落实情况跟踪审计和奉贤区乡村振兴战略相关政策落实情况专项审计调查。对新增财政资金直达市县基层直接惠企利民情况进行跟踪审计。根据区新增财政资金拨付下达进度和规模情况安排审计内容，重点关注应急储备物资的采购、验收及管理情况。实地核查采购合同、物资验收单、接收移交手续及仓库管理等，发挥审计监督作用，规范中央直达资金使用，促进应急储备物资发挥最大效益。

财政审计 围绕“查问题、防风险、提绩效、促改革、助发展”目标，开展区财政局组织区级预算执行审计。关注财政支出绩效、重大政策落实、部门内控制度和政府性基金管理使用等情况，在预算执行审计部门和事业单位的财务收支审计中，查出预算编制、内部管理等方面的问题。

经济责任审计 结合部门预算执行审计、国有企业资产负债损益审计、领导干部自然资源资产（离任）审计，同步开展部门（单位）党政领导干部和区管企业领导经济责任审计。

固定资产投资审计 围绕政府投资重大项目推进情况，开展竣工决算审计项目，重点关注政府投资项目前期审批、招标投标管理、施工过程、竣工验收、决算办理等建设管理关键环节。

资源环保审计 开展领导干部自然资源资产（离任）审计和2019年度水环境综合整治情况专

项审计调查工作。

内部审计 建立局领导班子内部审计工作联系制度，明确相应责任。召开内部审计工作座谈会，落实拓展内部审计职能、加强购买服务监督管理等整改措施。全年完成内部审计项目1175个，发现问题1018个。

审计科研 采用各种途径加强培训研究，提升审计队伍素养。组织编印《问题与建议》手册，列举审计中发现的主要问题及其表现，有针对性地提出审计建议，整理汇总调研报告、课题研究、案例分析等形成《实践与思考》《分析与研究》，供审计干部学习交流。

（撰稿人：郑伟丹）

【崇明区审计局】 2020年，崇明区审计局实有31人。局长郑勇，副局长黄幸家、祖红耘。设有办公室、综合法规科、财政审计科、行政事业审计科、企业审计科、经济责任审计科和固定资产投资审计科；下设崇明区审计信息中心。

审计成果 2020年，崇明区审计局共完成审计项目102个。查出主要问题金额566645万元；审计发现非金额计量问题120个；审计期间整改金额119631万元；出具审计报告122篇。审计处理处罚金额137333万元。审计促进整改落实有关问题资金102780万元。审计提出建议244条，提交审计信息60篇。

财政审计 进一步强化对财政资金的全链条监督，对区财政局组织2019年度本级预算和其他财政收支情况实施审计。以促进落实各项政策措施，规范预算管理为目标，对部分部门2019年度预算执行和其他财政收支情况进行审计。实施新增财政资金直达市县基层直接惠企利民情况跟踪审计等专项审计项目。

三大攻坚战审计 围绕自然资源资产管理和生态环境保护政策执行、资金征管等内容，实施领导干部自然资源资产离任（任中）审计项目。

经济责任审计 以政策执行、财政财务收支管理、资产管理、工程项目管理和企业经营管理等为重点，积极开展经济责任审计。

固定资产投资审计 进一步强化政府投资项目全过程审计监督，实施固定资产投资项目竣工决算审计时，重点关注招标投标管理、待摊费用核算、投资成本控制、财务监理管理等；实施阶段性跟踪审计时，重点关注项目投资控制和资金管理、项目建设管理等。

专项资金审计 根据审计署和市审计局安排，首次参与对税务部门放管服及预算执行审计。

内部审计 全区共有内部审计机构76个，其中专职机构6个；内部审计人员249人，其中专职人员14人。2020年全区内部审计机构共完成审计项目713个，发现问题726个，查出问题主要金额3241万元，提出建议意见被采纳608条。

（撰稿人：孙文渊）

2020年上海市本级及所辖区级审计工作统计表

审计机关	完成审计项目/个	审计查出主要问题金额/万元	审计发现非金额计量问题/个	审计期间整改金额/万元	出具审计报告和审计调查报告/篇	审计处理情况		审计促进整改落实有关问题资金/万元	审计提出建议/条	提交审计信息/篇
						审计处理处罚金额/万元	移送处理事项/件			
上海市本级	60	5318842	2174	188346	70	1694443	12	2443985	535	79
黄浦区审计局	36	105198	97	4770	60	61542		88015	187	48
徐汇区审计局	30	138031	67	169	41	2716		12430	35	96
长宁区审计局	25	87362	150	149	36	1272		1278	148	109
静安区审计局	51	342608	248	9531	76	42491		7384	211	1

（续表）

审计机关	完成审计项目/个	审计查出主要问题金额/万元	审计发现非金额计量问题/个	审计期间整改金额/万元	出具审计报告和审计调查报告/篇	审计处理情况		审计促进整改落实有关问题资金/万元	审计提出建议/条	提交审计信息/篇
						审计处理处罚金额/万元	移送处理事项/件			
普陀区审计局	38	4050	111	2578	70		2	3319	132	11
虹口区审计局	29	54229	95	6959	37	650		1713	167	22
杨浦区审计局	30	7544	132	55	42	4980		4107	161	20
闵行区审计局	39	434066	201	236	73	4682	4	3822	110	7
宝山区审计局	28	62253	148	1754	52	15662	3	29563	108	39
嘉定区审计局	21	295163	289	13857	29	73812	5	18651	46	100
浦东新区审计局	49	1682837	476	34910	66	71803	8	2860358	129	47
金山区审计局	49	109365	73	1	63	16603		10793	11	96
松江区审计局	15	43533	119	312	16			44505	39	3
青浦区审计局	49	1256299	177		60	151712	5	232184	97	7
奉贤区审计局	44	112167	133	1831	60	75560	1	73382	25	234
崇明区审计局	102	566645	120	119631	122	137333		102780	244	60

江苏省

【江苏省审计厅】 2020 年，江苏省审计厅实有 228 人。设有省委审计委员会办公室秘书处、办公室、综合处、法规与审理处、内部审计指导监督处、电子数据审计处、财政审计处、绩效督查处、行政事业审计处、农业农村审计处、固定资产投资审计处、社会保障审计处、自然资源和生态环境审计处、金融审计处、企业审计处、涉外审计处、经济责任审计局、人事教育处（离退休干部处）、机关党委、派出审计一处、派出审计二处、派出审计三处、派出审计四处、派出审计五处；下设江苏审计科研所、厅机关服务中心等事业单位。

领导成员

厅　　长：侯学元

副 厅 长：葛笑天　葛红民　王晓红　李海洋

总审计师：印兴国

省纪委监委派驻纪检监察组组长：杨　光

一级巡视员：褚宗明（—10 月）

二级巡视员：谈惊雷　王金富

审计成果　2020 年，江苏省各级审计机关完成审计（调查）项目 2859 个，完成各级党委、政府及上级审计机关等交办、配合事项 1971 件。查出各类违规问题金额 74 亿元；促进增收节支和避免损失 91 亿元；推动被审计单位建立健全规章制度 499 项。出具审计报告和专项审计调查报告 3806 篇，向社会发布审计结果公告 337 篇；向司法机关、纪检监察机关和有关部门移送处理事项 482 件；向被审计单位或有关单位提出审计建议 8047 条，其中被采纳 6275 条，占比 78%；提交审计专题报告、综合性报告和信息简报等审计信息 2205 篇，其中被各级党委、政府和有关部门批示、采用 1287 篇次，占比 58.4%。

江苏省审计厅实施的宜兴市原市委书记、市长任职期间经济责任履行情况审计项目、南京市审计局南京某公司董事长任职期间经济责任履行情况审计项目被审计署评为 2019 年度全国省级审计机关优秀审计项目一等奖；淮安市审计局实施的淮安某集团2014年至2017年财务收支情况审计项目被审计署评为2019年度全国市级审计机关优秀审计项目一等奖；南京市溧水区审计局实施的南京某公司董事长（原总经理）任职期间经济责任履行情况审计项目被审计署评为2019年度全国县级审计机关优秀审计项目二等奖。

审计委员会及办公室工作情况 7月13日，召开省委审计委员会第四次会议，传达学习习近平总书记对审计工作的重要指示精神，审议2019年度省级预算执行和其他财政支出情况审计报告，听取上半年审计工作情况汇报，研究部署下半年审计工作。12月31日，召开省委审计委员会第五次会议，审议2019年度省级预算执行和其他财政收支审计查出问题整改情况报告、2021年度审计项目计划，研究部署审计工作。6月，中共江苏省委审计委员会办公室印发《中共江苏省委审计委员会成员单位联络员制度》。该制度明确了省委审计委员会成员单位联络员工作机制，并对联络员职责、联络员会议、联络沟通工作等作出规范。

政策落实情况跟踪审计 组织对新增财政资金开展专项审计，推动全省593亿直达资金直接惠企利民。组织开展政府债务和隐性债务风险防范跟踪审计，并联合省债务专班对部分地区开展督查，督促14个地区建立健全规章制度22项。对江苏省科技改革等政策措施落实情况开展审计调查，推动政策落地见效。持续加大对稳就业、减税降费、清理拖欠民营企业中小企业账款等政策落实情况的审计力度，全年共督促归还拖欠账款15.6亿元、退还多收税费3661.3万元。

财政审计 组织对2019年度省级预算执行和其他财政收支情况进行审计，重点审计省级预算执行和决算草案编制情况，融合开展财政资金提质增效、省以上专项转移支付、政府债券审计，推动修订完善2个专项资金管理办法，促进清理盘活各类存量资金154.8亿元。组织对省级109家一级预算单位的电子数据进行总体分析，对其中60家单位进行现场审计与核实，促进“三公”经费及会议费、培训费较上年同比下降17.94%。配合审计署南京特派办对全省税务部门实施审计，督促省税务局完善4项税收监管机制。7月30日，受省政府委托，省审计厅厅长向省十三届人大常委会第十七次会议作《关于江苏省2019年度省级预算执行和其他财政收支情况的审计工作报告》，向社会公布审计结果。

疫情防控资金和捐赠款物专项审计 组织全省700多名审计人员开展疫情防控和社会捐赠款物专项审计，及时向各级慈善组织和红十字会发出《风险提示函》，推动建立健全物资管理等制度20余项，发挥审计预警功能，保障84.15亿元疫情防控款物及时规范使用。

民生审计 组织对12个省重点帮扶县（市、区）扶贫政策落实情况进行审计，共抽查财政扶贫专项资金11.53亿元，促进233个项目核发扶贫资产产权登记证书993个，收回资产收益415.43万元。组织对公立医院综合改革政策落实情况实施专项审计调查，重点揭示医疗服务价格、医保支付方式、药品耗材采购政策改革，以及现代医院制度建立、政府投入责任落实等方面存在的问题，推动全省公立医院深化改革。组织对全省54个市县统筹区2017年至2019年企业职工基本养老保险基金进行专项审计，揭示重复参保、应保未保等问题金额98.64亿元，促进夯实全省企业职工基本养老保险省级统筹制度基础。组织对无锡、徐州市2019年城镇职工、城乡居民基本医疗保险基金进行审计，揭示两市医保基金支出审核把关不严等问题，以及一批涉嫌骗取医保基金的违法线索，规范基金运行管理。深入开展保障性安居工程和苏北农房改善跟踪审计，促进提升民生福祉。

经济责任审计 完成1228名领导干部经济责任审计，查出领导干部负有直接责任的违规金额1730万元、损失浪费金额2.57亿元，促进增收节支7.50亿元，提出审计建议3333条，被采纳2527条，审计报告、审计信息等被批示、采用309篇次。逐年加大任中审计比例，2020年省管主要领导干部经济责任任中审计占比83%；大力推行“党政同审”，地方党政主要领导干部经济责任审计与自然资源资产离任审计同步安排。8月，调整成员后的省经济责任审计工作联席会议第一次全体会议召开，审议通过《江苏省经济责任审计工作联席会议议事规则》《江苏省经济责任审计工作联席会议办公室工作规则》等。

固定资产投资审计 组织对交通、水利、产业、民生等领域的35个省级政府投资重大项目2019年度推进情况、建设管理情况、投资效果情况，以及投资建设领域贯彻落实稳投资、“放管服”改革等政策措施情况进行审计，促进提高项目审批效率、完善工程建设领域农民工工资支付管理。

资源环保审计 对江苏省159名领导干部开展自然资源资产离任审计，共查出耕地和基本农田保护监管不力面积19.45万亩、欠征或违规返还资金43.95亿元、耕地保护专项资金未按规定使用或闲置13.59亿元等问题，促进完善出台各项制度26项。开展沿江8市水污染防治专项审计，促进21.31亿财政资金及时拨付到位，推动完善出台各项制度27项。

金融审计 组织开展省政府投资基金运营管理情况审计调查，推动发挥拉动社会资本、服务实体经济作用。

企业审计 组织对东部机场集团有限公司、江苏省苏豪控股集团有限公司等6家省属国有企业主要领导人员开展经济责任审计，着力揭示企业重大违法违纪、重大管理漏洞和重大风险隐患等问题，切实维护国有资产安全。组织开展省属国有企业境外投资和境外国有资产管理使用情况审计调查，初步摸清境外投资和境外国有资产家底，促进规范省属国有企业境外投资行为，完善风险管控体系。

信息化建设 推进科技强审工作，完成金审工程三期项目初步设计，并向审计署和省发展改革委报批。完成全省财政数据、一级预算单位财务数据采集报送，开展全省社保行业数据采集汇总。召开全省科技强审座谈会，开展优秀大数据审计项目评选。严格落实网络安全责任制等相关制度，强化网络安全建设和管理，江苏省审计厅连续3年被省委网信办评为“网络安全先进单位”，连续5年被评为省级等保测评先进单位。

审计科研 出台《江苏省审计厅审计科研课题管理暂行办法》。完成省决策咨询课题、中国审计学会合作课题、省社科应用研究精品工程课题和省高质量发展综合考核专项课题。建立全省审计理论研究人才库，南京、苏州、无锡等地举办审计理论培训班、青年审计论坛和青年审计沙龙。

审计查出问题整改 8月17日，江苏省政府召开第63次常务会议，专题研究省级预算执行审计查出问题整改工作。8月28日，省政府首次召开省、市、县（市、区）三级政府及相关部门单位参加的全省审计整改工作推进电视电话会议，通报审计查出问题，并就整改工作进行部署。省审计厅对省级预算执行审计查出的问题，实行清单管理、建立台账、跟踪督促、对账“销号”。截至年底，审计工作报告反映的5大类370个明细问题中，已整改到位的有368个，整改完成率达99%；通过整改，促进增收节支79亿元，促进资金拨付4.21亿元，统筹盘活存量资金84.11亿元，推动制定完善制度39项。

内部审计 3月1日，《江苏省内部审计工作规定》正式施行，荣获省法治建设创新奖。在全国率先召开内部审计工作政府新闻发布会。与省国资委、水利厅等部门签订合作框架意见，构建审计机关与行业主管部门联合推动内部审计工作的合作模式。分类开展内部审计指导监督工作，先后组织召开省级机关、省属企业、省属高校和全省审计机关内部审计工作推进会。

相关工作 2020年是江苏省审计机关高质量发展推进年。扎实开展“五抓五促”专项行动，巩固深化“不忘初心、牢记使命”主题教育成果，持续开展厅机关内部政治巡察，厅党组获评全省党委（党组）理论学习中心组示范点。完善审计统筹机制，加强纵向联动和横向协作，推动财政审计、经济责任审计和政策跟踪审计融合实施；首次组织对社会审计机构相关审计报告进行核查，审计改革成果进一步深化。加强全流程管控，抓好项目可行性研究和后评估，质量强审举措进一步落实。开展首届30名审计专业领军人才评审和入库工作，印发《江苏省审计厅公务员平时考核实施办法（试行）》，人才队伍建设进一步强化。

（撰稿人：马仕贵）

【南京市审计局】 2020年，南京市审计局实有208人。局长姬桂玲（—5月）、林峥（5月—），副局长万晓义、朱益强、薛剑春、张彦勤，总审计师任慧莉，市委审计委员会办公室专职副主任史慧明。设有秘书处、办公室、综合处、法规与审理处、内部审计指导监督处、电子数据审计处、财政审计处、行政政法审计处、科教文审计处、农业农村审计处、固定资产投资审计处、社会保障审计处、资源环境审计处、金融审计处、企业审计处、外资运用审计处、经济责任审计处、人事教育处（离退休干部处）、机关党委、国有企业领导干部经济责任审计处、重大项目审计处；下设南京市政府投资项目审计中心、南京市审计干部培训中心。

审计成果 2020年，南京市审计机关完成审计项目221个，促进增收节支和挽回损失7.37亿元；移送处理事项80件。审计提出建议698条。

南京市审计局实施的南京某公司董事长任职期间经济责任履行情况审计项目被审计署评为2019年度全国省级审计机关优秀审计项目一等奖；南京市溧水区审计局实施的南京某公司董事长（原总经理）任职期间经济责任履行情况审计项目被审计署评为2019年度全国县级审计机关优秀审计项目二等奖；另5个项目被评为省优秀审计项目。市审计局获全省审计机关综合考核第一。

审计委员会办公室工作 全市和2个区建立经济责任审计工作和自然资源资产离任审计工作联席会议制度，构建“一体两翼”工作机制。市委审计委员会先后召开第三、第四次会议，审议年度审计计划、同级审报告等重大事项，制定出台《关于深入推进审计全覆盖实施意见》。

政策落实情况跟踪审计 围绕“六稳”“六保”、三大攻坚战、建设“创新名城、美丽古都”等中央和省市重大决策部署，组织开展减税降费、清理拖欠民营企业中小企业账款、招商引资及营商环境、扶贫协作和援疆资金等审计。开展新增财政资金直达基层专项审计，助力全市46亿直达资金直接惠企利民。

财政审计 围绕政府过“紧日子”要求，促进财政统筹盘活资金近48.7亿元。

疫情防控资金和捐赠款物专项审计 组织全市审计机关14个审计组开展疫情防控专项资金审计，推动建立健全制度10余项。

民生审计 开展公立医院综合改革政策、保障性安居工程、企业职工基本养老保险等审计。首次对全市200余个基础教育设施建设情况进行审计调查。牵头负责“阳光惠民”监管系统。

固定资产投资审计 聚焦“美丽古都”建设，开展地铁宁高、宁和线，以及南京长江大桥改造等项目决算审计。向市人大常委会报告2019年度政府投资建设项目审计情况。

资源环保审计 开展长江经济带（南京段）水污染防治、9个镇街（部门）领导干部自然资源资产离任审计。

内部审计 协调全市内部审计机构人员30余人参与国家审计项目。组织5期逾400人开展内部审计技能提升培训。

相关工作 智慧党建信息系统成为国家机关工委典型案例，“让党旗在审计一线飘扬”活动参展全国优秀党建工作创新案例。

（撰稿人：王安生）

【无锡市审计局】 2020年，无锡市审计局实有97人。局长刘燕萍，副局长谢浩峻、龚备英、潘海刚、唐盈洁，总审计师钱芳（9月—）。设有办公室（市委审计委员会办公室秘书处）、法规与审理处、内部审计指导督察处、电子数据审计处、财政审计处、行政事业审计处、农业农村审计处、固定资产投资审计处、社会保障审计处、自然资源和生态环境审计处、金融审计处、企业审计处、涉外审计处、经济责任审计处、无锡经济开发区审计处、人事教育处、机关党委。

审计成果 2020年，无锡市审计机关共完成审计项目284个，其中审计252个、专项审计调查32个。查出主要问题金额5374571万元，其中违规金额83220万元、损失浪费金额8121万元、管理不规范金额5283230万元；审计发现非金额计量问题1308个；损益（收支）不实金额683061万元；审计发现侵害人民群众利益386万元；出具审计报告和专项审计调查报告430篇，被批示、采用68篇次。审计处理处罚金额347466万元，其中应上缴财政137045万元、应减少财政拨款或补贴22848万元、应归还原渠道资金54126万元、应缴纳其他资金4153万元、应调账处理金额129294万元；移送司法机关、纪检监察机关和有关部门处理事项37件，移送处理落实事项9件，涉及人员16人，移送处理金额192122万元。审计促进整改落实有关问题资金248798万元；审计促进拨付资金到位24810万元；审计后挽回（避免）损失1882万元；核减投资额110232万元。审计提出建议783条，被采纳740条；推动被审计单位制定整改措施623项；促进被审计单位建立健全规章制度31项；提交审计信息188篇，被批示、采用134篇次。向社会公告审计结果8篇。

江阴高新技术产业开发区管委会原副主任经济责任审计项目被评为省优秀审计项目一等奖，无锡市住房公积金运行情况审计获优秀大数据审计项目。

政策落实情况跟踪审计 对“惠企二十条”、公立医院综合改革、就业优先、乡村振兴等政策落实情况进行审计。

财政审计 对市本级所有一级预算单位部门预算执行情况进行总体数据分析，对商务发展等专项资金进行审计。

三大攻坚战审计 组织各市（县）区开展政府隐性债务化解情况审计2次；赴青海完成东西部扶贫协作情况审计；实施长江经济带水污染防治、碧水保卫战等审计及9名领导干部自然资源资产离任审计。

疫情防控资金和捐赠款物专项审计 开展疫情防控资金、社会捐赠款物、重点保障企业贴息贷款等专项审计。

民生审计 开展农村人居环境、老旧住宅整治、医疗保险基金、农村“三资”管理等审计。

经济责任审计 共审计领导干部85名，查出负有直接责任和主管责任违规金额92万元。

固定资产投资审计 完成城市轨道交通等政府投资工程竣工决算审计55个，核减11.02亿元。

（撰稿人：庄　严）

【徐州市审计局】 2020年，徐州市审计局实有90人。局长刘新川，副局长王锐英、朱香峰、周光卯、姚念璞，中共徐州市委审计委员会办公室副主任赵慧慧，总审计师姜文。设有审计委员会办公室秘书处、办公室、综合处、法规和审理处、综合处、电子数据处、经济责任处、内部审计处、绩效处、重大项目处、财金处、农业处、社保处、涉外处、行事处、企业处、投资处、资环处、开发区处、组织人事处、机关党委；下设市国有企业监事会服务中心。

审计成果 2020年，徐州市审计机关共完成审计项目346个，其中审计230个、专项审计调查16个。查出主要问题金额5430152万元，其中违规金额1476万元、管理不规范金额5428674万元；审计发现非金额计量问题764个；损益（收支）不实金额324931万元；侵害人民群众利益115万元；出具审计报告和专项审计调查报告336篇，被批示、采用19篇次。审计处理处罚金额876353万元，其中应上缴财政1836万元、应归还原渠道资金30676万元、应缴纳其他资金417万元、应调账处理金额843423万元；移送司法机关、纪检监察机关和有关部门处理事项73件，移送处理金额58880万元。促进整改落实有关问题资金876333万元；核减投资额2707万元；移送处理落实事项4件。审计提出建议684条，被采纳374条；推动被审计单位制定措施15项、建立健全制度125项；提交信息54篇，被批示、采用32篇次。

政策落实情况跟踪审计 开展应对疫情防控等11个专项审计调查，推动减税降费1.2亿元，促进财政资金提质增效174亿元，清理拖欠账款3.4亿元，“清偿率”全省第一。

财政审计 查出主要问题金额501.12亿元，盘活产业引导财政资金2.33亿元；首次实现一级预算单位审计全覆盖。

三大攻坚战审计 督促减免房租7362万元、惠及中小企业及个体工商户7184家。循环审计财政纾困资金77亿元，推动5亿元资金加快使用进度。开展2轮隐性债务风险防范审计，促进偿还信托资金2.95亿元。

经济责任审计 完成157个领导干部经济责任审计项目，查出主要问题金额1672627万元。在全国率先构建“审计通”告知体系。

固定资产投资审计 开展对口支援新疆发展资金等审计项目17个，累计节约财政资金10.16亿元，审减额连续3年超10亿元。

民生审计 开展民生审计项目11个，查出主要问题金额356634万元。实施卫健系统政策执行等审计，覆盖全市19家医院，揭示问题299条、涉及资金106亿元，移送纪委立案6人，推动出台制度29项。农房改善审计推动省级专项资金下拨 17.77 亿元。

资源环保审计 完成审计项目 15 个，出具审计报告 18 篇，发现问题 82 个，查出违规减免土地出入金 23.89 亿元。审计委员会办公室联合有关部门出台制度性文件 5 份。

企业审计 实施市属国有资产投资公司运营情况审计等 7 个审计项目，延伸审计单位 15 个，查出问题金额 62354 万元。

信息化建设 建立电子数据采集分析应用制度等常态化数据采集机制，在医保等 10 余个项目中全面应用大数据。

审计科研 8 篇论文入选国家、江苏审计学会研讨会，20 余篇论文在《中国审计》等刊物发表。

内部审计 完成内部审计项目 3880 个，出台内部审计制度 139 个，1 人被评为全国内部审计先进工作者。

相关工作 获全省审计机关先进集体；连续两年分获全省地级市综合考核第一名和第二名；被审计署定为数据校验试点地市单位。与派驻纪检组协同开展警示提醒工作，深化廉洁政治“三清示范区”建设，廉政监督卡回收率 100%。

（撰稿人：蒋淑惠）

【常州市审计局】 2020 年，常州市审计局实有 81 人。局长钱亚明，副局长罗志敏、朱亦萍、袁菲（11 月—）、刘明（8 月—），总审计师王祥君。设有市委审计委员会办公室秘书处、办公室、综合处（法规与审理处）、内部审计指导监督处、电子数据审计处、财政审计处、绩效督查处、行政事业审计处、农业农村审计处、固定资产投资审计处、社会保障审计处、自然资源和生态环境审计处、金融审计处、企业审计处、涉外审计处、经济责任审计处、组织人事处。

审计成果 2020 年，常州市审计机关共完成审计项目 140 个，其中审计 135 个、专项审计调查 5 个。查出主要问题金额 4641576 万元，其中违规金额 324712 万元、损失浪费金额 1789 万元、管理不规范金额 4315074 万元；审计发现非金额计量问题 1197 个；损益（收支）不实金额 1047118 万元；出具审计报告和专项审计调查报告 264 篇，被批示、采用 44 篇次。审计处理处罚金额 886238 万元，其中应上缴财政 36887 万元、应减少财政拨款或补贴 11102 万元、应归还原渠道资金 280755 万元、应缴纳其他资金 14 万元、应调账处理金额 557480 万元；移送司法机关、纪检监察机关和有关部门处理事项 37 件，移送处理人员 17 人，移送处理金额 51870 万元。审计促进整改落实有关问题资金 468343 万元；审计促进拨付资金到位 4577 万元；审计后挽回（避免）损失 4 万元；核减投资额 29607 万元；移送处理落实事项 14 件。审计提出建议 515 条，被采纳 459 条；推动被审计单位制定整改措施 189 项；促进被审计单位建立健全规章制度 66 项；提交审计信息 60 篇，被批示、采用 41 篇次。向社会公告审计结果 9 篇。

政策落实情况跟踪审计 组织开展水污染防治、企业职工基本养老保险基金、清理拖欠民营企业中小企业账款、政府隐性债务化解、公立医院综合改革、对口支援新疆资金和项目等重大政策落实情况跟踪审计。

财政审计 按期完成 2019 年度本级预算执行和其他财政收支情况审计工作，首次实现对本级一级预算单位部门预算执行情况的审计全覆盖。坚持问题导向，市审计局“同级审”报告全面反映 5 方面 37 个突出问题。

疫情防控资金和捐赠款物专项审计 组成 12 个审计组，延伸审计 11 家红十字会和慈善组织、68 家疾控中心和政府机构，促进 2862 万元财政专项资金及时下拨、3.43 万件防疫物资及时分配。

民生审计 开展企业职工基本养老保险专项审计，市审计局具体负责审计市级统筹区，延伸审计单位 34 个，查出主要问题金额 82803.47 万元。

经济责任审计 全市共对 68 家单位 90 名党政领导干部开展审计，做到党政同责同审，任中离任结合。市审计局首次建立“共性问题清单”和“领导干部履职风险防控建议清单”制度，编写《领导干部履行经济责任重点风险防范清单》并印发全市党政机关。

固定资产投资审计 全市审计机关共对 31 个政府投资工程项目开展审计，累计核减投资额 35087 万元。其中，市审计局对轨道交通、文化广场等10个重点项目开展跟踪审计、概预算执行审计和竣工决算审计，核减投资额5700万元，推动被审计单位建章立制，加强工程建设管理。

专项资金审计 开展市级工业转型升级转型资金审计调查，收回违规资金近500万元，促进资金及时下拨500多万元。开展市级水利专项资金审计调查，发现6大类20个问题，涉及问题金额合计7315.89万元。

信息化建设 市审计局投入215万元部署建设审计管理一体化系统，横向整合6个信息子系统，纵向连通项目计划、质量控制、审计结果、审计整改等环节，该系统将于2021年上半年投用。

内部审计 市审计局出台《内部审计指导员制度》，选配27名业务骨干，担任市级行政企事业单位内部审计指导员；选调25名内部审计人员参加12个国家审计项目；分别与市财政局（国资委）、市卫健委联合出台内部审计高质量发展合作意见。

相关工作 制定《市委审计委员会成员单位联络员制度》；贯彻落实中央经济责任审计新规定，完善市经济责任审计联席会议制度；全年晋升45名干部职级，新增审计人员20多人，选派7名审计骨干参加省委巡视和市委巡察工作。

（撰稿人：陆华东）

【苏州市审计局】 2020年，苏州市审计局实有102人。局长顾浩，副局长陆旭东、吉宁、江峰、徐敏华（—11月）、龚龙斌（11月—），总审计师姚东香。设有市委审计委员会办公室秘书处、办公室、综合处、法规与审理处、内部审计指导监督处、电子数据审计处、财政审计处、行政事业审计处、农业农村审计处、固定资产投资审计处、社会保障审计处、自然资源和生态环境审计处、金融审计处、企业审计处、涉外审计处、经济责任审计处、人事教育处（离退休干部处），机关党委；下设苏州市经济责任审计中心。

审计成果 2020年，苏州市审计机关共完成审计项目346个。查出主要问题金额5513469万元，其中违规金额11843万元、损失浪费金额1718万元、管理不规范金额5499907万元；审计发现非金额计量问题3143个；出具审计报告和专项审计调查报告487篇，被批示、采用38篇次。审计处理处罚金额1439668万元；移送司法机关、纪检监察机关和有关部门处理事项40件，移送处理人员14人，移送处理金额19495万元。审计促进整改落实有关问题资金1020202万元；审计后挽回（避免）损失6001万元；核减投资额28214万元。审计提出建议1139条，被采纳1064条；推动被审计单位制定整改措施71项；提交审计信息460篇，被批示、采用91篇次。

太仓市审计局实施的经济责任审计项目被审计署评为优秀审计项目二等奖，被省审计厅评为优秀审计项目一等奖。苏州市审计局实施的经济责任审计项目和昆山市审计局实施的周市镇2018年度财政决算审计被省审计厅评为优秀大数据审计项目。

政策落实情况跟踪审计 清欠政策跟踪审计推动清欠账款0.55亿元。新增财政资金直达市县基层直接惠企利民情况专项审计力促落实财政资金2.9亿元。

财政审计 对27家重点一级预算部门开展预算执行现场审计。

三大攻坚战审计 出具贵州省铜仁市东西部扶贫协作资金和项目情况审计报告，揭示3大类19个问题，并跟踪问题整改到位。

疫情防控资金和捐赠款物专项审计 疫情防控物资专项审计中首次启动审计“容错纠错”程序。

民生审计 开展公立医院综合改革政策落实情况专项审计调查，推动医疗服务价格改革。

经济责任审计 完成经济责任审计项目178个，查出违规金额4424万元。

固定资产投资审计 开展市政府投资项目代建制政策执行情况专题审计调查，推进政府投资项目代建制改革。

资源环保审计 制订《苏州市乡镇领导干部自然资源资产离任审计工作方案》。

信息化建设 通过审计管理系统（三级）等保测评。

审计科研 开展省审计厅1项重点课题、1项应用课题以及1项苏州社科基金重大课题项目研究并按期结项。

内部审计 提请市委审计委员会出台《关于

进一步加强内部审计工作的意见》。

相关工作 实施创优争先年度考核，印发《审计一线党建工作规范（试行）》，1名领导干部当选江苏省首届审计专业领军人才。

（撰稿人：秦小雨）

【南通市审计局】 2020年，南通市审计局实有91人。局长顾宗瑜，副局长陈铭鑫、张亚萍、施宏伟、庄爱张，总审计师陆海燕，市委审计委员会办公室专职副主任陆海燕（兼）。设有市委审计委员会办公室秘书处、办公室、人事处、法规与审理处等内设机构，设有派出审计一处、派出审计二处等派出机构；下设南通市固定资产投资审核中心。

审计成果 2020年，南通市审计机关共完成审计项目258个，其中审计226个、专项审计调查32个。查出主要问题金额4023869万元，其中违规金额42069万元、损失浪费金额4196万元、管理不规范金额3977604万元；审计发现非金额计量问题2070个；损益（收支）不实金额245083万元；出具审计报告和专项审计调查报告359篇，被批示、采用46篇次。审计处理处罚金额1121645万元，其中应上缴财政113560万元、应减少财政拨款或补贴172265万元、应归还原渠道资金45681万元、应缴纳其他资金19856万元、应调账处理金额770283万元；移送司法机关、纪检监察机关和有关部门处理事项56件，移送处理人员37人，移送处理金额5811万元。审计促进整改落实有关问题资金197608万元；审计促进拨付资金到位2317万元；审计后挽回（避免）损失134619万元；核减投资额178400万元；移送处理落实事项1件。审计提出建议621条，被采纳273条；促进被审计单位建立健全规章制度74项；提交审计信息47篇，被批示、采用21篇次。向社会公告审计结果91篇。

政策落实情况跟踪审计 海门区乡村振兴政策落实情况审计促进6个高标准农田项目加快推进，投入920万元修复破损设施，730万元涉农资金及时拨付。清理拖欠民营企业中小企业账款审计推动全市39笔1524万元欠款清偿到位。

财政审计 市本级和县（市、区）全部实现一级预算单位审计全覆盖。

疫情防控资金和捐赠款物专项审计 疫情防控财政资金及捐赠款物审计促使财政资金2400万元、捐赠资金3600万元及捐赠物资15万件及时分配，规范防疫物资530万元采购行为。

民生审计 企业职工基本养老保险审计清退全市7692名人员重复参保关系，追回违规支付养老金159万元。72所义务教育学校食堂管理情况审计调查揭示部分学校学生伙食费被挤占挪用、食材采购不规范等问题。公厕建设管理情况审计调查促进24座闲置公厕投入使用，68座公厕损坏设施维修完毕，新增1001块公厕指示牌。

固定资产投资审计 竣工决算审计纠正建设单位多计工程金额17.84亿元。与住建部门联合建立结算审计造价纠纷调解机制。

资源环保审计 水污染防治情况审计促进1693万元专项资金合理使用、2个应急水源地周边环境得到整治、6家危废处理企业完成整改。已供未用建设用地审计调查促进3.79亿元土地出让金及滞纳金收缴到位，盘活土地310余公顷。

企业审计 市委审计委员会印发《南通市市属国有企业审计监督专员管理办法（试行）》，审计机关11名监督专员动态掌握11家市属国有企业生产经营情况。

内部审计 全市内部审计机构实施审计项目5249个，促进增收节支7.82亿元。26篇内部审计理论研讨文章及课题获省级表彰。南通市第一人民医院审计科苏永萍被评为全国内部审计先进个人。

（撰稿人：陈　洋）

【连云港市审计局】 2020年，连云港市审计局实有103人。局长秦洁，副局长杨成功（—11月）、郑厚明（—11月）、孙桂伟、马强、刘善法（11月—），总审计师刘善法（—11月）、王颖（11月—），市纪委监委派驻第十三纪检监察组组长李文林。设有市委审计委员会办公室秘书处、办公室、法规与审理处、计划与整改督察处、内部审计指导监督处等；下设市经济责任审计中心。

审计成果 2020年，连云港市审计机关全年审计单位146个。查出违规金额98791万元；发现非金额计量问题817个；审计期间整改金额

93874 万元；出具审计报告和专项审计报告 217 篇。移送处理事项 16 件。审计提出建议 438 条，被采纳 373 条。向社会公告审计结果 50 篇。

6 个项目被省审计厅评为优秀审计项目、优秀“两统筹”审计项目和优秀大数据审计项目。

政策落实情况跟踪审计 完成市农民群众住房条件改善项目跟踪审计，清理拖欠民营企业中小企业账款跟踪审计，省科技改革政策落实情况审计调查，灌云县、灌南县扶贫政策措施落实和资金管理使用情况审计，全市政府债务和隐性债务风险防范跟踪审计，应对新冠肺炎疫情防控资金和捐赠款物专项审计。

财政审计 完成 2019 年度市级预算执行和决算草案审计。完成税收和非税收入征管审计，同步开展减税降费政策跟踪审计。完成灌南县 2019 年度财政决算及其他财政收支审计及连云港高新区管委会、市委组织部、市委政法委 2017—2019 年度财政收支审计。

民生审计 完成东海县企业职工基本养老保险基金审计、市企业职工基本养老保险基金审计、赣榆区保障性安居工程资金绩效审计、东海县保障性安居工程资金绩效审计。

经济责任审计 完成市高新区党工委书记和管委会主任、灌南县委书记经济责任审计。完成市教育局、市科技局、市城管局、市国资委、市委台办、市社科院、市农科院主要领导经济责任审计，并融合开展财政收支等其他审计。完成市第二人民医院、市第三人民医院、市交通控股集团有限公司、市碱业有限公司主要领导经济责任审计，并融合开展财务收支审计等其他审计。

固定资产投资审计 完成连云港出入境检验检疫局综合实验楼项目和“841”隧道整治工程项目预算执行审计。完成全市房产项目配套幼儿园建设移交情况和连云港临洪河口省级湿地公园建设情况审计调查。

专项资金审计 完成全省公立医院综合改革政策落实情况专项审计、全省对口支援新疆发展资金和项目跟踪审计。

特色工作 成功创成第六届全国文明单位，荣获省审计厅对设区市审计局综合考核第一等次，高分通过省“五星级”档案管理工作验收。

（撰稿人：杨　娟）

【淮安市审计局】 2020 年，淮安市审计局实有 89 人。局长贺宝祥，副局长冯长尧、狄运中、蒋启波、王烨晔，总审计师刘孝武。设有市委审计委员会办公室秘书处、办公室、法规处、审计质量管控处、内部审计指导监督处、电子数据审计处、财政金融审计处、行政事业审计处、农业农村与自然资源生态环境审计处、固定资产投资审计处、社会保障审计处、企业与涉外审计处、园区审计处、经济责任审计处、绩效督查处、人事教育处、机关党委；下设淮安市固定资产投资审计中心、淮安市市属企业监事会服务中心等事业单位。

审计成果 2020 年，淮安市审计机关共完成审计项目 233 个，其中审计 226 个、专项审计调查 7 个。查出主要问题金额 2112482 万元，其中违规金额 8978 万元、损失浪费金额 39 万元、管理不规范金额 2103465 万元；审计发现非金额计量问题 630 个；损益（收支）不实金额 107 万元；出具审计报告和专项审计调查报告 174 篇，被批示、采用 1 篇次。审计处理处罚金额 175735 万元，其中应上缴财政 787 万元、应减少财政拨款或补贴 14330 万元、应归还原渠道资金 85263 万元、应缴纳其他资金 55726 万元、应调账处理金额 19625 万元；移送司法机关、纪检监察机关和有关部门处理事项 11 件，立案查办 9 件。审计促进整改落实有关问题资金 81019 万元；审计后挽回（避免）损失 14310 万元；核减投资额 25502 万元。审计提出建议 308 条，被采纳 279 条；推动被审计单位制定整改措施 183 项；提交审计信息 34 篇，被批示、采用 23 篇次。

2020 年，淮安市审计局获中央文明委授予“第六届全国文明单位”称号；在江苏省审计机关综合考核中荣获“第一等次”；连续 4 年获全市“101%流动红旗”竞赛年度优胜红旗。3 个审计项目分别获评 2019 年度全国优秀审计项目一等奖、2020 年度江苏省优秀审计项目一等奖和三等奖；淮阴区审计局 1 个审计项目获评 2020 年度江苏省优秀审计项目三等奖。

政策落实情况跟踪审计 淮安市审计机关开展疫情防控财政资金和捐赠款物审计，保障 3.37 亿元防控款物及时规范使用。开展新增财政资金专项审计，推动40.17亿元省级新增财政资金及时拨付。开展扶贫审计，促进全面脱贫与乡村振兴战略有效衔接，市审计局和盱眙县审计局被表彰为全省乡村振兴审计工作成绩突出单位。

财政审计 开展支出预算总量与结构、部门预算执行等审计，“同级审”报告在市八届人大34次会议审议中获全票通过；实现81个一级预算单位和137个二级预算单位数据分析全覆盖，建成专项资金审计子系统。

经济责任审计 共对71名领导干部开展经济责任审计，其中省管领导干部4名、市管领导干部23名、县（市、区）审计局局长2名；统筹开展5名省管、市管领导干部自然资源资产审计工作。

民生审计 开展农民群众住房条件改善项目实施情况跟踪审计，助推2.15万户群众居住条件切实改善。开展公立医院综合改革审计，推动出台《淮安市公立医院货物、服务采购管理办法》等制度。开展政府为民办十件实事跟踪审计，推动全市民生实事工作有序开展。

固定资产投资审计 对高铁枢纽等96个重点项目推进情况开展审计调查，市审计局获市委市政府表彰为中心城市重大工程建设服务工作先进集体。建成数字化固定资产投资审计平台系统，获评全省2020年度智慧江苏审计信息化示范工程。全年清理“以审代结”项目30个。

（撰稿人：赵　昕）

【盐城市审计局】 2020年，盐城市审计局实有70人。局长吴先国，副局长孙红青、陈献东、刘秋凤、张晓鸣，总审计师李树峰。设有市委审计委员会办公室秘书处、办公室、法规与审理处、内部审计指导监督处、电子数据审计处、财政金融审计处、绩效督查处、行政事业与社会保障审计处、农业农村审计处、固定资产投资审计处、自然资源和生态环境审计处（涉外审计处）、企业审计处、经济责任审计办公室、组织人事处等内设机构，另设有机关党委、派出审计一处、派出审计二处；下设盐城市政府公共工程审计中心。

审计成果 2020年，盐城市审计机关共完成审计项目273个，其中审计252个、专项审计调查21个。查出主要问题金额1340.41亿元，其中违规金额8454万元、损失浪费金额3.02亿元、管理不规范金额1336.54亿元；审计发现非金额计量问题1235个；损益（收支）不实金额56.18亿元；审计发现侵害人民群众利益40万元；出具审计报告和专项审计调查报告296篇，被批示、采用56篇次。审计处理处罚金额114.73亿元，其中应上缴财政25.16亿元、应减少财政拨款或补贴4492万元、应归还原渠道资金13281万元、应缴纳其他资金8190万元、应调账处理金额86.98亿元；移送司法机关、纪检监察机关和有关部门处理事项59件，移送处理人员23人，移送处理金额7.76亿元。审计促进整改落实有关问题资金26.83亿元；审计促进拨付资金到位9370万元；审计后挽回（避免）损失9726万元；核减投资额21.22亿元；移送处理落实事项4件。审计提出建议773条，被采纳663条；促进被审计单位建立健全规章制度46项；提交审计信息198篇，被批示、采用124篇次。向社会公告审计结果30篇。市审计局和9个县（市、区）局悉数获评地方党委政府目标任务考核先进单位。

政策落实情况跟踪审计 围绕疫情防控、经济平稳健康运行、新增直达资金、优化营商环境、稳就业、民营企业账款清理等政策落实情况实施审计，推动优化营商环境做法被《人民日报》、新华社《瞭望》新媒体刊载。

财政审计 重点关注部门预算绩效、财政资金盘活、专项资金清理、政府基金运行等情况，推动落实过“紧日子”要求；运用自主研发的“部门预算执行审计系统”对市本级416家预算单位实现审计全覆盖。

三大攻坚战审计 跟踪检查地方性政府债务，特别是国有企业年利率8%以上融资债务清理情况，开展53个经济薄弱村审计、13个地区和部门自然资源资产审计，助力打赢打好三大攻坚战。

民生审计 突出关注医疗、社保、住房保障、农房改善等民生事项，查出3万多人重复参加养老保险、重复领取待遇等问题，促进市财政局出台制度规范农房改善资金管理。

固定资产投资审计 对城北地区改造、综合交通枢纽、市区智能停车管理系统、防疫应急工程等重点工程实施审计，促进节约财政资金12.22亿元。

信息化建设 以信息化推动企业监事会职能有效履行，在省内率先建成企业审计动态监督分析平台，获评“智慧江苏审计信息化应用示范工程”。

内部审计 分别联合市教育局、市国资委下发推进内部审计工作高质量发展合作意见，构建内部审计协作机制。

审计“两统筹” 建立5类21项“两统筹”指标体系，相关做法被《审计工作通讯》《中国审计》和省政府《信息专报》等刊载，获评“江苏发展研究奖”。

审计查出问题整改 深化立体式整改工作格局，实行“跟踪督办”“对账销号”，市政府召开审计整改工作推进会，审计整改到位率达96.8%。（撰稿人：陶振华）

【扬州市审计局】 2020年，扬州市审计局实有58人。局长蔡先建，副局长袁竹青、李永高、周春山、潘宝庆、陈焕章、冷静玉，总审计师高金松。设有市委审计委员会办公室秘书处、办公室、法规与审理处、电子数据审计处、财政金融审计处、园区审计处、绩效督查处、行政事业审计处、农业农村与资源环境审计处、固定资产投资审计处、社会保障审计处、企业审计处、涉外审计处、经济责任审计与内部审计指导办公室、人事教育处；下设扬州市固定资产投资审核中心、扬州市经济责任审计中心。

审计成果 2020年，扬州市审计机关完成审计项目共150个，其中专项审计调查4个。审计促进整改落实有关问题资金34.33亿元；审计挽回（避免）损失1.35亿元。审计提出建议487条，被采纳421条；提交审计信息196篇。

扬州市城建国有资产控股（集团）有限责任公司原董事长经济责任审计项目被评为省审计厅优秀审计项目。

政策落实情况跟踪审计 全市审计机关围绕统筹疫情防控和经济社会发展双胜利，助推“六稳”“六保”。密切关注清理拖欠民营和中小企业账款等相关政策落实情况，从交通、水利、住建等重点领域抽查89家单位工程款支付情况，缓解民营和中小企业资金压力。

财政审计 全市审计机关聚焦财政资金提质增效、促进就业优先和优化营商环境三个重点，深化财政预算绩效审计、大数据审计、统筹融合审计工作，促进市委市政府加快印发全市预算绩效管理实施意见，实现市一、二级预算单位数据采集全覆盖。

经济责任审计 全市实施经济责任审计项目68个，实施扬州经济技术开发区、淮安清江浦区地方党政任中经济责任审计。出台《扬州市经济责任审计联席会议制度》《扬州市管领导干部经济责任审计分类管理办法》。

专项资金审计 按照省审计厅统一部署，组织实施保障性安居工程审计，市住建局等相关部门采纳审计建议，出台《扬州市区住房保障申请准入审核实施细则》。组织实施全市企业职工基本养老保险基金审计和公立医院综合改革政策落实情况专项审计调查。

固定资产投资审计 全市审计机关完成政府投资审计项目27个。开展东部交通枢纽、三湾湿地公园等13个政府投资项目的现场跟踪审计。

企业审计 首次对2006年市直工业体制改革后的5家国有企业实施专项审计调查，审计建议市政府进一步精简机构，有效整合5家市属国有资产经营管理公司，提高国有资本运营效率。

资源环保审计 加强自然资源资产管理审计，全市审计机关共安排领导干部自然资源资产审计项目5个，涉及领导干部7人，促进领导干部牢固树立“绿水青山就是金山银山”的理念。

（撰稿人：徐　磊）

【镇江市审计局】 2020年，镇江市审计局实有83人。局长刘晓东，副局长吴小红、田茂松、史宏，总审计师曹敏。设有办公室、法规与审理处、内部审计指导监督处、电子数据审计处、财政审计处、绩效督查处、行政事业审计处、农业农村审计处、固定资产投资审计处、社会保障审计处、自然资源和生态环境审计处、企业审计处、经济责任审计处、人事教育处；下设经济责任审计中心、固定资产投资审计中心等事业单位。

审计成果 2020年，镇江市审计机关共完成审计项目171个，其中审计154个、专项审计调查17个。查出主要问题金额3785498万元，其中违规金额18343万元、损失浪费金额165万元、管理不规范金额3766990万元；审计发现非金额计量问题1521个；损益（收支）不实金额8169万元；出具审计报告和专项审计调查报告223篇。审计处理处罚金额124711万元，其中应上缴财政61251万元、应减少财政拨款或补贴52714万元、应归还原渠道资金377万元、应缴纳其他资金5万元、应调账处理金额10364万元；移送司法机关、纪检监察机关和有关部门处理事项18件，移送处理人员6人，移送处理金额95108万元。审计促进整改落实有关问题资金255665万元；审计促进拨付资金到位12249万元；审计后挽回（避免）损失6526万元；核减投资额31067万元；移送处理落实事项2件。审计提出建议452条，被采纳434条；促进被审计单位建立健全规章制度72项。向社会公告审计结果21篇。

镇江市审计局实施的镇江市本级2017年至2018年土地出让金征收管理专项审计项目、句容市审计局实施的江苏省句容经济开发区2018年度预算执行情况及其他财政财务收支审计项目被评为江苏省审计厅优秀（表彰）审计项目。

政策落实情况跟踪审计　开展新增财政资金专项审计，推动全市13.37亿元直达资金直接惠企利民。开展促进优化营商环境、减税降费等相关审计，推动清偿15家民营企业欠款5540.45万元。

审计查出问题整改　制定规范审计整改对账销号机制，分类细化对账销号整改措施和认定标准，整改情况纳入市级机关作风效能考核。实行审计整改督办制度，向13家部门单位出具审计整改督办函，并抄送其主管单位，“同级审”整改率达96%以上。

相关工作　在连续4年开展主题教育基础上，组织2020年全市审计系统“立身立业立信”主题活动，实现党建与审计深度融合、同频共振。开展领导干部离任交接工作并逐步实现常态化，准确划分前后任领导干部责任，确保“离任不离责、新官理旧账”。句容市审计局探索设立3个审计派出所，按照“项目、组织、力量”统筹的原则，接受句容市审计局领导，对开发区、重点乡镇进行“零距离”审计监督。

（撰稿人：甘　永）

【泰州市审计局】　2020年，泰州市审计局实有44人。党组书记王根余，局长周小慧，副局长叶兵、张连璋、顾军、于飞，总审计师孙宏伟。设有市委审计委员会办公室秘书处、办公室、法规与审理处、内部审计指导监督处、电子数据审计处、财政审计处（金融审计处）、绩效督查处、行政事业审计处、农业农村审计处、固定资产投资审计处、社会保障审计处、自然资源和生态环境审计处、企业审计处（涉外审计处）、经济责任审计办公室、人事教育处、机关党委；下设市政府投资项目审计中心。

审计成果　2020年，泰州市审计机关共完成审计项目225个。查出主要问题金额7154680万元，其中违规金额21743万元、管理不规范金额7132936万元；审计发现非金额计量问题2071个；损益（收支）不实金额16926万元；出具审计报告和专项审计调查报告256篇，被批示、采用22篇次。审计处理处罚金额2234250万元，其中应上缴财政88450万元、应减少财政拨款或补贴27760万元、应归还原渠道资金7301万元、应缴纳其他资金31744万元、应调账处理金额2078993万元；移送司法机关、纪检监察机关和有关部门处理事项33件，移送处理人员9人，移送处理金额9103万元。审计促进整改落实有关问题资金1222431万元；审计促进拨付资金到位57459万元；审计后挽回（避免）损失16927万元；核减投资额112325万元；移送处理落实事项6件。审计提出建议560条，被采纳478条；推动被审计单位制定整改措施344项；促进被审计单位建立健全规章制度62项；提交审计信息68篇，被批示、采用61篇次。向社会公告审计结果41篇。

全市1个单位和4名同志在乡村振兴审计工作中被省审计厅通报表彰，1个项目获评省审计厅优秀“两统筹”项目。

政策落实情况跟踪审计　组织实施全市疫情防控资金和社会捐赠款物专项审计，保障3.3亿元疫情防控款物及时规范使用。组织开展新增财政资金专项审计，推动全市26.78亿元直达资金直接惠企利民。组织对就业优先、减税降费、清理拖欠民营企业中小企业账款等政策落实情况跟踪审计，促进发放270家中小企业失业保险稳岗资金302万元，减免1316家中小企业房租等费用1968万元，清理拖欠账款948万元。

三大攻坚战审计 实施政府债务和隐性债务审计，促进完善防范化解债务的管理制度。对全市省级以上园区违规借款和出借资金审计整改情况进行4次调查，促进建立27项管理制度，归还违规借款123亿元，收回违规出借资金34亿元。实施长江经济带水污染防治项目专项审计，揭示问题30个，促进加大环境污染监督力度、加快环境基础设施建设。

财政审计 对市级74个一级预算单位实现审计全覆盖，促进盘活存量资金4.98亿元，促进出台《进一步加强市级财政专项资金管理实施方案》等34项制度。

经济责任审计 全市对83名领导干部开展经济责任审计，共查出主要问题金额381亿元。会同相关部门，建立审计委员会领导下的经济责任联席会议制度。

民生审计 对公立医院综合改革政策落实情况进行跟踪问效，发现问题20个，涉及资金17.21亿元。对企业职工养老保险、医保基金等民生资金开展专项审计，促进惠民政策落到实处。

企业审计 开展市属企业混改及资产出让出租情况专项审计，推动出台《市属企业违规经营投资责任追究办法》等3个文件，及时追回国有资金损失5600多万元，推动市国资委及相关企业出台管理制度30多项。

固定资产投资审计 组织对40个政府投资项目开展跟踪审计，核减金额3.54亿元，推动出台《泰州市政府投资审计监督办法》，加快投资审计转型升级。

内部审计 加快内部审计制度建设，提请市政府出台《关于进一步加强全市内部审计工作的实施方案》。联合市国资委出台《泰州市市属企业内部审计工作联席会议制度》，推动行业系统内部审计全面开展。

审计查出问题整改 提请市委审计委员会出台《关于进一步加强审计整改工作的意见》，制定《审计整改工作规程》，推动市委市政府把审计整改工作纳入市直机关综合考核体系。

（撰稿人：沈金勇）

【宿迁市审计局】 2020年，宿迁市审计局实有63人。局长沈家山，副局长潘宏江、李中平、程思亮。设有办公室、法规与审理处（绩效督查处）、内部审计指导监督处、经济责任审计处、电子数据审计处、财政审计处（金融审计处）、行政事业审计处、农业农村审计处（自然资源和生态环境审计处）、固定资产投资审计处、企业审计处（涉外审计处）、社会保障审计处、机关党委（人事教育处）、派出审计一处、派出审计二处；下设经济责任审计中心、固定资产投资审计中心等事业单位。

审计成果 2020年，宿迁市审计机关完成审计项目200个，审计提出建议670条，提交审计信息164篇。

3个项目被表彰为江苏省优秀审计项目，1个项目被表彰为江苏省优秀“两统筹”审计项目，2个项目被表彰为江苏省优秀大数据审计项目。

政策落实情况跟踪审计 完成减税降费政策跟踪审计、农民群众住房条件改善项目跟踪审计等项目。其中，在农民群众住房条件改善项目跟踪审计中，全市组成6个审计组对市本级、各县区和功能区开展审计。开展应对新冠肺炎疫情防控资金和捐赠款物专项审计。促进市委市政府出台《关于进一步落实疫情防控一线城乡社区工作者关心关爱措施的实施方案》。

财政审计 加大对市本级功能区和专项资金使用绩效的延伸审计力度，在部门预算执行审计中，运用“集中分析＋分散核查”的大数据审计模式，在对一级预算单位审计全覆盖的基础上，对34家市级政府工作部门和其他8家预算资金规模较大、项目较多的一级预算单位开展现场审计，对其他29家一级预算单位采用“书面函证”方式，提高审计精准度和效率。

经济责任审计 深入开展领导干部经济责任审计。认真学习贯彻新修订的两办《规定》，实施经济责任审计项目13个，其中泗洪县党政领导干部经济责任审计与自然资源资产审计统筹实施。

民生审计 完成泗阳县保障性安居工程资金投入和使用绩效审计、企业职工基本养老保险审计等项目。其中，在企业职工基本养老保险审计中，共组成6个审计组，对全市2017年至2019年企业职工基本养老保险制度运行和政策执行及基金的筹集、使用、管理等情况进行审计。

内部审计 开展市级单位内部审计工作专项检查和评优表彰，与市国资委等主管部门就共同推动内部审计工作高质量发展达成合作框架意见，连续两年举办市级单位内部审计人员培训班。

信息化建设 建立电子数据定期采集机制。在多个审计项目中运用大数据审计，其中在市级部门预算执行审计中，运用“集中分析＋分散核查”模式，实现一级预算单位全覆盖。

相关工作 严格落实基层党建、全面从严治党、意识形态等政治责任，推动建设高素质专业化审计干部队伍。抓好政治建设，推进“三个表率”模范机关建设，促进党员先锋模范和党组织战斗堡垒作用充分发挥。抓好能力建设，加强干部业务培训和实践锻炼，提升审计人员专业能力和水平。抓好廉政建设，认真落实党风廉政建设主体责任，强化审计现场纪律巡查和廉政回访。 （撰稿人：仲　鹏）

2020年江苏省所辖县(市、区)级审计工作统计表

审计机关	完成审计项目/个	审计查出主要问题金额/万元	审计发现非金额计量问题/个	审计期间整改金额/万元	出具审计报告和审计调查报告/篇	审计处理情况		审计促进整改落实有关问题资金/万元	审计提出建议/条	提交审计信息/篇
						审计处理处罚金额/万元	移送处理事项/件			
南京市										
南京市本级	58	2266891	537	28767	71	779009	27	1462884	181	533
玄武区审计局	8	17917	49		12				45	35
秦淮区审计局	15	2246	39	1266	17	1774		614	41	45
建邺区审计局	19	37854	43		18				76	46
鼓楼区审计局	12	134949	71	43455	14	47779	21	222	48	43
浦口区审计局	13	565146	44	26318	16	50	10		29	51
栖霞区审计局	10	87280	68		13	21772	12	13014	40	90
雨花台区审计局	13	424261	20		7				7	87
江宁区审计局	16	410110	152	3152	25	2577	2		49	75
六合区审计局	20	195623	119	4	24	1086			61	65
溧水区审计局	15	1016770	139	331	26	186403	8	180045	42	83
高淳区审计局	22	940463	128	36	32	18499		36	79	82
无锡市										
无锡市本级	92	3353718	566	74849	172	125778	14	77615	314	32
锡山区审计局	25	222777	111	483	34	77249	2	77249	61	20

（续表）

审计机关	完成审计项目/个	审计查出主要问题金额/万元	审计发现非金额计量问题/个	审计期间整改金额/万元	出具审计报告和审计调查报告/篇	审计处理情况：审计处理处罚金额/万元	审计处理情况：移送处理事项/件	审计促进整改落实有关问题资金/万元	审计提出建议/条	提交审计信息/篇
惠山区审计局	22	165349	145		24	73431	9	15168	55	5
滨湖区审计局	18	259144	88	44	26		2	1007	45	74
梁溪区审计局	11	749	48		18		1		17	1
新吴区审计局	23	65802	98	15	32		4	19837	50	
江阴市审计局	35	937486	86	11	45	10155	5	9761	74	4
宜兴市审计局	58	369546	166	15355	79	60853		48161	167	52
徐州市										
徐州市本级	51	1716617	262	158513	61	4725	35	4717	119	87
鼓楼区审计局	7	68215	3	1155	12	7272		7272	9	20
云龙区审计局	6	35455	8		6	35438		35438	6	23
贾汪区审计局	32	106297	85		52				75	25
泉山区审计局	4	60324	12		6	21790		21790	24	20
铜山区审计局	32	386036	79	5567	54	98408	5	98408	120	45
新沂市审计局	19	1215051	4	102	20	100	2	100	50	41
邳州市审计局	34	88955	35	6063	58	42	9	42	59	46
丰县审计局	16	730158	92	357	20	558673		558673	88	52
沛县审计局	34	682457	125	496	31	7277	21	7265	100	55
睢宁县审计局	16	357287	59		20	142723		142723	42	48
常州市										
常州市本级	42	2522011	530	13987	65	651868	34	240957	121	31
天宁区审计局	10	54567	49	1	21	44476	1	11563	67	3
钟楼区审计局	16	300289	91	200	31		1	480	65	
新北区审计局	13	533349	96	27563	32	83712	1	61297	51	23
武进区审计局	18	959836	212	406	44	103649		143120	76	
金坛区审计局	20	141018	103	638	40	942		9335	59	3
溧阳市审计局	21	130487	116	1315	31	1591		1591	76	
苏州市										
苏州市本级	47	3215009	709	23373	67	313050	6	210129	119	248
高新(虎丘)区审计局	22	117719	135	54818	31	55845	2	42943	64	2
吴中区审计局	40	75548	200		60	6411	2	1898	124	18
相城区审计局	54	478127	294	34674	87	246046	10	88926	148	7
姑苏区审计局	16	74372	245	11	20	74372		14617	49	7
吴江区审计局	48	288479	519	2741	68	249363	2	225788	134	11

（续表）

审计机关	完成审计项目/个	审计查出主要问题金额/万元	审计发现非金额计量问题/个	审计期间整改金额/万元	出具审计报告和审计调查报告/篇	审计处理情况		审计促进整改落实有关问题资金/万元	审计提出建议/条	提交审计信息/篇
						审计处理处罚金额/万元	移送处理事项/件			
常熟市审计局	37	468301	492	389695	53	14428	3	10047	224	5
张家港市审计局	30	65943	221	7424	32	26177	1	26177	93	69
昆山市审计局	26	302078	180	1262	33	130096	9	121337	89	32
太仓市审计局	24	331991	123	18135	34	277829	4	277774	92	59
南通市										
南通市本级	49	1707107	452	434878	65	495109	5	53474	61	7
通州区审计局	29	168871	462	218	53	18689	23	18731	60	3
崇川区审计局	37	221296	191	60	37	28630	4	6727	99	6
海门区审计局	34	876878	206	3837	51	530743	2	79627	136	
启东市审计局	25	150263	230	14794	40	20027		19938	70	1
如皋市审计局	21	469108	143	12117	20	1174		601		
海安市审计局	37	302332	177	361	70	13373	11	13367	174	26
如东县审计局	26	128014	209	2068	23	13900	11	5143	21	4
连云港市										
连云港市本级	43	2331866	321	1177	66	81243	6	6982	156	35
连云区审计局	12	155753	56	4106	24	1637	1	55	34	15
海州区审计局	12	10503	19		31				30	6
赣榆区审计局	21	228308	57	62960	27	62363	4	62363	51	24
东海县审计局	18	205019	45		20	8377	3	8319	34	9
灌云县审计局	20	148776	93	25276	18	31715	2	1	72	
灌南县审计局	20	271876	226	355	31	92881		28117	61	
淮安市										
淮安市本级	42	1109170	344	503920	42	8652	1	4116	110	5
淮安区审计局	11	384798	87							
淮阴区审计局	20	69724		49196	20	69724		69724	48	
清江浦区审计局	16	11924	38	3	12	44		3	10	
洪泽区审计局	16	58289	80	14	27	319		319		
涟水县审计局	14	91117	6	71	15	182				
盱眙县审计局	8	40736	9		9	6698		6697	26	
金湖县审计局	29	19934	38	11	46	828		157	76	
盐城市										
盐城市本级	83	7841602	259	198751	88	740386	15	68955	218	68
亭湖区审计局	13	164075	63	560	13		2		45	13
盐都区审计局	18	405204	62	1	19	64861	8	64832	39	13

（续表）

审计机关	完成审计项目/个	审计查出主要问题金额/万元	审计发现非金额计量问题/个	审计期间整改金额/万元	出具审计报告和审计调查报告/篇	审计处理情况		审计促进整改落实有关问题资金/万元	审计提出建议/条	提交审计信息/篇
						审计处理处罚金额/万元	移送处理事项/件			
大丰区审计局	25	3235725	246	61124	27	122172	1	127563	93	5
东台市审计局	23	318509	196	8	33	39		39	61	2
响水县审计局	14	198341	33		14		11		35	2
滨海县审计局	21	112713	67	275	28	2321	2	2321	61	9
阜宁县审计局	15	393946	52	175507	15	213046	12		51	11
射阳县审计局	31	207308	126	3659	30	3659	5	3747	83	53
建湖县审计局	30	526641	131	10	29	841	3	841	87	22
扬州市										
扬州市本级	56	1481597	380	9359	63			72436	153	43
广陵区审计局	14	150477	69		16			39415	42	63
邗江区审计局	14	134363	87	1750	16			22987	35	22
江都区审计局	15	212674	183	179	18		2	32186	57	27
仪征市审计局	19	198468	134	4952	23		1	88800	98	23
高邮市审计局	18	207743	60	6994	21			82408	57	14
宝应县审计局	14	36736	40	168	16			5070	45	4
镇江市										
镇江市本级	62	2097567	1173	14007	91	62169	16	26375	160	2
京口区审计局	9	35772	36		9	850			25	34
润州区审计局	5	8713	13		5				3	
丹徒区审计局	25	277366	87		25	6526		6526	33	
丹阳市审计局	24	711929	47		24	471		471	109	
扬中市审计局	21	373057	82	45	32	33	2	220473	47	
句容市审计局	25	281094	83	145	37	54662		1820	75	14
泰州市										
泰州市本级	43	4212052	293	25745	43	94002	6	40480	167	22
海陵区审计局	25	1250849	1320	4	25	1208335	1	460575	83	1
高港区审计局	18	188081	16	129	18	187980		187980	43	
姜堰区审计局	37	335416	86	8270	55	268791	11	91346	35	33
兴化市审计局	24	420767	54	1869	25	423026	2	422888	69	1
靖江市审计局	31	143522	130	4067	39	739	1	7532	88	7
泰兴市审计局	34	553870	155	107	43	40842	12	2956	53	4
高新区审计局	2	6618		6618	2	6618		6618		
宿迁市										
宿迁市本级	47	889062	156	9301	61	12982	1	20585	126	35

（续表）

审计机关	完成审计项目/个	审计查出主要问题金额/万元	审计发现非金额计量问题/个	审计期间整改金额/万元	出具审计报告和审计调查报告/篇	审计处理情况		审计促进整改落实有关问题资金/万元	审计提出建议/条	提交审计信息/篇
						审计处理处罚金额/万元	移送处理事项/件			
宿城区审计局	30	219647	24		45	18	8		91	48
宿豫区审计局	17	39454	19		16	806		806	32	5
沭阳县审计局	30	184078	186	1422	45	61937	20	16166	120	26
泗阳县审计局	43	136022	88	35480	45	119917		42	167	25
泗洪县审计局	33	1933632	53	1302	46	75013		1537	134	25

浙江省

【浙江省审计厅】 2020年，浙江省审计厅实有210人。设有省委审计委员会办公室秘书处、办公室、法规和审理处、内部审计指导监督处（审计整改督查处）、电子数据审计处、财政审计处（政策跟踪审计处）、教科文审计处、农业农村审计处、固定资产投资审计处、社会保障审计处、自然资源和生态环境审计处、金融和外资审计处、企业审计处、经济责任审计一处、经济责任审计二处、经济责任审计三处、行政事业审计处、干部处、人事处、机关党委（机关纪委）；下设计算机审计中心、省审计科研所等事业单位。

领导成员

厅　　长：毛子荣（7月—）

副厅长、一级巡视员：毛子荣（—7月）

副 厅 长：金建培　谢永刚

白剑峰（9月—）

陈庆忠　王家华（9月—）

经济责任审计联席会议办公室主任：高占江

总审计师：叶　青

二级巡视员：施松青

审计成果　2020年，浙江省各级审计机关共完成审计项目2353个，其中审计1952个、专项审计调查401个。查出主要问题金额29202113万元，其中违规金额1071451万元、损失浪费金额174297万元、管理不规范金额27956364万元；审计发现非金额计量问题24822个；损益（收支）不实金额670233万元；审计发现侵害人民群众利益52744万元；出具审计报告和专项审计调查报告3389篇，被批示、采用472篇次。审计处理处罚金额8942320万元，其中应上缴财政768925万元、应减少财政拨款或补贴232898万元、应归还原渠道资金2123200万元、应缴纳其他资金90887万元、应调账处理金额5726408万元；移送司法机关、纪检监察机关和有关部门处理事项1099件，移送处理人员1121人，移送处理金额357323万元。审计促进整改落实有关问题资金5240972万元；审计促进拨付资金到位714945万元；审计后挽回（避免）损失339321万元；核减投资额339247万元；移送处理落实事项259件。审计提出建议8405条，被采纳7215条；推动被审计单位制定整改措施2334项；促进被审计单位建立健全规章制度697项；提交审计信息8737篇，被批示、采用5588篇次。向社会公告审计结果1362篇。

浙江省审计厅实施的衢州市原市委书记、原市长任职期间经济责任履行情况审计项目被审计署评为全国省级审计机关优秀审计项目一等奖；杭州市审计局实施的杭州市本级产业发展类专项资金绩效情况专项审计调查项目、宁波市审计局实施的宁波市江北区慈城镇人民政府2014年至2016年财政收支审计项目被审计署评为2019年度全国省级审计机关优秀审计项目二等奖；台州市审计局实施的台州市质量技术监督局局长、党委书记任职期间经济责任履行情况审计项目被审计署评为2019年度全国市级审计机关优秀审计项目三等奖；湖州市吴兴区审计局湖州市吴兴区妙西镇党委书记、原镇长任职期间经济责任履行情况审计项目被审计署评为2019年度全国县级审计机关优秀审计项目二等奖。省审计厅在2020年度省政府部门绩效考评、省直机关党建工作综合考评中获评优秀单位，上报的审计报告、信息专报获省级以上领导批示240篇次，其中国务院领导批示1篇，省委省政府主要领导批示125篇次。

审计委员会办公室工作 印发省委审计委员会成员单位工作协调和审计工作重大事项督察督办制度，有关经验在全国党委审计委员会办公室工作交流会上作介绍。强化对下级审计机关的领导，全省101个市县审计机关均已配齐协管党委审计委员会办公室的班子成员，全年研究任免市县审计机关领导干部47人，并集中力量对11个设区市审计局的项目计划、审计工作报告等进行审核，从整体上提升全省审计工作水平。

政策落实情况跟踪审计 实施长三角一体化发展重点工作推进情况专项审计调查、优化营商环境行动方案落实情况专项审计调查、全省科技创新重大政策落实情况专项审计调查、省本级稳外贸政策落实情况专项审计调查等项目，促进各项政策措施落地见效。如开展长三角一体化发展重点工作推进情况专项审计调查，上报的审计专报获国务院领导批示，推动长三角三省一市联合印发电子证照互认应用合作共识，提升政务服务一体化水平。对73个市、县（市、区）开展新增财政资金直达市县基层直接惠企利民情况专项审计，促进资金规范支出18.98亿元，推动有关部门向企业发放补助资金3.12亿元。

财政审计 实施省级预算执行和决算草案审计、省级部门预算执行审计、市县财政决算审计等项目，促进预算法贯彻执行。通过“数据分析＋现场核查”方式扩大省级一级预算单位预算执行审计覆盖面，促进15家单位完成“三公”经费问题整改，6家单位收回、上缴奖补费用2792万元。

三大攻坚战审计 实施全省扶贫专项、农信系统防范风险等审计项目，为坚决打赢三大攻坚战提供保障。首次实现浙江东西部扶贫协作涉及的4个省份80个县（市、区）审计全覆盖，有效解决产业、消费、人才等方面政策落实不到位问题，提升扶贫攻坚成果。实施农信系统防范风险专项审计调查，推动防范化解重大金融风险，维护地方金融稳定。安排实施130个自然资源资产离任（任中）审计项目，促进全省各级领导干部有力贯彻“绿水青山就是金山银山”理念，加快美丽浙江建设。

疫情防控资金和捐赠款物专项审计 将疫情防控资金和捐赠款物专项审计作为全省审计系统“一号政治项目”，通过审计促进44亿元财政资金、捐赠资金、专项贷款及时拨付使用、收回等，推动各地及时调拨使用防疫物资255万件（个、套），有关单位根据审计结果建章立制91项。

民生审计 实施医保基金、保障性安居工程等审计项目，推动惠民富民措施落到实处。连续8年开展全省保障性安居工程审计，2020年查出违规金额48亿元、涉及2.18万套保障房，移送问题线索24件，推动有关市县调整公租房保障标准或以租金货币补贴方式对符合条件的家庭予以保障。

经济责任审计 主动把审计工作融入干部大监督机制，对领导干部开展常态化“经济体检”，全省完成887个单位1226名领导干部经济责任审计，查出违规金额31亿元。推动省委办公厅、省政府办公厅修订出台《浙江省党政主要领导干部和国有企事业单位主要领导人员经济责任审计办法》，做到既符合中央要求，又体现浙江特色。对经济责任审计工作联席会议召集人及成员单位及时进行调整，修订相关议事规则、工作规则，促进联席会议机制规范有效运行。

固定资产投资审计 实施2022年第19届亚运会杭州亚组委预算执行和亚运场馆建设情况审计、全省重大水利项目实施情况专项审计调查、浙江省之江文化中心项目2020年建设管理情况审计等项目，促进规范投资行为、提升项目绩效。

农业审计 实施乡村振兴、大气污染防治等审计项目，有力推动相关政策、资金和项目发挥实效。开展全省大气污染防治专项审计调查，推动省大气污染防治领导小组专门发文要求相关单位明确责任、从严整改，有效强化交通运输、城市扬尘等重点领域大气污染防治工作。

外资运用审计 根据审计署委托，组织开展法国开发署贷款仙居县域生物多样化保护和发展利用示范工程项目、世界银行贷款浙江农村生活污水处理系统及饮水工程项目等审计，促进国外贷款项目有力推进。

企业审计 实施省属国有企业金融业务风险专项审计调查及3家省属国有企业领导人员经济责任审计，推动深化国企改革，促进省属国企优化产业布局，提高防范化解重大风险的能力。

审计工作统筹机制 出台审计项目统筹实施的操作指引17条，原则上对同一被审计单位每年只安排一次现场审计，这项做法被省委改革办刊发全省供各地学习参考，并获评浙江省改革创新优秀实践案例。

审计质量 以推进“审计质量控制”省级标准化试点项目为契机，优化审计项目审理机制，修订出台审计事项移送管理办法，并组织编撰《浙江省审计厅规章制度汇编》，涵盖10大类162项规章制度，为开展各项审计工作提供制度保障。

审计查出问题整改 对2016年以来审计署和浙江省审计厅各类审计发现的694个问题的整改落实情况开展“回头看”，督促124个省级部门和市、县（市、区）及时整改，年内已基本整改到位。由副省长代表省政府向省人大常委会作审计整改工作报告，促进各单位健全制度322项、问责265人；审计工作报告反映问题金额整改率达98.25%，创历年新高。

信息化建设 有序推进金审工程三期重点工作任务，首次完成省本级、10个设区市本级及其所辖县（市、区）5746家一级预算单位财务数据采集和标准化，推广“数据分析＋现场核查”的数字化审计模式。全年通过“浙政钉”线上办理审批事项3928次，审计效率得到进一步提升。

审计成果运用 省审计厅与省委组织部联合出台经济责任审计成果运用会商研判实施办法，对76名省管领导干部的审计情况进行首次会商研判，并向省委组织部报送第一份审计期间重要情况报告。

内部审计 加强国家审计与内部审计、社会审计的工作协同，在省级部门预算执行审计中组织内部审计力量对47家省级一级预算单位实施协同审计。积极参加和组织全国、全省内部审计“双先”评选活动，全省13家单位、11人获全国内部审计“双先”称号。印发聘请外部专业技术人员参与审计工作办法和协审人员管理规定，进一步规范协审人员行为。

审计科研 《中国特色社会主义审计制度》成功立项审计署2020至2021年度重点课题，审计科研工作在全国审计科研协作会议上作典型发言。组织开展浙江省优秀审计论文（调研文章）评选工作，首次对研究成果转化情况赋分，年内共评出优秀论文64篇、优秀调研文章58篇。

相关工作 巩固深化“不忘初心、牢记使命”主题教育成果，充分运用厅党组会、中心组学习会、处长例会、党支部学习会、集中整训、四季论坛等载体，深入学习贯彻党的十九届五中全会和习近平总书记考察浙江重要讲话、对审计工作的重要指示批示，以及省委十四届七次、八次全会，省委审计委员会会议等精神，全年组织集体学习36次。

完善省审计厅机关干部选拔任用工作办法，制定干部双向交流实施办法，积极采取挂职锻炼、业务培训等多种方式提升审计干部综合素质，厅本级全年选派12名干部参与审计署、省委巡视组等相关工作，开展轮岗交流33人次，举办各类培训班28期，全省受训7000余人次，审计署计算机中级考试通过率和通过人数创历史最高水平。

省审计厅出台深化“服务企业服务群众服务基层”的19条意见，制定为基层减负措施8项。完成厅机关党委、纪委换届选举工作，扎实开展“创建模范机关、建设清廉机关”等活动，印发厅机关纪委处理检举控告操作办法、因私出国（境）管理办法等，收集整理违纪违规典型案例实施常态化警示教育，开展不定期审计现场纪律检查18次，使审计干部绷紧廉洁自律之弦。

（撰稿人：琚　峰）

【杭州市审计局】 2020年，杭州市审计局实有104人。局长王剑，副局长吴志明、王优健

(6月—)、王军、刘炎，总审计师王坚，经济责任审计工作联席会议办公室主任楼宏基（—4月）、俞斌（8月—），二级巡视员徐志龙、管新建（12月—）、楼宏基（3月—），一级调研员李行健（—12月）。设有市委审计委员会办公室秘书处、办公室、组织人事处、法规和审理处、内部审计指导监督处（审计整改督查处）、电子数据审计处、财政审计处、行政事业审计处（农业农村审计处）、教科文审计处、固定资产投资审计处、重大项目审计处、社会保障审计处、自然资源和生态环境审计处、企业审计处、经济责任审计处、机关党委；下设审计事业发展服务中心。

审计成果 2020年，杭州市审计机关共完成审计项目312个，查出违规金额46308万元、损失浪费金额9793万元；发现非金额计量问题3323个。审计处理处罚金额2338046万元；移送司法机关、纪检监察机关和有关部门处理事项133件，涉及135人。审计促进整改落实有关问题资金1736219万元，审计后挽回（避免）损失51440万元；核减投资额51440万元。审计提出建议1281条，被采纳1139条；推动被审计单位制定、完善规章制度88项；提交审计信息1365篇，被批示、采用1040篇次。向社会公告审计结果236篇。

杭州市审计局实施的杭州市本级产业发展类专项资金绩效情况专项审计调查项目被审计署评为2019年度全国省级审计机关优秀审计项目二等奖。

政策落实情况跟踪审计 对“亲情在线”平台运行、招商引资政策绩效等开展专项审计，提出审计建议149条，被采纳并有效落实135条。

财政审计 高质量起草预算执行和其他财政收支的审计结果报告、审计工作报告，全面反映13类38个问题及112个明细事项。

疫情防控资金和捐赠款物专项审计 推动出台各类制度9项，促进捐赠资金及时拨付1350万元，使用率提高25%。

民生审计 对既有住宅加装电梯、特殊教育、公共卫生等领域开展专项审计，有效提升群众获得感。

经济责任审计 对市本级16个单位的16名领导干部开展经济责任审计。出台《杭州市经济责任审计工作联席会议议事规则和办公室工作规则》。

固定资产投资审计 对轨道交通工程、亚运场馆等重大项目开展跟踪审计，探索构建“三阶段、八环节，既‘跟’又‘审’”重大项目跟踪审计模式。

信息化建设 初步建成“杭州城市大脑审计驾驶舱”，对项目计划、实施进度、成果展示、督查整改等环节实现全流程管理。

审计查出问题整改 构建“党委督办、人大督导、政府督查、审计督促”审计整改联动机制，审计整改工作首度列入市人大常委会审议内容。

相关工作 出台《优化审计项目审理工作流程若干意见（试行）》，拟定“审理工作指引”。

（撰稿人：张静婷）

【宁波市审计局】 2020年，宁波市审计局实有109人。局长励永惠，党组副书记、副局长张列群，副局长徐善燧、姚尧岳、李杰，总审计师何小宝，党组成员、二级巡视员沈林桥，经济责任审计工作联席会议办公室主任吴旭光（6月—），市属国企监事会主席时胥、王少青，副局级干部李亚苗、周柳明，一级巡视员陈佳强（—4月），一级调研员聂咸俊、金万贯（—8月）、陆亚芬。设有市委审计委员会办公室秘书处、办公室、法规和审理处、内部审计指导监督处（审计整改督查处）、电子数据审计处、政策跟踪审计处、财政审计处、行政事业审计处、企业审计处、金融和外资审计处、固定资产投资审计处、农业农村和资源环境审计处、经济责任审计处；下设经济责任审计服务中心（计算机审计中心）、政府投资审计中心等事业单位。

审计成果 2020年，宁波市审计机关共完成审计项目341个，查出违规金额95656万元、损失浪费金额5071万元；发现非金额计量问题3397个。审计处理处罚金额658835万元；移送司法机关、纪检监察机关和有关部门处理事项96件，涉及79人。审计促进整改落实有关问题资金481142万元；审计后挽回（避免）损失136135万元；核减投资额136786万元。审计提出建议 1421 条，被采纳 1323 条；推动被审计单位制定、完善规章制度 257 项；提交审计信息 950 篇，被批示、采用 598 篇次。向社会公告审计结果 219 篇。

宁波市审计局实施的宁波市江北区慈城镇人民政府 2014 年至 2016 年财政收支审计项目被审计署评为 2019 年度全国省级审计机关优秀审计项目二等奖。

政策落实情况跟踪审计 全年安排政策跟踪审计项目 14 个。在新增财政资金直达市县基层直接惠企利民情况专项审计中，促使财政部门加强对 6.08 亿元资金的动态监管。

财政审计 市审计局首次实现对市本级 92 家一级预算单位审计全覆盖，重点揭示预算执行率低等问题，为落实政府过“紧日子”要求提供支撑。

疫情防控资金和捐赠款物专项审计 编报相关审计信息、专报 12 篇，促进市本级资金、款物 3700 余万元及时安排使用。

民生审计 完成宁海、象山两县保障性安居工程审计及市本级统筹区企业职工基本养老保险专项审计等项目。

经济责任审计 全面推行经济责任审计“两报告四清单一情况”模式，完成 20 个部门（单位）22 名领导干部的经济责任审计。

固定资产投资审计 安排轨道在建工程等 15 个项目的跟踪审计或竣工决算审计，调减投资 4.05 亿元，移送案件线索 5 件。

农业农村审计 在宁波市海曙区乡村振兴审计中，重点关注涉农专项资金滞留闲置的问题，促进财政部门收回 2192 万元资金。

企业审计 实施市本级竞争类国有企业经济效益情况专项审计调查，重点抽查 42 户企业，促进国有企业加强管理。

信息化建设 多渠道采集存储财政、税务、工商、民政、医疗、养老等数据，建立数据备份库和标准库。组织开发省市公共数据接口检索平台，调用省市公共数据 100 余万条（次）。

（撰稿人：毕　颖）

【温州市审计局】 2020 年，温州市审计局实有 77 人。局长林琼，副局长陈健、谢立、姚志泉、李秀峰，总审计师高勇，经济责任审计工作联席会议办公室主任徐健，调研员尤业先。设有市委审计委员会办公室秘书处、办公室、法规和审理处、内部审计指导监督处、电子数据审计处、财政和金融审计处（政策跟踪审计处）、教科文审计处、农业农村和资源生态环境审计处、固定资产投资审计处、社会保障审计处、企业审计处、经济责任审计处、行政事业审计处、人事处（机关纪委）、机关党委；下设审计发展服务中心、国有企业审计中心。

审计成果 2020 年，温州市审计机关共完成审计项目 227 个。查出违规金额 225765 万元、损失浪费金额 2031 万元；发现非金额计量问题 3159 个。审计处理处罚金额 630299 万元；移送司法机关、纪检监察机关和有关部门处理事项 151 件，涉及 262 人，移送处理金额 12347 万元。审计促成增收节支 166381 万元；挽回（避免）损失 6913 万元；核减投资额 8321 万元。审计提出建议 949 条，被采纳 821 条；推动被审计单位制定、完善规章制度 92 项；提交审计信息 1087 篇，被批示、采用 706 篇次。向社会公告审计结果 173 篇。

全市有 6 个审计项目被评为 2020 年浙江省优秀审计项目。

政策落实情况跟踪审计 开展市本级及瓯海区科技创新重大政策落实情况专项审计调查，收回违规补助资金 1099 万元。开展市本级产业政策落实情况专项审计调查，推动有关部门修订五大产业政策文件。开展新增财政资金直达市县基层直接惠企利民情况专项审计，促进 4.84 亿元相关资金加快拨付。

财政审计 完成市级财政预算执行审计，促进市财政加快清理执收单位往来款 719.49 万元，收回逾期垫付资金及利息 1112.83 万元。

三大攻坚战审计 实施永嘉县扶贫专项审计、永嘉县大气污染防治情况专项审计调查等项目，发现部分低保户低收入农户认定不精准、部分时段无污染物监测数据等问题。

疫情防控资金和捐赠款物专项审计 推动捐赠物资、资金及时发放 15.62 万件、135 万元，促进财政及时拨付医疗单位垫付资金。

民生审计 实施残疾人社会保障情况专项审

计调查，促成1001名残疾人应享尽享保障政策。

经济责任审计 完成98家单位135名领导干部经济责任审计，查出违规金额11983万元，移送处理82人。

固定资产投资审计 实施重大水利项目专项审计调查，反映16项水利工程招标及建设不规范等问题。

金融审计 对温州地区11家农村商业银行进行审计，反映贷款资金“脱实向虚”等问题。

审计科研 连续2年举办全市“展优势、寻短板、定课题”科研活动，深入调研并促进研究成果转化。

相关工作 实行审计实务导师制，成立审计青年理论学习小组，开展“三强一争”审计大比武活动，全面营造争先创优的浓厚氛围。

（撰稿人：罗 毅）

【嘉兴市审计局】 2020年，嘉兴市审计局实有52人。局长江强，副局长蒋朝晖、叶常青、邵挺（5月—），总审计师朱伟，经济责任审计工作联席会议办公室主任宣玉泉，三级调研员钱利民。设有办公室（市委审计委员会办公室秘书处）、法规与审理处、内部审计指导监督处、财政审计处、行政事业与社会保障审计处、企业审计处、农业与资源生态审计处、固定资产投资审计处、经济责任审计处、直属分局；下设计算机审计中心、政府投资项目审计中心等事业单位。

审计成果 2020年，嘉兴市审计机关共完成审计项目193个。查出违规金额49248万元、损失浪费金额9803万元；发现非金额计量问题2415个。审计处理处罚金额1366384万元；移送司法机关、纪检监察机关和有关部门处理事项48件，涉及25人。审计促进整改落实有关问题资金953608万元；审计后挽回（避免）损失17308万元；核减投资额9191万元。审计提出建议771条，被采纳693条；推动被审计单位制定、完善规章制度28项；提交审计信息564篇，被批示、采用287篇次。向社会公告审计结果83篇。

全市有4个审计项目被评为2020年浙江省优秀审计项目。

政策落实情况跟踪审计 开展嘉兴市本级疫情防控资金和捐赠款物专项审计、嘉兴市新增财政资金直达市县基层直接惠企利民情况专项审计、嘉善县长三角一体化部分重点工作推进情况专项审计调查等11个政策跟踪类审计项目，审计报告、信息专报得到各级领导批示102篇次，移送处理事项29件。

财政审计 以“核心＋专题”模式深化财政审计，实施市本级预算执行和决算草案编制情况审计，推动收缴重大政府投资项目资金3.92亿元，压减一般性支出3.85亿元。

民生审计 实施嘉兴市医疗机构医保基金专项审计调查，推动市政府修订《嘉兴市基本医疗保障暂行办法》等制度，追缴违规医保资金6050万元，公安机关立案查处3家民营医疗机构、刑事拘留10余人；嘉善县、海盐县保障性安居工程资金投入及使用绩效情况审计推动落实税费优惠6790万元、收回公租房17套。

经济责任审计 市本级共完成15个部门（单位）17位领导干部经济责任审计，并及时调整经济责任审计联席会议组织架构。

固定资产投资审计 实施嘉兴市本级工程总承包项目专项审计调查、嘉兴军民合用机场改扩建工程审计、市有轨电车建设项目跟踪审计等项目，其中嘉兴市本级工程总承包项目专项审计调查推动出台规范评标专家评审行为等制度，移送处理事项12件，直接追回或节约政府投资1176万元。

农业农村审计 实施嘉兴市本级乡村振兴相关政策和资金审计，揭示农村“三资”管理问题，推动市纪委第一时间启动相关督查工作。

内部审计 出台年度《内部审计工作指导意见》《内部审计业务指导和监督工作计划》；组织58个部门单位开展141个内部审计项目，举办内部审计人员培训班5期。（撰稿人：王周冉）

【湖州市审计局】 2020年，湖州市审计局实有68人。局长费林海，副局长丁颂辉（—10月）、芮振华（10月—）、汤晓龙、汤政强、何斌，总审计师朱金龙，经济责任审计工作联席会议办公室主任吴波（5月—）。设有办公室（市委审计委员会办公室秘书处）、法规与审理处、内部审计指导监督处（审计整改督查处）、财政审计处（政策跟踪审计处）、电子数据审计处（行政事业审计处)、自然资源与生态环境审计处(农业农村审计处)、社会事业审计处、企业与金融审计处、固定资产投资审计处、经济责任审计处、组宣人事处、机关党委;下设市公共投资项目审计中心、市电子数据审计中心等事业单位。

审计成果 2020年,湖州市审计机关共完成审计项目134个。查出违规金额11445万元;发现非金额计量问题895个。审计处理处罚金额52404万元;移送司法机关、纪检监察机关和有关部门处理事项68件,涉及26人。审计促进整改落实有关问题资金60673万元;审计后挽回(避免)损失60571万元;核减投资额60473万元。审计提出建议393条,被采纳379条;推动被审计单位制定、完善规章制度91项;提交审计信息733篇,被批示、采用704篇次。向社会公告审计结果164篇。

湖州市吴兴区审计局湖州市吴兴区妙西镇党委书记、原镇长任职期间经济责任履行情况审计项目被审计署评为2019年度全国县级审计机关优秀审计项目二等奖。

政策落实情况跟踪审计 市本级组织开展全市疫情防控资金和捐赠款物专项审计、新增财政资金直达市县基层直接惠企利民情况专项审计等14个政策跟踪审计项目,推动各项政策措施落实到位。

财政审计 在市级预算执行情况和决算草案审计中统筹开展部门预算执行审计,创新大数据审计举措,首次实现对71家市级预算单位数据分析和疑点核查的全覆盖。

经济责任审计 全市共对43个单位59名领导干部进行经济责任审计,查出问题金额57963万元,同步实施6个领导干部自然资源资产离任(任中)审计项目。联合市委组织部印发《湖州市领导干部经济责任审计会商研判及结果运用实施办法(试行)》,强化经济责任审计成果的有效运用。

信息化建设 按要求推进金审工程三期项目各节点的建设任务,建成数据分析室,按时完成全市残疾人社会保障审计数据规划、全市财政数据验证工作。加强大数据审计案例编报,全市共有8篇案例入选浙江省优秀案例。

审计科研 中标省审计厅审计科研重点课题2项、一般课题15项,获得浙江省优秀审计论文和调研文章一、二、三等奖共8篇。

内部审计 通过"助企服务+专题指导"等方式有效服务企业及机关事业单位,全年开展内部审计活动14次、举办培训班6期。

审计查出问题整改 成立市审计整改督查协调小组,市委市政府首次将审计整改工作纳入市级部门年度考核。审计工作报告反映问题整改率97%,促进完善制度36项。

相关工作 健全党对审计工作领导的制度机制,出台《市委审计委员会成员单位工作协调制度》等。

(撰稿人:王加春)

【绍兴市审计局】 2020年,绍兴市审计局实有65人。局长金水法,副局长王文伟、董学强、宋伟江,经济责任审计联席会议办公室主任丁美玲,总审计师沈大军,二级巡视员潘旺明。设有市委审计委员会办公室秘书处、办公室、法规和审理处、内部审计指导监督处、财政审计处、教科文审计处、农业农村和资源环境审计处、固定资产投资审计处、社会保障审计处、企业和金融审计处、经济责任审计处、行政事业和外资审计处、机关党总支;下设市计算机审计中心、市审计发展服务中心等事业单位。

审计成果 2020年,绍兴市审计机关共完成审计项目165个。查出违规金额4.65亿元、损失浪费金额6910万元。审计处理处罚金额15.09亿元;移送司法机关、纪检监察机关和有关部门处理事项84件,涉及61人。审计促进整改落实有关问题资金8.52亿元;审计后挽回(避免)损失670万元。审计建议被采纳531条;推动被审计单位制定、完善规章制度91项;提交审计信息275篇,被批示、采用227篇次。向社会公告审计结果121篇。

政策落实情况跟踪审计 实施绍兴市支持实体经济健康发展政策落实情况专项审计调查等项目,推动政策落地见效。

财政审计 实施市级财政管理及决算草案审计等项目,高质量起草审计"三个报告"。

三大攻坚战审计 开展东西部扶贫协作情况、对口援疆项目和资金跟踪审计等项目,提高资金使用绩效。

疫情防控资金和捐赠款物专项审计 以“大项目”模式组织开展审计，推动出台医务人员工作性补助细则，督促落实房租减免等政策。

民生审计 实施市本级企业职工基本养老保险基金、残疾人社会保障情况专项审计，推进民生项目规范运行。

经济责任审计 出台《绍兴市领导干部经济责任审计结果运用办法》，做到事后监督与事前预警相结合。

固定资产投资审计 实施市本级政府投资项目监理情况、重大水利项目专项审计调查等项目，规范工程建设管理，提高投资绩效。

资源环保审计 开展绍兴市柯桥区大气污染防治情况专项审计调查，督促建立环境保护税征管工作协作机制等。

企业审计 实施绍兴市轨道交通集团有限公司领导人员经济责任审计、上虞农村商业银行股份有限公司防范风险专项审计调查等项目，促进国企健康发展，防范化解金融风险。

信息化建设 制订《2020年市级部门预算执行大数据审计工作方案》，共建共享审计思路和数据模型，运用大数据分析技术，实现市级一级预算单位审计“全覆盖”目标任务。

内部审计 推行内部审计工作“网格化”指导机制，出台推进国家审计与内部审计协同机制建设的实施意见，增强审计监督合力。

相关工作 实现市委审计委员会办公室秘书处单设并“实体化”运作，出台部门间联动机制6个，推出《审计提醒您》，打造干部从入职到退休全过程“选育管用”工作链条。

（撰稿人：赵 健 邵凯瑜）

【金华市审计局】 2020年，金华市审计局实有52人。局长卢文浩，副局长雷寿华、留义华（—6月）、任川、李虹（6月—），总审计师李虹（—6月）、黄红华（6月—），经济责任审计工作联席会议办公室主任李虹（—6月）、陈忠（6月—）。设有市委审计委员会办公室秘书处、办公室、法规审理处、财政审计处、行政事业与社会保障审计处、企业审计处、固定资产投资审计处、农业农村与资源环境审计处、经济责任审计处；下设市计算机审计和内部审计指导中心。

审计成果 2020年，金华市审计机关共完成审计项目267个。查出违规金额8.98亿元、损失浪费金额342.54万元；发现非金额计量问题1809个。审计处理处罚金额37.23亿元；移送司法机关、纪检监察机关和有关部门处理事项65件，涉及109人。审计促进整改落实有关问题资金33.15亿元；审计后挽回（避免）损失6亿元；核减投资额5.78亿元。审计提出建议779条，被采纳647条；推动被审计单位制定、完善规章制度77项；提交审计信息588篇，被批示、采用418篇次。向社会公告审计结果72篇。

全市有4个审计项目被评为2020年浙江省优秀审计项目。

政策落实情况跟踪审计 组织实施市本级科技创新重大政策落实情况、稳就业政策落实情况专项审计调查，推动深化科技管理体制改革及相关政策落地。

财政审计 开展市本级预算执行和决算草案审计、市本级部门预算执行情况审计等项目，促进收回或上缴财政资金1455.69万元。

三大攻坚战审计 对20名领导干部开展自然资源资产离任（任中）审计，推进美丽金华建设。开展金华成泰农商银行防范风险专项审计调查，促进优化金融扶贫联动机制。

疫情防控资金和捐赠款物专项审计 促进1168.93万元防疫资金及时拨付使用，推动有关单位完善制度17项。

民生审计 开展市本级企业职工基本养老保险基金审计、残疾人社会保障情况专项审计调查及婺城区、金东区保障性安居工程审计等项目，盘活存量资金600多万元，推动完善配套制度6项。

经济责任审计 全市共对94家单位125名领导干部开展经济责任审计，其中市本级9家单位、11名领导干部。

固定资产投资审计 开展金华市重大水利项目实施情况专项审计调查、金华—义乌—东阳城际轨道交通项目工程跟踪审计、亚运场馆建设情况审计，促进项目规范管理和资金有效使用。

资源环保审计 开展金东区大气污染防治情况专项审计调查，推动出台《金华市金东区高污染燃料禁燃区实施方案》，促进扬尘治理。

信息化建设 完成两项省级审计信息化试点工作，提炼报送的10个大数据审计案例入选浙江省优秀大数据审计案例。

相关工作 在2020年全市“晒拼创”活动中，获评优秀单位。作为唯一一家市级政府部门，入选全市首批清廉建设示范单位。

（撰稿人：黄　登）

【衢州市审计局】 2020年，衢州市审计局实有50人。局长刘石平（—8月）、吴剑锋（8月—），副局长毛金有、周波、舒峰，总审计师王国榕，经济责任审计工作联席会议办公室主任楼雯琳，其他同级别领导祝伟清、叶雪飞。设有市委审计委员会办公室秘书处、办公室、法规和审理处、内部审计监督指导处、财政审计处、农业农村审计处、固定资产投资审计处、社会保障审计处、自然资源和生态环境审计处、金融和外资审计处、企业和开发区审计处、行政事业审计处；下设计算机审计中心、经济责任审计中心等事业单位。

审计成果 2020年，衢州市审计机关共完成审计项目136个，其中审计107个、专项审计调查29个。查出违规金额65323万元、损失浪费金额46万元；发现非金额计量问题1422个。审计处理处罚金额832098万元；移送司法机关、纪检监察机关和有关部门处理事项83件，涉及106人。审计促进整改落实有关问题资金115885万元；审计后挽回（避免）损失371万元；核减投资额649万元。审计提出建议450条，被采纳371条；推动被审计单位制定、完善规章制度9项；提交审计信息450篇，被批示、采用235篇。向社会公告审计结果99篇。

衢州市审计局实施的衢州市扶贫情况专项审计项目获得浙江省审计厅优秀审计项目表彰。

政策落实情况跟踪审计 乡村振兴审计移送案件线索10件；土地指标管理使用情况审计，发现三方面42个问题，查出使用不规范金额3.20亿元。

财政审计 第七届衢州市人民代表大会常务委员会第27次会议听取审议审计工作报告，报告共反映5大板块53个问题事项。

三大攻坚战审计 全市6个县（市、区）运用“大数据＋走访式”审计模式，全面实施扶贫审计项目。审计提交信息9篇；移送案件线索10件；撰写审计专报7篇、计算案例1篇。

疫情防控资金和捐赠款物专项审计 有关信息被省审计厅采用11篇，在《衢州发布》上刊登报道2篇。

经济责任审计 开展领导干部经济责任和自然资源资产离任（任中）审计项目9个，涉及12名领导干部。出台《2020年全市经济责任审计工作指导意见》，编印《领导干部履行经济责任风险防范清单》。

固定资产投资审计 完成审计署同步项目1个、省审计厅同步项目1个、市定项目3个、市政府交办任务1个。

大数据审计 承担省审计厅财政审计标准化数据质量试点工作任务，开展全市法人库数据规划工作。在部门预算执行审计中，构建审计分析模型50余个，发现疑点60余个。

审计查出问题整改 规范资金管理29.3亿元，建立健全各项管理制度52项，完善体制机制15项，问责处理3人。

相关工作 制定落实全面从严治党主体责任清单；与市委党校联合举办审计业务能力提升培训班；举办全市审计系统8090新时代理论宣讲大赛。

（撰稿人：聂　红）

【舟山市审计局】 2020年，舟山市审计局实有50人。局长陆沧波（—8月）、周军刚（8月—），副局长钱宁（—2月）、翁维波，总审计师王海芬，经济责任审计工作联席会议办公室主任邱浩勇。设有办公室、组织人事处、综合协调处（市委审计委员会办公室秘书处）、法规处（审计整改督查处）、财政金融审计处、经贸审计处、固定资产投资审计处、行政事业审计处、经济责任审计处（舟山市经济责任审计联席会议办公室）；下设直属审计中心、市计算机审计中心等事业单位。

审计成果 2020年，舟山市审计机关共完成审计项目88个。查出违规金额12665万元、损失浪费金额3309万元；发现非金额计量问题632个。审计处理处罚金额258460万元；移送司法机关、纪检监察机关和有关部门处理事项55件，涉及48人。审计促进整改落实有关问题资金1666万元；审计后挽回（避免）损失1307.55万元；核减投资额969.55万元。审计提出建议288条，被采纳288条；推动被审计单位制定、完善规章制度108项；提交审计信息928篇，被批示、采用410篇次。向社会公告审计结果55篇。

全市有5个审计项目被评为2020年浙江省优秀审计项目。

政策落实情况跟踪审计 以重大政策措施落实情况为主题单列9个审计项目。在市级矿山资源监管情况专项审计调查中，督促挽回损失300多万元；提出加强“工程性设矿”闭环管理等5条建议，促成完善相关制度。

财政审计 重点开展财政预算执行和决算草案，促进相关部门制定5项预算绩效管理制度、11个专项资金管理办法。市、县（市、区）两级联动开展部门预算执行审计。

疫情防控资金和捐赠款物专项审计 对疫情防控经费3290万元、捐赠资金1982.1万元进行重点审计，并延伸审计23个政府机构和单位。

民生审计 连续8年组织开展保障性安居工程审计，2020年纠正不规范分配的公租房456套，促使本岛范围内无住房的135户低保低边家庭纳入公租房保障范围。

经济责任审计 对33个单位40名领导干部开展经济责任审计，配合市委组织部对9家单位的领导干部进行离任交接。连续8年实行市管领导干部履行经济责任年度报告。印发领导干部履行经济责任风险清单，发挥预警作用。

固定资产投资审计 制定《公共投资项目建设风险防范清单》，包含8大类共203个风险点，发给相关部门和建设单位参考。

企业审计 把促发展、控风险、反腐败作为国企审计主攻方向，及时向纪委监委移送问题线索10件，促使7人被采取留置措施。

内部审计 加强国家审计和内部审计联动，组织47个行政事业单位、5户企业开展部门预算执行内部审计。1名内部审计人员被评为全国内部审计先进个人。（撰稿人：傅思佳）

【台州市审计局】 2020年，台州市审计局实有54人。局长王荣千（4月—），副局长瞿秀根（3月—）、彭雪君，总审计师杨野群，经济责任审计工作联席会议办公室主任刘文辉（—3月）。设有市委审计委员会办公室秘书处、办公室（人事教育处）、法规和审理处、审计整改督查处、经济责任审计处、财政审计处、行政事业与社会保障审计处、农业农村和资源环境审计处、企业和金融审计处、固定资产投资审计处；下设市审计事务中心、市审计信息中心等事业单位。

审计成果 2020年，台州市审计机关完成审计单位212个。查出违规金额125743万元、损失浪费金额6154万元；审计发现非金额计量问题2869个。审计处理处罚金额121442万元；移送司法机关、纪检监察机关和有关部门处理事项266件，涉及172人。审计促进整改落实有关问题金额110241万元；审计后挽回（避免）损失4821万元；核减投资额10497万元。审计提出建议653条，被采纳563条；推动被审计单位制定、完善规章制度16项；提交审计信息543篇，被批示、采用306篇次。向社会公告审计结果60篇。

台州市审计局实施的台州市质量技术监督局局长、党委书记任职期间经济责任履行情况审计项目被审计署评为2019年度全国市级审计机关优秀审计项目三等奖。

政策落实情况跟踪审计 对9个县（市、区）2684个村财务情况进行专项审计，整改财务管理不规范等问题6485个，涉及金额1.24亿元，查处违规违纪案件155件，党纪政纪处分68人。开展新增财政资金直达市县基层直接惠企利民使用情况专项审计，促进市本级健全资金对账机制，规范路桥、黄岩499家小微企业和个体工商户纾困补助发放，促进加快临海抗疫特别国债项目支出进度。

财政审计 开展市本级预算执行和决算（草案）审计及三门县、黄岩区财政决算审计，市本级盘活财政资金9.2亿元。

疫情防控资金和捐赠款物专项审计 市本级对29家慈善组织、128个政府部门（单位）进行审计，发现问题106个。审计提出建议98条，推动财政资金、捐赠资金及时结算或拨付，健全完善相关制度7项。

经济责任审计 完成75个单位94名领导干部的经济责任审计，如通过对市水利部门领导干部经济责任审计，推动建立“多水联查”的动态监管机制。

固定资产投资审计 开展台州市政府产业基金审计，移送问题线索5件，审计信息获得市委市政府主要领导批示。

审计标准化 出台《主要审计文书种类和参考格式》《公文处理规则》，明确11种主要审计文书和13种主要审计文本的参考格式。编制业务流程标准化指南，印发审计事项移送管理办法、印章管理办法、保密工作管理制度、对外提供审计资料管理办法等制度。

审计查出问题整改 对全市扶贫领域问题整改落实情况进行“回头看”并形成专项报告。助推村级组织建设“固本强基”专项行动，组织编写《台州市村级财务专项审计指南》。

（撰稿人：翁浚葳）

【丽水市审计局】 2020年，丽水市审计局实有51人。局长邹向阳，副局长邱学明、阎家骥、颜登亮，总审计师刘松文，经济责任审计工作联席会议办公室主任陈樟林。设有市委审计委员会办公室秘书处、办公室、法规和审理处、财政审计处、经济责任审计处、大数据审计处、行政事业审计处、农业农村审计处（挂固定资产投资审计处牌子）、机关党委；下设直属审计分局、市审计培训中心等事业单位。

审计成果 2020年，丽水市审计机关完成审计（专项审计调查）项目182个。查出违规金额58190万元、损失浪费金额22084万元；审计发现非金额计量问题1740个。审计处理处罚金额164945万元；移送司法机关、纪检监察机关和有关部门处理事项36件，涉及42人。审计促进整改落实有关问题金额22102万元；审计后挽回（避免）损失3094万元；核减投资额3114万元。审计提出建议635条，被采纳314条；促进被审计单位制定、完善规章制度13项；提交审计信息610篇，被批示、采用390篇次。向社会公告审计结果219篇。

全市有6个审计项目被评为浙江省优秀审计项目。

政策落实情况跟踪审计 实施新增财政资金直达市县基层直接惠企利民情况专项审计，促进资金规范支出30964.03万元。实施优化营商环境及产业发展政策落实专项审计调查，查出违规金额1715.4万元，清退涉企保证金3242.71万元。

财政审计 实施市本级预算执行和决算（草案）审计，移送问题线索5件，促进增收节支158603.72万元。

民生审计 实施疫情防控资金和捐赠款物专项审计，促进及时拨付使用资金609.27万元，收回专项贷款2230万元。实施丽水市扶贫专项和东西部协作扶贫审计，督促上缴、调整或归还原渠道资金7386.72万元，移送问题线索8件。

经济责任审计和自然资源资产离任审计 市本级对12名市管领导干部开展审计，市审计局与市委组织部首次开展经济责任审计成果运用会商研判。将生态产品价值实现机制纳入全市17个自然资源资产离任审计项目中。自然资源资产离任审计典型做法入选丽水市撤地设市高质量绿色发展创新20大样本名录，并获省政府主要领导批示。

固定资产投资审计 实施云和县、景宁县、庆元县2019年保障性安居工程资金投入和使用绩效审计，推动庆元县收回相关资金1.03亿元，有关部门向建设单位退还或减免各项税费464.44万元。

内部审计 全市内部审计协会会员单位完成审计项目1633个，促进增收节支0.92亿元。全市获得全国内部审计先进集体1家、全省内部审计先进集体4家、全省内部审计先进个人9人；获省内部审计协会优秀项目3个、表彰项目5个。

（撰稿人：郑水斌）

2020年浙江省所辖县(市、区)级审计工作统计表

审计机关	完成审计项目/个	审计查出主要问题金额/万元	审计发现非金额计量问题/个	审计期间整改金额/万元	出具审计报告和审计调查报告/篇	审计处理情况		审计促进整改落实有关问题资金/万元	审计提出建议/条	提交审计信息/篇
						审计处理处罚金额/万元	移送处理事项/件			
杭州市										
杭州市本级	45	3027306	794	99675	49	324104	40	39504	152	203
上城区审计局	15	17089	133	2725	16	882			52	71
下城区审计局	28	69417	99	224	38	49199	1	16540	75	124
江干区审计局	16	943153	171	40	17	17021	2	19	47	63
拱墅区审计局	14	24502	118	4158	18	10513	11	705	72	23
西湖区审计局	23	149106	259	4796	31	70840	9	16402	66	184
滨江区审计局	14	26020	83	2437	16	20486		13297	33	80
萧山区审计局	27	378669	213	26843	35	306191	1	87950	94	102
余杭区审计局	22	1718427	236	44345	31	1475650	27	1487157	336	69
富阳区审计局	30	99999	658	38231	49	37387	30	37387	121	69
临安区审计局	24	20522	231		33	957	1	664	62	154
建德市审计局	15	130377	115	19989	17	19641	1	20229	16	113
桐庐县审计局	21	27061	115	2699	27	4262	5	15267	69	53
淳安县审计局	18	229338	98	81	20	913	5	1098	86	57
宁波市										
宁波市本级	72	611700	657	400400	109	184541	12	118647	219	114
海曙区审计局	20	11733	34	11337	25	4087	6	3636	81	5
江北区审计局	24	66946	129	433	24	45202	3	49083	56	197
北仑区审计局	25	181186	268	9142	30	142315	15	163201	86	91
镇海区审计局	24	17686	320	652	29	9063	1	8730	70	
鄞州区审计局	37	127055	340	35114	59	49906	11	49979	123	164
奉化区审计局	46	124126	667	8468	45	82806	3	48728	547	52
余姚市审计局	23	68206	140	12978	27	41461	19	11004	51	146
慈溪市审计局	18	225706	367	431	25	82131	6	14995	66	28
象山县审计局	30	35770	209	4101	38	7704	14	3934	45	120
宁海县审计局	22	54814	266	12332	25	9619	6	9205	77	33
温州市										
温州市本级	35	658013	627	54118	54	266185	29	369942	142	285
鹿城区审计局	13	63463	174	35339	17	28124	13	20859	64	91
龙湾区审计局	15	81448	176	1572	20	79876	9	80493	57	40
瓯海区审计局	13	8614	86	2951	18	3567	5	9514	56	56
洞头区审计局	14	40567	160	102	14	21253	7	3048	57	93
瑞安市审计局	22	72976	204	4336	32	35021	10	5366	77	79

（续表）

审计机关	完成审计项目/个	审计查出主要问题金额/万元	审计发现非金额计量问题/个	审计期间整改金额/万元	出具审计报告和审计调查报告/篇	审计处理情况		审计促进整改落实有关问题资金/万元	审计提出建议/条	提交审计信息/篇
						审计处理处罚金额/万元	移送处理事项/件			
乐清市审计局	20	62189	345	3139	29	49535	9	49255	87	152
龙港市审计局	3	11721	17	2970	3	327	1		9	
永嘉县审计局	15	12242	138	2	18	12239	13	12982	69	91
平阳县审计局	17	19514	70	5943	17	13210	19	12845	55	77
苍南县审计局	23	219246	164	1	30	33799	1	23438	84	24
文成县审计局	19	76234	179	69	37	31543	11	6560	130	43
泰顺县审计局	18	64857	819	5346	46	55620	24	47442	62	56
嘉兴市										
嘉兴市本级	36	1149769	433	586800	49	210951	29	27939	139	140
南湖区审计局	18	224804	155	40760	25	177631		139345	58	22
秀洲区审计局	19	24277	143	2464	24	10028	2	685	70	55
海宁市审计局	23	64546	225	37974	29	15469	11	9160	111	25
平湖市审计局	24	105879	263	60894	42	26748	2	21024	77	171
桐乡市审计局	27	237246	568	776	37	213110	1	212624	94	18
嘉善县审计局	26	208686	307	2857	39	205690	2	83221	84	61
海盐县审计局	20	603274	321	96356	35	506757	1	459610	138	72
湖州市										
湖州市本级	32	32130	261	7684	52	13715	27	23562	84	205
吴兴区审计局	10	43684	98	868	16	4540	2	3608	35	88
南浔区审计局	9	95613	71	203	29	26032	20	26032	40	94
德清县审计局	25	21973	127	10035	25	3414	3	2491	59	83
长兴县审计局	34	30184	245	1581	29	4015	5	4011	120	125
安吉县审计局	24	35247	93	969	35	688	11	969	55	138
绍兴市										
绍兴市本级	42	174958	713	47377	71	105617	19	46117	137	101
越城区审计局	16	14804	224	2753	24	8036	29	2966	27	
柯桥区审计局	26	35332	344	1509	43	4551	12	5435	82	95
上虞区审计局	19	102885	82	1552	39	6014	11	4034	52	20
诸暨市审计局	22	70357	166	47	39	623	8	638	101	43
嵊州市审计局	24	47503	314	4585	41	25998		25998	99	5
新昌县审计局	16	62171	103	9190	28	16	5	16	62	11
金华市										
金华市本级	31	1147978	346	25314	51	90251	27	83799	91	173

（续表）

审计机关	完成审计项目/个	审计查出主要问题金额/万元	审计发现非金额计量问题/个	审计期间整改金额/万元	出具审计报告和审计调查报告/篇	审计处理情况		审计促进整改落实有关问题资金/万元	审计提出建议/条	提交审计信息/篇
						审计处理处罚金额/万元	移送处理事项/件			
婺城区审计局	18	54001	74	758	30	12578	2	12334	47	32
金东区审计局	9	88431	57	11543	13	21		6	18	6
兰溪市审计局	22	63504	217	7580	36	16373	6	10658	89	71
义乌市审计局	30	116920	221	349	48	116564		113088	132	64
东阳市审计局	72	46212	344	499	77	26395	9	10127	110	22
永康市审计局	18	151370	116	62681	24	1030	4	527	83	13
武义县审计局	23	46792	213	12511	44	26063	16	19240	84	126
浦江县审计局	25	76421	147	256	34	54545	1	53241	74	63
磐安县审计局	19	30387	74	227	71	28472		28455	51	18
衢州市										
衢州市本级	30	209966	530	20089	45	129940	22	68816	93	44
柯城区审计局	12	3608	117	140	16	3250	1	3250	34	31
衢江区审计局	20	158669	237	88990	37	69628	6	239	65	28
江山市审计局	20	15194	190	1527	24	13571	10	13397	55	170
常山县审计局	14	11232	85	654	17	4272		1422	68	38
开化县审计局	27	689170	122	73746	19	593949	41	15496	83	90
龙游县审计局	13	238160	141	97838	24	17485	3	13262	50	59
舟山市										
舟山市本级	26	325256	230	14082	35	208652	41	127422	80	389
定海区审计局	13	62734	78	4280	21	44023	1	33501	46	111
普陀区审计局	18	26970	141	47	24	103	6	103	75	97
岱山县审计局	17	29366	71	2957	18	16	1	4	42	163
嵊泗县审计局	14	30458	112	5	26	5666	6	5619	45	168
台州市										
台州市本级	29	2780243	420	74479	34	102617	21	99636	99	54
椒江区审计局	11	159948	153	5972	44	5252	4		39	34
黄岩区审计局	17	48987	221	5171	19	4027	2	2213	57	66
路桥区审计局	11	136965	98	2883	14	1	13	1	44	60
温岭市审计局	24	573365	542	995	30	1997	17	1512	56	4
临海市审计局	30	292433	570	511	40	2553	55	2132	97	100
玉环市审计局	45	228113	190	6056	57	4069	2	3946	94	40
三门县审计局	15	71561	92	5377	26	172	3	127	49	35
天台县审计局	14	566666	301	161	14	476		424	49	58

（续表）

审计机关	完成审计项目/个	审计查出主要问题金额/万元	审计发现非金额计量问题/个	审计期间整改金额/万元	出具审计报告和审计调查报告/篇	审计处理情况		审计促进整改落实有关问题资金/万元	审计提出建议/条	提交审计信息/篇
						审计处理处罚金额/万元	移送处理事项/件			
仙居县审计局	16	37203	282	166	29	278	149	250	69	92
丽水市										
丽水市本级	32	1402094	369	207635	37	42012	14	7817	128	57
莲都区审计局	14	182588	189	722	27	6	7	6	65	23
龙泉市审计局	18	127134	194	5716	20	73			77	27
青田县审计局	12	13592	102	3679	14	177		71	43	138
缙云县审计局	16	187450	230	324	26	44075	4		42	130
遂昌县审计局	16	46816	123	4346	23	35049	5	5639	53	20
松阳县审计局	19	27059	167	179	32	695			65	120
云和县审计局	18	40663	180	97	19	27817	1	282	52	81
庆元县审计局	18	29270	123	579	37	14316	3	8261	53	12
景宁畲族自治县审计局	19	22069	63	352	27	725	2	26	57	2

安徽省

【安徽省审计厅】 2020年，安徽省审计厅实有248人。设有省委审计委员会办公室秘书处、办公室、综合法规处、审理处、内部审计指导监督处、电子数据审计处、财政审计一处、财政审计二处、农业农村审计处、固定资产投资审计处、社会保障审计处、自然资源和生态环境审计处、金融审计处、企业审计处、涉外审计处、人事教育处、机关党委（机关纪委）、省经济责任审计局、发展统计审计室、经济贸易审计室、科技教育审计室、交通建设审计室、政法审计室、文化卫生审计室、新闻广电审计室、党委群团审计室、国有企业审计一室、国有企业审计二室、国有企业审计三室、国有企业审计四室；下设省固定资产投资审计中心、省审计厅机关服务中心、省审计科学研究所、安徽审计职业学院等事业单位，以及省审计学会（社会团体）。

领导成员

厅　　长：刘大群

副 厅 长：杨寿桃（—8月）

　　　　　程家楷　方　正

驻省审计厅纪检监察组组长：贾宝明

总审计师：费明清

审计成果 2020年，安徽省审计机关全年完成审计和专项审计调查单位4081个。查出违规问题金额66.79亿元、损失浪费和管理不规范金额857.43亿元；出具审计报告和报送审计调查报告5808篇。

合肥市审计局实施的合肥市教育局原局长任职期间经济责任履行情况审计项目被审计署评为2019年度全国市级审计机关优秀审计项目二等奖；泗县审计局实施的泗县2017年度财政预算执行和其他财政收支情况审计项目被审计署评为2019年度全国县级审计机关优秀审计项目一等奖。

政策落实情况跟踪审计 围绕稳就业、保基本民生等5个方面13项政策措施分季度开展跟踪审计，统筹开展新冠肺炎疫情防控资金和捐赠款物、新增财政资金直达市县基层直接惠企利民、“三促进”等专项审计，关注政策落实情况，保障党中央政令畅通、政策落地见效。

财政审计 全省审计机关积极运用信息化方式开展本级一级预算单位数据分析全覆盖，省审计厅实现省政府组成部门等重点单位现场审计全覆盖。采取“预算执行＋”模式，统筹开展“放管服”改革、国有资产管理、“三公”经费及会议费等重点事项审计调查，深化审计内容。推动政府投资审计转型，开展引江济淮工程等重大建设项目审计，完成 14 个国外贷援款项目审计，维护资金安全，促进提升绩效。

三大攻坚战审计 组织全省审计机关实施涉及扶贫领域审计项目 100 个，配合做好中央脱贫攻坚专项巡视“回头看”和国家脱贫攻坚成效考核反馈问题整改工作。全省审计机关常态化开展领导干部自然资源资产离任审计，开展新安江流域生态补偿等资源环境专项审计。在审计中注重揭示经济社会运行的风险隐患，重点关注财政、金融、国企国资、农业信贷担保、股权投资基金等领域。

民生审计 省审计厅开展 4 个县区乡村振兴、4 个市保障性安居工程、省本级及 2 个市医疗保险基金、4 个市就业优先政策落实等审计项目。全省审计机关聚焦“三农”、就业、教育、医疗、社保等重点民生项目和资金开展审计，并在其他各项审计中密切关注民生情况，维护群众利益。

经济责任审计 推进建立经济责任审计联席会议制度，继续实施经济责任审计全覆盖，强化对权力运行的制约和监督，注重揭示重大违纪违法问题，以及发生在群众身边的“微腐败”问题。全省审计机关共完成对 1778 人的经济责任审计，查出领导干部负有直接责任问题金额 23.82 亿元。

审计管理 积极推进审计“两统筹”，采取融合式、“1＋N”、嵌入式等多种方式，推进政策跟踪、预算执行、经济责任等各类审计项目统筹融合、相互衔接，对统一组织或同类型审计项目，做到方案、重点、步调、定责处理标准、报告体例结构“五个统一”，提升审计结果精准度。推进跨层级、跨专业、跨区域审计资源优化配置，通过人才库等方式统筹内部审计和社会审计资源，首次实现省、市、县（市、区）三级财政一级预算单位财务数据标准化，强化审计工作穿透力。探索推进“巡审联动”协作机制，首次对 5 所省属高校实行巡视、审计联动，省纪委监委、省委组织部、省委宣传部、省委编办、省国资委等部门将审计结果及整改等情况纳入案件线索管理、干部监督、机构编制审批、债务风险管控等工作，推进审计监督与其他监督贯通，增强审计监督权威性。

落实整改监督责任，全省审计促进整改落实有关问题资金 236.46 亿元，被审计单位根据审计建议建立健全规章制度 472 项。省审计厅持续跟踪督促省级预算执行和其他财政收支审计查出问题整改情况，截至 2020 年底，审计工作报告反映的 54 个问题大部分已整改到位，整改问题金额 159.67 亿元，占总问题金额的 99.77%。全省审计机关向纪检监察、司法机关和有关部门移送处理事项 193 件。省委省政府将审计工作纳入综合考核、目标管理绩效考核，省两办要情、专报等采用审计信息 41 篇，省领导对审计工作作出具体批示 32 件。

坚持制度先行，全面梳理厅机关各项制度规章，扎实做好制度“立改废”工作，推动全省建立经济责任审计工作联席会议制度机制，开展投资审计等相关制度清理，修订印发审计项目工作量核定、审计经费等管理办法，不断建立健全审计管理制度和执行机制。坚持质量为上，持续落实分级质量控制责任，统筹开展全省审计机关优秀审计项目评选和项目质量检查，持续提升审计质量。坚持科技强审，推动金审工程三期与“数字江淮”建设有效衔接，迁移改造审计管理、档案管理系统，提升数字化审计能力和信息化水平。

审计科研 配合省哲学社会科学规划办公室开展“十四五”时期哲学社会科学发展规划调研，建议将“审计学科建设研究”“新时代国家审计发展战略研究”“安徽省深化重大政策措施落实情况跟踪审计研究”等 6 项课题纳入省“十四五”哲学社会科学发展规划重点工程项目。围绕宏观政策、基础理论、实践创新、审计管理、科技强审等多个方向确定招标课题3项、委托课题5项、合作课题2项。进一步优化课题经费管理，制定《安徽省审计科学研究所专项科研经费管理办法》，明确专项科研经费的使用范围、审批和拨付流程。加强与智库的沟通交流，参与省社科联“三项课题”研究活动，申报“审计推动安徽长江经济带生态环境保护作用研究”“健全党的统一领导、全面覆盖、权威高效的审计监督体系策略研究”“审计监督助力安徽乡村振兴战略路径研究”“重大突发公共事件中的应急审计探究”等4个课题。参与省委宣传部“部门出题 智库解题”研究活动，选送“安徽乡村振兴战略背景下的审计对策研究”“国家审计推动长江三角洲区域一体化发展的实现路径研究”重点课题。拟定《关于进一步加强特约审计员参与审计理论研究工作的意见》，强化与省委统战部、各民主党派省委、省党外知识分子联谊会沟通协商机制，发挥特约审计员自身专业优势与研究特长。参与中国审计学会合作课题研究，完成“完善‘两统筹’长效机制 推进治理效能提升——基于安徽地方审计机关探索经验”研究报告的撰写。

党建工作 深入学习贯彻中央及省委审计委员会会议精神，持续巩固提升审计管理体制改革成果。严格执行重大事项请示报告制度，全省各级审计机关全年向本级党委审计委员会报送文件资料2454件。开展省辖市、省直管县（市、区）审计局主要负责人向厅党组述职报告工作。统筹抓好习近平总书记考察安徽重要讲话精神和党的十九届五中全会精神大学习、大宣讲、大调研、大培训、大落实。厅党组中心组对表对标“四个第一”政治要求组织集中学习26次。争做“三个表率”，建设“五强”党支部、“党员先锋岗”，建立全省审计机关基层党建“领航计划”库。成立35个审计组临时党支部，提升“支部建在审计点”党建品牌。召开厅机关第五次党代会，指导安徽审计职业学院党委按期完成换届。制定年度党风廉政建设工作要点，对派出审计组进行常态化巡察，创新开展对厅内设处室的“板块式”巡察，开展各类专项检查。深化“三个以案”警示教育，编印《审计机关违纪违法问题警示录》等。全省审计机关组织800多人次开展抗疫抗洪资金和捐赠款物专项审计，组织70名党员干部到社区一线参与疫情防控，成立6人抗洪抢险包保督导组赴淮南市抗洪一线，3名厅领导轮流现场督导。强化定点帮扶责任，年度定点扶贫考核获得“好”等次。创建省直机关模范职工之家，完成机关团委换届，开展各类群团活动，荣获第十二届“安徽省文明单位”和第六届“全国文明单位”称号。

队伍建设 认真贯彻新时代党的建设总要求和新时代党的组织路线，加强干部制度建设，印发《中共安徽省审计厅党组关于激励干部担当作为的实施意见》《中共安徽省审计厅党组关于加强干部政治素质考察的实施办法（试行）》《关于贯彻落实〈审计署高素质专业化审计干部队伍〉具体措施》等7项制度。坚持新时期好干部标准，树立正确选人用人导向，加大干部选拔任用工作力度，全年开展6批干部选拔任用和职级晋升工作。按照“立足实际、创新方法、紧盯需要、确保实效”的培训思路，采取“线上＋线下”相结合模式，科学制订年度计划，统筹开展各类培训，全年举办各类培训班和讲座26期，培训人员2980人次。组织审计专业技术资格考评工作。加强年轻干部培养，增强干部队伍活力。坚持严管与厚爱相结合、激励与约束并重，突出年轻干部综合素质培养，不断增强干部队伍活力，建立健全干部日常表现台账，切实为厅党组选人用人决策提供参考。注重在实践锻炼、专业训练中培养审计干部人才，选派10名干部到脱贫攻坚、援藏援疆等一线岗位锻炼，组织开展全省青年干部岗位大比武和骨干人才评选活动。严把干部入口关，合理配置人力资源。全年招录、遴选公务员8名，接收军转干部3名。

（撰稿人：程　敏）

【合肥市审计局】 2020年，合肥市审计局实有123人。局长昂朝晖，驻局纪检监察组组长孟德平，副局长郭洪群、周顺翠、张仁山，经济责任审计局局长徐伟，总审计师袁捷。设有市委审计委员会办公室秘书处、办公室、人事教育处、综合处、法规和审理处、内部审计指导监督处、电子数据审计处、财政审计处、党委群团审计处、行政政法审计处、科教文卫审计处、农业农村审计处、社会保障审计处、金融审计处、企业审计处、涉外审计处、自然资源和生态环境审计处、重大建设项目审计处、固定资产投资审计处、市开发区审计局、市经济责任审计局、机关党委；下设投资审计中心。

审计成果 2020年，合肥市审计机关共完成审计项目353个。移送处理事项34件。审计促进整改落实有关问题资金10.59亿元；促进拨付资金到位4499万元；审计后挽回（避免）损失3085万元；核减投资额6.18亿元。审计提出建议被采纳918条；推动被审计单位制定整改措施662项；促进被审计单位建立健全规章制度135项；提交审计信息1683篇，审计（专项审计调查）报告（信息）被省市领导批示152篇次。向社会公告审计结果116篇。

2020年，合肥市审计局被表彰为第六届“全国文明单位”。合肥市审计局实施的合肥市教育局原局长任职期间经济责任履行情况审计项目被审计署评为2019年度全国市级审计机关优秀审计项目二等奖；1个审计项目被省审计厅评为安徽省优秀审计项目。

审计管理体制改革 提请召开市委审计委员会第二次会议。提请市委审计委员会印发《关于深入推进审计全覆盖的实施意见》《关于推进科技强审建设的实施意见（试行）》等制度，领域对象实现全覆盖。制订中长期审计项目滚动计划和审计项目动态库，建立完善审计对象动态数据库。全面推进审计成果转化，加强审计机关和纪检监察机关、巡察、组织人事等部门的协作，健全信息共享、案件移送协调会商、审计结果运用、审计发现问题整改督查机制。注重加强审计项目审计组织方式“两统筹”，针对同一个（类）被审计单位开展的各项审计项目，实行一次进点、统筹实施。创新开展方案审理、现场审理、结果审理及跟踪审理。打造大数据审计，建立数据分析团队，推进审计数据中心应用，依托市数据交换共享平台，建立数据获取渠道。

政策落实情况跟踪审计 对减免返还社保费、缓征住房公积金、金融服务实体经济和稳就业、稳投资、保基本民生、保基层运转等政策开展跟踪审计。开展疫情防控资金和捐赠款物专项审计。

财政审计 开展市财政局组织2019年度市本级预算执行和其他财政收支情况审计，重点关注支出预算总量与结构、财政转移支付、政府债务和财政收入等，推动深化财税领域相关改革。

经济责任审计 实现对市管干部、市级部门和单位内管干部以及村级组织负责人审计全覆盖。市本级安排领导干部经济责任审计项目24个。联合市纪委（监委）、市委组织部印发《合肥市经济责任审计问题责任界定实施办法》。

固定资产投资审计 市本级对量子创新院等15个重点项目开展跟踪审计，完成9个工程项目竣工财务决算审计。连续3年组织开展灾后水利薄弱环节治理建设项目跟踪审计，及时开展灾后重建专项审计。

农业农村审计 组织开展长丰县、庐江县健康扶贫情况审计调查等项目，开展扶贫审计情况“回头看”工作。印发《关于贯彻落实审计署扎实做好脱贫攻坚决战决胜阶段扶贫审计工作意见的通知》《关于服务脱贫攻坚强化审计监督的意见》《进一步加强扶贫审计促进精准扶贫精准脱贫政策落实实施办法》。

资源环保审计 安排领导干部自然资源资产离任（任中）审计项目18个，涉及领导干部29人。印发《合肥市领导干部自然资源资产离任审计操作规程（试行）》。

外资运用审计 组织开展亚洲开发银行贷款肥西县三河镇丰乐河沿岸综合治理工程、庐江县巢湖农业面源污染控制试点项目审计。

企业审计 组织开展2家国有及国有控股企业领导人员任期经济责任审计，并对8家国有及国有控股企业年报进行核查。

审计科研 中标上级审计机关多项重点科研课题，收到科研论文93篇。

内部审计 首次将市本级23家单位118个内部审计项目纳入全市年度审计项目计划；对89家市直相关单位、4家市属开发区和25家市国资委重点监管企业内部审计工作开展情况进行检查。

相关工作 连续5年荣获市委综合考核“好”等次，多次获得市政府目标管理考核优秀责任单位。荣获第十二届“安徽省文明单位”等20项市厅级以上荣誉称号。 （撰稿人：陈国虎）

【芜湖市审计局】 2020年，芜湖市审计局实有62人。局长王志鹏，副局长杨凛、张文清、吴祖满，总审计师邱威，二级调研员王钢、吴勇（12月—），四级调研员王艳清、范家琪。设有市委审计委员会办公室秘书科、办公室、综合法规科、内部审计指导监督科、财政审计科、行政事业审计科、农业农村审计科、固定资产投资审计科、社会保障审计科、自然资源和生态环境审计科、金融审计科、企业审计科、涉外审计科、人事教育科、经济责任审计局；下设固定资产投资审计中心（计算机审计中心）。

审计成果 2020年，芜湖市审计机关完成审计项目396个。查出违规和管理不规范金额28.77亿元，核减投资额3792万元，减少财政拨款补贴6114万元，调账和归还原渠道资金7.33亿元，上缴财政1.46亿元，提出审计建议1328条。

政策落实情况跟踪审计 开展疫情防控财政资金和捐赠款物专项审计，关注疫情防控资金拨付管理使用、社会捐赠款物分配使用等情况，延伸审计红十字会慈善组织11家、疾控单位223家、企业和金融机构23家。对灾后恢复重建政策落实，资金和物资的筹集、分配、管理、使用情况进行审计，助力灾后恢复重建高质量开展。实施新增财政资金使用专项审计，关注“一卡通”发放的民生资金数据，确保资金直达市县基层，直接惠企利民。

财政审计 运用“1+N”审计模式，将财政审计与经济责任、政策跟踪、重点民生资金审计等相结合，利用大数据辅助审计，实现一级预算单位审计全覆盖。将重点民生保障资金纳入财政“同级审”，对资金使用、管理、绩效开展审计调查。

三大攻坚战审计 实施乡村振兴、扶贫和灾后水利建设审计，重点反映义务教育、基本医疗、住房安全保障、农村饮水安全等政策落实情况。医疗废物、耕地保护、农饮水安全等多篇审计要情得到市委市政府领导的批示肯定。

经济责任审计 贯彻落实修订后的两办《规定》，建立市经济责任审计工作联席会议制度，针对审计对象的工作性质和特点，分类制订方案，关注权责边界，准确界定责任。市本级完成经济责任审计项目34个，无为县原主要负责人经济责任审计人选省优秀审计项目，自然资源资产审计作为典型案例在全省交流。

固定资产投资审计 以政府投资审计转型升级为目标，出台《芜湖市政府投资建设项目审计监督办法》，多层次开展政府投资审计不规范专项清理检查，压实主管部门责任，严格投资行为，坚决杜绝“以审代结”。完成芜宣机场跟踪审计、弋江路快速化改造米市口立交工程竣工决算审计。对商合杭引线接线工程、火车站、市污水处理提质增效、轨道交通等重点项目实施跟踪审计。（撰稿人：王柳文）

【蚌埠市审计局】 2020年，蚌埠市审计局实有70人。局长王莉敏，副局长汤瑶泉、祖家国、吴根献（9月—），经济责任审计处主任陈前超，二级调研员戚大庆，四级调研员周毅。设有市委审计委员会办公室秘书科、办公室（营商环境科）、综合法规科、内部审计指导监督科、电子数据审计科、财政审计科、农业农村审计科、自然资源和生态环境审计科、固定资产投资审计科、社会保障审计科、金融审计科、企业审计科、涉外审计科、人事教育科、机关党委、派出审计一室、派出审计二室；下设经济责任审计处、政府投融资审计中心、监事会工作处等事业单位。

审计成果 2020年，蚌埠市审计机关共完成审计项目261个，其中审计250个、专项审计调查11个。查出主要问题金额28.16亿元，其中违规金额8554万元、损失浪费金额142万元、管理不规范金额27.29亿元；审计发现非金额计量问题571个；损益（收支）不实金额1.11亿元；出具审计报告和专项审计调查报告343篇，被批示、采用9篇次。审计处理处罚金额5亿元，其中应上缴财政1.61亿元、应减少财政拨款或补贴5520万元、应归还原渠道资金8062万元、应缴纳其他资金2474万元、应调账处理金额1.78亿元；移送司法机关、纪检监察机关和有关部门处理事项26件，移送处理人员7人，移送处理金额5亿元。审计促进整改落实有关问题资金8.17亿元；审计促进拨付资金到位1732

万元；审计后挽回（避免）损失 2940 万元；核减投资额 7698 万元；移送处理事项已落实 8 件。审计提出建议 547 条，被采纳 436 条；推动被审计单位制定整改措施 162 项；促进被审计单位建立健全规章制度 69 项；提交审计信息 455 篇，被批示、采用 113 篇次。向社会公告审计结果 53 篇。

在 2020 年度全省审计项目质量检查中获市级审计机关第一名；重大政策措施落实情况跟踪审计质量和成效位列全省前三名。

政策落实情况跟踪审计 围绕稳就业、稳投资、稳预期、保基本民生、保基层运转等国家重大政策措施和决策部署开展政策跟踪审计工作，揭示在贯彻落实“六保”任务、做好“六稳”工作方面存在的制度机制不完善、措施不到位、资金和项目管理不规范等方面的问题和不足。全年向省审计厅报送问题 26 个，被市领导批示审计报告 4 篇次。

财政审计 完成预算执行和财政决算审计项目 66 个，审计查出主要问题金额 21.22 亿元。依托财政一体化大平台、国库集中支付、国有资产管理等系统数据，运用数字化审计方式，实现对市直所有一级预算单位的预算编制、项目执行、政府采购、资产管理、“三公”经费使用等重要事项的全面检查，揭示部分单位预算执行率低、部分专项资金使用绩效差、资产管理不规范、政府采购管理不严格等问题，对审计发现的问题依法依规进行处理，有效促进财政收支行为的规范。

三大攻坚战审计 聚焦脱贫攻坚，组织开展健康扶贫专项审计调查等项目，促进扶贫政策落实、资金高效使用；聚焦扶贫审计整改，全面梳理 2016 年至 2019 年扶贫领域审计发现问题整改情况，审计推动整改问题金额 1.73 亿元，制定完善或落实相关制度措施 26 项；聚焦领导干部自然资源资产离任审计，查出土地资源、林业资源和水资源管理及生态环境保护方面存在的问题 20 个，追回财政资金 5.76 万元。

疫情防控资金和捐赠款物专项审计 将疫情防控专项审计与国家重大政策措施落实情况跟踪审计、本级预算执行审计有机结合，组织 53 名审计人员参加疫情防控专项审计。向省审计厅报送疫情防控专项审计阶段性报告 3 次、专项核查报告 5 篇，共揭示相关问题 18 个，涉及问题金额 7070.24 万元，促进相关单位加快社会捐赠资金分配和投入使用 455.20 万元。

民生审计 开展保障性安居工程、城镇职工基本医疗保险基金审计调查和稳就业专项资金审计等项目。以项目和资金的绩效作为切入点，揭示出部分安居工程资金闲置及分配使用不规范、向不符合保障条件家庭提供住房保障待遇、金融机构乱收费、医保定点医院医保病人不合理住院及分解住院等问题，其中安居工程贷款金融机构乱收费 1.04 亿元全部收回。

经济责任审计 6 月，经蚌埠市委审计委员会同意，建立市经济责任审计工作联席会议制度，联席会议由市纪委监委、市委组织部、市委编办、市财政局（市国资委）、市人社局、市审计局、市地方金融监管局共 7 家单位组成。全年完成 64 名领导干部任期经济责任审计，查出主要问题金额 11.60 亿元。市审计局指导 11 个市级主管部门实施 32 名内管干部任期经济责任审计。

固定资产投资审计 按照“合法、规范、全面、效益”原则，强化重点公共投资工程审计监督，全年完成政府投资建设项目审计 91 个，审计项目投资额 22.33 亿元，核减投资款 7698 万元。揭示出政策措施落实衔接不到位、工程建设推进缓慢、征迁不规范、资金闲置等问题。

企业审计 通过深入调查摸底、创新方式方法、强化数据分析等手段，对市城市开发投资有限公司等企业经营状况开展审计。审计查出拖欠民营企业中小企业欠款、未按规定减免新冠肺炎疫情后期房租等问题，收缴违规金额 66.05 万元，促使退回违规发放奖金 76.78 万元，收回职工个人长期占用单位资金 14.10 万元，向主管单位移送案件线索 2 件。

审计查出问题整改 提请蚌埠市委市政府修订《蚌埠市审计结果运用办法》，从制度层面进一步加强和规范审计结果运用。制定被审计单位《审计整改报告格式参考》，明确加强审计处理处罚、移送和追责问责等要求，实行审计组逐项建立审计台账，定期督促指导，所有问题整改严格对账销号。加大对审计整改工作的考核力度，市本级有8家单位（部门）因审计整改不彻底不到位在党政机关目标管理绩效考核时被扣分。推进整改情况公开，督促被审计单位在门户网站或单位（系统内）公开（通报）审计整改情况。

信息化建设 坚持践行科技强审理念，围绕“推进大数据审计发展”和“提升信息化支撑能力”两个主题，加大信息化建设资金投入，加强审计数据资源归集、管理和运用水平，大数据审计工作稳步发展。开展金审工程三期本地基础设施建设，完成审计专网地址规划迁移、数据分析室建设、视频会商系统升级、网络安全防护等支撑平台建设。（撰稿人：朱　杰）

【淮南市审计局】 2020年，淮南市审计局实有57人。局长陈寅，副局长王林（—12月）、陶保华、王宜君，总审计师李宗林，经济责任审计局局长范淮涛，副调研员任辉、王卫东。设有市委审计委员会秘书科、办公室、综合法规科、人事教育科、机关党委、审理科、电子数据审计科、财政金融审计科、企业审计科、社会保障审计科、行政事业审计科、自然资源和生态环境审计科、内部审计指导监督科、城市建设与固定资产投资审计科、农业农村审计科、科教文审计科、经济责任审计局、市审计局直属分局；下设固定资产投资审计中心、审计干部培训中心。

审计成果 2020年，淮南市审计机关共审计（审计调查）596家单位。查出违规金额3.92亿元、管理不规范金额47.01亿元；促进增收节支4.37亿元；出具审计报告和审计调查报告280篇，向被审计单位和有关部门提出审计建议1116条。其中30篇审计报告、信息、要情被市领导批示。

《数据挖掘技术在医院审计中的应用》获审计署优秀案例一等奖。淮南市2018年度城镇污水处理设施建设运营情况审计调查获安徽省优秀审计项目二等奖；寿县2018年度县本级预算执行审计获安徽省优秀审计项目三等奖。审计项目质量获全省项目质量检查前三名，被安徽省审计厅通报表扬。2人获安徽省审计机关青年干部岗位大比武“标兵”称号，2人获“优胜者”称号，7人被评为安徽省审计机关审计业务骨干人才。

政策落实情况跟踪审计 一季度实施新冠疫情防疫资金和捐赠款物专项审计；二季度实施稳就业、稳投资、保基层运转等政策落实情况审计；三季度实施新增财政资金直达市县基层直接惠企利民、稳预期、稳投资等方面审计；四季度实施保基本民生政策、稳投资政策等落实情况审计。

财政审计 印发《关于推进全市财政一级预算单位审计全覆盖的实施方案》，对市本级121个及县区444个一级预算单位进行综合数据分析，对2020年度市本级预算执行情况及市卫健委、市总工会、市民政局等9个部门预算执行情况重点实施审计，财政“同级审”工作报告及整改报告连续7年在市人大常委会上全票通过。

疫情防控资金和捐赠款物专项审计 开展新冠肺炎疫情防控资金和捐赠款物专项审计，促进1524.69万元专项资金和106.54万元捐赠款物及时拨付到位。

经济责任审计 全市审计机关对137名领导干部进行经济责任审计，其中地厅级2人、县处级22人、乡科级101人、其他12人。查出主要问题金额17.41亿元，其中违规金额4000万元、管理不规范金额17.01亿元。

固定资产投资审计 投资审计重心转向项目竣工决算审计、全过程跟踪审计和专项审计调查，全年完成投资类专项审计及审计调查2个，对5个项目实施竣工决算审计，对10个在建项目进行跟踪审计。

资源环保审计 开展谢家集区、大通区党政主要负责人和市水利局主要领导任职期间履行自然资源资产管理和生态环境保护责任情况审计，推动市政府出台《淮南市城市污水处理设施运营监管考核细则》。

专项资金审计 开展健康扶贫、城市维护建设专项资金、居民（契税）购房补贴资金、医疗废物处置、基础教育工程建设项目、新型农村合作医疗基金、新增财政资金直达市县基层直接惠企利民情况、蓄滞洪区运用补偿情况等12个专项审计和审计调查。

相关工作 重要审计工作向市委审计委员会请示，重大审计要情向市委审计委员会报告，年度审计计划、调整计划报市委审计委员会批准，2020年全市审计机关向市委审计委员会报送文件

材料 67 件。（撰稿人：郝 俊）

【马鞍山市审计局】 2020 年，马鞍山市审计局实有 51 人。局长王美姑，副局长黄志宇、马友发、孙兆斌，总审计师何祥俊，二级调研员王明营，三级调研员罗秀玲，经济责任审计局局长王新，四级调研员王新、尹晓菊，开发区分局局长曹福和，副处级干部王长刚。设有市委审计委员会办公室秘书科、办公室、综合法规科、党建工作科、审理科、电子数据审计科、经济责任审计局、开发区审计室、财政审计科、固定资产投资审计科、社会保障审计科、农业和资源环境审计科、国有企业审计室（企业审计科）、内部审计指导监督室；下设市工程价款结算审计中心。

审计成果 2020 年，马鞍山市审计局完成审计项目 56 个，其中审计 54 个、专项审计调查 2 个。审计查出主要问题金额 25.02 亿元；审计后挽回（避免）损失 56 万元。

市公交集团资产负债损益审计获 2020 年度安徽省优秀审计项目市级审计机关二等奖。

政策落实情况跟踪审计 组织开展市属开发园区招商引资政策兑现情况审计调查等政策落实情况审计，重点关注“六稳”“六保”工作部署要求和省委实施细则贯彻落实情况等，促进政策措施落地见效、资金规范管理。开展新增财政资金直达市县基层直接惠企利民情况专项审计，揭示抗疫特别国债资金使用不规范、违规申请创业担保贷款等问题，促进资金直达市县基层，直接惠企利民。

财政审计 首次融合开展本级预算执行情况和决算草案审计，延伸审计“三公”经费及会议费使用等情况；完成市人力资源和社会保障局部门预算执行情况审计，揭示预算执行不到位、应缴未缴国库非税收入等问题，促进财政运行质量和效益不断提升。常态化组织开展市属开发园区预算执行和其他财政收支情况审计，揭示预算编制不精细、建设项目工程款支付不及时等问题，促进园区规范预算管理。

三大攻坚战审计 组织开展政府投资基金运营管理、江东控股集团等相关审计项目，为守住系统性风险底线积极发挥作用。围绕打好精准脱贫攻坚战，扎实开展含山县、和县（郑蒲港新区）扶贫专项资金管理使用、含山县健康扶贫等审计，促进问题早发现、早整改、早建章立制，推进扶贫相关政策落实、资金发挥实效。围绕打好污染防治攻坚战，完成花山区委书记及区政府原区长自然资源资产任中（离任）审计，促进绿色发展。

疫情防控资金和捐赠款物专项审计 组织开展市应对新冠肺炎疫情防控资金和捐赠款物专项审计，揭示个别捐赠物资分配不及时、部分物资未及时向社会公开等问题并提出审计建议，促进疫情防控资金和物资规范管理，助力打赢疫情防控阻击战。

经济责任审计 继续落实任前告知、任中审计、离任交接（离任审计）的闭环式审计监督机制，市本级计划安排对 42 名领导干部经济责任实施离任或任中审计，有序推进领导干部自然资源资产离任审计，促进领导干部履职尽责。

固定资产投资审计 首次开展市本级政府投资建设项目工程价款结算管理情况审计调查，揭示少数单位组织机构和工作机制不完善等问题，促进主管部门落实项目管理责任；完成世界银行贷款慈湖河流域水环境治理、灾后水利薄弱环节治理建设项目、市本级重大项目建设管理情况审计调查及 2 个项目竣工决算等审计，促进提高资金使用效益。

内部审计 开展内部审计工作情况调查，加强对内部审计工作的业务指导和监督。有效利用内部审计力量，完善内部审计工作联系点制度，明确业务科室共联系 28 个市直单位，实现内部审计工作精准指导和服务。推行内部审计项目计划和审计结果备案制度，有效利用内部审计成果，避免重复审计。采取“以审代训”的方式，协调部分内部审计人员参与国家审计，促进国家审计与内部审计有效协同配合、内部审计人员业务技能提升。

（撰稿人：周香和 笪玮玮 陈丽红）

【淮北市审计局】 2020 年，淮北市审计局实有 56 人。局长赵拥军，副局长项珺、高抗抗，总审计师周玉贞，经济责任审计局局长朱金亮，四级调研员孟祥龙、徐萍，副县级领导干部张春远。设有办公室（综合法规科）、审理科、审计整改监督科、内部审计指导监督科、电子数据审计科、财政金融审计科、行政事业审计科、农业农村审计科、固定资产投资审计科、自然资源和生态环境审计科、社会保障审计科、企业审计科、人事教育科、党群工作办公室、经济责任审计局；下设计算机审计中心、投资审计中心等事业单位和淮北市审计局高新技术产业开发区分局1个派出机构。

审计成果 2020年，淮北市审计局完成审计项目33个，其中审计27个、专项审计调查6个。查出主要问题金额7.20亿元，其中违规金额5480万元、损失浪费金额20万元、管理不规范金额6.65亿元；审计发现非金额计量问题260个；损益（收支）不实金额95万元；出具审计报告和专项审计调查报告55篇，被批示、采用11篇次。审计处理处罚金额1.28亿元，其中应上缴财政1.06亿元、应归还原渠道资金1629万元、应缴纳其他资金20万元、应调账处理金额528万元；移送司法机关、纪检监察机关和有关部门处理事项13件。审计促进整改落实有关问题资金9704万元。审计提出建议116条，被采纳109条；提交审计信息127篇，被批示、采用30篇次。向社会公告审计结果9篇。

1月，淮北市审计局被省委审计委员会办公室、省人社厅、省审计厅授予“安徽省审计系统先进集体”荣誉称号。3月，方顶棚户区征收补偿费用管理和使用情况审计项目被评为安徽省优秀审计项目一等奖。

政策落实情况跟踪审计 围绕贯彻“六稳”任务、“六保”工作要求，持续关注稳就业、稳投资、稳预期、保基本民生、保基层运转等方面的政策落实情况，以资金保障、项目落地和任务推进为抓手，分季度向安徽省审计厅报送政策跟踪审计情况。集中开展新增财政资金直达基层惠企利民、保障性安居工程、优化营商环境、就业补助资金、社保基金等政策落实情况专项审计，促进各项政策落地见效。

财政审计 以全部政府性资金为载体，重点审计市财政局四本预算执行情况，及市教育局、市征收办等2家部门预算执行情况。坚持向信息化要效率，向大数据要资源，利用大数据审计技术，对所有预算单位数据进行筛选，发现异常数据进行重点核查，实现预算单位审计全覆盖。8月25日，向市人大常委会报告市本级预算执行审计情况，得到市人大常委会的充分肯定和高度评价。

三大攻坚战审计 聚焦防范风险，开展市汽运公司、市公交公司2019年财务收支情况审计，重点关注企业治理结构及内部控制制度的建立和执行情况、企业资产负债损益情况等，促进国有企业健康发展。聚焦脱贫攻坚，开展财政涉农资金、健康扶贫专项审计调查，重点关注耕地地力保护补贴资金、农机购置资金、农村环境“三大革命”资金等涉农专项资金的政策落实和管理使用情况，以及医疗卫生保障各项政策落实情况等，促进惠农政策落实到位。聚焦污染防治，首次关注政府部门自然资源资产管理和生态环境保护责任落实情况，开展市农业农村局党组书记、局长自然资源资产任中审计，促进生态环境保护。

疫情防控资金和捐赠款物专项审计 根据审计署、省审计厅统一部署，开展疫情防控资金和捐赠款物专项审计调查、疫情防控备用医院（市传染病医院）维修改造工程跟踪审计，促进疫情防控资金物资规范管理、高效使用，为坚决打赢疫情防控阻击战提供有力审计监督保障。

经济责任审计 认真落实两办《规定》，严格依法依规开展经济责任审计工作，建立由市纪委监委、市委组织部、市委编办等7家单位为成员的经济责任审计工作联席会议，加强相关部门的协调与配合。坚持党政同责、同责同审，聚焦权力运行和责任落实，开展经济责任审计项目22个。根据审计报告统计，查出违规问题金额3948万元。

固定资产投资审计 代市政府起草《关于进一步规范政府投资审计的通知》，加快政府投资审计转型。加强与预算执行审计、政策跟踪审计的统筹融合，开展市教育系统政府投资工程建设项目管理审计、市重点建设项目拆迁补偿安置情况审计、灾后水利薄弱环节治理建设项目跟踪审计等，完成S203、绿金湖等重点项目审计。

外资运用审计 根据审计署、省审计厅统一部署，对世界银行贷款马鞍山慈湖河流域水环境治理项目花山区、慈湖高新区现场管理办公室 2 个子项目进行审计，促进合理有效利用外资。

内部审计 健全内部审计指导监督工作机制，制定《关于将内部审计工作情况纳入审计评价内容的指导意见》。开展内部审计工作情况专项监督检查，对依法属于市审计局审计监督对象的行政事业单位、社会团体、市属企业等单位的内部审计机构设置、人员配备、领导机制、制度建设等情况进行再摸底、再检查、再宣传、再推动。强化实务指导，分别对公安、教育、住建、建投、医疗等多家内部审计机构提供所需内部审计业务咨询和交流指导服务。

相关工作 4 月，召开市委审计委员会第二次会议。落实市委用人导向，不断健全完善个人综合量化考核制度。通过担任项目主审、审计实务导师、青年讲堂、青年干部大比武等方式，加大青年干部培养力度。认真落实全面从严治党要求，全面加强机关党的建设。以巡察整改为契机，对现行规范性文件进行全面清理，修订完善制度 20 余项，扎紧制度的笼子。加大审计查出问题的整改力度，开展审计整改联合检查，并重点跟踪审计署、省审计厅审计查出问题的整改情况。11 月，市人大常委会首次同步听取和审议市政府及住建、交通部门关于审计查出问题整改情况的报告，并进行满意度测评，审计整改监督测评向部门延伸，促进审计成果有效转化。

（撰稿人：惠　蕙）

【铜陵市审计局】 2020 年，铜陵市审计局实有 51 人。局长陈延友，副局长王华、王世清（—4 月）、毛庆艺，总审计师朱永宏，二级调研员丁兴虎，四级调研员刘崧梓。设有市委审计委员会办公室秘书科、办公室、综合法规科、审理科、内部审计指导科、电子数据审计科、财政审计科、行政事业审计科、农业农村审计科、固定资产投资审计科、社会保障审计科、自然资源和生态环境审计科、金融审计科、企业审计科、文化教育审计科、党委群团审计科、人事科、经济责任审计局、机关党委；下设政府性投资审计中心。

审计成果 2020 年，铜陵市审计局共完成审计项目 29 个，其中审计 27 个、专项审计调查 2 个。查出主要问题金额 214430 万元，其中违规金额 38789 万元、管理不规范金额 175641 万元；审计发现非金额计量问题 144 个；损益（收支）不实金额 17 万元；出具审计报告和专项审计调查报告 41 篇，被批示、采用 23 篇次。审计处理处罚金额 93796 万元，其中应上缴财政 38693 万元、应归还原渠道资金 2946 万元、应调账处理金额 52157 万元；移送司法机关、纪检监察机关和有关部门处理事项 11 件。审计促进整改落实有关问题资金 53429 万元；审计促进拨付资金到位 1638 万元；审计后挽回（避免）损失 87 万元。审计提出建议 77 条，被采纳 26 条；推动被审计单位制定整改措施 19 项；促进被审计单位建立健全规章制度 5 项。向社会公告审计结果 10 篇。

铜陵市正源环境工程科技有限公司资产负债损益审计项目被安徽省审计厅评为 2020 年安徽省优秀审计项目三等奖。

政策落实情况跟踪审计 按季度节点组织开展贯彻落实国家重大政策措施情况跟踪审计，重点审计创业担保贷款和复工复产情况以及加快实施乡村振兴战略和援企稳岗等政策措施落实情况。审计发现创业担保贷款贴息等方面存在的问题，保障党中央政令畅通，促进政策落地生效。实施新增财政资金直达市县基层惠企利民情况专项审计、市本级房地产开发项目配套设施建设和管理使用情况审计调查。

财政审计 开展 2019 年度市本级预算执行和其他财政收支审计，利用大数据对市直一级预算单位 2019 年度部门预算执行情况进行审计。

三大攻坚战审计 开展扶贫资金审计，组织对郊区原区长任职期间履行自然资源资产管理和生态环境保护责任情况进行审计。

疫情防控资金和捐赠款物专项审计 开展铜陵市应对新冠肺炎疫情防控资金和捐赠款物专项审计。

民生审计 开展人防易地建设费征收使用情况及人防工程管理情况专项审计调查、医疗废物处置专项审计。

经济责任审计 经市委审计委员会同意，建立市经济责任审计工作联席会议制度。组织对郊区、市园林局、市第二人民医院、市三中、市实验高中、安徽电大铜陵分校、市发投公司、市港航集团、铜化集团、枞阳县浮山镇等部门单位11名主要领导干部和市属国有企业领导人员履行经济责任情况进行审计，开展对市城管执法局、市统计局等7个部门原主要负责人离任审计或离任交接。根据省审计厅安排，开展市检察机关主要领导经济责任审计。

固定资产投资审计 提请市政府印发《铜陵市政府性投资建设项目审计监督办法》。全年开展工程结算审计项目155个，送审金额19.26亿元，节约政府投资0.55亿元；实施跟踪审计项目10个，涉及投资额37.43亿元。对天井湖公园旅游度假区工程等投资额2000万元以上市本级重点政府性投资项目开展结算审计；对铜陵市智能交通科技基础设施建设PPP项目等概算建安投资额1亿元以上政府性投资项目开展跟踪审计；对符合审计条件的G347枞阳至普济圩建设工程等项目开展竣工财务决算审计，促进规范工程项目建设管理，提高财政资金使用绩效。根据市政府交办，完成对市委党校二期工程、“三供一业”工作竣工财务决算审计。

农业农村审计 开展铜陵市2019年度乡村振兴战略实施情况专项审计调查，实施铜陵市引江济淮工程（枞阳段）征地拆迁及安置跟踪审计、灾后水利薄弱环节治理建设项目跟踪审计等工作。

外资运用审计 根据省审计厅安排，开展巢湖流域水环境综合治理项目审计，对世界银行贷款中国医疗卫生改革促进结果导向型贷款项目进行审计。

企业审计 对市发投公司、市建投公司、普农集团、市文投公司、港航集团、市交投集团等6家国有企业开展经营业绩考核审计；对铜陵市华盛化工投资有限公司的资产负债损益情况进行审计。

审计科研 选送的审计案例《房地产配套设施专项审计数据分析案例》在2020年全省数据审计案例研讨班上进行交流演示。

相关工作 5月6日上午，召开市委常委会会议暨市委审计委员会会议，审议并原则通过《市审计机关2020年度审计项目计划》《市委审计委员会2020年工作要点》《关于深入推进审计全覆盖实施办法》。开展深化“三个以案”警示教育，务实抓好市委巡察整改工作，修订或新制定规章制度28项。把打赢疫情防控阻击战作为一项重大政治任务来抓，着力构建群防群治的严密防线。印发《市审计局关于进一步加强扶贫工作的通知》，进一步压实脱贫攻坚责任，完成结对帮扶任务。加强审计机关自身建设，完成机关工会换届，设立机关团支部；创新加强机关日常管理监督方式，印发《市审计局关于钉钉考勤系统有关事项的通知》，利用“钉钉”软件实行上班考勤制度。获评第十二届安徽省文明单位、全市党政机关目标管理绩效考核“优秀”等次，全市机关作风和行业行风评议排名第三。

（撰稿人：朱美和）

【安庆市审计局】 2020年，安庆市审计局实有56人。局长朱菊云，党组书记陶永生，副局长汪传华、汪定节，纪检监察组组长黄斌，总审计师黄晓红，三级调研员沈遵如，副处级领导干部章蓓蕾、刘保卫，四级调研员叶青、靳伦谊（4月—）、檀满节（4月—）、姜淮（9月—），市固定资产投资审计中心主任蒋泽贤。设有市委审计委员会办公室秘书室、综合法规科、审理科、财政审计科、农业农村审计科、固定资产投资审计科、社会保障和金融审计科、自然资源与生态环境审计科、涉外运用和行政事业审计科、企业审计科、园区审计室、人事教育科、机关党委和市经济责任审计局；下设固定资产投资审计中心。

审计成果 2020年，安庆市审计局共完成审计项目124个，其中审计43个、专项审计调查5个、工程价款结算审计76个。查出主要问题金额37.39亿元，其中违规金额3203万元、管理不规范金额37.07亿元；审计发现非金额计量问题180个；损益（收支）不实金额912万元；出具审计报告和专项审计调查报告77篇，被批示、采用3篇次。审计处理处罚金额3302万元，其中应上缴财政2952万元、应归还原渠道资金12万元、应缴纳其他资金9万元、应调账处理金额327万元；移送司法机关、纪检监察机关和有关部门处理事项12件，移送处理人员51人，移送处理金额27.41万元。审计促进整改落实有关问题资金 29.95 亿元；核减投资额 2.36 亿元；审计提出建议 76 条，被采纳 41 条；推动被审计单位制定整改措施 41 项；促进被审计单位建立健全规章制度 5 项；提交审计信息 22 篇，被批示、采用 8 篇次。向社会公告审计结果 7 篇。

安庆市审计局被省委审计委员会办公室、省人社厅、省审计厅表彰为全省审计系统先进集体。望江县 2017—2018 年度扶贫资金（含“一卡通”惠农补贴资金）项目被评为安徽省优秀审计项目一等奖。

政策落实情况跟踪审计 分季度开展“三促进”、新增财政直达资金、医疗废物处置、美丽乡村建设等重大政策措施贯彻执行情况跟踪审计。

财政审计 对市本级 87 家一级预算单位预算执行审计全覆盖，审计查出主要问题金额 29.98 亿元。

三大攻坚战审计 开展望江县人民政府县长自然资源资产离任（任中）审计；根据审计署和省审计厅统一部署，开展宿松县扶贫专项审计、潜山市健康扶贫专项审计调查。

疫情防控资金和捐赠款物专项审计 促进 1320 万元财政资金及时分配、500 万元信贷资金及时发放，惠企利民。

民生审计 根据审计署统一安排，开展安徽养老服务体系建设示范项目审计。

经济责任审计 组织开展 30 名领导干部经济责任审计，查出问题金额 26.01 亿元。

固定资产投资审计 实施跟踪审计项目 15 个；完成 76 个工程项目的价款结算审计；完成竣工决算审计项目 3 个。 （撰稿人：朱水珍）

【黄山市审计局】 2020 年，黄山市审计局实有 30 人。党组书记洪绍球，局长江卓琪（—2 月）、洪绍球（4 月—），副局长程祖杰、洪斌、方霞，经济责任审计局局长汪利兵，总审计师余根长，四级调研员梅文秋、方洁。设有办公室、综合法规科、内部审计指导科、行政事业审计科、财政金融审计科、农业农村审计科、固定资产投资审计科、社保外资审计科、自然资源与生态环境审计科、企业审计科、经济责任审计局；下设市审计技术发展中心。

审计成果 2020 年，黄山市审计局共完成审计项目 30 个，其中审计 27 个、专项审计调查 3 个。审计查出主要问题金额 7.30 亿元，其中违规金额 1245 万元、损失浪费金额 32 万元、管理不规范金额 7.17 亿元；审计发现非金额计量问题 157 个；损益（收支）不实金额 1.35 亿元；出具审计报告和专项审计调查报告 37 篇，被批示、采用 13 篇次。审计处理处罚金额 3.88 亿元，其中应上缴财政 2752 万元、应归还原渠道资金 6848 万元、应缴纳其他资金 1.95 亿元、应调账处理金额 9719 万元；移送司法机关、纪检监察机关和有关部门处理事项 2 件，移送处理金额 7 万元。审计促进整改落实有关问题资金 3.88 亿元；审计促进拨付资金到位 93 万元。审计提出建议 124 条，被采纳 96 条；推动被审计单位制定整改措施 79 项；促进被审计单位建立健全规章制度 37 项；提交审计信息 12 篇，被批示、采用 5 篇次。向社会公告审计结果 6 篇。

黄山市审计局荣获“安徽省审计系统先进集体”称号。

政策落实情况跟踪审计 围绕减免返还社保费等 5 个方面开展政策跟踪审计，抽查政府部门 11 家，发现问题 3 个。审计提出建议 3 条。

财政审计 常态化开展市本级预算执行审计，发现问题 11 个，提出建议 4 条；对市总工会等 10 家单位的预算执行和其他财政收支情况进行审计。

三大攻坚战审计 重点关注“两项目两资金”，落实 2019 年中央脱贫攻坚巡视反馈问题整改。实施对市生态环境局主要领导的自然资源资产任中审计及新安江流域生态补偿项目专项审计。

疫情防控资金和捐赠款物专项审计 重点审计 2843.8 万元财政资金、1339.19 万元捐赠资金、1250 万元专项再贷款资金，提出审计建议 6 条。

民生审计 开展新增财政直达资金专项审计，查出违规问题 37 个，涉及资金 5562.17 万元。开展健康扶贫专项审计调查。

经济责任审计 完成 2 个地方党政领导干部、16 个市直部门（单位）党政领导干部、1 个市属企业主要领导人员和全市 8 个检察院领导干部的经济责任审计项目。

固定资产投资审计 紧扣政府投资项目建设和资金安排，完成对市医院大楼、全市法院审判大楼、全市灾后水利薄弱环节治理项目、月潭水库建设项目跟踪审计。组织开展对全市投资审计不规范问题专项整治工作。

外资运用审计 完成世界银行贷款安徽黄山新农村建设示范项目休宁县子项目审计。

信息化建设 选调1名及公开招考2名审计信息化专业人才充实审计队伍，组建省级劳模创新工作室数据分析团队，以一级预算单位电子数据全覆盖为抓手，完成对75家一级预算单位的标准化处理。（撰稿人：综合法规科）

【滁州市审计局】 2020年，滁州市审计局实有57人。局长杜永珍，副局长钱朝农、朱哲、高中伟，总审计师郝玉瑰，市纪委监委驻市审计局纪检监察组组长赵永学，二级调研员宋洪波，经济责任审计局局长郭德泉，四级调研员戴敏。设有市委审计委员会办公室秘书科、办公室、综合调研科、法规审理科、内部审计指导监督科、电子数据审计科、财政审计科、农业农村审计科、固定资产投资和涉外审计科、社会保障审计科、自然资源和生态环境审计科、金融审计科、经贸审计科、国有企业监事管理科、经济责任审计局；下设固定资产投资审计中心。

审计成果 2020年，滁州市审计机关共完成审计项目368个。查出主要问题金额13.93亿元，其中违规金额3782万元、管理不规范金额13.55亿元；审计发现非金额计量问题867个；损益（收支）不实金额5099万元；出具审计报告和专项审计调查报告541篇。审计处理处罚金额2.17亿元，其中应上缴财政3741万元、应归还原渠道资金2959万元、应缴纳其他资金2414万元、应调账处理金额5983万元；移送司法机关、纪检监察机关和有关部门处理事项13件，移送处理金额273万元。审计促进整改落实有关问题资金3.69亿元。审计提出建议1027条，被采纳977条；推动被审计单位制定整改措施317项；促进被审计单位建立健全规章制度52项；提交审计信息585篇，被批示、采用107篇次。向社会公告审计结果106篇。

滁州市审计局完成审计项目46个。查出主要问题金额6.29亿元，其中违规金额154万元、管理不规范金额6.27亿元；审计发现非金额计量问题210个；损益（收支）不实金额334万元；出具审计报告和专项审计调查报告54篇。审计处理处罚金额3789万元，其中应上缴财政154万元、应归还原渠道资金128万元、应缴纳其他资金1616万元、应调账处理金额1889万元。审计促进整改落实有关问题资金17210万元。审计提出建议118条，被采纳118条；推动被审计单位制定整改措施174项；促进被审计单位建立健全规章制度28项；提交审计信息258篇，被批示、采用62篇次。向社会公告审计结果12篇。

2020年，滁州市审计局获中共安徽省委审计委员会办公室、安徽省人力资源和社会保障厅、安徽省审计厅授予“全省审计系统先进集体”称号，被评为全省审计机关审计信息工作第一名；被滁州市人民政府授予全市民生工程实施“先进单位”称号，滁州市人民政府表彰省政府目标管理绩效考核工作成绩突出单位，滁州市人民政府表彰省政府目标管理绩效考核指标连续三年居全省第一位，安徽省审计厅表彰全省审计机关青年干部岗位大比武“优秀组织奖”。

审计委员会办公室工作 坚持党对审计工作的集中统一领导，深入推动构建集中统一、全面覆盖、权威高效的审计监督体系。5月21日，中共滁州市委审计委员会第二次会议召开，会议听取审议审计工作情况报告，审议通过《滁州市经济责任审计工作联席会议制度》《中共滁州市委审计委员会2020年工作要点》和《滁州市审计局2020年市本级审计项目计划》。全市审计机关严格执行重大事项请示报告等制度，全年本级党委审计委员会报送请示、报告、信息等210件，确保党中央决策部署和省委、市委决定落到实处。

政策落实情况跟踪审计 围绕做好“六稳”工作、落实“六保”任务，开展稳就业、稳投资、稳预期、保基本民生和保基层运转等五方面13项政策措施跟踪审计，共抽查171家单位、123个项目，涉及财政资金49.58亿元，推动政策性税收退税5.27亿元、减免疫情期房租125.3万元、清理拖欠企业账款484.3万元，推动11

个项目复工复产和加快建设进度。统筹开展促进就业优先政策落实、促进财政资金提质增效、促进优化营商环境、新增财政资金直达基层直接惠企利民等专项审计，确保41.09亿元中央下拨资金及时、精准、规范使用。

财政审计 完成市本级2019年度预算执行和其他财政收支情况审计、3家市直单位预算执行审计、1个部门财政决算审计，延伸对12个部门（单位）开展重点事项核查，重点关注在项目支出执行率、非税收入管理、往来资金管理、政府采购制度执行、固定资产管理和“三公”经费管理等方面存在的问题，审计工作和审计发现问题整改情况得到市人大常委会充分肯定。

三大攻坚战审计 连续6年开展省级贫困县专项审计，连续5年组织全市审计机关开展扶贫专项审计项目28个，推动健全完善制度18项。8月，市审计局会同市效能办对2016年至2019年扶贫审计发现问题整改落实情况开展现场督查，推动扶贫领域审计查出问题整改落实。开展天长市乡村振兴审计，助力脱贫攻坚。全市审计机关常态化开展领导干部自然资源资产离任审计项目13个，市审计局开展医疗废物处置等资源环境领域专项审计，促进污染防治。在各类审计中注重揭示经济社会运行薄弱环节和风险隐患，重点关注地方政府隐性债务等风险，守住不发生系统性风险的底线。

疫情防控资金和捐赠款物专项审计 组织全市43名审计人员组成9个审计组，开展新冠肺炎疫情防控资金和捐赠款物专项审计，对2.03亿元财政资金和捐赠资金等进行全面核查，延伸调查机关、企事业单位和社会组织158家，推动586.97万元的捐赠物资接收、分配情况公开和156.64万元的捐赠物资及时分配使用，收回专项贷款闲置资金570余万元。疫情防控资金和捐赠款物专项审计信息，分别被市委和市政府《滁州政务要情》采用。

民生审计 组织开展社保基金、灾后水利薄弱环节治理建设项目、农村基础教育工程建设项目、蓄滞洪区运用补偿等民生领域重点项目和资金审计。

经济责任审计 全年组织对22个单位23名领导干部开展经济责任审计，完成28个单位29名领导干部经济事项交接工作，新一轮领导干部经济责任审计全覆盖已完成65%；国有企业审计覆盖率达60%。建立滁州市经济责任审计工作联席会议制度。严格落实主要领导干部经济责任事项告知制度，组织11名新任职领导干部签订“领导干部经济责任告知书”，强化对权力运行的制约和监督，促进履职尽责、担当作为。建立与纪检监察、巡察日常协作、线索移送、信息沟通和协作保障“四项机制”，充分发挥市委反腐败协调领导小组成员单位职责。

固定资产投资审计 开展滁宁城际铁路、奥体中心、来六高速、明湖文化旅游等重点项目跟踪审计。落实审计署关于完善和规范投资审计工作的有关要求，全面清理“以审代结”；3月，滁州市人民政府召开专题会议明确审计机关全面退出政府投资建设项目工程价款结算审核，相关职能由财政部门承担。6月，滁州市审计局全面完成职能和人员划转工作。

内部审计 印发《滁州市审计局关于对全市内部审计工作开展情况进行调查的通知》，对全市各行政事业单位内部审计工作开展情况进行摸底调查，出台《滁州市内部审计工作指南（试行)》，建立内部审计专家库，指导市直6家单位建立健全内部审计工作制度。

相关工作 召开中共滁州市审计局机关委员会、滁州市审计局纪律检查委员会首次选举大会，选举产生局机关党委书记、副书记以及委员7名，机关纪委书记、副书记及委员5名，设立2个机关党支部和1个离退休党支部，党支部书记均由科室负责人担任，进一步加强党建工作的领导。印发《滁州市审计局岗位练兵和技术比武活动考核方案》，加大审计人才培养力度，组织开展全市审计机关集中整训、青年干部“岗位大比武”、骨干人才评选、审计项目质量检查和优秀审计项目评选等活动。2020年，在全省审计机关青年干部岗位大比武活动中荣获“优秀组织奖”，全市审计机关4人获得大比武“标兵”或“优胜者”称号，15人入选全省审计机关“业务骨干人才”名单。制定《滁州市审计局机关年度工作目标管理考核督查实施办法》等制度。建立县（市、区）审计机关主要负责人向市审计局党组述职报告工作、重大事项报告等制度。4月21

日，县（市、区）审计局局长向市审计局党组述职报告工作会议在滁州市召开。

（撰稿人：吕　钢）

【阜阳市审计局】　2020年，阜阳市审计局实有67人。局长刘兴民，副局长方向阳、夏全胜、胡玲玲（—10月），经济责任审计事务中心主任马坚，总审计师高雅。设有市委审计委员会办公室秘书科、办公室、综合法规审理科、机关党委、内部审计指导监督科、电子数据审计科、财政金融审计科、行政事业与社会保障审计科、农业农村审计科、投资与外资运用审计科、自然资源与生态环境审计科、企业审计科、人事科；下设经济责任审计事务中心、固定资产投资审计中心。

审计成果　2020年，阜阳市审计机关完成审计项目404个。查出主要问题金额59.14亿元，其中违规金额11.02亿元、管理不规范金额47.54亿元，损失浪费金额5779万元。向纪委监委、县市区政府和相关主管部门移送问题线索17件。审计政府投资建设项目核减投资额3.38亿元。审计提出建议1256条，被采纳706条。

政策落实情况跟踪审计　聚焦减税降费情况、减免返还社保费和缓征住房公积金情况，基层保工资、保运转、保民生情况，分区分级精准稳妥推进复工复产情况，重大项目推进情况，援企稳岗情况，促进重点人群就业创业情况，失业人员权益保障情况等，开展政策措施落实情况跟踪审计，全市共抽查99个政府部门或单位、91个项目。配合审计署南京特派办开展关于城乡义务教育经费、新增财政资金直达市县基层直接惠企利民情况、降费降成本专项审计工作。

财政审计　重点对市财政局、经济技术开发区、阜合现代产业园以及8个部门（单位）2019年度预算执行情况进行审计。利用数据分析平台，对市直一级预算单位实现数据分析全覆盖，通过对市直83家一级预算单位数据关联比对、综合分析，筛查出7大类、102个审计疑点和问题线索，对数据分析发现的疑点线索统筹开展现场审计和分散核实，推动各类问题整改，促进财政财务管理水平提升。

三大攻坚战审计　紧盯脱贫攻坚政策落实、扶贫资金分配管理使用，促进扶贫政策落到实处、扶贫资金使用精确、扶贫工作开展顺利。全年审计2019年度扶贫资金31.39亿元，通过审计发现违纪违规问题63个，涉及资金2.18亿元。审计期间各县市区政府对审计发现的问题高度重视，30个问题已在审计期间整改到位，补发补贴资金15.41万元，追回违规金额8119.49万元，加快拨付资金898.20万元，通报批评2名人员。

疫情防控资金和捐赠款物专项审计　派出23个审计组、93名审计人员，组织对市疫情防控资金和捐赠款物开展专项审计，重点审计2.45亿元财政资金、2800万元捐赠资金，对1.71亿元专项再贷款资金逐笔逐项进行核查，延伸审计166家部门单位、捐赠金融机构和企业。

民生审计　对阜阳市基本养老保险（含企业职工基本养老保险、城乡居民基本养老保险、机关事业单位养老保险）基金和基本医疗保险（含城镇职工基本医疗保险、城乡居民基本医疗保险、生育保险）基金进行审计。市审计局调配审计人员共计37人组成5个审计组，对市本级、市辖三区及界首市社保基金进行审计。根据省、市工作安排，市审计局组织颍上县、阜南县审计局对蓄滞洪区补偿政策落实、补偿工作开展和补偿资金使用管理进行审计监督，推动2020年蓄滞洪区运用补偿工作高质量完成。开展引江济淮工程（阜阳段）建设项目征地拆迁和阜阳市城区水系综合整治（含黑臭水体治理）PPP项目2个跟踪审计项目，审计发现征地拆迁进度缓慢、项目进度滞后、个别地区征地拆迁政策执行不到位、部分项目段建设用地批准书、建设用地规划许可证、施工许可证手续未办理等情况。审计发现问题已通过审计报告反馈给相关单位。

经济责任审计　完成经济责任审计项目171个。在地方党委政府经济责任审计中，坚持党政同责、同责同审，推进审计全覆盖；坚持实事求是，立足大局，严格落实“三个区分开来”要求；坚持成果共享，形成合力，深化审计结果运用，推动将经济责任审计结果及整改情况作为领导干部述职考核的重要依据。

固定资产投资审计　投资审计坚持从数量规模向质量效益转变，从单一工程造价审计向全面投资审计转变，突出对公共投资项目进行全过程审计监督。市审计局提请市政府出台《阜阳市公共投资项目审计监督办法》规范性文件，印发《阜阳市审计机关公共投资审计操作指引》。建立联席会议制度，规范全市投资审计工作行为和标准，推进投资审计工作转型升级。

资源环保审计 完成界首市党委、政府领导干部自然资源资产离任（任中）审计。审计发现将非耕地划为基本农田，土地闲置，违规抵押融资，未完成耕地保护年度目标任务，土地利用总体规划执行不严格，中央、省环保督察反馈问题整改不到位，部分环保项目违规建设、资金使用不规范、未能及时发挥效益等问题。

外资运用审计 市审计局开展对世界银行贷款安徽省农村公路提升改造示范项目临泉县子项目的审计。在审计过程中坚持以“内外合一、如实披露”为原则，兼顾国际组织要求、国际惯例和我国的财经法规，有效防范审计风险。

专项资金审计 开展市级政府投资建设项目竣工财务决算管理情况专项审计调查。审计调查发现，市本级政府投资建设项目多数建成投入使用项目未及时办理竣工价款结算、多数项目未办理竣工验收备案、部分项目未办理施工许可证、部分建设项目未进行初步设计及批复、多数项目未办理竣工财务决算、多数项目未办理资产交付及在建工程转固定、部分建设单位财务管理缺位，致使代建项目均未编制竣工财务决算。

信息化建设 探索“信息系统审计+”模式，推进信息系统审计工作，对市人民医院实施信息系统专项审计调查，结合年度预算执行审计和经济责任审计，配合对阜阳市检察院、阜阳一中等单位开展信息系统审计。按照审计署和省审计厅统一部署安排，采集全市726家一级预算单位的标准数据和市本级、开发区及所属县市区财政电子数据，圆满完成2019年度全市一级预算单位财务数据和2020年上半年财政数据采集整理和报送。

审计查出问题整改 对市本级2019年度计划内开展的38个审计项目637个问题整改情况进行清单督促，进一步落实审计整改检查工作机制，严格审计整改跟踪检查报告程序，加强审计整改跟踪检查结果运用，明确审计整改跟踪检查责任，对未整改到位的问题交由市委督查考核办进行督办，共完成审计问题整改611项，整改率达到95.90%。

内部审计 编制内部审计指导监督工作对象库，摸底拟纳入对象库的市直部门单位共90家、二级机构209个，通过对备案材料研究和分析，掌握各单位内部审计制度建立健全情况和内部审计工作开展情况，及时发现存在的问题，进一步明确内部审计指导监督的工作重点，为审计机关编制年度审计项目计划提供重要参考依据。筹划召开全市内部审计工作暨业务培训会。

相关工作 认真落实习近平总书记关于“以审计精神立身、以创新规范立业、以自身建设立信”的总要求，充分发挥党员的先锋带头作用，审计队伍中优秀团队和个人不断涌现，市审计局6人荣获省审计厅业务骨干人才奖，2人在省审计厅岗位练兵大比武中获得“标兵”荣誉，1人荣获省审计厅先进帮扶个人，多人获得市直“优秀共产党员”、“市直好人”、市直“文明家庭”、“全市优秀执法标兵”、“市直优秀团干部”、“市直优秀团员”等荣誉称号。（撰稿人：王丽娜）

【宿州市审计局】 2020年，宿州市审计局实有47人。局长胡兴无，副局长张钰生、张奇、马群，总审计师凌传芳，调研员孙勇、陈立新，副调研员牛海宽，经济责任审计中心主任吴剑，固定资产投资审计中心主任张浩。设有市委审计委员会办公室秘书科、办公室、综合法规科、机关党总支、电子数据审计科、财政金融审计科、农业农村审计科、自然资源和生态环保审计科、企业与外资审计科、社会保障审计科、人事教育科、审理科（内部审计监督指导科）、经济责任审计科、固定资产投资审计科；下设经济责任审计中心、固定资产投资审计中心。

审计成果 2020年，宿州市审计局完成审计及专项审计调查项目38个。查出主要问题资金512180万元，其中违规金额23502万元、管理不规范金额488678万元。审计促进落实有关问题资金130252万元。共上报审计专报5份，出具审计移送处理书5份，下达审计决定11份。

泗县审计局实施的泗县2017年度财政预算执行和其他财政收支情况审计项目被审计署评为

2019年度全国县级审计机关优秀审计项目一等奖。安徽农村商业银行股份有限公司2017年至2019年6月资产负债损益审计项目被评为安徽省审计厅优秀审计项目。

政策落实情况跟踪审计 对2020年一至四季度贯彻落实国家重大政策措施和宏观调控部署情况进行跟踪审计。重点审计促进财政资金提质增效、稳投资和保基本民生政策落实等方面的情况。审计以资金、项目、政策和重大改革任务推进情况为抓手，持续加大对中央和省、市重大政策贯彻落实情况跟踪审计力度。

财政审计 组织对市级2019年度预算执行和其他政收支情况审计，发现市财政一般公共预算编制到位率低、年底财政体制结算不规范、财政资金统筹力度不够等7大类40多个问题，查出问题金额21627.23万元。对市卫健委、市总工会、市电大3家一级预算单位及部分二级预算单位的预算执行情况审计，审计预算资金12300万元，查出问题金额2166.4万元，占审计资金总额的17.61%。

三大攻坚战审计 对泗县2019年度脱贫攻坚各项政策措施落实、扶贫资金管理和扶贫项目绩效情况进行审计。共审计扶贫资金5217.48万元，抽查14个扶贫项目、9家单位、7个乡镇、6个行政村、25户农户。对泗县县长王法立任期自然资源资产情况进行审计，发现问题11个。

疫情防控资金和捐赠款物专项审计 2月下旬至4月下旬，由宿州市审计局牵头，市本级及各县区局分级实施宿州市应对新冠肺炎疫情防控资金和捐赠款物专项审计，重点审计全市财政资金16249万元、捐赠资金2047万元，对12800万元专项再贷款资金逐笔逐项进行核查，延伸审计全市9家红十字会、慈善组织，52个政府机构和单位，16户企业和5家金融机构，对重要事项进行必要的延伸和追溯，审计促进1190万元财政专项资金及时分配、下拨。

民生审计 对亳州市本级2019年保障性安居工程（含公共租赁住房和各类棚户区改造）的计划、投资、建设、分配、运营等情况及配套基础设施建设情况进行异地交叉审计，重点审计安居工程政策落实、管理绩效和遵守法律法规等情况。审计共发现7大类50个问题。对宿州市市级2019年创建文明城市专项资金进行审计，发现3个方面8个问题，查出违规金额2337.99万元。审计提出建议3条，被采纳3条。

经济责任审计 完成经济责任审计项目27个，发现各类违纪违规问题203个，涉及问题金额247632万元，其中违规金额19570万元、管理不规范金额228061万元。审计提出建议74条，被采纳74条。

固定资产投资审计 提请市政府出台《关于进一步规范政府投资建设项目审计工作的通知》和《政府投资建设项目社会审计机构审计报告核查办法（试行）》等文件。完成2019年度宿州市灾后水利薄弱环节治理建设项目和宿州市2019年度基础教育工程建设项目。实施跟踪审计项目30个，建设总规模超过104亿元。

（撰稿人：丁树宝）

【六安市审计局】 2020年，六安市审计局实有45人。党组书记、局长涂成富，党组成员、副局长胡正才、朱维清、朱晓琳，党组成员、总审计师左照宇，四级调研员金持平、蔡锦虹。设有办公室（人事教育科）、综合法规科（市委审计委员会办公室秘书科）、审理科、电子数据审计科、财政审计科、行政事业审计科（内部审计指导监督科）、农业农村审计科、经贸审计科、社会保障审计科、自然资源和生态环境审计科、金融与外资审计科、企业审计科；下设六安市经济责任审计中心、六安市投资审计中心。

审计成果 2020年，六安市审计机关共完成审计项目304个，其中审计275个、专项审计调查29个。查出主要问题金额52.15亿元，其中违规金额1.86亿元、损失浪费金额87万元、管理不规范金额50.28亿元；审计发现非金额计量问题1277个；损益（收支）不实金额3.40亿元；出具审计报告和专项审计调查报告332篇，被批示、采用5篇次。审计处理处罚金额13.63亿元，其中应上缴财政8.04亿元、应减少财政拨款或补贴5021万元、应归还原渠道资金3.45亿元、应缴纳其他资金461万元、应调账处理金额1.59亿元；移送司法机关、纪检监察机关和有关部门处理事项25件，移送处理人员16人，移送处理金额5326万元。审计促进整改落实有关问题资金12.50亿元；审计促进拨付资金到位1137万元；审计后挽回（避免）损失735万元；核减投资额5021万元；移送处理落实事项2件。审计提出建议852条，被采纳578条；推动被审计单位制定整改措施108项；促进被审计单位建立健全规章制度27项；提交审计信息66篇，被批示、采用20篇次。向社会公告审计结果98篇。

政策落实情况跟踪审计 组织开展新增财政资金直达市县基层惠企利民等重大政策落实跟踪审计项目15个，覆盖7个县区65个部门单位，发现问题102个，涉及金额9596.22万元，提出建议41条，纠正处理金额9596.22万元，推动完善制度27项。重点关注各类项目资金安排、分配拨付使用、监督管理，促进复工复产各项政策更好更快发挥效益。

财政审计 围绕财政资金绩效、财政财务管理，全面组织开展财政财务审计项目59个，延伸审计单位60个，查出问题734个，涉及资金18.10亿元，提出意见491条，纠正处理促进增收节支拨付资金5.29亿元，建章立制73项，移送处理事项10件。市审计局开展预算执行和其他财政收支审计，同步延伸审计市住建局等5个一级预算单位及所属基层单位20个，审计报告提及5个方面109个问题已整改到位。重点围绕发挥好积极财政政策作用、贯彻"六稳"任务、落实"六保"工作，提出意见建议，促进财政等部门加强管理，优化发展环境，推动政策落实，服务高质量发展。

疫情防控资金和捐赠款物专项审计 按照统一部署要求，组织对全市应对疫情防控资金和捐赠款物工作开展专项审计，以审计监督实效助力疫情防控。审计期间共促进及时下拨财政资金1462.2万元，加强4家部门单位疫情防控物资管理，审计提出建议3条。

三大攻坚战审计 以产业发展、项目建设、涉农惠农资金补贴为重点，组织开展县区脱贫攻坚专项审计，成立3个督查组赴县区开展整改督查，促进整改到位，巩固脱贫成果。开展自然资源生态环境保护、农村安全饮水等审计。完成城区义务教育新扩建两个三年行动计划、安置房建设、文明创建等民生工程项目审计，保障改善民生，使人民群众有更多获得感幸福感。

经济责任审计 实施领导干部经济责任审计项目126个，涉及133人，市审计局实施市人民检察院等12个单位负责人和示范园区、叶集改革发展试验区区长经济责任审计，对市民委等8个单位负责人实施交接监督。授权开展6个副县级乡镇党政主要负责人经济责任和自然资源资产审计。重点揭示领导干部在贯彻党的重大路线方针政策，"三重一大"制度建立与执行，区域经济发展、重点项目、重大资金分配，生态环境保护，落实中央八项规定精神等方面存在的问题。审计发现问题839个，查出问题金额43.65亿元，挽回损失、促进拨付1001万元，提出意见建议315条，下达处理事项23件，涉及资金1.89亿元。促进领导干部提高执行力，优化决策程序，健全完善制度，规范权力运行，加强党风廉政建设，优化营商环境。

固定资产投资审计 完成政府投资审计938个，涉及资金199.15亿元，核减投资8.97亿元。市审计局围绕中心城市建设"畅强补"，加大监督力度，促进城市能级提升，共实施政府投资项目68个，合计投资额99.89亿元，审减投资2.79亿元，编发审计专报4篇。落实审计署关于促进政府投资审计转型发展要求，开展政府投资审计制度清理规范和修订完善工作，制定修订制度32项。理清监督职责边界，杜绝"以审代结"，实现投资审计从数量向质量、从单一造价审计向全过程审计、从传统审计向现代审计转型，提升审计质量与效率，促进政府投资主体各尽其职，依法履责。 （撰稿人：王修炮）

【亳州市审计局】 2020年，亳州市审计局实有47人。局长王玉红，副局长赵峰、陈淑敏、袁芬。设有市委审计委员会办公室秘书科、办公室、综合法规与内部审计指导科、财政审计科、行政事业与社保审计科、农业农村与资源环境审计科、审计整改监督科、企业与金融审计科、市经济责任审计局、固定资产投资与电子数据审计科；下设固定资产投资审计中心。

审计成果 2020年，亳州市审计局共完成审计项目56个，查出主要问题金额8.66亿元，其中违规金额256万元、损失浪费金额657万元、管理不规范金额8.57亿元。移送司法机关、纪检监察机关和有关部门处理事项4件。审计促进整改落实有关问题资金5.11亿元。审计提出建议94条，被采纳89条。

政策落实情况跟踪审计 完成重大政策跟踪审计4个。审计共发现问题16个，完成审计整改15个。审计提出建议被采纳16条。

财政审计 完成2019年度市本级财政预算执行和其他财政财务收支审计，发现问题39个，涉及问题金额3.02亿元。截至年底，审计报告反映的问题已完成整改31个。亳州市第四届人民代表大会常务委员会第三十七次会议上通过财政审计整改报告。

三大攻坚战审计 组织开展扶贫审计和健康扶贫专项审计调查，发现问题23个，查出管理不规范金额883.11万元。审计提出建议7条。2名党员干部受到党内警告处分，5人给予诫勉处理。

经济责任审计 完成领导干部和国有企业领导人员经济责任审计，审计项目112个，其中市本级实施22个，查出主要问题金额2.82亿元；移送处理问题线索4件。

固定资产投资审计 出台相关文件，全面退出价款结算审计。深入推进投资审计转型，开展重大项目跟踪审计。对高新区医院、学校等12项重大工程实施跟踪审计，出具跟踪审计报告77篇。累计规范拨付资金24.86亿元，节约政府资金3.85亿元。提出合理化建议350条。

资源环保审计 完成亳州经济开发区管委会主任自然资源资产离任审计，重点关注领导干部履行自然资源资产管理和开发利用责任，贯彻执行中央及省、市重大决策部署落实等情况。 （撰稿人：王方方）

【池州市审计局】 2020年，池州市审计局实有30人。局长胡以民，正县级干部吴熙祥，副局长杨正发，总审计师王孟春，副县级干部张甫彬，四级调研员汪冰冰。市委审计委员会办公室秘书科设在审计局内。市审计局设有办公室、综合法规科、财政审计科、行政事业审计科、经贸审计科、农业与资源环保审计科、审计信息技术应用科、经济责任审计局；下设市政府投资审计中心。

审计成果 2020年，池州市审计局共完成审计项目60个，其中审计56个、专项审计调查4个。查出主要问题金额101750万元，其中违规金额896万元、管理不规范金额100853万元；审计发现非金额计量问题213个；出具审计报告和专项审计调查报告69篇，被批示、采用4篇次。审计处理处罚金额43981万元，其中应上缴财政3166万元、应减少财政拨款或补贴2549万元、应归还原渠道资金37933万元、应调账处理金额301万元；移送司法机关、纪检监察机关和有关部门处理事项7件，移送处理金额557万元。审计促进整改落实有关问题资金6560万元；审计后挽回（避免）损失165万元；核减投资额2549万元；移送处理落实事项1件。审计提出建议97条，被采纳33条；推动被审计单位制定整改措施108项；促进被审计单位建立健全规章制度10项；提交审计信息59篇，被批示、采用6篇次。向社会公告审计结果7篇。

石台县委书记县长经济责任审计项目被评为省审计厅优秀审计项目。

政策落实情况跟踪审计 实行“预算执行+政策跟踪审计”的审计模式，加大重大政策措施落实情况跟踪审计力度，全年安排实施新冠肺炎疫情防控情况等季度政策跟踪审计项目4个，组织开展新增财政资金直达市县基层直接惠企利民情况专项审计，促进资金及时拨付、精准使用、安全高效，促进政策落地生根发挥实效。

财政审计 利用审计数据和分析平台，推行“总体分析、发现疑点、分散核实、系统研究”的数字化审计模式，突出审计重点，全年安排35个市本级财政审计项目，实现市级78家一级预算单位审计全覆盖，探索对二、三级预算单位和基层预算单位按行业进行轮审。

疫情防控资金和捐赠款物专项审计 派出7个审计组、23名审计人员对全市疫情防控资金和捐赠款物开展专项审计，重点审计4382万元财政资金、4901.75万元捐赠资金及各类捐赠物资777517件（套），促进有限资金、物资高效使用。

经济责任审计 组织开展30名市管干部经济责任审计，受省审计厅委托对1名省管干部开展任期内经济责任审计，共揭示各类问题227个，移送市纪委及有关部门处理事项6件。配合开展省委省政府主要负责同志、市委市政府原主要负责同志经济责任审计整改工作，联合市委督办室开展经济责任审计整改回头看，截至12月底，2019年度审计发现的177个问题整改或基本整改170个，整改到位率96%。

固定资产投资审计 开展竣工结算审计项目17个，已完成12个，报审金额4.56亿元，核减金额3206万元；尚在审计的结算项目5个，涉审金额约19亿元。组织开展G318池州至殷汇段改建工程项目等20个项目跟踪审计，涉审资金约47.54亿元，出具跟踪审计综合报告9篇、年度报告9篇、阶段性报告1篇，相关单位已按要求及时整改。

信息化建设 完善财政审计数据库的建设，全面完成2020年地方财政审计电子数据和全市一级预算单位312个财务数据库的采集、标准化和报送工作。定期开展网络安全清理自查，开展信息安全等级保护复测工作。

内部审计 实施内部审计指导“五个一”工程，出台《关于进一步加强和规范内部审计工作的通知》，汇编内部审计制度，组织市本级71家一级预算单位进行内部审计业务培训。结合预算执行和审计经济责任审计，督促各主管部门按时开展内部审计，将市直单位内部审计工作开展情况纳入年度综合考核，确保各单位5年内至少开展一次内部审计。

相关工作 扎实开展深化“三个以案”警示教育，全年组织中心组集中学习10次，研讨交流3次，领导班子成员深入基层联系点、一线审计组调研6次，先后为全局党员、联系村讲党课5次，参加学习《习近平谈治国理政》第三卷、民法典、全国“两会”专题讲座3次。坚持常态化开展党风廉政教育，严格按规定，提拔1名正科级领导干部，完成4名科室负责人交流轮岗。

（撰稿人：朱兆龙）

【宣城市审计局】 2020年，宣城市审计局实有43人。局长黄煌，副局长章捷、吴明华，总审计师肖远会，经济责任审计局局长李诗银，二级调研员张贤才（4月—）、丁宏林（4月—），四级调研员程国成、程林。设有办公室、综合法规科、电子数据审计科、财政审计一科、财政审计二科、农业和自然资源审计科、金融与外资审计科、企业与社会保障审计科、市经济责任审计局、市委审计委员会办公室秘书科；下设市政府投资项目审计中心。

审计成果 2020年，宣城市审计局共完成审计项目45个，其中审计40个、专项审计调查5个。查出主要问题金额24.32亿元，其中违规金额799万元、管理不规范金额24.24亿元；审计发现非金额计量问题285个；出具审计报告和专项审计调查报告62篇，被批示、采用24篇次。审计处理处罚金额10.47亿元，其中应上缴财政255万元、应减少财政拨款或补贴7823万元、应归还原渠道资金2.76亿元、应调账处理金额6.90亿元；移送司法机关、纪检监察机关和有关部门处理事项7件，移送处理金额455.50万元。审计促进整改落实有关问题资金10.34亿元；审计后挽回（避免）损失7823万元；核减投资额7823万元。审计提出建议171条，被采纳171条；提交审计信息211篇，被批示、采用37篇次。向社会公告审计结果17篇。

审计委员会办公室工作 召开宣城市委审计委员会第二次会议，印发《宣城市经济责任审计工作联席会议制度》和工作规则，建立重大事项向宣城市委审计委员会请示报告制度。2020年，以宣城市委审计委员会办公室名义发出审计通知书10份，审计报告及审计结果报告25篇，综合报告3篇，向宣城市委审计委员会报送各类报告28篇，被批示28篇。

政策落实情况跟踪审计 围绕“六稳”“六保”工作要求，要求所有审计项目将重大政策措施落实情况作为首要审计内容予以关注，全年抽查121个政府部门、175个项目，涉及财政资金20.61亿元。通过政策跟踪审计，揭示相关问题30个。审计提出建议30条。开展新增财政资金直达市县基层直接惠企利民专项审计，促进资金直达市县基层、直接惠企利民，发挥保就业、保基本民生、保市场主体作用，推进深化供给侧结构性改革和高质量发展。

财政审计 开展市、县（市、区）两级预算执行情况审计，市本级实施市直财政和开发区2019年度预算执行和其他财政收支情况审计。首次实现市直一级预算单位财务数据标准化，全市一级预算单位财务电算化由38家增至72家。

三大攻坚战审计 聚焦防范风险，在财政“同级审”中重点关注市、县（市、区）政府债务和隐性债务情况。聚焦脱贫攻坚，开展全市扶贫领域查出问题整改情况跟踪检查，审计查出相关问题156个。审计提出建议82条，全部被采纳：盘活资金5028.64万元，收回或上缴国库资金1271.30万元，规范支出资金706.54万元；促进修订完善扶贫领域制度办法20项，推动政策制度落实8项。开展郎溪县健康扶贫专项审计、市本级财政扶贫专项资金审计调查。聚焦污染防治，开展全市医疗废物处置审计、乡村振兴审计和宁国市领导干部自然资源资产离任审计。

疫情防控资金和捐赠款物专项审计 统一组织市、县（市、区）两级审计机关对全市9494.03万元财政资金、2706.86万元捐赠资金、172.04万件医用防护服、口罩等捐赠物资和3800万元专项再贷款资金的分配管理使用情况进行审计，保障疫情防控捐赠资金和捐赠款物及时拨付使用，推动疫情防控财政资金加大投入1618.62万元。

民生审计 开展市区物业专项维修资金管理使用情况审计，发现相关问题18个，审计结果得到市委市政府主要领导高度重视。

经济责任审计 稳步推进新一轮经济责任审计全覆盖，全市审计机关共对104名党政主要领导干部和国有企事业单位主要领导人员开展经济责任审计，共查出违纪违规金额963万元、管理不规范金额24.33亿元。

固定资产投资审计 全市审计机关对270个政府投资重大工程项目开展审计，涉审投资额达57.69亿元，审计涉及管理不规范问题金额2.34亿元，审计促进增收节支2.15亿元。

农业农村审计 开展全市乡村振兴审计，重点关注农村环境垃圾、污水、厕所治理“三大革命”，以及农村饮水安全巩固提升工程情况，审计揭示农村人居环境整治工作中存在的困难、问题和风险隐患。

资源环保审计 组织开展全市医疗废物处置审计，发现相关问题18个。组织开展宁国市领导干部自然资源资产离任审计，有关县市区对辖区内乡镇领导干部也积极探索开展自然资源资产离任审计试点工作。

企业审计 对宣城市国投公司、工投公司、开发区建投、文旅集团等国有企业及下属企业开展审计，促进国有企业深化改革、国有资本保值增值。

内部审计 全市各内部审计机构共完成内部审计项目876个，审计总金额67.74亿元，通过内部审计促进增收节支金额7792万元，提出意见建议被采纳724条。（撰稿人：蒋佩珊）

2020年安徽省所辖县(市、区)级审计工作统计表

审计机关	完成审计项目/个	审计查出主要问题金额/万元	审计发现非金额计量问题/个	审计期间整改金额/万元	出具审计报告和审计调查报告/篇	审计处理情况		审计促进整改落实有关问题资金/万元	审计提出建议/条	提交审计信息/篇
						审计处理处罚金额/万元	移送处理事项/件			
合肥市										
合肥市本级	89	629538	1130	34330	137	340751	19	54279	263	976
瑶海区审计局	32	39404	101	24863	32	30632		24866	107	113
庐阳区审计局	26	74356	154		31	1092			105	169
蜀山区审计局	40	22290	341	2822	40	10250	6	7842	142	111
包河区审计局	28	6946	425	184	146	897	4	101	135	116

（续表）

审计机关	完成审计项目/个	审计查出主要问题金额/万元	审计发现非金额计量问题/个	审计期间整改金额/万元	出具审计报告和审计调查报告/篇	审计处理情况		审计促进整改落实有关问题资金/万元	审计提出建议/条	提交审计信息/篇
						审计处理处罚金额/万元	移送处理事项/件			
巢湖市审计局	37	13570	175	12	166	8471	1	5	114	41
长丰县审计局	45	7407	123	47	310	973		15	93	42
肥东县审计局	14	203033	57	47	16	338	3	47	54	57
肥西县审计局	22	56833	36	3800	23	391	1	4663	53	34
庐江县审计局	20	14645	31	14126	29	14166		14126	40	24
芜湖市										
芜湖市本级	44	88235	41	960	62	39047	1	17164	179	45
镜湖区审计局	32	127068	96	98	32		1	73738	137	18
鸠江区审计局	32	2443	97	2132	32	2379	1	2341	95	8
弋江区审计局	35	10495	59	110	46	10474		9108	82	9
湾沚区审计局	47	3507	24	1770	47	3273		2850	95	1
繁昌区审计局	72	5120	34	60	69	4470		3963	242	
无为市审计局	62	40868	50	16896	97	158	5	17790	300	40
南陵县审计局	72	10001	1	5	32	10001	4	7650	198	10
蚌埠市										
蚌埠市本级	51	140371	221	24445	60	26062	9	12021	128	257
龙子湖区审计局	14	2114	2		14				19	45
蚌山区审计局	13	14	35	14	13			56	37	4
禹会区审计局	15	1298	42		31	278	2	362	50	15
淮上区审计局	10	1744	47	104	20	2		1241	59	15
怀远县审计局	53	91859	116	8773	73	20942	10	52855	107	77
五河县审计局	52	5392	62	154	72	574	3	13260	93	36
固镇县审计局	53	38780	46	1740	60	2092	2	1895	54	6
淮南市										
淮南市本级	56	323729	732	2038	82	60853	7	59550	274	384
大通区审计局	15	792	83	92	15	792		851	38	25
田家庵区审计局	24	69	147	18	24	69		76	76	20
谢家集区审计局	27	2938	73	235	25	239	1	239	92	26
八公山区审计局	18	65	73		18	65		65	44	28
潘集区审计局	14	54353	44	9	16	230		319	116	24
凤台县审计局	37	46245	195	348	49	796	7	829	114	50
寿县审计局	41	81189	269	172	41	63952	1	27591	302	49
毛集实验区审计局	10	69	42		10				60	31

（续表）

审计机关	完成审计项目/个	审计查出主要问题金额/万元	审计发现非金额计量问题/个	审计期间整改金额/万元	出具审计报告和审计调查报告/篇	审计处理情况		审计促进整改落实有关问题资金/万元	审计提出建议/条	提交审计信息/篇
						审计处理处罚金额/万元	移送处理事项/件			
马鞍山市										
马鞍山市本级	56	250232	239	48037	85	1104	4	63299	129	119
花山区审计局	30	971	60		33				50	
雨山区审计局	16	784	27		16				16	
博望区审计局	18	153	22	6	27	6		6	52	
当涂县审计局	78	17984	11	15	85	15	1	30	100	
含山县审计局	70	11669	69	14	77	67	4	313	390	75
和县审计局	20	41426	117	1424	23		3	36599	55	2
淮北市										
淮北市本级	33	72010	260	371	55	12752	13	9704	116	127
杜集区审计局	10	9511	22	8480	9	8617		8617	36	1
相山区审计局	11	62363	8	60946	20	61039		60933	38	3
烈山区审计局	14	104187	20		24	2048		2048	45	
濉溪县审计局	25	72929	92	48	37	17757	3	17421	81	12
铜陵市										
铜陵市本级	29	214430	144	4465	41	93796	11	53429	77	
铜官区审计局	73	53885	121	20248	33		1	26949	67	
义安区审计局	14	170764	62	21644	25			27874	42	
郊区审计局	6	20970	7	20970	6	20970		20970	21	7
枞阳县审计局	105	15181	133	269	105		11	4831	55	6
安庆市										
安庆市本级	124	373864	180	80	77	3302	12	299458	76	22
迎江区审计局	94	8564	71	1187	94	26		8564	103	20
大观区审计局	24	47221	24	47221	24	489		36917	29	2
宜秀区审计局	23	35794	17	468	23	865	3	14898	260	23
桐城市审计局	34	59840	21	322	32	52		59714	64	99
潜山市审计局	90	6120	183	9	101	75	1	36	142	52
怀宁县审计局	42	660154	116	794	49	2	3	630994	132	3
太湖县审计局	28	70332	127	623	26	79	8	68974	92	44
宿松县审计局	18	30310	24	1829	18	25475		22367	85	10
望江县审计局	23	5304	185	500	36	1374	2	31474	130	30
岳西县审计局	28	22845	115	216	103	58		13856	54	
黄山市										
黄山市本级	30	73012	157	29453	37	38823	2	38777	124	12

（续表）

审计机关	完成审计项目/个	审计查出主要问题金额/万元	审计发现非金额计量问题/个	审计期间整改金额/万元	出具审计报告和审计调查报告/篇	审计处理情况		审计促进整改落实有关问题资金/万元	审计提出建议/条	提交审计信息/篇
						审计处理处罚金额/万元	移送处理事项/件			
屯溪区审计局	33	10997	36	10	39	9337		9334	78	3
黄山区审计局	20	13722	61	264	20	13365		600	50	4
徽州区审计局	46	13139	223	150	51	8332	2	5225	148	8
歙县审计局	54	72166	82	3166	81	4210	9	9050	164	7
休宁县审计局	24	1608			24	627		627	64	
黟县审计局	25	13782	93	5039	25	6141		6141	82	15
祁门县审计局	20	2223		228	21	1700		1699	54	
滁州市										
滁州市本级	46	62880	210	13421	54	3789		17210	118	258
琅琊区审计局	35	8783	41		40	4241		4241	74	66
南谯区审计局	37	3235	157	1534	53	2034	5	3234	63	26
天长市审计局	51	20893	174	157	70	2740	3	2858	175	19
明光市审计局	49	13328	17	89	78	869		956	173	43
来安县审计局	24	4270	60		39	4270		4270	69	40
全椒县审计局	25	14969	107		40	1509	1	1505	56	11
定远县审计局	64	7620	101		103	138	4	138	174	61
凤阳县审计局	37	3283		483	64	2064		2451	125	61
阜阳市										
阜阳市本级	86	427527	605	12345	115	83867	14	104983	239	1
颍州区审计局	22	4194	17	207	32	2916		70054	95	
颍东区审计局	29	91725	112	6	37	839		579	109	
颍泉区审计局	54	15076	203	71	72	3939		379	144	
界首市审计局	44	4368	447	2	68	665		95	173	
临泉县审计局	51	7620	51		69	260		296	147	
太和县审计局	40	24647	171	10483	56	17962		17964	109	1
阜南县审计局	42	12818	208	2339	53	2699	3	3626	107	
颍上县审计局	36	3385	195	43	54	2639		2293	133	
宿州市										
宿州市本级	38	512180	147	230	65	201	5	130252	111	52
埇桥区审计局	37	60325	42	35698	37		5	12365	127	8
砀山县审计局	28	143700	55		28	593	3	9	78	20
萧县审计局	26	9071	84	1125	40	4921	4	17451	60	145
灵璧县审计局	8	12356	30	195	8	11532		9423	67	8
泗县审计局	23	26192	33	5065	23	5065		5065	107	

（续表）

审计机关	完成审计项目/个	审计查出主要问题金额/万元	审计发现非金额计量问题/个	审计期间整改金额/万元	出具审计报告和审计调查报告/篇	审计处理情况		审计促进整改落实有关问题资金/万元	审计提出建议/条	提交审计信息/篇
						审计处理处罚金额/万元	移送处理事项/件			
六安市										
六安市本级	39	304465	557	9142	49	6497	11	37212	124	5
金安区审计局	24	59100	131		27	89	3	89	135	
裕安区审计局	14	1088	99	208	17	1088	3	1907	49	6
叶集区审计局	23	2838	53	67	25	8	1	67	47	12
霍邱县审计局	54	2283	93	538	52	2033	3	952	153	1
舒城县审计局	110	62627	188	528	110	62623	3	46564	250	42
金寨县审计局	17	68115	59	37286	26	63633	0	37821	38	
霍山县审计局	23	20970	97	1752	26	349	1	347	56	
亳州市										
亳州市本级	56	86589	154	2348	36	11614	4	51109	94	4
谯城区审计局	31	34659	527	6959	43	16054	13	15265	125	5
涡阳县审计局	46	4149	92	22	61	42	7	1479	160	17
蒙城县审计局	32	25755	105		48	23	29	25752	115	13
利辛县审计局	37	13681	116	981	58	150	8	6956	136	7
池州市										
池州市本级	60	101750	213	1753	69	43981	7	6560	97	59
贵池区审计局	43	3698	8	2154	43	1973		172	130	18
东至县审计局	53	28332	141	28322	53		1	28332	96	3
石台县审计局	31	8774	25	100	31			5111	49	34
青阳县审计局	20	3928		135	20			3924	36	25
宣城市										
宣城市本级	45	243200	285	15	62	104700	7	103400	171	211
宣州区审计局	53	16713	37	7174	155	7174	10	7174	95	59
宁国市审计局	42	56478	100	240	54	1541		1443	101	50
广德市审计局	54	11652	54		54	621	5	8275	135	76
郎溪县审计局	63	10828	83		75	7862	1	7862	115	68
泾县审计局	17	21582	74	3759	22	4379		3789	171	48
绩溪县审计局	146	8993	184		159	2440		2410	237	69
旌德县审计局	54	12535	42		67	4032		4032	46	60

福建省

【福建省审计厅】 2020 年，福建省审计厅实有 249 人。中共福建省委审计委员会办公室设在省审计厅，设省委审计委员会办公室秘书处。省审计厅设有办公室、政研综合处、审理法规处、电子数据审计处、财政审计处、教科文卫审计处、农业农村审计处、固定资产投资审计处、社会保障审计处、自然资源和生态环境审计处、金融审计处、涉外审计处、经济责任审计处、内部审计指导监督处、重大政策落实跟踪审计处、人事处、机关党委，以及宣传审计处、党群审计处、税收征管审计处、高校与医疗健康审计处、交通审计处、水利审计处、建设审计处、政法审计处、企业审计一处（中央属单位审计处）、企业审计二处等派出审计处；下设福建省审计举报中心、福建省审计科研所（加挂福建省政府投资项目和国外贷援款项目审计服务中心）、福建省审计厅计算机应用中心；另有省纪委监委驻厅纪检监察组。

领导成员

党组书记、厅长：杨　红

党组成员、副厅长：王成章（—3 月）

党组成员、副厅长、一级巡视员：

王成章（3 月—）

党组成员、副厅长：吴克昌　许克付

廖德铨

党组成员、总审计师：林建苍

党组成员、驻厅纪检监察组组长：张利生

省经济责任审计工作联席会议办公室主任：陈敬辉

副厅级稽查专员：林志坤　陈躬仙

二级巡视员：孙锦鸣

审计成果 2020 年，福建省审计机关共审计（调查）单位 2497 个，其中审计 2344 个、专项审计调查 153 个。出具审计报告和专项审计调查报告 3391 篇。审计促进增收节支和挽回损失 83.89 亿元。审计提出建议 6815 条，被采纳 5928 条；推动被审计单位制定整改措施 686 项；促进被审计单位建立健全规章制度 565 项；提交审计专题报告、综合性报告和信息共 4856 篇，被批示、采用 2515 篇次。

福建省审计厅、福州市审计局蝉联“全国文明单位”称号；漳州市、泉州市、三明市、莆田市、南平市及鼓楼区、长乐区、连江县、平和县、晋江市、南安市、永春县、德化县、沙县、仙游县、浦城县、新罗区、长汀县、霞浦县审计局荣获第十四届“福建省级文明单位”荣誉称号。福州市审计局实施的福建某金融机构原党委书记、董事长任职期间经济责任履行情况审计项目被审计署评为 2019 年度全国市级审计机关优秀审计项目三等奖。在审计署数据分析技术方法在审计工作中的创新应用评选中，光泽县审计局提交的“自然资源可视化平台在自然资源资产离任审计中的应用”荣获优秀案例一等奖；漳州市审计局提交的“数据分析技术在土地征迁补偿情况审计中的创新应用案例”、晋江市审计局提交的“公共卫生项目资金预算执行情况审计应用案例”荣获优秀案例二等奖。

政策落实情况跟踪审计 聚焦党中央、国务院重大决策部署，围绕省委省政府中心工作和审计署工作安排，全年重点审计应对疫情防控的“六稳”工作和“六保”任务、疫情防控资金和捐赠款物专项、乡村振兴发展、推进闽东北闽西南区域协作发展以及老区苏区发展等方面政策措施落实情况。共计抽查省、市、县（市、区）三级 4989 个单位、6513 个项目，涉及资金总额 1157.72 亿元。向 9 个设区市政府出具审计报告，每季度向省委省政府报送重大政策措施落实情况跟踪审计报告，得到省领导批示。提交各类审计报告和信息简报 312 篇，全省已整改问题 205 个，促进财政资金统筹使用和重点资金到位 22.22 亿元，促进稳就业财政资金发挥效益 1.39 亿元，推动疫情防控和经济社会发展政策落实资金 3.6 亿元。按照审计署的统一部署，组织开展新增财政资金直达市县直接惠企利民专项审计，成立设区市联络员制度、月度集中复核等组织方式，实现 86 个市县的现场审计全覆盖，提交审计意见函 93 份。

财政审计 以大数据分析为抓手，实现 284 家省一级预算单位财政电子数据分析全覆盖，建立预算编制审计等 6 个方面 80 个审计分析模型，制发大数据审计结果提示函146份；以科目贯穿式审计为抓手，深入分析专项资金管理使用的梗阻点，促进盘活资金31.27亿元。审计关注财政管理体制改革中出现的体制性障碍，针对“零基预算”管理、预算绩效管理等方面提出审计建议。开展国有资产和资本运营管理情况、土地收储和存量情况、财政资金引导撬动效益等专题审计，促进优化财政资源配置，提高财政精细化管理水平。开展3个设区市地方财政收支审计、3个设区市税收和非税收入征管审计，促进深化财税体制改革。

向福建省十三届人大常委会第二十一次会议做审计工作报告。向福建省十三届人大常委会第二十四次会议报告2019年度省级预算执行和其他财政收支审计查出问题整改落实情况，省人大常委会认为整改工作成效明显。

三大攻坚战审计 组织开展地方政府债券专项调查、2家省属地方银行资产管理政策落实情况审计调查、农信系统部分行社资产负债损益审计，促进有效防控债务风险和金融风险。围绕地方政府债务、地方金融运行、国有企业高风险业务、自然资源管理与生态保护监测四大重点风险领域，制定《福建省审计厅关于加强经济风险预警防控机制建设的五条举措》，推动相关部门建立健全风险预警工作机制，着力发挥审计预警预防预报作用，做到早提醒、早预防，防患于未然。全年对8个县（市、区）开展乡村振兴相关政策和资金审计，对41个县（市、区）开展“两不愁三保障”落实情况和中央革命老区扶贫建设资金“最后一公里”专项督查，同时，结合“两不愁三保障”审计调查对13个县（市、区）开展老区苏区政策跟踪审计。共抽审资金47.82亿元，抽查项目4067个、单位765个、乡镇409个、行政村1665个，入户调查3214户，促进完善和落实扶贫和乡村振兴政策制度办法25项。开展闽宁扶贫协作和对口支援政策资金落实情况审计，助力提升东西部扶贫协作成效。结合领导干部自然资源资产离任（任中）审计，推动强化资源管理和生态环境保护工作；组织实施全省自然资源部门涉及的生态环境保护科目资金专项审计，推动加快资金拨付使用和环保项目建设进度，提高项目运营绩效。全省完成领导干部自然资源资产离任（任中）审计项目126个，涉及领导干部218名。参加审计署组织开展的《领导干部自然资源资产离任审计评价指标体系（试用版）》试点工作；深化大数据运用，构建“总体分析、发现疑点、分散核实，系统研究”审计大数据审计方法，形成“地理信息＋”审计服务模式，省审计厅下发问题数据核查单52份，实现精确识别，精准审计。

疫情防控资金和捐赠款物专项审计 开展应对新冠肺炎疫情防控资金和捐赠款物专项审计。省、市、县（市、区）审计机关共派出220个审计组、779名审计人员，组织对省、市、县（市、区）疫情防控资金和捐赠款物开展专项审计。全省重点审计45.15亿元财政资金、7.66亿元捐赠资金。全省审计172家有公开募集资格的红十字会、慈善组织，844个疾病控制中心等政府机构和单位，76户企业，对重要事项进行必要的延伸和追溯。审计促进加快拨付捐赠资金9347.26万元、加快发放捐赠物资430.68万件，促进优化捐赠物资管理流程，制定完善物资管理制度和资金使用办法，为打赢疫情防控阻击战提供审计服务保障。

经济责任审计 全省完成经济责任审计项目815个，涉及1008名领导干部。牵头编制5种类型审计方案，重点聚焦精准脱贫和乡村振兴、推进高质量发展、应对新冠肺炎疫情防控等重大决策部署和政策落实情况，搭建审计总体框架，确保审计工作围绕中心服务大局。着眼审计全覆盖和“两统筹”，中共福建省委审计委员会办公室制定《关于推进省管领导干部经济责任审计全覆盖的原则》；进一步发挥联席会议对全省经济责任审计工作的指导、监督和检查作用，修订《福建省经济责任审计工作联席会议议事规则和办公室工作规则》。再造经济责任审计工作流程，进一步深化“1＋N”组织模式；创新构建经济责任审计工作指标体系，指标涵盖宏观经济运行情况、“六稳”“六保”、民生补短板等13个经济责任审计重点内容，共计46项。总结2019年各类型经济责任审计发现的共性问题、体制机制问题，向主管部门、上级政府部门转送问题清单，促进完善管理制度，提升治理能力；根据两办《规定》最新要求，组织开展28家被审计单位共

48位省管领导干部2019年经济责任审计结果和相关情况反馈工作，促进举一反三、落实整改。

固定资产投资审计 全省审计单位319个，专项审计调查单位16个，延伸审计单位69个，涉及项目投资额1401.60亿元。加强专项审计调查力度。对福建省2019年度投资运行和影响投资增长的堵点、痛点、难点情况进行专项审计调查。通过调查部分市、县（市、区）政府及各级投资主管部门，及综合利用部分地方党政主要领导干部经济责任审计和预算执行等审计成果，主要反映影响投资增长中存在产业结构调整步伐缓慢、项目要素保障瓶颈多推进难度大、项目管理不够精准、项目融资困难等问题。对省住建厅2019年列入民生补短板项目的市政领域城市道路及地下管网项目贯彻落实重大政策措施情况进行专项审计。审计揭示“路网”建设任务完成质量不高、项目建设中存在“马路拉链”、部分财政补助款未及时下拨等问题并得到整改落实。

民生审计 省审计厅共组织21个审计组对三明市和南平市本级及22个县2019年保障性安居工程的资金分配管理使用、保障群众需求、相关政策落实等情况进行审计。向省政府提交的《我省三明和南平2019年保障性安居工程资金投入和使用绩效审计发现主要问题的报告》得到省领导批示。开展2019年省本级社保基金审计，对人力资源社会保障部门、医保部门及其社保经办机构等单位，开展2019年度企业职工基本养老保险基金、机关事业单位养老保险基金、城镇职工基本医疗保险基金收支结余和管理情况审计，并提出审计建议。

大数据审计 实现全省8347家一级预算单位财务数据采集、标准化和分析全覆盖。首次实现全省医保、省属国企数据采集全覆盖，增加采集债务、全员人口等行业数据，全年新增数据量约5TB。稳步推进社保、医保、债务、国企数据标准化，全年新增标准表50多张。经济责任、医保、社保、保障房、乡村振兴、自然资源资产、政策跟踪等领域审计数据开发利用更加精准高效，提交审计数据分析报告70多篇，分行业开发审计模型已达240多个。利用图数据库、图像识别、自然语言处理等技术，初步开发审计文本分析和审计数据分析可视化管理工具。

审计查出问题整改 严格落实记账销账制度、明确各方整改责任、推动举一反三、源头治理，强化审计查出问题整改落实，深化审计防护体系建设，建立健全审计整改长效机制。对省审计厅2017—2019年组织实施的审计项目开展“回头看”，重点对问题整改落实、举一反三带动系统整改规范、完善体制机制制度建设等情况作梳理，涉及166家单位257个审计项目。督促落实2019年度中央预算执行和其他财政收支审计查出问题整改，涉及9个设区市和平潭综合实验区以及20家省直部门。督促落实2019年度省级预算执行和其他财政收支审计查出问题整改，涉及9个设区市和平潭综合实验区以及4家省直单位、2家省属银行、福建省税务局。

内部审计 中共福建省委审计委员会办公室制定《关于加强内部审计工作的九项举措》，进一步促进内部审计工作相关规定有效落实，着力构建集中统一、全面覆盖、权威高效的审计监督体系。指导部门单位内部审计制度建设，把对内部审计指导监督与审计业务工作同部署、同落实、同检查。加强对基层审计机关内部审计指导监督，年底在莆田市召开省市审计机关内部审计指导监督工作座谈会，研究部署推进内部审计指导监督工作。建立省本级单位内部审计人才库，依托内部审计协会培训内部审计人员451人。

相关工作 坚持党对审计工作的集中统一领导，坚决做到“两个维护”。严格落实省委“三四八”贯彻落实机制，确保习近平总书记重要讲话重要指示批示精神和党中央决策部署的贯彻落实。牢牢掌握意识形态工作领导权和主动权，全面落实意识形态工作责任制，制定相关实施细则，压实工作责任，管好用好线上线下宣传文化阵地，确保意识形态阵地可管可控。坚持“常态化、多层次、全覆盖、重做实”的学习机制和“党组书记领读领学、党组中心组示范学、专家专题辅导学、支部集中交流学、全体党员跟进学”的学习制度，将大学习、大培训机制贯穿于审计工作全过程。组织全省审计干部参加各类培训班15期次，着力提升审计干部的政治能力、专业能力、宏观政策研究能力和审计信息化能力；全面落实新时代党的组织路线，用好职务职级并行政策；进一步完善“六位一体”干部成长综合分析研判机制，切实将干部日常管理考评深扎到审计项目、审计现场、审计过程，树立重政治、重实干、重实绩的鲜明导向；印发《福建省审计厅干部队伍建设规划（2019－2023年）》《福建省审计厅人才发展规划（2019－2023年）》，持续优化干部队伍年龄结构、知识结构，努力打造高素质专业化审计干部队伍。（撰稿人：王康力）

【福州市审计局】 2020年，福州市审计局实有94人。党组书记、局长李小荣（7月—），党组书记、局长、一级调研员林良云（—6月），党组成员、纪检监察组组长林世荣，党组成员、副局长林光明、陈立武、林芳、林志强，副局长林翔（—11月，挂职），总审计师黄建忠，党组成员、四级调研员潘忠杰，稽查专员余新彬、卓秀琼，二级巡视员林良云（7月—11月），二级调研员刘小红、郑生明，四级调研员翁国荣、林先。中共福州市委审计委员会办公室设在市审计局，设市委审计委员会办公室秘书处。局机关设有办公室、综合业务处、法规处、财政金融审计处、行政事业审计处、企业审计处、内部审计指导监督处、农业农村审计处、社会保障审计处、固定资产投资审计处、经济责任审计处、电子数据审计处、园区经济审计处、自然资源和生态环境审计处、重大政策落实跟踪审计处、人事教育处，机关党委；下设市政府固定资产投资审计中心；另有市纪委监委驻局纪检监察组。

审计成果 2020年，福州市审计机关完成审计和审计调查项目306个。查出主要问题金额175.10亿元。审计处理处罚金额17.13亿元；移送纪检监察机关等查处事项18件，涉及金额4289.03万元；促进增收节支和挽回（避免）经济损失24.91亿元。推动建立健全规章制度和整改措施169项。

福州市审计局蝉联“全国文明单位”，鼓楼区审计局、长乐区审计局、连江县审计局荣获第十四届“福建省级文明单位”荣誉称号。福州市审计局实施的福建某金融机构原党委书记、董事长任职期间经济责任履行情况审计项目被审计署评为2019年度全国市级审计机关优秀审计项目三等奖。《福州市审计志》获得第十届福州市社会科学优秀成果一等奖。

政策落实情况跟踪审计 全年分季度开展稳就业保民生、创新驱动发展、新增财政资金直达县区惠企利民、“双百双千”“抓项目促跨越”等政策落实情况跟踪审计，抽查388个部门（单位）360个项目939.25亿元资金，推动整改落实金额2.20亿元。开展疫情防控相关政策资金跟踪审计，涉及财政及捐赠资金6.87亿元，促进规范、下拨及发放使用资金7416.77万元，督促公示捐赠物资754.11万件。

财政审计 对171个部门（单位）预算执行与决算审计，开展挖掘财力财源情况专项审计调查，促进增收节支4.88亿元。对市县两级192个部门（单位）2019年度公用经费管理使用情况专项审计检查，移送纪委监委问题线索4件，清退违规发放补贴等96.79万元。定期开展审计查出问题整改“回头看”，促进建章立制和完善措施159项，被审计单位采纳审计建议754条。

三大攻坚战审计 对7个县（市、区）乡村振兴、“两不愁三保障”、农村饮水安全及扶贫民生领域重点政策资金审计，延伸178个项目45部门（单位）215个镇村383户，查出违规改变项目资金和用途、工程管理不规范、资金滞留闲置等问题金额2.06亿元。召开2020年扶贫及乡村振兴审计工作研讨座谈会。印发《关于2020年加强党政领导干部自然资源资产离任（任中）审计 推进国家生态文明建设示范市创建的实施意见》，对25名领导干部自然资源资产离任（任中）审计。

经济责任审计 对80个单位104名党政及国有企业领导干部任期经济责任审计，其中离任审计56人、任中审计48人。召开福州市审计委员会办公室主任会议暨市经济责任审计工作联席会议，调整成员名单，审议《中共福州市委审计委员会办公室关于推进市管领导干部经济责任审计全覆盖的实施意见》。中共福州市委审计委员会办公室、福州市经济责任审计工作联席会议办公室印发《福州市经济责任审计工作联席会议议事规则》《福州市经济责任审计工作联席会议办公室工作规则》。

固定资产投资审计 全年审计和审计检查公共投资项目15个、省市重点建设项目143个，以及第三届“数字中国”建设峰会专项资金等，揭示部分项目工程建设、拆迁进度、基建程序滞后等问题金额2.62亿元。2个县区政府投资审计中心开展1281个工程项目造价审计，净核减7.69亿元。

信息化建设 印发《福州市审计局关于推进大数据审计分析工作的实施方案》，完成全市925家一级预算单位财务数据及重点行业业务数据采集工作，建成415个数据分析模型，完成金审工程福州三期项目可行性研究。对149个单位网络安全和信息化建设审计。（撰稿人：方韶玲）

【厦门市审计局】 2020年，厦门市审计局实有86人。党组书记、局长陈添友，党组成员、副局长陈爱忠、洪再福、刘海山（6月—），副局长许希嘉，党组成员、市经济责任审计工作联席会议办公室主任杨水凉，党组成员、总审计师史春玲（4月—），副局级稽查专员蔡乾坤、杨佳音、余永福。中共厦门市委审计委员会办公室设在市审计局，设市委审计委员会办公室秘书处。局机关设有办公室、政研综合处、审理法规处、电子数据审计处、财政审计处、行政事业审计处、农业农村与资源环境审计处、固定资产投资审计处、社会保障审计处、金融审计处、经济责任审计处、重大政策落实跟踪审计处、企业审计处、人事处、机关党委。

审计成果 2020年，厦门市审计机关共完成审计或审计调查项目209个，交办配合事项24个，其中完成审计项目185个、专项审计调查项目24个。审计查出违规金额1.21亿元；出具审计报告和审计结果报告334篇。审计处理处罚金额10.15亿元；移送纪检监察及有关部门处理事项14件。审计后促进增收节支和挽回经济损失8.39亿元。

政策落实情况跟踪审计 以推动党中央重大决策部署和省、市相关政策措施得到贯彻落实，促进资金到位、项目落地、政策生效为目标，重点关注“三促进”、财力财源挖掘、精准帮扶、乡村振兴等政策措施落实情况，以及重大投资项目建设情况。推动补齐工作短板、堵塞制度漏洞、完善协同传导机制，促进相关领域深化改革。按季度开展疫情防控、“六稳”措施落实、金鸡百花电影节、市重点公共工程项目、岛内大提升、第二西通道（海沧隧道）、乡村振兴等专项审计，提高资金使用效益、增强政府投资建设能力。

经济责任审计 召开全市2020年经济责任审计工作联席会，研究新形势下进一步做好经济责任审计工作的实践路径。全市安排对118个单位的136名领导干部开展审计，坚持任中审计和离任审计相结合、经济责任审计和自然资源资产离任审计相统筹、党政领导干部同步审计。经济责任审计结果和审计查出问题的整改情况已经常态化作为全面从严治党主体责任检查和市委巡察的重要内容，作为领导班子民主生活会、述责述廉、年度考核、任职考核的重要依据。

企业审计 针对国有企业集团审计发现的问题，向市委市政府提出盘活国有企业沉没资产、制定活禽交易管理办法、倡导食用冰鲜禽肉和加强屠宰检疫及市场流通监管等审计建议。市委书记批示要求活禽交易管理纳入全市农贸市场改造提升内容，在全市推行活禽集中屠宰。根据企业审计总结的《积极发挥审计职能作用 促进国有企业高质量发展》理论文章在《中国审计报》刊登。

资源环保审计 安排生态环境审计项目8个，其中按照省审计厅授权，对石狮市主要领导干部开展经济责任和自然资源资产同步审计，依据市委组织部的委托，对市海洋发展局开展经济责任和自然资源资产管理、生态环境保护责任同步审计。各区开展镇街或区直部门领导干部自然资源资产离任（任中）审计和专项审计项目6个。继续加强ArcGIS、Google Earth等信息技术的运用，如同安区审计局将影像分析用于财政补助项目核查，翔安区审计局将影像分析用于林地占补平衡计算等，提升审计的精度和效果。同时在2019年开展盘活用地资源审计调研、近十年产业项目土地出让合同履约情况督导审计的基础上，2020年又分专题开展老旧别墅、农村宅基地等资源盘活审计调研，针对性提出审计建议。通过审计调研、督导审计再到分专题调研，对全市聚焦土地资源集约节约高效利用，形成链条式、系统性研究，其中部分审计建议已得到采纳转化，推动全市批而未供、供而未用土地清理工作。

审计查出问题整改 探索巡审合作机制，明确把审计发现问题整改情况和巡察发现问题整改情况分别作为巡察和审计监督的重要内容，提升监督合力。2020年开始，将审计发现问题的整改情况纳入市纪委监委牵头开展的党风廉政建设绩效考评体系。推动建立“审计问题”和“整改结果”两个台账，按季度梳理汇总未能整改到位的问题清单，形成专报件报市政府，做到整改持续推进、进展滚动更新。配合市人大常委会开展审计整改情况满意度测评，形成审计整改齐抓共管的良好局面。在厦门市领导的关心支持下，与审计署广州特派办签订《审计署驻广州特派办中共厦门市委审计办关于进一步加强联动协作的实施办法》，对深入推进审计项目和审计组织方式“两统筹”，提升协作合力，提高监督效能，更好发挥审计服务经济社会发展起到积极的建设性作用。

（撰稿人：郑恩辉）

【莆田市审计局】 2020年，莆田市审计局实有63人。党组书记、局长黄锦华，驻市人大纪检监察组组长曾志明，党组成员、副局长谢美林（12月—）、蔡振华、陈建华，党组成员、总审计师邓超庸（—6月）、陈炜华（12月—），稽查专员黄素彬、郑明森、谢云和、欧国民，二级调研员郑锦权、邓超庸（6月—），四级调研员陈国忠、林金顺。设有秘书科、办公室、政研综合科、审理法规科、电子数据审计科、财政金融审计科、行政事业审计科、农业农村审计科、固定资产投资审计科、社会保障审计科、自然资源和生态环境审计科、企业审计科、经济责任审计室、内部审计指导监督科、重大政策落实情况跟踪审计科；下设计算机技术服务中心、政府投资审计服务中心、国有企业审计服务中心等事业单位。

审计成果 2020年，莆田市审计机关共完成审计项目148个，其中审计146个、专项审计调查2个。查出主要问题金额32.23亿元，其中违规金额2.8亿元、管理不规范金额29.43亿元；审计发现非金额计量问题1282个；损益（收支）不实金额9141.08万元；审计发现侵害人民群众利益4665万元；出具审计报告和专项审计调查报告230篇，被批示、采用1篇次。审计处理处罚金额10.69亿元，其中应上缴财政2.54亿元、应归还原渠道资金0.83亿元、应调账处理金额7.32亿元；移送司法机关、纪检监察机关和有关部门处理事项6件，移送处理金额9062万元。审计促进整改落实有关问题资金1.61亿元；移送处理落实事项6件。审计提出建议507条，被采纳469条；推动被审计单位制定整改措施43项；促进被审计单位建立健全规章制度40项；提交审计信息382篇，被批示、采用182篇次。向社会公告审计结果8篇。

莆田市审计局、仙游县审计局荣获第十四届“福建省级文明单位”荣誉称号。

审计委员会办公室工作 莆田市于3月23日、7月30日先后召开委审计委员会第四次、第五次会议，5个县（市、区）也分别召开会议。市委审计委员会审议出台《莆田市经济责任审计工作联席会议议事规则》《关于加强内部审计管理的十条措施》《关于加强审计整改工作强化审计成果运用的十条措施》《关于加强国有企业审计监督的十条措施》《关于加强领导干部经济责任审计的若干措施》《莆田市乡镇（街道）党政主要领导干部经济责任审计和自然资源资产离任审计实施办法（试行）》等6份规范性文件，内容涵盖审计整改、内部审计、国有企业监督以及经济责任审计等方面，补齐制度短板。

政策落实情况跟踪审计 重点围绕减税降费、清理拖欠民营和中小企业账款、优化营商环境、惠农补贴一卡通、省重点项目、“五个一批”和赶超等项目开展重大政策跟踪审计，主要揭示相关税费减免、延期缴纳、返还政策执行不到位等问题，促进社保降费7.9亿元、减免租金0.4亿元，促进2.95亿元直达资金及时调拨到位。

财政审计 采用“市县联动”的模式，完成预算执行审计项目42个，查出主要问题金额20.26亿元。其中，市本级审计项目16个，发现的主要问题99个，已整改83个，部分整改16个，未整改1个，整改率83.8%；促进资金拨付到位47219万元，挽回（避免）损失155万元；揭示部分资金使用效益不高、部分预算执行率低、存量资金未及时清理、建设工程、政府采购和绩效管理不规范等问题。

疫情防控资金和捐赠款物专项审计 重点对

财政资金、捐赠资金开展专项审计，督促发放援鄂医护人员补助资金到位14人，安排使用结余资金800多万元，促进发放37户企业疫情防控就业奖补资金1000多万元等。

民生审计 重点围绕涉及群众利益的精准扶贫、乡村振兴战略、为民办实事、医保基金等民生资金和项目进行审计，主要揭示部分困难群体未能享受医保基金优惠待遇、定点药店管理措施不健全、高标准农田后续管护不到位等问题。呈报的《我市民营医院降低住院指征现象亟须纠正》，得到市委书记的重要批示。促进医保机关及时修改完善3个相关政策，完善医保信息系统设置3个。

经济责任审计 采用“交叉审计”“市局牵头”的方式，开展市属国有企业领导人员，市直部门、乡镇党政领导干部经济责任审计。全年完成对93名领导人员经济责任审计，揭示贯彻落实上级决策部署不到位、经济事项决策不规范、经济风险防范能力不足等问题。审计提出建议246条，被采纳227条，采纳率92.27%。

资源环保审计 组织实施武夷山市党政主要领导、探索开展6位乡镇（街道）领导干部自然资源资产离任（任中）审计，持续推进与生态司法衔接机制落实，首次在仙游县召开自然资源局主要领导履行自然资产责任情况离任审计司法衔接工作分析会；探索法院有关自然资源资产方面案件移交工作，“审计＋生态司法”创新机制初具成效。

（撰稿人：姚　炜）

【三明市审计局】 2020年，三明市审计局实有46人。党组书记、局长卢维沙，党组成员、副局长林寿佰、郭澍锡、周永东，党组成员、总审计师罗发淦，驻市财政局纪检监察组组长刘继善，四级调研员徐小华。设有市委审计委员会办公室秘书科、办公室、人事教育科、法规科、财政金融审计科、行政事业审计科、固定资产投资审计科、企业审计科、经济责任审计科、农业农村审计科、社会保障科、政策跟踪审计科、生态环境资源审计科、内部审计指导监督科；下设网络审计工作站。

审计成果 2020年，三明市审计机关完成审计项目305个。查出主要问题金额34.92亿元，其中违规金额4.69亿元、损失浪费金额0.07亿元、管理不规范金额30.16亿元；审计发现非金额计量问题1184个；损益（收支）不实金额4.45亿元；出具审计报告和专项审计调查报告417篇，被批示、采用69篇次。审计处理处罚金额22.34亿元，其中应上缴财政4.02亿元、应减少财政拨款或补贴0.86亿元、应归还原渠道资金11.46亿元、应调账处理金额6亿元；移送司法机关、纪检监察机关和有关部门处理事项11件，移送处理人员2人，移送处理金额2.05亿元。审计促进整改落实有关问题资金16.92亿元；审计促进拨付资金到位3.97亿元；审计后挽回（避免）损失0.85亿元；核减投资额0.85亿元。审计提出建议721条，被采纳665条；推动被审计单位制定整改措施223项；提交审计信息233篇，被批示、采用147篇次。全市完成党政交办审计事项61件。

三明市审计局、沙县审计局荣获第十四届“福建省级文明单位”荣誉称号。

政策落实情况跟踪审计 向省审计厅报送“开辟社保减免‘快通道’、助力企业轻上阵”等4个典型做法，在一、二季度全省跟踪审计报告中予以采用。组织开展新增财政资金直达市县基层直接惠企利民情况专项审计，总结针对审计发现问题的整改做法，被省审计厅审计综合报告采用。

财政审计 组织预算执行审计项目144个，查出主要问题金额21.07亿元，市人大常委会的审议意见对审计如实揭示反映市本级预算执行存在的问题和有针对性提出审计建议给予充分肯定。

三大攻坚战审计 开展乡村振兴政策和资金审计、“两不愁三保障”落实情况专项审计调查、苏区老区政策跟踪审计调查以及12个县（市、区）中央革命老区扶贫建设资金“最后一公里”专项督查，涉及资金9.69亿元、1030个项目。审计发现问题122个，移送或建议相关部门追责问责事项2件，移送问题线索6件。以呈阅件的形式将近年来开展扶贫审计有关工作情况呈送市委市政府，获得市委市政府主要领导的批示肯定。

疫情防控资金和捐赠款物专项审计 开展全市疫情防控财政资金和捐赠款物情况跟踪审计，揭示和纠正资金物资管理使用中存在的问题，审计提出意见建议 9 条，保障资金和物资及时拨付和安全管理。

民生审计 开展三明市本级保障性安居工程政策落实审计，向市政府报送《市本级保障性安居工程存在的主要问题及建议》，得到市政府主要领导批示肯定。市政府根据审计建议制订《市区 2019 年城镇保障性安居工程审计指出问题整改工作方案》，抓好问题整改落实。

金融审计 开展 2 家农信社 2019 年度资产负债损益情况审计，揭示贷款业务合法性合规性真实性等 4 方面 34 个问题，移送问题线索 5 件，涉及信贷金额 1.22 亿元。

内部审计 指导市公安局内部审计机构对所属三钢和三化分局开展领导干部经济责任审计，发挥内部审计作用，强化内部风险防控。

交办任务 按照市委审计委员会工作部署，开展土地收储“三年规划”跟踪审计，揭示存量土地难以有效供应和经济开发区大量工业用地征而未用等造成资金沉淀的问题，提出 5 条审计建议，得到市委主要领导的批示肯定。市委召开存量土地管理和土地收储三年规划落实情况专题会，强化土地储备出让统筹管理，提升土地开发利用质量效益。 （撰稿人：叶智淳）

【泉州市审计局】 2020 年，泉州市审计局实有 57 人。党组书记、局长骆振军，党组成员、总审计师李锦忠，党组成员、副局长黄清安，副局长李小玲、陈延民、肖海华（11 月—），驻市财政局纪检监察组组长赖发泽，四级调研员张素卿。设有办公室（市委审计委员会办公室秘书科）、法规科、电子数据审计科、财政金融审计科、行政事业审计科、固定资产投资审计科、农业农村和社会保障审计科、自然资源和生态环境审计科、企业审计科、经济责任审计科（经济责任审计联席会议办公室）、内部审计指导监督科、政策跟踪审计科、机关党总支（人事教育科）；下设计算机应用中心。

审计成果 2020 年，泉州市审计机关共完成审计项目 276 个。查出违规金额 1.02 亿元；发现非金额计量问题 2371 个；出具审计报告和专项审计调查报告 356 篇，被批示、采用 120 篇次。移送司法机关、纪检监察机关和有关部门处理事项 21 件，移送处理人员 55 人，移送处理金额 271 万元。审计促进整改落实有关问题资金 30.89 亿元；拨付资金到位 4.49 亿元；核减投资额 0.12 亿元。提出审计建议 910 条，被采纳 840 条；推动被审计单位制定整改措施 88 项，促进被审计单位建立健全规章制度 70 项；提交审计信息 931 篇，被批示、采用 361 篇次。

泉州市审计局、晋江市审计局、南安市审计局、永春县审计局、德化县审计局荣获第十四届“福建省级文明单位”荣誉称号。在审计署数据分析技术方法在审计工作中的创新应用评选中，晋江市审计局提交的公共卫生项目资金预算执行情况审计应用案例荣获优秀案例二等奖。

政策落实情况跟踪审计 开展挖掘财力财源、化解投资趋缓堵点痛点难点等 17 个政策专题审计，推动返还失业保险超过 10 亿元，惠及企业超 2 万家。市长亲自部署问题整改，推动解决营商环境及行政审批制度改革问题 10 个。在全省率先出台首份政策跟踪审计工作规则。

财政审计 创新大数据审计方式，首次实现对市县两级 1001 个财政一级预算单位财务数据全归集、分析全覆盖，梳理 10 个类别 1138 个问题线索，督促资金上缴 609 万元。对市财政局、商务局等部门开展预算执行审计，促进盘活财政资金 2.34 亿元，部门上缴 0.41 亿元，盘活资产 99 宗、土地 20462 平方米，提交专报推广财政零基预算模式，得到市人大的充分肯定。

三大攻坚战审计 开展精准扶贫和乡村振兴战略相关政策和资金审计，追回多支付涉农补助资金 7.4 万元，移送扶贫领域案件线索 2 件。首次组织市县两级对两江流域联动审计，发现晋江、洛阳江流域周边未整治废弃矿山 7.88 平方公里，流域污染防治力度不够等问题，得到市长的肯定性批示。结合经济责任审计，同步开展领导干部自然资源资产离任（任中）审计。实施政府债务动态审计监测等。

疫情防控资金和捐赠款物专项审计 对 155 个单位和机构、2.19 亿元捐赠款和专项资金进行审计，跟踪检查 1587 万件捐赠物资，推动出台《泉州市接收疫情防控捐赠物资管理制度》等。

民生审计 开展推进普惠性学前教育改革政策跟踪审计，加快资金下达 730 万元，增加公办学位 23197 个，取缔不合格幼儿园 58 所，推动出台《泉州市提高学前教育“三率”主要措施》。实施居家和社区养老服务改革专项审计调查，督促政策落实不到位、资源利用不充分等 9 个问题，涉及 2553 万元的整改。

经济责任审计 全市共对 105 名领导干部开展经济责任审计，查出违规金额 0.57 亿元，移送案件线索 12 件，移送 30 人。

固定资产投资审计 开展 8 个市重点污水处理项目及管网设施改造、22 个老旧小区改造示范项目实施情况、政府投资剩余资产等专项审计调查，提高项目的开工率和完工率，加快惠民资金使用。

金融审计 开展惠安县农信社资产负债损益审计，累计跟踪纾困贷款 12351.5 万元、支农再贷款 5295 万元和中小微企业贴息贷款 346 万元的申报发放情况，推动金融惠企资金和政策精准落地。

相关工作 全面加强党对审计工作的领导，召开市委审计委员会第二次会议。选派 16 人奔赴台商区张坂镇 16 个村，驻村抗击新型肺炎疫情，推动复工复产，驻村临时党支部被台商投资区党工委表彰为疫情防控工作先进基层党组织。泉州市审计局顺利通过第十四届省级文明单位考评，局机关工会委员会被中华全国总工会评为全国模范职工之家。 （撰稿人：陈永泉）

【漳州市审计局】 2020 年，漳州市审计局实有 71 人。党组书记、局长曾妙玲，党组成员、副局长欧阳辉（7 月—）、吴春金，三级调研员欧阳辉（兼，9 月—），副局长郭翠琴（12 月—），党组成员、漳州市经济责任审计工作联席会议办公室主任高振强，党组成员、总审计师黄勇群，稽查专员钟志刚、张伟成、杨跃光（—1 月）、吴强，驻市人大机关纪检监察组组长李华英，四级调研员李瑞富。中共漳州市委审计委员会办公室设在市审计局，设有市委审计委员会办公室秘书科。局机关设有办公室、政研综合科、审理法制科、电子数据审计科、财政金融审计科、科教文审计科、行政事业审计科、农业农村审计科、固定资产投资审计科、社会保障审计科、自然资源与生态环境审计科、企业审计科、经济责任审计科、重大政策落实跟踪审计科、开发区审计科、机关党委；下设计算机应用技术中心、固定资产投资审计中心、政府性资金风险防控中心等事业单位。

审计成果 2020 年，漳州市审计机关共完成审计项目 294 个，其中审计 264 个、专项审计调查 30 个。审计发现非金额计量问题 1727 个；损益（收支）不实金额 17.23 亿元；出具审计报告和专项审计调查报告 381 篇。审计处理处罚金额 14.44 亿元；移送司法机关、纪检监察机关和有关部门处理事项 30 件，移送处理人员 14 人。审计促进整改落实有关问题资金 14.38 亿元；审计后挽回（避免）损失 0.16 亿元。审计提出建议 854 条，被采纳 578 条；提交审计信息 213 篇，被批示、采用 142 篇次。

漳州市审计局、平和县审计局荣获第十四届“福建省级文明单位”荣誉称号。在审计署数据分析技术方法在审计工作中的创新应用评选中，漳州市审计局提交的数据分析技术在土地征迁补偿情况审计中的创新应用案例荣获优秀案例二等奖。

政策落实情况跟踪审计 围绕疫情应对措施、“六稳”“六保”“三促进”、财力财源挖掘等政策落实情况开展跟踪审计监督，抽查审计单位 406 个、项目 110 个，涉及财政资金 45.9 亿元；发现问题 37 个，涉及问题金额 2.26 亿元。8 月起，组织对新增财政资金直达市县基层直接惠企利民情况进行全覆盖审计，审计揭示上级资金未足额调拨、项目实施进度慢等问题 41 个，促进资金及时足额调拨 3.03 亿元，及时拨付、精准使用 3.72 亿元，规范管理 2.08 亿元。

财政审计 依托联网审计中心数据分析平台，充分整合全市财政审计力量，建立健全联动机制，稳步推进预算执行情况审计全覆盖。其中，市审计局对市直 354 个一级预算单位国库支付数据和财务账套数据进行审计全覆盖，重点审计市财政局、发展改革委、交通局、商务局、国资委、供销社等 6 个市直单位以及市直部分行政事业单位 2019 年度国有资产管理情况、住宅专项维修资金管理和使用情况等。

三大攻坚战审计 对 11 个县（市、区）开展“两不愁三保障”落实情况专项审计调查，审计发现问题111个，涉及金额1151.78万元；审计期间立审立改问题56个，涉及金额498.73万元；推动有关县（市、区）出台制度7项，促使脱贫成果真正落到群众身上。开展19名领导干部自然资源资产离任（任中）审计，揭示个别县（市、区）存在的养殖废水或小作坊废水直排造成河道发黑发臭、生活垃圾处理率偏低、土壤污染防治不到位等问题，推动领导干部切实履行自然资源资产管理和生态环境保护责任，推进区域生态环境保护。首次开展市属国有企业（含二级企业）高风险业务情况专项审计调查，揭示国企在大宗贸易、对外投资、合作经营等高风险业务方面存在管控缺失的问题。

疫情防控资金和捐赠款物专项审计 重点审计156家单位，26060.81万元财政资金、3327.38万元捐赠资金，审计发现捐赠物资未及时登记造册，捐赠物资出入库台账管理不规范等13个问题，及时推动资金未及时拨付等12个问题整改到位。

经济责任审计 召开漳州市经济责任审计工作联席会议第一次全体会议，研究通过《漳州市经济责任审计工作联席会议议事规则》和《漳州市经济责任审计工作联席会议办公室工作规则》。共对103名领导干部进行审计监督。积极配合省审计厅对集美区党政主要领导干部开展经济责任审计和自然资源资产离任（任中）审计。

固定资产投资审计 实施部分政府投资重点建设项目投资管理情况专项审计调查、北仓片区土地征迁补偿及安置房建设情况审计、国道319线漳州段改线一期工程（厦漳同城大道角美段二期）项目预算执行情况和决算审计、华安县华丰镇乡道（Y930）半新线下坂村梨仔坪（西港线叉路口）至半岭亭村段公路改建工程执行情况和决算审计等项目19个。

企业审计 对福建漳龙集团有限公司、漳州市金盾保安服务集团有限公司、龙海市国有资产投资经营有限公司等11家国有企业开展审计，揭示贸易管控不严、经营管理不规范、资产出租管理缺失造成资产流失等问题。

内部审计 通过转发《中共福建省委审计委员会办公室印发〈关于加强内部审计工作的九项举措〉的通知》，印发《关于报送内部审计机构基本情况的函》《关于要求报送内部审计工作资料的通知》等文件以及召开内部审计工作推进会等方式，持续规范内部审计工作。

（撰稿人：李伟光）

【南平市审计局】 2020年，南平市审计局实有65人。党组书记、局长陈建新，党组成员、副局长刘剑锋（—10月）、雷自杰（10月—）、陈卷宝、李华，党组成员、总审计师上官登川，一级调研员林金福（7—8月），二级调研员林金福（—7月）、钟昌荣，四级调研员张兴贵，驻市政府办纪检监察组长陈观增。设有办公室、机关党委、审理法规科、重大政策落实跟踪审计科、自然资源和生态环境审计科、电子数据审计科、内部审计指导监督科、经济责任审计科、财政金融审计科、行政事业审计科、企业和涉外审计科、固定资产投资审计科、社会保障审计科；派出机构有南平市审计局武夷新区分局；下设市固定资产投资审计中心、市计算机审计中心等事业单位。

审计成果 2020年，南平市审计机关共完成审计项目351个，其中审计338个、专项审计调查13个。查出主要问题金额25.45亿元，其中管理不规范金额24.49亿元；审计发现非金额计量问题1374个；损益（收支）不实金额7501万元；审计发现侵害人民群众利益2900万元；出具审计报告和专项审计调查报告426篇。审计处理处罚金额8.47亿元；移送司法机关、纪检监察机关和有关部门处理事项61件，移送处理人员10人。审计促进整改落实有关问题资金18.75亿元；审计促进拨付资金到位5729万元；审计后挽回（避免）损失3亿元；核减投资额3.28亿元。审计提出建议576条，被采纳499条；推动被审计单位制定整改措施14项；促进被审计单位建立健全规章制度27项；提交审计信息255篇，被批示、采用157篇次。

南平市审计局、浦城县审计局荣获第十四届“福建省级文明单位”荣誉称号。在审计署数据分析技术方法在审计工作中的创新应用评选中，光泽县审计局提交的自然资源可视化平台在自然资源资产离任审计中的应用荣获优秀案例一等奖。

政策落实情况跟踪审计 对贯彻落实做好“六稳”工作、落实“六保”任务政策措施情况进行跟踪审计，推动普惠性失业保险费81.74万元返还，655家中小微企业及个体工商户429.53万元房租予以减免。

财政审计 对市财政局开展市本级财政预算执行和决算草案审计，对市直5个单位实施部门财政预算执行和决算草案审计，推动2019年度预算执行审计报告反映的36个问题整改落实。

疫情防控资金和捐赠款物专项审计 对市各级政府疫情防控资金和捐赠款物开展专项审计，审计单位154个，涉及资金1.6亿元。

民生审计 对2019年度保障性安居工程落实情况开展审计，收回欠缴租金84.75万元；纠正违规专项资金1500万元，盘活闲置资金6902.72万元；促进620套限价商品房竣工验收并交付使用。

经济责任审计 开展经济责任审计项目69个，审计领导干部88人，为国家增收节支900万元，审计提出建议182条，促进权力规范运行。

固定资产投资审计 实施投资审计项目179个，涉及项目投资额34.8亿元，核减投资额（工程款）3.23亿元，查出问题金额3.25亿元，出具审计报告179篇。

农业农村审计 开展“两不愁三保障”专项审计调查暨中央革命老区扶贫建设资金“最后一公里”专项督查，延平区、光泽县同步开展老区苏区政策跟踪审计，揭示问题284个，发现问题金额6940.27万元，督促整改问题资金202.66万元、非金额计量问题46个，移送线索7件。

资源环保审计 对全市3个部门和9个乡镇主要领导干部开展自然资源资产离任（任中）审计，反映问题138个，提出审计建议36条。以“答好绿水青山之卷”为题在全国审计系统内报道南平生态审计成效。

企业审计 开展企业审计6项，查出问题金额8573万元；对武夷山农商银行、光泽农信社开展资产负债损益审计，查出问题金额6647.58万元，发现非金额计量问题10个，提出并被采纳审计建议6条。

专项资金审计 开展中央财政2万亿元直达资金专项审计，促进武夷新区仓储物流园基础设施、延平新城产业园区综合服务区配套基础设施建设等重点项目加快项目推进进度。

审计科研 构建生态审计“六大体系”助力绿色发展案例入选《改革内参》；《自然资源资产离任审计结果公告探析》《国土资源审计中的大数据应用》在《大科技》《审计月刊》等杂志报纸上刊发。

内部审计 对8个市直内部审计机构开展内部审计指导监督工作，出具福建省首份内部审计指导意见书的信息在《中国审计报》刊登。

相关工作 南平市审计局连续六年获得全市绩效管理考评前两名，成功创建福建省第十四届省级文明单位，构建党建业务双融双促“四位一体”工作机制被评为第三届“推进机制活、建设新福建”全省机关体制机制创新优秀案例。

（撰稿人：陈　莳）

【龙岩市审计局】 2020年，龙岩市审计局实有53人。党组书记、局长郑贵豪，党组成员、副局长黄文安、王思水、钟江泓（二级调研员），党组成员、总审计师赖日章，党组成员、副处级稽查专员戴桂芳，四级调研员张彩俤。中共龙岩市委审计委员会办公室设在市审计局，设市委审计委员会办公室秘书科。局机关设有办公室、政研综合科、审理法规科、财政金融审计科、经贸外资审计科、行政事业审计科、农业农村审计科、固定资产投资审计科、经济责任审计科、社会保障审计科、重大政策跟踪审计科、内部审计和监事会指导监督科、自然资源资产审计科、电子数据审计科和机关党委；下设市审计举报中心（加挂龙岩市计算机辅助审计中心）、固定资产投资审计中心。

审计成果 2020年，龙岩市审计机关共审计和审计调查单位247个。查出违规金额2.24亿元；移送处理事项5件。审计提出建议611条，被审计单位采纳393条；提交审计专题、综合性报告和审计信息886篇，被批示、采用265篇次，其中市委市政府领导批示21件。发挥审计预警提示机制作用，发出预警提示函4份。

新罗区审计局、长汀县审计局荣获第十四届

“福建省级文明单位”荣誉称号。

政策落实情况跟踪审计 在全市新冠肺炎疫情防控资金和捐赠物专项审计调查中，审计涉及财政资金11333.81万元、捐赠资金3398.26万元，捐赠物资199.57万件（折价1946.15万元）。通过审计帮助95家企事业获得财政补助、追回欠款、返还工会经费等1530.29万元。促进复工复产，抽查各类项目28个，促进被审计单位建立制度7项。促进2019—2020年全市以灵活就业身份在各级保险经办机构正常缴纳基本养老保险费、基本医疗保险费的就业困难人员共计22909人，发放补贴金额8611.68万元。督促降低企业运营成本政策落实落地，全市减免经营性房产租金涉及1416户，实际减免金额3734.36万元。开展市本级及7个县（市、区）新增财政资金直达基层直接惠企利民情况审计。

财政审计 充分利用财政大数据分析，实现一级预算单位财政数据分析全覆盖，开展龙岩市财政局组织2019年度预算执行决算草案及其他财政收支情况审计，重点安排挖掘财力资源，地方政府债务，政府收支205、208、210、215、220等5个科目和3个市直部门2019年度预算执行、决算草案及其他财政财务收支情况以及5个驻外机构2017—2019年财政财务收支及2019年度预算执行情况审计，促进市政府办、市财政局出台《关于发挥财政职能作用扎实做好“六稳”工作落实“六保”任务的实施意见》等6项制度文件。持续关注地方政府债务、财政收入质量等薄弱环节，推动积极稳妥防范化解地方政府财政风险。

民生审计 对永定区开展乡村振兴相关政策和资金审计，抽审资金19151.91万元，发现问题21个，涉及问题金额3108.63万元，促进拨付资金到位210.22万元。对除长汀外的6个县（市、区）开展“两不愁三保障”落实情况和苏区老区全面发展政策跟踪审计调查，抽审资金65407.26万元，揭示问题117个，涉及问题金额2451.58万元。开展全市职业教育科目资金审计。

经济责任审计 调整联席会议成员单位，联席会议审议通过《龙岩市经济责任审计工作联席会议议事规则》《龙岩市经济责任审计工作联席会议办公室工作规则》。全市完成领导干部经济责任审计项目51个。市本级对漳州市龙文区委书记和区长开展经济责任审计和自然资源资产离任审计，对市委文明办等6个单位主要领导干部开展任期经济责任审计。

固定资产投资审计 对华龙社区棚户改区改造项目等4个重点建设项目开展跟踪审计；开展厦蓉高速龙岩互通迁建工程决算审计；开展2010年至2019年立项并已完工的市本级政府投资建设项目竣工决算情况专项审计调查。完成龙岩市第一医院门诊综合楼、古田教学点学员楼等7个项目的结算造价审计，共完成14.99亿元工程结算造价审核，审定结算造价13.2亿元，核减造价1.79亿元，核减率11.96%。

外资运用审计 开展对亚洲开发银行贷款福建农地资源可持续利用示范项目、世界银行贷款中国（福建）卫生医疗改革促进项目审计。

企业审计 开展市属国有企业改革重组政策措施落实情况和经营与债务风险管控情况专项审计调查和龙岩经济发展集团有限公司、龙岩农商行、漳平农村商业银行2019年度资产负债损益审计，深化改革和科学发展，促进国有资产保值增值，防范化解地方金融机构贷款风险。

内部审计 出台《龙岩市审计局内部审计管理办法》，推动配齐市管国有企业总审计师。

（撰稿人：卢彩花）

【宁德市审计局】 2020年，宁德市审计局实有49人。党组书记曾家庆，局长黄颖倩，调研员林旭光（—4月），二级调研员林旭光（4月—）、刘春融，党组成员、四级调研员汤万冰（—12月），三级调研员汤万冰（12月—），党组成员、总审计师林挺仲（—6月），党组成员、副局长林挺仲（6月—）、吴纯强、郑司扬，驻市财政局纪检监察组组长袁瑞荣，党组成员、总审计师林永良（6月—），市经济责任审计联席会议办公室主任李保东（6月—），四级调研员钱冠中，郑江民。中共宁德市委审计委员会办公室设在市审计局，设市委审计委员会办公室秘书科。局机关设有办公室、审理法规科、财政金融审计科、行政事业审计科、农业农村审计科、固定资产投资审计科、社会保障审计科、自然资源与生态环境审计科、经贸审计科、经济责任审计科；下设宁德市固定资产投资审计中心（参公事业单位）、宁德市大数据审计应用中心、宁德市国有资产审计服务中心。

审计成果 2020年，宁德市审计机关共完成审计项目266个，其中审计261个、专项审计调查5个。出具审计报告和专项审计调查报告369篇。审计处理处罚金额4.34亿元，其中应上缴财政4657.09万元、应减少财政拨款或补贴7656.33万元、应归还原渠道资金2.77亿元、应调账处理金额3385.82万元；移送司法机关、纪检监察机关和有关部门处理事项13件，移送处理人员1人，移送处理金额247.01万元。审计促进整改落实有关问题资金3.04亿元；审计促进拨付资金到位3.72亿元；审计后挽回（避免）损失1.1亿元；核减投资额1.13亿元。审计提出建议777条，被采纳726条；提交审计信息466篇，被批示、采用207篇次。

宁德、福安、霞浦、福鼎4个市（县）审计局在宁德市海上养殖综合整治工作中表现突出，分别获得中共宁德市委、市政府集体嘉奖，2人荣立三等功，3人获嘉奖，10人获通报表扬。霞浦县审计局荣获第十四届“福建省级文明单位”荣誉称号。

政策落实情况跟踪审计 抽查单位525个、项目248个，审计资金总量10.56亿元。

财政审计 对258个单位开展财政审计，延伸审计单位409个。应用大数据分析首次实现市本级91家一级预算单位审计全覆盖。代宁德市人民政府向宁德市人民代表大会常务委员会作工作报告，得到充分肯定。

三大攻坚战审计 对地方政府债券资金开展专项审计调查，有效化解存量隐性债务。对宁德市“两不愁三保障”落实情况和老区苏区政策跟踪开展审计调查，揭示问题33个，阶段性呈报件得到市委书记批示。对11个乡镇23名领导干部开展自然资源资产离任（任中）审计，10个项目审计评价“较好”。

疫情防控资金和捐赠款物专项审计 对宁德市疫情防控资金和捐赠款物开展专项审计，重点审计财政资金1.53亿元，捐赠资金0.39亿元，审计促进加快拨付专项资金65.88万元，加快发放捐赠款物113.51万元。

民生审计 对农村人居环境整治和生态环境治理相关政策及资金开展审计，抽查乡村振兴资金4.85亿元，揭示问题60个。

经济责任审计 对市县82个单位113名党政领导干部、事业单位领导人员开展经济责任审计，出具审计报告和审计结果报告213篇，审计提出建议330条，被采纳306条。

固定资产投资审计 完成投资审计项目44个，涉及项目投资额37.67亿元，核减项目投资额1.13亿元。

资源环保审计 对4个沿海县（市、区）开展海上养殖综合整治情况专项审计，审计成果被省审计厅作为宁德审计保护绿水青山生态审计典型经验推送审计署官网宣传。

金融审计 对霞浦县农村信用合作联社2019年度资产负债损益情况开展审计，抽查250份信贷档案资料，涉及资金2.57亿元。

审计科研 独立完成《非现场审计模式及方法在部门预算执行和经济责任审计中的应用研究》等2项课题研究。

内部审计 举办市内部审计理论研讨暨经验交流会，6个单位参与交流研讨，9篇内部审计典型经验被《中国审计报》宣传报道。

交办任务 对宁德市网格化服务管理信息平台和宁德市政务云计算中心PPP项目开展结算审计，揭示3个方面7个问题。

相关工作 宁德市审计局制定和修订《落实全面从严治党主体责任清单》《党组工作规则》等7项党内规范性文件，规范内部管理。《领导干部履行经济和生态责任主要风险防控清单》作为宁德市法治政府建设特色亮点推送全省交流，《福建法制报》以“既审经济账更审生态账”为标题大幅版面肯定宁德市审计局创新审计制度，对于提高审计监督效能、发挥“经济体检”作用、推进当地经济社会持续发展发挥积极作用，制度创新成果入选福建省委法制办“依法治省、政府先行——福建省推进法治政府建设（2015－2020）巡礼”专题活动，副市长受邀在人民网福建频道接受访谈时介绍经验与成效。加强系统带动，出台《县（市、区）

审计机关主要负责同志向中共宁德市审计局党组述职报告工作的办法》。贯彻上级文件精神，制订宁德市《关于推进市管领导干部经济责任审计全覆盖的实施方案》，健全联席会议机构设置，构建互联互通工作机制。（撰稿人：陈绍伟）

【平潭综合实验区党工委巡察审计办公室】 平潭综合实验区党工委巡察审计办公室实有7人。区党工委巡察审计办公室主任陈诗强，区党工委巡察审计办公室副主任叶强（挂职，分管审计工作）。设有审计监督处；平潭综合实验区廉政教育与审计事务服务中心实有5人。

审计成果 2020年，平潭综合实验区党工委巡察审计办公室共完成审计项目26个。查出违规金额20366万元、损失浪费金额396万元；审计发现非金额计量问题233个；损益（收支）不实金额35万元；出具审计报告和专项审计调查报告31篇，被批示、采用17篇次。审计处理处罚金额27923万元，其中应上缴财政20341万元、应归还原渠道资金315万元、应调账处理金额7267万元；移送纪检监察机关处理事项2件。审计促进整改落实有关问题金额20740万元，其中已上缴财政20341万元、已归还原渠道资金315万元、已调账处理金额84万元；核减投资额2200万元；审计期间整改金额2074万元。审计提出建议86条，被采纳80条；提交审计信息18篇，被批示、采用28篇次。

政策落实情况跟踪审计 对10个项目进行跟踪审计，包含对减税降费、“六稳”政策落实情况，出具审计报告10篇。

财政审计 开展2019年度预算执行及决算草案审计，延伸审计区交通与建设局、区市场监督管理局预算执行情况，包含210公共卫生服务等科目审计6个。通过审计，归还原渠道资金315万元，已调账处理金额53万元。

经济责任审计 开展3个单位经济责任审计，涉及2名县处级领导干部、3名国企领导干部。查出违规金额11万元、损失浪费金额31万元，出具审计报告和审计结果报告10篇，向纪检监察机关移送事项1件。

固定资产投资审计 对7个造价已审结的工程项目进行决算审计，出具审计报告7篇，通过审计，核减投资额2200万元，已调账处理金额4.11万元。

专项资金审计 对平潭农村商业银行股份有限公司实施资产负债损益审计。出具审计报告1篇，查出应调账处理金额7182.99万元。

交办任务 交办、配合完成事项6件。向纪检监察机关移送事项1件。（撰稿人：颜素明）

2020年福建省所辖县(市、区)级审计工作统计表

审计机关	完成审计项目/个	审计查出主要问题金额/万元	审计发现非金额计量问题/个	审计期间整改金额/万元	出具审计报告和审计调查报告/篇	审计处理情况		审计促进整改落实有关问题资金/万元	审计提出建议/条	提交审计信息/篇
						审计处理处罚金额/万元	移送处理事项/件			
福州市										
福州市本级	64	1055256	500	457	86	123232	8	185599	210	279
鼓楼区审计局	17	63124	137	3071	19	1564		7803	34	78
台江区审计局	15	2674	55	67	18	2066		2142	43	88
仓山区审计局	21	307526	105	143	29	6211			55	43
马尾区审计局	15	11721	19	265	18	180		180	28	43
晋安区审计局	19	21294	91	26	22	113		92	41	30

（续表）

审计机关	完成审计项目/个	审计查出主要问题金额/万元	审计发现非金额计量问题/个	审计期间整改金额/万元	出具审计报告和审计调查报告/篇	审计处理情况		审计促进整改落实有关问题资金/万元	审计提出建议/条	提交审计信息/篇
						审计处理处罚金额/万元	移送处理事项/件			
长乐区审计局	24	108424	84	1508	31	21228	4	21218	67	84
福清市审计局	23	21796	67		30	247	1	247	59	105
闽侯县审计局	25	50490	262	1	34	5208	2	5261	79	38
连江县审计局	21	7342	39		32	6892		1618	72	39
罗源县审计局	21	6624	62		26	448		767	48	68
闽清县审计局	15	87724	57		21	475		405	41	33
永泰县审计局	26	7003	89		34	3421	3	3222	36	32
厦门市										
厦门市本级	50	1245623	415	31039	79	69305	1	39807	222	153
思明区审计局	24	27165	139		39	10450	3	6431	76	54
海沧区审计局	21	81440	189	3	33	2836		1289	48	25
湖里区审计局	49	22637	135	168	86	5095	3	1285	158	26
集美区审计局	24	19314	99		27	8785	3	7831	68	56
同安区审计局	23	580	62		47	172	2	3	61	39
翔安区审计局	18	40555	92		23	4825	2	4433	59	97
莆田市										
莆田市本级	48	166460	591		82	99032	6	1918	130	171
城厢区审计局	14	7566	55		22	601		601	43	30
涵江区审计局	11	9615	34	7689	19	100		10517	31	45
荔城区审计局	17	38457	44	10	27	2700		2695	54	20
秀屿区审计局	30	14188	357		52				162	100
仙游县审计局	28	85984	201	375	28	4491		407	87	16
三明市										
三明市本级	47	111111	273		58	86394	10	48785	131	131
梅列区审计局	16	19254	58		24	19204		25022	40	6
三元区审计局	17	2154	72		25	685		538	47	2
永安市审计局	27	31824	103		40	4682		4550	66	40
明溪县审计局	22	9976	72		32	9782		9782	48	12
清流县审计局	23	5826	66	1117	34	5388		254	46	
宁化县审计局	24	25621	80	5	31	16619		16619	50	2
大田县审计局	23	38266	95	13086	32	30229		29233	39	26
尤溪县审计局	27	15316	101		38	1587		3074	55	1
沙县审计局	28	17135	88		34	17121		15643	62	1

（续表）

审计机关	完成审计项目/个	审计查出主要问题金额/万元	审计发现非金额计量问题/个	审计期间整改金额/万元	出具审计报告和审计调查报告/篇	审计处理情况		审计促进整改落实有关问题资金/万元	审计提出建议/条	提交审计信息/篇
						审计处理处罚金额/万元	移送处理事项/件			
将乐县审计局	18	27648	35		25	11911	1	6431	50	2
泰宁县审计局	17	25097	48		26	2570		1137	37	10
建宁县审计局	16	19985	93		18	17269		8087	50	
泉州市										
泉州市本级	48	163096	585	41443	61	17938	5	8922	181	223
鲤城区审计局	21	4731	84		23	585		133	70	92
丰泽区审计局	13	179	105	161	14				31	76
洛江区审计局	16	9524	64	852	17	1652		1652	32	35
泉港区审计局	21	187272	298	22430	34	4059	1	4060	87	17
石狮市审计局	12	172700	73	141647	15	162928	1	19713	30	34
晋江市审计局	35	52971	366	4726	44	26430	2	29105	135	92
南安市审计局	31	191055	285	164101	40	183783	4	183768	105	133
惠安县审计局	20	48394	218	24	28	46766	3	46751	66	9
安溪县审计局	23	15893	72	17	37	934			67	28
永春县审计局	19	28575	169	397	22	10197	5	10417	62	93
德化县审计局	17	5897	52		21	3447		4398	44	99
漳州市										
漳州市本级	44	644848	400	7995	52	105926	8	131329	129	83
芗城区审计局	13	14454	32		15	188		596	27	17
龙文区审计局	14	1162	60	4	16				35	
龙海市审计局	30	164049	290	14917	44	4255	14	3328	105	
云霄县审计局	19	15301	44	18	28	3395		580	43	
漳浦县审计局	29	65652	176	24	36	7230	2	744	88	55
诏安县审计局	37	34504	66	313	41	316	2	80	76	
长泰县审计局	24	8133	219	68	28	7200	2	4905	91	
东山县审计局	11	52342	22	914	12	57		38	23	1
南靖县审计局	21	21811	107	11	31	73		55	48	4
平和县审计局	20	7625	32	170	30	1944		1532	35	43
华安县审计局	32	23357	279		48	13801	2	576	154	10
南平市										
南平市本级	55	99106	445		70	36948	7	81990	135	75
延平区审计局	11	17345	99	6	19	11848	10	12618	35	9
建阳区审计局	19	8088	95		21	2699		2446	38	7

（续表）

审计机关	完成审计项目/个	审计查出主要问题金额/万元	审计发现非金额计量问题/个	审计期间整改金额/万元	出具审计报告和审计调查报告/篇	审计处理情况		审计促进整改落实有关问题资金/万元	审计提出建议/条	提交审计信息/篇
						审计处理处罚金额/万元	移送处理事项/件			
邵武市审计局	58	15027	82	554	65	10367	5	8244	48	10
武夷山市审计局	18	29959	77	6	21	2987	7	2924	38	12
建瓯市审计局	25	9611	199		33	996	24	666	58	6
顺昌县审计局	40	47448	127	45	55	3085	2	17310	92	5
浦城县审计局	34	13609	130	1805	41	3231	1	3213	69	14
光泽县审计局	10	9702	59	101	15	8217	2	38186	21	78
松溪县审计局	6	303	18		7	288	2	31	15	27
政和县审计局	75	4321	43	84	79	4023	1	19890	27	12
龙岩市										
龙岩市本级	39	409128	374	123	45	10956		23615	121	156
新罗区审计局	32	8689	100		40	8688		1749	63	181
永定区审计局	29	48572	97	770	36	3032		10037	84	148
漳平市审计局	15	94024	166	395	19	9425		8167	48	186
长汀县审计局	64	147598	454	50351	86	57879	2	56709	102	53
上杭县审计局	23	440057	83		30	4968	2	3446	49	71
武平县审计局	25	43062	97	3	34	4525	1	1617	80	74
连城县审计局	20	33522	86	41	24	18328		3352	64	17
宁德市										
宁德市本级	47	172423	205	860	59	25039	2	1884	129	186
蕉城区审计局	20	1344	124	1	38	1343		3	65	59
福安市审计局	22	36340	198	1505	32	4180	7	19572	84	42
福鼎市审计局	30	22583	154		34	1000			82	35
霞浦县审计局	19	29638	91	5	29	2272	2	428	55	11
古田县审计局	22	22663	93		32	1439		869	58	4
屏南县审计局	23	13871	50		29	2157	1	1892	52	8
寿宁县审计局	15	3746	73	246	21	200		1394	44	20
周宁县审计局	30	19849	68		40	368		296	84	50
柘荣县审计局	38	11926	86		55	5369	1	4076	124	51
省直管										
平潭综合实验区党工委巡察审计办公室	26	53905	233	2074	31	27923	2	20740	86	18

江西省

【江西省审计厅】 2020年，江西省审计厅实有213人。省委审计委员会办公室设在省审计厅，设置省委审计委员会办公室秘书处。省审计厅设有办公室、综合调研处、法规和审理处、内部审计指导监督处、电子数据审计处、财政审计处、教科审计处、农业农村审计处、固定资产投资审计处、社会保障审计处、自然资源和生态环境审计处、金融审计处、企业经贸审计处、涉外审计处、经济责任审计处、人事处、机关党委及派出审计一处、派出审计二处、派出审计三处、派出审计四处、派出审计五处、派出审计六处、派出审计七处、派出审计八处、派出审计九处、派出审计十处；下设江西省审计技术保障中心。

领导成员

厅　　长：辜华荣

副 厅 长：刘　达　胡志勇

　　黄正宇（—6月）

　　胡雅萍（1月—）

省纪委省监委驻厅纪检监察组组长：罗伟华

省经济责任审计工作联席会议办公室主任：

　　胡雅萍（—1月）　陈义平（1月—）

总审计师：刘斌良（—6月）

一级巡视员：刘斌良（6月—）

　　黄正宇（6月—）

二级巡视员：董　琪　刘俊民（—11月）

　　郑中淮　刘功滨　罗贤勇

　　程旭华（12月—）

　　邬晓明（12月—）

审计成果 2020年，江西省审计机关共完成审计项目3640个，其中审计3520个、专项审计调查120个。查出主要问题金额16482159万元，其中违规金额1212801万元、损失浪费金额78312万元、管理不规范金额15191044万元；审计发现非金额计量问题8909个；损益（收支）不实金额442353万元；出具审计报告和专项审计调查报告4431篇，被批示、采用157篇次。审计处理处罚金额3888501万元，其中应上缴财政809265万元、应减少财政拨款或补贴836758万元、应归还原渠道资金579068万元、应缴纳其他资金435848万元、应调账处理金额1227560万元；移送司法机关、纪检监察机关和有关部门处理事项138件，移送处理人员158人，移送处理金额56177万元。审计促进整改落实有关问题资金1210626万元；审计促进拨付资金到位41714万元；审计后挽回（避免）损失55345万元；核减投资额120309万元；移送处理落实事项22件。审计提出建议9411条，被采纳6196条；提交审计信息856篇，被批示、采用290篇次。向社会公告审计结果8篇。

江西省审计厅实施的江西省中心城区民生保障资金和惠民项目专项审计调查项目被审计署评为2019年度全国省级审计机关优秀审计项目一等奖；南昌市审计局实施的江西某金融机构2017年度资产负债损益审计项目被审计署评为2019年度全国市级审计机关优秀审计项目三等奖；丰城市审计局实施的丰城市2014年至2016年城乡困难群众救助资金专项审计调查项目被审计署评为2019年度全国县级审计机关优秀审计项目三等奖。

审计委员会办公室工作 3月和7月，先后召开省委审计委员会第三、第四次会议，谋划部署全省审计领域重要工作。省审计厅积极发挥省委审计委员会办公室协调作用，加大与相关部门沟通力度，推动省财政厅出台《关于统筹财政资金支持政府产业投资的工作方案》。积极推动重点部门和行业成立审计委员会，截至12月底全省所有市、县（市、区）党委均已成立审计委员会，推动896家部门单位、高校、医院、国有企业成立党委（党组）审计委员会。

政策落实情况跟踪审计 组织开展新增财政资金专项审计，围绕“及时、直达、精准、安全、绩效”目标，持续对赣江新区、11个设区市、100个县（市、区）新增财政资金筹集分配、拨付下达、管理使用情况开展全程跟踪审计，揭示直达资金分配使用不及时、建设进度缓慢等问题。

财政审计 持续开展省级预算执行情况“同级审”，对省级一级预算部门预算执行情况实施全覆盖审计，加大对财政存量资金、预算绩效管理、政府债券资金等重点支出和重要事项的审计力度。向省领导提交《市县财政存量资金审计主要情况汇报》审计专报，并在省委审计委员会第四次会议上作专题汇报。省财政厅根据审计建议，从2020年开始，省直行政机关全面实行零基预算，建立全省财政存量资金统计报告制度、市县财政存量资金通报考核制度，完善市县财政存量资金收回机制。审计促进全省各级财政部门推动一般公共预算和政府性基金预算结转资金加快使用425亿元，财政专户存量资金上缴国库328亿元，完成债券资金拨付153亿元，清理中央和省级专项资金173亿元。

三大攻坚战审计 对赣州市4个县的扶贫政策落实情况、九江等4个市所属县的乡村振兴政策落实情况开展审计，发现问题91个，查出问题金额3.73亿元；对全省所有脱贫攻坚考核县的财政涉农扶贫资金管理使用情况进行审计，查出问题722个，问题金额2.28亿元。全省审计机关开展领导干部自然资源资产离任审计项目137个，省审计厅通过连续5年的组织实施，实现全省11个设区市领导干部自然资源资产离任审计全覆盖。《光明日报》以《给绿色生态戴上“护身符”》为题，介绍江西省在领导干部自然资源资产离任审计方面的经验做法和工作成效。《建立领导干部自然资源资产离任审计评价指标体系助推生态文明建设》经验材料被江西省生态文明办纳入《江西国家生态文明试验区改革举措及经验做法推广清单》。组织开展九江银行审计，发现4方面14大类问题，省委省政府领导作出重要批示指示，要求按照审计所提处理原则和意见从严抓好整改。

疫情防控资金和捐赠款物专项审计 精心组织疫情防控专项审计，紧盯资金、款物流向，查出专项资金支出进度较慢、捐赠资金分配和使用不及时、重点保障企业贴息贷款资金闲置等问题316个。呈报的《应对疫情防控资金和捐赠款物跟踪审计专报》，得到省长高度肯定和批示，并专门召开全省专题调度会，部署疫情防控及专项审计工作。

经济发展环境审计调查 9月至12月，组织省、市、县三级审计机关99个审计组1600多名审计人员，对全省10个设区市、89个县、99个工业园区开展经济发展环境审计调查。通过审计调查，发现招商引资、财政补贴、税收减免、事业收费、红顶中介、平台公司、就业补助、财园信贷通、人防工程、项目建设、治超治乱等方面的一系列问题，摸清全省经济发展环境总体情况，揭示影响发展环境的堵点、难点、痛点，查出一批破坏发展环境、非法利益输送、骗取财政资金等违法违纪行为。审计调查共发现各类问题和情况7536个，查出问题金额1186亿元；拟向各级纪委监委、公安及相关部门移送线索1289件，涉及人员1438人；审计调查期间相关单位和个人主动上缴财政资金21亿元。

经济责任审计 全省审计机关认真贯彻落实两办《规定》精神，依法履行审计监督职责，2020年共审计领导干部1494人，查出主要问题金额188亿元。省审计厅建立联席会议成员单位常态化工作机制，组织召开省经济责任审计工作联席会第二次会议；建立重要信息反馈机制，加强与省纪委省监委、省委组织部等部门的协作配合；形成《关于呈报2018年省管领导干部任期经济责任审计情况的报告》报送省委省政府主要领导及省纪委省监委、省委组织部，得到省委省政府领导的肯定性批示；撰写的审计经验在审计署《经济责任审计工作通讯》2020年第1、2期中采用；对赣州市、南昌市、信丰县、进贤县、南昌市西湖区等基层经济责任审计工作、联席会议制度建立等情况进行实地调研与指导。全省11个设区市本级，除南昌市外，已全部建立经济责任审计工作联席会议，配备联席会议办公室主任，保障经济责任审计工作的有效开展。

企业审计 持续深化对国有企业和国有资本的审计监督工作，在抓好省属企业资产负债损益及经济责任审计的同时，组织开展部分省属国企混改专项审计调查，揭示混改目标未实现、实缴出资不到位、资金被合作方占用等问题，并向省政府呈报专项审计报告。

专项资金审计 4—5月，组织开展省级工业转型升级资金分配使用情况专项审计调查，揭示专项资金分配使用不集中、项目评审把关不严格、多头重复安排资金、资金使用效益有待提高等7个方面114个问题。向省领导提交的《省级工业转型升级专项资金审计调查主要情况汇报》专报，得到省委省政府领导的肯定性批示。通过审计，全省工信系统共追责问责30人，收回项目资金9500万元，及时拨付滞留资金11785万元，修订完善《省级工业发展专项资金管理办法》等管理制度5项。

信息化建设 按照“平台是基础、数据是核心、分析是关键、人才是保障”的信息化审计思路，积极推进大数据审计。培养一支大数据分析团队，构建医保、财政等大数据审计模型，加强大数据分析能力，为现场审计提供有力的技术支撑。形成省、市、县三级分工合作数据采集报送机制，完成8187套标准化财务数据采集报送和全省审计视频会商系统改造工作。根据省委统一部署，省审计厅着眼审计监督全覆盖和大数据审计要求，整合职能重新定位，组建江西省审计技术保障中心。

内部审计 建立常态化分类指导机制，对企业、行政事业、院校、医院等部门内部审计工作开展分类指导。深化“以审代训”方式方法，提高内部审计人员业务能力和专业水平。加强学习交流，开展“学习中央驻赣单位内部审计先进经验系列活动”，组织召开国有企业内部审计工作现场会、省属高校内部审计工作座谈会等，进一步开拓内部审计工作思路。

相关工作 发挥“江西审计”微信公众号网络宣传平台作用，先后推出《齐心抗疫》《审计人的母亲节》《红色七月》《光盘行动》等专题文章，其中《审计人的母亲节》获得审计署“五个十”审计宣传正能量专题活动作品奖。省审计厅坚持审计工作开展到哪里，党建工作就跟进到哪里，通过成立临时党支部，强化党组织的战斗堡垒作用。7月，组织全省170余名党员干部赴井冈山参加“纪念建党99周年暨传承红色基因弘扬革命精神”专题培训班。深入开展“学习战疫精神，争当审计尖兵”主题活动，组织全厅干部职工自编自导自演《战“疫”组歌》，激发党员干部共克时艰的强大精神力量。

（撰稿人：张　良　甘　甜）

【南昌市审计局】 2020年，南昌市审计局实有95人。局长万仁如，副局长张根全、彭艳云、徐宝华，总审计师胡蓓蓓，纪检组长黄书林，二级巡视员万仁如（3月—），二级调研员詹善平（—5月）、刘承万（—10月）、张根全（4月—），四级调研员廖金红、何稳庚，原市重大项目稽察特派员办公室主任熊家芳，四级调研员魏祖武（3月—）、魏薇（3月—）、李来寿（3月—）、黄黎明（3月—10月）。设有市委审计委员会办公室秘书科、办公室、综合和内部审计指导科、法规和审理科、电子数据审计科、财政和金融审计科、教科文体审计科、农业农村审计科、固定资产投资审计科、重点建设项目审计科、社会保障审计科、自然资源和生态环境审计科、经贸审计科、行政政法审计科、经济责任审计科、人事教育科、机关党委、企业审计科、开发区（新区）审计科（11月前所有科为处）；下设市审计干部培训中心。

审计成果 2020年，南昌市审计机关完成审计单位286个，其中审计275个、专项审计调查11个。查出主要问题金额120.42亿元，其中违规金额1.34亿元、损失浪费金额7.08亿元、管理不规范金额112.01亿元；审计发现非金额计量问题897个；损益（收支）不实金额1.47亿元；出具审计报告和专项审计调查报告307篇，被批示、采用4篇次。审计处理处罚金额33.60亿元，其中应上缴财政3.91亿元、应减少财政拨款或补贴7239万元、应归还原渠道资金5420万元、应缴纳其他资金5.31亿元、应调账处理金额23.12亿元；移送司法机关、纪检监察机关和有关部门处理事项7件，移送处理人员24人，移送处理金额1.05亿元。审计促进整改落实有关问题金额30.25亿元；审计促进拨付资金到位15万元；审计后挽回（避免）损失3439万元；核减投资额1.33亿元；移送处理落实人员4人。审计提出建议748条，被采纳589条；推动被审计单位制定整改措施20项；提交审计信息267篇，被批示、采用86篇次。

南昌市审计局实施的江西某金融机构2017年度资产负债损益审计项目被审计署评为2019年度全国市级审计机关优秀审计项目三等奖；《谁动了征收补偿的“歪脑筋”》入围全国审计机关“五个十”审计宣传正能量文字作品。

政策落实情况跟踪审计 抽查单位173个，涉及金额57.47亿元，审计查出问题金额8.46亿元。其中开展清理拖欠民营企业中小企业账款审计中抽查单位26家；对新增财政资金直达市县基层直接惠企利民情况进行专项审计，抽审单位和部门99个、项目40个、企业27家，查出部分资金未细化分配到位、部分资金使用进度较慢造成结余较大等问题；对赣州银行等11家获得5000亿元再贷款再贴现专用额度的金融机构在南昌地区投放再贷款再贴现资金情况开展审计调查，其中对赣州银行股份有限公司南昌分行、上饶银行股份有限公司南昌分行等2家银行进行现场审计，抽审35户贷款户的贷款档案，涉及贷款金额1.49亿元。

财政审计 运用财政大平台等数据，对市财政局和6个市直单位部门预算执行审计，查出具体问题108个，呈送审计专报3篇；对8个县区开展财政存量资金审计，查出未及时拨付和使用资金等问题83个；对6个单位开展财政财务收支审计，揭示管理方面问题16个，医院挂床住院、重复收费等问题28个，查出管理不规范金额741.84万元，违规金额330.53万元，审计提出建议12条。

三大攻坚战审计 对5个县区2018—2019年度财政专项扶贫资金项目建设运营情况开展审计，发现问题44个，查出管理不规范金额1295.06万元。开展领导干部自然资源资产离任（任中）审计项目9个，其中市本级审计项目1个，揭示问题20个，查出管理不规范金额3309.31万元，缴入财政专户资金15.84万元。

疫情防控资金和捐赠款物专项审计 对3.8亿元财政资金、0.69亿元捐赠资金、14.97亿元专项再贷款资金和接受捐赠的各类物资管理、使用情况进行审计，纠正疫情防控专项资金使用、物资采购、捐赠款物、账务处理等方面存在的问题，促进财政专项资金及时分配、下拨375.54万元，促进规范物资采购及分配管理金额2728.11万元，促进企业使用贴息贷款资金4103.95万元，促进全市建章立制14项。

经济发展环境审计调查 全市抽调审计干部90余人，组成6个审计组，开展全省经济发展环境审计调查，审计中总结提炼出一批可复制、可推广的审计经验，被省审计厅审计工作简报采用55篇。

民生审计 首次全面采集转换南昌市住房公积金账务数据和业务数据，完成南昌市住房公积金管理中心2019年度财务收支审计。

经济责任审计 市本级完成经济责任审计项目18个，向纪检监察机关移送4人，促进领导干部规范运用权力；与市纪委监委联合制发《关于共享领导干部经济责任审计结果报告的意见》，2012年以来的253篇经济责任审计结果报告（电子版）导入市纪委监委领导干部个人廉政档案系统。

固定资产投资审计 市本级完成重点项目审计2个，发现问题20余个，查出管理不规范金额3579.31万元；对中介机构审计项目进行复核，核减金额180余万元，移送违纪违规线索2件；呈送《南昌市工程建设领域存在的突出问题应予以规范》等审计专报2篇，出台加强投资审计监督、规范审计工作、强化中介参审质量监督的相关制度3项。

企业审计 开展南昌市国资系统类金融企业专项审计调查，出具专项审计调查报告2篇，发现防范和化解风险不足、内控制度不完善等问题50个，查出管理不规范金额7.08亿元。

信息化建设 组织市、县审计机关完成685家市县两级财政一级预算单位财务软件后台备份数据采集整理上报工作、全市经济发展环境审计调查数据采集整理上报工作、全市非税票据数据补充采集整理上报工作。完成南昌市审计机关视频会商系统高清改造工程，通过省审计厅验收。

审计科研 总结提炼财政绩效审计的经验和做法，完成全市重点委托课题“加强财政预算执行绩效审计　促进财政资金提质增效”。

审计查出问题整改 主动对接、督促2016年以来审计署、武汉特派办、省审计厅对南昌市各项审计发现的269个问题的整改上报。

内部审计 推动94个部门单位成立党委（党组）审计委员会；南昌市有设置总审计师的内部审计单位4个、专（兼）职内部审计机构117个（其中专职内部审计机构32个）、配备审计人员560人（其中专职审计人员207人）；完成审计项目1044个，审计发现问题2467个，查出问题金额6.86亿元；根据审计建议给予党纪、政务和内部纪律处分6人。

交办任务 抽调15人次参加省市巡视巡察、

“四个一线”、信访挂职锻炼；组织开展南昌市委办公厅等5大家2017年至2019年财务收支情况审计检查服务；完成南昌市公路局2010年以来部分公路建设项目相关事宜调查。

相关工作 对南昌县、东湖区等9个县区审计局2018年度42个审计项目档案、部分审计决定书以及审计移送处理书开展审计质量检查。开展“彰显省会担当、解放思想大讨论”活动，评选最美审计人10名。制定《南昌市审计局干部职工八小时外监督管理办法》，局机关党委对外派审计组督导巡查9次。疫情期间，组织党员参加居住地、结对共建社区、驻点社区、结对帮扶贫困村疫情防控200余人次。开通“南昌审计”微信公众号，全年编发120期，用稿273篇。公开招录、选调、遴选4人；组织参加“审计大讲堂”、各类专题视频培训等业务培训10余期。

（撰稿人：范梅生）

【景德镇市审计局】 2020年，景德镇市审计局实有58人。局长计群，副局长陈志坚、王桦、占玉芳、章琍，总审计师冯仕超，纪检组长鲍桂顺，经济责任审计联席会议办公室主任吴新国，四级调研员王民森、周先法。设有办公室、综合调研科、法规审理科、财金与外资审计科、投资与专项资金审计科、经贸审计科、农业与资源环保审计科、行政事业审计科、经济责任审计科、园区审计科、社会保障资金审计科；下设审计信息中心、工程决算审计中心等事业单位。

审计成果 2020年，景德镇市审计机关完成审计单位134个，其中审计130个、专项审计调查4个。查出主要问题金额351219万元，其中违规金额1927万元、损失浪费金额10万元、管理不规范金额349282万元；审计发现非金额计量问题552个；损益（收支）不实金额731万元；审计发现侵害人民群众利益8万元；出具审计报告和专项审计调查报告213篇。审计处理处罚金额2043万元，其中应上缴财政1597万元、应归还原渠道资金38万元、应缴纳其他资金250万元、应调账处理金额158万元；移送司法机关、纪检监察机关和有关部门处理事项16件，移送处理人员4人，移送处理金额12904万元。审计促进整改落实有关问题金额2043万元；核减投资额21187万元；移送处理落实事项4件。审计提出建议468条，被采纳307条；提交审计信息4篇。

疫情防控资金和捐赠款物专项审计 成立应对新冠肺炎疫情防控资金和捐赠款物专项审计组。通过审计，促进310万元财政资金及时下拨，为复学复课协调资金33.59万元，为复工复产协调资金100万元；为规范疫情资金使用，审计提出的9条建议均被有关部门采纳，并依此制定《景德镇市新冠肺炎疫情防控工作专项补助资金管理暂行办法》。

经济责任审计 对经济责任审计不断规范和完善，印发《景德镇市审计局经济责任审计操作规程》，对经济责任审计的程序作出明确规定，进一步规范经济责任审计项目管理。印发《2020年度市管领导干部经济责任审计工作方案》，对地方党政主要领导，部门单位主要领导，学校党委书记、校长以及市属企业主要领导干部经济责任审计的内容和重点作出说明。

固定资产投资审计 成立工程造价咨询中介机构服务协调小组，参与《景德镇市政府投资项目审计监督实施办法》修订工作，完成市中心城区2016年至2019年棚户区改造项目专项审计调查、市城市防洪吕蒙堤投资项目竣工决算审计、市城市防洪昌江东岸观音阁堤一期投资项目竣工决算审计。

金融审计 对九江银行景德镇分行2019年度资产负债损益进行审计，审计中注重探索新方法新思路，互相交流经验，审计组在实践中总结的审计经验，被省审计厅以简报形式下发到各审计组。

企业审计 完成国控集团审计工作，集中全局各科室审计骨干，同时从县区审计局抽调精干人员组成大型审计组，对市城投公司和市陶文旅集团开展审计。 （撰稿人：黄镇斌 邱诚伟）

【萍乡市审计局】 2020年，萍乡市审计局实有42人。局长黄百灵，副局长汤晓伟、陈博韬、周可以，总审计师李健，经济责任审计工作领导小组办公室主任苏青，副县级干部曾建国，二级调研员张增良、彭青兰，三级调研员蔡常萍，四级调研员张月萍、肖军、周敬忠。设有办公室、综合法规科、整改督查和内部审计指导科、电子数据科、财政金融审计科、行政事业审计科、农业农村和资源环境审计科、固定资产投资审计科、社会保障审计科、企业经贸审计科、经济责任审计科、机关党总支；下设萍乡市审计综合服务中心。另外，市委审计委员会办公室设在市审计局。

审计成果 2020年，萍乡市审计机关完成审计项目102个，其中审计99个、专项审计调查3个。查出主要问题金额894911万元，其中违规金额7940万元、损失浪费金额30万元、管理不规范金额886941万元；审计发现非金额计量问题284个；损益（收支）不实金额67003万元；出具审计报告和专项审计调查报告102篇，被批示、采用1篇次。审计处理处罚金额11927万元，其中应上缴财政984万元、应归还原渠道资金6709万元、应缴纳其他资金211万元、应调账处理金额4023万元；移送司法机关、纪检监察机关和有关部门处理事项4件。审计促进整改落实有关问题资金12325万元；审计促进拨付资金到位849万元；审计后挽回损失14万元；移送处理落实事项4件。审计提出建议316条，被采纳207条；推动被审计单位制定整改措施14项；促进被审计单位建立健全规章制度5项；提交审计信息16篇，被批示、采用5篇次。

上栗县审计局实施的上栗县18个村（社区）2017年1月至2018年12月财务收支审计项目获评江西省审计系统优秀项目。

政策落实情况跟踪审计 关注政策措施落实情况，揭示“放管服”改革、精准脱贫、清退拖欠民营企业和中小企业账款等政策措施落实中存在的突出问题，并积极促进整改。审计新增财政资金直达市县基层直接惠企利民专项资金。

经济发展环境审计调查 对吉安市4个县开展经济发展环境审计调查，揭示影响发展环境的突出问题，促进当地优化经济发展环境。

财政审计 对市本级和开发区管委会的预算执行和其他财政收支、6个部门预算执行、1个县区政府决算、2个县区的财政存量资金进行审计，进一步规范财政资金管理，提高财政资金使用效益。

三大攻坚战审计 对经济技术开发区和武功山风景名胜区实施的2019年财政扶贫资金跟踪审计，各县区审计局对所在县区的扶贫资金开展审计，对发现的问题全部督促整改到位，确保扶贫资金安全有效使用。市审计局对安源区原区长实施自然资源资产离任审计，并对各县区审计局进行指导，促进当地领导干部增强履行生态文明保护责任意识，也促进生态修复和环境改善。

疫情防控资金和捐赠款物专项审计 对全市疫情防控资金和捐赠款物开展专项审计，重点抽审财政资金、捐赠资金，对重点保障企业优惠贷款逐笔进行核查，确保疫情防控资金与物资安全、及时拨付到位。

经济责任审计 对22名领导干部离任实施经济责任审计，促进领导干部进一步提高遵纪守法意识，为考核选拔干部提供重要参考。

固定资产投资审计 对市卫生职业学院等重点建设项目进行跟踪审计调查，规范建设资金的管理和使用。

金融审计 对九江银行萍乡分行资产负债损益情况进行审计，关注该行落实国家重大政策措施、服务实体经济情况，有效防范化解金融领域存在的风险。

企业审计 审计2家国有企业的资产负债损益情况，促进维护国有资本安全，服务萍乡经济发展大局。

内部审计 建立常态化分类指导机制，加强内部审计工作学习交流。

相关工作 市审计局党组班子被连续评为县级“好班子”并继续保持“全省文明单位”荣誉称号，荣获全市“五年新跨越”2019—2020年度优秀单位、创建全国文明城市集体嘉奖单位、综治先进单位、平安单位等荣誉，推荐1个审计项目获评全省审计系统优秀项目，涌现“五年新跨越”、创建全国文明城市先进个人等一批先进典型。（撰稿人：付江华）

【九江市审计局】 2020年，九江市审计局实有73人。局长齐桦，二级巡视员胡伟华（3月—），副局长何斌、汪建荣、钱炎如、杨利发、胡伟华（—3月）、王涛，一级调研员齐桦（8月—），二级调研员汪建荣（9月—），三级调研员汪建荣（8月—9月）、钱炎如（8月—）、王涛（8月一），四级调研员陈义远，总审计师湛新民，纪检组长（市纪委监委驻市委组织部纪检监察组）欧阳益群，经济责任审计工作领导小组办公室专职副主任曹素芳。设有市委审计委员会办公室秘书科、办公室、综合调研科、法规和审理科、内部审计指导监督科、电子数据审计科、财政与金融审计科、农业农村审计科、固定资产投资审计一科、固定资产投资审计二科、社会保障审计科、企业经贸审计科、自然资源和生态环境审计科、经济责任审计科、行政事业审计科、人事科、机关党委；下设审计信息中心、审计干部培训中心、九江经济技术开发区审计分局等事业单位。

审计成果 2020年，九江市审计机关完成审计项目516个，其中审计511个、专项审计调查5个。查出主要问题金额399870万元，其中违规金额17785万元、损失浪费金额143万元、管理不规范金额381941万元；审计发现非金额计量问题945个；损益（收支）不实金额5864万元；出具审计报告和专项审计调查报告615篇，被批示、采用51篇次。审计处理处罚金额191738万元，其中应上缴财政30031万元、应减少财政拨款或补贴3655万元、应归还原渠道资金9234万元、应缴纳其他资金25671万元、应调账处理金额123146万元；移送司法机关、纪检监察机关和有关部门处理事项23件，移送处理金额3100万元。审计促进整改落实有关问题金额119783万元；审计促进拨付资金到位16万元；审计核减投资额41327万元；移送处理落实事项15件。审计提出建议1516条，被采纳914条。

政策落实情况跟踪审计 根据上级机关统一部署，重点关注三大攻坚战、“三去一降一补”任务落实、“放管服”改革推进、减税降费、脱贫攻坚考核县（市、区）教育扶贫、健康扶贫、易地搬迁扶贫及后续工作、农村危房改造、农村饮水安全工程等情况。把重大政策跟踪审计贯穿于所有审计项目，加大各专业审计融合力度。从审计情况看，有关部门认真整改审计查出的问题，取得较好成效。

财政审计 利用大数据，对市本级一级预算单位2019年度预算执行情况实现全覆盖审计监督，对市财政局具体组织2019年度市本级预算执行和其他财政收支情况及市应急管理局等8个市直部门2019年度预算执行情况进行重点审计，形成以市本级预算执行管理审计为基础，部门预算执行审计为延伸，专项资金审计（调查）为支撑的财政审计大格局。市委审计委员会第四次会议审议通过市本级2019年度预算执行和其他财政收支的审计工作报告，要求相关单位扛起主体责任，认真严肃整改审计查出的问题。

三大攻坚战审计 连续三年组织全市审计机关对12个县（市、区）扶贫政策落实情况和扶贫资金管理使用情况进行审计。全年审计抽查扶贫资金96241.53万元，抽查121个乡镇、467个行政村，抽查扶贫项目4746个，入户调查2298户。共查出扶贫政策落实、扶贫资金分配管理使用、项目运行效益等9个方面149个问题，涉及资金1786.73万元。重点关注乡村振兴政策落实和资金使用情况，重点审查高标准农田、农村基础设施、农民培训等项目资金，重点抽查涉农专项资金20311.12万元，涉及18个项目、11个单位、5个乡镇、9个村，入户调查36户农户。共查出违法违规及管理不规范问题金额1813.3万元（占抽审资金的比例8.93%），涉及责任人员28人。根据省审计厅统一部署，9月至12月，组织全市审计机关180人对上饶市12个县（市、区）营商环境工作政策落实情况进行审计调查，重点揭示影响发展环境的突出问题，严肃查处干扰破坏发展环境、利益输送、骗取各类财政补贴等严重违法违纪行为；深入分析问题产生的原因，提出审计意见和建议，促进实现政策最优、成本最低、服务最好、办事最快的发展环境，为江西高质量发展保驾护航。

疫情防控资金和捐赠款物专项审计 开展应对新冠肺炎疫情防控资金和捐赠款物专项审计。重点关注财政专项资金、社会捐赠款物和重点保障企业贴息贷款的分配管理使用等情况。审计促进分配拨付财政资金135.55万元，促进拨付捐赠资金229.9万元，财政资金和捐赠款物规范管理595.69万元，出台完善防疫款物规范管理的制度6项。

经济责任审计 全市审计机关完成经济责任审计项目134个，查出主要问题金额79114万元，全市审计机关出具经济责任审计报告和审计结果报告 226 篇，审计提出建议 365 条。

固定资产投资审计 积极推动投资审计工作转型，从单一工程造价审计向全面投资审计转变，从过去的事后审计调整为全过程动态跟踪审计。根据市政府交办，市审计局持续对九江市中心城区水环境系统综合治理一期工程进行跟踪审计，向市政府提交呈报件 1 份、审计专报 3 篇，赛城湖项目跟踪审计告知函 1 份。

资源环保审计 全市实施自然资源资产离任（任中）审计项目 20 个，其中市级组织实施的项目 1 个、县级组织实施的项目 19 个。共审计领导干部 26 人，其中县处级领导干部 1 人、乡科级干部 25 人；审计评价状况“好”2 个、“较好”22 个、“一般”2 个。

企业审计 市审计局组织开展五大集团财务收支审计，抽调部分内部审计人员参审国企审计项目，通过“以审代训”提高内部审计人员素质；协助企业召开审计委员会会议研究内部审计工作，增强企业管理层对审计重要性认识，发挥审计提醒和警示作用，提高国企防范风险能力。

信息化建设 首次实现对市级一级预算单位 2019 年度预算执行情况全覆盖审计监督，改变由过去审计部分单位、核查全部问题，转变为覆盖全部预算单位、核查重点问题。审计方式由审计现场核查，转变为“数据分析＋现场重点”核查。通过对预算单位预算收支规模、结构以及重点支出等相关内容的数据分析，掌握各部门预算执行状况和管理水平，以促进建立更加统一、完善的部门预算管理制度，加强预算刚性约束，健全管理机制，提高财政资金使用效益和管理水平。通过信息化、数字化提高审计监督的质量和效率。

内部审计 市审计局组织开展南京审计大学“内部审计培训班”，进一步提升全市内部审计骨干的管理能力和业务水平。在审计项目实施同时开展内部审计指导工作，利用审计进点会宣讲《审计署关于内部审计工作的规定》《市委审计委员会关于加强内部审计工作的指导意见》，扩大内部审计工作的影响力，形成健康的内部审计环境和氛围。

审计“两统筹” 以经济责任审计为统领，常态化实行“1＋N”模式。2020 年有 7 个市直部门领导干部经济责任审计融合部门预算执行审计和专项审计，1 个县（市、区）领导干部经济责任融合自然资源资产离任审计。围绕三大攻坚战结合省审计厅各季度重点工作任务，将减税降费、财政存量资金、扶贫审计、中央八项规定精神等重点事项贯穿全年所有审计项目，实现“一审多项”“一审多果”“一果多用”，增强审计监督效能。

审计查出问题整改 市委审计委员会印发《关于进一步加强审计整改工作的意见》，要求各有关单位贯彻落实党中央对审计整改工作的要求，提高政治站位，强化责任担当，严肃认真抓好审计整改落实。明确各被审计单位是审计查出问题整改工作责任主体，被审计单位主要负责人是审计整改工作的第一责任人，对审计查出问题的整改工作负总责。同时，市审计局狠抓审计成果的深度开发利用，全面提升审计价值，实现审计成果运用从粗加工向深加工、精加工转变。2020 年，市审计局共向市委市政府提交审计报告、专报 16 篇，审计建设性作用充分彰显。

（撰稿人：胡　齐）

【新余市审计局】 2020 年，新余市审计局实有 45 人。局长彭水萍，副局长谢平生、曾长生、稂小毛，市经济责任审计工作联席会议办公室主任余乐明，总审计师廖南生，二级调研员周永平，四级调研员廖志强。设有办公室、综合法规科、审计整改督查科、财政金融审计科、行政文教审计科、社会保障审计科、农业资源环保审计科、固定资产投资审计科、经济贸易审计科、经济责任审计科、园区审计科；下设审计信息中心、政府投资项目审计中心等事业单位。

审计成果 2020 年，新余市审计机关完成审计项目 66 个，其中审计 64 个、专项审计调查 2 个。查出主要问题金额 253357 万元，其中违规金额 6639 万元、损失浪费金额 2320 万元、管理不规范金额 244397 万元；审计发现非金额计量问题 79 个；损益（收支）不实金额 15067 万元；出具审计报告和专项审计调查报告 100 篇。审计处理处罚金额 32581 万元，其中应上缴财政 2320 万元、应归还原渠道资金 4119 万元、应缴纳其他资金 26134 万元、应调账处理金额 276 万元；

移送司法机关、纪检监察机关和有关部门处理事项14件，移送处理人员6人，移送处理金额6680万元。审计促进整改落实有关问题金额1842万元。审计提出建议247条，被采纳212条；提交审计信息4篇，被批示、采用4篇次。

新余农商银行2017年度资产负债损益审计项目获得省审计厅优秀审计项目表彰。

政策落实情况跟踪审计 围绕三大攻坚战、“放管服”改革推进、金融服务、清理拖欠民营企业账款、减税降费等情况开展审计，揭示相关政策执行过程中存在的问题，从体制机制层面提出切实可行的审计建议，促进政策措施的贯彻落实。

财政审计 以推动提高资金绩效和落实过“紧日子”为目标，立足审计全覆盖，完成市委办、市人大办等10个重点单位的部门预算执行和决算草案审计，推动相关单位进一步精准编制预算、规范费用报销、完善内部管理等。

疫情防控资金和捐赠款物专项审计 围绕疫情防控资金和捐赠款物的管理和使用开展审计，保障资金和物资及时拨付、安全管理，推动财政专项资金、捐赠资金及时分配、下拨或入账，促进各类物质领用建立台账、完善管理，督促3家慈善组织及时、精准、全面公布捐赠信息等。

经济责任审计 促进权力规范运行，共完成18名领导干部经济责任审计，其中离任审计项目13个、任中审计项目5个，涉及地方党委和政府主要领导干部5人、市直部门领导干部13人。查出问题金额2.27亿元。

资源环保审计 根据审计署统一部署安排，完成市住建局原党委书记、局长自然资源资产离任审计。通过审计，揭示当前生态环境保护方面存在的问题，督促相关责任单位进行整改，推动领导干部管好生态账。

企业审计 以推动国有企事业单位高质量发展，促进国有资产保值增值为目标，完成2家市属国有企业资产负债损益审计，揭示企业运营及资产管理方面的风险隐患和体制机制问题，向相关主管部门移交问题线索3件，并从完善制度、加强监管、推进改革的角度提出审计建议，维护国有资产安全，督促企业采取有效措施落实问题整改。

审计查出问题整改 审计整改坚持效果导向，落实审计督促整改责任，推动政策、资金、项目落地见效，全力打通审计监督“最后一公里”，建立整改工作台账，实行问题清单动态销号管理，建立问题整改销号台账，共梳理问题304个，已整改到位问题241个。

（撰稿人：石志刚）

【鹰潭市审计局】 2020年，鹰潭市审计局实有18人。局长杨芳，副局长王国军（—1月）、阮春玲（2月—）、李金生，二级调研员王惠斌，三级调研员王国军（1月—），总审计师阮春玲（—1月），经济责任审计工作联席会议办公室主任黄晓华。设有市委审计委员会办公室秘书科、办公室、综合法规科、电子数据审计科、财政金融审计科、行政政法审计科、农业资源环境审计科、投资社保审计科、内部审计监督和经贸审计科、经济责任审计科；另有机关党总支；下设市政府基本建设审计中心（鹰潭市审计信息中心）。

审计成果 2020年，鹰潭市审计机关完成审计项目118个，其中审计115个、专项审计调查3个。查出主要问题金额151858万元，其中违规金额2061万元、管理不规范金额149797万元；审计发现非金额计量问题469个；出具审计报告和专项审计调查报告150篇。审计处理处罚金额2023万元，其中应上缴财政1520万元、应减少财政拨款或补贴222万元、应归还原渠道资金280万元；移送司法机关、纪检监察机关和有关部门处理事项3件，移送处理人员1人，移送处理金额276万元。审计后挽回（避免）损失4万元；核减投资额274万元。审计提出建议270条，被采纳238条；向鹰潭市委市政府提交审计信息5篇。向社会公告审计结果2篇。

政策落实情况跟踪审计 结合本地实际情况，重点聚焦防范化解重大风险、疫情防控、脱贫攻坚、减税降负、清理拖欠民营企业中小企业欠款、优化营商环境、保障和改善民生等方面进行审计，并开展财政存量资金和经济发展环境的专项审计。

财政审计 组织实施2019年度市本级，高新区、龙虎山景区财政预算执行及其他财政财务收支审计。重点关注财政收支真实完整情况、存量资金、预算绩效管理等方面情况，查出预算编制不规范、财政收入征缴不实、预算绩效管理不到位等问题，提出进一步建立健全完善预算管理体系、加强预算执行管理及绩效管理等建议。

三大攻坚战审计 根据省审计厅统一部署，组建3个审计组赴赣州市县（市、区）开展经济环境专项审计调查。审计发现招商引资、补助资金等10个影响发展环境方面的337个突出问题，查出涉案金额240013.36万元，拟向纪委监委、司法机关移送问题线索39件，涉及93人。开展龙虎山风景名胜区管委会书记、主任自然资源资产离任审计和鹰潭市农业农村粮食局局长自然资源资产离任审计。审计发现土地供应计划执行不到位、违法占用土地、未批先占公益林等20多个问题，提出进一步加快推进生态文明建设、建立耕地质量等级调查评价制度、加强项目监督管理等审计建议。

疫情防控财政资金和捐赠款物专项审计 开展疫情防控财政资金和捐赠款物专项审计，涉及市本级及各设区（市）单位62个，审计资金16602.54万元。审计查出6大类16个问题，涉及问题资金578.92万元。规范450.46万元财政专项资金管理使用，提高捐赠款物的分配使用效率，保证捐赠信息公开及时准确，促进地方政府及相关部门健全完善相关制度文件9个。

经济责任审计 完成经济责任审计项目46个，其中任中审计4个。查出违规金额2872万元、管理不规范金额23731万元，出具审计报告80篇，审计提出合理化建议67条，促进领导干部遵纪守法、履职尽责。编制《鹰潭市2020－2024年市管领导干部经济责任审计项目五年规划》，推进对领导干部经济责任审计对象全覆盖。

固定资产投资审计 完成工程项目审计19个。完成鹰潭职业技术学院迁建项目等工程审计。完成鹰潭智慧科技创新小镇等3个工程项目跟踪审计。审结鹰潭应用工程学校迁建工程等工程27个子项，送审金额171997.88万元，审减金额15496.62万元。

金融审计 开展九江银行鹰潭分行2019年度资产负债损益情况审计，主要对该单位贯彻政策执行、法人治理及内控、业务经营、工程项目等方面进行审计，查出虚列支出套取现金、违规收费、工程未招标投标等问题。

信息化建设 大数据分析室建设完工验收，完成审计署布置的全市一级预算单位财务数据上报工作和全省统一开展的会商改造工作，并通过省审计厅的验收。开展审计全覆盖、大数据分析室和保密横向连接的项目建设。出台《鹰潭市审计局涉密计算机及涉密文件管理规范》《鹰潭市审计局电子数据管理制度》和《大数据分析室日常管理制度》等管理制度文件。

内部审计 通过创新实施网格化内部审计管理模式、搭建内部审计大数据管理平台等方法手段，探索内部审计工作指导监督的新思路、新举措、新方法，在推动内部审计工作落地展开方面进行有效尝试，打造出内部审计管理的"鹰潭模式"，并向全省设区市作先进典型推广。

（撰稿人：曾　妮）

【赣州市审计局】 2020年，赣州市审计局实有57人。局长谢京华，副局长赖欣、罗淑芳、彭洪德（7月—），总审计师曾毓东，经济责任审计工作联席会，四级调研员郭竞、郁滨、钟儒沁、廖扬彪。设有市委审计委员会办公室秘书科、办公室、法规和审理科、内部审计指导监督科、整改督查科、行政事业审计科、经贸审计科、经济责任审计科、社会保障审计科、财政金融审计科、农业和外资审计科、资源环境审计科、固定资产投资审计科、政法和教育审计科、重大平台审计科、信息科、机关党总支；下设市经济责任审计工作办公室。

审计成果 2020年，赣州市审计机关共完成审计项目628个，其中审计598个、专项审计调查30个。查出主要问题金额2305629万元，其中违规金额104163万元、损失浪费金额124万元、管理不规范金额2201341万元；审计发现非金额计量问题2678个；损益（收支）不实金额132948万元；出具审计报告和专项审计调查报告742篇，被批示、采用78篇次。审计处理处罚金额1453908万元，其中应上缴财政112273万元、应减少财政拨款或补贴27万元、应归还原渠道资金387198万元、应缴纳其他资金202461万元、应调账处理金额751947万元；移送司法机关、纪检监察机关和有关部门处理事项16件，移送处理人员90人，移送处理金额19223万元。审计促进整改落实有关问题资金411723万元；审计促进拨付资金到位20435万元；核减投资额23463万元；移送处理落实事项5件。审计提出建议1753条，被采纳1075条；推动被审计单位制定整改措施446项；促进被审计单位建立健全规章制度19项；提交审计信息258篇，被批示、采用96篇次。向社会公告审计结果10篇。

赣州发展投资控股集团有限责任公司董事长任职期间经济责任履行情况审计项目，获得江西省审计厅优秀审计项目表彰。

政策落实情况跟踪审计 聚焦“六稳”、“六保”、疫情防控资金和捐赠款物、减税降费、清理拖欠民营企业中小企业账款等，抽审477个单位323个项目，审计发现问题44个。

财政审计 完成2019年度市本级财政同级审和南康区等6个县财政政策提质增效审计，以及市人社局等6个部门预算执行审计。

三大攻坚战审计 完成扶贫政策措施落实情况跟踪审计，对2016年至2019年扶贫审计发现的972个问题整改情况进行“回头看”。完成安远县等4个县扶贫资金专项审计，移送违法违规线索2件。完成会昌县、寻乌县党政主要领导自然资源资产审计，查出问题金额1.02亿元。

疫情防控资金和捐赠款物专项审计 完成赣州市本级和18个县（市、区）疫情防控资金和捐赠款物专项审计，发现问题37个，查出问题金额4300万元、物资50.88万件，促使12个被审计单位建立健全制度15项。

民生审计 完成赣州市本级养老保险基金、医疗保险基金和住房公积金专项审计，审计发现问题28个，查出问题金额1.94亿元，处理问责2人，促使被审计单位健全制度13项。

经济责任审计 完成领导干部经济责任审计项目49个，查出问题金额94亿元。

固定资产投资审计 完成赣州市本级和18个县（市、区）审计局投资审计工作督导检查，进一步规范政府投资项目结算管理。

金融审计 完成九江银行赣州分行2019年度资产负债损益专项审计，发现问题20个。

内部审计 赣州市内部审计协会召开第二届会员代表大会，审议通过《赣州市内部审计协会章程》和《赣州市内部审计协会会费缴纳管理办法》，并选举产生市内部审计协会第二届理事会和会长、副会长、秘书长。 （撰稿人：周中华）

【吉安市审计局】 2020年，吉安市审计局实有37人。局长黄廉传，副局长周木栋、肖军、曹智远，经济责任审计工作联席会议办公室主任杨王太，总审计师曾宣洋，党组成员、四级调研员吴兴平。设有办公室、法规和审理科、财政金融审计科、经贸审计科、行政事业审计科、农业农村科、自然资源和生态环境审计科、电子数据审计科、固定资产投资审计科、经济责任审计科、社会保障外资运用审计科；另设市委审计委员会办公室秘书科；下设市计算机审计中心、井冈山经济技术开发区审计中心等事业单位。

审计成果 2020年，吉安市审计机关完成审计项目524个，其中审计513个、专项审计调查11个。查出主要问题金额194138万元，其中违规金额15856万元、损失浪费金额232万元、管理不规范金额130930万元；审计发现非金额计量问题324个；损益（收支）不实金额13021万元；出具审计报告和专项审计调查报告690篇，被批示、采用14篇次。审计处理处罚金额23702万元，其中应上缴财政10292万元、应减少财政拨款或补贴1268万元、应归还原渠道资金3254万元、应缴纳其他资金4233万元、应调账处理金额4655万元；移送司法机关、纪检监察机关和有关部门处理事项5件，移送处理人员1人，移送处理金额189万元。审计促进整改落实有关问题金额72408万元；审计促进拨付资金到位14221万元；核减投资额23092万元。审计提出建议855条，被采纳602条；推动被审计单位制定整改措施184项；促进被审计单位建立健全规章制度18项；提交审计信息17篇，被批示、采用10篇次。

政策落实情况跟踪审计 聚焦“六稳”“六保”、减税降费、清理拖欠民营企业中小企业账款等政策落实审计。通过审计，推动重点项目2个，促进清理拖欠民营企业账款金额1096万元，促进非税收入上缴国库金额108773万元，盘活财政专户存量资金70231万元。

财政审计 完成市本级包括市财政局、市住建局、经开区管委会、庐陵新区等12个部门和单位的2019年财政预算执行审计。促进出台、完善规范管理制度4个，收回财政借款2300万元，促进使用结转结余资金2亿余元。

疫情防控资金和捐赠款物专项审计 2月至3月，吉安市审计机关对全市疫情防控资金和捐赠款物收支情况进行专项审计。揭示疫情防控中资金拨付不及时、补助发放不及时、社会捐赠款物管理不规范等问题，督促整改，促进疫情防控及复工复产。

经济责任审计 吉安市审计机关共完成对153名领导干部的经济责任审计，其中吉安市审计局组织并完成包括峡江县、永新县党政主要领导等20名县级干部的经济责任审计，对违反中央八项规定、少数公务员兼职取酬等问题如实披露，规范权力运行。

固定资产投资审计 吉安市审计机关共完成238个工程项目审计，核减造价23092万元。其中市审计局完成20个市政府（含经开区）重点工程项目的审计，责令纠正工程结算款不实（核减工程造价）14400万元。

农业农村审计 开展吉水县乡村振兴相关政策专项审计以及吉安市“两不愁三保障”政策落实和资金使用情况审计，规范涉农资金管理使用。

资源环保审计 开展永新县党政主要领导、安福武功山风景名胜区管委会主任自然资源资产审计；开展全市河道砂石资源收支管缴专项审计，追缴市级收入入库7000余万元。

金融审计 组织开展对九江银行吉安分行资产负债损益情况审计，突出对财园信贷通、贷款业务和财务收支等进行重点审计，对挪用贷款资金、虚列利息支出套取资金等问题予以揭示。

专项资金审计 9月至12月，吉安市审计机关由131人组建9个审计组，对九江市、景德镇市下属9个县（市、区）经济发展环境进行专项审计调查。通过审计摸清当地经济发展环境总体情况，揭示影响发展环境的突出问题，提出审计意见和建议。12月，由130人组建14个审计组对吉安市社保基金和税收进行专项审计。

信息化建设 吉安市审计局在保障网络及OA系统软硬件正常运行的情况下，加大大数据审计探索与实践，在大型项目审计中发挥大数据审计的重要作用。

内部审计 加强对市直单位、企业、学校、医院的内部审计监督指导，督促成立审计委员会，形成监督合力。6名市直单位的内部审计人员参加江西省经济发展环境审计专项调查。

相关工作 参与脱贫攻坚、文明城市复检、社区帮扶等中心工作，荣获2020年度绩效考核、党建、平安创建、公共机构节能、帮扶农村（社区）、安全生产工作等一系列先进、优秀市直单位荣誉；继续保持“省级文明单位”称号。

（撰稿人：周　戈）

【宜春市审计局】 2020年，宜春市审计局实有65人。局长邓余平，副局长张长根、陈琪、樊秀江，总审计师王孝军，党组成员秦剑飞、李选才，市经济责任审计工作联席会议办公室主任谢建新，一级调研员程小军，二级调研员邹包寅、肖平（11月—），三级调研员肖平（9月—11月），四级调研员肖平（—9月）、付慧兰。设有市委审计委员会办公室秘书组、秘书科、综合调研科、法规和审理科、内部审计指导监督科、电子数据审计科、财政金融审计科、教科文审计科、农业农村与涉外审计科、固定资产投资审计科、社会保障审计科、自然资源和生态环境审计科、企业经贸审计科、经济责任审计科、行政政法审计科、机关党总支；下设市工程决算审计中心和市国有出资企业监事会工作办公室。

审计成果 2020年，宜春市审计机关完成审计单位（项目）562个，其中审计548个、专项审计调查14个。查出主要问题金额172.20亿元，其中违规金额6.34亿元、损失浪费金额226万元、管理不规范金额165.83亿元；审计发现非金额计量问题1083个；损益（收支）不实金额8936万元；出具审计报告和专项审计调查报告668篇，被批示、采用8篇次。审计处理处罚金额6.23亿元，其中应上缴财政4.53亿元、应减少财政拨款或补贴120万元、应归还原渠道资金6326万元、应缴纳其他资金104万元、应调账处理金额1.03亿元；移送司法机关、纪检监察机关和有关部门处理事项49件，移送处理人员67人，移送处理金额3.22亿元。审计促进整改落实有关问题金额5.80亿元；移送处理落实事项8件。审计提出建议1645条，被采纳1473条；推动被审计单位制定整改措施52项；促进被审计单位制定、完善规章制度52项；提交审计信息58篇，被批示、采用30篇次。

丰城市审计局实施的丰城市2014年至2016年城乡困难群众救助资金专项审计调查项目被审计署评为2019年度全国县级审计机关优秀审计项目三等奖；宜春市审计局实施的宜春农村商业银行2017年度资产负债损益审计，奉新县审计局实施的奉新县粮食局局长任职期间经济责任履行情况审计，丰城市审计局实施的丰城市部分乡镇（街办）“村账乡管”、新农村建设资金、自然村通公路建设资金专项审计调查、袁州区审计局实施的袁州区民政局所属12所敬老院2018年度收支情况专项审计调查获得江西省审计机关优秀审计项目。丰城市审计局作为全国唯一县级单位，在审计署举办的“政府投资审计转型发展研讨班”上介绍政府投资审计经验。宜春市审计局和5个县级审计机关荣获江西省文明单位，5人获评全省最美审计人。

政策落实情况跟踪审计　重点对新冠肺炎疫情防控资金和捐赠款物专项、地方政府债券资金管理使用情况、减税降费政策落实、清理拖欠民营企业中小企业账款、脱贫攻坚情况、乡村振兴资金管理使用情况等方面的政策落实情况进行跟踪审计，推动相关政策措施的落实。

财政审计　市、县两级审计机关分别对本级财政预算执行情况和132个部门（单位）预算执行情况进行审计；分别对上高、奉新和67个乡镇（街道）进行财政决算审计；完成全市财政存量资金管理使用情况审计，促进使用存量资金21.75亿元。

三大攻坚战审计　完成10县市区及“三区”开展脱贫攻坚政策措施跟踪审计，全市共发现问题157个，涉及问题金额3563.73万元，移送问题线索7件，涉及责任人员16人；完成4名县市区党政主要领导和1名市直单位主要负责人及14名乡镇（街道）党政主要领导自然资源资产审计，移送案件线索16件。

疫情防控资金和捐赠款物专项审计　完成全市疫情防控资金和捐赠款物专项审计，追回疫情防控专项资金59.14万元，促进下拨资金92.88万元，规范物资采购资金337.64万元，促进出台和完善规章制度7项。

经济责任审计　对237名领导干部任期经济责任进行审计，其中任中审计69人、离任审计168人。

固定资产投资审计　完成55个政府投资项目工程决算审计，节约政府投资4139万元；完成棚改资金等重大建设项目跟踪审计4个，移送问题线索3件。

农业农村审计　完成宜丰县2018年至2019年乡村振兴政策落实和资金使用情况审计，查出违法违规及管理不规范问题金额26855.36万元。

金融审计　配合省审计厅完成九江银行2019年度资产负债损益审计。

企业审计　完成7家市属投融资平台企业和21家二、三类市属国有企业资产负债专项审计，移送问题线索5件。

信息化建设　组织VPN漏洞排查，联防联控及复工复产App发布摸底，网络安全防护工作整改，Treck和启明星网络安全专项排查；完成市县两级会商系统高清改造工作。

内部审计　全市重点单位（部门）成立党委（党组）审计委员会61个；全市230个单位设立内部审计机构，配备内部审计人员1018人。

交办任务　抽调7人次参加省委巡视，7人次参加市委巡察。　（撰稿人：李　璐）

【抚州市审计局】　2020年，抚州市审计局实有48人。局长陶雪华（—9月），副局长刘冰冰、李兆龙、万高峰、杨心灵，总审计师陈国华，经济责任审计工作领导小组办公室专职副主任曾希国，二级巡视员魏建平（2月—8月），一级调研员魏建平（—2月），二级调研员吴晓兰（—1月），四级调研员曾平于（—1月）、陈华（—11月）。设有办公室、内部审计指导监督科、法规和审理科、财政金融审计科、社会保障审计科、农业农村审计科、固定资产投资审计科、经济责任审计科、自然资源和生态环境审计科、企业经贸审计科、行政事业审计科；下设工程造价审核中心、电子数据审计中心、审计培训中心。设置市委审计委员会办公室秘书科和机关党委。

审计成果 2020 年，抚州市县审计机关完成审计项目和专项审计调查项目 643 个。查出主要问题金额 1200342 万元；审计发现非金额计量问题 705 个；出具审计报告和专项审计调查报告 381 篇，被批示、采用 28 篇次。审计处理处罚金额 565945 万元，其中应上缴财政 147924 万元、应减少财政拨款或补贴 2747 万元、应归还原渠道资金 151172 万元、应缴纳其他资金 117798 万元、应调账处理金额 146304 万元；移送司法机关、纪检监察机关和有关部门处理事项 23 件，移送处理人员 5 人，移送处理金额 11386 万元。审计促进整改落实有关问题资金 583185 万元；审计促进拨付资金到位 133441 万元；审计后挽回（避免）损失 8612 万元；核减投资额 17070 万元；移送处理落实事项 18 件。审计提出建议 965 条，被采纳 495 条；推动被审计单位制定整改措施 223 项；促进被审计单位建立健全规章制度 65 项；提交审计信息 76 篇，其中被批示、采用 21 篇次。向社会公告审计结果 5 篇。

抚州市审计局对金溪县人民政府原县长自然资源资产离任审计项目、抚州高新区审计局对抚州高新区 2018 年度扶贫专项资金审计项目、南丰县审计局对南丰县医疗保障局局长任职期间经济责任履行情况审计项目，被江西省审计厅评为江西省优秀审计项目。5 人被江西省审计厅评为“2019 年全省审计能手”称号，1 人被江西省审计厅授予“2019 年全省骨干人才”称号，1 人被江西省审计厅评为“2019 年全省领军人才”称号。

政策落实情况跟踪审计 开展疫情防控财政资金和捐赠款物的专项审计、乡村振兴相关政策和资金的审计、财政存量资金的审计，促进整改落实有关问题金额 3706 万元，促进拨付资金到位 20128 万元，审计提出建议 16 条。

经济发展环境审计调查 根据江西省审计厅统一安排部署，派出 10 个审计组分别赴宜春市、萍乡市开展全省经济发展环境审计调查暨“1＋N”审计项目。

财政审计 完成对 2019 年度市本级预算执行和其他财政收支的审计、市财政局等 8 个市直单位 2019 年度预算执行和决算草案情况审计项目，促进整改落实有关问题金额 13745 万元，审计提出建议 26 条。

民生审计 完成对抚州市东临新区 2019 年度扶贫资金审计项目，各县区审计局负责对本县区 2019 年度扶贫资金开展审计。开展对莲花县 2019 年度健康扶贫政策落实及资金使用情况专项审计调查。

经济责任审计 完成 7 名领导干部的经济责任审计项目。开展对金溪县原县长、原东乡县县长自然资源资产的离任审计。各县区审计局按照年初的审计计划和当地组织部门的委托认真做好领导干部的任中和离任审计。

固定资产投资审计 完成工程结（决）算项目 32 个，核减 1608 万元，审计提出建议 2 条，被采用 2 条。

企业审计 完成对市工业与科技创新发展有限公司 2017—2019 年度资产负债损益及财务收支情况审计，市交通建设投资集团有限公司和所属公司 2017 年至 2019 年的财政财务收支及 2019 年 12 月 31 日资产负债损益的审计。

专项资金审计 开展 2015 年至 2016 年人防易地建设费征收管理使用情况专项审计调查、丰源宜合项目人防易地建设费征收管理使用情况专项审计调查。

交办任务 对全市 30 余个市直单位开展长期借款、长期挂账问题清理工作专项调研督导。

信息化建设 完成对抚州市第一人民医院信息系统建设及管理使用情况的审计调查、抚州市司法局“法务云”系统建设及管理使用情况的审计调查。

内部审计 抚州市各单位党委（党组）共成立审计委员会 99 个，成立内部审计机构 16 个，有效解决国家审计机关力量不足的问题。

（撰稿人：黄剑敏）

【上饶市审计局】 2020 年，上饶市审计局实有 61 人。局长朱建业，副局长周锋、乐以群、李长水、张金亮，总审计师沈群芬，纪检组长任毅，市经济责任审计领导小组办公室主任谢建军，三级调研员王正华（4 月—），四级调研员胡跃明、朱楗（4月—）。设有上饶市委审计委员会办公室秘书科、办公室、法规审理科、内部审计指导监督科、财政与金融审计科、教科文体审计科、农业农村审计科、固定资产投资审计科、社会保障审计科、自然资源和生态环境审计科、企业经贸审计科、经济责任审计科、机关党委；下设上饶市经责审计中心、上饶市审计局基本建设审计中心、上饶市审计局开发区审计中心、上饶市审计局电子数据审计办公室。

审计成果 2020年，上饶市审计机关共完成审计项目665个，其中审计663个、专项审计调查2个。查出主要问题金额511459万元，其中违规金额32085万元、管理不规范金额418884万元；审计发现非金额计量问题391个；损益（收支）不实金额60384万元；审计发现侵害人民群众利益105万元；出具审计报告和专项审计调查报告757篇，被批示、采用3篇次。审计处理处罚金额43578万元，其中应上缴财政3681万元、应减少财政拨款或补贴2073万元、应归还原渠道资金19091万元、应调账处理金额18733万元；移送司法机关、纪检监察机关和有关部门处理事项20件，移送处理人员7人，移送处理金额1881万元。审计促进整改落实有关问题资金7879万元；审计促进拨付资金到位85918.45万元；审计后挽回（避免）损失9907万元；核减投资额9906万元；移送处理落实事项11件。审计提出建议1404条，被采纳586条；推动被审计单位制定整改措施67项；促进被审计单位建立健全规章制度21项；提交审计信息227篇，被批示、采用68篇次。

上饶市本级2018年预算执行及其他财政收支情况审计、德兴市新岗山镇党委书记自然资源资产任中审计、广丰区2018年区财政本级预算执行和其他财政收支情况审计、鄱阳县2013年至2017年退耕还林和公益林资金专项审计调查等4个项目被省审计厅评为优秀审计项目。

政策落实情况跟踪审计 聚焦推动做好“六稳”工作，落实“六保”任务，开展促进财政资金提质增效、就业优先、优化营商环境、推动如期完成脱贫攻坚任务等重大政策措施落实情况跟踪审计，落实清理拖欠民营企业中小企业账款督促整改工作。

经济发展环境审计调查 开展对赣州市信丰县、安远县、崇义县、大余县、会昌县、宁都县、上犹县、石城县、寻乌县的经济发展环境审计调查，发现问题768个，涉及招商引资、补贴资金、工程项目、红顶中介、平台公司等12个方面；涉及217人，问题金额共计184.45亿元；审计提出建议31条，被审计单位采纳25条。

财政审计 开展对上饶市商务局、上饶市工信局等12个部门预算执行情况审计。联合上饶市人大财经委开展整改重点督办，审计整改率达100%，上饶市人民政府关于2019年度市本级预算执行和其他财政收支的审计工作报告中指出问题整改落实情况的报告得到上饶市人大常委会的充分肯定。

三大攻坚战审计 开展扶贫、乡村振兴审计，查出问题495个，涉及问题金额131146.36万元，督促被审计单位提出整改措施495条；完成整改问题495个，整改完成率达100%；进一步推动节约或挽回损失，促进盘活资金，开展举一反三问题排查整改83个，推动政策制度落实19项，修订完善制度办法53项。

疫情防控资金和捐赠款物专项审计 开展上饶市疫情防控资金和捐赠款物专项审计，发现疫情防控资金和捐赠款物问题42个，涉及问题资金6729.05万元，审计整改问题达到100%，拨付滞留财政资金1801.32万元，挽回或避免损失11.51万元，采纳审计意见33条，建立制度7项，完善制度2项。

民生审计 开展对部分医疗单位领导干部任职期间经济责任审计。重点对贯彻执行医保政策和医疗服务政策情况进行审计，提出处理意见和建议，帮助和督促相关问题的整改，促进医院相关机制和制度的健全和完善。开展部分县区被征地农民养老保险政府补助资金审计。调查了解被征地农民养老保险工作开展情况、政府补贴资金安排使用情况。向当地政府提出维护被征地农民后期生活保障，实现应保尽保，加强被征地农民养老保险资格认定及待遇发放工作的审核等5个方面的意见和建议。开展社保基金筹集、使用、管理情况审计，揭示社会关注的焦点热点问题，促进全面贯彻落实党中央、国务院和省委省政府、市委市政府提出的各项医保政策，保障基金安全，推动完善社保政策制度，确保群众老有所养、病有所医、医有所保。

经济责任审计 出台《上饶市经济责任审计项目操作规程》，按照《上饶市 2017—2021 年市管干部经济责任审计项目五年规划》，“以任中审计为主、经责审计项目计划性管理”的工作目标，上饶市审计局全年对 83 名领导干部进行审计，涉及 9 名县（市、区）党政主要领导。

固定资产投资审计 开展对上饶市第四幼儿园项目预算执行审计，在关注工程项目建设程序、工程量真实性、招标投标程序规范性的同时，关注项目预算执行情况，指出部分项目存在勘察设计未公开招标、工程管理不规范等问题。

资源环保审计 对婺源县委书记、婺源县人民政府县长自然资源资产管理和生态环境保护责任履行情况进行审计，从贯彻执行中央生态文明建设方针政策和决策部署、自然资源资产管理和生态环境重大决策等 7 个方面，揭示部分项目贯彻落实水土保持政策不到位、部分企业和水电站项目未办理环评手续、部分土地闲置、部分矿山越界开采等问题，督促县委、县政府依法依规整改纠正。

金融审计 开展对九江银行股份有限公司上饶分行 2019 年度资产负债损益审计，规范财务收支、业务经营的管理，防范区域金融风险。

企业审计 开展对上饶国控集团有限公司董事长经济责任审计，紧紧围绕防范和化解国有企业改革发展中的重大风险，规范国有企业的财务和经营管理行为，促进国有企业健康、可持续发展。

信息化建设 完成审计管理系统的三级保护备案工作并开展初步测评工作。完成全市审计会商高清系统的升级改造任务。

内部审计 推动上饶市直行政单位 22 个、事业单位 2 个、国有企业 10 个成立内部审计机构。

相关工作 上饶市审计局连续六届获得“省级精神文明（2004—2020）单位”荣誉称号，2020 年被评为全市绩效先进单位，综治、节能、法治政府建设先进单位；领导班子被评为优秀班子。

（撰稿人：傅雅静）

2020 年江西省所辖县（市、区）级审计工作统计表

审计机关	完成审计项目/个	审计查出主要问题金额/万元	审计发现非金额计量问题/个	审计期间整改金额/万元	出具审计报告和审计调查报告/篇	审计处理情况		审计促进整改落实有关问题资金/万元	审计提出建议/条	提交审计信息/篇
						审计处理处罚金额/万元	移送处理事项/件			
南昌市										
南昌市本级	47	572253	342	42535	42	72972	5	70487	114	258
东湖区审计局	69	6031	17	1375	81	6031		6031	113	
西湖区审计局	17	9021	81	1797	17	1798		1798	84	
青云谱区审计局	16	66140	44		16	5117		5117	64	2
青山湖区审计局	21	22368	153	60	33	14		14	101	
湾里区审计局	5	48734	38	10961	5	29607		16	25	
新建区审计局	32	249907	151	76	31	1038	2	565	99	
红谷滩区审计局										

（续表）

审计机关	完成审计项目/个	审计查出主要问题金额/万元	审计发现非金额计量问题/个	审计期间整改金额/万元	出具审计报告和审计调查报告/篇	审计处理情况		审计促进整改落实有关问题资金/万元	审计提出建议/条	提交审计信息/篇
						审计处理处罚金额/万元	移送处理事项/件			
南昌县审计局	27	219071		219071	27	219071		218119		
安义县审计局	18	1746	66	1	22	325		325	36	
进贤县审计局	34	8924	5	4362	33	59			112	7
景德镇市										
景德镇市本级	63	218895	238	2	104	1953	16	1953	199	4
昌江区审计局	30	87479	103	61	43	61		61	123	
珠山区审计局	5	2901			7				17	
乐平市审计局	15	32107	164		26	29		29	75	
浮梁县审计局	21	9837	47		33				54	
萍乡市										
萍乡市本级	43	748656	222	11999	43	474	4	1847	145	
安源区审计局	11	64334	4		11	255		255	9	
湘东区审计局	11	9854			11	9854		9854	34	
莲花县审计局	16	38426	43		16	34		34	63	16
上栗县审计局	8	2109	9	2	8	977		2	20	
芦溪县审计局	13	31532	6		13	333		333	45	
九江市										
九江市本级	52	98129	165	9213	79	29528		13142	149	23
濂溪区审计局	31	26660	184		31	768		768	91	1
浔阳区审计局	29	10493	18	8685	37	10388		8087	84	
柴桑区审计局	39	14356	56		41	3671		3579	68	
瑞昌市审计局	34	72846	47	17855	44	8654		8610	63	1
共青城市审计局	7	12828	20	837	7	12828		12828	21	
庐山市审计局	56	14389	65		57	13873	15	13873	375	
武宁县审计局	37	10698			37	10698		10698	76	
修水县审计局	47	22616	55	130	47	5258		10083	121	
永修县审计局	49	27170	142	1262	65	15651	8	6816	89	1
德安县审计局	57	30268	96	489	82	30268		30179	195	
都昌县审计局	18	38572	41	433	18	30920		460	68	
湖口县审计局	30	18783			30	18783		208	57	
彭泽县审计局	30	2056	56	444	40	444		444	59	
新余市										
新余市本级	39	223300	72	385	57	6619	14	1749	126	4
渝水区审计局	6	27932	7		9	26158		16	36	

（续表）

审计机关	完成审计项目/个	审计查出主要问题金额/万元	审计发现非金额计量问题/个	审计期间整改金额/万元	出具审计报告和审计调查报告/篇	审计处理情况		审计促进整改落实有关问题资金/万元	审计提出建议/条	提交审计信息/篇
						审计处理处罚金额/万元	移送处理事项/件			
分宜县审计局	21	2125			34	75		77	85	
鹰潭市										
鹰潭市本级	37	131221	382		53	190	3		105	5
月湖区审计局	19	12212	32		22	118			43	
余江区审计局	34	1556	10		47	115		4	88	
贵溪市审计局	28	6867	45		28	1599			34	
赣州市										
赣州市本级	95	1614182	880	260850	83	1250329	5	213375	260	11
章贡区审计局	51	786	291	109	89	47	5	47	135	53
南康区审计局	37	442820	88	388770	55	2260	2	2260	141	6
赣县区审计局	25	5698	86	1279	35	2634		2633	38	
瑞金市审计局	11	59126	66	43472	13	59123		55515	38	
龙南市审计局	20	29071	205	9082	28	17594		17500	33	
信丰县审计局	25	9874	24	184	25	8436		5360	58	23
大余县审计局	46	1658	61	875	53	420	1	390	108	26
上犹县审计局	17	17108	57	173	23	14698		14644	48	27
崇义县审计局	32	11740	68	10086	40	1574		1574	46	
安远县审计局	27	21743	62	2	26	19816		19805	256	44
定南县审计局	94	9662	519	13	107	9470	2	8911	271	24
全南县审计局	11	2346	27	34	11	23	1	1099	28	
宁都县审计局	24	2807	5	631	22	268		268	43	
于都县审计局	20	2255	15	1744	18	271		1506	31	
兴国县审计局	17	22061	76	142	30	21249		21149	68	12
会昌县审计局	39	2862	105		39	89		89	63	32
寻乌县审计局	11	43910	13		19	40128		40128	33	
石城县审计局	26	5920	30	5343	26	5479		5479	55	
吉安市										
吉安市本级	67	93100	177	1863	79	16439	3	16439	158	7
吉州区审计局	78	15146	7	1260	103	585		28	144	
青原区审计局	24	15303	16	362	37	13		10	43	
井冈山市审计局	20	5646	16	935	27	4386		4386	63	10
吉安县审计局	37	116	9		44	116	1	88	24	
吉水县审计局	30	326			69	188		188	94	
峡江县审计局	50	8432	3		79	97		97	156	

（续表）

审计机关	完成审计项目/个	审计查出主要问题金额/万元	审计发现非金额计量问题/个	审计期间整改金额/万元	出具审计报告和审计调查报告/篇	审计处理情况		审计促进整改落实有关问题资金/万元	审计提出建议/条	提交审计信息/篇
						审计处理处罚金额/万元	移送处理事项/件			
新干县审计局	19	86	2	16	19	9		9	60	
永丰县审计局	44	133		14	47	133		13		
泰和县审计局	22	387			31	387	1	387	33	
遂川县审计局	19	2057	21	2	17	1091		59	23	
万安县审计局	25	454	29		32	3			7	
安福县审计局	65	52903	20	25373	75	255		50655	29	
永新县审计局	24	49	24		31			49	21	
宜春市										
宜春市本级	111	1042489	419	1245	123	56305	21	54203	322	
袁州区审计局	66	128704	108	1970	63	3056	5	953	151	1
丰城市审计局	48	33477	205	168	75	1491	6	1491	302	
樟树市审计局	67	193644	32	7	69	70	2		103	
高安市审计局	42	23985	47	1	42	951	1	944	92	
奉新县审计局	62	85483	81		106	57	2	57	201	21
万载县审计局	23	6749	68		28	9		9	76	
上高县审计局	80	53634	62		85	41		41	205	
宜丰县审计局	44	76554	32	10	55	37		37	101	
靖安县审计局	9	28230		13	7	8		13	37	1
铜鼓县审计局	10	49080	29		15	265	12	265	55	35
抚州市										
抚州市本级	67	363722	144	249044	56	182697	17	269189	76	10
临川区审计局	33	93058	23	10467	25	5141		10642	56	13
东乡区审计局	135	125064	16	106	20	15		2797	119	45
南城县审计局	8	27207	10	27207	8	8763		27207	29	
黎川县审计局	10	96299	51		10	96299	4		33	
南丰县审计局	113	65794	134	135	33	57		3570	71	
崇仁县审计局	44	12876		284	42	12593	1	284	122	
乐安县审计局	26	63540	24	15205	6	45990		23521	24	
宜黄县审计局	44	115049	24	31296	37			69624	64	
金溪县审计局	20	129541	35	4180	20	128528	1	81352	51	
资溪县审计局	44	5662	27	218	44	15		218	115	
广昌县审计局	54	97440	109	88023	54	80992		94781	154	4
抚州高新区审计局	45	5090	108		26	4855			51	4

（续表）

审计机关	完成审计项目/个	审计查出主要问题金额/万元	审计发现非金额计量问题/个	审计期间整改金额/万元	出具审计报告和审计调查报告/篇	审计处理情况		审计促进整改落实有关问题资金/万元	审计提出建议/条	提交审计信息/篇
						审计处理处罚金额/万元	移送处理事项/件			
上饶市										
上饶市本级	109	279266	202	1331	180	26108	15	3178	347	49
信州区审计局	33	12775	10	317	38	15		394	57	10
广丰区审计局	48	12727	34	11	63	559	3	547	163	8
广信区审计局	36	51441	10	6106	53	6322		893	29	10
德兴市审计局	45	4230			55	138		138	94	30
玉山县审计局	189	18139	46	121	73	109		503	71	3
铅山县审计局	25	12585	24		42	412		412	74	4
横峰县审计局	16	51498	12	10048	16			496	41	
弋阳县审计局	37	3963	13	3912	51	29	1	29	121	16
余干县审计局	39	5935	23	12	57	297		265	106	55
鄱阳县审计局	17	3995	2	240	21	2938	1	778	92	13
万年县审计局	46	20315	6		68	6607		202	126	19
婺源县审计局	25	34590	9	12	40	44		44	83	10

山东省

【山东省审计厅】 2020 年，山东省审计厅实有 247 人。设有办公室、法规处（审理处）、人事处、经济责任审计处、电子数据审计处、财政审计处、教科文卫审计处、农业农村审计处、自然资源和生态环境审计处、固定资产投资审计处、金融审计处、企业审计处、社会保障审计处、涉外审计处、机关党委、离退休干部处、派出审计一处、派出审计二处、派出审计三处、派出审计四处、派出审计五处、派出审计六处、派出审计七处、派出审计八处、派出审计九处、派出审计十处、派出审计十一处、派出审计十二处、派出审计十三处、派出审计十四处、派出审计十五处、派出审计十六处、派出审计十七处、派出审计十八处；下设山东省审计科学研究所、山东省审计宣传教育中心、山东省审计厅内部审计指导中心等事业单位。中共山东省委审计委员会办公室（简称省委审计办）设在山东省审计厅，下设秘书处。

领导成员

厅　　长：孙成良（—3 月）
　　　　　王金城（3 月—）
副 厅 长：杨统海　栾心勇　许庆豪
　　　　　李　宁　孙承明
总审计师：王玉强
纪检监察组组长：崔良桐

审计成果 2020 年，山东省审计机关共完成审计项目 5743 个。查出违规问题金额 1684035 万元、损失浪费金额 1115954 万元；审计发现非金额计量问题 30372 个；出具审计报告和专项审计调查报告 9163 篇。审计处理处罚金额 7619856 万元，其中应上缴财政 1538874 万元、应减少财政拨款或补贴 453582 万元、应归还原渠道资金 217243 万元、应缴纳其他资金 51413 万元、应调账处理金额 5358742 万元；移送司法机关、纪检监察机关和有关部门处理事项 918 件，移送处理人员 632 人。审计促进拨付资金到位 1279873 万元；审计后挽回（避免）损失 529407 万元；核减投资额 506752 万元。审计提出建议 15865 条，被采纳 11265 条；推动被审计单位制定整改措施 5121 项；促进被审计单位建立健全规章制度 932 项；提交审计信息 4696 篇，被批示、采用 2143 篇次。

青岛市审计局实施的 2017 年度青岛胶东机场建设及配套征迁工程建设情况跟踪审计项目被审计署评为 2019 年度全国省级审计机关优秀审计项目一等奖；山东省审计厅实施的山东省 2017 年度省级预算执行和其他财政收支情况审计项目被审计署评为 2019 年度全国省级审计机关优秀审计项目三等奖；滨州市审计局实施的滨州市水利资金专项审计调查项目被审计署评为 2019 年度全国市级审计机关优秀审计项目一等奖；平原县审计局实施的平原县民政局局长任职期间经济责任履行情况审计项目、商河县审计局实施的商河县 2015 年 1 月至 2018 年 6 月居民基本医疗保险基金筹集管理使用绩效情况审计项目被审计署评为 2019 年度全国县级审计机关优秀审计项目一等奖。

审计委员会办公室工作　坚持和加强党对审计工作的集中统一领导，组织召开省委审计委员会全体会议 3 次，深入学习贯彻习近平总书记关于审计工作的重要讲话精神和中央审计委员会部署，加强对审计领域重点工作的统筹协调和督促落实。各市县党委审计委员会召开会议 195 次，研究出台规范委员会及办公室运转制度办法 342 项，把党对审计工作的全面领导落到实处。严格落实重大事项请示报告制度，省委审计办向中央审计委员会办公室和省委审计委员会报送各类请示、报告和信息等 84 份。印发《省委审计委员会成员单位协调会议制度》，加强审计机关与纪检监察、组织人事、巡视巡察等的有机贯通和协调配合，不断增强监督合力。联合省委改革办出台《加强改革督察和审计监督联动协作办法（试行）》，共同推动重点改革事项落实落地。

政策落实情况跟踪审计　按照审计署统一部署，组织开展减税降费、清理拖欠账款、促进就业优先、优化营商环境等政策跟踪审计。立足山东实际，聚焦山东八大发展战略、九大改革攻坚行动，紧扣做好“六稳”工作、落实“六保”任务，对全省新旧动能转换重大工程、海洋强省建设、化工产业安全生产转型升级、突破菏泽鲁西崛起、支持实体经济民营经济高质量发展、开发区体制机制改革、“僵尸企业”处置等政策措施落实情况进行审计，加强对共性典型问题的研究分析，提出针对性的对策建议，省领导对有关审计成果批示 180 余篇次，有力促进重大政策措施和重点改革任务落实见效。对省市县政府专项债券和新增财政资金实施全覆盖审计，促进规范资金管理、加快资金拨付等 58.56 亿元，保障新增资金直达基层，直接惠企利民。

财政审计　将财政预算执行审计全覆盖作为年度攻坚重点，首次实现对全省各级财政数据以及 10437 个一级预算单位财务数据全覆盖采集，对省本级 109 个一级预算单位和 996 个所属单位进行数据分析，对 25 个省直部门单位进行现场审计，拓展财政审计的广度和深度，促进财政资金提质增效。

三大攻坚战审计　聚焦精准脱贫，对全省扶贫政策落实、东西部扶贫协作进行审计，促进拨付危房改造、医疗救助资金 3188.45 万元。聚焦防范化解重大风险，对各级压减一般性支出、存量资金情况进行专题审计，揭示沉淀财政资金 380 亿元。开展全省地方政府性债务审计调查，揭示部分市县隐性债务化解不到位等问题。对全部 39 户省属企业进行全面审计，揭示企业管理及境外投资风险，向纪检监察机关、企业主管部门移送案件线索 23 件。聚焦污染防治，实施 27 个省管领导干部自然资源资产离任（任中）审计项目，加大耕地保护审计力度，揭示 41.73 万亩高标准农田建成面积不实、1.18 亿元财政资金闲置等问题。

疫情防控资金和捐赠款物专项审计　深入贯彻落实习近平总书记关于疫情防控工作重要指示精神，将疫情防控跟踪审计作为重要政治任务，第一时间组织全省 1072 名审计人员开展疫情防控财政资金和捐赠款物管理使用情况审计，加强对各级支持企业复工复产情况审计监督，查出违规和管理不规范问题 462 个、涉及资金 9.15 亿元，提出意见建议 387 条，督促问题全部及时整改到位。在审计署疫情防控专项审计会议上，山东省2次受到表扬。

民生审计 把群众利益摆在突出位置，持续加强重点民生资金和项目审计监督，对22个县乡村振兴政策落实、2个市及30个县保障性安居工程、11个市社会福利、8个市医保基金、6所高校“双一流”建设、3所省属公立医院改革等事项进行审计，促进拨付或统筹使用资金6.68亿元，督促将10824名符合条件的人员及时纳入保障范围，促进惠民富民政策落到实处。

经济责任审计 聚焦规范和制约权力运行，坚持党政同责、同责同审、凡审必严，分类组织73个地方党政、部门单位、省属高校和省属企业主要领导干部（人员）经济责任审计项目，同步开展领导干部自然资源资产离任（任中）审计项目27个，促进领导干部依法履职、廉洁用权；加大经济责任任中审计比例，山东省审计厅任中审计项目比例达到75.8%，全省任中审计比例达到54.15%。健全经济责任审计工作联席会议制度，修订议事规则和联席会议办公室工作规则，促进提升经济责任审计质效。加强与省委巡视办的协调配合，开展“巡审联动”。

金融审计 对全省125家地方银行金融数据进行联网采集，实现数据定期更新和动态实时分析。开展全省地方银行信贷数据非现场审计调查，揭示支持普惠型小微企业力度不够、向企业让利不足等问题。

外资运用审计 按照审计署统一部署，组织开展法国开发署贷款污水源热泵供热制冷能源示范项目等5个国外贷援款审计项目。

企业审计 按照“摸底数、揭问题、提建议、促发展”思路，对省属国有企业资产安全及结构、新旧动能转换基金管理等9项重点内容进行审计调查，揭示投资管理不规范、内部控制不严格等问题，推动深化国企改革，促进完善现代企业制度。

审计查出问题整改 省政府召开全省审计查出问题整改工作电视会议，通报审计发现问题，部署深化整改工作。加大整改督查力度，压实各级各部门整改主体责任，省级预算执行审计整改上缴国库3.26亿元，统筹盘活存量资金317.36亿元，促进资金拨付137.37亿元。发挥主管部门行业领导和业务指导作用，建立省属本科高等院校审计查出问题整改联动机制，开展共性问题专项整治；编印《审计查出共性典型问题汇编》，促进举一反三，强化源头治理，更好发挥“治已病、防未病”作用。

信息化建设 扎实推进金审工程三期建设，建成覆盖全省IPv6审计专网和一体化预算执行审计平台，顺利完成对口支援新疆生产建设兵团信息化项目建设任务。研发“BIM＋投资”审计平台，打通工程“算量”大数据分析堵点。优化升级审计地理信息“一张图”系统，实现卫星影像可视化分析。

内部审计 出台《关于进一步做好全省内部审计工作的指导意见》，加强内部审计工作监督指导，举办内部审计培训班，提升内部审计人员业务能力，更好发挥内部审计作用。

相关工作 深入学习贯彻习近平总书记关于党建工作的重要论述，坚持抓党建带队建促工作，落实管党治党政治责任。全面落实《党委（党组）落实全面从严治党主体责任规定》，修订完善厅党组落实主体责任清单，层层压实责任；深化党风廉政建设，制定党建督查工作办法，出台规范党员干部操办婚丧喜庆事宜制度规定。加大审计现场廉政回访力度，严格执行审计“四严禁”工作要求和审计“八不准”工作纪律，强化廉政风险防控，深化运用监督执纪“四种形态”，抓早抓小、防微杜渐。认真贯彻中央八项规定及其实施细则精神，深入开展形式主义官僚主义突出问题专项整治。扎实推进模范机关建设，在济宁召开全省审计系统模范机关建设推进会，深化系统创建工作，山东省审计厅连续9年保持“全国文明单位”称号，9个市审计局跻身全国文明单位行列，全省审计系统省级以上文明单位覆盖率达90%以上。认真落实党的组织路线和新时代好干部标准，坚持党管干部原则，着力建设信念坚定、业务精通、作风务实、清正廉洁的高素质专业化审计干部队伍。组织开展“解放思想、走在前列”专题研讨，“学理论、学政策、学制度、学业务”等活动。推进专业化建设，以审计业务综合处室为主体，组建“1＋N”专业审计团队，建立覆盖9个领域549人的全省审计人才库。适应疫情防控常态化要求，采取线上与线下相结合培训方式，培训全省审计干部3100余人次，进一步提高全省审计干部政治素养和专业能力。

（撰稿人：宋静静）

【济南市审计局】 2020年，济南市审计局实有225人。局长黄厚安，副局长许荣利、李传凤、张传堂、于洋、吴冬梅、刘安，驻市审计局纪检监察组组长曲学良，总审计师刘均，市经济责任审计工作联席会议办公室主任潘波。设有秘书处、办公室、组织人事处、政策法规处（审理处）、经济责任审计处、电子数据审计处、财政审计处、教科文卫审计处、农业农村审计处、自然资源和生态环境审计处、固定资产投资审计处、金融审计处、企业审计处、社会保障审计处、涉外审计处、内部审计指导监督处、派出审计一处至十处、机关党委、离退休干部处；下设济南市经济责任审计中心、济南市审计服务中心等事业单位。

审计成果 2020年，济南市审计机关共完成审计项目404个。查出主要问题金额933.11亿元；移送各类问题线索51件；被市委市政府主要领导批示审计报告及重要事项53篇次。审计提出建议1382条。

商河县审计局实施的商河县2015年1月至2018年6月居民基本医疗保险基金筹集管理使用绩效情况审计项目被审计署评为2019年度全国县级审计机关优秀审计项目一等奖。

政策落实情况跟踪审计 乡村振兴相关政策落实审计发现美丽乡村建设工作机制需完善、规划引领作用不明显和部分项目未按时完工等问题。推进“一次办好”改革和减税降费政策措施落实审计发现部分政务系统整合、行政审批服务措施落实和减税降费政策执行不到位等问题。清理拖欠民营企业中小企业账款审计发现个别清欠台账不准确、清偿不及时等问题。

财政审计 对96个市级一级预算单位进行电子数据审计全覆盖，对10个单位进行重点审计。

三大攻坚战审计 扶贫审计发现个别建档立卡贫困家庭适龄学生失学辍学，扶贫特惠保险理赔不及时，部分危房改造工程竣工验收、补助资金拨付不及时等问题。污染防治审计发现部分河流水质不达标，湿地保护监管不到位，清洁取暖政策执行上重复发放补贴、重复认定补贴对象等问题。政府性债务审计发现预算编制不全面、债券资金使用效益不高和专项债券资金使用相关规定执行不到位等问题。

疫情防控资金和捐赠款物专项审计 发现专项资金使用不及时、捐赠款物管理不规范、应急贷款使用绩效不高等问题。

民生审计 保障性安居工程审计发现部分棚改专项债券资金挪用或闲置，个别租赁住房补贴发放任务未完成，个别棚改项目交房不及时等问题。社会福利和社会救助审计发现社会救助统筹制度及机制不完善，部分救助政策执行不到位等问题。医保政策运行及基金管理审计发现医疗保险市级统筹推进慢，全市职工医保统筹基金结余大等问题。残疾人就业保障金审计发现多数单位应缴未缴残保金，部分残疾人应享未享“两项补贴”待遇和残疾人子女教育资助政策执行不到位等问题。

经济责任审计 对254名领导干部开展经济责任审计，实施领导干部自然资源资产审计项目17个。

固定资产投资审计 对济南轨道交通R2线一期工程、新旧动能转换起步区高质量发展情况、老旧住宅小区整治改造和物业管理情况等重点项目进行审计。

农业农村审计 开展2019年度济南市振兴十大农业特色产业政策措施落实及绩效情况审计，发现十大产业振兴工作未纳入全市经济社会发展综合考核指标体系、项目实施方案编制把关不严等问题。

资源环保审计 发现基础数据不统一、资源监管不到位和部分生态文明建设任务推进慢等问题。

信息化建设 推行“三进三报三训”制度。攻关BIM+投资审计平台建设，拓展应用GIS技术，在全市创新创优考核中获得满分。组建无人机技术团队。

交办任务 完成各级党委、政府、上级审计机关交办的工作任务249项。（撰稿人：白俊国）

【青岛市审计局】 2020年，青岛市审计局实有 217 人。局长侯杰，二级巡视员王健、管卫东（5 月—），副局长孙可君、潘强，总审计师管卫东，派驻纪检组长孙一宇，经济责任审计办公室主任张祚锡，政府投资审计专业局局长张伟（—9 月），副局级领导干部张伟（9 月—）、王雷，副巡视员宋志刚。设有办公室、法规处、人事处、经济责任审计处、电子数据审计处、财政审计处、教科文卫审计处、农业农村审计处、自然资源和生态环境审计处、固定资产投资审计处、金融审计处、企业审计处、社会保障审计处、涉外审计处、内部审计指导监督处、派出审计一处、派出审计二处、派出审计三处、派出审计四处、派出审计五处、派出审计六处、派出审计七处、派出审计八处、派出审计九处、派出审计十处、派出审计十一处、派出审计十二处、派出审计十三处、机关党委、离退休工作处；下设计算机信息中心、审计干部培训基地等事业单位。

审计成果　2020 年，青岛市审计局完成审计项目 52 个，其中审计 33 个、专项审计调查 19 个。查出主要问题金额 2219767 万元，其中违规金额 46329 万元、管理不规范金额 2173437 万元；审计发现非金额计量问题 318 个；损益（收支）不实金额 411219 万元；审计发现侵害人民群众利益 18742 万元；出具审计报告和专项审计调查报告 97 篇。审计处理处罚金额 514057 万元，其中应上缴财政 35313 万元、应减少财政拨款或补贴 25251 万元、应归还原渠道资金 20449 万元、应调账处理金额 433042 万元；移送司法、纪检监察等机关部门处理事项 25 件，移送处理人员 10 人，移送处理金额 90280 万元。审计促进整改落实有关问题资金 47202 万元；审计后挽回（避免）损失 25251 万元；核减投资额 25251 万元。移送处理落实事项 3 件。审计提出建议 205 条，被采纳 70 条；提交审计信息 178 篇，被批示、采用 77 篇次。向社会公告审计结果 3 篇。

青岛市审计局实施的 2017 年度青岛胶东机场建设及配套征迁工程建设情况跟踪审计项目被审计署评为 2019 年度全国省级审计机关优秀审计项目一等奖。

政策落实情况跟踪审计　开展新旧动能转换重大工程、减税降费、清理拖欠民营企业中小企业账款等 20 项政策措施落实情况审计调查，组织区（市）审计局对本地区落实国家和省、市政策措施情况进行跟踪审计。累计审计部门单位 809 个、抽查项目 659 个，推动项目加快实施 8 个，促进出台政策措施、制度办法 45 项。

财政审计　完成审计项目 12 个，查出主要问题金额 640960 万元。

三大攻坚战审计　完成审计项目 2 个，查出主要问题金额 9498.40 万元。

疫情防控资金和捐赠款物专项审计　完成审计项目 1 个，审计财政资金、捐赠资金共计 6.25 亿元。

民生审计　完成审计项目 2 个，查出主要问题金额 1421.68 万元。

经济责任审计　完成审计项目 20 个，查出主要问题金额 495388 万元。

固定资产投资审计　完成审计项目 5 个，项目投资额 7029967 万元，核减投资额 25251 万元，查出主要问题金额 786352 万元。

资源环保审计　完成审计项目 1 个。

外资运用审计　完成审计项目 1 个，项目投资额 30581 万元，其中外资 11160 万元。

企业审计　完成审计项目 7 个，查出主要问题金额 475821 万元。

专项资金审计　完成审计项目 13 个，审计专项资金总额 776203 万元，查出主要问题金额 217258.92 万元。

信息化建设　研发公共工程造价审计软件，被审计署推广；承担山东省审计厅金审工程三期建设试点和预算执行审计全覆盖数据采集校验工具试点；创建预算绩效“大数据＋非现场”审计模式，推进审计全覆盖向纵深发展。

审计科研　《运用大数据技术创新实现工程招投标审计全覆盖》《政策措施落实跟踪审计大数据综合作业平台》分别获得审计署优秀案例一等奖、二等奖。《青岛市大数据推动财政资金纵向贯通审计全覆盖的实践与思考》入选中国审计学会论文集；完成山东省审计学会合作课题《全面预算绩效管理体系框架下财政资金绩效审计研究》。

内部审计　全市内部审计机构共完成审计项目 6552 个，审计发现问题金额 32689.85 万元。

交办任务　完成交办事项1件。

相关工作　“八型”模范机关创建经验在全省审计系统作典型发言；加强处长组织力、执行力建设，创建“清廉铸审”廉政文化品牌。

（撰稿人：潘铎印）

【淄博市审计局】　2020年，淄博市审计局实有121人。局长勾东升（—11月），荆国（11月—），副局长杜贞耐、房虹、李晓燕，总审计师张国华，市经济责任审计工作联席会议办公室主任孙雅娟，一级调研员勾东升、杜玉琳，二级调研员梅立凯、荆开学，三级调研员冯淑青、刘可贵，四级调研员周长银、王兰军、徐发亮，总经济师王阳，淄博市政府投资审计中心主任刘洪民。设有机关党委、办公室（秘书科）、法规科、人事科、经济责任审计科、电子数据审计科、财政审计科、教科文卫审计科、农业农村审计科、自然资源和生态环境审计科、固定资产投资审计科、金融审计科、企业审计科、社会保障审计科、涉外审计科、审计执行科、内部审计指导科、村居审计指导科；下设淄博市政府投资审计中心、淄博审计干部培训中心等事业单位。

审计成果　2020年，淄博市审计局实施审计项目75个。审计查出违规金额27.87亿元、管理不规范金额280.39亿元。促进增收节支1.60亿元。向纪委监委和有关部门移送问题线索23件，处理30人。

政策落实情况跟踪审计　开展“一次办好”改革和减税降费政策措施落实情况审计，清退35户不动产登记费6.4万元，促使出台《关于实施小微企业不动产登记费减免告知承诺制的通知》。完成政府专项债券及新增财政资金专项审计，打造市县联合“派驻式”常态化审计模式，督促资金直达市县基层，直接惠企利民。

财政审计　开展2019年度预算执行和其他财政收支情况审计，首次实现市级“四本预算”的审计全覆盖，工作得到市人大常委会的肯定。

三大攻坚战审计　开展扶贫政策审计，抽查扶贫资金3.6亿元，产业扶贫项目112个，助推市卫健委出台《关于进一步对贫困人口住院费用进行减免的通知》。

疫情防控资金和捐赠款物专项审计　实施全市疫情防控资金和捐赠款物专项审计，提出审计建议52条，推动出台《新型冠状病毒感染肺炎疫情防控捐赠款物管理办法》等4项制度。

民生审计　对全市社会福利和社会救助政策进行审计，涉及政策26项，资金8.69亿元，促成财政、民政等部门进一步提高社会福利及救助资金发放的精准性。组织开展保障性安居工程资金投入和使用绩效审计，推动拨付迟滞资金2.06亿元，收回闲置资金0.6亿元。

经济责任审计　完成32个经济责任审计项目，任中审计占比81.25%。

固定资产投资审计　完成黄土崖湿地公园建设等5个重点项目审计，审计工程总值24.68亿元，审减2.79亿元；对淄博齐润实验小学等7个项目进行跟踪审计，提出审计建议11条。

农业农村审计　实施的淄川区乡村振兴相关政策审计涉及资金1.4亿元，督促政策措施不完善等38个问题整改，促使出台《关于支持现代农业高质量发展加快乡村产业振兴的十条政策》。

专项资金审计　开展区县扶持壮大村级集体经济财政专项资金审计，发现并纠正资金管理使用、项目建设运营等问题。

信息化建设　持续推动创新研发的审计工作管理平台与日常工作融合，不断提升制订计划、管控进度、日常考核、开发成果等方面的智能化管理水平。

审计科研　市审计局获全省审计科研考核第二名，16篇科研成果获市级以上表彰，《以审治堵，大数据审计助推G市公交线网优化提升》入选审计署2020年度审计教学案例。

内部审计　被省审计厅评为全省内部审计工作先进单位。

交办任务　承担参与市委市政府领导交办的全市重要会议、文件、督查事项等51项。

相关工作　获全市经济社会发展综合考核优秀等次。临淄区、沂源县审计局获山东省审计系统先进单位，4人获先进个人。市审计局1人获全市“十二大攻坚行动先进个人”称号；1个党支部被评为示范党支部。　（撰稿人：樊鸿坤）

【枣庄市审计局】　2020年，枣庄市审计局实有48人。党组书记、局长、一级调研员窦建军，副局长于晨，党组成员、副局长、二级调研员韩荣昌，党组成员、副局长许国强，市经济责任审计联席会议办公室主任刘锦平，党组成员、市审计服务中心主任李文广，一级调研员李黎（—5月），四级调研员张鲁平（—7月）、张本良、丁祥军。设有办公室、法规科（审理科）、人事科、经济责任审计科、电子数据审计科、财政金融审计科、行政事业审计科、农业与资源环保审计科、固定资产投资审计科、企业审计科、社会保障审计科。

审计成果 2020年，枣庄市审计机关完成审计项目167个。查出主要问题金额2140714万元，其中违规金额25811万元、损失浪费金额319万元、管理不规范金额2114583万元；审计发现非金额计量问题643个；损益（收支）不实114167万元；出具审计报告和专项审计调查报告206篇。审计处理处罚金额82762万元，其中应上缴财政28568万元、应归还原渠道资金7847万元、应缴纳其他资金70万元、应调账处理金额46275万元；移送司法机关、纪检监察机关和有关部门处理事项6件，移送处理人员2人。审计促进整改落实有关问题资金35959万元；审计促进拨付到位资金14547万元；核减投资额745万元；移送处理落实事项6件。审计提出建议被采纳422条；提交审计信息92篇。

市审计局实施的滕州市原市长经济责任审计和自然资源资产审计被评为省级优秀审计项目，滕州市审计局实施的滕州市财政局具体组织2018年度市级预算执行及其他财政收支情况审计被评为省级良好审计项目。

政策落实情况跟踪审计 实施疫情防控、乡村振兴、医保基金、优化营商环境、重大水利工程建设等12个领域53项政策落实跟踪审计，促进落实扶贫政策、完善规章制度20余项。对全市商务系统39家“僵尸企业”进行清产核资。

财政审计 完成预算执行审计项目43个，延伸审计单位62个，查出资金闲置滞留199682万元，实现一级预算单位审计数据分析“全覆盖”。市、区（市）人大常委会对年度预算执行审计工作报告给予高度评价。

经济责任审计 完成64名领导干部经济责任审计，查出主要问题金额887576万元。全市任中审计比例达到47%，市本级达到80%。印发《枣庄市经济责任审计工作联席会议办公室工作规则》《枣庄市经济责任审计工作联席会议议事规则》《致领导干部一封信》，发挥审计“治已病，防未病”作用。

内部审计 召开内部审计工作座谈会，向省内部审计协会推荐优秀论文3篇，1家内部审计机构获得省内部审计信息宣传工作先进单位，2人获得省内部审计信息宣传工作先进个人表彰。

审计查出问题整改 建立“问题清单、责任清单、公开清单”3张清单，对市级预算执行审计整改持续督促，推动盘活存量资金4.8亿元。上报的经济责任审计整改报告得到市委主要领导同志肯定并予以批示。

相关工作 联合市委巡察办印发《关于开展巡察与审计工作联动的实施意见（试行）》；提拔重用、职级晋升20余名审计干部。

（撰稿人：张　松）

【东营市审计局】 2020年，东营市审计局实有65人。局长魏光青，副局长成志强、张冬梅，经济责任审计工作联席会议办公室主任王利民，副县级干部张波、温绍云、卢祥滨，三级调研员王国军、李建华（—8月），四级调研员袁伍中。设有办公室、法规科（挂审理科牌子）、人事科、经济责任审计科、电子数据审计科、财政审计科、教科文卫审计科、农业农村审计科、自然资源和生态环境审计科、固定资产投资审计科、金融和企业审计科、社会保障审计科、东营经济技术开发区分局（挂东营港经济开发区分局牌子）；下设东营市计算机审计中心。

审计成果 2020年，东营市审计机关共完成审计项目174个。查出主要问题金额480911万元；审计发现非金额计量问题829个；损益（收支）不实66187万元；审计期间整改金额35356万元；出具审计报告和专项审计调查报告264篇。审计处理处罚金额12990万元。审计促进整改落实有关问题资金14560万元，已调账处理金额1861万元；审计促进拨付资金到位金额9730万元；审计后挽回（避免）损失金额12万元；核减投资额1230万元；移送处理事项1件。审计提出建议464条，被采纳100条；累计报送审计要情或专题报告31篇，获市委市政府主要领导批示35篇次。

东营市审计局被中央文明委授予“全国文明单位”称号。

政策落实情况跟踪审计 开展新旧动能转换、“一次办好”和减税降费、促进优化营商环境、“僵尸企业”处置等政策落实情况跟踪审计。

财政审计 实现全部145个市级预算单位数据分析全覆盖，重点对市财政局组织预算执行审计情况和7个部门单位实施全面审计。

三大攻坚战审计 开展地方政府隐性债务化解、政府专项债券和新增财政资金、扶贫相关政策、固体废弃物污染防治专项审计。印发《东营市自然资源资产离任审计办法（试行）》，对市发展改革委主任开展自然资源资产管理及生态环境保护责任履行情况审计。

疫情防控资金和捐赠款物专项审计 开展疫情防控资金物资专项审计，累计跟踪审计资金3.31亿元。

民生审计 组织实施社会福利和社会救助、促进就业优先、黄河滩区居民迁建、职业教育改革、乡村振兴、旅游富民三年行动计划、重点水利工程建设绩效、保障性安居工程等审计。

经济责任审计 对16名领导干部开展经济责任审计。将审计结果及整改情况纳入所在单位领导班子民主生活会和党风廉政建设责任制考核内容。

固定资产投资审计 实施中心城城市森林公园（一期）预算执行审计和市一中新校建设主体工程决算审计。

信息化建设 东营市审计局被审计署列入全国金审工程三期建设试点单位，被省审计厅列入全省审计地理信息“一张图”应用系统试点单位。

审计查出问题整改 印发《东营市审计委员会关于加强审计整改工作的意见》，健全完善7项机制，首次与市人大常委会预算工委、纪委监委机关联合开展审计整改工作集中督查。

相关工作 机关党委被确定为全市基层党建示范点培育单位，4个支部全部实现“一支部一特色、一支部一品牌”和“五星级”管理。开展“四个一”活动和业务作风“双竞赛”，在浙江大学开展干部综合能力素质提升培训，组织“四手人才”“审计能手”评选。开展文明创建“百日攻坚”活动，实现全市审计机关省级以上文明单位“全覆盖”，组织开展“双联共建”“双报到”等活动，参与东营文明城市、疫情防控等志愿服务，机关工会等一批集体和个人被表彰为全市模范职工之家、全市三八红旗集体、三八红旗手等。东营市审计局被确定为全市模范机关示范点试点单位，入选全市首批节水型、节约型机关，并被推荐为省级节约型机关。（撰稿人：张　洁）

【烟台市审计局】 2020年，烟台市审计局实有81人。局长董瑞锋，一级调研员张邦业、副局长钟方新、翟宇翔、王亚贤（5月—）。设有办公室、法规科、人事科、经济责任审计科、电子数据审计科、财政审计科、教科文卫审计科、农业农村审计科、自然资源和生态环境审计科、固定资产投资审计科、金融审计科、企业审计科、社会保障审计科、涉外审计科及派出审计一科、派出审计二科、派出审计三科、派出审计四科；下设烟台市政府投资审计服务中心。

审计成果 2020年，烟台市审计机关共完成审计项目468个，其中审计464个、专项审计调查4个。查出主要问题金额9543590万元，其中违规金额169696万元、损失浪费金额81万元、管理不规范金额9373813万元；审计发现非金额计量问题983个；损益（收支）不实金额476611万元；审计发现侵害人民群众利益51万元；出具审计报告和专项审计调查报告750篇，被批示、采用2篇次。审计处理处罚金额424658万元，其中应上缴财政164615万元、应减少财政拨款或补贴523万元、应归还原渠道资金734万元、应缴纳其他资金237万元、应调账处理金额258547万元；移送司法机关、纪检监察机关和有关部门处理事项36件，移送处理人员13人，移送处理金额4130万元。审计促进整改落实有关问题资金113371万元；审计促进拨付资金到位401734万元；审计后挽回（避免）损失548万元；核减投资额523万元；移送处理落实事项2件。审计提出建议557条，被采纳265条；推动被审计单位制定整改措施68项；促进被审计单位建立健全规章制度7项；提交审计信息290

篇，被批示、采用 87 篇次。向社会公告审计结果 12 篇。

烟台市人民防空办公室原主任任期经济责任审计项目被评为省审计厅表彰审计项目。

政策落实情况跟踪审计 完成“一次办好”、新旧动能转换、新增财政资金等 11 类重大政策措施落实情况跟踪审计。

财政审计 完成 2019 年度市级预算执行审计，首次实现对市县两级 717 个一级预算单位和 12 类财务数据全面采集。

疫情防控资金和捐赠款物专项审计 审计各类资金 5.1 亿元，督促整改落实资金 649.5 万元、分配物资 113 万件，促进建章立制 2 项。

民生审计 完成保障性安居工程、社会福利和社会救助、职业教育等审计。

经济责任审计 对 324 名领导干部进行任中、离任经济责任审计。

固定资产投资审计 对 66 个总投资 90 多亿元的重点水利工程进行审计。

农业农村审计 完成乡村振兴相关政策和资金审计。

金融审计 完成烟台市再担保有限公司资产负债损益情况审计。

外资运用审计 完成对 SOS 儿童村、污水处理厂 2 个国外贷援款项目审计。

企业审计 对国有资本经营预算情况和市级行政事业单位资产管理情况进行审计。

信息化建设 搭建覆盖全市 IPv6 审计专网，成为全省首批审计地理信息“一张图”试点单位。

交办任务 完成烟台市供销社系统财政财务收支情况审计，选派 23 人次参与巡视巡查、老岚水库等全市重点工作，累计投入 800 多人次参与疫情防控、“四进”等工作。

相关工作 坚持党建统领全局，以“制度建设、质量提升、作风转变”三个“三年行动”为总抓手，创建模范机关，被评为全市首批“五星级党组织”，1 人被评为全省就业创业工作先进个人。

（撰稿人：朱荣华）

【潍坊市审计局】 2020 年，潍坊市审计局实有 107 人。局长张祖钊，副局长李宏德、王天玉，经济责任审计工作联席会议办公室主任刘东芳（8 月—）。设有办公室、人事科、法制审理科、审计结果执行科、财政审计科、行政事业审计科、农业农村审计科、自然资源和生态环境审计科、固定资产投资审计科、社会保障审计科、金融审计科、企业审计科、涉外审计科、电子数据审计科、经济责任审计科、派出审计一科、派出审计二科、机关党委；下设潍坊市审计局派出审计中心、潍坊市政府性投资审计中心等事业单位。

审计成果 2020 年，潍坊市审计机关完成审计项目 572 个，其中审计 557 个、专项审计调查 15 个。查出主要问题金额 7356354 万元，其中违规金额 153982 万元、损失浪费金额 16599 万元、管理不规范金额 7185773 万元；审计发现非金额计量问题 4888 个；损益（收支）不实金额 667235 万元；审计发现侵害人民群众利益 23698 万元；出具审计报告和专项审计调查报告 942 篇。审计处理处罚金额 643920 万元，其中应上缴财政 120284 万元、应减少财政拨款或补贴 2601 万元、应归还原渠道资金 3730 万元、应缴纳其他资金 11734 万元、应调账处理金额 505571 万元；移送司法机关、纪检监察机关和有关部门处理事项 89 件，移送处理人员 9 人，移送处理金额 180572 万元。审计促进整改落实有关问题资金 392941 万元；审计促进拨付资金到位 17053 万元；审计后挽回损失 157655 万元；核减投资金额 29152 万元；移送处理落实事项 40 件。审计提出建议 1690 条，被采纳 1658 条；推动被审计单位制定整改措施 906 项；促进被审计单位建立健全规章制度 47 项；提交审计信息 417 篇，被批示、采用 134 篇。

潍坊市国有企业发展质量状况专项审计调查项目被山东省审计厅表彰为优秀审计项目；《水库改扩建项目大数据审计应用案例》在审计署开展的数据分析技术方法在审计工作中的创新应用优秀案例评选中，被评为优秀案例一等奖。探索开展的“巡审联动”“税审协作”等创新做法被审计署、山东省审计厅推广。

政策落实情况跟踪审计 根据上级审计机关统一安排，在完成地方政府隐性债务化解情况、推进“一次办好”和减税降费、推动清理拖欠民营企业和中小企业账款等9项政策跟踪审计基础上，安排国有企业发展质量状况、34件民生实事推进落实情况、市直财政补贴和经费自理事业单位资产负债运营状况等3个政策落实跟踪审计项目。

财政审计 突出过“紧日子”要求，组织对市县两级的1408个一、二、三级预算单位全面开展预算执行审计数据分析，重点对8个市直部门单位开展部门单位预算执行审计，着重揭示预算执行进度、资金绩效、往来账款等方面存在的突出问题。提报的审计工作报告得到市人大常委会充分肯定，并第一时间向社会进行公开。

疫情防控资金和捐赠款物专项审计 组织29个审计组、111名审计干部审核疫情防控资金和捐赠款物3.14亿元，查出主要问题金额0.71亿元，促进防疫资金物资的规范、高效使用。

民生审计 组织对34件民生实事推进落实情况、精准扶贫有关情况、农村义务教育学校“四改”情况等进行审计，及时督促问题整改，促进民生政策精准落实。

经济责任审计 全市审计机关共完成领导干部经济责任审计项目366个，查出主要问题金额2798141万元。推进审计关口前移，任中审计占比达到54%，逐步实现事后监督向事中、事前监督转变。

企业金融审计 组织开展市属国有企业发展质量状况、潍坊水务投资有限责任公司发展质量状况专项审计调查，对潍坊市再担保股份有限公司、潍坊市金融控股集团主要领导人开展经济责任审计，防范化解金融风险，促进国有资产保值增值。

固定资产投资审计 组织12个县市区完成新旧动能转换重大工程和潍坊食品谷总部基地建设一期工程、站南广场、高铁新城、潍坊党性教育基地主题展馆等重点项目建设情况等审计项目32个，审计核减投资额2.92亿元，依法查处违规操作、高估冒算、侵吞贪占等违法违规问题，切实促进提高公共投资绩效。

资源环保审计 开展潍坊市水利局、潍坊市生态环境局等领导干部自然资源资产审计项目5个，强化领导干部生态环保意识，树立科学发展理念和正确政绩观。 （撰稿人：杨　琦）

【济宁市审计局】 2020年，济宁市审计局实有91人。局长王业成，二级巡视员胡良民（—7月），二级调研员王岱峰、苏桂双（—6月），副局长孙进、胡忠启，市审计服务中心主任张旸。设有市委审计委员会办公室秘书科、办公室、人事科、法制审理科、财政审计科、企业审计科、农业农村审计科、社会保障审计科、行政事业审计一科、行政事业审计二科、教科文卫审计科、自然资源和生态环境审计科、经济责任审计科、固定资产投资审计科、金融审计科、电子数据审计科、审计结果执行科、机关党委；另设济宁市审计局高新技术产业开发区分局、济宁市审计局北湖省级旅游度假区分局、济宁市审计局经济技术开发区分局等派出机构；下设济宁市审计服务中心。

审计成果 2020年，济宁市审计机关共完成审计项目413个。查出管理不规范金额18341939万元；审计发现非金额计量问题1190个；损益（收支）不实金额452285万元；审计发现侵害人民群众利益金额372万元；出具审计报告和专项审计调查报告683篇。审计处理处罚金额370705万元，其中应上缴财政213517万元、应减少财政拨款或补贴67793万元、应归还原渠道资金20652万元、应缴纳其他资金25962万元、应调账处理金额42779万元；移送司法机关、纪检监察机关和有关部门处理事项52件，移送处理人员61人。审计促进整改落实有关问题资金207248万元；审计后挽回（避免）损失70731万元；核减投资额67793万元；移送处理落实事项5件。审计提出建议951条，被采纳369条；提交审计信息524篇，被批示、采用356篇次。

济宁市审计局被济宁市委市政府评为2020年度考核“好”等次。局长被山东省委省政府评为2020年度“勇于创新奖”先进个人。济宁市2019年度市级预算执行和其他财政收支情况审计项目被审计署评为优秀审计项目。审计署党组成员、副审计长王文斌和山东省省长分别对济宁市审计局创建模范机关的措施成效、创新预算执行审计“五大融合”模式做法作出肯定性批示，省审计厅厅长对济宁预算执行审计“七统一”作出批示。

政策落实跟踪审计 组织开展疫情防控、脱贫攻坚、优化营商环境等政策跟踪审计项目23个，创新审计方式方法，加大对审计发现问题的宏观分析，推动补齐工作短板、堵塞制度漏洞、完善协同传导机制，促进政令畅通和重大政策措施落地见效。

财政审计 对市级和11个县市区2019年度预算执行、财政收支真实性、政府性债务、清理拖欠民营企业中小企业账款等开展专项审计，共促进财政增收节支13.3亿元，提交审计建议函56份，移送违纪违规线索32件。

疫情防控资金和捐赠款物专项审计 对全市疫情防控财政资金、捐赠款物及政策落实情况进行跟踪审计，延伸263个组织、部门单位，涉及财政资金6.48亿元，捐赠款物1.83亿元。审计共发现19类62个问题，涉及金额1.15亿元，审计期间问题全部得到整改，确保各级疫情防控政策措施的落实落地。

经济责任审计 印发《关于全面深化党政主要领导干部和国有企事业单位主要领导人员经济责任审计的意见》，干部任中审计占比达到83%。深入推进领导干部自然资源资产离任（任中）审计，有力促进干部依法履职用权。全市共完成296名领导干部经济责任审计，提出审计建议628条，移送处理事项36件。

固定资产投资审计 组织开展济宁内环高架、新机场迁建、济宁文化中心、济宁一中等项目审计，创新审计监督模式，严把审计监督关，规范项目建设程序，提高资金使用绩效。审计署和省审计厅领导到市审计局调研公共投资审计工作，给予高度评价。

审计查出问题整改 开展党的十八大以来审计查出问题整改情况“回头看”，全市涉及审计项目7431个，2020年度共督促7418个项目完成整改，整改率99.83%。实行审计专班“一把尺子”抓整改，建立整改督查、整改约谈、整改问责、整改报告、整改情况公开等审计整改“五项制度”，推动市级层面建立审计整改工作联席会议，将审计发现问题整改纳入全市攻坚行动，重要整改事项作为市委市政府督查内容，动态督办、销号办结。 （撰稿人：徐东升 常化涛）

【泰安市审计局】 2020年，泰安市审计局实有79人。局长杨承修，调研员张仁安，副局长刘安、程波、吴思、孟恒新（—4月），张伟（2月—），副调研员汪培秋，姜浩刚，市经济责任审计工作联席会议办公室主任李兴昌（2月—），市审计指导服务中心主任潘广怀（2月—）。设有办公室、人事科、法规科（审理科）、财政审计科、金融审计科、教科文卫审计科、审计项目管理科、社会保障审计科、自然资源和生态环境审计科、企业审计科（涉外审计科）、农业农村审计科、内部审计指导监督科、电子数据审计科、固定资产投资审计科、经济责任审计办公室，另设开发区分局、泰山景区分局等派出机构；下设审计指导服务中心、审计教育中心。

审计成果 2020年，泰安市审计机关完成审计项目241个。查出主要问题金额2480472万元；审计发现侵害群众利益626万元；出具审计报告和专项审计调查报告354篇。审计处理处罚金额3965万元，其中应上缴财政3236万元、应归还原渠道资金288万元。审计促进整改落实问题资金51794万元；移送处理事项7件。

政策落实情况跟踪审计 把重大政策措施落实跟踪审计作为重大政治任务，组织开展优化营商环境审计，关注深化“一次办好”改革和减税降费政策落实情况，促进营商环境不断改善。持续开展三大攻坚战、清理拖欠民营和中小企业账款，促进省、市部署要求落实到位。

财政审计 审计预算执行部门单位114个，重点关注财政资金的安全和使用效益，揭示财政资金在管理、分配、使用等方面存在的突出问题，审计工作报告得到同级人大肯定和好评。通过整改，增加财政收入7126万元，收回资金9480万元，盘活存量资金847万元，促进资金拨付3.37亿元。

疫情防控资金和捐赠款物专项审计 重点关注疫情防控政策措施落实、财政专项资金、捐赠款物、重点保障企业贴息贷款的分配管理使用情况，促进疫情防控资金物资规范管理、高效使用。抽查市级疫情专项资金1480万元、各类捐赠资金4186万元、捐赠物资129529件（套），促进税务机关为59户符合条件的企业办理延期缴纳税款2784万元，推动15家市属国有企业减免

177家中小企业房产租金859万元，为打赢疫情防控阻击战提供有力监督保障。

民生审计 聚焦普惠性、基础性、兜底性民生政策落实，把群众“急难愁盼”问题作为审计监督重点，开展保障性安居工程、乡村振兴、社会救助、促进就业、养老保险、医保和社保基金审计。抽查财政专项扶贫和乡村振兴资金2.94亿元，加大对脱贫攻坚工作中的形式主义、官僚主义和违纪违法问题的揭示力度，保障人民群众住有所居、病有所医。

经济责任审计 对127名领导干部开展经济责任审计，任中审计占60%以上，把落实中央八项规定及其实施细则精神、厉行节约反对浪费相关要求贯穿始终，广泛推行融合式、嵌入式、“1＋N”等组织方式，提升审计成效。与市委组织部联合印发《关于认真做好经济责任审计发现问题整改落实工作的通知》，合力推进审计整改。

固定资产投资审计 开展泰山区域山水林田湖草生态保护修复工程、公益项目和省级重点水利工程审计调查，实施泰山石保护和擂鼓石大街工程跟踪审计。重点揭示项目立项审批手续不全、资金管理和使用不规范、建设进度慢等共性问题，及时向市委市政府提出审计建议，推动重点建设项目顺利实施。（撰稿人：杨　宁）

【威海市审计局】 2020年，威海市审计局实有80人。局长于松涛，二级调研员于天义，副局长李宁（—12月）、王晓辉、侯志勇，市经济责任审计工作联席会议办公室主任，三级调研员房元芹（11月—），市政府投资审计中心主任慕洪亮，四级调研员张云善。设有市委审计委员会办公室秘书科、办公室、法规科、政工科、审计执行科、经济责任审计科、电子数据审计科、财政审计科、教科文卫审计科、农业农村审计科、自然资源和生态环境审计科、固定资产投资审计科、金融审计科、企业审计科（挂涉外审计科牌子）、社会保障审计科；下设威海市政府投资审计中心、威海市内部审计指导中心等事业单位。

审计成果 2020年，威海市审计机关共完成审计项目180个。查出主要问题金额5909839万元，其中违规金额36686万元；审计发现非金额计量问题1156个；出具审计报告和专项审计调查报告302篇。审计处理处罚金额1097956万元；移送司法机关、纪检监察机关和有关部门处理事项20件。审计促进整改落实有关问题资金111346万元。审计提出建议409条，被采纳314条；推动被审计单位制定整改措施1058项；促进被审计单位建立健全规章制度176项；提交审计信息126篇，被批示、采用83篇次；向社会公告审计结果11项。

威海市审计局实施的威海北洋电气集团股份有限公司财务收支情况审计项目、文登区审计局实施的宋村镇党委书记任职期间经济责任审计项目被评为省审计厅良好审计项目。

政策落实情况跟踪审计 将年度审计计划与重大政策措施落实情况跟踪审计相统筹，加强政策跟踪审计与其他专项审计的融合，在疫情防控、稳就业等9个领域实施政策跟踪审计，并将三个开发区“一次办好”改革和减税降费政策落实审计调查与开发区预算执行审计结合开展，最大限度扩展覆盖面。

财政审计 首次实现一级预算单位预算执行审计全覆盖，数据采集分析覆盖至201家二级预算单位，形成“大数据团队统一分析＋被审计单位自核自证＋现场重点核实”的运作方式，助力统筹盘活资金11亿元以上。

民生审计 深入贯彻以人民为中心的发展理念，先后对扶贫、乡村振兴、新冠肺炎疫情防控、社会福利和社会救助、保居民就业等各领域政策落实情况实施审计，开展全市基本养老保险基金审计。

经济责任审计 完成经济责任审计项目116个，涉及被审计领导干部120人，其中任中审计占21%；完成领导干部自然资源资产离任（任中）审计项目3个。联合组织部门出台领导干部任前经济责任告知办法，编印重点风险防范手册，对审计发现的典型问题进行梳理并以一封信的形式送达288名市管主要领导干部。

固定资产投资审计 将本年度工作计划任务与市创新突破改革目标及实施投资审计“三个转变”等重点工作统筹谋划、综合施策、同步推进，结合实际不断强化投资审计中心制度、业务和能力建设，切实提升监督质量水平，积极服务保障市级重点项目实施推进。顺利完成1个省审计厅统一组织的专项审计调查、3个政府交办项目、2个绩效审计项目、1个竣工决算审计项目和1个财务跟踪审计项目，节约投资1.31亿元。BIM（建筑信息模型）技术应用经验做法在审计署、省审计厅作典型交流。

信息化建设 坚持向大数据要资源，向信息化要效率，首次实现市区两级一、二级预算单位财务数据全覆盖采集分析；培养全员“政策＋业务＋数据”综合运用能力，持续推进完善“双主审、双报告”运行模式，大数据审计迈入全省第一方阵。

内部审计 持续完善内部审计工作制度框架。建立具有威海特色的“三机制、三清单、两方案、一评价”内部审计工作模式，推动内部审计工作成为部门单位严肃内部财经纪律、加强内控管理、维护经济秩序的重要手段。

（撰稿人：潘 康）

【日照市审计局】 2020年，日照市审计局实有82人。局长刘树东（—8月）、田英（8月—），二级调研员阚士梅，副局长李兆勇、王茂森、许鸿，四级调研员张传相。设办公室、法规科、人事科、经济责任审计科、电子数据审计科等14个科（室）；下设日照市经济责任审计中心和日照市政府投资审计中心等事业单位。

审计成果 2020年，日照市审计机关完成审计项目252个。查出违规金额95632万元、损失浪费金额1716万元；审计发现非金额计量问题1282个；损益（收支）不实金额298269万元；出具审计报告和专项审计调查报告417篇。审计处理处罚金额277517万元；移送司法机关、纪检监察机关和有关部门处理事项24件。审计促进整改落实有关问题金额160520万元；审计后挽回（避免）损失24739万元；移送处理落实事项3件。审计提出建议714条，被采纳711条；推动被审计单位制定整改措施277项，促进被审计单位建立健全规章制度31项；提交审计信息155篇，被批示、采用17篇次。向社会公告审计结果10篇。

日照市审计局和五莲县审计局荣获“全省审计系统先进集体”称号。日照市委书记充分肯定市属国有企业审计成果，相关工作得到省审计厅厅长和日照市市长批示肯定。

政策落实情况跟踪审计 扎实开展就业优先、乡村振兴、新旧动能转换、清理拖欠民营企业中小企业账款、重点水利工程建设情况等审计，跟踪“一次办好”和减税降费审计发现问题整改，促进相关资金2106.15万元发挥效用。

财政审计 扎实推进一级预算单位审计全覆盖，集中采集分析全市684家预算单位财务数据。跟踪中央直达资金及专项债券管理使用，规范政府专项债券资金2亿余元。

三大攻坚战审计 全面开展审计并跟进核查，促进历年扶贫审计查出的198个问题全部整改到位，问责追责139人。

疫情防控资金和捐赠款物专项审计 全市共审计专项财政资金1.27亿元、捐赠资金0.84亿元、专项贷款资金3.61亿元。

民生审计 在社会福利和社会保障审计中，移送侵害群众利益线索5件。通过住宅专项维修资金审计，推动住宅专项资金智慧管理系统启用。

经济责任审计 提高任中审计比例，不再将提拔为副处级干部的区县直部门单位、区县党委书记等纳入市级离任审计范围。

固定资产投资审计 持续跟进足球中心、科技文化中心、日照综合客运站等重点项目16个，节约投资额3.08亿元。

企业审计 全面审计市属国有企业20户，精准揭示内控问题、风险隐患、企业发展“堵点”，并移送违法违纪问题。

信息化建设 部署审计地理信息“一张图”，自主研发地理信息技术智慧审计平台，在自然资源与环境、投资、财政、国企审计领域应用。

（撰稿人：李 健）

【临沂市审计局】 2020年，临沂市审计局实有92人。局长李枝叶，副局长王宏祥（—9月）、杨忠森、谢国光、朱海英，三级调研员陈德法，四级调研员李进、雷焕廷（10月—），市经济责任审计服务中心主任张金堂，市经济责任审计服务中心党总支书记殷宗建（—12月），市经济责任审计服务中心副主任赵琳、叶庆红，市重点建设项目审计办公室主任张现东，市经济责任审计联席会议办公室主任上官跃祥（9月—）。设有办公室、秘书科、法规科、人事科、财政审计科、经济责任审计科、金融审计科、社会保障审计科、行政事业审计科、企业审计科、固定资产投资审计科、农业农村审计科；下设市重点建设项目审计办公室、市审计计算机中心、市市管企业监事会工作办公室等事业单位，代管市经济责任审计服务中心。

审计成果 2020年，临沂市审计机关共完成审计项目579个，其中审计565个、专项审计调查14个。查出主要问题金额1043.66亿元，其中违规金额2.95亿元、损失浪费金额5729万元、管理不规范金额1040.14亿元；审计发现非金额计量问题1690个；损益（收支）不实金额21.57亿元；审计发现侵害人民群众利益0.52亿元；出具审计报告和专项审计调查报告917篇。审计处理处罚金额18.19亿元，其中应上缴财政3.47亿元、应减少财政拨款或补贴6697万元、应归还原渠道资金3445万元、应缴纳其他资金11万元、应调账处理金额13.71亿元；移送司法机关、纪检监察机关和有关部门处理事项69件，移送处理人员25人，移送处理金额423.12亿元。审计促进整改落实有关问题资金2.27亿元；审计后挽回（避免）损失553万元；核减投资额1.09亿元；移送处理落实事项17件。审计提出建议1788条，被采纳1541条；推动被审计单位制定整改措施3项；促进被审计单位建立健全规章制度5项；提交审计信息542篇，被批示、采用268篇次。向社会公告审计结果8篇。

政策落实情况跟踪审计 开展10项政策跟踪审计（调查）。

财政审计 对21个单位实施全面审计，对6个单位进行现场核查，查出问题金额98.75亿元。

经济责任审计 对53名市管干部进行经济责任审计，对2710名村居干部进行经济责任审计，查出问题金额64.37亿元，促进化解信访问题145个。

疫情防控资金和捐赠款物专项审计 推动被审计单位立审立改问题资金1.39亿元。

固定资产投资审计 完成3个政府投资项目审计，完成以前年度未结遗留工程复审项目68个，审减工程造价1217.75万元。

民生审计 开展精准扶贫等民生审计项目5个，其中，保障性安居工程审计促进拨付安居工程资金3.41亿元。 （撰稿人：王传山）

【德州市审计局】 2020年，德州市审计局实有75人。局长刘清云，副局长刘国芹、梁富修、穆耀民，二级调研员戴希祥，三级调研员黄洁、于成学，内部审计指导中心三级调研员赵国强，市经济责任审计工作联席会议办公室主任李伟，内部审计指导中心主任刘军。设有市委审计委员会办公室秘书科、办公室、法规科、人事科、执行科、经济责任审计一科、经济责任审计二科、电子数据审计科、财政金融审计科、教科文卫审计科、农业农村审计科、自然资源和生态环境审计科、固定资产投资审计科、企业外资审计科、社会保障审计科、经济技术开发区分局、运河经济开发区分局、机关党委、离退休干部科；下设德州市审计局内部审计指导中心、德州市政府投资审计中心。

审计成果 2020年，德州市审计机关共完成审计项目185个，其中审计153个、专项审计调查32个。查出主要问题金额2335283万元，其中违规金额27795万元、损失浪费金额1393万元、管理不规范金额2306095万元；审计发现非金额计量问题1519个；损益（收支）不实金额80795万元；审计发现侵害人民群众利益23019万元；出具审计报告和专项审计调查报告271篇。审计处理处罚金额532958万元，其中应上缴财政43452万元、应减少财政拨款或补贴2581万元、应归还原渠道资金6851万元、应调账处理金额480073万元；移送司法机关、纪检监察机关和有关部门处理事项82件，移送处理人员128人，移送处理金额6588万元。审计促进整改落实有关问题资金70329万元；审计促进拨付资金到位74万元；核减投资额1094万元；移送处理落实事项26件。审计提出建议432条，被采纳194条；推动被审计单位制定整改措施206项；促进被审计单位建立健全规章制度26项；提交审计信息144篇，被批示、采用111篇次。向社会公告审计结果36篇。

平原县审计局实施的平原县民政局局长任职期间经济责任履行情况审计项目被审计署评为

2019年度全国县级审计机关优秀审计项目一等奖。

政策落实情况跟踪审计 重点围绕“六保”“六稳”、新旧动能转换等重大战略任务，对东西部扶贫协作、重点水利工程建设等10项政策措施落实情况进行跟踪审计，促进政策落地。

财政审计 以预算执行审计为牵头指挥，以大数据为技术支撑，融合其他业务项目，创新构建“平台纵向指挥、小组横向延伸、情况上传下达、成果逐级汇总”的立体化审计模式，实现对市级一级预算单位全覆盖式数据分析。

三大攻坚战审计 全面排查扶贫政策落实情况，针对存在问题，与扶贫部门成立整改专项小组，督促市、县（市、区）扶贫等部门查漏补缺、举一反三，确保问题全面整改。重点关注地方政府性债务管理、融资担保等重点领域风险变化情况，及时揭示风险，促进规范管理。

疫情防控资金和捐赠款物专项审计 针对疫情防控中慈善捐赠的应急管理，坚持边审边改、边审边建，在揭示问题的同时，帮助部门规范管理，推动全市健全完善应急管理体制机制。

民生审计 开展医保资金专项审计，针对骗保问题，利用大数据筛选核查，从根源上查摆原因，推动公安、医保建立信息共享机制。

经济责任审计 组织对8个市直部门、2个国有企业和23个乡镇党委书记开展经济责任审计。按照省审计厅授权对德州学院、德城区主要领导干部开展经济责任审计。

企业审计 对财金集团、公共汽车公司开展专项审计，深入分析揭示制约企业发展的短板弱项，结合实际，提出建议。

信息化工作 强化队伍建设，集中全市优势力量成立数据分析团队，《大数据在公交审计中的应用》获全省重点攻关选题优秀案例。

内部审计 组织内部审计人员参加省内部审计协会培训班5期，培训500余人次，征集论文30余篇，其中6篇被山东省内部审计协会评为优秀论文。

（撰稿人：张育源）

【聊城市审计局】 2020年，聊城市审计局实有75人。局长贾鹏柱，副局长张斌（—3月）、周玉明、张朝彩、吕广龙（6月—），经济责任审计服务中心主任任国旭，副县级干部党安宪，经济责任审计工作联席会议办公室主任刘军（6月—）、市政府投资审计服务中心主任王新刚（9月—）、四级调研员寻广浩（—6月）。设有办公室、人事科、法规科（加挂审理科）、财政金融审计科、社会保障审计科、企业审计科（加挂涉外审计科）、农业农村审计科、教科文卫审计科、电子数据审计科、经济责任审计科、固定资产投资审计科、开发区分局、高新区和度假区分局、机关党委；下设经济责任审计服务中心、政府投资审计服务中心、审计科研所、审计信息化中心等事业单位。

审计成果 2020年，聊城市审计机关共审计单位330个，其中审计325个、专项审计调查5个。查出主要问题金额158.33亿元，其中违规金额37465万元、损失浪费金额104万元、管理不规范金额1545806万元；审计发现非金额计量问题2146个；损益（收支）不实金额24.01亿元；审计发现侵害人民群众利益5181万元；出具审计报告和专项审计调查报告573篇，被批示、采用69篇。审计处理处罚金额3.98亿元，其中应上缴财政2.06亿元、应减少财政拨款或补贴4432万元、应归还原渠道资金11260万元、应调账处理金额8675万元；移送司法机关、纪检监察机关和有关部门处理事项136件，移送处理人员57人，移送处理金额5.82万元。审计促进整改落实有关问题金额1.19亿元；审计促进拨付资金到位28万元；移送处理落实事项4件。审计提出建议1071条，被采纳373条；推动被审计单位制定整改措施107项；促进被审计单位制定、完善规章制度26项；提交审计信息547篇，被批示、采用144篇。

政策落实情况跟踪审计 全年完成政策落实跟踪审计项目14个，提交相关报告、专报、呈阅件等共计22件。

财政审计 坚持财政大格局审计，预算执行审计实现市县一、二、三级预算单位全覆盖，查出待盘活存量资金2918万元。开展政府专项债券资金管理使用情况审计，查出滞留资金1.2亿元，促进资金使用3088万元，收回违规拨付资金2600万元。

疫情防控资金和捐赠款物专项审计 核实财政资金1.28亿元、捐赠资金0.78亿元，发现防

疫物资调拨管理不科学、不及时等 10 个问题并全部督促整改到位

经济责任审计 开展国企重大风险隐患专项审计和 7 个国企领导干部经济责任审计，发现风险隐患 344 条，移交问题线索 55 件。开展 2 个县（市、区）长和 39 个乡镇党政领导干部经济责任和自然资源资产责任审计，查出违规金额 1159 万元，移交问题线索 213 件。加大任中审计力度，任中审计比重达 57%。开展 2019 年度 2101 个村级集体经济收入审计核查，处理村干部 110 名。

审计查出问题整改 梳理 2019 年 38 个审计项目及十八大以来审计整改“回头看”未整改到位问题 532 项，将整改情况纳入 2020 年度市直单位绩效考核中。制定《审计查出问题整改工作规程》，修改《审计移送处理事项管理办法》，召开全市审计整改工作专题会议，共整改审计发现问题 844 项，促进问题整改金额 17.81 亿元，有关部门处理人员 85 名，制定完善制度 341 项。

信息化建设 完成金审工程三期相关网络调试，建成视频会议室。对预算执行审计、国企审计、领导干部自然资源资产离任（任中）审计和社保审计等进行大数据分析，承担山东省审计厅审计地理信息“一张图”试点工作。

相关工作 顺利通过全国文明单位复核，在 2020 年度聊城市直机关绩效考核中获得“二等”等次。 （撰稿人：齐　昊）

【滨州市审计局】 2020 年，滨州市审计局实有 92 人。党组书记、局长王天祥（—4 月）、扈献民（4 月—），党组副书记、二级调研员孙宝臣，党组成员、市经济责任审计中心主任孙玉芬，党组成员、副局长王爱云、崔君乐，副局长赵君，市经济责任审计工作联席会议办公室主任郭杰。设有办公室、人事科、法规科等 9 个职能科室和经济技术开发区、高新技术产业开发区、北海经济开发区等审计分局；下设举报中心、信息中心、内部审计指导中心等事业单位；代管滨州市经济责任审计服务中心。

审计成果 2020 年，滨州市审计机关完成审计项目 258 个。查出主要问题金额 1654855 万元，其中违规金额 25550 万元、管理不规范金额 1629208 万元；审计发现非金额计量问题 989 个；损益（收支）不实金额 8765 万元；审计发现侵害人民群众利益 1297 万元；出具审计报告和专项审计调查报告 422 篇。审计处理处罚金额 341207 万元；移送司法机关、纪检监察机关和有关部门处理事项 58 件，移送处理人员 32 人，移送处理金额 206117 万元。审计促进整改落实有关问题金额 16913 万元；审计后挽回（避免）损失 9087 万元；核减投资额 9086 万元。审计提出建议 629 条，被采纳 379 条；推动被审计单位制定整改措施 68 项；促进被审计单位制定、完善规章制度 46 项。

滨州市审计局实施的滨州市水利资金专项审计调查项目被审计署评为 2019 年度全国市级审计机关优秀审计项目一等奖。

政策落实情况跟踪审计 开展疫情防控资金款物、扶贫、乡村振兴、地方政府隐性债务等 10 余项重大政策跟踪审计。

财政审计 开展对市本级预算执行及 15 个部门单位预算执行审计，对 85 个一级预算单位财务数据进行大数据分析全覆盖，对 151 个部门单位开展财务管理状况调查。

经济责任审计 完成经济责任审计项目 146 个，查出主要问题金额 466000 万元，增收节支 396 万元。

固定资产投资审计 对投资额 200 余亿元的黄河大桥、潮河治理、京东云合作等 18 个政府投资项目进行审计，查出 21 类 200 余个违纪违规问题。

企业审计 对财金集团、华纺股份对外投资情况进行专项审计，对 5 户企业集团的 34 户国有企业进行国有资本优化整合审计，查出主要问题金额 530381 万元。

信息化建设 完成审计署数据采集校验全国试点和预算执行审计全覆盖全省试点。云平台和软件系统绩效审计在省审计厅会议上做经验介绍。

内部审计 举办全市乡镇内部审计工作现场研讨，中国内部审计协会在滨州市举办民营企业内部审计交流研讨会。两次在省审计厅作典型发言。

相关工作 荣获“全国文明单位”“全省审计系统先进集体”“‘富强滨州’建设先进集体”

等荣誉称号。（撰稿人：王　娇）

【菏泽市审计局】　2020年，菏泽市审计局实有62人。局长陈庆勇，副局长房福胜（—4月）、樊廷卷（—4月）、杨以平（11月—），二级调研员毛宝军，总审计师袁文增（—2月），审计服务中心主任晁秀喜，投资审计中心主任王清刚，四级调研员汪如春，经济责任审计联席会议办公室主任陈先波，审计服务中心副主任刘兴海（—10月）、贾玉民。设有办公室、法规科、人事科、经济责任审计科、电子数据审计科、财政审计科、教科文卫审计科、农业农村审计科、自然资源和生态环境审计科、固定资产投资审计科、金融审计科、企业审计科、社会保障审计科和机关党委；下设菏泽市审计服务中心、市投资审计中心、市审计信息中心等事业单位。

审计成果　2020年，菏泽市审计机关共完成审计项目253个，其中审计239个、专项审计调查14个。查出主要问题金额8369852万元，其中违规金额167815万元、损失浪费金额6909万元、管理不规范金额8195127万元；审计发现非金额计量问题1691个；损益（收支）不实金额9269万元；审计发现侵害人民群众利益841万元；出具审计报告和专项审计调查报告395篇，被批示、采用4篇次。审计处理处罚金额169417万元，其中应上缴财政61820万元、应减少财政拨款或补贴1841万元、应归还原渠道资金89088万元、应调账处理金额2877万元；移送司法机关、纪检监察机关和有关部门处理事项67件，移送处理人员91人，移送处理金额16682万元。审计促进整改落实有关问题资金32441万元；审计促进拨付资金到位128755万元；审计后挽回（避免）损失2068万元；核减投资额1660万元；移送处理落实事项6件。审计提出建议907条，被采纳624条；提交审计信息825篇，被批示、采用278篇次。向社会公告审计结果14篇。

政策落实情况跟踪审计　组织实施促进就业优先、减税降费、新旧动能转换等9项政策跟踪审计。

财政审计　对市本级和开发区以及24个部门的预算执行情况进行重点审计。首次运用大数据分析技术实现各级财政数据和一级预算单位财务数据全面采集。

疫情防控资金和捐赠款物专项审计　派出11个审计组对全市疫情防控资金及物资管理使用情况进行专项审计，加强对政策支持企业复工复产情况的审计监督。

经济责任审计　对全市134名党政领导干部和国有企业领导人员进行审计，同步实施自然资源资产审计项目21个。市委审计委员会研究通过《菏泽市经济责任审计结果运用实施办法》。

民生审计　组织实施保障性安居工程、医疗保险基金和基本养老保险金等审计，在财政审计和经济责任审计中同时关注民生事项。

企业审计　对全市23户“僵尸企业”跟进审计，向4户市属国有企业派驻2个试点审计监督组，实行常态化审计监督。

交办任务　开展企业投入产出及发展状况、市区房地产住宅市场供需状况审计调查，为市委市政府制定相关政策提供一手资料。对全市使用专项债券资金的所有项目进行2轮全覆盖审计，得到市委书记、市长等市领导高度评价。

相关工作　坚持党建引领，打造模范机关，被市委市政府评为“担当作为先进集体”。

（撰稿人：张　琰）

2020年山东省所辖县(市、区)级审计工作统计表

审计机关	完成审计项目/个	审计查出主要问题金额/万元	审计发现非金额计量问题/个	审计期间整改金额/万元	出具审计报告和审计调查报告/篇	审计处理情况		审计促进整改落实有关问题资金/万元	审计提出建议/条	提交审计信息/篇
						审计处理处罚金额/万元	移送处理事项/件			
济南市										
济南市本级	90	7307103	812	342417	114	244067	7	497485	323	347
历下区审计局	25	105582	179		39				86	
市中区审计局	44	62733	95	15	76	172	3	172	153	
槐荫区审计局	16	24821	119	41	22	84	6	38	72	
天桥区审计局	21	19611	119	596	32	47	3	12760	130	6
历城区审计局	24	106868	106	2451	50	15230		14869	43	53
长清区审计局	22	179366	153	39	22	376	12	361	68	
章丘区审计局	29	542312	86	436	29	754	4	754	80	
济阳区审计局	25	35628	151		41	12780		12780	78	
莱芜区审计局	43	267865	307	111	81	11671	1	2	126	
钢城区审计局	24	210800	172	2139	33		1		73	
平阴县审计局	20	223615	99	386	31	10236	1	504	69	11
商河县审计局	21	244802	117		21				81	20
青岛市										
青岛市本级	52	2219767	318	49950	97	514057	25	47202	205	178
市南区审计局	48	232029	155	22232	48	28009	2	28039	123	80
市北区审计局	53	750	138	28184	62	1176	2	23855	247	71
西海岸新区审计局	69	3434170	158	1840	69	648997	1	15656	163	159
崂山区审计局	37	2287559	110	259341	53	35342	4	29821	79	88
李沧区审计局	49	311739	70	115947	49	17366	1	291453	117	
城阳区审计局	33	1031319	109	184582	48	146265	17	25281	62	205
即墨区审计局	63	1848561	101	509598	112	47841	5	13800	114	81
胶州市审计局	61	1378275	221	3576	85	64155	7	24275	110	36
平度市审计局	44	176406	48	117701	33	8845	5	2606	180	12
莱西市审计局	19	513988	38	98679	34	142279	1	2235	52	113
淄博市										
淄博市本级	75	3292997	433	342919	111	202196	23	20059	202	7
淄川区审计局	87	259353	293	16514	111	21584	16	19183	45	1
张店区审计局	56	266718	397	29177	76	34070	3	32855	194	15
博山区审计局	59	514552	219	973	93	2834	20		177	

（续表）

审计机关	完成审计项目/个	审计查出主要问题金额/万元	审计发现非金额计量问题/个	审计期间整改金额/万元	出具审计报告和审计调查报告/篇	审计处理情况		审计促进整改落实有关问题资金/万元	审计提出建议/条	提交审计信息/篇
						审计处理处罚金额/万元	移送处理事项/件			
临淄区审计局	79	3009059	366	385	112	69647	7	46680	244	
周村区审计局	40	149685	205	77	68	2899	8		114	
桓台县审计局	43	272201	579	17979	60	28752	5	14646	122	
高青县审计局	47	112512	88	5626	68	9859		3362	148	
沂源县审计局	83	746019	560		119	6055	5	4417	299	
高新区审计局	16	23110	45		28	78	7	76	68	
枣庄市										
枣庄市本级	43	486071	337	266786	46	12679	5	31	109	42
市中区审计局	22	66837	36		28	5001			43	
薛城区审计局	15	21782	41	45	19				35	
峄城区审计局	16	174439	51	25397	18				36	8
台儿庄区审计局	20	221182	24		30	31019		3844	65	20
山亭区审计局	19	23795	68	1970	21	1142		141	49	
滕州市审计局	32	1146608	86	132439	44	32921	1	31943	85	22
东营市										
东营市本级	63	321784	292	14751	91	1427	3	11102	186	47
东营区审计局	28	31145	85	17377	42	114	1		70	
河口区审计局	24	12690	107	7	34	3136		987	69	1
垦利区审计局	14	7948	59	610	21	5588	1	75	45	
利津县审计局	22	25516	123	1915	36	391	1	62	67	
广饶县审计局	23	81828	163	696	40	2334	5	2334	27	75
烟台市										
烟台市本级	80	8712106	422	106307	122	384059	6	88178	126	208
芝罘区审计局	21	30503	35	386	32	181			38	4
福山区审计局	25	97843	23	34111	38	8376	2	150	1	6
牟平区审计局	57	10764	49	2239	103				86	15
莱山区审计局	8	88979	27	6115	12	829		392	9	11
蓬莱区审计局	30	28901	46	405	46	1679		1679		3
龙口市审计局	66	21399	56		88	68	15	68		4
莱阳市审计局	39	59998	107	2971	70	16629	1	16390	183	1
莱州市审计局	35	40450	57	5146	60	1370	5	1217	8	2
招远市审计局	24	363117	36	41	42	299			97	18
栖霞市审计局	17	32018	42	323	25	3423		3198	3	9

（续表）

审计机关	完成审计项目/个	审计查出主要问题金额/万元	审计发现非金额计量问题/个	审计期间整改金额/万元	出具审计报告和审计调查报告/篇	审计处理情况		审计促进整改落实有关问题资金/万元	审计提出建议/条	提交审计信息/篇
						审计处理处罚金额/万元	移送处理事项/件			
海阳市审计局	36	47791	82	412	58	6140	7	509	4	2
烟台市审计局长岛分局	30	9718	1	169	54	1590		1590	2	7
潍坊市										
潍坊市本级	97	3190586	3238	51294	176	154254	25	167197	312	137
潍城区审计局	29	145823	54	10	44	34969			79	21
寒亭区审计局	42	119455	122	266	68	119189	12	117140	166	
坊子区审计局	26	172259	75	16683	36	260		56397	61	93
奎文区审计局	21	26882	108	3043	36	119	1		71	
青州市审计局	84	36090	440	14051	151	421	8		234	
诸城市审计局	28	1794797	155	765	40	1193	4	1193	98	
寿光市审计局	63	314609	80	635	99	64755			154	60
安丘市审计局	37	862619	160	9696	52	230867	34	45518	140	
高密市审计局	42	368923	153	113121	73	1938	3	1755	123	8
昌邑市审计局	44	86021	136	2669	70	1644		3730	118	
临朐县审计局	31	83376	107	15838	56	34213	1		78	95
昌乐县审计局	28	154914	60	1539	41	98	1	11	56	3
济宁市										
济宁市本级	66	15430770	450	47504	83	218343	31	124105	191	206
任城区审计局	51	360901	155	73	81	14975		14858	95	15
兖州区审计局	18	92979	34	139	32	4508	2	4508	39	20
曲阜市审计局	43	132572	77	657	65	10965	6	10965	113	62
邹城市审计局	23	495319	124	7685	35	25047		435		38
微山县审计局	51	172512	88	117	87	22063	4	22063	155	23
鱼台县审计局	6	31321	9	27	11	2586		1117	20	
金乡县审计局	20	124273	21	4026	33	3644	2	19	42	65
嘉祥县审计局	44	25984	28	72	86	2982		1089	99	5
汶上县审计局	44	335413	61	31	81	13944	1	13855	107	24
泗水县审计局	36	1179050	70	66	69	47256		10023	62	15
梁山县审计局	11	214502	73	2	20	4388	6	4211	28	51
泰安市										
泰安市本级	68	898985	238	32994	109	3858	4	51770	38	189
泰山区审计局	18	96864	44		27				64	2

（续表）

审计机关	完成审计项目/个	审计查出主要问题金额/万元	审计发现非金额计量问题/个	审计期间整改金额/万元	出具审计报告和审计调查报告/篇	审计处理情况		审计促进整改落实有关问题资金/万元	审计提出建议/条	提交审计信息/篇
						审计处理处罚金额/万元	移送处理事项/件			
岱岳区审计局	19	25081	117	3	28	5			61	3
新泰市审计局	42	979957	161	4217	41				71	21
肥城市审计局	32	257972	37	1861	51	78			41	20
宁阳县审计局	24	203609	88	9909	32				82	17
东平县审计局	38	18004	186	24	66	24	3	24	292	15
威海市										
威海市本级	70	4595529	728	352790	115	1006538	15	21063	207	52
环翠区审计局	8	109930	25	2871	14	620		1539	13	12
文登区审计局	24	335076	102	5640	40	11665	3	11624	66	3
荣成市审计局	41	858874	252	38	64	73471		75159	57	59
乳山市审计局	37	10430	49	1	69	5662	2	1961	66	
日照市										
日照市本级	72	847540	413	78512	112	176211	7	28302	200	49
东港区审计局	60	900842	495	4541	105	14414	5	129841	161	11
岚山区审计局	30	370052	175	58558	48	61977	10	17	118	4
五莲县审计局	34	82665	86	4617	60	24816	2	2360	107	
莒县审计局	56	18177	113	113	92	99			128	91
临沂市										
临沂市本级	83	8800035	440	779149	111	84738	24	7832	227	43
兰山区审计局	28	12414	56	307	40	183		5	95	48
罗庄区审计局	36	50963	37	1075	52	9515	1	9303	79	141
河东区审计局	37	165422	101	2975	55	20547	4		112	
沂南县审计局	34	235937	115	3064	57	26619	7		140	94
郯城县审计局	47	72978	168	7089	79	1673	13		135	75
沂水县审计局	40	42120	35	732	69	8808	3	2146	128	
兰陵县审计局	46	471910	189	45173	78	4096		35	171	35
费县审计局	40	132466	133	7513	74	1127	3	408	128	101
平邑县审计局	53	150315	110	580	86	19019	2		153	3
莒南县审计局	45	90986	54	4019	72	811	11	811	150	1
蒙阴县审计局	38	10833	46	76	60	2164		2164	106	
临沭县审计局	52	200263	206	3808	84	2577	1	17	164	1
德州市										
德州市本级	36	1193273	225	30122	45	465464	1	12508	83	28

（续表）

审计机关	完成审计项目/个	审计查出主要问题金额/万元	审计发现非金额计量问题/个	审计期间整改金额/万元	出具审计报告和审计调查报告/篇	审计处理情况		审计促进整改落实有关问题资金/万元	审计提出建议/条	提交审计信息/篇
						审计处理处罚金额/万元	移送处理事项/件			
德城区审计局	12	5314	43	4046	18	21		3	2	5
陵城区审计局	11	118653	91	72	18	586	1	13446	26	57
乐陵市审计局	22	46940	267	8336	34	14498	16	14498	68	
禹城市审计局	12	177421	163	1203	17	9340	42	76	43	14
宁津县审计局	8	250240	60	214	10	66	1	2	19	
庆云县审计局	12	75946	97		17	4682	10	5	24	18
临邑县审计局	13	39455	73		17	23253	2	23198	24	
齐河县审计局	20	252765	133	4039	32		6	1555	47	
平原县审计局	17	52944	206	10640	26	5496	1	1634	47	12
夏津县审计局	15	46150	95	554	26	4064		3286	34	
武城县审计局	7	76176	66	11027	11	5485	2	118	15	10
聊城市										
聊城市本级	97	844805	916	11371	190	17584	77	676	306	195
东昌府区审计局	27	54943	112	399	46	11653	15	2094	85	77
茌平区审计局	28	99336	143	416	50	490	4	37	67	85
临清市审计局	42	94755	123	727	42	83	10	52	101	15
阳谷县审计局	24	29541	240	31	48	370	8	366	70	4
莘县审计局	28	106471	158	16371	48	236	12	4166	172	22
东阿县审计局	25	187463	77	7144	48	7039	1		81	6
冠县审计局	30	91127	164	689	51	1973	5	1454	94	139
高唐县审计局	29	74900	213	1812	50	334	4	3040	95	4
滨州市										
滨州市本级	80	1374829	474	45478	138	325117	41	6471	228	5
滨城区审计局	27	84044	86	1796	46	1399	7	145	82	10
沾化区审计局	24	28183	87	701	38	10450		6949	35	
邹平市审计局	44	49450	77	282	72	784	2	479	85	
惠民县审计局	17	30010	61		28	421	1	205	50	11
阳信县审计局	19	10921	61	19	28	1933	4	1933	46	
无棣县审计局	25	9640	54		40	871		727	42	
博兴县审计局	22	67775	89	140	32	230	3		61	
菏泽市										
菏泽市本级	43	4121598	527	291696	59	39753	17	1348	145	15
牡丹区审计局	21	1515097	104	504	34	951	3		89	22

（续表）

审计机关	完成审计项目/个	审计查出主要问题金额/万元	审计发现非金额计量问题/个	审计期间整改金额/万元	出具审计报告和审计调查报告/篇	审计处理情况		审计促进整改落实有关问题资金/万元	审计提出建议/条	提交审计信息/篇
						审计处理处罚金额/万元	移送处理事项/件			
定陶区审计局	13	204900	105	900	17	15320	15	1486	37	24
曹县审计局	22	606772	258		39	9388	5	382	88	231
单县审计局	15	833825	66	261	19	84604	10	22469	49	372
成武县审计局	21	152348	89	10	35	683	5	474	79	
巨野县审计局	24	140463	116	35278	37	2109	2	607	87	17
郓城县审计局	26	714749	122	26190	48	5675		5674	121	139
鄄城县审计局	35	7398	127		64	1434	6		112	
东明县审计局	33	72703	177	3	43	9500	4		100	5

河南省

【河南省审计厅】 2020年，河南省审计厅实有366人。设有中共河南省委审计委员会办公室秘书处、办公室、组织人事处、法规处（审理处）、计划管理督察处、政策跟踪审计处、财政审计一处、财政审计二处、行政事业审计处、党群审计处、政法审计处、科教文审计处、医疗卫生审计处、农业农村审计处、固定资产投资审计一处、固定资产投资审计二处、金融审计处、企业审计一处、企业审计二处（内部审计指导监督处）、社会保障审计处、经贸和外资运用审计处、经济责任审计一处、经济责任审计二处、机关党委、离退休干部工作处，另设有省纪委监委派驻纪检监察组；下设政策研究室、计算机审计中心（投资审计中心）、审计干部培训中心、厅机关服务中心等事业单位。

领导成员

党组书记、厅　长：汪中山

副厅长、一级巡视员：胡汉阳

一级巡视员：孙志安

党组成员、副厅长、一级巡视员：吴晓春

党组成员、副厅长：周　凯　刘翔煜

张少民（7月—）

党组成员、驻厅纪检监察组组长：丁昌盛

总审计师：张居贵

省经济责任审计工作联席会议办公室主任：

陈山旺

审计成果 2020年，河南省审计机关共实施审计项目4827个。促进增收节支225.18亿元，核减项目投资55.21亿元；挽回（避免）损失31.95亿元。向被审计单位或有关单位提出审计建议12941条，被审计单位采纳10448条；推动相关政策措施落实2514项；促进相关地区、部门和单位健全完善规章制度670项。移送各类案件线索和问题515件，涉及1273人。向各级党委政府报送审计要情、专题报告等4611篇，党政领导批示或采用3197篇次。针对省管领导干部的经济责任审计结果，系统梳理共性问题，列出风险清单共67条，督促相关单位举一反三、加强管理、完善制度，有力有效发挥“防未病”作用。

河南省审计厅实施的河南省污染治理与环境保护政策落实及专项资金绩效情况专项审计调查项目被审计署评为2019年度全国省级审计机关优秀审计项目一等奖；濮阳市审计局实施的范县县委书记、县长任职期间经济责任履行情况审计项目被审计署评为2019年度全国市级审计机关优秀审计项目一等奖；永城市审计局实施的永城市本级2017年度预算执行及其他财政收支情况审计项目被审计署评为2019年度全国县级审计机关优秀审计项目一等奖。省审计厅领导班子连续三年被省委评为优秀领导班子，省审计厅连续三年被省政府评为先进单位，连续三年获得脱贫攻坚考核最高等次“好”，连续四年被评为全省依法行政先进单位，连续五届荣获“全国文明单位”称号。农业农村审计处被党中央、国务院表彰为全国脱贫攻坚先进集体，财政审计一处被评为全国审计机关先进集体，疫情防控专项审计专班和临时党支部荣获“河南省抗击新冠肺炎疫情先进集体和先进基层党组织”称号。

政策落实情况跟踪审计 按照省委省政府部署要求，对省政府工作报告中的66项重中之重工作开展常态化跟踪审计监督，发现并督促解决政策措施落实不到位等问题2116个。5月，出台指导意见，把“六稳”“六保”嵌入各类审计项目之中，统筹全省审计力量开展跟踪审计；8月，组织开展保市场主体专项审计调查，发现并督促整改593个问题。组织开展保障性安居工程、医保基金、县级医院提质升级、第三期学前教育行动计划等审计项目，发现和推动整改部分地方老旧小区改造项目未开工、违规获取医保基金、普惠性民办幼儿园奖补政策未落实等问题，促进各项民生事业得到保障改善。成立专项审计领导小组，开展新增财政资金直达市县基层直接惠企利民情况专项审计。坚持边审边促、边审边改、边审边建，充分发挥大数据审计优势，实现审计和财政专网连接，建立“直达资金监控系统”，发现并推动整改个别抗疫特别国债建设项目推进缓慢等问题。审计长侯凯对调研报告作出专门批示，国务院办公厅、财政部、国家发展改革委和审计署组成联合调研组进行调研。

疫情防控资金和捐赠款物专项审计 按照省委省政府和审计署部署要求，组织开展疫情防控审计监督，对疫情防控物资和资金分配使用进行全面覆盖、全程跟踪，审计疫情防控财政和捐赠资金51.1亿元、6054.16万件物资，覆盖2589户企业、295家红十字会等慈善组织、2395个疾病控制中心等部门单位，发现并推动解决问题474个，有力促进全省疫情防控资金物资高效规范使用。河南省审计厅在全国疫情防控专项审计工作交流会上作典型发言，审计署领导对河南疫情防控审计工作的做法和成效给予高度肯定。

三大攻坚战审计 组织开展市、县（市、区）两级地方政府隐性债务和8户省属企业运营风险审计，针对发现的问题及时向省委省政府提出防范化解建议。“在全国率先实现政府隐性债务审计全覆盖”入选首届河南省经济体制改革十大案例。按照省政府部署，对全省20户地方国有粮食企业资产负债和运营情况进行专项审计调查，审计调查结果得到省政府肯定。组织对62个重点县开展扶贫审计，工作中创新实施“边审边改”工作模式，促进扶贫政策落实1028项，审计发现问题整改率达到100%。开展水资源、水生态、水环境、水灾害“四水同治”和大气污染防治情况审计，推动污染防治取得新成效。

财政审计 将绩效审计贯穿审计工作全过程和各环节，采取现场审计和大数据分析疑点核查相结合的方式，连续三年对省财政组织预算执行和省直一级预算单位实现审计全覆盖，首次开展省、市、县（市、区）三级财政一级预算单位“全覆盖、穿透式”联动同步审计。省委信息刊物《工作交流》对省审计厅推动财政资金使用效益情况向全省作专题介绍。

县域经济发展情况专项审计调查 组织全省审计机关2978人、成立124个审计组，采取异地交叉审计方式，以产业集聚区发展、农业产业化和农村基础设施建设为重点，对全省县域经济发展情况进行专项审计调查，发现部分产业集聚区规模效益偏低等各类问题1.28万个，通过整改促进收回盘活闲置土地60万亩、标准化厂房160万平方米，促进增收节支近30亿元。省政府参考审计结果先后出台《全省产业集聚区“百园增效”行动方案》等一揽子政策。省长在相关会议上多次对县域经济发展情况专项审计调查成果进行表扬肯定。

经济责任审计 对1491名领导干部开展经济责任审计，推动领导干部规范用权、履职尽责，为各级党委管理使用干部提供重要参考。省委组织部将推进经济责任审计工作的经验形成专题材料报送中央组织部。按照省委部署要求，组织全省村（社区）“两委”换届经济责任审计工作，完成全省财务独立核算村（社区）的全覆盖审计工作，移送违法违纪线索44件，125人被取消“两委”候选人资格。

审计“两统筹” 坚持全省审计工作“一盘棋”，以重大政策跟踪、财政预算执行和三大攻坚战等审计为主体，统筹整合审计项目，运用“异地交叉审”“上下联合审”及“专项式”“嵌入式”“点穴式”“上下联动式”“横向联合式”等组织方式，探索推进审计监督与纪检监察、巡视巡察、组织人事等其他监督贯通协调，健全协作机制，加强联合联动，协同开展专项治理，增强监督合力。

信息化建设 首次实现省市县一级预算单位数据采集整理分析全覆盖，向审计署驻郑州特派办、审计署电子数据审计司报送的全省一级预算单位数据高质量通过验收。抽调精干力量组建数据分析专班，集中研究审计思路，提高数据分析质量，上报审计署的 12 项审计思路被转发全国共享，提交的数据分析成果最终核查形成 17 类问题。

审计查出问题整改 在省审计整改联席会议统筹领导下，持续加强审计整改督促检查和追责问责力度，近三年省级预算执行审计发现问题整改率均在 95%以上。

相关工作 结合审计工作实际，组织研究出台《河南省审计厅 2020 年平安建设工作实施方案》《关于加强全省审计系统平安建设工作指导意见》《河南省审计厅秋冬季新冠肺炎疫情防控工作方案》等一系列制度。厅领导多次深入平安建设工作基层联系点新郑市调研指导，组织开展消防安全专题培训、消防演练等活动，对各级审计机关平安建设工作开展情况进行全覆盖督导检查，推动平安建设工作走深走实。结合发挥审计监督职能作用，推动把平安建设作为重点审计内容纳入重大政策措施落实、领导干部经济责任等审计项目中，深入揭示存在的风险隐患，针对性提出防范化解建议。

采取视频授课、网上交流等方式，组织开展“转观念、转作风、转方式”春季整训，安排 14 次集中专题授课，列出 8 类 64 篇指定学习篇目，梳理 6 类 23 项对照问题清单，做到疫情防控和学习整训“两不误”。在全省审计系统开展推进“三转”创建模范审计机关学习活动，省委组织部《河南组工信息》专期向全省介绍省审计厅的整训做法。

坚持以政治建设为统领，持续深入推进党建、业务“融合抓、双提升”，打造信念坚定、业务精通、作风务实、清正廉洁的高素质专业化审计干部队伍。将制度建设贯穿坚持和加强党对审计工作集中统一领导的全过程，出台加强审计机关思想建设、组织建设、党风廉政建设等制度规定，不断完善制度体系，强化制度执行，促进党的领导进一步强化。2020 年首次提请与省委常委会一并召开省委审计委员会第三次会议，深入学习贯彻习近平总书记关于审计工作的重要讲话精神，研究审议年度财政预算执行审计报告。坚持完善厅党组会议和厅长办公会议第一学习议题制度，持续强化领导干部“八种本领”，把党中央和省委的决策部署转化为审计机关具体行动。严肃党内政治生活，认真落实“三会一课”等组织生活制度。全面实施审计组党建“七个一”工作法，坚持“一审双报告”制度，推动把党建落实到审计前沿一线。探索实行政治检查、纪律检查、质量检查“三查合一”监督模式，组织开展专项检查，发现并及时纠正不规范事项和审计质量问题。聚焦审计干部队伍专业化要求，围绕宏观政策、专业技能、质量控制等重点，举办培训班 19 期，培训 1200 余人次。持续抓好审计实务“导师制”培养锻炼基层干部和厅机关年轻审计干部，近三年省审计厅通过“师傅带徒弟”的导师制培养锻炼审计人员近 600 人，其中市县审计干部 500 多人。

（撰稿人：信　焱）

【郑州市审计局】 2020 年，郑州市审计局实有 181 人。局长刘啸峰，副局长徐平、桑富强、于士营、乔德宁、邹鹭，总经济师谢书明（—10 月），纪检组长赵军，二级调研员方文改，三级调研员郭全民、刘兆煜，总审计师骆杉，四级调研员王萍。设有办公室、人事处、法规处、计划管理督查处、大数据审计分析处、政策跟踪审计处、财政审计处、行政事业党群审计处、政法科教文审计处、农业农村审计处、固定资产投资审计一处、固定资产投资审计二处、金融审计处、社会保障审计处、经贸和外资运用审计处、经济责任审计一处、经济责任审计二处、企业审计处、机关党委和离退休干部工作处。

审计成果 2020年，郑州市审计机关完成审计和审计调查项目1243个。查出违规违纪金额42.56亿元、损失浪费金额0.03亿元、管理不规范金额454.31亿元。

财政审计 实施2019年度市级预算执行和其他财政收支审计，重点关注预算支出结构和政府过“紧日子”情况、全面落实一级预算单位审计全覆盖的要求，促进公共资金合理配置。代表市政府所作的《关于2019年度市级预算执行和其他财政收支的审计工作报告》得到市人大常委会充分肯定，并获高票通过。

三大攻坚战审计 组织对2016年至2018年3个年度扶贫审计项目的开展及整改情况进行核查梳理总结。审计查出问题140个，涉及违规金额5.4亿元，移送问题案件线索8件，提出审计意见建议56条，推动制度落实54项，修订完善制度办法22项。结合对新密市、金水区原县（市、区）长的经济责任审计，开展领导干部自然资源资产审计。

疫情防控资金和捐赠款物专项审计 紧盯疫情防控重大决策部署和政策措施的落实，督促建立和完善制度23条，促进拨付到位资金2844万元，物资及时分配34万件。实时掌握复工复产复商复市情况，及时向市委市政府上报审计要情15篇，提出审计建议54条。

民生审计 加大对就业、教育、医疗、社会保障的审计力度，重点关注促进就业创业政策措施、新能源汽车充电基础设施建设、医疗保险基金、保障性安居工程、“路长制”、减税降费落实情况资金管理使用绩效和相关政策落实情况等内容。

经济责任审计 市县两级审计机关全年完成对229名领导干部的经济责任审计，其中任中审计95人、离任审计134人，含市本级35人。

固定资产投资审计 持续开展贾鲁河综合整治、地下综合管廊、轨道交通、老旧小区综合改造等27个项目的跟踪审计工作，增强政府投资项目效益。 （撰稿人：张向伟）

【开封市审计局】 2020年，开封市审计局实有77人。局长管坚勇，副局长宋平均、湛静、牛彩红、罗永福，驻局纪检监察组组长王芳，经济责任办公室主任张德文。设有办公室、组织人事科、法制科、计划管理督察科、政策跟踪审计科、财政审计科、行政事业审计科、农业农村审计科、固定资产投资审计一科、固定资产投资审计二科、企业金融审计科、社会保障审计科、经贸和外资运用审计科、经济责任审计一科、经济责任审计二科、市委审计委员会办公室秘书科、机关党委、离退休人员工作科；下设审计科研所、审计服务中心和投资审计服务中心等事业单位。

审计成果 2020年，开封市审计机关共完成审计项目322个，涉及资金383.55亿元，审计查出违规金额25.8亿元。促进增收节支19.46亿元，其中已上缴财政3.89亿元；挽回（避免）损失8.66亿元。编发审计要情、专报等重要审计信息273篇；审计提出建议773条，移送处理36人。

政策落实情况跟踪审计 组织开展减税降费、“放管服”改革、“僵尸企业”处置、清理拖欠民营企业中小企业账款等重大政策跟踪审计，揭示政策执行中存在的各类体制机制性问题，推动党委政府决策部署落地落实。

财政审计 首次利用大数据实现对市级76家一级预算单位审计全覆盖，做到“三个同步、五个最多”（同步安排专项审计最多、同步推进整改事项最多、同步移送违纪违规线索最多、涉及部门和资金最多、查处问题最多），涉及资金345.53亿元，查出问题177个，得到市人大常委会的高度评价。

疫情防控资金和捐赠款物专项审计 成立7个工作组，对市财政局、市卫生健康局、市发展改革委、市民政局等30个单位开展疫情防控资金和捐赠款物专项审计。全市新冠肺炎疫情防控审计涉及资金1.55亿元、物资255.18万件，促进财政专项资金及时分配638.97万元、社会捐赠资金及时拨付253.87万元、采购物资及时分配下拨29.27万件，规范资金使用36.39万元。

三大攻坚战审计 按照审计署统一部署，对杞县开展脱贫攻坚审计，抽查扶贫资金1.71亿元，盘活资金9117.09万元，涉及项目61个，促进项目完工30个，推动政策措施落实22项，出台完善管理制度10项。成立11个审计组对开封市2018年7月至2019年10月大气污染防治情况进行专项审计，发现问题190个，均已整改到位。组织对市本级及所辖县（市、区）截至3月底防范化解地方政府隐性债务风险情况进行审计，帮助党委政府摸清真实底数，找准问题症结，为防范化解重大风险贡献审计力量。

民生审计 围绕近年来综合民生项目，实施开封市破解民生“八需八难”政策措施落实情况专项审计调查（聚焦高质量就业收入需求，破解就业难；聚焦便捷出行和停车需求，破解出行难；聚焦就近就便入学需求，破解上学难；聚焦高水平就医需求，破解就医难；聚焦便捷办事需求，破解办事难；聚焦“舌尖上的安全”需求，破解监管难；聚焦群众居住需求，破解住房难；聚焦清洁宜居环境需求，破解清洁难）。审计项目涉及资金217.7亿元，查出问题金额17.91亿元，审减资金6.12亿元，追缴资金1.48亿元，向有关部门移送围标串标、骗取工程款、贪污专项资金等事项38件，已有32人受到党纪政纪处分，其中6人被撤职。

经济责任审计 紧紧抓住经济责任和履职用权“两条主线”，严格落实“三个区分开来”要求，坚持从严监督与宽容试错并容，扎实开展领导干部经济责任审计，依法依规对杞县、市发展改革委、市财政局等93名领导干部进行经济责任审计，有效促进领导干部依法履职尽责。

审计查出问题整改 全年共查出问题1103个，整改1067个，通过召开8次审计整改联席会议，加大对重点问题整改的交办督办、现场核查、追责问责，督促资金拨付到位4.15亿元，追回及上缴财政资金2904万元，盘活财政资金3063万元，相关部门完善管理制度41项，问责处理44人。同时按照“区分领域、单独成册”的思路，围绕脱贫攻坚、“放管服”改革审计、产业集聚区审计等10个专题，编写“以审促防、以审促改、以审促实”镜鉴录，发挥警示预防作用。

相关工作 贯彻落实“三个区分开来”要求，构建审计执法硬监督与行政指导软服务相互衔接平台，规范运用“四书一报告”制度，全力推进依法行政工作。开展“送法上门”活动8次，被评为全市依法行政优秀单位。

（撰稿人：王　兵）

【洛阳市审计局】 2020年，洛阳市审计局实有95人。局长张克轩，副局长白光、高洁（—10月）、李雅红、徐军智（—12月）、韩喜燕（9月—），纪检组长刘广勇（—2月）、刘宇（4月—），总审计师宗勇（12月—）。设有市委审计委员会办公室秘书科、办公室、组织人事科、法规科（审理科）、计划管理督察科、大数据和政策跟踪审计科、财政审计科、行政政法审计科、科教文审计科、农业农村审计科、重大项目投资审计、城乡基础设施投资审计科、金融经贸和外资运用审计科、企业审计科（内部审计指导监督科）、社会保障审计科、市直部门领导干部经济责任审计科、县（市、区）党政领导干部经济责任审计科、机关党委；下设洛阳市审计服务中心。

审计成果 2020年，洛阳市审计机关共审计单位560个。查出违规金额4.93亿元、管理不规范金额197.30亿元、损失浪费金额992万元、损益或财政收支不实问题金额1113万元。移送处理事项13件，移送处理人员27人，移送处理金额470万元。

政策落实情况跟踪审计 将各级政府落实22条措施情况融入“六稳”“六保”政策跟踪审计中，对省政府工作报告提出的31项重点工作进行跟踪审计，发现问题212个，查出违规金额2492.49万元；已整改到位问题186个，整改违规金额2492.49万元。

财政审计 首次全部采集市本级93家一级预算单位2019年度的财务数据，结合市直部门领导干部经济责任审计、专项审计等项目对14家一级预算单位的预算执行情况进行重点审计。通过审计，揭示部分单位存在一般性支出管理不严格、违反预算级次管理要求直接向县区对口部门拨款、资产管理不规范等问题。

疫情防控资金和捐赠款物专项审计 促进专项资金及时分配、下拨2399万元，推进红十字会、慈善总会等慈善机构及时拨付资金1239万元，促进物资及时分配10.31万件，推动建立健全疫情防控资金、捐赠款物管理等方面规章制度

5项。

经济责任审计 组织起草《洛阳市关于加强党政主要领导干部和国有企事业单位主要领导人员任中经济责任审计的实施办法》，为进一步加大领导干部任中审计力度提供制度保障；对52个单位61名领导干部实施经济责任审计，揭示一些领导干部履职尽责不到位、担当精神不强、违规用权等突出问题，促进领导干部依法用权、担当作为。

固定资产投资审计 持续开展地铁1、2号线工程等项目的跟踪审计，开展关林步行街改造提升项目专项审计调查，及时发现、提示、纠正项目建设过程中存在的问题，推动重大民生工程真正惠及人民群众。

文化旅游融合发展审计 对洛阳城市区各相关单位实施的与文旅融合相关的建设项目、产业、文旅业态、文创产品等进行审计，共查出政策措施、管理运行、工程建设、财务收支等方面问题95个，涉及问题金额8973.88万元，移送处理事项6件。 （撰稿人：姚科汀）

【平顶山市审计局】 2020年，平顶山市审计局实有72人。党组书记、局长张恩河，党组成员、副局长邵小红、郭素霞、马鹏飞（—11月），党组成员、经济责任审计事务中心主任马鹏飞（兼），党组成员、总审计师郭旭光，四级调研员冯国建。设有办公室、组织人事科、法规科（审理科）、计划督察科（审计整改联席会议办公室）、政策跟踪审计科、财政审计一科、财政审计二科、行政事业审计科、党群政法审计科、科教文审计科、农业与资源环保审计科、固定资产投资审计一科、固定资产投资审计二科、社会保障审计科、经贸和外资运用审计科（内部审计指导监督科）、大数据审计科、机关党委、离退休干部工作科；下设经济责任审计事务中心、审计科研所等事业单位。

审计成果 2020年，平顶山市审计机关共完成审计项目249个。审计查出违规金额6.08亿元、管理不规范金额61.57亿元。通过审计，促进上缴财政1.18亿元，资金拨付到位1.08亿元，核减固定资产投资项目投资或结算额2.51亿元，审计后挽回损失0.14亿元。被采纳审计建议460条，审计要情、审计专报等重要审计信息被批示、采用62篇，推动相关政策措施落实115项。

全市2个项目荣获省级优秀审计项目。

政策落实情况跟踪审计 及时跟进省审计厅和市委市政府关于做好“六稳”“六保”工作任务要求，开展“三促进”等重大政策落实情况跟踪审计，助力企业复工复产。

财政审计 不断深化同级预算执行审计，首次开展市县联动数据分析，实现数据分析方法及成果共享。移送有关部门违纪违法问题线索2件，促进上缴财政资金1.11亿元。

疫情防控资金和捐赠款物专项审计 开展全市疫情防控资金和捐赠款物专项审计，促进资金及时分配下拨使用380.92万元，物资及时分配调拨使用32.39万件。

民生审计 开展医疗保险基金审计，帮助2248名确有困难无力参加城乡居民基本医疗保险的低保人员由政府兜底参保，追回分解住院违规报销医保基金180.8万元。

经济责任审计 开展领导干部经济责任审计和全市村（社区）“两委”换届审计，全市各级党委和组织部门参考依据审计结果，提拔干部12人，调整岗位12人，取消村两委资格21人，党纪处理7人。

固定资产投资审计 开展市本级16个PPP项目推进情况专项审计，督促落实出资4351.87万元、返还未按规定用途使用资金2028.45万元。

审计查出问题整改 省重点工作跟踪审计中涉及平顶山市的违规金额全部整改到位；上级交办审计整改问题439个，截至12月底，问题整改到位324个，促进出台制度文件108项，管理不规范资金整改到位13.9亿元，促进增收节支1223万元。 （撰稿人：郭飞燕　彭梦娟）

【安阳市审计局】 2020年，安阳市审计局实有91人。局长秦志军，副局长李著亮、高星闯、胡锡荣、郭艺鸣、郝保旺，总审计师陈永太。设有办公室、法规科（审理科）、财政审计一科、财政审计二科、行政政法审计科、社会保障审计科、信息技术科、人事教育科、计划管理监督科、政策跟踪审计科、党群审计科、农业农村审计科、固定资产投资审计科、经济责任审计科、内部审计指导监督科、经贸和外资运用审计科、教科文审计科。

审计成果 2020年，安阳市审计局共完成审计项目53个。查出主要问题金额178.37亿元，审计促进整改落实有关问题资金1.13亿元；审计促进拨付资金到位1.66亿元；审计后挽回(避免)损失1911万元。移送纪检监察机关和有关部门处理事项18件，移送处理人员8人。审计提出建议139条，被采纳121条；推动被审计单位制定整改措施10项；促进被审计单位建立健全规章制度13项；提交审计信息103篇，被批示、采用90篇次。

参与的河南省投融资公司运营、大气污染防治和“放管服”改革等3个专项审计项目组，被河南省审计厅表彰为先进集体；林业生态建设提升工程资金专项审计调查等4个审计项目被河南省审计厅表彰为优秀审计项目。

财政审计 审计单位31个，延伸审计单位173个，出具审计报告35篇。

经济责任审计 完成11个单位的领导干部经济责任审计，出具审计报告和审计结果报告各11篇，提出审计建议35条，被采纳35条。

固定资产投资审计 完成审计项目17个，查出问题金额4.88亿元，核减投资额(工程款)1732.29万元。移送纪检监察部门处理事项13件，出具审计报告17篇，撰写审计工作信息(专报)27篇，被批示、采用25篇，审计提出建议44条。

民生审计 完成审计项目1个，查出主要问题金额3136万元。

专项资金审计 完成审计项目14个，审计专项总金额75191万元；出具专项审计调查报告14篇。

信息化建设 报送省审计厅审计数据综合分析模型138个、分析模块335个，利用大数据审计380项。

内部审计 出台内部审计制度2项；建立市县内部审计指导机构，配备专兼职工作人员15名；在河南省内部审计培训班上作经验交流发言。 (撰稿人：董芳新 邓全香)

【鹤壁市审计局】 2020年，鹤壁市审计局实有71人。局长王海军(—5月)、刘文合(8月—)，副局长李路平、曹崇华、汤启斌、高国防(—5月)，总审计师廖艳红，驻局纪检监察组组长张志平，市经济责任审计工作联席会议办公室主任张海平。设有办公室、政策法规科、财政审计一科、财政审计二科、行政事业审计一科、行政事业审计二科、社会保障审计科、农业农村审计科、企业金融外资运用审计科、经济责任审计科、固定资产投资审计科、机关党委，市委审计委员会办公室下设秘书科；下设市计算机审计中心、市经济责任审计中心、市审计政策研究服务中心等事业单位；市纪委派有纪检监察组。

审计成果 2020年，鹤壁市审计机关共完成审计项目140个。查出主要问题金额59.99亿元；移送有关部门处理事项11件。审计促进整改落实有关问题资金7.48亿元。推动被审计单位制定整改措施43项，促进被审计单位建立健全规章制度12项。

获得2020年鹤壁市高质量发展突出贡献铜杯奖；“放管服”改革审计组、地方性债务审计组被省审计厅表彰为先进集体。

政策落实情况跟踪审计 开展“三促进”、“放管服”改革、减税降费政策落实和清理拖欠民营企业账款等审计项目。

财政审计 开展市本级财政预算执行、市县财政一级预算单位全覆盖等专项审计。

三大攻坚战审计 开展全市扶贫资金审计、领导干部自然资源资产管理责任情况审计、防范化解地方政府性债务风险审计。

疫情防控资金和捐赠款物专项审计 开展疫情防控相关政策、决策部署落实和资金、物资管理使用情况跟踪审计。

经济责任审计 对5名党委政府主要领导干部、26名市(县)直部门领导人员、6名公安局局长(支队长)、1名企业领导人员开展经济责任审计。

固定资产投资审计 实施山城区老工业区搬迁改造资金使用管理及效益审计和鹤壁市海绵城市建设工程审计。

信息化建设 开发审计大数据应用平台，集成数据资源、审计方法、政策法规、审计整改4个模块，数据量涵盖全市79个一级预算单位。

内部审计 对26家市直单位和企业开展内部审计工作调研，出台《鹤壁市审计局关于进一步加强内部审计工作业务指导和监督的意见》。

相关工作 鹤壁市审计局坚持抓党建、强队伍、促工作的思路，严格落实全面从严治党政治责任，把党建工作融入审计业务之中，努力打造高素质专业化审计干部队伍。获得2020年度鹤壁市高质量发展党的建设奖。（撰稿人：郭振威）

【新乡市审计局】 2020年，新乡市审计局实有77人。局长时常胜，副局长周彦斌、张俊涛、贺成运、赵文中，总审计师熊睿浩，纪检监察组组长张博（8月—），二级调研员牟振斌，四级调研员万荫钦。设有办公室、组织人事科、法规（审理）科、综合科、财政审计一科、财政审计二科、行政事业审计一科、行政事业审计二科、医疗卫生审计科、农业农村审计科、投资审计一科、投资审计二科、金融审计科、企业经贸外资运用审计科、社会保障审计科、经济责任审计一科、经济责任审计二科；下设新乡市审计信息中心（市政府投资审计服务中心）。

审计成果 2020年，新乡市审计局组织完成审计项目64个。查出违规金额0.2亿元、管理不规范金额114.36亿元。促进增收节支11.91亿元；核减工程投资额3.44亿元。审计提出建议552条，被采纳499条；推动落实相关政策措施113项；促进完善规章制度75项。

荣获全省审计机关先进集体、全省脱贫攻坚专项审计先进单位、全省审计系统新冠肺炎疫情防控工作和疫情防控审计监督工作表现突出集体、全省新增财政资金专项审计工作先进单位等荣誉。

政策落实情况跟踪审计 扎实开展省政府22项重点工作、清理拖欠中小微企业账款、减税降费、新增财政资金等重大政策措施落实专项审计。

财政审计 组织对全市83个一级预算单位和195个二级预算单位进行全覆盖同步审计，市人大常委会审议审计工作报告和整改报告满意度位居全市第一。

疫情防控资金和捐赠款物专项审计 重点审计财政资金2.07亿元、捐赠资金0.92亿元，安排指导全市审计机关向283名乡镇党政主要负责人发送《疫情防控提示函》。

民生审计 开展第三期学前教育行动计划（2017—2020年）审计，推动拨付滞留学前教育专项资金1070万元。社会保险基金审计查出问题金额13.55亿元，移送处理5人；审计署社会保障审计司对新乡经验做法给予高度肯定，并邀请新乡市审计局在全国社保审计专题研讨和技能提升培训班上作典型发言。

经济责任审计 组织全市审计机关完成131名领导干部经济责任审计。组织全市审计机关服务村（社区）“两委”换届，完成1472个村委会成员经济责任审计和社区居委会财务收支审计。

固定资产投资审计 完成15个政府投资建设项目审计，核减投资额3.44亿元。

企业审计 完成新乡市公交公司2019年度规制成本审计，核减规制成本、减少财政拨款1.42亿元。

内部审计 新乡市委审计委员会制定《关于进一步加强内部审计工作的意见》，督促市直各单位建立健全内部审计制度62项，推动21家市直单位设立独立的内部审计机构。

交办任务 定点帮扶的29户贫困户全部实现脱贫，帮扶村退出贫困村序列；帮扶村被评为河南省文明村镇、新乡市卫生村镇。

相关工作 抓好“五星级党支部”建设，机关党总支、党支部圆满完成换届，一批德才兼备、群众公认的青年党员成为基层党组织领头人。新招录公务员11名，新入职定向选调生2名。 （撰稿人：吴相元）

【焦作市审计局】 2020年，焦作市审计局实有65人。局长申文燕，副局长王庆宝、司军江、闫清军、史升平，纪检监察组组长刘玉梅，市经济责任审计工作联席会议办公室主任王海建。设有办公室、组织人事科、秘书科、党建办、财政审计一科等16个科室；下设焦作市基建审计中心。

审计成果 2020年，焦作市审计机关完成审计项目217个。查出违规违纪金额7亿元、损失浪费金额0.82亿元、管理不规范金额208.43亿元。审计促进上缴财政10.74亿元，减少财政拨款或补贴0.44亿元，归还原渠道资金9.7亿元，缴纳其他资金0.39亿元；挽回（避免）损失0.03亿元；向纪检监察机关和有关部门移送事项8件，涉案人员2人，涉案金额425.99万元。移送有关部门处理事项11件。提交审计综合报告和信息448篇，被党政领导和上级审计机关批示、采纳94篇次。审计提出建议642条，被采纳553条；推动相关政策措施落实384项，促进完善规章制度211项。

政策落实情况跟踪审计 重点开展疫情防控专项审计、促进就业优先政策落实情况审计、清理拖欠民营企业和中小企业账款、减税降费政策跟踪审计、省政府重点工作任务落实情况跟踪审计等项目。

财政审计 促进清理财政暂付款15.48亿元，促进上缴财政存量资金1.3亿元，促进非税收入3.03亿元缴入国库，促进上级转移支付资金5671万元、新增地方政府债券资金1100万元拨付到位。

经济责任审计 对71名领导干部开展经济责任审计，查出领导干部负有直接责任的违规问题金额183万元。党委和组织部门参考依据经济责任审计结果，提拔重用干部1人，调整岗位37人，通报批评等其他处理14人。

固定资产投资审计 建立完善跟踪审计监督机制，推动工程建设领域监督机制改革和制度建设。对十大重点建设项目开展跟踪审计，投资概算129.37亿元。（撰稿人：张正鸿）

【濮阳市审计局】 2020年，濮阳市审计局实有116人。局长潘顺恩（—9月）、方业生（9月—），副局长鲁付民（—9月）、林松、王万东、辛同诗，纪检监察组组长孟凡奇，总审计师赵子强，市经济责任工作联席会议办公室主任孙兆山，经济责任审计中心主任李伟，二级调研员张正选、刘俊民，四级调研员熊延铭。设有市审计委员会办公室秘书科、办公室、组织人事科、法规科、计划管理督察科、政策跟踪审计科、财政金融监督审计科、大数据审计科、行政事业审计科、政法审计科、科教文审计科、农业农村审计科、市政基础设施投资审计科、重点项目投资审计科、生态环境审计科、社会保障审计科、经贸与外资运用审计科、经济责任审计管理科、经济技术开发区审计科、工业园区审计科、城乡一体化示范区审计科、机关党委、离退休干部科；下设濮阳市经济责任审计中心、市审计局计算机审计中心、濮阳市政府投资项目审计服务中心、市审计局机关后勤服务中心等事业单位。

审计成果 2020年，濮阳市审计机关共完成审计项目215个。查出主要问题金额206.45亿元；出具审计报告和专项审计调查报告234篇。移送纪检监察机关和有关部门处理事项108件，移送处理人员226人，移送处理金额26914万元。审计促进整改落实有关问题资金13.92亿元；促进拨付资金到位14.90亿元。审计提出建议950条，被采纳853条；推动被审计单位制定整改措施776项；促进被审计单位建立健全规章制度16项；提交审计信息466篇，被批示、采用326篇次。

濮阳市审计局实施的范县县委书记、县长任职期间经济责任履行情况审计项目被审计署评为2019年度全国市级审计机关优秀审计项目一等奖。华龙区党政领导干部经济责任审计项目、濮阳县本级财政预算执行及其他财政收支情况审计项目、南乐县福堪镇党委书记经济责任审计项目被省审计厅评为优秀审计项目一等奖。

政策落实情况跟踪审计 开展促进就业优先跟踪审计，发现超范围使用就业资金149.40万元。开展减税降费跟踪审计调查，推动清退涉企保证金1106万元。开展清理拖欠民营企业中小企业账款审计，累计清理拖欠账款2200余万元。开展对某市县域经济发展情况审计调查，撰写审计要情、审计专报60篇，督促出台相关制度和规范性文件37个。对省政府工作报告提出的2020年重点工作任务开展落实情况跟踪审计。

财政审计 开展对濮阳市本级预算执行审计，查出问题完成整改65项，促进资金拨付到位12.33亿元。对市本级83个一级预算单位进行审计，推动清理沉淀资金1900余万元，推动市委市政府出台《关于全面推进预算绩效管理的实施意见》、市财政局出台《预算绩效目标共性指标体系》等政策文件。

疫情防控资金和捐赠款物专项审计 疫情防控审计促进财政专项资金及时下拨264万元，促进捐赠资金及时拨付使用1036万元，促进捐赠物资及时分配下拨15.89万件。

民生审计 对市本级及下辖5县、2区开展医保基金审计，查出问题金额8.07亿元。完成第三期学前教育审计，促进新增普惠性民办幼儿园233所，清理无证幼儿园74所，治理城镇小区配套幼儿园74所。

经济责任审计 对58名领导干部进行经济责任审计，提出审计建议205条，被采纳180条。市、县（市、区）党委和组织部门参考经济责任审计结果，提拔重用干部3人，调整岗位12人。

固定资产投资审计 对政府投资重点项目进行全过程、各环节跟踪审计，出具整改建议书5份。核减投资额3.33亿元，促进资金拨付到位1.70亿元。

（撰稿人：雷永善　黄卫畅　孔丽娜）

【许昌市审计局】 2020年，许昌市审计局实有37人。局长燕万年，副局长贾付栓、胡宝梅、李铮峰，市经济责任工作联席会议办公室主任刘中伟，一级调研员申宝，二级调研员朱臣峰，三级调研员高留彬，四级调研员王开一、黄喜全（—9月）、徐峰。设有办公室、市委审计委员会办公室秘书科、人事科、法规科、财政审计一科、财政审计二科、行政事业审计科、农业农村审计科、固定资产投资审计科、经贸和外资审计科、社会保障审计科、经济责任审计一科、经济责任审计二科；下设许昌市政府投资建设项目审计中心。

审计成果 2020年，许昌市审计机关共完成审计项目232个。查出主要问题金额268.03亿元；审计发现非金额计量问题645个。审计处理处罚金额21.17亿元；促进整改落实有关问题资金12.15亿元。

鄢陵县2018年度预算执行审计被河南省审计厅表彰为优秀审计项目。

政策落实情况跟踪审计 组织开展“三促进”、保市场主体相关政策落实、省政府工作报告明确的重点工作、县域经济发展等重大政策落实情况审计，有效促进各级党委政府做好“六稳”工作、落实“六保”任务。

财政审计 采用“预算执行审计＋”模式，促进整改问题金额30.8亿元；完善制度8项；依法移送违纪违法问题线索6件，155名责任人受到问责处理。

三大攻坚战审计 实现扶贫审计“全覆盖”，抽审扶贫资金75166万元，占比74%。审计发现的31个问题已全部整改到位。

疫情防控资金和捐赠款物专项审计 审计疫情防控财政专用资金1.31亿元、捐赠资金6151.15万元、捐赠物资84.27万件。审计中发现的18个问题已全部整改。

民生审计 开展医疗保险基金审计，发现4类18个问题，追回违规统筹报销费用92239.38元，促进医保政策精准落地，推动完善医保制度。开展保障性安居工程专项审计，通过审计促进2022万元资金拨付到位，183.88万元安居工程租金收入上缴国库，19户低保家庭得到住房保障，督促相关部门建立管理制度3项。推动9个老旧小区改造项目开工建设。

经济责任审计 许昌市审计机关共对76名领导干部、1名企业领导开展经济责任审计，促使1166.86万元归还原渠道，追回出借及挤占挪用资金2555.6万元。

固定资产投资审计 审减工程结算价3.21亿元，揭示和反映建设程序、资金管理中存在的不规范、不合规问题，提高政府投资效益。

相关工作 坚持“围绕审计抓创建，抓好创建促审计”的理念，持续深化全国文明单位创建工作，不断巩固提升创建工作水平，2020年蝉联五届“全国文明单位”。（撰稿人：孟长征）

【漯河市审计局】 2020年，漯河市审计局实有97人。局长徐改全，二级调研员李东升，一级调研员陈银坤，副局长刘冠东、李军、邵艳晖、屈耀伟，三级调研员史秋学，纪检监察组组长张凤军，四级调研员屈钦宇、张万友。设有办公室、人事教育科、法规（审理）科、计划管理督查科、政策跟踪科、财政审计一科、财政审计二科、行政事业一科、行政事业二科、社会保障审计科、农业农村审计科、固定资产投资审计科、金融和外资运用审计科、经贸审计科、经济责任审计一科、经济责任审计二科、党建工作科；下设漯河市审计信息中心、漯河市大数据审计中心、漯河市政府投资建设项目审计服务中心。

审计成果 2020年，漯河市审计局完成审计及审计调查项目79个、领导干部经济责任审计20个。提交审计报告、审计专报122篇，受到省审计厅、市委市政府领导批示33篇次。促进增收节支6867万元，移送案件线索7件，1人受到党纪政纪处分，2人受到有关部门处理。提出并被采纳审计建议125条；提交审计要情、审计专报等重要审计信息19篇。审计公告36篇。

漯河市审计局先后获得全省“疫情防控审计先进集体”“扶贫审计先进集体”“‘放管服’改革专项审计调查先进单位”“‘僵尸企业’审计调查先进单位”以及漯河市“创建全国文明城市工作先进单位”和“综治和平安建设优秀单位”等荣誉称号。局机关第五党支部开展的“审计先锋”系列党建活动被市直工委命名为党建品牌。

政策落实情况跟踪审计 开展“放管服”改革、减税降费、清理拖欠民营企业中小企业账款、就业优先政策落实等重大政策跟踪审计。

财政审计 开展市政府办、市财政局、市民政局等10个部门单位2019年度预算执行审计。

经济责任审计 完成21名领导干部经济责任审计。

三大攻坚战审计 开展源汇区政府区长自然资源资产任中审计。

民生审计 开展全市脱贫攻坚审计，对县区农村户厕改造、“儿童之家”建设等进行专项审计。

固定资产投资审计 开展“四城同建”重点项目审计，对“中原生态水城”中河湖水系建设与修复治理、水污染防治与中水利用等8大工程167个建设项目以及“中原文化名城”涉及的贾湖遗址博物馆、受降路历史文化旅游商业街区等55个项目进行审计调查。对全市231个老旧小区改造提质工作任务完成情况进行专项审计调查。

企业审计 完成市公交集团资产负债损益情况审计。

专项资金审计 对教育费附加、学前教育行动计划、服务业引导资金等专项资金进行审计。

农业农村审计 4月，根据市委编委批复，在全市各县区设立乡村审计服务中心，负责村级审计监督。将乡村两级落实中央重大政策措施等情况、乡镇级预算执行情况和其他财政收支情况、村集体资金资产及公共资金项目、村干部经济责任审计等作为主要内容。漯河市审计局指导县区审计局修订完善乡村审计工作制度，对审计方式、审计内容、审计程序等方面进行规范。临颍县审计局2020年审计村级资金2350万元，向临颍县纪检监察机关移送案件线索3件，为村集体追回资金4.4万元。舞阳县、源汇区、郾城区审计局分别结合经济责任审计、村级财务巡察等工作，开展乡村审计试审工作。

（撰稿人：张亚丽）

【三门峡市审计局】 2020年，三门峡市审计局实有65人。局长范社民，副局长白提高、王永生、李金萍，总审计师张丰明，市经济责任审计工作联席会议办公室主任王宏刚。设有办公室、法规科（审理督查科）、政策跟踪审计科、财政审计科、行政事业审计科、党群和科教文审计科、政法审计科、社会保障审计科、农业农村审计科、固定资产投资审计科、企业审计科、内部审计指导监督科、经贸和外资运用审计科、经济责任审计科、自然资源及生态环境审计科、派出审计科；下设市政府投资审计服务中心和电子数据审计服务中心等事业单位。

审计成果 2020年，三门峡市审计机关共完成审计项目241个。查出主要问题金额210.39亿元，损益（收支）不实金额3161万元；出具审计报告和专项审计调查报告254篇。移送纪检监察机关和有关部门处理事项11件。审计促进整改落实有关问题资金7.98亿元。审计提出建议被采纳571条；提交审计信息被批示、采用75篇次。

卢氏县2018年脱贫攻坚政策措施落实，扶贫资金分配管理使用情况和2017年、2018年“一卡通”惠农补贴资金发放情况审计项目，卢氏县人民防空办公室原主任任期经济责任审计项目被河南省审计厅评为优秀审计项目。

政策落实情况跟踪审计 对“六稳”“六保”

和17项省重点工作任务落实情况开展常态化跟踪审计，开展“放管服”改革、减税降费、清理拖欠民营企业中小企业账款、促进就业优先等重大政策措施落实情况跟踪审计，促进减税降费1.46亿元，推动清欠拖欠账款4368万元。对开封市本级和杞县、兰考县、通许县开展县域经济发展情况审计调查，发现问题198个，涉及资金15.98亿元。开展新增财政资金直达市县基层直接惠企利民跟踪审计，发现并推动整改28个问题。

财政审计 开展市县财政一级预算单位全覆盖审计和财政部门组织预算执行情况审计，参与全国税收和非税收入征管审计，完成38个预算执行审计项目和22个财政决算审计项目，上下同步开展政府债券发行使用管理、政府投资基金绩效、信息系统建设管理等专项审计。

三大攻坚战审计 对开封市兰考县开展扶贫审计，开展地方性政府债务审计和地方党政领导干部自然资源资产审计，揭示自然资源资产管理和生态环境保护方面问题33个，涉及资金1.63亿元。

疫情防控资金和捐赠款物专项审计 审计疫情防控资金8800万元、捐赠物资59万件，覆盖247家单位机构企业、28个重点项目和64家市场主体。

民生审计 开展保障性安居工程、第三期学前教育行动计划、县级医院提质升级、贫困人口大病兜底保险奖补资金、市重点民生实事落实情况等专项审计，促使退回棚户区改造项目闲置贷款资金2.37亿元，促使滞留资金拨付9852万元；推动全市65所无证幼儿园治理到位、26所幼儿园规范财务管理、新认定普惠性民办幼儿园11所。

经济责任审计 完成对61名领导干部的经济责任审计，其中包括18名地方党委政府主要领导干部。完成全市村（社区）换届经济责任审计工作，审计全市1319个村（社区）。

固定资产投资审计 完成政府投资审计项目126个，核减投资额1.36亿元。

信息化建设 以大数据审计为基础，首次实现市县财政一级预算单位审计全覆盖。

内部审计 将被审计单位内部审计机制建立健全和工作开展情况纳入审计监督评价范围，强化对内部审计指导监督职责履行情况的考核，促进内部审计工作规范化。

相关工作 通过人才引进、遴选、招录等方式引进15人，优化干部队伍年龄结构和专业结构。深入开展推进“转观念、转作风、转方式”学习教育、营造学的氛围严的氛围干的氛围、创建模范机关和“新衙门作风”等形式主义官僚主义问题专项整治行动，打造高素质专业化审计干部队伍。（撰稿人：武云景）

【南阳市审计局】 2020年，南阳市审计局实有78人。局长时德清，副局长余耀伟、鲁德岑、王匡、尚军生，市经济责任服务中心主任李冬晓，驻局纪检监察组组长谢男，二级调研员孔雪飞，四级调研员舒建立、王刚、张清怀、时晓。设有中共南阳市委审计委员会办公室秘书科、办公室、法规科、人事科、计划管理督察科、财政审计科、行政事业审计一科、行政事业审计二科、农业农村与自然资源环境审计科、固定资产投资审计一科、固定资产投资审计二科、金融审计科、企业审计科、社会保障审计科、经贸和外贸运用审计科、经济责任审计科、信息管理科、机关党委，另设有市纪委监委派驻纪检监察组；下设南阳市经济责任审计服务中心。

审计成果 2020年，南阳市审计机关共完成计划审计项目488个。查出违规违纪金额26.54亿元；向纪检监察机关和有关部门移送案件线索151件。审计提出建议被采纳485条；提交的审计专报、审计要情被各级党委政府领导批示149篇次。

市审计局先后荣获全市“两个高质量”考核先进单位、党风廉政建设优秀单位、依法行政考核优秀单位、人大工作先进单位、平安建设工作先进单位和全省扶贫审计先进单位、政策落实情况跟踪审计先进单位、疫情防控审计先进单位等荣誉，局领导班子被市委评为优秀班子，“放管服”改革工作被市政府记集体三等功，荣获第六届“全国文明单位”称号。

政策措施落实情况跟踪审计 组织开展减税降费、“放管服”、清理拖欠民营企业中小企业账款等13项重大政策措施跟踪审计。按照省审计厅统一部署，把涉及南阳的24项省政府重点工作落实情况跟踪审计任务分解到各责任科室，及时反馈上报，促进省重点工作落实。

财政审计 组织开展市县区财政一级预算单位全覆盖同步审计，督促社保资金转定期存款21亿元，追还存款利息220.35万元，确认各类存量闲置资金26.02亿元，促进财政部门入库存量资金9.21亿元、整合使用存量资金5857.24万元。

疫情防控资金和捐赠款物专项审计 组织开展全市疫情防控政策措施及资金物资跟踪审计，促进资金及时拨付8173.24万元、物资分配到位226.02万件、完善管理制度19项，移送案件线索2件。

经济责任审计 全市审计机关共审计领导干部123名，查出违规金额8.23亿元，审计提出建议270条。

固定资产投资审计 组织开展"三馆一院"、完全学校、内河综合整治、东环路和高铁连线等10个建设项目跟踪审计，其中东环路和高铁连接线项目概算调整审核，建议调减概算金额3.1亿元。

民生审计 组织开展全市2017年至2019年医保基金筹集管理使用和政策落实情况审计，发现政策执行、医保改革等方面问题197个，涉及违规违纪金额10.56亿元，移送案件线索27件。

农业农村审计 组织开展全市4949个行政村（社区）"两委"换届离任审计，发现财务管理、工程建设不规范等问题，党纪处理9人，为村集体追回资金69.82万元。（撰稿人：张 帅）

【商丘市审计局】 2020年，商丘市审计局实有83人。局长马付恩，副局长吕义军、谢颖、陈广银，市经济责任审计工作联席会议办公室主任刘振营，驻局纪检监察组组长王东，三级调研员张建新，总审计师刘丽，二级调研员朱彦强，三级调研员葛春河、焦海生。设有政策跟踪审计科、财政审计科、行政事业审计科、党群政法审计科、科教文审计科、医疗卫生审计科、农业农村审计科、固定资产投资审计科、企业审计科（内部审计指导监督科）、社会保障审计科、金融经贸和外资审计科、经济责任审计一科、经济责任审计二科、办公室、市委审计委员会办公室秘书科、组织人事科、法制科（审理科）、计划管理督察科、机关党委（机关纪委）；下设商丘市政府投资建设项目审计中心。

审计成果 2020年，商丘市审计局完成审计项目63个。查出违规金额4.98亿元，损失浪费金额242万元、管理不规范金额81.05亿元；审计发现非金额计量问题431个。移送处理事项8件，移送处理人员206人，移送处理金额1617万元。审计促进整改落实有关问题资金14.80亿元，其中增收节支8.79亿元。审计提出建议280条，被采纳273条。

永城市审计局实施的永城市本级2017年度预算执行及其他财政收支情况审计项目被审计署评为2019年度全国县级审计机关优秀审计项目一等奖。全市脱贫攻坚专项审计工作考评获得全省第一名。

政策落实情况跟踪审计 开展减税降费、"放管服"、"三促进"等41个重大政策措施和省重点工作的落实情况跟踪审计，切实推动中央和省市重大政策措施、省重点工作落地见效。开展新增财政资金直达市县基层直接惠企利民情况。

财政审计 对81个市财政一级预算单位开展全覆盖同步审计，重点对2年内未审计的25家一级预算单位开展现场审计。推动全市9.89亿元财政存量资金及时盘活清理，促进3.8亿元代编预算资金及时分配下达。系统梳理分析全市"十三五"时期的158篇审计报告，梳理出共性问题120个和个性问题98个，草拟《对近五年一级预算部门审计查出问题的梳理分析报告》上报市政府。针对县级政府、市直机关和国有企业归纳出3份风险清单，上报审计要情14篇。

三大攻坚战审计 按照省审计厅部署，全市抽派196名审计骨干赴平顶山开展县域经济发展情况专项审计。

疫情防控资金和捐赠款物专项审计 通过审计，促进4000万元财政资金和7000件防疫物资及时分配、拨付、使用；利用大数据筛查技术对全市确诊及疑似患者的相关信息进行核查，及时为市防疫指挥部精准施控提供保障。

民生审计 以保障和改善民生为出发点和落脚点，开展重点民生资金和项目等审计，揭示医疗、教育和就业等方面问题并跟踪整改到位。

经济责任审计 将各县（市、区）常委部门主要领导纳入审计范围，共完成经济责任审计项目28个，发现问题金额102.47亿元，有效促进

权力规范运行。（撰稿人：杨景运）

【信阳市审计局】 2020年，信阳市审计局实有92人。局长汪光明，副局长卢世银、马彦忠、唐阳志、万展武，经济责任审计办公室主任赵树高，纪检监察组组长孙晓莉，党组成员张保生，四级调研员孙章明、董见明。设有办公室、综合科、人事科等23个内设科室；下设经济责任审计办公室、派出机构审计办公室、投资建设项目审计中心、大数据审计信息中心等事业单位。

审计成果 2020年，信阳市审计机关共完成审计项目672个。查出主要问题金额191.82亿元。出具审计报告、审计要情710篇。

信阳市审计局被中央审计委员会办公室、人社部、审计署联合表彰为全国审计机关先进集体；成功创建第四届全国文明单位；被评为全省审计工作先进单位，被市政府记集体二等功。3个审计项目被评为河南省优秀审计项目。

政策落实情况跟踪审计 组织全市审计机关对洛阳市开展县域经济专项审计调查，撰写审计要情、审计专报53篇，受到省审计厅表彰。开展稳岗补贴等优惠政策审计调查，促进发放中小微企业贷款6429万元，为895户企业减免税费3681万元；开展清欠民营企业账款审计调查，促进清欠资金4300多万元。开展政府债券资金审计，促进拨付资金1.3亿元，推动市中心医院等全市重点项目工程复工建设。

财政审计 对市财政局、农业农村局等13家单位开展本级财政预算执行审计，推动落实过“紧日子”要求。首次运用大数据审计手段，对市本级86家一级预算部门及所属单位进行审计全覆盖。根据审计建议，市政府出台《信阳市市级财政性资金竞争性存放考评实施办法》《关于进一步加强市本级社会保险基金财务管理的通知》《信阳市市级行政事业单位国有资产处置管理办法》等规范性文件。

三大攻坚战审计 在2019年开展扶贫和“一卡通”惠农补贴资金审计的基础上，2020年对固始县开展扶贫审计，实现全市扶贫审计全覆盖。对近4年来全市扶贫审计发现的问题及整改情况进行全面梳理，进一步促进扶贫政策措施落地生效，巩固和拓展脱贫成果。

疫情防控资金和捐赠款物专项审计 全市审计机关审计相关财政专项资金6.96亿元、捐赠资金1.7亿元、物资592.2万件，促进下拨资金4630万元，推动物资分配使用39.4万件，避免损失浪费18.99万元，促进出台制度23项。

经济责任审计 全市审计机关对72名党政领导干部开展经济责任审计，查出领导干部负有直接责任的违规金额6.74亿元。各级党委和组织部门参考依据经济责任审计结果，选拔任用干部7人，调整岗位12人，通报批评1人。

固定资产投资审计 市审计局完成投资审计项目21个，涉及机场、高铁站、医院、学校、市政工程等行业，送审金额26.9亿元，审减工程造价4.88亿元，审减率18%，促进增收节支702.19万元。（撰稿人：王　猛）

【周口市审计局】 2020年，周口市审计局实有59人。局长赵良辰，副局长时文祥（9月—）、杨凯（11月—）、张建伟，总审计师魏学忠，纪检监察组组长陈华磊，二级调研员张贵成、翟建伟、马培新，四级调研员王海松、陈伟。设有办公室、秘书科、人事科（老干部科）、法制科、审计督查科、财政金融审计科、行政事业审计一科、行政事业审计二科、农业农村审计科、固定资产投资审计科、社会保障审计科、经贸和外资运用审计科、数据审计科、经济责任审计办公室和机关党委；下设审计科学研究所、建设工程审计中心等事业单位。

审计成果 2020年，周口市审计机关共完成审计和专项审计调查项目304个。查出主要问题金额165.55亿元，其中违规金额10.60亿元、管理不规范金额145.39亿元；审计促进整改落实有关问题资金17.54亿元。

政策落实情况跟踪审计 对“放管服”改革、清理拖欠民营企业中小企业账款、减税降费政策落实等9个方面的重大政策措施落实情况进行跟踪审计。完成对南阳市县域经济发展专项审计调查。

财政审计 组织开展市县财政一级预算单位全覆盖同步审计，完成全市522个一级预算单位电子数据的采集转换。组织对周口市财政局等12家单位部门预算执行（含4个单位决算草案）审计，促进提高财政资金使用绩效和规范管理、政府部门过“紧日子”。

三大攻坚战审计 完成地方政府债券发行使用管理、政府投资基金、政府隐性债务风险防范和化解审计。开展郸城县2020年第一季度扶贫审计工作，推动整改扶贫工作问题87个，整改问题资金2.28亿元，促进扶贫政策落实5项，修订完善制度办法9项。完成西华县、扶沟县领导干部自然资源资产审计。

疫情防控资金和捐赠款物专项审计 完成全市应对新冠肺炎疫情防控资金和捐赠款物专项审计，延伸审计17家慈善组织和红十字会、72个政府机构和单位，促进资金及时拨付129万元，帮助解决企业融资需求180万元，降低企业税费143.6万元，撰写审计专报4篇。促进3家单位完善规章制度10项。

固定资产投资审计 完成周口市新火车站广场及配套路网工程竣工决算等21个委托审计项目，送审资金总额14.25亿元，审定资金总额11.99亿元，审减资金总额2.26亿元。纠正工程结算中的“以审代结”行为，推动修订《周口市政府投资建设项目审计监督办法》，进一步规范政府投资建设项目审计监督管理。

经济责任审计 对17名市管领导干部进行经济责任审计。

（撰稿人：徐汝硕）

【驻马店市审计局】 2020年，驻马店市审计局实有69人。局长刘翠萍，副局长宋超燕、汪永华、林丽娜、范红军，二级调研员李焕军（6月—），三级调研员刘晓东（6月—）、王文通（6月—），副处级干部黎文春（6月—），四级调研员赵新政、王文斌（—11月），总审计师陈有朋（11月—），总会计师叶向阳（11月—），总经济师师建中（12月—），经济责任审计中心主任卢振留（11月—）。设有办公室、法规科、计划管理督察科、政策跟踪审计科、财政审计一科、财政审计二科、行政事业审计一科、行政事业审计二科、农业农村审计科、投资审计一科、投资审计二科、经贸与外资运用审计科、社会保障审计科、经济责任审计科、秘书科、机关党委；下设经济责任审计中心、固定资产投资审计中心和计算机审计中心等事业单位。

审计成果 2020年，驻马店市审计机关共完成审计项目501个。查出主要问题金额247.50亿元，其中违规金额8.49亿元、损失浪费金额1108万元；审计发现非金额计量问题3447个；出具审计报告和专项审计调查报告510篇，被批示、采用2篇次。移送纪检监察机关和有关部门处理事项12件，移送处理人员31人，移送处理金额189万元。审计提出建议1592条，被采纳746条；推动被审计单位制定整改措施15项；促进被审计单位建立健全规章制度22项；提交审计信息346篇，被批示、采用71篇次。

嵩县扶贫和“一卡通”惠农补贴资金审计、上蔡县2017年度扶贫政策落实及资金分配管理使用情况审计、新蔡县城市建设投资集团有限公司等9家国有投融资公司运营情况专项审计调查、西平县扶贫和“一卡通”惠农补贴资金审计、正阳县扶贫和“一卡通”惠农补贴资金审计等5个项目被评为河南省优秀审计项目，县域经济发展情况专项审计、脱贫攻坚专项审计、新增财政资金直达市县基层直接惠企利民情况专项审计等项目被河南省审计厅通报表彰。

政策落实情况跟踪审计 实施“放管服”改革专项审计、减税降费政策落实情况跟踪审计等7个项目。

财政审计 对79个一级预算单位实施全覆盖审计。

三大攻坚战审计 对信阳市6个县实施脱贫攻坚专项审计。

疫情防控资金和捐赠款物专项审计 实施疫情防控决策部署落实和资金、物资管理使用情况跟踪审计。

民生审计 实施驻马店市第三期学前教育行动计划（2017—2020年）落实情况专项审计、县级医院提质升级情况专项审计等5个项目。

经济责任审计 对18名县处级领导干部进行经济责任审计，同时对其中2名县处级领导干部开展自然资源资产管理责任审计。

固定资产投资审计 实施驻马店国际会展中心等建设项目跟踪审计。

农业农村审计 实施农业产业化和农村基础设施建设情况审计等项目。

信息化建设 实施政务信息系统情况审计等

项目。（撰稿人：刘　浩）

【济源产城融合示范区审计局】 2020年，济源产城融合示范区审计局实有71人。局长酒序文，副局长张彦伟、李建成，示范区纪工委派驻审计局纪检组组长田晓芳，党组成员王红峰、樊其程，总审计师郭艾丽。设有办公室、组织人事科、法规科、政策跟踪审计科、财政金融审计科、行政事业审计科、农业农村审计科、固定资产投资审计科、经贸与外资运用审计科、社会保障审计科、经济责任审计科、党建工作办公室；另设中共济源产城融合示范区工作委员会审计委员会办公室秘书科；纪检（监察）机构按有关规定设置；下设经济责任审计局、基本建设审计中心等事业单位。

审计成果 2020年，济源产城融合示范区审计局共完成审计项目31个，其中审计27个、专项审计调查4个。查出主要问题金额8.92亿元；审计发现非金额计量问题276个；损益（收支）不实金额6398万元；出具审计报告和专项审计调查报告42篇，被批示、采用2篇次。移送纪检监察机关和有关部门处理事项10件，移送处理人员10人，移送处理金额6189万元。审计促进整改落实有关问题资金1.61亿元。审计提出建议37条，被采纳37条；促进被审计单位建立健全规章制度31项；提交审计信息210篇，被批示、采用123篇次。向社会公告审计结果9篇。

济源市2018年度市本级预算执行和其他财政收支情况审计、济源市2017年至2018年扶贫及“一卡通”惠农补贴资金审计2个项目被评为河南省优秀审计项目。

政策落实情况跟踪审计 对“六稳”“六保”、省重点工作任务、减税降费、县域经济发展、清理拖欠民营企业中小企业账款等方面的政策措施落实情况进行跟踪审计，推动重大政策措施落实到位。对示范区新增财政资金直达市县基层直接惠企利民情况进行审计。

财政审计 开展2019年度市本级预算执行和其他财政收支情况审计。

三大攻坚战审计 开展扶贫审计，发现部分贫困群众稳定吃水难、灌溉用水难等3类11个问题，并督促推动解决。关注政府隐性债务风险防范和化解情况。重点跟踪污染防治情况。

疫情防控资金和捐赠款物专项审计 围绕疫情防控相关政策、决策部署落实和资金物资管理使用情况进行跟踪审计，提出审计建议20余条，促进及时拨付捐赠资金174.19万元，促进及时分配捐赠物资1.2万件（套）。

民生审计 围绕示范区党工委、管委会有关民生重大决策和年度民生实事，重点对学前教育、促进优先就业政策和就业补助资金、医疗保险基金等项目开展跟踪审计，促进各项民生实事落地生效。在教育政策落实专项审计中，促进示范区下拨普惠性幼儿园奖补资金190万元。

经济责任审计 紧扣“经济责任”和“履职用权”两条主线，全年共对5个部门8名领导干部进行任期经济责任审计，促进领导干部履职尽责和权力规范运行。

固定资产投资审计 对示范区高职小区建设、保障性安居工程、市第三水厂至济东新区安置房供水管网工程等8个重点建设项目进行跟踪审计，共核减投资680.45万元，查出管理不规范金额9747.64万元。

内部审计 示范区党工委审计委员会印发《关于进一步加强内部审计工作的实施意见》，切实加强对全区各部门、各单位内部审计工作的指导和监督，推动实现审计监督全覆盖。

（撰稿人：郭晴晴）

2020年河南省所辖县(市、区)级审计工作统计表

审计机关	完成审计项目/个	审计查出主要问题金额/万元	审计发现非金额计量问题/个	审计期间整改金额/万元	出具审计报告和审计调查报告/篇	审计处理情况		审计促进整改落实有关问题资金/万元	审计提出建议/条	提交审计信息/篇
						审计处理处罚金额/万元	移送处理事项/件			
郑州市										
郑州市本级	132	4047474	791	328965	54		3	1163696	139	28
中原区审计局	69	39565	49	26	45	48	3	30698	81	16
二七区审计局	69	316565	87	51066	36			101262	123	3
管城回族区审计局	72	24318	69	8785	33			23731	62	2
金水区审计局	72	61987	90		47				82	
上街区审计局	66	9936	39	73627	25			9940	52	8
惠济区审计局	121	116031	41		23	193		193	95	
巩义市审计局	59	27896	102	20142	63	2285	1	1431	48	124
荥阳市审计局	123	11365	89	9710	89	25497	4	15911	130	5
新密市审计局	131	26116	91	2730	163	10787	3	7938	347	54
新郑市审计局	136	113171	197	12663	29		2	30373	337	85
登封市审计局	69	32567	66		22		4	48	49	47
中牟县审计局	124	113266	68	55	186	42201		42257	280	
开封市										
开封市本级	55	3358151	652	22605	68	54744	29	44294	166	57
龙亭区审计局	12	12509	45	5434	16	252		250	35	7
顺河回族区审计局	12	2134	19	398	8	219		494	9	3
鼓楼区审计局	20	8361	98	11	27		3	118	57	26
禹王台区审计局	16	38102	67	223	16	10827		1325	39	26
祥符区审计局	52	44657	167		68	53	6	31	84	29
杞县审计局	38	148120	66	12300	22	38		182	131	59
通许县审计局	26	274681	147	801	39	8041	1	66147	68	22
尉氏县审计局	44	64659	111	458	44	13597	2	13597	71	29
兰考县审计局	31	74931	111	8206	36	5562	5	6166	84	15
示范区审计局	16	81139	91	5	23	1746		1746	29	22
洛阳市										
洛阳市本级	45	598726	556	21395	73	33145	7	55863	148	15
老城区审计局	28	35832	10	5934	45	5614		5614	42	
西工区审计局	20	15127		35	29		1	5555	28	5
瀍河回族区审计局	26	3047		2939	36	3047		2939	19	

（续表）

审计机关	完成审计项目/个	审计查出主要问题金额/万元	审计发现非金额计量问题/个	审计期间整改金额/万元	出具审计报告和审计调查报告/篇	审计处理情况		审计促进整改落实有关问题资金/万元	审计提出建议/条	提交审计信息/篇
						审计处理处罚金额/万元	移送处理事项/件			
涧西区审计局	29	16210	78	1339	45	1339	1	1339	81	45
吉利区审计局	19	8972			22				28	
洛龙区审计局	44	4516			70				98	
偃师市审计局	35	11894	85	465	40	751	3	157	58	23
孟津县审计局	23	14327			26				64	
新安县审计局	31	22775	90	8019	47	1395		834	84	
栾川县审计局	50	702662	50	5553	52	112		68471	91	2
嵩县审计局	24	223208	182	4487	36	1418		781	65	6
汝阳县审计局	20	93324	58		17	13461		13460	34	
宜阳县审计局	83	114490	70		106	8696	1	8696	22	23
洛宁县审计局	32	68457	60		39	352			90	11
伊川县审计局	51	89750	99	20429	65	21872		5174	51	2
平顶山市										
平顶山市本级	22	219434	324	1426	29	26819	2	16177	88	15
新华区审计局	21	2822	7	8	20			2767	16	
卫东区审计局	20	44867	11		20				34	
石龙区审计局	11	24000	15		9			18	14	
湛河区审计局	13	8102	17		17			6932	26	10
舞钢市审计局	31	60953	92	584	49	43918		5591	77	5
汝州市审计局	58	206678	190	24	50	4413	8	1135	201	25
宝丰县审计局	15	14823	11	2058	15	497		9161	72	15
叶县审计局	11	36514	32	572	11	227	1	7505	32	15
鲁山县审计局	15	50528	27	470	17	107	1	6508	24	
郏县审计局	32	19082	65	13374	32	13536	1	949	66	65
安阳市										
安阳市本级	53	1783706	391	176982	49	4273	18	11305	139	103
文峰区审计局	14	97415	12	3136	14			6010	17	90
北关区审计局	20	21806	44	87	20	5930		710	43	16
殷都区审计局	17	48157	19	5430	18			3330	40	8
龙安区审计局	23	42573	63	7095	20	6623		6045	44	17
林州市审计局	94	272449	106	9880	96	885	8	226	185	113
安阳县审计局	26	6852	64	195	24			6236	75	8
汤阴县审计局	57	35865	34	34212	57	2		34869	61	2

（续表）

审计机关	完成审计项目/个	审计查出主要问题金额/万元	审计发现非金额计量问题/个	审计期间整改金额/万元	出具审计报告和审计调查报告/篇	审计处理情况		审计促进整改落实有关问题资金/万元	审计提出建议/条	提交审计信息/篇
						审计处理处罚金额/万元	移送处理事项/件			
滑县审计局	43	212806	513	430	43	60513	3	62256	151	26
内黄县审计局	23	74646	1249	67	22	382		382	61	8
鹤壁市										
鹤壁市本级	41	364586	443	21603	61	39880	9	51974	167	379
鹤山区审计局	11	13051	31		12	2350		2350	18	
山城区审计局	17	3123	340		18	1		315	42	48
淇滨区审计局	13	1837	56	1306	15	1802	2	10109	65	17
浚县审计局	39	75972	36	20	44	3466		3465	49	
淇县审计局	19	141354	29	6574	19	1		6556	15	8
新乡市										
新乡市本级	64	1145655	1308	342797	64	50274	3	135443	552	178
红旗区审计局	9	2813	27	1775	9	2813		2813	18	3
卫滨区审计局	16	10030			21	835		609	71	55
凤泉区审计局	6	43546	87	1781	10	43546	3	16679	58	29
牧野区审计局	42	144300	20		42			3500	78	76
卫辉市审计局	41	6086	34	1050	34	7		2	88	1
辉县市审计局	29	60029	158	809	43	3913	2	3912	89	13
长垣市审计局	31	1460	26	1460	31			24594	79	21
新乡县审计局	30	20795		9	44	814		814	55	89
获嘉县审计局	36	159204	74	3440	42	4544	4	5848	65	29
原阳县审计局	20	30562	80	15597	32	30397	2	27767	51	127
延津县审计局	20	102777	1	3804	7	3804		3794	3	
封丘县审计局	42	3180	306	2900	42		13	280	128	36
焦作市										
焦作市本级	44	1373510	2089	34713	55	25061	15	803132	204	141
解放区审计局	10	7160	8	3	16	230		5468	25	13
中站区审计局	24	3287		304	25	550		37	23	22
马村区审计局	5	2059		1772	5	1988		1772	7	4
山阳区审计局	13	23591		1	25	12952		2994	31	27
沁阳市审计局	24	246881	98	2436	17	82771		34356	34	44
孟州市审计局	12	107816			21	13603		13603	98	43
修武县审计局	7	51292	10	3887	8	3482	1	22700	19	41
博爱县审计局	13	7594	9	244	7	2033		2373	9	36

（续表）

审计机关	完成审计项目/个	审计查出主要问题金额/万元	审计发现非金额计量问题/个	审计期间整改金额/万元	出具审计报告和审计调查报告/篇	审计处理情况		审计促进整改落实有关问题资金/万元	审计提出建议/条	提交审计信息/篇
						审计处理处罚金额/万元	移送处理事项/件			
武陟县审计局	38	259586	29	269	46	43		97336	112	41
温县审计局	27	79845	112	1	35	11	3	2356	80	36
濮阳市										
濮阳市本级	44	891018	689	52618	49	156453	24	73926	154	134
华龙区审计局	18	277901	87	1901	20	3	14	3	144	18
清丰县审计局	21	46339	179	17	23	3845	18	6172	87	151
南乐县审计局	36	120933	149	8270	44	3867	14	10990	83	6
范县审计局	23	273804	54	31198	17	1847	18	205	96	37
台前县审计局	23	73944	188		21		5	4334	109	28
濮阳县审计局	50	380520	330	11730	60	102293	15	43593	277	92
许昌市										
许昌市本级	34	591525	154	8836	46	63038	6	17647	105	12
魏都区审计局	18	39583	52	853	29			39570	60	11
建安区审计局	10	29982	17	13439	15	25967		12539	30	
东城区审计局	9	3762	31		9				5	
禹州市审计局	46	1770500	144	777	66		1	26860	158	15
长葛市审计局	45	149382	59	10135	76	119707		16888	142	
鄢陵县审计局	21	55337	85	6	31	3024		3024	59	21
襄城县审计局	49	40200	103	11	49			5000	62	13
漯河市										
漯河市本级	79	95025	350	69682	56	86446	7	81733	125	133
源汇区审计局	57	2600			57			2300	114	12
郾城区审计局	30	793	87	685	56	1	2	684	82	133
召陵区审计局	39	3600	33	3500	46	86		91	67	96
舞阳县审计局	55	15900	54	3800	35	49	3	6700	45	102
临颍县审计局	24	2387	98	7	18		5	2275	66	17
三门峡市										
三门峡市本级	41	1391749	4686	6968	55	35863	2	20378	118	32
湖滨区审计局	3	248390	1		3				15	
陕州区审计局	17	45777	40	3297	17	3332	4	3222	62	2
义马市审计局	13	76170	30		14	66460		101	44	6
灵宝市审计局	17	87807	47	2148	17	7239		4701	52	11
渑池县审计局	111	69153	21		110	35192	1	85	163	7

（续表）

审计机关	完成审计项目/个	审计查出主要问题金额/万元	审计发现非金额计量问题/个	审计期间整改金额/万元	出具审计报告和审计调查报告/篇	审计处理情况		审计促进整改落实有关问题资金/万元	审计提出建议/条	提交审计信息/篇
						审计处理处罚金额/万元	移送处理事项/件			
卢氏县审计局	39	184864	55	7558	38	76926	4	51323	117	17
南阳市										
南阳市本级	48	1563282	243	386004	48	839782	55	840190	197	190
宛城区审计局	28	36377	120	19	28	115	2	27249	84	6
卧龙区审计局	19	31555	18	115	7		1	2244	76	33
邓州市审计局	15	57160	54	11208	15	144335	3	22378	44	8
南召县审计局	40	31500	29	18000	40	3347	8	4312	102	33
方城县审计局	64	100403	53	322	64	23226	4	23225	213	199
西峡县审计局	45	24000	15	4600	45		10	4800	124	35
镇平县审计局	55	136648	78	2500	40	123561	19	113676	158	34
内乡县审计局	27	54240	36	22360	14	136	6	31880	38	58
淅川县审计局	29	9860	32	7420	29	1320	2	8580	81	16
社旗县审计局	19	47453	66	192	19	11748	9	192	81	3
唐河县审计局	29	68904	8		25	631	22	24469	62	98
新野县审计局	40	278	174	101	40	36	3	142	160	23
桐柏县审计局	30	41533	33	166	30		7	9973	50	29
商丘市										
商丘市本级	63	860546	431	429	64	252648	8	147964	280	289
梁园区审计局	50	28900			50	74	1		128	26
睢阳区审计局	38	39327	59	249	45	378	4	378	124	6
永城市审计局	43	384540	21	123	20	123	14	123	196	3
民权县审计局	14	15428	5	9	18	15759	1	14235	39	12
睢县审计局	13	51290	6	7549	13	7781	3	231	41	68
宁陵县审计局	42	38481	18	20446	27	34805		34805	52	
柘城县审计局	64	12370	10		64	122	72	118	190	86
虞城县审计局	24	13062	28	189	24	8118	4	8118	82	26
夏邑县审计局	24	68720	52	185	30	10975	40	55344	65	67
信阳市										
信阳市本级	37	1346945	367	46531	44	529473	18	335798	66	469
浉河区审计局	70	147800		5000	70		2	5000	82	119
平桥区审计局	14	16946	34	111	17	382	1	203	40	148
罗山县审计局	195	22858	14	16400	192	2120	7	4597	52	202
光山县审计局	97	64290	40	17559	97		10	55723	68	72

（续表）

审计机关	完成审计项目/个	审计查出主要问题金额/万元	审计发现非金额计量问题/个	审计期间整改金额/万元	出具审计报告和审计调查报告/篇	审计处理情况		审计促进整改落实有关问题资金/万元	审计提出建议/条	提交审计信息/篇
						审计处理处罚金额/万元	移送处理事项/件			
新县审计局	20	37589	119	47	16	82	1	42	3	12
商城县审计局	42	6885	47	4805	42	2		6885	22	125
固始县审计局	26	49473	34		59	3572	6	2831	101	22
潢川县审计局	54	7528	13	7528	54	5765		7528	58	49
淮滨县审计局	10	113199	4	169229	10			168413	37	26
息县审计局	107	104642	31		109		4	104642	29	40
周口市										
周口市本级	47	1238687	325	8895	40	3503	3	223	68	5
川汇区审计局	17	62			4				8	
淮阳区审计局	19	126707	12		17	2		2	34	
项城市审计局	24	39306	8		24			38092	48	190
扶沟县审计局	10	275	3	5	10				15	1
西华县审计局	50	70112	122	53737	52			69290	132	106
商水县审计局	19	17618	7	721	19	17423			47	2
沈丘县审计局	22	103434	7		22	38918		38918	13	
郸城县审计局	19	10228	17		18	21		21	36	
太康县审计局	61	8013	110	122	61	3005		8013	112	103
鹿邑县审计局	16	41045	31	8	17	33	10	20870	34	10
驻马店市										
驻马店市本级	55	1567508	2815	20232	55	760915	4	134263	159	53
驿城区审计局	46	16748	57		46	45		45	297	7
西平县审计局	44	2212	73		53	32		2098	113	5
上蔡县审计局	64	417795	27	242	64	165	2	4383	211	73
平舆县审计局	24	22227		107	24		1	222	66	29
正阳县审计局	44	81302	125	8916	44	72386	3	72386	92	72
确山县审计局	11	1467		1467	11	3		1467	38	10
泌阳县审计局	39	6671	43	508	39	13		5957	103	8
汝南县审计局	41	94852	90	10744	41	2661		68756	105	42
遂平县审计局	53	69042	55	13608	53	108	2	108	173	17
新蔡县审计局	32	173517	72	6387	32	86121		58377	85	9
开发区审计局	48	21609	90	209	48			21400	150	21
省直管										
济源产城融合示范区审计局	31	89153	276	4170	42		10	16065	37	210

湖北省

【湖北省审计厅】 2020年，湖北省审计厅实有200人。省委审计委员会办公室设在省审计厅，设省委审计委员会办公室秘书处。审计厅内设办公室、人事处、综合处、法规审理处、电子数据审计处、财政审计处、金融审计处、行政事业审计处、经贸审计处、农业农村审计处、社会保障审计处、固定资产投资审计处、自然资源和生态环境审计处、经济责任审计一处、经济责任审计二处、经济责任审计三处、经济责任审计四处、外资运用审计处、机关党委、离退休干部处、派出综合审计一处、派出综合审计二处、派出宣传统战审计处、派出政法和经济执法审计处、派出发展投资审计处、派出教科文卫审计处、派出农业农村审计处、派出资源环境审计处、派出民政社保审计处、派出金融审计处、派出高校审计一处、派出高校审计二处、派出企业审计一处、派出企业审计二处、派出内部审计指导监督处；下设企事业单位内部审计指导中心、审计科研所、计算机审计中心、机关后勤服务中心和审计干部培训中心等事业单位。

领导成员

厅　　长：周德刚

省纪委监委驻省审计厅纪检监察组组长：

张　雪（9月—）

副 厅 长：刘彩霞　蔡　伟　焦跃华

汤汉琴　谢胜利

总审计师：廖　昉（5月—）

二级巡视员：张文慧

审计成果 2020年，湖北省审计机关共完成审计项目4612个，其中审计4539个、专项审计调查73个。查出主要问题金额32668650万元，其中违规金额1955966万元、损失浪费金额265752万元、管理不规范金额30446932万元；审计发现非金额计量问题7690个；损益（收支）不实金额1774744万元；审计发现侵害人民群众利益17121万元；出具审计报告和专项审计调查报告6273篇，被批示、采用1173篇次。审计处理处罚金额5572230万元，其中应上缴财政1383795万元、应减少财政拨款或补贴115992万元、应归还原渠道资金1369833万元、应缴纳其他资金286085万元、应调账处理金额2416523万元；移送司法机关、纪检监察机关和有关部门处理事项491件，移送处理人员268人，移送处理金额400740万元。审计促进整改落实有关问题资金2725639万元；审计促进拨付资金到位201436万元；审计后挽回（避免）损失107700万元；核减投资额273161万元；移送处理落实事项200件。审计提出建议9403条，被采纳7869条；推动被审计单位制定整改措施1884项；促进被审计单位建立健全规章制度141项；提交审计信息10101篇，被批示、采用4211篇次。向社会公告审计结果146篇。

湖北省审计厅实施的襄阳市本级2004年至2015年期间某专项资金征收管理情况专项审计调查项目被审计署评为全国省级审计机关优秀审计项目二等奖；武汉市审计局实施的湖北某金融机构董事长、党委书记及行长、副董事长任职期间经济责任履行情况审计项目被审计署评为2019年度全国市级审计机关优秀审计项目一等奖；荆州市审计局实施的荆州市卫生和计划生育委员会2016年度部门预算执行及公立医院收费政策执行审计项目被审计署评为2019年度全国市级审计机关优秀审计项目二等奖；武汉市江汉区审计局实施的江汉某公司经理任职期间经济责任履行情况审计项目被审计署评为2019年度全国县级审计机关优秀审计项目二等奖。《优化审计资源推进审计全覆盖路径研究》和《大数据审计的理论与实践研究》被省政府评为湖北发展研究奖（2018—2019年）三等奖；《大数据全库检索和分词技术在财政资金全覆盖审计中的运用》和《湖北省扶贫全覆盖审计创新应用》被审计署办公厅、电子数据审计司、审计科研所评为数据分析优秀案例一等奖；《非结构化数据处理技术在部门预算项目绩效审计中的运用》和《Sqoop数据传输和Hadoop大数据技术在审计数据智能采集报送中的应用》均获二等奖；《审计机关加强内部审计工作业务指导和监督面临的问题及对策研究》被审计署办公厅表彰为内部审计研究课题优秀等次。省审计厅机关被审计署表彰为2020年全国审计通联宣传工作先进单位。

政策落实情况跟踪审计 统筹布局全省全年政策跟踪审计工作，以打好三大攻坚战、保障和改善民生、营造经济发展环境为切入点，聚焦厕所革命、清理拖欠民营企业中小企业账款、地方政府专项债券等多个重点领域，揭示政策落实中的短板和不足。根据审计署统一安排部署，为切实做好新增财政资金直达市县基层直接惠企利民情况专项审计工作，围绕疫后经济重振和高质量发展，全过程跟踪新增财政资金分配、拨付下达、管理使用及发挥绩效情况，对全省各市州县区开展全覆盖审计，在发现问题的同时，推动被审计单位立审立改，促进16个市县及时分配新增财政资金41.2亿元，14个市县及时收回分配不符合规定、违规拨付新增财政资金5.12亿元，切实将惠企利民各项政策抓紧落实，推动湖北疫后经济社会平稳健康发展。

财政审计 组织2019年度省级预算执行及决算草案审计。重点关注省级决算草案数据真实完整情况、省级项目预算编制、项目绩效指标设置、项目资金分配和使用、地方政府性债务管理、国有资产管理等方面的问题。审计发现，部分省级预算编制和收入征缴不严格，部分项目绩效编制不到位，部分项目资金分配不规范、执行不到位，全口径资产管理尚不到位等问题。对100个省直部门及其所属338个二、三级预算单位全覆盖审计。审计结果表明，各单位预算执行率进一步提高，达90.5%；在年初预算的基础上压减一般性支出6.7亿元，压减幅度达10%；审计查出违纪违规问题持续减少，问题金额较上年减少87%。

三大攻坚战审计 组织对33个贫困县和60个非贫困县2019年度脱贫攻坚政策落实、扶贫资金分配管理使用、扶贫项目建设管理等情况进行审计。审计发现，部分地方相关扶贫政策落实不彻底，少数贫困村扶贫资产管理和收益分配使用不规范，部分产业扶贫项目帮扶效果不明显等问题。审计情况得到省委省政府高度重视和充分肯定，省委省政府主要领导先后10次作出重要批示，要求相关主管部门研究有力措施推动整改落实。组织对10个市县区和省自然资源厅共21名党政主要领导干部进行自然资源资产离任（任中）审计。提交审计意见11份，审计意见重点提要11份，下达审计决定1份，分别报送省委审计委员会和省委组织部，得到省委省政府主要领导的批示。

疫情防控资金和捐赠款物专项审计 组织对全省（不含武汉市本级）应对新冠肺炎疫情防控财政资金和捐赠款物进行专项审计。通过审计，摸清全省捐赠款物的底数，揭示上述资金和物资在筹集分配使用中的突出问题，涉及资金17.37亿元。审计提出建议332条，被采纳255条；促进建立完善管理制度91项，82个单位规范信息公开；促进及时分配拨付财政专项资金1.94亿元，纠正财政专项资金管理使用不规范问题5265.03万元，及时分配调拨使用政府采购物资56.55万件；促进及时分配拨付捐赠资金1.56亿元，及时分配调拨使用捐赠物资589.46万件。向审计署和省委省政府报送审计报告1篇，被省主要领导圈阅。

民生审计 组织对全省15个县（市、区）2017年至2019年职业教育政策落实情况专项审计，查出部分市县在落实职教改革发展政策、实现办学目标、资金及项目管理使用等方面存在的问题、提出相关建议并以专报形式向省领导报送，涉及问题资金1.36亿元，多位省领导作出重要批示。

经济责任审计 全省审计各级地方党政主要领导干部501人，查出违规金额7.64亿元。其中，省本级共审计11个市（州）、县（市、区）党政主要领导干部20人，查出违规金额5.18亿元，移送严重违纪违规问题线索4件，向省委审计委员会和省相关领导出具审计结果报告11篇，报送经济责任审计要情1份。对11个省直党政部门（单位）、6个地方纪监公检法机关主要领导干部任职期间经济责任履行情况进行审计，查出各类违纪违规问题金额26.03亿元。审计省属企业5家，涉及企业主要领导人员10人，共查出违纪违规、管理不规范和损失浪费问题金额144.95亿元，向省委审计委员会和省相关领导提交审计结果报告5篇。

固定资产投资审计 组织对监利至江陵高速公路建设项目、空降兵郝店综合训练场（二期、三期）搬迁安置工程项目、洪山宾馆通风改造项目进行审计，开展全省招标投标审计发现问题整改专项检查。查出各类违规和管理不规范问题金额 6.93 亿元，移送经济案件线索 8 件，涉案金额 1.07 亿元，涉及 17 人，多名省领导对审计情况作出重要批示。对襄阳市襄州区唐白河流域（湖北段）防洪近期治理工程项目、湖北科技学院工程实验实训中心大楼项目、省妇幼保健院光谷院区一期工程项目、国家数字出版数据灾备系统和出版产品质量监督检测系统业务用房建设工程项目、省档案馆新馆建设项目、洪山体育馆主馆维修及辅助训练馆项目等 6 个政府投资项目进行审计，审计项目概算总投资金额 17.57 亿元。对审计中发现的在基建程序、招标投标、工程监管、合同签订及履行、工程投资控制等方面的问题，依法依规提出整改意见和建议。

农业农村审计 组织对 15 个县（市、区）2016—2019 年度高标准农田项目建设情况进行审计，发现高标准农田建设内容不完整、建设标准偏低、资金管理使用不规范、工程建设违规违法行为比较普遍以及项目后续管理不到位等方面问题。审计发现和揭示高标准农田资金管理、工程建设和后续管护等违纪违规金额 11.79 亿元，揭示耕地“非农化”“非粮化”1.34 万亩，移送案件线索 3 件，省领导先后 5 次作出重要批示。

资源环保审计 组织对 10 个市县区重点水域禁捕退捕专题审计。通过审计，揭示禁捕退捕基础工作薄弱，建档立卡信息不精准，渔船网具回收处置、退捕渔民补偿不到位等问题。对近 3 年湖北省自然资源资产审计发现的普遍性和倾向性问题进行综合分析，向省委审计委员会提交《部分县市自然资源资产管理中存在的问题、原因与对策建议》的审计专报，多位省领导作出重要批示。

金融审计 组织对全省 20 家政府性融资担保公司 2019 年度经营管理情况进行审计。通过审计，向有关部门移送担保业务违规操作问题清单 23 类 78 个，涉及违规金额 33.48 亿元，向省委审计委员会、省政府上报审计专报和综合报告 2 份，多名省领导作出重要批示，要求加强行业监督，化解风险，促进健康发展。

外资运用审计 审计国外贷援款项目 16 个，其中世界银行贷款项目 6 个，亚洲开发银行贷款项目 7 个，德国援助贷款、法国开发署贷款、国际农发基金会贷款各 1 个。全年共出具中英文审计报告 16 篇，均为无保留意见。查出各类违纪违规金额 5.06 亿元。审计提出建议 46 条，均被采纳；促进有关部门建立健全规章制度 2 项；报送项目信息管理审计情况专题报告材料 1 份；编写审计信息 5 篇，其中 1 篇被审计署采用、1 篇被省政府采用。审计揭示部分项目进展缓慢，招标投标管理、工程建设管理不规范，多计多付工程进度款，财务管理不规范等问题。在审计厅《审计月刊》第 381、388 期分别刊登《国外贷援款项目管理的审计建议》和《高速公路工程监理管理的审计建议》2 篇文章。

企业审计 组织对武汉城市圈城际铁路 2019 年度运营损益情况审计、省级部分交通资产划转专项审计调查、省本级国有资本经营预算执行审计、第四届楚商大会专项经费审计，查出各类违规问题资金 1.25 亿元。向省委省政府报送专报及综合报告 3 篇，省委省政府领导批示 9 篇次；审计提出建议被采纳 12 条；促进被审计单位制定整改措施 12 项；建立健全规章制度 3 项。由厅领导带队，分 6 组走访 18 家省属企业，全面了解疫情对企业生产经营造成的损失和影响，收集发展难题 36 条，与有关企业主管部门对接，推动惠企援企政策落地见效。

信息化建设 组织人员对湖北省金审工程三期建设项目初步设计方案及投资概算进行重新调整，经报省政府批准后，组织专家团队重新论证编制湖北省《金审工程三期建设项目初步设计方案和投资概算》报省发展改革委审批。省审计厅编制《湖北金审工程三期部署实施方案》报审计署审核，并整合现有资金，按照审计署技术标准，采购第一批服务器、网络设备、数据库、大数据分析软件等金审工程三期基础支撑软硬件，为 2021 年全面启动金审工程三期建设做好准备。

审计科研 中标审计署重点科研课题《审计项目审计组织方式“两统筹”长效机制研究》；完成省审计厅 2019—2020 年度重点科研课题立项评审工作，确定课题 5 项；创新科研课题立项管理，由评委审核第一稿申报书并提出修改意见及建议，根据修改后的申报书质量评判能否予以立项，实行源头把控。

内部审计 全省共有内部审计机构 2171 个，

其中独立设置机构592个、内部审计人员7778人、专职内部审计人员2435人。全年完成审计项目22905个，发现问题28413个，问题金额共1298559.18万元，增收节支683989.85万元。审计发现问题整改15911条，给予行政处分285人，向司法机关移送案件3件5人。

相关工作 深化“审计组＋临时党支部”模式。修订《湖北省审计厅审计组临时党支部管理办法》，制定《湖北省审计厅审计组临时党支部工作手册》；建立党建工作新机制。落实月计划、季检查、半年检查、年度考评工作规范，实行“重点工作提示”“量化跟踪督导”“定期检查点评”等工作机制；创建抗疫“四个到一线”工作法，推行把党的组织和队伍建设延伸到抗疫一线，把党建工作的主阵地转移到抗疫一线，把党组织战斗堡垒作用和党员先锋模范作用发挥到抗疫一线，把教育管理考察党员干部落实到抗疫一线的“四个到一线”党建工作法。

厅党组始终把党风廉政建设扛在肩上、抓在手上，严格落实“五级责任”；每逢重要时间点，及时发出纪律提醒，筑牢全员廉政思想防线；开展形式主义官僚主义专项整治、违规从事营利活动、乱占农村耕地违规建房、餐饮浪费、会风会纪等问题清理治理，持续推动全厅党风政风持续向好；先后20多次对“三重一大”事项进行监督，对100多个审计组进行廉政巡查，对1名违纪科级干部给予党纪处分，对5名干部运用“第一种形态”；全省审计机关共审计单位4612个，查出各类违规和损失浪费问题金额222.18亿元，促进增收节支和挽回损失102.56亿元；移送问题线索508件，处理1079人。

全年组织全省审计系统1900余人次参加审计署组织的各类培训班，选派15人参加省委组织部主体班调训和初任培训，组织审计业务、知识技能等6类17个培训项目20期，累计培训2400余人次。协助省委组织部选拔任用省管干部1名，29名公务员晋升职级；选派3人挂职锻炼、1人参与为期3年的援疆工作、3人驻村扶贫、2人参加审计署联合国项目审计、1人到审计署金融审计司交流、2人参加全省人防系统腐败问题专项治理督察工作、3人赴新疆博州协助开展重点项目审计工作；从全省审计机关选派24人参加省委巡视工作。制定《湖北省审计厅公务员平时考核实施方案（试行）》，启动人事档案数字化工作，组织完成正高级审计师、高级审计师评审工作，组织全厅党员干部连续80余天6000多人次下沉参与疫情防控工作。《审计月刊》助力抗击新冠肺炎疫情，开辟“抗疫群英谱”专栏，《众志成城抗疫情　湖北审计在行动》《扬帆起航再出发》有关全省审计系统抗疫及复工复产的系列报道，得到读者好评，为助力打赢疫情防控阻击战发挥积极作用。（撰稿人：谢明林）

【武汉市审计局】 2020年，武汉市审计局实有206人。局长刘生华，副局长刘东喜、陈华林（—12月）、易昌茂、吴方，市经济责任审计工作领导小组办公室专职副主任高志明，总审计师罗琴，二级巡视员陈华林（12月—）。市委审计委员会办公室设在市审计局，下设秘书处。局机关设有办公室、综合处、法规审理处、内部审计指导监督处、电子数据审计处、财政审计处、金融与外资审计处、行政事业审计一处、行政事业审计二处、经贸审计处、农业农村审计处、社会保障审计处、固定资产投资审计处、重大项目审计处、开发区审计处、自然资源和生态环境审计处、经济责任审计一处、经济责任审计二处、经济责任审计三处、组织人事处（离退休干部处）、机关党委；下设武汉市审计局政府投资项目审计中心、武汉市重大项目稽察特派员办公室等事业单位。

审计成果 2020年，武汉市审计机关共完成审计项目392个。查出主要问题金额1065.51亿元；审计发现非金额计量问题1732个。审计处理处罚金额97.88亿元；移送司法机关、纪检监察机关和有关部门处理事项175件。审计促进整改落实有关问题资金120.10亿元。审计提出建议1286条；提交审计信息1057篇。

武汉市审计局实施的湖北某金融机构董事长、党委书记及行长、副董事长任职期间经济责任履行情况审计项目被审计署评为2019年度全国市级审计机关优秀审计项目一等奖；武汉市江汉区审计局实施的江汉某公司经理任职期间经济责任履行情况审计项目被审计署评为2019年度全国县级审计机关优秀审计项目二等奖。

政策落实情况跟踪审计 开展复工复产、稳岗补贴、新增财政资金直达基层、脱贫攻坚等政策落实情况审计，促进4个区及时拨付扶贫资金1.17亿元，加快向7万多家参保单位发放稳岗返还资金12亿元，服务优化营商环境，推动两项保险市级统筹，促进新增财政专项资金及时拨付合规使用，积极发挥审计机关清障护航作用。

财政审计 开展市本级预算、市直土地出让、支持工业发展专项资金、科技研发专项资金、创业投资引导基金等审计项目，揭示6.14亿元专项债券资金未使用、1.76亿元创投资金被违规挪用、部分技改项目补贴不合规、部分科技研发资金执行率低等问题，促进收回土地出让金29.07亿元，推动相关单位提高预算执行率。

疫情防控资金和捐赠款物专项审计 对市红十字会、商务局、国博等单位开展审计跟踪服务，促进13287.35吨生鲜、蔬菜等捐赠物资规范管理，推动57.48亿元财政资金、59.46亿元捐赠资金、7889.14万件医用防护服及口罩等各类物资规范使用。派出审计骨干赴火神山、雷神山等医院建设前沿，为医院建设工程、防疫物资采购等提供审计保障服务。开展方舱医院等建设项目审计，审计项目资金21.44亿元、运维资金16.47亿元，清点部分医院设备物资8.53亿元，审计提出意见建议45条。

经济责任审计 开展领导干部经济责任审计，并对部分领导干部同步开展自然资源资产审计，揭示违反工作程序拨付财政资金、未严格执行减轻企业负担政策规定、"三重一大"决策程序执行不到位、法人治理结构不健全、大额借款未及时收回、自然资源相关检查督办职责履行不到位等问题，促进领导干部进一步提高守法守纪守规尽责意识。

固定资产投资审计 开展三阳路越江隧道、轨道交通7号线一期、机场路高架、左岸大道、防洪及环境综合整治工程等公共投资项目审计，揭示项目建设程序不规范、管理不严格、成本控制不到位、部分项目标段未及时办理结算、部分施工单位违规处理建筑垃圾、个别工程存在质量安全隐患等问题，促进节约政府投资5.08亿元。

农业农村审计 开展农村公路管理养护、孤残儿童保障、生猪生产保供等审计项目，揭示部分农村公路养护资金安排不到位、项目长期未组织实施、部分区无残疾儿童定点康复机构、畜禽标识管理不规范等问题，促进惠民政策落实到位，推动民生项目加快建设进度。

企业审计 开展城投集团资产、地铁集团经营性资产、光谷投资资产负债、信用风险融资担保和市文资办所属4户企业资产负债等审计项目，揭示违规提供担保、经营管理不善、利润核算不实、6.56万平方米物业资产长期闲置、1.32亿元租金应收未收等问题，及时堵塞管理漏洞，防止国有资产流失，为国资国企改革提供决策参考。

信息化建设 加强审计信息化建设，全市自然资源资产和生态环境保护大数据审计平台正式投入使用，遴选计算机骨干组成4个大数据分析团队，为大数据审计提供支撑保障。

审计科研 创新审计监督方式，探索"1＋N"模式，实现一次进点、一审多果，提高审计效率，减轻审计对象负担。创新审计整改机制，制定《审计发现问题整改工作管理办法》，开发审计发现问题整改管理系统，实行清单化管理，提升整改质效。

内部审计 出台《关于加强市属国有企业内部审计工作的意见》，推动内部审计指导监督工作规范化制度化。对部分市属国有企业委托审计业务开展质量检查，开展"以审代训"，推动完善市直部门内部审计工作。

相关工作 加强组织领导，严格落实主体责任，夯实"五级责任"体系，深化"审计组＋临时党支部"内涵，实施临时党支部"四化"举措，推进党建工作和审计工作深度融合。落实巡察整改要求，出台和修订制度25项。加强审计调查研究，形成26篇综合调研报告。组织16个处室参加"双评议"活动，满意率99.86％。

（撰稿人：杨　坤）

【黄石市审计局】 2020年，黄石市审计局实有54人。局长姜健，副局长吴有祥、夏明省、徐锦坤、张才大，总审计师戚军，调研员翁世成，黄石市政府投资审计局局长刘合雄，黄石市经济责任审计领导小组办公室专职副主任黄东玲。设有办公室（综合科）、人事科（机关党委办公室）、法规审理科、电子数据审计科、财政审计科、金融外资审计科、行政事业审计科、经贸审计科、农业农村审计科、社会保障审计科、固定资产投资审计科、自然资源和生态环境审计科、内部审计指导监督科、经济责任审计一科、经济责任审计二科、离退休干部科；下设黄石市政府投资审计局。黄石市委审计委员会办公室设在黄石市审计局，下设秘书科。

审计成果 2020年，黄石审计机关共完成审计项目153个，其中审计145个、专项审计调查8个。查出主要问题金额794287万元，其中违规金额24524万元、损失浪费金额2635万元、管理不规范金额767127万元；审计发现非金额计量问题624个；损益（收支）不实金额150671万元；审计发现侵害人民群众利益2617万元；出具审计报告和专项审计调查报告219篇，被批示、采用9篇次。审计处理处罚金额62301万元，其中应上缴财政3844万元、应减少财政拨款或补贴21129万元、应归还原渠道资金20438万元、应缴纳其他资金778万元、应调账处理金额16110万元；移送司法机关、纪检监察机关和有关部门处理事项21件，移送处理人员19人，移送处理金额52082万元。审计促进整改落实有关问题资金28400万元；审计后挽回（避免）损失22929万元；核减投资额23837万元；移送处理落实事项2件。审计提出建议422条，被采纳422条；促进被审计单位建立健全规章制度8项；提交审计信息670篇，被批示、采用281篇次。向社会公告审计结果7篇。

黄石经济技术开发区·铁山区2019年度脱贫攻坚政策落实和扶贫项目资金管理使用情况审计项目，石峰任木港镇党委书记期间经济责任审计项目，黄石市西塞山区民生资金大数据审计项目，大冶市还地桥镇党委书记石国栋、镇长代先锐任职经济责任审计项目分获2020年度湖北省审计机关优秀审计项目一、二、三等奖。

政策落实情况跟踪审计 聚焦国家重大政策措施落实和党委政府工作部署，及时将中央支持湖北发展一揽子政策、优化营商环境、减税降费、“六稳”“六保”任务落实情况，融合到各个审计项目之中，持续开展跟踪审计，实现审计财政资金向审计政策措施拓展。组织开展清理拖欠民营企业中小企业账款政策落实审计，促进清退拖欠民营企业中小企业账款21笔，涉及企业133家3.69亿元。

财政审计 采用“预算执行＋”审计组织模式，在2020年组织实施的本级预算执行审计中，同步关注政府债务、减税降费政策落实、财政资金使用绩效等，并嵌入科技创新专项资金、公交运营补贴专项资金及公交集团运营管理等专项审计。在部门预算执行审计中，利用大数据审计分析，推进黄石市本级245家单位及6个县（市、区）部门预算执行审计全覆盖。2020年度审计工作报告获黄石市人大常委会高度褒扬，并在黄石市第十四届人民代表大会常务委员会第二十八次会议上获全票通过。

三大攻坚战审计 加大对脱贫攻坚的审计监督力度，先后组织开展大冶市、开发区·铁山区扶贫资金审计，向黄石市纪委移送案件线索2件，立案查处4人，促进被审计单位修订完善相关制度7项，追回财政资金201万元。

疫情防控资金和捐赠款物专项审计 组织对市本级、大冶市、阳新县、黄石港区、西塞山区、下陆区、开发区·铁山区疫情防控资金和捐赠款物开展专项审计，重点审计2.42亿元财政资金、4.42亿元捐赠资金和4200多件捐赠物资，督促财政相关部门单位整改滞拨资金等审计发现两大类13个问题，促进资金和物资的规范管理。疫情期间报送的《我市疫情防控财政资金使用管理需关注的几个问题》等5期审计专报，及时指出问题并督促整改，得到市委主要领导批示肯定。

民生审计 启动实施2020年黄石市养老保险基金审计，创新科技强审大数据审计应用，重点揭示部分财政补助资金未足额拨付到位、社会保险基金预算中财政补助收入不准确、民政低保等重点人群未参保到位等问题，推动养老保险基金规范化管理。

经济责任审计 紧盯领导干部公权力运行和公共资金流向，突出揭示体制机制障碍和违法违规问题，促进边审边改，全年共组织对69个部门共计74名领导干部开展经济责任审计，查出主要问题金额18.70亿元。

固定资产投资审计 召开黄石市投资审计转

型发展工作推进会，持续推动政府投资审计转型，规范政府投资审计行为，依法加强政府投资建设项目审计监督。全年各级审计机关完成政府投资审计项目 33 个，审计投资总额 33.73 亿元，审减金额 2.38 亿元。

资源环保审计 组织实施市城管委、西塞山工业园区主要领导干部自然资源资产审计，撰写《关于我市推进黄石市建筑垃圾资源化循环利用工作中存在的问题及建议》审计专报，引起黄石市政府高度重视，市长及分管副市长先后作出批示，要求相关部门按审计建议抓好整改落实，市政府督办室专门督办，强力推进和规范建筑垃圾资源化循环利用管理。

金融审计 实施阳新县中小企业融资担保公司专项审计，向地方纪委监委移交案件线索 2 件，提出的专业审计建议均被采纳。

外资运用审计 实施亚洲开发银行贷款黄石市水污染综合治理项目审计，重点关注项目建成后的运行效果及绩效情况，促进项目都顺利实施。

企业审计 组织开展市级四家融资平台公司经营管理情况审计，重点揭示融资平台公司市场化力度不够、聚焦主业不足、资产质量不优、债务负担较重、支持实体经济能力下降等方面的问题，针对性提出审计建议，促进平台公司把握好功能定位、规范管理。

专项资金审计 实施市级科技创新专项资金管理情况审计，通过审计摸清市级科技创新专项资金分配、使用、管理情况和项目实施情况，重点关注支出绩效水平低等问题，通过审计整改，市科技部门追回拨付不规范的资金，修订完善《黄石市科技企业孵化器备案评价暂行办法》等管理制度。

信息化建设 坚持技术创新，首次使用 Navicat 技术进行数据迁移和标准化处理，利用谷歌地球等地理信息技术、八爪鱼采集器等网络爬虫技术，大大提高审计工作质效；扎实做好全市审计机关数据审计应用案例的上报工作，全年上报大数据创新案例 19 篇，其中《黄石市信息系统审计典型案例》获省审计厅 2019 年度大数据审计创新案例三等奖。

审计科研 为主动适应新形势对审计工作提出的新要求，黄石市审计局探索精准“选题”、主动“领题”、着力“破题”的三步“答题”“研究式”审计法，建立以研究为导向的审计工作机制，促进审计工作提质增效。

内部审计 通过“以审代训”方式，抽调黄石中心医院、黄石市港口集团等 5 名内部审计人员参与黄石社会保障资金和医疗系统审计项目。组织全市内部审计人员不定期地向《中国审计报》、湖北内部审计网站、内部审计杂志投稿，扩大内部审计影响力。全年收到内部审计人员报送稿件 21 篇，被省以上新闻媒体采用 10 余篇次。

交办任务 围绕市委市政府中心工作，强化政治担当，服务社会大局，严格落实疫情防控要求，迅速组织全局干部深入一线开展疫情防控工作，局机关 38 人在社区（村）党委考核鉴定中被评定为“优秀”等次，11 人获“抗疫先进个人”“最美志愿者”等荣誉表彰。严格落实党员“双报到”，帮助包保社区 22 名困难居民完成“微心愿”，常态化组织党员干部下社区开展“爱国卫生运动”、国家卫生城市复审、全国文明城市创建等志愿服务，对标对表督导问题整改。河湖长制、“双千”、扶贫工作均被评为先进单位。

相关工作 坚持党建引领审计工作高质量发展，先后荣获黄石市党建、党风廉政建设、综治、档案、法治建设考核优秀等次，被省委省政府授予 2017—2019 年度省级文明单位。坚持好干部“五条标准”，全年晋升职级 19 人次，选拔任用科长 1 人，12 名科级干部试用期满按期转正，推荐 1 名副科职干部至市委政法委挂职，推荐交流提拔 1 名优秀年轻干部任市交投集团班子成员。制订《2020 年干部教育培训计划》，实施“以老带新”结对子工程，选任年轻干部担任项目主审。

（撰稿人：纪　东）

【十堰市审计局】 2020 年，十堰市审计局实有 103 人。局长陈勇（—9 月）、汪正义（9 月—），副局长李坚、王成进、刘蕾，总审计师刘迪和，工会主席张利山，市经济责任审计领导小组办公室主任刘斌。设有办公室、综合科、机关党委、人事科、法规审理科、电子数据审计科、财政审计科、金融审计科、行政事业审计科、经贸审计科、农业农村审计科、社会保障审计科、固定资产投资审计科、外资运用审计科、自然资源和生态环境审计科、综合审计科、政法审计科、科学教育审计科、文化卫生审计科、离退休干部科；下设经济责任审计局、固定资产投资审计局、社会保障审计局、计算机中心、培训中心和内部审计指导中心等事业单位。

审计成果 2020年，十堰市审计机关完成审计项目252个。查出主要问题金额790420万元，其中违规金额48085万元、损失浪费金额3660万元、管理不规范金额738673万元；审计发现非金额计量问题351个；损益（收支）不实金额36306万元；审计发现侵害人民群众利益69万元；出具审计报告和专项审计调查报告341篇，被批示、采用78篇次。审计处理问题金额203612万元，其中应上缴财政15730万元、应减少财政拨款或补贴4219万元、应归还原渠道资金38466万元、应缴纳其他资金2448万元、应调账处理金额142748万元；移送司法机关、纪检监察机关和有关部门处理事项20件，移送处理人员24人，移送处理金额256万元。审计促进整改落实有关问题资金25029万元；审计促进拨付资金到位1373万元；审计后挽回（避免）损失187万元；核减投资额34776万元；移送处理落实事项9件。审计提出建议752条，被采纳625条；推动被审计单位制定整改措施36项；提交审计信息248篇，被批示、采用106篇次。向社会公告审计结果2篇。

财政审计 依托财政大数据审计分析平台，筛选出66家单位21类101条疑点，涉及资金11.66亿元，对市委统战部等9家单位预算执行及财务收支和中央新增直达市县基层财政资金进行审计，推动政府部门单位过“紧日子”。

三大攻坚战审计 完成张湾等6县（市、区）脱贫攻坚政策落实和扶贫项目资金管理使用情况、丹江口等8县（市、区）金融扶贫政策落实情况、潘口等3个水电站移民资金管理使用审计，助力打赢脱贫攻坚战。完成丹江口市、郧阳区2家政策性担保公司审计。

疫情防控资金和捐赠款物专项审计 完成全市疫情防控资金和捐赠款物、市西苑医院清产核资等审计，有力服务和保障打赢新冠肺炎疫情防控阻击战。

民生审计 完成市本级支持实体经济发展专项资金、职业教育政策落实、国际农发基金、技改奖励资金等民生资金项目审计，审计情况得到市领导的高度关注。

经济责任审计 完成市住建局等18家单位主要领导和3个湿地公园、2个森林公园领导干部自然资源资产审计，查出各类违规问题104个，涉及金额3.78亿元。

固定资产投资审计 加快推进投资审计“四转一标”转型发展，完成市青少年户外活动基地等审计项目60个，涉及资金总额89.84亿元，核减政府投资项目工程价款3.67亿元；移送案件线索8件，追究党纪政务或刑事责任14人。

企业审计 完成市国资委出资监管的市粮油储备公司等9家国企审计，促进国企投资经营规范管理。

信息化建设 建立十堰审计内部政务办公平台，推行审计项目甘特图模块化管理模式，实施“挂图作战”，提升工作效率。设置日常监督全覆盖和大数据中心模块，全面收集经济社会各类主要信息数据。

内部审计 全市内部审计机构共完成审计项目777个，查出问题金额8176.66万元，推动出台或完善制度办法84项。（撰稿人：刘　俊）

【宜昌市审计局】 2020年，宜昌市审计局实有73人。局长李鹏宇，副局长潘兴华、卢发泉（12月—）、金勇、张宜平，市经济责任审计局局长宋银教，总审计师齐其芳，二级调研员方正国，副县职干部、三级调研员朱心诗、叶友军，四级调研员敖士安、李春明。设有办公室、市委审计委员会办公室秘书科、人事科、机关党委、离退休干部科、电子数据审计科、综合科、法规审理科、社会保障审计科、农业农村审计科、财政审计科、行政事业审计科、外资运用审计科、金融审计科、经贸审计科、自然资源与生态环境审计科、固定资产投资审计科、高新区分局；下设宜昌市经济责任审计局。

审计成果 2020年，宜昌市审计局共完成计划项目75个，其中审计65个、专项审计调查10个。查出主要问题金额72.89亿元，其中违规金额8.37亿元、管理不规范金额64.52亿元；审计发现非金额计量问题161个；损益（收支）不实金额0.09亿元；审计发现侵害人民群众利益0.02亿元；出具审计报告和专项审计调查报告86篇，被批示、采用20篇次。审计处理处罚金额11.25亿元，其中应上缴财政4.4亿元、应减少财政拨款或补贴0.67亿元、应归还原渠道资金4.68亿元、应缴纳其他资金0.04亿元、应调账处理金额1.47亿元；移送司法机关、纪检监察机关和有关部门处理事项5件。审计促进整改落实有关问题资金7.29亿元；审计促进拨付资金到位0.07亿元；审计后挽回（避免）损失0.68亿元；核减投资额0.88亿元；移送事项已办结1件。审计提出建议192条，被采纳188条；推动被审计单位制定整改措施278项；促进被审计单位建立健全规章制度17项；提交审计信息283篇，被批示、采用148篇次。向社会公告审计结果2篇。

宜昌市高新区2012年至2017年贯彻落实国家政策措施及财政财务收支情况审计项目被评为审计署优秀审计项目二等奖。原宜昌市规划局党组书记、局长任期经济责任审计被评为湖北省审计厅优秀审计项目三等奖。

政策落实情况跟踪审计 围绕防范化解重大风险、疫情防控资金监管使用、精准脱贫等领域开展重大政策措施落实跟踪审计。第一季度开展疫情防控资金和捐赠款物审计，第二季度开展扶贫资金和扶贫政策落实跟踪审计，第三季度开展财政管理及财经纪律执行审计，第四季度开展财政资金绩效情况审计。每季度向湖北省审计厅报送审计情况。对宜昌市本级及8个县市区新增财政资金直达市县基层情况进行专项审计，督促收回违规拨付等资金0.75亿元，促进抗疫特别国债资金批复到位5.77亿元，移送审计事项2件。

财政审计 围绕财政政策执行、政府债务、发展调度资金等重点领域开展预算执行审计，审计覆盖77家部门及208家下属单位，查出主要问题金额61.7亿元。宜昌市县两级财政审计一体化加快推进，总结的工作经验在省内推广应用。

三大攻坚战审计 聚焦脱贫攻坚，对9个县市区扶贫政策落实和项目资金管理使用情况进行审计，督促整改到位事项95件，促进增收节支1538万元。聚焦绿色发展，组织全市审计机关开展自然资源资产审计10项，同步推动中央环保督察反馈意见整改，督促关停违规环保项目2个，责任部门拨付到位资金1684万元。聚焦风险防范，完成宜昌市中小企业融资担保公司、点军区土地征迁资金等专项审计，发现并反映内控风险。

疫情防控资金和捐赠款物专项审计 2月，跟进新冠肺炎疫情防控实施疫情防控资金和捐赠款物专项审计，宜昌市疫情防控指挥部针对审计情况2次召开专题会议，审计促进建立健全捐赠款物管理制度10项。

经济责任审计 对17名领导干部进行经济责任审计，查出主要问题金额2.94亿元，其中违规金额0.03亿元、管理不规范金额2.91亿元。

固定资产投资审计 开展市级政府投资审计项目36个，其中跟踪审计项目14个、竣工决算审计项目22个，审核项目投资额27.88亿元，审减金额0.88亿元，审计提出建议88条。

金融审计 对宜昌市中小企业融资担保有限公司2015年以来经营管理情况进行审计，通过大数据分析比对发现2.22亿元担保保证金未集中托管等问题，促进被审计单位健全制度1项。

外资运用审计 完成外资项目4个，审计反映问题得到被审计单位的高度重视，整改率达到100%。

信息化建设 采集276家预算单位25GB电子数据，在宜昌市本级部门预算全覆盖审计项目中，筛查疑点3975个，疑点精准度78.2%。做好数据存储平台建设，市本级数据存储能力达到32TB。向湖北省审计厅报送创新型案例21篇，其中《数据挖掘技术方法在国有企业领导经济责任审计工作中的创新应用典型案例》获得湖北省审计厅优秀案例一等奖。（撰稿人：郑婉婷）

【襄阳市审计局】 2020年，襄阳市审计局实有54人。局长张珍，副局长柏松俊、嘉庭友（9月—）、潘武森、王洪波、余淑琴，总审计师郑红令，市经济责任审计局党总支书记、局长朱卫东（—4月）、杨华（9月—），市政府投资审计局党总支书记、局长于赞军，市经济责任审计工作领导小组办公室专职副主任周和兴。设有办公室、人事科、综合科、法规审理科、电子数据审计科、财政审计科、金融审计科、行政事业审计科、经贸审计科、农业农村审计科、社会保障审计科、自然资源和生态环境审计科、外资运用审计科、内部审计指导科、经济责任审计协调科、离退休干部科、直属机关党委；下设市经济责任审计局、市政府投资审计局等事业单位。

审计成果 2020年，襄阳市审计局完成审计项目57个。查出主要问题金额111.94亿元，其中违规金额18.94亿元、损失浪费金额0.23亿元、管理不规范金额92.77亿元；审计发现非金额计量问题255个；出具审计报告、综合报告、审计专报94篇，被市委市政府领导批示67篇次。移送案件线索36件。审计促进整改落实有关问题资金10.16亿元；审计后挽回（避免）损失0.72亿元；核减投资额0.73亿元；移送处理落实事项23件。审计提出建议被采纳185条；推动各地区、各部门出台制度办法、制定整改措施298项。组织撰写稿件被市级以上媒体采用392篇次。向社会公告审计结果2篇。

襄阳市审计局组织实施的宜城市民生资金大数据审计项目、宜城市保障性安居工程资金投入和使用绩效审计项目，在湖北省优秀审计项目评比中分别获一、二等奖。政府投资审计、扶贫审计、信息宣传、法治审理等4项工作在全省作交流发言。襄阳市审计局获省级文明单位、档案管理省特级先进单位、全省审计综合工作先进单位（第3名）、信息宣传工作先进单位、计划统计工作先进单位、市直单位目标考核优秀等次、领导班子年度综合考评优秀等次、党政正职年度考核优秀等次、“攻坚年”活动优秀集体、机关党建工作优秀单位、深化改革考评优秀等次、精准扶贫先进工作队等市级以上集体荣誉和个人表彰43项。

政策落实情况跟踪审计 将疫情防控资金和捐赠款物使用、中小企业复工复产、新增财政资金惠企利民情况等各项政策，融入审计项目之中，持续开展贯彻落实国家重大政策措施情况跟踪审计，优化营商环境，助力疫后重振，服务领导宏观决策。

财政审计 4月至6月，开展襄阳市本级财政预算执行审计和部门预算执行审计，针对绩效管理不规范等问题，推动财政部门出台制度，将“四本预算”全部纳入绩效管理，提高财政资金使用效益。4月至6月，开展3个开发区财政决算审计，向市委市政府提出改进支持方式、健全双向激励机制的建议，在继续支持实体经济发展的同时有效保障财政资金安全。

三大攻坚战审计 4月至9月，开展6个县（市、区）精准扶贫审计，推动建立防止返贫监测和帮扶机制，及时拨付资金1.06亿元，落实健康、教育补贴50.92万元，维护群众切身利益，确保脱贫攻坚目标全面实现。

疫情防控资金和捐赠款物审计 1月至3月，开展市本级防疫资金和捐赠款物跟踪审计。3月至4月，开展全市疫情防控财政资金和捐赠款物专项跟踪审计。促进健全完善相关制度规定3项，及时拨付分配和调整收回资金0.66亿元、调整和分配医疗设备183台。

民生审计 2019年12月至2020年1月，开展7个县（市、区）工伤保险基金审计，促进用人单位清缴工伤保险276.57万元，保障职工合法权益。7月至8月，开展市本级2017年至2019年公租房租金及2013年以来易地建设费收入、管理、使用审计，推动市政府出台住房租赁管理办法等制度，规范公租房管理。

经济责任审计 认真贯彻经济责任审计新规定，开展11名领导干部经济责任审计和2名领导干部自然资源资产离任审计，落实2019年审计的21名领导干部的定责事宜，促进领导干部履职尽责，依法用权。

固定资产投资审计 对8个重点建设项目、4个征收补偿项目审计，进一步加强政府投资的规范化管理。撰写审计专报3篇，促进工程建设项目、征收补偿资金的规范管理和使用。向市领导报告投资审计转型发展的相关要求，纠正“以审代结”现象。

农业农村审计 8月至9月，派出审计组开展随州市随县2016—2019年度高标准农田建设项目审计。

金融审计 7月至8月，开展襄阳市中小企业投资担保有限责任公司2019年度经营管理情况审计，针对不良资产巨大、潜在亏损严重等重大风险，提出调整经营策略、优化经营管理的建议，有效防范金融风险。

外资运用审计 4月至5月，对法国开发署贷款襄阳东津新区城市污水综合治理一期工程和世界银行贷款襄阳城市交通项目开展审计，发现拖欠工程款、施工质量不合格等问题，督促清欠农民工工资297万余元，追回套取资金20.2万元。

企业审计 2019年12月至2020年11月，对4个国有企业开展资产负债损益审计，针对发现的国有资产闲置、出租出借不规范等问题，报送审计专报6篇，提出优化经营环境、加强监督的建议，促进国有资产保值增值。

信息化建设 统一建设行业数据库；运用航空摄影测量和三维激光扫描等新技术，现场核实乔木、地被植物的品种、数量和规格，破解工作量大、精确性低的难题；投资审计管理系统已通过竣工验收，"全覆盖"审计分析系统项目正在积极推进，助推审计工作向数字化、智能化转型升级。

审计科研 完成审计调研课题14项。被《审计月刊》采用理论研究文章7篇，省审计厅大数据审计案例评选获奖5篇，1篇论文获得湖北省内部审计师协会2020年内部审计论文二等奖，论文获得襄阳市第十届（2018—2019年）社会科学优秀成果奖论文（课题）类二等奖、三等奖各1篇。

内部审计 7月至9月，完成全市349个单位2019年度内部审计工作调查摸底。12月28日，组织召开襄阳市内部审计学会第四次会员代表大会。

交办任务 完成襄阳市委市政府及相关部门安排的11项临时交办事项，提交调查（检查）报告。

相关工作 疫情期间，襄阳市审计局第一时间成立防控领导小组，召开10余次视频会，安排落实上级部署。履行领导带班值班责任和"双报到"要求，班子成员检查疫情防控60次。成立11个"临时党支部"，发动114名党员干部参与疫情防控2244人次；6人被市、区两级组织部门通报表彰，1人获襄阳市抗击新冠肺炎疫情先进个人。各级媒体报道襄阳市审计局先进事迹、典型人物61篇次。

持续推进"五个到支部""一线工作法"。实施"党建领审、质量强审、科技促审"三大工程。坚持党风廉政建设与审计工作同安排、同推进、同考核。全年回访17个审计组，无信访举报。狠抓队伍建设，全面激发干部队伍活力，提拔重用科级实职13人、副科实职4人，晋升职级24人次；解决3名转隶干部身份问题，推荐1名军转干部提名全市"最美退役军人"。

（撰稿人：慎凌雷）

【鄂州市审计局】 2020年，鄂州市审计局实有69人。局长李志鹏，副局长艾义斌（8月—）、周锦文（—8月）、范金双、高兴周，经济责任审计工作领导小组办公室专职副主任刘冰文。设有办公室、人事教育科、综合科、法规审理科、电子数据审计科、财政金融审计科、行政事业审计科、经贸审计科、农业农村审计科、社会保障审计科、固定资产投资审计科、经济责任审计科、自然资源和生态环境审计科、离退休干部科。

审计成果 2020年，鄂州市审计机关共实施审计项目54个。查出主要问题金额62.48亿元；反映和揭示非金额计量问题187个。移送处理事项2件。报送审计信息和宣传文稿被市级以上采用489篇次。

2个审计项目分别获湖北省优秀审计项目二等奖、三等奖；市审计局获得鄂州市目标管理绩效考核先进单位和全国文明城市创建先进集体，并保持连续五届"全国文明单位"荣誉称号。

政策落实情况跟踪审计 统筹全市审计力量和审计资源，组织实施清理拖欠民营企业中小企业账款审计、厕所革命审计、新增直达市县基层财政专项资金审计、职业教育政策落实情况审计、禁捕资金专项审计等6类项目，促进落实问题整改金额233.14万元。全市扶贫政策落实和扶贫资金管理使用审计，发现存在政策落实不到位、项目监管缺失、绩效不佳、资金管理不规范等问题，涉及金额301.21万元，促进归还资金30.97万元、收回扶贫收益15.2万元，移送案件线索1件。"厕所革命"项目建设管理和资金审计，重点对55232座农户无害化厕所、354座农村公厕、66座乡镇公厕、103座旅游厕所、2座交通厕所、87座主城区公厕进行实地查看，发现在厕所建设管理和资金使用方面还存在计划任务未完成、建设管理不规范、专项资金被套取等问题，涉及厕所583座、资金55.85万元。

财政审计　开展市本级2019年度财政预算执行及其他财政收支审计，并对市本级和三个区级财政专项资金重点资金进行延伸，揭示出往来账款、暂存款清理不及时、财政间歇资金逾期未收回、棚改资金等专项资金未发挥效益等问题。对70个市直单位2019年度部门预算执行全覆盖审计，揭示出预算编制不精准、预算执行率低、项目执行不均衡等问题。

疫情防控资金和捐赠款物专项审计　组织实施全市疫情防控资金和捐赠款物专项审计，促进问题整改金额127.79万元；61名审计干部职工下沉对口联系的濠塘社区和龙潭村开展防疫抗疫。审计机关干部职工负责包保濠塘社区1000多户社区居民，包保特殊群体55名，帮助居民解决困难162个、清运楼栋垃圾58次、配送日常物资1359份；负责社区封控管理卡口的24小时值守667班次、社区责任区不间断巡逻264班次，累计检查来往居民31243人次、来往车辆1881辆。

经济责任审计　以领导干部权力运行和守法、守纪、守规、尽责情况为主线，以行政审批政策执行和服务民生为重点，组织对10个部门（单位）领导干部开展经济责任审计，揭示出其所在单位存在的各类问题金额2.58亿元，移送案件线索11件。印发《鄂州市领导干部履行经济责任风险警示手册》，在领导干部履行经济责任、自然资源资产管理和生态环境保护责任风险防范等方面，共列出73项履职要求、259个风险点，针对风险点提出预防措施，帮助领导干部提升经济和廉政等风险的防范能力，促进更好地履职尽责。

固定资产投资审计　开展湖北国际物流核心枢纽项目土石方工程、鄂州客运枢纽站建设项目等政府重大投资项目审计，促进节省投资9.77亿元。

资源环保审计　结合年度领导干部经济责任审计，同步重点实施涂家垴、长港、沼山、段店4个乡镇自然资源审计和梁子湖区生态补偿资金审计，推动市委办公室、市政府办公室出台《鄂州市领导干部自然资源资产离任审计实施方案》，促进梁子湖区制定完善生态补偿资金管理使用办法。　（撰稿人：周红兵）

【荆门市审计局】　2020年，荆门市审计局实有75人。局长谢继先（—10月），副局长刘海泉、刘洪斌，工会主席吴波粼，总审计师周军，市经济责任审计局局长陈晓东，二级调研员肖正兰、祝军、吴玉金、张汉城、李亚林，四级调研员陈红林、马忠玲，荆门市政府投资审计局局长金涛。设有办公室、法规审理科、电子数据审计科、财政审计科、金融外资审计科、行政事业审计科、社会保障审计科、经贸审计科、农业农村审计科、综合科、人事科；下设荆门市经济责任审计局、荆门市政府投资审计局、计算机审计中心等二级单位。

审计成果　2020年，荆门市审计局共完成审计项目74个，其中审计70个、专项审计调查4个。查出主要问题金额540781万元，其中违规金额74511万元、管理不规范金额466270万元；审计发现非金额计量问题270个；损益（收支）不实金额58533万元；出具审计报告和专项审计调查报告74篇，被批示、采用67篇次。审计处理处罚金额199064万元，其中应上缴财政206万元、应减少财政拨款或补贴10万元、应归还原渠道资金4998万元、应缴纳其他资金72011万元、应调账处理金额121838万元；移送司法机关、纪检监察机关和有关部门处理事项13件，移送处理人员22人，移送处理金额7506万元。审计促进整改落实有关问题资金199064万元；核减投资额1503万元；移送处理落实事项7件。审计提出建议213条，被采纳210条；推动被审计单位制定整改措施254项；促进被审计单位建立健全规章制度15项；提交审计信息125篇，被批示、采用208篇次。

政策落实情况跟踪审计　根据审计署统一部署，按照省审计厅工作要求，全年分阶段组织对复工复产、新增财政资金、扶贫资金等国家和省重大政策落实情况进行跟踪审计，摸清新增财政资金、扶贫资金等国家重大专项资金分配、使用情况，助力全市脱贫攻坚、疫后经济重振和改革发展稳定。

财政审计 运用大数据分析技术，采取“集中分析、发现疑点、分散核实、系统研究”的全覆盖模式，组织对市直260家预算单位2019年度部门预算执行情况进行数据分析，并重点对7个市直部门及所属63家单位开展预算执行审计，揭示查处挤占挪用项目资金、预算编制不合理、项目资金绩效不高、往来资金清理不及时、固定资产管理不规范、应缴未缴财政资金等问题并督促整改，促进提高财政资金使用效率。

疫情防控资金和捐赠款物专项审计 按照市防疫指挥部要求，会同市财政局、市卫健委、市民政局等部门，对全市疫情防控社会捐赠款物开展全覆盖、全口径、全过程监管，发现并督促整改问题12类47个，第一时间堵住防疫物资管理漏洞，促进财政资金和捐赠款物及时规范高效使用。扎实开展疫情防控资金和捐赠款物专项审计、民用口罩储备情况专项审计调查，形成的3篇专报均得到市委市政府领导批示肯定。

民生审计 扎实开展政策跟踪、医疗、教育等民生相关审计，以及汽车客运南站经营过渡期损益情况审计核查等。重点围绕加快医保基金市级统筹，组织对全市医保基金结算和市本级3家医院医疗经费开展结合审计，对市医保局和医院开展关联分析、立体剖析，揭露全市分级诊疗政策执行、外诊、医保基金结算等方面的问题，分析医保基金结算中的问题症结，报送的专报引起市委市政府主要领导高度重视。市政府专题召开市政府常务会议研究审计情况，采纳审计建议，督促市医保局为3家医院结算以前年度医保基金欠款2亿多元，填补医疗经费缺口，出台《关于进一步完善分级诊疗制度的意见》，进一步明确首诊、转诊和外诊的程序和要求，为解决“看病难”问题提供有力制度保障。

经济责任审计 组织对11名领导干部进行经济责任审计，其中离任审计2人、任中审计9人。按照两办《规定》《领导干部自然资源资产离任审计规定（试行）》和省委办公厅、省政府办公厅印发的《湖北省领导干部自然资源资产离任审计规定（试行）》要求，成立荆门市经济责任审计工作联席会议和荆门市领导干部自然资源资产离任（任中）审计工作联席会议。

固定资产投资审计 扎实开展省第三届园博园、“两山”（象山、东宝山）综合整治、汽车客运南站、罗汉山隧道工程等重点建设项目专项审计，促进财政资金安全高效使用。组织对第二人民医院内科大楼、市龙泉中学南校、兴隆大道（凤袁路—昱奎桥）改造、荆门南高速出入口综合整治、荆门北高速出入口综合整治5个项目的造价审核结果进行专项抽审，建设单位送审95561.46万元，审定94058.38万元，审减1503.08万元，审减率1.57%。对抽审发现的工程计量不实、高套项目单价和未严格按造价咨询规范进行结算审核等问题，向被抽审单位提出整改建议。

农业农村审计 按照省审计厅统一安排，组织开展全市扶贫审计，并对2016—2019年度全市各级审计机关扶贫审计发现问题的整改情况开展“回头看”，促进“两不愁三保障”落实落细。组织对京山市2016—2019年度高标准农田建设情况进行审计，深入揭示高标准农田建设政策落实、资金使用、项目建设等方面的问题，促进高标准农田建设项目提质增效，助力乡村振兴战略实施。

资源环保审计 围绕深化推进领导干部自然资源资产离任审计，对漳河新区党工委书记进行自然资源资产任中审计，查出涉及生态环保问题和重大资金使用重要案件线索并督促整改。

外资运用审计 按省审计厅统一安排，对德国政府贷款钟祥可持续森林经营项目进行跟踪审计，重点关注项目建设和管理状况，揭示项目建设运行管理中存在的问题，有针对性地提出解决问题的意见和建议，促进被审计单位加强管理，合理有效地利用外资，提高资金使用效率和规范债务偿还机制。

信息化建设 市审计局完成网络基础设施改造升级、信息系统等级三级认证，防火墙、存储设备安装部署，搭建审计署财务软件采集系统，完成省审计厅金审工程三期市级配套建设任务。提升数据分析覆盖面，进一步覆盖二、三级预算单位，分析单位量由247家增加到260家。数据分析模型数量由过去的32个数增加到42个。

内部审计 按照省审计厅统一部署，完成全市内部审计机构基本情况调研和情况汇总上报工作。按要求完成内部审计案例经验上报、杂志征订、协会年检等各项工作。组织开展年度内部审计先进单位评选，10家单位荣获“内部审计先进单位”称号。（撰稿人：杨义兵）

【孝感市审计局】 2020年，孝感市审计局实有56人。局长金正谋，副局长田卫民、褚艺红、杨辉，市经济责任审计局局长彭斌，市政府投资审计局局长王嘉清，二级调研员梁和平，四级调研员黄惠芬、彭晓维、田耀文、胡泽华、张东彦（—2月）、马艳涛（—4月）。设有市委审计委员会办公室秘书科、党群工作科、综合科、法制与审理科、电子数据审计科、财政审计科、企业审计科、行政事业审计科、农业农村审计科、社会保障审计科、自然资源和生态环境审计科、基本建设审计科、经济责任审计一科、经济责任审计二科、离退休干部科；下设孝感市政府投资审计局、孝感市计算机审计信息中心。

审计成果 2020年，孝感市审计机关共完成审计项目236个。查出主要问题金额432650万元，其中违规金额28568万元、管理不规范金额404081万元。审计处理处罚金额67571万元；移送司法机关、纪检监察机关和有关部门处理事项17件，移送处理人员9人。审计促进整改落实有关问题资金59787万元；核减投资额18628万元；移送处理落实事项11件。

孝感市审计局继续保持“全国文明单位”称号，荣获湖北省审计综合工作先进单位。孝感市住房公积金管理中心原领导干部经济责任审计项目，被评为湖北省审计机关优秀审计项目一等奖。

政策落实情况跟踪审计 组织实施中央新增财政资金直达市县基层直接惠企利民政策措施落实情况审计。

财政审计 完成市本级预算执行和财政决算草案审计，及市直79个单位部门预算执行全覆盖审计。

三大攻坚战审计 完成全市2019年扶贫政策落实和资金使用情况审计调查。

疫情防控资金和捐赠款物专项审计 完成市本级应对新冠肺炎疫情防控资金和捐赠款物专项审计。

民生审计 完成全市工伤保险基金审计。

经济责任审计 完成12名领导干部经济责任审计。

资源环保审计 完成高新区农村人居环境专项审计。

固定资产投资审计 组织实施老澴河建设项目等政府投资审计项目18个。被审计署固定资产投资审计司确定为全国投资审计转型发展第一批试点单位。

外资运用审计 组织完成世界银行贷款湖北孝感物流基础设施建设项目和德国援助贷款安陆森林可持续经营项目公证审计。

企业审计 完成湖北澴川国投集团有限公司及部分二、三级企业专项审计调查。

交办任务 配合参加省委巡视；配合对市防疫捐赠物资和经费清算工作、防疫期间政府租用东南医院的补偿进行清查结算。

相关工作 组织全体干部职工开展疫情防控，被市总工会颁发“五一劳动奖章”；组织42名党员干部开展“双报到”，与付冲社区结对共建，并派出2名党员干部入驻社区工作队。

内部审计 2020年，全市有市直专兼职内部审计机构共30个，配备专兼职内部审计人员87人，其中专职机构4个，专职人员21人。完成内部审计项目129个，审计发现问题总金额1.63亿元，审计促进问题整改金额1.58亿元。

（撰稿人：胡玲玲）

【荆州市审计局】 2020年，荆州市审计局实有69人。局长胡祥英，副局长李翠峰、黄发斌、黄标（4月—）、周祖兵、帕提古丽·依明（9月—），总审计师杨光忠，机关党委书记周祖兵（兼），市经济责任审计工作领导小组办公室专职副主任肖舟（4月—），市国有企业监事会主席聂维兵（6月—），二级调研员吴方俊（—9月），田林（—10月），荆州市政府投资审计中心主任张峻（4月—）。设有办公室、人事科、综合科、法规审理科、电子数据审计科、财政金融审计科、行政事业审计科、经贸审计科、农业农村审计科、社会保障审计科、固定资产投资审计科、自然资源和生态环境审计科、经济责任审计一科、经济责任审计二科、外资运用审计科、重大项目稽察审计科、国有企业监事会工作科、派出审计一科、派出审计二科、派出审计三科、派出审计四科、派出审计五科；另设机关党委、离退休干部科、市委审计委员会办公室秘书科；下设荆州市政府投资审计中心。

审计成果 2020 年，荆州市审计机关共完成审计项目 188 个，其中审计 184 个、专项审计调查 4 个。查出主要问题金额 758925.21 万元，其中违规金额 53433.09 万元、损失浪费金额 196.36 万元、管理不规范金额 705295.75 万元；审计发现非金额计量问题 450 个；损益（收支）不实金额 145695.01 万元；审计发现侵害人民群众利益 2118.17 万元；出具审计报告和专项审计调查报告 249 篇，被批示、采用 39 篇次。审计处理处罚金额 150353.64 万元，其中应上缴财政 46743.79 万元、应减少财政拨款或补贴 1664.56 万元、应归还原渠道资金 6290.22 万元、应缴纳其他资金 243.08 万元、应调账处理金额 95411.99 万元；移送司法机关、纪检监察机关和有关部门处理事项 41 件，移送处理人员 19 人，移送处理金额 1915.96 万元。审计促进整改落实有关问题资金 37595.6 万元；审计促进拨付资金到位 1855.6 万元；审计后挽回（避免）损失 1710.91 万元；核减投资额 16944.06 万元。审计提出建议 643 条，被采纳 488 条；推动被审计单位制定整改措施 76 项；提交审计信息 465 篇，被批示、采用 270 篇次。向社会公告审计结果 2 篇。

荆州市审计局实施的荆州市卫生和计划生育委员会 2016 年度部门预算执行及公立医院收费政策执行审计项目被审计署评为 2019 年度全国市级审计机关优秀审计项目二等奖。2018 年度市直预算执行及其他财政收支审计项目、监利县民生资金审计项目分获 2020 年度湖北省优秀审计项目评选一、二等奖。在 2020 年度湖北省优秀审计项目评选中，荆州市选送的 10 个审计项目均荣获表彰，其中一等奖 3 个、二等奖 4 个、三等奖 3 个。荆州市审计局局长作为“双先”集体代表，受邀在审计署审计干部教育学院市县审计局局长培训班作经验交流；荆州审计普法执法融合、安居工程审计、审计信息宣传等 9 项经验在全省行业交流；在湖北省审计综合工作考核中，荆州市审计局位列市州第二，审计综合工作、信息宣传工作和计划统计工作均获湖北省表彰。

政策落实情况跟踪审计 组织全市审计机关分季度有重点地持续开展重大政策措施落实情况跟踪审计，重点关注新增财政资金、民生资金、扶贫资金、生态环境保护和污染防治等。结合落实《全市审计机关服务优化营商环境、护航民营经济高质量发展的十条措施》，突出关注涉企政策落实、资金使用绩效等，助推企业高质量发展。

财政审计 统筹推进全市财政预算执行审计全覆盖工作，市县两级对一级预算单位部门预算执行审计覆盖面均达到 100%；2020 年度市本级“同级审”两项报告均获市人大常委会全票通过。抽调人员参与全省统一组织对市本级、江陵县、石首市税收和非税收入征管审计。

三大攻坚战审计 连续 3 年组织对 8 个县市区、2 个功能区实施扶贫审计“上审下”“交叉审”全覆盖，为如期高质量打赢脱贫攻坚战提供坚强审计保障。结合项目审计，重点关注四湖流域治理、古城水系保护、中心城区水环境综合整治等生态工程建设情况；同步开展领导干部经济责任和自然资源资产离任审计，建立健全两项联席会议制度，印发《荆州市领导干部自然资源资产离任审计实施意见（试行）》，以审计监督力促绿色发展和生态文明建设。

疫情防控资金和捐赠款物专项审计 统筹安排 9 个专项审计组，开展全市疫情防控资金和捐赠款物专项审计，同步启动对规模以上企业复工复产专项审计调查，撰写 2 期审计专报，为党政领导全面了解防疫资金管理使用整体情况、复工复产推进情况等提供第一手翔实资料，为后抗疫阶段的规范管理提供有力决策参考。

民生审计 紧扣“六稳”“六保”，重点开展稳就业、人才开发基金等 7 个专项审计项目，组织实施全市工伤保险基金核查，对中心医院收费政策执行、市直 7 所中职院校职业教育发展政策落实等开展专项审计，揭示和反映民生资金分配管理使用中存在的突出问题，力促惠民政策落地。在中职院校审计中，利用数据技术分析，揭示在资助、招生、就业政策落实等方面存在的典型问题，移送案件线索 5 件。

经济责任审计 全市共审计各级领导干部 92 人，其中市本级 14 人。查出违规和管理不规范金额 107567.82 万元，审计提出建议 235 条，被采纳 167 条。

固定资产投资审计 重点开展楚都大道二期及下穿工程、海子湖大道工程审计，沙公高速岑河连接线绿化等配套工程审计，市城投、开发区城投投建项目抽查复核审计等；持续跟踪监督复兴大道、荆州大道等建设情况；组织开展全市 8 个 PPP 建设项目专项审计调查，事后审计与事中跟踪稽查并举，促进项目按时、保质、高效建设。提交《复兴大道跟踪审计发现影响项目建设费用确认的四大突出问题》《市本级 PPP 项目建设中存在的问题、风险及建议》2 期专报，均得到市主要领导批示。

农业农村审计 除完成全市扶贫审计外，另抽调人员参与全省统一组织对潜江、石首等地高标准农田审计等。

外资运用审计 完成荆州市世界银行贷款古城保护项目审计，抽调人员参与恩施土家族苗族自治州世界银行贷款清江流域保护项目审计。外资审计技术创新应用经验在全省数据审计培训班交流。

企业审计 开展市城发集团、古城投资等国企审计，紧扣风险防控、经营效益摸家底，清查核实企业资产、负债与权益等情况，力促国企稳步健康发展。

信息化建设 借力金审工程三期建设，进一步夯实审计信息化软硬件基础；升级优化“国外贷援款项目审计管理系统”，相关经验在全省外资审计项目中推广应用；加大技术应用，所有审计项目均运用计算机技术查核问题、挖掘线索；合力开展技术攻关，2 项大数据审计创新案例分获全省系统评选一、二等奖。

审计科研 积极开展研究型审计，结合扶贫审计情况组织撰写的《审计视角下实现脱贫攻坚与乡村振兴战略有效衔接的路径探索》入选全市重点科研课题和 2020 年度荆州智库课题，顺利结项并获评优秀等次。

内部审计 荆州内部审计工作荣获全国“双先”表彰，国网荆州供电公司审计部、荆州市城发集团审计部部长，分别被中国内部审计协会表彰为 2017 年至 2019 年全国内部审计先进集体和先进工作者；《新时代加强内部经济责任审计工作存在的困难及解决思路》获评全省内部审计论文二等奖。

交办任务 完成市本级医保基金审计、湖北省第二届园博会会展期间财务收支审计、市公共检验检测平台复核审计、开发区城投资产负债清理等审计项目 14 个，按时高质量提交审计综合报告，切实为党委政府排忧解难办实事。

相关工作 2020 年，荆州市审计局被中央文明委授予第六届“全国文明单位”称号，审计志愿服务队被评为全市最佳志愿服务组织。全市审计机关荣获各类集体荣誉 107 项，21 名个人分别荣获全市疫情防控工作先进个人、荆州市十佳实绩突出干部、荆州市十大法治人物、全市优秀退役军人等市级以上荣誉。（撰稿人：陈文钦）

【黄冈市审计局】 2020 年，黄冈市审计局实有 53 人。局长蔡艮生，副局长董瑞成（—4 月）、郭教育、张立平（—4 月）、缪丞、周敦超（6 月—），党组成员舒迎进，总审计师雷友华，经济责任审计局局长周少勤（—7 月）。设有财政金融审计科、行政事业审计科、社会保障审计科、固定资产投资审计科、农业农村审计科、电子数据审计科、经贸外资审计科、自然资源与生态环境审计科、办公室、政工科、综合科、法规审理科、市委审计委员会办公室秘书科；下设市经济责任审计局、计算机中心。

审计成果 2020 年，黄冈市审计机关完成审计项目 460 个，促进增收节支 1.89 亿元，移送问题线索 45 件，地方党委政府采纳审计建议出台制度 80 余项。审计专报和综合分析报告得到市领导批示 20 余次。

黄冈市审计局蝉联省级文明单位和档案管理省特级，扶贫审计工作在全省交流经验，获省审计厅大数据创新案例一等奖，全市有 7 个审计项目荣获二等奖和三等奖；市本级预算执行和其他财政收支审计、扶贫审计、防疫专项审计、高新区等 6 个社区资产负债审计、投资审计和领导干部经济责任审计等工作受到市委、市人大和市政府领导肯定。

政策落实情况跟踪审计 对市本级政府债务、7个县市新增财政资金直达基层和市金财担保公司等进行审计，推动出台《黄冈市市级国有金融资本出资人管理办法（试行）》《黄冈市政府性融资和担保体系建设实施办法》，切实防范风险；对11个县市区开展扶贫审计，揭示出9类问题，移送问题线索11件，助力打赢脱贫攻坚战；组织实施大别山国家森林公园管理处等4个自然资源资产审计，推动保护生态环境。

财政审计 采用大数据全覆盖的方式，组织实施对市本级、市直200家一、二级单位预算执行和其他财政收支进行审计，重点抽查单位15个，首次对10家单位11个预算专项资金进行绩效审计，促进单位规范财政资金使用，科学评价项目绩效。代市政府作的《关于2019年度市级预算执行和其他财政收支的审计工作报告》，得到市人大常委会全票通过。

疫情防控资金和捐赠款物专项审计 开展全市疫情防控财政专项资金、捐赠款物审计及企业复工复产审计调查，延伸审计红十字会、慈善组织23家，机关单位和医疗机构161个，促进防疫资金物资安全高效使用，服务打赢疫情防控攻坚战和疫后经济重振。

经济责任审计 严格执行审计程序，准确界定责任，科学审慎评价，共对133名市县直单位主要领导干部和41个乡镇的69名书记镇长开展经济责任审计。

固定资产投资审计 推进投资审计转型发展，市审计局对23个投资建设项目开展审计，审计总金额12.19亿元，审减和节约投资8748万元，并揭示工程建设程序、工程质量管理、招标投标和公共资金绩效等问题。其中城铁黄冈东站西站站前广场及配套市政建设项目审减4700余万元、临港码头项目审减1500余万元，市委市政府高度重视，研究出台《黄冈市公共资源交易监督管理办法》《黄冈市区“市管区建”项目建设管理办法》等法规，进一步规范政府投资行为，促进优化营商环境。

民生审计 开展市本级和蕲春县职业教育政策措施落实情况审计，推动有关部门落实好职业教育政策。开展中职集团、黄冈电大、黄冈技师学院资产负债审计，服务组建湖北应急管理职业技术学院。

交办任务 完成市委市政府和有关部门交办配合事项35个，在推动基层治理、加强党费管理和提高项目绩效等方面，为领导决策管理提供参谋服务。

相关工作 开展防疫防汛和“四进行动”，抽调21人参加市疫情防控指挥部，组织党员干部全部下沉社区、小区（村）参加防控，抽调32名党员干部成立防汛救灾突击队，在黄州区堵城镇刘湾村江咀圩堤和长江干堤防汛全天候值守24天。组织开展党员干部进企业、进项目、进农村、进社区，帮助企业续借贷款900万元，协调减免税费71.6万元，落实稳岗津贴1.6万元。加强审计机关自身建设，坚持立身立业立信，加强党建引领，深入学习贯彻习近平新时代中国特色社会主义思想，召开党组会40次、党组中心组理论学习13次、党员干部集中学习13次，跟进学习贯彻十九届五中全会和习近平总书记重要讲话重要指示及考察湖北重要讲话精神，认真履行意识形态工作责任制，牢牢掌控意识形态工作主导权，自觉践行“两个维护”。加强班子建设，严格执行党组工作条例，严肃党内政治生活，严守政治纪律政治规矩。加强干部人才队伍建设，开展理论学习和业务培训，重视干部选拔任用，全年提拔调整干部32人次，其中县处级6人、科级18人，评选表彰先进典型20名，引进2名造价工程审计专业人才。加强廉政建设，压紧压实全面从严治党主体责任和第一责任人责任，服务反腐倡廉，抽调38名干部参加省市县巡视巡察工作，移送问题线索45件。

（撰稿人：柯　鹏）

【咸宁市审计局】 2020年，咸宁市审计局实有64人。局长郑华成，副局长王三国、付冬、廖志军、潘和，总审计师李真丽（—12月），副县级干部廖炎军、林飞波，四级调研员江红，市经济责任审计局局长陈卫军，市政府投资审计局局长张荀。设有市委审计委员会办公室秘书科、办公室、综合科、法规审理科、内部审计指导监督科、电子数据审计科、财政审计科、经贸金融外资审计科、行政事业审计科、农业农村审计科、社会保障审计科、固定资产投资审计科、自然资源和生态环境审计科、经济责任审计科、人事科（离退休干部科）、机关党委；下设经济责任审计局、政府投资审计局等事业单位和内部审计协会、审计学会、机关工会委员会等社团组织。

审计成果 2020年，咸宁市审计机关共完成审计项目184个。查出主要问题金额407151万元，其中违规金额21705万元、损失浪费金额110万元、管理不规范金额385334万元；审计发现非金额计量问题332个；损益（收支）不实金额43213万元；审计发现侵害人民群众利益129万元；出具审计报告和专项审计调查报告240篇，被批示、采用20篇次。审计处理处罚金额126082万元，其中应上缴财政9672万元、应减少财政拨款或补贴1368万元、应归还原渠道资金11158万元、应缴纳其他资金12913万元、应调账处理金额90970万元；移送司法机关、纪检监察机关和有关部门处理事项40件，移送处理人员32人，移送处理金额1988万元。审计促进整改落实有关问题资金57285万元；审计促进拨付资金到位23594万元；审计后挽回（避免）损失14315万元；核减投资额22595万元；移送处理落实事项3件。审计提出建议631条，被采纳539条；推动被审计单位制定整改措施300项；促进被审计单位建立健全规章制度33项；提交审计信息844篇，被批示、采用353篇次。向社会公告审计结果7篇。

咸宁市审计局关于市人防办2018年度预算执行及财政收支情况审计、通山县审计局关于蕲春县2018年度脱贫攻坚政策落实和扶贫项目资金管理使用及惠民资金发放到户情况审计项目被评为湖北省审计厅优秀审计项目二等奖；咸宁市本级2016年7月至2018年医疗保险基金审计、通城县恒丰交通投资有限公司2011年至2019年12月资产负债损益情况审计项目被评为湖北省优秀审计项目三等奖。

政策落实情况跟踪审计 对全市规模以上企业以及中小微企业、合作社等市场主体复工复产情况开展专项审计调查，揭示市场需求支撑不足等4个方面的问题，提出针对性对策建议4条。对咸安、崇阳、通城、通山等县区新增财政资金直达市县基层直接惠企利民政策落实情况进行专项审计，提出建议12条，重点关注就业创业资金、农民工工资保证金管理使用不规范和政策执行不到位等问题，督促问题整改。

财政审计 开展2019年财政运行情况审计，从预算编制源头、资金使用过程、资金使用效果等三方面，对市直203家预算单位2019年度预算执行和财政收支情况开展审计全覆盖，重点审计市人大办、市政协办、市科技局、市政务服务和大数据管理局、市科协、市体育事业发展中心、市民政局、市交通局、市住建局、市工商联等10个部门单位，发现119家单位42类293个问题，涉及金额5.5亿元。

三大攻坚战审计 开展扶贫资金审计，重点审计各县市区财政、扶贫、发展改革、民族宗教、教育、民政等68个单位，延伸审计36个乡镇、81个行政村（含56个重点贫困村，8个建档立卡贫困村），走访调查农户515户。审计抽查扶贫资金5.58亿元、占扶贫资金总量的14.89%，抽查项目371个，占项目总数16.37%。并对2016年至2019年各级审计机关扶贫审计发现的276个问题，采取针对性措施督促整改。对市住建委和12个乡镇开展自然资源资产离任审计，审计城区污水处理设施建设及污水（污泥）处理情况，对咸宁污水处理厂等4家污水（污泥）处理企业建设、运营中存在的问题提出审计整改意见。开展债券债务审计，揭示部分债券资金使用效益有待提高、项目进展缓慢等问题。对咸宁市中心医院、妇幼保健院等4家公立医院债务情况进行审计，清理债务额度，分析形成原因，提出加强债务资金管理、多途径化解债务、强化项目预决算管理等审计建议。

疫情防控资金和捐赠款物专项审计 派出61名审计骨干组成7个审计组，对全市防疫资金和捐赠款物进行专项审计，重点审计3.35亿元财政资金、3.84亿元捐赠资金、3.70亿件捐赠物资接收、使用和管理情况，延伸审计13家慈善机构、74个疾病控制中心等政府机构和单位。形成的专题报告得到市委书记、市长等市领导批示肯定，市政府召开专题整改会议，促进审计发现问题整改落实。

民生审计 对咸宁市本级2016年至2019年居民医保基金的结余和债权债务情况进行审计调

查，共对43家定点医疗机构和149家定点药店进行抽查摸底，摸清咸宁市本级居民医保基金累计结余和债权债务情况，并对医保基金结算有误、应退未退多收保费等问题提出整改意见，切实保障民生和公众医疗权益，规范使用城乡居民基本医疗保险基金。

经济责任审计 对10个市直部门、12个乡镇和1个经济开发区领导干部开展经济责任审计，依法出具经济责任审计结果报告40余篇，提出并被采纳审计建议68条。

固定资产投资审计 完成肖桥公租房工程、温泉花坛综合改造工程、市城区排水管网改造工程、交通安全品质提升工程、疾控中心业务楼等审计项目，发现8类问题，累计核减投资额1.36亿元。 （撰稿人：胡 澄）

【随州市审计局】 2020年，随州市审计局实有43人。局长张道亮，副局长廖朝宏、敖殷、齐新月，党组成员敖宏伟、韩丽超，总审计师刘大江。设有办公室、教育人事科、综合科、法规审理科、电子数据审计科、财政外资审计科、金融经贸审计科、行政事业审计科、农业农村审计科、社会保障审计科、固定资产投资审计科、自然资源和生态环境审计科、经济责任审计一科、经济责任审计二科；下设随州市投资审计中心。

审计成果 2020年，随州市审计局共完成审计项目43个，其中审计41个、专项审计调查2个。查出主要问题金额389865万元，其中违规金额12749万元、管理不规范金额377116万元；审计发现非金额计量问题104个；损益（收支）不实金额28810万元；出具审计报告和专项审计调查报告43篇。审计处理处罚金额290013万元，其中应上缴财政7092万元、应减少财政拨款或补贴1697万元、应归还原渠道资金237854万元、应缴纳其他资金19万元、应调账处理金额43349万元；移送司法机关、纪检监察机关和有关部门处理事项5件，移送处理人员7人。审计促进整改落实有关问题资金33460万元；核减投资额8329万元；移送处理落实事项3件。审计提出建议103条，被采纳91条；推动被审计单位制定整改措施78项；促进被审计单位建立健全规章制度36项；提交审计信息139篇，被批示、采用35篇次。向社会公告审计结果2篇。

随州市先觉庙水库工程管理局2009年至2018年财政财务收支情况审计项目被湖北省审计厅评为全省优秀审计项目一等奖。

政策落实情况跟踪审计 结合扶贫审计、民生资金大数据审计等项目实施市本级重大政策措施落实情况跟踪审计。对曾都区、广水市新增财政资金直达市县基层直接惠企利民情况进行专项审计。

财政审计 对221个市直预算单位预算执行情况进行全覆盖审计，揭示在预算编制、执行等方面存在的问题金额31562万元。

疫情防控资金和捐赠款物专项审计 开展企业复工复产审计调查，对市全市抗疫特别国债资金建设项目的实施情况进行跟踪审计。

民生审计 对全市民生政策落实和民生资金管理使用情况进行审计。

经济责任审计 对14个单位主要领导干部开展经济责任审计。

固定资产投资审计 完成㵐水一桥、交通大道改造等14个重点政府投资项目审计，审减工程项目造价8329万元。

信息化建设 对机房环境进行整改优化，部署监测系统，完成三级等级保护备案。

相关工作 扎实推进审计管理体制改革，研究起草《关于全面落实“三个区分开来”要求建立审计容错纠错机制的实施意见（试行）（送审稿）》。组织全局干部职工下沉一线抗击疫情，1人荣获“全市抗疫先进个人”称号，2人荣获“抗疫勇士”称号。在2020年度全市履职尽责（责任目标）考核中被评为优秀等次。文明创建工作继续获批全省文明单位。驻点村帮扶成效显著，驻随县星申村第一书记荣获“全省脱贫攻坚先进个人”荣誉称号。 （撰稿人：张海芹）

【恩施土家族苗族自治州审计局】 2020年，恩施土家族苗族自治州（以下简称恩施州）审计局实有46人。局长王新国，副局长徐青安、蔡泽慧、杨岸军（4月—），总审计师陈宏，州经济责任审计工作领导小组办公室专职副主任张聪聪（10月—），一级调研员高升德（4月—），二级调研员李东平。设有办公室、政工人事科、综合与法规科、财政金融审计科、行政事业审计科、经贸审计科、农业与资源环保审计科、社会保障审计科、固定资产投资审计科、外资运用审计科、经济责任审计科、自然资源和生态环境审计科；下设州政府投资审计局、州计算机审计中心等事业单位。

审计成果 2020 年，恩施州审计机关共完成审计项目 129 个。查出主要问题金额 554974 万元；审计发现非金额计量问题 411 个；损益（收支）不实金额 48073 万元；出具审计报告和专项审计调查报告 170 篇，被批示、采用 66 篇次。审计处理处罚金额 38218 万元；移送司法机关、纪检监察机关和有关部门处理事项 21 件，移送处理人员 2 人，移送处理金额 6857 万元。审计促进整改落实有关问题资金 19148 万元；审计促进拨付资金到位 10665 万元；审计后挽回（避免）损失 635 万元；核减投资额 2252 万元。审计提出建议 389 条，被采纳 363 条；推动被审计单位制定整改措施 64 项；促进被审计单位建立健全规章制度 16 项；提交审计信息 354 篇，被批示、采用 138 篇次。向社会公告审计结果 9 篇。

恩施州审计局实施的湖北星斗山国家级自然保护区管理局局长任职期间自然资源管理和生态环境保护责任履行情况审计、恩施市审计局实施的恩施市 2018 年度财政预算执行及其他财政财务收支情况审计等 7 个项目被评为湖北省审计厅优秀审计项目。

财政审计 通过“两统筹”、大数据审计方式，开展州、县市本级预算执行和财政决算草案审计、部门预算执行全覆盖审计，有效促进积极财政政策落实、提高财政资金使用绩效、规范部门预算管理。

三大攻坚战审计 开展政府性融资担保公司审计，助力打好防范化解重大风险攻坚战；开展全州扶贫资金和东西部扶贫协作项目资金审计，助力打好精准脱贫攻坚战；开展州、县两级 9 个部门、乡镇主要领导干部自然资源资产审计，助力打好污染防治攻坚战。

疫情防控资金和捐赠款物专项审计 审计各级疫情防控相关部门和单位 154 家，涉及财政资金 4.71 亿元、捐赠资金 2.08 亿元、捐赠物资 1502 万件。

经济责任审计 加大对重点部门和关键岗位领导干部的审计监督，对 30 名领导干部开展经济责任审计，对 9 名领导干部开展自然资源资产审计。

固定资产投资审计 对恩施市金龙大道（南段）道路工程施工等 332 个项目进行审计。

金融审计 对利川市宏财融资担保有限公司、来凤县宏泰融资担保有限公司 2019 年度经营管理情况进行审计。

外资运用审计 对亚洲开发银行贷款湖北恩施清江上游环境治理及生态保护（恩施州）项目进行审计。

企业审计 对州平安武装押运公司、硒康牧业有限公司等 2 家州属国企开展审计。

专项资金审计 对 2018 年至 2019 年恩施航空航线补贴专项资金进行审计。

信息化建设 完成恩施州大数据审计云平台一期项目建设并投入使用。总结提炼的《大数据可视化分析赋能新时代财政审计》案例，在审计署创新应用优秀案例评选中获得三等奖，在省审计厅组织的创新案例评选中获得一等奖，入选审计署编印的《数据分析技术方法在审计工作中的创新应用典型案例》一书。

内部审计 组织理论研讨、征文、内部审计“双先”评选表彰活动等，指导州内部审计协会完成换届选举。

交办任务 抽调审计人员参与巡察等交办、配合事项 73 件 156 人次。

相关工作 制订出台《恩施州审计机关审计质量提升行动工作方案》《恩施州审计机关数据融合行动工作方案》《恩施州审计局国有企业审计监督管理制度》《恩施州审计局重点工程项目春风行动工作制度》《恩施州审计局依法审计工作方案》。创新开展机关党建“四联四促”活动，研究制定《机关党建“四联四促”工作制度》《2020 年度党建及党风廉政建设工作任务清单》。强化队伍建设，全州审计机关累计 1309 人次参加审计署、省审计厅和州审计局的培训。

（撰稿人：张　辉）

【仙桃市审计局】 2020 年，仙桃市审计局实有 41 人。局长王万琼，副局长蒋涛、管域、邓飞、孙小斌、岳松（挂职），总审计师李敏，工会主席李红艳。设有办公室、综合科、法规审理科、电子数据审计科、财政金融外资审计科、行政事业审计科、经贸和社会保障审计科、农业农村审计科、经济责任和自然资源资产审计科、固定资产投资审计科；下设经济责任审计局、投资审计中心等事业单位。

审计成果 2020年，仙桃市审计局共完成审计项目27个。查出主要问题金额193966万元，其中违规金额7860万元、损失浪费金额1452万元、管理不规范金额184653万元；审计发现非金额计量问题186个；损益（收支）不实金额317万元；审计发现侵害人民群众利益483万元；出具审计报告和专项审计调查报告36篇，被批示、采用14篇次。审计处理处罚金额165197万元，其中应上缴财政2980万元、应减少财政拨款或补贴3078万元、应归还原渠道资金62725万元、应调账处理金额96413万元；移送司法机关、纪检监察机关和有关部门处理事项5件，移送处理人员2人，移送处理金额570万元。审计促进整改落实有关问题资金110450万元；审计后挽回（避免）损失601万元；核减投资额592万元；移送处理落实事项1件。审计提出建议88条，被采纳84条；推动被审计单位制定整改措施12项；促进修改法规10余条；提交审计信息11篇，被批示、采用11篇次。向社会公告审计结果2篇。

政策落实情况跟踪审计 把加强对重大政策措施执行情况的审计监督，促进高质量发展作为2020年审计工作的重要任务，跟踪关注农村土地承包经营权确权、乡村振兴、脱贫攻坚政策措施的落实情况，及时发现和纠正有令不行、有禁不止行为，确保政令畅通。通过审计，指出政策落实不到位、工程项目管理不规范、扶贫项目效益效果不明显等问题，促进重大政策措施执行到位、落到实处。

财政审计 加大对预算执行刚性、民生资金使用、国有资产管理、“三公”经费支出等情况的审计监督力度，注重揭示各部门单位国有资产和国有资金管理中的风险隐患和突出问题，有针对性向市委市政府提出审计建议，促进国有资金资产管理的进一步规范，力促财政政策落实。

三大攻坚战审计 聚焦巩固提升脱贫成果，继续开展全市16个镇办95个贫困村扶贫审计全覆盖，对连续3年审计发现问题开展回头看，夯实稳定脱贫的基础。聚焦乡村振兴领域政策措施落实，对全市乡村振兴项目一期工程实施跟踪审计，对6个乡镇的项目建设情况进行抽查，指出项目组织实施、规划执行、资金使用、项目建设等方面存在的突出问题，推动脱贫攻坚与乡村振兴有机结合、相互促进。聚焦生态环境保护，对6个乡镇领导干部开展自然资源资产离任审计，力促绿色发展。

疫情防控资金和捐赠款物专项审计 在省审计厅统一安排下，组织对全市疫情防控财政专项资金、捐赠资金和各类捐赠物资进行审计，延伸审计15个政府机构和单位，指出并纠正财政资金和捐赠款物拨付使用不及时、捐赠信息公开不及时不规范等问题，有效回应社会关切，促进资金规范运行。

经济责任审计 聚焦权力运行关键节点，进一步推进审计监督与纪检监察、组织人事、巡视巡察的贯通协作，形成监督合力，共对11名领导干部开展经济责任审计，查出违纪违规问题金额31040.03万元，向市委巡察办反馈重要问题30多条，切实促进领导干部依法用权意识进一步提升。

固定资产投资审计 积极适应投资审计新常态，迅速退出单一结算审计模式。组织对市新一水厂建设项目、全市乡镇污水处理设施建设项目等3个重点建设项目开展全面审计监督，严肃查处围标串标、违法分包发包等行为。运用大数据分析等现代技术手段推动投资审计转型升级，相关经验在全省审计系统进行经验交流。

信息化建设 推广“集中分析，分散核实”的大数据审计方式，组建审计组＋数据分析团队，运用信息化手段扩大审计覆盖面，在全市一级预算单位部门预算执行审计中，先后发现预算执行差异、“三公”经费、民生资金使用把关不严等各类问题10多项，有效减少现场审计时间，提高审计精准度和效率。

相关工作 创新党建载体，将党建工作“链条”延伸到审计一线；认真落实全面从严治党和党风廉政建设“两个责任”，实行审计项目廉政巡察全覆盖；大力加强作风建设，接受市委巡视巡察并全力落实整改，新出台和修订管理制度8

项。坚持全员一线、全力以赴、全面参与疫情防控、精准扶贫、文明城市创建等各项中心工作，在服务打好各项攻坚战中作出积极贡献，先后获得省级文明单位、党建工作先进、综治工作优胜、档案目标管理省特级等多项荣誉。

（撰稿人：吴　婷）

【潜江市审计局】 2020年，潜江市审计局实有69人。局长庞大美，副局长巴裕波、雷春林（2月—）、张华（2月—），总审计师徐江红，工会主席孙芳（9月—）。设有办公室、综合科、人事教育科、法规审理科、电子数据审计科、财政金融审计科；下设经济责任审计分局、投资审计分局、审计一分局、审计二分局、审计三分局、自然资源资产审计分局、项目稽查办等事业单位。

审计成果 2020年，潜江市审计局共完成审计项目41个，其中审计36个、专项审计调查5个。查出主要问题金额546982万元，其中违规金额452万元、管理不规范金额546530万元；审计发现非金额计量问题83个；损益（收支）不实金额2499万元；审计期间整改金额35555万元；出具审计报告和专项审计调查报告72篇。审计处理处罚金额30772万元，其中应上缴财政30330万元、应归还原渠道资金12万元、应缴纳其他资金12万元、应调账处理金额418万元；移送司法机关、纪检监察机关和有关部门处理事项15件，移送处理人员15人，移送处理金额1066万元。审计促进整改落实有关问题资金30772万元；审计促进拨付资金到位4646万元；核减投资额3000万元；移送处理落实事项7件，移送处理落实人员5人。审计提出建议130条，被采纳130条；提交审计信息88篇，被批示、采用46篇次。向社会公告审计结果1篇。

潜江市审计局撰写的《大数据审计让“蛀虫”无处遁形——在高校经济责任审计中的应用典型案例》被湖北省审计厅评为全省大数据审计创新案例三等奖；潜江市审计局被湖北省审计厅评为全省审计综合工作先进单位、全省审计计划统计工作先进单位。

政策落实情况跟踪审计 组织开展疫情防控、复工复产、扶贫资金、清理拖欠民营企业和中小企业欠款等政策措施落实情况审计，促进各项政策措施落实。

财政审计 组织对2019年度市本级预算执行进行审计和部门预算审计全覆盖。通过审计，提出加强预算编制管理，提高财政管理水平和资金使用绩效等审计建议。审计结果已于2020年9月经潜江市八届人大常委会第三十一次会议审议通过。

疫情防控资金和捐赠款物专项审计 组织对潜江市卫生和健康委员会等5个部门单位、潜江市中心医院等8家定点医疗机构和23个区镇处及其辖区内镇处卫生院疫情防控资金来源和支出情况进行审计。

经济责任审计和自然资源资产审计 组织对30个部门（单位）的37名党政领导干部进行任期（离任）经济责任审计，有效促进领导干部依法行政。组织对5个区镇处和部门领导干部自然资源资产审计，根据审计结果依法界定领导干部应当承担的责任，推动建立生态环境损害责任终身追究制，促进生态文明建设。

固定资产投资审计 组织对3个政府投资审计项目进行审计，审减工程造价3000万元。

专项资金审计 按照湖北省审计厅统一安排，开展仙桃市高标准农田建设情况审计、潜江市脱贫攻坚政策落实和扶贫项目资金管理审计、潜江市汇桥投资担保有限公司政府性融资担保公司经营管理情况审计。

交办任务 抽调30余人次参加巡察和各类专项检查，完成市委市政府及相关部门交办、委托审计事项291件。

（撰稿人：汪海滨）

【天门市审计局】 2020年，天门市审计局实有45人。局长刘水平（—11月）、吴志兵（11月—），副局长陈爱红、段茂顺、蒋雄才，总审计师林茂国。设有办公室、电子数据审计科、法规审理科、财政金融审计科、行政事业经贸审计科、农业农村审计科、社会保障审计科；下设经济责任审计局、投资审计中心等二级单位。

审计成果 2020年，天门市审计局共完成审计项目30个。查出主要问题金额140013万元，其中违规金额464万元、损失浪费金额6179万元、管理不规范金额133369万元；审计发现非金额计量问题19个；损益（收支）不实金额2960万元；审计发现侵害人民群众利益78万元；

出具审计报告 40 篇。审计处理处罚金额 466 万元，其中应上缴财政 72 万元、应归还原渠道资金 214 万元、应调账处理金额 180 万元。审计促进整改落实有关问题金额 466 万元；审计促进拨付资金到位 314 万元；核减投资额 7530 万元。审计提出建议并被采纳 102 条；推动被审计单位制定整改措施 168 项；提交审计信息 11 篇，被批示、采用 7 篇次。

政策落实情况跟踪审计 按照省审计厅的安排，组织对天门市重大政策措施落实情况进行跟踪审计。重点关注财政资金提质增效、政府债券资金管理使用、扶贫政策落实和资金使用、自然资源和环保政策执行情况，进一步掌握乡村振兴政策、减税降费政策、重大项目推进实施等落实情况，揭示政策落实过程中的困难、问题和风险隐患，提出切实可行的审计建议，保障各项政策稳步落实。

财政审计 以促进积极财政政策落实，提高财政资金使用绩效为目标，组织对天门市 2019 年本级财政预算执行及其他财政收支情况进行审计，重点关注预算编制执行、转移支付资金分配、专项资金绩效、非税收入和涉企收费情况。审计查出预算编制、就业补助等方面的问题 15 个，督促有关单位追回资金 2.85 万元。组织对 60 个预算单位开展市直部门预算全覆盖审计，重点延伸人社局、经信局等 9 个单位，关注市直部门预算编制、财政财务收支、部门绩效管理和“三公”经费支出等情况，查出部分单位预算执行率偏低、滞留应缴财政收入、未履行政府采购等 6 类问题，提出科学编制部门预算、加强非税收入和专项资金管理等审计建议。

三大攻坚战审计 以助力打赢脱贫攻坚战，实现全面小康为目标，组织对天门市 2020 年扶贫资金进行审计，重点关注精准扶贫政策措施落实、扶贫资金管理使用、扶贫项目绩效以及特殊群体脱贫保障等情况，查出教育扶贫健康等扶贫政策落实不到位、超范围使用扶贫资金、资金闲置等问题 11 个，督促有关部门补发 11.1 万元的“雨露计划”补助，为 68 名困难残疾人和 46 名重度残疾人发放困难残疾人生活补贴和重度残疾人护理补贴；追回和归还原渠道资金 51.43 万元；促进扶贫资金拨付到位 6042.56 万元。组织对市生态环境局、皂市镇领导干部自然资源资产管理情况进行审计。查出多家医药企业超标排放污染物、2 个饮用水保护区内存在污染水体活动、多个饮用水源地水质不达标等问题，提出加强水质动态监测、取缔不合规入河排污口、严厉打击乱排污等破坏水生态行为的审计意见与建议。

疫情防控资金和捐赠款物专项审计 按照审计署办公厅《关于印发应对新冠肺炎疫情防控资金和捐赠款物专项审计工作方案的通知》要求，对天门市疫情防控资金和捐赠款物开展专项审计。审计重点关注捐赠资金收入使用情况和捐赠物资接收使用情况，审计查出捐赠物资入库不规范、台账不完善等问题，提出加强捐赠物资管理、尽快拨付物资等审计建议。

民生审计 组织对天门市医疗保险政策制度落实和基金筹集管理使用情况进行审计。审计关注医疗保险基金筹集、支出和医疗保障政策执行、制度运行等方面，揭示揭露居民医保基金管理结算、基金收支平衡、定点医疗机构合作管理等方面存在的问题，提出增强风险防范意识，加强基金运行分析等审计建议。

经济责任审计 对天门市多宝镇、卫健委等 11 个单位部门党政领导干部和主要负责人任期履行经济责任情况进行审计，其中党委政府经济责任审计 6 个、政府工作部门经济责任审计 2 个、事业单位经济责任审计 1 个、人民团体经济责任审计 1 个、国有企业经济责任审计 1 个。审计查出主要问题金额 122967 万元，其中违规金额 443 万元、损失浪费金额 303 万元、管理不规范金额 122220 万元、侵害人民群众利益 78 万元。出具审计报告和审计结果报告 21 篇；审计提出建议并被采纳 42 条。

固定资产投资审计 以促进提高资金安全性和效益性，完善政府投资融资体制为目标，组织对市第一人民医院门急诊大楼、陆羽养老服务中心一期工程、友谊安置小区二期工程、岳口污水处理厂改造提标二期工程进行审计，项目送审金额 6.092 亿元，审计核减造价 0.75 亿元。

信息化建设 以全年共采集数据 410.25GB，标准化数据 52.79GB。在预算执行、扶贫资金、医保基金等审计项目中对结构化和非结构化数据进行建模分析，形成32类疑点8129条，查出死亡人员领取扶贫资金、重复领取危房改造资金等问题，涉及金额22.76万元。大数据案例《文本分类合并程序的设计与实现》获得全省审计机关大数据审计创新案例评选三等奖。

相关工作 紧扣新时代党建工作总体要求，切实履行党建“第一责任人”责任，完善党组中心组、党支部、党小组和个人自学“四级联动”学习机制，创新推行支部主题党日＋廉政党课＋红色教育＋公益活动＋精准扶贫＋建言献策等方式，保证党建工作的常态化、多样化。紧密联系“不忘初心、牢记使命”主题教育与审计业务，在扎实开展主题教育的同时，针对当前审计工作发展的难点热点，深入审计一线、扶贫一线进行实地调查研究，推动审计工作务实向前发展。制订年度党风廉政建设工作方案、党风廉政建设责任清单，配套完善《审计组临时党支部书记述职述廉制度》《党风廉政建设风险研判制度》等，以全面细致的制度规定推进“一岗双责”的落实。通过线上学习宣传、上廉政党课、重温入党誓词、观看警示教育片、开办廉政期刊、开展家庭助廉活动等，筑牢审计干部廉洁守法防线，严格执行审前警示谈话制度、审中巡察制度和审后回访制度，对审计人员廉洁从审行为实行全方位管控。

（撰稿人：周　兰）

【神农架林区审计局】 2020年，神农架林区审计局实有31人。局长刘忠君，副局长刘运生、王栋梁，总审计师祝正罡。设有办公室、法规审理科、财政审计科、行政事业审计科、农业农村审计科；下设领导干部经济责任与自然资源审计中心、政府投资审计中心、内部审计指导中心、电子数据审计中心等事业单位。

审计成果 2020年，神农架林区审计局完成审计项目34个。查出各类违规及管理不规范金额265540万元。审计投资额54780万元，审减工程造价3305万元。审计提出建议89条；督促被审计单位制定整改措施40余项，出具审计报告、审计调查报告及审计情况专报35篇。移送问题线索4件，移送审计事项4件。完成审计宣传信息29篇，其中审计署采用3篇，省审计厅采用19篇，区级采用7篇。

政策落实情况跟踪审计 开展保障性安居工程、大九湖卫生院财务收支及债务等7个专项审计和林区企业复工复产情况1个专项审计调查。采取上缴国库、追回资金、统筹盘活、调账等，整改问题金额5349万元。

财政审计 财政审计专项资金总额288961万元，审计查出主要问题金额264463万元。完成林区区本级财政预算执行和63个一级预算部门预算执行审计。通过多部门联动，相关部门、单位和乡镇采取上缴国库、归还原资金渠道、统筹盘活、调账等，整改问题金额19307万元。

民生审计 坚持把保障和改善民生作为审计监督的重要着力点，围绕污染防治开展宋洛乡自然资源资产管理和生态环境保护审计；围绕脱贫攻坚，开展扶贫政策落实及资金管理使用情况审计。

经济责任审计 完成领导干部离任经济责任审计项目15个，查出各类违规及管理不规范金额106950万元，审计提出意见建议40余条。

固定资产投资审计 完成易地扶贫搬迁、松柏污水处理厂、松阳线等政府投资审计项目3个，送审金额58788万元，审减4536万元，审减率7.7%，每个项目都对政府债务情况同时进行审计。

相关工作 2020年，被湖北省审计厅授予“2020年度全省审计计划统计工作先进单位”“2020年度全省审计信息宣传工作先进单位”等称号。2人分别被评为湖北省审计系统2020年度全省审计计划统计先进工作者和湖北省审计系统2020年度全省审计信息宣传先进工作者。

（撰稿人：王丹丹）

2020年湖北省所辖县(市、区)级审计工作统计表

审计机关	完成审计项目/个	审计查出主要问题金额/万元	审计发现非金额计量问题/个	审计期间整改金额/万元	出具审计报告和审计调查报告/篇	审计处理情况		审计促进整改落实有关问题资金/万元	审计提出建议/条	提交审计信息/篇
						审计处理处罚金额/万元	移送处理事项/件			
武汉市										
武汉市本级	88	7308344	755	94204	93	776708	124	661913	267	260
江岸区审计局	27	23646	43	2838	35	15610		15610	102	137
江汉区审计局	19	227692	76	5223	28	16661	9	16266	66	58
硚口区审计局	22	257264	46		31	1778	8	1778	64	29
汉阳区审计局	28	364517	48	15948	46	919			86	26
武昌区审计局	29	233596	64	12	42	4013		4013	101	20
青山区审计局	19	418322	66	35	29	148039	6	148002	55	30
洪山区审计局	20	146418	47	1339	25	7187	5	7187	68	68
东西湖区审计局	19	295439	81	14708	28		10		80	22
汉南区审计局	28	340101	85	253	42			340079	92	68
蔡甸区审计局	27	92293	160	7	35	674	3		89	173
江夏区审计局	25	485390	154	49	23	485	3	48	82	59
黄陂区审计局	22	248997	68	308	30	735	5	660	72	65
新洲区审计局	19	213077	39	82	27	6013	2	5477	62	42
黄石市										
黄石市本级	42	495275	215		61	33866	16	2734	122	302
黄石港区审计局	16	6814	35		22	2048		2029	33	49
西塞山区审计局	9	4180	28		10	231		224	31	26
下陆区审计局	25	3644	32		33	964		661	62	44
铁山区审计局	16	85834	36		24	2471	1	2471	37	35
大冶市审计局	27	148039	215		44	1100	2	82	88	100
阳新县审计局	18	50512	63		25	21619	2	20197	49	114
十堰市										
十堰市本级	107	401171	185	2759	149	33531	9	1297	307	67
茅箭区审计局	9	36558	3		14				14	
张湾区审计局	9	92768	15	1539	14	102077		250	71	1
郧阳区审计局	11	73640	2		15	26723	1	22379	32	35
丹江口市审计局	14	16010	23	36	19	32		32	37	18
郧西县审计局	16	7943	18	3492	22	2989	1	534	56	13
竹山县审计局	21	87380	38	87	28	13310		225	58	16
竹溪县审计局	30	45813	37	191	40	24011		117	80	61

（续表）

审计机关	完成审计项目/个	审计查出主要问题金额/万元	审计发现非金额计量问题/个	审计期间整改金额/万元	出具审计报告和审计调查报告/篇	审计处理情况		审计促进整改落实有关问题资金/万元	审计提出建议/条	提交审计信息/篇
						审计处理处罚金额/万元	移送处理事项/件			
房县审计局	28	15775	18	163	30	299	9	25	55	37
武当山特区审计局	7	13362	12	347	10	640		170	42	
宜昌市										
宜昌市本级	75	728929	161	108	86	112528	5	72948	192	283
西陵区审计局	17	23979			25	23979		22197	56	95
伍家岗区审计局	12	18641	42		15	479	2	420	38	55
点军区审计局	14	103090	34		17	44570		23993	38	26
猇亭区审计局	19	5607	13	5607	24			5607	41	149
夷陵区审计局	16	86138	70	935	22	5504		3312	39	44
宜都市审计局	14	88008	17	649	17	8786	1	8744	52	227
当阳市审计局	19	64860	54	286	22	25403	17	2318	90	66
枝江市审计局	15	271091	46		21	160561	3	154690	45	74
远安县审计局	16	54196	83	30	23	53332		53332	54	239
兴山县审计局	18	23723	24	1487	24	1857		1663	59	80
秭归县审计局	20	25149	17	609	26	2173	1	938	93	110
长阳土家族自治县审计局	33	172208	14	3	36	9089	1	9089	74	63
五峰土家族自治县审计局	24	69862	10	52	34	62245	6	60441	57	94
襄阳市										
襄阳市本级	57	1119396	255	27960	59	252533	36	101628	185	382
襄城区审计局	13	67251	32	5068	16	6945	1		52	70
樊城区审计局	14	154163	28	24693	17	22335	2	10555	46	74
襄州区审计局	34	169565	76	65	49	13976	9	11109	88	69
老河口市审计局	44	52999	47	855	44	13324	2	8112	110	78
枣阳市审计局	9	38687	38	79	12	23099		2	26	51
宜城市审计局	18	94498	27	3	27	2189	2	1139	53	65
南漳县审计局	29	101122	53	21	37	40155		65	55	86
谷城县审计局	15	17885	6	82	15	1952		1955	38	52
保康县审计局	15	65950	19		23	54401		52279	41	73
鄂州市										
鄂州市本级	35	478450	156		45	474973	1	91	112	310
梁子湖区审计局	5	15270	6	9425	5		1	5840	17	5
华容区审计局	8	95723	10		13	81879		40	24	18

（续表）

审计机关	完成审计项目/个	审计查出主要问题金额/万元	审计发现非金额计量问题/个	审计期间整改金额/万元	出具审计报告和审计调查报告/篇	审计处理情况		审计促进整改落实有关问题资金/万元	审计提出建议/条	提交审计信息/篇
						审计处理处罚金额/万元	移送处理事项/件			
鄂城区审计局	6	35348	15		9	35348		28	17	15
荆门市										
荆门市本级	74	540781	270	274	74	199064	13	199064	213	125
东宝区审计局	24	12463	26		34	3255	6	3255	61	378
掇刀区审计局	34	35513	28	103	34	683		484	45	15
钟祥市审计局	44	14	53		49	2		18	98	119
京山市审计局	16	116799	10	50	18	21853		21853	30	140
沙洋县审计局	27	543968	32		28	8509	5	8509	67	129
孝感市										
孝感市本级	39	88281	102	908	50	39609	6	39860	111	220
孝南区审计局	20	111176	13		29	6794		6794	31	40
应城市审计局	34	34758	23	5313	46	2059	6	848	104	77
安陆市审计局	19	55804	25	9	24	1901		1226	44	79
汉川市审计局	18	34276	25	93	25	2972		2908	48	105
孝昌县审计局	43	6627	16		58	4698	4	4684	145	164
大悟县审计局	21	72474	29	728	27	2864	1	2864	62	46
云梦县审计局	42	29251	30	4	51	6672		601	138	211
荆州市										
荆州市本级	37	237321	119	297	48	127311	31	32283	152	171
沙市区审计局	14	46281	10		24	251			31	51
荆州区审计局	15	3406	20		17	3381	1	3282	81	39
石首市审计局	35	22776	60	4	46	14681	4	5	105	51
洪湖市审计局	19	86602	25	1649	25	1961		1649	53	27
松滋市审计局	11	223529	14		18	792		21	40	42
监利市审计局	18	50821	107	343	22	1615			57	31
公安县审计局	19	50118	33		25	17	1	13	51	29
江陵县审计局	20	38071	62	889	24	344	4	342	73	24
黄冈市										
黄冈市本级	113	221647	67	13841	122	76797	4	15879	196	109
黄州区审计局	32	7826	8	56	30	7826		56	34	125
麻城市审计局	23	261087	47	11	37	253767	3	2168	91	154
武穴市审计局	39	17694	36	2	13	22	2	2	32	22
团风县审计局	37	994	16	864	35	994	1	864	84	107

（续表）

审计机关	完成审计项目/个	审计查出主要问题金额/万元	审计发现非金额计量问题/个	审计期间整改金额/万元	出具审计报告和审计调查报告/篇	审计处理情况		审计促进整改落实有关问题资金/万元	审计提出建议/条	提交审计信息/篇
						审计处理处罚金额/万元	移送处理事项/件			
红安县审计局	53	15287	84	302	87	15288	2	595	246	165
罗田县审计局	22	105582	9	126	5	104997		126	30	14
英山县审计局	24	43087	2	49	22	49	1	49	23	18
浠水县审计局	36	36175	51	2160	54	2134		2160	195	156
蕲春县审计局	40	9241	9	34	13	121	1	34	63	23
黄梅县审计局	41	190380	33	441	68	500	4	441	97	66
咸宁市										
咸宁市本级	70	157065	180	25489	94	20375	24	7740	244	237
咸安区审计局	14	4791	24		15	4791		4791	49	44
赤壁市审计局	26	46447	23	1002	32	12	3	12	108	61
嘉鱼县审计局	14	73115	9	12	23	73103		23514	54	66
通城县审计局	15	46168	24		16	16337	3	14060	52	87
崇阳县审计局	17	50405	23		22	7837	3	3623	52	169
通山县审计局	28	29156	49		38	3626	7	3541	72	180
随州市										
随州市本级	43	389865	104	2034	43	290013	5	33460	103	139
曾都区审计局	32	162611	127	15	32	1	7	54451	137	51
广水市审计局	23	368649	39	480	31	1233	2	770	43	42
随县审计局	30	41423	44	2713	30	2398	3	14207	96	28
恩施土家族苗族自治州										
恩施土家族苗族自治州本级	20	138611	63	22131	29	26284	2	4025	50	31
恩施市审计局	12	167073	86	753	15	1679			39	54
利川市审计局	10	34778	32	19	13	5547	6	5225	34	62
建始县审计局	6	220	13	220	8			9223	23	29
巴东县审计局	17	24093	36	5570	19	50		50	43	79
宣恩县审计局	26	13664	60	9884	33	446	3	446	74	36
咸丰县审计局	12	100174	58	351	18	3811		85	54	17
来凤县审计局	16	70734	40	10725	21	318	9	40	45	13
鹤峰县审计局	10	5628	23	1225	14	83	1	54	27	33
省直辖										
仙桃市审计局	27	193966	186	10834	36	165197	5	110450	88	11

（续表）

审计机关	完成审计项目/个	审计查出主要问题金额/万元	审计发现非金额计量问题/个	审计期间整改金额/万元	出具审计报告和审计调查报告/篇	审计处理情况		审计促进整改落实有关问题资金/万元	审计提出建议/条	提交审计信息/篇
						审计处理处罚金额/万元	移送处理事项/件			
潜江市审计局	41	546982	83	35555	72	30772	15	30772	130	88
天门市审计局	30	140013	19	194	40	466		466	102	11
神农架林区审计局	34	265540	62		35	1746	4	1746	89	39

湖南省

【湖南省审计厅】 2020 年，湖南省审计厅实有 297 人。设有省委审计委员会办公室秘书处、办公室、法规处、审理处、电子数据审计处、财政审计一处、财政审计二处、财政审计三处、行政事业审计一处、行政事业审计二处、行政事业审计三处、农业农村审计处、固定资产投资审计一处、固定资产投资审计二处、社会保障审计处、自然资源和生态环境审计处、金融审计处、企业审计一处、企业审计二处、企业审计三处、企业审计四处、企业审计五处、涉外审计处、经济责任审计一处、经济责任审计二处、经济责任审计三处、经济责任审计四处、政策跟踪审计处、重大项目审计处、计划统计处、审计执行处、人事处、机关党委、离退休人员管理服务处；下设机关后勤服务中心、内部审计指导中心、国外贷援款项目审计服务中心、省审计科研培训所、省审计技术中心等事业单位。

领导成员

厅　　长：胡章胜

副 厅 长：王小华　陈庆林

李丙力（3 月—）

谢　军　李全胜（—5 月）

段培安（9 月—）

总审计师：段培安（—9 月）

省经济责任联席办公室专职副主任：

傅向明（—6 月）　周　伟（6 月—）

审计成果 2020 年，湖南省审计机关共完成审计项目 4909 个，其中审计 4690 个、专项审计调查 219 个。查出主要问题金额 61278123 万元，其中违规金额 2236284 万元、损失浪费金额 67208 万元、管理不规范金额 58974630 万元；审计发现非金额计量问题 15646 个；损益（收支）不实金额 3607177 万元；审计发现侵害人民群众利益 110415 万元；出具审计报告和专项审计调查报告 6984 篇，被批示、采用 215 篇次。审计处理处罚金额 10480134 万元，其中应上缴财政 1844271 万元、应减少财政拨款或补贴 863887 万元、应归还原渠道资金 1658707 万元、应缴纳其他资金 130055 万元、应调账处理金额 5983211 万元；移送司法机关、纪检监察机关和有关部门处理事项 595 件，移送处理人员 591 人，移送处理金额 191378 万元。审计促进整改落实有关问题资金 3899123 万元；审计促进拨付资金到位 806792 万元；审计后挽回（避免）损失 936582 万元；核减投资额 873217 万元；移送处理落实事项 38 件。审计提出建议 10748 条，被采纳 10312 条；推动被审计单位制定整改措施 48 项；促进被审计单位建立健全规章制度 88 项；提交审计信息 2506 篇，被批示、采用 1550 篇次。向社会公告审计结果 485 篇。

常德市审计局实施的常德市某公司资产负债损益审计项目被审计署评为 2019 年度全国市级审计机关优秀审计项目一等奖；临武县审计局实施的临武县 2017 年扶贫专项审计项目被审计署评为 2019 年度全国县级审计机关优秀审计项目二等奖。湖南省审计厅自然资源和生态环境审计处被中央审计委员会办公室、人力资源和社会保障部、审计署评为全国审计机关先进集体。

政策落实情况跟踪审计 密切关注“六稳”“六保”等重大政策措施落实情况，促进相关政策措施落地生根、发挥实效。组织全省审计机关，开展减税降费、就业优先、复工复产、清理拖欠民营企业中小企业账款、根治拖欠农民工工资等政策措施的跟踪审计，抽查1503家单位，推动清理收回、加快拨付或清偿欠款、退还税费等4.4亿多元。开展新增财政资金直达市县基层直接惠企利民专项审计，坚持边审计边督促整改，促进加快资金拨付、重新分配和清理回收资金48.7亿元，其中湖南省审计厅直接实施14个市州本级和52个县市区的审计。

财政审计 围绕提高财政资金使用绩效加强财政审计。全省共对937个单位开展预算执行审计，查出未按规定纳入预算和滞留闲置资金435亿元。推动省委审计委员会出台《关于深入推进审计全覆盖的实施意见》。运用大数据审计方式，湖南省审计厅首次对省级109家一级预算单位实现审计全覆盖，对其中34个单位开展现场审计或重点核查。组织对17个市县开展财政决算审计，对3个市开展税收和非税收入征管审计。受省政府委托，湖南省审计厅向省人大常委会作审计工作报告和审计查出问题的整改报告，并依法向社会进行公告。审计整改成效显著，舆论反响良好。

三大攻坚战审计 围绕打赢脱贫攻坚战、推动绿色发展、防范化解风险等加强审计监督。湖南省审计厅出台《关于扎实做好脱贫攻坚决战决胜阶段扶贫审计工作的意见》，对全省脱贫攻坚总体情况开展审计调查，对25个扶贫工作重点县开展扶贫专项审计，对2016年以来扶贫审计发现的问题开展审计整改“回头看”。强化大数据和3S地理信息技术的开发应用，组织对33名地方党政领导干部开展自然资源资产离任（任中）审计，指导市县审计机关对130余名党政主要领导干部开展自然资源资产离任（任中）审计。组织对33个市县开展政府性债务审计，揭示部分市县债务总量控制不够严格、债务数据不够准确等6个方面问题，有针对性地提出审计建议。

疫情防控资金和捐赠款物专项审计 组织全省审计机关开展疫情防控资金和捐赠款物专项审计，重点关注财政专项资金、捐赠款物、重点保障企业贴息贷款的分配管理使用情况，揭示和反映资金拨付不及时、物资分配不规范等问题，通过及时督促问题整改，促进加快分配下拨专项资金1.72亿元，收回资金归还原渠道450.81万元，促进及时发放使用物资41.72万件，建立健全疫情防控资金管理、物资采购、捐赠资金使用等方面制度31项，为遏制疫情蔓延势头、打赢疫情防控阻击战提供有力审计监督保障。

民生审计 组织开展基本养老保险基金和医疗保险基金审计，在全面摸清基金收支及参保情况的基础上，揭示和反映基金筹集使用管理和相关政策制度执行中的突出问题和风险隐患，促进社会保险基金高效运行，为实现民生改善与经济发展良性循环提供保障。组织开展保障性安居工程资金投入和使用绩效审计，反映资金分配使用不规范、公租房运营管理不合规等问题，通过督促问题整改，确保住房困难群众应保尽保，推动相关民生政策精准落实。

经济责任审计 全省审计机关共对1425名领导干部开展经济责任审计，查出负直接责任问题金额近10亿元。省本级重点组织对38个单位的65名领导干部实施经济责任审计，分板块分别出具审计情况专报，由省领导批示给有关地方和部门进行整改，促进权力规范运行和反腐倡廉。其中，17个市县党政主要领导干部经济责任审计项目以融合的方式同步实施自然资源资产离任（任中）审计，以嵌入方式实施扶贫、政府性债务和财政决算3个专项审计。探索和完善审计评价体系，对被审计领导干部作出不同评价，纳入领导干部政治建设考察内容。

固定资产投资审计 着眼规范政府投资行为，推动省委审计委员会出台《重大政府投资建设项目审计监督实施办法》。全省共对1776个政府投资项目开展审计，核减投资87亿元。湖南省审计厅对9条高速公路开展竣工决算审计，对部分政府投资超概算10%的项目开展调概审计，对长沙黄花机场改扩建工程、全省易地扶贫搬迁、湖南省对口援疆项目等开展跟踪审计，促进节约建设资金，提高投资管理综合效益。

外资运用审计 对世界银行贷款可持续发展农业项目等9个国外贷援款项目2019年度的执

行情况和财务收支进行审计，对上述9个项目及亚洲开发银行贷款农业综合开发长江绿色生态廊道项目的有关信息管理情况进行审计。9个国外贷援款项目的审计报告指出问题金额2530.2万元，发现非金额计量问题38个；有关信息管理审计情况报告指出非金额计量问题6个。通过督促整改，促进项目的落地并加快项目的建设进程，保证资金的合法、合规使用，提高项目管理水平，促进项目顺利实施。

信息化建设 省审计厅全力推进审计信息化建设，召开全省大数据审计和审计全覆盖推进会，加大数据采集与分析力度，采集省市县三级近1.6万家单位的电子数据，协助省纪委监委对全省2017年至2019年的工程建设项目招标投标数据进行采集和分析，发现违规违法问题线索2929条，查实934条。加快推进金审工程三期建设，完成建设方案国产化调整工作，组织相关人员编制项目部署实施方案。

审计科研 组织开展全省课题研究，推进科研与实践的深度融合。完成中国审计学会2020年度合作课题《审计项目审计组织方式统筹管理研究》和省审计学会重点课题《高素质专业化审计人才队伍建设研究》相关研究工作，并如期结项。组织全省22个招标立项课题单位围绕年初框定的选题开展审计理论研究，形成一批有价值的审计理论研究成果。全年编辑出版6期《审计观察》杂志，选取部分热点问题和重点理论课题作为重点栏目，推出有较高水平的理论研究成果、重点评论文章和焦点报道。

内部审计 湖南省审计厅完成3个内部审计项目。积极推进《湖南省内部审计办法》修订，印发《湖南省2020年度内部审计工作指导意见》。围绕主责主业，建立内部审计与厅机关业务部门协作机制；指导监督14家单位建立健全内部审计体制机制；开展座谈交流协同推进民营企业和国有企业内部审计工作；指导监督省内部审计师协会开展内部审计优秀项目、论文的征集评审，组织4期培训。两篇论文获评审计署办公厅内部审计课题优秀等次。编发《湖南内部审计》信息4期、《内部审计相关法律法规及准则》、《2019年湖南省内部审计理论研讨论文集》。

相关工作 加强党的政治建设，持续巩固深化“不忘初心、牢记使命”主题教育成果，湖南省审计厅被确定为全省党建工作示范点。加强审计能力建设，通过集中培训、网络培训、送教上门等，累计培训3700多人次，审计人员的业务能力进一步提升。加强党风廉政建设，大力整治形式主义官僚主义，着力纠“四风”树新风，将全省审计机关纳入全省“互联网＋监督”平台公务用餐监督子系统，建立一级抓一级、层层抓落实的党风廉政责任体系，审计人员的纪律意识进一步增强。加强文明创建工作，全省143个审计机关有126个被评为县级以上文明单位，其中全国文明单位10个，湖南省审计厅连续四届保持“全国文明单位”荣誉称号，连续11年获评全省绩效管理先进单位。

（撰稿人：赵文曙）

【长沙市审计局】 2020年，长沙市审计局实有115人。党组书记李伟群，局长陈剑文，副局长关士麟（4月—）、曹旨、肖汉，总审计师关士麟（—4月）、肖国松（7月—），工会主席钟宏杰（—4月），市经济责任审计工作联席会议办公室专职副主任曾延（4月—）。设有办公室、法规审理处等26个处室（局、中心）；另设有中共长沙市委审计委员会办公室秘书处。

审计成果 2020年，长沙市审计机关完成审计项目260个。查出违规金额32.95亿元。其中，市本级完成审计项目71个，审计整改金额29.28亿元；审计挽回（避免）损失4.77亿元；移送案件线索48件。提交审计信息被省级以上媒体采用或市级以上领导批示115篇。向社会公告审计结果45篇。

长沙市审计局实施的长沙市财政局具体组织2018年度市本级预算执行及决算草案编制情况审计项目被评为审计署优秀审计项目，该项目与另一项目被评为湖南省审计厅优秀审计项目。长沙市开福区审计局、浏阳市审计局、宁乡市审计局各有1个项目被评为湖南省审计厅优秀审计项目。

政策落实情况跟踪审计 分季度对9个县市区开展重大政策落实情况跟踪审计，督促相关单位清欠48个项目民营中小企业账款8868.88万元、发放或拨付就业补贴等惠民资金6681.61万元。开展新增财政资金直达市县基层直接惠企利民情况专项审计，审计直达资金13.13亿元，揭示3.78亿元未及时分配、1.59亿元未及时拨付使用等问题，推动拨付资金1.25亿元。

财政审计 采取“1+10+N”的预算执行审计模式，对市本级和湘江新区等10个部门单位重点审计，通过大数据审计方式对其他96个一级预算单位进行审计全覆盖，审计挽回（避免）损失7155.31万元，上缴财政资金4.34亿元，促进盘活存量资金4.22亿元。重点开展市本级化债情况专项审计，揭示大量新增债券资金结存在项目单位、部分区县欠缴轨道交通项目资本金等问题，及时预警债务风险。

疫情防控资金和捐赠款物专项审计 开展疫情防控专项审计，挽回（避免）损失1265万元，督促有关部门协调减免普惠性幼儿园疫情期间租金170余万元。

民生审计 对“一卡通”惠农补贴资金、住房公积金、就业补助资金、“一圈两场三道”建设开展专项审计，督促相关单位加快发放惠农补贴资金1.03亿元、追回违规发放公积金贷款资金1386.3万元、收回违规发放民生项目奖补资金691.5万元。对4个县市区开展扶贫专项审计，督促收回超额拨付及闲置扶贫资金101.07万元，督促拨付贫困户特殊病种门诊医疗救助102.61万元。

经济责任审计 对13家单位的17名县处级领导干部开展经济责任审计，移送案件线索6件，上缴财政资金657.95万元，促进领导干部依法履职尽责。

固定资产投资审计 对长沙汽车南站综合交通枢纽等8个政府投资项目开展阶段性跟踪审计，查出问题149个，审计后挽回（避免）损失2061.79万元。

资源环保审计 对“一江六河”水利建设、绿心地区生态环境保护、城市黑臭水体治理开展专项审计，促进拨付浏阳河流域治理资金8468.82万元，督促相关单位收回专项资金400万元。完成省审计厅交办的资兴市自然资源资产离任（任中）审计，揭示3.6亿元中央资源枯竭型城市转移支付资金投向不符要求等突出问题。

企业审计 对长沙房产（集团）有限公司等6家国有企业开展审计，审计后挽回（避免）损失1126.74万元，促进国有资产保值增值。对宁乡经济技术开发区等5个省级以上园区开展专项审计，促进园区规范运营、持续发展。

（撰稿人：刘哲君）

【株洲市审计局】 2020年，株洲市审计局实有70人。局长刘方，副局长李子善、王小琴（—11月）、颜梦香，市经济责任审计办主任刘运华，总审计师龚军军，市投资审计中心主任李荣贵。设有办公室、人事科等19个科室；下设株洲市投资审计中心。

审计成果 2020年，株洲市审计机关共完成审计项目200个。查出主要问题金额2115269万元；审计发现非金额计量问题958个；出具审计报告及专项调查报告325篇。审计处理处罚金额523783万元；移送司法机关、纪检监察机关和有关部门处理事项42件。审计促进整改落实有关问题资金275608万元；审计促进拨付资金到位58178万元；审计后挽回（避免）损失51105万元。

株洲市天元区审计局实施的天元区社会保险中心社保基金收支情况专项审计、株洲市审计局实施的临武县党政主要领导自然资源资产离任（任中）审计等6个审计项目被评为湖南省审计厅优秀审计项目。

政策落实情况跟踪审计 实施6个县市区重大政策措施落实情况跟踪审计以及疫情防控资金和捐赠款物、企业复工复产、优化营商环境、招标投标政策执行、征地拆迁政策执行等专项审计调查，有力推动相关政策措施的落地落实。

财政审计 实施市本级财政预算执行审计和7个财政专项资金绩效审计，并运用大数据审计方式实现87家一级预算单位审计全覆盖，研究出台专项资金绩效审计评价办法。

三大攻坚战审计 围绕推进“151”化债机制落实和园片区转型发展，实施3家市属国有企业以及新芦淞、高科、天易、湘江新区的审计调查。结合领导干部经济责任审计，完成桃江县委书记、县长和株洲经济开发区主要领导干部自然资源资产审计。

民生审计 重点实施市本级殡葬政策落实情况、清理拖欠民营企业中小企业账款和农民工工资情况、防汛抗洪救灾资金情况审计等。其中，殡葬政策落实情况审计推动出台和完善相关制度办法7个，助推殡葬费用整体降低30%以上。

经济责任审计 对10个单位15名领导干部进行经济责任审计，共向纪监委和主管部门移送案件线索7件，提出审计整改意见和建议22条。完成桃江县委书记、县长经济责任审计，向省纪委监委及相关部门移送案件线索5件，追究相关单位和责任人员责任事项6个，提交的审计要情被省委书记和常务副省长分别作出重要批示。

固定资产投资审计 对湘江株洲城区河东段综合治理工程、洞株路等3个建设项目进行全过程审计，重点对投资绩效、工程款项和农民工工资支付情况开展监督。围绕中央、省投资重点项目的推进和管理情况实施稽查审计，研究编制投资绩效审计评价办法。

相关工作 印发《中共株洲市委审计委员会关于进一步加强审计整改工作的实施意见》，扎实推进审计整改，发现并督促整改各类违法违规问题370多个，推动出台和完善制度20多个，对相关单位进行通报批评4次，对相关人员进行诫勉谈话、批评教育等处理31人次。推动相关制度的改革完善，促进依法行政和治理能力提升。

（撰稿人：卢家婧）

【湘潭市审计局】 2020年，湘潭市审计局实有94人。局长蒋文龙（—4月）、彭建平（7月—），副局长何爱莲（5月—6月主持工作）、刘凤舞、罗百慧，工会主席石志刚，总审计师康海湘。设有市委审计委员会办公室秘书科、办公室等19个内设科室；下设市审计综合服务中心。

审计成果 2020年，湘潭市审计机关共完成审计项目346个，其中审计343个、专项审计调查3个。查出主要问题金额1517079万元，其中违规金额47743万元、损失浪费金额4003万元、管理不规范金额1465334万元；审计发现非金额计量问题727个；损益（收支）不实金额20473万元；出具审计报告和专项审计调查报告416篇，被批示、采用7篇次。审计处理处罚金额158756万元，其中应上缴财政58458万元、应减少财政拨款或补贴74135万元、应归还原渠道资金7165万元、应缴纳其他资金432万元、应调账处理金额18566万元；移送司法机关、纪检监察机关和有关部门处理事项27件，移送处理人员6人，移送处理金额4137万元。审计促进整改落实有关问题资金36862万元；审计促进拨付资金到位66万元；审计后挽回（避免）损失74071万元；核减投资额73998万元。审计提出建议525条，被采纳481条；推动被审计单位制定整改措施112项；提交审计信息57篇，被批示、采用49篇次。向社会公告审计结果3篇。

市本级实施的常宁市党政主要领导自然资源资产离任（任中）审计和医保基金管理、使用情况专项审计获评湖南省审计厅优秀审计项目一等奖。湘乡市审计局、韶山市审计局、雨湖区审计局各有1个项目获评湖南省审计厅优秀审计项目。

政策落实情况跟踪审计 全市统筹开展清理拖欠民营企业中小企业账款、根治拖欠农民工工资专项审计，市本级实施4个县市区政策跟踪审计、直达资金审计、就业优先政策落实情况专项审计等，促进国省重大政策措施落地生效。

财政审计 全市对市县两级财政、44个单位（部门）预算执行情况开展审计，查出主要问题金额788636万元。

民生审计 全市统筹实施社保基金、住房公积金、扶贫资金等重点民生资金和项目审计，查出主要问题金额158931万元。

经济责任审计 全市共审计领导干部79人，查出主要问题金额364771万元。

固定资产投资审计 全市共审计单位189个，涉及项目投资额380177万元，查出主要问题金额74067万元，核减投资额73998万元。

审计科研 市本级完成审计署重点科研课题《大数据审计“区块链”模式初构和实践探究》。

内部审计 市本级以市委审计委员会文件出台《关于加强内部审计指导监督工作的实施意见》，推动37家单位（部门）建立健全内部审计机构、配置内部审计人员。 （撰稿人：罗　浩）

【衡阳市审计局】 2020年，衡阳市审计局实有84人。党组书记、局长傅萍，党组副书记、副局长邱文，市纪委监委驻市人大机关纪监组组长周其钢，副局长李康杏，党组成员、副局长段小军，市经济责任审计工作联席会议办公室主任欧小英，市审计服务中心主任彭云生。设有办公室、行政科、组织人事科、财政审计一科、财政审计二科等24个科室；下设市审计服务中心。

审计成果 2020年，衡阳市审计机关共完成审计项目417个。查出违规金额32亿元、管理不规范金额173.26亿元。处理上缴财政金额19.45亿元、归还原渠道资金8.08亿元；向各级纪检监察机关和有关部门移送案件线索128件。向各级党委、政府报送审计要情、审计专报、综合性报告113篇，主要领导批示83次；推动建立健全各项制度116项。

衡阳县审计局实施的衡阳县2018年度本级预算执行和其他财政财务收支情况审计被评为审计署优秀审计项目一等奖。全市共有6个项目被评为湖南省审计厅优秀审计项目，其中市审计局有3个项目获奖。

政策落实情况跟踪审计 市审计局对衡南县、祁东县、南岳区、蒸湘区开展重大政策措施落实情况跟踪审计，促进惠企资金及时到位，规范涉企收费行为2184万元。

财政审计 市审计局对市财政局、市农业农村局、市总工会等8家单位2019年度预算执行和其他财政收支情况进行审计。通过整改，已清缴入库资金10.78亿元，及时拨付资金3925.56万元，收回或调整往来账务944.46万元。

疫情防控资金和捐赠款物专项审计 全市审计机关对全市疫情防控资金和捐赠款物开展专项审计。促进财政专项资金及时下拨770.43万元；促进社会捐赠资金及时拨付474.17万元。

民生审计 全市审计机关对农村环境整治专项资金开展审计，市审计局对市本级医疗保险基金、教育费附加专项资金、城市建设资金等项目开展审计。

经济责任审计 市审计局首次对县市区纪检监察系统、组织部主要负责人开展任期经济责任审计。根据省审计厅统一安排，对娄底市双峰县党政主要领导干部经济责任和自然资源离任（任中）情况进行审计。

固定资产投资审计 全市审计机关对285个政府投资项目开展审计，核减投资额1.13亿元。

信息化建设 市审计局开展全市市直单位信息系统专项调查，摸清全市各单位信息系统运行情况。利用数字化分析平台开展大数据审计，实现对一级预算单位审计全覆盖。

相关工作 编制《衡阳市领导干部履行经济责任口袋书》，有效预防和减少领导干部在履行经济责任职责中“触红线、触底线”现象，在全省进行推介。

（撰稿人：赵梦祥）

【邵阳市审计局】 2020年，邵阳市审计局实有70人。局长申建伟，副局长李伯升、刘喆、袁连文、宇向东，总审计师朱良华，原工会主席罗冠军，市领导干部经济责任审计工作联席会议办公室主任刘瑞华。设有办公室、财政审计科等17个科室；下设市基本建设投资审计中心、内部审计管理中心等事业单位。

审计成果 2020年，邵阳市审计机关完成审计项目335个。查出主要问题金额246.98亿元；发现非金额计量问题727个。审计处理处罚金额69.3亿元。审计促进整改落实金额21.22亿元；移送案件线索7件。审计提出建议757条；提交审计信息440条。向社会公告审计结果27篇。

绥宁县审计局本级预算执行审计、武冈市审计局本级预算执行审计获湖南省审计厅优秀审计项目一等奖。

政策落实情况跟踪审计 创新组织方式，持续关注减税降费、就业优先、复工复产、清理根治拖欠民营企业中小企业账款、农民工工资等政策措施的落实情况，促进清退税费、偿还欠款和追回资金2000多万元，4个问题被省审计厅审计报告采用。防疫专项审计边审边督促整改，促进中央疫情防控相关政策和部署的落实。组织对6个县市区新增财政资金直达基层直接惠企利民情况专项审计，发现问题金额11.12亿元，促进拨付资金3.94亿元，收回违规资金0.63亿元。

财政审计 运用大数据开展市本级预算执行审计，共查出主要问题金额45.14亿元，基本实现对市本级一级预算单位审计全覆盖。“两个报告”获市人大高票通过。

经济责任审计 开展经济责任审计项目8个、经济责任与自然资源资产“同步审”1个，查出问题金额1.2亿元，移送处理事项1件。选派人员参与纪委监委办案、巡视巡察和专项督查等工作。

固定资产投资审计 制定印发《邵阳市重大政府投资建设项目审计监督细则》。节约政府建设资金 7400 万元。重大项目审计稽察共抽查全市重大项目、2018 年至 2019 年中央和省预算内投资项目 62 个，查出问题 35 个，通过督促，整改到位 28 个，督促进度滞后的 13 个中央投资项目尽快开工。

专项资金审计 组织开展保障性安居工程、医保资金、就业资金、失业保险基金等专项审计。对市本级和 5 个县市区开展政府性债务审计，组织对市文化旅游广电体育局及其二级机构和市自来水公司的国有资产进行审计调查；组织全员对 6 个县市的扶贫资金进行持续跟踪审计，共抽查资金 7.62 亿元，占总量的 16.44%。

信息化建设 统一组织实施的审计项目，大部分采取嵌入式、“1+N”等组织模式。推进金审工程三期建设，建立健全数据采集和标准化机制，采集市级一级预算单位及其所属单位共 100 多家单位的相关电子数据。

相关工作 会同市财政局建立财审联动工作机制。推进督促审计整改和审计情况分析，市委市政府主要领导对审计结果批示指示 11 件(次)。加强审计业务培训，全市组织开展业务专题培训 17 期，培训人员 430 多人次。加强党风廉政建设，强化省审计厅对市审计局局长经济责任审计和市委巡察整改，大力整治形式主义官僚主义，抓好“互联网+监督”平台公务用餐监督子系统试点，全系统创建“廉洁单位”。全面推进文明创建，全市审计机关均被评为县级以上文明单位，市审计局和 4 个县市区审计局保持“省文明单位”称号。 （撰稿人：曾敏剑）

【岳阳市审计局】 2020 年，岳阳市审计局实有 81 人。党组书记、局长刘建民，党组副书记、副局长干忠叶，副局长丁湘平，党组成员曾建国，党组成员、市委审计委员会办公室专职副主任毛朝晖，总审计师何军霆。设有办公室、审计执行科、行政事业审计科、党政领导干部经济责任审计科等 20 个内设科室；下设审计事务中心。

审计成果 2020 年，岳阳市审计机关查出违规金额 74529 万元、损失浪费金额 8324 万元；审计发现侵害人民群众利益 2494 万元。审计处理处罚金额 442538 万元，其中应上缴财政 64457 万元；移送司法机关、纪检监察机关和有关部门处理事项 16 件，移送处理人员 7 人，移送处理金额 1518 万元。审计促进整改落实有关问题资金 370775 万元；审计促进拨付资金到位 165305 万元；审计后挽回（避免）损失 15322 万元；核减投资额 15382 万元。

岳阳市审计局实施的林立任岳阳市岳阳中学党委书记、校长期间经济责任审计和 2018 年度组织实施的市本级公益性建设项目投资建设情况审计项目被评为湖南省审计厅优秀审计项目。

政策落实情况跟踪审计 同步开展 52 个安置点易地扶贫搬迁、3625 公里贫困自然村通水泥路工程项目跟踪审计，共查出违规金额 15000 万元，挽回经济损失 200 多万元，督促整改各类问题 146 个。

财政审计 采取“两统筹”“1+N”模式开展审计工作，突出对教育、民政等重点专项资金进行审计，加大对市政府公益建设项目、市政道路维护、中心城区棚户区改造等重点民生项目和资金的审计。

三大攻坚战审计 完成对所有县市区的扶贫审计全覆盖，共抽查扶贫资金 2.97 亿元，共揭示和反映问题 200 多个，查出违规金额 3558.35 万元。

疫情防控资金和捐赠款物专项审计 疫情防控期间，以上下联动、纵向延伸的方式启动应对新冠肺炎疫情防控资金和捐赠款物专项审计工作。共审计财政资金 1.46 亿元、社会捐赠款物 0.42 亿元。

民生审计 对岳阳市 12 个统筹区 2019 年医疗保险基金收支管理情况实施专项审计。全面摸清各统筹区医保基金底数，查出基金收支管理方面存在的主要问题，并提出相关审计建议，为制定配套政策、开展好市级统筹各项工作提供翔实可靠的数据支持。

固定资产投资审计 先后 70 多次深入施工现场审核工程变更，及时否决不合理变更，并将变更金额超 30%的工程项目移交市纪委监委立案查处。共查出违规金额 3.28 亿元，责令追回多支付资金、挽回损失1000多万元，向相关部门移交案件线索13件，1人被立案调查，2人被刑拘，2家评估公司被罚款和记入不良信用记录。

交办任务 对“洞庭·新外滩”经适房项目建设情况进行全面彻底审计，直接为政府节约建设资金6518.55万元。完成罗家坡、城陵矶新港区等4家污水处理厂PPP项目资产成本审核以及罗家坡污水处理厂一期回购协调谈判，为市政府收回项目特许经营权提供可靠依据。

（撰稿人：戴　龙）

【常德市审计局】 2020年，常德市审计局实有88人。局长张克武，副局长李卫、陈位明，总审计师詹卫红，工会主席李卫，党组成员鄢辉霞、刘丹。设有办公室、人事科、审理科等19个内设机构，按规定设有市委审计委员会办公室秘书科和直属机关党委；下设市审计技术服务中心。

审计成果 2020年，常德市审计机关共审计单位420个。查出问题金额8462247万元；出具审计报告和专项审计调查报告562篇。审计处理处罚金额188840万元；移送司法机关、纪检监察机关和有关部门处理事项108件，移送处理人员337人，移送处理金额39159万元。审计促进整改落实有关问题资金121309万元；核减投资额49097万元。审计提出建议1080条，被采纳1080条。

常德市审计局实施的常德市某公司资产负债损益审计项目被审计署评为2019年度全国市级审计机关优秀审计项目一等奖。常德市审计局实施的2018年度市本级预算执行和其他财政收支情况审计项目、西洞庭管理区2016年至2017年财政决算审计项目被评为湖南省审计厅优秀审计项目。

财政审计 深入谋划市本级财政预算执行审计，审计范围涵盖财政预算执行审计全口径的4项预算，对6家预算执行单位的审计结合经济责任审计同步实施。财政专项资金审计关注市财政重点监控的116个专项的绩效，对财政和部门的存量资金及政府性债务情况实行全面清理，审计效果明显。

民生审计 市审计局开展新冠肺炎疫情防控资金和捐赠款物专项审计，组织实施全市社保、扶贫、医保等专项资金审计。

经济责任审计 全市开展经济责任审计项目135个，涉及被审计领导干部160人。审计查出违规金额16921万元、管理不规范金额328072万元。

企业审计 加大对常德国企国资审计力度，对欣运集团、工投集团等13家集团公司进行审计，查出问题金额56亿元。制定下发《完善国有企业和国有资本审计监督机制的意见》。

信息化建设 出台《常德市审计数据资源管理办法》。9月，承办全省推进大数据审计和审计全覆盖专题培训会议，局长作《常德大数据审计和信息化建设的探索与实践》的典型发言。

相关工作 在廉政建设方面，全面贯彻落实《关于贯彻落实习近平总书记重要指示精神集中整治形式主义、官僚主义的工作意见》与省委《湖南省集中整治形式主义官僚主义20条措施》的精神。在队伍建设方面，通过机构改革人员转隶、公务员调任、公开选调、公开遴选、事业单位人才引进等5种形式，新进20名工作人员，审计力量逐渐充实。（撰稿人：徐　锐）

【张家界市审计局】 2020年，张家界市审计局实有40人。局长向洁，副局长叶晓明、刘阳、高智（—2月）、郑英明（11月—），市委审计委员会办公室专职副主任胡家玉，总审计师何爱国，纪检组长谷承春（联合派驻）。设有市委审计委员会办公室秘书科、经济责任审计科等14个科室；下设审计事务中心。

审计成果 2020年，张家界市审计机关共完成审计项目164个。查出违纪违规和损失浪费金额6.95亿元、管理不规范金额94.17亿元；出具审计报告和专项审计调查报告183篇。审计后应上缴财政和减少财政拨款或补贴11.14亿元、应归还原渠道资金2.3亿元、应调账处理金额2.71亿元。审计提出建议230条，被采纳230条；推动被审计单位制定整改措施17项。

张家界市审计局、永定区审计局各有1个审计项目被评为湖南省审计厅优秀审计项目。

政策落实情况跟踪审计 张家界市审计局完成永定区、慈利县、桑植县政策措施落实情况跟踪审计项目3个，并对武陵源区、永定区拖欠农民工工资事项进行整改检查，督促支付到位，保障农民工的合法权益。

财政审计 运用大数据审计技术对市本级124个一级财政预算单位实现审计全覆盖，共发现违纪违规问题31个，查出问题金额12.11亿元，补缴入库增加财政收入2.66亿元，推动下拨资金0.67亿元，盘活资金0.12亿元。

三大攻坚战审计 组织实施2020年度全市易地扶贫搬迁跟踪审计，对永定区、慈利县湖南农产品产地安全质量提升工程项目进行审计。对扶贫资金管理使用情况进行审计，共指出扶贫资金管理使用问题17个，涉及金额1.25亿元。

疫情防控资金和捐赠款物专项审计 全市审计机关共派出5个审计组，完成疫情防控资金和捐赠款物专项审计，共审计财政拨款、捐赠资金7693.89万元，核查专项贷款资金5150万元。

民生审计 张家界市审计局完成市本级和两区两县2019年安居工程审计，市本级与4个区县2019年基本医疗保险和生育保险基金审计。

经济责任审计 完成领导干部经济责任审计项目19个，查出违纪违规金额963万元。张家界市审计局完成浏阳市委书记、市长任中经济责任和自然资源资产审计，组织对6名市管领导干部进行经济责任审计和1名县审计局局长进行经济责任审计。

固定资产投资审计 完成政府投资审计项目75个，核减工程造价8.49亿元。揭示高估冒算工程价款、建筑安装费超概算等问题。

企业审计 组织对4个市属国有企业进行审计，查出各类违纪违规和损失浪费问题金额6.52亿元，揭示企业运营风险大、遵守财经纪律不严、财务核算不准、财务管理不到位等问题。

（撰稿人：朱长征）

【益阳市审计局】 2020年，益阳市审计局实有58人。党组书记、局长陶德保，党组副书记、副局长谭超美，党组成员、副局长刘俊科、吴常青，副局长杨茜，总审计师李立贤，党组成员李良平，市委审计委员会办公室专职副主任田耕耘（6月—）。设有市委审委办秘书科等21个内设机构，另设高新区审计分局1个派出机构。

审计成果 2020年，益阳市审计机关完成审计（调查）项目317个。查出主要问题金额3020575万元，其中违规金额75401万元、损失浪费金额656万元、管理不规范金额2944518万元；审计发现非金额计量问题1780个。移送司法机关、纪检监察机关和有关部门处理事项77件，移送处理人员90人，移送处理金额9546万元。审计促进整改落实有关问题资金140173万元；审计促进拨付资金到位35300万元；审计后挽回（避免）损失50863万元；核减投资额54010万元。提交审计信息42篇，被批示、采用35篇次。

益阳市审计局实施的益阳市本级2018年度预算执行审计、张家界市武陵源区党政主要领导经济责任审计、沅江市城建投政府投资项目审计调查等3个审计项目分别被评为湖南省审计厅优秀审计项目一、二、三等奖。大通湖区审计局1个审计项目被评为湖南省审计厅优秀审计项目一等奖，南县审计局和安化县审计局各1个审计项目被评为湖南省审计厅优秀审计项目三等奖。

政策落实情况跟踪审计 完成全市7个县（市、区）重大政策措施落实情况跟踪审计。

财政审计 运用大数据实现一级预算单位审计全覆盖，益阳市审计局完成市本级、高新区、大通湖区、东部新区和6个市直部门2019年度预算执行审计。

疫情防控资金和捐赠款物专项审计 全市审计机关对市本级和8个县（市、区）开展疫情防控和捐赠款物专项审计。

民生审计 完成2019年全市医保基金专项审计。按照审计署统一部署，开展全市社保基金和保障性安居工程审计。

经济责任审计 全市审计机关对65名领导干部开展任期经济责任审计。益阳市审计局完成9名市管领导干部经济责任审计。

固定资产投资审计 全市审计机关完成183个政府投资项目审计。益阳市审计局市本级实施政府投资项目审计51个，对“一园两中心”等2个重点PPP项目进行预算执行审计。

资源环保审计 全市审计机关完成自然资源资产离任（任中）审计项目6个。益阳市审计局完成中心城区黑臭水体治理等污染防治专项审计以及湖南省审计厅组织的岳阳县党政主要领导干部经济责任和自然资源资产离任（任中）审计。

（撰稿人：薛培义）

【郴州市审计局】 2020年，郴州市审计局实有65人。党组书记、局长高及红，党组副书记、副局长韩湘萍，党组成员、副局长焦能飞、罗发旺（—11月）、雷飞飞（—11月），副局长曹世香，党组成员、总审计师匡少兵，党组成员、联合工会主席罗湘粤（—11月）。设有市委审计委员会办公室秘书科、办公室、财政金融审计科、政策跟踪审计科等18个内设机构。

审计成果 2020年，郴州市审计机关共完成审计项目940个。查出主要问题金额119.77亿元；审计发现非金额计量问题757个；出具审计报告和审计调查报告1048篇。审计促进整改落实有关问题资金6.93亿元；移送司法机关、纪检监察和有关部门处理事项32件。审计提出建议1004条；提交审计信息127篇。

临武县审计局实施的临武县2017年扶贫专项审计项目被审计署评为2019年度全国县级审计机关优秀审计项目二等奖。郴州市审计机关有3个项目被评为湖南省审计厅优秀审计项目二等奖，2个项目被评为三等奖。

政策落实情况跟踪审计 持续关注“六稳”要求、“六保”任务和金融服务实体经济等政策落实情况，市本级开展四个季度国家重大政策措施落实情况跟踪审计，切实开展“三促进”专项审计，覆盖11个区县。开展4个县的新增财政资金直达市县基层直接惠企利民情况专项审计。

财政审计 创新市级预算执行审计工作理念和模式，推动财政资金提质增效、促进政府过“紧日子”，市本级首次对市直所有一级预算单位实现审计全覆盖，核查市属单位89家。

三大攻坚战审计 在市级预算执行审计中重点关注隐性债务情况、重大建设项目融资债务情况、新增债务情况和化债情况。市本级实施6个非贫困县、17支市派驻村工作队的扶贫专项审计，实现扶贫审计全覆盖。全市实施18个领导干部自然资源资产离任（任中）审计项目。

疫情防控资金和捐赠款物专项审计 切实做好疫情防控财政资金和捐赠款物审计监督，市本级促进相关单位及时拨付和分配疫情防控款物194万元，规范管理资金1410万元，建章立制18项。

民生审计 实施9个县市区的医疗保险和生育保险专项基金审计。组织全市审计机关开展市本级和宜章县、苏仙区的社保资金专项审计。开展市本级和嘉禾县、临武县保障性安居工程资金投入和使用绩效情况审计。

经济责任审计 组织全市审计机关对95个单位136名领导干部开展经济责任审计，查出相关问题金额4.92亿元，10名领导干部或相关人员被移送纪检监察机关，通过审计促进增收节支2454万元。

固定资产投资审计 市本级全年实施重大项目跟踪审计32个，下发审计意见单74份，完成政府投资结算审计项目43个，核减政府投资额4.14亿元。

（撰稿人：陈　云）

【永州市审计局】 2020年，永州市审计局实有56人。局长王衡平（—11月）、杨复权（11月—），副局长蒋跃军（4月—）、赵颖、曾庆廉（—4月），总审计师蒋跃军（—4月）、陈红玉（4月—），市经济责任审计工作联席会议办公室主任唐亚平（1月—）。设有办公室、人事科、综合计划科、法规审理科、审计执行科、经济责任审计室、财政金融审计科、社会保障审计科、固定资产投资审计科、农业农村涉外审计科等19个科室，另设有市委审计委员会办公室秘书科；归口管理市政府投资审计中心。

审计成果 2020年，永州市审计机关共对263个单位进行审计和调查。查出主要问题金额602070万元；发现非金额计量问题763个。审计处理处罚金额218096万元。审计促进增收节支63802万元；促进拨付资金到位65988万元；审计后挽回（避免）损失3417万元；核减投资额3732万元；移送处理事项21件。

永州市审计局实施的永州市本级2018年保障性安居工程资金投入和使用绩效审计、道县审计局实施的道县2018年度财政预算执行及其他财政收支审计2个项目被湖南省审计厅评为优秀审计项目二等奖，另有3个审计项目被湖南省审计厅评为优秀审计项目三等奖。

政策落实情况跟踪审计 永州市审计局对冷

水滩、零陵、江永、宁远、蓝山、新田等6个区县新增财政资金直达市县基层直接惠企利民情况开展审计，省、市联动实现市本级及11个区县新增财政资金审计全覆盖。

财政审计 全市共对60个单位开展预算执行审计并延伸审计20个单位，对19个单位开展财政决算审计，对65个单位开展财务收支审计，查出资金滞留闲置、未按规定征收缴纳预算收入等主要问题金额416613万元。永州市审计局利用大数据审计，首次实现市本级177个一级预算单位预算执行审计全覆盖。

三大攻坚战审计 组织全市审计机关开展扶贫专项资金审计，共抽查143个部门单位、56个乡镇、140个村、724个扶贫项目，促进及时拨付使用和收回整合扶贫资金1185万元，完善产业项目与贫困户利益联结机制7个。组织冷水滩、零陵、祁阳、东安、双牌、道县等6个区县审计局开展长江流域重点水域禁捕退捕资金专项审计调查。

疫情防控资金和捐赠款物专项审计 永州市审计局采取专项审计与政策落实跟踪审计、财政审计相结合的方式，组织对市本级及11个区县的疫情防控资金和捐赠款物分配管理使用情况进行审计，促进专项资金及时分配和拨付690万元、规范专项资金使用131万元。

专项资金审计 根据市委审计委员会工作安排，继续对全市棚户区改造资金投入和使用绩效情况开展审计。 （撰稿人：周　波）

【怀化市审计局】 2020年，怀化市审计局实有55人。局长骆磊，副局长杨承连、姜小祥、宋先鸿、潘海波，总审计师杨春洪，市纪委监委驻市财政局纪检监察组组长张志军。设有17个科室；下设建设项目审计中心。

审计成果 2020年，怀化市审计机关共完成审计项目516个，其中审计490个、专项审计调查26个。查出主要问题金额204.64亿元，其中违规金额24.98亿元、损失浪费金额2914万元、管理不规范金额179.36亿元；审计发现非金额计量问题1289个；损益不实金额4.36亿元；审计发现侵害人民群众利益701万元；出具审计报告和专项审计调查报告1519篇。审计处理处罚金额54.34亿元，其中应上缴财政19.16亿元、应减少财政拨款或补贴13.9亿元；移送司法机关、纪检监察机关和有关部门处理事项27件，移送处理人员8人，移送处理金额4.67亿元。审计促进整改落实有关问题资金27.24亿元；审计促进拨付资金到位1918万元；审计后挽回（避免）损失14.02亿元；核减投资额13.94亿元。审计提出建议1032条，被采纳1032条；提交审计信息150篇，被批示、采用162篇次。向社会公告审计结果30篇。

怀化市审计局、芷江县审计局、麻阳县审计局、洪江市审计局各有1个审计项目被评为2020年度湖南省审计厅优秀审计项目。

三大攻坚战审计 怀化市审计局共实施领导干部自然资源资产离任（任中）审计项目25个，涉及领导干部42人。抽调5人配合市纪委等部门对怀化市扶贫资金的使用与管理情况开展一次全面督查。

疫情防控资金和捐赠款物专项审计 全市重点审计疫情防控资金1.53亿元和捐赠资金0.24亿元，延伸审计25个红十字会、慈善协会及106个单位，发现各类问题53个，涉及金额0.27亿元。

经济责任审计 全市共审计领导干部115人，其中包括溆浦县委组织部、辰溪县纪委、新晃县审计局主要负责人，这是怀化市第一次将党委序列及审计部门纳入审计。

固定资产投资审计 全市共完成政府投资审计项目272个，其中市本级政府投资项目工程造价审计209个，完成送审金额20.62亿元，核减金额3.1亿元，核减率15.03%。持续推进材料价格联合询价工作，降低投资成本，预计每年可为政府节约投资约2亿元。

内部审计 全市内部审计机构共71个，内部审计人员169名，全年共完成审计项目1262个，审计总金额196万元，提出建议被采纳1058条。

相关工作 2020年，怀化市审计局获得省级及以上先进集体及项目11个、省级及以上先进个人28人次，市级先进集体及项目12个、市级先进个人9人次；驻麻阳郭公坪镇长寿谷村帮扶工作队被评为湖南省脱贫攻坚先进集体；成功创建湖南省文明标兵单位。 （撰稿人：杨淑任）

【娄底市审计局】 2020年，娄底市审计局实有73人。党组书记王洪江，局长彭淑媛，副局长周海良、王志彪、殷革华，总审计师刘峰，市领导干部经济责任审计工作联席会议办公室主任邹国民，市政府投资审计事务中心主任杨志辉。中共娄底市委审计委员会办公室设在娄底市审计局，设市委审计委员会办公室秘书科；娄底市审计局设有办公室、财政审计科等19个科室；下设市政府投资审计事务中心、市审计监督服务中心等事业单位。

审计成果 2020年，娄底市审计机关完成审计项目195个。查出主要问题金额1004507万元，其中违规金额28097万元；发现侵害人民群众利益8825万元；出具审计报告223篇。促进整改落实有关问题资金28260万元。提交审计信息392篇，被批示、采用293篇次。向社会公告审计结果9篇。

2020年，娄底市审计局组织实施的娄底市本级2018年度预算执行和其他财政收支情况审计，中共安化县委书记、安化县人民政府县长任职期间经济责任审计被评为湖南省审计厅优秀审计项目一等奖。娄底市审计局被评为湖南省审计工作先进集体。

政策落实情况跟踪审计 分季度对4个县市区开展跟踪审计，严肃查处弄虚作假、隐瞒实情等问题。针对政策执行中的偏差和问题，提出对策建议，为党委政府决策提供参考依据。

财政审计 开展2019年度市本级财政预算执行和其他财政收支审计，发现违规金额10058.36万元，移送案件线索12件，报送审计专报2篇。开展娄底第一次财政一级预算单位财务数据采集报送工作，涉及市、县（市、区）1221家单位，发现财务疑点问题10万余条。对市直238家预算单位的资产情况管理、临聘人员管理情况进行审计，实现市直预算单位重点事项审计全覆盖。

三大攻坚战审计 开展新化县扶贫专项资金审计，发现问题13个，查出违规金额461.3万元。每季度对湖南省建工集团总承包建设的易地扶贫搬迁项目进行跟踪审计，形成审计专报。开展洪江市党政领导干部自然资源资产离任审计。对13名乡镇主要领导干部开展自然资源资产离任审计。开展冷水江市锡矿山区域环境区域综合治理专项资金跟踪审计和娄星区湖南煤化卫生防护区建设等项目专项资金审计调查。

疫情防控资金和捐赠款物专项资金审计 按照分级审计的模式实施疫情专项审计，利用大数据审计手段，加强对疫情防控资金和物资管理使用情况的审计监督。娄底市红十字会采纳审计建议，收回新冠肺炎疫情资金和捐赠款物36.5万元重新安排使用。

民生审计 对5个县市区和娄底市本级保障性安居工程进行跟踪审计，清理出未完成2019年棚改开工任务1232套等。

经济责任审计 按照市两办新规定要求，科学制定经济责任审计报告和结果报告模板。完成13个单位14名领导干部的经济责任审计，查出违纪违规和管理不规范金额11086万元。组织实施洪江市委书记、市长任期经济责任审计，查出问题金额52543万元。

固定资产投资审计 修改出台《娄底市政府投资项目审计监督办法》等制度。完成政府投资项目审计286个，审计核减1.54亿元。完成政府投资项目工程预算审计8个，审计核减0.15亿元。 （撰稿人：曹阿乔）

【湘西土家族苗族自治州审计局】 2020年，湘西土家族苗族自治州（以下简称湘西州）审计局实有62人。党组书记何杰，局长印钊，副局长龚道君（—9月）、万前荣、唐海龙，州经济责任审计领导小组办公室专职副主任阙剑平（—4月），总审计师瞿民，州经济责任审计工作联席会议办公室主任罗林燕（12月—）。设有办公室等17个科室，下设3个事业单位。

审计成果 2020年，湘西州审计机关共完成审计项目331个。查出主要问题金额129.65亿元；审计发现非金额计量问题464个；出具审计报告和专项审计调查报告270篇。审计处理处罚金额38.21亿元；移送司法机关、纪检监察机关和有关部门处理事项19件。审计促进整改落实有关问题资金5.4亿元；审计促进拨付资金到位3.28亿元；审计后挽回（避免）损失12.09亿元；核减投资额12.09亿元。促进被审计单位建立健全规章制度 18 项。

湘西州审计局实施的 2018 年度州本级预算执行审计项目被评为湖南省审计厅优秀审计项目二等奖；湘西州审计局实施的澧县县委、县政府主要负责人自然资源资产离任（任中）审计项目被评为湖南省审计厅优秀审计项目三等奖。

政策落实情况跟踪审计 湘西州审计局实施保靖县、凤凰县、泸溪县政策跟踪审计，参与省审计厅对湘西州本级和吉首市落实重大政策措施情况跟踪审计。

财政审计 湘西州审计局重点对州财政局、州扶贫办、州应急管理局等 15 个州直部门单位进行现场审计。

三大攻坚战审计 湘西州审计局实施吉首市等 8 县市 2019 年度扶贫审计及 7 县东西部扶贫协作、省内对口援助情况审计。开展怀化市辰溪县党政主要负责人自然资源资产离任（任中）审计。

疫情防控资金和捐赠款物专项审计 全州审计机关按照属地对湘西州本级及八县市疫情防控资金和捐赠款物进行专项审计，对财政资金及捐赠资金逐笔逐项进行核查。

民生审计 组织实施湘西州本级及 8 县市保障性安居工程资金投入和使用绩效情况审计及医疗保险基金运行情况审计。

经济责任审计 全州审计机关开展经济责任审计项目 48 个，审计领导干部 60 人，按省审计厅安排完成怀化市辰溪县党政主要负责人经济责任审计。

固定资产投资审计 全州审计机关共组织实施政府投资审计项目 207 个，审减金额 7.95 亿元。

专项资金审计 组织实施州文化产业事业专项资金等州本级 7 个重大专项资金审计。

内部审计 对湘西州直行政、事业、企业、金融 30 个单位以及 8 个县市审计局进行实地调研及指导。

（撰稿人：胡贻江）

2020 年湖南省所辖县(市、区)级审计工作统计表

审计机关	完成审计项目/个	审计查出主要问题金额/万元	审计发现非金额计量问题/个	审计期间整改金额/万元	出具审计报告和审计调查报告/篇	审计处理情况		审计促进整改落实有关问题资金/万元	审计提出建议/条	提交审计信息/篇
						审计处理处罚金额/万元	移送处理事项/件			
长沙市										
长沙市本级	71	11239551	712	1687884	77	3434147	48	292820	227	39
芙蓉区审计局	13	14542	178		18	5220	2	5224	50	3
天心区审计局	23	159989	260		51	2897	14	263	108	
岳麓区审计局	18	120741	329	2442	27	1581	9	7	78	40
开福区审计局	16	765121	291	21481	19	531142	4	118334	71	58
雨花区审计局	12	256008	98	181	20	237586		18889	35	34
望城区审计局	32	83219	164	171	32	1248	6	1248	98	12
浏阳市审计局	25	319746	248	69	30	2609	11	2424	78	33
宁乡市审计局	24	1107979	281	2145	26	155211	5	107866	90	30
长沙县审计局	26	227755	258	2647	42	1585	9	302	63	16
株洲市										
株洲市本级	40	830533	323	5035	70	329840	16	185576	128	84

（续表）

审计机关	完成审计项目/个	审计查出主要问题金额/万元	审计发现非金额计量问题/个	审计期间整改金额/万元	出具审计报告和审计调查报告/篇	审计处理情况		审计促进整改落实有关问题资金/万元	审计提出建议/条	提交审计信息/篇
						审计处理处罚金额/万元	移送处理事项/件			
荷塘区审计局	14	25246	83	70	24	4421	3	1173	40	10
芦淞区审计局	12	66993	32	27	21	18339	1	838	25	17
石峰区审计局	14	302751	43	47	21	19277	1	15905	48	40
天元区审计局	14	165426	74	1692	14	10686		1605	46	58
渌口区审计局	23	181667	144	5831	45	99117	7	59333	84	40
醴陵市审计局	15	124484	13		21	13535		1266	39	12
攸县审计局	32	327354	111	191	51	14267	6	9406	104	
茶陵县审计局	16	62053	62	1691	25	10885	6	22	47	1
炎陵县审计局	20	28762	73	102	33	3416	2	484	49	3
湘潭市										
湘潭市本级	84	1202611	312		91	57467	25	137	139	28
雨湖区审计局	23	23392	44	280	45	9576		823	64	
岳塘区审计局	93	15063	25	37	85	13853		8896	72	1
湘乡市审计局	29	152430	169	2189	50	24158		21677	62	20
韶山市审计局	26	60210	38	9	44	12260		4699	60	8
湘潭县审计局	91	63373	139		101	41442	2	630	128	
衡阳市										
衡阳市本级	105	1046494	324	65200	91	464540	67	288393	190	93
珠晖区审计局	18	26587	15	1	18	536	1		31	
雁峰区审计局	15	55438	16	1	15	2676		1	25	8
石鼓区审计局	16	5397	42	14	16	3195		1685	28	31
蒸湘区审计局	8	17474	10	4	8	17455			4	18
南岳区审计局	12	5772	20	382	12	1587		654	19	3
耒阳市审计局	31	422548	36	779	37	31918	10	7437	22	4
常宁市审计局	18	4626	10	182	18	1468	16	1321	11	2
衡阳县审计局	32	296646	38	660	32	68082	15	3161	77	9
衡南县审计局	26	2735	4	12	26	504	10	136	86	20
衡山县审计局	59	101524	35	220	78	9569	1		150	4
衡东县审计局	47	16228	39		41	1481	6	1328	54	3
祁东县审计局	30	51386	15	113	30	1962	2	167	66	19
邵阳市										
邵阳市本级	68	1253341	289	36597	81	341082	1	124965	136	40
双清区审计局	11	56291	9	1	13	1160		4	31	33
大祥区审计局	11	40949	4	105	11	20663		2241	27	58

（续表）

审计机关	完成审计项目/个	审计查出主要问题金额/万元	审计发现非金额计量问题/个	审计期间整改金额/万元	出具审计报告和审计调查报告/篇	审计处理情况		审计促进整改落实有关问题资金/万元	审计提出建议/条	提交审计信息/篇
						审计处理处罚金额/万元	移送处理事项/件			
北塔区审计局	12	34714	34	55	18	31727		2893	56	2
武冈市审计局	33	60425	68	2605	43	8934	3	1180	61	10
邵东市审计局	57	268844	37	72	57	16859	2	8660	75	40
新邵县审计局	13	366651	60		17	27829		463	32	5
邵阳县审计局	26	75287	54	322	29	8565		8315	63	105
隆回县审计局	16	47557	13	131	21	46676		46058	60	22
洞口县审计局	37	158487	27		47	152749		3940	70	23
绥宁县审计局	9	48217	9	38	10	25705		3192	10	8
新宁县审计局	23	35610	114	165	24	10714	1	10215	130	93
城步苗族自治县审计局	19	23428	9		19	377		81	6	1
岳阳市										
岳阳市本级	67	1537574	408	49162	86	311852	6	266998	208	7
岳阳楼区审计局	41	9216	35		52	5088	3	1696	107	
云溪区审计局	26	59193	9		35	21427		21024	61	12
君山区审计局	12	64077	25	40	15	3940		5363	28	
汨罗市审计局	34	181197	30	1235	98	447		447	76	
临湘市审计局	27	47871	7		26	6760		6119	32	3
岳阳县审计局	52	168369	31	490	62	5477		258	134	
华容县审计局	31	75670	35		50	41522		34967	67	4
湘阴县审计局	22	241315	48	24338	20	467		250	72	6
平江县审计局	50	561686	42	1320	72	41041		33259	116	
屈原管理区审计局	2	6600	2	25	2	25		25	5	1
常德市										
常德市本级	66	7024793	468	98	88	19208	65	15007	212	135
武陵区审计局	58	92109	41	7300	79	74858	4	65807	117	18
鼎城区审计局	24	227622	68		33	7719	4	4722	87	57
津市市审计局	74	162945	16		80	11301		5305	135	63
安乡县审计局	21	118117	32		32	167	2	167	50	80
汉寿县审计局	36	133816	40	109	43	13029	10	6221	98	76
澧县审计局	31	495374	42		37	10659	13	8351	104	71
临澧县审计局	24	53604	42		32	9998		9998	58	36

（续表）

审计机关	完成审计项目/个	审计查出主要问题金额/万元	审计发现非金额计量问题/个	审计期间整改金额/万元	出具审计报告和审计调查报告/篇	审计处理情况		审计促进整改落实有关问题资金/万元	审计提出建议/条	提交审计信息/篇
						审计处理处罚金额/万元	移送处理事项/件			
桃源县审计局	46	88908	40		65	34920	3	3625	105	49
石门县审计局	40	64954	30		73	6978	7	2102	114	
张家界市										
张家界市本级	68	251633	173	5007	74	85474	2	39254	117	14
永定区审计局	58	29004	14	145	64	25000	4	8614	14	5
武陵源区审计局	9	16115	48	17	9	7065	3	15	20	2
慈利县审计局	18	624564	142	20	21	13723	10	887	60	13
桑植县审计局	11	89834	25	12515	15	30283		21198	19	9
益阳市										
益阳市本级	102	2100471	1051	12691	98	304857	39	19692	209	15
资阳区审计局	24	130023	3	217	38	10379		6363	82	1
赫山区审计局	17	21821	174	142	18	8138	1	227	42	
沅江市审计局	47	227427	100	21	39	167613	1	38901	112	15
南县审计局	32	237031	290	102	35	18267	22	3897	99	3
桃江县审计局	33	153377	48	13	40	57661	7	46968	102	1
安化县审计局	45	65011	52		47	9139	1	4054	37	
高新区审计分局	8	32564	32		9	12891	2	12891	17	2
大通湖区审计局	9	52850	30		20	7668	4	7180	35	5
郴州市										
郴州市本级	100	417467	341	35194	142	93522	15	17563	168	32
北湖区审计局	107	44672	57	11068	110	16757		42	52	18
苏仙区审计局	46	122870	37	125	50	119944		16577	89	6
资兴市审计局	136	16401	69	4943	154	11411	4	1644	22	45
桂阳县审计局	43	154500	76	80	46	30251		8034	100	1
宜章县审计局	137	68055	51	29	142	12020	7	790	167	18
永兴县审计局	64	16310	10	40	68	8020	6	683	91	
嘉禾县审计局	59	14633	30	305	68	14051		343	122	
临武县审计局	63	56672	16		68	12796		562	46	
汝城县审计局	49	132195	33	78	53	23078		9228	39	
桂东县审计局	108	27409	16	6745	115	13558		9019	53	1
安仁县审计局	28	126481	21		32	15110		4857	55	6
永州市										
永州市本级	70	276090	465	6780	66	38655	17	36218	194	29

（续表）

审计机关	完成审计项目/个	审计查出主要问题金额/万元	审计发现非金额计量问题/个	审计期间整改金额/万元	出具审计报告和审计调查报告/篇	审计处理情况		审计促进整改落实有关问题资金/万元	审计提出建议/条	提交审计信息/篇
						审计处理处罚金额/万元	移送处理事项/件			
零陵区审计局	8	35031	30		19	34530		12820	42	
冷水滩区审计局	15	41266	12	22	23	30022		29410	75	5
祁阳县审计局	33	7829	55		22	1804		181	52	19
东安县审计局	21	41807	11		29	40342		10498	44	
双牌县审计局	16	6630	40	388	22	4544	4	4546	40	5
道县审计局	13	63026	14	2817	12	6622		6622	76	2
江永县审计局	12	8044	47		9	6470		6173	25	2
宁远县审计局	23	17116	33		33	4817		3833	69	2
蓝山县审计局	12	5109	20	72	13	2498		2498	21	18
新田县审计局	21	57753	14	12026	5	45590			23	4
江华瑶族自治县审计局	45	42369	22	247	47	2202		1601	15	
怀化市										
怀化市本级	40	643395	644	760	251	354800	17	165278	99	21
鹤城区审计局	41	33712	51		167	15738	1	11959	92	52
洪江市审计局	11	19744	22		14	19125	1	48	15	
中方县审计局	18	21932	79	135	21	13681	2	61358	56	9
沅陵县审计局	65	30409	131		143	16059		24	59	
辰溪县审计局	19	79331	22	40280	89	7103		3312	29	5
溆浦县审计局	78	92393	79		88	20485	1	10081	93	10
会同县审计局	19	12928	53		97	12928		3478	186	3
麻阳苗族自治县审计局	66	224059	60	310	76	31723	1	3083	128	2
新晃侗族自治县审计局	21	51744	24	66	176	6251		2464	85	1
芷江侗族自治县审计局	37	578855	52		208	9387	3	1139	34	8
靖州苗族侗族自治县审计局	58	176923	35	30	63	9738		41	86	30
通道侗族自治县审计局	26	56177	12	18606	102	16347		9921	25	9
洪江管理区审计局	17	24798	25	2	24	10079	1	240	45	
娄底市										
娄底市本级	58	103973	206	1029	46	66118	22	2261	101	100

（续表）

审计机关	完成审计项目/个	审计查出主要问题金额/万元	审计发现非金额计量问题/个	审计期间整改金额/万元	出具审计报告和审计调查报告/篇	审计处理情况：审计处理处罚金额/万元	审计处理情况：移送处理事项/件	审计促进整改落实有关问题资金/万元	审计提出建议/条	提交审计信息/篇
娄星区审计局	31	100215	29	6388	43	27924	1	23817	65	63
冷水江市审计局	28	42870	67	4593	30	14063	13	1703	47	55
涟源市审计局	25	402305	120	1658	43	4651	1	183	73	36
双峰县审计局	24	302578	46		32	13329		293	51	60
新化县审计局	29	52566	103	249	29	9396	9		60	78
湘西土家族苗族自治州										
湘西土家族苗族自治州本级	115	500512	195	94	93	99646	7	14841	217	8
吉首市审计局	18	22389	13	3578	19	464		9	47	
泸溪县审计局	17	64601	25	854	19	40055		8233	29	
凤凰县审计局	13	80532	35	17997	20	62450	1	19498	30	
花垣县审计局	22	143107	21		25	6700	1	6700	51	1
保靖县审计局	28	206689	66		20	2157	2		72	1
古丈县审计局	45	72085	41	77	26	3207			48	
永顺县审计局	10	166252	12	48	14	162764		48	24	
龙山县审计局	63	40297	56	21	34	4688	8	4688	74	7

广东省

【广东省审计厅】 2020年，广东省审计厅实有312人。省委审计委员会办公室设在省审计厅，并设有秘书处。厅机关设有办公室、综合计划处、法规审理处、财务管理处、整改监督处、内部审计指导监督处、电子数据审计处、经济责任审计一处、经济责任审计二处、财政审计处、金融债务审计处、行政政法审计处、教科文卫审计处、农业农村审计处、自然资源和生态环境审计处、固定资产投资审计一处、固定资产投资审计二处、企业审计处、社会保障审计处、涉外审计处、人事教育处，以及机关党委和4个派出审计处，另有驻广东省管企业专员办事处人员22人，后勤服务人员20人。

领导成员

党组书记、厅长：卢荣春

党组成员、副厅长：黄建勋　骆贵全
　　　　　　　　　刘柱棠

党组成员、驻厅纪检监察组组长：张穗汉

党组成员、二级巡视员：黄　菁（—6月）

一级巡视员：黄　菁（7月—）

总审计师：冯祥雄

省经济责任审计联席会议办公室主任：蓝炳祥

二级巡视员：肖炳祥　林　阳

审计成果　2020年，广东省审计机关完成审计（调查）项目3186个。查出违规问题金额192.17亿元、损失浪费问题金额10.58亿元；侵害人民群众利益问题金额33.92亿元；出具审计报告5280篇，为国家增收节支139.54亿元；挽回或避免损失4.90亿元；移送司法、纪检监察和有关部门处理事项954件。提交审计专题报告、综合性报告和信息简报 3183 篇；推动被审计单位建立健全规章制度 1442 项。

广东省审计厅实施的广东某公司 2016 年度财务收支情况审计项目被审计署评为 2019 年度全国审计机关优秀审计项目二等奖；佛山市审计局实施的佛山市顺德区陈村镇原党委书记、党委书记、原镇长、镇长任职期间经济责任履行情况同步审计项目被审计署评为 2019 年度全国市级审计机关优秀审计项目三等奖。

政策落实情况跟踪审计 广东省审计厅组织全省审计机关重点审计支持企业复工复产复市、"三促进"、推动民办教育健康发展、青年和共青团工作等方面重大政策落实情况，抽查 4596 个单位、39680 个项目，反映问题 1348 个。审计发现支持企业复工复产复市政策落实方面，部分地区落实小微企业工会经费支持政策、减免国有经营用房租金及暂退旅游服务质量保证金不到位；"三促进" 政策落实方面，促进财政资金提质增效方面存在超项目资金需求分配专项债券额度、未严格按照发债项目对应使用等 6 类共性问题；促进优化营商环境政策落实方面存在部分地区市场监管部门及其下属单位违规收取、转嫁费用，省电子认证服务平台违规收费、指定服务、证书无法交叉互认，省药品和耗材线上集采平台线上采购执行不力等问题；促进就业优先政策落实方面存在部分地区技能晋升培训补贴申领审核把关不严、大师工作室建设等主要工作进度缓慢、培训质量不高、后续职业指导和职业介绍等配套措施不到位等问题；推动民办教育健康发展政策落实方面，部分地区民办教育配套制度不完善、扶持资金不到位、信息公开不充分、减证便民不到位、办学监管不严格；部分普惠性民办幼儿园资质认定和校（园）长任职资格培训不及时、不规范、不全面等问题。

财政审计 广东省审计厅组织完成 2019 年度省级决算草案及财政管理、省级部门预算执行和市县财政管理等情况审计。组织对省级预算执行、决算草案编制和其他财政收支情况的审计，延伸抽查 14 个省级部门单位和 21 个地级以上市（含所辖有关县），审计结果表明，2019 年度省级财政预算执行情况良好，财政管理和决算草案编报总体较为规范，各项财政改革深入推进。审计发现个别国有资本经营预算收入管理不规范；项目预算编制不够细化；部分预算分解下达不及时；个别省级财政资金未及时盘活使用；部分社会保险待遇发放不合规等问题。

组织对 110 家省级一级预算单位 2019 年度预算执行情况进行全覆盖审计，延伸审计 277 个所属单位，涉及预算资金 1082 亿元（含延伸以前年度资金）。审计结果表明，省级部门单位预算管理水平不断提高，预算执行情况总体较好。审计发现项目支出预算执行不严格；项目资金使用管理不规范；一般性支出控制不严；部分公务用车管理不到位；部分专项资金分配管理程序不完善等问题。

组织对珠海、汕尾、东莞、江门、肇庆、清远等 6 个市以及佛山顺德、深圳龙岗等 21 个县 2018—2019 年度财政收支管理情况进行审计。审计发现预算编制和审批时，部分市未将上级财政提前告知的转移支付、新增债券等指标完整纳入预算编制内容，部分县未编制或未完整编制国有资本经营预算，部分县的预算项目年度执行率低；收支预算执行方面，部分县通过空转、财政垫付税款等方式虚增预算收入，部分市县通过"以拨代支"等方式将国库资金拨入财政专户或预算单位账户，部分县违反规定将教育收费、经营服务性收费等列作预算收入；非税收入征管方面，部分市县将收取的非税收入滞留专户未及时上缴国库，部分县应收非税收入未收，部分县坐支非税收入；财政资金管理方面，部分市县滞留闲置上级专项资金，部分市县未及时清理盘活存量资金，部分县违规向不符合条件的企业发放奖补资金等问题。

三大攻坚战审计 组织对汕头等 14 个市 2019 年精准扶贫精准脱贫政策落实及资金使用情况进行第 4 轮跟踪审计。审计结果表明，各市县党委、政府认真贯彻落实党中央和省委省政府关于脱贫攻坚的决策部署，积极推动政策和项目落地落实，脱贫攻坚取得决定性成就。至 2019 年底，全省建档立卡贫困人口减至 1.5 万人，94%的相对贫困村达到出列标准。审计发现部分产业帮扶项目不精准；部分惠民政策落实不到位；部分扶贫资金被超范围使用或被抽逃、挪用；部分扶贫资金闲置1年以上未发挥效益等问题。

组织对广佛跨界河流水环境综合整治项目建设情况和广州、汕头等6个市固体危废物综合管理情况进行审计，同时结合汕尾、肇庆、清远等3个市以及深圳龙岗等12个县（市、区）生态环境保护审计，重点关注水污染治理及固体危废物综合管理情况。审计结果表明，相关市县能够贯彻落实中央和省委省政府关于打好污染防治攻坚战的决策部署开展工作，取得较好成效。审计发现一些河流考核断面水质不能稳定达标；环境执法监督落实不到位；污水处理工程建设进度慢；河长制落实不到位，医疗废物处置能力难以满足实际需求等问题。

组织对2019年度地方政府债券管理使用情况进行审计调查。审计发现部分地方没有建立和完善地方政府债券相关管理制度；部分新增地方政府债券资金未形成实际支出；部分新增地方政府债券资金调整使用未按规定程序报批等问题。

疫情防控资金和捐赠款物专项审计 广东省审计厅成立由厅主要负责同志任组长的应对新冠肺炎疫情防控专项审计工作领导小组，调集省市县三级审计力量共277个审计组、1073名审计人员开展防疫审计工作。全省各级审计机关紧扣“促进疫情防控资金物资规范管理、高效使用和信息公开，促进全力保障疫情防控重要医用物资和生活必需品的供应”的审计目标精准发力，查出疫情防控财政专项资金、捐赠款物、重点保障企业贴息贷款、防疫物资生产保障等4方面问题共868条，涉及问题金额43.42亿元，涉及防疫物资3432.82万件。对资金滞拨、物资积压等问题，已推动相关部门及时分配下拨、使用财政和捐赠资金23.23亿元、物资3432.82万件（套），追回或避免损失浪费0.17亿元；对社会捐赠款物管理不规范问题，推动142个慈善机构和有关单位完善捐赠手续、管理流程和调配机制，262个慈善机构和有关单位完善捐赠信息公开内容；对企业融资慢问题，推动有关金融机构及时使用人民银行专项再贷款11.98亿元，帮助企业解决融资需求5.8亿元；7个市及时出台政策措施，帮助企业复工复产。

民生审计 组织对韶关、东莞等2个市2019年度医疗保险基金的筹集、管理使用及相关政策落实等情况进行审计。审计结果表明，2个市能够贯彻落实中央决策部署，扎实推进医疗保障制度落实和全民医保体系建设，在完善医疗保险制度、提高医疗保障水平方面取得一定成效。审计发现医保政策落实不到位、医保基金管理不规范等问题。

组织对汕头、梅州等5个市2019年度保障性安居工程的资金投入和使用绩效等情况进行审计。审计结果表明，5个市能够贯彻落实中央、省的相关部署，较好完成各项任务，在改善住房困难群众的居住条件、保障中低收入家庭基本住房需求等方面发挥了积极作用。审计发现棚户区改造政策落实不到位；部分项目进度推进不理想；公租房管理使用不合规；部分安居工程资金使用效率不高、管理不规范等问题。

经济责任审计 广东省审计厅落实广东省委审计委员会对经济责任审计工作的决策部署，重点加强对地方党委政府、省直重点部门以及省属国有企业主要领导人员的审计，稳步推进审计全覆盖，2020年度共审计领导干部1265名，其中任中审计773名、离任审计492名，提出审计建议3944条，被采纳2869条，促进增收节支60.92亿元。加大审计整改督促力度，2019年度省管领导干部经济责任审计发现的违法违规和管理不规范问题1618个，已整改到位1295个，整改到位率80.04％。推进审计监督与纪检监察、组织人事、巡视巡察等监督的贯通融合，加强审计结果运用，提高监督合力。制定出台《广东省关于加强党政主要领导干部和国有企事业单位主要领导人员经济责任审计的若干措施》，推动两办《规定》落实落细。

建立健全省经济责任审计工作联席会议制度和工作机制，明确省联席会议在省委审计委员会的领导下开展工作，由省委审计委员会办公室主任担任召集人，新增省地方金融监管局为成员单位。3月，召开新调整后的省联席会议第一次全体会议，审议通过省联席会议议事规则和办公室工作规则，提出年度审计重点工作意见。

固定资产投资审计 广东省审计厅组织对全省重点建设项目推进情况进行审计调查，重点审计投资进度完成较慢的韶关、梅州、汕尾、中山等4个市2019年前三季度固定资产投资、全省海上风电和机场建设项目及练江流域水环境综合整治项目建设情况。审计发现部分省重点项目建设进展情况不理想；全省机场整合推进缓慢；部分工程违规招标投标和转包转让等问题。

农业农村审计 广东省审计厅组织对汕头等14个市、珠三角5个市的3个区和4个镇开展乡村振兴审计，重点关注人居环境整治和农业产业发展任务。审计结果表明，各地区、部门单位认真贯彻落实中央关于乡村振兴的决策部署，全面推进农村人居环境综合整治。审计发现有12个市乡村振兴资金闲置，最长闲置时间达25个月；部分省定贫困村未完成雨污分流、污水处理设施建设；有5个市“四好农村路”路面硬化等专项任务完成率低于50%；个别市县高标准农田建设项目选址不当；个别市县未建立管护制度等问题。

资源环保审计 广东省审计厅组织完成对汕尾、肇庆、清远等3个市和广州番禺等21个县（市、区）2015年至2019年水、土地、森林、矿产等自然资源和相关生态环境保护情况进行审计。审计发现耕地保护方面有部分市、县（市、区）的基本农田耕地被违规占用；土地出让和管理方面有部分市、县（市、区）违规出让“毛地”或未编制控制性详细规划情况下出让土地，有部分县（市、区）违反决策程序出让土地，有个别市变相向企业返还土地出让金；矿产资源管理方面有部分市、县（市、区）存在对非法采石查处不力、矿山地质环境治理恢复任务不落实造成生态环境损害；海洋资源管理方面有个别市未建立海洋资源环境预警监测机制，海洋功能区划调整及报备工作滞后，部分海洋类指标未制定或未完成，森林资源管理方面有部分市、县（市、区）部分生态公益林耕地被违规占用，有部分市、县（市、区）未按规定制定林业“十三五”规划、湿地保护规划等林业规划，有部分市、县（市、区）的17个自然保护区、51个森林公园未制定总体规划，有部分县（市、区）的40个自然保护区未制定管理制度等问题。

金融审计 组织对全省落实国家和省稳金融政策措施情况进行审计调查。审计发现创业担保贷款服务小微企业力度弱，部分市县扶贫小额贷款使用不当，部分市县财政贴息管理不到位等问题。

外资运用审计 组织对省商务厅以及广州、深圳、珠海、佛山等9个市扩大对外开放积极利用外资若干政策措施（以下简称“广东外资十条”）实施情况进行专项审计调查。审计结果表明，相关地区、部门积极推进“广东外资十条”等政策措施的落实，取得较好的效果。审计发现部分地区促进外商投资政策措施落实不严格，外资研发中心税收优惠政策红利未能有效释放等问题。

企业审计 组织完成对铁投集团、粤海集团、粤科集团、出版集团等4户省属企业进行审计，并对省国资委监管18户企业重大投资和资产处置情况开展专项审计调查。审计发现企业部分重大事项决策执行不严格、项目投资管控不力、项目审批和管理不规范、经营管理不完善、财务管理不合规等问题。

信息化建设 广东省审计厅认真贯彻落实“数字中国”“网络强国”战略部署，主动融入广东省“数字政府”改革建设，加快推进以金审工程三期项目为核心的审计信息化建设，按照审计署“统一规划、两级部署、以用为本”的原则，有序完成项目工作机构成立、项目管理制度制定、项目实施计划和部署实施方案编制等工作，在“数字政府”框架体系下依托省政务云平台进行部署建设，截至2020年底项目所需基础设施已基本建成，以“一朵云、两张网、四大应用系统”为主要内容的集约化软硬件平台初具规模，项目部署建设进度走在全国前列。完善审计数据治理，对接省政务大数据中心以及相关部门单位、地方审计机关，扩展数据采集渠道和方式，截至年底数据中心积累的数据量增加至130TB，涉及行业领域20个。持续加强网络安全管理工作，认真落实网络安全主体责任，完善网络安全责任制度，定期排查安全风险隐患，积极参加各类网络攻防实战演习，全年未发生网络安全重大事件，网络安全和数据安全得到较好保障。

审计科研 广东省审计厅专门研究制订年度调研工作方案，巩固和深化前3轮“深调研”工作成果，聚焦推动问题解决、狠抓工作落实、科学谋划发展等3个方面，围绕涉及审计工作发展8个方面的长远性、关键性问题，深入基层审计机关开展调研，形成高质量的调研结果。组织开展审计促进经济高质量发展、全面深化改革、权力规范运行、反腐倡廉以及党建强审、人才强审、科技强审、质量强审、创新强审、制度强审等“六大强审工程”共两个方向10个专题的课题研究。组织深圳市审计学会申报的“审计项目审计组织方式‘两统筹’长效机制研究”课题获得中国审计学会年度重点科研课题立项通过，组织厅机关有关处室与中国审计学会合作开展“粤港澳大湾区大数据审计队伍建设路径研究”课题研究，成果汇报获中国审计学会会长的肯定。参与申报省财政厅“省内流域生态保护补偿资金运行机制研究”“限额以下政府购买服务管理机制研究”2项科研课题。深化政校合作方面取得重要进展，推动成立“国家审计与公共治理研究中心”和“南京审计大学粤港澳大湾区审计研究院（珠海）”两个审计研究基地。改版《广东审计》杂志。

内部审计 广东省内部审计机构开展内部审计项目7.21万个，发现问题金额897.95亿元，其中绩效类问题金额46.21亿元、合规性问题金额851.74亿元。审计发现问题整改金额502.79亿元，提出并采纳意见7.68万条，根据审计建议给予党纪处分183人，行政处分41人，内部纪律处分864人，向司法机关移送案件43件、涉案人员39人。组织对全省各地各部门贯彻落实《广东省内部审计工作规定》的情况进行全面调研，组织对省机场管理集团有限公司、省广晟资产经营有限公司、省能源集团有限公司等13家省属企业和广东外语外贸大学、广东财经大学等7家省属高校开展内部审计专项检查，组织对2019—2020年度所检查的24家省属企业开展内部审计专项监督检查整改落实“回头看”工作，进一步提升内部审计指导监督效能。11个内部审计集体、10名内部审计工作者分别获得全国内部审计先进集体和先进工作者评选表彰。组织对3家会计师事务所开展社会审计机构审计报告核查工作。

交办任务 组织广州、深圳、佛山、东莞审计机关联合组成2个审计组，采用“异地交叉”审计方式，完成对2019年9月至2020年9月期间广东省对口支援新疆工作前方指挥部、深圳市对口支援新疆工作前方指挥部及驻疏附县、伽师县工作队贯彻落实中央和省委省政府援疆政策、援疆项目组织实施、援疆资金管理和绩效等情况以及工作经费收支情况的跟踪审计。共跟踪审计项目101个，出具审计报告2篇；审计提出建议6条。审计结果表明，广东省对口支援资金较好地推动当地经济社会发展及民生改善，各项援疆工作扎实推进，项目财务收支基本遵守财经法规相关规定，大部分项目能够依法依规执行基本建设程序。审计发现部分项目序时进度慢、内部管理制度执行不严、部分项目资金拨付审核把关不严等问题。

相关工作 广东省审计厅党组把握审计机关作为政治机关和党的工作机构的职能定位，严格按照省委《关于建立健全坚决落实“两个维护”十项制度机制的意见》的要求，将习近平总书记重要讲话和重要指示批示精神作为政治要件，深入学习贯彻党的十九大和十九届二中、三中、四中、五中全会精神，认真学习贯彻习近平总书记出席深圳经济特区建立40周年庆祝大会和视察广东重要讲话重要指示精神以及对广东、对审计工作重要讲话和重要指示批示精神，贯彻落实省委全会精神，建立学习传达、研究部署、具体落实、跟踪督办的闭环机制，增强“四个意识”、坚定“四个自信”、做到“两个维护”。2020年，厅党组召开42次党组会议、4次理论学习中心组学习会，都严格落实第一议题制度。

开展“不忘初心、牢记使命”主题教育活动。省审计厅党组根据中央和省委的部署要求，牢牢把握“守初心、担使命，找差距、抓落实”的总要求，紧紧围绕理论学习有收获、思想政治受洗礼、干事创业敢担当、为民服务解难题、清正廉洁作表率的目标，以深入学习贯彻习近平新时代中国特色社会主义思想为主线，切实发挥厅领导班子和领导干部的示范带头作用，把主题教育与推进审计工作高质量内涵式发展、“审计质量提升年”活动和正在开展的各个审计项目结合起来，聚焦根本任务抓学习，坚持问题导向搞调研，以自我革命精神检视剖析，立行立改整改落实，扎实推进各项工作任务，确保主题教育取得扎实成效。广东省审计厅围绕“不忘初心、牢记使命”专题先后召开 4 次会议研究贯彻落实措施，安排 3 次 11 个专题集中学习研讨，确定 4 个调研课题 18 个方向。

开展模范机关创建活动。组织制订方案、细化措施、完善机制，坚持围绕中心、审计特点、问题导向和典型示范抓创建，广大党员干部的表率作用、创先意识显著增强。发挥政治机关优势，做好疫情防控工作，开展“学王烁、战疫情、强自信、建功业”活动，组建由 44 名党员干部参加的先锋突击队支持社区疫情防控工作，引导党员干部争做王烁式的好党员好干部。

深入推进基层党组织建设三年行动计划，印发党建工作要求和厅机关各党支部工作网格化规范，制定厅机关党支部规范化建设实施办法，督促各党支部细化落实“三会一课”制度。指导各党支部按规定进行换届选举，做好党员发展和转正等工作，确保组织健全、工作有序。深化为党员过“政治生日”、支部联学等创新措施，全面推行支部主题党日，督促各党支部过好过实组织生活。在审计组成立临时党支部，各临时党支部落实厅党组“五个一”要求，确保支部建设和审计成效全面提升。在省直机关党的工作会议和省直机关纪检监察工作会议上分别作经验交流。党建考核成绩在省直机关名列前茅。坚持党建带群建，持续加强群团组织建设。抓好离退休老干部工作。持续做好厅对口帮扶点下屯村扶贫脱贫工作。

（撰稿人：符闳弢）

【广州市审计局】 2020 年，广州市审计局实有 178 人。党组书记、局长黎子良，党组成员、副局长刘南群、钟晓山、陈启书、董学士（7 月—），党组成员、总审计师丘雷。设有中共广州市委审计委员会办公室秘书处、办公室、综合计划处等 17 个内设处室；下设广州市审计服务中心。

审计成果 2020 年，广州市审计局共完成审计项目 94 个。查出违规金额 1.99 亿元。审计提出建议 296 条，被采纳 562 条（含以前年度项目于当年被采纳建议数）；被批示、采用审计信息 117 篇次。

广州市审计局农业与资源环境审计处被授予“全国审计机关先进集体”荣誉称号。

政策落实情况跟踪审计 围绕夺取疫情防控和经济社会发展双胜利，对各区、各部门贯彻落实“六稳”、“六保”，“三促进”，清理拖欠民营企业中小企业账款，新增财政资金直达市县基层直接惠企利民等重大政策措施情况开展跟踪审计。

财政审计 运用大数据审计技术对市本级财政和 115 个预算部门开展数据分析，促进相关部门规范预算编制、纠正不合理不合规支出、压减低效无效支出，推动盘活沉淀资金和资产，严格预算约束和财经纪律，全力保障基本民生、基层政府正常运转。

三大攻坚战审计 开展 2020 年东西部扶贫协作跟踪审计，派员赴清远参加精准扶贫精准脱贫跟踪审计工作，进一步推动扶贫资金、政策落实。

疫情防控资金和捐赠款物专项审计 组织开展疫情防控专项审计，保障各项惠民暖企助企政策措施落到实处，为打赢疫情防控阻击战提供有力保障。

民生审计 围绕“民生十件事”，重点对高校毕业生就业环境、扩大中小学和幼儿园教育资源供给、保障性住房建设管理等情况进行审计。

经济责任审计 围绕促进权力规范运行，对 21 个单位主要领导履行经济责任情况开展审计。

固定资产投资审计 开展 23 个重大公共工程项目审计，深入剖析深层原因，揭示共性问题，通过落实整改，强化职能部门监管力度、提高项目管理水平、推动项目建设进度。

农业农村审计 开展广州市乡村振兴跟踪审计，在加快农业供给侧结构性改革、促进农民增收和乡村振兴中更好发挥审计监督作用。

资源环保审计 围绕促进生态文明建设，对 2 个单位开展资源环境审计。

企业审计 围绕推进国有企业做强做优做大，防止国有资产流失，进一步强化国有企业、国有资产审计监督。

（撰稿人：黄　羽）

【韶关市审计局】 2020 年，韶关市审计局实有 77 人。党组书记、局长钟定鸿，党组成员、副局长李秋月、毛考清，党组成员、总审计师罗文达。设有市委审计委员会办公室秘书科、办公室、计划和整改监督科、法规审理科、电子数据审计科、经济责任审计科、财政金融审计科、行政事业审计科、农业农村与生态环保审计科、固定资产投资审计科、经贸外资审计科、人事科、机关党委。

审计成果 2020年，韶关市审计机关完成审计项目209个。查出主要问题金额61亿元；发现非金额计量问题1306个；市本级出具的审计报告和综合报告得到韶关市委市政府主要领导批示30篇。为国家增收节支1450万元。审计促进整改落实有关金额11亿元；移送纪检监察、司法和有关部门处理事项38件。向被审计单位提出审计建议753条，被采纳744条。

政策落实情况跟踪审计 组织市、县（市、区）两级完成2020年国家和省重大政策措施落实情况跟踪审计，出具审计报告等81篇，审计发现问题170个，涉及金额4.1亿元。

财政审计 通过大数据审计手段，实现一级预算单位预算执行审计全覆盖，揭示同级预算执行、内部控制、财政资金绩效等方面存在问题46个，涉及金额15亿元。

经济责任审计 韶关市审计机关共完成经济责任审计项目87个，审计经济责任人99人，出具审计报告和审计结果报告193篇。

固定资产投资审计 开展韶关大道北及朝阳路断面改造、省道S342线南雄分水坳至雄州段路面改造、韶关市传染病综合大楼、韶关市国际会展中心等工程审计，为韶关市委市政府节约投资成本、加强项目管理提供有力参考。

疫情防控资金和捐赠款物专项审计 全市审计机关共派出11个审计组，104名审计人员参加疫情防控专项审计工作，揭示问题33个，督促整改33个、建立健全规章制度3项。

民生审计 组织开展2019年韶关市医疗保险基金审计项目、2019年至2020年6月困难群众基本生活保障政策落实和资金管理使用情况专项审计调查。

资源环保审计 组织开展仁化县黄坑镇、南雄市全安镇领导干部自然资源资产离任（任中）审计，韶关市辖三区2016年至2019年森林资源管护情况的专项审计调查，对韶关市山水林田湖草生态保护修复试点工程项目资金管理使用情况进行专项审计调查，助力韶关生态绿色发展。

内部审计 全市有26个单位设立独立内部审计机构，实有内部审计人员509人，开展审计项目497个，出具审计报告（含委托外部审计）297篇，审计报告反映问题金额3015.8万元。查出内部控制漏洞或管理不规范831项，促进增收节支金额1198万元。（撰稿人：朱丽娟）

【深圳市审计局】 2020年，深圳市审计局实有135人。党组书记、局长高圣元（—12月）、胡卫东（12月—），党组成员、副局长袁经、杨江涛（—12月）、郑奕新、胡重辉、彭爱萍（12月—），党组成员、总审计师宋令芳，深圳市审计局经济责任审计专业局局长袁经（兼），二级巡视员沈安利（—12月），一级调研员张志忠。设有办公室、综合计划处、法规审理处、整改监督处、大数据审计处、财政审计处、金融审计处、行政事业审计处、资金审计处、自然资源和生态环境审计处、企业审计处、固定资产投资审计处（重大项目稽察处）、机关党委（人事处）；下设直属经济责任审计专业局，主管深圳市审计学会。中共深圳市委审计委员会办公室设在市审计局，内设秘书处。

审计成果 2020年，深圳市审计局完成审计（调查）项目66个。查出各类问题金额66.11亿元；出具审计报告等96篇。移送处理事项105件，移送处理人员8人。审计提出建议256条；提交审计信息等71篇。

政策落实情况跟踪审计 对稳外贸、人才住房、政务服务、政府债券、5G建设、“惠企十六条”、粤港澳大湾区建设保障等政策措施落实情况开展跟踪审计，形成1篇数据分析报告获市领导批示、1个案例入选审计署审计教学案例。

财政审计 对市区620个部门开展审计，查出管理不规范金额2.57亿元，发现非金额计量问题11个，实现对市区一级预算单位审计和所有预算单位财政管理数据分析全覆盖。开展惠企利民财政直达资金、政府投资基金、高校财政经费专项审计，测算完成教育高质量发展目标的财政资金总量，为市政府专题研究解决教育投入事项提供决策依据。

疫情防控资金和捐赠款物专项审计 全市审计机关派出 11 个审计组、58 名审计人员开展疫情防控资金和捐赠款物专项审计，向相关部门单位发出审计建议函或风险提示函，审计财政专项资金 11.24 亿元、捐赠资金 1.03 亿元，推动整改问题 87 个，建立健全规章制度 37 项。

经济责任审计 审计市管领导干部 30 名，查出问题金额 16.26 亿元，发出移送处理书 35 份，移送违法违规问题线索 67 件、涉及金额 65.81 亿元。建立完善经济责任审计工作联席会议制度，推动召开经济责任审计工作联席会议。

专项审计 围绕政策贯彻落实、财政资金提质增效、民生事业发展、智慧城市建设等开展“贯彻落实新发展理念”专题绩效审计，反映四个方面 11 类问题，分别出具报告，依法作出审计处理。

大数据审计 建成财政行业审计数据规划库，实现市区两级预算单位财务数据统一采集、统一存储和统一管理，数据分析范围扩大至市区两级预算单位，形成市区审计机关纵向联动、市本级业务部门横向互动的大数据审计模式。

（撰稿人：黄小凤）

【珠海市审计局】 2020 年，珠海市审计局实有 71 人。党组书记、局长罗增庆，党组成员、副局长邓斌、邓榜成、陈娟、林树青，党组成员、总审计师黄耀文，副局长夏思红。设有办公室、法规审理科、整改监督科、内部审计监督科、电子数据审计科、经济责任审计科、政策跟踪审计科、财政与金融债务审计科、行政事业审计科、资源环保审计科、公共投资审计一科、公共投资审计二科、企业审计一科、企业审计二科；下设市审计局直属分局 1 个派出机构。市委审计委员会办公室设在市审计局，市委审计委员会办公室秘书科由市审计局代管。

审计成果 2020 年，珠海市审计局完成审计（调查）项目 42 个。查出主要问题金额 66.70 亿元，其中违规金额 3.33 亿元、损失浪费金额 0.35 亿元、管理不规范金额 63.02 亿元。审计处理处罚金额 4.99 亿元。促进整改落实有关问题资金 17.33 亿元；促进增收节支和挽回损失 20.06 亿元。

政策落实情况跟踪审计 开展 9 个政策跟踪审计项目，向市委审计委员会专报重要审计信息要目 4 篇和审计要情 2 篇，反映疫情防控、僵尸企业出清等工作问题，推动中央、省市重大决策部署得到贯彻执行。

财政审计 统筹市区审计机关上下联动实施 2019 年度市区财政预算执行审计。推进财政审计全覆盖，促进 25.22 亿元债券资金拨付使用，统筹盘活存量资金 0.49 亿元。

固定资产投资审计 开展 5 个工程审计项目，关注政府及市属国有企业投资工程绩效，推进有关单位整改，为后续多个政府投资工程节约大量投资资金。

经济责任审计 对 12 个单位 17 名主要领导开展经济责任和自然资源资产离任（任中）审计，强化对权力运行的制约和监督。

资源环保审计 开展资源环境审计项目 4 个，参与审计署、省审计厅及市审计局组织实施审计项目 6 个，参与省委巡视、市委巡察工作各 1 项。探索试行“资源环境审计＋”、成果共享模式。

企业审计 建立派驻市属国有企业审计专员监督制度体系，建立领导班子挂点联系国有企业和科室对口联系政府部门措施。开展对 4 家市属国有企业专项审计，促进企业整改问题金额 6871.34 万元，促进增收节支 3222.61 万元。

内部审计 聚焦发挥基础防线作用，扎实推进内部审计工作。对 89 个市本级单位和国企开展专项审计调查，揭示内部审计工作存在的薄弱环节，推动全市内部审计制度不断完善。

审计查出问题整改 聚焦完善制度机制，扎实推进审计整改工作。促进整改落实有关问题资金 17.33 亿元，其中增收节支 6.56 亿元，已调账金额 10.77 亿元；审计促进拨付资金到位 1.74 亿元；促进被审计单位建章立制 26 项。

相关工作 全面落实“党建强审”战略。打造“审计先锋，财经卫士”党建品牌，深入开展“两个专项整治”，扎实推进纪律教育学习月活动，坚决落实巡察整改任务。构建“四大平台”，更好发挥审计监督的职能作用。改革年度审计项目计划执行模式，推动市委市政府中心工作。强化审计过程监督，提前预警重大问题风险。推进珠海市审计全覆盖服务平台项目立项和前期审批工作，提高审计监督质量效率。推动南京审计大学粤港澳大湾区审计研究院落地珠海，有效利用南京审计大学的审计信息化科研力量。坚持走市场化道路，打造高级审计专业人才生力军。实行岗位级别考评，提升高级审计人才岗位吸引力。严格教育管理，有力保障审计独立性和专业性。贯通“纪巡审”监督合力，做好审计整改“后半篇文章”。推进整改结果公开，压紧压实被审计单位审计整改主体责任。强化部门联动协调配合，推动审计查出问题整改落实。加大公务员和审计助理招聘力度，向社会公开招聘审计员派驻市属国企，提高专业人才比例，建立符合审计职业特点的审计队伍。印发《珠海市审计局派驻市管企业审计专员办事处管理暂行规定》及配套文件，推动派驻市管企业审计专员制度改革落实落地。加强干部队伍的培训，全年共举办“审计业务大讲堂”16期，打造“技高一筹、技严一筹”的高素质队伍。（撰稿人：梁启敏）

【汕头市审计局】 2020年，汕头市审计局实有68人。党组书记、局长谷元新，党组成员、副局长谢少勇、郑奕斌、卢晓云、许志东，党组成员、总审计师方文平，党组成员、三级调研员谢火燕、陈艾龙。设有市委审计委员会办公室秘书科、办公室、综合法规科、财政金融审计科、行政政法审计科、企业审计科、固定资产投资审计科、教科文审计科、农业农村与自然资源生态环境审计科、社会保障审计科、经济责任审计科、整改监督科；下设市计算机审计中心。

审计成果 2020年，汕头市审计机关共完成审计项目145个，其中审计133个、专项审计调查12个。查出主要问题金额954093万元，其中违规金额14880万元、管理不规范金额939212万元；审计发现非金额计量问题1046个；损益（收支）不实金额20926万元；出具审计报告和专项审计调查报告224篇，被批示、采用6篇次。审计处理处罚金额23775万元，其中应上缴财政12695万元、应减少财政拨款或补贴1319万元、应归还原渠道资金2441万元、应调账处理金额7318万元；移送司法机关、纪检监察机关和有关部门处理事项4件，移送处理人员2人，移送处理金额237万元。审计促进整改落实有关问题资金19337万元；审计后挽回（避免）损失1342万元；核减投资额1327万元；移送处理落实事项1件，移送处理落实人员1人。审计提出建议305条，被采纳192条；推动被审计单位制定整改措施48项；促进被审计单位建立健全规章制度40项；提交审计信息86篇，被批示、采用23篇次。向社会公告审计结果8篇。

政策落实情况跟踪审计 开展促进优化营商环境、促进就业优先、“粤菜师傅”工程、革命老区和原中央苏区振兴发展情况等审计，推动深化改革，促进中央、省、市各项重大政策措施落地生效。

财政审计 成立市级财政预决算审计全覆盖办公室，加大本级财政预算执行和决算草案审计力度；开展市、县（市、区）一级预算单位部门预算执行情况审计全覆盖，首次实现一级预算单位100%全覆盖目标。

三大攻坚战审计 开展汕尾市精准扶贫精准脱贫、农村生活污水治理暨“源头截污、雨污分流”建设、澄海区原区长自然资源资产离任、全市政府债券资金管理使用情况等审计（调查）项目，促进提高发展质量和效益，防范化解重大风险，助力决战决胜小康社会。

疫情防控资金和捐赠款物专项审计 开展疫情防控资金和捐赠款物专项审计监督，保障财政资金和捐赠款物真正用到实处，全力服务疫情防控大局和经济社会发展。

民生审计 开展中心城区学前教育情况、基本公共卫生服务政策落实情况及资金管理使用绩效等审计，增进民生福祉。组织对重大城市垃圾处理设施等建设项目进行审计，促进政府投资健康运行。

经济责任审计 充分发挥经济责任审计工作联席会议监督合力，组织对17个单位的领导干部任期履行经济责任情况进行审计，强化对权力运行的制约和监督，促进依法行政。

信息化建设 加快推进金审工程三期建设，

完成机房改造和审计数据分析室建设；开展大数据审计，自行开发数据整理和数据分析模型，建立新农村建设工程大数据审计平台，提高审计监督能效。

内部审计 全市现有内部审计机构 107 个，内部审计人员 393 人。全年开展审计项目 2039 个，审计发现问题金额累计 65213.32 万元，查出内部控制漏洞或管理不规范等问题 3032 个。

相关工作 不断健全和完善党领导审计工作的制度机制，加强审计工作的系统谋划和统筹协调。开展基层审计机关党的工作调研和《创新审计临时党支部工作机制课题调研》，提出“两表一报告”临时党支部工作法，推进机关党建规范化发展。积极引进高层次专业人才，优化干部队伍结构，增强审计发展后劲。（撰稿人：陈思彤）

【佛山市审计局】 2020 年，佛山市审计局实有 59 人。党组书记、局长何内，党组成员、副局长温美球、金娥、李伟利、蓝杰，总审计师谢慧茹，党组成员、市经济责任审计联席会议办公室主任李泽斌。设有市委审计委员会办公室秘书科、办公室、法规审理科、整改监督科、经济责任审计科、财政审计科、行政事业审计科、固定资产投资审计科、企业审计科、社会保障审计科、绩效审计科、数字化审计科。

审计成果 2020 年，佛山市审计机关共完成审计项目 95 个。查出主要问题金额 1879165.89 万元，其中违规金额 66888 万元、损失浪费金额 16232.96 万元、管理不规范金额 1796044.93 万元；审计发现非金额计量问题 948 个；出具审计报告和专项审计调查报告 227 篇。审计期间整改金额 130169.48 万元，为国家增收节支 90538.54 万元，减少财政拨款或补贴 774.09 万元，归还原渠道资金 45193.36 万元。审计后挽回（避免）损失 1345.26 万元；审计移送处理事项 32 件。向被审计单位或有关单位提出审计建议 366 条；促进建立健全规章制度 241 项；提交信息、审计专题、综合性报告 279 篇。向社会发布审计结果公告 13 篇。

佛山市审计局实施的佛山市顺德区陈村镇原党委书记、党委书记、原镇长、镇长任职期间经济责任履行情况同步审计项目被审计署评为 2019 年度全国市级审计机关优秀审计项目三等奖。

政策落实情况跟踪审计 紧紧围绕“1＋1＋9”工作部署，聚焦“双区”建设、构建“一核一带一区”区域发展新格局、“六稳”“六保”等重大政策措施加强审计监督，开展佛山市 28.27 亿元新增财政资金直达市县基层直接惠企利民情况专项审计，审计抽查单位 183 个，发现问题涉及金额 2.88 亿元。专题调研政府投资项目代建管理、政府采购、招标投标，推动《关于深化政府招标采购“放管服”改革促进制造业高质量发展的实施意见》等 7 份市级指导文件出台，助力增创佛山营商环境新优势。

财政审计 对 87 个单位进行预算执行和决算审计，延伸审计单位 592 个。审计发现专项资金提前拨付，1.54 亿元结存资金长期滞留在单位专户，督促收回项目资金 6500 万元；对企业扶持类的财政专项资金管理使用情况审计，发现因评审不严导致 4 户企业多领专项补助资金，追回违规获取的补助 59.83 万元。佛山市审计局在促进全面深化改革方面，向市政府提交审计专报，并获得市主要领导的批示，促进完善管理制度 2 项。佛山市审计局首次探索以“云会议”方式打造高效无界限的审计交流平台，统筹督导推进全市财政全覆盖审计工作。

疫情防控资金和捐赠款物专项审计 佛山市审计局对疫情防控财政资金和捐赠款物进行审计，通过审计，摸清财政资金和捐赠款物底数，推动税费减免、财政贴息、贷款优惠等政策精准到位，促进 11.41 亿元财政资金、0.53 亿元捐赠资金、2.05 亿元专项再贷款资金规范管理、发挥资金效能。

民生审计 对佛山市 2019 年市级统筹社会保险基金预算执行情况进行审计，发现存在社会保险财政补助资金拨付不到位等方面的问题。通过审计，揭露基金在筹集、管理、使用方面存在的突出问题，促进各级政府提升社保基金预算编制管理水平。

经济责任审计 对 26 个单位主要责任人进行经济责任审计，查出违规金额 21.15 亿元，提交审计报告和审计结果报告 61 篇；提出审计建议 26 条；向佛山市纪检监察机关移送违法违纪案件线索 12 件，涉及 25 人，涉及金额达 11.06

亿元；审计期间落实整改金额1.06亿元。完成全市32个镇街党政主要领导干部经济责任审计的五年轮审目标，实现镇街党政主要领导干部经济责任审计全覆盖。佛山市审计机关组成审计组，参与广州市荔湾区党政主要领导干部经济责任异地同步审计项目。

固定资产投资审计 对重大交通建设、民生工程等领域进行审计监督，对佛山市城市轨道交通二号线一期工程、市妇女儿童医院工程等13项重点工程的资金筹集使用和建设管理情况进行审计，查出主要问题金额145559.16万元，重点揭露资金使用、工程招标和质量安全管理等方面存在的问题，并提出审计建议61条，有效防范潜在的问题与风险。促进出台市级制度文件9份，向市、区两级政府机关提交审计专报7份，向有关部门移送案件线索5件。

企业审计 重点加强国有企业改革领域的审计监督，查出问题金额1.8亿元，上缴财政1.47亿元。审计发现的问题及时向政府递交专题报告，市领导批示主管部门要完善监管办法，建立健全规章制度，规范国有资产管理。

审计查出问题整改 佛山市审计局对6个镇（街道）、13个部门单位共427个问题进行实地跟踪督查整改落实，审计整改率73%，涉及整改问题金额21.73亿元，制定完善制度135项。通过政府网站等媒体向社会公开审计发现突出问题的整改报告，实现审计整改闭环管理，提高审计整改质量。

信息化建设 金审工程三期终端部署和数据分析网设备接入工作稳步推进。“佛山市审计局数字化审计平台（一期）”投入使用，二期项目启动建设，开发并维护近150个分析模型，对佛山市本级75个预算单位的财政财务数据和大财政数据进行全方位多维视角分析，提供疑点线索3000多条，查出问题160多个，涉及金额约20亿元。

内部审计 佛山市审计局开展内部审计指导监督，抽查相关单位内部审计报告，推动相关单位开展内部审计工作；组织编制《2017—2020年度佛山市内部审计优秀论文集》，作为佛山市内部审计工作重要的交流材料，促进佛山市内部审计工作水平提升；协助里水镇审计工作办公室成功获评全国内部审计先进集体。

（撰稿人：朱志红）

【江门市审计局】 2020年，江门市审计局实有71人。党组书记、局长陈新汉，党组成员、副局长梁小玲、凌健能、郑子明，党组成员、总审计师梁兆政，副局长林文宇，党组成员、市经济责任审计工作联席会议办公室主任朱伟俊（7月—），二级调研员林伟雄。设有办公室、综合计划科、法规审理科、整改监督科、电子数据审计科、经济责任审计科、财政审计科、行政事业审计科、农业与资源环境审计科、固定资产投资审计科、企业审计科、社会保障审计科、人事科。设置市委审计委员会办公室秘书科。

审计成果 2020年，江门市审计机关完成审计（调查）项目180个。查出主要问题金额124.46亿元，其中违规金额5407万元、损失浪费金额128万元、管理不规范金额123.9亿元；审计发现非金额计量问题1022个；损益（收支）不实金额5.92亿元；审计发现侵害人民群众利益613万元；出具审计报告和专项审计调查报告258篇，被批示、采用22篇次。审计处理处罚金额5.19亿元，其中应上缴财政4453万元；移送司法机关、纪检监察机关和有关部门处理事项49件，移送处理金额1.59亿元。审计提出建议584条，被采纳544条；促进被审计单位建立健全规章制度18项；提交审计信息90篇。向社会公告审计结果17篇。

政策落实情况跟踪审计 重点关注江门市2020年落实国家和省东西部扶贫协作政策措施情况，减税降费、减免返还社保费和缓征住房公积金、推动分区分级精准复工复产、推动全面强化稳就业举措、推动切实保障基本民生、推动复工复产复市（稳就业、保市场主体）、促进优化营商环境等方面政策措施落实情况，“粤菜师傅”工程实施情况，江门市现代农业产业园建设推进情况。抽审单位226个，抽审项目53个，发现问题31个，涉及金额756.22万元。

财政审计 深化省、市、县（市、区）三级财政“纵向到底”全覆盖审计，与市本级2019年度财政预算执行审计项目相结合，开展政府投资基金、存量资金、新增政府债券等专题审计。

首次实现全部市直 90 个一级预算单位的预算执行“横向到边”全覆盖审计，查出预算编制不科学、项目预算执行率方面涉及问题 10.44 亿元，应缴未缴非税收入 2144.70 万元，违规支出财政资金 135.61 万元。

三大攻坚战审计 完成第 3 轮广西崇左东西部扶贫协作跟踪审计、市级精准扶贫精准脱贫专项审计；开展蓬江区、开平市政府主要领导任期自然资源资产审计，江门市 2019 年潭江水资源保护资金专项审计，固体废弃物综合管理资金审计。

疫情防控资金和捐赠款物专项审计 重点审计 2.18 亿元财政资金，延伸各级财政、工信、疾控中心、红十字会等 52 个单位，促进加快分配使用疫情防控资金 519.36 万元、物资 41.65 万件，推动 3 个单位建立健全规章制度 5 项。

民生审计 对江门市 2019 年度本级社会保险基金预算执行情况、江门市 2019 年残疾人事业发展专项资金进行审计。

经济责任审计 对 83 名领导干部开展经济责任审计，其中县处级领导 12 人，乡科级领导 67 人，地方企业、金融机构 4 人。查出违规金额 5583 万元，审计发现侵害人民群众利益金额 613 万元，增收节支 3636 万元，审计提出建议 326 条，被采纳 309 条。开展镇街党政主要领导干部任期经济责任异地同步审计，审计镇（街）9 个，领导干部 16 人。

固定资产投资审计 对省道 S70 线江门新会虎坑大桥扩建工程进行专项审计，开展江门市基层建设项目招标及采购执行情况调查，督导基层政府及时清理“层层加码”的不合规文件。

企业审计 对江门市交通投资建设集团有限公司 2019 年财务收支情况和企业主要领导任期履行经济责任情况进行审计。

信息化建设 推动金审工程三期建设；推进财政数据标准化采集，对商事登记、不动产、资产管理等数据进行收集和分析。

交办任务 全力配合做好江门市党政主要领导经济责任审计整改工作，对审计整改全过程进行督导，协调解决难度较大的整改事项，督促有关部门完成整改问题 24 个。配合市政府做好国务院第七次大督查中“中央预算执行和其他财政收支审计查出问题整改”专项工作，推动审计指出的 10 个问题落实整改等。（撰稿人：李凌宇）

【湛江市审计局】 2020 年，湛江市审计局实有 62 人。党组书记、局长梁亚雄，党组成员、副局长宋进耀、王忠、苏云峰、曹敏，党组成员、三级调研员李驰，市经济责任审计工作联席会议办公室主任许颖，二级调研员符强、喻树武、陈苏平，四级调研员唐辉、郝成胜。设有市委审计委员会办公室秘书科、办公室、综合计划科、法规审理科、整改监督科、内部审计指导监督科、电子数据审计科、经济责任审计科、财税金融审计科、行政事业审计科、自然资源和生态环境审计科、固定资产投资审计科、企业审计科、社会保障审计科、机关党委办公室、派出审计科；下设直属分局、审计专员办。

审计成果 2020 年，湛江市审计机关完成审计和审计调查项目 135 个，其中审计 125 个、专项审计调查 10 个。查出主要问题金额 267.08 亿元，其中违规金额 1.9 亿元、管理不规范金额 265.13 亿元；审计发现非金额计量问题 889 个；损益（收支）不实金额 10.92 亿元；审计发现侵害人民群众利益金额 4.38 亿元；出具审计报告和专项审计调查报告 331 篇。审计处理处罚金额 14.48 亿元；移送处理事项 22 件，移送处理金额 4273.63 万元。审计促进整改落实有关问题资金 26.11 亿元；促进拨付资金到位 1.86 亿元。提出审计建议 443 条，被采纳 257 条；推动被审计单位制定整改措施 180 项；促进被审计单位建立健全规章制度 63 项。

政策落实情况跟踪审计 共发现问题 114 个，涉及资金 14.86 亿元。促进及时下达和落实疫情防控资金或捐赠物资 202.97 万元；减少或清退违规收费 648.43 万元，清理拖欠民营企业账款 4758.61 万元，落实对企业财政补助 853.6 万元，促进稳就业财政资金发挥效益 858.65 万元，促进扶贫、乡村振兴资金发挥效益 59.32 万元。开展新增财政资金直达市县基层直接惠企利民情况专项审计，直接惠及全市企业 240 多户、群众 90 多万人。

财政审计 实施财政审计全覆盖，完成财政类审计 130 个，延伸审计 452 个单位，审计专项资金总额4.77亿元，查出主要问题金额200.18亿元。

经济责任审计 审计48名领导干部，查出主要问题金额12.8亿元。出台《湛江市经济责任审计工作联席会议议事规则》和《湛江市经济责任审计工作联席会议办公室工作规则》。

固定资产投资审计 完成项目7个，审计项目投资额1.14亿元，发现主要问题金额5679.95万元。

企业审计 完成项目4个，延伸审计单位2个，查出主要问题金额64.29亿元。

信息化建设 大数据审计建立数据分析模型360多个，收集电子数据10多TB。

内部审计 全市内部审计机构共120个，内部审计人员368人。完成审计项目4608个，发现问题金额2.31亿元，整改金额9761.38万元，制定、完善制度180项。 （撰稿人：陈家骅）

【茂名市审计局】 2020年，茂名市审计局实有74人。党组书记、局长黄晓文，党组成员、副局长李家胜、梁文超，党组成员、总审计师冯广周，党组成员、三级调研员赖贤海，党组成员、四级调研员罗华，副局长柯筱兰。设有市委审计委员会办公室、办公室、综合计划科、法规审理和整改监督科、经济责任审计科、财政金融社保审计科、行政政法教文审计科、农业农村和资源环境审计科、固定资产投资审计科、企业审计科、党建工作科、电子数据审计科；下设茂名市审计事务中心。

审计成果 2020年，茂名市审计机关完成审计（调查）项目175个。审计查处主要问题金额168.34亿元，其中应上缴财政3.57亿元。核减虚增工程造价7171万元；移送问题线索8件。向党委政府提交综合性审计报告27篇，19篇得到市（县）主要领导批示。

政策落实情况跟踪审计 开展跟踪审计项目13个，查出主要问题金额1.62亿元。审计提出建议22条。

财政审计 审计查处主要问题金额121.09亿元，审计后应上缴财政3.07亿元，促进优化财政支出结构，提高财政资金使用绩效。

疫情防控资金和捐赠款物专项审计 审计查出疫情防控财政专项资金、捐赠款物、重点保障企业贴息贷款、防疫物资生产保障等4方面的53个问题，涉及金额5393.75万元、防疫物资283257件（套）。

民生审计 把打好三大攻坚战作为2020年审计的重点工作任务，强化民生审计，向有关部门移送案件线索2件，推进民生项目规范运行。

经济责任审计 组织实施73名党政主要领导干部经济责任审计，查出主要问题金额10.23亿元。审计后应上缴财政4432.33万元、应归还原渠道资金79.19万元，向纪监委及有关部门移送案件线索6件。

固定资产投资审计 开展投资审计项目12个，审计查出主要问题金额7311万元，核减虚增工程造价7171万元。

资源环保审计 审计查出主要问题金额1329万元，在推进“千村示范、万村整治”工程中发挥好审计监督保障作用。

企业审计 开展国有企业审计4个，查出主要问题金额33.14亿元。

信息化建设 实现市、县（市、区）财政“横向到边、纵向到底”审计，38条数据分析模型列入省审计厅异地经济责任审计分析库，3篇PPP专项数据分析报告收入投资处数据分析指南。

交办任务 常态化开展落实中央八项规定精神，派员参加市委巡察等专项检查。

相关工作 持续开展党风廉政建设工作，扎实推进学习型、服务型、创新型党组织建设，着力打造高素质专业化干部队伍。 （撰稿人：黄秋华）

【肇庆市审计局】 2020年，肇庆市审计局实有63人。党组书记、局长卓萍，党组成员、副局长苏汉中（—4月）、李铖，党组成员、副局长、三级调研员闲建中（4月—），党组成员、市经济责任审计联席会议办公室主任余卓怡，党组成员黎凯文，一级调研员何炼生，二级调研员苏汉中（12月—）。设有办公室、审计计划科（内部审计指导监督科）、综合法规科、整改监督科、电子数据审计科、财政金融债务审计科、行政政法事业审计科、经济责任审计科、农业及社会保障审计科、资源环境审计科、企业和涉外审计科、固定资产投资审计科等；下设审计中心。

审计成果 2020年，肇庆市审计机关完成审计（调查）项目151个，其中审计115个、专项审计调查36个。查出主要问题金额72.96亿元，其中违规金额1.27亿元、损失浪费金额1.06亿元、管理不规范金额70.63亿元；审计发现非金额计量问题814个；损益（收支）不实金额8.56亿元；审计发现侵害人民群众利益0.22亿元；出具审计报告和专项审计调查报告257篇，被批示、采用7篇次。审计处理处罚金额2.77亿元，其中应上缴财政0.96亿元、应归还原渠道资金0.32亿元、应调账处理金额1.50亿元；移送司法机关、纪检监察机关和有关部门处理事项27件，移送处理金额18.87亿元。审计促进整改落实有关问题金额10.27亿元；审计促进拨付资金到位2亿元；移送处理落实事项6件。审计提出建议442条，被采纳310条；推动被审计单位制定整改措施456项；促进被审计单位建立健全规章制度25项；提交审计信息257篇，被批示、采用94篇次。向社会公告审计结果12篇。

政策落实情况跟踪审计 重点关注疫情防控重点保障企业复产复工落实、新增财政资金直达基层惠企利民、5G基站建设、"南粤家政"、优化营商环境、东西部扶贫协作等政策措施贯彻落实情况，推动政策措施落地生根、资金高效使用、项目加快实施。

财政审计 以市带县首次实现全市财政预算执行"纵向到底"、613家一级部门预算执行"横向到边"审计全覆盖，得到省审计厅和市人大常委会充分肯定，在全省审计机关集中整训会上作经验介绍。初步建立起服务全市审计"全覆盖"的电子数据收、管、用、存的采集、报送、储存长效机制和"集中分析、系统研究、发现疑点、分散核实、精准定位"的审计模式。

三大攻坚战审计 围绕民生热点难点和打好三大攻坚战，开展精准扶贫精准脱贫、乡村振兴跟踪交叉审计，以及对全市污水处理设施建设和运营情况、基本公共卫生服务项目进行审计调查，推动产业扶贫等项目落实到位，规范精准使用资金，提升基本公共卫生服务能力和水平。

疫情防控资金和捐赠款物专项审计 调配市县两级审计力量58人次开展专项审计，督促及时分配下拨专项资金1943万元、物资17.18万件（套），及时纠正资金使用、物资采购、出入库管理等问题64个。

经济责任审计 全市完成58名领导干部任期经济责任审计，查出问题金额4.9亿元，其中界定领导干部直接责任8366万元，移送处理事项11件。配合省审计厅完成清远市连南县县委书记县长经济责任异地同步审计以及自然资源资产离任审计。

固定资产投资审计 组织对肇庆大桥扩建项目、东调洪湖建设工程、肇庆新区中心小学建设工程等14个重点政府投资项目审计，揭示项目前期工作统筹推进不力、可行性研究缺乏深度、建设进度滞后等问题，涉及金额3.51亿元。

资源环保审计 统一组织全市审计机关开展河长制政策落实、固体废物综合管理情况审计，以河湖治理，工业危险废物、医疗废物、污泥处置监管，生活垃圾无害化处理等专题为切入点，发现风险隐患，推动强化源头管控。

企业审计 深化国有企业和国有资本审计监督，结合经济责任审计，对1家市直国有企业财务收支情况审计。

审计查出问题整改 创新"发函告知、清单管理、专人指导"整改模式，加强对审计整改跟踪督促检查和动态管理，实现审计、整改、建章立制一体化推进。2019年全市审计工作报告反映的问题整改完成率达到90%，形成以整改促发展工作格局。

交办任务 完成市委市政府交办的肇庆市拆旧复垦工作专项审计调查、行政事业单位闲置资产专项审计调查、政府投资项目建安成本调研等工作。

相关工作 全面落实管党治党责任，严格落实第一议题制度，创建"把支部建在审计点上"特色品牌，以党建及模范机关创建工作引领审计业务，严格落实纪律教育常态化，推动审计助理人员制度落地生效。 （撰稿人：严颖璐）

【惠州市审计局】 2020年，惠州市审计局实有49人。党组书记、局长陈雪梅，党组成员、副局长、二级调研员赖巨龙，党组成员、副局长、三级调研员叶肖彬，副局长、三级调研员李思，二级调研员骆英华、雷玉霖，三级调研员刘保瑞，四级调研员王启彝、韦启明。中共惠州市委审计委员会设在市审计局，并专设市委审计委员会办公室秘书科；市审计局内设办公室、法规审理科、综合计划科、电子数据审计科、整改监督科、财政税务审计科、经济责任审计科、固定资产投资审计科、企业审计科、行政事业审计科、自然资源和生态环境审计科。

审计成果 2020年，惠州市审计局共完成审计（调查）项目43个。共查出违规金额3737万元。审计后应上缴财政资金1143万元、应减少财政拨款或补贴10052万元、应归还原渠道资金2603万元；移送处理事项29件。

政策落实跟踪审计 完成2015—2018年度科技企业孵化育成体系建设政策落实和相关资金管理使用绩效情况审计调查，开展减免返还社保费情况、援企稳岗情况、促进重点人群就业创业情况、重大项目推进情况、减税降费情况等审计调查工作。

财政审计 完成2019年度市本级财政预算执行、决算草案和其他财政收支情况审计工作。分别完成大亚湾开发区、仲恺高新区2019年度财政预算执行、决算草案和其他财政收支情况审计工作。完成惠东县白花镇、博罗县公庄镇、龙门县龙田镇2018年度财政决算审计工作。以大数据审计为主要审计方式，首次实现对89个市直一级预算单位2019年度预算执行和其他财政收支情况全覆盖审计工作。

经济责任审计 完成市人力资源和社会保障局、市总工会、市残联、市国土资源局大亚湾分局、大亚湾开发区社会事务管理局主要负责人和市供销社、市水务集团主要领导人员履行经济责任情况审计工作。完成惠阳区三和街道、惠东县白花镇、博罗县公庄镇、龙门县龙田镇党政主要领导干部履行经济责任情况审计工作。根据省委审计委员会办公室、省审计厅授权，完成惠东县人民法院主要负责人履行经济责任情况审计工作。

固定资产投资审计 完成G205国道改造示范工程惠州段路面改造工程竣工决算审计。开展惠州北站综合交通枢纽市政配套工程项目、惠州南站综合交通枢纽市政配套工程项目、中韩（惠州）产业园起步区项目、韶惠高速惠龙段项目、惠州工程技术学校三期工程、市现代农业示范园、惠州市巡特警反恐实战训练基地及刑侦检验技术中心项目跟踪审计调查工作。完成2016年至2018年市政府投资项目建设情况审计调查工作。

企业审计 完成市水务集团有限公司、交通投资集团有限公司、城市建设投资集团有限公司、港口投资集团有限公司2018年度财务收支情况审计工作。完成市属国有及国有控股企业现状专项审计调查、进一步扩大对外开放积极利用外资若干政策措施实施情况专项审计调查工作。

民生审计 完成2017年至2018年市农业专项资金管理使用情况审计调查工作。完成惠州市应对疫情防控资金和捐赠款物专项审计工作。开展市事故隐患检查处理及整改情况跟踪审计调查工作。

资源环保审计 完成惠州市西枝江水系2017年至2018年水质保护情况审计调查工作。完成龙门县龙田镇原党政主要领导干部自然资源资产离任审计。

审计查出问题整改 市审计局受市政府委托向市人大常委会报告2019年度市本级预算执行和其他财政收支审计查出突出问题的整改情况。通过整改，促进增收节支141994万元，其中上缴财政72020万元、减少财政拨款或补贴金额106万元、归还原渠道资金69868万元，促进资金拨付到位103602万元，挽回（避免）损失浪费8717万元。 （撰稿人：侯文芳）

【梅州市审计局】 2020年，梅州市审计局实有50人。党组书记、局长刘鸿涛（—9月）、丘加悦（9月—），党组成员、副局长练清万、冯玉涛、刁向晖、张敬浩（7月—），四级调研员凌静娜、张敬浩（—7月）。中共梅州市委审计委员会办公室设在市审计局，设置市委审计委员会办公室秘书科；梅州市审计局设有办公室、综合计划财务科、法规审理科、整改监督与内部审计指导科、财政金融债务审计科、行政事业审计科、经济责任审计科、农业农村与资源环保审计科、固定资产投资与企业审计科、社会保障审计科、电子数据审计科；下设梅州市审计局绩效审计室、梅州市审计局计算机审计中心。

审计成果 2020年，梅州市审计机关累计完成审计（调查）项目188个。查出违规金额7553万元。审计后应上缴财政资金6668万元；向有关部门移送事项24件。市委审计委员会召开2次全体会议，市委审计委员会主任、副主任对市委审计委员会办公室报送的请示报告批示28件。

梅州市审计局获省委省政府2018—2020年度“广东省文明单位”称号，获“梅州市文明单位”“先进基层党组织”称号。蕉岭县审计局获中央审计委员会办公室、人社部、审计署“全国审计机关先进集体”称号。

政策落实情况跟踪审计 围绕“六稳”、“六保”、打好三大攻坚战等重大决策部署，开展新增财政资金直达市县基层直接惠企利民情况、清欠民营企业账款、稳投资、支持企业复工复产、“粤菜师傅”工程等跟踪审计。其中“粤菜（客家菜）师傅”审计专报得到市政府主要领导批示，为解决“粤菜（客家菜）师傅”工程人才培养问题提供决策依据。

财政审计 探索以“核心＋专题”模式深化审计内容，在加强预算执行和其他财政收支审计基础上，重点增加学前教育资金管理使用、债券资金管理使用等8个专题，拓展财政审计的宽度与广度。首次对市级133个一级预算单位实现预算执行情况审计全覆盖，促进13个单位将存量或沉淀资金8764.37万元、3个单位将非税收入470.02万元上缴市财政；统筹市县力量，通过“县采集、市分析”，组织对413个县级一级预算单位开展部门预算执行情况审计全覆盖工作。

疫情防控资金和捐赠款物专项审计 围绕各级财政安排的疫情防控资金、疫情防控社会捐赠物资等开展专项审计，促进及时分配使用结存的捐赠资金1038万元。

民生审计 扩大民生审计的覆盖面，开展“四好农村路”专项资金、社保基金、市职校实训楼工程项目建设等的审计。

经济责任审计 健全经济责任审计工作联席会议制度，建立实行领导干部经济责任任前告知制度。全年共对20名领导干部实施经济责任审计，查出主要问题金额47685万元。

资源环保审计 开展全市污水处理设施建设及运营情况审计，并在乡镇经济责任审计中同步对3个镇党政主要领导干部实施自然资源资产离任（任中）审计。

企业审计 制订新组建的4家市管国有企业轮审计划。组织对市级一级预算单位经营性资产管理情况审计调查。首次开展对政策性融资担保公司的资产负债损益情况进行专项审计，查出主要问题金额10095万元。

信息化建设 增设电子数据审计科，建成数据分析室，组建数据分析团队，建立数据定期采集制度，做好金审工程三期部署准备工作，加强大数据审计在部门预算全覆盖、社保审计、经责审计等领域的运用。推动局机关使用OA办公系统，实现无纸化办公。

相关工作 落实“党建强审”，召开专题学习会40余次，举办“学思讲坛”5期，开展现场教学活动5次；创新“审计组＋临时党小组”模式，建立为党员过“政治生日”制度，编印理论学习“三会一课”笔记本，并将“审计自省十问”入册上墙；紧扣“技高一筹、纪严一等”的要求，落实“两签订两提交两反馈”，采取以案说法等方式开展警示教育16次。2020年，4名审计人员通过审计中级职称考试，引进审计相关专业急需紧缺人才2名。（撰稿人：陈媚媚）

【汕尾市审计局】 2020年，汕尾市审计局实有54人。党组书记、局长李林顺，党组成员、副局长林海生、赵国华、纪永坤，党组成员、总审计师吴燕。设有办公室、法规审理科、财税金融审计科、行政事业审计科、农业农村审计科、经济贸易审计科、固定资产投资审计科、整改监督科、经济责任审计科、政策跟踪审计科、自然资源和生态环境审计科、电子数据审计科、内部审计指导监督科；下设汕尾市审计局审计中心。

审计成果 2020年，汕尾市审计机关共完成审计和审计调查项目83个。查出主要问题金额798210万元。审计处理处罚金额65042万元；审计促进整改落实有关问题资金 7132 万元；移送处理事项 18 件。审计提出建议 324 条，被采纳 269 条；被批示、采用审计报告和专项审计调查报告 21 篇。

政策落实情况跟踪审计 以政策落实跟踪审计为主线探索融合审计项目安排，创新审计方式，采用“1＋N”的方法进一步建立重大政策落实情况跟踪审计与各专业审计的融合机制，出具的审计报告和审计要目受到市委主要领导和市政府领导的批示肯定。

财政审计 创新审计方式和手段，推行运用大数据分析技术，实行数据先行、现场核查相结合的审计新模式，以上率下，组织全市审计机关持续深化财政审计全覆盖工作，完成市县一级部门预算执行审计全覆盖。工作做法得到广东省审计厅的充分肯定，编入《广东省审计厅财政预决算全覆盖审计工作动态》印发全省审计机关。

经济责任审计 对市经济责任审计工作联席会议成员进行调整，争取并增设市经济责任审计联席会议办公室专职主任。探索和创新审计方式方法，抽调全市审计力量，首次对全市 10 个镇（街道）20 名党政主要领导干部任期经济责任审计和 1 个镇党政主要领导干部自然资源资产离任（任中）进行异地交叉审计。

固定资产投资审计 根据市委主要领导的批示要求，创新审计组织方式方法，筛选全市 2018 年至 2020 年 77 个重点建设项目打包成一个审计项目，采用“定期调查、定期反馈、及时跟进、动态调整”推进模式实施审计，有效提高审计工作效率，加强审计质量控制，拓展政府投资建设项目审计监督覆盖面。

审计查出问题整改 采取建立审计发现问题整改台账，明确整改时限和责任单位，联合市委市政府督查室定期开展督查督促等方式方法，督促被审计单位认真落实审计发现问题整改工作。协助市委市政府和市直相关单位做好上级审计机关对审计发现问题整改落实工作，取得扎实成效。（撰稿人：王伟展）

【河源市审计局】 2020 年，河源市审计局实有 36 人。党组书记、局长张河敏，一级调研员张河敏（7 月—），党组成员、二级调研员贺新彬，党组成员、总审计师谢统鹏，党组成员、副局长吴月胜、郑新桥、袁卓周，三级调研员吴月胜（1 月—）。设有市委审计委员会办公室秘书科、办公室、综合计划财务科、法规审理科、整改监督科、电子数据审计科、经济责任审计科、财政金融审计科、行政事业审计科、农业农村审计科、资源环保审计科、固定资产投资审计科、企业审计科、社会保障审计科；下设市经济责任审计中心。

审计成果 2020 年，河源市审计机关共审计项目 149 个，其中审计 128 个、专项审计调查 21 个。查出主要问题金额 1668567 万元，其中违规金额 41248 万元、损失浪费金额 340 万元、管理不规范金额 1626978 万元；审计发现非金额计量问题 670 个；损益（收支）不实金额 103360 万元；审计发现侵害人民群众利益 14 万元；出具审计报告和专项审计调查报告 237 篇，被批示、采用 5 篇。审计处理处罚金额 48333 万元，其中应上缴财政 31619 万元、应归还原渠道资金 9628 万元、应调账处理金额 7085 万元；移送司法机关、纪检监察机关和有关部门处理事项 12 件，移送处理人员 21 人，移送处理金额 1169 万元。审计促进整改落实有关问题资金 101273 万元；审计促进拨付资金到位 627 万元；审计后挽回（避免）损失 9 万元。审计提出建议 609 条，被采纳 221 条；促进被审计单位建立健全规章制度 14 项；提交审计信息 8 篇，被批示、采用 2 篇次。向社会公告审计结果 25 篇。

政策落实情况跟踪审计 对全市新增财政资金直达市县基层惠企利民、疫情防控、“粤菜师傅”、“技工人才”进行审计。

财政审计 对市、县（市、区）2019 年度本级财政预算执行情况、一级预算单位部门预算执行情况、2 个县财政决算、16 个部门（含镇街）预算执行等开展审计。

经济责任审计 开展 62 个单位 77 名领导干部经济责任审计，查出主要问题金额 14.34 亿元。

民生审计 组织全市审计机关对“6·10”“6·12”全市救灾复产资金和物资筹集管理使用情

况进行跟踪审计。

固定资产投资审计 对紫金县省道 S230 线义容至凤安段改建项目、深河中学建设项目等进行审计。

信息化建设 完成市县两级 2015 年至 2020 年 513 个被审计单位财政财务电子数据采集及标准化工作。

内部审计 全市内部审计机构完成审计项目 829 个，发现问题金额 6106 万元，整改金额 3596 万元。

相关工作 全市审计机关坚决贯彻中央和省委、市委审计委员会部署要求，依法履行审计监督职责，探索高质量内涵式审计发展路子；强化审计干部培训，进一步提高审计人员审计专业素质，不断增强河源审计监督体系和监督能力现代化的内生动力。 （撰稿人：潘森群）

【阳江市审计局】 2020 年，阳江市审计局实有 52 人。党组书记、局长谢英杰，党组成员、副局长程雪峰，党组成员、阳江市经济责任审计工作联席会议办公室主任杜方杰，二级调研员陈小敏、明康颂。设有市委审计委员会办公室秘书科、办公室、综合计划科、法规审理科、整改监督科、经济责任审计科、财政金融债务和电子数据审计科、行政政法审计科、教科文卫和社会保障审计科、农业农村和自然资源生态环境审计科、固定资产投资审计科；下设阳江市经济责任审计中心（加挂“计算机审计技术中心”牌子）和阳江市基建审计中心。

审计成果 2020 年，阳江市审计机关共完成审计项目 105 个，其中审计 104 个、专项审计调查 1 个。查出主要问题金额 486851 万元，其中违规金额 13010 万元、损失浪费金额 19 万元、管理不规范金额 473822 万元；审计发现非金额计量问题 579 个；损益（收支）不实金额 777 万元；审计发现侵害人民群众利益 113 万元；出具审计报告和专项审计调查报告 195 篇，被批示、采用 36 篇次。审计处理处罚金额 87786 万元，其中应上缴财政 12103 万元、应减少财政拨款或补贴 950 万元、应归还原渠道资金 926 万元、应调账处理金额 73434 万元；移送司法机关、纪检监察机关和有关部门处理事项 10 件，移送处理人员 1 人，移送处理金额 587 万元。审计促进整改落实有关问题资金 33293 万元；审计促进拨付资金到位 19350 万元；审计后挽回（避免）损失 973 万元；核减投资额 970 万元；移送处理落实事项 1 件。审计提出建议 342 条，被采纳 247 条；提交审计信息 75 篇，被批示、采用 37 篇。向社会公告审计结果 5 篇。

政策落实情况跟踪审计 派出审计人员 263 人次，完成 12 个专题跟踪审计，抽审 401 个部门（单位），抽审资金总额 3694665.29 万元，出具整改函共 57 份，并加大督促整改力度，确保审计查出问题得到有效解决。完成“三促进”专项审计以及新增财政资金直达市县基层直接惠企利民情况专项审计，截至 12 月 30 日，省财政下达阳江市新增财政资金 20.29 亿元，已支出 19.89 亿元，总体支出进度 98%。

财政审计 完成 2019 年度市本级（含市直和滨海新区、阳江高新区、海陵试验区）决算草案和其他财政收支情况审计，完成对江城区人民政府 2019 年度财政决算审计。完成对阳江市市直 60 个一级预算单位 2019 年度预算执行和其他财政收支情况审计，共查出问题金额 12152 万元，实现审计全覆盖。

三大攻坚战审计 完成湛江市 2020 年精准扶贫精准脱贫情况跟踪审计，抽查各类扶贫资金 20064.06 万元，截至 12 月，督促阳江市 2020 年精准扶贫精准脱贫情况跟踪审计查出问题完成整改 95%。完成对 2 个镇的 4 名党政主要领导干部自然资源资产责任情况离任（任中）审计，强化对权力运行的制约和监督。

疫情防控资金和捐赠款物专项审计 完成应对新冠肺炎疫情防控资金和捐赠款物专项审计，截至 12 月 30 日，专项审计查出问题已全部整改到位，涉及金额 1489.91 万元。

民生审计 完成阳江市江城区义务教育均衡化情况以及 2019 年学前教育专项资金使用情况专项审计调查，向市政府报送审计要情 1 份，有效促进教学资源均衡配置。

经济责任审计 完成对阳江市 14 名部门（单位）主要领导干部任期经济责任审计。完成对阳江市 10 个镇（街道）的 21 名党政主要领导干部任期经济责任审计。通过审计，查出主要问题属领导责任违规金额 232 万元、属领导责任管理不规范金额 4661 万元。

固定资产投资审计　完成 4 项政府投资项目的结算审计和 1 项政府工程概算执行情况审计，涉及工程造价（财政审定）3.77 亿元，为政府节约或核减资金 374 万元。完成 2 个工程绩效审计，发现主要问题金额 8786.63 万元。

信息化建设　建立阳江市大数据审计规划、准则和指南，全面推广“总体分析、发现疑点、分散核实、系统研究”的数字化审计方式，为延伸审计提供各项疑点数据和疑点分析。

内部审计　开展对市直部门和市属企业单位内部审计机构业务指导和监督。部门内部审计单位 308 个，设置内部审计机构单位 25 个（独立设置机构 2 个），内部审计人员 92 人（专职人员 16 人），开展审计项目 107 个，发现问题 230 个，涉及金额 820.56 万元；已整改 109 个，涉及金额 793.53 万元。

相关工作　机关党建方面，阳江市审计局原党支部正式升格为党总支，新发展党员 4 名，开展主题党日和“党员亮身份，党群心连心”志愿服务活动 12 期，创新推出党务观察员和支委包组提升等多项新举措，制作并播出创建模范机关宣传片 1 期。廉政建设方面，开展党性剖析活动 2 期、廉政（警示）教育 5 期（次）。队伍建设方面，选派 1 名年轻干部到上级审计机关跟班锻炼，招录选调 5 名高素质年轻专业人才进入系统，审计干部队伍结构愈趋优化。

（撰稿人：林子琪）

【清远市审计局】　2020 年，清远市审计局实有 42 人。党组书记、局长冯小华，党组成员、副局长杨志辉、练贤聪、朱金燕，党组成员、市经济责任审计工作联席会议办公室主任谭建全，党组成员、总审计师张锦星。设有办公室、法规审理科、财税金融审计科、经济责任审计科、农业资源环保审计科、固定资产投资审计科、行政政法审计科、企业审计科；下设清远市审计和监事服务中心。

审计成果　2020 年，清远市审计机关共审计单位 124 个。查出主要问题金额 1394003 万元，其中违规金额 6037 万元、损失浪费金额 222 万元、管理不规范金额 1387743 万元；审计发现非金额计量问题 360 个；损益（收支）不实金额 98254 万元；审计发现侵害人民群众利益 475 万元；审计期间整改金额 79229 万元；出具审计报告和专项审计调查报告 186 篇。审计处理处罚金额 90221 万元；移送处理事项 20 件，移送处理金额 6844 万元。审计促进整改落实有关问题资金 157668 万元；审计后挽回（避免）损失 4266 万元；核减投资额 4290 万元。

政策落实情况跟踪审计　将疫情防控财政资金和捐赠款物审计作为当前重大专项审计任务，开展相关审计工作，全市查出问题金额 9087.92 万元。按照省定专题审计要点，以推动复工复产复市为专题，重点聚焦餐饮、旅游 2 个受疫情影响较大的行业，聚焦帮扶政策措施，全力推动中央及省出台的系列扶企纾困政策措施落实到位，让市场主体真正得到实惠，有序复工复产复市。开展清远市“三促进”专项审计，其中重点关注新增财政赤字和抗疫特别国债资金特殊转移支付机制建立执行情况及相关资金使用情况、“粤菜师傅”就业工程建设、促进优化营商环境等方面的情况，推动全市各级政府、各部门认真落实“三促进”有关政策。

财政审计　完成预算执行审计项目 44 个、财政决算审计项目 17 个，查出主要问题金额 1231613 万元。构建“横向到边、纵向到底”财政审计全覆盖工作体系，深入贯彻党中央、国务院关于实行审计监督全覆盖的决策部署和审计署、省审计厅的工作要求，成立市审计局财政全覆盖审计工作领导小组，进一步加强对财政审计工作的领导、指挥和协调，实现清远市 2019 年度财政全覆盖审计。审计行政事业单位 34 个，查出主要问题金额 55833 万元，发现会计核算不实 27733 万元、隐瞒转移截留资金 1058 万元、资金滞留闲置 1322 万元、扩大开支范围或提高开支标准列支 470 万元、未落实“收支两条线”和专户管理规定 314 万元等问题。

经济责任审计　组织市县两级审计人员对清城区飞来峡镇等 8 个乡镇 16 名党政主要领导干部经济责任进行异地同步审计，完成 2019 至 2020 审计年度镇级党政领导干部经济责任审计，组织实施 2020 至 2021 审计年度镇级党政领导干部经济责任审计。审计经济责任人 63 人，其中任中审计 42 人，占比 66.7%。审计查出违规金额 1813 万元，其中应负直接责任金额 11 万元、应负领导责任金额 1801 万元；管理不规范金额 154702 万元，其中应负直接责任金额 1672 万元、应负领导责任金额 153029 万元。自新修订两办《规定》出台以来，市经济责任审计工作联席会议办公室积极主动作为，完善各项工作规程，充分发挥经济责任审计工作联席会议办公室桥梁纽带作用。

民生审计 对肇庆市开展 2020 年乡村振兴和精准扶贫精准脱贫跟踪审计，重点关注脱贫攻坚任务情况等 5 个方面内容；跟踪落实 2016 年至 2020 年清远市精准扶贫精准脱贫审计发现的 159 个问题整改落实情况，并对其中 31 个问题进行抽查。

固定资产投资审计 完成广东建设、交通、科贸、财贸和工程等 5 所高职院校的一期工程建设情况以及英德市公路事务中心负责的省道 S347 线（新编国道 G358 线）英德青塘至东华段路面改造工程资金管理使用等投资审计项目 15 个，项目投资额共 357150 万元，审计核减投资额 4290 万元。开展清远市档案馆综合楼工程项目竣工决算审计等 10 个投资审计项目，项目投资额共 71884 万元，审计核减投资额 2344 万元。审计中坚持工程造额 154702 万元，其中应负直接责任金额 1672 万元、应负领导责任金额 153029 万元。

（撰稿人：盘可君）

【东莞市审计局】 2020 年，东莞市审计局实有 71 人，另有政府聘员等 30 人。党组书记、局长卢炳辉，党组成员、副局长冯坚、何志宇、赵志丹、萧永清，党组成员、总审计师何建东，党组成员、纪检监察组组长梁洁玲，经济责任审计工作联席会议办公室主任谢宇鹏。设有办公室、综合计划科、法规审理科、整改监督科、内部审计指导监督科、经济责任审计一科、经济责任审计二科、财政金融审计科、行政事业审计科、固定资产投资审计科、企业审计科、人事教育科（机关党委）；另设派出审计一科、派出审计二科；下设东莞市审计事务中心。

审计成果 2020 年，东莞市审计局共完成审计项目 34 个，其中审计 29 个、专项审计调查 5 个。查出主要问题金额 729763 万元，其中违规金额 155498 万元、损失浪费金额 5873 万元、管理不规范金额 568391 万元；审计发现非金额计量问题 380 个；损益（收支）不实金额 195548 万元；审计发现侵害人民群众利益 48368 万元；出具审计报告和专项审计调查报告 78 篇，被批示、采用 13 篇次。审计处理处罚金额 274425 万元，其中应上缴财政 10661 万元、应归还原渠道资金 145074 万元、应缴纳其他资金 12024 万元、应调账处理金额 106666 万元；移送司法机关、纪检监察机关和有关部门处理事项 17 件，移送处理人员 1 人，移送处理金额 19300 万元。审计促进整改落实有关问题资金 207349 万元；审计促进拨付资金到位 59155 万元。审计提出建议 141 条，被采纳 125 条；推动被审计单位制定整改措施 430 项；促进被审计单位建立健全规章制度 40 项；提交审计信息 54 篇，被批示、采用 20 篇次。

审计委员会办公室工作 8 月 12 日，召开市委审计委员会第二次会议，对审计工作报告、审计计划制订、审计整改工作等进行讨论商定。依托书记专题会议、经济责任审计联席会议全体会议等平台，提请市主要领导统筹研究、召集各单位共同研究审计发现突出问题、审计整改落实等事项，进一步把审计与纪检监察、组织人事、巡视巡察等贯通起来，推动形成衔接顺畅、保障有力、配合有效的部门协作机制。

政策落实情况跟踪审计 组织对科技企业孵化体系、5G 基站和大湾区建设等政策专题进行跟踪审计，反映政策执行过程中的堵点痛点，提出针对性的意见建议，力促政令畅通。

财政审计 利用大数据手段，首次实现对 74 个市一级部门预算单位预算执行情况审计全覆盖，对社会保险基金、涉农资金等管理使用情况开展审计调查，进一步拓展财政审计的广度和深度。

三大攻坚战审计 强化防范化解重大风险意识，在经济责任、财政等各类型审计中，重点关注政府债务、国有资产运营等风险易发高发的领域和环节，及时发出预警、提出防控建议。组织 14 名审计人员对东西部扶贫、援藏、援疆相关政策资金进行审计，促进提高扶贫资金使用绩效，保障区域帮扶政策措施落到实处。聚焦水污染精准治理，组织对茅洲河、污水治理设施等项目开展审计调查，部署对谢岗、企石等镇领导干部开展自然资源资产离任审计，促进相关单位和镇街进一步提高生态环境治理水平。

疫情防控资金和捐赠款物专项审计 安排精干力量，重点审计19个部门单位和组织机构贯彻落实疫情防控政策、管理使用相关资金和捐赠款物等情况，有效促进相关资金和捐赠款物规范使用。

民生审计 组织对乡村振兴、技工人才培养政策资金和医疗保险基金等开展审计，反映影响政策普惠性、基础性和兜底性的问题，促进织密扎牢民生保障网。

经济责任审计 完成经济责任审计项目12个，审计党政和企事业单位主要领导干部15名，查出违规金额4.79亿元、损失浪费金额5057.04万元、管理不规范金额4.25亿元，提交审计信息和结果报告32篇。

内部审计 通过搭建“互联网＋”内部审计培训平台，首次借助政务微信群的形式实行线上授课、互动答疑，为全市各部门单位、镇（街道）、市属重点企业280多名内部审计人员进行线上培训，促进强化基层风险防范能力。

相关工作 加强政治建设，坚持深入学习贯彻习近平新时代中国特色社会主义思想和习近平总书记对审计工作的重要指示精神，通过审计组现场学习会、党支部主题党日等形式，强化理论武装。强化党建引领，成立抗疫志愿服务队，先后派出4批共59人次党员干部深入车站、社区、企业等协助开展疫情防控工作；不断完善和创新临时党支部机制，在抗疫、援疆等审计工作一线建立临时党支部或党小组。坚持人才强审，全年共招录、选调各类审计人才27人，选派39名审计骨干参加上级审计部门组织的大型审计项目；落实审计实务导师制，加强对审计一线青年干部培养；组建审计数据分析室，组织58人次参加国产数据库应用等培训班，不断强化大数据审计能力。

（撰稿人：黄珊珊）

【中山市审计局】 2020年，中山市审计局实有84人。党组书记、局长李庆，党组成员、副局长陈福成（—2月）、巫颖洁、冯欣荣、林文正（—2月）、梁广凡（7月—）、倪小平（7月—），党组成员、总审计师梁广凡（—7月）、肖稳成（7月—），市经济责任审计工作联席会议办公室主任徐淑羽（11月—）。中共中山市委审计委员会办公室设在市审计局，设置市委审计委员会办公室秘书科。审计局设有办公室、法规审理科、人事科、整改监督科、政策跟踪审计科、财政审计科、行政事业审计科、经济责任审计办公室、固定资产投资审计科、企业审计科、社会保障审计科、农业农村与自然资源环境审计科、电子数据审计科等内设机构；下设内部审计指导中心。

审计成果 2020年，中山市审计局完成审计项目19个，其中专项审计调查3个。查出主要问题金额1585413.78万元，其中违规金额243923.33万元、损失浪费金额1871.98万元、管理不规范金额1339618.47万元；审计发现非金额计量问题227个；损益（收支）不实金额101359.07万元；审计发现侵害人民群众利益1601.17万元；出具审计报告和专项审计调查报告28篇，被批示、采用6篇次。审计处理处罚金额327845.20万元，其中应上缴财政242707.09万元、应减少财政拨款或补贴577.12万元、应归还原渠道资金1216.25万元、应调账处理金额83344.74万元；移送司法机关、纪检监察机关和有关部门处理事项62件，移送处理人员5人，移送处理金额139665.36万元。审计促进整改落实有关问题资金632173.89万元；审计促进拨付资金到位4508.92万元；核减投资额380.99万元。审计提出建议51条，被采纳59条（含去年提出本年采纳数）；推动被审计单位制定整改措施39项；促进被审计单位建立健全规章制度52项；提交审计信息91篇，被批示、采用31篇次。向社会公告审计结果3篇。

政策落实情况跟踪审计 重点关注就业优先政策落实、财政资金提质增效、环境优化营商、稳投资政策实施和粮食安全保障等方面情况，开展跟踪专题审计21个，发现问题96个，涉及金额3526.25万元，提出整改意见79条，发出审计文书23份。围绕促进全面强化就业优先政策的落实，开展“广东技工”和“粤菜师傅”工程实施情况审计。

财政审计 构建“横向到边、纵向到底”审计监督全覆盖格局，开展市财政局2019年度市级财政预算执行、火炬开发区等5个部门和镇（街道）的预算执行及其他财政收支情况审计，收回财政资金3.33亿元。审计提出建议12条。

三大攻坚战审计 开展2018—2020年度中山市政府债券资金管理使用情况专题审计。选派审计业务骨干赴云南省昭通市开展东西部扶贫审计和肇庆市、潮州市2020年精准扶贫精准脱贫跟踪审计。开展东区和大涌镇主要领导自然资源资产离任（任中）审计，配合省审计厅牵头组织实施重大城市垃圾处理设施建设管理及运营情况绩效审计。

经济责任审计 对东区、市科技局等6个单位10名主要领导干部开展经济责任审计，发现问题金额20.41亿元。落实全省审计工作“一盘棋”要求，选派15名审计业务骨干赴江门市对新会区委书记、区长任职期间履行经济责任情况开展审计。

疫情防控资金和捐赠款物专项审计 开展新冠肺炎疫情防控财政资金和捐赠款物审计，发出审计风险提示函10份，涉及财政资金1.84亿元，揭示问题6个并全部整改到位，促进3018.45万元加快使用进度，价值55.99万元的物资规范管理。

民生审计 加大对医保、养老、粮食储备等民生重点领域项目的审计力度，开展健康医药产业扶持政策落实情况审计等项目。中山市2019年社会保险基金预算执行情况审计查出问题金额419.63万元，至年底收回资金157.36万元，移送问题线索2件。

固定资产投资审计 开展中山市2016年至2018年省道S268线岐江公路沙溪段路面改造工程项目资金管理使用专项审计，查出违规金额153.27万元，审计提出建议3条，报送市政府专报1份。

资源环保审计 完成东区和大涌镇主要领导自然资源资产离任（任中）审计等项目，揭示问题29个，全年报送审计专报3份，涉及问题21个；移送审计要情和线索4件，涉及问题14个。

大数据审计 启动智慧审计云项目。采集市财政、社保、公共资源交易、工商登记、不动产登记等15项行业数据，运用“总体分析、发现疑点、分散核实、系统研究”的大数据审计方式，开展中山市2019年度市级部门预算执行及其他财政收支情况审计，首次实现对全市67家一级预算单位部门预算执行全覆盖，查出问题31个。

审计查出问题整改 完成18项上级督办的整改任务，促进整改落实问题资金26.97亿元。全市2019年度审计查出问题638项，督促整改落实512个，整改率80.25%，促进整改落实问题资金174.94亿元。

内部审计 完成内部审计项目2047个，审计发现问题金额781897.89万元，通过审计收回资金10814.71万元，挽回损失10880.65万元，推动制定完善制度399项。

相关工作 举办专题学习等培训14场，935人次参与；组织924人次参加其他单位部门组织的81个培训。选调公务员3名，转任公务员1名，招录“333”引育人才2名、高级雇员2名。派出业务骨干12人次参加巡视巡察和市纪委监委专案工作。配合市委第八轮巡察工作。

（撰稿人：刘雁飞）

【潮州市审计局】 2020年，潮州市审计局实有53人。党组书记、局长邱怀球，党组成员、副局长刘建春、曾锐松、曾培琼、黄世鹏（6月—）、杨桂生（—4月），党组成员、总审计师张锡逵（11月—），二级调研员蔡舜娜（3月—）、杨桂生（4月—）。设置潮州市委审计委员会办公室秘书科，市审计局设有办公室、法规审理和整改监督科、经济责任审计一科（潮州市经济责任审计联席会议办公室）、经济责任审计二科、财政金融审计科、行政事业审计科、自然资源和生态环境审计科、固定资产投资审计一科、固定资产投资审计二科、企业审计科，枫溪分局和潮州市审计信息中心。

审计成果 2020年，潮州市审计机关共完成审计项目64个，其中审计59个、专项审计调查5个。查出主要问题金额978769万元，其中违规金额9467万元、管理不规范金额969302万元；审计发现非金额计量问题686个；损益（收支）不实金额32445万元；审计发现侵害人民群众利益348万元；出具审计报告和专项审计调查报告115篇，被批示、采用12篇次。审计处理处罚金额9813万元，其中应上缴财政8933万元、应归还原渠道资金534万元、应调账处理金额346万元；移送司法机关、纪检监察机关和有关部门处理事项28件，移送处理金额3845万元。审计促进整改落实有关问题资金1056万元；审计后挽回（避免）损失3万元；核减投资额36万元。审计提出建议179条，被采纳97条；促进被审计单位建立健全规章制度3项；提交审计信息57篇，被批示、采用5篇次。向社会公告审计结果3篇。

潮州市公安局1人被评为全国内部审计先进工作者。

政策落实情况跟踪审计 聚焦统筹推进新冠肺炎疫情防控和经济社会发展，围绕落实“六稳”“六保”工作部署、优化营商环境、减税降费、支持实体经济发展等政策措施落实情况开展审计，对新增财政资金直达市县基层直接惠企利民情况开展专项审计，推动中央和省重大政策落实到位。

财政审计 组织实施2019年度财政全覆盖审计项目，首次将市本级、枫溪区“同级审”、社保审计、部门预算审计4个项目统筹为1个项目，并采取市县联动的组织方式，首次实现市县两级218个一级预算单位预算执行审计全覆盖，构建“横向到边、纵向到底”的审计全覆盖监督网。

三大攻坚战审计 按照省审计厅统一部署，派出审计组赴梅州市开展2020年精准扶贫精准脱贫跟踪审计，完成省审计厅对潮州市2018年度扶贫审计整改专项跟踪检查，组织对挂钩帮扶村——登塘镇白水村扶贫开发工作情况检查，得到市委书记重视并作出批示。组织开展饶平县柘林镇、潮安区金石镇主要领导干部自然资源资产离任审计，促进领导干部全面履行生态环境保护和污染防治责任。按照省审计厅统一组织，在“同级审”项目中，开展政府债券资金专项审计，为防范财政和金融风险提供决策参考。

疫情防控资金和捐赠款物专项审计 开展应对新冠肺炎疫情防控资金和捐赠款物专项审计，完成推动旅游、餐饮行业复工复产复市方面专题审计，审计过程中坚持“边审计、边整改、边规范”，促使审计整改关口前移。

民生审计 对困难群众基本生活保障、城乡居民和职工大病保险、社保基金等重点民生领域开展审计，促进政令畅通、强化深化改革和基层治理，提升群众的满意度和获得感，切实把惠民利民政策落到实处。

经济责任审计 全市审计机关全年完成对36名领导干部的经济责任审计，查出违规金额5294万元、管理不规范金额52256万元。审计发现侵害人民群众利益348万元。根据新修订两办《规定》要求，市委审计委员会办公室主任担任联席会议召集人，并召开新调整后第一次全体会议，推进新的经济责任审计工作联席会议制度正式运行，为经济责任审计提供组织保障。

固定资产投资审计 对省道S231线潮安凤凰至文祠路段路面整修与绿化提升工程、市国家食品软包装产品及设备质量监督检验中心大楼等5个工程项目开展审计，促进工程项目规范管理，公共投资健康运行。开展“三旧”改造项目政策法规执行情况审计调查项目，全面摸查市县“三旧”改造总体情况，深入分析政策执行不到位的原因。开展市直政府投资建设项目管理情况审计调查，覆盖到市直单位109家、168个100万元以上建设投资项目。

农业农村审计 按照省审计厅统一部署，组织对潮安区凤凰单枞茶现代农业产业园建设推进情况进行跟踪审计，进一步规范省级财政资金使用管理，促进相关政策落到实处。

资源环保审计 组织开展2017年至2019年土壤污染防治审计调查，开展固体废物综合管理资金审计，促进各职能部门节约集约利用资源，保护生态环境安全

企业审计 对黄金塘驾校、枫溪陶瓷城有限公司等6个国有企业开展审计，揭示国企运营管理中存在的突出问题，为企业管理和深化改革提供服务。开展市属国有企业经营管理和改革情况审计调查，覆盖到全市206个国有企业，拓展企

业审计覆盖面。

专项资金审计 开展2017年至2018年省级促进就业创业发展专项资金管理和使用情况绩效审计，在“同级审”项目中对涉农资金统筹整合情况进行审计，开展湘桥区古城建设项目资金管理使用专项审计，促进专项资金落实到位。

信息化建设 对市审计局机房进行改造提升，推进金审工程三期。完成档案室改造，推动审计档案实现信息化数字化管理，解决档案室空间不足难题，提高审计档案查阅效率。

内部审计 加强对各单位内部审计工作的业务指导和监督，各单位内部共开展审计项目12个，审计总金额67959万元。

交办任务 在市政府日常决策事项中提供意见57项，服务政府依法行政和科学决策。落实市委市政府部署，开展枫江流域整治调查，配合职能部门开展招标投标专项调查，及时将发现的问题上报市委市政府，发挥审计参谋助手作用。派出41人次参与省委巡视组、市委巡察组工作，协助市纪委监委办案，配合完成市委市政府交办的其他专项任务。

相关工作 深化审计管理体制改革，推动建立健全向市委审计委员会报告审计工作重要事项的工作机制，市县两级均组织召开本级党委审计委员会第二次全体会议。市委审计委员会办公室全年共向市委审计委员会报送审计要情5份、审计简报5份、会议纪要1份，报告事项23件。坚持用制度管事管人，市审计局审议出台或修订各类制度24项，确保各项工作有章可循。市审计局在市直机关抓基层党建述职考核中综合评价为“好”等次，机关支部被评为市“三好两强”模范党支部，2名党员分别被评为全市抗击新冠肺炎疫情先进个人和三八红旗手。严格细致做好干部选拔任用工作，畅通市县审计机关人才交流渠道，市审计局1人到县区任审计局局长。

（撰稿人：魏　洪）

【揭阳市审计局】 2020年，揭阳市审计局实有56人。党组书记、局长郑旭亮，党组成员、副局长洪泽坤、黄壮敏、林映群，总审计师陈伟辉。设有办公室、综合计划科等14个科室；下设审计信息管理办公室、经济责任审计中心。

审计成果 2020年，揭阳市审计机关共完成审计项目113个，其中审计99个、专项审计调查14个。查出主要问题金额1489530万元，其中违规金额5909万元、管理不规范金额1483621万元；审计发现非金额计量问题767个；损益（收支）不实金额96703万元；审计发现侵害人民群众利益3401万元；出具审计报告和专项审计调查报告160篇。审计处理处罚金额83551万元，其中应上缴财政3814万元、应归还原渠道资金45561万元、应调账处理金额34154万元；移送司法机关、纪检监察机关和有关部门处理事项33件，移送处理人员10人，移送处理金额3993万元。审计促进整改落实有关问题资金19218万元。审计提出建议232条，被采纳152条；提交审计信息194篇。向社会公告审计结果43篇。

政策落实情况跟踪审计 组织开展促进民办教育发展、“南粤家政”就业工程建设、新增财政资金专项等专题审计。组织对全市疫情防控资金和捐赠款物开展专项跟踪审计。

财政审计 以“四本预算”全口径审计为基础，推进2019年财政预算执行审计全覆盖监督格局。采取大数据审计方式，首次实现对全市56个一级预算单位开展部门预算执行全覆盖审计。

经济责任审计 全年完成49个单位负责人的经济责任审计，查出违规金额2228万元、管理不规范金额237385万元。

固定资产投资审计 组织对国道G539线改造工程项目、市重大城市垃圾处理设施建设进行审计。

民生审计 组织开展困难群众基本生活保障审计，在全省首创开展市域精准扶贫精准脱贫交叉审计调查。

资源环保审计 组织开展中央和省级生态环保专项资金中未支出资金专项审计调查，推进实施乡镇党政领导干部自然资源资产离任审计。

企业审计 对市城投集团进行全方位审计，为市委市政府改革提供清晰家底。

审计查出问题整改 会同市委办、市府办对审计署、省、市审计机关查出未整改到位事项进行督查，推动市政府印发《关于加强审计查出问题整改落实情况督查工作的通知》。

内部审计　市直现有内部审计机构23个、专（兼）职人员101人，完成各类审计项目155个，发现问题276个，涉及金额18468.13万元。

交办任务　开展市区涉嫌小产权房情况调查，为市主要领导决策“两违”整治工作提供决策参考。

相关工作　印发《揭阳市审计局临时党支部管理办法》，开展审计现场纪律监督检查、“十问”对照检视等活动。招录遴选公务员3批共8人、事业干部1人，提拔干部20人次。选员参加审计署、省审计厅举办培训班16期36人次，组织大数据审计集中学习40场320人次。

（撰稿人：周　航）

【云浮市审计局】　2020年，云浮市审计局实有47人。党组书记、局长曾树荣，党组成员、副局长冯杰焕、李菊、严庚慧，党组成员、总审计师崔志荣，党组成员、纪检组长杨冠锋。设有办公室、人事科、综合计划科、法规审理科、整改监督与内部审计指导科、财政审计科、金融债务与社会保障审计科、行政事业审计科、经济责任审计科、农业农村与资源环保审计科、固定资产投资与企业审计科；下设云浮市审计事务中心。

审计成果　2020年，云浮市审计机关完成审计项目94个。查出主要问题金额742533万元，其中违规金额2979万元、损失浪费金额112万元、管理不规范金额739441万元；出具审计报告和专项审计调查报告162篇。审计处理处罚金额54799万元；移送司法机关、纪检监察机关和有关部门处理事项13件，移送处理人员7人，移送处理金额222万元。审计促进整改落实有关问题资金133880万元；促进拨付资金到位37654万元；审计后挽回（避免）损失1337万元；核减投资额1184万元。

政策落实情况跟踪审计　开展政策跟踪审计专题7个，审计发现问题共49个。

财政审计　全市完成预算执行审计项目29个、财政决算审计15个，首次实现对2019年度市县本级预算执行、决算草案和一级预算单位审计全覆盖，2020年审计共发现问题62个。

疫情防控资金和捐赠款物专项审计　延伸审计政府相关职能机构、社会组织等单位144个，发现存在问题31个，均已落实整改。

民生审计　开展疫情防控资金和捐赠款物专项审计，加强对社会保障、医疗、扶贫、保障性安居工程、促进就业优先等重点民生资金和项目的审计。

经济责任审计　全市完成17个单位的27名领导干部的任期经济责任审计，其中任中审计26人、离任审计1人。审计查出主要问题金额11380万元，审计提出建议78条，被采纳58条。

固定资产投资审计　全市完成重大投资项目审计32个，审计项目投资额90855万元，核减投资额1184万元。

农业农村审计　开展2019年精准扶贫精准脱贫和乡村振兴跟踪审计，涉及各类扶贫及乡村振兴（农村人居环境整治）资金48538.13万元。

资源环保审计　参与省审计厅统一组织的县区领导干部自然资源资产离任（任中）审计1个，开展镇级领导干部自然资源资产离任（任中）审计2个，开展资源环保专项审计调查2个。

企业审计　全市开展企业审计1个，查出主要问题金额90万元。另外，对8家国有企业资产负债及经营状况进行专项审计调查，在会计师事务所清产核资的结果上核增净资产5562.61万元。

专项资金审计　完成专项资金审计8个，延伸审计单位37个，审计专项资金总额76062万元，查出主要问题金额33414万元。

内部审计　全市共有内部审计机构199个，其中专职机构14个；从事内部审计工作人员726人，其中专职人员30人。持续推进内部审计人才库建设，初步入库237人。

相关工作　组织开展局机关、责任社区的防疫工作，开展全市审计机关集中整训暨纪律教育学习月活动和“十问”对照检视活动，深入开展党规党纪教育和警示教育。　（撰稿人：江文恬）

2020 年广东省所辖县(市、区)级审计工作统计表

审计机关	完成审计项目/个	审计查出主要问题金额/万元	审计发现非金额计量问题/个	审计期间整改金额/万元	出具审计报告和审计调查报告/篇	审计处理情况		审计促进整改落实有关问题资金/万元	审计提出建议/条	提交审计信息/篇
						审计处理处罚金额/万元	移送处理事项/件			
广州市										
广州市本级	94	2358883	360	270639	109	158104	40	434694	296	243
荔湾区审计局	24	2644	70	331	26	236	7	1100	76	48
越秀区审计局	29	2294	45	1284	38	52	10		41	89
海珠区审计局	18	3562	77	109	24	110		783	36	13
天河区审计局	7	5653	28	2540	37	848	2	143	12	31
白云区审计局	11	39683	80	676	7	2	1	2122	29	8
黄埔区审计局	33	23612	105	4051	57	8456	1	5986	141	36
番禺区审计局	25	63535	82	10785	44	42104	8	41760	64	92
花都区审计局	22	137428	71	107407	34	600	2	5795	66	48
南沙区审计局	24	48698	95	13719	35	912	5	5	96	6
从化区审计局	25	14405	69	1296	33	268	9	833	40	23
增城区审计局	23	13375	84	8453	31	4270	4	2626	42	64
韶关市										
韶关市本级	41	436806	495	7186	62	8523	26	106919	121	68
武江区审计局	7	261	79	14	8	227	1		27	9
浈江区审计局	12	33515	60	2	22	7		300	55	15
曲江区审计局	13	31544	45	11	19	10		10	46	42
乐昌市审计局	18	13380	76	1	24	31		1801	72	47
南雄市审计局	24	4635	56	21	28	102	3	214	123	18
始兴县审计局	17	49008	85		26			2965	65	7
仁化县审计局	21	8049	147	9	34	8	3	137	75	12
翁源县审计局	23	18582	92	20	36	1071		1069	72	10
乳源瑶族自治县审计局	17	3976	84		24	32	3	25	65	24
新丰县审计局	16	9153	87	871	22		2	35	32	3
深圳市										
深圳市本级	66	661057	611	53796	96	47956	105	84002	256	71
罗湖区审计局	20	84131	188	12321	27	10888		8294	98	13
福田区审计局	23	50828	222	2370	30	15461	4	1284	118	6
南山区审计局	26	3069	186	469	32	263	2	83	95	41
宝安区审计局	23	87760	248	11228	35	44728	10	17867	115	55

（续表）

审计机关	完成审计项目/个	审计查出主要问题金额/万元	审计发现非金额计量问题/个	审计期间整改金额/万元	出具审计报告和审计调查报告/篇	审计处理情况		审计促进整改落实有关问题资金/万元	审计提出建议/条	提交审计信息/篇
						审计处理处罚金额/万元	移送处理事项/件			
龙岗区审计局	33	336382	402	8339	53	36826	15	19288	112	21
盐田区审计局	20	22472	119	11472	29	1615	3	185	116	9
龙华区审计局	16	14413	176	3244	18	3964	1	10	82	34
坪山区审计局	18	66812	164	1309	25	55050	5	44816	78	4
光明区审计局	16	18571	129	7973	20	3		3	79	7
大鹏新区审计局	9	85133	83	1228	10	29351		6213	32	1
珠海市										
珠海市本级	42	666961	414	14598	80	49850	14	173334	176	68
香洲区审计局	8	30954	21	8	10	859		528	25	8
斗门区审计局	9	225405	41		9	65742	5	6506	21	34
金湾区审计局	11	123883	112	863	21	37925	3	5150	39	20
汕头市										
汕头市本级	38	399207	364	22622	60	15879	2	12918	88	42
龙湖区审计局	9	112081	92	9	13	4550		4118	24	17
金平区审计局	11	61853	68	748	14	512		550	27	
濠江区审计局	13	64769	82	38	23	155		108	29	6
潮阳区审计局	24	150025	109	10	38	421		41	26	1
潮南区审计局	27	9492	158	5	45	1523		1523	41	
澄海区审计局	16	149211	112	73	21	701	1	71	45	1
南澳县审计局	7	7453	61	24	10	32	1	6	25	19
佛山市										
佛山市本级	27	816832	349	12895	104	87804	15	42737	126	67
禅城区审计局	13	330022	106	5205	19	9336	2	104298	45	8
南海区审计局	17	504351	167	74239	20	6682	5	178945	62	14
顺德区审计局	20	55687	149	13379	23	16301	9	56110	65	98
三水区审计局	7	144054	63	20868	49	14982		36601	35	23
高明区审计局	11	28220	114	3583	12	8663	1	24344	33	69
江门市										
江门市本级	43	628466	568	15396	69	13188	18	15725	167	21
蓬江区审计局	18	91712	90		26	1	10	949	47	5
江海区审计局	14	76675	39	4	16	14	1	42	35	25
新会区审计局	25	39345	50	6984	35	5985	3	5606	78	12
台山市审计局	13	97479	45	1536	20	24	1	997	45	8

（续表）

审计机关	完成审计项目/个	审计查出主要问题金额/万元	审计发现非金额计量问题/个	审计期间整改金额/万元	出具审计报告和审计调查报告/篇	审计处理情况		审计促进整改落实有关问题资金/万元	审计提出建议/条	提交审计信息/篇
						审计处理处罚金额/万元	移送处理事项/件			
开平市审计局	26	139308	85	3675	35	32611	11	4146	81	11
鹤山市审计局	22	103671	86	2495	32	30		1421	67	5
恩平市审计局	19	67879	59	44	25	79	5	13836	64	3
湛江市										
湛江市本级	61	1983089	564	6693	157	86851	16	212889	196	25
赤坎区审计局	7	89584	12		10	29158			22	
霞山区审计局	8	6960	28		46	596	2	1426	23	1
坡头区审计局	6	17874	21		31	112		1366	27	
麻章区审计局	7	26313	68	3682	8	2513		454	26	1
廉江市审计局	10	142132	19	9	15	349	1	6688	36	2
雷州市审计局	8	93387	42	49	12	13194	3	5	30	1
吴川市审计局	13	208808	27		33	239		139	50	
遂溪县审计局	8	61077	65	114	9	762		40	14	4
徐闻县审计局	7	41574	43		10	11045		38049	19	
茂名市										
茂名市本级	50	937622	422	181318	89	369707	1	264917	156	30
茂南区审计局	22	90807	53	53	32	24237		64688	73	3
电白区审计局	28	201111	86	796	35	5275	1	478	114	
高州市审计局	25	148609	73	1320	38	49820		48025	70	5
化州市审计局	26	227331	172	29219	38	2177	3	1685	135	1
信宜市审计局	24	77912	155	185	33	39696	3	1365	76	3
肇庆市										
肇庆市本级	31	358898	288	21730	41	11696	24	62177	92	141
端州区审计局	17	31444	57	8644	26	360		362	39	14
鼎湖区审计局	9	43683	75	2320	14	59		14181	40	8
高要区审计局	20	82167	65	15103	34	1142		6801	65	5
四会市审计局	20	106734	113	8751	67	1189	1	191	58	9
广宁县审计局	15	18679	74	7136	22	8094		1639	39	18
怀集县审计局	15	42623	44	235	22	1914		12675	45	13
封开县审计局	14	6980	50	25	19	108	2	3649	30	38
德庆县审计局	10	38433	48	6261	12	3169		1042	34	11
惠州市										
惠州市本级	43	632919	258	8349	62	24459	29	12150	151	83

（续表）

审计机关	完成审计项目/个	审计查出主要问题金额/万元	审计发现非金额计量问题/个	审计期间整改金额/万元	出具审计报告和审计调查报告/篇	审计处理情况		审计促进整改落实有关问题资金/万元	审计提出建议/条	提交审计信息/篇
						审计处理处罚金额/万元	移送处理事项/件			
惠城区审计局	37	48381	120	7595	44	4336	4	4336	39	1
惠阳区审计局	21	50344	151	32	29	7198			69	
博罗县审计局	38	199909	200	22878	82	24477	14	17166	362	7
惠东县审计局	25	50626	143		35	25797	10	43083	84	24
龙门县审计局	33	130568	214	24739	104	93290	5	5616	90	4
大亚湾开发区审计局	37	1094171	228	11031	101	138405	5	2368	184	34
仲恺高新技术产业开发区监察与审计局	8	747	19		9	1		1	16	3
梅州市										
梅州市本级	40	475201	297	8996	80	8512	7	7320	148	42
梅江区审计局	17	23478	64	2001	29	4313		1553	60	18
梅县区审计局	17	224050	42	19789	27	58	6	12	50	17
兴宁市审计局	20	81499	94	789	42	3096		1625	54	16
大埔县审计局	18	76710	36	894	27	127	2	43	52	17
丰顺县审计局	21	226184	89	36	36	169	6	153	50	
五华县审计局	16	531649	40	1813	46	37850		56	47	10
平远县审计局	19	35339	48	7	29	1042	2	1022	69	1
蕉岭县审计局	20	95566	51	109	28	167	1	167	78	23
汕尾市										
汕尾市本级	30	356751	255	31	76	12521	16	6913	124	34
城区审计局	7	214	14		11	160	1		21	
陆丰市审计局	18	236006	63	171	25	52074			78	
海丰县审计局	19	200837	76	2	38	237	1	199	67	
陆河县审计局	9	4402	17	47	11	48			34	
河源市										
河源市本级	38	1052044	205	7104	93	33558	10	64589	117	5
源城区审计局	13	120699	48		17				51	
紫金县审计局	19	52701	128	5	23	7057	2	7025	150	
龙川县审计局	19	188336	43	1688	25	4		16226	65	2
连平县审计局	19	139454	73	27	19	7635		137	72	
和平县审计局	26	101655	120		38	78		78	92	1
东源县审计局	15	13674	53	365	22			13214	62	

（续表）

审计机关	完成审计项目/个	审计查出主要问题金额/万元	审计发现非金额计量问题/个	审计期间整改金额/万元	出具审计报告和审计调查报告/篇	审计处理情况		审计促进整改落实有关问题资金/万元	审计提出建议/条	提交审计信息/篇
						审计处理处罚金额/万元	移送处理事项/件			
阳江市										
阳江市本级	40	334814	312	72240	108	70627	3	2811	140	33
江城区审计局	20	29134	45		30	4435		88	51	9
阳东区审计局	11	24218	68	361	14	437	3	421	38	30
阳春市审计局	15	66130	75	8166	15	4963	2	4233	52	1
阳西县审计局	13	29030	60	6839	22	7324	2	25740	41	2
海陵试验区审计局	6	3525	19		6				20	
清远市										
清远市本级	30	305050	121	1019	53	30436	6	79045	94	58
清城区审计局	14	79732	22	518	20		1	920	30	2
清新区审计局	13	478889	22	272	19	2265		2123	35	2
英德市审计局	14	115377	44	56412	24	1153	7	135	70	
连州市审计局	14	31848	22		18	2591	2	2380	29	
佛冈县审计局	14	101337	65	721	18	51964	3	51964	44	31
阳山县审计局	11	77253	25	18832	14	523			34	5
连山壮族瑶族自治县审计局	8	38537	19	17	11	494	1	21098	26	14
连南瑶族自治县审计局	6	165976	20	1435	9	795			18	
东莞市										
东莞市本级	34	729763	380	15201	78	274425	17	207349	141	54
中山市										
中山市本级	19	1585414	227	46887	28	327845	62	632174	51	91
潮州市										
潮州市本级	36	416072	537	40668	75	8927	25	156	86	56
湘桥区审计局	9	211507	41	154	9	719		792	31	1
潮安区审计局	7	109897	41	4	12	88	3	30	44	
饶平县审计局	12	241291	67		19	78		78	18	
揭阳市										
揭阳市本级	38	1239065	517	1377	64	68760	19	4313	108	134
榕城区审计局	15	30465	53		17	18	3		33	9
揭东区审计局	14	83358	32	120	14	1126	3	1372	9	18
普宁市审计局	14	105477	32	1	21	137	1	142	49	14

（续表）

审计机关	完成审计项目/个	审计查出主要问题金额/万元	审计发现非金额计量问题/个	审计期间整改金额/万元	出具审计报告和审计调查报告/篇	审计处理情况		审计促进整改落实有关问题资金/万元	审计提出建议/条	提交审计信息/篇
						审计处理处罚金额/万元	移送处理事项/件			
揭西县审计局	13	20617	65	41	19	12869	7	12869	12	8
惠来县审计局	19	10546	68	29	25	638		520	21	11
云浮市										
云浮市本级	23	382671	219	5598	73	18600	9	34094	108	34
云城区审计局	18	106117	59	492	20	1375		75783	30	4
云安区审计局	14	43646	134	679	16	546		548	66	
罗定市审计局	11	110087	22	45966	15	605		409	52	1
新兴县审计局	8	21530	159	415	12			1840	26	8
郁南县审计局	20	78482	157	557	26	33673	4	21206	84	7

广西壮族自治区

【广西壮族自治区审计厅】 2020年，广西壮族自治区审计厅实有220人。设有自治区党委审计委员会办公室秘书处、办公室、综合处、审理处、财政审计处、行政事业审计处、农业农村审计处、自然资源和生态环境审计处、固定资产投资审计处、金融审计处、企业审计处、社会保障审计处、涉外审计处、经济责任审计局、电子数据审计处、内部审计指导监督处、人事处、机关党委、离退休人员工作处、派出发展计划审计处、派出经济贸易审计处、派出教育科学审计处、派出政法审计处、派出资源环保审计处、派出民政社保审计处、派出交通建设审计处、派出农业水利林业审计处、派出文化体育新闻审计处、派出卫生计划生育审计处、派出工商质监审计处、派出旅游民族事务审计处；下设机关服务中心、内部审计指导中心、审计科学研究所、审计培训中心等事业单位。

领导成员

党组书记：苏海棠

厅　　长：眭国华

副 厅 长：陈勇新（—9月）

何国烜（—12月）

尹明勇（12月—）

黄　伊　桂忠才（1月—）

总审计师：桂忠才（—3月）

黄小忠（3月—）

经济责任审计局局长（自治区经济责任审计工作联席会议办公室主任）：桂忠才（—1月）

赵卫东（1月—）

自治区纪委监委驻审计厅纪检监察组组长：

黄仁兴

一级巡视员：李早春　陈勇新（9月—）

二级巡视员：覃格知

审计成果　2020年，广西壮族自治区审计机关共完成审计项目1925个，其中审计1769个、专项审计调查156个。查出主要问题金额2789.21亿元，其中违规金额114.71亿元、损失浪费金额5.09亿元、管理不规范金额2669.41亿元；审计发现非金额计量问题7860个；损益（收支）不实金额49.17亿元；审计发现侵害人民群众利益9219万元；出具审计报告和专项审计调查报告2197篇，被批示、采用63篇次。审计处理处罚金额398.06亿元，其中应上缴财政55.68亿元、应减少财政拨款或补贴8.42亿元、应归还原渠道资金 154.69 亿元、应缴纳其他资金 24.31 亿元、应调账处理金额 154.96 亿元；移送司法机关、纪检监察机关和有关部门处理事项 148 件，移送处理人员 257 人，移送处理金额 8.06 亿元。审计促进整改落实有关问题资金 482.79 亿元；审计促进拨付资金到位 57.05 亿元；审计后挽回（避免）损失 33.55 亿元；核减投资额 17.28 亿元；移送处理落实事项 20 件。审计提出建议 5356 条，被采纳 3207 条；推动被审计单位制定整改措施 1000 项；促进被审计单位建立健全规章制度 144 项；提交审计信息 523 篇，被批示、采用 195 篇次。向社会公告审计结果 159 篇。

百色市审计局实施的广西某公司党委书记、董事长任职期间经济责任履行情况审计项目被审计署评为 2019 年度全国市级审计机关优秀审计项目二等奖；平乐县审计局实施的平乐县本级 2017 年度财政预算执行和其他财政收支情况审计项目被审计署评为 2019 年度全国县级审计机关优秀审计项目三等奖。广西数字化审计业务管理平台获得广西壮族自治区政务数据资源与应用改革创新优秀成果奖。

政策落实情况跟踪审计 出台《广西重大政策措施落实情况跟踪审计实施办法（暂行）》，重点跟进“六稳”“六保”、优化营商环境、就业优先、乡村振兴等政策落实情况，促进降低企业运营成本 283.5 亿元，清欠民企账款 22.51 亿元等，推动各有关部门出台和完善相关制度 36 项，有效促进中央和自治区重大政策措施落地见效。开展新增财政直达资金专项审计，完成对 14 个市、111 个县（市、区）新增财政资金现场审计全覆盖，各级审计机关共审计（调查）38 个单位的财政决算情况审计（调查），查出主要问题金额 7.68 亿元。

财政审计 广西各级审计机关共审计（调查）427 个单位的预算执行情况，查出主要问题金额 853.30 亿元。其中，自治区审计厅审计（调查）31 个单位的预算执行情况，查出主要问题金额 197.05 亿元。对 1861 个单位开展审计，有效促进相关单位规范资金管理、提高资金使用效益。开展年度自治区本级预算执行和决算草案审计，推进区直 109 家一级预算单位审计全覆盖。

三大攻坚战审计 脱贫攻坚方面，完成对 7 个预脱贫县、10 个已摘帽贫困县和 1 个有脱贫攻坚任务的非贫困县的审计，促进政策落实 55 项，完善规章制度 8 项。组织对 2016—2019 年审计发现问题整改“回头看”，促进制定完善规章制度 365 个，促进政策落实 469 项。污染防治方面，开展沿海 3 市水污染防治审计调查以及粤桂九洲江流域水污染治理项目跟踪审计，揭示南流江、钦江局部水域全年水质不达标以及九洲江流域个别干流支流分断面水质不达标、治理较慢等问题。防范化解重大风险方面，对全自治区国有小额贷款公司、融资担保公司两类金融机构以及自治区本级金融类国有全资、控股企业开展盈利能力及风险情况专项审计调查，审计促进被审计单位出台制度 22 项，加强薄弱环节监管制度建设，有效防范金融风险。全自治区各级审计机关实施自然资源资产离任（任中）审计项目 53 个，共查出问题 691 个，涉及问题金额 72.38 亿元。其中厅本级及授权市审计局实施自然资源资产离任（任中）审计项目 16 个，共查出问题 435 个，涉及问题金额约 29.79 亿元。从体制、机制和制度层面提出审计建议 57 条；上报审计信息 8 篇，被采用 7 篇，被相关领导批示 1 篇。

疫情防控资金和捐赠款物专项审计 广西各级审计机关派出 129 个审计小组计 1232 名审计人员，对全自治区疫情防控资金和捐赠款物开展专项审计，重点审计 24.97 亿元财政资金、4.33 亿元捐赠资金以及 2291.47 万件（套）捐赠物资，对 25.23 亿元专项再贷款资金进行核查，延伸审计 141 家红十字会、慈善组织，2060 个疾病控制中心等政府机构和单位，344 户企业和 59 家金融机构，对重要事项进行必要的延伸和追溯。审计共发现问题 329 条，涉及金额 9.07 亿元。审计发现新冠肺炎疫情防控财政专项资金使用效率有待提高，部分一线疫情防控人员临时补助政策未落实到位，捐赠款物管理有待规范，部分物资采购存在资金安全风险，后备应急医院建设管理亟须加强，疫情对脱贫攻坚和涉农产业产生不利影响等问题。在审计的推动下，广西医药储备管理体系建立健全工作明显提速，《疫苗储备管理办法》《短缺药品储备管理办法》已进入起草程序，55项相关制度规定得以完善。应对新冠肺炎疫情防控资金和捐赠款物专项审计阶段性情况报告得到自治区党委书记、党委审计委员会主任批示。

民生审计 广西审计机关围绕落实就业优先和加强援企稳岗、实施教育提升三年行动计划、基层医疗卫生机构能力建设、社会保障政策落实和保障性安居工程等开展审计，促进广西补齐基本公共服务短板。自治区共审计（调查）单位22个，查出主要问题金额47.35亿元。

经济责任审计 自治区共完成对460名领导干部的经济责任审计，查出主要问题金额1177.93亿元，其中负有直接责任问题金额8397万元。全自治区各项审计中加大对违法违纪问题揭示力度，向纪检监察、司法机关及有关部门移送问题线索148件，涉及257人。其中自治区审计厅全年共完成对45名领导干部的经济责任审计，查出主要问题金额966.46亿元。撰写的审计要情获自治区党委书记、自治区人民政府常务副主席批示。

固定资产投资审计 广西各级审计机关加快清理存量“以审代结”项目工作，实现基本清零。组织全自治区对自治区统筹推进的1258个重大项目实施情况进行专项审计调查，推动进一步完善管理制度体系，助力稳投资政策落实。共审计（调查）单位710个，查出主要问题金额58.37亿元，核减投资额16.12亿元。其中，自治区审计厅审计（调查）单位12个，查出主要问题金额20.05亿元。

资源环保审计 实施北海、防城港、钦州沿海3市水污染防治情况专项审计调查，揭示钦江局部水域全年水质不达标、治理较慢等具体问题134个。领导干部自然资源资产离任审计综合报告和北防钦沿海3市水污染防治专项审计调查报告分别得到自治区党委书记和自治区主席的批示。

企业审计 自治区各级审计机关共审计（调查）单位42个，查出主要问题金额1073.39亿元。其中，自治区审计厅审计（调查）单位10个，查出主要问题金额851.94亿元。揭露被审计企业部分混合所有制企业经营亏损严重、部分混合所有制企业未完成集团下达经营目标、部分混合所有制企业未按规定进行国有产权登记手续、会计核算不规范、个别下属企业纳税申报不规范等问题。出台《广西壮族自治区直属企业审计监督工作办法（试行）》，持续巩固深化国有企业审计监督成果。探索建立健全经常性监督、审计定点联系、列席企业会议、审计监督支持配合、监督会商（协调）等机制。组织开展自治区直属国有企业混合制改革情况专项审计调查和部分企业领导人员经济责任审计。

审计查出问题整改 广西审计机关坚持边审边促、边审边改、边审边建，第一时间指导和督促被审计单位立行立改。全自治区应对疫情防控资金和捐赠款物专项审计发现的大部分问题在审计期间及时整改；全自治区18个县扶贫审计发现的421个问题审计实施期间已完成整改148个。大力开展“审计走进区直和基层单位”服务活动，首次召开专题会议通报2019年度自治区本级部门预算执行审计发现的问题，推动30家一级预算单位制定或修订制度规范，上年度自治区本级预算执行和其他财政收支审计发现问题基本完成整改。

审计质量 统筹谋划政策跟踪审计、财政审计、经济责任审计和其他审计任务，做到“一审多项”“一审多果”。稳步推进金审工程三期建设，推进信息技术与审计业务深度融合。建立健全审计监督与各类监督有机衔接贯通机制，与自治区纪委监委联合印发《关于进一步规范自治区审计厅向自治区纪委监委移送问题线索工作的实施意见》，与自治区党委巡视办联合出台《关于建立健全巡视与审计工作协调配合机制的办法（试行）》，与自治区公安厅联合印发《广西公安机关与审计机关加强协调配合的实施办法》，初步实现审计与纪委监委、巡视、公安等监督的协作配合。

内部审计 推动出台广西首部内部审计工作法规《广西壮族自治区内部审计工作规定》，促进国家审计与内部审计深度融合不断强化。2020年，全自治区内部审计机构共促进增收节支152.75亿元。

相关工作 着力加强审计机关自身建设，组织自治区审计机关深入开展“奋力争先　担当作为”和“争做‘三个表率’、争创‘模范机关’”

活动。坚持把党建工作列入目标考核体系，完善厅级党员领导干部联系党支部制度，规范审计组临时党支部组建，开展“一支部一主题”创建活动。持续抓好党风廉政建设，制定从严治党主体责任清单。坚决贯彻中央八项规定及其实施细则精神，驰而不息整治“四风”。开展领导干部廉政谈话和干部交心谈心活动，组织开展审计项目廉政回访。深入推进职务与职级并行制度改革，完善干部选任、考核机制。与南京审计大学进行战略合作，推动建设南京审计大学北海研究院。建立健全三级联动阶梯人才培训培养模式，实施审计实务导师制，聘任51名业务骨干担任实务导师，厅本级共组织开展各类培训班21期，培训审计人员近9000人次。有效推动主体责任落实落细，意识形态工作取得新成效。精神文明建设得到巩固提升。2020年自治区审计机关保留全国文明单位荣誉7个，新增全国文明单位5个。

（撰稿人：王晓风　陶桂萍）

【南宁市审计局】　2020年，南宁市审计局实有88人。局长徐铭斯，副局长黄辉武、杨连业、李生明、吴翔，总审计师梁露霞，机关纪委书记唐爱武，经济责任审计工作联席会议办公室主任兼审计委员会办公室副主任李栋沛，二级调研员颜军。设有市委审计委员会办公室秘书科、办公室、人事科、综合科、审理科、电子数据审计科、内部审计指导监督科、机关党委、财政审计科、行政事业审计科、金融审计科、社会保障审计科、企业审计科、农业农村审计科、自然资源和生态环境审计科、固定资产投资审计科、涉外审计科、经济责任审计办公室；下设南宁市公共投资审计中心。

审计成果　2020年，南宁市审计局共完成审计项目18个。查出问题金额41.77亿元。审计促进整改落实有关问题资金17.61亿元。向纪委监委移交审计移送处理书18份，涉及审计移送问题线索48件。完成审计报告、审计信息66篇。

财政审计　完成2019年度南宁市本级预算执行和决算（草案）情况审计和全市新增财政资金直达市县基层直接惠企利民情况专项审计等财政审计项目2个，发现问题71个，查出主要问题金额17.72亿元。形成的6篇审计成果材料获得市领导批示。对全市107个一级预算单位及379个所属单位实施审计，实现一级预算单位审计全覆盖。审计反映八大方面27大项386个问题，查出主要问题金额4.3亿元。督促10家主管部门建立或修改规范、制度19项。形成的审计成果材料获得市领导批示3篇。

民生审计　完成南宁市就业补助资金和失业保险基金专项审计调查，查出主要问题金额1150.59万元。

经济责任审计　对64个单位、93名领导干部开展经济责任审计。首次开展经济责任审计数据集中分析，探索“政策＋数据”审计方法，形成审计数据分析疑点下发审计组从而提供审计重点方向。

固定资产投资审计　组织开展南宁市重大项目推进情况专项审计调查、南宁轨道交通1号线项目建设管理情况审计、富士康南宁科技园项目一期工程项目执行情况审计等固定资产投资审计项目3个，共发现多计建设成本等问题28个，查出主要问题金额3.49亿元。

农业农村审计　完成对马山县等4个县2019年脱贫攻坚政策落实和扶贫资金以及乡村振兴资金管理使用情况的审计，发现扶贫项目超额拨付进度款、个别扶贫项目设计不合理等违规违纪问题35个，查出问题金额1553.54万元。

资源环保审计　组织开展一个自然资源资产离任（任中）审计和一个水环境综合治理专项审计调查，发现水源地保护不到位等问题44个，移送案件线索2件，查出问题金额2841.9万元。

信息化建设　全面完成2019年平台数据的采集转换入库工作，构建预算编制执行、资金绩效等七大方面69个数据分析模型，AO（现场审计实施系统）应用实例、“三小”软件评比获奖数量和等次均排自治区首位。荣获2020年自治区信息化建设考核第一名；自治区第八届审计机关计算机成果演示获得市级组、县区级组一等奖；编写的案例在全国创新应用优秀案例评选中荣获二等奖；1个项目被市委市政府评为2019年南宁市优秀改革创新项目。

相关工作　组织举办17期（次）学习培训，培训学习人员2277人次；组织参加审计署、审计厅及有关部门举办的各类培训学习共计1483人次。制定《南宁市审计局审计实务导师制暂行办法》，结成19结对子开展“传帮带”。选派15人分别到脱贫攻坚一线、审计署特派办、重点项目一线以及参加自治区巡视、市委巡察工作。

（撰稿人：唐　毅　莫小萍）

【柳州市审计局】 2020年，柳州市审计局实有95人。党组书记罗品文，局长胡兰，副局长戴卫平、刘秋文、詹科明（4月—），总审计师廖凤英，党组成员左付均，经济责任审计办公室主任蒋志刚（4月—）。设有办公室、人事科、综合和审理科、财政金融审计科、行政事业审计科、企业审计科、农业农村审计科、自然资源和生态环境审计科、社会保障审计科、固定资产投资审计科、经济责任审计办公室、电子数据审计科、内部审计指导监督科、派出柳东分局；下设柳州市政府投资项目审计中心。

审计成果 2020年，柳州市审计机关完成审计项目224个。查出主要问题金额53.60亿元。审计后应上缴财政7017万元、应减少财政拨款或补贴8962万元、应归还原渠道资金10.59亿元、应调账处理金额17.67亿元；已上缴财政2979万元、已减少财政拨款或补贴8940万元、已归还原渠道资金8.61亿元、已调账处理金额15.21亿元。移送司法机关、纪检监察部门处理事项1件。提交审计工作报告、信息52篇，被采用22篇次。

政策落实情况跟踪审计 实施新增财政资金直达市县基层直接惠企利民情况专项审计，查出问题23个，涉及问题金额3.94亿元，形成《柳州市审计局关于反映财政直达资金使用情况、支出进度偏慢的原因及意见建议》政务信息，被自治区政府办公厅采用。

财政审计 完成财政审计项目32个，查出主要问题金额20.37亿元。完成行政事业审计项目32个，重点关注现代职业教育体系、职业院校办学能力、职业教育服务产业能力、职业教育发展、建设规划情况、医疗卫生保障情况等方面，查出主要问题金额20.68亿元。

经济责任审计 完成经济责任审计项目29个，查出主要问题金额11.49亿元，同时开展领导干部自然资源资产离任（任中）审计2个。

固定资产投资审计 重点关注重大民生和公共卫生建设项目、重点路桥等全局性、基础性、战略性重大建设项目推进情况、资金使用情况，完成固定资产投资审计项目127个，查出主要问题金额9.31亿元。

企业审计 以财务收支真实性为基础，重点审计企业贯彻执行国家、自治区和柳州市经济方针政策、决策部署情况，完成企业审计项目5个，查出主要问题金额4580万元。

专项资金审计 围绕民生和环境、工业柳州等重点开展扶贫、乡村经济、河长制度落实情况、工业扶持专项资金等审计，促进全市扶贫攻坚任务胜利完成和“绿水青山”意识的进一步提升，促进工业经济可持续发展，共完成专项资金审计（调查）项目28个，查出主要问题金额1.79亿元。

相关工作 继续开展帮扶工作，坚持每季度开展“一帮一联”入户慰问活动；关爱扶贫工作队员，走访慰问工作队员家庭；筹措资金1.7万余元助力定点帮扶村春耕生产。在主动应对疫情防控工作中，成立柳州市审计局新型冠状病毒感染肺炎疫情防控志愿突击队，共安排200人次对“三无”小区进行值守；踊跃为抗击疫情爱心捐款2万多元；同时举全局之力开展防疫资金和物资审计工作，履行审计监督职责。

（撰稿人：杨靖云）

【桂林市审计局】 2020年，桂林市审计局实有96人。局长江建和（—4月）、肖育明（4月—），副局长赵素云、全宏星、梁白冰（1月—）、傅春灵（7月—），总审计师张志文，纪检组长罗伟强。设有办公室、人事教育科、经济责任审计办公室、法规计划科、审理科、财政审计科、金融审计科、行政事业审计科、企业审计科、农业农村审计科、自然资源和生态环境审计科、社会保障审计科、电子数据审计科、固定资产投资审计一科、固定资产投资审计二科、旅游外资审计科；下设桂林市公共投资项目审计中心、桂林市审计干部培训中心。

审计成果 2020年，桂林市审计机关共审计（调查）单位167个。查出主要问题金额60.97

亿元。审计后应上缴财政 5.72 亿元、应减少财政拨款或补贴 7 万元、应归还原渠道资金 10.57 亿元、应缴纳其他资金 2.54 亿元、应调账处理金额 1.45 亿元；已上缴财政 1.24 亿元、已归还原渠道资金 3.41 亿元、已调账处理金额 5046 万元。移送处理事项 14 件。提交审计工作报告、信息 18 篇，被批示、采用 14 篇次。

平乐县审计局实施的平乐县本级 2017 年度财政预算执行和其他财政收支情况审计项目被审计署评为 2019 年度全国县级审计机关优秀审计项目三等奖。在自治区审计厅 2020 年自治区优秀审计项目评选中，获一等奖 1 个、二等奖 1 个、三等奖 1 个；在第八届自治区审计系统计算机成果演示会中，获得市级组二等奖、县级一等奖。

政策落实情况跟踪审计 在重大政策措施贯彻落实情况跟踪审计中，共抽查 449 个部门（单位）、97 个项目，涉及资金总量 64.38 亿元，出具审计结果报告 4 篇。通过审计，加快债券资金使用 4066.80 万元，促进扶贫资金、污染防治资金发挥效益 2587.69 万元。根据审计情况撰写的专题调研信息被市政府采用 2 篇。

财政审计 审计（调查）63 个单位的预算执行情况，查出问题金额 45.55 亿元，出具审计报告 85 篇。围绕财政资金管理、国有资产处置、重大项目投资决策等重点环节和事项，共审计单位 47 个，查出问题金额 8.15 亿元，出具审计报告 81 篇。

三大攻坚战审计 在领导干部自然资源离任审计中，查出个别土地整治项目建后管护不到位、基本农田与公益林划定范围重叠、部分基本农田保护区划定不准确、未及时缴纳采矿权出让收益等问题 32 个，涉及金额 1.79 亿元。

民生审计 审计（调查）单位 3 个，查出主要问题金额 60647 万元。其中对桂林市应对新冠肺炎疫情防控资金和捐赠款物进行的专项审计，重点审计 1.62 万元财政专项资金、1585.37 万元捐赠资金，对 8700 万元专项再贷款资金逐笔逐项进行核查，延伸审计红十字会、慈善总会等 17 家社会慈善组织，341 个政府机构和单位，75 户企业和 7 家金融机构，促进红十字会等社会慈善组织出台制度 2 个、财政资金管理制度 1 个、物资管理制度 2 个，提出审计建议 17 条。

经济责任审计 审计领导干部 65 人，查出主要问题金额 7.64 亿元，其中违规金额 2257 万元、管理不规范金额 7.41 亿元，出具审计报告和审计结果报告 118 篇，提出审计建议 163 条。

固定资产投资审计 开展政府投资项目审计 13 个，项目投资额 1.63 亿元，核减工程价款 1395 万元。

相关工作 主动融入桂林市创建全国文明城市的活动中，筹措 13 万元经费支持包联社区创建，参与“进社区访民情”等志愿服务 1200 多人次；开展“我们的节日”主题活动；结合民族团结创建工作，在结对村加强宗教管理，预防非法宗教组织的思想传播。2020 年，桂林市审计局获得第六届“全国文明单位”荣誉称号。

（撰稿人：龙　雨）

【梧州市审计局】 2020 年，梧州市审计局实有 58 人。局长李旭长，副局长彭雪梅、卢秋诚、瞿志英（3 月—），总审计师麦庆，经济责任审计分局局长陈朝晖。设有办公室、综合科、审理科、财政金融审计科、行政事业审计科、农业农村审计科、自然资源和生态环境审计科、固定资产投资审计科、企业审计科、社会保障审计科、经济责任审计分局、电子数据审计科、内部审计指导监督科、人事科；下设梧州市政府投资审计中心。

审计成果 2020 年，梧州市审计局完成审计项目（调查）28 个。查出主要问题金额 16.22 亿元。审计后应上缴财政 6.7 亿元、应归还原渠道资金 59 万元、应调账处理金额 2350 万元；已上缴财政 4.62 亿元、已归还原渠道资金 57 万元、已调账处理金额 2350 万元。向司法机关、纪检监察部门等移送问题线索 10 件。提交审计工作报告、信息 28 篇，被采用 21 篇次。

政策落实情况跟踪审计 成立专项工作领导小组，试行重大政策措施落实跟踪审计定期联系制度，每季度跟踪收集有关被审计单位执行落实重大政策措施的情况材料。2020 年，共召开 8 次分析研讨会，收集 50 多条被审计单位材料信息，审计涉及财政资金 52.58 亿元，查出问题金额 2.14 亿元。

财政审计 首次实现对市本级一级预算单位审计全覆盖，在审计过程中，建立数据分析模型7个，分析研判审计疑点2504条，促进财政增收节支4885.28万元，盘活财政资金525.92万元。审计共查出问题金额5.18亿元。

民生审计 统筹部署开展苍梧、岑溪、藤县、蒙山4个县（市、区）保障性安居工程资金投入和使用绩效专项审计，重点审计15个棚户区改造项目、22个公共租赁住房项目，共涉及项目投资17.23亿元。同时组织开展市本级就业优先政策落实情况专项审计调查，紧盯贫困人员、高校毕业生、就业困难人员等重点群体，现场调查园区、企业、学校、培训机构20余处，访问参训学员100多人次，促进人社部门发放企业带动就业补贴、社会保险补贴等资金，惠及2200余人。

经济责任审计 对市本级16个单位17名领导干部进行任期经济责任审计，查出负领导责任金额1600.80万元；向相关部门移送问题线索3件。审计提出建议28条；促使被审计单位出台规章制度11项。

专项资金审计 重点开展新冠肺炎疫情防控资金和捐赠款物专项审计，共审计15个政府机构和单位、18家全国重点保障企业以及金融机构，涉及金额8812.58万元。

审计查出问题整改 切实发挥审计“治已病、防未病”作用，以“回头看”行动确保审计整改到位。审计查出问题整改率为92.62%，资金整改率为80.79%。

相关工作 认真修订《梧州市审计局审计项目限时管理办法》，通过“培训＋讲学＋测试＋评比”方式，组织开展各类学习培训50余次。推荐选派9名干部参加交流学习、实践锻炼，推荐8人次参加市委巡察工作。组织开展志愿服务活动600多人次，累计服务时长1500多个小时。结合“我们的节日”主题，开展文明清明祭祀、“粽叶飘香迎端午，关爱最美环卫工”、老干部重阳茶话会、送审计知识进少数民族乡等活动，传承民族优秀文化和优良传统。2020年，梧州市审计局、藤县审计局获得“全国文明单位”称号，其他6个县（市、区）审计机关也分别获得自治区级、市级“文明单位”称号。

（撰稿人：盘慧童）

【北海市审计局】 2020年，北海市审计局实有38人。局长张栋源，副局长刘文惠、李小文、何瑞强、蔡章伟，总审计师唐冰。设有办公室、法规综合审理科、电子数据审计科、财政金融审计科、固定资产投资审计科、行政事业审计科、企业审计科、重大政策跟踪审计科、社会保障审计科、交通与建设审计科、农业农村审计科、经济责任审计科。

审计成果 2020年，北海市审计局共完成审计项目66个。查出主要问题涉及金额42.63亿元。审计后应上缴财政3147万元、应减少财政拨款或补贴5801万元、应归还原渠道资金149万元、应调账处理金额2.34亿元；已上缴财政2089万元、已减少财政拨款或补贴5801万元、已归还原渠道资金114万元、已调账处理金额4394万元；移送司法机关、纪检监察部门处理事项6件，建议有关部门处理事项2件。出具审计工作报告、信息8篇，被采用3篇次。

政策落实情况跟踪审计 完成重大政策落实跟踪审计1个，查出主要问题涉及金额1.97亿元。推动发放创业园房租补贴5.85万元、农民工防疫补贴等补贴资金265.81万元、企业利用外资奖励资金11.05万元，促进清理拖欠民营企业账款2753.11万元。

财政审计 运用大数据技术对市本级347个预算单位的国库集中支付数据进行总体分析，实现一级预算单位审计全覆盖。调查、核查524个部门、单位、乡镇及自然村，完成财政审计项目12个，查出主要问题金额32.71亿元。

三大攻坚战审计 将涠洲岛自然资源资产管理和生态环境保护责任履行情况审计与涠洲岛旅游区党工委领导干部的经济责任审计同部署同开展。审计共查出违规占用自然岸线、违规占用海域、违规排污等15个自然资源与生态环境方面问题，促进出台《关于印发北海市破坏红树林资源行为举报制度的通知》《关于印发北海市红树林巡护检查制度的通知》等生态保护长效机制。

经济责任审计 制定出台《2021—2025年北海市领导干部经济责任审计规划》，建立审计对象数据库并实施分类管理，推动实现有重点、有步骤、有深度、有成效的领导干部经济责任审计全覆盖。年内共完成经济责任审计目 12 个，查出主要问题涉及金额 2.17 亿元。

固定资产投资审计 5月，经北海市委编委批准，将原由北海市政府投资审计中心承担的财政投资项目工程结算审核职责调整由北海市财政投资评审中心行使。北海市政府投资审计中心由单一的工程结算审计转变为全过程监督审计，工作重点转移到对政府投资（融资）项目的跟踪审计或预（概）算执行情况审计。年内对北海市体育馆、博物馆、图书馆、西村港跨海大桥、向海大道、铁山港区航道三期工程等 45 个投资项目进行审计，查出主要问题金额 5.20 亿元。

专项审计 完成专项审计项目 1 个，查出主要问题金额 6891 万元。审计发现部分建档立卡残疾学生未享受教育资助、未按规定发放拆旧房激励资金、农村危改建设管理不规范等问题。

相关工作 2020 年北海市审计局再次通过复查，继续保留“全国文明单位”荣誉称号。推动自治区审计厅、南京审计大学、北海市政府达成战略合作，三方将共建南京审计大学北海研究院。在全国范围内公开遴选 104 名专家、助理加入北海审计专家库，其中高级职称以上的专家 26 人。 （撰稿人：章　嫦）

【防城港市审计局】 2020 年，防城港市审计局实有 32 人。局长黄日忠，副局长李毓森、池权锋、黄忠东，总审计师凌荣（—5月），党组成员李忆文。设有办公室、法规审理和内部审计监督科、财政和社保审计科、电子数据审计科、农业生态资源和企业审计科、经济责任审计分局、固定资产投资审计科。

审计成果 2020 年，防城港市审计局共审计（调查）单位 24 个。查出主要问题金额 51.59 亿元；出具审计报告和专项审计调查报告 24 篇。审计后应减少财政拨款或补贴 3582 万元、应归还原渠道资金 126 万元、应调账处理金额 932 万元。核减投资额 3582 万元；审计后挽回（避免）损失 3582 万元。审计提出建议 32 条，被采纳 30 条；提交审计信息 5 篇，被批示、采用 3 篇次。

政策落实情况跟踪审计 重点围绕“六稳”“六保”工作、环境保护、优化营商环境等方面政策措施的落实情况进行跟踪审计，揭示在稳就业、环境保护、中央财政转移支付资金等方面存在的问题 14 个。

财政审计 完成 2019 年度市本级预算执行和其他财政收支审计、12 个政府收支科目部分重大专项资金审计以及 4 个部门预算执行审计。工作报告和审计突出问题整改报告得到市人大常委会的充分肯定。

三大攻坚战审计 将自然资源环境资产审计与领导干部经济责任审计、预算执行情况审计协同实施，成果共用。聚焦海洋、林业、土地、水、大气等资源开展自然资源资产管理和生态环境保护责任审计，披露基本农田存在非耕地、红树林资源被侵占、部分近海养殖场无证养殖、大气污染防治部目标任务落实不到位等自然资源和生态环境保护存在的问题 20 个，涉及金额 3343.43 万元，提出审计建议 4 条。向市委审计委员会报送综合报告 1 篇并获得市委市政府领导批示。

经济责任审计 全市完成经济责任审计项目 15 个，查出问题金额 5.05 亿元，移送案件线索 7 件。其中，市本级完成 10 个（含上年遗留项目 3 个），查出问题金额 4.59 亿元，以市委审计委员会的名义报送专题报告 1 篇，并获得市委书记李延强的批示。

固定资产投资审计 组织开展防城港市国门大道项目执行情况审计、防城港市 2020 年度为民办十件实事部分政府投资建设项目执行情况审计，完成工程结算审计项目 49 个，核减工程款 5299 万元。

专项审计 开展应对新冠肺炎疫情防控资金和捐赠款物、2019 年度党费收缴使用管理情况、两万亿直达资金、征地拆迁资金、乡村振兴政策措施及扶贫资金等专项审计（调查），发现专项补助发放不到位、防控物资调拨使用率低、部分定向分配捐赠资金拨付不及时、征地资金未及时到位、重复支付征地及青苗补偿款等问题。

相关工作 开展“党建＋疫情防控工作”“党建＋脱贫攻坚工作”活动，将防城港市国际医学开放试验区政策落实、资金分配管理使用情况列入各审计项目重点关注内容；投入 3.2 万元帮助解决挂钩村太阳能路灯安装费、贫困户住房和楼梯扶手等经费困难问题；在全市审计系统开展“传颂红色家书、传承红色经典”读书征文比赛、在广西师范大学举办干部党性修养暨执行力提升培训班等，强化党的建设与审计业务建设。

（撰稿人：邓英俊）

【钦州市审计局】 2020年，钦州市审计局实有18人。局长张日辉，副局长陈洪珊、谭灵坚、陆静、郑康、黄兴越，纪检组长邓鸣。设有办公室、法规综合科、财政审计科、行政事业审计科、企业审计科、农业与资源环境审计科、社会保障审计科、经济责任审计分局、金融外资审计科、固定资产投资审计科；下设钦州市公共投资审计中心、钦州市经济责任审计中心和钦州港经济技术开发区公共投资审计所等事业单位。

审计成果 2020年，钦州市审计局完成审计项目19个。查出主要问题金额30.84亿元，其中违规金额1.06亿元、管理不规范金额29.77亿元；审计发现非金额计量问题114个；审计期间整改金额9209万元；出具审计报告和专项审计调查报告26篇。审计处理处罚金额8.09亿元，其中应上缴财政7.91亿元、应减少财政拨款或补贴1万元、应归还原渠道资金933万元、应缴纳其他资金7万元、应调账处理金额842万元；移送司法机关、纪检监察机关等部门处理事项10件，移送处理人员18人，移送处理金额3579万元。审计促进整改落实有关问题资金10.62亿元。提交审计工作报告、信息123篇，被采用16篇次。

全自治区优秀审计项目评比中，钦州市审计局荣获优秀审计项目一等奖1个、二等奖1个。在钦州市2018年社会养老保险基金审计项目中，3人被评为2020年自治区审计机关市级优秀个人；在钦州市钦南区2018年脱贫攻坚政策落实和财政扶贫资金以及2017年至2018年“一卡通”惠农补贴资金管理使用情况审计项目中，3人被评为2020年自治区审计机关市级优秀个人。

财政审计 完成财政审计项目2个，查出主要问题金额14.89亿元。对钦州市本级2020年度预算执行和其他财政收支情况审计，查出主要问题金额14.02亿元，向有关部门移交案件线索1件；对本级部门（单位）2019年度预算执行和其他财政收支情况审计，查出主要问题金额8764.01万元，其中违规金额6619.14万元、管理不规范金额2144.87万元。

经济责任审计 完成经济责任审计项目10个，审计经济责任人10人，出具审计报告和审计结果报告18篇。审计共查出各类违纪违规问题金额15.3亿元，其中违规金额1113万元、管理不规范金额151910万元。被审计领导干部负直接责任问题金额12万元、负领导责任问题金额153011万元。审计促进增收节支49万元。

固定资产投资审计 完成固定资产投资审计项目1个，查出主要问题金额1853万元。对中国—马来西亚钦州产业园区净地征收项目实施情况进行专项审计调查，重点调查净地征收管理、被征地群众对“净地征收模式”的支持及推动征地搬迁作用等相关内容，对重要事项进行必要的延伸和追溯。

资源环保审计 完成地方党政主要领导干部自然资源资产离任审计项目1个，查出主要问题金额2.1亿元，移送纪检监察等部门进一步查处的移送处理书1份，移送处理10人。

企业审计 完成企业审计项目1个，发现主要问题29个，查出问题金额3.29亿元，移送纪检监察部门审计案件6件，移送其他主管部门审计案件3件，提交审计重要情况转送函1份，向政府反映审计要情3篇，均获市领导批示。

专项资金审计 完成脱贫攻坚扶贫审计项目1个，查出主要问题金额72.29万元，移送纪检监察等部门进一步查处的移送处理书5份，移送处理人16人。

（撰稿人：钟秀华）

【贵港市审计局】 2020年，贵港市审计局实有44人。局长杨伟明，副局长彭毅云、潘家秩、伍勤（—8月）、胡鸿（8月—），总审计师王秋生。设有办公室、经济责任审计局、综合科、财政审计科、行政事业审计科、农业和资源环境审计科、固定资产投资审计科、企业和金融审计科、社会保障审计科、电子数据审计科、组织人事科；下设贵港市公共投资审计中心和贵港市综合审计中心。

审计成果 2020年，贵港市审计局完成审计项目 11 个。查出主要问题金额 10.07 亿元。审计后应上缴财政 1.39 亿元、应归还原渠道资金 4.04 亿元、应调账处理及其他整改金额 2.53 亿元；已上缴财政 9432 万元、已归还原渠道资金 9473 万元；移送审计线索 1 件，移送处理金额 4901 万元。审计提出建议 51 条，被采纳 51 条；提交审计信息 48 篇。

政策落实情况跟踪审计 重点对疫情防控资金和捐赠款物等政策措施落实、推进打好脱贫攻坚战、清理拖欠民营企业中小企业账款、新增财政资金直达市县基层直接惠企利民、稳就业政策等进行跟踪审计，涉及金额 9158.01 万元，发现问题 34 个，出具审计报告 4 篇。

财政审计 预算执行审计首次实现对市本级全部 88 个一级预算单位的全覆盖。打破以往市政府委托审计部门负责人向市人大常委会作审计查出突出问题的整改情况报告的惯例，由市政府领导直接向人大报告，这在全自治区尚属首例。

三大攻坚战审计 桂平市 2019 年脱贫攻坚政策落实和资金分配管理使用情况审计查出问题金额 9127.04 万元，发现问题 8 个，移送案件线索 1 件。

疫情防控资金和捐赠款物专项审计 新冠肺炎疫情防控资金和捐赠款物专项审计涉及财政资金 8760.5 万元、捐赠资金 759.25 万元、医用防护服和口罩等各类接受捐赠物资 89.96 万件，核查专项再贷款资金 1806 万元。

民生审计 桂平市和平南县 2019 年保障性安居工程资金投入和使用绩效审计查出问题金额 3.13 亿元，提出意见建议 17 条，移送案件线索 1 件。

经济责任审计 逐步推进经济责任审计全覆盖，共完成经济责任审计项目 8 个，查出违规金额 1.89 亿元、管理不规范金额 19.79 亿元，审计移送处理线索 1 件。

固定资产投资审计 重点实施市本级重大投资项目专项审计调查和产业园区基础设施建设管理情况专项审计调查，分别涉及 143 个市本级重点项目、135 个产业园区项目，查出问题金额 5.84 亿元，移送案件线索 1 件。

资源环保审计 完成自然资源资产管理和生态环境保护责任履行情况审计项目 1 个，查出主要问题金额 870.49 万元。审计发现未编制市本级抗旱规划，河湖长履职、河湖划界以及“清四乱”工作促落实不够到位，个别电站无证取水发电，水土保持规划未及时上报市政府审批，未完成节水型居民小区建设任务，地下水保护和综合治理工作推进不力，个别取水单位超计划取水，应收未收水资源费、水土保持补偿费等问题。

相关工作 以党建引领、以产业扶贫和做强村集体经济为方向，带动 241 户贫困户增收致富，挂点帮扶的姚山村、回龙村 2020 年村集体经济收入分别为 10.03 万元、8.64 万元，超额完成年度目标任务。落实各种帮扶专项经费 5 万元，慰问村困难党员群众 3 万元，组织党员干部为姚山村捐款 5000 多元。姚山村获得第四批自治区民族团结进步示范区示范单位、贵港市第一批民族团结进步示范单位。贵港市审计局也继续保持“自治区文明单位”称号。

（撰稿人：李银萍）

【玉林市审计局】 2020 年，玉林市审计局实有 44 人。局长李克（—2 月）、党刚强（2 月—），副局长廖焕强、陈任诗、曾敏（—5 月）、苏丽艳（10 月—），总审计师陈进（2 月—），纪检组组长方敏。设有秘书科、法规科、财政税务审计科、政策落实审计科、行政事业审计科、资源环境审计科、固定资产投资审计科、社会保障审计科、企业审计科、经济责任审计分局、电子数据审计科、玉东新区审计科、党建廉政绩效科；下设玉林市政府投资审计中心。

审计成果 2020 年，玉林市审计局完成审计项目 49 个。查出主要问题金额 96.61 亿元。审计后应上缴财政 5.05 亿元、应减少财政拨款或补贴 1.87 亿元、应归还原渠道资金 30.52 亿元、应缴纳其他资金 177 万元、应调账处理金额 1.96 亿元、其他问题金额 60.47 亿元；移送司法机关、纪检监察部门和有关部门事项线索 13 件。促进完善制度 68 项。

玉林市某公司原董事长经济责任审计项目获得自治区优秀审计项目一等奖；博白县审计局、陆川县审计局共 2 个审计项目获评自治区优秀审计项目二等奖；荣获自治区审计机关信息化建设考核二等奖；“审计对象及审计项目管理系统”获自治区审计机关“三小”软件评比二等奖；获自治区AO实例评比优秀奖6个、应用奖5个、鼓励奖10个。

政策落实情况跟踪审计 组织市、县（市、区）两级审计机关以统筹推进常态化疫情防控和经济社会发展、“六稳”、“六保”、脱贫攻坚、污染防治、新增财政资金等6个方面的政策措施落实情况为审计重点，围绕推动重大政策落实强化审计监督。向市政府上报综合报告4份，反映各类问题25个，涉及问题金额3.28亿元，推动出台完善政策2项。

财政审计 完成财政审计项目3个，查出主要问题27个，涉及问题金额14.2亿元，已完成整改问题金额3.9亿元，促进完善制度4项。

三大攻坚战审计 完成专项资金审计项目4个。其中扶贫专项资金审计项目1个，发现各类问题22个，查出问题金额2398.39万元。向监察机关移送涉案线索1件，涉及金额27.16万元。完成玉林市南流江、九洲江水污染治理情况审计等资源环境专项审计项目2个，查出部分污水处理厂未达标运行、项目非正常运营等问题共16个。

疫情防控资金和捐赠款物专项审计 完成玉林市级应对新冠肺炎疫情防控资金和捐赠款物专项审计，查出主要问题金额370.31万元，审计期间整改158.89万元，促进整改落实有关问题资金211.42万元。

经济责任审计 实施经济责任审计项目12个，查出问题金额33.22亿元，其中违法违规问题金额4200.63万元、管理不规范问题金额32.8亿元。促进审计整改金额1.38亿元，审计提出建议35条，向党委、政府报送审计要情、专报4份，向有关单位移送审计处理书5份，涉及主要金额4527.81万元。促进被审计单位出台完善规章制度33项。

固定资产投资审计 开展政府投资审计项目22个，审计金额合计22.99亿元，核减工程造价1.87亿元，审计核减率15.70%。报送审计情况专报1份，得到市政府主要领导肯定批示。移送案件（线索）7件，主管部门当年处理5件，2个施工单位和1个监理单位受到处理；并对以前年度的1件审计移送进行处理，暂停3名评委的评标资格12个月。

企业审计 组织开展玉林投资集团有限公司、玉林金融投资集团有限责任公司和玉东建设投资集团有限公司等企业的领导干部经济责任审计，共查出问题36个，查出问题金额10.48亿元，审计提出建议7条，促进完善规章制度11项。（撰稿人：杨金玲）

【百色市审计局】 2020年，百色市审计局实有46人。局长吕永强，副局长黄彧、蔡伯伦、梁才勇，总审计师黄受飞。设有市委审计委员会办公室秘书科、办公室、综合科、审理科、财政金融审计科、行政事业审计科、农业农村审计科、自然资源和生态环境审计科、固定资产投资审计科、企业审计科、社会保障审计科、经济责任审计科、电子数据审计科、内部审计指导监督科；下设百色市政府投资审计中心、百色市经济责任审计中心。

审计成果 2020年，百色市审计机关共完成审计项目164个。查出主要问题金额218.99亿元。促进整改落实有关问题资金34.64亿元；移送有关部门处理事项22件，涉及人员39人。审计提出建议468条。其中市本级完成审计项目24个，查出主要问题金额55.55亿元。促进整改落实有关问题资金29.20亿元；移送有关部门处理事项11件，涉及人员39人。审计提出建议66条；向市委市政府提交审计要情、审计专报等审计信息14篇。

百色市审计局实施的广西某公司党委书记、董事长任职期间经济责任履行情况审计项目被审计署评为2019年度全国市级审计机关优秀审计项目三等奖。

政策落实情况跟踪审计 共抽查233个部门单位、121个项目，涉及财政资金12.47亿元，涉及减税降费政策落实情况、稳就业政策落实情况、防范化解债务风险措施落实情况、精准脱贫政策落实情况、企业复工复产优惠政策落实情况、污染防治政策落实情况以及清理拖欠民营企业中小企业账款等17大类政策落实情况方面，发现问题41个。组织对8个县（市、区）开展新增财政资金直达市县基层直接惠企利民情况专项审计，发现问题21个，促进整改金额4.07亿元。

财政审计 完成对市财政局具体组织的2019

年度市本级预算执行和决算草案审计以及市教育局、市商务局 2019 年度预算执行和决算草案审计项目。首次实现对市本级 88 家一级预算单位审计全覆盖，指导右江区、平果市、德保县、靖西市开展县级预算单位审计全覆盖工作。

疫情防控资金和捐赠款物专项审计 组织全市 139 名审计人员开展新冠肺炎疫情防控资金和捐赠款物专项审计，共查出问题 45 个，涉及资金 3035.71 万元、物资 53.89 万件（套），提出建议 36 条，推动制定完善制度 10 项。

民生审计 组织对靖西市、西林县开展 2019 年脱贫攻坚政策落实、资金管理使用和项目建设管理情况专项审计，共发现问题 60 个，涉及金额 2.66 亿元，移送问题线索 2 件。

经济责任审计 对 6 名领导干部开展经济责任审计，涉及 1 个县、3 个市直部门单位、1 个市管国有企业。出台《百色市经济责任审计工作联席会议议事规则》，进一步明确联席会议及其各成员单位的工作职责、议事规则。

固定资产投资审计 组织实施审计（调查）项目 9 个。推动出台《百色市本级政府投资项目结算审核暂行办法》。全市基本纠正“以审代结”做法。

资源环保审计 组织乐业、田林、隆林、西林 4 县开展南盘江流域（百色段）水资源保护和管理情况专项审计，发现问题 7 个，涉及问题金额 6410.63 万元。融合实施凌云县党政主要领导干部履行自然资源管理和生态环境保护责任情况审计，发现问题 36 个，涉及问题金额 1475.59 万元，审计提出建议 3 条。

企业审计 完成对广西百色右江水务股份有限公司 2017 年至 2018 年财务收支情况审计、百色市文化旅游发展有限公司 2017 年 6 月至 2018 年 12 月财务收支情况审计，共查出主要问题金额 1.34 亿元。至年末，顺利完成“十三五”期间市本级国有企业审计全覆盖目标。

相关工作 2020 年，百色市审计局精神文明建设再上台阶，荣获第六届“全国文明单位”称号。

（撰稿人：刘　明）

【贺州市审计局】 2020 年，贺州市审计局实有 56 人。局长古培林（—9 月）、黄明勇（9 月—），副局长魏明新、黄自珍、张平，总审计师吴荣林。设有办公室、市委审计委员会办公室秘书科、综合审理科、企业与外资运用审计科、财政金融审计科、行政事业单位审计科、固定资产投资审计科、社会保障审计科、经济责任审计分局、电子数据审计科；下设政府投资审计中心、审计信息管理中心及国有企业审计中心。

审计成果 2020 年，贺州市审计局完成审计项目 34 个。促进增收节支、挽回（避免）损失和核减投资 1.29 亿元。报送审计报告和信息 34 篇，被采纳审计建议 59 条；促进健全规章制度 10 多项，向纪检监察机关和有关部门移送问题线索 12 件。

贺州市审计局获得广西审计系统“三小”软件评选一等奖、三等奖各 1 例，获得广西审计系统 AO 实例评选优秀奖案例 2 篇、应用奖案例 2 篇、鼓励奖案例 3 篇，获得第八届全自治区计算机成果演示会二等奖。

政策落实情况跟踪审计 完成政策落实跟踪审计项目 5 个。重点关注新增财政资金在分配、拨付下达、管理使用、发挥绩效方面存在的突出问题，促进资金使用“一竿子插到底”。

财政审计 完成财政审计项目 5 个，市本级首次实现利用大数据技术延伸对一级预算单位进行全覆盖审计调查。2019 年度市本级预算执行和其他财政收支的审计工作报告得到市人大常委会充分肯定。

疫情防控资金和捐赠款物专项审计 重点抓好应对疫情防控资金和捐赠款物专项审计及扶贫资金审计，共完成专项资金审计项目 8 个，形成审计移送处理书 7 份并移送纪检监察等部门。

经济责任审计 完成经济责任审计项目 7 个。在实施昭平县党政主要领导经济责任审计项目时，将自然资源资产管理责任审计、昭平县法院主要领导经济责任审计及昭平县 2020 年东西部扶贫协作和对口支援帮扶资金审计工作充分融合，大力提升审计效率。

固定资产投资审计 完成政府投资审计（跟踪审计）项目 37 个，促进节约投资额 1.01 亿元。审计揭示一些项目建设单位和监理单位审核不严、概预算编报不规范等问题。

企业审计 完成企业审计项目 2 个。审计中重点关注国有企业财务收支、化解债务风险、金融风险防控等情况，促进企业加强和规范投资管理，不断提高资产利用效率和化解债务风险能力，推动深化国资国企改革、国有资产保值增值，保障金融安全和稳健运行，为实体经济健康发展提供良好的环境。

信息化建设 完善制度建设，制定《贺州市审计数据预采集报送办法》，全面开展全市信息系统调查，涉及28个市直部门建设的各类信息系统130个，实现市本级信息系统审计调查全覆盖。

相关工作 坚持党建业务两手抓，严格执行重大事项向审计委员会请示报告制度，市委审计委员会办公室向市委审计委员会报送各类请示、报告、要情和信息等20余份，研究制定完善《贺州市审计数据预采集报送办法》等审计工作相关制度5项。打造独具审计特色的“审计整改回头看”“两大主战场·审计党旗红”“抗疫审计人在线”等党建活动品牌，局机关党支部连续3年被评定为“五星级党组织”，2020年被命名“三会一课”示范点。12月，贺州市审计局被评为全国文明单位。（撰稿人：练　军）

【河池市审计局】 2020年，河池市审计局实有35人。局长乔彩荣，副局长蒙红宁（—10月）、郭孟谢、韦景升，总审计师覃慧琴，经济责任审计局局长黄辉，市政府投资审计中心主任覃后敢。设有市委审计委员会办公室秘书科、办公室、综合科、审理科、财政金融审计科、行政事业审计科、农业农村审计科、自然资源和生态环境审计科、固定资产投资审计科、企业与外资运用审计科、社会保障审计科、经济责任审计局、电子数据审计科、内部审计指导监督科。

审计成果 2020年，河池市审计机关完成审计项目153个。查出主要问题金额131.17亿元；出具审计报告和专项审计调查报告171篇。审计后应上缴财政2.35亿元、应减少财政拨款或补贴2.77亿元、应归还原渠道资金28.73亿元、应调账处理金额63.75亿元；已上缴财政1.35亿元、已减少财政拨款或补贴7647万元、已归还原渠道资金17.25亿元、已调账处理金额28.82亿元；向纪检监察和相关部门移交案件线索2件，移送处理人员11人。审计提出意见建议367条。

河池市审计局获得2019年度自治区审计机关优秀审计项目评比三等奖2个，AO实例优秀奖2个、应用奖2个和鼓励奖1个，“三小”软件评比二等奖。

政策落实情况跟踪审计 跟踪审计474个单位和项目的重大政策措施落实情况，发现问题90个，查出问题金额3.95亿元，2020年度整改1.82亿元；推动清理收回、加快拨付或清偿欠款、退还税费等23038.20万元，健全完善保就业、科技创新等方面制度2项。

财政审计 完成财政审计项目14个，出具审计综合报告和审计报告20篇，审计发现问题金额71.80亿元，市长给予批示4次；向市委市政府报送重要审计信息3篇。向纪检监察部门移送案件线索1件，涉案人员8人，涉案金额150万元。完成行政事业审计项目8个，查出主要问题金额4.57亿元。

民生审计 完成社会保障审计1个，审计和延伸审计政府机构和单位179个、红十字会和慈善组织13个、企业32家，审计调查财政资金1.38亿元、捐赠资金2679.23万元、专项再贷款资金1300万元。

固定资产投资审计 完成固定资产投资审计项目6个，查出主要问题金额5.34亿元，其中多计工程价款232万元、管理不规范金额4.8亿元、其他违规金额5173万元。发现问题43个，其中非金额问题29个。

农业农村审计 完成农业与农村审计项目8个，查出问题共136个，涉及违规或管理不规范金额31.06亿元。

企业审计 对7家市直属国有企业开展审计调查，草拟《河池市直属企业审计监督工作办法（试行）》呈报市审计委员会办公室，撰写《新形势下强化市级国有企业审计监督的对策》提交市审计局办公室并上报市政府。

经济责任审计 完成领导干部经济责任审计项目8个，查出主要问题128个，涉及金额5.37亿元，其中违规金额5029万元、损失浪费金额5311万元、管理不规范金额4.34亿元，界定领导责任5.37亿元。审计提出建议28条。

专项资金审计 完成专项资金审计（调查）

项目17个，查出主要问题金额37.67亿元。向纪委监委移送案件线索1件，涉案金额150万元，涉及处级、科级等人员8人。

相关工作 河池市各级12个审计机关全部被评为市级以上文明单位，其中全国文明单位1个、自治区级文明单位9个和市级文明单位2个。河池市审计局顺利通过中央文明委复查，继续保留“全国文明单位”称号，被自治区爱卫会授予“自治区无烟政府机关”称号。

（撰稿人：吕娟娟）

【来宾市审计局】 2020年，来宾市审计局实有43人。局长杨春阳，副局长覃敬钧、钟世权、何春强，总审计师丁振扬。设有办公室、综合科、审理科、财政金融审计科、行政事业审计科、农业农村与资源环境审计科、固定资产投资审计科、企业审计科、社会保险审计科、经济责任审计分局；下设来宾市政府投资审计中心、来宾市经济责任审计中心。

审计成果 2020年，来宾市审计机关共完成审计项目53个。审计查出主要问题金额14.86亿元。移送审计问题线索4件。审计提出建议128条；向市委市政府报送重要审计信息和专题报告6篇，获市领导批示5篇次。

政策落实情况跟踪审计 重点对重大项目推进、新冠肺炎疫情防控资金和捐赠款物情况、新增财政资金直达市县基层直接惠企利民情况等政策落实情况开展审计。审计揭示市、县（市、区）财政部门对直达资金未按预算管理要求单独发文、部分预算单位使用直达资金前期工作不到位影响项目建设进度等问题，涉及金额2.88亿元。

财政审计 首次实现市本级国库支出情况和78个一级预算单位2019年度部门预算执行和决算草案编制情况审计全覆盖。查出6项中央财政转移支付资金分配不及时、4个单位应缴未缴非税收入、17个预算单位落实过“紧日子”要求不够到位、25个单位预算编制不精准导致部分项目预算当年执行率为零等问题，涉及金额7542万元。实现对78个一级预算单位的审计全覆盖，查出应记未记会议费3.9万元、一级预算单位应用的财务管理软件不统一、未按照规定执行政府机关预算会计准则、未按照规定定期结账等问题。

三大攻坚战审计 对金秀县2019年脱贫攻坚政策落实、资金分配管理使用和项目建设推进情况进行审计。查出部分扶贫项目建设进度缓慢、未及时发放危房改造补助资金、重复发放基本医疗保险缴费补助等问题23个，涉及金额1155万元。向市纪律监委移送线索2件，督促问题整改23个，整改率100%，促进建立长效机制3项。对兴宾区党政主要领导履行自然资源资产管理责任情况进行审计。发现违规占用耕地、土地闲置、落实被征地农民社会保障制度不到位等问题22个，涉及资金1.37亿元和土地面积1.32万亩。

疫情防控资金和捐赠款物的专项审计 重点审计财政资金1.12亿元、捐赠资金1065万元，对专项再贷款资金8920万元逐笔逐项进行核查，延伸审计企业21家、金融机构4家及财政、发展改革、人社、红十字会、慈善组织等政府机构（社团组织）58个。查出资金滞留1779万元、物资分配不及时16100件、物资采购程序不合规249190件、重点物资保障企业名单不够公开透明等问题。

民生审计 实施来宾市重点民生资金和养老保险基金项目审计，发现养老保险政策落实不到位、多领重领养老金等方面问题6个，涉及违规金额82.39万元。

经济责任审计 完成审计项目28个，审计领导干部30人。查出主要问题金额14.19亿元，其中违规金额9346万元、管理不规范金额13.26亿元。移送市纪委涉嫌违法违纪问题线索1件。出具审计报告28篇，提出改进管理建议34条，得到被审计单位采纳。上报市委审计委员会审计专报2篇并得到主要领导批示。

固定资产投资审计 完成政府投资项目审计3个，发现问题21个，查出主要问题金额550.42万元，移送案件线索1件。

（撰稿人：巫红丹）

【崇左市审计局】 2020年，崇左市审计局实有44人。局长孙建书（—12月）、伍春（12月—），副局长梁敬东（4月—）、韦青培、李峥玄，总审计师梁敬东（—4月）、周海明（6月—），经济责任审计分局局长梁国正，政府性投资审计中心主任黄全盛（7月—）。设有办公室、综合科、审理科、财政金融审计科、行政事业审计科、农业农村审计科、自然生态审计科、固定资产投资审计科、企业审计科、社会保障审计科、经济责任审计分局、电子数据审计科；下设崇左市政府性投资审计中心。

审计成果 2020年，崇左市审计局完成审计项目32个。查出主要问题金额49.64亿元。促进整改落实有关问题资金3.78亿元，其中增收节支516.92万元、已上缴财政424.02万元、已归还原渠道资金92.89万元；审计后挽回（避免）损失4500万元；移送司法机关、纪检监察部门处理事项10件，立案7件；建议有关部门处理事项117件。提交审计工作报告、信息59篇，被采用59篇次。

获得全自治区优秀审计项目一等奖1个、优秀AO审计实例12个。报送市委市政府的16期审计要情和2篇调研报告得到市委书记刘有明和市长何良军的肯定批示。

政策落实情况跟踪审计 完成重大政策跟踪审计项目8个，发现疫情防控资金和捐赠款物等政策措施落实方面问题9个，拖欠民营企业中小企业账款方面问题2个，保障性安居工程相关政策落实方面11个，稳就业政策方面问题5个，“六保”政策落实方面问题1个，促进财政资金提质增效方面问题4个，促进政府工作报告要点落实方面问题3个，村级集体经济发展方面问题6个，促进优化营商环境方面问题10个，稳外资政策落实方面问题2个。审计查出主要问题金额5.84亿元。提出整改意见和建议30条。

财政审计 完成财政审计项目9个，组织开展2019年度市本级财政预算执行情况审计、市本级一级预算单位2019年度部门预算执行和决算草案编制情况审计，以及牵头组织对7个县（市、区）人民政府2018年度决算和其他财政收支情况审计。查出主要问题金额91811.1万元，提出整改意见和建议36条。

民生审计 完成社会保障审计项目7个，查出主要问题金额3.99亿元。督促整改审计发现问题95个，涉及社保中心、住建、卫生、红十字会、民政等部门及各县（市、区）政府等整改单位35个，涉及整改金额4.58亿元，推动建立健全规章制度2项。

经济责任审计 完成经济责任审计项目6个，对7名领导干部进行审计。查出主要问题金额8149.97万元。审计提出整改意见和建议14条，被采纳14条；向有关部门移送案件线索3件。

固定资产投资审计 完成固定资产投资审计5个，查出主要问题金额84539.64万元，其中项目超批复概算69620.16万元、项目建设资金滞留3490.17万元、超支建设单位管理费267.43万元、不应计入成本核算支出681.57万元、应列未列部分建设成本202.78万元、虚报工程量2500.97万元、超付工程进度款1394.96万元。

农业与资源环保审计 完成农业农村与资源环保审计项目2个，查出主要问题金额7854.08万元。

企业审计 完成企业审计项目2个，查出主要问题金额10.51亿元。审计发现企业存在跨期确认收入和支出、多计提建设单位管理费、现金使用管理不规范等52个问题。审计提出意见建议7条，重要情况转送函3份。

相关工作 加强优秀干部培养力度，向市委推荐副处级领导干部人选4名，得到市委提拔重用副处级领导干部3人；严格按组织程序提拔任用科级干部10人。加大文明创建工作力度，年内被中央文明委评为第六届全国文明单位。

（撰稿人：韦武凯）

2020 年广西壮族自治区所辖县(市、区)级审计工作统计表

审计机关	完成审计项目/个	审计查出主要问题金额/万元	审计发现非金额计量问题/个	审计期间整改金额/万元	出具审计报告和审计调查报告/篇	审计处理情况		审计促进整改落实有关问题资金/万元	审计提出建议/条	提交审计信息/篇
						审计处理处罚金额/万元	移送处理事项/件			
南宁市										
南宁市本级	18	417732	165	4787	20	91298	48	176134	167	66
兴宁区审计局	6	10309	43	9969	7	37			68	6
青秀区审计局	16	24538	18		15	2682			54	
江南区审计局	19	36488	60	64	19		1		71	9
西乡塘区审计局	11	293577	61		10	16566		16559	43	3
良庆区审计局	13	28063	17	2727	13	1281			46	
邕宁区审计局	22	4942	145		31	4942	2	4931	100	36
武鸣区审计局	12	53477	45	24456	12		1	9970	30	2
隆安县审计局	7	16037	18		7				20	1
马山县审计局	14	45151	28	42332	14	67	1		53	3
上林县审计局	6	5796	67		6	37			19	
宾阳县审计局	16	38526	34		16	1617	4		49	
横县审计局	9	25986	22	24	9	5			33	3
柳州市										
柳州市本级	55	388440	254	44563	69	181135		192658	141	40
城中区审计局	7	5509	30	634	7	5509		3471	21	2
鱼峰区审计局	12	3297	72	11	14	465		465	23	1
柳南区审计局	11	61337	76	61337	17	61337		61297		
柳北区审计局	4	2510	14	112	4	1685		2554	32	3
柳江区审计局	9	26107	40	8654	9	26092		17438	27	1
柳城县审计局	6	795	10	339	8	582	1	582	11	
鹿寨县审计局	88	8187	5		87	6670		6670	107	2
融安县审计局	16	2111	12	2111	18	2111		2111	24	
融水苗族自治县审计局	7	6559	23	91	8	6559		91	18	
三江侗族自治县审计局	9	31174	66	4101	10	30890		29277	25	3
桂林市										
桂林市本级	36	232387	401	8357	51	56936	3	36020	154	5
秀峰区审计局	6	14286	3		8	124	3	124	15	3

（续表）

审计机关	完成审计项目/个	审计查出主要问题金额/万元	审计发现非金额计量问题/个	审计期间整改金额/万元	出具审计报告和审计调查报告/篇	审计处理情况		审计促进整改落实有关问题资金/万元	审计提出建议/条	提交审计信息/篇
						审计处理处罚金额/万元	移送处理事项/件			
叠彩区审计局	4		11		6					
象山区审计局	8	16056	17	218	13				27	
桂林高新七星区审计局	3	1153	5	8	4				8	
雁山区审计局	2		1		2				6	
临桂区审计局	9	35248	13	18170	15	35157		2692	14	
荔浦市审计局	14	3070	27	117	22	830		9	31	
阳朔县审计局	12	79146	13	232	18	435			31	
灵川县审计局	10	6759	44		13				37	
全州县审计局	15	120437	11	244	19	16051			3	
兴安县审计局	8	6164	8	225	12	6157			19	
永福县审计局	9	20654	30	80	14	19350	1	19321	25	
灌阳县审计局	5	3382	8		6	3382		3382	25	8
龙胜各族自治县审计局	8	9393	75	2662	11	7614	1	222	21	2
资源县审计局	8	1367	6	155	9	16		16	25	
平乐县审计局	7	24746	40	11738	9	21325	6	13008	19	
恭城瑶族自治县审计局	3	35414	11	8841	3	35414			12	
梧州市										
梧州市本级	28	162206	110	13439	32	84259	10	123341	69	28
万秀区审计局	3	18092	12		4	5528		5506	8	
长洲区审计局	7	1222	4		5	91			14	
龙圩区审计局	3	5144			3				9	
岑溪市审计局	10	25250	27	81	13	2447		81	21	
苍梧县审计局	8	26776		6327	8	16543			24	1
藤县审计局	8	82754	32	30	8	30	1	39764	25	
蒙山县审计局	5	1542	42	109	5	109			17	
北海市										
北海市本级	66	426341	109	51011	81	72287	6	351385	153	8
海城区审计局	4	24524	6	1852	4	1940		1853	13	
银海区审计局	5	2485	23	10	5		1		16	
铁山港区审计局	5	26942	16	1	6	13105			17	
合浦县审计局	16	15749	14	955	20	2374	1	873	63	2
防城港市										
防城港市本级	24	515913	47	10215	24	5070	7	4218	32	5

（续表）

审计机关	完成审计项目/个	审计查出主要问题金额/万元	审计发现非金额计量问题/个	审计期间整改金额/万元	出具审计报告和审计调查报告/篇	审计处理情况		审计促进整改落实有关问题资金/万元	审计提出建议/条	提交审计信息/篇
						审计处理处罚金额/万元	移送处理事项/件			
港口区审计局	37	4619	30	275	39	4619		4619	65	
防城区审计局	65	209210	7		65	2453		232	12	
东兴市审计局	15	915	2	19	15	503		43	115	
上思县审计局	45	1664	17	228	45	622	5	622	143	
钦州市										
钦州市本级	19	308374	114	9209	26	80883	10	106195	50	123
钦南区审计局	13	1416	87	309	19	1025	2	311	40	1
钦北区审计局	14	20390	129	2768	25	213	2	15623	46	14
灵山县审计局	24	24673	34	2794	40	21794	3	11576	85	8
浦北县审计局	19	4078	12	1352	25	214	5	90	34	14
贵港市										
贵港市本级	11	100681	57	12968	13	30251	1	18959	51	48
港北区审计局	12	64951		263	18	281		240	44	
港南区审计局	6	1663	17		6	25		25	13	
覃塘区审计局	3	9654	12	2	3	9654		9562	8	1
桂平市审计局	14	131260	43	23997	20	4023		1256	70	
平南县审计局	10	4164	43	2615	14	1211		494	31	
玉林市										
玉林市本级	49	966128	238	26276	57	426135	13	21164	128	9
玉州区审计局	6	33489	43	182	7	398		106	12	
福绵区审计局	11	666	34	7	11	495		153	30	6
北流市审计局	29	5259	55	111	31	4848		2101	79	
容县审计局	18	110730	257	501	18	1003		331	47	
陆川县审计局	21	61771	83	8226	29	38215	4	22179	68	8
博白县审计局	15	257498	17	41	22	36845	7	6378	41	10
兴业县审计局	31	4430	51	24	31	4324		4324		
百色市										
百色市本级	24	555536	92	141	24	2199	11	292045	66	14
右江区审计局	18	785992	15	2702	20			104	34	6
田阳区审计局	21	302701	81	3083	24	15582		2514	77	8
靖西市审计局	8	39473	67		8	39473	3		29	
平果市审计局	17	230245	36	1057	23	214525			48	15
田东县审计局	19	66909	50	137	22	16180		15919	63	1
德保县审计局	8	2683	157	592	12	1171	6	22614	22	1
那坡县审计局	9	122638	31	554	12	10544		1048	17	

（续表）

审计机关	完成审计项目/个	审计查出主要问题金额/万元	审计发现非金额计量问题/个	审计期间整改金额/万元	出具审计报告和审计调查报告/篇	审计处理情况		审计促进整改落实有关问题资金/万元	审计提出建议/条	提交审计信息/篇
						审计处理处罚金额/万元	移送处理事项/件			
凌云县审计局	10	29907	11	3303	9	8	1	1720	33	
乐业县审计局	7	1872	14	10	5	17		28	18	2
田林县审计局	11	305	57	135	9	252		100	32	
西林县审计局	5	7162	27	608	3	7126		13	13	
隆林各族自治县审计局	7	44447	16	1486	9	35	1	10307	16	
贺州市										
贺州市本级	34	625111	932	11121	34	7741	12	2811	59	2
八步区审计局	13	476204	40	99531	13	250			54	1
平桂区审计局	9	1357	1		9				28	
昭平县审计局	25	254755	5	48	25	254266	1		29	
钟山县审计局	4	226	6	141	4	81			9	
富川瑶族自治县审计局	17	1988	4		17				2	
河池市										
河池市本级	37	722244	187	20941	45	730185	1	503815	149	6
金城江区审计局	13	247329	82	189676	17	247329	1	189676	98	
宜州区审计局	6	18212	26	11	6	12		11	23	
南丹县审计局	37	6534		2657	40	4976		4437	15	
天峨县审计局	3	57			3			57	3	
凤山县审计局	7	9989	3	116	7	9989		9989	19	
东兰县审计局	8	2184	6	2184	8	721		2184	4	
罗城仫佬族自治县审计局	3	31187			3	969			5	
环江毛南族自治县审计局	16	38641	16	734	19	36193		36193	18	
巴马瑶族自治县审计局	11	172022	21	4042	11	31554		4046	9	
都安瑶族自治县审计局	3	54452	1	1282	3	1282		54313	6	
大化瑶族自治县审计局	9	8830	9	2055	9	3		2055	18	
来宾市										
来宾市本级	21	23840	185	221	28	12373	4	221	51	6
兴宾区审计局	6	4577			6	4577			7	
合山市审计局	11	10906	9	28	11	2852			29	
忻城县审计局	4	59797	40		4				17	

（续表）

审计机关	完成审计项目/个	审计查出主要问题金额/万元	审计发现非金额计量问题/个	审计期间整改金额/万元	出具审计报告和审计调查报告/篇	审计处理情况		审计促进整改落实有关问题资金/万元	审计提出建议/条	提交审计信息/篇
						审计处理处罚金额/万元	移送处理事项/件			
象州县审计局	3	729		729	3	729			3	
武宣县审计局	3	47081		684	3	684		684	13	1
金秀瑶族自治县审计局	5	1903	14	737	5	1121		985	8	
崇左市										
崇左市本级	32	496367	258	9560	25		10	37839	77	59
江州区审计局	12	46009	7	608	12	99			18	
凭祥市审计局	12	41487	51	4492	12		2		41	2
扶绥县审计局	6	17168	50	135	6		2	9053	21	
宁明县审计局	12	8004	6	5	12	5			34	
龙州县审计局	14	146811	15	89312	9	20	2		26	
大新县审计局	12	40895		6164	14	5747	3		53	
天等县审计局	6	21561			7	18367			40	

海南省

【海南省审计厅】 2020 年，海南省审计厅实有 141 人。设有省委审计委员会办公室秘书处、办公室、人事处（老干部工作处）、法规审理处、审计执行处、内部审计指导监督处、电子数据审计处、财政审计一处、财政审计二处、财政审计三处、教科文卫审计处、农业农村审计处、固定资产投资审计一处、固定资产投资审计二处、固定资产投资审计三处、社会保障审计处、自然资源和生态环境审计一处、自然资源和生态环境审计二处、企业审计一处、企业审计二处、经济责任审计处和机关党委（领导机关工会、共青团、妇女组织等群团组织工作）；下设海南省审计科研所。

领导成员

厅　　长：刘劲松

副 厅 长：邓伟强　李映红

总审计师：贺庆华

省经济责任审计工作联席会议办公室主任：王生辉

党组成员：王孝云（7 月—）　伍学云　王守书　李长征

一级巡视员：林长彬

二级巡视员：王旭平

审计成果　2020 年，海南省审计厅共完成审计项目 98 个。查出主要问题金额 4834201 万元，其中违规金额 116630 万元、损失浪费金额 2405 万元、管理不规范金额 4715166 万元；审计发现非金额计量问题 1126 个；损益（收支）不实金额 23353 万元；审计发现侵害人民群众利益 34 万元；出具审计报告和专项审计调查报告 80 篇，省委省领导批示 149 篇次。审计处理处罚金额 60727 万元，其中应上缴财政 11569 万元、应减少财政拨款或补贴 2311 万元、应归还原渠道资金 16421 万元、应缴纳其他资金 2364 万元、应调账处理金额 28061 万元；移送司法机关、纪检监察机关和有关部门处理事项 22 件，移送处理人员 21 人，移送处理金额 39403 万元。审计促进整改落实有关问题资金 1724630 万元；审计促进拨付资金到位 5896 万元；审计后挽回（避免）损失 898 万元；核减投资额 3862 万元；移送处理落实事项18件。促进被审计单位建立健全规章制度189项；提交审计信息43篇，被批示、采用19篇次。向社会公告审计结果9篇。

海南省审计厅实施的海口市2017年某专项工程跟踪审计项目被审计署评为2019年度全国省级审计机关优秀审计项目二等奖。

政策落实情况跟踪审计 海南省审计厅研究分析形成政策落实跟踪的审计要点，策划动态项目库。每季度统筹开展超常规举措、减税降费、“放管服”改革、清理拖欠民营中小企业账款等审计任务。共统筹实施审计项目6个，独立实施审计项目3个，参与联合审计项目3个，报送综合报告5份，出具审计专报4篇，提交审计整改建议书4份，获得领导重要批示5次，共揭露问题54个，涉及金额41.15亿元，促进被审计单位建立健全规章制度15项。组织对全省19个市县开展新增财政资金直达市县基层直接惠企利民情况审计。审计报告多次得到省领导批示。

财政审计 以预算执行审计平台和政策跟踪审计平台为依托，分阶段、分步骤组织实施财政审计项目。按职责分工指导全省各市县审计局开展财政同级审及政府债务审计工作。紧紧围绕中央关于厉行节约、过“紧日子”的要求和促进财政资金提质增效，开展省本级、洋浦开发区政府预算执行审计；围绕防范和化解重大风险隐患，开展地方政府债券资金分配使用绩效和政府隐性债务化解方案执行审计；围绕省本级专项资金改革，开展重点产业资金使用绩效审计调查；围绕基层财政“三保”，审计财政、人社部门核增一次性绩效工资总量事项完成情况，配合审计署驻深圳特派办开展减税降费情况审计。

三大攻坚战审计 对万宁和定安2个市县2019年度扶贫资金及政策执行情况进行审计，抽查扶贫资金2.32亿元，占比70.28%；抽查项目61个，涉及10个单位、16个乡镇、23个行政村，延伸调查27个企业、合作社，入户调查161户农户。揭示政策执行不到位，部分扶贫项目效益不佳、资金管理使用存在风险等问题，及时向省政府呈报审计结果报告，得到省领导的批示。对琼海、东方、定安、琼中、白沙、陵水等6个市县8名党政主要领导干部开展自然资源资产离任（任中）审计。省审计厅组织市县审计机关开展自然资源资产离任审计项目38个，被审计领导干部53人。省审计厅与海南省人民检察院建立生态环境和资源保护公益诉讼协作配合机制，向省检察院第一分院移送8个问题的证据材料。

疫情防控资金和捐赠款物专项审计 对省本级和27个市、县（市、区）的疫情防控资金和捐赠款物开展专项审计，揭示专项资金拨付使用不及时、专项资金分配不合理、专项资金被挤占挪用或违规使用、10个市县疫情防控财政资金支出进度不足50%、一线医务人员临时性工作补助发放进度慢、2个县相关单位采购物资不规范、捐赠资金分配、使用不及时、募捐和捐赠行为不规范、优惠贷款资金闲置，1户企业部分疫情防控物资出现产能过剩倾向，落实农民工到省重点项目、重点工程务工10项措施不到位、落实“点对点”服务农民工政策不到位等问题。2篇审计专报和审计调查结果得到省领导的重要批示。

民生审计 对儋州、万宁、定安、屯昌和琼中等5个市县2019年保障性安居工程资金投入和使用开展绩效审计，发现2个市县2.02亿元安居工程资金闲置，2个市县未及时拨付国有垦区危房改造补助资金828万元；2个市5个项目超过合同约定竣工期限仍未建成；2个市县8个项目1718套住房基本建成后超过1年未分配入住；3个市县337套公租房闲置1年以上；动态管理不到位，739户家庭违规享受保障房待遇；2个市县城镇老旧小区改造政策落实不到位等问题。对省本级、儋州市和万宁市2019年医疗保险基金实施审计，发现4298人跨地区或跨险种重复参保，10961名参保参合人员身份证信息错误；2家保险公司未赔付定点医疗机构1.46亿元大病保险费，2个市拖欠50家定点机构2019年结算费用2.81亿元；77家医疗机构重复收费，造成职工医保和新农合多支付283.13万元；2308名困难群众未纳入城镇居民医保、新农合和城乡居民大病保险等问题。

经济责任审计 海南省审计机关共对214名领导干部开展经济责任审计，查出违法违规问题2375个，其中负有直接责任的问题51个，负有领导责任的问题2021个，未定责问题303个。提交审计专题报告、综合性报告和信息简报19篇。移送案件线索21件，涉及15人。审计提出建议617条；促进被审计单位建章立制36项。通过揭示领导干部在履职尽责中存在的突出问题，规范权力运行，促进领导干部恪尽职守、担当作为，建立领导干部履职尽责审计提示制度。

固定资产投资审计 实施固定资产投资审计项目17个，发现各类违规问题72个，查出问题金额8.39亿元，完成审计报告9篇，出具审计整改建议书5份、移送处理书2份。聚焦投资项目预算执行情况和资金使用绩效，揭示中央综合财力补助资金分配不合理，部分资金支出进度缓慢，屯昌县高标准农田项目建成面积不实、投资绩效较差等突出问题。聚焦投资项目管理体制机制，揭示交通领域项目建设管理单位不履行重大经济事项“三重一大”决策程序、建设管理制度缺失，造成项目工期严重拖延、长年不结算工程价款、工程建设管理混乱等突出问题。聚焦投资政策落实和项目落地，揭示省重点建设项目省公共卫生临床中心土地征收过程中相关单位依靠文来文往落实工作，重形式轻落实，导致工作进度缓慢等突出问题。

农业农村审计 完成农业类审计项目16个，其中专项审计调查项目2个；出具审计报告、审计调查报告17篇，向审计署呈报审计报告1篇，向省委省政府及有关部门呈报审计结果报告、审计情况专报、政府要情等15篇，得到省委省政府批示7篇次；移送案件线索4件；审计提出建议48条，被采纳48条；促进被审计单位建立健全规章制度2项。对万宁市、定安县、屯昌县等3个市县2018—2019年度乡村振兴相关政策和资金审计，重点抽查涉农专项资金9.6亿元，占32.76%，涉及307个项目、41个单位、29个乡镇、106村，入户调查农户232户；揭示3个市县存在高标准农田撂荒、资金支出比例低、贷款贴息政策落实不到位、虚报务工补助套取涉农资金等问题，共查出问题金额54834.02万元，占抽审资金的57.14%。审计结果报告及时呈报省政府，得到省领导的重要批示。在开展海南省扶贫工作办公室主任经济责任审计的同时，对文昌市、昌江县、临高县等3个市县产业扶贫进行延伸审计，发现相关市县政府监管不力，存在扶贫贷款被套取、违规使用扶贫资金、未及时收回入股资金等突出问题。在开展琼海市2+N项目审计中，实施琼海市扶贫相关政策和资金专项审计调查，对产业扶贫、电商扶贫、就业扶贫、建立防止返贫监测和帮扶机制等扶贫相关政策和资金开展专项审计调查，抽查扶贫项目63个，涉及扶贫资金0.63亿元，涵盖5个部门9个乡镇，实地走访调查12个企业，揭示政策措施落实不到位、资金管理不规范等问题。

资源环保审计 对全省饮用水水源地管理保护情况和国家级自然保护区生态环境保护情况开展专项审计调查，披露水源地管理政策措施落实不到位、财政资金使用绩效不高等5个方面共22个问题，及国家级自然保护区相关法律政策执行不到位、未完成保护区确权、保护区管理保护能力建设不足、财政资金使用绩效不高等7个方面共28个问题。组织18个市县审计局投入审计人员151人，历时一个半月完成6612个疑似撂荒地块的核实。

金融审计 围绕国有企业领导干部权力运行和责任落实，开展省交通投资控股有限公司董事长、省供销合作联社主任的任职经济责任审计，揭示国有企业经营管理不善、长期亏损，国有资产监管缺失、流失严重和乱发补贴补助等违纪违规问题56个。

企业审计 围绕《中共中央办公厅 国务院办公厅关于深化国有企业和国有资本审计监督的若干意见》和海南省自贸港建设要求，开展海南农垦控股集团有限公司、省农信社等8家省属国企审计，查出问题金额55.84亿元，其中违规违纪问题6.14亿元、损失浪费金额0.06亿元、管理不规范问题49.64亿元，促进建章立制26项，移送案件线索4件，报送专报、简讯等4篇。聚焦国企重大工程建设领域存在的管理缺位和贪腐问题，发现虚假招标投标、违规转分包、高价采购等问题，涉及金额3.5亿元，并移送案件线索1件，相关国企负责人被免职、调岗和被立案调查。组织实施新冠肺炎疫情防控关于海南企业板块相关审计内容，向审计署金融审计司和企业审计五局、企业审计七局报送核实报告5份，发现的问题纳入省审计厅一季度政策跟踪审计内容。充分运用大数据技术开展审计，编制相关企业和金融审计疑点分析模块23个，1篇大数据审计案例获得审计署优秀案例三等奖。

信息化建设 开展金审工程三期部署工作，完成项目实施方案编制和机房基础环境建设，基本完成硬件部署与网络接入、成品软件与应用系统部署、等保测评等工作。构建“大数据＋政策＋项目”工作模式，共为28个审计项目开展数据分析，编制数据分析模型345个，提供数据分析疑点1375份。通过应用大数据审计技术，在省域范围内实现全省27个市、县（市、区）同级审和6200多家预算单位的数据分析全覆盖，海南经验在全国“推进预算单位审计全覆盖”会议上作交流，并由审计署印发全国审计机关。撰写财政、社保、经济责任等审计数据分析疑点讲解说明4份，初步搭建起财政审计和社保审计领域的数据分析模型体系。实现数据综合分析利用“零”突破，通过对财政数据进行综合分析，发现海南省乡镇政府实体资金账户管理中存在的资金闲置、支出进度慢、资金被挤占挪用等问题，向省政府呈报《乡镇政府实体资金账户存款超40亿亟待加快支出并清理盘活》的审计专报，促进195个乡镇完成支出和盘活资金29.89亿元。

审计科研 省审计厅同步开展省和市县同行业同系统领导干部“穿透式”上下联审，构建同行业同系统“穿透式”经济责任审计制度，高效推进审计全覆盖，得到审计署充分肯定并作经验介绍。

内部审计 省审计厅加强对内部审计的指导监督力度，扎实推进内部审计工作。指导助推省住房城乡建设厅、省金融管理局等10家单位建立和完善内部审计规章13项。打造由28名内部审计专家组成的专家型团队组建“海南省内部审计人才资源库”。组织全国和全省内部审计“双先”评选推荐表彰工作，海南大学审计处、海南银行1人分别被评为全国内部审计先进集体和先进工作者。依托省内部审计协会平台为6个系统举办3期经济责任审计等专题培训，惠及272个单位1100人次。海南内部审计的特色做法被《中国审计报》《学习强国》等信息平台采用，被审计署汇编在《审计工作通讯》中作为全国内部审计工作经验介绍的七省之一。

截至2020年底海南省建立健全内部审计机构（不含中央驻琼单位和私营企业）241个，其中企业52个、金融单位21个、机关81个、事业单位83个、其他4个；内部审计人员1487人，其中专职人员409人。全年完成审计项目4579个，其中贯彻落实国家重大政策措施审计12个、财务收支审计259个、固定资产投资审计656个、经济责任审计545个、内部控制和风险管理审计418个、信息系统审计34个、其他2655个。根据审计建议给予党纪、政务和内部纪律处分17人。

相关工作 经厅党组集体研究，2020年共选拔任用处级领导干部16名，公务员职级晋升48名，轮岗交流干部33名。强化基层历练和实践锻炼，推荐1名副厅长到审计署挂职，推荐1人到福建自贸区挂职锻炼，1人到审计署税收征管审计司跟班学习，3名处级干部参加省委组织的双向挂职锻炼，选派19人参加七届省委第七轮、第八轮巡视工作，选派8人参加环保督查等重大专项工作。加强干部教育培训，组织实施党的基本理论和党性教育、贯彻落实党和国家重大决策部署、知识技能补充更新等7大类69个培训项目，举办全省审计大讲堂等视频学习12期，选派干部参加审计署、省委组织部等组织的培训班43期98人次。探索实施审计案例教学，组织编写审计教学案例17个；组织开展全省审计机关首届大数据审计思维和技能展示大比武活动，征集大数据审计案例44个，通过案例展示和竞赛，使科技强审理念更加深入人心。充分发挥考核奖惩作用，强化正向激励。开展2020年全省审计机关先进集体和先进工作者评选表彰活动，授予三亚市审计局等10个集体“海南省审计机关先进集体”称号，授予30人“海南省审计机关先进工作者”称号，激励全省审计机关和广大审计干部进一步增强政治责任感、历史使命感、职业荣誉感。设立“蜗牛奖”，以反面典型倒逼效率提升和作风转变，激励审计干部知耻后勇、知弱后强，勇于担当、主动作为。

（撰稿人：寇永磊）

【海口市审计局】 2020年，海口市审计局实有47人。党组书记、局长冯明（—6月）、李冬青（9月—），党组成员、副局长曹德静、吴志君、黄兴（11月—），党组成员、总审计师刘桂云（—12月），市经济责任审计工作联席会议办公室主任王俏婷（11 月—）。设有 12 个内设科室；下设海口市工程项目审计中心。

审计成果 2020 年，海口市审计局共完成审计项目 68 个。查出主要问题金额 2987500 万元，其中违规金额 1394837.26 万元、损失浪费金额 454.99 万元、管理不规范金额 1592207.75 万元；审计发现非金额计量问题 298 个；出具审计报告和专项审计调查报告 68 篇，被批示、采用 5 篇次。审计处理处罚金额 34296.53 万元，其中应上缴财政 721.26 万元、应归还原渠道资金 32626 万元、应缴纳其他资金 949.27 万元；移送司法机关、纪检监察机关和有关部门处理事项 12 件，移送处理人员 3 人，移送处理金额 9194.97 万元。审计促进整改落实有关问题资金 1871000 万元；核减投资额 60638.68 万元。审计提出建议 150 条；促进被审计单位建立健全规章制度 45 项；提交审计信息 78 篇，被批示、采用 27 篇次。向社会公告审计结果 10 篇。

海口市 2017 年保障性安居工程跟踪审计项目、海口市财政局具体组织 2017 年度市本级政府预算执行情况及决算草案审计项目被评为海南省审计厅优秀审计项目。

政策落实情况跟踪审计 围绕海南自贸港建设任务，开展“两个确保”百日大行动、乡村振兴等政策落实情况审计，重点关注项目推进和资金安全绩效等情况，指出项目推进慢、资金支出进度慢、未批先建等问题 10 个，服务保障市委市政府重大决策部署落到实处。

财政审计 根据全省统一部署，扎实开展市本级预算执行审计，聚焦预算执行、债务化解、专项资金使用等情况，指出问题 20 个，涉及金额 139.38 亿元。深入推进审计全覆盖，以大数据筛查为基础，对 73 家一级预算单位同步实施部门预算现场审计，以预算管理、“三公”经费使用、国有资产管理、过“紧日子”情况等为重点，指出共性问题 39 个，涉及金额 121.52 亿元，移送问题线索 5 件，进一步强化预算刚性约束。

三大攻坚战审计 组织实施扶贫审计，指出问题 12 个，涉及金额 625 万元，保障惠民富民政策落到实处。实施 2 名领导干部自然资源资产审计，紧盯“六大责任”履行，揭示问题 26 个，首次实现区级党政主要领导干部自然资源资产审计全覆盖。

疫情防控资金和捐赠款物专项审计 开展海口市应对新冠肺炎疫情防控资金和捐赠款物专项审计，抽调 21 名审计干部全程跟踪资金使用和物资保障，发现问题 12 个，涉及金额 2572.91 万元，发出整改建议书 12 份，促进边审边改、即知即改。

经济责任审计 围绕权力规范运行，对 14 名领导干部开展经济责任审计，严格落实“三个区分开来”的要求，审慎客观评价，指出问题 167 个，涉及金额 16.24 亿元，着力推动领导干部依法履职、尽责担当。

固定资产投资审计 聚焦“三个转变”的目标，开展跟踪审计、预算执行审计、审计调查等项目 38 个，披露未严格履行基本建设程序、工程进度缓慢、串通投标、多计工程造价 3.63 亿元等问题，移送问题线索 5 件，实现投资审计转型后线索移送零的突破。

资源环保审计 开展海口市耕地撂荒和饮用水水源保护区情况专项审计调查，对全市 978 块疑似耕地撂荒土地、124 块疑似新增房屋建筑占用饮用水水源保护区进行核查，指出水源保护区范围内存在建筑物、实际撂荒面积 25757.19 亩等问题，提出审计建议 6 条。

企业审计 对市属 3 家国有企业及其下属公司的资产负债损益情况进行审计，揭示部分国企经营效益低下、投资收益不理想并存在损失风险、部分代建项目推进缓慢、固定资产监管缺位以及财务管理不规范等问题 35 个，涉及金额 1.24 亿元，促进提高经营管理水平，服务保障国企改革。

专项资金审计 对海口市 2017 年至 2019 年学前教育和义务教育均衡发展情况进行专项审计调查，指出海口市设备购置类教育经费投入比重低、义务教育专项学校差距较大等问题 7 个，提出审计建议 2 条。开展工业发展专项资金审计，指出问题 7 个，发出整改建议书 1 份，促进主管单位健全规章制度 1 项。

信息化建设 逐步完善“大数据＋政策＋项目”工作模式，搭建大数据审计分析平台，建立常态化数据报送机制，实现部门预算执行情况审计全覆盖，是全省审计机关数据分析先进单位。

内部审计 海口市有2家政府部门、16家国有企业、3家医院、1家群众团体开展年度内部审计工作，全年共开展内部审计项目47个，发现问题225个，涉及问题金额453.87万元；已整改问题146个，涉及问题金额5.57万元。

相关工作 推进市委审计委员会及其办公室工作有效运转，召开市委审计委员会2次，不断健全和完善重大事项请示报告制度。坚持厉行节约，经费开支比上年度压减近35%。修订完善财务管理、购买协审服务等4项制度，扎紧制度笼子。配齐领导班子，加大引才用才力度，调入优秀年轻干部6人，审计队伍知识和年龄结构进一步优化。坚持“纪严一等”要求，加强审计机关自身建设。（撰稿人：汪志奇）

【三亚市审计局】 2020年，三亚市审计局实有29人。局长唐彪，副局长陈运球、江玉雄（10月—）、廖沙（—7月）、陈浩洁（—10月），总审计师汪祥山，经济责任审计办公室主任杨明宝（—3月）、董家宏（10月—）。设有办公室、财政审计、科经济责任审计科等13个业务科室；下设三亚市政府投资审计中心。

审计成果 2020年，三亚市审计局共完成审计项目35个，其中审计29个、专项审计调查6个。查出主要问题金额1080400万元，其中违规金额165878万元、损失浪费金额895万元、管理不规范金额913626万元；审计发现非金额计量问题153个；出具审计报告和专项审计调查报告35篇，被批示、采用4篇次。审计处理处罚金额316万元，均为应归还原渠道资金；移送司法机关、纪检监察机关和有关部门处理事项4件，移送处理金额14236.19万元。审计促进整改落实有关问题资金253573万元；审计后挽回（避免）损失75万元；移送处理落实事项1件。审计提出建议113条，被采纳53条；促进被审计单位建立健全规章制度23项；提交审计信息1篇，被批示、采用1篇次。

三亚市审计局被评为海南省审计机关先进集体，唐彪被评为海南省审计机关先进工作者。三亚市大隆水利工程管理局局长任职期间经济责任履行情况审计项目被评为省审计厅优秀审计项目。

财政审计 运用“平台＋N”工作制度，以预算执行审计为平台，同步实施2019年预算执行和决算草案审计、地方政府债券资金分配使用绩效和部门预算执行情况审计等多个项目。审计查出主要问题金额58.34亿元，移送案件线索1件，实现“一审多项”“一果多用”，提升审计工作绩效。

三大攻坚战审计 除实施专项扶贫跟踪审计项目外，在经济责任审计中将扶贫政策落实作为重点内容。通过审计，揭示扶贫资金管理、政策落实、资金使用绩效等方面问题25个，追回资金83.32万元。开展领导干部自然资源资产离任审计和政府隐性债务化解方案执行情况审计，助力打赢三大攻坚战。

疫情防控资金和捐赠款物专项审计 在全省率先开展疫情防控物资跟踪审计，揭示未及时建立健全物资采购、发放内控制度，物资管理不规范，未向社会公告，未严格按计划发放物资等问题，促进建章立制，规范管理。

经济责任审计 完成领导干部经济责任审计项目9个。通过审计，揭示问题146个，涉及金额84117.64万元，移送问题线索1件，提出审计建议25条，推动制定整改措施9项，建立健全规章制度3项。

固定资产投资审计 按照“三个转变”要求，重点围绕自贸港园区建设及公共工程项目开展跟踪监督，完成投资审计项目8个，揭露项目违规招标投标、实施进度慢、违反基本建设程序、贷款资金闲置等诸多问题。“以审代结”终止后，为避免政府投资建设项目竣工结算监管缺失，市审计局起草并推动《三亚市政府投资建设项目结算管理监督办法（试行）》出台。

资源环保审计 完成3个生态环保审计项目，揭露废水废气乱排放、非法采矿毁林和侵占公益林地种植经济作物等问题39个，移送案件线索1件，提出审计建议20条。经整改，有效改善三亚市自然资源生态环境。

审计查出问题整改 推动建立健全审计整改长效机制，起草并促成《关于加强审计整改工作的实施意见》《三亚市审计机关审计结果公开办法》出台。

相关工作 三亚市审计局联合三亚高校，整合多方资源和优势，共建三亚审计培训科研所。

（撰稿人：黄湘雁）

【三沙市审计局】 2020年，三沙市审计局实有7人。局长邱剑虹，副局长杜军奎、高中夏（挂职）。设有办公室、法规审理科、审计业务科。

审计成果 2020年，三沙市审计局共完成审计项目59个，其中审计58个、专项审计调查1个。查出主要问题金额8456万元，其中管理不规范金额8456万元；审计发现非金额计量问题270个；损益（收支）不实金额609万元；出具审计报告和专项审计调查报告14篇，被批示11篇次。移送纪检监察机关和有关部门处理事项6件，移送处理人员2人。审计提出建议106条，被采纳106条；促进被审计单位建立健全规章制度3项；促进修改法规3条；提交审计信息12篇，被批示、采用7篇次。

政策落实情况跟踪审计 开展新增财政资金直达市县基层直接惠企利民情况专项审计，促使新增财政资金迅速拨付，用到实处。

财政审计 对全市所有行政事业单位和国有企业（含三沙卫视）进行预算执行审计全覆盖，对每个被审计单位进行全面审计，审计范围广，时间跨度长，重大审计问题追溯到相关年度和延伸审计有关单位。

疫情防控资金和捐赠款物专项审计 开展全市新冠肺炎疫情防控资金和捐赠款物跟踪审计工作，发挥审计监督和服务作用，及时堵住疫情防控工作在物资捐赠、采购、内控存在的漏洞。在跟踪审计过程中，每周给省审计厅报送审计进度，累计报送材料20余份，出具审计报告1篇。在此期间还以市政府名义代拟两篇审计问题征求意见回复函，促进被审计单位完善机制和加强整改，保障医疗物资有序地供应和分配，为助力打赢疫情防控阻击战提供审计服务。

经济责任审计 开展7个单位12名领导干部的经济责任审计，在审计中，坚持党政同责，同责同审，根据领导干部的具体岗位和分管领域，科学确定审计内容和评价标准；坚持实事求是，严格落实“三个区分开来”重要要求，客观审慎地进行审计评价和定性处理，有效保护干事创业积极性；深化审计结果运用，推动将经济责任审计结果及整改情况作为领导干部述职考核的重要依据。

资源环保审计 开展1个单位2名领导的自然资源资产离任审计，提出领导干部作出自然资源资产决策时要先进行分析评估，提出生态保护措施，对肆意追求经济利益、损害生态环境的行为，要终生追责等建议。

审计科研 开展3个审计课题研究。

（撰稿人：陈华富　陈　蕾）

【儋州市审计局】 2020年，儋州市审计局实有31人。局长沈江，副局长谭必丹、梁启辉、段利锋（挂职），市经济责任审计联席办公室主任齐和平，四级调研员覃景标、梁慧。设有办公室（市委审计委员会办公室秘书科）、法规审理科、审计执行科、内部审计指导监督和电子数据审计科、财政审计科、农业农村和企业审计科、固定资产投资审计科；下设儋州市政府投资审计中心。

审计成果 2020年，儋州市审计局共完成审计项目66个，其中审计63个、专项审计调查3个。查出主要问题金额635821万元，其中违规金额3914万元、管理部规范金额631906万元；出具审计报告和专项审计调查报告66篇，被批示、采用2篇次。审计处理处罚金额117042万元，其中应上缴财政99243万元、应归还渠道资金10830万元、应缴纳其他资金5万元、应调账处理金额6962万元；移送司法机关、纪检监察机关和有关部门处理事项10件。审计促进整改落实有关问题资金2171万元；审计期间整改落实金额4717万元；核减投资18013.96万元；移送处理落实事项1件。审计提出建议121条，全部被采纳；推动被审计单位制定整改措施120余项；促进被审计单位建立健全规章制度12项；提交审计信息2篇，被批示、采用1篇次。

财政审计 完成儋州市本级财政预算执行和其他财政收支情况审计、2019年市债券资金分配使用绩效及2019年地方政府隐性债务化解方案执行审计，揭露预算编制内容不完整、不规范，财政非税收入专户资金余额未及时清理等问题。

三大攻坚战审计 完成2019年全市扶贫资金和政策执行情况专项审计，揭示扶贫对象精准识别等基础工作不够扎实、部分扶贫政策红利未完全覆盖贫困人口等问题。完成2名乡镇领导干部自然资源资产离任审计，揭示未严格落实河长巡查等制度、未及时查处非法占用林地行为等问题。

疫情防控资金和捐赠款物专项审计 完成新型冠状病毒肺炎疫情防控专项资金跟踪审计，揭露专项资金分配不及时、不合理和闲置等问题。

民生审计 完成儋州市为民办实事事项跟踪审计，揭示农民小额贷款贴息方面存在个别贷款户同一年度重复享受财政贴息，菜篮子工程项目方面农贸市场项目资金支出率偏低等问题。

经济责任审计 完成经济责任审计项目7个，揭示在贯彻执行重大方针政策和决策部署、重大经济决策、生态环境保护和自然资源资产管理、财政财务管理等方面存在的问题，为党委全面考察、正确使用干部提供参考依据。

固定资产投资审计 完成公共投资审计项目48个，查出主要问题金额26354.58万元，核减投资18013.96万元，为财政增收节支18013.9万元，提出合理化建议20条，移交案件线索6件。儋州市审计局采取多项措施，建立政府投资审计平台，建立“无人机＋投资审计”工作模式，开展公共工程和土地出让项目跟踪审计，不断强化投资审计力度，重点关注建设项目中的管理性，促进建设单位和建设项目规范管理。

企业审计 完成市文旅公交巴士服务有限公司财务收支审计项目，揭示违规使用安全生产费、违规报销停车费和长期待摊费用会计处理不当等问题。

专项资金审计 开展儋州市财政局具体组织2019年度重点产业发展资金使用绩效审计和市财政国库支付中心2019年度国库集中支付资金审核支付情况专项审计调查。通过审计，揭示医疗健康产业发展资金超时分配、重点产业发展资金未能及时收回盘活等问题。

审计查出问题整改 通过多方措施强化落实整改责任，追回上缴财政资金1450.31万元，其他整改金额278.59万元，推动出台和修订规章制度12项。

（撰稿人：余锶钒）

2020年海南省所辖县（市、区）级审计工作统计表

审计机关	完成审计项目/个	审计查出主要问题金额/万元	审计发现非金额计量问题/个	审计期间整改金额/万元	出具审计报告和审计调查报告/篇	审计处理情况		审计促进整改落实有关问题资金/万元	审计提出建议/条	提交审计信息/篇
						审计处理处罚金额/万元	移送处理事项/件			
海口市										
海口市本级	68	2987500	298	25	68	34296	12	1871000	150	78
秀英区审计局	20	23002	129	43	20	1	1	9330	57	7
龙华区审计局	17	48200	55		17			19947	51	
琼山区审计局	23	12567	87	87	23	26	1	9878	51	13
美兰区审计局	13	283631	55	39	16		3	111770	32	

（续表）

审计机关	完成审计项目/个	审计查出主要问题金额/万元	审计发现非金额计量问题/个	审计期间整改金额/万元	出具审计报告和审计调查报告/篇	审计处理情况		审计促进整改落实有关问题资金/万元	审计提出建议/条	提交审计信息/篇
						审计处理处罚金额/万元	移送处理事项/件			
三亚市										
三亚市本级	35	1080400	153	82696	35	316	4	253573	113	1
海棠区审计局	5	62613	14	41	5			57401	15	
吉阳区审计局	10	148029	59	125	10		4	8948	100	4
天涯区审计局	28	3564	75	62	31	2019		1928	54	
崖州区审计局	7	67631	29	5	7			117	25	
三沙市										
三沙市本级	59	8456	270	122	14		6	8456	106	12
儋州市										
儋州市本级	66	635821	95	4717	66	117042	10	2171	121	2
省直辖										
五指山市审计局	14	47721	92	81	14	204		29194	47	
琼海市审计局	25	295366	146	336	24			267305	91	5
文昌市审计局	22	86864	95	378	17	1716	7	101	337	49
万宁市审计局	10	527667	27		10	66212		127189	52	
东方市审计局	13	12653	81	1245	13	12907		6213	33	5
定安县审计局	47	159949	59	8856	47	137857		9541	154	
屯昌县审计局	32	62281	125		32				98	
澄迈县审计局	48	331772	71	11003	56	31308	3	31109	179	10
临高县审计局	5	99142	36		5		1		24	7
白沙黎族自治县审计局	10	92922	98	195	7	1399		1399	95	
昌江黎族自治县审计局	17	163195	87		17		4	65467	52	1
乐东黎族自治县审计局	11	219693	71	24843	12	6151	2	7276	87	
陵水黎族自治县县审计局	24	342990	370	1120	66	108		1099	181	10
保亭黎族苗族自治县审计局	18	350621	44	2768	17		4	65465	52	1
琼中黎族苗族自治县审计局	11	178447	174	16	9	791		11	37	1

重庆市

【重庆市审计局】 2020年，重庆市审计机关实有1671人，其中，重庆市审计局实有307人，区县审计局实有1364人。市审计局设有办公室、政策研究室、审计计划管理处（审计整改督查处）、法规审理处、内部审计指导监督处、重庆市经济责任审计工作联席会议办公室、电子数据审计处、重大政策执行审计一处、重大政策执行审计二处、财政审计一处、财政审计二处、财政审计三处、农业农村审计处、投资审计一处、投资审计二处、社会保障审计处、自然资源和生态环境审计处、金融审计处、企业审计一处、企业审计二处、企业审计三处、经济责任审计一处、经济责任审计二处、组织人事处、财务处、机关党委（与机关工会、机关团委合署办公）、离退休人员工作处；下设重庆市审计中心。市委审计委员会办公室设在市审计局，下设秘书处负责日常工作。

领导成员

局　　长：郑立伟

副 局 长：邓开伟　戴　希　张海坤

　　　　　黄家登　朋　薇

党组成员：刘　强

市经济责任审计工作联席会议办公室主任：

　　　　　李嘉荣

驻局纪检监察组组长：邹　凯

总审计师：于　娟（2月—）

审计成果　2020年，重庆市审计机关共完成审计项目1806个，其中审计1727个、专项审计调查79个。查出主要问题金额65064517万元，其中违规金额1031861万元、损失浪费金额172610万元、管理不规范金额63860046万元；审计发现非金额计量问题10436个；损益（收支）不实金额1374530万元；审计发现侵害人民群众利益2916万元；出具审计报告和专项审计调查报告1956篇，被批示、采用457篇次。审计处理处罚金额1392923万元，其中应上缴财政907656万元、应减少财政拨款或补贴494万元、应归还原渠道资金123177万元、应缴纳其他资金61万元、应调账处理金额361535万元；移送司法机关、纪检监察机关和有关部门处理事项424件，移送处理人员570人，移送处理金额541748万元。审计促进整改落实有关问题资金5007308万元；审计促进拨付资金到位1206472万元；审计后挽回（避免）损失270476万元；核减投资额337640万元；移送处理落实事项189件。审计提出建议6519条，被采纳6059条；推动被审计单位制定整改措施4803项；促进被审计单位建立健全规章制度836项；提交审计信息4145篇，被批示、采用2301篇次。向社会公告审计结果53篇。

重庆市审计局本级共完成审计项目134个，其中审计109个、专项审计调查25个。查出主要问题金额41955228万元，其中违规金额407739万元、损失浪费金额171370万元、管理不规范金额41376119万元；审计发现非金额计量问题2132个；损益（收支）不实金额423132万元；出具审计报告和专项审计调查报告191篇，被批示、采用17篇次。审计处理处罚金额410625万元，其中应上缴财政399597万元、应归还原渠道资金8141万元、应调账处理金额2887万元；移送司法机关、纪检监察机关和有关部门处理事项25件，移送处理人员44人，移送处理金额53544万元。审计促进整改落实有关问题资金5007308万元；审计促进拨付资金到位430067万元；审计后挽回（避免）损失634万元；核减投资额2183万元；移送处理落实事项5件。审计提出建议493条，被采纳435条；推动被审计单位制定整改措施479项；促进被审计单位建立健全规章制度483项；提交审计信息44篇，被批示、采用24篇次。向社会公告审计结果5篇。

重庆市审计局实施的重庆市2017年度市级财政预算执行和决算草案审计项目被审计署评为2019年度全国省级审计机关优秀审计项目二等奖；巴南区审计局实施的巴南区2016年度区级财政预算执行和决算（草案）审计项目被审计署评为2019年度全国市级审计机关优秀审计项目一等奖；梁平区审计局实施的重庆市梁平区卫生和计划生育委员会2017年度预算执行及其他财政财务收支情况审计项目被审计署评为2019年

度全国市级审计机关优秀审计项目三等奖。

政策落实情况跟踪审计 围绕推进供给侧结构性改革、做好“六稳”工作、落实“六保”任务等重点，组织各区县审计机关按季度对“放管服”改革、金融服务实体经济、优化政务服务、就业优先等政策措施落实情况实施跟踪审计。开展对市级和18个区优化营商环境情况的专项审计调查，重点关注优化营商环境政策完善和推进、深化简政放权政策落实、减轻企业负担等方面政策执行和实际效果情况，及时揭示政策执行不到位等问题，并积极研判问题成因、督促边审边改，有针对性地提出意见建议，推动资金高效使用、项目加快实施、重大政策落地落实。统筹开展新增财政资金直达区县基层直接惠企利民情况专项审计，向相关区县政府出具整改意见函，及时督促整改资金分配及支出等方面存在的问题，推动党的惠民利民政策落实。

财政审计 紧扣促进财政资金提质增效，采取“上下贯通、横纵结合”方式，开展对市级财政、区县财政、市级一级预算单位预算执行、全市税收和非税收入征管的全融合审计，对市区两级财政数据和区县专项转移支付数据进行集中贯通分析，揭示虚列财政收支、预算约束弱化、财政改革推进缓慢等问题，并形成区县财政运行风险专报，推动早预防、早化解相关风险问题。有力促进市财政开展全过程预算绩效管理，将审计评价与财政综合评价有机结合，并与区县、市级部门单位的预算安排挂钩，促进规范预算管理，提高财政资金的使用效益。市和区县财政部门将审计整改与加强管理、完善制度、追责问效紧密结合，采取追缴入库、追回借款等方式收回财政资金，制定或完善管理制度178项，有效推动财政管理的规范化、制度化。

三大攻坚战审计 坚持把助力打赢打好三大攻坚战作为重大政治任务，在按照审计署要求实施3个区县扶贫审计的基础上，统筹采取“上审下”“交叉审”“同级审”相结合方式，围绕目标任务完成、脱贫成果巩固、问题整改落实等，对25个区县开展扶贫资金管理使用情况审计。扎实做好中央脱贫攻坚专项巡视“回头看”反馈意见整改工作，在跟踪检查近3年扶贫审计整改情况的基础上，向相关区县印发扶贫工作风险提示单，推动对照检查、全面整改。统一组织开展市和区县97名领导干部的自然资源资产离任（任中）审计工作，启动自然资源资产数据共享平台建设，与市规划自然资源局等6家行业主管部门以及市检察院建立执法联动、成果共享协作机制，全年移送公益诉讼案件线索31件，检察机关向相关责任单位发出检察建议书13份。

疫情防控资金和捐赠款物专项审计 聚焦统筹疫情防控和经济社会发展，按照审计署统一部署，组织全市审计机关300余名审计人员开展新冠肺炎疫情防控资金和捐赠款物专项审计，围绕财政专项资金、社会捐赠款物、重点保障企业贴息贷款以及企业复产复工、减免租金等方面进行全过程跟踪审计。通过出具整改意见函、通报审计情况等方式，及时督促相关部门落实整改，帮助中小企业解决复工复产、劳动力返岗过程中遇到的困难，促进相关主管部门及时出台完善疫情防控捐赠物资制度办法，在全市统筹疫情防控和经济社会发展中发挥出积极作用。

专项审计 组织各区县审计局开展保障性安居工程资金投入和使用绩效、学前教育政策落实，以及医疗保险基金的审计或审计调查，加大对棚户区和老旧小区改造、普惠性幼儿园覆盖等与人民生活密切相关事项的审计力度，揭示在资金管理、项目实施、投资绩效方面存在的突出问题，促进党的惠民政策的落地和公共投资绩效的提高。

经济责任审计 进一步健全完善经济责任审计工作机制，出台《重庆市党政主要领导干部和国有企事业单位主要领导人员经济责任审计实施办法》《重庆市经济责任审计工作联席会议议事规则》《重庆市经济责任审计工作联席会议办公室工作规则》3项制度。完成67名市管领导干部经济责任审计工作，持续加大任中审计力度，认真落实“三个区分开来”要求，坚持客观审慎原则，优化总体评价和责任界定标准，做到精准评价、精准画像，促进领导干部依法用权和担当作为。首次在梁平区探索实施“1＋N”审计组织模式，在实施区委书记、区长经济责任审计的同时，对区内其他10名市管领导干部同步开展经济责任审计，实现对该区市管领导干部经济责任审计全覆盖。

固定资产投资审计 统筹40个区县审计局实施全市住房和城乡建委系统建设管理审计调查，开展重庆科技学院新校区搬迁工程、江北机场专用快速路北段石坝子立交至桃子湾立交工程、成渝高速中梁山隧道扩容改造工程西环线至中梁山隧道段工程3个竣工决算审计项目，及时揭示政策落实、资金管理、项目实施、投资绩效中存在的突出问题，提出合理化审计建议，加快推动项目建设，促进规范和提升全市建设行业管理水平。严格依法恪守审计权力边界，坚决纠正“凡投必审”“以审代结”问题，持续开展区县投资审计工作专项检查，已督促相关区县修改或废止与政策要求和审计职能职责不符的相应规定，从源头上确保审计署和市政府规范投资审计要求的落地落实。

金融和企业审计 聚焦深化国资国企改革，建立对国企监事会和内部审计机构履职情况的常态化跟踪机制，统筹实施西南证券公司、重庆建工集团、重庆悦来投资集团等8户市属重点国企领导人员经济责任审计及财务收支审计，重点关注国有资本布局、制造业质量提升、落实“三去一降一补”以及重大投资的合规性、效益性等情况，及时揭示国企发展运营中的突出矛盾和风险隐患，提出规范重大事项决策管理、加强经营业务监管等审计建议，促进优化国资监管、防范国有资产流失、提高国有资本运营效率，较好发挥审计“报实情、揭风险、堵漏洞、强治理”作用。深入贯彻落实《关于深化国有企业和国有资本审计监督的若干意见》，组织各区县审计局对近3年以来企业审计发现的主要问题以及企业审计的主要做法进行梳理汇总、总结经验，为进一步加强国有企业审计、防范化解重大风险奠定良好基础。

外资运用审计 组织完成6个审计署授权国外贷援款项目审计，延伸抽查18个子项目，出具审计报告5篇。主要揭示办理竣工结算不及时、违反合同约定条款或合同执行不严格、多计工程进度款、资金拨付不及时、后期管护不到位、设备闲置等问题，发挥审计在促进加强资金管理、规范外资项目运行、降低政府偿债风险、提高项目建设绩效等方面的作用。

信息化建设 加快金审工程三期建设，完成项目方案编制、资金申请、政府采购、合同签订等工作，启动对机房、网络、安全等系统支撑环境建设，为金审工程三期应用系统部署做好准备。建立常态化、全覆盖数据采集机制，完成3881家市级、区县一级预算单位财务数据以及工商登记、社会保险、住房公积金、机构编制等27家单位的业务数据采集整理工作。深入开展数据挖掘与综合分析，医保基金审计、西南证券审计等多个项目在多维分析、快速锁定疑点等方面实现新的突破。

内部审计 坚持把加强内部审计监督作为推进审计全覆盖的有力抓手，提请市政府颁布《重庆市内部审计工作办法》。对16家市级部门单位开展的35个内部审计项目进行质量检查并通报检查结果，促进被审计单位建立健全内部审计质量管理制度。指导市内部审计协会举办财务审计、内部控制、绩效审计、投资审计等专题培训班6期，探索结合经济责任审计项目同步实施对被审计单位内部审计工作开展情况的监督检查，并通过“以审代训”等方式，推动提高内部审计人员实战能力，形成分层分类指导监督的长效机制。制定《重庆市审计机关核查社会审计报告办法》，持续开展对社会中介机构相关报告的核查工作，对报告存在重大质量问题的中介机构移送相关主管部门处理，督促有关中介机构规范诚信执业，维护经济运行安全。

相关工作 市审计局牢牢把握加强党的集中统一领导这一根本，不断推进完善党领导审计工作的制度机制。提请市委审计委员会召开2次会议对审计计划、经济责任审计等重大工作进行统筹部署。进一步细化市委审计委员会工作规则及办公室工作细则，制定重大事项请示报告、重大事项督促办理、成员单位协调联动、文件资料处理等制度机制共9项。建立审计与财政、国资监管部门沟通会商制度，每季度召开会商会议，着力构建衔接顺畅、配合有效的沟通渠道，推动形成计划共商、信息共享、成果共用、整改共促的长效机制。推进川渝审计合作，制定服务保障成渝地区双城经济圈建设川渝审计合作协议及合作协议责任落实清单、年度重点任务清单，谋划编制川渝审计协同实施审计项目，推动双方合作落地见效。

（撰稿人：陈　驰）

【万州区审计局】 2020年，万州区审计局实有47人。局长蔡淼川，副局长张忠玲、程驰、杨荣，纪检组长邓天旗，经济责任审计办公室主任付勇，二级调研员陈建云。设有办公室、法规审理科、整改督查与内部审计管理科、重大政策执行审计科、财政审计科、企事业审计科、农业与资源环保审计科、经济责任审计科（经济责任审计工作联席会议办公室）、投资审计科、电子数据审计科，另设纪检组、机关党委；下设重庆市万州区审计中心。

审计成果 2020年，万州区审计局共完成审计项目75个，其中审计72个、专项审计调查3个。查出主要问题金额745273万元，其中违规金额15192万元、损失浪费金额30万元、管理不规范金额730051万元；审计发现非金额计量问题264个；损益（收支）不实金额16354万元；出具审计报告和专项审计调查报告77篇，被批示、采用14篇次。审计处理处罚金额27874万元，其中应上缴财政14619万元、应减少财政拨款或补贴257万元、应归还原渠道资金315万元、应调账处理金额12683万元；移送司法机关、纪检监察机关和有关部门处理事项69件，移送处理人员3人，移送处理金额11460万元。审计促进整改落实有关问题资金63502万元；审计后挽回（避免）损失6369万元；核减投资额15223万元；移送处理落实事项52件。审计提出建议244条，被采纳184条；推动被审计单位制定整改措施150项；促进被审计单位建立健全规章制度13项；提交审计信息123篇，被批示、采用118篇次。

实施的原万州区房屋管理中心（不动产登记中心）主任经济责任审计获2020年度重庆市审计机关优秀审计项目三等奖；实施的万州区档案局原局长任期经济责任审计和万州区太白街道党工委书记、原办事处主任任期经济责任审计分别获2019年度重庆市审计机关优秀审计项目一等奖、二等奖；实施的2019年度重大政策措施落实情况跟踪审计、中共万州区铁峰乡原党委书记、乡长自然资源资产离任（任中）审计、2018年度涪陵区财政预算执行和决算草案审计被重庆市审计局评为行业审计优秀项目。2019年度亚洲开发银行贷款重庆市统筹城乡基础设施建设示范二期项目万州供水子项目审计、2018—2019年度学前教育政策落实情况专项审计调查、2019年度万州区财政预算执行和决算草案审计、万州区新田镇党委书记和镇长自然资源资产离任（任中）审计、巫溪县2019年度扶贫资金管理使用情况审计、2020年度中央和市级重大项目跟踪审计被重庆市审计局评为行业审计优秀项目。

政策落实情况跟踪审计 围绕促进做好“六稳”工作、落实“六保”任务、优化营商环境等开展跟踪审计，开展新增财政资金直达市县基层直接惠企利民情况专项审计。对2019年市级重大水利项目、2020年市级百项重点关注项目等实施情况及有关政策措施落实情况开展跟踪审计。

财政审计 开展区本级2019年度财政预算执行和决算草案编制情况审计以及全区71个一级预算单位部门预算执行和财政财务收支审计。

三大攻坚战审计 开展2019年巫溪县扶贫资金管理使用情况审计、新田镇党委书记和镇长自然资源资产离任（任中）审计。

疫情防控资金和捐赠款物专项审计 开展应对新冠肺炎疫情防控资金和捐赠款物专项审计。

民生审计 开展学前教育政策落实情况、住房和城乡建委系统建设管理审计调查，查出主要问题金额7464万元。

经济责任审计 开展7个部门、镇乡街道共10名领导干部的经济责任审计，查出主要问题金额53346万元。

固定资产投资审计 开展8个项目的跟踪审计和4个项目的行业专项审计调查，查出主要问题金额22951万元。

外资运用审计 开展2019年度亚洲开发银行贷款重庆市统筹城乡基础设施建设示范二期项目万州供水子项目审计。

信息化建设 采集整理转换全区450个预算单位22GB财务和业务电子数据。

内部审计 全市共有内部审计机构110个，其中专职机构25个；内部审计人员250人，其中专职人员50人。完成审计项目741个，审计总金额2628810万元，促进增收节支19757万元。

（撰稿人：肖茹月）

【涪陵区审计局】 2020年，涪陵区审计局实有51人。局长王平，副局长周德勇、陈仁勇（1月—11月）、蒋青峰、黄龙（11月—），纪检组长徐晓琼，经济责任审计工作联席会议办公室主任姚平（11月—），三级调研员周德勇（8月—），四级调研员王六一、肖忠学、严廷龙、田晋福（8月—）、杨代军（8月—）。设有办公室、法规审理科、整改督查与内部审计管理科、重大政策执行审计科、财政审计科、企事业审计科、农业与资源环保审计科、投资审计科、经济责任审计科（涪陵区经济责任审计工作联席会议办公室）、电子数据审计科；下设重庆市涪陵区审计中心。

审计成果 2020年，涪陵区审计局共完成审计项目81个，其中审计80个、专项审计调查1个。查出主要问题金额926880万元，其中违规金额22695万元、管理不规范金额904185万元；审计发现非金额计量问题430个；损益（收支）不实金额22299万元；出具审计报告和专项审计调查报告84篇，被批示、采用72篇次。审计处理处罚金额66745万元，其中应上缴财政18723万元、应归还原渠道资金3973万元、应调账处理金额44049万元；移送司法机关、纪检监察机关和有关部门处理事项11件，移送处理人员16人，移送处理金额545万元。审计促进整改落实有关问题资金25804万元；审计促进拨付资金到位4506万元；审计后挽回（避免）损失18万元；核减投资额43262万元；移送处理落实事项5件。审计提出建议237条，被采纳196条；推动被审计单位制定整改措施182项；促进被审计单位建立健全规章制度8项；提交审计信息179篇，被批示、采用115篇次。向社会公告审计结果2篇。

重庆市涪陵区盛锦资产管理有限公司2018年度财务收支情况审计和涪陵区珍溪镇原党委副书记、镇长经济责任审计分别获2020年度重庆市审计机关优秀审计项目一等奖、三等奖；太极集团有限公司负责人任期经济责任审计获2019年度重庆市审计机关优秀审计项目一等奖；中共涪陵区龙潭镇原党委书记干部自然资源资产离任审计被重庆市审计局评为行业审计优秀项目。2019年度涪陵区财政预算执行和决算草案审计、巫山县2019年度扶贫资金管理使用情况审计、涪陵区百胜镇原党委书记自然资源资产离任审计、2019年度地方国有金融产业发展情况审计调查、2020年度中央和市级重大项目跟踪审计等5个项目被重庆市审计局评为2020年度行业审计优秀项目。

政策落实情况跟踪审计 实施新增财政直达资金，以及支持中小微企业发展等相关政策措施落实情况跟踪审计。

财政审计 对涪陵区2019年度预算执行和决算草案实施审计；对21个区级部门（单位）2019年度预算执行和其他财政财务收支实施审计；对5个乡镇（街道）2019年度财政决算和其他财政财务收支实施审计。

三大攻坚战审计 对巫山县2019年度扶贫资金管理使用情况实施交叉审计；对百胜镇原党委书记实施自然资源资产离任审计。围绕防范化解重大风险，重点对政府债务化解、新增债券资金使用等情况进行审计。

疫情防控资金和捐赠款物专项审计 聚焦重大政策措施执行进度和实际效果，实施新冠肺炎疫情防控资金和捐赠款物等专项审计。

经济责任审计 对5个乡镇（街道）、3个部门（单位）、2户国有企业共17名领导干部实施任期经济责任审计。

固定资产投资审计 实施2019年市级重大水利项目、市级重点水源工程和江河治理工程项目审计。完成公共投资建设项目决（结）算审计38个，审减投资4.32亿元。

专项资金审计 实施优化营商环境、学前教育以及住房和城乡建委系统建设管理情况3个专项审计调查。

信息化建设 集中对全区158家单位数据进行采集、整理、上报；在部门预算执行等21个审计项目中运用大数据审计。与区委网信办等多个部门建立网络与信息安全通报工作沟通机制。

内部审计 指导完成内部审计项目714个，促进建立完善内部控制和内部审计工作制度71项。对10个单位（部门）开展内部审计工作调研。对23个社会中介机构出具的审计报告进行常规核查。 （撰稿人：胡　俊）

【渝中区审计局】 2020年，渝中区审计局实有23人。局长方晓，副局长陈子进、高亚男、曾春艳，纪检组长袁鹏，经济责任审计工作联席会议办公室主任周小波（—12月）。设有办公室、法规审理科、整改督查与内部审计管理科、重大政策执行审计科、财政审计科、企事业审计科、投资审计科、经济责任审计科（渝中区经济责任审计工作联席会议办公室）、电子数据审计科；下设重庆市渝中区审计中心。

审计成果 2020年，渝中区审计局共完成审计项目24个，其中审计24个。查出主要问题金额392253万元，其中违规金额6098万元、管理不规范金额386155万元；审计发现非金额计量问题195个；出具审计报告和专项审计调查报告28篇。审计处理处罚金额10867万元，其中应上缴财政6021万元、应归还原渠道资金77万元、应调账处理金额4769万元；移送司法机关、纪检监察机关和有关部门处理事项2件，移送处理人员2人，移送处理金额209万元。审计促进整改落实有关问题资金11097万元；审计促进拨付资金到位421万元；审计后挽回（避免）损失4769万元；核减投资额4769万元；移送处理落实事项1件。审计提出建议80条，被采纳80条；推动被审计单位制定整改措施39项；促进被审计单位建立健全规章制度4项；提交审计信息149篇，被批示、采用54篇次。

渝中区财政局党组书记、局长经济责任审计获2020年度重庆市审计机关优秀审计项目一等奖；2018年度巴南区预算执行和决算草案审计获2019年度重庆市审计机关优秀审计项目二等奖；2019年度重大政策措施落实情况跟踪审计被重庆市审计局评为行业审计优秀项目。

政策落实情况跟踪审计 开展新冠肺炎疫情防控资金和捐赠款物审计、新增财政资金直达区县基层直接惠企利民情况审计、优化营商环境政策措施落实情况专项审计、2019年保障性安居工程资金投入和使用绩效审计等项目7个，对政策执行、政策实施效果、资金使用绩效等关键环节进行跟踪审计，确保各项政策措施落到实处。

财政审计 对全区76个一级预算单位实行审计全覆盖及疑点筛查，完成2019年度区级财政预算执行和其他财政收支情况的审计工作报告，促进政府出台规范性文件10个，有效促进提高财政资金使用绩效，并对后期整改落实情况进行跟踪督查，审计结果和整改情况得到区人大和区政府的充分肯定。

经济责任审计 完成6个领导干部经济责任审计项目和1个自然资源资产任中审计项目，共查出问题金额56576.78万元。

固定资产投资审计 按照关于规范投资审计工作的新政策和新要求，在审减投资4769.41万元的基础上，揭示部分重大项目招标投标、工程变更、现场签证、质量管理中存在的突出问题。

企业审计 完成国资国企审计3个，披露执行上级决策部署、国有资产管理、重点项目完成、财务收支等方面问题34个，涉及问题金额124705万元。

内部审计 通过走访调研和分类指导摸清全区内部审计工作开展现状，指导40个单位编制全年内部审计计划项目84个，现场指导实施内部审计项目3个。开展内部审计培训、内部审计工作专项检查8次、内部审计项目质量评比活动，提高内部审计人员实战能力。

（撰稿人：张　航）

【大渡口区审计局】 2020年，大渡口区审计局实有24人。局长龙子武，副局长吴蔚翔（—12月）、单珺、武如清，纪检组长吴蔚翔（12月—），二级调研员李强，三级调研员陈静（—10月），四级调研员蔡云刚、张香玲（8月—）。设有办公室（电子数据审计科）、法规审理科、整改督查与内部审计管理科、财政审计科（重大政策跟踪审计科）、投资审计科、经济责任审计科（经济责任审计联席会议办公室）；下设大渡口区审计中心。

审计成果 2020年，大渡口区审计局共完成审计项目24个（含跨年度审计项目5个），其中审计24个。查出主要问题金额81293万元，其中违规金额677万元、管理不规范金额80616万元；审计发现非金额计量问题115个；损益（收支）不实金额191万元；出具审计报告和专项审计调查报告23篇，被批示、采用16篇次。审计处理处罚金额803万元，其中应上缴财政564万元、应减少财政拨款或补贴88万元、应归还原渠道资金24万元、应调账处理金额127万元；

移送司法机关、纪检监察机关和有关部门处理事项5件，移送处理人员9人，移送处理金额5万元。审计促进整改落实有关问题资金1913万元；审计后挽回（避免）损失125万元；核减投资额529万元；移送处理落实事项4件。审计提出建议91条，被采纳91条；推动被审计单位制定整改措施91项；促进被审计单位建立健全规章制度30项；提交审计信息123篇，被批示、采用53篇次。向社会公告审计结果2篇。

重庆市旅游学校党委书记、校长任期经济责任审计获2019年度重庆市审计机关优秀审计项目二等奖；重庆市商务学校党委书记和原校长经济责任审计项目获2020年度重庆市审计机关优秀审计项目三等奖；2019年度重大政策措施落实情况跟踪审计被重庆市审计局评为行业审计优秀项目。2020年度重大政策措施落实情况跟踪审计项目和大渡口区跳磴镇原党委书记、镇长自然资源资产离任审计被评为重庆市审计局2020年度行业优秀审计项目。

政策落实情况跟踪审计 审计发现问题优化营商环境政策落实不到位、企业违规领取奖励资金、农民工工资拖欠情况等方面问题。3篇审计专报得到区政府主要领导肯定性批示。

财政审计 开展大渡口区2019年财政预算执行和决算（草案）审计、大渡口区2019年59个部门单位预算执行和财政财务收支情况审计，向区纪委监委、区财政局移送处理事项3件。建立全区一般公共预算支出执行情况定期通报机制，累计通报4期。

疫情防控资金和捐赠款物专项审计 审计发现问题涉及企业违规转移专项再贷款改变资金用途、政府部门和国有企业疫情期间未向中小微企业减免租金等问题。4篇信息被《中国审计报》和审计署网站登载。

民生审计 开展大渡口区2019年保障性安居工程资金投入和使用绩效审计，促进区政府办出台全区性制度1项。

经济责任审计 完成对5个单位5名领导干部的经济责任审计，发现问题86个，提出审计建议20条，向区纪委监委移送处理事项2件。根据2019年移送处理事项，处理人员1名，下达行政处罚18.18万元。

固定资产投资审计 落实投资审计转型发展，结算审计项目比例大幅减少。提请区政府审议并出台《大渡口区公共投资建设项目审计办法》。

信息化建设 全年采集59个一级预算单位和区属国有企业的审计电子数据，采集的原始数据超过100GB。通过信息化审计手段对移送处理事项进行现场确认，加大软件正版化和国产化工作力度。

内部审计 开展大渡口区教育系统内部审计专题培训，促进区教委出台《重庆市大渡口区教育系统内部审计工作制度（试行）》。抽调2名区属国有企业内部审计人员参与政府投资审计项目，强化“以审代训”。 （撰稿人：詹　颖）

【江北区审计局】 2020年，江北区审计局实有31人。局长郭胜，副局长胡建（1月—）、陈世滨、冯利娜，纪检组长罗翠渝，经济责任审计工作联席会议办公室主任胡建（—1月）。设有办公室、法规审理科、整改督查与内部审计管理科、重大政策执行审计科、财政审计科、企事业审计科、投资审计科、经济责任审计科、电子数据审计科；下设江北区审计中心。

审计成果 2020年，江北区审计局共完成审计项目40个，其中审计37个、专项审计调查3个。查出主要问题金额942292万元，其中违规金额3051万元、损失浪费金额18万元、管理不规范金额939223万元；审计发现非金额计量问题104个；损益（收支）不实金额7742万元；出具审计报告和专项审计调查报告46篇，被批示、采用15篇次。审计处理处罚金额5633万元，其中应上缴财政3042万元、应归还原渠道资金9万元、应调账处理金额2582万元；移送司法机关、纪检监察机关和有关部门处理事项10件，移送处理人员1人，移送处理金额224万元。审计促进整改落实有关问题资金10594万元；审计后挽回（避免）损失2232万元；核减投资额2227万元；移送处理落实事项5件。审计提出建议79条，被采纳79条；推动被审计单位制定整改措施87项；促进被审计单位建立健全规章制度1项；提交审计信息150篇，被批示、采用44篇次。向社会公告审计结果2篇。

实施的重庆华信资产管理有限公司董事长任期经济责任审计获2019年度重庆市审计机关优秀审计项目三等奖；实施的2018年度南岸区财政预算执行和决算草案审计被重庆市审计局评为行业审计优秀项目。2020年度中央和市级重大项目跟踪审计、2019年度地方国有金融产业发展情况审计调查被评为重庆市审计局优秀项目。

政策落实情况跟踪审计 全年抽查57个部门、61户企业、71个项目，发现问题4个，查出问题金额5830.87万元。开展财政资金直达区县基层直接惠企利民情况专项审计，共抽查25个部门、1个项目，发现问题4个，涉及金额3711.67万元。

财政审计 审计查出问题23个，涉及金额451497.35万元，其中增收节支1885.69万元。

三大攻坚战审计 完成观音桥街道原党工委书记和原办事处主任自然资源资产离任审计。与公安局建立生态环境资源保护执法协作工作机制、与检察院建立检察公益诉讼与审计监督协作配合工作机制。

疫情防控资金和捐赠款物专项审计 共抽查22个部门和1家金融机构，发现问题4个，涉及金额429.99万元。

民生审计 开展学前教育专项审计项目6个，涉及单位26个，发现问题99个，查出问题金额398371.74万元，其中违规金额9.13万元。

经济责任审计 全年完成经济责任审计项目12个，涉及领导干部13人，发现问题62个，涉及金额220815.17万元。

固定资产投资审计 推动江北区政府出台《江北区全面贯彻完善和规范投资审计工作实施细则》《重庆市江北区公共投资建设项目审计办法》。全年共完成建设工程审计项目17个，审计总金额43033.11万元，审减工程造价2435.55万元，审减率5.66%。

企业审计 全年完成国有企业审计项目4个，涉及重点企业3个，查出问题42个，涉及问题金额392366.66万元。

信息化建设 对全区79个一级预算单位财务数据采集全覆盖。在财政预算执行审计中，通过数据分析，发现审计疑点8类312条，形成审计取证12个。完成市审计局审计科研课题《数据可视化在审计工作中的应用》。

内部审计 48家重点单位累计报送并完成内部审计计划项目187个。审计总金额25.09亿元，增收节支184.27万元，提出并被采纳审计建议286条。 （撰稿人：陈　诗）

【沙坪坝区审计局】 2020年，沙坪坝区审计局实有32人。局长赵卫红，副局长林国勇（—4月）、廖承东、谭毅、李缇（4月—），纪检组长李卫华（10月—），经济责任审计工作联席会议办公室主任王敏。设有办公室、财政审计科、重大政策执行审计科、企事业审计科、经济责任审计科、投资审计科、法规审理科、整改督查与内部审计管理科、电子数据审计科；下设沙坪坝区审计中心。

审计成果 2020年，沙坪坝区审计局共完成审计项目26个，其中审计23个、专项审计3个。查出主要问题金额257438万元，增收节支5500万元，挽回损失6100万元，移送问题线索2件；提交审计专题、综合性报告、审计要情以及信息简报172篇，被批示或采用的报告及信息125篇次，推动区委区政府及有关单位出台制度文件65项目。向社会公告审计结果及审计整改情况2篇。

3家区属国有公司2018年度征地拆迁专项审计获2019年度重庆市审计机关优秀审计项目三等奖；2019年度重大政策措施落实情况跟踪审计、2019年度中央和市级重大项目跟踪审计、2018年度万盛经开区财政预算执行和决算草案审计被重庆市审计局评为行业审计优秀项目。学前教育政策落实情况专项审计调查荣获2018—2019年度重庆市学前教育政策落实情况专项审计调查优秀项目表彰。2020年度重大政策措施落实情况跟踪审计荣获全市重大政策措施落实情况跟踪审计优秀项目表彰。2019年度亚洲开发银行贷款重庆现代物流示范项目重庆交运物流基地子项目审计获2020年度全市国外贷援款项目审计优秀项目表彰。沙坪坝区审计局获全市审计机关综合目标考核一等奖。

政策落实情况跟踪审计 围绕新冠肺炎疫情防控、稳就业政策措施落实、重大投资项目落地等重点内容，抽查单位23个，项目31个，揭示保证金管理不规范等问题15个，并积极督促整改落实。

财政审计 开展沙坪坝区2019年度区级预算执行及决算草案审计，查出主要问题金额24.15亿元，推动出台《关于进一步加强镇级财政预算编制水平的通知》等制度文件3个，4篇审计要情获区领导专题批示。开展沙坪坝区区级部门（单位）2019年度预算和财政财务收支审计，重点关注预算分配、专项转移支付和政府债务规模及结构变化等内容，揭示预算编制未细化等问题10个。

三大攻坚战审计 开展沙坪坝区中梁镇党委书记、镇长领导干部自然资源资产离任（任中）审计，探索运用“天地图”数据进行图斑交叉比对，精准确定督促完成政府目标任务不到位等问题4个。

经济责任审计 开展经济责任审计项目8个，涉及领导干部13名，查出违规金额0.43亿元、管理不规范金额1.3亿元，提出审计建议26条，移送主管部门问题线索1件，督促被审计单位建立健全规章制度11项。

固定资产投资审计 开展固定资产投资审计项目6个，平均审减率9.75%。监督检查各单位自行办理结算项目128个，审减金额2.11亿元，平均审减率10.46%。

专项资金审计 连续第三年开展征地征收专项审计调查，推动出台《沙坪坝区征地征收工作从业人员“八条禁令”》等制度规定。开展公费医疗补助资金管理和使用情况专项审计，5篇审计要情获区政府主要领导专题批示，有效规范全区医疗补助管理体系。开展2019年度5家区属国有重点企业投融资体制改革制度执行情况审计调查，重点关注区属国有重点企业“三重一大”决策、经营性资产管理及预决算执行等内容，推动区政府及有关部门制定出台《沙坪坝区区属国有企业管理办法》等制度规定6项。

内部审计 制定出台《关于进一步加强内部审计工作的通知》，明确全区内部审计工作6个方面16项具体工作重点。梳理全区基层行政事业单位、国有企业在财政财务管理、预算执行、资产管理等7个方面存在的30个共性问题，开展全区预算单位“未审先改”工作。持续开展全区内部审计人员“以审代训”专题培训，全区42名内部审计人员参与国家审计项目21个。

（撰稿人：罗　琴）

【九龙坡区审计局】 2020年，九龙坡区审计局实有33人。局长彭觉贵，副局长兰华、章丽（9月—）、谭清泉（9月—）、李霞（1—8月）、姜道云（1—8月），纪检组长刘昆（—8月）、肖竹（9月—），经济责任审计工作联席会议办公室主任章丽（—8月）、张莎（9月—），调研员李霞（5月—）、姜道云（9月—）。设有办公室、法规审理科、整改督查与内部审计管理科、财政审计科、重大政策执行审计科、企事业审计科、投资审计科、经济责任审计科、电子数据审计科；下设审计中心。

审计成果 2020年，九龙坡区审计局完成审计项目32个，其中审计31个、专项审计调查1个。查出主要问题金额211127万元，其中违规金额24765万元、损失浪费金额1万元、管理不规范金额186361万元；审计发现非金额计量问题223个；出具审计报告和专项审计调查报告33篇。审计处理处罚金额63986万元，其中应上缴财政24578万元、应归还原渠道资金186万元、应调账处理金额39222万元；移送纪检监察机关和主管部门处理事项10件。审计促进整改落实有关问题资金145501万元；审计后挽回（避免）损失39158万元；核减投资额39158万元。审计提出建议280条，被采纳280条；推动被审计单位制定整改措施150项；促进被审计单位建立健全规章制度5项；提交审计信息110篇，被批示、采用52篇次。

九龙坡区教育委员会2018年度预算执行审计、九龙坡区土地整治储备中心原主任经济责任审计分别获2020年度重庆市审计机关优秀审计项目二等奖、三等奖；2019年度重大政策措施落实情况跟踪审计、2018年度合川区财政预算执行和决算草案审计被重庆市审计局评为行业审计优秀项目。重大政策措施落实情况跟踪审计、2020年度中央和市级重大项目跟踪审计、2018—2019年度学前教育政策落实情况专项审计调查、优化营商环境政策措施落实情况审计调查4个审计项目被市审计局评为优秀审计项目。

政策落实情况跟踪审计　围绕国家部署的“六稳”“六保”工作开展新增财政直达资金专项审计，查出问题 71 个，促进出台或完善制度 5 项。

财政审计　交叉审计查出问题金额 362444 万元，促进增收节支金额 19704 万元。

疫情防控资金和捐赠款物专项审计　共审计财政资金 9172 万元、捐赠资金 1105 万元、专项再贷款资金 6479 万元。

经济责任审计　完成铜罐驿镇等 7 个单位 13 名处级领导干部任期经济责任审计。查出问题金额 22856 万元，其中违规金额 5005 万元、管理不规范金额 2778 万元。审计增收节支 4246 万元。出具审计报告 7 篇。揭示问题 110 个，其中领导干部承担领导责任问题 100 个，问题金额 7375 万元；承担直接责任问题 5 个，问题金额 408 万元。向区纪委监委机关及各主管部门移送问题线索 17 件，出具审计决定 4 份。

固定资产投资审计　审核建设资金 27.76 亿元，为政府节约建设投资 3.92 亿元，审减率 14%。揭示建设领域存在问题 45 个，移送主管部门处理事项 1 件，移送区纪委案件线索 1 件。

资源环保审计　揭示铜罐驿镇、西彭镇政府对自然资源资产管理工作认识不足、缺乏有效手段监管等问题。

专项资金审计　反映滞留 1146 万元学前教育专项资金等 8 个方面存在的问题。

信息化建设　推进审计电子数据采集工作，统一采集财政总会计核算系统数据、部门预算系统数据、国企业电子账套、区生态环境局环保实绩相关资料。

内部审计　全区共有内部审计专职机构 86 个，专职内部审计人员 15 人。

（撰稿人：诸伟仪）

【南岸区审计局】　2020 年，南岸区审计局实有 36 人。局长马俊，副局长钟蜀海、王凌颖，纪检组长刘柳，经济责任审计工作联席会议办公室主任蔺艳，三级调研员赵勇、赵开颜，四级调研员李志林。设有办公室、法规审理科、整改督查与内部审计管理科、重大政策执行审计科、财政审计科、企事业审计科、投资审计科、经济责任审计科（重庆市南岸区经济责任审计工作联席会议办公室）、电子数据审计科；下设南岸区审计中心。

审计成果　2020 年，南岸区审计局共完成审计项目 24 个，其中审计 23 个、专项审计调查 1 个。查出主要问题金额 790083 万元，其中违规金额 7368 万元、管理不规范金额 782715 万元；审计发现非金额计量问题 112 个；损益（收支）不实金额 2406 万元；出具审计报告和专项审计调查报告 24 篇。审计处理处罚金额 11178 万元，其中应上缴财政 7305 万元、应归还原渠道资金 63 万元、应调账处理金额 3810 万元。审计促进整改落实有关问题资金 10606 万元；核减投资额 3801 万元。审计提出建议 95 条，被采纳 87 条；推动被审计单位制定整改措施 51 项；促进被审计单位建立健全规章制度 5 项；提交审计信息 27 篇，被批示、采用 15 篇次。

2018 年度大足区财政预算执行和决算草案审计获 2019 年度重庆市审计机关优秀审计项目三等奖；2019 年度中央和市级重大项目跟踪审计被重庆市审计局评为 2019 年度行业审计优秀项目。优化营商环境政策落实情况审计调查、2019 年度全市财政预算执行和决算（草案）审计、全市住房城乡建委系统建设管理审计调查、2019 年度保障性安居工程资金投入和使用绩效审计、重庆市地方国有金融产业发展情况审计调查 5 个项目被评为重庆市审计局 2020 年度优秀行业审计项目。

政策落实情况跟踪审计　开展重大政策措施落实和重大项目跟踪审计、优化营商环境审计调查，关注金融服务保障、财政直达资金使用等措施落实情况，揭示问题 34 个。

财政审计　开展财政预算执行和决算草案编制审计、部门 2019 年度预算执行和财政财务收支审计，揭示隐性债务化解不实、虚增财政收入等问题，促进上缴财政资金 6837.97 万元。

疫情防控资金和捐赠款物专项审计　开展应对新冠肺炎疫情防控资金和捐赠款物专项审计，揭示捐赠款物管理和信息公开等方面问题，涉及资金 57.84 万元。

民生审计　开展南岸区学前教育政策落实情况审计调查和 2019 年保障性安居工程跟踪审计，揭示资源配置不均衡、建设进度缓慢等问题

22个。

经济责任审计 开展对11名区管主要领导干部经济责任审计，揭示贯彻上级政策方针、执行重大决策制度不到位等问题，促进增收节支2108.49万元。

固定资产投资审计 开展审计项目5个，审减投资额3801.75万元。揭示重复获得补偿等问题，废除与上级政策不相符的管理措施。

资源环保审计 对2名镇街主要领导干部自然资源资产和生态环境保护相关资金征管用和项目建设运行情况实施审计，揭示落实河长制工作、耕地保护目标责任不到位等问题16个。

金融审计 参与1家国有银行主要领导干部经济责任审计，发现往来款项未及时清理、合同管理不规范等问题。

企业审计 实施2家国有企业2018—2019年度财务收支审计，揭示盈利能力不强、偿债压力大等问题。

信息化建设 成立数据分析团队。完成53GB的数据采集、存储、标准化工作。自主开发法律法规归集查询系统。

内部审计 指导全区完成内部审计项目1055个，审计总金额415.37万元，提出建议意见被采纳305条。全区内部审计机构增加2个、专兼职内部审计人员增加43人。（撰稿人：沈 扬）

【北碚区审计局】 2020年，北碚区审计局实有35人。党组书记、局长李厚杰，党组成员、副局长唐小勤、廖振华、副局长张渝玲，党组成员、纪检组长侯相红，党组成员、北碚区经济责任审计工作联席会议办公室主任张筱枫。设有办公室、法规审理科、整改督查与内部审计管理科、重大政策执行审计科、财政审计科、企事业审计科、投资审计科、经济责任审计科、电子数据审计科；下设审计中心。

审计成果 2020年，北碚区审计局共完成审计项目52个，其中审计52个。查出主要问题金额167082万元，其中违规金额4745万元、管理不规范金额162337万元；审计发现非金额计量问题140个；损益（收支）不实金额115万元；审计期间整改金额24083万元；出具审计报告和专项审计调查报告54篇，被批示52篇次。审计处理处罚金额4745万元，其中应上缴财政4742万元、应归还原渠道资金3万元；移送司法机关、纪检监察机关和有关部门处理事项2件，移送处理人员1人，移送处理金额21万元。审计促进整改落实有关问题资金5753万元；审计后挽回（避免）损失25062万元；核减投资额25062万元。审计提出建议159条，被采纳159条；推动被审计单位制定整改措施201项；促进被审计单位建立健全规章制度20项；提交审计信息105篇，被批示、采用57篇次。

北碚区林业局原局长、党组书记自然资源资产离任审计，北碚区林业局原局长、党组书记和现任局长、党组书记任期经济责任审计获得市审计局优秀项目二等奖；中共北碚区龙凤桥街道党工委书记、龙凤桥街道办事处主任领导干部自然资源资产离任（任中）审计获得市审计局行业审计优秀项目。

政策落实情况跟踪审计 完成抽查部门36个、镇街1个、企事业单位199个，涉及财政资金18439.84万元，发现疫情期间部分租金减免政策落实不到位、未使用社会团体会费收据收取会费等问题14个。

财政审计 完成全区61个一级预算单位2019年度预算执行和财政财务收支审计，重点审计9个单位，重点关注项目资金使用绩效，根据现场核查和自查自证情况，形成全区61个一级预算单位5大类20小类732项2699条审计分析发现问题结果数据，实现审计数据分析全覆盖。

疫情防控资金和捐赠物专项审计 派出三批次15名党员志愿者，参加街道、社区疫情防控相关工作。开展疫情防控财政资金和捐赠款物专项审计，持续推进对口帮扶响水村、督战胜天湖村、赴巫山消费扶贫等工作，挤出扶贫帮扶经费17余万元，干部职工扶贫消费7万余元。

经济责任审计 完成经济责任审计项目8个。北碚区审计局深入推动领导干部自然资源资产离任审计的经验做法，被市审计局资环处作为经验交流在全市推广。

固定资产投资审计 推动投资审计转型，贯彻落实审计署、市政府关于全面完善和规范投资审计工作的要求，严守审计权力边界，坚决纠正"凡投必审""以审代结"行为，将投资审计项目计划全部纳入市审计局统一管理。

专项资金审计 参加审计署组织的税务系统全覆盖审计、保障性安居工程跟踪审计、扶贫资金管理使用情况审计和社会保险基金审计及市审计局组织的全市住房和城乡建委系统建设管理审计调查等工作。（撰稿人：马洪涛）

【綦江区审计局】 2020 年，綦江区审计局实有 42 人。局长郑平，副局长尹政权、陈建（5 月—）、吴秀兵（—5 月）、李开强（5 月—），纪检组长杨云德，经济责任审计工作联席会议办公室主任李开强（—5 月）、周小泉（5 月—）。设有办公室、法规审理科、整改督查与内部审计管理科、财政审计科、重大政策执行审计科、企事业审计科、投资审计科、经济责任审计科（经济责任审计工作联席会议办公室）、电子数据审计科；下设綦江区审计中心。

审计成果 2020 年，綦江区审计局完成审计项目 48 个，其中审计 46 个、专项审计调查 2 个。查出主要问题金额 712693 万元，其中违规金额 180965 万元、管理不规范金额 531728 万元；审计发现非金额计量问题 186 个；损益（收支）不实金额 2 万元；出具审计报告和专项审计调查报告 62 篇，被批示、采用 53 篇次。审计处理处罚金额 186758 万元，其中应上缴财政 107042 万元、应归还原渠道资金 73923 万元、应调账处理金额 5793 万元；移送司法机关、纪检监察机关和有关部门处理事项 13 件，移送处理金额 3296 万元。审计促进整改落实有关问题资金 26931 万元；审计促进拨付资金到位 551 万元；审计后挽回（避免）损失 5775 万元；核减投资额 5756 万元；移送处理落实事项 6 件。审计提出建议 244 条，被采纳 244 条；推动被审计单位制定整改措施 19 项；促进被审计单位建立健全规章制度 5 项；提交审计信息 154 篇，被批示、采用 98 篇次。向社会公告审计结果 2 篇。

綦江区卫生计生系统 2015—2018 年度财务收支情况审计获 2020 年度重庆市审计机关优秀审计项目一等奖；綦江区财政局 2018 年度部门预算管理情况审计、綦江区 2015—2017 年地灾搬迁及危旧房改造等涉农建房财政补助资金专项审计分别获 2019 年度重庆市审计机关优秀审计项目二等奖、三等奖；2019 年度重大政策措施落实情况跟踪审计、2019 年度中央和市级重大项目跟踪审计、奉节县 2017 年度扶贫资金管理使用情况审计被重庆市审计局评为 2019 年度行业审计优秀项目。2018—2019 年度学前教育政策落实情况专项审计调查项目、綦江区安稳镇原党委书记和镇长自然资源资产离任（任中）审计、2019 年綦江区保障性安居工程资金投入和使用绩效审计、2020 年度重大政策措施落实情况跟踪审计、2020 年度中央和市级重大项目跟踪审计、綦江区卫生计生系统 2015—2018 年度财务收支情况审计项目 6 个项目被评为重庆市审计局 2020 年度优秀项目。

政策落实情况跟踪审计 重点围绕政策措施落实及任务完成情况开展审计，发现问题 32 个，移送案件线索 2 件，促进出台或修订完善制度 5 项。

财政审计 对全区 68 个一级部门开展预算执行审计，查出问题金额 71425 万元，发现应收未收土地出让金、应收未收城市建设配套费等问题 20 个。

三大攻坚战审计 完成自然资源资产离任（任中）审计项目 3 个，发现资源管理不到位、行政单位违法占地等问题 17 个，移送案件线索 3 件。

疫情防控资金和捐赠款物专项审计 重点审计财政资金、捐赠资金和专项贷款资金，查处问题 7 个，促进疫情防控资金物资规范和高效使用。

民生审计 完成民生审计项目 2 个，针对发现的政策制度不完善、个别目标任务未完成等问题，提出可行性建议意见，保障民生政策落到实处。

经济责任审计 完成 8 个单位 13 名党政主要领导干部的经济责任审计。发现问题 73 个，涉及违纪违规 44826 万元，向区纪委监委机关移送线索 4 件，向相关部门移送线索 4 件。

固定资产投资审计 修订《重庆市綦江区公共投资建设项目审计管理办法》。完成政府投资建设审计项目 8 个，审计金额 71626 万元，审减投资 5756 万元。

专项资金审计 完成 2018 年至 2019 年普通

干线公路专项资金管理使用情况审计、2019年度市政项目专项资金管理使用情况审计，揭示专项资金在分配、管理、使用等环节存在的突出问题，确保交通、市政等各项政策落到实处。

信息化建设 采集全区街镇、部门财务电子数据378套，业务数据涉及财政、工商、社保、卫健、公安、自然资源等358项，归集数据量近350GB。

内部审计 全区21个街镇、区公安局和区教委等成立内部审计机构，配备专职内部审计人员54人。全区完成内部审计项目89个，审计总金额145500万元，增收节支23.99万元，提出审计建议148条。（撰稿人：高　杰）

【大足区审计局】 2020年，大足区审计局实有38人。局长蓝兴友，副局长刘朝树、杨再辉、黎娟，纪检组长陈清伦，区经济责任审计办公室主任王霞，三级调研员罗代光、姚晓红、胡正权，四级调研员何建国、刘范明。设有办公室、法规审理科、整改督查与内部审计管理科、重大政策执行审计科、财政审计科、企事业审计科、投资审计科、经济责任审计科（大足区经济责任审计工作联席会议办公室）、电子数据审计科；下设大足区审计中心。

审计成果 2020年，大足区审计局共完成审计项目56个，其中审计54个、专项审计调查2个。查出主要问题金额409144万元，其中违规金额8907万元、管理不规范金额400237万元；审计发现非金额计量问题236个；出具审计报告和专项审计调查报告62篇，被批示、采用17篇次。审计处理处罚金额17911万元，其中应上缴财政8752万元、应归还原渠道资金154万元、应调账处理金额9005万元；移送司法机关、纪检监察机关和有关部门处理事项7件，移送处理人员5人，移送处理金额31万元。审计促进整改落实有关问题资金107882万元；审计促进拨付资金到位64426万元；审计后挽回（避免）损失14459万元；核减投资额13887万元。审计提出建议181条，被采纳181条；推动被审计单位制定整改措施137项；促进被审计单位建立健全规章制度17项；提交审计信息15篇，被批示、采用23篇次。2019年度中央和市级重大项目跟踪审计、黔江区2017年度扶贫资金管理使用情况审计被重庆市审计局评为行业审计优秀项目。

政策落实情况跟踪审计 2020年组织实施一至四季度重大政策，一、二、四季度重大项目跟踪审计，抽查部门18个、企事业单位71个、项目15个。审计发现问题53个，涉及资金16316万元。审计提出建议40余条，2篇审计要情得到区主要领导批示。向有关单位移送问题线索2件。20余项政策、15个项目全面加快落实。

财政审计 实施2019年度大足区财政预算执行和决算（草案）审计、回龙镇等5个单位2019年度财政决算审计、区交通局等10个单位2019年度预算执行和财政收支审计。查出主要问题金额374219万元。审计处理处罚金额8177万元。审计促进整改落实有关问题资金78290万元。推动制定整改措施10项；出具的审计报告、审计专报被区长批示3篇次。

三大攻坚战审计 对区水利局局长开展领导干部自然资源资产离任审计，查出问题金额1662万元。

疫情防控资金和捐赠款物专项审计 对大足区疫情防控资金和捐赠款物开展专项审计，重点审计财政资金7078万元、捐赠资金361万元、专项再贷款资金2600万元，延伸审计单位18个。

经济责任审计 对5个镇街、7个部门、1个国企共18名领导干部经济责任情况进行审计，查出主要问题金额4900万元，其中违规金额729万元。

固定资产投资审计 实施投资审计项目16个，查出主要问题金额13887万元；出具审计报告16篇。审计处理处罚金额13887万元。审计促进整改落实有关问题资金13887万元；审计挽回（避免）损失13887万元。

企业审计 对大足区鑫发建设集团有限公司2019年度财务收支进行审计，查出主要问题金额91万元。

专项资金审计 实施2020年区级重点项目推进情况、重庆市学前教育政策落实情况审计调查项目2个，查出主要问题金额4万元。

信息化建设 完成108个单位财务数据和42

个单位业务数据的采集工作，实现与AO对接办公。

内部审计 大足区共有内部审计机构37个，内部审计人员168人，其中专职机构8个，专职人员34人。完成审计项目200个，审计总金额126193万元；增收节支1137万元；提出建议被采纳120条。

（撰稿人：陈 琴）

【渝北区审计局】 2020年，渝北区审计局实有46人。局长李梅，副局长曹霞、欧林、刘静，纪检组长谢贤友，经济责任审计办公室主任黄明荣，党组成员张彬（—7月）。设有办公室、法规审理科、整改督查与内部审计管理科、重大政策执行审计科、财政审计科、企事业审计科、投资审计科、经济责任审计科（重庆市渝北区经济责任审计工作联席会议办公室）、电子数据审计科；下设渝北区审计中心。

审计成果 2020年，渝北区审计局共完成审计项目48个，其中审计45个、专项审计调查3个。查出主要问题金额523111万元，其中违规金额23502万元、管理不规范金额499609万元；审计发现非金额计量问题201个；损益（收支）不实金额4661万元；出具审计报告和专项审计调查报告49篇，被批示、采用30篇次。审计处理处罚金额31024万元，其中应上缴财政23502万元、应调账处理金额7522万元；移送司法机关、纪检监察机关和有关部门处理事项15件，移送处理人员23人，移送处理金额471万元。审计促进整改落实有关问题资金155534万元；审计促进拨付资金到位45333万元；审计后挽回（避免）损失9003万元；核减投资额7521万元；审计提出建议231条，被采纳227条；推动被审计单位制定整改措施139项；促进被审计单位建立健全规章制度29项；提交审计信息181篇，被批示、采用80篇次。向社会公告审计结果2篇。

木耳镇原党委书记和现任党委书记经济责任审计项目获2020年度重庆市审计机关优秀审计项目三等奖；渝北区人民医院院长、党委书记任期经济责任审计获2019年度重庆市审计机关优秀审计项目二等奖；2019年度重大政策措施落实情况跟踪审计项目、2019年度中央和市级重大项目跟踪审计项目、2019年度渝北区财政预算执行和决算草案审计项目、2020年度重大政策措施落实情况跟踪审计项目、2020年度中央和市级重大项目跟踪审计项目、2019年渝北区保障性安居工程资金投入和使用绩效审计项目、渝北区水利局党委书记局长自然资源资产离任（任中）审计项目、2018—2019年度学前教育政策落实情况专项审计调查、2019年度地方国有金融产业发展情况审计调查、渝北区住房和城乡建委建设管理审计调查被评为重庆市审计局行业优秀项目。

政策落实情况跟踪审计 组织开展新冠肺炎疫情防控政策落实、中小微企业发展专项资金管理使用、新增财政资金直达区县基层直接惠企利民情况政策跟踪审计，对渝北区2019年以来优化营商环境政策措施落实情况进行专项审计调查。

财政审计 首次实现对渝北区所有区级部门2019年预算执行和其他财政财务收支情况的全覆盖审计。审计发现相关单位预算编制不规范，涉及金额7733.38万元；预算执行不规范，涉及金额2610.93万元；专项（项目）资金管理不规范，涉及金额585.59万元；项目建设管理不到位，涉及金额9947.13万元；财务管理不规范，涉及金额15397.07万元。

三大攻坚战审计 围绕渝北区委区政府工作重心，开展渝北区扶贫资金管理使用情况审计、大盛镇“双十万”工程项目审计调查，优化全区扶贫电商网点布局，堵塞农房建设管理漏洞，规范“双十万”工程计划及建设前期工作机制，落实招标投标及造价管控责任。

经济责任审计 对渝北区发展改革委员会、水利局、仙桃街道、宝圣湖街道、龙兴镇、临空农业公司6个单位9名领导干部开展经济责任审计，查出违规和管理不规范问题金额7.18亿元，促进增收节支金额1.11亿元，向纪检监察机关和主管部门移送问题线索5件，涉及12人。

固定资产投资审计 完成结算审计项目8个，开展跟踪审计项目7个，上报跟踪审计要情专报7篇，相关建议均得到采纳。

内部审计 各单位共完成内部审计项目538个，发现和处理财务核算不规范、多计工程造价等定量问题160个，涉及金额1.82亿元。

（撰稿人：吴艾泓）

【巴南区审计局】 2020年，巴南区审计局实有34人。局长肖秋生，副局长苏小平、刘方宇、李渐鸿，纪检组长曹际宏（—7月），区经济责任审计办公室主任李蓉，调研员曹际宏（7月—）、黄均。设有办公室、法规审理科、整改督查与内部审计管理科、重大政策执行审计科、财政审计科、企事业审计科、投资审计科、经济责任审计科、电子数据审计科；下设巴南区审计中心。

审计成果 2020年，巴南区审计局共完成审计项目42个，其中审计41个、专项审计调查1个。查出主要问题金额1170250万元，其中违规金额4323万元、损失浪费金额10万元、管理不规范金额1165917万元；审计发现非金额计量问题136个；损益（收支）不实金额21049万元；审计发现侵害人民群众利益152万元；出具审计报告和专项审计调查报告38篇，被批示、采用33篇次。审计处理处罚金额19840万元，其中应上缴财政4322万元、应调账处理金额15518万元；移送司法机关、纪检监察机关和有关部门处理事项11件，移送处理人员18人，移送处理金额6176万元。审计促进整改落实有关问题资金77448万元；审计促进拨付资金到位15101万元；审计后挽回（避免）损失15475万元；核减投资额15475万元；移送处理落实事项2件。审计提出建议160条，被采纳160条；推动被审计单位制定整改措施116项；促进被审计单位建立健全规章制度2项；提交审计信息95篇，被批示、采用68篇次。向社会公告审计结果6篇。

巴南区2016年度区级财政预算执行和决算（草案）审计被审计署评为2019年度全国市级审计机关优秀审计项目一等奖；巴南区委农村工委书记、区农委主任、区农综办主任经济责任审计获2020年度重庆市审计机关优秀审计项目二等奖；巴南区人民政府征地办公室党组副书记、主任任期经济责任审计获2019年度重庆市审计机关优秀审计项目二等奖；2019年度重大政策措施落实情况跟踪审计、2019年度中央和市级重大项目跟踪审计、2018年度綦江区财政预算执行和决算草案审计被重庆市审计局评为2019年度行业审计优秀项目；2020年度重大政策措施落实情况跟踪审计、2020年度重大项目跟踪审计、2019年度巴南区财政预算执行和决算草案审计、优化营商环境政策措施落实情况审计调查、巴南区人民医院综合改革推进情况审计调查被评为2020年度重庆市审计局优秀项目。

政策落实情况跟踪审计 围绕“放管服”改革深化、优化营商环境政策措施落实、新增财政资金使用等情况进行跟踪审计，发现问题94个，查出问题金额6.08亿元，促进被审计单位出台规范性文件7个。

财政审计 完成预算执行和决算草案审计、财政收支审计、税收和非税收入征管审计等项目，涉及问题金额107.45亿元，促进被审计单位出台规范性文件7个。

三大攻坚战审计 在巴南区2019年度扶贫资金管理使用情况审计中，揭示部分产业扶贫项目利益联结机制不紧密等问题9个；在领导干部自然资源资产离任（任中）审计中，揭示“四山”违建拆除工作推进不到位等问题14个；在棚户区改造项目审计中，发现问题12个，查出问题金额1.05亿元。

疫情防控资金和捐赠款物专项审计 重点审计财政资金10758.55万元、捐赠资金481.41万元、专项再贷款资金6300万元，揭示部分一线医务人员临时性工作补助暂缓发放等问题4个，促进被审计单位出台规范性文件5个。

经济责任审计 对3个单位5名领导干部实施经济责任审计，发现问题50个，查出问题金额5998.23万元，促进被审计单位出台规范性文件5个。

固定资产投资审计 在重大项目跟踪审计中，发现问题41个，查出问题金额2352.03万元。全年完成投资审计项目16个，发现问题97个，审减政府投资1.55亿元。

外资运用审计 在亚洲开发银行贷款重庆现代物流示范项目2019年度财务收支和项目执行情况审计中，查出问题金额22.97万元，揭示国有资产未充分发挥效益等问题3个。

信息化建设 对全区276个一级预算单位424个财务账套进行2次数据转换，实现对全区预算单位数据的标准化全覆盖，通过大数据筛查疑点7万余条。

内部审计 对162个内部审计项目计划进行指导复核，对区农业农村委等下属单位较多的单位上门进行内部审计专题培训。将内部审计工作开展情况纳入各单位年度目标考核，对106个单位的内部审计开展质量检查和优秀内部审计项目评比。 （撰稿人：涂蕊玲）

【黔江区审计局】 2020年，黔江区审计局实有43人。局长秦建川，副局长任国林、王明昌、施方林，纪检组长程洪全（9月—），经济责任审计办公室主任石晓红，二级调研员王海军，三级调研员龙林平（7月—）、肖玉昌（7月—），四级调研员刘清华（8月—）。设有办公室、法规审理科、整改督查与内部审计管理科、重大政策执行审计科、财政审计科、企事业审计科、农业与资源环保审计科、投资审计科、经济责任审计科（经济责任审计工作联席会议办公室）、电子数据审计科；下设重庆市黔江区审计中心。

审计成果 2020年，黔江区审计局共完成审计项目51个，其中审计48个、专项审计调查3个。查出主要问题金额511323万元，其中违规金额9058万元、管理不规范金额502265万元；审计发现非金额计量问题330个；损益（收支）不实金额448万元；出具审计报告和专项审计调查报告53篇，被批示、采用9篇次。审计处理处罚金额12252万元，其中应上缴财政8452万元、应归还原渠道资金606万元、应调账处理金额3193万元；移送司法机关、纪检监察机关和有关部门处理事项16件，移送处理人员2人，移送处理金额531万元。审计促进整改落实有关问题资金7107万元；审计促进拨付资金到位1157万元；审计后挽回（避免）损失3193万元；核减投资额3193万元。审计提出建议157条，被采纳157条；推动被审计单位制定整改措施156项；促进被审计单位建立健全规章制度15项；提交审计信息59篇，被批示、采用48篇次。

忠县2019年度扶贫资金管理使用情况审计项目被评为重庆市审计局优秀项目。

政策落实情况跟踪审计 对国家重大政策措施落实情况进行跟踪审计，发现问题38个，促进被审计单位建立健全规章制度1项，提交审计专报1篇，移送问题线索1件。

财政审计 完成黔江区本级财政管理、税收和非税收入征管以及全区64个一级预算单位预算执行情况审计，发现问题38个，查出问题金额26819.18万元，促进被审计单位建立健全规章制度4项，提交审计要情及专报3篇，移送问题线索2件。

三大攻坚战审计 完成忠县2019年度扶贫资金管理使用情况审计、政府隐性债务跟踪审核、6个单位8名领导干部自然资源资产离任（任中）审计，发现问题48个，查出问题金额85.78万元。

疫情防控资金和捐赠款物专项审计 对财政资金4505万元、捐赠资金605.77万元、专项再贷款资金952万元的管理使用进行审计，发现问题3个。

民生审计 完成重庆市学前教育政策落实情况专项审计调查等专项审计（调查）3个，发现问题49个，查出问题金额63500.2万元。

经济责任审计 完成9个单位11名领导干部经济责任审计工作，发现问题110个，查出问题金额25436.69元，提出并被采纳审计建议35条，提交并被采纳审计信息7篇，移送问题线索3件。

固定资产投资审计 完成公共投资结（决）算审计及跟踪审计项目21个，审减政府投资3193.25万元，审减率8.21%，发现非金额计量问题98个，提出并被采纳审计建议73条，移送问题线索2件。

金融审计 派出审计组参与完成重庆市农村商业银行主要领导经济责任审计，揭示问题5个。

企业审计 完成黔江区小南海水电开发有限公司等3个国有企事业单位2019年度财务收支审计，发现问题43个，查出问题金额253475.03万元，提出并被采纳审计建议12条，促进被审计单位建立健全规章制度1项，移送问题线索1件。

信息化建设 探索“两统筹＋大数据”有机结合，进一步拓展大数据审计技术运用范围。

内部审计 黔江区各单位完成内部审计项目238个，促进增收节支321.76万元，提出并被采

纳审计建议 135 条。　　　　（撰稿人：向楞渝）

【长寿区审计局】　2020 年，长寿区审计局实有 41 人。局长聂华甫，副局长黄忠勇（—8 月）、李敏，纪检组长陈湧健，区经济责任审计工作联席会议办公室主任邱建斌，调研员黄忠勇（9 月—）、余永惠、周华军、刘爱琼（9 月—）、李俊强（9 月—）。设有办公室、法规审理科、整改督查与内部审计管理科、重大政策执行审计科、财政审计科、企事业审计科、投资审计科、经济责任审计科、电子数据审计科；下设长寿区审计中心。

审计成果　2020 年，长寿区审计局完成审计项目 30 个，其中审计 30 个。查出主要问题金额 409482 万元；审计发现非金额计量问题 167 个；损益（收支）不实金额 323 万元；出具审计报告和专项审计调查报告 34 篇，被批示、采用 29 篇次。审计处理处罚金额 3637 万元，其中应上缴财政 1084 万元、应归还原渠道资金 71 万元、应调账处理金额 2482 万元；移送司法机关、纪检监察机关和有关部门处理事项 18 件，移送处理人员 24 人，移送处理金额 1723 万元。审计促进整改落实有关问题资金 8883 万元；审计促进拨付资金到位 16479 万元；审计后挽回（避免）损失 1311 万元；核减投资额 1295 万元；移送处理落实事项 12 件。审计提出建议 77 条，被采纳 77 条；推动被审计单位制定整改措施 133 项；促进被审计单位建立健全规章制度 21 项；提交审计信息 58 篇，被批示、采用 35 篇次。向社会公告审计结果 2 篇。

中共长寿区原国土房管局党委书记、局长自然资源资产离任审计被重庆市审计局评为 2019 年度行业审计优秀项目。2019 年度全市财政预算执行和决算（草案）审计、优化营商环境政策落实情况审计调查、2019 年度扶贫资金管理使用情况审计项目被评为重庆市审计局 2020 年度优秀项目。

政策落实情况跟踪审计　开展新增财政资金直达市县基层直接惠企利民情况专项审计，清退涉企保证金及利息 2857 万元、减免小微企业和个体工商户租金 150 万元，揭示资金划转不规范等问题 10 余项，促进催收承诺到期的农民工工资保证金 294.33 万元、收回违规享受财政补助资金 15 万元。开展优化营商环境专项审计调查，推动治理违规收费等 9 个方面 28 项工作。

财政审计　开展的区级预算执行和决算草案编制审计，揭示虚增财政收入 33.37 亿元等重大问题。区级部门预算执行审计实现对 10 个街镇卫生院（社区卫生服务中心）的全覆盖数据分析和重点核查，揭示门诊和耗材收费超标等问题。

三大攻坚战审计　在扶贫审计中揭示扶贫政策落实不到位等问题，促进强化特殊人群兜底保障等工作 10 余项。开展自然资源资产审计项目 1 个，发挥 3S 强大功能，揭示 6 个方面共计 21 个问题。

疫情防控资金和捐赠款物专项审计　开展应对新冠肺炎疫情防控资金和捐赠款物专项审计，推动重大工程复工复产 1 项、兑付一线医务人员临时性工作补助 110 万元、及时划拨抗疫捐赠资金 7 万元。

经济责任审计　实施经济责任审计项目 10 个，查出项目管理不严格等问题 60 余个，向区纪委监委移送问题线索 1 件，规范历史遗留问题处理标准 3 项。

固定资产投资审计　修订《重庆市长寿区公共投资建设项目审计实施办法》，取消必审制、杜绝“以审代结”，实施政府投资审计项目 10 个。贯通实施市级以上重大项目和区级重大项目、2020 年新增重点项目和 2017—2019 年度重点项目跟踪审计，归集竣工重点项目信息 533 个，跟踪新建重大项目 99 个，推进重点项目建设 30 个，激活资产效益 33 万元，实现投资审计工作转型。

内部审计　指导完成内部审计项目 151 个，实施中介机构相关结果核查项目 1 个，累计审计资金 10 亿元，查出违纪违规金额 414 万元、管理不规范金额 286 万元，实现增收节支 46 万元。

（撰稿人：赵　勇）

【江津区审计局】　2020 年，江津区审计局实有 45 人。局长张进洪，副局长陆成林、曹树容、幸冲（10 月—），经济责任审计工作联席会议办公室主任刘燕，一级调研员刘德福，四级调研员陈家富。设有办公室、法规审理科、政策执行审计科、监察室、财政审计科、企事业审计科、经济责任审计科、政府投资审计科、整改督查与内部审计管理科、电子数据审计科；下设江津区审计中心。

审计成果 2020 年，江津区审计局完成审计项目 38 个。查出主要问题金额 2872541 万元，其中违规金额 46413 万元、管理不规范金额 2826128 万元；审计发现非金额计量问题 263 个；出具审计报告和专项审计调查报告 42 篇。审计处理处罚金额 50278 万元；移送司法机关、纪检监察机关和有关部门处理事项 11 件，移送处理人员 20 人，移送处理金额 445842 万元。审计促进整改落实有关问题资金 226808 万元；审计促进拨付资金到位 130191 万元；审计后挽回（避免）损失 4192 万元。审计提出建议 124 条，被采纳 74 条；推动被审计单位制定整改措施 253 项；促进被审计单位建立健全规章制度 55 项；提交审计信息 107 篇，被批示、采用 57 篇次。向社会公告审计结果 2 篇。

2018 年度九龙坡区财政预算执行和决算草案审计、武隆区 2017 年度扶贫资金管理使用情况审计被重庆市审计局评为行业 2019 年度审计优秀项目。

政策落实情况跟踪审计 围绕“六稳”“六保”政策的贯彻落实，开展重点保障企业贴息贷款审计、支持中小微企业发展相关政策措施落实情况审计、清理拖欠民营企业中小企业账款情况审计、新增财政资金直达区县基层直接惠企利民情况专项审计，共审计 38900 万元专项再贷款资金、56743 万元直达资金，发现专项资金使用管理不规范等问题 40 个，查出问题金额 43633.42 万元，提出建议 20 条。

财政审计 开展江津区本级财政预算执行和决算草案编制情况审计和 98 个一级预算单位预算执行情况审计以及 2 个镇街财政决算审计。通过审计主要揭露预算编制不细化、预算执行刚性约束不够、绩效管理不到位、财政账户清理不彻底等问题。促进区政府建立和完善《重庆市江津区人民政府办公室关于进一步规范招商项目评审工作的通知》等制度 4 个，区财政局出台《重庆市江津区区级预算绩效管理购买专业服务办法（试行）》等指导全区性制度文件 7 个。

三大攻坚战审计 完成市审计局统一组织的全市 2019 年度扶贫资金管理使用情况审计，和对石蟆镇、蔡家镇 4 名主要领导干部自然资源资产离任（任中）审计。揭露部分扶贫政策措施落实、扶贫资金管理使用、扶贫项目绩效，以及耕地、林地保护，河长制执行、河库水环境和饮水安全方面存在的问题，并提出针对性的审计建议。

疫情防控资金和捐赠款物专项审计 开展新冠肺炎疫情防控资金和捐赠款物专项审计，重点审计财政资金 6741 万元、捐赠资金 973.12 万元，发现问题 4 个，涉及问题金额 1065.07 万元，审计提出建议 4 条。

民生审计 开展全市学前教育政策落实情况审计调查，发现问题 14 个。

固定资产投资审计 推动政府出台《江津区国有投资工程项目预算、变更、结算复查审核办法》，实现投资审计由“数量向质量、单一向全面、传统向现代”的三大转变，全年查处问题 58 个，审计提出建议 22 条。

企业审计 充分运用大数据平台对区属 11 家国有企业改革执行情况开展专项审计调查，揭示国企法人治理结构、国有资产管理、用工薪酬等问题 26 个，移交案件线索 3 件。促进区政府、区国资委出台加强国企改革管理的规范性文件 17 个。

经济责任审计 全年实施经济责任审计项目 9 个，涉及 5 个镇（街）、2 个部门、2 个区管单位共 15 名领导干部。审计查出问题 161 个，涉及金额 14745.73 万元。审计提出建议 25 条，促进被审计单位完善制度 21 项，出具审计决定书 6 份，向纪检监察机关移送案件线索 3 件，向主管部门移送案件线索 3 件，涉案金额 436.34 万元。

内部审计 全区各部门、各企事业单位设立内部审计机构 34 个，其中专职机构 5 个；配备内部审计人员 100 人，其中专职审计人员 20 人。促成区政府出台《内部审计人员管理暂行办法》，修订完善《江津区审计局关于建立分片分部门联系指导内部审计工作制度》。全区各级内部审计机构共完成内部审计项目 557 个，审计资金总额

65.43亿元，增收节支1430万元。

（撰稿人：王艺遐）

【合川区审计局】　2020年，合川区审计局实有49人。局长屈直，副局长陈忠、邢林、陈余，纪检组长李建忠，经济责任审计工作联席会议办公室主任张贵来，二级调研员李关海，三级调研员邹勇、程倩，四级调研员谭华、李永惠、罗弋奕。设有办公室、法规审理科、整改督查与内部审计管理科、重大政策执行审计科、财政审计科、企事业审计科、农业与资源环保审计科、投资审计科、经济责任审计科（合川区经济责任审计工作联席会议办公室）、电子数据审计科；下设合川区审计中心。

审计成果　2020年，合川区审计局共完成审计项目37个，其中审计35个、专项审计调查2个。查出主要问题金额510789万元，其中违规金额12328万元、损失浪费金额113万元、管理不规范金额498348万元；审计发现非金额计量问题253个；损益（收支）不实金额5284万元；出具审计报告和专项审计调查报告43篇，被批示、采用42篇次。审计处理处罚金额13083万元，其中应上缴财政12328万元、应调账处理金额755万元；移送司法机关、纪检监察机关和有关部门处理事项20件，移送处理人员18人，移送处理金额1525万元。审计促进整改落实有关问题资金118756万元；审计促进拨付资金到位41475万元；审计后挽回（避免）损失755万元。审计提出建议152条，被采纳152条；推动被审计单位制定整改措施201项；促进被审计单位建立健全规章制度16项；提交审计信息47篇次，被批示、采用32篇次。向社会公告审计结果2篇。

合川兴农融资担保有限公司2017—2018年度财务收支审计，合川区人民医院党委书记、院长任期经济责任审计分别获2019年度重庆市审计机关优秀审计项目一等奖、二等奖。合川区财政预算执行和决算草案审计、合川区三庙中心卫生院等10个基层医疗卫生机构2018年度部门预算执行和其他财政财务收支情况审计、重庆市合川物铁开发投资有限公司总经理经济责任审计、2020年度重大政策措施落实情况跟踪审计、合川区住房和城乡建委建设管理审计调查、2018—2019年度学前教育政策落实情况专项审计调查6个项目被评为重庆市2020年度审计局优秀项目。

政策落实情况跟踪审计　审计发现问题共42个，涉及资金8929万元，推动政策落实13项，推进重大项目建设6项，提出审计建议42条，报送并被采纳信息10篇、专报2篇、要情3篇，促进完善相关制度9项，4篇审计方法在全市推广。

部门预算执行审计　对全区363个部门预算单位采取分包责任制，形成28个审计模型，确定10个重点核查部门进行重点事项核实和查证。督促财政部门收回统筹结转结余资金、责令15家单位追回违规使用单位加油卡给私车加油资金等，1人因“私车公养”被移送纪检监察机关处理。

三大攻坚战审计　围绕扶贫政策，采集财政、教育、医保、民政等7个部门15类数据，锁定12个审计重点。揭示农村公路、土地整治等扶贫项目中截留挪用、侵占私分、虚报冒领等违纪违规行为，督促4家单位及时拨付资金30.58万元，惠及2000余人。完成区农业农村工委主要领导自然资源资产离任（任中）审计，查出组织自然资源资产和生态环境保护相关资金征管用和项目建设运行情况等5个方面17个问题，涉及金额610万元。

经济责任审计　对8个单位的11名区管党政主要领导干部和国有企事业单位主要领导人员开展经济责任审计，查出违规金额195.27万元、损失浪费金额70.31万元；移送审计问题线索10件，审计提出建议30条。

固定资产投资审计　2020年完成投资审计项目18个，挽回建设资金损失5585.45万元；向区政府提交审计要情和专题报告6篇，发现建设管理问题95个，提出审计建议15条；开展7个中介报告核查工作。

内部审计　合川区共有内部审计机构62个、内部审计人员273人，全年完成内部审计项目526个，促进增收节支4466.67万元，审计提出建议意见被采纳514条。（撰稿人：陈倩云）

【永川区审计局】　2020年，永川区审计局实有39人。局长龙晓燕，副局长王永群、潘忠胜、刘欣，纪检组长杨泽露，经济责任审计办公室主任喻文龙。设有办公室、法规审理科、整改督查与内部审计管理科、重大政策执行审计科、财政审计科、企事业审计科、投资审计科、经济责任审计科（经济责任审计工作联席会议办公室）、电子数据审计科；下设永川区审计中心。

审计成果 2020年，永川区审计局共完成审计项目50个，其中审计45个、专项审计调查5个。查出主要问题金额422407万元，其中违规金额28483万元、损失浪费金额21万元、管理不规范金额393903万元；审计发现非金额计量问题379个；损益（收支）不实金额70万元；出具审计报告和专项审计调查报告53篇。审计处理处罚金额53994万元，其中应上缴财政26544万元、应归还原渠道资金1938万元、应调账处理金额25512万元；移送司法机关、纪检监察机关和有关部门处理事项32件，移送处理人员24人，移送处理金额451万元。审计促进整改落实有关问题金额58436万元；审计促进拨付资金到位12877万元；审计后挽回（避免）损失3477万元；核减投资额4439万元；移送处理落实事项6件。审计提出建议156条，被采纳156条；推动被审计单位制定整改措施111项；促进被审计单位建立健全规章制度1项；提交审计信息168篇，被批示、采用89篇次。向社会公告审计结果2篇。

永川区审计局获得全市审计系统综合目标考核一等奖（第一片区序列第一）。区民政局、区水利局经济责任审计项目分别获评一、二等奖；区住房城乡建委建设管理、区人民医院综合改革推进情况、学前教育政策落实情况、区卫星湖街道自然资源资产离任、区财政预算执行和决算草案、中央和市级重大项目跟踪等6个审计（调查）项目、永川区农委等71个部门（单位）2017年度预算执行和其他财政收支审计、永川区2017—2018年度涉农资金专项审计调查分别获2019年度重庆市审计机关优秀审计项目特等奖、一等奖；2019年度中央和市级重大项目跟踪审计，2018年度渝北区财政预算执行和决算草案审计，中共永川区林业局党组书记、局长自然资源资产离任（任中）审计，石柱县2017年度扶贫资金管理使用情况审计被重庆市审计局评为行业审计优秀项目。

政策落实情况跟踪审计 实施惠企利民直达资金等政策落实情况重大政策跟踪审计；以政策、规划、项目、资金、效果为具体内容进行重大项目跟踪审计。

财政审计 参加全市统一组织实施的财政及税收预算执行和决算草案编制审计，推动出台《永川区绩效管理办法》等6项制度。

三大攻坚战审计 参加全市统一组织实施的扶贫资金管理使用情况审计；实施区卫星湖街道自然资源离任审计项目，移送问题线索6件；开展23个镇街债务审计调查。

民生审计 参加全市统一组织实施的学前教育政策落实情况审计调查。

经济责任审计 实施9个单位（含2个镇街）11名领导干部的经济责任审计。

固定资产投资审计 出台《永川区审计局公共投资建设项目审计现场管理办法（试行）及竣工结算审计实施业务指南》，规范投资审计现场操作行为。

金融审计 参加全市统一组织实施的重庆农村商业银行股份有限公司党委书记、董事长任期经济责任暨2019年度财务收支审计项目。

企业审计 强化与财政国资等部门的沟通协作，出台《关于进一步加强工作沟通会商的意见》制度文件；与区国资管理中心联合建立区属国有企业监事会管理联席会议制度；对全区8个国有企业开展财务收支审计。

专项资金审计 实施2017—2019年度涉企资金及永川区EPC总承包项目专项审计调查。

信息化建设 创新审计“全覆盖”下的大数据审计疑点核查方式，开发审计疑点在线核查工具，大幅提升审计效率。

内部审计 全区各级内部审计机构共完成审计项目206个，促进增收节支11871万元，提出的建议和意见被采纳264条。（撰稿人：朴雅庆）

【南川区审计局】 2020年，南川区审计局实有31人。局长刘长华，纪检组长娄忠敏，副局长金华（—7月）、陈娟、王华娟（7月—），南川区经济责任审计工作联席会议办公室主任王华娟，二级调研员陈纯秀、余碧容、金华（7月—），三级调研员尹家琪（—9月），四级调研员彭朝俊（12月—）。设有办公室、法规审理科、整改督查与内部审计管理科、重大政策执行审计科、财政审计科、企事业审计科、经济责任审计科（南川区经济责任审计工作联席会议办公室）、投资审计科、电子数据审计科；下设重庆市南川区审计中心。

审计成果 2020年，南川区审计局完成审计项目26个，其中审计24个、专项审计调查2个。查出主要问题金额192716万元，其中违规金额545万元、管理不规范金额192171万元；审计发现非金额计量问题83个；损益（收支）不实金额71万元；出具审计报告和专项审计调查报告25篇。审计处理处罚金额28905万元，其中应上缴财政225万元、应归还原渠道资金319万元、应调账处理金额28361万元；移送司法机关、纪检监察机关和有关部门处理事项1件，移送处理金额35万元。审计促进整改落实有关问题资金37615万元；审计促进拨付资金到位9046万元；审计后挽回（避免）损失27538万元；核减投资额27607万元。审计提出建议122条，被采纳122条；促进被审计单位建立健全规章制度1项；提交审计信息75篇，被批示、采用84篇次。

2019年度世界银行贷款可持续农业发展项目南川子项目、2020年度中央和市级重大项目跟踪审计被评为重庆市审计机关优秀审计项目。

政策落实情况跟踪审计 审计单位15个，抽查、走访单位68个，发现问题16个，涉及金额26698.56万元，审计提出建议20条。

财政审计 完成南川区2019年度财政预算执行和决算草案审计，发现问题7个。完成64个区级部门（单位）2019年度预算执行和其他财政财务收支情况审计，提出审计建议4条。

三大攻坚战审计 完成乡镇自然资源资产离任（任中）审计1个，揭示问题9个，提出审计建议4条。

疫情防控资金和捐赠款物专项审计 完成南川区疫情防控资金和捐款物专项审计，核查资金600万元，延伸审计单位15个。

民生审计 完成南川区2018—2019年度农村人居环境建设项目审计，督促整改资金72.15万元，查出非金额计量问题7个。完成南川区2017—2019年度校园维修改造工程审计，督促整改资金235.06万元，查出非金额计量问题7个。

经济责任审计 完成7个单位9名领导干部任中经济责任审计，查出主要问题金额8661万元，发现非金额计量问题20个，审计提出建议25条。督促7名领导干部落实离任经济责任事项交接手续。

固定资产投资审计 完成跟踪审计项目2个，完成区政府交办项目24个，核减投资27607万元。

外资运用审计 完成世界银行贷款重庆市可持续发展农业项目2019年度财务收支和项目执行情况审计，审计金额4215.54万元，发现问题6个，审计提出建议5条。

企业审计 完成重庆坤唯实业有限公司2019年度财务收支审计，查出主要问题金额3856万元，发现非金额计量问题1个，提出可行性建议6条。

专项资金审计 完成区政府2019年以来优化营商环境政策措施落实情况专项审计调查，延伸审计单位45个，发现问题27个，涉及金额93.13万元，提出建议5条。完成南川区住房和城乡建委建设行业管理系统调查，发现非金额计量问题21个，督促整改资金5341.12万元。

内部审计 印发《分片分部门（单位）联系指导内部审计工作方案》。专项检查单位12个，发现问题3个，提出建议3条。全区专兼职内部审计机构27个，审计人员83人，完成审计项目446个，审计金额236933.36万元，促进增收节支1750.42万元。提出审计建议意见164条。

（撰稿人：骆钰君）

【璧山区审计局】 2020年，璧山区审计局实有29人。局长舒朝勇，副局长杨用明（—4月）、戴雪平、龚建烈、张伟（5月—），纪检组长周波（—5月），经济责任审计办公室主任张伟（—5月）、周波（5月—），二级调研员黄志强、杨用明（8月—），三级调研员杨用明（5月—8月）。设有办公室、法规审理科、整改督查与内部审计管理科、财政审计科、重大政策执行审计科、企事业审计科（电子数据审计科）、投资审计科、经济责任审计科（经济责任审计工作联席会议办公室）；下设璧山区审计中心。

审计成果 2020年，璧山区审计局共完成审计项目40个，其中审计39个、专项审计调查1个。查出主要问题金额758538万元，其中违规金额4771万元、管理不规范金额753767万元；审计发现非金额计量问题134个；损益（收支）不实金额12万元；出具审计报告和专项审计调查报告39篇。审计处理处罚金额5561万元，其中应上缴财政4770万元、应归还原渠道资金1万元、应调账处理金额790万元；移送司法机关、纪检监察机关和有关部门处理事项2件，移送处理金额715万元。审计促进整改落实有关问题资金173916万元；审计促进拨付资金到位68006万元；审计后挽回（避免）损失2162万元；核减投资额2153万元；移送处理落实事项2件。审计提出建议157条，被采纳157条；推动被审计单位制定整改措施157项；促进被审计单位建立健全规章制度2项；提交审计信息38篇，被批示、采用3篇次。向社会公告审计结果1篇。

璧山区供销合作社2018年部门预算执行情况审计和璧山区统计局党组书记、局长任期经济责任审计分别获2019年度重庆市审计机关优秀审计项目一等奖、三等奖。璧山区审计局实施的璧山区2016—2017年度残疾人事业发展专项审计调查项目获评重庆市审计机关优秀审计项目三等奖。2019年度重大政策措施落实情况跟踪审计、2018年度潼南区财政预算执行和决算草案审计、垫江县2017年度扶贫资金管理使用情况审计被重庆市审计局评为行业审计优秀项目。

政策落实情况跟踪审计 共抽查24个部门、9个单位、20户企业、7个行业商会和2家金融机构，查出主要问题15个，涉及问题金额1071.92万元。

财政审计 实施璧山区本级财政预算执行和决算草案编制审计项目，进一步拓展延伸抽查区规划自然资源局等55个部门及企事业单位，揭示问题33个，查出管理不规范金额74.24亿元、违纪违规金额3640.63万元，审计提出建议4条。

三大攻坚战审计 实施2019年度扶贫资金专项审计，确保扶贫各项政策、资金落实到位。完成1个自然资源资产离任审计。

疫情防控资金和捐赠款物专项审计 开展应对新冠肺炎疫情防控资金和捐赠款物专项审计，促进疫情防控资金物资规范管理和高效使用。

经济责任审计 完成7个部门（单位）9名领导干部经济责任审计。

固定资产投资审计 完成投资审计项目6个、中介报告核查项目1个。送审金额4.72亿元，投资审减共计1803万元。

信息化建设 调整区审计局网络安全和信息化工作领导小组，出台和修订网络和数据安全相关制度，开展网络（数据）安全培训2次、计算机审计培训1次。

内部审计 组织多名内部审计人员参与国家审计项目，探索合作新方式。加强内部审计研究，调查基层行政事业单位内部审计现状，形成专题调研报告。 （撰稿人：李昌芮）

【铜梁区审计局】 2020年，铜梁区审计局实有29人。局长罗昌西，副局长刘黎、向红、骆辉，纪检组长徐德富，经济责任审计工作联席会议办公室主任符蓉，三级调研员姚永春（8月—）、冷华琼（8月—）、蒲克福（8月—）。设有办公室（电子数据审计科）、法规审理科、整改督查与内部审计管理科、财政审计科、重大政策跟踪审计科、企事业审计科、投资审计科、经济责任审计科（经济责任审计工作联席会议办公室）；下设铜梁区审计中心。

审计成果 2020年，铜梁区审计局共完成审计项目30个，其中审计29个、专项审计调查1个。查出主要问题金额731261万元，其中违规金额2651万元、管理不规范金额728610万元；审计发现非金额计量问题253个；出具审计报告和专项审计调查报告31篇。审计处理处罚金额13426万元，其中应上缴财政2312万元、应归还原渠道资金339万元、应调账处理金额10775万元；移送纪检监察机关处理事项1件。审计促进整改落实有关问题金额104739万元；审计后挽回（避免）损失13645万元；核减投资额13495万元。审计提出建议215条，被采纳129条；提交审计信息376篇，被批示、采用190篇次。

铜梁区水务局原党组书记、局长经济责任审

计项目被评为重庆市（区审计局类）优秀审计项目二等奖；2018年度璧山区财政预算执行和决算草案审计被重庆市审计局评为2019年度行业审计优秀项目。铜梁区2019年度财政预算执行和决算草案审计被评为重庆市审计局2020年度优秀审计项目。

政策落实情况跟踪审计 围绕实体经济发展、重大投资项目落地等重点工作，对支持中小微企业发展、新增财政资金、新增地方政府债券、培育新型职业农民、疫情防控优惠等政策措施落实情况实施跟踪审计，推动落实减免租金574.32万元，促进国家和地方重大政策措施在铜梁区的贯彻落实。

财政审计 依托大数据分析平台对全区一级预算单位全覆盖审计，重点关注政府采购预算、财政资金绩效等情况，促进提高财政预算管理绩效。

三大攻坚战审计 开展扶贫资金管理使用情况审计，促进义务教育、基本医疗、就业扶贫等政策落实落地。开展扶贫审计整改“回头看”，督促56个涉及扶贫领域问题落实整改。在财政预算执行审计中关注政府债务情况，推动防范化解政府债务风险工作落到实处。对白羊镇主要领导干部开展自然资源资产离任（任中）审计，促进领导干部切实履行自然资源资产管理和生态环境保护责任。

疫情防控资金和捐赠款物专项审计 开展疫情防控资金和捐赠款物专项审计，促进疫情防控财政资金7527.31万元、捐赠资金290.17万元、专项再贷款资金1700万元得到规范管理、高效使用。

民生审计 开展2019年保障性安居工程资金投入和使用绩效审计，督促上缴财政资金356万元，促进全区公租房和棚改安置住房的建设管理，规范安居工程专项资金的拨付和使用。

经济责任审计 坚持任中审计与离任审计相结合，加大对重点地区和单位、关键岗位领导干部的审计监督力度，完成11名党政主要领导干部经济责任审计工作。

固定资产投资审计 对大庙园区企业服务中心等重点建设项目实施跟踪审计，对区住房城乡建委、区交通局开展建设管理审计调查，提出健全法治、完善制度、防范风险等建议16条。

信息化建设 完善数据采集和定期报送协作、督促机制，充分利用大数据分析平台，对全区一级预算单位开展预算执行审计的全覆盖数据分析、重点核查。运用大数据审计思路和方法，提升审计工作的质量和效率。

内部审计 全区设立内部审计机构58个，配备内部审计人员235人。2020年，各级内部审计机构共完成审计项目403个，提出的建议和意见被采纳159条。 （撰稿人：刘　琳）

【潼南区审计局】 2020年，潼南区审计局实有30人。局长杨德海，副局长莫刚、李晓兰、胡妮娜（2月—），纪检组长陈世军，经济责任审计工作联席会议办公室主任陈虹伶（2月—）。设有办公室（电子数据审计科）、法规审理科、整改督查与内部审计管理科、财政审计科、重大政策执行审计科、企事业审计科、投资审计科、经济责任审计科（经济责任审计工作联席会议办公室）；下设潼南区审计中心。

审计成果 2020年，潼南区审计局共完成审计项目39个，其中审计38个，专项审计调查1个。查出主要问题金额862504万元，其中违规金额3908万元、管理不规范金额858596万元；审计发现非金额计量问题214个；损益（收支）不实金额97301万元；出具审计报告和专项审计调查报告41篇，被批示、采用16篇次。审计处理处罚金额7369万元，其中应上缴财政3611万元、应归还原渠道资金296万元、应调账处理金额3462万元；移送司法机关、纪检监察机关和有关部门处理事项8件，涉及人员3人，移送处理金额407万元。审计促进整改落实有关问题资金15563万元；审计促进拨付资金到位780万元；审计后挽回（避免）损失3757万元；核减投资额3571万元；移送处理落实事项3件。审计提出建议142条，被采纳141条；推动被审计单位制定整改措施117项；促进被审计单位建立健全规章制度13项；提交审计信息78篇，被批示、采用78篇次。向社会公告审计结果2篇。

2019年度中央和市级重大项目跟踪审计被重庆市审计局评为行业审计优秀项目。

政策落实情况跟踪审计 针对5个板块的11

个项目，揭示项目建设管理不规范、资金使用不规范、专项资金分配不及时等问题共 18 个，对发现的问题进行书面告知，并明确整改时限。

财政审计 发现“三保”支出缺口 113400 万元、中央循环化改造专项资金 8600 万元未及时发挥效益、不符合权责发生制规定列支 97200 万元等问题。对区级 65 个一级预算单位实行审计全覆盖，由一个科室牵头多个科室配合，查出 17 类问题，区委区政府专题听取汇报，审计、财政、人社等部门研究整改措施。

疫情防控资金和捐赠款物专项审计 针对企业、协会、商会等行业专项再贷款及财政贴息、租金减免政策落实等各类情况，揭示政策执行不到位的问题共 24 个，在疫情防控审计中以“边审边改”作为重要审计目标，疫情防控审计发现的问题在出具报告阶段已全面整改完成。

民生审计 在保障房审计中，114 人涉嫌违规占用保障性住房的问题移送区纪委监委查处，区住房城乡建委已按程序进行清退，拒不清退的已发出行政处理书。

经济责任审计 全年完成 9 个单位 16 名党政主要领导干部任期经济责任和自然资源资产审计。在双江镇经济责任审计中，将自然资源资产审计相结合；在镇街经济责任审计中，将投资审计相结合，共享审计成果，提高审计效率。

固定资产投资审计 全年完成投资结算审计项目 18 个，审减工程造价 134.61 万元。将发现的工程监理单位总监工程师代表挂证情况进行移送，由潼南区住房和城乡建设委员会对挂证当事人处以罚款 3000 元的决定。对发现的设计执行不合理、合同条款设置缺陷、监理单位监督不严等问题建议相关单位在工作中予以规范。

内部审计 组织开展“以审代训”，3 月至 6 月，先后安排 6 名内部审计人员参与 5 个国家审计项目；8 月组织内部审计人员 52 人参加审计业务培训。抽取 2 个区属重点国有企业内部审计项目，揭示反映内部审计项目质量存在的突出问题，不断促进内部审计项目质量提升。

（撰稿人：周　林）

【荣昌区审计局】 2020 年，荣昌区审计局实有 35 人。局长刘定朝，副局长杜冬梅（—10 月）、刘君建、李晓燕，纪检组长邓文成，重庆市荣昌区经济责任审计工作联席会议办公室主任孙亮，二级调研员梁堂林、李恭林、杜冬梅（11 月—），三级调研员杜冬梅（8 月—11 月）、李可农（8 月—），四级调研员李可农（—8 月）。设有办公室（电子数据审计科）、法规审理科、整改督查与内部审计管理科、重大政策执行审计科、财政审计科、企事业审计科、投资审计科、经济责任审计科；下设荣昌区审计中心。

审计成果 2020 年，荣昌区审计局共完成审计项目 106 个，其中审计 106 个。查出主要问题金额 328027 万元，其中违规金额 9352 万元、管理不规范金额 318675 万元；审计发现非金额计量问题 281 个；出具审计报告和专项审计调查报告 113 篇，被批示、采用 27 篇次。审计处理处罚金额 11130 万元，其中应上缴财政 9084 万元、应归还原渠道资金 268 万元、应调账处理金额 1778 万元；移送司法机关、纪检监察机关和有关部门处理事项 11 件，移送处理人员 10 人，移送处理金额 125 万元。审计促进整改落实有关问题资金 136069 万元；审计促进拨付资金到位 2510 万元；审计后挽回（避免）损失 1568 万元；核减投资额 2046 万元；移送处理落实事项 6 件。审计提出建议 252 条，被采纳 252 条；推动被审计单位制定整改措施 82 项；促进被审计单位建立健全规章制度 2 项；提交审计信息 63 篇，被批示、采用 46 篇次。向社会公告审计结果 1 篇。

荣昌区民政局等 23 个部门（单位）2018 年度预算执行和其他财政收支情况审计和重庆市兴荣控股集团有限公司原董事长、原总经理任期经济责任审计获 2019 年度重庆市审计机关优秀审计项目三等奖。实施的中共荣昌区昌元街道原党工委书记、昌元街道办事处主任自然资源资产离任（任中）审计被重庆市审计局评为行业审计优秀项目。2019 年度世界银行贷款重庆市小城镇水环境综合治理项目荣昌子项目、2020 年度中央和市级重大项目跟踪审计项目被评为重庆市审计局优秀项目。

政策落实情况跟踪审计 对新冠肺炎疫情防控资金和捐赠款物等内容进行跟踪审计，涉及财政资金 24295.42 万元。对 2019 年—2020 年社会领域公共服务教育卫生板块重大项目、重庆市改善普通高中学校办学条件补助资金的使用和投资效益等进行跟踪审计，发现的12个问题纳入市审计局综合报告，移送案件线索2件。

财政审计 2020年部门预算执行审计首次实现审计全覆盖，对全区69个一级预算单位的财务和业务数据进行大数据分析、疑点核查，出具审计报告69篇，向区委区政府报送审计要情4篇。揭示相关单位在预算编制等方面存在的320个问题，涉及问题金额73300万元。

三大攻坚战审计 实施荣昌区扶贫资金专项审计，发现部分学校、基层卫生室基础建设薄弱等问题。聚焦长江经济带环境污染治理和生态保护修复，开展荣昌区广顺街道领导干部自然资源资产离任（任中）审计，督促领导干部树立生态优先、绿色发展理念。

经济责任审计 区委审计委员会办公室、区审计局对5个单位9名党政主要领导干部开展经济责任审计。审计查出主要问题137个，涉及金额17606.25万元，移送案件线索2件。

固定资产投资审计 开展政府投资项目16个，审计投资金额76318.92万元，审定投资金额74518.78万元，核减投资金额1800.14万元，综合审减率2.4%。

企业审计 实施重庆市万灵山旅游开发集团有限公司2019年财务收支审计，重点关注融资任务完成等方面的内容。对10家区属国有企业债务融资成本进行专项调查，向区委区政府提交调查分析报告，向企业出具融资成本调查意见书，直接节约融资成本2亿多元。

内部审计 对荣昌区林业局2019年度森林生态效益补偿资金内部审计项目进行业务指导与监督。对全区35家区属国有企业监事活动开展情况进行摸底调查，推动全区国有企业监事会工作更加规范。

（撰稿人：高显明）

【开州区审计局】 2020年，开州区审计局实有41人。局长肖仁军，副局长庞辉、姜平、王忠芬，纪检组长李晓波（7月—），经济责任审计办公室主任陈伟（7月—）。设有办公室、法规审理科、整改督查与内部审计管理科、重大政策执行审计科、财政审计科、企事业审计科、投资审计科、经济责任审计科、电子数据审计科；下设开州区审计中心。

审计成果 2020年，开州区审计局共完成审计项目30个，其中审计29个、专项审计调查1个。查出主要问题金额434555万元，其中违规金额2342万元、管理不规范金额432213万元；审计发现非金额计量问题119个；损益（收支）不实金额5528万元；出具审计报告和专项审计调查报告33篇，被批示、采用6篇次。审计处理处罚金额29410万元，其中应上缴财政1775万元、应减少财政拨款或补贴4万元、应归还原渠道资金16万元、应调账处理金额27615万元；移送司法机关、纪检监察机关和有关部门处理事项5件，移送处理人员10人，移送处理金额2895万元。审计促进整改落实有关问题资金38224万元；审计促进拨付资金到位33888万元；审计后挽回（避免）损失1777万元；核减投资额4913万元；移送处理落实事项3件。审计提出建议70条，被采纳70条；推动被审计单位制定整改措施70项；促进被审计单位建立健全规章制度1项；提交审计信息185篇，被批示、采用82篇次。

重庆开乾投资（集团）有限公司工程建设项目待摊投资支出和其他支出专项审计调查获2019年度重庆市审计机关优秀审计项目二等奖。

政策落实情况跟踪审计 对24个部门（单位）涉及33项重大政策措施落实情况进行跟踪审计。提交审计专报1篇。

财政审计 实施2019年度区县财政预算执行和决算草案编制审计项目1个，延伸审计单位19个。查出主要问题金额353689万元，审计促进整改落实有关问题资金34121万元；审计提出建议3条。实施2019年度预算执行和决算（草案）以及其他财政收支情况审计项目1个，数据分析涵盖部门（单位）99个，其中重点审计部门4个、乡镇3个；查出主要问题金额6845万元；移送处理事项2件；审计提出建议3条。

三大攻坚战审计 实施开州区铁桥镇原党委副书记、镇长领导干部自然资源资产离任审计，查出主要问题金额31万元，发现非金额计量问题17个。

疫情防控资金和捐赠款物专项审计 对开州区疫情防控资金和捐赠款物实施专项审计，重点审计财政资金 2685 万元、捐赠资金 2696 万元、专项再贷款资金 24350 万元。

民生审计 实施重庆市学前教育政策落实情况专项审计调查，查出主要问题金额 45 万元，审计提出建议 4 条。

经济责任审计 对 8 名区管领导干部实施经济责任审计，其中任中审计 2 个、离任审计 6 个，查出主要问题金额 61008 万元，审计提出建议 22 条。

固定资产投资审计 完成审计项目 13 个，审计政府投资金额 59716 万元，审计核减投资额（工程款）4913 万元。

企业审计 实施重庆开州建设工程有限公司原董事长张前经济责任审计，查出主要问题金额 56682 万元，审计提出建议 1 条。实施原重庆开州城市建设有限公司董事长任期经济责任审计，发现非金额计量问题 8 个。

信息化建设 归集全区 98 个单位的财务、业务数据，数据总量增至 125GB。

内部审计 开州区共有内部审计机构 52 个，其中专职机构 7 个，内部审计人员 193 名。完成审计项目 320 个，审计总金额 561898 万元，提出建议意见被采纳 585 条。（撰稿人：王　漓）

【梁平区审计局】 2020 年，梁平区审计局实有 34 人。局长涂善俊，副局长高保勇、刘坚，纪检组长廖忠文，二级调研员程伟（8 月—），三级调研员孔令（8 月—）。设有办公室（电子数据审计科）、法规审理科、整改督查与内部审计管理科、财政审计科、企事业审计科、投资审计科、经济责任审计科（经济责任审计工作联席会议办公室）、重大政策执行审计科；下设梁平区审计中心。

审计成果 2020 年，梁平区审计局共完成审计项目 32 个，其中审计 29 个、专项审计调查 3 个。查出主要问题金额 551856 万元；审计发现非金额计量问题 212 个；出具审计报告和专项审计调查报告 31 篇。审计处理处罚金额 3115 万元；审计移送案件线索 29 件，其中移送纪检监察部门 3 件。审计促进整改落实金额 130343 万元。审计提出建议意见 75 条，被采纳 75 条；推动区委区政府完善制度 7 项；提交审计信息 191 篇，被批示、采用 113 篇次。

梁平区审计局获得全市审计机关综合目标考核一等奖；梁平区卫生和计划生育委员会 2017 年度预算执行及其他财政财务收支情况审计项目被审计署评为 2019 年度全国市级审计机关优秀项目三等奖。梁平区水务局等部门（单位）2017 年度预算执行和其他财政财务收支情况审计项目、梁平区梁山街道社区卫生服务中心 2017 年度预算执行和其他财政财务收支情况审计项目等 2 个审计项目被评为重庆市审计局优秀审计项目；梁平区农委 2018 年度预算执行和其他财政收支审计、梁平区民政局原局长任期经济责任审计获 2019 年度重庆市审计机关优秀审计项目三等奖；2019 年度重大政策措施落实情况跟踪审计，2018 年度开州区财政预算执行和决算草案审计，中共梁平区梁山街道原党工委书记、梁山街道办事处原主任自然资源资产离任审计，2020 年度重大政策措施落实情况跟踪审计项目，2019 年度梁平区财政预算执行和决算草案审计项目，梁平区生态环境局党组书记、局长自然资源资产离任（任中）审计项目等审计项目获得重庆市审计局行业优秀项目表彰。

政策落实情况跟踪审计 聚焦新冠肺炎新形势，高度关注“六稳”“六保”政策落实，共发现 9 个方面 34 个问题，涉及问题金额 13100.87 万元。

财政审计 对梁平区财政预算执行和决算情况进行同级审计。查出问题金额 454403.98 万元，促进区政府及相关单位出台制度 7 项。

经济责任审计 完成 7 个单位 10 名领导干部任期（离任）经济责任审计，查出问题金额 21570 万元。统筹实施 1 个单位 1 名党政主要领导干部自然资源资产任中审计。

固定资产投资审计 全面实现投资审计转型，完成投资建设项目审计 9 个，审计核减工程投资金额 428 万元。

企业审计 对 4 家国有企业的公共资金、国有资产、国有资源等方面进行全面审计，在深化国有企业改革中发挥重要监督作用。

专项资金审计 对梁平区 2016—2019 年度招商引资企业履约情况、2019 年度扶贫资金管理使用情况、国有土地和房产闲置现状进行审计，审计结果得到区委区政府领导的充分肯定。

信息化建设 不断优化审计分析平台和审计模型，收集整理2012年至2019年全区财务数据和重点业务数据634GB，并完成标准化处理，严格数据使用审批，杜绝泄露风险。

内部审计 召开全区内部审计工作会，建立完善相关制度，推动内部审计指导和监督工作“全覆盖”；全面开展内部审计工作监督检查，推动全区内部审计工作提质增效。

（撰稿人：蒋璦瑜）

【武隆区审计局】 2020年，武隆区审计局实有24人。局长龚文，副局长刘太友、谢成甫、谭建梅，纪检组长苏永国，经济责任审计工作联席会办公室主任蔡洁，三级调研员谭明波。设有办公室（电子数据审计科）、法规审理科、财政审计科、经济责任审计科、投资审计科、企事业审计科、整改督查与内部审计管理科、重大政策执行审计科；下设武隆区审计中心。

审计成果 2020年，武隆区审计局共完成审计项目48个，其中审计45个、专项审计调查3个。查出主要问题金额243923万元，其中违规金额12824万元、损失浪费金额42万元、管理不规范金额231057万元；审计发现非金额计量问题243个；损益（收支）不实金额27万元；审计发现侵害人民群众利益1395万元；出具审计报告和专项审计调查报告49篇，被批示、采用7篇次。审计处理处罚金额28558万元，其中应上缴财政12179万元、应归还原渠道资金645万元、应调账处理金额15734万元；移送司法机关、纪检监察机关和有关部门处理事项9件，移送处理人员15人，移送处理金额196万元。审计促进整改落实有关问题资金22751万元；审计促进拨付资金到位3803万元；审计后挽回（避免）损失7905万元；核减投资额7905万元；移送处理落实事项9件。审计提出建议159条，被采纳129条；推动被审计单位制定整改措施120项；提交审计信息108篇，被批示、采用46篇次。向社会公告审计结果2篇。

政策落实情况跟踪审计 完成2020年中央和重庆市重大政策措施落实情况跟踪审计（含1个市级深度贫困乡镇扶贫资金跟踪审计）和2020年中央和重庆市重大项目跟踪审计。

财政审计 完成2019年度武隆区财政预算执行和决算草案编制审计和2019年度武隆区部门预算执行和财政财务收支审计，发现人防费征收管理不到位、债券资金及专项资金使用不及时、预算编制不合理、决算编制不实等问题。

三大攻坚战审计 实施1个市级深度贫困乡镇扶贫资金跟踪审计和1个重点乡镇自然资源资产离任（任中）审计，发现部分扶贫项目进度滞后、河长制部门联动协调不力、退耕还林实施效果不好等问题。

疫情防控资金和捐赠款物专项审计 完成武隆区疫情防控资金和捐赠款物专项审计，发现捐赠物资未签订捐赠协议、捐赠资金分配使用不及时等问题。

民生审计 完成武隆区学前教育政策落实情况专项审计调查，发现区区财政未配套应承担的生均公用经费、城区学位资源紧缺、民办幼儿园收费及管理不规范等问题。

经济责任审计 完成8个单位11名党政主要领导干部经济责任审计，发现财务收支和资产及工程项目管理不规范、对村级财务管理和监督不力等问题。

固定资产投资审计 完成16个政府投资或以政府投资为主的工程项目结（决）算审计，核减政府投资额7905.47万元，审减率4.9%。

外资运用审计 完成武隆区国外贷援款项目审计。

企业审计 组织完成武隆区人民医院2018—2019年度国有企业资产管理使用情况审计调查，发现内控制度执行不严、资产管理混乱等问题。

专项资金审计 完成武隆区住房和城乡建委系统建设管理审计调查、武隆区2018—2019年人居环境资金使用情况及绩效审计调查，发现工程项目招标投标、建设管理不规范等问题。

信息化建设 高度重视网络安全，开展大数据分析，10个项目开展数据分析，收回财政资金超1000万元。

内部审计 武隆区内部审计机构7个，其中专职机构4个；配备人员31人，其中专职人员17人。完成内部审计项目135个，促进增收节支7488.41万元。

（撰稿人：王红胜）

【城口县审计局】 2020 年，城口县审计局实有 26 人。局长樊顺成，副局长袁齐飞、刘军（11 月—），纪检组长杨谦（11 月—），县经济责任审计工作联席会议办公室主任王旭，四级调研员古学会。设有办公室（电子数据审计科）、法规审理科、整改督查与内部审计管理科、重大政策执行审计科、财政审计科、投资审计科、经济责任审计科（经济责任审计工作联席会议办公室）；下设城口县审计中心。

审计成果 2020 年，城口县审计局共完成审计项目 32 个，其中项目审计 32 个。查出主要问题金额 90897 万元，其中违规金额 1936 万元、管理不规范金额 88961 万元；审计发现非金额计量问题 127 个；损益（收支）不实金额 11262 万元；出具审计报告和专项审计调查报告 33 篇。审计处理处罚金额 14577 万元，其中应上缴财政 1038 万元、应归还原渠道资金 898 万元、应调账处理金额 12641 万元；移送纪检监察机关处理事项 1 件，移送处理人员 2 人，移送处理金额 17 万元。审计促进整改落实有关问题资金 16963 万元；审计促进拨付资金到位 4872 万元；审计后挽回（避免）损失 1664 万元；核减投资额 1664 万元。审计提出建议 212 条，被采纳 168 条；推动被审计单位制定整改措施 56 项；促进被审计单位建立健全规章制度 1 项；提交审计信息 36 篇，被批示、采用 20 篇次。

政策落实情况跟踪审计 重点跟踪优化营商环境、推进“六稳”、“六保”、三大攻坚战、“八项行动计划”、乡村振兴、重点工程项目建设以及防范和化解风险等政策措施落实情况，着力发挥跟踪审计服务地方经济的宏观性、建设性和及时性作用，发现问题 24 个，提出审计建议 24 条。

财政审计 重点对 2019 年城口县财政预算执行和决算草案编制审计、2019 年度城口县 10 个部门（单位）预算执行和财政财务收支进行审计，发现问题 89 个，查出问题金额 238966.43 万元，审计提出建议 89 条。

三大攻坚战审计 结合北屏乡党委书记李成红、乡长代忠相经济责任审计同步实施领导干部自然资源资产任中审计，发现问题 7 个，审计提出建议 3 条。

疫情防控资金和捐赠款物专项审计 重点审计财政资金 1608.20 万元、捐赠资金 141.48 万元和专项再贷款资金 200 万元，发现问题 2 个，审计提出建议 3 条。

经济责任审计 完成 10 名党政主要领导干部和重点国有企业主要领导人员经济责任审计，发现问题 77 个，查出主要问题金额 27832 万元，审计提出建议 26 条。

固定资产投资审计 对教育、环保等 5 个基础设施建设项目开展竣工决算审计，送审金额 44041.05 万元，审减金额 1664.16 万元，审减率 3.78%，发现问题 28 个，审计提出建议 16 条。

信息化建设 构建大数据分析平台，每年定期收集全县一级预算单位财务数据、国库集中支付数据等信息，分析技术主要应用于部门预算执行审计、经济责任审计等项目。

内部审计 全年实施内部审计项目 29 个，审计总金额 2737 万元，促进增收节支 128 万元。

（撰稿人：陈　涛）

【丰都县审计局】 2020 年，丰都县审计局实有 36 人。局长汪智洋（—5 月）、闵绍兴（5 月—），副局长陈丽莉、梁军权，纪检组长张华。设有办公室（电子数据审计科）、法规审理科、整改督查与内部审计管理科、重大政策执行审计科、财政审计科、企事业审计科、投资审计科、经济责任审计科（经济责任审计工作联席会议办公室）；下设丰都县审计中心。

审计成果 2020 年，丰都县审计局共完成审计项目 41 个，其中审计 39 个、专项审计调查 2 个。查出主要问题金额 340568 万元，其中违规金额 8344 万元、损失浪费金额 231 万元、管理不规范金额 331993 万元；审计发现非金额计量问题 203 个；损益（收支）不实金额 1719 万元；审计发现侵害人民群众利益 112 万元；出具审计报告和专项审计调查报告 44 篇，被批示、采用 8 篇次。审计处理处罚金额 15256 万元，其中应上缴财政 8052 万元、应归还原渠道资金 291 万元、应调账处理金额 6913 万元；移送司法机关、纪检监察机关和有关部门处理事项 11 件，移送处理人员 4 人，移送处理金额 4921 万元。审计促进整改落实有关问题资金 17420 万元；审计促进拨付资金到位 5756 万元；审计后挽回（避免）损失 6911 万元；核减投资额 3448 万元。审计提出建议 135 条，被采纳 135 条；推动被审计单位制定整改措施 135 项；促进被审计单位建立健全规章制度 8 项；提交审计信息 148 篇，被批示、采用 33 篇次。向社会公告审计结果 1 篇。

2018 年度长寿区财政预算执行和决算草案审计、2019 年度中央和市级重大项目跟踪审计被重庆市审计局评为行业审计优秀项目。三建乡原党委书记经济责任审计项目被评为重庆市审计局优秀审计项目二等奖。

政策落实情况跟踪审计 累计发现审计问题 29 个，查出问题金额 2.59 亿元，审计促进经济社会发展以及“六稳” “六保”落地作用得到体现。

财政审计 对 2019 年度丰都县预算执行和决算草案、县委党校等 4 个部门 2019 年度预算执行和其他财政财务收支进行有重点的审计，并根据筛查出的疑点对 58 个一级预算单位进行核查，促进被审计单位增强财经意识、树立过“紧日子”思想、依法管理使用财政资金、提升财政资金使用绩效。

三大攻坚战审计 结合镇乡街、部门主要领导经济责任审计，对 1 个乡镇 2 名领导开展自然资源资产离任审计，揭示自然资源、生态环境保护等方面存在的问题。

经济责任审计 全年对 7 个单位 10 名党政领导开展经济责任审计，围绕厘清目标任务、决策事项、项目管理、资金运转、负面舆情“五张清单”，多维度反映领导干部履行经济责任等方面存在的问题。

固定资产投资审计 把投资审计重点转到项目进度、可研论证、执行招标投标制度、设计变更以及建立和执行内控制度等方面，促进各建设单位的规范管理。全年对 7 个政府投资项目进行审计，发现工程管理方面存在问题 30 个，促进被审计单位完善内控制度 2 个，审计核减工程价款 2762.61 万元。

专项资金审计 按重庆市审计局统一组织安排，对扶贫资金、学前教育政策落实、住房和城乡建委系统建设管理等进行专项审计（调查）。

信息化建设 建立健全数据定期报送机制，2020 年度已归集财政、税收等领域近 300GB 电子数据，数据中心数据量累计达 550GB。完成丰都县 58 家一级预算单位财务数据标准化工作，形成标准化数据成果 6.8GB。加大非结构化数据分析，促进业务与技术融合，运用科技手段切实提升审计工作效率，助力实现审计全覆盖。

内部审计 完善内部审计计划、审计结果备案制，扎实推进内部审计工作，全年内部审计计划项目备案 129 个，审计结果备案 522 个项目，创历年备案项目新高。 （撰稿人：江　舟）

【垫江县审计局】 2020 年，垫江县审计局实有 42 人。局长曾庆超（—5 月）、姚鸿（5 月—），副局长周兴福、白云、李琼，纪检组长罗志陶（—9 月）、闵长江（9 月—），经济责任审计办公室主任李一奎。设有办公室（电子数据审计科）、法规审理科、整改督查与内部审计管理科、财政审计科、企事业审计科、投资审计科、经济责任审计科；下设垫江县审计中心。

审计成果 2020 年，垫江县审计局共完成审计项目 37 个，其中审计 36 个、专项审计调查 1 个。查出主要问题金额 258699 万元，其中违规金额 112 万元、管理不规范金额 258587 万元；审计发现非金额计量问题 282 个；损益（收支）不实金额 45 万元；出具审计报告和专项审计调查报告 38 篇。审计处理处罚金额 122 万元，其中应上缴财政 112 万元、应调账处理金额 10 万元。审计促进整改落实有关问题资金 7778 万元；审计促进拨付资金到位 3203 万元；审计后挽回（避免）损失 2522 万元；核减投资额 2522 万元。审计提出建议 151 条，被采纳 57 条；推动被审计单位制定整改措施 53 项；促进被审计单位建立健全规章制度 2 项；提交审计信息 117 篇，被批示、采用 32 篇次。向社会公告审计整改情况报告 2 篇。

政策落实情况跟踪审计 实施中央和重庆市重大政策追踪审计的子项目 18 个，查出问题 38 个，按照规定审计情况通报和整改函 8 份，全部得到县政府主要领导批示。

财政审计 充分运用大数据审计手段，采取统一分析、重点核查的方式，对全县 81 个县级部门（单位）开展预算执行情况审计，对26个乡镇街道开展财政决算审计，推进审计监督“全覆盖”。

经济责任审计 按照县委组织部委托，开展8个单位的领导干部经济责任审计。审计中重点审查领导干部贯彻执行经济法律法规、党和国家方针政策和决策部署情况、落实中央八项规定精神、“三公”经费情况。

固定资产投资审计 以规范政府投资项目建设行为、促进提高效益和项目管理水平为目标，全年共完成固定资产投资审计项目10个，送审金额47412.58万元，审定金额44890.17万元，审计核减金额2522.41万元。

企业审计 开展渝垫国资公司党委书记、董事长经济责任审计，兴垫公司董事长经济责任审计。

专项资金审计 开展垫江县扶贫开发领导小组办公室2019年度扶贫资金管理使用情况审计、世界银行援助贷款专项审计、应对新冠肺炎疫情防控资金和新增财政资金直达区县基层直接惠企利民情况审计，促使相关单位和部门建立健全专项资金长效管理机制。

信息化建设 全年参与审计项目9个，生成审计分析模型4个，为审计项目的实施提供坚实的技术保障。

内部审计 开展全县内部审计人员培训3场次，传达市审计局内部审计工作会议精神，讲解经济责任审计的方法、步骤、审计重点以及内部审计的质量要求等内容，提高内部审计人员的业务素质。

（撰稿人：王　强）

【忠县审计局】 2020年，忠县审计局实有35人。局长易文明，副局长肖晓明、范宏、沈仁平，纪检组长王洪春，审计中心主任胥才林，经济责任审计工作联席会议办公室主任张洪平。设有办公室、法规审理科、整改督查与内部审计管理科、重大政策执行审计科、财政审计科、企事业审计科、投资审计科、经济责任审计科；下设忠县审计中心。

审计成果 2020年，忠县审计局共完成审计项目29个，其中审计28个、专项审计调查1个。查出主要问题金额1763926万元，其中违规金额31772万元、管理不规范金额1732154万元；审计发现非金额计量问题135个；审计发现侵害人民群众利益616万元；出具审计报告和专项审计调查报告36篇，被批示、采用1篇次。审计处理处罚金额32834万元，其中应上缴财政31256万元、应归还原渠道资金516万元、应调账处理金额1062万元；移送司法机关、纪检监察机关和有关部门处理事项9件，移送处理人员6人，移送处理金额493万元。审计促进整改落实有关问题资金24324万元；审计后挽回（避免）损失183万元；核减投资额540万元；移送处理落实事项3件。审计提出建议88条，被采纳88条；推动被审计单位制定整改措施15项；提交审计信息59篇，被批示、采用30篇次。

石子乡原党委书记和乡长经济责任审计项目获得全国审计机关优秀项目三等奖。巫山县2017年度扶贫资金管理使用情况审计获2019年度重庆市审计机关优秀审计项目一等奖；2018年度酉阳县财政预算执行和决算草案审计、2020年度中央和市级重大项目跟踪审计、重庆市公立医院综合改革推进情况审计调查、2019年度扶贫资金管理使用情况审计、全市住房城乡建委系统建设管理审计调查均被评为重庆市审计局行业审计优秀项目。

政策落实情况跟踪审计 完成审计署和重庆市审计局统一组织的中央和重庆市重大政策措施落实情况、重大项目跟踪审计。

财政审计 完成财政审计项目3个，提交审计专报6篇，被县主要领导批示6篇。

三大攻坚战审计 完成县水利局局长、党委书记自然资源资产离任（任中）审计。市审计局统一组织完成石柱土家族自治县扶贫资金管理使用情况审计，查出管理不规范金额2.15亿元，促进盘活资金4334万元，促进完善制度办法12项。

疫情防控资金和捐赠款物专项审计 完成审计署和重庆市审计局组织的专项审计，延伸检查单位15个。

经济责任审计 完成经济责任审计项目13个，审计领导干部18人，查出主要问题金额18333.13万元。

固定资产投资审计 完成固定资产投资审计

项目5个，其中自行组织实施完成4个，延伸审计单位3个，出具审计报告4篇，审计查出主要问题金额1918.11万元，移送案件线索4件。

金融审计 市审计局统一组织完成金融审计项目1个，揭示被审计单位个别员工履职不到位等问题。

企业审计 自行组织实施完成企业审计项目2个，查出主要问题金额411442.55万元，移送案件线索2件。

信息化建设 收集原始数据38GB，累计收集356GB，运用大数据分析技术获取疑点信息15.55万条。9月，承办大数据审计工作座谈会忠县片区会。

内部审计 选派7名内部审计人员参与国家审计项目，并建立评价反馈机制，提升实训水平。

（撰稿人：李春红）

【云阳县审计局】 2020年，云阳县审计局实有37人。局长秦茂涛，副局长韩家骧、向定成、徐勇（5月—），纪检组长蒲庆华，经济责任审计办公室主任向兵。设有办公室（电子数据审计科）、法规审理科、整改督查与内部审计管理科、重大政策执行审计科、财政审计科、企事业审计科、投资审计科、经济责任审计科（云阳县经济责任审计工作联席会议办公室）；下设云阳县审计中心。

审计成果 2020年，云阳县审计局共审计单位91个，其中审计90个、专项审计调查1个。查出主要问题金额556037万元，其中违规金额6929万元、管理不规范金额549108万元；审计发现非金额计量问题203个；损益（收支）不实金额8000万元；出具审计报告和专项审计调查报告95篇。审计处理处罚金额8097万元，其中应上缴财政6914万元、应归还原渠道资金15万元、应调账处理金额1168万元；移送司法机关、纪检监察机关和有关部门处理事项2件，移送处理金额50万元。审计促进整改落实有关问题金额99619万元；审计促进拨付资金到位14787万元，核减投资额1167万元。审计提出建议215条，被采纳215条；提交审计信息108篇，被批示、采用64篇。

双土镇党委书记和镇长经济责任审计项目获得重庆市审计机关优秀审计项目，万州区2019年度扶贫资金管理使用情况审计、2019年度中央和市级重大项目跟踪审计获得市级行业优秀审计项目。

政策落实情况跟踪审计 对16项资金进行跟踪审计，抽查27个部门、10个乡镇、10个行业组织、25户企业，揭示主要问题19个，涉及资金5226万元，已督促整改落实问题14个。对重大项目进行跟踪审计，重点抽查10个，揭示主要问题6个，涉及资金10255万元，已督促整改落实问题4个。

财政审计 开展云阳县财政预算执行审计，揭示问题14个，推动出台相关管理制度3项。开展财政联网审计2期，促进收回财政拨款30余万元，上缴非税收入300余万元。

资源环保审计 开展2名乡镇主要领导自然资源资产离任审计和生态环保资金审计。关注河长制等政策落实，污染防治等生态环保资金申报、使用和项目实施效果情况。

经济责任审计 开展7个乡镇（街道）、3个单位共18名党政领导和1家县管国有企业法定代表人任期经济责任审计。县委、县政府和县委组织部主要领导对11篇经济责任审计结果报告作出批示。

固定资产投资审计 开展1个审计调查、9个投资项目竣工决算和8个结算审计，项目送审总额60762万元，累计发现多计完成投资金额1180万元，揭示前期施工许可审批不严等普遍性问题。

信息化建设 对全县57个一级预算部门、42个乡镇（街道）进行数据全覆盖，重点对27个部门、13个乡镇（街道）、13所学校2019年度预算执行和财政财务收支实施现场审计。对全县108个财政一级预算单位数据进行标准化处理，新构建审计模型71个。

内部审计 建立内部审计工作制度和监督实施细则，将内部审计纳入领导干部经济责任审计内容进行检查，重点对10个单位内部审计制度建设等情况进行检查和指导。（撰稿人：李　玲）

【奉节县审计局】 2020年，奉节县审计局实有36人。局长王见付，副局长冉伟、肖斌、周娅，经济责任审计工作联席会议办公室主任黄国强。设有办公室（电子数据审计科）、法规审理科、整改督查与内部审计管理科、重大政策执行审计科、财政审计科、企事业审计科、投资审计科、经济责任审计科（奉节县经济责任审计工作联席会议办公室）；下设奉节县审计中心。

审计成果 2020 年，奉节县审计局共完成审计项目 32 个。查出主要问题金额 446497 万元，其中违规问题金额 2946 万元、管理不规范金额 443551 万元；审计发现非金额计量问题 154 个；出具审计报告 32 篇、审计专报 29 篇，获县委县政府领导批示 30 余次。审计处理处罚金额 14657 万元，其中应上缴财政 2918 万元、应归还原渠道资金 27 万元、应调账处理金额 11711 万元；移送案件线索 14 件，涉案人员 37 人，涉及金额 3859 万元。审计促进整改落实有关问题资金 5314 万元，其中增收节支 4838 万元，已调账处理金额 476 万元。促进党委政府出台制度和文件 9 个。

城口县 2017 年度扶贫资金管理使用情况审计被重庆市审计局评为行业审计优秀项目。

政策落实情况跟踪审计 共抽查 26 个部门(单位)、20 户企业 5 家医院、21 个项目，发现重点保障企业贷款贴息资金不精准、困难群众救助对象不合规等问题 80 个，涉及问题金额 4.39 亿元。促进县政府和相关部门出台制度 7 个。开展新增财政资金直达市县基层直接惠企利民情况专项审计，涉及财政资金 86379.93 万元。

财政审计 对县委办等 10 个部门开展预算执行审计，延伸抽查县水利局等 35 个部门及企事业单位，查出问题金额 273813.67 万元。对县税务局开展预算执行审计，发现问题金额 3166.01 万元，移交审计署驻重庆特派员办事处问题线索 1 件。利用大数据审计方式对一级预算单位进行全覆盖，发现问题金额共计 18643.76 万元，促进县委县政府和相关部门出台制度 6 项。

三大攻坚战审计 开展领导干部自然资源资产离任审计 1 个。自然资源资产离任审计中，受县纪委监委党纪处分 5 人，被县纪委监委移送县检察院 5 人。

疫情防控资金和捐赠款物专项审计 对奉节县疫情防控资金和捐赠款物开展专项审计，重点审计财政资金 779.16 万元、捐赠资金 495.22 万元、专项再贷款资金 4200 万元，延伸审计红十字会 1 家、慈善组织 1 家、单位 8 家、企业 6 家和金融机构 2 家。

经济责任审计 全年实施经济责任审计项目 9 个，涉及领导干部 14 名，经济责任审计共发现问题金额 114140 万元，其中违规金额 2649 万元，审计专报 10 余篇得到县委县政府主要领导肯定性批示；移送案件线索 8 件，涉案人员 26 人。

固定资产投资审计 全年完成投资审计项目 13 个，送审金额 128534 万元，审减投资额 11711 万元，撰写审计专报 2 篇，移送问题线索 4 件。

专项资金审计 对县住建委建设管理进行专项审计调查，重点关注房地产行业管理调控、重点专项资金管理使用、农民工工资保证金等情况，涉及问题金额 18103.41 万元。

信息化建设 共采集 97 个一级预算单位的财务数据、18 个部门的业务数据，数据容量 20GB，构建数据分析模型 12 个。

内部审计 各部门、各企事业单位设立内部审计机构 54 个，配备内部审计人员 316 人，其中专职审计人员 6 人。全年完成内部审计项目 218 个，查出违规金额 24.58 万元、管理不规范金额 1898.07 万元，促进增收节支 312.44 万元，提出建议意见被采纳 414 条。（撰稿人：汪　文）

【巫山县审计局】 2020 年，巫山县审计局实有 16 人。局长熊跃权，副局长龚榆林、王世权、陆忠贵，纪检组长陈玲，经济责任审计工作联席会议办公室主任向天泉，三级调研员王碧、毛勇。设有办公室（电子数据审计科）、法规审理科、整改督查与内部审计管理科、重大政策执行审计科、财政审计科、企事业审计科、投资审计科、经济责任审计科（经济责任审计工作联席会议办公室）；下设巫山县审计中心。

审计成果 2020 年，巫山县审计局完成项目 32 个，其中审计 30 个、专项审计调查 2 个。查出问题金额 205275 万元，其中违规金额 22735 万元、损失浪费金额 95 万元、管理不规范金额

182445万元；审计发现非金额计量问题229个；损益（收支）不实金额1194万元；出具审计报告和专项审计调查报告27篇。审计处理处罚金额24695万元，其中应上缴财政8887万元、应归还原渠道资金13858万元、应调账处理金额1950万元；移送纪检监察机关和有关部门处理事项3件。审计促进整改落实有关问题资金37729万元；审计促进拨付资金到位5968万元；审计后挽回（避免）损失1082万元；核减投资额1082万元。审计提出建议236条，被采纳80条；推动被审计单位制定整改措施76项；促进被审计单位建立健全规章制度1项；提交审计信息43篇，被批示、采用35篇次。

巫山旅游发展集团有限公司董事长任期经济责任审计获2019年度重庆市审计机关优秀审计项目三等奖。县农委原党委书记、原主任自然资源资产离任审计项目被评为2020年度重庆市审计局优秀项目三等奖；丰都县2019年度扶贫资金管理使用情况审计项目被评为重庆市审计局行业优秀项目。

政策落实情况跟踪审计 分季度对重大政策措施落实情况进行跟踪审计，抽审单位44个，抽审项目56个，抽审资金总量137442万元，审计发现问题11个。

财政审计 开展财政审计项目7个，重点对巫山县财政预算执行和决算（草案）、41个部门预算执行和其他财政收支、3个乡镇财政决算和其他财政收支审计进行审计。

三大攻坚战审计 开展县城市管理局党组书记、局长自然资源离任（任中）审计，移送案件线索3件，1篇专报被县政府主要领导批示。开展丰都县2019年度扶贫资金管理使用情况审计。

经济责任审计 开展经济责任审计项目8个，审计党政领导干部11人，查出问题金额6541万元，审计提出建议30条。

固定资产投资审计 开展投资审计项目3个，送审金额29555万元，审减金额1082万元，查出主要问题金额5251万元。

企业审计 开展企业审计项目4个，查出主要问题金额171898万元。

专项资金审计 开展学前教育政策落实情况专项审计调查，反映未按要求制定相关制度和落实相关政策、部分目标任务未完成等问题。

内部审计 全县设有专兼职内部审计机构54个，专兼职内部审计人员207人，各内部审计单位完成内部审计项目130个，审计总金额57853万元，促进增收节支1892万元，提出建议意见被采纳133条。

相关工作 通过公招录用公务员4人。抽调4人参与市委巡视和县委巡察，安排25人次参加审计相关专业培训。接受县委第九轮常规巡察；选派1名领导班子成员、2名干部参与精准脱贫驻镇驻村帮扶工作。（撰稿人：吴运文）

【巫溪县审计局】 2020年，巫溪县审计局实有29人。局长冉立新，副局长童清沛、许建川（—4月）、谭清泉，纪检组长姚谊厚，经济责任审计工作联席会议办公室主任冉文宁。设有办公室（电子数据审计科）、法规审理科、整改督察与内部审计管理科、重大政策执行审计科、经济责任审计科（经济责任审计工作联席会议办公室）、财政审计科、投资审计科；下设巫溪县审计中心。

审计成果 2020年，巫溪县审计局共完成审计项目28个，其中审计28个。查出主要问题金额233362万元，其中违规金额37667万元、管理不规范金额195695万元；审计发现非金额计量问题162个；损益（收支）不实金额26632万元；审计发现侵害人民群众利益4万元；出具审计报告和专项审计调查报告30篇，被批示、采用22篇次。审计处理处罚金额52343万元，其中应上缴财政24137万元、应归还原渠道资金13529万元、应调账处理金额14677万元；移送司法机关、纪检监察机关和有关部门处理事项2件，移送处理人员1人，移送处理金额9万元。审计促进整改落实有关问题资金56655万元；审计后挽回（避免）损失540万元；核减投资额444万元。审计提出建议82条，被采纳82条；促进被审计单位建立健全规章制度5项；提交审计信息96篇，被批示、采用96篇次。向社会公告审计结果9篇。

巫溪县社保局局长任期经济责任审计、巫溪县薯光农业科技公司负责人任期经济责任审计分别获2019年度重庆市审计机关优秀审计项目一等奖、三等奖；2019年度重大政策措施落实情况跟踪审计被重庆市审计局评为行业审计优秀项目。巫溪县城厢镇人民政府2018年预算执行和其他财政收支审计项目、2020年中央和重庆市重大政策措施落实情况跟踪审计项目被评为重庆市审计局优秀项目。

政策落实情况跟踪审计 全年抽查单位38个，涉及项目14个，发现问题31个，查出主要问题金额791.84万元。

财政审计 根据市审计局统一部署，完成巫溪县2019年度财政及税收预算执行和财政决算（草案）编制情况审计，完成9个部门预算执行及其他财政财务收支审计。

三大攻坚战审计 根据重庆市审计局统一部署，完成云阳县扶贫资金管理使用情况审计，完成凤凰镇党委书记、镇长自然资源离任（任中）审计。配合巫溪县扶贫开发办公室完成巫溪县30个乡镇2019年扶贫资金审计调查。

疫情防控资金和捐赠款物专项审计 结合重大政策跟踪落实审计，第一季度抽查疫情捐赠资金310.3万元。

经济责任审计 开展7个部门的12名党政领导干部任期经济责任审计。

固定资产投资审计 完成政府投资审计项目4个，项目送审金额14610.59万元，审定金额14165.86万元，审减金额444.73万元，审减率3.04%；移送问题线索2件。

企业审计 完成巫溪县信德资产运营有限责任公司董事长、总经理任期经济责任审计。

信息化建设 完成采集全县一级预算单位和部分重点二级预算单位财务及业务电子数据工作，审计项目中采取数据分析及时发现核查疑点问题收到明显成效；严格数据分析室管理，建立数据使用登记、保密制度。

内部审计 全县设有内部审计机构77个，配备内部审计人员229人，完成审计项目134个；26个单位开展内部审计工作，发现问题453个，审计总金额178634万元，增收节支1338万元，提出建议244条。 （撰稿人：向峻岭）

【石柱土家族自治县审计局】 2020年，石柱土家族自治县（以下简称石柱县）审计局实有28人。局长张平，副局长廖俊忠、周巧巧、崔林，纪检组长谭生钊，经济责任审计工作联席会办公室主任周霞，审计中心主任王金宁。设有办公室、法规审理科、重大政策执行审计科、财政审计科、企事业审计科、整改督查与内部审计管理科、经济责任审计科、投资审计科；下设石柱县审计中心。

审计成果 2020年，石柱县审计局共完成审计项目22个，其中审计22个。查出主要问题金额137641万元，其中违规金额2787万元、损失浪费金额522万元、管理不规范金额134332万元；审计发现非金额计量问题105个；出具审计报告和专项审计调查报告23篇，被批示、采用37篇次。审计处理处罚金额3482万元，其中应上缴财政2678万元、应归还原渠道资金109万元、应调账处理金额695万元；移送司法机关、纪检监察机关和有关部门处理事项19件，移送处理人员9人，涉及金额338万元。审计促进整改落实有关问题资金12848万元；审计促进拨付资金到位8340万元；审计后挽回损失695万元；核减投资额663万元；移送处理落实事项10件。审计提出建议41条，被采纳41条；推动被审计单位制定整改措施43项；促进被审计单位建立健全规章制度3项；提交审计要情信息12篇，被批示、采用38篇次。

石柱县卫生系统2018年度预算执行和其他财政财务收支审计获2019年度重庆市审计机关优秀审计项目三等奖；2019年度重大政策措施落实情况跟踪审计被重庆市审计局评为行业审计优秀项目。

政策落实情况跟踪审计 围绕重大政策措施落实等17个方面开展跟踪审计，共抽查34个部门及企事业单位31个项目，涉及财政资金43011.75万元。重大项目跟踪审计，揭示问题15个，涉及金额19775万元。

财政审计 开展石柱县财政预算执行和决算（草案）审计，揭示预算编制及执行、组织收入、债券资金使用、专项资金管理使用、财政决算草案编制、财政资金管理等6大类16个问题。开展对石柱县交通局等67个一级预算部门财政财务收支审计。

三大攻坚战审计 对潼南区2019年度扶贫

资金管理使用情况进行审计，抽查扶贫资金13751.34万元，涉及项目65个、镇街15个、行政村19个，入户调查农户61户。

民生审计 7月至9月，开展住房和城乡建委建设管理专项审计调查，揭示问题6类25个，提出审计建议4条。

疫情防控资金和捐赠款物专项审计 2月至3月，开展石柱县疫情防控资金和捐赠款物专项审计，揭示捐赠资金、物资、管理及信息公示等4个方面8个问题。

经济责任审计 开展南宾街道等8个单位党政领导干部任期经济责任审计，共发现涉及财务管理监督不到位等7类61个问题，涉及问题金额2517.83万元，发现非金额计量问题66个，移送案件线索8件，撰写审计要情4篇、审计专报3篇，提出审计建议14条，下达审计决定书4份。

固定资产投资审计 围绕“质量、造价、管理、财务、效益”实现投资审计转型，完成审计项目5个，发现多计工程价款、管理不到位、未取得施工许可等问题64个，涉及金额5600万元；出具审计报告5篇，撰写审计要情2篇，县委县政府领导批示7篇次，移送案件线索4件。

企业审计 对重庆石柱农旅融合发展集团有限公司予以审计，发现建设项目监管不到位等8大类13条问题，审计提出建议3条。

信息化建设 夯实财政预算执行审计数据分析平台，修订完善《审计数据管理使用制度》等制度5项，采集财务账套1957个，存储数据达2.3TB，建立数据分析模型450个。

内部审计 石柱县设有内部审计机构76个、配备专（兼）人员265人。审结内部审计项目261个，审计金额675723万元，促进增收节支2106万元，审计提出建议85条，被采纳85条。

（撰稿人：李云泉）

【秀山土家族苗族自治县审计局】 2020年，秀山土家族苗族自治县（以下简称秀山县）审计局实有25人。局长雷天军，副局长刘军、张玉芬（—4月）、杨诚，纪检组长余秀祥，经济责任审计办公室主任吴科林。设有办公室（电子数据审计科）、法规审理科、整改督查与内部审计管理科、重大政策执行审计科、财政审计科、企事业审计科、投资审计科、经济责任审计科（秀山县经济责任审计工作联席会议办公室）；下设秀山县审计中心。

审计成果 2020年，秀山县审计局完成审计项目44个，其中审计44个。查出主要问题金额1158919万元，其中违规金额1800万元、管理不规范金额1157119万元；审计发现非金额计量问题277个；损益（收支）不实金额660087万元；出具审计报告和专项审计调查报告43篇，被批示、采用37篇次。审计处理处罚金额1818万元，其中应上缴财政1678万元、应归还原渠道资金121万元、应调账处理金额19万元；移送司法机关、纪检监察机关和有关部门处理事项6件，移送处理人员1人，移送处理金额146万元。审计促进整改落实有关问题资金9662万元；审计后挽回（避免）损失11885万元。审计提出建议144条，被采纳144条；促进被审计单位建立健全规章制度3项；提交审计信息72篇，被批示、采用45篇次。

秀山县教委主任经济责任审计项目、原县卫生计生委主要领导经济责任审计项目分别被评为重庆市审计优秀审计项目二等奖、三等奖；2019年度中央和市级重大项目跟踪审计、中共秀山县林业局原党组书记、局长自然资源资产离任审计、秀山县农业农村委主要领导自然资源资产离任（任中）审计项目被重庆市审计局评为行业优秀项目。秀山县审计局成功创建重庆市民族团结进步示范机关。

政策落实情况跟踪审计 加强跟踪审计与其他审计项目统筹力度，突出跟踪审计的时效性和针对性，共抽审县级部门28个、乡镇5个、企业23个、市级重大项目9个，涉及财政资金5.37亿元，审计发现问题30个并督促整改落实。

财政审计 完成2019年度税收和非税收入征管及税务部门预算执行审计、本级财政预算执行和决算草案编制审计、本级各部门预算执行审计以及乡镇财政决算审计。审计发现问题88个，提出审计整改建议13条，促进财政资金使用安全规范高效，促进被审计单位严格落实中央八项规定精神及其实施细则精神，厉行节约、过“紧日子”。

经济责任审计 完成4个单位6名主要领导干部经济责任审计。运用大数据审计技术，对领导干部任期内财政财务、民生社保、生态环保、重大决策等指标数据进行分析核查，发现问题90个，提出审计整改建议17条，促进领导干部履职尽责、担当作为。

固定资产投资审计 完成计划投资审计项目19个，揭露投资决策、建设管理等方面存在的问题58个，督促项目投资和建设管理主体责任落实，推动投资审计工作转型。

资源环保审计 完成秀山县农业农村委主要领导自然资源资产离任（任中）审计。借助GIS等软件分析数据疑点，充分运用地理测绘、遥感影像、空间叠加等技术方法分析取证，提升审计质效。

企业审计 完成10家县属国有重点企业2019年财务收支情况进行审计，揭示企业在经营管理等方面存在的问题94个，提出审计建议49条。

信息化建设 归集财务数据640GB、业务数据63.2GB。在审计项目中运用大数据进行比对分析，发现审计疑点，提高审计效率。

内部审计 强化内部审计业务指导、业务培训、督促检查力度，抽选9名内部审计人员参加国家审计项目，"以审代训"提高内部审计人员履职能力，提升全县内部审计工作业务水平。

（撰稿人：杨　荣）

【酉阳土家族苗族自治县审计局】 2020年，酉阳土家族苗族自治县（以下简称酉阳县）审计局实有33人。局长张鹰，副局长冉鹂霜、倪亚梅，纪检组长梁胜举，四级调研员邱泽章（8月—）、鲁邦权（12月—）。设有办公室、法规审理科、财政审计科、经济责任审计科、投资审计科、整改督查与内部审计管理科、重大政策执行审计科；下设酉阳县审计中心。

审计成果 2020年，酉阳县审计局完成审计项目47个，其中审计46个、专项审计调查1个。查出主要问题金额442088万元，其中违规金额2191万元、管理不规范金额439897万元；审计发现非金额计量问题141个；出具审计报告和专项审计调查报告47篇。审计处理处罚金额12271万元，其中应上缴财政281万元、应归还原渠道资金1910万元、应调账处理金额10080万元。审计促进整改落实有关问题资金11069万元；审计后挽回（避免）损失11257万元；核减投资额11257万元。审计提出建议268条，被采纳268条；促进被审计单位建立健全规章制度8项；提交审计信息43篇，被批示、采用14篇次。

长寿区2017年度扶贫资金管理使用情况审计被重庆市审计局评为行业审计优秀项目。

政策落实情况跟踪审计 对疫情防控相关政策落实情况、涉企保证金收取情况、清理拖欠民营企业中小企业账款落实、地方政府债权资金管理使用情况等进行跟踪审计。

财政审计 完成酉阳县2019年财政预算执行和其他财政财务收支审计，实施县应急局、县城市管理局、麻旺教管中心、麻旺初级中学、龙潭教管中心、龙潭初级中学等6个部门预算执行审计。

三大攻坚战审计 实施领导干部自然资源离任审计1个。实施审计方案集体会商制度，实行审前公告制度，紧盯重大决策部署落实情况，审计公正地评价责任人的工作实绩、履行岗位职责及执行财经纪律情况，促进依法行政和党风廉政建设。

疫情防控资金和捐赠款物专项审计 开展酉阳县疫情防控资金和捐赠款物专项审计，重点关注临时性补助政策落实情况、捐赠资金使用情况等。

民生审计 开展酉阳县2018—2019年度学前教育政策落实情况审计调查，重点关注学前三年毛入园率、优质幼儿园配置、教师待遇、教师队伍配备等方面情况。

经济责任审计 积极推进经济责任审计工作，实施领导干部经济责任审计项目6个，促进领导干部依法履职，在加强干部监督管理和党风廉政建设等方面发挥重要作用。

固定资产投资审计 通过跟踪审计和结算审计等多种形式，对综合写字楼二次装修、酉阳县环境监测及监察执法业务用房主体及装饰工程、酉阳县电子商务园区装饰工程等项目进行审计。

企业审计 实施酉阳县华渝公司主要领导干部经济责任审计项目。重点关注投融资工作、园区建设、国有资产和国有资源管理分配使用等方面，进一步促进该企业加快项目建设进度、加强内部控制制度建设等。

专项资金审计 开展住建系统管理情况审计调查，关注行政审批改革、房地产行业管理、建设工程质量监督管理等方面。

信息化建设 建成安全高效的数据分析室、数据存储区和安全稳定的数据专网，完成数据分析平台和财政及部门预算分析子系统300多个审计模型的建设，为相关部门和科室提供数据交换服务和数据分析支持。

内部审计 结合经济责任审计同步开展内部审计工作监督和指导，结合计划内项目对中介机构出具的结决算报告进行专项审核。

（撰稿人：田　明）

【彭水苗族土家族自治县审计局】 2020年，彭水苗族土家族自治县（以下简称彭水县）审计局实有27人。局长尤文锋，副局长廖建华、李昕屿，审计中心主任周平天，经济责任审计工作联席会议办公室主任陶红，三级调研员陈敬蓉。设有办公室、法规审理科、经济责任审计科、财政审计科、投资审计科、整改督查与内部审计管理科；下设彭水县审计中心。

审计成果 2020年，彭水县审计局完成审计项目40个，其中审计40个。查出主要问题金额1102166万元，其中违规金额40505万元、管理不规范金额1061661万元；审计发现非金额计量问题185个；损益（收支）不实金额43141万元；出具审计报告和专项审计调查报告40篇。审计处理处罚金额52876万元，其中应上缴财政40291万元、应减少财政拨款或补贴57万元、应归还原渠道资金156万元、应调账处理金额12372万元；移送司法机关、纪检监察机关和有关部门处理事项7件，移送处理人员6人，移送处理金额352万元。审计促进整改落实有关问题资金137313万元；审计促进拨付资金到位15425万元；审计后挽回（避免）损失12370万元；核减投资额12371万元；移送处理落实事项2件。审计提出建议77条，被采纳77条；推动被审计单位制定整改措施78项；促进被审计单位建立健全规章制度2项；提交审计信息100篇，被批示、采用48篇次。

彭水县66个部门（单位）2018年度预算执行和其他财政财务收支审计获2019年度重庆市审计机关优秀审计项目二等奖。县规划自然资源局党组书记、局长自然资源资产离任（任中）审计项目，全市住房和城乡建委系统建设管理审计调查项目被评为重庆市审计局优秀项目。

政策落实情况跟踪审计 按季度开展新冠肺炎疫情防控款物管理使用情况、降低企业生产经营成本政策落实情况、新增财政资金直达市县基层直接惠企利民情况、培育高素质农民政策落实情况、统筹扶贫资金大力推广以工代赈措施落实情况、稳就业政策措施落实情况和稳投资政策措施落实情况的跟踪审计，累计查出各类问题14个，涉及问题金额64528万元。

财政审计 开展财政预算执行审计，重点揭示财政部门在预算收入组织、预算编制及执行、转移支付管理、重点专项资金使用绩效、决算草案编报等方面问题共25个，涉及问题金额633576.4万元，下达审计决定收缴国库金额39907.92万元。

经济责任审计 全年实施领导干部经济责任审计项目7个、领导干部自然资源资产离任（任中）审计项目1个，涉及县级部门4个、县属国有企业1个、事业单位1个、乡（镇）2个，涉及党政主要领导干部及企事业单位主要领导人员10人。出具审计报告或审计意见8篇，提出审计建议22条，发现问题68个，查出问题金额79202万元，撰写要情、专报并被领导批示2篇，下达处理处罚决定3个，移送问题线索7件，移送涉及问题人员6人、涉及问题单位2个。

固定资产投资审计 以规范投资行为、节约财政资金、提高投资效益为目标，紧紧围绕政府投资项目建设重点，实施投资审计项目13个（含2019年的1个跨年度项目），核减投资金额12371万元，出具审计报告13篇，下达审计决定10份，出具审计结果通知书2份。

企业审计 开展重庆彭水工业园区建设实业有限责任公司原董事长、总经理任职期间经济责任审计和重庆九黎旅游控股集团有限公司2019年度财务收支审计，查出主要问题金额178242万元。

内部审计 通过各种形式为内部审计单位提供业务指导咨询服务，开展内部审计工作现场督查指导2次、结合审计项目开展工作检查2次，开展内部审计质量专项检查1次并对检查结果进行通报，指导全县40个内部审计机构共计实施内部审计项目320个，审计金额569.38亿元，促进增收节支8667万元。（撰稿人：肖 丽）

【两江新区审计局】 2020年，两江新区审计局实有11人。局长谢毅，副局长裴家勇（—11月）、盈德华、谢芳，一级调研员裴家勇（5月—），二级调研员杨清惠。设有办公室、综合审计科、投资审计科、财政审计科、法规审理科、企事业审计科、整改督查与内部审计管理科、重大政策跟踪审计科、经济责任审计科。下设重庆两江新区审计中心。

审计成果 2020年，两江新区审计局共完成审计项目41个，其中审计40个、专项审计调查1个。查出主要问题金额98394万元，其中违规金额19308万元、损失浪费金额16万元、管理不规范金额79070万元；审计发现非金额计量问题599个；损益（收支）不实金额14万元；出具审计报告和专项审计调查报告54篇，被批示、采用8篇次。审计处理处罚金额35329万元，其中应上缴财政19150万元、应归还原渠道资金157万元、应调账处理金额16022万元；移送司法机关、纪检监察机关和有关部门处理事项8件，移送处理金额855万元。审计促进整改落实有关问题资金32448万元；审计后挽回（避免）损失16800万元；核减投资额16021万元；移送处理落实事项2件。审计提出建议171条，被采纳171条；推动被审计单位制定整改措施23项；促进被审计单位建立健全规章制度9项；提交审计信息19篇，被批示、采用16篇次。

2018年度辖区街道财政预算执行审计项目被评为重庆市审计局2019年区县审计局优秀审计项目三等奖。两江新区公立医院2018年度财务收支情况审计项目被评为重庆市审计局2020年区县审计局优秀审计项目三等奖。

政策落实情况跟踪审计 对“两江新区城市提升”等重大项目实施跟踪审计，共抽查4个部门、9个企事业单位，21个项目，涉及财政资金9.93亿元，发现问题10个，提出审计建议10条。

财政审计 实施2019年度两江新区财政预算执行和决算（草案）审计等3个财政审计项目，共发现问题60个，涉及金额71337万元，审计提出建议60条，收回财政结余及问题资金14939.73万元，促进管委会出台规范性文件4个。

疫情防控资金和捐赠款物专项审计 共抽查13个部门、67个企事业单位，涉及财政资金8.55亿元，审计发现问题12个，提出审计建议12条，下达审计决定1份。

经济责任审计 促使上缴国有资源收益3002.87万元，审计发现不规范金额42.34亿元，下达审计决定3份，出具管理建议函2篇，揭示问题402个，提出审计建议87条。

固定资产投资审计 突出审计重点，促进投资审计全面转型，稳步8个投资计划项目，送审金额144135.50万元，审减金额7216.65万元，审减率为5.01%，发现管理不规范等问题76个，提出审计建议37条。

信息化建设 采集93家单位各类数据15.89GB，建立项目集中支付审计模型110个、企业数据分析模型9个，筛选审计疑点4556条，促进揭示违规收取工程建设领域涉企保证金未清退等问题，撰写案例4篇。

内部审计 组织新区33家单位共200余人开展有关经济责任审计与审计整改方面的专题培训会。指导完成内部审计项目782个，审计总金额95.28亿元，促进增收节支6.1亿元。结合经济责任审计等项目3个，对企业开展内部审计监督检查。强化对社会中介机构出具报告的核查，移送处理中介机构3家，集体约谈中介机构33家。（撰稿人：王 青）

【万盛经济技术开发区审计局】 2020年，万盛经济技术开发区（以下简称万盛经开区）审计局实有32人。局长胡小成，副局长朱启学（—7月）、唐勇、李曦、蓝代艳（9月—）。设有办公室（电子数据审计科）、法规审理科、整改督查与内部审计管理科（重大政策跟踪审计与重大项目跟踪审计)、财政审计科、投资审计科、经济责任审计科(经济责任审计工作联席会议办公室);下设重庆市万盛经济技术开发区审计中心。

审计成果 2020年,万盛经开区审计局完成审计项目27个,其中审计27个。查出主要问题金额115960万元,其中违规金额1467万元、管理不规范金额114493万元;审计发现非金额计量问题88个;损益(收支)不实金额1538万元;出具审计报告和专项审计调查报告28篇,被批示、采用15篇次。审计处理处罚金额1467万元,其中应上缴财政1457万元、应归还原渠道资金10万元;移送有关部门处理事项1件。审计促进整改落实有关问题资金5332万元;审计促进拨付资金到位3085万元;审计后挽回(避免)损失1959万元;核减投资额1959万元。审计提出建议45条,被采纳45条;推动被审计单位制定整改措施88项;促进被审计单位建立健全规章制度7项;提交审计信息48篇,被批示、采用35篇次。

全市住房和城乡建委系统建设管理(万盛经济技术开发区2017—2019年住房和城乡建设局建设管理)审计调查获2020年度全市住房和城乡建委系统建设管理审计调查行业优秀项目。

政策落实情况跟踪审计 全年出具审计报告4篇,发现问题9个,涉及问题金额7983.99万元,提出建议意见9条,促进非税收入314.02万元上缴财政。

财政审计 财政预算执行审计共查出预算收入组织和财力保障、债务管控及化解等方面的问题16个,涉及金额47507.74万元,审计提出建议3条。开展对全区一级预算单位部门2019年预算执行审计,发现预算编制不合规、专项资金长期结余等问题12个,涉及金额29581.47万元。

疫情防控资金和捐赠款物专项审计 2月至3月,对万盛经开区疫情防控资金和捐赠款物开展专项审计,重点审计财政资金1896.91万元、捐赠资金249万元。审计发现专项资金支出进度缓慢、物资采购程序不规范,导致专项资金流失45万元等问题。

经济责任审计 全年出具审计报告和审计结果报告各5篇,自然资源资产审计出具意见2篇、审计专报1篇。查出问题58个,涉及金额45082.19万元,提出审计建议23条。

固定资产投资审计 完成全部计划投资审计项目11个,送审金额25052.19万元,审定金额23092.54万元,审减金额1959.65万元,综合审减率10.5%。审计发现未严格履行基本建设程序、竣工财务决算报表数据不准确等问题27个,提出审计建议16条,移送案件线索1件。

内部审计 组织全区各单位实施内部审计项目计划66个,涉及金额29986.24万元,发现问题121个,促进增收节支1.64万元,审减34.06万元,提出建议意见110条。开展对全区33个单位的33个内部审计项目进行内部审计质量检查,推动建立完善内部审计制度27项。

(撰稿人:郝晓强)

2020年重庆市本级及所辖县(区)级审计工作统计表

审计机关	完成审计项目/个	审计查出主要问题金额/万元	审计发现非金额计量问题/个	审计期间整改金额/万元	出具审计报告和审计调查报告/篇	审计处理情况		审计促进整改落实有关问题资金/万元	审计提出建议/条	提交审计信息/篇
						审计处理处罚金额/万元	移送处理事项/件			
重庆市本级	134	41955229	2132	219304	191	410625	25	5007308	493	44
万州区审计局	75	745273	264	9994	77	27874	69	63502	244	123

（续表）

审计机关	完成审计项目/个	审计查出主要问题金额/万元	审计发现非金额计量问题/个	审计期间整改金额/万元	出具审计报告和审计调查报告/篇	审计处理情况		审计促进整改落实有关问题资金/万元	审计提出建议/条	提交审计信息/篇
						审计处理处罚金额/万元	移送处理事项/件			
涪陵区审计局	81	926880	430	45110	84	66745	11	25804	237	179
渝中区审计局	24	392253	195		28	10867	2	11097	80	149
大渡口区审计局	24	81293	115	213	23	803	5	1913	91	123
江北区审计局	40	942292	104	632	46	5633	10	10594	79	150
沙坪坝区审计局	26	257438	141	37757	28	4372	2	24473	78	172
九龙坡区审计局	32	211127	223	107	33	63986	10	145501	280	110
南岸区审计局	24	790083	112	4283	24	11178		10606	95	27
北碚区审计局	52	167082	140	24083	54	4745	2	5753	159	105
綦江区审计局	48	712693	186	7859	62	186758	13	26931	244	154
大足区审计局	56	409144	236	341	62	17911	7	107882	181	15
渝北区审计局	48	523111	201	61011	49	31024	15	155534	231	181
巴南区审计局	42	1170250	136	13898	38	19840	11	77448	160	95
黔江区审计局	51	511323	330	15360	53	12252	16	7107	157	59
长寿区审计局	30	409482	167	17079	34	3637	18	8883	77	58
江津区审计局	38	2872541	263	20543	42	50278	11	226808	124	107
合川区审计局	37	510789	253	2282	43	13083	20	118756	152	47
永川区审计局	50	422407	379	827	53	53994	32	58436	156	168
南川区审计局	26	192716	83	6621	25	28905	1	37615	122	75
璧山区审计局	40	758538	134	8085	39	5561	2	173916	157	38
铜梁区审计局	30	731261	253	5230	31	13426	1	104739	215	376
潼南区审计局	39	862504	214	877	41	7369	8	15563	142	78
荣昌区审计局	106	328027	281	16639	113	11130	11	136069	252	63
开州区审计局	30	434555	119	109593	33	29410	5	38224	70	185
梁平区审计局	32	551856	212	27	31	3115	29	130343	75	191
武隆区审计局	48	243923	243	6580	49	28558	9	22751	159	108
城口县审计局	32	90897	127	88	33	14577	1	16963	212	36
丰都县审计局	41	340568	203	862	44	15256	11	17420	135	148
垫江县审计局	37	258699	282	1742	38	122		24324	151	117
忠县审计局	29	1763926	135	5307	36	32834	9	24325	88	59
云阳县审计局	91	556037	203	662	95	8097	2	99619	215	108
奉节县审计局	32	446497	154	374	32	14657	14	5314	128	82
巫山县审计局	32	205275	229	3966	27	24695	3	37729	236	43
巫溪县审计局	28	233362	162	6052	30	52343	2	56655	82	96

（续表）

审计机关	完成审计项目/个	审计查出主要问题金额/万元	审计发现非金额计量问题/个	审计期间整改金额/万元	出具审计报告和审计调查报告/篇	审计处理情况		审计促进整改落实有关问题资金/万元	审计提出建议/条	提交审计信息/篇
						审计处理处罚金额/万元	移送处理事项/件			
石柱土家族自治县审计局	22	137641	105	2065	23	3482	19	12848	41	12
秀山土家族苗族自治县审计局	44	1158919	277	1318	43	1818	6	9662	144	72
酉阳土家族苗族自治县审计局	47	442088	141		47	12271		11069	268	43
彭水苗族土家族自治县审计局	40	1102166	185	33528	40	52876	7	137313	77	100
两江新区审计局	41	98394	599	785	54	35329	8	32448	171	19
万盛经开区审计局	27	115960	88	3896	28	1467	1	5332	45	48

四川省

【四川省审计厅】 2020年，四川省审计厅实有255人。省委审计委员会办公室设在审计厅，下设秘书处。审计厅设有办公室、综合与计划管理处、法规处、审理处、内部审计监督指导处、电子数据审计处、财政审计处、政策跟踪审计处、经济责任审计处、教科文卫审计处、农业农村审计处、固定资产投资审计处、社会保障审计处、自然资源与生态环境审计处、企业审计处、金融审计处、涉外审计处、人事处、离退休人员工作处；设有派出审计一处、派出审计二处、派出审计三处、派出审计四处、派出审计五处、派出审计六处；按省委有关规定，设有机关党办，派驻机构——驻厅纪检监察组；下设直属审计局、四川省审计科学研究所、机关服务中心（省审计干部培训中心）、计算机技术中心、政府投资审计中心。

领导成员

厅　　长：陶志伟

副 厅 长：沈　健　朱大兴　康东进
　　　　　李文双

纪检组长：龚　敏（—4月）
　　　　　黄文金（4月—）

机关党委书记：陈代勇

四川省经济责任审计工作联席会议办公室主任：周　兵

一级巡视员：沈　健　唐　萍

二级巡视员：孙志刚　冷　天　曹国华
　　　　　　张　毅　吴　波
　　　　　　李齐辉（10月—）
　　　　　　周　波（12月—）

审计成果 2020年，四川省审计机关共完成审计项目5753个，其中审计5263个、专项审计调查490个。查出主要问题金额41166919万元，其中违规金额2231097万元、损失浪费金额33500万元、管理不规范金额38902321万元；审计发现非金额计量问题2027507个；损益（收支）不实金额3344295万元；审计发现侵害人民群众利益1739万元；出具审计报告和专项审计调查报告6162篇，被批示、采用185篇次。审计处理处罚金额6775441万元，其中应上缴财政1640283万元、应减少财政拨款或补贴249670万元、应归还原渠道资金1450490万元、应缴纳其他资金260750万元、应调账处理金额3174246万元；移送司法机关、纪检监察机关和有关部门处理事项720件，移送处理人员370人，移送处理金额460835万元。审计促进整改落实有关问题资金 3380983 万元；审计促进拨付资金到位 184353 万元；审计后挽回（避免）损失 390106 万元；核减投资额 454038 万元；移送处理落实事项 119 件。审计提出建议 16655 条，被采纳 13224 条；推动被审计单位制定整改措施 1658 项；促进被审计单位建立健全规章制度 616 项；提交审计信息 5231 篇，被批示、采用 2533 篇次。向社会公告审计结果 594 篇。

四川省审计厅实施的四川省 2017 年度省本级预算和总决算草案编制情况审计项目、成都市审计局实施的成都市锦江区原区长任职期间经济责任履行情况审计项目被审计署评为 2019 年度全国省级审计机关优秀审计项目三等奖；广元市审计局实施的广元市旺苍县人民政府 2016 年至 2017 年扶贫资金审计项目被审计署评为 2019 年度全国市级审计机关优秀审计项目二等奖；巴中市恩阳区审计局实施的巴中市恩阳区石城乡党委书记、乡长任职期间经济责任履行情况审计项目被审计署评为 2019 年度全国县级审计机关优秀审计项目二等奖。

政策落实情况跟踪审计　聚焦做好“六稳”“六保”工作，聚焦服务打好三大攻坚战，聚焦推进治理体系和治理能力现代化，进一步明确审计重点、加大审计力度、提高审计实效，在巨大考验面前，肩负起政治责任，体现政治担当。把推进新增财政资金直达基层作为政治任务，统筹全省 1200 多人对涉及新增资金 964.51 亿元全覆盖全过程审计，揭示项目推进缓慢、监控管理不规范等问题，促进资金及时分配使用 34.8 亿元，收回资金或调整用途 49.03 亿元，推动 331 个项目加快建设。

财政审计　全面实现省市县三级财政一级预算单位审计全覆盖，重点揭示编制预决算、压缩一般性支出、存量资金管理等方面的突出问题。会同省纪委机关、财政厅在全省范围内开展严肃财经纪律及财务管理风险排查，要求各级各部门进一步严肃财经纪律，筑牢财政资金安全防线。

三大攻坚战审计　脱贫攻坚方面，继续实施全覆盖审计，重点关注昭觉等 7 个未脱贫县如期脱贫、154 个已脱贫县巩固脱贫成效情况，揭示产业扶贫、就业帮扶等方面的突出问题并督促整改落实。防范化解风险隐患方面，对泸州、宜宾等 5 家城商行开展专项审计调查，揭示落实股权管理制度不够严格、关联交易管控薄弱等突出问题，引起省领导的高度重视，要求地方政府和有关银行及时整改。污染防治方面，组织对 348 名县乡党政主要领导干部开展自然资源资产离任（任中）审计，对 8 个市、90 个黑臭水体治理情况开展专项审计调查，推动省政府完善重点生态功能县差异化绩效考核机制、有关地方开展黑臭水体常态化监测和治理。

疫情防控资金和捐赠款物专项审计　全省先后组织 205 个审计组、1100 多名审计人员，对疫情防控资金和捐赠款物进行专项审计，提出审计建议 495 条，促进修订完善制度 136 个，加快分配使用资金 9357 万元、物资 165.65 万件。

民生审计　组织对 11 家三级公立医院和省本级及 2 个市医疗保险基金、省本级及 5 个市 36 个县 2019 年度保障性安居工程资金投入和使用绩效进行审计，揭示政策落实、工作协同、侵害群众利益等方面存在的问题。

经济责任审计　省本级组织对 65 名省管领导干部开展经济责任和自然资源资产离任审计，全省共审计领导干部 1226 名，查出负直接责任问题金额 64.25 亿元。探索对法院主要负责人开展经济责任审计，采取省、市、县（市、区）联动的方式对 75 名水务、民政部门主要负责人开展行业经济责任审计，对 2019 年经济责任审计项目整改情况开展专项审计调查。针对近年经济责任审计中发现市县两级党委政府在地方重大经济事项决策上存在的制度缺失、程序不当等问题，在会同省委组织部对 30 个县（市、区）重大经济事项决策机制建设和领导干部决策权力运行情况开展专题调研基础上形成初稿，经书面征求中组部、审计署、21 个市（州）党委政府和 15 个省直部门意见后，经省政府常务会审议、省委常委会审定通过，作为四川省党内法规出台，在全国率先建立健全市县重大经济事项决策制度。审计长专门作出肯定性批示。

固定资产投资审计　组织开展基础设施补短板、城市地下综合管廊建设专项审计调查，开展“8·8”九寨沟地震灾后恢复重建跟踪审计，推动重点项目加快推进、筹资任务有效落实、建成项目验收投用。在全省开展规范投资审计专项督导，召开专题推进会，持续推动投资审计“三个转变”。

农业农村审计　继续推进全省161个有扶贫任务县的扶贫审计“全覆盖”，对114个县实施乡村振兴审计，开展恢复生猪生产、稳定粮食生产、乡村治理、一卡通治理等专项审计调查，揭示耕地“非粮化”问题突出、生猪存栏和出栏同比双降、财政补贴资金拨付使用不及时和监管不到位等问题，审计结果引起省委省政府高度重视，推动有关部门及时出台实质性举措。

金融审计　对全省5个地方金融局和30家融资担保公司开展融资担保行业规范发展政策落实情况专项审计调查，助推融资担保行业落实政策，增强服务实体经济能力。

外资运用审计　开展国外贷援款项目公证审计，梳理2013年以来审计发现的共性问题，推动财政厅制定《国际金融组织和外国政府贷款赠款管理办法》，提升外资利用水平。

企业审计　围绕防范和化解风险、企业高质量发展、促进廉政建设等目标，组织对宜宾商行和泸州银行股权管理等情况、省属企业旅游投资项目的专项审计调查，揭示企业生产经营中存在的大量风险和问题，推动相关市政府和企业采取整改措施，完善相关制度。

信息化建设　印发《关于进一步推进大数据审计相关工作的实施意见》，加快推进金审工程三期项目建设，引领全省审计信息化协同发展。

审计科研　开展《区域经济审计模式的路径探索》等课题理论研究，开启理论研究与审计实务深度融合的科研工作新模式。

内部审计　构建全省内部审计工作“一盘棋”，完善内部审计指导监督职能机构与审计业务部门协同推进指导监督工作机制，向各市（州）审计局印发内部审计指导监督年度指导意见，组织开展全省内部审计指导监督工作培训，在工作目标和思路上省市县同步同向，推动四川内部审计指导监督形成工作合力。

巡审协作　经省委巡视工作领导小组批准，省委巡视办、审计厅共同研究制定《关于建立健全巡视与审计协调协作机制的意见》，形成工作计划沟通协调、工作信息交流共享、工作开展联动协作、工作成果共享共用和专业人员选派使用等机制。

川渝审计合作　认真落实习近平总书记关于推动成渝地区双城经济圈建设的重要指示，与重庆市审计局签订川渝审计合作协议，共同印发《服务保障成渝地区双城经济圈建设川渝审计合作“一协议一清单”》的通知，在项目实施、理论研讨、数据共享、队伍建设上建立长期合作机制，积极探索跨行政区划的区域协同审计监督新模式。

审计查出问题整改　认真落实习近平总书记关于审计查出问题整改的重要批示，省委审计委员会出台《关于进一步加强审计发现问题整改工作的意见》，省人大常委会建立发函“问”整改、调研“追”整改、现场“查”整改、专题“听”整改、会议“评”整改工作机制，省政府建立常务会议听取审计结果、部署审计整改制度并出台规范性文件细化系列措施，全省形成党委总揽、人大监督、政府督办、职能部门分工协作、被审计单位具体执行的审计整改工作机制，以“钉钉子”精神做好审计监督“后半篇文章”。

相关工作　坚持把政治建设摆在首位，利用党组会、全省工作会、集中整训等，深入学习贯彻习近平总书记对四川工作和审计工作的重要指示批示精神，强化审计机关的政治属性，引领审计干部从推进国家治理体系和能力现代化的高度来认识和谋划审计。持续深化理论武装，以中心组学习为引领，推动青年理论学习活动的开展，创新举办“青年审计论坛”，引导全省审计机关党员干部增强“四个意识”、坚定“四个自信”、践行“两个维护”。全年举办培训班25期，培训干部2268人次，压缩培训经费64.7%。加大组织调训力度，全年推荐干部参加审计署各类专题培训班37个，参训干部416人次；选派干部参加中央组织部等部门培训17期，参训干部28人次。建立4个青年学习小组，围绕新形势新任务等主题，举办3期“审计青年论坛”，推动青年理论学习。认真履行党风廉政建设主体责任，全年召开26次党组会中有17次安排全面从严治党议题，开展党风廉政专题教育3次，召开全省审计机关党风廉政建设视频会，把廉政风险防控工作与业务工作同谋划、同部署、同推进、同落实。配合纪检监察组对全厅148名处级干部谈心谈话，全力支持开展问题线索核查，召开内设机构主要负责人述责述廉大会。全省审计机关会议研究全面从严治党相关工作1032次，组织任前廉政谈话500余人次，述职述廉1271人次。严格落实中央八项规定，严格执行审计“四严禁”工作要求和“八不准”工作纪律，始终保持审计干部良好形象。（撰稿人：青林林）

【成都市审计局】 2020年，成都市审计局实有165人。局长曾军，副局长李永平、郭兰涛（10月—）、刘江、黄少泉，纪检组长周虹，机关党委书记王小青（6月—），总审计师杨艳，二级巡视员葛云伦、邓勉，一级调研员周世秀、温刚。设有市委审计委员会办公室秘书处、办公室、综合与计划管理处、法规处、内部审计监督指导处、电子数据审计处、财政审计处、部门审计一处、部门审计二处、政策跟踪审计处、经济责任审计处、教科文卫审计处、农业农村审计处、固定资产投资审计处、社会保障审计处、自然资源与生态环境审计处、企业与金融审计处、人事处、机关党委等处室；下设成都市财政投资和国资投资项目审计中心。

审计成果 2020年，成都市审计机关共完成审计项目1281个。查出违规金额74.34亿元；出具审计报告和专项审计调查报告1256篇。审计促进整改落实有关问题资金180.53亿元。移送司法机关、纪检监察机关和有关部门处理事项111件。审计提出建议2504条。

成都市审计局实施的成都市锦江区原区长任职期间经济责任履行情况审计项目被审计署评为2019年度全国省级审计机关优秀审计项目三等奖；成都市2018年度市级财政预算执行及其他财政收支情况审计项目和成都市温江区国投兴城投资有限公司原董事长任职期间经济责任履行情况审计项目被评为四川省优秀审计项目二等奖。

政策落实情况跟踪审计 持续关注推动复工复产、优化营商环境等重大政策，以及成渝地区双城经济圈建设、成都东部新区建设、“三城三都”建设等重点项目落地落实情况。开展全市政府投资项目工程款支付情况检查，督促各级建设单位支付拖欠的工程款、农民工工资、保证金5.52亿元。开展新增财政资金跟踪审计，揭示指标下达不及时、资金管理使用不规范等问题。

财政审计 全面实现市县财政一级预算单位审计全覆盖，开展全市财政资金提质增效、财政存量资金清理等专项审计，查出违规金额41.08亿元，促进上缴财政资金20.39亿元，建立健全制度41项。

三大攻坚战审计 开展简阳市脱贫攻坚审计整改“回头看”。牵头调查区（市）县国企债务置换和新增债务降成本情况，推动出台加强国有企业债务监管降低融资成本的指导意见。组织对49名乡镇党政领导干部开展自然资源资产离任（任中）审计，促进落实自然资源资产和生态环境保护责任。

疫情防控资金和捐赠款物专项审计 组织全市审计力量，重点审计各类资金15.23亿元，延伸调查市红十字会等339家单位，促进加快拨付、上缴结余资金4620.07万元，推动建立健全制度33项。指导疫情防控款物较多的15个市级重点部门发挥内部审计作用，取得较好成效。

民生审计 开展全市医疗保险基金、就业创业补助资金和失业保险基金专项审计，追回不符合规定人员领取的各类补贴685.03万元，促进清理10325名人员重复参保等问题。

经济责任审计 组织对全市225名领导干部开展审计，查出违规金额16.92亿元，有效促进领导干部担当作为、依法履职。

固定资产投资审计 开展大学生运动会筹办经费和49个场馆建设、34个“东进”区域基础设施骨架工程等重点项目阶段性跟踪审计，指出问题、推动整改，促进提高投资绩效和工程质量。

农业农村审计 开展16个区（市）县乡村振兴战略实施情况专项审计，推动建立健全制度32项。开展6个区（市）县农业稳产保供专项审计，推动稳定粮食产量、加快恢复生猪生产。

资源环保审计 开展土地出让收支专项审计，揭示土地出让收支不规范、违规出让土地等问题。对15个黑臭水体治理情况开展专项审计，对锦江水生态治理建设项目开展跟踪审计，促进健全城市排水管理制度、出台锦江流域水环境治理行动方案。

金融审计 开展成都银行股权管理专项审

计，揭示未严格执行贷款“三查”制度等问题。

企业审计 开展市属国企经营管理专项审计，揭示企业闲置资金、闲置房产，以及对外投资中合作方未按约定履行出资义务等问题。

信息化建设 坚持科技强审，加强数据采集、挖掘和分析，新增各类业务和行业数据20亿条15TB，新增针对财政、投资、企业等领域的大数据审计方法案例283个。

内部审计 开展市属国企工程建设项目内部审计质量抽查，与市卫健委联合举办成德眉资卫生健康系统内部审计培训班，全市8个集体和7名个人获得全国、全省内部审计工作表彰。

相关工作 深入开展“大学习、大调研、大走访”活动，深入一线、检视问题、补齐短板、凝聚力量。组织召开党风廉政建设工作会、庆祝建党99周年暨机关党的建设工作推进会，完成市审计局机关党委换届和成立机关纪委，层层压实党风廉政建设“一岗双责”，常态化开展纪律作风教育和警示教育，扎实抓好省委巡视反馈意见整改落实、市委巡察和主题教育“回头看”。为加快年轻干部成长，专门制定“五练五强”培养措施，出台干部轮岗交流办法，创设“审计青年讲坛”等平台。组织开展审计服务成渝地区双城经济圈建设课题调研，动员全市审计干部共同参与，形成调研报告23篇。全年举办或组织参加各类培训49期，培训4200多人次。

（撰稿人：戴　晨）

【自贡市审计局】 2020年，自贡市审计局实有51人。局长何忠，副局长刘同、赵嗣利、罗宏、杨俊鑫，机关党委书记郭晋荣，总审计师熊艺。设有市委审计委员会办公室秘书科、办公室、综合与计划管理科、法规审理与内部审计监督指导科、电子数据审计科、财政审计科、政策跟踪审计科、经济责任审计科、农业农村审计科、固定资产投资审计科、社会事业审计科、自然资源与生态环境审计科、企业与金融审计科、高新审计分局、组织人事科、机关党委；下设自贡市政府投资审计中心。

审计成果 2020年，自贡市审计机关共完成审计项目174个，其中审计139个、专项审计调查35个。查出主要问题金额826170万元，其中违规金额39506万元、管理不规范金额786664万元；审计发现非金额计量问题715个；损益（收支）不实金额33875万元；出具审计报告和专项审计调查报告204篇。审计处理处罚金额130383万元，其中应上缴财政6570万元、应减少财政拨款或补贴10781万元、应归还原渠道资金44631万元、应缴纳其他资金444万元、应调账处理金额67957万元；移送司法机关、纪检监察机关和有关部门处理事项21件。审计促进整改落实有关问题资金124193万元；审计促进拨付资金到位352万元；审计后挽回（避免）损失7416万元；核减投资额10375万元。审计提出建议409条，被采纳254条；促进被审计单位建立健全规章制度30项；提交审计信息130篇，被批示、采用21篇次。向社会公告审计结果25篇。

自贡市审计局实施的泸州市江阳区委原书记、原区长任职期间经济责任履行情况审计被四川省审计厅评为2020年度优秀审计项目三等奖。

政策落实情况跟踪审计 围绕“六稳”“六保”组织开展就业优先、老工业城市转型升级等重大政策措施落实情况跟踪审计。开展新增财政资金直达市县基层和直接惠企利民等审计。

财政审计 开展财政预决算审计，实施市本级245个一、二级预算单位数据分析全覆盖，指导区（县）审计局同步开展。

三大攻坚战审计 开展脱贫攻坚、乡村振兴、惠农政策“一卡通”等专项审计调查等。

疫情防控资金和捐赠款物专项审计 开展疫情防控资金和捐赠款物专项审计，助力疫情防控。

民生审计 开展学前教育、教育经费使用管理、荣县地震灾后恢复重建、城市公共交通财政补贴等审计。

经济责任审计 开展7个市属事业单位重大经济决策及公共资金管理使用情况专项审计调查，以及1个区（县）2名党政主要领导和25个部门（单位）主要领导干部经济责任审计。

固定资产投资审计 开展城市地下综合管廊、东部新城建设等46个重大投资项目审计。

资源环保审计 开展乡镇领导干部自然资源资产离任（任中）审计，以及市本级、沿滩区深化城乡建设用地增减挂钩项目实施情况专项审计调查。

专项资金审计 开展2个单位信息系统专项审计调查。

信息化建设 制订《2020年大数据审计实施方案》等文件，通过"以审代训"、现场演练等方式提高信息化应用能力。

审计科研 组织编写的2个科研课题获全省科研类评选一等奖。

内部审计 新冠肺炎疫情期间，指导28个内部审计单位、60余名内部审计人员开展审计监督。推动全市54个部门（单位）建立健全内部审计机构，指导开展内控制度"立改废"，促进100余个内控制度制定或修订。

相关工作 抓牢政治立审、科技强审、人才兴审、作风促审，打造高素质专业化审计队伍。

（撰稿人：杨 瑶）

【攀枝花市审计局】 2020年，攀枝花市审计局实有60人。局长王玖斌，副局长顾民、陈益（6月—），总审计师蔡华（8月—），机关党总支书记李旭，二级调研员程兴国、曾妍妍。设有内设科（室）14个，市属国有企业专职监事2名（乡科级正职领导职务）；下设攀枝花市政府投资审计服务中心。

审计成果 2020年，攀枝花市审计机关共完成审计项目142个。查出主要问题金额918713万元；出具审计报告和专项审计调查报告142篇。审计处理处罚金额416430万元；移送司法机关、纪检监察机关和有关部门处理事项8件。审计促进整改落实有关问题资金55117万元。审计提出建议358条；提交审计信息299篇。

米易县审计局、盐边县审计局和攀枝花市审计局企业金融审计科被表彰为四川省审计系统先进集体。

财政审计 对20个部门开展预算执行情况审计，盘活用活财政资金约6044万元。

经济责任审计 对27名领导干部开展经济责任审计，查出问题金额3.14亿元，向市纪委监委和相关部门移送违法违纪问题线索5件，移送人员中1人受到党内严重警告处分。经省审计厅授权，对乐山市五通桥区党政主要领导开展经济责任审计，查出主要问题金额58.24亿元。

固定资产投资审计 对39个政府投资项目进行跟踪监督，对8个政府投资建设项目开展竣工决算审计，揭示多计工程建设成本7709万元。

资源环保审计 对13名领导干部开展自然资源资产审计，揭示问题金额4857.4万元。

专项资金审计 对全市新冠肺炎疫情防控资金及捐赠款物开展跟踪审计，跟踪督促疫情防控资金及时下拨使用809.91万元。对攀枝花市收到的新增财政资金16.82亿元进行全过程跟踪审计。

巡审协作 建立"巡审结合"机制，将经济责任审计与巡察工作结合起来开展，与攀枝花市委巡察办联合印发《攀枝花市巡察监督与审计监督协作配合工作实施办法》。

审计科研 组织编写的《基层审计机关开展重大政策跟踪审计问题与对策研究》被四川省审计学会评选为2020年审计理论重点课题论文二等奖，《政府投资重大项目全覆盖审计的难点及对策》被四川省审计科研所和四川省审计学会评为深化固定资产投资审计征文二等奖。科研文章《做大做强攀枝花市属国有企业的对策研究》被期刊《决策咨询》刊用。

相关工作 攀枝花市审计局被中央文明委授予第六届"全国文明单位"荣誉称号。

（撰稿人：周梦娇）

【泸州市审计局】 2020年，泸州市审计局实有70人。局长龚百川（—11月）、张学彬（11月—），副局长宋革会、张蓉波（—9月）、古刚、周刁兵，机关党委书记吴念霞，总审计师邓芳，经济责任审计分局局长蔡浩。设有市委审计委员会办公室秘书科、办公室、政策法规科、内部审计监督指导科（审计执行督查科）、电子数据审计科、财政审计科、行政事业审计科、农业外资审计科、固定资产投资审计科、企业和金融审计科、社会保障审计科、国有企业领导人员经济责任审计科、自然资源和生态环境审计科、人事科、机关党委和经济责任审计分局；下设泸州市政府投资审计服务中心、计算机技术中心等事业单位。

审计成果 2020年，泸州市审计机关共完成审计项目187个，其中审计156个、专项审计调查31个。查出主要问题金额204382.09万元；审计发现非金额计量问题843个；损益（收支）不实金额482.97万元；出具审计报告和专项审计调查报告186篇，被批示、采用34篇次。审计处理处罚金额298279.09万元；移送司法机关、纪检监察机关和有关部门处理事项44件，移送处理人员68人。审计促进整改落实有关问题资金298050.11万元；审计促进拨付资金到位64209.76万元；审计后挽回（避免）损失7651.92万元；核减投资额21178.1万元；移送处理落实事项21件。审计提出建议556条，被采纳517条；促进被审计单位建立健全规章制度79项；提交审计信息233篇，被批示、采用209篇次。向社会公告审计结果53篇。

江阳区等6个区（县）2015年至2017年强农惠农财政补贴资金使用“一卡通”情况专项审计调查被省审计厅评为优秀审计项目一等奖，龙马潭区胡市镇农村公路安保工程竣工决算审计被省审计厅评为优秀审计项目二等奖。

政策落实情况跟踪审计 重点开展减税降费、就业优先、清理拖欠民营企业中小企业账款、新增财政资金直达市县基层直接惠企利民等政策措施落实情况跟踪审计，推动国家重大政策措施落地见效。

财政审计 对212家预算单位全覆盖数据分析，发现问题疑点2117个，审计查实问题金额81060.58万元，提高财政资金使用绩效，规范财政预算管理和执行。

三大攻坚战审计 对7个区县2019年脱贫攻坚情况实施专项审计，助力高质量打赢脱贫攻坚战。开展领导干部自然资源资产离任（任中）审计项目11个，助力打赢污染防治攻坚战。在财政审计、金融审计、企业审计等各类项目中，重点关注地方隐形政府债务、财政资金使用质效等问题，助力打赢防范化解重大风险攻坚战。

疫情防控资金和捐赠款物专项审计 成立专项审计工作领导小组，通过“大数据”分析与现场核实相结合的审计方式，与疫情防控同步建立审计监督机制，促进资金分配公开透明、物资管理安全规范。

民生审计 完成民生审计项目4个，查出主要问题金额4575.51万元，推动解决群众“急难愁盼”事项。

经济责任审计 对46名党政领导干部开展经济责任审计，移交违纪违规线索17件，促进领导干部履职尽责。

固定资产投资审计 开展投资审计项目47个，推进投资审计“三个转变”。

农业农村审计 完成农业农村审计项目9个，推动乡村振兴政策措施落实。

企业审计 对14户国有企业经营管理情况进行专项审计调查，推动国资国企深化改革和高质量发展。

信息化建设 建成数据分析室，配备6台高性能服务器，构建数据分析网络环境，搭建部门预算审计全覆盖数据分析平台，建立数据模型10余个，创新利用Bi可视化技术、图数据库技术、网络爬虫技术等深化拓展数字化审计模式，以上带下、“以审代训”推动区县开展大数据审计，提升审计工作质效。

内部审计 加强内部审计业务指导和监督，指导44个市级部门（单位）和7个区县设置内部审计机构328个、配备人员1036人；落实内部审计工作备案制度，备案内部审计计划项目300余个；促进40余家单位完善内部审计工作制度、规范内部审计工作开展；统筹内部审计力量参与审计项目，指导内部审计学会开展业务培训和经验交流，提高内部审计人员业务能力。

相关工作 把政治建设摆在首位，建立长效机制，不断巩固和深化主题教育成果；切实加强党风廉政建设，强化“四严禁”工作要求和“八不准”工作纪律执行；压茬推进泸州审计信息化、规范化、干部队伍专业化“三化”建设，夯实审计事业发展基础。 （撰稿人：罗丽娜）

【德阳市审计局】 2020年，德阳市审计局实有76人。局长李可，副局长李晖（—10月）、杨龙虎、余锡贵、管云海（10月—），机关党委书记杨帮国，市经济责任审计工作联席会议办公室主任蔡谷华，总审计师张泽琴（—7月）。设有办公室（秘书科）、政工人事科、综合与计划管理科、政策跟踪审计科、法规和内部审计监督科、财政审计科、经济责任审计科、社会保障审计科、农业农村审计科、固定资产投资审计科（产业园区审计科）、行政事业和社保审计科、农业农村审计科、教科文卫和涉外审计科、资源环境审计科、金融和企业审计科；下设德阳市政府投资审计中心、德阳市审计信息管理中心。

审计成果 2020 年，德阳市审计局共完成审计项目 55 个，其中审计 34 个、专项审计调查 21 个。查出主要问题金额 943770 万元，其中违规金额 6786 万元、损失浪费金额 291 万元、管理不规范金额 936692 万元；审计发现非金额计量问题 231 个；损益（收支）不实金额 39303 万元；出具审计报告和专项审计调查报告 58 篇。审计处理处罚金额 5976 万元，其中应上缴财政 5956 万元、应调账处理金额 19 万元；移送司法机关、纪检监察机关和有关部门处理事项 9 件，涉及人员 2 人、金额 977 万元。审计促进整改落实有关问题资金 8824 万元；审计促进拨付资金到位 2491 万元；核减投资额 66 万元。审计提出建议 180 条，被采纳 104 条；促进被审计单位建立健全规章制度 48 项；提交审计信息 122 篇，被批示、采用 50 篇次。

市审计局实施的中江县强农惠农“一卡通”专项审计调查项目被省审计厅评为 2020 年度四川省优秀审计项目三等奖。

政策落实情况跟踪审计 关注“六稳”“六保”，持续跟踪减税降费、优化营商环境、清理拖欠民营企业中小企业账款等。开展全市疫情防控专项审计，促进建立健全管理办法 16 个，规范财政专项资金 1870.49 万元、捐赠资金 353.65 万元。

财政审计 开展市级财政预算全覆盖审计，促进财政盘活存量资金 1097.79 万元，促进资金规范使用 5317.96 万元。做好直达资金审计工作，发现问题金额 11.43 亿元，已整改金额 8.60 亿元。

民生审计 开展恢复生猪和稳定粮食生产政策措施落实情况审计调查。完成扶贫及乡村振兴审计，促进 2016 年来的 275 个问题全部整改到位，收回或上缴国库资金 630.90 万元。

经济责任审计 完成经济责任审计项目 16 个，促进上缴财政资金 390.75 万元，归垫和清退资金 52.24 万元，移送问题线索 1 件。

固定资产投资审计 开展全市 104 个国有投资重点建设项目推进情况审计调查，促进相关单位归垫资金 8548 万元。

资源环保审计 对 12 名领导干部实施自然资源资产离任（任中）审计。在城市建成区黑臭水体整治专项审计中，收缴财政 4750 万元，挽回损失浪费 332 万元。

企业审计 开展市属集团公司专项审计调查，促进德阳发展集团顺利组建。

专项资金审计 对 68 个一级预算单位、90 个二级预算单位的国有资产开展专项审计，完成存量资金、援藏援彝资金筹集管理情况等专项审计。

信息化建设 完成非涉密电脑“德阳市敏感信息客户端”软件安装，开展数据采集和数据分析工作。

审计查出问题整改 出台《审计整改督导实施办法》，促进收缴或追回财政资金 1.62 亿元，盘活闲置或存量资金 0.72 亿元，建立健全制度 50 项。

（撰稿人：王　政）

【绵阳市审计局】 2020 年，绵阳市审计局实有 77 人。局长王刚（—10 月）、谭谱（10 月—），副局长张勇、冯庆友、黎峰，总审计师康运金，市经济责任联席办主任曹蓉，机关党委书记于晓红。设有市委审计委员会办公室秘书科、办公室、法规与审理科、内部审计监督指导科、财政审计科、经济责任审计科、人事科等 20 个科室；下设绵阳市审计信息中心。

审计成果 2020 年，绵阳市审计机关共审结审计项目 268 个（含审计调查），其中财政审计 116 个、经济责任审计 52 个、投资审计 39 个、专项审计 58 个、社保审计 1 个、企业审计 2 个。共查出违规金额 2542 万元、管理不规范金额 2224764 万元；审计发现非金额计量问题 2226 个。核减投资额 954 万元，审计后挽回（避免）损失 954 万元；移送处理事项 76 件。审计提出建议 768 条；提交审计信息 262 篇，得到省委常委肯定性批示 1 篇次，得到市委市政府主要领导肯定性批示 7 篇次。向社会公告审计结果 109 篇。

涪城区、安州区、市审计局组织实施的经济

责任审计项目分别荣获四川省优秀审计项目一、二、三等奖。

政策落实情况跟踪审计 抽审单位341个，抽审项目92个，促进完善配套政策、健全规章制度15项，挽回损失3000余万元。

三大攻坚战审计 对6个县市区乡村振兴战略实施情况开展专项调查，对6个县市区脱贫攻坚工作情况进行审计，共审计资金81344.69万元，揭示反映问题金额931.18万元，促进扶贫政策落实3项。

疫情防控资金和捐赠款物专项审计 累计审计资金16400万元，延伸审计单位、企业170余家，促进3家单位完善账务核算、2家单位加快资金拨付进度、4家单位及时公示捐赠款物信息、1家单位建立健全规章制度1项。

经济责任审计 对59名主要领导干部进行任期经济责任审计，共查出问题金额450149万元，促进增收节支580万元。审计提出建议155条。

固定资产投资审计 对江油市人民政府等相关单位2016年至2019年期间组织实施的地下综合管廊建设情况进行专项审计调查，共发现问题19个。对相关单位组织实施的省市重点项目新开工准备情况开展专项审计调查，共发现问题17个。对殡葬服务用房建设工程等项目进行跟踪审计，共发现问题12个。

信息化建设 搭建“会易通”远程视频会议系统，做好金审工程三期准备工作，完成市县两级近2000个单位的财务数据采集、分析，基本实现全市财务数据分析的全覆盖。

相关工作 全年组织党组中心组学习16次，形成调研报告19份；组织排查廉政风险点76个，修订完善制度26项。持续开展“担当审计人”系列主题党建活动和“扬正气　树新风”活动。

（撰稿人：喻佳丽）

【广元市审计局】 2020年，广元市审计局实有80人。局长周杰，副局长张焕良、王慧利、何晓蓉、徐多海（2月—），总审计师王仕发，市财政监督检查局局长贾小平，机关党委书记高明，二级调研员昝鹏程。设有办公室、综合与计划管理科、法规与审理科、内部审计监督指导科、电子数据审计科、财政审计科、政策跟踪审计科、经济责任审计科、行政事业审计科、农业农村审计科、固定资产投资审计科、社会保障审计科、自然资源与生态环境审计科、企业审计科、金融与涉外审计科、人事科；下设市财政监督检查局、市审计局直属审计分局、市审计信息中心、市固定资产投资审计中心。市委审计委员会办公室设有审计局，下设市委审计委员会办公室秘书科。

审计成果 2020年，广元市审计局共完成审计项目44个，其中审计43个、专项审计调查1个。查出主要问题金额131746万元，其中违规金额2815万元、损失浪费金额188万元、管理不规范金额128743万元；审计发现非金额计量问题273个；损益（收支）不实金额753万元；出具审计报告和专项审计调查报告44篇，被批示2篇次。审计处理处罚金额73579万元，其中应上缴财政1330万元、应减少财政拨款或补贴3899万元、应归还原渠道资金22853万元、应缴纳其他资金11577万元、应调账处理金额33938万元；移送司法机关、纪检监察机关和有关部门处理事项12件，移送处理人员9人，移送处理金额2192万元。审计促进整改落实有关问题资金13184万元；审计促进拨付资金到位300万元；审计后挽回（避免）损失3185万元；核减投资额3106万元；移送处理落实事项4件。审计提出建议167条，被采纳105条；推动被审计单位制定整改措施29项；促进被审计单位建立健全规章制度35项；提交审计信息40篇，被批示、采用29篇次。向社会公告审计结果15篇。

广元市审计局实施的旺苍县人民政府2016年至2017年扶贫资金审计项目被审计署评为2019年度全国市级审计机关优秀审计项目二等奖，广元市2018年殡葬服务专项审计调查获四川省优秀项目二等奖。

政策落实情况跟踪审计 完成新增财政资金直达市县基层直接惠企利民专项审计，涉及资金31亿元，促进5亿元项目资金及时拨付，推进23个项目及时开工建设和19个项目的建设进度。完成省市重点建设项目跟踪审计23个。清理拖欠民营企业中小企业账款，促进全市上半年500万元以下无分歧欠款支付全面“清零”。

财政审计 完成2019年度市本级财政预算执行情况和市级部门一、二级预算单位预算执行情况全覆盖审计，涉及部门（单位）228个，审计金额达50亿元。

三大攻坚战审计 组织完成6个县区的扶贫审计，抽审资金12.5亿元，抽查94个部门（单位）、62个乡镇和222个项目，查出问题88个，涉及问题金额3.8亿元，促进建章立制14项；扎实开展扶贫巡回审计，督促各县区人民政府累计完成扶贫领域整改资金6.26亿元。实施7个乡镇14位领导干部自然资源资产离任（任中）审计，发现破坏生态环境、土地资源等方面的问题101个，移送案件线索14件。开展债券资金项目审计，促进资金闲置问题整改，防范化解地方债务风险。

疫情防控资金和捐赠款物专项审计 组织完成全市应对新冠肺炎疫情防控资金和捐赠款物专项审计。

民生审计 开展医疗保险基金审计，查出管理不规范金额3.18亿元，移送案件线索4件，处罚定点医疗机构210家。推动建章立制12项。

经济责任审计 修订完善《广元市经济责任审计工作联席会议制度》，市本级完成11个部门（单位）13名主要领导经济责任审计，县区审计局完成33个部门（单位）45名主要领导经济责任审计，促进领导干部履职尽责，依法依规行权。

固定资产投资审计 推进投资审计“三个转变”工作，在完善投资领域治理体系、规范投资审计行为方面发挥积极作用，全市审计机关共核减投资4.5亿元。

农业农村审计 统筹推进旺苍县“一卡通”治理情况、剑阁县稳定粮食生产、青川县推进乡村治理、昭化区恢复生猪生产4个乡村振兴专项审计调查。农业农村审计科被评选为全国审计机关先进集体。

资源环保审计 对黑臭水体治理情况开展专项审计调查，促进被审计单位立行立改6个问题，市委书记、市长分别作出肯定性批示。

金融审计 完成市金服集团2019年度资产负债和损益情况审计。

企业审计 完成市工贸集团有限公司资产负债损益审计。

专项资金审计 完成市教育局、水利局等部门专项资金审计。

信息化建设 建设综合日志审计平台、安全网关等网络安全软硬件，完成审计管理系统2.0等保测评工作。采集整理上报全市预算部门财务、社会保险基金等业务数据，建立审计电子数据管理台账。开展大数据审计业务培训。

审计科研 课题《领导干部自然资源资产离任审计评价体系构建及研究》获省审计厅立项并顺利结题；参与《乡镇领导干部自然资源资产离任审计重点事项操作指引》编写。

内部审计 以“机构建设专业化、工作制度规范化、审计业务标准化”为着力点，狠抓乡镇审计站建设。

交办任务 完成纪律审查业务用房改扩建项目审计等11个交办事项。

相关工作 坚持把政治建设摆在首位，扎实开展“能力提升年、制度规范年、创新发展年”活动。市审计局职工中全日制硕士研究生14人，占18%；中级以上职称53人，占67%。

（撰稿人：舒　伟）

【遂宁市审计局】 2020年，遂宁市审计局实有48人。局长蔡立春，副局长邓兵、敬杰秀、唐春林（12月—），总审计师杨晓春，市经济责任审计联席会办公室主任杨冬（2月—）。设有遂宁市委审计委员会办公室秘书科、办公室、人事科、综合法规科、财政审计科、经济责任审计科、行政事业审计科、社会保障审计科（电子数据审计科）、内部审计监督指导科、政策跟踪审计科、固定资产投资审计科、自然资源与生态环境审计科、企业金融审计科、农业农村与涉外审计科；下设政府投资审计中心、电子审计技术中心。

审计成果 2020年，遂宁市审计机关共完成审计和审计调查项目138个。查出主要问题金额38.10亿元，其中违规金额4.43亿元、管理不规范金额33.67亿元。促进整改落实有关问题金额14.18亿元，其中为国家增收节支1.33亿元。审计提出的建议被采纳135条；推动建立健全制度31项。

遂宁市审计局实施的遂宁市住房和城乡建设局局长任职期间经济责任履行情况审计荣获四川省审计厅优秀审计项目二等奖；遂宁市审计局固定资产投资审计科、遂宁市船山区审计局荣获四川省审计系统先进集体表彰。

政策落实情况跟踪审计 出具季度审计报告4篇。累计查出问题95个，督促完成整改69个。

财政审计 完成2019年度市本级财政预算执行和决算草案编制和市级部门预算执行审计。截至年末，审计报告要求整改的96个问题，及时督促相关部门完成整改78个，问题整改率达81.25%。审计移送的问题，已查处整改4项，问责处理4人次。

民生审计 完成乡村振兴、城市黑臭水体治理情况专项审计调查等5个项目。其中，遂宁市在“全国城市黑臭水体治理监管平台”显示消除比例达到100%。

经济责任审计 完成四川省宜宾市长宁县党政主要领导干部经济责任审计；完成5个部门（单位）的主要领导经济责任审计。

固定资产投资审计 完成基础设施补短板专项审计调查、省市重点项目跟踪审计项目5个；稳步推进投资审计“三个转变”，提出健全全市招标投标领域政策建议4条。

资源环保审计 完成5个乡镇9名党政主要领导干部履行自然资源资产管理和生态环境保护情况审计。

企业与金融审计 完成市属国有企业投融资情况专项审计调查1个。

专项资金审计 完成市属国有企业投融资情况等专项审计调查项目。完成新冠肺炎疫情防控资金和捐赠款物、脱贫攻坚等专项审计项目5个。完成就业创业补助资金跟踪审计项目1个。

内部审计 指导遂宁市渠河饮用水源取水口集中北移、遂宁市城南第二污水厂提标扩能工程项目等重点工程开展内部跟踪审计。

交办任务 选派业务骨干近40人次推进全省重大审计项目；抽调审计骨干近50人次配合遂宁市纪委监委机关等部门完成巡察办案及相关督促检查工作；完成遂宁市委市政府交办的吉祥组团托管债权债务审计核实、遂宁市公交公司财务收支、第二届莲花灯会和2020中国休闲度假大会、2020中国（遂宁）锂电产业大会绩效评估审计工作。

信息化建设 坚持把大数据审计作为全市审计工作的重中之重，自主开发的“预算执行审计”等应用程序App被推广使用。

相关工作 选举新一届中国共产党遂宁市审计机关委员会委员、纪委委员；开展干部职工集体廉政谈话3次，班子成员集体廉政谈话4次。深入项目组开展党风廉政建设谈话及督查2次，向党员干部发送廉政信息20余条。完成署、厅、市组织的学习培训156人次、3242课时。新晋升各级调研员12名，推荐提拔县级干部1名，选拔任用正科级领导干部3名，通过选调、转业、聘用等方式，引进干部职工5人。

（撰稿人：张兴隆）

【内江市审计局】 2020年，内江市审计局实有59人。局长唐荣，副局长葛明（—8月）、王应全、岳璋、马燕（10月—），市纪委监委驻市审计局纪检监察组组长李永强，机关党委书记柳大鹏，总审计师马忠全（10月—）。设有办公室、综合与计划管理科、法规与审理科、内部审计监督指导科、电子数据审计科、财政审计科、政策跟踪审计科、经济责任审计科、教科文卫审计科、农业农村审计科、固定资产投资审计科、社会保障审计科、自然资源与生态环境审计科、企业与金融涉外审计科、人事科、派出审计一科、派出审计二科；设置机关党办、市委审计委员会办公室秘书科；下设内江市审计局投资审计中心、内江市审计信息中心。

审计成果 2020年，内江市审计机关共完成审计项目235个。查出主要问题金额229.65亿元，其中违规金额6.8亿元、管理不规范金额222.8亿元；审计发现非金额计量问题1755个；出具审计报告和专项审计调查报告294篇。审计处理处罚金额32.04亿元；移送司法机关、纪检监察机关和有关部门处理事项115件，移送处理金额1.6亿元。审计促进整改落实有关问题资金11.9亿元；审计后挽回（避免）损失1.4亿元。审计提出建议907条；促进被审计单位建立健全规章制度204项；提交审计信息364篇。

资中县农村信用合作联社防范化解重大风险

专项审计、隆昌市2018年度市本级财政预算执行和其他财政收支情况以及市本级财政总决算（草案）编制情况审计被评为四川省审计厅优秀审计项目。

政策落实情况跟踪审计 抽审单位239个，抽审资金总额47.3亿元。

财政审计 完成预算执行审计119个，查出问题金额180.4亿元。

三大攻坚战审计 对2019年度脱贫攻坚政策措施落实情况进行审计，审计财政扶贫资金3.5亿元。开展高标准农田建设管理专项审计，抽审资金8.1亿元。实施市建成区黑臭水体治理情况专项审计。

疫情防控资金和捐赠款物专项审计 审计财政资金1.5亿元，促进建立健全制度24个。

民生审计 开展“一卡通”治理成效专项审计调查，完成“12·18”资中5.2级地震抗震救灾资金和物资专项审计。

经济责任审计 完成经济责任审计项目51个，审计领导干部55人。

固定资产投资审计 开展责任主体履职履约专项审计调查和政府投资项目竣工决算审计，覆盖重点项目66个。

信息化建设 推行审计项目与电子数据分析“三双四同步”模式，开展常态化大数据分析。

内部审计 市级内部审计机构共完成审计项目237个。

相关工作 “经济卫士、审计铁军”党建品牌建设经验做法得到省直机关工委高度评价和推广，成功创建第五届四川省文明单位。

（撰稿人：马　勇）

【乐山市审计局】 2020年，乐山市审计局实有62人。局长张强，副局长颜宇、金中强、庞麟（5月—），机关党委书记郑祝彬，总审计师庞麟（—5月）、周妮（11月—），经济责任审计工作联席会议办公室主任李光发（11月—）。设有市委审计委员会办公室秘书科、办公室、政策法规科、督查与内部审计指导科、电子数据审计科、财政审计科、政策跟踪审计科、农业农村审计科、固定资产投资审计科、社会保障审计科、国有企业审计科、经济责任审计科、自然资源与生态环境审计科、机关党委（人事科）；下设市政府投资审计中心。

审计成果 2020年，乐山市审计机关共完成审计项目191个，其中审计178个、专项审计调查13个。查出主要问题金额1682564万元，其中违规金额26345万元、损失浪费金额2752万元、管理不规范金额1653470万元；审计发现非金额计量问题515个；损益（收支）不实金额66465万元；出具审计报告和专项审计调查报告204篇，被批示、采用2篇次。审计处理处罚金额85942万元，其中应上缴财政20771万元、应减少财政拨款或补贴1219万元、应归还原渠道资金7799万元、应缴纳其他资金1556万元、应调账处理金额54600万元；移送司法机关、纪检监察机关和有关部门处理事项41件，移送处理人员4人，移送处理金额8524万元。审计促进整改落实有关问题资金47057万元；审计促进拨付资金到位680万元；审计后挽回（避免）损失13305万元；核减投资额4681万元；移送处理落实事项1件。审计提出建议575条，被采纳463条；推动被审计单位制定整改措施3项；促进被审计单位建立健全规章制度2项；提交审计信息39篇，被批示、采用16篇次。向社会公告审计结果12篇。

乐山市金口河区2018年度脱贫攻坚专项审计项目、乐山市市中区茅普路改建工程竣工决算审计项目被评为四川省审计厅优秀审计项目。

政策落实情况跟踪审计 统筹实施促进财政资金提质增效、促进优化营商环境、促进就业优先政策措施落实情况专项审计。开展新增财政资金直达市县基层直接惠企利民专项审计，揭示5个方面问题。

财政审计 实现对市县两级790余个一级预算部门（单位）的审计全覆盖，揭示8个方面57个问题。

三大攻坚战审计 实施全覆盖扶贫审计，累计完成22.18亿元扶贫资金、195个扶贫项目的审计调查，揭示风险隐患70个。

疫情防控资金和捐赠款物专项审计 对财政专项资金12389.81万元和社会捐赠款物3056.52万元、110.95万件进行跟踪审计，提出意见建议19条。

民生审计 实施就业优先政策、清理拖欠账款、保障性安居工程等审计调查，促进相关单位偿还3081.46万元拖欠账款、收回137.69万元欠缴租金。

经济责任审计 对1个县（市、区）2名县级党政主要领导干部、6个市级部门（单位）主要负责人开展经济责任审计，实施重大经济事项审计调查。

固定资产投资审计 强力推进投资审计“三个转变”，全市审计机关按要求全面退出与法定职责无关的各类议事协调机构。

农业农村审计 对推进乡村治理、恢复生猪生产、“一卡通”治理情况开展专项审计调查，揭示工作推进、政策落实中存在的突出问题。

资源环保审计 对1个县（市、区）2名县级党政主要领导干部、1个市级部门主要负责人开展自然资源资产离任（任中）审计。

金融审计 参与省审计厅组织的乐山市商业银行股权管理专项审计调查，揭示4个方面风险隐患。

企业审计 开展市属国有企业债务风险防控情况专项审计调查，揭示3个方面问题。

信息化建设 采用“项目主审＋数据主审”“自查自证＋审计复核”的方式，实施预算执行审计、脱贫攻坚审计等项目。

内部审计 采取“以审代训”的形式，加强内部审计人员交流培训。 （撰稿人：李 培）

【南充市审计局】 2020年，南充市审计局实有70人。局长陈勇，副局长陆斌（—9月）、杨永红、杨博、李西蜀（11月—），经济责任审计分局局长陈长清，总审计师岳有普。设有市委审计委员会办公室秘书科、办公室、人事科、机关党委、自然资源与生态环境审计科、金融涉外审计科、社会保障审计科、企业审计科、教科文卫审计科、农业农村审计科、行政政法审计科、固定资产投资审计科、党群审计科、政策跟踪审计科、经济责任审计科、财政审计科、内部审计监督指导科、法规审理科、综合计划执行科、经开区审计分局；下设政府投资审计中心、审计信息技术服务中心等事业单位。

审计成果 2020年，南充市审计机关全年共完成审计项目290个。查出主要问题金额93.61亿元，核减投资额2.21亿元；审计发现非金额计量问题1197个；审计期间整改金额2640.05万元；出具审计报告和审计调查报告373篇。审计处理处罚金额13.27亿元。审计促进整改落实有关问题资金15.81亿元。审计提出建议917条；提交审计信息84篇；向有关部门移送处理事项22件。

政策落实情况跟踪审计 重点对优化营商环境、清理拖欠民营企业中小企业账款、并联审批等政策措施落实情况进行跟踪审计，揭示未制订清欠计划、漏报欠款20392.72万元，2019年新增欠款21046.12万元，未按规定兑现奖补资金以及违规指定项目实施单位等问题。扎实开展新增财政资金直达市县基层直接惠企利民专项审计，出具阶段性审计报告和整改意见函9份，促进直达资金及时精准安全使用，惠企利民工作落到实处。

财政审计 加大对财政政策落实、重点项目推进、重点资金使用、重大风险防控的审计力度。对市本级存量资金、暂付款清理消化、国库库款管理、地方政府债券资金管理情况，实现对183个市本级财政一级预算单位数据分析全覆盖。

三大攻坚战审计 在扶贫审计中揭示576人重复享受政策、3216名非贫困重度残疾人未参加城乡居民医疗保险、向1832名死亡人员发放财政补贴等6个方面的问题。组织开展乡镇主要领导干部资环审计，查处落实目标任务不到位等问题100余项。开展防范化解地方政府隐性债务风险审计，促进财政资金提质增效。

疫情防控资金和捐赠款物专项审计 抽查财政资金、捐赠资金、专项再贷款资金37596万元，延伸调查疫情防控重点企业15家、金融机构4家，促进出台相关制度5项，积极助力复工复产。

民生审计 对市本级和仪陇县、蓬安县2019年就业创业补助资金和失业保险基金分配、管理、使用情况进行审计，揭示普惠性稳岗返还补贴政策覆盖未到位、部分政策未达到预期效果等方面问题12个。

经济责任审计 完成市民政局等8个资金量较大或项目较多市级部门（单位）的主要领导干

部经济责任审计，以及市委编办等 10 个市级部门（单位）的专项经济责任审计调查，助力干部担当作为、干事创业，促进相关部门（单位）加力完成全年目标任务。

固定资产投资审计 完成工程竣工结算审计项目 22 个，解决遗留问题 3 个，送审结算金额 12.4 亿元，审计核实多计工程价款 1.4 亿元。

农业农村审计 开展稳定粮食生产、恢复生猪生产、乡村治理和“一卡通”4 个专题的乡村振兴审计调查。

资源环保审计 关注全市建成区黑臭水体治理情况，围绕环境保护管理事务与能力建设、环境污染防治、生态保护与修复等方面配置审计力量，助推相关单位补齐环境监测、污水处理、垃圾处置等环保基础设施短板，积极推动“美丽南充”建设。

审计科研 撰写的《依法推进审计全覆盖》调研报告，入选全面依法治市调研成果选编。

内部审计 联合市委编办出台《关于完善内部审计工作机构有关事项的通知》，加强党对内部审计工作的领导。制发《南充市审计局关于建立健全内部审计基本制度的通知》，要求各单位完善内部审计组织架构、明确内部审计职责权限。组织开展全市新进内部审计人员的入门培训 1800 余人次。

（撰稿人：高黎明）

【眉山市审计局】 2020 年，眉山市审计局实有 69 人。局长徐琳，副局长张征、刘志勇、张亚平、冉晓天，经济责任审计分局局长刘锦兵，总审计师叶勇军（—7 月）、马军（12 月—），机关党委书记邱建（4 月—），三级调研员李建辉。设有市委审计委员会办公室秘书科、办公室、法制科、内部审计监督指导科、财政审计科（党群审计科）、政策跟踪审计科、经济责任审计科、教科文卫政法审计科、农业农村审计科、固定资产投资审计科、社会保障审计科、自然资源和生态环境审计科、企业审计科、金融审计科、园区审计科、人事监察科；下设眉山市审计中心、眉山市电子数据审计中心。

审计成果 2020 年，眉山市审计机关共完成审计项目 47 个。查出主要问题金额 555711 万元，其中违规金额 65010 万元、管理不规范金额 490700 万元；出具审计报告和专项审计调查报告 59 篇，被批示、采用 29 篇次；移送司法机关、纪检监察机关和有关部门处理事项 15 件，移送处理人员 5 人。审计提出建议 119 条；被采纳 119 条。提交审计信息 70 篇，被批示、采用 51 篇次。向社会公告审计结果 12 篇。

彭山区人民政府 2016 年和 2017 年医疗保险基金审计项目被省审计厅评为优秀（表彰）审计项目。

政策落实情况跟踪审计 对 2 个园区 40 个省、市重点项目推动落实情况开展专项审计调查。

财政审计 首次实现市、县（市、区）财政预算执行全覆盖审计，全面审计 6 个预算单位，现场核查 15 个预算单位，对 67 个一级预算单位开展自查指导和审计复核。

三大攻坚战审计 关注地方政府性债务、金融运行、国有资产监督管理等情况。对全市六县（市、区）2019 年度脱贫攻坚实施情况开展专项审计调查。对东坡区生态环境保护情况专项审计调查，对 2 名领导干部开展自然资源资产离任审计。

疫情防控资金和捐赠款物专项审计 重点审计财政资金 1.97 亿元、捐赠资金 1611 万元、捐赠物资 88.96 万件（套）。

民生审计 对六县（市、区）2019 年乡村振兴战略政策措施落实情况开展专项审计调查。对 2019 年度就业创业和失业保险基金开展专项审计调查。

经济责任审计 全年完成 10 名县级领导干部经济责任审计。

固定资产投资审计 完成 8 个政府投资项目审计，对 15 个项目开展专项审计调查复核。

企业审计 对 90 家市属国有企业 2019 年度运营管理情况开展专项审计调查。

内部审计 建立对口联系内部审计工作机制。

审计查出问题整改 推动建立市政府常务会议听取审计结果及整改情况制度，以市政府办公室名义印发《关于进一步加强审计整改工作的通知》。

相关工作 新进人员 7 人，推荐产生和交流 2 名副县级领导、二至四级调研员 7 名、科级职

务职级6名。8人通过审计师等专业技术职称资格考试。（撰稿人：王孟苗）

【宜宾市审计局】 2020年，宜宾市审计局实有83人。局长杨发成，副局长雷继隆、肖军、许波，总审计师魏伟，机关党委书记洪胜，市经济责任审计工作联席会议办公室主任徐剑平，三级调研员何钦元，四级调研员孙蓉、吕延华、吴龙泉。设有市委审计委员会办公室秘书科、办公室、综合与计划管理科、政策跟踪审计科（内部审计监督指导科）、政策法规审理科、电子数据审计科、财政审计科、经济责任审计科、行政事业审计科、农业农村审计科、固定资产投资审计科、社会保障审计科、自然资源与生态环境审计科、企业与金融审计科、机关党委（人事科）；下设宜宾市投资审计中心、宜宾市审计信息中心等事业单位。

审计成果 2020年，宜宾市审计机关共完成审计项目222个（含2个跨市交叉审项目）。审计促进整改落实有关问题资金211807万元，挽回（避免）损失9402万元；移送司法机关、纪检监察机关和有关部门处理事项98件，移送处理人员67人。

仁寿县委书记、县长任职期间经济责任履行情况审计被评为四川省优秀审计项目一等奖。《新时代国有企业内部审计职能定位研究》被审计署办公厅评为内部审计研究课题优秀论文。

政策落实情况跟踪审计 突出促进优化营商环境等重点，圆满完成4个阶段重大政策措施落实情况跟踪审计。全过程跟踪审计新增财政资金直达市县基层直接惠企利民情况。

财政审计 开展市本级财政预算执行和总决算草案情况审计，对全市地方政府债券资金等4个方面实施专项审计，运用大数据对市县一级预算单位年度预算执行情况实现全覆盖审计，共促进财政增收节支22594万元。

民生审计 开展疫情防控财政资金和捐赠款物专项审计以及医保基金、失业保险基金和就业创业补助资金审计，促进及时分配使用疫情防控资金物资5130万元，追回医保基金和财政资金500万元。

经济责任审计 审计领导干部75人，查出问题金额167.62亿元，审计提出建议225条。

固定资产投资审计 对宜宾机场迁建工程、长宁“6·17”地震灾后恢复重建等6个重点项目进行跟踪审计，开展对口帮扶雅江县、新龙县援建项目审计检查，全年督促整改落实问题54个，整改问题金额3235.45万元。强力推进投资审计“三个转变”，全市审计机关全部退出无关议事协调机构和工程管理活动。

农业农村审计 开展脱贫攻坚审计和乡村振兴专项审计调查，抽审资金92.02亿元，追回财政资金276.24万元，促进建章立制29项。

资源环保审计 开展乡镇主要领导干部自然资源资产离任审计10个，审计对象16人，提出审计建议30条，移送案件线索4件。

金融审计 开展城市商业银行专项审计调查，查出问题金额37.25亿元；加强国有企业领导干部审计监督，揭示问题17个，涉及问题金额1.62亿元。

信息化建设 探索政府采购大数据监管模式，推进“大数据审计监管平台”建设，创新开展政务信息系统整合共享审计。

审计科研 完成重点调研课题3个。

内部审计 全市开展审计项目19733个，促进增收节支53546.64万元，提出建议意见被采纳1770条，建议给予行政处分85人。

相关工作 党组中心组学习制度被省委巡视组作为典型推广，公务员平时考核制度被省委组织部认定为宜宾范本，审计与党内监督协调联动机制得到中纪委、省纪委调研组肯定。智慧党建系统初步建成，“三化”党建品牌效应彰显，16项工作获省市表彰。（撰稿人：任　媛）

【广安市审计局】 2020年，广安市审计局实有44人。局长李茂军（—7月）、熊祥俭（7月—），副局长黎毅翔（—3月）、蒋锡德、唐术原（8月—）、唐思平，机关党委书记杜海燕，总审计师蔡曦，经济责任审计分局局长符家果。设有市委审计委员会办公室秘书科、办公室、法规审理科、计划与内部审计指导科、电子数据审计科、财政金融审计科、经济责任审计科、政策跟踪审计科、行政事业审计科、农业农村审计科、固定资产投资与外资审计科、社会保障审计科、自然资源与生态环境审计科、企业审计科、人事科；下设政府投资审计中心、审计信息中心等事业单位。

审计成果 2020 年，广安市审计机关共完成审计项目 283 个。查出主要问题金额 2888225 万元；出具审计报告和专项审计调查报告 271 篇。审计处理处罚金额 192282 万元；移送司法机关、纪检监察机关和有关部门处理事项 42 件，移送处理人员 92 人。审计促进整改落实有关问题资金 128739 万元；核减投资额 20910 万元。审计提出建议 967 条，被采纳 404 条；促进被审计单位建立健全规章制度 261 项；提交审计信息 76 篇，被批示、采用 39 篇次。向社会公告审计结果 36 篇。

2020 年，广安市审计局组织实施的富顺县党政主要领导干部任期经济责任审计项目被评为四川省优秀审计项目一等奖，邻水县审计局组织实施的邻水县农业局主要领导任期经济责任审计项目被评为四川省优秀审计项目二等奖。

政策落实情况跟踪审计 聚焦做好“六稳”工作、落实“六保”任务，持续跟踪优化营商环境、财政风险防范、三大攻坚战等重大政策落实情况，推动政策措施有效实施和发挥作用。按照省审计厅统一部署，完成新增财政资金直达市县基层直接惠企利民情况专项审计。

财政审计 组织实施同级财政预算执行和决算草案编制情况审计，首次实现市县两级 707 个预算单位审计全覆盖。

疫情防控资金和捐赠款物专项审计 完成全市疫情防控资金和捐赠款物专项审计。

民生审计 开展市级相关部门（单位）和 6 县（市、区）扶贫、乡村振兴专项审计（调查），市本级保障性安居工程资金投入和使用绩效专项审计。

经济责任审计 完成 5 县（市、区）、园区公安（分）局和市民政局、市政务服务管理局、市残联、市公路管理处、四川经准检验检测集团股份有限公司主要领导干部任期经济责任审计。根据省审计厅授权，完成中江县党政主要领导干部任期经济责任审计。首轮市管领导干部经济责任审计工作“五年规划”顺利完成。

固定资产投资审计 完成华蓥山区山水林田湖草生态保护修复工程绩效审计等政府投资审计项目 16 个。

资源环保审计 开展各园区管委会和 6 县（市、区）农村生活污水治理专项审计调查。指导开展乡镇党政主要领导干部自然资源资产离任审计。

外资运用审计 完成世界银行贷款川渝合作（广安）示范区基础设施建设项目审计。

相关工作 倡议并促成与重庆市渝北区审计局联合印发《助力成渝地区双城经济圈建设战略合作“一协议一清单”》。突出政治标准选人用人，全年新进工作人员 7 名，提拔重用或职级晋升干部 13 名。深入实施审计专业技术资格考试“三年攻坚计划”，全年有 10 人通过审计师资格考试（其中高级 3 名），全局具备各类中级及以上专业技术资格的干部上升至 74%。注重审计典型案例挖掘，组织撰写的“某县城乡增减挂钩试点项目审计”案例，入选审计署 2020 年教学案例库。

（撰稿人：蒋颜奇）

【达州市审计局】 2020 年，达州市审计局实有 68 人。局长高月睿，副局长胡若东、熊波、蒋普辉，机关党委书记吴伪，总审计师王雷。设有市委审计委员会办公室秘书科、办公室、法规科（审理科）、内部审计监督指导科、电子数据审计科、财政审计科、政策跟踪审计科、经济责任审计科、农业与资源环保审计科、固定资产投资审计科、社会保障审计科、企业与金融审计科、人事科（党建办）、派出审计一科、派出审计二科；下设达州市经济责任审计分局、达州市计算机信息审计中心、达州市政府投资审计中心等事业单位。

审计成果 2020 年，达州市审计局共完成审计项目 72 个，其中审计 67 个、专项审计调查 5 个。查出主要问题金额 198228 万元，其中违规金额 9618 万元、损失浪费金额 4336 万元、管理不规范金额 188175 万元；审计发现非金额计量问题 174 个；出具审计报告和专项审计调查报告等 72 篇。审计处理处罚金额 29576 万元，其中应上缴财政 8080 万元、应减少财政拨款或补贴 7628 万元、应归还原渠道资金 5254 万元、应调账处理金额 8614 万元。审计后挽回或避免损失

6488万元；核减投资额8089万元。审计提出建议236条，被采纳236条；促进被审计单位建立健全规章制度16项；提交审计信息286篇，被批示、采用205篇次。

主城区住宅专项维修资金审计项目、渠县妇幼保健和计划生育服务中心主要负责同志经济责任审计项目被评为四川省优秀审计项目。渠县审计局被评为全国审计机关先进集体。市经济责任审计分局、大竹县审计局被评为四川省审计机关先进集体。

政策落实情况跟踪审计 对政府投资项目审查审批制度改革，就业创业和失业保险基金进行审计，持续推进“放管服”改革专项审计调查。

财政审计 对市级预算执行及决算草案进行审计，通过大数据分析，实现市县乡三级一级预算单位审计全覆盖。

三大攻坚战审计 对各县（市、区）2019年脱贫攻坚政策落实和资金分配管理使用情况进行审计，实现扶贫审计第五轮县级全覆盖。对中心城区黑臭水体整治情况进行专项审计调查，对市国土资源局原主要负责同志和11名乡镇党政领导干部、2名县级水务局局长履行自然资源资产管理情况开展审计。对脱贫攻坚领域存在的风险隐患和渠县金融支持扶贫政策落实情况进行审计。

疫情防控资金和捐赠款物专项审计 对全市疫情防控资金和捐赠款物进行审计，促进资金加快使用1570.60万元。

民生审计 对达宣快速通道、环城路二期等项目征地拆迁资金进行专项审计，对主城区政府投资安置房建设剩余房源进行审计调查，配合市纪委监委开展“清塘净水”专项行动。

经济责任审计 制定经济责任审计五年规划，对市卫生健康委、市科技局等单位8名主要负责同志进行经济责任审计。受省审计厅委托，完成苍溪县党政主要领导干部经济责任审计。

固定资产投资审计 修订完善《达州市政府投资建设项目审计办法》，完成12个政府投资项目竣工决（结）算审计，节约财政资金8065.24万元。

企业审计 对市公共交通有限公司重大经济决策、内部财务管理、内控制度建设等情况实施审计，指导市属国有企业建立健全内部审计制度。

信息化建设 充分发挥大数据分析骨干团队作用，在社保、扶贫等审计中得到较好地运用。

审计科研 依托四川文理学院智力优势，合作开展住宅专项维修资金等审计成果研究。

内部审计 分类推进内部审计工作，指导渠县建立乡镇片区审计站，市本级被确立为全国8个地级市内部审计工作调研样本。

相关工作 加强党对审计工作的领导，召开市委审计委员会第三次会议。积极服务双城经济圈建设，召开万达开审计联席会议，万达开审计一体化建设被纳入省委改革方案。推行“审计组+党小组”模式，争创“践三立精神，筑审计先锋”党建品牌。完善与纪检监察机关协查协审协作“三协”机制，建立“巡审联动”“警审协作”机制，向纪检监察机关移送案件线索17件，移送后7名县处级领导干部被判处刑罚。举办审计业务专题培训班，16名审计人员取得审计中高级专业技术职称。（撰稿人：罗举娅）

【雅安市审计局】 2020年，雅安市审计局实有68人。局长曹刚，副局长郑文翔、陈浮、李春（—10月）、谢虋（10月—），总审计师张晓东，机关党委书记杨霞，经济责任审计办公室主任李沛。设有办公室、法规科、综合与计划管理科（信息技术审计科）、内部审计监督指导科、财政审计科、政策跟踪审计科、经济责任审计科、行政事业审计科、农业农村外资审计科、固定资产投资审计科、社会保障审计科、自然资源与生态环境审计科、企业金融审计科、人事科；下设雅安市审计技术服务中心。

审计成果 2020年，雅安市审计机关完成审计项目316个。查出违规金额49.71万元，为国家增收节支金额2.01万元；出具审计报告和审计调查报告248篇。审计提出建议1099条，被采纳1066条；推动建章立制14项。向纪检监察和有关部门移送问题线索28件。

全市有2个审计项目被省审计厅表彰为四川省优秀审计项目。市审计局被市委市政府表彰为2019年度脱贫攻坚先进集体，通过省级文明单位复核验收。固定资产投资审计科、雨城区审计局、天全县审计局被表彰为全省审计系统先进集体。

政策落实情况跟踪审计 发现问题 109 个，涉及金额 0.98 亿元，纠正金额 0.78 亿元。开展新增财政资金直达市县基层直接惠企利民情况专项审计，审计发现问题 65 个，涉及金额 12.72 亿元。

财政审计 查出违规金额 7.21 亿元。

三大攻坚战审计 完成 2019 年度全市脱贫攻坚审计，督促整改问题金额 0.52 亿元。

疫情防控资金和捐赠款物专项审计 审计财政资金 0.53 亿元、抽审捐赠资金 0.33 亿元，涉及金额 624.12 万元，促进完善制度 1 项。

民生审计 完成稳就业、学前教育发展现状、雨城区中心城区既有住宅增设电梯项目等专项审计调查。

经济责任审计 完成 56 名领导干部经济责任审计，查出问题金额 6.70 亿元，其中管理不规范金额 5.48 亿元。

固定资产投资审计 完成峨汉高速等一批重大政府投资项目跟踪审计，核减高估冒算等不合理资金 2.99 亿元。

企业审计 完成市商业银行股权专项审计调查，查出问题金额 12.27 亿元。完成市级轮粮差价补贴、华润三九税务补贴和蜀西茗苑项目专项审计调查。

灾后重建结算审计 按具体实施项目（子项目）口径，全市完成 2912 个结算审计（审核）项目，批复总投资 445.64 亿元，审定金额 266.65 亿元，审减高估冒算等不合理资金 27.15 亿元。

信息化建设 新建大数据审计分析室，建设“审计大数据分析软件系统”。

交办任务 完成市级政府性债务清理、滨江文化绿廊文化专题部分（二标段）建设情况、“蜀西名苑”结算资金等 8 个交办审计调查项目审计。

（撰稿人：张　薛）

【巴中市审计局】 2020 年，巴中市审计局实有 58 人。局长黄拥军，副局长李三荣、易旭东、赵智勇，总审计师刘迎春，经济责任审计工作联席会议办公室主任丁林，机关党委书记刘飞，纪检组长吴迪（驻市财政局纪检监察组）。设有市委审计委员会办公室秘书科、机关党办、办公室（人事科）、综合与计划管理科、法规审理科、财政审计科、政策跟踪审计科、行政事业审计科、社会保障审计科、农业农村审计科、经济责任审计科、自然资源和生态环境审计科、固定资产投资审计科、派出审计一科、派出审计二科；下设审计信息中心、政府投资审计中心、经开区审计分局。

审计成果 2020 年，巴中市审计机关共完成审计项目 284 个。查出问题金额 73.53 亿元。促进增收节支 0.1668 亿元，移送问题线索 6 件。审计提出建议被采纳 445 条。提交审计专题报告和信息简报被批示、采用 149 篇次。

巴中市恩阳区审计局实施的巴中市恩阳区石城乡党委书记、乡长任职期间经济责任履行情况审计项目被审计署评为 2019 年度全国县级审计机关优秀审计项目二等奖。

政策落实情况跟踪审计 对“六保”“六稳”、就业创业、减税降费、放管服改革等政策开展跟踪审计，揭示政策落实类问题 70 余个，提出建议意见被采纳 50 条；督促收回违规发放失业保险基金 593.87 万元、发放稳岗补贴 2459.6 万元。

财政审计 实现全市 2019 年度预算执行情况实施全覆盖审计，延伸审计市发展改革委等 7 个部门，查出违纪违规及管理不规范金额 5.27 亿元，促进增收节支 0.61 亿元，盘活各类财政存量资金 2.12 亿元

民生审计 完成 2019 年度全市保障性安居工程审计，调查和走访 36 个棚户区改造项目、16 个公租房项目、94 个老旧小区及 329 户保障家庭，共审计资金 70.75 亿元。组织各区县对辖区内农村住房、安全饮水等民生工程开展审计调查，审计资金 47.85 亿元。

经济责任审计 对市委巡察办、市财政局等 9 个部门的主要负责人以及全市宣传系统全覆盖审计，查出违纪违规及管理不规范金额 31.21 亿元，移送问题线索 4 件，促进部门完善制度 76 项。根据审计厅授权，完成对营山县党政主要领导干部“跨市交叉”审计。

固定资产投资审计 对市体育中心、黄石盘

水库、诺水河至光雾山公路（米仓大道）、江家口水库等12个省市重点项目开展跟踪审计，涉及投资总额193.62亿元，有力推动“重大项目推进年”各项决策部署落地见效。实施竣工决（结）算审计项目21个，送审金额21.29亿元，审减建设资金9376万元。

农业农村审计 完成全市2019年度脱贫攻坚专项审计、2019年度东西部扶贫协作情况专项审计，对恩阳区、平昌县、南江县乡村振兴开展专项审计调查，共抽审部门及乡镇221个，延伸调查农户600户，审计资金49亿元，查出违纪违规及管理不规范金额6.67亿元，助推脱贫攻坚成效明显。

资源环保审计 完成对巴州区、恩阳区5条城市黑臭水体治理情况实施专项审计调查，县（市、区）同步开展水利部门主要领导干部自然资源资产离任（任中）审计。

信息化建设 组建财政、农业、社保、经济责任四大分析团队，采取大数据审计方式统筹实施审计项目20个，集中采集财务账套406套，建立数据分析模型43个，整理形成数据分析思路和核查指导类文件47份，生成疑点数据3000余条，推动“大数据”审计实现“兵团作战”和“流水作业”，首次实现市本级一、二、三级预算单位审计全覆盖和各区（县）一级预算单位审计全覆盖。

（撰稿人：谭　昕）

【资阳市审计局】 2020年，资阳市审计局实有52人。局长金世永，副局长廖念俊、王志友、段有阔、邓晓燕，总审计师田碧清，机关党总支书记袁军，市经济责任审计工作联席会议办公室主任韩志林。设有办公室、法规科（审理科）、电子数据审计科、综合审计科（内部审计监督指导科）、财政审计科、经济责任审计科、行政事业审计科、农业农村审计科、固定资产投资审计科、社会保障审计科、自然资源与生态环境审计科、企业和金融审计科、人事科；代管资阳市投资审计中心。中共资阳市委审计委员会办公室、资阳市领导干部经济责任审计工作联席会议办公室设在市审计局，设有市委审计委员会办公室秘书科科长。

审计成果 2020年，资阳市审计局完成项目38个。查出主要问题金额110.68亿元，审计核减政府工程投资1.95亿元。

政策落实情况跟踪审计 开展“六稳”“六保”、疫情防控物资、三大攻坚战重点任务、优化营商环境、新增财政资金、污染防治、安居工程、社保基金等专项审计和跟踪审计。开展重大政策措施落实情况跟踪审计，为市委市政府参谋献策提出审计建议100余条。

财政审计 实施市级财政和预算执行审计。运用大数据技术对市级133个一级部门预算单位预算执行情况进行问题筛查，并对其中45个部门（单位）进行重点核查，查出主要问题和管理不规范金额46.30亿元。

固定资产投资审计 政府投资项目审结16个，核减政府投资0.61亿元。

经济责任审计 对10名领导干部开展任期经济责任履行情况审计，查出问题和管理不规范金额16.37亿元。同时，完成省审计厅授权的眉山市青神县党政主要领导同志经济责任审计，查出问题和管理不规范金额41.72亿元。审计提出建议140条，依法移送纪检监察、公安机关等12件59项。

交办任务 发挥审计宏观监管作用，局长固定列席市委财经委员会、政府常务会，参谋建言提出相关建议意见100余条。先后组织抽调骨干力量10余人次积极支持省纪委监委、省委巡视组、市纪委监委和市委巡察办开展办案、巡视巡察、日常检查等工作，派出人员均获好评。

（撰稿人：石　杨）

【阿坝藏族羌族自治州审计局】 2020年，阿坝藏族羌族自治州（以下简称阿坝州）审计局实有35人。局长宋宁，副局长张泽宇（—7月）、欧亚州（7月—）、韩卫东（11月—）、邓维学（11月—），州经济责任审计工作联席会议办公室主任韩卫东（—11月）。设有州委审计委员会办公室秘书科、办公室、法规审理科、财政金融审计科、农业农村审计科、企业社保外资审计科、固定资产投资审计科、经济责任审计科、电子数据审计科、综合与计划管理科、内部审计监督指导科、自然资源与生态环境审计科、教科文卫审计科、政策跟踪审计科；下设固定资产投资项目审计中心。

审计成果 2020年，阿坝州审计机关共完成审计项目157个。查出主要问题金额308771万元。审计处理处罚金额50325万元；移送处理事项3件、处理人员2人、处理金额77万元，追责问责19人。审计促进整改落实有关问题资金11979万元；审计后挽回（避免）损失397万元。审计提出建议612条，被采纳587条；推动被审计单位制定整改措施40项。

金川县人民政府2018年度扶贫资金审计和“一卡通”惠农补贴情况审计项目被四川省审计厅评为优秀审计项目。

政策落实情况跟踪审计 持续开展四个季度重大政策措施落实情况跟踪审计。持续开展新增财政资金直达市县基层直接惠企利民情况跟踪审计。

财政审计 首次实现阿坝州财政一级预算单位审计全覆盖。

三大攻坚战审计 完成阿坝州13县（市、区）扶贫审计全覆盖。印发《阿坝州领导干部自然资源资产离任（任中）审计实施细则》，组织阿坝州13县（市、区）审计局完成自然资源资产离任（任中）审计项目15个。

疫情防控资金和捐赠款物专项审计 采用大数据分析与现场审计结合方式，对阿坝州新冠肺炎疫情防控资金（财政资金）和捐赠款物进行审计。

经济责任审计 共对40名领导干部经济责任履行情况实施审计。按照审计厅授权，完成小金县党政主要领导的经济责任审计。

固定资产投资审计 完成“8·8”九寨沟地震灾后恢复重建两个阶段的跟踪审计，汶川“8·20”强降雨特大山洪泥石流、金川县曾达乡“6·27”特大山洪泥石流抢险救灾及灾后恢复重建跟踪审计和阿坝州地质灾害综合防治体系建设项目资金专项审计调查。

企业审计 完成阿坝州国有资产投资管理有限公司主要负责人经济责任审计。

内部审计 印发《关于进一步加强和改进内部审计工作的通知》，指导阿坝州内部审计工作。

交办任务 将阿坝州乡村振兴启动资金管理、使用情况纳入扶贫审计项目内容同步开展。

（撰稿人：程　为）

【甘孜藏族自治州审计局】 2020年，甘孜藏族自治州（以下简称甘孜州）审计局实有59人。局长辛勤，副局长陈军、吴建刚、翟玉萍，总审计师何琼英，州经济责任审计工作联席会议办公室主任童红英，机关党委书记夏益军，三级调研员王明强。设有州委审计委员会办公室秘书科、办公室、机关党办、法规与审理科、执行监督与内部审计指导科、电子数据审计科、财政审计科、政策跟踪审计科、经济责任审计科、行政事业审计科、农业农村审计科、固定资产投资审计科、自然资源与生态环境审计科、社会保障与企业金融审计科；下设甘孜州经济责任审计分局、甘孜州董事监事管理中心、甘孜州审计信息和投资审计中心。

审计成果 2020年，甘孜州审计机关共开展审计和审计调查项目422个。查出主要问题金额50.20亿元。促进整改和挽回避免损失13.98亿元；审减投资额为国家节约建设资金2.36亿元；移送有关问题线索38件。审计提出建议1495条。

甘孜州审计局实施的石渠县2018年度扶贫资金审计以及2019年巴塘县中咱镇党委书记、镇长任职期间经济责任履行情况审计两个项目被四川省审计厅评为优秀（表彰）审计项目。

政策落实情况跟踪审计 围绕疫情防控捐赠统计和公开、困难企业稳岗补贴资金审核拨付等，先后组织182人次，跟踪检查338个部门，提出审计建议7条，督促落实整改13项。

财政审计 以大数据审计为依托，采取“上审下”“同级审”方式，实施18个县（市、区）财政预（决）算审计和州、县（市、区）1511个一级预算单位审计全覆盖，揭示相关问题并提出审计建议50余条，促进清理盘活存量资金15.4亿元，整改不规范金额7088.05万元，建立健全有关制度2项，财政审计监督深度广度不断拓展。

三大攻坚战审计 实施18个县（市、区）第四轮次扶贫审计全覆盖，累计抽查扶贫资金49.84亿元，占扶贫资金总量的52.55%；抽查扶贫项目1282个，占计划安排扶贫项目的31.39%；抽查149个乡（镇）、288个行政村，入户调查612户，提出建议60余条，推动发现问题实现整改清零。

经济责任和自然资源审计 采取经济责任审计和自然资源资产责任审计“双统筹”模式，对全州80名领导干部实施经济责任和资源环境审计，提出针对性建议50余条。

固定资产投资审计 组织州、县审计机关开展重点项目结（决）算审计30个、跟踪审计22个、审计复核38个，及时帮助被审计单位指出问题，督促抓好整改落实，有力发挥审计监督保障作用。

企业审计 组织对6个州、县（市、区）国有企业实施审计，提出针对性建议10余条，着力帮助企业规范经营管理和对外投资行为，确保国资国企保值增值。

专项审计 组织实施18个县（市、区）“撤乡并村”财务审计，对1个县“一卡通”管理使用情况和1个县乡村振兴推进情况实施专项审计调查，统筹推进社保基金专项审计和建州70周年活动经费审计。

信息化建设 组建全州大数据审计人才库，制定《甘孜州大数据审计分析团队管理暂行办法》等制度。

相关工作 深入学习领会习近平新时代中国特色社会主义思想和习近平总书记关于四川工作、审计工作系列重要指示精神，组织开展党组中心组专题学习、党支部专题学习和审计组临时党小组专题学习50余次。持续实施审计组审前廉政谈话、廉政承诺和廉政监督检查，推进审计组“廉政责任书”和“廉政承诺书”执行及落实，推进项目计划核准制和“四级复核”审理机制，不断规范审计自由裁量权行使。持续加强审计机关自身建设，强化“走出去、请进来”，不断深化审计干部教育培训，积极探索聘任制公务员和职称评定“双定向”工作。

2020年，甘孜州审计局先后被授予“全省‘五个一’帮扶先进集体”“四川省藏传佛教重点寺庙集中整治工作先进集体”“全省环境保护工作先进集体”等荣誉称号，州、县审计机关10人分别荣获“全国最美审计人”“全省对口帮扶藏区彝区贫困县先进个人”“全省优秀第一书记”“全省审计系统先进个人”等荣誉称号。

（撰稿人：林咏峰　何　宇　王　凯　安俊洁）

【凉山彝族自治州审计局】 2020年，凉山彝族自治州（以下简称凉山州）审计局实有64人。局长高为民，副局长胡晓华、晏泽荣、朱国刚，机关党委书记余天伟，总审计师冯志凌（10月—）。设有州委审计委员会办公室秘书科、机关党委、办公室、人事科、法规科、内部审计监督指导科、电子数据审计科、财政审计科、政策跟踪审计科、经济责任审计科、行政事业审计科、农业农村审计科、固定资产投资审计科、社会保障审计科、自然资源与生态环境审计科、企业审计科、外资与金融审计科；下设凉山州审计信息中心。

审计成果 2020年，凉山州审计机关共完成审计项目618个，其中审计612个、专项审计调查6个。查出主要问题金额84.76亿元，其中违规金额35736万元、管理不规范金额81.14亿元；审计发现非金额计量问题1154个；损益（收支）不实金额21304万元；出具审计报告和专项审计调查报告618篇。审计处理处罚金额20.97亿元，其中应上缴财政33032万元、应减少财政拨款或补贴37801万元、应归还原渠道资金20119万元、应调账处理金额11.84亿元；移送处理事项25件，移送处理人员11人，移送处理金额7217万元。审计促进整改落实有关问题资金19.58亿元；审计后挽回（避免）损失32489万元；核减投资额37072万元；移送处理落实事项1件。审计提出建议1484条，被采纳1416条；提交审计信息683篇，被批示、采用318篇次。向社会公告审计结果85篇。

喜德县人民政府2017年脱贫攻坚政策贯彻落实、扶贫资金分配管理使用、扶贫项目建设管理情况审计项目被四川省审计厅评为优秀审计项目三等奖。

政策落实情况跟踪审计 组织开展重大政策措施落实情况跟踪审计。抽审单位519个，审计发现问题金额40.6亿元。开展凉山州新增财政资金直达县市基层直接惠企利民情况专项审计，审计发现问题金额28.47亿元。

财政审计 开展州本级及17县市本级2019年度财政预算执行及财政决算（草案）编制审计，综合报告反映7类20个问题。全州完成149

个预算执行审计、95个行政事业审计，共发现问题金额66.47亿元。

三大攻坚战审计 开展12个扶贫审计项目，共抽审扶贫资金62.31亿元，审计发现问题金额20.52亿元。对宁南县2019年度推进乡村治理情况的专项审计调查，审计发现问题金额213.02万元。建立完善2016年至2020年10月全州扶贫审计发现问题整改台账，督促落实问题整改1145个，涉及金额10.2亿元。开展22个自然资源资产离任（任中）审计项目，发现问题金额839.45万元。

疫情防控资金和捐赠款物专项审计 开展凉山州应对新冠肺炎疫情防控资金和捐赠款物专项审计，重点审计资金14735.42万元，查出问题金额2490.4万元。

经济责任审计 开展84名领导干部经济责任审计，查出问题金额12.35亿元，其中违规金额7334万元、管理不规范金额11.56亿元。

固定资产投资审计 开展投资审计项目268个，审计项目投资额38.29亿元，核减投资额（工程款）36938万元，审计查出问题金额41012万元，其中工程结算款不实36955万元。

企业审计 开展5个企业审计项目，审计发现问题金额17424万元。 （撰稿人：刘瑛怡）

2020年四川省所辖县(市、区)级审计工作统计表

审计机关	完成审计项目/个	审计查出主要问题金额/万元	审计发现非金额计量问题/个	审计期间整改金额/万元	出具审计报告和审计调查报告/篇	审计处理情况		审计促进整改落实有关问题资金/万元	审计提出建议/条	提交审计信息/篇
						审计处理处罚金额/万元	移送处理事项/件			
成都市										
成都市本级	130	4644546	467	396929	135	801977	33	706224	195	13
锦江区审计局	41	65400	50		41		3	64092	54	17
青羊区审计局	66	31758	25	11012	66	10679	1	11008	99	27
金牛区审计局	96	13889	49	5330	108			7439	39	40
武侯区审计局	58	286952	94	245	64	1232	1	489	181	
成华区审计局	27	31885	55	7	27	2122		2122	52	2
龙泉驿区审计局	18	209314	146	191653	20	1312	1	455	79	85
青白江区审计局	42	147008	158	2341	42		1	147008	61	
新都区审计局	30	726613	124	476	30		17	102616	80	14
温江区审计局	92	227943	72	33264	27	46418	2	46418	76	17
双流区审计局	29	351978	72	433	29		1		70	79
郫都区审计局	52	100765	80	14290	59	19981	4	294	108	127
新津区审计局	98	59405	30	4187	98	2644	3	8827	135	20
都江堰市审计局	25	63016	141	61832	25		2	62691	70	92
彭州市审计局	115	188720	143	237	115	4	2	11761	421	153
邛崃市审计局	57	66175	65	8906	57	10342	5	10342	112	88
崇州市审计局	91	333725	152	115	91	104	11	75	228	6
简阳市审计局	41	410947	81	17183	41	156794	3	156717	95	26
金堂县审计局	17	293600	96	4	22	22	10	22	53	234

（续表）

审计机关	完成审计项目/个	审计查出主要问题金额/万元	审计发现非金额计量问题/个	审计期间整改金额/万元	出具审计报告和审计调查报告/篇	审计处理情况		审计促进整改落实有关问题资金/万元	审计提出建议/条	提交审计信息/篇
						审计处理处罚金额/万元	移送处理事项/件			
大邑县审计局	31	77825	84	6176	31	380	7	71182	131	30
蒲江县审计局	54	80884	6	596	54				29	
天府新区审计局	27	260900	88		30		1	202624	79	3
高新区审计局	44	208663	107	1291	44		3	192844	57	12
自贡市										
自贡市本级	34	283969	275		46	2619	5	109	95	31
自流井区审计局	12	11864	31	10	13	1498		1498	31	12
贡井区审计局	20	43901	79	2903	21	42079	2	42079	50	17
大安区审计局	10	31358	96		12	4888	3	4788	33	8
沿滩区审计局	20	110751	20	1395	18	3590		1395	51	25
荣县审计局	31	131499	33	9174	42	34784	8	34735	51	10
富顺县审计局	47	212828	181	35536	52	40925	3	39586	98	27
攀枝花市										
攀枝花市本级	52	715149	156	40897	52	347565	7	21305	115	147
东区审计局	10	133812	34	2	10	4853		1203	28	70
西区审计局	8	15643	23	1	8	15642		11560	26	12
仁和区审计局	30	16304	60	19	30	11983		4465	78	29
米易县审计局	20	20409	57	895	20	19033		16179	72	37
盐边县审计局	22	17396	32		22	17354	1	405	39	4
泸州市										
泸州市本级	37	960828	443	87126	34	230003	20	1289	148	10
江阳区审计局	15	81894	44		14		2		56	2
纳溪区审计局	26	15138	1	4199	26	6448	1	4123	55	1
龙马潭区审计局	16	49550	127	3653	22	14503		2669	70	81
泸县审计局	20	204673	47	84	10	28684	5	28412	31	15
合江县审计局	28	218616	89		35	53	4	218616	76	36
叙永县审计局	12	75430	34	42060	12		5	42060	35	5
古蔺县审计局	33	28927	58	5	33	18588	7	881	85	5
德阳市										
德阳市本级	55	943770	231	11096	58	5976	9	8824	180	122
旌阳区审计局	23	153249	122	17	33	1931		1924	95	15
罗江区审计局	15	58962	132	302	22	352	3	159	68	5
广汉市审计局	33	46957	90	19656	36	5262		5262	108	63

（续表）

审计机关	完成审计项目/个	审计查出主要问题金额/万元	审计发现非金额计量问题/个	审计期间整改金额/万元	出具审计报告和审计调查报告/篇	审计处理情况		审计促进整改落实有关问题资金/万元	审计提出建议/条	提交审计信息/篇
						审计处理处罚金额/万元	移送处理事项/件			
什邡市审计局	29	40255	94	105	32	11148	2	10480	85	2
绵竹市审计局	27	97682	143	125	30	17681		703	202	2
中江县审计局	41	285558	196	2671	41	531	3	529	200	55
绵阳市										
绵阳市本级	39	300747	265		39	745	13	745	135	83
涪城区审计局	29	697242	240	331	29	1291	4	1291	85	95
游仙区审计局	24	18958	137		24		2		75	11
安州区审计局	26	153569	89		26	9	24	9	64	
江油市审计局	27	855027	1051		27	3	11	3	51	
三台县审计局	24	65940	132		24	1357	4	1357	46	
盐亭县审计局	30	41732			32	88	6	88	132	10
梓潼县审计局	27	58255	50	148	32	264	6	264	61	4
北川羌族自治县审计局	26	26632	190	5	26		5		79	37
平武县审计局	16	9200	72		16	71	1	71	40	22
广元市										
广元市本级	44	131746	273	2111	44	73579	12	13184	167	40
利州区审计局	29	19977	107	2976	29	14169	4	9173	172	354
昭化区审计局	19	16531	84	4	19	4149		4109	63	28
朝天区审计局	28	12189	48		28	9220		9220	94	70
旺苍县审计局	35	1477	208	495	35	684	6	682	77	6
青川县审计局	21	16496	26		21	27	1		156	26
剑阁县审计局	49	21408	283		49		1		121	37
苍溪县审计局	32	3285	231	156	32	3279	11	2982	131	105
遂宁市										
遂宁市本级	60	117053	403	43591	60	113342	3	43140	97	149
船山区审计局	13	173133	29		13	39715		39715	34	26
安居区审计局	12	9837	66		12	9837		9231	33	9
射洪市审计局	26	22014	68	18557	26	22014	6	19308	55	76
蓬溪县审计局	20	27142	74	41	20	26972		11141	46	44
大英县审计局	7	31827	13	2	7	31588		19220	21	20
内江市										
内江市本级	60	1081014	790	9861	91	92043	82	84116	232	178
市中区审计局	21	206853	244	11	30	5571	9	2330	131	92
东兴区审计局	21	461878	104	27	30	95812	10	82511	127	57

（续表）

审计机关	完成审计项目/个	审计查出主要问题金额/万元	审计发现非金额计量问题/个	审计期间整改金额/万元	出具审计报告和审计调查报告/篇	审计处理情况		审计促进整改落实有关问题资金/万元	审计提出建议/条	提交审计信息/篇
						审计处理处罚金额/万元	移送处理事项/件			
隆昌市审计局	26	276267	219	23056	24	39612	1	21724	59	22
威远县审计局	53	194276	176	219	56	76625	3	11235	153	4
资中县审计局	54	76197	222	7	63	10692	10	9715	205	11
乐山市										
乐山市本级	23	1298949	214	1854	23	20284	23	1854	76	3
市中区审计局	37	53952	79	412	41	50568		18894	91	1
沙湾区审计局	12	10548	5	10545	11	10545		10545	59	1
五通桥区审计局	13	5946	22	1	14	41	4	33	18	1
金口河区审计局	7				7				35	2
峨眉山市审计局	24	45657	99	254	30	467	14	13644	77	29
犍为县审计局	15	246519	53	11	14	16			26	2
井研县审计局	20	1045	8	1045	18	1045		1045	52	
夹江县审计局	17	17075			25	103			89	
沐川县审计局	16	441	35	175	14	441		432	33	
峨边彝族自治县审计局	4	610		601	4	610		610	5	
马边彝族自治县审计局	3	1822		739	3	1822			14	
南充市										
南充市本级	53	677396	415	13	53	23769		23769	140	42
顺庆区审计局	17	105182	53		20	10759	14	18187	45	8
高坪区审计局	13	10562	118	334	13	7200	3	2333	45	13
嘉陵区审计局	29	15539	124	295	33	10919		10843	103	
阆中市审计局	11	13580	33		13	18	1	13580	39	
南部县审计局	43	61110	137	53	116	61110		59750	296	3
营山县审计局	20	5670	49	1	20	5670		5160	49	12
蓬安县审计局	20	10222	43		21	10222		10222	53	
仪陇县审计局	56	21939	107	1944	56	1014	4	12200	97	6
西充县审计局	28	14925	118		28	2033		2017	50	
眉山市										
眉山市本级	47	555711	4383	66049	59	66553	15	66553	119	70
东坡区审计局	33	185835	36	3	42	27133	2	26731	84	39
彭山区审计局	32	187704	51	58468	45	2922	8	92222	75	45
仁寿县审计局	28	142157	103	10067	38	10829	18	10829	85	25
洪雅县审计局	29	81404	42	46	42	236		232	35	6

（续表）

审计机关	完成审计项目/个	审计查出主要问题金额/万元	审计发现非金额计量问题/个	审计期间整改金额/万元	出具审计报告和审计调查报告/篇	审计处理情况		审计促进整改落实有关问题资金/万元	审计提出建议/条	提交审计信息/篇
						审计处理处罚金额/万元	移送处理事项/件			
丹棱县审计局	19	46852	40	1041	25	595		8	25	
青神县审计局	14	8841	62	19	19	8841	2	8814	38	1
宜宾市										
宜宾市本级	26	1175801	429	33749	64	279432	31	111226	103	147
翠屏区审计局	17	16190	50	8	26	4680		9014	29	130
南溪区审计局	27	51732	96	1151	31	32472	11	31670	73	146
叙州区审计局	32	58930	144	12197	41	616	14	205	118	80
江安县审计局	26	52262	101	10	36	7490	3	12442	74	53
长宁县审计局	15	188933	77		15	167664	1	22315	45	32
高县审计局	17	27470	93	307	26	10778	4	10157	72	100
珙县审计局	13	29515	46	467	18	2327		2276	38	75
筠连县审计局	16	11842	20	69	18	11772	2	11563	87	103
兴文县审计局	17	88573	266	27	44	4566	24	3993	178	139
屏山县审计局	16	50139	9	89	19	627	8	482	52	134
广安市										
广安市本级	51	726682	767	15170	48	34499	11	52091	88	22
广安区审计局	23	177045	87	184	21	103294	3	27149	74	12
前锋区审计局	24	72160	60	190	26	16034	3	16002	150	2
华蓥市审计局	56	189627	36	15772	54	17779	3	17291	151	21
岳池县审计局	55	1011753	105	3873	42	13779	10	10220	297	
武胜县审计局	16	160338	62	28	19	3982	6	3071	58	10
邻水县审计局	58	550620	160	168	61	2915	6	2915	149	9
达州市										
达州市本级	72	198228	174	8647	72	29576	17	22563	236	286
通川区审计局	76	26668	118	16536	71		8	11424	90	13
达川区审计局	230	10558	34		130	10558	15	9696	11	5
万源市审计局	81	88719	31	2834	81	642		85837	118	
宣汉县审计局	128	205662	1	1912	126	202514	3	202199	197	15
开江县审计局	47	27386	132	376	47	643	2	2863	113	71
大竹县审计局	47	227187	93		51	17712	1	15976	94	13
渠县审计局	27	165377	86	195	22	3199	2	17708	48	17
雅安市										
雅安市本级	36	168511	144	54056	41	7504	2	7504	144	

（续表）

审计机关	完成审计项目/个	审计查出主要问题金额/万元	审计发现非金额计量问题/个	审计期间整改金额/万元	出具审计报告和审计调查报告/篇	审计处理情况		审计促进整改落实有关问题资金/万元	审计提出建议/条	提交审计信息/篇
						审计处理处罚金额/万元	移送处理事项/件			
雨城区审计局	48	677	180	255	29	1140	8	1742	108	
名山区审计局	45	143451	12	15996	49		2	80559	106	
荥经县审计局	14	540	66	1221	27	7876		1089	56	
汉源县审计局	48	17	34	2	19	8478	5	24581	140	
石棉县审计局	14	2389	74	324	16			2389	43	
天全县审计局	21	27158	61	1232	21			26848	81	
芦山县审计局	42	68971	79		47	2		69761	367	
宝兴县审计局	48	5600	53	289	59	5600	11	3382	54	
巴中市										
巴中市本级	60	309013	191	987	60	114935	3	106325	57	23
巴州区审计局	30	1348	36	15	30	537	2	211	30	23
恩阳区审计局	44	109018	80	100	44	21162	1	21162	82	21
通江县审计局	23	7992	18	415	23				131	52
南江县审计局	79	163037	70	45	79	163015		162615	106	15
平昌县审计局	48	144916	39	106	48				39	15
资阳市										
资阳市本级	38	1106815	191	64	47	7451	14	4637	140	6
雁江区审计局	33	72813	32	14	43	559	1	13	58	
安岳县审计局	63	227925	93	23	73	8586	5	8586	158	6
乐至县审计局	36	57824	71	1932	42	10905	14	242	80	
阿坝藏族羌族自治州										
阿坝藏族羌族自治州本级	22	249839	230	18378	31	28603		6946	76	35
马尔康市审计局	11	2103	27		16	68	2	20	49	12
汶川县审计局	13	6523	35	276	16	198		49	37	4
理县审计局	12	3413	19	1210	13	25		25	43	29
茂县审计局	13	3595	36	3347	15	247			43	32
松潘县审计局	18	1117	6		20	255		177	43	13
九寨沟县审计局	15	22020	101	40	19	8940		6	94	7
金川县审计局	11	3179	17	421	15	2656		2610	35	2
小金县审计局	7	201	17	201	9				32	5
黑水县审计局	7	2673	2	1	7	2418			34	1

（续表）

审计机关	完成审计项目/个	审计查出主要问题金额/万元	审计发现非金额计量问题/个	审计期间整改金额/万元	出具审计报告和审计调查报告/篇	审计处理情况		审计促进整改落实有关问题资金/万元	审计提出建议/条	提交审计信息/篇
						审计处理处罚金额/万元	移送处理事项/件			
壤塘县审计局	8	6517		159	12	50			53	21
阿坝县审计局	6	584	21	8	7		1		20	14
若尔盖县审计局	7	1			10	1			35	2
红原县审计局	7	7000	7		7	6279		2143	18	1
甘孜藏族自治州										
甘孜藏族自治州本级	70	454938	453	27783	70	591229	34	138213	219	56
康定市审计局	16	29720	75	206	13	29719		416	37	
泸定县审计局	19	67	101	3	18	67	1		38	3
丹巴县审计局	20	1674	56		17	371			27	
九龙县审计局	18	92	19		15	941			39	
雅江县审计局	18	242	145		15	242			47	
道孚县审计局	20	645	100		17	635			111	
炉霍县审计局	20	381	52		17	221			47	4
甘孜县审计局	18	168	40		15	168			31	
新龙县审计局	20	826	114	4	17	819		742	47	48
德格县审计局	20	396	75		17	396	1	396	96	43
白玉县审计局	20	3081	97	17	18	165			81	3
石渠县审计局	21	95	46		18	61			40	
色达县审计局	16	981	45	980	14	981			83	
理塘县审计局	16	4876	35	37	13	4876		37	39	
巴塘县审计局	22	3720	85	100	19	108			72	24
乡城县审计局	19	19	93		16	16	1	4	84	13
稻城县审计局	26	24	132		23	4	1		52	1
得荣县审计局	23	86	52		20	86		25	305	
凉山彝族自治州										
凉山彝族自治州本级	47	214274	332	10361	47	109095	2	104300	134	115
西昌市审计局	88	19209	72		88	16772	6	16772	193	226
木里藏族自治县审计局	17	19545	44	4	17	16444		16200	35	
盐源县审计局	34	11676	23	234	34	6372		6372	72	8
德昌县审计局	82	4316	10		82	4317		4317	56	
会理县审计局	27	80309	172	11	27	2152	2	2152	93	93
会东县审计局	58	11844	98		58	2337	14	2338	164	58

（续表）

审计机关	完成审计项目/个	审计查出主要问题金额/万元	审计发现非金额计量问题/个	审计期间整改金额/万元	出具审计报告和审计调查报告/篇	审计处理情况		审计促进整改落实有关问题资金/万元	审计提出建议/条	提交审计信息/篇
						审计处理处罚金额/万元	移送处理事项/件			
宁南县审计局	37	51669	35	1	37	1596		1596	93	
普格县审计局	52	34553	65		52	6946		6946	191	
布拖县审计局	18	7796	36	12	18	1101		1101	41	18
金阳县审计局	22	15534	15		22	9711		9681	37	
昭觉县审计局	15	9517	1		15	9518		9518	30	40
喜德县审计局	24	115151	39		24	4459			64	
冕宁县审计局	18	69618	59	1	18	590		590	43	76
越西县审计局	19	14143	3		19	3645		3645	70	
甘洛县审计局	24	108243	73	33	24	3359	1	2408	67	32
美姑县审计局	16	5949	42		16	5950		3812	44	
雷波县审计局	20	54271	35	247	20	5326		4012	57	17

贵州省

【贵州省审计厅】 2020 年，贵州省审计厅实有 241 人。中共贵州省委审计委员会办公室设在贵州省审计厅，设中共贵州省委审计委员会办公室秘书处。贵州省审计厅设有办公室、计划管理与整改督察处、法规处、审理处、内部审计指导监督处、电子数据审计处、财政审计处、教科文卫审计处、行政政法审计处、农业农村审计处、固定资产投资审计处、社会保障审计处、自然资源和生态环境审计处、金融审计处、企业审计处、涉外审计处、经济责任审计处、人事教育处（机关党委办公室）；省委机关审计处、宣传审计处、统战审计处、外事及驻外机构审计处、政法审计处、教育审计处、科学技术审计处、工信建设审计处、民政社保审计处、资源环境审计处、交通运输审计处、农业水利审计处、贸易审计处、卫生体育审计处、社会管理审计处、经济执法审计处、广电通讯审计处、发展统计审计处、群团文化旅游审计处、地方金融审计处、省企业审计一处至八处；下设贵安新区审计局、贵州省审计厅政府投资审计中心、贵州省审计信息技术服务中心、贵州省审计培训中心、贵州省审计厅机关服务中心。

领导成员

厅　　长：卢　伟

副 厅 长：熊　杉（12 月—）　孙福强

　　　　　李　凌　朱　平　徐嵩舜

总审计师：谢　俊

一级巡视员：严贵林（—7 月）

二级巡视员：张　艳

审计成果 2020 年，贵州省审计机关共组织实施审计项目 1589 个。查出问题金额 38785900 万元；促进增收节支和挽回损失 348700 万元；向有关部门移送违纪违法问题线索 257 件。审计提出建议 3894 条，被相关单位采纳审计建议 2992 条。

贵州省审计厅实施的贵州某公司 2013 年至 2017 年资产负债损益情况审计项目被审计署评为 2019 年度全国省级审计机关优秀审计项目二等奖；毕节市审计局实施的贵阳市花溪区 2018 年某专项工程资金投入和使用绩效审计项目被审计署评为 2019 年度全国县级审计机关优秀审计项目三等奖。11 月，贵州省审计厅探索建立的“自然资源资产离任审计评价指标体系”被国家发展改革委列入《国家生态文明试验区改革举措和经验做法推广清单》。审计工作得到省领导批示145次。

审计委员会办公室工作 4月21日，中共贵州省委审计委员会召开第四次会议，传达学习贯彻习近平总书记对审计工作的重要指示和李克强总理讲话精神、全国审计工作会议精神，审议全省2020年度审计项目计划，研究部署相关工作。

政策落实情况跟踪审计 全省各级审计机关紧紧围绕党中央和省委省政府部署要求，聚焦推动做好“六稳”工作、落实“六保”任务、助力打好三大攻坚战等重点工作，组织实施重大政策措施落实情况跟踪审计。根据审计署统一安排，组织对省、市、县（市、区）三级应对新冠肺炎疫情防控资金和捐赠款物进行跟踪审计，促进疫情防控相关政策措施落地落实。推进审计“两统筹”，进一步优化审计资源配置，采取“1＋N”的审计模式开展“三促进”专项审计，重点关注降费、清理拖欠民营企业中小企业账款、稳就业等政策落实情况，揭示违规向企业收费、违规挪用或未及时返还企业缴纳的保证金，虚报清偿账款以及违规发放创业担保贷款贴息和公益性岗位补贴等问题。

财政审计 组织完成2019年度省级预算执行和编制省级决算草案、国家金库贵州省分库办理2019年度省级预算收入收纳划分留解和预算支出拨付情况审计。全省各级审计机关认真组织实施预算执行和决算草案审计，对全省6545家财政一级预算单位实现数据分析全覆盖，对其中317家财政一级预算单位开展现场审计。通过审计，揭示相关单位预算执行进度、资金绩效等方面的问题，促进积极财政政策贯彻落实、财政存量资金进一步盘活、财政资金使用绩效进一步提高。贵州省审计厅厅长卢伟受贵州省人民政府委托向省十三届人大常委会作《关于2019年度贵州省省级预算执行和其他财政收支的审计工作报告》和《关于2019年度省级预算执行和其他财政收支审计查出问题整改情况的报告》，得到省人大常委会的充分肯定和高度评价。

三大攻坚战审计 为确保按时打赢脱贫攻坚战，着眼发挥审计对脱贫攻坚的积极作用，全省各级审计机关紧扣脱贫攻坚收官之年阶段性特点，突出对教育、医疗、住房“三保障”和农村饮水安全“3＋1”关键性脱贫指标、稳定扶贫政策落实情况、易返贫致贫人口和“边缘户”动态监测情况审计，审计针对性进一步增强。全年对紫云等8个未摘帽贫困县、水城等3个剩余贫困人口超过1万人的已摘帽县（市、区）以及全省20个极贫乡（镇）开展扶贫审计，共抽审扶贫资金1015400万元，抽查扶贫项目1153个、单位524个、乡（镇）77个、入户调查农户770户，向有关部门移送违纪违法案件线索4件。围绕促进守好发展和生态两条底线，贵州省审计厅充分运用大数据并首次探索运用高分辨率卫星数据，对全省21名领导干部开展自然资源资产离任（任中）审计，揭示相关地区和部门遵守自然资源资产管理和生态环境保护法律法规、履行自然资源管理和生态环境保护监督责任、相关资金征管用等方面存在的问题，促进领导干部牢固树立绿色发展理念和正确政绩观。

民生审计 抽派近300名审计人员组成30个审计组，对遵义市、毕节市、黔西南布依族苗族自治州（以下简称黔西南州）所辖的29个县（市、区）和黔西南州本级2019年保障性安居工程资金投入和使用绩效情况进行审计。累计抽查项目1263个，延伸调查相关单位406个，走访家庭555户，重点关注安居工程资金分配、管理和使用，保障效果，计划落实，相关减税降费政策落实等方面存在的问题，向有关部门移送违法违纪问题线索2件。通过审计及督促问题整改，促进保障性安居工程项目规范管理，助推相关部门建立长效机制，维护群众住房保障权益。组织实施省本级、毕节市、黔西南州2019年医疗保险基金审计，围绕医保基金管理使用、医疗机构违规收费、相关政策落实等方面揭示医保基金存在的主要问题，移送违法违纪案件线索1件。申报的“创新推动信息化技术与审计深度融合”创新项目获得2020年度省直机关创新项目二等奖。

经济责任审计 严格执行两办《规定》，对全省280名领导干部开展经济责任审计，揭示相关领导干部在贯彻执行党和国家经济方针政策和决策部署、重大经济事项决策、财务收支、遵守廉洁从政规定等方面存在的问题，促进相关领导干部规范管理、令行禁止、履职尽责、担当作为。

固定资产投资审计 省审计厅印发《贵州省审计厅工程结算审计暂行办法》《贵州省审计厅政府投资建设项目审计廉政建设规定》2个文件，提请修订《贵州省政府投资建设项目审计监督条例》，对投资审计从制度层面进行完善和规范。完成99个投资类项目审计，重点揭示未严格履行基本建设程序、投资控制不严、损失浪费等问题，推动重大项目加快实施、投融资及建设管理更加规范、政府投资绩效进一步提高。

外资运用审计 根据审计署统一组织部署和年度审计项目计划组织实施8个国外贷援款项目审计，共审计33个子项目，出具中英文审计报告8篇，提出审计建议52条，通过审计发现问题整改，提高项目管理水平，加快项目建设进度。

企业审计 开展2户省属国有企业的资产负债损益情况审计。重点围绕国有企业贯彻落实党和国家方针政策、重大部署、深化国有企业改革、重大经济事项决策、国有企业财务收支及相关经济活动的真实、合法和效益情况等方面开展审计。重点揭示国有资本投资运营管理、企业法人治理结构及内部控制中存在的问题，以及企业经营管理中的体制机制障碍、风险隐患以及违纪违法问题。

大数据审计 省审计厅印发《贵州省审计厅审计电子数据采集、存储和使用管理办法（试行)》，建立健全数据采集和管理工作制度机制，保障审计电子数据安全，促进数据综合分析利用；累计采集、清洗和分析审计数据230亿条，形成财政、医保、税务、工商等6个行业数据集市，助力多审计业务领域的数据分析，以及跨行业高效数据检索和风险查找。融合传统审计业务思路，创新大数据审计方法，设计基于大数据的审计业务风险模型，如医院药品、耗材成本差异监测、诊疗行为习惯监测、HIS系统缺陷检查、疫情资金进出逻辑监测等50多个风险模型。通过实战项目“以审代训”、专项业务培训班、梯度特训等多维度相结合的人才培养模式，在部门预算、社保、资源环保等审计领域培养数据分析人才，2020年度累计培育计算机基础人才80人次，项目实战人才20人次。首次举办年度大数据审计研讨交流会，征集来自省市县三级审计机关在大数据审计方面的12个优秀案例，内容涵盖大数据分析的经验、思路方法和新兴大数据技术应用场景，展示近年来贵州省大数据审计研究与应用的成果。向审计署上报作为全国推广使用的数据分析模型32个，被采用10个。

审计质量 印发《贵州省审计厅经济责任审计报告审定工作办法》《贵州省审计厅聘请专业人员参与审计项目管理办法》《贵州省审计厅审计项目进度控制办法（试行)》及《贵州省审计机关优秀审计项目评选办法（试行)》。按照国家审计准则的要求，对贵州省审计厅组织的85个审计项目开展审理工作，从项目组织实施、审计程序、审计评价、定性定责、问题事实、审计证据、政策法律法规和标准适用、处理处罚等方面进行审理，有效降低审计风险。组织全省审计机关业务骨干赴9个市（州）审计机关开展审计业务质量检查工作，进一步加强全省审计质量控制，规范审计行为。 （撰稿人：陶再炀）

【贵阳市审计局】 2020年，贵阳市审计局实有139人。局长周毅，副局长罗继荣、文玉宏、陈刚，党组成员李晓林，总审计师朱云进，固定资产投资审计评审中心主任王辉。设有办公室、法规与整改督察处、审理处、内部审计指导监督处、电子数据审计处、财政审计处、行政事业审计处、农业农村审计处、固定资产投资审计处、重大项目审计处、社会保障审计处、自然资源和生态环境审计处、企业审计处、经济责任审计处、教科文卫审计处、金融审计处、政法审计处、人事教育处（机关党委办公室)；下设贵阳市固定资产投资审计评审中心。

审计成果 2020年，贵阳市审计机关共完成审计项目165个，其中审计163个、专项审计调查2个。查出主要问题金额6041327万元；审计发现非金额计量问题10476个；损益（收支）不实金额132900万元；审计发现侵害人民群众利益9万元；出具审计报告和专项审计调查报告165篇，被批示、采用8篇次。审计处理处罚金额1870273万元，其中应上缴财政123600万元、应减少财政拨款或补贴750万元、应归还原渠道资金5700万元、应缴纳其他资金779万元、应调账处理金额1688100万元；移送司法机关、纪检监察机关和有关部门处理事项21件，移送处理金额26万元。审计促进整改落实有关问题金额648550万元；审计促进拨付资金到位120000万元；审计后挽回（避免）损失97万元；核减投资额91万元；移送处理落实事项1件。审计提出建议405条，被采纳246条；促进被审计单位建立健全规章制度2项；提交审计信息820篇，被批示、采用115篇次。向社会公告审计结果6篇。

贵阳市交通投资发展集团有限公司下属三级全资子公司贵阳市国家高新技术产业开发区经济贸易有限公司2012年至2016年经营资金来源情况专项调查项目被评为贵州省审计机关优秀审计项目一等奖；云岩区荷塘社区服务中心党委书记任期经济责任履行情况审计项目被评为贵州省审计机关优秀审计项目二等奖；乌当区房屋征收局原局长离任经济责任审计项目被评为贵州省审计机关优秀审计项目三等奖。

政策落实情况跟踪审计 完成贵阳市所属14个县（市、区）、开发区新增财政资金直达市县基层直接惠企利民情况专项审计以及清镇市、乌当区、白云区1月至8月的降费政策贯彻落实情况以及南明区、云岩区、修文县1月至11月稳就业政策贯彻落实情况审计工作。完成对花溪区、息烽县贯彻落实2020年非户籍人口在城镇落户和相关配套政策情况专项审计。

财政审计 贵阳市审计机关共审计预算执行单位96个，延伸审计有关单位542个，查出主要问题金额5547700万元。

疫情防控资金和捐赠款物专项审计 贵阳市审计机关完成市本级及10个县（市、区）疫情防控资金和捐赠款物的审计。

民生审计 贵阳市审计局抽调38人，派出7个审计组，完成对贵阳市7个非贫困县（清镇市、开阳县、修文县、息烽县、乌当区、花溪区、观山湖区）2019年度扶贫政策措施贯彻落实，扶贫资金筹集、分配、使用以及扶贫项目建设管理等情况审计。

经济责任审计 贵阳市审计机关共完成经济责任审计项目28个，查出违规金额37800万元、管理不规范金额32900万元。

固定资产投资审计 完成对贵阳市轨道交通2号线建设项目跟踪审计（征收、迁改）。

资源环保审计 完成对观山湖区、乌当区人民政府2017年至2019年自然资源资产管理和生态环境保护情况专项审计。

企业审计 完成对贵阳市公共交通（集团）有限公司2019年企业资产负债损益审计。

专项资金审计 完成贵阳市入河排污口排查项目专项审计。

信息化建设 贵阳市审计局创建大数据审计模式，完成对贵阳市81家一级预算单位（本级）预算执行相关财政、财务电子数据审计分析工作，初步实现预算执行审计全覆盖。

交办任务 完成市政府交办的世界银行贷款贵阳农村公路项目经费的审计调查，审计调查资金55600万元。

相关工作 贵阳市审计局机关党委完成5个党支部标准化规范化建设。 （撰稿人：卫小芳）

【六盘水市审计局】 2020年，六盘水市审计局实有59人。局长代云盘，副局长卢德正、李成培、董巍娜、张立敏，市经济责任审计工作联席会议办公室主任张立敏（兼），总审计师王小月，六盘水市政府投资审计中心主任王坤平，二级调研员邢华。设有办公室、政策法规科、计划管理与整改督察科、电子数据审计科、财政审计科、行政事业审计科、农业农村审计科、固定资产投资审计科、社会保障审计科、自然资源和生态环境审计科、金融与外资审计科、企业审计科、经济责任审计科、人事教育科；下设六盘水市政府投资审计中心。

审计成果 2020年，六盘水市审计机关共对64个单位实施审计。查出主要问题金额1760100万元。审计处理处罚金额476366万元；核减固定资产投资5055万元；移送纪检监察机关、司法机关处理事项5件。审计提出建议151条，被采纳106条；向六盘水市委市政府和贵州省审计厅提交审计专题、综合报告和审计信息155篇次，被批示、采用32篇次。

财政审计 完成市县两级同级财政预算执行情况审计和28个部门预算执行情况审计，揭示预算编报不真实不完整25792万元，未按规定征收缴纳收入105966万元，违规改变项目计划和资金用途12034万元等问题。

民生审计 完成各类民生专项资金审计项目9个，审计专项资金总额972325万元，查出主要问题金额25730万元。

经济责任审计 完成经济责任审计项目12个，查出违规金额34701万元、管理不规范金额52719万元，审计提出建议32条。

固定资产投资审计 共完成存量计划外投资项目23个，审计总金额26900万元，核减投资3200万元。

其他审计项目 全面落实"全国审计一盘棋下的全省审计一盘棋"重要部署，抽派58人参与贵州省审计厅统一组织实施的保障性安居工程审计、扶贫审计、外资审计、经济责任及自然资源资产离任审计等审计项目，完成上级审计机关交办的各项任务。 （撰稿人：匡奇珊）

【遵义市审计局】 2020年，遵义市审计局实有31人。局长张树立，党组成员李镇薇、张庆星、付同涛、尹强。设有办公室、人事教育科、政策法规科、财政金融审计科、行政事业审计科、农业与资源环保审计科、固定资产投资审计科、经济责任审计科、企业审计科。

审计成果 2020年，遵义市审计机关共完成审计及审计调查项目共计194个。查出主要问题金额2945608万元；出具审计报告或专项审计调查报告205篇。审计处理处罚金额1279096万元；移送纪检监察机关和有关部门43件，移送处理金额102211万元。审计促进整改落实有关问题资金78266万元；审计促进资金拨付到位18229万元。

政策落实情况跟踪审计 重点围绕脱贫攻坚和乡村振兴、污染防治和生态保护、推动疫情防控和经济社会发展、做好"六稳"工作、财政资金管理使用等方面的政策措施落实情况开展审计，遵义市审计局314人次参加跟踪审计，抽审单位464个，抽审资金总额1332455万元，抽审项目131个，审计发现各类问题132个，出具审计报告及整改意见函等审计结果文书74份。组织对新蒲新区以外的14个县（市、区）新增财政资金筹集、分配、拨付下达、管理使用及发挥绩效情况的全程跟踪审计，查出问题53个，涉及问题金额26536.26万元。

财政审计 按照贵州省审计厅同级审工作方案及相关要求，持续对减税降费、扶持微型企业、促进快递业加快发展奖励扶持政策等政策措施落实情况以及执行省、市政府投资基金管理办法的情况开展延伸审计调查，重点关注财政资金使用效率、财政政策目标实现、绩效评价结果应用等情况，强化本级财政预算执行审计。利用大数据审计方法，对市、县（市、区）两级917家一级预算单位2019年财务数据进行采集、整理和分析，对审计疑点进行核查，推动整改。其中，市级纳入此次审计范围的一级预算单位共109家，结合部门预算执行审计及经济责任审计对3家单位实施现场审计，对15家单位进行疑点核查，对85家单位推送自查自纠。

三大攻坚战审计 抽派18名业务骨干参加贵州省审计厅统一组织的扶贫资金审计，组织对务川仡佬族苗族自治县石朝乡脱贫攻坚资金开展审计工作，组织对全市2016年以来在扶贫领域审计发现的928个问题进行督促整改，对湄潭县、道真仡佬族苗族自治县东西部扶贫协作项目资金审计反馈问题审计整改工作进行督促检查。市委审计委员会印发《遵义市贯彻落实〈领导干部自然资源离任审计规定（试行）〉的实施意见》，市委组织部和市审计局联合印发《关于强化领导干部自然资源资产离任（任中）审计结果运用的通知》，逐步建立完善审计工作制度和审计结果运用机制。市审计局采取与经济责任审计工作同步开展的方式，实施红花岗区、务川仡佬族苗族自治县、道真仡佬族苗族自治县领导干部自然资源资产离任（任中）审计。

疫情防控资金和物资监督跟踪审计 全市审计机关对疫情防控资金和捐赠款物开展专项审计，共派出16个审计组、92名审计人员，重点审计16942万元财政资金、5341万元捐赠资金和5498万元专项再贷款资金，延伸审计18家红十字会、慈善组织，233个政府机构和单位，9户企业和金融机构，对重要事项进行必要的延伸和追溯。

经济责任审计 全年开展经济责任审计项目

34个，被审计单位34个，被审计领导干部合计51人。审计查出主要问题金额735235万元，出具审计报告和审计结果报告44篇；审计提出建议136条。经济责任审计结果得到同级党委政府、党委审计委员会、组织部门、纪检监察机关、巡视巡察机构和相关行业主管部门等单位的高度重视，审计结果运用得到加强。

固定资产投资审计 认真贯彻执行《审计署办公厅关于进一步严格规范投资审计工作的通知》精神，开展对政府投资和以政府投资为主建设项目的审计监督，全年完成政府投资审计计划项目11个，审计发现多计工程价款18230万元，移送处理事项1件，审计提出建议35条。按照贵州省审计厅的统一安排部署，重点审计防灾减灾及灾后重建专项资金、捐赠款物的筹集、分配、拨付、管理以及使用效果情况。通过审计，查明全市上述专项资金总体规模78477万元、捐赠资金824万元，审计发现问题67个，查出问题金额13628万元。

相关工作 市委成立审计委员会，审计委员会办公室设在市审计局。4月21日召开第一次会议，学习贯彻习近平总书记对审计工作的重要指示精神和中央、省委审计委员会有关会议精神，研究部署全市审计工作。开展巡察整改工作，市委第六轮巡察第一巡察组于2019年10月12日至11月26日对市审计局党组开展巡察，2020年5月9日召开反馈会，市审计局党组高度重视，对巡察反馈的问题进行深刻剖析、查找原因，研究制定整改措施，明确整改责任，切实推动整改。截至年底，巡察反馈的问题已全部整改完成，出台相关管理制度38项。 （撰稿人：张　楠）

【安顺市审计局】 2020年，安顺市审计局实有47人。局长郑玉和，副局长甘宗祥、徐晓艳、汪泽荣，纪检组长徐家猛，固定资产投资审计中心主任陈华，经济责任审计工作联席会议办公室主任吴宏祥。设有办公室、人事教育科、计划管理和整改督查科、法规审理科、财政监督审计科、行政事业审计科、农业农村审计科、固定资产投资审计和重大项目稽查科、社会保障涉外审计科、企业审计监事科、经济责任和自然资源生态环境审计科；下设安顺市固定资产投资审计中心。

审计成果 2020年，安顺市审计机关共完成审计项目88个，其中审计85个、专项审计调查3个。查出主要问题金额1127932万元，其中违规金额106696万元、损失浪费金额498万元、管理不规范金额1020737万元；审计发现非金额计量问题1385个；损益（收支）不实金额16617万元；出具审计报告和专项审计调查报告236篇，被批示、采用1篇次。审计处理处罚金额121662万元，其中应上缴财政63466万元、应归还原渠道资金13223万元、应缴纳其他资金39804万元、应调账处理金额5168万元；移送司法机关、纪检监察机关和有关部门处理事项9件，移送处理金额3683万元。审计促进整改落实有关问题资金22002万元；审计促进拨付资金到位1947万元；审计后挽回（避免）损失2318万元；核减投资额883万元；移送处理落实事项1件。审计提出建议286条，被采纳267条；推动被审计单位制定整改措施1项；提交审计信息110篇，被批示、采用33篇次。向社会公告审计结果3篇。

财政审计 对国家金库安顺市中心支库、安顺市财政局财政财务收支情况，2019年度市级财政预算收入的收纳、划分、留解及预算支出拨付情况进行审计。对82家市级、423家县级一级预算单位2019年度预算执行和其他财政收支及决算草案情况进行数据审计。对安顺市发展和改革委2019年度财政预算执行和其他财政财务收支情况进行审计。

经济责任审计 组织对安顺市中心血站站长任职期间经济责任履行情况进行审计。对中共安顺市交通运输局（安顺市交通战备办公室）党组书记、安顺市交通运输局局长（安顺市交通战备办公室主任）任职期间经济责任履行情况进行审计。对中共关岭布依族苗族自治县委员会书记和关岭布依族苗族自治县人民政府县长任职期间经济责任履行情况进行审计。

企业审计 对贵州黄果树旅游集团股份有限公司2016年至2019年景区门票收支情况进行审计。

专项资金审计 对安顺市医疗保障局2019年全市新型农村合作医疗大病保险专项资金、安顺市本级新冠肺炎疫情防控资金和捐赠款物、镇宁布依族苗族自治县2019年度医疗保险基金财务收支、2019年度西秀区医疗保险资金财务收支、中华西路棚户区改造二期工程配套基础设施二期建设项目竣工决算、紫云苗族布依族自治县2020年极贫乡镇脱贫攻坚资金、镇宁布依族苗族自治县2020年极贫乡镇脱贫攻坚资金、安顺市本级2020年灾后重建专项资金、2019年度市本级青岛对口帮扶资金、安顺市新型农村合作医疗保险基金、安顺市城镇居民基本医疗保险基金等13个项目进行专项审计。（撰稿人：夏露露）

【毕节市审计局】 2020年，毕节市审计局实有64人。局长王雄伟，副局长陈志勇、李明祥、项学新，总审计师杨大莲，市政府投资审计中心主任陈国忠。设有办公室、法规和审理科、电子数据审计科、财政审计科、农业农村审计科、行政事业审计科、社会保障审计科、固定资产投资审计科、自然资源和生态环境审计科、企业和金融审计科、经济责任审计科、人事教育科（机关党委办公室）；下设毕节市政府投资审计中心、毕节市经济责任审计办公室。

审计成果 2020年，毕节市审计机关共完成审计项目114个。查出主要问题金额3169705万元，其中违规金额197851万元、管理不规范金额2971835万元、损失浪费金额19万元；审计发现非金额计量问题591个；损益（收支）不实金额88038万元；出具审计报告和专项审计调查报告153篇，被批示、采用9篇次。审计处理处罚金额468386万元，其中应上缴财政3126万元、应减少财政拨款或补贴300万元、应归还原渠道资金455044万元、应缴纳其他资金9818万元、应调账处理金额98万元；移送司法机关、纪检监察机关和有关部门处理事项40件，移送处理金额4871万元。审计促进整改落实有关问题资金25080万元；审计促进拨付资金到位1527万元；审计后挽回（避免）损失387万元；核减投资额1947万元。审计提出建议395条，被采纳285条；推动被审计单位制定整改措施29项；促进被审计单位建立健全规章制度1项；提交审计信息228篇，被批示、采用93篇次。

毕节市审计局实施的贵阳市花溪区2018年某专项工程资金投入和使用绩效审计项目被审计署评为2019年度全国市级审计机关优秀审计项目三等奖。毕节市审计局组织实施的毕节市住房和城乡建设局党组书记、局长任职期间经济责任履行情况审计项目获得贵州省审计机关优秀审计项目二等奖。

政策落实情况跟踪审计 在上级审计机关的统一安排部署下，组织市县两级审计机关相关业务科室分季度“嵌入式”开展2020年度国家重大政策措施落实情况跟踪审计；持续推进新增财政资金直达市县基层直接惠企利民情况专项审计工作等，确保各项政策“政令畅通”。

财政审计 围绕中央勤俭节约、精打细算过“紧日子”要求，开展同级财政审计和部门预算执行审计。通过审计，在促进节省开支、过“紧日子”、严格预算约束和财经纪律、把钱用在刀刃上、提高预算管理绩效等方面发挥要作用。

三大攻坚战审计 组织完成对所辖县（市、区）脱贫攻坚资金、扶贫资金、东西部协作资金专项审计；在党政主要领导干部经济责任审计中同步嵌入实施领导干部自然资源资产离任（任中）审计，重点关注领导干部贯彻落实生态文明建设方针政策、落实自然资源资产保护责任、资源开发利用、污染防治等方面的情况，着力促进守好发展和生态两条底线。

疫情防控资金和捐赠款物专项审计 开展应对新冠肺炎疫情防控资金和捐赠款物专项审计，促进被审计单位及时分配及拨付专项资金、捐赠信息公开透明、捐赠物资规范使用等。

经济责任审计 审计发现某单位统筹推进的建设项目中存在挪用项目前期工作经费、拖欠民营企业资金、下属事业单位私车公养等问题；某单位存在挪用专项资金、公款私存等问题。

大数据审计 利用大数据资源推进大数据审计，充分发挥数据分析审计信息化优势，首次对具备大数据审计条件的705家一级预算单位实现数据全覆盖分析。

审计查出问题整改 建立审计查出问题整改台账，定期跟踪调度，督促整改落实，着力推动审计向“查—治—防”一体化转变，扎实做好审计监督“后半篇文章”。（撰稿人：陈　黔）

【铜仁市审计局】 2020年，铜仁市审计局实有46人。局长任廷跃，副局长田仁华、文玉宏（—6月）、陈辉廷，总审计师陈静，纪检组长田峰，经济责任审计工作联席会议办公室主任庞晓旭。设有办公室、计划管理和整改督察科、法规审理科、内部审计指导监督科、电子数据审计科、财政金融审计科、行政事业审计科、农业农村审计科、固定资产投资审计科、经济责任审计科、自然资源和生态环境审计科、企业审计科、人事教育科（机关党委办公室）；下设铜仁市固定资产投资审计评审中心、铜仁市审计信息中心。

审计成果 2020年，铜仁市审计机关完成审计项目137个。查出主要问题金额1941010万元；审计发现非金额计量问题628个；损益（收支）不实35319万元；审计发现侵害人民群众利益39万元；出具审计报告和专项审计调查报告162篇，被批示、采用11篇次。审计处理处罚金额158005万元，移送司法机关、纪检监察机关和有关部门处理事项50件，移送处理金额37879万元。审计促进整改落实有关问题资金43488万元；审计促进拨付资金到位3237万元；审计后挽回（避免）损失636万元；核减工程决结算投资额9432万元；移送处理落实事项2件。审计提出建议意见419条，被采纳392条；推动被审计单位制定整改措施5项；促进被审计单位建立健全规章制度12项；被批示、采用审计信息167篇次。

政策落实情况跟踪审计 对铜仁市各级2019年省级扶持微型企业发展资金、村镇建设发展专项资金进行延伸审计，重点审计扶持微型企业目标任务、补助资金到位拨付、村镇建设发展资金使用和项目进展等情况。

财政审计 完成审计项目86个，延伸审计单位423个，查出主要问题金额1778412万元；出具审计报告107篇。

三大攻坚战审计 完成对江口县党政主要领导干部自然资源资产离任（任中）审计，出具审计报告2篇，查出主要问题金额581万元。对石阡县国荣乡、德江县桶井乡2019年9月至2020年6月底脱贫攻坚资金管理使用情况进行审计，重点抽查脱贫攻坚基金项目的建设情况。

疫情防控资金和捐赠款物专项审计 对铜仁市各级疫情防控资金和捐赠款物开展专项审计，涉及财政资金23827.56万元、捐赠资金1547.28万元，延伸审计22家红十字会、慈善组织，287个政府机构和单位，审计查出主要问题金额3600万元。

经济责任审计 审计经济责任人46人，其中县处级5人、乡科级41人；提交审计报告和审计结果报告61篇，查出主要问题金额182809万元。

固定资产投资审计 共审计项目16个，出具审计报告16篇，核减投资额9143万元，查出主要问题金额43701万元。

专项资金审计 完成审计项目34个，审计专项资金总额597952万元，查出主要问题金额118571万元，出具专项审计报告38篇。

内部审计 完成审计项目10个，审计总金额12073万元，增收节支15万元，提出建议意见被采纳435条。

相关工作 受铜仁市委组织部委托完成对10区县审计局领导班子2019年度考核工作；参加审计署、省审计厅组织的业务培训857人次，参加市级各类培训31人次。 （撰稿人：陈真平）

【黔西南布依族苗族自治州审计局】 2020年，黔西南布依族苗族自治州（以下简称黔西南州）审计局实有40人。局长雷宪春（—6月），副局长沈浩廷、龙敏。设有办公室、计划管理与整改督察科、政策法规科（审理科）、电子数据审计科、财政审计科、教科文卫审计科、农业农村审计科、固定资产投资审计科、社会保障审计科、自然资源和生态环境审计科、企业审计科、经济责任审计科、人事科及州委审计委员会办公室秘书科；下设州政府性投资建设项目前置审计中心、决算审核中心、审计信息技术服务中心。

审计成果 2020年，黔西南州审计机关共完成审计项目111个。查出主要问题金额748782.33万元；审计发现非金额计量问题289个；审计期间整改金额75163.96万元；出具审计报告111篇。审计处理处罚金额134742.77万元；移送处理事项28件。获州领导批示5篇次。提出并被采纳审计建议248条；促进被审计单位建立健全规章制度6项。

黔西南州审计局连续四年获全省审计机关年度目标绩效考核一等奖。

政策落实情况跟踪审计 2月至4月，对州本级财政资金、社会捐赠资金物资进行审计，延伸审计州红十字会、慈善总会、卫生健康局、教育局、医院等11个政府机构和单位，对重要事项进行必要的延伸和追溯。从8月起，先后完成安龙县、义龙新区、册亨县、贞丰县、晴隆县、望谟县、普安县、兴仁市新增财政资金直达市县基层直接惠企利民情况审计工作，促进资金及时拨付、精准使用、安全高效。

财政审计 全州审计财税部门和金库18个，组织实施28个部门预算审计，发现问题144个，涉及违规金额3100万元、管理不规范金额581700万元，提出审计意见和建议82条。探索推广大数据审计模式，首次组织对具备条件的107家州本级、525家县（市、区）级一级预算单位2019年度预算执行和其他财政收支及决算草案情况进行大数据审计。受州政府委托向人大所作审计工作报告，连续四年获大会表决全票通过。

三大攻坚战审计 组织对三宝乡、双江镇、郊纳镇、鲁容乡4个极贫乡镇2019年9月至2020年6月脱贫攻坚资金开展跟踪审计。组织对贞丰县、册亨县2019年1月至2020年7月，晴隆县和望谟县2020年1月至2020年6月扶贫政策措施落实和扶贫资金分配管理使用情况进行审计，对上述四县分配、管理、使用扶贫专项资金的县财政、扶贫、农业农村等共计95个部门单位进行延伸审计调查。组织实施望谟县政府原主要领导的自然资源资产离任审计，推动当地自然资源资产和生态环境突出问题解决。

经济责任审计 全州共完成经济责任审计项目20个，查出违纪违规金额35800万元、管理不规范金额23800万元，移交涉嫌经济问题25项，涉及24人。另配合州委组织部完成离任县处级领导干部监交工作14项。

固定资产投资审计 组织实施政府性投资审计项目4个，审减资金2200万元；另备案项目643个，审减资金17700万元。

其他工作 加强全州审计系统政治机关建设，加强全州审计系统党的建设工作，加强全州审计机关党风廉政模范系统建设，加强审计机关学习型系统建设，统筹实施文明行业系统创建。州审计局保持“全国文明单位”称号，7个市、县（市、区）审计局成为全省文明单位或全省文明先进单位，“审计文明行业系统”基本形成。

（撰稿人：刘崇芳）

【黔东南苗族侗族自治州审计局】 2020年，黔东南苗族侗族自治州（以下简称黔东南州）审计局实有49人。局长李昌钦，纪检组长李万秉，副局长刘才泉、周小燕、刘宗明，总审计师李志军，州经济责任审计办公室主任朱珠，州政府投资前置审计中心主任龙家茂。设有办公室、法规审理和整改督察科、财政审计科、行政事业社会保障审计科、经济责任审计科、固定资产投资审计科、农业农村审计科、自然资源与生态环境审计科、企业金融外资审计科、人事教育科（机关党的建设办公室）；下设经济责任审计办公室和黔东南州政府投资前置审计中心。

审计成果 2020年，黔东南州审计机关共完成审计项目115个。查出主要问题金额1582783万元；审计发现非金额计量问题959个；损益（收支）不实金额33847万元；审计发现侵害人民群众利益441万元；出具审计报告和专项审计调查报告180篇。审计处理处罚金额35903万元，其中应上缴财政13554万元、应减少财政拨款或补贴22万元、应归还原渠道资金1137万元、应缴纳其他资金306万元、应调账处理金额22882万元；移送司法机关、纪检监察机关和有关部门处理事项20件，移送处理金额16054万元。审计促进整改落实有关问题资金13653万元；审计促进拨付资金到位293万元；审计后挽回（避免）损失347万元；核减投资额4182万元。审计提出建议558条，被采纳389条；推动被审计单位制定整改措施29项；提交审计信息662篇，被批示、采用417篇次。

岑巩县审计局实施的岑巩县2018年度本级预算执行和县级财政决算草案审计项目被贵州省审计厅评为优秀审计项目二等奖。

政策落实情况跟踪审计 完成州本级和16个县（市、区）“两直达”资金审计、灾后重建资金审计等跟踪审计项目。

财政审计 在完成州级财政、金库审计的同时，采取"上审下""交叉审"的方式实施全州16个县（市、区）财政预算执行和决算草案编制审计、16个县（市、区）国家金库审计。查出主要问题金额1200189万元，审计发现预算编报不真实不完整资金21949万元，违规变更调整预算资金2415万元，未按规定征收缴纳收入资金26750万元，违规改变项目计划和资金用途26378万元，资金滞留闲置106126万元，会计核算不实29418万元。完成州、县两级1125个预算单位的财政预算执行情况大数据审计全覆盖，编写数据分析模型36个，形成7个方面的问题疑点记录73704条，组织州、县两级现场核查组针对疑点问题精准开展核查，首次实现大数据审计全覆盖，探索远程审计新模式，提高审计发现问题的效率。

三大攻坚战审计 完成2020年度东西部扶贫协作杭州市对口帮扶资金审计、黄平县谷陇镇等4个省级极贫乡镇的扶贫资金审计等扶贫领域审计项目。

疫情防控资金和捐赠款物专项审计 完成州本级和16个县（市、区）应对新冠肺炎疫情防控资金和捐赠款物专项审计。

民生审计 采取"上审下"的方式实施16个县市2017—2019年度新型农村合作医疗保险基金管理和使用情况审计，审计查出主要问题金额3114万元。

经济责任审计 完成领导干部经济责任审计项目23个。查出主要问题金额120286万元，其中违规金额563万元、损失浪费金额22万元、管理不规范金额119700万元，审计提出建议71条。

固定资产投资审计 实施从江县脱贫攻坚农村饮水安全巩固提升项目，平瑞至四寨河、四寨河至谷坪公路大修工程施工项目，独洞水库农村生活污水治理项目，贵州侗乡长途汽车客运站建设项目，从江县2018年易地扶贫搬迁工程等5个项目的跟踪审计。

企业审计 完成州凯宏（集团）公司，州开投集团公司及其下属58个子公司、孙公司2019年度资产负债损益情况审计，查出主要问题金额379488万元。

（撰稿人：吴永海）

【黔南布依族苗族自治州审计局】 2020年，黔南布依族苗族自治州（以下黔南州）审计局实有37人。局长李先文，副局长罗宪平、林雪洪、朱成智，总审计师冯丽芳，黔南州经济责任审计工作联席会议办公室主任刘亚凌。设有办公室、法规审理科、计划管理与整改督察科、电子数据审计科、财政社保与党政机关审计科、农业农村审计科、自然资源与生态环境审计科、国企国资与事业单位审计科、经济责任审计科、人事教育和政工党建科；下设黔南州固定资产投资审计中心。

审计成果 2020年，黔南州审计机关共完成审计项目144个。查出主要问题金额3213803万元；审计发现非金额计量问题398个；损益（收支）不实金额288693万元。审计处理处罚金额545823万元；移送司法机关、纪检监察机关和有关部门处理事项30件，移送处理金额2705万元。审计促进整改落实有关问题资金79357万元；审计促进拨付资金到位56518万元；审计后挽回（避免）损失11023万元；核减投资额4170万元。审计提出建议345条，被采纳247条；推动被审计单位制定整改措施9项；促进被审计单位建立健全规章制度31项；提交审计信息189篇，被批示、采用18篇次。向社会公告审计结果3篇。

政策落实情况跟踪审计 分批次对全州12县（市、区）贯彻落实国家重大政策措施情况开展审计，与"两直达"资金项目同步实施。

财政审计 完成140个预算执行和财政决算类审计项目，查出问题金额3102461万元。

三大攻坚战审计 组织州本级及各县（市、区）开展灾后重建专项资金审计、极贫乡镇脱贫攻坚资金审计、广州市扶贫协作和对口支援资金审计等项目。

疫情防控资金和捐赠款物专项审计 在全州范围调配83名审计人员组成13个审计组，对黔南州疫情防控资金和捐赠款物开展专项审计。

经济责任审计 全州审计机关完成3名县处级领导干部和23名乡科级领导干部经济责任审计，查出主要问题金额44629万元。

固定资产投资审计 组织指导政府投资项目审计601个，送审金额228400万元，审计依法核减工程款429400万元，工作成效受到州委州政府通报表彰。

资源环保审计 组织对瓮安、龙里两县开展自然资源资产离任（任中）审计，查出主要问题金额44600万元。

企业审计 组织对1个国有企业开展审计，查出主要问题金额2600万元。

（撰稿人：涂燕燕）

2020年贵州省所辖县(市、区)级审计工作统计表

审计机关	完成审计项目/个	审计查出主要问题金额/万元	审计发现非金额计量问题/个	审计期间整改金额/万元	出具审计报告和审计调查报告/篇	审计处理情况		审计促进整改落实有关问题资金/万元	审计提出建议/条	提交审计信息/篇
						审计处理处罚金额/万元	移送处理事项/件			
贵阳市										
贵阳市本级	34	728650	10126	17258	32	292355	3	556	76	123
南明区审计局	12	7186	124	404	12	2661	3	3046	47	65
云岩区审计局	10	82675	36		10	197	1	184		99
花溪区审计局	12	2740068	46	612785	12	1541652	8	612785	49	62
乌当区审计局	12	36171	12	1435	12	3074		1840	26	60
白云区审计局	14	164707	4	1140	11	9936	2	20	32	98
观山湖区审计局	11	26564	40	2956	10	15729		15720	31	100
清镇市审计局	16	509768	39	19787	16	562		12486	39	39
开阳县审计局	13	351	20		13	143	1	18	28	66
息烽县审计局	14	535869	19	534	18	3964		1895	56	75
修文县审计局	17	1209318	10	305	19		3		21	33
六盘水市										
六盘水市本级	21	808166	78	100	21	39870	1	4560	55	42
钟山区审计局	10	186452	67	1918	10	46585	1	1399	25	21
六枝特区审计局	10	26391	5	1114	10	9195		16030	27	23
水城区审计局	10	53523	14	761	10	7787		260	22	44
盘州市审计局	13	685568	60	3	13	372929	3	45041	22	25
遵义市										
遵义市本级	32	733492	3780	1902	35	541655	19	1485	115	36
红花岗区审计局	11	576	14	339	12	96			17	
汇川区审计局	11	22926	94	3	12	22923	2	22503	65	9
播州区审计局	13	141194	26	159	13	35601	3	14788	39	42
赤水市审计局	9	174950	8	944	11			7	21	
仁怀市审计局	11	176257	6	3	11	13181	1		22	
桐梓县审计局	13	381490	18		13	28943		1214	39	67

（续表）

审计机关	完成审计项目/个	审计查出主要问题金额/万元	审计发现非金额计量问题/个	审计期间整改金额/万元	出具审计报告和审计调查报告/篇	审计处理情况		审计促进整改落实有关问题资金/万元	审计提出建议/条	提交审计信息/篇
						审计处理处罚金额/万元	移送处理事项/件			
绥阳县审计局	9	1513	3		9	11			23	
正安县审计局	13	345583	24	2119	13	2683	2	1854	43	
道真仡佬族苗族自治县审计局	11	8091	35	541	11	7084	3	2	25	
务川仡佬族苗族自治县审计局	14	11850	86	1798	14	4589		1734	43	42
凤冈县审计局	9	85585	26	10302	10	337		337	20	28
湄潭县审计局	8	4501	17	2928	9	1572		1512	21	47
余庆县审计局	11	618336	55	214	11	504633	11	858	51	24
习水县审计局	10	44095	48	68	10	23015	2	29327	40	1
新蒲新区审计局	9	195169	15	2804	11	92773		2645	17	36
安顺市										
安顺市本级	19	727444	220	8997	66	71604	3	8693	69	
西秀区审计局	7	155592	7	571	8	2324	1		18	22
平坝区审计局	13	61085	1037	142	40	5627	3		40	
普定县审计局	9	56445	31	6	41	11	1	4395	35	43
镇宁布依族苗族自治县审计局	8	2308	1	80	18	614			11	
关岭布依族苗族自治县审计局	9	5382	46	45	39	1839	1	440	18	
紫云苗族布依族自治县审计局	9	28368	15		8	3		3	45	
开发区审计局	7	17203	19	639	8			7755	27	20
黄果树管理区审计局	7	74101	9		8	39637		714	23	25
毕节市										
毕节市本级	21	2275723	216	1989	40	256249	9	5141	107	63
七星关区审计局	9	30674	16	10349	10	3204		11631	27	
大方县审计局	10	191722	33	15	13	183615	12	811	44	33
黔西县审计局	10	8731	30	2000	15	1777	5	3085	30	60
金沙县审计局	11	108961	77	126	16	9957	3	473	34	45
织金县审计局	8	90628	34	2	9	393	1	268	34	2
纳雍县审计局	14	22971	45	27	17	3972	2	924	26	6
威宁彝族回族苗族自治县审计局	12	2452	56	108	13	778		505	35	11

（续表）

审计机关	完成审计项目/个	审计查出主要问题金额/万元	审计发现非金额计量问题/个	审计期间整改金额/万元	出具审计报告和审计调查报告/篇	审计处理情况		审计促进整改落实有关问题资金/万元	审计提出建议/条	提交审计信息/篇
						审计处理处罚金额/万元	移送处理事项/件			
赫章县审计局	11	430421	21	113	11	8182	1	1936	28	1
百里杜鹃管理区审计局	8	7422	63	299	9	259	7	306	30	7
铜仁市										
铜仁市本级	25	238117	124	15064	30	67178	10	26185	51	38
碧江区审计局	10	566626	54		12	24962	6	1050	44	54
万山区审计局	10	179521	91	3808	10	2152	3	604	33	33
江口县审计局	11	214254	15	996	11	9630	8	2451	27	18
玉屏侗族自治县审计局	10	10662	24	219	13	541	2	5191	35	7
石阡县审计局	11	3848	46	10	11	598	3	309	37	9
思南县审计局	14	390598	15	961	18	4020	13	4009	63	40
印江土家族苗族自治县审计局	14	193950	62	1718	14	7866		1607	38	23
德江县审计局	10	79126	6	142	12	2015	4	1662	30	
沿河土家族自治县审计局	11	34267	140	1535	14	2		2902	29	10
松桃苗族自治县审计局	11	30041	51	3035	17	12867	1	495	32	11
黔西南布依族苗族自治州										
黔西南布依族苗族自治州本级	24	48205	128	657	24	31807	16	3682	63	116
兴义市审计局	8	224914	6	68876	8	3725		22	21	6
兴仁市审计局	13	41382	9	4385	13	35686	6	142	13	48
普安县审计局	12	108920	24	393	12	5600	1	343	18	
晴隆县审计局	12	31119	57	530	12	818	1	192	40	40
贞丰县审计局	8	6104	7	18	8		2	18	16	6
望谟县审计局	12	120738	10	27	12			127	26	
册亨县审计局	9	57107	10	6	9	57107	1	102	18	
安龙县审计局	8	109184	35		8		1	7439	19	18
义龙新区审计局	5	1110	3	272	5			996	14	2
黔东南苗族侗族自治州										
黔东南苗族侗族自治州本级	15	1251223	359	1339	78	5640	6	719	231	47

（续表）

审计机关	完成审计项目/个	审计查出主要问题金额/万元	审计发现非金额计量问题/个	审计期间整改金额/万元	出具审计报告和审计调查报告/篇	审计处理情况		审计促进整改落实有关问题资金/万元	审计提出建议/条	提交审计信息/篇
						审计处理处罚金额/万元	移送处理事项/件			
凯里市审计局	6	1052	13	21	5	28		1	3	69
黄平县审计局	6	12802	17	186	6	4839		4025	12	16
施秉县审计局	5	11	7		5	10		10	12	27
三穗县审计局	7	106027	16	238	8	3805	2	3775	30	45
镇远县审计局	6	24682	74		7	9954		288	19	28
岑巩县审计局	5	504	15		5	102		102	19	62
天柱县审计局	6	33205	25	1001	6	10352		3807	22	32
锦屏县审计局	5	4274	13		6	45	1	45	18	11
剑河县审计局	5	15866	19		5		2		21	57
台江县审计局	5	12766	31	772	5		6		2	11
黎平县审计局	8	24347	1	2	8	174		67	30	43
榕江县审计局	5	25582	35	12	5	826	3	712	18	120
从江县审计局	11	68	35		11	33		8	18	34
雷山县审计局	5	26173	41		5				17	20
麻江县审计局	7	14097	114		7	89		89	40	
丹寨县审计局	8	30104	144	12	8				46	
黔南布依族苗族自治州										
黔南布依族苗族自治州本级	31	2265695	132	134579	29	152906	6	34778	59	10
都匀市审计局	8	38010	19	1184	8	1054		1666	26	36
福泉市审计局	9	112226	33	626	4	11977	3	8579	19	1
荔波县审计局	8	62400	15	800	16	1597	2	2127	16	
贵定县审计局	9	6312	28	37	26	3649	11	1788	10	3
瓮安县审计局	12	296874	29	9114	13	259247		1512	30	
独山县审计局	12	15032	28	268	12	10422		1961	27	31
平塘县审计局	9	5977	5	1274	9	452	1	2149	27	8
罗甸县审计局	10	95067	35	1300	18	65312		4054	32	21
长顺县审计局	9	250782	23	32	9	4571	5	3315	29	7
龙里县审计局	11	31933	25	11823	11	25111	2	12819	33	72
惠水县审计局	7	21091	22	3909	7	8152		3453	20	
三都水族自治县审计局	9	12404	4	44	15	1373		1156	17	

云南省

【云南省审计厅】 2020年，云南省审计厅实有337人。设有省委审计委员会办公室秘书处、办公室、计划财务处、法规处、审理督查处、电子数据审计处、财政审计处、行政事业审计处、农业农村审计处、固定资产投资审计一处、固定资产投资审计二处、金融审计处、企业审计处、社会保障审计处、自然资源和生态环境审计处、涉外审计处、经济责任审计一处、经济责任审计二处、经济责任审计三处、派出审计一处、派出审计二处、派出审计三处、派出审计四处、派出审计五处、派出审计六处、派出审计七处、派出审计八处、派出审计九处、派出审计十处、派出审计十一处、派出审计十二处、派出审计十三处、派出审计十四处、派出审计十五处和机关党委（人事处）、离退休人员办公室；下设机关服务中心、审计科研培训中心、计算机技术中心、内部审计指导中心等事业单位。

领导成员

厅　　长：吴绍吉（—3月）

　　　　　谢　健（3月—）

副 厅 长：王洪斌　苏　莉　李　芸

　　　　　杨晓源　谢　凡

省纪委省监委驻省审计厅纪检监察组长：

　　　　　龚学艺

省领导干部任期经济责任审计工作联席会议办公室主任：聂继媛

总审计师：李　涛（1月—）

一级巡视员：任　安

二级巡视员：刘晓云

省政府国有企业监事会主席：付　霞

　　　　　李国沛

　　　　　单治光

审计成果　2020年，云南省审计机关共完成审计项目5401个，其中审计4759个、专项审计调查642个。查出主要问题金额4170.85亿元，其中违规金额273.98亿元、损失浪费金额4.72亿元、管理不规范金额3892.15亿元；审计发现非金额计量问题12632个；损益（收支）不实金额97.62亿元；审计发现侵害人民群众利益5148.39万元；出具审计报告和专项审计调查报告6238篇，被批示、采用395篇次。审计处理处罚金额609.90亿元，其中应上缴财政86.68亿元、应减少财政拨款或补贴12.38亿元、应归还原渠道资金200.24亿元、应缴纳其他资金51.38亿元、应调账处理金额259.22亿元；移送司法机关、纪检监察机关和有关部门处理事项958件，移送处理人员420人，移送处理金额278.61亿元。审计促进整改落实有关问题资金518.37亿元；审计促进拨付资金到位28.02亿元；审计后挽回（避免）损失32.72亿元；核减投资额61.11亿元；移送处理落实事项245件。审计提出建议14970条，被采纳13466条；推动被审计单位制定整改措施336项；促进被审计单位建立健全规章制度402项；提交审计信息4304篇，被批示、采用1423篇次。向社会公告审计结果2109篇。

云南省审计厅实施的云南某公司董事长经济责任履行情况审计项目被审计署评为2019年度全国省级审计机关优秀审计项目二等奖；玉溪市审计局实施的玉溪市住房公积金管理中心2017年住房公积金归集、管理、使用及单位财政财务收支审计项目被审计署评为2019年度全国市级审计机关优秀审计项目二等奖；保山市隆阳区审计局实施的保山市隆阳区瓦房彝族苗族乡人民政府乡长任职期间（任中）经济责任履行情况审计项目被审计署评为2019年度全国县级审计机关优秀审计项目二等奖。全省共有30个审计项目被云南省审计厅评为优秀审计项目。

审计委员会办公室工作　省委审计委员会办公室先后印发《有关工作事项办理暂行办法》《成员单位工作协调制度（试行）》等制度。制定《关于深入推进审计全覆盖的实施意见》《云南省地方党委和政府主要领导干部自然资源资产离任审计评价办法（试行）》《贯彻落实〈党政主要领导干部和国有企事业单位主要领导人员经济责任审计规定〉实施意见》等制度。出台《审计监督与纪检监察、组织人事、巡视巡察、督促检查工作协调机制》和《进一步加强审计发现问题整改的意见》。全面推行审计项目信息审前网上公示制度，出台审计项目分类审理办法，探索建立审计容错纠错机制。

政策落实情况跟踪审计 按照做好“六稳”工作、落实“六保”任务要求，开展重大政策措施落实情况跟踪审计，重点关注减税降费、减免返还社保费和缓征住房公积金、基层“三保”、稳就业等政策措施落实情况。开展全省新增财政资金直达市县基层直接惠企利民情况专项审计。

财政审计 关注预算绩效管理和财政资金使用绩效，全省同步开展各级政府本级预算执行审计和财政决算草案审计。采取“重点审计、专项审计调查和疑点自证相结合”的方式，实现省、市、县（市、区）财政一级预算单位审计全覆盖。按照审计署统一部署开展税收和非税收入征管审计。开展全省财政部门存量资金及往来款项管理情况专项审计调查。与省财政厅联合建立审计发现应缴未缴财政资金“快处”工作机制，促进应缴未缴资金及时征缴入库。

三大攻坚战审计 开展8个贫困县脱贫攻坚审计，完成对全省88个贫困县审计全覆盖。对全省88个贫困县产业扶贫情况进行审计，促进全面脱贫与乡村振兴有效衔接。开展中国长江三峡集团等6户企业帮扶资金和项目实施情况审计。首次对16个州（市）及88个贫困县审计机关主要负责人进行集体工作约谈，对全省2016年以来脱贫攻坚审计发现问题进行4轮挂牌督查督改，并对已完成整改的问题进行“回头看”，推动问题整改“清零”。对279名领导干部开展自然资源资产离任审计，其中省管领导干部13名。

固定资产投资审计 推动发挥投资“压舱石”作用，开展59条“能通全通”县域高速公路专项审计调查，滇中引水工程、云南机场集团等重点建设项目跟踪审计，国际金融组织和外国政府贷援款项目审计。出台指导意见进一步规范投资审计全过程，出台政策解读进一步纠正“以审代结”问题。实现对机场集团所属15个机场审计全覆盖，开展5户部门监管企业审计工作。

民生审计 组织开展疫情防控专项审计，对资金分配使用及物资采购、接收、管理等方面发现的问题，及时推动整改，为疫情防控提供监督保障。完成医疗保险基金审计、全省人防系统全覆盖专项审计。连续8年开展保障性安居工程审计。

经济责任审计 深入贯彻执行新修订的两办《规定》，重新修订经济责任审计全覆盖实施意见和评价办法，首次采取集中征求意见方式反馈多个经济责任审计项目共性问题。全省共对284名领导干部开展经济责任审计，其中省管领导干部21名，对1550名领导干部进行任前告知，完成离任交接项目530个。

审计全覆盖 建立全覆盖长效机制，修订经济责任审计全覆盖配套制度和评价办法，制订中长期审计规划和年度审计项目计划，印发全面推进部门预算执行审计全覆盖实施方案。优化全覆盖组织模式，统筹多条业务主线同向发力，加强不同类型审计项目的统筹融合，确保重点项目审深审透、审出成效。提供全覆盖技术支撑，持续推进金审工程三期建设，打造大数据审计平台，健全完善电子数据定期报送制度，在资源环境审计中推广运用并持续改进“云审查”信息平台，引入无人机辅助审计。

内部审计 关注内部控制制度的健全性和有效性，着力推动单位内部控制体系不断健全和完善，促进单位内部控制设计科学、规范运行，内部审计层次和工作水平有效提升。截至年底，全省共有内部审计机构1010个、内部审计人员3172人，开展审计项目13963个，审计发现问题21520个，查出问题金额456.2亿元。根据审计建议给予党纪、政务和内部纪律处分52人，向司法机关报告或移送案件线索24件，涉案人员4人。

相关工作 扎实推进党的十九届四中、五中全会精神学习，开展落实习近平总书记重要指示批示精神“回头看”。制定全面从严治党主体责任压力传导机制及党员管理监督等4项制度，订立内部巡察工作实施办法等5项制度严明纪律作风，首轮对12个内设机构和下属单位开展巡察。组织对全省系统审计外勤经费和津补贴管理使用专项财务检查。深化“以案促改”，涵养政治生态。省审计厅顺利通过“全国文明单位”复查，连续4届保持“全国文明单位”称号，省以下有8家通过复查、2家新创成，全省审计系统全国文明单位总数达到11个。（撰稿人：李玥帆）

【昆明市审计局】 2020年，昆明市审计局实有146人。局长陈静，副局长陈林、后文杰（—8月）、杜建宝（—12月）、智云（4月—）、童福军，市领导干部任期经济责任审计工作联席会议办公室主任智云（—4月）、杨俊（8月—），总审计师龚迎燕，市政府重点建设项目稽察办公室主任郑红，市政府国有企业监事会主席张宗能（—9月）、蔡继林（—4月）、张顺朝、钟长富，市政府重点建设项目稽察特派员李燕、钟燕、付一民（—1月）、赵歌平（—12月）。设有办公室、计划财务处、法规处、审理督查处、电子数据审计处、财政审计处、行政事业审计处、农业农村审计处、固定资产投资审计一处、固定资产投资审计二处、社会保障审计处、自然资源和生态环境审计处、金融审计处、企业审计处、经济责任审计一处、经济责任审计二处、经济责任审计三处、内部审计指导监督处、机关党委（人事处）、离退休人员办公室；下设昆明市审计技术中心。

审计成果 2020年，昆明市审计机关共完成审计项目793个。查出违规金额24.68亿元；出具审计报告和审计调查报告921篇。审计促进增收节支19.86亿元，调账处理金额43.82亿元，移送处理事项49件。审计提出建议2217条；推动被审计单位制定整改措施12项；促进被审计单位建立健全规章制度58项；提交审计信息858篇。向社会公告审计结果379篇。

全市审计机关4个项目被云南省审计厅评为优秀审计项目。

政策落实情况跟踪审计 完成减税降费跟踪审计、清理拖欠民营企业中小企业账款、“历史文化名城”“世界春城花都”专项工作政策措施落实情况审计调查等。

财政审计 完成市本级2019年度财政决算草案编制情况和市级部门2019年预算执行情况审计（调查）、重点二级预算单位财政财务收支等审计。

三大攻坚战审计 完成东川区产业扶贫、沪滇扶贫协作资金、教育扶贫资金等专项审计，完成集中脱贫县（市、区）脱贫攻坚审计发现问题整改情况审计。

疫情防控资金和捐赠款物专项审计 以“边推进、边审计、边规范、边整改”方式开展审计，督促加快分配使用资金1917.09万元、调拨物资4.49万件，追回财政资金41万元，促进建立完善制度17项。

经济责任审计 完成136名领导干部任期经济责任审计，发现问题557个，涉及金额731551万元；移送问题线索20件，涉及人数4人，涉及金额245.90万元；提出审计建议399条。

固定资产投资审计 完成政府投资审计项目283个，核减金额47.40亿元，提出审计建议856条。

资源环保审计 完成19名领导干部自然资源资产离任审计，发现问题70个，提出审计建议61条。

专项资金审计 完成专项债券资金、新增直达市县基层直接惠企利民财政资金、全市财政部门存量资金及往来款项、棚户区改造和公租房保障资金、人防工程、消费券财政补贴等专项审计。

审计查出问题整改 出台《关于进一步加强审计整改工作的意见》《昆明市审计整改督查实施暂行办法》《昆明市审计整改约谈暂行办法》和《昆明市审计整改责任追究暂行办法》，将审计整改纳入全市2020年度工作目标考核体系。

（撰稿人：尚　明）

【曲靖市审计局】 2020年，曲靖市审计局实有49人。局长郭建春，副局长张乔明、王清林、徐安民、李启功、吴兴斌，总审计师李亚莉，三级调研员陈守忠、陈健、缪仑，四级调研员张丽。设有市委审计委员会办公室秘书科、办公室、人事科、计划财务科、审理督查科、法规科、电子数据审计科、财政审计科、经济责任审计一科、经济责任审计二科、固定资产投资审计一科、固定资产投资审计二科、经贸审计科、社会保障审计科、行政事业审计科、农业农村审计科、资源环保审计科、金融审计科。

审计成果 2020年，曲靖市审计机关完成审计项目307个。查出主要问题金额230805万元；损益（收支）不实25843万元；审计发现侵害人民群众利益477万元；审计期间整改金额79029万元；出具审计报告和专项审计调查报告381

篇，被批示、采用14篇次。审计处理处罚金额16305万元；移送司法机关、纪检监察机关及相关部门处理事项5件7人，移送金额36万元。审计促进拨付资金到位728万元；审计后挽回（避免）损失532万元；核减投资额419万元；移送处理落实事项3件。审计提出建议650条，被采纳648条；促进被审计单位建立健全规章制度2项；上报审计专题、综合性报告和信息269篇，被批示、采用153篇次。向社会公告审计结果156篇。

政策落实情况跟踪审计 开展稳就业政策落实情况、清理拖欠民营企业中小企业账款、减税降费和专项债券资金管理使用情况审计。审计2019年度专项债券资金管理使用等情况。对曲靖市在建的7条高速公路建设项目进行专项审计调查。

三大攻坚战审计 组织完成富源县、师宗县、罗平县、宣威市等4个县（市、区）产业扶贫审计。对脱贫攻坚审计中发现的问题开展督查督改工作。开展全市2019年防范化解政府隐性债务风险落实情况审计调查。组织对麒麟、马龙、宣威、师宗、罗平、会泽6个县（市、区）党政主要领导任职期间履行自然资源和生态环境保护责任情况进行审计。

疫情防控资金和捐赠款物专项审计 组织对全市疫情防控资金和捐赠款物开展专项审计，对1700万元专项再贷款资金逐笔逐项进行核查。

经济责任审计 对全市61名领导干部开展经济责任审计，市审计局首次对6名处级领导干部进行离任经济事项交接鉴证。

专项审计 派出10个审计组，分别对市本级及9个县（市、区）人防系统进行审计。

（撰稿人：陈守忠）

【玉溪市审计局】 2020年，玉溪市审计局实有74人。局长方洪，副局长许立贞、李国录、张雄，市领导干部任期经济责任审计工作联席会议办公室主任李广川，市政府重点建设项目稽察特派员曾丽娟、杨海军、苏博（—10月），保留原职级待遇领导杨海明。设有市委审计委员会办公室秘书科、办公室、法规科、电子数据审计科、财政审计科、行政事业审计科、农业农村审计科、固定资产投资审计科、社会保障审计科、自然资源和生态环境审计科、经济责任审计一科、经济责任审计二科、企业审计科、党建办公室（人事科）；下设固定资产投资审计中心。

审计成果 2020年，玉溪市审计机关共完成审计（调查）项目280个。查出违规金额74007万元；出具审计报告和专项审计调查报告373篇。审计促进整改落实有关问题资金391927万元；固定资产投资审计核减投资额6858万元。提出审计建议661条，被采纳525条；提交审计信息452篇，被批示、采用231篇次。向社会公告审计结果222篇。

玉溪市审计局实施的玉溪市住房公积金管理中心2017年住房公积金归集、管理、使用及单位财政财务收支审计项目被审计署评为2019年度全国市级审计机关优秀审计项目二等奖。

政策落实情况跟踪审计 组织开展全市专项债券资金、减税降费政策落实、清理拖欠民营企业中小企业账款、新增财政资金直达市县基层直接惠企利民情况等审计调查。

财政审计 完成市本级2019年度财政决算草案编制情况、高新区管委会2019年度财政预算执行及部门预算执行情况审计。将全市70个一级预算单位全部纳入审计范围，首次实现一年一轮的部门预算执行审计全覆盖。

三大攻坚战审计 组织实施自然资源资产审计项目12个，首次对市直单位主要领导履行自然资源资产管理和生态环境保护责任进行审计。制订乡村振兴跟踪审计三年行动计划，对江川、易门两区（县）开展乡村振兴跟踪审计。

疫情防控资金和捐赠款物专项审计 组织开展对全市疫情防控资金和捐赠款物专项审计，重点审计8180万元财政资金、3032万元捐赠资金，延伸审计11家红十字会和慈善组织、214家疾病控制中心等政府机构和单位，对7户企业的重要事项进行延伸调查。

经济责任审计 完成11名领导干部离任交接、19名新（转）任领导干部任前告知、196名主要领导干部履行经济责任年度报告。组织实施3名市直单位离任领导和澄江市委书记、市长，江川区委书记、区长的经济责任审计。

固定资产投资审计 初步建立2019年至

2020年政府投资项目数据库，开展涵盖高速公路“能通全通”、“五网”建设、产业发展、环境保护、人防系统等领域的审计。首次应用智慧审计平台投资审计模块对工程设计、监理、采购等招标投标进行审查。

相关工作 市审计局成功创建第六届“全国文明单位”。 （撰稿人：王 曦）

【保山市审计局】 2020年，保山市审计局实有35人。局长李东伟（—12月）、杨先超（12月—），副局长李红霞、杨国寿、周兆祥，总审计师王绍婷（2月—），市领导干部任期经济责任审计工作联席会议办公室主任袁英（7月—）。设有市委审计委员会办公室秘书科、办公室、计划财务科、法规科、电子数据审计科、财政审计科、行政事业审计科、农业与自然资源环境审计科、固定资产投资审计科、社会保障审计科、企业与金融审计科、经济责任审计一科、经济责任审计二科。

审计成果 2020年，保山市审计机关共完成审计项目219个。查出主要问题金额505562万元；审计发现非金额计量问题405个；损益（收支）不实金额13455万元；出具审计报告和专项审计调查报告231篇，被批示、采用2篇次。审计处理处罚金额158011万元；移送司法机关、纪检监察机关和有关部门处理事项74件，移送处理人员39人，移送处理金额2597万元。审计促进整改落实有关问题资金84437万元；审计后挽回（避免）损失4611万元；核减投资额6179万元；移送处理落实事项7件。审计提出建议663条，被采纳584条；提交审计信息191篇，被批示、采用47篇次。向社会公告审计结果65篇。

保山市隆阳区审计局实施的保山市隆阳区瓦房彝族苗族乡人民政府乡长任职期间（任中）经济责任履行情况审计项目被审计署评为2019年度全国县级审计机关优秀审计项目二等奖；2个项目被云南省审计厅评为优秀审计项目三等奖。

政策落实情况跟踪审计 组织开展减税降费政策措施落实情况、拖欠民营企业中小企业账款情况专项审计调查等，有力推进重大政策措施贯彻落实。

财政审计 完成财政审计39个，查出主要问题金额391063万元。

民生审计 完成民生、专项资金审计30个，延伸审计单位12个，审计资金总额30741万元。

经济责任审计 对39名领导干部开展经济责任审计，查出主要问题金额20411万元。

固定资产投资审计 对80个政府投资建设项目进行竣工决算审计和跟踪审计，涉及总投资251267万元，审计核减项目投资额6179万元。

企业审计 参与省审计厅对云南机场集团有限责任公司保山机场2018—2019年度资产、负债及损益情况审计；完成隆建投公司投资参股恒天源公司专项审计调查等。

信息化建设 完成机房更新、服务器数据迁移、增加视频会议控制台和档案数字化加工等工作，购买广联达软件、悦审软件、360网神终端安全管理系统、上网卡、电脑、打印机等设备，总投资70.38万元。

内部审计 全市设有内部审计机构44个，配备内部审计人员159人。完成审计项目816个，审计资金总额1539869万元，促进增收节支1397万元，提出审计建议意见被采纳1454条。

相关工作 在2020年度落实党风廉政建设责任制考核中，昌宁县审计局获得优秀等次，保山市审计局和隆阳区、施甸县、腾冲市、龙陵县审计局考核为合格等次。8月，保山市审计局和昌宁县审计局通过复审，保持第六届“全国文明单位”荣誉；隆阳区审计局和腾冲市审计局保持“省级文明单位”荣誉。 （撰稿人：赫浩平）

【昭通市审计局】 2020年，昭通市审计局实有79人。二级巡视员李绍军（—11月），局长吴君尧（12月—），副局长赵萍、雷凤德、李文胜、秦绍平，市领导干部任期经济责任审计工作联席会议办公室主任陈道义，总审计师潘为莲，二级调研员王兴宝，三级调研员丁昌勇，四级调研员曹廷义（—5月），其他副处级干部游有芬、郭正黎。设有市委审计委员会办公室秘书科、办公室、法规科、审理督查科、电子数据审计科、财政审计科、农业农村审计科、固定资产投资审计一科、固定资产投资审计二科、社会保障审计科、企业审计科、经济责任审计一科、经济责任审计二科、自然资源和生态环境审计科、机关党委（人事科）；下设审计计算机技术中心、投资审计中心、重点工程建设项目稽查办公室等事业单位。

审计成果 2020年，昭通市审计机关共完成审计项目418个。查出主要问题金额188.06亿元；向有关机关和单位移送问题线索68件。审减投资额0.84亿元。审计提出建议1040条，被采纳1039条；向党委政府提交审计专题、综合性报告80篇，被批示、采用64篇。

政策落实情况跟踪审计 组织全市11个县（市、区）开展全市防范化解重大风险审计、全市减税降费政策措施落实情况跟踪审计、“三保”资金政策措施贯彻落实及管理使用情况审计。

财政审计 组织开展对市本级财政2019年度决算草案编制及预算执行情况审计，盐津县2019年度财政决算审计，市农业农村局、市交通运输局2018年度部门预算执行审计，市一中、明达中学、凤池中学财政财务收支审计。

民生审计 完成对威信、盐津、绥江三县2017年至2018年医疗保险基金的审计调查。

经济责任审计 组织开展10个部门单位主要领导干部和6名领导干部任职期间经济责任履行情况审计，对永善县委书记、县长任职期间履行自然资源资产管理和生态环境保护责任情况进行审计，对6个县级审计机关主要领导干部任职期间经济责任履行情况进行审计。

固定资产投资审计 完成2015—2018年度昭鲁大型灌区等2个项目竣工决算审计、8个万人以上易地扶贫搬迁集中安置点等10个项目预算执行审计、6条在建高速公路审计调查。

农业农村审计 组织对全市9个贫困县区产业扶贫审计，重点对“十三五”以来脱贫攻坚审计发现问题整改情况进行“回头看”，对企业集团帮扶昭通脱贫攻坚资金开展持续跟踪审计。

资源环保审计 开展党政主要领导干部自然资源资产审计项目14个，涉及党政领导干部24人。按职能职责向相关县直部门移送案件线索20件。

企业审计 督促市本级清理拖欠民营企业中小企业账款单位整改，清理偿还民营企业中小企业账款1038.63万元。

信息化建设 市本级部署部门预算全覆盖审计系统，实现全市一级预算单位部门预算全覆盖审计，政府投资项目管理平台系统和经济责任审计管理系统在全市推广使用。

文明创建 昭通市审计局和永善县审计局被中央文明委授予第六届“全国文明单位”称号，并被云南省人力资源和社会保障厅、云南省审计厅评为全省审计机关先进集体。

（撰稿人：熊旭梅）

【丽江市审计局】 2020年，丽江市审计局实有36人。局长赵怀（—1月）、张爱武（1月—），副局长冷德华、周启彬、李新梅，市领导干部任期经济责任审计工作联席会议办公室主任钱万定，市政府重点建设项目稽查特派员任国鸿。设有12个科室、1个中心。

审计成果 2020年，丽江市审计机关完成审计（调查）项目183个。查出主要问题金额996686万元；出具审计报告215篇。核减投资金额12351万元；向相关部门移送问题线索35件。审计提出建议635条，被采纳582条。

1个项目被云南省审计厅表彰为优秀审计项目二等奖，1个项目被云南省审计厅表彰为优秀审计项目三等奖。

政策落实情况跟踪审计 开展复工复产、稳就业、减税降费等政策贯彻落实情况跟踪审计，对企业集团帮扶资金、新增财政资金直达市县基层直接惠企利民情况开展审计。

财政审计 开展12个部门预算执行审计、2个部门财政决算审计，对全市审计系统财政收支进行审计，对161家市级预算单位开展预算执行全覆盖审计调查。

三大攻坚战审计 开展玉龙县、永胜县2016年至2019年产业扶贫和审计发现问题整改“回头看”审计，开展2019年度专项债券资金管理使用情况审计。结合领导干部经济责任审计开展华坪县委、县政府的领导干部自然资源资产审计。

疫情防控资金和捐赠款物专项审计 组织对全市疫情防控资金和捐赠款物开展专项审计，重点审计财政资金5892.09万元、捐赠资金801.03万元。

经济责任审计 对3名领导干部开展经济责任审计，稳步推进领导干部任前告知和年度报告。

固定资产投资审计 完成投资审计项目10个，核减投资金额3765万元。推动出台《关于进一步加强和完善政府投资审计工作的意见》《丽江市政府投资建设项目审计办法》。

专项资金审计 对市人防办2013年至2019年人防工程建设、项目行政审批和人防资产、资金管理使用情况进行专项审计。对市委组织部管理的2018年度、2019年度党费使用管理情况开展专项审计。围绕移民搬迁政策执行这条主线，对永胜县水电移民相关补偿资金、水电移民后期扶持资金等进行专项审计。开展全市清理拖欠民营企业中小企业账款审计调查。

审计查出问题整改 制定《丽江市审计局审计发现问题分类反馈办法（试行）》，对审计发现问题整改情况进行全面检查督改，督改情况得到市委市政府主要领导批示，对5个县（市、区）脱贫攻坚、保障性安居工程审计发现问题实行挂牌督查督改。会同市人大到市级10家单位开展审计发现问题整改情况调研，从更高层次推进审计发现问题整改工作力度。

相关工作 全面整改市委巡察反馈的3大类28个问题，组织开展全市审计机关财务收支审计。建立健全内部管控制度，严格贯彻落实全面从严治党各项要求，着力抓好党建和党风廉政建设工作。

（撰稿人：陈友莲）

【普洱市审计局】 2020年，普洱市审计局实有41人。局长段萍，副局长罗恒林、李海鹰（—2月）、胡庆明、宋春（—9月）、彭学德（9月—），市领导干部任期经济责任审计工作联席会议办公室主任陶军，总审计师李富平（9月—）。设有办公室、计划财务科、法规科、电子数据审计科、财政审计科、行政事业审计科、农业农村审计科、固定资产投资审计科、社会保障审计科、自然资源和生态环境审计科、企业审计科、经济责任审计科；下设普洱市政府投资审计中心。

审计成果 2020年，普洱市审计机关完成审计项目（调查）331个。查出主要问题金额919096万元；审计发现非金额计量问题686个；损益（收支）不实金额89618万元；出具审计报告和专项审计调查报告368篇。审计处理处罚金额211815万元；移送司法机关、纪检监察机关和有关部门处理事项68件，移送处理人员44人，移送处理金额104826.21万元。审计促进整改落实有关问题金额175071万元；审计促进拨付资金到位39056万元；审计后挽回（避免）损失133653万元；核减投资额15077万元。审计提出建议939条，被采纳888条；促进被审计单位制定整改措施1项；提交审计信息146篇，被批示、采用65篇次。向社会公告审计结果200篇。

政策落实情况跟踪审计 组织开展减税降费、清理拖欠民营企业中小企业账款情况、新增财政资金直达市县基层直接惠企利民专项审计等重大政策措施落实跟踪审计，上报专题报告、综合报告72篇。

财政审计 连续3年组织开展市级一级预算单位部门预算执行审计全覆盖，对教育系统二级预算单位开展全覆盖审计，指导县（市、区）审计机关完成部门预算执行审计全覆盖。重点审计预算单位69个、财政决算审计4个，查出主要问题金额762088万元。

民生审计 组织开展医疗保险基金、人防资金资产、企业集团帮扶资金审计。全市共完成专项资金审计项目79个，查出主要问题金额73050万元。

经济责任审计 共对全市37名领导干部开展经济责任审计，审计查出主要问题金额67650.59万元；移送纪检监察、有关部门案件线索14件3人。对16名领导干部开展自然资源资产离任（任中）审计，移送问题线索5件。开展年度报告领导干部180人，任前告知领导干部183人，离任交接领导干部43人。

固定资产投资审计 重点组织开展3条“能通全通”在建高速公路专项审计调查，完成大中河水库思茅坝区引水工程建设项目竣工决算审计等一批重大投资项目审计。全市共完成投资审计项目137个，核减投资额14834万元。

企业审计 连续3年分批次组织开展市属国有企业审计，稳步推进国有企业全覆盖。重点组织开展市国有资本运营公司、市水务公司及下属

13户二级子公司的审计，查出主要问题金额46506.53万元。（撰稿人：藤建云）

【临沧市审计局】 2020年，临沧市审计局实有55人。局长吴杰，副局长邓绍华、字绍和、郑国琼，市纪委市监委驻局纪检监察组组长王为民，市重点项目稽查特派员王萍（—6月）、范和昌，市国有企业监事会主席何国富，市重点项目稽察特派员、三级调研员张平（2月—）。设有市委审计委员会办公室秘书科、总经济师、办公室、计划财务科、法规科、电子数据审计科、财政审计科、行政事业审计科、农业农村审计科、固定资产投资审计一科、固定资产投资审计二科、社会保障审计科、自然资源和生态环境审计科、企业与金融审计科、经济责任审计一科、经济责任审计二科、人事科；下设电子数据分析处理中心、投资审计中心。

审计成果 2020年，临沧市审计机关共审计单位375个。查出违规金额26534万元、损失浪费金额684万元、管理不规范金额2411424万元。审计促进整改落实有关问题资金664771万元；全年审计移送纪检监察机关案件线索30件，移送处理人员10人，移送处理金额8216万元。促进拨付到位资金109305万元；审计后挽回损失3243万元；投资审计核减投资额9857万元。审计提出建议1157条，被采纳1150条；提交审计信息76篇。向社会公告审计结果45篇。

财政审计 对全市600个一级预算单位开展预算执行审计。查出问题金额2.22亿元，收缴财政资金980.69万元，追缴收回违规发放资金11.39万元，移送案件线索1件，得到各级党委或政府领导批示4次。

三大攻坚战审计 对全市产业扶贫和农业农村局系统实施审计，共发现问题319个，向市、县（市、区）纪委监委移送案件线索10件。组织实施上级挂钩帮扶资金审计调查，全面梳理2016年以来全市接受帮扶资金的管理使用情况。全市组织实施自然资源资产离任（责任）审计20项，涉及县区党委、政府和市、县（市、区）两级部门主要领导31人，审计揭示问题60个，提出审计建议50条。

经济责任审计 开展5个市直主要领导经济责任审计，同步启动临翔区区长“双责审计”。

固定资产投资审计 对2020年度市级32个重大项目资金筹集、拨付、使用情况分别开展审计和督查工作，提出完善和推进项目工作建议25条。对6条在建高速公路进行专项审计调查。

相关工作 对8期临沧市政府常务会议纪要、3个重大项目投资立项审批文件资料、32份大额资金拨付文件进行梳理和复核，提出审计的审查意见。（撰稿人：陈丽娴）

【楚雄彝族自治州审计局】 2020年，楚雄彝族自治州（以下简称楚雄州）审计局实有46人。党组书记刘平（—11月）、王之忠（11月—），局长刘平（—12月）、王之忠（12月—），副局长徐永金（—3月）、胡晓雯、李秋洪、陈绍能、陶光明、顾姝倩（—12月），州领导干部任期经济责任审计工作联席会议办公室主任李章明（5月—），二级巡视员刘平（10月—）。设有州委审计委员会办公室秘书科、办公室、计划财务科、法规科、审理督查科、电子数据审计科、财政审计科、行政事业审计科、农业农村审计科、固定资产投资审计一科、固定资产投资审计二科、社会保障审计科、自然资源和生态环境审计科、企业审计科、金融与涉外审计科、经济责任审计一科、经济责任审计二科、经济责任审计三科、内部审计指导监督科、人事教育科、机关党总支办公室。

审计成果 2020年，楚雄州审计机关共完成审计项目560个。查出主要问题金额151.24亿元；审计发现非金额计量问题1060个；损益（收支）不实金额2.77亿元；审计发现侵害人民群众利益1万元；出具审计报告和专项审计调查报告647篇。审计处理处罚金额18.02亿元；移送司法机关、纪检监察机关和有关部门处理事项65件，移送处理人员38人，移送处理金额21.52亿元。审计促进拨付资金到位1.62亿元；审计后挽回（避免）损失3.32亿元；核减投资额2.52亿元。审计提出建议1660条，被采纳1485条；推动被审计单位制定整改措施99项；促进被审计单位建立健全规章制度5项；提交审计信息369篇，被批示、采用74篇次。向社会公告审计结果238篇。

楚雄州审计局2019年实施的路桥四公司审计项目被省审计厅评为优秀审计项目一等奖。

政策落实情况跟踪审计 持续对减税降费、清理拖欠民营企业中小企业账款、复工复产、稳就业等16个方面政策措施贯彻落实情况开展跟踪审计或审计调查。

财政审计 对全州2019年度财政预算执行和决算草案编制、税收征管情况及人防系统进行审计，对58家州级一级预算单位2019年度预算执行情况实现全覆盖审计。

三大攻坚战审计 开展7个县2019年度地方政府专项债券资金管理使用、农业农村部门2019年度预算执行“一条线”、贫困县产业扶贫、大唐集团帮扶武定县脱贫攻坚资金等审计项目。

民生审计 对9个县2019年保障性安居工程资金使用绩效、州人民医院门诊综合楼等12个重点项目竣工决算、疫情防控物资进行审计或审计调查。

经济责任审计 出台《楚雄州县委书记和县市长经济责任审计评价办法》，修订完善《楚雄州州管领导干部经济责任审计全覆盖实施办法》及相关配套制度，对19名州管领导干部开展经济责任审计和离任经济事项交接鉴证。

固定资产投资审计 完成投资审计项目252个，核减投资2.52亿元。

资源环保审计 组织开展禄丰县、州发展改革委领导干部自然资源资产管理和生态环境保护责任情况审计。

企业审计 对楚雄日报传媒有限公司、楚雄州中胜武装守护押运保安服务有限公司2017年至2019年资产、负债、所有者权益情况进行审计。

内部审计 全州设有内部审计机构18个、内部审计人员34人，完成审计项目50个，审计总金额2.79亿元，提出建议意见被采纳59条。

（撰稿人：杨德张）

【红河哈尼族彝族自治州审计局】 2020年，红河哈尼族彝族自治州（以下简称红河州）审计局实有60人。局长李朝晖，副局长何仕华、陈红欣、张德文、普发俊，稽查特派员张程山，州领导干部任期经济责任审计工作联席会议办公室主任李强，总审计师赵学敏（—9月）。设有州委审计委员会办公室秘书科、办公室、人事科、法规科、计划财务科、审理督查科、财政审计科、经济责任审计一科、经济责任审计二科、行政事业审计科、企业与金融审计科、固定资产投资审计科、农业农村审计科、自然资源和生态环境审计科、社会保障审计科、电子数据审计科、内部审计指导监督科；下设红河州政府投资审计中心、审计计算机中心等事业单位。

审计成果 2020年，红河州审计机关完成审计单位441个。查出主要问题金额3938404万元；出具审计报告和专项审计调查报告522篇。审计处理处罚金额388098万元；移送处理事项40件，移送处理金额3646万元。核减投资额6758万元。审计提出建议1158条，被采纳1082条。向社会公告审计结果71篇。

政策落实情况跟踪审计 完成生态文明建设政策落实情况审计项目13个，查出主要问题金额12420.58万元。开展专项债券资金管理使用审计项目7个，查出主要问题金额45007.76万元。减税降费政策落实审计查出主要问题金额226.99万元。清理拖欠民营企业中小企业账款审计12个，查出主要问题金额98.04万元。

财政审计 加大对财政存量、转移支付、“三公”经费审计力度。完成预算执行审计项目147个，查出主要问题金额998219万元。

三大攻坚战审计 完成扶贫审计项目6个，查出主要问题金额3060.69万元。完成领导干部自然资源资产离任（任中）审计项目3个，查出主要问题金额89562.50万元。

疫情防控资金和捐赠款物专项审计 完成疫情防控资金和捐赠款物专项审计项目14个，查出主要问题金额2917.27万元。

民生审计 完成医疗保险基金审计项目2个，查出主要问题金额398万元；开展保障性安居工程审计项目12个，查出主要问题金额66284.40万元。

经济责任审计 完成领导干部经济责任审计项目76个，查出主要问题金额380412万元。

固定资产投资审计 完成固定资产投资审计项目107个，项目投资额290821万元，完成投资额284077万元。

专项资金审计 完成专项资金审计项目 14 个，查出主要问题金额 35635.91 万元。

交办任务 抽调 36 人次配合巡视巡察、督促检查工作。 （撰稿人：杨建明）

【文山壮族苗族自治州审计局】 2020 年，文山壮族苗族自治州（以下简称文山州）审计局实有 53 人。局长何淑清，副局长陆明会、李云山、李洪光、朱丽琼、江春慧，总审计师杨世琼（1 月—），州领导干部经济责任审计工作联席会议办公室主任何继波（1 月—），州重点项目稽查特派员王永贵、侯拥军、刘朝科。设有办公室、人事科、计划财务科、法规科、财政审计科、经济责任审计科、自然资源和生态环境审计科、农业农村审计科、固定资产投资审计科、社会保障审计科、行政事业审计科、企业金融审计科；下设计算机技术中心、政府投资审计中心、国有企业监事会监督管理中心等事业单位。

审计成果 2020 年，文山州审计机关共完成审计项目 346 个。查出主要问题金额 2952364 万元；审计发现非金额计量问题 591 个；损益（收支）不实金额 193991 万元；审计发现侵害人民群众利益 4668 万元；出具审计报告和专项审计调查报告 384 篇，被批示、采用 13 篇次。审计处理处罚金额 538389 万元；移送司法机关、纪检监察机关和有关部门处理事项 48 件，移送处理人员 11 人，移送处理金额 18061 万元。审计促进整改落实有关问题资金 201679 万元；审计促进拨付资金到位 44 万元；审计后挽回（避免）损失 18539 万元；核减投资额 27082 万元；移送处理落实事项 1 件。审计提出建议 979 条，被采纳 956 条；提交审计信息、要情 598 篇，被批示、采用 107 篇次。向社会公告审计结果 251 篇。

《开展领导干部自然资源资产离任审计应用 ArcGIS 技术》《富宁县运用插件采集 CAD 图形内数据的技术方法在工程审计中应用》案例获审计署表彰。2 个计算机技术应用审计案例被评为云南省优秀案例，13 个人选云南省案例库。

政策落实情况跟踪审计 完成“三保”资金、新增财政资金直达市县基层直接惠企利民、减税降费、清理拖欠民营企业中小企业账款等重大政策措施落实情况审计 20 个，查出问题金额 337800 万元。

财政审计 完成财政决算、预算执行和决算草案审计项目 151 个，查出问题金额 1313130 万元。

三大攻坚战审计 完成领导干部自然资源资产离任（任中）、产业扶贫资金管理使用、农村危房改造项目总体情况等审计和审计调查项目 12 个，查出问题金额 64359 万元。

疫情防控资金和捐赠款物专项审计 完成疫情防控资金和捐赠款物专项审计项目 9 个，查出问题金额 609 万元。

民生审计 完成医疗保险基金、住房公积金等重大民生资金项目审计 6 个，查出问题金额 395 万元。

经济责任审计 完成领导干部经济责任审计项目 41 个，查出问题金额 33178 万元。

固定资产投资审计 完成政府投资建设项目审计 102 个，查出问题金额 1169906 万元。

资源环保审计 完成文山州境内南盘江水资源环境保护和管理情况审计项目 4 个，查出问题金额 16 万元。

企业审计 完成国有企业资产负债损益审计项目 1 个，查出问题金额 33007 万元。

内部审计 全州设有内部审计机构 36 个、内部审计人员 118 人，完成审计项目 472 个，促进增收节支 8744 万元，提出审计建议意见被采纳 230 条。 （撰稿人：李志祥）

【西双版纳傣族自治州审计局】 2020 年，西双版纳傣族自治州（以下简称西双版纳州）审计局实有 25 人。局长周娜，副局长安永祥（—6 月）、蒋凌云（—12 月）、周红英。设有州委审计委员会办公室秘书科、办公室、法规科、财政审计科、经济责任审计科、农业与自然资源环境审计科、固定资产投资审计科、电子数据审计科、社会保障审计科；下设西双版纳州内部审计指导中心。

审计成果 2020 年，西双版纳州审计机关完成审计项目 160 个。查出主要问题金额 533339 万元；损益（收支）不实金额 9343 万元；审计期间整改金额 19619 万元；出具审计报告和专项审计调查报告 179 篇。审计处理处罚金额 97549 万元；移送司法机关、纪检监察机关和有关部门处理事项 59 件，移送处理人员 1 人，移送处理金额 40698 万元。审计后挽回（避免）损失 1349 万元；核减投资额 5154 万元。审计提出建议 497 条，被采纳 445 条；提交审计信息 110 篇，被批示、采用 18 篇次。向社会公告审计结果 67 篇。

政策落实情况跟踪审计 围绕“三保”资金管理使用情况、减税降费政策落实情况、拖欠民营企业中小企业账款情况开展跟踪审计。

财政审计 根据审计全覆盖要求及审计项目计划开展财政审计，突出防范金融风险，加强地方政府专项债券审计，确保债券资金安全、高效运行。

三大攻坚战审计 开展领导干部自然资源审计项目 7 个，揭示问题 52 个。

疫情防控资金和捐赠款物专项审计 组织开展疫情防控财政资金和捐赠款物专项审计，就审计发现问题提出建议，帮助健全机制、堵塞漏洞，有效防范风险隐患。

经济责任审计 完成 27 名领导干部经济责任审计，查出问题金额 22835 万元，移送案件线索 14 件，涉及金额 36984.2 万元。

固定资产投资审计 进一步加强对政府投资为主，关系全局性、战略性、基础性的重大公共基础设施及民生工程项目的审计监督，极力助推县域高速公路“能通全通”工程建设目标顺利实现。

相关工作 在全州审计机关开展“清廉审计”推进“清廉傣乡”建设活动。2020 年全州审计机关党风廉政建设考核均为优秀。

（撰稿人：李蔚兰）

【大理白族自治州审计局】 2020 年，大理白族自治州（以下简称大理州）审计局实有 67 人。局长彭云宁，副局长施黄、梁育鸿、沈万炳、柴建荣，州领导干部任期经济责任审计工作联席会议办公室主任陈丽云，总审计师段晓洋，州政府重点建设项目稽察特派员李锦娣、张连坤、彭红云、杨序、陈乙荣。设有 16 个内设机构、州委审计委员会办公室秘书科和 2 个派出审计科。

审计成果 2020 年，大理州审计机关共完成审计项目 355 个。审计发现非金额计量问题 394 个；损益（收支）不实金额 60299 万元；出具审计报告和专项审计调查报告 502 篇，被批示、采用 142 篇次。审计处理处罚金额 349863 万元；移送纪检监察机关和有关部门处理事项 29 件，移送处理人员 66 人，移送处理金额 33748 万元。审计促进整改落实有关问题资金 267743 万元；审计后挽回（避免）损失 37583 万元；核减投资额 490 万元。审计提出建议 874 条，被采纳 835 条；推动被审计单位制定整改措施 5 项；提交审计信息 155 篇，被批示、采用 30 篇次。向社会公告审计结果 39 篇。

《大理州集中分析分散核实方式在全州十二县市预算执行审计中的应用》被审计署评为优秀案例二等奖。

政策落实情况跟踪审计 实施 2020 年贯彻落实重大政策措施情况事项审计，开展全省减税降费、人防系统、清理拖欠民营企业中小企业账款、新增财政资金直达市县基层直接惠企利民情况专项审计等政策措施落实情况审计。

财政审计 实施州本级和 7 个州级部门 2019 年度预算执行及其他财政财务收支和决算草案审计。开展党费收缴、使用和管理情况专项审计。

三大攻坚战审计 开展宾川、永平、鹤庆 3 县和州水务局主要领导干部自然资源资产离任审计。对 11 个贫困县 2016 年以来产业扶贫和以前年度审计发现扶贫问题整改情况进行审计，开展扶贫审计发现问题督查整改。

疫情防控资金和捐赠款物专项审计 完成应对新冠肺炎疫情防控资金和捐赠款物管理使用情况审计。

经济责任审计 全州审计领导干部 291 人，其中任中审计 279 人、离任审计 12 人。

固定资产投资审计 全州完成阶段性跟踪审计和竣工决算审计项目 62 个，审计项目投资额 204255 万元，核减投资 479 万元。

资源环保审计 实施洱海保护与流域生态建设“十三五”规划实施情况跟踪审计。

信息化建设 投入 7.5 万元采购奇安信天擎防病毒软件；投入 34.3 万元启动大理州审计局审计信息系统等级保护三级建设；投入 136.4 万元实施视频会议系统升级改造。

内部审计 全州共有内部审计机构 31 个，

内部审计人员119人，开展审计项目294个。

（撰稿人：凌　静）

【德宏傣族景颇族自治州审计局】 2020年，德宏傣族景颇族自治州（以下简称德宏州）审计局实有29人。局长杨善武，副局长杨常纪、摆岩相补。设有办公室、计划财务科、法规科、电子数据审计科、财政审计科、农业农村审计科、社会保障审计科、自然资源和生态环境审计科、固定资产投资审计科、经济责任审计科、行政事业审计科；下设投资项目审计中心。

审计成果 2020年，德宏州审计机关共完成审计项目216个。查出主要问题金额3089783万元。审计处理处罚237164万元；移送处理事项23件，移送处理人员2人。促进整改落实资金60351万元，提交信息307篇，向社会公告审计结果84篇。

政策落实情况跟踪审计 完成保障性安居工程、惠民惠农财政补贴资金“一卡通”、减税降费、“放管服”改革、清理拖欠民营企业中小企业账款、地方政府债券等政策措施落实跟踪审计。

财政审计 完成2019年度州本级预算执行和决算草案编制、州农业农村局2019年度预算执行“一条线”、州投资促进局等2个单位2019年度专项资金绩效管理、州政府驻北京联络处等4个单位财政财务收支等审计。开展68个州级一级预算单位2019年度预算执行专项审计调查，基本实现审计全覆盖。全年开展财政审计项目67个，查出主要问题金额2959498万元。

三大攻坚战审计 完成2016年以来产业扶贫和审计发现扶贫问题整改情况、2016年至2019年东西部扶贫协作上海帮扶资金、三峡集团2016年至2019年帮扶资金等项目审计。对历年德宏州脱贫攻坚审计发现问题整改督查8次，做到挂牌督战事项对单销号清零，实现全州扶贫系统、贫困县审计全覆盖。

疫情防控资金和捐赠款物专项审计 完成德宏州落实疫情防控、资金及捐赠款物专项审计，审计财政资金4942.15万元、捐赠资金2000.02万元，查出专项资金2961.95万元支出进度缓慢、捐赠资金105.94万元使用不及时等问题。

经济责任审计 对20名领导干部开展经济责任审计，对6名领导干部开展任期自然资源资产管理和生态环境保护责任审计。查出违规金额285924万元、管理不规范金额421300万元，促进增收节支28930万元。

固定资产投资审计 全年开展52个政府建设项目投资审计，审计投资总额2256405万元，查出主要问题金额25991万元，核减投资额3775万元。开展德宏州民族一中食堂、腾冲至陇川高速公路、芒市机场跑道滑行道改扩建等建设项目审计。

（撰稿人：李志远）

【怒江傈僳族自治州审计局】 2020年，怒江傈僳族自治州（以下简称怒江州）审计局实有35人。局长杨勇强，副局长陈坤良（—4月）、赵书云、杨金艳、赵红江。设有办公室、计划财务科、法规科、审理督查科、电子数据审计科、财政审计科、农业农村审计科、社会保障审计科、自然资源和生态环境审计科、固定资产投资审计科、经济责任审计科、行政事业审计科；下设怒江州固定资产投资审计中心。

审计成果 2020年，怒江州审计机关共完成审计项目115个。查出主要问题金额243006万元；损益（收支）不实金额5928万元；出具审计报告和专项审计调查报告132篇，被批示、采用1篇次。审计处理处罚金额17926万元；移送司法机关、纪检监察机关和有关部门处理事项62件，移送处理金额144177万元。核减投资额1010万元；移送处理落实事项3件。审计提出建议404条，被采纳354条；提交审计信息29篇，被批示、采用5篇次。向社会公告审计结果27篇。

政策落实情况跟踪审计 以季度跟踪审计与专项审计相结合的方式开展减税降费、地方政府专项债券资金、清理拖欠民营企业中小企业账款、新增财政资金直达市县基层直接惠企利民、“三保”资金管理使用、州本级应对新冠肺炎疫情防控等政策措施落实情况跟踪审计。

财政审计 开展州本级2019年度预算执行和决算草案审计、6个州级部门预算执行重点审计和州级部门预算执行全覆盖审计调查。

经济责任审计 开展2个领导干部任期经济

责任审计项目，推动分类管理、任前经济责任告知、离任交接和年度报告“四项制度”落实。开展2个领导干部自然资源资产离任（任中）审计项目，实现“十三五”时期对各县（市、区）党政“一把手”轮审一遍目标。

固定资产投资审计 开展云龙至兰坪（怒江段）、鹤庆至剑川至兰坪（怒江段）高速公路建设项目专项审计调查。

农业农村审计 组织开展全州东西部扶贫协作资金、企业集团帮扶资金审计，对2016年至2020年脱贫攻坚审计发现问题进行督查督改，推动问题清零销号。

专项资金审计 开展怒江州人防系统，中共怒江州委组织部、中共怒江州委州直机关工委2018年至2019年代管党费收缴管理使用情况，怒江州红十字会2019年度社会捐赠资金收支管理情况等专项审计。

相关工作 开展“争当‘有情怀有血性有担当’怒江脱贫攻坚干部”研讨实践，组织“对党忠诚、履职尽责、攻坚克难”专题谈话。在延安革命纪念馆和王家坪、枣园、杨家岭革命旧址开展党性教育现场教学。强化教育培训，在西安交通大学举办2期怒江审计干部培训班，培训100人次。

（撰稿人：刘　婕）

【迪庆藏族自治州审计局】 2020年，迪庆藏族自治州（以下简称迪庆州）审计局实有24人。局长傅冰，副局长张柱能、郑永平。设有办公室、法规科、行政事业审计科、财政审计科、固定资产投资审计科、经济责任审计科、农业和自然资源审计科；下设迪庆州政府投资审计中心、迪庆州审计计算机技术中心等事业单位。

审计成果 2020年，迪庆州审计机关共完成审计项目101个。查出主要问题金额446383万元；审计发现非金额计量问题60个；损益（收支）不实金额501万元；出具审计报告和专项审计调查报告98篇。审计处理处罚金额88926万元；移送司法机关、纪检监察机关和有关部门处理事项1件，移送处理金额50万元。审计后挽回（避免）损失1107万元；核减投资额1068万元。审计提出建议227条，被采纳79条；提交审计信息3篇。向社会公告审计结果15篇。

政策落实情况跟踪审计 完成对2020年减税降费政策贯彻落实情况、清理拖欠民营企业中小企业账款情况等13项重大政策落实审计。

财政审计 完成2019年财政决算草案、预算执行及其他财政收支情况等36项财政管理审计。全州各级审计机关首次完成390家一级预算单位2019年预算执行审计全覆盖。

经济责任审计 完成24名党政主要领导干部经济责任审计，开展对单位主要领导干部离任经济责任事项交接31项，对39名新任单位主要领导进行任前经济责任告知工作和252家单位主要领导干部履行经济责任年度报告工作。

固定资产投资审计 完成固定资产投资审计31个。

资源环保审计 完成资源环境审计4个。

专项资金审计 完成企业集团帮扶等专项审计21个。

信息化建设 组建20余人的数据分析团队，组织开展全州各级财政一级预算单位部门预算执行审计全覆盖。完成年度机房升级改造工作，并通过验收。搭建审计数据分析平台，完成年度数据采集、转化工作。

内部审计 全州共有内部审计机构89个，其中企业4个、金融部门1个、行政单位67个、事业单位17个。具有内部审计资格人员169人，其中企业单位34人、金融部门1人、行政单位101人、事业单位33人。

相关工作 州、县（市、区）两级审计机关审计委员会召开第二次会议，持续巩固“不忘初心、牢记使命”主题教育，认真抓好脱贫攻坚各项工作，基层党组织规范化建设全部达标。

（撰稿人：刘鸿明）

2020 年云南省所辖县(市、区)级审计工作统计表

审计机关	完成审计项目/个	审计查出主要问题金额/万元	审计发现非金额计量问题/个	审计期间整改金额/万元	出具审计报告和审计调查报告/篇	审计处理情况		审计促进整改落实有关问题资金/万元	审计提出建议/条	提交审计信息/篇
						审计处理处罚金额/万元	移送处理事项/件			
昆明市										
昆明市本级	97	3231208	534	721704	121	930794	7	351939	361	7
五华区审计局	51	24722	12	466	51	1308	10	332	162	2
盘龙区审计局	84	79590	117	15089	106	79590	5	79590	268	64
官渡区审计局	33	235167	47	23119	49	85100	2	67751	102	39
西山区审计局	31	11305	2		39	7347	1	7347	59	88
东川区审计局	45	16019	5	1073	52	4541	1	1900	125	1
呈贡区审计局	47	45066	27		49	45072		43335	133	
晋宁区审计局	39	132285		1166	44	44037	1	179754	122	1
安宁市审计局	60	154240	1	8885	64	154240	1	154240	168	9
富民县审计局	31	193219	10	6334	38	25086		10228	45	162
宜良县审计局	77	14858	33	726	84	14858	4	1672	213	328
石林彝族自治县审计局	69	6393	6	3294	79	5806	5	719	130	105
嵩明县审计局	52	14199	12	58	57	14131	6	14131	140	
禄劝彝族苗族自治县审计局	42	24447	4		42	24447	2	24447	96	
寻甸回族彝族自治县审计局	35	23049	24	7016	46	13341	4	13341	93	52
曲靖市										
曲靖市本级	86	99085	187	14465	111	4780	1	4778	165	42
麒麟区审计局	22	351			30	345		24	94	
沾益区审计局	18	20994	19		21	7000	1	6900	45	60
马龙区审计局	19	8717	29	327	21	358		237	49	29
宣威市审计局	29	46253	6	26255	35	1546		1656	33	8
陆良县审计局	23	406	2	10	36	7	2	8	83	38
师宗县审计局	16	891	11	33	19	14		14	44	47
罗平县审计局	26	8601	67	252	30	414		414	50	4
富源县审计局	45	38549	2	37687	52	108		108	70	41
会泽县审计局	23	6959	2		26	1733	1	1733	17	
玉溪市										
玉溪市本级	54	1640334	214	15481	104	148168	116	277222	137	151

（续表）

审计机关	完成审计项目/个	审计查出主要问题金额/万元	审计发现非金额计量问题/个	审计期间整改金额/万元	出具审计报告和审计调查报告/篇	审计处理情况		审计促进整改落实有关问题资金/万元	审计提出建议/条	提交审计信息/篇
						审计处理处罚金额/万元	移送处理事项/件			
红塔区审计局	22	266552	14		27	2750	3	2607	56	
江川区审计局	20	265551	9	45	16	554	6	432	48	21
澄江市审计局	39	261272	103	2	39	169	17	154	103	101
通海县审计局	33	298449	50	67	36	10399	11	4327	92	95
华宁县审计局	23	116255	53		28	396	10	68	49	6
易门县审计局	26	100714	32	4206	37	73746	9	66422	54	4
峨山彝族自治县审计局	17	29518	29	1940	23	24434	5	22449	27	3
新平彝族傣族自治县审计局	14	232215	12	13	21	17900	9	17868	28	49
元江哈尼族彝族傣族自治县审计局	32	226285	89	118	42	2305	3	378	67	22
保山市										
保山市本级	33	126803	132	9586	37	22832	3	12265	77	26
隆阳区审计局	38	162616	56	28124	40	8935	25	8462	126	34
腾冲市审计局	41	115462	12		40	47053	11	43075	85	65
施甸县审计局	17	72926	37	7940	20	58764	5	4544	49	13
龙陵县审计局	22	15573	1		25	15573		15573	62	26
昌宁县审计局	68	12182	167	1364	69	4854	30	518	264	27
昭通市										
昭通市本级	73	1149879	213	72277	73	100055	35	48826	213	69
昭阳区审计局	54	60818	171	9276	54	1427	2	734	118	8
水富市审计局	40	205697	19	653	40	4966		4607	64	5
鲁甸县审计局	14	106870	4	69	14	106196		96838	27	1
巧家县审计局	24	23165	37		24	21491	6	19075	98	7
盐津县审计局	16	159617	17		16	49532	12	42717	53	22
大关县审计局	57	28167	79	3783	57	2609	1	1142	151	84
永善县审计局	19	7041	26	1	19	6557	6	6383	50	9
绥江县审计局	33	17288	13	1698	33	463	4	846	63	22
镇雄县审计局	30	20620	40	1416	30	20620		20620	39	
彝良县审计局	34	97216	66	34	34	214	1	114	92	1
威信县审计局	24	4184		2	24	4184	1	4178	72	
丽江市										
丽江市本级	29	301661	87	99	29	198232	29	51237	103	15

（续表）

审计机关	完成审计项目/个	审计查出主要问题金额/万元	审计发现非金额计量问题/个	审计期间整改金额/万元	出具审计报告和审计调查报告/篇	审计处理情况		审计促进整改落实有关问题资金/万元	审计提出建议/条	提交审计信息/篇
						审计处理处罚金额/万元	移送处理事项/件			
古城区审计局	19	305135	34	37879	19	37930		37879	73	3
玉龙纳西族自治县审计局	33	58358	157		33	2450	6	2366	130	3
永胜县审计局	39	115237	52	2951	39	21982		4784	122	
华坪县审计局	42	137859		7231	74	56877			128	
宁蒗彝族自治县审计局	21	78436	68	367	21	7496		159601	79	2
普洱市										
普洱市本级	66	576181	486	14773	79	23294	43	12523	207	47
思茅区审计局	33	149874	33	650	35	112035	7	102499	89	25
宁洱哈尼族彝族自治县审计局	15	1465			20	965		421	35	25
墨江哈尼族自治县审计局	33	50116	13	863	33	10210	3	10121	97	
景东彝族自治县审计局	34	19445	25	571	34	4764		4746	67	35
景谷傣族彝族自治县审计局	19	24112	82	1526	21	23612	2	16388	58	1
镇沅彝族哈尼族拉祜族自治县审计局	28	36769	4	3	28	3758	5	3316	74	2
江城哈尼族彝族自治县审计局	26	1550	5	256	26	1050		694	71	9
孟连傣族拉祜族佤族自治县审计局	34	18900	4	4409	36	3488	2	3460	99	1
澜沧拉祜族自治县审计局	17	32115	31	6	18	27845	6	20108	63	1
西盟佤族自治县审计局	26	8569	3	595	29	794		794	79	
临沧市										
临沧市本级	62	858388	253	30705	88	58772	27	546222	209	13
临翔区审计局	28	382215			28	4373		59	45	11
凤庆县审计局	160	173185	155		160	20634		3923	384	5
云县审计局	22	131438		99	31	1203		35	84	3
永德县审计局	18	127402	33	477	31	24187		6600	126	
镇康县审计局	22	183882	112	10829	30	183882	3	67369	59	20

（续表）

审计机关	完成审计项目/个	审计查出主要问题金额/万元	审计发现非金额计量问题/个	审计期间整改金额/万元	出具审计报告和审计调查报告/篇	审计处理情况		审计促进整改落实有关问题资金/万元	审计提出建议/条	提交审计信息/篇
						审计处理处罚金额/万元	移送处理事项/件			
双江拉祜族佤族布朗族傣族自治县审计局	21	155963	24	1377	21	154141		1377	129	
耿马傣族佤族自治县审计局	19	168322	24	21	19	34212		12961	57	19
沧源佤族自治县审计局	23	257858	39	13600	23	31547		26225	64	5
楚雄彝族自治州										
楚雄彝族自治州本级	68	986516	223	38746	77	124535	19	111598	186	16
楚雄市审计局	72	48633	339		84	11106		11106	245	6
双柏县审计局	54	95871	143	405	62	7502	5	7502	193	28
牟定县审计局	44	64390	16		52	4722	1	4249	100	
南华县审计局	31	18614	79	405	40	1413	13	1019	129	127
姚安县审计局	47	101184	7	755	47	2878	1	2876	94	8
大姚县审计局	57	56963	133	913	70	2795	4	2708	201	63
永仁县审计局	43	17633	1		50	2480		2469	167	
元谋县审计局	46	7189			54	3467	5	3467	52	95
武定县审计局	39	11672	58	274	46	2055		1747	103	
禄丰县审计局	59	103662	61		65	17252	17	17096	190	26
红河哈尼族彝族自治州										
红河哈尼族彝族自治州本级	116	3395364	526	64948	128	295418	14	21762	324	15
个旧市审计局	40	27284	27	110	54	3272	10	3176	104	50
开远市审计局	21	1654	35	55	24	1594	1	1593	46	28
蒙自市审计局	27	206692	84	957	41	42018		4612	81	
弥勒市审计局	30	65778	86	883	36	3275	1	1795	52	
屏边苗族自治县审计局	17	18463	42	2275	17	9	3	139	46	40
建水县审计局	19	154021	89	6175	26	22808	7	11769	65	41
石屏县审计局	34	22704	36	529	40	6904		6904	83	41
泸西县审计局	9	80273	13	14	9	80273		51294	31	6
元阳县审计局	17	3567	26	555	23	280		280	88	
红河县审计局	24	6755	73	237	27	6517	1	5929	72	

（续表）

审计机关	完成审计项目/个	审计查出主要问题金额/万元	审计发现非金额计量问题/个	审计期间整改金额/万元	出具审计报告和审计调查报告/篇	审计处理情况		审计促进整改落实有关问题资金/万元	审计提出建议/条	提交审计信息/篇
						审计处理处罚金额/万元	移送处理事项/件			
金平苗族瑶族傣族自治县审计局	35	8157	17		44	2265	2	1719	106	3
绿春县审计局	23	6013	59	1360	32	2362		2298	66	
河口瑶族自治县审计局	29	21946	56	2842	30	1369	1		25	
文山壮族苗族自治州										
文山壮族苗族自治州本级	72	438726	142	8230	74	165719	18	140312	219	207
文山市审计局	28	793589	54		32	119587	4	16163	83	87
砚山县审计局	35	853141	105	298	38	44208	1	2938	98	46
西畴县审计局	35	80599	44	4737	39	29070	1	8939	74	41
麻栗坡县审计局	31	38582	30		34	2265	10	1265	77	36
马关县审计局	46	199725	44	512	52	10799	3	1867	100	12
丘北县审计局	40	120250	130	16900	45	22255	9	20705	142	66
广南县审计局	39	400787	42	2683	49	133796	1	3886	121	20
富宁县审计局	20	26966		10617	21	10690	1	5604	65	83
西双版纳傣族自治州										
西双版纳傣族自治州本级	27	173581	102	862	31	15726	12	12942	83	10
景洪市审计局	45	115724	120	116	44	27193	42	57333	139	51
勐海县审计局	49	190025	85	715	52	6989		2819	146	46
勐腊县审计局	39	54009	16	17926	52	47641	5	12602	129	3
大理白族自治州										
大理白族自治州本级	80	395114	212	149938	80	159197	14	108560	224	31
大理市审计局	21	108812		108646	162	108782	4	108782		16
漾濞彝族自治县审计局	21	47382	30	102	20	144	1	16028	33	42
祥云县审计局	33	37770	48	276	33	6120	6	3897	93	10
宾川县审计局	42	7928	16		46	1641		1633	120	29
弥渡县审计局	25	3782			25	1518	1	1518	53	7
南涧彝族自治县审计局	17	20912			17	20912		4945	65	
巍山彝族回族自治县审计局	20	8671	20	2748	19	4545	1	2434	45	20
永平县审计局	24	42247	44	6	24	4583	1	4071	67	

（续表）

审计机关	完成审计项目/个	审计查出主要问题金额/万元	审计发现非金额计量问题/个	审计期间整改金额/万元	出具审计报告和审计调查报告/篇	审计处理情况		审计促进整改落实有关问题资金/万元	审计提出建议/条	提交审计信息/篇
						审计处理处罚金额/万元	移送处理事项/件			
云龙县审计局	17	6751	13	25	19	219		142	26	
洱源县审计局	21	25011	11	2036	21	24286	1	1289	53	
剑川县审计局	22	10924		1976	22	1442		1039	58	
鹤庆县审计局	12	16511		6	14	16474		13405	37	
德宏傣族景颇族自治州										
德宏傣族景颇族自治州本级	47	954599	71	53304	52	200665	8	25335	165	63
瑞丽市审计局	33	599245	15	64	33	515	5	446	68	37
芒市审计局	44	930744	47	213	45	32510	1	31251	136	72
梁河县审计局	15	195297	24	7	15	168		109	39	20
盈江县审计局	47	110683	32	835	45	7	9	3	121	68
陇川县审计局	30	299217	67	117097	39	3301		3208	98	47
怒江傈僳族自治州										
怒江傈僳族自治州本级	42	59460	247	7800	58	10130	11	5608	98	1
泸水市审计局	23	160924	275	605	23	98	44	95	68	12
福贡县审计局	21	10263	81	177	21	856	3		118	10
贡山独龙族怒族自治县审计局	10	1466	33	1037	11	511	2	141	66	6
兰坪白族普米族自治县审计局	19	10893	45	127	19	6331	2	5207	54	
迪庆藏族自治州										
迪庆藏族自治州本级	47	124204		1043	47	2563	1	1	117	
香格里拉市审计局	17	238159	6	44331	17	64737			2	3
德钦县审计局	23	77103	54	1927	23	15763			84	
维西傈僳族自治县审计局	14	6917			14	5863			24	

西藏自治区

【西藏自治区审计厅】 2020年，西藏自治区审计厅实有156人。

领导成员

党组书记、副厅长：次　多

党组副书记、厅长：孙秀春

党组成员、副厅长：马陵田（8月—）

王洪勇（—9月）

尹摇山　拉巴次仁

次仁彭多（—8月）

吴陵涌（援藏）

党组成员、纪检组长：扎西卓玛（—12月）

党组成员、总审计师：旺久多吉

一级巡视员：马陵田（8月—，兼）

审计成果 2020年，西藏自治区审计机关共完成审计项目367个，查出问题金额1610.13亿元；向有关部门移送案件线索65件。促进增收节支和挽回损失13.45亿元。西藏自治区审计厅完成审计项目122个（含非现场审计项目70个），查出各类问题资金金额1126.9亿元；出具审计报告122篇。促进增收节支10.84亿元；向有关部门移送问题线索30件。提交专题报告7篇；报送各类信息34篇。

西藏自治区审计厅实施的日喀则市领导干部经济责任审计项目被审计署评为2019年度全国省级审计机关优秀审计项目二等奖。在自治区区直单位经济社会发展目标绩效考核中，审计厅2019年度考核名列第四，继2018年荣获优秀单位后，再次获得表彰；在2019年自治区创先争优强基础惠民生活动中获得优秀组织单位奖；在2019年自治区脱贫攻坚考核中获组织创新奖。

政策落实情况跟踪审计 结合审计署重大政策跟踪审计指导意见和审计厅年度审计计划，印发《西藏自治区2020年重大政策措施落实情况跟踪审计工作方案》，围绕党中央决策部署，针对重大项目落地、“放管服”改革以及财政资金管理等方面精准发力，重点揭示部分地区部门“放管服”改革措施未落实、违规涉企收费、直达资金分配不及时、项目推进缓慢等问题，形成政策跟踪审计报告4篇，上报自治区人民政府和审计署，其中自治区主要领导对2篇报告作出重要批示。

财政审计 财政预算执行审计已初步实现传统审计向大数据审计的转变，完成一级预算单位审计全覆盖。通过整合全自治区审计资源，组织精干力量，对自治区一级预算单位财政数据、财务数据和部门决算数据等2790余万条数据，从收入、分配、管理和使用等方面深入分析研究，构建财政收支总量分析等45个审计模型，筛查出2130个审计疑点数据，累计核实发现6大类273个问题。把预算绩效管理审计作为财政审计工作的新突破点，持续从绩效目标编制、跟踪管理、评价应用等环节加强绩效审计，不断探索绩效审计的新方式，预算绩效管理审计成效显著。审计厅向自治区人大常委会作《2019年度自治区本级预算执行和其他财政收支的审计工作报告》，得到充分肯定。

疫情防控资金和捐赠款物专项审计 统筹全自治区审计力量，组织58个审计组、154名审计人员，对自治区财政资金3.28亿元、捐赠资金2.79亿元、专项再贷款资金0.88亿元进行审计，根据审计发现问题形成《西藏自治区审计厅关于组织开展我区新冠肺炎疫情防控资金和捐赠物资审计工作情况的报告》上报自治区人民政府。

民生审计 组织对阿里地区扶贫产业项目政策落实情况等3个项目开展审计，共审计单位11个，发现问题金额达2.36亿元，促进增收节支0.38亿元。牵头组织各地市审计局实施日土等7个县的扶贫审计工作，揭示扶贫对象识别不精准、产业项目管理粗放、易地搬迁政策落实不到位、扶贫和涉农资金管理使用不严格等问题，涉及问题金额9.35亿元，为巩固提升脱贫攻坚成果，推进乡村振兴战略发挥出审计监督应有的保障作用。对昌都市、那曲市2019年保障性安居工程的投资、建设、分配、使用等情况进行审计，揭示保障房建设过程政策落实不到位、资产管理不规范以及由于建设用地未落实、棚户区改造项目设计方案变更，造成基本建设时间过长、规划与现实需求差距较大等问题。组织对昌都市2018年至2020年困难群众救助补助资金和残疾人保障资金筹集管理使用情况进行审计，发现部分地区未落实特困人员照料护理政策、滞留补贴资金、城乡医疗救助资金等专项资金，审核把关不严、专项补助资金兑现错发、漏发等问题18个。

经济责任审计 组织对科技厅、藏医药大学等13家党政机关和国有企事业单位26名领导干部任职期间履行经济责任情况进行审计。查出违纪违规及管理不规范等问题金额142.7亿元，促进增收节支0.5亿元，向自治区党委政府上报专题报告3篇，审计信息2篇，移送司法机关、纪检监察机关和有关部门处理事项8件12人。上报的专报等信息材料得到自治区党委政府主要领导高度重视并作出批示。在组织实施的那曲市、芒康县等1个地市、6个县的领导干部自然资源资产离任审计项目中，探索大数据审计方法，运用国情地理信息系统通过图斑叠加方式，精确定位审计疑点，提高审计工作效率。结合自然资源禀赋和存在问题的特点，编写国情地理信息系统操作指引及审计案例并向全自治区审计机关推广。

固定资产投资审计 通过购买协审服务，整合资源力量，完成泽当至贡嘎机场段项目和自治区区直单位第一期周转房项目审计的收尾工作。组织实施国道317线尼玛至洞措公路改建工程项目、原那曲地区那曲镇城市基础设施建设项目、自治区区直单位第三期周转房项目的审计工作，共核减工程价款6.8亿元。通过审计，重点揭示项目建设未按规定履行招标程序、投标人相互串通投标、监管不到位造成损失浪费、多计工程价款、违规拨付工程款、超标准发放加班补助等问题；向自治区人民政府报送《“4·25”地震灾后恢复重建跟踪审计项目专题报告》。

信息化建设 扎实推进金审工程三期项目建设，按照审计署要求的工作节点有序推进。根据自治区信创工作领导小组相关要求，按期完成项目招标投标、合同签订等工作，全自治区三级审计机关国产化替代项目完成全部设备到货和软件安装。持续深入开展大数据审计，实现财政预算执行审计由传统审计向大数据审计转变，组织全自治区审计机关开展税务、工商、财政、社保等数据常态化采集工作，并根据各业务部门及市县审计机关提出的审计业务电子数据查询申请，全年向厅机关业务部门和七地市审计局及7个县（市、区）审计局提供查询分析结果54批次。

审计质量 加大对自治区审计机关审计项目质量检查力度，发布审计业务质量检查结果通报。针对审理中发现的典型性、普遍性问题进行分析研判，通过《审计法治与审理工作动态》进行发布，不断提升审计业务质量。

审计管理体制改革 全面贯彻党中央关于机构改革的决策部署，持续推进审计管理体制改革。全自治区7个地市及56个县（市、区）全部成立审计委员会，结合实际对当地审计工作作出具体安排，构建集中统一、全面覆盖、权威高效的审计监督体系取得阶段性成果。严格执行重大事项请示报告制度，做好重大事项、重要审计情况向党委审计委员会领导的呈报工作，认真履行审计委员会办公室职责，积极督促协调各成员单位全面落实好会议议定事项，将党的领导贯穿审计工作全过程。

审计查出问题整改 围绕自治区经济社会发展大局，充分发挥“治已病、防未病”职能，落实自治区十一届人大常委会第二十一次会议精神，切实履行审计整改跟踪检查和报告责任，加强对整改过程的监督检查，推动被审计单位加强审计整改工作。配合自治区人大常委会对8家区直单位和2个地市提交的审计整改情况报告进行满意度测评，取得良好的反响。审计厅向自治区人大常委会作《西藏自治区人民政府关于2019年度本级预算执行和其他财政收支审计查出问题整改落实情况的报告》，得到充分肯定。

队伍建设 认真贯彻执行民主集中制，凡涉及全局性的重要工作和重大事项，均在深入调查研究、广泛征求意见的基础上集体研究决定，持续开展好地市审计机关主要负责同志向厅党组述职工作。注重年轻干部培训，紧扣习近平总书记关于年轻干部要提高“七种能力”等有关要求，持之以恒强化思想淬炼、政治历练、实践锻炼、专业训练。加强审计培训工作，以审计实践需要为出发点，通过组织全自治区审计机关年度集中培训、专题培训、在线学习、参加大型审计项目实训锻炼、鼓励参加职称考试等方式，不断提高队伍素质能力。选派26名审计干部参加审计署审计干部学院举办的大数据审计基础培训班。立足县级审计机关能力建设，结合工作实际，制定县区审计机关主要负责人“以审代训”三年规划，2020年共完成两批次16人的“以审代训”工作。加强与自治区有关部门和地市、县审计机关沟通衔接，委托南京审计大学定向培养的41名审计相关专业本科毕业生分配至全自治区各级审计机关工作，充实基层审计机关人员力量。

党建工作 通过多种方式在厅机关坚持以党的政治建设为统领，强化审计机关是政治机关的属性。加强党对审计工作的集中统一领导，严格落实重大事项请示报告制度，严守政治纪律和政治规矩，在反对分裂、维护祖国统一和民族团结、党员不得信仰宗教等大是大非问题上做到立场坚定、旗帜鲜明、行动坚决。开展“不忘初心、牢记使命”主题教育和爱国主义教育、民族团结教育，引导党员、干部践行初心使命。配合自治区党委第九巡视组开展巡视工作，严格落实党组议事决策规则，坚持重大问题、敏感问题特别是“三重一大”事项，通过集体讨论决定。推进组织设置和班子建设标准化、政治建设和组织生活标准化、党员队伍建设标准化。坚持审计工作走到哪里、党的组织和工作就跟到哪里的原则。学习贯彻习近平总书记关于作风建设的重要论述，聚焦“四风”痼疾顽症，严防问题反弹回潮，推动作风建设不断走深走实。开展警示教育活动，筑牢拒腐防变“防火墙”。落实基层联系点制度，厅领导带头深入基层一线开展调查研究，及时了解党建和审计业务开展情况，总结经验做法，研究分析问题，广泛听取意见建议，指导和帮助基层一线解决实际困难。研究部署努力克服形式主义、官僚主义相关工作，强调写短文开短会，严控会议规模。机构改革中会同相关部门详细清点办公资产，厉行节约。

制度建设 全年审计厅共制定修订12项各类规章制度，涵盖党建工作、机关管理、业务管理、后勤保障等方面，形成有效的制度管理体系，各项工作制度化、规范化水平有效提升。采取有效措施加强规章制度执行，以制度管人、管权、管事的工作格局基本形成。

（撰稿人：曲　鹏）

【拉萨市审计局】 2020年，拉萨市审计局实有46人。局长任玉萍，副局长彭多（—10月）、魏建华、林大山（援藏）、杜春梅、曲松，局长助理王鹏（援藏），四级调研员罗素彬、邓丽（3月—）、德吉（3月—）。设有办公室、法规与审理科、电子数据审计科、财政审计科、行政事业与社会保障审计科、农业与资源环保审计科、固定资产投资审计科、企业审计科、经济责任审计科；下设信息中心。

审计成果 2020年，拉萨市审计机关共完成审计项目90个，其中市直本级部门预算执行大数据非现场审计65个、常规项目审计23个、专项审计调查2个。查出主要问题金额412971.76万元，其中违规金额10784.65万元、管理不规范金额402187.11万元；出具审计报告20篇。审计后应上缴财政27570.31万元、应归还原渠道资金162.30万元、应调账处理金额71855.82万元、应加强自行管理纠正313383.33万元。促进增收节支和挽回损失35600.31万元；核减投资额8030.37万元。移送问题线索18件。审计提出建议71条，被采纳71条；提交审计信息和专报43篇；提交审计专报13篇。

2019年实施的空港新区2016年至2018年精准扶贫精准脱贫政策落实情况审计项目被评为2020年自治区审计机关表彰审计项目。

国家重大政策措施落实情况跟踪审计 按照国务院统一部署和审计署要求，对拉萨市2020年贯彻落实稳增长等政策措施落实情况进行跟踪审计。

财政审计 对2019年本级财政及其他财政预算执行、林周县2018年至2019年财政预算执行和其他财政收支情况、拉萨市人防办2013年至2019年度预算执行情况进行审计。开展市委政法委员会2018—2019年度护路经费专项审计、市科技局2019年度部门预算执行情况审计、市卫健委2019年度部门预算执行情况审计、市政府驻海口办事处2016—2019年度部门预算执行情况审计、市第二中等职业技术学校2018年至2019年教育“三包”经费专项审计。

疫情防控资金和捐赠款物专项审计 抽派人员参与自治区审计厅组织的对拉萨市疫情防控资金和捐赠物专项审计。

经济责任审计 对拉萨市墨竹工卡县、西藏空港新区、市卫健委、市科技局、市布达拉宫广场管理处、市净土文化传媒有限公司等6家单位11名党政领导干部和国有企业领导人员进行经济责任审计工作。

固定资产投资审计 对羊八井精准扶贫风湿患者集中搬迁安置点一期建设项目、城关区扎细街道团结新村小康社区基本设施改造项目等重点投资建设项目进行审计。

农业农村审计 对墨竹工卡县领导干部任期自然资源、墨竹工卡县高标准农田建设项目、墨竹工卡县2016年至2019年精准扶贫精准脱贫政策落实情况进行审计。

企业审计 对拉萨市公共安全服务有限公司2019年财务收支、西藏自治区医药有限责任公司2019年度财务收支进行审计。

信息化建设 根据审计署、自治区审计厅提出的实现对市本级一级预算单位的审计全覆盖的部署要求，市审计局对拉萨市70家一级预算单位中的5家采取现场审计，65家采取非现场审计。对本级55个单位在预算执行中存在的应缴未缴财政资金、往来款未及时清理、“三公”经费超预算等疑点问题进行现场审计核实。核实后对确认问题的49个单位，出具《拉萨市审计局关于确认非现场大数据审计发现问题的函》；对下一步需要整改审计发现问题的24个单位，出具《拉萨市审计局关于整改非现场大数据审计发现问题的通知》。（撰稿人：沈士虹）

【日喀则市审计局】 2020年，日喀则市审计局实有53人。局长巴桑，副局长徐伟、王占军（援藏）、尼玛多吉（—11月）、孙庆利、张向民（援藏）、马利民（援藏）、益西（11月—），纪检组长毛来峰，二级调研员扎西卓玛，四级调研员努增卓玛。市委审计委员会办公室设在市审计局。设有市委审计委员会办公室秘书科、办公室（政工人事科）、法规科（审理科）、财政审计科、行政事业审计科、农业资源环保审计科、固定资产投资审计科、企业审计科、社会保障审计科、经济责任审计科、派出审计一科、派出审计二科；下设信息网络中心、政府投资审计中心、后勤服务中心等事业单位。

审计成果 2020年，日喀则市审计局共完成审计项目38个，其中审计36个、专项审计调查2个。查出主要问题金额2000311万元，其中违规金额21570万元、损失浪费金额62万元、管理不规范金额1978679万元；审计发现非金额计量问题513个；损益（收支）不实金额2026万元；出具审计报告和专项审计调查报告237篇。审计处理处罚金额24980万元，其中应上缴财政13526万元、应减少财政拨款或补贴20万元、应归还原渠道资金7153万元、应缴纳其他资金1972万元、应调账处理金额2308万元；移送司法机关、纪检监察机关和有关部门处理事项2件，移送处理人员5人，移送处理金额660万元。审计促进整改落实有关问题资金111901万元；审计促进拨付资金到位860705万元；核减投资额134万元。审计提出建议461条；提交审计信息11篇，被批示、采用1篇次。向社会公告审计结果1篇。

日喀则市残联原党组书记、理事长任期经济责任审计项目被评为自治区审计厅优秀审计项目。

政策落实情况跟踪审计 对16个县（市、区）开展新增财政资金专项审计，审计揭示部分指标资金未拨付等5个方面的问题，下达审计整改函16份，相关问题得到较好整改。开展日喀则市2018年至2019年就业创业资金专项审计，通过揭示民生保障、民生资金存在的问题，重点服务改善及保障民生领域事项。

财政审计 对市本级预算执行和其他财政收支情况进行审计，揭示预（决）算编报不规范不科学等4个方面17个问题。开展本级部门预算执行审计，首次对69个市级一级预算单位开展非现场大数据审计，揭示预（决）算编报及执行不严格等4个方面18个问题。受市人民政府委托向市人大常委会作《2019年度日喀则市本级预算执行和其他财政收支的审计工作报告》，并将报告在市人民政府网站向社会进行公告。对市人防办部门预算执行和其他财政资金管理使用情况进行专项审计，揭示在预算执行、财务管理、人防工程审批手续、人防易地建设费征收等方面存在的13个问题，查出主要问题金额3884.34万元。对扎什伦布寺2019年1月至2020年9月财务收支进行专项审计，提出审计意见建议2条。

三大攻坚战审计 对全市2016年至2019年投资1000万元以上产业扶贫项目、十项提升、易地搬迁扶贫项目进行审计，各县（市、区）对1000万元以下项目自行开展审计，实现扶贫项目审计全覆盖。开展南木林县2019年度精准扶贫精准脱贫政策落实情况专项审计。开展工布江达县党政主要领导干部履行自然资源资产管理和生态环境保护责任审计、白朗县2018年高标准农田建设情况专项审计，重点关注高标准农田建设和耕地利用与保护项目和管理方面存在的问题，在工布江达县党政主要领导干部履行自然资源资产管理和生态环境保护责任审计中首次使用地理信息软件，对自然保护区、基本农田、矿区图斑等数据进行采集并加以分析。

疫情防控资金和捐赠款物专项审计 结合市疫情防控实际，对市新冠肺炎疫情防控资金和捐赠款物进行专项审计。揭示在财政专项资金使用、捐赠款物管理使用方面存在的扩大开支范围、未按捐赠人意向捐赠款物、捐赠物资未按分类登记、捐赠物资未向社会公示等问题。

经济责任审计 全年审计党政领导干部和企业负责人14名，查出违规及管理不规范金额19562万元，提出审计建议15条。根据审计厅安排，开展林芝市工布江达县党政主要领导干部经济责任审计。

固定资产投资审计 开展政府投资建设项目竣工决（结）算审计、西藏湘河水利工程跟踪审计、主城区7条路硬化工程跟踪审计的持续监督实施，以及日喀则饭店改造项目跟踪审计的实施等项目。累计完成152个政府投资项目竣工决（结）算审计，审计核减资金达4152.97万元。开展西藏湘河水利枢纽及配套灌区工程跟踪审计，形成跟踪审计专报3期，得到市委市政府主要领导的批示。

资源环保审计 开展白朗县2018年高标准农田建设情况专项审计，重点关注高标准农田建设和耕地利用与保护项目在管理方面存在的问题。

企业审计 受市委组织部委托，对日喀则珠峰公共交通运营有限责任公司、原市珠峰生态园林绿化有限公司领导人员开展经济责任审计，揭示企业在经营管理、财务核算、资本归属等方面存在的问题。

信息化建设 在财政审计领域积极探索大数据综合分析，推行“总体分析、发现疑点、分散核实、系统研究”的数字化审计模式，将全市一级预算单位全面纳入部门预算执行审计数据分析范畴，提高运用信息化技术查核问题、评价判断、宏观分析的能力，切实发挥大数据审计的成效。

相关工作 选派人员参加审计署、审计厅和对口援藏举办的各类教育培训，局机关以各科室轮流授课等方式进行集中培训。修订完善《日喀则市审计局财务会计内部控制制度（试行）》《日喀则市审计局机关工作人员考勤及请休假制度（试行）》，制定出台《日喀则市审计局工作督办制度》，通过建立健全内部制度，推进审计工作的法治化和规范化，保障审计事业发展。开展作风整顿月活动，召开党建、党风廉政建设、意识形态工作部署会和推进会，签订目标责任书，扎实开展党风廉政警示教育活动，组织党员干部集中观看警示教育片，参加旁听庭审，学习自治区纪委、市纪委关于违反中央八项规定精神的典型问题通报，教育引导党员干部严格落实中央八项规定及其实施细则精神、审计“四严禁”工作要求和审计“八不准”工作纪律，持续改进作风，不断筑牢拒腐防变的思想防线。

（撰稿人：扎西旺加）

【昌都市审计局】 2020年，昌都市审计局实有47人。党组书记、副局长刘治成（9月—），党组副书记、局长提宝格松（9月—），党组副书记、局长、一级调研员益西群培（—9月），党组副书记、副局长、三级调研员张志伟（援藏），党组成员、副局长、二级调研员吴波，党组成员、副局长、三级调研员四朗央宗、张远成，党组成员、四级调研员土登扎西。设有办公室（财务科）、法规科、审理科、电子数据审计科、财政审计科、行政事业审计科、固定资产投资审计科、自然资源和生态环境审计科（农业农村审计科）、企业审计科、社会保障审计科、经济责任审计科、派出审计科、市政府投资审计中心、信息中心（市审计干部培训中心）、机关后勤服务中心。

审计成果 2020年，昌都市审计局共完成审计项目52个。查出主要问题金额132.01亿元，其中违规金额191万元、管理不规范金额132亿元；审计发现非金额计量问题72个；损益（收支）不实金额10.08亿元；出具审计报告和专项审计调查报告52篇，被批示、采用52篇次。审计处理处罚金额7492万元，其中应上缴财政831万元、应归还原渠道资金265万元、应缴纳其他资金3768万元、应调账处理金额2627万元；移送司法机关、纪检监察机关和有关部门处理事项6件，移送处理金额1.99亿元。审计提出建议140条，被采纳140条。

财政审计 完成2019年度市本级财政预算执行及其他财政收支情况审计，查出预算编制不科学、不全面，预算编制不细化，预算追加比例过高，未及时、足额拨付预算资金，项目资金拨付缓慢，应缴未缴一般预算收入，往来款长期挂账，违规出借财政资金等问题，涉及金额711641.98万元。对昌都市民政局、职校、电视台、农推站、工商联、文化局、自然资源局、卫健委、农业农村局、生态环境局等10家一级预算执行单位（部门）2019年部门预算执行情况进行审计，采取大数据审计模式对57家一级预算执行部门进行审计，查出滞留预算资金、虚列预算支出等问题，涉及金额27.77亿元。实施八宿县2017年至2019年财政决算及其他财政收支情况审计，涉及金额119430.22万元，向市监察委员会移送案件线索1件，涉及金额947.04万元。对市民政局等13家一级预算执行单位（部门）2017年至2019年“三公”经费专项审计调查，发现虚列“三公”经费支出、违规列支“三公”经费、未履行审批程序购买公务用车、违规发放“三公”经费、原始凭证不合规等问题，涉及资金1622.44万元。

三大攻坚战审计 对芒康县纳西乡、如美镇主要党政领导自然资源资产管理和生态环境保护责任履行情况进行审计。对卡若区2019年精准扶贫精准脱贫政策落实情况进行审计。

疫情防控资金和捐赠款物专项审计 实施昌都市本级和11个县（市、区）疫情防控资金和捐赠款物专项审计，反映银行专户开设不合规、财务核算不规范、管理制度不到位等问题，要求涉及部门和县（市、区）及时整改，督促政策及时落实到位。

民生审计 实施昌都市本级和11个县（市、区）城镇居民基本医疗保险、农牧区医疗制度补助资金审计清算，重点关注补助资金收支情况和统筹基金、风险调节金的结余情况，清算反映“两项制度”补助资金缺口17260.32万元问题。

经济责任审计 对19名党政主要领导及2名国有企业事业单位主要领导经济责任进行审计，查出主要问题金额192415.57万元，其中应负主管责任金额12518.62万元、应负领导责任金额179896.95万元，并向委托部门提交审计结果报告。向市监察委员会移送案件线索4件，涉及金额18958.77万元。（撰稿人：秦　茹）

【林芝市审计局】 2020年，林芝市审计局实有37人。党组书记、副局长、二级巡视员欧珠多吉，党组副书记、局长刘应萍，党组成员、副局长、三级调研员旺堆，党组成员、副局长李萍、蒋红梅，党组成员姚运通（援藏）。设有办公室、政工人事科、法规科、行政事业社会保障审计科、电子数据审计科、经济责任审计科、财政审计科、派出审计科、固定资产投资审计科、农业农村与自然资源生态环境审计科。

审计成果 2020年，林芝市审计局完成审计项目16个，其中审计15个、专项审计调查1个。查出问题金额155673.16万元，促进增收节支1611.27万元；出具审计报告和专项审计调查报告19篇。审计促进整改落实有关问题资金84809.42万元。审计提出建议51条，被采纳51条；提交审计信息5篇。

政策落实情况跟踪审计 林芝市2020年重大政策跟踪审计发现问题13个，向审计厅报送综合性跟踪审计报告4篇。

财政审计 开展市本级2019年财政预算执行和其他财政收支情况审计、53家市直部门2019年预算执行和其他财政收支情况大数据审计、朗县2018年至2019年财政决算及其他财政收支审计、市委组织部和市住建局2019年部门预算执行及其他财政收支情况审计。通过审计，发现存在滞留应缴资金、闲置资金、挪用挤占资金等问题，涉及违规金额98198.79万元，审计处理处罚金额 32930.9 万元，提出审计建议 17 条。代表市政府向人大常委会作《林芝市 2019 年本级预算执行和其他财政收支的审计工作报告》和《林芝市 2019 年审计结果整改落实情况的报告》。

民生审计 实施 2019 年朗县精准扶贫精准脱贫政策措施落实情况审计，重点关注国家及自治区精准扶贫脱贫政策、脱贫工作责任制落实、相关项目推进及绩效、资金管理使用和脱贫目标任务完成等情况。通过审计，发现存在闲置资金、扩大开支、资产未入账等问题，涉及违规金额 54614.2 万元，审计处理处罚金额 51386.1 万元，提出审计建议 3 条。

经济责任审计 完成山南市错那县党政主要领导干部经济责任交叉审计，开展市委组织部、市住建局和易贡茶厂领导干部经济责任审计。发现存在滞留应缴资金、虚列支出、违规采购等问题，涉及金额 666.47 万元，针对存在的问题，审计处理处罚金额 14.66 万元，提出审计建议 16 条。组织巴宜区、墨脱县、察隅县审计机关采取交叉审计方式对米林县羌纳乡、巴宜区布久乡、波密县玉普乡党政主要领导开展经济责任审计。重点关注领导干部贯彻执行重大决策部署、履行党风廉政建设第一责任人职责，以及遵守有关廉洁从政规定等情况。

资源环保审计 7 月至 8 月，派出审计人员赴山南市开展错那县党政主要领导干部自然资源资产管理及环境保护责任情况审计。通过重点关注贯彻落实中央和自治区重大决策部署、推进自然资源产权保护制度建设等情况，研究探索自然资源资产管理审计方式方法及审计实践规律，进一步加快林芝市自然资源资产离任审计试行进程。

信息化建设 运用大数据进行综合比对、关联分析，将审计业务与信息技术相融合，不断扩大计算机审计的应用范围和审计效率，2020 年首次采用“现场＋数据”审计模式，对全市 53 家一级预算单位进行大数据审计，首次实现“横向”数量层面的全覆盖。

交办任务 为帮助下级审计机关提升履职能力，通过采取“手把手”业务指导、“以审代训”等方式，加强对县级审计机关业务人员的培训指导力度，抽调 2 名县审计机关业务人员参加大数据审计、经济责任审计等审计项目 4 个。组织 26 人赴广东省审计厅参加林芝市审计机关业务骨干培训班，集中学习国有企业审计、大数据审计等 7 大专题内容，进一步提升队伍专业素质。聘请法律顾问，自觉加强对审计机关自身的监督，助推依法审计，运用法治思维和法治方式认识问题和解决问题，为全面提高审计工作质量助力。

相关工作 采取理论辅导、领读串讲、体会交流等形式，学习宣传贯彻落实党的十九届五中全会、中央第七次西藏工作座谈会、区党委九届八次和市委一届十一次会议精神。开展形式多样、主题鲜明的“庆七一，党群共建”系列活动。组织党员干部赴“两路”精神纪念馆、77675 部队、林芝军分区军史馆，开展以“传承红色基因　强化党性修养”为主题的党建活动。严格落实审计项目和审计组织方式“两统筹”要求，最大限度加强项目融合与资源整合，推进“1＋N”组织方式，对同一被审计单位尽量安排由同一审计组实施，创新实现“一审多项”“一审多果”“一果多用”。以打造优秀审计项目为目标，提高审计质量，加强审计报告、审计信息的审理效率。派出 2 支驻村工作队，5 名干部职工参加驻村工作，局党支部联合嘎达村、知美村开展“结对共建”慰问困难老党员活动，全年帮扶慰问困难群众、困难党员共计金额为 3.6 万元。

（撰稿人：王　诲）

【山南市审计局】 2020 年，山南市审计局实有 34 人（不含 3 名援藏干部）。一级调研员张洪林，党组副书记、局长巴桑次仁，三级调研员夏朝红，党组成员、二级调研员王显琼，党组成员、副局长、二级调研员索朗达杰，党组成员、副局长、三级调研员陈雪峰，党组成员、总审计师索朗央金，党组成员、副局长陈云飞（援藏），四级调研员孟春宇、巴桑次仁、旦增卓玛、罗布卓玛。设有办公室、综合计划科、法规和审理科、电子数据审计科（派出审计一科）、财政审计科、行政事业审计科（派出审计二科）、农业农村审计科、固定资产投资审计科、自然资源和生态环境审计科、企业审计科、社会保障审计科、经济责任审计科、审计委员会办公室秘书科；下设审计信息中心。

审计成果 2020年，山南市审计局共完成审计项目19个。查出主要问题金额857915.36万元，其中管理不规范金额852780.28万元，上缴市县两级国库资金5100.02万元，损失浪费资金35.06万元。移送有关部门问题线索1件。审计提出建议36条；上报审计要情1份。市委市政府主要领导就审计工作作出批示指示19次，听取审计工作汇报10余次。

财政审计 对市本级及2个部门预算执行部门进行审计，查出主要问题金额654426.67万元，其中管理不规范金额650755.48万元、上缴市县两级国库资金3636.13万元、损失浪费金额35.06万元。针对存在的问题，提出审计建议11条。

经济责任审计 完结3个单位的审计，查出主要问题金额7096.48万元，其中管理不规范金额7088.36万元，上缴市国库资金8.12万元，针对存在的问题，提出审计建议6条。

民生审计 完结8个项目17个单位的审计，查出主要问题金额194969.84万元，其中管理不规范金额194246.09万元，应上缴市县两级国库资金723.75万元，针对存在的问题提出审计建议11条。

固定资产投资审计 完结2个单位的审计，查出主要问题金额1422.37万元，其中管理不规范金额690.35万元，上缴市国库资金732.02万元，针对存在的问题，提出审计建议8条。

审计查出问题整改 市审计局将整改任务落实到各科室、具体责任人，督促被审计单位建立整改台账，逐条跟踪检查整改情况，督促有关单位整改到位。2020年，《审计工作报告》所附清单共337个具体问题，涉及金额69.05亿元，至10月底，329个问题已整改到位，已整改问题金额68.15亿元，问题金额整改率达98.7%。6人受到诫勉谈话或作书面检查，审计整改工作取得明显成效。

交办任务 根据市纪委的统一安排，抽调5人次配合自治区巡视组开展区党委第七轮、第八轮、第九轮巡视工作，抽调1人配合市纪委监委开展案件调查工作。根据市委的统一安排，组成工作专班对局2013年至2019年违反中央八项规定精神问题进行自查，共查出违规公款吃喝、违规配备使用公车、违规购买礼品、公款国内旅游、违规发放津贴补贴或福利问题5类223个问题，涉及金额1762563.3元，11月30日前将最终清退资金954913.02元全部上缴至市纪委监委指定账号。配合市委巡察一组对审计局进行巡察，结合巡察组指出的3个方面13项具体问题，局党组建立整改台账，列出问题清单、责任清单，逐条逐项整改销号。

相关工作 组织全局干部认真学习党章、条例、十九大精神、习近平新时代中国特色社会主义思想和中央第七次西藏工作座谈会精神，以及全国、全自治区、全市经济工作会议和审计工作会议精神等。针对贡嘎、加查、隆子、桑日等八县审计局初成立，审计人员审计业务知识欠缺的实际情况，采取集中调训和“以审代训”的方式，对八县审计人员进行系统培训，较快提升审计干部业务能力。全年召开20余次维稳专题会议，按照“住户相邻、邻里守望”的原则，划分2个联保单元，实行“十联”举措，切实做到“四无”和“四个严防”。建立健全机关各项规章制度，用制度管人管事，确保干部健康成长。严格执行民主集中制，对议事范围、议事原则、议事形式以及执行、监督、纪律等进行规范。清理完善机关制度，按政务、党务、审计业务、廉政建设、服务保障等5大类进行清理汇编成册。严格执行党风廉政建设的有关规定，认真开展廉政谈话、建立审计项目廉政责任制，严格“三公”经费开支。开展“不作用、慢作为、乱作为”专项整治工作，进一步转变工作作风。组织机关党员干部深入泽当镇结莎社区、驻点扶贫村——民主村、扎加村，开展“一进二访三联”结对帮扶活动，实行党员到社区双报到，全局42名干部职工与21户贫困户“结对认亲”，全局干部职工累计入户走访200余次，慰问贫困家庭累计100余次，入户走访率达100%。2020年，为扶贫联系点办实事好事10余件，惠及驻村点农牧民群众280户、747人。成立疫情防控工作领导小组，制订疫情防控方案，确保责任范围内疫情防控工作不出纰漏。 （撰稿人：蒋艳华）

【那曲市审计局】 2020年，那曲市审计局实有36人。党组书记、副局长蒋云科，党组副书记、局长、一级调研员嘎多罗布，党组成员、副局长次仁罗布（—7月）、尼玛德吉（9月—）、袁国鹏、李新科，党组成员白玛欧珠，二级调研员次仁罗布。设有办公室（审计委员会秘书科）、审理科（电子数据审计科）、财政审计科、自然资源和生态环境审计科（农业农村审计科）、社会保障审计科（企业审计科）、行政事业审计科、经济责任审计科、固定资产投资审计科、审计一科、审计二科、审计中心、财务室、机关后勤服务中心。

审计成果　2020年，那曲市审计局完成审计项目21个，共审计单位18家。查出主要问题金额487217.27万元，其中管理不规范金额483325.98万元、违规金额2480.26万元。促进增收节支资金1411.03万元。移送司法机关、纪检监察机关和有关部门处理事项2件，移送处理金额21.64万元。审计促进整改落实有关问题资金177351.26万元。开展审计整改检查工作1次，开展浙江援藏项目资金专项检查1次。

政策落实情况跟踪审计　以推动落实党中央和自治区党委、市委重大政策措施落实作为审计工作的首要任务和政治责任，完成稳增长、促改革、调结构、惠民生、防风险政策措施落实情况跟踪审计，形成政策跟踪审计报告4篇，上报市政府和自治区审计厅。完成新增财政资金直达市县基层直接惠企利民专项审计。派出审计组对那曲市10个县（不含色尼区）直达资金使用情况进行专项检查，审计组坚持问题导向，坚持边审边促、边审边改、边审边建，把推动整改贯穿审计全过程，提出对策建议并督促及时整改，推动完善制度，促进政策措施落地见效。

财政审计　对那曲市2019年度财政预算执行及其他财务收支情况进行审计，查出主要问题金额426943.10万元，其中管理不规范金额426390.97万元，促进增收节支552.13万元。对那曲市农业农村局和市商务局的预算执行情况进行审计，查出主要问题金额7555.94万元，其中管理不规范金额7309.54万元，促进增收节支246.4万元。

三大攻坚战审计　组织审计人员对双湖县产业项目资金使用情况进行专项审计。查出主要问题金额5369.82万元，其中管理不规范金额5369.75万元，促进增收节支0.07万元。

疫情防控资金和捐赠款物专项审计　派出审计组对疫情防控资金和捐赠款物开展跟踪审计，延伸到各县（市、区）疫情防控保障组办公室，对重要事项进行必要的延伸和追溯。重点关注本级财政安排的疫情防控专项资金分配拨付、管理使用情况，社会捐赠款物的接收、分配使用、管理和信息公开情况，形成的审计专报呈市委市政府及市疫情防控工作领导小组办公室。

经济责任审计　实施领导干部经济责任审计项目13个，涉及领导干部23人，查出问题金额47231.24万元，其中管理不规范金额44141.64万元、违规金额2480.26万元，促进增收节支609.34万元。开展村“两委”班子成员离任（任期）经济责任审计。由那曲市审计局牵头，联合市委组织部、市财政局成立工作机构，负责统筹推动全市村级财务审计工作。那曲市审计局派出审计组赴尼玛、双湖、班戈、申扎等4个县开展审计，其他各县均由本县（市、区）审计机关牵头开展实施。

资源环保审计　按照自治区审计厅统一部署，对双湖县党政领导干部经济责任审计的同时，同步开展党政领导干部自然资源资产审计，审计重点关注生态保护资金分配和管理情况，自然资源资产开发利用、后期恢复情况，生态文明项目建设、资金管理和效益等情况，切实推动生态环境保护工作。

专项资金审计　派出审计组对那曲市综治委2019年度铁路护路联防专项经费收支情况的真实性、合法性和效益性进行审计，查出问题金额33.09万元，其中管理不规范金额30万元，促进增收节支3.09万元。

大数据审计　首次采用大数据审计方式对那曲市90家一级预算单位实施非现场大数据审计，涉及问题金额130069.47万元，主要包括预算管理、预算执行、预算资金绩效等方面的问题。

审计查出问题整改　派出检查组对2019年审计发现的172个问题整改情况进行监督检查，涉及金额667385.82万元。已整改问题160个，涉及金额666412.57万元；完成整改率93.02%。向市人大常委会作《那曲市审计局关于2019年度本级预算执行和其他财政收支审计查出问题整改落实情况报告》，得到充分肯定。

相关工作 完善党组理论学习中心组集体学习计划和制度，召开理论学习中心组会议12次，班子成员撰写学习心得体会18人次，召开专题民主生活会1次。坚持每周半天的集中学习，分层次、分专题抓好十九大、十九届五中全会精神和中央第七次西藏工作座谈会精神的学习贯彻，不断加强政治理论和习近平总书记关于在审计工作方面的重要部署的学习研究力度，召开机关干部学习会22次，撰写并上报工作简报67期，通过手机在线答题6次，198人次，不断引导党员干部把增强“四个意识”、坚定“四个自信”、做到“两个维护”切实落实到具体行动中和履职尽责上。完善局党组理论学习中心组学习制度，按照“五有四落实”要求严格开展理论学习中心组，及时跟进学习党的创新理论。督促干部职工用好“学习强国”学习平台，强化学习效果。认真贯彻落实《党委（党组）意识形态工作责任制实施办法》和《党委（党组）意识形态工作责任制实施细则》，把意识形态工作纳入重要议事日程，纳入党建工作责任制，纳入领导班子、领导干部日常管理。召开扶贫领域工作安排部署会议6次，由局领导深入基层开展结对帮扶工作3次。召开解决扶持贫困户产业项目资金研究会议1次、解决资金5万元，向结对帮扶的35户贫困户发放慰问资金1.6万元。组织干部职工传达学习扶贫领域相关文件10件、贯彻落实区、市有关扶贫文件精神5次，组织干部职工扶贫领域理论知识考试1次，上报扶贫相关简报信息10期。

（撰稿人：米玛次仁）

【阿里地区审计局】 2020年，阿里地区审计局实有30人。党组书记、副局长庞兴圃，党组副书记、局长益西平措，党组成员、副局长雷德丰、普布。设有办公室、法规审理科、经济责任审计科、财政审计科、行政事业和企业审计科、电子数据审计科、固定资产投资审计科、自然资源和生态环境审计科（农业农村审计科）、派出审计科；下设政府投资审计中心。

审计成果 2020年，阿里地区审计局完成审计项目21个。查出主要问题金额207188万元，其中违规金额917万元、管理不规范金额206212万元、损失浪费金额59万元；审计发现非金额计量问题89个。审计处理处罚金额1782万元，其中应上缴财政1763万元、应归还原渠道资金19万元；移送案件线索17件。针对审计查出主要问题，提出审计建议76条。

审计委员会办公室工作 阿里地区和5个县已成立审计委员会，均已至少召开过一次审计委员会会议，并结合实际对审计工作作出具体安排，构建集中统一、全面覆盖、权威高效的审计监督体系取得阶段性成果；严格执行重大事项请示报告制度，凡是审计工作涉及的重大事项，及时向审计委员会领导呈报，认真履行审计委员会办公室职责，积极督促协调各成员单位全面落实好会议议定事项，将党的领导贯穿审计工作全过程。

政策落实情况跟踪审计 按照自治区审计厅统一安排，对阿里地区2020年度重大政策措施贯彻落实情况进行跟踪审计。查出主要问题金额45072万元，其中违规金额77万元、管理不规范金额44995万元；审计处理处罚金额13万元，均为应归还原渠道资金；提出审计建议8条。

财政审计 对革吉县2019年度预算执行和其他财政财务收支情况进行审计。查出主要问题金额9242万元，均为管理不规范金额；审计处理处罚金额382万元，均为应上缴财政金额；提出审计建议3条。

疫情防控资金和捐赠款物专项审计 按照审计厅要求，安排4人组成审计小组对阿里地区及噶尔县应对新冠肺炎疫情防控资金和捐赠款物进行专项审计。通过审计，查出主要问题金额2510.47万元，审计处理处罚金额0.74万元，提出审计建议5条。

民生审计 对日土县2019年精准扶贫精准脱贫政策贯彻落实情况，噶尔县、普兰县涉农资金整合等3个民生（扶贫）资金进行专项审计。查出主要问题金额131243万元，其中违规金额432万元、损失浪费金额56万元、管理不规范金额130754万元；审计处理处罚金额619万元，均为应上缴财政金额；移送案件线索3件；提出审计建议9条。

经济责任审计 对地区妇联、地区统计局、人大地工委、地区公安处四大家党政机关领导干部任职期间履行经济责任情况进行审计。查出主要问题金额16133万元，其中违规金额233万元、管理不规范金额15900万元；审计处理处罚金额173万元，均为应上缴财政金额；移送有关问题线索5件，提出审计建议15条。

固定资产投资审计 对阿里地区组团式援藏医疗人才新建周转房建设项目、阿里地区老年人日间照料中心建设项目、改则县物流配送中心建设项目、普兰县利民超市建设项目、改则县藏医院建设项目、普兰县巴嘎乡卫生院建设项目等6个投资项目竣工决算进行审计，同时，对地区相关部门及7个县90个重点项目的开工、复工以及项目建设管理情况进行项目稽查。通过审计，查出主要问题金额2767万元，其中违规金额121万元、管理不规范金额2646万元；审计处理处罚金额481万元，均为应上缴财政金额；移送有关问题线索8件，提出审计建议24条。

专项资金审计 对地委宣传部“党的恩情照边疆　阿里人民心向党”基层宣传思想文化阵地建设项目、地委组织部“藏西先锋　红色阿里”党建品牌创建工作经费等2个项目资金使用情况进行专项审计。查出主要问题金额1651万元，其中违规金额33万元、损失浪费金额3万元、管理不规范金额1615万元；审计处理处罚金额54万元，均为应上缴财政金额；提出审计建议8条。

大数据审计 对地直部门2019年一级预算单位预算执行情况进行大数据审计。查出主要问题金额1077万元，其中违规金额19万元、管理不规范金额1058万元；审计处理处罚金额58万元，其中上缴财政金额52万元、归还原渠道资金6万元；移送有关问题线索1件；提出审计建议9条。

相关工作 深化巩固“不忘初心、牢记使命”主题教育成果，深入学习贯彻党的十九大和十九届二中、三中、四中、五中全会以及中央第七次西藏工作座谈会精神，全面学习贯彻自治区第九次党代会和区党委九届历次全会精神，不断推动审计事业科学发展。始终把意识形态工作纳入党组重要议事日程，牢牢把握党组对局机关意识形态工作的主导权，实行党组书记负总责，班子成员各负其责，按照“一岗双责”要求，把意识形态工作与业务工作同部署、同落实、同考核，突出抓好贯彻落实意识形态工作责任制的督导落实。坚持每月党组理论学习中心组学习和每周五支部集中学习制度，党组理论学习中心组组织学习28次，支部集中学习40次。利用学习强国、党员小书包、西藏党员教育等App学习平台，对党的路线、方针、政策进行自学；组织党员干部职工参加党风廉政建设、扫黑除恶、网络安全建设、防灾减灾等线上法律知识测试活动4次。制订结对帮扶工作方案，组织党员干部深入开展“结对帮扶”活动，机关开展结对帮扶3批次，累计走访慰问帮扶对象36人次，向群众宣讲法律政策4场次，发放慰问品折合2.8万余元，助消费扶贫农畜产品价值3.3万元。全年召开3次会议专题研究分析机关党风廉政建设工作，将党风廉政建设纳入审计工作目标任务，按照“一岗双责”的要求，结合实际进行责任分解，制定《2020年党风廉政建设主体责任清单、“第一责任人”责任清单、班子成员“一岗双责”责任清单》，实行“一把手”负总责，落实相关领导和责任科室。严格落实廉洁从审各项规定，审计人员严格遵守审计“八不准”工作纪律和审计“四严禁”工作要求，进行审前廉政教育；严格执行审计质量控制制度，重大事项集体讨论决定。结合实际制订疫情防控工作方案、预案和隔离工作方案以及流程图。2020年，阿里地区审计局获得阿里地区2020年度县级领导班子综合目标管理责任制先进单位。（撰稿人：洛桑达瓦）

2020年西藏自治区所辖县(市、区)级审计工作统计表

审计机关	完成审计项目/个	审计查出主要问题金额/万元	审计发现非金额计量问题/个	审计期间整改金额/万元	出具审计报告和审计调查报告/篇	审计处理情况		审计促进整改落实有关问题资金/万元	审计提出建议/条	提交审计信息/篇
						审计处理处罚金额/万元	移送处理事项/件			
拉萨市										
拉萨市本级	90	412972	57	1392	20	412972	18	35600	71	43
城关区审计局	9	26751	33		9		2	5053	104	1
堆龙德庆区审计局	10	24270	76		10			162	11	
达孜区审计局	7	4583			11			3435	49	8
林周县审计局	14	199	41		14			42	10	
当雄县审计局	9	1337671	10	6772	9		2		28	
尼木县审计局	5	1743	9		5			38	10	
曲水县审计局	8	1738	10		8			256	6	
墨竹工卡县审计局	7	50	15	50	7			50	11	
日喀则市										
日喀则市本级	38	2000312	513	597	237	24980	2	111901	461	11
桑珠孜区审计局	3	5		5	3			5	12	
南木林县审计局	1	18722	1		1			18719	3	
定日县审计局	3	912	3		3	912		912	17	
白朗县审计局	4	2270	7		4	159		2143	16	8
康马县审计局	1	151	5	4	1			151	3	2
吉隆县审计局	3	1032	1		3				10	
聂拉木县审计局	2	45	23	45	2			45	6	2
昌都市										
昌都市本级	52	1320149	72	35	52	7492	6	1200020	140	
卡若区审计局	13	160044	4	8296	13	7575		7011	32	2
江达县审计局	4	3376	7		4			3376	7	4
类乌齐区审计局	8	2920	2		4			2803	21	
丁青县审计局	13	54		6	13			35	28	
察雅县审计局	2	4598		3825	2			4598	4	2
八宿县审计局	4	3246		1	4			1616	10	2
左贡县审计局	2	20824	4	171	2			20025	5	1
芒康县审计局	5	129	12	1	5	2		129	13	5
洛隆县审计局	6	1543	7		6			808	12	

（续表）

审计机关	完成审计项目/个	审计查出主要问题金额/万元	审计发现非金额计量问题/个	审计期间整改金额/万元	出具审计报告和审计调查报告/篇	审计处理情况		审计促进整改落实有关问题资金/万元	审计提出建议/条	提交审计信息/篇
						审计处理处罚金额/万元	移送处理事项/件			
林芝市										
林芝市本级	16	155673	117	5335	19	84809			51	5
巴宜区审计局	5	9844	28	2	5			308	19	2
工布江达县审计局	5	1014	8	4	6	2		370	12	
墨脱县审计局	5	264	12		5			39	25	5
波密县审计局	5	58	16	15	3	15	3	19	28	3
察隅县审计局	5	1575	9	31	5	16	1	16	4	3
那曲市										
那曲市本级	21	487217	27		19		2	177351	67	66
色尼区审计局	3	1267	4		3			541	11	
嘉黎县审计局	5	52696	4		5			1877	15	
比如县审计局	5	14105	17	620	5			12971	21	1
聂荣县审计局	1	212	1	6	1			212	4	2
安多县审计局	3	746	9		75		2	512	7	2
索县审计局	3	411	1		3			174	11	
巴青县审计局	6	13801	16	8	6		1	515	18	23
阿里地区										
阿里地区本级	21	207188	89		21	1782	17		76	10
普兰县审计局										
札达县审计局										
噶尔县审计局										
日土县审计局										
改则县审计局										

陕西省

【陕西省审计厅】 2020 年，陕西省审计厅实有 283 人。省委审计委员会办公室设在省审计厅，下设秘书处。厅机关设有办公室、政策法规处、审理稽核处、内部审计指导监督处、电子数据审计处、财政审计处、行政事业审计处、农业农村审计处、固定资产投资审计处、社会保障审计处、自然资源和生态环境审计处、金融审计处、企业审计处、涉外审计处、经济责任审计处、人事处（离退休人员服务管理处）、机关党委、财政决算审计处、预算绩效审计处、行政政法审计处、教科文卫审计处、群团宗教审计处、经济执法审计处、农林水利审计处、交通建设审计处、发展统计审计处、民政社保审计处、资源环境审计处、银行业审计处、非银行金融机构审计处、外事外贸审计处、党政领导干部经济责任审计处、企业负责人经济责任审计处、国资监管审计处、经济贸易审计处、装备制造企业审计处、能源化工企业审计处；下设陕西省审计研究所、陕西省报送审计中心、陕西省审计计算机技术信息中心。

领导成员

厅　　长：赵宝田

副 厅 长：王　健　陈则孚　牟军利

　　　　　吴向荣　张文耀（10月—）

总审计师：孟　华（10月—）

纪检组长：叶　珺

二级巡视员：阎观臻　贠东福　杨　啸

审计成果　2020年，陕西省审计机关共完成审计和专项审计调查项目6562个，其中审计6251个、专项审计调查311个。查出主要问题金额29966897万元，其中违规金额4000729万元、损失浪费金额257344万元、管理不规范金额25708824万元；审计发现非金额计量问题8967个；损益（收支）不实金额1110663万元；审计发现侵害人民群众利益1807万元；出具审计报告和专项审计调查报告6757篇，被批示、采用292篇次。审计处理处罚金额3478643万元，其中应上缴财政1404745万元、应减少财政拨款或补贴39012万元、应归还原渠道资金52951万元、应缴纳其他资金233621万元、应调账处理金额1276314万元；移送司法机关、纪检监察机关和有关部门处理事项343件，移送处理人员36人，移送处理金额179255万元。审计促进整改落实有关问题资金1425584万元；审计促进拨付资金到位135929万元；审计后挽回（避免）损失92079万元；核减投资额281181万元；移送处理落实事项26件。审计提出建议10563条，被采纳8274条；推动被审计单位制定整改措施616项；促进被审计单位建立健全规章制度75项；提交审计信息624篇，被批示、采用419篇次。向社会公告审计结果118篇。

陕西省审计厅实施的陕西某公司原董事长、党委书记任职期间经济责任履行情况审计项目被审计署评为2019年度全国省级审计机关优秀审计项目三等奖；宝鸡市审计局实施的宝鸡市本级2017年某专项工程跟踪审计项目被审计署评为2019年度全国市级审计机关优秀审计项目二等奖。

政策落实情况跟踪审计　密切关注就业优先、减税降费、金融服务实体经济、创新创业等重大政策措施的落实情况，共抽查1995个项目、2973个单位，涉及资金710.06亿元。组织对新增财政资金直达市县基层直接惠企利民情况开展专项审计，共审计116个市县，抽审1251个部门单位，发现问题448个，促进新增财政资金及时拨付、精准使用。针对审计发现的突出问题，从体制机制和制度方面分析原因，提出对策建议，推动党中央、国务院和省委省政府各项政策措施贯彻落实。

财政审计　共审计（调查）单位3122个，重点关注预算管理和执行、专项资金、各类资产管理和使用情况，“三公”经费、会议费、培训费等公务支出情况，促进盘活存量资金和闲置资金、推进全面预算管理实施和财政资金提质增效，促进贯彻落实中央八项规定精神，落实过“紧日子”要求，查出预算编报不真实不完整127.43亿元、违规变更调整预算31亿元。对省本级全部116个一级预算单位进行大数据筛查全覆盖审计，对其中89个单位的30多类疑点问题逐项核查，发出审计整改建议书80余份，对其余四分之一的单位进行重点审计。向省委审计委员会、省人大常委会、省政府报告预算执行情况审计工作，得到省委、省人大、省政府好评和重视。

疫情防控资金和捐赠款物专项审计　督促有关部门和单位拨付疫情防控财政资金2.25亿元、收回闲置资金8617万元；督促取消非定向捐赠资金计划350万元、及时发放捐赠物资22万件；促进规范捐赠统计信息公开56项，建立完善复工复产、疫情防控制度63项。

民生审计　组织对铜川、渭南、安康3市及所属31个县（市、区）2019年棚户区、城镇老旧小区改造等保障性住房建设管理情况进行审计，审计项目（单位）488个、调查家庭21624户，揭示未完成保障性住房建设任务49324套、滞留闲置保障房资金13亿元等问题；对延安、榆林两市及所属县（市、区）2019年基本医疗保险基金的筹集、管理、使用以及相关政策落实情况进行审计，揭示少征缴保费 2.3 亿元，医保基金超支 3.48 亿元等问题；组织对 52 个部门单位和 235 户供气企业进行专项审计，揭示部分企业无证经营，挪用加价、管理部门履职不到位、地域气量供需矛盾突出等问题。对审计发现的问题，通过审计报告、审计要情及时上报，引起省委省政府高度重视，主要领导亲自作出批示，为推动民生领域突出问题的解决，发挥审计建设性作用。组织对 2019 年全省中小学教育政策执行及收费情况进行专项审计调查，共调查中小学 1156 所，涉及 167 万多名在校学生。反映教育配套资金落实不到位、城区学校数量不足、教育资源配置不均衡、部分学校未严格执行收费标准等问题。向省政府上报《关于加强全省中小学教育政策执行及财务管理的意见》。

经济责任审计　组织对 1496 名领导干部开展经济责任审计，查出领导干部负有直接责任问题金额 47.29 亿元。审计后，向省委审计委员会分别上报省级部门单位、省属国有企业、市县区党委政府主要领导人员经济责任审计综合报告，为党委政府加强干部监督管理提供有力依据。

固定资产投资审计　组织对第十四届运动会（以下简称十四运会）的 51 个场馆项目建设情况进行跟踪审计，对“十三五”期间 855 个重点项目完成情况开展审计调查。全省审计机关对西安咸阳国际机场三期扩建工程、延延高速、引汉济渭工程等 2675 个重点投资项目开展竣工决算或跟踪审计，审计项目投资额 868.09 亿元，核减投资额 25.66 亿元。创新工作机制，联合省交通厅、省十四运组委会统筹协调，以政府审计为主导，组织内部审计、社会审计力量，对省级重大交通建设项目、十四运会场馆建设项目进行审计。

农业农村审计　落实《陕西省脱贫攻坚审计三年行动计划》，组织对苏陕扶贫协作、8 个国家重点贫困县脱贫攻坚情况开展审计，对 11 户保留资格的特色现代农业企业开展审计调查。揭示精准扶贫政策执行不到位、资金安排使用不规范、项目绩效不佳等问题。组织各级审计机关对近年来各级、各类审计和检查发现的扶贫资金管理、项目建设中存在的问题开展 3 轮排查和督促整改，共排查问题 1515 个，已全部完成整改，促进收回或上缴国库 4.82 亿元，促进资金拨付等 40.96 亿元。

资源环保审计　组织对 2 个设区市及所属 8 个县（市、区）和 2 个省级部门共 21 名领导干部开展自然资源资产离任和任中审计。按照《秦岭生态环境保护绩效审计三年规划》安排，连续 2 年对 39 个涉秦岭环境保护县（市、区）中的 26 个开展审计，抽查台账内问题 1013 个，督促完成整改 893 个，配合省委省政府秦岭生态环境保护工作。组织对 9 个县（市、区）渭河流域生态环境保护情况开展专项审计，查出各县区在水环境保护与管理、污水收集处理及运维、河道管理等方面问题 178 个。

金融审计　密切关注金融风险，组织对省属国有企业财务公司及部分融资平台融资管理及风险防控情况开展专项审计调查，对长安信托、西部信托等金融机构开展审计。按照省政府要求，抽调省审计厅和宝鸡、渭南、汉中市审计局骨干审计力量，对部分地方政府债务情况进行重点核查，揭示政府债务风险、金融风险等问题，向省委省政府报告审计结果，提出加强管理、防范风险的建议，省委省政府主要领导和分管领导多次作出批示。

外资运用审计　围绕促进扩大利用外资，促进提高外资利用效果，持续做好国外贷援款项目审计，全年审计国外贷援款项目 9 个，查出主要问题金额 1.34 亿元，对外出具中英文审计报告 9 篇，全面完成对外履约任务，受到世界银行等国际金融组织的肯定。

企业审计　组织开展陕煤、省物流、粮农、旅游、交建集团等 95 户重点国有和国有控股企业资产负债损益情况审计，查出主要问题金额 671.34 亿元，进一步推动企业完善法人治理结构，规范经营管理，提高经营效益。组织开展省属国有企业 2019 年度资产负债损益及经济运行情况专项审计调查，分析 32 户省属企业产业结构及配套、运行成本、债务风险、创新发展方面的突出问题，推动省属企业深化改革、优化布局、提升资产质量及抗风险能力。组织开展省属国有企业基金运营管理情况专项审计调查，揭示 11 户省属国有企业 77 只私募基金在设立、筹集、管理、使用、效益和体制机制方面的问题，促进发挥国有企业基金撬动社会资本的功能。首次采用国家审计、社会审计及内部审计“三结合”方式，开展陕西煤业化工集团2019年度资产负债损益审计，有效扩大审计覆盖面，提升审计效率。

信息化建设 金审工程三期项目建设工作进展顺利，已完成政府采购，进入实质性建设阶段，项目整体进度在全国省级审计机关排名第五。

审计科研 首次与省社科联合作，4个课题被列为陕西省社科重大理论与现实问题研究项目；省审计厅提交的《关于我省扶贫资金和“一卡通”惠农补贴资金管理使用情况的调研报告》荣获陕西省2019年度全省党政领导干部优秀调研成果一等奖，2篇论文分别获评审计署数据分析创新应用优秀案例和调研报告。

内部审计 组织对30个省级部门、企事业单位内部审计工作情况开展专项审计检查；对全省100余名内部审计人员进行能力提升培训；6个先进集体和7名先进工作者获得2017—2019年度“全国内部审计先进集体和先进工作者”荣誉称号。

交办任务 配合各级党委巡视、纪检监察和司法机关查处案件，2020年全省审计机关共抽选460余名业务骨干参与巡视、巡查、案件查处等工作，受到各级党委、纪检监察和司法机关的高度赞扬。

相关工作 切实加强机关党建，认真贯彻《党委（党组）落实全面从严治党主体责任规定》《中国共产党支部工作条例（试行）》，持续推进“两学一做”学习教育常态化制度化，及时跟进学习习近平总书记重要讲话精神和党的最新理论成果，坚持“三会一课”、民主集中制、党员积分制管理等制度，深入开展“对标定位、晋级争星”、创建模范机关、党员过“政治生日”、重温入党誓词、主题党日等活动，持续巩固深化“不忘初心、牢记使命”主题教育成果。落实巡视整改工作，7月中旬至8月底，陕西省审计厅党组接受省委巡视组巡视，对反馈问题逐项进行整改。扎实开展业务培训，举办学习十九届四中、五中全会精神，公务员岗前培训，市县局长业务培训，内部审计机构审计师继续教育，中高级审计师继续教育等培训班，累计培训1300余人次。

（撰稿人：高　航）

【西安市审计局】 2020年，西安市审计局实有92人。局长徐琳茹，副局长马少民、王建军，副局级领导胡小煜、张建斌，纪检组长白丽萍（—6月）、庄军（6月—），二级巡视员白相如（—7月）、贺成志。市委审计委员会办公室设在市审计局，下设秘书处。西安市审计局机关设有办公室、组织人事处、审理稽核处、审计整改处、内部审计指导监督处、电子数据审计处、财政审计处、行政事业审计处、农业农村审计处、固定资产投资审计处、社会保障审计处、自然资源和生态环境审计处、金融审计处、企业审计处、经济责任审计处；机关党委和派出党群部门审计处、派出重大建设项目审计处、派出企业经济责任审计处、派出综合审计处4个派出审计处；下设西安市计算机审计信息中心。

审计成果 2020年，西安市审计机关共完成审计项目459个，其中审计400个、专项审计调查59个。查出主要问题金额9193187万元，其中违规金额2023291万元、损失浪费金额368万元、管理不规范金额7327978万元；审计发现非金额计量问题1157个；损益（收支）不实金额513490万元；出具审计报告和专项审计调查报告467篇，被批示、采用189篇次。审计处理处罚金额3028171万元，其中应上缴财政960778万元、应减少财政拨款或补贴10749万元、应归还原渠道资金1042929万元、应缴纳其他资金40193万元、应调账处理金额973482万元；移送司法机关、纪检监察机关和有关部门处理事项186件，移送处理人员62人，移送处理金额159089.52万元。审计促进整改落实有关问题资金1335307万元；审计促进拨付资金到位43499.5万元；审计后挽回（避免）损失24494.74万元；核减投资额28390.08万元；移送处理落实事项54件。审计提出建议1010条，被采纳909条；推动被审计单位制定整改措施297项；促进被审计单位建立健全规章制度187项；提交审计信息655篇，被批示、采用610篇次。向社会公告审计结果95篇。

10个审计项目被评为陕西省审计厅优秀（表彰）审计项目。

政策落实情况跟踪审计 采取“上审下”“交叉审”等方式，组织开展国家重大政策措施落实情况跟踪审计，揭示10类109个问题，查出主要问题金额85.24亿元，提出审计建议92条。对市级促进就业优先及人才引进政策落实情况进行专项审计，发现企业新型学徒制培训政策落实不到位等问题，提出审计建议4条，促进其修订制度办法2项。对7个区县政府新增财政资金直达区县惠企利民资金开展审计，推动积极的财政政策加力提效。

财政审计 对429个部门单位预算执行、财政决算情况开展审计，查出主要问题金额7109756.35万元。开展区县财政收支审计项目4个，发现6大类30多个突出问题，提出审计建议12条。

疫情防控资金和捐赠款物专项审计 对财政、卫健委等部门和开发区疫情防控资金，以及红十字会、慈善组织等单位募集的捐赠资金和捐赠物资开展审计，及时摸清全市疫情防控专项资金、捐赠款物的分配、管理、使用等情况，反映资金分配拨付不及时、支付进度缓慢等问题，清理盘活财政资金8446.62万元，促进500万元及时拨付使用。

民生审计 对11个区县及开发区新型农村合作医疗基金开展专项审计，揭示问题25个，涉及资金1.72亿元，提出审计意见建议13条。对全市天然气保暖保供情况进行跟踪审计，揭示合同内民生用气量缺口、企业经营不规范等问题，查出违规金额11243.82万元，追回财政补贴资金9785.86万元，移送问题线索2件，提出审计建议3条。

经济责任审计 开展经济责任审计项目106个，其中任中审计45个（含领导干部自然资源资产任中审计1个）、离任审计61个。查出主要问题金额627297万元，移送问题线索3件，提出审计建议285条，被采纳230条。

固定资产投资审计 在全市既有建筑节能改造专项审计中，发现实施单位骗取奖补资金、虚假投标等问题，下达处罚通知书近80份。相关单位对涉事的3名干部予以免职、降职和诫勉谈话处理。

农业农村审计 开展扶贫资金、“一卡通”惠民补贴资金、“十三五”易地扶贫搬迁项目资金管理使用情况审计，揭示问题54个，提出审计意见建议27条，追缴扶贫资金174万元，促进拨付扶贫资金到位121万元，移送问题线索5件。

资源环保审计 开展全市治污减霾（城乡居民煤改洁）政策措施落实情况审计调查，揭示问题23个，督促拨付资金4755.21万元，追回资金61.74万元，移送问题线索3件。对全市生活垃圾分类政策落实情况进行审计，发现7个方面18个问题，提出审计建议5条。

企业审计 开展市本级工业发展专项资金管理使用情况审计调查，查出主要问题金额5820万元，提出审计建议4条，收缴财政262.33万元。

专项审计 开展科技三项费用管理使用情况审计调查，揭示3个方面存在的12类问题，提出审计建议3条。对中央和市属国有企业“三供一业”分离移交情况开展专项审计调查，揭示问题132户，涉及资金52.93亿元，提出审计建议3条。

信息化建设 完成局机关视频会议和区县视频网络改造项目，修订出台《西安市审计局审计业务电子数据管理办法》。组建大数据分析团队，对部门预算执行全覆盖审计模型进行改进和优化，创立线上线下同时取证的核查方法。

内部审计 西安市共有内部审计机构165个，其中企业47个、机关74个、事业单位44个；内部审计人员771人，其中中级职称211人、高级职称55人。全年开展审计项目2253个，发现问题金额50.75亿元，整改29.14亿元；制定完善制度476项；移送司法机关问题线索16件，给予党政纪处分22人。

交办任务 西安市审计局86人次参与省市巡视巡察、纪检监察、脱贫攻坚考核、十四运场馆建设等工作，高质量完成各项交办任务。

（撰稿人：张良忠）

【铜川市审计局】 2020年，铜川市审计局实有54人。局长杨琨，副局长邵学军、张金川、张岗战、石建雄，总审计师王金明。设有办公室、政策法规科、审理稽核科、内部审计指导监督科、电子数据审计科、财政金融审计科、行政事业审计科、农业农村审计科、固定资产投资审计科、社会保障审计科、自然资源和生态环境审计科、企业审计科、经济责任审计科，并设有市委审计委员会办公室秘书科；下设省审计厅铜川审计处（市固定资产投资审计中心）、市内部审计管理中心、市审计局计算机信息中心等事业单位。

审计成果 2020 年，铜川市审计机关共完成审计项目 307 个。查出主要问题金额 137156.94 万元；审计发现非金额计量问题 285 个；出具审计报告和专项审计调查报告 310 篇，被市政府领导批示 4 篇次。审计处理处罚金额 11557.05 万元；移送有关部门处理事项 19 件。审计促进整改落实有关问题资金 38667.57 万元。审计提出建议 313 条；提交审计信息 119 篇。

铜川市审计局 2020 年荣获全省应对新冠肺炎疫情防控资金和捐赠款物专项审计先进单位，铜川市 2017 年度市级财政预算执行和其他财政收支情况审计获省审计厅表彰。

政策落实情况跟踪审计 组织开展重大政策措施落实情况跟踪审计，推动出台《铜川市人民政府关于加强重大政策措施落实情况跟踪审计工作的实施意见》。对印台区和宜君县乡村振兴及脱贫攻坚情况进行审计，抽查项目 58 个，涉及资金 2.53 亿元。

财政审计 开展市级财政 2019 年度预算执行和其他财政收支审计及市财政局、市发展改革委等 9 个部门的预算执行审计。开展市新区管委会 2019 年财政收支审计。代市政府向市人大常委会作 2018 年度审计查出问题整改报告、2019 年度预算执行和其他财政收支审计情况工作报告。

疫情防控资金和捐赠款物专项审计 开展应对新冠肺炎疫情防控资金和捐赠款物专项审计。

民生审计 开展市本级及新区管委会促进就业优先政策落实情况专项审计、中小学教育政策执行及收费情况专项审计调查。

经济责任审计 完成对 10 名领导干部的经济责任审计和 2 名领导干部的自然资源资产审计。

固定资产投资审计 对十四运会铜川体育馆项目、铜川博物馆项目等 5 个政府投资的重点建设项目进行审计监督。

企业审计 开展市煤业（集团）有限公司 2019 年度资产负债损益审计，推动企业深化改革和高质量发展。

专项审计 实施市属国有企业改革前期工作摸底调查，铜川市电瓷厂、铜川电瓷有限责任公司的股权变更及主要资产情况和“十三五”期间省级重点建设项目专项审计调查，全市人防系统专项审计。（撰稿人：刘　冬）

【宝鸡市审计局】 2020 年，宝鸡市审计局实有 71 人。局长景东成，副局长陈金仓（—10 月）、汪彩玲、张拴科、谭鸿彬、李虎勤（12 月—），宝鸡审计处处长陈金仓（兼，—10 月），党组专职副书记段宝中，纪检组长董兴功，一级调研员王世辉，二级调研员王连强。设有市委审计委员会秘书科、办公室、审理稽核科、内部审计指导监督科、财政审计科、财政监督检查科、行政事业审计科、农业农村审计科、固定资产投资审计一科、固定资产投资审计二科、社会保障审计科、自然资源和生态环境审计科、企业审计科、经济责任审计一科、经济责任审计二科、政策审计科、省属企事业审计科、机关党委；下设宝鸡市重大项目审计服务中心、宝鸡市计算机审计信息中心等事业单位。

审计成果 2020 年，宝鸡市审计局完成计划内审计项目 52 个、省市交办项目 8 个。查出违规金额 48.3 亿元、管理不规范金额 30.1 亿元。归还原渠道资金 5479.3 万元。审计提出建议 176 条；13 篇审计要情和审计综合报告被市委市政府领导批示。向社会公告审计结果 20 篇。

宝鸡市审计局实施的宝鸡市本级 2017 年某专项工程跟踪审计项目被审计署评为 2019 年度全国市级审计机关优秀审计项目二等奖。

政策落实情况跟踪审计 分季度围绕减税降费、新增财政资金直达惠企利民等 20 多项政策措施的落细落实开展跟踪审计，发现政策落实打折扣、走向变味、中梗阻等问题 59 个，盘活滞留资金 5.3 亿元，促进简化审批程序 10 多项。

财政审计　实施财政决算、预算执行审计 5 个、内部审计自查和审计抽查单位 25 个，查出 6 大类 21 个方面问题；对市级行政事业单位国有资产管理情况开展专项审计调查，促进财政管理改革和预算绩效提升。

民生审计　组织开展天然气保暖保供、中小学收费及支出情况、渭河流域生态保护、秦岭生态环境保护等专项审计，着力揭示问题，促进堵漏洞、补短板。对全市疫情防控资金和捐赠款物开展专项审计，督促 767.9 万元财政资金及时拨付、133.9 万元捐赠资金和 6.7 万件捐赠物资高效使用，促进健全捐赠款物台账 25 套，完善制度 12 项。

固定资产投资审计　完成政府投资项目审计 10 个，核减投资额 5182 万元，揭示项目前期论证不足、招标投标程序和内容不规范、配套资金不到位、工程项目进展缓慢和损失浪费等问题 16 个，提出意见建议 23 条。

经济责任审计　实施领导干部经济责任审计项目 11 个、市级部门领导干部自然资源资产离任审计 1 个，聚焦权力和责任两个关键，查出 3 大类 14 个问题，涉及资金 1529 万元，提出审计建议 24 条。首次将县区法院、检察院纳入领导干部经济责任审计范围，填补经济责任审计监督空白。

信息化建设　运用财政审计数据分析系统，首次实现对全市 79 个一级预算单位预算执行及财务收支情况审计全覆盖，落实问题 11 类 861 个。

相关工作　举办习近平总书记来陕考察重要讲话精神专题学习班和“弘扬延安精神、净化政治生态”专题研讨班，提高干部政治站位。自觉接受巡视监督，照单全收反馈意见，抓好整改落实。扎实开展赵正永严重违纪违法案“以案促改”和“两个责任”贯通联动一体落实改革试点，推动全面从严治党向纵深发展。

（撰稿人：白松涛）

【咸阳市审计局】　2020 年，咸阳市审计局实有 69 人。局长薛泰峰，副局长樊延平、张建伟、张梦华、张莉，咸阳审计处处长栾翎，咸阳审计处副处长黄青文，总审计师祝朝霞。设有综合科、秘书科（党建办公室）、政策法规科、审理稽核科、电子数据审计科、财政审计科、内部审计指导监督科、行政事业审计科、农业农村审计科、社会保障审计科、固定资产投资审计科、重大项目稽察审计科、企业审计科、党政领导干部经济责任审计科、企事业领导干部经济责任审计科、自然资源和生态环境审计科；下设咸阳市审计局内部审计中心，咸阳市计算机审计中心。

审计成果　2020 年，咸阳市审计机关共完成审计项目 602 个，其中审计 588 个、专项审计调查 14 个。查出主要问题金额 1952731.68 万元，其中违规金额 22323.8 万元、管理不规范金额 1930406.88 万元；审计发现非金额计量问题 587 个；损益（收支）不实金额 8934 万元；出具审计报告和专项审计调查报告 639 篇，被批示、采用 12 篇次。移送司法机关、纪检监察机关和有关部门处理事项 9 件。审计促进整改落实有关问题资金 164358.4 万元；审计促进拨付资金到位 5129 万元；审计后挽回（避免）损失 1581 万元；核减投资额 40072 万元。审计提出建议 1259 条，被采纳 904 条；推动被审计单位制定整改措施 133 项；促进被审计单位建立健全规章制度 2 项；提交审计信息 86 篇，被批示、采用 9 篇次。

政策落实情况跟踪审计　围绕推动中央和陕西省重大政策措施和“六稳”要求，开展贯彻落实情况跟踪审计，揭示重点项目未开工、部分县财政资金拨付进度缓慢、社区工厂和扶贫基地复工率低等问题 45 个，市政府主要领导先后 3 次对审计综合报告作出批示。

财政审计　推进 92 个一级预算单位预算执行审计全覆盖，核查问题 14 类；开展 3 个县市区人民政府财政收支、全市 2020 年新增财政直达资金惠企利民及全市公务接待费专项审计，审计相关单位 103 个，查出违规问题 7 大类 1331 个。

三大攻坚战审计　严格落实中央和省、市委决策部署，审计抽查 115 个单位、244 个项目，入户调查 39 个村 163 户，涉及资金总额 9.95 亿元；发现文化站补助资金未及时使用、农村生活污水处理项目进展缓慢等问题。

民生审计　开展新冠肺炎疫情防控资金、捐赠款物和住房公积金管理使用等专项审计，力促多年沉淀滞留的增值收益4.82亿元全部上缴国库。组织对渭河流域生态保护、天然气保暖保供和重点中小学收费及支出情况进行审计，发现问题金额1552.5万元。

经济责任审计 围绕权力运行和责任落实，组织对市发展改革委、市教育局等191个单位主要领导干部进行任期经济责任审计。

固定资产投资审计 紧紧围绕市委市政府中心工作，组织对咸阳市奥体中心、亭口水库、十四运会场馆等109个重点投资项目开展审计，核减工程造价4.96亿元。全市统筹审计力量组成14个审计组开展“十三五”期间省重点建设项目专项审计调查。

资源环保审计 对蓝田县2018年7月至2020年3月秦岭生态环境保护情况进行审计，发现各类问题30个，督促整改完成20个，拆除违法建筑物6处。

企业审计 开展陕西金山电器有限公司、咸阳市路桥工程公司和天然气公司资产负债损益审计，查出违规问题8大类，涉及问题金额1.93亿元。

信息系统审计 开展市交警支队电子收费系统审计，揭示信息系统建设、网络安全和软件正版化等方面存在的问题；组织对全市网络安全建设和绩效进行审计，审计相关单位138个，发现问题28个，提出建议19条。（撰稿人：张瑞芳）

【渭南市审计局】 2020年，渭南市审计局实有60人。局长、渭南审计处处长由建新，副局长李美娟、张凯、杨韬，市属国有企业监事会主席王忠义、李洪潮，二级调研员张春喜。设有党政办公室、政策法规与审理稽查科、电子数据审计科、财政与金融外资政府债务审计科、行政事业审计科、农业农村审计科、固定资产投资审计科、社会保障审计科、自然资源与生态环境审计科、驻渭企事业单位与市属国有企业审计科、党政企事业单位领导干部经济责任审计科、国资监管审计科、开发区审计科；下设内部审计中心、计算机信息中心等事业单位。

审计成果 2020年，渭南市审计机关共实施审计项目337个。查出问题金额22.71亿元，其中违规金额1.47亿元、管理不规范金额21.24亿元；出具审计报告和专项审计调查报告327篇。审计提出整改意见和建议923条，被采纳796条；向市委市政府提交报告、信息104篇。其中，市审计局机关共完成重大政策落实跟踪审计项目8个、财务收支审计项目17个、经济责任审计项目9个、民生审计项目7个、政府投资审计项目9个、企业审计项目3个。

政策落实情况跟踪审计 组织实施全市三个季度重大政策措施落实情况跟踪审计，涵盖积极财政政策落实、分区分级精准复工复产等方面。通过审计，推动全市减税降费6181万元，督促人社、税务等部门退还480户企业多缴税费35.92万元，督促有关县（市、区）及时完成拖欠民营企业中小企业账款清偿任务1203.92万元，促进财政及时盘活存量资金2088.48万元。按照省审计厅安排，对合阳县1户特色现代农业企业进行专项审计调查。狠抓问题整改，对中央第四巡视组反馈的2016年以来精准扶贫审计中发现问题开展督促整改，242个问题全部清零。

财政审计 开展市本级2019年预算执行和其他财政收支审计，涉及一般公共预算、政府性基金预算等方面108.5亿元。对全市一级预算部门单位预算执行全覆盖审计，采集市本级83家一级预算部门财务数据，初步筛查疑点3767个并全部核实，对查出的9类36个问题，被审计单位已全部整改到位。

经济责任审计 完成市委老干局、教育局等6家部门和单位的主要领导经济责任审计，经开区主要负责同志经济责任审计完成现场实施阶段。完成省审计厅交办的西安市未央区党政主要领导干部经济责任审计、渭河流域未央段生态环境保护专项审计及未央区中央财政资金直达市县惠企利民跟踪审计，3个项目涉及资金量226.55余亿元，共查出7方面71类116个问题。

专项资金审计 开展疫情防控资金和捐赠款物专项审计等，其中保障性安居工程审计被省委审计委员会办公室通报表彰。按照省审计厅“交叉审”安排，实施汉中市留坝县的秦岭生态环境保护审计，督促华州区、华阴市完成2019年秦岭生态环境审计整改。对高新区2019年重要节点亮化、富平县环保局2017年农村环境整治等进行竣工结算审计，送审造价68962.16万元，审减造价 6693.92 万元。

企业审计 开展华旅集团和祥龙宾馆 2019 年度资产负债损益情况审计，市体育产业发展公司资产负债损益情况审计已完成现场实施。

相关工作 坚持科技强审，积极推进大数据审计，实现 538 个一级预算单位电子数据标准化，做到一级预算单位全覆盖，大数据审计应用在全省获得二等奖。在全市审计系统开展计算机信息技术技能比武活动，实施计算机机房升级改造工程，网络设备运行稳定性得到显著提升。探索审理关口前移，通过严把方案审核关、问题定性关、审计证据关、现场督查关“四关口”，进一步提升审计质量。对各审计组报备的审计项目实施方案进行提前审理，审核审计内容的完整性。（撰稿人：马　腾）

【延安市审计局】 2020 年，延安市审计局核定编制 29 人。局长白国强，审计工作中心主任郝秀芳，副局长郑春阳、刘宏伟、高宝军、王宪儒，总审计师吴耀东，审计工作中心副主任王丽萍、王继儒、刘柏青，三级调研员常森堂。设有 9 个内设机构；下设审计工作中心、信息中心、开发区审计室等事业单位。

审计成果 2020 年，延安市审计机关完成审计项目 2348 个。查出主要问题金额 385.58 亿元；发现非金额计量问题 1609 个；出具审计报告 2364 篇。审计处理处罚金额 30.03 亿元；移送处理事项 78 件。审计促进整改落实有关问题资金 7.96 亿元。审计提出建议 1893 条，被采纳 1893 条；提交审计信息 414 篇，被批示、采用 3 篇次。向社会公告审计结果 43 篇。

新冠肺炎疫情防控、全市医疗保险基金审计项目被省审计厅评为优秀审计项目。

政策落实情况跟踪审计 开展重大政策措施跟踪审计，发现问题 36 个，涉及资金 2.89 亿元，提出建议 28 条。

财政审计 对市本级和 4 个县区财政财务收支，30 个部门单位的预算执行情况进行审计，发现问题 305 个，涉及资金 136.55 亿元，移送线索 14 件，提出建议 52 条。

三大攻坚战审计 聚焦三大攻坚战，发现问题 94 个，涉及资金 60.54 亿元，移送线索 14 件，提出建议 41 条。

疫情防控资金和捐赠款物专项审计 开展专项审计，发现问题 8 个，涉及金额 0.47 亿元。

民生审计 聚焦民生领域重大问题，发现问题 66 个，涉及资金 0.78 亿元，移送线索 4 件，推动解决一批群众急难愁盼问题。

经济责任审计 对 31 个部门单位主要负责人开展审计，发现问题 254 个，涉及资金 42.54 亿元，移送线索 4 件，提出建议 69 条。

固定资产投资审计 对 86 个政府投资项目进行审计，核减投资 23.97 亿元。

农业农村审计 开展洛川县乡村振兴审计，发现问题 9 个，涉及资金 0.14 亿元，提出建议 3 条。

资源环保审计 对水务、生态环保部门主要领导履行自然资源资产管理情况进行审计，发现问题 24 个，涉及资金 0.3 亿元，提出建议 6 条。

企业审计 对 12 家国企开展专项审计，对 3 家国企实施的亿元以上重点项目开展审计调查，发现问题 62 个，涉及资金 19.37 亿元，提出建议 23 条。（撰稿人：赵子明）

【汉中市审计局】 2020 年，汉中市审计局实有 62 人。局长王玲，副局长马海波、陈文红、彭泽鑫、毛林，总审计师张斌（10 月—），汉中审计处副处长李纪明。市委审计委员会办公室设在市审计局。市审计局内设机构 18 个；下设参公单位 1 个、事业单位 2 个。

审计成果 2020 年，汉中市审计机关共完成审计（调查）项目 515 个。查出主要问题金额 118.49 亿元。审计后应上缴财政 773 万元，应减少财政拨款或补贴 848 万元。核减投资额 1.54 亿元；移送处理事项 47 件。

汉中市审计局和 3 个县区审计局共 7 个审计项目分别获评 2019 年度陕西省优秀审计项目、表彰项目、优秀综合报告。市审计局和 8 个县区审计局被中国时代经济出版社、省审计厅分别表彰为 2020 年审计通联宣传、审计宣传工作先进单位。

政策落实情况跟踪审计 开展 4 个季度国家重大政策措施落实情况跟踪审计，对扶贫和乡村振兴、“十三五”重点工程项目执行情况等进行专项审计（调查）。共审计部门单位356个，抽查项目473个，审计资金总额57.3亿元，查出问题86个，审计促进规范制度、机制办法4项。开展市县两级中央财政转移支付资金专项审计调查、新增财政资金直达市县基层直接惠企利民专项审计。

财政审计 通过大数据筛查、疑点分析和现场核查相结合的方式，实现对79个市级部门单位2019年度预算执行情况审计全覆盖。开展本级预算执行和县区财政决算审计，共审计（调查）单位509个，查出预算编报不真实不完整13026万元、违规变更调整预算668万元。

三大攻坚战审计 对8个县区2019年扶贫资金进行专项审计，对乡村振兴情况开展审计专项调查。开展领导干部自然资源资产离任（任中）审计项目17个，涉及被审计领导干部30人。完成省审计厅交办的商洛市商州区自然资源资产审计任务。

疫情防控资金和捐赠款物专项审计 对全市新冠肺炎疫情防控财政资金和捐赠款物、社会保险费减免缓延等进行审计，促进高效使用资金1085.5万元、完善管理制度11个。

民生审计 对全市100所基础教育学校中小学教育政策执行及收费情况进行专项审计调查。组织开展全市天然气终端销售企业保暖保供情况跟踪审计调查。

经济责任审计 建立市本级经济责任审计对象台账，推行经济责任审计审委会审定制，对全市123名领导干部开展经济责任审计，促进增收节支1423万元。市审计局受省审计厅委托对商洛市商州区党政主要负责同志进行任期经济责任审计。

固定资产投资审计 围绕全市投资重点资金、重点领域和重点行业开展审计，全市核减投资额15.4亿元。开展8个重点投资项目审计，出具项目核查意见84份；送审工程结算造价44.28亿元，审定结算造价38.68亿元，核减造价5.6亿元，核减率14.47%；审定竣工财务决算4.68亿元。

相关工作 首次对156户国有控股、参股企业、自收自支事业单位开展国有资产管理使用情况审计调查，组织开展全市部门单位内部审计机构专项审计调查。全面完成审计数据分析平台二期建设，研发审计计划项目全流程管理系统。推行“四步整改法”，提高整改实效。

（撰稿人：马　洁）

【榆林市审计局】 2020年，榆林市审计局实有87人。局长张玉团，副局长冯占廷、张随平、曹炯，总审计师惠艳芹（4月—），四级调研员刘新中（—11月）。设有政秘科、法规审理科、财政金融审计科、经济责任审计科、社会保障审计科、农业与资源环保审计科、教科文卫审计科、企业审计科；下设陕西省审计厅榆林审计处（榆林市固定资产投资审计处）、榆林市审计服务中心、榆林市审计信息中心等事业单位。

审计成果 2020年，榆林市审计机关完成审计项目1657个。查出主要问题金额207.63亿元；审计发现非金额计量问题1315个；损益（收支）不实问题7.54亿元；审计期间整改问题金额2.83亿元；出具审计报告和报送审计调查报告1722篇。审计促进整改落实有关问题资金22.41亿元；向有关部门移送案件（问题）线索26件。向被审计单位提出审计建议2667条，被采纳2149条。

政策落实情况跟踪审计 持续开展国家重大政策措施落实情况跟踪审计；完成清理拖欠民营企业中小企业账款和大力发展“三个经济”若干政策落实情况专项审计。开展新增财政资金直达市县基层直接惠企利民情况专项审计。

财政审计 完成市本级预算执行、横山区财政决算和榆林高新区财政收支审计。开展市本级预算单位大数据分析与疑点核查审计，并重点对市教育局等10个部门预算单位进行审计。

三大攻坚战审计 完成佳县2019年扶贫政策落实、扶贫资金及扶贫项目审计；开展定边等7个县区苏陕扶贫协作资金专项审计；完成市农业农村局局长、神木市大柳塔镇党政主要负责人自然资源资产离任（任中）审计和横山区地方政府债务审计。

疫情防控资金和捐赠款物专项审计 完成新冠肺炎疫情防控财政资金和捐赠款物专项审计，推动疫情防控各项决策措施落到实处。

民生审计 完成全市医疗保险基金、天然气保暖保供专项审计，开展全市中小学教育政策执行及收费情况专项审计调查。

经济责任审计 完成市民政局、住建局、农业农村局等35个部门单位主要负责人任期经济责任审计。

固定资产投资审计 完成十四运会省级场馆等6个建设项目竣工决算审计；备案社会审计实施的政府投资建设项目199个；完成榆阳机场二期航站楼等政府交办项目的审计；对3个工程项目开展专项稽查；开展市本级“十三五”期间省级重点建设项目专项审计调查。

企业审计 完成榆林市汇丰粮食批发市场管理有限公司等3户国有企业资产负债损益情况审计。

交办任务 开展19个改革事业单位资产划转审计；完成市政府、市纪委交办的5个项目专项审计任务。完成省审计厅交办的宝鸡市陈仓区秦岭生态环境保护绩效情况审计、铜川市王益区渭河流域生态保护情况审计和铜川市王益区原书记、区长任期经济责任及自然资源资产离任审计任务。选派14名审计人员参与省委巡视及市纪委监委、巡察办等部门开展的专项工作。

（撰稿人：任青岗）

【安康市审计局】 2020年，安康市审计局实有56人。局长周庆意，副局长兰天安、刘昕玫、郭峰、刘际和，总审计师杨宁，省属企事业审计处副处长张本财、吴万群，调研员李均、陈国进、李敬华、尤应刚、方昌斌、陈军、丁义安、杨学礼、汪平、徐康。设有政办科、法制科、财金科等10个科室；下设省属企事业审计处、重大项目事务和国有企业监事事务中心、村级财务审计指导中心。

审计成果 2020年，安康市审计机关完成审计项目509个，其中审计483个、专项审计调查26个。查出主要问题金额598499万元，其中管理不规范金额579100万元；审计发现非金额计量问题1045个；审计期间整改金额86450万元；出具审计报告和专项审计调查报告547篇。审计处理处罚金额317756万元；移送司法机关、纪检监察机关和有关部门处理事项82件。审计促进整改落实有关问题资金14397万元；核减投资额87500万元。审计提出建议1351条，被采纳1351条；提交审计信息60篇，被批示、采用12篇。

2个项目被评为审计署优秀审计项目，8个项目被评为陕西省审计厅优秀审计项目。

政策落实情况跟踪审计 组织对294个单位、2573个重点项目、216.24亿元专项资金进行抽审，揭示各类问题67个，加快分配下拨资金4.61亿元。对70个部门单位开展行政效能审计，揭示问题248个，查出主要问题资金8000余万元，提出审计建议148条，以审促改事项77项。

财政审计 贯彻政府过“紧日子”的要求，揭示一批财政资金统筹使用不到位、财政收入未按规定缴库等方面的问题，促进10.06亿元专项资金规范使用，推动财政资金管理使用提质增效。完成镇办审计所机构单设和管理体制改革工作，强化审计机关对镇办审计所业务和人员的管理。第二轮村财审计全覆盖工作圆满收官，全市1851个行政村（社区）主要负责人经济责任审计工作全面完成。

三大攻坚战审计 开展2轮全覆盖扶贫审计，共抽审扶贫资金50.75亿元、扶贫项目3422个，揭示各类问题94个。通过开展整改情况督导检查，以前年度扶贫审计发现问题整改率达99%，2020年度扶贫审计发现问题整改率达92%。对42个市县部门及乡镇主要领导干部开展自然资源资产审计，其中4名领导干部评价为“好”、38名领导干部评价为“较好”。组织对镇安县秦岭生态环境保护情况开展审计，揭示各类问题19个，促进督察反馈的7个问题及时整改，提出的4条审计建议均得到采纳。

疫情防控资金和捐赠款物专项审计 共成立11个审计组，抽派67名审计干部对1.16亿元疫情防控专项资金、0.29亿元捐赠资金进行专项审计，促进及时分配下拨疫情防控资金600.53万元，帮助相关单位建立健全管理制度7项。

经济责任审计 共实施经济责任审计项目90个，涉及领导干部110人。共计揭示各类问题542个，查出问题金额14.29亿元，被采纳审计建议271条。

固定资产投资审计 共完成工程决算审计、预算执行审计等项目1967个，送审金额共计

106.23亿元，审计核减工程造价8.75亿元，审减率达8.2%。围绕安康机场迁建项目等重大建设项目，开展事前、事中全流程跟踪审计，累计揭示各类问题40余个，问题资金4.19亿元，督促17个问题立行立改。

相关工作 对全市审计机关审计执法和审计质量情况进行系统检查，共计抽检审计项目案卷资料200余个，指出并要求整改共性问题40余个、个性问题50余个。梳理并检查1542个审计项目整改情况，涉及问题6489个，通过整改盘活财政资金及规范管理资金7919万元，完善规章制度13项，促进政策落实60余项，分县区下发审计检查反馈意见10份，发出整改督办函21件、移送处理问询函11件。（撰稿人：邹黄曜）

【商洛市审计局】 2020年，商洛市审计局实有55人。局长李久敏，副局长徐丹红、张志博，总审计师郭正（—10月），陕西省审计厅商洛审计处副处长王代军，原市经济责任审计办公室主任赵飞虎，二级调研员赵晓伟（—8月）、杨朝英（—11月），四级调研员白忠汉。设有党政办公室、审理稽核科、内部审计监督科、电子数据审计科、财政金融审计科、行政事业审计科、农业农村审计科、固定资产投资审计科、社会保障审计科、资源环境审计科、企业审计科、经济责任审计科；下设商洛市内部审计管理中心、商洛市审计信息中心。陕西省审计厅商洛审计处设有审计处办公室、审计处一科、审计处二科。

审计成果 2020年，商洛市审计机关完成审计项目315个，其中审计270个、专项审计调查45个。查出主要问题金额1376718万元，其中违规金额69925万元、损失浪费金额18358万元、管理不规范金额1288434万元；审计发现非金额计量问题499个；移送纪检监察机关和有关部门处理事项118件。审计促进整改落实有关问题资金332049万元；增收节支84672万元；核减投资额3931万元。审计提出建议970条；推动被审计单位制定整改措施314项。

商洛市审计局被省委审计委员会办公室评为应对新冠肺炎疫情防控资金和捐赠款物审计先进单位，被省审计厅表彰为2019年全省医疗保险基金审计工作先进单位。

政策落实情况跟踪审计 每季度开展重大政策跟踪审计，关注积极财政政策落实、精准复工复产等重点领域，推动问题整改，促进政策落地生根。

财政审计 实施市本级2019年度财政预算执行及其他财政收支情况审计，查出预算管理不规范等问题，促进规范预算执行。开展商南县财政决算审计，发现5类24个问题。

民生审计 组织全市新冠肺炎疫情防控资金和捐赠款物审计，向市政府报送专题报告，服务全市疫情防控大局。完成全市天然气保暖保供情况审计等项目，强化民生资金监管。组织对全市扶贫审计发现问题整改情况进行检查，推动541个问题整改到位。

经济责任审计 市审计局对20名县级领导干部实施任期经济责任审计，促进领导干部遵规守纪、履职尽责，向市纪委移交1名干部问题线索。实施市生态环境局局长、市农业农村局局长任期自然资源资产审计，发现生态环境保护职责履行等方面问题，促进绿色发展。

固定资产投资审计 完成十四运会场馆建设项目2020年度跟踪审计，发现执行基本建设程序、建设资金管理等方面问题。市审计局实施市中心医院内科楼改造装饰工程等5个投资项目审计，核减工程造价747万元。

专项资金审计 组织实施全市人防系统专项审计，查出4类22个问题，向各级纪委监委及有关部门移交案件线索38件，市纪委监委根据移送立案2件涉及2人。对2019年全市中小学教育政策执行及收费情况进行专项审计调查，抽查学校65所，查出27个问题，分析原因并提出相应审计建议。（撰稿人：李怡斌）

【杨凌示范区审计局】 2020年，杨凌示范区审计局确定编制总数6名。局长刘玲（9月—），副局长李小彬。设有2个科室。6月6日，成立中共杨凌示范区工委审计委员会，办公室设在示范区审计局。

审计成果 2020年，杨凌示范区审计局开展审计项目370个，涉及资金216.79亿元，查出违规金额2.57亿元，累计发现问题195个，促进增收节支1.6亿元；向纪检监察机关移送案件线索2

件。党工委管委会领导批示审计报告、整改 16 次。向被审计单位提出审计意见建议 142 条。

杨凌示范区审计局被省审计厅评为医疗保险审计优秀单位、天然气保暖保供专项审计先进单位。

政策落实情况跟踪审计 对 2020 年重点工作、创新服务协调发展、复工复产、“六稳”、“六保”等开展审计。发现在推动积极的财政政策、精准复工复产、稳就业等方面问题 54 个，提出审计建议 65 条，推进重大政策贯彻落实。开展新增财政资金直达市县基层直接惠企利民专项审计。

财政审计 首次在财政预算执行审计中运用大数据审计方法，实现一级预算单位审计全覆盖，发现预算管理方面、财政收支方面等 7 个方面 29 个问题。推动深化财政体制改革、促进积极财政政策贯彻落实、提高资金使用绩效、维护国家财政安全。

民生审计 开展天然气保暖保供、疫情防控、中小学收费及支出等民生审计项目，重点关注资金使用绩效，审计发现各类问题 44 个，促进增收节支 28.8 万元，盘活资金 1361.45 万元，维护人民群众切身利益。

经济责任审计 开展 5 名党政领导干部经济责任审计，查出不合规金额 889.08 万元，提出建议 11 条。推动领导干部依法用权、秉公用权、廉洁用权。开展 1 个自然资源资产离任审计，发现 3 个方面 10 个问题，完善监管和考核机制。

固定资产投资审计 完成政府投资项目预结算审计 142 个，涉及工程造价 12.56 亿元，促进节支 12506 万元；对杨凌智慧农业示范园、杨凌综合 D 馆等 5 个项目开展跟踪审计，在推动项目建设的同时防范政府投资风险和廉政风险。

企业审计 对杨凌示范区城投公司 2017 年至 2019 年、杨陵区农业投资发展有限公司 2019 年度财务收支活动进行审计，发现内控制度、住宅销售等问题 61 个，发现不合规金额 8048 万元，保障国有资产安全、国有资本保值增值及企业健康发展。

专项资金审计 开展“十三五”期间省重点建设项目、乡村振兴相关政策落实和资金管理使用情况专项审计，发现重点建设项目执行、清洁取暖等方面问题 8 个，提出建议 8 条，推动完善重点建设项目管理制度改革和涉农资金全面预算绩效管理，助力决战决胜脱贫攻坚目标任务。

交办任务 对第二十七届农高会财务收支进行跟踪审计，做到监督关口前移。开展示范区慈善协会 2019 年财务收支审计，支持慈善事业健康发展。完成陕西国防工业技师学院、拆迁安置小区物业管理费用财务收支、雪亮工程、杨凌网球中心综合楼等 6 个项目审计调查或咨询。

（撰稿人：杨　静）

【西咸新区审计局】 2020 年，西咸新区审计局实有 17 人。局长赵娟，副局长万永平。设有法规审理部、固投审计部、政企审计部。

审计成果 2020 年，西咸新区审计机关完成审计和专项审计调查项目 399 个。查出主要问题金额 141210 万元；审计发现非金额计量问题 935 个；审计期间整改金额 77912 万元；出具审计报告和审计调查报告 365 篇。审计处理处罚金额 14 万元；移送处理事项 9 件。审计促进整改落实有关问题资金 102417 万元。审计提出建议 743 条；提交审计信息 77 篇。

政策落实情况跟踪审计 开展一至三季度国家重大政策落实跟踪审计，提出审计建议 14 条，推动清理收回、退还税费等 65 万元，促进泾河新城清理拖欠民营企业中小企业账款约 25000 万元。组织开展空港、秦汉等 4 个新城新增财政资金直达市县基层直接惠企利民情况审计，共查出各类管理不规范金额 28500 万元，向纪检监察机关移送问题线索 1 件。

财政审计 西咸新区审计机关完成本级预算执行及其他财政收支审计、沣西新城管委会财政收支审计等财政审计项目 27 个。加快拨付资金 1733 万元，完善规章制度 19 项，向纪检监察机关移送问题线索 2 件。

疫情防控资金和捐赠款物专项审计 统筹开展应对新冠肺炎疫情防控资金和捐赠款物专项审计，发现问题 4 个，提出审计建议 1 条。

民生审计 开展扶贫审计、新型农村合作医疗基金专项审计等项目，共发现问题 50 个，提出建议 19 条，查出管理不规范金额 1497 万元，向纪检监察机关移送问题线索 1 件。

经济责任审计 完成45名领导干部实施经济责任审计，新区探索开展领导干部自然资源资产审计项目2个，审计领导干部3名，共发现问题75个，提出建议20条，查出管理不规范金额24800万元。

固定资产投资审计 共完成建设项目审计181个，核减投资76200万元，向纪检监察机关移送问题线索5件。新区审计局完成沣河综合治理工程等38个项目，净核减投资26200万元。

企业审计 新区审计局开展西咸水务集团、西咸公交集团资产负债损益情况审计，发现问题20个，提出建议6条。

交办任务 围绕新区中心工作，完成交办审计任务9项，共发现问题17个，查出管理不规范金额91万元。提出建议15条。

（撰稿人：岳莉莉）

【韩城市审计局】 2020年，韩城市审计局实有72人。局长毋晓维，副局长师战奎、贺天学、梁红刚，总审计师赵海军（3月—），电子数据审计中心主任李伟军，电子数据审计中心副主任张冰峰，政府投资审计中心主任孙宏伟，政府投资审计中心副主任梁世杰、吴彬。设有办公室、财政金融审计科、行政事业审计科、经济责任审计科、政策与投资审计科、审计委员会办公室秘书科；下设韩城市电子数据审计中心、韩城市政府投资审计中心等事业单位。

审计成果 2020年，韩城市审计局完成审计项目118个，其中审计111个、专项审计调查7个。查出主要问题金额12016.05万元，其中违规金额667.13万元、管理不规范金额11348.92万元；审计发现非金额计量问题62个；出具审计报告和专项审计调查报告118篇。审计处理处罚金额777万元；移送司法机关、纪检监察机关和有关部门处理事项4件，移送处理金额0.99万元。审计促进整改落实有关问题金额6329.32万元；审计后挽回（避免）损失26965万元；核减投资额26965万元。审计提出建议102条；提交审计信息200篇，被采用160篇次。向社会公告审计结果4期20篇。

韩城市市场监督管理局原局长任期经济责任审计项目、韩城市扶贫项目资金等政府性资金跟踪审计项目被陕西省审计厅表彰为全省优秀审计项目。全市行政事业单位开展落实中央八项规定审计调查报告、韩城市2017年度财政预算执行及其他财政收支情况的审计结果报告被陕西省审计厅表彰为全省优秀审计专项综合报告。韩城市审计局被陕西省审计厅表彰为新冠肺炎疫情防控资金和捐赠款物审计项目先进单位，被陕西省委审计委员会表彰为2020年全省社保审计项目先进单位。

政策落实情况跟踪审计 聚焦“六稳”“六保”，开展政策措施落实情况跟踪审计，重点对38个单位、16个企业进行审计。对全市2019年至2020年采暖季天然气保暖保供情况进行跟踪审计，延伸审计和调查9户天然气终端销售企业，确保天然气市场管理规范。对2020年10月底下达的直达资金拨付使用情况进行审计，促进资金及时拨付、精准使用、安全高效，直接惠企利民。

财政审计 运用大数据审计，对一级预算单位公共资金电子数据进行采集筛选分析。聚焦重点领域、重点部门、重点资金，对5个市级部门实施现场审计。

三大攻坚战审计 开展产业扶贫、金融扶贫等专项审计工作，针对历次扶贫审计发现的问题，督促相关部门即查即改。对全市企事业单位的融资借款情况和政府投资建设工程拖欠情况及清理拖欠民营企业中小企业账款进行核查，揭示和反映决策程序不规范、融资结构不合理等问题，提出健全机制、规范管理、有效化解债务等建议。围绕打赢污染防治攻坚战，延伸审计53户企业130个项目，规范1407.56万元资金拨付使用，健全制度4项，促进污染防治措施有效落实。

疫情防控资金和捐款捐物专项审计 对韩城市疫情防控资金和捐赠款物情况进行专项审计，促进疫情专项资金专款专用，疫情物资按时发放。

经济责任审计 对10名领导干部开展经济责任审计，查出政策落实不到位、重大经济事项决策程序不规范、内控制度执行不到位、财务管理不规范等方面问题。

民生审计 对教育局及各公办、民办学校

2019年度各种收费政策的执行情况及财政拨付资金管理使用情况进行专项审计调查，延伸审计5所公办学校和2所民办学校，推动“两免一补”、营养餐等政策落实。

固定资产投资审计 开展132个项目工程决算审计和十四运会柔道场馆跟踪审计，揭示项目审批程序、概预算执行、工程招标投标等方面存在的问题。

资源环保审计 开展原国土局局长自然资源资产离任审计，揭示和反映生态保护方面的问题，助力加强生态文明建设。

企业审计 对25户国有企业资产、负债、损益情况以及16名国有企业领导人员经济责任进行审计，揭示“三重一大”决策、内控制度执行不到位和财务管理等方面的问题。

相关工作 对韩城市36个涉审单位2019年度审计查出的186个问题整改落实情况进行监督检查，建立审计整改台账，督促相关单位及时将审计发现的问题整改到位。制订年度普法工作计划和普法宣传教育实施方案，通过“韩城审计”微信公众号等平台开展法律法规宣传；组织全局干部利用干部网络学院等平台学习宪法、民法典等内容，提高审计干部运用法治思维、法治方式开展工作的能力；把“民本审计”理念融入具体审计工作中，聘请法律顾问，有效防范审计风险。

（撰稿人：张冰峰）

2020年陕西省所辖县(市、区)级审计工作统计表

审计机关	完成审计项目/个	审计查出主要问题金额/万元	审计发现非金额计量问题/个	审计期间整改金额/万元	出具审计报告和审计调查报告/篇	审计处理情况		审计促进整改落实有关问题资金/万元	审计提出建议/条	提交审计信息/篇
						审计处理处罚金额/万元	移送处理事项/件			
西安市										
西安市本级	100	7782472	649	11004	108	2377724	77	632404	201	260
新城区审计局	29	27792	32	4740	31	18415	3	14966	55	12
碑林区审计局	22	46028	10		20	35512	5	5935	40	46
莲湖区审计局	24	29796	20		24	26618	12	52	65	12
灞桥区审计局	27	27459		90	27	16215	3	773	30	10
未央区审计局	28	72557	35	306	28	58145	15	60029	60	46
雁塔区审计局	31	13000	61	130	31	8400	7	98	64	36
阎良区审计局	28	59278	13	3103	28	46258	10	331013	66	35
临潼区审计局	31	591569	55	10153	31	44762		30153	89	15
长安区审计局	28	110140	62	1639	28	91050	11	99515	62	41
高陵区审计局	28	72300			28	61002	5	1422	65	31
鄠邑区审计局	28	194010	62		28	111492	1	141397	68	30
蓝田县审计局	26	58858	153	318	26	44460	27	240	81	46
周至县审计局	29	107928	5	6852	29	88118	10	17310	64	35
铜川市										
铜川市本级	41	70636	133	1837	37	11539	13	11496	19	115
王益区审计局	28	236	16	236	28			236	63	

（续表）

审计机关	完成审计项目/个	审计查出主要问题金额/万元	审计发现非金额计量问题/个	审计期间整改金额/万元	出具审计报告和审计调查报告/篇	审计处理情况		审计促进整改落实有关问题资金/万元	审计提出建议/条	提交审计信息/篇
						审计处理处罚金额/万元	移送处理事项/件			
印台区审计局	27	5843	37	754	31			1226	70	
耀州区审计局	55	59155	48	1	58	11	3	18057	68	4
宜君县审计局	156	1287	51	412	156	7	3	7653	93	
宝鸡市										
宝鸡市本级	60	482633	150	10117	67	33959	9	2180	176	116
渭滨区审计局	7	6674	11	6674	18		21		49	9
金台区审计局	30	16362	103	15281	35	18	10	15281	88	32
陈仓区审计局	47	3745	51	1822	47	3375	6	3375	62	40
凤翔县审计局	40	7555	33	7555	40	80	8	1117	95	25
岐山县审计局	40	40936	10	489	38	811	15	811	68	7
扶风县审计局	37	23589	27	10816	37		5	10816	66	18
眉县审计局	38	20171	15	6300	38	17	23	17145	66	45
陇县审计局	35	4972		4972	35	4972		4972	75	59
千阳县审计局	32	11734	17	523	30	2	2	396	67	32
麟游县审计局	26	5798	41	5798	28			4537	77	6
凤县审计局	25	22682	15	1908	25	2466	2	2466	37	8
太白县审计局	16	2390	18	1458	16	94	3	94	32	6
咸阳市										
咸阳市本级	59	1498343	182	593	61	113967	8	29163	167	3
秦都区审计局	28	10913	17		28	916		916	25	
渭城区审计局	48	123728		93464	48	123661		93464	113	
兴平市审计局	31	68976	36	7	34	396		395	76	
彬州市审计局	94	18420	109		94	6350		6350	155	
三原县审计局	21	4401	17		21	3619			15	
泾阳县审计局	53	126291	47		63	46			162	75
乾县审计局	46	17155	5	271	47	31		13070	188	8
礼泉县审计局	40	45798	84	2336	52	2939	1	2939	82	
永寿县审计局	28	30254	53		28	16772		16772	76	
长武县审计局	35	2269	9	45	44				60	
旬邑县审计局	34	3480	16		34	3195			48	
淳化县审计局	52	2443	9		52	1290		1290	55	
武功县审计局	33	261	3	231	33	114			37	

（续表）

审计机关	完成审计项目/个	审计查出主要问题金额/万元	审计发现非金额计量问题/个	审计期间整改金额/万元	出具审计报告和审计调查报告/篇	审计处理情况		审计促进整改落实有关问题资金/万元	审计提出建议/条	提交审计信息/篇
						审计处理处罚金额/万元	移送处理事项/件			
渭南市										
渭南市本级	17	160799	26	25	15	12063	5	732	55	104
临渭区审计局	4	82	9		4	2		2	22	
华州区审计局	47	19775	1		47	790		17	47	
华阴市审计局	21	10645			20	11				
潼关县审计局	40	33	134		41	1			109	
大荔县审计局	28	389	1		28	10			66	
合阳县审计局	17	388			17	187				
澄城县审计局	35	17417	46		30	67				
蒲城县审计局	64	10580	91		64	15		15	454	
白水县审计局	48	5626	22		48	2588		70	123	
富平县审计局	16	1322		3	13	630			47	
延安市										
延安市本级	185	2858600	924	96000	185	260000	23	5120	265	28
宝塔区审计局	126	56557	67	6305	126	31556		6305	176	34
安塞区审计局	118	341092	12	5243	126			3282	118	20
子长市审计局	431	152298	18		431	1		1	114	2
延长县审计局	262	61060	10	8403	262	8403		10198	96	
延川县审计局	294	15487	68	285	294		2	3750	162	20
志丹县审计局	127	46965	53	607	127			39799	132	39
吴起县审计局	133	12723		2	133	2		847	40	10
甘泉县审计局	140	27577	21	631	140	2		631	180	5
富县审计局	109	406			109	19	1	406	129	34
洛川县审计局	60	121822	245	3233	60	1	30	89	171	13
宜川县审计局	144	54078	142	5137	144	302	20	5137	91	31
黄龙县审计局	40	18634	45	284	40			3996	97	170
黄陵县审计局	179	88499	4	18	187		2	18	122	8
汉中市										
汉中市本级	71	1102206	260	10083	81	9409	5	9088	256	9
汉台区审计局	36	21	79		103	10	6	10	70	
南郑区审计局	67	9192	73		67	2968	4	2968	145	

（续表）

审计机关	完成审计项目/个	审计查出主要问题金额/万元	审计发现非金额计量问题/个	审计期间整改金额/万元	出具审计报告和审计调查报告/篇	审计处理情况		审计促进整改落实有关问题资金/万元	审计提出建议/条	提交审计信息/篇
						审计处理处罚金额/万元	移送处理事项/件			
城固县审计局	42	14831	92	62	42	146		146	75	
洋县审计局	53	3548	20	1310	59	1310	26	1310	98	
西乡县审计局	32	5336	19	315	32	4080	2	1	58	
勉县审计局	36	2506	19	2	36	1714	4	1714	107	4
宁强县审计局	15				8				36	
略阳县审计局	40	28223	18	169	39	9231		9231	49	
镇巴县审计局	80	2743			80	100		98	40	62
留坝县审计局	15	11045		11045	15	11045			18	11
佛坪县审计局	28	5236	191		30				94	
榆林市										
榆林市本级	52	1056278	345	27839	77	10	16	169362	163	3
榆阳区审计局	175	208048	205		175	14650		14196	300	
横山区审计局	81	399570	34		81	30417		30417	59	
神木市审计局	181	3511	122	16	181	3510		3511	117	1
府谷县审计局	262	4236	220	2	262				618	
靖边县审计局	48	64216	40		48		6	1450	339	12
定边县审计局	86	74970	31		86	5352		5139	69	
绥德县审计局	32	95974	52	6	53				69	
米脂县审计局	110	477	89	474	110		1		66	
佳县审计局	160	149108	85		160	376			287	
吴堡县审计局	146	3413	48	2	146		1		227	
清涧县审计局	188	128	31		188		2		98	
子洲县审计局	136	16415	13		155				255	
安康市										
安康市本级	112	222300	477	18168	120	177558	56	7919	298	10
汉滨区审计局	62	62726	38	4473	63	7035	1	1007	165	7
汉阴县审计局	33	32727	78	2042	34	2298		547	88	4
石泉县审计局	51	51818	97	3237	56	1157		835	135	6
宁陕县审计局	41	44600	146	1727	49	24786	1	662	108	5
紫阳县审计局	24	24545	32		25	24486		389	64	4
岚皋县审计局	51	29018	116		58	623	9	835	135	6
平利县审计局	32	32727	48	25270	34	44263	8	518	85	5
镇坪县审计局	28	27272	13	2194	29	4391	6	461	74	4

（续表）

审计机关	完成审计项目/个	审计查出主要问题金额/万元	审计发现非金额计量问题/个	审计期间整改金额/万元	出具审计报告和审计调查报告/篇	审计处理情况		审计促进整改落实有关问题资金/万元	审计提出建议/条	提交审计信息/篇
						审计处理处罚金额/万元	移送处理事项/件			
旬阳县审计局	39	40909		383	40	1302		648	104	5
白河县审计局	36	29857		28956	39	29857	1	576	95	4
商洛市										
商洛市本级	43	331121	87	11128	43	60908	40	11128	126	7
商州区审计局	35	2163	40	1570	35	1		421	65	
洛南县审计局	80	72993	198	335	80	538	38	26039	504	6
丹凤县审计局	18	51003	51		28	1066	12	1427	30	
商南县审计局	23	271117	51	1204	23	180229	5	200387	61	1
山阳县审计局	37	567079	13	24459	37	139348	20	65640	59	35
镇安县审计局	47	50102	25	14997	50	16825		24657	62	6
柞水县审计局	32	31140	34	312	32	2	3	2350	63	
杨凌示范区										
杨凌示范区本级	73	16500	114	15330	18		2		64	15
杨陵区审计局	297	27602	56	311	28				78	13
西咸新区										
西咸新区本级	75	73374	91	30643	33			50726	118	2
空港新城审计局	134	34075	82	31312	134		2	32561	95	56
沣东新城审计局	62	802	366	17	62			424	260	7
秦汉新城审计局	64	16169	254	2105	72		1	4871	130	
沣西新城审计局	33	16178	44	13223	33	14	4	13223	86	12
泾河新城审计局	31	612	98	612	31		2	612	54	
省直管										
韩城市审计局	118	12016	62	123	118	777	4	6329	102	200

甘肃省

【甘肃省审计厅】 2020 年，甘肃省审计厅实有 275 人。省委审计委员会办公室设在省审计厅，下设省委审计委员会办公室秘书处。省审计厅设有办公室、综合管理处、法规审理处、指导监督处、电子数据审计处、财政审计处、重大政策执行审计处、党政审计处、农业农村审计处、固定资产投资审计处、社会保障审计处、自然资源和生态环境审计处、金融审计处、企业审计处、涉外审计处、经济责任审计工作管理处、地方领导干部经济责任审计处、人事教育处、机关党委、老干部处；公检法司审计局、教育科技审计局、建设交通审计局、文化旅游审计局、农林水利审计局、卫生医疗审计局、资源环境审计局、投资融资审计局、企业审计一局、企业审计二局等派出审计局；下设机关后勤服务中心、审计科研培训中心、电子数据审计中心等事业单位。

领导成员

厅　　长：马自学

副 厅 长：潘卫东（9月—）　魏　炜

孔　斌　苏　琦（—6月）

省纪委监委派驻厅纪检监察组组长：冯兰英

省经济责任审计工作联席会议办公室主任：

张卫东（1月—）

总审计师：徐明丽（1月—）

审计成果　2020年，甘肃省各级审计机关共审计和审计调查项目4211个。查出违规金额50.06亿元、管理不规范金额6013.99亿元。通过审计处理，促进增收节支36.27亿元，其中上缴财政资金22.99亿元。向各级党委政府上报审计报告、审计专报、审计信息等7608篇。向纪检监察及相关部门移送案件线索290件，移送处理人员80人。推动制定、完善制度293项。

武威市审计局实施的武威市凉州区某专项资金收支情况审计项目被审计署评为2019年度全国市级审计机关优秀审计项目二等奖；兰州市城关区审计局实施的兰州市城关区2016年残疾人扶助经费使用情况专项审计调查项目被审计署评为2019年度全国县级审计机关优秀审计项目三等奖。《甘肃省各级审计机关数据分析技术方法在审计工作中的创新应用调研报告》被审计署评为优秀调研报告。甘肃省审计厅在2019年全省法治建设绩效考评中获得优秀等次；经中央文明委复验合格，继续保持“全国文明单位”荣誉称号。

审计委员会办公室工作　坚持党对审计工作的集中统一领导，认真履行省委审计委员会办公室职责，主动向省委省政府请示报告工作，提请省委审计委员会召开第三次、第四次会议，传达学习习近平总书记关于审计工作的重要指示精神和李克强总理讲话要求及有关会议精神，研究部署年度全省审计重点工作。与纪检监察、组织、巡视等部门（机构）构建会商机制，出台《甘肃省纪检监察机关与审计机关协作配合工作办法（试行）》《关于建立健全巡视巡察机构与审计机关协作配合机制的意见》，加强协作配合，提升监督成效。

政策落实情况跟踪审计　紧紧围绕党中央、国务院决策部署和省委省政府安排要求，对3个市贯彻落实重大政策措施情况进行跟踪审计，重点关注“六稳”“六保”任务落实、打赢三大攻坚战、优化营商环境、清理拖欠民营企业中小企业账款、重大项目实施等政策措施贯彻落实情况，揭示反映地方和部门存在的政策措施落实不到位、工作任务和项目推进缓慢、财政资金使用绩效不高影响政策目标实现等问题。通过督促整改，收回违规出借资金4.3亿元，拨付、支出闲置资金4.9亿元，清偿民营企业账款1.2亿元、督促支付农民工工资171.83万元。开展新增财政资金直达市县基层直接惠企利民情况专项审计，结合重大政策措施落实情况跟踪审计、乡村振兴审计，采取“上审下”的方式，统筹推进专项审计工作，组织完成14个市（州）本级、兰州新区和86个县（市、区）审计全覆盖。

财政审计　对9个省直部门（单位）2019年度预算执行和决算草案编制及其他财政收支情况进行审计，重点对非税收入收缴、政府采购制度执行、存量资金管理使用、部门决算编制情况进行审计，促进压减一般性支出、中央八项规定及其实施细则精神的贯彻落实，规范部门预算管理，切实提高财政资金配置效率和管理水平。充分运用大数据分析技术和手段，以现场审计与非现场审计相结合的方式，实现省级一级预算单位审计全覆盖。受省政府委托，厅主要负责同志向省人大常委会作审计工作报告，受到省人大常委会委员高度评价。

三大攻坚战审计　重点关注深度贫困地区脱贫攻坚推进、已脱贫地区的成果巩固和乡村振兴战略推进等情况，开展6个未摘帽县扶贫政策措施落实和扶贫资金分配管理使用情况的审计，抽查扶贫资金46.57亿元，涉及79个乡镇、223个行政村和123个单位，入户走访1358户贫困家庭。通过审计，揭示扶贫资金管理使用、扶贫项目绩效及建设管理、扶贫政策措施落实等3个方面27类问题，查出违规金额4.05亿元。开展2个区乡村振兴审计，抽查乡村振兴财政资金10.53亿元，揭示乡村振兴规划引领作用不强、产业发展质量和效益不高、项目资金管理使用不规范、部分政策措施执行不到位等制约乡村振兴发展的问题。全面梳理中央扶贫开发工作会议以来全省扶贫审计查出的问题及整改情况，通过审计整改“回头看”，盘活、促进拨付资金63.5亿元，追回、挽回损失6.9亿元，推动完善、落实政策措施620项。组织开展2市6县党政主要领导干部自然资源资产离任（任中）审计，重点揭示造成资源损毁、环境污染、生态破坏等方面的突出问题，充分发挥审计在促进生态文明建设、促进全面绿色发展、促进权力规范运行、促进反腐倡廉方面的重要作用。

疫情防控资金和捐赠款物专项审计 全省共派出119个审计组、568名审计人员，对14个市（州）、兰州新区、甘肃矿区及86个县（市、区）疫情防控资金和捐赠款物开展专项审计，对省属银行和全省209户重点保障企业进行审计。通过审计，促进及时使用专项资金2673.52万元，收回违规金额100.36万元，促进规范管理物资采购653.05万元、物资8.1万件，促进491.2万元捐赠资金高效使用、217.37万元捐赠资金规范管理、14.4万件捐赠物资及时分配使用，保障疫情防控资金和捐赠款物规范管理、精准使用、安全运行。

民生审计 围绕服务和保障民生，开展4个市及所属27个县（市、区）的保障性安居工程资金投入和使用绩效审计，发现资金分配管理使用、计划落实、政策落实等方面的问题146个，涉及资金29.03亿元、保障性住房2万套。对省本级、2个市和15个县的医保基金进行审计，发现部分市、县存在挤占挪用医疗保险基金、定点医疗机构监管缺失、定点医疗机构拖欠药品款等问题，并督促整改落实。此外，开展省本级和4个市殡葬管理服务专项审计调查、3所省属高职和中职院校政策落实情况专项审计调查。

经济责任审计 组织对全省22个党政部门、事业单位和国有企业的36名主要领导干部进行经济责任审计，加大对重大资金、重点项目、重要事项的审计力度，从体制、机制和管理层面提出建议和意见，促进审计意见和建议转化为党委政府的决策参考。召开省经济责任审计工作联席会议，审议通过《甘肃省经济责任审计工作联席会议议事规则》《甘肃省经济责任审计工作联席会议办公室工作规则》，对进一步做好省联席会议工作作出安排部署。

固定资产投资审计 召开投资审计工作座谈会，提请省政府办公厅转发《关于进一步深化投资审计工作的实施意见》。坚持突出重点，开展省列部分重大公路项目建设管理情况审计调查，着力反映营商环境不优、部分项目资金到位率低、部分项目造价不实等问题，促进规范政府投资项目管理，提高政府投资绩效。对13个国外贷援款项目进行公证审计，重点关注利用外资、对外援助资金管理使用情况，促进提高利用外资的质量和效益。

资源环保审计 开展黄河流域甘肃段生态保护和高质量发展专项审计调查，重点关注黄河流域甘肃段9个市（州）58个县（市、区）在保护修复河流生态、防控入河污染、优化调整产业布局结构、项目工程建设及资金管理使用等方面的情况，揭示存在的突出问题和风险隐患，提出加强和改进工作的建议，促进黄河流域甘肃段生态环境质量改善。

金融审计 以“防范化解重大风险、促进三个良性循环”为目标，紧紧围绕服务实体经济、防控金融风险、深化金融改革三项任务，组织对甘肃银行经营及信贷业务、资产质量及金融风险防控情况开展专项审计调查。

信息化建设 完成金审工程三期项目招标、采购、合同签订等相关工作，稳步推进项目建设。优化审计管理系统流程，新增业务公文流程6个，完善OA系统外部来文消息提醒推送功能，缩短公文流转时间。完成全省8132家一级预算单位的数据采集上报工作，督促798家手工记账单位完成会计信息化，数据采集实现全覆盖。运用大数据分析和信息化手段，对国库集中支付、政府采购等情况进行分析，实现省级一级预算单位年度审计全覆盖。

内部审计 完善内部审计相关制度，完成省第4届内部审计协会换届工作，开展内部审计理论研讨，推荐7篇论文参加全国内部审计理论研讨论文评选，其中3篇获全国三等奖、4篇获得提名奖，省内部审计协会获得中国内部审计协会颁发的组织奖。2个单位和2人被表彰为全国内部审计先进集体和先进工作者。

审计质量 在全省审计机关开展“审计质量提升年”活动，通过开发项目审理台账管理系统、开展业务知识测试、举办专题培训、优秀审计项目考核评比活动，推动提升审计质量。开通“审计质量问题解答平台”，解答基层审计机关有关审计法律法规、审计业务及审计质量管控等方面的问题47次。收集梳理厅机关和市、县（市、区）审计局报送的信息240余篇，编发工作动态29期。对8个市（州）审计局开展审计质量检查，清单式通报存在的问题，督促做好整改落实。全省审计机关先后出台、修订完善审计质量管控方面的制度办法1393项，有效促进审计质量提档升级。

相关工作　召开全省审计机关全面从严治党暨党风廉政建设工作视频会议，签订2020年度落实全面从严治党主体责任加强党风廉政建设承诺书，组织观看警示教育片6次，学习典型案例通报，举办廉政大讲堂，筑牢审计干部拒腐防变的思想防线。严肃执纪问责，对厅机关干部开展全覆盖廉政谈话，对15个审计组开展党风廉政建设督查，对81个被审计单位进行回访。

选拔任用12名处级实职干部，轮岗交流干部21人次，对符合条件的22名干部进行职级晋升，新招录人员34人。加强审计干部队伍专业化建设，推行“实务导师制”，鼓励年轻干部考取审计职称，厅机关干部综合素质得到新提升。举办新时代审计事业改革创新发展专题研讨班等培训班6期，培训人员2780多人次。

选派12名优秀年轻干部担任9个联系村第一书记兼驻村帮扶工作队队长和驻村帮扶工作队队员，为帮扶村协调落实资金1900多万元，组织帮扶责任人入户帮扶15批360余人次，厅机关33个党支部与9个帮扶村党支部结对共建，帮扶的静宁县退出扶贫县序列，原安镇顺利通过脱贫攻坚国家普查。　（撰稿人：刘春瑾）

【兰州市审计局】　2020年，兰州市审计局实有132人。局长程华，副局长王新晖、张永花、魏晓洲，市经济责任审计工作联席会议办公室主任戴积慧。设有办公室、人事科、机关党委、综合管理科、法规审理科、指导监督科、电子数据审计科、财政审计科、重大政策执行审计科、党政审计科、农业农村审计科、社会保障审计科、自然资源和环境审计科、金融审计科、企业审计科、经济责任审计工作管理科、区县经济责任审计科、园区审计科；另有公检法司审计分局、教科文体审计分局、建设交通审计分局、发展经济审计分局、农林水利审计分局、民生保障审计分局、资源环境审计分局、投资融资审计分局、企业审计一分局、企业审计二分局等派出审计局；另设机关党委。

审计成果　2020年，兰州市审计机关共完成审计项目288个。查出违规金额2.59亿元、管理不规范金额178.3亿元；促进增收节支7228万元；出具审计报告281篇；移送纪检监察及相关职能部门问题线索35件；区县党委、政府及各级纪委监委、司法机关和有关主管部门问责处理67人次。向被审计单位提出意见建议700条；促进相关单位完善制度63项；向市委市政府上报审计要情、专报12篇。

兰州市城关区审计局实施的兰州市城关区2016年残疾人扶助经费使用情况专项审计调查项目被审计署评为2019年度全国县级审计机关优秀审计项目三等奖。全市2017年至2019年贯彻落实稳就业政策措施情况审计项目荣获甘肃省市级审计机关优秀审计项目一等奖。《地理信息技术在某县党政主要领导干部自然资源资产审计中的运用》荣获审计署优秀案例一等奖。兰州市审计局被评为全省审计系统先进集体，1人被评为全省审计系统先进个人。

政策落实情况跟踪审计　审计发现榆中县2019年至2020年6月贯彻落实国家重大政策措施中存在的问题25个，查出问题金额18.59亿元。

财政审计　完成兰州市2019年度市级预算执行和其他财政收支及决算草案编制等审计项目11个，发现38个方面114个问题，查出管理不规范金额88.29亿元，促进增收节支127万元。

三大攻坚战审计　组织开展皋兰县扶贫资金管理使用情况，红古区、西固区2019年乡村振兴政策措施落实和资金分配管理使用情况审计，发现问题93个。完成兰州市林业局党组书记、局长自然资源资产任中审计，发现5个方面17个问题。

疫情防控资金和捐赠款物专项审计　审计覆盖48户企业、105个政府部门（单位）和慈善组织，共核查财政资金 1.99 亿元，捐赠资金 3879.47 万元，审计发现的 12 个问题全部完成整改。

民生审计 重点完成全市 2019 年保障性安居工程资金投入和使用绩效等审计项目 4 个，发现 20 个方面 44 个问题，查出违规金额 4956 万元、管理不规范金额 13.73 亿元，促进增收节支 406.8 万元。

经济责任审计 完成 18 个单位的经济责任审计项目 19 个，查出违规金额 1185 万元、管理不规范金额 9.57 亿元，促进增收节支 496 万元。

固定资产投资审计 组织实施市轨道交通 1 号线一期工程等审计项目 37 个，发现 6 个方面 36 个问题，送审金额 143.42 亿元，审定金额 119.46 亿元。

企业审计 完成兰州国器装备制造集团有限公司"出城入园"以来投资建设及 2017 年至 2019 年生产经营情况审计等审计项目 3 个，发现 8 个方面 31 个问题，追回或减少损失资金 1658 万元。

内部审计 对全市 118 家市属行政事业单位及国有企业内部审计进行调研，发现 4 个方面 15 个问题。会同市纪委监委、市委巡察办、市政府国资委等部门研究制订《关于开展市属国有企业突出问题专项整治的实施方案》《关于进一步加强和改进市属国有企业内部审计工作的意见》。

相关工作 修订完善党组《工作规则》《"三重一大"决策制度实施办法》等制度，建立各级各类《廉政风险防控台账》159 份，干部廉政档案 106 份。按程序完成 37 名干部的选拔、职级晋升工作，引进"双一流"大学本硕毕业生 9 名。组织干部参加审计署、省审计厅等培训班 20 余次，参训 4600 人次。市审计局获"全市文明单位"称号，机关 7 个支部全部被评为标准化党支部，其中 2 个支部被评为市直机关示范化党支部，1 个支部被市直机关工委推荐为市级标准化先进党支部。

（撰稿人：沈茂华）

【嘉峪关市审计局】 2020 年，嘉峪关市审计局实有 28 人。局长王继红，副局长温春来、相炎军、王南林（—10 月）。设有办公室、法规审理科、经济责任管理科（经济责任审计工作联席会议办公室）、审计指导监督科、财政审计科、重大政策执行审计科（市委审计委员会办公室秘书科）、固定资产投资审计科、社会保障审计科、企业审计科、电子数据审计科；下设基建审核中心、涉农资金审计中心、资源环境保护资金审计中心、重大建设项目稽察办公室等事业单位。

审计成果 2020 年，嘉峪关市审计机关共完成审计项目 22 个。查出主要问题金额 12.23 亿元，其中违规金额 3.38 亿元、管理不规范金额 4.86 亿元、损失浪费资金 3.99 亿元；审计发现非金额计量问题 165 个；审计期间整改金额 3143 万元；出具审计报告和审计调查报告 22 篇。向市委市政府上报审计专报 14 篇；向市纪委监委、税务、住建等部门移送问题线索 18 件。审计提出建议 114 条，被审计单位均予以采纳。

嘉峪关市审计局实施的市民政局原局长经济责任履行情况审计项目荣获全省市级审计机关优秀审计项目二等奖。

政策落实情况跟踪审计 完成 2019 年第四季度国家重大政策措施落实情况问题核实工作；根据 2020 年第一季度国家重大政策措施落实情况跟踪审计内容，开展各相关单位审计整改问题自查工作。

财政审计 实现全市一、二级预算单位 2019 年度预算执行情况电子数据审计全覆盖，对市公安局、市司法局 2 个重点部门预算执行情况进行现场审计。各级预算单位较好地完成市人大审查批准的预算目标，部门预算执行率达 89.49％。

三大攻坚战审计 开展惠民惠农专项资金审计，对农机购置补贴资金、草原禁牧与草畜平衡补奖资金、产业发展扶持资金、农田建设补助资金等 5 项重点专项资金实施审计，对农村居民庭院和生产道路改造民生实事进行审计。开展市园林局、市农林局、市水务局主要领导干部自然资源资产离任（任中）审计。开展防范化解重大风险审计，对嘉峪关经济技术开发区发展有限公司 2017 年至 2019 年汽车产业发展引导资金进行审计。

疫情防控资金和捐赠款物专项审计 开展疫情防控专项财政资金、捐赠款物和疫情防控重点保障企业贷款的规模、分配和管理使用等情况专项审计，延伸审计 32 个政府单位、6 户重点防控物资保障企业，共审计财政资金 1117 万元、捐赠资金 292.44 万元、专项再贷款资金 8340 万元。

民生审计 开展市政府 6 件惠民实事专项审计调查。对乡镇日间照料中心改造项目、居家社区养老服务改革试点经费、酒钢职工游乐园环湖步道改造项目、城镇职工基本医疗保险基金、城市低保人员领取医保补助、定点药店和定点医疗机构收费情况进行专项审计调查。开展农副产品直销店补贴资金、殡葬服务事业专项审计调查。

经济责任审计 完成市民政局、市水务局等 8 家单位 9 名领导干部离任经济责任审计。有序推进各乡镇、市住建局等 11 家单位 14 名主要领导干部经济责任审计工作。完成市纪委监委、市委统战部等 17 个单位 20 名领导干部离任经济责任事项交接工作。

固定资产投资审计 完成酒钢三中新校区建设项目、嘉峪关市讨赖河生态环境治理工程项目等审计。

资源环保审计 开展对甘肃民丰化工有限责任公司环保专项资金、农村污水处理设施配套建设项目专项资金使用情况审计。

企业审计 完成嘉峪关大友企业公司和嘉峪关市第三建筑工程公司财务收支情况审计，重点检查企业财务收支和财政补助资金使用情况，审计资金 27.93 亿元。

信息化建设 以“1＋1＋13”模式，实现“横向到边、纵向到底”的全覆盖审计，成立 1 个预算执行全覆盖审计工作领导小组、1 个数据分析团队，按科室岗位职责成立 13 个预算执行审计小组，对全市一、二级预算单位实行归口管理。

内部审计 组织全市内部审计机构参加全省内部审计理论研讨活动；摸底备案全市内部审计机构基本情况，申报推荐省级内部审计先进集体 2 个、先进个人 2 名。

相关工作 开展依法行政和审计质量提升专题培训、审计案卷互审互评、优秀审计项目和“审计能手”评选等活动，推行审计项目全流程精细化管理，进一步提升审计干部业务水平，全面落实审计监督职责。 （撰稿人：张　锟）

【金昌市审计局】 2020 年，金昌市审计局实有 28 人。局长姬兴洲，副局长谢淑霞、张岩。设有办公室、经济责任审计科、财政审计科、基本建设审计科、农业和资源环境审计科、企业和社会保障审计科、法规审理科、党政审计科、重大政策执行审计科、秘书科；下设金昌市固定资产投资审核中心。

审计成果 2020 年，金昌市审计机关共完成审计和审计调查项目 85 个。查出管理不规范金额 10.49 亿元、违规金额 576.8 万元。督促上缴财政非税收入 227.06 万元，盘活长期闲置资金 147.6 万元，收缴违纪资金 10.48 万元，督促 3 个单位支付民营企业欠款 103.42 万元；向市纪委监委移送问题线索 11 件，向市财政局移送 3 件，向县区纪委监委移送 9 件。审计提出建议 158 条。

政策措施贯彻落实跟踪审计 完成永昌县新增财政资金直达市县基层直接惠企利民情况专项审计，揭示超范围支出、建设项目管理不规范、个别资金使用效益不高等问题，查出违规金额 29.24 万元。完成永昌县 2020 年第三季度贯彻落实国家重大政策措施情况跟踪审计，发现 6 个方面 12 个问题。

财政审计 组织实施预算执行和决算草案审计。重点对市交通局、甘肃有色冶金学院等 21 个部门单位 2019 年预算执行情况进行现场审计，延伸审计 5 个相关单位；运用大数据对市级 69 个一级预算单位开展财务电子数据分析和现场核查，实现大数据审计全覆盖。查出管理不规范金额 3.6 亿元、违规金额 51.85 万元，督促制定完善财务管理制度 2 项，上缴财政非税收入 227.06 万元，盘活长期闲置资金 147.6 万元，收缴违纪资金 4.66 万元，其中上缴财政 3.12 万元，督促 3 个单位支付民营企业欠款 103.42 万元。向市纪委监委移送问题线索 2 件。

三大攻坚战审计 组织实施市林业局原党组书记、局长自然资源资产离任审计，重点审计自然资源资产管理和生态环境保护法律法规、约束性指标、项目建设运行等生态环境保护情况，查出 3 个方面 8 个问题，推动被审计单位和领导干部更好履行自然资源资产管理和生态环境保护责任。

疫情防控资金和捐赠款物专项审计 重点审计财政下达资金926万元，市红十字会、市慈善协会接收捐赠资金276.55万元，市红十字会接收本市捐赠物资2.2万件，省红十字会疫情防控物资4.05万只（双）。对审计发现问题积极推动整改，督促有关部门及时出台完善疫情防控相关规章制度，调整优化财政支出结构、款物管理、分配和使用。

民生审计 组织开展市级社会保险基金、永昌县2019年度扶贫资金等重大民生资金和项目审计，完成祁连山、岌岌泉生态环境整改资金专项审计，完成住房公积金、金昌铁业（集团）有限责任公司2019年度化解钢铁过剩产能财政专项奖补资金、科技领域、市政府驻兰州办事处、兰州金昌大厦资产等专项审计。

经济责任审计 突出问题导向、目标导向和结果导向，完成离任审计项目8个、任中审计项目5个，查出管理不规范金额0.77亿元、违规金额488.11万元、违纪金额5.82万元，向市纪委监委移送问题线索9件，向市财政局移送3件。组织完成10个单位的离任交接工作。

专项资金审计 完成市公交公司改革、八冶医院移交、义务教育管理体制改革相关审计工作及经营性事业单位改革清产核资中介机构名录选聘工作。按照市纪委监委安排，选聘指导中介机构完成金昌市宜方达物业管理有限责任公司、金昌经济开发区国有投资公司专项审计。

内部审计 2020年，全市独立设置内部审计机构的单位15个，其中机关单位8个、事业单位1个、企业（不含金融企业）6户；有专职内部审计人员81人，其中机关单位41人、事业单位2人、企业（不含金融企业）38人；完成审计项目92个，其中机关单位31个、事业单位8个、企业（不含金融企业）53个；查出管理不规范金额14.11亿元、违规金额0.51万元。

相关工作 强化基层党建促审计，在审计一线全部建立临时党支部，党员领导干部全部参与审计组，对审计组进行政治领导和政治监督；全面推行"审计组＋临时党支部＋纪律监督员"工作机制，压实审计内控管理责任，局党支部被列为市级样板化党支部示范单位。建立《审计干部综合考核评价办法》，激励审计干部聚焦主责查问题，凸显主业亮成绩。局机关年度考核为优秀，党风廉政考核为"好"等次，"七五"普法考核、党建考核均为"优秀"等次。

（撰稿人：李文辉）

【白银市审计局】 2020年，白银市审计局实有45人。局长杨子明，副局长史文娟、王自军、狄长元，总审计师杨玉杰，市经济责任审计工作联席会议办公室主任李生军。设有市委审计委员会办公室秘书科、办公室、法规审理科、电子数据审计科、财政金融审计科、重大政策审计科、党政审计科、农业农村审计科、固定资产投资审计科、社会保障审计科、自然资源环境审计科、企业审计科；下设经济责任审计办公室、基本建设审计中心。

审计成果 2020年，白银市审计机关共完成审计项目221个。查出主要问题金额19.97亿元；发现非金额计量问题541个；出具审计报告、审计调查报告331篇。审计处理处罚金额7.16亿元。促进整改落实有关问题资金6.67亿元。审计提出建议493条。提交审计信息201篇，领导批示17篇。

靖远县审计局实施的景泰县2018年惠民惠农财政补贴资金使用"一卡通"情况专项审计项目获全国县级审计机关优秀审计项目三等奖，白银市审计局实施的市本级和白银区2019年度保障性安居工程资金投入和使用绩效情况审计项目荣获全省市级审计机关优秀审计项目二等奖；4人被评为全省审计系统先进工作者。

政策落实情况跟踪审计 聚焦重大政策落实工作，完成重大政策措施落实跟踪审计。重点对深化供给侧结构性改革、"放管服"改革、重大投资项目实施等情况进行审计，促进重大政策措施落实。完成全市新增财政资金专项审计，抽审单位54个、建设项目36个，涉及资金14.60亿元，查出管理不规范金额1.89亿元，审计督促整改问题金额1.40亿元。

财政审计 完成2019年度市级预算执行和市级部门（单位）预算执行审计，重点对34个部门（单位）进行重点审计。共查出主要问题金额0.95亿元，发现非金额计量问题11个，提出审计建议3条。

三大攻坚战审计 完成全市2019年度扶贫政策措施落实和扶贫资金分配管理使用情况审计，共查出问题70个，涉及问题金额0.61亿元，发现非金额计量问题30个，提出审计建议18条。围绕防范和化解重大风险，开展市政府债务审计，促进稳妥化解政府性债务，有效防范债务风险。围绕污染防治，开展生态环保专项资金和项目审计，完成市林草局领导干部自然资源资产审计和白银市东大沟重金属污染治理项目审计。

疫情防控资金和捐赠款物专项审计 完成新冠肺炎疫情防控资金和捐赠款物专项审计，促进疫情防控相关政策落实和疫情防控资金物资规范高效使用。

民生审计 完成市级保障性安居工程审计，共发现问题33个，查出问题金额4.02亿元，发现非金额计量问题16个，提出审计建议6条。完成市本级及会宁县、靖远县和白银区2019年殡葬服务行业管理情况专项审计调查，查出主要问题金额202万元，发现非金额计量问题24个，提出审计建议4条。

经济责任审计 完成20名市管领导干部经济责任审计，查出主要问题金额1486万元，提出审计建议32条。

固定资产投资审计 以提高政府投资绩效为目标，重点围绕建设项目的立项、招标投标、资金管理使用等情况开展审计，完成10个固定资产投资项目审计，促进节约资金2957万元。

企业审计 完成市城投公司资产经营管理和运行情况审计，查出主要问题金额1.21亿元，发现非金额计量问题10个，提出审计建议4条。

信息化建设 利用建成的信息化平台推广应用大数据审计模式，在财政预算执行审计中充分应用大数据审计，实现市级财政一级预算单位审计全覆盖，建立大数据审计模块53个。

交办任务 完成白银市税务系统2019年度财政财务收支、税收征管和非税收入征管情况审计，全市重大政策落实跟踪审计和黄河流域高质量发展（白银段）审计调查以及市委市政府交办的其他工作。

相关工作 开展“审计质量提升年”活动，全市审计质量不断提升。开展审计整改工作，督促整改审计查出问题253个，涉及整改金额6.51亿元，采纳审计建议77条，修订完善制度8项。

（撰稿人：魏　巍）

【天水市审计局】 2020年，天水市审计局实有85人。局长崔玉军，副局长吴方勇、焦继军、刘建斌（1月—），市经济责任审计工作联席会议办公室主任汪建明（4月—），市电子数据审计中心主任祁建荣。设有市委审计委员会办公室秘书科、办公室、综合管理科、指导监督科、电子数据审计科、财政审计科、党政审计科、农业农村审计科、教科文审计科、固定资产投资审计科、社会保障审计科、自然资源和生态环境审计科、企业审计科、建设交通审计科、卫生医疗审计科、党政领导干部经济责任审计科、企业领导干部经济责任审计科，重大政策执行审计分局和天水经济开发区审计分局；下设天水市电子数据审计中心。

审计成果 2020年，天水市审计机关共完成审计项目289个。审计发现问题涉及金额487706.62万元，其中违规金额12802.54万元、管理不规范金额474904.07万元；审计发现非金额计量问题817个。审计处理后，应上缴财政资金88701.36万元、应归还原渠道资金28329.52万元、应调账处理35835.95元。审计提出建议840条；上报审计要情12期。向社会公告审计结果5篇。

天水市审计局被评为全省审计系统先进集体。组织实施的秦州区2020年度第二季度贯彻落实重大政策措施情况审计项目荣获全省市级审计机关优秀审计项目二等奖。

政策落实情况跟踪审计 对秦州区2020年第二季度、清水县2020年第四季度贯彻落实国家重大政策措施情况进行跟踪审计，重点对保就业、保民生、清理拖欠企业账款等方面的55个相关部门和单位进行审计，抽查项目71个，涉及财政资金39.78亿元。对市本级、甘谷县、清水县、秦安县、张家川回族自治县财政资金直达市县基层直接惠企利民情况进行专项审计，通过审计，促进资金分解下达5362.36万元，促进资金支付7995.29万元，收回不合规使用资金5621.83万元，促进8个项目加快实施进度。

财政审计 开展2019年度市级预算执行和其他财政收支情况审计、麦积区及天水经济技术开发区2019年度财政决算审计，收缴应缴财政资金51987万元，促进惠农补贴资金发放3097万元，追回违规领取惠农补贴资金46万元，划定水源地保护区8处，关停、改造污染源68个。

三大攻坚战审计 对甘谷县2019年度扶贫政策措施落实和扶贫资金分配管理使用情况开展专项审计。对秦安县、甘谷县、武山县、清水县及张家川回族自治县2019年至2020年6月乡村振兴战略政策落实和资金管理使用情况、改善农村人居环境政策落实和资金管理使用情况开展专项审计调查。对麦积区等六县区东西部扶贫协作资金管理使用及项目进展情况进行专项审计。

疫情防控资金和捐赠款物专项审计 促进资金及时安排报账和拨付使用2347.69万元，落实专项贷款贴息244.14万元。

经济责任审计 对24名市管领导干部实施经济责任审计，对14名领导干部进行经济事项交接。审计中发现问题123个，查出违纪违规及管理不规范金额53793.68万元，上缴财政资金119.72万元。

固定资产投资审计 开展天水市公安局智慧公安信息化建设项目竣工决算审计，天水市生态环境局智慧环保数据资源中心建设项目竣工决算审计，天水广播电视台整体搬迁装修改造工程、技术采购项目及新址二期工程建设项目预算执行和竣工决算审计，天水中心血站整体搬迁项目竣工决算审计等7个投资审计项目，审计资金14.95亿元，节约财政资金1.14亿元。

资源环保审计 对渭河流域天水主干道（麦积区、甘谷县、武山县3个县区）生态环境保护情况进行专项审计调查。该项目为甘肃省首次实施的黄河流域生态环境保护情况专项审计调查，调查发现县区在水资源开发管理、水土保持、污染防治、河道采砂管理等7个方面存在部分问题，以及渭河主干道两岸农业面源污染、新一轮退耕还林退基本农田、麦积山游客因素对颍川河和东柯河水质影响等需要关注的问题。

企业审计 对全市党政机关和事业单位成立的50户市属国有企业2019年运营情况进行审计调查，重点调查企业投资情况、资产负债、企业运营状况，融资贷款等情况，从12个方面查出40个问题，市政府主要领导对审计报告作出批示。

专项资金审计 开展秦州区2019年学前教育政策落实情况专项审计调查、天水经济技术开发区中小企业创新创业升级专项资金审计、天水市智慧城市建设及运营情况专项审计、天水市全域无垃圾一期特许经营服务项目专项审计、天水市失业保险基金专项审计、市本级和各县区生育保险基金专项审计。

相关工作 围绕“审计质量提升年”活动，制定《天水市审计局审计质量管理控制暂行办法》《重要事项管理办法》《天水市审计局审计业务工作流程图》等，刊发“审计质量提升年”活动工作动态15期，着重推广经验做法，促进全市审计质量上台阶上水平。 （撰稿人：倪琼洁）

【武威市审计局】 2020年，武威市审计局实有39人。局长杜国万，副局长马忠民（—6月）、祁贵（—10月）、李建玲（—10月）、董波（10月—）、高博（10月—），市经济责任审计工作联席会议办公室主任董德（6月—）。设有办公室、法规科、财政金融审计科、经济责任审计科、资源环境和企业审计科、政策数据审计科、农业农村审计科、社会保障审计科、固定资产投资审计科；下设武威市市属国有企业监事会服务中心、武威市审计事务服务中心。

审计成果 2020年，武威市审计机关共完成审计项目275个，其中审计263个、专项审计调查12个。查出主要问题金额272596万元，其中违规金额76737万元、损失浪费金额13万元、管理不规范金额195844万元；审计发现非金额计量问题541个。移送司法机关、纪检监察机关和有关部门处理事项44件，移送处理人员7人，移送处理金额79595万元。审计促进整改落实有关问题资金87807万元；核减投资额2050万元。审计提出建议259条，被采纳241条；促进被审计单位建立健全规章制度8项。向社会公告审计结果2篇。

武威市凉州区某专项资金收支情况审计项目被审计署评为2019年度全国市级审计机关优秀审计项目二等奖；武威金太阳园区管委会原主任

经济责任履行情况审计项目荣获甘肃省市级审计机关优秀审计项目二等奖；武威市审计局被评为2018—2019年度优秀审计科研课题优秀组织单位。

政策落实情况跟踪审计 完成新增财政资金直达市县基层直接惠企利民专项审计，涉及资金24亿；完成清理拖欠民营企业中小企业账款审计，涉及资金574782.52万元。审计促进清理拖欠账款569622.19万元。

财政审计 完成市本级财政和其他财政收支情况现场审计和市住建局、市自然资源局及武威工业园区3个单位延伸审计，完成市级财政预算执行及决算草案编制情况审计。通过大数据分析建立审计模型20个，编写财政财务数据采集及分析审计案例2个。

三大攻坚战审计 围绕脱贫攻坚任务目标，紧盯扶贫政策落实、扶贫资金安全、扶贫项目绩效，完成2019年度扶贫审计和东西部协作扶贫资金审计。

疫情防控资金和捐赠款物专项审计 聚焦防控政策措施落实、资金管理使用、社会捐赠款物分配，重点对疫情防控涉及的4381.74万元财政资金、1242.64万元捐赠资金、12500万元专项再贷款资金、190个部门（单位）进行审计。

民生审计 完成2018年至2019年武威市保障性安居工程资金投入和使用绩效审计。

经济责任审计 完成党政领导干部经济责任审计项目41个，领导干部离任经济责任事项交接28个，对拟提拔和进一步使用的275名领导干部进行廉政审查。

固定资产投资审计 前移审计关口，对“智慧武威”、全市交通设施设备和“雪亮工程”等24个政府投资项目进行审计，严格规范建设，根据工程进度持续跟踪审计。完成2017年以来武威市各类规划专项审计。

企业审计 深入国家级重点保障企业甘肃金穗面业有限责任公司、甘肃红太阳面业集团有限责任公司等17家市级重点保障企业进行调查，完成7户国有企业突出问题专项整治审计。

专项资金审计 完成市区两级2015年以来土地出让金专项审计。

相关工作 开展“审计质量提升年”活动，完成任务83项，编发工作动态13期，统一审计文书格式，规范业务管理，提升审计质量。配合完成市委常规巡察工作，进一步完善管理、堵塞漏洞、健全机制制度。机关党支部被评为武威市市直机关样板党支部。（撰稿人：严锦钰）

【张掖市审计局】 2020年，张掖市审计局实有40人。局长俞文海，副局长龙建国、刘煜、王维力、陈维文。设有办公室、综合管理科、法规审理科、电子数据审计科、财政金融审计科、重大政策执行审计科、党政审计科、农业农村审计科、固定资产投资审计科、社会保障审计科、自然资源和生态环境审计科、企业审计科、领导干部经济责任审计科；下设市经济责任审计服务中心、市审计核查整改办公室。

审计成果 2020年，张掖市审计机关共完成审计项目220个。查出主要问题金额1832744万元，其中违规金额25996万元、管理不规范金额1806748万元。审计处理处罚金额159084万元，其中应上缴财政16728万元、应归还原渠道资金47768万元、应缴纳其他资金277万元、应调账处理金额94311万元；移送纪检监察和有关部门处理事项33件，移送处理金额29055万元。审计提出建议405条，被采纳371条；提交审计信息79篇；提交审计要情、审计专报79篇。

肃南裕固族自治县审计局实施的县民族医院原院长经济责任履行情况审计项目荣获全省县级审计机关优秀审计项目二等奖。张掖市审计局、临泽县审计局、民乐县审计局被评为全省审计系统先进集体。

政策落实情况跟踪审计 开展高台县重大政策措施落实情况跟踪审计，完成全市新增财政资金直达市县基层惠企利民情况审计全覆盖。

财政审计 首次实现张掖市72家一级预算单位审计全覆盖，完成对市档案馆等52个部门单位2019年度部门预算执行电子数据全覆盖情况的审计工作。

三大攻坚战审计 围绕如期完成脱贫攻坚任务，开展2019年度全市扶贫资金专项审计。对市生态环境局同步开展经济责任审计和自然资源资产任中审计，推动领导干部切实履行自然资源资产管理和生态环境保护职责。围绕防范化解重大风险，对民乐县 2017—2018 年度财政决算及其他财政收支绩效情况、市政府驻北京联络处等 5 个单位财政收支情况进行审计。

经济责任审计 完成对市委老干部局等 13 个部门（单位）领导干部、国有企业领导人员经济责任任中（离任）审计工作，完成市人社局局长离任交接工作。

固定资产投资审计 制定出台《张掖市审计局政府投资建设项目购买社会审计服务机构管理暂行办法》《张掖市审计局购买社会中介机构服务政府投资项目工程结算审核暂行办法》，完成对高台县黑河水系石炭沟综合治理工程、张掖市水生态保护监控信息系统工程等 8 个项目的竣工决算审计，审计金额 94629.7 万元，发现工程结算价款不实 1391.22 万元，查出建设程序、资金管理等方面的问题 62 个。

民生审计 紧紧围绕民生大事、难事、急事，开展全市新冠肺炎疫情防控财政资金和捐赠款物、2017—2019 年度住房公积金、医疗保险基金、第六届丝绸之路国际生态产业博览会暨有机产品（张掖）交易会项目费用等民生审计。

信息化建设 着力加强以大数据为核心的审计信息化建设，组建培育市县两级大数据审计分析团队，采集市直 185 个部门单位的财务数据和财政、社保、民政等 9 个行业单位的业务数据，搭建市级审计数据系统和大数据审计平台。

审计查出问题整改 加强审计整改督促力度，提请市政府先后 3 次召开审计整改相关推进会议，通报整改进展情况，明确整改责任要求，倒逼整改责任落实。审计提出建议 21 条，促进被审计单位建立健全规章制度 3 项，向有关部门移送处理事项 6 件。

相关工作 加强全面从严治党，定期召开会议研究部署推进全面从严治党各项工作，逐级签订党风廉政建设工作三级目标责任书和审计组廉政承诺书，细化分解任务，压实责任。全面实施审计组进点前廉政谈话、审计廉政承诺书、审中督查、审后回访、审计项目＋临时党小组等制度，构建教育、制度、监督三位一体的廉政体系，切实加强对全体干部监督管理，确保全面从严治党各项要求在审计机关落地生根。

（撰稿人：王　敏）

【平凉市审计局】 2020 年，平凉市审计局实有 55 人。局长陈磊，副局长李博、杨尚辉、王耀军。设有市委审计委员会办公室秘书科、办公室、法规审理科、财政金融审计科、重大政策审计执行科、社会保障审计科、领导干部经济责任审计科、固定资产投资审计科、党政审计科、农业农村审计科、自然资源和生态环境审计科、政法审计科、社会审计核查科；下设平凉市电子审计中心。

审计成果 2020 年，平凉市审计机关共完成审计项目 327 个，其中审计 301 个、专项审计调查 26 个。查出主要问题金额 981507.9 万元，其中违规金额 71458.18 万元、管理不规范金额 910049.73 万元。通过审计处理，促进整改落实有关问题资金 19758 万元；促进拨付资金到位 7000 万元；核减投资额 121.31 万元；移送纪检监察机关和有关部门处理事项 128 件。审计提出建议 492 条，被采纳 492 条；推动被审计单位制定整改措施 368 项；促进被审计单位建立健全规章制度 23 项；提交审计专报、简报、信息 303 篇。

平凉市审计局、崇信县审计局、庄浪县审计局、静宁县审计局被评为全省审计系统先进集体，5 人被评为全省审计系统先进工作者。

政策落实情况跟踪审计 围绕重大投资项目落地、优化营商环境、企业减税降费、就业优先政策落实，开展崆峒区第三季度、泾川县第四季度重大政策跟踪审计和全市清理拖欠民营企业中小企业账款专项审计，推动相关部门完善制度机制 23 项，促进中央和省市决策部署落地落实。选派 5 人参加省审计厅对白银市第一季度重大政策措施落实情况跟踪审计。

财政审计 以推动各级各部门节省开支、过"紧日子"为重点，对市本级和 14 个市直部门 2019 年度预算执行及 4 个部门决算情况实施审计，全市促进上缴财政资金 2.5 亿元，推动提高预算管理绩效。

三大攻坚战审计 围绕打赢脱贫攻坚战，完成庄浪、静宁两县扶贫政策措施落实和资金管理使用情况审计。围绕精准治污、科学治污、依法治污要求，完成 7 县（市、区）河沟道管理保护专项经费拨付管理使用情况专项审计，有效推动抓好源头污染防控，加快形成绿色发展方式。把政府债务化解作为政策跟踪审计、财政预算执行审计和经济责任审计的重要内容，认真核查政府债务的举借、管理和使用情况，及时作出预警，防范系统性风险。

疫情防控资金和捐赠款物专项审计 围绕疫情防控有关政策措施的贯彻落实，对疫情防控资金和社会捐赠款物管理使用情况等开展专项审计，促进下拨财政资金7000万元，规范捐赠款物使用2632万元。

民生审计 对保障性安居工程、医保基金、农村义务教育营养餐改善计划专项资金、殡葬服务行业管理等民生项目资金进行审计，促进规范资金管理6190万元，推动保障和改善民生各项政策措施有效落实。

经济责任审计 对23名市管领导干部进行任期（任中）经济责任审计，重点关注公共资金、国有资产、国有资源及防控重大经济风险等职责履行情况，促进领导干部廉洁自律和担当作为。配合省审计厅对平凉市党政主要领导干部履行经济责任和自然资源资产保护情况进行审计，积极协调推动整改审计反馈问题43个。

固定资产投资审计 对平凉市委党校新校区、市公安局业务技术用房及地下靶场等政府投资项目建设情况进行审计，促进工程项目建设规范管理和提高资金使用效益，核减工程款121.31万元。

企业审计 围绕深化企业经营管理体制改革，建立现代企业制度，对市文旅投公司及其下属公司等5户市属骨干企业实施审计，促进国有企业化解债务2.3亿元，有效推动企业完善投资运营决策机制，化解企业债务，提升经营效益，防范金融风险。

信息化建设 完成全市718个单位电子财务数据采集和标准化处理工作，实现全市一级预算单位审计全覆盖。成立电子数据中心，配套完善数据管理存放的软硬件设施，组建由3名计算机专业人员组成的数据分析团队，集中开展大数据采集、整理、存储和分析，构建数据分析模型11个。

交办工作 按照市委交办，组织对崆峒山大景区管委会、崆峒山管理局、平凉文旅投公司资产负债损益情况进行审计，审计结果向市委常委（扩大）会议作专题汇报，为市委市政府推进国有企业改革决策提供重要参考。

（撰稿人：柳灵丰）

【酒泉市审计局】 2020年，酒泉市审计局实有34人。局长刘红艺，副局长李际平、白嘉念（—11月）、郭建荣、王莉（11月—），市经济责任审计工作联席会议办公室主任殷德华，市审计事务中心主任杨晓宏。设有市委审计委员会办公室秘书科、办公室、法规审理科、经济责任审计科、财政金融审计科、重大政策执行审计科、行政事业审计科、企业审计科、农业与自然资源环保审计科、社会保障审计科、固定资产投资与外资运用审计科、电子数据审计科、指导监督科；下设酒泉市审计事务中心。

审计成果 2020年，酒泉市审计机关完成审计项目299个。查出违纪违规和管理不规范金额56.26亿元，促进财政增收节支29.51亿元；移送问题线索46件，涉及金额5.82亿元。提交各类报告专报404篇；提交审计信息834篇；提出合理化意见建议621条，基本实现公共资金、国有资产、国有资源和领导干部经济责任审计全覆盖。

政策落实情况跟踪审计 对金塔县、玉门市、敦煌市开展重大政策措施贯彻落实情况跟踪审计，揭示保市场主体运行、保粮食安全、保民生、"放管服"优化营商环境、重大项目推进及招商引资政策落实等五大方面存在的问题182个。

财政审计 依托财政预算执行和决算草案审计，对酒泉市本级财政及180个一、二级预算单位预算执行及决算情况实现审计全覆盖。

三大攻坚战审计 对玉门市、瓜州县、肃州区、金塔县、敦煌市等5个农业县扶贫政策落实及资金管理使用情况实现审计全覆盖。将资源环境政策落实融入重大政策执行审计，抽调业务骨干配合省审计厅完成肃北蒙古族自治县党政主要领导干部经济责任和自然资源资产离任审计。

疫情防控资金和捐赠款物专项审计 对酒泉市新冠肺炎疫情防控资金和捐赠款物情况进行跟

踪审计，有效服务保障疫情防控资金物资的规范管理使用，促进重点保障企业优惠贷款、稳岗补贴、减税降费、复工复产等政策措施迅速落地。

民生审计 对市养老医疗、工伤失业、低保、公积金、就业以及残疾人保障等9项惠民政策落实和民生资金管理使用情况实现审计全覆盖。

经济责任审计 完成市财政局、市科技局等25个部门单位主要领导干部和酒泉市所属6个县（市、区）公安局局长经济责任审计及9名领导干部离任交接工作。加大经济责任审计结果运用，按照《酒泉市领导干部经济责任审计结果量化评分办法（试行）》，对领导干部履行经济责任情况打分，并向酒泉市委组织部报送量化评分表。

固定资产投资审计 对市本级实施的南园污水处理厂建设项目、北大河南岸景观带绿化带建设项目等12个项目实施审计。

交办审计 全面完成市委市政府交办的工作任务，配合市纪委监委完成酒泉市本级深化教育领域和国有企业专项治理审计。

审计查出问题整改 受市政府委托向市人大常委会作《2019年度审计查出问题整改落实情况的报告》。市政府先后3次召开审计整改工作推进会，对2019年审计署审计甘肃时涉及酒泉市的问题、省审计厅审计酒泉市政策执行中指出的问题进行督促整改。研究起草《加强审计整改工作的意见》，推动审计督导检查、政府通报督促、部门联合督查、人大监督问询、组织综合考核、纪检巡察问责“六位一体”的审计整改督查机制制度化、常态化，促进审计查出的问题全面整改、不留死角。

相关工作 扎实开展深化拓展“基层党建质量提升年”活动，认真落实“三会一课”等组织生活制度，组织开展“党徽闪耀亮身份·抗击疫情践初心”“忆铁人、学铁人”等主题党日12次；评选创建“铁人先锋堡垒”4个、“铁人先锋岗”20个。（撰稿人：白嘉念　于建华　赵丽丽）

【庆阳市审计局】 2020年，庆阳市审计局实有50人。局长曹维斌，副局长付玲珍、翟浩权、冯明，市经济责任审计办公室主任李国科。设有办公室、综合法制科、指导监督科、电子数据审计科、财政金融审计科、重大政策执行审计科、党政事业审计科、农业环保审计科、固定资产投资审计科、企业社保审计科；下设经济责任审计办公室、经济责任审计工作联席会议办公室和市政府投资项目审计中心。

审计成果 2020年，庆阳市审计机关共完成审计项目361个。查出违规金额4028万元、管理不规范金额630790万元，促进整改落实问题资金62752万元。市审计局完成审计项目46个，查出违规金额4494万元、管理不规范金额280076万元、损失浪费金额276万元；促进整改落实有关问题资金40689万元；移送处理事项15件（纪检监察机关2件，有关部门13件）。

宁县审计局、镇原县审计局、庆城县审计局被评为全省审计系统先进集体；4人被评为全省审计系统先进工作者。

政策落实情况跟踪审计 组织对镇原县2019年扶贫政策措施和资金使用情况，西峰区、华池县2019年度乡村振兴相关政策落实及资金使用情况，市本级、庆城县、合水县2019年医保基金和全市应对新冠肺炎疫情防控资金和捐赠款物，新增财政资金直达市县惠企利民项目进行审计。

财政审计 组织对2019年度市级预算执行和市教育局等11个单位2019年度财政预算执行及其他财政收支情况进行审计。审计共发现问题76个，已完成整改64个，整改率84.21%。通过整改，促进资金分配80889.98万元，促进资金到位、加快支出进度45119.54万元，规范管理46077.83万元，收缴、收回财政资金1287.62万元，促进项目开工、加快工程进度、完工项目128个。组织对全市2018年至2019年市直学校普通高中国家助学金、贫困大学生资助资金、就业扶持资金、庆阳市“再造一个子午岭”工程、庆阳职业技术学院政策落实情况进行审计。

三大攻坚战审计 配合天津市审计局开展东西部扶贫协作项目资金审计。

经济责任审计 加强对权力集中部门、资金资产资源密集领域和国有企业主要领导干部的监督审计。共安排经济责任审计项目16个，其中任中审计7个、离任审计9个，促使领导干部较好遵纪守法尽责。配合省审计厅开展庆阳市及正宁县、宁县党政主要领导经济责任和自然资源资产审计，陇东学院原院长经济责任审计及法院、检察院主要领导经济责任审计。

企业审计 组织对市供排水公司、市农投公司、市城投公司、市能源化工集团资产负债损益进行审计，完成审计项目 11 个。

审计质量 采取“四抓四着力”，加强审计质量管理。围绕重点抓审计计划，把审计项目计划纳入全市经济社会发展的总体来谋划；紧盯关键抓审计现场，建立审计质量和执法执纪现场巡查制度，强化过程管理；严格程序抓项目实施，落实进点公示、廉政承诺、审后汇报、复核审理等制度；突出效能抓方法创新，对政策落实、资源环境统审项目，多专业融合、多方式组合编排审计组，推广大数据审计，提高审计发现问题的精准度；强化责任抓审计整改，建立领导督促督办、部门整改联动、跟踪检查问效、整改落实回访四项工作机制。

交办任务 为帮扶村协调落实帮扶资金 1861 万元，实施“户户通动力电”项目，新修柏油路 7.5 公里、砂砾路 2.5 公里，扶持养殖湖羊 2074 只，庆阳市审计局被评为全市 2020 年度脱贫攻坚帮扶工作先进单位。 （撰稿人：吕　琳）

【定西市审计局】 2020 年，定西市审计局实有 38 人。局长常小红，副局长史学华（8 月—）、李宏军、王国会，市经济责任审计办公室主任郑晓炜，总审计师张华荣。设有办公室、综合管理科、法规审理监督科、财政金融审计科、重大政策执行审计科、农业农村审计科、固定资产投资审计科、社会保障审计科、自然资源和生态环境审计科、企业审计科、经济责任审计科；下设定西市审计局计算机审计中心。

审计成果 2020 年，定西市审计机关共完成审计项目 409 个，其中审计 401 个、专项审计调查 8 个。查出主要问题金额 933538.03 万元，其中违规金额 48339.47 万元、损失浪费金额 18.23 万元、管理不规范金额 885180.32 万元。通过审计处理，促进整改落实有关问题资金 172611.3 万元；促进拨付资金到位 130.34 万元；挽回（避免）损失 950.61 万元；核减投资额 11926.52 万元；移送有关部门处理事项 15 件，移送处理金额 1055.48 万元。审计提出建议 732 条，被采纳 499 条；提交审计信息 368 篇，被批示、采用 338 篇次。向社会公告审计结果 27 篇。

政策落实情况跟踪审计 围绕做好“六稳”工作、落实“六保”任务，前三季度结合扶贫资金审计、预算执行审计和就业补助资金审计，对相关政策措施落实情况进行跟踪审计，第四季度对临洮县 2020 年贯彻落实重大政策措施情况进行审计，审计指出优化营商环境、重大项目推进、财政资金管理使用绩效和新增财政资金管理使用等 4 个方面 60 个问题。对定西市所辖 6 县新增财政资金直达市县基层直接惠企利民情况开展专项审计，促进资金分配更加科学合理、使用更加严格规范、效益更加充分发挥。

财政审计 以推动深化财税体制改革、提高财政资金使用绩效等为目标，对市财政局等 5 个部门单位 2019 年度预算执行和其他财政收支情况进行审计，对 117 个市本级一级预算单位财务电子数据审计全覆盖。对市森林公安局财务收支情况进行审计。审计结果依法向市人大常委会进行报告，并通过定西党政网等媒体进行公告。

三大攻坚战审计 对岷县 2019 年度扶贫政策落实和资金管理使用情况、2019 年度福州·定西东西部扶贫协作资金管理使用情况进行审计。开展市林业和草原局局长自然资源资产离任（任中）审计。

疫情防控资金和捐赠款物专项审计 新冠肺炎疫情发生后，及时组织全市审计机关对新冠肺炎疫情防控资金和捐赠款物情况进行专项跟踪审计，确保疫情防控资金安全，提高资金和物资使用效益。

民生审计 对全市 2019 年度保障性安居工程资金进行审计，指出保障性安居工程资金闲置等问题。对全市殡葬服务行业管理情况进行专项审计调查，指出个别县区存在殡葬基础设施建设滞后等问题。对 2019 年就业政策落实和就业补助资金管理使用情况进行审计，督促相关部门落实有关问题资金 5900.99 万元。

经济责任审计 重点对市民政局等 15 个部门单位主要领导经济责任进行审计，指出应征未征财政收入等问题。完成原市药品检验检测中心和市工商联2个单位经济责任事项交接。

固定资产投资审计 调整审计思路，注重从面上反映情况、提出建议，服务党委政府决策，组织全市审计机关对全市2017年至2019年集中开工项目建设情况进行专项审计调查，审计结果得到市委市政府充分肯定。

企业审计 结合国有企业突出问题专项整治工作，对甘肃永泰机动车检测有限公司和定西市广升中小企业信用担保有限责任公司2户企业主要领导人员开展经济责任审计。

信息化建设 制订《定西市审计局关于组建数据审计分析团队推行数据审计分析应用的实施方案》，组建数据分析团队，大力推行数字化审计模式，为全市审计机关开展数据审计提供技术支持。自主研发优秀审计项目评选系统，数据分析团队的作用和优势得到初步显现。

内部审计 对市公安局、市教育局等17个单位内部审计制度建立及执行情况、工作开展情况等进行检查和指导。根据内部审计机构开展业务存在的问题，提出提高政治站位、改进内部审计工作方式等建议，并被采纳执行。

审计查出问题整改 制定《定西市审计机关审计发现问题整改工作管理办法》，建成全市审计整改信息管理系统，对审计整改情况进行动态管理、实时监控，形成“三步走”全流程管控、衔接紧密的审计整改闭环工作机制。组织开展2019年审计发现问题整改督促督办，制发整改督办函16份。通过督查督办促进整改落实有关问题15个，促进整改落实资金26941.60万元。

（撰稿人：姚洁琼）

【陇南市审计局】 2020年，陇南市审计局实有45人。局长张荣中（—8月）、贾永文（8月—），副局长张俭、李晖、李红易（7月—），经济责任审计办公室主任李红易（—7月）、姬瑛（7月—）。设有市委审计委员会办公室秘书科、办公室（党建办）、法规审理科、综合管理科、财政审计科、重大政策执行审计科、社会保障审计科、企业审计科、政府投资审计科、经济责任审计工作管理科、地方领导干部经济责任审计科、指导监督科、党政审计科、自然资源和环境保护审计科、农业农村审计科；下设审计信息中心。

审计成果 2020年，陇南市审计机关共完成审计项目732个，其中审计718个、专项审计调查14个。查出主要问题金额557554.46万元，其中违规金额453万元、损失浪费金额82万元、管理不规范金额557019.46万元。促进整改落实有关问题资金209978.14万元；审计促进拨付资金到位78556.11万元；移送司法机关、纪检监察机关和有关部门处理事项45件。审计提出建议638条，被采纳514条；促进被审计单位建立健全规章制度20项；提交审计信息55篇。

陇南市审计局实施的宕昌县2019年度扶贫政策落实及资金分配管理使用情况审计项目荣获甘肃省市级审计机关优秀审计项目二等奖。

政策落实情况跟踪审计 完成4个县（市、区）重大政策审计。审计资金58.57亿元，抽查133个单位178个项目，查出违规金额293.05万元、损失浪费78万元、管理不规范金额12.92亿元，发现非金额计量问题81个。整改促进收缴财政资金10457.84万元，加快拨付财政资金5139.13万元，归还原渠道资金269.77万元，其他方式整改资金102861.78万元。加快项目实施进度106个，建立健全制度9个。开展新增财政资金直达基层直接惠企利民情况专项审计，涉及资金280867.2万元，查出问题69个。

财政审计 完成市本级2019年度财政预算执行审计，延伸审计6个预算执行单位，完成75个市直一级预算单位2019年度预算执行情况大数据审计。共审计财政资金20.69亿元，查出问题金额30123.70万元，其中违规金额144万元、管理不规范金额29979.70万元，发现非金额计量问题27个，促进收缴财政资金8098.35万元，归还原渠道0.33万元，其他方式整改资金239.31万元。

三大攻坚战审计 完成2个县2019年度扶贫资金审计，审计各类扶贫资金19.9亿元，抽查38个县直单位、42个乡镇、144个村，入户调查1023户，抽查项目254个。查出问题金额6.68亿元，发现非金额计量问题38个。推动所有问题整改落实到位，促进收缴财政资金513.06万元，核减财政拨款或补贴840.07万元，追回贷款借款1031.38万元，归还原渠道资金33.06

万元，盘活财政存量资金 324.24 万元，加快拨付财政资金 6765.39 万元，其他方式整改金额 4561.7 万元，加快项目实施进度 7 个。

疫情防控资金和捐赠款物专项审计 共审计财政资金 1.25 亿元、捐赠资金 2441.43 万元，抽查 276 个党政机关和事业单位，延伸 26 个企业、协会、金融机构。审计发现非金额计量问题 10 个。通过审计，督促 10 个单位健全疫情防控资金会计账务，19 个单位规范捐赠款物的管理使用、及时拨付资金 106.55 万元。

民生审计 对市本级和武都区 2019 年度医疗保险基金进行审计，共审计医保资金 8.11 亿元，抽查定点医疗机构、定点零售药店和其他相关单位 64 个。查出问题金额 2201.63 万元，发现非金额计量问题 4 个，促进收缴财政资金 1620.82 万元，其他方式整改资金 580.62 万元。

经济责任审计 完成 44 个领导干部经济责任审计项目，查出主要问题金额 7991 万元，其中违规金额 12.55 万元、管理不规范金额 7978.45 万元，发现非金额计量问题 44 个。

企业审计 对 10 户市属国有企业 2017 年至 2019 年中央八项规定精神落实、投资决策、企业经营和资产管理、工程建设等情况开展专项审计。发现问题 44 个，涉及资金 101475.11 万元，其中违规金额 1199.60 万元、管理不规范金额 100275.51 万元，其他需要关注的事项共 7 个，涉及资金 51043.86 万元，发现非金额计量问题 3 个。

相关工作 不断强化教育培训，组织收听收看《审计大讲堂》、脱贫攻坚网络直播授课、脱贫攻坚网络公开课等，抽调州 30 余名审计人员参加省、州重点审计项目实战锻炼，举办 6 期全州审计系统“审计科长大讲堂”、1 期全州审计人员政治理论和审计业务知识培训班，培训审计人员 100 余人次，增强干部职工政治理论和业务素质水平。

（撰稿人：李美艳）

【临夏回族自治州审计局】 2020 年，临夏回族自治州（以下简称临夏州）审计局实有 99 人。局长戴永华，副局长罗宏志（—5 月）、马黎明（—9 月）、何临平（—9 月）、王建林、马中龙（9 月—），市经济责任审计工作联席会议办公室主任宗淑芳（—9 月）、甘鸿波（9 月—），州审计事务中心主任胡建军。设有办公室（州委审计委员会办公室秘书科）、法规审理科、财政金融审计科、重大政策执行审计科、党政和企业审计科、农业农村审计科、社会保障审计科、固定资产投资审计科、自然资源和生态环境审计科；下设州审计局经济责任审计办公室、州审计事务中心、州审计科研培训中心。

审计成果 2020 年，临夏州审计机关共完成审计项目 683 个，其中审计 647 个、专项审计调查 36 个。查出主要问题金额 787301 万元，其中违规金额 166745 万元、管理不规范金额 620556 万元。通过审计处理，促进整改落实有关问题资金 206168 万元，核减投资额 3658 万元；移送司法机关、纪检监察机关和有关部门处理事项 14 件。审计提出建议 983 条，被采纳 678 条；提交审计信息 419 篇。

政策落实情况跟踪审计 对和政县 2020 年第二季度重大政策措施贯彻落实情况、康乐县 2019 年第四季度重大政策措施贯彻落实情况进行跟踪审计，重点审计助力统筹推动疫情防控和经济社会发展政策落实情况、为民办实事落实情况、创业扶持政策落实情况等方面。围绕促进做好“六稳”工作，落实“六保”任务，对除和政县外的 7 个县市新增财政资金直达市县基层直接惠企利民情况进行专项审计调查。

财政审计 对 2019 年度州级预算执行及其他财务收支情况、28 个州直单位 2019 年度预算执行及其他财政财务收支情况进行审计。对永靖县 2017—2018 年度财政决算，东乡族自治县 2018 年度财政决算，积石山保安族东乡族撒拉族自治县、康乐县 2018—2019 年度财政决算进行审计。

三大攻坚战审计 对东乡族自治县 2019 年度扶贫政策措施落实和扶贫资金分配管理使用情况进行专项审计，组织 8 个县市审计机关对本县（市、区）2018—2019 年度扶贫政策措施落实和扶贫资金分配管理使用情况进行审计；采取“上审下”方式，对全州 8 个县市 2020 年 1 月至 10 月扶贫政策措施落实和扶贫资金（含东西部扶贫协作资金）管理使用情况进行专项审计调查。此外，对州扶贫办等 5 个州级脱贫攻坚主管部门进行审计。

疫情防控资金和捐赠款物专项审计 对临夏州疫情防控资金和捐赠款物开展专项审计，涉及财政资金 5998.4 万元、捐赠资金 1880.2 万元，延伸审计 10 家红十字会和慈善组织，176 个政府机构和单位，25 户企业和 14 家金融机构。

民生审计 对州本级及 8 个县市社会保障基金进行审计，针对审计发现的问题，坚持边审计、边整改、边规范，督促相关县市进行整改，促进社保基金规范高效运行。对永靖县、广河县、和政县、临夏县 2019 年度教育经费管理使用情况进行专项审计，促进教育领域相关政策落实和资金规范使用。对临夏市、和政县、康乐县、永靖县 2019 年度乡镇卫生院财政财务收支及专项资金进行专项审计，促进卫生领域相关政策落实和资金规范使用。应用大数据分析和信息化手段，对 2018 年至 2019 年全州医保资金、城乡低保和临时救助专项资金进行审计。

经济责任审计 完成经济责任审计项目 65 个，其中离任审计 49 个、任中审计 16 个。针对审计中发现的各类问题，督促被审计单位及时进行整改，完善内控制度。

固定资产投资审计 对 9 个州级重点建设项目进行竣工决算审计；对和政县等 7 个县 2019 年以来 1000 万元以上 36 个重大建设项目进行审计。

资源环保审计 结合财政财务收支审计，对州自然资源局、州生态环境局、州农业农村局、州林业和草原局生态环境保护责任履行情况进行审计。

企业审计 对州惠河水务投资集团等 4 家国有企业进行审计，确保国有资产保值增值，促进国有企业加强经营管理，提质增效。

（撰稿人：马娅莉）

【甘南藏族自治州审计局】 2020 年，甘南藏族自治州（以下简称甘南州）审计局实有 45 人。局长汪磊翔，副局长安玉荣、陈克明、行燕，总审计师贺荣华，州经济责任审计工作联席会议办公室主任杨怀弟。设有办公室、法规审理和核查监督科、重大政策执行和财政金融审计科、农业农村审计科、固定资产投资审计科、社会保障审计科、自然资源和生态环境审计科、国有资产和电子数据审计科；下设甘南州经济责任审计局、大数据审计中心。

审计成果 2020 年，甘南州审计机关完成审计和审计调查项目 540 个。查出主要问题资金 352709 万元；出具审计（调查）报告 662 篇。审计处理处罚金额 99680 万元；审计期间整改金额 38479 万元；核减投资额 7844 万元；向纪检监察及相关部门移送案件线索 15 件，已办结 10 件，追责问责处理 6 人次。提出建议 1070 条，被采纳 994 条；提交审计专题、综合性报告和信息简报 126 篇，被批示、采用 60 篇次。

玛曲县审计局实施的欧拉乡寄宿制学校原校长经济责任履行情况审计项目荣获甘肃省县级审计机关优秀审计项目二等奖。

政策落实情况跟踪审计 开展疫情防控重点企业审计，关注支持企业疫后复工复产的相关政策落实情况，推动企业复工复产和经济社会恢复运行。对合作市等 7 县市新增财政资金直接惠企利民情况进行专项审计。持续对 2016 年以来国家、省、州审计机关对重大政策措施贯彻落实查出问题整改落实情况的跟踪督查、汇总上报工作。

财政审计 对 2019 年州级预算执行和决算草案编制及州发展改革委等 18 个单位预算执行、财政收支情况进行审计；对迭部县 2018 年至 2019 年财政决算及其他财政收支情况进行审计。对全州 598 个财政一级预算单位 2019 年度财务数据进行采集、整理和分析。

三大攻坚战审计 对舟曲县扶贫政策措施落实和扶贫资金分配管理使用情况进行专项审计，涉及扶贫领域专项资金 66808.49 万元。对临潭县乡村振兴和生态文明小康村建设进行专项审计，涉及 63 个生态文明小康村建设项目，投资总额 39078.34 万元。

疫情防控资金和捐赠款物专项审计 对财政资金 1022.7 万元、捐赠资金 845.60 万元、优惠贷款资金 10300 万元进行审计，延伸审计 5 家红十字会、慈善组织及政府部门和单位，13 个疾病控制中心等政府机构和单位，11 户企业和金融机构，助力疫情防控工作高效有序开展。

民生审计 对医疗领域突出问题专项集中整

治情况、2017 年度黄河重要水源补给生态功能区生态保护与建设沙化治理项目资金管理使用情况、州本级 2018 年度失业保险基金筹集管理使用情况、工业转型升级资金、2019 年州级新增财政资金安排支出情况等 14 个重点领域、重大项目进行审计或审计调查。完成社会保障基金和保障性安居工程审计。

经济责任审计 对 141 名领导干部开展经济责任审计，查出主要问题金额 3822 万元，其中违规金额 323 万元、管理不规范金额 3498 万元。

固定资产投资审计 对迭部县阿夏乡暴洪灾害恢复重建防洪河堤建设项目等 15 个政府投资项目进行竣工决算审计，涉及项目投资额 161997 万元，核减投资额 1701 万元。进一步规范投资审计和聘请中介机构参与投资审计工作，审计服务费列入各级财政预算管理。

资源环保审计 对州生态环境局主要领导自然资源资产（大气资源）管理责任履行情况进行审计。配合省审计厅完成黄河流域生态保护和高质量发展专项审计调查。

审计质量 加强审计项目质量管控，严格落实审计业务分级质量管理控制制度，靠实项目质量管控责任。加大项目审理力度，落实“十查十看”要求，把好“五级复核”关口，实行“报送＋现场”审理并行模式。对 27 个审计项目开展全州审计机关优秀审计项目集中评审。

内部审计 州直部门有内部审计机构的单位 7 个，其中专职机构 6 个；从业人员 19 人，其中专职人员 9 人。完成内部审计项目 54 个，审计资金总额 76067 万元，提出审计建议被采纳 60 条。

交办任务 抽调 20 名业务骨干参加省委巡视、州委巡察以及各项监督检查等工作。抽调配合省审计厅对州委州政府主要领导自然资源资产离任审计和经济责任审计整改情况的跟踪落实。完成州委组织部和相关部门单位委托的 549 名拟提拔任用、转正任职、职级职务晋升干部审计情况的审查。

相关工作 加强干部队伍建设，选派 18 人参加审计署、省审计厅的各类培训；抽调 40 余人次参加审计署、省州统一组织的审计项目；组织业务骨干 20 人赴兰州、嘉峪关等市县审计局交流学习；举办 2 期全州审计机关业务能力提升培训班，对 288 名审计干部进行集中培训。

（撰稿人：夏永胜）

【兰州新区审计局】 2020 年，兰州新区审计局实有 31 人。局长李玉和，副局长李富平。设有办公室、党政与经济责任审计科、固定资产投资审计科、企业与金融审计科、法规审理科、财政与重大政策执行审计科。

审计成果 2020 年，兰州新区审计局完成审计项目 30 个。查出各类问题金额 71525.37 万元，其中核减工程价款 12227.89 万元、管理不规范金额 58942.46 万元、违规金额 355.02 万元。审计发现工程建设领域管理不规范、民生领域资金管理不到位、企业内控管理制度不健全等非金额计量问题 198 个。审计提出建议 71 条，被采纳 64 条；上报审计专报 4 期。

财政审计 落实过“紧日子”要求，开展兰州新区 29 家一级预算单位财务数据采集和标准化数据全覆盖采集工作，完成 12 家单位 2018—2019 年度预算执行及其他财政收支情况审计。审计发现部分单位预算编制不完整、执行率低、超预算支出、国库集中支付比例低等问题，涉及资金 6288.84 万元，以及财务核算不规范等非金额计量问题 86 个。

民生审计 坚持“两统筹”工作方法，采取“1 拖 N”审计形式，完成 2018 年至 2019 年社保资金管理使用情况专项审计和 2019 年征地拆迁资金管理使用情况审计调查，审计发现资金结余比例较大、补助资金超额预算、低保人员认定不规范等非金额计量问题 12 个。持续做好兰州中川机场三期扩建项目征拆跟踪审计，对 95 户补偿安置协议及兰州壮牧农业、中川镇排水公司、西槽村委会等 17 户被拆迁户的评估报告进行审核，对 338 户拆迁户的房屋及附属物的评估报告进行现场复核。

经济责任审计 坚持“四审结合”（审人、审单位、审资金、审项目）的思路，加强领导干部权力运行监督，完成 6 名领导干部任职期间经济责任履行情况审计。发现部分单位未及时收回股权投资收益、固定资产未入账等问题，涉及资金 2037.72 万元；发现年度经营业绩指标未完成、出借资金未收回、合并报表部分数据不实等非金额计量问题 54 个。

固定资产投资审计 以加强和改进政府投资建设项目管理、促进资金安全有效使用为目标，突出对重点工程、重大项目审计。完成决算审计项目 5 个，送审金额 28.30 亿元，审定金额 27.08 亿元，审计发现多计待摊投资等问题，审减金额 12227.89 万元；以及未严格执行基本建设程序、建设项目未单独建账核算等非金额计量问题 14 个。

企业审计 完成兰州新区科技文化旅游集团有限公司 2018 年至 2019 年资产、负债和损益情况审计，兰州新区八大集团重大经济合同专项审计，兰州新区铁路建设投资有限责任公司、兰州瑞岭物业服务有限公司 2018 年至 2019 年资产、负债和损益情况审计，发现部分单位资产、负债和利润不实，多缴税款，子公司“走单”贸易亏损等问题，涉及资金 50489.7 万元；合同管理不规范、往来款项清理不及时等非金额计量问题 32 个。

专项资金审计 开展新增财政资金直达市县基层直接惠企利民情况专项审计、新冠肺炎疫情防控财政资金和捐赠款物管理使用情况跟踪审计，审计发现捐赠资金未及时使用等问题，涉及资金 126.2 万元。（撰稿人：宋雅琴）

【甘肃矿区审计局】 2020 年，甘肃矿区审计局（与中核四〇四有限公司审计处合署办公）实有 8 人。副局长杜瑞军。设有审计科、风险合规科两个行政科室，其中审计科代为行使甘肃矿区审计局办公室职能。

审计成果 2020 年，甘肃矿区审计局共完成审计项目 2 个，其中经济责任审计和疫情防控专项审计各 1 个。发现非金额计量问题 3 个；出具审计报告 2 篇。向被审计单位提出审计建议 3 条，均被采纳；推动被审计单位制定整改措施 3 条，健全规章制度 1 项。充分发挥审计的监督职能。

1 人被评为全省审计系统先进工作者。

疫情防控资金和捐赠款物专项审计 对甘肃矿区疫情防控期间接受捐赠款物的管理和使用情况开展专项审计，涉及各类防疫物资共计 2.32 万件，审计资金量 0.04 亿元。

经济责任审计 对甘肃矿区国有资产经营管理有限公司原总经理开展任期经济责任审计，审计资金量逾 1.17 亿元，发现审计问题 3 个，提出审计建议 3 条，被审计单位均予以采纳。

内部审计 完成各类内部审计项目 56 个，充分发挥内部审计对中核四〇四有限公司持续健康发展的护航作用。

相关工作 强化审计干部队伍的政治学习能力与业务学习能力，始终坚持将审计业务工作与政治能力建设同步规划、同步推进、同步落实。选派人员参加省审计厅举办的公文写作专题培训班，取得较好效果。（撰稿人：李志昕）

2020 年甘肃省所辖县(市、区)级审计工作统计表

审计机关	完成审计项目/个	审计查出主要问题金额/万元	审计发现非金额计量问题/个	审计期间整改金额/万元	出具审计报告和审计调查报告/篇	审计处理情况		审计促进整改落实有关问题资金/万元	审计提出建议/条	提交审计信息/篇
						审计处理处罚金额/万元	移送处理事项/件			
兰州市										
兰州市本级	99	1399428	1136	12400	72	94436	29	22434	329	140
城关区审计局	18	6050	23	96	18	5280		5017	25	32
七里河区审计局	14	10642	25	9580	17	207		224	32	40

（续表）

审计机关	完成审计项目/个	审计查出主要问题金额/万元	审计发现非金额计量问题/个	审计期间整改金额/万元	出具审计报告和审计调查报告/篇	审计处理情况		审计促进整改落实有关问题资金/万元	审计提出建议/条	提交审计信息/篇
						审计处理处罚金额/万元	移送处理事项/件			
西固区审计局	24	18599	60	19	24	18599		3	83	40
安宁区审计局	11	187969	34	18	14		1	21847	30	14
红古区审计局	16	36906	41	551	16	88	5	88	39	32
永登县审计局	50	129234	31	1063	59	20			88	14
皋兰县审计局	35	3075	7	592	32	1158			53	10
榆中县审计局	21	84361	32	581	29	43926		41480	21	1
嘉峪关市										
嘉峪关市本级	22	122300	165	3143	22	2830	18	103006	114	14
金昌市										
金昌市本级	25	47800	67	301	25		11	246	60	7
金川区审计局	24	54864	31	1	24		1		53	9
永昌县审计局	36	2278	15	10862	36		8	381	45	
白银市										
白银市本级	39	98512	118	4704	39	44657	3	43884	77	84
白银区审计局	53	20621	163	381	126	2764	5	2192	145	39
平川区审计局	34	4344	45	38	34	2499	2	1367	69	16
靖远县审计局	18	51529	55	1221	21	15814	3	15024	37	15
会宁县审计局	56	5322	97	56	75	3768	1	3119	123	21
景泰县审计局	21	19446	63	681	36	2150	6	1186	42	26
天水市										
天水市本级	68	382892	501	325	116	83854	2	53262	262	17
秦州区审计局	34	5035	43	907	43	4127		968	68	9
麦积区审计局	37	9715	43	4	57	9715	3	653	93	5
清水县审计局	28	7542	21		44	4599		3849	72	5
秦安县审计局	35	64324	106		46	64324		64324	97	9
甘谷县审计局	39	10308	14	70	61	10308		960	105	7
武山县审计局	35	2751	52		50	2751		1239	82	8
张家川回族自治县审计局	13	5140	37	612	19	5140		5060	61	5
武威市										
武威市本级	72	151762	389	64370	90	13948	22	6639	113	57
凉州区审计局	80	74485	119	370	110	634	16	41198	69	66
民勤县审计局	42	38213	24	3	65	37901	3	37901	26	22

（续表）

审计机关	完成审计项目/个	审计查出主要问题金额/万元	审计发现非金额计量问题/个	审计期间整改金额/万元	出具审计报告和审计调查报告/篇	审计处理情况		审计促进整改落实有关问题资金/万元	审计提出建议/条	提交审计信息/篇
						审计处理处罚金额/万元	移送处理事项/件			
古浪县审计局	63	5194	2	3	92	4196	2	1922	40	31
天祝藏族自治县审计局	18	2939	7	305	26	2775	1	147	11	11
张掖市										
张掖市本级	42	262200	210	60694	90	83880	5	129223	125	32
甘州区审计局	18	135169	587	7	19	8425	2	7945	38	2
肃南裕固族自治县审计局	26	34714	6		34		2		34	37
民乐县审计局	43	560015	38	196	43	58414	3	21556	80	
临泽县审计局	34	198850	39	3814	51	310	5	310	36	6
高台县审计局	25	89547	33		29		7	2252	18	
山丹县审计局	32	552249	34	4282	32	8055	9	2802	74	2
平凉市										
平凉市本级	70	270262	153	3048	93	9402	83	4494	125	189
崆峒区审计局	47	109266	8	149	75	9270		226	108	18
华亭市审计局	31	38427	29	1918	38	1035		3683	51	23
泾川县审计局	44	172567	16		56	1566		1297	14	20
灵台县审计局	40	95766	27	6595	40	1073	21	242	52	15
崇信县审计局	28	3789	25		39	1		3738	34	10
庄浪县审计局	36	76823	67	262	53	8994	11	1422	44	12
静宁县审计局	31	214609	107	358	41	12726	13	4655	64	16
酒泉市										
酒泉市本级	55	276719	223	11508	87	7377	5	105334	119	179
肃州区审计局	14	53862	42	136	17	993	5	484	35	78
玉门市审计局	25	118570	48	3307	30	3475	7	113049	59	29
敦煌市审计局	28	31911	45	1176	45	9227	4	10738	98	27
金塔县审计局	38	10820	11	297	46	1515	3	8069	74	48
瓜州县审计局	62	26783	44	3	82	1795	16	25725	139	321
肃北蒙古族自治县审计局	42	9931	30	11	53	2070	2	2	60	
阿克塞哈萨克族自治县审计局	35	33954	25		44	31746	4	31746	37	152
庆阳市										
庆阳市本级	46	280937	85		59	48342	15	40689	93	
西峰区审计局	47	12181	16	116	55	12157		12158	1	

（续表）

审计机关	完成审计项目/个	审计查出主要问题金额/万元	审计发现非金额计量问题/个	审计期间整改金额/万元	出具审计报告和审计调查报告/篇	审计处理情况		审计促进整改落实有关问题资金/万元	审计提出建议/条	提交审计信息/篇
						审计处理处罚金额/万元	移送处理事项/件			
庆城县审计局	34	131774	59		52	200			90	
环县审计局	27	4185	51		36	4185		4186	65	8
华池县审计局	39	115805			58	448		223	45	
合水县审计局	58	25852	34		82	4		8	88	
正宁县审计局	53	40629	76		74	1	3	1	34	
宁县审计局	25	6112	263		37	5487		5487	59	
镇原县审计局	33	18083	37		48	3721			64	
定西市										
定西市本级	37	40404	439	8636	58	19721	1	778	88	367
安定区审计局	39	61219	30	1106	59	2167		2139	75	
通渭县审计局	71	132519	566	1293	94	54835		29529	168	
陇西县审计局	71	522088	74	1917	96	519089	14	71185	117	
渭源县审计局	49	43542	112	16644	69	26897		23646	86	
临洮县审计局	59	21248	35	33	69	20905		11830	27	
漳县审计局	49	32906	132	461	67	26786		26515	101	1
岷县审计局	34	79608	65	4	47	7127		6986	70	
陇南市										
陇南市本级	79	303566	273	19849	79	15898	4	186066	65	3
武都区审计局	91	29900	26	3	91				109	
成县审计局	56	39440	38	8	56	4935	40		50	3
文县审计局	90	41552	10		90				92	
宕昌县审计局	174	2294	42	2065	174		1	2065	54	1
康县审计局	56	93296	10	87215	56			6080	95	24
西和县审计局	35	32880	36	1936	35			1936	6	6
礼县审计局	32	10802	12	6	32	10074		10732	63	13
徽县审计局	44	3099		3099	44			3099	57	5
两当县审计局	75	725	29	1	75			1	47	
临夏回族自治州										
临夏回族自治州本级	149	596165	112	31376	214	371887	14	169371	310	295
临夏市审计局	75	7265			107	266		2423	190	
临夏县审计局	50	2802			83	2814		807	80	

（续表）

审计机关	完成审计项目/个	审计查出主要问题金额/万元	审计发现非金额计量问题/个	审计期间整改金额/万元	出具审计报告和审计调查报告/篇	审计处理情况		审计促进整改落实有关问题资金/万元	审计提出建议/条	提交审计信息/篇
						审计处理处罚金额/万元	移送处理事项/件			
康乐县审计局	46	721		6	65	721		223	43	
永靖县审计局	53	126693	75		62	5594		5594	90	
广河县审计局	82	25395	3	2793	125	25248		25248		
和政县审计局	116	2790		414	125	2790		2104	73	124
东乡族自治县审计局	61	22764		23	111	22554			134	
积石山保安族东乡族撒拉族自治县审计局	51	2701	46		82	1179		394	63	
甘南藏族自治州										
甘南藏族自治州本级	72	334756	891	38152	95	89067		1868	132	104
合作市审计局	29	6535	1	69	29	6535		69	60	
临潭县审计局	25	137		27	34	23			25	
卓尼县审计局	67	2064	11		79	531			128	
舟曲县审计局	94				101				202	
迭部县审计局	121	8146	166	59	172	3082	4	2528	271	22
玛曲县审计局	32	607	18		42	1			72	
碌曲县审计局	13				23				24	
夏河县审计局	87	464		172	87	441		414	156	
兰州新区										
兰州新区审计局	30	71525	198		30			71525	71	56
甘肃矿区										
甘肃矿区审计局	2		3		2				3	

青海省

【青海省审计厅】 2020 年，青海省审计厅实有 154 人。设有省委审计委员会办公室秘书处、厅办公室、法规审理处、电子数据审计处、财政审计处、行政事业审计处、农业农村审计处、固定资产投资审计一处、固定资产投资审计二处、社会保障审计处、自然资源和生态环境审计处、金融与外资运用审计处、内部审计指导监督处（企业审计处）、重大政策跟踪审计处、经济责任审计一处、经济责任审计二处、人事处、机关党委（纪委）、离退休干部处、派出审计一局、派出审计二局、派出审计三局、派出审计四局及审计信息中心。

领导成员

厅　　长：朱　清

副 厅 长：张得庆　周　晖（援青）

　　　　　何世海　李　敏　徐　强

总审计师：刘巧玲

省经济责任审计工作厅际联席会议办公室主任：赵　勇

纪检组组长：吕静治（—12 月）

副巡视员：段霄江

审计成果　2020 年，青海省审计机关共对 1140 个单位开展审计或审计调查。查出违规金额 549108 万元、损失浪费金额 2629 万元、管理不规范金额 7505438 万元。审计处理处罚金额 991815 万元，促进增收节支和挽回损失 52926 万元；移送重大问题线索 114 件，移送处理 8 人。青海省审计厅共对 50 个单位开展审计或审计调查，查出违规金额 489858 万元、损失浪费金额 2513 万元、管理不规范金额 5786591 万元。审计处理处罚金额 530404 万元，促进增收节支和挽回损失 25461 万元；向有关部门移送重大问题线索 29 件，移送处理 2 人。

政策落实情况跟踪审计　按季度跟踪审计各地各部门落实国家重大政策措施情况，促进“六稳”“六保”等政策措施落地落实。稳就业方面重点关注全省疫情有效控制后落实复工复产政策及省内外用工、稳岗返还补贴资金、社保三项减免和相关政策制定及落实情况，推动提高大学生见习期间补贴标准、相关单位在疫情期间加大线上培训力度，提高就业人员技能水平。稳投资方面重点审计农牧、水利和道路交通等方面重大投资项目进展及产生效益情况，推动追回违规套取抗疫国债资金 2998 万元，促进加快实施项目 33 个。“放管服”方面重点审计政策落实、“审批破冰”工程平台建设应用、市场监管部门“双随机、一公开”工作开展等情况，推动更新完善“审批破冰”平台功能，深化投资项目领域“放管服”改革、营商环境优化。惠企利民方面开展新增财政资金直达市县基层直接惠企利民情况专项审计，揭示违规将新增财政资金拨付至预算单位实有资金账户、违规套取新增财政资金等问题，推动玉树藏族自治州追回儿童福利院套取困难群众救助补助资金 295.08 万元；开展清理拖欠民营企业中小企业账款情况审计，推动清理拖欠账款 1.32 亿元。促进过“紧日子”方面，揭示部分地区未实现一般性支出压减 5％的目标任务、套取财政资金、违规发放津补贴等问题，推动相关地区完善“三公”经费管理支出标准体系和支出管理规范，构建厉行节约的制度体系。

财政审计　开展青海省本级 2019 年度预算执行及其他财政收支情况审计，揭示部分预算安排方式与政策要求和实际情况不完全相符、部门预算及资产资金管理存在薄弱环节、省本级部门一般性支出未实现压减 10％的任务等问题，推动及时下达资金 44.98 亿元、上缴财政资金 5560 万元。开展省级 81 家一级预算单位全覆盖审计及部分二级单位 2019 年度预算执行情况审计，揭示存量资金及非税收入 1900 万元未上缴财政、非本级财政结余资金 2468.52 万元长期闲置等问题。开展 2019 年度地方政府债券安排、管理及使用情况审计，揭示部分债券项目进展缓慢、28.46 亿元债券资金闲置、债券资金违规用于非公益性资本支出 7.69 亿元等问题。开展政府投资基金管理使用情况审计，揭示政府专项债 5 亿元用于基金注册资本金、5 只基金投资的 15 个项目 47.78 亿元存在较大损失风险、财政资金 23.78 亿元长期闲置、擅自改变基金用途 9600 万元等问题，推动收回基金清算收入 1.09 亿元。

三大攻坚战审计　开展湟中、循化、贵南、泽库、甘德、杂多 6 个县扶贫政策措施落实和扶贫资金分配管理使用情况审计，揭示不符合规定人员纳入农村低保、违规计提项目管理费等问题，查出违规和管理不规范金额 8.74 亿元，促进 23 项扶贫政策落实到位，推动 41 个项目加快进度，归还原资金渠道 7190.79 万元，上缴财政 1711.30 万元，统筹盘活闲置资金 2598.40 万元。开展国际农发基金六盘山青海片区扶贫项目审计，揭示不合规资料报账、重复支付项目资金、部分项目未实施或项目进度滞后等问题。

疫情防控资金和捐赠款物专项审计　开展应对新冠肺炎疫情防控资金和捐赠款物专项审计，揭示疫情防控资金支出进度较慢、无卫生应急物资专用储备库等问题，促进专项资金、捐赠资金和物资及时分配使用 3279.42 万元，促进省财政厅安排下达应急物资保障体系建设特殊转移支付补助资金 2.31 亿元用于建立省市县三级医疗物资储备体系。

民生审计　开展 2019 年度保障性安居工程资金投入和使用绩效情况审计，揭示部分县

（市、区）公共租赁住房租金收入、售房款收入等5076.48万元未按照“收支两条线”规定上缴财政、624人（套）违规享受租赁补贴和公租房实物保障待遇、部分县（市、区）安居工程资金8309.74万元闲置和2799套公租房空置等问题。开展全省2019年医疗保险基金审计，揭示基本医疗保险重复参保19130人、门诊慢病特病政策覆盖率低享受面窄、部分基层医疗机构违规加价销售药品等问题，推动各市（州）设立医疗保障经办服务中心，追回违规收取的医疗费用2233.81万元。

经济责任审计 对共和县等地区、省民政厅等单位和青海机电国有控股有限公司等省属国有企业的23名领导干部（领导人员）进行经济责任审计，揭示不规范举债、违规发放津补贴、拖欠民营企业账款等问题，推动领导干部守纪守法守规尽责。开展省水利厅领导干部自然资源资产管理任中审计，揭示黄河“八七”分水方案指标不足、水电站河道生态基流机制不畅、个别企业违规取水、省管水资源费长期征收不足等问题，推动完善用水量统计制度，规范水资源费的征收和管理行为，促进收回应征未征水资源费3555.29万元。

固定资产投资审计 开展青海省人防系统工程项目专项审计调查，揭示政策执行不严格、审批及减免人防易地建设费随意性较大、虚假报销差旅费、违规发放津补贴等问题，促进追缴违规减免的人防易地建设费1.16亿元，追回虚假报销差旅费、违规发放津补贴336.18万元。开展青海省黄河干流防洪工程建设项目审计，揭示多计工程价款2672万元、少计工程价款1086万元及参建单位利用虚假资料骗取中标、被审计单位伪造公文等问题。开展扎隆沟至碾伯镇公路工程建设项目审计，揭示未严格履行基本建设审批程序、施工与设计单位涉嫌串通损害国家利益、未按规定缴纳农民工工资支付保证金、隧道防火及阻燃涂料不符合设计要求存在安全隐患等问题，促进追回多计工程价款4025.95万元，推动工程建设单位更换公路隧道阻燃涂料，消除安全隐患。开展全省在建水库工程建设项目专项审计调查，揭示77座水库未开工建设或未按期建成、地方政府和相关部门未有效发挥作用、多计工程价款1.22亿元、部分项目招标投标过程中涉嫌串通投标等问题。

资源环保审计 开展黄河干流青海省沿线生态环境保护情况专项审计调查，揭示贯彻生态环境决策部署不到位、不严格落实生态保护措施，以及生态环保资金使用和项目实施不规范等方面的问题。

金融审计 开展全省国有小贷公司2017—2019年度财务收支及经营管理情况专项审计调查，揭示“三农”和小微企业贷款未达到规定比例、违反规定跨区域经营、多数小贷公司由大股东决定贷款的审批发放及股东持股比例、转让期限违反监管规定等问题，涉及资金28亿元。

外资运用审计 开展世界银行贷款青海西宁城市交通项目2019年度财务收支和项目执行情况审计，揭示未经世界银行审批纯电动车项目超出概算3128.32万元、超付进度款2266.63万元，以及项目管理不规范等问题，推动省住房城乡建设厅严肃惩处违规招标投标的3家公司。开展亚洲开发银行贷款青海东部水资源利用项目2019年度财务收支和项目执行情况审计，揭示未取得有关土地报批手续、未进行项目竣工验收工作、未严格履行招标投标程序等问题。开展德国促进贷款青海西宁市绿化和生态保护项目2019年度财务收支和项目执行情况审计，揭示项目执行未按初步设计图纸施工、项目施工进度缓慢、部分地块栽植树种与设计不符等问题。开展亚洲开发银行贷款青海海东城乡环境综合治理利用项目2019年度财务收支和项目执行情况审计，揭示治理项目配套资金到位率低、建设成本核算不实、工程服务项目采购未履行政府采购程序等问题。

信息化建设 按照审计署金审工程三期建设指南要求，进一步优化完善建设内容，完成项目立项审批和方案报备等工作。成立项目建设领导小组，建立审计专网、视频会商系统等管理制度，保障项目安全顺利实施。稳步推进数据中心机房和办公楼综合布线及双电源改造、数据采集软硬件设备采购等工作。运用信息化审计手段，对省以下2776家财政一级预算单位2019年度预算执行情况进行全覆盖摸底。大数据审计技术广泛运用于社保、扶贫、医疗审计等领域，探索形成“混合编组”模式下审计数据分析团队的运行机制，提高审计效率。

相关工作 制发《厅党组落实全面从严治党和机关党建主体责任清单》，系统学习习近平新时代中国特色社会主义思想，十九届四中、五中全会精神，理想信念，审计业务能力4个专题10项内容。印发《公务员平时考核工作方案（试行）》，构建起知事识人体系；建立优秀年轻干部库、优秀年轻干部成长档案，推行《审计实务导师制办法》，助力年轻干部快速成才。选派65人次参加审计署、省委组织部、省委党校组织的各类培训，举办全省生态环境审计业务、全省审计机关审计质量提升和法规审理业务等培训，审计干部的综合能力得到提升。选派厅机关27名业务骨干到市州审计局进行业务授课或指导工作，选派基层审计机关17人到省审计厅交流锻炼，提高岗位胜任能力。选派65人次参加审计署、省委组织部、省委党校组织的各类培训，举办全省生态环境审计业务、全省审计机关审计质量提升和法规审理业务等培训，审计干部的综合能力得到提升。

制发《青海审计质量提升三年行动计划（2020—2022年）》《青海省审计厅关于开展“审计行为规范年”活动的实施方案》，组织全省优秀审计项目评选、市州县审计机关审计业务质量检查，进一步规范审计工作。

强化责任担当，突出问题导向，落实“清单”“台账”制度，区分厅党组、班子成员、各党支部查摆问题3大类26项，对应制定整改措施和责任清单，持续纠治存在问题。

制发《关于进一步加强审计理论研究工作的意见》，促进审计理论研究人才的培养。进一步加强审前公示和审后公告，发布审前公告45份、审计结果32篇。选派65人次参加审计署、省委组织部、省委党校组织的各类培训，举办全省生态环境审计业务、全省审计机关审计质量提升和法规审理业务等培训，审计干部的综合能力得到提升。

安排爱国卫生宣传、工作环境整治等5项内容，开展爱国卫生运动和控烟工作，举办公务员心理健康讲座，宣传普及疫情和防控知识，加强办公楼水电节能控制与管理，持续推进垃圾分类和循环利用等工作。2020年，青海省审计厅被国家机关事务管理局、国家发展改革委、财政部评为2019—2020年节约型公共机构示范单位，被青海省委、青海省人民政府表彰为全省国土绿化先进单位。

继续加大扶贫帮扶力度，争取凉坪村河道治理、大滩村千亩农田整治、村级幼儿园和烧烤营地建设，以及洋姜、高原油菜、土豆及玉米等特色种植业推广项目，为两村协调化肥100吨，开展相关政策宣讲等帮扶活动370人次，捐赠帮扶资金近13万元。（撰稿人：安志宙）

【西宁市审计局】 2020年，西宁市审计局实有63人。局长何平，副局长李红、张文玲，总审计师丁北涛。设有市委审计委员会办公室秘书科、办公室、法规审理科、财政审计科、行政事业审计科、社会保障审计科、农业农村审计科、自然资源与生态环境审计科、固定资产投资审计一科、固定资产投资审计二科、金融与外资运用审计科、电子数据审计科、经济责任审计一科、经济责任审计二科、内部审计指导监督科、重大政策跟踪审计科、派出审计科。

审计成果 2020年，西宁市审计局完成审计项目35个。查出主要问题金额1833917万元；审计发现非金额计量问题115个；审计期间整改金额13686万元；出具审计报告和专项审计调查报告49篇。审计处理处罚金额126565万元。审计促进整改落实有关问题资金2894万元；核减工程投资额2400万元。审计提出建议28条。

西宁市审计局被国家机关事务管理局、国家发展改革委、财政部评为2019—2020年度节约型公共机构示范单位，被省委审计委员会办公室、省审计厅、省人力资源社会保障厅表彰为全省审计系统先进集体。

政策落实情况跟踪审计 重点围绕西宁市推动分区分级精准复工复产和全面强化稳就业举措以及稳投资和“放管服”改革、惠企利民、清理拖欠民营企业中小企业账款等相关政策措施落实情况进行跟踪审计。

财政审计 着重围绕预算执行、专项资金及财政管理，结合省审计厅财政预算单位审计工作，开展市本级财政预算执行审计。

三大攻坚战审计 坚持以“精准、安全、绩效”为主线，开展湟源县扶贫政策落实及资金管理使用情况专项审计、湟源县政府主要领导干部任中自然资源资产责任履行情况审计。

疫情防控资金和捐赠款物专项审计　重点围绕用于疫情防控的财政专项资金、捐赠款物的规模、分配和管理使用等情况，延伸审计红十字会、慈善组织等9家公益单位，疾病控制中心等198个政府机构和单位，涉及财政资金28097.74万元、捐赠资金2472.58万元。

民生审计　开展大通县保障性安居工程资金投入和使用绩效、市本级保供稳价相关补贴资金管理使用情况、全市残疾人就业保障金及残疾人事业发展补助资金情况的专项审计。

经济责任审计　围绕权力规范运行、履职尽责能力等方面，先后组织实施西宁市统计局等12名党政主要领导干部和国有企事业单位主要领导人员经济责任审计。

固定资产投资审计　围绕全局性、基础性的“内环外网”、民生项目等重大公共基础设施工程，从政府投资项目基本建设程序等方面入手，组织实施中心广场北扩一期、熊猫馆建设等建设项目审计7个。

资源环保审计　围绕绿色发展样板城市政策落实以及项目和资金管理使用情况，开展市本级水资源保护和水污染防治专项资金审计。

（撰稿人：达成红）

【海东市审计局】　2020年，海东市审计局实有14人。局长刘顺山，副局长俞彩虹、严得煜（—7月）、车桂平（7月—），二级调研员莫方霞，总审计师宋谔。设有综合科、财政金融审计科、行政事业审计科、农业农村和资源环保审计科、经济责任审计科。

审计成果　2020年，海东市审计局完成审计项目21个。查出管理不规范金额283300万元；审计期间整改问题金额205万元；应归还原渠道资金277万元。审计提出意见或建议33条。

平安区2017年至2018年脱贫攻坚政策贯彻落实和资金管理使用情况审计项目被评为青海省省级优秀审计项目。

政策落实情况跟踪审计　开展新增财政资金直达市县基层直接惠企利民情况专项审计，抽查65个单位、75个项目，涉及财政资金349884.96万元，查出问题金额26986.2万元，提出审计整改意见11条。

财政审计　对全市69个一级预算单位2019年度预算执行和其他财政财务收支情况进行审计，揭示财政预算编制不规范、部门存量资金过大、“三公”经费超标准支出、非税收入管理不规范和挤占项目资金等问题。按照县级财政决算审计全覆盖的要求，对民和县财政和76家预算单位2019年度的国库支付数据、单位财务核算数据进行审计，揭示财政一体化指标系统数据管理不规范、收入预算编制不完整、国库集中支付管理不规范等7大类15个问题。

疫情防控资金和捐赠款物专项审计　对全市疫情防控资金和捐赠款物开展专项审计，重点审计财政资金12737.47万元、捐赠资金3880.59万元，延伸审计部分政府机构和社会团体，揭示专项资金支出进度缓慢、募捐款闲置和防控物资储备不足等问题。

民生审计　对海东市2016—2019年度医疗保险（含城镇职工基本医疗保险、城乡居民基本医疗保险）政策制度落实和改革措施推进情况，以及基金筹集管理使用情况进行审计，揭示医保资金损失、参保群众利益未得到有效保障、异地结报医保人员审核不严和医院重复收费、超标准收费等问题32个，涉及不规范金额2133.35万元。

经济责任审计　重点审计经济工作目标任务完成状况、财务收支、固定资产、重大经济决策、领导干部遵守廉洁自律等情况，揭示违反规定扩大开支范围、违规将财政资金从零余额账户支付到单位实有资金账户和应缴未缴财政款等问题。开展互助县县长任期自然资源资产管理和生态环境保护责任履行情况的审计，重点审计2017年度和2019年度森林、草原等自然资源和相关生态环境保护等情况，揭示林业造林项目跨年度实施、退化草地治理效果不明显等问题。

其他工作　完成海东市农业园区管委会入驻企业租赁土地情况审计和海东信融担保有限责任公司成立以来债务情况审计，完成市统计局原任局长任中经济责任审计和海东市住房公积金管理中心的公积金归集管理使用情况审计、乐都区人民医院资产及费用收支移交审计工作。

（撰稿人：马应孝）

【海北藏族自治州审计局】 2020年，海北藏族自治州（以下简称海北州）审计局实有14人。局长李刚，副局长黄金刚、谢明，副调研员叶宝。设有综合科、财政审计科、专项审计科（经济责任审计科）。

审计成果 2020年，海北州审计机关共完成审计项目55个。查出主要问题金额23612万元，其中管理不规范金额23043万元、违规金额569万元；审计发现非金额计量问题111个；损益（收支）不实金额1820万元；出具审计报告76篇。审计处理处罚金额8535万元，其中应上缴财政金额2206万元、应调账处理金额5101万元、应归还原渠道资金1227万元。审计促进整改落实有关问题资金6303万元，其中增收节支896万元（已上缴财政793万元、已归还原渠道资金102万元）、已调账处理1913万元；审计后挽回（避免）损失21万元。

政策落实情况跟踪审计 重点监督检查三大攻坚战任务落实、“放管服”改革推进、优化营商环境、创新驱动发展等政策措施的具体部署、执行力度、实际效果等情况，及时发现和纠正有令不行、有禁不止行为，促进政策落地生根和不断完善。

财政审计 对2019年州本级预算执行及其他财政收支情况、2020年财政预算编制情况进行审计。向州政府和州人大常委会分别提交审计结果报告和审计工作报告。完成对青海湖农场2017—2019年度财务收支审计、州本级部门预算全覆盖抽查财政财务收支审计。

疫情防控资金和捐赠款物专项审计 审计对象包括各级政府所属的财政、发展改革、卫生健康、民政、医疗保障、工业信息等部门，重点审计财政资金510.9万元、捐赠资金122.82万元。

民生审计 开展祁连县人民政府及相关部门2019年保障性安居工程资金投入和使用绩效审计，重点对祁连县2019年城镇棚户区改造征迁安置项目和2018年配套基础设施建设2个项目进行审计，共涉及项目投资21516.26万元。

专项资金审计 开展2018年至2020年上半年全省残疾人就业保障金和残疾人事业发展补助资金专项审计。开展2017年至2019年扶贫政策措施落实和扶贫资金分配管理使用情况审计。

经济责任审计 开展海北州无线电管理处原处长离任经济责任审计、青海湖农场原党委书记任期经济责任审计。开展刚察县原县长自然资源资产管理离任审计，重点审计林草水资源管理、利用、保护和林业行政执法等情况。

（撰稿人：王海蓉）

【黄南藏族自治州审计局】 2020年，黄南藏族自治州（以下简称黄南州）审计局实有17人。局长马文斌（—3月）、谭涛（3月—），副局长喻宝敏、张万军，总审计师杜长征。设有综合科、财政审计科、经济责任审计科、行政事业与社会保障审计科、重大政策跟踪审计科、农牧与自然资源生态环境审计科。

审计成果 2020年，黄南州审计机关完成审计项目108个。查出问题金额143566.11万元，其中违规金额2422.45万元、管理不规范金额140519.89万元；审计发现非金额计量问题265个。审计后应上缴财政资金1132.1万元；审计期间促进整改落实有关问题资金397.71万元。审计提出建议268条，被采纳192条；编发信息366篇，被采用34篇次。

政策落实情况跟踪审计 审计抽查全州82家单位33个项目，涉及资金85248.29万元；审计发现11个问题，促进问题整改6项，提出审计建议7条。

财政审计 开展2019年度本级预算执行和其他财政收支情况审计，查出主要问题金额81606.71万元，发现非金额计量问题13个，提出审计建议16条。开展11家单位财务收支审计，发现问题52个，查出违规金额500.83万元、管理不规范金额533.87万元；提出意见建议32条。对全州268家一级预算单位进行全覆盖审计，编写审计数据分析模型43个，筛选疑点数据3批8638条，涉及资金923898.86万元，经核实确定问题6200条，问题金额348006.31万元。

三大攻坚战审计 开展泽库县县长自然资源资产任中审计，查出非金额计量问题7个，提出审计建议 3 条。对尖扎县扶贫资金进行审计，查出主要问题金额 4855.42 万元，其中违规金额 1958.35 万元、管理不规范金额 2897.98 万元，发现非金额计量问题 6 个，提出审计建议 4 条。

经济责任审计 完成 48 名领导干部经济责任审计工作，向州纪委监委移交问题线索 5 件。对一市三县审计局原主要领导干部进行任期经济责任审计，查出主要问题金额 116.48 万元，提出合理意见建议 9 条。

民生审计 对泽库县保障性安居工程进行审计，查出管理不规范金额 224.56 万元，提出审计建议 4 条。对全州疫情防控资金和捐赠款物开展专项审计，提出审计建议 2 条。

资源环保审计 开展 2017 年至 2019 年河南县黄河干流沿线生态环境保护专项审计调查，查出问题 15 个，提出审计建议 3 条。

专项资金审计 开展全州残疾人事业发展补助金及残疾人就业保障金项目审计，查出主要问题金额 418.96 万元，发现非金额计量问题 14 个，提出审计建议 14 条。 （撰稿人：斗毛吉）

【海南藏族自治州审计局】 2020 年，海南藏族自治州（以下简称海南州）审计局实有 18 人。局长余军民，副局长胡忠民、王红丽、蔡连海（5 月—），四级调研员张朴。设有办公室（法规科挂牌）、财税金融审计科（外资运用及固定资产投资审计科挂牌）、行政事业与社会保障审计科、经济责任审计科、农牧与资源环保审计科。

审计成果 2020 年，海南州审计机关完成审计项目 121 个。查出问题金额 19.38 亿元，其中违规金额 1.09 亿元、管理不规范金额 18.29 亿元。审计处理处罚金额 13.75 亿元，其中应上缴财政 0.88 亿元、应归还原渠道资金 0.22 亿元、应调账处理金额 12.65 亿元；移送审计处理事项 11 件。审计提出建议 263 条。

海南州审计局实施的贵南县人民政府 2015—2017 年度财政决算及其他财政收支情况审计项目、兴海县审计局实施的兴海县民政局原局长南措吉任期经济责任审计项目被评为青海省审计厅 2020 年度优秀审计项目三等奖。

政策落实情况跟踪审计 对分区分级精准复工复产、全面强化稳就业、稳投资、“放管服”政策落实以及新增财政资金直达市县基层直接惠企利民情况开展跟踪审计，揭示新冠肺炎疫情防控补助预算资金未及时分配、直达资金支付进度缓慢预算执行力不强、资金监控系统数据更新不及时等问题，审计提出建议，促进重大政策措施落地落实。

财政审计 开展州本级预算执行及其他财政收支情况审计，揭示年初部门预算编制不细化、超范围使用统筹融合财政存量资金等问题。开展州交通运输局 2019 年度预算执行和其他财政收支情况审计，重点关注资产、负债和净资产情况、部门预决算情况、“三公”经费情况，针对性提出审计建议。

三大攻坚战审计 开展地方政府隐性债务审计调查，摸清全州隐性债务底数，向州委州政府提出化解风险的措施建议。开展兴海县 2018 年至 2019 年扶贫政策措施落实和扶贫资金分配管理使用情况审计，揭示在政策落实、扶贫绩效等方面的 5 个问题。开展兴海县、同德县、贵南县黄河干流沿线生态环境保护情况专项审计调查，揭示履行生态环保方面存在的不足和问题。

疫情防控资金和捐赠款物专项审计 从财政资金、捐赠资金、捐赠物资 3 个方面入手，审计州红十字会、州卫生健康委员会等 8 家相关单位，关注全州疫情防控财政资金投入资金量、社会捐赠资金和捐赠物资的接收、使用、结余等情况。

民生审计 开展贵德县 2019 年保障性安居工程的计划、投资、建设、分配、运营及后续管理情况审计，揭示未按规定对政府投资建设保障性安居工程销售收入及租金、利息收入纳入预算管理及安居工程住房空置超过 1 年以上、保障性安居住房后续租金管理不到位等问题。

经济责任审计 开展州第一民族高级中学、州国土资源局、州海汇投资有限责任公司等 9 名领导干部经济责任审计，关注领导干部贯彻执行国家重大政策落实情况，遵守廉洁从政规定和财经纪律情况，促进领导干部守法、守纪、守规、尽责。

固定资产投资审计 采取购买第三方服务方式开展州属学校现代化建设项目审计，揭示资金未到位、未按批复内容施工等问题。开展光伏一体化示范性综合实践基地建设项目审计，揭示项目超概算投资、多记建设成本以及个别项目未按设计施工等问题。

专项资金审计 开展维稳安保（含扫黑除恶）专项经费审计，揭示维稳安保专项经费结余资金未按规定上缴财政、未按规定发放村警维稳工作补助等问题。开展文化艺术节专项经费审计，揭示会计科目使用不规范等问题，提出规范资金管理、促进资金安全等审计建议。

信息化建设 完成海南州审计信息系统平台建设工作，为审计人员配备审计违规法规查询系统，节约审计法规定性查询时间，进一步提升工作效率。 （撰稿人：赵国瑾）

【果洛藏族自治州审计局】 2020年，果洛藏族自治州（以下简称果洛州）审计局实有9人。局长曹发山（3月—），副局长管全军。设有办公室、综合审计科、经济责任审计科。

审计成果 2020年，果洛州审计机关共完成审计项目95个。查出主要问题金额39240万元，其中管理不规范金额33611万元、违规金额5603万元。审计提出建议517条；上报审计信息150篇。

政策落实情况跟踪审计 对复工复产、稳就业、稳投资、金融支持政策落实等情况开展跟踪审计，揭示项目进度缓慢、资金不到位、新增财政资金管理不规范、相应政策落实不到位等问题。开展新增财政资金直达市县基层直接惠企利民专项审计。

财政审计 对2019年州本级预算执行情况、州藏医院等部门预算执行和久治县财政决算情况进行审计，发现问题5个，涉及资金10189万元。组织州县两级审计机关力量，对全州201家一级预算单位的财务数据进行整理和采集，并对下发的6360条疑点数据进行核查核实，共核实疑点数据4932条。

三大攻坚战审计 对甘德、达日等四县黄河干流沿线2017年至2019年生态环境保护情况开展专项审计调查，揭示项目实施不规范、垃圾处理存在隐患、结余资金未上缴等问题。结合脱贫攻坚中央专项巡视“回头看”和成效考核反馈问题整改，对2019年扶贫到村到户资金开展专项审计调查。

疫情防控资金和捐赠款物专项审计 开展应对新冠肺炎疫情防控资金和捐赠款物专项审计，查出管理不规范金额366.48万元，整改金额289.14万元，对发现的专项资金支出不理、物资交接手续不全、捐赠物资管理制度不完善等问题提出意见建议。

民生审计 实施2019年度保障性住房跟踪审计、基本养老保险基金和基本医疗保险基金审计、残疾人就业保障金和残疾人事业发展补助资金审计等项目，揭露和严肃查处挤占挪用、弄虚作假、侵吞贪污等违纪违法行为。

经济责任审计 深入揭示“三重一大”制度执行等方面的突出问题，提出加强财务管理、完善纪律制度、强化内部防控等意见建议，推动领导干部守法守纪守规尽责。

交办任务 配合开展党委巡察、人大常委会行政事业性固定资产核查、纪委“小金库”专项治理等工作。结合基层换届工作，对本地区乡镇、村（社区）财务收支，村集体、合作社等资金等进行审计，为基层换届打下基础。

审计科研 进一步完善信息考评激励制度，制发《关于进一步加强审计宣传工作的通知》，组建审计信息员队伍；以审计研究课题为抓手，开展脱贫攻坚审计课题研究，提升理论研究和创新成果能力；注重审计理论研究队伍建设，筹建果洛审计学会。

相关工作 召开党委审计委员会会议，召集经济责任审计联席会议，落实审计管理体制改革的举措，强化审计领域重大工作的顶层审计。建立审计项目台账，控制现场审计时间，实施审计项目“两统筹”管理，切实提高审计效率。进一步细化整改措施，持续抓好发现问题后续整改，推动审计整改落实到位。采取出去学习、挂职锻炼、双向交流、以审带培等多种形式，培训审计人员30余人次。修订完善工作、学习、考核等方面制度22项，做到用制度管权管事管人。

（撰稿人：吕　剑）

【玉树藏族自治州审计局】 2020年，玉树藏族自治州（以下简称玉树州）审计局实有15人。局长罗建兵，副局长龙保、才扎西，总审计师梁秀金，纪检组长扎西次成，二级调研员赵玉良。设有综合科、行政事业与社会保障审计科、财政金融审计科、农牧资源环保审计科、经济责任审计科、投资审计科。

审计成果 2020 年，玉树州审计机关完成审计或审计调查项目 211 个。查出主要问题金额 262276 万元，其中违规金额 4975 万元、管理不规范金额 257300 万元；审计发现非金额计量问题 665 个；损益（收支）不实金额 2996 万元；出具审计报告和专项审计调查报告 296 篇，被批示、采用 1 篇次。审计处理处罚金额 7347 万元，其中应上缴财政 3481 万元、应归还原渠道资金 176 万元、应调账处理金额 3689 万元；移送司法机关、纪检监察机关和有关部门处理事项 48 件，移送处理人员 1 人，移送处理金额 3638 万元。审计促进整改落实有关问题资金 5442 万元；审计后挽回（避免）损失 1107 万元；核减工程投资额 60 万元；移送处理落实事项 2 件。审计提出建议 769 条，被采纳 743 条；推动被审计单位制定整改措施 7 项；提交审计信息 127 篇，被批示、采用审计信息 35 篇次。向社会公告审计结果 6 篇。

玉树州本级 2016 年至 2018 年就业补助资金管理使用情况审计项目被省审计厅评为 2020 年度市（州）级优秀审计项目三等奖。

政策落实情况跟踪审计 重点关注复工复产、新政财政资金分配使用、清欠民营企业账款、“六稳”“六保”政策落实情况，确保党中央、国务院各项重大决策部署落地见效。

财政审计 借助省审计厅大数据平台，首次实现全州 410 家财政预算单位全覆盖审计，其中州级 104 家、县级 306 家。此次全覆盖审计采集数据，包括二级预算单位的财务数据。

三大攻坚战审计 深入一市五县，督促检查扶贫资金拨付、使用和扶贫项目实施情况，以及中央专项巡视“回头看”、国家省级成效考核中反馈问题的整改情况，对治多县扶贫资金管理使用情况进行审计。

民生审计 完成囊谦县和杂多县保障性安居工程资金投入和使用绩效审计，揭示应收未收租金、公共租赁住房空置、公共租赁住房分配不规范等问题。开展疫情防控资金和捐赠物资专项审计，促进专项资金、捐赠资金和物资及时、公平分配使用。

经济责任审计 对 17 名领导干部进行离任或任中经济责任审计，揭示未按规定进行政府采购、超限额使用现金、违规发放津贴补贴等问题，督促领导干部依法行政、履职尽责、廉洁自律，为组织部门选拔干部提供参考依据。

固定资产投资审计 对 23 个重点项目进行审计，揭示专项资金未单独建账、项目资金未足额到位、会计基础工作不规范、超限额提取现金等问题，并提出审计建议，促进重点项目提速、提质、提效。

资源环保审计 对玉树州自然资源局领导干部履行自然资源资产管理责任情况进行审计。

信息化建设 搭建完成全州审计系统视频会议平台，建立完善 OA 系统办公软件，配备金审工程电子密钥。

（撰稿人：马菊兰）

【海西蒙古族藏族自治州审计局】 2020 年，海西蒙古族藏族自治州（以下简称海西州）审计局实有 26 人。党组书记、副局长刘隽武，局长刘凤莲，副局长刘涛，纪检组长曹福寿，总审计师魏玉金。设有办公室、法规审理与电子数据审计科、财政金融与重大政策审计科、经济责任与企业审计科、行政事业与社会保障审计科、农业农村与资源环保审计科、审计服务中心。

审计成果 2020 年，海西州审计机关共审计和审计调查 249 个单位。查出主要问题金额 119209.76 万元，其中违规金额 8521 万元、管理不规范金额 87503 万元；审计发现非金额计量问题 649 个；损益（收支）不实金额 8032 万元；出具审计报告和专项审计调查报告 274 篇。审计处理处罚金额 14497 万元，其中应上缴财政金额 3447 万元、罚没金额 15 万元、应归还原渠道金额 9507 万元、应调账处理金额 1541 万元。审计促进整改落实有关问题资金 6618 万元，其中增收节支 4033 万元、已上缴财政 2265 万元、已归还原渠道资金 1767 万元、已调账处理金额 1964 万元；核减投资额 3923 万元。审计提出建议 606 条，被采纳 360 条；提交审计信息 14 篇，被批示、采用 2 篇次。

2017 年格尔木市保障性安居住房跟踪项目被

评为青海省审计厅2020年度优秀审计项目二等奖。

政策落实情况跟踪审计 重点关注税费减免、稳投资、“放管服”等政策措施落实情况，充分发挥审计在推动重大政策措施落实到位方面的保障作用。

财政审计 开展2019年度州本级预算执行和其他财政收支审计，涉及金额40747.67万元。

疫情防控资金和捐赠款物专项审计 全面掌握用于疫情防控的专项资金、捐赠款物的分配和管理使用等情况，促进规范管理、高效使用和信息公开。

民生审计 对都兰县、天峻县2019年保障性安居工程，德令哈市2018年至2019年扶贫政策落实和扶贫资金分配使用情况，全州残疾人就业保障金和事业发展补助资金等项目进行审计。

经济责任审计 完成州发展改革委原主任、州公安局原局长、州老干部局原局长等15个单位领导干部的经济责任审计，促进领导干部按照法定权限和程序行使权力。

固定资产投资审计 重点审计工程造价、项目管理、监理履职资金拨付等情况，核减投资额（工程款）807万元。

资源环保审计 开展大柴旦行委主任自然资源资产审计，摸清被审计地区自然资源总量。

交办任务 抽调人员配合省委巡视组、州委巡察办、州纪委监委等部门开展政治巡察、案件查办、“小金库”治理等工作。

（撰稿人：王海成）

2020年青海省所辖县（市、区）级审计工作统计表

审计机关	完成审计项目/个	审计查出主要问题金额/万元	审计发现非金额计量问题/个	审计期间整改金额/万元	出具审计报告和审计调查报告/篇	审计处理情况		审计促进整改落实有关问题资金/万元	审计提出建议/条	提交审计信息/篇
						审计处理处罚金额/万元	移送处理事项/件			
西宁市										
西宁市本级	35	1833917	115	13686	49	126565	9	2894	28	2
城东区审计局	12	50197	5	562	14	5565		1198	18	5
城中区审计局	28	20390		692	36	3156		2304	58	10
城西区审计局	15	84075	24		18	6610		15411	28	26
城北区审计局	22	12892	7	1	25	12984		8487	11	
湟中区审计局	18	4243	35	5	23	159		2110	42	
大通回族土族自治县审计局	14	49815	28	955	18	43631	2	43607	2	2
湟源县审计局	16	9754	8	1356	19	4188	1	1115	58	12
海东市										
海东市本级	21	401973	32	205	25	1361		205	33	
乐都区审计局	53	53196	31		35	3883	1	3869	41	94
平安区审计局	18	3448	45	60	27			43	34	
民和回族土族自治县审计局	32	22060	31	71	32	1517	3	1445	33	

（续表）

审计机关	完成审计项目/个	审计查出主要问题金额/万元	审计发现非金额计量问题/个	审计期间整改金额/万元	出具审计报告和审计调查报告/篇	审计处理情况		审计促进整改落实有关问题资金/万元	审计提出建议/条	提交审计信息/篇
						审计处理处罚金额/万元	移送处理事项/件			
互助土族自治县审计局	36	7127	22	4942	36	10537		4942	76	36
化隆回族自治县审计局	12	16898	56	2500	12		1	3854	28	7
循化撒拉族自治县审计局	13	639	5	335	14	76		76	31	2
海北藏族自治州										
海北藏族自治州本级	9	1589	41	751	12	562		77	24	40
门源回族自治县审计局	8	14416	23	30	10	1889		2638	22	75
祁连县审计局	11	4801	14	90	12	4520		3581	15	30
海晏县审计局	12	2799	33		18	557			26	20
刚察县审计局	16	7			24	7		7	33	28
黄南藏族自治州										
黄南藏族自治州本级	20	73474	36	24		1	22	48	93	62
同仁市审计局	20	9774	20		22				42	76
尖扎县审计局	18	49504	32		18				45	58
泽库县审计局	25	753	16	22		1	16	63	148	55
河南蒙古族自治县审计局	30	10061	161	360	47		4	360	70	140
海南藏族自治州										
海南藏族自治州本级	26	136541		1027	32	136541	2	1020	42	65
共和县审计局	36	33		5	41	33			78	
同德县审计局	10	56430		4343	11	782	5	682	18	35
贵德县审计局	14	8		8	18	8			16	6
兴海县审计局	15	346			14	346			61	142
贵南县审计局	12	592		13	18	20	5	4	58	56
果洛藏族自治州										
果洛藏族自治州本级	14	37252	16	10384	14	3636		7441	84	36
玛沁县审计局	7	873	12	143	7				29	15
班玛县审计局	15				15				49	62

（续表）

审计机关	完成审计项目/个	审计查出主要问题金额/万元	审计发现非金额计量问题/个	审计期间整改金额/万元	出具审计报告和审计调查报告/篇	审计处理情况		审计促进整改落实有关问题资金/万元	审计提出建议/条	提交审计信息/篇
						审计处理处罚金额/万元	移送处理事项/件			
甘德县审计局	10	543	55		10	4			56	13
达日县审计局	28	1			28	1			226	13
久治县审计局	8				8				30	38
玛多县审计局	13	570		88	13	374			43	39
玉树藏族自治州										
玉树藏族自治州本级	59	170854	361	25	74	3444	10	3195	204	16
玉树市审计局	23	18573	73	78	32	2205	7	2205	80	37
杂多县审计局	20	10384	110	10	20	292	27	1	59	31
称多县审计局	10	2079	11		66			2079	132	21
治多县审计局	21	580	1		23	14		25	56	4
囊谦县审计局	63	59317	78	33	65	1357		162	190	21
曲麻莱县审计局	15	454	31		15	27	1	27	49	17
海西蒙古族藏族自治州										
海西蒙古族藏族自治州本级	42	70495	41	4533	42		9	3919	56	138
格尔木市审计局	93	18431	507	2672	121	9152	1	15165	320	184
德令哈市审计局	19	783	54	783	25	755	7	755	61	168
茫崖市审计局	11	4250	3	83	14			83	10	3
乌兰县审计局	17	13234	36		17		3	7	49	12
都兰县审计局	25	7347	79	127	23				69	89
天峻县审计局	25	4669	136	7744	29		1	3959	73	43
大柴旦行委审计局	17				17					33

宁夏回族自治区

【宁夏回族自治区审计厅】 2020年，宁夏回族自治区审计厅实有156人。设有办公室、法规审理处、内部审计监督指导处、财政审计处、教科文卫审计处、农业农村审计处、固定资产投资审计处、社会保障审计处、自然资源和生态环境审计处、金融审计处、企业审计处、涉外审计处、经济责任审计局、政策落实审计处、机关党委（人教处）、审计委员会办公室秘书处和派出审计一处、派出审计二处、派出审计三处、派出审计四处、派出审计五处、派出审计六处；下设审计科研培训宣传中心、审计厅信息中心、自治区计算机审计服务中心。

领导成员

党组书记：胡仲秋

党组副书记：冼国义（10月—）
厅　　长：胡仲秋（—11月）
　　　　　冼国义（11月—）
副 厅 长：刘　佳　宋卫中　张　龙
纪检监察组组长：郎治钧
总审计师：李　珍
二级巡视员：马忠林（2月—）　段雅美
　　　　　　高晓红（—12月）
　　　　　　孙建萍（—12月）

审计成果　2020年，宁夏回族自治区审计机关共完成审计或审计调查项目581个。查出违规及损失浪费金额2.5亿元，出具审计报告691篇，11篇审计报告（专报）得到自治区党委、政府主要领导肯定性批示。促进增收节支和挽回损失2.27亿元。向自治区党委、政府报送各类请示、报告和信息等130多份，自治区党委、政府领导批示25件。其中：审计厅本级共完成审计项目43个，其中审计36个、专项审计调查7个。查出违规金额1090万元、管理不规范金额1607222万元；出具审计报告和专项审计调查报告47篇。审计处理处罚金额84224万元，其中应上缴财政4281万元、应原渠道归还资金76821万元、应缴纳其他资金2810万元。审计促进拨付资金到位、挽回（避免）损失722万元；审计提出建议110条，被采纳110条；促进被审计单位建立健全规章制度83项；提交审计信息263篇，被批示、采用21篇次。向社会公告审计结果3篇。

宁夏回族自治区审计厅实施的宁夏某公司资产负债损益情况审计项目被审计署评为2019年度全国省级审计机关优秀审计项目一等奖；固原市原州区审计局实施的固原市原州区水务局原局长任职期间经济责任履行情况审计项目被审计署评为2019年度全国县级审计机关优秀审计项目三等奖。

政策落实情况跟踪审计　紧紧围绕推动做好“六稳”工作和“六保”任务要求，组织开展全自治区2020年一至三季度贯彻落实国家重大政策措施情况跟踪审计和“三促进”专项审计，重点关注宁夏优化营商环境、就业优先等重大政策措施落实情况，促进实现全年经济社会发展目标任务。密切关注政策执行中存在的新情况新问题，注重边审边督边改，持续做好审计整改“后半篇”文章。密切关注拖欠民营企业和中小企业账款、减税降费、“放管服”改革等政策措施落实情况，促进“六稳”“六保”政策措施落地见效。开展新增财政资金直达市县基层直接惠企利民专项审计，抽审152个项目，涉及资金109.91亿元，推动完善制度、强化管理、堵塞漏洞，促进政策落实落细。

财政审计　深入推进预算执行审计，实现对自治区本级183个一级预算单位审计全覆盖，促进有关市县、部门（单位）树牢过“紧日子”思想，追回、盘活、加快拨付资金23.61亿元，健全完善制度99项。开展宁夏疫情防控资金和捐献款物专项审计及第四人民医院传染病防治综合楼（扩建）工程建设跟踪审计，促进及时发放捐赠物资，完善疫情防控有关制度10余项，得到自治区政府主要领导肯定性批示。1月4日，自治区十二届人大常委会第十七次会议听取并审议《关于2018年度自治区本级预算执行和其他财政收支审计结果落实情况的报告》。7月27日，自治区十二届人大常委会第二十一次会议听取并审议《关于2019年度自治区本级预算执行和其他财政收支情况的审计工作报告》。

三大攻坚战审计　围绕“两不愁三保障”和饮水安全、“四查四补”等重点任务，持续深化对全自治区9个贫困县和13个非贫困县的扶贫审计全覆盖，确保如期完成脱贫攻坚任务。建立扶贫审计发现问题整改台账，着力推动整改落实到位，促进全面打赢脱贫攻坚战。组织实施全自治区人才项目资金管理使用、困难群众救助补助资金等重点民生资金和项目审计，推动各项惠民富民政策落到实处。组织开展领导干部自然资源资产离任（任中）审计项目34个，审计厅与相关市县审计局联合开展贺兰山自然保护区生态环境综合整治专项审计调查，推动抓好生态环境保护，促进履行自然资源资产管理和生态环境保护责任。

疫情防控资金和捐赠款物专项审计　组织开展疫情防控资金和捐赠款物专项审计，同时选派审计干部参与自治区第四人民医院传染病防治综合楼项目建设审计工作。

民生审计　组织开展全自治区医疗保险基

金、保障性安居工程、困难群众救助补助资金使用情况等重点民生资金和项目审计，追回、盘活、加快拨付各项民生资金 7.33 亿元，为国家增收节支和挽回损失 580 余万元，推动各项惠民富民政策落到实处。开展疫情防控资金和捐赠款物跟踪审计，促进加快分配资金 4069.84 万元、物资 40 万件，建立健全制度 41 项，着力维护人民群众切身利益。

经济责任审计 认真贯彻落实两办《规定》精神，3 月 23 日，自治区党委审计委员会办公室、自治区审计厅印发《关于贯彻落实〈党政主要领导干部和国有企事业单位主要领导人员经济责任审计规定〉的实施意见》《关于深入推进审计全覆盖的实施意见》，进一步规范经济责任审计和审计全覆盖工作。坚持党政同责、同责同审，科学确定审计内容，组织对领导干部开展经济责任审计。严格落实“三个区分开来”重要要求，全面、准确、客观、公正作出审计评价，鼓励干部干事创业，促进领导干部规范用权、秉公用权、廉洁用权。

固定资产投资审计 开展政府重点投资项目实施情况专项审计调查，配合开展工程建设和政府采购领域招标投标专项治理，促进提高政府投资项目绩效。

企业审计 聚焦全面深化改革重点任务，围绕宁夏国企国资改革、重点投资项目等重点任务落实情况，组织开展自治区国有企业国有资本经营状况、政府重大投资项目实施情况、国有融资性担保企业运营情况等专项审计调查，促进推进国家治理体系和治理能力现代化组织开展自治区国有企业国有资本经营状况专项审计，推动国企改革任务落实落地。

审计质量 制定《关于深入推进审计全覆盖的实施意见》，推动区市县 2080 个一级预算单位审计全覆盖。加强审计项目审计组织方式“两统筹”，有效整合人力资源，推动不同类型审计项目的统筹融合和相互衔接，实现审计项目“一审多项”“一审多果”“一果多用”。加大审计发现问题整改力度，统筹盘活、追回退还资金 45.27 亿元，加快实施项目 58 个，促进政策落地生效、项目加快实施、资金规范使用。将 2020 年确定为“深化审计质量提升年”活动，制定 9 个方面的措施，强化审前、审中、审后重要事项管控，着力提高审计质量。全年组织各类培训 55 项，强化审计实务导师制，开展网络大学习知识竞赛，主动适应和服务自治区经济社会发展大局。

信息化建设 制定金审工程三期制度机制 2 项，细化大数据审计 12 条具体措施，扎实推动审计信息化建设。组建数据分析团队，制定实施数据采集、转换、整理标准化工作流程，圆满完成全自治区一级预算单位审计数据全覆盖工作。在预算执行等审计中，综合利用财政专网等平台，实时跟踪“直达资金监控系统”。在资源环境审计中，通过 ArcGIS 和 91 卫图，结合历史遥感影像，对比分析发现疑点，提高工作效率。

相关工作 推进创建模范机关，深化创建审计党建品牌，促进党建和审计业务深度融合。持续整治形式主义、官僚主义，推动精文简会，统筹协调开展调研活动。突出抓好干部能力素质培训，注重在审计一线加强实践锻炼，不断增强审计干部立身立业立信的本领和能力。

推进落实行政执法三项制度，健全完善各类制度 10 余项，完成行政执法人员执法资格动态化管理，开展行政执法不作为乱作为专项整治活动。聚焦“七五”普法目标任务，开展“宪法宣传周”、学习宣传民法典等 7 项主题教育宣传活动，运用“一审二帮三促进”方法促进被审计单位树立法治意识，促进健全完善制度机制。保持全自治区“法治政府建设示范创建单位”“‘七五’普法中期先进集体”荣誉称号。

宁夏各级审计机关压实全面从严治党主体责任，开展廉政警示教育，创建“让党中央放心、让人民群众满意”模范机关，审计系统继续保持全自治区文明行业荣誉；吴忠市审计局、海原县审计局成功创建全国文明单位，自治区审计系统全国文明单位的数量由原来的 6 个增加到 8 个。

（撰稿人：金　荣）

【银川市审计局】 2020 年，银川市审计局实有 54 人。局长黄瑾，副局长马立鹏、郭文斌、范春平（7 月—），调研员赵玲。设有办公室（机关党建科）、法规审理科、财政金融审计科、政策落实审计科、固定资产投资审计科、企业审计科、社会保障审计科、农业与自然资源环境审计科、行政事业审计科、经济责任审计科、重大项目稽查审计科、内部审计与整改督办科、督查督办科、市委审计委员会秘书科、派出企业审计办、派出园区审计办；下设银川市审计信息技术分析中心。

审计成果 2020年，银川市审计局共完成审计项目计划46个。查出违规及管理不规范金额7.03亿元。审计处理处罚金额11872.5万元，其中应上缴财政资金11868.5万元；累计审减政府投资项目资金16.89亿元。审计提出意见和建议219条。审计发现的国有资产被民营企业侵害、土地出让金应收未收等4个事项移送市纪委监委查处，挪用专项资金及国有资产管理混乱、招标投标弄虚作假等17个事项移送主管部门查处；向市委市政府提交审计要情6篇。

2020年，银川市审计局荣获“全市三八红旗集体”“全市志愿服务先进集体”荣誉称号，市本级土地资源管理利用情况审计项目在全自治区优秀审计项目评审中荣获第一名。通过“全国文明单位”复检，2020年度在全自治区审计业务考核为优秀排名第一。

政策落实情况跟踪审计 按照《2020年国家重大政策措施落实情况跟踪审计工作指导意见》精神和上级审计机关要求，组织开展银川市本级涉企收费政策落实情况跟踪审计，切实推进减轻企业负担政策落实到位。对沈阳东路（亲水大街—京藏高速）快速通道等5个重大建设项目进行全过程跟踪审计，对项目建设过程存在的手续不完善，占用农业耕地、进展缓慢等问题下达建设项目跟踪审计意见书，督促建设单位及时整改。配合审计署西安特派办政策执行跟踪审计工作，牵头开展全市审计发现问题的整改工作。

财政审计 在市本级预算执行和其他财政收支审计中按照“数据先行发现疑点，靶向发力集中核查”的工作思路，将225个一级预算管理单位的问题疑点线索进行核查。优化组织方式，采取现场与延伸相结合，大数据和传统审计相结合的方式，审计发现部门预算资金执行率低、非税收入执收未应收尽收资产闲置等问题35个。

民生审计 围绕保障和改善民生和推进自治区“三大战略”落实情况，开展银川市本级及辖区城镇小区配套幼儿园和2018—2019年度科技专项资金管理使用情况、贺兰山国家级自然保护区（银川段）生态环境综合整治及农业综合开发资金管理使用情况审计。审计揭示政策落实不到位、部分项目管理水平还有待提升、项目资金未及时发挥效益等需要纠正和改进的问题21个。

经济责任审计 以促进规范权力运行、促进依法行政、推进国家治理体系和治理能力现代化为目标，坚持任中审计为主，任中审计与离任审计相结合，遵循“三个区分开来”原则，紧扣经济责任履行情况，扎实开展经济责任审计工作。完成市科技局等16个单位主要负责人的经济责任审计工作。通过审计客观公正评价被审计领导干部贯彻执行法律法规、政策部署，执行“三定方案”，重大经济决策制定和执行以及遵守廉洁自律规定等情况，揭示个别领导干部存在违规决策、资产出租监管不到位、对下属单位监督管理薄弱等问题137个。

固定资产投资审计 以促进政府投资项目建设管理不断规范为目标，重点揭示项目工程招标投标管理、合同审核、工程结算、决算及资金管理使用中存在的问题19个。组织实施银川市本级2018—2019年度基本建设项目建设管理情况专项审计调查、市北塔中学迁建项目竣工决算审计等4个建设项目审计，揭示被审计单位建设项目管理不规范、建设程序未按规定执行、财政资金使用绩效不高、建设成本归集不正确、未办理竣工验收备案手续即交付使用等问题。

企业审计 贯彻中央关于深化国有企业和国有资本审计监督的意见，关注企业资产质量和效益，组织实施银川市公共交通有限公司、市煤气供热有限公司2019年度资产负债损益情况等7个企业审计项目，以维护国有资产安全、确保国有资产保值增值、促进提高国有资产运营绩效为目标，重点揭示企业资产负债损益的真实性、合法性、效益性，重点关注涉及国有资产安全、国有资本运转、保值增值、损失浪费等问题33个，在揭露违法违规问题的同时，促进规范管理，保障国有资产保值增值。 （撰稿人：王　伟）

【石嘴山市审计局】 2020年，石嘴山市审计局实有42人。局长张谦（4月—），副局长张惠勇、王立山、杨珍。设有办公室、法规审理与内部审计指导监督科、财政金融审计科、行政事业审计科、固定资产投资审计科、社会保障审计科、企业审计科、经济责任审计科（自然资源和生态环境审计科）、政策落实审计科、派出审计办公室。

审计成果 2020年，石嘴山市审计局共完成审计项目25个。查出违规金额9643.9万元、管理不规范金额46826.9万元。审计后应上缴财政129.2万元；移送处理事项2件。审计提出意见建议24条。

政策落实情况跟踪审计 按照“六稳”和“三促进”要求，重点关注重大投资项目落地、“放管服”改革举措落实、清理拖欠民营和中小企业账款落实等政策落实情况，促进清退各类保证金2442万元，促进各类就业稳岗补贴资金拨付2772万元，着力推动完善中小企业发展政策体系，缓解融资难融资贵问题。

财政审计 运用“财政大数据”审计，突出重大政策落实、重点项目、重要资金绩效审计，重点关注收支预算执行、财政存量资金、民生项目补助资金绩效及项目实施情况、地方政府新增债券资金管理使用情况，依法组织对石嘴山市本级财政和石嘴山市水务局等5个部门（企业）开展预算执行审计。

疫情防控资金和捐赠款物专项审计 紧扣新冠肺炎疫情防控工作开展专项审计，重点对财政资金1430万元、捐赠资金878万元进行审计，揭示疫情防控资金支付进度缓慢、分配使用不及时等问题。选派骨干参与石嘴山市红十字会接受捐助物资督查，保障防疫物资高效透明使用。

三大攻坚战审计 按照自治区脱贫攻坚“四查四补”工作会议精神，重点关注“两不愁三保障”和饮水安全等脱贫攻坚目标实现情况、扶贫政策落实和资金管理使用等情况开展专项审计，审计资金总额22694万元。坚持“边审计、边整改、边规范、边提高”，把审计整改作为助力脱贫攻坚的关键环节，加大跟踪问效，强化扶贫审计成果运用，所查问题全部整改落实到位。通过审计，推动加快项目建设进度3个，完善黄河E贷扶贫贷款系统漏洞1项。

民生审计 对石嘴山市本级养老保险基金审计，揭示被征地农民养老保险财政补贴资金不到位、违规向死亡和服刑人员发放养老保险等问题，提出审计意见建议促进惠民政策落到实处。开展石嘴山市慈善总会2019年度收支情况审计，揭示8个问题，提出建议2条，促进慈善资金规范使用。

经济责任审计 组织实施石嘴山市就业局等5名领导干部经济责任审计和2名领导干部自然资源资产离任（任中）审计，促进领导干部依法用权。按照两办《规定》和全面从严治党的新要求，制定石嘴山市经济责任审计对象分类管理和联席会议制度，进一步健全经济责任审计制度体系。完成宁夏回族自治区党政主要领导同志经济责任和自然资源资产离任（任中）审计发现问题整改责任任务分解，形成整改报告报石嘴山市政府审定，督促各部门整改落实到位。

资源环保审计 聚焦生态保护和污染防治，按照“两统筹”的审计方式，采取“统一安排、分工负责、上下联动、成果共享”的方式开展贺兰山自然保护区（石嘴山段）生态环境综合整治专项审计调查。紧紧围绕整治目标任务，从政策执行、资金管理、整治成效以及体制机制等方面揭示和反映3类5个问题，提出审计意见和建议11条。

企业审计 为维护国有资产安全，推动加快国企改革，重点关注国有企业重大经济决策、国有资产质量效益等情况，对石嘴山市星瀚集团2017年至2019年资产负债损益情况进行审计，揭示国企混改增资扩股未达预期、国有资本经营效益不佳、资产管理不规范等问题。

相关工作 充分发挥党组核心作用，认真落实党建主体责任、党组书记“第一责任”和党组成员“一岗双责”，坚持党建工作与业务工作同部署、同落实、同检查、同考核，实现党建与审计业务深度融合。以党的政治建设为统领，采用“清单式”管理，挂图作战，增强党组织的凝聚力和战斗力。局党支部被评为“五星级党支部”，离退休党支部被评为“星级党组织”。强化纪律建设。严格落实落细各项纪律要求，重点强化政治纪律和组织纪律，带动廉洁纪律、群众纪律、工作纪律和生活纪律严起来。严格执行中央八项规定及党员干部廉洁自律各项规定，严格遵守审计“四严禁”工作要求和“八不准”工作纪律，

真正做到依法执审。（撰稿人：张金鹏）

【吴忠市审计局】 2020 年，吴忠市审计局实有 34 人。局长马克林，副局长李鹏、马志明、孙培军，市经济责任审计工作联席会议办公室主任蒲建芳。设有办公室、法规审理科、经济责任审计局、财政审计科、行政农业社保审计科、固定资产投资审计科、企业审计科。

审计成果 2020 年，吴忠市审计局共实施审计项目 40 个。查出主要问题金额 36157.7 万元，其中违规金额 5012 万元、管理不规范金额 31145.7 万元；移送处理事项 10 件。

吴忠市审计局实施的红寺堡区 2018 年保障性安居工程资金投入和使用绩效审计项目在自治区审计厅 2020 年审计项目质量等级评定中评定为二等级，1 人被自治区审计厅评选为审计能手。

政策落实情况跟踪审计 对市卫生健康委员会等 12 家单位、10 户企业疫情防控资金和捐赠款物、减免返还社保费、推进复工复产等情况和市财政局等 4 个单位扶贫资金、国债资金、清理拖欠民营企业账款等情况进行审计，发现专项资金支出进度缓慢、资产收益项目资金未统筹安排使用、资金结余未上缴财政、精准脱贫能力培训监督管理不到位等问题。开展市本级和红寺堡区等新增财政资金直达市县基层直接惠企利民情况跟踪审计，重点关注资金分配、拨付下达、管理使用及绩效，及时发现和纠正问题，督促资金直达基层惠企利民。

财政审计 开展市本级及 5 个部门（单位）预算执行情况审计。重点关注一般性支出压减、“三公”经费和会议费使用、存量资金和闲置资产盘活以及遵守中央八项规定精神和厉行节约反对浪费有关规定情况等，推动纠正不合规支出、压减低效无效支出，促进清理盘活沉淀资金和资产，严格预算约束和财经纪律。

经济责任审计 聚焦权力运行和责任落实，开展领导干部经济责任审计项目 13 个，发现资产管理不到位、往来款项清理不及时、违规支出等问题，督促有关部门（单位）加强整改。

固定资产投资审计 开展吴忠市交通运输局 11 条公路建设等 4 个项目审计，紧盯政府投资的重点项目、重点工程，查出在项目审批、工程招标投标、投资控制、工程质量、投资绩效等方面的问题。针对发现问题，督促被审计单位及时整改，切实规范政府投资建设行为，提高投资效率。

资源环保审计 开展市水务局领导干部任期自然资源资产审计，发现行洪区内私自搭建违法建设、黄河干流吴忠段线存在私搭乱建等问题，提出处理意见，督促及时整改，确保生态环境有效修复。

企业审计 开展吴忠市交投公司等 2 家公司资产负债损益审计，揭示影响国企高质量发展的突出问题和重大风险隐患，从机制体制提出意见建议，推进国企改革发展重大决策部署到位。

相关工作 坚持以习近平新时代中国特色社会主义思想为指导，坚持以党的政治建设为统领，认真落实新时代党的建设要求和管党治党政治责任，将全面从严治党及党风廉政建设与审计业务工作同谋划、同部署、同推进、同考核。落实党建工作重点任务，实施“三强九严”工程，促进机关党建与审计业务深度融合，推动党组织全面进步、全面过硬。深入贯彻落实中央八项规定精神，严守审计“四严禁”工作要求和审计“八不准”工作纪律，建立审计现场督查和廉政回访制度，加强纪律约束，做到廉洁审计。加强对党忠诚教育和理想信念教育，巩固拓展主题教育成果，深入开展全国文明单位创建、“深化审计质量提升年”和模范机关创建活动。

（撰稿人：李忠祥）

【固原市审计局】 2020 年，固原市审计局实有 18 人。局长景清海，副局长蒙卫斌、杨升、虎伟。设有市委审计委员会办公室秘书科、办公室、法规审理科、审计一科、审计二科、审计三科、审计四科、经济责任审计局。

审计成果 2020 年，固原市审计局共完成审计项目 46 个，其中专项审计调查 7 个，经济责任审计、预算执行及其他审计 39 个。查出主要问题金额 182358.31 万元，其中违规金额 133457.4 万元、损失浪费金额 66.57 万元、管理不规范金额 48834.34 万元；审计发现非金额计量问题 32 个；出具审计报告和专项审计调查报告 46 篇。审计处理处罚金额 163502.75 万元，其中应上缴财政 11806.41 万元、应归还原渠道资金135052.39万元、应缴纳其他资金15633.57万元、应调账处理金额1010.38万元；移送司法机关、纪检监察机关和有关部门处理事项7件，移送处理人员2人。审计促进整改落实有关问题资金19448万元；移送处理落实事项7件。审计提出建议58条，被采纳58条。向社会公告审计结果3篇。

固原市原州区审计局实施的固原市原州区水务局原局长任职期间经济责任履行情况审计项目被审计署评为2019年度全国县级审计机关优秀审计项目三等奖。固原市本级2019年医疗保险基金审计项目被自治区审计厅评定为自治区审计机关审计项目三等奖。

政策落实情况跟踪审计 重点关注减税降费实施效果、财政支出结构优化、地方政府债券发行使用、财政资金统筹盘活等情况。

财政审计 重点关注一般性支出压减、“三公”经费和会议费使用、存量资金和闲置资产盘活、财政支出结构优化等情况。

民生审计 完成市本级扶贫资金专项审计调查、固原市“四个一”工程项目专项审计、固原市住房公积金审计、固原市医疗保险基金审计等项目。

经济责任审计 党政领导干部经济责任审计安排离任审计10个、任期审计6个。

固定资产投资审计 开展中庄河流域水环境综合治理项目及资金管理使用情况的审计调查。

相关工作 全面落实党支部工作条例，深入实施“三强九严”工程。全力帮扶西吉县王民乡姚坡村脱贫致富，落实帮扶资金10万元。调研报告《创新发展思路筑牢西北生态安全屏障》在固原市深入学习贯彻习近平总书记视察宁夏重要讲话精神理论研讨会上交流，在《六盘山论坛》2020年第4期刊发。固原市审计局被自治区文明委继续评为自治区精神文明单位。

（撰稿人：李翔鹰）

【中卫市审计局】 2020年，中卫市审计局实有22人。局长魏列忠，副局长张军、雍军、吴金柱（—7月）、温旭茹（7月—），二级调研员鲍成文，四级调研员闫永玲、张西兰（10月—）。设有办公室、法制科、财政与金融审计科、政策执行与企业审计科、行政事业审计科、农业与自然资源审计科、固定资产投资审计科、经济责任审计局、审计服务中心。

审计成果 2020年，中卫市审计机关完成审计项目127个。查出主要问题金额200868.72万元；出具审计报告和审计调查报告136篇。审计处理处罚金额8466.03万元，其中应上缴财政2281.69万元、应归还原渠道资金381.64万元、应缴纳其他资金585.49万元、应调账处理金额5217.21万元；移送司法机关、纪检监察机关和有关部门处理事项6件。审计促进整改落实有关问题资金112164.16万元。审计提出建议227条；提交审计信息267条。

政策落实情况跟踪审计 着眼于促进财政资金提质增效、优化营商环境、就业优先“三促进”相关政策落地生根，“放管服”改革举措落实等，扎实做好国家和自治区重大政策措施落实情况跟踪审计。反馈市本级27个部门及两县一区的4个方面16类80个具体问题，抽查35个部门（单位），涉及资金16.39亿元。提出审计建议，促进防范化解重大风险，促进经济高质量发展。组织实施新增财政资金直达市县直接惠企利民情况专项审计。

财政审计 围绕坚持不懈推动经济高质量发展，以保障公共资金安全高效使用、保障公共资金安全为目标，在统筹中提高审计质量和效益，实现审计项目、审计组织方式“两统筹”。打破市县区界限，强化市县区审计机关的上下联动和横向合作，有效整合人力资源，实现预算执行审计全覆盖。完成市本级65个一级预算单位5批次审计筛查疑点现场核实，重点延伸10个二级预算单位，查出财政各类违规和管理不规范金额11823.44万元。

民生审计 突出“两不愁三保障”重点任务，围绕社会保障重点、热点问题，开展扶贫、养老医疗社保、教育、住房、疫情防控资金物资的管理和使用情况等审计，民生审计涉及资金22.13亿元，延伸审计单位36个，推动各项惠民富民政策落到实处。

经济责任审计 坚持党政同责、同责同审，科学确定经济责任的内容和评价标准。聚焦权力运行和责任落实，严格落实“三个区分开来”重要要求，2020年根据项目计划和组织部委托，完成领导干部经济责任审计项目36个，查出各类违规和管理不规范金额11442.06万元。对20个部门30名党政主要领导干部进行审计，提出审计建议56条，促进领导干部规范用权、秉公用权、廉洁用权。

固定资产投资审计　围绕黄河流域生态保护和高质量发展先行区、市建设各项重点任务、重点项目，持续开展中卫市中医院迁建、高铁站综合枢纽等政府投资项目跟踪审计，涉及项目单位22个，审计建设资金10.39亿元。揭示项目建设中资金管理不规范、违规招标投标等问题，促进政府投资有效落地、提高资金绩效。

资源环保审计　按照自治区审计厅的统一部署，强化领导干部自然资源资产离任审计，以其任职期间、管辖范围内的职责为主线，摸清被审计领导干部任职期间所在地区重点自然资源资产实物量和生态环境质量状况变化情况，以查处重大违纪违法问题线索为抓手，围绕建设用地审批征收等国有资源领域，组织实施市自然资源局、香山乡等领导自然资源资产离任审计，查出未按规定用途使用资金、资金支出进度缓慢等问题，推进自然资源资产和生态环境保护责任落地落实。

相关工作　发挥全国文明单位表率作用，创建“让党中央放心、让人民群众满意”的模范机关。对照星级考评方案，成功争创“五星级党支部”，有效发挥党建对审计工作的引领作用。持续开展具有审计特色的文明创建活动，打造契合审计特点的“以审计精神立身，以创新规范立业，以自身建设立信”的“三立”党建品牌，促进党建与审计业务深度融合，弘扬审计核心价值观。着力生态文明建设示范城市等荣誉城市创建，以文明创建促进审计事业再上新台阶。

（撰稿人：刘芳霞）

2020年宁夏回族自治区所辖县(市、区)级审计工作统计表

审计机关	完成审计项目/个	审计查出主要问题金额/万元	审计发现非金额计量问题/个	审计期间整改金额/万元	出具审计报告和审计调查报告/篇	审计处理情况		审计促进整改落实有关问题资金/万元	审计提出建议/条	提交审计信息/篇
						审计处理处罚金额/万元	移送处理事项/件			
银川市										
银川市本级	46	71135	207	5298	49	11873	24	50310	219	6
兴庆区审计局	14	300828	23	102	7		3	42056	25	20
西夏区审计局	26	100929	48	120	16		1	49011	57	7
金凤区审计局	17	85534	1	17612	16			17612	38	15
灵武市审计局	26	42146	38	2	17	318	8	219	52	84
永宁县审计局	22	65579	67	2455	25	64802	3	2658	74	8
贺兰县审计局	17	22230	47	1317	16			13323	51	42
石嘴山市										
石嘴山市本级	25	80242	56	22677	29	14798	5	30477	24	330
大武口区审计局	16	1415	72	1328	18	1331		1328	15	24
惠农区审计局	13	2229	5		16	1072		1072	18	30
平罗县审计局	28	117360	54	774	34	2393	1	1846	39	247

（续表）

审计机关	完成审计项目/个	审计查出主要问题金额/万元	审计发现非金额计量问题/个	审计期间整改金额/万元	出具审计报告和审计调查报告/篇	审计处理情况		审计促进整改落实有关问题资金/万元	审计提出建议/条	提交审计信息/篇
						审计处理处罚金额/万元	移送处理事项/件			
吴忠市										
吴忠市本级	40	36158	119	6349	52	8667	10	105	82	52
利通区审计局	22	101146	21		22	125	4	21	118	50
红寺堡区审计局	45	12600	56	784	59	22	13		65	70
青铜峡市审计局	18	5246	87	132	25	5183		404	47	10
盐池县审计局	36	16389	130	5722	45	5814	19	16389	64	14
同心县审计局	34	132108	47	3865	30	3880	8		90	10
固原市										
固原市本级	46	182358	32	1204	46	163503	7	19448	58	3
原州区审计局	74	149068	69	16309	90		13	131952	39	59
西吉县审计局	12	1513			17			1035		64
隆德县审计局	14	163892	3	336	25	2262	1		33	2
泾源县审计局	18	20203	39		18	4683		225	37	
彭阳县审计局	14	7127		15	6			2964	17	3
中卫市										
中卫市本级	39	48603	66	2115	42	1027	3	1305	62	112
沙坡头区审计局	18	9473	118	2140	21	307		6469	75	5
中宁县审计局	31	120931	29		34	6212		86719	54	122
海原县审计局	39	21862	54	161	39	920	3	17671	36	28

新疆维吾尔自治区

【新疆维吾尔自治区审计厅】 2020年，新疆维吾尔自治区审计厅实有250人。自治区党委审计委员会办公室设在审计厅。审计厅设有办公室、政策法规处、审理处、内部审计指导监督处、电子数据审计处、财政审计处、教科文卫审计处、农业农村审计处、固定资产投资审计处、社会保障审计处、自然资源和生态环境审计处、金融审计处、企业审计处、涉外审计处、经济责任审计处、督察处、财务处、人事处；设有机关党委、离退休干部工作处，以及派出审计一处、派出审计二处、派出审计三处、派出审计四处、派出审计五处、派出审计六处、派出审计七处、派出审计八处、派出审计九处、派出审计十处、派出审计十一处、派出审计十二处、派出审计十三处、派出审计十四处等派出机构；下设自治区固定资产投资审计技术保障中心、自治区审计科学研究所、自治区审计厅计算机技术中心、自治区审计干部宣传教育中心、自治区审计厅机关服务中心等事业单位。

领导成员

党组书记、副厅长：沙拉买提·买买提明

党组副书记、厅长：王彦楼

党组成员、副厅长：薛　江　肖文英

贺建荣（—9月）

王　军
高　伟（10月—）
副厅长级干部：王　璐（—1月）
总审计师：高翠萍（二级巡视员，6月—）
纪检组长：姚　芮
副巡视员：秦新力（—1月）
二级巡视员：赵岳来（—1月）
王　凯（6月—）
孟建萍（6月—）
涂新民（6月—）
潘红炜（6月—）
申富强（6月—）

审计成果　2020年，新疆维吾尔自治区审计厅完成审计项目97个，其中审计94个、专项审计调查3个。查出主要问题金额575.1亿元，其中违规金额2.63亿元、损失浪费金额0.11亿元、管理不规范金额572.36亿元；审计发现非金额计量问题1177个；损益（收支）不实金额7.86亿元。审计处理处罚金额23.07亿元，其中应上缴财政3.48亿元、应减少财政拨款或补贴0.21亿元、应归还原渠道资金4.05亿元、应缴纳其他资金3.33亿元、应调账处理金额12亿元；移送司法机关、纪检监察机关和有关部门处理事项6件，移送处理人员2人，移送处理金额11.05亿元。审计促进整改落实有关问题金额101.02亿元；审计促进拨付资金到位0.9亿元；审计后挽回（避免）损失0.8亿元。审计提出建议316条，被采纳312条；推动被审计单位制定整改措施102项，促进被审计单位建立健全规章制度58项；提交审计信息95篇，被批示、采用21篇次。

政策落实情况跟踪审计　开展国家重大政策措施落实情况跟踪审计，推动做好“六稳”工作、落实“六保”任务。密切关注减税降费、清理拖欠民营企业中小企业账款、金融服务实体经济等重大政策措施的落实情况，推动清理收回、加快拨付或清偿欠款、退还税费等3.9亿元，推动健全完善高素质农民培训、房地产市场发展、建设项目审批等方面制度10项。组织自治区审计机关开展中央财政直达资金专项审计，促进资金分配更加科学合理、资金使用更加严格规范。

财政审计　以深化财税体制改革、提高资金使用效益为目标，组织实施预算执行和决算草案审计，重点揭示收入预算编制、预算绩效管理、国有资产管理、政府采购制度执行、财务管理等方面问题，并对自治区财政和自治区一级预算单位至2019年底的存量资金进行摸排，清理收回、加快拨付10.61亿元，推动健全完善规章制度16项，督促各地各部门落实过“紧日子”要求。

三大攻坚战审计　脱贫攻坚方面，组织全自治区完成对77个县（市、区）第四轮扶贫跟踪审计全覆盖，促进8.62亿元扶贫资金使用规范、安全、高效，推动787个扶贫项目建成并投入使用、291个扶贫项目完工验收。污染防治方面，组织全自治区开展领导干部自然资源资产离任（任中）审计项目60个，涉及107人，重点揭示贯彻执行生态文明建设方针政策和决策等方面问题，推动领导干部自然资源资产管理和生态环境保护责任落实。防范化解重大风险方面，重点揭示企业资金链断裂无法收回贷款、违规发放中小微企业贷款等问题。

疫情防控资金和捐赠款物专项审计　开展疫情防控资金专项审计，推动资金和物资及时拨付、安全管理。组织全自治区审计机关完成对1133个政府和单位、179户企业和61家金融机构疫情防控资金以及捐赠款物专项审计，推动加快分配下拨资金5604.5万元，促进建立健全制度62项。

民生审计　推动兜牢民生底线，组织开展基本养老保险基金、医疗保险基金、保障性安居工程、住房公积金等重大民生资金和项目审计，督促有关部门和地区收回、清退、补发、拨付等资金6.78亿元，推动出台《自治区公租房管理办法（试行）》。

经济责任审计　加强领导干部经济责任审计，促进权力规范运行。提请自治区党委办公厅印发《自治区党委管理的党政主要领导干部和国有企事业单位主要领导人员经济责任审计工作规划（2021—2025）》，提请自治区党委办公厅、政府办公厅印发2018年至2019年自治区本级经济责任审计结果通报，发挥自治区经济责任审计工作联席会议平台协作和合力作用。加强对地县审计机关及内部审计机构开展经济责任审计工作指导，提升全自治区经济责任审计工作水平。2020

年共审计领导干部23人，查出负有直接责任问题金额136.62亿元。

固定资产投资审计 以提高项目投资效益，加强项目管理，促进加快项目建设进度为目标，重点关注工程招标投标、物资采购、工程结算、资金管理、工程质量管理等关键环节，揭示项目管理体制机制上存在的问题。2020年完成固定资产投资审计项目10个，查出主要问题金额10.36亿元。

金融审计 以健全支持中小企业发展、有效防范化解金融风险、完善普惠金融服务体系、服务实体经济和支持中小微企业发展为目标，重点关注自治区农村信用联社有关中小微企业融资难、融资贵和扶贫小额信贷风险防范中存在的问题，推动稳健的货币政策贯彻落实。

外资运用审计 以维护国家利用外资法律法规规章制度的严肃性和国际信誉，促进积极、合理、有效利用外资，提高外债偿还能力，发挥外资预期效益为目标，开展外资审计项目10个，查出主要问题金额17.3亿元。

企业审计 以推进深化国有企业改革、强化管理为目标，重点关注企业发展战略制定、执行情况及其效果；企业资产负债损益的真实合法效益情况；企业投资管理和绩效情况，特别是涉及大额资金使用、资本运作、投资合作、资产处置、物资采购、工程招标等重点事项、重要岗位和关键环节管控情况等，完成审计项目5个，查出主要问题金额396.6亿元。

信息化建设 按照审计署“统一规划、两级部署、以用为本”原则和全国审计工作“一盘棋”的建设思路，进一步推进金审工程三期项目建设，制定相关管理制度和实施方案，研究确定建设规模和建设模式，项目建设有序推进。加强审计信息系统建设，结合审计项目应用审计署下发数据采集工具软件，开展全自治区各级财政一级预算单位数据标准化工作，实施全自治区审计会商系统升级改造工作，部署数据加密传输系统和终端防护等系统，进一步完善加固网络安全防护措施，完成年度网络安全等级保护测评。

审计科研 参与审计署合作课题并按规定时间完成课题研究任务，形成论文《深化新疆审计工作“两统筹”工作研究》。通过审计实践锻炼审计科研队伍，注重理论联系实际。加强审计宣传，促进经验交流，不断改进《新疆审计》编辑工作，提高办刊质量。

内部审计 出台《关于加强内部审计工作的指导意见》，加强对内部审计工作的指导和监督，充分发挥监督合力作用。

相关工作 加强党对审计工作的集中统一领导，牢固树立政治机关意识，把不折不扣贯彻落实习近平总书记的重要指示批示精神作为重大政治责任和首要政治任务。严格执行重大事项请示报告制度，2020年向自治区党委审计委员会呈报有关重要请示报告25份，自治区党委主要领导作出批示25次。巩固拓展“不忘初心、牢记使命”主题教育成果，抓好学习贯彻党的十九届五中全会和第三次中央新疆工作座谈会以及自治区党委九届十次、十一次全会精神，健全完善各项制度13项。不断加强审计机关自身建设，认真落实习近平总书记关于“以审计精神立身、以创新规范立业、以自身建设立信”的总要求，深入贯彻落实《审计署关于努力建设高素质专业化审计干部队伍的意见》，突出政治标准，强化专业素养，努力提升审计干部政治能力、专业能力、宏观政策研究能力、审计信息化能力。举办培训班4期，培训干部316人，选派41名干部参加审计署及自治区理论培训，着重提高审计干部政治素质和专业能力。坚持从严管理队伍，及时受理信访举报，依法依规严肃处置问题线索；开展警示教育，筑牢审计干部思想防线。

（撰稿人：李　喜）

【乌鲁木齐市审计局】 2020年，乌鲁木齐市审计局实有110人。党组书记李万刚（—11月）、宋斌（11月—），党组副书记、局长宋斌（—11月），党组成员周念，党组成员、副局长朱卫红，副局长白莉，总审计师张秀黎。设有办公室、组织人事科、政策法规科、审理科、内部审计指导监督科、电子数据审计科、财政审计科、教科文卫审计科、农业农村审计科、固定资产投资审计科、社会保障审计科、自然资源和生态环境审计科、金融及涉外审计科、企业审计科、经济责任审计科、督察科；下设审计信息中心、政府投资审计中心等事业单位。

审计成果 2020年，乌鲁木齐市审计局完成审计项目34个。查出主要问题金额208430万元，其中违规金额48248万元、损失浪费金额390万元、管理不规范金额159792万元；审计发现非金额计量问题178个；出具审计报告和专项审计调查报告39篇。审计处理处罚金额45608万元，其中应上缴财政15212万元、应归还原渠道资金668万元、应调账处理金额29495万元；移送处理事项19件，移送处理人员1人，移送处理金额11449万元。审计促进整改落实有关问题资金113182万元；核减投资额45179万元。审计提出建议121条；推动被审计单位制定整改措施161项；促进被审计单位建立健全规章制度11项；提交审计信息13篇。

政策落实情况跟踪审计 完成新增财政资金直达市县基层直接惠企利民等相关重大政策措施落实情况审计，促进资金规范管理，高效使用。

财政审计 重点关注绩效管理和预决算公开情况，推进一级预算单位审计全覆盖，促进财政资金规范高效运行。

三大攻坚战审计 完成扶贫审计项目2个，促进扶贫资金使用规范，安全高效。完成领导干部自然资源资产离任审计项目1个，推动领导干部自然资源资产管理和生态环境保护责任落实。

经济责任审计 完成经济责任审计项目4个，查出主要问题金额10302万元。

固定资产投资审计 完成政府投资审计项目16个，查出主要问题金额34514万元。

专项资金审计 完成2019年度住房公积金和第六届中国—亚欧博览会氛围营造（园林绿化类）专项审计，涉及资金1261669.68万元。

信息化建设 以自主研发的审计成果综合管理平台为依托，建立统一的审计整改库，实现整改动态跟踪监管。

内部审计 对内部审计机构和人员设置、工作开展等情况进行摸底调查，加强指导监督，促进内部审计工作。

交办任务 配合市商务局完成2020年乌鲁木齐应急临时储备粮油和肉菜承储企业的验收工作；配合市财政局完成乌鲁木齐市相关疫情防控资金审核工作。

相关工作 坚持全面从严治党，加强党风廉政建设，强化对审计干部的日常教育和监督管理，制订培训计划，充分运用网络等现代化手段，着力推动学习型审计机关建设。

（撰稿人：鲍佳颖）

【克拉玛依市审计局】 2020年，克拉玛依市审计局实有35人。党组书记、局长王朝晖，党组成员、副局长高华、罗莉莉、刘利（1月—），党组成员、二级调研员房文祖。设有办公室、法制监察科、财政审计科、企业审计科、行政事业与社会保障审计科、经济责任审计科、固定资产投资审计科和农业资源环保审计科；下设经济责任审计室、审计数据分析中心等事业单位。

审计成果 2020年，克拉玛依市审计局完成审计项目38个。查出主要问题金额122124万元，其中违规金额894万元、损失浪费金额372万元、管理不规范金额120858万元；审计发现非金额计量问题155个；损益（收支）不实金额2万元；出具审计报告和专项审计调查报告48篇。审计处理处罚金额519万元，其中应上缴财政27万元、应归还原渠道资金454万元、应缴纳其他资金37万元、应调账处理金额1万元。审计促进整改落实有关问题资金519万元；审计后挽回（避免）损失406万元；核减投资额297万元。审计提出建议51条，被采纳51条；促进被审计单位建立健全规章制度2项；提交审计信息2篇。

政策落实情况跟踪审计 全力做好新增财政资金直达基层审计，重点关注新增财政赤字和抗疫特别国债以及资金特殊转移支付机制建立执行情况，对新增财政资金分配、拨付下达、管理使用及发挥绩效情况进行全程跟踪审计，促进资金及时拨付、精准使用。

财政审计 着力推进部门预算执行审计，树牢过“紧日子”理念，紧盯重点支出预算执行、存量资金统筹盘活、中央八项规定精神执行等情况，运用大数据审计对全市85家一级预算单位数据进行全覆盖筛查，揭示问题，提高财政资金管理水平，督促相关部门盘活资金700余万元。

疫情防控资金和捐赠款物专项审计 围绕疫情防控大局，加强疫情防控资金和捐赠款物审计，促进疫情防控资金和物资规范管理，安全高效使用。

民生审计 加强重点民生资金和项目审计力度，促进保障性住房、福利彩票公益金、就业、社保等民生政策有效落实。

经济责任审计 以服务于干部管理监督和促进党风廉政建设为主线，聚焦权力运行和责任落实，加强对公共权力运行的监督制约，完成10个单位主要领导经济责任审计，查出主要问题金额7660万元。

固定资产投资审计 完成政府投资项目审计7个，查出主要问题金额1454万元。

企业审计 完成企业审计项目5个，查出主要问题金额48875万元。

相关工作 促进审计整改，建立审计整改跟踪督导机制，定期召开审计发现问题整改工作部署会，加强梳理分析，建立整改台账，积极促进审计查出问题及时整改落实。（撰稿人：张银珠）

【吐鲁番市审计局】 2020年，吐鲁番市审计局实有28人。党组书记、副局长郭红兵，党组副书记、局长田桂林，党组成员、副局长帕提古丽·依明、张宜豪（援疆）、肖顶乾（7月—）。设有办公室、法规审理科（督察室）、经济责任审计科、固定资产投资审计科、财政金融审计科、农业社会保障审计科、行政事业审计科、企业及涉外审计科、电子数据审计科；下设政府投资审计中心。

审计成果 2020年，吐鲁番市审计局完成审计项目7个，其中审计6个、专项审计调查1个。查出主要问题金额70318万元，其中违规金额58516万元、管理不规范金额11802万元；审计发现非金额计量问题17个；损益（收支）不实金额671万元；出具审计报告和专项审计调查报告6篇。审计促进整改落实有关问题资金147万元；审计促进拨付资金到位59万元；审计后挽回（避免）损失16万元；核减投资额25万元。审计提出建议25条，被采纳16条；推动被审计单位制定整改措施13项。

托克逊县审计局组织实施的吐鲁番市高昌区2016年至2018年脱贫攻坚政策贯彻落实、扶贫资金分配管理使用及绩效情况专项审计项目被审计署评为2019年度全国县级审计机关优秀审计项目三等奖。

政策落实情况跟踪审计 重点围绕减税降费、清理拖欠民营企业中小企业账款、金融服务实体经济等重大政策措施的落实情况开展跟踪审计，保障国家和自治区重大政策措施有效落实。

财政审计 完成本级预算执行审计项目3个，查出主要问题金额18016万元。

三大攻坚战审计 开展扶贫专项交叉审计，促进资金拨付使用5024万元，推动扶贫项目按进度实施29个。开展领导干部自然资源资产离任审计项目2个，推动领导干部自然资源资产管理和生态环境保护责任落实。

疫情防控资金和捐赠款物专项审计 开展吐鲁番市本级及区（县）疫情防控资金和捐赠款物跟踪审计，查出主要问题金额781万元，促进规范管理，提高资金使用效益。

民生审计 完成高昌区人民政府2019年保障性安居工程资金投入和使用绩效审计、2019年住房公积金归集管理使用及相关政策措施落实情况专项审计调查，促进规范管理，提高资金使用效益。

经济责任审计 加强经济责任审计，聚焦权力运行和责任落实，加强对公共权力运行的监督制约，促进党风廉政建设。

固定资产投资审计 强化政府投资项目审计，促进项目规范管理，提高投资效益。

（撰稿人：钟　超）

【哈密市审计局】 2020年，哈密市审计局实有33人。党组书记、副局长许咸敏，党组副书记、局长张炀（4月—），党组成员、副局长艾合买提·买买提（—9月）、李生华、李晓华（援疆，4月—）、戚卫新（9月—），四级调研员艾尼瓦尔·伊明。设有办公室、政策法规科、内部审计指导监督科、电子数据审计科、财政金融审计科、行政事业审计科、农业农村审计科、固定资产投资审计科、自然资源和生态环境审计科、企业审计科、经济责任审计科、督察科；下设经济责任审计中心、固定资产投资审计中心、审计信息技术中心等事业单位。哈密市委审计委员会办公室设在市审计局，下设秘书科。

审计成果 2020年，哈密市审计局完成审计项目 17 个。查出主要问题金额 44073 万元，其中违规金额 3443 万元、管理不规范金额 40630 万元；审计发现非金额计量问题 240 个；损益（收支）不实金额 745 万元；审计期间整改金额 10520 万元；出具审计报告和专项审计调查报告 18 篇。审计处理处罚金额 13536 万元，其中应上缴财政 3277 万元、应归还原渠道资金 650 万元、应缴纳其他资金 8103 万元、应调账处理金额 1504 万元；移送处理事项 2 件，移送处理金额 191 万元。审计促进整改落实有关问题资金 12378 万元；审计促进拨付资金到位 728 万元；审计后挽回（避免）损失 433 万元。审计提出建议 57 条，被采纳 57 条；推动被审计单位制定整改措施 3 项；促进被审计单位建立健全规章制度 2 项；提交审计信息 1 篇。

政策落实情况跟踪审计 围绕防范化解重大风险、精准脱贫、污染防治三大攻坚战和中小微企业及个体工商户复工复产等政策措施开展跟踪审计，积极加强审计整改。

财政审计 开展本级预算执行审计，促进提高行政运行绩效、深化财税体制改革、优化资源配置。

三大攻坚战审计 对脱贫攻坚政策措施落实、扶贫资金分配管理使用及绩效情况进行审计，查出主要问题金额 584 万元。开展领导干部自然资源资产离任审计，查出主要问题金额 438 万元。

疫情防控资金和捐赠款物专项审计 审计资金总额 10878.6 万元，查出主要问题金额 1395.74 万元。

民生审计 开展保障性安居工程审计，查出主要问题金额 999 万元。

经济责任审计 完成经济责任审计项目 5 个，查出主要问题金额 12077 万元。

内部审计 哈密市共有内部审计机构 7 个，其中行政单位 2 个、企事业单位 5 个；内部审计人员共计 9 人，均为专职。

相关工作 坚持全面从严治党，强化党风廉政建设，从严执纪监督。加强审计干部队伍建设，组织各种学习培训 382 人次。

（撰稿人：张海武）

【昌吉回族自治州审计局】 2020 年，昌吉回族自治州（以下简称昌吉州）审计局实有 58 人。党组书记、副局长阿曼他依·努海（—9 月），党组书记余萍（9 月—），党组副书记、局长黄建新（—9 月），党组成员、副局长肖莉、张旭，三级调研员吴辉。设有办公室（组织人事科）、电子数据审计科、财政审计科、企业金融审计科、农业农村社保审计科、自然资源和生态环境审计科、法规审理科、督察内部审计科、经济责任审计科、教科文卫审计科；下设政府投资审计中心。

审计成果 2020 年，昌吉州审计局完成审计项目 28 个。查出主要问题金额 160725 万元，其中违规金额 2155 万元、管理不规范金额 158570 万元；审计发现非金额计量问题 108 个；损益（收支）不实金额 24021 万元；出具审计报告和专项审计调查报告 36 篇。审计处理处罚金额 6325 万元，其中应上缴财政 4 万元、应归还原渠道资金 2 万元、应缴纳其他资金 162 元、应调账处理金额 6157 万元；移送司法机关、纪检监察机关和有关部门处理事项 3 件，移送处理人员 12 人，移送处理金额 1573 万元。审计促进整改落实有关问题资金 43322 万元；审计促进拨付资金到位 59 万元；审计后挽回（避免）损失 981 万元；核减投资额 4918 万元。审计提出建议 71 条，被采纳 71 条；推动被审计单位制定整改措施 3 项；提交审计信息 15 篇，被批示、采用 1 篇次。

政策落实情况跟踪审计 开展节能环保专项审计、新增财政资金直达市县基层直接惠企利民专项审计，积极促进审计整改。

财政审计 加强本级财政预算执行和其他财政收支审计，完成全自治州 1003 家一级预算单位 2019 年度财务电子数据采集工作。

三大攻坚战审计 完成 4 个县脱贫攻坚政策落实、扶贫资金分配管理使用及绩效情况审计，并强化审计整改。

疫情防控资金和捐赠款物专项审计 加强疫情防控资金和捐赠款物审计，审计涉及资金 8.9 亿元，促进资金和物资规范管理、高效使用。

民生审计 重点对 2 个县 18 个棚户区及老旧小区改造项目进行审计，查出主要问题金额 1.57 亿元。

经济责任审计　完成经济责任审计项目5个，查出主要问题金额43474万元。

固定资产投资审计　完成政府投资项目审计9个，查出主要问题金额1714万元。

相关工作　坚持把党建工作与审计业务工作同部署、同落实、同考核，传导压实主体责任，积极推进机关党建与审计业务深度融合。

（撰稿人：郭　斌）

【博尔塔拉蒙古自治州审计局】　2020年，博尔塔拉蒙古自治州（以下简称博州）审计局实有24人。党组书记、副局长包闻疆，党组副书记、局长王京辉，党组成员、副局长韩军，副局长周娟。设有办公室、组织人事科、审计监督科、计算机审计科、财政审计科、行政事业审计科、企业和社会保障审计科、经济责任审计科（自然资源和生态环境审计科）、固定资产投资审计科；下设固定资产投资审计技术保障中心。

审计成果　2020年，博州审计局完成审计项目9个。查出主要问题金额40433万元，其中违规金额15408万元、管理不规范金额25025万元。审计处理处罚金额1328万元，其中应上缴财政1002万元、应减少财政拨款或补贴322万元、应缴纳其他资金4万元；移送纪检监察机关处理事项1件，移送处理人员1人，移送处理金额16万元。审计促进整改落实有关问题资金872万元；审计促进拨付资金到位65万元；审计后挽回（避免）损失9万元；核减投资额322万元。提出审计建议32条，被采纳32条；提交审计信息17篇，被批示、采用16篇次。

政策落实情况跟踪审计　围绕“放管服”改革、促进优化营商环境、减税降费、清欠小微企业账款等方面组织全自治州审计机关开展审计，完成新增财政资金直达市县基层直接惠企利民专项审计，保障国家重大政策措施有效落实。

财政审计　围绕促进财政资金提质增效，纵深推进审计工作。加强预算执行审计，开展博乐市2018年财政决算及其他财政收支情况审计，完成州本级及两县两市565个预算单位财务数据采集上报工作。

三大攻坚战审计　围绕脱贫攻坚政策落实、资金管理、项目建设等方面统筹全自治州审计力量，采取“上审下”的方式，对博乐市、精河县、温泉县进行跟踪审计，并加强整改落实，保障脱贫攻坚战。

疫情防控资金和捐赠款物专项审计　对州本级及两县两市新冠肺炎疫情防控政策落实等情况进行跟踪审计，涉及资金13939万元。

民生审计　开展就业补助资金和失业保险基金审计、保障性安居工程审计、住房公积金专项审计，保障惠民政策有效落实。

固定资产投资审计　完成政府投资审计项目2个，查出主要问题金额416万元，促进工程项目和资金规范管理。

相关工作　根据党委政府交办，先后派出24名骨干完成相关督查检查和巡察工作。

（撰稿人：姜　楠）

【巴音郭楞蒙古自治州审计局】　2020年，巴音郭楞蒙古自治州（以下简称巴州）审计局实有46人。党组书记、副局长孟宪清，党组副书记、局长艾尔代，党组成员、副局长陈志军、蔺飞虹，巴州固定资产投资审计处处长铁木尔巴图，巴州经济责任审计处处长刘婧婷，一级调研员韩贵兵，三级调研员刘大伟，四级调研员孙至武。设有办公室、政策法规科、审理科、电子数据审计科、财政审计科、行政事业和社会保障审计科、农业农村审计科、自然资源和生态环境审计科、金融与涉外审计科、企业审计科、项目稽查科、人事科、巴州经济责任审计处、巴州固定资产投资审计处、计算机审计中心。巴州党委审计委员会办公室设在巴州审计局。

审计成果　2020年，巴州审计局完成审计项目35个。查出主要问题金额116201万元，其中违规金额159万元、损失浪费金额437万元、管理不规范金额115605万元；审计发现非金额计量问题232个；损益（收支）不实金额25203万元；出具审计报告和专项审计调查报告56篇。审计处理处罚金额527万元，其中应上缴财政75万元、应归还原渠道资金44万元、应缴纳其他资金38万元、应调账处理金额369万元；移送司法机关、纪检监察机关和有关部门处理事项14件，移送处理金额8660万元。审计促进整改落实有关问题资金99万元；审计后挽回（避免）损失13万元。审计提出建议353条，被采纳345条；提交审计信息142篇，被批示、采用17篇次。

政策落实情况跟踪审计 围绕疫情防控、直达资金、脱贫攻坚、减税降费、“放管服”改革等中央重大政策执行情况开展审计，确保中央及自治区重大政策措施有效落实。

财政审计 深化财政体制改革，推进预算执行审计和财政决算审计，完成审计项目7个，查出主要问题金额55610万元。

民生审计 开展2019年焉耆县、且末县保障性住房审计，保障惠民政策有效落实。

经济责任审计 加强对公共权力运行的监督制约，促进党风廉政建设，完成经济责任审计项目19个，查出主要问题金额32595万元。

企业审计 深化国有企业改革，促进规范管理，完成企业审计项目1个，查出主要问题金额677万元。

信息化建设 坚持科技强审，开展常态化大数据审计，建立数据定期采集机制，加强网络安全，稳步推进金审工程三期，提高审计监督效能。

相关工作 加强党建和精神文明创建工作，参与巡察、督查、疫情防控等工作，扎实抓好审计整改，充分发挥审计职能作用。

（撰稿人：邓　华　沈小燕）

【阿克苏地区审计局】 2020年，阿克苏地区审计局实有74人。党组书记、副局长依明·尼亚孜，党组副书记、局长王莉萍，党组成员、副局长潘志勇、艾克拜尔·阿布都瓦依提，固定资产投资服务保障中心主任赵海云。设有办公室、法制审理科、经济责任审计科、自然资源和生态环境审计科、固定资产投资审计科、财政金融审计科、农业农村审计科、文教社保审计科、企业审计科、整改督察科、电子数据审计科；下设固定资产投资服务保障中心。

审计成果 2020年，阿克苏地区审计局完成审计项目28个。查出主要问题金额103948万元，其中违规金额7万元、管理不规范金额103941万元；审计发现非金额计量问题150个；出具审计报告和专项审计调查报告33篇。审计处理处罚金额6万元；移送司法机关、纪检监察机关和有关部门处理事项3件，移送处理金额131万元。审计促进整改落实有关问题资金18249万元；审计促进拨付资金到位14万元；核减投资额3818万元。审计提出建议70条，被采纳60条；推动被审计单位制定整改措施1项；提交审计信息5篇。

政策落实情况跟踪审计 持续关注企业复工复产、金融资金支持、税收和社保费减免等政策措施落实情况，重点开展地区新增财政资金直达市县基层直接惠企利民政策实施情况，确保资金安全、高效使用。

财政审计 围绕实施全面预算绩效管理和厉行节约，加强预算执行审计，统筹做好地区本级一级预算单位审计全覆盖。

疫情防控资金和捐赠款物专项审计 聚焦中央和各级疫情防控工作安排，重点对各级财政安排的疫情防控资金总体规模、拨付和使用情况进行审计。

三大攻坚战审计 重点关注政府债务，促进管理，防范风险；加强扶贫审计，保障脱贫攻坚顺利完成；开展领导干部自然资源资产离任审计，强化污染防治和生态保护。

经济责任审计 完成经济责任审计项目13个，查出主要问题金额57675万元。

民生审计 完成新和县、拜城县保障性安居工程资金投入和使用绩效审计，促进及时清退违规享受保障房公共租赁房290套。

固定资产投资审计 完成政府投资审计项目6个，查出主要问题金额5279万元。

（撰稿人：张松龄）

【克孜勒苏柯尔克孜自治州审计局】 2020年，克孜勒苏柯尔克孜自治州（以下简称克州）审计局实有40人。党组书记、副局长阿布力米提·衣干白地，党组副书记、局长赵永忠，党组成员、副局长马江红、哈力甫·买买提，党组成员、四级调研员刘艳娥，四级调研员张永先。设有办公室、法规审理督察科、电子数据审计科、科教文卫和社会保障审计科、自然资源和生态环境审计科、农业农村审计科、财政金融企业审计科、经济责任审计科；下设计算机中心、经济责任审计中心、投资评审中心等事业单位。

审计成果 2020年，克州审计局完成审计项目8个。查出主要问题金额69537万元，其中违规金额2256万元、管理不规范金额67280万元；审计发现非金额计量问题10个；出具审计报告和专项审计调查报告8篇。审计处理处罚金额3890万元，其中应上缴财政3290万元、应归还原渠道资金82万元、应缴纳其他资金517万元。审计促进整改落实有关问题资金47995万元；核减投资额127万元。审计提出建议12条，被采纳12条。

政策落实情况跟踪审计 开展重大政策措施落实情况跟踪审计，促进政策落地生根、不断完善和发挥实效。

财政审计 开展本级预算执行和其他财政收支审计，完成审计项目2个，查出主要问题金额64442万元。

民生审计 开展保障性安居工程等专项资金审计，查出主要问题金额4834万元。

固定资产投资审计 以促进项目规范管理和提高投资效益为目标，开展政府投资审计项目1个，查出主要问题金额260万元。

相关工作 加强党的建设，全面落实新时代党的建设总要求以及习近平总书记关于“以审计精神立身、以创新规范立业、以自身建设立信”的总要求，进一步巩固“不忘初心、牢记使命”主题教育成果，持续推动党员干部学习贯彻习近平新时代中国特色社会主义思想，学习党章党规党纪，进一步完善责任落实机制及领导班子“一岗双责”，落实“三会一课”、主题党日、民主生活会、组织生活会、民主评议党员、谈心谈话等制度，提高党建工作质量。牢牢把握社会稳定和长治久安总目标，扎实做好“访惠聚”工作，深入开展“民族团结一家亲”活动，加强入户走访和宣传，将群众工作落细、落实。加强党风廉政和干部队伍建设，开展交流培训，提升审计干部综合素质。 （撰稿人：云建军）

【喀什地区审计局】 2020年，喀什地区审计局实有47人。党组副书记、局长尚军（—9月）、赵东岳（9月—），党组成员、副局长赵东岳（—9月）、何晓燕、孙佐戈（—3月）、何国成（—3月）、王彦（—3月）、史先勇（3月—）、刘锦（3月—），纪检组长阿不力克木·阿不力米提（喀什地区纪委监委派驻地区财政局纪检监察组组长），二级调研员热夏提·阿不拉、李玉枝、米吉提·马木提。设有办公室、政策法规科、电子数据审计科、财政审计科、科教文卫审计科、农业农村审计科、固定资产投资审计科、社会保障审计科、自然资源和生态环境审计科、金融外资审计科、经济责任审计科、督察科、企业审计科；下设固定资产投资审核中心、计算机审计中心等事业单位。

审计成果 2020年，喀什地区审计局完成审计项目136个。查出主要问题金额347791万元，其中违规金额11232万元、损失浪费金额3018万元、管理不规范金额333541万元；审计发现非金额计量问题171个；损益（收支）不实金额187万元；审计期间整改39281万元；出具审计报告和专项审计调查报告142篇。审计处理处罚金额21857万元，其中应上缴财政13759万元、应缴纳其他资金1684万元、应调账处理金额6413万元。审计促进整改落实有关问题资金2126万元；审计促进拨付资金到位399万元；审计后挽回（避免）损失46万元；核减投资额6350万元。审计提出建议380条，被采纳354条；推动被审计单位制定整改措施175项；提交审计信息11篇。

政策落实情况跟踪审计 开展新增财政资金直达市县基层直接惠企利民政策措施落实情况跟踪审计，保障国家重大政策措施有效落实。

财政审计 强化预算执行审计，重点审计财政资金绩效、预决算公开、重点支出和重大投资项目资金管理等情况。

三大攻坚战审计 开展脱贫攻坚政策措施落实情况、扶贫资金分配管理使用、扶贫项目绩效管理情况跟踪审计，促进审计整改。

疫情防控资金和捐赠款物专项审计 开展喀什地区本级及12个县（市、区）疫情防控资金和捐赠款物专项审计，促进资金和物资规范管理、有效使用。

民生审计 重点关注保障性安居工程、就业专项资金管理使用情况，加强棚户区改造和公共租赁住房项目投资、建设、分配、使用和后续管理情况审计。

经济责任审计 完成经济责任审计项目6个，查出主要问题金额47205万元。

固定资产投资审计 加强寄宿制中小学建设

项目和煤改电项目跟踪审计，完成政府投资审计项目 12 个，查出主要问题金额 6350 万元。

相关工作 强化党对审计工作的统一领导，探索党内监督与审计监督融会贯通，建立巡察与审计工作协调机制、财政部门与审计机关联合督办机制，构建上下贯通、运行顺畅、充满活力的审计监督体系。

（撰稿人：刘　军）

【和田地区审计局】 2020 年，和田地区审计局实有 48 人。党组书记、副局长周南平，党组副书记、局长艾热提·热介甫，党组成员、副局长李瑞俊（援疆）、周民、杨永坚。设有办公室、财政审计科、经济责任审计科、农业农村社保审计科、固定资产投资审计科、电子数据审计科、政策法规审理督察科；下设固定资产投资服务中心、计算机技术保障中心等事业单位。

审计成果 2020 年，和田地区审计局完成审计项目 14 个。查出主要问题金额 63063 万元，其中违规金额 16566 万元、损失浪费金额 81 万元、管理不规范金额 46416 万元；审计发现非金额计量问题 60 个；出具审计报告和专项审计调查报告 15 篇。审计处理处罚 16373 万元，其中应上缴财政 10917 万元、应归还原渠道资金 4693 万元、应缴纳其他资金 419 万元、应调账处理金额 344 万元；移送司法机关、纪检检察机关和有关部门处理事项 1 件，移送处理人员 1 人，移送处理金额 29 万元。审计促进整改落实有关问题资金 32245 万元；审计促进拨付资金到位 3949 万元；审计后挽回（避免）损失 207 万元。审计提出建议 65 条，均被采纳。

政策落实情况跟踪审计 开展新增财政资金直达市县基层直接惠企利民情况跟踪审计，并对审计署推送的疑点数据进行专题核查、分析，促进国家和自治区重大政策措施有效落实。

财政审计 加强预算执行审计，拓展审计监督广度和深度。根据地委审计委员会工作安排，联合财政部门举办为期 10 天的党政领导干部及财务人员业务培训班，提高全地区财务管理水平。

疫情防控资金和捐赠款物专项审计 组织全地区开展疫情防控政策贯彻落实情况及疫情防控财政专项资金、社会捐赠款物收支管理情况跟踪审计，促进规范管理，提高资金和物资使用效益。

经济责任审计 开展和田地区林草局、和田县巴格其镇主要领导经济责任审计，并统筹开展领导干部自然资源资产离任审计，查出主要问题金额 3540 万元。

固定资产投资审计 完成固定资产投资审计项目 4 个，查出主要问题金额 16990 万元。

（撰稿人：刘　涛）

【伊犁哈萨克自治州审计局】 2020 年，伊犁哈萨克自治州（以下简称伊犁州）审计局实有 55 人。党组书记、副局长张新民，党组副书记、局长胡尔曼哈力·洪海，党组成员、副局长军卡、赵东明。设有办公室（人事教育处、离退休干部工作处）、法规处、财政金融审计处、行政事业审计处、农业与农村审计处、社会保障审计处、固定资产投资审计处、企业审计处、经济责任和自然资源审计处；下设审计事务服务中心、计算机技术中心等事业单位。

审计成果 2020 年，伊犁州审计局完成审计项目 34 个。查出主要问题金额 329290 万元。审计处理处罚金额 34768 万元；移送司法机关、纪检监察机关和有关部门处理事项 5 件，移送处理金额 248 万元。审计促进整改落实有关问题资金 8307 万元；审计促进拨付资金到位 7788 万元；审计后挽回（避免）损失 441 万元；核减投资额 96 万元。审计提出建议 58 条；推动被审计单位制定整改措施 93 项。

政策落实情况跟踪审计 开展减税降费、减免社会保险费、清理拖欠民营企业中小企业账款等政策措施落实情况审计，中央新增财政资金直达市县基层直接惠企利民情况以及“三促进”政策措施落实情况审计，保障国家重大政策措施有效落实。

财政审计 组织实施预算执行和决算草案审计，重点揭示预算编制和绩效管理、国有资产管理、政府采购制度执行、财务管理等方面问题，督促各部门落实过“紧日子”要求，实现对州本级一级预算单位财务数据审计全覆盖。

三大攻坚战审计 完成州直 2 个摘帽贫困县、8 个有扶贫任务的非贫困县市扶贫跟踪审计，巩固提升脱贫成果，审计经验被《新疆审计》推广。完成 2 个单位 3 名党政主要领导干部自然资源资产离任审计，保障生态文明建设方针政策有效落实。

疫情防控资金和捐赠款物专项审计 加强疫情防控资金和捐赠款物审计，促进疫情防控资金和物资规范管理。

民生审计 完成4个县市2019年保障性安居工程资金投入和使用绩效情况审计，保障惠民政策有效落实。

经济责任审计 完成《伊犁州本级经济责任审计工作规划（2021—2025）》编制工作，对19个单位主要领导开展经济责任审计，查出主要问题金额84109万元。

固定资产投资审计 完成政府投资审计项目7个，查出主要问题金额3241万元。

相关工作 加强党的建设，成立机关纪委，完成机关工会、妇委会换届工作。持续强化作风建设，保持自治区精神文明单位和自治州民族团结进步示范单位成果。 （撰稿人：付晓洁）

【塔城地区审计局】 2020年，塔城地区审计局实有26人。党组书记、副局长赛力克·吐尔逊，党组副书记、局长薛建彬，党组成员、副局长、二级调研员廖军，党组成员、副局长祁兆威（援疆），塔城地区经济责任审计工作联席会议办公室主任王志红。设有办公室（组织人事科）、法规审理督察科、财政金融审计科、社会保障审计科、固定资产投资审计科、经济责任审计科、农业农村与自然资源环境审计科、数据审计科；下设固定资产投资审计中心。

审计成果 2020年，塔城地区审计局完成审计项目17个。查出主要问题金额24928万元，其中管理不规范金额24923万元、损失浪费金额5万元；审计发现非金额计量问题23个。审计处理处罚金额1208万元，其中应上缴财政102万元、应归还原渠道资金796万元、应缴纳其他资金1万元、应调账处理金额308万元；移送有关部门处理事项3件。审计促进整改落实有关问题资金187万元；审计促进拨付资金到位62万元；核减投资额205万元。审计提出建议33条，被采纳31条；提交审计信息6篇。

政策落实情况跟踪审计 组织开展新增财政资金直达县市基层直接惠企利民专项审计，保障国家重大政策措施有效落实。

财政审计 完成2019年地区本级财政预算执行及其他财政收支情况审计4个，查出主要问题金额23046万元。

三大攻坚战审计 对3个贫困县和2个非贫困县（市、区）开展财政扶贫开发资金项目审计，促进政策落实，助力精准脱贫；完成领导干部自然资源资产离任审计项目2个。

疫情防控资金和捐赠款物专项审计 充分发挥审计监督作用，开展新冠肺炎疫情防控资金和捐赠款物专项审计，审计涉及资金3222万元，保障防疫资金和物资安全并有效使用，促进规范管理。

民生审计 完成托里县保障性安居工程、城乡居民城镇职工大病保险基金审计项目2个，查出主要问题金额199万元，发现违规享受保障性住房2套。

经济责任审计 结合实际制定《塔城地区经济责任审计工作联席会议议事规则》和《塔城地区经济责任审计工作联席会议办公室工作规则》，开展领导干部经济责任审计。

固定资产投资审计 完成政府投资审计项目11个，查出主要问题金额1574万元。

相关工作 坚持党中央对审计工作的集中统一领导，推进审计管理体制改革，认真履行地委审计委员会办公室职责，严格执行请示报告制度，建立健全向地委审计委员会报送审计工作重要事项和重要文稿的工作机制，确保党的领导落实到审计工作全过程。 （撰稿人：王雅静）

【阿勒泰地区审计局】 2020年，阿勒泰地区审计局实有36人。党组书记刘新斌，党组副书记、局长塔斯肯·哈扎太，党组副书记、副局长骆焱，党组成员、副局长栗国芳，固定资产投资服务中心主任刘继能（10月—），固定资产投资服务中心副主任徐庆东（10月—），一级调研员努克什·艾尼娃尔，四级调研员刘建红。设有办公室、法规审理科、督察和内部审计指导监督科、电子数据审计科、经济责任和资源环境审计科、财政金融审计科、行政事业和社会保障审计科、农业农村和企业审计科、固定资产投资和外资审计科；下设地区经济责任审计中心、地区固定资产投资服务中心等事业单位。

审计成果 2020年，阿勒泰地区审计局完成审计项目24个。查出主要问题金额509919万元，其中违规金额 5680 万元、管理不规范金额 504239 万元；审计发现非金额计量问题 105 个；损益（收支）不实金额 14498 万元；出具审计报告和专项审计调查报告 31 篇，被批示、采用 29 篇次。审计处理处罚金额 45011 万元，其中应上缴财政 4990 万元、应归还原渠道资金 3602 万元、应缴纳其他资金 15862 万元、应调账处理金额 20555 万元；移送司法机关、纪检监察机关和有关部门处理事项 12 件，移送处理人员 1 人，移送处理金额 4727 万元。审计促进整改落实有关问题资金 494725 万元；审计促进拨付资金到位 4642 万元；审计后挽回（避免）损失 249 万元。审计提出建议 56 条，被采纳 44 条；推动被审计单位制定整改措施 213 项；促进被审计单位建立健全规章制度 12 项；提交审计信息 61 篇，被批示、采用 40 篇次。

政策落实情况跟踪审计 持续关注“六稳”、“六保”、减税降费等重大政策措施落实情况，查出主要问题金额 1101 万元。

财政审计 组织开展 2019 年度地区本级财政预算执行和其他财政收支情况审计，查出主要问题金额 19527 万元。

三大攻坚战审计 完成 2 个贫困县和 5 个非贫困县（市、区）扶贫项目资金跟踪审计，并督促整改问题 50 个。完成领导干部自然资源资产离任审计项目 1 个。开展额河流域山水林田湖草生态保护修复工程试点项目跟踪审计，并提出审计意见建议。

疫情防控资金和捐赠款物专项审计 审计涉及财政资金 804 万元，捐赠资金 274.41 万元，查出 3 个方面问题，已全部整改，提出审计建议 9 条，均被采纳。

民生审计 完成吉木乃县、青河县保障性安居工程跟踪审计和阿勒泰市就业资金审计，查出主要问题金额 9816 万元。

经济责任审计 完成经济责任审计项目 5 个，查出主要问题金额 9912 万元。

固定资产投资审计 完成政府投资项目审计 5 个，查出主要问题金额 271 万元。

（撰稿人：宋　梅）

2020 年新疆维吾尔自治区所辖县(市、区)级审计工作统计表

审计机关	完成审计项目/个	审计查出主要问题金额/万元	审计发现非金额计量问题/个	审计期间整改金额/万元	出具审计报告和审计调查报告/篇	审计处理情况		审计促进整改落实有关问题资金/万元	审计提出建议/条	提交审计信息/篇
						审计处理处罚金额/万元	移送处理事项/件			
乌鲁木齐市										
乌鲁木齐市本级	34	208430	178	9759	39	45608	19	113182	121	13
天山区审计局	4	309	11		5	80			8	1
沙依巴克区审计局	2	9897		2	4				5	
高新技术产业开发区审计局	2	28	4		2				2	
水磨沟区审计局	2	856	6	537	5				4	1
经济技术开发区审计局	86	25994	154	3	90	15259		15132	242	
达坂城区审计局	5	5921	23	87	5	859		369	14	
米东区审计局	17	7956		5641	17	5828		4	71	

（续表）

审计机关	完成审计项目/个	审计查出主要问题金额/万元	审计发现非金额计量问题/个	审计期间整改金额/万元	出具审计报告和审计调查报告/篇	审计处理情况		审计促进整改落实有关问题资金/万元	审计提出建议/条	提交审计信息/篇
						审计处理处罚金额/万元	移送处理事项/件			
乌鲁木齐县审计局	6	73335	19	261	6	8068		157	21	55
克拉玛依市										
克拉玛依市本级	38	122124	155	539	48	519		519	51	2
独山子区审计局	9	51266	210	19	14				44	
克拉玛依区审计局	4	15634	104		10			9790	15	
白碱滩区审计局	5	28			9				34	
乌尔禾区审计局	7				10				33	6
吐鲁番市										
吐鲁番市本级	7	70318	17	76	6			147	25	
高昌区审计局	3	89367			3				9	
鄯善县审计局	3	4019		3219	3	41		3219	8	
托克逊县审计局	40	15251	4		40	3208		3208	33	
哈密市										
哈密市本级	17	44073	240	10520	18	13536	2	12378	57	1
伊州区审计局	19	7198	52	156	16	7571	2	7967	30	
巴里坤哈萨克自治县审计局	25	8701	14	807	30	471	2	7100	48	
伊吾县审计局	11	28469	21	143	11	509		438	28	
昌吉回族自治州										
昌吉回族自治州本级	28	160725	108	43543	36	6325	3	43322	71	15
昌吉市审计局	10	11133	111	26	18	1748	7	7	33	
阜康市审计局	27	42970	108	7	27	5395	3	34403	78	6
呼图壁县审计局	16	7134	27	6820	16	4500	5	4679	52	13
玛纳斯县审计局	21	21373	32		19	2	1	20978	28	8
奇台县审计局	25	4416	53	45	25	3	3	4416	53	
吉木萨尔县审计局	69	8086	42		71	612	2	611	45	2
木垒哈萨克自治县审计局	20	108000	63	37	26	34905	1	3	44	66
博尔塔拉蒙古自治州										
博尔塔拉蒙古自治州本级	9	40433	220	1079	9	1328	1	872	32	17
博乐市审计局	4	93028	26	70	4	3289			15	50

（续表）

审计机关	完成审计项目/个	审计查出主要问题金额/万元	审计发现非金额计量问题/个	审计期间整改金额/万元	出具审计报告和审计调查报告/篇	审计处理情况		审计促进整改落实有关问题资金/万元	审计提出建议/条	提交审计信息/篇
						审计处理处罚金额/万元	移送处理事项/件			
阿拉山口市审计局	13	6583	55		14	2174			78	242
精河县审计局	8	60294	9	17204	8	6	1	6	21	57
温泉县审计局	3	1258	4	43	3	204		43	11	25
巴音郭楞蒙古自治州										
巴音郭楞蒙古自治州本级	35	116201	232	11933	56	527	14	99	353	142
库尔勒市审计局	6	11162		9598	6	1564		1423	30	
轮台县审计局	30	14612	48	1644	33	318	7	294	130	13
尉犁县审计局	13	5427	20	939	20	1143	1	670	27	75
若羌县审计局	13	34388	49	4077	17	99		568	136	4
且末县审计局	25	9686	63	52	36	1331		93	103	14
焉耆回族自治县审计局	15	2707	51	78	21	65		63	78	6
和静县审计局	10	28357	45	18384	16	4921		4340	68	
和硕县审计局	10	11819	22	3661	12	21		10	26	
博湖县审计局	10	21023	28	1879	14	1	4		50	226
阿克苏地区										
阿克苏地区本级	28	103948	150	4797	33	6	3	18249	70	5
阿克苏市审计局	19	91405	45	742	19	1468		593	29	2
库车市审计局	34	209643	37	1669	35	43090	2	3937	85	2
温宿县审计局	23	4676	45	4259	29	4643		4334	56	5
沙雅县审计局	29	1725	74	51	29	6	1		78	
新和县审计局	11	10306	70	9434	15	14	3		44	1
拜城县审计局	20	49092	27	269	20	7506		289	40	1
乌什县审计局	11	15375	4	6144	11				77	
阿瓦提县审计局	18	15837	29	2052	17	345	6		40	45
柯坪县审计局	12	1133	30	61	18	833		26	37	
克孜勒苏柯尔克孜自治州										
克孜勒苏柯尔克孜自治州本级	8	69537	10	11595	8	3890		47995	12	
阿图什市审计局	92	65233			95	42725			196	
阿克陶县审计局	5	25255	11	7	5	177		177	18	

（续表）

审计机关	完成审计项目/个	审计查出主要问题金额/万元	审计发现非金额计量问题/个	审计期间整改金额/万元	出具审计报告和审计调查报告/篇	审计处理情况		审计促进整改落实有关问题资金/万元	审计提出建议/条	提交审计信息/篇
						审计处理处罚金额/万元	移送处理事项/件			
阿合奇县审计局	6	162460	6		6	20323			10	
乌恰县审计局	5	4989			5				10	
喀什地区										
喀什地区本级	136	347791	171	39281	142	21856		2126	380	11
喀什市审计局	4	25909	3	132	5	132		132	13	
疏附县审计局	74	65478	13	58442	78	8958			22	1
疏勒县审计局	183	39421	114	28147	183			5268	218	
英吉沙县审计局	145	50184	16	174	146	14698		6947	26	4
泽普县审计局	24	991			24	991			29	
莎车县审计局	213	21364	180		213	21134	1	21134	383	
叶城县审计局	82	173978	13	662	82	4029	7	4026	214	
麦盖提县审计局	9	7413	27	1460	10				33	9
岳普湖县审计局	67	14592		4481	67	14592		8280	134	
伽师县审计局	40	6666	30	2440	40	104		129	41	10
巴楚县审计局	56	8800			56	8800			74	
塔什库尔干塔吉克自治县审计局	26	35616	6	143	26			22171	88	
和田地区										
和田地区本级	14	63063	60	25504	15	16373	1	32245	65	
和田市审计局	22	24197	50	582	22	713		607	38	
和田县审计局	6	27428	11	80	6	36		20	20	
墨玉县审计局	6	17114	5	75	6	10888		15	21	
皮山县审计局	5	3686	16	105	5			3082	4	
洛浦县审计局	6	25213	11	11711	6	1		10361	16	
策勒县审计局	8	11147	45	51	8				37	
于田县审计局	9	776		1	9	415			42	
民丰县审计局	5	11090	6	432	5	26			20	
伊犁哈萨克自治州										
伊犁哈萨克自治州本级	34	329290	198	2208	43	34768	5	8307	58	5
伊宁市审计局	49	43078		10	49	10			196	
奎屯市审计局	20	106289	16	615	22	724		724	59	41
霍尔果斯市审计局	14	6854	168	21	14					

（续表）

审计机关	完成审计项目/个	审计查出主要问题金额/万元	审计发现非金额计量问题/个	审计期间整改金额/万元	出具审计报告和审计调查报告/篇	审计处理情况		审计促进整改落实有关问题资金/万元	审计提出建议/条	提交审计信息/篇
						审计处理处罚金额/万元	移送处理事项/件			
伊宁县审计局	24	89812	21	159	28	124		212		
察布查尔锡伯自治县审计局	21	10128	25	10	24	4639		268	27	
霍城县审计局	11	37367	10	237	8	224		237	6	
巩留县审计局	31	44753	65	2119	31	1185		85	56	1
新源县审计局	20	200	82	46	20	73		18	48	
昭苏县审计局	13	223	31		14					
特克斯县审计局	16	5453	15	390	39	5121		5121	58	10
尼勒克县审计局	23	4594	13	142	23	62			45	
塔城地区										
塔城地区本级	17	24928	23	252	17	1208	3	187	33	6
塔城市审计局	4			80	4				6	
乌苏市审计局	12	191316	25	745	12			745	48	
额敏县审计局	16	1809	38		16				19	
沙湾县审计局	20	42252	42	426	20	34870	3	429	27	
托里县审计局	23	23941	16	69	23	558			58	
裕民县审计局	42	3120	6	4	42	2229		2229	82	20
和布克赛尔蒙古自治县审计局	17	21109	37		17	61			55	
阿勒泰地区										
阿勒泰地区本级	24	509919	105	1219	31	45011	12	494725	56	61
阿勒泰市审计局	6	32838	11		10	30936		8159	19	
布尔津县审计局	19	11353	45		25	8471	7	7036	29	48
富蕴县审计局	7	92777	48		11	90903		90903	23	10
福海县审计局	9	24818	24	7802	14				25	
哈巴河县审计局	16	4097	44	29	20	3909	4	3496	27	12
青河县审计局	6	467	27		8			163	18	
吉木乃县审计局	7	103899	7	810	12	6139		4804	16	2

新疆生产建设兵团

【新疆生产建设兵团审计局】 2020年，新疆生产建设兵团（以下简称兵团）审计局实有31人。设有办公室（电子数据审计处）、政策法规研究处（审计整改督察处）、财政教科文卫社保审计处、固定资产投资审计处、企业和金融审计处、经济责任和资源环境审计处。

领导成员

局　　长：梅新顺

副 局 长：赵宜男　靳　辉（援疆）

二级巡视员：周　斌

纪检组长：马晓惠

审计成果 2020年，兵团和各师市审计机关共完成审计（调查）项目488个。查出问题金额540.06亿元。审计处理处罚金额83.30亿元；移送处理事项172件34人，其中移送纪检监察机关31人；函送事项3件。促进整改落实问题金额44.54亿元；挽回（避免）损失4346万元；核减投资额8816万元。审计提出建议1191条。

政策落实情况跟踪审计 组织兵师两级审计机关对兵团28个有关师市、各级有关部门、单位开展新增财政资金直达市县基层直接惠企利民、促进优化营商环境、推动脱贫攻坚任务完成和乡村振兴、打好污染防治攻坚战、财政资金提质增效等重大政策措施贯彻落实情况跟踪审计。审计揭示部分有关师市、有关部门、单位存在抗疫特别国债、地方政府债项目总体进度缓慢、预算执行率低、优化营商环境政策宣传不到位、污染物排放超标等问题27个。

财政审计 对第一师阿拉尔市、第二师铁门关市、第三师图木舒克市和第八师石河子市2018年至2019年兵团重大建设项目前期工作经费的分配、管理、使用等情况进行审计，发现兵团投资项目在线审批监管平台管理使用不到位、未按规定进行政府采购、未按规定提交项目前期费分配建议，致使资金未使用、部分建设项目存在重复入项目库等问题12个，提出审计建议4条。

三大攻坚战审计 组织兵师两级审计人员对第三师图木舒克市、第十四师昆玉市2019年10月至2020年9月脱贫攻坚成果和扶贫资金分配、使用及扶贫项目进行专项审计调查。审计揭示部分团场存在部分建档立卡贫困户未享受“渐退期”政策，部分师市扶贫项目存在未批先建、项目变更未履行手续和项目建设推进缓慢等问题58个，涉及扶贫资金55300万元，提出审计建议4条，督促有关部门单位整改落实。

疫情防控资金和捐赠款物专项审计 组织兵师审计机关，对兵团疫情防控中财政资金、捐赠资金、专项再贷款进行审计，并延伸调查17家医药公司。审计揭示财政专项资金支付至个人账户、疫情防控物资采购结算不及时、管理不规范；防疫工作人员临时补助范围和标准不明确、慈善组织和捐赠专户管理不规范、捐赠款物制度不健全等问题3个。针对审计发现的问题向审计署和兵团党委报送进度报告4篇，综合报告1篇。

民生审计 组织兵师审计局机关对第三师图木舒克市、第八师石河子市2019年度棚户区改造、公共租赁住房和城镇老旧小区改造的投资、建设、分配、使用和后续管理等情况进行审计。重点审计2个棚户区改造项目、4个城镇老旧小区改造项目。审计揭示部分安居工程同一项目重复申报、招标投标不规范、未严格履行基本建设程序、公共租赁住房补贴资金长期闲置未使用、保障房优惠政策作用发挥不充分等问题。

经济责任审计 组织兵师两级审计人员对兵团4名师级领导干部（单位）进行经济责任审计。发现部分国有企业领导班子成员超发绩效奖励，超标准超范围发放补助资金等违反财经纪律；历年形成的大量不良资产未清理盘活，投资及经营损失无法收回；重大建设项目和专项资金违规使用、管理不规范及违反基本建设程序等问题。

对口支援兵团发展资金和项目审计 组织13个受援师市审计局对1—9月对口支援兵团发展资金和项目进行跟踪审计。揭示2020年援疆项目受疫情因素影响，项目推进总体缓慢，存在年度投资计划完成率较低、个别项目违规使用援疆资金、部分项目在建设管理等方面需要纠正和规范等问题，并督促有关单位进行整改。

专项资金审计 对第一师阿拉尔市、第三师图木舒克市和第十四师昆玉市 2017 年至 2018 年就业补助专项资金情况进行审计。审计揭示资金申请审批程序不规范、使用效益不高、虚报冒领、违规挪用、骗取套取就业专项资金等方面存在的问题，2 件事项移交相关行业主管部门依法依规进行查处。

对第三师图木舒克市 2018 年纺织服装产业发展专项资金的管理和使用情况进行审计。揭示第三方中介未认真审核确认企业上报的补贴数据，多确认纺织服装专项补贴资金；未报备专项资金区域绩效目标，也未对专项资金进行绩效评价等问题。

围绕财政政策提质增效和过“紧日子”等方面，聚焦执行厉行节约反对浪费相关规定和财经纪律，运用“总体分析、发现疑点、分散核实、系统研究”数字化审计模式，对兵团本级和 14 个师预算单位公务卡制度执行情况进行重点关注。审计揭示由于重视不够、措施不力等原因，兵团公务卡制度推行效果不理想，制约国库集中支付制度在规范财政管理、提高公务支出透明度、打造“阳光财政”政策执行方面存在的问题。

对兵团 2018 年至 2019 年政府债券资金使用和项目建设情况进行审计。揭示债券资金使用中存在未根据建设资金实际需求申请资金、违规置换以前年度项目单位投入自筹资金、配套资金未到位就开工建设，债券项目建设管理中存在项目推进缓慢、资金闲置，置换债券管理中由于管理不到位导致置换债券资金未及时支付等问题。

对兵团科技局财政科技计划管理改革政策落实和科技发展专项资金使用绩效情况进行专项审计。揭示兵团科研行政管理职能转变等 4 项任务未完成，科技计划管理部局联席会议制度等 5 项任务未落实到位，部分项目验收评审专家选取不规范、超期未验收项目等问题。

审计查出问题整改 兵团审计局完成审计项目 36 个，揭示应整改问题数量 369 个，涉及问题金额 79.67 亿元；整改问题 315 个，整改金额 61.42 亿元，问题整改率 85.09%。14 个师审计局完成审计项目 357 个，揭示问题 2135 个，涉及金额 156.65 亿元；整改问题 1766 个，整改问题金额 64.23 亿元，问题整改率 82.72%。

信息化建设 兵团审计局推进审计法治建设，对原 42 项行政职权、1 项承接自治区授权事项、3 项划转行政职权进行再梳理、完善和调整，由兵团党委编办和兵团司法局确认并对兵团审计局 42 项权责清单进行动态调整。推进金审工程三期建设，按照“兵团先行、扩大试点范围、梯次全面展开”建设模式，克服新冠肺炎疫情带来的不利影响，完成全部部署工作，并投入使用。根据新疆生产建设兵团信息化建设总体要求和审计署金审工程三期总体规划，逐步建成以公共财政运行安全和绩效评价为重点，实现对兵团内公共资金、国有资产、国有资源审计监督全覆盖的新疆生产建设兵团电子审计体系。

相关工作 加强审计干部教育培训，选派兵团和师市 52 人参加审计署面向地方审计机关举办的 6 大类 25 项专题培训。举办为期 8 天的兵师新进人员、法制审理人员集中培训和 3 期“每周一学”培训，兵师审计机关平均每期参训人数 200 人左右。开展优秀审计项目评选工作，评选兵师两级审计机关选送的 29 个项目，对 5 个优秀审计项目和 7 个表彰审计项目予以通报表彰。

（撰稿人：丁　博）

【第一师阿拉尔市审计局】 2020 年，第一师阿拉尔市审计局实有 32 人。党组书记、副局长曹新明，党组成员、副局长王虹（6 月—）、梁志，第一审计中心主任林胜群。设有综合科、业务科；第一审计中心设有财务收支经济责任审计科、固定资产投资审计科；第二审计中心设有固定资产投资审计科、经济责任审计科、财金审计科。

审计成果 2020 年，第一师阿拉尔市审计局开展并完成审计（调查）项目 55 个，审计（调查）涉及单位 128 个。查出主要问题金额 222655.35 万元，审计处理处罚金额 188836.94 万元。通过审计，为师市增收节支和挽回经济损失，促使相关单位上缴财政资金 20346.05 万元，归还原渠道资金 1740.58 万元，督促被审计单位缴纳税款 5218.21 万元，调账处理 155609.64 万元，应发未发资金 1531.75 万元全部发放；向司法机关、纪检监察机关和行政主管部门移送事项 4 件，移送处理金额 6223.23 万元。提交审计报告和信息89篇，被批示、采用2篇次；提出审计建议146条，被采纳146条。

审计委员会办公室工作 3月4日，召开师市党委审计委员会第一次会议，审议2019年审计工作、2020年审计工作计划（草案）等事项4件，进一步强化党对审计工作的集中统一领导。

政策落实情况跟踪审计 根据审计署、兵团统一安排部署，2020年重点对贯彻落实过“紧日子”、优化营商环境、“放管服”改革、防范化解金融风险、三大攻坚战、新冠肺炎疫情防控资金和捐赠款物、新增财政资金直达市县基层、兵团乡村振兴战略实施等方面进行跟踪审计。通过对重大政策执行、政策实施效果等关键环节进行跟踪审计，发现和纠正“上有政策、下有对策”“有禁不止、有令不行”等行为，促进国家各项积极的政策措施落到实处、发挥实效，为师市坚决打赢疫情防控阻击战提供有力的政策支持。

财政审计 师市审计局代政府在阿拉尔市第四届人民代表大会常务委员会第十九次会议上作2019年度市本级预算执行和其他财政收支的审计工作报告，并获审议通过。

经济责任审计 3月4日，召开师市2020年经济责任审计工作联席会议，以促进领导干部守法、守纪、守规、尽责，推动各单位依法行政为目标，完成6团、7团、师市社保局、统众公司等7个单位8名主要负责同志经济责任审计。查出违规金额286.96万元、管理不规范金额76247.67万元，审慎客观地对领导干部作出评价，为组织人事部门提供参考依据。

固定资产投资项目和援疆审计 完成5个项目的审计，合计审减工程投资和待摊投资683.08万元。

企业审计 完成对师市国资国企改革整体情况审计调查，完成6家公司的资产负债损益情况审计调查，查出主要问题金额176535万元。审计指出问题后，有关企业积极整改，按照规定和要求，对移交资产进行账务处理，按要求将违规资金全额上缴财政。

审计查出问题整改 2020年审计共查出主要问题307个，截至12月末，已整改到位264个，涉及6个单位4390.72万元，按期整改率100％。

相关工作 坚持党建与审计工作同部署、同落实、同检查，注重发挥党建工作引领促进作用和党支部战斗堡垒作用。依托“三会一课”等党的组织生活制度，持续巩固“不忘初心、牢记使命”主题教育成果。采取党组主体责任和主要负责人“第一责任人”、领导班子其他成员“一岗双责”的要求，将党风廉政责任层层压实，落到支部，具体到人。全面落实民族团结一家亲“结亲周”和“两个全覆盖”，走访慰问结亲户20户163人次，开展联谊活动5次，开展文体活动3场，组织双语学习15次，组织参观学习2次。在抗击新冠肺炎疫情期间，由审计局党支部发起倡议，党员干部自愿捐款0.71万元；主要领导带队赴团镇开展防疫工作，派出26名审计干部下沉社区参加防疫工作，派出1人驻扎审计局挂钩团镇（六团）开展防疫工作；派出1人进入疫情防控指挥部物资保障组工作，全程跟踪审计。

内部审计 师市企事业单位共设立内部审计机构7个，内部审计人员7人。

（撰稿人：刘玉焱）

【第二师铁门关市审计局】 2020年，第二师铁门关市审计局实有26人。局长鲁军，副局长曹丽珍，第一审计中心主任王道琴，第二审计中心主任许聪，第三审计中心主任徐艳玲。设有综合科；下辖第一审计中心、第二审计中心、第三审计中心。

审计成果 2020年，第二师铁门关市审计局完成审计项目28个，共出具审计报告25篇、审计决定12份；提交审计结果报告9篇；印发移送处理书24份、审计整改通知19份；向师市上报审计专报14篇。

政策落实情况跟踪审计 完成国家重大政策措施落实情况跟踪审计，重点关注就业政策落实、财政资金提质增效、优化营商环境等政策措施落实情况；开展兵团两项重大政策措施落实情况跟踪审计，重点对乡村振兴战略和湿地保护修复两项政策开展审计。

财政审计 对2019年度师市预算执行及其他财政收支情况审计，重点审计师市本级及部门预算编制和执行情况及决算草案编制情况；延伸审计21团、22团、24团、31团、33团、34团、焉耆垦区人民法院、塔里木垦区水管处等单位的预算执行情况。完成对改制单位第二师职工文化培训中心、综合社会福利中心的财务收支审计。审计中发现租金未及时足额收缴、擅自减免房屋出租收入、物资管理混乱等问题。对发现的问题，提出审计处理意见和建议。

三大攻坚战审计 对第二师31团党委副书记、团长任职期间的自然资源资产管理情况和生态环境保护责任履行情况实施审计，重点审计土地、水、森林等自然资源和相关生态环境保护情况。

疫情防控资金和捐赠款物专项审计 开展疫情防控资金和捐赠款物专项审计。审计中重点关注财政资金拨付和政策落实、社会捐赠款物分配使用和高效透明、疫情防控物资保障，及时反映疫情防控资金、物资分配管理情况，指出问题，督促整改，推动有关单位加快分配下拨资金和物资。

民生审计 完成对师市社保基金（养老和医疗）审计。审计中围绕社保基金筹集、基金使用、资金运行管理等重点审计内容，结合兵团社保基金审计大数据分析组推送的两批疑点有针对地开展审计工作。

经济责任审计 完成师市6个单位9名领导干部经济责任审计。审计中坚持党政同责、同责同审，认定领导干部应负的经济责任，促进领导干部依法行政、廉洁从政。

固定资产投资审计 完成师市视频监控建设、四馆合一、技术学院建设用地征收补偿、援疆项目等公共投资项目审计。审计中重点关注项目立项审批、招标投标程序、投资控制、资金管理使用、项目建设管理、投资绩效等情况。

审计查出问题整改 截至12月末，审计发现问题170个，达到整改时限问题114个，已整改106个，整改率93%。师市审计机关明确整改要求，设立整改台账，逐一整改销号，帮助被审计单位完善制度、堵塞漏洞，举一反三、标本兼治，审计整改工作取得明显成效。

交办任务 派出业务骨干积极配合兵团机关和师市有关部门完成各项任务，其中：5人完成兵团审计局委托项目审计、2人配合兵团审计局开展审计工作、1人参加兵团巡视工作、2人参加师市巡察工作、5人抽调到师市疫情防控指挥部工作、2人参加扶贫督导工作、4人参加巡视整改专班、1人参加“访惠聚”。

相关工作 全年组织召开党支部大会14次、支委会18次、主题党日12次、支部书记及支委委员上党课4次，不断巩固和深化“不忘初心、牢记使命”主题教育，增强组织生活活力。加强领导班子和队伍建设，提拔任用副处级领导1名到党委巡察办工作，一至四级主任科员职级晋升10人。组织全体审计干部参加审计署统一组织的年度集中整训；每月参加审计署举办的审计大讲堂。在疫情防控关键时期，派出两个工作组8人分赴34团、30团协助团（镇）党委开展疫情防控工作，派出5人到师市疫情防控指挥部工作，为全面打赢疫情防控阻击战贡献力量。2020年审计中心被授予“全国文明单位”称号，审计局联合党支部获得师市“先进党组织”荣誉称号。审计局联合党支部党建品牌“党建引领·经济卫士”被师市党委直属机关工委授予“优秀党建品牌”，2人分获师市“优秀共产党员”和师直机关“优秀青年党员”荣誉称号，激励干部干事创业的精气神。

（撰稿人：张　雪）

【第三师图木舒克市审计局】 2020年，第三师图木舒克市审计局实有36人。局长武维明，副局长王进、贾霞云，第一审计中心主任程雅丽，第二审计中心主任彭秋华（11月—）。设有综合科、财政教科文卫社保审计科、企业审计和经济责任审计科（挂审计整改督察科牌）；下设第三师农牧团场第一审计中心、第三师农牧团场第二审计中心和图木舒克市固定资产投资审计中心。

审计成果 2020年，第三师图木舒克市审计局完成审计项目18个，其中审计12个、专项审计调查6个。查出主要问题金额50390万元，其中违规金额3636万元、损失浪费金额16万元、管理不规范金额46736万元；审计发现非金额计量问题75个；损益（收支）不实金额6322万元；出具审计报告和专项审计调查报告18篇，被批示、采用9篇次。审计处理处罚金额47011万元，其中应上缴财政9294万元、应减少财政拨款或补贴193万元、应归还原渠道资金2863万元、应缴纳其他资金11万元、应调账处理金额34647万元；移送司法机关、纪检监察机关和有关部门处理事项3件，移送处理金额15689万元。审计促进整改落实有关问题资金15917万元；审计后挽回（避免）损失693万元；核减投资额3856万元。审计提出建议54条，被采纳38条；推动被审计单位制定整改措施6项；促进被审计单位建立健全规章制度5项。向社会公告审计结果2篇。

政策落实情况跟踪审计 以重大政策跟踪审计为主，结合疫情防控资金和捐款捐物专项审计。组织4名审计人员，对7个部门单位开展重大政策措施贯彻落实情况跟踪审计。审计发现专项资金1537万元支出进度缓慢，推动资金有序、及时拨付。在乌鲁木齐、喀什等地出现疫情时，切实保障师市疫情防控资金、物资及时分配、安全使用。

财政审计 对师市13家机关单位财政预算执行及专项资金开展审计。发现预算编报不真实不完整、未按规定征收缴纳收入、违规改变项目计划和资金用途、违规使用发票、虚列开支、套取项目资金等问题。审计核减投资额3856万元，查出倒卖项目物资108万元、套取项目资金721万元、管理不规范金额21569万元。

经济责任审计 对5名党政领导干部开展经济责任审计，其中离任经济责任审计4人、任中经济责任审计1人。审计查出管理不规范金额7365万元。出具审计报告和审计结果报告6篇；提出审计建议20条，被采纳15条。

企业审计 对师市5户国有企业开展审计，查出主要问题金额11608万元，其中管理不规范金额11588万元、账外资产16万元、决策失误16万元、财务收支核算不实2万元。

（撰稿人：翟建明）

【第四师可克达拉市审计局】 2020年，第四师可克达拉市审计局实有5人。党组书记、局长张荣华，第一审计中心主任张萍，第二审计中心主任马吉新，第三审计中心主任石正国。下设3个审计中心编制25人，实有21人。

审计成果 2020年，第四师可克达拉市审计局完成审计项目40个。查出管理不规范金额13.98亿元，调增或调减利润8553.7万元，调整账务18.9亿元，揭示存在损失或潜在损失金额35.74亿元，促进增收节支和挽回损失1591.02万元，收缴师市财政1364.89万元。提出各类管理建议83条，移送相关部门处理事项20余件；向师市主要领导提交审计报告、审计专报30余篇，得到领导重要批示19次。

师市审计局荣获自治区“民族团结一家亲”先进集体；1人荣获自治区“民族团结一家亲”先进个人；1人荣获兵团“民族团结一家亲”和民族团结联谊活动先进个人。

政策落实情况跟踪审计 完成新冠肺炎疫情防控资金、新增财政资金直达市县基层、专项债券、民生就业、减税降费、乡村振兴等国家重大战略实施情况等专项审计，按要求及时上报审计报告。

财政审计 完成第四师可克达拉市本级2019年度预算执行情况、师市财政总预算存量资金、师市政府性债务和债券、团场存量经营性债务等情况的审计，出具审计报告2篇。

三大攻坚战审计 完成兵团、师本级2016—2019年度扶贫审计查出问题整改情况“回头看”和12个团场2020年脱贫攻坚巩固提升项目的审计，揭示扶贫资金使用过程中存在的典型问题共4类17个。完成1名领导干部自然资源资产管理和生态环境保护责任审计，出具审计报告1篇。

经济责任审计 完成18名党政领导干部经济责任审计，重点关注贯彻执行兵团党委和师市党委的重大决策部署、重大改革任务推进、预算执行及财政财务管理情况，出具审计报告18篇。

固定资产投资审计 完成师市国有企业“三供一业”改造项目、中哈界河治理工程、2017年农业综合开发、36团米兰中学等12个重点政府投资项目和援疆项目审计，审计项目投资总额5.8亿元、审减金额1316.3万元。

企业审计 完成宏远集团公司、伊帕尔汗公司、金天元种业公司、戍强项目管理公司改制情况专项审计，发现企业改制过程中的风险隐患，向师市领导出具改制情况审计报告4篇。

内部审计 师市单位中设有内部审计机构2个，其中专职机构2个；内部审计人员5人，其中专职人员5人。伊力特股份公司审计部1人被评为全国内部审计先进工作者。

交办任务 选派骨干8人次，参加第十师北屯市社保资金、财政资金绩效情况和第十四师昆玉市财政改革效果审计。 （撰稿人：王 蕾）

【第五师双河市审计局】 2020年，第五师双河市审计局实有7人。局长苏金祥，副局长黄均田（援疆）、刘武，第一审计中心主任刘红。设有综合科；下设农牧团场第一、第二审计中心。

审计成果 2020年，第五师双河市审计局组织实施审计项目58个（委托审计41个）。查出违规金额214万元、管理不规范金额1.49亿元。审计后应上缴财政657万元、应调账处理金额1.12亿元。审计促进整改落实有关问题金额555万元；审计节约和挽回投资3506万元。承办师市纪委监委举报线索核查1件。

政策落实情况跟踪审计 开展国家重大政策措施落实情况季度跟踪审计、兵团两项重大政策措施落实情况跟踪审计，重点关注减税降费、就业优先、保障民生和金融等政策落实情况。

财政审计 审计师市本级和5个农牧团场预算执行情况，针对转移支付资金下达时间滞后、未按照规定设置预备费、不符合预备费支出范围、预算绩效管理不到位、会计集中核算管理不到位、银行未达账项未核实等问题提出审计建议。

疫情防控资金和捐赠款物专项审计 审计资金2304万元、物资21.14万件，发现抗疫物资入库、发放手续不规范，接受捐赠款物入库、出库没有公示等问题。通过立审立改、持续整改等多措并举，确保疫情防控各项政策有效落实、专项资金物资高效使用。

三大攻坚战审计 开展领导干部自然资源资产任中审计1项。查出问题3个，提出审计建议2条。

经济责任审计 按照师市党委组织部的委托，对87团、90团、城建局、工业园区、报社、供销社等单位6名领导干部和领导人员进行任期经济责任审计。查出违纪违规金额79万元、损失浪费金额308.74万元。

固定资产投资审计 完成政府投资审计项目41个，送审投资4.21亿元，审计审定工程造价3.86亿元，节约和挽回投资3506万元；对师市18个重点投资项目委托中介机构进行跟踪审计。

专项资金审计 对第五师2018年至2019年政府债券资金使用和项目建设情况进行审计。审计组现场核查7个债券项目，涉及资金6.29亿元。

内部审计 全师市设有内部审计机构1个（新赛股份公司审计部），内部审计人员1人，完成审计项目2个，发现问题2个，查出管理不规范金额146万元。

交办任务 抽调2批5人次赴兵团及其他师开展审计，抽调2人参加兵团巡视和纪检工作。开展招商引资工作，完成招商引资年度任务1000万元。配合师市相关部门，开展国有企业年度经营业绩考核、就业补助资金和团场医院资产专项检查等。

相关工作 全年持续推进审计机关党风廉政建设和反腐败工作。以学促行，深入开展大学习大讨论，撰写发言提纲19篇、心得体会38篇、党建论文1篇、自查报告20篇。在机关支部作风建设督查中获得好评。 （撰稿人：张 杰）

【第六师五家渠市审计局】 2020年，第六师五家渠市审计局实有12人。局长邱建江，副局长卢萍、任晓婷，第一审计中心主任李惠，第二审计中心主任苏合，第三审计中心主任土春芳。设有办公室、综合业务科；下设第六师农牧团第一审计中心、第二审计中心、第三审计中心。

审计成果 2020年，第六师五家渠市审计局共审计单位63个，其中审计51个、专项审计调查12个。查出主要问题金额959670万元，其中违规金额52615万元、损失浪费金额3680万元、管理不规范金额903375万元；审计发现非金额计量问题163个；损益（收支）不实45464万元；审计期间整改金额506万元；出具审计报告和专项审计调查报告68篇。审计处理处罚金额89726万元，其中应上缴财政4386万元、应减少财政拨款或补贴33万元、应归还原渠道资金7827万元、应缴纳其他资金1284万元、应调账处理金额76196万元。移送处理事项21件，其中纪检监察机关10件、有关部门11件；移送纪检监察机关处理人员7人，其中县处级3人、乡科级及以下4人；移送处理金额23484万元，其中纪检监察机关20533万元、有关部门2950万元。审计促进整改落实有关问题资金88821万元。审计提出建议167条，被采纳156条；促进被审计单位建立健全规章制度17项；提交审计信息6篇，审计专题、综合性报告2篇，信息简报4篇。

新湖农场党委书记、政委和党委副书记、场长任期经济责任审计项目，被评为兵团审计机关优秀审计项目；原新疆准噶尔农业集团有限公司党委书记、董事长和党委副书记、总经理任期经济责任审计，第六师医院原党委副书记、院长及副书记、副院长任期经济责任审计2个项目，被评为兵团审计机关表彰审计项目。1人被授予新疆生产建设兵团“民族团结一家亲”和民族团结联谊活动先进个人。

政策落实情况跟踪审计 按照中央、兵团、师市党委明确的经济工作主要目标和重点任务，守住“六保”底线，应对疫情冲击，开展“放管服”、减税降费、减免返还社保费和缓征住房公积金、精准复工复产、强化稳就业举措、金融支持、乡村振兴战略、直达市县基层直接惠企利民情况等重大政策措施落实情况跟踪审计。

应对经济下行压力，第六师五家渠市审计局针对减税降费实施效果、财政支出结构优化、地方政府债发行使用、财政资金统筹盘活等情况，按季度进行跟踪审计。审计发现新增就业目标任务低于兵团完成率、社会保险缴费未及时征缴、58户企业未享受企业职工基本医疗保险费减征政策、未全面清理财政结转结余资金151.83万元、就业资金结余1461.82万元未盘活使用、8户企业无力缴纳社保及无法享受社保减免政策等问题。对季度审计发现的问题整改情况进行跟踪落实，提出审计建议12条。对第一师、第六师师团两级财政机构人员队伍现状暨师团财政改革成效开展专项审计调查，出具审计报告2篇，提出加强制度建设规范预算管理建议5条。

开展直达市县基层直接惠企利民情况专项审计。发现无发票支付设备款、工程款1862.42万元，未履行审批程序支付工程款183.49万元等问题，边审边促、边审边改、边审边建，把推动整改贯穿审计全过程。

财政审计 对预算执行、财务收支情况以及水利建设、宣传等专项资金管理使用情况进行审计，主要抽审水利局、宣传部及下属单位预算执行及财政（务）收支情况，重大政策措施落实情况。审计资金1047765万元，查出主要问题金额254153万元，发现预算编制执行、非税收入、公务卡使用、专项资金管理等不合规问题16个，提出建议4条。采集332家师市一级预算单位财务账套数据库，对近8000条疑点数据经过大数据分析汇总，最终核实出9类问题。按时向市政府提交审计结果报告和向人大提交审计工作报告，审计工作报告受到人大代表的好评。

三大攻坚战审计 在防范化解重大风险方面，按照兵团审计局安排交叉对第七师2018年至2019年政府债券资金使用和项目建设情况审计，发现第七师存在政府债券的范围不准确，多申报置换资金3298.56万元，道路项目缺少后续建设资金，供热续建项目推进较慢等问题。提出审计建议3条。在精准脱贫方面，开展审计问题回头看，揭示贫困团场和贫困职工因疫、因灾、因病等原因存在的返贫风险，促进建立防止返贫监测预警机制和动态帮扶，持续巩固脱贫攻坚成果，推动建立解决相对贫困的长效机制。在污染防治方面，对师市环保专项资金的收支情况进行审计调查，抽审生态环境局等12个（部门）单位，审计资金22408万元，发现项目预算资金执行率低，财政资金未发挥效益等问题6个。

疫情防控资金和捐赠款物专项审计 在第六师五家渠市党委疫情指挥部下设立审计监督组，对师市疫情防控资金和捐赠款物开展审计。通过审计发现疫情防控资金4466.53万元未结算，资金存在缺口1175.88万元，预付货款341.75万元未及时清算等问题。提出规范财务和物资管理，防范风险，加强资金回笼的审计建议。

民生审计 开展2019年至2020年对口援疆资金审计、支援兵团开展第八师保障性安居工程等审计。发现管理制度制定不完善、4个建设项目竣工验收未备案、3个建设项目未按实际建设内容编制竣工图纸等问题。针对发现的问题，提出加强项目计划和资金管理，合理安排资金计划等审计建议。

经济责任审计 采取“1＋N”审计模式，完成水利系统、宣传系统等 8 个单位 12 名领导干部离任、任中经济责任审计。查出主要问题金额 762036 万元，其中违规金额 77683 万元、损失浪费金额 2207 万元、管理不规范金额 682146 万元；移送处理事项 20 件，其中纪检监察机关 10 件、有关部门 10 件，移送处理人员 7 人，移送处理金额 23484 万元。

审计查出问题整改 调整增加审计整改与成果运用领导小组及调整成员单位，进一步细化成员单位职责，建立分级整改机制。将审计发现问题整改清单与审计报告同时送达被审计单位，明确整改时限，确保及时全面整改。组成执法检查工作小组，对 2017 年至 2020 年 9 月审计报告反映问题整改情况进行“回头看”检查，要求被审计单位建立整改清单，与审计机关整改台账一一对接，实行“对账销号”，实现审计整改执法检查全覆盖。

信息化建设 按照兵团审计局要求，在金审工程二期的基础上，投资建设金审工程三期，逐步推行使用计算机审计。

内部审计 加强对内部审计工作指导，加强对招标入围参加审计的社会中介机构的监督，有效利用内部审计和社会审计力量。以经济责任审计为依托，将审计与审计调查、延伸审计相结合，实现“一审多项”“一审多果”。

交办任务 完成对 102 团铁厂沟煤矿社区居民异地安置情况的审计调查；完成对新疆大黄山鸿基焦化有限责任公司重组过程中有关情况的调查；完成市场监督管理局合并的原单位领导经济责任及预算执行现场审计；完成五家渠高级中学食堂管理审计调查，出具专项审计调查报告；派出 2 人配合兵团、师市纪委监察机关开展重大案件 3 项调查，累计工时 300 余天。

（撰稿人：丁梅华）

【第七师胡杨河市审计局】 2020 年，第七师胡杨河市审计局实有 24 人。党组书记、局长朱金红（—9 月），党组成员、副局长马洪良（9 月—，主持工作）、王峰，第一审计中心主任蒲冬梅，第二审计中心主任张泽廷。设有综合科、业务科；下设第一审计中心、第二审计中心、固定资产投资审计中心（在第一审计中心挂牌）。

审计成果 2020 年，第七师胡杨河市审计局完成审计项目 27 个。查出主要问题金额 20716 万元，其中违规金额 80 万元、管理不规范金额 20635 万元；审计发现非金额计量问题 96 个；出具审计报告和专项审计调查报告 27 篇。审计处理处罚金额 20603 万元，其中应上缴财政 18608 万元、应缴纳其他资金 242 万元、应调账处理金额 1753 万元；移送主管部门和单位处理事项 6 件。审计促进整改落实资金 8777 万元；审计促进拨付资金到位 56 万元；审计后挽回（避免）损失 87 万元。审计提出建议 30 条；促进被审计单位建立健全规章制度 8 项；提交审计信息 12 篇。

审计案例《挖出贷款逾期率畸高的秘密》入选审计署审计干部教育学院教学案例选库。

审计委员会办公室工作 4 月 9 日，召开师市党委审计委员会 2020 年第一次会议，学习贯彻习近平总书记关于审计工作的重要指示精神，中央、兵团党委审计委员会有关会议精神，通报 2019 年审计工作及整改情况、师市新冠肺炎疫情防控资金和捐赠款物专项审计情况，研究部署师市 2020 年审计重点工作。

政策落实情况跟踪审计 将政策跟踪审计与经济责任等审计项目相结合，重点跟踪检查师市清理拖欠民营企业中小企业账款和减税降费政策落实情况，针对问题提出意见建议。实施 2020 年兵团乡村振兴、湿地保护两项重大政策贯彻落实情况跟踪审计，揭示乡村振兴规划编制、专项资金管理使用、人居环境整治项目绩效等方面存在的问题 10 个。6 月 12 日，师市召开专题协调会议督促审计发现问题的整改。

财政审计 开展师本级 2019 年度预算执行及其他财政收支情况审计，重点审计财政局、1 团、123 团、137 团预算执行情况及部分团场就业补助资金、重大自然灾害补助资金、残疾人两补等专项资金分配管理情况，通过审计揭示应收未收财政收入、应缴未缴财政非税收入及预算执行、专项资金管理使用不规范等问题 8 个。

三大攻坚战审计 根据兵团审计局反馈 2016 年至 2019 年扶贫审计项目尚未整改或未反馈已整改的问题台账，逐一核查审计发现问题的整改意见建议落实情况。派出审计组对第六师地方政府债券资金使用情况实施专项审计。实施127团2016年高标准农田项目资金使用绩效审计，查处和纠正虚列支出24.6万元，工程结算不实20.31万元等问题。

疫情防控资金和捐赠款物专项审计 开展2020年师市疫情防控资金和捐赠款物专项审计。揭示部分财政专项资金（防疫物资采购资金）存在风险、部分社会捐赠物资分配和使用不及时、个别团场防疫物资管理不规范等问题。

经济责任审计 强化对重点部门、单位的审计监督，开展129团、128团、137团、奎东农场、国资公司5个单位3名领导干部离任经济责任审计和4名领导干部任中经济责任审计。通过审计揭示部分单位未严格执行“三重一大”事项议事程序及规则、公车管理不规范、部分非税收入未上缴财政、专项资金支出不规范、固定资产管理不规范等问题44个，对个别单位自制收据管理不规范，未严格执行政府集中采购、定点采购的问题线索移交师市财政部门处理。

固定资产投资审计 实施师高级中学浴室光电一体化改造项目、师公安便民警务站项目、137团阿吾斯奇冬窝子扶贫项目等14个建设项目竣工决算审计，对个别单位违反工程建设管理有关规定的问题移送建设主管部门处理，对多计工程款等问题要求相关单位进一步核实，挽回经济损失26.37万元。

援疆审计 实施2019年度、2020年度对口支援兵团发展资金和项目跟踪审计，对未按规定办理建设用地规范许可等建设程序不规范问题及时督促整改。

专项审计调查 开展2019年第七师师团财政机构人员队伍情况专项审计调查，针对师团普遍存在的财政人员不足、结构不优，改革后团场行政事业单位及社区、连队都未配备专职会计人员，兼职报账员专业能力不足等问题提出意见和建议，提交的专题汇报得到师市主要领导的批示。

交办任务 4月，对兵团重点监测的36个重大项目和各类政府投资项目开展审计稽查，每月汇总形成报告上报师市党委经济运行领导小组。5月，与财政局组成检查组，对天北城投公司及下属奎屯天泉供水有限公司、天北河川园林工程有限公司、锦恒能源公司开展监事会职责履行情况检查，对存在的问题提出整改意见及建议。5月，与人社局、财政局组成联合专项调查组，对师市2018—2019年度就业补助专项资金的分配、使用、管理和绩效等情况进行专项检查，对检查中发现的违规问题，予以全师市通报，责成立行立改，并要求所有单位对标检查，举一反三，引以为戒。

相关工作 全力做好新型肺炎情防控工作，先后有23人次下沉到天北新区疫情防控一线，配合社区做好疫情防控工作，3人因抗击疫情期间表现突出获师嘉奖。 （撰稿人：杨建芳）

【第八师石河子市审计局】 2020年，第八师石河子市审计局实有43人。党组书记、局长刘文，副局长余红，中心主任段志江、钱玉玲。设有办公室（政策法规科）、财政教科文卫社保审计科（资源环境审计科）、企业和金融审计科（固定资产投资审计科）；下设4个审计中心。

审计成果 2020年，第八师石河子市审计局完成各类审计项目23个。查出违规金额21924万元、管理不规范金额7588万元，损益不实金额2404万元；审计发现非金额计量问题117个；出具审计报告及管理建议书43篇。审计处理处罚金额23156万元；移送纪委监委等处理事项15件27人。审计促进整改落实有关问题资金12738万元。审计提出建议69条；促进被审计单位建立健全规章制度10项。

政策落实情况跟踪审计 围绕三大攻坚战，陆续完成乡村振兴、湿地保护专项资金审计及团场高标准农田项目资金使用绩效审计；围绕“六稳”“六保”，完成促进就业、促进财政资金提质增效、促进优化营商环境“三促进”专题审计，联合大连市审计局组织实施辽宁对口援疆发展资金及重点建设项目跟踪审计；完成促进民营经济健康发展专项审计调查及职业教育资金专项审计，共审计纾困资金1亿元、职业教育资金2.24亿元，查出制度建设层面问题12个，出具审计报告3篇。

财政审计 开展石河子经济技术开发区2016年至2019年财政财务收支审计项目。融合开展预算执行审计，将财政同级审计和部门预算执行审计有机结合，实施2019年度师市本级财政预算执行及教育局、121团等15个部门的预算执行情况审计，共出具审计报告18篇。

疫情防控资金和捐赠款物专项审计 对师市2020年疫情防控资金和捐赠款物开展专项审计，共审计疫情防控资金8049.17万元，出具专项审计报告2篇。

经济责任审计 对教育局原党组书记、原局长等9个部门、企业单位的党政领导干部开展经济责任审计，查出违规金额15101万元（直接责任7005万元、领导责任8096万元）、管理不规范金额4712万元。出具审计报告和审计结果报告18篇；提出审计建议27条。

固定资产投资审计 持续加大对师市重点项目的跟踪审计力度，稳步推进2019年续建33个项目和2020年72个新建项目以及投资17亿元涉及37个小区的旧城改造项目审计，出具重点项目跟踪审计报告8篇，出具旧城改造审计报告3篇，出具人民医院、北三路改造、职工活动中心等审计报告4篇，审计发现问题30余个。完成工程结算复核项目46个，审定金额1.89亿元，核减额418.5万元，核减率2.17%，提出审计建议18条。

交办任务 全面深化“工作落实年”工作，成功打包申创兵团及全国文明单位。聚焦新疆工作总目标，贯彻执行兵团向南发展及“访惠聚”工作。常年派驻1人在皮墨园区挂职、4人参加“访惠聚”工作。走访及调研30余天，累计投入6.6万元支持“访惠聚”工作，协助申请15万元组建努尔巴克村党员活动阵地。开展“三个一”主题党日和党员“双报到”活动，4人次借调到兵团党委巡视组参与巡视工作；6人次配合师市到纪委监委参与专案；3人次参与兵团审计局审计项目；1人次参加老旧小区包点包片工作；1人任组长对14个团场富业公司的债权、债务进行清理审核；3人参与处置石河子市泓利社会经济咨询公司信访接待工作等。

相关工作 牢牢把握党的集中统一领导的政治原则和审计机关首先是政治机关的政治定位，强化政治建设，健全完善在师市党委审计委员会统一领导下的审计监督组织机制。强化思想建设，累计开展党建集中活动3次，红色教育2次，党组理论学习中心组理论学习11次。强化作风建设，以“工作落实年”为契机，深入开展形式主义、官僚主义整治，召开改进工作作风动员会，安排布置相关工作，不断推进作风建设向纵深发展。强化组织建设，探索实施外出审计组成立临时党支部制度，完成25人的职级晋升工作，完成党总支部的换届工作，发展3名预备党员。强化纪律建设，签订党风廉政建设责任书，开展第二十二个党风廉政教育月活动，组织审计干部集中观看反腐警示教育片2次，开展廉政谈话10余人次，持续开展审计组执行审计纪律廉政巡查回访。先后分5批37人次深入一线参加师市疫情防控及隔离点工作，累计工作115天。同时组织党员干部67人次为疫情捐款0.97万元。

（撰稿人：武玉超）

【第九师审计局】 2020年，第九师审计局实有5人。局长涂海滨，副局长盛利，第一审计中心主任王红，第二审计中心主任刘静。设有综合科；下设第一审计中心、第二审计中心。

审计成果 2020年，第九师审计局实施审计项目35个。查出违反财政法规金额24000万元、管理不规范金额14480万元；出具审计报告35篇。审计处理处罚金额12285万元；移送纪委监委、主管部门问题线索8件。

审计委员会办公室工作 11月15日，第九师党委审计委员会第三次会议召开，会议安排部署兵团深化改革和向南发展等重大决策部署、重要改革举措的跟踪审计工作，安排做好三大攻坚战、做好“六稳”工作、落实“六保”任务；会议传达学习中央审计委员会第三次会议精神、兵团党委审计委员会2020年第一次会议精神，审计局局长涂海滨在会议上汇报2020年审计工作情况。

政策落实情况跟踪审计 组织重大政策措施落实情况跟踪审计，重点关注兵、师党委制定重大决策部署贯彻落实、精准扶贫精准脱贫、重大建设项目推进和重点资金保障、财政资金政策等重大决策部署贯彻落实情况。出具跟踪审计报告4篇。

疫情防控资金和捐赠款物专项审计 重点关注新冠肺炎疫情防控资金和捐赠款物政策、制度和专项资金及物资管理使用情况。跟踪审计第九师疫情防控资金和物资使用全程，加强风险点监督，严防资金和各类物资被挤占。

民生审计 开展10个团场财政专项扶贫资金项目跟踪审计，重点关注精准扶贫、精准脱贫政策措施落实，扶贫资金分配管理使用，扶贫项目绩效等情况。发现部分团场存在资金未按合同及时结算、项目结余资金、低收入人群扶持措施未落实到位、低收入人员稳定增收目标未能实现等问题。提出审计建议4条。

经济责任审计 开展9个单位13名党政领导干部经济责任审计，年度实现经济责任审计对象全覆盖。查出违规金额23973.87万元、管理不规范金额6450.39万元。开展163团原党委副书记、团长任期自然资源资产管理和生态环境保护责任审计，发现存在问题4个，提出审计建议4条。

固定资产投资审计 实施12个重点建设项目审计。查出问题金额3079.29万元，移送案件1件。审计发现个别重点建设项目投资领域结构不合理、重复建设、损失浪费等问题。督促有关单位和部门加强项目管理，合理有效使用建设资金。

援疆审计 与辽宁省对口支援市审计局组成联合审计组，开展援疆建设工程竣工决算审计工作。审计项目2个，发现工程建设过程中存在发生较大变更项目未履行签证确认程序、项目未办理竣工决算和资产交付手续已租赁经营、建设项目财务管理不规范等问题。送审金额4534.75万元，审减39.51万元。

专项资金审计 开展2018—2019年度科技科研专项资金管理使用情况审计、教育经费管理使用情况审计。发现部分单位和部门存在资金闲置沉淀、未能及时使用、团场学校维修改造建设项目管理失控、提高标准、预算管理不到位、会计核算不规范等问题，涉及问题资金417.46万元。开展审计调查10个团场2019年边民补助资金管理使用情况，审计发现部分团场存在资金闲置、违规超范围发放边民补助等问题，提出审计建议3条。开展保证债券资金安全，规范第九师政府债券资金管理、化解存在风险审计工作，重点审计全师2018年至2019年兵团政府债券管理使用和绩效情况。

农业农村审计 开展10个团场2018年度、2019年度涉农惠农资金拨付、管理使用情况专项审计调查，发现违规发放农业支持保护资金、违规挪用退耕还林项目补助资金、扩大范围违规发放涉农补助资金、资金闲置、未及时使用问题，涉及问题金额6571.36万元。

相关工作 完成兵团及师领导交办的各项工作，派人参加兵团审计局统一组织的项目，参加兵师巡视巡察。组织审计干部参与疫情防控工作，参与疫情一线值班工作。改进工作作风，加强审计干部党员党性教育，落实全面从严治党主体责任，健全各项工作制度，有效促进审计质量提高。

（撰稿人：李小凤）

【第十师北屯市审计局】 2020年，第十师北屯市审计局实有10人。局长蒋红，副局长蒋桂华，副局长陈贤友，三级调研员涂志刚。设有经济责任科、法制科；下设农牧团场审计一中心、审计二中心。

审计成果 2020年，第十师北屯市审计局完成审计项目18个。查出问题金额12.64亿元，审计期间整改金额2734.04万元。审计处理处罚金额3041.64万元。审计促进整改落实有关问题资金1.01亿元；查出多计工程投资2715.58万元；移送案件线索9件。被审计单位采纳审计意见和建议55条。提交审计信息55篇，向师市上报专题审计报告及要情15篇，得到师市分管领导批示15篇。审计整改率达到95%以上。

2个项目评为兵团优秀审计项目。

政策落实情况跟踪审计 紧扣“六稳”“六保”要求，关注乡村振兴、就业补助、减税降费、清理拖欠民营企业中小企业账款等内容，揭示抗疫特别国债资金完成率较低、承接职能未能有效履行、降费退费进度较慢等问题，从体制机制层面分析原因、提出建议，促进重大政策落地生效。开展新增财政资金直达市县专项审计，对新增财政资金收集、分配、拨付下达、管理使用及发挥绩效情况进行全流程跟踪审计，推动资金落地落实。

财政审计 组织开展师市本级预算执行审计，关注中央八项规定精神落实、一般性支出压减情况，揭示预算管理不到位、违规发放津补贴等问题。完成 159 个一级预算单位和 65 个团场行政事业单位数据的采集工作，推进一级预算单位审计全覆盖。

三大攻坚战审计 组织对 2016—2019 年度兵师市审计局扶贫审计查出问题整改情况进行“回头看”，促进打赢脱贫攻坚战，审计中注重揭示反映政府性债务等方面存在的薄弱环节和风险隐患，坚决守住不发生系统风险的底线。统筹开展资源环境审计和领导干部自然资源资产离任审计，揭示资源环境领域管理、履行职责等方面的突出问题，促进经济发展和环境保护双赢。

疫情防控资金和捐赠款物专项审计 组织开展疫情防控资金专项审计，向兵团审计局和师市党委提交专项审计报告 6 篇，揭示突发公共卫生事件中的制度性短板和资金管理漏洞，促进有关部门完善制度、健全机制。

民生审计 开展就业补助资金审计，聚焦资金管理使用情况、就业补助资金绩效情况，促进全面贯彻落实就业优先战略。

经济责任审计 开展 3 个单位部门的经济责任审计，共发现问题 47 个，涉及金额 6266.89 万元，其中违规金额 5274.86 万元、管理不规范金额 992.03 万元。履行经济责任审计工作联席会议办公室职责，研究领导干部经济责任审计计划拟订、情况反馈、结果运用，推动干部规范用权。

固定资产投资审计 组织开展高标准农田、边防基础设施项目等政府投资项目审计 2 个，查出多计工程投资 2715.58 万元，挽回经济损失 2207.42 万元，促进政府投资项目规范管理，提高工程建设质量。向师市纪委监委移送问题线索 2 件，提出规范建设领域项目管理和资金使用的意见及建议 17 条，进一步发挥财政资金效能。

信息化建设 配合完成兵师团三级全级次预算单位数据标准化入库，充分发挥金审工程三期作用。利用大数据筛查，发现违规领取低保金、失业金等问题，揭示编制虚假人员信息申请就业补贴等现象，完善相关制度和办法，进一步规范专项资金的管理。

相关工作 做好师市党建示范点创建工作，探索党建工作新模式，充分发挥党支部的战斗堡垒作用。修订完善《第十师北屯市审计局党组、党支部履行全面从严治党主体责任清单》等制度，推动党风廉政建设责任落实。组织审计人员参加审计署、兵团审计局、师市组织的各类实地培训 28 人次 71 天，视频及网络培训 207 人次 259.5 天，全面提升审计人员业务水平和能力。持续修订和完善绩效考核办法，择优选派年轻干部参加巡视巡察和兵团审计项目的实战锻炼。

（撰稿人：陈孟雪）

【第十一师审计局】 2020 年，第十一师审计局实有 10 人。局长曹建辉，副局长张燕、王光灿。下设审计中心。

审计成果 2020 年，第十一师审计局完成审计项目 16 个。查出主要问题金额 133738 万元；审计发现非金额计量问题 54 个；出具审计报告和专项审计调查报告 27 篇。审计处理处罚金额 11 万元；移送司法机关、纪检监察机关和有关部门处理事项 15 件。审计促进整改落实有关问题资金 4665 万元。审计提出建议 68 条；提交审计信息 7 篇。

政策落实情况跟踪审计 根据审计署统一安排，对第十一师减税降费、清理拖欠中小企业账款、深化“放管服”改革、促进优化营商环境、贯彻落实过“紧日子”、促进财政资金提质增效等政策落实情况开展审计，推动国家和兵团重大政策落实落地。

疫情防控资金和捐赠款物专项审计 对疫情防控资金和捐赠款物开展专项审计，通过实地与报送相结合的审计方式，紧盯关键环节，对红十字会、隔离中心、疾控中心、学校等 17 个单位和组织，1156.05 万元财政资金和 65.97 万元捐赠资金开展审计监督，确保疫情防控资金和防护物资供应工作的有序开展。

企业审计 4 月至 6 月，对建工集团、建咨集团、建材集团、建融集团、工业园区等 5 户师属国有企业开展 2019 年资产负债所有者权益审计，通过清理回收、提高资金使用效率、调整科目等方式整改 2568.81 万元，完善企业管理办法 36 项。

专项审计 6 月至 10 月，组织社会审计和内部审计力量，对师属企业营业收入 2.7 亿元亏损近1亿元的5个亏损项目进行专项审计。根据审计结果分析亏损原因，从完善制度和加强内控管理方面提出针对性审计意见和建议，堵住管理失控导致项目亏损的漏洞。

审计查出问题整改 2020年师审计局分别向组织部、纪委监委、财政局、国资委、建工集团移送问题线索19件，内容涉及股权划转风险、违规置换车辆、不合理拆解资金、项目违规建设及质量问题、担保贷款缺乏风险意识、企业违规放贷、项目超期交房、企业向个人借款偿付困难使用效率低、违规使用国拨资金等方面。多部门沟通协调解决问题，有效化解风险，保障国有资产安全。

相关工作 切实落实为基层减负相关政策，规范办文办会办事；清理作废审计规范性文件6个；落实审计“两统筹”工作要求，实现审计项目“一审多项”“一审多果”“一审多用”，避免交叉重复审计。组织全局以视频会商系统形式参与审计署、兵团审计局组织的法制审理人员培训、社保基金审计等学习活动16次。安排5名新进人员于3月至4月参加十九届四中全会网络培训班、10月至12月参加计算机审计初级培训班，提高政治理论和业务技能水平。

（撰稿人：黄发玺）

【第十二师审计局】 2020年，第十二师审计局实有14人。副局长张立（主持工作）、鹿新（援疆）、袁霞，审计中心主任陆军。下设审计中心。

审计成果 2020年，第十二师审计局完成审计或审计调查项目23个。查出主要问题金额709621.21万元，其中管理不规范金额707353.76万元、违规金额2267.45万元；审计发现非金额计量问题87个。向师党委提交审计要情5篇，向师纪委监委、团场、集团公司监事会等移送违规违纪违法事项7件，下达审计决定4份，审计提出建议58条。

第十二师乌鲁木齐西郊城区管理委员会原党工委副书记、主任和原兵团准东产业园区管委会主任任职期间经济责任履行情况审计项目，被评为2020年度兵团优秀审计项目。

政策落实情况跟踪审计 重点对第十二师新冠肺炎疫情防控资金、疫情捐赠款物、政府过“紧日子”、清理拖欠民营企业中小企业账款、乡村振兴战略政策实施、政府债券资金管理、新增财政资金直达市县基层直接惠企利民情况和金融服务实体经济等方面进行审计。揭示部分接受捐赠防疫物资管理不到位和内控管理制度不健全，部门财政资金闲置未能及时发挥效益，部分团场清偿拖欠民营企业工作滞后，团场连队人居环境整治项目前期工作不扎实、管理不到位以及债券资金使用不规范等问题。

财政审计 实施第十二师2019年度本级及部门预算执行情况审计，查出问题金额617265.45万元，其中管理不规范金额617183.07万元、违规金额82.38万元，提出意见和建议5条，揭示师属团场预算编制不完整不合规、非税收入收缴管理不规范、104团中学组织在职教师违规有偿补课事项等问题。开展师广播电视台2017年至2019年财务收支审计、天山时报社2017年至2019年财务收支审计、师水利工程建设管理处2017年至2019年财务收支审计和师供销合作社联合社2018—2019年度财务收支情况审计，查出主要问题金额1530.42万元，发现非金额计量问题19个，提出审计意见及建议15条，下达审计决定2份。揭示师广播电视台报账员侵吞国有资金92.89万元，为已离职人员缴纳住房公积金3.31万元，造成国有资金损失；天山时报社及其权属企业违规套取专项资金39.87万元在账外开支、权属企业财务管理混乱；财政资金使用不规范、会计基础工作不规范等问题。

经济责任审计 受师党委组织部的委托，分别对五一农场、221团、222团、水利局等原主要领导实施任期经济责任审计项目5个，查出主要问题金额81127.64万元，其中管理不规范金额79221.15万元、违规金额1906.49万元，发现非金额计量问题38个，提出审计意见和建议25条，下达审计决定1份，审计移送书1份。揭示师水利局及师水利工程建设管理处违规套取项目资金1496.17万元等重大违纪违法问题并向师纪委进行移交。问题上报后师主要领导批示，由师纪委牵头对全师8个团场此类问题进行全面清查、收缴。

资源环保审计 领导干部经济责任审计相结

合，围绕污染防治，实施221团原党委书记、政委自然资源资产离任审计，提出尽快实施高效节水灌溉建设项目，优化水资源配置结构，实施供热锅炉的节能环保改造，确保污染物排放达标等审计建议。

援疆审计 实施对口支援兵团第十二师发展资金和项目跟踪审计，揭示部分团场非建设类援疆资金200.89万元结存在账面未及时使用、未按规定取得相关手续擅自开工等问题。

专项资金审计 分别开展师水利专项资金管理和使用情况审计、104团棚户区改造（一期）征收与补偿资金专项审计调查。揭示师水利工程建设管理处在项目实施过程中超合同约定支付监理单位费用64.48万元，部分建设项目咨询设计业务应招标而未招标等问题；揭示104团违规重复发放及多补偿征收补偿资金59.95万元、被征收人补偿房产交易未履行商品房预售合同登记备案手续存在重大风险隐患等问题。通过审计，督促被审计单位加强项目建设管理、项目资金合规使用，严格落实招标投标法的执行，规范国有土地上房屋征收与补偿活动，做到程序合法，政策合规，依法征收。

审计查出问题整改 按照兵团下发的各类审计问题整改清单，建立整改台账，逐一梳理，分解审计问题整改责任，收集汇总整改佐证材料，审计署及兵团审计局审计查出问题已全部得到整改。对师2018年至2019年政府债券资金使用和项目建设情况进行审计整改，政府债券资金均按期支付，并推动建立完善相关制度和规范。围绕扶贫审计发现问题整改开展核查，对2016年以来扶贫审计揭示问题进行督促整改，促进团场、部门明确整改责任，采取切实措施，完善制度办法，推动扶贫攻坚成果的巩固。加强师审计局审计发现问题的整改工作，提高被审计单位审计整改意识，指导和督促被审计单位将问题整改清单化，落实被审计单位审计整改责任。

（撰稿人：张　立）

【第十三师审计局】 2020年，第十三师审计局实有7人。党组书记、局长徐进萍，党组成员、副局长李双玲。设有综合科；下设第一审计中心、第二审计中心。

审计成果 2020年，第十三师审计局开展审计项目26个，其中审计署及兵团审计局统一组织审计项目9个，师党委安排组织项目17个。查出主要问题金额67985.74万元，其中违规金额11302.99万元、管理不规范金额56682.75万元；发现非金额计量问题80个；出具审计报告19篇、审计决定2份。向被审计单位提出加强和改进管理提高效益方面的审计建议44条；提交审计要情5篇；移送师纪委监委进一步调查处理事项3件，涉及金额409万元。

审计委员会办公室工作 3月14日，召开第十三师党委审计委员会第二次会议。会议审议通过《第十三师审计局2020年经济责任审计计划》（审议稿）、《第十三师审计局2020年审计（调查）项目计划》（审议稿），通报2019年审计发现问题的整改情况。

政策落实情况跟踪审计 开展重大政策跟踪审计4个。围绕三大攻坚战审计，重点关注减税降费实施效果、地方政府债券的管理使用情况，财政支出结构优化、财政存量资金盘活统筹等宏观政策推动情况，乡村振兴等国家重大战略实施情况，行政职能和行政执法权的承接、“放管服”改革推进情况进行跟踪审计，完成国家重大政策措施落实情况跟踪审计、兵团2项重大政策措施落实情况跟踪审计、减税降费专项审计、新增财政资金直达市县基层直接惠企利民情况跟踪审计，向兵团审计局报送报告9篇。

财政审计 开展预算执行审计3个。完成师本级财政预算执行及其他财政资金审计1个，团办师管学校、医院预算执行审计2个。

固定资产投资审计 开展政府投资审计项目4个。完成师文化馆建设项目、黄田农场青年路及红星大道项目的竣工决算、“十三五”期间边防基础设施建设项目竣工及调查、2018年至2019年第十三师政府债券资金使用和项目建设情况。

经济责任审计 开展领导干部经济责任审计7个。完成师直行政事业单位领导干部经济责任审计4个、团场领导干部经济责任审计1个、国有企业领导干部经济责任审计2个。向师纪委监委移送处理事件3件，已作出谈话提醒、诫勉谈话等处理决定。

专项审计 开展专项资金（项目）审计7个。完成拖欠民营企业和中小企业账款专项审计、应对新冠肺炎疫情防控资金和捐赠款物专项审计、扶贫资金审计、援疆资金及项目跟踪审计、团场存量经营性债务化解审计、师森林公安局及农机监理站资产划转情况审计。

审计查出问题整改 对2017年至2019年审计报告中指出的问题，督促被审计单位进行整改落实。其中2017年至2018年审计整改到位问题110个，审计整改率92.43%。2019年审计整改到位问题39个，审计整改率79.59%。

重大项目稽查 选取资金量大、与民生息息相关的黄田农场污水处理厂建设项目，师救灾物资储备库两个项目开展稽查工作。出具2期稽查专报，实现项目稽查与审计职能有效结合。

审计质量 师审计局组织10名专家，对10家中介机构2018年至2019年实施的142个项目，按照不低于30%的比例稽查45个审计项目，涉及资金54150万元。审计查出21类问题，涉及问题金额12645万元。提出5条建议，形成综合稽查报告，报师党委。召开第十三师中介机构座谈会，将稽查结果予以通报，为选择中介机构提供参考。

相关工作 扎实推进党建、绩效管理、民族团结一家亲、两个全覆盖等各项工作，并派驻审计局1名党员参加柳树泉农场驻连管寺活动；参加上级部门及师相关工作23人次，其中5人参加兵团审计局组织的审计项目，5人参加兵团社保资金交叉审计、1人参加河南省审计厅援疆资金审计项目、1人参加第十师审计局对第十三师2020年社保基金等项目审计、5人参加师国资国企改革“回头看”、项目验收等工作，1人与团场共同完成农田标准化建设的验收考核工作，1人与财政局共同完成红山农场山南开发区连队的资产移交工作，配合兰州特派办提供相关专项审计资料共4次。选送4人参加南京举办的市县局长培训班、财政收支、审计数据分析能力提高等培训班的学习。 （撰稿人：宋小方）

【第十四师昆玉市审计局】 2020年，第十四师昆玉市审计局实有5人。局长庞开洪，副局长郭建盛。下设综合科。

审计成果 2020年，第十四师昆玉市审计局完成审计项目15个。查出管理不规范金额9331万元；发现非金额计量问题52个；审计期间整改金额30万元。审计处理处罚金额9194万元，其中应上缴财政944万元、应调账处理金额8250万元。移送事项1件。审计提出建议70条，被采纳60条。审计整改问题72个，涉及皮山农场、225团等4个团（场）和财政局、扶贫办、统战部等5个部门单位。

政策落实情况跟踪审计 重点关注稳就业举措政策、落实过“紧日子”、促进就业优先、促进优化营商环境、推动如期完成脱贫攻坚任务、新增财政资金直达市县基层直接惠企利民情况审计、乡村振兴和清理拖欠民营企业中小企业账款工作等落实情况。通过审计，发现师市部分单位对稳就业举措政策落实不够重视，造成专项资金闲置，效益发挥不明显；部分团（场）存量资金应缴未缴；“清欠”工作进度缓慢等问题，并提出相应的审计建议。

财政审计 对师市本级2019年度财政预算执行情况进行审计，重点关注贯彻执行党和国家财政政策和法规情况及预算管理、会计核算和其他财政资金筹措、分配及其使用情况等，延伸皮山农场、教育局等9个预算执行单位。通过审计，揭示财政存量资金使用未履行合规程序、专项资金预算不科学、财政存量资金规模大、资金使用效益低等问题，并提出审计建议5条。

疫情防控资金和捐款捐物专项审计 组织开展师市疫情防控资金和捐赠款物专项审计，重点对指定接受社会捐赠的单位或机构所接收的防控资金和捐赠款物进行审计。涉及财政资金1288.16万元、捐赠资金81.28万元，延伸审计红十字会1家，团场、医院及师市商务局等机关部门和单位13个，对重要事项进行必要的延伸和追溯。

经济责任审计 召开经济责任审计联席会议，强化重点部门、重点单位的审计监督。对师市社会保险事业管理局原局长进行任期经济责任审计，指出存在专项资金管理使用、往来款项的清收、费用报销、固定资产管理使用不规范，以及师市巡察发现医保基金使用管理宽松、推动“三医联动”改革迟缓等问题。

专项资金审计 开展师市2018—2019年度兵团对十四师昆玉市政府债券额度分配、资金使用、绩效情况审计，重点关注政府债券管理体制、机制、制度建设和资金使用等情况。通过审计，揭示个别项目执行进度慢、资金使用绩效低、后续资金无保障、核算不规范等问题。

重大项目稽查 承接行政划转职能，对师市“三区三州”农电网项目进行稽查（审计），重点抽查和田天力电业有限责任公司负责实施的第十四师昆玉市2019年煤改电项目——224团项目10KV、0.4KV配套送出工程。通过审计指出存在建设项目管理不规范、施工工艺与设计要求不符等问题，提出审计建议3条。

援疆审计 对2019年至2020年北京市对口支援兵团第十四师的资金和项目进行审计，重点抽审产业就业扶贫类、教育医疗文化扶贫类和智力支援类项目中的建设项目12个。揭示个别建设项目在合同管理、项目监管和资金支付进度上存在的问题，移交行业主管部门进一步查处。

相关工作 开展“党风廉政宣传教育月”活动和主题党日，加强对党员干部的廉洁教育力度。组织学习《中国共产党党内监督条例》《中国共产党纪律处分条例》和《党委（党组）落实全面从严治党的主体责任》等规定，组织全体党员干部观看警示片，学习纪委监委印发的案件通报等各类警示案例，参观和田地区反腐倡廉警示教育基地。修订完善学习制度、周例会制度、审计业务会议制度等相关制度。派出2人分别参加兵团党委第九轮巡视工作和师市党委四届六次巡察工作。1人获得兵团第七届“民族团结进步模范个人”称号。

（撰稿人：李海琳）

2020年新疆生产建设兵团本级及所辖师(市)级审计工作统计表

审计机关	完成审计项目/个	审计查出主要问题金额/万元	审计发现非金额计量问题/个	审计期间整改金额/万元	出具审计报告和审计调查报告/篇	审计处理情况		审计促进整改落实有关问题资金/万元	审计提出建议/条	提交审计信息/篇
						审计处理处罚金额/万元	移送处理事项/件			
新疆生产建设兵团本级	43	2838998	272	9032	45	409219	20	43910	121	
第一师阿拉尔市审计局	55	222655	87	12099	51	188837	4	184446	146	34
第二师铁门关市审计局	28	23276	121	3128	25	23275	40	22861	73	3
第三师图木舒克市审计局	18	50390	75	247	18	47011	3	15917	54	
第四师可克达拉市审计局	40	139800	145	18	40	1302	20	507	83	2
第五师双河市审计局	58	30026	43	642	23	12359		555	28	
第六师五家渠市审计局	63	959670	163	506	68	89726	21	88821	167	6
第七师胡杨河市审计局	27	20716	96	229	27	20603	6	8777	30	12
第八师石河子市审计局	23	29512	117		43	23156	15	12738	69	3

（续表）

审计机关	完成审计项目/个	审计查出主要问题金额/万元	审计发现非金额计量问题/个	审计期间整改金额/万元	出具审计报告和审计调查报告/篇	审计处理情况		审计促进整改落实有关问题资金/万元	审计提出建议/条	提交审计信息/篇
						审计处理处罚金额/万元	移送处理事项/件			
第九师审计局	35	38496	273	782	35	12285	8	5638	125	10
第十师北屯市审计局	18	126400	96	2734	18	3041	9	10100	55	55
第十一师审计局	16	133738	54	3551	27	11	15	4665	68	7
第十二师审计局	23	709621	87		23	2267	7	2267	58	9
第十三师审计局	26	67986	80		19		3	35062	44	5
第十四师昆玉市审计局	15	9331	52	30	15		1	9194	70	2

科研、培训、出版、学术团体

【审计署审计科研所】 2020年，审计署审计科研所实有69人。设有科研所办公室、财政审计研究室、金融审计研究室、企业审计研究室、自然资源资产审计研究室、审计法制研究室、数据审计研究室、审计史研究室、科研管理处、人事处。

领导成员

所　　长：姜江华

副 所 长：杜光宇　刘力云

李春兰（—3月）　陈基湘

工作综述 2020年，审计署审计科研所（以下简称科研所）坚持以习近平新时代中国特色社会主义思想为指导，认真落实署党组的部署和要求，牢牢抓住"抓党建、转作风、促科研"这条主线，坚持统筹抓好疫情防控和审计科研工作，坚持服务中心工作、服务领导决策、服务审计实践，在署党组坚强领导和全体同志团结拼搏下，各项工作取得较好成效。重点开展财政审计、金融审计、企业审计、自然资源资产审计、审计法制、数据审计、审计史等领域的审计理论研究，全年组织科研人员共撰写《审计研究报告》53期、编译《国外审计动态》52期。组织科研骨干撰写疫情防控专题《审计研究报告》13期、《国外审计动态》19期、《审计科研内参》2期。署领导对审计科研工作作出相关批示共计15次，其中对科研成果作出批示10次，相关研究成果被有关业务司和省级审计机关采用，4人在各类论文评选中获得优秀等次。

重点审计理论课题研究 以"习近平总书记关于审计工作重要论述研究""八个明确""十四个坚持"为理论框架，形成3个阶段性研究成果；《中国共产党领导下的审计工作史》已经形成送审稿；"中国审计思想史研究"积极吸纳社会各界专家学者力量，形成部分研究成果；"审计学学科建设研究"完成阶段成果，并积极推进相关工作；《国家审计基本概念研究》围绕新时代国家审计6个方面特征扎实开展研究工作。3月，时任署党组书记、审计长胡泽君主编的《中外国家审计比较研究》出版发行；"大数据审计理论与实践研究"如期结项；国家社会科学基金项目"海南自贸区审计体制机制创新研究"基本结项；国家社会科学基金项目"基于真实性审计的商业银行不良贷款的变动趋势和对策研究"获批结项；完成国家自然科学基金项目"大数据环境下面向宏观经济风险的审计监测预警研究"部分撰写工作；通过世界银行"中国经济改革促进与能力加强项目——发挥中国政府涉外审计作用推动形成全面开放新格局"子项目"境外国有资产审计研究"中期质量管控。

与秘书局、办公厅、政研室、法规司联合开展"十四五"审计发展规划编制系列课题研究，研究成果获得多位署领导阅批。与法规司共同完成"新时代中国特色社会主义审计法治体系研究"。与审理司共同完成"新时代审计质量控制研究"，获得署领导批示。与中国内部审计协会共同完成"内部审计结果利用"和"内部审计人员能力提升"两个课题研究，其中"内部审计结果利用"得到署领导批示，要求有关司局利用此研究成果制定办法。与南京审计大学联合开展"新时代中国特色社会主义金融审计应用对策专题研究（2018）"系列课题研究部分结项，3项成果分别被署计算机技术中心、金融审计一局、金融司采用。与办公厅和数据司联合组织开展全国审计机关数据分析技术方法在审计工作中的创新应用专题调研工作。与金融审计一局、金融审计二局、济南特派办等联合开展课题研究。派员参加金融审计一局的经济责任审计项目。参与人教司、机关党委、金融司、内部审计协会等课题研究工作，提供科研力量支撑。派专家参与国际标准化组织“审计数据服务”技术委员会（TC 295）公共部门预算和税务等领域的审计数据标准制定工作。派员参加财政司组织的政府财务报告审计试点工作。

研究交流与合作平台 组织召开全国审计科研协作暨省级审计学会、审计署特派办理论研究会秘书长会议，署党组成员、副审计长陈健出席会议并讲话，中国审计学会会长孙宝厚出席会议并作总结讲话。组织召开年度理论务虚会，署党组成员、副审计长陈健出席会议并主持，7 位与会专家围绕“聚焦审计主责主业，推动审计工作高质量发展”主题作研讨交流，为署领导决策和审计实践提供理论参考。与西南政法大学共同成立审计与法治研究中心，合作开展审计法治研究。举办审计与法治研究研讨，围绕新时代中国特色社会主义法治体系建设等主题进行学术交流。邀请西南政法大学青年教师参与科研所相关课题研究。首次与办公厅和数据司联合举办数据分析技术方法在审计工作中创新应用优秀案例研讨会。多次赴部分地方审计机关开展非现场审计与现场审计一体化工作调研。

党建工作 借助“学习强国”“支部工作”等平台，组织学习习近平总书记最新重要讲话精神，开展《习近平谈治国理政》第三卷、专题学习研讨。深入学习贯彻党的十九届四中、五中全会精神，组织撰写学习贯彻全会精神系列专题文章。全年召开党员大会 4 次、党总支会议 13 次。通过书记讲党课、身边人物讲抗疫事迹、青年党员录制党课微视频、召开各类座谈会、集中研讨与自学等多种形式，深入开展学习活动。推进 2020 年度党建三项重点工作，开展“灯下黑”问题专项整治。坚持质量标准，落实党支部标准化规范化建设的主要任务，推进党支部标准化规范化建设。强化政治机关意识教育，开展学习教育活动。开展亲子家风教育活动，赴房山区周口店镇组织“传承红色背篓精神”主题党日，与北京市审计局联合开展参观圆明园遗址爱国主义教育主题党日。强化理论学习，成立青年理论学习小组，组织专题学习交流活动。全年 5 人参加党务干部培训，1 人转为中共正式党员，1 人接收为中共预备党员，1 人当选为中央国家机关青年联合会委员，1 人获得湖北省孝感市云梦县经济开发区抗疫荣誉证书。

队伍建设 完善制度机制，积极调动科研人员积极性，为青年科研人员提供更多审计实践机会，补齐审计实践短板。全年派出 5 人到业务司、综合部门和派出局交流，接收 2 人来所交流，15 人先后参加审计项目和相关调研。此外，9 人次参加署有关部门组织的优秀审计项目评审、考核、考察等专项工作。首次设立青年课题研究项目，共批准立项青年课题项目 10 个。克服疫情影响，全年共举办业务研讨会 5 次、青年读书会活动 2 次。鼓励和支持科研人员申报和参与国家级、部委级重大研究课题，促进研究水平不断提升。

专业技术职称评审 5 月，开展专业技术干部职称评审工作，7 人获得任职资格。在人事教育司指导下，开展助理研究员资格认定工作，1 人认定为助理研究员。

博士后工作站建设 严格落实博士后管理相关规定，不断健全工作机制，组织开展博士后开题、中期、出站答辩考核和交流研讨等 10 余次。报经署领导同意和全国博士后管理委员会批准，招录 2020 级博士后 3 名。组织举办博士后读书分享会等活动，促进博士后与所内研究人员形成合力。安排博士后参加审计项目实践，为博士后研究工作营造良好的科研学术环境和实践环境。

（撰稿人：方　平）

【审计署审计干部培训中心（审计宣传中心）】 2020 年，审计署审计干部培训中心（审计宣传中心）（以下简称中心）实有 34 人。设有办公室、统筹策划处、新闻协调处、新闻信息处、网站管理处、舆情分析处、音像制作处。

领导成员

主　　任：魏　强（兼，—1月）
　　　　　胡大华（兼，1月—）

副 主 任：董维明　俞国庆
　　　　　曹志勇（—3月）　张　莹

工作综述 2020 年，中心坚持以习近平新时代中国特色社会主义思想为指导，全面贯彻落实党的十九大和十九届二中、三中、四中、五中全会精神，在署党组正确领导下，按照署审计宣传（政务公开）工作领导小组统一部署，落实署宣传工作要点，聚焦主责主业，坚持守正创新，扎实履行审计宣传工作职责。

继续保持“首都文明单位”“审计署文明单位”荣誉称号。

落实意识形态工作责任，充分发挥审计宣传主阵地作用 坚持聚焦主责主业，着手优化业务流程，加强统筹策划，突出署门户网站、政务微信号、今日头条号、学习强国号和“审计 Talk”微信号平台特色，累计发稿 1 万余篇，稿件阅读量最高的达到 10 万＋。政务微信号、今日头条号粉丝分别达到 19.1 万、20.6 万。在国务院办公厅秘书局 2020 年政府网站和政务新媒体检查中，政务新媒体抽查合格率达 100%。2019 年国家审计走进高校“礼赞新中国·奋斗新时代”宣传教育活动，在国家网信办“五个一百”评选中获评“百项网络正能量专题活动”。

中心各宣传平台坚持正确的政治方向和舆论导向，始终与中央宣传口径保持高度一致。聚焦习近平新时代中国特色社会主义思想，大力宣传党的基本理论和路线、方针、政策，积极转载中央权威媒体文章，弘扬主旋律。在全国“两会”、党的十九届五中全会期间，第一时间转载习近平总书记重要讲话、《政府工作报告》原文和解读、十九届五中全会公报等。积极宣传审计系统学习《习近平谈治国理政》第三卷和全国“两会”精神、党的十九届五中全会精神情况。围绕重大历史事件，推出“纪念抗战胜利 75 周年”“学习路上”“歌声中的中国”等宣传专栏。习近平总书记再次来到安吉县考察之际，制作《执“绿色”审计之笔，答“两山”发展之卷》等产品。及时跟进南方洪涝灾害，策划编辑《闻“汛”而动审计人》等稿件。呼应中央精神，编发《审计人出摊了》《光盘行动　粒粒“计”较》等稿件。加强对宪法、民法典等法律法规及权威报道解读的转载发布，在国家网络安全宣传周和宪法宣传周期间，开设专题专栏，组织答题活动，推动营造良好法治环境。通过宣传中央精神，及时发出主流声音，牢牢掌握意识形态工作领导权。

第一时间报道全国审计工作会议等重要活动、重要会议及重要工作，稳步开展审计结果公告工作，持续做好地方审计机关审计公告转载，有效推动政务公开，全方位展现审计工作情况与成效。

进一步强化精品意识，加强选题调研和策划制作，紧扣“从民生所获见审计成效”这一主题主线，围绕党和国家重点工作、审计中心工作，策划《你好·扶贫审计人》《向海而生》《老区人·故乡情》3 个系列，14 集专题片及 1 部微电影《第二次相遇》，展示审计人在助力脱贫攻坚、建设美丽中国中发挥的重要作用。专题片被学习强国主站和中国教育电视台等转载。做好“审计青年”专题宣传。结合全国审计机关先进集体和先进工作者表彰、最美审计人评选，重点宣传 15 位审计青年。坚持向偏远省份、基层单位倾斜，围绕个人成长主线，着重讲述审计干部发挥审计担当、助力脱贫攻坚、参与抗击疫情等方面的感人故事。在署政务微信号的产品阅读量平均过万。打造《审计说》自主宣传品牌。从“为百姓解读审计”的视角，采用“云上宣传”手段，围绕战疫审计人、脱贫攻坚战、高质量发展、民生百姓情、绿水青山行、财经法治谈等 6 个主题板块，推出微课堂视频、审计动漫、H5、审计 MV 等系列产品，发布各类稿件近 500 篇，制作《审计助力推进数字政府建设》等 10 期“云连线”新闻专题片，展示审计工作在国家经济发展中起到的积极作用，展现审计人担当奉献的良好形象。制作《一起来学国家审计学》《优秀审计项目“炼”成记》等创意视频近 60 个，宣传审计知识。坚持主题策划。在春节、“三八”、“五一”、“五四”、母亲节、父亲节、“七一”、“八一”、教师节、中秋节、国庆节等节假日期间，推出《七一特辑｜初心如磐》《十一特辑｜祖国，我想对您说》等特色宣传产品。结合世界读书日，推出 5 期“审阅｜审计人与阅读的故事”系列专题片。拍摄制作《致敬最美奋斗者》《你好，扶贫审计人》主题形象宣传片，其中《你好，扶贫审计人》被学习强国主站和国务院扶贫办公众号转载，累计点击量超过 16 万次。开展审计歌曲创作和推广。全国审计工作会议期间，推出由署退休干部倾情演绎的歌曲 MV《审计工作者之歌》。建党 99 周年当天，发布歌曲 MV《新时代审计人》，联合全国26个省及直辖市审计机关共同推出，实现矩阵式宣传效果。

深入宣传习近平总书记统筹推进新冠肺炎疫情防控和经济社会发展相关重要指示批示精神，转载党中央、国务院工作部署相关报道。及时发布《审计署关于做好新型冠状病毒感染肺炎疫情防控财政资金和捐赠款物审计监督工作的通知》及相关信息，政务微信号阅读量达到10万+。采编制作《武汉战“疫”》《抗击疫情，我们在行动》等40余期原创新媒体产品。征集展播《向光前行｜审计人的战“疫”故事》专题片18集。推出《审计云连线——助力复工复产，湖北审计在行动》，开设《战“疫”绽放最美》等专题专栏，组织《家庭抗疫故事》《审计日记》《我对审计说》等专题征稿，反映审计机关为打赢疫情防控阻击战、促进经济社会迅速恢复发挥的积极作用，营造强信心、暖人心、聚民心的环境氛围。

收集整理审计工作相关舆情信息，提交舆情动态15期。形成专题报告《舆论呼吁加强防疫资金使用监管　切实防范相关领域风险》，为领导科学决策和审计工作提供参考。2020年，中心被中央网信办评为中央单位网评工作先进集体。

为中央电视台提供审计视频素材，在《新闻直播间》和央视新闻客户端播出。为署有关单位重新制作专网网站。负责管理署机关图书馆，举办世界读书日线上图书赠阅活动。整理“国家审计走进高校”“审计青年”“我们的故事·光影”等宣传成果，筹备公开出版发行。落实网络安全工作责任，在全国“两会”、服贸会等重要时段，实行7×24小时值班值守，确保宣传平台信息安全。

党建工作　中心领导班子认真落实全面从严治党主体责任，主要负责同志为第一责任人，领导班子其他成员履行“一岗双责”。领导班子成员领学《党委（党组）落实全面从严治党主体责任规定》《关于加快推进媒体深度融合发展的意见》等文件。组织对党的十九届五中全会精神、《习近平谈治国理政》第三卷、习近平总书记《论坚持党对一切工作的领导》《论党的宣传思想工作》等重要论述、重要讲话精神开展学习。及时传达、认真贯彻党中央重大决策部署、署党组重要工作要求。严肃党内政治生活，坚持过好双重组织生活。坚持民主集中制，全年召开26次中心主任会议集体研究“三重一大”等事项，党支部纪检委员列席监督。研究强化政治机关意识教育、“灯下黑”问题专项整治、全面推进党支部标准化规范化建设工作方案，听取分管处室党建情况汇报，推动落实相关工作。经常开展谈心谈话，注重对党员干部的教育管理监督，加强对中心入党积极分子的教育培养。

坚持以建设“四强”党支部为目标，发挥中心党支部战斗堡垒作用。推动落实新修订的中心党支部工作规则，严格规范组织生活，按时召开全体党员会议、党支部委员会议和党小组会议。派员参加中央和国家机关工委、署党校组织的党务干部培训，探索党小组工作法，提高支部委员和党小组长履职能力。将党建工作与宣传工作有机结合，创新活动形式，增强组织生活的感染力、吸引力和影响力。组织“因为有你　花开依旧——与‘疫’线审计金花面对面”主题党日，采取现场访谈的方式，邀请武汉市审计局同志讲述抗疫一线故事，弘扬伟大抗疫精神，分管署领导王文斌参加活动。邀请审计署原驻村第一书记，分享驻村工作体会与收获，感悟来自脱贫一线的决胜力量。在纪念中国人民志愿军抗美援朝出国作战70周年之际，分成6个专题集体学习伟大抗美援朝精神，激发党员干部传承红色基因，担负时代使命。召开青年干部座谈会，勉励青年干部担当时代使命，不负青春韶华。走进香山双清别墅、来青轩，感悟老一辈革命家的革命情怀。

坚持严格纪律要求，特别是政治纪律和政治规矩。要求全体人员严格执行审计“四严禁”工作要求和“八不准”工作纪律，严格执行宣传纪律，坚决杜绝有偿新闻。紧盯重要节假日期间“四风”问题，加强提醒监督。开展领导干部报告个人有关事项专项整治工作，全年报告工作零问题。组织“光盘行动”，召开“厉行勤俭节约、反对餐饮浪费”专题组织生活会，推动形成勤俭节约的良好风尚。规范委托业务管理，严格公务出差管理，防控廉政风险。组织新任职干部、新录用人员廉政谈话。定期将党费、工会经费、预算执行情况等向全体同志公示，接受同志们监督。

相关工作 2020年，中心人员奔赴北国南疆、东海西域，钻隧道、翻雪山、驻海岛、进戈壁，承担一线采访、主持、拍摄任务40余次。发挥中心青年学习研究会作用，深化实务导师制。组织6期“青年讲堂”活动，由青年干部围绕赴中央媒体交流收获、新媒体技术分享、职称申报等主题“开讲”，将学习成果应用于工作，在自我培训中实现共同提高。选派4人赴人民日报社、新华社挂职交流，2人参加联合国审计，1人参加中央部门预算执行审计。中心领导班子成员带队赴人社部宣传中心、公安部宣传局、交通运输部政策研究室、国资委宣传中心、今日头条、超高清视频制作技术协同中心、新浪网等单位调研参观。邀请人民网、中国青年报社、字节跳动公司等单位专家，围绕新媒体产品创作及传播等内容授课。公开招聘3名应届毕业生；制定职称申报和评审推荐办法，规范申报流程，严格资格审核，推荐9人参加数字编辑专业中、高级技术资格评审。中心领导班子经常与干部职工谈心谈话，了解干部职工8小时内外情况，加强教育管理监督。工青妇组织开展“六一”儿童节亲子活动、垃圾分类知识问答等特色活动。通过现场讲座、在线交流、网络公开课、实地参观等多种形式，组织全国各省级、部分市县审计机关，审计署特派办和相关单位150多人，开展为期3个月的审计宣传舆情工作培训交流活动。围绕网站管理、新媒体运营、稿件采编、统筹策划等内容，选派中心人员为湖北、山东、四川、江苏、北京等省级审计机关授课，加强引导和交流。

（撰稿人：杨翔宇）

【审计署计算机技术中心】 2020年，审计署计算机技术中心（以下简称计算中心）实有34人。设有办公室、网络管理处、系统运行处、信息系统审计处、数据管理处、安全保密处、国家审计仿真实验室、标准化处。

领导成员

主　　任：杨　莉（1月—）

副 主 任：李春兰（3月—）

　　　　　陈丽华（—3月）

工作综述 2020年，计算中心在署党组正确领导下，全面贯彻习近平新时代中国特色社会主义思想，增强“四个意识”、坚定“四个自信”、做到“两个维护”，以政治建设为统领，压实全面从严治党政治责任，以接受文明单位考察调研为契机，不断加强党支部建设。认真履行职责，聚焦主责主业，坚持走科技强审之路，牢固树立审计信息化服务于审计大局理念，在加快金审工程三期项目建设、全力做好信息系统运行维护和大数据技术支持、保障全署网络安全、推进审计数据标准国际化、加强干部队伍建设等各项任务方面取得显著成果。

2020年，计算中心获得“第六届全国文明单位”“2018—2020年度首都文明单位标兵”“2018—2020年度审计署文明单位”等荣誉称号。

金审工程三期项目 金审工程三期项目（以下简称金审三期）建设进入关键实施期。计算中心按照“统一规划、两级部署、以用为本”的建设要求，统筹整合信息化资源，严格依规施工，严抓项目管控；创新工作方法，完善工作体系；细化工作标准，严把文档质量；加强人员管理，统筹进度安全；超前谋划部署，力推适配改造；加强技术支持，保障地方部署；提高政治站位，确保安可落地实施；统筹网络建设，做好基础保障。如期完成标准规范建设任务，编制发布64册标准规范；完成基础环境建设任务以及全部成品软件的到货验收、联调测试和环境搭建；完成应用系统建设任务，五大应用系统19个分子系统全部建成上线；完成备份系统建设任务，制定异地备份中心运行管理办法，建设备份中心基础支撑环境；完成安全系统建设，持续完善各类网络安全系统，构建立体防护体系；完成运维体系构建，积极探索“总体统筹、一站服务、专家支持、科学决策”的一体化运维体系。此外，IPv6改造工作继续推进，顺利完成署机关、派出局、特派办和直属单位网络安全设备IPv6配置。

企业审计业务管理与信息平台 企业审计业务管理与信息平台（以下简称平台）是审计信息化在企业审计领域全业务链的应用探索，涉及五大系统，内容丰富，功能点多，系统庞大。在全面评估各系统任务量、工作难度、技术难点和资源需求基础上，按照急用先行原则，合力攻关技术难点。在技术架构和部署等方面加强与金审三期建设成果的充分衔接。平台五大系统建设任务全面完成，12 月 29 日通过合同初验。副审计长王文斌对平台建设作出批示，要求“建设好、运行维护好、使用好，服务企业审计工作”“迈出了第一步，扎实做好下一步”。

现场审计实施系统（AO 澳门版）升级改造项目 受澳门特区审计署委托，计算中心代为组织开展现场审计实施系统（AO 澳门版）升级改造项目，2 月开始启动相关工作。计算中心抽调骨干力量，会同承建单位深度参与项目建设，全程把控项目质量，完成项目初验，得到澳门用户的高度认可。澳门特区审计署审计长何永安表示此项目将令特区政府的审计信息化工作迈向新的发展阶段，并就此专门致函审计长侯凯表示感谢。

审计署信息系统运维 承担金审三期已上线应用系统的日常管理、升级维护、持续运行，保障应用系统、服务器存储设备、网络和安全设备等正常运转。研究制订《运维保障工作方案》《应急响应方案》等管理规定，初步构建“总体统筹、一站服务、专家支持、科学决策”的一体化运维服务管理体系。保障全署近千台计算机终端、打印机等设备正常使用。在信息化设备和服务等采购方面严格按照政府采购规定和流程执行，全年运维费预算执行率超过 99%。以高度的政治责任感全力做好中央巡视工作驻场技术保障工作。

疫情期间审计工作的技术支撑 疫情期间部分按季度报送的数据变更为按月报送、按月报送的数据变更为按周报送，计算中心主动适应新形势新要求，攻坚克难，快速高效地为审计项目提供现场和非现场技术支持，为大数据环境下开展审计工作提供强有力的技术支撑。紧急部署覆盖审计署的 RTX 视频会议系统，有效解决疫情期间人员无法聚集、审计工作又要正常开展的迫切需求。创新实现华为硬视频和 RTX 软视频相结合的转播模式，完成集中整训、司处级干部任职培训班等重要会议转播保障工作。运用信息化手段，抽调研发骨干，组织技术攻关，快速研发部署民主测评系统，有效解决疫情期间无法异地出差开展测评的问题，为组织部门顺利完成测评相关工作提供强大技术支撑。

网络安全 深入贯彻习近平总书记关于网络安全重要讲话精神和党中央关于网络安全决策部署，认真落实署网络安全和信息化领导小组各项工作安排，牢固树立“大安全”理念，坚持“强化基础建设、深化安全检查、落实安全责任”的总体工作思路，初步建立安全监测预警与处置核查机制，开展网络安全专项行动、网络安全检查、渗透测试、等级保护测评和信息安全通报等工作，着力提升安全保密工作的精细化水平，持续提升常态化安全运营能力。高度重视节假日及重大活动会议时期网络安全工作，在重要时期做好值班值守工作。

审计信息化标准化 2020 年，计算中心继续承担全国审计信息化标准化技术委员会（TC 341）秘书处工作，组织召开 TC 341 换届大会。由 TC 341 归口制定的 3 项国家标准项目进展顺利。切实履行国际标准化组织“审计数据服务”技术委员会（TC 295）秘书处及国内技术对口单位职能。确定 TC 295 组织名称及职责，成功立项 3 项提案。12 月 14 日、16 日及 18 日，TC 295 成立大会暨第一次全体会议以网络会议形式召开，为 TC 295 的健康发展奠定重要基础。

相关工作 在人教司指导下，计算中心严格执行事业单位公开招聘工作有关规定，新招录应届高校毕业生 1 人，社会招聘 1 人。2 人获得正高级专业技术职务任职资格，2 人获得中级专业技术职务任职资格，1 人通过联合国审计人员遴选，1 人在中国 IEC 青年专家暨国际标准化青年英才选培中取得优异成绩。持续开展干部交流和轮岗，选派 3 人分别到署办公厅和电子数据审计司交流，接收署电子数据审计司 1 人到计算中心交流，内部处室间轮岗 5 人。

（撰稿人：梁文娟）

【审计署国外贷援款项目审计服务中心】 2020 年，审计署国外贷援款项目审计服务中心（以下简称外资中心）实有 18 人。设有综合管理部、审计一部、审计二部、审计三部。

领导成员

主　　任：陈达时

副 主 任：刘　瑛

审计成果 2020 年，外资中心进一步加大国外贷援款项目审计监督力度，组织实施36个中央层级国外贷援款审计项目，披露财政配套资金闲置、赠款资金未纳入预算管理和会计核算不规范等问题，涉及金额4.75亿元。部分问题和建议纳入中央部门预算执行审计报告反映，审计成果得到国际组织高度认可，有效促进被审计单位依法、合规管理和使用资金。

外资运用审计 认真贯彻落实审计署有关疫情防控和财政审计的各项要求，制定《外资中心关于应对疫情做好中央层级国外贷援款项目审计相关事项的具体安排》。各审计组积极主动与预算执行、政策跟踪等审计组协调沟通，坚持同步推进，协调实施。探索远程审计方式，通过数据分析摸清情况、发现疑点、精确定位，有针对性地组织现场核查，有效提高审计工作质量和效率。定期跟踪审计项目实施情况，汇报审计工作进展情况，做到指挥有序，保障审计项目实施进度。适时召开审计业务会，及时研究审定审计发现问题定性等，防范审计风险。注重优化审计资源配置，深化审计成果运用，在中央部门预算执行和国外贷援款项目审计报告中同步反映审计发现问题，实现审计成果共享。注意综合提炼信息素材，形成相关信息材料，报送至业务司局，提升审计成果综合运用水平。

相关工作 党支部建设方面，将政治建设放在首位，自觉加强政治理论学习。综合运用主题党日、“三会一课”、青年理论学习小组等平台，全年党员干部讲党课4次，开展主题党日12次，青年理论学习小组学习研讨活动22次。开展政治机关意识教育，领导班子成员带头讲“强化政治机关意识，走好第一方阵”党课，围绕庆祝建党99周年开展“强化政治机关意识，建功新时代审计事业”主题党日。印发《外资中心关于落实全面从严治党主体责任的暂行规定》《外资中心党支部全面从严治党主体责任清单》和《外资中心党风廉政建设工作规定》等制度，发挥责任体系压力传导作用。开展“灯下黑”问题专项整治工作，梳理出党建工作虚化、责任落实软化等方面的问题，制定整改措施，明确整改责任人和整改时限。2020年，1人被接收为中共预备党员，1人被确定为入党积极分子，增补2名处级以下年轻同志成为支部委员。严肃党内政治生活，全面落实“三会一课”等制度，全年组织召开党员大会7次、支委会13次、党小组会24次、主题教育活动2次、专题组织生活会1次、民主评议党员1次。坚持共产党员在审计一线走在前、做表率，引领青年审计人员建功一线。青年审计人员勇挑项目组组长或主审重担，在预算、财务、信息通信技术管理等领域发现和揭示问题，有效推动被审计单位提升内部管理水平和治理效能。

党风廉政建设方面，把严守政治纪律和政治规矩延伸到八小时之外，教育引导党员牢固树立纪律意识，始终不越“红线”，不碰“高压线”，做到心有所畏、言有所戒、行有所止。加强廉政教育经常性提醒，逢会必讲、逢节必提，坚持抓早抓小，防微杜渐；以案释纪，扎实开展警示教育工作。经常性开展批评与自我批评，让“红脸出汗”成为常态。组织开展“厉行勤俭节约、反对餐饮浪费”专题组织生活会，教育引导党员深刻认识制止餐饮浪费的重大战略意义，让浪费可耻、节约为荣的理念真正内化于心、外化于行。

队伍建设方面，领导班子始终把政治建设放在首位，自觉加强政治理论学习，不断强化理论武装，通过开展批评与自我批评统一思想、增进团结、互相监督、共同提高；坚持和完善民主集中制，健全落实议事决策规则和程序，实行民主决策。全年召开主任会议5次、主任办公会议12次。选派69人次参加各类培训活动。1人参加审计署机关党委组织的“推动落实党建工作责任制”课题研究，研究成果获得全国二等奖。扎实推进审计实务导师制，外资中心中层管理人员组成实务导师组，与年轻同志结对子，进行一对一培养与指导，鼓励青年审计人员在各类审计项目中担任组长、主审，支持青年干部进行多岗位多项目锻炼。2020年，共有9人通过全国遴选考试入选审计署专项审计人才库；选派1人担任国际标准化组织审计数据采集工作组召集人，并当选本年度国际电工委员会（IEC）中国青年专家；派出1人到审计署涉外审计司交流，1人参与中央巡视组巡视工作。（撰稿人：王静卿）

【中共审计署党校　审计署审计干部教育学院】 2020年，中共审计署党校、审计署审计干部教育学院（以下简称校院）实有 24 人。设有综合事务部、教务部、教研部、信息化部、考试部。

领导成员

署党校：

校　　长：胡泽君（—6 月）

常务副校长：彭华彰（—1 月）

张　俊（4 月—）

副 校 长：张　俊（—4 月）

教育学院：

院　　长：彭华彰（—1 月）

张　俊（4 月—）

常务副院长：张　俊（—4 月）

副 院 长：刘　军　李云玲

工作综述　2020 年，在署党组的正确领导下，校院牢牢把握“坚持党校姓党，服务审计大局”这一办学宗旨和职责定位，认真落实全面从严治党各项要求，坚持党建统领、聚焦主责主业、加强队伍建设、深化教学改革、规范服务保障、建设平安校园，不断推动校院各项工作高质量发展，被评为审计署 2020 年度考核优秀等次单位，继续保持“审计署文明单位”荣誉称号，并被署党组确定为创建模范机关先进单位。

加强政治建设，营造校院政治文化　教育学院党委始终坚持把党的政治建设摆在首位，把政治标准和政治要求融入教育培训工作，推动政治和业务深度融合，突出红色政治教育和特色审计教育，管好课堂、科研和宣传 3 个阵地，弘扬积极健康的党内政治文化，组织开展庆祝建党 99 周年系列活动、“聆听抗疫故事　学习抗疫精神”等主题党日，学习抗疫精神和抗美援朝精神，开展精读《习近平谈治国理政》第三卷等专题读书交流活动，营造浓厚的党校文化氛围。

压实政治责任，严格组织生活历练　校院认真贯彻落实《中共审计署党组关于加强直属事业单位党的建设的意见》精神，稳步推进党委领导下的行政领导人负责制试点工作，充分发挥党委把方向、管大局、作决策、促改革、保落实的领导作用。扎实开展署领导党支部工作联系点试点工作，以推进党支部标准化规范化建设为抓手，着力打造“学习型、专业型、服务型”党支部，切实加强对学员临时党支部工作的指导，将全面从严治党要求向广大学员、学员所在单位拓展延伸，发挥党性教育的“火种”作用。党建经验文章《争创“三型”党支部　建功审计新时代》在旗帜网发表，并在党建网、人民网、署微信公众号全文转载，还被中央国家机关党校工作通讯专题报道。狠抓党支部（含学员临时党支部）建设，开展基层党建和党员思想状况调研，切实加强对党支部工作的指导和对党员思想状况的研判，有针对性地提出改进措施并推动解决实际问题，指导秋季学期处级干部进修班开展党性分析和“追寻领袖初心　矢志砥砺前行”主题读书分享会，有关报道被中国共产党新闻网和《学习时报》等媒体采用。

严明纪律规矩，严格监督执纪问责　校院始终坚持严以治校、严以治教、严以治学，狠抓纪律作风建设，制定班级管理人员“十不准”工作纪律，筑牢干部职工拒腐防变的思想道德防线；加强对培训班的全程管理，专门安排纪律教育，强调校规校纪要求，全面并及时掌握班级管理及纪律执行情况，对违反校规校纪的学员坚决严肃处理。

以学术推进政治培训　在课程设计和教学管理上，坚持“用学术讲政治”。通过强化党的理论教育和党性教育，讲清楚坚持和加强党的领导是中国特色社会主义审计制度最本质、最鲜明的特征，讲清楚中国共产党领导下的百年红色审计光辉历程，讲清楚审计在促进经济高质量发展、促进全面深化改革、促进权力规范运行、促进反腐倡廉中的地位和作用。通过加强培训班党建、开展党性分析、党性教育现场教学等措施，把党性锻炼和“两个维护”贯穿审计教育培训全过程各方面，提升学员政治站位和政治能力。通过有针对性地设置培训内容，在理论培训、业务培训、管理培训、信息技术培训中体现红色政治教育成果，不断提高干部适应新时代、实现新目标、落实新部署的能力。

以调研推进精准培训　聚焦审计年度工作重点，先后赴南京特派办和内蒙古自治区、安徽省等地方审计机关开展教学工作调研，深入了解一线审计机关对重点审计领域业务培训方面的需求，及时掌握当前审计干部知识结构、专业素养等方面存在的短板，组织撰写的调研报告得到审计长侯凯的批示肯定。认真落实审计长的批示要求，构建覆盖全面、层次合理、重点突出、务实管用的专业化培训班次和课程体系，开展精准培训，切实增强培训针对性。在处级干部进修班首次采用点名调训方式，将“培训骨干”转变为“骨干培训”。根据需求调研结果，将培训对象首次扩大到市县审计局分管审计业务的副职领导干部，并有针对性地设计课程、选聘师资。针对各级审计机关迫切需求，首次开设经济责任审计基础培训班和政策跟踪审计基础培训班。紧贴审计一线需求，在计算机审计等业务培训中强调实战能力，组织计算机审计初、中级培训课程开发和教案、讲义编写工作，加大案例教学和实操培训的比重，其中实务应用课程学时占比 50%以上，审计署实务师资占比 70%以上。上述精准化培训，均取得良好效果，受到广泛好评。

以创新推进有效培训 综合运用讲授式、案例式、模拟式、体验式、研讨式、访谈式等多种教学方式，加强教学互动，实现教学相长、学学相长。在常态化疫情防控条件下，深入推进“互联网+培训”，利用网络平台，多方引进开发网络培训课件资源，探索网络培训教学管理路径。利用视频会议系统等新技术、新手段，广泛开展远程授课、直播授课，拓展线下等培训教学方式，培训覆盖面大幅增加。

标准化规范化管理 制订教学职责优化调整方案，重塑教学业务工作流程，明晰教务组岗位工作职责，补齐教学工作链条，提升教学管理质量。研究制定学员考核办法，规范考核内容、改进考核流程、明确考核责任，坚持定量考核与定性考核相结合、日常考核与结业考核相结合，树立正确考核导向，培育优良校风学风。推动完成“数字化校园”项目建设，充分利用信息化平台系统优化教学管理流程，加大信息资源整合力度，提高教学管理规范化水平。在常态化疫情防控条件下，完成考试大纲和考试教材修编工作，优化审计考试管理平台功能，顺利组织实施 2020 年度审计专业技术资格考试。

高标准高层次教学 制订 2020 年度案例工作总体方案，将案例师资培养、案例教学及研究、案例征集及资源深度开发等统筹谋划，一体考虑。首次面向全国审计机关和部分审计硕士培养单位开展审计教学案例征集，共收到案例 217 篇，入选案例质量显著提升。结合干部教育培训工作实践，积极开展务实管用的课题研究。2020 年承担审计署重点科研课题“高素质专业化审计干部队伍建设研究”，并立项研究具有中国国家审计特色的审计案例教学法，努力将研究成果向教学成效转化。研究制订师资遴选方案，面向全国审计机关吸收优秀审计业务骨干充实师资队伍；聘请高水平师资，围绕习近平新时代中国特色社会主义思想、宏观形势、前沿科技等专题举办校院“审计大课堂”。

队伍建设 校院领导班子认真执行民主集中制，确保科学、依法、民主决策。一把手发挥带头表率作用，履职尽责担当；班子成员分工负责，团结协作。领导班子成员带头加强理论学习和调查研究，注重提升领导能力和统筹协调能力，切实发挥“头雁效应”。制定出台校院管理岗位七级和八级职员晋升暂行办法，规范人事管理工作，选拔任用 1 名管理岗位八级职员和 5 名管理岗位七级职员。探索创新年度考核机制，促进人事管理科学化、规范化、制度化。加强对年轻干部的培养，先后选派 2 人到特派办、涉外司参加审计项目；选派 3 人参加计算机审计中级培训，提高计算机审计能力；组织开展内部培训，促进干部职工完善知识结构，提高综合能力素质，增强岗位适应能力。出台校院学习交流暂行规定，规范干部职工学习考试、培训教育、交流轮岗等工作。

相关工作 及时成立应对新冠肺炎疫情工作领导小组，结合校院实际，研究制订疫情防控方案和应急预案；严格落实属地管理要求，争取防疫部门和南京审计大学支持，开展联防联控，为集中培训创造了良好环境。统筹推进后勤服务保障工作，研究制定后勤会议议事规则，进一步规范后勤工作管理机制。落实中央八项规定及其实施细则精神，推进节约型机关建设，坚决制止餐饮浪费行为，发布校院厉行节约管理办法，实施报餐制等一系列举措，自觉与习近平总书记重要指示精神对标对表。组织签订安全责任书，将安全责任层层落实到岗位、到个人、到一线，实现安全管理全覆盖。加强对重点部位的安全巡查，开展安全隐患排查整治，妥善解决建设项目安全隐患，有效保障校院安全稳定。

（撰稿人：丁传栋）

【审计博物馆】 2020 年，审计博物馆（以下简称博物馆）实有 15 人，其中事业编制人员 3 名、劳务派遣人员 12 名。设有综合管理部、展陈部。

领导成员

馆　　长：张　俊（—9 月）

　　　　　李雪斌（9 月—）

副 馆 长：胡胜校

工作综述 2020 年，博物馆大力抓好藏品征集、研究和展陈宣传等各项工作，制定博物馆"十四五"发展规划（送审稿），明确今后五年的发展方向。被署党组确定为 2019 年度考核优秀单位，并被授予"2018—2020 年度审计署文明单位"荣誉称号。

藏品征集管理 2020 年征集到一批有关疫情防控、党的十八大以来各级审计机关开展促进党和国家重大政策措施贯彻落实等方面的电子及实物资料。8 月，收到浙江省博物馆捐赠的一枚南宋"宣抚处置使司随军审计司印"仿制品。博物馆定期开展藏品盘点检查，配合南通市文化广电和旅游局、南通市公安局对藏品管理情况进行检查；拷贝转存馆藏 153 张存放年限较久的光盘数据。全年共征得各类实物、电子数据资料 762 件。

红色审计宣传 2020 年，博物馆线下共接待参观 17700 余人次，线上参观 6900 余人次。组织讲解员参加江苏省第二届红色故事宣讲大赛。积极应对新冠肺炎疫情影响，参加由国家文物局组织的全国"博物馆网上展览平台"项目，提供虚拟漫游、实景展览服务。在重大时间节点推出《防范重大风险　守护民生福祉——审计故事》《永远的红军——王定国》《审·记——抗战历史中的红色审计》等专题展；联合特派办于"六一"国际儿童节推出《走进审计博物馆》动画。《新民主主义革命时期中国共产党领导下的审计工作》主题展览成功入选国家文物局 2020 年度 100 项"弘扬优秀传统文化　培育社会主义核心价值观"主题展览推介项目。

广泛学习交流 博物馆积极"走出去"调研学习、开展合作。9 月，派出调研小组，先后前往盐城新四军纪念馆、山东根据地审计展馆、淮安周恩来纪念馆开展调研，就藏品征集、研究、宣传教育以及改陈等工作进行深入交流探讨。12 月初，馆领导带领调研小组前往江西省瑞金市、信丰县开展调研，就红色审计研究、宣传等工作进行深入交流，提交的调研报告得到审计长侯凯和副审计长陈健的签批，所提的建议得到两位署领导的肯定。

党建工作 十九届五中全会结束后党支部召开会议及时组织全馆党员干部职工学习，在博物馆大门序厅、食堂等场所醒目位置处放置宣传展板，在电子显示屏中滚动播放五中全会相关内容；讲解员在常规讲解之外增加五中全会精神内容的解读。严格落实三会一课制度，共召开支部会议 9 次、理论学习 8 次、主题党日 12 次、专题党课学习 5 次、组织生活会 2 次。1 人经支部大会研究确定为入党积极分子。创建"博物馆党员之家"微信群，每两个月推出一期党建宣传展板，开展党员过"政治生日"活动等，进一步抓好党的基层组织建设。2 月，制订年度党建活动计划，对全年党建工作进行安排部署，严格执行《审计博物馆全面从严治党主体责任清单》，组织签订《全面从严治党承诺书》，印发《审计博物馆关于加强党风廉政建设的实施意见》，推动主体责任落实到位。针对 2019 年 10 月署党组第六巡视组指出的问题及意见建议，研究制订整改方案，除网上参观人数问题外，其他整改措施均已落实到位。组织全馆干部职工学习习近平总书记及署领导关于巡视工作重要讲话精神，提出具体落实要求。对原馆长经济责任审计指出的问题，逐一深入分析，制定整改意见和措施，建立整改台账。举一反三，完善制度机制。

队伍建设 10 月，署党组对博物馆的领导班子进行调整。新任领导班子开展深入调查研究和谈心谈话，对博物馆的发展规律和行业特点进行认真思考，对博物馆今后展陈调整、安全建设等重点工作深入研究，精心部署，相关工作稳步推进。

组织相关人员参加文博系统组织的多个专题线上培训以及审计署举办的各项业务培训。集中整训期间，邀请专家围绕社教活动、藏品安全、讲解等主题开展集中培训。创立"审博文苑"平台，由专人负责收集文博领域相关内容，每月一期以电子文档方式刊发，同时制作业务宣传展板。组织业务干部结合工作实际开展研究，撰写的文章在《审计观察》《中国审计》《中国文物报》及弘博网等媒体发表。

2月，根据《审计博物馆2019年度考核工作实施方案》，确定4人为优秀等次，并对1人予以特别表扬。5月，组织开展职员选拔任用工作，任用管理岗位八级职员2名、专业技术岗位九级职员1名。在“五四”青年节举办“博物馆是我家，我们都要爱护她”主题演讲比赛，进一步增强团队凝聚力和向心力。

综合管理　10月，召开安全建设专题业务会议，对全馆进行安全隐患大排查，对查找出的21个安全问题，列出清单，制定整改措施。建立周末值班安全巡查报告和馆领导带班制度、严禁在展馆主楼使用大容量电水壶等规定。

组织学习习近平总书记关于全面依法治国的重要讲话、宪法、民法典；结合业务工作需要，学习《审计法》《文物保护法》等法律法规。邀请驻地派出所、消防部门到馆开展专题讲座。在“12·4”宪法日等重要时间节点，通过制作宣传展板、参与普法知识答题等方式，开展法治宣传教育工作。

以全民国家安全教育日为契机，开展专题宣传和集中学习教育。严格执行保密工作各项规定，经常性开展保密教育。组织全馆干部职工签订安全责任书。开展治安防范、反恐防暴、交通安全等方面的学习宣传教育。每半年组织一次消防灭火应急演练；在节假日前全方面进行消防安全和治安安全检查，确保馆舍安全。

深入贯彻落实党中央、署党组关于新冠肺炎疫情防控工作相关部署，第一时间成立疫情防控工作领导小组，制订、落实博物馆疫情防控工作方案。对来访人员进行严格登记检测，制订相应的《审计博物馆恢复开馆工作方案》，对参观者实行入馆前体温检测、身份证登记、健康码查验、限流入馆等措施；每天对电梯、卫生间、展柜等公共重点部位进行消毒。　（撰稿人：陈雅婷）

【中国审计报社】　2020年，中国审计报社实有28人。设有办公室、总编室、新闻部、专刊部、记者部、新媒体部、财务和资产管理部、发行部、广告部。

领导成员

社长、总编辑：黄　峥

副 社 长：孔凡青

副社长、副总编辑：赵晓强

纪检组长：王松宝

工作综述　2020年，在署党组的正确领导下，中国审计报社领导班子带领全社干部职工，克服疫情影响，以“提质增效年”为抓手，从加强党支部标准化规范化建设、构建融合宣传平台、提高内部管理效能和增强采编人员“四力”等方面重点突破，圆满完成各项任务，各类文字作品、媒体融合产品频获奖项，充分发挥署党组和审计系统的“喉舌”作用。

强化政治机关意识　认真学习贯彻习近平总书记《论坚持党对一切工作的领导》，对标习近平总书记重要讲话和重要指示批示精神，结合学习署党组书记、审计长侯凯专题党课所提要求，党支部组织广大党员干部查找差距、厘清思路。以党小组为单位先后组织党员进行专题学习8次。开展学习《习近平谈治国理政》第三卷和党的十九届五中全会精神系列活动，党员领学20余次。青年理论学习小组以政治理论学习为主，开展各项学习活动8次。组织党员干部参观纪念中国人民志愿军抗美援朝出国作战70周年主题展览。论文《报社党组织领导体制改革研究——以中国审计报社党支部为例》在第九届中国报业党建工作座谈会主题征文活动中荣获二等奖。坚持“三重一大”集体决策制度，强化“一岗双责”职责，将党建工作与业务工作同计划、同部署、同实施、同检查，坚持月度党建和业务报告会、季度财务分析会制度。坚持民主集中制原则，提升决策、执行、监督质量和效率。按照“三上三下”程序，完成报社党支部换届工作，选举产生新一届书记、副书记和支部委员。2020年共召开支委会12次、党员大会6次、组织生活会1次、党课5次，确定入党积极分子2名。8月，报社继续保持“审计署文明单位”荣誉称号。落实中央八项规定及其实施细则精神，严格执行中央有关新闻宣传报道的各项规定。着重加强关键时点的廉政提醒工作，每逢节假日、职工休假、出差，通过文件、微信群、公告板等下发通知，强调廉洁纪律。完成署党组第三轮巡视整改工作，向全社公开巡视整改情况。学习贯彻《纪检监察部门与署党组派驻纪检组长党支部（总支）纪检委员工作联系办法（试行）》，按规定及时报告相关情况。根据《中国审计报社兼职廉政监督员工作办法》，新聘8名廉政监督员，进一步完善廉政监督员参与重要事项监督制度。

持续巩固壮大主流舆论强势 把握正确舆论导向，着力打造党的重大方针政策传播平台、署党组决策部署宣传平台、审计工作交流平台、审计理论研讨平台、审计先进典型展示平台、审计文化弘扬平台。做好两会，党的十九届五中全会，全国审计工作会议，审计长向全国人大作审计工作报告、整改报告，以及各地审计工作报告等宣传报道工作，开设《两会声音》《两会专访》《驻村书记的两会期待》《学习贯彻十九届五中全会精神》《贯彻落实全国审计工作会议精神》《推进审计项目审计组织方式“两统筹”》《全力以赴抓好疫情防控工作》《扎实开展应对新冠肺炎疫情防控资金和捐赠款物专项审计》《厅长谈内部审计》《内部审计新方位》等栏目，其中与疫情相关的图文报道量近600篇次。坚持移动优先策略，探索实施“报、网、微、端”协同生产机制和融合报道模式。报纸和新媒体密切配合，开发H5产品《请收下，你的两会特辑!》；推出11期两会特别报道《审计演播室：记者专家聊审计》，获得第30届中国人大新闻奖三等奖，受到中国记协通报表扬；先后利用短视频、H5、海报、音频、图文等多种新媒体形式，推出《打赢疫情防控阻击战，审计机关在行动》《审计影像》《审计相册》等7个栏目，其中，短视频《医审伉俪》，获经济媒体“共同战疫”短视频大赛优秀奖；推出“我在扶贫审计一线”新闻Vlog专栏，融媒体报道《新春走基层——脱贫攻坚一线见闻》系列报道获中国经济新闻奖二等奖；12月31日发布的快闪作品《2020审计Show》，被新华社客户端、新华网客户端、人民网、中国网等主流媒体转载，网友对审计工作纷纷点赞。报纸突出专业性和权威性深度报道，提升评论与数据报道能力。审计之声客户端、报社微信公众号以“第一时间”发布为要务，重点做好节目视频化研发。

打造高素质专业化队伍 根据报社发展需求，经署人教司批准，聘用6名中级专业技术人员、11名初级专业技术人员、3名七级职员以下管理人员。面向社会公开招聘编制外工作人员12人。孔凡青享受2020年国务院政府特殊津贴。采取“请进来走出去”的方式，邀请审计署业务部门领导和科研部门专家到报社举办审计业务讲座3期，参加中国记协、中国行业报协会、中国经济传媒协会组织的各类培训。完善初、中、高级专业技术职务任职资格委托评审渠道，组织符合条件的人员参加北京市人社局新闻序列中级专业技术职称评审，推动职称评审的常态化、规范化。践行“四力”，实战练兵，强化采编人员自采能力建设，组织40余人次分别到河北、黑龙江、山西、陕西、四川、贵州、江西、山东、甘肃等地采访，深入审计一线采写新闻报道。

内部管理 加强制度完善和执行落实，修订报社公务用车管理办法等多项制度，强化对制度执行的监督问责。推进管理精细化，落实“以管理出效益”要求，严格执行会计法及各项财务管理规定，规范重大项目招标投标管理，完善账务管理系统和资产管理系统，强化财务和资产精细化管理能力。强化外部检查发现问题整改。开展“巡视发现问题专项整治月”活动，完成署党组第三轮巡视整改工作，完成署内部审计、外聘事务所审计等整改工作。增强信息化系统建设水平，加强信息系统服务耦合度。按照报社信息系统使用的实际业务需要，完成全媒体生产系统升级改造工程，基本完成录播室项目建设。提升报社信息安全建设，推进信息系统安全保护。对现有的生产系统、网络系统等进行技术论证，确保系统使用安全稳定。加强纸张采购和报纸印刷管理，确保报纸发行稳定。经深入调研，严格按照招标投标程序确定2021年至2023年报纸印刷和纸张供应商。与中国时代经济出版社有限公司联合召开全国审计宣传通联工作会议，增强工作主动性，创新工作方式方法，全力做好报纸发行工作，确保报纸发行量平稳。（撰稿人：江　睿）

【中国时代经济出版社有限公司】 2020年，中国时代经济出版社有限公司（以下简称出版社）实有83人。设有办公室、总编室、财务部、人力资源与行政管理部、《中国审计》编辑部、图书编辑一部、图书编辑二部、数字出版部、事业发展部、发行部；下属企业《审计观察》杂志社有限公司。

领导成员

党委书记、执行董事（经理）、总编辑：吴兆军

副 经 理：乔晚根　鹿云飞　石　晶

监　　事：王晓峥

署党组派驻纪检组长：杨选留

工作综述　2020 年，出版社在署党组的正确领导下，以习近平新时代中国特色社会主义思想为指导，深入学习贯彻党的十九大和十九届二中、三中、四中、五中全会精神，牢牢把握正确的政治方向和宣传出版导向，不断提升图书、期刊和新媒体的传播力、影响力、引导力、公信力。同时努力克服新冠肺炎疫情影响，统筹推进疫情防控和复工复产，实现社会效益、经济效益双提升。

党建工作　深刻领会习近平总书记新理念新思想新战略及关于审计工作的重要讲话和重要指示批示精神，坚持党管媒体不动摇，忠实履行党的宣传出版使命任务，遵守党和国家有关宣传纪律、出版法规，认真贯彻落实《中国共产党宣传工作条例》、中办国办《关于加强和改进出版工作的意见》《关于加快推进媒体深度融合发展的意见》，坚决做到宣传出版工作重大事项及时向审计署、中央宣传部新闻出版行政管理部门请示报告。发挥社党委“把方向、管大局、作决策、促改革、保落实”作用，全面落实《党委落实全面从严治党主体责任清单》，夯实政治、思想、组织、作风、纪律和制度六大责任，切实把社党委主体责任、主要负责同志第一责任、班子成员“一岗双责”，以及党支部书记履行支部党建第一责任人责任压实到位。不断强化理论武装，巩固“不忘初心、牢记使命”主题教育成果，坚持社党委理论学习中心组学习、党支部集中学习、青年理论学习小组专题学习，营造浓厚的理论学习氛围，增强政治责任感、历史使命感，激发奋斗精神。严守党的政治纪律和政治规矩，严肃党内政治生活，认真落实党支部工作条例（试行），以提升组织力为重点，以“三会一课”为抓手，强化政治机关意识教育、“灯下黑”问题专项整治和党支部标准化规范化建设。创新思想政治工作，开展员工思想状况调查和分析，针对非党群众占比较大等实际情况，以党建带群建，做好工会、妇委会、团支部等群团工作，通过经常性谈心谈话，及时化解思想疙瘩，努力做到解决思想问题与解决实际问题相结合。以党建引领文明创建，荣获 2018—2020 年度“审计署文明单位”荣誉称号，被中央和国家机关工委推荐为 2018—2020 年度“首都文明单位”。

审计宣传与期刊出版　准确把握导向，期刊影响力明显提升。《中国审计》《审计观察》杂志重点围绕习近平新时代中国特色社会主义思想、党的十九大和十九届二中、三中、四中、五中全会精神在审计系统的全面贯彻落实，审计在推进国家治理体系和治理能力现代化进程中发挥建设性作用，国家重大政策措施落实情况跟踪审计、疫情防控专项审计、三大攻坚战相关审计、“三促进”专项审计、民生审计、经济责任审计、促进“六稳”“六保”等重点工作事项开展重点宣传和专题宣传，及时传递审计声音，用心用情诠释新时代审计人肩负的职责与使命、忠诚与担当。服务抗疫大局、彰显审计力量，策划报道《众志成城抗疫情》《助力疫情防控和经济社会发展“双胜利”》《以治理组合拳应对疫情大考》《坚持疫情防控常态化　恢复经济社会发展活力》等封面文章或专题，被人民网、学习强国、光明日报等相继转载。《推进审计整改　扎实做好审计“后半篇文章”》《“两统筹”背景下审计工作方式的深刻变革》《落实“三个区分开来”为改革发展保驾护航》《书写脱贫攻坚的审计答卷》等封面专题报道也取得较好的社会反响。

审计图书出版与文化书屋建设　出台《推动图书出版工作高质量发展的意见》，通过加大图书出版力度，加强选题调研和市场需求分析，挖掘优秀作者和优质内容，打造产品线，推动精品出版。克服疫情影响，推动供给侧结构性改革，加强选题论证和质量控制，出版《中国财政可持续发展报告 2020》《中国审计研究报告》《中外国家审计比较研究》等理论系列、《我们的故事》（笔墨、光影）、《70 件审计藏品故事》、《审计青年》等散文诗歌故事摄影系列，《审计知识读本》

《领导干部经济责任审计100问》等实务系列，《企业审计指南》《商业银行审计指南》《公共工程项目跟踪审计指南》等审计指南系列，《生态环境保护审计法律法规汇编》《污染防治审计法律法规汇编》《土地资源审计法律法规汇编》等审计法规系列，审计定性处理处罚依据系列，审计专业技术资格考试辅导教材系列等图书141种。

融合发展与知识管理服务 坚持守正创新，媒体融合向纵深发展。贯彻落实《关于加快推进媒体深度融合发展的意见》，根据“科技强审”要求，加快推动传统出版和新兴出版融合发展。采取“内容＋服务”等模式，坚持移动优先发展，运用数字技术，实现一个内容多种形态呈现。对前些年投入开发的数字出版项目进行全面清理，推动历史遗留问题解决，强化项目论证，加强项目管理，确保项目发挥实效。完成金审工程三期审计知识管理分系统上线、验收和内容征集加工工作。研究开发“财经审计法规移动端应用”“审计知识服务内部审计版”等数字出版产品，中标开发涉外审计资讯服务及业务培训平台，开拓军委审计署审计专业数字内容阅读项目。开展审计知识管理内容服务、在线教育、融合服务等业务。配合审计干部教育学院开展党建及审计相关业务学习等15期网络培训班，配合法规司组织网上庭审视频普法宣传教育，配合机关党委（巡视办）开展党员“应知应会”测试。

深化改革与内部管理 认真贯彻新发展理念，坚定不移以深化内部改革促发展。按照中央文改领导小组、中宣部、财政部和署党组要求完成出版社公司制改制工作后，持续推进内部管理经营机制改革，完善法人治理结构。改革内部分配和考核激励制度，以部门为单位进行绩效考核并量化到人。实施书刊用纸和印刷管理改革，全部公开招标。深化公车改革，全部取消社领导公务用车。加强目标规划引领，夯实制度基础，制定修订管理制度17项，形成涵盖80余项规章制度的“N＋1”制度体系。通过改革和强化内部管理，促进效益提升，社会效益和经济效益均实现逆势增长。

队伍建设和纪律作风建设 加强员工培训培养，通过举办专题讲座、安排短期脱产继续教育、网络学习等形式，鼓励支持员工及时更新知识、弥补差距短板，适应宣传出版工作新要求。通过署招与社招相结合招聘引进人才，逐步改善队伍结构。实行编辑业务导师制，鼓励青年撰写选题策划方案，开展论文大赛，不断增强脚力、眼力、脑力、笔力。社领导班子带头严格执行中央八项规定精神、审计“四严禁”工作要求和“八不准”工作纪律，以及宣传出版廉洁从业规定，持续反对“四风”，严格执行个人重要事项报告制度、离京审批制度，自觉接受监督。强化全社员工纪律约束，严格执行劳动纪律、工作纪律和廉洁纪律。发挥纪检监察和监事机构作用，紧盯廉洁从业风险点，以“纪律明镜·天天照”“时记讲坛·人人讲”等宣传形式，推动常态化教育和提醒监督全覆盖。（撰稿人：安　超）

【中国审计学会】 2020年，中国审计学会（以下简称学会）共有单位会员176个、个人会员1981名。学会第八届理事会有理事198人、常务理事67人。设有计算机审计分会、审计教育分会、环境审计专业委员会3个分支机构，学术委员会、编辑委员会、培训委员会3个专业委员会。学会办事机构为秘书处，实有6人。秘书处设有办公室和《审计研究》编辑部2个处室。学会主办《审计研究》杂志。

领导成员

顾　　问：董大胜　耿建新　石爱中
　　　　　张　通
会　　长：孙宝厚
副 会 长：姜江华（常务）　高培勇
　　　　　晏维龙　蔡　春　张继勋
　　　　　韩大元　郑志明
秘 书 长：姜江华（兼）
副秘书长：刘力云　王会金　杨　莉
　　　　　高永宁　刘　铮　王大强

工作综述 2020年，学会坚持以习近平新时代中国特色社会主义思想为指导，深入学习贯彻党的十九大和十九届二中、三中、四中、五中全会精神，深入贯彻落实习近平总书记关于审计工作的重要讲话和重要指示批示精神，认真贯彻落实署党组对审计工作的部署要求，胸怀“两个大局”，牢固树立“四个意识”、坚定“四个自信”、做到“两个维护”，围绕坚持和发展中国特色社会主义审计制度、聚焦主责主业推动审计高质量发展等重大理论和现实问题，开展理论研讨和交流；坚持以政治建设为统领，强化政治机关意识，抓好学会秘书处党建工作，努力提升服务意识和服务能力。

强化党对社团工作的领导 修订学会章程，将“以习近平新时代中国特色社会主义思想为指导”“坚持中国共产党的全面领导，根据中国共产党章程的规定，设立中国共产党的组织，开展党的活动，为党组织的活动提供必要条件”等内容写入学会章程，为加强党对学会工作的领导提供制度保证。结合换届大会召开深入学习贯彻习近平总书记关于审计工作的重要论述专题研讨会，在理论骨干培训班上请署领导围绕学习好贯彻好习近平总书记关于审计工作的重要论述作专题报告。进一步加强对意识形态阵地的管理。对课题的立项、中期检查、结项评审各环节，研讨论文及研讨过程、杂志稿件、网站发布信息等，坚持严格的意识形态把关机制。

召开第八届会员代表大会暨深入学习贯彻习近平总书记关于审计工作的重要论述专题研讨会 6月11日，在京召开中国审计学会第八届会员代表大会暨深入学习贯彻习近平总书记关于审计工作的重要论述专题研讨会。时任审计署党组书记、审计长胡泽君出席会议并讲话。审计署党组成员、副审计长陈健出席会议，来自全国审计机关、高校和相关单位的近200名代表参加会议。

召开省级审计学会、审计署驻地方特派办理论研究会秘书长会议 9月23日至24日，学会与审计科研所在安徽省合肥市召开全国审计科研协作暨省级审计学会、审计署特派办理论研究会秘书长会议。署党组成员、副审计长陈健出席会议并讲话。来自地方审计机关、省级审计学会、审计署特派办、审计署审计科研所，以及相关科研院校等单位的90余人参加会议。

审计科研课题研究工作 组织对2020—2021年度审计署重点科研课题公开招标和立项评审。包括“坚持和发展中国特色社会主义审计制度”“审计项目审计组织方式‘两统筹’长效机制”“国家审计在突发公共事件中的作用”“高素质专业化审计队伍建设”“审计学科建设服务国家审计事业发展”“政策措施落实情况跟踪审计”等6个方向。经审计署批准后确定这6个研究方向的19个课题为立项课题。2月，组织专家对2019—2020年度审计署重点科研课题5个方向14个课题进行中期检查。7月下旬至8月，学会和署审计科研所组织专家对上述14个课题研究报告进行结项评审。与23个省级审计学会和11个特派办理论研究会合作开展“高素质专业化审计队伍建设”和“审计项目审计组织方式‘两统筹’长效机制”课题研究。10月，在京组织开展这两个合作课题的中期研讨交流活动。

审计理论研究骨干培训 11月30日至12月3日，在审计署怀柔培训基地举办2020年度审计理论研究骨干培训班。审计署党组成员、副审计长陈健出席开班式并授课。培训班重点围绕“深入学习贯彻习近平新时代中国特色社会主义思想及其关于审计工作的重要论述”“关于新时代审计中国特色的多维度思考”“切实履行企业审计监督职责、推动国有企业高质量发展”“新时代国家审计的发展与变革”“新时代审计质量控制与审理工作”“新时期党政主要领导干部经济责任审计和政策落实跟踪审计的工作框架和关注重点”“‘十四五’新发展格局的内涵特征与区域经济发展布局重点思路”“提升国家审计理论研究论文的质量”等主题邀请有关领导、专家进行授课。来自审计机关、各级审计学会、审计专业硕士培养院校的近140名审计理论研究骨干参加培训。

编辑出版《审计研究》杂志 全年编辑出版6期《审计研究》杂志，刊登论文92篇，总计170余万字。新设立《研究信息参考》栏目，分6个主题组织摘要编译有关国家审计研究的论文观点和前沿成果信息；继续每期开设专题，安排2至3篇文章围绕专题展开讨论。年底杂志通过国家社科基金资助期刊的年度考核，2021年继续获得国家社科基金资助。

学会秘书处其他工作 申报国家社科基金社科学术社团主题学术活动资助项目和国家社科基金优秀社科学术社团奖励性补助项目，并成功获得资助。开辟“审计理事专栏”，组织学会理事撰写论文，更好发挥理事的学术引领、带动作用。围绕进一步改进学会工作赴中国财政学会等社团及有关地方学会进行工作调研，就加强社团管理、科研合作、理论与实务相结合等问题进行讨论和交流。

地方审计学会和特派办理论研究会工作情况

地方审计学会扎实推进工作，审计理论研究活动形式多样、组织工作更加规范、成果更加丰硕；普遍形成与各科研机构、高等院校专家学者、审计机关业务骨干的联合研究机制；依托各自编辑出版的刊物、微信公众号、网站等媒介，促进审计理论研究成果的转化，更好地服务于审计实践；更加注重加强审计理论人才队伍建设。各特派办理论研究会注重强化理论研究会的组织建设，加强对审计理论研究会工作的组织领导；注重开展“研究型审计”，探索实施“三同步机制”，把理论研究嵌入审计业务全过程，推动理论研究常态化、项目化、自觉化；注重搭建可持续发展的平台，用规范化的定期活动机制引导和调动审计人员的研究热情，让理论骨干人才持续在与实践的结合和碰撞中形成新的理论成果。

分支机构工作情况 审计教育分会出版1期《中国审计评论》，刊发论文20篇。计算机审计分会组织开展“基于审计结果公告的审计知识挖掘与利用研究”等5项审计科研课题研究。环境审计专业委员会组织开展领导干部自然资源资产离任审计评价指标体系、大数据在资源环境审计工作中的深度应用等方面的理论研究。中国政府审计研究中心采用“线上”与“线下”结合等方式，举办两次全国性大型会议，来自200多所大学和单位的800余名专家学者参加；举办14期“双周论坛”，3900余人参加；发布第7份审计理论研究指南，并在微信公众号推送多篇审计重要文献和审计法规制度解读等文章。

（撰稿人：赵　娜）

【中国内部审计协会】 2020年，中国内部审计协会（以下简称协会）秘书处共有33人。下设综合业务部、事业发展部（国际事务部）、准则与学术部、职业教育部、公共宣传部。

领导成员

名誉会长：李金华

会　　长：鲍国明

副 会 长：席　晟　王文宗　秦荣生　晏维龙　张海坤　王建军　肖　伟　沈立强　陈　巍　李如祥

监 事 长：于永平

秘 书 长：沈立强（兼）

副秘书长：吴晓军　王　娜（—7月）　刘智伊（7月—）

工作综述 2020年，协会全面深入学习贯彻党的十九大和十九届二中、三中、四中、五中全会以及中央经济工作会议精神，认真贯彻落实党和政府的决策部署，紧紧围绕“服务、管理、宣传、交流”的办会宗旨，坚持稳中求进的工作总基调，克服新冠肺炎疫情影响，不断创新，全力做好各项工作，努力推动内部审计事业不断向前发展。

全国内部审计“双先”评选表彰 11月26日，协会在北京召开2017—2019年度全国内部审计先进集体和先进工作者表彰大会。经严格评选，300个集体被授予“全国内部审计先进集体”荣誉称号，318人被授予“全国内部审计先进工作者”荣誉称号。审计署党组成员、中央经济责任审计工作部际联席会议办公室主任郝书辰应邀到会致辞，审计署内部审计指导监督司司长李凤雏应邀参会，会长鲍国明在大会上作题为《以先进典型引路　奋进新时代　开启新征程　为内部审计创新发展再立新功》的总结报告。与会领导向“双先”代表分别颁发奖牌、奖章，部分“双先”代表就先进事迹进行交流发言。

分领域、分专题的业务交流 11月27日，在北京举办首届主题为“内部审计助力能源企业实现目标”的能源领域会员单位交流活动，来自相关政府主管部门和能源领域会员单位的代表近80人参加。12月16日，第八届金融行业会员单位交流活动在北京举办，活动主题为“发挥内部审计职能，助推企业治理”，来自金融机构的近120名代表参加。12月17日，协会联合北京国家会计学院、国际信息系统审计协会（ISACA）和北京谷安天下科技有限公司以线上线下相结合的方式在北京举办主题为“提升数字风险管控能力，保障新时期数字化转型”的“DRS2020·第二届数字风险峰会”。8月26日，会长鲍国明、副会长王建军及监事长于永平率调研组赴山西省开展内部审计工作调研。11月4日，会长鲍国明、副会长沈立强及监事长于永平赴湖北省武汉市，召开民营企业内部审计工作交流座谈会。12月21日、22日，会长鲍国明，副会长肖伟、沈立强率领调研组赴山东魏桥创业集团有限公司开展民营企业内部审计调研，召开交流座谈会。

群众性理论研讨 2月至7月，开展2020年度以“新时代内部经济责任审计的思路与方法”为主题的群众性理论研讨活动。经协会学术专业委员会评审，评出一等奖12篇、二等奖56篇、三等奖129篇、提名奖163篇，42个单位获得论文组织奖。

完善内部审计准则体系 12月，制定发布《第3205号内部审计实务指南——信息系统审计》。

内部审计质量外部评估 5月，以线上模式开展对广州地铁集团有限公司的内部审计质量外部评估。11月，以线上线下相结合的方式完成对安徽省投资集团控股有限公司的内部审计质量外部评估。

职业培训 3月和5月，举办两场“战疫情，促发展——内部审计助力疫情防控和复工复产”公益直播课；7月之后，陆续推出3期20个专题的网络直播培训课程；10月至12月，恢复4期面授培训班。为湖北省内部审计人员提供免费网络培训160余人次；与新疆维吾尔自治区审计厅、河北省保定市审计局等单位合作，实施智力帮扶项目，为革命老区、艰苦边远地区内部审计人员提供免费面授培训。

国际证书考试服务 国际注册内部审计师（CIA）、国际注册内部控制自我评估专业资格（CCSA）等国际证书考试受疫情影响压缩为全年3次；3月，国际内部审计师协会（IIA）启用新版认证考试管理系统（CCMS）；9月，IIA在中国启用新的CIA考试大纲。协会重新拟定认证简章和认证手册，帮助考生和考务管理人员尽快适应新变化。全年新增考生6977人，报考科目24851科，共有2027人取得CIA资格，2人取得CCSA资格。引进CIA在线学习系统，5月正式推出新版考试辅导教材。

会员服务 管理系统平台增加系统功能，改进客户服务体验，为会员提供会员资讯11期。全年新增单位会员41家、个人会员858名，目前单位会员总数达459家、个人会员1026名。减免湖北省和受疫情影响严重的民营企业共16家会员单位会费。

加强与审计机关的联系 落实与审计署办公厅签订的2019年政府购买服务合同，年初向审计署提交2019年度全国内部审计情况统计报表和报告。5月，对实施的审计署2019—2020年度内部审计重点科研课题研究项目进行中期检查，年底，13家课题组全部提交结项报告。9月，完成协会与审计署审计科研所联合开展的“内部审计结果运用”课题研究工作。

重点事项宣传 疫情期间协会开展“战疫有我”主题征稿活动，在协会微信公众号和官网上，刊登抗疫相关文章75篇，其中编发“抗疫有我”专题17期。在《中国内部审计》杂志上，特别组织抗疫相关卷首文章，开辟“战疫：内部审计力量”专栏，刊登相关文章16篇。2020年协会网站点击量311万余次，编发微信489篇，微信累计关注人数10.49万人，净增1.6万余人，阅读量累计122万多人次。在今日头条、网易、腾讯、知乎、搜狐和百度等新媒体平台与微信同步更新内容，探索矩阵式宣传新模式。

理事会等相关工作会议 7月10日，以线上形式集中召开第七届理事会第三次会议、审议通过会长鲍国明所作的《共克时艰　推动内部审计和协会工作育新机开新局》的工作报告、财务收支及资产情况报告等议案。召开常务理事会第五次会议、监事会第三次会议和地方内部审计（师）协会会长秘书长会议。11月25日，在北京以线下方式召开第七届常务理事会第六次会议。全年共召开5次会长办公会议，各专业委员会也多次召开线上或线下会议。

内部管理 协会秘书处通过适当安排居家办公、弹性安排上班时间，加强办公场所疫情防控等措施，在满足防疫要求的同时，创新工作方式方法，确保重点和主线工作的完成，用好政府减税降费政策，增收节支，减少疫情带来的冲击。通过开展内部选拔竞聘，进一步优化部门人员配备、调动员工的工作积极性。

党建工作 协会党支部响应中央和国家机关行业协会商会党委的号召，组织秘书处全体员工和党员两次为疫情防控捐款献爱心；助力湖北解决特色农产品滞销问题。2月5日，通过官网和微信公众号发出《内部审计人与全国人民心手相牵　共同打赢疫情防控阻击战——致中国内部审计协会会员及内部审计单位的倡议书》。5月，根据《中央和国家机关行业协会商会党支部标准化规范化建设试点工作方案》，协会党支部被选为四家试点单位之一，党支部成立试点工作领导小组和党建工作专班，研究制订详细的实施方案并加以落实，建立党支部3项工作台账，完善5项党支部工作制度，及时补选支部委员、调整充实党小组力量。开展学“党史故事100讲”、测“支部建设100题”、考“内部审计准则100问”、评“党员百日先锋岗”的“四个百”特色党建活动。

（撰稿人：李云皞）

【南京审计大学】　2020年，南京审计大学现有全日制在校本科生、研究生、留学生共1.6万余名；专任教师近1200人，其中，正高职称185人，具有博士学位730余人；拥有浦口、莫愁两个校区，占地145公顷。中共审计署党校、审计署审计干部教育学院位于浦口校区。

领导成员：

党委书记：晏维龙

党委副书记：刘旺洪　张建红　王会金

纪委书记：龚亲华

党委常委：晏维龙　刘旺洪　张建红
王会金　俞安平　张钦文
裴　育　杭连生　董必荣
龚亲华　李乾文　强　飙
张　维

校　　长：刘旺洪

副 校 长：王会金　张金城　俞安平
张钦文　裴　育　杭连生
董必荣

工作综述　2020年，南京审计大学设有政府审计学院、会计学院等16个专业学院（教学部），国富中审学院、中内部审计学院等5个特色研究院；设有35个本科专业，其中国家级一流本科专业建设点5个，省级一流本科专业建设点4个，教育部特色专业建设点3个，教育部“专业综合改革试点项目”2项，江苏省“十二五”重点专业（类）5个，江苏高校品牌专业3个，江苏省特色专业5个；建有国家级精品在线开放课程2门、国家级一流本科课程5门；建有国家级教学团队1个、江苏省高校优秀教学团队5个；现有江苏省高等教育人才培养模式创新实验基地1个。学校现有硕士学位授权点15个，其中一级学科授权点7个。

作为审计署和教育部合作设立的“中国政府审计奖学金”项目承办单位，以及商务部“援外学历学位教育”承办单位，招收和培养来自“一带一路”沿线国家审计专业硕士研究生；被国际内部审计师协会（IIA）认证为中国唯一的“内部审计教育伙伴”（IAEP）合作级高校，与全球伙伴高校开展学生互换、教师互聘、学分互认、科研合作；被英国特许公认会计师公会（ACCA）评为“全球培养ACCA人才最多大学”“白金级培训机构”；与世界审计组织（INTOSAI）、亚洲审计组织（ASOSAI）等国际行业组织，美国、法国等几十个国家和地区的最高审计机关建立广泛的合作关系，美国、法国、巴西、印度、南非等20余个国家审计长受聘学校荣誉教授。学校设立润园、泽园、澄园、沁园书院，探索书院和学院“双院制”育人模式。

南京审计大学粤港澳大湾区审计研究院落地珠海　12月17日，在广东省珠海市审计局举行南京审计大学粤港澳大湾区审计研究院（珠海）签约和挂牌仪式，十一届全国政协副主席、党组成员、第四任审计长李金华，南京审计大学党委书记、校长，广东省审计厅党组书记、厅长，珠海市委副书记、市长，珠海市政协主席、党组书记出席仪式，并共同为研究院揭牌。粤港澳大湾区审计研究院将依托审计院校和广东省审计机关的教育、科研、专业、人才和行业优势，以及大湾区“一区三地”的区位和政策、资源优势，在审计制度创新、大数据审计、审计课题研究等领域共享审计资源，共建审计品牌，共促粤港澳大湾区建设和新时期国家审计事业高质量发展。

南京审计大学国家审计研究院成立　12月19日，南京审计大学国家审计研究院成立仪式在审计干部教育学院举行。中国审计学会顾问董大胜、中国审计学会会长孙宝厚、南京审计大学党委书记晏维龙、南京审计大学校长刘旺洪等来自审计系统、高等院校的百余位专家、学者齐聚，共襄盛举。董大胜、孙宝厚、晏维龙、刘旺洪共同为南京审计大学国家审计研究院揭牌。研究院下设国家治理与国家审计、国家审计理论、审计法治、军民融合审计、国际审计、自然资源与环境审计等11个研究中心。研究院围绕服务审计事业发展需要，提出建设一支高水平的审计研究队伍、建成一个审计数据库等“九个一”的发展目标。目前研究院已发布年度课题12个，其中重点课题3项，年度一般课题9项，出版《中国审计评论》第14期、国家审计丛书1套、决策咨询报告被采纳3篇，完成报告8篇。

南京审计大学国际联合审计学院成立 依据《教育部关于同意设立南京审计大学国际联合审计学院的函》，南京审计大学国际联合审计学院正式成立。该学院是南京审计大学与法国SKEMA商学院联合办学，采用“4＋0”学制，大学四年在国内学习，毕业生可同时获得南京审计大学本科毕业证书、学士学位证书以及法国SKEMA商学院学士学位证书。7月，国际联合审计学院正式开始招生。8月，学院开展自主招生扩招项目。10月，国际联合审计学院举行2020级第一届新生开学典礼，近300名同学参加。

国家、省级一流本科专业建设 南京审计大学9个专业入选一流本科专业建设“双万计划”。其中审计学、会计学、金融学、国际经济与贸易、法学等5个专业入选国家级一流本科专业建设点，财政学、经济学、工商管理与经济统计学等4个专业入选省级一流本科专业建设点。

入选国家级一流课程 10月19日，教育部发布《关于首批国家级一流本科课程认定结果的公示》，南京审计大学有5门本科课程入选其中。本次入选的5门本科课程中，有2门线上线下混合式一流课程——审计学基础、高级财务会计，1门线下一流课程——贸易经济学，2门线上一流课程——投资学、金融学。

研究生教育获评第一等级 7月，江苏省首次开展研究生教育工作综合评价。此次综合评价主要考察立德树人、导师队伍建设、质量保障机制、综合改革以及第三方质量评价等。经省外专家评阅和省内高校现场互评，南京审计大学在此次综合评价中获评A等（第一等级）。

研究生导师、团队获省级奖项 12月，由江苏省学位与研究生教育学会、江苏教育报刊总社联合举办的第二届江苏省“十佳研究生导师”和“十佳研究生导师团队”评选活动公布结果，会计学院的朱明秀老师获得第二届江苏省“十佳研究生导师”提名奖，经济学院的开放经济研究导师团队获得第二届江苏省“十佳研究生导师团队”提名奖。

入选教育部人文社科项目 3月，教育部社科司发布《关于2020年度教育部人文社会科学研究一般项目立项的通知》。南京审计大学入选项目12项，位列全国第44位，江苏第6位。入选项目中，规划基金项目4项，青年基金项目8项。南京审计大学围绕审计品牌与特色，推进交叉融合，构建覆盖经、管、法、文、理、工六大学科门类的特色专业体系。

《美国经济评论》发表论文 学校教师孙宁、俞宁与斯坦福大学Fuhito Kojima合作的市场设计理论论文《约束下的工作匹配》5月发表于《美国经济评论》。3人为共同第一作者。

SAP大学生企业模拟经营挑战赛获奖 3月28日至4月19日，由SAP大学联盟、国际信息系统学会中国分会（CNAIS）主办，北京交通大学SAP大学能力中心承办，加拿大蒙特利尔高等商学院ERPsim研究院协办的全国第四届“攻守道”SAP大学生企业模拟经营挑战赛圆满结束。谢佳莹、瞿俊茹、张潇丹、刘泉君、郑祎多5名同学摘得桂冠，获得大赛特等奖，指导老师姜启波。另一支由孙飞虹老师指导，邵帅、顾韵秋、吴钰、袁文、曹娟组成的队伍获三等奖。夺冠团队指导教师、学校实验中心姜启波老师获最佳指导教师；南京审计大学获最佳组织奖。

疫情防控工作 学校于1月25日第一时间发布疫情防控工作紧急通知，并与武汉籍学子取得联系，确认平安。1月19日成立南京审计大学新冠肺炎疫情防控工作领导小组，带领广大师生，全方位做好校园疫情防控工作。学校心理健康教育与指导中心从1月27日起开通抗疫心理专线，面向全校师生提供心理服务。开发疫情防控信息采集区块链系统，于2月2日零时上线使用。5月11日，南京审计大学2020春学期第一节线下课开始上课，返校同学结束14天的社区隔离，开始到教室上课。课堂上，返校的与未返校的、教室里的和在家的，体验了“同一个老师、同一个地方、同样的内容、同一堂课”。

南京审计大学心理健康与指导中心荣获“江苏省工人先锋号”荣誉称号。中心主任 1 人荣获“全省抗击新冠肺炎疫情先进个人”荣誉称号。蔡智勇带队心理咨询师，编写出版全国首部针对大学生的心理抗疫手册《新冠肺炎疫情防控大学生心理健康指导手册》、全国首部大学生抗疫心理电子书籍《大学生抗疫心理情境应对指南》；成功研发江苏省大学生心理自助互助平台，成为全国首个省域大学生心理危机预防与干预系统。金康弘、杜欣怡、束东升、俞诗阳等 4 名同学获得江苏省学生联合会颁发的“江苏省大学生抗疫先进个人”称号。 （撰稿人：曹兴华）

审计理论与科研

科研成果综述

2020年，审计署审计科研所坚持以习近平新时代中国特色社会主义思想为指导，认真落实署党组的部署要求，紧紧围绕新时代审计工作主责主业，坚持统筹抓好疫情防控和审计科研工作，坚持服务中心工作、服务领导决策、服务审计实践，立足审计实践开展重点课题研究，加快健全中国特色社会主义审计理论体系。聚焦审计重点领域，形成较高质量研究成果。服务审计实践开展专题研究，推进审计科研与审计业务深度融合。同时，开展国外审计研究，完成国外疫情防控审计系列研究报告，翻译美国审计署部分审计报告等，形成系列审计研究报告和国外审计动态。

一、新冠肺炎专项审计与非典专项审计的比较与启示

为贯彻落实习近平总书记关于疫情防控的重要指示批示和党中央决策部署，根据国务院常务会议要求，审计署迅速组织全国审计机关对疫情防控资金和捐赠款物开展专项审计（简称新冠肺炎专项审计）。这次新冠肺炎专项审计极为特殊，是在全国上下全力以赴打赢疫情防控战的情况下组织开展的，相比2003年审计署等四部委联合组织开展的全国防治非典财政专项资金和社会捐赠款物专项审计（简称非典专项审计），更急迫，更艰巨，审计环境更复杂，需要考虑的审计外因素更多，受关注程度更高，挑战极大。该研究报告通过比较分析新冠肺炎专项审计和非典专项审计，针对新冠肺炎专项审计的特殊性，提出了一些建议。

（一）两次专项审计的比较

这两次专项审计都是对重大突发公共卫生事件开展的专项审计，在审计对象、审计内容等方面有很多相似之处。但从实施过程来看，新冠肺炎专项审计与非典专项审计相比有很多特殊性。（见表1）

表1　新冠肺炎专项审计与非典专项审计的比较

项　目	新冠肺炎专项审计	非典专项审计
实施环境	疫情防控期间，实施环境更加严峻	疫情控制以后
实施主体	审计署组织实施	审计署、发展改革委、民政部、财政部联合发文，审计署具体组织实施
实施时间	事中审计，2020年2月中旬开始	事后审计，2003年7月—8月
审计目标	一是掌握情况，揭示问题； 二是促进疫情防控资金和物资规范管理、高效使用和信息公开，促进全力保障疫情防控重要医用物资和生活必需品的供应，为坚决遏制疫情蔓延势头、坚决打赢疫情防控阻击战提供有力审计监督保障	一是掌握情况，揭示问题； 二是促进有关部门和单位加强管理、规范运作，提高财政专项资金和捐赠款物的使用效益

（续表）

项　目	新冠肺炎专项审计	非典专项审计
审计对象	有关政府部门；政府部门指定接受社会捐赠的单位或机构，以及其他公开募捐的慈善组织；有关金融机构和具体使用上述资金和物资的部门、单位和企业	有关政府部门；政府部门指定接收社会捐赠款物的其他机构，以及具体使用财政专项资金和捐赠款物的有关部门和单位
审计内容和重点	动态调整。现阶段重点关注： 一是财政专项资金分配拨付、使用管理情况。审查财政部门贷款贴息的拨付情况，揭示应付未付或多付贴息等问题。 二是社会捐赠款物接受、分配使用、管理和信息公开情况。 三是重点保障企业贴息贷款发放、使用情况，重点地区重点疫情防控物资保障情况，揭示生产链、供应链中存在的突出问题	财政专项资金和社会捐赠款物的安排、接收、分配、拨付、管理和使用情况： 一是全面摸清总体情况； 二是审查财政专项资金的安排、拨付、使用情况和项目的建设进展情况，重点检查有关问题； 三是审查捐赠款物的内控制度建立情况，分配、管理和使用情况，重点检查有关问题
方式方法	非现场大数据审计＋现场核查	送达审计＋现场审计
组织领导	全国审计工作“一盘棋”。强化审计项目审计组织方式“两统筹”。审计署成立应对新冠肺炎专项审计工作领导小组，下设领导小组办公室。特派办和省级审计机关分工协作。有关工作安排、工作动态、成果上报等由办公室统一归口管理	审计署负责统一组织，负责与有关部门的工作联系，统一抽调审计人员组成联合检查组，对部分地区进行重点检查。各省级审计机关负责本地区的组织工作
报告形式	及时向有关方面通报，适时向社会公告	首次向社会公告
整改要求	突出时效性； 落实“三个区分开来”重要要求，及时发现问题，及时反映问题，及时督促整改	事后反映问题，督促整改

（二）专项审计的特殊性

这次新冠肺炎专项审计是在严峻的疫情形势下组织开展的，加之时代环境和技术手段等与2003年非典专项审计相比发生了巨大变化，决定了这次专项审计在实施环境、出发点和落脚点、实施方式、内容重点、组织模式、方法手段、依据和评价等方面都极为特殊。

1. 实施环境方面，面临的形势更加严峻。这次专项审计是党中央交办的重大政治任务，是在突发情况下对审计机关的一次“大考”，实施环境极为特殊，社会各界高度关注。审计过程中需深入践行“两个维护”政治责任，充分发挥审计机关特别能吃苦、特别能战斗、特别能奉献的优良传统，在服从疫情防控人民战争大局的前提下，做实、做细、做深各项工作，确保审计结果经得起历史检验，维护审计监督的公信力和权威性。

2. 审计出发点和落脚点方面，强调“边审边防、边审边改、边审边建”，更加突出审计监督保障功能。这次专项审计把准了职能定位，牢固树立“总体战”思维，过程中做到“边审边防、边审边改、边审边建”。一边做好专项审计工作，一边做好审计人员自身的防护；一边做好问题揭示反映，一边做好及时督促整改；一边做好“治已病”，一边做好“防未病”，促进体制机制健全完善。通过审计不仅掌握情况、揭示问题，更促进疫情防控资金和物资规范管理、高效使用和信息公开，促进全力保障疫情防控重要医用物资和生活必需品的供应，为坚决遏制疫情蔓延势头、坚决打赢疫情防控阻击战提供有力的审计监督保障。

3. 实施方式方面，采取事中审计方式。这次专项审计是在疫情防控期间开展的事中审计，而不是事后审计，时效性更强。审计过程中需及时发现问题，及时反映问题，及时督促整改并力争取得实际效果，重大问题线索及时向纪检监察机关移送，以期通过审计监督的实效助力疫情防控工作的高效顺畅开展。

4. 内容重点方面，根据要求动态调整，更加突出阶段性。这次专项审计的内容和重点，将根据党中央决策部署动态调整，采取结合疫情防控工作进展情况分阶段部署实施，而不是一次布置一次实施。第一阶段重点放在遏制和打赢疫情防控战役，而不是事后评价。当前审计内容主要是财政专项资金、捐赠款物和重点保障企业贴息贷款，重点关注的是上述资金和物资的分配管理使用情况，确保全部及时用于疫情防控。对重点地区特别关注疫情防控物资如口罩、防护服等的生产链、供应链中存在的突出问题。

5. 组织模式方面，突出全国审计工作“一盘棋”，强化审计项目审计组织方式“两统筹”。这次专项审计按照“统分结合、上下穿透”的原则，审计署成立新冠肺炎专项审计工作领导小组，下设领导小组办公室；特派办和省级审计机关分工负责、统筹衔接。审计成果采取分时段报送方式，及时报告重要情况，每10天报送快报，每月报送阶段性情况。有关工作安排、工作动态、工作成果上报等由办公室统一归口管理。

6. 方法手段方面，采用“非现场大数据审计＋现场核查”方法。这次专项审计进一步创新了方式方法，更加充分有效地运用非现场大数据审计方式分析发现疑点问题，在确保审计质量的前提下，有针对性地组织核查。尽量减少和缩短现场核查时间，尽量减少对基层防控工作的影响，特别是着力避免让基层多头重复填报各种报表。非典专项审计是在非典疫情基本控制后组织开展的，采取被审计单位送达审计资料开展前期工作，掌握基本情况后组织开展现场审计的方式。

7. 审计依据和评价方面，强调坚持具体情况具体分析。这次专项审计重在保障疫情防控资金和捐赠款物的分配、管理、使用等工作高效顺畅开展。要求审计过程中认真落实“三个区分开来”重要要求，坚持具体情况具体分析，全面客观辩证审慎地看待发现的问题，对新情况新问题要准确把握政策，对于一些情况复杂或重大的问题要多方听取意见建议，实事求是作出审计结论和督促整改。

（三）几点启示

1. 落实对审计人员的防护措施是完成好此次专项审计任务的重要保障。当前疫情形势依然严峻复杂，防控正处在最吃劲的关键阶段。这次专项审计在认真落实当地党委、政府疫情防控工作要求的前提下，可针对审计工作的特点进一步细化审计现场各项防护制度和措施，确保审计人员身体健康和审计工作顺利实施。一是编制《审计人员新冠肺炎防护手册》。随着审计的陆续展开，可参照国务院应对新型冠状病毒感染肺炎疫情联防联控机制印发的《企事业单位复工复产疫情防控措施指南》等，在严格遵守当地疫情防控要求的前提下，分级（高、中、低风险等级）编制防护手册，提示审计人员在可能面临的各类场景下应采取的防护措施。通过多种方式发送，保证每名一线审计人员随时可以查看。二是建立应对突发事件的应急预案。针对可能发生的一线审计人员由于被确诊为新冠肺炎患者、疑似病例或密切接触者导致无法继续参加这次专项审计工作等突发事件，制订专项应急预案和现场处置方案，明确相关部门和人员的责任以及可采取的应急措施。

2. 探索利用金审工程三期平台等建立对重点地区重点资金在线审计监测网络。针对各级政府部门拨付湖北省特别是武汉市等重点疫情防控地区的重点财政专项资金，政府指定接收社会捐赠的单位和机构接受的捐赠资金，探索利用金审工程三期平台，在线采集有关部门和单位的数据，建立在线监测系统。对无法在线采集的单位，利用数据分析网派出局联网渠道，及时采集报送资金分配使用数据，实现在线监测、及时预警。

3. 对重点地区近阶段的审计工作可采取问题风险提示清单方法。考虑到湖北省特别是武汉市的疫情防控形势虽有明显好转，但防控任务仍十分艰巨复杂，加之审计人员出行严重受限，当前阶段湖北等重点地区的审计工作，可采取边收集资料分析数据，边形成问题风险提示清单的方式开展。可以结合非典专项审计等以往应对突发公共事件审计工作成果，结合非现场大数据分析发现的疑点线索，系统梳理专项资金、社会捐赠款物和重点保障企业贴息贷款等各环节容易出现的问题风险，以风险提示清单方式通知各有关审计单位，以起到警示作用。

4. 各阶段审计都要聚焦统筹推进疫情防控和经济社会发展两方面工作。一是当前和下一阶段，审计除了要按照审计工作方案确定的三个方面审计重点外，还需聚焦疫情防控对经济运行带来的冲击和影响，重点对推动企业复工复产、重大工程项目开工建设、救助政策精准落地、煤电油气供应、稳定居民消费、关心关爱一线医护人员、医疗废弃物运输处置等政策措施的落实情况等开展审计，及时反映情况和问题，提出对策建议。二是全国疫情防控战役取得初步胜利后，可重点关注习近平总书记提出的完善重大疫情防控体制机制，健全国家公共卫生应急管理体系要求的贯彻落实情况，包括公共卫生法制保障、疾病预防控制体系、重大疫情防控救治体系、重大疾病医疗报销和救助制度、应急物资保障体系等方面的健全完善情况。

5. 建立社会舆情信息审计监测预警机制。当前大量与疫情相关的信息都是第一时间在互联网发布并广泛传播的。一方面，可利用网络爬虫、图数据库、区块链等技术，建立舆情信息采集、聚类、挖掘、预警等工作机制，充分利用舆情信息资源聚焦关注的重点领域、重点人物和重点事件，发现的问题风险线索及时反馈各审计组；另一方面，可以 24 小时监测关于审计方面的社会舆情，及早做好应对负面报道的预案。

6. 审计成果可分批次及时向社会公布。在疫情防控关键时期，围绕促进疫情防控工作高效顺畅开展，在阶段性报送审计情况的基础上，及时选择对疫情防控有重大影响的典型事项或可立行立改并已经取得初步整改成效的审计成果，通过审计公告、国务院新闻发布会等方式分批次及时向社会公布，及时回应社会关切，发挥审计监督震慑作用和舆论引导作用。

二、国家审计促进金融服务实体经济研究

2017 年 7 月，习近平总书记在全国金融工作会议上指出，为实体经济服务是金融的天职，是金融的宗旨，也是防范金融风险的根本举措。2019 年 2 月，习近平总书记在中共中央政治局第十三次集体学习时强调，要深化金融供给侧结构性改革，增强金融服务实体经济的能力。审计机关在以往审计过程中揭示了大量脱实向虚、监管套利和资金过度投向房地产市场的典型案例，审计机关应进一步发挥自身独立性强、专业性程度高、触角广和反应快的优势，促进“一行两会”等金融监管部门，商业银行、证券公司等金融机构，以及信贷、股票和债券等金融市场更好地服务实体经济。

（一）金融服务实体经济中存在的问题

当前我国宏观经济的波动，金融制度的不完善，金融监管存在的漏洞、空白和滞后，金融机构公司治理的不健全、不当的薪酬激励机制，造成金融业不能高质量高效率地为实体经济服务。审计机关在审计过程中，发现金融业在服务实体经济中主要存在以下五个方面的问题。

1. 注重追逐规模和利润，金融机构公司治理不健全。一些金融机构的公司治理不够完善，以业绩和利润为导向，存在着信息不对称、投资规模过度膨胀、绩效考核不适当等问题。这种不当的考核导向，造成金融机构只注重短期利益，忽视长远发展，进一步加剧金融机构的投机行为。一是片面扩张业务和过度追逐规模，导致金融脱离实体经济无序发展。二是部分金融机构以利润最大化为导向，风险管理流于形式。部分金融机构通常会通过放大经营杠杆和财务杠杆的方式获得超额收益。三是一些金融机构通过放宽信用等级要求、增加资产久期等形式从事高风险投资活动。

2. 资金空转影响金融市场运行效率。审计发现，资金空转主要有如下四种典型模式。一是商业银行信贷空转的主要动机是粉饰其资产负债状况，掩盖不良资产的真实状况。二是商业银行理财资金空转。其目的是粉饰商业银行自营的资产

质量或为商业银行突破监管限制服务。三是商业票据空转。票据空转是指银行利用自己地位的优势，强迫客户开具没有实际需求的票据，用来降低银行授信规模或者虚增银行存款。四是商业银行同业资金空转。其目的是通过放大杠杆来增加资产规模，或者是掩盖资金的来源和投资的去向。

3. 监管套利现象普遍，监管效果弱化。金融机构主要通过两种形式进行监管套利：一是通过监管政策的差异和不完备进行监管政策套利；二是通过虚报和瞒报数据进行监管指标套利。监管政策套利主要是金融机构违反国家的宏观调控政策、产业政策和金融监管部门的监管政策套利。监管指标套利主要是指金融机构违反中国人民银行宏观审慎管理考核指标，违反银保监会规定的杠杆率、拨备损失计提、流动性、集中度、资本充足率等监管指标。监管指标套利表现在以下两个方面：一是填报虚假的财务数据和业务信息，以满足监管的考核和要求；二是利用金融监管部门指标的不一致和不完备进行监管指标套利。

4. 信贷资金大量流入房地产市场，挤占实体经济金融资源。大量的信贷资金投向房地产开发和用于个人购房贷款。审计署 2018 年第 40 至 41 号公告显示，一些金融机构向“四证”不全的房地产企业发放贷款或者提供非标融资，以个人消费贷名义发放购房贷款。审计机关在政策跟踪审计过程中也发现，一些金融机构通过向房地产上下游企业发放贷款从而最终将资金投向房地产行业，实际新增贷款投向房地产行业的数据可能比金融监管部门的统计数据更高。

5. 重点环节和创新领域支持不足，金融服务实体经济存在明显短板。当前，我国新经济发展如火如荼，但是由于金融机构风险管理制度和追责机制等原因，金融机构对新经济的服务不足，大部分新经济企业在发展初期都依赖国外的 PE 和 VC。金融的供给侧存在结构性的矛盾，一方面是民营企业普遍存在融资难融资贵问题，金融机构帮助和扶持具有核心关键技术企业的力度不够大；另一方面是中央国企、地方国有企业存在着过度授信和过度融资的问题。

总体来看，金融脱实向虚主要表现为资金的空转，金融机构追求业绩而偏离主业和本源，金融资源的配置不充分不均衡，信贷资金大量流入房地产市场，监管套利现象普遍。资金空转表现为四种形式：第一，信贷空转；第二，理财空转；第三，票据空转；第四，同业空转。金融机构偏离主业和本源主要表现为，通过加杠杆、加久期、加风险和降信用来增厚收益。金融资源不均主要表现为普惠金融服务不足和部分企业过度授信。信贷资金大量流入房地产市场表现新增贷款大规模投向房地产行业和用于个人购买商品房。监管套利表现为监管政策套利和监管指标套利。

（二）金融审计促进金融机构服务实体应对策略

国家审计作为政策落实“督查员”，深刻认识到服务实体经济是金融的天职和本源。金融审计通过揭示金融市场运行中的风险隐患，为实体经济的健康发展提供良好的环境；通过督促金融回归本源，可以促使金融机构履行职责，将资源和资金配置到实体经济中，更好地为实体经济服务。

1. 开展国家重大政策措施落实跟踪审计，推进金融供给侧结构性改革。一是督促金融监管部门和金融机构落实金融供给侧结构性改革。二是促进金融监管部门和金融机构履职尽责。三是推动金融供给结构优化，显著提高直接融资比重。

2. 促进金融机构加强内部控制，建立服务实体经济的长效机制。国家审计要重点关注金融机构内部控制、财务管理和制度建设等方面的问题。一是关注金融机构的章程是否明确规定了股东大会、董事会、监事会、高级管理人员的职责边界，董事会、监事会及高级管理层是否做到各负其责、各尽其职，股东大会是否能充分发挥作用。二是了解金融机构相关的薪酬激励机制。薪酬激励是否与宏观经济形势、金融机构经营状况、风险状况及进步程度等相匹配，是否存在着赚“快钱”的现象。三是关注金融机构是否有制定服务实体经济的具体制度、实施计划和保障措施。

3. 揭示资金空转和监管套利模式，保障金融市场高效运行。金融审计应充分利用自身反应灵敏、跨市场跨行业的独特优势，揭露各种典型的监管套利模式，防止资金的空转，促进金融市场提高运行效率。一是应对资金空转的审计策略。重点关注金融机构的信贷业务、票据业务、理财业务和同业业务，核实金融机构是否通过这些业务进行出表调表、粉饰金融机构自营的资产质量或突破监管限制，是否利用票据消减信贷规模。审计过程要结合金融机构的业务流、资金流和信息流，综合判断是否存在资金空转的现象。二是应对监管政策套利和监管指标套利的审计策略。对金融机构的业务进行穿透性审计，核实金融机构的底层资产是否符合宏观调控的要求和风险管理的规定；对金融机构跨市场跨机构的业务进行分析和核查，关注金融机构是否利用监管政策的空白和漏洞进行监管政策套利；对金融机构的财务数据、业务数据进行核查，判断金融机构是否通过填报虚假数据和不真实的会计业务信息进行监管指标套利。

4. 促进金融机构将资源投向重点环节和创新领域，补齐短板。审计应该推动证券监管部门加快建立和发展多层次资本市场体系，完善场内的主板、中小板（一板）、创业板（二板）、科创板市场，推动场外的全国中小企业股份转让系统（新三板）、区域性股权交易市场（新四板）、风险投资、天使投资等股权投资市场（新五板）进一步发展，使其更好地服务于新经济。审计应该促进监管部门建立长效机制，解决金融机构在服务小微企业和民营企业中存在的“不愿贷、不敢贷、不会贷”难题。一是核查人民银行落实普惠金融定向降准政策。关注人民银行对中小微企业的认定是否符合实际和具有可操作性，是否通过加大再贴现对小微企业的支持力度，是否将支小再贷款政策适用范围扩大到符合条件的中小银行。二是关注银行业监管部门的政策是否引导金融机构服务小微企业和民营企业。例如是否允许银行提高对小微企业贷款不良容忍度，是否建立了授信尽职免责制度。三是关注国家融资担保基金在支持小微企业和民营企业融资中的作用，关注担保机构反担保和降低担保费率的情况。

5. 促进金融机构支持拥有核心关键技术的企业，助力解决“卡脖子”难题。当前我国关键核心技术存在“卡脖子”的问题，国家审计应该促进金融机构与具有核心关键技术企业的加强信息共享和协同联动，以补短板、强弱项、填空白。一是促进金融机构以信贷、债券、股权、股票融资等多种手段支持核心关键技术的研发和科技成果的转化。二是促进金融机构向具有核心关键技术的企业提供知识产权等新式质押融资，摆脱对有形抵押物的过度依赖。三是促进具有核心关键技术的企业充分利用场内的主板、中小板、创业板和科创板市场，场外的全国中小企业股份转让系统、区域性股权交易市场，以及债券市场做大做强。

三、商业银行资本监管套利及审计策略研究

资本监管是实施商业银行审慎监管的核心手段。在满足资本监管要求的基础上，节约资本、提高股东报酬率是商业银行进行资本监管套利的根本动因。银行等金融机构通过会计操纵、金融创新等手段，虚增资本或在几乎不降低实际风险的前提下降低资产风险权重，从而虚抬资本充足率，以满足资本监管需求，就是所谓的“资本监管套利”。资本充足率等于监管资本（分子）除以风险加权资产（分母）。相应的资本监管套利也分为分子策略和分母策略。

（一）资本监管套利分子策略

资本监管套利分子策略通过虚增资本的方式提高资本充足率以满足监管要求。商业银行资本构成主体的普通股、优先股及其他合格资本工具，定义均较为清晰透明，难以进行套利操作。但借助于会计政策的灵活性、会计估计偏差，商业银行进行盈余操控，会虚增资本构成中的未分配利润、盈余公积等。

1. 核心一级资本——未分配利润和盈余公积的操控。(1) 利用账户分类与计量。(2) 利用非信贷资产监管漏洞。(3) 利用公允价值评估模型进行套利。

2. 核心一级资本——资本公积的操控。为了避免利润的波动，商业银行有一些资产价值的变化不进入利润表，直接增减所有者权益下的其他综合收益项目，例如可供出售金融资产。通过操控这些资产的价值计量、隐瞒这些资产的质量会直接影响一级资本中的资本公积项目。

3. 二级资本——超额贷款损失准备的操控。资本监管规定，贷款损失准备缺口应当从核心一级资本中全额扣除。超额贷款损失准备允许计入二级资本。(1) 粉饰信贷资产质量，变相提高超额贷款损失准备。(2) 利用模型设计以及模型参数选择降低贷款预期损失。

资本监管套利分子策略通过虚增资本提高资本充足率。分母策略则是利用交易或策略的设计，在不减少风险的前提下，降低资产的风险权重，从而降低分母的风险加权资产，提高资本充足率。主要包括以下四种策略：一是精心构建资产组合；二是资产证券化；三是资产虚假出表；四是影子银行业务。

(二) 资本监管套利分母策略——信贷资产证券化

1. 信贷资产证券化的概念。商业银行资产证券化交易分为传统型资产证券化、合成型资产证券化以及兼具两种类型共同特点的资产证券化交易。区别主要在于，传统型资产证券化通过资产的真实出售，实现信用风险表外转移，合成型资产证券化则通过信用衍生工具实现信用风险表内转移。

2. 信贷资产证券化资本监管套利手段。(1) 精心构造资产池。资产证券化交易的第一步就是挑选基础资产并组建资产池。出于资本监管套利动机，商业银行一是选择风险权重大的资产组建资产池，二是在同一风险权重下，选择低风险资产构造资产池。(2) 风险自留。一是通过持有次级资产抵押债券实现风险自留，二是通过金融担保保留基础资产相关风险。(3) 借资产证券化重构资产组合与资本结构。

3. 我国资产证券化套利空间测算。证券化之前，在权重法下，基础资产主要按类别确定风险权重。证券化后监管资本计量有内部评级法和标准法，其中内部评级法又可以分为监管公式法(无外部评级而且无法推定评级) 和评级基础法(有外部评级或可推断评级)。

(三) 资本监管套利分母策略——资产虚假转让

1. 资产虚假转让。银行为了完成资本充足率监管指标，将风险权重较高的风险资产转让给同业、信托、资产管理公司等通道机构。然后：(1) 通过提供显性或隐性担保继续承担与转让资产相关的各类风险，实现资产出表，但风险没出表。(2) 通过理财资金回购资产 (或资产收益权)，将资产由表内腾挪到表外，规避监管。(3) 以自有资金回购资产 (资产收益权)，以风险权重更低的同业资产、投资资产替代风险权重更高的信贷资产。这种资产虚假出表与真实的资产转让具有两点不同：(1) 资产虚假出表往往是为了进行监管套利，而真实的资产转让是为了盘活存量资产，释放资金。(2) 真实资产转让，转出方将与资产相关风险完全转移给转入方，而资产虚假出表转让方往往继续保留着与资产相关的风险。

2. 资产虚假转让与监管套利。银保监会2019年23号文件概括了当下通过资产虚假转让(出表) 进行监管套利的几种主要表现形式：利用票据业务调节存贷款规模及资本占用等监管指标；直接或借道各类资管计划实现不良资产非洁净出表；开展信贷资产 (收益权) 转让、以信贷资产为基础资产的信托受益权转让业务，存在资产不真实、不洁净转让，转出方安排显性或隐性回购，转入方未准确计算风险资产并计提必要的风险拨备，风险承担落空等。

3. 资产虚假转让监管。随着监管改革，通过资产虚假转让进行资本监管套利的操作已经得到了遏制。原银监会一直强调信贷资产转让的真实性原则。2015年开始实施信贷资产流转的集中登记制度，以促进信贷资产流转规范化、透明化，实现对信贷资产流向的跟踪监测。2016年银监办82号文对信贷资产收益权转让进行了规范：(1) 转让仅可以通过信托模式。(2) 收益权出让方需要按照原信贷资产全额计提资本，也就是说即使终止确认信贷资产，也需要继续计提监管资本。实现资产出表，监管不出表。(3) 本行理财资金不得直接或间接投资本行信贷资产收益权等，堵死通过理财资金对接自身信贷资产，实现信贷资产出表的可能性。

(四) 资本监管套利分母策略——影子银行(通道) 业务

通道业务，是指商业银行作为委托人通过同业拆借、买入返售、设立资金 (财产权) 信托、购买资产管理产品等，将资金转移给其他商业银行、信托公司、资产管理公司等金融机构，这些金融机构仅作为通道，转移资金或资产的管理、运用和处分还由委托银行决定，风险管理责任和风险损失也全部由委托银行承担。通过通道业务进行监管套利的根本原因在于对不同金融机构的同类业务监管规则存在差异。商业银行利用通道业务可以：(1) 将资金在表外循环，从而规避各类监管。(2) 将信贷资产置换为同业资产、投资资产，从而降低风险资产权重，规避资本计提和信贷投向限制等。本课题借鉴孙国峰、贾君怡(2015)[①] 的分析方法，介绍三类主要的通道业务：银行同业通道、银信通道、银证（基）通道业务。

（五）资本监管套利审计思路

1. 资本监管套利的审计思路。(1) 资产质量审计和资本监管套利审计是一个整体。(2) 实施资本监管套利审计之前应审慎评估商业银行全面风险管理。(3) 实施资本监管套利审计之前应审慎评估商业银行内部资本充足评估程序。

2. 资本监管套利分子策略的审计思路。分子策略审计思路的核心就是判断商业银行是否利用会计准则的灵活性与会计估计偏差，虚增资本和资本充足率。(1) 关注商业银行账户分类。(2) 关注金融资产质量、分类与拨备。根据《商业银行金融资产风险分类暂行办法（征求意见稿）》(2019 年)，借鉴《商业银行审计读本》[②] 提出以下审计思路：一是评估商业银行金融资产五级分类的准确性；二是检查不良金融资产异常减少的情况；三是检查关注类金融资产异常增长的情况；四是检查逾期金融资产及其异常增长的情况；五是调阅商业银行贷款重组、贷款置换、不良资产转让、企业再融资等管理规程和业务（审计）档案。

3. 分母策略——资产证券化与资产虚假出表审计思路。资产证券化与资产虚假出表的审计重点是确认资产转让的真实性。具体审计思路就是调阅历次资产证券化与资产转让档案，分析资产转让的受让方和操作环节，追查受让方支付转让款的资金来源。核实：(1) 与被转让资产相关的风险与控制权是否已经转移给了买方；(2) 了解银行是否与受让方签订显性或隐性担保协议、资产回购（赎回）协议、付款承诺等。

4. 分母策略——影子银行（通道）业务审计思路。影子银行业务的审计难点在于，很难区分正常的同业业务以及为实施监管套利而实施的通道业务。利用通道业务进行监管资本套利往往具有三个特征：一是将风险权重较高的信贷资产转化为风险权重较低的同业资产；二是以形式上的同业业务掩盖本质上的信贷业务；三是业务往往具有隐蔽性、复杂性、跨地区性等特征。从这三个特征入手，可以总结出如下三个审计思路：(1) 分析同业业务相关科目；(2) 延伸调查；(3) 从收益风险的角度入手发现问题。

四、国家审计推动国有企业混合所有制改革的探索研究

混合所有制改革是国有企业改革的重要突破口。党的十八届三中全会指出，积极发展混合所有制经济。国有资本、集体资本、非公有资本等交叉持股、相互融合的混合所有制经济，是基本经济制度的重要实现形式，有利于国有资本放大功能、保值增值、提高竞争力，有利于各种所有制资本取长补短、相互促进、共同发展。党的十九大进一步指出，深化国有企业改革，发展混合所有制经济，培育具有全球竞争力的世界一流企业。审计是党和国家监督体系的重要组成部分，在保障经济社会健康发展等方面发挥着重要作用。因此，推动党中央、国务院关于国有企业混合所有制改革的一系列决策部署、政策措施落到实处，是审计监督依法履职促进国有企业改革的必然要求，也是审计监督服务经济高质量发展、促进全面深化改革的应有之义。对此，要充分发挥审计监督的独特优势，为国有企业混合所有制改革提供有力的监督和服务保障。

（一）国家审计推动国有企业混合所有制改革具有独特优势

推动国有企业混合所有制改革，建立健全国企国资审计监督体系和制度，为国有经济健康发展保驾护航，既是党中央的重大决策部署，也是审计机关的法定职责。作为党和国家监督体系的重要组成部分、重要的宏观管理部门，国家审计在经济监督领域具有其他监督主体所不具备的专业能力、客观立场和宏观站位。因此，要发挥国家审计监督的独特优势，依法履行审计监督职能，推动党中央、国务院关于国有企业混合所有

① 孙国峰、贾君怡：《中国影子银行界定及其规模测算——基于信用货币创造的视角》，《中国社会科学》2015 年第 11 期.

② 《商业银行审计读本》编写组：《商业银行审计读本》，中国时代经济出版社，2016.

制改革的决策部署落地生根、开花结果，保障混合所有制改革顺利推进，促进混合所有制企业健康发展。

1. 国家审计具有专业性优势。国家审计机关作为专门进行经济监督的部门，法定性是国家审计的基本特征，也是其专业性的根本保障。党的十八大以来，国家审计把国有企业混合所有制改革推进情况作为审计监督的重要内容，在促进深化国有企业改革、完善现代企业制度、维护市场经济秩序、防止国有资产流失等方面做了大量工作，有力增强了国有经济活力、控制力、影响力。与此同时，在审计中锻炼了一支既把握国有企业混合所有制改革政策方针，又熟悉国有企业混合所有制改革相关业务知识，还具备国有企业审计基本素质的复合型人才队伍，具备扎实的专业知识、职业胜任能力和丰富工作经验，为开展专业可靠的审计，提出专业权威的审计意见提供了坚实人才保障。

2. 国家审计具有客观性优势。从监督者的角度出发，要充分发挥监督职能服务保障国有企业混合所有制改革，其作为监督主体必须是客观中立的，由此才能得出客观公允的结论，从而得到混合所有制改革各相关利益方的认可和接受。就国家审计而言，在审计法、国家审计准则等法律法规中，从多个角度对保障审计实施、审计结论的客观性提出了要求。相较社会审计和内部审计，国家审计更有权威性和公信力，审计结论更加客观、公正，审计结果也更容易得到各方面利益相关者的认可，从而更有利于保护混合所有制企业的国有资本及其他资本的运营安全，维护各类资本所有者的合法权益。

3. 国家审计具有宏观性优势。国家审计始终坚持在更高层次上发挥审计监督的建设性作用，特别是《深化党和国家机构改革方案》立足构建宏观调控政策协调和工作协同机制，将审计列入宏观管理部门，推动构建“集中统一、全面覆盖、权威高效”的审计监督体系，更加有利于发挥国家审计的宏观管理职能，以及与其他宏观部门的相互协调。从实践来看，近年来，国家审计按照党的十八届三中全会作出的部署，扎实推进国有企业混合所有制改革情况的审计监督，能够坚持宏观站位和全局视野，对混合所有制改革推进情况开展全方位、多层次、立体化的监督，既注重改革中更好坚持社会主义初级阶段基本经济制度，也注重更好激发国有企业活力。

（二）国家审计推动国有企业混合所有制改革的五个着力点

1. 推动混合所有制改革政策贯彻落实。推动国家重大政策措施贯彻落实是审计机关的法定职责，能够有效保障国家有关决策部署贯彻落实到位。国家审计要以党中央、国务院出台的相关政策为依据，对标对表混合所有制改革的主要任务、实现目标、重要节点、关键环节、具体要求等，持续开展政策落实情况跟踪审计。

2. 推动混合所有制改革工作全面铺开。国家审计要按照全覆盖的要求，推动国有企业混合所有制改革工作全面铺开。要对投资、运营、管理和使用国有资产的有关单位和企业，以及负有国有资产监管责任的部门和具有相关宏观调控职能的部门全部纳入审计监督视野。顺应改革国有资产管理体制、分层分类推进国有企业混合所有制改革的新实践，国家审计要牢牢把握审计监督的对象，通过财务收支审计、领导干部经济责任审计、专项审计（审计调查）、国有资本经营预算审计等多种审计形式，确保实现审计监督对象全覆盖。

3. 推动混合所有制改革程序科学规范。国家审计要以操作指引为基本依据，对国有企业混合所有制改革全流程实施跟踪审计，推动混合所有制改革依法合规操作，切实防止暗箱操作、低价贱卖、利益输送、化公为私、逃废债务等问题。国家审计应抓住混合所有制改革的三个关键环节，确保改革依法进行、科学规范。一是决策环节，二是操作环节，三是管理环节。

4. 推动混合所有制改革结果双赢有效。国家审计在推进国有企业混合所有制改革中，要注意正确处理混合所有制改革过程中的三个关系，以便更好发挥审计的建设性作用，推动国有企业和民营企业进行深度合作，向着更广范围、更高层次、更深程度融合发展。一是注意正确处理依法审计和“三个区分开来”的关系；二是注意正确处理国有企业和民营企业的关系；三是注意正确处理“新三会”（股东大学、董事会、监事会）与“老三会”（党委会、职代会、工会）的关系。

5. 推动混合所有制改革环境优化提升。国家审计要聚焦促进国有企业混合所有制改革这一目标任务，为国有企业、民营企业参与其中创造良好的制度环境和市场环境。一是立足更好发挥政府作用，推动建立公平竞争的市场经济制度环境；二是立足更好发挥市场在资源配置中的决定性作用，推动解决营商环境中存在的热点难点问题；三是立足激发民营企业活力，推动提升民营企业对支持政策的获得感、满意度。

（三）需要进一步深入思考的问题

推动国有企业混合所有制改革，不仅是要建立健全现代企业制度，完善企业治理机制和激励约束机制，使之运行更有效率、更有活力，更是要培育和重构社会主义市场经济的微观主体，进一步巩固和完善社会主义基本经济制度。因此，国有企业混合所有制改革是一项系统工程，为其沿着正确方向健康发展保驾护航，既需要更好发挥“市场之手”的作用，也需要有效发挥“政府之手”的调控职能。目前来看，国有企业混合所有制改革仍在探索之中，需要不断完善。与此对应，国家审计推动混合所有制改革是一项具有较强探索性、挑战性和创造性的工作，也需要及时总结经验，不断完善相关审计方法。从实践来看，有两个方面的问题需要深入思考。一是国家审计应积极探索国有资本不占控股地位的混合所有制企业的审计监督方式；二是国家审计应积极探索构建基于国家审计、社会审计和内部审计为一体的混合所有制改革审计监督体系。

五、中美扶贫审计比较研究

扶贫济困是当今世界各国的共同事业。不论发展中国家还是发达国家，都把扶贫作为经济社会发展的一项重要任务。美国是世界上最大的发达国家，但也是贫困问题比较严重的国家。为应对贫困挑战，自 20 世纪 60 年代以来，美国投入巨资消除贫困并实施重大的扶贫工程。中美两国在扶贫方式方面有相同的方面，也有许多不同之处。政府审计是扶贫监督的重要力量，是各国扶贫事业的重要组成部分。中美两国的审计机关在确保政府的扶贫工作实现政策目标，以及投入的大量扶贫资金得到有效使用等方面都发挥了重要作用。

（一）中国扶贫审计情况

自 20 世纪 70 年代以来，我国不断加大扶贫力度，成功走出了一条中国特色扶贫开发道路。2001 年和 2011 年我国分别出台了面向未来 10 年的《中国农村扶贫开发纲要》。党的十八大以来，我国的扶贫进入精准扶贫、精准脱贫的攻坚阶段。随着扶贫工作力度的加大，我国各级审计机关按照法律要求，自觉把扶贫审计工作作为一项重要的政治任务，充分发挥了审计作为党和国家监督体系重要组成部分的重要作用，紧紧围绕“十三五”期间脱贫攻坚目标，加强扶贫审计工作，为推动我国扶贫事业发展作出了重要贡献。

1. 对扶贫审计的部署。审计署先后印发了《审计署办公厅关于进一步加强扶贫审计促进精准扶贫精准脱贫政策落实的意见》《审计署办公厅关于印发贯彻落实“十三五”脱贫攻坚规划具体措施》《审计署关于在打赢脱贫攻坚战中进一步加强扶贫审计的意见》《关于贯彻落实脱贫攻坚战三年行动指导意见进一步深化扶贫审计的通知》《审计署关于扎实做好脱贫攻坚决战决胜阶段扶贫审计工作的意见》等文件，对扶贫审计工作进行部署和提出要求。各地审计机关结合当地实际情况，因地制宜对扶贫审计工作作出规划和安排。

2. 扶贫审计涉及的审计业务类型。

(1) 扶贫专项审计。这项工作是在审计署的统一部署和要求下开展的。定期组织开展的专项扶贫审计项目，重点对贫困人口多、减贫任务重的贫困县开展审计。(2) 扶贫政策措施落实情况跟踪审计。从 2014 年起，审计署组织对国家重大政策措施贯彻落实情况进行跟踪审计，扶贫政策措施落实情况始终是其中的一项重要内容。(3) 其他审计项目中的扶贫审计。审计署在中央预算执行审计、党政领导干部经济责任审计等其他审计项目中，对扶贫审计内容同部署、同审计。在中央预算执行审计中重点审查财政扶贫资金收支的完整性，支出结构优化情况，中央扶贫资金专项设置、管理和分配情况。在党政领导干部经济责任审计中，对脱贫责任履行情况进行审计和评价是经济责任审计的一项重要内容，在摸清脱贫扶贫工作开展情况的基础上，重点审查精准扶贫、精准脱贫政策落实和脱贫攻坚规划执行情况，重点资金项目扶贫绩效情况等。此外，在金融审计、企业审计和社保审计等其他专项审计中，审计署都将扶贫政策落实和扶贫资金管理使用情况作为重点内容之一。

3. 扶贫审计的主要内容。(1) 扶贫相关政策落实情况；(2) 重大违纪违法问题；(3) 扶贫资金绩效情况；(4) 扶贫项目建设运营情况；(5) 体制机制制度性问题。

4. 扶贫审计的方式方法。我国审计机关在扶贫审计中主要采用三种审计方法：一是审阅；二是询问和调查；三是数据分析。

5. 扶贫审计发现的问题和取得的成效。我国扶贫审计工作成效显著。2020年6月，胡泽君审计长在审计工作报告中指出，扶贫审计查出问题金额占抽查资金比例由2016年的25.8%降至1.5%，其中违纪违规问题占比降至0.19%。通过检索近年来的审计工作报告、整改情况报告，以及审计署国家重大政策措施落实情况跟踪审计的结果公告，可以发现，审计署通过扶贫专项审计和国家重大政策措施落实情况跟踪审计发现的问题主要有：落实扶贫政策不到位不精准；财政资金统筹不到位、扶贫资金闲置、未及时拨付或未发挥效益；扶贫开发项目推进缓慢；由于前期论证不充分或运营管理不到位，项目效果不佳；扶贫项目管理不规范；骗取套取和违规使用扶贫资金；扶贫工作不细不实等方面的问题。从2015—2018年度国务院的审计工作报告中反映的审计发现问题整改情况和整改报告中反映的整改情况看，扶贫审计收到了很好的成效，主要体现在三个方面：一是促进扶贫政策落实、扶贫项目加快推进、扶贫资金的有效统筹使用和阳光化管理，推动扶贫政策落地见效，促进提高扶贫项目和资金的绩效；二是审计机关在审计过程中发现的违法违规问题得到纠正，相关责任人受到处理处分和追责问责，发挥了震慑作用；三是促进了国务院扶贫办、财政部等相关部门和地方政府修订和出台相关规定，健全完善了相关制度和机制。

(二) 美国扶贫审计情况

美国联邦政府的扶贫政策主要表现为向低收入群体提供收益和服务的一系列低收入项目(low-income programs)。由于获得使用这些项目的资格，需要对申请人进行财务调查，有时又称为生计调查项目(means-tested programs)或需求调查项目(need-tested programs)。如贫困家庭临时救助项目(TANF)、补充营养援助项目(SNAP)、医疗补助项目(Medicaid)等。这些低收入项目与我国近年来实施的扶贫政策有些类似，故本文以下介绍的美国扶贫审计主要是指美国审计机关对低收入项目进行审计的情况。扶贫审计作为一项重要工作，被纳入了美国审计署的工作发展规划。美国审计署开展的扶贫审计以低收入项目审计为核心，既有对低收入项目总体情况进行的审计，又有对单个低收入项目的审计，同时在其他审计项目中也会包含低收入项目审计的内容。除了低收入项目审计外，美国审计署还曾应国会要求对有关贫困问题进行调查，如对构成贫困线指标的合理性的调查。美国审计署的审计业务主要分为财务审计和绩效审计两种类型，对低收入项目的审计主要是绩效审计。

1. 对低收入项目总体情况的审计。一是对低收入项目总体情况的全面审计；二是对低收入项目的专题审计。

2. 对单个低收入项目的审计。如前所述，美国联邦实施的低收入项目很多，这里仅以两个较大的低收入项目的审计情况为例进行说明。(1) 医疗补助项目审计情况。(2) 贫困家庭临时救助项目审计情况。

3. 在其他审计项目中对低收入项目进行的审计。

4. 对贫困线相关问题的审计。美国审计署不仅对低收入项目进行审计，而且还关注贫困线和贫困指南的制定和应用问题，并开展相关调查和研究。

(三) 比较与分析

从上述中美两国扶贫审计工作的情况看，两国最高审计机关的扶贫审计工作有很多相同之处，主要包括：一是都围绕政府扶贫工作的目标和任务，制定审计规划，将扶贫审计工作作为一项重要工作任务进行部署和安排；二是都把扶贫政策落实、项目推进和资金管理使用绩效作为审计的重要内容，多种形式、多角度地开展扶贫审计工作；三是审计过程中，都主要采用了包括审阅资料和相关凭证记录、调查和访谈等在内的审计方法；四是都公开发布了很多扶贫审计成果，在健全完善本国扶贫工作机制、促进扶贫项目更好推进和收到预期效果方面发挥了积极作用。两国扶贫审计工作的差异具体表现在以下几个方面：

1. 在扶贫审计的目标方面，我国扶贫审计的目标具有查处违法违规问题与促进健全制度机制并重的特点。而美国审计署开展的扶贫审计，既有对扶贫政策即低收入项目总体情况开展的审计和评估分析，也有对具体某一低收入项目的审计，在业务类型上，都是与扶贫项目有关的绩效审计。

2. 在扶贫审计的对象方面，我国扶贫审计的对象具有扶贫政策、项目、资金和贫困县全覆盖的特点，从扶贫审计的规划部署情况和公告的审计结果来看，近年来审计署不断加大贫困县的审计力度，反映的一些政策落实、项目推进和资金管理使用方面存在的问题，也主要是在对一些贫困县审计中发现的。而美国审计署开展的扶贫审计，主要审计的是联邦部门和单位推进扶贫项目和实现扶贫绩效方面的情况，其审计的对象主要是联邦部门和单位。

3. 在扶贫审计的组织方式上，我国扶贫审计采用“全国一盘棋”的组织方式，由审计署统一领导和规划，全国审计机关按照审计署的统一要求和安排开展扶贫审计工作。而美国的扶贫审计工作是联邦和州、地方审计机关分别负责，按照各自职责范围和权限，对扶贫项目和资金的管理使用情况进行审计。

4. 在扶贫审计的方法方面，我国的扶贫审计除采用审阅、调查和访谈等方法外，大数据关联分析是其中一种常用的审计方法。美国审计署的扶贫审计大多采用审阅、文献分析、调查和访谈等方法，对于大数据关联分析比对的方法使用不多。

5. 在扶贫审计的整改方面，我国审计机关不仅揭露扶贫领域存在的问题，还针对审计发现的情况和问题，及时提出意见和建议，督促有关地区和部门及时整改，并依法向社会公告审计发现的问题和整改情况。美国审计署扶贫审计整改主要是指联邦部门和单位采纳审计建议，改进扶贫项目和资金的管理，完善相关制度和办法，进而提升扶贫工作绩效，较少采用追回或退还资金等纠正措施，由于很少将审计发现的问题或不足归结于某个人或某几个人，所以审计整改时也几乎没有对相关责任人进行追责问责的情况。

存在上述差异的原因主要在于中美两国国家结构形式不同，以及由此带来的扶贫机制和审计制度方面的不同。基于联邦制的特点，美国的扶贫机制和审计体制都与我国有很大不同：一是扶贫工作机制不同；二是审计体制不同；三是审计机关的角色定位不同。

综上，世界各国的审计机关一直十分重视开展可持续发展目标方面的审计工作，其中包括开展扶贫审计工作。2019 年 9 月在俄罗斯召开的世审组织第 23 届大会上通过的《莫斯科宣言》，重申了各国最高审计机关要为 2030 年可持续发展议程作出有意义且独立的审计贡献的观点。2020 年 3 月，世审组织公布了《可持续发展目标审计模型（试行版）》，为世界各国最高审计机关审计本国落实可持续发展议程中确定的具体目标情况提供指导。虽然中美两国扶贫机制、审计制度安排不同，两国审计机关都始终坚持结合本国实际，开展了大量的扶贫审计工作，在推动本国扶贫事业和可持续发展方面发挥了积极作用。特别是我国审计机关开展的扶贫审计工作，为打赢脱贫攻坚战和全面建成小康社会作出了贡献，因此受到了党中央和国务院以及社会各界的高度肯定。展望未来，两国审计机关可以就扶贫审计工作开展更加充分的交流，分享各自经验，借鉴彼此的成功做法，推动扶贫审计工作发挥更大作用。

六、疫情防控税收优惠政策落实情况审计重点内容、主要问题及下一步审计建议

新冠肺炎疫情暴发以来，党中央、国务院高度重视统筹疫情防控和经济社会发展，不仅针对防疫人员、防疫物资和公益捐赠等方面出台了相关税收优惠政策，提高防疫人员的获得感，保障防疫款物的供应；还对受疫情影响较重的企业及时出台减税降费等对冲政策，支持企业复工复产，切实减轻疫情对企业生产经营的不利影响，有效降低企业成本，帮助企业渡过难关。本文通过关注这些政策的落实情况，发现政策落实中存在的问题，分析问题产生的原因，为疫情防控税收优惠政策的落实提供监督保障。在此基础上，为下一步疫情防控税收优惠政策审计提出建议。

（一）疫情防控税收优惠政策概述

为做好新冠肺炎疫情防控和企业复工复产工作，2020 年 2 月初，财政部和税务总局出台了一系列税收优惠政策，具体可以分为以下四类：一是支持防护救治类税收优惠政策；二是支持物资供应类税收优惠政策；三是鼓励公益捐赠类税收优惠政策；四是支持复工复产类税收优惠政策。

（二）疫情防控税收优惠政策落实情况审计重点内容及发现问题

为贯彻落实习近平总书记关于疫情防控工作的重要指示批示，促进疫情防控税收优惠政策落实，2020 年以来的审计工作中对疫情防控税收优惠政策落实情况进行了重点审计，并在审计中发现了政策落实方面存在的一些问题。为了确保疫情防控税收优惠政策的落实落地落细，结合防疫工作特点，审计重点关注了以下内容：

1. 关注支持防护救治免征个人所得税执行情况，促进保障医务人员和防疫工作者的权益。

2. 关注支持物资供应税收政策及配套措施落实情况，促进保障疫情防控物资的供应。为保障相关税收优惠政策的落实，审计重点关注了以下内容：一是物资生产方面，关注疫情防控重点保障物资生产企业全额退还增值税增量留抵税额政策落实情况。二是物资运输方面，关注纳税人提供疫情防控重点保障物资运输收入免征增值税及其附加税费政策落实情况。三是物资服务保障方面，关注纳税人提供公共交通运输服务、生活服务及居民必需生活物资快递收派服务收入免征增值税及其附加税费政策落实情况。四是物资进口方面，关注对卫生健康主管部门组织进口的直接用于防控疫情物资免征关税落实情况。

3. 关注公益捐赠税收优惠政策及配套措施落实情况，促进调动社会参与防疫的积极性。在审计中，除了对捐赠款物的筹集、分配和使用等情况进行审计之外，还重点检查了以下内容：一是关注通过公益性社会组织或县级以上人民政府及其部门等国家机关捐赠应对疫情的现金和物品允许企业所得税或个人所得税税前全额扣除政策落实情况。二是关注直接向承担疫情防控任务的医院捐赠应对疫情物品允许企业所得税或个人所得税税前全额扣除政策落实情况。三是关注无偿捐赠应对疫情的货物免征增值税、消费税及其附加税费政策落实情况。四是关注扩大捐赠免税进口范围政策落实情况。

4. 关注支持复工复产政策及配套措施落实情况，促进推动经济社会有序恢复生产。审计中重点关注了以下内容：一是关注小微企业增值税减免政策落实情况。二是关注受疫情影响较大的困难行业企业 2020 年度发生的亏损最长结转年限延长至 8 年的税收政策落实情况。

5. 疫情防控税收优惠政策落实情况审计中发现的主要问题。审计中发现，部分优惠政策还存在落实不够到位、实施效果不佳等问题。

（三）下一步审计建议

在下一阶段的审计中，还需关注疫情防控阶段性政策与长期政策之间的协调和衔接问题；关注为应对全球疫情蔓延出台的稳外贸税收优惠政策落实情况；以及大数据技术在审计中的应用，提高审计效率等方面的内容。

1. 关注疫情防控期间中小企业阶段性税收优惠政策与长期政策之间的协调和衔接问题。在下一步的审计中，应对阶段性税收优惠政策和长期政策的协调配合和有效衔接问题予以重点关注，分析短期政策与长期政策的关系，包括以下三种情形：一是短期政策作为长期政策制度设计的一部分，与长期政策目标完全一致；二是短期政策与长期政策着力点不同，存在一定差异性；三是短期政策只是单纯的临时调控政策，与长期政策目标甚至存在相悖性。针对疫情特殊情况，审计中针对发现的问题，深入分析政策原因，根据形势发展变化适时对阶段性政策提出预调微调、定向调控和精准调控等建议，促进阶段性政策与长期政策的一致性和连贯性，形成政策合力，促进保障中小企业的可持续发展。

2. 关注为应对全球疫情蔓延环境下出台的稳外贸税收优惠政策。在下一步的政策跟踪审计中，应重点关注稳外贸等政策的落实情况，提升我国外贸企业应对疫情带来的风险与挑战能力，切实减轻外贸企业负担。

3. 审计中注重运用大数据等科学技术手段，提高审计的效率。在下一步的数据信息采集和运用中，还应注重：一是提高数据的时效性。应进一步拓宽数据采集的类型和渠道，提高数据更新的频次，结合疫情之下经济情况，对大学生就业、城市低收入群体保障等“六稳”“六保”重点领域事项的相关数据进行采集，并分析研究，提升审计工作的针对性和时效性。二是提高数据的精准度。在对企业经营状况和税收减免情况进行分析时，要精准分析增值税发票和企业所得税等数据，对企业进行“精准画像”。由此，通过有效地运用大数据审计等非现场审计方式，能够减少和缩短现场审计时间，减少疫情防控期间对审计工作的影响，提高审计效率。

七、对可持续发展视域下加强资源环境审计的探析

2015 年 9 月，联合国可持续发展峰会通过了《变革我们的世界——2030 年可持续发展议程》（以下简称《2030 年议程》），鼓励各国努力实现涵盖经济、社会和环境三维度的 17 项可持续发展目标（SDGs），并使用一整套全球性指标监测、审议 SDGs 进展情况。我国高度重视《2030 年议程》的推进落实工作。《2030 年议程》及 SDGs 的提出影响到各国政府的责任和努力方向，也拓展了各国最高审计机关对政府问责的范畴，对审计发挥更加宏观的作用提出了要求。

（一）可持续发展目标的特点

1. 体现了经济、社会和环境之间的嵌套关系，强调环境对经济、社会发展的客观约束。《2030 年议程》中 17 项 SDGs 对经济、社会、环境等议题的均衡考虑及对环境承载力的强调，是在客观辨析三者相互关系基础上形成的科学规划。SDGs 体现了人们对经济、社会和环境三者之间嵌套关系的最新认识。

2. 强调可持续发展目标是有机联系的整体，要求立足全局对各具体目标和指标进行衡量与检测。SDGs 是诸多要素以网状形式相互衔接、有机互动的整体，其最显著的特点是复杂性、多样性和相关性。SDGs 的每一具体目标与其他目标密切相关。

3. 可持续发展目标包含了对政策一致性、机构包容性的要求，对政府决策、政策制定以及均衡评价政策效果影响较大。SDGs 的实现需要通过政府的一系列决策及政策执行来实现，同时 SDGs 也对决策、政策和机制提出了“建立有效、负责和包容的机制”“确保各级决策反应迅速，具有包容性、参与性和代表性”“加强可持续发展政策的一致性”等具体要求。

（二）可持续发展目标下资源环境审计的国际做法

1. 国际上可持续发展目标下资源环境审计的总体概况。通过审计促进实现 SDGs 既是联合国的要求，也是世审组织《北京宣言》《2017—2022 年战略规划》《莫斯科宣言》的重要内容。很多国家的最高审计机关对 SDGs 中有关环境议题进行了审计，在促进提升《2030 年议程》实施的有效性、透明度和可问责方面发挥着不可或缺的作用。纵观各国最高审计机关开展的 SDGs 资源环境审计，可以发现全局视野、整体分析、强调战略性作用的发挥等理念渗透、体现于审计的各个环节：一是围绕环境议题，基于经济、社会、环境三者的内在联系，对三个维度进行网状的、立体化的全面覆盖和综合研判；二是拓展和深化了资源环境审计的内容，聚焦于影响 SDGs 实现全过程中各责任主体的责任和相互影响，注重揭示政策一致性、政策整合、部门协同、资金拨付及使用绩效等方面的问题；三是普遍使用政府整体法、经济社会环境的嵌套模型，以与 SDGs 有机整体相适应，更好揭示体制障碍、机制缺陷、制度漏洞以及财政资金分配及使用绩效、财政风险等方面的问题；四是注重提升审计发挥作用的战略性、宏观性，适应 SDGs 作为国家层面目标的整体定位。

2. 国际上可持续发展目标下资源环境审计的具体经验做法。一是注重对落实 SDGs 的政府间纵向整合情况进行审计。二是重点关注政策一致性、跨部门协调等横向整合情况。三是探索对政府整体法和 SDGs 嵌套模型法的运用。

3. 可持续发展目标下资源环境审计面临的挑战。虽然越来越多的国家开展了 SDGs 下的资源环境审计，但国际审计经验也表明，对可持续发展问题进行审计正面临着一些主要挑战，包括：对国家和地方可持续发展战略开展绩效审计的范围非常宽泛，聚焦于经济、社会或环境绩效的较狭窄审计范围的政府绩效审计，不足以有效落实最高审计机关促进实施《2030 年议程》的目标；审计在整合 SDGs 与检查政策一致性中面临一些障碍；用于实施和监测目标实施情况的有关信息与数据在可用性、可靠性方面存在不足；理解、分析治理和政策问题以及评估 SDGs 所需的综合方法、能力和技能还有待提升。另外，2021 年至 2030 年是各国从当前准备实施 SDGs 阶段进入到全面实施阶段的关键 10 年，如何针对各阶段动态发展特点，更好发挥审计作用，也是不可避免的挑战。据此，世审组织认为各国最高审计机关应与时俱进，转变审计思维，创新审计方式方法，提升专业胜任能力。

（三）在我国可持续发展战略下加强资源环境审计的思考

我国开展的各项资源环境审计，与当前国际上一些国家对 SDGs 中环境议题的审计有一些共性，均注重统筹考虑经济、社会、环境三个维度，并对具体环境政策、项目、资金进行监督。同时，我国还具有鲜明的中国特色，以习近平生态文明思想为根本遵循，不囿于微观的 SDGs 目标，更注重推动可持续发展战略的深入有效落实，并开展了领导干部自然资源资产离任审计以及长江经济带生态环境保护审计、环渤海地区生态环境保护审计、生态环保科目资金审计等，在助力打好污染防治攻坚战、促进环境治理与生态保护、推动加强生态文明建设等方面发挥了积极作用。

党的十九届五中全会提出，深入实施可持续发展战略，完善生态文明领域统筹协调机制，构建生态文明体系，提升生态系统质量和稳定性。这对深入开展可持续发展战略下的资源环境审计提出了新要求。习近平生态文明思想所蕴含的可持续发展重要理念，是资源环境领域加强战略规划、健全体制制度机制的重要遵循，为开展可持续发展战略下的资源环境审计提供了根本指导。在习近平生态文明思想指导下，聚焦于我国擘画的新蓝图中对生态文明建设的要求，我国资源环境审计有必要加大对战略性、全局性资源环境审计的探索，从系统性综合性治理视角拓展与深化资源环境审计内容，加强相关项目的统筹协调并提升审计结果整体价值，进一步提升审计干部的战略思维、系统观念及前瞻性分析能力，以在深入实施可持续发展战略、推动绿色发展中发挥更加有力的作用。

1. 加大对战略性、全局性资源环境审计的探索。开展可持续发展战略下的资源环境审计是审计机关推动落实党的十九届五中全会所要求的“深入实施可持续发展战略”的重要抓手。可持续发展战略包括组织、协调、监测、监督和报告实施进度的总体框架以及具体政策或计划，涉及国家战略、区域规划、政策工具、实施项目等，为可持续发展提供了一种有凝聚力的、国家层面的方法。

2. 从系统性综合性治理视角拓展与深化审计内容。党的十九届五中全会提出的“完善生态文明领域统筹协调机制”，涉及多领域、多部门的统筹协调。为此，可持续发展战略下的资源环境审计有必要关注不同部门、各级政府在实现可持续发展战略中的协同程度、协同效应，揭示反映各部门之间是否存在协调不力、监测系统未整合、公共政策不衔接以及削弱治理质效的问题，注重综合评价政府责任履行及包容发展、协同治理情况，推动不同部门、各级政府在国家可持续发展的总体规划内形成有效衔接与贯通的治理模式。

3. 加强审计项目的统筹协调并提升审计结果整体价值。一是从整体视角加强审计项目的统筹谋划。二是加强审计结果的整体分析并提升综合价值。

4. 进一步提升审计干部的战略思维、系统观念及前瞻性分析能力。一方面，需要审计人员提高审计站位，坚持系统观念，从全局视角、前瞻性地深入分析研判各维度之间的相互影响，掌握影响可持续发展战略高质量贯彻落实的重要领域、关键节点，找准相关政策的断层、偏离等政策不一致的问题，并从整体上加强对科学决策、政策执行、资金配置与使用绩效等方面的系统分析。另一方面，需要审计人员更加全面、精准掌握相关领域有关部门作出决策、制定政策的经济社会发展环境、所基于的重要假设条件、判断标准、科学依据等，精准掌握保持生态平衡的临界点，动态跟踪分析项目全生命周期内贯彻落实政策情况，更好沿着具体领域或项目的资金使用全链条分析反映资金使用绩效、揭示风险隐患，从而提出更具建设性的审计意见，更好助力我国深入实施可持续发展战略、守住自然生态安全边界、推动绿色发展等新要求的实现。

八、数据分析技术方法在资源环境审计中的应用

（一）资源环境审计运用数据分析技术方法的特点

通过对所征集的52篇资源环境审计案例涉及的数据资源、技术方法、审计思路进行梳理分析，并结合近年来资源环境审计工作的开展情况，总结了资源环境审计数据分布分散、格式复杂、预处理专业性要求高，技术方法应用以地理信息技术为主，呈现出结合性、技术多元化等特点。

1. 资源环境审计所涉及数据具有分布分散、格式复杂、预处理专业性高等特点。（1）分布分散。资源环境审计涉及与自然资源管理和生态环境保护相关的多个部门，因此所需的数据也就分散在不同部门的不同信息系统中。（2）格式复杂。资源环境审计所关注的资源多了少了、环境好了坏了等问题多为非财务事项，因此资源环境审计数据类型包括财务数据、业务数据、管理数据等结构化数据，但更多的是涉及自然资源资产分布及相关规划的矢量数据和卫星遥感影像等栅格数据，以及各种审批文件等非结构化数据。（3）预处理专业性强。资源环境审计中多部门数据之间暗藏着很多重要的审计线索，而由于各部门的行业标准、行业规范不一致，对这些多部门数据进行分析，需要首先进行标准化处理，既包括格式转换，又包括坐标转换，这些操作要求较高、专业性较强。

2. 数据分析技术方法以地理信息技术为主，具体工作中探索了与其他技术工具相结合应用。52篇案例中，有85%的案例使用地理信息技术进行数据分析，审计领域涉及国土、矿产、草地、林地、水资源等。除了多方式使用地理信息技术外，有部分案例探索了将地理信息技术与其他技术工具结合使用。

3. 积极探索引入其他工具软件的应用，为解决数据获取难题、提高数据预处理效率等带来帮助。从案例反映出来的数据分析技术应用来看，涉及地理信息的案例主要使用了地理信息技术，以及与其他技术的结合分析，涉及结构化数据的主要使用关联分析。

（二）资源环境审计典型数据分析技术方法及应用

1. 资源环境审计中所应用的数据分析技术。

（1）地理信息技术。地理信息技术是获取、存储、管理、处理、分析和应用地理信息的现代技术的总称，是以“3S”（地理信息系统GIS、遥感系统RS、全球定位系统GPS）技术为核心的现代信息技术，其目标是实现对空间信息的采集、处理、管理、分析、表达、传播与综合应用。地理信息技术在资源环境审计中得到了普遍应用，但在应用过程中也存在一些难点问题。一是技术要求更高，不但需要用到一般的数据库，而且还要用到地理数据库和空间分析技术，所以对审计人员专业水平要求较高，需要对地理信息学科以及系统有较深了解；二是实现的过程需要丰富的影像数据，而且影像的空间分辨率和时间分辨率影响应能保证分析的准确性，否则会大大增加外业核查的工作量；三是数据的标准化要求也较高，否则会增加数据转换成本或影响分析效果；四是因工作需要可能会涉及某些涉密数据，因此对数据安全管理提出了更高的要求。

（2）百度地图地址解析技术。资源环境审计中经常需要将审计对象的结构化地址（省/市/区/街道/门牌号）转化为经纬度坐标信息，以便进行地理信息图斑数据叠加比对。

（3）GoodyGIS。GoodyGIS是一款基于谷歌地球API开发的应用软件，旨在扩展谷歌地球的应用，辅助获取数据，提高工作效率，其数据库中涵盖了全球范围的影像资料（基础数据库来源是谷歌卫星），而且具备影像切片时间条，可以随意切换不同时间的影像。

（4）高德地图POI及应用。高德地图POI指某个地理位置周边的信息，在地图表达中，代表一个具体的位置点，通过POI搜索，能够实现对具体位置点的定位查找。

（5）FME技术及应用。FME技术用于空间数据的转换处理。资源环境审计数据具有格式多样的特点，甚至同一类数据，由于不同时期存储技术的差别也会出现格式上的不同，所以资源环境审计中会涉及较多的数据格式转换问题，使用该技术可实现数据格式模块化批量转换。

2. 数据分析技术在资源环境审计业务中

的应用。

（1）国土资源审计。国土资源审计在资源环境审计中占有较大的比重，涉及的审计事项比较多。大方面来看，审计事项主要分为违规占用、违规开发建设等审计和数据真实性审计，细分来看，违规占用包括耕地、基本农田、禁止开发区等被占用，突破管控区、突破生态保护红线违规开发建设等。

（2）矿产资源审计。矿产资源的审计事项主要有超范围开采、超规模开采、无证开采等。

（3）水资源审计。水资源审计中，涉及相关费用征收、相关审批的合法合规性，水资源保护等方面。

（4）草原审计。在草原审计中，涉及的主要问题包括草原生态奖补资金发放情况、违规占用草原等问题。

（三）资源环境审计运用数据分析技术方法存在的不足及对策

数据分析技术方法在资源环境审计工作中的应用，对于提高审计工作效率，拓展发现问题的广度和深度等起到了积极的作用，但也存在一些不足。一是数据标准不够统一，数据利用不够充分，地方审计机关的数据共享有待加强。二是跨领域数据的综合关联分析有待加强，成熟数据分析思路指引的制定、模型开发与推广共享不足。三是部分审计人员对资源环境有关政策和地理信息数据理解上还有欠缺。

资源环境审计的主责主业包括审计资金用得对不对、好不好，政策是否执行、政策目标是否达到，自然资源资产和生态环境的数量质量变化情况，即多了、少了、好了、差了等问题。围绕聚焦资源环境审计工作的主责主业，结合工作中尚存在的问题，为推动新时代资源环境审计工作顺利开展，提出以下建议。

1. 采用先行制定标准化数据采集清单做法，减小数据预处理难度。数据是开展分析的基础，数据质量影响数据分析质量，数据预处理影响审计工作效率。资源环境审计中数据确权、源数据的准确性等问题，是审计部门无法直接改善的，但可以通过制定标准化数据采集清单的办法推进标准先行，一方面减小数据预处理难度，另一方面为数据分析提供完备数据支持，从而提高数据审计工作效率与质量。制定标准化数据采集清单，要建立在摸清数据底数、系统总结数据分析思路的基础上。

2. 持续创新数据分析技术方法在资源环境审计工作中的应用，及时做好经验共享与推广应用。基于目前资源环境审计数据分析技术应用有待深入，分析思路模块开发与推广不足，人员能力有待提高等问题，建议通过联合攻坚加强对技术方法的创新应用，及时将成熟的数据分析思路整理成指引或开发成可以直接使用的模型，并将经验做法做好推广，通过加强培训与交流提高审计人员技术应用与创新能力。建立技术创新应用联合攻坚机制，定期进行经验总结，及时将收集整理的数据分析最佳实践及模型向各级审计机关推广共享。

3. 加强与相关部门的合作沟通，并充分利用好相关单位的平台系统。资源环境审计工作涉及较多复杂的专业知识，如数据坐标转换、数据格式转换、地理信息技术应用等，建议在具体审计工作中，不断加强与相关部门的合作沟通，一方面可以在交流中提高审计人员的专业技术水平，也可以通过与相关部门联合研究创新思路；另一方面还可以在审计工作需要时，借助相关部门的专业力量，参与数据预处理、数据分析等工作。

4. 加强对资源环境政策和地理信息数据的研究。需要加大对审计对象的研究，研究审计对象的职责、业务特点、发展状况，研究审计对象相关的各种政策。通过对相关数据分析查找政策落实中的问题，去推动政策的有效执行。此外，加强对数据的研究，尤其是对地理信息数据的研究，有助于对资源环境政策的理解。

九、中外最高审计机关与内部审计机构关系研究

指导和监督内部审计工作是审计机关的法定职责。为促进政府改进绩效、加强内部控制，实现良好治理，许多国家的最高审计机关都与公共部门内部审计机构保持着较为密切的联系。本文分析了美国、英国、加拿大、澳大利亚、荷兰、韩国和阿根廷最高审计机关与公共部门内部审计机构的关系，总结这些国家形成审计监督合力的经验，结合我国审计机关指导和监督内部审计工作的现状，提出相应的路径建议。

（一）世界主要国家内部审计机构建立情况

多数的发达国家都建立了较为完善的公共部门内部审计机构。美国在联邦政府各部门或机构内部设立监察长办公室，通过实施审计、调查、报告和绩效考评，监督评价所在部门负责的政策、项目及相关事务的开展情况。英国在中央政府各部门和非部门公共单位设立独立的内部审计机构，通过对财务、会计及有关报告的检查和评价，测试财务报表等报告制度的可靠性，并开展内部控制检查和绩效审计。加拿大各政府部门普遍建立内部审计机构，通过实施合规审计和绩效审计完善内部控制体系，改善和提高管理水平。澳大利亚联邦公共部门成立审计委员会和支持委员会工作的内部审计机构，通过开展合规性审计、风控审计、绩效审计、跟踪审计等，为审计委员会和所在部门提供认证和咨询服务。荷兰在政府各部门和一些独立管理机构设立独立内部审计机构，对本部门内部控制的健全性、有效性进行检查，对提交给议会的年度财务报告的真实性、准确性，以及政策实施和业务运行的有效性和效率性进行审计。韩国中央政府机构普遍建立内部审计机构，通过开展内部控制审计、风险管理审计和绩效审计等，强化公共财务管理。

在强化内部审计机构之间的沟通交流方面，上述国家大多设有内部审计协调支持机构。如美国设立监察长诚信与效率委员会，加拿大在国家国库委员会秘书处内设立主计长公署，荷兰在财政部设立中央审计局等。

（二）最高审计机关与内部审计机构的关系

各国最高审计机关在与内部审计机构的协调与合作中，均体现了“通过提高公共资源使用的责任性和透明度，来促进经济、推动公共管理的良好治理”这一共同目标。许多国家都制定法律法规要求建立内部审计机构，保障依法开展内部审计工作，并对最高审计机关与内部审计机构的关系或业务交叉内容作出规定，如美国1978年《监察长法案》、荷兰2016年《荷兰政府账户法》、韩国2010年《公共部门内部审计法案》和阿根廷1992年《公共预算改革和新财政管理法案》。为强化对内部审计机构的日常业务指导、监督和协调，一些国家的最高审计机关成立了专门机构或相关职能部门；一些国家的最高审计机关内部设置审计机构，作为其内部治理机制的一部分。

最高审计机关在开展审计监督的同时，建立了与内部审计机构的指导监督与协作关系。一是最高审计机关通过制定和发布内部审计准则、工作标准、实务指南、操作手册等，指导监督内部审计工作；二是通过组织开展研讨、培训和推广优秀经验等方式指导内部审计工作；三是通过开展审计监督和综合评价等活动监督内部审计工作；四是通过组织召开联席会议、关注内部审计成果利用和督促内部审计整改等方式，开展同内部审计机构的协调合作。

（三）我国审计机关指导监督内部审计工作的路径建议

我国审计署从成立之初，就高度重视内部审计工作，并设立常设机构持续指导和监督内部审计工作。1983年至1998年，工业交通审计局、交通审计局、法规局、审计体系指导司、审计管理司先后负责指导全国内部审计工作；1998年以后，经贸审计司负责指导和监督内部审计工作，同时，中国内部审计协会承担了部分指导和监督内部审计的职能；2018年，审计署成立内部审计指导监督司，专司指导和监督内部审计工作。

审计署在指导和监督内部审计工作的过程中，5次发布和修订了《关于内部审计工作的规定》，最近一次是2018年1月的审计署第11号令，6次表彰全国内部审计工作先进单位和先进个人，多次组织召开全国内部审计工作会、试点单位协作会和专题报告会等专门会议。为推动内部审计工作发展，审计署在成立初期，就提出“以审促建”的方针，把被审计单位内部控制制度是否建立和健全作为审计的一项重要内容，推动建立健全内部审计制度。在开展专项审计或审计调查时，审计署要求被审计单位内部审计机构作为牵头部门，配合完成提供审计资料、督促审计整改、报送整改情况等任务，加强与内部审计机构的协作交流。

多年来，我国审计机关指导和监督内部审计工作取得了显著成效，特别是审计署第11号令的印发，有力地推动了内部审计工作，但与党中央国务院对审计工作的要求相比，还存在一定的差距。为此，提出以下建议：进一步明确指导和监督内部审计工作的目标定位，推动部门和企事业单位建立健全党委（党组）、董事会（或主要负责人）直接领导下的内部审计领导体制；强化内部审计的顶层设计，完善内部审计制度规范；建立以审计机关为主导、内部审计机构为骨干的领导协调机制，推动国有企业加快建立总审计师制度；分行业开展内部审计工作调研、经验推广和专题交流活动，建立内部审计专属动态数据库，支持和保障内部审计机构开展后续教育；开展对内部审计工作的监督检查，建立激励和责任追究机制，强化内部审计结果运用；推进与内部审计机构的协作交流，探索建立审计成果共享机制和审计力量协同机制。

十、金融基础设施运营、监管与审计建议

党中央、国务院高度重视金融基础设施的风险防范。基于研究需要，本报告研究的是金融基础设施运营和监管。金融基础设施运营风险极易向整个金融体系传染，分业监管体制在应对这种跨机构、跨行业、跨市场的风险时容易产生监管空白，而我国金融基础设施目前大部分为国有，财政资金投入大，亟须加大对金融基础设施运营和监管的审计监督。

（一）我国金融基础设施总体架构及其监管体系分析

1. 金融基础设施主要职能及风险。参考《金融市场基础设施原则》（Principles for Financial Market Infrastructures，PFMI）对金融市场基础设施的分类方法，结合我国的实际情况，《统筹监管金融基础设施工作方案》从统筹监管的角度出发，适度拓展和整合金融基础设施，分为6类：金融资产登记托管系统、清算结算系统（包括开展集中清算业务的中央对手方）、交易设施、交易报告库、重要支付系统、基础征信系统。6类金融基础设施需要履行的职能不同，除了法律风险、系统性风险、运行风险、一般业务风险之外，各自承担的专有风险不同。

2. 我国金融基础设施总体框架。我国金融基础设施是世界上规模最大、最复杂的基础设施之一。它由一系列支付、清算、结算、交易等系统组成，包括多个银行间支付系统、证券结算系统、证券和场内衍生品和场外衍生品的中央对手方。不同的系统通过人民银行实时全额结算系统（大额支付系统，HVPS）相连，并直接或间接（通过清算银行）进行结算。近年来，我国逐步形成了涵盖全国性、行业性、区域性市场的金融基础设施体系。我国已有较为完整的金融基础设施，包括沪深证券交易所、四家期货交易所、中国外汇交易中心、上海黄金交易所、上海票据交易所、上海清算所、中央结算公司、中国证券登记结算有限责任公司、人民银行征信中心、人民银行清算总中心、中国银联。组建了一些行业性数据信息收集机构，以支持“穿透式”监管要求，部分机构同时为银行贷款、理财、信托、保险等金融产品提供登记托管、清算结算等基础设施服务。此外，部分地方交易所、新兴科技企业（包括互联网平台）等提供登记托管、清算结算等基础设施服务。

3. 我国金融基础设施监管体系。目前我国金融基础设施以国有为主，主要监管部门为人民银行、银保监会、证监会和地方政府。按照我国金融业的分业监管原则，金融基础设施根据所服务的金融业和金融市场，由相应的金融监管部门管理。人民银行主要监管银行间债券市场、银行间外汇市场、银行间黄金市场、银行间票据市场、银行间场外交易市场的基础设施、支付系统、基础征信系统。证监会负责监管公司证券及衍生品的结算系统、清算系统、交易所。银保监会监管信贷资产、债券、信托、理财、保险等金融产品所涉及的金融基础设施。地方政府监管地方金融类资产交易场所及基础设施。行业数据信息收集机构由中央金融监督管理部门按照监管职责范围进行监管。

（二）我国金融基础设施运营及监管存在的主要问题

根据金融基础设施以往审计发现的问题，通过与人民银行、部分商业银行的座谈，结合金融业综合经营趋势明显、跨市场交易日益活跃的情况，我们发现我国金融基础设施在运营的安全性、可靠性等方面面临一定的挑战，在法治建设、监管统筹等管理方面滞后于行业发展速度，难以满足实体经济需要。

1. 金融基础设施业务连续性保障不足。一是业务连续性管理机制不完善，如业务连续性管理中没有预设重大突发疫情这一场景，缺少应对重大突发疫情的场景演练，缺少与应急管理部门、减灾救灾部门、医疗卫生部门等的联合演练体系。二是金融基础设施应急体系建设、应急能力评估等方面还缺乏统一明确的标准。部分金融基础设施灾备建设标准较低，并未采用“两地三中心”的运行模式。

2. 部分核心设备的安全可控性还存在一定风险。目前来看，我国金融基础设施部分核心设备的安全可控性还存在一定风险。部分金融基础设施软硬件受制于人，采用的是基于 IOE 的系统架构（IBM 的小型机、Oracle 数据库、EMC 存储设备），一旦国外对软硬件供给体系进行限制，可能带来重大风险。

3. 金融基础设施账户体系存在“单点失效”[①] 风险。目前我国金融市场普遍采用“一级托管”、实行单层账户体系，导致市场架构过于扁平，基础设施承担结算压力过大，特别是如果采用中心化的技术架构，在极端情形下极易引发“单点失效”风险。从中央结算公司的成立背景来看，当时由银行代理发行国债，银行各自为政，容易出现国债超发和挪用的现象，为此成立了统一的债券登记托管结算公司。但是由一个系统集中承担债券登记托管结算的职责，一旦发生单点失效将影响市场间流动性调剂。

4. 金融基础设施存在一定结算风险。目前我国证券交易所市场为“证券一级托管、资金多级结算”体系，证券采取 T+0 结算，资金采取 T+1 结算，未能完全实现货银对付[②]（Delivery Versus Payment，DVP）结算，无法充分保护交易对手免遭交易本金全部损失。虽然《证券登记结算管理办法》第六章第四十九条规定结算应当以货银对付方式进行，但证券买方可以在支付证券款和资金方结算之前出售证券。虽然有关于从买方追回证券的条款，但属于事后措施，不能减少本金风险。

5. 金融基础设施过于追求经济利益，服务公共利益不够。金融基础设施一般为市场所有参与者提供服务，往往带有公共设施性质，具有联合消费、共同受益的特点，其“公共性”“基础性”特征表明金融基础设施需要满足的首要利益是“公共利益”，金融基础设施应以提高运行效率和服务水平为其宗旨。以国有金融基础设施运营机构为例，其作为国有经济，在国有资本保值增值和利润等考核压力下有动力去追求经济利益，且借助规模经济、国家强制力等在运营过程中易形成垄断地位，利用垄断定价来获取高额垄断利润，增加了市场成本；同时，由于缺乏竞争机制，运营机构没有提升服务水平的主动性，市场运行效率还有待提高。

6. 金融基础设施法治建设相对滞后。一是我国金融基础设施在结算最终性[③]和终止净额结算[④]方面的法律框架存在不足。二是期货法仍处在起草阶段，当其他上位法与证监会管理办法冲突时，可能会给证监会在适时改革期货市场时带来法律风险，因为证监会的权力是基于行政法规的。随着市场进一步发展，如场外衍生品市场、出现新的跨行业产品时，监管缺失或重复监管可能引发金融稳定风险。三是各基础设施中普遍存在以资管产品为名开立的账户，但由于资管产品不是民法典承认的民事行为主体，相关账户法律权属关系不明，一旦出现违约风险事件，承担责任主体不清，将诱发一系列违法违规案件和司法纠纷。

7. 金融基础设施监管统筹不够。从横向来看，我国金融市场采取分业监管原则，不同的监管部门管理不同行业的金融基础设施，而各个监管部门的管理方式、监管标准不同，如果统筹不够，容易造成监管空白、协调成本较高、管理效率低下等问题，对金融基础设施全局性发展造成影响。从纵向来看，中央和地方金融

---

① 单点失效是指系统中一点失效，就会让整个系统无法运作。

② 货银对付就是“货银两讫、券款对付”，通俗地解释就是“一手交钱、一手交货”。一旦结算参与人发生资金或证券交收违约，证券登记结算机构可以暂不向违约参与人交付其买入的证券或应收的资金，从而防范本金损失的风险。

③ 最终性是不可撤销的，无条件的。金融市场基础设施应该最迟于生效日日终提供清晰和确定的最终结算。

④ 终止净额结算是指合同出现非正常终止情形下的净额结算，即当市场参与者发生如违约、破产等提前终止情形时，金融基础设施有权提前终止合同，按照约定的方式处理市场参与者的资产，并依法抵销与该市场参与者的全部债权债务，包括提前终止现存交易、轧差净额和支付结算 3 个步骤。

基础设施建设监管和规划缺乏统筹。一是地方金融基础设施建设缺乏规划统筹；二是金融基础设施属地风险处置缺乏资源统筹；三是对提供类基础设施服务的新兴科技企业（互联网平台）的监管缺乏统筹。

（三）对开展金融基础设施审计的建议

1. 以提高资金使用绩效和落实党和国家方针政策为抓手，结合信息系统审计，推动金融基础设施运营机构防范业务连续性、安全可控性、网络安全、账户、结算等方面的风险。

2. 以政策落实跟踪审计为主要抓手，推动金融基础设施监管部门加强监管统筹，防范监管空白和监管重复的风险。

3. 评价金融基础设施的系统性风险监管是否及时到位，推动防范系统性风险。

4. 充分发挥内部审计作用，形成监督合力。

审计研究报告选登

【大数据驱动审计工作创新——数据分析技术方法在审计工作中的创新应用调研报告】 为深入践行科技强审理念，及时总结数据审计的主要做法和经验，推广应用数据分析技术方法，经审计署领导同意，2019 年 5 至 8 月，本课题组在全国审计机关范围内组织开展了数据分析技术方法在审计工作中的创新应用专题调研。

一、近年来数据审计工作取得的显著成效

从调研情况来看，数据审计工作有力驱动了审计工作创新，有效促进了审计发挥常态化“经济体检”作用，成效显著。

一是明显提升了审计工作效率。调研问卷显示，参与过数据审计工作的审计人员中，近 9 成人员认为数据审计工作明显提升了自身工作效率，7 成以上的人员认为创新了工作思路，超过 6 成的人员认为提升了自身工作质量。例如浙江省审计厅 2018 年同步实施的 8 个市县党政主要领导干部经济责任审计项目，审前调查加现场审计压缩到两个半月，作业时间较大数据审计方式前缩短近三分之一。湖北省审计厅在 2016 年医保全覆盖审计中，采用大数据、云计算技术和数据挖掘方法，在 21 天内顺利完成全省 95 个地区 6TB 数据的采集、整理和分析，现场审计时间缩短到 30 天。审计署哈尔滨特派办在企业审计中，将财政、金融、税务、工商等领域数据固化为分析模型，利用思维导图、图数据库等技术，仅用几分钟就厘清了往来公司的关联关系。

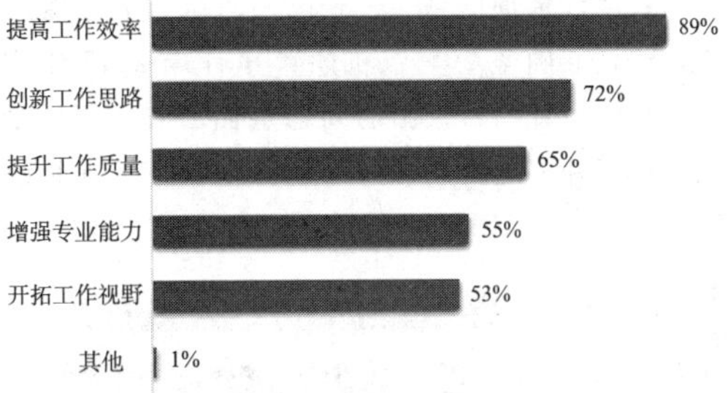

图 1　审计人员参与数据审计工作取得的主要收获调研结果

二是显著扩大了审计覆盖面。从数据审计工作发挥的作用看，88%的审计人员认为数据审计工作显著提高了审计效率、扩大了审计覆盖面。北京、天津、吉林、河南、湖北、广东、青海等省级审计机关利用大数据技术实现省级一级预算单位预算执行审计全覆盖。天津市审计局 2017 年出台审计全覆盖长效工作机制，以联网实时审计构建大数据环境为支撑，开展市级预算单位、区级财政决算、公共民生资金、重点国有企业、地方金融机构、重大公共投资项目等 6 大领域大数据全覆盖审计。审计署固定资产投资审计司在某大型钢结构工程结算审计中，全面采集施工单位的建筑信息模型电子数据，利用 Tekla Structures 钢结构分析设计软件，恢复建立三维可视化分析模型，在传统审计最多只能抽审 5%工作量的情况下，通过信息化工具实现了审计全覆盖。

三是有效提升了审计揭示问题的精准度。数据分析技术使得跨行业、跨领域、跨地区、多维度、多层次审计得以实现，使得复杂性、隐蔽性问题的发现更为容易。审计人员基于各行业数据，运用关联分析、模糊匹配、趋势分析等方法，通过对业务数据与财务数据、单位数据与行业数据，以及跨行业、跨领域数据的综合比对和集中分析，能够更快更精准地发现疑点问题，使审计监督更具有针对性。例如浙江省审计厅、山东省审计厅、海南省审计厅、甘肃省审计厅、杭州市审计局，以及审计署农业农村审计司、社会保障审计司、昆明特派办、长沙特派办等都做了大量探索性工作。山东省审计厅在2019年统一组织的10个自然资源资产审计项目中成功应用山东省审计地理信息“一张图”系统查处违规问题，疑点准确率60%。杭州市审计局2017年实施大数据审计项目查出的问题金额、非金额计量问题和审计移送处理事项分别占全年审计项目的97%、69%和81%。

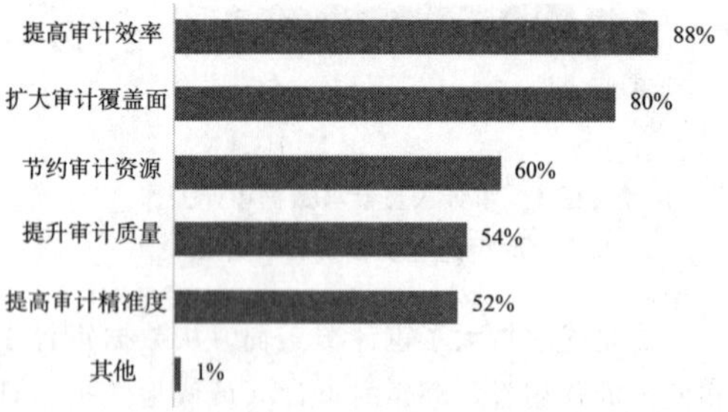

图2　数据审计工作发挥的主要作用调研结果

四是及时揭示和预警经济运行中的风险隐患。多个审计机关利用大数据、云计算等技术手段，从海量信息中提取非相关信息，在此基础上构建风险分析模型，实现主动发现风险、评估风险、判断趋势、及时干预等目标，并跟踪和建立预警机制，更好发挥国家审计的预警功能。例如审计署金融审计司、企业审计司、上海特派办、济南特派办和山西省审计厅等都做了预警分析工作。上海特派办通过加强互联网金融区域性风险的整体把控，有效提高审计监督的前瞻性和系统性。济南特派办通过数据分析，发现某商业银行潜在的风险客户主要为政府类平台公司、中小房地产企业，及时揭示了商业银行自身尚未有效识别的风险。

五是从总体上评估审计对象并发表审计意见。数据集中分析为审计成果开发利用提供了全新途径。以往审计工作中，对被审计单位进行总体审计评价基本上是以定性评价为主，文字表述多，定量评价少。利用数据分析，审计人员可以更好地掌握审计对象的总体情况，对存在问题集中进行整体揭示，量化评估审计对象并提出更具有针对性和指导性的审计意见。目前，部分审计机关尝试利用数据分析方法，建立评价指标体系，从总体上研判审计发现问题的轻重和风险程度，对被审计单位财政财务收支及相关经济活动的真实、合法、效益发表意见。例如北京市审计局在大数据分析的支撑下全面评价部门预算执行和管理，设定了资金投向类、行政成本类、财务核算类共3大类评价指标，具体包括重点支出投向、存量资金、行政事业性收费等10组数据。胶州市审计局开展自然资源资产离任审计，运用大数据技术对森林、水、海洋等资源数据进行分析，建立综合评价指标体系。审计署固定资产投资审计司关联分析发展改革、财政、统计、住建、国土等部门的数据，对投资项目开展总体分析。

六是更大程度地发挥了审计的建设性作用。数据分析可以依据全方位的审计情况和其他数据资源，对经济运行中常见的违纪违法问题和苗头性、倾向性问题的发展趋势、产生原因等进行多维度分析，深度挖掘其背后蕴含的有价值信息，从更高层面为决策机关、主管部门及被审计单位完善制度、加强管理提供依据，更好地服务宏观决策和制度建设。通过数据分析，审计成果的整体性、系统性、宏观性大幅提升，更大程度地发挥了审计的建设性作用。例如，河南省审计厅对全省税务、保险、财政等数据进行综合分析，发现部分地区车船税“引税”现象严重，造成财政资金损失等问题，审计促进财政、税务部门完善税收征管制度、清理相关税收优惠政策，堵塞制度漏洞。审计署企业审计司利用电力、财务、增值税、工商等数据开展大数据关联分析，发现多项体制机制性问题，促进健全完善相关制度。

二、数据审计工作呈现的主要特征

（一）数据分析的业务领域相对集中。

一是数据采集覆盖业务领域相对集中。从地方省级审计机关数据采集量看，采集的数据集中在社保、财政、金融等少数审计业务领域。据不完全统计，社保审计数据占比最高，达到37%；财政审计数据占比其次，达到19%；金融审计数据占比12%；自然资源和生态环境审计数据占比9%；税务审计数据占比8%；企业审计数据占比

6%。部分审计机关加大数据采集和集中管理力度，根据自身业务特点采集并存储工商、医院、农业农村、教育、投资、公共资源交易等数据。山东省审计厅构建数据标准体系，建立重要部门单位数据定期报送机制，实现数据采集常态化。安徽省审计厅根据省政府领导指示，建设了省级审计数据分析中心，对分散在各个业务部门的电子数据进行集中管理。审计署哈尔滨特派办打造审计资源中心，建立了数据查询库、信息系统资料库、审计培训知识库等3个资源项目。

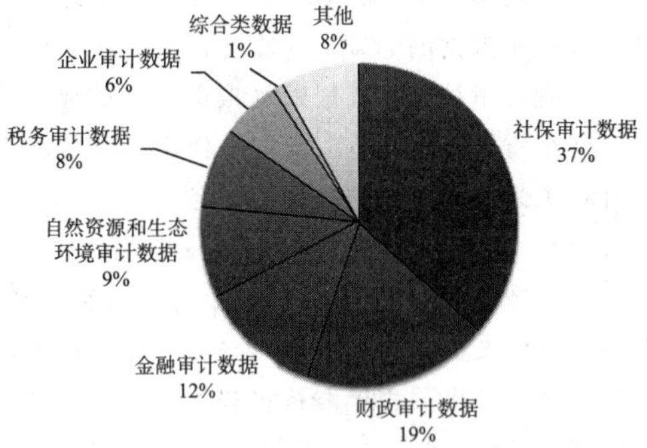

图 3　审计数据覆盖的业务领域

二是数据分析应用集中在少数数据基础较好的业务领域。受数据源是否稳定充足、数据标准是否统一规范等因素制约，数据分析技术方法应用的业务领域具有相对集中性。数据分析应用典型案例集中在少数数据基础较好的业务领域。从典型案例统计看，337篇案例中，自然资源和生态环境审计案例最多，达52篇；财政审计、社保审计、政策落实跟踪审计领域次之，分别有案例47篇、44篇、39篇；通用技术案例37篇。除涉外审计案例数量较少外，其他审计业务领域案例数量均达到两位数，分布相对均匀。自然资源和生态环境审计、政策落实跟踪审计和经济责任审计案例较前几年明显增多。

从业务特点看，自然资源和生态环境、财政、社保审计等业务领域，具有基础数据量大、字段统一可关联、标准体系较完善、技术手段依赖性强等特点，相关案例数量较多。随着数据分析技术的深入应用，数据采集预处理等通用技术日益受到重视，案例相对集中。金融审计等业务领域，由于专业性强、数据较其他行业更向总部集中，相关案例数量较少，但是案例应用的技术水平相对较高。

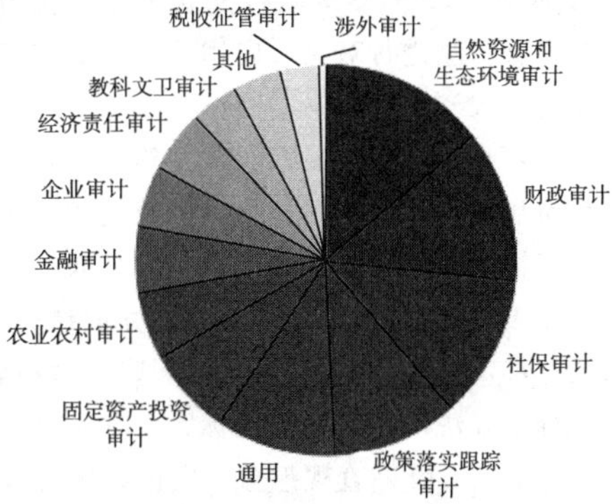

图 4　数据分析应用的业务领域

（二）数据分析技术方法呈多元化。

一是越来越重视通过建模型开展数据分析。调研显示，大部分审计机关建立了各业务领域数据分析模型，推进数据审计的广泛应用。其中，天津市审计局、上海市审计局、江苏省审计厅、山东省审计厅建立数据分析模型超过1000个；另有15家审计机关建立数据分析模型超过100个。

二是利用SQL Server等软件进行查询分析仍是目前主要的技术手段。按照技术手段运用情况划分，运用SQL Server、Oracle、Access、Excel等结构化数据库或表格软件等的案例占全部案例数量的三分之二，超过200篇。采用地理信息系统（GIS）的案例57篇，利用Python编程的案例43篇，自建综合管理平台的案例29篇。从调研情况看，采用爬虫技术、图数据库技术以及R语言等技术的案例数量相对较少，仅在个别领域进行了积极探索，但也取得了一定的成效。

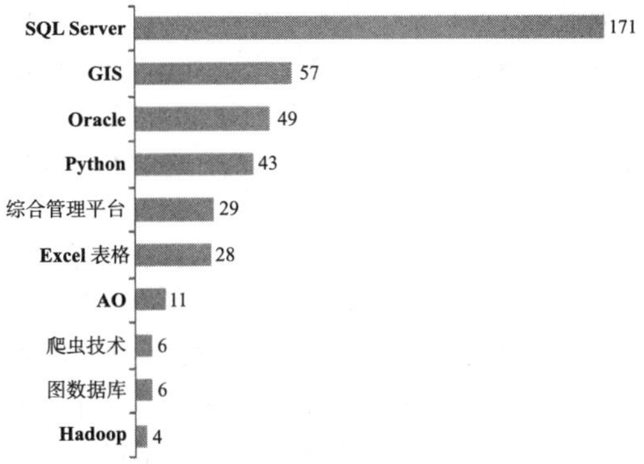

图 5　典型案例中主要技术手段应用

从应用的特点看，SQL 仍是目前数据分析的主要技术手段。GIS 应用模式已近成熟，主要应用模式为使用 ArcGIS 等软件配合坐标转化为图斑，与影像数据进行对比，应用领域主要在资源环境审计、投资审计等。

三是不少地方积极探索大数据等前沿技术方法。调研显示，深度数据挖掘、图数据库、区块链、人工智能等前沿技术方法应用案例较少，应用单位主要集中在署机关和少数地方审计机关。例如天津市审计局、上海特派办等基于图数据库技术和分析方法，展示招标投标、金融风控等业务的主体关系，效果直观形象。安徽省审计厅利用聚类和决策树分析，在医院信息系统中查找问题。审计署企业审计司、重庆特派办、南宁市审计局等利用自然语言识别处理技术，将大量非结构化数据转换为结构化数据，便于开展进一步的数据关联分析。

（三）数据分析制度机制逐步健全。

调研显示，各级审计机关高度重视制度规范引领作用，因地制宜制定修订有关制度办法，形成各具特色的数据审计制度规范。经统计，26 个省级审计机关制定数据审计方面的制度规范 110 个，18 个审计署特派办制定数据审计工作相关制度办法 39 个。

一是注重规划引领。多个审计机关制定规划、计划引领审计信息化发展。例如《北京市审计局大数据审计三年行动计划（2018—2020 年）》《上海市审计局“十三五”审计信息化发展规划》《审计署哈尔滨特派办信息化建设三年发展规划（2018—2020）》等。部分审计机关制定数据审计指导意见，明确具体任务要求。例如《辽宁省审计厅推进大数据审计实施方案》《山东省审计厅关于加快推进智慧审计建设的意见》《审计署昆明特派办审计数据综合利用的意见》《审计署重庆特派办关于印发加强审计信息化建设工作意见的通知》等。

二是严格规范安全使用。大多数审计机关通过制定管理办法，严格规范数据安全使用。例如天津市审计局制定了《联网实时审计电子数据管理办法》，四川省审计厅制定了《现场审计电子数据管理办法》，审计署深圳特派办制定了《电子数据采集管理办法》等。

三是地方政府支持力度越来越大。天津、江苏、浙江、山东、广东和甘肃等 6 个省级政府专门制定了支持配合审计采集数据的文件规定，对审计电子数据采集报送工作重要性、采集报送的方式、加强采集报送工作的领导等方面提出具体要求。例如《天津市联网实时审计监督办法》《江苏省政府办公厅关于做好定期报送审计电子数据工作的通知》《浙江省人民政府办公厅关于定期报送审计电子数据有关事项的通知》《山东省人民政府办公厅关于定期报送地方财政收支相关数据的通知》《广东省政府办公厅关于定期报送审计电子数据的通知》《甘肃省人民政府办公厅关于做好审计电子数据采集报送工作的通知》。另有 7 个省级政府在有关文件中作出了支持配合审计机关采集电子数据的有关规定。

（四）数据审计工作参与度越来越高。

一是数据审计参与度逐级上升。调研反映，62%的审计人员参与过数据审计工作，体现了近年来各级审计机关积极践行科技强审理念，推进数据审计工作，审计人员参与的广度明显扩大。

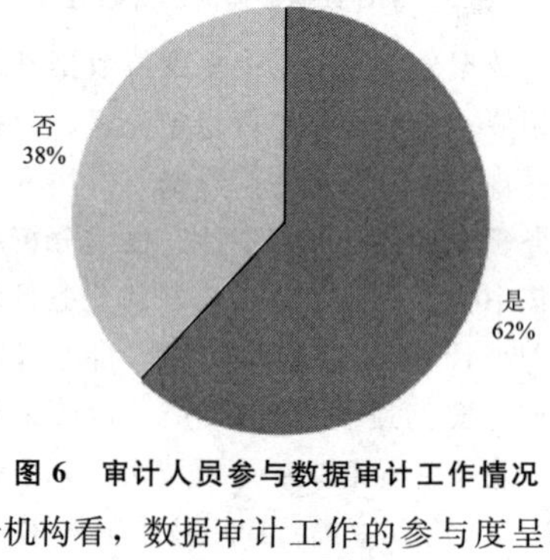

图 6　审计人员参与数据审计工作情况

分机构看，数据审计工作的参与度呈现逐级上升的特点。审计署机关参与度最高，达到 86%；省级审计机关和审计署特派办次之，参与度都在 7 成以上；基层审计机关参与度逐级下降。

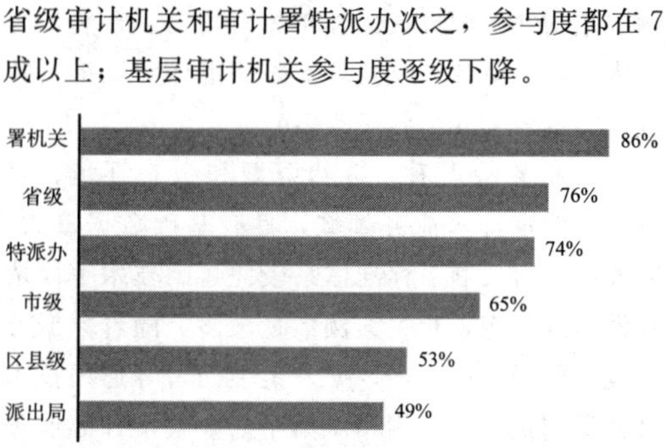

图 7　各层级审计人员参与数据审计工作情况

此外，审计署派出局受数据获取等因素影

响，数据审计参与度较低，参与频次不高。随着派出局数据分析网部署完成，数据分析室设立，数据获取和使用的便利性会大幅提升，数据审计工作的参与度也会大幅提高。

二是数据审计参与频率逐级上升。在参与过数据审计的人员当中，14.7%的审计人员一直参与数据审计工作，35.9%的审计人员经常参与数据审计工作，合计超过半数，参与的频率较高。其余审计人员偶尔参与或从未参与过数据审计工作。

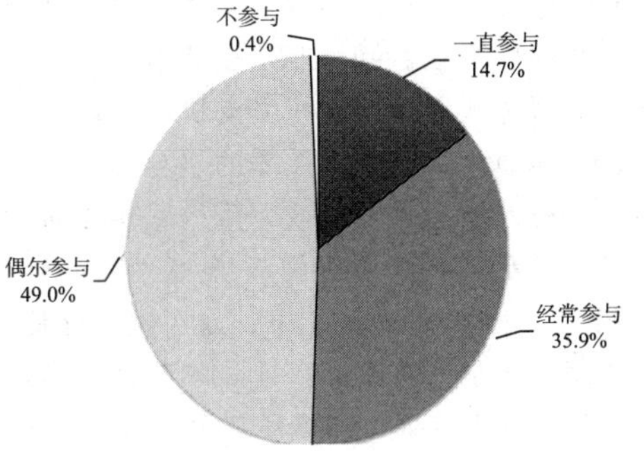

图8　数据审计工作参与频率情况

从参与频率看也呈现逐级上升的特点。审计署机关参与频率最高；审计署特派办和省级审计机关次之；越往基层审计机关参与的频率越低。

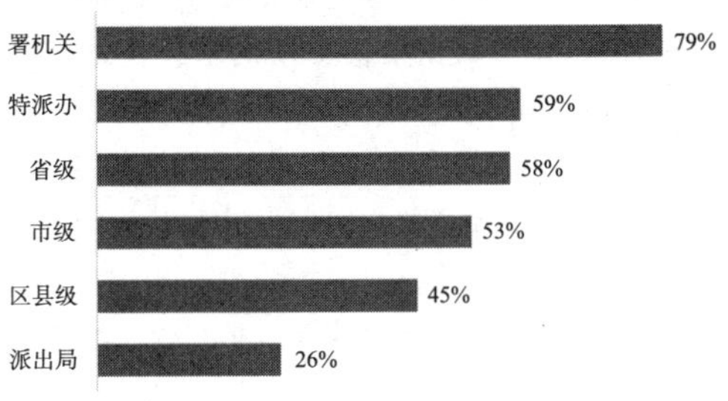

图9　一直或经常参与数据审计工作人员占比情况

三、数据审计工作存在的主要不足

一是数据标准化程度制约数据应用水平。数据标准化方面，大部分省级审计机关标准化处理率不高。受数据种类繁多、数据结构变化大、技术手段有限等因素影响，部分省级审计机关标准化处理率不足6成。标准化处理不到位，必然影响数据分析技术方法的应用。从调研分析看，标准化程度较高的地方，数据分析技术方法的应用水平也相对较高；反之亦然。

二是模型和平台重复开发现象仍比较突出。调研显示，当前各地方、审计署各特派办数据分析技术方法呈现重复开发、碎片化开发的现象，缺乏顶层设计和统筹安排，缺乏技术方法共享交流平台。尤其在财政审计、投资审计、资源环境审计等领域重复开发情况较多。

三是顶层制度和具体规范有待健全。从顶层制度看，大数据审计的顶层设计还需加强，相关制度还不够健全，缺乏系统化的规划和安排。《审计署电子数据审计证据规定（试行）》（审办数据发〔2019〕97号）等规定多为规范性文件，尚未转化为法律法规。从操作规范看，数据审计的操作规范还不统一，仅有个别审计机关制定了专门的数据审计操作规范或规程，例如《天津市审计局联网实时审计操作规程》《海南省审计厅电子数据审计操作暂行规程》等。

四是中西部部分地区数据审计工作尚处于初级应用阶段，从全国看市、县（市、区）两级审计机关参与度较低。中西部地区整体信息化水平偏低偏弱，与东部发达省份相比，数据审计工作起步较晚，应用层次不高，特色不突出，精度准度不够。从案例情况看，中西部部分地区数据审计工作尚处于“初级”应用阶段，以较为简单的数据库查询、Excel表格查询应用为主，大数据审计工作尚处于空白。从调研情况看，市、区县两级审计机关数据审计的参与度和参与频率都逐级下降。市级审计机关有近3成半的人员未参加过数据审计工作，区县级审计机关有近一半的人员未参加过数据审计工作。在参加过数据审计工作的人员中，市级和区县级审计机关也分别有接近或超过50%的人员只偶尔参与数据审计工作。

四、几点建议

一是进一步夯实完善审计数据资源体系。研究制定重点对象、重要领域电子数据采集清单，通过金审工程三期平台，建立定期采集或联网实时采集责任机制，实现重点数据定期采集全覆盖。研究完善数据规划体系，建立数据标准化责任机制，下大力气推进数据标准化工作，实现重点数据标准化全覆盖。研究完善数据资源共享机制，打通各级审计机关之间的数据壁垒，在安全保密的前提下扩大数据分析使用范围，实现重点数据共享全覆盖。

二是健全数据分析方法共创分享的长效机制。研究制定创新激励措施，试点建立创新考核机制，加快提升创新应用的速度和质量，借助金审工程三期上线契机，掀起新一轮创新应用高潮。研究设立审计署科研技术攻关重点课题，通过审计系统内招标的方式，选择一批有共享利用价值的重点创新技术，资助开发形成通用版审计分析模型。

三是在"两统筹"背景下创新数据审计组织模式，加快探索非现场审计与现场审计深度结合的工作方式。研究建立数据分析常态化工作机制，打破数据分析依托审计项目或审计业务领域的局限，统筹利用数据资源，把数据分析作为日常性和经常性工作开展，为年度审计计划制订和决策提供依据。研究成立科研工作组，探索开展宏观分析，深入研究全局性问题、体制机制性障碍或制度性漏洞，揭示经济运行风险，推动经济高质量运行。研究统筹推进非现场审计与现场审计深度结合的工作方式，利用金审工程三期平台，建立非现场数据分析与现场核查之间的互动机制，在非现场充分分析确定重点审计内容的基础上，组织现场有针对性的核查；现场核查情况及时反馈给非现场人员，对分析模型进行修正完善。

四是探索建立非现场大数据应急审计工作预案，快速应对重大突发公共事件审计工作要求。编制非现场大数据应急审计工作预案。预先考虑应急审计工作目标、基本原则、内容重点、组织模式和工作要求等，确保在事件发生过程中能迅速有效有序地实施应急审计工作。建立非现场大数据应急审计数据保障机制。一方面，应加强数据查询平台功能，更好地满足审计需要。另一方面，遵循特事特办、机动灵活的原则开展数据的采集、归集、整理、授权、使用等工作，确保及时采集审计数据、充分共享审计资源，最大限度运用大数据分析发现疑点，再有针对性地进行核查，减少和缩短现场审计时间和投入力量。创新非现场大数据应急审计组织模式。以非现场审计为主，主要通过数据的跟踪、分析、挖掘实施审计，尽量减少和缩短现场核查时间，尽量减少对有关部门应对重大突发公共事件处置工作的影响。探索建立应对重大突发公共事件审计的常态化工作机制，发挥审计的溢出效应，实现有形监督和有效监督的有机结合。

五是建立健全整体提升数据审计应用水平的保障机制。研究建立健全数据审计相关法律制度体系，以法律的形式明确审计机关的数据审计权限，细化数据采集、转换、分析以及审计取证等环节流程的操作规程，促进规范开展数据审计工作。研究加大数据分析团队建设，明确数据分析团队的职责定位，兼顾日常数据分析与服务审计项目的双重职能，建立健全数据分析团队考核激励机制，注重在审计实践中培训和锻炼人才，为科技强审提供高端人才保障。研究加大数据分析人才的培养力度，丰富数据分析人才的培训形式，采取集中培训、网络培训、专家授课、案例教学和"以审代训"等相结合的方式，组织开展分层次、分地域、分类型、分业务的数据审计培训，逐步形成基础培训、骨干培训、高级研讨和后续提高为一体的培训体系。研究完善数据审计分析技术创新应用的投入机制，强化基础设施建设，实现对数据审计分析技术创新的常态、连续、稳定的资金支持和智力支持。研究建立健全安全管理制度，细化数据权限控制、数据安全管理、分析行为控制等数据审计工作机制和行为习惯，强化审计网络安全管理。

（课题组组长：姜江华　副组长：李春兰
成员：崔　竹　李培培　李璨融
李　龙　刘　阳
执笔人：崔　竹　李璨融）

【基于生物安全视角拓展领导干部自然资源资产离任审计内容的初步探讨】　近年来，外来物种入侵、动物疫病、新发传染病、转基因风险等生物安全问题在我国日益凸显，对我国生态环境、经济发展和人民群众健康造成严重影响，对我国生态安全、粮食安全、公共卫生安全、国防安全等构成重大威胁。习近平总书记指出，必须从保护人民健康、保障国家安全、维护国家长治久安的高度，把生物安全纳入国家安全体系，系统规划国家生物安全风险防控和治理体系建设，全面提高国家生物安全治理能力。从维护生物安全视角来看，资源环境问题不仅包括传统意义上的土地、矿产、能源、农业等资源问题，大气、水、土壤等环境问题，还应包括影响公众健康的致病性微生物、转基因生物、生物制剂误用滥用等导致的问题，影响生态平衡的外来物种入侵、微生物耐药、生物资源开发等问题。从维护生物安全视角分析领导干部自然资源资产离任审计，不仅可以拓展领导干部自然资源资产离任审计的广度、宽度和深度，更可以充分发挥审计在保护生物资源、维护生态平衡、防范生物安全风险、保障人民生命健康等方面的积极作用。近年来，一些领导干部自然资源资产离任审计项目重点关注外来物种入侵、病死畜禽无害化处理、生物多样性保护、自然保护区管理等方面的问题，对于维护生物安全、促进生态文明建设发挥了一定的作用。然而，当前和今后一段时期领导干部自然资源资产离任审计还应当在维护生物安全方面进一步拓展。

一、基于生物安全视角深化领导干部自然资源资产离任审计的必要性

（一）基于生物安全视角深化领导干部自然资源资产离任审计是深入贯彻习近平总书记关于维护生物安全重要指示的要求。

党的十八大以来，以习近平同志为核心的党中央提出总体国家安全观，构建集政治安全、国土安全、军事安全、经济安全、文化安全、社会安全、科技安全、信息安全、生态安全、资源安全、核安全等于一体的国家安全体系。2020 年 2 月 14 日，习近平总书记在中央全面深化改革委员会第十二次会议上强调，必须从保护人民健康、保障国家安全、维护国家长治久安的高度，把生物安全纳入国家安全体系，系统规划国家生物安全风险防控和治理体系建设，全面提高国家生物安全治理能力。生物安全作为非传统安全，与其他领域的国家安全紧密相关，但根源在于人与自然和谐共生的生态系统受到严重破坏。领导干部自然资源资产离任审计落实习近平总书记关于维护生物安全的指示，需要从坚持总体国家安全观出发维护生物安全，推动防控重大新发突发传染病、动植物疫情，推动规范生物技术研发和利用、防范生物实验室安全风险，推动防范外来物种入侵、应对微生物耐药，推动保护我国生物资源和人类遗传资源。

（二）基于生物安全视角深化领导干部自然资源资产离任审计是适应当前生物安全严峻形势的客观需要。

当前，我国面临诸多生物安全问题，如生物栖息地遭到严重破坏，前沿新兴生物技术对生态环境的负面影响难以预计和事先控制，战略性生物种质资源、人类遗传资源和生物信息序列数据的跨境非法交易传递也在威胁粮食安全、生态安全，这些对生态系统的稳定性构成持续威胁和破坏。同时，食源性、动物源性病原体和疾病在全球流动，加大了公共卫生安全风险，严重威胁公众健康，其根源仍然是人与自然和谐共生的生态系统受到严重破坏。领导干部自然资源资产离任审计不只是要审计领导干部在任职期间管辖范围内自然资源资产和生态环境的数量质量变化情况，更重要的是以维护公众健康、国家安全为根本，以改进资源资产管理有效性、改善生态环境质量为目标，评价领导干部在自然资源资产管理和生态环境保护方面的履职尽责情况。鉴于生物安全问题对公众健康、生态平衡乃至国家安全构成严重威胁，领导干部自然资源资产离任审计需要密切关注当前生物安全面临新情况新趋势，揭示生物安全领域存在的体制机制问题，推动各级领导干部全面提升国家生物安全治理能力。

（三）基于生物安全视角深化领导干部自然资源资产离任审计是确保地方各级政府、相关部门及主要领导干部认真履行维护生物安全职责的需要。

由生物因素引发的各类安全威胁具有复杂性、多样性、防范难度大等特点，并极易引起社会恐慌。当前，我国生物安全治理体系在防范威胁意识、监测与检测、应对与恢复等方面还存在薄弱环节，地方政府、相关部门及领导干部在快速响应生物威胁、权衡不同社会目标、恰当配置各类资源、及时提供解决方案等方面的能力还有待进一步提升。从国外审计机关来看，美国、加拿大等国家审计机关普遍关注相关部门或机构维护生物安全的职责履行情况，如：美国审计署长期关注卫生与公众服务部、国防部、国土安全部、农业部等部门在防范和应对流感大流行、新发传染病、生物实验室安全风险等方面的职责履行情况；加拿大审计署积极关注加拿大公共卫生局、卫生部、环境与气候变化部在传染病监测、应急物资管理、生物多样性保护等方面的职责履行情况。领导干部自然资源资产离任审计可以通过定期跟踪分析相关政府部门及主要领导干部在维护生物安全中的领导决策、组织协调、风险防控、监管执法等方面的能力情况及面临的挑战，促进各级领导干部深入贯彻落实习近平生态文明思想，不断提高维护国家生物安全的治理能力。

二、基于生物安全视角领导干部自然资源资产离任审计需要关注的重点内容

（一）关注防控重大新发突发传染病、动植物疫情的职责履行情况，推动健全公共卫生应急管理体系。

作为引起突发公共卫生事件的重要因素，传染病尤其是突发急性传染病易造成大规模暴发流行，造成或可能造成严重的负面影响。近年来，我国法定传染病报告病例逐年上升，境外传染病输入风险不断增加，新冠肺炎疫情的暴发说明我国公共卫生应急管理体系还存在短板和不足。全国人大常委会执法检查表明，有的地方政府没有制定切实可行的传染病防治规划并组织实施，一些地方政府部门对法律规定的一些重要责任落实不到位，一些地方政府特别是县级政府对传染病防控工作的保障水平不高等。

审计机关需要结合传染病防治法、突发事件应对法、野生动物保护法、动物防疫法、进出境动植物检疫法等法律法规（见表 2），密切跟踪新冠肺炎疫情暴露出来的短板死角，推动地方政府、相关部门及主要领导干部有效防控公共卫生风险，健全国家公共卫生应急管理体系。一是根据《“十三五”卫生与健康规划》《国家突发事件应急体系建设“十三五”规划（2016—2020 年）》《突发急性传染病“十三五”规划（2016—2020 年）》《突发事件紧急医学救援“十三五”规划（2016—2020 年）》等，关注卫生应急平台体系建设、院前急救机构应急平台建设、紧急医学救援网络建设等相关指标完成情况，分析相关部门在传染源管理、传染病监测、传染病报告、传染病应急处置、传染病防治物资储备、境外传染病监测和处置等方面的能力建设情况，对比近年来对传染病防治工作的财政投入和支出的情况，分析部门之间、区域之间协作情况，揭示突发事件卫生应急监测预警、医疗卫生机构卫生应急准备和处置等方面的挑战。二是根据《国家中长期动物疫病防治规划（2012—2020 年）》《国务院办公厅关于建立病死畜禽无害化处理机制的意见》《全国兽医卫生事业发展规划（2016—2020 年）》《质量监督检验检疫事业发展“十三五”规划》《全国进出境动植物检验检疫“十三五”发展专项规划》等，关注动物疫病防治、国境口岸公共卫生安全保障、病死畜禽无害化处理等方面的能力建设情况，了解相关部门动物疫情管理、出入境检验检疫管理改革、病死畜禽无害化处理责任落实等情况，揭示动植物疫情防控、野生动物交易监管等方面存在的问题。

表 2　部分法律文件对政府及相关部门责任的规定

文件名称	部分责任条款
传染病防治法	第五条　各级人民政府领导传染病防治工作。 县级以上人民政府制定传染病防治规划并组织实施，建立健全传染病防治的疾病预防控制、医疗救治和监督管理体系。 第六条　国务院卫生行政部门主管全国传染病防治及其监督管理工作。县级以上地方人民政府卫生行政部门负责本行政区域内的传染病防治及其监督管理工作。 第七条　各级疾病预防控制机构承担传染病监测、预测、流行病学调查、疫情报告以及其他预防、控制工作。

（续表）

文件名称	部分责任条款
野生动物保护法	第七条　国务院林业草原、渔业主管部门分别主管全国陆生、水生野生动物保护工作。 县级以上地方人民政府林业草原、渔业主管部门分别主管本行政区域内陆生、水生野生动物保护工作。 第十二条　国务院野生动物保护主管部门应当会同国务院有关部门，根据野生动物及其栖息地状况的调查、监测和评估结果，确定并发布野生动物重要栖息地名录。 省级以上人民政府依法划定相关自然保护区域，保护野生动物及其重要栖息地，保护、恢复和改善野生动物生存环境。对不具备划定相关自然保护区域条件的，县级以上人民政府可以采取划定禁猎（渔）区、规定禁猎（渔）期等其他形式予以保护。
动物防疫法	第八条　县级以上人民政府对动物防疫工作实行统一领导，采取有效措施稳定基层机构队伍，加强动物防疫队伍建设，建立健全动物防疫体系，制定并组织实施动物疫病防治规划…… 第九条　国务院农业农村主管部门主管全国的动物防疫工作。 县级以上地方人民政府农业农村主管部门主管本行政区域内的动物防疫工作……
突发事件应对法	第七条　县级人民政府对本行政区域内突发事件的应对工作负责；涉及两个以上行政区域的，由有关行政区域共同的上一级人民政府负责，或者由各有关行政区域的上一级人民政府共同负责…… 第八条　……县级以上地方各级人民政府设立由本级人民政府主要负责人、相关部门负责人、驻当地中国人民解放军和中国人民武装警察部队有关负责人组成的突发事件应急指挥机构，统一领导、协调本级人民政府各有关部门和下级人民政府开展突发事件应对工作…… 第九条　国务院和县级以上地方各级人民政府是突发事件应对工作的行政领导机关……
进出境动植物检疫法	第三条　国务院设立动植物检疫机关，统一管理全国进出境动植物检疫工作。国家动植物检疫机关在对外开放的口岸和进出境动植物检疫业务集中的地点设立的口岸动植物检疫机关，依照本法规定实施进出境动植物检疫…… 国务院农业行政主管部门主管全国进出境动植物检疫工作。

（二）关注推动生物技术创新、防范生物实验室安全风险的职责履行情况，推动构建与生物技术及产业高质量发展相适应的制度体系。

生物技术在引领未来经济社会发展中的战略地位日益凸显。现代生物技术的颠覆性发展不仅给人类社会带来机遇和福利，也对公众健康、粮食安全、生态平衡等构成潜在威胁。同时，生物实验室感染、病原体意外泄露恶意使用等安全风险日益突出，转基因技术对生态环境和人类健康的负面影响需要时间进一步检验，两用性生物技术误用、滥用行为隐蔽性加剧了生物安全风险。

审计机关应跟踪生物安全法贯彻落实情况，结合《病原微生物实验室生物安全管理条例》《实验动物管理条例》《生物技术研究开发安全管理办法》《生物技术研究开发安全管理条例（征求意见稿）》（见表3），认真分析维护生物安全和促进生物产业发展的关系，推动相关部门及主要领导干部规范生物技术研发、开发和应用，防范生物实验室安全风险。一是结合《“十三五”生物产业发展规划》《“十三五”生物技术创新专项规划》，了解生物医药、生物农业、生物能源、生物技术与信息技术融合发展等领域发展情况，关注生物科技产业园区、生物技术创新中心所在地区主管部门及主要领导干部在推动产业健康发展、防范生物安全风险等方面的履职情况。二是结合《高级别生物安全实验室体系建设规划（2016—2025年）》，了解我国四级实验室、公益性三级实验室、非公益性三级实验室的数量、分布区域、资金来源等基本情况，关注相关部门及主要领导干部在审批实验室建设、审批生物实验活动、防范实验室病原体泄露等方面的职责履行情况。

表 3　部分法规规章文件对政府及相关部门责任的规定

文件名称	部分责任条款
病原微生物实验室生物安全管理条例	第三条　国务院卫生主管部门主管与人体健康有关的实验室及其实验活动的生物安全监督工作。国务院兽医主管部门主管与动物有关的实验室及其实验活动的生物安全监督工作。 国务院其他有关部门在各自职责范围内负责实验室及其实验活动的生物安全管理工作。 县级以上地方人民政府及其有关部门在各自职责范围内负责实验室及其实验活动的生物安全管理工作。
实验动物管理条例	第五条　国家科学技术委员会主管全国实验动物工作。 省、自治区、直辖市科学技术委员会主管本地区的实验动物工作。 国务院各有关部门负责管理本部门的实验动物工作。
生物技术研究开发安全管理办法	第五条　国务院科技主管部门负责全国生物技术研究开发安全指导，联合国务院有关主管部门共同开展生物技术研究开发安全管理有关工作…… 第七条　省、自治区、直辖市人民政府有关部门依照本办法制定本行政区域生物技术研究开发安全管理规范，开展生物技术研究开发安全管理工作。
生物技术研究开发安全管理条例（征求意见稿）	第八条　国务院科学技术行政部门负责全国生物技术研究开发安全管理工作；国务院其他有关部门在各自职责范围内，负责生物技术研究开发安全管理相关工作。 省、自治区、直辖市人民政府科学技术行政部门负责本行政区域生物技术研究开发安全管理工作；省、自治区、直辖市人民政府其他有关部门在各自职责范围内，负责本行政区域生物技术研究开发安全管理相关工作。

（三）关注保护和开发生物资源、维护生物多样性的职责履行情况，推动不断完善生物多样性保护的制度建设。

生物资源是生态系统的基本组成部分，是国家重要的战略性资源。生物多样性是人类赖以生存的条件，是保障人民生命健康、支撑经济社会可持续发展的重要基础。当前，我国需要重点关注和保护的高等植物 10102 种、脊椎动物 2471 种、大型真菌 6538 种，已发现 560 多种外来入侵物种[①]，生物多样性下降的总趋势尚未得到有效遏制[②]。

审计机关应结合野生动物保护法、进出境动植物检疫法、畜牧法、种子法、森林法、国家生态文明试验区实施方案、《建立国家公园体制总体方案》、《中国生物多样性保护战略与行动计划 2011—2013 年》、《全国动植物保护能力提升工程建设规划（2017—2025 年）》（见表 4）等，跟踪生物资源保护与利用相关政策措施落实情况、资金管理使用情况，关注国家公园、自然保护区、国家生态文明试验区所在地区政府、主管部门及主要领导干部在加强生物资源保护、推动珍稀濒危物种种群恢复、防范物种资源丧失和外来物种入侵等方面的职责履行情况。一是结合《加强生物遗传资源管理国家工作方案（2014—2020 年）》《农业转基因生物安全管理条例》《国务院办公厅关于加强农业种质资源保护与利用的意见》《全国畜禽遗传资源保护和利用“十三五”规划》《长江流域重点水域禁捕和建立补偿制度实施方案》《中国林业遗传资源保护与可持续利用行动计划（2015—2025 年）》等文件，了解我国动物、植物、微生物和人类遗产资源等各类生物资源保护、开发利用的基本情况，了解转基因生物研究、生产、加工、经营、进出口等情况，关注地方政府、相关部门及主要领导干部在生物遗传资

① 生态环境部：《2018 年中国生态环境状况公报》，2019 年 3 月 2 日。

② 李干杰：《国务院关于 2018 年度环境状况和环境保护目标完成情况的报告》，2019 年 4 月 21 日。

源管理、战略生物资源保护、农业种质资源保护、畜禽遗传资源保种体系建设、畜禽遗传资源进出境审批监管、落实禁捕工作等方面的职责履行情况，反映法律法规不健全、监管能力不足、保护意识缺乏、生物资源流失等问题。二是结合《国务院办公厅关于加强长江水生生物保护工作的意见》、《重点流域水生生物多样性保护方案》、中国履行《生物多样性公约》国家报告和中国履行《卡塔赫纳生物安全议定书》国家报告等文件，了解《生物多样性公约》履行、生物多样性保护相关立法等基本情况，关注重点区域地方政府、相关部门及主要领导干部在生物多样性调查观测、重点物种保护、栖息地开发管控与恢复等方面的职责履行情况。三是结合生态环境部《关于做好自然生态系统外来入侵物种防控监督管理有关工作的通知》及发布的四批外来入侵物种名单，农业农村部《农业重大有害生物及外来生物入侵突发事件应急预案》及发布的《国家重点管理外来入侵物种名录（第一批）》《“十三五”时期海关发展规划》等文件，了解外来入侵物种管理立法、调查监测、检验检疫、风险评估、威胁现状等基本情况，关注重点区域生态环境、农业农村、海关等部门在外来入侵物种防控与灭除、进出境动植物检疫等方面的职责履行情况。

表4 部分法律法规对政府及相关部门责任的规定

文件名称	部分责任条款
畜牧法	第七条 国务院畜牧兽医行政主管部门负责全国畜牧业的监督管理工作。县级以上地方人民政府畜牧兽医行政主管部门负责本行政区域内的畜牧业监督管理工作。 县级以上人民政府有关主管部门在各自的职责范围内，负责有关促进畜牧业发展的工作。 第九条 国家建立畜禽遗传资源保护制度。各级人民政府应当采取措施，加强畜禽遗传资源保护，畜禽遗传资源保护经费列入财政预算……
种子法	第三条 国务院农业农村、林业草原主管部门分别主管全国农作物种子和林木种子工作；县级以上地方人民政府农业农村、林业草原主管部门分别主管本行政区域内农作物种子和林木种子工作。 各级人民政府及其有关部门应当采取措施，加强种子执法和监督，依法惩处侵害农民权益的种子违法行为。 第八条 国家依法保护种质资源，任何单位和个人不得侵占和破坏种质资源。 禁止采集或者采伐国家重点保护的天然种质资源。因科研等特殊情况需要采集或者采伐的，应当经国务院或者省、自治区、直辖市人民政府的农业农村、林业草原主管部门批准。
森林法	第九条 国务院林业主管部门主管全国林业工作。县级以上地方人民政府林业主管部门，主管本行政区域的林业工作…… 第四十六条 各级人民政府应当采取以自然恢复为主、自然恢复和人工修复相结合的措施，科学保护修复森林生态系统…… 第六十九条 审计机关按照国家有关规定对国有森林资源资产进行审计监督。
建立国家公园体制总体方案	……统筹考虑生态系统功能重要程度、生态系统效应外溢性、是否跨省级行政区和管理效率等因素，国家公园内全民所有自然资源资产所有权由中央政府和省级政府分级行使……

（续表）

文件名称	部分责任条款
国务院办公厅关于加强农业种质资源保护与利用的意见	四、……健全国家农业种质资源保护体系，实施国家和省级两级管理，建立国家统筹、分级负责、有机衔接的保护机制…… 七、……各省（自治区、直辖市）人民政府要切实督促落实省级主管部门的管理责任、市县政府的属地责任和农业种质资源保护单位的主体责任，将农业种质资源保护与利用工作纳入相关工作考核。省级以上农业农村、发展改革、科技、财政、生态环境等部门要联合制定农业种质资源保护与利用发展规划。审计机关要依法对农业种质资源保护与利用相关政策措施落实情况、资金管理使用情况进行审计监督……
国务院办公厅关于加强长江水生生物保护工作的意见	……将水生生物保护工作纳入长江流域地方人民政府绩效及河长制、湖长制考核体系，进一步明确长江流域地方各级人民政府在水生生物保护方面的主体责任……

三、基于生物安全视角深化领导干部自然资源资产离任审计的路径

（一）适时修订《领导干部自然资源资产离任审计规定（试行）》，明确将科技、卫生、海关、中科院等部门或单位纳入离任审计对象范围。

生物安全作为国家新兴战略安全领域，具有风险多变、威胁叠加、所涉部门多、科学领域广等特点，并要求打破行政壁垒实现跨部门协作，以服从国家整体利益。目前，我国已建立由国家卫生健康委员会牵头的国家生物安全工作协调机制，涉及生物安全管理的部门主要包括外交部、教育部、科技部、自然资源部、生态环境部、农业农村部、国家卫生健康委员会、海关总署、国家林业和草原局等，并涉及中国科学院、中国农业科学院、中国医学科学院、中国检验检疫科学研究院等科研单位，还涉及中国医药集团有限公司等国有企业。然而，《领导干部自然资源资产离任审计规定（试行）》并没有明确将一些部门和单位列入离任审计对象范围。为此，建议适时修订《领导干部自然资源资产离任审计规定（试行）》，扩展领导干部自然资源资产离任审计对象范围，并跨部门分析维护生物安全的进展情况，充分发挥领导干部自然资源资产离任审计在维护生物安全中的作用。

同时，从坚持总体国家安全观出发维护生物安全，要求政府各部门加强整体协调形成合力。除上述主要部门外，还有些政府部门也与维护生物安全相关，如财政、发展改革、应急管理等部门。这就需要认真梳理承担维护生物安全职责的部门和机构，根据承担职责的重要程度区分不同类型领导干部自然资源资产离任审计的内容及方式方法，推动领导干部在维护生物安全方面履职尽责。

（二）领导干部自然资源资产离任审计中要注重在国际比较中发现和揭示问题。

生物安全问题已经成为全世界、全人类面临的重大生存和发展威胁之一。国际社会非常重视生物安全问题，美国、英国、日本、加拿大、法国等主要发达国家注重从战略层面维护国家生物安全，采取多种措施，加大投入，并积极抢占生物安全领域的国际话语权和主导权。世界卫生组织等多个国际组织高度关注生物事件可能引发的各类危机，联合国 2030 年可持续发展议程多个目标都与生物安全相关。国外一些审计机关注重通过国际比较，或将国际公约作为审计标准，从而揭示本国相关部门在履职尽责方面存在的短板和不足。领导干部自然资源资产离任审计中，可以参照国际社会维护生物安全的有益做法，结合我国面临的生物安全风险和挑战，对比分析我国在生物安全战略、法律法规体系、部门间协调机制、科研创新与管理、风险防范与应对、国际合作等方面存在的短板和不足，推动健全国家生物安全治理体系，提高各级政府、相关部门及领导干部生物安全治理能力。

（三）领导干部自然资源资产离任审计需要更加重视发挥跨学科专家团队的作用。

生物安全问题涉及医学、自然科学、社会科学和工程技术等数十个学科，相关研究交叉融合又会产生新的专业性很强的领域，形成颠覆性的生物技术，如合成生物学基于生物、化学、物理、计算、工程等多学科交叉，对生物体以工程化的方式重新设计，人工合成生物体可能对生态环境平衡、公共卫生安全乃至国防安全构成威胁。因此，领导干部自然资源资产离任审计中与生物安全有关的问题审计人员很难作出准确判断，必须依靠跨学科的专家团队进行多次讨论才能对某些问题进行深入分析，评价领导干部维护生物安全的职责履行情况也必须依靠相关领域的专家力量才能得出比较客观的结论。

（撰稿人：李厚喜）

【重大疫情防控审计的国际做法及建议*】 重大疫情防控审计，是指审计机关以有效预防、及时控制和消除重大疫情事件的危害，保障公众身体健康与生命安全，维护正常的社会秩序为目标，依法对重大疫情预防和控制密切相关的资金（含财政资金和社会捐赠款物）、项目和政策进行的审计监督。2020 年 4 月 15 日，世审组织政策、财务与管理委员会发起一项关于新冠肺炎疫情的倡议，倡议各成员国分享相关的审计结果和方法，如流行病预防和应对审计，过去与埃博拉、甲型 H1N1 流感和非典等疫情有关的审计，卫生系统审计，金融市场审计，以及与新冠肺炎支出相关的审计等。我国审计机关在认真总结应对新冠肺炎疫情防控资金和捐赠款物专项审计有效做法的基础上，可以汲取国外审计机关的经验教训，进一步健全我国重大疫情防控审计工作机制，助力完善我国公共卫生应急管理体制机制；同时，提炼交流我国疫情防控审计成功的经验做法，推动国际交流合作，为提升世界各国疫情防控审计工作能力贡献力量。

一、国外开展重大疫情防控审计的主要做法

国外审计机关持续跟踪各类传染病疫情防控情况，对政府各部门的应对措施开展审计监督。据不完全统计，美国审计署 2000 年以来共发布与传染病防范和应对相关的审计报告或证词 86 篇，涉及防范和应对流感、禽流感、埃博拉病毒、寨卡病毒等传染病。英国审计署在 2002 年至 2005 年以及 2013 年对涉及艾滋病、疟疾、口蹄疫等流行性疾病防控工作开展了审计，发布了 6 篇审计报告；在 2000 年、2004 年、2009 年对医院内感染情况予以关注并发布了 3 篇审计报告。澳大利亚审计署 2007 年对人类流感大流行和禽流感暴发的准备情况进行了审计；2017 年，对突发传染病应急响应情况进行了审计。加拿大审计署 1999 年、2002 年、2007 年对艾滋病、大肠杆菌毒源菌株、西尼罗河病毒、流感病毒以及新发传染病监测情况开展了审计。据调查，2005 年至 2015 年，欧洲审计组织 26 个成员国最高审计机关开展医疗卫生相关审计项目 983 个。

2020 年 4 月 10 日，美国审计署根据《冠状病毒援助、救济和经济安全法案》（CARES）要求，启动关于美国新冠肺炎疫情防控逾 2 万亿美元救助计划的审计工作，同时监督《冠状病毒准备和响应补充拨款法》以及《家庭第一冠状病毒应对法》所涵盖计划的执行情况。

（一）从审计目标看，主要围绕疫情防控政策措施是否取得预定目标或达到既定标准开展绩效审计。

各国审计机关疫情防控审计以绩效审计为主，个别国家绩效审计占比在九成以上。主要审计目标包括：疫情防控国家战略或规划实施情况审计、疫情防控能力提升情况审计、传染病监测系统的战略目标及其运行效果审计、疫情控制措施及效果审计、疫情防控专项资金使用绩效审计、对外医疗援助效果审计、联邦政府领导作用发挥审计、联邦机构工作人员保护措施到位情况效果审计、金融监管机构对业务连续性计划监管绩效审计等。欧洲审计组织各成员国开展医疗卫生相关的 983 个审计项目中，绩效审计项目 481 个、合规性审计项目 441 个、财务审计项目 61 个。此外，美国审计署、英国审计署对疫情防控资金支出控制情况开展了合规性审计或财务审计。

（二）从审计对象看，根据传染病突发公共卫生事件的应急管理体系和职责划分，对相关职能部门及其他机构开展审计。

美国审计署审计了卫生与公众服务部及其下

---

* 本文研究资料源于审计署审计科研所组织编译的 19 篇《国外审计动态》“国外疫情防控审计系列研究报告”，以及有关国家审计机关和国际审计组织疫情防控工作或国家公共卫生应急管理体系相关的审计报告或研究报告。

设的疾病预防控制中心、医疗研究与质量局、食品和药物管理局、卫生资源服务管理局等，以及国防部、国土安全部、国务院、交通运输部、农业部、国际开发署等联邦机构。英国审计署疫情防控审计涉及卫生部、国际发展部、环境粮食和农村事务部、海关等部门，以及定点医院和其他机构。澳大利亚审计署对联邦政府、各州和地区政府的防范应对体系，以及卫生部、农林渔业部等部门进行了审计。加拿大审计署对负责监测传染病的公共卫生局及其下设的传染病预防和控制中心、应急准备和反应中心、国家微生物实验室等进行了审计，延伸审计了食品检验局、公共卫生实务和区域运营公司等。

（三）从审计内容看，根据疫情各阶段防控工作重点确定审计重点。

在疫情防控应急计划和组织体系建立、预防和准备，以及应急反应等各阶段，结合疫情防控工作重点确定相应审计的重点内容。

1. 重大疫情防控应急计划和组织体系情况。各国最高审计机关重视对国家疫情防控战略规划及其实施情况的审计，同时审查防疫机构的职责划分及其协同情况。主要关注：相关战略规划体系设计的合理性、范围的完整性和更新的及时性，是否广泛征求利益相关者意见，抽查评估规划具体绩效指标执行完成率以及具体完成效果；中央与地方各级政府机构之间的职责划分是否清晰，资金来源是否明确，协作机制是否顺畅，是否强化绩效评价和问责机制等。例如，美国审计署对《国家大流行性流感战略》和《国家大流行性流感战略实施方案》等审计，发现战略和计划不涉及防疫资源、投资风险管理等内容；规划制定过程中没有听取州和地区政府的意见；战略、计划与其他关键规划的关系不清晰；联邦执行委员会的职责不明确、资金来源不确定，问责和监督机制存在制度缺口等。澳大利亚审计署对《流感大流行国家行动计划》《流感大流行联邦政府行动计划》和《流感大流行卫生管理计划》等实施情况进行了审计，发现存在紧急情况界定不清、紧急响应状态升级的原则不明确等问题。

2. 重大疫情预防与准备情况。各国疫情防控实践证明，预防是最经济最有效的公共卫生安全策略，各国审计机关疫情防控审计的主战场也是审查重大疫情预防与准备情况。主要关注：政府有关部门是否根据国家疫情防控战略规划体系设定疫情防备指导方针，制定测试、培训和演练计划等；是否定期或不定期组织开展跨部门联合防控测试演练；关键基础设施如金融、能源电力、粮食农业、电信交通、水等基础设施的业务连续性计划是否完备，业务连续性措施是否到位和有效；公共卫生事件管理系统的建设及运行效果是否遵循总体规划，发布信息是否及时、错误率是否较高等；国家战略储备的建立、管理和部署是否达到既定目标，是否评估储存、管理和部署储备有关的风险等；国家生物安全防控情况，是否制定国家生物实验室安全监督战略，评估生物检测能力、防范生物恐怖袭击能力、与国防相关的生物安全等。例如，加拿大审计署对公共卫生局传染病监测系统进行审计，发现公共卫生局在评估和记录用户需求、建立共同的监测标准、实施数据质量框架、评估监测系统及与各州和地区取得数据共享协议等方面存在不足。澳大利亚审计署以观察员身份全程参与卫生部、农林渔业部分别组织开展的对流感大流行和禽流感防范应对演习，实地检查了一些物资储存地点，与其他观察员代表共同对演习过程进行评估，对演习中吸取的经验教训和交流的有效性作出评论。

3. 重大疫情防控应急反应情况。各国审计机关主要采取事后审计的方式对疫情防控措施、防控资金和物资、疫苗研发与供应、国际医疗援助等进行审计。主要关注：各部门具体应对措施的效果，联邦领导层的协同作用是否得到有效发挥，是否及时启动传染病突发应急响应，是否记录或评估执行进展情况；重大疫情防控资金物资分配是否合理，发放是否及时，使用是否合规，限制性使用规定是否影响防疫能力，对备灾能力及应对活动的促进效果进行评估；流感暴发期间疫苗和抗病毒药物的购买、分发和管理情况；国际医疗援助药品费用和质量监管要求，援助项目内部的财务管理和监管控制是否到位；院内感染的管理和控制情况等。例如，美国审计署在对联邦政府应对甲型 H1N1 流感追加 60 多亿美元专项资金的审计中发现，各州申请专项资金需要提交多份申请，等待批准耗时长；对资金使用的限制使各州难以规划和管理其应对活动等。英国审计署对国际发展部应对艾滋病和疟疾的国际医疗援助情况开展了审计，发现国际医疗援助战略计划的策略、行动和效果不明确，资金使用效率有待提高，监测并评估援助项目的效果不足，成本效益数据收集不足等。

（四）从审计方式方法看，主要采取非现场审计方式。

受疫情防控要求疏散或者隔离限制，以及防疫工作专业性强的制约，国外审计机关主要采取非现场的访谈座谈、审阅文件和数据分析等方法开展疫情防控审计。以美国审计署为例，访谈座谈、审阅文件和数据分析在全部疫情防控审计方法使用中的占比分别达到33%、29%和10%，而现场核查仅占全部审计方法使用的6%左右。各国审计机关的主要做法包括：

1. 普遍开展大范围的访谈座谈。疫情防控审计工作涉及范围广、关注点多、专业性强，各国审计机关普遍采用访谈座谈的方法，全面了解防控工作的整体部署，快速定位主要问题症结点，提高工作效率和精准度。访谈座谈对象不限于审计对象（如政府部门等），还涉及政府其他监管机构、行业协会、有关企业和科研单位等其他直接或间接的利益相关方。例如，美国审计署2010年以来涉及疫情防控的31篇审计报告中，有29篇报告反映使用了访谈座谈方法72次，几乎所有审计项目都进行了访谈座谈；访谈对象涉及实施疫情防控战略的各联邦机构的有关官员，同时还访谈了地方的公共卫生工作人员，与部分州的行业代表和行业协会人员进行了座谈等。

2. 利用数据分析开展量化核查。在突发公共卫生事件的监测、预警、报告和应急处理过程中，数据信息起到至关重要的作用。各国审计机关充分利用公共卫生防疫部门数据信息量大、更新频繁等特点，在审查数据的可靠性并核查支持性文件的基础上，利用数据关联分析、交叉比对甚至开发回归模型等方法开展数据分析，在防控政策落实效果审查、防控措施绩效评估以及疫情造成影响评价等方面，为审计结论提供可靠的数据证据支撑。例如，美国审计署2010年以来涉及疫情防控的31篇审计报告中，有10篇报告反映使用了数据分析方法22次，主要分析了疫情监测数据、资金资助数据、绩效指标数据、疫情统计数据、应对措施数据（如人工成本、疫苗数量），以及金融等关键基础设施运行数据等。英国审计署在口蹄疫防控审计中，对牲畜追踪系统的数据进行了详细分析，发现由于报告信息的不准确以及饲养者依赖邮件通知等原因，政府每年至少多支付1500万英镑的防疫成本。

3. 注重利用绩效指标开展绩效审计。各国审计机关为有效评价疫情防控能力和效果，往往利用防控规划和政策原有的绩效目标体系，或根据审计需要修改设计绩效评价指标体系开展绩效评估，形成结构化的评估结果清单。例如，美国审计署对《国家大流行性流感战略实施方案》已完成行动项目的绩效指标进行了评价；对卫生与公众服务部提供的应对传染病威胁能力的20项绩效指标数据，划分为电子实验室报告、流行病学、实验室和应急响应等4个灾备能力领域进行绩效评价等。澳大利亚审计署以演习观察员身份全程观看了禽流感防控演习，对演习建议的执行情况划分为全面实施、基本完成、部分完成、进展有限和没有进展等5种状态进行了评估。

4. 部分国际援助项目开展境外实地调研或检查。对疫情防控国际医疗援助项目的境外检查也是各国审计机关的工作之一。例如，美国审计署审查国际开发署埃博拉疫情恢复援助项目时，在几内亚、利比里亚和塞拉利昂开展了实地调研。英国审计署对国际发展部在塞拉利昂、坦桑尼亚、尼日利亚和缅甸等地开展的疟疾防控工作展开了详细实地调查。

（五）从审计取得的成效看，促进各国疫情防控体系和政策措施的调整完善。

各国审计机关审计发现的问题和建议，通过报送报告、发表证词、与被审计单位交换意见，以及后续审计跟踪检查等方式，促进审计成果的整改落实。美国审计署还将以往建议的落实比例作为审计人员的考核指标，鼓励审计人员尽可能提出建议并跟踪建议的落实情况。通过疫情防控审计，各国审计机关有效推动了疫情防控国家战略规划的完善，促进了联邦政府领导作用的发挥，促进了联邦与州和地区间的协同抗疫，强化了疫情防控绩效评价和问责机制。部分国家审计机关推动了联邦机构内部关键岗位识别并形成部门规章，指出了地方政府公共卫生机构医疗资源紧缺，关键基础设施保障不足以及社区管理框架不完善等制度及管理方面存在的薄弱环节，促进制度建设；美国审计署还向世界卫生组织提出了探讨抗病毒药物和疫苗的国际合作建议以及修订《国际卫生条例》的建议等。又如，英国审计署分别在2000年和2004年对院内感染的管理和控制情况进行了审计。2008年后续审计发现，卫生部采纳了审计署的建议，并采取了一系列改革措施。主要包括：2004年，发布“建立更清洁的医院并降低感染率计划”，并设立计划委员会以领导和指导降低感染率目标的实现；2006年，发布指南并颁布新的法律，即《2006年健康法案》，以及相关配套政策《预防和控制医疗保健相关感染的操作规范》；2007年，设定降低艰难梭菌感染的目标；2008年，要求基本医疗信托机构在各地方的信托合同中与医院约定当地院内感染的降低率等。

（六）主要特点及不足。

部分国外审计机关受有关国家传染病疫情暴发频繁、社会公众对政府疫情应对措施及效果高度关注等因素影响，持续开展疫情防控审计，公开审计结果，回应社会关切，促进了政府疫情防控工作不断调整完善，增强了政府的公信力。疫情防控审计目标以绩效审计为主，着力关注疫情防控政策措施的落实效果；审计对象覆盖疫情防控各职能部门和其他相关机构；审计内容涉及防备计划、应对处置等疫情防控工作链条上的诸多环节；审计方式方法突出了非现场审计等。

但是，从重大疫情暴发的不可预见性和应急防控工作事关全局的紧迫性和重要性出发，特别是从此次新冠肺炎疫情全球大流行暴露出各国疫情认识的局限性、应对措施的滞后性和应对手段的不足看，国外审计机关疫情防控审计工作还很不完善，存在明显短板和不足。一是疫情防控审计总体上缺乏系统规划，基本围绕有关要求或受疫情暴发形势驱动开展散点式审计，未见疫情防控审计的总体方案，未形成相应的审计准则或指南等指导性文件；二是审计对象未实现全覆盖，以疫情防控职能部门审计为主，对疫情防控链条涉及的资金拨付部门、接受社会捐赠的机构、享受疫情防控支持政策的部门和机构等的审计偏少；三是审计内容以疫情预防准备阶段审计为主，疫情应对处置阶段的审计内容较少，尚未涉及生产生活秩序恢复政策落实情况审计等；四是组织实施方式上以事后审计为主，未开展审计全系统的统一部署实施，未见疫情发生过程中的跟踪审计，未见利用大数据手段开展疫情防控常态化审计监督；五是跟踪审计成果整改落实方面力度不足，未强制要求审计报告揭示问题风险或提出审计建议，未明确要求跟进整改落实情况，未后续评价疫情防控应对能力提升效果；六是各国审计机关国际交流合作方面未取得实质性进展等。

二、创新完善我国重大疫情防控审计机制及促进国际合作的建议

我国审计机关可以以此次新冠肺炎疫情防控专项审计为契机，进一步探索创新和完善我国重大疫情防控审计机制，加强重大疫情防控审计工作力度，通过审计监督推动完善重大疫情防控体制机制，健全国家公共卫生应急管理体系，提高应对突发重大公共卫生事件的能力水平。同时，及时总结我国疫情防控审计的成功做法和经验，同有关国家分享经验，推动世界各国疫情防控审计的国际交流与合作。

（一）以着力揭示体制机制性问题为出发点和落脚点开展重大疫情防控审计。

重大疫情防控审计需着力揭示影响疫情防控政策目标落实效果的体制机制性问题，从体制机制上促进重大疫情防控工作健全完善。首先，从健全国家公共卫生应急管理体系的角度，将重大疫情防控审计的着力点落在公共卫生法制保障体系建设、国家生物安全风险防控和治理体系建设、疾病预防控制体系完善、重大疫情防控救治体系改革、重大疾病医疗保险和救助制度完善、统一的应急物资保障体系健全，以及有序复工复产等政策措施落实情况方面。其次，从审计发现的问题中深入分析体制机制方面的原因，如此次新冠肺炎疫情防控专项审计中反映的，部分地区疫情防控资金和捐赠款物分配使用不够及时，部分专项贷款资金闲置或被骗取、套取，专项贷款配套政策和协调机制不完善，国家储备制度不健全等制约政策执行到位、影响资金使用效率的体制机制问题。最后，新冠肺炎疫情防控过程中建立起来的防治结合、联防联控、群防群治的工作机制如何持续发挥作用，经过实践检验有效的防控救治措施如何总结完善并制度化等也需关注。

（二）“平战结合”推进疫情防控审计全覆盖。

疫情防控工作是涵盖防控计划、防控能力、防控应对、防控保障、防控终止与善后等内容的系统性工程，平时预防状态与战时应急状态工作差异大。审计机关需要统筹关注国家重大疫情防控工作体系运行情况，实现疫情防控全过程、全方位、全层级的审计监督全覆盖。首先，根据相关法律法规，理清纵向各级政府之间以及横向各职能部门之间在疫情防控和应急处置工作中的职责定位、任务分工、目标要求等，研究确定各层级、各方面、各环节审计对象和重点，制订疫情防控审计全覆盖工作方案。其次，在疫情防控平时状态，根据国家公共卫生应急管理年度重点工作任务和防控形势要求变化，在“两统筹”机制框架内，融入疫情防控审计工作要求，持续开展跟踪审计。再次，在疫情防控战时状态，集中力量对疫情防控关键部门、专项资金、重点政策措施落实情况等开展专项审计。最后，跟踪对外医疗物资援助和技术援助的最终去向，选择重大项目延伸开展境外实地检查，分国别用途评估对外医疗援助的实施效果等。

（三）建立疫情防控常态化大数据“体检”审计机制。

疫情防控工作以“预防为主”，预防控制工作的效果在未暴发重大疫情之前很难准确检验或客观评价，疫情暴发后又难以开展现场核查。为此，审计机关可以充分利用审计大数据信息量大、覆盖范围广、直达基层的特点，主要利用非现场大数据分析的方式开展疫情防控常态化审计。根据重大疫情防控审计目标体系，建立重大疫情防控常态化“体检”清单，厘清“审计目标—审计内容—审计依据—审计评价”之间的对应关系。对照有关疫情防控规范和应急救治管理办法，建立重大疫情防控绩效评价标准体系，明确审计评价定性标准和处理建议标准，并在实践工作中不断调整完善。“以用促采”加大数据采集力度，根据“体检”清单要求，利用国家审计大数据中心现有数据定期采集报送机制，查缺补漏，完善重大疫情防控数据信息采集机制。加大数据分析力度，充分运用大数据分析揭示疑点问题，预警重大风险，并对重大疫情防控能力和水平进行综合研判和总体评价。加强非现场审计与现场审计的有机结合，借助年度政策跟踪审计、预算执行审计和经济责任审计等平台，有针对性地组织现场核查，深入分析背后的体制性障碍、机制性缺陷和制度性漏洞，提出对策建议。

（四）建立灵活高效的疫情防控审计组织模式和审计方法体系。

疫情防控工作是基于经验教训并持续和反复改进的过程，疫情防控审计工作也需要保持高度的灵活度和敏锐性。疫情防控从无小事，防控工作的细微瑕疵都可能通过疫病的迅速传播而无限放大；而且疫情防控工作专业性强，涉及医疗救治、卫生应急、传染病控制、生物检测、物资保障等专业知识，需要较多的专业判断和专家意见。为此，疫情防控审计工作在统筹部署统一规划的基础上，在大数据总体分析系统揭示体制机制性问题的前提下，需要建立更灵活高效的审计组织模式和审计方法体系。充分调动基层审计机关及时发现和反映疫情防控一线苗头性、倾向性和普遍性问题的积极性，通过访谈座谈、接收群众举报、咨询专家意见、问卷调查、观察模拟演练、系统穿行测试和实验室检查等灵活多样的方式，从细微之处高效揭示疫情防控的短板和不足，促进深化改革、完善制度、加强管理、堵塞漏洞。

（五）制定重大疫情防控审计指南。

重大疫情防控审计工作具有一定的开创性和探索性，需要在审计实践工作中不断总结完善。为了持续推进重大疫情防控审计的法治化、规范化和科学化，提高审计工作质量和效率，防范审计风险，可以组织制定重大疫情防控审计指南，为各级审计机关和审计人员提供操作规范和实务指引。以审计法律法规和审计准则为依据，研究明确重大疫情防控审计的审计目标、审计计划、审计程序、审计内容、审计方法和审计报告等要素要求。全面总结、提炼新冠肺炎疫情防控专项审计以及以往疫情防控审计实践中积累的经验，认真梳理国外审计机关的做法，以审计案例的形式编写到指南的相应章节中，帮助审计人员获取知识和经验。同时，指南需坚持开放性原则，根据审计实践的探索，特别是根据大数据“体检”审计实践中积累的数据分析新方法、揭示的体制机制性新问题、创新的非现场审计组织模式等，不断调整更新，为持续深入开展重大疫情防控审计工作提供实用性指引。

（六）推动建立重大疫情防控审计国际交流合作机制。

公共卫生安全是人类面临的共同挑战，公共卫生安全审计是各国审计机关面临的共同课题。世审组织、亚审组织等国际审计组织为各国最高审计机关提供了交流合作的平台，促进了各成员之间的经验交流和成果共享。但各审计业务领域之间的国际交流还不平衡，对于疫情防控、公共卫生等领域的交流亟待加强。如世审组织知识委员会下设 12 个专项审计工作组，均未涉及疫情防控审计或公共卫生方面，在公开信息中也未查到疫情防控审计相关审计指南或规则等。而亚审组织开展了 12 次科研项目研究，也未涉及疫情防控或公共卫生方面的审计内容。为此，在此次新冠肺炎疫情防控专项审计结束之后，我国审计机关可及时就公共卫生应急审计工作加强与国外审计机关的交流与研讨。如总结我国新冠肺炎疫情防控专项审计的做法与经验，与他国最高审计机关以双边或多边形式进行交流与经验分享；向亚审组织秘书处提议开展公共卫生应急审计科研项目，开展对该审计项目的联合研究；推动世审组织成立公共卫生应急审计工作组或临时交流工作组，加强各国疫情防控审计工作的经验分享、明确疫情防控审计程序和关键问题、编制疫情防控审计国际准则与指南等。

（课题组组长：姜江华　副组长：杜光宇
成员：崔　竹　李培培　李璨融
执笔人：崔　竹）

【关于国家审计的基本概念和定义的调研结果与分析】 概念（Concept）是思维的基本形式之一，是客观事物的本质属性在人们头脑中的概括反映。表达概念的语言形式是词或词组。概念都有内涵和外延。定义（Definition）是对于一种事物的本质特征或一个概念的内涵和外延的确切而简要的说明。因此概念和定义是有区别的。本文讨论的国家审计的基本概念包括若干词或词组，是指那些构成国家审计的“基本细胞”，国家审计的定义是对国家审计这一事物或概念所作的确切而简要的说明。

对国家审计的基本概念和定义进行研究，回答国家审计的“基本细胞”是什么，界定国家审计这一事物或概念的内涵和外延，是国家审计理论研究中的基础性课题，对于我们开展审计理论研究、构建科学的审计理论体系和推进审计学科建设都具有十分重要的意义。对国家审计基本概念进行研究，首先要回答国家审计的基本概念是什么，在此基础上进一步回答这些基本概念之间的关系以及它们在审计理论体系中的角色和对审计工作的影响等问题。而深入研究国家审计的定义，理论上也需要在明确国家审计的基本概念的基础上进行。因此对国家审计的基本概念和定义进行研究，需要一个系统有序的过程。

我们对国家审计有哪些基本概念和国家审计定义进行了调研分析。我们先是向目前我国在国家审计研究方面有影响的专家，包括来自审计机关的领导和高等院校的教授共计 12 位，发出征询专家意见函，请他们每人列出国家审计的重要基本概念（不超过 8 个）和国家审计的定义，同时简要说明所列示的每个重要基本概念的含义和作为重要基本概念的理由，在收到全部专家意见后，我们对 12 位专家的意见进行归纳汇总，取其中共识较多的国家审计基本概念 8 个，同时对专家们所给出的国家审计定义进行了分析。本文包含的是这一研究过程的结果和我们所做的分析。

一、共识较多的国家审计基本概念及其含义

12 位专家共提出国家审计基本概念 49 个，我们对它们出现的频次进行了统计，并且按照由高到低进行排序，其中排在前 8 位的概念是：审计目标、独立性、公共受托责任、审计对象、审计本质、审计职能、审计证据、审计程序。专家们对这 8 个概念的含义作出了说明。

1. 审计目标。

认为审计目标应作为国家审计基本概念的专

家共有8位，他们对于审计目标的回答大致分为两个层面：有的专家从理论上将审计目标界定为审计所要达到的效果，是完成审计任务的指向和要求，是审计过程的起点，它决定了后续的审计程序、技术和方法；也有的专家从现阶段国家审计工作的层面，提出国家审计的目标是监督国家法律法规和重大政策措施的贯彻落实，维护国家安全，改进民生福祉，完善国家治理体系，提升国家治理能力。

2. 独立性。

认为应将独立性作为国家审计基本概念的6位专家中，从事审计理论研究的教授居多。他们一致认为，独立性是指审计人员不受那些危及或按理性预期会危及其作出无偏见审计决策能力的压力及其他因素的影响。独立性既是审计行为活动必须秉公实施检查、调查并提出客观公正专业判断、作出专业报告的职业特性，也是独立、客观地调查和报告结果的条件和状态。对于独立性的理解有两个层面：一是内在独立性，也称为精神态度上的独立性，是指实施审计行为活动的主体必须在精神态度上保持客观公正的立场，作出公正无偏的判断、意见和报告；二是外在独立性，也称为形式上的独立性，是指审计机关必须具备组织地位独立、经济基础独立、工作过程独立和伦理关系独立，不受外来干扰和影响。

3. 公共受托责任。

共有5位专家提出将公共受托责任或公共责任作为国家审计基本概念，且他们对于公共受托责任这一概念的界定及其成为基本概念的原因基本一致。公共受托责任指的是根据法律授权受托管理、分配、使用公共资源，行使公共权力的机构或人员遵循特定规范并向公众（委托人）报告其管理、分配和使用公共资源的全部活动情况及其结果（包括规划、控制、结果、财务状况等）的责任或义务。在我国，国家和政府因接受人民的委托，管理、使用/(运用)、经营公共经济资源（包括公共资金、国有资产和国有资源），而成为公共受托责任的组织载体，公共受托责任就是国家和政府及其组成部分按照特定的要求和原则，包括受托管理、使用(运用）和经营公共经济资源并报告其状况的义务。国家审计以公共受托责任关系的存在为首要前提，以保障和促进公共受托责任全面有效履行为本质目标。

4. 审计对象。

认为审计对象应作为国家审计基本概念的5位专家，对于审计对象的内涵表述不尽一致：有的在表述时与其他概念交叉重叠，认为审计客体包括了审计对象和审计内容，回答的是“审什么”问题；有的认为审计对象是国家审计监督内容和范围的具体概括；有的将审计内容称为审计对象，是国家审计所监督的审计客体的行为事项；有的专家认为审计对象影响着审计的法定职责和权限，它包括了财政财务收支、经济活动、经济责任、公共责任、“一公两国”（即公共资金、国有资产和国有资源）等。

5. 审计本质。

认为应将审计本质作为国家审计基本概念的4位专家一致认为，审计本质就是对“审计是什么、为什么产生审计”的回答。它是国家审计区别于其他事物或范畴的内在的规定性。然而，专家们对于国家审计本质是什么并没有说明。这与目前关于国家审计本质尚未达成共识还需要不断深入研究的现状一致。

6. 审计职能。

共有4位专家认为审计职能应作为国家审计基本概念，其中从事审计实务工作的领导专家居多。专家们对审计职能的含义解释不一：有的认为，审计职能是指审计在国家治理中的地位，担负的职能；有的认为，审计职能就是审计功能；也有的认为，审计职能是审计本身具有的功能或应发挥的作用，主要职能包括经济监督、鉴证和评价职能；还有的认为，它是国家审计能够满足需求、实现目标，对审计客体的行为事项发挥作用的内在功能。专家们在对审计职能这一概念的界定中，存在与审计功能这一概念混用的现象，对二者并没有作出严格的区分。

7. 审计证据。

认为应将审计证据作为国家审计基本概念的4位专家一致认为，国家审计行为活动（审计工作）中以收集和评价审计证据为重心，所有审计判断、审计意见、审计结论和审计报告都是以客观地收集和评价充分有效的审计证据为依据的。有实务界专家进一步提出，当前审计实践中，审计依据的多元化、审计获取证据的方式多元化和审计判断领域的多元化，使得除要求审计证据应具备充分性和必要性外，还需要考量其合法性和安全性等。

8. 审计程序。

认为应将审计程序作为国家审计基本概念的4位专家对于审计程序含义的解释一致，都认为审计程序解决的是“怎么审”的问题，是审计工作从开始到结束整个过程的各步骤及有关要求。审计程序作为国家审计基本概念的原因是：在实施审计中必须按照一定的程序进行；明确并严格遵守审计程序，是依法审计、保证审计质量、界定审计责任的重要保障。

除这8个概念外，12位专家还提出了41个国家审计的基本概念，其中有3人或有2人同时提出的13个，包括：审计范围、权威性、审计关系、审计主体、审计依据、审计评价标准、审计准则、审计判断、审计权限、审计质量、审计报告、国家治理、公允表达。其余的28个概念均只有1人提出，包括：审计假设、国家治理现代化、审计价值取向、审计特征、正当怀疑、应有关注、合理谨慎、胜任能力、积极保证、中国共产党领导、依法、经济监督、审计类型、财务审计、遵循审计、绩效审计、审计内容、审计管辖、审计风险、审计工作底稿、审计意见、审计结论、审计建议、审计整改、审计责任、审计职责、国家审计制度构成要素、监控机制。

二、对专家提出的国家审计定义的分析

在传统逻辑学中，定义的目的在于揭示事物的本质属性，最常用的定义方法是“属种差”定义法，即“被定义项＝种差＋邻近的属”，其中“属”反映了被定义项具有的共性；“种差”是被定义项具有的个性，即能与同一属性下其他事物区别开来的特有属性。本次征询专家意见共收到10位专家给出的13个国家审计定义（其中1位专家提出了4个定义），基本上都属于“属＋种差”式定义。这13个定义可归为三类，即“独立的监督活动”“控制机制”和“系统过程”。

7位专家将国家审计定义为“独立的监督活动”，但对这一定义的“种差”即国家审计特有属性的表述各不相同。从监督活动的主体看，有5位专家明确提出主体是国家审计机关或依法设立的专门机构，2位专家没有界定监督主体；从监督的内容看，6位专家认为是管理和使用公共资源（包括公共资金、国有资产和国有资源）的受托责任或公共责任，1位专家认为是监督“国家法律法规和重大政策措施的贯彻落实”；从监督的目标看，3位专家认为主要是促进国家重大政策落实、维护国家安全、完善国家治理，4位专家没有提出监督目标。从专家们给出的审计定义来看，在对国家审计作为独立的监督活动的特有属性或本质属性进行界定时，有6位专家或明确或隐含地主张了受托责任理论。

2位专家把国家审计归属于“控制机制”或“监控活动”或“监控机制”，其中1位专家同时提出的4个繁简不同的定义最终都把国家审计归属为“控制机制”或“监控活动”。这2位专家对国家审计定义的“种差”的界定比较一致，都认为，与其他控制机制或监控机制相区别，国家审计控制或监控的对象或内容是“受托责任”或“公共受托责任”的履行和保障。他们对国家审计本质属性的看法，依然是受托责任理论，在这一点上，与多数主张国家审计是独立监督活动的专家的观点一致，2位专家的分歧主要是在监督与控制、监控等词语表达上。

1位专家把国家审计归属于“系统过程”。这一定义是在1973年美国会计学会的审计定义的基础上添加了国家审计主体、职能和目标等要素后形成的。该定义在描述国家审计定义的“种差”即特殊性时，采用的是操作性定义方式，指称国家审计是“国家审计主体收集评价证据，对比既定标准的符合程度，报告结果信息，揭示预防整改，最终实现国家良治目标的一系列相互联系的操作组合”。从所界定的国家审计的目标看，与“独立的监督活动”类国家审计定义的目标基本一致。该定义具有较强的实用性，适宜于在审计实务中使用，但抽象性和理论性不够，不利于分析国家审计产生的原因及其与其他学科之间的内在联系。

需要说明的是：有6位专家在对国家审计下定义时，使用了“国家审计机关”一词，这种在定义项中出现了与被定义项相同词语的情况，容易导致循环定义；有1位专家在明确审计主体时使用了“依法设立的专门机构”，这一表述虽然避免了循环定义，但与实际情况却不相符，因为世界上也有一些从事国家审计的机构同时具有监察或者主计职能，而非专门从事审计的机构；还有3位专家在定义中没有给出审计主体。

从上述专家给出的国家审计定义可以看出，多数专家都认为，国家审计是对受托责任履行情况的一种独立的监督活动，这里的受托责任指的是管理和使用公共资源（包括公共资金、国有资产和国有资源等）的公共受托责任。我们也可以看出，这一定义涉及了独立性、公共受托责任、审计本质、审计职能和审计对象共5个基本概念，而它们正是专家共识性较多的国家审计基本概念。

三、结论与思考

基于征询专家意见情况，我们有以下几点结论和思考：

1. 共识较多的8个国家审计基本概念，即公共受托责任、独立性、审计本质、审计职能、审计目标、审计对象、审计程序和审计证据，基本上可以分成3类：第一类是2个有关审计存在的前提性概念——公共受托责任和独立性，类似一种观念；第二类是有关审计的2个基础性概念——审计本质和审计职能，它们回答了“为什么审计”“审计是什么”和“审计能做什么”这类基本问题；第三类是与审计项目实施密切相关的4个应用性概念，包括审计目标、审计对象、审计程序和审计证据，它们回答了审计项目要达到的目的、审计什么、怎么审计和如何进行判断形成结论等问题。应该说，这8个概念各有各的“角色”。

2. 本次调研中专家们提出的其他41个概念，有的是从抽象的审计理论角度提出的，比如国家治理现代化、审计价值取向、审计特征、审计假设、正当怀疑、应有关注、合理谨慎等；有的是从我国国家审计现行制度规定的角度提出的，比如国家审计制度的构成要素、中国共产党的领导、依法、经济监督、监控机制、审计管辖、审计权限、审计责任等；还有的是从目前审计实践操作的角度提出的，比如审计类型、审计范围、权威性、审计内容、审计依据、审计评价标准、审计准则、审计风险、审计工作底稿、审计报告、审计判断、审计意见、审计结论、审计整改等。这一状况说明专家们在面对“国家审计的重要基本概念”这一命题时，思考维度是不一样的：有的专家意见较为倾向于影响审计实践开展的突出问题，有的明显突出我国国家审计制度特色，有的则倾向于提出涵盖国家审计、内部审计和社会审计在内的审计专业的共性概念，而没有局限于国家审计的范围内去考虑。这些意见对于我们进一步深入开展国家审计基本概念研究和构建国家审计基本理论体系提供了参考。

3. 按照最大限度凝聚专家共识的原则，同时考虑国外国家审计的实际情况，本文尝试着简明地将国家审计定义为：对受托管理和使用公共资源的责任履行情况进行的独立的监督活动。该定义没有明确国家审计的主体，主要考虑是，这种不限定国家审计主体的定义方式，可以使该定义具有更加广泛的适用性，更加符合定义的规范。这一定义与我国宪法、审计法及其实施条例关于审计监督的相关规定保持了一致，同时也符合当前“审计是党和国家监督体系的重要组成部分”的定位。此外，这一定义与强化对权力运行的制约和监督的理念是一致的。权力与责任是统一的，有多大的权力就应承担多大的责任。国家审计对责任履行情况的监督等同于对权力运行的监督。

4. 12位专家共提出49个国家审计基本概念和13个国家审计定义，可谓见仁见智，这些观点丰富了我国国家审计基本理论。但不可否认的是，专家们的认识还很不统一，即使是对上述共识较多的概念，不同专家理解和表述上也不尽一致，甚至有相互解释的现象。这些分散的不统一的认识，也在一定程度上表明，对于国家审计基本概念的研究仍然是审计理论研究的一项重要任务，如何构建国家审计基本理论体系，并在此基础上构建国家审计学科体系和话语体系，仍然是我们面临的一个重要的研究课题。

（撰稿人：刘力云　崔孟修　王　慧　沈　玲）

【审计学科的研究对象、知识体系和核心课程初探】

一、审计学科的研究对象

（一）审计学科有明确的研究对象。

1. 审计学科研究对象的概念。

审计学科建设与审计的本质、职能定位密不

可分。审计学是审计实践发展到一定程度而产生的，并通过对审计实践的总结、提炼而不断发展形成的科学知识体系。构建科学的培养机制以培养审计实践需求的专业人才是审计学科建设的重要目标。审计的基本功能是经济监督。审计功能是通过审计人员依法独立开展的经济监督活动而实现的。审计学作为一门科学，对审计领域的发展规律、基本原理、科学方法等进行深入系统研究，并更好指导实践，是其科学性的基本要求。据此，可以将审计学科定义为：审计学科是研究经济监督活动的一般规律、基本原理及技术方法等的综合性应用科学。

根据辩证唯物主义原理，对事物的认识要与时俱进、开拓创新，在实践中不断修正对客观事物及其规律的认识。因此，客观、科学而深入地研究审计学，重点是对其发展规律的认识。审计学科在长期的经济社会发展过程中，随着审计工作的深化、拓展而不断发展，并形成了不同于其他学科的研究对象：既定社会经济环境下审计活动的规律，审计规律在既定环境、既定领域中的具体表现，包括审计的基本原理以及审计技术与方法等。基于审计活动的本质以及学科建设的内在逻辑，可以将审计学科的研究对象界定为：经济监督活动的发展规律、基本原理、技术方法等。审计学科研究对象本身就包含着独特的审计思维、审计方法和审计话语体系。

从创造知识和科学研究的角度，审计学科的研究对象强调的是审计学科所研究领域的高度抽象与归纳，包含了审计是什么、为什么需要审计、开展审计工作所依据的原理是什么、如何运用科学方法等根本性的认知。审计学科需要探讨和研究审计活动规律及其应用，对审计实践进行高度概括和科学总结，研究审计思想的产生发展以及审计原理、技术方法的发展完善。审计学科研究对象是审计理论服务审计实践需求、培养具备健全审计知识体系和能力的审计专业人才、构建完备的制度理论体系等在学科层面的抽象表述。

2. 审计学科研究对象的决定因素分析。

无论从历史发展还是从实践发展角度，审计学科都具有明确的研究对象。这是由审计基本职能、审计工作特点以及审计事业发展对审计专业人才的培养需求所共同决定的。

首先，审计学科的研究对象，是由审计作为一项经济监督活动的基本职能定位所决定的。审计学科的研究对象是对经济监督行为及影响行为效果的各方面（制度、流程、方法等）的抽象概括表述，是由审计这项工作所处的经济社会环境以及审计职能所决定的，侧重对审计行为的解释及内在规律的研究、对审计思想的探索、对审计体制机制制度的深层次认知等。

审计的产生源于经济监督的需要，其发展完善过程无不体现着经济监督活动的本质。从历史角度看，我国早在商周时期就出现了以财政财务收支为监督对象、以审查账目为基本手段的审计监督活动。从当前定位看，我国宪法、审计法等法律法规都对审计监督职责作出了明确规定。审计的职能以及审计在国家经济发展和社会各项事业发展中发挥的作用，决定了审计学科具有明确的、不同于其他学科的研究对象。当前，我国对会计学科、审计学科研究对象的认识有时会混淆，存在“审计是从会计中分离出来的”“审计源于会计”“审计就是查账”等一些不正确的认识与观点。这在一定程度上是受注册会计师事务所进行社会审计而形成的认识偏差，根本原因则是未从审计的起源、本质、职能定位来清晰认识审计与会计的差异。审计和会计的起源、职能作用定位、发展路径等都截然不同，审计学科的研究对象不同于会计学科。因此，为了更加清晰界定审计学科的边界，需要在纷繁杂芜、表现各异的审计现象中，深刻认识审计的本质，科学认知审计的运行机理和发展规律，探究其发挥治理作用的途径和方式，更好服务审计实践需求。

其次，审计学科研究对象的科学界定程度，受到学科建设与审计专业人才培养机制之间内在逻辑关系的影响。审计学科建设是为了培养经济社会发展所需要的审计人才、构建健全完备的审计人才培养的体制机制。因此，审计学科发展受到当前经济社会发展环境对审计专业人才培养目标的影响，受到构建高水平的审计人才培养平台与培养机制等需求的影响。掌握最为本质、核心的审计发展规律，深入学习审计的基本原理，熟练应用科学的审计技术方法等，是审计专业人才培养中最基础的方面，是学科不断丰富、发展的基本维度。

（二）审计学科研究对象的特点。

审计学科的研究对象影响到审计学科边界，也在一定程度上决定着学科属性，彰显着审计学科与其他学科的本质差别。审计学科研究对象以独立的经济监督活动为核心，在范围上体现了广义的审计范畴，包含较强的管理属性，且具有系统性、前瞻性、先进性等特点。

1. 以独立的经济监督活动为核心，体现监督特性。

审计实践、审计工作是审计学科的现实基础和服务对象，决定着审计学科的内涵属性及特性。从审计职业特点来看，审计强调客观公正地进行监督、鉴证、评价和提出建议，依法独立履行经济监督职责是审计与其他工作的本质区别。从审计的产生、发展过程看，无论审计学科研究对象如何发展、丰富，对审计有关规律、原理的认知如何深入、系统，始终都是围绕着经济监督这个审计的基本功能来深化的。审计的基本职能决定了审计学科研究对象所反映的审计工作具有独立性、履行经济监督职能等根本特点。这是审计学科与其他学科的本质差异，也是审计学科研究对象的核心要义。

2. 在范围上体现了广义的审计范畴。

审计学科的研究对象强调要把所有审计活动作为整体进行研究，探究其整体层面具有的稳定、共性的规律，以及基本原理、基本理论等。在此基础上，结合审计的具体行为或活动领域，探究具体的应用理论。比如，审计规律包含审计机关组织实施的国家审计、注册会计师开展的社会审计、单位内部审计部门实施的内部审计等共同遵循的一般性规律及各有的特殊规律。审计原理也是既有普适性的基本概念，又有特殊应用领域的具体命题，包括审计机关对公共资金、国有资产、国有资源和领导干部履行经济责任情况实行审计全覆盖，社会审计机构根据委托对单位财务报表的审计，以及单位内部审计部门对单位经济活动、风险管理等内容的监督和评价等。

3. 体现了较强的管理属性。

将审计学科研究对象从理论、实践两个方向进行分析，能够得出：从理论上，审计学的发展规律产生于经济监督活动的历史发展，并应用于监督、评价的全过程，包含管理思想和理念，体现了审计服务于国家治理的内在规律；从实践上，则通过规律的应用、理论的深化、技术方法的采用，在不同领域发挥着维护财经秩序、促进制度完善和提升制度效能的积极作用。进一步运用辩证唯物主义和历史唯物主义进行分析，可以发现，审计自产生起，就具有经济监督的基本职能，有其发挥作用的专门领域和特有的活动方式，国家审计、社会审计、内部审计都发挥了积极的监督、评价、促进作用，发挥作用的过程、机制以及作用的效果均体现了较强的管理属性。由此，从审计学科的研究对象来看，审计学科的属性可以归结为管理性，从学科归属上可以纳入管理学门类的范畴。

4. 具有系统性。

审计学科的研究对象上接学科建设目标、人才培养需求，下连学科体系及研究方法、核心课程。研究对象确定了学科边界及主要研究维度，既是对培养审计人才需求的回应，也为审计学科的研究内容、研究方法和既定阶段核心课程的设置明确了方向。审计学科的研究对象是一个丰富的、多元的结构体系，包括基础理论研究、历史发展研究、比较研究及应用研究等纵横交织的诸多层面。基础理论研究是审计学科研究结构体系的基础和核心，旨在揭示审计活动的规律性，并在此基础上构筑审计学科的理论框架；历史发展研究和比较研究是审计学科研究结构体系的时空维度或坐标，强调审计活动的纵深延伸和横向展开；应用研究则是审计学科研究发挥作用的主阵地。

5. 具有前瞻性、先进性。

审计学科作为一门应用科学，其研究对象既反映了现代审计学科发展水平，同时还按照学科发展规律关注动态发展趋势，注重前瞻性地分析挖掘审计本质及发展规律的演变，强调对前瞻性分析思维的培养。审计学科研究对象的发展完善，循着科学研究的规律，紧密结合我国审计职能定位、审计范围、技术方法等各方面的新发展新变化，不断深化对审计规律、原理的认知及对审计方法的探索，并对审计活动的本质、应用及影响等方面作出前瞻性分析，更好服务审计工作。审计实践的飞速发展，也不断深化对审计学科的认知、专业人才培养方面的前瞻性探索，认识新的规律、原理与方法体系，比如对近些年开展的重大政策措施落实情况审计、领导干部自然资源资产离任审计等内在规律的认识。

（三）具体研究对象的内在联系。

审计学科的一般规律、基本原理和技术方法等研究对象的不同方面，各有侧重，相互关联，是一个具有内在逻辑结构和层次关系的有机联系的整体，共同反映了培养审计专业人才的基本维度和要求，共同满足审计学科建设需求。

1. 对一般规律的研究体现了对审计实践发展脉络及规律的总结、提炼。

主要包括系统探索和揭示审计作为经济监督活动的规律，以及国家审计、社会审计和内部审计等不同审计类型在各自发展过程中形成的规律，对审计工作进行总结、提炼，上升为规律性认识，实现对各类不同目标的审计和各个不同行业的审计的有效指导。

2. 对基本原理的研究体现了审计学科的特有概念及命题。

审计基本原理是审计学科特有的概念、范畴和命题，按照该学科固有的规律组合而成的独特的、成体系的基本认知。重点研究审计在长期发展过程中形成的、特有的概念、类型以及各发展阶段的重要命题等。审计基本原理对于整个审计学科研究具有根本性的指导意义。

3. 对技术方法的研究体现了审计学科对技术、科学方法的内在要求及应用情况。

审计工作的实施需要采用科学的技术方法。审计的技术方法既包含履行审计职能的一系列技术方法的有机结合体，也包含探究审计规律的方法。审计方法的科学性、先进性影响着审计学科的科学性、先进性。对审计技术方法的研究主要包括审计工作中形成的比较成熟、多样化的审计技术与方法，包括取证、综合分析、抽样等方法，也包括地理空间信息等自然科学技术方法在审计工作中的运用，还包含一系列有助于研究论证重要理论、推动学科发展与完善的研究方法。

二、审计学科的知识体系

知识体系就是把一些零碎的、分散的、相对独立的知识概念或观点加以整合，使之形成具有一定联系的知识系统。审计学科知识体系就是将审计知识概念或观点划分为不同的学科层级，形成的相互联系、相互依存的审计知识系统。

审计学科的知识体系包括理论体系、应用体系和研究方法体系。

（一）审计学科的理论体系。

审计学科既有其自身独特的发展规律，也以政治学、经济学、法学和管理学等学科为基础，审计学科理论体系包括所依靠的理论和自身的理论体系。

1. 审计学科所依靠的理论。

审计学科所依靠的理论是审计理论体系的重要组成部分，也对审计活动具有指导和规范作用。主要包括政治学理论、管理学理论、经济学理论、法学理论等。

政治学理论。政治学是一门以研究政治行为、政治体制以及政治相关领域为主的社会科学学科。狭义的政治学研究国家的活动、形式和关系及其发展规律；广义的政治学研究在一定经济基础之上的社会公共权力的活动、形式和关系及其发展规律。马克思主义认为，政治是经济的集中表现。无论是政治的本质、内容、形态还是方式，从根本上说，都是由当时特定的社会关系决定的，政治以其特定的社会作用，体现着社会经济关系，体现着特定社会的各种经济利益和要求。审计作为用权力制约权力的一种制度安排，审计学科以当时经济监督规律为研究对象，必然涉及当时特定的社会关系，把社会公共权力的活动、形式和关系作为研究的基础。因此，政治学理论是审计学科所依靠的理论，包括政治制度、政治行为、政治决策等。

管理学理论。管理学是系统研究管理活动的基本规律和一般方法的科学。管理学是适应现代社会化大生产的需要产生的，它的目的是研究在现有的条件下，如何通过合理的组织和配置人、财、物等因素，提高生产力的水平。审计的对象包括财政财务收支及其管理活动，审计的重要目标是促进提高生产力水平。因此，管理学理论也是审计学科所依靠的重要理论，包括管理决策理论、组织理论、会计学、财务管理、行政管理等。

经济学理论。经济学是研究人类经济活动的规律，即研究价值的创造、转化、实现的规律和经济发展规律的理论，分为政治经济学与科学经济学两大类型。政治经济学根据所代表的阶级的利益为了突出某个阶级在经济活动中的地位和作用自发从某个侧面研究价值规律或经济规律，科学经济学用科学方法自觉从整体上研究人类经济活动的价值规律或经济规律。因此，经济学理论是一切经济活动的理论基础，当然也是把经济监督活动规律作为研究对象的审计学科的理论基础，主要包括宏观经济运行、微观经济运行、企业理论等。

法学理论。法学是关于法律的科学。法律作为统治阶级制定的强制性规范，其直接目的在于维持社会秩序，并通过秩序的构建与维护，实现社会公正。作为以法律为研究对象的法学，其核心就在对于秩序与公正的研究，是秩序与公正之学。从法学的视角看，审计行为实际上是一种运用法律和执行法律的行为，审计主体、审计客体、审计权限、审计依据、审计判断等审计的许多问题都与法律的运用和执行有关。因此，法学理论也是审计学科所依靠的重要理论，主要包括宪法理论、经济法理论、行政法理论、环境与资源保护法理论等。

2. 审计学科自身的理论体系。

审计学科自身的理论体系包括三个方面：一是研究审计产生的外部条件和内在原因的审计动因理论；二是研究同一国家审计发展的不同阶段、不同国家审计（制度环境）发展特点的审计发展理论；三是研究审计主体、审计客体及其他审计关系人权力、义务及责任的审计规范理论。

审计动因理论。审计学科是实践性很强的一门学科，审计活动历史悠久，弄清审计活动产生的经济社会条件、理论支撑是构建审计学科的基础。主要研究国家审计、内部审计、社会审计产生的动因，归纳提炼出审计概念、审计本质、审计功能、审计作用、审计目标、审计环境等基本概念，为审计理论研究和审计实践提供理论基础和方法论指导。审计动因理论主要包括国家治理理论、权力制约理论、受托责任理论、信息理论、代理理论、保险理论、冲突理论等。

审计发展理论。审计活动与经济社会发展相互促进，一方面经济社会发展规范了审计活动的舞台，另一方面审计活动也推动经济社会的发展。主要研究审计发展与经济社会发展之间的互动关系，审计思想的继承与发展，不同国家审计发展规律的比较。审计发展理论主要包括审计史、审计思想史、比较审计理论。

审计规范理论。审计行为是运用法律和执行法律的行为，依法审计是审计的基本原则。审计规范理论通过研究实施审计一方、被审计一方和与审计活动有关的其他各方各自遵守的行为规则及其运行机制，对审计主体、审计客体及其审计相关方的行为加以约束，以保证审计活动正当性、正确性和有效性。审计规范理论主要包括审计法律法规理论、审计准则理论、审计证据理论、审计标准理论等。

（二）审计学科的应用体系。

审计学科的应用体系的研究对象主要是审计实际工作中的经验材料，与审计理论相比更具有实践性，是审计理论的具体化，也是审计理论发展演化的渊源。但审计学科的应用体系并非没有理论，其理论是为解决具体审计实际问题服务的。审计学科的应用体系主要包括对审计实务管理进行研究的审计管理体系、对审计业务类型进行研究分类的审计业务体系和审计方法体系。

审计管理体系。审计管理是审计工作的重要组成部分，良好的审计管理是审计质量和审计效率的根本保障。按照一般管理活动的计划、组织、指挥、协调、控制等五个要素，研究提出审计计划、组织、指挥、协调和控制的制度机制，使得审计事项无空白、无重叠，指挥系统流畅、上下贯通，人与事高度匹配、权责一致，其目的是更有效率地实现组织目标。审计管理理论主要包括审计计划管理、审计人力资源管理、审计风险管理、审计质量管理、审计档案管理等。

审计业务体系。按照不同的标准和角度，审计可划分为多种业务类型。如按照审计内容不同，划分为政策措施贯彻落实跟踪审计、国有资金审计、国有资产审计、国有资源审计、领导干部经济责任审计和自然资源资产离任（任中）审计等；按照审计目标的不同，划分为财务审计、合规性审计和绩效审计；按照审计范围不同，划分为政策措施贯彻落实跟踪审计、财政审计、金融审计、企业审计、投资审计、经济责任审计、民生审计、涉外审计等。对审计业务进行分类就是通过比较同类审计行为之间的相似性，把具有某些共同点或相似特征的审计业务归属于一起，使大量繁杂的材料条理化、系统化，有利于发现和掌握审计发展的一般规律。

审计方法体系。审计方法是审计人员为了行使审计职能、完成审计任务、达到审计目标所采取的方式、手段和技术的总称。审计方法主要包括审计取证的方法、审计综合分析方法、审计抽样方法和大数据审计方法等。

（三）审计学科研究方法体系。

在审计学科研究中，研究方法可以直接丰富和发展审计理论，有助于从方法论的高度统一研究者对一些重要理论问题的认识。审计研究方法是否适当、科学，直接影响着审计理论研究的质量和效果，是促进或制约审计理论研究水平提高的重要因素。在具体的审计研究方法中，与管理学、经济学等其他社会学科的研究方法相似，主要体现在具体运用中。

1. 基于经济监督特性的哲学研究法。

哲学研究方法，就是运用哲学的基本原理研究解决审计的具体科学问题。用哲学研究方法开展审计理论研究，要基于审计经济监督这一特质。审计是用权力监督权力的行为，其基本职能是经济监督，研究审计本质、规律等不能简单就审计论审计，要从审计事务与其他相关事务的关系中去认识，也就是说，在研究经济监督行为时，要研究经济行为、经济环境等，要从与监督对象的关系中认识和研究审计行为，要联系相关环境、用发展的眼光、宏观的视野开展研究。因此，在开展审计理论研究过程中，需要加大对审计环境的研究；研究专业审计，需要研究相关专业外部大环境、专业体制改革；研究审计体制，就必须要研究审计体制与国家政治体制、政府体制的关系，研究审计在国家整个权力结构中的功效、作用；研究审计发展，必须把它放在国家政治体制、经济体制、经济发展、社会发展、法治发展和法治化程度的发展环境中去研究。

2. 基于审计项目实践的规范研究法。

基于实践的规范研究法主要关注实践中“应如何”或“怎么办”，偶尔也关注“是什么”或“有什么”，它主要表现为日常的“问题解决”“实践的行动研究”，也可能呈现为对策研究或方案设计等。基于审计项目实践开展规范研究，是由审计项目多样性所决定的，每个审计项目的审计对象、审计内容、审计标准、审计环境等都是不同的，需要通过开展研究的方式来解决实践中的具体问题，规范研究法在审计项目实践中的具有应用表现为：审计机关和审计人员从审计实践出发，通过收集资料、分析数据、归纳原因等方法，分析研究国家经济社会发展中存在的体制性障碍、机制性扭曲、制度性缺陷以及被审计单位的管理漏洞，从而形成高质量和高层次审计工作成果和理论研究成果的过程。实践研究法在审计项目中得到应用，能够有效提高审计工作的前瞻性和建设性，能够产出高质量的审计研究成果，是理论来源于实践、服务于实践的体现。

3. 基于中国特色审计的实证研究法。

实证研究法是一种对事物可以实证量化的部分进行测量和分析，以检验研究者自己关于该事物的某些理论假设的研究方法。随着时代的发展，与其他学科一样，审计理论研究方法发展到以数学为主的量化实证法与规范法并重，已成为一种既成事实和既定方向。实证方法反对从抽象的概念出发，强调客观证据，包括抽样方法、问卷调查法、案例研究法、数据统计方法等。中国特色审计具有特殊的发展历程、制度背景、运行规律、管理体制等，这些特色为开展审计实证研究提供了前置条件。基于中国审计实践开展的实证研究，都是立足于中国特色社会主义审计，结合我国特有国情，通过抽样、访谈、问卷，或通过从公告、年鉴、报告等途径获得的数据资料做系统整理和计量分析，概括和归纳计量分析结果，以逻辑和数学方法得出研究结论，并作出理论上的阐释。

三、审计学科的二级学科

审计学科升级为一级学科，为满足科学研究和人才培养的需要，需进一步划分若干种既相关又相互独立的二级学科。综合考虑审计学科的研究对象与知识体系，将其分为5个二级学科，分别是：理论审计学、应用审计学、审计管理学、审计标准学和审计风险学，如图 10 所示。

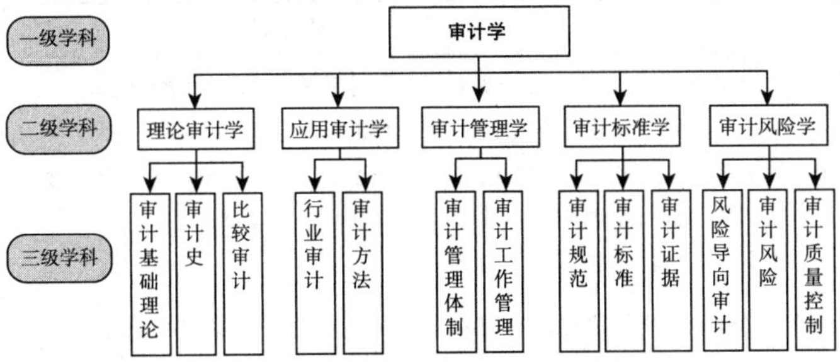

图 10　审计学科的二级学科

（一）理论审计学。

理论审计学主要研究审计工作中的基本共性问题、审计实践中的规律性问题，审计的产生与发展，如审计的基本概念、本质与职能、地位与作用，产生的经济社会条件、技术条件，从低级到高级不断发展的规律、经济社会发展与审计的演进规律、审计思想的形成与演进规律、不同制度下的审计工作、审计工作发展对制度的影响，以及不同国家审计工作情况比较等，为审计实践提供理论支撑。可以分为审计基础理论、审计史、比较审计 3 个三级学科。

（二）应用审计学。

应用审计学主要研究具体的审计业务，如审计主体、客体、目标、程序、方法等，研究不同目标的审计，以及不同行业的审计，研究在内部审计、社会审计、国家审计的具体审计业务开展中，有利于推动工作开展、提高工作效果的技术、方法与手段等。可以分为行业审计、审计方法 2 个三级学科。

（三）审计管理学。

审计管理学主要研究审计工作管理规律、管理体制、审计计划管理、审计组织与程序的管理、审计人员的管理、审计现场管理、审计报告管理及结果运用等，为审计工作的顺利有效开展提供保障。可以分为审计管理体制、审计工作管理 2 个三级学科。

（四）审计标准学。

审计标准学主要研究广义层面的审计工作相关标准，如审计人员工作行为标准规范要求，审计事项的评价证据和标准，如审计取证标准要求，审计证据的证明力、获得及运用，审计标准的设定、选择、运用等，为审计工作提供指导与基本遵循。可以分为审计规范、审计标准、审计证据 3 个三级学科。

（五）审计风险学。

审计风险学主要研究基于风险导向的审计工作，审计风险的产生、分类、识别及防范，审计质量的标准、控制及问责等。可以分为风险导向审计、审计风险、审计质量控制 3 个三级学科。

四、审计学科核心课程

学科的人才培养功能要以课程为中介来实现，课程是人才培养方案的基本单元、人才培养的基础，不仅实现对学科知识的传播，也往往是新兴学科的生长点，因此，构建科学的核心课程是学科建设的重要因素。核心课程的设置与专业、研究方向、学习阶段密切相关，本文分别对本科教育阶段和研究生教育阶段的核心课程设置进行探讨，如表 5 所示。

（一）本科教育阶段。

审计学本科教育主要是为了培养具备审计学相关专业知识和专业技能，毕业后可在政府审计机关从事审计工作，在大中型企业和跨国公司从事内部审计工作，或在会计师事务所、资产评估公司等中介机构从事审计服务与咨询工作的人才。因此本科教育的培养是“宽口径、厚基础”的，更重视通识教育和专业教育的结合，以及理论知识学习与实践操作能力培养的结合，在课程设计上注重专业的普及与全面传授，旨在对专业有一个大而全的认识。基于此，本科教育阶段的核心课程分为基础核心课程和专业核心课程。

1. 基础核心课程。

基础核心课程是为专业课的学习奠定必要基础的课程，是学习专业核心课程的前提，是掌握

表 5　审计学科核心课程

阶段	类别	核心课程
本科	基础核心课程	必修基础课：马克思主义基本原理、计算机基础、大学英语等 政治学：马克思主义政治经济学、政治学基础等 管理学：会计学基础、财务会计、管理会计、资产评估、管理学原理、企业管理等 经济学：经济学基础、财政学、金融学、统计学等 法学：经济法、税法、民商法等
	专业核心课程	审计理论：审计学原理、国家审计学、内部审计学、社会审计学、审计史概述、审计制度、审计风险概论等 审计应用：舞弊审计、合规审计、绩效审计、财务审计、财政审计、金融审计、企业审计、资环审计 、工程审计、经济责任审计、内部控制审计、风险导向审计等 审计方法：审计技术方法、审计数据分析、计算机审计、审计案例分析等
研究生	理论审计学	国家治理与审计、审计监督学、审计动因理论、审计发展理论、审计史、审计思想史、比较审计学等
	应用审计学	高级审计学、行业审计比较、内部控制审计、信息系统审计、非现场审计学、大数据审计、审计前沿技术方法等
	审计管理学	审计管理体制研究、审计组织管理学、审计程序管理学、审计现场管理学等
	审计标准学	审计规范学、证据法学、审计证据学、审计标准学等
	审计风险学	风险导向审计学、审计风险管理学、审计质量控制学、公司治理与风险管理等

专业知识技能必修的重要课程。除了必修的马克思主义基本原理、计算机基础、大学英语等课程外，由于审计学具有多学科特点，很多其他学科的基础课是其基础核心课程，如政治学、管理学、经济学、法学等，具体包括：政治学相关的马克思主义政治经济学、政治学基础等；管理学相关的会计学基础、财务会计、管理会计、资产评估、管理学原理、企业管理等；经济学相关的经济学基础、财政学、金融学、统计学等；法学相关的经济法、税法、民商法等。

2. 专业核心课程。

专业核心课程是指一个专业中开设的富有该专业特色，以该专业中以及相对应的岗位群中最核心的理论和技能为内容的课程。因此专业核心课程既要满足专业培养目标又要突出专业特色，其设置与具体的人才培养专业或研究方向紧密相关，不同的专业或研究方向会设计不同的专业核心课程。审计学本科专业核心课程全面介绍审计学相关基础原理与实操知识，具体包括：审计理论方面的审计学原理、国家审计学、内部审计学、社会审计学、审计史概述、审计制度、审计风险概论等；审计应用方面的舞弊审计、合规审计、绩效审计、财务审计、财政审计、金融审计、企业审计、资环审计、工程审计、经济责任审计、内部控制审计、风险导向审计等；审计方法方面的审计技术方法、审计数据分析、计算机审计、审计案例分析等。

（二）研究生教育阶段。

研究生教育更专注于某一领域的学习和研究，是在本科广泛学习的基础上，对学科某一方向深入细致的研究，强调的是“小众化、精英式”培养，不再局限于书本知识的积累，而重在寻求知识的突破与创新。强调寻求真理、发现规律、探索未知知识。该阶段的核心课程注重专业教育和专业的提升，强调在某方面或某层面的重点研究，其设置与二级学科紧密相关，所以在此为审计学科的 5 个二级学科设置了对应的核心课程。

理论审计学的核心课程有国家治理与审计、

审计监督学、审计动因理论、审计发展理论、审计史、审计思想史、比较审计学等。

应用审计学的核心课程有高级审计学、行业审计比较、内部控制审计、信息系统审计、非现场审计学、大数据审计、审计前沿技术方法等。

审计管理学的核心课程有审计管理体制研究、审计组织管理学、审计程序管理学、审计现场管理学等。

审计标准学的核心课程有审计规范学、证据法学、审计证据学、审计标准学等。

审计风险学的核心课程有风险导向审计学、审计风险管理学、审计质量控制学、公司治理与风险管理等。

（课题组组长：姜江华　课题组副组长：杜光宇
课题组成员：王长友、王彪华、戚艳霞、李培培）

重要财经审计法规文件

中华人民共和国预算法实施条例

中华人民共和国国务院令第 729 号
2020 年 8 月 3 日

（1995 年 11 月 22 日中华人民共和国国务院令第 186 号发布　2020 年 8 月 3 日中华人民共和国国务院令第 729 号修订）

第一章　总　　则

第一条　根据《中华人民共和国预算法》（以下简称预算法），制定本条例。

第二条　县级以上地方政府的派出机关根据本级政府授权进行预算管理活动，不作为一级预算，其收支纳入本级预算。

第三条　社会保险基金预算应当在精算平衡的基础上实现可持续运行，一般公共预算可以根据需要和财力适当安排资金补充社会保险基金预算。

第四条　预算法第六条第二款所称各部门，是指与本级政府财政部门直接发生预算缴拨款关系的国家机关、军队、政党组织、事业单位、社会团体和其他单位。

第五条　各部门预算应当反映一般公共预算、政府性基金预算、国有资本经营预算安排给本部门及其所属各单位的所有预算资金。

各部门预算收入包括本级财政安排给本部门及其所属各单位的预算拨款收入和其他收入。各部门预算支出为与部门预算收入相对应的支出，包括基本支出和项目支出。

本条第二款所称基本支出，是指各部门、各单位为保障其机构正常运转、完成日常工作任务所发生的支出，包括人员经费和公用经费；所称项目支出，是指各部门、各单位为完成其特定的工作任务和事业发展目标所发生的支出。

各部门及其所属各单位的本级预算拨款收入和其相对应的支出，应当在部门预算中单独反映。

部门预算编制、执行的具体办法，由本级政府财政部门依法作出规定。

第六条　一般性转移支付向社会公开应当细化到地区。专项转移支付向社会公开应当细化到地区和项目。

政府债务、机关运行经费、政府采购、财政专户资金等情况，按照有关规定向社会公开。

部门预算、决算应当公开基本支出和项目支出。部门预算、决算支出按其功能分类应当公开到项；按其经济性质分类，基本支出应当公开到款。

各部门所属单位的预算、决算及报表，应当在部门批复后 20 日内由单位向社会公开。单位预算、决算应当公开基本支出和项目支出。单位预算、决算支出按其功能分类应当公开到项；按其经济性质分类，基本支出应当公开到款。

第七条　预算法第十五条所称中央和地方分税制，是指在划分中央与地方事权的基础上，确定中央与地方财政支出范围，并按税种划分中央与地方预算收入的财政管理体制。

分税制财政管理体制的具体内容和实施办法，按照国务院的有关规定执行。

第八条　县级以上地方各级政府应当根据中央和地方分税制的原则和上级政府的有关规定，确定本级政府对下级政府的财政管理体制。

第九条　预算法第十六条第二款所称一般性转移支付，包括：

（一）均衡性转移支付；

（二）对革命老区、民族地区、边疆地区、贫困地区的财力补助；

（三）其他一般性转移支付。

第十条 预算法第十六条第三款所称专项转移支付，是指上级政府为了实现特定的经济和社会发展目标给予下级政府，并由下级政府按照上级政府规定的用途安排使用的预算资金。

县级以上各级政府财政部门应当会同有关部门建立健全专项转移支付定期评估和退出机制。对评估后的专项转移支付，按照下列情形分别予以处理：

（一）符合法律、行政法规和国务院规定，有必要继续执行的，可以继续执行；

（二）设立的有关要求变更，或者实际绩效与目标差距较大、管理不够完善的，应当予以调整；

（三）设立依据失效或者废止的，应当予以取消。

第十一条 预算收入和预算支出以人民币元为计算单位。预算收支以人民币以外的货币收纳和支付的，应当折合成人民币计算。

第二章　预算收支范围

第十二条 预算法第二十七条第一款所称行政事业性收费收入，是指国家机关、事业单位等依照法律法规规定，按照国务院规定的程序批准，在实施社会公共管理以及在向公民、法人和其他组织提供特定公共服务过程中，按照规定标准向特定对象收取费用形成的收入。

预算法第二十七条第一款所称国有资源（资产）有偿使用收入，是指矿藏、水流、海域、无居民海岛以及法律规定属于国家所有的森林、草原等国有资源有偿使用收入，按照规定纳入一般公共预算管理的国有资产收入等。

预算法第二十七条第一款所称转移性收入，是指上级税收返还和转移支付、下级上解收入、调入资金以及按照财政部规定列入转移性收入的无隶属关系政府的无偿援助。

第十三条 转移性支出包括上解上级支出、对下级的税收返还和转移支付、调出资金以及按照财政部规定列入转移性支出的给予无隶属关系政府的无偿援助。

第十四条 政府性基金预算收入包括政府性基金各项目收入和转移性收入。

政府性基金预算支出包括与政府性基金预算收入相对应的各项目支出和转移性支出。

第十五条 国有资本经营预算收入包括依照法律、行政法规和国务院规定应当纳入国有资本经营预算的国有独资企业和国有独资公司按照规定上缴国家的利润收入、从国有资本控股和参股公司获得的股息红利收入、国有产权转让收入、清算收入和其他收入。

国有资本经营预算支出包括资本性支出、费用性支出、向一般公共预算调出资金等转移性支出和其他支出。

第十六条 社会保险基金预算收入包括各项社会保险费收入、利息收入、投资收益、一般公共预算补助收入、集体补助收入、转移收入、上级补助收入、下级上解收入和其他收入。

社会保险基金预算支出包括各项社会保险待遇支出、转移支出、补助下级支出、上解上级支出和其他支出。

第十七条 地方各级预算上下级之间有关收入和支出项目的划分以及上解、返还或者转移支付的具体办法，由上级地方政府规定，报本级人民代表大会常务委员会备案。

第十八条 地方各级社会保险基金预算上下级之间有关收入和支出项目的划分以及上解、补助的具体办法，按照统筹层次由上级地方政府规定，报本级人民代表大会常务委员会备案。

第三章　预算编制

第十九条 预算法第三十一条所称预算草案，是指各级政府、各部门、各单位编制的未经法定程序审查和批准的预算。

第二十条 预算法第三十二条第一款所称绩效评价，是指根据设定的绩效目标，依据规范的程序，对预算资金的投入、使用过程、产出与效果进行系统和客观的评价。

绩效评价结果应当按照规定作为改进管理和编制以后年度预算的依据。

第二十一条 预算法第三十二条第三款所称

预算支出标准，是指对预算事项合理分类并分别规定的支出预算编制标准，包括基本支出标准和项目支出标准。

地方各级政府财政部门应当根据财政部制定的预算支出标准，结合本地区经济社会发展水平、财力状况等，制定本地区或者本级的预算支出标准。

第二十二条 财政部于每年6月15日前部署编制下一年度预算草案的具体事项，规定报表格式、编报方法、报送期限等。

第二十三条 中央各部门应当按照国务院的要求和财政部的部署，结合本部门的具体情况，组织编制本部门及其所属各单位的预算草案。

中央各部门负责本部门所属各单位预算草案的审核，并汇总编制本部门的预算草案，按照规定报财政部审核。

第二十四条 财政部审核中央各部门的预算草案，具体编制中央预算草案；汇总地方预算草案或者地方预算，汇编中央和地方预算草案。

第二十五条 省、自治区、直辖市政府按照国务院的要求和财政部的部署，结合本地区的具体情况，提出本行政区域编制预算草案的要求。

县级以上地方各级政府财政部门应当于每年6月30日前部署本行政区域编制下一年度预算草案的具体事项，规定有关报表格式、编报方法、报送期限等。

第二十六条 县级以上地方各级政府各部门应当根据本级政府的要求和本级政府财政部门的部署，结合本部门的具体情况，组织编制本部门及其所属各单位的预算草案，按照规定报本级政府财政部门审核。

第二十七条 县级以上地方各级政府财政部门审核本级各部门的预算草案，具体编制本级预算草案，汇编本级总预算草案，经本级政府审定后，按照规定期限报上一级政府财政部门。

省、自治区、直辖市政府财政部门汇总的本级总预算草案或者本级总预算，应当于下一年度1月10日前报财政部。

第二十八条 县级以上各级政府财政部门审核本级各部门的预算草案时，发现不符合编制预算要求的，应当予以纠正；汇编本级总预算草案时，发现下级预算草案不符合上级政府或者本级政府编制预算要求的，应当及时向本级政府报告，由本级政府予以纠正。

第二十九条 各级政府财政部门编制收入预算草案时，应当征求税务、海关等预算收入征收部门和单位的意见。

预算收入征收部门和单位应当按照财政部门的要求提供下一年度预算收入征收预测情况。

第三十条 财政部门会同社会保险行政部门部署编制下一年度社会保险基金预算草案的具体事项。

社会保险经办机构具体编制下一年度社会保险基金预算草案，报本级社会保险行政部门审核汇总。社会保险基金收入预算草案由社会保险经办机构会同社会保险费征收机构具体编制。财政部门负责审核并汇总编制社会保险基金预算草案。

第三十一条 各级政府财政部门应当依照预算法和本条例规定，制定本级预算草案编制规程。

第三十二条 各部门、各单位在编制预算草案时，应当根据资产配置标准，结合存量资产情况编制相关支出预算。

第三十三条 中央一般公共预算收入编制内容包括本级一般公共预算收入、从国有资本经营预算调入资金、地方上解收入、从预算稳定调节基金调入资金、其他调入资金。

中央一般公共预算支出编制内容包括本级一般公共预算支出、对地方的税收返还和转移支付、补充预算稳定调节基金。

中央政府债务余额的限额应当在本级预算中单独列示。

第三十四条 地方各级一般公共预算收入编制内容包括本级一般公共预算收入、从国有资本经营预算调入资金、上级税收返还和转移支付、下级上解收入、从预算稳定调节基金调入资金、其他调入资金。

地方各级一般公共预算支出编制内容包括本级一般公共预算支出、上解上级支出、对下级的税收返还和转移支付、补充预算稳定调节基金。

第三十五条 中央政府性基金预算收入编制内容包括本级政府性基金各项目收入、上一年度结余、地方上解收入。

中央政府性基金预算支出编制内容包括本级政府性基金各项目支出、对地方的转移支付、调出资金。

第三十六条 地方政府性基金预算收入编制内容包括本级政府性基金各项目收入、上一年度结余、下级上解收入、上级转移支付。

地方政府性基金预算支出编制内容包括本级政府性基金各项目支出、上解上级支出、对下级的转移支付、调出资金。

第三十七条 中央国有资本经营预算收入编制内容包括本级收入、上一年度结余、地方上解收入。

中央国有资本经营预算支出编制内容包括本级支出、向一般公共预算调出资金、对地方特定事项的转移支付。

第三十八条 地方国有资本经营预算收入编制内容包括本级收入、上一年度结余、上级对特定事项的转移支付、下级上解收入。

地方国有资本经营预算支出编制内容包括本级支出、向一般公共预算调出资金、对下级特定事项的转移支付、上解上级支出。

第三十九条 中央和地方社会保险基金预算收入、支出编制内容包括本条例第十六条规定的各项收入和支出。

第四十条 各部门、各单位预算收入编制内容包括本级预算拨款收入、预算拨款结转和其他收入。

各部门、各单位预算支出编制内容包括基本支出和项目支出。

各部门、各单位的预算支出，按其功能分类应当编列到项，按其经济性质分类应当编列到款。

第四十一条 各级政府应当加强项目支出管理。各级政府财政部门应当建立和完善项目支出预算评审制度。各部门、各单位应当按照本级政府财政部门的规定开展预算评审。

项目支出实行项目库管理，并建立健全项目入库评审机制和项目滚动管理机制。

第四十二条 预算法第三十四条第二款所称余额管理，是指国务院在全国人民代表大会批准的中央一般公共预算债务的余额限额内，决定发债规模、品种、期限和时点的管理方式；所称余额，是指中央一般公共预算中举借债务未偿还的本金。

第四十三条 地方政府债务余额实行限额管理。各省、自治区、直辖市的政府债务限额，由财政部在全国人民代表大会或者其常务委员会批准的总限额内，根据各地区债务风险、财力状况等因素，并考虑国家宏观调控政策等需要，提出方案报国务院批准。

各省、自治区、直辖市的政府债务余额不得突破国务院批准的限额。

第四十四条 预算法第三十五条第二款所称举借债务的规模，是指各地方政府债务余额限额的总和，包括一般债务限额和专项债务限额。一般债务是指列入一般公共预算用于公益性事业发展的一般债券、地方政府负有偿还责任的外国政府和国际经济组织贷款转贷债务；专项债务是指列入政府性基金预算用于有收益的公益性事业发展的专项债券。

第四十五条 省、自治区、直辖市政府财政部门依照国务院下达的本地区地方政府债务限额，提出本级和转贷给下级政府的债务限额安排方案，报本级政府批准后，将增加举借的债务列入本级预算调整方案，报本级人民代表大会常务委员会批准。

接受转贷并向下级政府转贷的政府应当将转贷债务纳入本级预算管理。使用转贷并负有直接偿还责任的政府，应当将转贷债务列入本级预算调整方案，报本级人民代表大会常务委员会批准。

地方各级政府财政部门负责统一管理本地区政府债务。

第四十六条 国务院可以将举借的外国政府和国际经济组织贷款转贷给省、自治区、直辖市政府。

国务院向省、自治区、直辖市政府转贷的外国政府和国际经济组织贷款，省、自治区、直辖市政府负有直接偿还责任的，应当纳入本级预算管理。省、自治区、直辖市政府未能按时履行还款义务的，国务院可以相应抵扣对该地区的税收返还等资金。

省、自治区、直辖市政府可以将国务院转贷的外国政府和国际经济组织贷款再转贷给下级政府。

第四十七条 财政部和省、自治区、直辖市政府财政部门应当建立健全地方政府债务风险评估指标体系，组织评估地方政府债务风险状况，对债务高风险地区提出预警，并监督化解债务风险。

第四十八条 县级以上各级政府应当按照本年度转移支付预计执行数的一定比例将下一年度转移支付预计数提前下达至下一级政府，具体下达事宜由本级政府财政部门办理。

除据实结算等特殊项目的转移支付外，提前下达的一般性转移支付预计数的比例一般不低于90%；提前下达的专项转移支付预计数的比例一般不低于70%。其中，按照项目法管理分配的专项转移支付，应当一并明确下一年度组织实施的项目。

第四十九条 经本级政府批准，各级政府财政部门可以设置预算周转金，额度不得超过本级一般公共预算支出总额的1%。年度终了时，各级政府财政部门可以将预算周转金收回并用于补充预算稳定调节基金。

第五十条 预算法第四十二条第一款所称结转资金，是指预算安排项目的支出年度终了时尚未执行完毕，或者因故未执行但下一年度需要按原用途继续使用的资金；连续两年未用完的结转资金，是指预算安排项目的支出在下一年度终了时仍未用完的资金。

预算法第四十二条第一款所称结余资金，是指年度预算执行终了时，预算收入实际完成数扣除预算支出实际完成数和结转资金后剩余的资金。

第四章　预算执行

第五十一条 预算执行中，政府财政部门的主要职责：

（一）研究和落实财政税收政策措施，支持经济社会健康发展；

（二）制定组织预算收入、管理预算支出以及相关财务、会计、内部控制、监督等制度和办法；

（三）督促各预算收入征收部门和单位依法履行职责，征缴预算收入；

（四）根据年度支出预算和用款计划，合理调度、拨付预算资金，监督各部门、各单位预算资金使用管理情况；

（五）统一管理政府债务的举借、支出与偿还，监督债务资金使用情况；

（六）指导和监督各部门、各单位建立健全财务制度和会计核算体系，规范账户管理，健全内部控制机制，按照规定使用预算资金；

（七）汇总、编报分期的预算执行数据，分析预算执行情况，按照本级人民代表大会常务委员会、本级政府和上一级政府财政部门的要求定期报告预算执行情况，并提出相关政策建议；

（八）组织和指导预算资金绩效监控、绩效评价；

（九）协调预算收入征收部门和单位、国库以及其他有关部门的业务工作。

第五十二条 预算法第五十六条第二款所称财政专户，是指财政部门为履行财政管理职能，根据法律规定或者经国务院批准开设的用于管理核算特定专用资金的银行结算账户；所称特定专用资金，包括法律规定可以设立财政专户的资金，外国政府和国际经济组织的贷款、赠款，按照规定存储的人民币以外的货币，财政部会同有关部门报国务院批准的其他特定专用资金。

开设、变更财政专户应当经财政部核准，撤销财政专户应当报财政部备案，中国人民银行应当加强对银行业金融机构开户的核准、管理和监督工作。

财政专户资金由本级政府财政部门管理。除法律另有规定外，未经本级政府财政部门同意，任何部门、单位和个人都无权冻结、动用财政专户资金。

财政专户资金应当由本级政府财政部门纳入统一的会计核算，并在预算执行情况、决算和政府综合财务报告中单独反映。

第五十三条 预算执行中，各部门、各单位的主要职责：

（一）制定本部门、本单位预算执行制度，建立健全内部控制机制；

（二）依法组织收入，严格支出管理，实施绩效监控，开展绩效评价，提高资金使用效益；

（三）对单位的各项经济业务进行会计核算；

（四）汇总本部门、本单位的预算执行情况，定期向本级政府财政部门报送预算执行情况报告和绩效评价报告。

第五十四条 财政部门会同社会保险行政部门、社会保险费征收机构制定社会保险基金预算的收入、支出以及财务管理的具体办法。

社会保险基金预算由社会保险费征收机构和社会保险经办机构具体执行，并按照规定向本级政府财政部门和社会保险行政部门报告执行情况。

第五十五条 各级政府财政部门和税务、海关等预算收入征收部门和单位必须依法组织预算收入，按照财政管理体制、征收管理制度和国库集中收缴制度的规定征收预算收入，除依法缴入财政专户的社会保险基金等预算收入外，应当及时将预算收入缴入国库。

第五十六条 除依法缴入财政专户的社会保险基金等预算收入外，一切有预算收入上缴义务的部门和单位，必须将应当上缴的预算收入，按照规定的预算级次、政府收支分类科目、缴库方式和期限缴入国库，任何部门、单位和个人不得截留、占用、挪用或者拖欠。

第五十七条 各级政府财政部门应当加强对预算资金拨付的管理，并遵循下列原则：

（一）按照预算拨付，即按照批准的年度预算和用款计划拨付资金。除预算法第五十四条规定的在预算草案批准前可以安排支出的情形外，不得办理无预算、无用款计划、超预算或者超计划的资金拨付，不得擅自改变支出用途；

（二）按照规定的预算级次和程序拨付，即根据用款单位的申请，按照用款单位的预算级次、审定的用款计划和财政部门规定的预算资金拨付程序拨付资金；

（三）按照进度拨付，即根据用款单位的实际用款进度拨付资金。

第五十八条 财政部应当根据全国人民代表大会批准的中央政府债务余额限额，合理安排发行国债的品种、结构、期限和时点。

省、自治区、直辖市政府财政部门应当根据国务院批准的本地区政府债务限额，合理安排发行本地区政府债券的结构、期限和时点。

第五十九条 转移支付预算下达和资金拨付应当由财政部门办理，其他部门和单位不得对下级政府部门和单位下达转移支付预算或者拨付转移支付资金。

第六十条 各级政府、各部门、各单位应当加强对预算支出的管理，严格执行预算，遵守财政制度，强化预算约束，不得擅自扩大支出范围、提高开支标准；严格按照预算规定的支出用途使用资金，合理安排支出进度。

第六十一条 财政部负责制定与预算执行有关的财务规则、会计准则和会计制度。各部门、各单位应当按照本级政府财政部门的要求建立健全财务制度，加强会计核算。

第六十二条 国库是办理预算收入的收纳、划分、留解、退付和库款支拨的专门机构。国库分为中央国库和地方国库。

中央国库业务由中国人民银行经理。未设中国人民银行分支机构的地区，由中国人民银行商财政部后，委托有关银行业金融机构办理。

地方国库业务由中国人民银行分支机构经理。未设中国人民银行分支机构的地区，由上级中国人民银行分支机构商有关地方政府财政部门后，委托有关银行业金融机构办理。

具备条件的乡、民族乡、镇，应当设立国库。具体条件和标准由省、自治区、直辖市政府财政部门确定。

第六十三条 中央国库业务应当接受财政部的指导和监督，对中央财政负责。

地方国库业务应当接受本级政府财政部门的指导和监督，对地方财政负责。

省、自治区、直辖市制定的地方国库业务规程应当报财政部和中国人民银行备案。

第六十四条 各级国库应当及时向本级政府财政部门编报预算收入入库、解库、库款拨付以及库款余额情况的日报、旬报、月报和年报。

第六十五条 各级国库应当依照有关法律、行政法规、国务院以及财政部、中国人民银行的有关规定，加强对国库业务的管理，及时准确地办理预算收入的收纳、划分、留解、退付和预算支出的拨付。

各级国库和有关银行业金融机构必须遵守国家有关预算收入缴库的规定，不得延解、占压应当缴入国库的预算收入和国库库款。

第六十六条 各级国库必须凭本级政府财政部门签发的拨款凭证或者支付清算指令于当日办理资金拨付，并及时将款项转入收款单位的账户或者清算资金。

各级国库和有关银行业金融机构不得占压财政部门拨付的预算资金。

第六十七条 各级政府财政部门、预算收入征收部门和单位、国库应当建立健全相互之间的预算收入对账制度，在预算执行中按月、按年核对预算收入的收纳以及库款拨付情况，保证预算收入的征收入库、库款拨付和库存金额准确无误。

第六十八条 中央预算收入、中央和地方预算共享收入退库的办法，由财政部制定。地方预算收入退库的办法，由省、自治区、直辖市政府财政部门制定。

各级预算收入退库的审批权属于本级政府财政部门。中央预算收入、中央和地方预算共享收入的退库，由财政部或者财政部授权的机构批准。地方预算收入的退库，由地方政府财政部门或者其授权的机构批准。具体退库程序按照财政部的有关规定办理。

办理预算收入退库，应当直接退给申请单位或者申请个人，按照国家规定用途使用。任何部门、单位和个人不得截留、挪用退库款项。

第六十九条 各级政府应当加强对本级国库的管理和监督，各级政府财政部门负责协调本级预算收入征收部门和单位与国库的业务工作。

第七十条 国务院各部门制定的规章、文件，凡涉及减免应缴预算收入、设立和改变收入项目和标准、罚没财物处理、经费开支标准和范围、国有资产处置和收益分配以及会计核算等事项的，应当符合国家统一的规定；凡涉及增加或者减少财政收入或者支出的，应当征求财政部意见。

第七十一条 地方政府依据法定权限制定的规章和规定的行政措施，不得涉及减免中央预算收入、中央和地方预算共享收入，不得影响中央预算收入、中央和地方预算共享收入的征收；违反规定的，有关预算收入征收部门和单位有权拒绝执行，并应当向上级预算收入征收部门和单位以及财政部报告。

第七十二条 各级政府应当加强对预算执行工作的领导，定期听取财政部门有关预算执行情况的汇报，研究解决预算执行中出现的问题。

第七十三条 各级政府财政部门有权监督本级各部门及其所属各单位的预算管理有关工作，对各部门的预算执行情况和绩效进行评价、考核。

各级政府财政部门有权对与本级各预算收入相关的征收部门和单位征收本级预算收入的情况进行监督，对违反法律、行政法规规定多征、提前征收、减征、免征、缓征或者退还预算收入的，责令改正。

第七十四条 各级政府财政部门应当每月向本级政府报告预算执行情况，具体报告内容、方式和期限由本级政府规定。

第七十五条 地方各级政府财政部门应当定期向上一级政府财政部门报送本行政区域预算执行情况，包括预算执行旬报、月报、季报，政府债务余额统计报告，国库库款报告以及相关文字说明材料。具体报送内容、方式和期限由上一级政府财政部门规定。

第七十六条 各级税务、海关等预算收入征收部门和单位应当按照财政部门规定的期限和要求，向财政部门和上级主管部门报送有关预算收入征收情况，并附文字说明材料。

各级税务、海关等预算收入征收部门和单位应当与相关财政部门建立收入征管信息共享机制。

第七十七条 各部门应当按照本级政府财政部门规定的期限和要求，向本级政府财政部门报送本部门及其所属各单位的预算收支情况等报表和文字说明材料。

第七十八条 预算法第六十六条第一款所称超收收入，是指年度本级一般公共预算收入的实际完成数超过经本级人民代表大会或者其常务委员会批准的预算收入数的部分。

预算法第六十六条第三款所称短收，是指年度本级一般公共预算收入的实际完成数小于经本级人民代表大会或者其常务委员会批准的预算收入数的情形。

前两款所称实际完成数和预算收入数，不包括转移性收入和政府债务收入。

省、自治区、直辖市政府依照预算法第六十六条第三款规定增列的赤字，可以通过在国务院下达的本地区政府债务限额内发行地方政府一般债券予以平衡。

设区的市、自治州以下各级一般公共预算年度执行中出现短收的，应当通过调入预算稳定调节基金或者其他预算资金、减少支出等方式实现收支平衡；采取上述措施仍不能实现收支平衡的，可以通过申请上级政府临时救助平衡当年预算，并在下一年度预算中安排资金归还。

各级一般公共预算年度执行中厉行节约、节约开支，造成本级预算支出实际执行数小于预算总支出的，不属于预算调整的情形。

各级政府性基金预算年度执行中有超收收入的，应当在下一年度安排使用并优先用于偿还相应的专项债务；出现短收的，应当通过减少支出实现收支平衡。国务院另有规定的除外。

各级国有资本经营预算年度执行中有超收收入的，应当在下一年度安排使用；出现短收的，应当通过减少支出实现收支平衡。国务院另有规定的除外。

第七十九条 年度预算确定后，部门、单位改变隶属关系引起预算级次或者预算关系变化的，应当在改变财务关系的同时，相应办理预算、资产划转。

第五章 决 算

第八十条 预算法第七十四条所称决算草案，是指各级政府、各部门、各单位编制的未经法定程序审查和批准的预算收支和结余的年度执行结果。

第八十一条 财政部应当在每年第四季度部署编制决算草案的原则、要求、方法和报送期限，制发中央各部门决算、地方决算以及其他有关决算的报表格式。

省、自治区、直辖市政府按照国务院的要求和财政部的部署，结合本地区的具体情况，提出本行政区域编制决算草案的要求。

县级以上地方政府财政部门根据财政部的部署和省、自治区、直辖市政府的要求，部署编制本级政府各部门和下级政府决算草案的原则、要求、方法和报送期限，制发本级政府各部门决算、下级政府决算以及其他有关决算的报表格式。

第八十二条 地方政府财政部门根据上级政府财政部门的部署，制定本行政区域决算草案和本级各部门决算草案的具体编制办法。

各部门根据本级政府财政部门的部署，制定所属各单位决算草案的具体编制办法。

第八十三条 各级政府财政部门、各部门、各单位在每一预算年度终了时，应当清理核实全年预算收入、支出数据和往来款项，做好决算数据对账工作。

决算各项数据应当以经核实的各级政府、各部门、各单位会计数据为准，不得以估计数据替代，不得弄虚作假。

各部门、各单位决算应当列示结转、结余资金。

第八十四条 各单位应当按照主管部门的布置，认真编制本单位决算草案，在规定期限内上报。

各部门在审核汇总所属各单位决算草案基础上，连同本部门自身的决算收入和支出数据，汇编成本部门决算草案并附详细说明，经部门负责人签章后，在规定期限内报本级政府财政部门审核。

第八十五条 各级预算收入征收部门和单位应当按照财政部门的要求，及时编制收入年报以及有关资料并报送财政部门。

第八十六条 各级政府财政部门应当根据本级预算、预算会计核算数据等相关资料编制本级决算草案。

第八十七条 年度预算执行终了，对于上下级财政之间按照规定需要清算的事项，应当在决算时办理结算。

县级以上各级政府财政部门编制的决算草案应当及时报送本级政府审计部门审计。

第八十八条 县级以上地方各级政府应当自本级决算经批准之日起 30 日内，将本级决算以及下一级政府上报备案的决算汇总，报上一级政府备案；将下一级政府报送备案的决算汇总，报本级人民代表大会常务委员会备案。

乡、民族乡、镇政府应当自本级决算经批准之日起 30 日内，将本级决算报上一级政府备案。

第六章 监 督

第八十九条 县级以上各级政府应当接受本级和上级人民代表大会及其常务委员会对预算执行情况和决算的监督，乡、民族乡、镇政府应当接受本级人民代表大会和上级人民代表大会及其常务委员会对预算执行情况和决算的监督；按照本级人民代表大会或者其常务委员会的要求，报告预算执行情况；认真研究处理本级人民代表大会代表或者其常务委员会组成人员有关改进预算管理的建议、批评和意见，并及时答复。

第九十条 各级政府应当加强对下级政府预算执行情况的监督，对下级政府在预算执行中违反预算法、本条例和国家方针政策的行为，依法予以制止和纠正；对本级预算执行中出现的问题，及时采取处理措施。

下级政府应当接受上级政府对预算执行情况的监督；根据上级政府的要求，及时提供资料，如实反映情况，不得隐瞒、虚报；严格执行上级政府作出的有关决定，并将执行结果及时上报。

第九十一条 各部门及其所属各单位应当接受本级政府财政部门对预算管理有关工作的监督。

财政部派出机构根据职责和财政部的授权，依法开展工作。

第九十二条 各级政府审计部门应当依法对本级预算执行情况和决算草案，本级各部门、各单位和下级政府的预算执行情况和决算，进行审计监督。

第七章 法律责任

第九十三条 预算法第九十三条第六项所称违反本法规定冻结、动用国库库款或者以其他方式支配已入国库库款，是指：

（一）未经有关政府财政部门同意，冻结、动用国库库款；

（二）预算收入征收部门和单位违反规定将所收税款和其他预算收入存入国库之外的其他账户；

（三）未经有关政府财政部门或者财政部门授权的机构同意，办理资金拨付和退付；

（四）将国库库款挪作他用；

（五）延解、占压国库库款；

（六）占压政府财政部门拨付的预算资金。

第九十四条 各级政府、有关部门和单位有下列行为之一的，责令改正；对负有直接责任的主管人员和其他直接责任人员，依法给予处分：

（一）突破一般债务限额或者专项债务限额举借债务；

（二）违反本条例规定下达转移支付预算或者拨付转移支付资金；

（三）擅自开设、变更账户。

第八章 附 则

第九十五条 预算法第九十七条所称政府综合财务报告，是指以权责发生制为基础编制的反映各级政府整体财务状况、运行情况和财政中长期可持续性的报告。政府综合财务报告包括政府资产负债表、收入费用表等财务报表和报表附注，以及以此为基础进行的综合分析等。

第九十六条 政府投资年度计划应当和本级预算相衔接。政府投资决策、项目实施和监督管理按照政府投资有关行政法规执行。

第九十七条 本条例自 2020 年 10 月 1 日起施行。

国务院办公厅关于印发全国深化“放管服”改革优化营商环境电视电话会议重点任务分工方案的通知

国办发〔2020〕43 号 2020 年 11 月 1 日

党中央、国务院高度重视深化“放管服”改革优化营商环境工作。2020 年 9 月 11 日，李克强总理在全国深化“放管服”改革优化营商环境电视电话会议上发表重要讲话，部署进一步深化“放管服”改革，加快打造市场化法治化国际化营商环境，不断激发市场主体活力和发展内生动力。为确保会议确定的重点任务落到实处，现制订如下分工方案。

一、把实施好宏观政策和深化“放管服”改革结合起来，提高宏观政策实施的时效性和精准性

（一）研究将财政资金直达机制实施中的好做法制度化，落实减税降费政策，为保就业、保民生、保市场主体提供支撑。（财政部、国家发展改革委、工业和信息化部、民政部、人力资源社会保障部、交通运输部、人民银行、税务总局、市场监管总局、银保监会等国务院相关部门

及各地区按职责分工负责）

具体措施：

1. 及时总结财政资金直达基层的经验做法，进一步完善财政资金直达机制，优化完善直达资金监控系统功能，督促各地区加强直达资金日常监控，确保资金落实到位、规范使用。（财政部牵头，国务院相关部门及各地区按职责分工负责）

2. 简化税费优惠政策适用程序，利用大数据等技术甄别符合条件的纳税人、缴费人，精准推送优惠政策信息。督促中央执收单位和各地区加强非税收入退付管理，确保取消、停征、免征及降低征收标准的收费基金项目及时落实到相关企业和个人。（财政部、税务总局牵头，国务院相关部门及各地区按职责分工负责）

3. 2020 年底前开展涉企收费专项治理，对公用事业、港口物流等领域涉企收费开展检查，整治部分园区、楼宇、商业综合体等转供电主体违法加价等行为，坚决避免减税降费红利被截留。（市场监管总局牵头，国家发展改革委、住房城乡建设部、交通运输部、海关总署等国务院相关部门及各地区按职责分工负责）

4. 清理规范中小企业融资中的不合理附加费用，整治银行强制搭售产品、超公示标准收费、收费与服务项目不符等违规行为。加强银行服务项目和收费公示，建立健全银行业违规收费投诉举报机制。（银保监会及各地区按职责分工负责）

5. 2020 年底前组织开展行业协会商会收费情况全面自查，2021 年 3 月底前对行业协会商会乱收费自查、退还违法违规所得等情况开展检查，确保乱收费问题整改到位。（市场监管总局、民政部牵头，国务院相关部门及各地区按职责分工负责）

（二）让企业特别是中小微企业融资更加便利、更加优惠，推动国有大型商业银行创新对中小微企业的信贷服务模式，利用大数据等技术解决“首贷难”“续贷难”等问题。督促金融机构优化普惠型小微企业贷款延期操作程序，做到应延尽延，并引导金融机构适当降低利率水平。加强水电气、纳税、社保等信用信息归集共享，为增加普惠金融服务创造条件。（人民银行、银保监会牵头，国家发展改革委、财政部、人力资源社会保障部、住房城乡建设部、税务总局、市场监管总局、国家医保局、国家能源局等国务院相关部门及各地区按职责分工负责）

具体措施：

1. 鼓励商业银行运用大数据等技术建立风险定价和管控模型，优化再造对中小微企业的信贷发放流程和模式，推行线上服务、“不见面”审批等便捷信贷服务。（人民银行、银保监会及各地区按职责分工负责）

2. 完善商业银行绩效评价，督促商业银行改进贷款尽职免责标准和流程，引导商业银行落实普惠型小微企业贷款政策。督促金融机构公开普惠型小微企业贷款延期操作程序，压缩办理时限，做到应延尽延。（财政部、人民银行、银保监会按职责分工负责）

3. 完善水电气、纳税、社保等领域信用评价标准和指标体系，充分运用各类信用信息平台，加强相关信用信息共享以及在信贷发放方面的应用，支持普惠金融更好发展。（国家发展改革委、人民银行、银保监会牵头，人力资源社会保障部、住房城乡建设部、税务总局、市场监管总局、国家医保局、国家能源局等国务院相关部门及各地区按职责分工负责）

（三）稳定和扩大就业，破除影响就业特别是新就业形态的各种不合理限制，加快调整相关准入标准、职业资格、社会保障、人事管理等政策，适应并促进多元化的新就业形态。把灵活就业、共享用工岗位信息纳入公共就业服务范围，对设立劳务市场或零工市场给予支持、提供便利。（人力资源社会保障部牵头，国务院相关部门及各地区按职责分工负责）

具体措施：

1. 简化应届高校毕业生就业手续，推动取消应届高校毕业生报到证，并加强教育、人力资源社会保障、公安等部门业务协同和就业信息共享，做好就业保障和服务。对非公单位接收应届高校毕业生，取消由所在地公共就业人才服务机构在就业协议书上签章的环节。（教育部、人力资源社会保障部、公安部等国务院相关部门及各地区按职责分工负责）

2. 加大就业服务供给，督促地方清理对职业资格培训和技能培训类民办学校在管理人员从业经验、培训工种数量等方面设定的不合理要求。

推进流动人员人事档案信息互联，加快推行“一点存档、多点服务”。（人力资源社会保障部牵头，国务院相关部门及各地区按职责分工负责）

3. 推进企业技能人才自主评价，支持企业依据国家职业技能标准自主开展技能人才评定，对没有国家职业技能标准的可自主开发评价规范。获得企业发放的职业技能相关证书的人才符合相关条件的，可享受职业培训、职业技能鉴定补贴等政策。（人力资源社会保障部牵头，国务院相关部门及各地区按职责分工负责）

4. 优化外国人来华工作许可，指导地方试点持人才签证的外国人才免办工作许可，授权副省级城市和计划单列市科技主管部门受理签发外国高端人才确认函。（科技部牵头，国务院相关部门及各地区按职责分工负责）

（四）继续优化常态化疫情防控，提高快速处置和精准管控能力，促进客运、餐饮、旅游、住宿等服务业加快恢复。动态调整优化外防输入管控措施，为中外人员往来创造安全便利的条件，提升国际货物运输保障能力。及时清理取消疫情防控中恢复或新增的审批事项，防止将一些临时性审批长期化。（国务院办公厅、国家发展改革委、交通运输部、商务部、文化和旅游部、国家卫生健康委、海关总署、市场监管总局、国家移民局、国家邮政局等国务院相关部门及各地区按职责分工负责）

具体措施：

1. 总结推广疫情防控中服务企业的经验做法，将行之有效、市场主体认可的做法规范化、制度化。及时清理取消不合时宜的管控措施和临时性审批事项。（各地区、各部门负责）

2. 适时调整优化精准防控措施，支持分区分级加快恢复客运服务，对出现散发病例的区域加强交通运输疫情防控，落实客运场站和交通运输工具消毒通风、人员防护、乘客测温等措施。（交通运输部、国家卫生健康委等国务院相关部门及各地区按职责分工负责）

3. 2020 年底前制定出台餐饮服务常态化疫情防控的指导意见，完善住宿业疫情防控指南，支持餐饮业、住宿业在做好疫情防控前提下尽快恢复发展。修订完善旅游景区、剧场等演出场所、互联网上网服务营业场所、娱乐场所恢复开放的疫情防控指南。（商务部、文化和旅游部、国家卫生健康委等国务院相关部门及各地区按职责分工负责）

二、放要放出活力、放出创造力

（五）系统梳理现有各层级审批和各种具有审批性质的管理措施并形成清单，分类推进行政审批制度改革。（国务院办公厅牵头，各地区、各部门负责）

具体措施：

1. 编制公布中央层面设定的行政许可事项清单，出台规范行政许可事项清单管理的规定，对清单内行政许可事项，逐项明确设定依据、实施机关、许可条件、办理程序、办理时限、申请材料、适用范围、有效期限、中介服务等要素。（国务院办公厅牵头，国务院相关部门按职责分工负责）

2. 2021 年 6 月底前建立健全行政许可设定审查机制，严格控制新设行政许可等管理措施，加强对行政许可实施情况的监督。（国务院办公厅负责）

（六）大幅精简各类重复审批，对重复审批进行清理，能整合的整合，该取消的取消，同时要强化责任意识，明确“谁审批谁负责”，绝不能“一批了之”。（国务院办公厅牵头，各地区、各部门负责）

具体措施：

1. 2021 年 6 月底前研究提出新一批取消、下放和改变管理方式的行政许可事项。（国务院办公厅牵头，国务院相关部门按职责分工负责）

2. 深化投资审批制度改革，进一步简化、整合投资项目报建手续，指导地方探索创新投资管理服务方式，不断精简优化审批程序、审批事项和申报材料。（国家发展改革委牵头，国务院相关部门及各地区按职责分工负责）

3. 进一步压减中央层面、地方层面设立的工程建设项目审批事项和条件，精简规范工程建设项目全流程涉及的技术审查、中介服务事项，压缩审批时间。（住房城乡建设部牵头，国务院相关部门及各地区按职责分工负责）

（七）下决心取消对微观经济活动造成不必要干预的审批，以及可以由事前审批转为事中事后监管的审批。从放管结合的角度出发，加快清理不涉及重大项目布局又不触及安全底线的审批，切实改变“以批代管”的情况，进一步降低准入门槛。（国务院办公厅牵头，国务院相关部门及各地区按职责分工负责）

具体措施：

1. 大幅压减涉及工业产品的行政许可事项和强制性认证事项，广泛推行产品系族管理，解决重复检验检测、重复审批认证等问题。（国务院办公厅、市场监管总局、司法部牵头，国务院相关部门及各地区按职责分工负责）

2. 严格控制强制性认证目录，推动将强制性认证目录中适用自我声明方式的产品种类扩大至30％以上，进一步整合划分过细的认证单元。增加指定的认证机构数量，对不涉及产品安全的变更无须申报，压缩认证时间和成本。（市场监管总局牵头，国务院相关部门及各地区按职责分工负责）

3. 优化药店开设审批，在全国范围内对申请开办只经营乙类非处方药的零售企业审批实行告知承诺制，推动取消药品零售企业筹建审批，督促地方清理对开办药店设定的间距限制等不合理条件，并同步加强事中事后监管。（国家药监局牵头，国务院相关部门及各地区按职责分工负责）

4. 2020年底前制定出台深化汽车生产流通领域“放管服”改革的有关意见。简化优化汽车生产准入管理措施，统一汽车产品准入检测标准，推行企业自检自证和产品系族管理，有序放开代工生产等。（工业和信息化部、商务部牵头，国务院相关部门及各地区按职责分工负责）

5. 针对数字经济领域市场准入事项数量多、条件高、手续繁问题，研究提出放宽数字经济领域市场准入的改革举措。推动实现移动应用程序（App）多部门联合检查检测，避免重复检测。简化优化网约车行业市场准入制度。（国务院办公厅、国家发展改革委牵头，工业和信息化部、公安部、交通运输部、中央网信办等相关单位按职责分工负责）

（八）全面清理规范公告备案、计划目录、布局限制、认证检测等各类管理措施，以及借信息化平台建设之名新增的审批环节，严防变相审批和违规乱设审批。（国务院办公厅牵头，各地区、各部门负责）

具体措施：

1. 编制公布中央层面设定的行政备案事项清单。推动制定行政备案条例，明确设定行政备案事项的权限，规范实施备案程序，严防以备案之名行审批之实。（国务院办公厅牵头，司法部等国务院相关部门按职责分工负责）

2. 系统梳理中央层面设定的企业年检、年报事项，分批次推进年检改年报，推动年报事项“多报合一、信息共享”。（国务院办公厅牵头，国务院相关部门按职责分工负责）

（九）改革创新审批方式，深化“证照分离”改革，在生产许可、项目投资审批、证明事项等领域，广泛推行承诺制，实现政府定标准、企业或个人作承诺、过程强监管、失信严惩戒，大幅提高核准审批效率。（国务院办公厅、市场监管总局、司法部牵头，国务院相关部门及各地区按职责分工负责）

具体措施：

1. 着力推进“照后减证”和简化审批，2021年底前在全国实现“证照分离”改革全覆盖，对所有涉企经营许可事项实行分类改革，其中，取消审批、改为备案或实行告知承诺的事项力争达到100项以上，自由贸易试验区力争达到150项。（国务院办公厅、市场监管总局、司法部牵头，国务院相关部门及各地区按职责分工负责）

2. 全面推行证明事项和涉企经营许可事项告知承诺制，明确实行告知承诺制的事项范围、适用对象、工作流程和监管措施等。对具备条件的建设工程企业资质审批实行告知承诺管理。（司法部、国务院办公厅、住房城乡建设部等国务院相关部门及各地区按职责分工负责）

3. 在自由贸易试验区试点商事主体登记确认制改革，最大程度尊重企业登记注册自主权。（市场监管总局及相关地区按职责分工负责）

（十）提升企业注销便利度，强化税务、社保、金融、市场监管等环节协同办理，扩大简易注销范围，让市场主体进得来、退得出。（市场监管总局牵头，人力资源社会保障部、人民银行、海关总署、税务总局等国务院相关部门及各地区按职责分工负责）

具体措施：

1. 2021年6月底前修改完善《企业注销指引》，推进部门间数据共享和业务协同，优化税务注销等程序，实现办理进度和结果实时共享。进一步扩大简易注销试点地域范围。（市场监管总局牵头，人力资源社会保障部、人民银行、海关总署、税务总局等国务院相关部门及各地区按职责分工负责）

2. 探索开展长期吊销未注销企业强制注销试点，明确强制注销的适用情形、具体条件和办理程序，并依法保障当事人合法权利，进一步提高市场主体退出效率。（市场监管总局牵头，国务院相关部门及各地区按职责分工负责）

三、管要管出公平、管出质量

（十一）提高监管执法规范性和透明度，完善“双随机、一公开”监管、信用监管、“互联网+监管”、跨部门协同监管等有效做法，减少人为干预，压缩自由裁量空间，使监管既“无事不扰”又“无处不在”。增强监管的威慑力，降低企业合规成本、提高违规成本，防止“劣币驱逐良币”。（国务院办公厅、市场监管总局、国家发展改革委、人民银行、司法部等国务院相关部门及各地区按职责分工负责）

具体措施：

1. 组织对各地区落实行政执法公示制度、执法全过程记录制度、重大执法决定法制审核制度的有关情况开展抽查。2021年底前制定出台进一步规范行政裁量权基准制度的指导意见，推动各地区、各相关部门加快明确执法裁量基准。（司法部牵头，国务院相关部门及各地区按职责分工负责）

2. 指导地方将“双随机、一公开”监管与企业信用风险分类管理等结合起来，减少对守法诚信企业的检查次数。拓展部门联合“双随机、一公开”监管覆盖范围，将更多事项纳入联合抽查范围。进一步充实执法检查人员名录库，缓解基层“双随机、一公开”监管执法人员不足问题。（市场监管总局牵头，国务院相关部门及各地区按职责分工负责）

3. 持续推进“互联网+监管”，加强部分重点监管领域数据汇集，进一步完善国家“互联网+监管”系统风险预警模型，形成风险预警线索推送、处置和反馈机制，提升监管智能化水平。（国务院办公厅牵头，国务院相关部门及各地区按职责分工负责）

4. 依法依规推进社会信用体系建设，2020年底前制定出台进一步规范公共信用信息纳入范围、失信惩戒和信用修复的有关意见。（国家发展改革委、人民银行牵头，国务院相关部门及各地区按职责分工负责）

（十二）加快完善各领域监管标准体系，实施标准“领跑者”制度，鼓励行业制定更高水平自律标准，推动产品竞争力提高和产业转型升级。根据不同行业特点，合理分配国家、区域、省市县之间的监管力量，加强薄弱环节建设。（国务院办公厅、市场监管总局、生态环境部、交通运输部、农业农村部、文化和旅游部等国务院相关部门及各地区按职责分工负责）

具体措施：

1. 督促国务院相关部门按照法律法规和“三定”规定梳理明确重点监管事项，制定中央层面重点监管事项清单，逐步制定完善监管规则和标准，并向社会公开。（国务院办公厅牵头，国务院相关部门按职责分工负责）

2. 制定完善市场监管、生态环境保护、交通运输、农业、文化市场等领域行政执法事项目录清单，从源头上减少不必要的执法事项，规范行政执法行为，提高行政执法能力。（市场监管总局、生态环境部、交通运输部、农业农村部、文化和旅游部等国务院相关部门按职责分工负责）

3. 引导企业进行企业标准自我声明公开，在更多领域推行企业标准“领跑者”机制，引入第三方机构科学评估企业标准的质量，推动企业标准水平持续提升。（市场监管总局牵头，国务院相关部门及各地区按职责分工负责）

4. 督促地方城市管理部门规范执法行为，制定公布城管执法标准和要求，加大对随意执法等行为的查处力度，降低对市场主体正常生产经营活动的影响。（住房城乡建设部、司法部等国务院相关部门及各地区按职责分工负责）

（十三）守好安全和质量底线，对疫苗、药品、特种设备、危险化学品等领域实行全主体、全品种、全链条的严格监管。（应急部、市场监管总局、工业和信息化部、生态环境部、交通运输部、国家药监局等国务院相关部门及各地区按

职责分工负责）

具体措施：

1. 加强疫苗全过程监管，向疫苗生产企业派驻检查员，开展日常监督检查和督促整改。省级药品监督管理部门每年对疫苗生产企业进行全覆盖监督检查，国家药品监督管理部门每年对在产的疫苗生产企业进行100%全覆盖巡查和重点抽查。（国家药监局及各地区按职责分工负责）

2. 加强全国特种设备安全状况分析，开展隐患排查整治，在生产环节对有投诉举报和涉嫌存在质量问题的生产单位实施重点检查，在使用环节对风险分析确定的重点设备使用单位实施专项检查，并加强对其他特种设备生产单位和使用单位的监督检查。（市场监管总局牵头，国务院相关部门及各地区按职责分工负责）

3. 重点整治定点医疗机构及其他服务机构的不规范诊疗行为，以及医疗保险经办机构的违规支付医保待遇、拖欠定点医药机构费用等问题。建立欺诈骗保问题线索移送机制，对欺诈骗保行为加强部门联合排查。（国家医保局、市场监管总局、国家卫生健康委等国务院相关部门及各地区按职责分工负责）

（十四）强化市场主体责任，加大对制售假冒伪劣、侵犯知识产权等违法犯罪行为的发现和惩处力度，对直接关系人民群众身体健康和生命安全的领域，加快推出惩罚性赔偿和巨额罚款等制度。（市场监管总局、国家知识产权局、公安部、司法部等国务院相关部门及各地区按职责分工负责）

具体措施：

1. 2020年底前制定完善行政执法过程中的商标、专利侵权判断标准。加快在专利等领域引入惩罚性赔偿制度。加大对侵犯商标、专利、商业秘密等知识产权，以及制售假冒伪劣学生用品、成品油、汽车配件等违法犯罪行为的打击力度，挂牌督办一批重点案件。（市场监管总局、国家知识产权局、公安部、司法部等国务院相关部门及各地区按职责分工负责）

2. 完善食品工业企业质量安全追溯平台功能，扩大婴幼儿配方乳粉质量安全追溯试点，便利消费者查询。（工业和信息化部等国务院相关部门及各地区按职责分工负责）

3. 开展移动应用程序（App）违法违规收集使用个人信息专项治理，督促电信和互联网企业加强网络数据安全合规性评估，完善与企业投诉举报联动处理机制，及时核实处理用户投诉举报。（中央网信办、工业和信息化部、公安部、市场监管总局等相关单位及各地区按职责分工负责）

（十五）创新包容审慎监管，改革按区域、按行业监管的习惯做法，探索创新监管标准和模式，发挥平台监管和行业自律作用。在部分领域实施柔性监管、智慧监管等，对一些看不准、可能存在风险的，可以划定可控范围，探索试点经验再推广。（国务院办公厅、国家发展改革委、科技部、工业和信息化部、商务部、市场监管总局、中央网信办等相关单位及各地区按职责分工负责）

具体措施：

1. 系统总结近年来推进“互联网＋”行动的经验做法，分析存在的问题和薄弱环节，2021年3月底前有针对性地研究提出进一步推进“互联网＋”行动的新举措，加快培育经济发展新动能。（国家发展改革委牵头，国务院相关部门按职责分工负责）

2. 2021年底前制定出台对新产业新业态实行包容审慎监管的指导意见。探索开展“沙盒监管”、触发式监管等包容审慎监管试点。（国务院办公厅牵头，国家发展改革委、人民银行、市场监管总局等国务院相关部门及各地区按职责分工负责）

3. 2020年底前制定出台引导平台经济有序竞争的有关文件，为平台经济发展营造良好环境。依法查处互联网领域滥用市场支配地位限制交易、不正当竞争等违法行为，维护市场价格秩序，引导企业合法合规经营。2021年6月底前制定出台网络交易监督管理规定。（市场监管总局牵头，国务院相关部门按职责分工负责）

4. 便利企业获取各类创新资源，加强专利等知识产权信息服务，对专利权人有意愿开放许可的专利，集中公开相关专利基础数据、交易费用等信息，方便企业获取和实施。引导学术论文等数据服务提供商降低论文等资源获取费用，推动研究机构、高校等依法依规向社会开放最新研究成果信息。大幅压减网站备案登记时间。（教育部、科技部、工业和信息化部、国家知识产权局等国务院相关部门及各地区按职责分工负责）

5. 优化互联网医疗发展环境，鼓励支持医疗机构对接互联网平台，开展互联网复诊、互联网健康咨询、远程辅助诊断等服务，研究制定互联网健康咨询流程和标准，探索根据病种分级分类实施互联网问诊管理，实现线上咨询、线下诊疗衔接。（国家卫生健康委等国务院相关部门及各地区按职责分工负责）

四、服要服出便利、服出实惠

（十六）全面推行“不见面”办事，进一步拓展“互联网＋政务服务”，提供“24 小时不打烊”的在线政务服务。除法律法规有特殊规定的事项外，原则上都要做到网上全程可办。对现场核验、签字、领取等环节，可以采取电子认证、“快递＋政务服务”等方式解决。完善全国一体化政务服务平台，年底前地方和部门平台要与国家平台完成对接，在更大范围实现“一网通办”。同时，兼顾好老年人、视障听障残疾人等群众的需求，采取必要的线下补充手段，有针对性地提供人工指导和服务，绝不能出现歧视现象。（国务院办公厅牵头，各地区、各部门负责）

具体措施：

1. 完善全国一体化政务服务平台，2020 年底前实现各省（自治区、直辖市）和国务院部门政务服务平台与国家政务服务平台应接尽接、政务服务事项应上尽上，推动 60 种高频电子证照全国标准化应用，在更大范围实现“一网通办”。制定全国一体化政务服务平台移动端建设指引，督促各地区、各部门规范政务服务移动应用程序（App）建设。对限定仅线上办理等不合理做法及时进行纠正，允许企业和群众自主选择线上或线下办理方式，并加强对老年人、视障听障残疾人等群体的引导和服务。（国务院办公厅牵头，国务院相关部门及各地区按职责分工负责）

2. 优化完善全国规范统一的电子税务局，拓展“非接触式”办税缴费服务，2021 年底前基本实现企业办税缴费事项网上办理、个人办税缴费事项掌上办理。全面推行税务证明事项告知承诺制，扩大将涉税资料事前报送改为留存备查的范围，减轻企业办税负担。（税务总局及各地区按职责分工负责）

3. 优化水电气暖网等公用事业服务，清理报装过程中的附加审批要件和手续，加快实现报装、查询、缴费等业务全程网上办。优化外线施工办理流程，对涉及的工程规划许可、绿化许可、路政许可、占掘路许可、物料堆放许可等环节实行并联审批，探索实行接入工程告知承诺制。（国家发展改革委、工业和信息化部、住房城乡建设部、国家能源局等国务院相关部门及各地区按职责分工负责）

4. 持续优化公证服务，加快推进高频公证服务事项“一网通办”，实现申请受理、身份认证、材料提交和缴费等各环节全程网上办。2021 年 3 月底前研究制定降低企业公证事项和公证事务收费办法和标准。（司法部、国家发展改革委等国务院相关部门及各地区按职责分工负责）

5. 优化医疗服务，参保群众可自主选择使用社保卡（含电子社保卡）、医保电子凭证就医购药。推进居民健康档案及身份识别、电子病历、诊疗信息、报告单结果等信息在不同医院互通互认，并严格保护个人隐私，减少群众重复办卡，避免不必要的重复检查。（国家卫生健康委、国家医保局、人力资源社会保障部及各地区按职责分工负责）

（十七）推动政务服务“跨省通办”，推进标准化建设和电子证照跨省互认，从教育、社保、医疗、养老、婚育和企业登记、经营许可办理等领域入手，加快推进政务服务“跨省通办”，2020 年要有所突破，2021 年底前要基本实现高频事项全覆盖。建立权威高效的数据共享机制，推动数据信息标准化，加快政务数据共享，并保障数据安全、保护隐私，防止滥用或泄露。（国务院办公厅牵头，教育部、民政部、人力资源社会保障部、国家卫生健康委、市场监管总局、中央网信办等相关单位及各地区按职责分工负责）

具体措施：

1. 加快推进高频政务服务事项“跨省通办”，加强全国一体化政务服务平台“跨省通办”服务能力，2020 年底前实现市场主体登记注册、职业资格证书核验、学历公证、驾驶证公证等 58 项事项异地办理，2021 年底前实现工业产品生产许可证、就医结算备案、社保卡申领、户口迁移等

74 项事项异地办理。加快实现相关高频政务服务事项“省内通办”。（国务院办公厅牵头，公安部、司法部、人力资源社会保障部、教育部、市场监管总局、国家医保局等国务院相关部门及各地区按职责分工负责）

2. 2020 年底前制定出台关于建立权威高效的数据共享协调机制的指导意见。通过全国一体化政务服务平台，推进国务院部门重点垂直管理业务信息系统与地方政务服务平台的对接，编制国家层面政务服务数据目录清单和第三批国务院部门数据共享责任清单。（国务院办公厅牵头，各地区、各部门负责）

（十八）推动更多事项集成办理，充分发挥地方政务大厅等“一站式”服务功能，加快实现一窗受理、限时办结、最多跑一次。对多个关联事项探索实现“一件事一次办”，减少办事环节和所需证明材料。整合非紧急类政务服务热线，力争做到“一号响应”。（国务院办公厅牵头，国务院相关部门及各地区按职责分工负责）

具体措施：

1. 完善省、市、县、乡镇综合性政务大厅集中服务模式，提升政务服务标准化水平，持续改进窗口服务，推进线上线下全面融合，普遍推行首问负责、一次告知、一窗受理、并联办理、限时办结等制度。2020 年底前制定发布政务服务评价工作指南和政务服务“一次一评”“一事一评”工作规范，推动各地区、各部门规范化实施政务服务“好差评”制度。（国务院办公厅牵头，各地区、各部门负责）

2. 大力推行“一件事一次办”，从企业和群众“办成一件事”角度出发，将涉及的相关审批服务事项打包，提供“开办餐馆”“开办旅馆”等套餐式、主题式集成服务，公布标准化的办事指南和流程图，由一家牵头部门统一受理、配合部门分头办理，实行一表申请、一套材料、一次提交、限时办结，避免企业和群众来回跑。（各地区、各部门负责）

3. 2020 年底前研究制订整合非紧急类政务服务热线工作方案，推动各地区、各部门加快整合相关热线。（国务院办公厅牵头，国务院相关部门及各地区按职责分工负责）

4. 加强不动产抵押贷款和登记业务协同，在银行等金融机构推广应用不动产登记电子证明，便利企业和群众融资。2020 年底前将全国所有市县抵押登记业务办理时间压缩至 5 个工作日以内，2021 年底前在全国所有市县实现不动产抵押登记全程网上办。（自然资源部、银保监会及各地区按职责分工负责）

5. 细化制定商标审查审理标准，提高商标实质性审查效率，明确近似商标判断、不以使用为目的的恶意商标认定等方面的具体规定。2020 年底前将商标变更、续展业务办理时限压缩一半，分别减至 1 个月、半个月。（国家知识产权局负责）

（十九）提供公平可及的基本民生保障服务，进一步简化社保参保、转移接续等手续，扩大养老、医疗、失业等保险覆盖面。建立困难群众主动发现机制，借助大数据筛选等办法，使符合条件的困难群众及时得到保障。对因灾因病因残遭遇困难的群众，可以先行给予临时救助，绝不能发生冲击社会道德底线的事件。（人力资源社会保障部、民政部、国家卫生健康委、应急部、国家医保局、国务院扶贫办、中国残联等相关单位及各地区按职责分工负责）

具体措施：

1. 2020 年底前实现养老保险关系转移接续“一地办理”。推动将城乡各类用人单位全部纳入失业保险覆盖范围，研究建立灵活就业人员参加失业保险新模式，2021 年底前制定出台失业保险关系转移办法。简化工伤保险领域证明材料和事项，压减工伤认定和劳动能力鉴定办理时限，2021 年 3 月底前研究建立新就业形态人员职业伤害保险制度。（人力资源社会保障部等国务院相关部门及各地区按职责分工负责）

2. 2021 年 6 月底前制定全国统一的门诊费用跨省直接结算政策，12 月底前实现门诊费用跨省直接结算。推动实现医保关系转移接续线上办理。修订完善定点医药机构管理办法，清理医保定点机构不必要的申请条件和要求，督促地方加快清理与医保管理无关的申请条件，缩短办理时限，将更多符合条件的医药机构纳入定点管理，并同步加强事中事后监管。（国家医保局及各地区按职责分工负责）

3. 加强社会救助相关部门间数据共享，对低保对象、特困人员、临时救助对象、残疾人、教育救助对象、住房救助对象、医疗救助对象等信息进行大数据分析，变“人找政策”为“政策找人”。畅通困难群众求助热线，完善特殊困难残疾人访视制度，对符合条件的困难群众及时开展救助。（民政部、人力资源社会保障部、中国残联等相关单位及各地区按职责分工负责）

（二十）严格执行外商投资法及配套法规，清理与外商投资法不符的行政法规、部门规章、规范性文件，确保内外资企业一视同仁、公平竞争。落实好外资准入负面清单，清单之外不得设限。采取有效措施吸引外资，进一步做好安商稳商、招商引商工作。（商务部、国家发展改革委、司法部牵头，国务院相关部门及各地区按职责分工负责）

具体措施：

1. 开展与外商投资法不符的法规规章等专项清理。修订出台 2020 年版鼓励外商投资产业目录，进一步扩大外商投资范围。制定发布外商投资指引，便利外国投资者来华投资。（商务部、国家发展改革委、司法部牵头，国务院相关部门及各地区按职责分工负责）

2. 支持有条件的地方建立外商投资“一站式”服务体系，联通相关部门信息系统，实现外资企业一次登录、一次认证、一次提交材料，即可办理企业注册、预约开户、外汇登记等高频事项。（商务部、市场监管总局、人民银行等国务院相关部门及相关地区按职责分工负责）

（二十一）优化通关作业流程，放开口岸服务准入、引入竞争机制，提高服务效率并降低收费标准。完善出口退税、出口信贷、信用保险等政策，支持进出口市场多元化，扶持中小微外贸企业发展。推进跨境电商综合试验区建设和市场采购贸易方式试点，发挥外贸综合服务企业作用。（海关总署、国家发展改革委、财政部、交通运输部、商务部、人民银行、税务总局、市场监管总局、银保监会、国家外汇局等国务院相关部门及各地区按职责分工负责）

具体措施：

1. 优化风险布控规则，推动降低守法企业和低风险商品查验率。推行灵活查验，对于有特殊运输要求的出入境货物，灵活采取预约查验、下厂查验、入库查验等方式，减少货物搬倒和企业查验等待时间。在有条件的海运口岸推行集装箱设备交接单、提货单、装箱单等单证电子化流转。（海关总署牵头，国务院相关部门及各地区按职责分工负责）

2. 加快出口退税进度，将正常出口退税业务平均办理时间压减至 8 个工作日以内，2021 年全面推广无纸化单证备案。（税务总局、海关总署、人民银行等国务院相关部门及各地区按职责分工负责）

3. 督促新增跨境电商综合试验区、市场采购贸易方式试点地区抓紧制订实施方案。总结并推广跨境电商企业对企业出口监管改革试点经验，完善跨境电商进出口退换货便利化管理措施。推动各类公共海外仓向跨境电商企业共享仓储容量、货物物流等数据信息，方便企业利用海外仓资源。（商务部、海关总署等国务院相关部门及各地区按职责分工负责）

4. 支持更多符合条件的银行提供跨境电商结售汇服务，缩短真实性审核时间，加快资金结算速度。（国家外汇局负责）

五、调动好各方面积极性，形成推动改革的工作合力

（二十二）提高改革协同性，下放审批监管事项时要同步下沉相关专业人员和技术力量，合理分配监管力量，创新监管方式，提升基层承接能力。部门之间要加强统筹协调，提升“放管服”改革的整体成效。（各地区、各部门负责）

（二十三）支持地方探索创新，鼓励地方从当地实际出发，先行先试推进“放管服”改革。通过综合授权等方式，支持地方深化“放管服”改革，形成更多可复制推广的经验做法，以点带面推动全国营商环境优化。（国务院职能转变协调办牵头，国务院相关部门及相关地区按职责分工负责）

具体措施：

2021 年 3 月底前设立首批营商环境创新试点城市，对标国际先进和最佳实践，聚焦市场主体和群众关切，在深化“放管服”改革优化营商环境方面推出一批有含金量的改革举措，支持试点城市先行先试，加快形成可在全国复制推广的制度创新成果，并根据试点情况适时扩大试点城市

范围。（国务院职能转变协调办牵头，国务院相关部门及相关地区按职责分工负责）

（二十四）建立健全常态化政企沟通机制，充分听取各方面意见，对企业诉求“接诉即办”。以企业和群众的获得感和满意度作为评判标准，引入第三方评价机制，完善好差评制度，倒逼政府部门深化改革、改进服务。对改革进度慢、政策不落实的地区和单位，要及时督促整改；对严重损害营商环境和企业、群众利益的，要公开曝光、严肃问责。对锐意改革的地区和单位要表扬激励，成熟经验和典型做法要尽快复制推广。（国务院办公厅牵头，各地区、各部门负责）

（二十五）发挥法治引领和保障作用，坚持依法行政、依法办事，政府部门要主动与立法及司法机构沟通协调，及时推动相关法律法规调整和授权工作。落实好《优化营商环境条例》，巩固已有改革成果，将行之有效并可长期坚持的做法逐步上升为制度规范，以法治手段维护公平竞争环境，保障各项改革依法有序推进。（各地区、各部门负责）

具体措施：

抓好《优化营商环境条例》组织实施和督促落实。2020 年 11 月底前委托第三方机构对条例实施情况进行首轮评估，梳理分析条例执行中的经验做法和存在问题，并有针对性地提出改进措施。在中国政府网设立“优化营商环境进行时”平台，及时宣介和通报营商环境改革相关情况。（国务院办公厅牵头，各地区、各部门负责）

各地区要完善深化“放管服”改革和优化营商环境工作机制，一体化推进相关领域改革，配齐配强工作力量，抓好各项改革任务落地。各部门要结合各自职责，加强协同配合，形成改革合力。国务院办公厅要发挥对深化“放管服”改革和优化营商环境工作的牵头抓总作用，强化统筹协调、业务指导和督促落实，定期对重点改革举措实施情况开展评估，建立优化营商环境工作年度报告制度，总结推广经验做法，并及时纠正改革中出现的跑偏走样等问题，确保改革取得实效。各地区、各部门工作中取得的重大进展、存在的突出问题，要及时向国务院报告。

赋予科研人员职务科技成果所有权或长期使用权试点实施方案

国科发区〔2020〕128 号　2020 年 5 月 9 日

（科技部　发展改革委　教育部　工业和信息化部　财政部　人力资源社会保障部　商务部　知识产权局　中科院）

为深化科技成果使用权、处置权和收益权改革，进一步激发科研人员创新热情，促进科技成果转化，根据《中华人民共和国科学技术进步法》《中华人民共和国促进科技成果转化法》《中华人民共和国专利法》相关规定，现就开展赋予科研人员职务科技成果所有权或长期使用权试点工作制订本实施方案。

一、总体要求

（一）指导思想。

以习近平新时代中国特色社会主义思想为指导，全面贯彻党的十九大和十九届二中、三中、四中全会精神，认真贯彻党中央、国务院决策部署，加快实施创新驱动发展战略，树立科技成果只有转化才能真正实现创新价值、不转化是最大损失的理念，创新促进科技成果转化的机制和模式，着力破除制约科技成果转化的障碍和藩篱，通过赋予科研人员职务科技成果所有权或长期使用权实施产权激励，完善科技成果转化激励政策，激发科研人员创新创业的积极性，促进科技与经济深度融合，推动经济高质量发展，加快建设创新型国家。

（二）基本原则。

系统设计、统筹布局。聚焦科技成果所有权和长期使用权改革，从规范赋予科研人员职务科技成果所有权和长期使用权流程、充分赋予单位管理科技成果自主权、建立尽职免责机制、做好科技成果转化管理和服务等方面做好顶层设计，统筹推进试点工作。

问题导向、补齐短板。遵循市场经济和科技创新规律，着力破解科技成果有效转化的政策制度瓶颈，找准改革突破口，集中资源和力量，畅通科技成果转化通道。

先行先试、重点突破。以调动科研人员创新积极性、促进科技成果转化为出发点和落脚点，强化政策引导，鼓励先行开展探索，破除体制机制障碍，形成新路径和新模式，加快构建有利于科技创新和科技成果转化的长效机制。

（三）主要目标。

分领域选择40家高等院校和科研机构开展试点，探索建立赋予科研人员职务科技成果所有权或长期使用权的机制和模式，形成可复制、可推广的经验和做法，推动完善相关法律法规和政策措施，进一步激发科研人员创新积极性，促进科技成果转移转化。

二、试点主要任务

（一）赋予科研人员职务科技成果所有权。

国家设立的高等院校、科研机构科研人员完成的职务科技成果所有权属于单位。试点单位可以结合本单位实际，将本单位利用财政性资金形成或接受企业、其他社会组织委托形成的归单位所有的职务科技成果所有权赋予成果完成人（团队），试点单位与成果完成人（团队）成为共同所有权人。赋权的成果应具备权属清晰、应用前景明朗、承接对象明确、科研人员转化意愿强烈等条件。成果类型包括专利权、计算机软件著作权、集成电路布图设计专有权、植物新品种权，以及生物医药新品种和技术秘密等。对可能影响国家安全、国防安全、公共安全、经济安全、社会稳定等事关国家利益和重大社会公共利益的成果暂不纳入赋权范围，加快推动建立赋权成果的负面清单制度。

试点单位应建立健全职务科技成果赋权的管理制度、工作流程和决策机制，按照科研人员意愿采取转化前赋予职务科技成果所有权（先赋权后转化）或转化后奖励现金、股权（先转化后奖励）的不同激励方式，对同一科技成果转化不进行重复激励。先赋权后转化的，科技成果完成人（团队）应在团队内部协商一致，书面约定内部收益分配比例等事项，指定代表向单位提出赋权申请，试点单位进行审批并在单位内公示，公示期不少于15日。试点单位与科技成果完成人（团队）应签署书面协议，合理约定转化科技成果收益分配比例、转化决策机制、转化费用分担以及知识产权维持费用等，明确转化科技成果各方的权利和义务，并及时办理相应的权属变更等手续。

（二）赋予科研人员职务科技成果长期使用权。

试点单位可赋予科研人员不低于10年的职务科技成果长期使用权。科技成果完成人（团队）应向单位申请并提交成果转化实施方案，由其单独或与其他单位共同实施该项科技成果转化。试点单位进行审批并在单位内公示，公示期不少于15日。试点单位与科技成果完成人（团队）应签署书面协议，合理约定成果的收益分配等事项，在科研人员履行协议、科技成果转化取得积极进展、收益情况良好的情况下，试点单位可进一步延长科研人员长期使用权期限。试点结束后，试点期内签署生效的长期使用权协议应当按照协议约定继续履行。

（三）落实以增加知识价值为导向的分配政策。

试点单位应建立健全职务科技成果转化收益分配机制，使科研人员收入与对成果转化的实际贡献相匹配。试点单位实施科技成果转化，包括开展技术开发、技术咨询、技术服务等活动，按规定给个人的现金奖励，应及时足额发放给对科技成果转化作出重要贡献的人员，计入当年本单位绩效工资总量，不受单位总量限制，不纳入总量基数。

（四）优化科技成果转化国有资产管理方式。

充分赋予试点单位管理科技成果自主权，探索形成符合科技成果转化规律的国有资产管理模式。高等院校、科研机构对其持有的科技成果，可以自主决定转让、许可或者作价投资，不需报主管部门、财政部门审批。试点单位将科技成果转让、许可或者作价投资给国有全资企业的，可以不进行资产评估。试点单位将其持有的科技成果转让、许可或作价投资给非国有全资企业的，由单位自主决定是否进行资产评估。

（五）强化科技成果转化全过程管理和服务。

试点单位要加强对科技成果转化的全过程管理和服务，坚持放管结合，通过年度报告制度、技术合同认定、科技成果登记等方式，及时掌握赋权科技成果转化情况。试点单位可以通过协议定价、在技术交易市场挂牌交易、拍卖等方式确定交易价格，探索和完善科技成果转移转化的资产评估机制。获得科技成果所有权或长期使用权的科技成果完成人（团队）应勤勉尽职，积极采取多种方式加快推动科技成果转化。对于赋权科技成果作价入股的，应完善相应的法人治理结构，维护各方权益。鼓励试点单位和科研人员通过科研发展基金等方式，将成果转化收益继续用于中试熟化和新项目研发等科技创新活动。建立健全相关信息公开机制，加强全社会监督。

（六）加强赋权科技成果转化的科技安全和科技伦理管理。

鼓励赋权科技成果首先在中国境内转化和实施。国家出于重大利益和安全需要，可以依法组织对赋权职务科技成果进行推广应用。科研人员将赋权科技成果向境外转移转化的，应遵守国家技术出口等相关法律法规。涉及国家秘密的职务科技成果的赋权和转化，试点单位和成果完成人（团队）要严格执行科学技术保密制度，加强保密管理；试点单位和成果完成人（团队）与企业、个人合作开展涉密成果转移转化的，要依法依规进行审批，并签订保密协议。加强对赋权科技成果转化的科技伦理管理，严格遵守科技伦理相关规定，确保科技成果的转化应用安全可控。

（七）建立尽职免责机制。

试点单位领导人员履行勤勉尽职义务，严格执行决策、公示等管理制度，在没有牟取非法利益的前提下，可以免除追究其在科技成果定价、自主决定资产评估以及成果赋权中的相关决策失误责任。各地方、各主管部门要建立相应容错和纠错机制，探索通过负面清单等方式，制定勤勉尽责的规范和细则，激发试点单位的转化积极性和科研人员干事创业的主动性、创造性。完善纪检监察、审计、财政等部门监督检查机制，以是否符合中央精神和改革方向、是否有利于科技成果转化作为对科技成果转化活动的定性判断标准，实行审慎包容监管。

（八）充分发挥专业化技术转移机构的作用。

试点单位应在不增加编制的前提下完善专业化技术转移机制建设，发挥社会化技术转移机构作用，开展信息发布、成果评价、成果对接、经纪服务、知识产权管理与运用等工作，创新技术转移管理和运营机制，加强技术经理人队伍建设，提升专业化服务能力。

三、试点对象和期限

（一）试点单位范围。

试点单位为国家设立的高等院校和科研机构。优先在开展基于绩效、诚信和能力的科研管理改革试点的中央部门所属高等院校和中科院所属科研院所，医疗卫生、农业等行业所属中央级科研机构，以及全面创新改革试验区和国家自主创新示范区内的地方高等院校和科研机构中，选择一批改革动力足、创新能力强、转化成效显著以及示范作用突出的单位开展试点。

（二）试点期限。

试点期 3 年。

四、组织实施

（一）加强组织领导。

在国家科技体制改革和创新体系建设领导小组指导下，科技部会同发展改革委、教育部、工业和信息化部、财政部、商务部、人力资源社会保障部、知识产权局、中科院等部门建立高效、精简的试点工作协调机制，及时研究重大政策问题，编制赋权协议范本，加强风险防控，指导推进试点工作，确保试点宏观可控。相关地方要建立协调机制，推动试点任务落实，做好成效总结评估和经验推广工作。试点单位应按照实施方案的原则和要求，编制试点工作方案。

（二）加强评估监测。

科技部会同相关部门完善试点工作报告制度，试点单位应及时将试点工作方案、年度试点执行情况和赋权成果名单报告主管部门和科技部。对试点中的一些重大事项，可组织科技、产业、法律、财务、知识产权等方面的专家，开展决策咨询服务。发挥第三方评估机构的作用，对试点进展情况开展监测和评估。对于试点前有关地方和单位已经开展的科技成果赋权和转化成功经验、做法和模式，及时纳入试点方案。对试点中发现的问题和偏差，及时予以解决和纠正。

（三）加强推广应用。

充分发挥试点示范作用，开展经验交流，编发典型案例，加强宣传引导。对形成的一些好的经验做法，通过扩大试点范围等方式进行复制推广，总结试点中形成的改革新举措，及时健全完善相关政策措施。为解决试点中可能出现的突出问题和矛盾，需要对现行法律法规进行调整的，依法律程序解决。

各有关部门和地方要按照本方案精神，强化全局和责任意识，统一思想，主动改革，勇于创新，积极作为，确保试点工作取得实效。国防领域赋予科研人员职务科技成果所有权或长期使用权的试点由国防科技工业主管部门和军队有关部门参照本方案精神制订实施方案，另行开展。

教育系统内部审计工作规定

中华人民共和国教育部令第47号
2020年3月20日

第一章　总　　则

第一条　为加强教育系统内部审计工作，提升内部审计工作质量，充分发挥内部审计作用，推动教育事业科学发展，根据《中华人民共和国教育法》《中华人民共和国审计法》《中华人民共和国审计法实施条例》《审计署关于内部审计工作的规定》及其他有关法律法规，制定本规定。

第二条　依法属于审计机关审计监督对象的各级教育行政部门、学校和其他教育事业单位、企业等（以下简称单位）内部审计工作适用本规定。

第三条　本规定所称内部审计，是指对本单位及所属单位财政财务收支、经济活动、内部控制、风险管理等实施独立、客观的监督、评价和建议，以促进单位完善治理、实现目标的活动。

第四条　单位应当依照有关法律法规、本规定和内部审计职业规范，结合本单位实际情况，建立健全内部审计制度，明确内部审计工作的领导体制、职责权限、工作机构、人员配备、经费保障、审计结果运用和责任追究等。

单位应当加强本单位党组织对内部审计工作的领导，健全党领导相关工作的体制机制。

第五条　教育系统内部审计工作应当接受国家审计机关的业务指导和监督。

第二章　内部审计机构和人员

第六条　单位应当根据国家编制管理相关规定和管理需要，设置独立的机构或明确相关内设机构作为内部审计机构，履行内部审计职责。

第七条　内部审计机构应当在本单位主要负责人的直接领导下开展内部审计工作，向其负责并报告工作。

第八条　单位可以根据工作需要成立审计委员会，加强党对审计工作的领导，负责部署内部审计工作，审议年度审计工作报告，研究制订内部审计改革方案、重大政策和发展战略，审议决策内部审计重大事项等。

第九条　单位可以根据工作需要建立总审计师制度。总审计师协助主要负责人管理内部审计工作。

第十条　单位应当保证内部审计工作所需人员编制，严格内部审计人员录用标准，合理配备具有审计、财务、经济、法律、管理、工程、信息技术等专业知识的内部审计人员。总审计师、内部审计机构负责人应当具备审计、财务、经济、法律、管理等专业背景或工作经历。

第十一条　单位应当根据内部审计工作特点，完善内部审计人员考核评价制度和专业技术岗位评聘制度，保障内部审计人员享有相应的晋升、交流、任职、薪酬及相关待遇。

第十二条　单位应当支持和保障内部审计人员通过参加业务培训、考取职业资格、以审代训等多种途径接受继续教育，提高专业胜任能力。

第十三条　内部审计机构的变动和总审计师、内部审计机构负责人的任免或调动，应当向上一级内部审计机构备案。

第十四条　内部审计机构和内部审计人员依法独立履行职责，任何单位和个人不得干涉和打击报复。

第十五条　内部审计机构履行内部审计职责所需经费，应当列入本单位预算。

第十六条　内部审计人员应当严格遵守有关法律法规和内部审计职业规范，独立、客观、公正地履行职责，保守工作秘密。

第十七条　内部审计机构和内部审计人员不

得参与可能影响独立、客观履行审计职责的工作，不得参与被审计单位业务活动的决策和执行。

第十八条 在不违反国家保密规定的情况下，内部审计机构可以根据工作需要向社会中介机构购买审计服务。内部审计机构应当对中介机构开展的受托业务进行指导、监督、检查和评价，并对采用的审计结果负责。

第十九条 单位应当对认真履职、成绩显著的内部审计人员予以表彰。

第三章 内部审计职责权限

第二十条 内部审计机构应当按照国家有关规定和本单位的要求，对本单位及所属单位以下事项进行审计：

（一）贯彻落实国家重大政策措施情况；

（二）发展规划、战略决策、重大措施和年度业务计划执行情况；

（三）财政财务收支和预算管理情况；

（四）固定资产投资项目情况；

（五）内部控制及风险管理情况；

（六）资金、资产、资源的管理和效益情况；

（七）办学、科研、后勤保障等主要业务活动的管理和效益情况；

（八）本单位管理的领导人员履行经济责任情况；

（九）自然资源资产管理和生态环境保护责任的履行情况；

（十）境外机构、境外资产和境外经济活动情况；

（十一）国家有关规定和本单位要求办理的其他事项。

第二十一条 内部审计机构应当协助本单位主要负责人督促落实审计发现问题的整改工作。

第二十二条 教育部负责指导和监督全国教育系统内部审计工作。地方各级教育行政部门负责指导和监督本行政区域内教育系统内部审计工作。

教育行政部门指导和监督内部审计工作的主要职责是：

（一）制定内部审计规章制度；

（二）督促建立健全内部审计制度；

（三）指导开展内部审计工作，突出审计重点；

（四）监督内部审计职责履行情况，检查内部审计业务质量；

（五）开展业务培训、组织内部审计工作交流研讨；

（六）指导教育系统内部审计自律组织开展工作；

（七）维护内部审计机构和内部审计人员的合法权益；

（八）法律、法规规定的其他职责。

第二十三条 内部审计机构应当对所属单位内部审计工作进行管理、指导和监督。

第二十四条 内部审计机构具有下列权限：

（一）要求被审计单位按时报送审计所需的有关资料、相关电子数据，以及必要的计算机技术文档；

（二）参加或列席有关会议，召开与审计事项有关的会议；

（三）参与研究有关规章制度，提出制定内部审计规章制度的建议；

（四）检查有关财政财务收支、经济活动、内部控制、风险管理的资料、文件和现场勘察实物；

（五）检查有关计算机系统及其电子数据和资料；

（六）就审计事项中的有关问题，向有关单位和个人开展调查和询问，取得相关证明材料；

（七）对正在进行的严重违法违规、严重损失浪费行为及时向单位主要负责人报告，经同意作出临时制止决定；

（八）对可能被转移、隐匿、篡改、毁弃的会计凭证、会计账簿、会计报表以及与经济活动有关的资料，经本单位主要负责人批准，有权予以暂时封存；

（九）提出纠正、处理违法违规行为的意见和改进管理、提高绩效的建议；

（十）对违法违规和造成损失浪费的被审计单位和人员，给予通报批评或者提出追究责任的建议；

（十一）对严格遵守财经法规、管理规范有效、贡献突出的被审计单位和个人，可以向单位党组织、主要负责人提出表彰建议。

第四章　内部审计管理

第二十五条　单位主要负责人应当定期听取内部审计工作汇报，加强对内部审计发展战略、年度审计计划、审计质量控制、审计发现问题整改和审计队伍建设等重要事项的管理。总审计师、内部审计机构负责人应当及时向本单位主要负责人报告内部审计结果和重大事项。

第二十六条　内部审计机构应当依照审计法律法规、行业准则和实务指南等建立健全内部审计工作规范，并按规范实施审计。

第二十七条　内部审计机构应当根据单位发展目标、治理结构、管理体制、风险状况等，科学合理地确定内部审计发展战略、制订内部审计计划。

第二十八条　内部审计机构应当运用现代审计理念和方法，坚持风险和问题导向，优化审计业务组织方式，加强审计信息化建设，全面提高审计效率。

第二十九条　内部审计机构应当着眼于促进问题解决，立足于促进机制建设，对审计发现问题做到事实清楚、定性准确，并在分析根本原因的基础上提出审计建议，通过与相关单位合作促进单位事业发展。

第三十条　内部审计机构应当加强自身内部控制建设，合理设置审计岗位和职责分工、优化审计业务流程，完善审计全面质量控制。

第三十一条　内部审计机构应当建立健全本单位及所属单位内部审计工作评价制度，促进提升审计业务与审计管理的专业化水平。

第三十二条　内部审计机构实施领导人员经济责任审计时，应当参照执行国家有关经济责任审计的规定。

第五章　内部审计结果运用

第三十三条　单位应当建立健全审计发现问题整改机制，明确被审计单位主要负责人为整改第一责任人，完善审计整改结果报告制度、审计整改情况跟踪检查制度、审计整改约谈制度，推动审计发现问题的整改落实。

第三十四条　单位应当建立健全审计结果及整改情况在一定范围内公开制度。

第三十五条　单位应当对审计发现的典型性、普遍性问题，及时分析研究，制定和完善相关管理制度，建立健全内部控制措施；对审计发现的倾向性问题，开展审计调查，出具审计管理建议书，为科学决策提供建议。

第三十六条　单位应当加强内部审计机构、纪检监察、巡视巡察、组织人事等内部监督力量的协作配合，建立信息共享、结果共用、重要事项共同实施、整改问责共同落实等工作机制。

第三十七条　单位应当将内部审计结果及整改情况作为相关决策、预算安排、干部考核、人事任免和奖惩的重要依据。

第三十八条　单位在对所属单位开展审计时，应当有效利用所属单位内部审计力量和成果。对所属单位内部审计发现且已经纠正的问题不再在审计报告中反映。

第三十九条　对内部审计发现的重大违纪违法问题线索，在向本单位党组织、主要负责人报告的同时，应当及时向上一级内部审计机构报告，并按照管辖权限依法依规及时移送纪检监察机关、司法机关。

第六章　法律责任

第四十条　被审计单位有下列情形之一的，由单位党组织、主要负责人责令改正，并对直接负责的主管人员和其他直接责任人员进行处理：

（一）拒绝接受或者不配合内部审计工作的；

（二）拒绝、拖延提供与内部审计事项有关的资料，或者提供资料不真实、不完整的；

（三）拒不纠正审计发现问题的；

（四）整改不力、屡审屡犯的；

（五）违反国家规定或者本单位内部规定的其他情形。

第四十一条　内部审计机构和内部审计人员有下列情形之一的，由单位对直接负责的主管人员和其他直接责任人员进行处理；涉嫌犯罪的，依法追究刑事责任：

（一）玩忽职守、不认真履行审计职责造成严重后果的；

（二）隐瞒审计查出的问题或者提供虚假审

计报告的；

（三）泄露国家秘密或者商业秘密的；

（四）利用职权谋取私利的；

（五）违反国家规定或者本单位内部规定的其他情形。

第四十二条 内部审计人员因履行职责受到打击、报复、陷害的，主要负责人应当及时采取保护措施，并对相关责任人员进行处理；涉嫌犯罪的，移送司法机关依法追究刑事责任。

第七章 附 则

第四十三条 单位可以根据本规定，制定本地方、本单位内部审计管理规定。民办学校可以根据实际情况参照本规定执行。

第四十四条 本规定所称企业是指教育行政部门、学校及其他教育事业单位管理的国有和国有资本占控股地位或主导地位的企业。

第四十五条 本规定由教育部负责解释。

第四十六条 本规定自2020年5月1日起施行。教育部于2004年4月13日发布的《教育系统内部审计工作规定》（教育部令第17号）同时废止。

政府购买服务管理办法

中华人民共和国财政部令第102号

2020年1月3日

第一章 总 则

第一条 为规范政府购买服务行为，促进转变政府职能，改善公共服务供给，根据《中华人民共和国预算法》《中华人民共和国政府采购法》《中华人民共和国合同法》等法律、行政法规的规定，制定本办法。

第二条 本办法所称政府购买服务，是指各级国家机关将属于自身职责范围且适合通过市场化方式提供的服务事项，按照政府采购方式和程序，交由符合条件的服务供应商承担，并根据服务数量和质量等因素向其支付费用的行为。

第三条 政府购买服务应当遵循预算约束、以事定费、公开择优、诚实信用、讲求绩效原则。

第四条 财政部负责制定全国性政府购买服务制度，指导和监督各地区、各部门政府购买服务工作。

县级以上地方人民政府财政部门负责本行政区域政府购买服务管理。

第二章 购买主体和承接主体

第五条 各级国家机关是政府购买服务的购买主体。

第六条 依法成立的企业、社会组织（不含由财政拨款保障的群团组织），公益二类和从事生产经营活动的事业单位，农村集体经济组织，基层群众性自治组织，以及具备条件的个人可以作为政府购买服务的承接主体。

第七条 政府购买服务的承接主体应当符合政府采购法律、行政法规规定的条件。

购买主体可以结合购买服务项目的特点规定承接主体的具体条件，但不得违反政府采购法律、行政法规，以不合理的条件对承接主体实行差别待遇或者歧视待遇。

第八条 公益一类事业单位、使用事业编制且由财政拨款保障的群团组织，不作为政府购买服务的购买主体和承接主体。

第三章 购买内容和目录

第九条 政府购买服务的内容包括政府向社会公众提供的公共服务，以及政府履职所需辅助性服务。

第十条 以下各项不得纳入政府购买服务范围：

（一）不属于政府职责范围的服务事项；

（二）应当由政府直接履职的事项；

（三）政府采购法律、行政法规规定的货物和工程，以及将工程和服务打包的项目；

（四）融资行为；

（五）购买主体的人员招、聘用，以劳务派

遣方式用工，以及设置公益性岗位等事项；

（六）法律、行政法规以及国务院规定的其他不得作为政府购买服务内容的事项。

第十一条 政府购买服务的具体范围和内容实行指导性目录管理，指导性目录依法予以公开。

第十二条 政府购买服务指导性目录在中央和省两级实行分级管理，财政部和省级财政部门分别制定本级政府购买服务指导性目录，各部门在本级指导性目录范围内编制本部门政府购买服务指导性目录。

省级财政部门根据本地区情况确定省以下政府购买服务指导性目录的编制方式和程序。

第十三条 有关部门应当根据经济社会发展实际、政府职能转变和基本公共服务均等化、标准化的要求，编制、调整指导性目录。

编制、调整指导性目录应当充分征求相关部门意见，根据实际需要进行专家论证。

第十四条 纳入政府购买服务指导性目录的服务事项，已安排预算的，可以实施政府购买服务。

第四章　购买活动的实施

第十五条 政府购买服务应当突出公共性和公益性，重点考虑、优先安排与改善民生密切相关，有利于转变政府职能、提高财政资金绩效的项目。

政府购买的基本公共服务项目的服务内容、水平、流程等标准要素，应当符合国家基本公共服务标准相关要求。

第十六条 政府购买服务项目所需资金应当在相关部门预算中统筹安排，并与中期财政规划相衔接，未列入预算的项目不得实施。

购买主体在编报年度部门预算时，应当反映政府购买服务支出情况。政府购买服务支出应当符合预算管理有关规定。

第十七条 购买主体应当根据购买内容及市场状况、相关供应商服务能力和信用状况等因素，通过公平竞争择优确定承接主体。

第十八条 购买主体向个人购买服务，应当限于确实适宜实施政府购买服务并且由个人承接的情形，不得以政府购买服务名义变相用工。

第十九条 政府购买服务项目采购环节的执行和监督管理，包括集中采购目录及标准、采购政策、采购方式和程序、信息公开、质疑投诉、失信惩戒等，按照政府采购法律、行政法规和相关制度执行。

第二十条 购买主体实施政府购买服务项目绩效管理，应当开展事前绩效评估，定期对所购服务实施情况开展绩效评价，具备条件的项目可以运用第三方评价评估。

财政部门可以根据需要，对部门政府购买服务整体工作开展绩效评价，或者对部门实施的资金金额和社会影响大的政府购买服务项目开展重点绩效评价。

第二十一条 购买主体及财政部门应当将绩效评价结果作为承接主体选择、预算安排和政策调整的重要依据。

第五章　合同及履行

第二十二条 政府购买服务合同的签订、履行、变更，应当遵循《中华人民共和国合同法》的相关规定。

第二十三条 购买主体应当与确定的承接主体签订书面合同，合同约定的服务内容应当符合本办法第九条、第十条的规定。

政府购买服务合同应当明确服务的内容、期限、数量、质量、价格，资金结算方式，各方权利义务事项和违约责任等内容。

政府购买服务合同应当依法予以公告。

第二十四条 政府购买服务合同履行期限一般不超过1年；在预算保障的前提下，对于购买内容相对固定、连续性强、经费来源稳定、价格变化幅度小的政府购买服务项目，可以签订履行期限不超过3年的政府购买服务合同。

第二十五条 购买主体应当加强政府购买服务项目履约管理，开展绩效执行监控，及时掌握项目实施进度和绩效目标实现情况，督促承接主体严格履行合同，按照合同约定向承接主体支付款项。

第二十六条 承接主体应当按照合同约定提供服务，不得将服务项目转包给其他主体。

第二十七条 承接主体应当建立政府购买服务项目台账，依照有关规定或合同约定记录保存并向购买主体提供项目实施相关重要资料信息。

第二十八条 承接主体应当严格遵守相关财务规定，规范管理和使用政府购买服务项目资金。

承接主体应当配合相关部门对资金使用情况进行监督检查与绩效评价。

第二十九条 承接主体可以依法依规使用政府购买服务合同向金融机构融资。

购买主体不得以任何形式为承接主体的融资行为提供担保。

第六章 监督管理和法律责任

第三十条 有关部门应当建立健全政府购买服务监督管理机制。购买主体和承接主体应当自觉接受财政监督、审计监督、社会监督以及服务对象的监督。

第三十一条 购买主体、承接主体及其他政府购买服务参与方在政府购买服务活动中，存在违反政府采购法律法规行为的，依照政府采购法律法规予以处理处罚；存在截留、挪用和滞留资金等财政违法行为的，依照《中华人民共和国预算法》《财政违法行为处罚处分条例》等法律法规追究法律责任；涉嫌犯罪的，移送司法机关处理。

第三十二条 财政部门、购买主体及其工作人员，存在违反本办法规定的行为，以及滥用职权、玩忽职守、徇私舞弊等违法违纪行为的，按照《中华人民共和国预算法》《中华人民共和国公务员法》《中华人民共和国监察法》《财政违法行为处罚处分条例》等国家有关规定追究相应责任；涉嫌犯罪的，移送司法机关处理。

第七章 附 则

第三十三条 党的机关、政协机关、民主党派机关、承担行政职能的事业单位和使用行政编制的群团组织机关使用财政性资金购买服务的，参照本办法执行。

第三十四条 涉密政府购买服务项目的实施，按照国家有关规定执行。

第三十五条 本办法自2020年3月1日起施行。财政部、民政部、工商总局2014年12月15日颁布的《政府购买服务管理办法（暂行）》（财综〔2014〕96号）同时废止。

财政部 发展改革委 工业和信息化部 人民银行 审计署关于打赢疫情防控阻击战强化疫情防控重点保障企业资金支持的紧急通知

财金〔2020〕5号 2020年2月7日

各省、自治区、直辖市、计划单列市财政厅（局）、发展改革委、工业和信息化主管部门、审计厅（局），人民银行上海总部，各分行、营业管理部、各省会（首府）城市中心支行、副省级城市中心支行，新疆生产建设兵团财政局、发展改革委、工业和信息化局、审计局，财政部各地监管局，审计署各特派员办事处：

党中央、国务院高度重视新型冠状病毒感染肺炎疫情防控工作，把疫情防控工作作为当前最重要的工作来抓。为认真贯彻习近平总书记关于加强疫情防控工作的重要指示和中央政治局常委会会议精神，根据李克强总理主持召开中央应对疫情工作领导小组会议精神和国务院常务会议部署，全力保障疫情防控重要医用物资和生活必需品供应，坚决遏制疫情蔓延势头，坚决打赢疫情防控阻击战，现就强化疫情防控重点保障企业资金支持有关事项通知如下：

一、规范疫情防控重点保障企业名单管理

（一）支持范围。发展改革委、工业和信息化部对以下疫情防控重点保障企业实施名单制管理：

1. 生产应对疫情使用的医用防护服、隔离服、医用及具有防护作用的民用口罩、医用护目镜、新型冠状病毒检测试剂盒、负压救护车、消毒机、消杀用品、红外测温仪、智能监测检测系统和相关药品等重要医用物资企业；

2. 生产上述物资所需的重要原辅材料生产企业、重要设备制造企业和相关配套企业；

3. 生产重要生活必需品的骨干企业；

4. 重要医用物资收储企业；

5. 为应对疫情提供相关信息通信设备和服务系统的企业以及承担上述物资运输、销售任务的企业。

（二）名单申报流程。各省级发展改革、工业和信息化部门负责审核汇总本地区疫情防控重点保障企业名单，报发展改革委、工业和信息化部。中央企业可由相关行业主管部门或直接向发展改革委、工业和信息化部提出申请。发展改革委、工业和信息化部根据疫情防控物资调拨需要，研究确定全国疫情防控重点保障企业名单（以下简称全国性名单）。

湖北省和浙江省、广东省、河南省、湖南省、安徽省、重庆市、江西省、北京市、上海市等省份，可根据疫情防控工作需要，自主建立本地区的疫情防控重点保障企业名单（以下简称地方性名单），由省级发展改革、工业和信息化部门报发展改革委、工业和信息化部备案。

上述地区对疫情防控物资保障有重要作用的重点医用物资、生活必需品生产企业，未纳入名单前可按照急事急办、特事特办原则，先向金融机构申请信贷支持，在金融机构审核的同时，及时向省级发展改革、工业和信息化部门申请纳入名单。

（三）严格名单管理。发展改革委、工业和信息化部应按照中央应对疫情工作领导小组和国务院联防联控机制部署要求，严格报送名单程序和筛选标准，指导做好疫情防控重点保障企业名单报送工作，根据疫情防控需要和企业规范生产经营情况，对名单实施动态调整。

（四）加强信息共享。发展改革委、工业和信息化部与财政部、人民银行、审计署实时共享全国性和地方性名单信息。财政部、人民银行应实时将名单内企业获得财政贴息和优惠贷款情况反馈发展改革委、工业和信息化部、审计署。

二、通过专项再贷款支持金融机构加大信贷支持力度

（一）发放对象。人民银行向相关全国性银行和疫情防控重点地区地方法人银行发放专项再贷款，支持其向名单内企业提供优惠贷款。发放对象包括开发银行、进出口银行、农业发展银行、工商银行、农业银行、中国银行、建设银行、交通银行、邮政储蓄银行等9家全国性银行，以及疫情防控重点地区的部分地方法人银行。全国性银行重点向全国性名单内的企业发放贷款，地方法人银行向本地区地方性名单内企业发放贷款。

（二）利率和期限。每月专项再贷款发放利率为上月一年期贷款市场报价利率（LPR）减250基点。再贷款期限为1年。金融机构向相关企业提供优惠利率的信贷支持，贷款利率上限为贷款发放时最近一次公布的一年期LPR减100基点。

（三）发放方式。专项再贷款采取“先贷后借”的报销制。金融机构按照风险自担原则对名单内企业自主决策发放优惠贷款，按日报告贷款进度，定期向人民银行申领专项再贷款资金。

三、中央财政安排贴息资金支持降低企业融资成本

（一）贴息范围。对享受人民银行专项再贷款支持的企业，中央财政给予贴息支持。

（二）贴息标准和期限。在人民银行专项再贷款支持金融机构提供优惠利率信贷支持的基础上，中央财政按企业实际获得贷款利率的50%进行贴息。贴息期限不超过1年。

（三）贴息资金申请程序。地方企业向所在地财政部门申请贴息支持，由省级财政部门汇总本地区贴息申请并报送财政部。中央企业直接向财政部申请。财政部审核后，向省级财政部门和中央企业尽快拨付贴息资金。省级财政部门应尽快将贴息资金直接拨付地方企业。

四、切实加强应急保障资金监督管理

（一）确保专款专用。疫情防控重点保障企业要将金融机构提供的优惠信贷支持，全部用于疫情防控相关的生产经营活动，积极扩大产能、抓紧增产增供，服从国家统一调配，保障疫情防控相关重要医用物资、生活必需品平稳有序供给。对于挪用优惠信贷资金用于偿还企业其他债务，或投资、理财等套利活动，未从事疫情防控相关生产经营活动，或对生产的物资不服从国家统一调配的企业，一经发现，取消享受优惠政策支持资格，追回中央财政贴息和优惠信贷资金，并按照有关规定追究相应责任。地方不配合国家对重要物资统一调配的，取消当地企业的相关政策支持。

（二）加强监督管理。各级有关部门和中央企业要严格按照程序和筛选标准报送企业名单和融资需求。金融机构要从严审批、从快发放贷款，加强贷后管理，确保资金第一时间用于疫情防控相关生产经营活动。发展改革委、工业和信息化部要跟踪监督重点保障企业生产的医用物资、生活必需品流向，确保物资用于疫情防控的重要地区和领域。人民银行要建立电子台账，跟踪监督再贷款资金使用情况。财政部门要加强对中央财政贴息资金安排的监管、监督。审计部门要加强对重点保障企业贴息贷款的审计监督，促进资金使用的公开、公平、公正。疫情防控重点保障企业和相关金融机构要自觉接受财政、审计部门的检查监督。

（三）提高资金使用效益。各级财政部门要及时拨付贴息资金，加强资金使用全流程监管，强化绩效管理要求，确保贴息资金使用安全、合规和有效，并根据工作需要适时组织开展绩效评价。任何单位和个人不得以任何理由、任何形式截留、挪用贴息资金。

（四）严格责任追究。各地区各相关部门工作人员存在违反本通知要求滥用职权、玩忽职守、徇私舞弊等违法违纪行为的，企业借机骗取套取财政和信贷资金的，要依据《中华人民共和国监察法》《中华人民共和国预算法》《财政违法行为处罚处分条例》等法律法规追究相应责任、坚决严惩不贷；涉嫌犯罪的，依法移送司法机关处理。

五、强化责任担当，狠抓贯彻落实

（一）提高站位，加强领导。各地区各相关部门要进一步提高政治站位，增强“四个意识”、坚定“四个自信”、做到“两个维护”，深刻认识打赢疫情防控阻击战的重要性和紧迫性，坚决服从中央统一指挥、统一协调、统一调度，对疫情防控重点保障企业资金需求应保尽保，切实加强组织领导，抓好贯彻落实。

（二）明确责任，强化协同。各级发展改革、工业和信息化部门要主动了解疫情防控重点保障企业生产经营需求，下沉服务、上门服务，及时帮助企业排忧解难。各人民银行分支机构要指导金融机构主动对接疫情防控重点保障企业融资需求、尽快放贷，保障企业生产经营需要。各级财政部门、人民银行分支机构要简化申报流程、提高办理效率，尽快发放专项再贷款、拨付贴息资金。各级审计部门要加强资金跟踪审计，发现问题及时推动整改。各部门要加强联动、信息共享，形成工作合力，重大问题及时报告。

（三）特事特办，及早见效。各部门要切实强化责任担当，坚持特事特办、急事急办，业务办理高效化、便利化，全力以赴支持疫情防控重点保障企业开展生产经营、扩大生产能力，确保政策尽快落地见效，真正惠及疫情防控重点保障企业以及受疫情影响的人群、企业和地区。

关于加强会计师事务所执业管理切实提高审计质量的实施意见

财会〔2020〕14号 2020年9月25日

各省、自治区、直辖市财政厅（局）、国资委，深圳市财政局、国资委，各银保监局：

会计师事务所在促进提高会计信息质量，维护市场经济秩序等方面发挥重要作用。根据国务院有关决定精神，为加强会计师事务所执业管理，切实促进提高会计师事务所审计质量，现提出以下实施意见。

一、重要意义

根据《中华人民共和国注册会计师法》、《会计师事务所执业许可和监督管理办法》（财政部令第97号）等有关规定，近年来，财政部会同有关部门落实会计师事务所执业许可制度，针对不同类型企事业单位审计业务实施会计师事务所资格资质管理，促进了注册会计师行业有序发展。同时，新时代推动经济高质量发展，提高国家治理体系与治理能力现代化，对提高会计师事务所审计质量提出了新的要求。

当前，调整会计师事务所执业管理政策，并切实加强事中事后监管，是新形势下深化“放管服”改革，营造更加公平、有序、高效的市场环境，促进注册会计师行业高质量发展的迫切要求；是聚焦实现“坚持准则，不作假账”，提高上市公司、国有企业及金融企业会计信息披露质量的有效保障；是更好地发挥会计师事务所第三方审计作用，健全“三位一体”会计监督体系，切实加强财会监督的重要举措。

二、总体要求

（一）指导思想。以习近平新时代中国特色社会主义思想为指导，全面贯彻党的十九大和十九届二中、三中、四中全会精神，深化会计审计领域“放管服”改革，取消从事证券服务业务等专项业务资格审批，综合采取一揽子政策措施，强化市场约束、增强企业责任与加大监管力度，加强会计师事务所执业管理，促进注册会计师行业在公平竞争中、在严格监管中提供更高质量的审计鉴证服务。

（二）主要原则。

1. 有序推动，平稳实施。在调整会计师事务所执业管理政策的同时，加快形成接续性管理措施，引导会计师事务所根据自身规模、能力和专长承接业务，推动改革平稳有序实施。

2. 质量优先，做强做优。树立质量优先导向，加快推动形成市场择优的体制机制，引导要素资源等向优质会计师事务所聚集，促进注册会计师行业发展壮大。

3. 突出重点，统一规则。以上市公司、国有企业及金融企业等公众利益实体审计作为监管重点，完善执业标准体系，维护国家统一审计准则的严肃性，促进形成规范统一的审计市场。

4. 综合施策，协同配合。突出行业监管的系统性协同性，综合运用行政监管、市场约束、行业自律、信用建设等多种方式手段，加强部门间的协同配合，共同促进提高会计师事务所审计质量。

三、具体政策措施

（一）完善会计师事务所执业管理政策。财政部联合有关部门制定会计师事务所从事证券服务业务备案管理办法。备案管理充分运用现有规章制度，突出服务能力和执业质量，促进形成科学有序的管理格局。简化备案流程、推进网上办理，提高办事效率和服务水平。突出自主择优的市场导向，调整完善相关会计师事务所执业管理办法。从事国有企业、金融企业审计服务的会计师事务所应当具备相应执业能力和风险承担能力。

（二）逐步推动开展会计师事务所质量评估。鲜明树立质量优先发展导向，进一步推动大型会计师事务所做强做优，促进中小型会计师事务所做精做专，形成大中小型会计师事务所协同发展的格局。财政部、国资委、银保监会等部门共同推动会计师事务所质量评估结果的运用，为市场主体自主选择提供参考。根据国有企业、金融企业业务特点，推动开展会计师事务所从事国有企业及金融企业审计业务专项评估工作，体现专项性与针对性。

（三）深化会计师事务所符合执业许可条件监督。财政部门依据会计师事务所执业许可规定，结合从事证券服务业务、国有企业、金融企业等审计业务特点，根据需要组织开展对会计师事务所执业能力等情况的核查。根据核查结果，采取出具管理建议书、责令整改、警示函等措施。同相关部门及时共享核查信息，并及时披露核查结果。

（四）加强会计师事务所执业监测和管理。财政部通过财政会计行业管理系统，加强对从事证券服务业务、国有企业及金融企业审计业务的会计师事务所重大事项变更的信息监测，并给予必要的关注、评估等，及时同国资委、银保监会共享有关信息，并视情况向市场公开提示。加强会计师事务所合伙人管理，对首席合伙人、质量控制主管合伙人和其他执行合伙事务合伙人的任职资格、诚信要求等作出细化规定并督促落实。

（五）加大会计师事务所信息披露力度。在现有财政会计行业管理系统基础上，充分运用会计师事务所执业许可审批、重大事项变更备案、从事证券服务业务备案，以及有关部门监督检查中取得的信息，建立完善会计师事务所及注册会计师信息披露平台。及时披露会计师事务所组织形式、人员构成、主要业务、质量评估情况、表彰荣誉、处罚处理等信息，满足企业选聘会计师事务所信息需求，自觉接受社会公众监督。披露信息涉及相关国有企业、金融企业的，财政部门及时与相关监管部门进行沟通。增强会计师事务所透明度，加强注册会计师行业诚信体系建设，研究推动对执业失信行为的联合惩戒。

（六）强化企业在选聘会计师事务所中的责任。企业应当进一步健全公司治理结构，加强内部控制，落实会计师事务所对股东负责的要求，有效发挥股东大会、董事会及审计委员会、监事会在选聘会计师事务所中的作用。财政、国资、银保监等部门实行分类指导，督促相关企业合理选聘会计师事务所，充分考虑拟聘事务所同企业资产规模、业务特征等情况的匹配程度。

（七）加强注册会计师行业自律。中国注册会计师协会和地方注册会计师协会切实加强行业风险教育，引导会计师事务所增强风险意识并根据自身执业胜任能力承接业务，对超出能力范围承接业务的及时劝诫。加大自律监管力度，完善自律规则，加大与行政监管的协同力度。及时完善注册会计师职业道德守则。密切关注会计师事务所低价竞争等行为，对违反自律规范的严格惩戒。

（八）加大对会计师事务所监督检查力度。财政部门依法加大对会计师事务所执业质量检查力度，继续推动“双随机、一公开”抽查，进一步加大对上市公司、国有企业、金融企业等公众利益实体审计的监督检查力度。加强监督检查工作的协同和信息共享，国资委、银保监会等部门发现的有关会计师事务所的问题线索移送财政部办理，财政部及时通报相关监督检查结果，切实提高监督检查的针对性、有效性与权威性。

（九）严格对负有责任的会计师事务所及相关责任人的处罚措施。严格落实注册会计师法、证券法关于会计师事务所和注册会计师执业违法处罚规定。对出具审计报告存在故意或重大过失的会计师事务所依法暂停执业或吊销执业许可，对负有直接责任的注册会计师视情况依法暂停或吊销其注册会计师执业证书。

（十）加强行业主管部门与其他监管部门的协同。进一步理顺财政部门作为注册会计师行业主管部门同国资、银保监等部门的关系，形成协调协同工作格局。行业主管部门应及时完善审计准则等执业规则，督促会计师事务所提高审计质量，有效满足其他监管部门对审计质量的需求，并共同维护审计准则规则的统一性、完整性。

四、组织实施

各地财政、国资等部门和银保监会派出机构应当提高对加强会计师事务所执业管理与提高审计质量的认识，按照职责分工，加强协同配合，抓好工作落实。应当密切关注实施过程中的问题，及时研究解决方案，积极稳妥地推进相关工作。要及时制定相关配套政策，促进各项重点工作的有序开展，努力增强会计师事务所的自律性、公正性与专业化水平，促进注册会计师行业在强化财会监督、提升国家治理体系与治理能力现代化方面发挥应有作用。

关于进一步加强惠民惠农财政补贴资金“一卡通”管理的指导意见

财办〔2020〕37号　2020年11月26日

（财政部　农业农村部　民政部
人力资源社会保障部　审计署
国务院扶贫办　银保监会）

各省、自治区、直辖市人民政府，国务院有关部门：

近年来，随着国家惠民惠农政策力度不断加大，大量财政补贴资金通过直接汇入受益群众银行卡（含社会保障卡银行账户）、存折等（以下统称“一卡通”）方式发放，对方便服务群众起到了积极作用，但也存在补贴项目零碎交叉、补贴资金管理不规范、补贴发放不及时不精准等突出问题，影响了政策实施效果。2019年，国务院有关部门深入开展专项治理活动，在严肃查处相关突出问题的同时，探索形成了一批可复制可推广的治理措施。为深化治理成效，进一步加强惠民惠农财政补贴资金“一卡通”管理，经国务院同意，现提出如下指导意见：

一、总体要求

（一）指导思想。以习近平新时代中国特色社会主义思想为指导，深入贯彻党的十九大和十九届二中、三中、四中、五中全会精神，按照党中央、国务院决策部署，以着力整治群众身边的腐败问题为突破口，调整优化惠民惠农财政补贴政策体系，建立健全监管长效机制，坚决斩断伸向惠民惠农财政补贴资金的“黑手”，确保各项惠民惠农政策落地见效，不断增强人民群众的获得感、幸福感。

（二）基本原则。

坚持问题导向。在对惠民惠农财政补贴领域核查出的问题及时全面整改基础上，举一反三，查找工作中的短板和弱项，充分借鉴实践中探索形成的可复制可推广治理措施，建立健全制度体系，完善监管机制。

坚持便民高效。聚焦群众关切，提升政策实效，增强补贴的针对性、有效性、便利性。消除“中梗阻”，确保补贴政策群众及时知晓、申请简便，补贴资金及时足额到位、取用方便。

坚持因地制宜。惠民惠农财政补贴资金“一卡通”管理模式和措施，由省级政府按照中央有关要求，结合本地区实际，统筹规划、系统实施，不搞全国“一刀切”。省级相关部门和市县层面各负其责、形成合力，共同抓好落实。

坚持改革创新。运用创新思维，推进惠民惠农财政补贴资金“一卡通”管理体系和能力现代化。综合运用互联网、大数据等信息化手段，统筹推进相关政策整合优化和补贴资金管理、发放、信息公开等工作。加强惠民惠农财政补贴资金“一卡通”管理与财政资金直达机制的有效衔接。

（三）工作目标。到2023年，所有直接兑付到人到户的惠民惠农财政补贴（以下简称补贴）资金原则上均实现通过“一卡通”方式发放，清理整合补贴政策和资金、规范代发金融机构、搭建集中统一发放平台、加强公开公示等工作基本完成，中央统筹、省负总责、市县抓落实的监管格局基本建成，实现“一张清单管制度”“一个平台管发放”，补贴政策更加科学，资金绩效明显提高。

二、主要任务

（四）向社会公布补贴政策清单。各省份要抓紧梳理本地区补贴政策和项目，综合运用监督检查、调研核查、绩效评价、预算管理等手段，加快补贴政策和项目资金清理整合进度，最迟不晚于2021年6月底，向社会集中统一公开补贴政策清单，并在以后年度动态调整，及时向社会公布。

（五）规范代发金融机构。各省级政府要依法选择基层网点多、服务质量好、优惠便利群众的金融机构代发补贴资金，对代发金融机构在资金支付、补贴通知、便捷取款、数据安全等方面提出明确要求，推动其提供高质量服务。市县级政府应在省级政府确定的范围内选择补贴资金代发金融机构。对尚未实现“一卡通”方式发放的省份，鼓励其推行以社会保障卡为载体发放补贴资金，相关工作方案报省级政府同意。

（六）规范补贴资金发放流程。各省份要堵塞漏洞，制定涵盖补贴资金申报、审核、发放、公开公示等环节的操作规范，实现管理规章制度化、程序流程规范化、操作权限明确化。通过事前现场抽查审核、事中随机抽查、事后专项核查、大数据辅助核对等，强化对补贴资金的审核和监管。实行补贴资金兑付限时办理，明确具体时限要求，切实提高补贴资金结算进度。必要时可聘请符合条件的第三方参与部分环节工作。

（七）搭建集中统一管理平台。各省份要充分依托已有设施，尽快搭建集中统一的补贴资金发放和管理平台（社会保险待遇发放和管理除外），对补贴资金核实、比对、支付、发放、公开公示等重要环节数据进行集中采集和管理，并按要求定期向国务院有关部门上报平台数据。及时收集、整理各类违纪违法违规信息，对存在虚报冒领、贪污侵占、骗取补贴、挪用等行为的个人和单位，严肃追究责任并依法依规向社会公示。加强补贴资金管理领域信用体系建设。

（八）依法依规公开补贴信息。各省份要更多利用信息化手段做好补贴信息公开工作。除涉及个人隐私的外，依托“互联网＋政务服务”、大数据管理等，充分发挥政府或部门门户网站、政务新媒体、政务公开栏等平台作用，尽快形成集中统一的补贴信息公开、查询和投诉举报专栏。结合基层政务公开，推动补贴信息公开向农村和社区延伸，健全完善乡镇政府补贴底册，实现补贴信息公开与村（居）务公开有效衔接，确保相同补贴事项公开关键信息对应一致。

三、职责分工

（九）财政部门。财政部门负责综合协调工

作，牵头统筹补贴政策和资金整合，按规定下达补贴资金，在政府信息公开或政务公开主管部门指导下，会同业务主管部门向社会集中统一公开补贴政策清单、制度文件和发放信息等。会同同级业务主管部门做好相关预算安排等工作。配合做好补贴资金代发金融机构选择等。

（十）业务主管部门。按照“谁主管、谁负责”原则，业务主管部门负责补贴政策实施和资金管理、补贴基础信息审核管理等工作，会同同级财政部门动态调整补贴政策清单。补贴资金由财政部门发放的，业务主管部门要及时向同级财政部门提供基础信息；补贴资金由业务主管部门发放的，业务主管部门要及时向同级财政部门反馈发放信息，确保补贴资金发放真实、完整、准确。配合做好补贴信息共享等工作。受理群众咨询、投诉、信访及信息公开申请。向社会主动公开本部门制作、获取的财政补贴信息，及时会同同级财政部门按要求做好相关信息集中公开等工作。

（十一）信息公开主管部门。负责督促指导各有关部门做好补贴政策和资金发放等信息公开工作，确保公开信息的全面性、准确性、时效性。依法保障补贴对象的知情权、表达权、监督权，并有效保护补贴信息公开中的数据安全和个人隐私。

（十二）金融机构监管部门。负责指导代发金融机构规范有序做好补贴资金代发工作。督促代发金融机构严格执行代发协议，提高补贴资金发放的及时性、准确性，鼓励其提供免费、及时、逐项的补贴信息告知服务。督促代发金融机构向补贴群众提供便捷的查询、取款途径，按规定向有关部门及时提供发放信息。对工作中未严格执行实名制，存在违规代办、冒领补贴等风险的金融机构，组织开展排查、检查并严肃问责。

四、保障措施

（十三）加强组织领导。国务院有关部门要进一步完善补贴政策，加强督促指导。各省级政府要加强统筹协调，建立健全“政府领导、部门负责、上下协调、联合联动”工作机制，尽快制定或完善本地区加强补贴资金管理方案，层层压实责任，认真抓好落实，防止形式主义、官僚主义。

（十四）加大数据共享。各省份要依托省级层面集中统一的补贴资金发放和管理平台，明确数据共享内容、方式和责任，通过全国一体化政务服务平台等尽快实现相关部门间数据共享，依法保护共享数据安全。尽快实现跨层级、跨部门、跨业务的协同管理和服务，避免补贴资金多发、漏发、重发和迟发。有关部门和单位以及相关金融机构应按有关规定及时向财政、审计等监管部门完整提供补贴资金发放管理相关电子数据和资料。

（十五）深化绩效管理。建立健全补贴资金全过程预算绩效管理机制，逐步实现所有补贴资金绩效目标与预算同步审核、同步下达。加强对补贴资金绩效目标实现程度和预算执行进度的“双监控”，对补贴资金管理使用情况和政策实施效果进行绩效评价，将绩效评价结果作为预算安排、政策调整以及加强和改进管理的重要依据。推动补贴资金绩效信息向社会公开，主动接受社会公众监督。

（十六）持续加强监管。国务院有关部门要进一步加强沟通协调，建立健全跨部门联合工作机制，持续加强日常管理和监督检查。各省级政府要把推进补贴资金“一卡通”管理作为保障和改善民生的重要举措，扎实推进各项工作。地方各级有关部门要进一步强化管理，加大监管力度，及时发现并纠正补贴发放中存在的问题。加强与各类监督的贯通协调，有效形成监管合力，确保补贴政策落地见效。

人力资源社会保障部　审计署
关于深化审计专业人员职称
制度改革的指导意见

人社部发〔2020〕84号　2020年11月4日

各省、自治区、直辖市及新疆生产建设兵团人力资源社会保障厅（局）、审计厅（局），中央和国家机关各部委人事部门，中央军委审计署，各中管金融企业、中央企业人事部门：

审计专业人员是专业技术人才队伍的重要组成部分，是维护国家财政经济秩序、保障经济社会健康发展的重要力量。为贯彻落实中共中央办公厅、国务院办公厅印发的《关于深化职称制度改革的意见》，现就深化审计专业人员职称制度改革提出如下指导意见。

一、总体要求

（一）指导思想

以习近平新时代中国特色社会主义思想为指导，全面贯彻党的十九大和十九届二中、三中、四中、五中全会精神，认真落实党中央、国务院决策部署，按照完善审计管理体制和深化职称制度改革总体要求，遵循审计专业人员成长规律，健全科学化、规范化的审计专业人员职称制度，完善评价机制，为客观科学公正评价审计专业人员，建设信念坚定、业务精通、作风务实、清正廉洁的高素质专业化审计人才队伍提供制度保障。

（二）基本原则

1. 坚持服务发展。紧紧围绕服务新时代经济社会发展需要，围绕审计事业发展和审计人才队伍建设需求，发挥人才评价“指挥棒”和“风向标”作用，营造有利于人才成长和职业发展的评价制度环境，积极引进优秀人才，最大限度激发和释放审计人才活力，让在一线踏踏实实作出贡献的审计专业人员有成就感和获得感。

2. 坚持科学评价。结合国家审计、内部审计、社会审计等不同领域审计工作实际开展分类评价，完善自然资源资产审计、大数据审计、风险管理审计等新兴审计领域评价标准，创新评价机制，丰富评价方式。切实破除唯学历、唯资历、唯论文、唯奖项倾向，突出考察审计专业人员的职业道德、能力素质和工作业绩。

3. 坚持以用为本。促进评价结果与审计专业人员培养、使用相结合，鼓励用人单位将选人用人制度与审计专业人员职称制度有机衔接，促进人岗相适、人尽其才，不断壮大优化审计专业人才队伍。

二、主要内容

通过健全评价体系、完善评价标准、创新评价机制、促进职称评价与人才培养使用有效衔接、加强职称评审监督和服务，形成设置合理、评价科学、管理规范、运转协调的审计专业人员职称制度。

（一）健全评价体系

1. 完善职称层级设置。审计专业人员职称设初级、中级、高级，初级职称只设助理级，高级职称分设副高级和正高级。初级、中级、副高级和正高级职称名称依次为助理审计师、审计师、高级审计师和正高级审计师。

2. 审计专业人员各级别职称分别与事业单位专业技术岗位等级相对应。正高级对应专业技术岗位一至四级，副高级对应专业技术岗位五至七级，中级对应专业技术岗位八至十级，初级对应专业技术岗位十一至十三级。

（二）完善评价标准

1. 坚持德才兼备、以德为先。把政治品德和职业道德放在职称评价的首位，引导审计专业人员坚持以审计精神立身、以创新规范立业、以自身建设立信，恪守审计准则和职业操守。完善诚信承诺、守信联合激励和失信联合惩戒机制，对违反法律法规、违背职业道德、学术不端等行为实行“零容忍”。

2. 实行分级分类评价。科学确定评价内容，满足不同层级、不同类别审计专业人员的评价需求。初级、中级职称注重考察专业基础和实务能力，高级职称注重考察业绩水平和业务引领作用。对企事业单位和社会团体从事内部审计、社会审计人员，包括从事内部稽核和风险管理相关工作的审计人员，突出评价其职业判断能力和工作成果取得的经济社会效益；对从事国家审计人员，建立健全专业能力标准评价体系，注重评价其工作业绩、政策水平和专业能力，将通过审计专业技术资格考试作为专业能力评价的参考。

3. 突出对能力水平和业绩贡献的评价。充分体现审计职业属性，注重考察审计专业人员的能力水平、创新成果和实际贡献，引导审计专业人员增强政治能力、专业胜任能力、宏观政策研究能力和审计信息化能力。实行审计业务和理论成果代表作制度，将审计专业人员的代表性业务成果作为职称评价的主要内容，审计报告、审计方案等业务资料，审计工作制度、专利证书等工作成果均可以作为业务成果代表作；审计理论文章、调研报告、科研课题、著作教材、审计案例等均可以作为理论成果代表作。

4. 实行国家标准、地区标准和单位标准相结合。人力资源社会保障部、审计署负责制定《审计专业人员职称评价基本标准》（见附件）。各地区人力资源社会保障部门、审计部门可以结合本地区实际情况，制定地区标准。具有自主评审权的用人单位可以结合本单位实际，制定单位标准。各地区各部门各单位在评价工作中应严格掌握国家标准。地区标准、单位标准不得低于国家标准。

（三）创新评价机制

1. 丰富职称评价方式。综合采用考试、评审、考评结合等多种评价方式，建立适应不同层级审计工作特点的评价机制。人力资源社会保障部、审计署组织全国统一的初、中、高级审计专业技术资格考试，不断提高考试的科学性、实用性、公平性和规范性，注重对审计知识和能力的考查，对必要的会计、法律、计算机等知识进行考查。助理审计师、审计师实行考试方式；高级审计师实行考试与评审相结合的方式，高级审计师考试合格可以作为审计专业能力水平的证明；正高级审计师一般采取评审方式。

2. 加强职称评审委员会建设。建立同行专家评审制度，完善评审专家遴选机制，积极吸纳经济、法律、计算机、工程等领域学术和实务专家参加职称评审委员会。健全评审委员会工作程序和评审规则，明确界定参加评审的人员范围，加强对评审委员会的组织管理。建立评审公开制度，实行政策公开、标准公开、程序公开、结果公开，确保审计专业人员职称评审客观公正。

3. 合理下放职称评审权限。在综合评估基础上，逐步将副高级职称评审权限下放至符合条件的中央企业和中管金融企业、行业协会学会等组织。畅通非公有制经济组织、社会组织审计专业人员职称申报渠道，探索依托专业水平较高、具备较强服务能力和影响力、自律规范的专业化人才服务机构、行业协会学会等社会组织，开展审计系列职称社会化人才评价。人力资源社会保障部门和审计部门要严格评估自主评审单位的职称评价水平，加强事中事后监管。自主评审单位组建的高级职称评审委员会须按规定备案。

4. 建立职称评审绿色通道。向优秀审计专业人员倾斜，对引进的海外高层次人才、急需紧缺人才、审计高端人才，以及在创新审计技术和方式方法、推动行业发展等方面作出重大贡献的审计专业人员，可以放宽学历、资历、年限等条件限制。对长期在艰苦边远地区和基层一线工作的审计专业人员，重点考察其实际工作业绩，适当放宽学历、任职年限、理论成果等要求。

（四）促进职称评价与人才培养使用有效衔接

1. 促进职称制度与审计专业人员培养相结合。充分发挥职称制度对审计专业人员培养质量的导向作用，推动职称制度与审计高端人才培养、审计专业学位研究生教育等有机衔接。对取得审计专业学位人员，探索在审计职称评价中免予考查相应专业知识。探索审计专业技术资格考试与注册会计师、法律等职业资格考试相近科目互认互免，促进审计职称与经济、会计、统计等相近职称的衔接，减少重复评价。

2. 促进职称制度与审计专业人员使用相结合。用人单位应当结合用人需求，根据职称评价结果合理使用审计专业人员，实现评价结果与人员聘用、考核、晋升等用人制度相衔接，做到因事设岗、按岗择人、人岗相适。建立健全审计专业人员考核制度，加强聘后管理，在岗位聘用中实现人员能上能下。

3. 加强审计专业人员继续教育。将继续教育作为实现审计专业人员知识更新和能力提升的重要途径，分类开展审计专业人员继续教育，用人单位应当保障审计专业人员参加继续教育的权利。创新和丰富审计专业人员继续教育的方式和内容，促进审计专业人员更新知识、拓展技能。

（五）加强职称评审监管和服务

1. 加强职称评审监管，注重体现审计公信力。自主评审单位要严肃评审纪律，强化自我约束，健全完善职称评审公示制度、回避制度，建立复查、投诉机制，评审结果按照评审管理权限报人力资源社会保障部门备案。各级人力资源社会保障部门会同审计部门加强对自主评审工作的监督检查，建立随机抽查、巡查制度。对于不能正确行使评审权、不能确保评审质量的，要暂停自主评审工作、责令整改，直至收回评审权。依法查处假冒职称评审、制作和销售假证等违法行为。

2. 建立职称评审诚信档案和失信联合惩戒制度。参评人员有提供虚假材料、剽窃他人作品和学术成果等行为的，记入职称评审诚信档案库，纳入全国信用信息共享平台；违规取得的职称一律撤销。工作人员、评审专家有弄虚作假、暗箱操作等违法违规行为的，取消从事评审工作资格，进行通报批评、记入职称评审诚信档案库；构成犯罪的，依法追究刑事责任。

3. 优化评审服务。加强审计职称评审公共服务平台建设，提升信息化水平，开展职称申报、公示、证书查询验证等一站式服务。简化申报证明材料，规范和优化申报程序，提高评审工作效率，减轻职称申报人员负担。

三、组织实施

（一）加强组织领导

审计专业人员职称制度改革是深化职称制度改革的重要内容，政策性强、涉及面广。各级人力资源社会保障部门、审计部门要高度重视、密切配合，加强组织领导，抓好贯彻落实。在推进改革过程中，要深入开展调查研究，细化工作措施，完善工作预案，确保改革顺利进行。

（二）有序推进改革

各地区和各相关单位要结合本地区本单位实际，落实好各项改革举措，妥善做好新老人员过渡和新旧政策衔接。对改革前各地自行试点评审的审计专业人员正高级职称，要按照有关规定通过一定程序进行确认。在新的职称评价工作中，要严格按照本意见有关要求进行，不得随意降低评价标准或擅自扩大评审范围。

（三）做好宣传引导

各级人力资源社会保障部门和审计部门要加强舆论宣传引导，做好政策解读，引导审计专业人员积极参与改革，提升审计专业人员能力素质，引导社会各有关方面支持审计专业人员职称制度改革，营造有利于改革的良好氛围。

本意见适用于在国家机关、社会团体、企事业单位和其他组织中从事审计工作的人员。鼓励符合条件的公务员参加审计专业技术资格考试，但不得参加专业技术人才职称评审。

军队可以参照本意见制定审计专业人员职称评价具体办法。

附件：审计专业人员职称降价基本标准（略）

审计署关于做好新型冠状病毒感染肺炎疫情防控财政资金和捐赠款物审计监督工作的通知

审财发〔2020〕3号　2020年2月7日

各省、自治区、直辖市和计划单列市、新疆生产建设兵团审计厅（局），署机关各单位、各派出审计局、各特派员办事处：

为贯彻落实习近平总书记关于疫情防控的重要讲话精神和党中央决策部署，根据国务院常务会议要求，现就做好新型冠状病毒感染肺炎疫情防控审计监督工作有关事项通知如下：

一、提高认识，增强政治责任感和历史使命感。防控新型冠状病毒感染的肺炎疫情是当前头等大事，事关人民群众生命安全和身体健康，事关经济社会发展大局。各级审计机关要认真学习领会习近平总书记重要指示批示和重要讲话精神，充分认识疫情防控工作的极端重要性和紧迫性，增强“四个意识”、坚定“四个自信”、做到“两个维护”，切实把思想和行动统一到党中央决策部署上来。要进一步增强政治责任感和历史使命感，把做好疫情防控财政资金和捐赠款物审计监督作为重大政治责任，促进疫情防控资金物资规范和高效使用。要按照审计署统一部署，结合本地区疫情防控工作的具体情况，将疫情防控财政资金和捐赠款物审计作为当前重大专项审计任务，其他各项审计也要把疫情防控相关情况作为重要审计内容。要坚持审计项目审计组织方式“两统筹”，严格按照审计署疫情防控资金物资专项审计方案，并结合本地实际，精心安排和组织实施，确保审计实效。

二、突出审计重点，及时推动整改规范。各级审计机关要按照坚定信心、同舟共济、科学防治、精准施策的要求，把人民群众生命安全和身体健康放在第一位。审计中要聚焦党中央关于疫情防控相关政策和决策部署的落实情况；聚焦相关税费减免政策、财政贴息政策、贷款优惠政策等精准到位情况；聚焦中央和各级财政安排的疫情防控资金总体情况、拨付情况、管理使用情况；聚焦社会捐赠款物的总体情况、分配和使用情况等。要把准职能定位，注意方式方法，全力支持配合各部门开展疫情防控工作，及时发现问题，及时指出问题，及时督促整改，以审计监督实效助力疫情防控工作高效顺畅开展。要落实“三个区分开来”重要要求，坚持具体情况具体分析，全面客观辩证审慎地看待发现的问题，促进干部敢于担当、积极作为。对形式主义、官僚主义等问题，对截留、挤占、挪用疫情防控资金和捐赠款物等问题，要坚决予以揭示和反映；对涉嫌重大违纪违法问题，及时移交纪检监察或司法机关。

三、积极开展大数据审计，加强现场审计与非现场审计的结合。各级审计机关要充分认识大数据审计在此次审计中的重要性，加强非现场审计与现场审计的资源配置和协调衔接，尽量减少和缩短现场核查时间。要更加有效地运用非现场大数据审计方式，提高数据分析的深度和精准度，通过大数据分析来摸清情况、发现疑点、精确定位，集中力量有针对性地组织现场核查。要加强信息交流、资源共享，同时要严格数据管理，确保数据安全。

四、强化审计质量控制，层层压实责任。各级审计机关要坚持和落实审计质量责任制，对审计组和审计人员提出明确要求。每个审计组、每名审计人员都要恪尽职守，坚持依法审计、文明审计、廉洁审计，严格执行审计工作程序和各环节质量控制要求，确保审计成果经得起历史检验。对于一些情况复杂或重大问题，要多方听取意见建议，查深查透、实事求是地做出判断。由于审计工作不落实或不扎实，造成严重后果的，要严肃追究有关单位、人员的责任。

五、加强领导，精心组织。审计署成立应对新型冠状病毒感染肺炎疫情防控资金和捐赠款物专项审计工作领导小组，办公室设在社保司，秘书局、办公厅、数据司、财政司、金融司、社保司、企业司有关负责同志参加。要加强此项审计工作的过程统筹和业务指导，做好信息沟通和问题解答，重大问题及时组织专题研究和报告。各省级审计机关和审计署各业务司、派出审计局、特派员办事处要严格执行报告制度，对发现的主要问题、问题产生的原因以及意见建议等，及时向审计署报告反映。各级审计机关的审计结果报经政府批准后，及时向有关方面通报，适时向社会公告。

六、加强现场管理，严格按当地要求做好自身防控。各级审计机关要认真落实当地党委、政府关于疫情防控工作的各项部署安排，进一步完善审计机关和审计组各项防护制度和措施，在实施审计时，主要负责同志要切实负起第一责任人责任，细化实化防控措施，加强对干部职工健康状况、出行情况的了解掌握，督促做好自我防护，严防交叉感染，确保审计人员的身体健康和审计工作的顺利推进。

审计署关于废止部分规章的决定

中华人民共和国审计署令第 12 号
2020 年 9 月 21 日

根据《规章制定程序条例》，审计署对部门规章进行了清理，现决定：

一、废止《审计署关于审计机关办理交办事项的暂行规定》（审法发〔1996〕217 号）。

二、废止《审计机关审计统计工作的规定》（审综发〔1996〕369 号）。

三、废止《审计机关审计行政应诉管理的规定》（审法发〔1996〕357 号）。

四、废止《审计机关审计管辖范围划分的暂行规定》（审综发〔1996〕370 号）。

五、废止《审计机关监督社会审计组织审计业务质量的暂行规定》（审计署 1999 年第 1 号令）。

六、废止《审计机关审计复议的规定》（审计署 2000 年第 1 号令）。

七、废止《审计机关审计项目质量检查暂行规定》（审计署 2000 年第 1 号令）。

政府财务报告审计办法（试行）

审办财发〔2020〕74号　2020年9月24日

第一条　为加强对各级政府及其部门财务状况和运行情况的审计监督，根据《中华人民共和国审计法》《中华人民共和国预算法》《国务院关于批转财政部权责发生制政府综合财务报告制度改革方案的通知》（国发〔2014〕63号）和相关法律法规，制定本办法。

第二条　审计机关依照法定的职责、权限和程序对政府财务报告进行审计监督，依据政府会计准则、政府财务报告编制办法等作出审计评价。

政府财务报告审计，包括政府综合财务报告审计和政府部门财务报告审计。

第三条　各级审计机关实施政府财务报告审计，适用本办法。

第四条　政府财务报告审计工作聚焦政府财务状况和运行情况的真实、合法、效益，着力揭示问题和风险，促进提高政府财务报告可信性和透明度，推动完善权责发生制政府综合财务报告制度，助力防范财政风险，促进提升政府运行绩效，为财政与经济决策提供有用信息，推进国家治理体系和治理能力现代化。

第五条　政府财务报告审计管辖范围按照《中华人民共和国审计法》和《中华人民共和国审计法实施条例》的规定确定。

审计署负责对全国政府综合财务报告、中央政府综合财务报告、中央政府部门财务报告进行审计；负责加强对下级政府财务报告的审计监督；负责指导下级审计机关的政府财务报告审计工作。

地方各级审计机关负责对本行政区政府综合财务报告、本级政府综合财务报告和本级政府部门财务报告进行审计。省、市级审计机关负责加强对下级政府财务报告的审计监督；负责指导本行政区内下级审计机关的政府财务报告审计工作。

第六条　政府财务报告审计应当纳入年度审计项目计划管理，既可以单独实施，也可以结合预算执行情况审计、决算草案审计等项目统筹安排实施。

第七条　政府财务报告审计应关注政府及其部门的资产、负债、收入、费用等情况的真实、合法、效益。

政府综合财务报告审计的内容包括：政府财务状况和运行情况，政府综合财务报告编报披露情况，政府财政财务管理情况，相关电子数据及信息系统设计运行情况，以及其他需要审计的内容。

政府部门财务报告审计的内容包括：部门财务状况和运行情况，政府部门财务报告编报披露情况，部门财政财务管理情况，相关电子数据及信息系统设计运行情况，以及其他需要审计的内容。

第八条　审计机关派出审计组实施审计。审计组向派出审计组的审计机关提交审计报告。审计报告的内容一般应包括：

（一）审计依据和实施审计的基本情况，包括审计范围、内容、方式等；

（二）被审计单位基本情况；

（三）审计评价意见，基于充分适当的审计证据，对于审计范围内被审计单位财务状况和运行情况的真实、合法、效益等作出客观评价；

（四）审计发现主要问题的事实、定性以及依据的法律法规标准等；

（五）根据审计发现问题提出的审计处理、处罚意见或审计建议；

（六）其他需要反映和说明的情况。

第九条　审计组的审计报告提交审计机关前，应当按规定征求被审计单位的意见。审计机关按照规定的程序对审计组的审计报告进行审议，并对被审计单位的意见一并研究后，向被审计单位出具审计报告。

第十条　中央政府财务报告审计结果，应当报中央审计委员会和国务院，同时报全国人民代表大会常务委员会备案。

地方政府财务报告审计结果，应当报本级党委审计委员会、本级人民政府和上一级审计机关，同时报本级人民代表大会常务委员会备案。

第十一条 审计机关应当向社会公布政府财务报告审计结果，但法律、行政法规规定不予公布的内容除外。

第十二条 审计机关可以根据工作需要，聘请具有政府财务报告审计相关专业知识的人员参加政府财务报告审计。

参加审计工作人员，应当遵循《中华人民共和国审计法》《中华人民共和国审计法实施条例》《中华人民共和国国家审计准则》以及审计机关的有关规定，做到依法审计、文明审计。

第十三条 审计机关和参加审计工作人员对政府财务报告审计工作中知悉的国家秘密、商业秘密、工作秘密、个人隐私等，负有保密义务。

第十四条 对审计机关职责和权限、审计程序、审计质量控制，以及审计机关和被审计单位的法律责任等，本办法未作规定的，依照《中华人民共和国审计法》《中华人民共和国审计法实施条例》《中华人民共和国国家审计准则》和其他有关法律法规执行。

第十五条 地方各级审计机关可以根据本办法制定具体办法。

第十六条 本办法由审计署负责解释。

第十七条 本办法自发布之日起施行。

关于废止建设项目审计处理暂行规定的决定

中华人民共和国审计署　中华人民共和国国家发展和改革委员会　中华人民共和国财政部
中华人民共和国住房和城乡建设部
国家市场监督管理总局令第13号
2020年10月9日

根据《规章制定程序条例》，审计署、国家发展和改革委员会、财政部、住房和城乡建设部、国家市场监督管理总局决定废止《建设项目审计处理暂行规定》（审投发〔1996〕105号），现予公布，自公布之日起施行。

关于深化中央企业内部审计监督工作的实施意见

国资发监督规〔2020〕60号
2020年9月28日

为有效推动中央企业构建集中统一、全面覆盖、权威高效的审计监督体系，贯彻落实党中央、国务院关于深化国有企业和国有资本审计监督的工作部署，根据《中华人民共和国企业国有资产法》《中华人民共和国审计法》，按照《中共中央国务院关于深化国有企业改革的指导意见》、《国务院办公厅关于加强和改进企业国有资产监督防止国有资产流失的意见》（国办发〔2015〕79号）、《审计署关于内部审计工作的规定》（审计署令第11号）等有关要求，制定本意见。

一、总体要求

深入贯彻落实党中央、国务院关于加快建立健全国有企业、国有资本审计监督体系和制度的工作部署，围绕形成以管资本为主的国有资产监管体制，推动中央企业建立符合中国特色现代企业制度要求的内部审计领导和管理体制机制，做到应审尽审、凡审必严，促进中央企业落实党和国家方针政策以及国有资产监管各项政策制度。深化企业改革，服务企业发展战略，提升公司治理水平和风险防范能力，助力中央企业加快实现转型升级、高质量发展和做强做优做大。

二、强化统一管控能力，进一步完善内部审计领导和管理体制机制

（一）建立健全内部审计领导体制。建立健全党委（党组）、董事会（或主要负责人）直接领导下的内部审计领导体制。党委（党组）要加强对内部审计工作的领导，不断健全和完善党委（党组）领导内部审计工作的制度和工作机制，强化对内部审计重大工作的顶层设计、统筹协调和督促落实。董事会负责审议内部审计基本制度、审计计划、重要审计报告，决定内部审计机构设置及其负责人，加强对内部审计重要事项的管理。董事长具体分管内部审计，是内部审计工作第一责任人。加快建立总审计师制度，协助党组织、董事会（或主要负责人）管理内部审计工作。经理层接受并积极配合内部审计监督，落实对内部审计发现问题的整改。内部审计机构向党委（党组）、董事会（或主要负责人）负责并报告工作。

（二）切实发挥董事会审计委员会管理和指导作用。落实董事会审计委员会作为董事会专门工作机构的职责，审计委员会要定期或不定期召开有关会议并形成会议记录、纪要，加强对审计计划、重点任务、整改落实等重要事项的管理和指导，督促年度审计计划及任务组织实施，研究重大审计结论和整改落实工作，评价内部审计机构工作成效，及时将有关情况报告董事会或提请董事会审议。

（三）不断完善集团统一管控的内部审计管理体制。强化集团总部对内部审计工作统一管控，统一制定审计计划、确定审计标准、调配审计资源，加快形成“上审下”的内部审计管理体制。推动所属二级子企业及二级以下重要子企业设置内部审计机构，未设置内部审计机构的子企业内部审计工作由上一级审计机构负责。所属子企业户数多、分布广或人员力量薄弱的企业，需设立审计中心或区域审计中心，规范开展集中审计或区域集中审计。各级内部审计机构审计计划、审计报告、审计发现问题、整改落实情况以及违规违纪违法问题线索移送等事项，在向本级党委（党组）及董事会报告的同时，应向上一级内部审计机构报告，审计发现的重大损失、重要事件和重大风险应及时向集团总部报告。

（四）健全内部审计制度体系。在不断完善内部审计各项制度规定基础上，对落实党和国家方针政策、国企改革重点任务、国有资产监管政策以及境外国有资产监管、内控体系建设等重要事项、重点领域和关键环节，补短板、填空白，持续构建符合国有资产监管要求和公司治理需要的企业内部审计制度体系。

（五）强化激励约束机制。落实审计工作结果签字背书责任制度，明确审计项目负责人及相关审计人员对审计结论和审计程序分别承担相应的审计责任。研究制定本企业审计质量考评标准，推动审计人员绩效考核结果与薪酬兑现、职业晋升、任职交流等挂钩，探索建立与其他业务部门差异化的内部审计考核体系，作为被审计对象的同级业务部门不参与对内部审计机构及其负责人的绩效测评。对审计工作中存在失职、渎职的要严肃追责问责，涉嫌违纪违法的，按程序移送纪检监察机构处理。下一级内部审计机构负责人任免和年度绩效考核结果需报上一级内部审计机构备案。

三、有效履行工作职责，全面提升内部审计监督效能

（六）积极推动内部审计监督无死角、全覆盖。坚持应审尽审、凡审必严，在贯彻执行党和国家重大方针政策、国资监管工作要求、完成国企改革重点任务、领导人员履行经济责任以及管理、使用和运营国有资本情况等方面全面规范开展各类审计监督，重点关注深化国有企业改革进程中的苗头性、倾向性、典型性问题。对所属子企业确保每 5 年至少轮审 1 次；对重大投资项目、重大风险领域和重要子企业实施重点审计，确保每年至少 1 次。企业可以根据审计工作需要，规范购买社会审计服务开展相关工作。

（七）加快推动内部审计信息化建设与应用。按照国有资产监管信息化建设要求，落实经费和技术保障措施，构建与“三重一大”决策、投资、财务、资金、运营、内控等业务信息系统相融合的“业审一体”信息化平台。及时准确提供审计所需电子数据，并根据审计人员层级赋予相应的数据查询权限。信息化基础较好的企业要积极运用大数据、云计算、人工智能等方式，探索建立审计实时监督平台，对重要子企业实施联网审计，提高审计监督时效性和审计质量。

（八）加强企业内部监督协同配合。加强与企业监事会、纪检监察、巡视以及法律、财务、违规责任追究等部门的沟通协调，将各方面集中反映的问题领域作为重点关注事项。通过联席会议、联合检查等方式，加强信息通报与交流、问题线索移送与协查等工作协同，对内部监督发现的共性问题或警示性问题在一定范围内进行通报，提高企业内部监督透明度和影响力。

（九）提升审计队伍专业化、职业化水平。选拔政治过硬、德才兼备、具备专业技能和业务知识的复合型人才充实审计队伍，鼓励审计人员参加相关执业资格考试。加大与财务、内控、运营、采购、销售、企业管理等业务部门之间的人员交流力度，拓宽内部审计人员职业发展通道，将内部审计岗位打造成企业内部人才培养和选拔任用的重要平台。落实审计专项经费预算，配备与企业规模、审计业务量等相适应的审计人员，打造专业化、职业化的内部审计工作队伍。

四、聚焦经济责任，促进权力规范运行和责任有效落实

（十）深化和改善经济责任审计工作。贯彻落实党中央、国务院关于深化和改善经济责任审计工作要求，围绕权力运行和责任落实，坚持以对领导人员任职期间审计为主，对所属二级子企业主要领导人员履行经济责任情况任期内至少审计1次，对掌握重要资金决策权、分配权、管理权、执行权和监督权等关键岗位的主要领导人员加大审计力度。完善定性评价与定量评价相结合的审计评价体系，落实“三个区分开来”要求，审慎作出评价和结论，鼓励探索创新，激励担当作为，保护企业领导人员干事创业的积极性、主动性、创造性。

（十一）规范有效开展经济责任审计。聚焦经济责任，突出对党和国家重大方针政策、国资监管工作要求、企业改革发展目标任务等落实情况，企业法人治理结构的健全完善、投资经营、风险管控、内控体系建设与运行、整改落实等方面以及领导人员廉洁从业和贯彻落实中央八项规定精神情况的监督检查。研究确定经济责任审计中长期规划，制订年度审计计划，强化审计计划刚性约束，不断完善企业内部经济责任审计组织协调、审计程序、审计评价、审计结果运用等工作机制。建立健全经济责任审计情况通报、责任追究、整改落实、结果公告等制度，有效落实企业领导人员经济责任。

五、突出关键环节，强化对重点领域的监督力度

（十二）围绕提质增效稳增长开展全面监督。适应常态化疫情防控和国际形势变化，结合经营业绩考核指标，重点关注会计政策和会计估计变更、合并报表范围调整、期初数大额调整、收入确认、减值计提等会计核算事项，保障会计信息真实性。加大对成本费用管控目标实现情况、应收账款和存货“两金”管控目标完成情况、资金集中管控情况、人工成本管控情况以及降杠杆减负债等工作的审计力度。

（十三）突出主责主业专项监督。围绕持续推动国有资本布局优化，聚焦主责主业发展实体经济等工作要求，加大对非主业、非优势业务的“两非”剥离和无效资产、低效资产的“两资”处置情况的审计力度。将打通供应链、稳住产业链等工作落实情况以及投资项目负面清单执行、长期不分红甚至亏损的参股股权清理、通过股权代持或虚假合资等方式被民营企业挂靠等情况纳入内部审计重要任务。对国有资产监管机构政策措施和监管要求落实情况进行跟踪审计，推动各项工作要求落实到位。

（十四）对混合所有制改革全过程进行审计监督。将混合所有制改革过程中的决策审批、资产评估、交易定价、职工安置等环节纳入内部审计重点工作任务，及时纠正混合所有制改革过程中出现的问题和偏差。规范开展混合所有制改革中参股企业的审计，通过公司章程、参股协议等保障国有股东审计监督权限，对参股企业财务信息和经营情况进行审计监督，坚决杜绝“只投不管”现象。

（十五）强化大额资金管控监督。针对近年来电子支付、网络交易等新兴资金结算手段的普遍使用等资金管理新形态，重点关注关键岗位授权、不相容岗位分离等内控环节的健全完善及执行情况，深入揭示资金审批、结算、对账等各日常业务环节的薄弱点。对资金中心等资金管理机构每年至少应当审计1次，对负责资金审批和具体操作的关键岗位和重要环节应进行常态化监督。

（十六）加强对赌模式并购投资监督。将使用对赌模式开展的并购投资项目纳入内部审计重点工作任务，对对赌期内的被并购企业开展跟踪审计，对赌期结束后开展专项审计。重点关注对赌指标完成情况的真实性、完整性以及作为分期支付投资款或限售股份解禁、收取对赌补偿等程序重要依据的合规性，及时揭示问题，防止国有资产流失。

（十七）加大对高风险金融业务的监督力度。加大对金融业务领域贯彻中央重大决策部署、执行国家宏观调控和经济金融政策等方面审计力度，重点关注脱离主业盲目发展金融业务、脱实向虚、风险隐患较大业务清理整顿，以及投机开展金融衍生业务、“一把手”越权操作、超授权交易等内容。对重点金融子企业和信托、债券、金融衍生品等高风险金融业务每年至少开展1次专项审计，切实防止风险交叉传导。

（十八）落实对“三重一大”事项的跟踪审计。对重大决策、重要项目安排和大额资金使用情况进行全过程跟踪审计。加强对可行性研究论证、尽职调查、资产评估、风险评估等对重大决策、重要项目具有重要影响环节的监督力度，强化对决策规范性、科学性的监督，促进企业提高投资经营决策水平。

六、强化境外内部审计，有力保障境外国有资产安全完整

（十九）加大境外企业内部审计监督力度。结合境外企业所在国家或地区的法律法规及政治、经济、文化特点，研究制定境外内部审计制度规定，在与外方签订的投资协议（合同）或公司章程等法定文件中推动落实中方审计权限。切实推进境外审计全覆盖、常态化，对重点境外经营投资项目（投资额1亿美元以上）或重要境外企业（机构），每年至少应审计1次。完善审计方式方法，配备具备外语能力、熟悉国际法律的复合型审计人员，探索开展向重要境外企业（机构）和重大境外项目派驻审计人员，根据工作需要可聘请境内外中介机构提供服务支持。

（二十）突出境外内部审计重点关注领域。聚焦境外经营投资立项、决策、签约、风险管理等关键环节，围绕境外经营投资重点领域以及境外大额资金使用、大额采购等重要事项，对重大决策机制、重要管控制度和内控体系有效性进行监督，保障境外国有资产安全，提升国际化经营水平。

七、加强内控体系审计，促进提升企业内控体系有效性

（二十一）规范有效开展内控审计。将企业内控体系审计纳入内部审计重点工作任务，围绕企业内部权力运行和责任落实、制度制定和执行、授权审批控制和不相容职务分离控制等开展监督，倒查企业内控体系设计和运行缺陷。突出重大风险防控审计，重点检查企业重大风险评估、监测、预警和重大风险事件及时报告和应急处置等工作开展情况，以及企业合规建设、合规审查、合规事件应对等情况。规范开展对投资决策、资金管理、招投标、物资采购、担保、委托贷款、高风险贸易业务、金融衍生业务、PPP业务等重点环节、重要事项以及行业监管机构发现的风险和问题的专项内控审计，切实促进提升内控体系有效性。

八、压实整改落实责任，促进审计整改与结果运用

（二十二）压实整改落实责任。内部审计机构对审计发现问题整改落实负有监督检查责任，被审计单位对问题整改落实负有主体责任，单位主要负责人是整改第一责任人，相关业务职能部门对业务领域内相关问题负有整改落实责任。加快建立完善审计整改工作制度，完善整改落实工作规范和流程，强化内部审计机构监督检查职责，积极构建各司其职、各负其责的整改工作机制，促进整改落实工作有效落地。

（二十三）强化整改跟踪审计及审计结果运用。密切结合国家审计、巡视巡察、国资监管等各类监督发现问题的整改落实，建立和完善问题整改台账管理及“销号”制度，由内部审计机构制定统一标准并对已整改问题进行审核认定、验收销号。对长期未完成整改、屡审屡犯的问题开展跟踪审计和整改“回头看”等，细化普遍共性问题举一反三整改机制，确保真抓实改、落实到位。建立审计通报制度，将审计发现问题及整改成效依法依规在企业一定范围内进行通报。将内部审计结果及整改情况作为干部考核、任免、奖惩的重要依据之一，对审计发现的违规违纪违法问题线索，按程序及时移送相关部门或纪检监察机构处理。

九、加强出资人对内部审计工作的监管，组织开展检查评价和责任追究

（二十四）强化对内部审计工作的监管。国资委指导中央企业按照国家审计机关对内部审计工作有关要求，围绕国资监管重点任务研究制订本企业年度内部审计工作计划，有效开展内部审计各项工作。加强对内部审计工作的统筹谋划和资源整合，充分发挥内部审计力量在国资监管工作中的专业优势。各中央企业要定期向国资委报送年度审计计划、年度工作报告等情况，及时报送审计发现的重大资产损失、重要事件和重大风险等情况。认真做好对企业报送的年度内部审计工作报告审核工作，持续加强企业内部审计工作情况的汇总、分析和评价。

（二十五）建立健全出资人检查评估工作机制。国资委探索研究制定内部审计工作效能评估指标体系，对企业内部审计体系建设、审计监督、整改落实等工作开展抽查，对审计计划执行、审计质量控制、审计结果运用等工作效能进行评估，每5年全部评估1次。对内部审计工作开展不力和存在重大问题的企业印发提示函或通报，压紧压实内部审计监督责任。

（二十六）加大内部审计责任追究力度。中央企业内部审计机构对重大事项应列入审计计划而不列入，或发现重大问题后拖延不查、敷衍不追、隐匿不报等失职渎职行为，要严肃追究直接责任人员的责任及企业相应领导人员的分管或协管责任；对重大问题应当发现而未发现、查办不力或审计程序不到位的，要逐级落实责任，坚决追责问责。

各省、自治区、直辖市及计划单列市和新疆生产建设兵团国资委可以参照本意见，制定本地区所出资企业内部审计工作监督管理相关工作规范。

审 计 结 果 公 告

中华人民共和国审计署审计结果公告（2020 年第 1 号）

2019 年第四季度国家重大政策措施落实情况跟踪审计结果

（2020 年 5 月 9 日公告）

审计署认真贯彻落实党中央、国务院对审计工作的部署要求，持续开展对国家重大政策措施落实情况的跟踪审计。2019 年第四季度，审计署继续组织对 31 个省（自治区、直辖市，以下统称省）、新疆生产建设兵团和 35 个中央部门、15 家金融机构进行审计，并对 41 户中央企业进行延伸审计，围绕推动经济高质量发展和供给侧结构性改革，聚焦减税降费、三大攻坚战、乡村振兴战略以及稳就业、稳金融、稳外贸、稳外资、稳投资、稳预期等重大政策措施落实情况，抽查了 1621 个单位、2742 个项目，涉及资金 4389.5 亿元，并对以往审计查出问题整改情况进行了跟踪检查。从审计情况看，有关地区和部门认真贯彻落实党中央、国务院重大决策部署，结合实际主动作为，推动经济持续健康发展。

一、减税降费政策措施落实相关审计情况

从审计情况看，税务总局贯彻落实党中央、国务院实施更大规模减税降费的决策部署，推出一系列便民办税缴费举措，规范税费业务征管，切实降低企业税费负担；有关地区和部门认真贯彻落实减税降费相关政策措施，在减轻企业和个人负担、激发市场主体活力等方面做了大量工作。据税务部门统计，2019 年全国累计新增减税降费超过 2 万亿元，取得较好效果。但发现部分行业增值税改革配套措施仍不够完善，部分税收征管“放管服”改革仍不够到位等。还发现一些地区仍存在违规收费、转嫁费用等问题，涉及金额 14.28 亿元。其中：16 个省的 101 家单位未按规定降低收费标准、违规征收应免征或已取消的行政事业性收费、自立名目收费、违规征收政府性基金 12.19 亿元；12 个省的 51 家单位违规向企业转嫁应由财政预算保障的费用、要求企业购买第三方电子认证服务或承担电子政务平台服务费 7081 万元；6 个省的 8 家单位依托主管部门的行政审批事项开展中介服务并收费 5540.77 万元；4 个省的 22 家单位未严格实行“考培分离”，强制培训与考试挂钩，收取培训费用 6889.59 万元；2 个省的 4 家商会、协会通过开展评比表彰违规收费、未设置固定标准收取会费、重复收费等 1364.42 万元。

二、清理拖欠民营企业中小企业账款相关审计情况

审计重点抽查了各地区各部门建立清欠台账、制订清偿计划、清偿拖欠账款等情况，截至 2019 年底，全国已清偿账款 6600 余亿元，完成了清偿一半以上的目标任务，工作取得积极成效。但发现部分地区和单位存在台账不准确，少报、多报拖欠账款，有的边清边欠；未制订或未完善清偿计划、虚减清偿任务；未完成清偿任务、虚增偿还金额等问题。

三、过“紧日子”相关政策审计情况

审计重点关注了各地区各部门落实厉行节约要求、盘活存量资金资产、加快资金拨付使用等情况。总的看，各地区各部门按照党中央、国务院要求，坚持过“紧日子”，不断优化支出结构，促进积极财政政策提质增效。审计发现的主要问题：

（一）部分单位未严格落实厉行节约相关要求。1个省的1家单位由于管理不到位造成损失浪费，涉及金额45.11万元；2个省的10家单位超标准采购货物。

（二）部分地区和单位存量资金资产未有效盘活。10个省和1个部门未统筹盘活结余和结转2年以上财政存量资金41.23亿元；1个省未统筹盘活已收回的财政存量资金2512.45万元；1个部门未及时上缴财政性资金5129.48万元；2个省的2家行政事业单位国有资产长期闲置，涉及建筑面积6837.07平方米。

四、“六稳”政策措施落实相关审计情况

审计重点抽查了就业优先、合理扩大有效投资等任务的落实情况。总的看，各地区各部门积极采取有效措施，推动“六稳”政策措施落地生效。审计发现的主要问题：

（一）部分地区落实高职扩招政策不到位。5个省、40所高职院校存在未及时足额保障办学经费、相关资助政策落实不到位和未对退役军人、下岗失业人员、农民工、新型职业农民等4类人员单列招生计划等问题；7个省、61所高职院校教学管理等工作薄弱，存在降低教学标准、未按要求实施分类教育管理等问题。

（二）部分就业补助资金、失业保险金管理使用不规范或效益不高。10个省违规向不符合条件的单位或个人发放就业补助资金492.62万元；3个省违规向不符合条件的人员发放失业保险金3414.39万元；2个省挪用就业补助资金153.32万元用于会议费、人员工资等支出；5个省的就业补助资金使用效益不高，长期闲置或拨付不及时。

（三）部分地区投资项目进展缓慢，相关专项资金管理使用不规范。6个省、1个部门和1家央企的266个项目未按期开工、完工等，涉及投资57.52亿元；8个省的6.19亿元中小企业发展专项资金长期闲置或支出不规范；16个省的922.88亿元中央财政转移支付资金未在规定时间内分解下达。

五、深化“放管服”改革相关审计情况

审计重点关注了“证照分离”改革、工程建设项目审批制度改革、推行网上审批和服务等情况。从审计情况看，各地区各部门采取有力措施加快改革进程、优化审批制度、简化审批流程，营商环境持续改善，成效明显。审计发现的主要问题：

（一）部分地区“证照分离”等政策落实不到位。主要是未按要求清理规范行政审批事项及行政审批前置条件、中介服务，未按要求实现行政审批所需资料网上查验等，涉及6个省的10家单位。

（二）部分地区网上审批等优化服务政策落实不到位。主要是投资项目在线审批监管平台和工程建设项目审批管理系统尚未实现互联互通等政策目标、未按规定公布或公告审批相关信息、优惠或便民措施落实不到位等，涉及20个省。

（三）部分地区违规设置市场壁垒等。主要是在市场化交易中，违规设置区域性壁垒等不合理限制性条件、限制排斥潜在投标人或投标人等，涉及8个省的18家单位。

六、脱贫攻坚、乡村振兴相关审计情况

审计关注了各地区各部门贯彻落实脱贫攻坚和乡村振兴决策部署情况，重点审计了24个省的24个贫困县，其中国家扶贫开发工作重点县（含集中连片特殊困难地区县）21个；抽审资金71.57亿元，涉及755个项目、382个单位、210个乡镇、449个行政村，入户走访1563个贫困户。从审计情况看，各地区、各部门持续落实党中央、国务院决策部署，集中力量推进脱贫攻坚战圆满收官，积极有序推进乡村振兴任务落实。审计发现的主要问题：

（一）部分地区脱贫攻坚在解决突出问题等方面还存在薄弱环节，有些扶贫资金项目管理还不够规范。24个县总体解决了“三保障”突出问题，积极促进贫困群众稳定增收，但18个县在稳定住、巩固好等方面还有一些不足，存在部分贫困群众未享受应享受的医疗扶贫政策、改造后房屋仍存在安全隐患、农村饮水水质仍不达标等问题；20个县还存在落实产业、就业和易地扶贫搬迁后续扶持等政策不到位的问题，主要是产业扶贫项目未与贫困户建立利益联结机制，就业扶贫对象不够精准，部分地区易地扶贫搬迁配套设施不完善，后续产业、就业帮扶工作未跟上等；19个县存在资金和项目闲置或管理不规范等问题，涉及金额4.97亿元；4个县扶贫工作中还存在搞“形象工程”、加重基层工作负担等问题，涉及金额 302.9 万元。

（二）部分地区农村集体产权制度改革、粮食和生猪生产保障等乡村振兴重点任务措施落实不到位，部分惠农补贴管理使用不规范。9 个省的 10 个县农村集体产权制度改革工作存在清产核资数据不实、管理不规范等问题，涉及资金 7.53 亿元；9 个省的 10 个县存在惠农补贴“一卡通”发放管理不规范、超范围发放、资金闲置等问题，涉及资金 7.6 亿元；8 个省的 8 个地区存在农村人居环境整治项目进展缓慢或未达到预期效果、粮食和生猪生产保障措施落实不到位等问题，涉及资金 8335.3 万元。

七、污染防治相关审计情况

审计重点关注了部分地区生态环境重要目标任务落实、机动车污染治理工作等情况。从审计情况看，被审计地区加大生态环境的治理及保护力度，加快项目建设进度，取得积极成效。审计发现的主要问题：

（一）部分地区生态环境重要目标任务未完成或推进缓慢。11 个省的 33 个地区长江生态保护修复、黑臭水体治理、污水处理达标改造等目标任务未完成或推进缓慢；7 个省 45 个运输结构调整项目未按期开工或完工、铁路货运增量任务未完成。

（二）部分地区和单位机动车污染治理工作存在薄弱环节。20 个省 61 个地区在老旧柴油货车淘汰、重型柴油车远程在线监控等方面落实国家政策不力；14 个省在机动车排放检测、达标抽测，超标排放车辆信息共享，督促超标排放柴油货车维修治理等方面存在明显短板；8 个省 11 个地区和 2 个机场在非道路移动机械排放监管、车用燃油和尿素质量管控等方面工作薄弱。

八、初步整改情况

审计指出问题后，有关地区和部门落实责任主体，压实整改责任，正在积极整改。26 个省在审计过程中已整改问题金额 13.49 亿元，其中退还各类违规多收费用 4555.16 万元，清偿民营企业中小企业账款及清理各类保证金 8.35 亿元，追回各类违规发放或骗取套取的财政补助等资金 3194.44 万元，盘活闲置资金和下达资金 4.32 亿元，向建档立卡贫困户等对象补发或补缴各类资金 495.84 万元，清理规范行政审批事项流程及中介服务事项 9 项，出台和完善相关规章制度 7 项。审计署将继续跟踪后续整改情况，进一步督促审计指出问题整改到位。

附件： 1. 一些地区和部门积极推进国家重大政策措施落实的经验做法
2. 以前发现问题整改事例
3. 2019 年第四季度跟踪审计发现的主要问题

附件 1：

一些地区和部门积极推进国家重大政策措施落实的经验做法

一、加强就业创业服务，推进城乡就业持续稳定

（一）哈尔滨市积极推进“互联网＋零工服务”，有效拓宽灵活就业等特殊群体就业渠道。哈尔滨市针对灵活就业特殊群体开发建设了“哈尔滨市零工就业平台”，自动生成临时用工劳动合同、即时保险和薪酬第三方监管，为临时用工、零散个体和灵活就业人员提供多种精准就业供需服务。2019 年，零工就业平台访问量突破 28 万人次，实现灵活就业 2.6 万人。

（二）安徽省优化毕业生求职创业补贴审批，提高毕业生就业获得感。安徽省人力资源和社会保障厅简化毕业生求职创业补贴审批程序，优化升级多项网上申请渠道，毕业生不再需要提供纸质证明材料，系统自动校验审核。对信息不准确、网上审核校验通不过的，进行线下人工审核，让毕业生“最多跑一次”，已经惠及 55786 名毕业生。

（三）四川省开展“双百行动”，加大对困难学生就业帮扶。2018 年以来，四川省教育厅在全省高校应届毕业生中实施建档立卡贫困户家庭高校毕业生就业创业帮扶“双百行动”，即对所有建档立卡毕业生做到就业创业“帮扶百分百”、对有就业意愿的建档立卡毕业生努力做到“就业百分百”。省级财政每年投入 1200 万元，按每人 600 元的标准实施帮扶。2018、2019 两届有就业意愿的建档立卡毕业生基本实现了就业。

二、创新机制，助力企业高质量发展

（一）税务总局创新工作方法，推动减税降费政策落实。针对税务系统层级多、管理链条长的特点，积极探索创新，在工作指挥方面，从税务总局到省、市、县税务局，逐级成立了由主要负责人任组长的减税降费工作领导小组及办公室，构建“一盘棋统筹”指挥体系。在任务落实方面，采取“一张表”推进，全年动态细化了9大类517项减税降费具体任务，对表推进、到点验收。在政策解答方面，开通12366纳税服务热线等6条减税降费问题收集渠道，统一由税务总局“一个口答疑”，全年解答纳税人和缴费人关心的相关问题2000多个，促进政策执行规范、统一。在工作部署方面，取消层层转发文件程序，采取“一竿子到底”的方法，由税务总局直接面向所有税务人和纳税人、缴费人发布公告，既提升工作效率，又减轻基层负担。

（二）四川省、广西壮族自治区南宁市分别采用手机App、企业融资服务中心模式，提高金融服务企业能力。2019年7月以来，四川省开发“营商通”App，为企业提供“准入前”信息服务、“市场准入”政务服务以及“准入后”金融服务3大服务。截至2019年底，“营商通”App有注册用户3111个，完成企业开办364户、银行开户298户，实现12笔共938万元贷款。2019年5月，南宁市集聚8家银行、2家担保公司、1家小额贷款公司成立企业融资服务中心，截至2019年底，该中心累计受理融资申请368项23.89亿元，帮助216家企业成功融资14.61亿元，融资成本降低20%、时间缩短30%。

（三）福建、天津、辽宁等6个省创新模式，深入推进“单一窗口”、“最多跑一次”。福建省依托中国（福建）国际贸易单一窗口，采用“单一窗口＋两证合一”模式和“单一窗口＋信保”模式，促进企业运用原产地政策降低经营成本，减少线下投保出口信用保险中的纸质单证交互。2019年，驻闽海关签发原产地证书36.16万份，为企业减免关税4.69亿美元，线下投保出口信用保险时间从平均6至7个工作日缩减到数分钟，保费费率降至承保额的万分之八。天津、辽宁、黑龙江、宁夏、深圳等地多措并举，通过深化“一制三化”行政审批制度改革，推出政务服务主题套餐等方式，做到一站式、流水线办理，减少审批环节，压减审批时间，持续优化营商环境。

（四）吉林省长春市人力资源和社会保障局推行“首检告知”和“首违警示”机制，为企业减负。2019年，长春市人力资源和社会保障局首次入企检查时，推行“首检告知”，以告知书形式明确企业权利；对企业首次因非主观故意造成的违规行为，推行“首违警示”，不启动处罚程序；对企业非主观故意、依法必须进行处罚的违法行为，企业主动配合调查并能按规定时限整改的，适用最低处罚标准。

（五）海南省税务局出台“不予税务行政处罚清单”。海南省税务局推出“不予税务行政处罚清单”，自2019年9月1日起对符合条件的可不予处罚的24项违法行为不予处罚，同时对税务行政相对人并非主观故意，但又经常发生且危害后果不严重的17项应处罚违法行为，按最低限额行政处罚，罚款降幅达80%。

三、积极落实产业等扶贫政策，推进脱贫攻坚和乡村振兴

（一）广东省紫金县、贵州省玉屏县、重庆市万州区依托当地优势资源，积极推进产业扶贫。紫金县历时3年建设3000亩县级扶贫产业园，引进茶业龙头企业承包产业园，每年直接或间接带动约1000人就业，参与农户户均增收2160元/年。玉屏县通过引进龙头企业、与科研院所合作等方式，布局油茶、精品水果、生猪养殖、食用菌四大产业，2019年仅龙头企业就发展生猪养殖32万头，带动贫困户4000余户15000余人，户均增收约1900元。万州区扩大茶叶和柑橘产业规模，推广标准化种植，截至2019年底，全区建成生态茶叶基地5万亩，带动贫困户446户；柑橘种植面积38万亩，带动贫困户7022户。

（二）新疆维吾尔自治区发挥农特产品优势，大力推进电商扶贫。新疆维吾尔自治区大力推进农村电商快速发展，全区47个县被商务部批准为国家级电子商务进农村综合示范县，实现区内国贫县、深度贫困县全覆盖，每个示范县每月带动农产品销售总额均超1亿元。

附件2：

以前发现问题整改事例

一、20个省和部门的相关单位落实减税降费、清欠政策，不断优化政府服务和监管，切实减轻企业负担

（一）关于河北、辽宁等7个省的10个单位未及时清理退还各类保证金4.79亿元的问题。有关单位积极与项目投标人、施工企业等取得联系，抓紧开展清退工作。截至2019年底，上述保证金已全部清退。

（二）关于天津、上海等5个省的6个单位拖欠民营企业账款1.39亿元的问题。有关单位加快工程项目核算进度，制定整改措施，积极偿还拖欠账款。截至2019年底，上述欠款已全部清偿。

（三）关于天津、吉林等8个省的23个单位违规向企业转嫁费用等违规收费3.06亿元的问题。天津市发展改革委、北京市农业农村局将委托咨询评估、检测所需费用全部纳入部门预算，切实减轻企业负担；长沙市人民防空办公室、吉林银行等6个单位将违规征收应减免的防空地下室易地建设费、融资顾问费等3711.65万元全部退还给相关单位；天津市林业调查规划设计院、云南省疾病预防控制中心等15个单位停止收取涉及行政审批的中介服务收费。

（四）关于天津、福建等4个省的36个单位在招标和市场准入环节设置不合理条款的问题。天津市、甘肃省和广西壮族自治区有关单位通过发布采购项目更正公告、修订本单位政府采购内控制度、开展采购业务专题培训、废除原不合理规范性文件等方式，停止设置不合理条件限制；福州市城乡建设局已公告废止工程项目服务机构库，福建省住房和城乡建设厅组织全系统清理废除妨碍统一市场和公平竞争的制度规定。

（五）关于辽宁、陕西、山东3个省行政审批不到位、不规范的问题。辽宁省沈抚新区管理委员会积极整改，截至2019年底已积极推进和承接辽宁省人民政府赋予的第二批169项行政职权，食品经营许可等审批许可事项已实现行政审批中心“一站式”办理；陕西省商务厅修改了办事指南，不再要求申请人提供经审计的会计报表；山东省通过降低一次性缴纳标准、完善分期缴纳政策、规范登记手续等减轻企业负担，并规范登记手续保障国家矿产资源权益金制度改革政策落地。

（六）关于个别地区增值税进项税额无法按规定正常抵扣的问题。税务总局2020年1月修订了《异常增值税扣税凭证处理操作规程》（税总发〔2020〕4号），自2020年2月1日起实施，对异常凭证开票方及接收方主管税务机关业务处理工作流程、跨省协调进行了明确规定，促进解决了个别地区企业增值税进项税额无法按规定正常抵扣的问题。

（七）关于部分符合印花税、残疾人就业保障金优惠政策的纳税人未能享受优惠政策的问题。截至2020年2月7日，山西省税务局已完成应享未享印花税优惠的退抵税，涉及金额107.82万元；已完成应享未享残疾人就业保障金免征优惠的4229户企业退费手续，涉及金额425.25万元。

二、海南、山西、河北等14个省促进扶贫政策落实，着力推进乡村振兴

（一）关于河北、重庆等8个省未按规定及时发放教育扶贫、健康扶贫等政策补贴的问题。河北、重庆等5个省对符合条件的贫困家庭学生发放教育补助544.58万元；黑龙江省同江市和明水县出台制度文件，组织逐一入户核对信息，已将农村扶贫小额保险理赔等资金56.22万元发放到位；重庆市、四川省和云南省相关市县清理底数，核定参保人员名单，将1406名符合条件的贫困户纳入基本医疗保险；江西省广昌县和重庆市石柱县向614名残疾人补发生活补贴和护理补贴等36.89万元。

（二）关于山西、四川等3个省扶贫项目后续配套措施不到位和效果不佳等问题。山西省临县有关部门调整规划设计，在易地扶贫搬迁和危房改造工程中针对不同类别残疾家庭改造需求，同步规划建设残疾人无障碍设施，已为1045名实施危房改造和412名易地搬迁的重度残疾人家庭加装了无障碍设施，并对5个未达标脱贫村村卫生室进行升级改造，已达到标准化卫生室的要求；四川省红原县研究易地扶贫搬迁集中安置点后续产业措施，建设暖棚、生产性牧道等基础生产设施，并为搬迁户提供公益性岗位；宁夏回族自治区彭阳县制订了相关实施方案，按标准为100户易地扶贫搬迁户配备太阳能热水器。

（三）关于山西、宁夏等6个省的6个县部分单位违规领取使用涉农资金4171.47万元的问题。山西省临县扶贫办和相关乡镇取消了不符合条件的429名对象的搬迁资格并追缴补助资金514.8万元；宁夏回族自治区彭阳县收回用于购买金融理财的建档立卡贫困户扶贫小额信贷资金3620万元；内蒙古自治区察右中旗、海南省陵水县、福建省平和县、山东省东平县追回国家农业支持保护补贴等资金36.67万元。

（四）关于广东省、陕西省的部分地区惠农补贴“一卡通”管理不完善的问题。有关地区通过全面开展惠民惠农财政补贴资金“一卡通”专项治理工作，出台加强财政惠民补贴资金兑付管理文件，进一步规范补贴资金发放方式。

三、山西、内蒙古等10个省加强资金管理，推进项目建设，促进稳外资、稳投资等政策落实

（一）关于山西、内蒙古等5个省向不符合条件企业发放财政补贴的问题。山西省、内蒙古自治区相关部门已收回不符合条件企业获得的中央外经贸发展专项等资金291.84万元；上海市、吉林省白城市、山东省青岛市加强对资金的审核，取消和终止对不符合条件企业的财政补贴支持，推动完善联合惩戒制度。

（二）关于河北、广东和甘肃3个省重大项目进展缓慢的问题。河北省加快推动重点项目建设，截至2019年底，河北省密云水库上游滦平县南大庙流域生态综合治理工程等4个项目主体工程已完工；广东省深圳市龙岗区高度重视整改坪地街道环城南路改造工程项目进展缓慢问题，多次组织会议专题研究，截至2019年底，影响项目进度的征拆工作已全部完成；甘肃省将七里河体育场建设项目列入省级领导包抓项目进行重点督办，已于2019年11月18日开工建设。

（三）关于河北、江苏、山西等7个省9个单位统筹盘活财政资金不及时的问题。上述单位积极开展自查，及时拨付或收回长期结转结余资金，截至2019年12月，统筹盘活并及时拨付各类资金14626.68万元。

附件3：

2019年第四季度跟踪审计发现的主要问题

一、减税降费政策措施落实相关审计情况

（一）16个省的101家单位未按规定降低收费标准、违规征收应免征或已取消的行政事业性收费、自立名目收费、违规征收政府性基金12.19亿元。

序号	涉及地区和单位	具体问题	相关规定	金额/万元
1	陕西省财政厅、西安高新技术产业开发区财政局、汉中市教育局	2018年至2019年，经陕西省财政厅批准，西安高新技术产业开发区财政局、汉中市教育局等2家单位向房地产企业收取已取消的教育设施配套建设费101280.04万元。	《国务院办公厅关于进一步加强涉企收费管理减轻企业负担的通知》（国办发〔2014〕30号）规定，“一、建立和实施涉企收费目录清单制度……各地区、各部门必须严格执行目录清单，目录清单之外的涉企收费，一律不得执行”。	101280.04
2	内蒙古自治区财政厅、内蒙古自治区黄河工程管理局	内蒙古自治区财政厅未取消三盛公水利枢纽工作桥车辆通行费收费项目。2018年至2019年，内蒙古自治区黄河工程管理局在行政事业性收费项目清单外收取三盛公水利枢纽工作桥车辆通行费2837.72万元。	《财政部关于进一步加强行政事业性收费和政府性基金管理的通知》（财税〔2015〕30号）规定，“各省（区、市）财政部门公布本地区实施的收费基金目录清单，目录清单之外的收费基金项目，一律不得执行”。	2837.72

（续表）

序号	涉及地区和单位	具体问题	相关规定	金额/万元
3	北京市规划和自然资源委员会、天津市市区不动产登记事务中心等 39 个不动产登记管理部门	2018 年至 2019 年，北京市规划和自然资源委员会，天津市市区不动产登记事务中心，陕西省西安市不动产登记中心，山东省青岛市不动产登记中心，江苏省盐城、徐州、南通等 12 个设区市不动产登记管理部门，湖北省武汉市不动产登记中心等 8 家不动产登记管理部门，以及宁夏回族自治区所属的银川市、平罗县等 15 个市（县）不动产登记管理部门向小微企业收取应免收的不动产登记费 1535.26 万元。	《财政部　国家发展改革委关于不动产登记收费有关政策问题的通知》（财税〔2016〕79 号）规定，“五、免收、减收不动产登记费（一）对下列情形免收不动产登记费……7. 小微企业（含个体工商户）申请不动产登记的”。	1535.26
4	湖南省、云南省、内蒙古自治区的 4 家单位	2015 年至 2019 年，湖南省长沙兴业劳动保障事务代理中心、云南省昆明市东川区东劳人力资源中心、昆明西山人力资源服务有限公司、内蒙古自治区鄂伦春自治旗甘河劳动和社会保障事务所等 4 家单位分别向失业人员、灵活就业人员等收取已取消的档案管理费，共计 143.18 万元。	《中共中央组织部　人力资源社会保障部　国家发展改革委　财政部　国家档案局关于进一步加强流动人员人事档案管理服务工作的通知》（人社部发〔2014〕90 号）规定，“自 2015 年 1 月 1 日起，取消收取人事关系及档案保管费、查阅费、证明费、档案转递费等名目的费用”。	143.18
5	四川省成都市住房和城乡建设局、重庆市永川区住房和城乡建设委员会以及福建省福州、龙岩等 7 个地市的住房和城乡建设部门和自然资源部门	2018 年至 2019 年，四川省成都市住房和城乡建设局、重庆市永川区住房和城乡建设委员会以及福建省福州、龙岩等 7 个地市的住房和城乡建设部门和自然资源部门等 40 家单位，分别向安居工程、中小学校舍、敬老院等建设项目收取应免收的城市基础设施配套费，共计 9243.44 万元。	《国务院办公厅关于保障性安居工程建设和管理的指导意见》（国办发〔2011〕45 号）规定，“三、（五）……对廉租住房、公共租赁住房、经济适用住房和棚户区改造安置住房……免收城市基础设施配套费”；《国务院办公厅转发教育部等部门关于建立中小学校舍安全保障长效机制意见的通知》（国办发〔2013〕103 号）规定，“四、（三）落实扶持鼓励政策。校舍建设项目涉及的行政事业性收费和政府性基金，应予以免收”；《重庆市城市建设配套费征收管理办法》（重庆市人民政府令 2011 年第 253 号）第十三条规定，“下列建设项目，经审查可免缴配套费：……（二）社会福利设施、社会公益性设施”。	9243.44

（续表）

序号	涉及地区和单位	具体问题	相关规定	金额/万元
6	福建省福州市园林中心	2018 年至 2019 年，福建省福州市园林中心在临时占用园林绿地单位已缴纳包含苗木移植费用的绿化补偿费的情况下，要求缴款单位向福州市园林建设开发有限公司购买树木移植服务，涉及服务费用 1630.41 万元。	《福州市人民政府关于进一步规范城市绿化补偿费征收管理工作的通知》（榕政综〔2018〕153 号）规定，“临时占用园林绿地的……现行标准为闽价〔2006〕房 58 号”；《福建省物价局　福建省财政厅关于城市绿化赔偿费收费标准的复函》（闽价〔2006〕房 58 号）规定，“二、……上述收费标准包含苗木的移植、砍伐费用及附属配套设施费用”。	1630.41
7	新疆维吾尔自治区水利厅	截至 2019 年 11 月底，新疆维吾尔自治区水利厅未落实关于降低水土保持补偿费最高标准的政策。抽查发现，2017 年 7 月至 2019 年 11 月，乌鲁木齐市水务局按照超过 1.7 元/平方米的收费标准上限 0.3 元，即 2 元/平方米的标准，多收取水土保持补偿费 221.56 万元。	《国家发展改革委　财政部关于降低电信网码号资源占用费等部分行政事业性收费标准的通知》（发改价格〔2017〕1186 号）附件：《降低的行政事业性收费标准》规定，“三、水利部门水土保持补偿费收费标准按下列规定执行：1. 对一般性生产建设项目，按照征占用土地面积一次性计征，……西部地区由每平方米不超过 2.5 元降为每平方米不超过 1.7 元”。	221.56
8	吉林粮食批发交易中心有限责任公司	2017 年至 2019 年，吉林粮食批发交易中心有限责任公司在管理粮食交易平台过程中，未向粮食交易企业提供相关检测服务，收取检测费用 10.84 万元。	《国家发展改革委关于治理规范经营服务性收费的通知》（发改价格〔2010〕877 号）规定，“坚决取缔各种乱收费。根据价格法和国务院有关收费管理规定，下列收费行为一律取缔：……4. 利用（借用）行政权力和垄断地位强制服务并收费或只收费不服务的”。	10.84
9	甘肃省庆阳市人民政府	2019 年 1 月至 11 月，甘肃省庆阳市人民政府未经批准，向 3 户石油企业征收水利建设基金 5021 万元。	《财政部　国家发展改革委　水利部关于印发〈水利建设基金筹集和使用管理办法〉的通知》（财综〔2011〕2 号）第四条规定，“地方水利建设基金的来源：……（二）经财政部批准，各省、自治区、直辖市向企事业单位和个体经营者征收的水利建设基金”。	5021

（续表）

序号	涉及地区和单位	具体问题	相关规定	金额/万元
10	新疆维吾尔自治区乌鲁木齐等9个市（地、州）人民政府	2018年5月至2019年12月，新疆维吾尔自治区乌鲁木齐市等9个市（地、州）人民政府未按照国家要求下调天然气销售价格，导致终端用户不含税用气价格不降反增，国家天然气增值税税率下调的政策红利未传导至终端用户。如截至2019年底，乌鲁木齐市工商业天然气仍执行2.27元/立方米（含税）价格，扣除增值税后不含税价格上涨3.75分/立方米。	《国家发展改革委关于理顺居民用气门站价格的通知》（发改价格规〔2018〕794号）规定，“各地要综合考虑门站价格调整及增值税税率下调对省内运销环节的影响等因素，统筹安排好终端销售价格，将税率下调的好处全部让利于终端用户”。	
合计				121923.45

（二）12个省的51家单位违规向企业转嫁应由财政预算保障的费用、要求企业购买第三方电子认证服务或承担电子政务平台服务费7081万元。

序号	涉及地区和单位	具体问题	相关规定	金额/万元
1	宁夏回族自治区公安厅、河北省石家庄市公安局	宁夏回族自治区公安厅和河北省石家庄市公安局要求旅馆企业安装并使用旅馆业治安管理信息系统，采集认证入住旅客身份信息。2019年，有关系统推广和运行维护公司、系统开发公司向相关企业收取服务费用和安装费用，分别为621.18万元和202.86万元。	《国家发展改革委关于清理规范涉企经营服务性收费的通知》（发改价格〔2017〕790号）规定，“政府有关部门建设的提供公共服务的各类电子政务平台应免费向企业和社会开放……利用电子政务平台提供政府公开信息和办理有关业务不得以技术维护费、服务费、电子介质成本费等名义收取经营服务性费用”。	824.04
2	宁夏回族自治区银川市住房和城乡建设局	银川市住房和城乡建设局要求银川市四类施工现场必须安装接入“银川市智慧工地监控系统”，系统建设、工地接入和运维费用由用户承担。截至2019年底，系统开发公司向相关企业收取服务费用120万元。		120
3	贵州省人力资源和社会保障厅	贵州省人力资源和社会保障厅通过贵州省社会保险网上服务系统开展全省参保单位日常查询和办理社保业务，系统开发公司以300元/（户·年）标准向参保单位收取网上服务系统业务功能费，2018年至2019年共计收费849.21万元。		849.21

（续表）

序号	涉及地区和单位	具体问题	相关规定	金额（万元）
4	山西省太原市人民政府、太原市住房和城乡建设局	经太原市人民政府同意，太原市住房和城乡建设局在受理消防设计审查时，要求建设单位承担消防设计文件技术审查费。2019 年 9 月至 12 月，消防设计审查机构向相关建设单位收取费用 444.89 万元。	《山西省人民政府办公厅关于推进施工图审查制度改革的实施意见》（晋政办发〔2018〕112 号）规定，“整合住房城乡建设、人防、消防、气象等审查环节”，“将施工图审查事项列入各市政府购买服务目录，实行政府购买服务，……所需审查服务费用纳入各市政府预算”。	444.89
5	江苏省地震局	2019 年，江苏省地震局在开展建设工程场地地震安全性评价行政审批过程中，要求申请人提供地震安全性评价报告，并由申请人承担地震安全性评价费 1489.4 万元。	《国务院关于第一批清理规范 89 项国务院部门行政审批中介服务事项的决定》（国发〔2015〕58 号）规定，“不再要求申请人提供地震安全性评价报告，改由审批部门委托有关机构进行地震安全性评价”；《国家发展改革委　财政部　国务院审改办关于加强行政审批中介服务收费监管的通知》（发改价格〔2015〕2404 号）规定，“三、……各级政府审批部门在审批过程中委托开展的技术性服务活动，必须通过竞争方式选择服务机构，服务费用一律由审批部门支付并纳入部门预算”。	1489.4
6	江苏省南京市水务局、苏州市水务局等 13 个设区市水土保持方案审批部门	2019 年 8 月至 11 月，江苏省南京市水务局、苏州市水务局等 13 个设区市水土保持方案审批部门未将应由财政资金承担的水土保持方案评审费 190.53 万元列入财政预算，而是由建设单位承担。	《水利部关于进一步深化“放管服”改革全面加强水土保持监管的意见》（水保〔2019〕160 号）规定，“水土保持方案报告书应当进行技术评审……水行政主管部门或者其他审批部门组织开展技术评审，评审费用应当纳入各级财政预算”。	190.53
7	江苏省苏州、南通、常州等 20 个市、县（市、区）住房和城乡建设部门	2018 年至 2019 年 11 月，江苏省苏州、南通、常州等 20 个市、县（市、区）住房和城乡建设部门将应由财政资金承担的建筑施工企业主要负责人、项目负责人和专职安全生产管理人员考试费 1127.67 万元，转由相关培训机构承担。	《住房城乡建设部关于印发建筑施工企业主要负责人、项目负责人和专职安全生产管理人员安全生产管理规定实施意见的通知》（建质〔2015〕206 号）规定，“建筑施工企业主要负责人、项目负责人和专职安全生产管理人员安全生产考核不得收取费用，考核工作所需相关费用，由省级人民政府住房城乡建设主管部门商同级财政部门予以保障”。	1127.67

（续表）

序号	涉及地区和单位	具体问题	相关规定	金额（万元）
8	广东省市场监管局、广东省农业农村厅	2018年至2019年，广东省市场监管局、农业农村厅分别在组织专家开展检验检测机构资质认定、农产品质量安全检测机构考核等行政许可事项时，要求申请单位承担专家差旅费，共计1362.18万元。	《中华人民共和国行政许可法》第五十八条规定，“行政机关实施行政许可所需经费应当列入行政机关的预算，由本级财政予以保障，按照批准的预算予以核拨”。	1362.18
9	山东省文化和旅游厅、陕西省应急管理厅	2016年至2019年11月，山东省文化和旅游厅、原山东省文物局在组织开展文物保护工程设计方案、规划编制方案技术性审核等工作时，要求相关项目单位承担专家评审费、会务费167.56万元；2018年至2019年，陕西省应急管理厅在非煤矿山建设项目安全设计审查和用于生产、储存危险物品的建设项目安全设施设计审查中，要求相关企业承担专家评审费、会议费43.35万元。	《国务院办公厅关于清理规范国务院部门行政审批中介服务的通知》（国办发〔2015〕31号）规定，“二、（一）……依照规定应由审批部门委托相关机构为其审批提供的技术性服务，纳入行政审批程序，一律由审批部门委托开展，不得增加或变相增加申请人的义务”，“地方各级人民政府要参照本通知要求，结合实际，研究制定本地区清理规范中介服务工作的具体措施并组织实施”；《国家发展改革委　财政部　国务院审改办关于加强行政审批中介服务收费监管的通知》（发改价格〔2015〕2404号）规定，“三、……各级政府审批部门在审批过程中委托开展的技术性服务活动，必须通过竞争方式选择服务机构，服务费用一律由审批部门支付并纳入部门预算”。	210.91
10	宁夏回族自治区发展改革委、黑龙江省哈尔滨市水务局	2018年至2019年，宁夏回族自治区发展改革委在审查监狱改扩建、医院传染病防治综合楼建设等16个政府投资项目的初步设计过程中，要求项目设计单位承担专家评审费10.57万元；哈尔滨市水务局在办理“权限内河道管理范围内建设项目工程建设方案审批”过程中，要求报审的项目单位承担专家评审费用15.8万元。	《国家发展改革委关于进一步放开建设项目专业服务价格的通知》（发改价格〔2015〕299号）规定，“政府有关部门对建设项目实施审批、核准或备案管理，需委托专业服务机构等中介提供评估评审等服务的，有关评估评审费用等由委托评估评审的项目审批、核准或备案机关承担，评估评审机构不得向项目单位收取费用”。	26.37

（续表）

序号	涉及地区和单位	具体问题	相关规定	金额（万元）
11	青海省自然资源厅	2019 年 1 月至 11 月，青海省自然资源厅委托青海省地质环境监测总站对部分土地复垦方案和矿山地质环境保护与治理恢复方案进行评审，要求相关企业承担评审费 13.66 万元。	《国土资源部关于做好矿山地质环境保护与土地复垦方案编报有关工作的通知》（国土资规〔2016〕21 号）规定，“采矿权申请人或采矿权人编制的矿山地质环境保护与土地复垦方案……报具有相应审批权的国土资源主管部门组织审查。审查费用列入部门预算，不得向矿山企业和编制单位收取费用”。	13.66
12	内蒙古自治区农牧厅、陕西省农业农村厅	2018 年至 2019 年，内蒙古自治区农牧厅、陕西省农业农村厅在开展肥料产品检测时，要求肥料生产企业自行委托相关机构出具检测报告，并承担检测费用，共计 151.82 万元。	《国务院关于第二批清理规范 192 项国务院部门行政审批中介服务事项的决定》（国发〔2016〕11 号）规定，“肥料登记行政审批不再要求申请人进行肥料产品检测，改由审批部门委托有关机构开展肥料产品检测”；《国家发展改革委　财政部　国务院审改办关于加强行政审批中介服务收费监管的通知》（发改价格〔2015〕2404 号）规定“三、……各级政府审批部门在审批过程中委托开展的技术性服务活动，必须通过竞争方式选择服务机构，服务费用一律由审批部门支付并纳入部门预算”。	151.82
13	江西省南昌住房公积金管理中心	2017 年至 2019 年 11 月 27 日，江西省南昌住房公积金管理中心共办理完成公积金贷款不动产抵押登记 23989 件，截至 2019 年 12 月 2 日，该中心作为抵押权人仅支付 601 笔抵押登记费，其余 23388 笔抵押登记费由公积金贷款职工承担，涉及金额 187.1 万元。	《国家发展改革委　财政部关于不动产登记收费标准等有关问题的通知》（发改价格规〔2016〕2559 号）规定，“五、登记费缴纳……不动产抵押登记，登记费由登记为抵押权人的一方缴纳”。	187.1
14	陕西省建设工程发包承包交易中心	2018 年至 2019 年，陕西省建设工程发包承包交易中心在招标投标业务平台管理过程中收取工程项目交易服务费，有 92 个政府投资工程项目的交易服务费 166.43 万元全部由中标企业缴纳，未按规定将其中的 83.22 万元由招标单位缴纳。	《陕西省物价局关于重新核定我省建设工程交易服务收费标准的通知》（陕价费调发〔2004〕40 号）规定，“建设工程交易服务费按每宗招标项目中标价为计费基础实行定额收费，由工程项目招标方和中标方各承担 50%”。	83.22
合计				7081

（三）6个省的8家单位依托主管部门的行政审批事项开展中介服务并收取费用共计5540.77万元。

序号	涉及地区和单位	具体问题	金额/万元
1	陕西省西安市特种设备检测院	2018年至2019年，西安市特种设备检测院依托主管部门西安市市场监督管理局特种设备使用登记等行政许可事项，开展特种设备安装前监督检验等中介服务，收取服务费2990.16万元。	2990.16
2	内蒙古自治区水利水电勘测设计院	2018年至2019年，内蒙古自治区水利水电勘测设计院依托主管部门内蒙古自治区水利厅“水利基建项目初步设计文件审批”等行政审批事项，开展编制“水利基建项目可行性研究报告和初步设计报告、河道管理范围内建设项目工程建设方案”等中介服务，收取服务费311.61万元。	311.61
3	海南省林业科学研究所	2016年至2019年11月，海南省林业科学研究所依托主管部门海南省林业局“建设项目使用林地”等行政审批事项，开展相关可行性研究报告等中介服务，收取服务费1182.85万元。	1182.85
4	福建省水利水电勘测设计研究院、四川省成都市水利电力勘测设计院	2017年至2019年，福建省水利水电勘测设计研究院、四川省成都市水利电力勘测设计院分别依托主管部门福建省水利厅、四川省成都市水务局“生产建设项目水土保持方案审批”等行政审批事项，开展水土保持方案编制等中介服务并收取服务费，共计870.83万元。	870.83
5	山西省医疗设备服务中心	2018年至2019年，山西省医疗设备服务中心依托主管部门山西省卫生健康委“医疗机构放射性职业病危害建设项目预评价报告审核和竣工验收”等行政审批事项，开展放射诊疗建设项目职业病危害预评价等中介服务，收取服务费115.53万元。	115.53
6	四川省危险化学品质量监督检验所	2019年，四川省危险化学品质量监督检验所依托主管部门四川省市场监督管理局工业产品生产许可等行政审批事项，开展检验检测等中介服务，收取服务费16.61万元。	16.61
7	山西省投资咨询和发展规划院	2018年至2019年，山西省投资咨询和发展规划院依托主管部门山西省发展改革委“固定资产投资项目节能评估和审查”等行政审批事项，开展节能评估报告编制等中介服务，收取服务费53.18万元。	53.18
合计			5540.77

（四）4个省的22家单位未严格实行考培分离，强制培训与考试挂钩，收取培训费用6889.59万元。

序号	涉及地区和单位	具体问题	相关规定	金额/万元
1	江苏省苏州、南通、常州等18个市、县（市、区）住房和城乡建设部门	2018年1月至2019年11月，江苏省苏州、南通、常州等18个市、县（市、区）住房和城乡建设部门要求建筑施工企业主要负责人、项目负责人及专职安全生产管理人员参加安全生产考核前需到指定机构培训，相关机构收取考前培训费5899.8万元。	《建筑施工企业主要负责人、项目负责人和专职安全生产管理人员安全生产管理规定》（住房和城乡建设部2014年第17号令）第六条规定，“申请参加安全生产考核的‘安管人员’，应当具备相应文化程度、专业技术职称和一定安全生产工作经历，与企业确立劳动关系，并经企业年度安全生产教育培训合格”；《江苏省住房和城乡建设厅关于进一步加强教育培训管理的意见》（苏建教〔2014〕238号）规定，“培训可通过自学、考前辅导等多种方式进行，不得强制培训与考试报名挂钩”。	5899.8
2	江苏省常熟市安全生产培训中心	2019年1月至11月，江苏省常熟市安全生产培训中心在组织职业资格许可和认定考试的同时，收取安全员等项目领证及复训人员培训费751.43万元。	《国务院办公厅关于清理规范各类职业资格相关活动的通知》（国办发〔2007〕73号）规定，“清理规范职业资格培训、收费……举办职业资格考试的单位和机构一律不得组织与考试相关的培训”。	751.43
3	四川省成都市城市安全与应急管理研究院	2018年至2019年，成都市城市安全与应急管理研究院（原成都市安全生产科学技术服务中心）在组织特种作业人员操作证核发考试的同时，开展与考试相关培训并收取费用13.68万元。		13.68
4	重庆市安全生产考试中心	2019年1月至11月，重庆市安全生产考试中心在组织开展“特种作业人员”等2项资格认定考试的同时，通过其下属企业重庆市安培瑞安全生产技术培训有限公司开展与考试相关培训，并收取费用202.29万元。		202.29
5	浙江省测绘质量监督检验站	2017年至2019年，浙江省测绘质量监督检验站在组织工程测量员、不动产测绘员等2个测绘行业特有工种职业资格考核的同时，开展与考试相关培训并收取费用22.39万元。		22.39
合计				6889.59

（五）2个省的4家商会、协会通过开展评比表彰违规收费、未设置固定标准收取会费、重复收费等共计1364.42万元。

序号	涉及地区和单位	具体问题	相关规定	金额/万元
1	辽宁省企业联合会、辽宁省企业家协会	2019年2月至12月，辽宁省企业联合会、辽宁省企业家协会在组织开展2018年度辽宁省企业管理创新成果评审及表彰工作时，向相关企业收取申报成果评审费12.39万元。	《国家发展改革委　民政部　财政部　国资委关于进一步规范行业协会商会收费管理的意见》（发改经体〔2017〕1999号）规定，“规范行业协会商会评比达标表彰活动……不得向参与评比达标表彰活动的对象收取费用，不得在评选前后直接或变相收取各种相关费用”。	12.39
2	上海市公证协会	2019年，上海市公证协会未设置会费档次及标准的额度，要求全市21家公证机构按照上一年度业务收入的3%缴纳年度会费，收取费用1305.17万元。	《民政部　财政部关于取消社会团体会费标准备案规范会费管理的通知》（民发〔2014〕166号）规定，“社会团体可以依据章程规定的业务范围、工作成本等因素，合理制定会费标准。会费标准的额度应当明确，不得具有浮动性”。	1305.17
3	上海市出版社经营管理协会	2018年至2019年，上海市出版社经营管理协会依托主管部门上海市新闻出版局的委托事项，在主管部门已拨付专项补助资金110万元用于“中国书业馆配年会”活动的情况下，向参展商另收取展位费46.86万元。	《国家发展改革委等10部门关于印发〈行业协会商会综合监管办法（试行）〉的通知》（发改经体〔2016〕2657号）规定，“协会商会不得从事下列违法收费行为……利用政府名义或政府委托事项为由擅自设立收费项目”。	46.86
合计				1364.42

二、清理拖欠民营企业中小企业账款相关审计情况

一是部分地区、部门和国有大型企业清欠台账不准确，少报或多报拖欠账款29.38亿元；有的还边清边欠，新增拖欠账款1.12亿元，新签订垫资施工合同金额0.13亿元。二是部分地区和国有大型企业81.96亿元拖欠账款未制订或未完善清偿计划，虚减清偿任务8.18亿元，以纳入地方政府隐性债务为由推迟2.36亿元拖欠账款的清偿计划。三是部分地区未完成偿还50%的年度清偿任务，未按规定清偿农民工工资、民生工程欠款、10万元以下小额欠款等共计1.64亿元；部分地区和国有大型企业的10.28亿元拖欠账款未落实清偿计划，虚增偿还金额53.36亿元。

三、过“紧日子”相关政策审计情况

（一）部分单位未严格落实厉行节约相关要求。

序号	问题类型	涉及地区或单位	具体问题
1	管理不到位造成损失浪费	福建省体育局	福建省体育局机关及后勤服务中心在 2019 年 2 月搬迁后，原办公楼由于产权不明晰，无法移交机关事务管理局，一直空置，2019 年 2 月至 12 月支付物业管理费和水电费 45.11 万元。
2	超标准采购货物	重庆市商务委员会和市卫生计生监督执法局、江西省生态环境厅、南昌市 7 家单位	2019 年，重庆市商务委员会和市卫生计生监督执法局超限额标准采购投影机 5 台，超出限额标准 9.37 万元。 2019 年，江西省生态环境厅购置通用办公家具超出规定配置标准 1.52 万元，中共南昌市委宣传部等 7 个单位采购通用办公计算机超出规定配置标准 4.95 万元。

（二）部分地区和单位存量资金资产未有效盘活。

序号	问题类型	涉及地区或单位	具体问题	涉及金额/万元
1	未统筹盘活结余和结转 2 年以上财政存量资金	内蒙古自治区	截至 2019 年底，内蒙古自治区住房和城乡建设厅 2018 年以前提取的调剂金和风险积累金 193303.57 万元已不需按原用途使用，仍结存其下属事业单位未统筹盘活。	193303.57
2		辽宁省	截至 2019 年底，辽宁省教育厅、市场监督管理局实有资金账户中的义务教育学校实验室建设项目资金、流通领域商品抽查及监管等工作经费 2746.6 万元，结存 2 年以上未统筹盘活。	2746.6
3		江西省	截至 2019 年底，江西省药监局、市场监管局、交通运输厅等省直单位未按规定及时上缴实有账户存量资金 33700 万元。	33700
4		福建省福州市	截至 2019 年底，福州市未及时统筹盘活市本级、区县级 163 家预算单位实有资金账户 2016 年及以前年度预算资金 23500 万元。	23500
5		广东省	截至 2019 年底，广东省交通运输厅等 7 家单位实有账户资金 85060.56 万元结转 2 年以上未统筹盘活。	85060.56
6		陕西省西安市	截至 2019 年底，西安市市场监督管理局实有资金账户 2014 年以前预算安排的 7742.03 万元信息中心建设项目资金未统筹盘活。	7742.03
7		宁夏回族自治区	截至 2019 年底，宁夏回族自治区财政厅未按规定于 2018 年及时收回生态环境厅“宁夏环境信息化指挥监管应用系统（一期）”项目财政存量资金 375.3 万元；银川市财政局未按规定收回并统筹使用结余和结转 2 年以上财政存量资金 53254.59 万元。	53629.89
8		云南省	截至 2019 年底，云南省财政厅未按规定统筹盘活结转 2 年以上的生态文明建设项目财政存量资金 5855.5 万元。	5855.5

（续表）

序号	问题类型	涉及地区或单位	具体问题	涉及金额/万元
9	未统筹盘活结余和结转2年以上财政存量资金	四川省	截至2019年底，四川省本级的四川省特种设备检验研究院等2家单位有结余和结转2年以上财政存量资金164.18万元未统筹盘活；成都市发展改革委等3家单位有结余和结转2年以上财政存量资金1903.07万元未统筹盘活。	2067.25
10		吉林省	截至2019年底，吉林省财政厅未及时收回吉林省文化和旅游厅当年已不需使用的拆迁过渡期安置补偿资金4584万元。	4584
11		民政部	2019年，民政部将“社会工作和志愿者队伍建设”等2个项目的当年预算资金134.44万元调剂用于“重大自然灾害与突发事件专业社会工作服务国家支援计划”“智慧化地名导向体系研究”2个项目，但截至2019年底资金仍未使用。	134.44
12	未统筹盘活已收回的财政存量资金	宁夏回族自治区	2018年1月，宁夏回族自治区财政厅撤销农业综合开发资金财政专户，收回各市县上交结余资金2512.45万元。截至2019年底，宁夏回族自治区财政厅仍未将上述已收回的财政存量资金统筹盘活使用。	2512.45
13	部分财政性资金未及时上缴	科技部	按规定，国家科技成果转化引导基金设立的创业投资子基金（以下简称子基金）投资项目退出后，资金不得循环投资，截至2019年底，中央财政应分配本金及收益5129.48万元，滞留子基金托管银行，未及时上缴国库。	5129.48
14	行政事业单位国有资产长期闲置	上海市住宅建设发展中心	2004年7月，上海市住宅建设发展中心购入上海市长宁区12套商品住宅，计划用于搬迁安置，建筑面积合计1477.38平方米。截至2019年底，上述房产尚未纳入“固定资产”科目核算，也未在该中心决算报表中反映，且长期处于闲置状态。	—
15		宁夏回族自治区银川市住建局	截至2019年底，银川市住建局建设的凤凰碑西南角商业楼二期工程（建筑面积5359.69平方米）建成后闲置7年，未能发挥国有资产使用效益。	—
合计				419965.77

四、“六稳”政策措施落实相关审计情况

（一）部分地区落实高职扩招政策不到位。

1. 5个省、40所高职院校存在未及时足额保障办学经费、相关资助政策落实不到位和未对退役军人、下岗失业人员、农民工、新型职业农民等4类人员单列招生计划等问题。

序号	问题类型	涉及地区或单位	具体问题	涉及学校数量/所	涉及人数/人	问题金额/万元
1	未按规定及时分解下达学生资助经费	江西省	江西省财政厅未及时分解下达中央财政2019年学生资助补助经费（高等教育）67230万元，导致高校未能按月及时发放国家助学金。	—	—	67230
2	生均拨款制度尚未建立、拨付不及时或挤占挪用生均经费	吉林省	吉林省7个市（州）未按国家要求建立高职院校生均拨款制度，未根据在校生人数核定和拨付高职院校生均经费，仅参照事业单位预算拨款方式拨付高职院校教育经费，涉及10所公办高职院校。	10	—	—
3		河北省	因河北省教育厅报送高职扩招数据较晚，截至2019年12月底，河北省财政厅未拨付28所省属公办院校2019年扩招12701人的生均经费7620.6万元。	28	12701	7620.6
4		云南省	云南省依据上年度在校生数进行高校生均拨款测算，由于财政预算年度和学校学历年度存在差异，云南省教育厅、财政厅未及时对新招生院校制订资金拨付方案和安排生均拨款，导致新招生院校当年招收新生的生均拨款未能及时足额到位，造成学校办学经费紧张。	—	—	—
5		山西省、云南省	山西省、云南省2所高职院校挤占挪用生均经费188.02万元用于支付人员经费、偿还债务等。	2	—	188.02
6	未按要求对退役军人等4类人员单列招生计划	云南省	云南省在2019年高职扩招中未按照政策要求对退役军人、下岗失业人员、农民工和新型职业农民4类人员单列招生计划，仅招到4类人员3246人，占扩招任务的10.27%，下岗失业人员仅61人，不利于缓解当前就业压力。	—	—	—

2. 7个省、61所高职院校教学管理等工作薄弱，存在降低教学标准、未按要求实施分类教育管理等问题。

序号	问题类型	涉及地区或单位	具体问题	涉及学校数量/所
1	部分扩招专业降低教学标准	内蒙古自治区	内蒙古商贸职业学院未严格落实国家有关教学要求，2个扩招专业教学安排低于标准，其中1个专业总学时比规定最低学时少102学时，且2个专业的公共基础课程学时均未达到总学时1/4的规定标准。	1
2	未按要求实施分类教育管理	河南省	抽查河南省的10所扩招高职院校中，有8所未针对扩招生源的特点分年龄段、分班教学，有5所没有针对扩招生源文化基础较差的情况调整教学方案。	10
3	弹性学制实施效果不理想	重庆市	重庆信息技术职业学院针对已注册入学的2599名社会人员采取弹性学制，并在2019至2020学年上学期安排线上课程8至12门，要求学习4门及以上课程、不少于400课时。但截至2019年底，有1108人线上学习的课程不足4门，占比42.63%，弹性学制实施效果不理想。	1
4	将扩招生源安置在校外教学点培养	云南省、广西壮族自治区、湖北省	因扩招后教学资源不足，云南省、广西壮族自治区、湖北省17所高职院校将扩招生源等7898人安置在营利性公司、乡镇教学点等校外教学点，或委托给中职学校培养，给学校管理带来压力，教学质量难以保证。	17
5	校外租用房屋作为学生宿舍但安全管理薄弱	广东省、河南省、重庆市	广东省、河南省、重庆市32所高职院校扩招后学生住宿问题突出，通过向村委会、企业、其他学校等租用房屋或床位的方式解决7.30万张床位缺口，但安全管理薄弱。	32

（二）部分就业补助资金、失业保险金管理使用不规范或效益不高。

1. 违规发放或使用资金4060.33万元。

一是10个省违规向不符合条件的单位或个人发放就业补助资金492.62万元。

序号	涉及地区	具体问题	金额/万元
1	黑龙江省	2019年，黑龙江省违规向不符合条件的97人发放公益性岗位、社会保险等补贴50.27万元。	50.27
2	重庆市	2019年，重庆市违规向838名不符合条件人员发放职业技能鉴定、公益性岗位、职业培训、低保就业等补贴87.49万元。	87.49
3	陕西省	2019年，西安市人力资源和社会保障局违规超范围发放就业见习补贴17.04万元，违规向46名不符合条件人员发放职业培训补贴4.59万元。	21.63
4	内蒙古自治区	2018年6月至2019年，内蒙古自治区区本级违规向不符合见习条件的90人发放就业见习补贴48.78万元。	48.78

（续表）

序号	涉及地区	具体问题	金额/万元
5	辽宁省	2019 年，辽宁省沈阳市社会保险事业服务中心违规向 55 名不符合条件人员发放职业培训补贴 9.45 万元。	9.45
6	广东省	2019 年 4 月至 12 月，广东省违规向 1026 名不符合条件人员发放职业培训补贴 169.03 万元。	169.03
7	甘肃省	2019 年，甘肃省违规向不符合条件人员参加的培训项目发放职业培训补贴 56.89 万元。	56.89
8	贵州省	2019 年，贵州省违规向不符合条件人员发放职业技能培训补贴 27.29 万元。	27.29
9	宁夏回族自治区银川市	2019 年，银川市违规向 27 名不符合条件人员发放就业补贴资金 2.10 万元。	2.10
10	江西省	2018 年至 2019 年，江西省违规向不符合条件的 397 人发放职业培训、职业技能鉴定补贴 19.69 万元。	19.69
合计			492.62

二是 3 个省违规向不符合条件的人员发放失业保险金 3414.39 万元。

序号	涉及地区	具体问题	金额/万元
1	辽宁省	2019 年，辽宁省人力资源和社会保障厅违规向 15 名不符合条件人员发放失业保险金 5.57 万元。	5.57
2	北京市	2019 年，北京市违规向不符合条件的 3201 人发放失业保险金 2201.05 万元。	2201.05
3	黑龙江省	2019 年，哈尔滨市失业基金管理中心等 13 个失业保险经办机构违规向不符合条件的 2047 人发放失业保险金 1207.77 万元。	1207.77
合计			3414.39

三是 2 个省挪用就业补助资金用于会议费、人员工资等 153.32 万元。

序号	涉及地区	问题类型	具体问题	金额/万元
1	辽宁省	挪用就业补助资金	2019 年，辽宁省人力资源和社会保障厅违规将就业补助资金 24.77 万元挪用于会议费等基本支出。	24.77
2	江西省南昌市		2019 年，南昌市职业技能实训考核鉴定中心违规将就业补助资金 128.55 万元挪用于发放非编人员工资及福利。	128.55
合计				153.32

2. 5 个省的就业补助资金使用效益不高，长期闲置或拨付不及时，资金对促就业工作的支持不足。

序号	涉及地区	问题类型	具体问题	金额/万元
1	吉林省	就业补助资金结余大	截至2019年底，吉林省1099.98万元就业补助资金结余闲置2年以上，未及时发挥效益。	1099.98
2	广西壮族自治区		截至2019年底，广西壮族自治区10777万元就业补助资金闲置2年以上，未及时发挥效益。	10777
3	黑龙江省		截至2019年底，黑龙江省1578.84万元中央就业补助资金结余2年以上，未及时发挥效益。	1578.84
4	广东省深圳市		截至2019年底，深圳市有22个获得中央就业补助资金的项目未发生任何支出，项目进度缓慢，涉及中央就业补助资金2800万元。	2800
5	广东省深圳市	未发就业补助资金	截至2019年底，深圳市人力资源和社会保障局尚未向64家市级创业孵化基地发放一次性补贴，涉及金额1280万元。	1280
6	江西省	拖欠就业补助资金	截至2019年底，江西省职业技能鉴定指导中心拖欠18家民办职业技能鉴定机构操作技能考核费用344.1万元。	344.1
合计				17879.92

（三）部分地区投资项目进展缓慢，相关专项资金管理使用不规范。

1. 6个省、1个部门和1家央企的266个项目未按期开工、完工等，涉及投资57.52亿元。

序号	问题类型	地区、部门	具体问题	项目数量	投资额/亿元
1	未按期开工	新疆维吾尔自治区、山西省、黑龙江省、陕西省	截至2019年底，由于前期工作推进缓慢或地方配套资金不到位等原因，4个省负责实施的19个生态环保、水电和公路等项目未按期开工建设。	19	32.46
2	未按期完工	新疆维吾尔自治区、山东省、湖南省、自然资源部、中国华电集团	截至2019年底，由于可行性研究报告等前期工作准备不充分或工程返工等原因，3个省、1个部门和1家央企负责实施的247个水利和通信网络建设等项目未按期完工。	247	25.06
合计				266	57.52

2. 8个省的6.19亿元中小企业发展专项资金长期闲置或支出不规范。

序号	问题类型	涉及地区	问题表述	金额/万元
1	资金长期未使用	内蒙古自治区呼和浩特市，辽宁省沈阳市，贵州省贵阳市，黑龙江省哈尔滨市、齐齐哈尔市、黑河市，湖北省武汉市，广西壮族自治区柳州市，吉林省长春市、通化市、延边朝鲜族自治州	截至2019年底，因中小企业发展相关政府投资基金设立缓慢、资金分配方案未及时出台、主管部门工作推进不力等，内蒙古自治区呼和浩特市等7个省的11个地区51924.66万元中小企业发展专项资金长期未使用，未及时发挥效益。	51924.66

（续表）

序号	问题类型	涉及地区	问题表述	金额/万元
2	支出不规范	辽宁省沈阳市、广东省深圳市、内蒙古自治区呼和浩特市	截至 2019 年底，辽宁等 3 个省的 3 个地区 10040.12 万元中小企业发展专项资金发放给不符合条件企业或用于基本建设支出等领域，支出不规范。	10040.12
合计				61964.78

此外，截至 2019 年底，16 个省的 922.88 亿元中央财政转移支付资金未在规定时间内分解下达，分别是天津市、山西省、内蒙古自治区、辽宁省、吉林省、黑龙江省、山东省、河南省、湖北省、广东省、广西壮族自治区、四川省、贵州省、云南省、陕西省、宁夏回族自治区。

五、深化“放管服”改革相关审计情况

（一）部分地区“证照分离”等政策落实不到位。

序号	问题类型	涉及地区或单位	具体问题
1	未按要求清理规范行政审批事项	四川省人民防空办公室	截至 2019 年底，四川省人民防空办公室在办理人民防空工程设计乙级以下资质审批事项时，未按政策要求实行告知承诺。
2	未按要求清理、规范行政审批前置条件、中介服务或所需资料	辽宁省新闻出版局	截至 2019 年底，辽宁省新闻出版局在中外合资、合作印刷企业和外商独资包装装潢印刷企业审批中仍违规要求申请企业提供“具备 2 台以上最近十年生产的且未列入《淘汰落后生产能力、工艺和产品的目录》的胶印、凹印、柔印、丝印等设备”资料。
3		沈阳市自然资源局	截至 2019 年底，沈阳市自然资源局在建设项目用地预审中，仍违规要求申请企业提供标注项目用地范围的土地利用总体规划图、土地利用现状图等应由政府部门提供的材料。
4		北京市住房和城乡建设委员会	截至 2019 年底，北京市住房和城乡建设委员会在办理外省市建筑企业来京施工初次备案时，仍将相关政策考试作为预审前置条件，并违规要求提供注册建造师执业证书等资料。
5		陕西省商务厅	2018 年 11 月，陕西省商务厅《关于印发“证照分离”改革管理措施的通知》（陕商发〔2018〕53 号）中违规存在“审核机关要求的其他资料”的兜底条款，截至 2019 年底仍未修订完善。
6		太原市住房和城乡建设局	截至 2019 年底，太原市住房和城乡建设局在建筑工程施工许可证核发和建设工程消防设计审查时，仍分别将未纳入行政审批中介服务事项清单的提供施工设计资料和消防设计专篇作为受理要件之一。
7		广州市市场监督管理局	截至 2019 年底，广州市市场监督管理局在办理气瓶、移动式压力容器充装单位许可事项时，仍违规要求申请人委托有检验资质的第三方机构进行检验。
8	未按要求实现行政审批所需资料的在线查验等	陕西省财政厅、公安厅、文物局	截至 2019 年底，陕西省财政厅、公安厅、文物局在办理会计师事务所及分支机构设立审批、保安服务许可证审批、拍卖企业经营文物拍卖许可审批中，仍要求申请人提交书面合伙协议（或公司章程）复印件等资料，且要求线上、线下重复提交资料。

（二）部分地区网上审批等优化服务政策落　　实不到位。

序号	问题类型	涉及地区或单位	具体问题
1	投资及工程建设项目相关管理审批系统建设未达政策目标	黑龙江省、河南省、湖北省、四川省、山东省发展改革和住建部门	截至2019年底，5个省的工程建设项目审批管理系统尚未按要求，实现与投资项目在线审批系统的互联互通。
2		四川省住房和城乡建设厅	截至2019年底，四川省工程建设项目审批管理系统尚未按要求，实现与全国一体化在线政务服务平台的对接。
3		新疆维吾尔自治区发展改革委	截至2019年底，投资项目相关的4项审批事项未按要求，在自治区投资项目在线审批监管平台办理。
4	收费项目未纳入清单管理	内蒙古自治区发展改革委	2018年7月，内蒙古自治区发展改革委清理规范电网和转供电环节的收费时，未按要求将高可靠性供电费列入地方定价目录清单，截至2019年底仍未纳入。
5	未依规公布或告知审批相关信息	黑龙江省交通运输厅	截至2019年底，由于黑龙江省行政处罚权属地化执法改革工作尚未完成，黑龙江省交通运输厅未按国家要求时限公布其负责的处罚事项清单。
6		陕西省市场监督管理局	截至2019年底，陕西省市场监督管理局在办理企业登记事项时，未依规在服务场所或办理平台上提供公章制作单位名单。
7		辽宁省沈阳市民政局	截至2019年底，沈阳市民政局未按要求组织226家行业协会商会集中公示收费项目、收费性质、服务内容、收费标准及依据等信息，也未建立收费信息主动公开长效机制。
8		吉林省食品和药品监督管理局	吉林省食品和药品监督管理局在开展化妆品生产许可行政审批过程中，未明确告知申请企业该审批涉及的生产用水检测等前置条件可以到下属事业单位吉林省医疗器械所免费检测，导致2016年至2019年间40家申请企业中有37家自行付费完成检测。
9	优惠或便民措施落实不到位	辽宁省沈阳市人力资源和社会保障局	2019年4月，沈阳市人力资源和社会保障局下发《关于失业保险金申领有关问题的通知》（沈人社发〔2019〕24号），要求失业人员申领失业保险金需提供唯一指定银行的社会保障卡，如社会保障卡非该指定银行，则需提供该银行的储蓄卡。
10		北京市、河北省、山西省、辽宁省、上海市、湖南省、陕西省、甘肃省、新疆维吾尔自治区、贵州省、海南省、浙江省、青海省、湖北省、内蒙古自治区	一是因违规加价行为清理规范不到位、电价标准不合理等原因，2019年北京等14个省的435个转供电企业未能将降低一般工商业电价的政策红利传导至终端用户，地方监管部门也未能及时监管到位。二是2018年至2019年，内蒙古电力（集团）公司未按政策要求减免1家企业的系统备用费。
11	部门申报事项不规范	上海市知识产权局	截至2019年底，上海市知识产权局仍将取得已取消作废的专利工作者证书，作为企业申请上海市企事业专利工作试点示范单位及相关财政资助的必要条件。

（三）部分地区违规设置市场壁垒等。

序号	问题类型	涉及地区或单位	具体问题
1	市场化交易中设置区域性壁垒或其他不合理限制性条件	山西省人民政府	2017 年 6 月，山西省人民政府出台文件，要求政府采购时同等条件下优先采购山西转型综改示范区内企业生产的特定产品，截至 2019 年底，该制度仍在执行。
2		辽宁省工业和信息化厅	2019 年 4 月，辽宁省工业和信息化厅违规要求用电量未达到 2000 万千瓦时的交易用户必须委托售电公司代理购电。2019 年，辽宁省内售电公司代理交易电量未超过 2000 万千瓦时的用户共有 1734 家，代理电量 99.19 亿千瓦时，分别占总数的 80.76%、24.66%。
3		山西省住房和城乡建设厅、太原市住房和城乡建设局	2017 年 2 月，山西省住房和城乡建设厅规定对山西省骨干建筑企业的建设工程施工投标保证金减半收取，而骨干企业的评选范围仅限于在山西省内注册并取得资质的企业。 2019 年 9 月、12 月，山西省住房和城乡建设厅、太原市住房和城乡建设局分别规定，注册地在本地、评选为本地优秀骨干建筑业企业，在无违法违规问题的情况下，免予存储农民工工资保证金，外地注册企业无法享受免缴政策。 截至 2019 年底，上述制度仍在执行。
4	市场化交易中设置区域性壁垒或其他不合理限制性条件	湖北省水利厅	2019 年 9 月，湖北省水利厅要求从事水利建设施工、监理等市场主体在湖北省开展水利业务时，须在湖北省水利建设市场主体信用信息平台建立信用档案，湖北省水利厅在接受相关单位建立信用档案申请时，省内企业和省外企业执行不同的申请标准。
5	政府采购中以不合理条件限制、排斥潜在投标人或投标人	天津商业大学、天津市社会组织管理局、黑龙江省公安厅	2018 年至 2019 年，3 家单位的 3 个政府采购项目中，违规将国家和地方已取消的资质或备案作为投标单位的资质要求或加分条件，涉及采购金额 783.35 万元。
6		河北省体育局、福建省体育局、山西省太原市住房和城乡建设局	2018 年至 2019 年，河北省体育局、福建省体育局在 2 个政府采购项目中，违规要求投标人应在本地注册或在本地设立分公司，涉及采购金额 295.96 万元。2019 年 10 月，太原市住房和城乡建设局制定的《项目竣工验收联合测绘管理办法》，违规要求政府采购选取的测绘单位应为在太原市注册的法人单位。
7		辽宁省水利事务服务中心、东北财经大学、黑龙江省巴彦儿童福利院、福建省体育局	2018 年至 2019 年，4 家单位的 4 个政府采购项目中，违规将特定行政区域或特定行业的业绩作为投标单位的资质要求或加分条件，涉及采购金额 346.03 万元。
8		天津市公安局警务保障部、太原市城市建设管理中心	2018 年至 2019 年，2 家单位的 8 个政府采购项目中，违规将地方政府部门颁发的证书或出具的资信证明作为投标单位的资质要求，涉及采购金额 29834.06 万元。

（续表）

序号	问题类型	涉及地区或单位	具体问题
9	政府采购中以不合理条件限制、排斥潜在投标人或投标人	天津市教育招生考试院、河北体育学院	2018年，2家单位的2个政府采购项目中，违规将注册资金作为投标单位资质要求，涉及采购金额1545.99万元。
10		云南省交通运输厅、山西省住房和城乡建设厅	截至2019年底，2家单位尚未按规定及时修订政府采购领域有关规定，仍违规对投标企业设置特定行业业绩要求或实行区域差别性待遇。

六、脱贫攻坚、乡村振兴相关审计情况

（一）部分地区脱贫攻坚在解决突出问题等方面还存在薄弱环节，有些扶贫资金项目管理还不够规范。

1. 各地持续加大工作力度，贫困群众“两不愁”质量水平明显提升，“三保障”突出问题总体解决，但审计发现18个县在稳定住、巩固好等方面还有一些不足，存在部分贫困群众未享受应享受的医疗扶贫政策、改造后房屋仍存在安全隐患、农村饮水水质仍不达标等问题。

序号	问题类型	涉及地区	具体问题	涉及金额/万元
1	基本医疗保障方面	黑龙江省青冈县、甘肃省徽县、内蒙古自治区喀喇沁旗、山东省东平县	2017年至2019年，4个县的部分建档立卡贫困人口应享受未享受城乡居民基本医疗保险补贴、医疗救助等政策，少获得财政补贴资金298.39万元。	298.39
		广西壮族自治区昭平县、宁夏回族自治区西吉县、重庆市万州区	2018年至2019年，3个县的部分建档立卡贫困人口应享受未享受“先诊疗、后付费”政策，涉及贫困户缴纳的住院押金和垫付的医疗费用1151.83万元。	1151.83
2	住房安全保障方面	陕西省澄城县、安徽省阜南县、重庆市万州区、湖北省丹江口市、青海省化隆回族自治县	截至2019年底，4个县工作不到位，部分贫困人口改造后的房屋仍处于地质灾害隐患点；化隆回族自治县的部分贫困人口少享受危房改造补助585.5万元。	585.5
3	农村饮水安全保障方面	辽宁省北票市、黑龙江省青冈县、广西壮族自治区昭平县、广东省紫金县、宁夏回族自治区西吉县、山西省平陆县、重庆市万州区、山东省东平县、河南省封丘县	截至2019年底，9个县的部分农村饮水安全工程未安装消毒设施、未划定水源保护区或水质不达标，影响贫困人口饮水安全。	—
4	特殊困难群体生活保障方面	黑龙江省青冈县、广西壮族自治区昭平县、福建省永泰县、广东省紫金县、甘肃省徽县、内蒙古自治区喀喇沁旗、山西省平陆县、河北省涞水县、重庆市万州区、江西省于都县、陕西省澄城县、辽宁省北票市	2017年至2019年，8个县的部分困难和重度残疾人应享受未享受困难残疾人生活、重度残疾人护理等补贴174.38万元；6个县在危房改造和易地扶贫搬迁项目中未按规定同步做好无障碍改造或无障碍设施建设；紫金县的部分残疾儿童未能按规定享受康复服务。	174.38
合计				2210.1

2. 各地积极促进贫困群众稳定增收、防止返贫，贫困地区经济活力和发展后劲明显增强，但审计发现20个县还存在落实产业、就业和易地扶贫搬迁后续扶持等政策不到位的问题，主要是产业扶贫项目未与贫困户建立利益联结机制，就业扶贫对象不够精准，部分地区易地扶贫搬迁配套设施不完善，后续产业、就业帮扶工作未跟上等。

序号	政策措施	涉及地区	具体问题	涉及金额/万元
1	产业扶贫	辽宁省北票市、四川省广安市广安区、广东省紫金县、安徽省阜南县、甘肃省徽县、内蒙古自治区喀喇沁旗、贵州省玉屏侗族自治县、云南省绿春县、江西省于都县、河南省封丘县	2017年至2019年，10个县将51572.55万元资金投入408个项目，贫困户不参与生产经营，只获取固定收益。	51572.55
		黑龙江省青冈县、内蒙古自治区喀喇沁旗、河北省涞水县、重庆市万州区、山东省东平县、辽宁省北票市	截至2019年底，5个县的17个项目未按协议向贫困人口分红或未与贫困户建立利益联结机制，涉及资金1199.46万元；北票市将38万元产业扶贫资金直接发放给贫困户。	1237.46
2	就业扶贫	广东省紫金县、贵州省玉屏侗族自治县、山西省平陆县、重庆市万州区、山东省东平县、江西省于都县、黑龙江省青冈县	2017年至2019年，6个县将高龄老人、丧失劳动力和在校大学生等不符合条件人员作为培训对象或纳入稳定就业名单，涉及资金126.86万元；青冈县未及时向部分符合条件的建档立卡贫困人口发放一次性求职创业补贴5.91万元。	132.77
3	易地扶贫搬迁	陕西省澄城县、安徽省阜南县、四川省广安市广安区、河北省涞水县、青海省化隆回族自治县、内蒙古自治区喀喇沁旗、广西壮族自治区昭平县、江西省于都县	2017年至2019年，8个县的易地扶贫搬迁项目存在安置房屋空置、配套设施建设滞后和后续产业、就业帮扶工作不到位等问题。	—
		四川省广安市广安区、甘肃省徽县	截至2019年底，2个县未及时发放或部分贫困户应享受未享受易地扶贫搬迁补助1880.1万元。	1880.1
4	金融扶贫	黑龙江省青冈县、重庆市万州区、湖北省丹江口市、山东省东平县、海南省五指山市	2017年至2019年，5个县部分贫困户应享受未享受农村扶贫小额保险理赔、小额信贷贴息等376.62万元。	376.62
		山西省平陆县、贵州省玉屏侗族自治县、重庆市万州区、广西壮族自治区昭平县、内蒙古自治区喀喇沁旗、四川省广安市广安区	截至2019年，4个县未按要求及时纠正户贷企用，涉及扶贫小额贷款2010万元；昭平县违规决策，将2757万元扶贫小额信贷发放给4家经营状况不佳企业，部分贷款被挪用；广安区为完成放贷任务，将1831万元扶贫小额贷款在放贷银行存为定期存款，贫困户未实际使用。	6598

（续表）

序号	政策措施	涉及地区	具体问题	涉及金额/万元
5	生态扶贫	黑龙江省青冈县、四川省广安市广安区、河北省涞水县、重庆市万州区、内蒙古自治区喀喇沁旗	2017年至2019年底，5个县将生态护林员等公益岗位分配给长期外出务工等不符合条件人员，共发放补助资金187.04万元。	187.04
6	综合保障性扶贫	黑龙江省青冈县、四川省广安市广安区、重庆市万州区	2018年至2019年底，3个县的部分建档立卡贫困群众应享受未享受基本养老保险保费财政补贴资金351.62万元；青冈县部分符合条件的贫困人口未纳入农村最低生活保障范围，涉及金额13.78万元。	365.4
7	其他	内蒙古自治区喀喇沁旗、重庆市万州区、湖北省丹江口市、黑龙江省青冈县、四川省广安市广安区	3个县未支持引导部分乡村医生按规定参加基本养老保险；青冈县选派的部分科技特派员未实际开展工作，部分符合条件的贫困家庭未享受网络资费补助7.89万元；广安区未考虑实际，对部分应采取修缮的C级危房予以拆除重建，涉及资金65万元。	72.89
合计				62422.83

3. 各地加强管理，努力提升资金项目绩效，但审计发现19个县存在资金和项目闲置或管理不规范等问题，涉及金额4.97亿元。

序号	问题类型	涉及地区	具体问题	涉及项目个数	涉及金额/万元
1	扶贫资金用于非扶贫领域	广东省紫金县、陕西省澄城县、甘肃省徽县、内蒙古自治区喀喇沁旗、山西省平陆县、重庆市万州区、广西壮族自治区昭平县	2017年至2019年，7个县将7221.51万元扶贫资金违规用于出借给企业、列支行政经费等非扶贫领域。	32	7221.51
2	违规发放补助资金	宁夏回族自治区西吉县、内蒙古自治区喀喇沁旗、山西省平陆县、吉林省镇赉县、湖北省丹江口市	2016年至2019年，5个县超范围发放农村危房改造和扶贫贷款贴息等补助资金189.04万元。	12	189.04
3	资金闲置	黑龙江省青冈县、四川省广安市广安区、陕西省澄城县、贵州省玉屏侗族自治县、河北省涞水县、重庆市万州区、山东省东平县	截至2019年底，7个县因易地扶贫搬迁、产业扶贫等项目推进不及时等，8754.6万元扶贫资金闲置两年以上。	104	8754.6
4	项目资金损失浪费	黑龙江省青冈县、宁夏回族自治区西吉县、河北省涞水县、重庆市万州区	2016年至2019年，4个县的6个项目因论证不充分、政策衔接不到位等，造成扶贫资金损失浪费547.63万元。	6	547.63

（续表）

序号	问题类型	涉及地区	具体问题	涉及项目个数	涉及金额/万元
5	项目建设进度慢	黑龙江省青冈县、广西壮族自治区昭平县、湖南省保靖县、山西省平陆县、河南省封丘县、广东省紫金县	截至2019年底，6个县的111个项目由于监督管理不到位等，应开工未开工、应完工未完工超过1年，涉及投资26735.28万元。	111	26735.28
6	项目闲置或效益不佳	黑龙江省青冈县、四川省广安市广安区、广西壮族自治区昭平县、陕西省澄城县、内蒙古自治区喀喇沁旗、山西省平陆县、河北省涞水县、重庆市万州区、湖北省丹江口市、山东省东平县、海南省五指山市、辽宁省北票市	截至2019年底，由于前期调研不充分、监管不到位等，7个县的26个项目闲置超过1年，涉及投资2371.38万元；8个县的19个项目未发挥预期效益，涉及投资2100.60万元。	45	4471.98
7	项目建设管理不规范	陕西省澄城县、河北省涞水县、重庆市万州区、辽宁省北票市、黑龙江省青冈县、甘肃省徽县	截至2019年底，6个县的26个项目存在违规占用基本农田、未批先建、不符合消防标准等问题，涉及投资1780.56万元；青冈县的6个项目由于审核把关不严，多支付工程款24.76万元。	32	1805.32
合计				342	49725.36

4. 有关地方和部门扎实推进脱贫攻坚各项工作，但4个县扶贫工作中还存在搞“形象工程”、加重基层工作负担等问题，涉及金额302.9万元。

序号	问题类型	涉及地区	具体问题	涉及金额/万元
1	搞“形象工程”等	甘肃省徽县、广西壮族自治区昭平县	2017年至2018年，徽县在危房改造项目中对不属于危房的房屋进行装饰性改造，涉及资金245万元；昭平县为了迎接检查翻新改造拟拆除的旧教学楼等，涉及资金57.9万元。	302.9
2	加重基层工作负担	山西省平陆县、重庆市万州区	2018年至2019年，平陆县脱离实际需求，将上级下达的全民技能提升培训任务调增8000人，并层层分解下达至各村；万州区将部门职责范围内的农村危房改造认定事项交由48个乡镇（街道）逐户盖章核实。	—
合计				302.9

（二）部分地区农村集体产权制度改革、粮食和生猪生产保障等乡村振兴重点任务措施落实不到位，部分惠农补贴管理使用不规范。

1. 9个省的10个县农村集体产权制度改革工作存在清产核资数据不实、管理不规范等问题，涉及资金7.53亿元。

序号	问题类型	涉及地区	具体问题	涉及金额/万元
1	清产核资不规范、数据不实	山东省东平县、黑龙江省青冈县、辽宁省北票市	截至2019年底，山东省东平县因相关部门工作不衔接、审核把关不严等，将113名不符合条件人员和891名已死亡人员认定为农村集体经济组织成员，848人被重复认定为多个集体经济组织成员，262个村将32219.23万元非经营性资产进行折股量化；黑龙江省青冈县3个部门未按规定进行集体资产产权划转，涉及资金2751.63万元；辽宁省北票市西营子村少报集体资产17.27万元。	34988.13
2	村级财务核算不规范	内蒙古自治区喀喇沁旗、安徽省阜南县、甘肃省徽县、重庆市万州区、辽宁省铁岭县、黑龙江省青冈县	截至2019年底，6个县的258个乡镇或村集体存在白条入账、记账不及时、挤占集体资金用于弥补乡镇运转经费等管理不规范问题，涉及资金2.01亿元。	20137.17
3	村集体经济发展扶持资金效益不佳	河南省封丘县、内蒙古自治区喀喇沁旗、广西壮族自治区昭平县、山东省东平县、重庆市万州区、甘肃省徽县	截至2019年底，河南省封丘县、内蒙古自治区喀喇沁旗、广西壮族自治区昭平县、山东省东平县、甘肃省徽县将村级集体经济发展扶持资金1.93亿元出借给企业、合作社等，未实现扶持集体经济稳定发展壮大的预期效果；重庆市万州区、甘肃省徽县3个村级集体经济发展项目进展缓慢，860万元财政资金未及时发挥效益。	20139
合计				75264.3

2. 9个省的10个县存在惠农补贴“一卡通”发放管理不规范、超范围发放、资金闲置等问题，涉及资金7.6亿元。

序号	问题类型	涉及地区	具体问题	涉及金额/万元
1	发放管理不规范	辽宁省铁岭县、北票市、黑龙江省青冈县、山东省东平县、宁夏回族自治区西吉县、湖南省吉首市、重庆市万州区、河南省封丘县、广西壮族自治区昭平县	2016年至2019年，辽宁省铁岭县、黑龙江省青冈县、山东省东平县、宁夏回族自治区西吉县、湖南省吉首市、重庆市万州区等6个县存在现金发放惠农补贴、将惠农补贴资金转拨到乡镇账户再进行发放等情况，增加了管理风险，涉及资金7.05亿元；辽宁省北票市、黑龙江省青冈县、河南省封丘县、广西壮族自治区昭平县等4个县“一卡通”管理不完善，或未严格执行上级关于惠农补贴一卡发放的规定，造成农户持多张银行卡领取惠农补贴，有的持有惠农卡5张以上，不便于农户核对和支取使用。	70462.27

（续表）

序号	问题类型	涉及地区	具体问题	涉及金额/万元
2	超范围发放补贴	辽宁省北票市、黑龙江省青冈县、青海省化隆县	截至2019年底，3个县相关主管部门审核把关不严，向已死亡等不符合条件的人员发放或重复发放农村低保补助、大中型水库移民后期扶持资金等，个别单位或个人虚报地类或种植面积违规领取耕地地力保护补贴等，涉及资金1429万元。	1429
3	补贴发放不到位	黑龙江省青冈县、河南省封丘县、青海省化隆县、重庆市万州区	2016年至2019年，4个县在落实惠农补贴相关政策中，存在耕地地力保护补贴等应发放未发放，以及长期结存等问题，涉及金额4090.36万元。	4090.36
合计				75981.63

3. 8个省的8个地区存在农村人居环境整治项目进展缓慢或未达到预期效果、粮食和生猪生产保障措施落实不到位等问题，涉及财政资金8335.3万元。

序号	问题类型	涉及地区	具体问题	涉及金额/万元
1	农村人居环境整治项目进展缓慢或未发挥效益	广西壮族自治区昭平县、黑龙江省青冈县、河南省封丘县、辽宁省北票市	截至2019年底，广西壮族自治区昭平县9151户农村厕所改建任务未完成，9个农村污水、垃圾治理项目建成后停运闲置，涉及财政资金1835万元；黑龙江省青冈县39户农村厕所因清掏不及时被弃用，涉及资金24.89万元；河南省封丘县4.57万户农村厕所未配套建设化粪池，导致粪污直接排放形成二次污染；辽宁省北票市相关部门审核把关不严，造成2018年度农村改厕任务完成数据不实。	1859.89
2	粮食生产保障相关措施落实不到位	辽宁省北票市、黑龙江省青冈县、湖南省保靖县、山东省东平县、广西壮族自治区昭平县	截至2019年底，辽宁省北票市2.6万亩高标准农田项目尚未开工，496.02万元财政补助资金结存一年以上；辽宁省北票市、黑龙江省青冈县等2个县3499.31亩耕地未按计划完成轮作休耕试点任务；黑龙江省青冈县、湖南省保靖县、山东省东平县、辽宁省北票市、广西壮族自治区昭平县等5个县的粮食质量安全检验监测、农户自建科学储粮仓等13个项目存在未落实、进展缓慢、建设不达标、建成后闲置等问题，涉及财政资金2825.9万元。	3321.92
3	生猪恢复生产相关政策措施落实不到位	广西壮族自治区、山东省、内蒙古自治区喀喇沁旗、重庆市万州区	截至2019年底，广西壮族自治区1966家养殖场未按规定取得动物防疫条件合格证；内蒙古自治区喀喇沁旗未组织建设病死动物无害化处理公共设施，也未制定相关管理办法等制度；山东省27个市县财政部门拖欠保险公司2014年至2018年度生猪养殖保险补贴资金1911.63万元；重庆市万州区未及时发放生猪强制扑杀补贴、保险理赔资金、养殖场污染治理补助资金等1241.86万元。	3153.49
合计				8335.3

七、污染防治相关审计情况

(一)部分地区生态环境重要目标任务未完成或推进缓慢。

序号	问题类型	涉及地区	具体问题
1	黑臭水体治理、污水处理达标改造、长江生态保护修复等目标任务未完成或推进缓慢	山西省、辽宁省、上海市、江苏省、安徽省2个市、广东省及10个市、山东省沿渤海4市、陕西省、新疆维吾尔自治区及7个地(州、市)和2个工业集聚区、贵州省、湖南省湘潭市	11个省的33个地区黑臭水体治理、污水处理达标改造、长江生态保护修复等目标任务未完成或推进不力。
2	运输结构调整未能如期完成	山西省、内蒙古自治区、辽宁省、河南省、湖南省、陕西省、宁夏回族自治区	7个省未能按照《推进运输结构调整三年行动计划(2018—2020年)》要求完成45个运输结构调整重点铁路专用线项目的开工或完工、铁路货运增量等任务。

(二)部分地区机动车污染治理工作存在薄弱环节。

序号	问题类型	涉及地区	具体问题
1	柴油货车淘汰更新目标和计划制订等工作进展缓慢	黑龙江省、湖北省、山东省13个市、辽宁省沈阳市、贵州省、吉林省、天津市、河北省、河南省、宁夏回族自治区、广西壮族自治区	11个省的23个地区未按要求制定老旧柴油货车淘汰更新目标和计划,相关工作进展缓慢。
2	重型柴油车远程在线监控及联网、排放监控体系建设推进缓慢	江苏省、山东省、河北省、山西省8个市,内蒙古自治区6个市,广东省5个市,江西省南昌市	7个省的23个地区因重视不够等原因,重型柴油车远程在线监控及联网、排放监控体系建设推进缓慢。
3	未按期完成非道路移动机械摸底调查和编码登记	辽宁省、黑龙江省、广东省10个市、宁夏回族自治区、甘肃省、湖南省、广西壮族自治区、海南省、重庆市、贵州省贵阳市、吉林省长春市、内蒙古自治区乌兰察布市	12个省的21个地区因底数摸排不清、工作推进不力等原因,未按期完成非道路移动机械摸底调查和编码登记。
4	机动车排放检测、达标抽测等方面执行不到位	海南省、内蒙古自治区、辽宁省、湖北省、江西省、陕西省、宁夏回族自治区、贵州省、重庆市、吉林省	10个省机动车排放检测、柴油车排放监督抽测、新生产机动车环保达标抽检等方面执行不到位。
5	未跟踪督促超标排放柴油货车维修治理	辽宁省、湖北省、山东省	3个省未跟踪督促超标排放柴油货车维修治理。
6	机动车超标排放等信息未共享	江苏省、陕西省、甘肃省、湖南省、吉林省、重庆市	6个省机动车排放检验数据、遥感监测数据和超标排放车辆信息在地区、部门间未共享。
7	高排放非道路移动机械使用方面监管不到位	广东省深圳市、陕西省榆林市、重庆江北国际机场、沈阳桃仙国际机场	4个省的2个地区和2个机场在非道路移动机械使用方面监管不到位。
8	船用燃油、汽柴油、车用尿素质量和使用情况管控不到位	海南省、山西省、江西省、广东省、辽宁省沈阳市、山东省4个市	6个省的9个地区对船用燃油、汽柴油、车用尿素质量和使用情况管控不到位。

中华人民共和国审计署审计结果公告（2020年第2号）

中央部门2019年度预算执行及相关情况审计结果

（2020年6月18日公告）

根据《中华人民共和国审计法》的规定，2020年1月至2020年3月，审计署按照中央一级预算单位审计全覆盖的要求，对中央部门2019年度预算执行等情况进行审计，并延伸审计了290家所属单位。

审计结果表明，2019年，各部门加强预算执行，注重预算绩效，预算管理情况总体较好，财政拨款预算执行率87.2%。审计发现的主要问题：

一是落实过“紧日子”要求还不够到位。发现政府采购无预算或超预算、“三公”经费支出超范围或超标准、虚列支出和多申领预算等问题金额40.48亿元，涉及63个部门和200家所属单位。如19个部门和41家所属单位虚列或超范围支出等2.23亿元；2个部门的4个因公出国（境）团组超员超期；3个部门和14家所属单位公务用车超编制或使用不合规等，涉及公务用车93辆。还有2个部门和8家所属单位违规收费、违规理财、账外核算等7.97亿元。

二是项目支出“花旧补新”或往来账款长期未清理。16个部门和19家所属单位有50个项目连年结转、连年申领预算，使用时循环“花旧补新”，结转规模近3年未明显减少，有的甚至增加，至2019年底结转14.11亿元。25个部门和31家所属单位有18.07亿元往来账款长期未清理，影响收支的真实性和准确性。还有11个部门和11家所属单位的40个项目未及时办理竣工决算等，结存3.52亿元未能盘活使用。

三是资产管理仍存在薄弱环节。主要是资产底数不清、违规处置或划转不及时等。包括：28个部门和18家所属单位存在固定资产账实不符或账账不符等问题，涉及16.86亿元；5个部门和50家所属单位违规出租（借）办公用房、资产处置不当及闲置等，涉及4.59亿元，其中2.09亿元出租处置收入未按规定上缴财政。

四是定员定额管理有待完善，绩效管理精细化程度还需提高。有2个部门和2家所属单位年初在项目预算中编报运维等基本支出1148.69万元；抽查中央部门的248个项目中，有的关键指标设定低于规划要求，有的量化指标与项目内容无关，有的未按要求自评或未完工即自评满分。

对这些问题，审计署已依法出具了审计报告、下达了审计决定书或审计整改建议函（主要问题见下表），提出了审计意见和建议：一是切实严控一般性支出，压减无效低效开支，将政府过“紧日子”要求落实落地。二是全面实施预算绩效管理，完善项目支出标准和绩效评价制度，着力减少资源配置中的闲置浪费。三是积极推进中央本级基本支出定员定额改革，完善支出标准体系。四是加强预算与规划、项目的对接，做实做细项目储备，切实提高财政支出的精准度。各被审计单位正按照审计意见和建议积极组织整改，具体整改结果由其适时向社会公告。

审计查出的主要问题

序号	部门名称	问题摘要
1	外交部	2019年，部本级在编制年度预算时，在未充分统筹个别项目以前年度结转1520万元的情况下，申报预算3020万元并获批准，年底又形成结转1965.95万元。 至2019年底，两家所属单位存在工程价款结算不及时问题，造成1704.36万元财政资金结存在项目单位。审计指出后，已将2018年结转的1323.96万元上缴财政。 2019年，1家所属单位的消防改造工程支出235.62万元，未执行政府采购程序。 2019年，部本级12个项目的绩效指标未达到细化量化要求。 至2019年底，部本级有往来款项2558.53万元长期挂账，未及时清理。该问题在审计期间已完成整改。
2	国家发展改革委	至2019年底，委本级1个项目连续3年未实施，财政资金660万元闲置。 2019年，所属中国交通运输协会未按规定采用公开招标方式确定办会单位，涉及金额939万元。 至2019年底，委本级两个已完工并交付使用项目仍计为在建工程，分别涉及投资7619.45万元、3073.07万元。
3	教育部	2019年，部本级在编报本级基本支出预算中，编列了所属机关服务中心有关人员的住房改革支出、工资性支出等662.58万元；代编所属国家教育行政学院干部培训专项资金1827.21万元。 至2019年底，部本级2011年以前按照预算外资金管理的资金共计4054.63万元未按规定清理；所属全国学生资助管理中心挂账5年以上且无法偿付的往来款203.49万元未清理。 2019年，所属考试中心、全国高等学校学生信息咨询与就业指导中心、中国大学生体育协会未经政府采购程序采购各类服务共计1395.89万元。 2019年，所属中国中学生体育协会1个专项设置的13个三级指标中，有6个指标的可衡量性较差；就业指导中心1个专项设置的9个三级指标中，有4个指标可衡量性较差，满意度评价指标自评无依据。 2019年，所属全国学生资助管理中心收到以前年度财政专项退款后，直接冲减当年项目支出，导致少计项目支出和财政专项结转各160.22万元。
4	科技部	2019年，部本级和所属国家科技风险开发事业中心、中国21世纪议程管理中心、科技经费监管服务中心编制项目预算时未充分统筹上年结转158945.35万元的情况，5个项目年底形成结转结余322420.99万元；部本级1个项目支出预算131964万元未细化到具体执行单位，为科技日报社重复安排补助经费2000万元。 2019年，所属火炬高技术产业开发中心超财政补助人数申报人员经费、公用经费预算合计371.08万元。 2019年，部本级将自身法定职责事项委托给所属事业单位科技评估中心承担，支付费用40万元。 至2019年底，部本级和所属中国科学技术信息研究所、机关服务中心、原外国专家局服务中心结余资金13212.66万元未及时上缴财政；部本级应收账款5798.04万元和所属中国国际人才交流基金会对外借款7686.61万元，长期挂账未清理。 2019年，所属中国国际核聚变能源计划执行中心承担部本级19人和外单位2人出国费79.17万元、13.87万元。

（续表）

序号	部门名称	问题摘要
5	工业和信息化部	2019 年，部本级举办科级干部培训班违规收费 40.1 万元。 至 2019 年底，部本级和所属工业和信息化部产业发展促进中心、机关服务中心、国际经济技术合作中心等 11 家单位 51004.4 万元存量资金未及时上缴财政。 2019 年，部本级将部分业务委托给不具备政府购买服务承接资格的主体，涉及金额 492.47 万元；将跨年业务合同款直接列作当年费用 9970.35 万元，并在业务未开展情况下违规支付 2577.24 万元。 至 2019 底，部本级未按规定出台政府购买服务指导性目录，当年直接委托购买行业管理服务 493.2 万元；在未履行政府采购程序的情况下，2018 年至 2019 年采购信息化产品、服务共 317.2 万元，其中 2019 年 118 万元。 2019 年，部本级在未收到货物的情况下办理验收入库手续并登记入账，造成 195 万元固定资产账实不符；固定资产采购未实施归口管理，当年无政府采购预算采购设备家具 440.32 万元。 2019 年，所属北京航空航天大学、国家无线电监测中心在京外超期召开四类会议，支出会议费 9.16 万元。 所属北京航空航天大学在未履行审批程序的情况下，2007 年至 2019 年出租出借房产共 3.53 万平方米。 2017 年至 2019 年，所属机关服务中心采购办公设备家具支出超标累计 11.23 万元，其中 2019 年 1.42 万元。 2019 年，工业和信息化部 24 个项目预算绩效指标可衡量性较差。
6	国家民委	2019 年，所属中央民族干部学院在项目预算中编报公用经费 776.93 万元；1 家所属单位未将可预期的其他收入 99 万元列入预算，未将以前年度拨付的项目资金 208 万元纳入预算支出编报。 至 2019 年底，委本级未及时确认收入 302.21 万元；往来款 565.3 万元长期挂账，未及时清理；委本级及所属机关服务局已办理竣工结算并投入使用的工程涉及金额 507.97 万元，未按规定转入固定资产核算。 2019 年，委本级对个别项目经费的使用未进行有效监控，涉及金额 6980 万元。 2019 年，所属中央民族歌舞团在不具有经营性演出场所资质的业务排演楼从事经营性演出，取得收入 13.95 万元。2019 年，委本级和所属中央民族大学、中国民族报社等 14 家单位 49 个项目的绩效目标、绩效指标缺失或设置不合理，难以衡量项目产出和绩效目标的实现程度。
7	公安部	2019 年，部本级在安排项目预算时未充分统筹结转资金，其中 1 个项目至年底形成结转结余 4422.62 万元。 至 2019 年底，部本级未按规定清理上缴项目结余 84.86 万元；未及时清理挂账 10 年以上的往来款 4476.32 万元。 2019 年，部本级将应采用财政直接支付的 981.69 万元改用财政授权支付方式支付；未严格按合同进度支付有关款项，提前支付 499.82 万元。 2019 年，部本级在非定点维修场所维修公务用车支出 16.78 万元。 至 2019 年底，部本级未按要求补提计提固定资产折旧和摊销无形资产。 2019 年，所属幼儿园未将事业收入等 1635.6 万元纳入预算管理。

（续表）

序号	部门名称	问题摘要
8	民政部	2019年，部本级1个项目和所属信息中心1个项目建设进度滞后，当年申请的10524万元预算未形成支出，两个项目年底结转资金共16272.64万元。 2019年，部本级一次性拨付所属地名研究所委托业务费176万元，不符合按项目实施进度支付的要求。 2019年，部本级4个项目未按期完成、涉及金额2446.28万元，其中两个项目未按执行进度拨款、涉及金额162.05万元。 2019年，部本级3个项目验收工作延迟，其中一个延迟20个月，两个延迟4个月。 2019年，部本级1个项目的绩效评价结果与项目实施情况不符。
9	司法部	2019年，部本级和所属司法行政学院固定资产台账与财务账金额存在520.22万元差异。 2019年，部本级和4家所属单位未补提、计提固定资产折旧和无形资产摊销，涉及固定资产和无形资产原值分别为110615.07万元、182.96万元。
10	财政部	2019年，主管的中国财政学会使用财政资金列支应由自有资金负担的会议费19.43万元。审计指出后，已于2020年5月进行会计差错更正。 至2019年底，财政部未上缴7个项目超过两年的结余资金共559.8万元。审计指出后，已于2020年3月全额上缴。 至2019年底，于2015年启动维修改造的部本级租赁办公用房未投入使用，支出租金2349.65万元。 2019年，部本级3个项目的绩效目标与工作任务不匹配，评价结果不能客观反映任务完成情况。
11	人力资源社会保障部	2019年，部本级1个项目预算编制时未充分统筹上年结转140.87万元，申请预算400万元，年末形成结转资金394.18万元；1个项目预算调整与执行未有效衔接，当年调整新增的175.7万元预算未形成支出。 2019年，部本级1个项目前期研究不够充分，实际预算执行率偏低，绩效指标也未达到细化、量化要求。 2019年，部本级1个项目未及时办理竣工决算，结存资金140.81万元长期闲置。 2019年，所属信息中心将中标项目部分业务违规分包，涉及金额190.5万元；未按规定优先通过政府采购方式购买机票，涉及金额7.62万元。 2019年，所属国际交流服务中心公务用车处置程序不够规范。

（续表）

序号	部门名称	问题摘要
12	自然资源部	2019 年，所属中国测绘科学研究院在部门预算中为其投资的 3 家企业安排 6 个项目预算，涉及财政资金 373 万元；在编制 1 个项目预算时未充分统筹以前年度结转结余情况，新增预算 470 万元，年底结转结余增至 535.06 万元，其中结余 272.76 万元未按规定上缴财政。 至 2019 年底，部本级 30 辆一般公务用车未严格执行信息登记和公示制度，运行费用单车核算不到位；所属中国测绘科学研究院 3 辆特种专业技术用车未搭载固定专业技术设备，也未按规定用途使用；矿产资源储量评审中心等 7 家单位 2017 年至 2019 年购置的 10 辆公务用车，超预算支出共 13.5 万元；黑龙江测绘地理信息局未按属地化原则同步完成公务用车改革，应取消的 3 辆公务用车未处置。 2019 年，所属信息中心未编制年度会议计划，实际召开 13 个会议，其中 3 个会议存在超预算、超人数问题；国家基础地理信息中心、中国测绘科学研究院等 3 家单位在非定点会议场所召开 8 个会议；第二海洋研究所、第三海洋研究所等 3 家单位的 132 个会议由外单位参会人员承担住宿费 61.4 万元；中国极地研究中心、第二海洋研究所承办的 2 个国际会议，未将参会代表注册费收入等 90.63 万元纳入本单位会计账簿核算；国土卫星遥感应用中心、第四海洋研究所等 4 家单位举办的 4 个国际会议，超范围支出参会代表食宿费等 27.49 万元；第二海洋研究所举办的 3 个国际会议，超会期 4 天，超标准支出食宿费等 66.53 万元。 2019 年，所属重庆测绘院违规从零余额账户向本单位 6 名职工个人储蓄账户划转资金 949.33 万元，用于内设部门派员长时间开展野外测绘工作的备用金开支；中国测绘科学研究院基本科研业务费管理不够规范，存在未经管理咨询委员会咨询审议或未执行评审回避要求等问题，涉及预算资金 220 万元，其中 2019 年 130 万元；1 个项目未执行政府采购程序，涉及财政资金 317 万元。 2019 年，所属中国测绘科学研究院未经批准出租 9823.11 平方米的房产，涉及合同金额 1075.63 万元；部分设备被其投资的 3 家企业长期无偿使用，涉及资产价值 3442.71 万元；处置国有资产不够规范，涉及设备、家具等共 990.67 万元；对 4 家控股企业的长期股权投资会计核算不够规范，涉及初始投资额 975.29 万元。中国自然资源经济研究院未经批准出租 23.5 平方米的场地，涉及场租费 8.7 万元；不动产登记中心办公用房超规定标准 357.4 平方米。 至 2019 年底，部本级长期挂账的应收款项 13286.53 万元未清理；所属不动产登记中心 2002 年至 2005 年期间收入有 94.43 万元仍在往来账科目挂账。 2019 年，所属国家海洋标准计量中心、国家卫星海洋应用中心等 7 家单位的 8 个项目绩效管理不够规范，存在绩效指标设置不够完整、不够合理等问题，两个项目绩效自评不够客观真实。

（续表）

序号	部门名称	问题摘要
13	生态环境部	2019年，所属中国环境科学研究院预算编制不够科学合理，事业收入预算仅编列53894.84万元，当年实际发生92501.62万元，为预算收入的1.7倍；中国环境监测总站未进行充分的可行性论证，1个项目无法实施，涉及金额550万元。 2019年，部本级在未列预算的情况下安排相关活动支出2.14万元；在一个短期培训中安排考察活动。 2019年，所属核与辐射安全中心超预算支出公务用车购置费和运行与维护费26.53万元，购置的公务用车有1辆超标准、两辆未将编制报国管局备案；机关服务中心1辆公务用车未办理资产调拨手续；部本级与核与辐射安全中心1辆公务用车重复入账，涉及金额58.8万元。 2019年，部本级将审核会项目拆分为8个会议，并由中国环境监测总站、环境工程评估中心等5家所属单位承担会议费40.35万元；所属宣传教育中心部分会议费4.65万元由参会人员承担；中国环境科学研究院未经审批计划外召开会议，涉及金额622.12万元；核与辐射安全中心召开会议存在计划外、超人数、在非定点会议场所等问题，涉及金额共48.02万元。 至2019年底，部本级172万元往来款项长期挂账未清理；部本级和所属南京环境科学研究所、环境规划院等5家单位财政资金273.83万元沉淀在中国环境科学学会、中国生态文明研究与促进会等3家所属社团，未及时按规定清理并上缴财政。 2019年，部本级应收未收“海洋废弃物倾倒费”非税收入1019.71万元。 2019年，所属中日友好环境保护中心在政府采购管理中化整为零规避公开招标，涉及金额228万元。 2019年，部本级在参与分配农村环境整治专项资金时未将绩效评价结果作为参考因素，参与分配的大气污染防治专项资金和水污染防治专项资金部分绩效指标未达到量化要求；部本级和所属中国环境监测总站3个项目绩效自评结果不够客观。
14	住房城乡建设部	2019年，部本级在非党政机关会议定点场所召开两个会议，涉及金额18.94万元；对所属事业单位会议费未参照中央和国家机关会议费管理办法作出具体管理规定。 2019年，所属执业资格注册中心注册城乡规划师考试项目支出结余205万元未上缴财政。 2019年，所属执业资格注册中心和全国市长研修学院开立两个定期存款账户未按规定备案。 2019年，所属机关服务中心和中国建筑文化中心未按规定履行政府采购程序，涉及金额662.83万元。 至2019年底，所属中国建筑文化中心未经批准出借办公用房219.97平方米。 2019年，所属城乡规划管理中心、信息中心和中国城市规划设计研究院的3个预算项目绩效指标设置未达到细化或量化要求。
15	交通运输部	2019年，部本级1个会议实际参会人数超计划人数95人。 2019年，所属海事局承办国际会议的收支未纳入预算管理，涉及金额52.19万元；计划外召开会议1个，由其下属单位承办并支付会议费2万元；政府购买服务预算不够完整，涉及金额619.48万元。 至2019年底，所属驻英国大使馆海事处结余112.31万元未及时清理上缴财政。 2019年，所属中国船级社在未经批准的情况下，从零余额账户向其分支机构的实有资金账户划转项目经费1108万元。 至2019年底，所属科学研究院和交通通信信息中心代建的8个信息化建设项目，未及时办理资产交付使用手续和调整会计账目，涉及金额24347.94万元。

（续表）

序号	部门名称	问题摘要
16	水利部	2019 年，部本级编制部门预算时，将其应承担的 3 项工作经费 1911.78 万元，分别列入所属水利水电规划设计总院等 3 家单位的预算；实际完成的 45 个外事接待项目中有 32 个未列入年初预算，支出共 68.47 万元。 2019 年，所属沙棘开发管理中心有 8 个四类会议未在定点会议场所召开，支出共 11.8 万元。 2019 年，部本级在 1 个项目政府采购招标中设置不合理条件，将特定行业的业绩作为加分项，与投标人有利害关系的评标委员会成员也未按规定回避；所属水利水电规划设计总院未按规定进行政府集中采购，将物业管理服务直接委托给其实际控制企业，涉及金额 264.77 万元，还有两个项目超政府采购预算采购 266.5 万元、1 个项目无政府采购预算采购 281 万元。 2019 年，所属信息中心账面价值 608.08 万元的房产近 5 年未有效利用；其下属企业在中标部本级 1 个金额 350.93 万元的项目后，违反约定将部分工作任务以 149 万元对外分包。 2019 年，部本级在参与分配专项转移支付资金中，存在资金绩效指标设置不够合理、绩效评价不够规范的问题；所属沙棘开发管理中心水土保持业务项目设置的 11 个质量指标、3 个效益指标全部为定性指标，之后在绩效自评阶段按实际完成情况调整指标值，难以有效发挥引领促进作用。 2019 年，所属水利水电规划设计总院 229.5 万元无形资产未入账；未按规定报批出租房产，取得租金收入 283.5 万元。
17	农业农村部	2019 年，农业农村部未制定本部门具体公务用车管理办法；所属机关服务局违规改变新购入公务用车用途，涉及购车款、税费等共计 20.35 万元。 至 2019 年底，部本级往来款长期挂账 3336.64 万元未清理；部本级和所属工程建设服务中心、农产品质量安全中心、科技发展中心等 12 家二级预算单位本级结余资金 11840.87 万元未上缴，审计指出后于 2020 年 3 月上缴财政。 政府购买服务管理不规范，其中：部本级 2018 年和 2019 年购买服务支出安排不够科学，与所属中国农学会签订的 11 份购买服务合同金额共 357.14 万元，后者完成全部任务仅支出 60.42 万元、结余 296.72 万元，包括 2019 年的 7 个合同总额 173.14 万元、结余 152.5 万元；部本级拆分政府购买服务合同以规避政府采购程序，涉及金额 193 万元；所属中央农业广播电视学校在定点物业公司范围之外采购物业服务，涉及金额 150.43 万元。 至 2019 年底，部本级未按规定将 254.22 万元国有资产处置事项向财政部备案，审计指出后于 2020 年 2 月报财政部备案，还有 1 个信息系统未记入无形资产账；所属中国农业科学院中国水稻研究所国有土地补偿款 608.16 万元未上缴财政，审计指出后于 2020 年 4 月上缴；所属规划设计研究院于 2017 年 1 月投入使用的 1 个项目尚未办理竣工决算。 至 2019 年底，部本级对 2018 年的 7 项专项转移支付资金未按规定填报绩效自评表，对 5 项转移支付资金区域绩效指标设置不完整，对两项转移支付资金和部分地区未开展整体绩效评价；部分省（区、市）转移支付资金自评指标设置不合理；对 4 项专项转移支付资金的整体绩效评价中有 4 个主要指标打分错误，占权重的 70%。 2017 年，所属中国农学会使用项目资金 26.77 万元购置空气净化器。审计指出后，已调整有关账目。 2018 年，所属中国农业科学院油料作物研究所未经批准，用房屋和土地置换房产的形式处置国有资产，置换的房产评估价值 5930.19 万元。

（续表）

序号	部门名称	问题摘要
18	商务部	2019年，部本级编制部分项目预算时未充分统筹实际需求和上年结转资金情况，年底形成结转30251.09万元、结余2329.86万元。 2019年，部本级和所属机关服务局公务用车管理不规范，并多支付机关服务局公务用车费3.52万元。 至2019年底，部本级结余21317.79万元未及时清理上缴；部本级和所属配额许可证事务局分别有56.87万元、23.34万元在往来科目长期挂账未清理；所属投资促进事务局将2017年收入100万元计入往来账，未按规定确认收入。 至2019年底，部本级扩建办公用房工程基建尾款702.67万元未按照新制度规定并账核算和调整决算草案；所属已撤销事业单位名下21处房产未办理产权变更登记；所属机关服务局及下属企业4处房产未取得房产证，下属公司未经审批出租房屋，取得收入109.12万元。 2019年，所属中国国际经济技术交流中心违规购买非保本理财产品31000万元。 2019年，部本级5个二级项目部分绩效目标未实现，所属配额许可证事务局的1个项目未完整设置绩效指标。
19	文化和旅游部	2019年，部门政府采购预算编制不准确，实际支出金额占预算的38%。 2019年，部本级因公出国的3个团组超员共11人。 2019年，部本级在计划外召开会议1次，发生费用8.8万元。 至2019年底，部本级有27.09万元结余资金未及时上缴。
20	国家卫生健康委	2019年，委本级和所属统计信息中心编制5个项目预算时未充分统筹以前年度结转4019.22万元，年底形成结转3983.96万元、结余1121.64万元；委本级编制提租补贴预算时未优先消化上年结转254.89万元，年底形成结转353.29万元；所属统计信息中心未按规定将事业收入1483.69万元编入预算。 2019年，所属中国医学科学院药用植物研究所未编制会议计划，实际召开四类会议35个，支付会议费37.65万元；委本级和所属统计信息中心、项目资金监管服务中心11个四类会议参会人数超规定共830人；委本级1个会议超出协议价结算费用3.33万元。 至2019年底，所属山东大学齐鲁医院、统计信息中心、中国医学科学院药用植物研究所结余1232.14万元未按规定清理上缴；委本级和所属统计信息中心无形资产未按规定入账核算，价值742.43万元；所属中国医学科学院药用植物研究所3个基建项目未及时办理竣工决算，涉及金额1.05亿元。 2019年，所属统计信息中心公务用车使用管理不够规范，车辆使用均未登记车辆牌照、里程等信息，用车记录缺失。 2019年，委本级3个项目未按规定执行政府采购程序，涉及金额1060万元。 2019年，卫生健康委参与分配的1项专项转移支付资金未与上年度绩效考核结果挂钩；委本级1个项目未按规定设置产出指标，3个项目个别绩效指标未达到细化要求。 2018年，委本级将1个项目下的培训费转由学员回单位报销或由地方有关单位承担。
21	退役军人事务部	2019年，部本级后勤管理与综合服务保障项目前期论证和准备工作不充分，预算执行率仅为11.53%。

（续表）

序号	部门名称	问题摘要
22	应急管理部	2019年，部本级预算安排的部分项目论证不充分、前期准备不够，当年未能及时实施，年底形成结转10583.13万元。 应急部未将绩效自评结果作为改进预算管理和安排以后年度预算的重要依据，1个项目2016年以来一直未开工，连续安排预算共685万元，至2019年底结转641.23万元。 至2019年底，所属化学品登记中心往来款120.8万元长期挂账未清理。 至2019年底，所属紧急救援促进中心未按规定确认收入380万元；所属档案馆未将资产出租收入105.7万元、物业费支出96.32万元纳入财务核算。 至2019年底，所属机关服务中心、中国安全生产科学研究院、应急部宣传教育中心、应急部培训中心等4家单位未按规定申领工会法人资格和单独开设银行账户核算工会经费，当年通过基本户支出工会经费544.92万元。
23	中国人民银行	2019年，总行未获财政部批准调整项目预算1.29亿元；本级未经财政部审批购置固定资产126万元；总行编报项目预算未充分统筹上年结转5755.14万元，年底结转增至6505.45万元；所属成都分行少计支出67.99万元。 至2019年底，总行项目结余5531.66万元未按规定收回；总行向机关服务中心、成都分行和兰州中心支行以拨代支结存2597.94万元。 2019年，总行本级在空置周转房108套情况下继续租用其他周转房242间；所属成都分行营业管理部少计固定资产49.4万元；所属征信中心19226.36平方米房产长期闲置。 至2019年底，总行本级和所属西安分行及辖内机构未按规定方式和标准采购，涉及金额1558.83万元，其中2019年1175.31万元。 2019年，所属兰州中心支行将其他业务用车按一般公务用车管理使用，无法区分一般公务用车的实际运行费；所属票交所对单位负责人公务用车未实行集中统一管理。 2019年，所属兰州中心支行超批复投资1011.94万元。
24	审计署	2019年，署本级在维修改造项目中购置163件总价值85.3万元的设备、软件等，未及时办理资产登记、验收及入账手续。
25	国务院办公厅	至2019年底，厅本级2016年立项并获得财政拨款1000万元的1个项目累计支出169.58万元，结转830.42万元；2017年已投入使用的1个项目尚未完成竣工决算，剩余资金67.78万元未及时清理和统筹盘活。 至2019年底，所属机关服务中心文印室设备更新款51.88万元，长期挂账未清理。
26	国务院国资委	2019年，委本级编制财政拨款基本支出预算时未充分统筹上年结转资金情况，年底形成结转10821.72万元；为未经编制部门批准的所属冶金工业部桂林疗养院、机械工业档案馆、国家机械工业局工程建设中心等5家单位编报财政拨款基本支出预算1229.02万元；未编制其他收入预算，包括2017年至2019年利息收入251.8万元，其中2019年80.36万元。 2019年，所属干部教育培训中心公务用车管理制度不够完善、使用管理不够规范。 2019年，委本级部分印刷服务未按规定执行政府集中采购程序，涉及金额23.43万元。 2017年至2019年，所属石化、轻工、建材等5家机关服务中心未经审批对外出租房产59处，房租收入33615.68万元，其中2019年收入6548.87万元未执行“收支两条线”管理或纳入预算管理；所属商业、物资两家机关服务中心未经审批对外出借资金4.52亿元，取得收入1075.46万元，其中2019年出借2.1亿元、收入812.93万元。

（续表）

序号	部门名称	问题摘要
27	海关总署	2019年，署本级编制预算时，统筹结转资金不够充分，3个项目多年滚动结转，至年底结转19797.32万元；为非所属预算单位编制预算，年底结存870万元，未按规定上缴财政；大连机场海关、南宁东兴海关、青岛济宁海关等80个海关下属的80个机关服务中心等事业单位收支情况未纳入部门预决算管理，当年收入合计15254.56万元。 至2019年底，所属研究中心及国际检验检疫标准与技术法规研究中心项目结余共计130.43万元，未上缴财政。 2019年，署本级淘汰更换未到报废期的设备、超标准购置办公物品等，涉及支出297.28万元。 2018年至2019年，所属广州海关、大连海关、北京海关未经审批集中下属事业单位收入11100万元，其中2019年9100万元。 至2019年底，海关系统已由所属单位验收的2560.56万元实物资产，仍登记在署本级固定资产账上；所属北京海关技术中心、珠海国际旅行卫生保健中心、青海国际旅行卫生保健中心等6家公益二类事业单位无偿使用上级海关机关办公用房1928.74平方米；上海海关已竣工验收的中央空调机组和节能窗改造项目未及时办理竣工决算，结存资金331.94万元；北京海关未经批准出租办公用房，2014年至2019年收入共计1235万元，其中2019年355万元，未执行“收支两条线”管理。
28	税务总局	2019年，局本级和陕西、吉林、甘肃等14个省级税务部门2个项目中央财政拨款至年底结转17812.83万元；山东、江苏省级税务部门地方财政拨款至年底结转34776.31万元；湖北、云南、内蒙古等7个省级税务部门未将上年结转、代征手续费收入等12484.9万元统筹纳入年度预算。 至2019年底，局本级和深圳、黑龙江、吉林等24个省级税务部门中央财政拨款结余9510.79万元，陕西、广东、辽宁等6个省级税务部门地方财政拨款11089.96万元，未及时清理确认结余和上缴财政；局本级和深圳、江苏、甘肃等5个省级税务部门在往来账核算的其他收入和不需支付款项、预付和出借资金长期未清理，涉及金额共24874.71万元；四川、重庆税务部门通过以拨代支等方式减少财政存量资金规模，涉及金额1657.7万元，其中2019年1607.7万元。 至2019年底，所属国家税务总局大邑县税务局套取会议费、培训费29.76万元，账外存放并支用；湖南、上海、重庆税务部门超标准、超范围支出培训费共72.11万元，其中2019年65.28万元；河南、湖南税务部门部分下属单位将培训外包给未经组织人事部门认可的培训机构，涉及金额258.59万元；云南、河南、辽宁等6个省级税务部门违规报销应由个人承担的社会化培训费用295.97万元，其中2019年237.77万元。 至2019年底，所属北京、辽宁、山东等7个省级税务部门超出实际需求向公务用车ETC卡、加油卡充值，结存合计2502.54万元；重庆、内蒙古、北京税务部门违规占用下属单位和外单位7辆车。 至2019年底，所属云南、广东、四川等5个省级税务部门出租房产收入未上缴财政、未收回承租方欠款或租约到期未收回房产，涉及金额1149.49万元，其中2019年320.83万元；广东、上海等4个省级税务部门提前支付费用2780.36万元，其中2019年2716.91万元。

（续表）

序号	部门名称	问题摘要
29	市场监管总局	2019 年，所属中国纤维质量监测中心和信息中心编制 3 个专项预算时，未充分统筹上年结转资金，新增预算 3329.39 万元，年底形成结转结余 5839.45 万元。 局本级 2018 年在广西北海无计划召开 1 个三类会议，其 11 万元费用在 2019 年度会议费中列支。 2019 年，局本级未将所属专业技术人才开发中心两个因公短期出国培训团组纳入当年培训计划，而是按一般性出国团组管理，且未执行因公短期出国培训相关规定，涉及支出 40.19 万元；所属专业技术人才开发中心、行政学院承办的 7 个培训班，超范围、超标准发放讲课费共 7.25 万元。 至 2019 年底，局本级和所属中国计量科学研究院、信息中心、中国检验检疫科学研究院等 6 家单位维修改造、修购专项等项目计 5483.78 万元，未按规定上缴。 2019 年，局本级与机关服务中心签订结算协议并支付当年会议服务及公车运维业务费用 852.72 万元，后者实际发生支出 478.99 万元。 局本级 2019 年的 7 个项目的绩效指标未设定定量表述，且设定的定性表述不具有可衡量性，2018 年的 1 个项目绩效自评结果也与项目实际进展不符。
30	广电总局	至 2019 年底，局本级实有资金账户中结存 2014 年和 2017 年收到的项目经费 240 万元，未及时拨付或清理。
31	体育总局	2019 年，总局本级编制 1 个项目预算时未充分统筹上年结转资金情况，年底形成结转结余 904.29 万元，当年财政拨款预算执行率 9.73%；所属乒乓球羽毛球运动管理中心未按规定将其他收入编入预算，当年实际发生 350.82 万元。 2019 年，总局本级无预算列支国际会议费 26.42 万元；未按合同约定，提前拨付项目款 1200 万元。 2019 年，所属冬季运动管理中心扩大项目开支范围，涉及金额 14701.91 万元；违规多支付培训费 6.18 万元、超范围支付住宿费 7.01 万元。 2019 年，所属机关服务中心、训练局、冬季运动管理中心共 16 辆公务用车管理台账登记不完整，当年支出运行费 36.53 万元。 2018 年至 2019 年，总局本级 7 个服务合同未按规定执行政府采购程序，涉及金额 1084 万元，其中 2019 年 100 万元；2018 年，所属冬季运动管理中心政府采购未按规定执行公开招标程序，涉及金额 220 万元；2019 年，所属国家奥林匹克体育中心向无相应资质的供应商采购物品 12 万元。 至 2019 年底，所属冬季运动管理中心以前年度形成的应收账款 13648.99 万元未及时清理，未经批准出租房产取得收入 450 万元未纳入预算；所属训练局收到价值 832.27 万元实物赞助未按规定入账核算；所属排球运动管理中心（中国排球协会）未将合作方应付未付的中国排球联赛商业权益使用费 5700 万元纳入会计核算。 2019 年，所属训练局 1 个项目的绩效目标设定与预算确定的资金量不匹配；总局本级和所属冬季运动管理中心 4 个项目绩效目标未达到细化要求；总局本级和所属冬季运动管理中心 3 个项目绩效自评结果未能如实反映预算执行情况；总局本级两个项目绩效自评依据不够充分和客观。
32	国家体育总局体育彩票管理中心	2019 年，中心本级采购通讯专线服务未执行政府采购程序，仍沿用以前年度合同，涉及金额 5514.11 万元。 2019 年，中心本级 5 个项目部分绩效指标与预算资金量不匹配，不能准确反映预算资金占比。 2019 年，中心本级两个项目绩效指标未达到细化、量化的要求，1 个项目绩效指标自评结果与实际情况不完全相符。

（续表）

序号	部门名称	问题摘要
33	国家统计局	2019年，局本级和所属普查中心、服务业调查中心、数据管理中心等9家单位未按规定使用公房出售收入余额，另行申请购房补贴预算630.51万元。 至2019年底，局本级和所属普查中心、统计科学研究所4个项目结余1536.47万元未上缴财政；局本级外汇账户援助项目资金167.71万元长期在往来款科目挂账未清理。 2019年，局本级1个项目未按预算规定的支出用途使用资金10万元。 至2019年底，局本级未按规定组织开展资产清查盘点工作。 2019年，局本级1个项目个别指标绩效自评结果不够真实；1个项目将上年已完工作列作当年绩效执行监控总体目标。
34	国家国际发展合作署	2019年，署本级在编制预算时未充分考虑实际情况，两个项目预算执行率较低，年底形成结转427.45万元。 2019年，署本级未制定本部门预算支出绩效评价规章制度。
35	国家医保局	2019年，局本级两个项目预算编报不科学，项目预算执行率均低于20%。 2019年，局本级9个项目的16个绩效指标没有达到量化要求。
36	国务院参事室	2019年，室本级1个项目支出预算编制不准确，涉及金额82万元，当年预算执行率为19.33%，年底形成结转66.15万元。
37	新华社	2019年，所属北京分社在往来款项核算收入375.02万元，将39万元租赁费计入差旅费；出差住宿费支出未按规定使用公务卡结算，涉及31人次共4.71万元。 自2017年起，所属北京分社未经批准将565平方米办公用房无偿交给新华社两家下属企业使用。 至2019年底，1家所属单位未按规定清理往来款3017.21万元。 至2019年底，1家所属单位少确认收入5万元；未按规定将190.24万元设备计入固定资产账。 2019年，所属北京分社办公用房维修项目设定的绩效目标未达到细化、量化的要求，涉及金额75万元。
38	中国科学院	2019年，院本级4个三类会议未按规定进行管理和审批，3个二级项目预算绩效目标未按规定进行设置。 至2019年底，院本级和所属生态环境研究中心、理化技术研究所、声学研究所、软件研究所666.01万元结余资金未上缴财政。 至2019年底，院本级和所属电工研究所、计算机网络信息中心和生物物理研究所等6家单位账龄超过3年以上的往来款项长期挂账未清理，涉及资金8430.65万元；所属行政管理局下属企业出借的3.2亿元在借款合同到期后仍未收回。 2015年至2019年，院本级违规承担其他部门工作人员因公出国（境）费用60.12万元，其中2019年21.27万元。
39	中国社科院	至2019年底，院本级账龄3年以上的其他应收款433.65万元挂账，未及时清理。 2019年，院本级未区别管理学术交流合作和非学术交流合作的因公临时出国（境）任务和经费，在学术交流合作因公临时出国（境）经费中，列支非学术交流合作出国（境）费47.43万元。
40	中国工程院	至2019年底，院本级“其他应付款”科目结余164.03万元未及时清理，其中157.93万元挂账已超过3年。 2016年至2019年，院本级取得利息收入总计56.02万元未纳入预算管理，其中2019年14.96万元。 2019年，院本级2个项目设定的预算绩效指标未达到细化、量化的要求。

（续表）

序号	部门名称	问题摘要
41	国务院发展研究中心	2019 年，中心本级未按规定编制购房补贴预算，涉及金额 102.89 万元。 至 2019 年底，所属中国国际发展知识中心部分项目收支在往来款中核算，导致少计收入 1532.23 万元、支出 1480.45 万元，其中 2019 年少计收入 310.61 万元、支出 283.08 万元。
42	中央广电总台	2019 年，台本级在非中央国家机关汽车定点维修场所维修公务用车 16 次，列支 10.3 万元。 至 2019 年底，台本级少确认广告、视频转播权、房产出租等收入 7052.91 万元，其中 2019 年 6900.53 万元；所属中国国际广播电台后勤服务中心 2007 年投资 10 万元设立 1 家企业，仍未确认长期股权投资。 2019 年，1 家所属单位两个出国团组超标准报销因公出国费用 11.22 万元。
43	中国气象局	2019 年，局本级和所属中国气象局气象探测中心、国家气象信息中心为已形成结转 781.56 万元的 3 个项目新增预算 4826.21 万元，年底结转增至 1880.65 万元；局本级编制预算时，未按规定安排公房出售收入余额；局本级 1 个项目未结合以前年度结转情况和绩效自评结果调整预算规模。 至 2019 年底，局本级有 761.58 万元往来款挂账 5 年以上未清理；所属国家卫星气象中心、国家气象信息中心、张家口市气象局的 18 个投入使用的基建项目未及时办理竣工决算。 2019 年，局本级 1 个项目的绩效目标未设定相关联的绩效指标，6 个项目的部分绩效指标不符合指标定义或分类。
44	中国银保监会	2019 年，会本级同类支出整合归并不到位，涉及项目支出预算 4997.55 万元；年初预算资金 1.5 亿元未及时细化；为独立核算的二级单位培训中心代编预算，并违规从零余额账户向其拨款 331.92 万元；账户存在多头管理现象，未按规定清理整合；往来科目 173.42 万元长期挂账未及时清理；少计资产 131.57 万元，审计指出后于 2020 年 4 月按规定调整核算。 2019 年，会本级扩大培训专项经费支出范围列支 61.68 万元、扩大项目经费支出范围列支 1088.4 万元；举办国际研修班超标准接待，涉及金额 3.4 万元。 2019 年，会本级政府采购预算与计划、实际执行衔接不够到位；三类机构信息系统运维服务未履行政府采购程序。 2019 年，会本级用公用经费为职工购买超范围保险 39.45 万元。 2013 年至 2019 年，原银监会本级设立“银行业信息科技风险管理高层指导委员会”，向银行收费 3210 万元未在单位账内核算。 2011 年以来，所属龙岩、白银、定西等 20 个监管分局未经审批出租房产 55 处。 2019 年，会本级绩效管理不够规范，存在项目支出绩效指标设置不够合理、绩效自评结果不实等问题。
45	中国证监会	2019 年，会本级和 14 个地方证监局、专员办未将基建类项目以外的 13 个项目上年结转 3328.82 万元统筹纳入预算；通用及专用设备购置项目预算在上年执行率较低情况下，新增预算 542.42 万元，年底结转 304.84 万元；决算草案少计因公出国（境）费 21.67 万元。 2019 年，会本级信息系统基础设施运维服务费、劳务派遣人员经费等由中证信息技术服务有限责任公司、中国证券登记结算有限责任公司、中证资本市场运行统计监测中心等 3 家会管单位承担，涉及金额 445.15 万元。 2019 年，所属稽查总队共使用公务用车 43 次，其中 20 次用于规定用途以外的其他公务活动；所属陕西证监局加班工资管理不规范。 2019 年，会管单位中证资本市场运行统计监测中心超范围发放采暖补贴和物业补贴 5 万元；会管单位中国金融期货交易所在销售费用中列支部分员工培训费 63.02 万元。

（续表）

序号	部门名称	问题摘要
46	国家信访局	2019年，局本级1个工程项目前期准备工作不充分，预算执行率仅3.75%，年底形成结转218.69万元。
47	国家粮食和储备局	2019年，局本级和所属离退休干部办公室、中国粮食研究培训中心、国家粮食和储备局石油储备中心等11家事业单位未按规定编制购房补贴预算，涉及金额461万元。 2019年，局本级未及时上缴房租收入124.69万元、其他收入31.27万元。 2019年，局本级未及时转记固定资产和无形资产，涉及金额分别为1316.3万元、2306.7万元；总投资5260万元的1个建设项目未按时办理竣工财务决算。所属粮食和储备局科学研究院8个已投入使用的基建项目未转记固定资产，涉及金额18209.6万元。 原国家物资储备局2017年至2018年未经批准对外出租房产16127平方米，其中13014平方米被原租户无偿占用，至2019年底未收取租金774.03万元，其中1处房产存在消防安全隐患。 2019年，所属原国家物资储备局机关服务中心违规提前确认费用198.59万元。 2019年，局本级及所属粮食和储备局科学研究院5个项目绩效指标设定不够合理；粮食和储备局科学研究院、中国粮食研究培训中心的3个项目绩效指标未达到细化量化要求。
48	国家能源局	2017年至2019年，局本级未将241.5万元培训费收入纳入预算管理，其中2019年84万元。 2019年，局本级和所属电力业务资质管理中心无计划召开会议，共支出16.15万元；局本级和所属电力可靠性管理和工程质量监督中心的会议、培训计划管理不够规范。 至2019年底，局本级少记资产229.1万元。审计指出后，已按规定调整核算。 至2019年底，局本级对所属机关服务中心、中国核电发展中心的648万元借款未收回。审计指出后，已收回78万元。 至2019年底，局本级未按规定组织开展资产清查盘点工作。 2019年，局本级1个项目绩效目标设定未达到细化、量化的要求；主管的中国电力传媒集团有限公司1000万元国有资本经营预算资金实际未支出。
49	国家移民局	2019年，局本级将应采用财政直接支付的1058万元以财政授权支付方式支付。
50	国家林草局	2019年，局本级3个中央预算内投资项目年度预算安排与实施进度不匹配，导致预算资金3421万元当年仅支出117.49万元。 2018年，所属对外合作项目中心因公出国费超预算支出2.43万元。 2019年，所属国际竹藤中心1人出国参赛费用1.21万元转由第三方承担。 2019年，所属西北调查规划设计院、森林和草原病虫害防治总站等6家单位在非定点会议场所召开会议38个，支付会议费共64.81万元。 至2019年底，局本级未按规定计提固定资产折旧和摊销无形资产，涉及金额分别为80368.01万元、683.32万元。 至2019年底，局本级未完成已停业的1家所属企业的清理注销工作。
51	国家铁路局	2019年，局本级4个项目预算编制的支出事项与工作内容不一致或测算依据不足，涉及金额512万元；所属信息中心2016年以来实施的3个信息系统建设项目进展滞后，年底形成结转1814.2万元。 2019年底，局本级在建工程科目账实不符，涉及金额304.47万元。 2019年，局本级4个项目设定的预算绩效目标未达到细化、量化的要求。

（续表）

序号	部门名称	问题摘要
52	中国民航局	2019年，所属广州民航职业技术学院、上海民航职业技术学院等8家单位未有效统筹上年结转33451.37万元，继续申报并获预算批复47908万元，年底形成结转35506.86万元；所属民航局空中交通管理局、中国民用航空西北地区管理局等6家单位结余共173.76万元未及时清理上缴。 2019年，所属中国民航空中警察总队六支队未使用公务卡结算公务用车运行维护费，涉及金额4.29万元。 至2019年底，局本级未将其所有或占有的3处房产纳入会计核算，也未在固定资产账中反映。 至2019年底，所属民航局空中交通管理局、中国民用航空华东地区管理局等6家单位未及时办理建设项目竣工财务决算，涉及投资金额106.41亿元。
53	国家邮政局	2019年，局本级和所属机关服务中心未将其他收入纳入预算，当年实际发生13.35万元。 2019年，所属发展研究中心和邮政业安全中心无预算列支因公出国（境）费86.4万元。 2019年，局本级跨期列支计划外会议费1.6万元；未经批准计划外举办培训班，涉及培训费16.92万元。所属发展研究中心未编制年度会议计划，超预算支出会议费44.98万元。 2019年，所属发展研究中心政府采购超预算支出567.93万元。 2019年，所属机关服务中心和发展研究中心有4个基本建设项目未及时办理竣工财务决算，涉及总投资10401万元。 2019年，局本级6个二级项目绩效指标设定不够完整。
54	国家文物局	2019年，局本级未将利息收入纳入预算，当年实际利息收入17.07万元。
55	国家中医药局	2019年，局本级1个项目预算未充分统筹上年结转资金情况，当年预算执行进度也较慢，年底结转资金从上年的760万元增加至1080万元；局本级和所属机关服务中心决算收支不完整，少计收入1260.12万元、支出1329.48万元。 至2019年底，局本级和所属中国中医药科技开发交流中心、对台港澳中医药交流合作中心、中国中医科学院中药研究所等11家单位23607.69万元往来款长期挂账，超过3年未清理；局本级将预算资金以委托事项名义拨付所属中医师资格认证中心、中华中医药学会、北京中医药大学东直门医院等20家预算单位并列作支出，年底实际结存1219.25万元。 2019年，局本级1个四类会议超规定人数85人，同时要求参会人员承担住宿费用共9.5万元。 2019年，局本级将应由自身承担的工作任务委托给其他单位，涉及资金30.46万元。 2019年，所属机关服务中心未经批准对外出租房屋，取得租金收入176.01万元；未经批准2017年起对外出借账面价值587.32万元的土地。 2019年，局本级分配专项转移支付资金时绩效因素使用不够合理，涉及金额5105万元。
56	国家煤矿安监局	2019年，局本级1个项目未列入政府采购预算及政府购买服务预算，涉及金额120万元。
57	国家药监局	2019年，局本级虚列支出216.27万元用于弥补所属机关服务中心日常经费开支。 2019年，局本级申请追加预算2398.52万元并获批复后，未相应调整政府采购预算安排；1个项目未执行政府采购规定，涉及金额119.5万元。 2019年，所属食品药品审核查验中心超预算安排出国培训，涉及金额3.12万元。 2019年，局本级1个项目的绩效目标设定与预算确定的资金量不匹配，未能真实反映项目绩效情况；局本级和所属药品评价中心、中国药学会的3个项目绩效指标未达到细化、量化的要求。

（续表）

序号	部门名称	问题摘要
58	国家知识产权局	2019年，局本级1个项目年度预算编制不合理，有281.5万元的预算当年无法执行。 至2019年底，两家所属单位项目经费共121.83万元2年未执行，其中知识产权发展研究中心80万元、商标局41.83万元；知识产权发展研究中心变更为经费自理单位后，基本支出预算77.01万元无法继续执行。上述资金均未按规定上缴财政。 2019年，所属专利局主办的7个四类会参会代表均为本单位工作人员，未在单位内部会议室或培训中心办会，涉及会议费支出合计32.85万元。 2019年，所属商标局主办的1个四类会未在定点会议场所召开，涉及会议费支出5.05万元；1个四类会参会人数超标准40人、会期超标准1天，分别造成超标准开支4.18万元和2.35万元。
59	国务院扶贫办	预算编制不规范，其中：办本级在2019年项目预算中，列支与项目无关费用38万元；所属宣教中心在2018年和2019年住房公积金预算中，超额安排预算共57.33万元，其中2019年30.89万元。 2019年，所属信息中心计划外举办3个培训班，支出36.46万元。 2019年，办本级和所属国际中心、发展中心、宣教中心、信息中心等4家单位购买物业服务未按规定执行政府采购程序，实际支付物业费362.02万元。 2019年，所属信息中心在项目支出中列支物业费5.6万元；所属宣教中心部分项目未按进度提前支付121.86万元。 至2019年底，所属国际中心3个项目收支通过往来科目核算，涉及金额128.4万元；1个项目结余212.9万元未归还原渠道。 2019年，办本级和所属国际中心、发展中心、宣教中心等3家单位5个项目绩效指标设定不完整，1个项目绩效目标未实现。
60	国家信息中心	至2019年底，中心本级出借给中国信息协会的50万元在应收账款科目挂账已经17年，一直未清理。
61	中国福利彩票发行管理中心	2019年，中心本级在编制6个项目的预算时未充分统筹上年结转871.77万元的情况，申请预算1334.29万元，当年底结转结余增至1555.43万元。 2019年，中心本级3个项目涉及的12个绩效指标设置不够合理，绩效评价结果不够客观；7个项目涉及的20个指标未达到细化、量化的要求，评价结果难以准确衡量；4个项目下设的17个指标评价结果缺少翔实数据。 至2019年底，中心本级超过5年未使用的1个银行账户，尚未办理销户手续。
62	中国地震局	2019年，所属贵州省地震局违规从零余额账户向实有资金账户划转资金9.87万元。 2019年，所属新疆维吾尔自治区地震局、地震局第二监测中心违规向工会账户划转项目资金34.5万元，用作工会活动经费。
63	应急管理部消防救援局	2019年，局本级编制1个项目预算时，未充分统筹上年结转资金1.44亿元，新增预算0.8亿元，至年底项目未开工，结转增至1.74亿元。 至2019年底，局本级其他应收款1.87亿元、其他应付款1.44亿元长期挂账未清理，账龄均在3年以上。
64	应急管理部森林消防局	2019年，所属吉林省森林消防总队将一笔费用的收支挂往来核算，少记收入、支出各27万元。

（续表）

序号	部门名称	问题摘要
65	社保基金会	2019年，会本级未按规定将退回的以前年度住房补贴186万元纳入房改资金专户管理。 2019年，会本级在未履行政府采购程序的情况下，与所属机关服务中心签订合同采购后勤服务，涉及金额534.85万元。 2019年，会本级办公用房中的部分服务、业务用房面积超出“三定”核定标准。
66	国家自然科学基金委员会	委本级编制2019年部门预算时，未将历年利息收入3402.22万元统筹纳入；编制大型购置项目预算未充分考虑当年预算执行情况及结转资金等，2017年至2019年，分别形成结转340.38万元、277.27万元和254.43万元。 2019年，委本级在年度会议计划外举办37个会议或论坛，发生会议费等支出302.49万元。 至2019年底，委本级2017年及以前年度项目结余财政资金855.85万元，未按规定清理上缴。 2019年，委本级在两个项目中扩大开支范围支出共7.78万元；提前拨付应于下一年度支付的费用149.76万元；支付所属机关服务中心的29笔费用9798.36万元，未按规定实行财政直接支付。 至2019年底，委本级原值共58.09万元的两辆公务用车未纳入财务账和实物账核算；2000年之前处置的原值共107.82万元的5辆公务用车仍未销账。
67	中国地质调查局	2019年，局本级8个中央预算内投资项目年度预算安排与项目实施进度不匹配，导致年底仅支付前期费用719.11万元，其余5928.89万元结存在项目单位。 2019年，所属西安地质调查中心举办的两个国际会议违规负担外方会议代表食宿费和国际旅费合计26.58万元；广州海洋地质调查局举办的1个国际学术研讨会违规负担外方会议代表食宿费2.12万元。
68	中国地质调查局自然资源综合调查指挥中心	2019年，中心本级部门预算不完整，仅编列了当年财政拨款收入预算，未充分、合理预计事业收入等各项收入，也未反映基本支出和项目支出结转资金。 2019年，中心本级未按规定时间批复所属单位预算。 2019年，原所属17家单位闲置房产等各类固定资产，涉及金额4594.22万元。
69	中央组织部	至2019年底，部本级借款372.22万元长期挂账，未及时清理。 至2019年底，两家所属单位往来账款187.78万元，长期未清理。
70	中央宣传部	2019年，部本级在非定点会议场所召开2个三类会议，支出会议费27.89万元。 2019年，所属国家出版基金规划管理办公室超标准支出专家评审费35.9万元。 2019年，部本级将1个项目的预算经费640.23万元用于与该项目无关的支出。 2019年，所属1个二级单位自行采购应委托集中采购机构代理采购的台式电脑，支出80.75万元。
71	中央编办	至2019年底，两家所属单位未纳入部门预决算管理，当年收入合计13107.19万元，支出合计7634.09万元。
72	中央网信办	至2019年底，办本级超编制配备公务用车1辆；固定资产账实不符，涉及3辆车、原值72.53万元。 2019年，办本级违规列支所属单位人员出国经费1.28万元；所属中国互联网络信息中心的1个两人出国团组境外费用由外方机构承担。 至2019年底，办本级和1家所属单位提前列支下一年度项目费用777.46万元。 至2019年底，办本级和1家所属单位未及时上缴财政结余资金1759.65万元。 2019年，所属机关服务中心未按政府采购相关规定签订餐饮服务协议，涉及金额363.19万元。

（续表）

序号	部门名称	问题摘要
73	中央党校（国家行政学院）	2019年，校（院）本级未经审批扩建原出版函授楼；未按要求及时完成资产清查。 至2019年底，校（院）本级和所属机关服务中心未及时清退建设工程质量保证金71.49万元；原中央党校所属教师进修学院有1568.14万元往来账款长期挂账未清理。
74	国家档案局	2019年，局本级1人因公出国超天数1天。 2019年，局本级因公出国团组数量超过年度计划1个。 2019年，局本级和所属国家档案局档案干部教育中心扩大开支范围列支培训费和维修费306.09万元。 2019年，局本级和所属国家档案局档案干部教育中心等单位部门决算少计收入26.72万元、支出21.76万元。 2019年，局本级未经报批开展两项评选活动，涉及金额22.63万元。
75	中国外文出版发行事业局	2019年，局本级在编制1个项目预算时未充分统筹上年结转资金，在2017年和2018年分别结转1899.81万元、1672.7万元的情况下新增预算2694.32万元，至年底结转1091.46万元。 2019年，局本级未按规定将医药费补助、利息收入等其他收入纳入预算，当年实际发生105.52万元。
76	中央社会主义学院	至2019年底，院本级往来款项582.63万元长期挂账，未及时清理。
77	全国哲学社会科学规划办公室	至2019年底，办本级在相关国家社会科学基金项目终止执行的情况下，未及时收回已拨经费余额182万元。 2019年，办本级未将利息收入7.15万元纳入预算。
78	全国人大常委会办公厅	2019年，厅本级预算编制不够完整，未将实有账户利息收入16.89万元纳入年度预算。 2019年，厅本级用现金报销住宿费等差旅支出15.07万元，未按规定使用公务卡结算。 至2019年底，挂账超3年的往来款未清理，其中：厅本级1064.27万元、所属杂志社1802.64万元。
79	全国政协办公厅	2019年，厅本级在编制年度预算时未充分统筹12个项目以前年度结转资金情况，为这些项目申报新增预算6193.15万元并获批，年底结转结余9399.56万元。
80	最高人民法院	院本级2019年度会议费预算中，包括1个其主管的系非预算单位的社团当年会议经费12.98万元。 2019年，院本级在国内举办的国际会议超标准列支翻译费11.95万元。
81	最高人民检察院	至2019年底，院本级年度会议费预算因编制不够科学、执行较慢等，形成结转230万元。

（续表）

序号	部门名称	问题摘要
82	全国总工会	2019 年，会本级和所属中国职工对外交流中心超范围列支外宾费 4.66 万元。
83	共青团中央	2019 年，团中央本级在年度计划外举办 1 个培训班，发生费用 22.32 万元。 2019 年，团中央本级未按规定计提固定资产折旧和摊销无形资产。
84	全国妇联	2019 年，会本级 1 个项目预算编制不科学，未充分考虑上年结转资金，年底结余 487.45 万元。 2019 年，会本级未按规定计提固定资产折旧和摊销无形资产。 2019 年，会本级 1 个二级项目的绩效指标设置不完整，缺少效益方面的指标。
85	中国文联	2019 年，会本级编制年度预算时，未将上年非财政拨款收入 10464.17 万元纳入编制范围。 2019 年，会本级处置下属公司国有股权收入 1778.5 万元，未按规定上缴财政。
86	中国作协	2017 年至 2019 年，所属中国作家出版集团违规扩大开支范围使用专项资金 54 万元，其中 2019 年 15 万元。
87	中国科协	2019 年，会本级两个一类国际会议未按规定编制预算。 至 2019 年底，会本级未按规定制定本单位国际会议财务预算管理细则。
88	中国侨联	中国侨联本级未将医疗补助经费纳入 2019 年预算管理，实际发生 99.5 万元。
89	全国友协	会本级安排年度预算时，统筹结转资金情况不够，其中 1 个项目资金持续滚动结转，2017 年至 2019 年每年分别结转 77.01 万元、57.32 万元、105.5 万元。 2019 年，会本级未按规定将 26.71 万元项目结余资金上缴财政。审计指出后，于 2020 年 3 月上缴财政。 2019 年，会本级超额配备复印机 4 台、扫描仪 4 台、碎纸机 11 台。 2019 年，会本级未按规定摊销无形资产，涉及金额 28.61 万元。 2019 年，会本级 4 个项目的绩效目标与任务数、资金量不匹配或绩效指标设定不完整。
90	中国记协	至 2019 年底，会本级未按规定摊销无形资产 5.25 万元，其中 2019 年应摊销 3.35 万元。
91	中国贸促会	会本级在编制 2018 年和 2019 年驻外机构公用经费预算时，未充分统筹上年资金结转情况，两个年度相关预算执行率分别为 45.99％、35.58％。 2019 年，会本级在往来科目中核算医疗费和住宅专项维修资金收支，造成收入和支出分别少计 288.87 万元。 至 2019 年底，会本级未及时上缴结余 19.15 万元；会本级和其主管的中国国际商会往来款项未及时清理，余额分别为 261 万元和 35.56 万元。 2018 年至 2019 年，会本级购买会议服务等支出共 3474.2 万元未执行政府采购程序，其中 2019 年支出 1240.34 万元。
92	中国残联	2019 年，会本级 1 个项目绩效指标设置与预算资金量不匹配。
93	全国工商联	2019 年，会本级未按月计提固定资产折旧、摊销无形资产，分别涉及金额 1368.73 万元和 221.53 万元。 2019 年，所属公益一类事业单位全国工商联信息中心违规收取服务费 10 万元。 至 2019 年底，所属全国工商联信息中心和中国工商杂志社未按规定推行公务卡结算。

（续表）

序号	部门名称	问题摘要
94	中国宋庆龄基金会	至2019年底，会本级1个于2017年3月已交付使用的基建项目仍未结转固定资产，涉及金额10.16亿元。 2019年，会本级未按规定制订年度会议计划，实际发生会议费26.27万元，超过预算3.77万元。 2019年，会本级的两个项目存在绩效指标未达到细化、量化的要求、与支出相关度不高等问题，难以用于衡量实际绩效情况。
95	中国红十字会总会	2019年，会本级在非定点场所召开1次会议，参会人员110人、支出共10.72万元。 2019年，会本级1个项目绩效指标设定不完整，未达到细化、量化的要求。 2019年，会本级两个项目的绩效指标设定过低。
96	中国法学会	2019年，会本级在未达到合同约定付款条件情况下，提前支付7万元预算资金到所属单位；两个项目扩大项目开支范围列支54万元。 至2019年底，会本级及所属机关服务中心以前年度项目等结余和收入共779.88万元长期在往来科目挂账，未按规定及时清理。 至2019年底，所属机关服务中心部分收支在往来科目核算，造成少计收入561.88万元（其中2019年81.23万元）、少计支出191.72万元。 所属机关服务中心未按规定开设零余额账户，2019年财政拨款有29.59万元直接转入其实有资金账户。
97	中国老龄协会	2019年，会本级编制部门预算时对事业收入测算不够充分，比实际收入少319.62万元，相当于后者的4.48%；所属中国老龄科学研究中心编制本单位两个项目支出预算时，未充分统筹上年结转资金情况，年底结余从上年的182.45万元增加至389.87万元。 至2019年底，会本级向所属科研中心、信息中心、老年杂志社和华龄出版社拨付8个项目的委托业务费共377.79万元，实际支出仅97.08万元。 2019年，会本级在委托业务管理中，对未签订业务委托协议的两家单位支付120万元；未按规定约定支付进度或比例，向中国老年报社、健康报社和中国社会报社一次性支付共100.9万元。
98	中国计划生育协会	2019年，会本级应提未提固定资产折旧金额合计4.73万元。 2019年，会本级采取以拨代支方式向10家项目单位拨付资金180万元，其中162万元沉淀在项目单位形成结余。
99	供销总社	至2019年底，所属中国农业生产资料集团44336.94万元清产核资损失长期挂账未处理。 所属杭州茶叶研究所未经批准出租房屋，2013年至2019年收取租金共计2463.43万元，其中2019年收取374.45万元。 2015年至2018年，所属中国再生资源开发有限公司违规将废旧物资收购业务款累计7418.65万元转入员工个人账户，用于收购废旧手机等废旧物资；在往来款科目核算废旧手机收购业务款6310.83万元，长期未清理。

中华人民共和国审计署
审计结果公告
（2020 年第 3 号）

审计署移送违纪违法问题线索查处情况

（2020 年 6 月 18 日公告）

审计署持续跟踪了解移送有关部门的违纪违法问题线索查处情况，近期了解到的查处情况如下：

一、原中国船舶重工集团有限公司总经理孙波涉嫌利用职务之便为他人谋取利益问题

审计发现，2006 年至 2015 年，孙波涉嫌利用职务之便，为他人与大连船舶重工集团有限公司合作成立公司及公司后续经营等事项提供帮助。2016 年 12 月，审计署将此问题线索移送中央纪委调查。2018 年 12 月，孙波被开除党籍、开除公职。2019 年 7 月，孙波以受贿罪、国有公司人员滥用职权罪被判处有期徒刑 12 年，并处罚金 80 万元，追缴全部违法所得。

二、中信银行原党委副书记、行长孙德顺涉嫌接受利益输送问题

审计发现，2010 年至 2016 年，孙德顺在交通银行和中信银行任职期间，涉嫌利用职务之便以权谋私，并接受利益输送。2019 年 3 月，审计署将此问题线索移送中央纪委国家监委调查。2020 年 3 月，孙德顺被开除党籍，按规定取消相关待遇，收缴违纪违法所得，并移送检察机关审查起诉。

三、中煤科技集团有限公司原总经理陈伟涉嫌违规协助外部企业办理保理业务问题

审计发现，2009 年至 2013 年，经陈伟批准同意，中煤科技集团有限公司为一家外部企业出具实际不存在的应收账款确认函，帮助其办理银行保理业务。2017 年 4 月，审计署将此问题线索移送国资委调查。2019 年 12 月，陈伟以单位受贿罪、受贿罪被判处有期徒刑 11 年，并处罚金 200 万元，追缴违法所得 1400 万元。

四、上海联东地中海国际船舶代理有限公司原总经理邹斌涉嫌受贿问题

审计发现，2009 年至 2015 年，邹斌在担任公司筹备组成员和总经理期间，涉嫌利用职务便利，谋取巨额不当利益。2018 年 11 月，审计署将此问题线索移送上海市公安局调查。2020 年 4 月，邹斌以受贿罪被判处有期徒刑 12 年，并处罚金 200 万元，追缴赃款予以没收。

五、中国银行湖南省分行原国际业务部总经理周云伯涉嫌受贿问题

审计发现，2012 年至 2014 年，周云伯涉嫌利用职务之便，为离职员工黄勇套取贷款提供便利并收受贿赂。2016 年 10 月，审计署将此问题线索移送湖南省检察院调查。2019 年 12 月，周云伯以违规出具金融票证罪、受贿罪被判处有期徒刑 6 年，并处罚金 20 万元，没收违法所得。2019 年 9 月，黄勇以骗取金融票证罪、行贿罪被判处有期徒刑 5 年，并处罚金 300 万元。

六、徽商银行公司银行部原总经理吴耘涉嫌违规入股金融公司问题

审计发现，2016 年，吴耘涉嫌违规入股上海融葵投资管理有限公司，利用职权帮助该公司获得徽商银行业务并从中谋取非法利益。2019 年 7 月，审计署将此问题线索移送安徽省纪委监委调查。2019 年 11 月，吴耘被开除党籍，取消退休待遇，追缴吴耘及其他涉案人员非法所得 8445 万元，并移送检察机关审查起诉。

七、山西省平遥县财政局原统评股股长常斗录等人涉嫌玩忽职守问题

审计发现，2014 年，常斗录等 12 人涉嫌在专项资金申报审核过程中把关不严，致使中央财政关闭小企业补助资金 276.17 万元被骗取。2017 年 10 月，审计署将此问题线索移送山西省晋中市纪委调查。至 2019 年 9 月，常斗录等 3 人被开除党籍、开除公职，6 人受到党内警告、党内严重警告等处分，3 人受到政务警告处分。

八、重庆市酉阳县住房城乡建设委员会房管科原科长彭华涉嫌违规挪用住宅专项维修资金问题

审计发现，2015 年至 2019 年，彭华涉嫌利用职务便利，截留住宅专项维修资金 2684 万元，并将部分资金用于个人购房、购车。2019年10月，审计署将此问题线索移送重庆市纪委调查。2020年1月，彭华被开除党籍、开除公职，并移送司法机关。

九、山西省吕梁市石楼县龙交乡阳崖村原党支部书记贺淑林涉嫌骗取财政资金问题

审计发现，2015年，贺淑林涉嫌利用虚假申报材料，骗取财政资金。2018年7月，审计署将此问题线索移送吕梁市监察委调查。至2019年8月，贺淑林受到开除党籍处分，被判处有期徒刑1年4个月，缓刑2年，并处罚金5000元。

十、黑龙江省桦南县和湖南省新晃县4名公职人员涉嫌在工程建设中违规问题

审计发现，2016年至2017年，两县4名公职工作人员在危房改造建设和易地扶贫搬迁安置工程中涉嫌违规。2018年和2019年，审计署将问题线索分别移送两省纪检监察机关调查。至2019年底，4名公职人员受到留党察看2年、党内严重警告以及免职和政务降级等处理处分，并处以罚金。

十一、黑龙江省兰西县、望奎县、海伦市部分村镇工作人员涉嫌骗取财政补贴问题

审计发现，2013年至2016年，上述3县16名村镇工作人员涉嫌骗取财政资金等。2018年至2019年，审计署将此问题线索移送黑龙江省纪委调查。至2019年12月，16人受到党内警告、党内严重警告、开除党籍等处分，其中2人被判处2年或5年有期徒刑。

十二、云南省香格里拉市水务局原副局长马卫民等人未认真履职导致财政资金被骗取套取问题

审计发现，2015年至2018年，马卫民等人在高效节水灌溉、通村公路等项目实施过程中未认真履行职责，导致施工企业虚报工程量骗取财政资金。2019年4月，审计署将此问题线索移送云南省纪委监委调查。2019年10月至12月，马卫民受到开除党籍、开除公职处分，以受贿罪被判处有期徒刑1年，缓刑2年，并处罚金12万元；其他23名相关责任人分别受到党内严重警告、政务撤职、诫勉谈话等处理处分；相关施工企业负责人以诈骗罪被判处有期徒刑10年，并处罚金10万元。

十三、鸡西市工业和信息化委员会原工作人员于某涉嫌骗取职工养老金问题

审计发现，2014年至2018年，于某涉嫌通过编造虚假资料骗取养老金。2018年11月，审计署将此问题线索移送黑龙江省公安厅调查。2019年9月，于某以诈骗罪被判处有期徒刑6个月，并处罚金4万元，追缴资金7.32万元。

十四、黑龙江省医院康复科护士王某涉嫌骗取医保基金问题

审计发现，2012年至2016年，王某以其胞姐名义多次虚假住院，涉嫌骗取医保基金。2017年2月，审计署将此问题线索移送黑龙江省公安厅调查。2019年9月，王某以诈骗罪被判处有期徒刑3年，缓刑4年，并处罚金3万元，追缴资金22.35万元。

中华人民共和国审计署
审计结果公告
（2020年第4号）

2020年第一季度国家重大政策措施落实情况跟踪审计结果

（2020年7月17日公告）

2020年第一季度，审计署继续组织对31个省（自治区、直辖市，以下统称省）、新疆生产建设兵团和35个中央部门、15家金融机构进行审计，还延伸审计了51户中央企业。审计中，围绕统筹推进疫情防控和经济社会发展工作，聚焦做好“六稳”工作、落实“六保”任务，特别是减税降费、清理拖欠民营企业中小企业账款、政府过“紧日子”、基层“三保”（保基本民生、保工资、保运转）、深化“放管服”改革、脱贫攻坚、乡村振兴、污染防治等方面政策措施落实情况，抽查了1853个单位、2319个项目，涉及资金4934.7亿元，还对以往审计查出问题整改情况进行了检查。从审计情况看，有关地区和部门认真贯彻落实党中央、国务院重大决策部署，结合实际主动作为，经济社会发展大局保持稳定。

一、减税降费政策措施落实相关审计情况

从审计情况看，各地区各部门认真贯彻落实党中央、国务院重大决策部署，特别是新冠肺炎疫情发生后，积极落实减税降费优惠政策，切实减轻企业负担，多措并举帮助各类市场主体尤其是中小微企业渡过难关。据税务部门统计，2020年一季度全国累计实现减税降费7428亿元，其中2020年新出台支持疫情防控和经济社会发展的税费优惠政策新增减税降费3182亿元，取得较好效果。但发现部分地区税收政策落实不够到位、营商环境仍需改善，一些地区违规收费、违规开展中介服务或转嫁费用等涉及金额2.06亿元。主要包括：3个省的3家单位违规征收应免征的政府性基金和行政事业性收费、违规收取担保业务咨询服务费等共计1.04亿元；3个省的3家单位违规向企业转嫁应由财政保障的费用5703.38万元，如要求企业承担电子政务平台服务费、施工图审查费等；2个省的4家单位违规开展与主管部门行政审批事项相关的中介服务并收取费用共计1912.45万元。此外，转供电领域降费空间仍较大，工商业领域尚未全面实现“一户一表”，不合理加收电费现象在一定范围存在，如5个省的10家转供电主体不合理加收电费共计2586.13万元。

二、清理拖欠民营企业中小企业账款相关审计情况

重点抽查了各地区各部门建立清欠台账、制订清偿计划、清偿拖欠账款等情况。总的看，各地区和部门认真落实清欠工作部署要求，积极推动欠款清偿。但发现9个省的20家单位和3户央企存在少报或多报拖欠账款问题，涉及金额4.65亿元；2个省的7个地区拖欠账款未按规定逐笔制订清偿计划，涉及欠款33亿元；1个省的1个地区新增拖欠账款2908.21万元；4个省的5家单位未完成清偿任务937.33万元；2个省的11家单位虚报清偿金额5438.81万元。

三、政府过“紧日子”和基层“三保”相关政策审计情况

重点关注了各地区各部门严格“三公”经费管理、落实厉行节约要求、盘活存量资金资产、加大基层财力保障力度等情况。总的看，各地区各部门按照党中央、国务院要求，坚持过“紧日子”，不断优化支出结构，加大对财力保障困难地区转移支付力度。发现的主要问题：

（一）部分地区一般性支出等压减不到位，存量资金未有效盘活使用。4个省的23个地区未按规定压减一般性支出或“三公”经费；4个省本级和3个省的3个地区存在未统筹盘活结余和结转2年以上财政存量资金问题，涉及金额4.16亿元；1个省本级未按要求及时清理2个财政专户，财政资金9000万元沉淀近10年未按规定调入国库。

（二）部分地区“三保”压力较大，管理不规范。3个省的3个县通过挤占专项经费、临时调剂周转等方式弥补“三保”支出。

四、稳就业、稳投资政策措施落实相关审计情况

重点抽查了职业教育、合理扩大有效投资等任务的落实情况。总的看，各地区各部门积极采取有效措施，推动稳就业、稳投资相关政策措施落地生效。发现的主要问题：

（一）部分地区职业教育资金安排不合理，资金项目绩效不高。10个省存在职业教育资金预算安排、拨付使用等不够合理规范，资金闲置甚至被挤占挪用等问题；10个省职业教育专项资金相关项目进展缓慢，绩效目标完成效果不佳。

（二）部分地区投资项目进展缓慢。12个省和2个中央部门的34个重大项目存在长期停工、未按期开工或完工等问题，涉及投资额75.66亿元。

五、深化“放管服”改革相关审计情况

重点关注了清理规范行政审批事项、工程建设项目审批制度改革、推行网上审批和服务等情况。总的看，各地区各部门采取有力措施加快改革进程、优化审批制度、简化审批流程，营商环境持续改善，成效明显。发现的主要问题：

（一）部分地区和部门清理规范行政审批事项不到位。5个省的6家单位和2个中央部门未按要求清理规范行政审批要件或违规指定中介服务，未按要求压缩审批时限、实现并联审批等。

（二）部分地区和部门网上审批等优化服务政策落实不到位。4个省的19家单位和1个中央部门未按规定在线获取行政审批要件、重复要求提交资料、权力清单公布不完整等。

（三）部分地区违规设置市场壁垒。4个省的4家单位实施省内外企业差别对待的地方保护政策，或在政府采购、公开招标中违规设置不合理限制性条件，限制排斥投标人或潜在投标人等。

六、脱贫攻坚和乡村振兴相关审计情况

重点关注了住房、医疗、教育“三保障”，以及脱贫攻坚成果巩固、扶贫资金项目管理、高标准农田建设、粮食生猪生产保障、农村人居环境整治等相关政策落实情况。其中，扶贫审计重点抽查了17个省的24个贫困县（含尚未摘帽贫困县7个），抽审资金110.27亿元，涉及1265个项目、351个单位、136个乡镇、284个行政村，入户走访648个贫困户。总的看，各地持续落实党中央、国务院重大决策部署，努力克服疫情影响，瞄准突出问题和薄弱环节，分类施策、狠抓落实，集中力量推进脱贫攻坚圆满收官，积极有序推进乡村振兴任务落实。发现的主要问题：

（一）部分地区在基本医疗保障、易地扶贫搬迁后续扶持等方面还存在一些不足，部分资金管理使用绩效不高。各地持续加大工作力度，贫困群众“两不愁”质量水平明显提升，“三保障”和农村饮水安全问题总体解决，贫困群众产业、就业收入比重大幅提升，收入的持续性和稳定性进一步增强，但少数地方基本医疗保障覆盖还存在盲区，部分易地扶贫搬迁项目后续产业与就业帮扶工作未及时跟上，一些地方扶贫资金绩效管理仍需进一步加强。

（二）部分地区落实高标准农田建设、粮食和生猪生产保障、农村人居环境整治等政策措施不到位。2个省和11个省的17个县存在高标准农田建设相关工作进展慢、已建成项目底数不清、建设标准不高、后续管理管护不到位等问题，涉及资金20.77亿元；2个省和13个省的19个县存在粮食和生猪生产项目推进慢、优惠扶持政策落实不到位等问题，涉及金额5982.51万元；1个省和15个省的20个县农村人居环境整治、农村道路建设项目建设管护不到位，涉及金额5.94亿元；8个省的9个县乡村公共文化服务设施设备未发挥效益、传统村落保护措施落实不到位等，涉及资金404.08万元。

七、污染防治相关审计情况

重点关注了部分地区和部门生态环保相关专项资金管理使用、生态环境治理项目推进等情况。总的看，被审计地区持续强化资金管理，加快项目建设，取得较好成效。发现的主要问题：

（一）部分地区生态环境治理项目推进不力，个别项目违规实施。12个省的718个大气、土壤等污染治理项目未按期开工、完工，或未达建设预期，部分建成后无法投入使用；2个省的3个人工湿地等项目违规占用耕地3389.57亩。

（二）部分资金分配不够科学，未及时统筹管理使用。3个省的5个地区在分配管理水污染防治、土壤污染防治等中央专项资金中，存在分配不够科学、下达不及时或重复申报等问题；1个省的8.01亿元土地复垦费用未纳入矿山地质环境治理恢复基金统筹管理使用。

（三）部分地区生态环境政策落实有待进一步加强。3个省和2个省的2个地区存在未及时制定生物多样性优先区域保护规划，未开展外来物种调查和评价工作，未建立灾害应急物资储备等问题；2个省的4个地区、2个自然保护区在河道清障、违规项目整改清理方面落实不力。

八、初步整改情况

有关地区和部门积极整改审计指出的问题。除上述问题外，14个省在审计过程中已整改问题金额13.03亿元，其中收回和归还原渠道专项债券等资金10亿元，清偿民营企业中小企业账款5276.41万元，追回各类违规发放或被骗取套取的财政补助等资金1438.74万元，盘活闲置资金和下达资金2.16亿元，为建档立卡贫困户等对象补发或补缴各类资金1979.6万元，清理规范行政审批事项流程及中介服务事项6项，出台和完善相关规章制度6项。审计署将继续跟踪后续整改情况，进一步督促问题整改到位。

附件：2020年第一季度跟踪审计发现的主要问题清单

附件

2020年第一季度跟踪审计发现的主要问题清单

序号	问题类型	主要表现
一、减税降费政策措施落实相关审计情况		
1	违规征收应免征的政府性基金和行政事业性收费、违规收取担保业务咨询服务费等	2019年至2020年3月，河北省石家庄市不动产登记中心向纳入小微企业库的90户小微企业收取应免收的不动产登记费125.32万元。
2		2018年至2020年3月，陕西省咸阳市住房和城乡建设局向高新区西里柏里棚户区改造项目等4个安居工程项目单位收取应免收的城市基础设施配套费9978.77万元。
3		2019年2月至2020年3月，沈阳市中小企业融资担保有限责任公司违规向相关被担保企业收取担保业务咨询服务费331.95万元。
4	违规向企业转嫁应由财政保障的费用	云南省公安厅要求旅馆企业安装并使用云南省旅馆业治安管理信息系统，采集认证入住旅客身份信息。2018年至2020年3月，系统维护公司向相关企业收取应由财政保障的系统维护费5019.77万元。
5		2019年至2020年3月，吉林省长春市住房和城乡建设委员会在开展施工图审查业务时，未按要求开展政府购买服务，仍由项目建设单位自行付费聘请审查机构。审计抽查发现，企业承担了应由建设部门承担的审查费用478.61万元。
6		河北省石家庄市人力资源和社会保障局要求在全市使用河北省电子认证有限公司颁发的社保数字证书，并允许该公司向社保用户收取费用。2019年至2020年3月，河北省电子认证有限公司向相关社保用户收取数字证书介质费、服务费等费用205万元。
7	违规开展与主管部门行政审批事项相关的中介服务并收取费用	2019年，内蒙古自治区水利科学研究院开展与主管部门内蒙古自治区水利厅的生产建设项目水土保持方案行政审批事项相关的水土保持方案编制等中介服务，收取服务费127万元。
8		2018年至2020年3月，山西省水资源研究所、山西省水利水电勘测设计研究院有限公司、山西省太原市国土资源测绘中心开展与主管部门山西省水利厅、太原市规划和自然资源局的取水许可审批、建设用地审查等行政审批相关的论证、评价等中介服务，收取服务费1785.45万元。
9	不合理加收电费	2018年4月至2020年3月，浙江、山东、山西、内蒙古4个省的5家转供电主体在国家规定销售电价之外，向相关转供电终端用户超收电费742.14万元。
10		2018年4月至2020年2月，上海市的5家转供电主体以固定单价按租户的独立电表读数向租户收取电费，包含与用电量绑定的线路损耗费、服务费、中央空调外机组用电费等其他费用。与向电力公司缴纳的电费相比，5家企业收取其他费用共计1843.99万元。
二、清理拖欠民营企业中小企业账款相关审计情况		
11	少报或多报拖欠账款	截至2020年3月底，9个省的15家单位和3户央企少报拖欠账款4.58亿元。
12		截至2020年3月底，2个省的5家单位多报拖欠账款705.34万元。
13	未按规定逐笔制订清偿计划	截至2020年3月底，2个省的7个地区未按规定细化分解清偿任务、制订详细的清偿计划，涉及欠款33亿元。

（续表）

序号	问题类型	主要表现
14	新增拖欠账款	1个省的1个地区在实施城镇老旧小区改造项目中新增拖欠账款，截至2020年3月底共拖欠32家民营企业工程款2908.21万元。
15	未完成清偿任务	截至2020年3月底，4个省的5家单位未按规定清偿10万元以下的小额欠款等，涉及金额937.33万元。
16	虚报清偿金额	截至2020年3月底，2个省的11家单位上报已完成全部欠款清偿任务2.59亿元，审计发现实际完成额为2.05亿元，虚报偿还金额5438.81万元。
三、政府过“紧日子”和基层“三保”相关政策审计情况		
17	未按规定压减一般性支出或“三公”经费	2019年，河北、山西、吉林、河南4个省的23个地区未按规定压减20%的一般性支出或30%的“三公”经费。
18	未统筹盘活结余和结转2年以上财政存量资金	截至2020年3月底，河北省市场监督管理局在往来账款核算财政结余资金138.47万元，未及时清理盘活。
19		截至2020年3月底，辽宁省工业和信息化厅未统筹盘活结余和结转2年以上的无线电频率占用费资金1466.41万元，辽宁省人力资源社会保障厅民生服务基层专项资金11.85万元结余超过5年未统筹盘活，辽宁省卫生健康委员会本级结余上级主管部门2015年以前下拨的财政专项资金848.40万元未统筹盘活；沈阳市市场监督管理局及其下属事业单位沈阳市市场监管事务服务与行政执法中心实有资金账户468.63万元结转超过2年未统筹盘活，沈阳市接待办公室接待费专项等财政资金119.26万元结转超过2年未统筹盘活。
20		截至2020年3月底，黑龙江省公安厅、公路路政管理局和交通运输厅3家单位未将结余和结转2年以上财政资金532.76万元统筹盘活。
21		截至2020年3月底，四川省成都市国土资源信息中心结转2年以上的土地年度变更调查等资金662.75万元、成都浣花溪风景区建设办公室项目结余资金647.4万元、成都市建设信息中心项目结余资金3.24万元未按规定上缴财政统筹盘活。
22		截至2020年3月底，广东省深圳市财政局2016年至2017年拨付至深圳市财政金融服务中心的民营企业贷款风险补偿金2.89亿元结转2年以上未统筹盘活。
23		截至2020年3月底，吉林省水利厅、吉林省公路路政管理局未将结余和结转2年以上财政资金5112.71万元、2644.45万元统筹盘活。
24	未按要求及时清理财政专户	截至2020年3月底，吉林省财政厅国库支付中心在交通银行和工商银行开设的工资统发账户未在规定时限内取消，上述两个账户近10年来资金余额一直在9000万元以上，未按规定调入国库统筹盘活。
25	通过挤占专项经费、临时调剂周转等方式弥补“三保”支出	2019年，辽宁省法库县财政局挤占农村公路养护补助等上级专项转移支付资金9.69亿元，弥补当年“三保”等支出。
26		2019年，浙江省磐安县将本应在一般公共预算列支的社会保险财政补助1.73亿元转列政府性基金预算，弥补当年“三保”等支出。
27		2019年，云南省玉溪市红塔区累计挪用专项资金7.28亿元，并从专户中借入资金6.99亿元平衡库款，弥补当年“三保”等支出。

（续表）

序号	问题类型	主要表现
四、稳就业、稳投资政策措施落实相关审计情况		
28	职业教育资金预算安排、拨付使用等不够合理规范，资金闲置甚至被挤占挪用等	2017年至2019年，江苏、辽宁2个省在分配现代职业教育质量提升计划中央专项资金时，未充分考虑农村、贫困等地区或现代农业、先进制造业等国家亟须特需专业等因素。
29		2018年，江苏省徐州市、泰州市、连云港市未按要求和标准拨付用于奖补兼职教师所在学校的现代职业教育质量提升计划中央专项资金，而是拨付给自行选定的单位，合计120万元。
30		由于资金使用方案、项目计划编报或审核不及时等，2017年至2019年，湖南、江苏、湖北、广东、山西、重庆6个省的省级财政和吉林、浙江的30个市县财政共49.63亿元现代职业教育质量提升计划和学生资助等中央专项资金超期下达，最长超出规定期限14个月。
31		2016年至2019年，陕西、湖南、辽宁、山西、重庆5个省的7所学校违规将中央和省级职业教育专项资金6852.59万元，用于发放职工绩效工资、偿还债务、公务接待或弥补新校区建设经费等。
32	职业教育专项资金相关项目进展缓慢，绩效目标完成效果不佳	因项目前期准备不足、地方财政配套资金不到位、项目多头管理协调难度大等，截至2020年3月底，山东、吉林、湖南、江苏、辽宁、山西、云南、天津、重庆9个省的36个职业教育专项资金项目逾期未完（开）工或未投入使用，涉及中央及省级专项资金8.44亿元。
33		广东省教育厅未统筹推动本地区全面建立完善公办高职院校生均财政拨款制度，截至2020年3月底，广东省汕头、湛江、茂名、肇庆、汕尾、河源、阳江、揭阳、云浮9个地级市仍未建立公办高职院校生均财政拨款制度，涉及11所公办高职院校，有5所院校2019年（其中2所连续3年）生均拨款不足1.2万元。
34		2018年至2019年，中央补助云南、江苏、山西3个省职业院校教师素质提高计划教师国培专项资金7077.92万元。由于前期准备工作程序复杂、时间较长等，3个省2019年度培训项目尚处于确定参训名单或网上报名等阶段，未开始培训；江苏省2018年度中职院校教师国培项目仅培训547人、完成率为77%。
35		截至2020年3月底，吉林省未建立学生资助资金结转结余处理机制，抽查发现，2所高职院校学生资助资金结余1470.04万元，有3371名家庭经济困难学生未获校级学生资助，其中209名家庭经济困难学生未获任何资助。
36	项目长期停工、未按期开工或完工	截至2020年3月底，由于项目规划方案调整、资金筹集不到位和前期审批时间长等原因，海南、陕西、吉林、辽宁、云南、江苏6个省和自然资源部、国家电网负责实施的公路改扩建等14个项目，未按期开工建设，涉及总投资32.14亿元。
37		截至2020年3底，由于前期工作组织协调不力、安全治理监管不到位等原因，黑龙江、辽宁、吉林、山东、湖南、上海6个省和广东省深圳市负责实施的18个防洪治理和热电工程等项目，未按期完工，涉及未完成投资额33.45亿元。
38		截至2020年3月底，由于施工范围与其他项目交叉和资金不足等原因，天津市和陕西省负责实施的天津港高沙岭港区防波堤一期工程、国道108金城至韩合界公路改建工程2个项目分别停工5年和1年以上，涉及未完成投资额10.07亿元。

（续表）

序号	问题类型	主要表现
五、深化“放管服”改革相关审计情况		
39	未按要求清理规范行政审批要件或违规指定中介服务，未按要求压缩审批时限、实现并联审批等	截至 2020 年 3 月底，吉林省住房和城乡建设厅办理建设工程勘察设计企业资质申请、增项和工程造价咨询企业资质认定审批时，违规要求申请企业提供企业章程或合伙人协议文本复印件、造价员资格证书等；吉林省长春市住房和城乡建设委员会在办理建筑业企业资质首次申请、遗失补办等事项审批时，违规要求首次申请企业提供经省级注册管理部门批准的注册建造师初始注册或变更注册材料、遗失补办企业提供在公众媒体刊登遗失声明等。
40		截至 2020 年 3 月底，国家能源局所属单位核发承装（修、试）电力设施许可证时，违规要求申请企业提供净资产、经营场所证明等。
41		截至 2020 年 3 月底，辽宁省沈阳市人民防空办公室在办理新建民用建筑建设防空地下室审批中，要求申请单位提供《人防建设许可证》等无法律法规依据的审批材料。
42		截至 2020 年 3 月底，山西省太原市规划和自然资源局在开展不动产统一登记时，违规直接指定所属自收自支事业单位太原市国土资源测绘中心为申请单位提供不动产统一登记测绘成果中介服务；在开展建设用地审查、采矿许可审批时，以抽签方式从太原市土地评估中介机构目录库、采矿权出让收益评估中介机构目录库中为申请单位指定土地评估报告、采矿权评估报告的编制单位。
43		截至 2020 年 3 月底，河北省文物局开展基本建设工程文物考古调查勘探审批时，直接指定其下属事业单位河北省文物考古研究院提供与上述审批事项相关的文物考古调查勘探发掘等中介服务。
44		2019 年 6 月至 2020 年 3 月，水利部有 9 项水土保持方案报告书审批未按规定在 10 个工作日内完成。
45		截至 2020 年 3 月底，广东省深圳市规划和自然资源局在办理涉及文物保护、国家安全控制、轨道交通安全保护等区域的工程项目的“建设工程规划类许可证（建筑类）”时，未依规实现“一家牵头、并联审批、限时办结”的政策要求。
46	未按规定在线获取行政审批要件、重复要求提交资料、权力清单公布不完整等	截至 2020 年 3 月底，河北省文物局在办理拍卖企业经营文物拍卖许可时，要求申请人提交依规应由审批单位在线获取核验的营业执照。
47		截至 2020 年 3 月底，山西省药品监督管理局等 15 家审批部门在办理化妆品生产许可等 30 项行政审批事项时，要求申请人提交依规应由审批单位在线获取核验的资料。
48		截至 2020 年 3 月底，商务部在核发进出口许可证所需的“货物进出口行政许可电子钥匙”和“货物进出口行政许可电子认证证书”时，要求企业线上线下重复提供社会统一信用代码证等。
49		2018 年至 2020 年 3 月底，陕西省科技厅开展省高新技术企业认定初审时，要求申报企业在会议评审阶段提交在网上申报环节已经上传的 7 项材料的纸质版。
50		截至 2020 年 3 月底，吉林省住房和城乡建设厅权力清单公布不完整，未公布施工图综合审查机构认定行政许可事项及该事项的办事指南等；吉林省长春市住房和城乡建设委员会在办理房屋建筑和市政基础设施建筑工程施工许可时，要求申请企业提交依规应由审批单位在线获取的建设工程规划许可证。

（续表）

序号	问题类型	主要表现
51	实施省内外企业差别对待的地方保护政策，或在政府采购、公开招标中违规设置不合理限制性条件，限制排斥投标人或潜在投标人等	2016年至2020年3月，吉林省住房和城乡建设厅建立省内建筑企业省级重点扶持企业名录，目录内企业在投标资格预审、投标保证金缴纳等方面享受优惠，影响公平的市场环境。
52		2019年9月，山西省财政厅在选择招标代理机构的政府采购中，将磋商人业绩作为加分项，而该业绩只能从仅包含山西省行政区域范围内的招标项目的中国山西政府采购网或山西招投标网上打印，以不合理条件排斥潜在供应商。
53		2019年12月，辽宁省沈阳市水务局在南部三期污水处理厂扩建工程可行性研究报告编制的公开招标中，将投标人资格限定为必须是沈阳市发展和改革委员会项目评估审查机构入围单位，以不合理条件排斥潜在供应商。
54		2020年1月，黑龙江省哈尔滨综合保税区管理委员会在无合法依据的情况下，要求查验区冷库改造工程的供应商必须上交项目班子全员证件的原件进行统一管理，直至工程竣工并验收合格后退还。
六、脱贫攻坚和乡村振兴相关审计情况		
55	基本医疗保障覆盖有盲区	截至2020年3月底，山西省和顺县、河南省滑县的324名建档立卡贫困人口未参加基本医疗保险。
56	易地扶贫搬迁项目后续产业与就业帮扶工作未及时跟上	截至2020年3月底，四川省布拖县和陕西省铜川市耀州区未严格落实以岗定搬、以业定迁要求，983户易地扶贫搬迁贫困户未实现每户至少1个劳动力稳定就业。
57	扶贫资金损失浪费	截至2020年3月底，广西壮族自治区隆林各族自治县、贵州省沿河土家族自治县、黑龙江省绥滨县、湖南省洞口县、吉林省龙井市、山西省和顺县、四川省布拖县和云南省泸水市等8个县的13个项目因审核把关不严等，造成扶贫资金损失浪费3142.15万元。
58	骗取套取扶贫资金	截至2020年3月底，云南省泸水市、湖南省洞口县由于审核把关不严，6个项目的施工单位通过虚报工程量等方式骗取扶贫资金273.44万元。
59	高标准农田建设相关工作进展慢、已建成项目底数不清、建设标准不高、后续管理管护不到位等	截至2020年3月底，由农业农村部牵头组织实施的“十二五”以来高标准农田建设评估工作尚未按计划完成，抽查的四川省、贵州省以及广东省台山市和佛冈县、海南省儋州市、浙江省诸暨市、吉林省长春市九台区、山东省蒙阴县、辽宁省法库县和彰武县、黑龙江省绥滨县和抚远市、河南省滑县、山西省和顺县、贵州省沿河县和湄潭县等14个县高标准农田项目，存在未按时开（完）工或数量质量、分布利用状况等底数不清，967.69万亩已建设面积存在虚报、交叉重复、质量不达标等，涉及资金20.69亿元。
60		截至2020年3月底，贵州省以及海南省儋州市，浙江省诸暨市，广东省台山市，辽宁省彰武县和法库县，山东省蒙阴县，贵州省沿河县，陕西省佛坪县，黑龙江省绥滨县，吉林省辽源市龙山区、通化市东昌区和长春市九台区等12个县已建成高标准农田后续管理管护不到位，存在项目设施损毁或未发挥效益，未按要求纳入永久基本农田保护，撂荒、违规占用等，涉及面积177.23万亩、资金772.07万元。

（续表）

序号	问题类型	主要表现
61	粮食和生猪生产项目推进慢或效果不佳、优惠扶持政策落实不到位等	截至2020年3月底，海南省以及黑龙江省绥滨县和抚远市，浙江省诸暨市，辽宁省彰武县，海南省儋州市，山西省左权县，河南省滑县，四川省布拖县，吉林省德惠市、桦甸市和长春市九台区、双阳区，重庆市酉阳县，贵州省沿河县等14个县的粮食产后服务中心等16个项目进展缓慢、不达标、建成后闲置等，3843.78万元农业生产补贴资金发放不规范。
62		截至2020年3月底，浙江省以及广东省台山市和佛冈县、辽宁省彰武县和法库县、吉林省长春市九台区、山东省蒙阴县、黑龙江省绥滨县、湖南省洞口县等8个县落实财政贴息、生猪保险等优惠扶持政策不到位，2138.73万元补贴资金发放不及时或被挤占挪用。
63	农村人居环境整治、农村道路建设项目建设管护不到位	截至2020年3月底，辽宁省朝阳县、彰武县和法库县，吉林省长春市九台区，黑龙江省绥滨县，山东省蒙阴县和平邑县，广东省佛冈县和台山市，海南省儋州市，河南省滑县，山西省和顺县，陕西省佛坪县，湖南省洞口县，四川省布拖县和金阳县，云南省泸水市17个县6.33万户农村厕所改造任务、116个村镇生活污水垃圾处理项目未如期完成或效果不佳，涉及资金2.14亿元。
64		截至2020年3月底，贵州省以及辽宁省法库县和兴城市、吉林省长春市九台区、山东省蒙阴县、浙江省诸暨市、海南省儋州市、甘肃省西和县7个县53个农村道路重复申报、违法分包等管理不规范，2038.64公里道路养护或生命安全防护不到位，涉及资金3.8亿元。
65	乡村公共文化服务设施设备未发挥效益、传统村落保护措施落实不到位等	截至2020年3月底，浙江省诸暨市、辽宁省彰武县、海南省儋州市、吉林省长春市九台区、四川省布拖县、湖南省洞口县、贵州省沿河县7个县的乡镇综合文化站、文化书屋等长期闲置或被违规占用，辽宁省朝阳县、山东省蒙阴县的传统村落保护项目未按时开工或完工，涉及资金404.08万元。
七、污染防治相关审计情况		
66	大气、土壤等污染治理项目未按期开工、完工，或未达建设预期，部分建成后无法投入使用	截至2020年3月底，陕西省及西安市、渭南市、宝鸡市、礼泉县、蒲城县、旬阳县、宁强县、岐山县、武功县、凤县，山西省及太原市、忻州市、长治市，辽宁省盘锦市、辽阳市、铁岭市、鞍山市、彰武县、瓦房店市，浙江省杭州市、温州市、台州市、长兴县、景宁畲族自治县，湖北省荆门市、黄冈市、咸宁市、恩施土家族苗族自治州、宜昌市，湖南省湘潭市、津市市、常宁市、临武县、澧县，四川省成都市、广安市、会东县，黑龙江省黑河市、虎林市，河南省安阳市、鹤壁市等5市的25个县，吉林省辽源市的710个大气、土壤等污染治理项目未按期开工或完工，8.47亿元中央专项资金未及时发挥效益。
67		截至2020年3月底，浙江省台州市、景宁畲族自治县，山东省威海市、日照市，河北省石家庄市桥西区、行唐县，辽宁省鞍山市千山区的8个蓝色海湾整治、污水处理项目未达建设预期目标，部分建成后无法投入使用。
68	项目违规占用耕地	截至2020年3月底，陕西省渭南市华州区和宝鸡市凤翔县2个人工湿地等项目违规占用耕地2322.84亩，其中基本农田139.77亩。云南省丽江市古城区1个景观提升及水循环改造项目违规占用耕地1066.73亩，其中基本农田817.2亩。

（续表）

序号	问题类型	主要表现
69	中央专项资金分配不够科学、下达不及时，或重复申报等	2019年，河北省石家庄市、四川省成都市、浙江省景宁畲族自治县在资金管理使用中，存在分配依据未考虑实际情况、项目储备不到位等问题，资金分配不够科学或下达不及时，截至2020年3月底，3.51亿元中央专项资金结存未使用。
70		浙江省丽水市、嘉兴市、台州市3个市的5个污水处理、垃圾焚烧项目，2016年至2019年获得中央水污染防治专项资金、城市管网专项资金、生态文明建设专项中央基建投资等资金重复或超范围支持，共涉及中央专项资金1.91亿元。
71	土地复垦费用未纳入矿山地质环境治理恢复基金统筹管理使用	截至2020年3月底，因未制定配套管理办法，吉林省土地复垦费用8.01亿元未纳入矿山地质环境治理恢复基金统筹管理使用。
72	未及时制定生物多样性优先区域保护规划，未开展外来物种调查和评价工作，未建立灾害应急物资储备等	截至2020年3月底，辽宁省尚未实施生物多样性优先区域保护规划、外来入侵物种调查和评价等工作；辽宁省沈阳市及下辖各县（市、区）尚未制定或建立陆生野生动物外来物种入侵的预警和应急防范机制、突发林业有害生物事件应急实施方案等；黑龙江省未完成编制省级水生生物多样性保护方案；宁夏回族自治区未按规定开展自治区本级突发林业有害生物事件应急等物资储备工作，对部分未按规定办理植物检疫证书即将林木产品运出区外的企业监管不到位；陕西省西安市在美国白蛾疫情防控工作方面存在薄弱环节。
73	河道清障、违规项目整改清理方面落实不力	截至2020年3月底，辽宁省沈阳市、铁岭市等4个地区对辽河干流河道清障不到位，存在汛期泄洪安全风险。
74		按照“绿盾行动”要求，宁夏回族自治区沙坡头国家级自然保护区核心区、实验区内4个违规建设酒店和旅游设施的问题应于2019年12月底前完成整改。但截至2020年3月底，上述整改尚未完成。辽宁省沈阳市白清寨自然保护区核心区和缓冲区内自2004年起存在一处面积2200平方米的违规建筑。

中华人民共和国审计署审计结果公告（2020年第5号）

2020年第二季度国家重大政策措施落实情况跟踪审计结果

（2020年10月21日公告）

2020年第二季度，审计署组织对31个省（自治区、直辖市）、新疆生产建设兵团（以下统称省）和12个中央部门、15家金融机构开展国家重大政策措施落实情况跟踪审计。审计中，围绕统筹推进常态化疫情防控和经济社会发展，聚焦做好“六稳”工作、落实“六保”任务，重点审计了减税降费、清理拖欠民营企业中小企业账款、深化“放管服”改革、乡村振兴、财政资金提质增效等方面政策措施落实情况，抽查了1140个单位、2800个项目，涉及资金3317.99亿元，还对以往审计查出问题整改情况进行了检查。从审计情况看，有关地区和部门认真贯彻落实党中央、国务院重大决策部署，克服疫情灾情影响，结合实际主动作为，采取措施营造良好营商环境，积极为企业减负，落实脱贫攻坚决战阶段剩余任务，推动乡村振兴相关项目落地，加快补齐全面建成小康社会的短板，取得较好成效。现将有关情况公告如下：

一、营造良好营商环境政策落实相关审计情况

重点审计了减税降费、清理拖欠民营企业中小企业账款、深化“放管服”改革等政策措施落实情况，发现的主要问题：

（一）减税降费政策落实方面。

一些地区存在应减免未减免费用、违规收费、转嫁费用等问题，涉及金额1475.15万元。主要包括：在落实应对新冠肺炎疫情支持中小企业生产经营政策中，3个省的10家单位应减免未减免中小企业和个体工商户房租共计221.39万元；6个省的17家单位违规收取应免收的小微企业不动产登记费、与新冠肺炎疫情防控相关的医疗器械产品注册费等2项行政事业性收费，将应由财政承担的评审、系统维护、检测等费用转嫁给企业承担，共计426.25万元；2个省的3家金融机构违规在担保费之外向企业收取咨询服务费、评审费或将自身应承担的房产评估费转嫁给企业承担，共计500.5万元；1个省的1家事业单位违规开展与主管部门行政审批相关的中介服务收费，共计130.5万元；此外，还有1家协会未按规定设置固定标准收取会费，涉及金额196.51万元。

（二）清理拖欠民营企业中小企业账款方面。

一是部分地区清欠台账不准确或未制订清偿计划，甚至边清边欠。主要包括：9个省的133个地区和41家单位少报或多报欠款，涉及金额27.16亿元；2个省的12家单位未按规定制订欠款清偿计划或未落实还款资金来源，涉及欠款9.07亿元；4个省的9家单位新增欠款1.93亿元。

二是部分地区未完成清偿任务。主要包括：1个省的1家单位拖欠1245名农民工工资1140.51万元；2个省的2家单位未按计划清偿3691.22万元欠款，2个省的157家单位未完成500万元以下无分歧欠款“清零”等任务，涉及金额8050.71万元；4个省的24家单位虚报偿还金额5.13亿元。

（三）深化“放管服”改革方面。

一是部分地区清理规范行政审批事项不到位。主要是未按要求清理规范行政审批要件或违规指定中介服务等问题，涉及3个省的4家单位。

二是部分地区网上审批等优化服务政策落实不到位。主要是未按规定优化流程、在线获取行政审批要件或重复要求提交资料等问题，涉及4个省的9家单位。

三是部分地区违规设置不利于公平竞争的条件。主要是1个省的1家单位对省内外企业实施了差别对待的区域保护等不合理政策。

二、乡村振兴政策落实相关审计情况

本次审计了18个省的198个县高标准农田建设、粮食生产保障、农村人居环境整治等相关政策落实和资金管理使用情况。发现的主要问题：9个省的2424个高标准农田建设项目管理不规范、质量不达标、后续管护不到位等；11个省的120个县粮食和生猪生产项目推进慢，财政补贴、农业保险等扶持政策落实不到位；9个省的11个县农村厕所改造、生活污水和垃圾治理、畜禽粪污资源化利用等项目效果不佳；3个省的54个县落实新型职业农民培育、农民工返乡创业等方面的扶持政策不到位，涉及4.13万人；11个省的10.13亿元惠农补贴和涉农项目资金滞拨、闲置等。

三、财政资金提质增效政策落实相关审计情况

重点审计了统筹盘活财政资金、稳就业稳投资相关资金管理使用等情况。发现的主要问题：4个省本级和1个省的1个地区未统筹盘活结余和结转2年以上财政资金13.15亿元；2个省的12个地区违规发放公益性岗位补贴等资金1.25亿元；6个省的24个中央预算内投资项目未按期开工或完工。

除上述问题外，截至2020年8月21日，13个省在审计期间积极整改审计指出的其他问题，涉及金额15.48亿元，其中收回和归还原渠道资金2.49亿元，清偿民营企业中小企业账款6253.46万元，退还各类违规多收费用7573.37万元，追回各类违规发放或被骗取套取的财政补助等资金95.24万元，清理退还各类保证金3.91亿元，盘活和下达资金7.62亿元，为建档立卡贫困户等对象补发或补缴各类资金668.74万元，清理规范行政审批事项流程及中介服务事项25项，出台和完善相关规章制度10项。审计署将继续跟踪整改情况，进一步督促问题整改到位。

附件：1. 整改效果较好的事例清单
2. 2020年第二季度跟踪审计发现的主要问题清单

附件 1

整改效果较好的事例清单

序号	问题摘要	整改情况
一、促进优化营商环境方面		
1	辽宁、湖南、广东 3 个省的 3 家单位未按规定及时清偿民营企业账款 1292.65 万元。	截至 2020 年 6 月底，3 家单位已清偿拖欠民营企业账款 1292.65 万元。
2	辽宁、江苏 2 个省的 18 家单位违规向企业转嫁应由财政负担的费用或未按规定减免费用等 1554.95 万元。	截至 2020 年 6 月底，辽宁省 6 家省属国有企业已对承租国有资产类经营住房的 562 户中小企业减免房租 1338.05 万元。
3	辽宁、江苏 2 个省的 18 家单位违规向企业转嫁应由财政负担的费用或未按规定减免费用等 1554.95 万元。	截至 2020 年 6 月底，江苏省盐城、徐州、南通等 12 个设区市不动产登记管理部门对于符合应退条件的 820 家企业的 216.9 万元不动产登记费进行了退还。
4	浙江、湖南 2 个省的 2 家单位未及时清理退还各类保证金 1.03 亿元。	截至 2020 年 6 月底，浙江省公共资源交易中心、湖南省洞庭湖水利事务中心等 2 家单位已清退保证金 1.03 亿元。
5	山西、江苏、陕西 3 个省住房和城乡建设、公安部门在市场准入环节设置不合理条款、重复要求提供资料等。	截至 2020 年 6 月底，山西省太原市住房和城乡建设局重新发文，进一步规范工程建设项目招投标流程，取消了“在本市注册的法人单位”的限制性要求。
6	山西、江苏、陕西 3 个省住房和城乡建设、公安部门在市场准入环节设置不合理条款、重复要求提供资料等。	截至 2020 年 6 月底，江苏省住房和城乡建设厅发文，明确要求各地建设行政主管部门在进行安全生产考核资格审核时，应予以认可申请人所在企业出具的合格证明。
7	山西、江苏、陕西 3 个省住房和城乡建设、公安部门在市场准入环节设置不合理条款、重复要求提供资料等。	截至 2020 年 7 月底，陕西省公安厅下发通知，明确申请企业不再提供企业名称预先核准通知书等，由公安机关保安监管审批部门与市场监督管理部门对接核实有关事项。
二、加强资金管理，推进项目建设方面		
8	辽宁、吉林 2 个省的 2 家单位 1.15 亿元财政资金未及时统筹盘活。	截至 2020 年 6 月底，辽宁省教育厅已将 2013 年至 2014 年辽宁省义务教育学校实验室建设项目结存资金 2460 万元上缴国库。
9	辽宁、吉林 2 个省的 2 家单位 1.15 亿元财政资金未及时统筹盘活。	截至 2020 年 6 月底，吉林省财政厅已将财政专户沉淀资金 9000 万元上缴国库。
10	内蒙古 1 亿元专项资金支出不规范。	截至 2020 年 6 月底，内蒙古自治区呼和浩特市财政局已将被挪用于基本建设支出的中小企业发展专项资金 1 亿元予以扣回，保证专项资金专款专用。
11	山西、山东 2 个省土建、水电等 2 个重大项目进展缓慢。	山西传媒学院综合实训楼建设项目已于 2020 年 4 月 28 日正式开工，截至 2020 年 6 月底，已完成土方工程、基坑支护工程、灌注桩试桩工程，使用中央资金支付工程款 3215.32 万元。
12	山西、山东 2 个省土建、水电等 2 个重大项目进展缓慢。	截至 2020 年 6 月底，山东省聊城彭楼灌区改扩建工程建设项目聊城市莘县、冠县、临清市辖区内 145 公里渠道主体工程已完工并实现通水。

（续表）

序号	问题摘要	整改情况
三、落实脱贫攻坚政策方面		
13	山西、陕西、辽宁3个省的3家单位扶贫项目后续配套措施不到位和效果不佳。	截至2020年6月底，山西省平陆县对危房改造和易地扶贫搬迁项目涉及的贫困重度残疾人家庭进行逐户排查，对有需求的199名残疾人家庭住房实施了无障碍设施改造。陕西省澄城县在惠安苑移民（脱贫）搬迁安置点设置了可移动式无障碍助残设施，并免费向残疾人发放轮椅。
14		截至2020年6月底，辽宁省北票市马友营蒙古族乡组织相关贫困群众积极参与乡、村及合作社劳务，并明确分红金额与贫困群众参与劳动相挂钩，以更好激发贫困群众通过劳动增收的内生动力。
15	内蒙古、陕西2个省的2家单位扶贫资金违规用于出借给企业等非扶贫领域7175万元。	截至2020年6月底，内蒙古自治区喀喇沁旗已全额收回出借给企业使用的村级集体经济发展资金2175万元。
16		截至2020年6月底，陕西省澄城县已全额收回违规出借用于景区建设的易地扶贫搬迁资金5000万元，拟用于易地扶贫搬迁建房、配套及旧宅基地腾退奖补等。

附件2

2020年第二季度跟踪审计发现的主要问题清单

序号	问题类型	主要表现	问题金额/万元
一、营造良好营商环境政策落实相关审计情况			
1	应减免未减免中小企业和个体工商户房租	截至2020年6月底，大连大学未按规定减免13户中小企业和个体工商户房租20.21万元。	20.21
2		截至2020年6月底，陕西省人民警察培训学校、陕西省朱雀广场管理委员会未按规定减免39户小微企业和个体工商户房租42.81万元。	42.81
3		截至2020年6月底，新疆生产建设兵团农业农村局、教育局及第八师石河子市下属种子管理总站、新疆天富集团有限责任公司等7家单位未按规定减免36户中小微企业和个体工商户房租158.37万元。	158.37
4	违规收取应免收的行政事业性收费或将应由财政承担的费用转嫁给企业承担	2020年4月至6月，辽宁省药品监督管理局违规收取13户企业疫情防控期间应免征的医疗器械产品注册费92.14万元。	92.14
5		2019年1月至2020年6月，辽宁省抚顺市、铁岭市不动产登记部门向51户小微企业收取应免收的不动产登记费16.83万元。	16.83
6		2019年6月至2020年5月，山东省济南市不动产登记中心向332户小微企业收取应免收的不动产登记费43.06万元。	43.06
7		2019年1月至2020年6月，山西省发展改革委在开展太原市城市轨道交通1号线一期工程等27个项目的初步设计报告行政审批业务时，要求申请单位承担初步设计报告评审费用58.15万元。	58.15

（续表）

序号	问题类型	主要表现	问题金额/万元
8	违规收取应免收的行政事业性收费或将应由财政承担的费用转嫁给企业承担	2018 年 1 月至 2020 年 6 月，内蒙古自治区鄂尔多斯市公安局东胜区分局在要求旅馆企业安装并使用旅店业信息管理系统，采集认证入住旅客身份信息工作中，系统运维公司向相关企业收取应由财政承担的系统维护费 110.63 万元。	110.63
9		2017 年 1 月至 2020 年 5 月，江苏省农业农村厅及相关 9 个地市农业农村部门在开展肥料登记行政审批业务时，要求申请企业提供产品检验报告，并承担检测费用 77.95 万元。	77.95
10		2017 年 1 月至 2020 年 6 月，新疆生产建设兵团住房公积金管理中心第八师管理分中心在办理公积金贷款的现房不动产抵押登记和期转现不动产抵押登记业务时，要求公积金贷款人承担不动产抵押登记费用 27.49 万元。	27.49
11	金融机构违规在担保费之外向企业收费或将自身应承担的费用转嫁给企业承担	2019 年 2 月至 2020 年 6 月，沈阳盛京融资担保有限公司在担保费之外向 16 户小微企业收取担保业务咨询服务费 83.2 万元。	83.2
12		2019 年 2 月至 2020 年 6 月，拉萨市信用融资担保有限责任公司在担保费之外向 58 户企业收取评审费 290.62 万元。	290.62
13		2019 年 1 月至 2020 年 4 月，西藏银行股份有限公司为 43 户企业办理抵押贷款时，将应由银行承担的房产抵押评估费等 126.68 万元转嫁给贷款企业。	126.68
14	违规开展与主管部门行政审批相关的中介服务收费	2018 年 1 月至 2020 年 6 月，天津地热勘查开发设计院违规开展与主管部门天津市规划和自然资源局的“矿业勘查探矿采矿许可——新设采矿权申请登记”行政审批事项相关的“地热开发利用方案编制”中介服务，收取服务费 130.5 万元。	130.5
15	协会未按规定设置固定标准收取会费	2018 年至 2019 年，陕西省公证协会未按规定设置会费的固定标准，采取年业务总收入 5 万元以上的公证机构按年业务总收入 1.5%收取会费，年业务总收入 100 万元以上的公证机构按超过 100 万元部分、不足 100 万元部分分别按照年业务总收入的 1%、1.5%收取会费，涉及金额 196.51 万元。	196.51
16	少报或多报拖欠账款	截至 2020 年 6 月底，9 个省的 133 个地区和 24 家单位在上报的清欠台账中少报拖欠账款 26.32 亿元。	263249.3
17		截至 2020 年 6 月底，3 个省的 17 家单位在上报的清欠台账中多报拖欠账款 8333.32 万元。	8333.32
18	未按规定制订拖欠账款清偿计划或未落实还款资金来源	截至 2020 年 6 月底，2 个省的 12 家单位未按规定制订详细的清偿计划或未落实还款资金来源，涉及欠款 9.07 亿元。	90715
19	新增拖欠账款	截至 2020 年 6 月底，4 个省的 9 家单位在老旧小区改造、国库集中支付系统改造等项目中，由于财力紧张等原因新增拖欠民营企业账款 1.93 亿元。	19346.71

（续表）

序号	问题类型	主要表现	问题金额/万元
20	拖欠农民工工资	截至2020年6月底，1个省的1家单位拖欠1245名农民工2018年至2019年工资，涉及金额1140.51万元。	1140.51
21	未按计划清偿欠款	截至2020年6月底，2个省的2家单位未按计划清偿民营企业账款，涉及金额3691.22万元。	3691.22
22	未完成500万元以下无分歧欠款“清零”等任务	截至2020年6月底，2个省的157家单位未按规定完成500万元以下无分歧欠款“清零”等任务，涉及金额8050.71万元。	8050.71
23	虚报偿还金额	截至2020年6月底，4个省的24家单位在清欠台账中上报已完成欠款清偿任务14.04亿元，审计发现实际完成8.91亿元，虚报偿还金额5.13亿元。	51311.46
24	未按要求清理规范行政审批要件或违规指定中介服务等	截至2020年6月底，辽宁省水利厅、沈阳市不动产登记中心、新疆生产建设兵团市场监督管理局在办理水工程建设规划同意书审核、不动产转移登记（继承）、广告发布登记等4项行政审批事项中，要求申请人提供已取消或不必需的审批资料作为登记申请要件。	—
25		截至2020年6月底，浙江省文物局在办理建设工程文物保护和考古许可时，直接指定浙江省文化和旅游厅下属事业单位浙江省文物考古研究所开展考古调查勘探服务。	—
26	未按规定优化流程、在线获取行政审批要件或重复要求提交资料等	截至2020年6月底，吉林省长春市林业和园林局在办理砍伐（移植）行政审批中，未按照长春市政务公开“只跑一次”事项清单公示内容要求，仍采取区级初核、市级最终审核的管理方式，审批过程中，申请人需要先后向区级和市级主管部门提交2次申请资料，期间还需向区级和市级主管部门提交缴费相关资料等，审批环节多、内容交叉重复。	—
27		截至2020年6月底，湖南省民政厅未按规定提请省人民政府组织有关部门研究解决养老机构因不动产登记、土地规划等手续不完备，未能通过消防审验而无法享受养老机构优惠政策的问题，10家养老机构因未办理不动产登记和土地规划等手续而未能通过消防审验，无法领取建设、运营补贴等有关财政补贴。	—
28		截至2020年6月底，辽宁省沈阳市应急管理局、大连市交通运输局、陕西省文化和旅游厅、陕西省人民防空办公室等7家单位在办理危险化学品经营许可证审批等8项行政审批事项中，未落实不得要求申请人重复提交资料的规定，仍要求申请人线上线下重复提交申请材料，或要求申请单位提供应由政府部门自行在线核查的证明材料等审批要件。	—
29	对省内外企业实施了差别对待的区域保护等不合理政策	2019年6月和10月，辽宁省沈阳市自然资源局先后发布政策，放开建设项目测绘市场、开展工程建设项目“多测合一”改革，设置沈阳市测绘市场名录库与“多测合一”测绘机构名录库，违规将在沈阳市拥有固定办公场所等作为入库和开展相关测绘业务的前置条件。截至2020年6月底，上述规定仍未调整。	—

（续表）

序号	问题类型	主要表现	问题金额/万元
二、乡村振兴政策落实相关审计情况			
30	高标准农田建设管理不规范、质量不达标、后续管护不到位等	截至2020年6月底，湖南省平江县、吉林省柳河县、河南省太康县、河北省行唐县、山东省惠民县、黑龙江省龙江县以及辽宁省9个县的高标准农田建设面积、利用状况等底数不清，建成项目录入图库不及时、不规范或建设质量不达标、被违规占用等，涉及89个项目、31.68万亩；云南省和山西省2335个高标准农田项目未落实管护责任主体、管护经费等。	—
31	粮食和生猪生产项目推进慢，财政补贴、农业保险等扶持政策落实不到位	截至2020年6月底，吉林省白城市和伊通县、山东省惠民县、辽宁省康平县、河南省太康县、黑龙江省龙江县、新疆维吾尔自治区墨玉县以及贵州、云南、广东3省的92个县的粮食产后服务中心、粮食应急供应网点等240个项目进展缓慢、效果不佳或农业保险、农村机井通电、救灾补助等政策落实不到位。	—
32		截至2020年6月底，吉林省柳河县和农安县、河南省太康县、湖南省平江县、贵州省普定县、广东省怀集县、山东省惠民县、黑龙江省龙江县、西藏自治区林芝市巴宜区以及云南省的22个县落实生猪调出大县奖励、贷款贴息等扶持政策不到位，1.39亿元补贴资金未及时发放或被挤占挪用。	13865.04
33	农村厕所改造、生活污水和垃圾治理、畜禽粪污资源化利用等项目效果不佳	截至2020年6月底，吉林省柳河县、陕西省城固县、宁夏回族自治区泾源县、河南省太康县、辽宁省康平县和法库县、黑龙江省龙江县的3495座农村厕所改造任务未完成，部分已建成厕所、生活垃圾和污水治理项目闲置、配套不完善或管护不到位。	—
34		截至2020年6月底，因相关部门工作推进缓慢或不具备验收条件等，吉林省农安县、河北省涞水县、宁夏回族自治区泾源县、贵州省普定县、陕西省城固县、新疆维吾尔自治区墨玉县、黑龙江省龙江县的139个畜禽粪污资源化利用和无害化处理项目未投产或配套设施不完善。	—
35	落实新型职业农民培育、农民工返乡创业等方面的扶持政策不到位	截至2020年6月底，山东省惠民县、西藏自治区林芝市巴宜区以及贵州省的52个县新型职业农民培育、农民工返乡创业等培训任务未完成、动态管理不到位等，涉及4.13万人。	—
36	惠农补贴和涉农项目资金滞拨、闲置等	截至2020年6月底，辽宁省新民市和康平县、吉林省农安县和柳河县、重庆市彭水苗族土家族自治县、安徽省怀远县、山东省惠民县、河南省太康县、河北省行唐县、黑龙江省龙江县、内蒙古自治区库伦旗和开鲁县的惠农补贴资金和82个农机深松整地等涉农项目，以及广东省的7个海洋牧场示范项目、云南省的35个县农业生产救灾项目，因资金统筹盘活不及时等，10.13亿元财政专项资金滞留滞拨、长期闲置等，其中2.84亿元闲置2年以上。	101324.8

（续表）

序号	问题类型	主要表现	问题金额/万元
三、财政资金提质增效政策落实相关审计情况			
37	未统筹盘活结余和结转2年以上财政资金	截至2020年6月底，内蒙古自治区本级有机关事业单位养老保险制度改革经费等11.34亿元财政资金结转2年以上未及时盘活。	113427.89
38		截至2020年6月底，辽宁省文化和旅游厅实有资金账户中有96.20万元财政资金结余和结转超过2年未统筹盘活；受机构改革影响，沈阳市市场监管事务服务中心（沈阳市检验检测中心）实有资金账户中有以前年度项目财政结余资金35.98万元未统筹盘活。	132.18
39		截至2020年6月底，湖南省本级51个一级预算单位162个实有资金账户中有1.6亿元财政资金结转2年以上。	15990.97
40		截至2020年6月底，陕西省文物局实有资金账户有以往年度财政结余资金1963.57万元未统筹盘活。	1963.57
41	违规发放公益性岗位补贴等资金	2017年1月至2020年6月底，辽宁省沈阳市和湖南省的11个市（州）违规向不符合条件的人员发放公益性岗位补贴等资金共计1.25亿元。	12468.85
42	项目未按期开工或完工	由于前期工作推进缓慢或地方配套资金不到位等原因，吉林、山东、陕西3个省负责实施的5个公路、医疗救治基地等中央预算内投资项目未按期开工建设，涉及投资额12.48亿元。	—
43		由于项目单位前期准备不充分，征收补偿工作进展缓慢或建设模式变更等原因，河北、辽宁、吉林、山东、湖南、陕西6个省负责实施的19个污水处理厂、医院等中央预算内投资项目未按期完工，涉及投资额60.52亿元。	—

大 事 记

审计署领导重要活动大事记

1月

1月2日 中共中央政治局常委、国务院总理、中央审计委员会副主任李克强，中共中央政治局常委、中央纪律检查委员会书记、中央审计委员会副主任赵乐际在北京会见全国审计机关先进集体和先进工作者代表。中央政治局委员、中央书记处书记、中央纪律检查委员会副书记、国家监察委员会主任杨晓渡，国务委员、国务院秘书长肖捷陪同会见。署领导胡泽君、秦博勇、王文斌、袁野、陈健、宋依佳、郝书辰参加会见。

1月2日下午至3日 全国审计工作会议暨全国审计机关先进集体和先进工作者表彰大会在北京召开。审计长胡泽君出席会议并讲话，人力资源社会保障部副部长汤涛宣读中央审计委员会办公室、人力资源社会保障部、审计署关于表彰全国审计机关先进集体和先进工作者的决定，副审计长秦博勇作会议总结，副审计长王文斌主持会议。署领导袁野、陈健、宋依佳、郝书辰出席。各省、自治区、直辖市，各计划单列市、副省级省会城市、新疆生产建设兵团审计厅（局），署机关各单位、各派出审计局、各特派员办事处、各直属单位主要负责同志，驻审计署纪检监察组负责同志，有关受邀单位代表和署特约审计员参加会议。

1月3日上午 审计长胡泽君列席国务院第77次常务会议。

1月3日上午 副审计长王文斌出席全国宣传部长会议。办公厅负责同志参加会议。

1月4日 党组书记胡泽君主持召开会议，听取12位省级审计机关主要负责同志向署党组述职报告工作。署领导秦博勇、王文斌、袁野、陈健、宋依佳、郝书辰出席。总经济师、服务局局长张力，秘书局、办公厅、政研室、法规司、机关党委（人教司）、机关纪委（巡视办）和驻审计署纪检监察组负责同志列席会议。北京市、辽宁省、吉林省、安徽省、河南省、广东省、陕西省、甘肃省、青海省、宁夏回族自治区、新疆维吾尔自治区审计厅（局）主要负责同志述职报告工作。

1月6日上午 审计署机关举行升国旗仪式。署领导胡泽君、秦博勇、王文斌、袁野、陈健、宋依佳出席。署机关办公楼内全体干部职工参加仪式。

1月6日上午 副审计长袁野出席国务院有关专题会议。

1月6日上午 中央经济责任审计工作部际联席会议办公室主任郝书辰（以下简称郝书辰主任）出席财政部2019年部门预算执行和部门决算草案审计进点会。财政司负责同志参加进点会。

1月6日下午 副审计长袁野出席第六次清理拖欠民营企业中小企业账款工作月度会商会议。

1月6日下午 郝书辰主任出席发展改革委组织分配2019年度中央财政投资情况审计进点会。财政司负责同志参加进点会。

1月7日上午 党组书记胡泽君在署机关主持召开党组会议，传达学习全国宣传部长会议精神。党组成员王文斌、袁野、陈健、宋依佳、郝书辰出席。副审计长秦博勇，总经济师、服务局局长张力，秘书局、办公厅、政研室、法规司、机关党委（人教司）、机关纪委（巡视办）、驻审计署纪检监察组负责同志列席会议。

1月7日上午 审计长胡泽君在署机关主持召开审计业务会议，研究有关审计报告。署领导秦博勇、王文斌、袁野、陈健、宋依佳、郝书辰出席。总经济师、服务局局长张力，秘书局、办公厅、政研室、法规司、审理司、财政司、科研所负责同志列席会议。

1月7日下午 党组书记胡泽君在署机关主持召开党组会议，研究有关人事事项。党组成员王文斌、袁野、陈健、宋依佳、郝书辰出席。副审计长秦博勇，总经济师、服务局局长张力，机关党委（人教司）、机关纪委（巡视办）、驻审计署纪检监察组负责同志列席会议。

1月7日下午 副审计长袁野在署机关会见广西壮族自治区人民检察院检察长崔智友一行。经责司、长沙特派办负责同志参加会见。

1月8日上午 党组书记胡泽君在京出席“不忘初心、牢记使命”主题教育总结大会。机关党委（人教司）主要负责同志参加会议。

1月8日上午 副审计长袁野在署机关出席中央部门预算执行审计专题工作会议并讲话，郝书辰主任主持会议。办公厅、数据司、财政司、税收司、教科司、农业司和相关派出局、特派办负责同志参加会议。

1月8日下午 审计长胡泽君列席国务院第78次常务会议。

1月8日下午 副审计长陈健在署机关主持召开机关党委全体委员会议。全体委员参加会议。

1月8日下午 宋依佳组长在署机关主持召开驻审计署纪检监察组2020年度第1次组长办公会。

1月8日 副审计长王文斌赴审计署定点扶贫县河北省顺平县调研慰问。办公厅负责同志参加调研慰问。

1月9日上午 副审计长袁野在署机关会见交通银行党委书记任德奇一行。金融司主要负责同志参加会见。

1月8日至10日 郝书辰主任赴审计署定点扶贫县贵州省丹寨县调研慰问。办公厅负责同志参加调研慰问。

1月9日至10日 审计长胡泽君在辽宁省审计厅、沈阳特派办和基层联系点辽宁省海城市审计局开展专题调研。办公厅主要负责同志参加调研。

1月13日至15日上午 十九届中央纪委第四次全体会议在京召开。审计长胡泽君出席13日上午的会议，宋依佳组长全程参加会议。

1月13日上午 副审计长袁野在署机关会见中国投资有限责任公司副总经理刘珺一行。金融司主要负责同志参加会见。

1月13日下午 审计长胡泽君出席国务院第4次全体会议。

1月15日上午 审计长胡泽君参加李克强总理主持召开的听取专家学者和企业界人士对《政府工作报告（征求意见稿）》意见座谈会。

1月15日上午 副审计长秦博勇在署机关出席2020年度国外贷援款项目审计视频培训班并讲话。各省、自治区、直辖市（不含江苏、海南、西藏）审计厅（局），深圳、宁波、青岛市审计局，财政司、农业司、金融司、企业司、涉外司、工信建设局、资源环境局、农业水利局、卫生体育局、发展统计局、企业四局、企业五局、外资中心负责同志和参审人员分别在署机关主会场和各分会场参加会议。

1月15日上午 受署党组委托，副审计长王文斌在办公厅全体干部大会上宣布主要负责同志任免决定。机关党委（人教司）负责同志参加会议。

1月15日上午 受署党组委托，副审计长王文斌在培训中心（宣传中心）全体干部大会上宣布主要负责同志任免决定。机关党委（人教司）负责同志参加会议。

1月15日上午 副审计长陈健在署机关主持召开西部地区和其他少数民族地区挂职干部座谈会。机关党委（人教司）和挂职干部所在单位负责同志参加会议。

1月15日下午 党组书记胡泽君在署机关主

持召开党组会议，宣布中央有关决定，传达学习十九届中央纪委第四次全体会议精神，听取关于给予有关人员党纪政务处分意见建议的汇报，研究有关文件和人事事项，以及有关经济责任审计报告。党组成员王文斌、袁野、陈健、宋依佳、郝书辰、章轲出席。副审计长秦博勇，秘书局、办公厅、政研室、法规司、审理司、内审司、教科司、金融司、涉外司、经责司、京津冀特派办、沈阳特派办、哈尔滨特派办、上海特派办、南京特派办、武汉特派办、郑州特派办、西安特派办、成都特派办、长沙特派办、科研所、驻审计署纪检监察组负责同志列席相关议题的研究。

1月16日上午 审计署离退休干部审计工作情况通报暨新春团拜会在双榆树办公楼举行。审计长胡泽君出席并讲话，副审计长陈健向老同志通报2019年审计工作情况。署领导秦博勇、王文斌、袁野、郝书辰、章轲，署老领导任景德、罗进新、郑力、翟熙贵、王道成、董大胜、安国、李勇库出席。离退休干部工作领导小组成员单位主要负责同志以及离退休干部200余人参加团拜会。

1月16日上午 受署党组委托，副审计长陈健在署机关主持召开会议，宣布机关党委（人教司）主要负责同志调整决定。机关党委（人教司）领导班子成员和各处室负责同志参加会议。

1月16日上午 宋依佳组长在中央纪委机关出席2019年度派驻纪检监察组组长述职述责述廉工作会议。

1月16日下午 审计长胡泽君到北京市审计局调研。办公厅主要负责同志参加调研。

1月16日下午 副审计长秦博勇出席在京全国政协常委专题座谈会。

1月17日上午 审计长胡泽君到报社和出版社看望慰问干部职工。副审计长王文斌和办公厅主要负责同志参加慰问。

1月17日上午 副审计长陈健在京出席全国组织部长会议。机关党委（人教司）负责同志参加会议。

1月17日下午 审计署2020年新春团拜会在署机关举行。署领导胡泽君、秦博勇、王文斌、袁野、陈健、宋依佳、郝书辰出席。署机关各单位、各派出审计局、在京各直属单位、驻审计署纪检监察组全体干部职工参加团拜会。

1月17日至18日上午 总审计师章轲在京出席中央政法工作会议。

1月19日上午 审计署召开传达十九届中央纪委第四次全会精神暨2020年全国审计机关党风廉政建设工作视频会议。审计长胡泽君出席会议并讲话，副审计长王文斌主持会议，宋依佳组长传达全会精神。署领导袁野、陈健、郝书辰、章轲出席。各省、自治区、直辖市和计划单列市、新疆生产建设兵团审计厅（局），署机关各单位、各派出审计局、各特派员办事处、各直属单位，驻审计署纪检监察组全体人员分别在署机关主会场和各分会场参加会议。

1月19日上午 副审计长秦博勇在京出席2020年对台工作会议。

1月19日下午 审计署举办第十九期“审计大讲堂”，邀请中国科学院院长、党组书记白春礼作“科技发展态势与中国科技创新战略”专题讲座。审计长胡泽君主持讲座。署领导秦博勇、王文斌、宋依佳、郝书辰出席。审计署各单位、驻审计署纪检监察组，全国各级审计机关干部职工分别在署机关主会场和各分会场聆听讲座。

1月19日下午 副审计长袁野在京出席国务院有关专题会议。金融司主要负责同志参加会议。

1月20日上午 审计长胡泽君列席国务院第79次常务会议。

1月20日上午 受署党组委托，副审计长陈健在广州特派办全体干部大会上宣布该办主要负责同志任免决定，总审计师章轲出席。机关党委（人教司）负责同志参加会议。

1月20日下午 受署党组委托，郝书辰主任在重庆特派办全体干部大会上宣布该办主要负责同志任免决定。机关党委（人教司）负责同志参加会议。

1月21日上午 党组书记胡泽君在署机关主持召开党组会议，传达学习习近平总书记在中央政治局专题民主生活会上的重要讲话精神和中央政法工作会议精神，听取关于亚洲区域专项资金项目有关情况的汇报，研究《中共审计署机关委员会关于中央和国家机关工委推进党的政治建设重点督查反馈问题的整改措施》《2019年度审计署干部职工思想动态分析报告》和有关人事事项。党组成员王文斌、袁野、陈健、宋依佳、郝书辰、章轲出席。副审计长秦博勇，总经济师、服务局局长张力，秘书局、办公厅、政研室、法规司、资环司、国际司、机关党委（人教司）、机关纪委（巡视办）、驻审计署纪检监察组负责同志列席相关议题的研究。

1月22日上午 审计长胡泽君看望慰问驻署武警官兵和物业后勤人员。副审计长王文斌，总经济师、服务局局长张力和办公厅主要负责同志参加慰问。

1月22日上午 审计长胡泽君到署机关办公楼内各单位和署值班室看望慰问干部职工。办公厅主要负责同志参加慰问。

1月22日上午 受署党组委托，郝书辰主任在太原特派办全体干部大会上宣布该办主要负责同志任免决定。机关党委（人教司）负责同志参加会议。

1月23日上午 审计长胡泽君、副审计长秦博勇在人民大会堂出席中共中央、国务院2020年新春团拜会。

1月28日上午 副审计长袁野在署机关主持召开会议，传达学习审计署应对新型冠状病毒感染肺炎疫情工作领导小组会议精神，研究财政审计有关工作安排。办公厅、财政司、数据司、社保司、计算中心负责同志参加会议。

1月29日上午 审计长胡泽君在署机关主持召开应对新型冠状病毒感染肺炎疫情工作领导小组会议，传达学习习近平总书记、李克强总理关于新型冠状病毒感染肺炎疫情防控的指示批示精神及相关中央文件精神，听取关于审计署防控工作阶段性进展情况，以及关于下一阶段财政审计工作情况的汇报。署领导秦博勇、袁野、陈健、郝书辰、章轲出席。总经济师、服务局局长张力，办公厅、数据司、财政司、机关党委（人教司）、计算中心主要负责同志参加会议。

1月29日上午 副审计长王文斌出席国务院应对新型冠状病毒感染肺炎疫情联防联控会议。办公厅负责同志参加会议。

1月29日下午 审计长胡泽君在京出席中央应对新型冠状病毒感染肺炎疫情工作领导小组第2次会议。

1月31日下午 审计长胡泽君在京出席中央应对新型冠状病毒感染肺炎疫情工作领导小组第3次会议。

2020年春节前夕 署领导分别到署老领导和离休干部家中走访慰问。署离退休干部工作领导小组成员单位和相关司局负责同志参加走访慰问。

2月

2月2日下午 审计长胡泽君在京出席中央应对新型冠状病毒感染肺炎疫情工作领导小组第4次会议。

2月4日下午 审计长胡泽君在京出席中央应对新型冠状病毒感染肺炎疫情工作领导小组第5次会议。

2月5日上午 审计长胡泽君列席国务院第80次常务会议。

2月5日下午 党组书记胡泽君在署机关主持召开党组会议，学习贯彻习近平总书记在中央政治局常委会会议研究应对新型冠状病毒感染肺炎疫情工作时的重要讲话精神，传达学习中央应对新型冠状病毒感染肺炎疫情工作领导小组会议精神和国务院常务会议精神，听取关于审计署应对新型冠状病毒感染肺炎疫情防控工作情况、2019年度财政审计总体方案相关内容调整建议和在疫情防控中加强审计监督的意见等情况汇报。党组成员王文斌、袁野、陈健、宋依佳、郝书辰、章轲出席。副审计长秦博勇，总经济师、服务局局长张力，秘书局、办公厅、政研室、法规司、审理司、数据司、财政司、税收司、教科司、农业司、社保司、资环司、金融司、企业司、机关党委（人教司）、机关纪委（巡视办）、驻审计署纪检监察组负责同志列席相关议题的研究。

2月7日下午 副审计长陈健在署机关主持召开应对新冠肺炎疫情防控资金和捐赠款物专项审计工作领导小组办公室第1次会议。

2月9日上午 副审计长陈健在京出席全国强化疫情防控重点保障企业资金支持电视电话会议。金融司主要负责同志参加会议。

2月10日下午 副审计长陈健在署机关主持召开应对新冠肺炎疫情防控资金和捐赠款物专项审计工作领导小组办公室第2次会议。

2月11日上午 党组书记胡泽君在署机关主持召开党组会议，听取关于2019年全年及第四季度审计项目审计组织方式“两统筹”有关情况汇报，研究有关人事事项和《中共审计署党组关于建设“让党中央放心、让人民群众满意的模范机关”实施方案》《应对新冠肺炎疫情防控资金和捐赠款物专项审计工作方案》。党组成员王文斌、袁野、陈健、宋依佳、郝书辰、章轲出席。副审计长秦博勇，总经济师、服务局局长张力，秘书局、办公厅、政研室、法规司、审理司、数据司、财政司、税收司、教科司、农业司、社保司、资环司、金融司、企业司、机关党委（人教司）、机关纪委（巡视办）、科研所、驻审计署纪检监察组负责同志列席相关议题的研究。

2月11日下午 审计长胡泽君列席国务院第81次常务会议。

2月13日下午 副审计长袁野在署机关主持召开会议，研究财政审计有关工作。政研室、数据司、财政司、税收司、教科司、农业司、投资司、社保司、资环司、金融司、企业司负责同志参加会议。

2月13日下午 副审计长陈健在署机关主持召开应对新冠肺炎疫情防控资金和捐赠款物专项审计工作领导小组办公室第3次会议。

2月14日上午 加强疫情防控资金专项审计监督和推进地方部门预算执行审计全覆盖工作视频会议在署机关召开，审计长胡泽君出席会议并讲话。署领导袁野、陈健出席。署机关各单位、各派出审计局、计算中心主要负责同志在主会场，各省、自治区、直辖市和各计划单列市、副省级省会城市、新疆生产建设兵团审计厅（局），各特派员办事处主要负责同志、分管负责同志和相关处室负责人在分会场参加会议。

2月14日上午 副审计长袁野在署机关主持召开会议，研究中央部门预算执行审计有关工作。财政司、金融司和相关派出局主要负责同志参加会议。

2月17日上午 副审计长陈健在署机关主持召开应对新冠肺炎疫情防控资金和捐赠款物专项审计工作领导小组办公室第4次会议。

2月17日上午 总审计师章轲在署机关调研联合国审计专项工作准备情况。涉外司负责同志参加调研。

2月17日晚 副审计长袁野在京出席国务院有关专题会议。金融司负责同志参加会议。

2月18日上午 审计长胡泽君列席国务院第82次常务会议。

2月19日上午 党组书记胡泽君在署机关主持召开党组会议，传达学习习近平总书记重要批示、中央有关文件和国务院常务会议精神，听取关于投资审计工作专项清理检查、署各单位人员返岗等情况汇报，研究《审计署关于努力建设高素质专业化审计干部队伍建设的意见》《审计署领导班子2019年度工作总结》和有关人事事项。党组成员王文斌、袁野、陈健、宋依佳、郝书辰、章轲出席。副审计长秦博勇，总经济师、服务局局长张力，秘书局、办公厅、政研室、法规司、财政司、投资司、机关党委（人教司）、机关纪委（巡视办）、驻审计署纪检监察组负责同志列席相关议题的研究。

2月20日下午 审计长胡泽君应约与荷兰审计院副院长埃沃特·伊尔冈通电话。

2月23日下午 统筹推进新冠肺炎疫情防控和经济社会发展工作部署会议在京召开，署机关设立分会场。署领导胡泽君、秦博勇、王文斌、袁野、陈健、宋依佳、郝书辰、章轲，总经济师、服务局局长张力，署机关各单位、计算中心、驻审计署纪检监察组负责同志参加会议。

2月24日下午 副审计长陈健在署机关主持召开应对新冠肺炎疫情防控资金和捐赠款物专项审计工作领导小组办公室第5次会议。

2月25日上午 审计长胡泽君列席国务院第83次常务会议。

2月26日上午 党组书记胡泽君在署机关主持召开党组会议，传达学习国务院常务会议精神，研究《2019年度干部选拔任用工作情况报告》和有关经济责任审计报告。党组成员王文斌、袁野、陈健、宋依佳、郝书辰、章轲出席。副审计长秦博勇，总经济师、服务局局长张力，秘书局、办公厅、政研室、法规司、审理司、内审司、财政司、社保司、金融司、经责司、机关党委（人教司）、机关纪委（巡视办）、驻审计署纪检监察组负责同志列席相关议题的研究。

2月26日上午 审计长胡泽君在署机关主持召开审计长会议，研究进一步规范向署外单位提供审计资料有关事项。署领导秦博勇、王文斌、袁野、陈健、宋依佳、郝书辰、章轲出席。总经济师、服务局局长张力，秘书局、办公厅、政研室、法规司、审理司负责同志列席会议。

2月26日下午 受署党组委托，副审计长陈健在署机关主持召开会议，宣布人教司主要负责同志任免决定。办公厅主要负责同志、人教司处级以上干部参加会议。

2月27日上午 受署党组委托，副审计长王文斌在署机关主持召开会议，宣布巡视工作办公室主要负责同志任免决定。人教司、巡视工作办公室负责同志和相关处室负责人参加会议。

2月27日上午 副审计长袁野在京出席积极应对新冠肺炎疫情决战脱贫攻坚电视电话会议。

2月27日上午 总审计师章轲在署机关主持召开会议，听取联合国审计专项工作进展情况汇报。涉外司主要负责同志参加会议。

3月

3月2日上午 审计长胡泽君在署机关主持召开会议，专题研究有关工作。副审计长陈健出席。人教司主要负责同志参加会议。

3月2日上午 副审计长袁野在署机关主持召开会议，研究中央预算执行审计数据分析有关工作。数据司、财政司、教科司主要负责同志参加会议。

3月2日下午 副审计长陈健在署机关主持召开应对新冠肺炎疫情防控资金和捐赠款物专项审计工作领导小组办公室第6次会议。

3月3日上午 审计长胡泽君列席国务院第84次常务会议。

3月3日 副审计长袁野在署机关主持召开会议，研究2019年度中央部门预算执行审计有关工作。政研室、数据司、财政司、金融司和相关派出审计局主要负责同志参加会议。

3月3日下午 宋依佳组长在署机关主持召开驻审计署纪检监察组2020年第3次组长办公会。

3月4日上午 党组书记胡泽君在署机关主持召开党组会议，传达学习全国组织部长会议精神，研究《2020年审计署党的建设工作要点》和有关人事事项。党组成员王文斌、袁野、陈健、宋依佳、郝书辰、章轲出席。副审计长秦博勇，秘书局、办公厅、政研室、法规司、人教司、机关党委（巡视办）、驻审计署纪检监察组负责同志列席相关议题的研究。

3月4日上午 审计长胡泽君在署机关主持召开审计长会议，听取关于2020年度培训项目计划编制、2020至2021年度审计署重点科研课题选题等情况汇报。署领导秦博勇、王文斌、袁野、陈健、宋依佳、郝书辰、章轲出席。秘书局、办公厅、政研室、法规司、人教司、科研所、审计学会负责同志列席相关议题的研究。

3月5日 副审计长袁野在署机关主持召开视频会议，研究2019年度财政审计有关工作。数据司、财政司、税收司、教科司、农业司、社保司、资环司、金融司和各特派员办事处主要负责同志分别在署机关主会场和各分会场参加会议。

3月6日上午 审计署召开应对新冠肺炎疫情防控资金和捐赠款物专项审计阶段性工作交流视频会议。副审计长陈健主持会议并讲话。相关派出审计局分管负责同志、处室负责人和主审，专项审计领导小组办公室成员在主会场，各省、自治区、直辖市和新疆生产建设兵团审计厅（局）、各特派员办事处分管负责同志、处室负责人和主审在分会场参加会议。

3月6日下午 审计长胡泽君在京出席决战决胜脱贫攻坚座谈会。

3月9日上午 总审计师章轲在署机关指导联合国审计人员遴选面试工作。涉外司、人教司负责同志参加。

3月9日下午 受署党组委托，副审计长陈健在署机关主持召开视频会议，传达全国组织部长会议精神暨部署2020年领导干部报告个人有关事项工作。署机关各单位、各派出审计局、在京各直属单位主要负责同志，驻审计署纪检监察组负责同志在主会场，各特派员办事处、京外直属单位主要负责同志在分会场参加会议。

3 月 10 日上午 副审计长袁野在署机关主持召开财政审计工作领导小组会议。领导小组各成员单位主要负责同志参加会议。

3 月 10 日下午 审计长胡泽君列席国务院第 85 次常务会议。

3 月 11 日下午 副审计长袁野在京出席国务院扶贫开发领导小组第 10 次会议。

3 月 12 日上午 党组书记胡泽君在署机关主持召开党组会议，传达学习习近平总书记在决战决胜脱贫攻坚座谈会上的重要讲话和国务院常务会议精神，听取关于推荐参加国际标准化组织（ISO）卓越贡献奖评选活动人选情况的汇报，研究有关人事事项。党组成员王文斌、袁野、陈健、宋依佳、郝书辰、章轲出席。副审计长秦博勇，总经济师、服务局局长张力，秘书局、办公厅、政研室、法规司、数据司、财政司、农业司、社保司、投资司、金融司、国际司、人教司、机关党委（巡视办）、计算中心、驻审计署纪检监察组负责同志列席相关议题的研究。

3 月 12 日上午 审计长胡泽君在署机关主持召开审计长会议，研究《关于新冠肺炎疫情等特殊审计环境下审计项目质量控制的指导意见》。署领导秦博勇、王文斌、袁野、陈健、宋依佳、郝书辰、章轲出席。总经济师、服务局局长张力，秘书局、办公厅、政研室、法规司、审理司、数据司、财政司、社保司负责同志列席会议。

3 月 13 日下午 副审计长王文斌在署机关主持召开机关党委全委会。在京机关党委委员、机关党委（巡视办）负责同志参加会议。

3 月 13 日下午 副审计长陈健在署机关主持召开会议，研究社保审计有关工作。数据司、财政司、教科司、社保司、金融司、企业司负责同志参加会议。

3 月 14 日至 21 日 副审计长秦博勇带队赴辽宁省开展复工复产情况调研。

3 月 16 日上午 扶贫审计工作领导小组组长、审计长胡泽君在署机关主持召开 2020 年扶贫审计工作领导小组会议。领导小组副组长、副审计长袁野出席。领导小组各成员单位主要负责同志参加会议。

3 月 16 日下午 副审计长陈健在署机关主持召开应对新冠肺炎疫情防控资金和捐赠款物专项审计工作领导小组办公室第 7 次会议。

3 月 17 日上午 审计长胡泽君列席国务院第 86 次常务会议。

3 月 18 日上午 党组书记胡泽君在署机关主持召开党组会议，听取关于新一届机关党委、机关纪委委员候选人预备人选等情况汇报。党组成员王文斌、袁野、陈健、宋依佳、郝书辰、章轲出席。总经济师、服务局局长张力，人教司、机关党委（巡视办）、驻审计署纪检监察组负责同志列席会议。

3 月 18 日上午 审计长胡泽君在署机关主持召开审计长会议，研究《联合国审计委员会委员工作领导小组办公室工作规则》等。署领导王文斌、袁野、陈健、宋依佳、郝书辰、章轲出席。总经济师、服务局局长张力，办公厅、法规司、数据司、涉外司、国际司、人教司、机关党委（巡视办）、计算中心负责同志列席会议。

3 月 18 日下午 受署党组委托，副审计长陈健在署机关主持召开视频会议，宣布上海特派办主要负责同志任免决定。人教司负责同志，上海特派办处长以上干部参加会议。

3 月 19 日上午 审计长胡泽君在署机关主持召开会议，听取法学专家对审计法修订的意见建议。会议以视频方式举行。署领导袁野、陈健、郝书辰、章轲，署老领导孙宝厚出席。秘书局、政研室、法规司、财政司、金融司、企业司、科研所主要负责同志列席会议。

3 月 19 日下午 应对新冠肺炎疫情防控资金和捐赠款物专项审计工作领导小组组长、审计长胡泽君在署机关主持召开领导小组会议。领导小组副组长、副审计长袁野、陈健出席。领导小组各成员单位主要负责同志参加会议。

3 月 19 日下午 副审计长王文斌在署机关出席机关党委（巡视办）干部大会并讲话。机关党委（巡视办）全体同志参加会议。

3 月 23 日下午 副审计长王文斌在署机关主持召开企业审计工作座谈会。企业司、企业审计局主要负责同志参加会议。

3 月 24 日下午 宋依佳组长在署机关主持召开驻审计署纪检监察组 2020 年第 4 次组长办

公会。

3月24日上午 审计长胡泽君列席国务院第87次常务会议。

3月25日上午 党组书记胡泽君在署机关主持召开党组会议，研究《关于经济责任审计报告和自然资源资产离任审计意见审核报送流程等事项的意见》和有关人事事项。党组成员王文斌、袁野、陈健、宋依佳、郝书辰、章轲出席。总经济师、服务局局长张力，秘书局、办公厅、政研室、法规司、审理司、财政司、教科司、资环司、金融司、企业司、经责司、人教司、机关党委（巡视办）、科研所、驻审计署纪检监察组负责同志列席相关议题的研究。

3月25日上午 审计长胡泽君在署机关主持召开审计长会议，听取关于审计专业硕士学位研究生培养调研情况汇报，研究《2020年国家重大政策措施落实情况跟踪审计工作指导意见》。署领导王文斌、袁野、陈健、宋依佳、郝书辰、章轲出席。署老领导孙宝厚，总经济师、服务局局长张力，秘书局、办公厅、政研室、法规司、审理司、数据司、财政司、税收司、教科司、农业司、投资司、社保司、资环司、金融司、企业司、涉外司、经责司、人教司、科研所负责同志列席相关议题的研究。

3月26日上午 审计长胡泽君在署机关主持召开会议，研究审计法修订有关工作。署领导袁野、陈健、郝书辰、章轲，署老领导孙宝厚出席。秘书局、办公厅、政研室、法规司、财政司、金融司、企业司、科研所主要负责同志参加会议。

3月26日下午 副审计长陈健在署机关主持召开应对新冠肺炎疫情防控资金和捐赠款物专项审计工作推进视频会议。专项审计工作领导小组办公室各小组组长、副组长，武汉特派办、湖北省审计厅、武汉市审计局负责同志参加会议。

3月30日下午 郝书辰主任在双榆树办公区出席科研所博士后论文答辩会。科研所主要负责同志参加会议。

3月31日上午 审计长胡泽君列席国务院第88次常务会议。

4月

4月1日上午 党组书记胡泽君在署机关主持召开党组会议，听取关于确定联合国审计人员遴选入库名单等情况汇报，研究《审计署2020年度审计法治工作计划》和有关人事事项。党组成员王文斌、袁野、陈健、宋依佳、郝书辰、章轲出席。总经济师、服务局局长张力，秘书局、办公厅、政研室、法规司、审理司、涉外司、人教司、机关党委（巡视办）、驻审计署纪检监察组负责同志列席相关议题的研究。

4月1日上午 审计长胡泽君在署机关主持召开审计长会议，研究《审计署2019年大事记》。署领导王文斌、袁野、陈健、宋依佳、郝书辰、章轲出席。总经济师、服务局局长张力，秘书局、办公厅、政研室、法规司、人教司、机关党委（巡视办）、驻审计署纪检监察组负责同志列席会议。

4月1日至3日 审计署党组理论学习中心组以“认真学习贯彻党内法规制度，进一步加强对审计署全面从严治党各项工作的领导，更好落实署党组全面从严治党主体责任”为主题，进行2020年第一季度学习。党组书记胡泽君，党组成员王文斌、袁野、陈健、宋依佳、郝书辰、章轲参加学习并提交书面发言。

4月2日上午 副审计长袁野在京出席脱贫攻坚成效考核和专项巡视“回头看”发现问题整改工作电视电话会议。

4月3日下午 副审计长袁野在京出席人民银行专题会议。金融司负责同志参加会议。

4月3日下午 副审计长陈健在署机关主持召开专题学习研讨会议。社保司、人教司、离退休办、科研所主要负责同志参加会议。

4月7日上午 审计长胡泽君列席国务院第89次常务会议。

4月7日上午 副审计长陈健在署机关主持召开应对新冠肺炎疫情防控资金和捐赠款物专项审计工作领导小组办公室第8次会议。

4月7日下午 副审计长袁野在署机关会见中信集团董事长朱鹤新一行。金融司主要负责同志参加会见。

4月8日上午 党组书记胡泽君在署机关主持召开党组会议，听取驻审计署纪检监察组2020年重点工作安排及有关情况汇报，研究有关人事事项。党组成员王文斌、袁野、陈健、宋依佳、郝书辰、章轲出席。副审计长秦博勇，总经济师、服务局局长张力，秘书局、办公厅、人教司、机关党委（巡视办）、驻审计署纪检监察组负责同志列席相关议题的研究。

4月8日上午 审计长胡泽君在署机关主持召开审计长会议，研究《亚洲审计组织秘书处2019年度财务收支情况审计报告和管理意见书》。署领导秦博勇、王文斌、袁野、陈健、宋依佳、郝书辰、章轲出席。总经济师、服务局局长张力，秘书局、办公厅、政研室、法规司、涉外司、国际司负责同志列席会议。

4月8日下午 副审计长陈健在双榆树办公区出席科研所2019级博士后开题报告审核会。相关课题专家组成员参加会议。

4月9日下午 郝书辰主任在双榆树办公区出席科研所2019级博士后开题报告审核会。相关课题专家组成员参加会议。

4月10日下午 总审计师章轲在双榆树办公区出席科研所2019级博士后开题报告审核会。相关课题专家组成员参加会议。

4月11日上午 副审计长王文斌在京参加“履行义务植树，共建美丽中国”主题2020年共和国部长义务植树活动。

4月14日上午 审计长胡泽君列席国务院第90次常务会议。

4月14日上午 副审计长秦博勇在京出席首都规划建设委员会第39次全体会议。

4月15日上午 党组书记胡泽君在署机关主持召开党组会议，研究《审计署2020年宣传工作要点》和有关人事事项。党组成员王文斌、袁野、陈健、宋依佳、郝书辰、章轲出席。副审计长秦博勇，秘书局、办公厅、政研室、法规司、人教司、机关党委（巡视办）、报社、出版社、驻审计署纪检监察组负责同志列席相关议题的研究。

4月15日下午 副审计长王文斌在署机关主持召开派出审计局主要负责同志会议。各派出审计局主要负责同志参加会议。

4月15日下午 副审计长袁野在署机关会见银保监会副主席周亮一行。金融司、金融二局主要负责同志参加会见。

4月15日下午 副审计长陈健在署机关主持召开应对新冠肺炎疫情防控资金和捐赠款物专项审计工作领导小组办公室第9次会议。

4月15日晚 总审计师章轲在署机关中央部门预算执行等情况审计项目集中审理工作现场调研。审理司负责同志参加调研。

4月17日下午 副审计长王文斌在署机关主持召开中共审计署机关第十次代表大会筹备工作协调会，研究部署大会筹备组织工作。办公厅、政研室、机关党委（巡视办）、服务局负责同志参加会议。

4月21日上午 审计长胡泽君列席国务院第91次常务会议。

4月21日下午 党组书记胡泽君在署机关会见来署调研的中央纪委常委、国家监委委员卢希一行并座谈。署领导袁野、宋依佳，秘书局、办公厅、政研室、审理司、数据司、计算中心、驻审计署纪检监察组负责同志参加会见和座谈。

4月22日上午 党组书记胡泽君在署机关主持召开党组会议，传达学习中央有关文件和国务院常务会议精神，听取关于审计法修订、进一步压减2020年部门预算控制数等情况汇报，研究有关经济责任审计报告和有关人事事项。党组成员王文斌、袁野、陈健、宋依佳、郝书辰、章轲出席。副审计长秦博勇，秘书局、办公厅、政研室、法规司、审理司、内审司、财政司、教科司、农业司、社保司、金融司、企业司、涉外司、经责司、人教司、机关党委（巡视办）、科研所、驻审计署纪检监察组负责同志列席相关议题的研究。

4月22日下午 宋依佳组长在署机关主持召开驻审计署纪检监察组2020年第5次组长办公会。

4月23日上午 受署党组委托，副审计长陈健在署机关主持召开视频会议，宣布教育学院主要负责同志任免决定。人教司负责同志，教育学院全体干部参加会议。

4月24日上午 总审计师章轲在署机关主持

召开优秀审计项目评选领导小组会议，审议2019年全国审计机关优秀审计项目评选结果。领导小组成员单位主要负责同志参加会议。

4月28日上午 审计长胡泽君列席国务院第92次常务会议。

4月28日上午 副审计长王文斌在署机关参加2020年中央和国家机关党的工作暨纪检工作视频会议。机关党委委员、机关纪委委员，第十届机关党委、机关纪委书记、副书记候选人预备人选参加会议。

4月28日上午 副审计长王文斌在署机关主持召开机关党委全委会，研究审议中共审计署机关第十次代表大会筹备等工作。机关党委委员参加会议。

4月28日上午 2020年审计机关审计藏品联络员视频会议在署机关召开，副审计长陈健出席会议并讲话。各省、自治区、直辖市审计厅（局）、各特派员办事处负责同志和联络员，数据司、计算中心、科研所、报社、出版社、培训中心（宣传中心）、教育学院负责同志，博物馆全体人员分别在署机关主会场和各分会场参加会议。

4月28日下午 副审计长袁野在署机关会见财政部副部长许宏才一行。财政司、金融司主要负责同志参加会见。

4月29日上午 党组书记胡泽君在署机关主持召开党组会议，听取关于废止《审计机关举报工作规定》的情况汇报，研究有关人事事项。党组成员王文斌、袁野、陈健、宋依佳、郝书辰、章轲出席。副审计长秦博勇，秘书局、办公厅、政研室、法规司、人教司、机关党委（巡视办）、驻审计署纪检监察组负责同志列席相关议题的研究。

4月29日上午 审计长胡泽君在署机关主持召开审计长会议，听取关于2019年全国审计机关优秀审计项目评选情况汇报，研究《审计署2019年度预算执行等情况审计的工作报告》。署领导秦博勇、王文斌、袁野、陈健、宋依佳、郝书辰、章轲出席。秘书局、办公厅、政研室、法规司、审理司、内审司、人教司、机关党委（巡视办）、驻审计署纪检监察组负责同志列席相关议题的研究。

4月29日下午 副审计长陈健在署机关主持召开会议，专题研究应对新冠肺炎疫情防控资金和捐赠款物专项审计报告和工作总结等相关文稿。秘书局、政研室、法规司、审理司、社保司、科研所负责同志参加会议。

5月

5月6日上午 审计长胡泽君列席国务院第93次常务会议。

5月6日下午 党组书记胡泽君在署机关主持召开党组会议，传达学习中央有关文件，研究有关人事事项。党组成员王文斌、袁野、陈健、宋依佳、郝书辰、章轲出席。副审计长秦博勇，总经济师、服务局局长张力，人教司、机关党委（巡视办）、驻审计署纪检监察组负责同志列席相关议题的研究。

5月7日上午 副审计长王文斌在京出席企业国有资产管理情况座谈会。企业司主要负责同志参加会议。

5月7日下午 副审计长袁野在京出席政府投资基金管理和改革座谈会。财政司、金融司主要负责同志参加会议。

5月8日上午 副审计长袁野在京出席财政农业农村资金分配和使用情况座谈会。农业司主要负责同志参加会议。

5月8日下午 总审计师章轲在京与司法部副部长刘炤举行工作会谈。法规司主要负责同志参加会谈。

5月9日上午 署领导王文斌、陈健、宋依佳在署机关分会场出席2020年全国巡视工作会议暨十九届中央第五轮巡视动员部署视频会。署党组巡视工作领导小组成员单位主要负责同志、机关党委（巡视办）班子成员参加会议。

5月11日上午 审计长胡泽君参加李克强总理主持召开的听取各民主党派、全国工商联负责人和无党派人士对《政府工作报告（征求意见稿）》意见座谈会。

5月12日下午 审计长胡泽君在署机关主持召开会议，研究审计法修订有关工作。署领导袁野、陈健、郝书辰、章轲，署老领导孙宝厚出席。秘书局、政研室、法规司、财政司、金融司、企业司、科研所负责同志参加会议。

5月13日上午 审计长胡泽君列席国务院第94次常务会议。

5月13日上午 副审计长王文斌在署机关主持召开审计署国家安全人民防线建设领导小组等6个议事协调机构会议。各议事协调机构成员单位主要负责同志参加会议。

5月13日下午 党组书记胡泽君在署机关主持召开党组会议，听取2020年中央和国家机关党的工作暨纪检工作会议精神及贯彻落实措施、中共审计署机关第十次代表大会筹备工作等情况汇报，研究有关人事事项。党组成员王文斌、袁野、陈健、宋依佳、郝书辰、章轲出席。副审计长秦博勇，秘书局、办公厅、政研室、法规司、人教司、机关党委（巡视办）、驻审计署纪检监察组负责同志列席相关议题的研究。

5月13日下午 审计长胡泽君在署机关主持召开审计长会议，研究《2020年下半年联合国审计项目计划》。署领导秦博勇、王文斌、袁野、陈健、宋依佳、郝书辰、章轲出席。秘书局、办公厅、法规司、涉外司、国际司、人教司、机关党委（巡视办）、服务局负责同志列席会议。

5月14日上午 副审计长秦博勇在京出席民建中央主席会及常委会。

5月14日上午 副审计长王文斌在京出席国务院各部门负责人及办公厅（室）主任会议。办公厅主要负责同志在署机关分会场参加视频会议。

5月15日上午 副审计长秦博勇在署机关出席领导干部自然资源资产离任审计评价指标体系专题工作会议。资环司负责同志参加会议。

5月15日下午 党组书记胡泽君在署机关主持召开党组会议，研究《关于2019年度中央预算执行和其他财政支出情况的审计报告》。党组成员王文斌、袁野、陈健、宋依佳、郝书辰、章轲出席。副审计长秦博勇，总经济师、服务局局长张力，秘书局、办公厅、政研室、财政司、驻审计署纪检监察组负责同志列席会议。

5月18日至19日 副审计长秦博勇在京出席政协第十三届全国委员会常务委员会第十次会议。

5月19日上午 党组书记胡泽君在署机关主持召开党组会议，传达学习中央有关文件，研究有关人事事项。党组成员王文斌、袁野、陈健、宋依佳、郝书辰、章轲出席。总经济师、服务局局长张力，人教司、机关党委（巡视办）、驻审计署纪检监察组负责同志列席相关议题的研究。

5月21日至27日 副审计长秦博勇在京出席全国政协十三届三次会议。

5月21日下午 副审计长王文斌在人民大会堂列席全国政协十三届三次会议开幕会。

5月22日上午、25日下午和28日下午 审计长胡泽君在人民大会堂分别列席十三届全国人大三次会议开幕会、第二次全体会议和闭幕会。

5月28日上午 2020年享受国务院政府特殊津贴推荐人选专家评议会在署机关召开，署领导陈健、郝书辰、章轲出席。有关专家参加会议。

5月29日上午 审计长胡泽君列席国务院第95次常务会议。

5月29日 副审计长袁野在署机关主持召开财政审计数据分析平台建设工作视频会。财政司、数据司主要负责同志及相关人员在主会场、各特派办负责同志及相关人员在分会场参加会议。

5月29日下午 党组书记胡泽君在署机关主持召开党组会议，研究有关人事事项。党组成员王文斌、袁野、陈健、宋依佳、郝书辰出席。副审计长秦博勇，总经济师、服务局局长张力，人教司、机关党委（巡视办）、驻审计署纪检监察组负责同志列席会议。

5月29日下午 审计长胡泽君在署机关主持召开审计业务会议，研究《疫情防控资金和捐赠款物专项审计情况报告》。署领导秦博勇、王文斌、袁野、陈健、宋依佳、郝书辰出席。总经济师、服务局局长张力，秘书局、办公厅、政研室、法规司、审理司、数据司、财政司、社保司、金融司、企业司、科研所主要负责同志列席会议。

5月29日下午至30日上午 总审计师章轲在教育学院为2020年度联合国审计培训班作专题讲座并指导联合国审计准备工作。涉外司、教育学院主要负责同志参加上述活动。

6月

6月1日上午 宋依佳组长在中央纪委机关参加传达学习全国两会精神会议。

6月2日下午 审计长胡泽君在京参加习近平总书记主持召开的专家学者座谈会。

6月3日下午 党组书记胡泽君在署机关主持召开党组会议，传达学习习近平总书记在专家学者座谈会上的重要讲话精神，听取关于召开中国审计学会第八届会员代表大会等情况汇报，研究有关人事事项。党组成员王文斌、袁野、陈健、宋依佳、郝书辰、章轲出席。副审计长秦博勇，总经济师、服务局局长张力，秘书局、办公厅、政研室、法规司、审理司、数据司、财政司、教科司、社保司、资环司、金融司、企业司、经责司、人教司、机关党委（巡视办）、科研所、审计学会、驻审计署纪检监察组负责同志列席相关议题的研究。

6月4日下午 副审计长秦博勇到自然资源部开展领导干部自然资源资产离任审计调研。资环司主要负责同志参加调研。

6月4日下午 副审计长陈健在署机关主持召开审计署考核工作领导小组会议，研究署各单位2019年度综合考核报告等事项。领导小组全体成员及部分业务司、派出审计局、特派员办事处、直属单位主要负责同志参加会议。

6月4日下午 宋依佳组长在署机关主持召开驻审计署纪检监察组2020年第7次组长办公会。

6月4日下午 总审计师章轲在署机关主持召开2019年度中央部门预算执行等情况审计项目集中审理情况通报会。政研室、法规司、审理司、内审司、各业务司、各派出审计局负责同志参加会议。

6月5日上午 副审计长秦博勇到北京冬奥组委审计现场开展调研。投资司主要负责同志参加调研。

6月6日下午 副审计长袁野在京出席全国人大常委会预算工作委员会全体会议，就2019年度中央预算执行和其他财政收支的审计工作报告有关情况作介绍。政研室、财政司主要负责同志参加会议。

6月8日上午 审计长胡泽君在京出席全国人大财经委第38次全体会议，就2019年度中央预算执行和其他财政收支的审计工作报告有关情况作介绍。副审计长袁野，政研室、财政司、社保司主要负责同志参加会议。

6月8日下午 党组书记胡泽君在署机关主持召开党组会议，传达学习中央有关会议精神，研究有关审计工作方案和有关人事事项。党组成员王文斌、袁野、陈健、宋依佳、郝书辰、章轲出席。副审计长秦博勇，总经济师、服务局局长张力，秘书局、办公厅、政研室、法规司、审理司、数据司、财政司、资环司、经责司、人教司、机关党委（巡视办）、科研所、驻审计署纪检监察组负责同志列席相关议题的研究。

6月8日下午 审计长胡泽君在署机关主持召开审计长会议，听取关于金审工程三期项目概算调整有关事项的汇报。署领导秦博勇、王文斌、袁野、陈健、宋依佳、郝书辰、章轲出席。总经济师、服务局局长张力，办公厅、数据司、机关党委（巡视办）、计算中心、驻审计署纪检监察组负责同志列席会议。

6月9日上午 审计长胡泽君列席国务院第96次常务会议。

6月9日至10日 审计署党组理论学习中心组2020年第二季度学习（扩大）会在署机关召开，党组书记胡泽君主持学习会并讲话。署领导秦博勇、王文斌、袁野、陈健、宋依佳、郝书辰、章轲出席并作交流发言。总经济师、服务局局长张力，署机关各单位、各派出审计局、各特派员办事处、各直属单位主要负责同志，驻审计署纪检监察组负责同志，各省、自治区、直辖市和计划单列市、新疆生产建设兵团审计厅（局）主要负责同志和党委审计委员会办公室秘书处负责人参加学习（扩大）会。

6月9日下午 副审计长袁野在京出席国务院扶贫开发领导小组第十一次会议。

6月9日下午 审计署召开2020年度考试录用公务员面试工作动员视频会，副审计长陈健出席会议并讲话。全体在京考官、巡考和工作人员以及有招录任务的特派员办事处主要负责同志在署机关主会场，相关特派员办事处考点考官和工作人员在各分会场参加会议。

6月10日上午 审计长胡泽君在京参加中央反腐败协调小组会议。

6月10日下午 2019年全国审计机关优秀审计项目表彰会在署机关召开，署领导胡泽君、秦博勇、王文斌、袁野、陈健、宋依佳、郝书辰、章轲出席会议并为获奖单位代表颁奖。署机关各单位、各派出审计局、各特派员办事处、各直属单位主要负责同志，驻审计署纪检监察组负责同志，各省、自治区、直辖市和计划单列市、新疆生产建设兵团审计厅（局）主要负责同志和党委审计委员会秘书处负责人在署机关主会场，相关获奖市、县审计机关在分会场参加表彰会。

6月11日上午 中国审计学会第八届会员代表大会暨深入学习贯彻习近平总书记关于审计工作的重要论述专题研讨会在署机关举行，审计长胡泽君出席会议并讲话。副审计长陈健出席会议并就深入学习贯彻习近平总书记关于审计工作的重要论述专题作研讨会主旨发言。来自全国审计机关、高校和相关单位代表参加会议。

6月11日下午 副审计长秦博勇在京出席第24届冬季奥林匹克运动会工作领导小组全体会议。

6月12日 中国共产党审计署机关第十次代表大会在署机关召开，党组书记胡泽君出席会议并讲话，中央和国家机关工委副书记吴汉圣到会指导并讲话。副审计长王文斌主持会议，并受中共审计署机关第九届委员会委托向大会作工作报告。署领导秦博勇、袁野、陈健、宋依佳、郝书辰、章轲，以及来自署各单位的150余名党员代表参加会议。

6月12日下午 副审计长王文斌在署机关主持召开中共审计署机关第十届委员会第一次全体会议，选举产生第十届机关党委常务委员和书记、副书记。

6月14日 副审计长陈健在署机关参加2020年度考试录用公务员面试巡考。

6月15日上午 副审计长陈健在署机关主持召开会议，专题研究有关事宜。办公厅、人教司、服务局、教育学院负责同志参加会议。

6月15日下午 党组书记胡泽君在署机关主持召开党组会议，听取关于做好疫情防控各项工作、审计署2020审计年度审计项目计划修改、审计署各单位2019年度考核等情况汇报，研究有关人事事项。党组成员王文斌、袁野、陈健、宋依佳、郝书辰、章轲出席。副审计长秦博勇，总经济师、服务局局长张力，秘书局、办公厅、政研室、法规司、审理司、财政司、教科司、投资司、社保司、资环司、金融司、企业司、经责司、人教司、机关党委（巡视办）、驻审计署纪检监察组负责同志列席相关议题的研究。

6月15日下午 审计长胡泽君在署机关主持召开审计长会议，听取有关采购工作等情况汇报。署领导秦博勇、王文斌、袁野、陈健、宋依佳、郝书辰、章轲出席。总经济师、服务局局长张力，办公厅、数据司、涉外司、机关党委（巡视办）、计算中心、驻审计署纪检监察组负责同志列席相关议题的研究。

6月15日下午 审计长胡泽君在署机关主持召开审计业务会议，研究有关审计工作方案。署领导秦博勇、王文斌、袁野、陈健、宋依佳、郝书辰、章轲出席。总经济师、服务局局长张力，秘书局、办公厅、政研室、法规司、审理司、财政司、农业司、投资司、资环司、金融司、科研所主要负责同志列席相关议题的研究。

6月16日上午 宋依佳组长在中央纪委机关参加专项工作会议。

6月16日下午 副审计长袁野在京出席国务院有关专题会议。财政司主要负责同志参加会议。

6月16日下午 审计长胡泽君列席中央政治局常委会会议。

6月17日上午 审计长胡泽君列席国务院第97次常务会议。

6月17日上午 副审计长王文斌在署机关会见来署调研的中央纪委常委、国家监委委员，副秘书长兼办公厅主任张春生一行并座谈。宋依佳组长，秘书局、办公厅、政研室、审理司、数据司、经责司、机关党委（巡视办）、驻审计署纪检监察组负责同志参加会见和座谈。

6月18日上午 受国务院委托，审计长胡泽君向十三届全国人大常委会第十九次会议作《国务院关于 2019 年度中央预算执行和其他财政收支的审计工作报告》。副审计长袁野列席会议。

6 月 19 日上午 审计长胡泽君参加十三届全国人大常委会第十九次会议分组审议。副审计长袁野，政研室、财政司、教科司、农业司、社保司、金融司主要负责同志参加分组审议。

6 月 22 日至 24 日 副审计长秦博勇在京出席政协第十三届全国委员会常务委员会第十二次会议。

6 月 22 日下午 副审计长陈健在京与财政部部长助理欧文汉举行工作会谈。办公厅、人教司、报社负责同志参加会谈。

6 月 23 日下午 党组书记胡泽君在署机关主持召开党组会议，宣布中央有关决定，传达学习中央有关文件和会议精神，研究《审计署领导干部个人有关事项报告专项整治工作实施方案》和有关人事事项。党组成员王文斌、袁野、陈健、宋依佳、郝书辰、章轲出席。副审计长秦博勇，总经济师、服务局局长张力，秘书局、办公厅、政研室、法规司、人教司、机关党委（巡视办）、驻审计署纪检监察组负责同志列席相关议题的研究。

6 月 23 日下午 审计长胡泽君在署机关主持召开审计长会议，研究有关工作。署领导秦博勇、王文斌、袁野、陈健、宋依佳、郝书辰、章轲出席。总经济师、服务局局长张力，秘书局、办公厅、政研室、法规司、人教司主要负责同志列席会议。

6 月 23 日上午 副审计长王文斌在京出席国务院有关专题会议。

6 月 23 日下午 审计长胡泽君在署机关主持召开审计业务会议，研究《新增财政资金直达市县基层直接惠企利民情况专项审计工作方案》。署领导秦博勇、王文斌、袁野、陈健、宋依佳、郝书辰、章轲出席。总经济师、服务局局长张力，秘书局、办公厅、政研室、法规司、审理司、数据司、财政司、税收司、金融司、科研所主要负责同志列席会议。

6 月 24 日上午 审计长胡泽君列席国务院第 98 次常务会议。

6 月 24 日下午 中央经济责任审计工作部际联席会议第九次全体会议在署机关召开，会议由联席会议召集人、审计长胡泽君主持。联席会议成员单位负责同志出席会议，郝书辰主任报告联席会议办公室 2019 审计年度工作情况和 2020 审计年度工作建议。联席会议办公室成员和联络员列席会议。

6 月 28 日上午 副审计长王文斌在京出席中央办公厅有关专题会议。办公厅主要负责同志在署机关分会场参加会议。

6 月 28 日下午 郝书辰主任在京出席国务院有关专题会议。

6 月 29 日下午 审计署召开领导干部个人有关事项报告专项整治工作动员视频会议，副审计长陈健出席会议并讲话。在京各直属单位主要负责同志在署机关主会场，各特派员办事处和教育学院主要负责同志在各分会场参加会议。

6 月 30 日上午 审计署召开干部大会，宣布中央关于审计署主要负责同志调整决定。中央组织部副部长曾一春宣布中央关于侯凯、胡泽君同志职务任免决定并讲话，侯凯同志出席会议并讲话，胡泽君同志主持会议并讲话。署领导秦博勇、王文斌、陈健、宋依佳、郝书辰、章轲出席。总经济师、服务局局长张力，署机关各单位、各派出审计局、各特派员办事处、各直属单位主要负责同志分别在署机关主会场和各分会场参加会议。

6 月 30 日上午 总审计师章轲在署机关出席审理业务（特派办）视频培训班并讲话。法规司、审理司全体人员在署机关主会场，各特派员办事处负责同志及相关人员在各分会场参加培训。

6 月 30 日下午 审计长侯凯参加十三届全国人大常委会举行的宪法宣誓仪式。副审计长秦博勇，总经济师、服务局局长张力，秘书局、办公厅、政研室、法规司、审理司、内审司、人教司、机关党委（巡视办）主要负责同志列席宣誓活动。

7 月

7 月 1 日上午 审计长侯凯列席国务院第 99 次常务会议。

7月1日下午 宋依佳组长在署机关主持召开驻审计署纪检监察组2020年第8次组长办公会。

7月2日上午 审计署召开新增财政资金直达市县基层直接惠企利民情况专项审计工作视频会议，审计长侯凯出席会议并讲话。郝书辰主任主持会议并作专项审计工作方案讲解。各省、自治区、直辖市和计划单列市、新疆生产建设兵团审计厅（局），署机关各单位、各派出审计局、各特派员办事处、各直属单位主要负责同志，分管财政审计工作的负责同志和全体参审人员，分别在署机关主会场和各分会场参加会议。会议同步向市县审计机关转播。

7月2日下午 副审计长陈健在署机关主持召开会议，研究应对新冠肺炎疫情防控资金和捐赠款物专项审计有关文稿。秘书局、政研室负责同志和专项审计领导小组办公室有关同志参加会议。

7月3日上午 副审计长王文斌到国家邮政局审计项目现场调研。科学技术局主要负责同志参加调研。

7月7日下午 党组书记侯凯在署机关主持召开党组会议，听取关于落实中央会议精神有关措施的汇报，研究有关人事事项。党组成员王文斌、陈健、宋依佳、郝书辰、章轲出席。副审计长秦博勇，总经济师、服务局局长张力，秘书局、办公厅、政研室、法规司、审理司、财政司、社保司、金融司、企业司、人教司、机关党委（巡视办）、驻审计署纪检监察组负责同志列席相关议题的研究。

7月8日上午 副审计长秦博勇在署机关出席科研所博士后论文中期考核会。

7月8日上午 副审计长王文斌在署机关主持召开审计署文明单位考察和党建工作调研工作动员会。机关党委（巡视办）负责同志参加会议。

7月8日下午 审计长侯凯列席国务院第100次常务会议。

7月9日下午 总审计师章轲在京出席国务院有关专题会议。

7月13日上午 审计长侯凯参加李克强总理主持召开的经济形势专家和企业家座谈会。

7月13日上午 副审计长秦博勇在京出席民建中央会议。

7月13日下午 副审计长秦博勇在署机关会见浙商银行股份有限公司董事长沈仁康一行。金融司主要负责同志参加会见。

7月14日上午 审计长侯凯在中央纪委机关出席十九届中央纪委常委会会议。

7月14日下午 党组书记侯凯在署机关主持召开党组会议，研究有关人事事项。党组成员王文斌、陈健、宋依佳、郝书辰、章轲出席。副审计长秦博勇，总经济师、服务局局长张力，人教司、机关党委（巡视办）、驻审计署纪检监察组负责同志列席会议。

7月15日上午 审计长侯凯列席国务院第101次常务会议。

7月17日上午 宋依佳组长在工信建设局开展工作调研。驻审计署纪检监察组负责同志参加调研。

7月20日上午 副审计长陈健在怀柔基地出席2020年度审计专业技术初中级资格考试命题预备会。人教司、教育学院主要负责同志参加会议。

7月20日上午 郝书辰主任在署机关出席2020年度扶贫与乡村振兴审计视频培训班并讲话。

7月21日下午 党组书记侯凯在署机关主持召开党组会议，听取关于处置有关特派办办公用房的情况汇报，研究有关经济责任审计报告和有关人事事项。党组成员王文斌、陈健、宋依佳、郝书辰、章轲出席。副审计长秦博勇，秘书局、办公厅、政研室、法规司、审理司、内审司、经责司、人教司、机关党委（巡视办）、服务局、驻审计署纪检监察组负责同志列席相关议题的研究。

7月21日下午 审计长侯凯在署机关主持召开审计长会议，研究《联合国审计委员会委员工作领导小组办公室工作规则》《联合国审计工作邮箱使用管理办法》《联合国审计操作规程和质量控制办法》《联合国审计项目档案管理办法》等。署领导秦博勇、王文斌、陈健、宋依佳、郝书辰、章轲出席。办公厅、法规司、审理司、内审司、数据司、涉外司、国际司、人教司、机关党委（巡视办）、服务局、计算中心负责同志列席会议。

7月21日晚 审计长侯凯在署机关出席联合国审计委员会第74次例会（视频），接任联合国审计委员会委员。总审计师章轲，涉外司、国际司主要负责同志参加会议。

7月22日上午 审计长侯凯列席国务院第102次常务会议。

7月22日上午 副审计长王文斌在署机关出席特聘审计监督员培训班开班式并讲话。内审司主要负责同志参加开班式。

7月22日上午 副审计长陈健在署机关主持召开审计学科建设视频研讨会。办公厅、人教司、科研所主要负责同志参加会议。

7月23日上午 副审计长王文斌在署机关会见金审工程三期项目应用系统服务单项终验专家组成员。数据司、计算中心主要负责同志参加会见。

7月23日下午 审计长侯凯出席国务院第三次廉政工作会议。

7月24日 副审计长秦博勇分别到金融一局、金融二局、金融三局调研。

7月24日上午 宋依佳组长在经济执法局开展工作调研。驻审计署纪检监察组负责同志参加调研。

7月24日上午 郝书辰主任在署机关会见财政部副部长许宏才一行。财政司主要负责同志参加会见。

7月24日下午 审计长侯凯在中央纪委机关出席十九届中央纪委常委会会议。

7月24日下午 郝书辰主任在署机关会见国家自然科学基金委员会主任李静海一行。教科司主要负责同志参加会见。

7月26日上午 副审计长陈健在怀柔基地参加2020年度审计专业技术初中级资格考试审题工作。人教司主要负责同志参加审题工作。

7月27日下午 审计长侯凯在署机关出席亚审组织理事会第55次会议（视频）。副审计长秦博勇，国际司主要负责同志参加会议。

7月28日上午 党组书记侯凯在署机关主持召开党组会议，传达学习习近平总书记在中央政治局第二十一次集体学习时的重要讲话精神，研究《中共审计署党组全面从严治党主体责任清单（修订稿）》《关于2018—2020年度审计署文明单位申报评选情况的报告》、有关审计工作方案和有关人事事项。党组成员王文斌、陈健、宋依佳、郝书辰、章轲出席。副审计长秦博勇，总经济师、服务局局长张力，秘书局、办公厅、政研室、法规司、审理司、内审司、企业司、涉外司、经责司、人教司、机关党委（巡视办）、科研所、驻审计署纪检监察组负责同志列席相关议题的研究。

7月28日上午 审计长侯凯在署机关主持召开审计长会议，听取关于完善和细化优秀审计项目评选评分标准等情况汇报。署领导秦博勇、王文斌、陈健、宋依佳、郝书辰、章轲出席。总经济师、服务局局长张力，秘书局、办公厅、政研室、法规司、审理司、人教司、机关党委（巡视办）主要负责同志列席会议。

7月28日下午 审计长侯凯在中央纪委机关出席十九届中央纪委常委会会议。

7月28日下午 副审计长陈健在署机关主持召开会议，研究《审计署各单位领导班子和领导干部年度综合考核办法》修订事宜。政研室、审理司、人教司负责同志参加会议。

7月29日上午 审计长侯凯列席国务院第103次常务会议。

7月29日下午 宋依佳组长在署机关主持召开驻审计署纪检监察组2020年第9次组长办公会。

7月30日上午 副审计长王文斌在署机关主持召开第十届机关党委常务委员会第一次会议。机关党委常务委员参加会议。

7月30日上午 副审计长陈健在怀柔基地参加2020年度审计专业技术高级资格考试审题工作。人教司主要负责同志参加审题工作。

7月30日上午 宋依佳组长在企业五局开展工作调研。驻审计署纪检监察组负责同志参加调研。

7月30日下午 副审计长陈健在署机关主持召开审计署2019年度“一报告两评议”评议结果情况通报会，并传达学习中央有关文件精神。署机关各单位、各派出审计局、在京各直属单位主要负责同志，驻审计署纪检监察组负责同志和参加民主评议的基层群众代表参加会议。

7月31日上午 总审计师章轲在署机关与联合国审计委员会委员工作领导小组办公室驻纽约办公室视频连线，听取联合国审计工作进展情况汇报。涉外司负责同志参加汇报。

7月31日下午 副审计长陈健在京出席国务院联防联控机制严防聚集性疫情做好秋冬季防控工作电视电话会议。

8月

8月9日下午 郝书辰主任在京出席全国人大常委会有关专题会议。

8月17日至28日 审计署组织开展2020年度全国审计机关集中整训。整训分为集中组织学习和各单位自行组织学习两个阶段。集中组织学习阶段，以深入学习贯彻党的十九大和十九届二中、三中、四中全会精神，认真贯彻落实习近平总书记关于审计工作的重要讲话精神，结合新时期改革发展情况和审计工作实际，推动审计工作高质量发展为目标，举办系列专题讲座和辅导报告。署领导分别出席相关活动。审计署各单位、驻审计署纪检监察组，全国各级审计机关干部职工分别在署机关主会场和各分会场参加学习。

8月17日上午 审计长侯凯列席国务院第104次常务会议。

8月17日下午 党组书记侯凯在署机关以“强化政治机关意识 努力建设让党中央放心让人民群众满意的模范机关”为题给审计署全体党员干部讲授专题党课。署领导秦博勇、王文斌、王陆进、陈健、宋依佳、郝书辰、章轲，中央和国家机关工委宣传部负责同志出席。总经济师、服务局局长张力，署机关各单位，各派出审计局、各特派员办事处、各直属单位、驻审计署纪检监察组全体党员干部参加学习。

8月18日上午 审计署举办第20期“审计大讲堂”，邀请中国人民大学常务副校长王利明作民法典专题讲座。署领导侯凯、王文斌、王陆进、陈健、宋依佳、章轲出席。副审计长秦博勇主持讲座。审计署各单位、驻审计署纪检监察组，全国各级审计机关干部职工分别在署机关主会场和各分会场听取讲授。

8月18日上午 郝书辰主任在京出席国务院扶贫开发领导小组全体会议。

8月18日下午 审计长侯凯在中央纪委机关出席十九届中央纪委常委会会议。

8月18日下午 副审计长陈健在京会见天津市委常委、常务副市长马顺清一行。审理司、财政司、资环司、京津冀特派办负责同志参加会见。

8月20日上午 郝书辰主任在京出席克服疫情灾情影响确保如期全面脱贫电视电话会议。

8月20日下午 党组书记侯凯在署机关主持召开党组会议，研究署领导工作分工、有关审计工作方案和有关人事事项。党组成员王文斌、王陆进、陈健、宋依佳、章轲出席。副审计长秦博勇，总经济师、服务局局长张力，秘书局、办公厅、政研室、法规司、审理司、金融司、涉外司、经责司、人教司、机关党委（巡视办）、科研所、驻审计署纪检监察组负责同志列席相关议题的研究。

8月21日上午 副审计长王陆进在署机关分别听取秘书局、中央机关局工作情况汇报。秘书局、中央机关局主要负责同志参加汇报。

8月21日上午 郝书辰主任在京出席国务院有关专题会议。

8月21日下午 审计署举办第21期“审计大讲堂”，邀请发展改革委副秘书长高杲作宏观经济形势专题讲座。署领导侯凯、秦博勇、王文斌、王陆进、陈健、宋依佳、章轲出席。郝书辰主任主持讲座。审计署各单位、驻审计署纪检监察组，全国各级审计机关干部职工分别在署机关主会场和各分会场听取讲授。

8月21日下午 审计署召开警示教育大会，审计长侯凯主持会议并讲话，宋依佳组长通报违纪违法有关案例。署领导秦博勇、王文斌、王陆进、陈健、郝书辰、章轲出席。总经济师、服务局局长张力，署机关各单位、各派出审计局、各特派员办事处、各直属单位干部职工分别在署机关主会场和各分会场参加会议。

8月24日上午 副审计长王陆进在署机关主持召开会议，研究《政府财务报告审计办法（试行）》有关事宜。秘书局、财政司主要负责同志参加会议。

8 月 25 日上午 副审计长陈健在署机关参加人教司集中整训。

8 月 25 日下午 党组书记侯凯在署机关主持召开党组会议，传达学习中央有关文件，听取关于 2020 年署机动经费预算细化及部分单位预算调整等情况汇报，研究《中共审计署党组巡视工作规定（修订稿）》和有关人事事项。党组成员王文斌、王陆进、陈健、宋依佳、郝书辰、章轲出席。总经济师、服务局局长张力，秘书局、办公厅、政研室、内审司、经责司、国际司、人教司、机关党委（巡视办）、科研所、报社、出版社、驻审计署纪检监察组负责同志列席相关议题的研究。

8 月 25 日晚 审计长侯凯在署机关出席金砖国家最高审计机关负责人第二次会议（视频）。财政司、社保司、国际司主要负责同志参加会议。

8 月 26 日上午 审计长侯凯列席国务院第 105 次常务会议。

8 月 26 日上午 副审计长王文斌在署机关出席全国审计信息化标准化技术委员会换届大会并讲话。计算中心主要负责同志参加会议。

8 月 26 日上午 副审计长王陆进在署机关参加财政司集中整训。

8 月 26 日 副审计长陈健在双榆树办公区参加科研所集中整训。

8 月 26 日下午 审计长侯凯在署机关会见西藏自治区党委书记吴英杰、自治区政府主席齐扎拉。总审计师章轲，办公厅主要负责同志参加会见。

8 月 26 日下午 副审计长王陆进在署机关主持召开会议，研究中央审计委员会办公室有关制度建设工作。秘书局主要负责同志参加会议。

8 月 26 日下午 郝书辰主任在合肥出席安徽省经济责任审计情况反馈会。南京特派办主要负责同志参加会议。

8 月 26 日下午 总审计师章轲在署机关会见西藏自治区党委副书记、政府常务副主席庄严一行。

8 月 27 日至 28 日 署党组理论学习中心组 2020 年第三次专题学习研讨在署机关举办，党组书记侯凯出席并讲话。署领导秦博勇、王文斌、王陆进、宋依佳、章轲出席并作交流发言。总经济师、服务局局长张力，秘书局、办公厅、政研室、法规司、人教司、机关党委（巡视办）、科研所主要负责同志，驻审计署纪检监察组负责同志列席。

8 月 27 日上午 副审计长王陆进在署机关分别听取发展统计局、宣传审计局工作情况汇报。发展统计局、宣传审计局主要负责同志参加汇报。

8 月 27 日上午 副审计长陈健在署机关参加社保司集中整训。

8 月 27 日上午 总审计师章轲在署机关会见湖南省委常委、常务副省长谢建辉一行。长沙特派办负责同志参加会见。

8 月 27 日下午 副审计长王文斌在署机关主持召开署有关项目领导小组会议。办公厅、数据司、计算中心主要负责同志参加会议。

8 月 27 日下午 副审计长王陆进在署机关主持召开会议，研究新增财政资金直达市县基层直接惠企利民情况专项审计工作。财政司主要负责同志参加会议。

8 月 28 日至 29 日上午 中央第七次西藏工作座谈会在京召开，审计长侯凯出席 28 日上午全体会议。副审计长陈健全程参加会议。

8 月 31 日上午 总审计师章轲在怀柔基地出席 2020 年度依法行政能力培训班暨复核审理能力提高班开班式并授课。法规司、审理司、教育学院负责同志参加开班式。

8 月 31 日下午 总审计师章轲在怀柔基地听取 2020 年度联合国秘书处审前调查审计组、维和行动期末审计组工作进展情况汇报。涉外司主要负责同志参加汇报。

9 月

9 月 1 日上午 审计长侯凯在中央纪委机关出席十九届中央纪委常委会会议。

9 月 1 日下午 党组书记侯凯在署机关主持召开党组会议，传达学习中央有关文件，研究有关审计工作方案和有关人事事项。党组成员王文斌、王陆进、陈健、宋依佳、郝书辰、章轲出席。总经济师、服务局局长张力，秘书局、办公厅、政研室、法规司、审理司、数据司、财政司、教科司、经责司、人教司、机关党委（巡视办）、科研所、驻审计署纪检监察组负责同志列席相关议题的研究。

9月1日至5日 副审计长秦博勇在浦东干部学院参加省部级干部城市更新与品质提升专题研讨班学习。

9月2日上午 审计长侯凯列席国务院第106次常务会议。

9月2日 署领导侯凯、王陆进、陈健、郝书辰、章轲分别走访慰问审计署抗日战争时期及以前参加革命工作的老同志。内审司、财政司、国际司、人教司、离退休办负责同志参加慰问。

9月2日至4日 宋依佳组长在江苏南京出席省级纪委监委驻审计机关纪检监察组组长工作研讨班。其间，在江苏省审计厅、教育学院开展调研。驻审计署纪检监察组负责同志参加上述活动。

9月2日上午 总审计师章轲在署机关会见陕西省委常委、常务副省长梁桂一行。

9月3日 副审计长王陆进在署机关分别听取科学技术局、农业水利局、工信建设局工作情况汇报。科学技术局、农业水利局、工信建设局主要负责同志参加汇报。

9月4日上午 副审计长王陆进在署机关分别听取统战审计局、交通运输局工作情况汇报。统战审计局、交通运输局主要负责同志参加汇报。

9月5日上午 副审计长王陆进在京出席国务院有关专题会议。财政司主要负责同志参加会议。

9月6日至8日上午 总审计师章轲赴基层联系点内蒙古自治区鄂尔多斯市伊金霍洛旗审计局开展工作调研。

9月8日上午 审计长侯凯在人民大会堂出席全国抗击新冠肺炎疫情表彰大会。

9月8日上午 副审计长王陆进在署机关分别听取贸易审计局、社会管理局工作情况汇报。贸易审计局、社会管理局主要负责同志参加汇报。

9月8日下午 党组书记侯凯在署机关主持召开党组会议，传达学习习近平总书记对制止餐饮浪费行为作出的重要指示和李克强总理在国务院第三次廉政工作会议上的讲话，研究有关人事事项。党组成员王文斌、王陆进、陈健、宋依佳、郝书辰、章轲出席。副审计长秦博勇，总经济师、服务局局长张力，秘书局、办公厅、政研室、法规司、人教司、机关党委（巡视办）、驻审计署纪检监察组负责同志列席相关议题的研究。

9月9日上午 审计长侯凯列席国务院第107次常务会议。

9月9日 副审计长王文斌在怀柔基地出席审计新闻宣传和舆论引导培训班并讲话。办公厅、报社、出版社主要负责同志参加培训班。

9月9日至12日 总审计师章轲先后赴基层联系点四川省自贡市荣县审计局、四川省审计厅、审计署对口支援县江西省赣州市会昌县开展工作调研。

9月9日下午 副审计长陈健在京出席深入学习习近平总书记重要讲话精神贯彻落实新时代党的组织路线电视电话会议。

9月9日下午 宋依佳组长在署机关主持召开驻审计署纪检监察组2020年第11次组长办公会。

9月10日上午 副审计长陈健在京主持召开中国红十字会监事会监事工作座谈会。中国红十字会监事会全体监事参加会议。

9月10日上午 宋依佳组长在外交审计局开展工作调研。驻审计署纪检监察组负责同志参加调研。

9月10日下午至11日 副审计长秦博勇在中国农业银行股份有限公司、中国光大集团股份公司、中国人寿保险（集团）公司审计现场调研。金融司主要负责同志参加调研。

9月10日下午 副审计长王陆进在署机关听取资源环境局工作情况汇报。资源环境局主要负责同志参加汇报。

9月10日下午 副审计长陈健在双榆树办公区主持召开科研所青年科研人员座谈会。科研所主要负责同志参加座谈会。

9月11日上午 全国深化“放管服”改革优

化营商环境电视电话会议在京召开，审计长侯凯在国务院小礼堂出席会议。署领导王陆进、陈健、宋依佳、郝书辰，署机关各单位、各派出审计局和驻审计署纪检监察组四级调研员及以上干部，在京各直属单位主要负责同志在署机关分会场参加会议。

9月11日至13日 副审计长王文斌在贵州省丹寨县出席“2020丹寨论坛”，并就署定点扶贫工作开展调研。机关党委（巡视办）主要负责同志参加上述活动。

9月11日下午 审计长侯凯在京参加习近平总书记主持召开的科学家座谈会。

9月11日下午 副审计长王陆进在署机关主持召开会议，研究国家重大政策措施贯彻落实情况跟踪审计有关工作。秘书局、财政司、税收司、农业司、社保司、资环司、金融司主要负责同志参加会议。

9月14日上午 副审计长秦博勇在中国人民保险集团股份有限公司审计现场调研。金融司主要负责同志参加调研。

9月14日上午 副审计长王陆进在署机关主持召开国家重大政策措施贯彻落实情况跟踪审计工作座谈会。秘书局、办公厅、政研室、财政司、税收司、教科司、农业司、投资司、社保司、资环司、金融司、企业司负责同志参加座谈会。

9月14日下午 副审计长王陆进在署机关分别听取民政社保局、卫生体育局工作情况汇报。民政社保局、卫生体育局主要负责同志参加汇报。

9月15日上午 中央审计办主任侯凯在署机关主持召开中央审计办主任办公会议，研究《中央审计委员会办公室会议制度》《中央审计委员会成员单位工作协调推进机制》。署领导秦博勇、王文斌、王陆进、陈健、宋依佳、郝书辰、章轲出席。总经济师、服务局局长张力，秘书局、办公厅、政研室、法规司、人教司、机关党委（巡视办）、驻审计署纪检监察组负责同志列席会议。

9月15日上午 党组书记侯凯在署机关主持召开党组会议，传达学习习近平总书记在专家学者座谈会上的重要讲话精神，研究有关人事事项。党组成员王文斌、王陆进、陈健、宋依佳、郝书辰、章轲出席。副审计长秦博勇，总经济师、服务局局长张力，秘书局、办公厅、政研室、法规司、人教司、机关党委（巡视办）、驻审计署纪检监察组负责同志列席相关议题的研究。

9月15日上午 审计长侯凯在署机关主持召开审计长会议，听取关于审计署规章清理情况汇报。署领导秦博勇、王文斌、王陆进、陈健、宋依佳、郝书辰、章轲出席。总经济师、服务局局长张力，秘书局、办公厅、政研室、法规司、科研所负责同志列席会议。

9月15日上午 审计长侯凯在署机关主持召开审计业务会议，研究《审计署关于2019年度北京冬奥会和冬残奥会跟踪审计情况的报告》。署领导秦博勇、王文斌、王陆进、陈健、宋依佳、郝书辰、章轲出席。总经济师、服务局局长张力，秘书局、办公厅、政研室、法规司、审理司、财政司、投资司、科研所负责同志列席会议。

9月15日下午 副审计长王陆进在署机关分别听取经济执法局、广电通讯局工作情况汇报。经济执法局、广电通讯局主要负责同志参加汇报。

9月16日上午 副审计长王文斌在京出席中央和国家机关党员干部形势报告会。办公厅、机关党委（巡视办）负责同志参加报告会。

9月16日至17日 副审计长陈健在西藏拉萨主持召开审计援藏干部座谈会，并对西藏自治区审计机关进行调研。西藏自治区审计厅负责同志参加上述活动。

9月16日下午 宋依佳组长在企业六局开展工作调研。驻审计署纪检监察组负责同志参加调研。

9月17日上午 审计长侯凯列席国务院第108次常务会议。

9月17日至18日 副审计长王文斌在中国石油天然气集团有限公司、中国石油化工集团有限公司、中国海洋石油集团有限公司、中国航空集团有限公司、中国通用技术（集团）控股有限责任公司审计现场调研。企业司主要负责同志参加调研。

9月17日上午 副审计长王陆进在署机关分

别听取政法审计局、教育审计局工作情况汇报。政法审计局、教育审计局主要负责同志参加汇报。

9月17日 宋依佳组长赴审计署定点扶贫县河北省顺平县调研慰问。驻审计署纪检监察组负责同志参加调研慰问。

9月17日下午 副审计长秦博勇在京出席国务院有关专题会议。涉外司主要负责同志参加会议。

9月18日上午 副审计长秦博勇在怀柔基地出席2020年投资审计转型发展研讨班并讲话。投资司主要负责同志参加研讨班。

9月18日上午 副审计长王陆进在署机关听取外交审计局工作情况汇报。外交审计局主要负责同志参加汇报。

9月18日至20日 副审计长陈健在云南省审计机关和昆明特派办调研。社保司、昆明特派办主要负责同志参加调研。

9月18日上午 宋依佳组长在中央纪委机关参加第8场派驻机构组长学习工作交流会。

9月20日上午 副审计长秦博勇在京出席川藏铁路建设领导小组第三次全体会议。投资司负责同志参加会议。

9月20日下午至21日 副审计长秦博勇在深圳中国太平洋保险集团有限责任公司审计现场调研。金融司负责同志参加调研。

9月22日上午 审计长侯凯在中央纪委机关出席十九届中央纪委常委会会议。

9月22日下午 党组书记侯凯在署机关主持召开党组会议，研究《中共审计署党组关于加强直属事业单位党的建设的意见》和有关人事事项。党组成员王文斌、王陆进、陈健、宋依佳、郝书辰、章轲出席。副审计长秦博勇，总经济师、服务局局长张力，秘书局、办公厅、政研室、法规司、人教司、机关党委（巡视办）、驻审计署纪检监察组负责同志列席相关议题的研究。

9月22日下午 审计长侯凯在署机关主持召开审计长会议，研究《政府财务报告审计办法（试行）》。署领导秦博勇、王文斌、王陆进、陈健、宋依佳、郝书辰、章轲出席。总经济师、服务局局长张力，秘书局、办公厅、政研室、法规司、审理司、财政司、科研所负责同志列席会议。

9月23日上午 审计长侯凯列席国务院第109次常务会议。

9月23日至24日上午 副审计长王文斌在上海中国远洋海运集团有限公司审计现场开展调研。企业司主要负责同志参加调研。

9月23日上午 副审计长王陆进在署机关出席审计“十四五”发展规划编制工作座谈会。政研室主要负责同志参加座谈会。

9月23日上午 副审计长陈健在安徽合肥出席全国审计科研协作暨省级审计学会、审计署特派办理论研究会秘书长会议并讲话。中国审计学会会长孙宝厚出席。科研所主要负责同志参加会议。

9月23日 宋依佳组长在中央纪委机关列席十九届中央纪委常委会第17次集体学习。

9月23日上午 郝书辰主任在怀柔基地出席2020年度内部审计工作研讨班并讲话。内审司主要负责同志参加研讨班。

9月23日下午 审计长侯凯在中央纪委机关参加十九届中央纪委常委会第17次集体学习。

9月23日晚 郝书辰主任在京参加2020年全国脱贫攻坚奖特别节目录制。

9月24日上午 副审计长王陆进在京出席中华全国供销合作社第七次代表大会。

9月24日下午 署党组理论学习中心组2020年第四次专题学习研讨在署机关举办，党组书记侯凯主持并讲话。党组成员王文斌、王陆进、陈健、宋依佳、郝书辰、章轲出席。陈健、章轲同志分别围绕学习《中华人民共和国公务员法》《中华人民共和国公职人员政务处分法》和《中华人民共和国民法典》作重点发言。办公厅、审理司主要负责同志分别围绕学习《中华人民共和国密码法》《中华人民共和国档案法》和依法履行审计监督职责作交流发言。总经济师、服务局局长张力，署机关各单位主要负责同志，驻审计署纪检监察组负责同志参加学习研讨。

9月24日下午 副审计长秦博勇在京出席民建中央会议。

9月24日晚 审计长侯凯在署机关出席世审组织大数据工作组第四次会议（视频）开幕式并

致辞。副审计长王文斌主持开幕式。数据司、国际司主要负责同志参加会议。

9月25日至26日上午 第三次中央新疆工作座谈会在京召开，审计长侯凯出席25日上午的全体会议。副审计长秦博勇全程参加会议。

9月25日 副审计长王文斌在中国冶金地质总局、中国建设科技有限公司审计现场调研。企业司主要负责同志参加调研。

9月25日上午 副审计长王陆进在署机关主持召开会议，研究审计“十四五”发展规划编制工作。秘书局、政研室、财政司主要负责同志参加会议。

9月25日上午 宋依佳组长在金融二局开展工作调研。驻审计署纪检监察组负责同志参加调研。

9月25日至26日 总审计师章轲在新疆生产建设兵团第三师开展工作调研。资环司负责同志参加调研。

9月26日至27日 副审计长陈健赴基层联系点上海市崇明区审计局开展工作调研。上海特派办主要负责同志参加调研。

9月27日上午 副审计长王文斌在京出席全国国有企业改革三年行动动员部署电视电话会议。企业司主要负责同志参加会议。

9月27日上午 郝书辰主任在中国人民大学审计现场调研。京津冀特派办主要负责同志参加调研。

9月27日下午至29日上午 副审计长王文斌在深圳招商局集团有限公司、华润（集团）有限公司、中国南方航空集团有限公司审计现场调研。企业司主要负责同志参加调研。

9月27日下午 副审计长王陆进在署机关主持召开会议，研究国家重大政策措施贯彻落实情况跟踪审计有关工作。秘书局、财政司主要负责同志参加会议。

9月27日下午 郝书辰主任在北京师范大学审计现场调研。郑州特派办主要负责同志参加调研。

9月27日晚 副审计长秦博勇在人民大会堂出席2020年港澳台侨国庆招待会。

9月28日 宋依佳组长在太原特派办开展工作调研。驻审计署纪检监察组负责同志参加调研。

9月29日上午 审计长侯凯在京出席国务院任命的国家工作人员宪法宣誓仪式。总审计师章轲参加宣誓。

9月29日上午 副审计长王陆进在署机关主持召开国务院第七次大督查第五督查组第一次全体会议。第五督查组全体成员参加会议。

9月30日上午 宋依佳组长在署机关主持召开驻审计署纪检监察组2020年第12次组长办公会。

9月30日下午 副审计长王文斌在京与中央宣传部副部长傅华举行工作会谈。人教司主要负责同志参加会谈。

9月30日晚 审计长侯凯和副审计长秦博勇在人民大会堂出席庆祝中华人民共和国成立71周年国庆招待会。

10月

10月9日上午 审计长侯凯列席国务院第110次常务会议。

10月9日上午 受署党组委托，副审计长王文斌出席服务局全体干部大会，宣布该局主要负责同志任免决定。人教司主要负责同志参加会议。

10月9日上午 受署党组委托，副审计长陈健出席兰州特派办全体干部大会，宣布该办主要负责同志任免决定。人教司负责同志参加会议。

10月9日下午 中央审计办主任侯凯在署机关主持召开中央审计办主任办公会议，传达习近平总书记重要批示。署领导秦博勇、王文斌、王陆进、宋依佳、郝书辰、章轲出席。秘书局、办公厅、政研室、法规司、财政司、人教司、机关党委（巡视办）、驻审计署纪检监察组负责同志列席会议。

10月9日下午 党组书记侯凯在署机关主持召开党组会议，传达习近平总书记重要批示，研究《中共审计署党组向中央第十三巡视组的工作汇报》。党组成员王文斌、王陆进、宋依佳、郝书辰、章轲出席。副审计长秦博勇，秘书局、办公厅、政研室、法规司、财政司、人教司、机关党委（巡视办）、驻审计署纪检监察组负责同志列席相关议题的研究。

10月10日上午 审计长侯凯在署机关会见河北省省长许勤一行。副审计长王文斌，财政司、资环司负责同志参加会见。

10月10日上午 副审计长王陆进在京出席全国人大常委会预算工委有关专题会议。财政司主要负责同志参加会议。

10月10日上午 受署党组委托，副审计长陈健出席博物馆全体干部大会，宣布该馆主要负责同志任免决定。人教司负责同志参加会议。

10月10日上午 郝书辰主任在署机关会见重庆市常务副市长吴存荣一行。经责司负责同志参加会见。

10月10日下午 受署党组委托，副审计长王陆进出席群团文化局全体干部大会，宣布该局主要负责同志任免决定，会后开展工作调研。人教司负责同志参加上述活动。

10月11日 副审计长陈健在署机关参加2020年度全国审计专业技术资格考试总值班。

10月11日下午至12日 副审计长秦博勇赴天津市对中国农业银行股份有限公司、中国光大集团股份公司、中国人寿保险（集团）公司天津分支机构审计现场开展调研。金融司主要负责同志参加调研。

10月12日上午 副审计长王陆进在署机关主持召开会议，研究《关于2020年第一季度国家重大政策措施落实跟踪审计查出问题整改情况的报告》。财政司主要负责同志参加会议。

10月12日上午 郝书辰主任在署机关会见浙江省常务副省长冯飞一行。财政司主要负责同志参加会见。

10月12日下午 副审计长王陆进在京出席国务院第七次大督查动员部署会议。

10月13日下午 中央第十三巡视组巡视审计署党组工作动员会议在署机关召开，党组书记侯凯主持会议，中央第十三巡视组组长李炎溪出席并讲话。中央第十三巡视组全体成员，署领导秦博勇、王文斌、王陆进、陈健、宋依佳、郝书辰、章轲出席会议。署机关各单位、各派出审计局、在京各直属单位主要负责同志，驻审计署纪检监察组负责同志在主会场，各特派员办事处、博物馆、教育学院领导班子成员在分会场参加会议。

10月13日下午 审计署党组向中央第十三巡视组汇报会在署机关召开。中央第十三巡视组组长李炎溪主持会议，党组书记侯凯作汇报。中央第十三巡视组全体成员，署领导秦博勇、王文斌、王陆进、陈健、宋依佳、郝书辰、章轲出席会议。秘书局、办公厅、政研室、人教司、机关党委（巡视办）主要负责同志，驻审计署纪检监察组负责同志列席会议。

10月16日上午 副审计长秦博勇在署机关主持召开会议，研究金融审计有关工作。金融司主要负责同志参加会议。

10月16日上午 副审计长王文斌在山西省太原市出席2020年全国审计通联宣传工作暨审计文化书屋建设工作座谈会（北片）。太原特派办、报社、出版社主要负责同志参加会议。

10月16日上午 宋依佳组长在署机关主持召开驻审计署纪检监察组2020年第13次组长办公会。

10月17日上午 郝书辰主任在京出席2020年全国脱贫攻坚表彰大会。

10月19日下午 党组书记侯凯在署机关主持召开党组会议，传达学习习近平总书记重要讲话和中央有关文件，学习《中国共产党基层组织选举工作条例》，听取关于《中共审计署党组意识形态工作责任制实施细则》等7项制度修订和废止1项制度的情况汇报，研究有关人事事项。党组成员王文斌、陈健、宋依佳、郝书辰、章轲出席。副审计长秦博勇，秘书局、办公厅、政研室、法规司、人教司、机关党委（巡视办）、驻审计署纪检监察组负责同志列席相关议题的研究。

10月19日下午 审计长侯凯在署机关主持召开审计长会议，研究《审计署审计实务导师制管理办法》等。署领导秦博勇、王文斌、陈健、宋依佳、郝书辰、章轲出席。秘书局、办公厅、政研室、法规司、人教司、机关党委（巡视办）负责同志列席会议。

10月20日上午 审计长侯凯在中央纪委机关出席十九届中央纪委常委会会议。

10月20日上午 受署党组委托，副审计长陈健在署老领导郑力家中为其祝寿。离退休办负责同志参加祝寿活动。

10月20日至23日 宋依佳组长赴广西、广东省审计机关及基层联系点广西合浦县审计局开展工作调研。驻审计署纪检监察组负责同志参加调研。

10月20日上午 总审计师章轲在怀柔基地听取2020年度联合国秘书处期中审计组工作进展情况汇报。联审办主要负责同志参加汇报。

10月21日上午 审计长侯凯列席国务院第111次常务会议。

10月21日至22日 受署党组委托，副审计长陈健赴辽宁省沈阳市送干部赴任，并进行工作调研。

10月21日上午 总审计师章轲在教育学院为2020年度新录用公务员初任培训班学员授课。

10月21日下午 副审计长王文斌在京出席2020年表彰全国劳动模范和先进工作者大会筹备委员会全体会议。

10月22日至23日上午 总审计师章轲先后赴安徽省宣城市绩溪县审计局、宣城市审计局开展工作调研。投资司负责同志参加调研。

10月22日下午 审计长侯凯在署机关出席2020年中国—巴基斯坦审计研讨会开幕式（视频）。副审计长秦博勇，国际司主要负责同志参加开幕式。

10月22日下午 副审计长王文斌在京看望慰问参加过抗美援朝出国作战的老战士。机关党委（巡视办）、离退休办负责同志陪同看望。

10月23日上午 审计长侯凯和副审计长秦博勇在人民大会堂出席纪念中国人民志愿军抗美援朝出国作战70周年大会。

10月23日上午 副审计长陈健在署机关通过远程视频为2020年度新录用公务员初任培训班学员授课。

10月23日上午 郝书辰主任在京出席国务院减轻企业负担部际联席会议第九次清欠工作会商会议。财政司负责同志参加会议。

10月23日下午 副审计长秦博勇在京出席中国南水北调集团有限公司成立大会。投资司主要负责同志参加会议。

10月23日下午 副审计长陈健在京出席组织部门深入贯彻落实《党政领导干部考核工作条例》电视电话会议。人教司主要负责同志参加会议。

10月26日至29日 审计长侯凯列席中国共产党第十九届中央委员会第五次全体会议。

10月26日至28日 副审计长秦博勇赴内蒙古自治区呼和浩特市出席中国民主建国会成立75周年暨民建内蒙古区委会成立30周年纪念大会，并对内蒙古民建市级组织建设开展调研。

10月26日上午 副审计长王陆进在署机关出席2020年度中央部门派出局审计业务培训班开班式并讲话。财政司、各中央部门派出局主要负责同志参加开班式。

10月26日上午 受署党组委托，副审计长王陆进在署机关出席民政社保局全体干部大会，宣布该局主要负责同志任免决定。人教司主要负责同志参加会议。

10月26日上午 副审计长陈健在署机关主持召开会议，专题研究博物馆有关工作。秘书局、办公厅、科研所、博物馆负责同志参加会议。

10月26日至27日 宋依佳组长赴基层联系点安徽省凤阳县审计局开展工作调研。驻审计署纪检监察组负责同志参加调研。

10月27日至28日 副审计长王陆进在署机关出席2020年度中央部门派出局审计业务培训班。财政司、各中央部门派出局主要负责同志参加培训班。

10月27日上午 副审计长陈健在中国石油化工集团有限公司审计现场调研。

10月27日上午 总审计师章轲在教育学院为2020年度市县审计局主要负责人培训班学员授课。

10月28日上午 副审计长陈健在中国通用技术（集团）控股有限责任公司审计现场调研。

10月28日下午 副审计长陈健在署机关主持召开会议，专题研究关于贯彻落实中央第七次西藏工作座谈会精神有关文稿。秘书局、办公厅、政研室、数据司、财政司、农业司、投资司、资环司、人教司负责同志参加会议。

10月28日下午 总审计师章轲在署机关2020年全国审计机关优秀审计项目评选工作现

场、审计项目集中审理工作现场调研。审理司主要负责同志参加调研。

10月29日下午 副审计长秦博勇在中信百信银行股份有限公司调研。金融司主要负责同志参加调研。

10月29日上午 副审计长陈健在企业二局开展工作调研。

10月29日上午 总审计师章轲在署机关出席2020年特派办政策跟踪审计项目业务质量检查情况通报会并讲话。审理司主要负责同志、各特派办负责同志参加通报会。

10月30日上午 审计长侯凯列席国务院党组扩大会议和国务院“十四五”规划《纲要草案》编制工作领导小组会议。

10月30日上午 副审计长王文斌在广东省广州市出席2020年全国审计通联宣传工作暨审计文化书屋建设工作座谈会（南片）。广州特派办、报社、出版社主要负责同志参加会议。

10月30日下午 审计长侯凯在中央纪委机关出席十九届中央纪委常委会会议。

11月

11月2日上午 副审计长秦博勇在中央统战部出席党外人士情况通报会。

11月2日 副审计长王文斌赴审计署定点扶贫县河北省顺平县调研慰问，并主持召开审计署扶贫挂职干部座谈会。机关党委（巡视办）主要负责同志参加活动。

11月2日上午 郝书辰主任在怀柔基地出席2020年经济责任审计高级研讨班并讲话。

11月2日下午 党组书记侯凯在署机关主持召开党组会议，传达学习党的十九届五中全会精神。党组成员王陆进、陈健、宋依佳、郝书辰、章轲出席。副审计长秦博勇列席会议。

11月3日上午 副审计长王陆进在署机关主持召开会议，对分管司局学习贯彻党的十九届五中全会精神、推进当前重点工作进行安排部署。秘书局、政研室、财政司负责同志参加会议。

11月3日上午 副审计长陈健在双榆树办公区分别听取科研所、离退休办关于年度工作进展情况和学习贯彻党的十九届五中全会精神有关安排的汇报。离退休办、科研所主要负责同志参加汇报。

11月3日上午 宋依佳组长在中央纪委机关出席中央纪委国家监委传达学习十九届五中全会精神会议。

11月3日下午 副审计长王陆进在署机关主持召开业务司财政审计工作座谈会，听取对2020年度中央预算执行审计工作的意见建议。政研室、财政司、税收司、教科司、农业司、投资司、社保司、资环司、金融司、企业司负责同志参加座谈会。

11月3日下午 副审计长陈健在京出席全国疫情防控工作电视电话会议。

11月4日至5日 审计长侯凯赴基层联系点、审计署定点扶贫县贵州省丹寨县就扶贫工作和基层审计工作开展调研。

11月4日上午 副审计长秦博勇在教育学院为2020年度市县审计局主要负责人培训班学员授课。

11月4日上午 副审计长王陆进在署机关主持召开部分派出机构财政审计工作座谈会，听取对2020年度中央预算执行审计工作的意见建议。政研室、财政司、中央部门派出审计局负责同志参加座谈会。

11月4日上午 副审计长陈健在署机关分别听取社保司、人教司关于年度工作进展情况和学习贯彻党的十九届五中全会精神有关安排的汇报。社保司、人教司主要负责同志参加汇报。

11月4日下午 宋依佳组长在署机关主持召开驻审计署纪检监察组2020年第15次组长办公会。

11月5日上午 副审计长秦博勇在署机关出席2020年生态环保资金审计培训班并讲话。资环司、参审单位负责同志参加培训班。

11月5日上午 副审计长王文斌在京出席中央办公厅有关专题会议。数据司主要负责同志参加会议。

11月5日上午 副审计长王陆进在署机关主持召开财政审计工作专家座谈会，听取财政专家学者、中央主要媒体记者等对财政审计工作的意见建议。政研室、财政司负责同志参加座谈会。

11 月 5 日上午　总审计师章轲在怀柔基地出席联合国秘书处期中审计组临时党支部、联合国基金方案和其他机构期中审计组临时党支部学习贯彻党的十九届五中全会精神汇报交流会并讲话。联审办主要负责同志参加汇报交流会。

11 月 5 日下午　宋依佳组长在企业四局开展工作调研。驻审计署纪检监察组负责同志参加调研。

11 月 6 日上午　审计长侯凯列席国务院第 112 次常务会议。

11 月 6 日上午　副审计长王陆进在署机关主持召开会议，研究 2020 年度中央预算执行审计工作方案。政研室、财政司负责同志参加会议。

11 月 6 日上午　受署党组委托，副审计长陈健出席科研所原所长、退休干部李大年同志遗体送别仪式。

11 月 7 日上午　副审计长陈健在怀柔基地出席 2020 年度高级审计师资格考试阅卷工作预备会议。人教司、教育学院负责同志参加会议。

11 月 9 日至 11 日上午　副审计长秦博勇在京出席全国政协十三届常委会第十四次会议。

11 月 9 日上午　副审计长王文斌在署机关会见国家保密局检查组一行。办公厅主要负责同志参加会见。

11 月 9 日下午　审计长侯凯出席国务院有关专题会议。财政司主要负责同志参加会议。

11 月 9 日下午　受审计长侯凯委托，副审计长王文斌在署机关主持召开党员干部大会，传达党的十九届五中全会精神，并就学习贯彻工作作出部署。署机关各单位全体党员干部，各派出审计局、在京直属单位处级（含四级调研员）及以上党员干部参加会议。

11 月 10 日至 13 日　副审计长陈健在武汉特派办、湖北省审计厅、咸宁市审计局和基层联系点通山县审计局开展调研。

11 月 11 日上午　审计长侯凯列席国务院第 113 次常务会议。副审计长王陆进列席相关议题的研究。

11 月 12 日上午　审计长侯凯在上海出席浦东开发开放 30 周年庆祝大会。

11 月 12 日上午　副审计长秦博勇在署机关会见中国长江三峡集团有限公司董事长雷鸣山一行。投资司主要负责同志参加会见。

11 月 12 日上午　副审计长王文斌在怀柔基地出席后勤服务保障工作培训班开班式并讲话。服务局主要负责同志参加开班式。

11 月 12 日上午　副审计长王陆进出席全国人大常委会预算工委 2019 年度审计查出突出问题整改情况跟踪监督座谈会。政研室、财政司负责同志参加座谈会。

11 月 12 日　宋依佳组长在中央纪委机关出席中央纪委国家监委派驻机构组长学习工作交流会。

11 月 13 日上午　审计长侯凯在中央纪委机关出席十九届中央纪委常委会会议。

11 月 13 日下午　党组书记侯凯在署机关主持召开党组会议，研究中央纪委办公厅有关文件、《关于加强和改进政策跟踪审计的建议》、《中央审计委员会办公室、审计署经济责任审计结果文书等材料报送办法》、《关于经济责任审计报告和自然资源资产离任审计意见审核报送流程等事项的意见》和有关人事事项，听取关于 2020 年地方审计机关审计业务质量检查专项调查情况的汇报。党组成员王文斌、王陆进、陈健、宋依佳、郝书辰、章轲出席。副审计长秦博勇，秘书局、办公厅、政研室、法规司、审理司、数据司、财政司、税收司、教科司、农业司、投资司、社保司、资环司、金融司、企业司、涉外司、经责司、人教司、机关党委（巡视办）、科研所、驻审计署纪检监察组负责同志列席相关议题的研究。

11 月 13 日下午　审计长侯凯在署机关主持召开审计长会议，研究《审计署交流借调干部管理办法（试行）》。署领导秦博勇、王文斌、王陆进、陈健、宋依佳、郝书辰、章轲出席。秘书局、办公厅、政研室、法规司、人教司、机关党委（巡视办）、服务局、驻审计署纪检监察组负责同志列席会议。

11 月 13 日下午　审计长侯凯在署机关主持召开审计业务会议，研究有关审计工作方案。署领导秦博勇、王文斌、王陆进、陈健、宋依佳、郝书辰、章轲出席。秘书局、办公厅、政研室、法规司、审理司、数据司、财政司、社保司、金融司、科研所负责同志列席会议。

11月16日至17日上午 中央全面依法治国工作会议在京召开。审计长侯凯出席16日上午的全体会议。总审计师章轲全程参加会议。

11月16日上午 副审计长王文斌在署机关出席党务干部综合培训班开班式并作辅导报告。在京司局级单位党组织书记和各单位新任职的司处级干部、特派员办事处分党组书记和署党组派驻纪检组长、各单位专兼职党务干部，分别在署机关主会场和各分会场参加培训。

11月16日下午 审计长侯凯参加李克强总理主持召开的经济形势专家和企业家座谈会。

11月16日下午 副审计长秦博勇在署机关主持召开金融审计座谈会。金融司、各特派员办事处负责同志参加座谈会。

11月16日下午至28日 副审计长王文斌带队赴内蒙古自治区、云南省开展全国减轻企业负担和促进中小企业发展专项督查。企业司主要负责同志参加督查。

11月16日下午 副审计长王陆进主持召开会议，研究2020年度中央预算执行审计工作方案。政研室、财政司负责同志参加会议。

11月17日上午 审计署任命的国家工作人员宪法宣誓仪式在署机关举行。审计长侯凯出席并监誓。副审计长陈健主持仪式。署机关各单位、各派出审计局、各特派员办事处、各直属单位新近任职的有关司处级领导干部参加宣誓仪式。

11月17日上午 副审计长秦博勇在署机关出席中印尼审计研讨会（视频）。国际司主要负责同志参加会议。

11月17日上午 副审计长王陆进在署机关主持召开会议，研究“十四五”国家审计工作发展规划起草工作。秘书局、政研室负责同志参加会议。

11月17日上午 受署党组委托，副审计长陈健在署机关与新任职司处级领导干部作集体任职谈话。

11月17日上午 宋依佳组长在署机关与新任职司处级领导干部作集体廉政谈话。

11月17日下午 署党组理论学习中心组以“认真学习贯彻党的十九届五中全会精神，谋划审计工作‘十四五’规划，推动今后五年审计工作深入发展”为主题，在署机关举办2020年第五次专题学习研讨，党组书记侯凯主持并讲话。署领导秦博勇、王陆进、陈健、宋依佳、郝书辰、章轲参加学习研讨并作交流发言。秘书局、办公厅、政研室、法规司、人教司、机关党委（巡视办）、驻审计署纪检监察组负责同志参加学习研讨。

11月18日上午 审计长侯凯列席国务院第114次常务会议。

11月18日下午 副审计长王陆进在署机关主持召开会议，研究2019年度中央预算执行和其他财政收支审计查出问题整改工作报告。政研室、财政司负责同志参加会议。

11月19日上午 审计长侯凯在署机关会见中粮集团有限公司董事长吕军一行。办公厅主要负责同志参加会见。

11月19日上午 副审计长秦博勇在京出席推进“一带一路”建设工作领导小组专题会议。

11月19日上午 副审计长王陆进赴全国人大常委会预算工委预算审查室听取对2020年度中央预算执行审计工作的意见建议。财政司主要负责同志陪同参加。

11月19日上午 副审计长陈健在教育学院为2020年市县审计局副职领导干部培训班学员授课。

11月19日下午 副审计长陈健在教育学院主持召开审计学科和职业化建设座谈会。科研所、教育学院和南京审计大学负责同志参加座谈会。

11月19日晚 副审计长陈健在教育学院主持召开会议，听取署党组派驻特派员办事处纪检组长对干部监督工作的意见建议。机关党委（巡视办）和教育学院负责同志参加会议。

11月20日上午 副审计长王陆进出席全国人大财经委会议，就2019年度中央预算执行和其他财政收支审计查出问题整改情况作汇报。政研室、财政司负责同志参加会议。

11月20日上午 副审计长陈健在教育学院为署党校2020年秋季学期处级干部进修班学员授课。

11月20日上午 副审计长陈健对基层党建联系点教育学院党委及各党支部开展调研。机关党委（巡视办）主要负责同志参加调研。

11 月 20 日下午 审计长侯凯参加李克强总理主持召开的经济形势部分地方政府主要负责人视频座谈会。

11 月 20 日下午 副审计长王陆进在署机关主持召开会议，研究 2020 年第四季度国家重大政策措施落实情况跟踪审计工作方案。财政司主要负责同志参加会议。

11 月 22 日下午 郝书辰主任在复旦大学审计现场调研。上海特派办、长春特派办主要负责同志参加调研。

11 月 23 日上午 郝书辰主任在教育学院为 2020 年度市县审计局副职领导干部培训班学员授课。

11 月 24 日上午 审计长侯凯和副审计长陈健在人民大会堂出席 2020 年表彰全国劳动模范和先进工作者大会。

11 月 24 日下午 审计长侯凯在中央纪委机关参加十九届中央纪委常委会第 18 次集体学习。

11 月 24 日下午 总审计师章轲在教育学院为署党校 2020 年秋季学期处级干部进修班、2020 年度市县审计局副职领导干部培训班学员和江苏省审计厅、南京市审计局、浦口区审计局、江宁区审计局、江北新区审计局法治工作者代表授课，专题学习习近平法治思想。教育学院全体同志参加学习。

11 月 24 日晚 总审计师章轲在南京审计大学出席“学习习近平法治思想”师生座谈会并讲话。教育学院主要负责同志参加座谈会。

11 月 25 日下午 审计长侯凯列席国务院第 115 次常务会议。

11 月 25 日下午 副审计长秦博勇在署机关出席北京冬奥会审计整改推进会并讲话。北京市、河北省、北京冬奥组委、国家体育总局、中国国家铁路集团有限公司、国家电网有限公司、中国残疾人联合会相关部门负责同志，北京市审计局、河北省审计厅、投资司、京津冀特派办、南京特派办负责同志参加会议。

11 月 25 日下午 副审计长王陆进出席全国人大常委会预算工委预算执行监督和二季度重大政策措施审计查出问题整改跟踪监督工作座谈会。财政司主要负责同志参加座谈会。

11 月 26 日下午 党组书记侯凯在署机关主持召开党组会议，听取关于给予有关人员党纪处分的意见建议，研究《审计署机关离退休干部工作办法（修订稿）》、有关经济责任审计报告和有关人事事项。党组成员王陆进、陈健、宋依佳、郝书辰、章轲出席。副审计长秦博勇，秘书局、办公厅、政研室、法规司、审理司、内审司、经责司、人教司、机关党委（巡视办）、服务局、驻审计署纪检监察组负责同志列席相关议题的研究。

11 月 26 日下午 审计长侯凯在署机关主持召开审计长会议，研究《审计署审计实务导师制管理办法》。署领导秦博勇、王陆进、陈健、宋依佳、郝书辰、章轲出席。秘书局、办公厅、政研室、法规司、人教司、机关党委（巡视办）负责同志列席会议。

11 月 26 日上午 副审计长秦博勇在署机关出席 2020 年北京冬奥会跟踪审计培训班并讲话。投资司、参审单位负责同志参加培训班。

11 月 26 日上午 副审计长陈健在署机关出席社会保险基金审计视频培训会并讲话。社保司主要负责同志参加培训会。

11 月 26 日上午 郝书辰主任在京出席 2020 年中国内部审计协会“双先”表彰大会并讲话。

11 月 26 日下午 审计长侯凯在署机关主持召开审计业务会议，研究有关审计工作方案和审计报告。署领导秦博勇、王陆进、陈健、宋依佳、郝书辰、章轲出席。秘书局、办公厅、政研室、法规司、审理司、数据司、财政司、税收司、教科司、农业司、投资司、社保司、资环司、金融司、企业司、科研所负责同志列席相关议题的研究。

11 月 27 日上午 副审计长秦博勇在署机关会见光大集团股份公司董事长李晓鹏一行。金融司主要负责同志参加会见。

11 月 27 日上午 副审计长王陆进在署机关会见宁夏回族自治区党委常委、常务副主席张超超一行。财政司主要负责同志参加会见。

11 月 27 日下午 副审计长陈健在双榆树办公区出席科研所 2020 年理论务虚会。科研所主要负责同志参加会议。

11 月 27 日下午 总审计师章轲在署机关主

持召开优秀审计项目评选领导小组会议，审议2020年全国审计机关优秀审计项目初步评选结果。领导小组成员单位主要负责同志参加会议。

11月30日上午 副审计长秦博勇在署机关会见中国人寿保险（集团）公司董事长王滨一行。金融司主要负责同志参加会见。

11月30日上午 副审计长陈健在怀柔基地出席2020年度审计理论研究骨干培训班开班式并讲话。科研所、教育学院负责同志参加开班式。

11月30日下午 副审计长王陆进赴全国人大财经委经济室听取对2020年度中央预算执行审计工作的意见建议。财政司主要负责同志陪同参加。

11月30日晚 副审计长秦博勇在京出席民建中央会议。

12月

12月1日上午 审计长侯凯在中央纪委机关出席十九届中央纪委常委会会议。

12月1日至3日 副审计长秦博勇在京出席中国民主建国会第十一届中央委员会第二次全体会议。

12月1日下午 审计长侯凯列席国务院第116次常务会议。

12月1日下午 副审计长王陆进在贸易审计局开展工作调研。财政司主要负责同志参加调研。

12月1日晚 审计长侯凯在署机关以视频方式出席联合国审计委员会第50次特别会议。总审计师章轲，涉外司、国际司主要负责同志参加会议。

12月2日上午 党组书记侯凯在署机关主持召开党组会议，传达学习中央全面依法治国工作会议精神，听取关于署内议事协调机构调整建议的汇报。党组成员王文斌、王陆进、宋依佳、郝书辰、章轲出席。秘书局、办公厅、政研室、法规司、内审司、人教司、机关党委（巡视办）、驻审计署纪检监察组负责同志列席相关议题的研究。

12月2日上午 审计长侯凯在署机关主持召开全面从严治党工作领导小组会议。署领导王文斌、王陆进、宋依佳、郝书辰、章轲出席。秘书局、办公厅、政研室、法规司、内审司、经责司、人教司、机关党委（巡视办）、驻审计署纪检监察组负责同志参加会议，审理司、数据司、财政司、税收司、教科司、农业司、投资司、社保司、资环司、金融司、企业司、涉外司有关人员列席会议。

12月3日上午 审计长侯凯在署机关会见中国长江三峡集团有限公司董事长雷鸣山一行。办公厅、投资司、企业司主要负责同志参加会见。

12月3日上午 总审计师章轲在署机关主持召开会议，专题研究有关工作。审理司、财政司、京津冀特派办负责同志参加会议。

12月4日上午 副审计长王文斌在署机关出席中央和国家机关警示教育电视电话会议。在京的机关党委委员、机关纪委委员、直属单位党组织负责同志参加会议。

12月7日上午 审计长侯凯出席国家中长期科技发展规划工作领导小组会议。

12月8日上午 党组书记侯凯在署机关主持召开党组会议，听取关于教育学院实行寒暑假制度的情况汇报，研究《审计署权责基础清单》。党组成员王文斌、王陆进、宋依佳、郝书辰、章轲出席。副审计长秦博勇，秘书局、办公厅、政研室、法规司、内审司、经责司、人教司、机关党委（巡视办）、教育学院、驻审计署纪检监察组负责同志列席相关议题的研究。

12月8日上午 审计长侯凯在署机关主持召开审计长会议，听取关于2020年全国审计机关优秀审计项目评选情况的汇报。署领导秦博勇、王文斌、王陆进、宋依佳、郝书辰、章轲出席。秘书局、办公厅、政研室、法规司、审理司、人教司、机关党委（巡视办）负责同志列席会议。

12月9日上午 审计长侯凯列席国务院第117次常务会议。

12月9日上午 副审计长王陆进在署机关出席2020年度财政审计培训班并讲话。署机关相关业务司、各派出审计局、各特派员办事处主要负责同志、审计项目相关负责人和全体参审人员，地方审计机关参与实施的相关审计项目负责人和参审人员参加培训班。

12 月 9 日至 11 日 郝书辰主任赴基层联系点甘肃省天水市审计局开展工作调研。

12 月 10 日至 12 日 副审计长秦博勇在黑龙江省哈尔滨市出席庆祝中国民主建国会成立 75 周年、民建黑龙江省委成立 40 周年暨抗击新冠肺炎疫情表彰大会，并对黑龙江民建市级组织建设开展调研。

12 月 10 日至 11 日 副审计长王陆进在京津冀特派办、天津市审计局、天津市河西区审计局及天津市财政局新增财政资金直达市县基层直接惠企利民情况专项审计现场开展工作调研。财政司主要负责同志参加调研。

12 月 11 日上午 副审计长王文斌在双榆树办公区出席数据分析技术方法在审计工作中创新应用优秀案例研讨交流会。办公厅、数据司、科研所主要负责同志参加会议。

12 月 11 日下午 副审计长王文斌在京出席国务院办公厅有关专题会议。企业司主要负责同志参加会议。

12 月 11 日下午 总审计师章轲在京列席司法部 2020 年第 18 次部务会议有关议题研究。法规司负责同志参加会议。

12 月 14 日上午、15 日上午 中央审计委员会办公室主任、党组书记、审计长侯凯在署机关主持召开中央审计办主任办公会议和党组会议，研究有关经济责任审计报告和有关人事事项。署领导秦博勇、王文斌、王陆进、宋依佳、郝书辰、章轲出席。秘书局、办公厅、政研室、法规司、审理司、数据司、财政司、资环司、经责司、人教司、机关党委（巡视办）、京津冀特派办、太原特派办、沈阳特派办、哈尔滨特派办、上海特派办、南京特派办、广州特派办、郑州特派办、济南特派办、西安特派办、兰州特派办、成都特派办、长沙特派办、长春特派办、重庆特派办、科研所、驻审计署纪检监察组负责同志列席相关议题的研究。

12 月 14 日上午 总审计师章轲在京出席全国人大财政经济委员会联系审议立法工作座谈会。法规司负责同志参加座谈会。

12 月 14 日下午 审计长侯凯列席国务院第 118 次常务会议。

12 月 14 日晚 副审计长王文斌在署机关以视频方式出席国际标准化组织“审计数据服务”技术委员会成立大会并致辞。数据司、国际司、计算中心主要负责同志参加会议。

12 月 15 日上午 副审计长秦博勇出席中央生态环境保护督察工作领导小组会议。资环司主要负责同志参加会议。

12 月 15 日下午 宋依佳组长在署机关主持召开驻审计署纪检监察组专题工作会议。

12 月 16 日至 18 日上午 审计长侯凯出席中央经济工作会议。

12 月 16 日至 18 日 副审计长王文斌赴基层联系点吉林省珲春市审计局开展工作调研。机关党委（巡视办）主要负责同志参加调研。

12 月 16 日上午 副审计长王陆进在中央机关局开展工作调研。财政司主要负责同志参加调研。

12 月 16 日至 17 日 宋依佳组长在沈阳特派办开展工作调研。驻审计署纪检监察组负责同志参加调研。

12 月 17 日至 18 日 副审计长王陆进在江西省会昌县调研慰问，并出席 2020 年度“审爱助学金”发放仪式。

12 月 17 日上午 总审计师章轲在企业二局开展工作调研。审理司主要负责同志参加调研。

12 月 18 日上午 总审计师章轲在资源环境局开展工作调研。审理司负责同志参加调研。

12 月 20 日上午 总审计师章轲在京参加第五期中国科技会堂论坛。

12 月 21 日上午 副审计长秦博勇在怀柔基地出席 2020 年度金融审计高级研讨班并讲话。金融司主要负责同志参加研讨班。

12 月 21 日上午 副审计长王陆进主持召开会议，对分管司局学习贯彻中央经济工作会议精神工作进行安排部署。秘书局、政研室、财政司主要负责同志参加会议。

12 月 21 日上午 郝书辰主任在京会见中国人民大学党委书记靳诺、校长刘伟。京津冀特派办主要负责同志参加会见。

12 月 21 日下午 审计长侯凯列席国务院第 119 次常务会议。

12 月 22 日 中央审计委员会办公室主任、党组书记、审计长侯凯在署机关主持召开中央审计办主任办公会议和党组会议，传达学习中央经济工作会议和中央有关文件精神，研究有关经济责任审计报告。署领导秦博勇、王文斌、王陆进、宋依佳、郝书辰、章轲出席相关会议。秘书局、办公厅、政研室、法规司、审理司、数据司、财政司、资环司、涉外司、经责司、人教司、机关党委（巡视办）、农业水利局、教育审计局、发展统计局、交通运输局、科学技术局、群团文化局、广电通讯局、南京特派办、重庆特派办、科研所、驻审计署纪检监察组负责同志列席相关议题的研究。

12 月 22 日下午　审计长侯凯在署机关主持召开审计长会议，研究《审计工作国家秘密范围的规定（修订稿）》。署领导秦博勇、王文斌、王陆进、宋依佳、郝书辰、章轲出席。办公厅、数据司、人教司、机关党委（巡视办）、计算中心主要负责同志列席会议。

12 月 22 日晚　副审计长王文斌在京出席全国人大宪法和法律委员会第 134 次全体会议。企业司主要负责同志参加会议。

12 月 23 日上午　受国务院委托，审计长侯凯在十三届全国人大常委会第二十四次会议上作《国务院关于 2019 年度中央预算执行和其他财政收支审计查出问题整改情况的报告》。副审计长王陆进列席会议。

12 月 23 日上午　副审计长秦博勇在署机关出席川藏铁路审计监督相关工作座谈会并讲话。投资司主要负责同志参加座谈会。

12 月 23 日下午　审计长侯凯出席国务院“十四五”规划《纲要草案》编制工作领导小组会议。

12 月 23 日下午　郝书辰主任在京出席纪念中国注册会计师制度恢复重建暨行业改革发展 40 周年座谈会。

12 月 24 日上午　副审计长王文斌在署机关主持召开第十届机关党委常委会第二次会议，研究 2020 年度基层党建述职评议考核工作方案等工作。机关党委常委参加会议。

12 月 24 日至 26 日　副审计长王文斌赴基层联系点湖南省韶山市审计局开展工作调研。机关党委（巡视办）主要负责同志参加调研。

12 月 24 日下午　审计长侯凯参加十三届全国人大常委会第二十四次会议分组审议。副审计长王陆进，政研室、财政司、教科司、社保司负责同志参加会议。

12 月 26 日上午　审计长侯凯参加十三届全国人大常委会第二十四次会议联组会议，并回答专题询问。副审计长王陆进列席会议。

12 月 28 日至 29 日　中央农村工作会议在京召开，审计长侯凯出席 29 日上午的全体会议。郝书辰主任全程参加会议。

12 月 28 日上午　总审计师章轲在署机关出席“以习近平法治思想为指导　依法履行审计监督职责　不断提升审计项目质量水平”地方审计机关视频培训班并讲话。审理司主要负责同志、各省级审计机关负责同志参加培训班。

12 月 28 日下午　总审计师章轲在金融一局开展工作调研。审理司负责同志参加调研。

12 月 29 日下午　党组书记侯凯在署机关主持召开党组会议，听取关于 2021 审计年度统一组织审计项目计划草案编制情况汇报、研究《中共审计署党组 2020 年度民主生活会实施方案》《全国审计工作视频会议筹备方案》《审计署关于制定贯彻落实中央第七次西藏工作座谈会精神的意见》《审计署创建模范机关先进单位名单、参评中央和国家机关创建模范机关先进单位和标兵单位推荐名单》和有关人事事项。党组成员王文斌、王陆进、宋依佳、章轲出席。副审计长秦博勇，秘书局、办公厅、政研室、法规司、审理司、内审司、数据司、财政司、税收司、教科司、农业司、投资司、社保司、资环司、金融司、企业司、涉外司、经责司、人教司、机关党委（巡视办）、服务局、科研所、审计学会、驻审计署纪检监察组负责同志列席相关议题的研究。

12 月 29 日下午　审计长侯凯在署机关主持召开审计长会议，听取关于 2021 年春节前几项工作安排的情况汇报。署领导秦博勇、王文斌、王陆进、宋依佳、章轲出席。秘书局、办公厅、政研室、法规司、审理司、人教司、机关党委（巡视办）、离退休办、服务局、审计学会负责同志列席会议。

12 月 30 日上午　审计长侯凯列席国务院第 120 次常务会议。

12 月 30 日下午 总审计师章轲在署机关出席“新时代审计质量控制研究”课题结项评审会议。审理司、财政司、涉外司、科研所负责同志参加会议。

12 月 31 日上午 副审计长秦博勇在京出席全国政协 2021 年新年茶话会。

12 月 31 日上午 总审计师章轲在京与全国人大常委会预算工作委员会副主任刘修文进行工作会谈。法规司、金融司负责同志参加会谈。

审计署 2020 年大事记

一、习近平对审计工作作出重要指示

1 月 1 日，中共中央总书记、国家主席、中央军委主席、中央审计委员会主任习近平作出重要指示，向全国审计机关受表彰的先进集体和先进工作者表示衷心的祝贺，希望他们再接再厉、再立新功。习近平强调，审计机关认真贯彻落实党中央决策部署，依法履职尽责，扎实勤勉工作，在推动党中央政令畅通、助力打好三大攻坚战、维护财经秩序、保障和改善民生、推进党风廉政建设等方面发挥了重要作用。审计是党和国家监督体系的重要组成部分。审计机关要在党中央统一领导下，适应新时代新要求，紧紧围绕党和国家工作大局，全面履行职责，坚持依法审计，完善体制机制，为推进国家治理体系和治理能力现代化作出更大贡献。

二、李克强等中央领导同志会见全国审计机关先进集体和先进工作者代表

1 月 2 日，中共中央政治局常委、国务院总理、中央审计委员会副主任李克强，中共中央政治局常委、中央纪律检查委员会书记、中央审计委员会副主任赵乐际在北京会见全国审计机关先进集体和先进工作者代表。杨晓渡、肖捷参加会见。

三、召开全国审计工作会议

1 月 2 日至 3 日，全国审计工作会议在北京召开。会议以习近平新时代中国特色社会主义思想为指导，全面贯彻落实党的十九大，十九届二中、三中、四中全会和中央经济工作会议精神，深入学习贯彻习近平总书记的重要指示，总结 2019 年审计工作，研究下一步工作。

四、以政治建设为统领，全面推进机关党建高质量发展

——1 月 19 日，召开全国审计机关党风廉政建设工作视频会议，传达十九届中央纪委四次全会精神，对年度工作进行部署。

——2 月 19 日，印发《中共审计署党组关于建设“让党中央放心、让人民群众满意的模范机关”实施方案》，持续推动模范机关创建工作。

——2 月至 3 月，举办深入学习贯彻党的十九届四中全会精神网络培训班，全署 1000 余名司处级干部参加了培训。

——3 月 18 日，经中央编办批准，将原机关党委（人事教育司）分设为机关党委、人事教育司两个部门，机关党委加挂“巡视工作办公室”牌子。

——6 月 12 日，中共审计署机关第十次代表大会在北京召开。大会审议通过了中共审计署机关第九届委员会工作报告、机关纪律检查委员会工作报告、关于党费收缴使用和管理情况的报告，选举产生了中共审计署机关第十届委员会和纪律检查委员会。

——7 月 30 日，印发《中共审计署党组全面从严治党主体责任清单》《审计署（特派办）机关党委落实全面从严治党责任清单》和《审计署党支部落实全面从严治党责任清单》，扎实推动全面从严治党向纵深发展。

——10 月 9 日，印发《中共审计署党组关于加强直属事业单位党的建设的意见》，加强和改进直属事业单位党的领导，开展党委领导下的行政领导负责制试点。

——12 月 25 日，组织开展党的十九届五中全会精神集中教育培训。

五、向全国人大常委会作审计工作报告和审计查出问题整改情况报告

——6 月 18 日，受国务院委托，审计署时任审计长胡泽君向十三届全国人大常委会第十九次会议作《国务院关于 2019 年度中央预算执行和其他财政收支的审计工作报告》。

——12月23日，受国务院委托，审计署审计长侯凯向十三届全国人大常委会第二十四次会议作《国务院关于2019年度中央预算执行和其他财政收支审计查出问题整改情况的报告》。12月26日，十三届全国人大常委会第二十四次会议举行联组会议，就国务院关于2019年度中央预算执行和其他财政收支审计查出问题整改情况的报告进行专题询问。

六、中央第十三巡视组对审计署党组开展巡视

10月13日至12月21日，根据中央巡视工作统一部署，中央第十三巡视组对审计署党组开展巡视。10月13日，召开中央第十三巡视组巡视审计署党组工作动员会议。中央第十三巡视组组长李炎溪作动员讲话，传达了习近平总书记关于巡视工作的重要指示精神，对做好巡视工作提出要求。审计署党组书记、审计长侯凯主持会议并讲话。

七、圆满完成全年审计任务

——在全面完成832个贫困县扶贫审计全覆盖的基础上，组织对脱贫攻坚收官阶段相关资金和政策落实情况开展审计，抽查各类扶贫资金919.47亿元、扶贫项目1.58万个，实地入户走访1.18万个贫困家庭。

——全年组织开展国家重大政策措施落实情况跟踪审计，密切关注财政资金提质增效、分区分级复工复产、就业优先、减税降费、金融服务实体经济、清理拖欠民营企业中小企业账款、深化“放管服”改革、脱贫攻坚、乡村振兴、污染防治等重大政策措施落实情况。

——1月至3月，组织开展中央和中央部门预算执行、决算草案审计；组织开展信息化建设专项资金审计；组织开展地方财政收支审计、税收和非税收入征管及税务部门预算执行情况审计；组织开展基本养老保险基金、医疗保险基金、保障性安居工程等重点民生资金和项目审计。

——2月，审计署成立应对新型冠状病毒感染肺炎疫情防控资金和捐赠款物专项审计工作领导小组，印发《关于做好新冠肺炎疫情防控财政资金和捐赠款物审计监督工作的通知》。2月至4月，全国共派出2万多名审计人员，组成4300多个审计组，对疫情防控资金和捐赠款物实施了专项审计。

——6月至7月，组织对金沙江下游水电站移民资金及白鹤滩水电站工程建设项目进行审计；组织对地方商业银行资产负债损益情况开展审计。

——6月至10月，对省级地方党委政府主要领导干部、中央部门主要领导干部、省级人民法院人民检察院主要领导干部、中央金融机构主要领导人员、中央企业主要领导人员、高校主要领导人员共57人开展经济责任审计；对25位省部级领导干部开展自然资源资产离任（任中）审计。

——7月至次年1月，组织全国审计机关开展2万亿元新增财政资金直达市县基层直接惠企利民情况专项审计。

——持续开展北京2022年冬奥会和冬残奥会跟踪审计。

——结合全球新冠肺炎疫情防控形势，创新采用境内远程审计和境外现场审计相结合的方式，对联合国秘书处等28个项目实施了审计，审计成果得到联合国审计委员会及被审计单位的充分认可和高度赞赏。

八、持续推动审计对外交流

——7月1日，审计长侯凯履任联合国审计委员会委员。7月20日，审计长侯凯在线会见联合国秘书长古特雷斯，并于7月21日在线出席联合国审计委员会第74次例会。

——7月27日，审计长侯凯在线主持亚审组织第55次理事会。

——8月25日，审计长侯凯出席金砖国家最高审计机关负责人视频会议，会议宣言作为附件纳入了金砖国家领导人第十二次会晤成果。

——12月14日，由中国审计署承担秘书处和主席职务的国际标准化组织“审计数据服务”技术委员会（ISO/TC 295）成立大会暨第一次全体会议在线召开。中国审计署及其他8个国家和相关组织的43名代表参加了会议。

九、健全完善审计法规制度

——9月，印发《审计署关于废止部分规章的决定》，废止《审计署关于审计机关办理交办事项的暂行规定》《审计机关审计行政应诉管理规定》等7件规章。

——9月，印发《审计署关于努力建设高素质专业化审计干部队伍的意见》。

——9月，印发《政府财务报告审计办法（试行）》。

——10月，会同国家发展改革委、财政部、住房和城乡建设部、国家市场监管总局印发《关于废止建设项目审计处理暂行规定的决定》。

——11月，会同人力资源社会保障部印发《关于深化审计专业人员职称制度改革的指导意见》。

——11月，印发《审计署审计实务导师制实施办法》。

——12月，配合司法部在深入研究论证、充分听取意见基础上，反复修改完善形成《中华人民共和国审计法修正案（草案）》，经司法部部务会议讨论通过，送有关部门进行复核。

——12月，经国家统计局同意，印发《内部审计统计调查制度》。

十、持续强化审计理论研究和相关基础建设

——3月，时任审计长胡泽君主编的《中外国家审计比较研究》出版发行，该书被列为审计干部职业教育培训和审计专业硕士培养教材。

——6月，中国审计学会第八届会员代表大会暨深入学习贯彻习近平总书记关于审计工作的重要论述专题研讨会在京召开，选举产生了第八届理事会。

——8月，审计博物馆《新民主主义革命时期中国共产党领导下的审计工作》主题展览入选国家文物局2020年度100项“弘扬优秀传统文化、培育社会主义核心价值观”主题展览推介项目。

——8月，全国审计信息化标准化技术委员会（SAC/TC 341）换届大会暨第二届第一次全体委员会议在北京召开。

——10月，金审工程三期署本级19个分子系统全部开放上线。

十一、审计署负责同志调整

6月，侯凯同志任审计署党组书记、审计长，胡泽君同志不再担任审计署党组书记、审计长，袁野同志不再担任审计署党组成员、副审计长；7月，王陆进同志任审计署党组成员；8月，王陆进同志任审计署副审计长。

审计工作统计

2020年审计工作综合情况统计表
——全国审计机关

指标名称	单位	合计	审计署本级汇总	审计署派出局汇总	审计署特派办汇总	地方审计机关汇总
一、审计单位	个	93124	73	210	217	92624
审计	个	87503	73	210	217	87003
专项审计调查	个	5621				5621
二、审计查出主要问题金额	万元	1684112782.06	256570739	3591682.26	310714721.48	1113235639.32
违规金额	万元	37624160.63	7418	82479.92	1147936.65	36386326.06
损失浪费金额	万元	3840290.85	54800	2171.81	106691.9	3676627.14
管理不规范金额	万元	1642648330.58	256508521	3507030.53	309460092.93	1073172686.12
三、审计发现非金额计量问题	个	386436	325	722	5738	379651
四、损益(收支)不实	万元	97616265.5	858530	426271.98	31403541.22	64927922.3
五、审计发现侵害人民群众利益	万元	2248637.07	102724		795532.41	1350380.66
六、审计期间整改金额	万元	45297152.47	1297371	709558.4	6254763.6	37035459.47
七、审计报告和专项审计调查报告	篇	116685	67	110	231	116277
被批示、采用审计报告和专项审计调查报告	篇·次	7699			1	7698
八、审计处理情况	—	—	—	—	—	—
审计处理处罚	万元	127083372.9	1260323	766107.31	4806229.25	120250713.34
其中:应上缴财政	万元	24690868.85	1429	77353.29	605680.58	24006405.98
其中:罚没	万元	46913.55				46913.55
应减少财政拨款或补贴	万元	4401963.13		483.98		4401479.15
应归还原渠道资金	万元	26000051.87	258016	65965.12	1668720.22	24007350.53
应缴纳其他资金	万元	6418141.47		94.34	1188609.81	5229437.32
应调账处理金额	万元	65572347.58	1000878	622210.58	1343218.64	62606040.36

（续表）

指标名称	计量单位	合计	审计署本级汇总	审计署派出局汇总	审计署特派办汇总	地方审计机关汇总
移送处理事项	件	11729	39	—	103	11587
司法机关	件	159	4	—	10	145
纪检监察机关	件	6053	13	—	63	5977
有关部门	件	5517	22	—	30	5465
移送处理人员	人	8669	215	—	267	8187
司法机关	人	280	117	—	22	141
纪检监察机关	人	6589	46	—	222	6321
有关部门	人	1800	52	—	23	1725
移送处理金额	万元	25083078.91	3832046.06	—	926285.73	20324747.12
司法机关	万元	915450.12	729508.97	—	57410.05	128531.1
纪检监察机关	万元	9162029.11	29675.76	—	133754.4	8998598.95
有关部门	万元	15005599.68	3072861.33	—	735121.28	11197617.07
九、审计处理结果落实情况	—	—	—	—	—	—
审计促进整改落实有关问题资金	万元	170487614.5	13946235	1135099.09	52973456.21	102432824.2
其中：增收节支	万元	31862273.81	880130	296561.62	4066315.79	26619266.4
已上缴财政	万元	15057371.55	5914	73975.86	2265962.7	12711518.99
已减少财政拨款或补贴	万元	2331735.8		3352.59	17206.69	2311176.52
已归还原渠道资金	万元	14473166.46	874216	219233.17	1783146.4	11596570.89
已缴纳其他资金	万元	3340797.03		27294.34	954667.16	2358835.53
已调账处理金额	万元	48513181.7	134580	380368.36	11291831.97	36706401.37
审计促进拨付资金到位	万元	31299521.18	3333	125448.7	17186756.6	13983982.88
审计后挽回(避免)损失	万元	5039976.85	46	25526.75	132623.34	4881780.76
核减投资额	万元	6865979.35				6865979.35
移送处理落实事项	件	2246	34	—	4	2208
司法机关已处理	件	59	1	—		58
纪检监察机关已处理	件	915	29	—	3	883
有关部门已处理	件	1272	4	—	1	1267
移送处理落实人员	人	3055	66	—	4	2985
已追究刑事责任	人	121	1	—		120
已给予党纪政纪处分	人	1335	63	—	3	1269
有关部门已处理人员	人	1599	2	—	1	1596
十、审计成果利用情况	—	—	—	—	—	—
审计提出建议	条	236698	97	347	878	235376

（续表）

指标名称	计量单位	合计	审计署本级汇总	审计署派出局汇总	审计署特派办汇总	地方审计机关汇总
其中：建议制定修改部门规定	条	3131		10	19	3102
建议制定修改法律法规	条	2				2
被采纳审计建议	条	189828	69	322	786	188651
被审计单位制定整改措施	项	52426	19	427	2519	49461
被审计单位建立健全规章制度	项	12208	20	68	488	11632
促进修改法律法规	条					
提交审计信息	篇	84757	36	55	1553	83113
审计专题、综合性报告	篇	13391	27		1	13363
信息简报	篇	59108	9	51	1544	57504
其中：重要审计信息	篇	8213	8	30	1279	6896
被批示、采用审计信息	篇·次	42576	31	37	2529	39979
审计专题、综合性报告	篇·次	7839	27		1	7811
信息简报	篇·次	29308	4	36	2528	26740
其中：重要审计信息	篇·次	6326	4	33	2341	3948
审计信息移送案件事项	项	187	16			171
涉案人员	人	369	168			201
涉案金额	万元	4610565.44	3572743			1037822.44
十一、向社会公告审计结果	篇	7869	5			7864
十二、被审计领导干部	人	32767	4	7	34	32722
其中：负直接责任问题金额	万元	18143707.83	546		3565567.35	14577594.48
涉嫌个人经济问题人数	人	8				8
金额	万元	5283.09				5283.09
十三、交办、配合事项	件	9358		45	68	9245
十四、审计机关	个	3223	1	30	18	3174
审计署及其派出机构	个	49	1	30	18	
省级审计机关	个	32				32
地级审计机关	个	439				439
县级审计机关	个	2703				2703
十五、审计人员	人	107563	795	557	2435	103776
审计署及其派出机构	人	3787	795	557	2435	
省级审计机关	人	8619				8619
地级审计机关	人	26599				26599
县级审计机关	人	68558				68558

2020 年审计工作综合情况统计表
——审计署派出审计局

指标名称	单位	审计署派出局汇总	中央机关审计局	宣传审计局	统战审计局	外交审计局
一、审计单位	个	210	9	9	18	4
审计	个	210	9	9	18	4
专项审计调查	个					
二、审计查出主要问题金额	万元	3591682.26	401635.71	214030.2	24428.42	21054.77
违规金额	万元	82479.92	7148.09	10558.98	511.69	
损失浪费金额	万元	2171.81				
管理不规范金额	万元	3507030.53	394487.62	203471.22	23916.73	21054.77
三、审计发现非金额计量问题	个	722	23	29	41	18
四、损益(收支)不实	万元	426271.98	48.38	63175.89	12422.55	16347.14
五、审计发现侵害人民群众利益	万元					
六、审计期间整改金额	万元	709558.4		1082.83	10	3937.81
七、审计报告和专项审计调查报告	篇	110	2	2	1	3
被批示、采用审计报告和专项审计调查报告	篇·次					
八、审计处理情况	—	—	—	—	—	—
审计处理处罚	万元	766107.31	127041.75	202467.87	3781.68	16450.76
其中:应上缴财政	万元	77353.29	6481.29	10095.42	511.69	26.71
其中:罚没	万元					
应减少财政拨款或补贴	万元	483.98				
应归还原渠道资金	万元	65965.12	672.5	463.56		
应缴纳其他资金	万元	94.34				
应调账处理金额	万元	622210.58	119887.96	191908.89	3269.99	16424.05
九、审计处理结果落实情况	—	—	—	—	—	—
审计促进整改落实有关问题资金	万元	1135099.09	274774.96	133493.82	3279.92	17116.96

（续表）

指标名称	单位	审计署派出局汇总	中央机关审计局	宣传审计局	统战审计局	外交审计局
其中：增收节支	万元	296561.62	6895.87	6470.23	25.74	
已上缴财政	万元	73975.86	6456.37	6139.93	15.74	
已减少财政拨款或补贴	万元	3352.59				
已归还原渠道资金	万元	219233.17	439.5	330.3	10	
已缴纳其他资金	万元	27294.34				
已调账处理金额	万元	380368.36	124237.25	127023.59	3254.18	16395.44
审计促进拨付资金到位	万元	125448.7	233			
审计后挽回（避免）损失	万元	25526.75				
十、审计成果利用情况	—	—	—	—	—	—
审计提出建议	条	347	24	6	40	6
其中：建议制定修改部门规定	条	10				
建议制定修改法律法规	条					
被采纳审计建议	条	322	13	6	40	6
被审计单位制定整改措施	项	427	7	68	2	6
被审计单位建立健全规章制度	项	68	2	5	3	
促进修改法律法规	条					
提交审计信息	篇	55				
审计专题、综合性报告	篇					
信息简报	篇	51				
其中：重要审计信息	篇	30				
被批示、采用审计信息	篇·次	37				
审计专题、综合性报告	篇·次					
信息简报	篇·次	36				
其中：重要审计信息	篇·次	33				
十一、被审计领导干部	人	7				
十二、交办、配合事项	件	45	2	7	1	3

（续表）

指标名称	单位	政法审计局	教育审计局	科学技术审计局	工信建设审计局	民政社保审计局
一、审计单位	个	9	8	6	7	10
审计	个	9	8	6	7	10
专项审计调查						
二、审计查出主要问题金额	万元	234115.8	46840.63	403464.3	85808.18	10194.95
违规金额	万元	248.79		14836.56	169.3	
损失浪费金额	万元					
管理不规范金额	万元	233867.01	46840.63	388627.74	85638.88	10194.95
三、审计发现非金额计量问题	个	13	18	12	17	36
四、损益（收支）不实	万元					
五、审计发现侵害人民群众利益	万元					
六、审计期间整改金额	万元	499.82	6518.1	666.01	18881.81	
七、审计报告和专项审计调查报告	篇	3	6	4	5	9
被批示、采用审计报告和专项审计调查报告	篇·次					
八、审计处理情况	—	—	—	—	—	—
审计处理处罚	万元	275.28	71.49	24742.97	169.3	441.12
其中：应上缴财政	万元	248.79		13878.67		441.12
其中：罚没	万元					
应减少财政拨款或补贴	万元					
应归还原渠道资金	万元		71.49	2000	169.3	
应缴纳其他资金	万元					
应调账处理金额	万元	26.49		8864.3		
九、审计处理结果落实情况	—	—	—	—	—	—
审计促进整改落实有关问题资金	万元	190.42	1930.86	24370.2	66479.88	
其中：增收节支	万元	163.93	362.72	15579.1		
已上缴财政	万元	163.93		13878.67		

（续表）

指标名称	单位	政法审计局	教育审计局	科学技术审计局	工信建设审计局	民政社保审计局
已减少财政拨款或补贴	万元					
已归还原渠道资金	万元		362.72	1700.43		
已缴纳其他资金	万元					
已调账处理金额	万元	26.49	1568.14	8791.1		
审计促进拨付资金到位	万元					
审计后挽回（避免）损失	万元					
十、审计成果利用情况	—	—	—	—	—	—
审计提出建议	条	9	15	13	24	10
其中：建议制定修改部门规定	条					
建议制定修改法律法规	条					
被采纳审计建议	条	9	12	13	22	10
被审计单位制定整改措施	项	10	13	11	24	21
被审计单位建立健全规章制度	项		2			
促进修改法律法规	条					
提交审计信息	篇		2			
审计专题、综合性报告	篇					
信息简报	篇					
其中：重要审计信息	篇					
被批示、采用审计信息	篇·次		1			
审计专题、综合性报告	篇·次					
信息简报	篇·次					
其中：重要审计信息	篇·次					
十一、被审计领导干部	人		1			
十二、交办、配合事项	件	1	1			

（续表）

指标名称	单位	资源环境审计局	交通运输审计局	农业水利审计局	贸易审计局	卫生体育审计局
一、审计单位	个	8	8	11	10	9
审计	个	8	8	11	10	9
专项审计调查						
二、审计查出主要问题金额	万元	60281.64	29375.23	198318.7	196223.92	81227.28
违规金额	万元	1577.85	4896.79		21984.72	30
损失浪费金额	万元					13.19
管理不规范金额	万元	58703.79	24478.44	198318.7	174239.2	81184.09
三、审计发现非金额计量问题	个	29	36	146	30	41
四、损益(收支)不实	万元	1069.72			8077.96	36345.56
五、审计发现侵害人民群众利益	万元					
六、审计期间整改金额	万元	392.51	19295.65	12895.87	34421.4	2399.87
七、审计报告和专项审计调查报告	篇	6	7	8	7	6
被批示、采用审计报告和专项审计调查报告	篇·次					
八、审计处理情况	—	—	—	—	—	—
审计处理处罚	万元	2611.14	4896.79	3431.64	67413.22	1124.66
其中:应上缴财政	万元	1577.85	4896.79		21984.72	97.77
其中:罚没	万元					
应减少财政拨款或补贴	万元					
应归还原渠道资金	万元					226.99
应缴纳其他资金	万元					
应调账处理金额	万元	1033.29		3431.64	45428.5	799.9
九、审计处理结果落实情况	—	—	—	—	—	—
审计促进整改落实有关问题资金	万元	2746.78	35.2	2876.9	227733.54	44435.91
其中:增收节支	万元	1577.85			178837.6	4974.89
已上缴财政	万元	1577.85			23921.72	97.77

（续表）

指标名称	单位	资源环境审计局	交通运输审计局	农业水利审计局	贸易审计局	卫生体育审计局
已减少财政拨款或补贴	万元					3352.59
已归还原渠道资金	万元				154915.88	1524.53
已缴纳其他资金	万元					
已调账处理金额	万元	1168.93	35.2	95	14189.51	16578.09
审计促进拨付资金到位	万元				125200	
审计后挽回（避免）损失	万元					
十、审计成果利用情况	—	—	—	—	—	—
审计提出建议	条	18	16	27	25	16
其中：建议制定修改部门规定	条			1		
建议制定修改法律法规	条					
被采纳审计建议	条	18	16	27	25	9
被审计单位制定整改措施	项	13	4	69	25	13
被审计单位建立健全规章制度	项				34	6
促进修改法律法规	条					
提交审计信息	篇		1		16	15
审计专题、综合性报告	篇					
信息简报	篇		1		16	15
其中：重要审计信息	篇		1		13	10
被批示、采用审计信息	篇·次		1		13	15
审计专题、综合性报告	篇·次					
信息简报	篇·次		1		13	15
其中：重要审计信息	篇·次		1		12	15
十一、被审计领导干部	人		1			
十二、交办、配合事项	件		1	1	1	7

（续表）

指标名称	单位	社会管理审计局	经济执法审计局	广电通讯审计局	发展统计审计局	群团文化审计局
一、审计单位	个	11	6	9	11	16
审计	个	11	6	9	11	16
专项审计调查						
二、审计查出主要问题金额	万元	59529.03	58625.62	154551.42	896977.77	21039.22
违规金额	万元		417.97	500	17041.14	831.63
损失浪费金额	万元			2158.62		
管理不规范金额	万元	59529.03	58207.65	151892.8	879936.63	20207.59
三、审计发现非金额计量问题	个	16	5	27	33	54
四、损益(收支)不实	万元	34591.4		11547.84	224439.48	17901.07
五、审计发现侵害人民群众利益	万元					
六、审计期间整改金额	万元	702.82		3670.73	586186.86	
七、审计报告和专项审计调查报告	篇	4	4	7	10	7
被批示、采用审计报告和专项审计调查报告	篇·次					
八、审计处理情况	—	—	—	—	—	—
审计处理处罚	万元	34591.4	3056.95	7782.9	182239.46	18732.7
其中:应上缴财政	万元		44.24		17041.14	27.09
其中:罚没	万元					
应减少财政拨款或补贴	万元				483.98	
应归还原渠道资金	万元		373.73	740	648	226.22
应缴纳其他资金	万元					94.34
应调账处理金额	万元	34591.4	2638.98	7042.9	164550.32	17901.07
九、审计处理结果落实情况	—	—	—	—	—	—
审计促进整改落实有关问题资金	万元	30044.08	5856.73	27515.54	54758.64	149.88
其中:增收节支	万元	34.5	5856.73	1.8	16917.07	27.09
已上缴财政	万元		5483		16213.79	27.09

（续表）

指标名称	单位	社会管理审计局	经济执法审计局	广电通讯审计局	发展统计审计局	群团文化审计局
已减少财政拨款或补贴	万元					
已归还原渠道资金	万元	34.5	373.73	1.8	703.28	
已缴纳其他资金	万元					94.34
已调账处理金额	万元	338.58		26301.11	27953.95	11.38
审计促进拨付资金到位	万元	15.7				
审计后挽回(避免)损失	万元			25526.75		
十、审计成果利用情况	—	—	—	—	—	—
审计提出建议	条	13	3	10	16	10
其中:建议制定修改部门规定	条			2	4	
建议制定修改法律法规	条					
被采纳审计建议	条	13	3	10	14	10
被审计单位制定整改措施	项	12	9	10	47	26
被审计单位建立健全规章制度	项			1	4	
促进修改法律法规	条					
提交审计信息	篇				1	
审计专题、综合性报告	篇					
信息简报	篇				1	
其中:重要审计信息	篇				1	
被批示、采用审计信息	篇·次				1	
审计专题、综合性报告	篇·次					
信息简报	篇·次				1	
其中:重要审计信息	篇·次				1	
十一、被审计领导干部	人	1		1	1	2
十二、交办、配合事项	件	2		1		

（续表）

指标名称	单位	金融审计一局	金融审计二局	金融审计三局	企业审计一局	企业审计二局
一、审计单位	个	2	3	2	4	1
审计	个	2	3	2	4	1
专项审计调查						
二、审计查出主要问题金额	万元		1507.38		107741.81	20986.4
违规金额	万元		9.46			
损失浪费金额	万元					
管理不规范金额	万元		1497.92		107741.81	20986.4
三、审计发现非金额计量问题	个	5	22	10	28	3
四、损益(收支)不实	万元		304.99			
五、审计发现侵害人民群众利益	万元					
六、审计期间整改金额	万元		131.57		17807.02	
七、审计报告和专项审计调查报告	篇		3	2	3	
被批示、采用审计报告和专项审计调查报告	篇·次					
八、审计处理情况	—	—	—	—	—	—
审计处理处罚	万元		1402.85			
其中:应上缴财政	万元					
其中:罚没	万元					
应减少财政拨款或补贴	万元					
应归还原渠道资金	万元		9.46			
应缴纳其他资金	万元					
应调账处理金额	万元		1393.39			
九、审计处理结果落实情况	—	—	—	—	—	—
审计促进整改落实有关问题资金	万元		1369.93		42433.52	
其中:增收节支	万元		3.58		4160	
已上缴财政	万元					

（续表）

指标名称	单位	金融审计一局	金融审计二局	金融审计三局	企业审计一局	企业审计二局
已减少财政拨款或补贴	万元					
已归还原渠道资金	万元		3.58		4160	
已缴纳其他资金	万元				27200	
已调账处理金额	万元		1326.9		11073.52	
审计促进拨付资金到位	万元					
审计后挽回(避免)损失	万元					
十、审计成果利用情况	—	—	—	—	—	—
审计提出建议	条	2	7	10	3	
其中:建议制定修改部门规定	条					
建议制定修改法律法规	条					
被采纳审计建议	条	2	7	10	3	
被审计单位制定整改措施	项	9	3	18	7	
被审计单位建立健全规章制度	项			5	6	
促进修改法律法规	条					
提交审计信息	篇			1	2	3
审计专题、综合性报告	篇					
信息简报	篇			1	2	3
其中:重要审计信息	篇			1	1	3
被批示、采用审计信息	篇·次				1	3
审计专题、综合性报告	篇·次					
信息简报	篇·次				1	3
其中:重要审计信息	篇·次				1	3
十一、被审计领导干部	人					
十二、交办、配合事项	件		1	2	2	1

（续表）

指标名称	单位	企业审计三局	企业审计四局	企业审计五局	企业审计六局	企业审计七局	企业审计八局
一、审计单位	个	6	1	2	2	3	5
审计	个	6	1	2	2	3	5
专项审计调查							
二、审计查出主要问题金额	万元	56826.43	58596.74	92643.53	28774	26475.18	408
违规金额	万元			1353.95			363
损失浪费金额	万元						
管理不规范金额	万元	56826.43	58596.74	91289.58	28774	26475.18	45
三、审计发现非金额计量问题	个		11	11	3	1	4
四、损益(收支)不实	万元						
五、审计发现侵害人民群众利益	万元						
六、审计期间整改金额	万元					57.72	
七、审计报告和专项审计调查报告	篇				1		
被批示、采用审计报告和专项审计调查报告	篇·次						
八、审计处理情况	—	—	—	—	—	—	—
审计处理处罚	万元	55210.43		1353.95	6454		363
其中:应上缴财政	万元						
其中:罚没	万元						
应减少财政拨款或补贴	万元						
应归还原渠道资金	万元	54672.92		1353.95	3974		363
应缴纳其他资金	万元						
应调账处理金额	万元	537.51			2480		
九、审计处理结果落实情况	—	—	—	—	—	—	—
审计促进整改落实有关问题资金	万元	55210.43		92643.53		25651.46	
其中:增收节支	万元	54672.92					
已上缴财政	万元						

（续表）

指标名称	单位	企业审计三局	企业审计四局	企业审计五局	企业审计六局	企业审计七局	企业审计八局
已减少财政拨款或补贴	万元						
已归还原渠道资金	万元	54672.92					
已缴纳其他资金	万元						
已调账处理金额	万元						
审计促进拨付资金到位	万元						
审计后挽回(避免)损失	万元						
十、审计成果利用情况	—	—	—	—	—	—	—
审计提出建议	条			7	2		15
其中:建议制定修改部门规定	条						
建议制定修改法律法规	条						
被采纳审计建议	条			7	2		15
被审计单位制定整改措施	项						
被审计单位建立健全规章制度	项						
促进修改法律法规	条						
提交审计信息	篇		5	4	1	2	2
审计专题、综合性报告	篇						
信息简报	篇		5	4	1	2	
其中:重要审计信息	篇						
被批示、采用审计信息	篇·次					2	
审计专题、综合性报告	篇·次						
信息简报	篇·次					2	
其中:重要审计信息	篇·次						
十一、被审计领导干部	人						
十二、交办、配合事项	件	2		1	1	1	6

2020 年审计工作综合情况统计表
——审计署驻地方特派员办事处

指标名称	单位	审计署特派办汇总	京津冀特派办	太原特派办	沈阳特派办
一、审计单位	个	217	18	16	11
审计	个	217	18	16	11
专项审计调查	个				
二、审计查出主要问题金额	万元	310714721.48	24596524.9	55678186.76	23520871.66
违规金额	万元	1147936.65	12418.82	7374	37112.11
损失浪费金额	万元	106691.9	1302.73		836.78
管理不规范金额	万元	309460092.93	24582803.35	55670812.76	23482922.77
三、审计发现非金额计量问题	个	5738	241	437	467
四、损益(收支)不实	万元	31403541.22	271536.91	30078587.29	35852.01
五、审计发现侵害人民群众利益	万元	795532.41	11738.33	89889.6	1411.38
六、审计期间整改金额	万元	6254763.6	306472.82	1324415.64	62699.41
七、审计报告和专项审计调查报告	篇	231	19	17	12
被批示、采用审计报告和专项审计调查报告	篇·次	1			
八、审计处理情况	—	—	—	—	—
审计处理处罚	万元	4806229.25	52845.5	11111.98	900110.15
其中:应上缴财政	万元	605680.58	4077.91		124100
其中:罚没	万元				
应减少财政拨款或补贴	万元				
应归还原渠道资金	万元	1668720.22	35184.97	11111.98	254701.71
应缴纳其他资金	万元	1188609.81	678.77		39256.03
应调账处理金额	万元	1343218.64	12903.85		482052.41
移送处理事项	件	103	5	7	20
司法机关	件	10			3
纪检监察机关	件	63	3	5	10
有关部门	件	30	2	2	7

（续表）

指标名称	单位	审计署特派办汇总	京津冀特派办	太原特派办	沈阳特派办
移送处理人员	人	267	3	5	30
司法机关	人	22			4
其中：地厅级及以上	人				
县处级	人				
乡科级及以下	人	22			4
纪检监察机关	人	222	3	3	21
其中：地厅级及以上	人	3			
县处级	人	59	1	1	4
乡科级及以下	人	160	2	2	17
有关部门	人	23		2	5
其中：地厅级及以上	人				
县处级	人	1		1	
乡科级及以下	人	22		1	5
移送处理金额	万元	926285.73	32426	718.18	264816
司法机关	万元	57410.05			645
纪检监察机关	万元	133754.4	24626	718.14	7492
有关部门	万元	735121.28	7800	0.04	256679
九、审计处理结果落实情况	—	—	—	—	—
审计促进整改落实有关问题资金	万元	52973456.21	2813716.87	3160512.02	1105338.92
其中：增收节支	万元	4066315.79	45811.47	243770.45	371068.93
已上缴财政	万元	2265962.7	6351.48		90296.29
已减少财政拨款或补贴	万元	17206.69		1.58	
已归还原渠道资金	万元	1783146.4	39459.99	243768.87	280772.64
已缴纳其他资金	万元	954667.16	80678.77	359404.02	75.05
已调账处理金额	万元	11291831.97	216529.94	25601.28	29597.5
审计促进拨付资金到位	万元	17186756.6	83920.18	96906.6	56040.28
审计后挽回(避免)损失	万元	132623.34	254.81		
核减投资额	万元				

（续表）

指标名称	单位	审计署特派办汇总	京津冀特派办	太原特派办	沈阳特派办
移送处理落实事项	件	4			
司法机关已处理	件				
纪检监察机关已处理	件	3			
有关部门已处理	件	1			
移送处理落实人员	人	4			
已追究刑事责任	人				
已给予党纪政纪处分	人	3			
有关部门已处理人员	人	1			
十、审计成果利用情况	—	—	—	—	—
审计提出建议	条	878	98	88	30
其中：建议制定修改部门规定	条	19			
建议制定修改法律法规	条				
被采纳审计建议	条	786	98	88	30
被审计单位制定整改措施	项	2519	253	312	112
被审计单位建立健全规章制度	项	488	58	43	7
促进修改法律法规	条				
提交审计信息	篇	1553	100	70	96
审计专题、综合性报告	篇	1			
信息简报	篇	1544	100	70	96
其中：重要审计信息	篇	1279	89	70	96
被批示、采用审计信息	篇·次	2529	261	78	153
审计专题、综合性报告	篇·次	1			
信息简报	篇·次	2528	261	78	153
其中：重要审计信息	篇·次	2341	250	78	153
十一、被审计领导干部	人	34	3	1	4
其中：负直接责任问题金额	万元	3565567.35	3165662.55		15143.58
十二、交办、配合事项	件	68	8	3	7

（续表）

指标名称	单位	哈尔滨特派办	上海特派办	南京特派办	武汉特派办	广州特派办
一、审计单位	个	9	17	12	11	12
审计	个	9	17	12	11	12
专项审计调查	个					
二、审计查出主要问题金额	万元	5948006.98	1891198.19	14041579.13	2638540.34	48615603.03
违规金额	万元	31129.66	15735.9	55442.29	361143.6	649.94
损失浪费金额	万元					23545.11
管理不规范金额	万元	5916877.32	1875462.29	13986136.84	2277396.74	48591407.98
三、审计发现非金额计量问题	个	159	231	230	327	315
四、损益(收支)不实	万元	565.38	159521.22		2657.72	739100
五、审计发现侵害人民群众利益	万元	112.92	30795.16	159195.08	258674.52	17679.37
六、审计期间整改金额	万元	51120.48	353732.54	119116.81	205553.14	895848.82
七、审计报告和专项审计调查报告	篇	10	19	15	13	14
被批示、采用审计报告和专项审计调查报告	篇·次					
八、审计处理情况	—	—	—	—	—	—
审计处理处罚	万元	31100	666848.28	708277.61	743186	88853.58
其中:应上缴财政	万元		134961.24	171.66	192898.6	
其中:罚没	万元					
应减少财政拨款或补贴	万元					
应归还原渠道资金	万元	31100	367522.49	205.95	170436.76	88853.58
应缴纳其他资金	万元		674.5	707900	261805.12	
应调账处理金额	万元		163690.05		118045.52	
移送处理事项	件	6	6	5	5	6
司法机关	件		1	2	2	
纪检监察机关	件	5		3	3	5
有关部门	件	1	5			1
移送处理人员	人	22	6	5	94	11

（续表）

指标名称	单位	哈尔滨特派办	上海特派办	南京特派办	武汉特派办	广州特派办
司法机关	人		2	2	10	
其中：地厅级及以上	人					
县处级	人					
乡科级及以下	人		2	2	10	
纪检监察机关	人	20		3	84	11
其中：地厅级及以上	人					1
县处级	人				40	3
乡科级及以下	人	20		3	44	7
有关部门	人	2	4			
其中：地厅级及以上	人					
县处级	人					
乡科级及以下	人	2	4			
移送处理金额	万元	171	416203.35	55581.49	1513	513.19
司法机关	万元		693.35	55306.1	620	
纪检监察机关	万元	161		275.39	893	513.19
有关部门	万元	10	415510			
九、审计处理结果落实情况	—	—	—	—	—	—
审计促进整改落实有关问题资金	万元	507514.56	181555.65	9471662.27	305602.27	17504373.48
其中：增收节支	万元	148467.74	33414.86	107048.46	213505.04	671129.58
已上缴财政	万元	1607.24	16454.04	54213.15	162272.11	608412.64
已减少财政拨款或补贴	万元			3755		91.11
已归还原渠道资金	万元	146860.5	16960.82	49080.31	51232.93	62625.83
已缴纳其他资金	万元			445787.13	10.72	48608.9
已调账处理金额	万元	14248.17	89374	246115.02	92086.5	7125558.43
审计促进拨付资金到位	万元		914.53	3078529.42	483384.52	4138522.93
审计后挽回（避免）损失	万元				613.93	73178.56
核减投资额	万元					

（续表）

指标名称	单位	哈尔滨特派办	上海特派办	南京特派办	武汉特派办	广州特派办
移送处理落实事项	件			1		
司法机关已处理	件					
纪检监察机关已处理	件					
有关部门已处理	件			1		
移送处理落实人员	人			3		
已追究刑事责任	人					
已给予党纪政纪处分	人			2		
有关部门已处理人员	人			1		
十、审计成果利用情况	—	—	—	—	—	—
审计提出建议	条	38	50	43	22	82
其中：建议制定修改部门规定	条	2				10
建议制定修改法律法规	条					
被采纳审计建议	条	38	35	50	15	81
被审计单位制定整改措施	项	57	212	338	35	100
被审计单位建立健全规章制度	项	69	32	88	19	8
促进修改法律法规	条					
提交审计信息	篇	100	85	71	45	114
审计专题、综合性报告	篇					
信息简报	篇	100	85	71	45	114
其中：重要审计信息	篇	100	85	71	23	88
被批示、采用审计信息	篇·次	102	130	115	102	164
审计专题、综合性报告	篇·次					
信息简报	篇·次	102	130	115	102	164
其中：重要审计信息	篇·次	102	130	115	76	164
十一、被审计领导干部	人	3	5	1	3	2
其中：负直接责任问题金额	万元	23200				
十二、交办、配合事项	件	1	11	2	5	2

（续表）

指标名称	单位	郑州特派办	济南特派办	西安特派办	兰州特派办	昆明特派办
一、审计单位	个	16	8	12	13	12
审计	个	16	8	12	13	12
专项审计调查	个					
二、审计查出主要问题金额	万元	7014214.28	6409431.79	19149528.13	10579401.11	13947217.21
违规金额	万元	111799.66	133019.75	197752.94	1979.79	19540.57
损失浪费金额	万元	1398.02	12419.96	2196.37	1858.85	337.56
管理不规范金额	万元	6901016.6	6263992.08	18949578.82	10575562.47	13927339.08
三、审计发现非金额计量问题	个	403	239	288	249	334
四、损益(收支)不实	万元	29700	44058.15	14133.53	6253.36	16895
五、审计发现侵害人民群众利益	万元	41091.5	1798.27	25577.45	91934.16	
六、审计期间整改金额	万元	1502687.93	168936.62	607926.47	80178.98	156572.71
七、审计报告和专项审计调查报告	篇	17	9	14	13	12
被批示、采用审计报告和专项审计调查报告	篇·次				1	
八、审计处理情况	—	—	—	—	—	—
审计处理处罚	万元	382277.26	132918.46	206760.31	109965.69	19540.57
其中：应上缴财政	万元	63321.01	552.97	64108.24		2890.91
其中：罚没	万元					
应减少财政拨款或补贴	万元					
应归还原渠道资金	万元	45469.99	73278.73	115947.25	2378.18	16649.66
应缴纳其他资金	万元	614.61	59086.76	26704.82	17100	
应调账处理金额	万元	272871.65			90487.51	
移送处理事项	件	4	6	4	4	4
司法机关	件		1			
纪检监察机关	件	3	2	3	3	4
有关部门	件	1	3	1	1	
移送处理人员	人	7	15	12	7	8

（续表）

指标名称	单位	郑州特派办	济南特派办	西安特派办	兰州特派办	昆明特派办
司法机关	人		2			
其中：地厅级及以上	人					
县处级	人					
乡科级及以下	人		2			
纪检监察机关	人	7	12	12	7	8
其中：地厅级及以上	人					1
县处级	人		1	2		
乡科级及以下	人	7	11	10	7	7
有关部门	人		1			
其中：地厅级及以上	人					
县处级	人					
乡科级及以下	人		1			
移送处理金额	万元	12817.17	25829.83	681.16	13967.53	3013.81
司法机关	万元					
纪检监察机关	万元	12817.17	494.43	93.01	6967.53	3013.81
有关部门	万元		25335.4	588.15	7000	
九、审计处理结果落实情况	—	—	—	—	—	—
审计促进整改落实有关问题资金	万元	2370886.14	411511.64	4315113.63	2902590.64	2154303.21
其中：增收节支	万元	106960.3	399029.02	120308.56	19033.5	1198042.64
已上缴财政	万元	47901.13	5175.78	74007.91	101.21	1161470.05
已减少财政拨款或补贴	万元	13359				
已归还原渠道资金	万元	45700.17	393853.24	46300.65	18932.29	36572.59
已缴纳其他资金	万元	2511		12719.35		
已调账处理金额	万元	863563.76	10327.94	200.67	2295638.87	117662.14
审计促进拨付资金到位	万元	1783827.21	62891.76	3500524.41	91.79	2336567.87
审计后挽回（避免）损失	万元					803.86
核减投资额	万元					

（续表）

指标名称	单位	郑州特派办	济南特派办	西安特派办	兰州特派办	昆明特派办
移送处理落实事项	件					1
司法机关已处理	件					
纪检监察机关已处理	件					1
有关部门已处理	件					
移送处理落实人员	人					1
已追究刑事责任	人					
已给予党纪政纪处分	人					1
有关部门已处理人员	人					
十、审计成果利用情况	—	—	—	—	—	—
审计提出建议	条	70	65	37	45	37
其中：建议制定修改部门规定	条				2	
建议制定修改法律法规	条					
被采纳审计建议	条	70	65	37	45	33
被审计单位制定整改措施	项	70	76	524	7	83
被审计单位建立健全规章制度	项	25	2	32	1	64
促进修改法律法规	条					
提交审计信息	篇	61	116	76	81	90
审计专题、综合性报告	篇				1	
信息简报	篇	61	116	76	80	90
其中：重要审计信息	篇	15	116	64	8	75
被批示、采用审计信息	篇·次	150	166	193	77	105
审计专题、综合性报告	篇·次				1	
信息简报	篇·次	150	166	193	76	105
其中：重要审计信息	篇·次	78	166	181	73	89
十一、被审计领导干部	人	4		4	2	
其中：负直接责任问题金额	万元	76863.7		284697.52		
十二、交办、配合事项	件	1		6	2	8

（续表）

指标名称	单位	成都特派办	长沙特派办	深圳特派办	长春特派办	重庆特派办
一、审计单位	个	10	14	9	8	9
审计	个	10	14	9	8	9
专项审计调查	个					
二、审计查出主要问题金额	万元	3362911.9	9764051.74	2468011.49	7871344.24	53218098.6
违规金额	万元	95297.88	28309.76	2727.47	25505.65	10996.86
损失浪费金额	万元	822.96	9599.16	8.19	9114.18	43252.03
管理不规范金额	万元	3266791.06	9726142.82	2465275.83	7836724.41	53163849.71
三、审计发现非金额计量问题	个	698	340	110	253	417
四、损益(收支)不实	万元		4350.65		330	
五、审计发现侵害人民群众利益	万元	11952.37	62.8	3035.05	43196.42	7388.03
六、审计期间整改金额	万元	50168.3	137505.52	30376.23	75492.62	125958.56
七、审计报告和专项审计调查报告	篇	9	15	7	7	9
被批示、采用审计报告和专项审计调查报告	篇·次					
八、审计处理情况	—	—	—	—	—	—
审计处理处罚	万元	7645.46	429988.39	151968.45	151177.52	11654.04
其中:应上缴财政	万元		18108.83		489.21	
其中:罚没	万元					
应减少财政拨款或补贴	万元					
应归还原渠道资金	万元	7645.46	379667.1	28115.52	29346.68	11104.21
应缴纳其他资金	万元		15281.69	50944.28	8013.4	549.83
应调账处理金额	万元		16930.77	72908.65	113328.23	
移送处理事项	件	5	8		3	5
司法机关	件				1	
纪检监察机关	件	2	5		2	5
有关部门	件	3	3			
移送处理人员	人	14	14		5	9

（续表）

指标名称	单位	成都特派办	长沙特派办	深圳特派办	长春特派办	重庆特派办
司法机关	人				2	
其中:地厅级及以上	人					
县处级	人					
乡科级及以下	人				2	
纪检监察机关	人	10	9		3	9
其中:地厅级及以上	人					1
县处级	人	1	2			4
乡科级及以下	人	9	7		3	4
有关部门	人	4	5			
其中:地厅级及以上	人					
县处级	人					
乡科级及以下	人	4	5			
移送处理金额	万元	31847.34	3103.01		395.67	62688
司法机关	万元				145.6	
纪检监察机关	万元	11822.8	928.86		250.07	62688
有关部门	万元	20024.54	2174.15			
九、审计处理结果落实情况	—	—	—	—	—	—
审计促进整改落实有关问题资金	万元	292510.88	3388331.92	880411.26	368058.8	839462.05
其中:增收节支	万元	41020.77	62797.78	13385.55	141941.35	129579.79
已上缴财政	万元	1880.12	24824.83	10772.33	195.62	26.77
已减少财政拨款或补贴	万元					
已归还原渠道资金	万元	39140.65	37972.95	2613.22	141745.73	129553.02
已缴纳其他资金	万元	471.26	566.42			3834.54
已调账处理金额	万元	1743.62	10761.16	11795.18	113328.23	27699.56
审计促进拨付资金到位	万元	1367.36	1232953.81	34372.69	1245	294696.24
审计后挽回(避免)损失	万元	30010.96	17181.4	10553.05		26.77
核减投资额	万元					

（续表）

指标名称	单位	成都特派办	长沙特派办	深圳特派办	长春特派办	重庆特派办
移送处理落实事项	件					2
司法机关已处理	件					
纪检监察机关已处理	件					2
有关部门已处理	件					
移送处理落实人员	人					
已追究刑事责任	人					
已给予党纪政纪处分	人					
有关部门已处理人员	人					
十、审计成果利用情况	—	—	—	—	—	—
审计提出建议	条	20	39	67	21	26
其中:建议制定修改部门规定	条			5		
建议制定修改法律法规	条					
被采纳审计建议	条	13	18	40	18	12
被审计单位制定整改措施	项	42	228	35	29	6
被审计单位建立健全规章制度	项	9	23	6	2	
促进修改法律法规	条					
提交审计信息	篇	124	100	96	85	43
审计专题、综合性报告	篇					
信息简报	篇	124	100	88	85	43
其中:重要审计信息	篇	111	82	80	63	43
被批示、采用审计信息	篇·次	181	143	118	186	105
审计专题、综合性报告	篇·次					
信息简报	篇·次	181	143	118	186	105
其中:重要审计信息	篇·次	181	123	118	186	78
十一、被审计领导干部	人		1			1
其中:负直接责任问题金额	万元					
十二、交办、配合事项	件	2	1	7	1	1

2020 年审计工作综合情况统计表
——地方审计机关

指标名称	单位	地方审计机关汇总	北京市	天津市	河北省
一、审计单位	个	92624	1371	449	3268
审计	个	87003	1329	410	3106
专项审计调查	个	5621	42	39	162
二、审计查出主要问题金额	万元	1113235639.32	17729904.47	37298099.47	39935134.5
违规金额	万元	36386326.06	1058507.54	450555.37	512749.95
损失浪费金额	万元	3676627.14	1119.31	123600.85	7742.3
管理不规范金额	万元	1073172686.12	16670277.62	36723943.25	39414642.25
三、审计发现非金额计量问题	个	379651	4792	1395	7903
四、损益(收支)不实	万元	64927922.3	83681.36	3880162.36	16603536.12
五、审计发现侵害人民群众利益	万元	1350380.66	1183.69	5323.02	534.72
六、审计期间整改金额	万元	37035459.47	308321.8	439529.77	581199.85
七、审计报告和专项审计调查报告	篇	116277	1719	694	4375
被批示、采用审计报告和专项审计调查报告	篇·次	7698	122	29	153
八、审计处理情况	—	—	—	—	—
审计处理处罚	万元	120250713.34	828233.42	2047935.85	1624837.66
其中:应上缴财政	万元	24006405.98	368262.75	398603.51	398600.1
其中:罚没	万元	46913.55	3.3		114.77
应减少财政拨款或补贴	万元	4401479.15	11863.55	100	47915.42
应归还原渠道资金	万元	24007350.53	12614.73	306405.43	32247.62
应缴纳其他资金	万元	5229437.32	7489.26	58094.81	3175.63
应调账处理金额	万元	62606040.36	428003.13	1284732.1	1142898.89
移送处理事项	件	11587	50	56	394
司法机关	件	145	4	2	1
纪检监察机关	件	5977	20	33	194
有关部门	件	5465	26	21	199
移送处理人员	人	8187	23	100	66
司法机关	人	141	4		

（续表）

指标名称	单位	地方审计机关汇总	北京市	天津市	河北省
其中：地厅级及以上	人				
县处级	人	3			
乡科级及以下	人	138	4		
纪检监察机关	人	6321	14	86	57
其中：地厅级及以上	人	65	1	1	
县处级	人	382	5	16	1
乡科级及以下	人	5874	8	69	56
有关部门	人	1725	5	14	9
其中：地厅级及以上	人	5			
县处级	人	45	2		
乡科级及以下	人	1675	3	14	9
移送处理金额	万元	20324747.12	123416.01	26535.44	180115.47
司法机关	万元	128531.1	1672.47	63.39	169.98
纪检监察机关	万元	8998598.95	92571.39	19428.15	130557.59
有关部门	万元	11197617.07	29172.15	7043.9	49387.9
九、审计处理结果落实情况	—	—	—	—	—
审计促进整改落实有关问题资金	万元	102432824.2	4737590.97	1248317.91	2372620.5
其中：增收节支	万元	26619266.4	1048988.32	174794.29	404520.6
已上缴财政	万元	12711518.99	759098.13	41415.92	347757.88
已减少财政拨款或补贴	万元	2311176.52	39304.72		27393.12
已归还原渠道资金	万元	11596570.89	250585.47	133378.37	29369.6
已缴纳其他资金	万元	2358835.53	40188.22		3146.73
已调账处理金额	万元	36706401.37	688994.55	394879.06	1959385.89
审计促进拨付资金到位	万元	13983982.88	217245.78	87465.02	228615.61
审计后挽回（避免）损失	万元	4881780.76	44394.72		68493.4
核减投资额	万元	6865979.35	100598.03	3336.77	174127.01
移送处理落实事项	件	2208	5	6	85
司法机关已处理	件	58	1		
纪检监察机关已处理	件	883		1	27
有关部门已处理	件	1267	4	5	58
移送处理落实人员	人	2985	8		38

（续表）

指标名称	单位	地方审计机关汇总	北京市	天津市	河北省
已追究刑事责任	人	120	4		
已给予党纪政纪处分	人	1269			28
有关部门已处理人员	人	1596	4		10
十、审计成果利用情况	—	—	—	—	—
审计提出建议	条	235376	4306	1094	8877
其中：建议制定修改部门规定	条	3102	109	11	7
建议制定修改法律法规	条	2			
被采纳审计建议	条	188651	3566	484	8138
被审计单位制定整改措施	项	49461	4956	42	932
被审计单位建立健全规章制度	项	11632	1092	22	544
促进修改法律法规	条				
提交审计信息	篇	83113	1086	1605	1468
审计专题、综合性报告	篇	13363	95	24	167
信息简报	篇	57504	575	1000	1063
其中：重要审计信息	篇	6896	31	27	91
被批示、采用审计信息	篇・次	39979	657	993	1034
审计专题、综合性报告	篇・次	7811	103	11	178
信息简报	篇・次	26740	180	626	744
其中：重要审计信息	篇・次	3948	28	18	62
审计信息移送案件事项	项	171			
涉案人员	人	201			
地厅级及以上	人	1			
县处级	人	3			
乡科级及以下	人	197			
涉案金额	万元	1037822.44			
十一、向社会公告审计结果	篇	7864	100	17	4
十二、被审计领导干部	人	32722	334	310	1052
其中：负直接责任问题金额	万元	14577594.48	19910.62	2287.88	4000.01
涉嫌个人经济问题人数	人	8			
金额	万元	5283.09			
十三、交办、配合事项	件	9245	9	132	215

（续表）

指标名称	单位	山西省	内蒙古自治区	辽宁省	吉林省
一、审计单位	个	4129	2122	4684	2511
审计	个	4040	2046	4243	2362
专项审计调查	个	89	76	441	149
二、审计查出主要问题金额	万元	29985906.91	13773268.84	38795597	9124576.96
违规金额	万元	2216295.14	1193713.64	1495708.71	246603.58
损失浪费金额	万元	76778.02	13241.7	118011.6	339438.26
管理不规范金额	万元	27692833.75	12566313.5	37181876.69	8538535.12
三、审计发现非金额计量问题	个	12120	4172	10573	2200
四、损益（收支）不实	万元	1077383.58	785690.42	978842.36	811303.07
五、审计发现侵害人民群众利益	万元	75.06	997.87	1352.71	1108.44
六、审计期间整改金额	万元	938080.38	368745.35	963115.93	1155449.34
七、审计报告和专项审计调查报告	篇	4222	2128	5234	2553
被批示、采用审计报告和专项审计调查报告	篇·次	456	85	309	209
八、审计处理情况	—	—	—	—	—
审计处理处罚	万元	5335601.55	4478030.68	6318342.79	1968349.4
其中：应上缴财政	万元	2372958.85	391636.29	470069.71	176025.41
其中：罚没	万元	6955.02	253.79	51.68	51.63
应减少财政拨款或补贴	万元	53766.31	22142.71	47651.57	16685.3
应归还原渠道资金	万元	771269.4	863794.39	1712126.09	1029664.57
应缴纳其他资金	万元	177238.23	786647.21	171583.8	100953.57
应调账处理金额	万元	1960368.76	2413810.08	3916911.62	645020.55
移送处理事项	件	513	573	194	52
司法机关	件	4	1	3	3
纪检监察机关	件	152	172	119	28
有关部门	件	357	400	72	21
移送处理人员	人	203	36	73	35
司法机关	人				9
其中：地厅级及以上	人				

（续表）

指标名称	单位	山西省	内蒙古自治区	辽宁省	吉林省
县处级	人				
乡科级及以下	人				9
纪检监察机关	人	174	28	64	19
其中：地厅级及以上	人	1		9	
县处级	人	7	5	5	1
乡科级及以下	人	166	23	50	18
有关部门	人	29	8	9	7
其中：地厅级及以上	人				
县处级	人	2	1		
乡科级及以下	人	27	7	9	7
移送处理金额	万元	275077.86	557354.19	378678.95	311339.21
司法机关	万元	108.8		1250.66	16.81
纪检监察机关	万元	106408.83	341335.79	151052.95	304512.16
有关部门	万元	168560.23	216018.4	226375.34	6810.24
九、审计处理结果落实情况	—	—	—	—	—
审计促进整改落实有关问题资金	万元	1955283.05	3973588.22	5521967.12	1053694.95
其中：增收节支	万元	466900.44	1037048.03	989007.98	596532.33
已上缴财政	万元	336971.18	303960.24	361988.83	157328.73
已减少财政拨款或补贴	万元	39315.15	46869.84	16220.98	4032.99
已归还原渠道资金	万元	90614.11	686217.95	610798.17	435170.61
已缴纳其他资金	万元	58567.87	642248.69	44921.34	45677.16
已调账处理金额	万元	288616.91	751708.62	4015225.17	230809.96
审计促进拨付资金到位	万元	93138.95	511816.8	376061.66	168685.44
审计后挽回(避免)损失	万元	12700.2	92166.65	80974.62	79023.45
核减投资额	万元	131390.96	93872.75	5991.09	5468.54
移送处理落实事项	件	41	171	17	2
司法机关已处理	件		1	1	
纪检监察机关已处理	件	25	28	11	
有关部门已处理	件	16	142	5	2
移送处理落实人员	人	36	303	9	
已追究刑事责任	人			2	

（续表）

指标名称	单位	山西省	内蒙古自治区	辽宁省	吉林省
已给予党纪政纪处分	人	35	8	4	
有关部门已处理人员	人	1	295	3	
十、审计成果利用情况	—	—	—	—	—
审计提出建议	条	8231	4309	10370	2739
其中：建议制定修改部门规定	条	96	62	202	
建议制定修改法律法规	条				
被采纳审计建议	条	4777	3233	8250	2040
被审计单位制定整改措施	项	407	335	3011	26
被审计单位建立健全规章制度	项	95	95	225	15
促进修改法律法规	条				
提交审计信息	篇	1142	4357	1403	1566
审计专题、综合性报告	篇	158	361	143	433
信息简报	篇	764	3630	1174	633
其中：重要审计信息	篇	10	702	41	38
被批示、采用审计信息	篇·次	369	1702	574	729
审计专题、综合性报告	篇·次	63	66	106	129
信息简报	篇·次	285	1555	436	349
其中：重要审计信息	篇·次	9	461	28	28
审计信息移送案件事项	项				
涉案人员	人				
地厅级及以上	人				
县处级	人				
乡科级及以下	人				
涉案金额	万元				
十一、向社会公告审计结果	篇	25	48	42	16
十二、被审计领导干部	人	1152	766	1080	1226
其中：负直接责任问题金额	万元	25201.63	54642.4	946121.65	1475.45
涉嫌个人经济问题人数	人				
金额	万元				
十三、交办、配合事项	件	5	50	17	6

（续表）

指标名称	单位	黑龙江省	上海市	江苏省	浙江省
一、审计单位	个	3096	695	2859	2353
审计	个	3049	654	2604	1952
专项审计调查	个	47	41	255	401
二、审计查出主要问题金额	万元	16646723.23	10678395.79	106053981.4	29202113.07
违规金额	万元	371393.93	1266260.11	736360.71	1071451.17
损失浪费金额	万元	30550.75	105160.15	117507.17	174297.43
管理不规范金额	万元	16244778.55	9306975.53	105200113.5	27956364.47
三、审计发现非金额计量问题	个	14520	4796	19289	24822
四、损益(收支)不实	万元	236942.54	806926.01	4727758.62	670233.87
五、审计发现侵害人民群众利益	万元	26583.62	261805.4	1222.42	52744.66
六、审计期间整改金额	万元	176679.25	384715.64	2783225.76	2543179.47
七、审计报告和专项审计调查报告	篇	4720	973	3806	3389
被批示、采用审计报告和专项审计调查报告	篇·次	212	150	426	472
八、审计处理情况	—	—	—	—	—
审计处理处罚	万元	1824428.5	2354887.16	8056118.61	8942320.51
其中:应上缴财政	万元	135746.68	291257.16	1077416.53	768925.61
其中:罚没	万元	173.24		178.92	9246.88
应减少财政拨款或补贴	万元	22624.18	77297.15	361395.94	232898.6
应归还原渠道资金	万元	581542.52	152038.79	563963.58	2123200.38
应缴纳其他资金	万元	28315.77	239190.56	78581.42	90887.19
应调账处理金额	万元	1056199.35	1595103.5	5974761.14	5726408.73
移送处理事项	件	472	35	482	1099
司法机关	件	27	4	3	21
纪检监察机关	件	211	25	335	702
有关部门	件	234	6	144	376
移送处理人员	人	224	2	299	1121
司法机关	人	10	1		51
其中:地厅级及以上	人				

（续表）

指标名称	单位	黑龙江省	上海市	江苏省	浙江省
县处级	人				
乡科级及以下	人	10	1		51
纪检监察机关	人	187	1	263	831
其中：地厅级及以上	人			2	
县处级	人	2		12	36
乡科级及以下	人	185	1	249	795
有关部门	人	27		36	239
其中：地厅级及以上	人				
县处级	人				6
乡科级及以下	人	27		36	233
移送处理金额	万元	131078.95	108802.81	541242.75	357323.71
司法机关	万元	5458.21	23222.49	8350.57	7374.32
纪检监察机关	万元	25107.65	84357.13	434858.37	195427.37
有关部门	万元	100513.09	1223.19	98033.81	154522.02
九、审计处理结果落实情况	—	—	—	—	—
审计促进整改落实有关问题资金	万元	1249661.14	5937896.19	6393726.7	7469487.32
其中：增收节支	万元	394269.84	478226.15	677426.12	2564280.77
已上缴财政	万元	66563.11	194360.48	287441.2	1186142.5
已减少财政拨款或补贴	万元	24491.74	74790.14	229229.6	228082.39
已归还原渠道资金	万元	303214.99	209075.53	160755.32	1150055.88
已缴纳其他资金	万元	17162.96	6812.82	18461.77	16813.69
已调账处理金额	万元	744710.26	609055.7	5157668.73	4882356.33
审计促进拨付资金到位	万元	129146.05	349069.02	118562.59	714988.29
审计后挽回（避免）损失	万元	49136.84	105765.12	237332.59	342646.2
核减投资额	万元	33700.38	120241	1013631.47	339247.59
移送处理落实事项	件	15	6	45	411
司法机关已处理	件	6			25
纪检监察机关已处理	件	3	4	16	183
有关部门已处理	件	6	2	29	203
移送处理落实人员	人	5	18	61	579
已追究刑事责任	人			1	84

（续表）

指标名称	单位	黑龙江省	上海市	江苏省	浙江省
已给予党纪政纪处分	人	3	17	17	297
有关部门已处理人员	人	2	1	43	198
十、审计成果利用情况	—	—	—	—	—
审计提出建议	条	6485	2381	8047	8510
其中：建议制定修改部门规定	条	35	60	76	328
建议制定修改法律法规	条				
被采纳审计建议	条	6127	2014	6275	7387
被审计单位制定整改措施	项	164	2405	1933	2430
被审计单位建立健全规章制度	项	93	588	499	963
促进修改法律法规	条				
提交审计信息	篇	651	979	2205	8765
审计专题、综合性报告	篇	349	83	505	1258
信息简报	篇	273	594	1434	6865
其中：重要审计信息	篇	32	48	348	90
被批示、采用审计信息	篇·次	263	693	1287	5615
审计专题、综合性报告	篇·次	164	105	314	1495
信息简报	篇·次	97	306	883	3880
其中：重要审计信息	篇·次	37	54	103	39
审计信息移送案件事项	项		5		9
涉案人员	人		3		
地厅级及以上	人				
县处级	人		1		
乡科级及以下	人		2		
涉案金额	万元		3296.12		
十一、向社会公告审计结果	篇	14	249	337	1362
十二、被审计领导干部	人	1702	345	1228	1226
其中：负直接责任问题金额	万元	208353.93	11229.32	544919.29	1624457.33
涉嫌个人经济问题人数	人				2
金额	万元				5013.89
十三、交办、配合事项	件	7	3	1971	35

（续表）

指标名称	单位	安徽省	福建省	江西省	山东省
一、审计单位	个	4081	2497	3640	5743
审计	个	3886	2344	3520	5489
专项审计调查	个	195	153	120	254
二、审计查出主要问题金额	万元	9242121.19	14247219.38	16482159.07	153969107.38
违规金额	万元	667862.58	249840.4	1212801.76	1684035.75
损失浪费金额	万元	8266.55	6403.86	78312.89	1115954.31
管理不规范金额	万元	8565992.06	13990975.12	15191044.42	151169117.32
三、审计发现非金额计量问题	个	14784	18693	8909	30372
四、损益(收支)不实	万元	381276.86	810255.36	442353.63	10576761.66
五、审计发现侵害人民群众利益	万元	674.44	15954.24	114.3	416606.15
六、审计期间整改金额	万元	553337.42	535982.04	2106549.56	6752374.52
七、审计报告和专项审计调查报告	篇	5808	3391	4431	9163
被批示、采用审计报告和专项审计调查报告	篇·次	357	341	157	85
八、审计处理情况	—	—	—	—	—
审计处理处罚	万元	1962100.03	1685966.61	3888501.77	7619856.74
其中:应上缴财政	万元	449628.25	208898.93	809265.95	1538874.4
其中:罚没	万元	277.35	0.78	7116.2	
应减少财政拨款或补贴	万元	116957.33	52928.67	836758.19	453582.3
应归还原渠道资金	万元	489255.56	698133.69	579068.65	217243.35
应缴纳其他资金	万元	96813.85	392.15	435848.3	51413.72
应调账处理金额	万元	809445.04	725613.17	1227560.68	5358742.97
移送处理事项	件	193	183	138	856
司法机关	件	2	2	1	5
纪检监察机关	件	106	99	72	422
有关部门	件	85	82	65	429
移送处理人员	人	95	143	158	590
司法机关	人			1	9
其中:地厅级及以上	人				

（续表）

指标名称	单位	安徽省	福建省	江西省	山东省
县处级	人				
乡科级及以下	人			1	9
纪检监察机关	人	46	72	113	471
其中:地厅级及以上	人	2			2
县处级	人	3	2	10	25
乡科级及以下	人	41	70	103	444
有关部门	人	49	71	44	110
其中:地厅级及以上	人				1
县处级	人			5	7
乡科级及以下	人	49	71	39	102
移送处理金额	万元	82484.56	216504.03	56177.13	6953872.05
司法机关	万元	1184.6	1084.24	20.98	5909.05
纪检监察机关	万元	58713.84	197090.79	32988.01	2149381.66
有关部门	万元	22586.12	18329	23168.14	4798581.34
九、审计处理结果落实情况	—	—	—	—	—
审计促进整改落实有关问题资金	万元	5025451.67	1615122.2	1210626.43	3841873.6
其中:增收节支	万元	1030414.1	782365.41	419870.48	1378778.17
已上缴财政	万元	457661.53	154242.5	336182.46	796656.17
已减少财政拨款或补贴	万元	103445.12	50436.93	11527.77	439697.27
已归还原渠道资金	万元	469307.45	577685.98	72160.25	142424.73
已缴纳其他资金	万元	152766.67	16.43	58520.29	927.8
已调账处理金额	万元	1232501.39	773628.97	492851.54	978227.46
审计促进拨付资金到位	万元	214797.91	172423.81	41714.2	1279873.19
审计后挽回(避免)损失	万元	109452.01	56574.84	55345.57	529407.19
核减投资额	万元	191687.01	60648.16	120309.39	506752.53
移送处理落实事项	件	34	26	22	169
司法机关已处理	件	1		1	3
纪检监察机关已处理	件	11	18	3	65
有关部门已处理	件	22	8	18	101
移送处理落实人员	人	105	44	10	161
已追究刑事责任	人	2	1		2

（续表）

指标名称	单位	安徽省	福建省	江西省	山东省
已给予党纪政纪处分	人	11	36	3	103
有关部门已处理人员	人	92	7	7	56
十、审计成果利用情况	—	—	—	—	—
审计提出建议	条	12831	6815	9411	15865
其中：建议制定修改部门规定	条	183	62	50	148
建议制定修改法律法规	条				1
被采纳审计建议	条	10783	5928	6196	11265
被审计单位制定整改措施	项	4647	686	313	5121
被审计单位建立健全规章制度	项	694	565	100	932
促进修改法律法规	条				
提交审计信息	篇	4197	4856	856	4696
审计专题、综合性报告	篇	689	698	136	554
信息简报	篇	3034	4158	369	2880
其中：重要审计信息	篇	682	91	14	481
被批示、采用审计信息	篇·次	1146	2515	290	2143
审计专题、综合性报告	篇·次	296	370	55	398
信息简报	篇·次	664	2145	122	1295
其中：重要审计信息	篇·次	91	70	9	205
审计信息移送案件事项	项		3		62
涉案人员	人				42
地厅级及以上	人				
县处级	人				2
乡科级及以下	人				40
涉案金额	万元		107.68		996456.43
十一、向社会公告审计结果	篇	670	23	8	132
十二、被审计领导干部	人	1778	1008	1494	3526
其中：负直接责任问题金额	万元	238219.72	8573.5	18398.62	2910984.53
涉嫌个人经济问题人数	人				
金额	万元				
十三、交办、配合事项	件	144	357	158	161

（续表）

指标名称	单位	河南省	湖北省	湖南省	广东省
一、审计单位	个	4827	2988	4909	3186
审计	个	4682	2915	4690	2741
专项审计调查	个	145	73	219	445
二、审计查出主要问题金额	万元	41046977.37	29770009.97	61278123.2	80101961.29
违规金额	万元	2780949.05	1762066.75	2236284.07	1921682.78
损失浪费金额	万元	136772.78	199569.84	67208.27	105758.44
管理不规范金额	万元	38129255.54	27808373.38	58974630.86	78074520.07
三、审计发现非金额计量问题	个	31310	7690	15646	23009
四、损益(收支)不实	万元	1472483.73	1774744.83	3607177.7	5447118.96
五、审计发现侵害人民群众利益	万元	2110.39	13046.32	110415.34	339160.01
六、审计期间整改金额	万元	1775902.33	386603.45	2291960.11	4098281.44
七、审计报告和专项审计调查报告	篇	5645	4045	6984	5280
被批示、采用审计报告和专项审计调查报告	篇·次	481	763	215	259
八、审计处理情况	—	—	—	—	—
审计处理处罚	万元	5853985.42	5572230.4	10480134.4	4526307.32
其中:应上缴财政	万元	1400768.39	1383795.03	1844271.98	1403573.05
其中:罚没	万元	5537.34	572.39	3475.69	511.31
应减少财政拨款或补贴	万元	340588.46	115992.98	863887.81	61348.74
应归还原渠道资金	万元	1514666.69	1369833.19	1658707.49	638191.19
应缴纳其他资金	万元	760363.75	286085.83	130055.82	45652.87
应调账处理金额	万元	1837598.13	2416523.37	5983211.3	2377541.47
移送处理事项	件	515	477	595	954
司法机关	件	2	19	11	4
纪检监察机关	件	295	280	359	492
有关部门	件	218	178	225	458
移送处理人员	人	1273	254	591	780
司法机关	人	1	7	3	11
其中:地厅级及以上	人				

（续表）

指标名称	单位	河南省	湖北省	湖南省	广东省
县处级	人			1	2
乡科级及以下	人	1	7	2	9
纪检监察机关	人	709	213	560	722
其中：地厅级及以上	人	1	2	3	36
县处级	人	25	18	11	64
乡科级及以下	人	683	193	546	622
有关部门	人	563	34	28	47
其中：地厅级及以上	人				
县处级	人	1	4		1
乡科级及以下	人	562	30	28	46
移送处理金额	万元	409698.17	393252.14	191378.91	3213729.59
司法机关	万元	324.1	2143.64	3019.38	35796.3
纪检监察机关	万元	279424.19	249060.85	139306.47	1319614.41
有关部门	万元	129949.88	142047.65	49053.06	1858318.88
九、审计处理结果落实情况	—	—	—	—	—
审计促进整改落实有关问题资金	万元	4821792.73	2710694.35	3899123.38	7607623.55
其中：增收节支	万元	2251827.65	902975.74	1786165.09	1395415.68
已上缴财政	万元	1102192.4	275558.79	960181.18	590737.98
已减少财政拨款或补贴	万元	310046.53	66578.42	64343.38	35293.22
已归还原渠道资金	万元	839588.72	560838.53	761640.53	769384.48
已缴纳其他资金	万元	292854.28	109407.3	80048.32	3510.51
已调账处理金额	万元	393478.55	1074235.14	1808515.44	2771105.79
审计促进拨付资金到位	万元	2069372.9	201436.53	806792.6	550070.21
审计后挽回（避免）损失	万元	319521.73	104831.47	936582.15	48992.65
核减投资额	万元	552088.58	264538.94	873217.12	35250.76
移送处理落实事项	件	130	200	38	78
司法机关已处理	件	1	4	5	1
纪检监察机关已处理	件	92	48	29	5
有关部门已处理	件	37	148	4	72
移送处理落实人员	人	235	204	130	31
已追究刑事责任	人	1	4	4	

（续表）

指标名称	单位	河南省	湖北省	湖南省	广东省
已给予党纪政纪处分	人	163	70	41	8
有关部门已处理人员	人	71	130	85	23
十、审计成果利用情况	—	—	—	—	—
审计提出建议	条	12941	9403	10748	10637
其中：建议制定修改部门规定	条	235			166
建议制定修改法律法规	条				1
被采纳审计建议	条	10448	7869	10312	8308
被审计单位制定整改措施	项	2273	1884	48	6456
被审计单位建立健全规章制度	项	670	141	88	1442
促进修改法律法规	条				
提交审计信息	篇	4611	10101	2506	3183
审计专题、综合性报告	篇	643	3325	274	667
信息简报	篇	3439	4690	1168	2178
其中：重要审计信息	篇	867	445	272	365
被批示、采用审计信息	篇·次	3197	4211	1550	1111
审计专题、综合性报告	篇·次	557	1132	253	385
信息简报	篇·次	2218	2198	737	629
其中：重要审计信息	篇·次	734	322	185	184
审计信息移送案件事项	项	15		3	25
涉案人员	人	66		3	
地厅级及以上	人				
县处级	人				
乡科级及以下	人	66		3	
涉案金额	万元	1014.12		16.72	2562.13
十一、向社会公告审计结果	篇	434	146	485	402
十二、被审计领导干部	人	1491	1393	1425	1265
其中：负直接责任问题金额	万元	105623.58	247642.7	94828.91	674979.47
涉嫌个人经济问题人数	人			1	1
金额	万元			121.3	102.8
十三、交办、配合事项	件	366	231	2457	653

（续表）

指标名称	单位	广西壮族自治区	海南省	重庆市	四川省
一、审计单位	个	1925	600	1806	5775
审计	个	1769	517	1727	5283
专项审计调查	个	156	83	79	492
二、审计查出主要问题金额	万元	27892093.88	12837866.11	65064517.1	41321490.99
违规金额	万元	1147098.62	493585.53	1031861.63	2231044.97
损失浪费金额	万元	50891.93	5539.64	172610.72	33500.11
管理不规范金额	万元	26694103.33	12338740.94	63860044.75	39056945.91
三、审计发现非金额计量问题	个	7860	7152	10436	26384
四、损益(收支)不实	万元	491699.81	24789.34	1374530.9	3344292.33
五、审计发现侵害人民群众利益	万元	9219.94	34.02	2916.47	1739.15
六、审计期间整改金额	万元	1015306.16	150673.38	801945.14	1592363.21
七、审计报告和专项审计调查报告	篇	2197	624	1956	6188
被批示、采用审计报告和专项审计调查报告	篇·次	63	100	457	185
八、审计处理情况	—	—	—	—	—
审计处理处罚	万元	3980614.39	645247.99	1392923.95	6785302.53
其中:应上缴财政	万元	556765.04	186035.19	907656.94	1650220.45
其中:罚没	万元	805.65		1.2	5690.39
应减少财政拨款或补贴	万元	84237.93	17168.82	494.83	249670.55
应归还原渠道资金	万元	1546865.84	234153.02	123177.68	1450505.08
应缴纳其他资金	万元	243104.78	5515.28	59.05	260768.02
应调账处理金额	万元	1549640.8	202375.68	361535.45	3174138.43
移送处理事项	件	148	61	424	716
司法机关	件	4		12	7
纪检监察机关	件	103	37	165	354
有关部门	件	41	24	247	355
移送处理人员	人	257	31	570	372
司法机关	人	24		8	1
其中:地厅级及以上	人				

（续表）

指标名称	单位	广西壮族自治区	海南省	重庆市	四川省
县处级	人				
乡科级及以下	人	24		8	1
纪检监察机关	人	201	31	497	216
其中:地厅级及以上	人			1	
县处级	人	5	5	57	12
乡科级及以下	人	196	26	439	204
有关部门	人	32		65	155
其中:地厅级及以上	人				4
县处级	人			4	8
乡科级及以下	人	32		61	143
移送处理金额	万元	80613.7	58801.16	541748.51	460272.29
司法机关	万元	1662.51		12147.54	15408.44
纪检监察机关	万元	35913.08	55142.68	52684.52	344211.01
有关部门	万元	43038.11	3658.48	476916.45	100652.84
九、审计处理结果落实情况	—	—	—	—	—
审计促进整改落实有关问题资金	万元	4827907.69	3422758.4	5007308.21	3381320.9
其中:增收节支	万元	976717.43	317697.24	1294096.33	1601303.22
已上缴财政	万元	233566.24	242625.76	936456.76	872649.28
已减少财政拨款或补贴	万元	59376.88	15009.85	4564.01	212551.05
已归还原渠道资金	万元	683774.31	60061.63	353075.56	516102.89
已缴纳其他资金	万元	186675.56	1439.73		223343.54
已调账处理金额	万元	678405.26	223329.84	746478.35	782590.44
审计促进拨付资金到位	万元	570496.86	6085.92	1206472.78	184353.88
审计后挽回(避免)损失	万元	375596.84	7464.43	270476	390090.62
核减投资额	万元	172759.26	84775.76	337640.71	454079
移送处理落实事项	件	20	2	189	120
司法机关已处理	件	1		2	2
纪检监察机关已处理	件	14		58	56
有关部门已处理	件	5	2	129	62
移送处理落实人员	人	50		124	435
已追究刑事责任	人			3	6

（续表）

指标名称	单位	广西壮族自治区	海南省	重庆市	四川省
已给予党纪政纪处分	人	43		45	142
有关部门已处理人员	人	7		76	287
十、审计成果利用情况	—	—	—	—	—
审计提出建议	条	5356	2354	6519	16720
其中：建议制定修改部门规定	条	91	23		459
建议制定修改法律法规	条				
被采纳审计建议	条	3416	1635	6059	13269
被审计单位制定整改措施	项	1000	553	4803	1648
被审计单位建立健全规章制度	项	144	124	836	619
促进修改法律法规	条				
提交审计信息	篇	523	164	4145	5237
审计专题、综合性报告	篇	66	132	358	681
信息简报	篇	401	32	3273	4197
其中：重要审计信息	篇	118	13	496	756
被批示、采用审计信息	篇・次	197	64	2301	2533
审计专题、综合性报告	篇・次	50	28	292	353
信息简报	篇・次	106	36	1740	2107
其中：重要审计信息	篇・次	44	14	456	470
审计信息移送案件事项	项	6			24
涉案人员	人	4			81
地厅级及以上	人				
县处级	人				
乡科级及以下	人	4			81
涉案金额	万元	235.31			7144.97
十一、向社会公告审计结果	篇	159	26	53	594
十二、被审计领导干部	人	460	209	544	1234
其中：负直接责任问题金额	万元	8397.77	724.29	170194.15	642441.87
涉嫌个人经济问题人数	人		1		1
金额	万元		41.8		0.15
十三、交办、配合事项	件	19	150	182	544

（续表）

指标名称	单位	贵州省	云南省	西藏自治区	陕西省
一、审计单位	个	1589	5401	177	6600
审计	个	1575	4759	159	6289
专项审计调查	个	14	642	18	311
二、审计查出主要问题金额	万元	38785919.39	41708504.38	11248293	29019026.93
违规金额	万元	2304860.17	2739774.41	193538	1096716.24
损失浪费金额	万元	117903.2	47198.19	7760	107135.27
管理不规范金额	万元	36363156.02	38921531.78	11046995	27815175.42
三、审计发现非金额计量问题	个	20520	12632	1739	8939
四、损益(收支)不实	万元	1089294.73	976166.62	149994	826844.38
五、审计发现侵害人民群众利益	万元	687.75	5148.39		1807.34
六、审计期间整改金额	万元	585477.88	2297419.84	14901	381799.27
七、审计报告和专项审计调查报告	篇	1704	6238	362	6792
被批示、采用审计报告和专项审计调查报告	篇·次	84	395	48	291
八、审计处理情况	—	—	—	—	—
审计处理处罚	万元	5787321.94	6099010.45	849563	3361378.88
其中:应上缴财政	万元	1104167.85	866829.34	430709	1422371.45
其中:罚没	万元	1379.45	2480.01	6	1006.76
应减少财政拨款或补贴	万元	9866.19	123820.34	6407	39022.37
应归还原渠道资金	万元	1551597.23	2002424.89	153462	523390.47
应缴纳其他资金	万元	174181.27	513765.08	32227	183038.14
应调账处理金额	万元	2947509.4	2592170.8	226758	1193556.45
移送处理事项	件	257	958	40	343
司法机关	件				2
纪检监察机关	件	158	608	19	196
有关部门	件	99	350	21	145
移送处理人员	人	150	420	109	36
司法机关	人				1
其中:地厅级及以上	人				

（续表）

指标名称	单位	贵州省	云南省	西藏自治区	陕西省
县处级	人				
乡科级及以下	人				1
纪检监察机关	人	124	342	108	30
其中：地厅级及以上	人		3		1
县处级	人	4	30	6	3
乡科级及以下	人	120	309	102	26
有关部门	人	26	78	1	5
其中：地厅级及以上	人				
县处级	人	2			
乡科级及以下	人	24	78	1	5
移送处理金额	万元	414194.52	2786104.93	149900	179255.85
司法机关	万元				2124.62
纪检监察机关	万元	62295.83	1457350.56	26357	126236.1
有关部门	万元	351898.69	1328754.37	123543	50895.13
九、审计处理结果落实情况	—	—	—	—	—
审计促进整改落实有关问题资金	万元	1486919.22	5183737.26	201906	1193902.54
其中：增收节支	万元	398165.47	1817436.64	82884	521832.87
已上缴财政	万元	189982.35	815273.63	77959	153931.13
已减少财政拨款或补贴	万元	9475.45	115114.64		20333.16
已归还原渠道资金	万元	198707.67	887048.37	4925	347568.58
已缴纳其他资金	万元	15414.43	152727.31	59	48313.52
已调账处理金额	万元	701165.99	2142952.38	25705	425143.14
审计促进拨付资金到位	万元	249167.84	280169.48	861054	134681.6
审计后挽回（避免）损失	万元	19507.26	327165.8	2394	92079.14
核减投资额	万元	32150.74	611138.66	23640	284614.6
移送处理落实事项	件	10	245	3	26
司法机关已处理	件		3		
纪检监察机关已处理	件	2	156	3	11
有关部门已处理	件	8	86		15
移送处理落实人员	人	15	264		59
已追究刑事责任	人		6		

（续表）

指标名称	单位	贵州省	云南省	西藏自治区	陕西省
已给予党纪政纪处分	人	9	129		36
有关部门已处理人员	人	6	129		23
十、审计成果利用情况	—	—	—	—	—
审计提出建议	条	3894	14970	870	10666
其中：建议制定修改部门规定	条	66	80	267	52
建议制定修改法律法规	条				
被采纳审计建议	条	2992	13466	291	8362
被审计单位制定整改措施	项	107	336	1	599
被审计单位建立健全规章制度	项	97	402	1	69
促进修改法律法规	条				
提交审计信息	篇	2335	4304	30	625
审计专题、综合性报告	篇	120	607	4	315
信息简报	篇	1940	3296	26	230
其中：重要审计信息	篇	43	225		115
被批示、采用审计信息	篇·次	1079	1423	2	420
审计专题、综合性报告	篇·次	47	307		243
信息简报	篇·次	941	1078	2	85
其中：重要审计信息	篇·次	26	170		11
审计信息移送案件事项	项		8	1	
涉案人员	人		2		
地厅级及以上	人		1		
县处级	人				
乡科级及以下	人		1		
涉案金额	万元		9830.3	10684	
十一、向社会公告审计结果	篇	110	2109	20	118
十二、被审计领导干部	人	280	1200	65	1530
其中：负直接责任问题金额	万元	1262044.11	131072.48	24091	2461152.45
涉嫌个人经济问题人数	人	1			
金额	万元	2			
十三、交办、配合事项	件	11	494		491

（续表）

指标名称	单位	甘肃省	青海省	宁夏回族自治区	新疆维吾尔自治区	新疆生产建设兵团
一、审计单位	个	4438	1146	581	2791	387
审计	个	4235	1102	540	2649	337
专项审计调查	个	203	44	41	142	50
二、审计查出主要问题金额	万元	61600918.57	8057889.1	3886944.94	11032057.27	5418737.19
违规金额	万元	725973.14	549258.66	24804.52	536752.79	175934.39
损失浪费金额	万元	180131.51	2629.75	160.38	11562.41	113909.55
管理不规范金额	万元	60694813.92	7506000.69	3861980.04	10483742.07	5128893.25
三、审计发现非金额计量问题	个	11650	5643	1820	6126	1755
四、损益(收支)不实	万元	771302.18	199520.79	14540.52	409420.38	80893.28
五、审计发现侵害人民群众利益	万元	31391.84		44668.1	18.25	1736.61
六、审计期间整改金额	万元	369742.19	77894.08	117846.62	475016.67	11840.62
七、审计报告和专项审计调查报告	篇	5991	1514	691	3030	430
被批示、采用审计报告和专项审计调查报告	篇·次	422	18	11	243	100
八、审计处理情况	—	—	—	—	—	—
审计处理处罚	万元	2841862.05	992004.8	386511.79	942310.34	818492.41
其中:应上缴财政	万元	292690.92	153749.49	162920.2	263311.47	120400.06
其中:罚没	万元	621.91	59.99	46.96	170.23	124.71
应减少财政拨款或补贴	万元	18387.04	807.57	61283.31	53692.43	235.56
应归还原渠道资金	万元	421035.33	278542.93	116436.34	250826.68	40965.73
应缴纳其他资金	万元	99080.88	812	16079.21	93738.08	58284.79
应调账处理金额	万元	2010667.88	558092.81	29792.73	280741.68	598606.27
移送处理事项	件	310	114	93	136	156
司法机关	件					1
纪检监察机关	件	79	11	19	49	63
有关部门	件	231	103	74	87	92
移送处理人员	人	80	8	18	27	43
司法机关	人					
其中:地厅级及以上	人					
县处级	人					

（续表）

指标名称	单位	甘肃省	青海省	宁夏回族自治区	新疆维吾尔自治区	新疆生产建设兵团
乡科级及以下	人					
纪检监察机关	人	76	6	1	23	36
其中：地厅级及以上	人					
县处级	人		1		1	10
乡科级及以下	人	76	5	1	22	26
有关部门	人	4	2	17	4	7
其中：地厅级及以上	人					
县处级	人				1	1
乡科级及以下	人	4	2	17	3	6
移送处理金额	万元	449642.95	152323.7	35199.85	154308.26	354319.47
司法机关	万元					18
纪检监察机关	万元	234067.74	2162.68	2990.82	110914.01	177075.32
有关部门	万元	215575.21	150161.02	32209.03	43394.25	177226.15
九、审计处理结果落实情况	—	—	—	—	—	
审计促进整改落实有关问题资金	万元	2064447.63	369974.26	246029.18	2073200.52	327270.41
其中：增收节支	万元	445649.44	50404.72	21284.78	268454.44	43532.63
已上缴财政	万元	263327.32	35765.78	15264.25	124582.77	33693.51
已减少财政拨款或补贴	万元	21091.19	807.57	771.07	40940.47	41.87
已归还原渠道资金	万元	161230.93	13831.37	5249.46	102931.2	9797.25
已缴纳其他资金	万元	85660.82	578.09	1968.94	42727.98	7873.76
已调账处理金额	万元	988785.69	198895.74	133347.8	212710.15	198936.13
审计促进拨付资金到位	万元	2020896.69	65494.3	35141.36	38411.23	280.38
审计后挽回（避免）损失	万元	17298.51	5069.13	1657.27	93822.31	5818.05
核减投资额	万元	43062.24	15365.09	17015.71	153506.43	10133.07
移送处理落实事项	件	30	10	28	2	22
司法机关已处理	件					
纪检监察机关已处理	件	7	2	2	1	2
有关部门已处理	件	23	8	26	1	20
移送处理落实人员	人	44	1	5	4	7
已追究刑事责任	人					

（续表）

指标名称	单位	甘肃省	青海省	宁夏回族自治区	新疆维吾尔自治区	新疆生产建设兵团
已给予党纪政纪处分	人	14	1	5		1
有关部门已处理人员	人	30			4	6
十、审计成果利用情况	—	—	—	—	—	
审计提出建议	条	7758	3330	1457	6482	1000
其中：建议制定修改部门规定	条	88	103	22		21
建议制定修改法律法规	条					
被采纳审计建议	条	6359	1869	829	5858	846
被审计单位制定整改措施	项	211	132	20	1975	7
被审计单位建立健全规章制度	项	98	107	101	134	37
促进修改法律法规	条					
提交审计信息	篇	1980	1346	1053	1107	31
审计专题、综合性报告	篇	297	49	77	76	19
信息简报	篇	1576	1068	932	600	12
其中：重要审计信息	篇	138	62	165	80	10
被批示、采用审计信息	篇·次	1024	247	137	413	60
审计专题、综合性报告	篇·次	110	21	43	88	49
信息简报	篇·次	891	217	84	93	11
其中：重要审计信息	篇·次	45	6	18	14	7
审计信息移送案件事项	项	8	2			
涉案人员	人					
地厅级及以上	人					
县处级	人					
乡科级及以下	人					
涉案金额	万元	4516.31	1958.35			
十一、向社会公告审计结果	篇	56	54	49	1	1
十二、被审计领导干部	人	2156	330	296	495	122
其中：负直接责任问题金额	万元	12567.45	66.22	1550.72	1393072.86	728368.57
涉嫌个人经济问题人数	人				1	
金额	万元				1.15	
十三、交办、配合事项	件	254	31		68	24

（续表）

指标名称	单位	大连市	宁波市	厦门市	青岛市	深圳市
一、审计单位	个	305	341	209	488	270
审计	个	285	298	185	450	223
专项审计调查	个	20	43	24	38	47
二、审计查出主要问题金额	万元	2685612.91	1524928.34	1437317.55	14366872.83	1430631
违规金额	万元	91425.81	95656.82	12094.38	147841.19	93863
损失浪费金额	万元	246.4	5071.39		88829.22	24426
管理不规范金额	万元	2593940.7	1424200.13	1425223.17	14130202.42	1312342
三、审计发现非金额计量问题	个	631	3397	1131	1571	2528
四、损益(收支)不实	万元	189408.81	38214.11	137646.1	411641.18	21902
五、审计发现侵害人民群众利益	万元	1352.71	333.36		19568.71	13703
六、审计期间整改金额	万元	22037.42	495388.9	31212.26	1391610.99	113753
七、审计报告和专项审计调查报告	篇	467	436	334	857	375
被批示、采用审计报告和专项审计调查报告	篇·次	22	66	93	2	4
八、审计处理情况	—	—	—	—	—	—
审计处理处罚	万元	115169.93	658835.66	101471.69	1646918.61	246108
其中:应上缴财政	万元	86406.12	68811.82	6989.43	136667.6	76187
其中:罚没	万元		31.21			267
应减少财政拨款或补贴	万元	3.35	44348.43	424.5	175442.29	21415
应归还原渠道资金	万元	3457.08	87918.53	84899.98	37142.01	17675
应缴纳其他资金	万元	0.4	124.04		9692.24	
应调账处理金额	万元	25302.98	457632.84	9157.78	1287974.47	130831
移送处理事项	件	9	96	14	67	145
司法机关	件	1	1	1		1
纪检监察机关	件	5	69	9	24	19
有关部门	件	3	26	4	43	125
移送处理人员	人	3	79	2	35	45
司法机关	人		1			
其中:地厅级及以上	人					
县处级	人					

（续表）

指标名称	单位	大连市	宁波市	厦门市	青岛市	深圳市
乡科级及以下	人		1			
纪检监察机关	人	3	63	2	35	45
其中：地厅级及以上	人				1	
县处级	人	1	2		3	
乡科级及以下	人	2	61	2	31	45
有关部门	人		15			
其中：地厅级及以上	人					
县处级	人		2			
乡科级及以下	人		13			
移送处理金额	万元	2252.05	20936.16	9673.79	154816.37	983098
司法机关	万元	1242.11	251.2	16.21		16
纪检监察机关	万元	998.01	17933.23	9578.58	4256.03	3125
有关部门	万元	11.93	2751.73	79	150560.34	979957
九、审计处理结果落实情况	—	—	—	—	—	
审计促进整改落实有关问题资金	万元	127358.97	481142.8	84946.46	215833.61	187117
其中：增收节支	万元	115591.65	142566.53	83181.88	214912.6	101053
已上缴财政	万元	91483.34	56833.48	26636.78	5543.78	47784
已减少财政拨款或补贴	万元	10.16	42702.51	693.65	192004.29	6097
已归还原渠道资金	万元	24098.15	43030.54	55851.45	17364.53	47172
已缴纳其他资金	万元	2.13	279.85			
已调账处理金额	万元	2190.03	336926.37	1724.46	921	80664
审计促进拨付资金到位	万元	297.9	63515.02	12.22		456
审计后挽回（避免）损失	万元	13.24	136135.99	693.8	175442.29	1961
核减投资额	万元		136786.35	340.25	175442.29	1007
移送处理落实事项	件		67	4	3	31
司法机关已处理	件		2			
纪检监察机关已处理	件		44	3	3	
有关部门已处理	件		21	1		31
移送处理落实人员	人		102	4	5	7
已追究刑事责任	人		6			

（续表）

指标名称	单位	大连市	宁波市	厦门市	青岛市	深圳市
已给予党纪政纪处分	人		73	4	2	
有关部门已处理人员	人		23		3	7
十、审计成果利用情况	—	—	—	—	—	
审计提出建议	条	1198	1421	700	1345	1192
其中：建议制定修改部门规定	条	47	37	31		78
建议制定修改法律法规	条					1
被采纳审计建议	条	1160	1323	558	751	922
被审计单位制定整改措施	项	1198	996	24		801
被审计单位建立健全规章制度	项	63	257	43		304
促进修改法律法规	条					
提交审计信息	篇	31	950	452	356	262
审计专题、综合性报告	篇	23	172	43	117	105
信息简报	篇	8	758	409	158	130
其中：重要审计信息	篇	1	67	20		98
被批示、采用审计信息	篇・次	28	598	318	165	163
审计专题、综合性报告	篇・次	27	205	40	107	91
信息简报	篇・次	1	393	278	46	62
其中：重要审计信息	篇・次	1	22	16		45
审计信息移送案件事项	项		6		1	
涉案人员	人				4	
地厅级及以上	人					
县处级	人					
乡科级及以下	人		6		4	
涉案金额	万元		1.36		3953.7	
十一、向社会公告审计结果	篇	2	219	1	5	91
十二、被审计领导干部	人	109	153	136	321	89
其中：负直接责任问题金额	万元		1561.27		198698.35	88
涉嫌个人经济问题人数	人					
金额	万元					
十三、交办、配合事项	件		35	24	1	54

附　录

2019年全国审计机关优秀审计项目名单

一、审计署业务司审计项目

（一）全国审计机关优秀审计项目一等奖（1个）。

财政部具体组织2017年度中央预算执行和编制中央决算草案情况审计项目（牵头实施单位：财政审计司，参与单位：电子数据审计司、金融审计司、原旅游侨务审计局、京津冀特派办、沈阳特派办、哈尔滨特派办、上海特派办、南京特派办、武汉特派办、郑州特派办、济南特派办、西安特派办、兰州特派办、昆明特派办、成都特派办、长沙特派办、深圳特派办、长春特派办、重庆特派办）

（二）全国审计机关优秀审计项目二等奖（2个）。

1. 某金融机构原法定代表人任职期间经济责任履行情况审计项目（牵头实施单位：金融审计司，参与单位：金融审计二局、南京特派办、西安特派办、兰州特派办、成都特派办）

2. 某公司原法定代表人任职期间经济责任履行情况审计项目（牵头实施单位：金融审计司，参与单位：金融审计一局、京津冀特派办、哈尔滨特派办、上海特派办、济南特派办）

（三）全国审计机关优秀审计项目三等奖（2个）。

1. 税务总局2018年国家重大政策措施落实情况跟踪审计项目（实施单位：税收征管审计司）

2. 发展改革委2017年度组织分配中央财政投资等情况审计项目（牵头实施单位：财政审计司，参与单位：发展统计审计局、原工业审计局、原国资监管审计局、原旅游侨务审计局、京津冀特派办、太原特派办、沈阳特派办、哈尔滨特派办、上海特派办、南京特派办、武汉特派办、广州特派办、郑州特派办、济南特派办、西安特派办、成都特派办、长沙特派办、长春特派办、重庆特派办）

二、审计署派出局审计项目

（一）全国审计机关优秀审计项目一等奖（2个）。

1. 国资委2019年国家重大政策措施落实情况跟踪审计项目（牵头实施单位：企业审计一局，参与单位：企业审计司）

2. 商务部2018年国家重大政策措施落实情况跟踪审计项目（牵头实施单位：贸易审计局，参与单位：原境外审计司）

（二）全国审计机关优秀审计项目二等奖（2个）。

1. 某公司2019年国家重大政策措施落实情况跟踪审计项目（牵头实施单位：企业审计二局，参与单位：济南特派办、西安特派办、昆明特派办）

2. 科技部2018年度预算执行等情况审计项目（实施单位：科学技术审计局）

（三）全国审计机关优秀审计项目三等奖（2个）。

1. 证监会2018年度预算执行等情况审计项目（牵头实施单位：金融审计三局，参与单位：上海特派办、深圳特派办）

2. 某公司法定代表人任职期间经济责任履行情况审计项目（牵头实施单位：企业审计五局，参与单位：广州特派办）

三、审计署特派办审计项目

（一）全国审计机关优秀审计项目一等奖（7个）。

1. 广西壮族自治区2018年国家重大政策措施落实情况跟踪审计项目（实施单位：长沙特派办）

2. 黑龙江省2018年国家重大政策措施落实情况跟踪审计项目（实施单位：哈尔滨特派办）

3. 重庆市2018年国家重大政策措施落实情况跟踪审计项目（实施单位：重庆特派办）

4. 河北省2018年国家重大政策措施落实情况跟踪审计项目（实施单位：京津冀特派办）

5. 四川省2018年国家重大政策措施落实情况跟踪审计项目（实施单位：成都特派办）

6. 吉林省2018年国家重大政策措施落实情况跟踪审计项目（实施单位：长春特派办）

7. 山东省2018年国家重大政策措施落实情况跟踪审计项目（实施单位：济南特派办）

（二）全国审计机关优秀审计项目二等奖（7个）。

1. 湖南省2018年国家重大政策措施落实情况跟踪审计项目（实施单位：长沙特派办）

2. 辽宁省2018年国家重大政策措施落实情况跟踪审计项目（实施单位：沈阳特派办）

3. 江西省2018年国家重大政策措施落实情况跟踪审计项目（实施单位：武汉特派办）

4. 陕西省2018年国家重大政策措施落实情况跟踪审计项目（实施单位：西安特派办）

5. 广东省2018年国家重大政策措施落实情况跟踪审计项目（实施单位：广州特派办）

6. 浙江省2018年国家重大政策措施落实情况跟踪审计项目（实施单位：上海特派办）

7. 甘肃省2018年国家重大政策措施落实情况跟踪审计项目（实施单位：兰州特派办）

（三）全国审计机关优秀审计项目三等奖（8个）。

1. 某公司原法定代表人任职期间经济责任履行情况审计项目（牵头实施单位：哈尔滨特派办，参与单位：企业审计司、企业审计四局、上海特派办、郑州特派办、济南特派办）

2. 陕西省2018年医疗保障基金审计项目（实施单位：西安特派办）

3. 某公司原法定代表人任职期间经济责任履行情况审计项目（牵头实施单位：重庆特派办，参与单位：企业审计六局）

4. 江苏省2018年国家重大政策措施落实情况跟踪审计项目（实施单位：南京特派办）

5. 某公司原法定代表人任职期间经济责任履行情况审计项目（牵头实施单位：京津冀特派办，参与单位：企业审计二局）

6. 新疆维吾尔自治区2018年国家重大政策措施落实情况跟踪审计项目（实施单位：兰州特派办）

7. 上海市2018年国家重大政策措施落实情况跟踪审计项目（实施单位：上海特派办）

8. 广东省2018年养老保险基金审计项目（实施单位：广州特派办）

四、省级审计机关审计项目

（一）全国审计机关优秀审计项目一等奖（9个）。

1. 江西省中心城区民生保障资金和惠民项目专项审计调查项目（实施单位：江西省审计厅）

2. 河南省污染治理与环境保护政策落实及专项资金绩效情况专项审计调查项目（实施单位：河南省审计厅）

3. 湖北某金融机构董事长、党委书记及行长、副董事长任职期间经济责任履行情况审计项目（实施单位：武汉市审计局）

4. 衢州市原市委书记、原市长任职期间经济责任履行情况审计项目（实施单位：浙江省审计厅）

5. 山西省地质勘查局局长任职期间经济责任履行情况审计项目（实施单位：山西省审计厅）

6. 宁夏某公司资产负债损益情况审计项目（实施单位：宁夏回族自治区审计厅）

7. 2017年度青岛胶东机场建设及配套征迁工程建设情况跟踪审计项目（实施单位：青岛市审计局）

8. 宜兴市原市委书记、市长任职期间经济责任履行情况审计项目（实施单位：江苏省审计厅）

9. 南京某公司董事长任职期间经济责任履行情况审计项目（实施单位：南京市审计局）

（二）全国审计机关优秀审计项目二等奖（9个）。

1. 广东某公司2016年度财务收支情况审计项目（实施单位：广东省审计厅）

2. 杭州市本级产业发展类专项资金绩效情况专项审计调查项目（实施单位：杭州市审计局）

3. 厦门某公司2017年1月至11月资产负债损益审计调查项目（实施单位：厦门市审计局）

4. 贵州某公司2013年至2017年资产负债损益情况审计项目（实施单位：贵州省审计厅）

5. 襄阳市本级2004年至2015年期间某专项资金征收管理情况专项审计调查项目（实施单位：湖北省审计厅）

6. 重庆市2017年度市级财政预算执行和决算草案审计项目（实施单位：重庆市审计局）

7. 日喀则市原市委副书记、原市长任职期间经济责任履行情况审计项目（实施单位：西藏自治区审计厅）

8. 宁波市江北区慈城镇人民政府2014年至2016年财政收支审计项目（实施单位：宁波市审计局）

9. 云南某公司董事长经济责任履行情况审计项目（实施单位：云南省审计厅）

（三）全国审计机关优秀审计项目三等奖（10个）。

1. 北京某公司党委书记、董事长任职期间经济责任履行情况审计项目（实施单位：北京市审计局）

2. 黑龙江省2008年至2017年现代农机合作社建设财政补助资金管理使用情况审计调查项目（实施单位：黑龙江省审计厅）

3. 上海市崇明区原区委书记、区委书记（原区长）、区长任职期间经济责任履行情况审计项目（实施单位：上海市审计局）

4. 四川省2017年度省本级预算和总决算草案编制情况审计项目（实施单位：四川省审计厅）

5. 陕西某公司原董事长、党委书记任职期间经济责任履行情况审计项目（实施单位：陕西省审计厅）

6. 廊坊市人民政府2016年和2017年财政收支决算审计项目（实施单位：河北省审计厅）

7. 成都市锦江区原区长任职期间经济责任履行情况审计项目（实施单位：成都市审计局）

8. 山东省2017年度省级预算执行和其他财政收支情况审计项目（实施单位：山东省审计厅）

9. 海口市2017年某专项工程跟踪审计项目（实施单位：海南省审计厅）

10. 乌兰浩特市主要领导干部自然资源资产责任审计项目（实施单位：内蒙古自治区审计厅）

五、市级审计机关审计项目

（一）全国审计机关优秀审计项目一等奖（7个）。

1. 淮安某集团2014年至2017年财务收支情况审计项目（实施单位：江苏省淮安市审计局）

2. 常德市某公司资产负债损益审计项目（实施单位：湖南省常德市审计局）

3. 巴南区2016年度区级财政预算执行和决算（草案）审计项目（实施单位：重庆市巴南区审计局）

4. 张家口市宣化区人民政府2015年至2017年扶贫工作审计项目（实施单位：河北省邯郸市审计局）

5. 滨州市水利资金专项审计调查项目（实施

单位：山东省滨州市审计局）

6. 通辽市 2017 年至 2018 年 6 月末城乡居民基本医疗保险基金审计项目（实施单位：内蒙古自治区通辽市审计局）

7. 范县县委书记、县长任职期间经济责任履行情况审计项目（实施单位：河南省濮阳市审计局）

（二）全国审计机关优秀审计项目二等奖（7 个）。

1. 玉溪市住房公积金管理中心 2017 年住房公积金归集、管理、使用及单位财政财务收支审计项目（实施单位：云南省玉溪市审计局）

2. 宝鸡市本级 2017 年某专项工程跟踪审计项目（实施单位：陕西省宝鸡市审计局）

3. 荆州市卫生和计划生育委员会 2016 年度部门预算执行及公立医院收费政策执行审计项目（实施单位：湖北省荆州市审计局）

4. 合肥市教育局原局长任职期间经济责任履行情况审计项目（实施单位：安徽省合肥市审计局）

5. 武威市凉州区某专项资金收支情况审计项目（实施单位：甘肃省武威市审计局）

6. 广西某公司党委书记、董事长任职期间经济责任履行情况审计项目（实施单位：广西壮族自治区百色市审计局）

7. 广元市旺苍县人民政府 2016 年至 2017 年扶贫资金审计项目（实施单位：四川省广元市审计局）

（三）全国审计机关优秀审计项目三等奖（9 个）。

1. 江西某金融机构 2017 年度资产负债损益审计项目（实施单位：江西省南昌市审计局）

2. 台州市质量技术监督局局长、党委书记任职期间经济责任履行情况审计项目（实施单位：浙江省台州市审计局）

3. 重庆市梁平区卫生和计划生育委员会 2017 年度预算执行及其他财政财务收支情况审计项目（实施单位：重庆市梁平区审计局）

4. 锦州市中心城市排水与污水处理情况专项审计调查项目（实施单位：辽宁省锦州市审计局）

5. 福建某金融机构原党委书记、董事长任职期间经济责任履行情况审计项目（实施单位：福建省福州市审计局）

6. 贵阳市花溪区 2018 年某专项工程资金投入和使用绩效审计项目（实施单位：贵州省毕节市审计局）

7. 佛山市顺德区陈村镇原党委书记、党委书记、原镇长、镇长任职期间经济责任履行情况同步审计项目（实施单位：广东省佛山市审计局）

8. 大庆某公司 2010 年至 2017 年 6 月财务收支情况审计项目（实施单位：黑龙江省大庆市审计局）

9. 航头镇原党委书记、党委书记、原镇长、镇长任职期间经济责任履行情况审计项目（实施单位：上海市浦东新区审计局）

六、县级审计机关审计项目

（一）全国审计机关优秀审计项目一等奖（5 个）。

1. 元氏县 2015 年至 2017 年扶贫资金和扶贫政策落实情况专项审计调查项目（实施单位：河北省元氏县审计局）

2. 平原县民政局局长任职期间经济责任履行情况审计项目（实施单位：山东省平原县审计局）

3. 商河县 2015 年 1 月至 2018 年 6 月居民基本医疗保险基金筹集管理使用绩效情况审计项目（实施单位：山东省商河县审计局）

4. 泗县 2017 年度财政预算执行和其他财政收支情况审计项目（实施单位：安徽省泗县审计局）

5. 永城市本级 2017 年度预算执行及其他财政收支情况审计项目（实施单位：河南省永城市审计局）

（二）全国审计机关优秀审计项目二等奖

（6 个）。

1. 湖州市吴兴区妙西镇党委书记、原镇长任职期间经济责任履行情况审计项目（实施单位：浙江省湖州市吴兴区审计局）

2. 临武县 2017 年扶贫专项审计项目（实施单位：湖南省临武县审计局）

3. 巴中市恩阳区石城乡党委书记、乡长任职期间经济责任履行情况审计项目（实施单位：四川省巴中市恩阳区审计局）

4. 南京某公司董事长（原总经理）任职期间经济责任履行情况审计项目（实施单位：江苏省南京市溧水区审计局）

5. 江汉某公司经理任职期间经济责任履行情况审计项目（实施单位：湖北省武汉市江汉区审计局）

6. 保山市隆阳区瓦房彝族苗族乡人民政府乡长任职期间（任中）经济责任履行情况审计项目（实施单位：云南省保山市隆阳区审计局）

（三）全国审计机关优秀审计项目三等奖（7 个）。

1. 丰城市 2014 年至 2016 年城乡困难群众救助资金专项审计调查项目（实施单位：江西省丰城市审计局）

2. 平乐县本级 2017 年度财政预算执行和其他财政收支情况审计项目（实施单位：广西壮族自治区平乐县审计局）

3. 胡家镇原党委书记任职期间经济责任履行情况审计项目（实施单位：辽宁省黑山县审计局）

4. 固原市原州区水务局原局长任职期间经济责任履行情况审计项目（实施单位：宁夏回族自治区固原市原州区审计局）

5. 抚松县本级 2017 年度预算执行及其他财政收支情况审计项目（实施单位：吉林省抚松县审计局）

6. 兰州市城关区 2016 年残疾人扶助经费使用情况专项审计调查项目（实施单位：甘肃省兰州市城关区审计局）

7. 吐鲁番市高昌区 2016 年至 2018 年脱贫攻坚政策贯彻落实、扶贫资金分配管理使用及绩效情况专项审计项目（实施单位：新疆维吾尔自治区吐鲁番市托克逊县审计局）